Becker

Marketing-Konzeption

# Marketing-Konzeption

## Grundlagen des ziel-strategischen und operativen Marketing-Managements

von

Prof. Dr. Jochen Becker

11., aktualisierte und ergänzte Auflage

Verlag Franz Vahlen München

**Prof. Dr. Jochen Becker** lehrte Allgemeine Betriebwirtschaftslehre, insbesondere Marketing, an der University of Applied Sciences Aachen. Er verfügt über langjährige Berufs-, Seminar- und Beratungspraxis.

ISBN 978 3 8006 5759 9


Satz: Fotosatz Buck, Zweikirchenerstr. 7, 84036 Kumhausen
Druck und Bindung: Westermann Druck Zwickau GmbH, Crimmitschauer Str. 43, 08058 Zwickau
Umschlag: Ralph Zimmermann – Bureau Parapluie
Bildnachweis: © optimarc – shutterstock.com
Gedruckt auf säurefreiem, alterungsbeständigen Papier
(hergestellt aus chlorfrei gebleichtem Zellstoff)

Das Beste sollte nie hinter uns,
sondern immer vor uns liegen.

*Bertrand Russell*

## Vorwort zur 11. Auflage

In einem immer schwierigeren Markt- und Wettbewerbsumfeld ist und bleibt konsequentes integratives Marketing unverzichtbar. Und das heißt vor allem, alle Entscheidungen problem-, analyse- und ziel-/strategie-orientiert im Rahmen einer konsistenten Marketing-Konzeption zu treffen, zu realisieren und zu kontrollieren. Der Konzeptionelle Ansatz des Buches besitzt in diesem Sinne eine hohe Relevanz sowohl für Wissenschaft, Lehre als auch Praxis. Die 11. Auflage und die zahlreichen persönlichen Rückkopplungen bestätigen die Eignung und den Erfolg dieses Ansatzes in allen Zielgruppenbereichen.

Das Buch wurde in allen Teilen aktualisiert und ergänzt, das gilt auch für die Literaturhinweise sowie die zahlreichen Beispiele (wobei einige ältere Beispiele bewusst belassen worden sind, weil sie besonders prototypisch für die jeweils behandelten Sachfragen und Zusammenhänge sind).

Um die Nutzung des Buches für die verschiedenen Zielgruppen weiter zu verbessern, wurden auch die bisher schon umfangreichen Verzeichnisse ergänzt bzw. stärker differenziert. Das gilt insbesondere für das Sachverzeichnis. Hier wurden viele neue Stichworte vor allem um die Themenkreise Online-Marketing, Marketing-Berufe und Marketing-Dienstleister aufgenommen. Grundfragen des Online-Marketing wurden im ganzen Buch ergänzt und über entsprechende Hinweise sowie zusätzliche Stichworte miteinander vernetzt. Speziell zum Online-Marketing wurde im Schlussteil ein neuer Abschnitt zu „Optionen und Reserven des Online-Marketing" aufgenommen, unter besonderer Berücksichtigung des Social-Media-Marketing.

Dozenten an Universitäten, Hochschulen können weiterhin für ihre Veranstaltungen Zusatzmaterialien beim Verlag unter www.vahlen.de anfordern.

Meinem Lektor, Herrn Hermann Schenk, danke ich für die aktive Unterstützung bei der Gestaltung dieser Neuauflage.

Pöcking, im August 2018

# Vorwort zur 10. Auflage

Das Buch „Marketing-Konzeption“, mit dem der Konzeptionelle Ansatz in der Marketinglehre begründet wurde, hat sich als eigenständiges Standardwerk etabliert – das Erscheinen der 10. Auflage spricht für sich.

Der bereits in der 1.Auflage gewählte und ausgearbeitete Ansatz hat sich bewährt und wird inzwischen von den meisten Lehr- und Praxisbüchern im Marketing adaptiert. Dieser Ansatz folgt einem entscheidungslogischen Marketingmanagement-Prozess mit drei abgrenzbaren wie interdependenten Basisstufen (Bausteinen): Marketingziele, Marketingstrategien und Marketinginstrumente bzw. Marketingmix. Auf der Grundlage dieses ganzheitlichen Konzeptionellen Ansatzes und seiner entscheidungsorientierten Denk- und Vorgehensweise sowie seines klaren „Ordnungssystems“ aller Marketingentscheidungen wurden im Laufe der einzelnen Neuauflagen immer wieder neue Themen, Instrumente, Methoden und Fallbeispiele integriert und auf diese Weise das Lehr- und Nachschlagewerk komplettiert. Dieser Weg wurde auch in der vorliegenden „Jubiläumsauflage“ beschritten.

Gerade in einer Phase, in der durch die Modularisierung des Studiums im Rahmen der neuen Bachelor- und Master-Studiengänge nicht selten der Blick für das große Ganze und die wesentlichen Zusammenhänge etwas in den Hintergrund zu geraten droht, bietet ein schlüssiges, vollständiges, integratives und ganzheitliches Lehrwerk notwendige Orientierung und fachinhaltlichen Überblick. Aber auch für die Praxis mit ihrer immer größer werdenden Marketingkomplexität, nicht zuletzt durch die neue Digitale Welt, bietet der Konzeptionelle Ansatz und sein Ordnungs- und Entscheidungssystem notwendige Transparenz und Vorgehenssicherheit.

Für Lehre und Praxis liefert der Konzeptionelle Ansatz mit seiner Entscheidungslogik strukturierte und differenzierte Anleitungen sowohl für die professionelle Analyse von einzelnen wie komplexen Marketingproblemstellungen als auch die Erarbeitung von realisierbaren Marketingproblemlösungen partieller und totaler Art. Eine Fülle von Praxis- und Erfolgsbeispielen mit teilweise klassischem Charakter erleichtern das Verständnis dieser Problemlösungsprozesse in Lehre und Praxis. Nichts wird deutlicher, nachvollziehbarer und überprüfbarer als an einem guten, differenzierten, inhaltlich-vertiefenden Beispiel.

Problemlösende Marketing-Konzeptionen – speziell für die konkrete Realisierung in der Marketing- und Unternehmenspraxis – hängen nicht zuletzt vom geeigneten, konzeptionsadäquaten Marketing-Personal ab, und zwar sowohl im Sinne von direkten Umsetzern im Unternehmen als auch im Sinne von externen Umsetzungshelfern. Diese erfolgsentscheidenden Grundfragen, die in der Marketinglehre bislang weitgehend vernachlässigt werden, sind Gegenstand eines speziellen 5.Teiles des Buches: „Marketingmanagement und Marketinghandlungssystem“. In Anbetracht der Bedeutung dieser Thematik für die Implementierung des Konzeptionellen Marketing in der Praxis wie auch für ihre Vermittlung in Studium und Lehre sind im Kapitel „Marketingberufe“ wichtige Berufsbilder ergänzt und neue hinzugefügt worden (angefangen vom Marketing Manager, über den Product Manager bis hin zum Market Research Manager und ihrem klassischen Aufgabenspektrum einerseits und vom E-Business-Manager, über den Online Marketing-Manager bis hin zum Community- bzw. Social Media-Manager und ihren speziellen Aufgaben sowie konzeptionellen Anknüpfungspunkten andererseits). Im Kapitel „Marketing-Dienstleister" wurden bei verschiedenen Kategorien neuere Serviceanbieter integriert (so z.B. bei den Unternehmensberatern wichtige Spezialisten wie Markenberater, Name Finder, F&E-Dienstleister sowie Inhouse Consultants und im Bereich der Werbe- bzw. Internet-Agenturen – nicht zuletzt vor dem Hintergrund einer wachsenden Bedeutung des Social Media- Marketing - spezialisierte Social Media-Agenturen mit ihrem speziellen Leistungsspektrum).

Neu in der 10. Auflage ist ein abschließender Teil, der sich insbesondere mit den Erfolgsbedingungen und den Herausforderungen des Konzeptionellen Marketing beschäftigt.

Dozenten an Hochschulen haben wie bisher die Möglichkeit, für ihre Veranstaltungen Zusatzmaterialien direkt beim Verlag anzufordern: www.vahlen.de

Und wie immer ist es mir ein Bedürfnis, mich bei meinem langjährigen Lektor, Herrn Hermann Schenk, für Rat und Tat bei der Vorbereitung dieser Neuauflage zu bedanken.

Pöcking, im August 2012 *Jochen Becker*

# Vorwort zur 1. Auflage

Im Mittelpunkt der Marketinglehre steht bislang vor allem die Auseinandersetzung mit dem Marketinginstrumentarium. Eher vernachlässigt werden dagegen die Grundfragen der zielorientierten, strategieadäquaten Bündelung der Marketinginstrumente zu konsistenten Marketing-Konzeptionen. Zwar wird diese Thematik im Rahmen der traditionellen Diskussion des Marketingmix tangiert – jedoch ohne hinreichende Problematisierung grundlegender Ziel- und Strategiefragen (und damit ohne adäquate gesamtkonzeptionelle Einbindung), sondern vielmehr unter vorrangiger Betonung verfahrens- und rechentechnischer Aspekte.

Hieran knüpft dieses Lehr- und Handbuch an. Es versucht aufzuzeigen, daß die Realisierung der „Marketing-Philosophie" an schlüssig abgeleitete Konzeptionen im Sinne ganzheitlich orientierter Handlungsanweisungen gebunden ist. Derartige Handlungsanweisungen setzen Fixierungen auf drei zentralen Entscheidungsebenen im Marketing voraus: der Ziel-, Strategie- und Mixebene. In dieser Weise durchstrukturierte marketingpolitische Konzepte sind gerade auch angesichts sich zunehmend verschärfender Markt- und Wettbewerbsbedingungen sowie sich gravierend verändernder Umweltkonstellationen von besonderer praxisbezogener Relevanz; denn ohne derartige Fixierungen trägt unternehmerisches Handeln allzu leicht Züge eines improvisierenden Aktionismus mit all seinen Gefahren für die Gewinn-, Wachstums- bzw. Existenzsicherung von Unternehmen.

Das vorliegende Buch faßt die Marketing-Konzeption eines Unternehmens dabei in erster Linie als eine komplexe qualitative Fragestellung auf. Das heißt, es werden die zentralen inhaltlichen Ziel-, Strategie- und Mixfragen der Marketingpolitik bewußt in den Mittelpunkt gerückt (ohne allerdings grundlegende Kalkül- und Verfahrensfragen zu vernachlässigen). Die Überlegungen und Ableitungen werden anhand zahlreicher, aus ganz verschiedenen Marktbereichen stammender Konzeptionsbeispiele verdeutlicht, die zum Teil eigene praktische Erfahrungen – insbesondere aufgrund einer mehrjährigen Tätigkeit in der Unternehmensberatung – widerspiegeln. Auf diese Weise soll der behandelten Thematik jene Anschaulichkeit gegeben werden, die sie aus der Sache heraus verdient. In dieser Praxisorientierung kann zugleich auch ein Ansatz gesehen werden, den notwendigen Dialog (Transfer) zwischen Wissenschaft und Praxis zu fördern.

Die Adressaten dieser Veröffentlichung sind sowohl Studenten der Betriebswirtschaftslehre als auch Praktiker, die für die Erarbeitung von Marketing-Konzeptionen bzw. ihre Realisierung Verantwortung tragen.

Aachen, Frühjahr 1983 *Jochen Becker*

# Inhaltsübersicht

# Inhaltsverzeichnis

## Abkürzungsverzeichnis

Abb. ......... Abbildung
ABL ......... Alte Bundesländer
AG .......... Aktiengesellschaft
angem. ....... angemeldet(e)
ästh. ......... ästhetisch
asw .......... Absatzwirtschaft
Aufl. ......... Auflage
Bad.-Wttb. .... Baden-Württemberg
Bd. .......... Band
Bedeutg. ...... Bedeutung
BERI ......... Business environment risk information
BfAI ......... Bundesstelle für Auslandsinformationen
BRD ......... Bundesrepublik Deutschland
B-to-B ........ Business-to-Business
B-to-C ........ Business-to-Consumer
bzw. ......... beziehungsweise
ca. ........... ungefähr
CI ........... Corporate Identity
CRM ......... Customer Relationship Management
CSR ......... Corporate Social Responsibility
d. ........... der/des
ders. ......... derselbe
d.h. .......... das heißt
dies. ......... dieselben
div. .......... diverse
DB .......... Deckungsbeitrag
DBV ......... Deutsche Beamten Versicherung
dies. ......... dieselben
diff. .......... differenziert
DV .......... Datenverarbeitung
€ ............ Euro
EAN ......... European Article Numeration
E-Commerce ... Electronic Commerce
ECR ......... Efficient Consumer Response
ehem. ........ ehemalig
EHI .......... EuroHandelsinstitut
einschl. ....... einschließlich
ESP .......... Elektronisches Stabilitätsprogramm
et al. ......... et alii (und andere)
etc. .......... und so weiter
evtl. .......... eventuell
EW .......... Einwohner
ex ante ....... vorher
ex post ....... nachher
Fa. ........... Firma
F&E ......... Forschung und Entwicklung
f. ............ folgend
ff. ........... fortfolgende
GB .......... Großbritannien
G&I ......... Gesellschaft für Konsumforschung und Infratest

Gesch. . . . . . . . . . Geschäft(e)
GfK . . . . . . . . . . Gesellschaft für Konsumforschung
ggf. . . . . . . . . . . gegebenenfalls
GRID . . . . . . . . Verhaltensgitter
GUS . . . . . . . . . Gemeinschaft Unabhängiger Staaten (der ehemaligen Sowjetunion)
GWA . . . . . . . . . Gesamtverband Werbeagenturen
hl . . . . . . . . . . . Hektoliter
Hrsg. . . . . . . . . . Herausgeber
HW . . . . . . . . . . Hard Ware
i.d.R. . . . . . . . . . in der Regel
i.E. . . . . . . . . . . im Einzelnen
i.e.S. . . . . . . . . . im engeren Sinne
i.S. . . . . . . . . . . im Sinne
i.S.v. . . . . . . . . . im Sinne von
i.w.S. . . . . . . . . . im weiteren Sinne
i.W. . . . . . . . . . . im Wesentlichen
in % . . . . . . . . . in Prozent
inkl. . . . . . . . . . inklusive
insb. . . . . . . . . . insbesondere
insg. . . . . . . . . . insgesamt
IT . . . . . . . . . . . Informationstechnologie
jato . . . . . . . . . . Jahrestonnen
KA . . . . . . . . . . Kommunikationsanalyse
Kap. . . . . . . . . . Kapitel
kaufm. . . . . . . . . kaufmännisch
kg . . . . . . . . . . . Kilogramm
KMU . . . . . . . . . Klein- und Mittelunternehmen
l . . . . . . . . . . . . Liter
LAN . . . . . . . . . Lokal Area Network
LEH . . . . . . . . . Lebensmitteleinzelhandel
lt. . . . . . . . . . . . laut
m.a.W. . . . . . . . . mit anderen Worten
MA . . . . . . . . . . Marktanteil
MarkenG . . . . . . Marken-Gesetz
max. . . . . . . . . . maximal
M-Commerce . . Mobiler Handel
ME . . . . . . . . . . Mengeneinheit
MMS. . . . . . . . . Multi Media Messaging Service
Mrd. . . . . . . . . . Milliarden
Mio. . . . . . . . . . Millionen
mtl. . . . . . . . . . . monatlich
n . . . . . . . . . . . . Zahl
NBL . . . . . . . . . Neue Bundesländer
NRW . . . . . . . . . Nordrhein-Westfalen
o.Ä. . . . . . . . . . . oder Ähnliches
o.V. . . . . . . . . . . ohne Verfasser
öffentl. . . . . . . . öffentlich
p. a. . . . . . . . . . pro anno (pro Jahr)
PAF . . . . . . . . . . Preis-Absatz-Funktion
PC . . . . . . . . . . . Personal Computer
pers. . . . . . . . . . persönlich
Pfg. . . . . . . . . . . Pfennig(e)
PIMS . . . . . . . . Profit Impact of Strategies
PKW . . . . . . . . . Personenkraftwagen
PLV . . . . . . . . . . Preis-Leistungs-Verhältnis
POS . . . . . . . . . Point of Sale
PR . . . . . . . . . . . Public Relations
PVC . . . . . . . . . Polyvinylchlorid
QKM . . . . . . . . . Quadratkilometer

QM .......... Qualitätsmanagement
rat. .......... rationell
rd. ........... rund
reg. .......... regional
resp. ......... respektive
ROI .......... Return-on-Investment
RPO ......... Regalplatzoptimierung
S. ........... Seite
s. ............ siehe
s.a. .......... siehe auch
SEA ......... Search Engine Advertising
SEO ......... Search Engine Optimization
SGF ......... Strategisches Geschäftsfeld
SMS ......... Short Message Service
sog. .......... sogenannt
sonst. ........ sonstig
spez. ......... speziell
Strat. ......... Strategie
SUV ......... Sports Utility Vehicle
SW .......... Soft Ware
t ............ Zeit/Jahre
T€ ........... Tausend Euro
techn. ........ technisch
TQM ......... Total Quality Management
Tsd. .......... Tausend
TV .......... Television (Fernsehen)
u. ........... und
u.Ä. .......... und Ähnliches
u.a. .......... unter anderem
u.E. .......... unseres Erachtens
UK .......... United Kingdom (Großbritannien)
u.m. .......... und mehr
undiff. ........ undifferenziert
Unters. ....... Untersuchung
ursprüngl. ..... ursprünglich
USA ......... Vereinigte Staaten von Amerika
USP ......... Unique Selling Proposition
u.U. .......... unter Umständen
v. ............ von
v.w.Z. ........ vollständiges wörtliches Zitat
Veränderg. ..... Veränderung
Verk. ......... Verkauf
Vert. ......... Verteilung
vgl. .......... vergleiche
via ........... über
Vpn .......... Versuchspersonen
WAP ......... Wireless Application Protocol
WE .......... Währungseinheit(en)
weltw. ........ weltweit
Wettbew. ...... Wettbewerber
WiSt ......... Wirtschaftswissenschaftliches Studium
wisu ......... Das Wirtschaftsstudium
WWW ........ World Wide Web
z.B. .......... zum Beispiel
z.T. .......... zum Teil
ZAW ......... Zentralausschuss der Deutschen Werbewirtschaft
zit. .......... zitiert
ZVEI ......... Zentralvereinigung der Elektroindustrie

# Einführung: Konzeptionelles Marketing und Design des Buches

Marketing als die **bewusste Führung** des ganzen Unternehmens vom Absatzmarkt her ist nichts anderes als die rationale Antwort auf grundlegende Veränderungen der Markt- und Wettbewerbsbedingungen.

## Von Verkäufer- zu Käufermärkten

Beginnend etwa ab Mitte der sechziger Jahre haben sich grundlegende Marktstrukturveränderungen vollzogen, die inzwischen nahezu alle Branchen bzw. Märkte erfasst haben: nämlich die Wandlung von sog. Verkäufermärkten zu sog. Käufermärkten.

**Verkäufermärkte** sind dadurch gekennzeichnet, dass auf ihnen das Angebot *kleiner* ist als die Nachfrage (A < N). In solchen Märkten ist die Angebotsseite (Hersteller/Dienstleister) dominant, d. h. es bestehen keine echten Vermarktungsprobleme, da die Nachfrage das Angebot übersteigt. Typisch für diese Marktphase ist das Verkaufskonzept, das heißt, Hersteller/Dienstleister beschränken sich auf das Verkaufen bzw. Verteilen des zu kleinen Angebots.

**Käufermärkte** sind demgegenüber dadurch charakterisiert, dass auf ihnen das Angebot *größer* ist als die Nachfrage (A > N). In durch diese Struktur gekennzeichneten Märkten ist nicht mehr die Angebotsseite dominant, sondern die Nachfrageseite. Die Nachfrager entscheiden mit anderen Worten also darüber, was sie bei welchem Anbieter kaufen. Aufgrund des Überangebots haben sie die Möglichkeit, das aus ihrer Sicht beste Angebot auszuwählen. Anbieter müssen sich unter solchen Bedingungen bemühen, den **Anforderungen** (Wünschen/Erwartungen) der Nachfrager möglichst optimal zu entsprechen (Marketingkonzept).

Eine Darstellung verdeutlicht die Veränderungen und ihre Konsequenzen *(Abb. 1).*

Der generelle Wandel der Märkte hin zu sog. Käufermärkten erzwingt insgesamt eine konsequente **Markt- und Kundenorientierung** des Unternehmens. Nur mit einer solchen Führungsphilosophie können sich Unternehmen im Markt erfolgreich behaupten bzw. dauerhaft überleben.

## Markt- und Kundenorientierung als Führungsphilosophie

Markt- und Kundenorientierung ist sogesehen eine zentrale Voraussetzung für Unternehmenserfolg und -existenz. Damit kommt dem **Marketing** als Funktion wie als Führungsphilosophie eine entscheidende Rolle bei der Führung von Unternehmen zu. Es ist deshalb auch kein Zufall, dass alle neuen Management-Konzepte – welchen spezifischen Ansatzpunkt sie auch wählen – die Markt- und Kundenorientierung als **Kern- und Angelpunkt** ansehen.

Dennoch hat es immer wieder Irritationen bzw. Vorwürfe hinsichtlich eines „Dominanzcharakters" des Marketing bzw. eines „Dominanzanspruchs" seiner Repräsentanten gegeben (und zwar sowohl in der Wissenschaft seitens der Fachvertreter anderer Disziplinen als auch in der Unternehmenspraxis seitens der Funktionsträger anderer Bereiche).

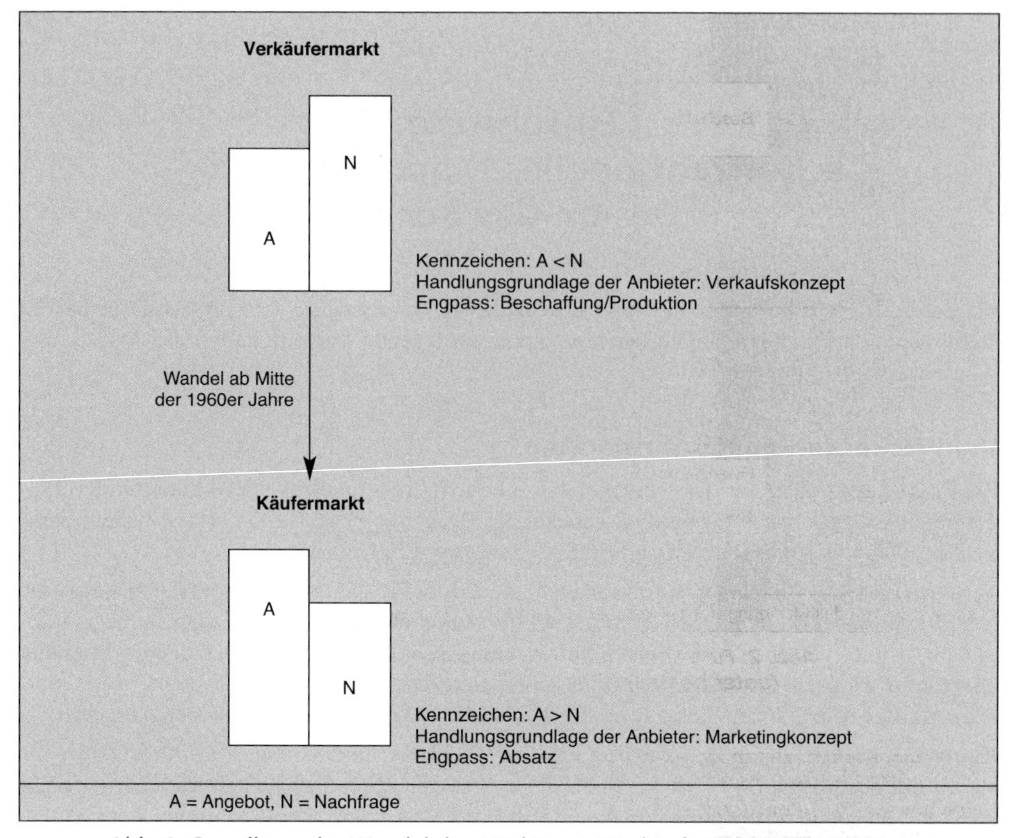


*Abb. 1: Grundlegender Wandel der Märkte von Verkäufer- zu Käufermärkten*

Missverständnisse über die zentrale Rolle des Marketing für die Führung von Unternehmen lassen sich jedoch ausräumen, wenn man die Doppelfunktion des Marketing verdeutlicht *(Abb. 2)*.

Die Darstellung zur **Doppelfunktion** des Marketing zeigt, dass Marketing zunächst einmal eine klassische Funktion am Ende der Leistungskette ist, und zwar primär im Sinne operativer Vermarktungsaufgaben, die unter Einsatz von Marketinginstrumenten wahrgenommen werden. Angesichts der Wandlung der Märkte zu sog. Käufermärkten und dem daraus folgenden Zwang zu konsequenter Absatzmarkt- bzw. Kundenorientierung der Unternehmensführung reicht Marketing im Sinne operativer Vermarktung „am Ende des Fließbandes" allerdings nicht mehr aus, sondern Unternehmen können nur dann erfolgreich sein und ihre Existenz nachhaltig sichern, wenn sie den gesamten Führungsprozess von den Markt- und Kundenbedingungen her aufrollen. Das heißt, alle Funktionen des Unternehmens müssen zwingend unter dem **„Diktat"** der Markt- und Kundenanforderungen (Kundennutzen/Kundenzufriedenheit) gesteuert werden. Die Funktionsträger des Marketing wirken im Unternehmen insoweit als Interpreten der Kundenwünsche und zugleich als Promotoren ihrer konsequenten Erfüllung entlang der **Wertschöpfungskette** des Unternehmens.

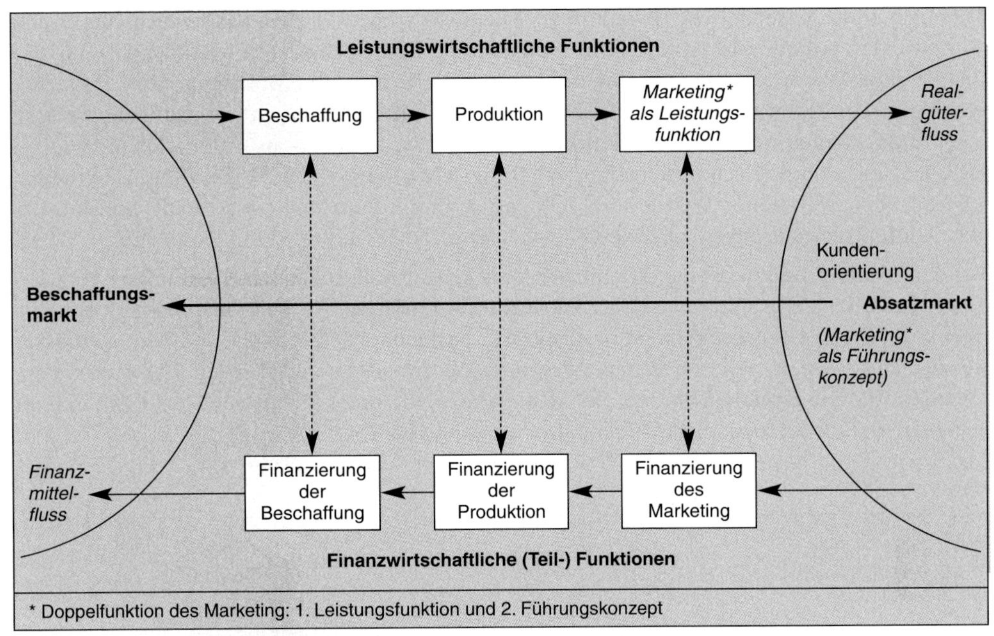


*Abb. 2: Funktions- und Führungsprozesse im Unternehmen (unter besonderer Berücksichtigung des Marketing)*

Marketing als Führungsphilosophie kann umschrieben werden als die bewusste Führung des gesamten Unternehmens vom Absatzmarkt her, d. h. der Kunde und seine Nutzenansprüche sowie ihre konsequente Erfüllung stehen im Mittelpunkt des unternehmerischen Handelns, um so unter Käufermarkt-Bedingungen Erfolg und Existenz des Unternehmens dauerhaft zu sichern.

Markt- und Kundenorientierung ist zwar – wie noch zu zeigen sein wird – nicht die einzige Orientierungsbasis von Unternehmen, aber vor dem Hintergrund stark veränderter Markt- und Wettbewerbsbedingungen eine für die Unternehmen existenzielle. Vor allem immer stärker individuell ausgeprägte Kundenanforderungen zwingen zu einem noch intensiveren „Listen-to-the-Customer".

## Marketing-Konzeption als Führungsgrundlage

Marketing als markt- bzw. kundenorientierte Unternehmensführung lässt sich nur konsequent umsetzen, wenn dem **unternehmerischen Handeln** eine schlüssig abgeleitete, unternehmensindividuelle Marketing-Konzeption zugrunde gelegt wird. Die Markt- und Unternehmenskonstellationen des Unternehmens sind viel zu komplex und die Möglichkeiten des operativen Marketinginstrumenten-Einsatzes zu vielfältig, als dass ein nicht bewusst gesteuerter Marketingprozess möglich bzw. ökonomisch sinnvoll wäre.

Der Zwang zum Konzeptionellen Marketing hat zahlreiche Ursachen; am Anfang stand zunächst der Wandel der Märkte zu sog. Käufermärkten. Inzwischen sind **vielschichtige Verän-**

**derungen** hinzugetreten, wie dynamische Wandlungsprozesse des Käuferverhaltens (u. a. Wertewandel, polarisierte bzw. hybride Verhaltensweisen), schwaches Marktwachstum bzw. stagnierende Märkte, Fragmentierung der Märkte (Auflösung von Massenmärkten, Entstehen von Marktsegmenten und -nischen bis hin zu individualisierten Märkten), Auflösung klassischer Branchenmärkte (totale Konkurrenz), neue Anforderungen an Unternehmen (wie gesellschaftliche, ökologische), schneller technologischer Wandel und Verkürzung der Produktlebenszyklen, weltweiter Wettbewerb (Globalisierung) – um nur einige *wichtige* Umwelt- bzw. Umfeldveränderungen zu nennen.

Vor dem Hintergrund derartiger komplexer Umweltkonstellationen und ihrer hohen Veränderungsdynamik ist einsichtig, dass eine **klare Kursbestimmung** für Unternehmen immer wichtiger wird. Wenn Unternehmen „auf rauher See" bestehen bzw. überleben wollen, so müssen sie zunächst wissen, wo sie stehen (was m. a. W. ihre Ausgangsposition ist) und welche „Wunschorte" sie erreichen wollen. Erst dann können die optimale „Route" bestimmt und die geeigneten „Beförderungsmittel" festgelegt werden *(Abb. 3)*.

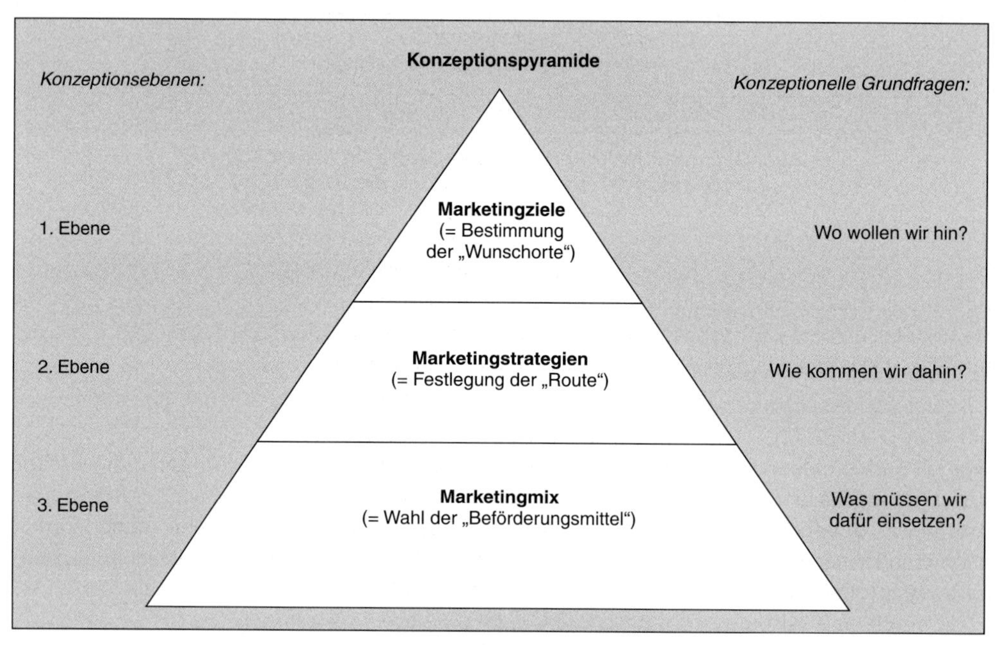


*Abb. 3: Die Konzeptionspyramide als Bezugsrahmen eines modernen Marketing-Managements*

Neue komplexe und dynamische Umweltbedingungen stellen jedenfalls deutlich höhere Anforderungen an die Steuerung der Unternehmen. Unternehmen brauchen deshalb umfassende, vollständige Handlungsanweisungen für das markt- bzw. kundengerechte unternehmerische Handeln. Dafür geeignete Marketing-Konzeptionen setzen abgestimmte Entscheidungen auf **drei Entscheidungsebenen** voraus, nämlich auf der Ziel-, der Strategie- und der Mixebene (= **konzeptionelle Kette**). Nur auf diese Weise ist eine *moderne* rentabilitäts- und (unternehmens-)wertorientierte Führung des Unternehmens möglich.

Konzeptionelles Vorgehen ist also dadurch gekennzeichnet, dass auf drei Ebenen jeweils spezifische Festlegungen getroffen werden. Die drei genannten Konzeptionsebenen können in dieser Hinsicht auch als drei logisch aufeinander folgende, aber zugleich interdependente Teilstufen eines **konzeptionellen Gesamtprozesses** aufgefasst werden. Dabei erfolgt von oben nach unten eine zunehmende Konkretisierung bzw. Detaillierung der zu treffenden Entscheidungen. Die Marketingziele legen angestrebte Positionen oder „Wunschorte“ fest (Frage: Wo wollen wir hin?), die Marketingstrategien fixieren die grundsätzliche Vorgehensweise oder „Route“ (Frage: Wie kommen wir dahin?) und der Marketingmix bestimmt die einzusetzenden Instrumente oder „Beförderungsmittel“ (Frage: Was müssen wir dafür einsetzen?). Damit wird deutlich, dass Wahl und Einsatz der richtigen operativen Marketinginstrumente („Beförderungsmittel“) die Festlegung von Zielen („Wunschorten“) und Strategien („Route“) *zwingend* voraussetzt; denn nur dann kann der Instrumenteneinsatz ziel-führend und strategie-adäquat gestaltet werden (und damit ungeplantes, ineffizientes Markthandeln („Aktionismus“) vermieden werden). Den Strategien kommt dabei insgesamt eine wichtige **Scharnierfunktion** zwischen Zielfestlegung einerseits und Instrumentenwahl andererseits zu.

Eine Marketing-Konzeption kann aufgefasst werden als ein schlüssiger, ganzheitlicher Handlungsplan („Fahrplan“), der sich an angestrebten Zielen („Wunschorten“) orientiert, für ihre Realisierung geeignete Strategien („Route“) wählt und auf ihrer Grundlage die adäquaten Marketinginstrumente („Beförderungsmittel“) festlegt.

Eine Marketing-Konzeption als grundlegender **Leitplan** des Unternehmens hat in hohem Maße eine koordinierende Funktion in Bezug auf alle markt- und kundenrelevanten Maßnahmen im gesamten Unternehmen, und zwar über alle hierarchischen Stufen hinweg. Diese **Funktion** kann sie jedoch nur dann erfüllen, wenn sie schriftlich als ein konsistentes Bündel von Handlungsanweisungen niedergelegt, von der Unternehmensleitung als verbindlich erklärt und ihre Akzeptanz zugleich auch Mitgliedschaftsbedingung im Unternehmen ist.

Die marketing-konzeptionelle Leitplanung des Unternehmens bedeutet gerade angesichts turbulenter Umweltkonstellationen – das wird teilweise immer noch missverstanden – keineswegs Starrheit. Sie erlaubt vielmehr regelmäßige **Kursüberprüfungen** und ggf. notwendige Kurskorrekturen (Flexibilität), die aufgrund einer vorhandenen konzeptionellen Leitplanung wesentlich fundierter und nachvollziehbarer vorgenommen werden können als bei Unternehmen, die vor allem durch ein vom Tagesgeschäft bestimmtes „aktionistisches“ Handeln, also einem eher kurzfristig orientierten Vorgehen, geprägt sind. Im Übrigen ermöglicht erst eine mittel- und langfristig orientierte Marketing-Konzeption, eine spezifische Kompetenz am Markt sowohl für das Unternehmen als auch seine Produkte bzw. Marken aufzubauen – und damit entsprechende Wettbewerbsvorteile für stark umkämpfte nationale wie globale Märkte.

## Aufgabe und Aufbau des Buches

Intention des Buches ist es, detailliert in die **Strukturierung und Ableitung** analytisch fundierter, ganzheitlicher, mehrstufig integrierter Marketing-Konzeptionen einzuführen.

Der Konzeptionelle Ansatz versucht, die *einseitige* Beschäftigung mit den taktisch-instrumentalen Maßnahmen (Marketinginstrumenten) – wie sie lange sowohl für Wissenschaft als auch Praxis typisch war (und z. T. noch ist) – zu überwinden. Unternehmerisches Handeln ist seinem Wesen nach zweck- oder zielorientiertes Handeln, d. h. jede unternehmerische (instrumentale) Realisierungsentscheidung setzt klare Zielsetzungen und adäquate Strategiemuster voraus. Insoweit muss zwischen Zielsetzungsentscheidungen einerseits und Zielerreichungsentscheidungen andererseits unterschieden werden. Unter diesem Aspekt bedingen vollständige, als unternehmerische Handlungsgrundlage geeignete **Marketing-Konzeptionen** folgende Entscheidungen:

1. Konzeptionsebene: **Marketingziele** = Ziel*setzungs*entscheidungen
2. Konzeptionsebene: **Marketingstrategien** } = Ziel*erreichungs*entscheidungen
3. Konzeptionsebene: **Marketingmix** }

Auf allen drei Konzeptionsebenen sind spezifische Sachentscheidungen zu treffen, die auf der Basis entsprechender Analysen und Verfahren abgeleitet bzw. bestimmt werden müssen. Insofern muss zwischen materiell-inhaltlichen Fragestellungen einerseits und solchen verfahrens- und rechentechnischer Art andererseits abgegrenzt werden. In der Wissenschaft wie auch in der Praxis wurden und werden häufig Sach- und Verfahrensfragen vermischt oder gar Verfahrensfragen einseitig in den Vordergrund gestellt (so wurden in der Wissenschaft z. B. Operations-Research-Modelle entwickelt, für die dann noch die zu lösenden Probleme gesucht werden mussten bzw. in der Praxis Methoden wie z. B. Portfolio-Analysen erarbeitet, die z. T. schon als inhaltliche Strategiekonzepte missverstanden wurden).

Im Rahmen des Konzeptionellen Ansatzes dieses Buches werden deshalb *Sach*fragen (materiell-inhaltliche Fragen) und *Verfahrens*fragen (analytisch-rechentechnische Fragen) bewusst getrennt. In den ersten *drei* Hauptteilen oder **Kernmodulen** (1. Teil: Marketingziele, 2. Teil: Marketingstrategien, 3. Teil: Marketingmix) stehen dabei zunächst die sach-inhaltlichen Fragen im Vordergrund. Erst auf Basis der jeweils differenziert herausgearbeiteten Sachentscheidungen (Entscheidungsalternativen) auf den drei verschiedenen Konzeptionsebenen können die entsprechenden verfahrenstechnischen Fragen diskutiert und dargestellt werden.

Alle drei Konzeptionsebenen mit ihren jeweils spezifischen Sach- und Verfahrensfragen werden als grundsätzlich **gleichrangige Bausteine** einer Marketing-Konzeption angesehen und behandelt. Marketing-Konzeptionen können nämlich nur dann als geeignete Handlungsgrundlage („Fahrplan") dienen, wenn sie schlüssig und vollständig sind, d. h. also sowohl Ziel-, Strategie- als auch Mixentscheidungen umfassen (= **konzeptionelle Kette**). Diesen drei marketing-konzeptionellen Grundfragen sind die ersten *drei* Teile des Buches gewidmet.

Neben den drei Hauptteilen oder Kernmodulen umfasst das Buch *zwei* weitere Teile oder **Zusatzmodule**, die sich spezifischen Frage- und Problemstellungen bei der Anwendung des Konzeptionellen Marketing widmen. In einem *vierten* Teil wird zunächst auf grundlegende Fragestellungen eines konzeptionell orientierten **Marketing-Managements** näher eingegangen. Hierbei stehen Grundfragen der Erarbeitung, Realisierung und Überprüfung von Marketing-Konzeptionen im Mittelpunkt, und zwar unter besonderer Berücksichtigung von marketing-prozessualen Aspekten. Hierbei handelt es sich um einen Themenkomplex, der in der Marketingliteratur – mit unterschiedlichen Abgrenzungen und Vertiefungsschwerpunkten – auch unter dem Stichwort **Marketingimplementierung** diskutiert wird.

Ein *fünfter* Teil widmet sich der personalen Dimension des Konzeptionellen Marketing. Unter der Überschrift **„Marketing-Konzeption und Marketing-Handlungssystem"** werden grundlegende handlungs- bzw. personenbezogene Umsetzungsfragen des Konzeptionellen Marketing („people make the concept work") behandelt – Fragestellungen, die in der Marketinglehre wie auch in der Marketingpraxis lange eher vernachlässigt, zumindest aber in ihrer

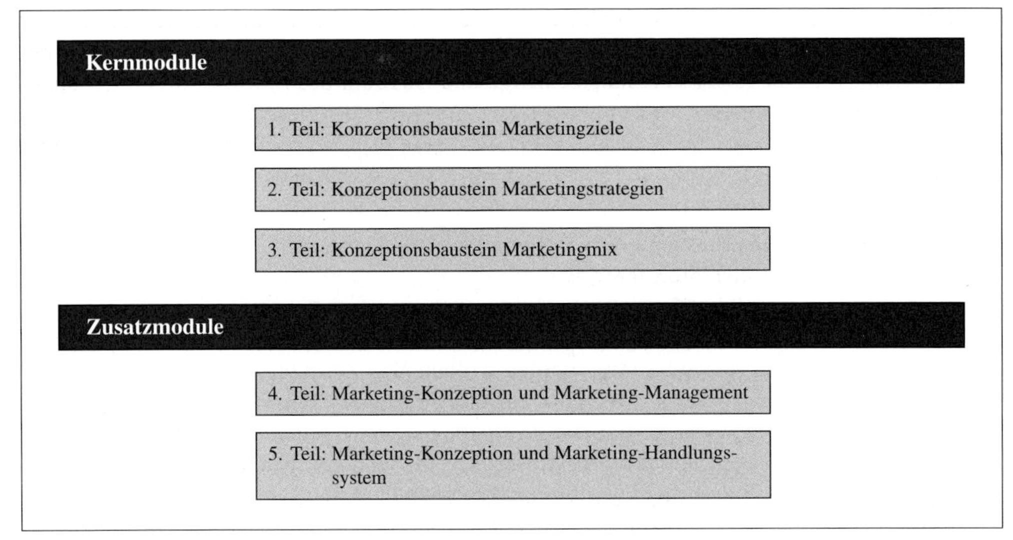


*Abb. 4: Modulstruktur und Themenbereiche des Buches*

Bedeutung unterschätzt wurden. Hierbei geht es zunächst einmal darum, wie ganzheitliche, detaillierte und integrierte Marketing-Konzeptionen aufgebaut und strukturiert werden müssen, um als professionelle, vollständige **Handlungsgrundlage** für das Konzeptionelle Marketing im Unternehmen dienen zu können. Darüber hinaus stehen Grundfragen der Marketingpersonen bzw. -handelnden selbst im Mittelpunkt der Betrachtung, und zwar sowohl das unternehmensinterne **Marketing-Personal** als Umsetzer des Konzeptionellen Marketing als auch wichtige, meistens unternehmensexterne **Marketing-Dienstleister** (wie Unternehmensberater, Werbeagenturen, Marktforschungsinstitute) als Umsetzungshelfer.

Damit ist das Buch insgesamt in **fünf Teile** gegliedert, und zwar in drei *Kern*module und zwei *Zusatz*module, was nicht nur einer vollständigen Stoffbewältigung dient, sondern auch einem modularen Aufbau von modernen Studiengängen entgegenkommt *(Abb. 4).*

## Lese-/Arbeitshinweise

Es entspricht der Logik eines *idealen* konzeptionellen Vorgehens im Unternehmen wie auch der gewählten Systematik des Buches, alle Teile des Buches – das gilt insbesondere für die ersten drei Module: Marketingziele, -strategien und -mix – in der vorgegebenen Reihenfolge zu lesen und durchzuarbeiten. Alle drei **Kernmodule** sind andererseits so konzipiert, dass sie auch – je nach Interessenlage oder Anlass – unabhängig voneinander bzw. in anderer Reihenfolge gelesen und durchgearbeitet werden können. Das wird dadurch erleichtert, dass jedem dieser Teile (Module) eine **Einführungsseite mit der Konzeptionspyramide** vorangestellt ist, die einen kurzen Überblick zu folgenden Punkten gibt:

- **Problemstellung,**
- **Lernziele,**
- **Stoffbehandlung.**

Anhand der in den ersten *drei* Teilen (Kernmodule: „Ziele“, „Strategien“, „Mix“) *integrierten* Darstellung der Konzeptionspyramide als Bezugsrahmen wird immer der **Zusammenhang** mit den jeweils anderen Teilen (Kernmodulen) des Buches hergestellt. Auf diese Weise kann der Leser (z. B. Studenten je nach Grund- oder Hauptstudium bzw. Praktiker je nach Funktion oder Hierarchie) *bedarfsgerecht* Reihenfolge und Auswahl des Stoffes wie der Problemstellungen selbst bestimmen.

Die beiden Zusatzmodule *vier* und *fünf* („Marketing-Management" und „Marketing-Handlungssystem") dienen der Abrundung und Vervollständigung der Thematik Konzeptionelles Marketing. Beide Module können auch unabhängig von den drei Kernmodulen („Ziele", „Strategien", „Mix") gelesen und erarbeitet werden. Das Zusatzmodul „Marketing-Management" ist u.a für diejenigen interessant, die sich vor allem den **management-prozessualen Aspekten** des Konzeptionellen Marketing widmen wollen und primär in den klassischen Management-Kategorien Planung, Organisation und Kontrolle denken bzw. im Rahmen dieser Funktionsbereiche tätig sind oder tätig werden wollen. Das Zusatzmodul „Marketing-Handlungssystem" legt dagegen den Fokus ganz auf das **personale Element** des Konzeptionellen Marketing. Hier werden wichtige Aspekte der personal- bzw. handlungsbezogenen Umsetzung diskutiert, angefangen von der Strukturierung vollständiger, ganzheitlicher Marketing-Konzeptionen als Handlungsgrundlage für Unternehmen über den Einsatz des spezialisierten Marketing-Personals als eigentliche Umsetzer des Konzeptionellen Marketing bis hin zu typischen Marketing-Dienstleistern (wie Berater, Agenturen, Institute) als wichtigen Umsetzungshelfern in der Marketingpraxis.

Insgesamt zeichnet sich das Buch durch sehr ausführliche Literatur-, Beispiel- und Sachverzeichnisse aus. Es ist somit nicht nur ein klares, modular aufgebautes **Lehrbuch** des modernen Marketing-Managements, sondern erfüllt zugleich die Funktion eines kompetenten **Nachschlagewerkes**, wie auch in Buchbesprechungen immer wieder hervorgehoben wird.

1

# 1. Teil: Konzeptionsebene der Marketingziele

## Inhaltsübersicht

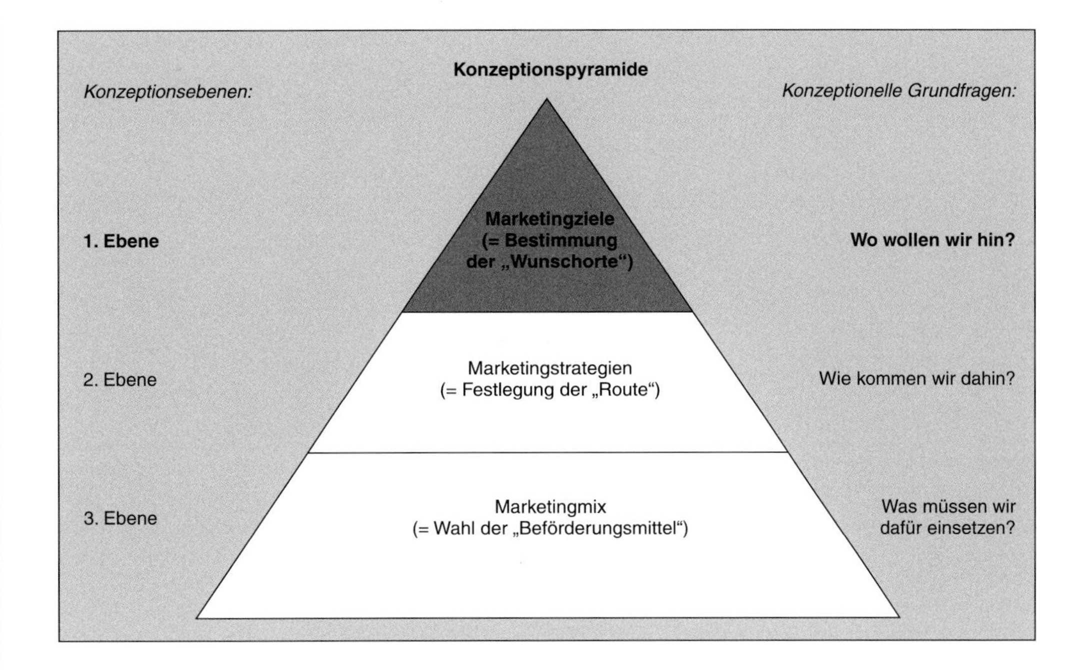


**Problemstellung:**
Unternehmerisches Handeln ist nur dann konsequent, wenn es zweck- bzw. zielgerichtet ist. Am Anfang des Führungsprozesses steht insoweit die Festlegung von Zielen im Sinne angestrebter Zustände oder Positionen („Wo wollen wir hin?“). Diese „Wunschorte“ müssen sowohl an der unternehmerischen Aufgabenstellung (Unternehmenszweck) als auch an den äußeren Bedingungen (Umfeld- und Wettbewerbsbedingungen) des Unternehmens anknüpfen.

**Lernziele:**
Dieser 1. Teil behandelt die Grundfragen der Zielableitung (mit Anwendungsbeispielen). Der Leser soll nach Durcharbeiten dieses Teils eine hinreichende Kenntnis aller ziel-relevanten Fragestellungen besitzen und zugleich in der Lage sein, für ein konkretes Unternehmen systematisch Ziele abzuleiten, entsprechend zu konkretisieren und ein hierarchisches Unternehmens- und Marketingzielsystem für eine konsequent marktorientierte Führung des Unternehmens zu entwickeln.

**Stoffbehandlung:**
Die Fragestellungen der Zielableitung werden in drei aufeinander aufbauenden Kapiteln diskutiert. Im I. Kapitel werden zunächst grundlegende unternehmerische Zielkategorien herausgearbeitet und eine hierarchische Zielpyramide vorgestellt. Im II. Kapitel werden dann die verschiedenen Arten von Marketingzielen und ihre systematische Ableitung aufgezeigt, während im III. Kapitel spezielle Operationalisierungsfragen (-probleme) und Grundfragen der Zielsteuerung im Zeitablauf behandelt werden.

**Vorbemerkungen:** Die moderne Betriebswirtschaftslehre ist dadurch gekennzeichnet, dass sie die **unternehmerischen Entscheidungen** zentral in den Vordergrund der Betrachtung gerückt hat, d. h. sie bemüht sich, ihr Erkenntnisobjekt systematisch in Kategorien des Entscheidungsprozesses zu analysieren. Bei der Analyse des Entscheidungsprozesses hat man – zumindest in der deutschsprachigen Literatur – schon relativ früh deutlich zwischen Ziel*setzungs*entscheidungen einerseits und Ziel*erreichungs*entscheidungen andererseits (bzw. Ziel- und Mittelentscheidungen) zu unterscheiden gesucht (*Koch,* 1962; *Heinen,* 1976).

Dieser Untersuchungsansatz hat zu einer **breiten Zieldiskussion** im Rahmen der Betriebswirtschaftslehre – in Form von speziellen Veröffentlichungen – geführt (*Bidlingmaier,* 1964 bzw. 1968; *Heinen,* 1966 bzw. 1976; *Schmidt-Sudhoff,* 1967; *Berthel,* 1973; *Hamel,* 1974; *Hauschildt,* 1977; *Schneider,* 1978; *Kupsch,* 1979), während in der angelsächsischen Managementlehre wie auch in der an ihr orientierten deutschen Unternehmensführungslehre die Zielfrage nicht in dem Maße problematisiert worden ist (vgl. u. a. *Ansoff,* 1966; *Koontz/O'Donnell,* 1976; *Glueck,* 1980; *Daft,* 1991; *Thompson,* 1993; *Mintzberg,* 1994 bzw. 1995 und Kuhn, 1990; *Staehle,* 1994; *Steinmann/Schreyögg,* 2000; *Hungenberg,* 2000; 2014; *Macharzina,* 2003 bzw. *Macharzina/Wolf,* 2008; 2015). Bei der Behandlung der Zielfrage ist zunächst etwas einseitig auf die oberen Unternehmensziele abgestellt worden; erst später wurden stärker die Funktionsbereichsziele in den einzelnen Funktionsbereichslehren berücksichtigt. In diesem Zusammenhang wurden allmählich die **Marketingziele** vor allem in neueren, deutschsprachigen Marketing-Darstellungen näher diskutiert (*Nieschlag/Dichtl/Hörschgen,* 1972 bzw. 2002; *Hill/Rieser,* 1990; *Scheuch,* 1996; *Meffert,* 1994 b; 2000 bzw. *Meffert/Burmann/Kirchgeorg,* 2008; 2015), während die amerikanische Marketingliteratur – in hohem Maße Vorbild und Muster für die moderne deutschsprachige Marketinglehre – keine differenzierteren und umfassenderen Einsichten zum Themenkomplex der Marketing- und Unternehmensziele bietet (vgl. etwa *Cundiff/Still,* 1971; *Bell,* 1972; *Rosenberg,* 1977; *Aaker,* 1984; *Jain,* 1985; *Assael,* 1990; *Cravens,* 1997; *Wilson/Gilligan,* 1997; *Kotler/Bliemel,* 2001; *Kotler/Keller/Bliemel,* 2007 bzw. *Kotler/Keller/Opresnik*, 2017).

Konzeptionelles Marketing, das in diesem Buch differenziert und umfassend herausgearbeitet werden soll, ist jedoch gerade dadurch gekennzeichnet, dass dem notwendigen operativen Marketinghandeln (= Instrumenteneinsatz) entsprechende Zielplanungen (= Bestimmung der „Wunschorte" bzw. Zielpositionen) sowie adäquate Strategieplanungen (= Festlegung der „Route" bzw. Handlungsregeln/-rahmen) vorausgehen müssen. Nur so ist ein **schlüssiges Marketinghandeln,** insbesondere in mittel- und langfristiger Sicht, möglich. Konzeptionelles Marketing beginnt insofern mit klaren Zielfestlegungen.

## I. Unternehmerische Zielsetzungen als Ausgangspunkt

Bevor auf die Komplexität und Differenziertheit von Marketingzielen im Einzelnen eingegangen wird bzw. eingegangen werden kann, müssen zunächst grundlegende Fragen der unternehmerischen Zielsetzungen („Oberziele" des Unternehmens) insgesamt behandelt werden. Dabei stehen vor allem **zwei Fragenkreise** im Vordergrund:

- **Grundfragen der Zielstrukturierung** (speziell Fragen der Zielordnung einschließlich Zielbeziehungen sowie Operationalisierungsfragen),
- **Gestaltung des Zielsystems** (insbesondere Fragen der Hierarchisierung von Zielen).

Damit werden die notwendigen Voraussetzungen geschaffen, um anschließend die Marketingziele zielhierarchisch konsistent einordnen und spezifische Probleme der Zielgestaltung im Marketing behandeln bzw. Ansätze zu ihrer Lösung aufzeigen zu können.

## 1. Typische Oberziele des Unternehmens

Eine für ein Unternehmen zu erarbeitende Marketing-Konzeption kann nur auf der Basis konkreter Marketingziele schlüssig abgeleitet werden. Marketingziele sind jedoch keine autonomen Ziele, sondern sie müssen an den **Oberzielen** des Unternehmens anknüpfen, denn die Erfüllung von Marketingzielen dient letztlich der Realisierung von unternehmerischen Oberzielen. Insoweit muss zunächst auf die unternehmerischen Oberziele eingegangen werden.

Unternehmensziele („Wunschorte") stellen ganz allgemein Orientierungs- bzw. Richtgrößen für unternehmerisches Handeln dar („Wo wollen wir hin?"). Sie sind konkrete Aussagen über angestrebte Zustände bzw. Ergebnisse, die aufgrund von unternehmerischen Maßnahmen erreicht werden sollen.

Die traditionelle Theorie der Unternehmung hat – gleichsam als konsequenteste Ausprägung des sog. erwerbswirtschaftlichen Prinzips, das für unter marktwirtschaftlichen Globalbedingungen operierende Unternehmen gültig ist – das Streben nach **maximalem Gewinn** („Gewinnmaximierung") als Zentralziel unterstellt (*Heinen,* 1976, S. 28 f.). Demgegenüber haben die Befunde der modernen Zielforschung ergeben, dass diese klassische Gewinnmaximierungshypothese in ihrem absoluten Sinn nicht mehr aufrechterhalten werden kann (*Heinen,* 1976, S. 30 ff.; *Kordina-Hildebrandt/Hildebrandt,* 1979, S. 319 ff.). Jedenfalls bedeutet diese Hypothese eine zu einseitige Fixierung auf den „homo oeconomicus". Die Erklärung unternehmerischen Handelns wird nämlich dann, wenn das Streben nach dem Gewinnmaximum als absolutes Prinzip des Wirtschaftens formal beibehalten wird, im Grunde zur reinen „Entscheidungslogik mit ausgeklammertem Wirklichkeitsbezug" (*Wiswede,* 1974, S. 145) denaturiert.

Wesentliche Einsichten in das Unternehmensverhalten bzw. die unternehmerischen Zielsetzungen selbst sind vor allem der interdisziplinär betriebenen Verhaltensforschung, speziell amerikanischer Prägung, und daran anknüpfenden deutschen Untersuchungen zu verdanken. Sie hat schon relativ früh die einseitige rationale Dimension des Gewinnstrebens jedenfalls um einige wesentliche psycho-soziale Aspekte erweitert. Eine grundlegende Einsicht dieser Verhaltensforschung besteht einmal darin, dass Unternehmen offensichtlich nicht nach maximalem, sondern nach **zufrieden stellendem Gewinn** („Satisfizing Profit") streben. So unbestimmt dieser Begriff zunächst auch ist, so vermag er dennoch Differenzierungen des grundsätzlichen Gewinnstrebens sichtbar zu machen. Zumindest relativiert er das abstrakte Gewinn-(maximierungs-)ziel im Sinne einer „genügsamen Rationalität" (*Bidlingmaier,* 1964, S. 172 ff., vgl. auch *Macharzina,* 2003, S. 190), wie das die moderne Entscheidungstheorie formuliert hat. Verhaltenswissenschaftliche Untersuchungen haben im Übrigen auch deutliche Anhaltspunkte dafür ergeben, dass Unternehmen ihren Entscheidungen vielfach gar nicht oder zumindest nicht in erster Linie Gewinnziele zugrunde legen, sondern vielmehr **Umsatz- bzw. Marktanteilsziele.** Das gilt insbesondere dann, wenn bereits ein bestimmter Mindestgewinn erreicht ist. Diese Verhaltensweise ist offensichtlich für oligopolistisch strukturierte Märkte (= einige wenige Anbieter) besonders typisch (*Heinen,* 1976, S. 65; *Simon,* 1992 b, S. 214).

In diesem Zusammenhang müssen jedoch *zwei* grundlegende Aspekte berücksichtigt werden: das Verfolgen jener zuletzt genannten Ziele ist einerseits Kennzeichen einer psycho-sozialen Motivation, die in dem Streben nach Sicherung bzw. Ausbau der Markt- und damit Machtposition ihren Ausdruck findet. Andererseits muss diese Zielorientierung aber gar nicht im Gegensatz zum wie auch immer gearteten Gewinnziel der Unternehmung stehen. Im Gegenteil: vielfach ist die Realisierung bestimmter Umsatz- und Marktanteilsziele als **Voraussetzung** zumindest mittel- und langfristig orientierter Gewinnpolitik überhaupt anzusehen. In diesem Sinne hat z. B. das empirische *PIMS*-Forschungsprogramm im Rahmen seiner Erfolgsfaktorenforschung u. a. auch wichtige Zielbeziehungen aufgedeckt, etwa die relativ enge Korrelation zwischen Gewinn (bzw. ROI) und Marktanteil (*Buzzell/Gale,* 1989; siehe hierzu auch die Darlegungen im 2. Teil „Strategien", speziell im Abschnitt zu marktfeld-strategischen Selektionsfragen).

## 2. Grundfragen der Strukturierung von Zielen

Eine zentrale Aussage der empirischen Zielforschung betrifft die Multidimensionalität des Zielsystems der Unternehmung. Diese Multidimensionalität ist dadurch charakterisiert, dass Unternehmen durchweg mehrere Ziele zugleich, d. h. also Zielkombinationen, zu verfolgen suchen. Damit stellt sich zunächst einmal die Frage nach den **Arten** der unternehmerischen Zielsetzungen überhaupt. Wenn Unternehmen – wie empirisch nachgewiesen – stets mehrere, zum Teil sehr heterogene Ziele „simultan" zu realisieren trachten, so stellt sich zudem die Frage der (Rang-)Ordnung der unternehmerischen Ziele.

Was die Arten von Zielen einerseits und ihre Ordnung untereinander andererseits angeht, so handelt es sich bei diesen Fragestellungen gleichsam um den ersten Schritt der Strukturierung des unternehmerischen Zielsystems. Er kann auch als Stufe der **Kategorisierung** (= Systematisierung hinsichtlich der Arten und Ordnung von Zielen) aufgefasst werden. Die Strukturierung von Zielsystemen, die als Grundlage (Grundorientierung) unternehmerischer Entscheidungen dienen soll, bedarf dann noch in einem zweiten Schritt der **Konkretisierung** (= Operationalisierung im Sinne eindeutiger Messvorschriften).

Mit den folgenden Darlegungen zur Zielkategorisierung einerseits und zur Zielkonkretisierung andererseits sollen die allgemeinen Grundlagen gelegt werden für eine anschließende spezielle Behandlung der Marketingziele.

### a) Fragen der Ziel-Kategorisierung

Im Rahmen dieser Thematik soll zunächst auf die Zielartenfrage (= Zielspektrum) eingegangen werden, um daran anschließend die Frage der Zielordnung (= Zielreihenfolge) zu behandeln. In der betriebswirtschaftlichen Literatur findet sich eine Vielzahl von **Zielkatalogen,** die – so heterogen sie zum Teil auch sind – sich durchweg auf empirische Befunde stützen bzw. berufen. Allerdings ist es bislang nicht gelungen, ein umfassendes oder gar vollständiges Beschreibungssystem für unternehmerische Ziele zu entwickeln (*Fritz/Förster/Raffée/Silberer,* 1985, S. 390; *Fritz/Förster/Wiedmann/Raffée,* 1988, S. 579 f.; *Macharzina/Wolf,* 2008, S. 206 ff.).

#### aa) Unternehmerische Basisziele und empirische Befunde

Aus der Fülle möglicher unternehmerischer Antriebskräfte hat man empirisch besonders **typische Unternehmensziele** zu erfassen versucht (*Heinen,* 1976, S. 59 ff.; *Kordina-Hildebrandt/Hildebrandt,* 1979, S. 328 ff. sowie Überblicke bei *Aaker,* 1989, S. 141 f. und *Macharzina/Wolf,* 2008, S. 210 ff.). Folgende Ziele werden dabei immer wieder genannt:

- **Gewinn,**
- **Rentabilität,**
- **Marktanteil/Marktposition,**
- **Umsatz,**
- **Wachstum,**
- **Unabhängigkeit,**
- **Sicherheit,**
- **Soziale Verantwortung,**
- **Kundenpflege,**
- **Prestige.**

Was den Stellenwert (Rangfolge) solcher Zielsetzungen betrifft, so haben sowohl deutsche, amerikanische als auch japanische Untersuchungen die dominierende Bedeutung von **Gewinn bzw. Rentabilität** und Marktanteil (-position) als unternehmerische Oberzielsetzungen bestätigt. Die Erfassung anderer Zielarten und die Identifizierung ihres Stellenwertes weist in den Untersuchungen größere Unterschiede auf (was auf Unterschieden im Erfassungszeitraum wie im Untersuchungsansatz beruht, s. a. *Macharzina/Wolf,* 2008, S. 224 ff.).

Eine vergleichsweise neue empirische Untersuchung bestätigt ebenfalls die Dominanz von Gewinnzielen (speziell die langfristig orientierte Gewinnerzielung), zum anderen werden angesichts verschärfter Markt- und Wettbewerbsverhältnisse zusätzlich wichtige „neue" Ziele wie **Kosteneinsparungen/Produktivitätssteigerungen** oder auch Sicherung der Wettbewerbsfähigkeit in den Vordergrund des unternehmerischen Handelns gerückt. Darüber hinaus taucht – im Gegensatz zu früheren Untersuchungen – der **Umweltschutz** als eigenes Ziel mit hohem Stellenwert auf (*Meffert/Kirchgeorg,* 1992). *Abb. 5* gibt die Ergebnisse i. E. wieder.

Bei diesen empirisch erfassten Unternehmenszielen handelt es sich insgesamt um wesentliche Triebfedern unternehmerischen Handelns; allerdings liegen die genannten Zielarten auf sehr unterschiedlichen Ebenen. Wenn auch die Ableitung eines generell gültigen, konsistenten Zielsystems aufgrund der Vielzahl von Zielen im Prinzip unlösbar erscheint, so gibt es immerhin Versuche, einen Zielkatalog zu entwickeln, der z. B. auf **Basiskategorien** von Unternehmenszielen fußt (*Ulrich/Fluri,* 1993, S. 97 f.; s. a. *Macharzina,* 2003, S. 196 ff.):

**(1) Marktleistungsziele:**
- Produktqualität,
- Produktinnovation,
- Kundenservice,
- Sortiment.

**(2) Marktstellungsziele:**
- Umsatz,
- Marktanteil,
- Marktgeltung,
- neue Märkte.

**(3) Rentabilitätsziele:**
- Gewinn,
- Umsatzrentabilität,
- Rentabilität des Gesamtkapitals,
- Rentabilität des Eigenkapitals.

**(4) Finanzielle Ziele:**
- Kreditwürdigkeit,

| Zielgewichtung | Sehr viel Wert – Überhaupt kein Wert<br>1 2 3 4 5 6 | ø Wert | Rang |
|---|---|---|---|
| Kurzfristige Gewinnerzielung | | 3,09 | 13 |
| Langfristige Gewinnerzielung | | 1,42 | 2 |
| Umsatz | | 2,50 | 12 |
| Marktanteil | | 2,15 | 10 |
| Erschließung neuer Märkte | | 1,70 | 7 |
| Kosteneinsparungen | | 1,52 | 4 |
| Produktivitätssteigerungen | | 1,48 | 3 |
| Umweltschutz | | 1,88 | 8 |
| Erhaltung von Arbeitsplätzen | | 1,93 | 9 |
| Unternehmens-/Produktimage | | 1,57 | 6 |
| Mitarbeitermotivation | | 1,56 | 5 |
| Kooperation mit dem Handel | | 2,28 | 11 |
| Sicherung der Wettbewerbsfähigkeit | | 1,19 | 1 |

*Quelle: Meffert/Kirchgeorg,* 1992, S. 181

*Abb. 5: Prioritäten im Zielsystem der Unternehmen (Beispielperiode)*

- Liquidität,
- Selbstfinanzierung,
- Kapitalstruktur.

(5) **Macht- und Prestigeziele:**
- Unabhängigkeit,
- Image und Prestige,
- Politischer Einfluss,
- Gesellschaftlicher Einfluss.

(6) **Soziale Ziele:**
- Einkommen und soziale Sicherheit,
- Arbeitszufriedenheit,
- Soziale Integration,
- Persönliche Entwicklung.

(7) **Gesellschaftsbezogene Ziele:**
- Umweltschutz und Vermeidung sozialer Kosten der Unternehmenstätigkeit,
- Nicht-kommerzielle Leistungen für externe Anspruchsgruppen des Unternehmens,
- Beiträge an die volkswirtschaftliche Infrastruktur,
- Sponsoring (finanzielle Förderung von Kultur, Wissenschaft und gesellschaftlicher Wohlfahrt).

Dieser Zielkatalog verdeutlicht, dass in das Zielsystem der Unternehmung eine Vielzahl von (Teil-)Zielen eingehen können. Die hier unterschiedenen Zielkategorien liegen dabei auf ganz verschiedenen Ebenen. Die Marktleistungs- und die Marktstellungsziele bilden für die Erreichung der Rentabilitätsziele (als den unternehmerischen „Oberzielen") **grundlegende Voraussetzungen.** Die finanziellen Ziele andererseits stecken Bedingungen ab, unter denen die Realisierung von Rentabilitäts- bzw. Marktzielen überhaupt erst möglich wird. Die sozialen und gesellschaftsbezogenen Ziele sind wesentliche Begleitziele, die unabhängig von ihrer übergeordneten, zum Teil gesetzlich verankerten Relevanz zugleich einen nicht unerheblichen „Kulturfaktor" für die Erreichung rein ökonomischer Ziele (1.–3. Kategorie) darstellen. Macht- und Prestigeziele scheinen von den Kernzielsetzungen der Unternehmung am weitesten „entfernt" zu sein, ohne dass jedoch ihr Effekt begrenzender wie verstärkender Art in Bezug auf die ökonomischen Ziele unterschätzt werden darf.

Neben der (empirischen) Erfassung von Zielarten überhaupt sind immer wieder Versuche unternommen worden, auch Einsichten in das **Prioritätengefüge** von Zielen zu gewinnen, und zwar z. T. auch differenziert nach Wirtschaftssektoren (z. B. *Fritz/Förster/Raffée/Silberer,* 1985). Eine Übersicht *(Abb. 6)* gibt die wichtigsten Ergebnisse verschiedener Untersuchungen zu den Zielprioritäten von Industrieunternehmen wieder. Auffallend ist insgesamt bei diesen Untersuchungsergebnissen, dass Gewinn- bzw. Rentabilitätsziele jeweils *nicht* (mehr) an erster Stelle stehen, sondern dass andere Ziele, wie Sicherung des Unternehmensbestandes, Wettbewerbsfähigkeit und Kundenzufriedenheit, in den Vordergrund gerückt sind (waren).

Vergleichbare neuere deutsche Untersuchungen zu Zielen und Zielprioritäten liegen bislang nicht vor.

Eine jüngere amerikanische Untersuchung über **wichtige Erfolgsgrößen** aus Sicht von Marketing-Managern identifizierte folgende fünf „Top-Größen" (*Bendle/Farris/Pfeifer/Reibstein*, 2010): 1. Gewinn, 2. Deckungsbeitrag/Marge, 3. Return-on-Investment, 4. Kundenzufriedenheit, 5. Absatz.

| *Fritz/Förster/Raffée/Silberer* (1985) | *Fritz/Förster/Wiedemann/Raffée* (1988) | *Raffée/Fritz* (1992) |
|---|---|---|
| 1. Sicherung des Unternehmensbestandes | 1. Wettbewerbsfähigkeit | 1. Kundenzufriedenheit |
| 2. Qualität des Angebots | 2. Qualität des Angebots | 2. Sicherheit des Unternehmensbestandes |
| 3. Gewinn | 3. Sicherung des Unternehmensbestandes | 3. Wettbewerbsfähigkeit |
| 4. Deckungsbeitrag | 4. qualitatives Wachstum | 4. Qualität des Angebots |
| 5. soziale Verantwortung | 5. Ansehen in der Öffentlichkeit | 5. langfristige Gewinnerzielung |
| 6. Ansehen in der Öffentlichkeit | 6. Verbraucherversorgung | 6. Gewinnerzielung insgesamt |
| 7. Unternehmenswachstum | 7. Deckungsbeitrag | 7. Kosteneinsparungen |
| 8. Verbraucherversorgung | 8. Gewinn | 8. gesundes Liquiditätspolster |
| 9. Marktanteil | 9. soziale Verantwortung | 9. Kundenloyalität |
| 10. Macht und Einfluss auf dem Markt | 10. Umweltschutz | 10. Kapazitätsauslastung |
| 11. Umweltschutz | 11. Verbraucherversorgung mit umweltfreundlichen Produkten | 11. Rentabilität des Gesamtkapitals |
| | 12. Unabhängigkeit | 12. Produktivitätssteigerungen |
| | 13. Umsatz | 13. finanzielle Unabhängigkeit |
| | 14. Marktanteil | 14. Mitarbeiterzufriedenheit |
| | 15. quantitatives Wachstum | 15. Umsatz |
| | 16. Macht und Einfluss auf dem Markt | 16. Erhaltung und Schaffung von Arbeitsplätzen |

*Abb. 6: Ziele und Zielprioritäten industrieller Unternehmen*

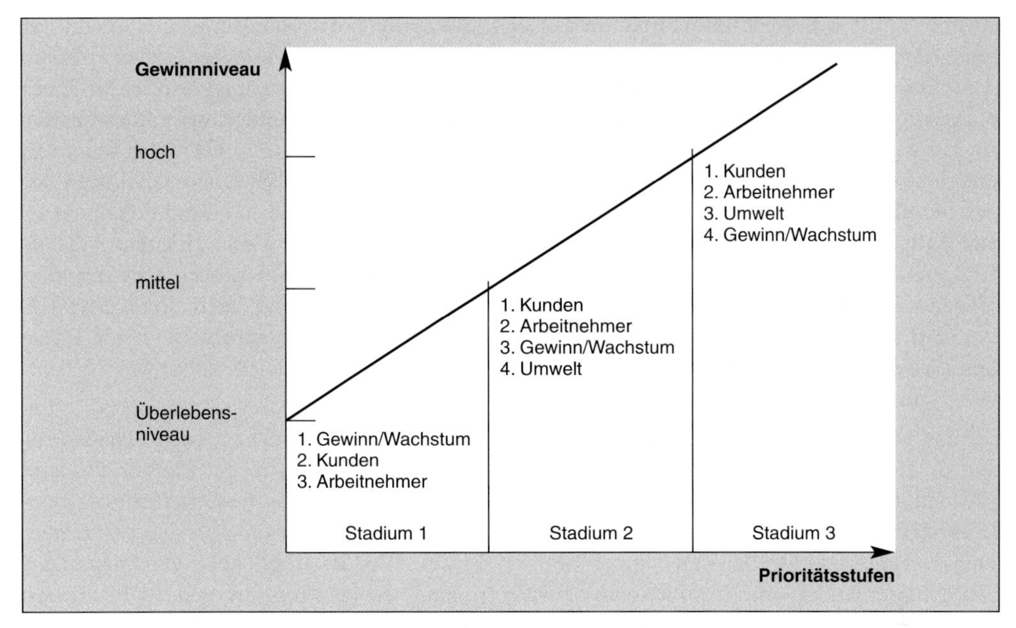


*Quelle: nach Ansoff,* 1984, S. 141

*Abb. 7: Gesellschaftsorientierte Änderung der Ziel-Prioritäten nach Stadien*

Auch bei Berücksichtigung der Schwierigkeit derartiger empirischer Untersuchungen und ihrer nur relativen Aussagefähigkeit wird jedenfalls deutlich, dass das Gewinn- bzw. Rentabilitätsziel von anderen Zielen (wie Sicherheits- und Qualitätsziel) „überlagert" wird bzw. eben nicht allein dominierend ist. Die Untersuchungen haben zugleich ergeben, dass die Art der Zielverfolgung bzw. die Zielprioritäten auch von **situativen Komponenten** wie Unternehmensgröße, Konkurrenzintensität oder auch Delegation der Unternehmerfunktion abhängig sind (*Fritz/Förster/Raffée/Silberer,* 1985, S. 382 ff.; *Macharzina,* 2003, S. 191 ff.).

Neben diesen genannten situativen Faktoren nehmen im Laufe der Unternehmensentwicklung immer stärker **gesellschaftsorientierte Faktoren** Einfluss auf die Zielgewichtung, wie *Abb. 7* zu skizzieren versucht.

In Abhängigkeit vom jeweiligen **Überlebens- bzw. Gewinn-Niveau** eines konkreten Unternehmens erlangt – wenn in Stadium 1 ein Mindestniveau beim Gewinn realisiert ist – in Stadium 2 dann die Kunden- und Arbeitnehmer-Orientierung Priorität. Im 3. Stadium rangiert schließlich auch die Umwelt-Orientierung noch vor der klassischen Gewinn-Orientierung. Diese (idealtypische) Zielgewichte-Verlagerung gewinnt nicht zuletzt angesichts der zunehmenden Umweltproblematik ohne Zweifel mehr und mehr empirisch-praktische Relevanz.

### *ab) Grundfragen der Zielordnung*

Die bisherigen Überlegungen zu den Zielarten haben gezeigt, dass das Gewinnziel allein – speziell in seiner extremsten Form der Gewinnmaximierung – die Orientierung unternehmerischen Handelns nur unvollständig bzw. nur sehr einseitig zu umschreiben vermag. Typisch für unternehmerisches Handeln ist vielmehr das Verfolgen sehr **komplexer Zielsetzungen.** Die

Einsicht in die Komplexität unternehmerischer Zielsetzungen darf allerdings nicht dazu verleiten, den Zwang zur Gewinnorientierung des unternehmerischen Verhaltens zu übersehen. „Die Erzielung eines möglichst hohen Gewinns ist erklärtes Steuerungsinstrument eines marktwirtschaftlichen Systems, und von daher hat Gewinnstreben grundsätzlich einen breiten Legitimationsbereich" (*Raffée,* 1974, S. 142, siehe hierzu auch *Reich,* 1991). Das heißt mit anderen Worten: Das Zielsystem des Unternehmens ist zwar durch ein ganzes Spektrum unterschiedlicher Ziele geprägt, zugleich aber spielt das Gewinnziel darin eine durchaus **zentrale Rolle** (*Kumar,* 1985). Die anderen Zielvorstellungen können in dieser Hinsicht z. T. als Einschränkungen („Restrictions") und Begrenzungen („Limitations") eben dieses grundlegenden Gewinnziels aufgefasst werden (*White,* 1960, S. 198, siehe auch *Hettich,* 1979, S. 172 ff.). Andererseits gibt es – wie noch im Einzelnen zu zeigen sein wird – eine Reihe von Zielen, deren Verfolgung zugleich die Realisierung des Gewinnziels zumindest phasenweise stützt.

Für das Verständnis der Rangstrukturen von Zielen und der damit verbundenen Konsequenzen für die Zielordnung (= Zielrangfolge) ist zunächst die Einsicht in die Zielbeziehungen notwendig. Letztlich kann nur auf der Basis dieser Einsichten die für die Strukturierung des Zielsystems der Unternehmung notwendige Abgrenzung der Ziele nach Ober- und Unterzielen bzw. Haupt- und Nebenzielen vorgenommen werden. Was die möglichen Beziehungen der Ziele untereinander betrifft, so können generell folgende **Zielbeziehungstypen** unterschieden werden (*Heinen,* 1976, S. 94 ff.; *Kupsch,* 1979, S. 26 ff.; *Wild,* 1982, S. 62 ff.):

**Komplementäre Beziehungen** (= Ziel-Harmonie),
**Konkurrierende Beziehungen** (= Ziel-Konflikt),
**Indifferente Beziehungen** (= Ziel-Neutralität).

Das soll jeweils an der Beziehung zwischen zwei Zielen näher verdeutlicht werden *(Abb. 8).*

Die **Beziehung** zwischen zwei Zielen ist dann *komplementär,* wenn die Realisierung des Zieles $Z_1$ die Realisierung des Zieles $Z_2$ fördert (z. B.: Gewinn und Rentabilität). Diesen Fall verdeutlicht die Kurve in *Abb. 8a.* Führt dagegen die Verfolgung des Zieles $Z_1$ zu einem geringeren Erfüllungsgrad des Zieles $Z_2$, so ist die Zielbeziehung zwischen $Z_1$ und $Z_2$ *konkurrierend.* Beide Ziele befinden sich also in einem Konflikt (z. B.: Rentabilität und Liquidität). Diese Konfliktbeziehung bildet die Kurve in *Abb. 8b* ab. *Indifferente* Zielbeziehungen sind demgegenüber dadurch charakterisiert, dass die Realisierung des Zieles $Z_1$ auf die Erreichung des Zieles $Z_2$ keinen (wesentlichen bzw. erkennbaren) Einfluss ausübt; beide Ziele verhalten sich dann neutral zueinander (z. B.: bestimmte soziale Ziele und Marktanteil). Diese Beziehungsart wird durch die Kurven in *Abb. 8c* repräsentiert. Derartige indifferente Zielbeziehungen bilden jedoch – zumal, wenn das Zielsystem insgesamt berücksichtigt wird und nicht, wie hier modellhaft, nur zwei Ziele isoliert betrachtet werden – in der Realität eher die Ausnahme **(= Problem verdeckter Zielbeziehungen).**

Komplementär- und Konkurrenzbeziehungen wie auch Indifferenzbeziehungen zwischen Zielen können über den gesamten Entscheidungsrahmen hinweg bestehen oder auch nur einen bestimmten Ausschnitt umfassen. Insofern müssen *totale* und *partiale* Zielbeziehungen unterschieden werden. Den Fall einer totalen Zielbeziehung kennzeichnen jeweils die Kurven a), b) und c) in *Abb. 8.* Bei realen Bedingungen ökonomischen Handelns muss in der Regel aber von einem **Wechsel der Beziehungsstrukturen** innerhalb des Entscheidungsrahmens ausgegangen werden (*Heinen,* 1976, S. 100 f.; *Wild,* 1982, S. 62 ff.). Das bedeutet, dass für Zielbeziehungen in der Realität vor allem partiale Zielbeziehungsfunktionen typisch sind. Für sie ist zugleich charakteristisch, dass sie sich durchweg als nicht-lineare Beziehungen darstellen,

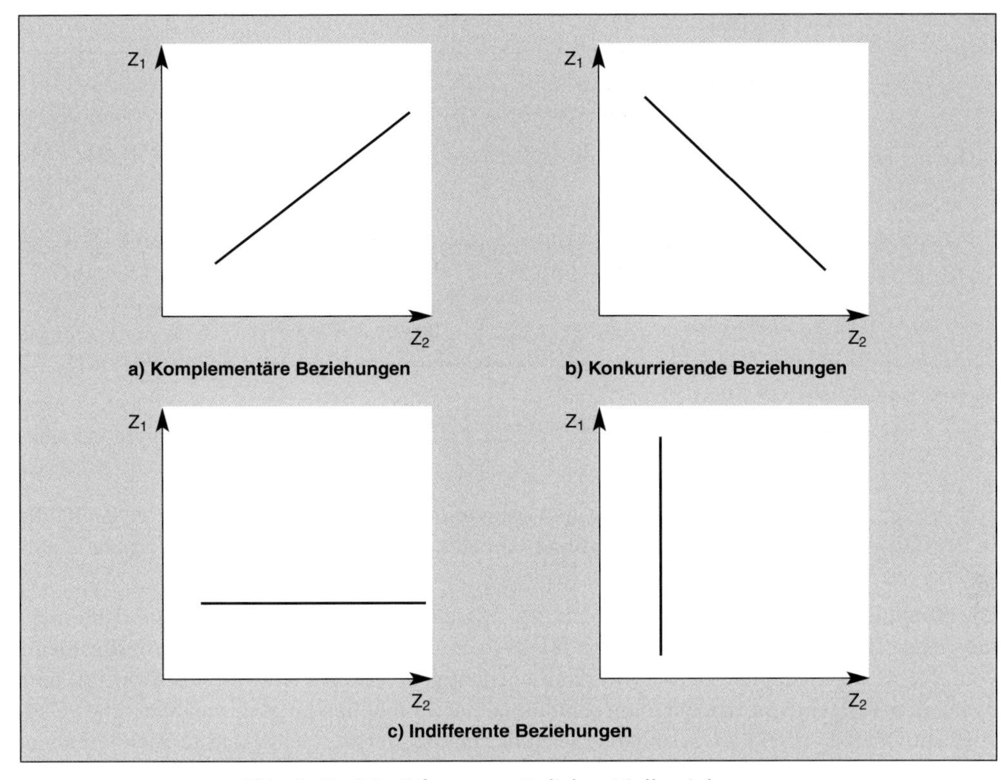


*Abb. 8: Drei Basisformen möglicher Zielbeziehungen*

was eine erhebliche Erschwerung der kombinativen Zielableitung bedeutet (vgl. hierzu Abschnitt III. Grundfragen der Formulierung von Marketingzielen).

Nachdem die möglichen Zielbeziehungsstrukturen skizziert worden sind, soll nunmehr auf die damit verknüpften Fragen der

- **Ober- und Unterziele** einerseits sowie
- **Haupt- und Nebenziele** andererseits

näher eingegangen werden.

### *ac) Ober- und Unterziele bzw. Haupt- und Nebenziele*

Die Frage der Ober- und Unterziele resultiert aus der **Mittel-Zweck-Beziehung** von Zielen, die dadurch gekennzeichnet ist, dass ein bestimmtes Ziel Mittelcharakter für die Erfüllung eines übergeordneten Zieles besitzt. Das bedeutet zugleich, dass ein Oberziel innerhalb eines bestimmten Entscheidungsbereiches durch das Unterziel substituierbar ist (*Heinen,* 1976, S. 103). Eine derartige Relation zwischen Ober- und Unterzielen bringt in dieser Hinsicht auch eine bestehende „Komplementaritätsbeziehung" zum Ausdruck. Folgende schematischen Darstellungen *(Abb. 9)* verdeutlichen formal-logisch die Ordnung von Zielen, auf deren Basis eine Zielhierarchie aufgebaut werden kann.

Aus dieser Übersicht geht hervor, dass das Ziel C das Oberziel darstellt, während die Ziele D, G, F und B jeweils Unterziele sind. Die Ziele A und E können andererseits – je nach Be-

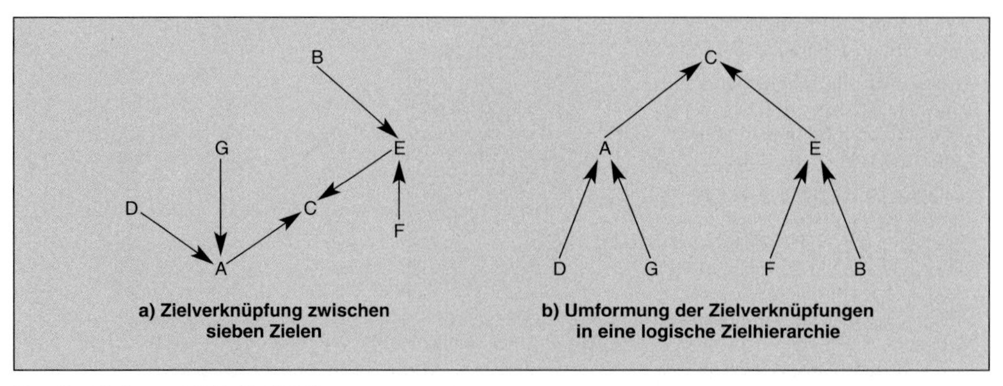


*Quelle: Heinen,* 1976, S. 104 f.

*Abb. 9: Ordnung von Zielen und Mittel-Zweck-Beziehungen*

zugsgröße – sowohl als Ober- als auch als Unterziele aufgefasst werden. Derartige Ziele, die in der Zielhierarchie eine Art **Mittelstellung** einnehmen, können auch als Zwischenziele aufgefasst werden.

Die Kenntnis der Mittel-Zweck-Beziehungen zwischen den einzelnen Zielen des unternehmerischen Zielsystems ist gerade auch für die Lösung praktischer **Entscheidungsprobleme** von erheblicher Bedeutung. Das wird dann einsichtig, wenn man sich vergegenwärtigt, dass es in einer Vielzahl von Entscheidungssituationen nicht möglich ist, unternehmerisches Handeln am Oberziel direkt auszurichten. Deshalb müssen hierfür nachgelagerte Ziele herangezogen werden. Das gilt insbesondere dann, wenn Zwischen- bzw. Unterziele operationalere Fassungen als das Oberziel selbst erlauben (*Raffée,* 1974, S. 141). Bei der Anwendung von mathematischen Entscheidungsmodellen müssen dann anstelle des Totaloptimums Suboptima gesucht werden. Dieses Vorgehen ist insbesondere für die Lösung von Marketingmix-Problemen typisch (vgl. hierzu 3. Teil „Marketingmix“).

Exkurs: Bedeutung von Zwischen-/Unterzielen

Die Ausrichtung von Entscheidungen an Zwischen- bzw. Unterzielen ist darüber hinaus für die mittleren und unteren Instanzen der Unternehmensorganisation zwingend. Für sie sind Oberziele nicht operational, weil den **Entscheidungsträgern** die hierfür erforderlichen Informationen fehlen. „Daher müssen ihnen geeignete Unterziele vorgegeben werden, an denen sie ihre Entscheidungen orientieren können. Die Leitungshierarchie wird damit zur Zielhierarchie“ (*Heinen,* 1976, S. 215 ff.; siehe hierzu auch *Korndörfer,* 1995, S. 40 ff.). Die Orientierung an Zwischen- bzw. Unterzielen ist dabei gerade auch für marketing-orientierte Organisations- bzw. Delegationsformen charakteristisch.

Das Funktionieren unternehmerischen Handelns auf der Basis oberziel-konformer Zwischen- bzw. Unterzielsetzungen – sei es aus Gründen der Operationalität und/oder der Organisationshierarchie – ist an eine totale **Komplementarität** der Ziele gebunden. Sie ist jedoch vielfach nur partiell gegeben, d. h. also nur innerhalb bestimmter Entscheidungsabschnitte (z. B. innerhalb bestimmter Absatzmengen). Darüber hinaus besteht ein nicht unerhebliches Problem darin, dass in der Unternehmenspraxis nicht alle Zielbeziehungen transparent sind, d. h. es muss z. B. auch mit verdeckten konfliktären Beziehungen gerechnet werden.

Damit ist zugleich die Problematik der konfliktären Zielbeziehungen für das Ordnungsgefüge im Zielsystem des Unternehmens bzw. die Grundfrage der Abgrenzung von Haupt- und Nebenzielen angesprochen. Während bei komplementären Zielbeziehungen quasi eine natürliche Gewichtung im Sinne von Mittel-Zweck-Relationen besteht, müssen bei konfliktären (konkurrierenden) Zielbeziehungen die Entscheidungsträger eine **Zielgewichtung** im Sinne einer Differenzierung nach Haupt- und Nebenzielen vornehmen. Sie müssen mit anderen Worten über die „Vorziehungswürdigkeit der Ziele“ (*Heinen,* 1976, S. 109) befinden.

Die Art und das Ausmaß, nach der ein Ziel gegenüber einem oder gegenüber mehreren anderen Zielen zu präferieren ist, beruht dabei auf einem Bewertungsvorgang.

Wenn auch für Unternehmen, die unter marktwirtschaftlichen Bedingungen operieren, das erwerbswirtschaftliche Prinzip gilt, das seinen Ausdruck im Gewinn- und/oder Rentabilitätsstreben findet, so muss nicht in allen **Entscheidungssituationen bzw. Phasen** des Unternehmensablaufs das Gewinn- bzw. Rentabilitätsziel dominant sein (*Jain,* 1985, S. 370 ff.; *Thompson,* 1993, S. 133 ff.).

Die Formulierung von Haupt- und Nebenzielen ist vor allem beim Einsatz von mathematischen **Entscheidungsmodellen** von Bedeutung. Das Problem besteht darin, dass das Unternehmen bzw. deren Entscheidungsträger bei multidimensionalem Zielsystem nicht mehr jedes Ziel ohne Berücksichtigung der Einflüsse auf andere Ziele als Extremalziel verfolgen können. Um bei Anwendung von Entscheidungsmodellen dieser Problematik gerecht zu werden, kann das Hauptziel in Form einer Nebenbedingung berücksichtigt werden. Es würde dann beispielsweise ein Mindest-Gewinn formuliert, dessen Niveau mindestens erreicht werden muss (bzw. überschritten werden kann). Dieser Mindestgewinn fungiert als Restriktion für die Verfolgung von Nebenzielen wie z. B. dem Streben nach maximalem Umsatz, Marktanteil usw. und ist insoweit Zieldominante (siehe auch *Hettich,* 1979, S. 172 ff.; *Bamberg/Coenenberg,* 2004, S. 47 ff.).

Im Rahmen der Strukturierungsfragen des unternehmerischen Zielsystems ist damit zunächst der erste Schritt der Zielstrukturierung, nämlich die Ziel-Kategorisierung mit den beiden Teilaspekten Zielspektrum (= Zielarten) und Zielordnung (= Zielrangfolge) behandelt worden. Es soll nunmehr auf den zweiten Schritt der Zielstrukturierung, nämlich die Frage der Ziel-Konkretisierung, eingegangen werden.

### *b) Fragen der Ziel-Konkretisierung*

Ziele können nur dann Richtschnur bzw. Maßstab für unternehmerisches Handeln sein, wenn die Ziele, die in das Zielsystem des Unternehmens eingehen, eindeutig determiniert sind. Damit ist die **Operationalität** von Zielen angesprochen. Zieloperationalität besagt, „dass eine Messvorschrift vorliegen muss, mit Hilfe derer die Konsequenzen der Alternativen beurteilt werden können" (*Heinen,* 1976, S. 115) oder wie *March/Simon* seinerzeit formuliert haben: „By operationality of Goals, we mean the extent to which it is possible to observe and test how well Goals are being achieved" (*March/Simon,* 1958, S. 42). Der Begriff des Messens wird dabei vielfach in einem weiteren Sinne verstanden; Ziele mit Messcharakter müssen danach nicht zwingend quantifizierbar, sondern lediglich überprüfbar sein (*Fischer,* 1989, S. 123 ff.). Andere Autoren fassen demgegenüber den Begriff operationaler Ziele enger (z. B. *Korndörfer,* 1995, S. 42 f.; *Macharzina/Wolf,* 2008, S. 204).

Die **Ziel-Konkretisierung** im Sinne operationaler Ziele bedingt die Fixierung von grundlegenden Dimensionen. Dabei können im Prinzip drei Dimensionen der Ziel-Konkretisierung unterschieden werden:

**(1) Zielinhalt** (= Frage: Was soll erreicht werden?),
**(2) Zielausmaß** (= Frage: Wie viel davon soll erreicht werden?),
**(3) Zielperiode** (= Frage: Wann soll es erreicht werden?).

Auf diese Fragen soll im Folgenden näher eingegangen werden.

#### *ba) Festlegung des Zielinhalts*

Eine Zielaussage ist stets eine präskriptive Aussage, d. h. eine Aussage mit **Vorschriftscharakter.** Das setzt voraus, dass der Zielinhalt präzise und eindeutig formuliert ist. Je exakter Ziele inhaltlich definiert werden, um so eher werden Zielverschiebungen, Zielverwässerungen bzw. Zielmanipulationen vermieden. Außerdem wird damit einer „partiellen Immunität" der Organisationsmitglieder gegenüber Zielkontrollen entgegengewirkt (*Schmidt-Sudhoff,* 1967, S. 113 f.; *Korndörfer,* 1995, S. 43; zu einem umfassenden Target Management *Bullinger/Lott,* 1997, S. 64 ff.).

Zielaussagen müssen daher stark interpretationsfähige Formulierungen, die leicht Leerformel-Charakter annehmen, vermeiden (Beispiel: „Wir streben nach überdurchschnittlichem Erfolg"). In dieser Aussage ist keine eindeutige Erfolgskategorie benannt, die dahinter zu vermutende Gewinngröße bleibt jedenfalls vage. Im Folgenden soll die Frage der Festlegung des Zielinhalts insbesondere an der **Substanziierung** von Gewinnzielen exemplifiziert werden.

Was **Gewinnziele** betrifft, so müssen zum einen absolute Gewinngrößen und zum anderen relative Gewinngrößen unterschieden werden. Bezüglich der absoluten Gewinngrößen können je nach den berücksichtigten Gewinnkomponenten (Gewinn = Differenz zwischen positiven und negativen Gewinnkomponenten, positive: Einnahmen, Erträge bzw. Leistungen, negative: Ausgaben, Aufwendungen bzw. Kosten) sehr unterschiedliche Gewinnkriterien als Zielinhalt zugrunde gelegt werden.

Exkurs: Klassische Gewinnbegriffe

Je nachdem, welche der negativen Gewinnkomponenten in Ansatz gebracht wird, ergibt sich eine kalkulatorische oder pagatorische Gewinngröße. Die Abweichungen beider Gewinngrößen beruhen dabei insbesondere auf der unterschiedlichen Behandlung der Eigenkapitalzinsen. Während sie beim kalkulatorischen Gewinn als gewinnmindernde Kostenbestandteile behandelt werden, geschieht dies beim pagatorischen Gewinn nicht. Nach wie vor wird diskutiert, ob Eigenkapitalzinsen Kostenbestandteile (und damit gewinnmindernd) sind oder aber als Gewinnbestandteile anzusehen sind. Zum Teil wird sogar die Auffassung vertreten, dass nicht nur die Eigenkapitalzinsen, sondern auch die Fremdkapitalzinsen Gewinnbestandteile darstellen (= „Kapitalgewinn"). Diese **Zusammenhänge** können wie folgt *(Abb. 10)* veranschaulicht werden (*Heinen,* 1976, S. 61 f.; *Thommen,* 1991, S. 95).

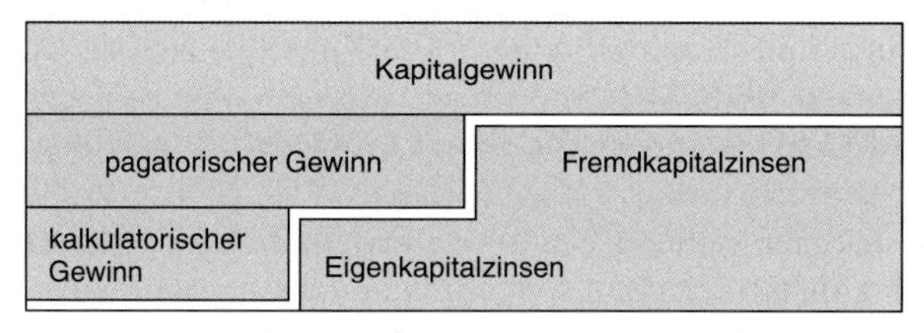


*Abb. 10: Vergleich klassischer Gewinnbegriffe*

Aus diesen Darlegungen geht deutlich hervor, dass sich hinter dem Gewinnziel sehr unterschiedliche Größen verbergen können. Damit ist evident, dass bei der Strukturierung des unternehmerischen Zielsystems die Präzisierung des Zielinhalts sehr wesentlich ist (insoweit sind hier auch grundlegende Fragen der erfolgswirtschaftlichen Bilanzanalyse (und zwar im Sinne der Eigenanalyse) angesprochen, bei der rein handels- oder steuerrechtliche Einflüsse der Bilanzerstellung vermieden bzw. korrigiert werden müssen, um die **tatsächliche Erfolgslage** des eigenen Unternehmens zu erfassen (*Gräfer,* 1994, S. 109 ff. bzw. im Einzelnen *Küting/Weber,* 2004 bzw. 2012; *Rehkugler/Poddig,* 1998 sowie *Bitz/Schneeloch/Wittstock*, 2011).

Neben dem Gewinn wird auch der **Cash Flow** als Zielgröße bzw. Erfolgsindikator („erfolgswirtschaftlicher Überschuss") herangezogen (siehe u. a. *Küting/Weber,* 2004; *Rehkugler/Poddig,* 1998); zu neueren Zielgrößen wie **Economic Value Added (EVA)** („Residualgewinn" aus Differenz zwischen dem operativen Ergebnis und den Kapitalkosten vgl. *Hungenberg,* 2008, S. 295 ff. bzw. im Einzelnen *Ehrbar,* 1999).

Was die inhaltliche Fixierung von Gewinnzielen angeht, so ist man – zumindest in der Theorie – sehr lange davon ausgegangen, dass Unternehmen bzw. Unternehmer **absolute Gewinngrößen** zu realisieren suchen. Das monetäre Erwerbsstreben, wie es für in marktwirtschaftlichen Systemen operierende Unternehmen typisch ist, findet jedoch eher in **relativen Gewinngrößen** („Rentabilitäten") seine Entsprechung, weil sie den Kapitaleinsatz berücksichtigen. Je nachdem, ob lediglich das Eigenkapital oder aber das gesamte eingesetzte Kapital als Bezugsgröße des Gewinns gewählt wird, kann zwischen

- **Eigenkapitalrentabilität** $= \frac{\text{Gewinn} \times 100}{\text{Eigenkapital}}$

und

- **Gesamtkapitalrentabilität** $= \frac{\text{Gewinn} \times 100}{\text{Gesamtkapital}}$

unterschieden werden.

Die Notwendigkeit einer präzisen Benennung der Ziele beschränkt sich dabei nicht nur auf Gewinnziele – wenn auch der Präzisierung gerade in diesem Falle eine besondere Bedeutung zukommt –, sondern sie ist auch für alle anderen verfolgten Ziele des Unternehmens zwingend. Als Beispiel eines typischen nicht-monetären Marketingziels kann etwa der **Bekanntheitsgrad** einer Marke genannt werden. Auch hier ist die Präzisierung hinsichtlich des genauen Inhalts notwendig, d. h. es ist festzulegen, ob

- der **ungestützte Bekanntheitsgrad** und/oder
- der **gestützte Bekanntheitsgrad**

als Zielvorgabe gewählt werden soll.

Der ungestützte Bekanntheitsgrad wird auch als spontane oder aktive Markenbekanntheit bezeichnet. Ihre Feststellung beruht auf Erhebungen, bei denen die Versuchsperson bei produktbezogenen Stimuli von sich aus an den Markennamen denkt und ihn nennt. Eine gestützte Markenbekanntheit liegt dann vor, wenn die Versuchsperson den Markennamen etwa anhand vorgelegter Listen einschlägiger Markennamen als bekannt angibt. Aus ungestütztem und gestütztem Bekanntheitsgrad kann auch der **sog. Aktualitätsgrad** bestimmt werden (= ungestützter in Prozent des gestützten Bekanntheitsgrades). Der Bekanntheitsgrad generell ist – unter psychologischem Aspekt – als eine Gedächtnisgröße mit prädisponierendem Inhalt in bezug auf das Kaufverhalten aufzufassen (*Steffenhagen,* 1978, S. 87 ff.). Er stellt zusammen mit anderen psychologischen Größen eine grundlegende **vor-ökonomische Zielgröße** dar.

Im Folgenden sollen nun noch Fragen des Zielausmaßes sowie der Zielperiode behandelt werden.

### *bb) Bestimmung des Zielausmaßes*

Ziele als Handlungsanweisungen erfordern neben der inhaltlichen Präzisierung auch die Fixierung des **Zielausmaßes** (Zielerreichungsgrades). Das gilt für Ziele, bei denen eine Messung und damit auch eine Vorgabe auf der Basis kardinaler oder ordinaler Skalen sinnvoll und möglich ist. Grundsätzlich sind zwei Arten der Festlegung des Zielausmaßes denkbar (vgl. u. a. *Heinen,* 1976, S. 82 ff.; *Kuhn,* 1990, S. 30 f.):

- **begrenzt definierte Ziele,**
- **unbegrenzt definierte Ziele.**

Bei begrenzt definierten Zielen können dabei zwei Unterarten unterschieden werden, und zwar folgende:

- **punktuell definierte Ziele** (Beispiel: Umsatzziel = 10 Mio. €),
- **zonal definierte Ziele** (Beispiel: Umsatzziel = zwischen 8 und 12 Mio. €).

Bei einem unbegrenzt definierten Umsatzziel würde demgegenüber der Imperativ etwa so lauten: „Erreiche den größtmöglichen Umsatz“.

Die Definitionsart des Zieles in Bezug auf den erstrebten Zielerreichungsgrad hat grundlegenden Einfluss auf das **Verhalten der Entscheidungsträger** des Unternehmens. Während bei unbegrenzt definierten Zielen der Entscheidungsträger nach Alternativen sucht, solange er noch Alternativen findet, die einen höheren Zielerreichungsgrad versprechen, bricht er bei begrenzt definierten Zielen die Alternativensuche in der Regel dann ab, wenn dieses begrenzte Ziel mit einer der gefundenen Alternativen erreichbar ist.

**Begrenzte Ziele** definieren dabei entweder einen anvisierten Zielpunkt oder eine entsprechende Zielzone („Zielkorridor"). Nur auf diese Weise sind Ziele operational, d. h. sie können als Messvorschrift dienen im Sinne von Plan- und Kontrollgrößen der Unternehmensführung. Wie schon erwähnt, kann aufgrund empirischer Untersuchungen davon ausgegangen werden, dass unternehmerisches Verhalten nicht so sehr an maximalen bzw. extremalen Lösungen, sondern vielmehr an *befriedigenden* ausgerichtet ist. Was als befriedigende Lösung anzusehen ist, hängt davon ab, in welcher Höhe der als befriedigend angesehene Wert eines oder mehrerer zu verfolgender Ziele konkret festgelegt ist. Dieser befriedigende Wert wird auch als **Anspruchsniveau** („Level of aspiration") bezeichnet (zur Theorie des Anspruchsniveaus bzw. der Anspruchsanpassung siehe III. Kapitel).

### *bc) Festlegung der Zielperiode*

Ziele sind nicht schon dann operational im Sinne von Messgrößen, wenn Zielinhalt und Zielausmaß konkret definiert sind. Eine eindeutige Zielformulierung bedarf auch der Bestimmung der **Zeitgröße,** in der ein Ziel realisiert werden soll, da sonst kein adäquater Soll-Ist-Vergleich möglich ist (mit der bereits erwähnten Gefahr der „partiellen Immunisierung" der Organisationsmitglieder gegen Kontrollen, *Schmidt-Sudhoff,* 1967, S. 113). Darüber hinaus hat die Fristigkeit der Ziele in nicht unerheblichem Maße **Einfluss** auf die Determinierung der zu verfolgenden Strategien. Diese Tatsache wirkt sich damit – wie noch im Einzelnen zu zeigen sein wird – ganz entscheidend auf die Marketing-Konzeption insgesamt aus.

Es gibt zwei Möglichkeiten, Ziele mit **Zeitdimensionen** auszustatten, d. h. es können Ziele formuliert werden:

- die entweder **bis zu einem bestimmten Zeitpunkt** realisiert werden sollen (Kategorie 1) oder solche,
- die **während eines Zeitraums ständig** erreicht bzw. auf einem bestimmten Niveau gehalten werden sollen (Kategorie 2).

Was die *erste* Kategorie der Zielbestimmungen betrifft, so sind zwei Unterarten der Fixierung möglich:

- **zeitpunktbezogene Fixierung** (Beispiel: „Bis 30. 9. 2010 soll der Umsatz 50 Mio. € erreichen"),
- **zeitabschnittbezogene Fixierung** (Beispiel: „Im Jahre 2010 soll der Umsatz um 10 % auf 50 Mio. € steigen").

Was die *zweite* Kategorie der Zeitdimensionierung angeht, so würde beispielsweise ein Marktanteilsziel wie folgt lauten: „Im Jahre 2000 soll während aller Nielsen-Perioden ein mengenmäßiger Marktanteil von mindestens 28 % gehalten werden" (Erläuterung: *Nielsen*-Periode = Periode des *Nielsen*-Einzelhandelspanels auf der Basis von Zwei-Monatserhebungen).

Die Ausführungen haben insgesamt deutlich zu machen versucht, dass zur Zielkonkretisierung auch die zeitliche Fixierung dringend notwendig ist. Insoweit wird die **Zeit** selbst zur „Gestaltungsvariablen" bei zielorientierten Entscheidungsprozessen (*Rühli,* 1978, S. 214).

Speziell aus Marketingsicht kann im Prinzip die **Raum- bzw. Segmentdimension** quasi als vierte bzw. fünfte Dimension der Zielkonkretisierung aufgefasst werden. Die operationale Formulierung eines entsprechenden Marketingziels könnte beispielhaft wie folgt lauten: „Steigerung des Umsatzes für Produkt A im Gebiet B bei der Käuferschicht C um 10 % bis zum Ende des nächsten Jahres" (*Meffert,* 2000, S. 79). Sowohl mit der Absatzgebiete- als auch mit der Käuferschicht-/Segmentfrage werden bereits grundlegende *strategische* Maßnahmen angesprochen, die über die reine Zielfrage weit hinausgehen (siehe hierzu auch die Darlegungen zu den Marktparzellierungs- bzw. Marktarealstrategien im 2. Teil „Marketingstrategien").

## 3. Zielsystem des Unternehmens als Zielpyramide

Angesichts der aufgezeigten Fülle von Zielarten bzw. -inhalten (vgl. hierzu auch die bereits dargestellten Ergebnisse empirischer Ziel-Untersuchungen) ist deutlich geworden, dass in der Unternehmensrealität sehr unterschiedliche Zielkombinationen (Zielsysteme) möglich sind. Im Prinzip gibt es, so muss vermutet werden, tendenziell so viele unterschiedliche Zielsysteme bzw. Zielschwerpunkte, wie es Unternehmen gibt. Diese Aussage wird verständlicher, wenn man sich vergegenwärtigt, dass das Zielsystem eines Unternehmens keine generelle, einfach übernehmbare „Standardlösung" darstellt, sondern Ausdruck eines **unternehmens-individuellen Willens** ist. Es kann nicht einfach aus den Bedingungen, Zielen und Wünschen der Unternehmensumwelt reaktiv abgeleitet werden, sondern das Zielsystem der Unternehmung ist vor allem ein schöpferisch-kreativer, also primär aktiver Vorgang, der an den spezifischen Bedingungen und Möglichkeiten des eigenen Unternehmens anknüpft (anknüpfen muss). Damit aber ist das Zielsystem stark entscheidungsträger-bedingt, also abhängig vom Management bzw. den Organisationsmitgliedern insgesamt und ihren subjektiven Wertungen und erst in zweiter Linie entscheidungsfeld-bedingt, d.h. also abhängig von der jeweiligen Markt- und Umweltkonstellation (*Szyperski,* 1971, S. 639 ff.; *Macharzina,* 2003, S. 194 f.).

Dennoch weisen Zielsysteme von Unternehmen, die unter den Bedingungen marktwirtschaftlicher Systeme operieren, bestimmte gemeinsame „Zielklammern" auf. Eine solche Klammerfunktion kommt dabei in hohem Maße dem **Gewinnstreben** zu; es ist jedenfalls – in welcher inhaltlichen Ausprägung auch immer – ein durchgängiges Oberziel (vgl. auch *Raffée,* 1974, S. 142; *Aaker,* 1989, S. 136; *Macharzina,* 2003, S. 188 und 201).

Gleichwohl besteht die Problematik eines an Gewinnzielen orientierten Zielsystems darin, dass jene Größen selbst wieder **von unternehmerischen Entscheidungen** in hohem Maße bestimmt sind (= Problem der Gewinnermittlung). Seine Ermittlung ist „von subjektiven Erwägungen und insbesondere von den Einstellungen und Motiven der Unternehmensinhaber oder Geschäftsführer abhängig . . .", „mit anderen Worten: der genaue Betrag des ausgewiesenen Gewinns hängt von Unternehmerentscheidungen ab" (*Katona,* 1960, S. 233 f.). Auf die bilanzpolitische bzw. -analytische Problematik der Gewinnermittlung (Erfolgsanalyse) wurde bereits hingewiesen. Trotz dieser Erschwernisse sind Gewinnziele als grundlegende Orientierungsgrößen unternehmerischen Handelns unverzichtbar.

Die Idealvorstellung eines Zielsystems im Sinne einer in sich **konsistenten Hierarchie** der einzelnen Unternehmens(teil-)ziele lässt sich insofern nicht leicht realisieren, als es sich hierbei um einen äußerst komplexen Tatbestand handelt. Die Zielsysteme, die z. T. in Unternehmen angewendet werden, sind nicht selten „nur partiell strukturiert, zum Teil ungeordnet, weisen Leerstellen, Widersprüche, Unklarheiten usw. auf . . . Solche Mängel beeinträchtigen ohne Zweifel . . . die Steuerungseignung von Zielsystemen" (*Wild,* 1974, S. 54, siehe hierzu auch *Fischer,* 1989). Dennoch ist eine generelle Verbesserung der Zielplanung in Unternehmen nicht zu übersehen; die Notwendigkeit einer möglichst **klaren und detaillierten Zielplanung** für eine konsequente Unternehmensführung wird in Theorie und Praxis mehr und mehr erkannt.

Den Aufbau konkreter Zielsysteme kann man sich – aus Gründen der Anschauung, der Systematik wie auch der Operationalisierung – am besten als eine Art **Pyramide** vorstellen (*Steiner,* 1971, S. 199 ff., vgl. auch *Kuhn,* 1990, S. 32 f.; *Meffert*, 2000, S. 69 ff.). Die Spitze eines solchen Systems bilden übergeordnete Wertvorstellungen des Unternehmens bzw. seiner Führung. Sie wiederum stellen die Grundlage für die Definition des eigentlichen Unternehmenszwecks („mission") dar. Auf der Basis der Mission des Unternehmens sind dann die eigentlichen konkreten Unternehmensziele abzuleiten, die selbst wieder Orientierungsgrößen sind für die nachgelagerten Bereichs- und Aktionsfeld- bzw. Instrumentalziele. Bei der Zielhierarchisierung von oben nach unten findet dabei einmal eine zunehmende Konkretisierung der Ziele statt, zum anderen nimmt die Zahl der Ziele durch die Detaillierung erheblich zu. Dieses beschriebene retrograde Vorgehen kann auch durch Anwendung der Relevanzbaum-Methode unterstützt werden (*Berthel,* 1973, S. 135 ff.; *Kupsch,* 1979, S. 73 ff.). Die Ziele stehen insgesamt in einer (strengen) **Mittel-Zweck-Beziehung** – insbesondere was die Unternehmens-, Bereichs-, Aktionsfeld- und Instrumentalziele betrifft – zueinander. Das heißt, das jeweils untergeordnete Ziel stellt zugleich das Mittel für die Verwirklichung des jeweils darüber liegenden Zieles dar. Diese Zusammenhänge können anhand einer Pyramide modellhaft wie folgt *(Abb. 11)* verdeutlicht werden.

Diese Darstellung verdeutlicht, dass ganz verschiedene Ebenen von Absichten und Zielen bzw. Zielvorstellungen des Unternehmens unterschieden werden können. Darauf soll im Folgenden näher eingegangen werden.

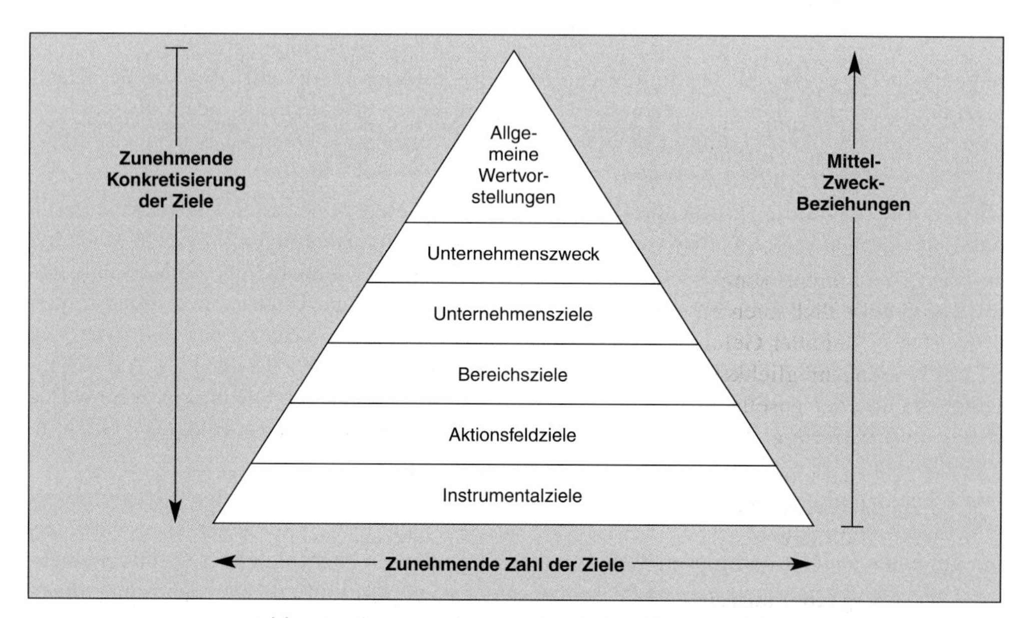


*Abb. 11: Elemente („Bausteine") der Zielpyramide*

### *a) Allgemeine Wertvorstellungen (Basic Beliefs)*

Die allgemeinen Wertvorstellungen – Geschäftsgrundsätze im Sinne einer Art Verfassung („Grundgesetz") des Unternehmens – sind ein Ausdruck dafür, dass Unternehmen nicht nur einzelwirtschaftlich orientierte Gebilde sind, sondern dass ihnen auch eine fundamentale gesamtwirtschaftliche Aufgabe zukommt. Dieser Aufgabe für das Ganze muss sich jedes Unternehmen stellen, das langfristig operieren will. In verbindlichen **Unternehmensgrundsätzen** (*Ulrich,* 1978, S. 51 ff. bzw. S. 91 ff.; im Einzelnen *Bartenstein,* 1978) versuchen inzwischen viele Unternehmen – u. a. Großunternehmen wie z. B. *Bertelsmann, Henkel, Siemens* – die Folgerungen aus dieser Gesamtverantwortung für ihre Aktivitäten zu ziehen (zu ausgewählten Beispielen s. *Langenscheidt,* 2005). Was die allgemeinen Wertvorstellungen (sog. Meta-Ziele) von Unternehmen betrifft, so reichen sie von Fragen bzw. entsprechenden Festlegungen zur Position (Engagement) gegenüber Gesellschafts-, Wirtschafts- und Wettbewerbsordnung bzw. -politik bis hin zu Grundprinzipien (Verhaltensweisen) für den Umgang mit Mitarbeitern, Kunden, Kapitaleignern, Lieferanten, Konkurrenten und Öffentlichkeit.

Damit werden grundlegende Wertaussagen des Unternehmens definiert. Sie markieren gleichsam den kulturellen bzw. zivilisationalen Hintergrund des Unternehmens. Insoweit sind hiermit wichtige Dimensionen der **Unternehmensidentität** (Corporate Identity) angesprochen, die – in einem weit verstandenen Sinne (*Birkigt/Stadler/Funck,* 1995) – neben Kommunikation und Erscheinungsbild eines Unternehmens auch dessen **Verhalten selbst** mit einschließen. Gerade an das Verhalten von Unternehmen aber werden vermehrt „neue", gesellschaftsorientierte Anforderungen gestellt, die vor allem auch das künftige *Marketing*-Management der Unternehmen stark prägen werden, und zwar vom Marketingzielprogramm bis zum marketing-instrumentalen Handeln (zur **Unternehmensethik** s. *Göbel,* 2007; *Küpper*, 2011).

Auf der Basis einer klassisch-liberalen Staats- und Wirtschaftsordnung haben sich Unternehmen und Unternehmer bzw. auch Manager lange als mehr oder weniger **autonom handelnde Wirtschaftssubjekte** verstanden. Diese Haltung spiegelte sich – etwas überspitzt – in einem vielzitierten Ausspruch eines ehemaligen Präsidenten von General Motors, Detroit (USA), wider: „What is good for General Motors is good for the Country" (*Staehle,* 1999, S. 617). Eine solche Auffassung entsprang einer traditionellen Sicht namentlich von Großunternehmen – eine Auffassung, die jedoch in immer stärkerem Maße von einer sozial verantwortlichen Haltung von Unternehmen und ihrer Führung bereits abgelöst worden ist bzw. noch weiterentwickelt werden muss, und zwar im Sinne eines **Ausgleichs** legitimer Ansprüche der verschiedenen Interessengruppen (*Walton,* 1967; *Post,* 1978; *Frederick/Davis/Post,* 1988). Das darf freilich nicht zur „Eliminierung" systemkonformen bzw. systemverträglichen Gewinnstrebens führen, wenn die Existenzgrundlage von Unternehmen nicht gefährdet werden soll (was schließlich auch nicht im Interesse der Wahrnehmung ihrer „social responsibility" liegen kann). Bei aller Gefahr der Ideologisierung dieser Fragen und der mangelhaften Operationalisierungsmöglichkeiten dessen, was sozial verantwortlich ist, können *drei* inhaltliche **Schwerpunkte** der gesellschaftlichen Verantwortung des Unternehmens identifiziert werden (*Steinmann/Schreyögg,* 2000, S. 75 ff.; *Macharzina/Wolf,* 2008, S. 1053 ff.):

- die Berücksichtigung der **Interessen aller Bezugsgruppen** des Unternehmens bei den unternehmerischen Entscheidungen,
- das Herbeiführen eines **Ausgleichs konkurrierender Interessen** durch die Unternehmensführung,
- die **Erzielung eines ausreichenden Gewinnes** für die Wahrnehmung sozialer Aktivitäten.

| Anspruchsgruppen (Stakeholder) | Interessen (Ziele) |
|---|---|
| **A. Unternehmensinterne Anspruchsgruppen** | |
| 1. Eigentümer (Kapitaleigentümer bzw. Eigentümer-Unternehmer) | – Einkommen/Gewinn<br>– Erhaltung, Verzinsung und Wertsteigerung des investierten Kapitals<br>– Selbständigkeit/Entscheidungsautonomie |
| 2. Management (Manager-Unternehmer) | – Macht, Einfluss, Prestige<br>– Entfaltung eigener Ideen und Fähigkeiten, Arbeit = Lebensinhalt |
| 3. Mitarbeiter | – Einkommen (Arbeitsplatz)<br>– Soziale Sicherheit<br>– sinnvolle Betätigung, Entfaltung der eigenen Fähigkeiten<br>– zwischenmenschliche Kontakte (Gruppenzugehörigkeit)<br>– Status, Anerkennung, Prestige (Ego-needs) |
| **B. Unternehmensexterne Anspruchsgruppen** | |
| 1. Fremdkapitalgeber | – sichere Kapitalanlage<br>– befriedigende Verzinsung<br>– Vermögenszuwachs |
| 2. Lieferanten | – stabile Liefermöglichkeiten<br>– günstige Konditionen<br>– Zahlungsfähigkeit der Abnehmer |
| 3. Kunden | – möglichst hohe Produktqualität<br>– günstige Preise (Preis-Leistungs-Verhältnisse)<br>– adäquate Serviceleistungen |
| 4. Konkurrenz | – Einhaltung fairer Grundsätze und Spielregeln der Marktkonkurrenz<br>– Kooperation auf branchenpolitischer Ebene |
| 5. Staat und Gesellschaft | – Steuern<br>– Sicherung der Arbeitsplätze<br>– Sozialleistungen<br>– positive Beiträge an die Infrastruktur<br>– Einhalten von Rechtsvorschriften und Normen<br>– Teilnahme an der politischen Willensbildung<br>– Beiträge an kulturelle, wissenschaftliche und Bildungsinstitutionen<br>– Erhaltung einer lebenswerten Umwelt |

*Quelle: in Anlehnung an Ulrich/Fluri,* 1993, S. 78 f.

*Abb. 12: Wichtige Anspruchsgruppen (Stakeholders) und ihre Interessen bzw. Ziele*

Die Wahrnehmung **sozialverantwortlichen Handelns** (**Corporate Social Responsibility**, CSR) kann bedeuten, dass ggf. auf mittel- und langfristige Gewinnaussichten verzichtet wird. Andererseits haben empirische Untersuchungen ergeben, dass gesellschaftlich verantwortlich geführte Unternehmen z. T. höhere Rentabilitäten erzielen als andere Unternehmen, wenn es auch Mess- bzw. Verständigungsprobleme gibt (*Lütge/Uhl,* 2018, S. 212 ff.).

Diese Ansätze haben schließlich zu einem umfassenden Konzept der Anspruchs- oder Interessengruppen-Berücksichtigung geführt (**Stakeholder-Konzept,** *Freeman,* 1984). Das Prinzip dieses Konzepts *(Abb. 12),* das ab 1963 am *Stanford Research Institute* entwickelt worden ist, besteht darin, die Aufmerksamkeit der Unternehmensführung (und damit ihre Handlungen) nicht nur auf die Anteilseigner oder Aktionäre (Stockholders bzw. **Shareholders**) zu lenken, sondern auf alle Individuen oder Gruppen, welche entweder die Ziele des Unternehmens beeinflussen oder von dessen Zielverfolgung betroffen sind (*Freeman,* 1984; *Dyllik,* 1989). Das Stakeholder-Konzept hat seit den 1970er Jahren sowohl in der Wissenschaft (speziell in der Literatur zur strategischen Planung, u. a. *Lorange,* 1980) als auch in der Unternehmenspraxis Eingang gefunden. In diesem Zusammenhang ist der noch weiter zu entwickelnde Kodex zur **Corporate Governance** (s. a. *dcgk.de*) zu sehen, der einen Ordnungsrahmen für die wirksame, glaubwürdige und nachvollziehbare Führung und Kontrolle eines Unternehmens bildet (*Werder*, 2001; *Mann*, 2003; *Thommen*, 2003). Darin werden Verhaltensstandards für Vorstände und Aufsichtsräte formuliert (s. a. *Diedrichs/Kißler*, 2008; *Freidank*, 2012).

Immer mehr Unternehmen sehen sich daher veranlasst, bei der Wahl ihrer Ziele und Handlungsweisen ein breites Umfeld von Interessenten zu berücksichtigen. Zwei wichtige Anspruchsgruppen müssen dabei unterschieden werden: unternehmens*interne* und unternehmens*externe.* Die Aufstellung *(Abb. 12)* gibt einen Überblick über die wichtigsten **Anspruchsgruppen** und ihre Interessen (Zielvorstellungen).

Diese Übersicht macht deutlich, welchen verschiedenen Anspruchsgruppen sich das Unternehmen gegenübersieht und welche unterschiedlichen Ansprüche so an das Unternehmen

**Das Davoser Manifest**

„A. Berufliche Aufgabe der Unternehmensführung ist es, Kunden, Mitarbeitern, Geldgebern und der Gesellschaft zu dienen und deren widerstreitende Interessen zum Ausgleich zu bringen.

B.1. Die Unternehmensführung muss den Kunden dienen. Sie muss die Bedürfnisse der Kunden bestmöglich befriedigen. Fairer Wettbewerb zwischen den Unternehmen, der größte Preiswürdigkeit, Qualität und Vielfalt der Produkte sichert, ist anzustreben. Die Unternehmensführung muss versuchen, neue Ideen und technologischen Fortschritt in marktfähige Produkte und Dienstleistungen umzusetzen.

2. Die Unternehmensführung muss den Mitarbeitern dienen, denn Führung wird von den Mitarbeitern in einer freien Gesellschaft nur dann akzeptiert, wenn gleichzeitig ihre Interessen wahrgenommen werden. Die Unternehmensführung muss darauf abzielen, die Arbeitsplätze zu sichern, das Realeinkommen zu steigern und zu einer Humanisierung der Arbeit beizutragen.

3. Die Unternehmensführung muss den Geldgebern dienen. Sie muß ihnen eine Verzinsung des eingesetzten Kapitals sichern, die höher ist als der Zinssatz auf Staatsanleihen. Diese höhere Verzinsung ist notwendig, weil eine Prämie für das höhere Risiko eingeschlossen werden muss. Die Unternehmensführung ist Treuhänder der Geldgeber.

4. Die Unternehmensführung muss der Gesellschaft dienen. Die Unternehmensführung muss für die zukünftigen Generationen eine lebenswerte Umwelt sichern. Die Unternehmensführung muss das Wissen und die Mittel, die ihr anvertraut sind, zum Besten der Gesellschaft nutzen. Sie muss der wissenschaftlichen Unternehmensführung neue Erkenntnisse erschließen und den technischen Fortschritt fördern. Sie muss sicherstellen, dass das Unternehmen durch seine Steuerkraft dem Gemeinwesen ermöglicht, seine Aufgabe zu erfüllen. Das Management soll sein Wissen und seine Erfahrungen in den Dienst der Gesellschaft stellen.

C. Die Dienstleistung der Unternehmensführung gegenüber Kunden, Mitarbeitern, Geldgebern und der Gesellschaft ist nur möglich, wenn die Existenz des Unternehmens langfristig gesichert ist. Hierzu sind ausreichende Unternehmensgewinne erforderlich. Der Unternehmensgewinn ist daher ein notwendiges Mittel, nicht aber Endziel der Unternehmensführung."

*Quelle: Steinmann/Schreyögg,* 2000, S. 104

*Abb. 13: Maximen eines gesellschaftsorientierten Unternehmenshandelns*

herangetragen werden (im Einzelnen *Janisch,* 1993, S. 121 ff., sowie *Gausemeier/Fink,* 1999, S. 219 ff.). Dadurch ist auch die viel diskutierte Frage der **Unternehmensethik** (zusätzlich) angestoßen worden, die letztlich in der Einsicht mündet, das klassische erfolgs- bzw. gewinnorientierte Unternehmenshandeln um ein verständigungsorientiertes, gesellschaftsbezogenes Handeln zu ergänzen (*Steinmann/Löhr,* 1991). Die Rolle des Unternehmensgewinns relativiert sich insoweit als notwendiges Mittel für Unternehmen, ihre Existenz zu sichern – auch und gerade für gesellschaftsbezogene, „dienende" Aufgaben und nicht mehr als eigentliches Endziel (siehe auch *Ruh/Leisinger,* 2004).

Diese **Diskussion** wird schon seit längerem geführt. Sie hat u. a. im *Davoser Manifest* – das 1973 auf dem 3. Europäischen Management Symposium in Davos vorgestellt wurde *(Abb. 13)* – ihren Niederschlag gefunden (*Steinmann/Schreyögg,* 2000, S. 103 ff.; vgl. hierzu auch den *American Marketing Association's Code of Ethics,* wiedergegeben bei *Ferrell/Lucas/Luck,* 1994, S. 64; zur Marketingethik und ihren Ansatzpunkten s. *Schlegelmilch/Götze,* 1999).

Viele Unternehmen stellen sich diesen Fragen und den daraus folgenden neuen Aufgaben. Jedenfalls hat sich das gesellschaftliche Umfeld, in dem sich Unternehmen bewegen, grundlegend geändert. In den westlichen Industrienationen werden insbesondere die großen Wirtschaftsinstitutionen für viele Fehlentwicklungen (u. a. Ressourcenvergeudung, Umweltbelastungen, Gesundheitsgefährdungen) verantwortlich gemacht. Die – angesichts zunehmender bzw. zunehmend wahrgenommener Fehlleistungen wie Lebensmittelskandale (z. B. Wein) oder Umweltskandale (z. B. Chemische Industrie) – stärker denn je gefragte **Verantwortung der Unternehmen** gegenüber der Gesellschaft im weitesten Sinne schlägt

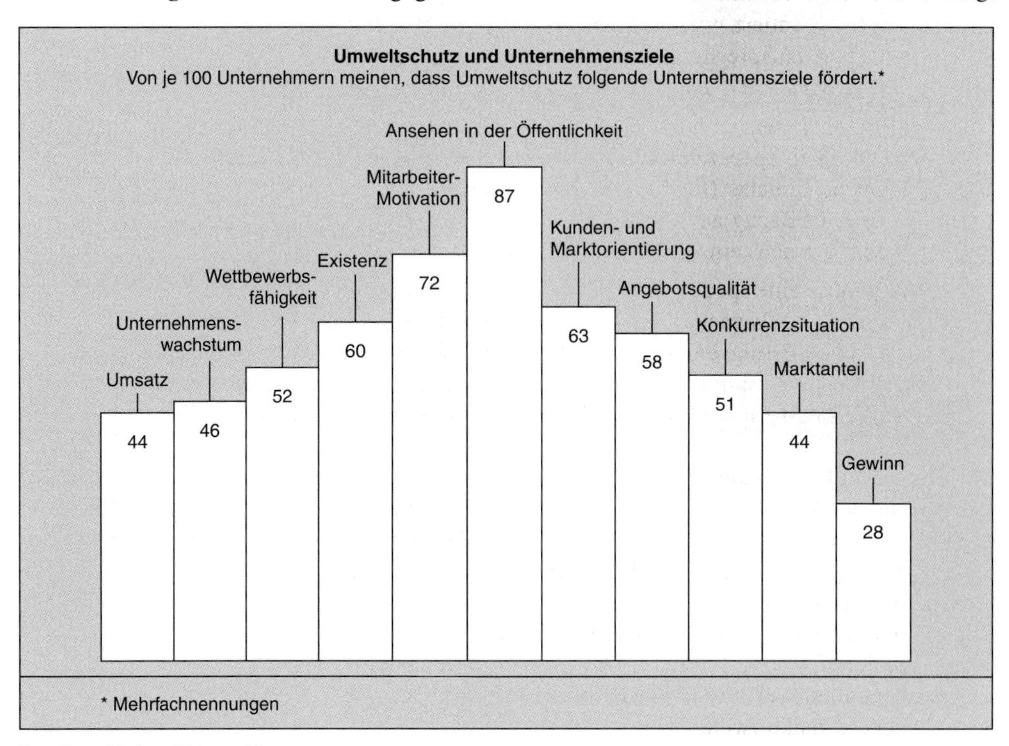


*Quelle: Globus/Strom Themen*

*Abb. 14: Beziehungen zwischen Umweltschutzzielen und Unternehmenszielen*

sich „freiwillig" (wie auch durch Auflagen erzwungen) in einer Neuorientierung von Unternehmen und ihrer Führung, insbesondere auch in Bezug auf ökologische Anforderungen, nieder (*Staehle,* 1999, S. 622 f.; *Hopfenbeck,* 1997, S. 789 ff.; *Michaelis,* 1999, S. 169 ff. sowie im Einzelnen *Pufé*, 2014; *Müller-Christ*, 2014), und zwar:

- **in umweltverträglicheren Produkten in Bezug auf Nutzung wie Entsorgung,**
- **in umweltfreundlicheren Beschaffungs-, Produktions- und Vertriebsprozessen,**
- **in Vermeidung bzw. Recycling von Abfall- bzw. Verpackungsprodukten,**
- **in einem nachhaltigen Ressourcenmanagement insgesamt.**

Insoweit werden von den Unternehmen bzw. ihrer Führung neue „Management Skills" gefordert. Die natürliche Umwelt wird zu einem wichtigen Gegenstand der Unternehmenspolitik (*Steger,* 1993; *Meffert/Kirchgeorg,* 1992 bzw. 1998 *Fischer/Schott,* 1992; *Michaelis,* 1999). Inzwischen haben die Unternehmen erkannt, dass Umweltschutz und Nachhaltigkeit (*Müller-Christ,* 2001 und 2014; *Balderjahn*, 2004; *Dyckhoff,* 2000; *Dyckhoff/Souren,* 2008) nicht nur gesellschaftspolitisch geboten ist, sondern der Erfüllung marketing- und unternehmenspolitischer **Zielsetzungen des eigenen Unternehmens** dient. Empirische Untersuchungsergebnisse *(Abb. 14)* belegen das, wenn auch nicht zu übersehen ist, dass die Überzeugung, Umweltschutzziele dienten zugleich der Gewinnerzielung, nicht immer ausgeprägt ist.

Fallbeispiel: Umwelt-Konzept von *Henkel*

So hat z. B. Henkel seine Unternehmenspolitik vergleichsweise früh an **ökologischen Anforderungen** orientiert, was in einem ökologisch ausgerichteten **Unternehmensleitbild** *(Abb. 15a)* und entsprechenden Produkten (siehe seinerzeit neue *Terra*-Reiniger- und Waschmittel-Serie *(Abb. 15b)*) zum Ausdruck kommt.

Solche Unternehmensleitbilder entfalten allerdings nur dann eine entsprechende Wirkung, wenn sie in **operationale, überprüfbare Handlungsanweisungen** für die einzelnen Unternehmensbereiche (Funktionsbereiche) umgesetzt und die funktionsspezifischen Unterschiede in Bezug auf Haltungen und Möglichkeiten auf einen gemeinsamen Nenner gebracht werden (einschließlich der Definition von Prioritäten).

Insgesamt muss eine spezifische **Unternehmenskultur** geschaffen bzw. geschärft werden für ein motiviertes Anpacken neuer ökologischer Herausforderungen. Hilfreich sind hierbei auch frühe „Erfolgserlebnisse" eines Unternehmens. So hat etwa ein früher Erfolg bei der innovativen Einführung eines ökologie-orientierten Waschmittels dem Unternehmen *Henkel* zu einem ökologischen Schub verholfen.

Der starke Wettbewerb am Waschmittelmarkt wie auch das Streben der Hausfrauen nach immer „weißerer" Wäsche hatte die Anbieter von Waschmitteln veranlasst, chemische Stoffe wie Phosphate einzusetzen, die jedoch zu starken Belastungen der Umwelt (Verschmutzung, Fischsterben) geführt haben. Noch ehe der Staat entsprechende rechtliche Regelungen (im Extremfall Verbot bestimmter Einsatzstoffe) getroffen hat, ist die Industrie durch **freiwillige Selbstbeschränkungen** dem zum Teil zuvor gekommen (so hatte z. B. die Firma *Henkel* unter der Marke *Persil* bereits 1985 das erste Universal-Waschmittel ohne Phosphate angeboten – und zwar parallel zum bisherigen *Persil*-Waschmittel, um den „Verbraucher entscheiden zu lassen"). Diese risiko-/wettbewerbsstrategische Absicherung zeigte zugleich, wie schwierig und risikohaft solche unternehmerischen Alleingänge auf diesem Feld sein können. Beide *Persil*-Varianten wurden an den Handel zum gleichen Preis verkauft, um auch preislich den

| Vorwort | Ziele | Gesellschaftliche Verantwortung | Sicherheit |
|---|---|---|---|
| Die weltweiten Aktivitäten der Henkel KGaA in den Unternehmensbereichen<br>• Chemieprodukte,<br>• Hygiene/Technische Reinigung,<br>• Klebstoffe/Chemisch-technische,<br>• Markenprodukte,<br>• Kosmetik/Körperpflege und<br>• Waschmittel/Reinigungsmittel<br>haben eins gemeinsam: Sie entstehen aus der Verbindung von Forschung, Produktentwicklung, Anwendungstechnik, Produktion und Marketing. Mit den Mitteln der Chemie liefert Henkel innovative Problemlösungen für zahlreiche Lebensbereiche. Henkel ist ein „Spezialist für angewandte Chemie". Umwelt- und Verbraucherschutz sind für Henkel traditionelle Arbeitsbedingungen. Das zunehmende Bewusstsein der Öffentlichkeit für Umwelt- und Verbraucherschutz führt zur Forderung nach mehr Transparenz. Mit seinen Grundsätzen zum Umwelt- und Verbraucherschutz steht Henkel zu seiner Verantwortung. | Henkel hat sich zum Ziel gesetzt<br>• Verbraucherwünsche zu erfüllen,<br>• bei Produktion, Produkten und Systemen Umweltverträglichkeit anzustreben und zu verwirklichen,<br>• Sicherheit für Kunden und Verwender, Mitarbeiter und Nachbarn zu gewährleisten.<br>Im Einzelnen bekennt sich Henkel zu folgenden Prinzipien:<br>↓ | Henkel stellt sich als führendes Unternehmen und Spezialist für angewandte Chemie seiner gesellschaftlichen Verantwortung. Henkel leistet mit seinen Produkten und Systemen einen Beitrag zur Verbesserung der Lebensqualität. | Die Sicherheit für Anwender und Verbraucher wird nach dem Stand der Technik gewährleistet. Sicherheit hat im Konfliktfall Vorrang vor der Produktleistung. Henkel stellt nur Produkte und Systeme her und setzt nur Produktionsverfahren ein, bei denen gewährleistet ist, dass Mitarbeiter und Nachbarn gesundheitlichen Gefahren nicht ausgesetzt sind. Henkel entwickelt, produziert und vertreibt nur Produkte und Systeme, bei deren bestimmungsgemäßer Verwendung niemand gesundheitlich beeinträchtig wird. |
| **Qualität** | **Ökologische Verantwortung** | **Bereitschaft zur Kooperation** | **Bereitschaft zur Information** |
| Henkel entwickelt, produziert und vertreibt Qualitätsprodukte und Systeme, die Kundenbedürfnisse erfüllen und Kundenprobleme optimal lösen. | Henkel entwickelt, produziert und vertreibt Produkte und Systeme, deren Umweltverträglichkeit nach anerkannten wissenschaftlichen Kriterien gewährleistet ist. Die Umweltverträglichkeit von Produktion und Produkten wird stetig weiter verbessert. | Henkel praktiziert eine interdisziplinäre Kooperation zwischen Forschung, Produktentwicklung, Toxikologie, Mikrobiologie, Ökologie, Produktion und Marketing, um für jedes einzelne Produkt das gesamte Potenzial fachbezogener Spezialkenntnisse verfügbar zu machen. Henkel bringt dieses fachliche Wissen in externe wissenschaftliche, technische und politische Gremien ein. | Henkel bekennt sich zu seiner Aufklärungspflicht gegenüber der Öffentlichkeit. Henkel ist bereit, Verbraucher und Öffentlichkeit über Qualität, Sicherheit und Umweltverträglichkeit seiner Produktion und seiner Produkte zu informieren. |

*Quelle: Meffert/Kirchgeorg,* 1992, S. 133 f.

*Abb. 15a: Umweltorientiertes Unternehmensleitbild von Henkel*

*Abb. 15b: Terra-aktiv-Serie von Henkel (Beispielperiode)*

Umstieg beim Handel wie beim Verbraucher – bei entsprechender Preispolitik des Handels – zu erleichtern, obwohl nach Angaben von *Henkel* die **Produktionskosten** für das *neue* phosphatfreie *Persil* rd. 10 % höher waren gegenüber dem herkömmlichen *Persil.* Man rechnete damit, dass beide Varianten 1987 je zur Hälfte zum Gesamtumsatz von *Persil* beitragen würden. 1989 konnte dann bereits ganz auf phosphatfrei umgestellt werden.

Die neuere Entwicklung geht verstärkt in Richtung eines **integrierten Umweltschutzes,** d. h. es stehen nicht mehr nur das Produkt selbst, sondern auch die vor- bzw. nachgelagerten Prozesse im ökologischen Blickpunkt. Der systemorientierte Integrationscharakter ist insbesondere durch folgende **Merkmale** gekennzeichnet (siehe etwa *Kreikebaum/Seidel/Zabel,* 1994, *Hopfenbeck,* 1997, S. 764 ff.; *Dyckhoff,* 2000, S. 60 ff. bzw. *Dyckhoff/Souren*, 2008):

- **Erfassung aller stofflichen und energetischen In- und Outputs** von Prozessen (über vollständige Stoff- und Energiebilanzen),
- **Einbeziehung der Vorstufen** (Inputs) eines Prozesses,
- **Erfassung der Nachstufen** eines Prozesses (Produktion und Konsum) einschließlich der Entsorgung von Alterzeugnissen,
- **Kooperation** mit Lieferanten, produzierenden und konsumierenden Abnehmern wie auch Entsorgern.

Ökologische Zwänge und Möglichkeiten müssen in einem offensiven, **umweltorientierten Marketing-Konzept** des Unternehmens ihren Niederschlag finden (*Wicke,* 1992; *Meffert/Kirchgeorg,* 1998; *Müller-Christ,* 2001 bzw. 2014; *Dyckhoff/Souren,* 2008). Welche Dimensionen bzw. Aspekte dabei zu berücksichtigen sind, zeigt eine Übersicht *(Abb. 16).*

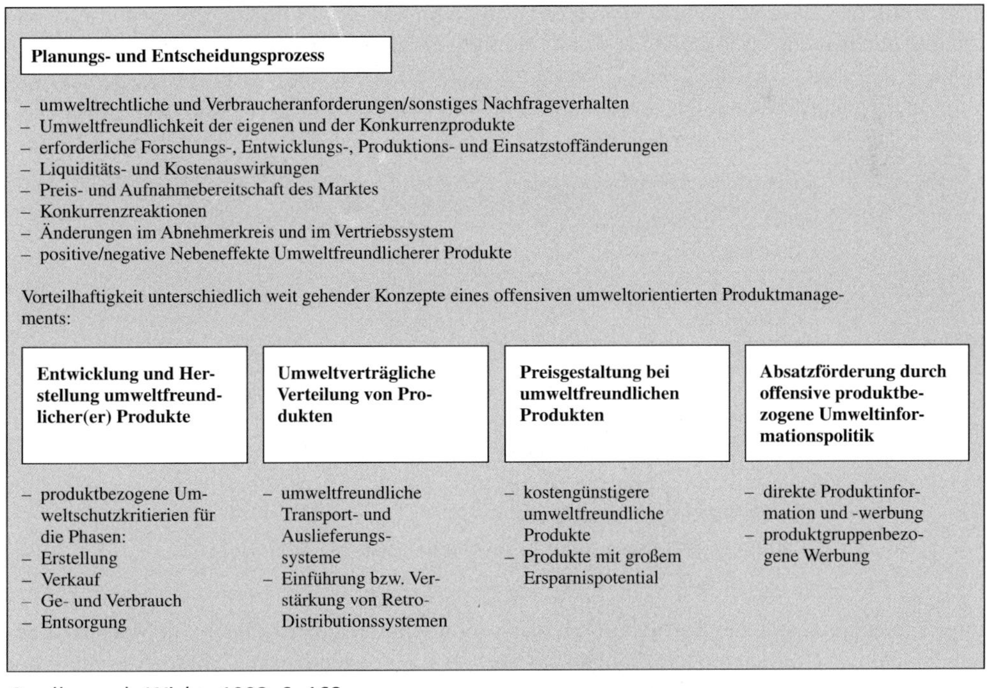


*Quelle:* nach *Wicke,* 1992, S. 168

*Abb. 16: Ansatzpunkte für ein offensives umweltorientiertes Produktmanagement*

Insgesamt ist anhand der Beispiele deutlich geworden, dass in Bezug auf übergeordnete gesellschaftliche Fragen jedes Unternehmen seinen eigenen Weg suchen muss. Den geschilderten generellen Zwängen kann sich jedenfalls heute im Prinzip kein Unternehmen mehr entziehen. Im Übrigen zeigen spezielle empirische Untersuchungen, dass zwischen Umweltschutz einerseits und anderen wichtigen Unternehmens- und Marketingzielen (wie speziell langfristige Gewinnerzielung, Umsatz, Marktanteil, Image) andererseits **komplementäre Beziehungen** bestehen, d. h. Unternehmen, denen es gelingt, in hohem Maße Umweltschutzziele (ökologische Ziele) zu realisieren, sind durchweg auch erfolgreich bei der Verfolgung ökonomischer bzw. vor-ökonomischer Ziele (*Meffert/Kirchgeorg,* 1989 b, S. 191; *Raffée/Fritz,* 1992, S. 320). Spezifische kausal-analytische Untersuchungen scheinen diese Komplementarität sogar zwischen Umweltschutz und kurzfristiger Gewinnerzielung zu bestätigen (*Fritz,* 1995 b, S. 354).

Neben diesen mehr nach außen gerichteten Verpflichtungen von Unternehmen wird zunehmend auch die nach innen gerichtete Dimension sozialer Verantwortung erkannt und umzusetzen versucht. Nachdem man relativ lange Zeit in der Theorie wie in der Praxis das Führen von Unternehmen als eine weitgehend rationale, beinahe mechanistische Aufgabe zu verstehen gesucht hat, haben die Realitäten in den Unternehmen – insbesondere auch im Zuge eines neuen Selbstverständnisses der Menschen – die **Grenzen des „rationalen Modells"** (*Peters/Waterman,* 1984, S. 53 ff.) deutlich gemacht. Es ist nicht zuletzt kennzeichnend für diese neue Sicht, dass gerade auch Beratungsgesellschaften, die bisher einen sehr rational begründeten Verfahrens-Approach (= Dominanz der quantitativen Analyse) pflegten, die menschliche Komponente unternehmerischen Agierens und unternehmerischen Erfolges „entdecken" (u. a. *Little,* 1986 und 1992; *Oetinger,* 1993). „Unsere Gesellschaft erkennt immer deutlicher, dass mit den Rezepten der Vergangenheit die Probleme der Gegenwart und Zukunft nicht mehr zu lösen sind. Wertvorstellungen geraten in Bewegung . . ." (*Rüttinger,* 1986, S. 13). Nach verschiedenen Untersuchungen (s. u. a. *Inglehart*, 1989; *Klages*, 1999) ist ein grundlegender Wandel der Wertvorstellungen in den Unternehmen erkennbar *(Abb. 17).*

| Wertvorstellungen | |
|---|---|
| *bisherige* | *künftige* |
| • Disziplin<br>• Gehorsam<br>• Hierarchie<br>• Leistung<br>• Karriere<br>• Effizienz<br>• Macht<br>• Zentralisierung | • Selbstbestimmung<br>• Partizipation<br>• Team<br>• Bedürfnisorientierung<br>• Entfaltung der Persönlichkeit<br>• Kreativität<br>• Kompromissfähigkeit<br>• Dezentralisierung |

*Quelle: Rüttinger, 1986, S. 13*

*Abb. 17: Wandel in den betrieblichen Wertvorstellungen*

Immer mehr setzt sich die Einsicht durch, dass unternehmerische Erfolge beim **Menschen** beginnen: bei den Lieferanten und Abnehmern ebenso wie bei den eigenen Mitarbeitern, um nur drei wichtige Bezugsgruppen unternehmerischen Agierens zu nennen. Vor allem ist man sensibler geworden für das innere Wesen eines Unternehmens oder das, was man inzwischen nicht ganz griffig **Unternehmenskultur** nennt (zu ihrer Vielschichtigkeit vgl. *Simon,* 2001). Unternehmenskultur heißt, dass das Unternehmen als eine Art Miniaturgesellschaft mit spezifischen Normen, Werten, Symbolen und Ritualen aufgefasst werden kann (*Staehle,* 1999; *Bromann/Piwinger,* 1992; *Schwarz,* 1989; *Rüttinger,* 1986 bzw. *Schultz,* 1995; *Deal/Kennedy,* 1982). Sie ist dafür verantwortlich, ob die Arbeit im Unternehmen von Loyalität, Engagement und Identifikation getragen ist (= grundlegende Voraussetzungen für Leistung und Produktivität). „Die Spitzenunternehmen schaffen eine umfassende, beflügelnde, gemeinsam getragene Firmenkultur, ein geschlossenes Ganzes, innerhalb dessen hochmotivierte Mitarbeiter nach dem richtigen Weg suchen. Ihre Fähigkeit, einen sehr großen Mitarbeiterkreis zu außerordentlichen Leistungen zu führen, hängt von der Gabe ab, das Bewusstsein eines lohnenden Zieles zu vermitteln“ (*Peters/Waterman,* 1984, S. 77). Ungewöhnliche Erfolge so unterschiedlicher Unternehmen wie *IBM* (lange der Computer-Anbieter schlechthin); *McDonald's* (die führende Fast-food-Idee); *Mercedes* (automobiler Welt-Maßstab) oder *Ikea* (neue Wohnphilosophie) sind – in ihrer jeweils eigenen Art – auf die Berücksichtigung dieser Einsichten zurückzuführen. Schlüsselfaktoren ungewöhnlicher Unternehmensentwicklungen sind in diesem Sinne **Begeisterung** für und **Stolz** auf das eigene Unternehmen oder einfach die Schaffung eines von Enthusiasmus und Engagement getragenen Unternehmensklimas („Unternehmensfieber“). Wenn das auch *wenig* operationale Konstrukte sind, so manifestiert sich in diesen Faktoren gleichsam die menschliche *Ur*kraft eines Unternehmens.

Ein von *Schein* entwickeltes Modell basiert auf **drei Elementen**, nämlich Grundannahmen, Werten und Normen sowie Artefakten. Zwischen ihnen bestehen wechselseitige Beziehungen, die zu **firmenindividuellen Kulturen** führen (*Schein*, 2004).

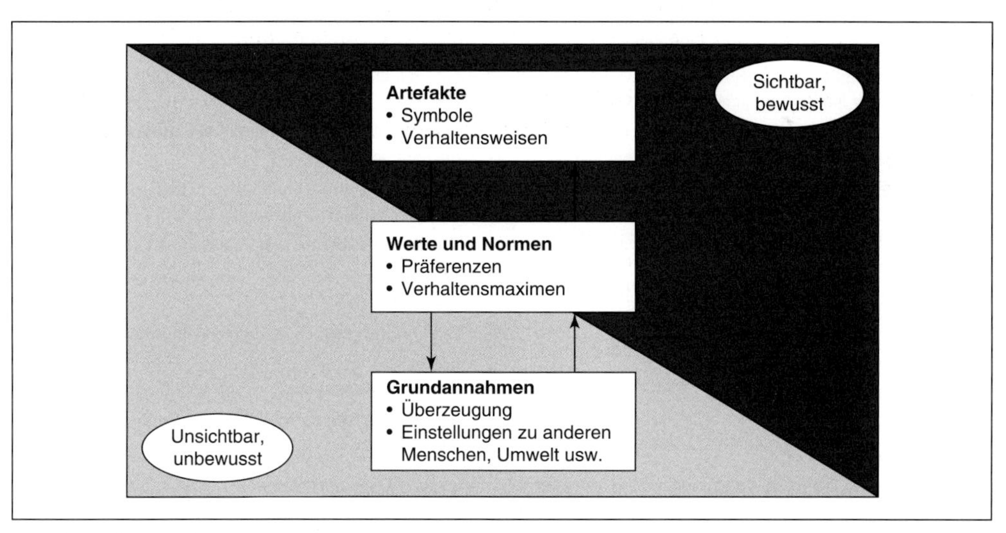


*Quelle: Schein,* 2004

*Abb. 18: Modell der Unternehmenskultur nach Schein*

Wesentliche Impulsgeber für die Entwicklung und die positiven Wirkungen von Firmenkulturen sind stets **Pionierunternehmer** und **charismatische Manager,** die Motivations- und Innovationspotenziale bei den Mitarbeitern durch die Art und Weise ihrer Führung und ihrer unternehmerischen Idee (Vision) erschließen (= Unternehmenskultur als **Erfolgsfaktor**).

Fallbeispiele: Unternehmensleitsätze von *Mars* und *Schöller*

Insgesamt handelt es sich bei einer Unternehmenskultur – das gilt es zu beachten – um einen nicht voll bewussten und damit zugleich **schwer fassbaren Komplex** von Vorstellungen, Standards (z. T. Mythen) und Interpretationsmustern in Bezug auf das Unternehmen bzw. seiner Handlungsweisen. Diese stellen insoweit Deutungs- und Orientierungsmuster für Unternehmensmitglieder dar.

Um das, was als Unternehmenskultur gewachsen ist bzw. das, was davon bewusst gemacht werden soll, „handhabbar" zu gestalten, formulieren Unternehmen in zunehmendem Maße **Leit- oder Grundsätze**, die der Orientierung der Organisationsmitglieder dienen sollen. Zwei Beispiele sollen hier in Kurzform aufgezeigt werden *(Abb. 19).*

Die aufgezeigten Unternehmensgrundsätze verdeutlichen, dass die unternehmenskulturellen Ausdrucksformen unterschiedlich eng oder weit bzw. allgemein oder konkret zu fassen versucht werden. Vielfach werden vergleichsweise vordergründige Aspekte angesprochen, und zwar *ohne* eine durchgängige „Wertelinie".

**a) Fünf Grundsätze des Unternehmens** ***Masterfoods***

- **Qualität**. Der Verbraucher ist König. Qualität und „Value for Money" sind unsere Zielsetzung.
- **Verantwortung**. Als einzelne verlangen wir die volle Eigenverantwortung, als Mitarbeiter unterstützen wir die Verantwortung der anderen.
- **Gegenseitigkeit**. Ein gegenseitiger Nutzen ist gemeinsamer Nutzen; ein gemeinsamer Nutzen hat Dauer.
- **Effizienz**. Wir schöpfen alle Möglichkeiten voll aus, verschwenden nichts und beschränken uns auf unsere Stärken.
- **Freiheit**. Wir brauchen Freiheit, um unsere Zukunft selbst gestalten zu können; wir brauchen Gewinne, um unsere Freiheit zu bewahren.

*Quelle: Manager Magazin*

**b) Zehn Unternehmensleitsätze des Unternehmens** ***Schöller***

- Ob Kunde, Kollege oder Mitarbeiter, der **Mensch** steht für uns im Mittelpunkt aller unserer Überlegungen und unseres gesamten Handelns.
- Nur mit der **Bereitschaft zur Veränderung** bewältigen wir die Zukunft.
- Nur **gemeinsam** können wir unsere Ziele erreichen.
- Führen heißt **Vorbild** sein und **Verantwortung** übernehmen.
- Niemand von uns ist unfehlbar, **Fehler geben wir zu** und verschleiern sie nicht.
- Wir **lösen Probleme**, statt Schuldige zu suchen.
- Wir müssen in jeder Beziehung **kompetent** und **verlässlich** sein.
- Bei **Qualität** kennen wir keine Kompromisse.
- Wir verkaufen nicht nur Produkte, sondern bieten **Problemlösungen** an.
- Fair, fortschrittlich, fröhlich und freundlich – **das sind wir**!

*Quelle: Schöller*-Firmenbroschüre

*Abb. 19: Beispiele von unternehmenskulturellen Leitsätzen (Beispielperiode)*

Praktisch wie wissenschaftlich ist es äußerst schwer, die konkreten Wertemuster eines Unternehmens in ihrer Vielfalt zu beschreiben. Man hat deshalb versucht, anknüpfend an den Alltagserfahrungen von Organisationsmitgliedern, **Typologien** abzuleiten, die bestimmte Grundmuster zu kennzeichnen suchen. Am bekanntesten ist die von *Deal* und *Kennedy* vorgelegte **„Kulturtypologie"** geworden (*Deal/Kennedy,* 1982; siehe hierzu auch *Steinmann/ Schreyögg,* 2000, S. 632 ff.). Folgende Typen werden dabei unterschieden:

- **„Alles-oder-Nichts-Kultur"**
  (= individuell geprägtes Unternehmen, es wird mobilisiert von großen Ideen und großen Führern, die Handlungsweise ist stark erfolgsorientiert, Erfolge werden enthusiastisch gefeiert, umgekehrt werden Misserfolge schonungslos offengelegt),
- **„Brot-und-Spiele-Kultur"**
  (= stark außenorientiertes Unternehmen, Markt und Umfeld werden als eine Arena voller Möglichkeiten erfasst, die es konsequent zu nutzen gilt, als herausragender Wert wird Aktivsein angesehen),
- **„Analytische-Projekt-Kultur"**
  (= mögliche Fehlentscheidungen werden als die große Bedrohung angesehen, alles ist darauf gerichtet, die richtigen Entscheidungen zu treffen, man vertraut sehr stark auf wissenschaftlich-rationale Analysen und langfristige Prognosen, die hierarchische Stellung und die Erfahrung des einzelnen zählt stark im Unternehmen),
- **„Prozess-Kultur"**
  (= problemorientierte Vorgehensweise, der perfekte und lautlose Vollzug steht im Vordergrund, das Gesamtziel spielt eine eher untergeordnete Rolle, fehlerfreies Arbeiten ist Grundprinzip und wird besonders honoriert).

Wenn auch solche Typologien (vgl. hierzu die von *Kets de Vries/Miller,* 1986) hinsichtlich Abgrenzung und Aussagekraft nicht unproblematisch sind, so machen sie deutlich, welche unterschiedlichen **Kulturelemente** Unternehmen dominant prägen können und welche unterschiedlichen Voraussetzungen für ein konzeptions-geleitetes Handeln gegeben sind.

Es wird auf diese Weise jedenfalls sichtbar, dass unternehmerisches Vorgehen bzw. konzeptionelles Handeln nicht nur eine technokratische, sondern vor allem auch eine *unternehmenskulturell* geprägte Dimension hat. Das zeigt sich im Übrigen auch bei der zweiten Ebene von Meta-Zielen, nämlich bei der Formulierung bzw. Realisierung der Mission und Vision eines Unternehmens.

### *b) Unternehmenszweck (Mission und Vision)*

Unternehmen werden einzel- wie gesamtwirtschaftlichen Aufgaben dadurch gerecht, dass sie eine bestimmte Unternehmenstätigkeit (mission) konsequent verfolgen. „A corporate mission is a long term vision of what the business is or is striving to become. The basic issue is: ‚What is our business and what should it be?'" (*Kollat/Blackwell/Robeson,* 1972, S. 14, ähnlich *Ferrell/Lucas/Luck,* 1994, S. 76 ff.). Die Mission konkretisiert den eigentlichen Unternehmenszweck („klare Absicht", *Kotler/Armstrong,* 1988, S. 43 f.). Sie gibt – in Verbindung mit einer Vision („ehrgeizigen Zukunftsvorstellung") – dem Unternehmen sowohl einen bestimmten **Handlungsrahmen** als auch eine bestimmte **Handlungsrichtung** vor. Die Mission (und die Vision als „ehrgeizige" (Langfrist-)Zielsetzung) wird in diesem Sinne auch als „Starting point" jeder Unternehmens- und Marketingplanung (*Wilson/Gilligan,* 1997, S. 204; *Hungenberg,* 2008, S. 26 f.) angesehen.

Spätestens erschwerte Ausgangslagen der Unternehmen (stagnierende Märkte, Verdrängungswettbewerb) haben deutlich gemacht, dass Unternehmen am Markt nicht allein dadurch überleben (können), dass sie ehrgeizige Oberziele (z. B. in Form von Rentabilitätszielen) formulieren. Wichtig ist vor allem, dass sie – neben einer adäquaten Definition und Wahrnehmung ihrer gesellschaftlichen Verantwortung – ihrem Handeln eine schlüssige, auch auf einer (wie noch im Einzelnen zu zeigen sein wird) konkretisierten Mission und Vision fußende **Unter-**

**nehmensphilosophie** zugrunde legen. Das heißt, dass Unternehmen zunächst Eckpunkte einer Unternehmenspolitik definieren müssen, die überhaupt erst die Grundlage der eigentlichen Zielableitung und -verfolgung bilden. Jene Eckpunkte stellen gleichsam das unternehmerische Gerüst dar, um Chancen gezielt wahrnehmen und Bedrohungen entsprechend abwenden zu können.

Ein zentraler Eckpunkt der Unternehmensphilosophie bzw. ihre Erfolgsbedingung ist – angesichts von ganz überwiegend ausgeprägten Käufermärkten – zunächst einmal die konsequente **Kundenorientierung** (in diesem Sinne sind „Spitzenunternehmen" vor allem durch „besessenes" Qualitäts-, Zuverlässigkeits- und Servicestreben (= **Erfolgsfaktoren**) gekennzeichnet, *Peters/Waterman,* 1984, S. 189 ff., siehe auch *Rodgers/Shook,* 1986; *Fritz,* 1993; *Gründling,* 1996; *Bruhn,* 2012 bzw. 2016). Eine solche konsequente Kundenorientierung findet nicht selten ihren Niederschlag in klassischen *firmenspezifischen* Philosophien, die häufig auch Kernaussagen der Kommunikationspolitik zugrundeliegen (bzw. lange lagen), wie z. B.:

- *Avis:* „We try harder" (= Besser sein als die Mitbewerber),
- *Mercedes:* „Ihr guter Stern auf allen Straßen" (= Verlässlichkeit durch Qualität),
- *Nivea:* „So fühlt sich Pflege an" (= Problemlösungen für das tägliche Leben).

Solche Philosophien müssen durch entsprechende Leistungen verwirklicht und „gelebt" werden, wenn sie nicht zur bloßen Deklamation verkümmern sollen. Zu ihrer konsequenten Verwirklichung ist im Prinzip ein konsequentes **Total Quality Management** (TQM) notwendig, das alle Bereiche und Prozesse des Unternehmens unter das Diktat optimaler, kundenorientierter Qualität stellt (*Töpfer/Mehdorn,* 1993; *Stauss,* 1994 b; *Homburg,* 2000 a sowie *Smith,* 1997; *Hinterhuber,* 2002). Bei konsequenter, vom Abnehmer nachvollziehbarer Verwirklichung führt ein solches Konzept zu starken Marken-, Produkt- bzw. Unternehmenskompetenzen sowie **komparativen Wettbewerbsvorteilen** (*Backhaus,* 2003, S. 35 ff.), wie Beispiele immer wieder zeigen.

Fallbeispiel: Mission von *Coca-Cola*

Die Mission eines Unternehmens spiegelt sich nicht zuletzt in dem **Spannungsdreieck** Kunde, Produkt und andere Anspruchsgruppen (wie Mitarbeiter, Aktionäre, Franchisenehmer usw.) wider. Beispielhaft sollen hier Kernaussagen des „Mission Statement" von *Coca-Cola* wiedergegeben werden, um die Komplexität einer Unternehmensphilosophie deutlich zu machen. Im Einzelnen enthält die „Mission" **Basisaussagen** zu allen wichtigen Ressourcen (wie „Brands", „Systems", „Capital" and „People"). Aus Platzgründen beschränkt sich die Wiedergabe des „Mission Statement" auf einen Ausschnitt *(Abb. 20).*

Das *Coca-Cola* Mission Statement verdeutlicht zunächst noch einmal, wie stark heute die Kundenorientierung im Mittelpunkt unternehmerischen Handelns steht (stehen muss). Kundenorientierung heißt nichts anderes, als dass alles unternehmerische Denken und Tun bei den Kunden bzw. potenziellen Abnehmern beginnen muss. Ausgangspunkt sind dabei nicht vorhandene Produkte, sondern die **Wünsche bzw. Probleme** der Kunden, die es durch umfassende Marketingprogramme (nicht nur Produktleistungen) zu lösen gilt. Kundenorientierung bedeutet insoweit nichts anderes als konsequente Problemlösungsorientierung. In durch Überangebot gekennzeichneten Käufermärkten kann nur das Unternehmen (besonders) erfolgreich sein, das den relativ besten Problemlösungsansatz bietet.

Das Mission Statement macht zugleich deutlich, wie alle **Ressourcen** des Unternehmens konsequent in den Dienst der Kunden (der Kundenzufriedenheit) zu stellen sind.

OUR OPPORTUNITY

*Bringing refreshment to a thirsty world is a unique opportunity for our Company ... and for all of our Coca-Cola associates ... to create shareholder value. Ours* is the only production and distribution business system capable of realizing that opportunity on a global scale. And we are committed to realizing it.

OUR GOAL

With Coca-Cola as the centerpiece, ours is a worldwide system of superior brands and services through which we, our franchisees and other business partners deliver satisfaction and value to customers and consumers. By doing so, we enhance brand equity on a global basis. As a result, we increase shareholder wealth over time.

*Our goal* for the 1990s sounds deceptively simple. *It is to expand our global business system, reaching increasing numbers of consumers who will enjoy our brands and products more and more often.*

OUR CHALLENGE

The 1990s promise to be a paradoxical time for our business. Distribution channels will continue to consolidate while new ones will emerge ... yet, *customers* will demand more choices, as well as customized service and marketing programs at the lowest possible cost. *Consumers* in developed countries will grow in age and affluence but not in numbers ... while strong population growth in lesser developed countries means the vitality of these young consumer markets will depend on job creation and expanding economies.

To succeed in this environment we will make *effective use* of our fundamental resources:

- Brands,
- Systems,
- Capital, and, most important,
- People.

Because these resources are already availabe, one might assume we need only to draw on them for achieving our goal. Nothing could be more wrong. *The challenge of the 1990s will be not only to use these resources, but to expand them ... to adapt them ... to reconfigure them in constantly changing ways in order to bring about an ever renewed relationship between the Coca-Cola system and the consumers of the world to make the best even better.*

OUR RESOURCES

- BRANDS Increasing globalization of the communications industry means we can more effectively expose our advertising and other image-building programs through a worldwide brand framework. This places a premium on maintaining our traditional excellence as a premier brand advertiser. Yet, we must remember that it is our franchisee network around the world which will distribute and locally market our brands ...

*Quelle: Konstroffer & Partner/Frankfurter Allgemeine Zeitung*

*Abb. 20: Mission Statement von Coca-Cola (Ausschnitt/Beispielperiode)*

Alles unternehmerische Tun ist somit auf einen optimalen **Kundennutzen** zu zentrieren, der sich in einem adäquaten, d. h. vom Kunden akzeptierten Preis-Leistungs-Verhältnis niederschlagen muss. In diesem Sinne wird auch von einem „Value Marketing“ gesprochen, das unter Berücksichtigung verschärften Wettbewerbs vielfach in eine **Added-Value-Strategie** mündet, nämlich dem Kunden neben selbstverständlichen Basisleistungen (i. S. v. generischen Grundnutzen) Zusatzleistungen (i. S. v. spezifischen Zusatznutzen) zu bieten. Maßstab ist dabei aber nicht das technisch Machbare, sondern das vom Kunden erwartete **Problemlösungsniveau,** das nicht nur am gewünschten Leistungsprofil anknüpft, sondern auch die Preisbereitschaften bzw. -schwellen berücksichtigt. Es gilt mit anderen Worten ein vom Kunden nicht mehr honoriertes **Overengineering** zu vermeiden.

Ausgeprägte **Kundenorientierung** führt häufig zu *anspruchsvollen* Produkt-/Problemlösungen. Neben Basisanforderungen versuchen Unternehmen Leistungsanforderungen (z. B. spezifisch technische) oder sogar Begeisterungsanforderungen (z. B. auf Kunden besonders zugeschnittene) zu erfüllen (vgl. sog. *Kano*-Modell, *Bailom*, 1996). Andererseits gibt es - ausgehend von den USA – eine Gegenbewegung in Form der **Good-enough-Philosophy**, die übertriebene Produktqualitäten zu vermeiden sucht (*Monsees*, 2010).

In dieser Hinsicht besteht ein enger Zusammenhang zwischen Qualität bzw. Preis-Leistungs-Verhältnis und **erzielbarer Rentabilität** (und Wachstum) des Unternehmens *(Abb. 21)*.

Die dargestellten Zusammenhänge verdeutlichen, wie grundlegend für den Unternehmenserfolg die richtige Problemlösung bzw. preis-leistungsorientierte Einpassung im Markt ist.

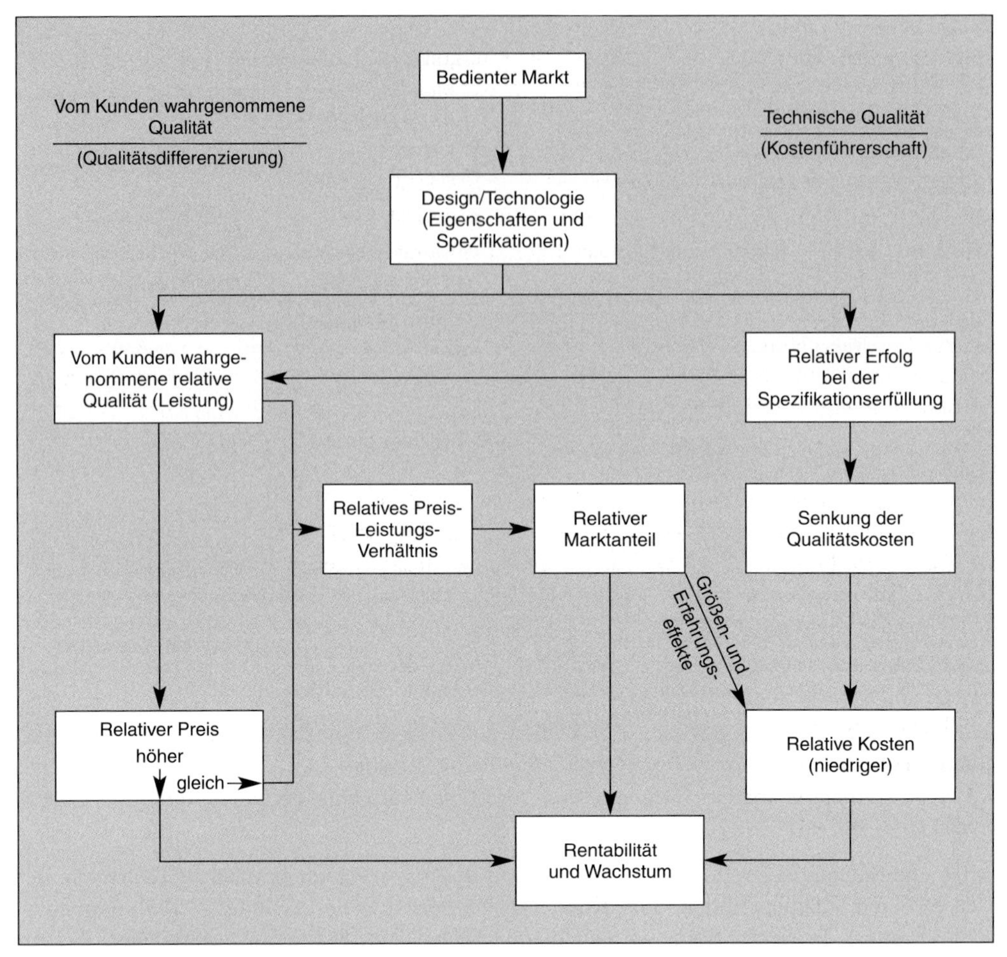


*Quelle: Buzzell/Gale,* 1989, S. 92

*Abb. 21: Einfluss von Qualität auf Rentabilität und Wachstum*

Diese Einpassung gelingt nur, wenn Unternehmen sowohl ein systematisches **Vor-(kauf-) Marketing** als auch ein systematisches **Nach-(kauf-)Marketing** verfolgen. „Vor-Marketing" bedeutet vor allem systematische Marktforschung zur Erfassung der spezifischen Kundenprobleme und Wünsche. Die Marktforschung hält hierfür ein breites Methodenspektrum bereit. Je spezifischer die Kundenorientierung ausgerichtet werden soll, um so spezifischer muss der Forschungsansatz (*Kuß,* 1994) gewählt werden (bis hin zu Vor-Ort-Analysen beim Kunden in realen Produktnutzungs- bzw. Problemlösungssituationen). Konsequente Kundenorientierung bedingt auch ein entsprechendes „Nach-Marketing" wie entsprechender Kundendienst und Serviceleistungen. Entscheidend ist darüber hinaus die Erfassung der **Kundenzufriedenheit** einschließlich eines entsprechenden Beschwerdemanagements (siehe *Homburg,* 2003; *Stauss/Seidel,* 2002; *Kaiser,* 2005) bis hin zur Installierung und Pflege eines Beziehungsmarketing bzw. -management (Relationship-Marketing bzw. -Management, *Kleinaltenkamp/Plinke,* 1997; *Rapp,* 2000; *Payne/Rapp,* 2003; *Bruhn,* 2009 bzw. 2013).

Die Markt- bzw. Kundenorientierung des Unternehmens bedarf im Interesse einer möglichst klaren Kursbestimmung ganz konkreter Justierungen auf verschiedenen Entscheidungsebenen. Hierbei muss – wie eingangs betont – zwischen **Mission und Vision** des Unternehmens unterschieden werden. Zwischen beiden Entscheidungsfeldern bestehen vielfältige Interdependenzen; die Konkretisierung der Mission bildet in der Regel aber den ziel-strategischen Ausgangspunkt. Während des Unternehmenszyklus wird die Mission zwingend ergänzt bzw. überlagert von einer Vision als einer „ehrgeizigen Zielsetzung" zur Zukunftssicherung.

Mission und Vision werden auch als zwei Seiten ein und desselben Entscheidungsgegenstandes aufgefasst (*Campbell/Devine/Young,* 1992, S. 60), ohne dass sie vollkommen sich überschneidende Zielkonzeptionen darstellen. Die Einsicht, dass Mission und Vision für eine erfolgreiche Unternehmensführung essentiell sind (i. S. v. **Kursbestimmung**), ist schon relativ lange vorhanden (siehe etwa *Levitt,* 1960; *Drucker,* 1973). Bisher gibt es allerdings noch keine befriedigende Behandlung und Klärung dieser grundlegenden unternehmenspolitischen Thematik (wichtige Anstöße etwa durch *Campbell/Devine/Young,* 1992, aber etwas einseitig unternehmensphilosophisch/-kulturell angelegt). In der Unternehmenspraxis fehlt andererseits vielfach noch ein ausgeprägtes Problembewusstsein; die Bewältigung des Tagesgeschäfts behindert bzw. verhindert nicht selten die Klärung solcher unternehmerischen Grundsatzfragen. Im Folgenden soll versucht werden, die Grundfragen der Mission und Vision des Unternehmens ziel-strategisch zu fundieren und zu präzisieren; d. h. Mission und Vision werden als Meta-Ziele **mit strategie-vorformulierendem Charakter** aufgefasst.

Die **Mission** hat zunächst eine sinngebende Funktion für das Unternehmen (Unternehmenszweck, unternehmerisches Anliegen). Sie ist durch folgende **Grundfragen** bzw. durch ihre möglichst konkrete Beantwortung gekennzeichnet:

- **Was sind wir?**
- **Warum existieren wir?**
- **Wofür stehen wir?**
- **Woran glauben wir?**

Die ziel-strategischen Antworten stellen Aussagen zur Unternehmensgegenwart dar, d. h. es handelt sich – bei bestehenden Unternehmen – um die Beschreibung der unternehmerischen Ist-Situation (bei neuen, zu gründenden Unternehmen um die Formulierung ziel-strategischer Absichten).

Als Basisorientierung dient die absolute **Kundenorientierung;** sie entspricht einer konsequenten Outside-in- statt Inside-out-Orientierung des ganzen Unternehmens (Kundenorientierung als zentrale Führungsphilosophie, „The Customer-driven-Company", *Whiteley,* 1991, d. h. nicht Herstellung oder Vertrieb eines Produktes bzw. Leistung, sondern die Lösung eines Kundenproblems (= Problemlösungsorientierung) bildet den eigentlichen Ausgangspunkt, s. a. *Smith,* 1997).

Der Unterschied zwischen (1) traditioneller Hersteller- bzw. Produktionsorientierung und (2) moderner Markt- bzw. Kundenorientierung machen zwei typische **„Kurzformeln" der Unternehmensmission** deutlich:

zu (1): *„Wir wollen elektronische Bauteile herstellen."*
zu (2): *„Wir wollen spezielle Steuerungsprobleme bei elektrischen Haushaltsgeräten lösen."*

Unternehmen werden heutigen Markt- und Umfeldbedingungen nur gerecht, wenn sie ihre Aufgabe (Mission) markt- bzw. kundenorientiert verstehen und danach konsequent das **ganze Unternehmen** und seine **Kernkompetenz** (Core Competence) ausrichten.

Die Festlegung (Präzisierung) des konkreten Betätigungs- und Kompetenzfeldes des Unternehmens ist dabei *nur mehrdimensional* möglich, d. h. es müssen verschiedene Festlegungskategorien und -dimensionen unterschieden werden *(Abb. 22)*:

**a) Marktökonomische Parameter der Mission:**

- **Marktausschnitt** (→ Leistungsumfang),
- **Marktschicht** (→ Leistungsniveau),
- **Marktareal** (→ Leistungsraum).

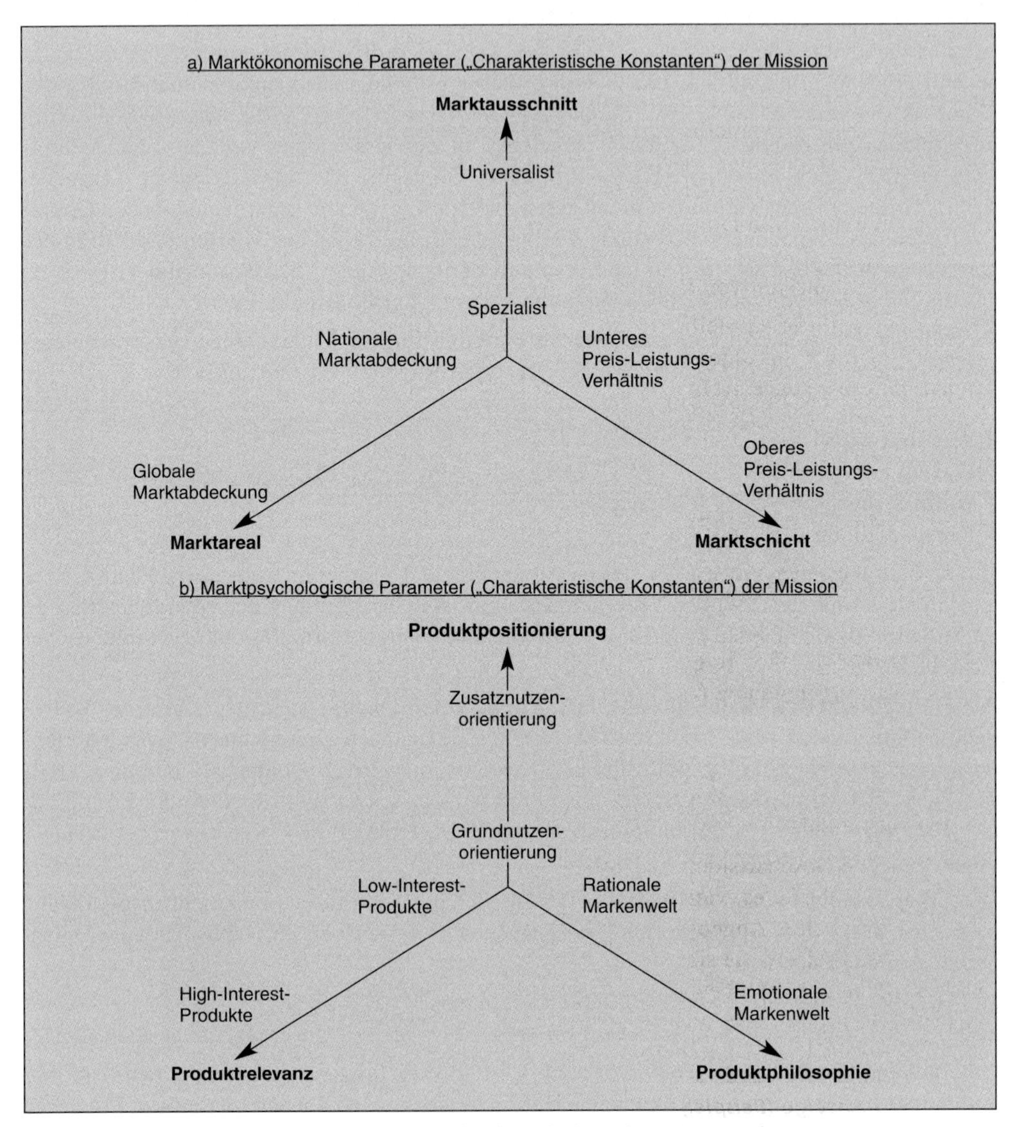


*Abb. 22: Orientierungspole der Mission eines Unternehmens*

**b) Marktpsychologische Parameter der Mission:**

- **Produktpositionierung** (→ Nutzenkategorie),
- **Produktphilosophie** (→ Nutzenkommunikation),
- **Produktrelevanz** (→ Nutzeninteresse).

In *Abb. 22* sind die Basisfestlegungen zur Mission des Unternehmens näher konkretisiert.

Auf der Basis der konkreten Ausprägungen der einzelnen Missions-Parameter können Unternehmen ihren unternehmerischen Handlungsrahmen (und bereits Ansatzpunkte möglicher Evolutionsrichtungen) abstecken. Unternehmen können auf diese Weise klar ihr **Missions-Profil** entwerfen, und zwar als Grundlage für die Ableitung des strategischen Handlungskonzepts (= konzeptionelle Kette zwischen Zielen und Strategien, vgl. 2. Teil „Marketingstrategien"). Wichtige Säulen der Mission im Hinblick auf ihre unternehmenspolitischen Steuerungsaufgaben sind dabei insbesondere die Grundsausrichtung des Unternehmens als Universalist oder Spezialist, darüber hinaus bilden Produkt-, Preis- und Markenpositionierung wichtige Orientierungspole unternehmerischen Agierens. Hierbei handelt es sich zugleich um Festlegungen im Sinne von Kompetenzfeldern, die im Prinzip auf Dauer (zumindest für lange Fristen) angelegt sind. Bei neuen (Pionier-)Unternehmen sind am Anfang vielfach noch nicht alle Dimensionen festgelegt („Trial-and-Error-Phase").

Fallbeispiel: Mission von *Ikea*

Unternehmen wählen vielfach Kurzformen für die Beschreibung ihrer Mission. Sie dienen häufig nicht nur unternehmensinternen Zwecken („Unternehmensleitlinie"), sondern auch **unternehmensexternen Zielen** (z. B. Werbefunktion): Die *Ikea*-Mission ist hierfür ein Beispiel *(Abb. 23)*.

Trotz Kurzform sind in dieser Ikea-Mission wichtige unternehmerische bzw. **marketingspezifische Konzeptelemente** enthalten. Sie knüpfen bereits an konkreten Marketinginstrumenten (wie z. B. spezifisches Design oder besonderes Preis-Leistungs-Verhältnis) an.

Typisch für eine Mission sind auch strategische Bezüge, wie z. B. ein **internationaler Ansatz.**

Das Beispiel von Ikea zeigt damit insgesamt die **enge Verzahnung** zwischen Zielen, Strategien und Instrumenten (= **konzeptionelle Kette**).

**IKEA**

Unser Konzept:

Eine einfache Geschäftsidee stand am Anfang:
„Unsere Aufgabe ist es, vielen Menschen einen besseren Alltag zu bieten. Wir tun dies, indem wir ein breites Angebot an form- und funktionsgerechten Einrichtungsgegenständen anbieten; zu Preisen, die sich möglichst viele leisten können."
Kreativität und Kostenbewusstsein, funktionsgerechte Produktgestaltung und rationelle Distribution haben diese Idee Wirklichkeit werden lassen. In über 18 Ländern finden Sie heute weltweit IKEA Einrichtungshäuser.

*Quelle: Ikea-Anzeige (Beispieljahr)*

*Abb. 23: Beispiel einer Missions-Kurzschrift*

Die Mission legt insoweit die Grundlagen („Eckpunkte", „große Linie", „roter Faden") des unternehmerischen Tuns fest (und zwar im Idealfall vor Beginn der konkreten Unternehmensaktivitäten). Die Mission bzw. ihre **Rahmenvorgaben** gelten speziell für die „Pionierphase" eines Unternehmens (vgl. hierzu das Phasenmodell der Unternehmensentwicklung im 4. Teil „Management"). Nicht selten formt sich die Mission in allen Facetten erst im Laufe der „Wachstumsphase" aus; das gilt gerade auch für die Definition und Abgrenzung des Produkt- und Leistungsprogramms. Spätestens in der „Reifephase" ergeben sich andererseits vielfach schon Zwänge (markt- und umfeld- bzw. konkurrenzinduziert), die bisherige Mission zu überprüfen bzw. durch **neue ehrgeizige Zielsetzungen/-richtungen** (Vision) zu ergänzen. Eine solche Vision überformt quasi die bestehende und grundsätzlich noch gültige Mission eines Unternehmens, indem sie neue Akzente setzt bzw. neue Lösungswege/-richtungen (z. B. neuartige technische Kundenproblemlösungen) definiert, um durch ihre Realisierung Wachstum bzw. Existenz des Unternehmens auf Dauer zu sichern.

Die **Vision** formuliert einen ehrgeizigen Anspruch zur Mobilisierung von Leistungsreserven des Unternehmens („machbare Utopie", „Quantensprung"). Sie ist durch folgende **Basisfragen** bzw. ihre entsprechenden Antworten gekennzeichnet:

- **Wo müssen wir hin?**
- **Wie müssen wir uns weiterentwickeln?**
- **Wie können wir Existenz und Wachstum sichern?**
- **Wovon träumen wir?**

Die ziel-strategischen Antworten hierauf sind als zentrale Aussagen zur Unternehmenszukunft anzusehen (Beschreibung der mittel- und langfristigen unternehmerischen Soll-Situation). Sie gehen über das Tagesgeschäft hinaus und haben grundlegenden Richtungscharakter.

Als Basisorientierung dient in der Regel eine eigenständige, **neuartige Kundenproblemlösung.** Sowohl die zunehmenden Sättigungserscheinungen in den Märkten (Folge: Verdrängungswettbewerb) wie auch die fortschreitende Innovationsdynamik (Folge: Zeitwettbewerb) führen immer wieder zu notwendigen Neuorientierungen der anzustrebenden Wettbewerbsposition (z. B. Verteidigung der Marktführerschaft durch innovatives Abstandsmarketing bzw. Einnahme der Position eines Marktherausforderers, vgl. hierzu auch die Behandlung wettbewerbs-strategischer Grundfragen im 2. Teil „Marketingstrategien").

Die Zielrichtung besteht dabei in einer **ehrgeizigen Weiterentwicklung** („Evolution" bzw. „Revolution") des Betätigungs- und Kompetenzfeldes des Unternehmens. Auch die Vision bedarf – ähnlich wie die Mission – einer *mehrdimensionalen* Präzisierung:

**a) Umfeld- und unternehmensbezogene Anknüpfungspunkte der Vision:**

- **Technische Machbarkeit** (→ Machbarkeitsgrad),
- **Gesellschaftliche Akzeptanz** (→ Akzeptanzgrad),
- **Ökonomischer Horizont** (→ Wirtschaftlichkeitsgrad).

**b) Markt- und produktbezogene Anknüpfungspunkte der Vision:**

- **Problemlösung** (→ Innovationsgrad),
- **Einsatzfelder** (→ Innovationsbereich),
- **Timing** (→ Innovationszeit).

In *Abb. 24* werden die Anknüpfungspunkte und die Justierungsmöglichkeiten der Unternehmensvision aufgezeigt.

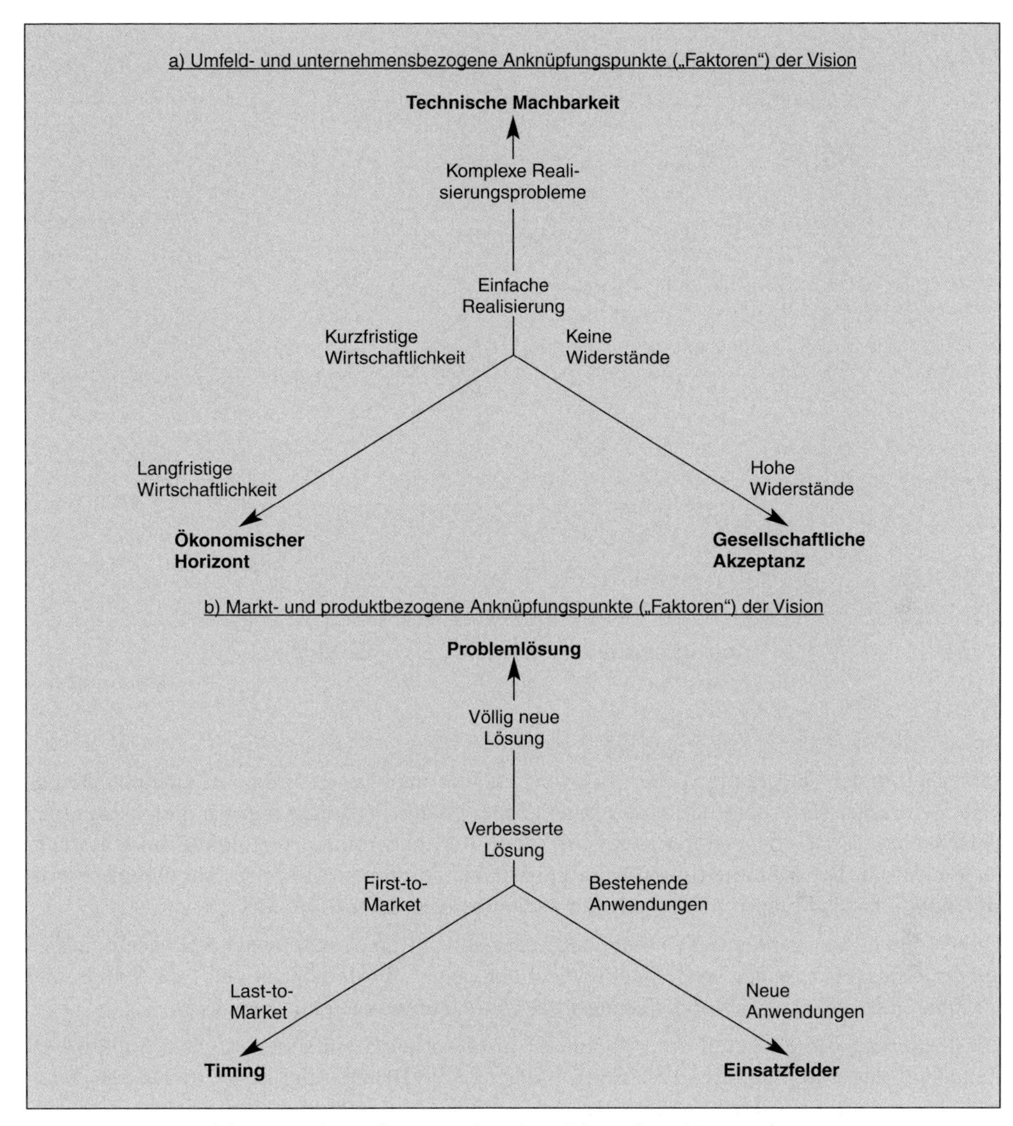


*Abb. 24: Anknüpfungspunkte der Vision eines Unternehmens*

Auf der Basis der dargestellten Leitdimensionen können Unternehmen ihre Vision abstecken. Es geht dabei um das **Einkreisen** unternehmerischer „Neulandfelder" (einschließlich der Markierung von Realisierungsgrenzen). Unternehmen können auf diese Weise ihr **Visions-Profil** bestimmen als Grundlage der strategischen Langfristplanung. Ein zentraler Anknüpfungspunkt ist zunächst die grundsätzliche technische Realisierbarkeit ehrgeiziger Zukunftspläne; darüber hinaus bilden die zu erwartende Wirtschaftlichkeit wie auch die gesellschaftliche Akzeptanz einer neuartigen Problemlösung entscheidende Orientierungspole bei der Bestimmung und Verfolgung von Visionen. Echte Visionen setzen Kreativität, Mut und Be-

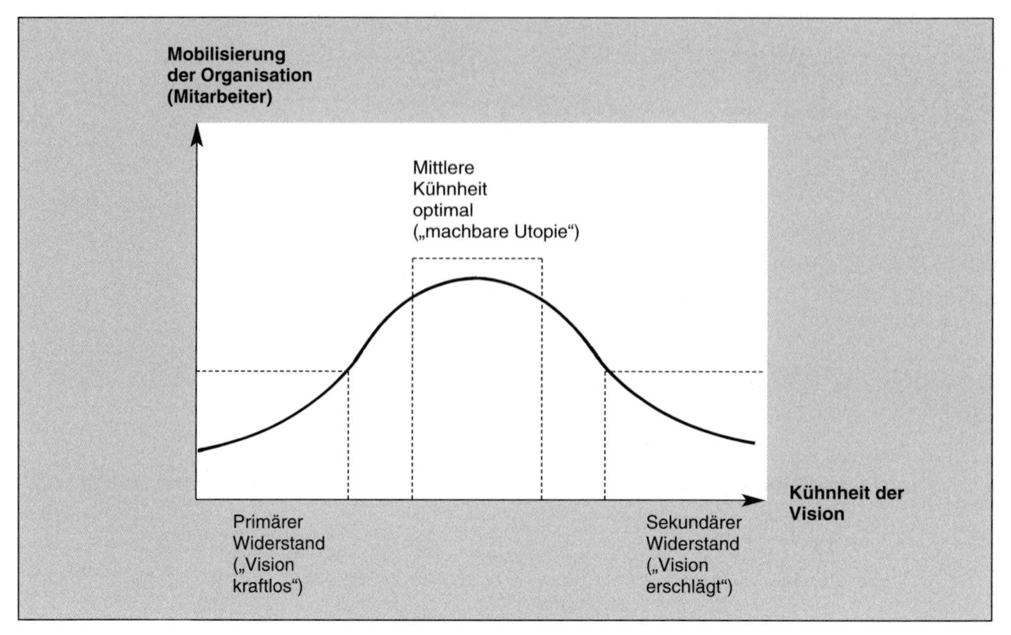


*Abb. 25: Justierung der Kühnheit einer Vision*

sessenheit in der Verfolgung voraus. Insoweit sind sie angewiesen auf ganz bestimmte Fähigkeiten einzelner (Führungs-)Personen bzw. ganzer Teams. Visionen müssen gleichsam einen „Flächenbrand“ der Begeisterung, Identifikation und penetranter Verfolgung im Unternehmen auslösen. Die **Kühnheit der Vision** muss dabei so justiert sein, dass sie diesen mobilisierenden Flächenbrand im Unternehmen auch erzeugen kann *(Abb. 25).*

Diese Darstellung verdeutlicht modellhaft, dass sowohl eine zu schwache als auch eine zu kühne Vision eher Widerstände auslöst, während eine „mittlere Kühnheit“ im Sinne einer machbaren Utopie **große Mobilisierungskräfte** im Unternehmen auslösen kann.

Die Justierung der Kühnheit einer Vision ist insofern keine einfache Aufgabe. Sie wird im Zeitablauf zusätzlich dadurch erschwert, dass z. B. die **Beurteilung neuer (Schlüssel-)Technologien** und ihrer Einsatzmöglichkeiten für das eigene Unternehmen häufig Stimmungen unterworfen sind *(Abb. 26).*

Solche Stimmungsschwankungen bedeuten, dass insbesondere das Top-Management ggf. immer wieder versuchen muss, **mögliche Enttäuschungen** (Demotivationen) zu überwinden, um – gerade auch unter Timing-Aspekten (Chance des Ersten) – Verzögerungen in der Verfolgung einer ehrgeizigen Vision zu vermeiden.

Visionen als ehrgeizige strategische Zukunftsbilder (i. S. völlig neuer Problemlösungen) sind – was ihre konkrete Ausgestaltung betrifft – in hohem Maße von branchen- bzw. **marktspezifischen Bedingungen** wie auch Anforderungen abhängig. Das soll am Beispiel des PKW-Marktes näher skizziert werden.

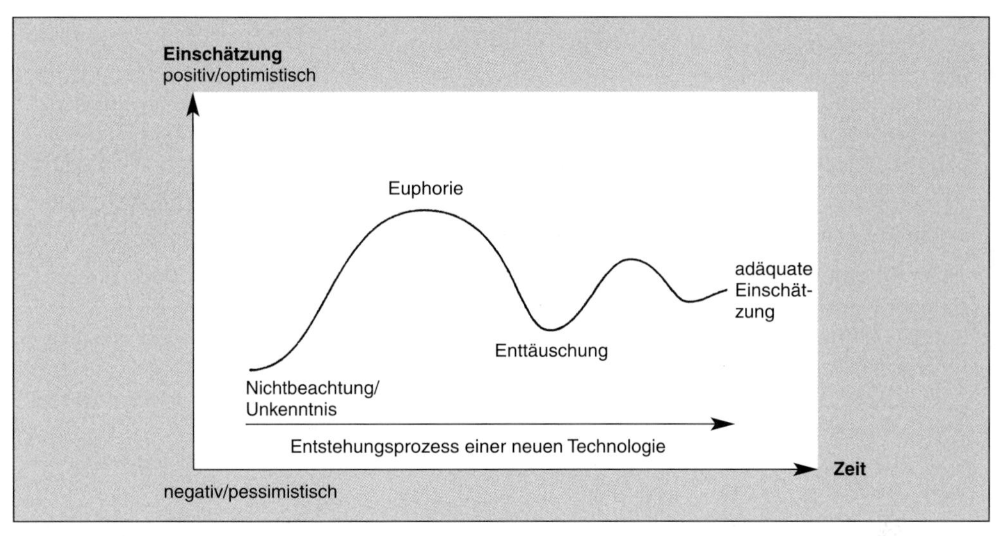


*Quelle: Meyer,* 1991

*Abb. 26: Stimmungsschwankungen bei der Beurteilung neuer Technologien*

Fallbeispiel: Öko-Vision und Umsetzung bei *Audi* und *Volkswagen*

Aus ökologischen Gründen wurde schon seit längerem das „Drei-Liter-Auto" (PKW mit Durchschnittsverbrauch von 3 l/100 km) gefordert. Nach Realisierung dieses Zukunftsautos (*Lupo*-Modell *3LTDI*) will z. B. *Volkswagen* weitere „Sparautos" schaffen (*VW XL1* als 1-Liter-Auto). Das wird nur gelingen, wenn mindestens an drei **grundlegende Dimensionen** angeknüpft wird bzw. hierfür neuartige Lösungskonzepte verwirklicht werden können *(Abb. 27).*

Für jeden der drei Ansatzpunkte gibt es **mehrere Lösungsalternativen** (1. Aerodynamik: u. a. Luftwiderstand, Auftriebskräfte, 2. Gewicht: Aluminium bzw. Kunststoff statt Stahl und 3. Antrieb: Elektro-, Diesel-(direkteinspritzer-) oder Hybrid- (= kombinierter Elektro-/Verbrennungsmotor-)Antrieb. Die Problematik besteht darin, dass im Prinzip nur kombinative Lösungen zum Ziel führen können. Zugleich ist das Problem der „richtigen Vision" darin zu sehen, dass sich PKW-Hersteller lange vor der Markteinführung eines öko-innovativen PKW für z. T. stark risikobehaftete („schicksalhafte") firmenindividuelle Konzepte entscheiden müssen. Die Schicksalhaftigkeit besteht in dieser **frühzeitigen technischen Bindung,** denn bei Heranrücken der Markteinführung kann die firmenspezifische Problemlösung (z. B. Hybrid- oder Brennstoffzellen-Konzept) durch Technik-, Umfeld- wie durch Konkurrenzbedingungen überholt sein. Deshalb setzen Automobilhersteller verstärkt auf Kooperationen/Strategische Allianzen.

Einen innovativen Lösungsansatz – wenn auch (zunächst) in der automobilen Premium- oder Oberklasse (also nicht im PKW-Massenmarkt) – hat *Audi* in einer etwa zehnjährigen Entwicklungsarbeit mit einer völlig neuartigen **Vollaluminium-Karosserie** realisiert. Dieses Konzept wurde von *Audi* zum ersten Mal konsequent im Serienautomobilbau eingesetzt und stellte insoweit einen „Quantensprung" dar. Primäres Ziel der *Audi*-Vision war, die Gewichtsspirale – bei gleichzeitig höherem passiven Unfallschutz – zu durchbrechen *(Abb. 28).*

Der grundsätzliche Gewichtsvorteil der Aluminium-Karosserie ist zugleich der **Schlüssel** zur Erhöhung der aktiven Fahrsicherheit: kürzerer Bremsweg, bessere Beschleunigung und höhere Elastizität. Die gegenüber vergleichbaren Automobilen leichtere Karosserie erlaubt Benzineinsparungen; darüber hinaus gestattet die Gesamtenergie-Bilanz wie die gute Recyclingfähigkeit von Aluminium ökologische Verbesserungen.

Trotzdem konnte *Audi* den notwendigen **ökonomischen Erfolg** des neuen Konzepts beim *A8* nur allmählich realisieren:

1. die Aluminium-Karosserie ist in der Herstellung noch (deutlich) teurer als herkömmliche Stahlkarosserien,
2. das Oberklassen-Segment ist vergleichsweise klein und *Audi* konnte in diesem Segment nur langsam Fuß fassen,
3. die Marke *Audi* wies trotz technischen Vorsprungs immer noch Defizite bei der Marke auf (im wesentlichen Prestige-Defizit),
4. die für *Audi* zunächst kleine „Nische" im Oberklasse-Segment führte anfangs nicht zu wettbewerbspolitisch notwendigen Kostensenkungen in der Fertigung,
5. der bezogen auf den Markenwert von *Audi* vergleichsweise hohe Preis zementierte andererseits das Nischen-Dasein („strategisches Dilemma").

Das *Audi* -Beispiel – das sich durchaus generalisieren lässt – zeigt insofern, dass erfolgreiche Visionen nicht nur an neuartige technische („rationale") Problemlösungen, sondern auch an psychologische („emotionale") Problemlösungen – in diesem Beispiel an **Markenprestige/-kompetenz** – gebunden sind. Insoweit kann man sagen, dass *Audi* die marktpsychologischen Erfolgsfaktoren („Emotionalisierung der Marke", vgl. die marktpsychologischen Parameter der Vision) gegenüber den technischen zu lange untergewichtet hatte. Erst mit der dritten *A8*-Generation gelang der eigentliche Marktdurchbruch (ab da auf „Augenhöhe" mit *7er BMW* und *Mercedes S-Klasse*).

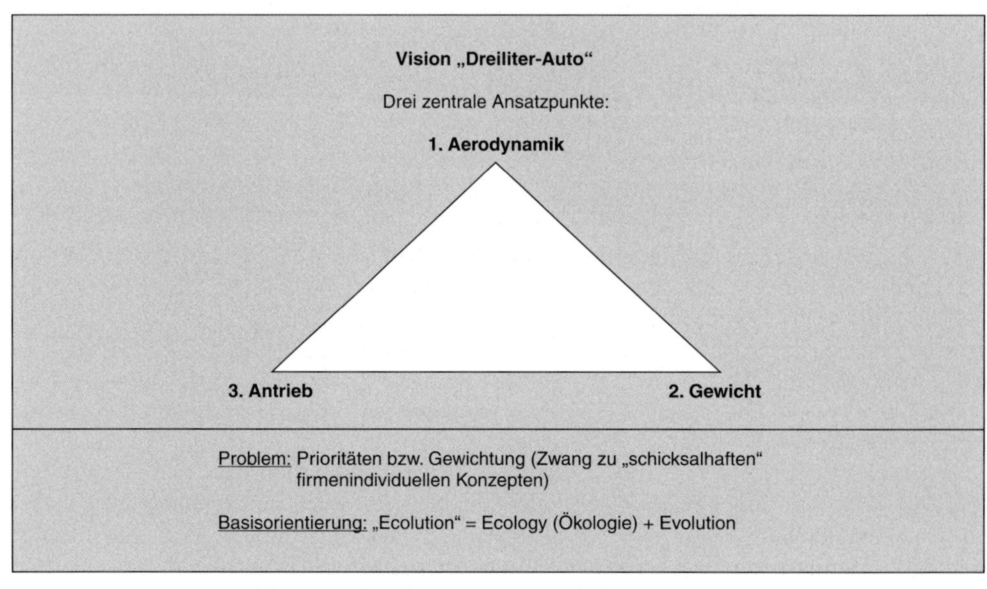


*Abb. 27: Beispiel einer Vision auf dem PKW-Markt*

**Audi. Vorsprung durch Technik.**
Eine revolutionäre Automobilbau-Technologie

Audi ist angetreten, das bisher geltende Gesetz zu durchbrechen, nach dem mehr Sicherheit, mehr Leistung und mehr Fahrkomfort nur durch mehr Gewicht machbar sind. Dank der Audi Space Frame ASF Technologie sind Spitzenklassen-Automobile denkbar und machbar, die in allen Leistungsdimensionen neue Maßstäbe setzen.

*Quelle: Audi*-Anzeige (Beispielperiode)

*Abb. 28: Spezifische Kennzeichen der Audi-Vision*

Dass Visionen – so wichtig sie für die Ausrichtung und die Mobilisierung eines Unternehmens sind – nicht immer aufgehen, zeigen auch Beispiele an sich sehr erfolgreicher Unternehmen. So hat z. B. der Gründer von *Sony, Akio Morita,* schon früh die Vision von *Sony* als führenden, weltweit agierenden Elektronikpionier gehabt und auch realisiert. Inzwischen hatte *Sony* nicht nur die Unterhaltungselektronik stark ausgebaut (aber z. T. bestimmte Entwicklungen „verschlafen", z. B. LCD- und Plasma-Bildschirme, MP3-Player), sondern sich seinerzeit auch im Musik- (*Sony/Bertelsmann*) und Filmmarkt (*Metro-Goldwyn-Mayer*) engagiert. Eine klare Vision und durchgängige Erfolge bleiben dann – zumindest phasenweise – leicht auf der Strecke (das teilt *Sony* mit anderen stark diversifizierten Firmen).

Insgesamt haben die Darlegungen zur Konkretisierung von Mission und Vision gezeigt, dass nur durch eine möglichst **klare Grundausrichtung** bzw. entsprechende unternehmenspolitische Basisfestlegungen ein Unternehmen konsequent führbar ist. Eine solche unternehmenspolitische (-philosophische) Grundausrichtung muss – das haben die unterschiedenen Konkretisierungsebenen gezeigt – *mehr* dimensional orientiert sein, d. h. sie muss sowohl technologische als auch marktliche (und nicht zuletzt auch betriebswirtschaftliche) Komponenten in abgestimmter Weise (= Harmonie der unternehmensphilosophischen Komponenten) vereinigen. Entscheidend dabei ist aber auch, dass eine Unternehmensphilosophie (Mission/Vision) durchweg zeitbezogene Elemente in sich trägt, die regelmäßig überprüft und ggf. modifiziert werden müssen und in Krisen-Situationen u. U. zur totalen Veränderung der Unternehmensphilosophie führen können (müssen). Unternehmens- (und Produkt/Programm-) philosophie (*Becker,* 1996 b) können insoweit zentraler Motor als auch unheilvolle Bremse aller unternehmerischen Aktivitäten sein. Und schließlich – das ist ganz entscheidend – darf bei keiner Philosophie-Festlegung die notwendige **Verzahnung** mit der betriebswirtschaftlichen Ebene fehlen. Mission und Vision als grundlegende Meta-Ziele des Unternehmens müssen insoweit stets auch betriebswirtschaftlich sinnvoll umgesetzt werden können; sie müssen mit anderen Worten zentralen **Oberzielen** des Unternehmens (wie des marktwirtschaftlichen Systems) gleichsam standhalten. Damit aber wird zur Ebene der Unternehmensziele übergeleitet.

### *c) Unternehmensziele*

Für die **Verwirklichung** „aller gesellschaftlichen Aufgaben ist der Gewinn nicht nur eine notwendige Stabilitätsbedingung für die Unternehmen, sondern auch für den Bestand und den Fortschritt der Gesellschaft selbst . . ." (*Gälweiler,* 1974, S. 114; ähnlich auch *Hinterhuber,*

1977, S. 22 f., zur wirtschafts-(system-)theoretischen Begründung *Reich,* 1991 bzw. *Eucken,* 1989, S. 206 ff.). Wenn man dieser marktwirtschaftlich orientierten Grundauffassung folgt, so bedeutet *das* überhaupt die Notwendigkeit der Verfolgung **monetärer Ziele** im Unternehmen, deren „oberste Spitze" der Gewinn darstellt. Das offene Bekenntnis zum Gewinn bzw. zur Gewinnerzielung ist inzwischen für viele Unternehmen selbstverständlich. Typisch hierfür war etwa das Statement eines großen Chemieunternehmens (aus dem ursprünglichen Unternehmensleitbild von *Hoechst:* „*Hoechst* braucht Gewinn: Gewinn ist Maßstab und Lohn für erfolgreiches Wirtschaften. Ein guter Gewinn ist ein Zeichen für ein gesundes Unternehmen mit Zukunft. *Hoechst* will seinen Aktionären eine angemessene Verzinsung für ihr Kapital bieten. Nur ein gesundes Unternehmen kann sichere Arbeitsplätze bieten und mit seinen Steuern zu den Gemeinschaftsaufgaben von Staat und Gesellschaft beitragen").

In der Vergangenheit ist immer wieder versucht worden – von dem obersten Gewinnziel (in seiner Spannweite vom theoretischen Gewinnmaximum bis zum befriedigenden Gewinn) bzw. der für marktwirtschaftliche Systeme typischen Kapitalrentabilität ausgehend –, **konsistente Ziel- bzw. Planungs- oder Kennzahlensysteme** zu entwerfen. Das in dieser Hinsicht lange bekannteste System *(Abb. 29)* ist das *DuPont-System* (*Perridon/Steiner,* 2004, S. 585 f.; *Horvath,* 2003, S. 569 ff.; *Reichmann/Kißler/Baumöl* 2017, S. 82 ff.).

Dieses System basiert auf dem **Return-on-Investment (ROI)** als zentraler finanzieller Oberzielgröße des Unternehmens. Das Prinzip besteht dabei darin, die klassische Kapitalrentabilität auf wichtige monetäre Basisgrößen im Aktionsprozess des Unternehmens zurückzu-

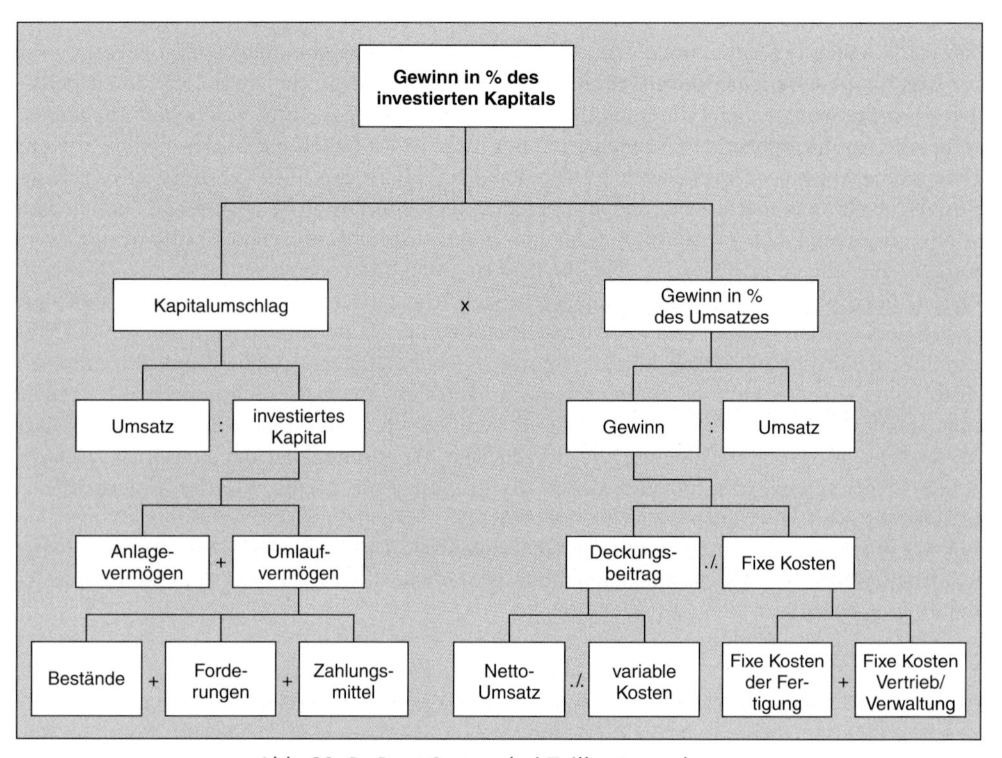


*Abb. 29: DuPont-System bei Teilkostenrechnung*

führen. Neben dem Gewinn und dem Kapital wird hierbei als dritter Rentabilitätsfaktor der Umsatz herangezogen. *Abb. 30* verdeutlicht die Zusammenhänge.

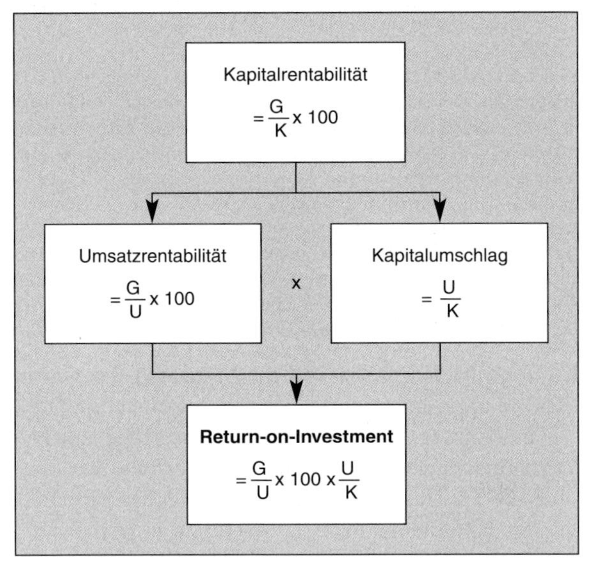


*Abb. 30: Komponenten des ROI-Konzepts*

Die Auflösung der klassischen Rentabilitätsformel in ihre **Komponenten** Umsatzrentabilität (Gewinn in % des Umsatzes) und Kapitalumschlag macht deutlich, dass die Kapitalrentabilität (Gewinn in % des investierten Kapitals) z. B. auch bei sinkender Umsatzrentabilität (also bei primär umsatz- bzw. mengenorientierter Absatzpolitik) erhöht werden kann, sofern es gelingt, die negative Wirkung der zurückgehenden Umsatzrentabilität durch einen entsprechend erhöhten Kapitalumschlag überzukompensieren und umgekehrt (*Hahn,* 1996, S. 684 ff.; *Horvath,* 2009, S. 509 ff.).

Diese Einsicht in die betriebswirtschaftliche **Mechanik** der Ertragskomponenten kann im Prinzip zu *drei* (ziel-)strategischen Verhaltensweisen führen:

**(1) Ertragserzielung über durchschnittliche Umsatzrentabilität und Kapitalumschlag,**
**(2) Ertragserzielung primär über hohe Umsatzrentabilität,**
**(3) Ertragserzielung primär über hohen Kapitalumschlag.**

In der Realität lassen sich alle drei Verhaltensweisen nachweisen. Verhaltensweise (1) entspricht den Vorstellungen und Absichten vieler Unternehmen; wir wollen sie als „rundes" Ertragskonzept charakterisieren. Verhaltensweisen (2) und (3) dagegen stellen „spitze" Ertragskonzepte dar, d. h. sie zentrieren die Aktivitäten des Unternehmens auf jeweils eine der Ertragskomponenten. Umsatzrentabilität-Orientierung ist dabei typisch für **präferenz-strategische Konzepte** (vgl. z. B. die Markenartikelindustrie mit Firmen wie *Nestlé, Oetker* u. ä. oder auch den Fachhandel, wie klassischer Schuh- oder Bekleidungsfachhandel), während Kapitalumschlag-Orientierung das Kennzeichen **preis-mengen-strategischer Konzepte** von Billigmarken-Herstellern (z. B. *Trumpf* -Schokolade, *Faber*-Sekt) oder auch solcher des Discounthandels (wie *Aldi-* oder *Lidl*-Filialketten) ist. Damit sind bereits grundlegende Nahtstellen **(=konzeptionelle Ketten)** zwischen Ziel-(komponenten)-fixierung und Strategiewahl deutlich geworden (vgl. auch 2. Teil „Marketingstrategien", speziell Darlegungen zu den marktstimulierungs-strategischen Selektionsfragen, hier die empirisch ermittelten ROI-Werte, sowie 4. Teil „Marketing-Management", Abschnitt Strategisches Controlling).

Exkurs: *DuPont*-System

In seinen einzelnen Verästelungen zeigt das auf dem **ROI-Konzept** beruhende *DuPont-System* sehr klar die Mittel-Zweck-Beziehungen auf. Der Vorteil dieses Kennzahlensystems – im Beispiel auf der Deckungsbeitragsrechnung fußend – liegt darin, dass es „mathematisch durchgängig zusammenhängend konstruiert" (*Berthel,* 1973, S. 105) und zugleich auch leicht abwandelbar ist, so dass es unternehmensindividuellen Bedingungen ohne weiteres angepasst werden kann. Dieses System eignet sich für Planungszwecke (im Sinne von Sollvorgaben) vor allem dann, wenn die Kennzahlen etwa für einen Zeitraum von fünf Jahren rückwirkend ermittelt werden, um auf diese Weise einen ausreichend **abgesicherten Zeitvergleich** durchführen zu können. Auf der Basis von Vergangenheitswerten lassen sich dann realistische Prognosewerte für zukünftige Perioden ermitteln (*Perridon/Steiner,* 2004, S. 587). Hinsichtlich anderer kennzahlen-orientierter Zielhierarchien – u. a. ZVEI-System – wird auf verschiedene Überblicke verwiesen (*Küting/Weber,* 2004, S. 31 ff.; *Horváth,* 2009, S. 504 ff.; *Reichmann/Kißler/Baumöl* 2017, S. 34 ff.).

ROI- bzw. *DuPont*-Konzept machen insgesamt die **Mechanik der Gewinnbildung** im Unternehmen deutlich, indem sie die Komponenten der Gewinnentstehung im einzelnen aufzeigen. Damit aber ist noch keine Aussage über die tatsächliche Höhe des in einem Unternehmen angestrebten Gewinnes gemacht. Diese Gewinnhöhe oder, wie wir auch sagen können, die operationale Festlegung des Gewinnziels ist abhängig von den bereits diskutierten „übergeordneten Fixierungen" des Unternehmens, d. h. vor allem in bezug auf allgemeine Wertvorstellungen (Basic beliefs) des Unternehmens wie auch im Hinblick auf den Unternehmenszweck im Sinne einer umfassenden Unternehmensphilosophie (Mission und Vision). Beide Festlegungen definieren gleichsam den Rahmen des **Gewinnpotenzials** wie auch das generelle Niveau der Gewinnerzielung. Allgemeine Wertvorstellungen, Unternehmensphilosophie und Unternehmensziele stellen insoweit eine zielstrukturierende **Einheit** dar, und zwar mit wechselseitigen Abhängigkeiten (Interdependenzen).

Angesichts zunehmend empfundener und auch notwendiger gesellschaftlicher Verantwortung der Unternehmen sind die Unternehmensziele (ökonomische Oberziele, speziell der Gewinn) keine autonomen Ziele (mehr), sondern eingebettet in übergeordnete Werte und Wertungen des Unternehmens (vgl. hierzu auch die Darlegungen zu den allgemeinen Wertvorstellungen des Unternehmens (Basic Beliefs) und speziell zum **Stakeholder-Konzept**). Gleichwohl darf nicht übersehen werden, dass Unternehmen in marktwirtschaftlichen Systemen nur dann auf Dauer existieren können, wenn monetäre Ziele (speziell Gewinn- und andere Performance-Ziele) nicht nur als legitim erachtet werden, sondern auch realisierbar sind.

Ausgehend von Entwicklungen in den USA rücken neben das klassische, von bilanz- und dividendenpolitischen Überlegungen geprägte Gewinnstreben auch bei uns immer mehr Aspekte der Unternehmenseigner und Kapitalgeber in den Mittelpunkt. Neue Stichworte sind hier „Value based Management" (i. S. v. Börsen*wert*maximierung des Unternehmens) bzw. Maximierung des **Shareholder Value** (i. S. v. Maximierung des Vermögens der Aktionäre (*Rappaport,* 1986 bzw. 1994; *Bühner,* 1994, *Höfner/Pohl,* 1994; *Unzeitig/Köthner,* 1995) ), d. h. Strategien und Investitionsprojekte werden danach beurteilt, ob sie Mehrwert für die Aktionäre schaffen.

Die Ermittlung des Shareholder Value (in Anlehnung an *Rappaport,* 1994) zeigt eine Übersicht *(Abb. 31)*.

Die Darstellung nennt auch die grundlegenden **Einflussfaktoren** (Werttreiber oder Value Drivers), die den Shareholder Value bestimmen. Sie definieren zugleich ziel-strategische Ansatzpunkte einer *value-* oder *wert*-orientierten Unternehmensführung.

| **Sharholder Value = Unternehmenswert – Wert des Fremdkapitals** | |
|---|---|
| Unternehmenswert = | Alle diskontierten Cash-flows der Planungsperiode<br>+ Restwert der Cash-flows nach der Planungsperiode<br>+ Aktiva, die nicht zum operativen Geschäft gehören |
| Cash-flow = | Umsatz x (1 + Wachstumsrate Umsatz)<br>x operative Gewinnmenge<br>– Steuern<br>– Anlagevermögen x Wachstumsrate Anlagevermögen<br>– Umlaufvermögen x Wachstumsrate Umlaufvermögen |
| **Der Cash-flow wird mit den Kapitalkosten diskontiert ...** | |
| Kapitalkosten = | Eigenkapitalkosten + Fremdkapitalkosten |
| Eigenkapitalkosten = | Zinssatz einer risikolosen Anlagen + Risikoprämie |
| **... und hängt damit von sieben Value Drivers (Einflussfaktoren) ab.** | |
| 1. Umsatzwachstum, 2. Operative Umsatzrendite, 3. Steuersatz,<br>4. Investitionen Anlagevermögen, 5. Investitionen Umlaufvermögen,<br>6. Kapitalkostensatz, 7. Dauer der Planungsperiode | |

*Quelle: Manager Magazin/Rappaport*

*Abb. 31: Methode zur Ermittlung des Shareholder Value*

Exkurs: Dimensionen und Systeme eines Wertmanagements

Wertmanagement (Value- bzw. Value-based-Management) überwindet insgesamt das dominante Erfolgsziel Gewinn (z. B. Jahresüberschuss, Deckungsbeitrag), sondern berücksichtigt vielmehr, dass Gewinn „nur unter Einsatz von Eigen- und Fremdkapital erwirtschaftet werden kann. Der Unternehmenswert als primäres Ziel im **Valuemanagement** muss daher sowohl die Gewinn- als auch die Kapitaleinsatzperspektive ... parallel berücksichtigen ...“ (*Witt*, 2000, S. 23). Die Unternehmenssteuerung erfolgt in dieser Hinsicht weniger anhand einer detaillierten Analyse des Unternehmenswerts, sondern vielmehr auf Basis wertorientierter Renditekennzahlen (z. B. Economic-Value-Added-Ansatz (EVA), *Ehrbar*, 1999; *Stern/Shiely/Ross*, 2002). Hierfür sind neue **Performance Measurement-Systeme** (*Gleich*, 2001) entstanden, speziell unter Einsatz der sog. Balanced Scorecard (s. hierzu Schluss von Teil „Ziele“). Dadurch wird der ziel-strategische Zusammenhang zwischen Performance-Treibern und übergeordneten wert-orientierten Zielen sichtbar (z. B. Kundenkontakt und Kundenzahl in einem Marktgebiet als mögliche **Performance-Treiber** des Oberziels Economic Value Added (*Witt*, 2000, S. 23; zu Rolle und Ansätzen der Marketing Performance s. a. *Bauer et al.*, 2005). Die **sog. Marketing Performance Chain** (MPC) zeigt dabei auf, wie sich strategische und taktische Marketingaktivitäten auf Kunden (Käufe), die Unternehmensposition im Markt (Marktanteile), finanzielle Zielgrößen (Kundenwerte) und auf den Unternehmenswert (Shareholder Value) auswirken.

Nach der Diskussion grundlegender unternehmenspolitischer *Formal*ziele (i. S. finanzieller Oberziele) des Unternehmens und ihrer ökonomischen Zusammenhänge, soll nun noch überblickhaft auf wichtige *Sach*ziele Bezug genommen werden, und zwar unter besonderer Berücksichtigung der Marketingziele, die dann im folgenden II. Kapitel detailliert Gegenstand der Zielbetrachtungen sind.

### *d) Bereichsziele*

Für die Realisierung der monetären (Formal-)Ziele im Sinne der aufgezeigten Zielhierarchie des Du Pont-Systems bedarf es der Erfüllung auch einer **Vielzahl** nicht-monetärer bzw. -finanzieller Sach- bzw. Bereichsziele. Das heißt mit anderen Worten, die monetären Basisziele können nur über zielgerichtete Beiträge der Untersysteme des Unternehmens realisiert werden. Als Untersysteme können zunächst die leistungswirtschaftlichen **Funktionsbereiche** des Unternehmens aufgefasst werden. In diesem Sinne sind – je nach Bereichsgliederung des konkreten Unternehmens – oberziel-orientierte Zwischen- bzw. Unterziele, aus denen dann einzelne zielerreichende Aktivitäten abgeleitet werden können, mindestens für folgende Bereiche zu erarbeiten:

- **Beschaffungsbereich,**
- **Produktionsbereich,**
- **Marketingbereich.**

Speziell diese leistungswirtschaftlichen Funktionen sind für die **Erstellung** und **Verwertung** von Produkten (Leistungen) verantwortlich. Ihre (Ziel-)Beiträge dienen dazu, aus beschafften Waren und Diensten marktreife Produkte (Leistungen) zu gestalten, die am Absatzmarkt gegen Entgelt vermarktet werden können.

Ein Unternehmen ist nur dann erfolgreich – im Sinne der Erfüllung von Oberzielen (Gewinn/Rentabilität) – wenn es ihm gelingt, für seine Produkte (Leistungen) **höhere Erlöse** zu erzielen als die dafür entstandenen Kosten, und zwar auf Dauer, wenn nicht die Substanz bzw. die Überlebensfähigkeit des Unternehmens gefährdet werden soll.

Auf der leistungswirtschaftlichen Ebene des Unternehmens (Unternehmensbereiche) sind insoweit zwei grundlegende **Ansatzpunkte der Zielsteuerung** gegeben: Umsatzerhöhung einerseits und Kostensenkung andererseits. Über alle leistungswirtschaftlichen Unternehmensbereiche hinweg müssen im Sinne der Mittel-Zweck-Beziehungen entsprechende Zielbeiträge erbracht werden. Ein Modellbeispiel *(Abb. 32)* versucht das zu verdeutlichen.

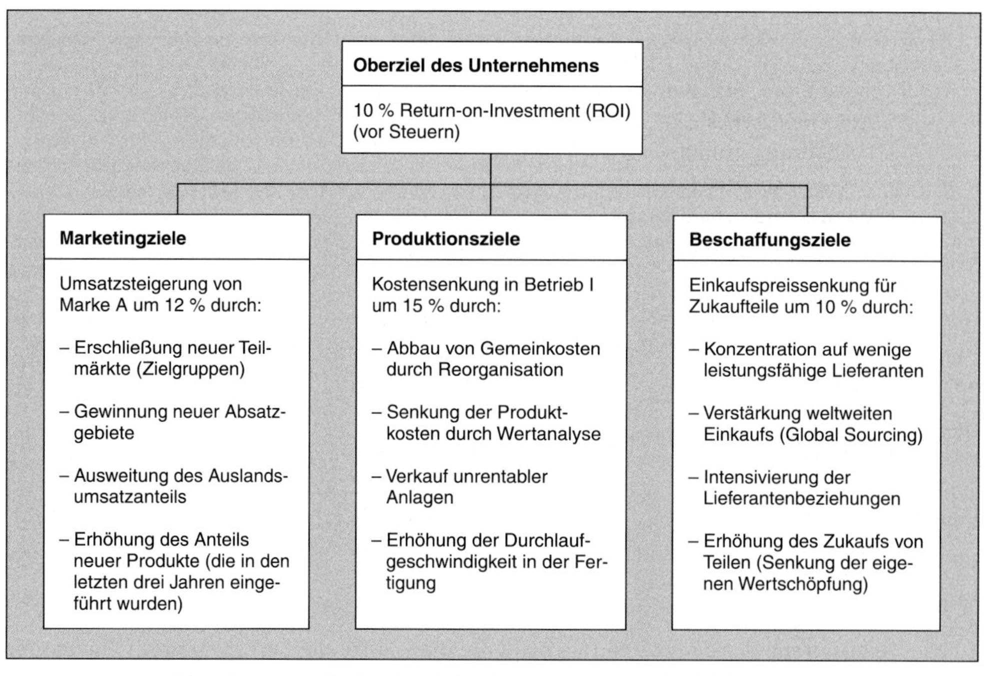


*Abb. 32: Beispielhafte Bereichszielsetzungen und -zielrichtungen zur Erfüllung des Oberzieles (ROI)*

Die einzelnen Zielbeiträge für die Realisierung der jeweiligen Bereichszielsetzungen, wie sie beispielhaft ausgeführt sind, müssen in einem **Dekompositionsprozess** bestimmt und konkretisiert werden, so dass sie aufgrund des festgelegten Zielausmaßes wie auch der Zielperiode als Steuerungs- bzw. Kontrollgrößen herangezogen werden können.

Bei den einzelnen Zielbeiträgen *(Abb. 32)* werden zugleich die **Nahtstellen** zu den Marketingstrategien erkennbar, so z. B. bei der Zielsetzung „Erschließung neuer Zielgruppen" die Verbindung zu den Marktparzellierungsstrategien (hier insbesondere zur Segmentierungsstrategie) oder bei der Zielsetzung „Ausweitung des Auslandsumsatzanteils" die Verknüpfung mit den Marktarealstrategien (siehe hierzu 2. Teil „Marketingstrategien").

Je nach Bereichsgliederung des Unternehmens und Art des verwendeten Zielsystems ist es ggf. sinnvoll und notwendig, neben den aufgeführten Zielbereichen auch **Bereichsziele** und entsprechende Zielbeiträge für den Forschungs- und Entwicklungsbereich, den Personal- und schließlich auch den Finanzbereich abzuleiten, um sie einer konsequenten Unternehmenssteuerung insgesamt zugrunde legen zu können.

### *e) Aktionsfeldziele*

Die Aktionsfeldziele bilden nach den Bereichszielen die nächste Ebene der unternehmerischen Zielpyramide. Unter Aktionsfeldern werden dabei jene instrumental orientierten **Subsysteme** verstanden, die ganz bestimmte Beiträge zur Aufgabenerfüllung im Rahmen eines spezifischen Funktionsbereiches liefern. Diese Zielebene soll am Beispiel des Absatz- bzw. Marketingbereiches näher aufgezeigt werden. Je nach Systemansatz unterscheidet man drei oder vier homogene **Marketingaktionsfelder**. Insbesondere auch aus praxisorientierten Gründen erscheint die Abgrenzung folgender drei Aktionsfelder sinnvoll und zweckmäßig (s. a. Systematik der Instrumentalbereiche im 3. Teil „Marketingmix"):

- **Angebotspolitisches Aktionsfeld**
  (d. h. Formulierung grundlegender Produktleistungsziele),
- **Distributionspolitisches Aktionsfeld**
  (d. h. Formulierung grundlegender Präsenzleistungsziele),
- **Kommunikationspolitisches Aktionsfeld**
  (d. h. Formulierung grundlegender Profilleistungsziele).

Das Wesen bzw. die Funktion solcher aktionsfeld-orientierten Ziele im Marketing soll beispielhaft erläutert werden *(Abb. 33)*. Dabei wird in der Regel die im Unternehmenszweck (Mission/Vision) vorformulierte **Rolle im Markt** zugrunde gelegt. Je nach angestrebter Rolle im Markt ergeben sich auch Bezugspunkte zu den wettbewerbs-strategischen Handlungsmustern (vgl. hierzu 2. Teil „Marketingstrategien", Kapitel Wettbewerbsstrategien).

Mit solchen Zielfestlegungen werden Basisrichtungen des Marketinghandelns definiert, die den Ausgangspunkt für die **Konkretisierung von Instrumentalzielen** bilden, und zwar als Vorgabe für den adäquaten Marketinginstrumenteneinsatz. Damit werden grundlegende Beziehungen (= **konzeptionelle Kette**) zwischen Zielebene und Mixebene (vgl. 3. Teil „Marketingmix") deutlich, und zwar unter Berücksichtigung „routenbestimmender" Nahtstellen auf der Strategieebene (vgl. 2. Teil „Marketingstrategien").

### *f) Instrumentalziele*

Die letzte Stufe bzw. Ebene der Zielhierarchie bildet insoweit dann die Instrumentalstufe(-ebene). Sie knüpft an den einzelnen **Instrumentalvariablen** der bereichsbezogenen Subsysteme

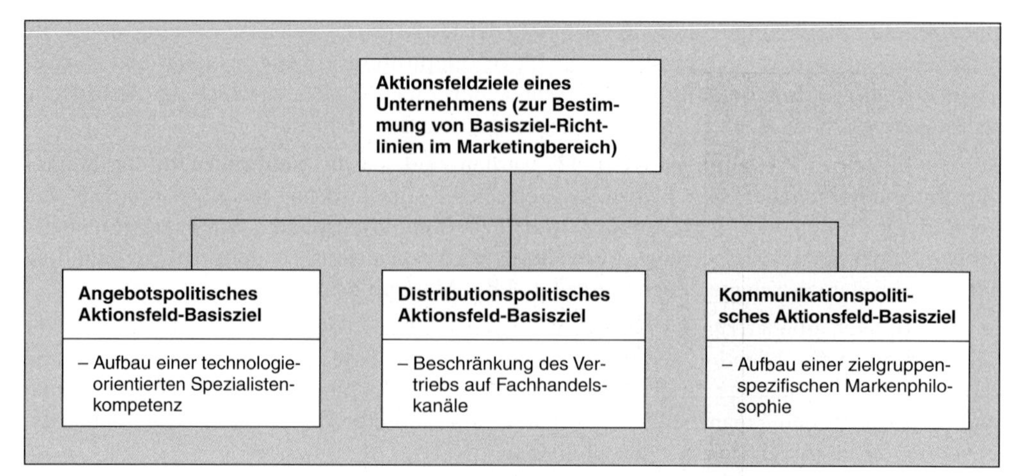


*Abb. 33: Beispielhafte Aktionsfeldziele eines Spezialanbieters*

(Aktionsfelder) an. Innerhalb jedes Subsystems können jeweils verschiedene Aktionsinstrumente unterschieden werden, mit Hilfe derer übergeordnete Bereichsziele realisierbar sind.

Auch diese Instrumentalziele sollen – entsprechend der Aufgabenstellung des Buches – anhand des Marketingbereiches näher dargestellt werden. Der **Instrumentenbaukasten** des Marketingbereiches liegt bisher am geschlossensten vor. Das ist nicht zuletzt Ergebnis jener Tatsache, dass die Marketinglehre sehr konsequent den modernen entscheidungsorientierten Ansatz im Rahmen der Betriebswirtschaftslehre nachvollzogen und umgesetzt hat.

Ausdruck dieser Orientierung speziell im Marketingbereich ist die Unterscheidung **typischer Marketinginstrumente** (und zwar auf der Grundlage der drei Aktionsfelder oder Subsysteme, wie sie auf der vorherigen Ziel-Ebene abgegrenzt wurden (zur Systematik des Marketinginstrumentariums siehe auch 3. Teil „Marketingmix"):

- **Angebotspolitisches Instrumentarium**
  (d. h. Konkretisierung von Produkt-, Programm- und Preiszielen),
- **Distributionspolitisches Instrumentarium**
  (d. h. Konkretisierung von Absatzwege-, Absatzorganisations- und Absatzlogistikzielen),
- **Kommunikationspolitisches Instrumentarium**
  (d. h. Konkretisierung von Werbe-, Verkaufsförderungs- und Public Relations-Zielen).

Auf der Grundlage dieser Abgrenzungen lassen sich insofern neun Basisinstrumente des Marketing unterscheiden. Damit wird deutlich, wie vielfältig **Instrumentalziele** sein können. Eine Übersicht *(Abb. 34)* soll das ausschnittsweise konkretisieren (vgl. ein ähnliches Beispiel bei *Koppelmann,* 1993, S. 193).

Das instrumentalorientierte Zielsystem – zugleich die hierarchisch **unterste Zielebene** im Unternehmen – weist starke Beziehungen zur Mixebene (3. Teil) auf. Das heißt, diese Ziele können nicht unmittelbar aus übergeordneten Unternehmens- und Marketingzielen abgeleitet werden, sondern sie bedürfen zunächst einer entsprechenden **Abstimmung mit den Marketingstrategien** (und ihren spezifischen Instrumenteneinsatzmustern), um dann auf der Mixebene endgültig konkretisiert und umgesetzt zu werden. Damit wird erneut deutlich, dass Ziel-, Strategie- und Mixebene nicht als voneinander unabhängig, sondern im Gegenteil in

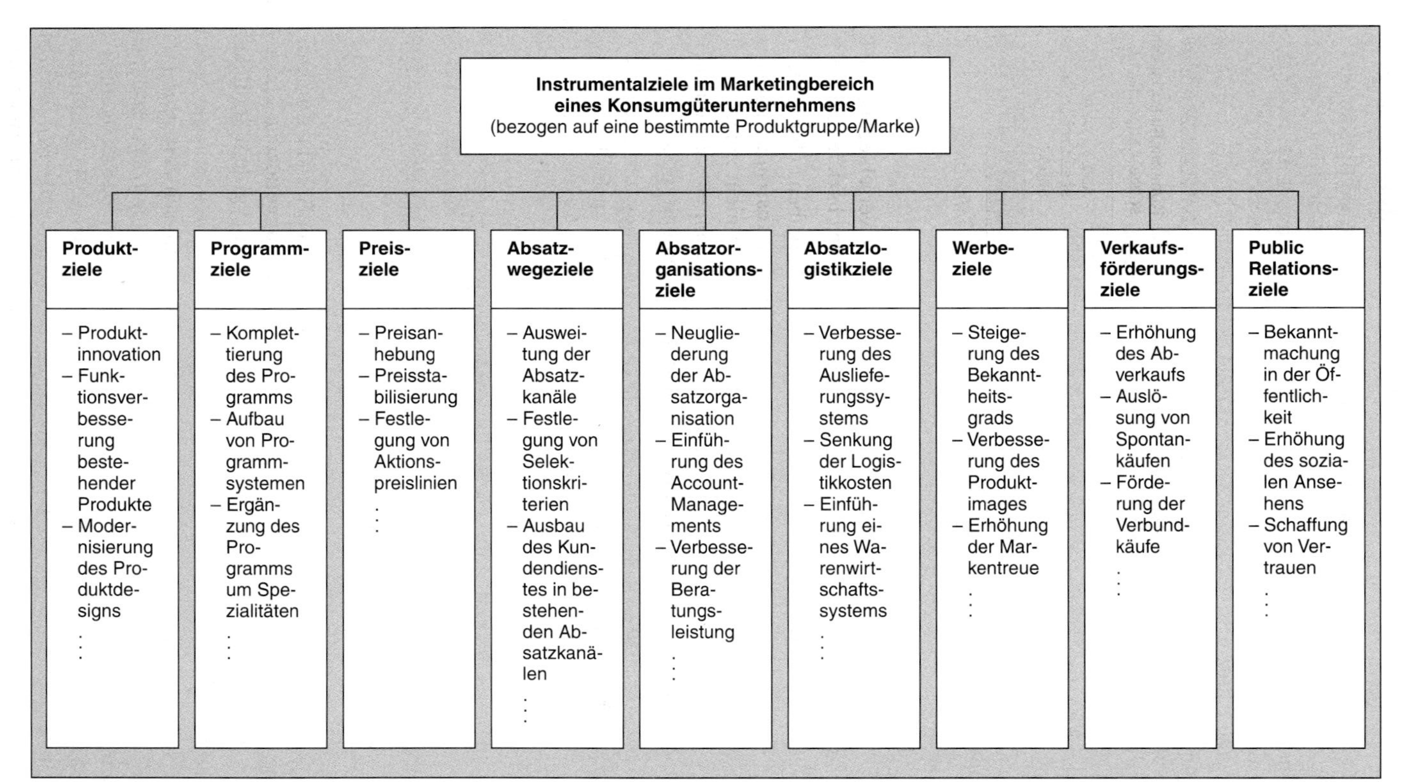


*Abb. 34: Beispielhaftes System von Instrumentalzielen (Zielinhalte ohne nähere Operationalisierung hinsichtlich Zielausmaß und -periode)*

hohem Maße als *interdependent* anzusehen sind (= notwendige Abstimmungsprozesse zwischen den drei Konzeptionsebenen einschließlich entsprechender Rückkopplungen).

In den anderen Funktionsbereichen ist es weniger üblich, derartige Aktionsfelder bzw. Instrumentalsysteme in aller Konsequenz abzugrenzen. Trotzdem ist das Bestreben unverkennbar, in **allen Funktionsbereichen** (-lehren), entscheidungsorientierte Subsysteme bzw. differenzierte instrumentale Ansatzpunkte zu unterscheiden (vgl. zur Produktion(slehre) z.B. *Zäpfel,* 2001, zur Finanzierung(slehre) z.B. *Perridon/Steiner,* 2004, zur Personal(lehre) z.B. *Scholz,* 2000, zur Beschaffung(slehre) insbesondere *Biergans,* 1986; er hat versucht, aus den üblichen Marketinginstrumenten für den Absatzmarkt in Analogie solche für den Beschaffungsmarkt abzuleiten). Je besser es gelingt, innerhalb der verschiedenen Funktionsbereiche (Funktionsbereichslehren) solche Aktionsbereiche bzw. Instrumentalvariablen schlüssig und vollständig zu entwickeln, desto bessere Voraussetzungen bestehen, für alle Funktionsbereiche umfassende **(Teil-)Zielsysteme** zu schaffen. Insoweit haben wissenschaftlich erarbeitete Aktionsfeld- wie auch Instrumente-Systematiken auch erhebliche praktische Relevanz; denn die Ziel-Konzeptionierungsaufgabe ist zunächst einmal eine Systematisierungsaufgabe.

Nachdem beispielhaft typische Marketingaktionsfeld- und Marketinginstrumentalziele skizziert worden sind, sollen nun noch wichtige **Basisziele** des Marketing im einzelnen herausgearbeitet werden. Hierbei soll an zwei grundlegenden Zielkategorien (marktökonomische und marktpsychologische Ziele), wie sie für das Marketing besonders typisch sind, angeknüpft werden. Daran anschließend sollen grundlegende Schlüsselziele des Marketing identifiziert und ihre zentrale Bedeutung für die Steuerung des Marketinghandelns diskutiert werden.

## II. Marketingziele als grundlegende Bausteine des Zielsystems

Wie schon hervorgehoben, hat man sich in der Vergangenheit im Rahmen der Zieldiskussion sehr stark auf die oberen Leitziele des Unternehmens konzentriert. Die Bereichsziele des Unternehmens (und damit auch die Marketingziele) sind dagegen eher fragmentarisch behandelt worden. Andererseits spielen gerade sie für die **Unternehmenssteuerung** im Sinne konsequenter Planung und Kontrolle eine grundlegende Rolle. Das gilt in ganz besonderer Weise für die Marketingziele. Gerade dann, wenn sich Unternehmen bewusst markt- und kundenorientiert verhalten, d.h. mit anderen Worten die Marketing-Philosophie ihrem unternehmerischen Handeln zugrunde legen, kommt den Marketingzielen eine wichtige Steuerungs- und Koordinationsfunktion zu. Gleichwohl erschwert es die Vielzahl und die Komplexität der Marketingziele, ein **vollständiges und schlüssiges System** von Marketingzielen zu entwerfen bzw. die Marketingziele zielhierarchisch widerspruchsfrei zu integrieren. Sowohl die marketingbezogene Zielsystematik als auch die marketingorientierte Zielhierarchie wird meist nur ausschnittsweise und beispielhaft referiert (generell u.a. *Steiner,* 1971; *Hahn,* 1974 bzw. 1996; *Wild,* 1974 bzw. 1982; marketing-spezifisch etwa *Nieschlag/Dichtl/Hörschgen,* 1997 bzw. 2002; *Meffert,* 2000 bzw. *Meffert/Burmann/Kirchgeorg,* 2015 sowie *Cundiff/Still,* 1971; *Bell,* 1972; *Assael,* 1990 und *Kotler,* 1982 bzw. *Kotler/Keller/Opresnik,* 2017). Das gilt übrigens auch für in der Unternehmenspraxis entwickelte Zielsysteme, die nicht selten – zumindest in der Anfangsphase einer bewussten Marketingziel-Planung – nur „Torsolösungen“ darstellen. An dieser Ausgangssituation soll angeknüpft werden.

## 1. Wesen und Arten von Marketingzielen

Marketingziele stellen insgesamt **zentrale Ausgangspunkte** für die schlüssige Ableitung von Marketingstrategien und Marketingmix (vgl. 2. und 3. Teil des Buches) dar. Auf sie muss deshalb detailliert eingegangen werden.

> Marketingziele determinieren jene angestrebten zukünftigen Sollzustände (marktspezifischen Zielpositionen), die mit dem Verfolgen von Marketingstrategien und dem Einsatz der Marketinginstrumente realisiert werden sollen. Die Marketing-Zielplanung knüpft dabei sowohl an den zukünftigen Marktmöglichkeiten als auch an den vorhandenen Ressourcen des Unternehmens an.

Je nachdem, welcher der Orientierungspole dominant ist, kann man zwischen

- **offensiver Zielbestimmung und**
- **defensiver Zielbestimmung**

unterscheiden (*Bidlingmaier,* 1973, I, S. 137). Erfolgreiche Unternehmen sind durch offensive (ehrgeizige, eigeninitiierte) Zielbildungen gekennzeichnet.

Was die Zahl bzw. Arten möglicher Marketingziele betrifft, so ist sie durch eine große Fülle gekennzeichnet. Zwei Grundkategorien von Marketingzielen müssen grundsätzlich unterschieden werden:

- **marktökonomische Ziele und**
- **marktpsychologische Ziele**.

Zunächst sollen die marktökonomischen Ziele näher behandelt werden.

### *a) Marktökonomische Ziele*

Bezüglich der marktökonomischen Ziele muss noch einmal darauf hingewiesen werden, dass die Marketingziele trotz ihrer zentralen Rolle bei marktorientiert operierenden Unternehmen **keine autonomen Ziele** darstellen, sondern vielmehr aus der obersten Unternehmenszielsetzung abzuleitende Ziele sind. Zwischen übergeordneten Unternehmenszielen und den nachgeordneten Marketingzielen gibt es jedoch eine ganz zentrale Schnittstelle. Diese Schnittstelle markiert der **Deckungsbeitrag** als marktspezifischer Erfolgsbeitrag.

Dieser Erfolgsbeitrag lässt sich auch beschreiben als die Antwort auf die Zielfragen,

- **welche Absatzmenge,**
- **mit welchen Absatzpreisen und**
- **mit welchen Kosten**

erreicht werden sollen. Formal-mathematisch lässt sich dieser Zusammenhang wie folgt definieren:

(1) $M \times P = U$ (2) $U - K = DB$

M = Absatzmenge, P = Absatzpreis, U = Umsatzerlöse, K = Kosten („relative Einzelkosten"), DB = Deckungsbeitrag.

Der Deckungsbeitrag („Netto-Marktbeitrag") ist eine **Residualgröße**, die sich aus den die Kosten übersteigenden Umsatzerlösen ergibt. Die Umsatzerlöse können als Output des Marketingprozesses angesehen werden. Für ihre Realisierung ist der Einsatz von Marketinginstrumenten notwendig, der sich in den Marketing-Budgets bzw. den Marketingkosten niederschlägt. Die **Marketingkosten** können in dieser Hinsicht auch als Input des Marketingprozesses angesehen werden. Was die Marketingziele des Unternehmens betrifft, kann demnach zwischen

- **Inputzielen** und
- **Outputzielen**

unterschieden werden. Als Inputziele sind dabei jene Instrumentalziele anzusehen, die sich bei ihrer Realisierung als Marketingkosten in der Marketing-Erfolgsrechnung entsprechend niederschlagen. Die Marketingkosten sind also gleichsam ihre monetäre Entsprechung. Outputziele sind demgegenüber **Ergebnisziele**, die auf die Erfüllung des unternehmerischen Oberzieles (ROI) ausgerichtet sind.

Diese Verknüpfung von Out- und Inputzielen wird am Beispiel der **Marketing-/Vertriebserfolgsrechnung** besonders transparent. Diese Erfolgsrechnung, deren Aussagewert speziell bei marktspezifischer Differenzierung nach Kundengruppen, Produktgruppen, Absatzkanälen und/oder Absatzgebieten zunimmt (vgl. *Geist,* 1975 sowie *Köhler,* 1993, S. 303 ff.; *Siegwart,* 2002, S. 79 f.), soll hier schematisch verdeutlicht werden *(Abb. 35).*

| | |
|---|---|
| | Brutto-Umsatz des Teilmarktes |
| ./. | Mehrwertsteuer |
| ./. | Erlösschmälerungen (Rabatte, Skonti) |
| = | Netto-Umsatz des Teilmarktes |
| ./. | variable Herstellkosten der verkauften Erzeugnisse |
| ./. | umsatzvariable Absatzkosten (Vertreterprovisionen, Versandkosten, Auftragsbearbeitungskosten) |
| = | Deckungsbeitrag I des Teilmarktes |
| ./. | nicht umsatzvariable Absatzkosten des Teilmarktes (Teilmarktfixkosten wie Werbekosten, teilmarktspezifische Vertriebsgehälter, Kundendienstkosten, Marktforschungskosten) |
| = | Deckungsbeitrag II des Teilmarktes |
| Σ | aller Deckungsbeiträge (I und II) |
| ./. | fixe Marketing- bzw. Vertriebskosten (Gehälter der Marketing- bzw. Vertriebsleitung, Fuhrpark, Anlagenverzinsung) |
| = | Netto-Marktbeitrag (III) |

*Abb. 35: Beispiel einer Marketing-/Vertriebskostenrechnung*

Die Deckungsbeiträge I, II und III stellen gleichsam Outputziele auf bestimmten **Stufen des Systems** dar, während die ihnen zugeordneten Kosten das monetäre Spiegelbild instrumentaler Ziele sind, die – wie gesagt – als Input-Ziele angesehen werden können. Diese Input-Ziele unterscheiden sich dabei hinsichtlich ihrer Dispositionsfähigkeit (umsatzvariable bzw. nicht umsatzvariable Kosten) wie auch hinsichtlich ihrer Fristigkeit (kurz-, mittel- bzw. langfristige Kosten).

Was den **Zusammenhang** zwischen Kosten und Zielen insgesamt betrifft, so stehen die Werbekosten beispielsweise als Kosten für die Verfolgung bzw. Erfüllung von Werbezielen oder die Kundendienstkosten für die Realisierung von Servicezielen. Die Instrumentalziele („Inputziele"), von denen es grundsätzlich so viele gibt wie Marketinginstrumente (einschließlich ihrer Differenzierungen), sind letztlich auf die Erfüllung des zentralen Marketingzieles **Umsatz** ausgerichtet. Die Instrumentalziele bzw. die an ihnen orientierten Instrumentalmaßnahmen versuchen – im Sinne einer Mittel-Zweck-Beziehung – auf die beiden Basisgrößen

- **Absatzmenge** und
- **Absatzpreis**

einzuwirken, aus deren Multiplikation der Umsatz entsteht.

Der **Absatzpreis** ist – im Gegensatz zu den anderen Marketinginstrumenten – eine natürliche monetäre Erfolgsgröße und Marketinginstrument zugleich. Alle übrigen Instrumente haben dagegen selbst keinen monetären Charakter. Ihr Einsatz, der auf die Beeinflussung der Absatzmenge und/oder des Absatzpreises gerichtet ist, ist allerdings an einen entsprechenden finanziellen Mitteleinsatz (= Marketingkosten) gebunden. Diese Instrumente schlagen sich insoweit als Kostengrößen nieder. Streng genommen können aber auch bestimmte Preisinstrumente Kostencharakter annehmen (z. B. Erlösschmälerungen wie Sonderrabatte, Jahresrückvergütungen usw.). Man kann sie jedoch auch als „Erlösverzichtsgrößen" auffassen.

Je nach der Wettbewerbsstruktur auf der einen und der verfolgten Marketingstrategie (siehe insbesondere die Darlegungen im 2. Teil „Marketingstrategien", speziell zu den Marktstimulierungsstrategien) auf der anderen Seite, wird mehr auf die Absatzmenge oder auf den Absatzpreis **Einfluss** zu nehmen gesucht. Die Fixierung der Instrumentalziele hängt insgesamt vom angestrebten marktspezifischen Erfolgsbeitrag (DB) zum Return on Investment (ROI) ab. Dabei ist zu berücksichtigen, dass Umsatzziele wie auch Deckungsbeitragsziele als grundlegende Outputziele des Marketing nicht nur von den eigenen Marketingvariablen, sondern auch von den Verhaltensweisen bzw. dem Instrumenteneinsatz der Konkurrenten und Absatzmittler abhängen.

### *b) Marktpsychologische Ziele*

Während die bisher diskutierten marktökonomischen Ziele an konkreten Leistungsübergangsprozessen (Absatz bzw. Verkauf) und damit an unmittelbar registrierbaren Marktergebnissen anknüpfen, beziehen sich die im folgenden noch anzusprechenden marktpsychologischen Ziele auf **geistige Verarbeitungsprozesse** der Käufer selbst. Sie berücksichtigen die Tatsache, dass bei den Abnehmern zwischen ihren aktivierenden und kognitiven Prozessen einerseits und ihrem tatsächlichen Kaufverhalten enge Beziehungen bestehen. Marktpsychologische Ziele sind so gesehen auf beabsichtigte, ober-zielkonforme Verhaltensänderungen der Abnehmer gerichtet. Diese außer- bzw. vor-ökonomischen Ziele sind für den Marketingbereich besonders typisch. Diese Besonderheit resultiert aus der Tatsache, dass monetär formulierte Marketingziele auf der Instrumental-Ebene (= sog. Inputziele) lediglich Kosten- bzw. Etatgrößen, z. B. den Werbeetat, definieren, während sie die Wirkungsfrage (sog. Marktreaktionsfunktion) weitgehend offenlassen, da die **Werbewirkung** etwa

- nicht nur von der **Etatgröße** (= quantitativer Aspekt),
- sondern auch von der **Werbe(botschafts-)gestaltung** (= qualitativer Aspekt)

abhängig ist. Die besondere Bedeutung der **qualitativen Seite** der Werbewirkung kommt nicht zuletzt in empirischen Erfahrungen zum Ausdruck, dass eine kreative, zielgruppenadäquate Werbegestaltung quantitative Etatgröße kompensieren kann, in aller Regel aber nicht umgekehrt die Etatgröße eine zielgruppen-unspezifische Werbung.

Während man zunächst bei Zielfragen sehr stark auf ökonomische Größen (und hier wiederum auf monetäre) abgestellt hat, haben neuere Einsichten in **Marktreaktionsfunktionen** dazu geführt, der Zielung des Marketinginstrumenten-Einsatzes verstärkt psychologische, d. h. vor-ökonomische Messkategorien zugrunde zulegen (*Steffenhagen,* 1978, S. 87 ff.; *Köhler,* 1993, S. 208 f. bzw. S. 221; *Meffert,* 2000, S. 78 bzw. *Meffert/Burmann/Kirchgeorg,* 2015, S. 239 f.). Als grundlegende Ziel- bzw. Wirkgrößen wurden vor allem

- **Markenbekanntheit,**
- **Markenimage,**
- **Käuferpenetration und Kaufintensität,**
- **Kundenzufriedenheit und Kundenbindung,**
- **Marken- bzw. Einkaufsstättentreue.**

erkannt. Zwar sind diese Marketing-Messgrößen an sich nicht neu; sie wurden jedoch lange überwiegend bis ausschließlich für Zwecke der Werbeerfolgskontrolle bzw. -prognose herangezogen. Vergleichsweise neu ist dagegen die Ausdehnung ihres Anwendungsspektrums auf gesamt-konzeptionelle Zielbildungsprozesse.

Das Problem dieser Ziel- bzw. Wirkgrößen besteht jedoch darin, dass sie in aller Regel nicht das Ergebnis jeweils eines Marketinginstrumentes oder wenigstens einer homogenen Instrumentengruppierung sind, sondern letztlich das **Resultat aller Marketinginstrumente.** So ist das Image (Vorstellungsbild im Sinne einer spezifisch wertenden Ansicht oder Haltung) eines Produktes bzw. einer Marke zwar dominant abhängig von kommunikationspolitischen Instrumenten – allem voran von der Werbung –, aber auch die übrigen Marketinginstrumente wie Produktqualität, Preisgestaltung, Absatzweg usw. wirken auf das Produktimage ein (*Müller,* 1971, S. 173 ff.). Analoges gilt z. B. auch für den Bekanntheitsgrad. Diese Ziele *vor-ökonomischer* Art (vor-ökonomisch deshalb, weil ihre psychologische Wirkung der ökonomischen Wirkung etwa in Form von Umsätzen quasi vorgelagert ist) sind daher nur auf einer höheren, aggregierteren Zielebene operational, und zwar unabhängig von messtechnischen Grundfragen. Darauf soll im nächsten Abschnitt zu den sog. Marketing-Leitbildern näher eingegangen werden.

Was die messtechnischen Fragen betrifft, so ist die Berücksichtigung dieser vor-ökonomischen Ziele an ein spezielles Messinstrumentarium gebunden. Während ökonomische Ziele, primär die monetären, im klassischen **Rechnungswesen** abbildbar bzw. mit ihm messbar sind, bedürfen die genannten qualitativen Marketingziele spezieller Verfahren der **Marketingforschung.** Erst mit deren Entwicklung bzw. Verfeinerung ist die Operationalisierung dieser Ziele heute grundsätzlich möglich geworden (siehe hierzu auch die Ausführungen im III. Kapitel „Grundfragen der Formulierung von Marketingzielen").

Die Vielfalt von Marketing-Zielen, die den Kategorien nach zunächst vorgestellt worden ist, führt zu einer **hohen Komplexität** der Marketing-Zielableitungsaufgabe insgesamt. Das soll am Beispiel einer Produktzielsetzung (Entwicklung eines neuen Produktes) verdeutlicht werden. Diese Zielsetzung kann nämlich auf sehr unterschiedliche, jedoch nicht vollständig überschneidungsfreie Weise u. a. wie folgt definiert werden:

- Für die Entwicklung der Produktvariante $A_3$ soll ein Produktentwicklungsbudget von 500.000 € eingesetzt werden = **ökonomisches Etatziel.**
- Die Produktvariante $A_3$ soll durch Ersatz des Rohstoffes X durch Z geschaffen werden = **ökonomisches Maßnahmenziel.**

- Die Produktvariante $A_3$ soll gegenüber der bisherigen Produktlinie A einen um 10 % höheren Deckungsbeitrag erzielen = **ökonomisches Ergebnisziel.**
- Für die Produktvariante $A_3$ soll ein attraktives Markenimage aufgebaut werden, das auf den Imagequalitäten „Geschmack" und „Gesundheit" fußt = **vor-ökonomisches Ergebnisziel.**

Diese Komplexität der Marketingziele erschwert naturgemäß die Ableitung eines konsistenten Marketing-Zielsystems. Ein Lösungsansatz für die Ableitung umfassender, differenzierter Marketing-Zielsysteme ist in erster Linie in einer strengen **Hierarchisierung** der Marketingziele, d. h. in einer schlüssigen Mittel-Zweck-Beziehungsstruktur, zu sehen. Bevor auf diese spezielle Fragestellung näher eingegangen wird, soll zunächst noch die Bedeutung von Marketing-Leitbildern im Sinne „aggregierter" Zielsysteme herausgearbeitet werden.

## 2. Marketing-Leitbilder als aggregierte Zielsysteme

Konsequent marktorientiert operierende Unternehmen legen ihren unternehmerischen Aktionen nicht nur eine Vielzahl detaillierter Marketing-Ziele der bisher diskutierten Art zugrunde, sondern sie orientieren ihr Marketinghandeln nicht selten auch an grundlegenden **Schlüsselzielen** quasi als „Kurzschrift" umfassender Marketing-Zielsysteme. Andererseits konzentrieren sich Unternehmen, die glauben, auf eine differenzierte Zielsteuerung verzichten zu können, wenigstens auf die Festlegung und Verfolgung solcher Schlüsselziele. Sie haben gerade bei diesen Unternehmen den Charakter von zentralen **Leitzielen** und bilden in ihrer Zusammenfassung eine Art **Marketing-Leitbild.**

Diese auf marktpositions-orientierten **Schlüsselzielen** (Competive Strength Objectives, *Kollat/Blackwell/Robeson,* 1972; s. a. *Wilson/Gilligan,* 1997, S. 213 ff.) beruhenden Marketing-Leitbilder versuchen die Wettbewerbsfähigkeit des Unternehmens und seine spezifische Rolle im Markt, wie sie bereits im Rahmen des Unternehmenszwecks (Mission) vorformuliert sind, marktspezifisch zu konkretisieren. Derartige Leitaussagen können sich dabei zunächst einmal auf zwei verschiedene Arten von **Marktpositionszielen** stützen:

- **Marktanteilsziele** (wert-/mengenmäßig), als Unterart: Feldanteilsziele = Maßstäbe für die Marktstellung,
- **Distributionsziele** (numerisch/gewichtet) = Maßstäbe für die Marktdurchsetzung.

Auf sie soll im Folgenden näher eingegangen werden.

### *a) Marktanteils- und Distributionsziele*

Der **Marktanteil** ist ein Maßstab für die Marktstellung gegenüber der Konkurrenz bzw. für die Position im Gesamtmarkt. Er ist definiert:

- **wertmäßig:** $\frac{\text{Unternehmenseigener Umsatz} \cdot 100}{\text{Gesamtumsatz aller Anbieter}}$
- **mengenmäßig:** $\frac{\text{Unternehmenseigene Absatzmenge} \cdot 100}{\text{Gesamtabsatz aller Anbieter}}$

Im Rahmen der Panelforschung werden regelmäßig die Marktanteile aufgrund der erhobenen Daten bzw. ihrer Auswertungen ausgewiesen. Andererseits lassen sie sich auch sekundärstatistisch ermitteln. Ein **Modellbeispiel** aus dem Investitionsgüterbereich (z. B. Werkzeugmaschinen X) verdeutlicht die Vorgehensweise *(Abb. 36).*

**a) Ausgangsdaten**

| Erfassung des Gesamtumsatzes (Warengrupe X) | | Erfassung des Umsatzes der eigenen Marke A in der Warengruppe X |
|---|---|---|
| Produktion ( Produktionsstatistik): | 1000 | eigene Umsatzstatistik: <u>200</u> |
| – Export ( Außenhandelsstatistik): | 300 | |
| + Import ( Außenhandelsstatistik): | 100 | |
| = sog. Inlandsverfügbarkeit:* | <u>800</u> | |

* entspricht, wenn keine gravierenden Lagerbestandsveränderungen gegeben sind, in etwa dem Gesamtumsatz aller Anbieter des Marktes

**b) Ermittlung des Marktanteils**

$$\text{Marktanteil (wertmäßig)} = \frac{\text{unternehmenseigener Umsatz x 100}}{\text{Gesamtumsatz aller Anbieter}}$$

$$\text{Marktanteil (wertmäßig)} = \frac{200 \text{ x } 100}{800} = 25\ \%$$

*Abb. 36: Ermittlung des wertmäßigen Marktanteils der Marke A auf sekundärstatistischer Basis*

Die Ermittlung des *mengen*mäßigen Marktanteils erfolgt analog, d. h. hierzu werden die entsprechenden mengenmäßigen Daten zugrunde gelegt.

Der **sog. Feldanteil** kann dann als Surrogat zur Messung der Marktposition herangezogen werden, wenn Gesamtumsatz- bzw. Gesamtabsatzzahlen weder sekundär- noch primärstatistisch bekannt sind. Er gibt den Anteil der Kunden an der Gesamtzahl der Bedarfsträger an (*Fuchs,* 1974, S. 653):

$$\text{Feldanteil} = \frac{\text{Zahl der Kunden} \cdot 100}{\text{Gesamtzahl der Bedarfsträger}}$$

Für die **Beurteilung der Marktposition** des Unternehmens wie für die Fixierung einer anzustrebenden Marktposition ist es in der Regel sinnvoll, sowohl den wert- als auch mengenmäßigen Marktanteil heranzuziehen. So weist etwa ein mengenmäßiger Marktanteil von 25 % und ein wertmäßiger von nur 18 % darauf hin, dass das Unternehmen unterdurchschnittliche Absatzerlöse realisiert bzw. mit seinen Produkten eher unteren Markt- bzw. Preisschichten angehört (vgl. hierzu auch folgenden Abschnitt b) Preispositionierungsziel).

Je nach Branche ergeben sich, was die Beurteilung bzw. die Festlegung der Marktposition betrifft, ggf. **Differenzierungszwänge.** So ist es z. B. im Touristik-Marketing üblich, zwischen Marktanteilen nach Umsatz und nach Reiseteilnehmern zu unterscheiden *(Abb. 37).*

| **Reiseveranstalter** | **Marktanteile** | |
|---|---|---|
| | nach Umsatz | nach Teilnehmern |
| A | 29,8 | 27,1 |
| B | 15,6 | 15,2 |
| C | 14,8 | 11,6 |
| D | 5,6 | 7,4 |

*Abb. 37: Marktanteile der vier größten Reiseveranstalter nach Umsatz und Teilnehmern(für Beispieljahr in %)*

Aus dieser Übersicht geht hervor, dass die Marktanteile umsatz- und teilnehmerbezogen bei allen drei Veranstaltern divergieren. Sie sind Ausdruck der unterschiedlichen Preis-Leistungs-Verhältnisse und/oder der unterschiedlichen Reisedauer (was für konzeptionelle Überlegungen bzw. Festlegungen – u. a. basierend auf entsprechenden **Wettbewerbsanalysen** – spezifisch zu untersuchen ist).

Marktpositionsziele müssen – das gilt es zu beachten – nicht nur im Sinne quantitativer Marktanteile definiert sein. Speziell eine angestrebte **Marktführerschaft** eines Unternehmens hat sowohl eine quantitative als auch eine qualitative Dimension. Im Prinzip setzt eine quantitative Marktführerschaft (= größter Marktanteil in einem konkreten Markt) eine *qualitative* Marktführerschaft (= qualitativ und/oder imagemäßig das als „beste" eingestufte Unternehmen/Marke) voraus. Umgekehrt führt das Gewinnen einer qualitativen Marktführerschaft (= beste Marke, Marke der Kenner) nicht selten auch zur Erringung der quantitativen Marktführerschaft (= gemessen am quantitativen Marktanteil nach Menge/Wert).

Fallbeispiel: Qualitative und quantitative Marktführerschaft

Was den Stufenprozess einer Marktführerschaft angeht, so hatte z. B. die ursprünglich kleine Landbrauerei *Diebels* zunächst durch objektiv überdurchschnittliche, geschmacklich nachvollziehbare Produktqualität wie durch konsequente Markenführung im Sinne geplanter Evolution (vom einfachen Landbier zur Altbierspezialität und „Premium-Bier") die *qualitative* Marktführerschaft errungen (= bestes Altbier, Altbier der Kenner). Diese qualitative Spitzenstellung objektiver und subjektiver Art hat dann schließlich dazu geführt, dass die Brauerei *Diebels* – in Verbindung mit einem klaren Marketing- und Vertriebs-Konzept – auch die *quantitative* Marktführerschaft erlangt und damit den langjährigen (quantitativen) Marktführer *Hannen* nachhaltig abgelöst hat.

Die **Distribution** ist demgegenüber ein Kriterium für die Marktdurchdringung eines Produktes (Marke) in den Absatzkanälen bzw. für die Dichte der Marktpräsenz. Sie beschreibt differenziert Folgendes (*Stern,* 1974, S. 531; *Hammann/Erichson,* 2000, S. 166):

- **numerisch:** $\frac{\text{Anzahl der produkt- bzw. markenführenden Geschäfte} \cdot 100}{\text{Gesamtzahl aller die entsprechende Warengruppe führenden Geschäfte}}$
- **gewichtet:** $\frac{\text{Umsatz der produkt- bzw. markenführenden Geschäfte} \cdot 100}{\text{Gesamtumsatz aller die entsprechende Warengruppe führenden Geschäfte}}$

Auch die Distributionsdaten (numerische/gewichtete Distribution) werden im Rahmen der Panelforschung (Panelberichte) regelmäßig erhoben bzw. ausgewiesen. Ein Modellbeispiel für die Distribution einer Körperpflegemarke im Fachhandel soll die Ermittlung verdeutlichen *(Abb. 38).*

Distributionsziele definieren – speziell bei Marken-(artikel-)Konzepten – wichtige Voraussetzungen für die erfolgreiche Durchsetzung von Marken am Markt. Die sog. Überallerhältlichkeit (Ubiquität, vgl. hierzu auch die Darlegungen zur Präferenzstrategie im 2. Teil „Marketingstrategien") stellt jedenfalls einen wesentlichen **Erfolgsfaktor** von Marken dar. Sie kann anhand von Distributionsanalysen auf Basis von Handelspanel-Daten geprüft werden, um daraus dann entsprechende Sollvorgaben (= Distributionsziele) abzuleiten. Das soll an einem Beispiel aus dem Lebensmittelbereich/-handel verdeutlicht werden *(Abb. 39).*

**a) Ausgangsdaten**

| | |
|---|---|
| Zahl der (die Marke X) führenden Geschäfte | = 30 000 |
| Zahl der (die entsprechende Warengruppe) führenden Geschäfte | = 60 000 |
| Umsatz der (die Marke X) führenden Geschäfte | = 650 Mio. € |
| Umsatz der (die entsprechende Warengruppe) führenden Geschäfte | = 1.000 Mio. € |

**b) Ermittlung der Distributionswerte**

$$\text{\textit{Numerische} Distribution} = \frac{\text{Zahl der (die Marke X) führenden Geschäfte} \times 100}{\text{Zahl der (die entsprechende Warengruppe) führenden Geschäfte}}$$

$$\text{\textit{Gewichtete} Distribution} = \frac{\text{Umsatz der (die Marke X) führenden Geschäfte} \times 100}{\text{Umsatz der (die entsprechende Warengruppe) führenden Geschäfte}}$$

$$\text{\textit{Numerische} Distribution} = \frac{30\,000 \times 100}{60\,000} = 50\ \%$$

$$\text{\textit{Gewichtete} Distribution} = \frac{650 \times 100}{1000} = 65\ \%$$

*Abb. 38: Ermittlung von numerischer und gewichteter Distribution für die Marke X*

| | Perioden** | | | | | |
|---|---|---|---|---|---|---|
| **Distr. num./gew.* in %** | J/F | M/A | M/J | J/A | S/O | N/D |
| Marke A | 49/81 | 49/77 | 56/85 | 53/84 | 53/84 | 57/88 |
| Marke B | 86/98 | 83/97 | 83/97 | 85/97 | 89/99 | 88/98 |
| Marke C | 20/44 | 21/44 | 19/46 | 17/49 | 18/47 | 17/46 |
| Marke D | 11/46 | 11/44 | 11/46 | 11/50 | 12/46 | 13/52 |
| Marke E | 5/24 | 5/28 | 5/20 | 5/19 | 8/32 | 8/36 |
| **Marktanteil in %** | | | | | | |
| Marke A | 26 | 29 | 25 | 29 | 28 | 30 |
| Marke B | 49 | 46 | 50 | 43 | 45 | 44 |
| Marke C | 12 | 12 | 12 | 13 | 13 | 10 |
| Marke D | 5 | 5 | 4 | 9 | 6 | 6 |
| Marke E | 2 | 2 | 1 | 1 | 2 | 2 |

* Distribution numerisch/gewichtet
** Januar/Februar, März/April, Mai/Juni, Juli/August, September/Oktober, November/Dezember

*Abb. 39: Beziehungen zwischen Distributions- und Marktanteilsentwicklung bei fünf führenden Marken eines Getränke-Beispielmarktes (Basis: Handels-Paneldaten)*

Der Markterfolg einer Marke – ausgedrückt im Marktanteil – ist neben anderen wichtigen Faktoren in hohem Maße auch ein **Distributionserfolg,** wie sich aus dem Zusammenhang zwischen Distribution und Marktanteil erkennen lässt. Entscheidend ist vor allem die gewichtete Distribution; dabei bestehen freilich nicht zwangsläufig lineare bzw. proportionale Zusammenhänge.

Betrachtet man die *Marke A,* so zeigt sich, dass in der betrachteten Jahresperiode (J/F bis N/D) die gewichtete Distribution von 81 auf 88 % und der Marktanteil von 26 auf 30 % gestiegen sind. Bei der *Marke B* hat sich dagegen die gewichtete Distribution in der betrachteten Periode nicht verändert (98 %), der Marktanteil ist dagegen in der gleichen Zeit von 49 auf 44 % gesunken. Damit wird deutlich, dass der **Marktanteil** bzw. seine Entwicklung nicht monokausal (d. h. als nur abhängig z. B. von der Distribution) erklärt werden kann, sondern dass er auch von anderen getätigten oder unterlassenen Marketingmaßnahmen wie Preis, Werbung, Verkaufsförderung usw. beeinflusst wird.

**Marktpositionsziele** (wie Marktanteil und Distribution) werden – je nach verfolgter Marketingpolitik – für totale oder sektorale Märkte, d. h. also undifferenziert oder differenziert formuliert, wobei sektorale Märkte z. B.

- **produktbezogen,**
- **geografisch,**
- **zielgruppenbezogen und**
- **absatzwegeorientiert**

abgegrenzt werden können.

Hinsichtlich einer solchen sektoralen Differenzierung z. B. des Marktanteils ist es sinnvoll,

- **das Marktprofil und**
- **das Absatzprofil**

als Grundlage der Marketing-Leitbildbestimmung gegenüberzustellen. Das soll anhand des folgenden Beispiels *(Abb. 40)* verdeutlicht werden.

Der linke Teil der Abbildung zeigt die Anteile der sektoralen Teilmärkte am Gesamtmarkt (= Marktprofil). So weist der Teilmarkt A einen Anteil von 5 % auf, während der Teilmarkt G einen Anteil von 30 % besitzt, d. h. die relative Aufnahmefähigkeit des Teilmarktes G ist gegenüber Teilmarkt A sechsmal größer. Der rechte Teil der Abbildung gibt die von der Unternehmung in den einzelnen Teilmärkten erzielten Marktanteile (= Absatzprofil) an. Aus dem Vergleich des Marktprofils einerseits und des Absatzprofils andererseits geht hervor, dass das **Profil** des beispielhaften Unternehmens *asymmetrisch* ist: Die Marktposition der Unternehmung ist in den absatzstarken Segmenten unter-, in den absatzschwächeren Segmenten dage-

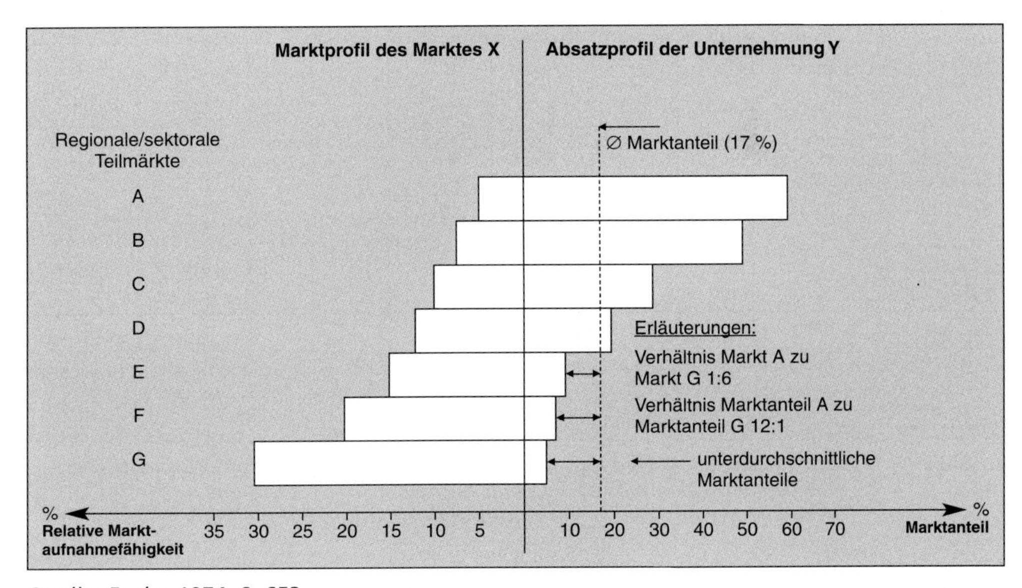


*Quelle: Fuchs,* 1974, S. 653

*Abb. 40: Beispiel eines asymmetrischen Markt- und Absatzprofils*

gen überrepräsentiert. Die aus diesem Befund abzuleitenden Ziele könnten z. B. auf eine Angleichung der Marktanteile in den einzelnen Teilmärkten bei gleichzeitiger Erhöhung des durchschnittlichen Marktanteils (bisher Ø 17 %) gerichtet sein.

Fallbeispiel: Markt- und Absatzprofile im Kaffeemarkt

Dass in konkreten Märkten sowohl asymmetrische als auch symmetrische Markt- und Absatzprofile der **anbietenden Unternehmen** gegeben sind, soll an einem Beispieljahr des Kaffeemarktes näher verdeutlicht werden *(Abb. 41)*.

Interessant an diesen Analysen ist die Tatsache, dass die **Abpacker** in dem stärksten Segment (Koffeinhaltige Kaffees = 63 % Anteil) im Gegensatz zu den Versendern jeweils *nur* mit zwei Produkten (Marken) vertreten sind, dort aber insgesamt einen *höheren* eigenen Absatzanteil realisieren als es dem Gesamtmarkt entspricht (C = 82,7 %, D = sogar 84,5 %). Die **Versender** liegen dagegen mit ihren Marken in den übrigen Segmenten deutlich *über* dem Anteil des Gesamtmarktes (zusammen 37 %); so realisiert A mit zwei Marken in diesem „Restmarkt" einen eigenen Absatzanteil von 54,8 % und B mit drei Marken immerhin einen Absatzanteil von 41 %. Neben programmstrategischen Gründen sind das auch Auswirkungen der unterschiedlichen *Absatzwege:* Im Lebensmittelhandel dominiert der „normale" koffeinhaltige Kaffee, davon profitieren insgesamt die Abpacker, während beim direkten Absatzweg (Versender) eine differenzierte Absatzpolitik mit jeweils spezieller Verkaufsförderung gerade für Spezialsorten möglich und üblich ist.

| **Segmente Röstkaffee-Markt** (auf Basis von Panel-Daten) | **Anteile** in % | **Versender*** | | | | **Abpacker*** | | | |
|---|---|---|---|---|---|---|---|---|---|
| | | A | | B | | C | | D | |
| | | Marken | Absatzanteil in % | Marken | Absatzanteil in % | Marken | Absatzanteil in % | Marken | Absatz anteil in % |
| Koffeinhaltige Kaffees | 63 | $A_1$ | 16,2 | $B_1$ | 35,6 | $C_1$ | 62,6 | $D_1$ | 61,5 |
| | | $A_2$ | 22,0 | $B_2$ | 9,4 | $C_2$ | 20,1 | $D_2$ | 23,0 |
| | | $A_3$ | 7,0 | $B_3$ | 14,0 | – | – | – | – |
| Naturmilde Kaffees | 14 | – | – | $B_4$ | 21,5 | – | – | $D_3$ | 13,6 |
| Behandelte milde Kaffees | 10 | $A_4$ | 30,0 | $B_5$ | 7,3 | $C_3$ | 9,5 | – | – |
| Entkoffeinierte Kaffees | 13 | $A_5$ | 24,8 | $B_6$ | 12,2 | $C_4$ | 7,8 | $D_4$ | 1,9 |
| Insgesamt | 100 | | 100 | | 100 | | 100 | | 100 |

* Hinweis: Kriterium für die branchenübliche Zuordnung ist die Wahl des Absatzweges. Die Versender (z. B. *Tchibo*) wählen den (relativ) direkten Absatzweg (eigene Filialen bzw. Depots in Bäckereien), während sich die Abpacker (z. B. *Jacobs*) des indirekten Absatzweges (speziell Absatz über den Lebensmittelhandel) bedienen.

*Abb. 41: Marktsegmente im Kaffeemarkt und Anteil der jeweiligen segmentspezifischen Marken am Gesamtabsatz von vier betrachteten Unternehmen (Vergleich jeweils zweier Versender und Abpacker, Beispieljahr)*

Insoweit sind Marktziele wie speziell Marktanteilsziele nicht ohne weiteres beliebig gestaltbar; ihre Fixierung muss jedenfalls – wenn sie realistisch sein soll – an den jeweils gegebenen **Absatzbedingungen** anknüpfen, die vielfach gar nicht (wesentlich) änderbar sind. Gleichwohl haben die aufgeführten Beispiele deutlich gemacht, dass Marktanteilsziele (wie auch Distributionsziele) durchaus numerisch festlegbar sind auf der Basis entsprechender Analysedaten.

Trotzdem gibt es nicht wenige Unternehmen, die ihre Marktpositionsziele nur sehr global fassen, indem sie für sich **Marktpositionen** reklamieren, die etwa wie folgt lauten:

- „Wir wollen in den Märkten, in denen wir uns engagieren, mit unseren Produkten jeweils die **Position 1** oder zumindest die **Position 2** einnehmen".
- „Wir streben die **qualitative Marktführerschaft** im X-Markt an."

Hierbei handelt es sich nicht um Ziele im eigentlichen Sinne, denn die Formulierungen sind nur bedingt operational. Diese „Ziele" drücken lediglich **allgemeine unternehmenspolitische Absichten** aus. Sie repräsentieren damit eher qualitative Festlegungen auf der Ebene des Unternehmenszwecks bzw. der Mission des Unternehmens.

### *b) Preispositionierungsziel*

Über die bisher genannten Marktpositionsziele hinaus wird – je nach anvisiertem Konzept – vielfach auch versucht, eine bestimmte Preis-Positionierung zu determinieren. Die meisten Produktmärkte lassen sich in verschiedene **Preisschichten** aufspalten. Für viele Märkte ist dabei zumindest eine Dreiteilung typisch:

- **Gehobene Preisklasse** (Premium-Marken) = Oberer Markt,
- **Konsumpreisklasse** (Klassische Markenartikel) = Mittlerer Markt,
- **Niedrigpreisklasse** („Billigmarken") = Unterer Markt.

Marktorientierte Unternehmen versuchen in dieser Hinsicht, bestimmte Preisschichten zu belegen, um damit zugleich dem gesamten Marketing-Zielsystem bzw. der darauf aufgebauten Marketing-Konzeption eine klare, i. d. R. dauerhafte Grundausrichtung zu geben. Welche Rolle diese **Preis-Positionierung** spielt, soll ebenfalls an einem Beispiel skizziert werden.

Zahlreiche Konsumgütermärkte konnten hinsichtlich ihrer **Preis(klassen)struktur** lange in Form einer „Zwiebel" abgebildet werden (neuerdings hat sich allerdings die typische „Zwiebelform" in vielen Märkten in Richtung einer „Glockenform" gewandelt, siehe hierzu auch unter dem Stichwort „Polarisierung von Märkten"). Zur Konkretisierung solcher Preis- bzw. Niveauklassen-Strukturen von Märkten und ihrer Bedeutung für die Bestimmung ziel-strategischer Positionen (Preispositionierungszielen) soll im Folgenden ein Modellbeispiel aus dem Getränkemarkt – und zwar noch auf der Basis einer klassischen zwiebelförmigen Marktkonfiguration – gezeigt werden.

Hinsichtlich **typischer Formen** der Marktschichtung überhaupt bzw. grundsätzlicher Veränderungen in der Schichtung von Märkten wird auf den 2. Teil „Marketingstrategien", Kapitel Strategiekombinationen, Abschnitt Horizontale Strategiekombinationen, verwiesen.

Die beispielhafte Marktschichtenstruktur *(Abb. 42)* verdeutlicht, dass jedes Unternehmen, das einen klaren Marketingkurs verfolgen will, notwendigerweise sich für die bestehende Marktschichten-Struktur seines Marktes interessieren und sich für die zu **besetzende Marktschicht** entscheiden muss, um auf diese Weise die unternehmensspezifische Preisposition bzw. das Preisband als grundlegenden Orientierungsmaßstab für die Marketingstrategie- wie für die Marketinginstrumenten-Wahl festlegen zu können. Es werden auf diese Weise Weichen ge-

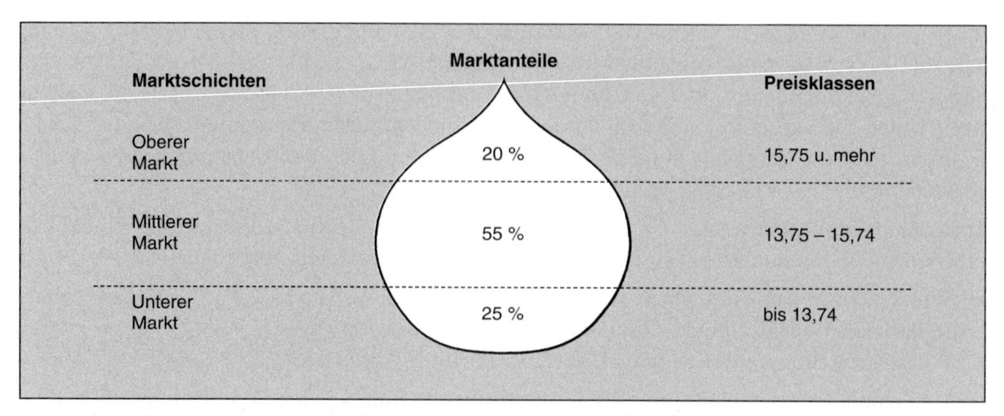


*Abb. 42: Markt- und Preisschichten eines Getränketeilmarktes mit mengenmäßigen Marktanteilen (Basis: Verkaufspreise für eine Mehrstückpackung in €, Beispieljahr)*

stellt für die **mittel- bis langfristige Marketingpolitik,** wobei auch Analysen (Erwartungen) hinsichtlich der künftigen Marktschichtenstruktur zu berücksichtigen sind (z. B. **Polarisierung** von Märkten bzw. Verlust-in-der-Mitte-Phänomen, d. h. Rückgang des Mengenanteils des „klassisch" großen mittleren Marktes, *Becker,* 1986 a), 1988 und 1996). Insoweit stellt die Preispositionierung eine wesentliche Zielentscheidung und damit zugleich einen essentiellen Bestandteil von Marketing-Leitbildern dar.

**Erschwerte Marktbedingungen,** wie sie heute aufgrund von Stagnationstendenzen in vielen Märkten (wie z. B. auch in Teilmärkten des Getränkemarktes) typisch sind, aber auch eine Vielzahl unterschiedlicher Absatzwege (bzw. Absatzmittelgruppen) mit unterschiedlichen Vermarktungskonzepten, haben heute vielfach dazu geführt, dass auch streng vom Hersteller geführte Marken preispolitisch „fremdgehen", d. h. preislich auch solche Markt- bzw. Preisschichten mit abdecken, für die sie nicht konzipiert worden sind bzw. in denen sie ziel-strategisch eigentlich nicht eingesetzt werden sollten. Vor allem aufgrund von Initiativen preisaggressiv agierender Absatzkanäle wie Verbraucher-, Abhol- oder Discountmärkten kommt es zu – nicht selten marken-schädigenden – **Preisüberdehnungen** (= zu großen Preisspannweiten für eine Marke), wie sie etwa aufgrund von Panel-Daten (z. B. G & I-Haushalt-Panel) nachweisbar sind *(Abb. 43).*

Derartige Preisüberdehnungen (preisliche Hypertonien) von Marken stellen erhebliche „Stressfaktoren" dar, welche auf Dauer die **Markensubstanz** beeinträchtigen können. Ein Vergleich der beiden *Marken A* und *B* macht zugleich signifikante Unterschiede deutlich. Während *Marke A* ein relativ konzentriertes Preis(band)bild mit einer deutlichen Spitze zeigt (= relativ gesundes Bild), weist die *Marke B* ein ziemlich diffuses Preisbild mit zwei deutlichen Spitzen gerade auch im unteren Preisbereich auf (= „stressgeschädigtes" Bild, *Becker,* 1984, S. 16). Das soll noch näher herausgearbeitet werden.

Der zugrunde gelegte Getränkemarkt *(Abb. 42)* weist folgende **Marktschichtenstruktur** auf: oberer Markt = rd. 20 %, mittlerer Markt = rd. 55 % und unterer Markt = rd. 25 % Marktanteil. Beide *Marken (A und B)* sind für den mittleren bis gehobenen Markt ziel-strategisch konzipiert worden; trotzdem werden beide Marken inzwischen auch im *unteren* Markt vermarktet (Anteil am Gesamtmarkt rd. 25 %). *Marke A* weist dort aber „nur" einen Einkaufsmengenanteil der Haushalte (aufgrund entsprechender Handelsangebote) von 11 % auf (nämlich 7 % bis 12,99 € und 4 % bei 13,– bis 13,74 €), während *Marke B* sich im unteren Seg-

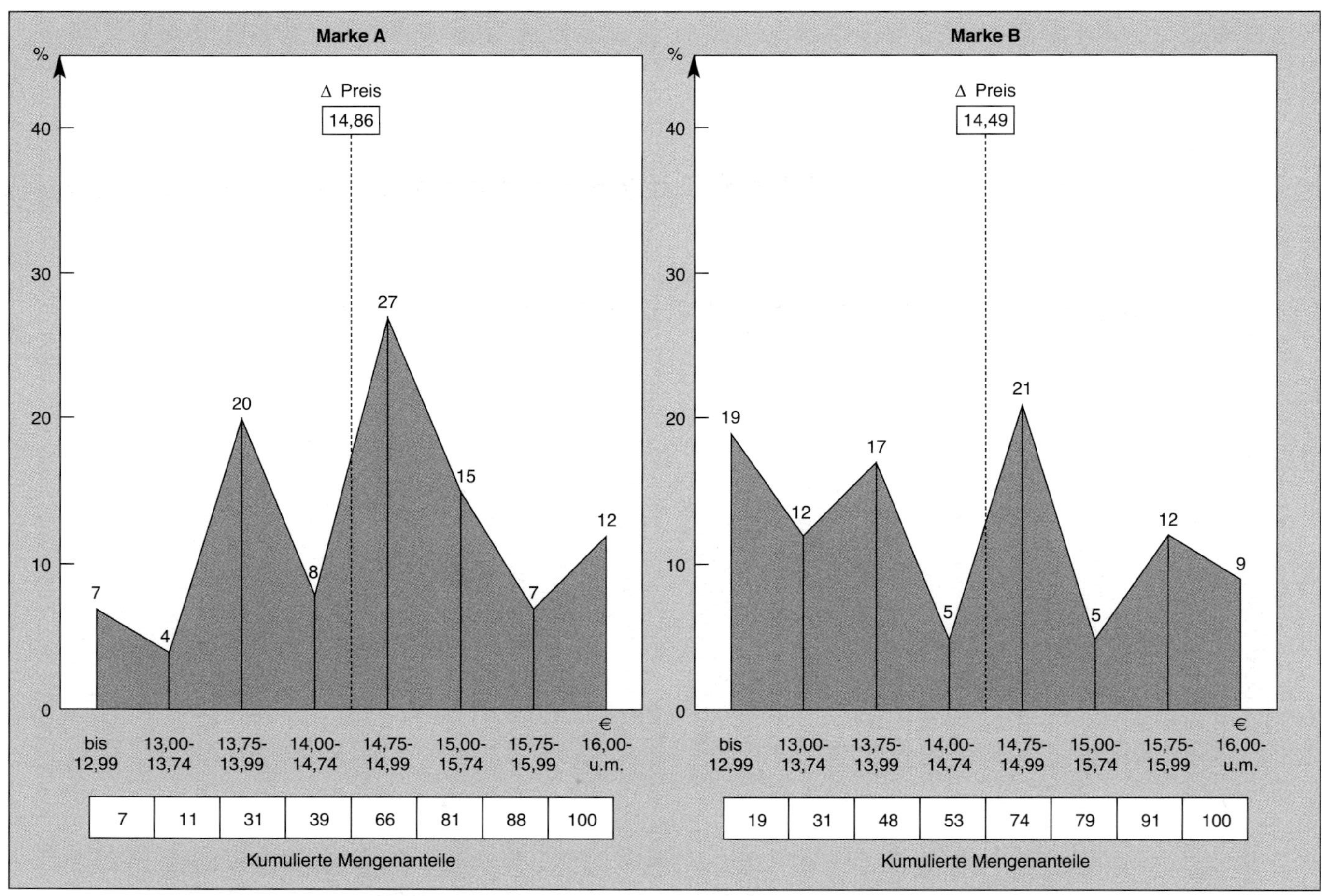


*Abb. 43: Preishäufigkeitsverteilungen bei zwei konkurrierenden Getränkemarken (Basis: Preise einer marktüblichen Mehrstückpackung in €, jeweils Einkaufsmenge in Prozent, Haushalt-Panel-Sonderanalyse, Beispieljahr)*

ment überproportional mit 31 % wieder findet (nämlich 19 % Einkaufsanteil bis 12,99 € und 12 % bei 13,– bis 13,74 €). Das **gesündere Preisbild** der *Marke A* wird aber vor allem auch dadurch erkennbar, dass diese Marke im mittleren Markt die gehobenen Preislagen relativ stark besetzt hält (nämlich die Preislagen 14,75–15,74 € mit insgesamt 42 % Einkaufsmengenanteil der Haushalte). Die *Marke B* weist hier lediglich einen Anteil von insgesamt 26 % auf.

Diese Analyse-Ergebnisse machen insgesamt deutlich, dass

(1) **preisliche Punkt-Positionierungen** heute in vielen (preis-dynamischen) Märkten nicht mehr realistisch und

(2) **preisliche Breitband-Positionierungen** andererseits für die Markensubstanz gefährlich sind.

Das Preispositionierungsziel des Unternehmens muss deshalb vielfach auf einen „gesunden Mittelweg" gerichtet sein, und zwar unter Berücksichtigung sowohl **marktlicher als auch unternehmensspezifischer Bedingungslagen.** Gerade Preispositionierungsziele bedürfen – aufgrund zunehmender Markt- und Umwelt-Dynamik – laufender Überprüfungen und ggf. neuer Justierungen. Auch hier werden bereits wesentliche **Nahtstellen** zur Strategie-Ebene **(konzeptionelle Kette)** sichtbar (hier Grundfrage (ziel-)strategischer Konzepte und ihrer Durchsetzungsfähigkeit, vgl. hierzu 2. Teil „Marketingstrategien", speziell die strategische Rolle des Preises bzw. der Preispflege bei präferenz-strategischen Konzepten).

### *c) Image- und Bekanntheitsgradziele*

Eng verknüpft mit der Preispositionierung ist – bei präferenz-orientierten Marketingstrategien – das **Image** (*Kroeber-Riel/Weinberg/Göppel-Klein,* 2009, S. 210 ff.) und zwar des

- Produktes (= **Produkt-Image**) und/oder
- Unternehmens (= **Unternehmens-Image**).

Durch den Aufbau ganz spezifischer, eigenständiger Imageprofile vermögen Unternehmen Positionen am Markt aufzubauen, die zu **sog. Firmenmärkten** führen können. Das sind solche Märkte, welche das Unternehmen zu steuern und zu „kontrollieren" sowie gegenüber den Konkurrenten abzugrenzen vermag, wobei allerdings unterschiedliche Intensitätsgrade möglich sind. Gerade in

- **Märkten mit starkem Wettbewerb** bzw.
- **gesättigten Märkten**

kommt dieser bewusst von der Konkurrenz abgrenzenden Profilierung von Produkten und/oder Unternehmen eine grundlegende Bedeutung für die Durchsetzung der Oberziele des Unternehmens zu, und zwar dadurch, dass es heute vielfach nur noch auf diese Weise gelingen kann, ertragsorientierte Preise am Markt durchzusetzen. In Verbindung mit einem spezifischen Imageprofil wird in der Regel zugleich versucht, einen möglichst hohen **Bekanntheitsgrad** bei der Zielgruppe bzw. generell zu erreichen. Der Bekanntheitsgrad vermag die Imageprofilierung wesentlich zu stützen bzw. ist in gewisser Weise auch eine ihrer Voraussetzungen.

Gleichwohl darf der Bekanntheitsgrad in seiner Bedeutung (Wirkung) nicht überschätzt bzw. dürfen auch **kontra-produktive Zusammenhänge** zwischen Bekanntheitsgrad und Image nicht unterschätzt werden. Wie unterschiedlich vielfach die Bekanntheitsgrade der Marken in einem Markt sind, soll zunächst an einem Beispiel dokumentiert werden *(Abb. 44).*

Die im Markt führende Marke (d. h. Marke mit dem höchsten Marktanteil und deutlichem Abstand zum Marktzweiten) ist *nicht* die *Marke B* mit rd. 94 %, sondern die *Marke A* mit „nur"

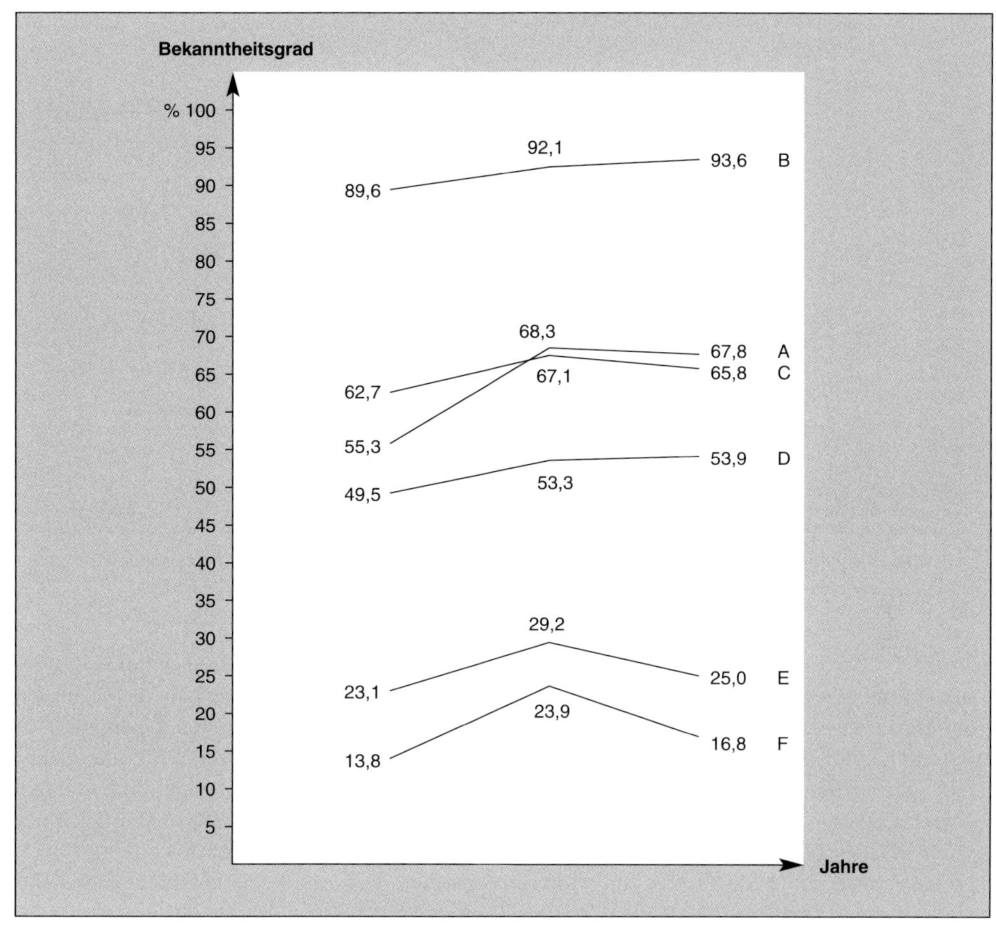


*Abb. 44: Gestützter Bekanntheitsgrad der wichtigsten Marken in einem Spezialbiermarkt (Basis: Omnibus-Befragungen zur Markenbekanntheit)*

rd. 68 % **Markenbekanntheit**. Das heißt mit anderen Worten, dass bestimmte Imagevorteile (einschließlich objektiver Produktvorteile) – wie im konkreten Fall gegeben – durchaus bestimmte Bekanntheitsgrad-Nachteile über Jahre hinweg mehr als ausgleichen können *(Abb. 45)*. Das zeigen übrigens auch Beispiele in anderen Märkten.

Insoweit können **Imageziele** gegenüber Bekanntheitsgradzielen durchaus Vorrang haben, und zwar insbesondere dann, wenn Marken-Konzepte mit differenzierten Images verfolgt werden. Unter wettbewerbs-strategischem Aspekt stellen jedenfalls Konkurrenz-Marken mit attraktiven, eigenständigen Images nicht selten eine größere Gefahr für die eigene Marke dar als „nur" im Bekanntheitsgrad starke Marken (so auch im erwähnten Beispiel). Von einem (zu) hohen Bekanntheitsgrad einer Marke können umgekehrt sogar nivellierende und damit Imageniveau abbauende Wirkungen ausgehen, was zu bestimmten Kompetenzverlusten („Massenwaren-Image") und damit zu Absatzverlusten einer Marke führen kann.

Trotzdem kommt dem Bekanntheitsgrad insofern eine bestimmte **Schlüsselfunktion** zu, als ein bestimmtes Bekanntheitsgradniveau einer Marke die Aufnahme bzw. Zuordnung mar-

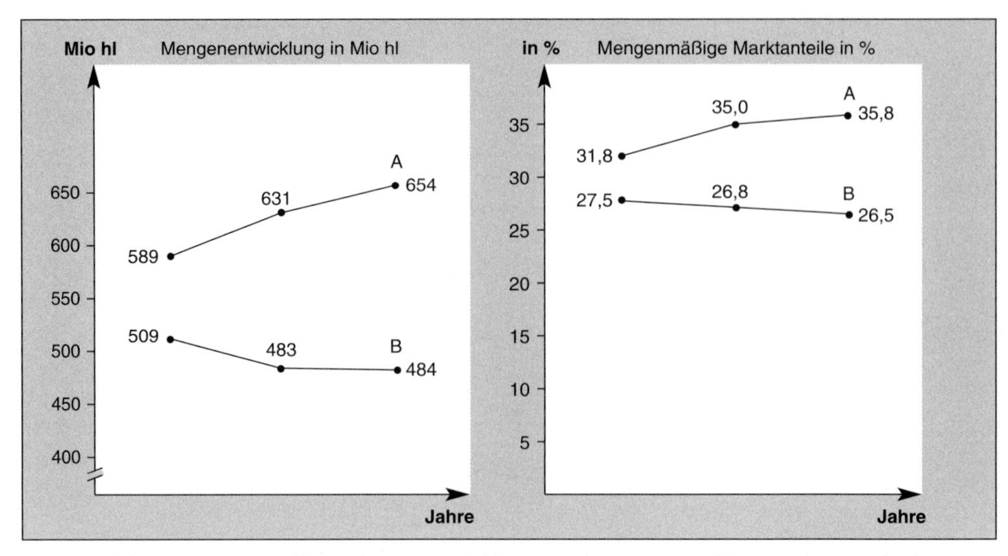


*Abb. 45: Mengenmäßige Absatzentwicklung und mengenmäßige Marktanteile der zwei wichtigsten Marken in einem Spezialbiermarkt (Basis: Panel-Daten)*

kenspezifischer Inhalte beeinflussen kann. Bereits frühere Untersuchungen u. a. bei Cola-Getränken haben zum Beispiel folgendes gezeigt: „Auf den Namen einer relativ unbekannten Cola-Marke assoziieren viele Vpn (Versuchspersonen, J. B.) die Markennamen bekannter Cola-Getränke, auf die Markennamen der bekannten Cola-Getränke nur wenige die unbekannteren“ (*Rosenstiel,* 1979, II, S. 133 f.). Die starke Marke profitiert also offensichtlich von den weniger starken – ein Phänomen, das übrigens auch bei der **Gemeinschaftswerbung** zweier textiler Marken festgestellt werden konnte (so führte z. B. die Gemeinschaftswerbung für eine relativ unbekannte Stoffmarke und eine sehr bekannte Fasermarke zu entsprechenden Bekanntheitsgrad- und Profil-Vorteilen für die „starke“ Fasermarke). Das heißt, es kann insoweit gefolgert werden, dass bei relativ geringem Bekanntheitsgrad die Werbeerinnerung (Werbeassoziation) zu einem nicht unerheblichen Teil der bekannteren Marke zugutekommt *(Abb. 46).*

Die Gefahr solcher „Fehlleistungen“ werblicher Wirkungen wird ganz offensichtlich dann noch erhöht, wenn kleine, weniger bekannte Marken den werblichen Auftritt großer, bekannter Marken nachahmen. Der Bekanntheitsgrad stellt sogesehen durchaus eine Schlüsselgröße dar, zumindest bis zum Erreichen bestimmter **Bekanntheitsgrad-Schwellen** (zur sog. Markenbekanntheitstiefe und -breite *Keller*, 2008, S. 61 und *Esch*, 2012, S. 64).

Was diese Zusammenhänge angeht, so sind sie bisher weder wissenschaftlich noch praktisch Gegenstand detaillierter Untersuchungen gewesen. Einen ersten Ansatz, diesen Fragenkomplex etwas aufzuhellen, kann man allerdings in der inzwischen schon mehrfach wiederholten Kommunikationsanalyse von *Gruner & Jahr* sehen. Diese im Zusammenhang mit der inzwischen schon klassischen Markt-Media-Analyse *Brigitte-Frauen-Typologie* (siehe hierzu auch im 2. Teil „Marktsegmentierungsstrategie“) stehende repräsentative Untersuchung stellt eine markenspezifische Analyse dar, bei der es darum geht, **Mechaniken der Markenbildung** transparent zu machen. Zu diesem Zwecke wurde ein Untersuchungsansatz gewählt, der die jeweils gemessene Marken-Verwendung (= spezifisches Kriterium des generellen Absatz-

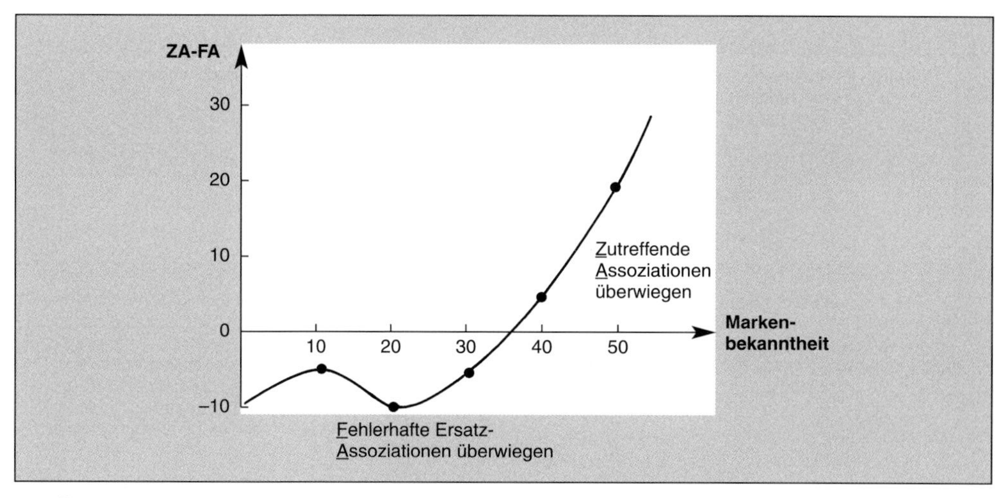


*Quelle: Rosenstiel,* 1979, II, S. 134

*Abb. 46: Zutreffende minus fehlerhafte Assoziationen (ZA-FA) in Abhängigkeit von der Markenbekanntheit (jeweils in %)*

ziels) auf markenindividuelle Zielerfüllungsgrade im psychologischen Vorfeld – nämlich Markenbekanntheit und Markensympathie (= spezifischer Ausdruck der Imagequalität von Marken) – zurückzuführen sucht. Es geht bei diesem Ansatz also um die **Wirkungskette:**

| Markenbekanntheit | → | Markensympathie | → | Markenverwendung |
|---|---|---|---|---|

**Erläuterung:** Der Bekanntheitsgrad wird als gestützter Bekanntheitsgrad anhand vorgelegter Markenlisten erhoben.

Die „Markensympathie" ist wie folgt definiert: „Genauso, wie man Menschen sympathisch oder unsympathisch finden kann, kann man auch von Marken sagen, diese Marke ist mir sympathisch oder unsympathisch. Bitte kreuzen Sie an, welche Marke bzw. welche Marken Ihnen sympathisch sind."

Bei der Markenverwendung wird nach der persönlichen Verwendung gefragt.

Wenn man auch von der Ableitung allgemeiner **„Markengesetze"** noch weit entfernt ist (der gewählte Ansatz ist wahrscheinlich noch zu global, außerdem spielen *situative* Komponenten eine entscheidende Rolle), so sind dennoch interessante Wirkungsmuster erkennbar. Vier typische **Markenstatus-Situationen** mit jeweils unterschiedlichen Interpretationsansätzen kristallisieren sich bisher heraus *(Abb. 47)*.

Im Folgenden soll die Wirkungsmechanik von Marken auf der Baiss der drei Wirkfaktoren Markenbekanntheit, Markensympathie und Markenverwendung am Beispiel des Marktes für Duftwässer, und zwar anhand ausgewählter Marken der früheren Firma *Ferd. Mühlens,* Köln (inzwischen *Mäurer + Wirtz,* Stolberg), modellhaft auf Basis der *KommunikationsAnalyse 1* aufgezeigt werden *(Abb. 48)*.

Diese Übersichten zum **Markenstatus** zeigen, dass – auf Basis der allgemeinen Interpretationsansätze – z. B. die *Marke A* einen geringen Sympathie-Überhang hat (problematische Situation B), die *Marke C* eine ziemlich ausgewogene Abstufung zeigt (Situation A), während die *Marke E* eine noch relativ geringe Ausschöpfung des Bekanntheits-Potenzials durch Sympathisanten und Verwender aufweist (Situation D). Hierbei muss beachtet werden, dass *A* und *B* sehr alte (klassische) Marken, dagegen die auf jüngere Zielgruppen gerichteten Marken *C*, vor allem aber *D* und *E*, noch relativ junge Marken sind (bezogen auf den Untersuchungszeitpunkt).

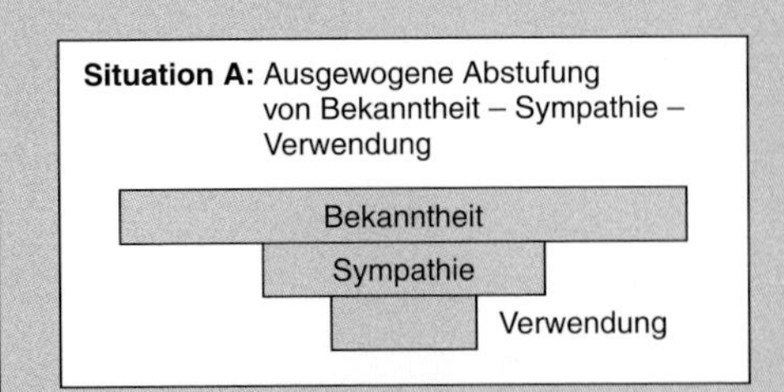


„Kennzeichnend für die Situation A ist die Ausgeglichenheit im Marken-Dreiklang. Das Sympathiepotenzial weist, im Vergleich zum Kenner- und Verwenderpotenzial, eine mittlere Größenordnung auf."

Von inzwischen über 1.000 erhobenen Marken in 20 Produktfeldern weisen durchschnittlich etwa 40 % diese ausgewogene Abstufung von Bekanntheit/Sympathie/Verwendung auf (Situation A).

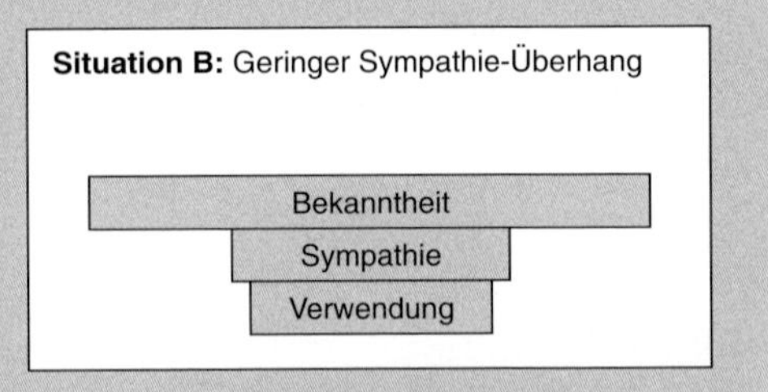


„In dieser Situation gibt es zu wenige Sympathisanten, die (noch) nicht Verwender sind. Auf den ersten Blick mag sich dieser Marken-Status als befriedigend darstellen, denn das Sympathisanten-Potenzial ist durch Verwender ausgeschöpft. Über kurz oder lang kann diese Situation jedoch zu Absatzproblemen führen, da der Verwendernachwuchs fehlt."

Rd. 15 % der erhobenen Marken befinden sich in der ggf. „kritischen" Situation B.

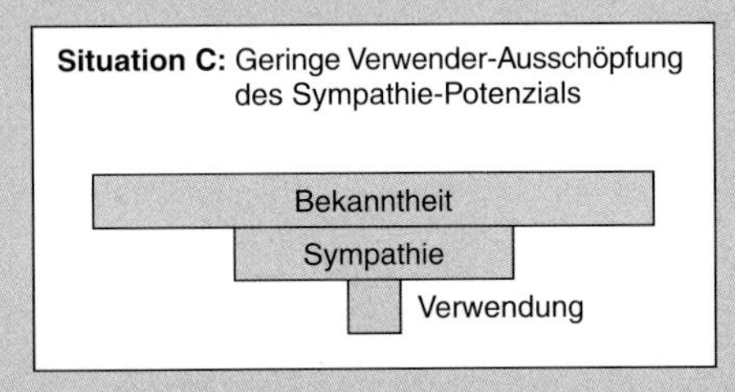


„Charakteristisch für die Situation C ist ein hoher Sympathiegrad bei geringem Verwenderanteil. Offensichtlich stehen bei vielen Sympathisanten „äußere Hindernisse" (z.B. hoher Preis, schwere Erhältlichkeit, ausgeprägte Exklusivität) dem Kauf und der Verwendung der als sympathisch empfundenen Marke entgegen."

Von den erhobenen Marken befinden sich rd. 10 % in der Situation C. Bei Marken dieses Typs handelt es sich überwiegend um hochwertige Marken mit exklusivem Image.

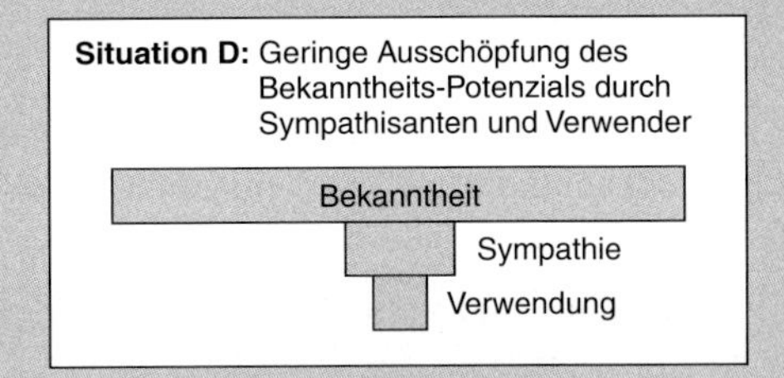


„Diese Situation ist durch eine geringe Ausschöpfung des Bekanntheitspotenzials durch Sympathisanten und Verwender geprägt. Dafür können verschiedene Gründe verantwortlich sein: Die Marke ist nicht ausreichend oder mit nicht mehr zeitgemäßen Inhalten „aufgeladen" (Image-Problem); die Marke ist zwar in breiten Verbraucherschichten bekannt, wendet sich mit ihrer Botschaft aber nur an ein kleines Zielgruppensegment."

Auf rd. 35 % der erhobenen Marken trifft die Situation D zu.

*Quelle: KommunikationsAnalyse (KA)*

*Abb. 47: Vier typische Markenstatus-Situationen und ihre Interpretationen (Beispieljahr)*

Aus diesen Analyseergebnissen (*Abb. 47* und *48*) geht hervor, dass neben der Markenbekanntheit die **Markensympathie** einen ganz wichtigen *vor*-ökonomischen Faktor des (Marken-)Marketing darstellt. Bei der Würdigung der Ergebnisse muss jedoch berücksichtigt werden, dass die Markensympathie lediglich eine typische Einstellungsdimension der differenzierten Komplexqualität **Image** (*Kroeber-Riel/Weinberg/Gröppel-Klein,* 2009) ist (zur Bedeutung eines differenzierten Zielsystems für Markennavigation *Esch*, 2018, S. 70 ff.).

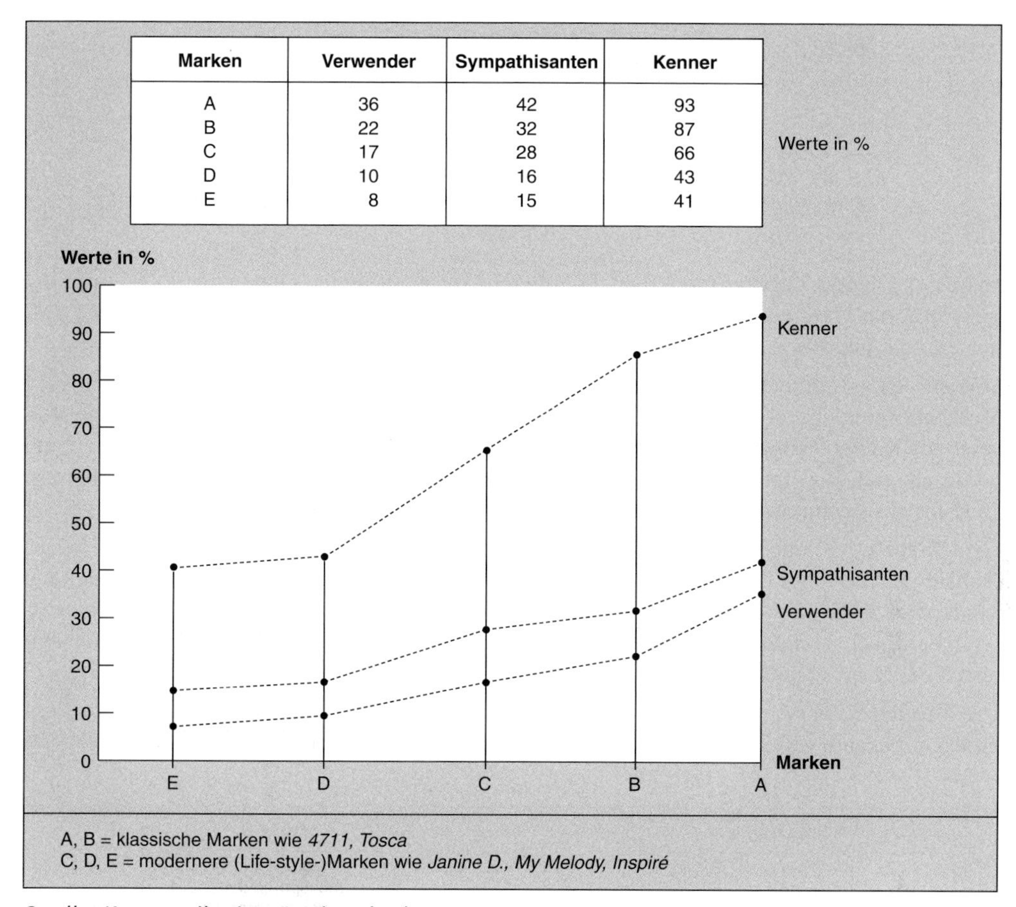

| Marken | Verwender | Sympathisanten | Kenner |
|---|---|---|---|
| A | 36 | 42 | 93 |
| B | 22 | 32 | 87 |
| C | 17 | 28 | 66 |
| D | 10 | 16 | 43 |
| E | 8 | 15 | 41 |

Werte in %



*Quelle: KommunikationsAnalyse (KA)*

*Abb. 48: Differenzierter Markenstatus ausgewählter Marken (jeweils als Tabelle und Grafik, Beispieljahr)*

### *d) Käuferreichweite und Kaufintensität*

Eine wichtige Schlüsselzielgröße neben Markenbekanntheit und -image – das haben die Analysebeispiele der *Kommunikationsanalyse* gezeigt – ist die **Markenverwendung.** Sie wird im Rahmen der Panel-Forschung auch als sog. **Käuferreichweite** erfasst. Das heißt, hier wird danach gefragt, wie viel Prozent der in Betracht kommenden Zielgruppe tatsächlich erreicht wird bzw. – daraus ziel-strategisch abgeleitet – künftig erreicht werden soll. In engem Zusammenhang mit dieser Zielgröße steht die sog. **Kaufintensität.** Mit ihr wird der Umfang der Käufe (und damit der Umfang des Verbrauchs) erfasst, der ebenfalls als Ziel vorgegeben werden kann (zur Erfassung *Hammann/Erichson,* 2000, S. 170 ff.). Eine Abbildung erläutert die Zusammenhänge an einem Konsumgüterbeispiel *(Abb. 49).*

Aus dem **Modellbeispiel** geht hervor, dass die *Marke A* bereits von über 80 % der Haushalte gekauft wird (diese Marke wurde zuerst im Markt eingeführt), die Kaufintensität (250 g/Woche) verglichen mit der *Konkurrenzmarke B* (= Marke mit günstigerem Preis-Leistungs-Ver-

| Marken | Käuferreichweite (in % aller Panel-Haushalte) | Kaufintensität (Einkaufsmenge/Woche) |
|---|---|---|
| A | 83 | 250 g |
| B | 46 | 625 g |

*Abb. 49: Käuferreichweite und Kaufintensität bei zwei konkurrierenden Marken in einem neuen Nahrungsmittelteilmarkt (Basis: Panel-Daten)*

hältnis und neuer „Großpackung") aber vergleichsweise gering ist. Die *Marke B* hat aufgrund ihres späteren Markteintritts zwar bisher weniger als die Hälfte der Haushalte erreicht, sie stellen aber die Intensivverwender („Heavy user") der neuen Produktgruppe (625 g/Woche) dar.

Sowohl der auf Datenbasis der *KommunikationsAnalyse* aufgezeigte Wirkungsverbund von Markenbekanntheit, -sympathie und -verwendung als auch das prototypisch dargestellte Beispiel zur Käuferreichweite und Kaufintensität auf Panel-Daten-Basis zeigen die Bedeutung von **Zielketten** für eine konsequente marketing(ziel)-orientierte Führung des Unternehmens. Über die bisher aufgezeigten Zielketten hinaus sind jedoch noch weitere von Bedeutung.

Gerade auch bei neuen Produkten gilt es, spezielle Ziele (i. S. von Bereitschaftsstadien) zu realisieren. Das heißt beispielsweise, dass bei der **Zielplanung** nicht nur Kenntnis der Marke, sondern auch Probierkaufrate, Zufriedenheitsgrad und möglichst die Nachkaufrate (ggf. differenziert nach Abnehmergruppen) berücksichtigt werden müssen. *Abb. 50* skizziert die unterschiedlichen Ausgangslagen zweier Marken.

Der Vergleich der Verteilung der **Bereitschaftsstadien** beider Marken zeigt, dass *Marke A* zwar gut bekannt (80 %) ist, der Zufriedenheitsgrad (nur 20 % der „Probierer") aber sehr zu

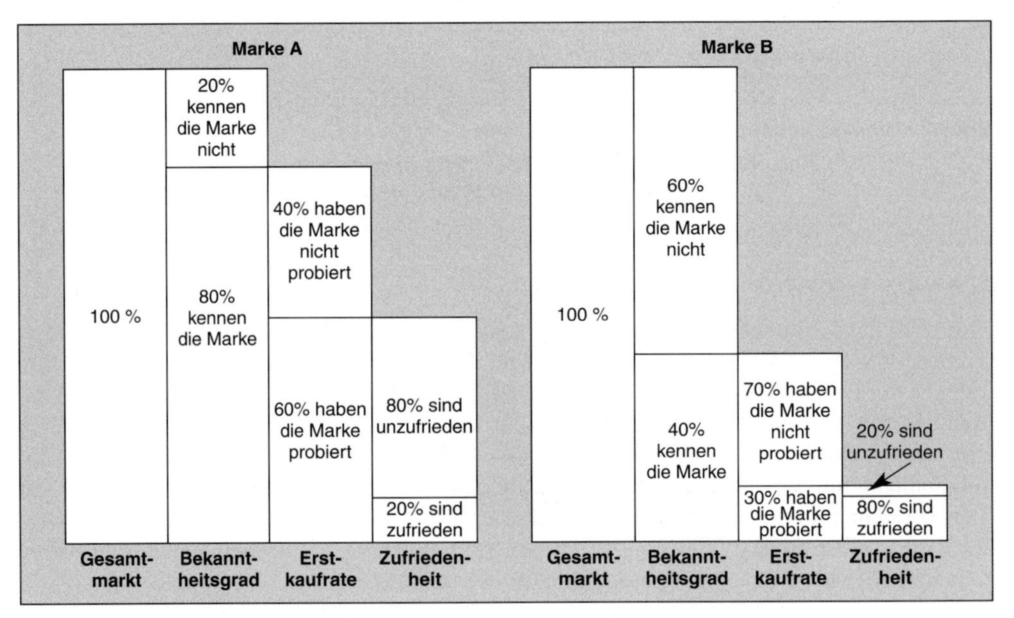


*Quelle: Kotler/Bliemel, 2001, S. 924*

*Abb. 50: Verteilung der Verbraucher in einen Markt über drei Bereitschaftsstadien (Kenntnisnahme, Versuch, Zufriedenheit, Vergleich Marke A und B)*

wünschen übrig lässt. Bei *Marke B* dagegen liegt der Zufriedenheitsgrad recht hoch (80 % der „Probierer"), das Problem besteht jedoch in einer nicht ausreichenden Bekanntheit (lediglich 40 %). Für *Marke A und B* ergeben sich daraus unterschiedliche Konsequenzen für die Ziel- wie für die Strategie- und Maßnahmenplanung (Marketingmix).

### *e) Kundenzufriedenheit und Kundenbindung*

Der zunehmende (Verdrängungs-)Wettbewerb im Markt – u. a. ausgelöst durch stagnierende oder zumindest schwach wachsende Märkte – hat, wie einleitend herausgearbeitet, zur (Wieder-)Entdeckung des Kunden geführt. Das bedeutet, dass immer mehr Unternehmen noch zielgerichteter ihre Produkte (Leistungen) bzw. ihre gesamten Marketingprogramme auf Kundenbedürfnisse (Kundenproblemlösungen) ausrichten. Immer mehr Unternehmen entdecken in diesem Zusammenhang – neben objektiven Zielen wie Absatz oder Marktanteil – die **Kundenzufriedenheit** als eigene subjektive Ziel- und Erfolgsgröße; denn nur ein zufriedener Kunde bleibt dem Unternehmen als Kunde (Stammkunde) erhalten. Die Einsicht bzw. die Erfahrung, dass es für ein Unternehmen ökonomisch sinnvoller ist, bestehende Kunden zu erhalten, als ständig auf der Suche nach neuen Kunden zu sein (*Clancy/Shulman,* 1993, S. 256 ff.), rücken jedenfalls sehr stark die Kundenzufriedenheit bzw. daran anknüpfende **Kundenbindungsprogramme** sowie auch umfassende Beschwerdemanagement-Systeme in den Vordergrund des Marketinghandelns (*Homburg,* 2003 bzw. *Bruhn/Homburg,* 2003 sowie *Stauss/Seidel,* 2002 sowie *Kaiser*, 2005). Damit stehen auch Aspekte eines gezielten Nach-(Kauf-)Marketing im Mittelpunkt des Interesses einschließlich entsprechender operativer Maßnahmen des Marketing. Insofern werden zugleich wichtige Beziehungen zwischen den Marketingzielen und dem Marketinginstrumenten-Einsatz erkennbar (= **konzeptionelle Kette**).

Kennzeichnend für die Situation ist, dass immer mehr Unternehmen in ihrem „Mission Statement" Leitsätze aufnehmen, wie „Kundenzufriedenheit ist unser oberstes Ziel" (z. B. *BMW, Braun, Holiday Inn, Mc Donald's, Rank Xerox, Quelle, Masterfoods* und *Schöller*; zu den beiden letztgenannten Unternehmen siehe auch die weiter vorn wiedergegebenen Unternehmensleitsätze), mit denen gerade auch die **eigenen Mitarbeiter** mobilisiert werden sollen, ihren jeweils eigenen funktionsspezifischen Beitrag für eine möglichst hohe Kundenzufriedenheit zu leisten (= *internes* Marketing, siehe *Bruhn*, 1999 a).

Umfassende Untersuchungen zur Kundenzufriedenheit sind in den USA bereits in den siebziger Jahren im Zuge der damals ausgeprägten **Konsumentenschutz-Bewegung** (Consumerism) durchgeführt worden. Im Auftrag der amerikanischen Regierung wurden großangelegte, repräsentative Untersuchungen zur Kundenzufriedenheit bzw. Beschwerdeverhalten von Konsumenten durchgeführt, bekannt unter dem Namen *„Technical Assistance Research Programs"* (TARP). Verschiedene TARP-Studien (u. a. TARP 1979 und 1986, vgl. auch *Schütze,* 1992, S. 14 f.) haben u. a. zu folgenden Erkenntnissen geführt, welche die **Relevanz der Kundenzufriedenheit** für Unternehmen besonders unterstreichen:

- während **zufriedene Kunden** ihre Erfahrungen im Durchschnitt drei weiteren Personen mitteilen, informieren dagegen **unzufriedene Kunden** durchschnittlich neun bis zehn Personen über ihre negativen Erfahrungen,
- ein Unternehmen erhält im Durchschnitt von **96 % seiner unzufriedenen Kunden keine entsprechende Nachricht.** Pro Beschwerde, die ein Unternehmen erreicht, gibt es in Wirklichkeit 26 unzufriedene Kunden, von denen sechs sehr große Probleme haben,
- Kunden, die sich bei Unternehmen beschweren, sind eher bereit, **diesem Unternehmen bzw. seinen Leistungen treu zu bleiben,** selbst wenn die Beschwerde nicht zufrieden stellend behoben wird,

- bis zu **70 % der Kunden,** die sich beschwert haben, kaufen wieder bei dem gleichen Unternehmen, **das ihre Beschwerde gelöst hat** (wenn die Bearbeitung der Beschwerde als schnell erlebt wird, steigt die Wiederkaufrate sogar bis auf 95 %).

Fallbeispiel: Kundenzufriedenheit bei Finanzdienstleistungen

In der BRD gibt es seit 1992 regelmäßige Untersuchungen zur Kundenzufriedenheit (ursprünglich *Das Deutsche Kundenbarometer,* inzwischen *Kundenmonitor Deutschland* (www.kundenmonitor.de), s. *Meyer/Dornach,* 1998). Die Untersuchung versteht sich als umfassende Datenbasis für den jeweiligen Stand der Kundenorientierung von Branchen und Unternehmen bzw. Institutionen auf der Grundlage von detaillierten **Penetrations-, Kundenzufriedenheits- und Kundenbindungsdaten** (mit der Möglichkeit entsprechender Längsschnittvergleiche). In den ersten Untersuchungen bildeten die Bereiche Reisen (Urlaubsregionen), Auto (PKW-Hersteller) und Gesundheit (Haus- und Allgemeinärzte/Apotheken) die Spitzenreiter. Diesen Bereichen (Branchen) ist gemein, dass sie zumindest 50 % oder sogar 75 % überzeugte Kunden aufweisen. Gleichzeitig ist es immerhin gelungen, den Anteil enttäuschter Kunden auf Werte zwischen 2 % und 7 % zu drücken. Insgesamt hat sich die Kundenzufriedenheit laufend verbessert.

Welchen Stellenwert die Kundenzufriedenheit für die **Kundenbindung** z. B. bei Finanzdienstleistungen besitzt, zeigt ein prototypisches Beispiel *(Abb. 51).*

Der Zusammenhang zwischen Globalzufriedenheit (Frage: „Wie zufrieden sind sie mit den Leistungen Ihrer Bank insgesamt?“) und Wiederwahl bzw. Beibehaltung der Bankverbindung verdeutlicht, dass die potenzielle Wiederwahl (Kundenbindungspotenzial) umso besser ist, je höher die **Globalzufriedenheit** ist. Während die Wiederwahl bei 92 % der überzeugten Kunden „feststeht“, liegt die wahrscheinliche Wiederwahl bei den enttäuschten Kunden mit 23 % entsprechend niedrig.

Die verschiedenen **Niveaus der Kundenzufriedenheit** entstehen durch individuelle Abgleichprozesse des Kunden zwischen seinen Erwartungen an die versprochene Leistung einerseits und der tatsächlich erhaltenen Leistung andererseits. Jeder Kunde beurteilt somit aus seiner subjektiven Sicht, ob die erhaltenen Leistungen mit seinen **Erwartungen** übereinstimmen bzw. diese unter- oder sogar überfüllen (Zufriedenheit als erlebte Qualität bestätigter, nichtbestätigter oder übertroffener Erwartungen). Neben der Globalzufriedenheit können (müssen) im Hinblick auf die Nutzung dieser Daten für „Verbesserungsmarketing“ grundlegende branchen- bzw. produktspezifische Leistungsmerkmale erfasst und ggf. weiter zerlegt werden (zu den methodischen Fragen der Kundenzufriedenheitsmessung u. a. *Homburg,* 2003). Aufgrund von multi-variaten Analyseverfahren ist es z. B. auch möglich, **Kundentypen** (-typologien) zu erfassen, die durch spezifische Leistungsansprüche bzw. unterschiedliche Zufriedenheitsgrade gekennzeichnet sind (*Kotler/Keller/Bliemel,* 2007, S. 46 ff.; *Meyer/Davidson,* 2001, S. 243 ff.; speziell zur Markenzufriedenheit *Esch,* 2012, S. 3 ff.).

### *f) Beispielhafte Struktur eines Marketing-Leitbildes*

Die Ausführungen zum Marketing-Leitbild haben insgesamt gezeigt, dass sowohl Marktstellung, Marktpräsenz, Preisposition als auch Image- (und Bekanntheitsgrad-)position grundlegende Basisziele des Marketingprozesses im Unternehmen darstellen. Sie können in dieser Weise auch als **Oberziele des Marketingbereiches** aufgefasst werden. Ihr marketing-spezifi-

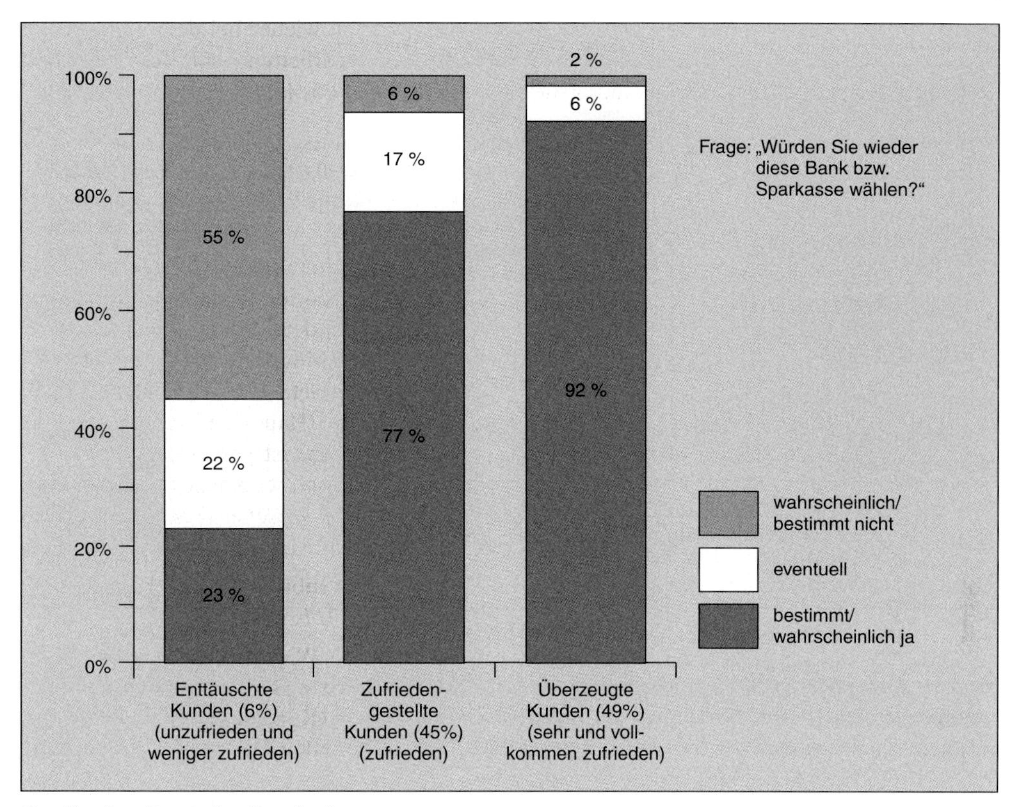


*Quelle: Das Deutsche Kundenbarometer*

*Abb. 51: Zusammenhang von Globalzufriedenheit/Wiederwahl bei der Hauptbankverbindung (Beispieljahr)*

scher Oberzielcharakter wird auch dadurch unterstrichen, dass diese Ziele in aller Regel nicht das Ergebnis einzelner Instrumente sind, sondern Resultat des Marketingmix (= kombinierter Einsatz aller Marketinginstrumente). Das wiederum verdeutlicht den richtungsweisenden Charakter dieser **Marketing-Oberziele.**

Ein Beispiel *(Abb. 52)* soll ein positionsorientiertes Marketing-Leitbild auf der Basis **marketing-spezifischer Schlüsselziele** näher verdeutlichen.

Die beispielhaften Leitbild-Komponenten haben für den gesamten Marketingprozess des Unternehmens gleichsam **Grundsatzcharakter,** d. h. mit anderen Worten: sie stellen grundlegende Orientierungspole für die Ableitung adäquater Marketingstrategien bzw. operativer Marketingmaßnahmen dar. Die Fixierung dieser Schlüsselziele – insbesondere auch der **Kundenzufriedenheit** – und ihre konsequente Realisierung dient andererseits einer *oberziel-* (= Rentabilität) sowie *wert-*orientierten (= Unternehmenswert) **Führung** das Unternehmens.

Solche Marketing-Leitbilder haben aber nicht nur die Funktion, wichtige Basisziele des Marketing festzulegen, sondern ihr Ansatz besteht auch darin, den **Wirkungsverbund** grundlegender Marketingziele zu planen bzw. ihre Wirkungsmechanik im Zeitablauf zu optimieren. Hauptaugenmerk liegt dabei vor allem auf der Erfassung bzw. der optimalen Ausschöpfung komplementärer Zielbeziehungen zur Erfüllung der gewinnorientierten Oberziele des Unternehmens.

| Schlüsselziele im Marketing | Marketing-Leitbild der Unternehmung X für die Produktgruppe B |
|---|---|
| • **Marktanteil** | Es soll ein Marktanteil von 25 % wertmäßig und 18 % mengenmäßig erreicht werden.* |
| • **Distribution** | Die Distribution soll sich numerisch/gewichtet auf 60/90 einpendeln.** |
| • **Preissegment** | Die Produktgruppe B soll im Konsummarkenbereich innerhalb des Preisbandes von € 10,- und 12,- (EVP)*** angesiedelt werden. |
| • **Image** | Das Produktprofil soll auf folgenden „Säulen" aufgebaut werden: natürliche Rohstoffe, neue Wirkstoffkombination TS, Unternehmung X ist der „sympathische" Spezialist. |
| • **Bekanntheitsgrad** | Für die Produktgruppe B wird ein ungestützter Bekanntheitsgrad von mindestens 50 % vorgegeben. |
| • **Käuferreichweite** | Es wird eine Käuferreichweite von mindestens 65 % angestrebt, d. h. rd. zwei Drittel aller in Betracht kommenden Zielpersonen sollen als Käufer gewonnen werden. |
| • **Kundenzufriedenheit** | Mindestens 85 % der Kunden sollen mit der Produktgruppe B zufrieden sein. |
| • **Kundenbindung** | Mindestens 75 % der Kunden sollen Produktgruppe B wieder kaufen. |

* Das Unternehmen will sich demnach im höherpreisigen Bereich ansiedeln.
** Mit einer numerischen Distribution von 60 % sollen die umsatzstarken Geschäfte erfasst werden, die 90 % des Umsatzes repräsentieren.
*** Endverbraucherpreis

*Abb. 52: Beispiel eines Marketing-Leitbildes auf der Basis von Schlüsselzielen*

Hierbei sind auch grundlegende Nahtstellen (= **konzeptionelle Kette**) zwischen Zielfestlegungen einerseits und Strategiewahl andererseits zu berücksichtigen, d. h. Ziele sind mit Strategie-Konzeptionen zu harmonisieren (vgl. 2. Teil „Marketingstrategien"). Dabei sind ggf. mehrere **Rückkoppelungsprozesse** notwendig.

## 3. Stellung der Marketingziele und Marketing-Leitbilder in der Zielhierarchie

Marketingziele sind insgesamt als Handlungsanweisungen nur dann einsetzbar, wenn sie sich konsistent in das **Zielsystem** des Unternehmens einfügen. Das setzt zunächst eine Zielordnung der Marketingziele selbst voraus, d. h. die Marketingziele müssen in ein System von

- **Ober- und Unterzielen** bzw.
- **Haupt- und Nebenzielen**

gebracht werden. Hierbei müssen die **Mittel-Zweck-Relationen,** die zwischen Zielen im allgemeinen und Marketingzielen im speziellen bestehen, berücksichtigt werden.

### *a) Prototypische Darstellung einer (Marketing-)Zielhierarchie*

In der Marketingliteratur finden sich zahlreiche, in der Stufung voneinander allerdings etwas abweichende Beispiele für **Marketing-Zielhierarchien** (*Bidlingmaier,* 1973, I, S. 133; *Haedrich/Tomczak,* 1990, S. 89 f.). Sie stellen Versuche dar, Mittel-Zweck-Beziehungen (Mittel-Zweck-Vermutungen, *Meffert,* 2000, S. 74), welche zwischen Marketingzielen bestehen, zu formalisieren und zugleich das Marketing-Zielsystem in das Zielsystem des Unternehmens insgesamt zu integrieren. Ein Modellschema *(Abb. 53),* das am **Zielprogramm** des Unternehmens (= Komplex von allgemeinen Wertvorstellungen (Basic Beliefs), Unternehmenszweck (Mission/Vision) und obersten Unternehmenszielen (Rentabilität/*Unternehmenswert*) anknüpft, versucht das zunächst in allgemeiner Form zu verdeutlichen.

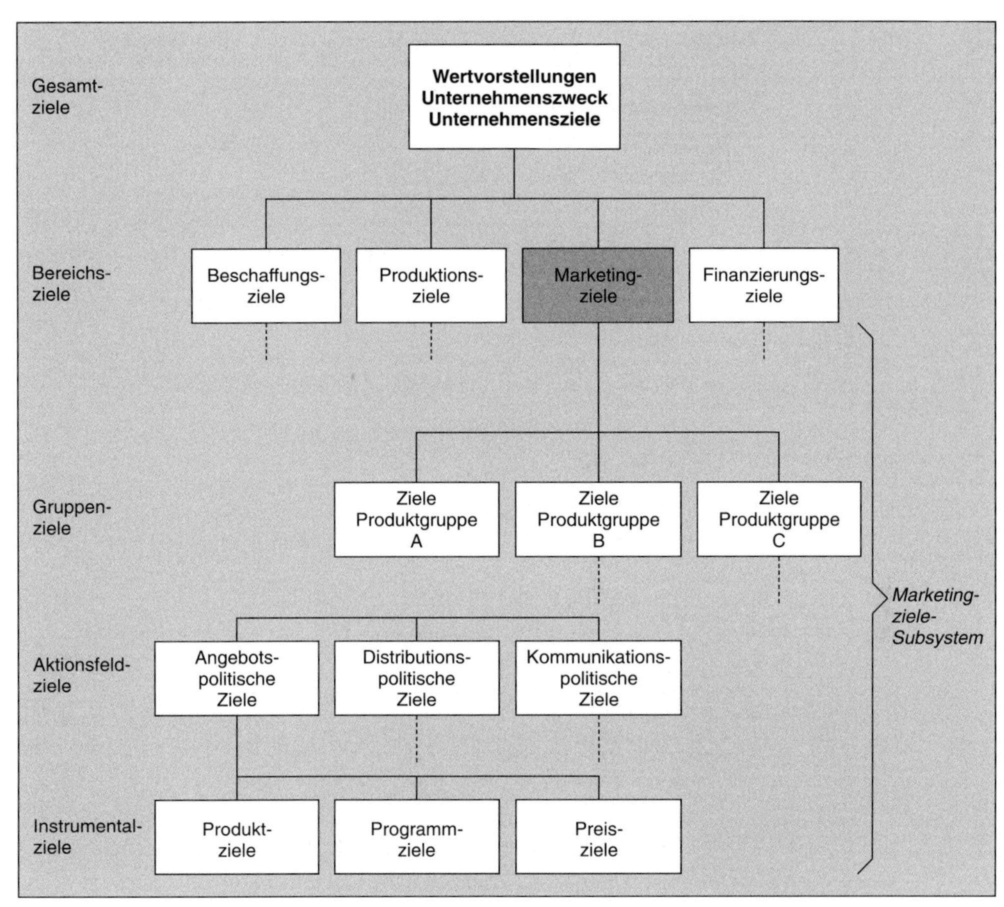


*Abb. 53: Prinzipdarstellung der Zielhierarchie eines Unternehmens (unter besonderer Berücksichtigung des Marketingziele-Subsystems)*

Das Zielprogramm repräsentiert die **Oberziele** des Unternehmens insgesamt; ihm untergeordnet im Sinne einer Mittel-Zweck-Beziehung sind zunächst die Bereichsziele, die den Charakter von Zwischenzielen besitzen. Diese Zwischenziele selbst bedürfen – je nach Art und Umfang des Produktprogramms – der gruppen-spezifischen Aufspaltung im Sinne von Produkt- bzw. Produktgruppen-Zielen. Ihrer Erfüllung wiederum dienen die Aktionsfeld- bzw. Instrumentalziele, die den Charakter von Unter- bzw. Ausführungszielen haben (siehe hierzu *Kupsch,* 1979, S. 91 f.) Es erfolgt insofern sowohl eine horizontale (= Produkte/Produktgruppen) als auch eine vertikale (= Aktionsfelder/Instrumente) **Aufschlüsselung** insgesamt. Während die Oberziele der Unternehmung originäre Ziele darstellen, sind alle anderen Ziele – nämlich Zwischen-, Unter- bzw. Ausführungsziele – derivative, das heißt mit anderen Worten aus den Oberzielen abgeleitete Ziele.

### *b) Rasterung eines (Marketing-)Zielsystems*

Nachdem zunächst die Zielpyramide modellhaft skizziert worden ist, soll das Zielsystem des Unternehmens nunmehr mit einem **integrierten Marketing-Subsystem** beispielhaft konkreti-

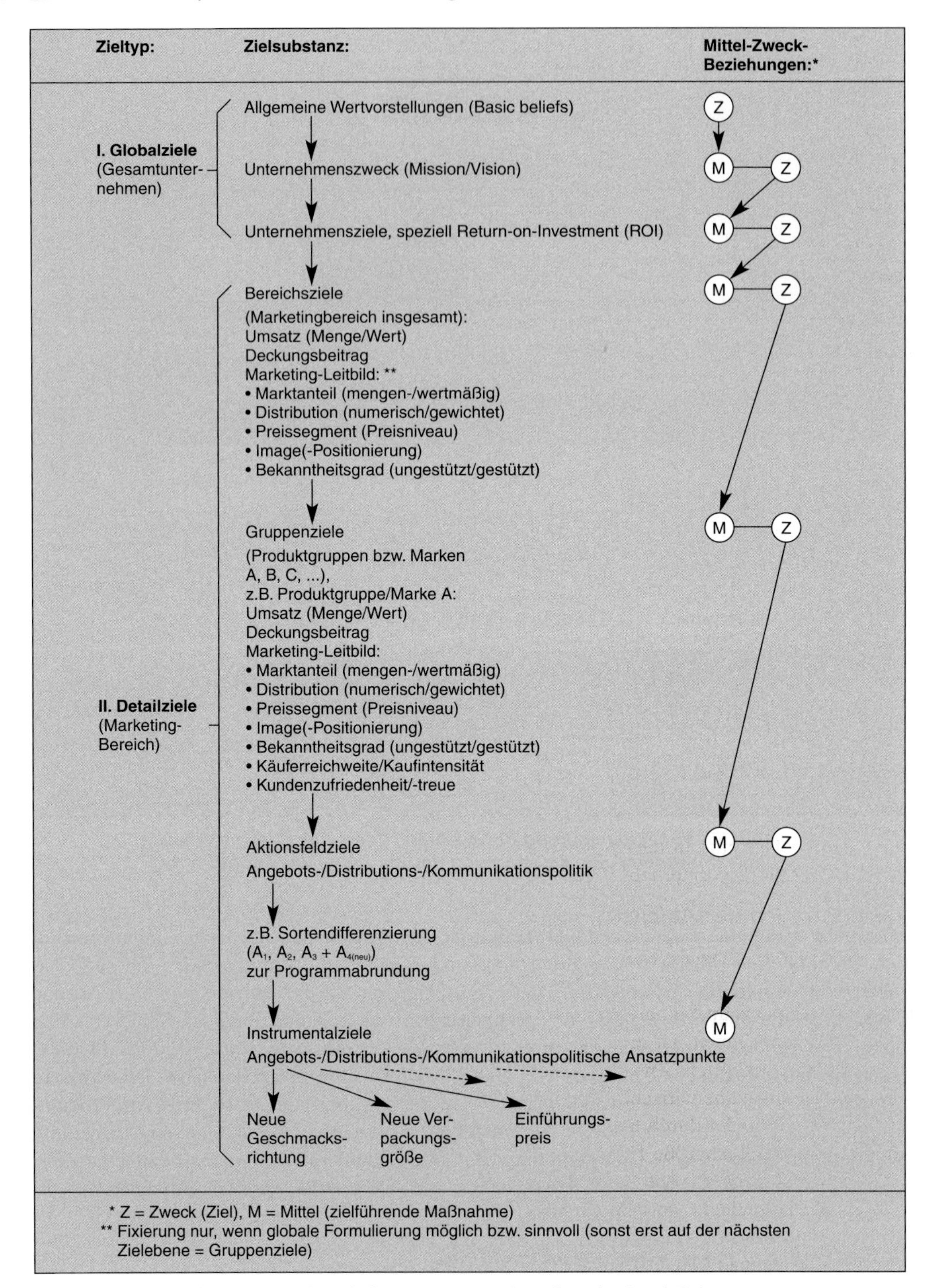


*Abb. 54: Grundsätzliche Rasterung eines (Marketing-)Zielsystems*

siert werden. Hierbei wird an der bereits vorgestellten fünfstufigen Zielpyramide angeknüpft. Als oberstes Gliederungskriterium wird die Unterscheidung von Globalzielen (auf Unternehmensebene) einerseits und Detailzielen (auf Bereichsebene) andererseits gewählt. Speziell die Detailziele werden dabei hinsichtlich ihrer möglichen Zielsubstanzen gekennzeichnet *(Abb. 54)*.

Das aufgezeigte Muster einer Zielhierarchie verdeutlicht, dass man im Rahmen des Zielsystems des Unternehmens – speziell unter Berücksichtigung des Marketing-Zielsystems – verschiedene Ebenen sinnvoll unterscheiden kann. Dieses hierarchische Stufenschema zeigt zugleich die von oben nach unten zunehmende Konkretisierung bzw. Spezifizierung der Ziele, die in einer prinzipiell konsistenten **Mittel-Zweck-Beziehung** untereinander stehen müssen (*Kupsch,* 1979, S. 68 f.). Wie aus dem Beispiel weiter hervorgeht, können ein und dieselben Ziele sowohl Zweck- als auch Mittel-Charakter besitzen. Das heißt, jedes nachgeordnete Ziel stellt zugleich das Mittel für das übergeordnete Ziel dar. Es ist aber selbst wiederum Zweck („Ziel"), welcher aufgrund ihm nachgeordneter Ziele („Mittel") realisiert werden soll (vgl. hierzu die Verknüpfung der Symbole Z und M im dargestellten Modellbeispiel).

Fallbeispiel: Zielpyramide von *Ikea*

Als praktisches Beispiel einer Zielpyramide kann ein **frühes Marketing-Zielsystem** von Ikea aus der „Pionierphase" in Deutschland angeführt werden *(Abb. 55)*. Die Übersicht zeigt, dass es in etwa dem bereits dargestellten Grundmuster einer Zielhierarchie entspricht (zu Zielsystemen von Handelsbetrieben *Müller-Hagedorn,* 2002).

Das Beispiel verdeutlicht zugleich, dass ein Unternehmen, das multinational (siehe hierzu 2. Teil) tätig ist, auch das Zielsystem differenzieren muss (hier lediglich verdeutlicht am Beispiel der BRD) und dass bei differenziertem Programm bzw. mehreren bedienten Teilmärkten (z. B. Küche/Esszimmer, Wohnzimmer usw.) auch entsprechende **Gruppen- oder Zwischenziele** formuliert werden müssen (hier skizziert am Beispiel Wohnzimmer-Sortiment).

Nur wenn Zielsysteme in dieser Weise hinreichend differenziert sind, sind sie als konkrete Steuerungsgrundlage unternehmerischen Handelns geeignet.

### *c) Grundfragen der Ableitung konkreter (Marketing-)Zielsysteme*

Im Gegensatz zu Oberzielen des Unternehmens, denen Rentabilitätsgrößen dominant zugrunde liegen, die im ROI-Konzept (speziell im aufgezeigten DuPont-System) auf ihre Basiskomponenten im Sinne einer streng mathematischen Mittel-Zweck-Beziehung zurückgeführt werden können, ist eine solche eindeutige **„mechanistische" Ableitung** bei Marketingzielen nicht möglich. Zwar lässt sich etwa zwischen Umsatz, Absatzmenge und Absatzpreis ein formal-mathematischer Zusammenhang auf der Basis ökonomischer bzw. monetärer Größen herstellen, der durch Berücksichtigung der Kosten etwa zur Ableitung des Deckungsbeitrages als Ergebnisgröße führt. Derartige Beziehungsstrukturen können jedoch zwischen anderen grundlegenden – speziell nicht-monetären – Hebelfaktoren der Marktgestaltung nicht so eindeutig aufgedeckt werden. So bestehen hier oft lediglich bestimmte plausible **„Mittel-Zweck-Vermutungen"**, auf denen die Zielplanung in der Marketing-Praxis dann basiert wird. Ein Modell-Schema *(Abb. 56)* verdeutlicht das exemplarisch.

Eine eindeutige Identifizierung des Ursache-Wirkungszusammenhangs wird allerdings sowohl durch Isolierungsprobleme der Wirkkomponenten als auch durch unterschiedliche

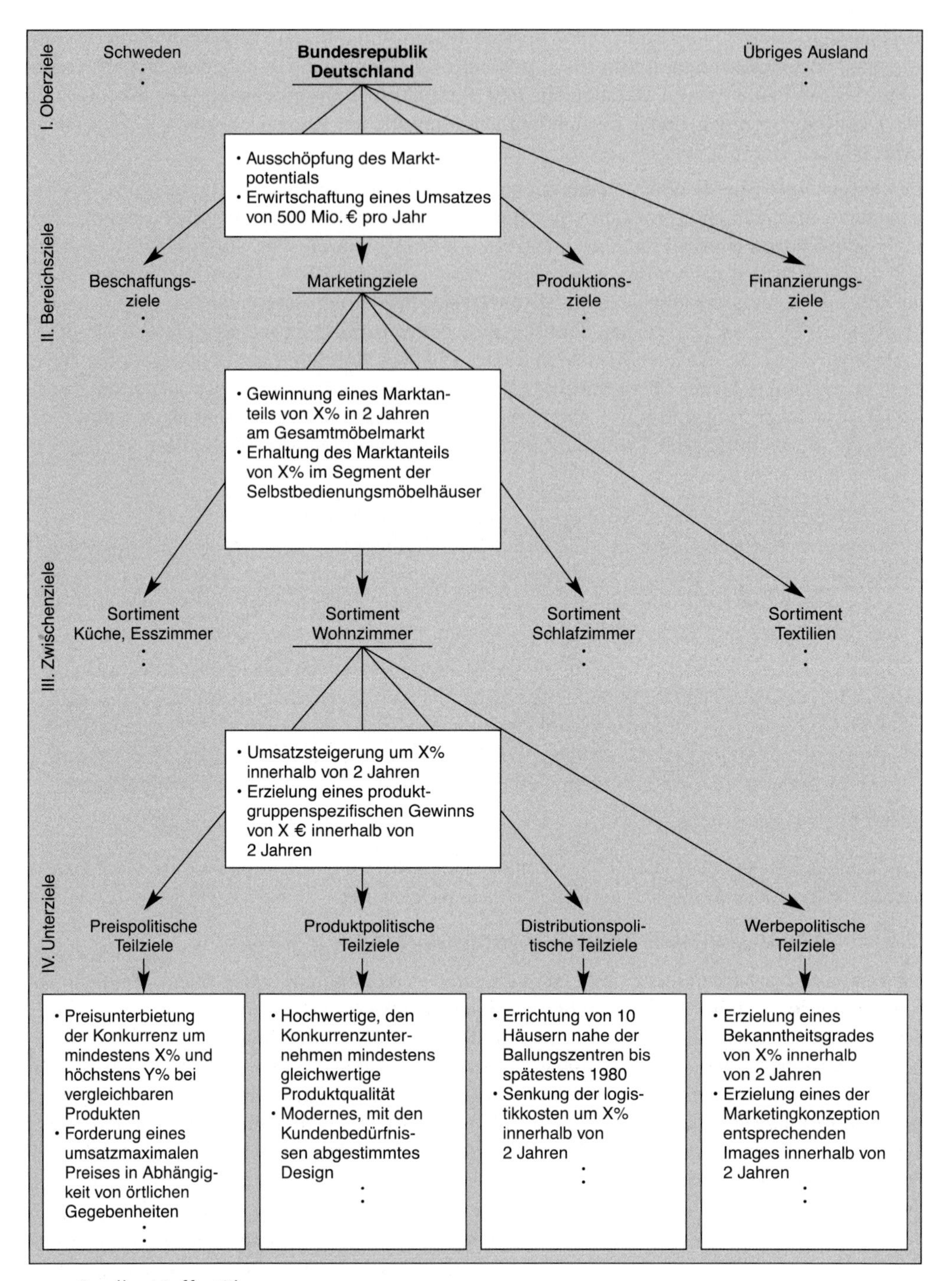


*Quelle: Meffert/Ikea*

*Abb. 55: (Marketing-)Zielsystem von Ikea Beispielphase*

Messkriterien (U = ökonomisch-monetäre Größe, MA und D = ökonomische, nicht-monetäre Größe, B und I = außer- bzw. vor-ökonomische, psychologische Größen) erschwert. Insofern ist auch **kein Austausch** von Zwischen- bzw. Unterzielen im Sinne einer partiellen Substitution möglich, wie das etwa für die Beziehungen zwischen den einzelnen Komponenten im bereits dargestellten **ROI-Konzept** gilt.

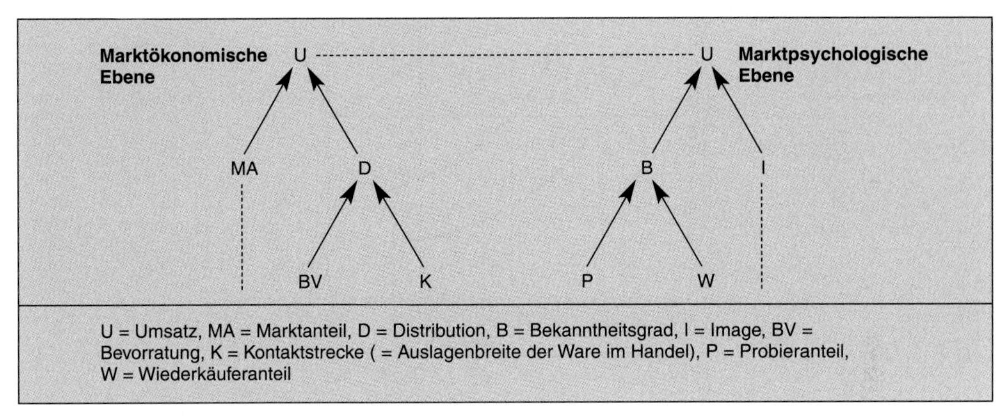


*Abb. 56: Typische „Zweck-Mittel-Vermutungen" zwischen grundlegenden Marketingzielen*

Exkurs: Zielkomponenten-Zusammenhang beim ROI-Konzept

Das ROI-Konzept, das die Kapitalrentabilität auf die Komponenten („Schlüsselgrößen") Umsatzrentabilität und Kapitalumschlag in einem strengen mathematischen Zusammenhang zurückführt, eröffnet zugleich **Substitutionsmöglichkeiten** zwischen beiden Zielkomponenten, die sich wie folgt *(Abb. 57)* darstellen (vgl. hierzu auch 4. Teil „Marketing-Management", Abschnitt Strategisches Controlling).

Die **Linien gleicher Rentabilität** (sog. Iso-Rentabilitätskurven) stellen geometrische Orte aller Punkte dar, für die das Produkt aus Umsatzrentabilität und Kapitalumschlag konstant ist (*Hahn,* 1996, S. 144). Aus dem Diagramm *(Abb. 57)* kann beispielsweise abgelesen werden, dass eine Kapitalrentabilität von 20% sowohl mit einer Umsatzrentabilität von 20 % und einem Kapitalumschlag von 1 als auch mit einer Umsatzrentabilität von 10 % und einem Kapitalumschlag von 2 realisiert werden kann.

Derartige Beziehungs- bzw. Substitutionsstrukturen, wie sie für das ROI-Konzept gelten, sind für die meisten Mittel-Zweck-Relationen innerhalb der Marketingzielhierarchie in dieser eindeutigen Form nicht gegeben. Die **Operationalisierungsmöglichkeiten** von gesamten Marketing-Zielsystemen ist daher von vornherein eingeschränkt. Gleichwohl sind markt- und zielorientierte Unternehmen auf die Ableitung von hierarchischen Marketing-Zielsystemen angewiesen, auch wenn sie teilweise nur auf Mittel-Zweck-Hypothesen aufgrund von Erfahrungswerten bzw. Analysedaten der Marktforschung beruhen können (z. B. auf Daten der Panel-Forschung, vgl. hierzu die weiter vorn wiedergegebenen Beziehungen zwischen Distribution und Marktanteil, *Abb. 39*).

Marketingziele bzw. ihre Realisierungsgrade – das muss beachtet werden – sind nicht das Ergebnis mechanistischer Zusammenhänge bzw. Vorgänge, sondern stets **Resultat von Verhaltensweisen** der Käufer. Insoweit kann die marktdatengestützte Modellierung von käuferorientierten Verhaltensgerüsten durchaus wichtige Beziehungen zwischen kaufrelevanten Faktoren und Zielgrößen wie Absatz, Umsatz bzw. mengen-/wertmäßigen Marktanteil einer Marke transparent machen und somit für **Marketingziel-Planungen** genutzt werden. Ein

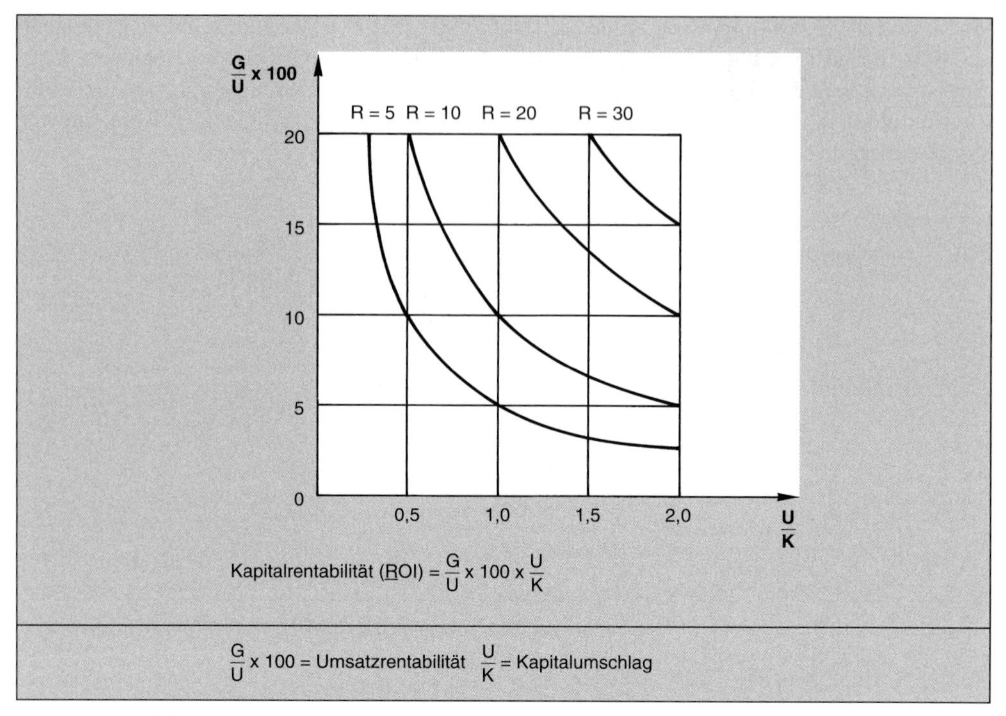


*Abb. 57: Relationen zwischen Umsatzrentabilität und Kapitalumschlag (auf der Basis ausgewählter ROI-Niveaus)*

System kaufverhaltensbezogener Erfolgsindikatoren für eine Marke verdeutlicht eine Übersicht *(Abb. 58)*.

Die Darstellung unterscheidet verschiedene Ebenen des Kaufverhaltens und den jeweiligen **Einfluss auf die Zielerfüllung** (u. a. marken- und produktartspezifisches Konsumentenverhalten).

Was die einzelnen Ziele in einer Zielhierarchie eines Unternehmens angeht, so sind sie einerseits dadurch gekennzeichnet, dass sie „von oben nach unten immer konkreter und spezifischer werden" . . . „und immer kurzfristiger sind." (*Magyar,* 1969, S. 70, vgl. in diesem Zusammenhang auch den Relevanz-Ansatz, *Berthel,* 1973, S. 118 ff.). Das Problem besteht andererseits darin, dass sich die Detailziele um so weniger auf die obersten (Gewinn-)Ziele der Unternehmen zurückführen lassen, je weiter sie von ihnen entfernt sind (*Schäfer,* 1974, S. 336). Das gilt insbesondere für die letzte Ebene der Instrumentalziele, die nur über ein konsistentes System von Zwischenzielen, etwa in Form **konkreter Marketing-Leitbilder,** in die Oberzielsetzung sinnvoll einzuordnen sind. Was die Instrumentalziele betrifft, so gehen auf dieser Ebene bereits Zielentscheidungen und Mittelentscheidungen stark ineinander über. Instrumentalziele sind insoweit die konkreteste Form von Zielen überhaupt. Damit werden zugleich grundlegende Beziehungen zwischen Marketingzielen einerseits und Marketinginstrumenteneinsatz (vgl. 3. Teil „Marketingmix") andererseits deutlich (= **konzeptionelle Ketten**, die entsprechender Abstimmung mit der Strategieebene (2. Teil „Marketingstrategien") bedürfen).

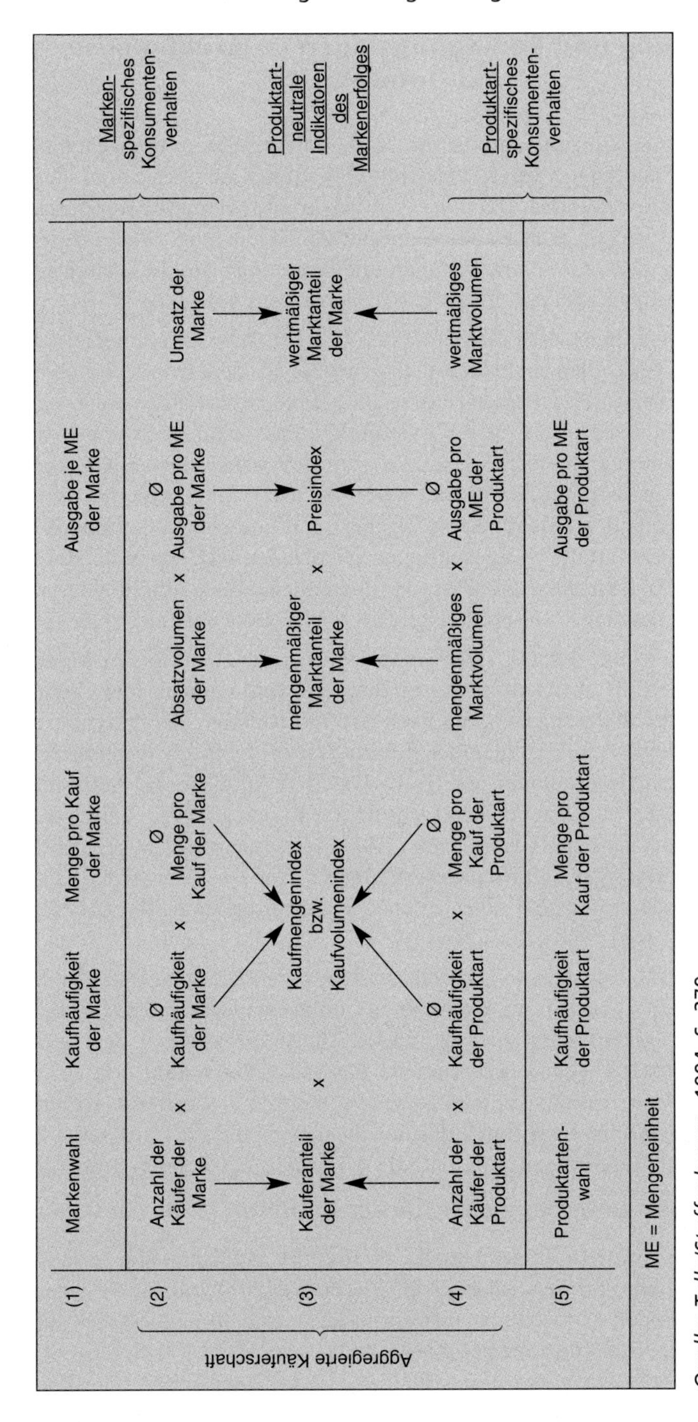


*Quelle: Tolle/Steffenhagen, 1994, S. 379*

*Abb. 58: Zusammenhänge zwischen Kauffaktoren und Marketingzielgrößen*

## 4. Zielbildung und Bedingungslagen unternehmensexterner und -interner Art

**Rationale Unternehmensführung** und die ihr zugrundeliegenden strategischen und operativen Verhaltensweisen (Handlungen) sind – das soll noch einmal betont werden – untrennbar mit dem **Setzen von Zielen** verbunden. Dabei ist eine bestimmte „Henne-Ei-Problematik“ nicht zu übersehen: einerseits dienen jene Handlungen der Zielerreichung, andererseits sind zu setzende Ziele in hohem Maße von strategischen und operativen Möglichkeiten (d. h. also strategischen Potenzialen wie operativen Reserveinstrumenten) abhängig.

Jedenfalls ist die Vorstellung, dass die denkbaren bzw. erstrebenswerten Ziele des Unternehmens quasi in einem generellen Zielbaukasten vorliegen, aus dem man lediglich bestimmte unternehmensadäquate bzw. unternehmensverträgliche Ziele auszuwählen habe, zumindest stark simplifizierend, wenn nicht falsch. Es zählt vielmehr – das zeigen auch immer wieder empirische Einsichten in unternehmerisches Handeln – zu den **schwierigsten Aufgaben** überhaupt, festzustellen, was man „eigentlich will und was man alles wollen könnte“ (*Szyperski,* 1971, S. 647). Diese Problematik ist nicht zuletzt Ergebnis der Tatsache, dass vielfach das, was man will, bereits durch „Erfahrung“ festgeschrieben ist oder einfach nur unterstellt wird, bevor überhaupt detailliert untersucht worden ist, was man alles wollen könnte oder sollte (*Grimm,* 1983, S. 246; zur Bedeutung von Führungsgrößen *Große-Oetringhaus,* 1996, S. 35 ff.).

Das, was man alles wollen könnte (oder sollte), hängt dabei in hohem Maße sowohl von unternehmensexternen als auch unternehmensinternen Bedingungen bzw. Potenzialfaktoren und ihrer künftigen Veränderungsneigung nach Art und Richtung ab. Ausgangspunkte realistischer, potenzialorientierter Unternehmensführung sind demnach differenzierte und vollständige **Umwelt- und Unternehmensanalysen** (External Analysis and Self-Analysis, *Aaker,* 1989, S. 53 ff. bzw. 135 ff., vgl. auch *Hentze/Brose/Kammel,* 1993, S. 223 ff.; *Pfau,* 2001, S. 17 ff.). Das soll anhand einer Grafik *(Abb. 59)* näher verdeutlicht werden (hinsichtlich der konkreten Ausgestaltung der Informationsgrundlagen für eine Marketing-Konzeption wird auch auf das *beispielhafte Design* einer solchen Konzeption im 5. Teil „Handlungssystem“ verwiesen).

Weite, d. h. umfassend-ausgreifende Umwelt- und Unternehmensanalysen und ihre Daten und Informationen werden zunächst auf Beziehungen untereinander untersucht, dann verdichtet und schließlich so verzahnt, dass am Ende dieses Analyseprozesses – ggf. nach verschiedenen Rückkopplungsstufen – der konzeptionelle **Kristallisationspunkt** erreicht wird. An diesem Punkt höchster Informationsverdichtung wird gleichsam das umwelt- und unternehmensadäquate Oberzielprogramm „geboren“, das den Ausgangspunkt der gesamten Zielhierarchie bildet und schließlich die Strategiewahl und die Mixfixierung (vor-)programmiert.

### *a) Schlüsselfaktoren unternehmensexterner Analysen (External Analysis)*

Was die Analyse des externen Feldes betrifft, so sind div. **Analyseraster** vorgeschlagen worden, die durchweg nicht voll befriedigen, weil sie entweder unvollständig sind oder Mängel der Konsistenz und/oder Abgrenzung aufweisen (u. a. *Buchinger,* 1983; *Kreilkamp,* 1987; *Steinmann/Schreyögg,* 2000; *Macharzina/Wolf,* 2008 sowie *Luck/Ferrell/Lucas,* 1989; *Aaker,* 1989; *Thompson,* 1993; *Wilson/Gilligan,* 1997; *Partridge/Sinclair-Hunt,* 2005).

Am ehesten wird das Systematisierungs- und damit auch das Analyseproblem selbst gelöst, wenn man zunächst zwei **grundlegende Ebenen** von Umfeld- bzw. Umweltfaktoren (Schlüsselfaktoren) unterscheidet (*Becker,* 1984, S. 15 f.), die hier nur grob skizziert werden sollen:

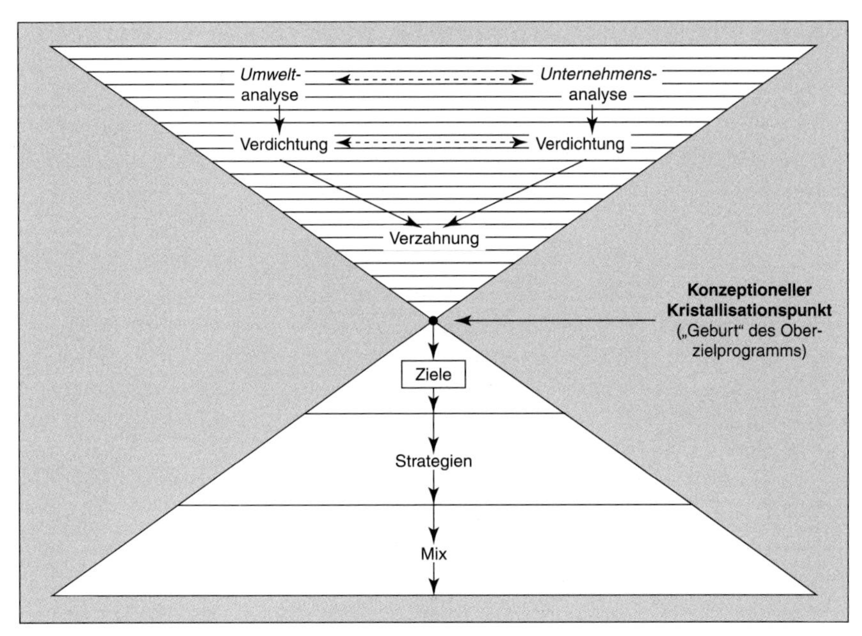


*Abb. 59: Beziehungen zwischen Umwelt- und Unternehmensanalysen und Marketing- bzw. Unternehmens-Konzeption*

**(1) Makro-Umweltanalyse:**

- **Ressourcen** (u. a. Rohstoffverfügbarkeit, neue Werkstoffe, Preissituation/-entwicklung, Lieferantenstruktur und -verhalten),
- **Technologien** (u. a. Produkt-/Prozessinnovationen, Hardware-/Software-Situation und -Entwicklung, Querschnitt-Technologien, Innovations- und Innovationsverfallzeiten),
- **Sozio-Ökonomik** (u. a. ökonomische/politische/gesellschaftliche/ökologische Rahmenbedingungen und Entwicklungen, Konjunkturschwankungen (Häufigkeit/Intensität), Wirtschaftswachstum).

**(2) Mikro-Umweltanalyse:**

- **Verbraucher** (u. a. Verbrauchertrends, Zielgruppen, Preis-Qualitäts-Bewusstsein, Kundenprobleme/-bedürfnisse, Einstellungen und Verhaltensweisen),
- **Handel** (u. a. Struktur und Entwicklung, neue Betriebsformen, Eigenmarken-Konzepte, Einkaufsverhalten, Kooperationsbereitschaft),
- **Konkurrenten** (u. a. Zahl und Größe der Konkurrenten, Wettbewerbsstruktur/-stile, Forschungs-/Kapazitäts-/Kosten-/Ertragssituation bzw. -potenziale).

Die Makro-Umwelt definiert marketing-*un*spezifische Bedingungslagen, die gleichwohl für die Zielkonkretisierung des Unternehmens sowohl Chancen eröffnen als auch Restriktionen determinieren können. Grundlegende marketing-spezifische Bedingungslagen sind dagegen Ergebnis von Strukturen und Entwicklungen in der Mikro-Umwelt.

Verbraucher-, Handels- und Wettbewerbsebene bilden das **fundamentale Dreieck** für die spezifische Grund-Orientierung der marketing-konzeptionellen Aufgabe im Generellen wie der Zielbildung im Besonderen.

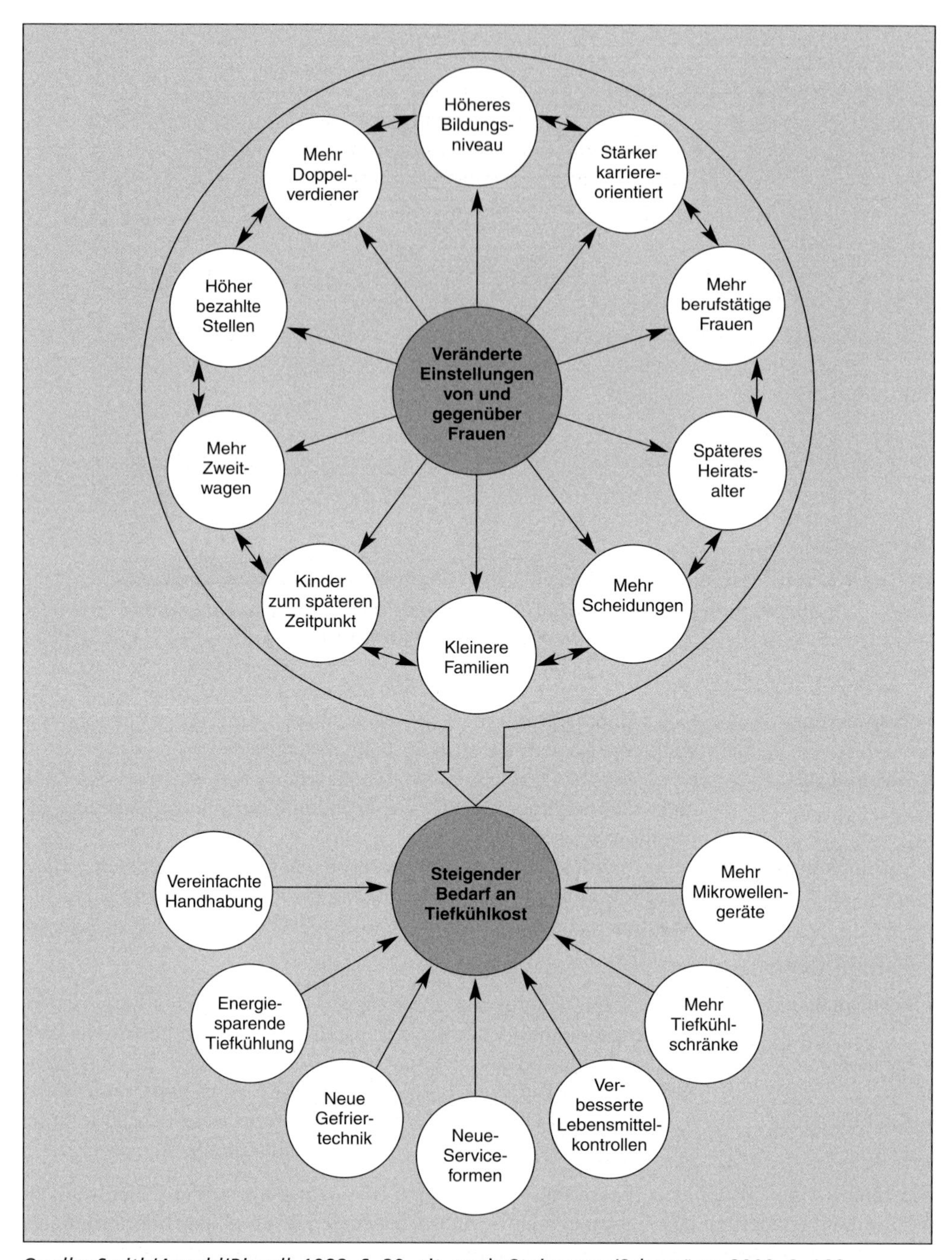


*Quelle: Smith/Arnold/Bizzell,* 1988, S. 29, zit. nach *Steinmann/Schreyögg,* 2000, S. 166

*Abb. 60: Einfluss sozio-ökonomischer und sozio-kultureller Entwicklungen auf die Nachfrage von Tiefkühlkost*

Zentraler Anknüpfungspunkt aller ziel-strategischen Überlegungen bzw. Ableitungen ist dabei die **Verbraucherebene.** Dieser Hauptansatzpunkt entspricht der generellen marktorientierten Führungsphilosophie der Unternehmen, die durch den grundlegenden Wandel der Märkte (von Verkäufer- zu Käufermärkten) erzwungen wurde. Markt- und Kundenorientierung heißt in diesem Sinne, die **Bedürfnisse und Erwartungen** der Abnehmer bzw. Kunden in den Mittelpunkt des Marketing- und Unternehmenskonzepts zu stellen.

Wie stark andererseits die Markt- bzw. Abnehmerkonstellationen (Mikro-Umwelt) auch von **Faktoren der Makro-Umwelt** (z. B. der Sozio-Ökonomik) beeinflusst werden, zeigt z. B. der Einfluss sozio-ökonomischer und -kultureller Faktoren auf die Nachfrage(-potenziale) von Tiefkühlkost *(Abb. 60).*

Dieses Beispiel verdeutlicht, wie entscheidend die **Verknüpfung** makro- und mikro-analytischer Umweltanalysen für das Verständnis und die Einschätzung von Märkten und damit für die Ableitung schlüssiger ziel-strategischer Handlungsmuster sein können.

Darüber hinaus muss für die Ableitung realistischer Zielsetzungen des Unternehmens an den jeweils markt- oder branchenspezifischen **Wettbewerbsbedingungen** angeknüpft werden. Nach dem von *Porter* entwickelten Konzept der Branchenstrukturanalyse (*Porter,* 1995, S. 25 ff.) hängt die Oberzielerfüllung (speziell die Rentabilität) jeweils von **fünf Wettbewerbskräften** im relevanten Markt ab (Five-Forces-Modell, *Abb. 61*).

Die Verhandlungsmacht der Abnehmer beeinflusst ganz zentral die **Oberzielsetzung** bzw. ihre Realisierung. Je stärker Abnehmer Preise (und Qualitäten) der Produkte bestimmen, desto stärker nehmen sie Einfluss auf die Gewinn- bzw. Rentabilitätsmöglichkeiten des einzelnen Unternehmens bzw. der ganzen Branche. Analog zu den Kunden können auch Lieferanten eine starke, die Preise und Konditionen bestimmende Position einnehmen und somit über höhere Kosten die Profitabilität negativ beeinflussen. In nicht wenigen Branchen üben inzwischen die (Groß-)Abnehmer Druck auf die Lieferanten aus, um durch günstige Einkaufsbedingungen ihre Oberziele in umkämpften Käufermärkten zu realisieren. Die Bedrohung durch neue Konkurrenten resultiert in der Regel aus neuen Kapazitäten (d. h. preisverfall-fördernden Zusatzmengen) und/oder neuen **Spielregeln im Wettbewerb** (z. B. Zusatzleistungen), was häufig zu sinkenden Renditen führt. Die Bedrohung durch Ersatzprodukte (-dienste) ist dann gegeben, wenn neue Produkte aus anderen Branchen bisherige branchenspezifische Produkte nennenswert substituieren können (Absatz- und Ertragsverluste). Der **Grad der Rivalität** unter den bestehenden Branchen-Unternehmen hängt von der Wettbewerbsintensität und vom Wettbewerbsstil ab (beeinflusst durch Marktgröße, Marktwachstum bzw. Marktstagnation). Entscheidend ist, mit welchen Instrumenten der Wettbewerb ausgetragen wird: Preis *oder* Qualität. Bei Preiswettbewerb geraten bis auf den Kostenführer alle Unternehmen in eine schwierige Situation, welche die Rentabilitätsaussichten negativ beeinträchtigt. Bei Qualitätswettbewerb oder Wettbewerb, der vorrangig über nicht-preisliche Marketinginstrumente ausgetragen wird, sind die Rentabilitätsaussichten im allgemeinen (deutlich) günstiger (vgl. hierzu auch den 2. Teil „Marketingstrategien").

Solche Branchenstrukturanalysen erlauben somit die Einschätzung der Branchenentwicklung einschließlich des **Gewinnpotenzials.** Wenn Marketingziele (z. B. grundlegende Marktpositionsziele) – wie einleitend in diesem Teil begründet – prinzipiell aus den Oberzielen des Unternehmens abgeleitet werden müssen, so wird deutlich, welchen Stellenwert derartige Markt- bzw. Branchenanalysen für eine **realistische Zielplanung** insgesamt haben.

Im System von *Porter* werden die Faktoren der Makro-Umwelt (Ressourcen, Technologie, politisch-gesellschaftliche Faktoren) *nicht* als **eigenständige Wettbewerbskräfte** angesehen, son-

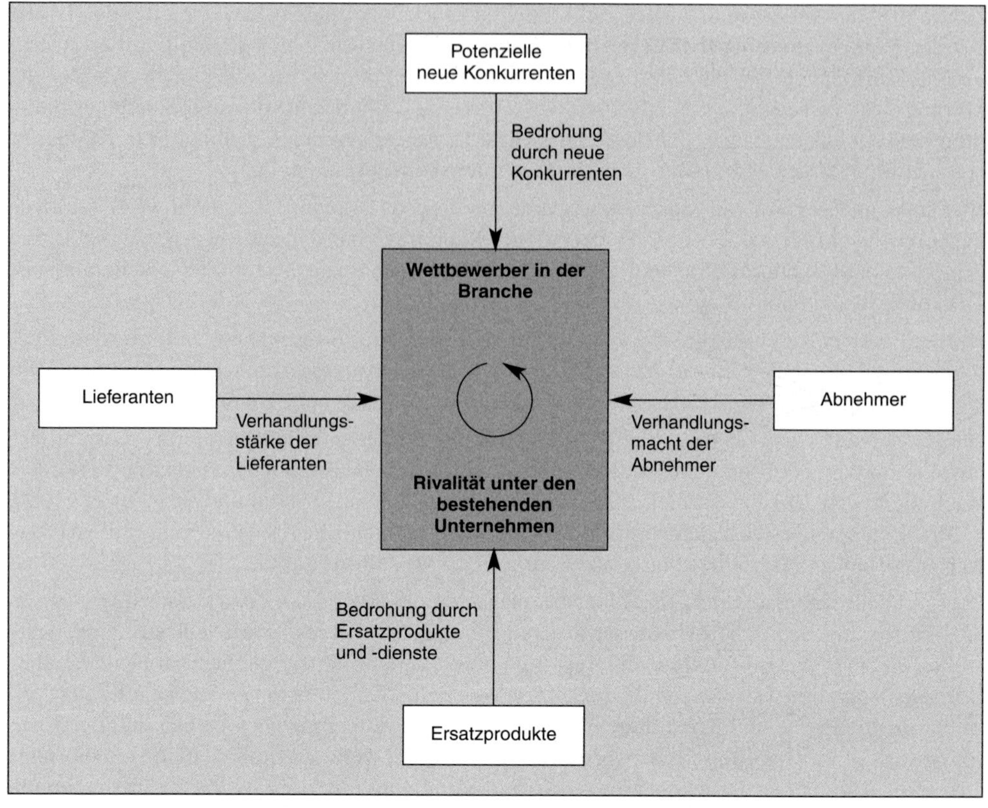


*Quelle: Porter,* 1995, S. 26

*Abb. 61: Triebkräfte des Branchenwettbewerbs*

dern in die mikro-umwelt-orientierte Analyse der Wettbewerbskräfte einbezogen (*Porter,* 1995). Insgesamt sind die dem Analyse-System zugrundeliegenden Systemelemente (-bereiche) als dynamisch anzusehen, d.h. die jeweiligen Kräftefelder der Kunden, Lieferanten usw. unterliegen Bewegungen (Kräften), welche die Branchenkonfigurationen immer wieder verändern. Sie führen meistens zu neuen **Markteintritts-** wie auch **Marktaustrittsbarrieren**, die es je nach Zielrichtung bzw. Ausgangslage des Unternehmens zu überwinden bzw. auszuhebeln gilt.

Bei den angesprochenen Analysen geht es – insbesondere im Hinblick auf mittel- bis langfristige Zielplanungen – deshalb nicht nur um die differenzierte Erfassung der Ist-Situation, sondern auch um die Abschätzung künftiger Entwicklungen (einschließlich des brancheninternen Wettbewerbs bzw. der Struktur strategischer Gruppen, *Porter,* 1995, S. 177 ff.).

Für eine **mittel- und langfristige Fundierung** des konzeptionellen Handelns, und zwar speziell für die ziel-strategischen Basisfestlegungen, müssen ggf. die Umweltbedingungen in noch komplexerer Form erfasst bzw. beschrieben und analysiert werden. Hierfür kann die **sog. Szenario-Technik** eingesetzt werden. Diese von dem Zukunftsforscher *Kahn* initiierte und entwickelte Methode kann als eine Art Drehbucharbeit aufgefasst werden, bei der eine zukünftige Wirklichkeit differenziert beschrieben wird. „Dabei beinhalten die Szenario-Aufzeichnungen mehrere denkbare Zukunftsentwicklungen" (*Gisholt,* 1976, S. 119; vgl. auch *Götze,* 1991, S. 57 ff.).

Exkurs: Szenario-Technik

Der Szenario-Technik (*Geschka/Reibnitz,* 1983; *Reibnitz,* 1987 bzw. 1991) liegt dabei ein bestimmtes **Denkmodell** zugrunde, das wie folgt charakterisiert werden kann *(Abb. 62).*

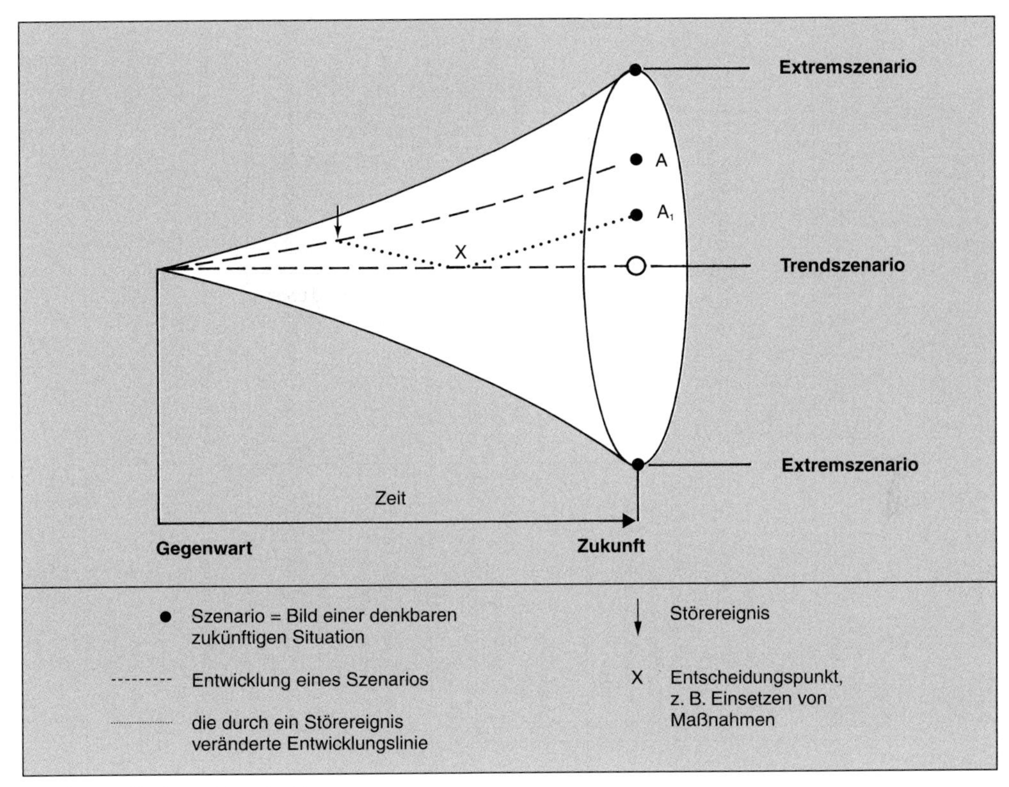


*Quelle: Reibnitz,* 1991, S. 30

*Abb. 62: Denkmodell zur Darstellung von Szenarien*

Zur Ableitung bzw. Entwicklung alternativer Zukunftsbilder müssen – im Idealfalle – acht **systematische Schritte** vollzogen werden (*Geschka/Reibnitz,* 1983, S. 130):

1. Schritt: Strukturierung und Definition des Untersuchungsfeldes (Untersuchungsfeldanalyse)
2. Schritt: Identifizierung und Strukturierung der wichtigsten Einflussbereiche auf das Untersuchungsfeld (Umfeldanalyse)
3. Schritt: Ermittlung von Entwicklungstendenzen und kritischen Deskriptoren der Umfelder (Trendprojektionen)
4. Schritt: Bildung und Auswahl alternativer, konsistenter Annahmenbündel (Annahmenbündelung)
5. Schritt: Interpretation der ausgewählten Umfeldszenarien (Szenario-Interpretation)
6. Schritt: Einführung und Auswirkungsanalyse signifikanter Störereignisse (Störfallanalyse)
7. Schritt: Ausarbeiten der Szenarien bzw. Ableiten von Konsequenzen für das Untersuchungsfeld (Auswirkungsanalyse)
8. Schritt: Konzipieren von adäquaten Maßnahmen und Planungen (Ziel- und Maßnahmenplanung)

Nur auf eine solche systematische Weise kann es gelingen, **verschiedene Zukunftsbilder** zu entwerfen, die aufgrund der Eintrittsspannweite der Einflussfaktoren möglich sind (Bandbreite der „möglichen Zukünfte", zur Anwendung der Szenario-Technik *Gausemeier/Fink,* 1999, S. 73 ff.).

| Zeiträume / Einflussfaktoren | Letztes Jahrzehnt | Mittelfr. Entwicklung 1979–1984 | Alternativ-Szenarien 1985–1990–1995–2000 | |
|---|---|---|---|---|
| | | | I. Evolution | II. Disharmonien |
| *Bevölkerungsentwicklungen* | | | | |
| • Konsumenten | zunehmend | abnehmend | abnehmend | abnehmend |
| • Erwerbspersonen | zunehmend | zunehmend | abnehmend | abnehmend |
| • Arbeitslose | zunehmend | zunehmend | abnehmend | nicht abnehmend |
| *Umweltentwicklung* | | | | |
| • Rohstoff-Angebot | reichlich | reichlich | Verknappung | ausreichend |
| • Umwelteinflüsse | Umweltverschmutzung | Umweltbewusstsein | Umweltbeeinflussung | Umweltbeobachtung |
| • Städtebau | Bauboom | Eigenheimbau, Zersiedelung | Belebung der Städte (Ausbau, Neubau) | Erhaltung |
| • Technologie | Computer | Mikroprozessoren, Recycling, Telekommunikation | zusätzliche Innovationen | Moratorium |
| • Industrie | Exportwirtschaft | Importkonkurrenz, Spitzentechnologie | Spitzentechnologie, Dienstleistungen | staatliche Interventionen |
| *Internat. Beziehungen* | | | | |
| • EG | Erweiterung, Protektionismus | Erweiterung | Integration | Föderalismus |
| • OPEC/Rohstoffkartelle | Konsolidierung, Preispolitik | Preissteigerungen | ausgewogene Preissteigerungen | Konfrontation |
| • Ost-West | Entspannung, Tauschgeschäfte | China-Handel | Handel | Spannungen |
| • Nord-Süd | Differenzierung, Technologietransfer | Preissteigerungen, Rohstoffabkommen | Arbeitsteilung | Protektionismus |
| *Politische Entwicklung* | | | | |
| • Sozialpolitik | Bildung | Vermind. Arbeitslosigkeit, Verbess. Grundversorgung | Humanisierung der Arbeit | Verkürzung der Arbeitszeit |
| • Verteilungspolitik | Vermögensbildung | Steuerreform | Steuerreform | Transfers |
| • Wirtschaftspolitik | soziale Marktwirtschaft | Reaktiv. d. Marktwirtschaft | Strukturhilfen | Investitionslenkung |
| • Energiepolitik | Importabhängigkeit | Kohle-Option, rat. Energieeinsatz | Umstrukturierung, rat. Energieeinsatz | Energieeinsparung |
| *Gesellschaftl. Entwicklung* | | | | |
| • Traditionen | abnehmend | verharrend, Minoritäten | abnehmend | zunehmend |
| • Beeinflussung/Motivation | Prestige | Mitbestimmung, Abkehr v. Prestige | Mitverantwortung | Selbstverwaltung, Individualismus |
| • Freizeit | Urlaubsgestaltung | Urlaubsverlängerung, Arbeitszeitverkürzung | flexible Jahresarbeitszeit | Teilzeitarbeit |

*Quelle: Stümke*, 1981, S. 339

*Abb. 63: Basisannahmen und Beschreibung der Szenarien „Evolution" und „Disharmonien" (Modellbeispiel)*

Das Szenario-Writing – wie es auch bezeichnet wird – hat insbesondere Eingang bei Großfirmen gefunden, die systematisch Zukunftsforschung betreiben (u. a. Unternehmen der Mineralölwirtschaft). Angesichts zunehmender Unsicherheiten durch „Diskontinuitäten" (*Ansoff,* 1976) in der politischen, sozialen und gesamtwirtschaftlichen Entwicklung müssen ziel-strategische Planungen ein Überleben in allen Situationen sicherzustellen suchen. Szenarien können insoweit als **alternativ vorstellbare Zukunftszustände** aufgefasst werden. Um die Denk- und Entscheidungskapazität des Managements nicht zu überfordern, hat es sich bewährt, sich dabei auf lediglich zwei bis drei Szenarien zu konzentrieren (*Stümke,* 1981, S. 338). Das aufgeführte Modellbeispiel *(Abb. 63)* arbeitet mit den beiden Szenarien „Evolution" und „Disharmonien", die durch eine detaillierte Variablenstruktur gekennzeichnet sind (*Stümke,* 1981, S. 339, zur Anwendung bei der Strategieplanung s. a. *Macharzina/Wolf,* 2008, S. 839).

Bei der Entwicklung derartiger Szenarien ist es notwendig, die unternehmensinternen Kenntnisse über Markt bzw. Branche mit unternehmensexternem Wissen über erwartete weltweite Konstellationen zu ergänzen.

### *b) Schlüsselfaktoren unternehmensinterner Analysen (Internal Analysis)*

Neben der Umwelt-Orientierung kommt es vor allem auch auf die **Unternehmens-Orientierung** bei der Zielbildung an, d. h. Ziele – und gerade Oberziele – müssen an der gegebenen Bedingungslage des Unternehmens selbst und ihrem (positiven) Veränderungspotenzial ausgerichtet werden. Während die Umweltanalyse angibt, was das Unternehmen tun könnte, ist es Zweck der Unternehmensanalyse, abzuleiten, was das Unternehmen tatsächlich tun kann.

Auch bei der **Unternehmensanalyse** fehlt bisher – ähnlich wie bei der Umweltanalyse – ein geschlossener Ansatz für die Vorgehensweise (vgl. die verschiedenen Ansätze u. a. bei *Hofer/Schendel,* 1978; *Kreilkamp,* 1987; *Aaker,* 1989; *Thompson,* 1993; *Wilson/Gilligan,* 1997; *Steinmann/Schreyögg,* 2000; *Macharzina/Wolf,* 2015). Ist es Aufgabe der Umweltanalyse, primär die Chancen und Risiken von Märkten und ihrem Umfeld aufzudecken, so ist es Sinn der Unternehmensanalyse, zunächst an den **eigenen Stärken und Schwächen** anzuknüpfen. Dabei ist klar, dass diese Stärken-/Schwächen-Analyse vor dem Hintergrund detaillierter Einsichten und Ergebnisse der Umweltanalyse (Makro- und Mikro-Umwelt) erfolgen muss, um auf diese Weise **Schlüsselfaktoren** des Unternehmens zu erkennen, mit denen Chancen konsequent genutzt und Risiken gezielt begrenzt werden können.

Eine wesentliche Dimension der Unternehmensanalyse bezieht sich darüber hinaus auf die **Ressourcen** des Unternehmens. Die Ressourcen des Unternehmens müssen dabei in einem weiteren Sinne gesehen und geprüft werden: sachliche Mittel (z. B. Kapazitäten, technischer Standard), finanzielle Mittel (verfügbare bzw. beschaffbare Finanzmittel, Vorhandensein bzw. Höhe einer „Kriegskasse") und personale Mittel (speziell Management oder auch besonderer Facharbeiterstamm, generell vorhandenes Fertigungs- und/oder Markt-Know how).

Eine weitere wesentliche Dimension betrifft schließlich die **Position** des Unternehmens im Vergleich zu dem bzw. den stärksten Konkurrenten, und zwar nicht nur im unmittelbaren Markt, sondern auch in Märkten mit substitutiven Produkten (Leistungen). Diese Position ist von wichtigen Faktoren wie Marktanteil/Marktmacht, der Stückkosten-/Marktpreis-Relation, den Produkt-/Innovationsvorteilen und schließlich der Stellung im Produkt- und Unternehmenszyklus abhängig.

Eine umfassende und differenzierte **Unternehmensanalyse** umfasst so gesehen mindestens folgende drei Untersuchungsebenen:

**(1) Positions-Analyse:**

- **Gesamt- und Teilmärkte** (Marktanteile nach Menge/Wert, Markt-/Absatzprofile),
- **Produkt-/Leistungsvorteile** (USP, Produkt-/Serviceinnovationen, Marken),

- **Produkt-Mix** (Umsatz-, Rentabilitäts-, Altersprofile),
- **Stückkosten-Marktpreis-Relationen** (sowie Wertschöpfungsprofil).

(2) **Potenzial-Analyse:**

- **Forschung und Entwicklung** (u. a. Know how, Patente, Entwicklungsstand),
- **Marketing** (u. a. Konzepte, Standards, Markenportfolio),
- **Fertigung** (u. a. Technologie, Kapazität, Produktivität),
- **Beschaffung** (u. a. Systeme, Lieferantenbeziehungen, Einkaufsmacht),
- **Finanzierung** (u. a. Kapitalausstattung, Investitionsintensität),
- **Unternehmen insgesamt** (Struktur- und Ablauforganisation, Wertschöpfungskette).

(3) **Ressourcen-Analyse:**

- **Sachliche Mittel** (Anlagen, Einrichtungen, Ausstattungen),
- **Finanzielle Mittel** (Liquidität, stille Reserven, Kapitalbeschaffungsmöglichkeiten),
- **Personale Mittel** (Personalstand, -ausbildung, -entwicklung, Führungskräfte),
- **Informatorische Mittel** (Art, Aktualität, Systeme).

Einen wichtigen Anknüpfungspunkt für die Ableitung ziel-strategischer Vorgehensweisen bilden im Rahmen der Unternehmensanalyse vor allem **Positions-Analysen,** die die konzeptionelle Ausgangslage" beschreiben und – z. B. auf Basis von **Benchmarking-Analysen** – Zielrichtungen des künftigen unternehmerischen Handelns erkennen lassen.

Von besonderer Bedeutung sind hierfür etwa **Rentabilitäts- und Altersprofile** des Produktprogramms eines Unternehmens. Zur Ermittlung des Rentabilitätsprofils wird für jedes Produkt bzw. jede homogene Produktgruppe der Bruttogewinn (Umsatzerlöse - direkt zurechenbare Kosten) ermittelt und in Prozent des Umsatzerlöses ausgedrückt (= Bruttoum-

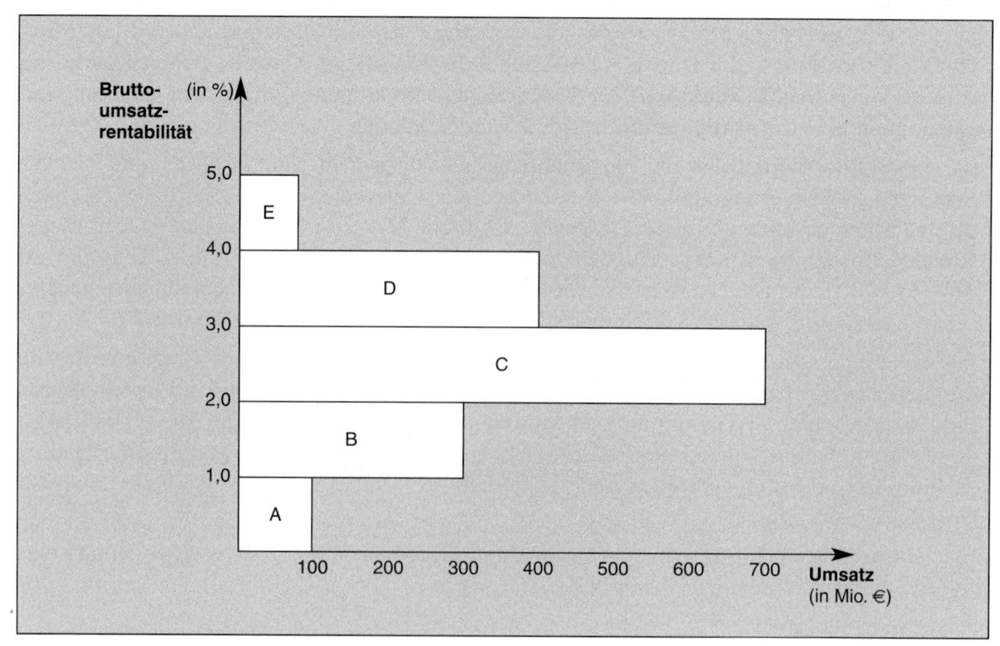


*Quelle: Steinmann/Schreyögg,* 1993, S. 179

*Abb. 64: Beispielhaftes Umsatzrentabilitätsprofil eines Produktprogramms*

satzrentabilität). Auf Basis einer Klassifizierung der ermittelten Umsatzrentabilitäten werden die jeweiligen Umsätze zugeordnet. Ein Modell-Beispiel verdeutlicht das *(Abb. 64).*

Die Analyseergebnisse zeigen, dass das bestehende Programm des Unternehmens **starke Ungleichgewichte** aufweist. So ist u. a. erkennbar, dass der größte Umsatzträger *(Produkt C)* nur eine „durchschnittliche" Umsatzrentabilität aufweist, das *Produkt E* mit der höchsten Umsatzrentabilität umgekehrt nur sehr geringe Umsätze realisiert. Damit werden wichtige Zielrichtungen für das künftige konzeptionelle Handeln ableitbar (z. B. Forcierung von *Produkt E* zur Verbesserung der Gesamtrentabilität des Unternehmens).

Die adäquaten ziel-strategischen Stoßrichtungen des Unternehmens werden vor allem auf der Basis von **sog. Altersprofilen** deutlich. Eine Darstellung zeigt hierzu unterschiedliche Konstellationen, die jeweils spezifische Ziel- bzw. Handlungsrichtungen nahe legen *(Abb. 65).*

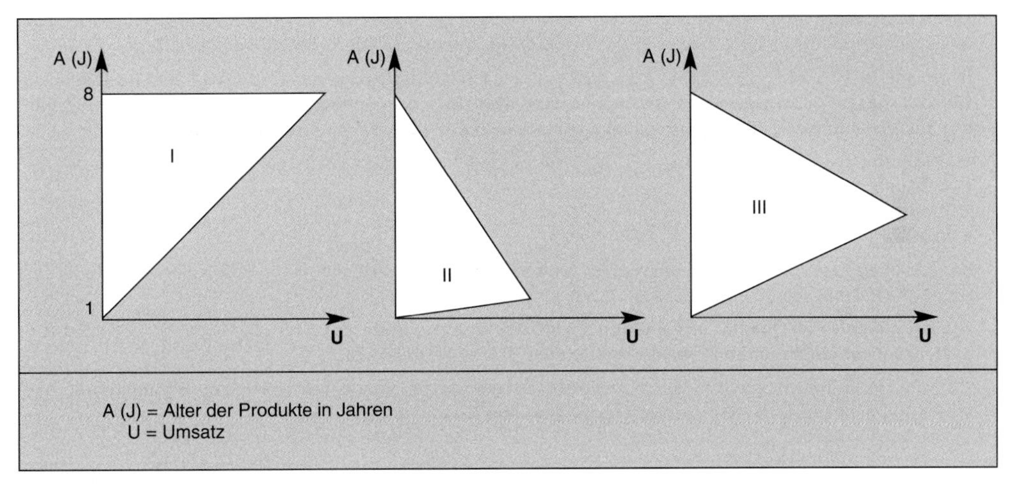


*Quelle: Steinmann/Schreyögg,* 1993, S. 17

*Abb. 65: Beispielhafte Altersprofile eines Produktprogramms (Produkte I, II, III)*

Bei *Profil I* wird der größte Umsatzanteil mit den jeweils ältesten Produkten, bei *Profil II* dagegen mit den jeweils jüngsten Produkten erzielt, während *Profil III* eine Mittelstellung zwischen *Profil I* und *II* aufweist. Je nach Lebenszyklus-Konstellation der Umsätze sind unterschiedliche Schlussfolgerungen möglich bzw. angezeigt. Bei *Profil I* müssen z. B. die Weichen für eine Verjüngung des Produktprogramms gestellt werden, wenn Umsatz und Rentabilität des Unternehmens auf Dauer gesichert werden sollen. Damit werden wichtige **Verbindungslinien** zu den Marketing-Strategien (speziell „Marktfeldstrategien") und zum Marketingmix (speziell „produktlebenszyklus-spezifischer Mix") erkennbar. Das heißt mit anderen Worten, aus Unternehmensanalysen abgeleitete Ziele können nur über entsprechende Strategie- und Mix- bzw. Instrumentenfestlegungen erreicht werden (**= konzeptionelle Kette**).

Art und Differenzierung der Unternehmensanalyse hängt dabei sowohl von markt- bzw. branchenspezifischen als auch unternehmensindividuellen **Gegebenheiten** ab (*Kreikebaum/ Grimm,* 1983, S. 10 f.; *Wilson/Gilligan,* 1997, S. 54). Die herausgearbeiteten vier Analyseschritte (-felder) können sich bei der praktischen Durchführung überschneiden bzw. kann es zu entsprechenden Vor- oder auch Rückgriffen kommen (*Schendel/Hofer,* 1978, zugleich wird auch auf Verfahren der strategischen Diagnostik bzw. der Strategieselektion im 2. Teil „Marketingstrategien“ verwiesen).

Fähigkeiten, Voraussetzungen und Positionen des Unternehmens als wichtige unternehmensinterne Grundlage der Zielplanung müssen vor allem vergleichend erfasst werden, d. h. es geht hierbei um die Ausgangslage des Unternehmens im Vergleich zu wichtigen Konkurrenten bzw. Leitunternehmen, Unternehmen also, die in einer Branche führend sind. Inzwischen wird diese Fragestellung – wie erwähnt – unter dem Stichwort **Benchmarking** problematisiert.

Exkurs: Benchmarking-Analysen

Beim Benchmarking handelt es sich um die gezielte und umfassende Suche nach **Vergleichsgrößen und Richtwerten** („Benchmarks“), die repräsentativ sind für die besten Verfahren und Methoden in einem Industriezweig (in einer Branche oder ggf. auch branchenübergreifend). Auf diese Weise sollen die besten Lösungen (best practices) identifiziert werden, die ein Unternehmen zu Spitzenleistungen führen (*Camp,* 1994; *Watson,* 1993). Dieser Ansatz ist nicht völlig neu; hier wurden Fragestellungen der klassischen Konkurrenzforschung (*Becker,* 1982 a; *Kelly,* 1988; *Nieschlag/Dichtl/Hörschgen,* 2002, S. 105 ff.) wie auch (zwischenbetriebliche) Kennzahlenvergleiche (z. B. *Reichmann,* 2001, S. 505 ff.) aufgegriffen.

Insgesamt ist Benchmarking darauf gerichtet, Anreize bzw. Möglichkeiten und Ansatzpunkte für **Leistungsverbesserungen** zu erkennen und somit Zielrichtungen des Unternehmens zu bestimmen. An vier grundlegenden **Leistungsbegriffen** gilt es dabei anzuknüpfen (*Karlöf/Östblom,* 1994, S. 4), nämlich

- **Qualität,**
- **Leistung,**
- **Produktionsmenge** und
- **Kosten.**

Die Leistung bzw. Leistungsfähigkeit eines Unternehmens (im Vergleich zum „Klassenbesten“) lässt sich somit zweifach beschreiben, und zwar

- **als Verhältnis von Qualität und Preis** (i. S. v. Kundennutzen) und
- **als Quotient aus Produktionsmenge und Kosten** (i. S. v. Produktivität).

Insoweit ist die Leistung eines Unternehmens eine Funktion des Kundennutzens und der Produktivität. Dieser Zusammenhang lässt sich in einer **Leistungsmatrix** darstellen *(Abb. 66).*

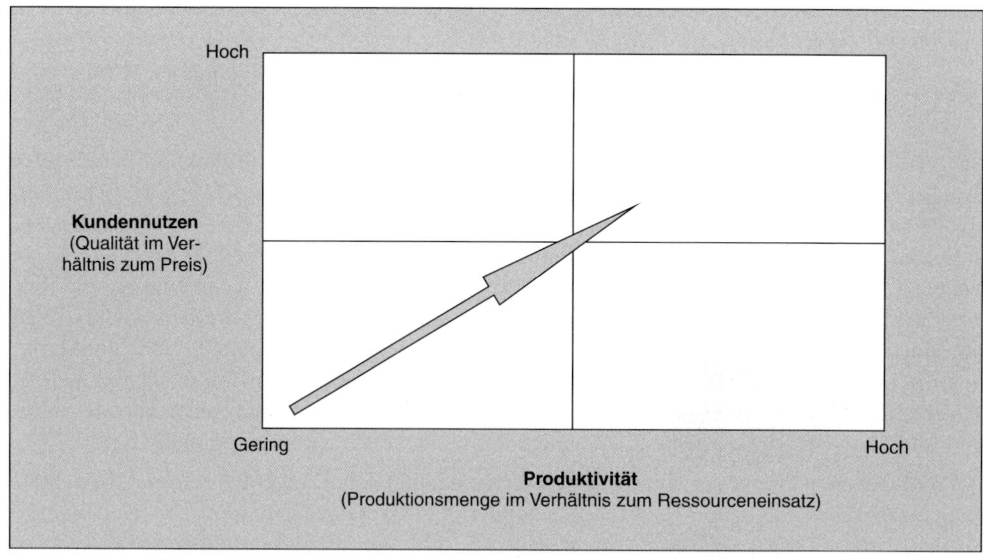


*Quelle: Karlöf/Östblom,* 1994, S. 5

*Abb. 66: Leistungsmatrix und grundsätzliche ziel-strategische Stoßrichtung*

Diese Matrix verdeutlicht eine der schwierigsten **Dichotomien** der Unternehmensführung, d. h. Unternehmen stehen immer vor einer ziel-strategischen Gabelung, nämlich zwischen „Produktivität in der Gestalt einer hohen Produktionsmenge einerseits und der Schaffung von Kundennutzen durch hohe Produktqualität andererseits" (*Karlöf/Östblom,* 1994, S. 8). Damit werden bereits Beziehungen zu wichtigen strategischen Handlungsmustern erkennbar: Preis-Mengen- bzw. Präferenzstrategie (vgl. hierzu 2. Teil „Marketingstrategien", speziell Marktstimulierungsstrategien).

Was die Durchführung von Benchmarking-Analysen angeht, so gibt es hierfür kein generelles Standardmuster; der **Analyseansatz** ist vielmehr aufgabenbezogen gestaltbar. Als Untersuchungsobjekte werden in der Regel nicht nur Produkte (Leistungen), sondern vor allem auch Prozesse und Methoden in allen Funktionsbereichen (einschließlich Querschnittsfunktionen wie Logistik) des Unternehmens gewählt. Wichtige Vergleichsgrößen des Benchmarking stellen etwa Kosten, Qualität, Kundenzufriedenheit und Zeit (Timing als Wettbewerbsfaktor!) dar, aus denen dann entsprechende Zielgrößen für das eigene Unternehmen abgeleitet werden.

Dynamische Märkte sind durch permanente **Produkt- und Prozessinnovationen** charakterisiert. Gegenwärtige Bestleistungen werden insoweit schnell zu Standards bzw. sinken ggf. sogar darunter. Benchmarking muss deshalb im Prinzip *kontinuierlich* durchgeführt werden, um auf diese Weise aktuelle Plandaten für entsprechende Leistungsverbesserungen (i. S. anspruchsvoller Ziele) verfügbar zu haben (*Horvath,* 2003, S. 413 ff.; *Karlöf/Östblom,* 1994, S. 61; im Einzelnen auch *Mertins/Siebert/Kempf,* 1995).

### *c) Zur Verzahnung unternehmensexterner und unternehmensinterner Analysen*

Entscheidend für die Zielableitung (wie auch später für die adäquate Selektion zu verfolgender Strategien und einzusetzender Marketinginstrumente) ist die schlüssige **Zusammenführung** (Verzahnung) von unternehmensexternen und -internen Daten. Ihr gehen zweckmäßigerweise Verdichtungsschritte voraus, bei denen Interdependenzen zwischen Umwelt einerseits und Unternehmen andererseits zu berücksichtigen sind (vgl. hierzu auch *Abb. 59*).

Das heißt, es geht sowohl um die Frage, wie Umfeld- bzw. Umweltkonstellationen das Unternehmen und seine Aktionsmöglichkeiten beeinflussen, als auch um Möglichkeiten und Grenzen der Einflussnahme des Unternehmens auf Umweltfaktoren selbst. Insoweit liegt diesen Analysen ein Abgreifen von wechselseitigen Entsprechungen zwischen Umwelt einerseits und Unternehmen andererseits im Sinne einer **(Mis-)Fit-Analyse** zugrunde (*Rühle/Sauter-Sachs,* 1993, S. 302 ff.; *Bamberger/Wrona,* 2004, S. 401 ff.).

Auf der Grundlage der externen wie internen Analysen entsteht eine Art „Informationsbox" über zentrale Faktoren der Umwelt- und Unternehmensausgangslage bzw. ihre Perspektiven *(Abb. 67).* Sie zeigen die **ziel-strategischen Ansatzpunkte** auf (*Becker,* 1995, Sp. 2419 f.).

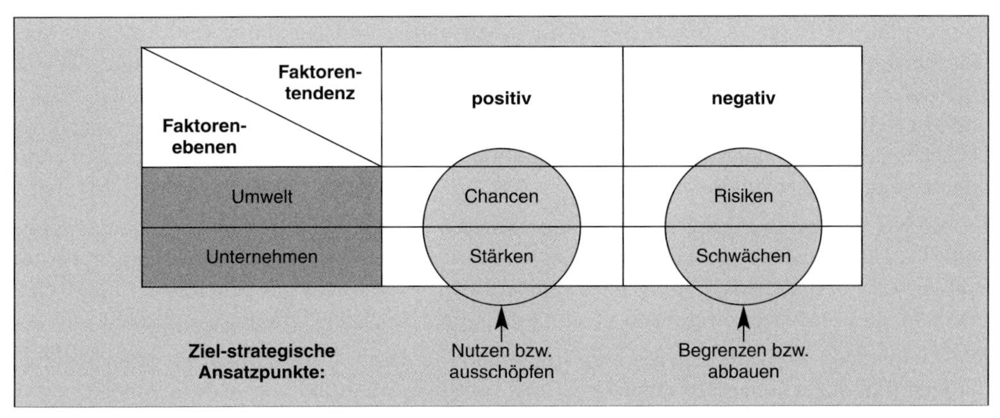


*Abb. 67: Zentrale Umwelt- und Unternehmensfaktoren und ziel-strategische Ansatzpunkte*

Insgesamt kann man diesen Analyseprozess auch als **Marketing-Auditing** auffassen, das darauf gerichtet ist, die Voraussetzungen bzw. Möglichkeiten für eine fundierte Ziel-Planung zu schaffen. Dieses Auditing knüpft sowohl an Gelegenheiten (welche die „Umwelt" bietet) als auch an Fähigkeiten (welche das Unternehmen besitzt) an. Dieser Analyse-Ansatz wird im Angelsächsischen auch als **SWOT-Analyse** (z. B. *Johnson/Scholes,* 1993, S. 148 ff.; *Wilson/Gilligan,* 1997, S. 50 ff. sowie *Ferrell/Lucas/Luck,* 1994, S. 36 ff.) bezeichnet (S = Strengths, W = Weaknesses (als unternehmens*interne* Komponenten) und O = Opportunities, T = Threats (als unternehmens*externe* Komponenten); das entspricht den eingangs unterschiedenen Unternehmens- bzw. Umweltfaktoren: Stärken und Schwächen bzw. Chancen und Risiken).

Eine Darstellung verdeutlicht die **methodischen Grundlagen** einer solchen „vernetzten" SWOT- bzw. WOTS-UP-Analyse *(Abb. 68).*

Bei einer solchen SWOT-Analyse werden die Stärken und Schwächen des Unternehmens vielfach über ein **sog. Polaritätenprofil** erhoben. Basis bilden hierfür mehr qualitative Einschätzungen und/oder qualitative Analysewerte zu den – möglichst unternehmensspezifisch – unterschiedenen Kriterien. Diesem Stärken-/Schwächen-Profil des Unternehmens werden Einschätzungen hinsichtlich **künftiger Umweltkonstellationen** gegenübergestellt.

Unternehmen verfügen dann über besondere Chancen, die sie ziel-strategisch entsprechend ausnutzen können, wenn für eine spezifische Umweltentwicklung eine ausgeprägte Stärke des Unternehmens gegeben ist. Aufgrund solcher Voraussetzungen ist das Unternehmen in der Lage, sich gegenüber Konkurrenten **Vorteile** zu verschaffen. Umgekehrt ergeben sich Risiken für das Unternehmen immer dann, wenn wichtige Umweltentwicklungen auf Bereiche des Unternehmens treffen, in denen es deutliche Schwächen aufweist.

Das SWOT-Instrumentarium stellt insofern informatorisch-analytische Grundlagen für die Bestimmung **ziel-strategischer Handlungsmuster** des Unternehmens bereit. Dabei besteht allerdings auch die Gefahr, dass Unternehmen den Focus zu stark auf vorhandene Stärken legen, die sie für bislang bearbeitete Märkte (Kundengruppen) entwickelt haben (*Macharzina,* 2003, S. 275 ff.). Unternehmen müssen deshalb detailliert prüfen, ob und inwieweit „neue" Stärken ggf. aufgebaut bzw. auf der Basis bestehender weiterentwickelt werden müssen, um neue Umweltkonstellationen (im Sinne neuer Marktpotenziale) gezielt ausschöpfen zu können.

Das heißt, auf der Basis solcher SWOT-Analysen sind zunächst einmal so grundlegende Fragen zu beantworten wie: „Wo stehen wir heute?" bzw. „Wie sind wir hierher gekommen?" (*Hinterhuber,* 1977, S. 45). Aus der Beantwortung dieser Fragestellungen heraus ist dann die Antwort auf die Frage zu geben: „Wo wollen bzw. müssen wir zukünftig hin?". Das ist aber jener umwelt- und unternehmens-analytisch aufzubereitender **Kristallisationspunkt,** der erst eine potenzial-orientierte Zielbildung erlaubt. Nur sie entspricht den dynamischen Markt- und Umweltbedingungen und der zwingend auf ihnen aufzubauenden Konzeptionsarbeit des Unternehmens. Und nur so können adäquate **Steuerungsmechanismen** für das ganze Unternehmen abgeleitet werden.

In welcher Weise sowohl die unternehmensexternen als auch -internen Informationen verarbeitet werden können bzw. wie sie über einen konsequenten gedanklichen **Stufenprozess** zur Ziel- bzw. Unternehmensplanung insgesamt führen, verdeutlicht ein generelles Ablaufschema *(Abb. 69),* und zwar ausgehend von einem „szenarisch" abgeleiteten Weltmodell.

Die Zielplanung im Unternehmen muss im Prinzip in einem mehrstufigen Prozess erfolgen, der sich ggf. sogar innerhalb einer Periode – vor allem aufgrund von Abweichungen in den geplanten Zielerreichungsgraden – mehrfach wiederholen kann, und zwar infolge

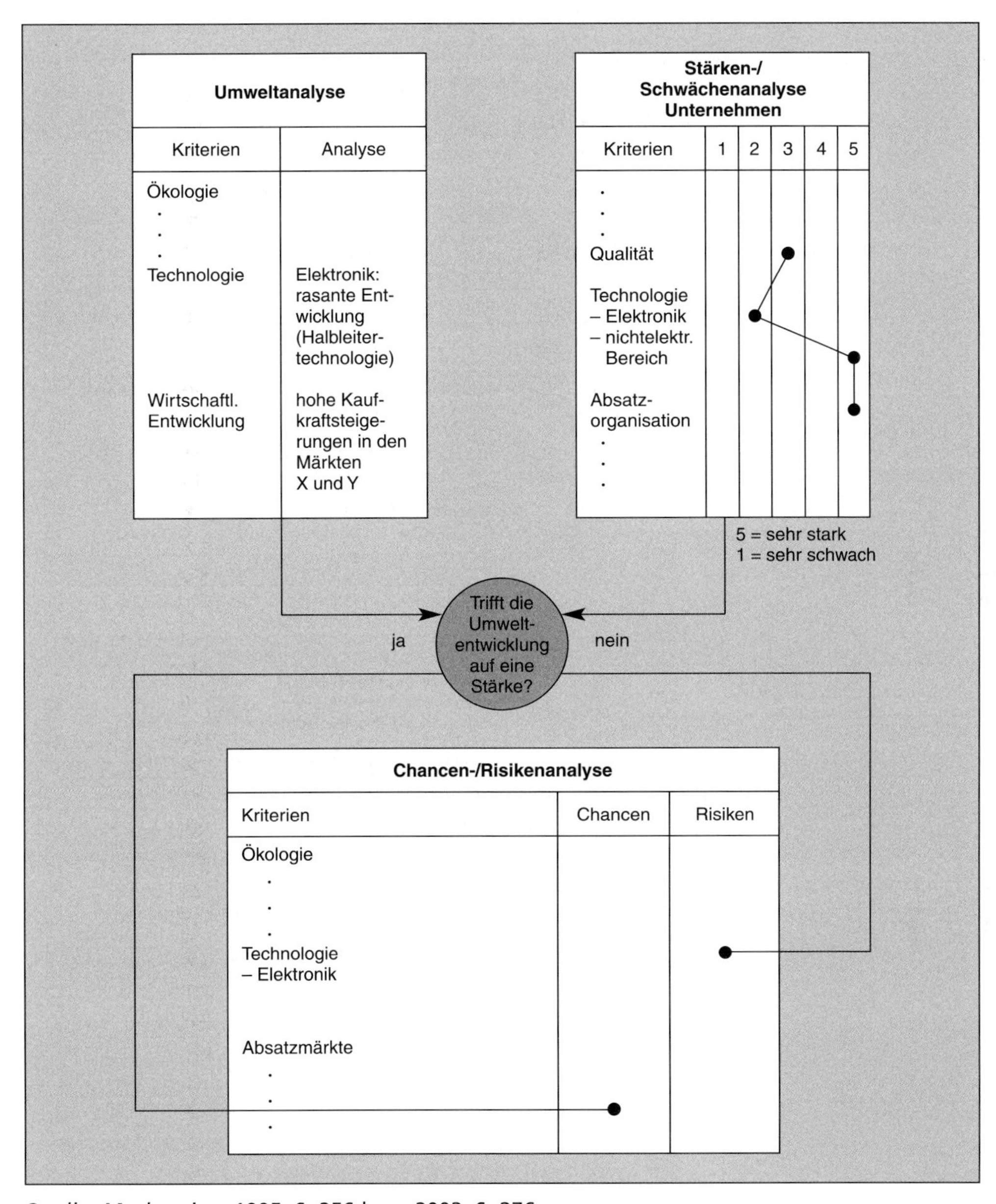


*Quelle: Macharzina,* 1995, S. 256 bzw. 2003, S. 276

*Abb. 68: Methodische Grundlagen einer vernetzten SWOT-/WOTS-UP-Analyse (Modellbeispiel)*

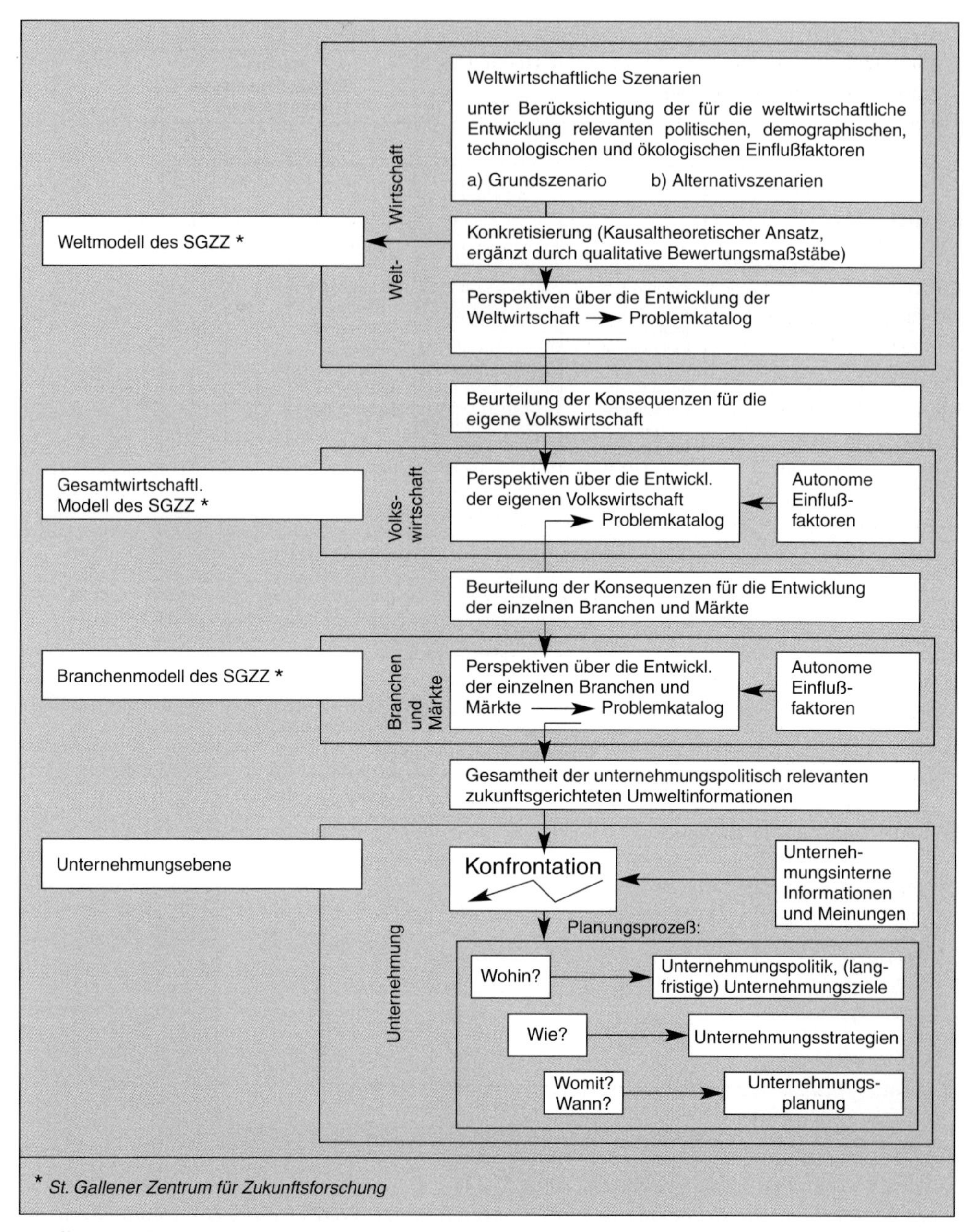


*Quelle: Kreschaurek,* 1983, S. 318

*Abb. 69: Systematische Integration und Verarbeitung zukunftsgerichteter Informationen*

- **unternehmensinterner Datenänderungen** (z. B. Änderungen in den Unternehmenspotenzialen wie z. B. in den Fertigungs-, Vertriebskapazitäten oder im technischen, Marketing-Know-how usw.) sowie
- **unternehmensexterner Datenänderungen** (z. B. Konjunkturänderungen, Marktverschiebungen, spezielle Konkurrenzaktivitäten usw.).

Diesen Zielbildungsprozess kann man insoweit als „iterative Zielbildung mit Lernprozessen" (*Szyperski,* 1971, S. 639 ff.) bezeichnen, der mit einem erheblichen Aufwand der Informationsbeschaffung wie der Informationsverarbeitung verbunden ist.

Zielbildungsprozesse werden in der Praxis vielfach auf der Basis von empirischen **Suchprozessen** in Gang gesetzt. Das gilt sowohl innerhalb eines gegebenen Zeitabschnittes für das Wechselspiel zwischen Ober-, Zwischen- und Unterzielen in der Zielhierarchie als auch für das Einpendeln der Ziele auf realistische Werte. Insoweit sind für die zielorientierte Steuerung in Unternehmen nicht nur die ursprünglichen Zielansätze, sondern vor allem auch die den Unternehmensablauf begleitenden schrittweisen Zielkorrekturen entscheidend. Man kann in diesem Sinne auch von einer **sequentiellen Zielbildung** sprechen, die im Grunde alle Phasen des Unternehmensablaufes begleitet und insoweit die Führung mit Zielen bzw. ihre entsprechende Planung kompliziert (*Gälweiler,* 1974, S. 82 ff. bzw. 110 ff.; *Steiner,* 1971, S. 197 ff.).

Exkurs: Zielbildungsprozess und seine Prozessstufen

Die Anforderungen an das Zielsystem der Unternehmung werden dann am ehesten erfüllt, wenn folgende **Prozessstufen** „in logischer bzw. normativer Sicht" dem Zielprozess zugrunde gelegt werden (*Wild,* 1982, S. 57 ff. sowie *Diller,* 1998 f., S. 172 ff.):

(1) Zielsuche,
(2) Operationalisierung der Ziele,
(3) Zielanalyse und Zielordnung,
(4) Prüfung auf Realisierbarkeit,
(5) Zielentscheidung (-selektion),
(6) Durchsetzung der Ziele,
(7) Zielüberprüfung und -revision.

Eine solche systematische Zielplanung ist gleichsam eine „conditio sine qua non" für eine funktionierende **Unternehmensplanung** überhaupt: darin sind sich im Prinzip Fachvertreter wie auch Vertreter der Praxis einig (z. B. *Macharzina,* 2003 bzw. *Macharzina/Wolf,* 2015; *Hahn,* 1996; *Wild,* 1982; *Koch,* 1977 bzw. *Gälweiler,* 1974; *Steiner,* 1971; *Ansoff,* 1966). Gleichwohl gibt es – wie schon gesagt – bisher kein umfassendes formal-geschlossenes Konzept, das der Ableitung des unternehmensindividuellen Zielsystems als Grundlage dienen könnte. Und es muss bezweifelt werden, ob es jemals ein solches „Standardmuster" für die Ableitung des unternehmerischen Zielsystems geben kann.

Was die Zielplanung betrifft, so werden hierfür in der Literatur verschiedene Zielbildungsmuster diskutiert. In dieser Hinsicht wird u. a. zwischen **perspektivischer und inkrementaler Zielplanung** unterschieden. Erstere ist dadurch gekennzeichnet, dass Fernzielkonzeptionen durch eine Abfolge von Nahzielkonzeptionen konkretisiert werden. Diese bilden dann die Grundlage für die Ableitung von Zielhierarchien zum Zwecke der Unternehmenssteuerung. Dieses Verfahren ist durch ein hohes Niveau der Informationsverarbeitung charakterisiert. Bei der inkrementalen Zielplanung dagegen wird eine Bindung an langfristige Zielprojektionen (und der entsprechende Planungsaufwand) vermieden; sie beruht vielmehr auf der Auswertung von Kontrollinformationen des internen Informationssystems. Die inkrementale Zielplanung stellt insofern „ein problemorientiertes reaktives Planungsverfahren dar" (*Kupsch,* 1979, S. 99 ff.) mit laufender (geringfügiger) Anpassung (*Macharzina,* 2003, S. 194), vgl. in diesem Zusammenhang auch die (analoge) Unterscheidung von *synoptischer* und *inkrementaler* Planung (*Hentze/Brose/Kammel,* 1993; *Welge-Al-Lahan,* 1992, S. 35 ff.).

Damit sollen generelle Fragestellungen der Zielplanung abgeschlossen und nun noch spezifische Fragen der Marketingzielplanung behandelt werden.

## III. Grundlagen und Verfahren der Zielfestlegung

Zu Beginn der Zieldiskussion sind grundsätzliche Strukturierungsfragen des unternehmerischen Zielsystems näher behandelt worden. Besonderes Gewicht wurde dabei auf Fragen und Probleme der Ziel-Konkretisierung gelegt; sie bestehen darin, Ziele als eindeutige **Messvorschriften** zu formulieren.

Die Ableitung sog. operationaler Ziele ist – wie im I. Kapitel herausgearbeitet – auf die Fixierung von drei grundlegenden **Dimensionen** gerichtet:

- **Festlegung des Zielinhaltes,**
- **Festlegung des Zielausmaßes,**
- **Festlegung der Zielperiode.**

Was den Marketingbereich betrifft, so bereiten vor allem zwei Dimensionen vielfach besondere Schwierigkeiten, nämlich der Zielinhalt (hier speziell das Problem qualitativer Ziele) und die Zielperiode (hier insbesondere das Problem der Wirkungsfunktionen im Zeitlauf). Darüber hinaus ist das Marketing-Subsystem z. T. durch schwierige **Zielkonflikte** gekennzeichnet – ein Problemkreis, der schon im Rahmen der Ordnungsfragen von Zielen angesprochen wurde. In diesem Abschnitt soll nun auf diese spezielle Marketing-Problematik unter **Operationalisierungsaspekten** näher eingegangen werden.

Marketingziele – und damit das Zielsystem des Unternehmens überhaupt – werden in der Unternehmenspraxis in aller Regel nicht als Extremalziele formuliert, sondern man begnügt sich vielfach mit **befriedigenden Zielgrößen.** Die ihnen zugrundeliegenden „satisfizierenden" Zielsetzungen müssen jedoch nicht konstant sein. Im Gegenteil: das Zielsystem insgesamt, bestimmte Zielbereiche und/oder einzelne Ziele – das gilt in hohem Maße gerade für die Marketingziele – sind nicht selten wesentlichen **Zwängen wie auch Möglichkeiten im Zeitablauf** unterworfen.

Aufgrund dieser Bedingungen ergeben sich in der Unternehmenspraxis Grundfragen der phasen-adäquaten Marketingziel-Fixierung. Diese Fragen bzw. Probleme und ihre Lösungsmöglichkeiten sollen im folgenden diskutiert werden.

### 1. Generelle Operationalisierungsfragen von Marketingzielen

Bei der Operationalisierung von Zielen handelt es sich um ein Präzisierungsproblem. Die Notwendigkeit der **Zielpräzisierung** resultiert aus dem Erfordernis eines systematischen Unternehmensprozesses. Kernstück dieses Unternehmensprozesses bei marktorientiert operierenden Unternehmen ist die Marketingplanung. Marketingplanung aber ist nur sinnvoll, wenn sie auf einer entsprechenden Zielplanung beruht bzw. zu ihr entsprechende Rückkopplungen bestehen. Die Planung von Zielen wiederum ist nur dann nützlich, wenn diese auch im notwendigen Maße kontrolliert werden. Kontrolle aber setzt voraus, dass die Ziele messbar und die notwendigen Messinstrumente verfügbar sind.

Sowohl die Messbarkeit als auch die Messinstrumente bereiten speziell im Marketingbereich zum Teil nicht unerhebliche Probleme. Das gilt speziell für qualitative Ziele. Gerade der **Marketing-Bereich** ist aber dadurch gekennzeichnet, dass der Anteil qualitativer Ziele – gemessen an den Marketingzielen insgesamt – vergleichsweise hoch ist. Zunächst soll jedoch auf die weniger problematischen quantitativen Ziele näher eingegangen werden.

### *a) Quantitative Ziele und ihre Operationalisierung*

Quantitative Ziele stellen **„Leitzahlen“** (*Heinen,* 1976, S. 114) dar, die entweder in Geld- oder in Mengendimensionen angegeben werden können. Diejenigen Ziele, die in Gelddimensionen ausgedrückt werden können bzw. deren Realisierung sich unmittelbar quantifizierbar im Finanzbereich der Unternehmung widerspiegelt, werden als monetäre oder finanzielle Ziele bezeichnet. Typische Ziele dieser Art sind etwa Rentabilitäts-, Gewinn- bzw. Deckungsbeitragsziele sowie Umsatzziele. Für Mess-, Planungs- und Kontrollzwecke dieser Ziele steht das **klassische Rechnungswesen** des Unternehmens zur Verfügung.

Mengenorientierte Ziele werden demgegenüber als bonitäre Ziele (*Heinen,* 1976, S. 114) bezeichnet. Marketingrelevante Mengengrößen sind vor allem Absatzmengenziele. Auch sie werden im Rahmen des Rechnungswesens i. w. S., speziell in der **Absatzstatistik,** abgebildet. Quantitative Ziele, und zwar sowohl monetäre als auch bonitäre, bieten messtechnisch im Prinzip keine Operationalisierungsprobleme.

Ausgehend von bestimmten **Gewinn- bzw. Deckungsbeitragszielen** kann z. B. die Marketingaufgabe in der Weise formuliert werden, „dass mit einem bestimmten Etat in einem bestimmten Zeitraum eine x-prozentige Umsatzsteigerung (gegenüber einer fixierten Umsatzgröße) zu erzielen ist. In diesen Fällen sind eindeutige, überprüfbare Sollwerte gegeben“ (*Bidlingmaier,* 1973, I, S. 138). Die Aufgabenstellung kann jedoch auch umgekehrt den Marketing-Etat bzw. die einzelnen Etatpositionen betreffen. Die Zielsetzung lautet dann beispielsweise, dass bei gegebener Umsatzhöhe eine y-prozentige Reduktion der Marketingkosten innerhalb einer festgelegten Zielperiode zu erreichen ist.

Für Zwecke einer **konsequenten Zielsteuerung** des Unternehmens ist es grundsätzlich notwendig, Ziele *begrenzt* zu formulieren (unbegrenzte, nicht operationale Imperative würden dagegen z. B. lauten: „Weite den Umsatz bis zur maximalen Höhe aus“). Eine realistische Fixierung der Zielhöhe bereitet allerdings in der Unternehmenspraxis aufgrund unvollständiger Informationen – z. B. über das Marktpotenzial einerseits und über die Wirkungen solcher Variablen, die vom Unternehmen nicht kontrolliert werden (z. B. Marketinginstrumenten-Einsatz der Konkurrenz), andererseits – Schwierigkeiten. Unternehmen versuchen diesem Problem vielfach dadurch zu begegnen, dass sie **Zielspannen** angeben (z. B. Erhöhung des Umsatzes zwischen 20% und 25%). Aufgrund der im Zeitablauf gewonnenen Erfahrungswerte sowie der tendenziell mit der Erfahrung zunehmenden Beherrschbarkeit von Marketingprozessen sind dann häufig in späteren Stadien begrenzte Zielangaben ohne Spannenbereich möglich.

Die Differenzierung bzw. Operationalisierung der Ziele ist im Übrigen auch von der Art der angestrebten Marktgestaltung, speziell den angewandten **Marketingstrategien,** abhängig. Unternehmen, die eine differenzierte Marketing-Politik betreiben wollen, die etwa auf bestimmte Teilmärkte gerichtet ist, müssen ihre Ziele im Prinzip um eine bzw. zwei weitere Konkretisierungsstufen – nämlich die Zielraum- und/oder die Zielsegmentebene – erweitern. Ein um diese Dimensionen ergänztes **Zielbündel** könnte beispielsweise für das geplante Produkt Z wie folgt *(Abb. 70)* formuliert werden.

| Zielsubstanz | Zielausmaß | Zielperiode | Zielraum | Zielsegment |
|---|---|---|---|---|
| Umsatz | 90 Mio. € | 2010 | BRD | Frauen (25-45 Jahre) |

*Abb. 70: Beispielhafte Konkretisierung von Marketingzielen für ein neues Produkt (unter besonderer Berücksichtigung von Zielraum und Zielsegment)*

Neben der klassischen Zielkonkretisierung (Zielsubstanz, -ausmaß und -periode) ist die Festlegung des **Zielraums** immer dann notwendig, wenn geo-strategisch differenziert – z. B. nach alten und neuen Bundesländern (ABL/NBL) der BRD oder nach einzelnen internationalen Märkten – vorgegangen werden soll. Die Definition von **Zielsegmenten** ist dann angezeigt, wenn Unternehmen zielgruppen-strategische Produkt- bzw. Marketingkonzepte verfolgen. Die Festlegung solcher geo- oder marktareal- bzw. zielgruppenstrategischer Ziele (vgl. hierzu auch: 2. Teil „Marketingstrategien") ist Voraussetzung für eine konzeptgerechte Unternehmenssteuerung (und -kontrolle). Insofern sind hier entsprechende Abstimmungen zwischen Ziel- und Strategieebene bzw. – was die konkrete Umsetzung betrifft – mit der Mixebene zwingend (= **konzeptionelle Ketten**).

### *b) Qualitative Ziele und ihre Operationalisierung*

Über die behandelten quantitativen Ziele hinaus ist für die Marketing-Politik das Verfolgen qualitativer Ziele typisch. Qualitative Ziele sind solche Ziele, die sich nicht bzw. nur schwer im Sinne einer (exakten) Messvorschrift operationalisieren lassen. Jenen qualitativen Zielen – zumindest einem Teil von ihnen – kommt jedoch für die Steuerung des Marketingprozesses wie für die Erzielung von Marketingerfolgen erhebliche Bedeutung zu. Man kann sogar sagen, dass bei bestimmten Marketingstrategien (z. B. präferenz- bzw. segment-orientierten Strategien) qualitative Ziele besondere **Hebelansätze** determinieren. Das gilt speziell für **Einstellungs- bzw. Imageziele,** auf die bereits im Rahmen der Ausführungen zu den Marketing-Leitbildern im einzelnen eingegangen worden ist.

Die Bedeutung dieser Ziele wird erst dann richtig einsichtig, wenn man sich verdeutlicht, dass viele Marketingaktivitäten nicht unmittelbar auf monetäre Ziele (wie Gewinn, Deckungsbeitrag, Umsatz) gerichtet sind bzw. gerichtet sein können. Eine Vielzahl von Marketingmaßnahmen versucht vielmehr, „Vorbedingungen" (*Bidlingmaier,* 1973, I, S. 139) für die Realisierung monetärer Ziele zu schaffen, und zwar primär mit mittel- bis langfristiger Ausrichtung. Solche Vorbedingungen werden in hohem Maße durch **Kommunikationsprozesse** zwischen Unternehmen und ihrer Umwelt (Verbraucher, Absatzmittler bzw. Öffentlichkeit schlechthin) geschaffen. So besteht etwa die Aufgabe der Werbung u. a. darin, das beworbene Produkt bekannt zu machen und/oder für dieses Produkt ein bestimmtes eigenständiges Image aufzubauen. Das Verfolgen solcher strategie-orientierter **Bekanntheitsgrad- bzw. Imageziele** geschieht zwar im Interesse monetärer Ziele des Unternehmens (z. B. Gewinn, Umsatz usw.); dennoch kann die Steuerung jener Imageziele nicht unmittelbar über monetäre Ziele erfolgen, sondern hier ist der Rückgriff auf **psychologische Messkategorien** notwendig. Bei diesem Rückgriff auf außerökonomische (besser: vor-ökonomische) Kategorien ist an möglichst fundierten „Mittel-Zweck-Vermutungen" anzuknüpfen. Sie unterstellen aufgrund von Hypothesen, Markterfahrungen bzw. empirischen Analysen (*Kroeber-Riel/Weinberg,* 2003, S. 168 ff.) einen (engen) Zusammenhang etwa zwischen positivem Produktimage und positiver Umsatz- und/oder Deckungsbeitragsentwicklung – allerdings ohne dass dieser Zusammenhang in der Marketing-Praxis i. d. R. eindeutig zu isolieren ist. Absatzerfolge entstehen nämlich grundsätzlich durch das Zusammenwirken aller Marketinginstrumente, so dass der Imagebeitrag z. B. durch Werbemaßnahmen und seine Wirkung auf monetäre Größen wie z. B. den Gewinn oder den Umsatz generell schwer isolierbar ist (*Müller,* 1971, S. 173 ff.; im Einzelnen auch *Linssen,* 1975; *Steffenhagen,* 1978).

Exkurs: *Imageforschung und ihre ziel-strategische Bedeutung*

Neuere Methoden der **empirischen Sozialforschung,** die in hohem Maße auch von der Marketing-Forschung rezipiert worden sind, haben es trotz der genannten Schwierigkeiten möglich gemacht, Images zu messen, ihre Wirkung zu testen und zu kontrollieren. Mit Methoden der Imagemessung ist es jedenfalls prinzipiell möglich, **Komplementärzonen** zwischen Imagezielen einerseits und monetären Zielen andererseits zu identifizieren. Auf diese Weise kann der Gefahr einer „Verselbständigung" von Imagezielen grundsätzlich begegnet werden, d. h. es können imagegestaltende Maßnahmen nicht nur erfasst, sondern ggf. auch aufgegeben werden, wenn sie keine erkennbaren positiven Vorbedingungen (zumindest nicht zu vertretbaren Kosten) für die Realisierung *monetärer* Zielgrößen wie etwa den Gewinn schaffen. Imagemessungen können aber auch verhindern, dass Imageziele verfolgt werden, die in konkurrierender Beziehung zu monetären Zielen stehen. Dazu ein *Beispiel:* Aufbau eines zwar positiven, aber extrem einseitigen Produktimages, was etwa dazu führt, dass die für das Produkt in Frage kommende Zielgruppe sehr stark eingeengt wird (= negative Vorbedingung z. B. für die Realisierung von Gewinnzielen dann, wenn diese spezifische Imageprofilierung *nicht* eine überdurchschnittliche Preisstellung ermöglicht, die den zu vermutenden Absatzrückgang (über-)kompensiert).

Ein Schaubild zeigt empirisch ermittelte **Polaritätenprofile** im Altbiermarkt *(Abb. 71),* welche die verbraucher-analytisch erfassten Images zweier Biermarken sowie des „idealen Altbieres" repräsentieren. Imageziele können demnach als Ziele der **Distanzveränderung** zwischen Ist- und Soll-Images aufgefasst werden, wobei das Soll-Image sich – je nach beabsichtigter Marken- bzw. Marketing-Politik – stark oder weniger stark am Ideal-Image orientiert.

Was das **Ideal-Image** (vgl. „ideales Altbier") als Orientierungskategorie betrifft, so wird z. T. eingewandt, dass Ideal-Images im Grunde nicht „wahre" Wünsche enthielten, sondern nur das aufgrund von Konsuminformationen bzw. -erfahrungen „Gelernte" widerspiegelten. Dem ist nicht ohne weiteres zu widersprechen; andererseits ist aber die **Lenkungsfunktion** des bisher Erlernten für Kaufentscheidungsprozesse unbestreitbar (vgl. in diesem Zusammenhang aber auch *Kroeber-Riel,* der anhand eines Beispiels aus dem Zigaretten-Markt mit Recht vor zu schematischer Orientierung am Ideal-Image warnt, *Kroeber-Riel/Weinberg,* 2003, S. 217 ff.; zu Grundfragen der Messung von Einstellungen und Images siehe *Trommsdorff,* 1975 bzw. 1998, S. 166 ff. sowie *Berekoven/Eckert/Ellenrieder,* 2001, S. 78 ff.).

Dass eine **zu starke Orientierung am Idealprofil** ggf. problematisch ist, kann gerade auch am gewählten Altbier-Beispiel demonstriert werden. Bei zwei markanten Einstellungsdimensionen – nämlich „leicht-schwer" und „hell-dunkel" – zeigt sich, dass die *Marke B* näher am Idealprofil des Altbiers liegt als die *Marke A.* Die dunklere Einstufung („Anmutung") der *Marke B* korrespondiert zugleich mit der Einstellung, dass diese Marke bzw. das unter ihr angebotene Bier eher als schwer bzw. nicht als leicht empfunden wird. Angesichts veränderter Trink- und Ernährungsgewohnheiten (Gesundheits- und Kalorienbewusstsein, Trend zur leichteren Ernährung) weist demgegenüber die Marke A insofern trendgerechte Einstellungsvorteile auf, als sie bzw. das Bier dieser Marke heller angemutet und insofern als leichter eingestuft wird. Eine Farb-Korrektur der *Marke A* im Sinne der noch bestehenden „dunklen" Idealvorstellung (Altbier = dunkles Bier, brautechnisch etwa durch Verwendung entsprechender Farbmalze möglich), würde insoweit einen Rückschritt unter dem Aspekt neuer Ernährungseinstellungen bedeuten, weil dunkle Biere als eher schwer (kalorienreich) angesehen werden.

Das angeführte Bierbeispiel macht insofern deutlich, dass Imageziele auch **Trendkomponenten** berücksichtigen müssen und nicht „sklavisch" an gewachsenen (ggf. nicht mehr ganz zeitgemäßen) Ideal-Images orientiert werden dürfen. Im Übrigen gilt: wenn alle im Markt operierenden Marken sich dem Ideal-Image weitgehend annähern würden, so würden sie sich stark ähneln (und damit *austauschbar*). Insoweit ist bei der Festlegung von Imagezielen stets darauf zu achten, dass Marken erst durch bewusste Abweichungen auf einzelnen Einstel-

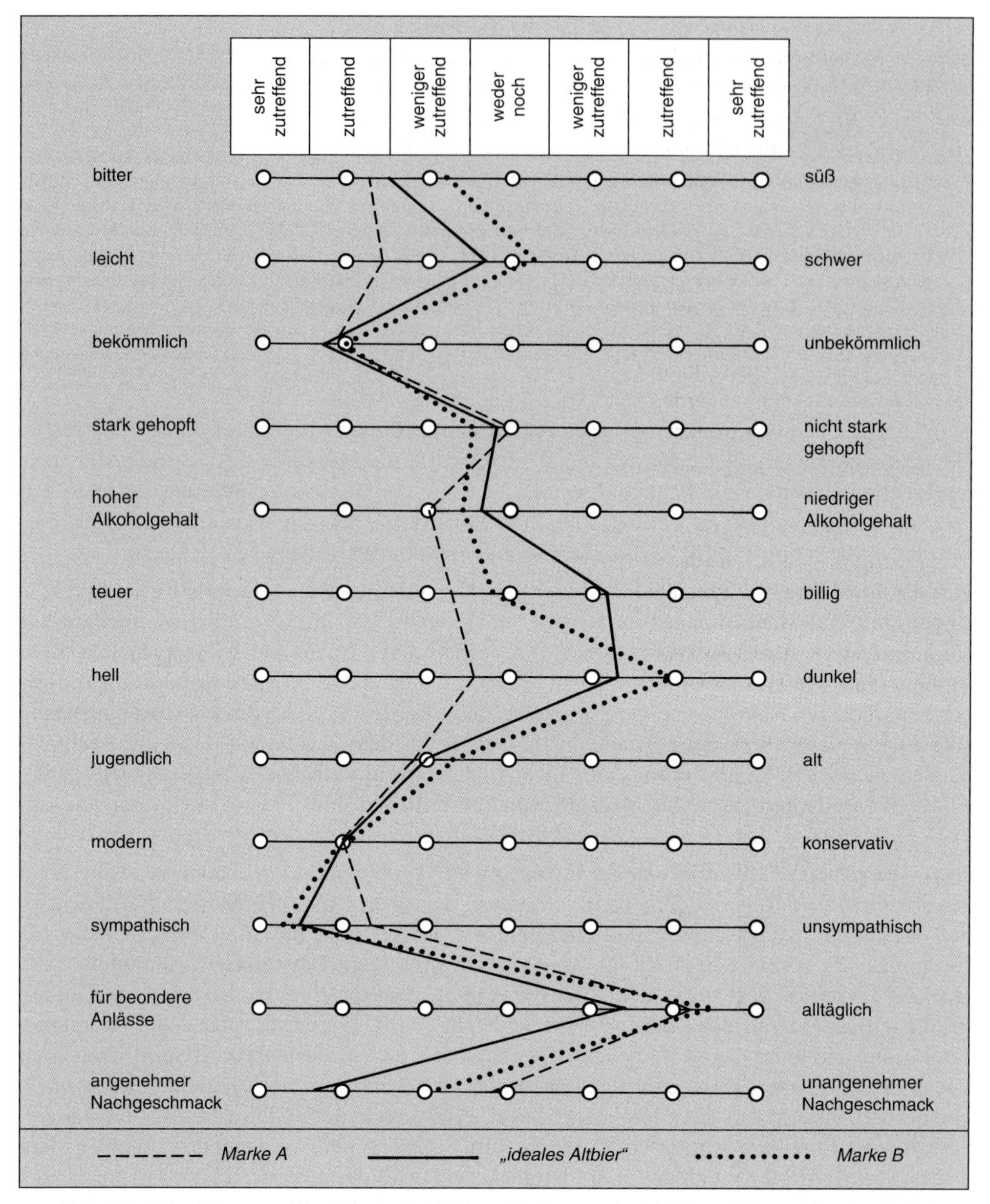


*Abb. 71: Polaritätenprofile für zwei Altbier-Marken und „ideales Altbier" (Beispieljahr)*

lungsebenen „Ecken und Kanten“ erhalten, die zu **echten Markenpersönlichkeiten** (im Sinne der Präferenzstrategie, siehe hierzu 2. Teil „Marketingstrategien“) führen.

Die Hebelgröße Image bereitet bei ihrer Operationalisierung im Übrigen weniger Probleme hinsichtlich des konkreten Inhaltes bzw. des zu erreichenden Ausmaßes, sondern mehr bezüglich der Zielperiode, da Imagewirkungen in der Regel erst mittelfristig voll eintreten. Dieser **Wirkungsverlauf** ist ex ante allerdings schwer zu bestimmen. Was die Zielperiode betrifft, bedürfen daher Imageziele einer systematischen Überprüfung im Zeitablauf. Dabei muss jedoch berücksichtigt werden, dass positive Vorbedingungen für monetäre (Gewinn-)Ziele speziell durch Imagegestaltungsprozesse dann geschaffen werden, wenn eine einmal als optimal erkannte Imagegrundrichtung über einen **längeren Zeitraum** im Wesentlichen beibehalten wird (= systematischer Profilaufbau für die Schaffung entsprechender Marken-Präferenzen).

Neben dem Image als marktpsychologischem Ziel (und Messkriterium) kann noch ein weiteres mehr qualitatives Marktziel unterschieden werden: das der **Kompetenz.** Es bezieht sich dabei weniger auf einzelne (isolierte) Produkte oder Programmteile, sondern auf das Unternehmen bzw. die Institution als Ganzes (zur Bedeutung der Kompetenz bei industriellen Anbietern *Backhaus/Weiss,* 1989; *Wolfrum/Rasche,* 1993; *Große-Oetringhaus,* 1996). Die Unternehmenskompetenz kann in dieser Hinsicht auch als Kerndimension von Unternehmensimages aufgefasst werden. Die Relevanz von Kompetenzzielen soll an einem Beispiel aus dem Handel näher konkretisiert werden *(Abb. 72).*

Die **Bedeutung der Unternehmenskompetenz** bzw. der Kompetenz-Ziele kann gut an dynamischen Wettbewerbsbeziehungen zwischen Fach- und Nicht-Fachhandel aufgezeigt werden. Die generelle, durch Stagnation bzw. schwaches Marktwachstum gekennzeichnete Marktsituation führt u. a. dazu, dass sich der Nicht-Fachhandel zunehmend klassischer Fachsortimente bemächtigt und Spezialgeschäfte bestimmte Teile klassischer Fachsortimente für sich zu „blockieren“ suchen.

Das traditionelle, voll-sortierte Spielwarenfachgeschäft ist insofern mehr und mehr in eine **zweifache Kompetenzklemme** geraten, nämlich zwischen Selbstbedienungswarenhäuser und Verbrauchermärkte einerseits und

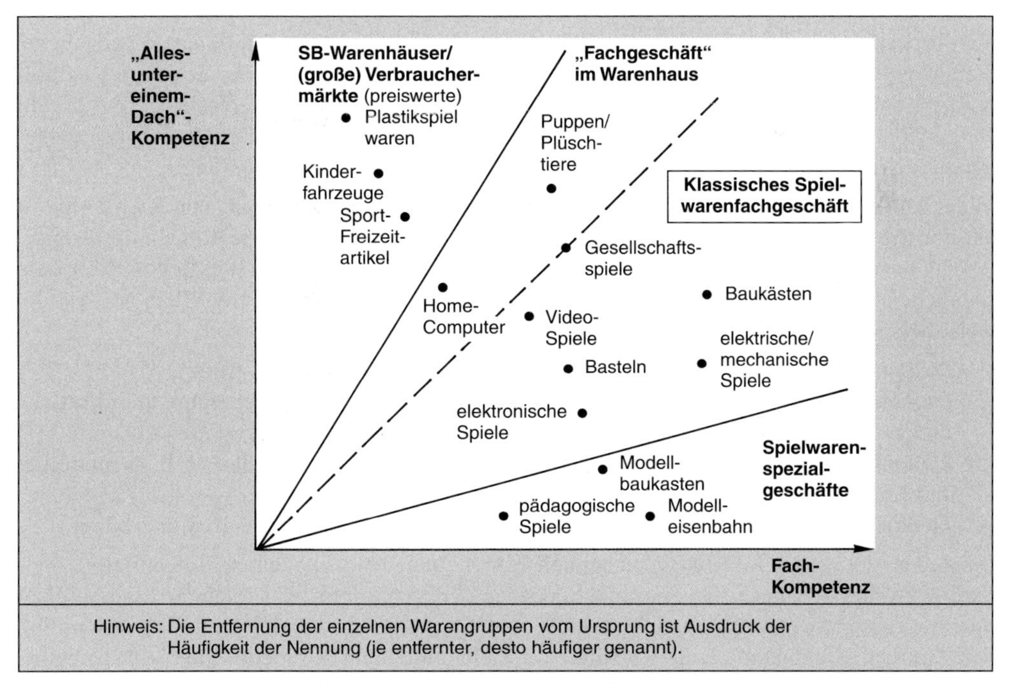


*Abb. 72: Warengruppenkompetenz von Einzelhandelsgeschäften im Spielwarenmarkt (Darstellung auf der Basis einer Verbraucher-Befragung über präferierte Einkaufsstätten, Beispieljahr)*

Eisenbahn- und Modellbau-Spezialgeschäften andererseits. Das verbleibende Feld muss der traditionelle Fachhandel auch mit den klassischen Warenhäusern (Spielwarenfachabteilungen) sowie verstärkt mit Spielwaren-Fachmärkten teilen. Es ist einsichtig, dass das traditionelle Spielwarenfachgeschäft umso mehr in Bedrängnis gerät, je mehr es „links" und „rechts" Sortimentskompetenz verliert.

Ein zentrales marktpsychologisches Ziel von Unternehmen besteht demnach darin, ganz bestimmte **Kompetenzfelder** zu besetzen, besetzt zu halten oder wieder zurückzugewinnen. Ansatzpunkte hierfür bietet eine differenzierte Kompetenzanalyse und das identifizierte Veränderungspotenzial (= Bestimmung des idealen **Kompetenz-Vektors**).

Die Kompetenz einer Institution (z. B. Handelsbetrieb) oder eines Produktes (z. B. Waschmittel) ist in hohem Maße auch an das Vorhandensein eines spezifischen Profils (Image/Bekanntheitsgrad) einer Marke gebunden. Insoweit stellt die **Marke** – gerade in stark umkämpften Märkten – einen **Schlüsselfaktor** im Wettbewerb dar (*Becker*, 1985 a und 1991), d. h. Unternehmens- und Marketingziele und ihre Realisierung sind sehr stark von profilierten Marken abhängig. Die Markenpolitik ist insoweit (wieder) stärker in den Vordergrund gerückt (*Esch*, 2005 b), und zwar nicht zuletzt unter dem Aspekt *unternehmenswert*-orientierter Führung. Eine geziele Markenpolitik ist an bestimmte strategische Grundmuster gekoppelt, die Gegenstand des 2. Teils sind (vgl. insbesondere II. Kapitel „Marktstimulierungsstrategien").

Nachdem zunächst auf allgemeine Operationalisierungsfragen quantitativer und vor allem qualitativer Marketingziele eingegangen wurde, sollen nun noch spezielle Fragestellungen behandelt werden.

## 2. Operationalisierungsprobleme spezieller Art

Im Rahmen der Ausführungen zu den allgemeinen Strukturierungsfragen des Zielsystems wurde bereits grundsätzlich auf den Fall von Zielkonflikten (Zielrivalitäten) eingegangen. Gerade zwischen Unternehmens- und Marketingzielen gibt es zahlreiche derartige **Rivalitäten,** welche den unternehmerischen (Ziel-)Entscheidungsprozess erschweren. Bevor auf Möglichkeiten und Notwendigkeiten der Zielkonfliktsteuerung im Marketing näher eingegangen wird, sollen zunächst typische Zielkonflikte herausgearbeitet werden.

In der Marketingliteratur geschieht das – so weit hierauf überhaupt eingegangen wird – meist auf der Basis von isolierten Einzelbeispielen. Andererseits sind nach den Regeln der Kombinatorik unzählige Zielrivalitäten denkbar und möglich. Untersucht man die Zielkonflikte dem sachlichen Inhalt nach, so kann man ganz bestimmte **Konflikttypen** identifizieren, was jeweils beispielhaft anhand zweier rivalisierender Ziele erläutert werden soll:

(1) **Zielkonflikte zwischen monetären Zielgrößen** (z. B. Gewinn und Umsatz),
(2) **Zielkonflikte zwischen monetären und nicht-monetären, aber insgesamt quantitativen Zielen** (z. B. Rentabilität und Marktanteil),
(3) **Zielkonflikte zwischen ökonomischen und vor-ökonomischen Zielen** (z. B. Rentabilität und Image),
(4) **Zielkonflikte zwischen vor-ökonomischen Zielen** (z. B. Bekanntheitsgrad und Image).

Bei den ersten beiden Konflikttypen handelt es sich um jeweils ökonomisch-quantitative Zielrivalitäten, die – je nach den zugrundeliegenden Messkriterien – mit relativer Eindeutigkeit operationalisiert werden können. Der dritte Konflikttyp beschreibt den kompliziertesten Fall von Zielrivalitäten, nämlich die Rivalität von Zielen, die nicht mit identischen Messkategorien abgebildet werden können. Aber auch der vierte Konflikttyp macht deutlich, dass trotz Zielverwandtschaft erhebliche Rivalitäten auftreten können.

### a) Typische Muster von Zielkonflikten im Marketing

In der Unternehmensrealität sind Konfliktbeziehungen zwischen Zielsetzungen häufig dadurch gekennzeichnet, dass sie nicht über den gesamten Entscheidungsrahmen hinweg gegeben sind, sondern nur in **bestimmten Abschnitten.** Gerade für Zielbeziehungen, bei denen Marketing-Ziele tangiert werden, sind derartige gemischte Zielstrukturen typisch. Das soll im Folgenden anhand der bereits herausgearbeiteten vier Konflikttypen mit charakteristischen Beispielen verdeutlicht werden.

#### aa) Partielle Zielkonflikte zwischen Umsatz und Gewinn

Unter realen Bedingungen treten vielfältige partielle Konfliktsituationen zwischen Ober- und Unterzielen auf, so auch zwischen Gewinn und Umsatz. Dies lässt sich besonders transparent machen am **Beispiel** *(Abb. 73)* eines S-förmigen (= ertragsgesetzlichen) Kostenverlaufs und einer linearen Umsatzerlöskurve.

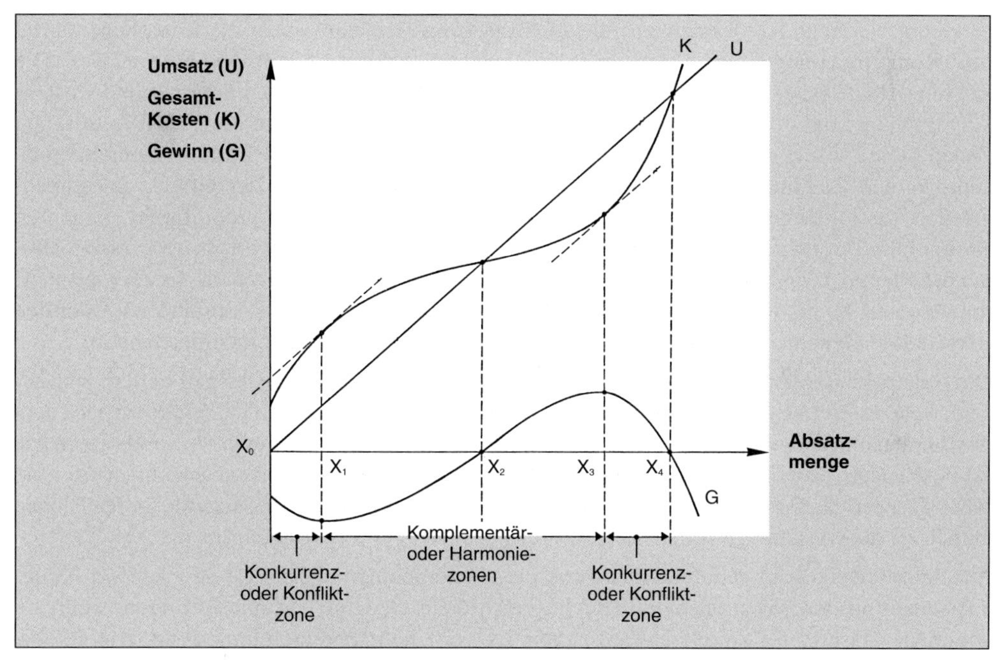


*Abb. 73: Konkurrierende und komplementäre Beziehungen zwischen Umsatz und Gewinn*

Exkurs: Typische Kosten- und Erlösverläufe

Die Betriebswirtschaftslehre hat schon sehr früh begonnen, Gesetzmäßigkeiten der betrieblichen Leistungserstellung aufzudecken. Im Kern hat man **drei Produktionsfunktionen** „identifiziert", nämlich die ertragsgesetzliche (Produktionsfunktion vom Typ A), die lineare (Typ B) und quasi als synthetische (= aus Typ A und Typ B) die Produktionsfunktion vom Typ C. Allerdings ist es nicht gelungen, den empirischen Nachweis für diese Produktionsfunktionen zu erbringen. Man kann aber davon ausgehen, dass die *ertragsgesetzliche* Produktionsfunktion Plausibilitätscharakter hat (vgl. u. a. *Schäfer,* 1974, S. 189 ff.; *Heinen,* 1974, S. 168 ff.; *Jung,* 2001, S. 424 ff.; zu weiteren Produktionsfunktionen s. *Wöhe*, 2005, S. 370 ff.).

Eine **lineare Umsatzerlöskurve** besagt andererseits, dass über den gesamten Kapazitätsbereich alle Absatzmengen zum gleichen Preis abgesetzt werden können, d. h. also Marktwiderstände, die preislich „gebrochen" werden müssen, nicht vorhanden sind. Eine nicht-lineare Umsatzerlöskurve ergibt sich andererseits dann, wenn die Absatzmenge von der jeweiligen Preishöhe bzw. nicht-preislichen Aktionsparametern abhängt.

Unterstellt man – wie im dargestellten Beispiel *(Abb. 73)* – einen *ertragsgesetzlichen* Kostenverlauf und eine *lineare* Erlöskurve, so ergeben sich wechselnde Konflikt- und Harmoniezonen im Hinblick auf die Realisierung von Umsatz- und Gewinnzielen. Aber auch bei linearem Kostenverlauf, der von *Gutenberg* speziell für Industriebetriebe als typisch angesehen wird (*Gutenberg,* I, 1975, S. 326 ff.), und nicht-linearer Erlöskurve kommt es zu entsprechenden Zielkonflikten (vgl. hierzu auch *Meffert,* 2000, S. 79 f.).

Lediglich bei linearer Kosten- und linearer Umsatzerlöskurve gibt es zwischen Umsatz und Gewinn keine Konkurrenz- oder Rivalitätszonen. Die Maximalwerte beider Ziele werden in diesem Fall durch die Kapazitätsgrenze determiniert.

Die gewinnorientierte Zielsteuerung in der Unternehmung setzt demnach die **genaue Kenntnis** sowohl des Kosten- als auch des Erlösverlaufs voraus (was in der Unternehmenspraxis jedoch nur bedingt gegeben ist, vor allem was den Erlösverlauf betrifft).

An dem oben aufgeführten Modellbespiel der Beziehungen zwischen Umsatz und Gewinn lässt sich also anschaulich nachweisen, wie innerhalb des gegebenen Entscheidungsrahmens (= unterschiedliche Absatzmengen) die **Zielbeziehungsstruktur** – also die Komplementarität bzw. Konkurrenz der Ziele an sich sowie ihre jeweilige Stärke – *abschnittweise* wechselt. Die Kurvenverläufe (speziell die Gewinnkurve als Differenzkurve zwischen Umsatz- und Kostenkurve) zeigen, dass es sowohl am Anfang als auch am Ende des Kurvenverlaufs konfliktäre Zonen gibt. Zwischen den Kurvenabschnitten $X_0$ und $X_1$ bzw. $X_3$ und $X_4$ rivalisieren nämlich Umsatz- und Gewinnziel insofern, als in diesen Kurvenabschnitten der Umsatz mit zunehmender Absatzmenge zwar steigt, der Gewinn jedoch aufgrund überproportional steigender Kosten fällt. Demgegenüber repräsentieren die Kurvenabschnitte $X_1$ bis $X_2$ bzw. $X_2$ bis $X_3$ Harmoniezonen, d. h. in diesen Abschnitten steigt sowohl der Umsatz als auch der Gewinn bzw. im Abschnitt $X_1$ bis $X_2$ nimmt genau genommen der Verlust laufend ab. Beide Ziele, nämlich Umsatz und Gewinn, verhalten sich in dem Bereich $X_1$ bis $X_3$ demnach komplementär.

Die Unternehmung muss daher unterschiedliche Absatzmengen-Entscheidungen treffen, je nachdem, welches Ziel sie dominant zu realisieren sucht (*Heinen,* 1976, S. 136 f.). Würde sie nach dem **Gewinnmaximierungsprinzip** handeln, müsste sie sich für die Ausbringungs- bzw. Absatzmenge $X_3$ entscheiden, da in diesem Punkt der Abstand zwischen Erlös- und Kostenkurve am größten ist. Wäre dagegen das primäre Ziel des Unternehmens, den **maximalen Umsatzerlös** zu realisieren, müsste sie die vollständige Kapazitätsauslastung anstreben (= Ausbringungsmenge $X_4$).

Aus dem Beispiel geht andererseits hervor, dass Unternehmen über weite Strecken – d. h. hier über einen großen Absatzmengenbereich – auch dann Gewinnziele mit verfolgen, wenn sie dominant Umsatzziele zu realisieren suchen. Es zeigt sich aber auch umgekehrt, wie gefährlich es ist, Umsatz um jeden Preis (= Umsatzmaximum) anzustreben, weil das bei Kurvenverläufen, wie im Beispiel unterstellt, zwangsläufig zu **Gewinneinbußen** führt.

### *ab) Partielle Zielkonflikte zwischen Marktanteil und Rentabilität*

Im Rahmen der Ausführungen über Marketing-Leitbilder wurde darauf hingewiesen, dass Unternehmen positions-orientierte Marktziele verfolgen (müssen). Eines dieser **zentralen Marktpositionsziele** ist der Marktanteil. Auch zwischen Marktanteil und Rentabilität (als relativer Gewinngröße) können sich erhebliche Konflikte ergeben. Ein Beispiel *(Abb. 74)* hypothetischen, aber durchaus plausiblen Charakters soll verdeutlichen, dass auch diese Konflikte grundsätzlich nur partieller Art sind.

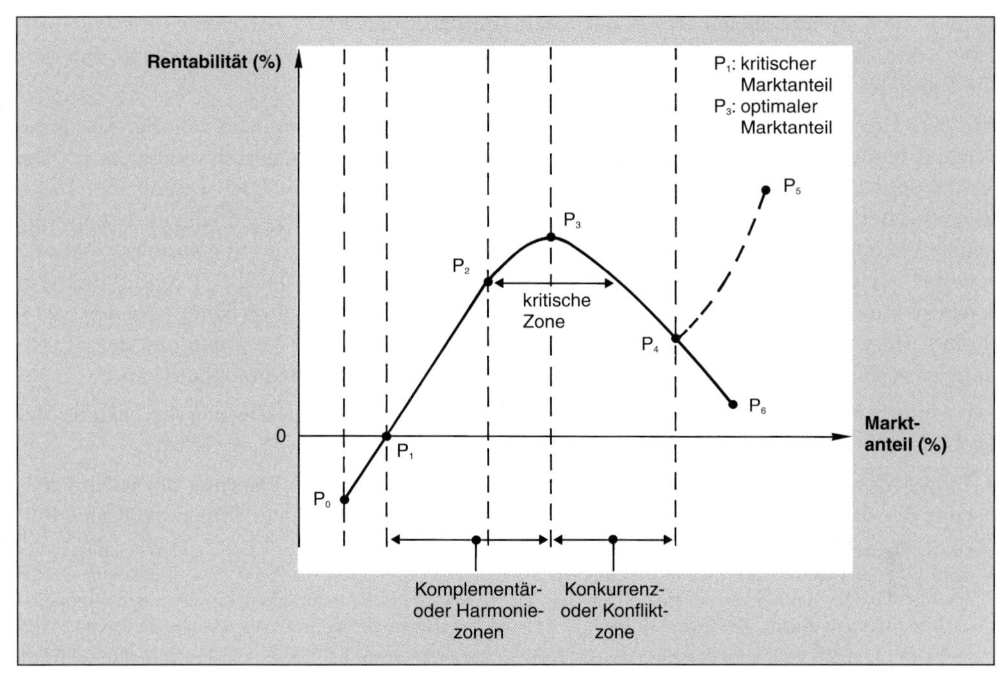


*Quelle: Fuchs,* 1974, S. 657

*Abb. 74: Komplementäre und konkurrierende Beziehungen zwischen Marktanteil und Rentabilität*

Diese Modelldarstellung beschreibt mit ihrem Kurvenverlauf von $P_0$ bis $P_5/P_6$ fünf **charakteristische Entwicklungsphasen,** wie sie bei „logistischem Marktwachstum" (*Fuchs,* 1974), d. h. Wachstum nach dem Lebenszyklusmodell (vgl. hierzu auch 3. Teil „Marketingmix", Abschnitt Phasenbezogene Dimensionen), gegeben sind. Dabei ist der realistische Fall von Mengenexpansionen und gleichzeitiger Marktanteilserhöhung unterstellt. Der Kurvenverlauf zeigt auch hier deutlich, dass es zwischen Marktanteil und Rentabilität sowohl Harmonie- oder Komplementär- als auch Konkurrenz- oder Konfliktzonen gibt.

Im Bereich $P_0$ bis $P_1$ werden noch Verluste realisiert, und zwar aufgrund von Vorinvestitionen in Produkt und Markt einerseits und den noch zu geringen Absatzmengen, welche die Selbstkosten noch nicht decken, andererseits. Danach wird bei sich langsam verbessernder Marktposition der „kritische" Marktanteil $P_1$ realisiert, bei dem die **Rentabilitätsschwelle** (Break-even-point) erreicht wird. Das Intervall $P_1$ bis $P_2$ repräsentiert die Wachstumsphase. Sie ist gekennzeichnet durch eine „Mengenkonjunktur" (= Erhöhung des Marktanteils) und gleichzeitig durch eine Zunahme der Rentabilität aufgrund mengenkonjunktur-bedingter Kostendegressionen.

Mit $P_2$ wird schließlich der Marktanteil realisiert, bei dem die angenommene Mindestrentabilität erzielt wird. Die **Maximierung der Rentabilität** ist dann bis zum Punkt $P_3$ eine Folge der **Maximierung des Marktanteils,** denn „Kapitalumschlag und Umsatzrendite verbessern sich ständig", … „bis mit zunehmendem Mengenausstoß die Kapazitätsgrenzen der Unternehmung erreicht sind. Neue Investitionen haben größere Dimensionierung der Unternehmung und die meist gewinnträchtige Phase der ‚economies of scale' zur Folge" (*Fuchs,* 1974,

S. 658; vgl. hierzu auch korrespondierende Befunde der *PIMS*-Forschung, *Buzzell/Gale,* 1989). Mit dem Punkt $P_3$ wird dann schließlich ein optimaler Marktanteil erreicht, bei dem die Kapitalrentabilität ihr Maximum realisiert.

Mit dem Erreichen des Punktes $P_3$ nähert sich das Unternehmen zugleich dem **Sättigungsbereich,** d. h. die Aufnahmebereitschaft des Marktes nimmt von hier aus mehr und mehr ab. Die Rentabilität kann von jetzt an auf zweifache Weise negativ beeinflusst werden: bei Überdimensionierung der Kapazitäten kann einmal der Kapitalumschlag zurückgehen und zum anderen kann wachsender Wettbewerbsdruck zu Preisverfall führen (= Abnahme der Umsatzrendite). „In dieser Marktlage entsteht ein *Zielkonflikt, da Marktanteil und Rentabilität* zumindest kurzfristig *nicht mehr gleichläufig,* sondern invers korreliert sind" (*Fuchs,* 1974, S. 658, Hervorhebungen im Orig. gesperrt, J. B.). Das heißt, eine Vergrößerung des Marktanteils ist jetzt nur noch bei Inkaufnahme von **Rentabilitätseinbußen** möglich.

Das Unternehmen sieht sich jetzt somit vor zwei **grundlegende Zielalternativen** gestellt (zur Problematik der Zieljustierung siehe auch ein Beispiel bei *Jain,* 1985, S. 375 f.):

- **Entweder** es verfolgt weiterhin eine **Politik der Marktanteilsmaximierung um jeden Preis, trotz der damit verbundenen Rentabilitätseinbußen,** und zwar unter folgenden Aspekten:

  Das Unternehmen versucht über einen gezielten Ausbau des Marktanteils zu Lasten anderer Anbieter allmählich eine marktbeherrschende Stellung zu erhalten, wodurch sich die Gewinnmöglichkeiten wieder erheblich und nachhaltig verbessern können (vgl. hierzu etwa typische Verdrängungsstrategien in oligopolistischen Märkten, *Jacob,* 1971, S. 213 bzw. 224 f.). In der dargestellten Grafik ist das mit dem Kurvenverlauf von $P_4$ nach $P_5$ gekennzeichnet, d. h. $P_5$ kann die bisherige Maximalrendite von $P_3$ sogar überschreiten *(Abb. 74).*

- **Oder** das Unternehmen nimmt im kritischen Bereich $P_3$ eine Zielkorrektur vor, und zwar in der Weise, dass einer **angemessenen Rentabilität der Vorrang vor Marktanteilsüberlegungen** eingeräumt wird, das heißt:

  Das Unternehmen nimmt bewusst Marktanteilsverluste hin, solange durch eine selektive Absatzpolitik (= Identifizierung und Ausnutzung gewinnträchtiger Absatzsegmente) eine bessere Rendite erzielt werden kann (zum Begriff und Prinzip der selektiven Absatzpolitik siehe *Geist,* 1974). Der Marktanteil fällt dann „im Bereich $P_4$-$P_3$-$P_2$ solange, bis er einen neuen kritischen Wert erreicht, der unter der Mindestrentabilität $P_2$ liegt. Das Ziel Marktanteilsmaximierung würde dann wieder dominieren" (*Fuchs,* 1974, S. 658).

Das Spezifische dieser – in der Realität durchaus anzutreffenden – zweiten Zielalternative besteht darin, dass sich hier permanent Phasen steigender Marktanteile (bei gleichzeitig sich verschlechternder Rentabilität) und Phasen sich kurzfristig erhöhender Gewinne (bei gleichzeitigem Abbau bzw. Aufgabe von Marktanteilen) gleichsam *zyklenförmig* ablösen. Lediglich in der Zone $P_1$ bis $P_3$, die den kritischen und den optimalen Marktanteil definiert, befinden sich Marktanteils- und Rentabilitätsstreben in einer Harmoniezone. Die **Veränderungen der Zielbeziehungen** im Zeitablauf versucht nachfolgendes Schema *(Abb. 75)* zu verdeutlichen.

Was die aufgezeigten **phasenbezogenen Rivalitäten** zwischen Marktanteil und Rentabilität einerseits und zwischen Umsatz und Gewinn (siehe vorigen Abschnitt, insbesondere *Abb. 73*) andererseits betrifft, so erscheinen diese modellierten, aber durchaus plausiblen Beziehungsmuster aufgrund der neueren Diskussion, die durch die sog. Erfahrungskurve bzw. das *PIMS*-Programm ausgelöst worden ist, in einem anderen Licht. Denn bei der gezielten Ausschöpfung latenter Kostensenkungspotenziale erscheint danach ein grundsätzlicher Parallelverlauf von Umsatz und Gewinn bzw. von Marktanteil und Rentabilität zumindest **über weite Strecken** möglich (vgl. hierzu auch die Darlegungen zur Strategieselektion im 2. Teil „Marketingstrategien", Abschnitt Marktfeldstrategische Selektionsfragen).

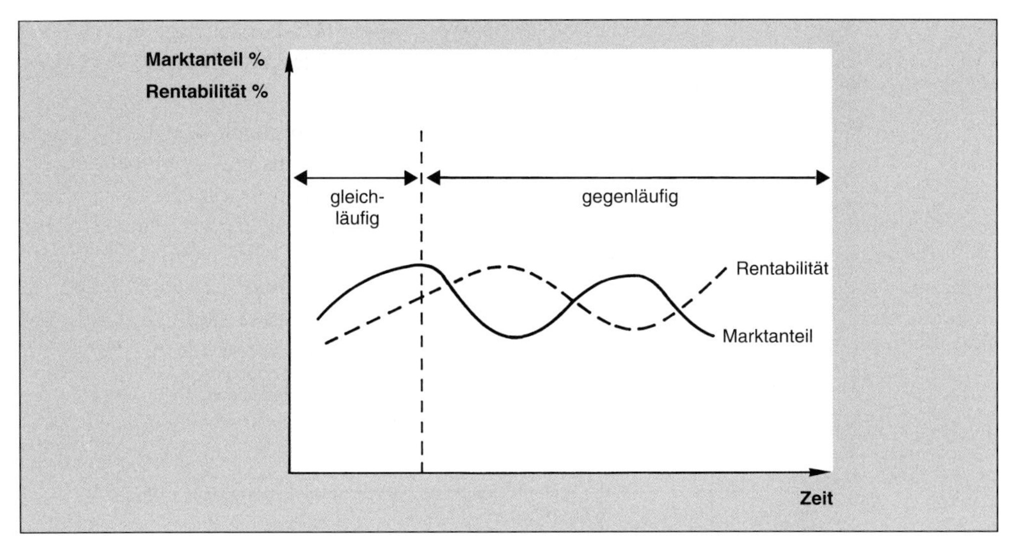


*Quelle: Fuchs,* 1974, S. 657

*Abb. 75: Typische Marktanteils- und Rentabilitätszyklen*

## *ac) Partielle Zielkonflikte zwischen Image und Rentabilität*

Das Wesen eines hochentwickelten Marketingkonzepts besteht darin, den Wettbewerb möglichst auf den **sog. Nicht-Preiswettbewerb** (Qualitätswettbewerb, *Abbott,* 1958 bzw. Imagewettbewerb, *Demuth,* 1994; *Kroeber-Riel/Weinberg/Gröppel-Klein,* 2009) zu verlagern. Das dahinterstehende Ziel ist darauf gerichtet, mittel- und langfristig Präferenzen – also Allein- bzw. Vorzugsstellungen für das eigene Angebot – aufgrund eigenständiger Imageprofilierung aufzubauen, um so Märkte im Sinne der gewinnorientierten (Ober-)Zielsetzung besser „lenken" zu können. Insoweit zeigen sich hier wesentliche Verbindungslinien (konzeptionelle Ketten) zwischen Ziel- und Strategiefestlegungen, und zwar speziell in bezug auf die Präferenzstrategie (vgl. 2. Teil „Marketingstrategien", Kapitel Marktstimulierungsstrategien).

Da der Präferenzbildungsprozess – und zwar über konsequente Markenpolitik (*Becker,* 1985 a, 1991 und 1992; im Einzelnen *Bruhn,* 2004; *Esch,* 2007) – einen mittel- bis langfristigen Prozess darstellt, ergeben sich somit **spezifische Rivalitäten** zwischen Image- und Rentabilitätszielen insofern, als Input und Output beim Präferenzaufbau zeitlich stark auseinander fallen können. Die Rivalität zwischen Image und Rentabilität kann jedoch auch dadurch entstehen, dass sich Imageziele quasi verselbstständigen, und zwar in der Weise, dass Imageziele bis zu einem Grad verfolgt werden, der jenseits der Möglichkeiten liegt, das aufgebaute Imagepotenzial auch zu kapitalisieren (= Gefahr der Imagebildung als „l'art pour l'art"). Mit folgendem Schaubild *(Abb. 76)* sollen diese **Zusammenhänge** modellhaft verdeutlich werden.

Ausgangspunkt dieses Modellbeispiels ist ein Unternehmen mit einer bestehenden Marke. In $t_3$ wird eine **Imageüberprüfung** der Marke vorgenommen; dabei zeigt sich noch ein deutlicher Abstand zum Ideal- bzw. Soll-Image. Das ist der Ausgangspunkt für die Vornahme weiterer imageunterstützender Marktinvestitionen. Aufgrund der Tatsache, dass Rentabilität (R) und Image (I) jeweils unterschiedliche; Messkategorien zugrunde liegen, sind für die Beurteilung der Zielbeziehungen nicht so sehr die absoluten Werte relevant, sondern in erster Li-

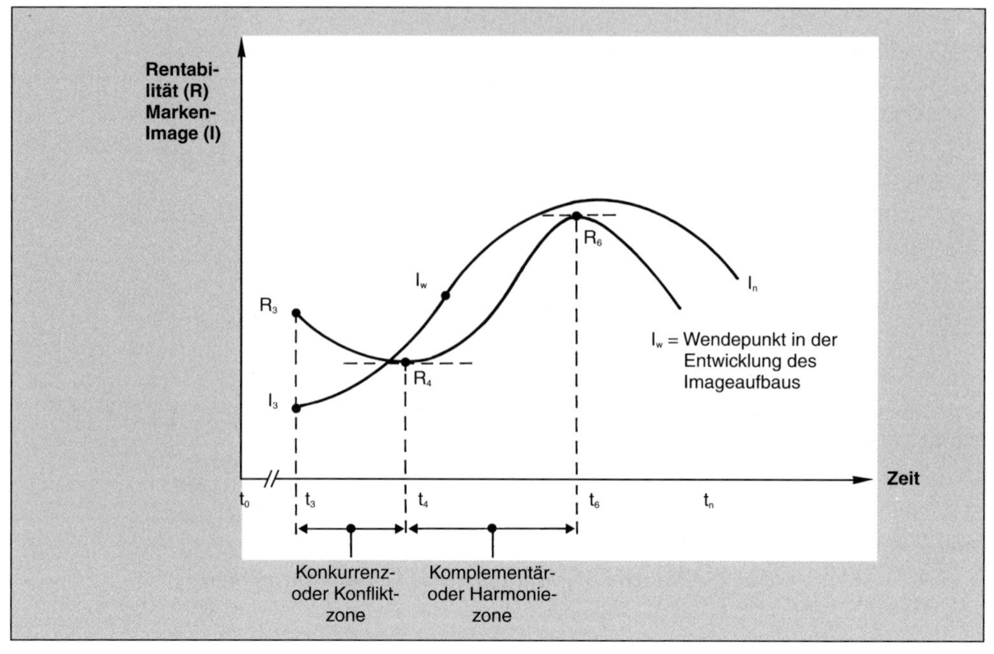


*Abb. 76: Konkurrierende und komplementäre Beziehungen zwischen Image und Rentabilität*

nie ihre jeweilige Verlaufsrichtung zueinander. Das gilt für die Kurvenverläufe in ihrer Gesamtheit.

Die Besonderheit des Zusammenhangs zwischen Image und Rentabilität ist zunächst einmal darin zu sehen, dass es sich hierbei um **unterschiedliche Zielarten** handelt (Rentabilität = ökonomisch-quantitative Zielgröße, Image = vor-ökonomisch-qualitative Zielgröße). Das Rentabilitätsniveau ist dabei im Sinne einer kardinalen Messgröße zu beschreiben; demgegenüber ist die Operationalisierung von Images nicht so einfach. Das Image soll in dem hier benutzten Modell als Vorziehungswürdigkeit eines Produktes, d.h. also im Sinne einer Höherschätzung eben dieses Produktes gegenüber anderen Produkten, aufgefasst werden. Diese Stärke an Präferenz kann grundsätzlich auch kardinal über sog. Präferenzindizes gemessen werden (*Steffenhagen,* 1978, S. 107 f.). Der zweite entscheidende Unterschied zwischen Image und Rentabilität besteht darin, dass Imageziele **„Vorlaufcharakter"** haben, d.h. ihre positive Wirkung auf die Rentabilität kommt erst verzögert zustande, nachdem ein bestimmtes Imageniveau – man könnte es als Schwellen-Präferenzpotenzial bezeichnen – erreicht ist. Bei den hier betrachteten modellhaften Zusammenhängen muss deshalb speziell die Zeitkomponente berücksichtigt werden.

Die Modelldarstellung geht im Punkt $t_3$ von einem bestehenden Rentabilitätsniveau $R_3$ bzw. einem gegebenen, durch Imageanalyse identifizierten Ausgangsimage $I_3$ aus. Marketingpolitische Absicht ist es, durch Aufbau von **zusätzlichem Präferenzpotenzial** für das eigene Produkt (Marke) eine Vorzugsstellung gegenüber den Konkurrenzprodukten zu erreichen, die dann mittel- und langfristig eine vergleichsweise hohe Rentabilität sichert. In der Zone $t_3$ bis $t_4$ muss die Unternehmung hierfür Marktinvestitionen u.a. in die Werbung vornehmen, um dafür die entsprechenden Voraussetzungen zu schaffen. Das bedeutet eine bewusste Inkaufnahme von Rentabilitätseinbußen in dieser Phase, weil sich erst von einem bestimmten Image-Niveau an monopolistische Preisspielräume erarbeiten lassen, die für eine überdurchschnittliche Preisstellung am Markt (und damit für eine Überkompensierung der getätigten Marktinvestitionen) genutzt werden können.

In der Zone $t_4$ bis $t_6$ kann das Präferenzpotenzial preislich ausgeschöpft werden, außerdem führt die Attraktivität des Produktes dem Unternehmen neue Käuferschichten zu. Verbesserte Deckungsbeiträge und eine „Mengenkonjunktur" führen zu einer deutlichen Verbesserung der Rentabilität. Das Imageziel und das Rentabilitätsziel befinden sich hier in einer **Harmoniezone,** d. h. beide Ziele verhalten sich komplementär zueinander. Punkt $I_w$ markiert jedoch zugleich den Wendepunkt der Imageniveau-Kurve, deren Anstieg sich von jetzt ab deutlich verlangsamt. Das resultiert daraus, dass imagegestaltende Mittel (wie z. B. die Werbung) jetzt nur noch eine verlangsamte, sich einer bestimmten Grenze nähernde Wirkung aufweisen.

Ab $t_6$ treten bereits wieder **Rivalisierungen** zwischen Image- und Rentabilitätszielen auf; der Konflikt zwischen beiden Zielen kann dabei zwei Ursachen haben:

- **Entweder zeigt sich bereits ein bestimmter Wear out-Effekt des Produktimages,** d. h. bestimmte Abnutzungserscheinungen bzw. Veralterungsprozesse speziell im Vergleich zu neueren Konkurrenzprodukten führen allmählich zu einem Preis- und damit Rentabilitätsverfall.
- **Oder (Über-)Investitionen in den weiteren Aufbau bzw. Ausbau des Images zahlen sich im erzielbaren Absatzpreis nicht mehr entsprechend aus,** d. h. Marktinvestitionen in imagegestaltende Maßnahmen werden zu einem aufwändigen Selbstzweck und führen insgesamt zu einer rückläufigen Rentabilität.

Dieses modellhaft entwickelte Beispiel sollte verdeutlichen, dass über eine gezielte Präferenzpolitik – und zwar nach den notwendigen Anlaufzeiten – **erhebliche Rentabilitätsverbesserungen** möglich sind, zumal dann, wenn es gelingt, die Harmoniephase $t_4$ bis $t_6$ mittel- bis langfristig zu strecken. Das Beispiel zeigt andererseits aber auch, dass das Präferenzniveau über einen bestimmten Zeitraum hinaus – vielfach bedingt durch neue attraktivere Konkurrenzprodukte – nicht mehr zu halten ist bzw. (Über-)Investitionen in den Markt sich dann nicht mehr entsprechend auszahlen. Es ist aber auch – je nach den gegebenen Voraussetzungen – denkbar, durch eine Umprofilierung (Repositionierung) erneut einen Prozess in Gang zu setzen, der wieder in eine Harmoniezone zwischen Image und Rentabilität mündet. Die Marketing-Praxis kann dies mit vielen Beispielen erfolgreicher Umpositionierungen belegen. So gesehen ist demnach auch bei Image und Rentabilität ein **zyklenartiger Verlauf** der Zielbeziehungen nicht untypisch, so wie es bereits bei der Diskussion der Zielbeziehungen zwischen Marktanteil einerseits und Rentabilität andererseits aufgezeigt werden konnte.

### *ad) Partielle Zielkonflikte zwischen Image und Bekanntheitsgrad*

Im vorigen Abschnitt wurde dargelegt, dass Unternehmen, die in erster Linie den **Qualitätswettbewerb** zu realisieren suchen – d. h. also über den Aufbau von Präferenzen den Preiswettbewerb weitgehend zu vermeiden bzw. ihn zumindest zu begrenzen trachten – in ausgeprägtem Maße **marktpsychologische Ziele** (wie Image- und auch Bekanntheitsgradziele) verfolgen müssen.

Bereits im Zusammenhang mit der Diskussion von Marketing-Leitbildern und den dafür zu definierenden Marktpositionen wurde auf **wichtige Beziehungen** zwischen Image und Bekanntheitsgrad hingewiesen. Dabei bestehen aber nicht zwangsläufig lineare bzw. proportionale Beziehungen. Zwar wird ein hoher wahrgenommener Bekanntheitsgrad von den Abnehmern nicht selten auch in eine hohe Imagequalität umgesetzt, andererseits gibt es aber nicht wenige Beispiele dafür, dass Marktführerschaft in erster Linie an ein überdurchschnittliches Markenimage und weniger an einen überdurchschnittlich hohen Bekanntheitsgrad gebunden ist. Aus diesen Gründen muss es generell das unternehmerische Bestreben sein, im Hinblick auf die Oberzielerfüllung (Gewinn bzw. Rentabilität) ein **ausgewogenes Verhältnis** von Markenimage und Bekanntheitsgrad für eine Marke aufzubauen.

Die Erfahrung zeigt, dass sich hierbei bestimmte Zwänge ergeben, im **Produkt- bzw. Markenlebenszyklus** phasenspezifisch zu operieren, um konfliktäre Beziehungen zwischen beiden Zielen zu vermeiden bzw. möglichst in **Harmoniezonen** zu bleiben. *Abb. 77* soll das modellhaft verdeutlichen.

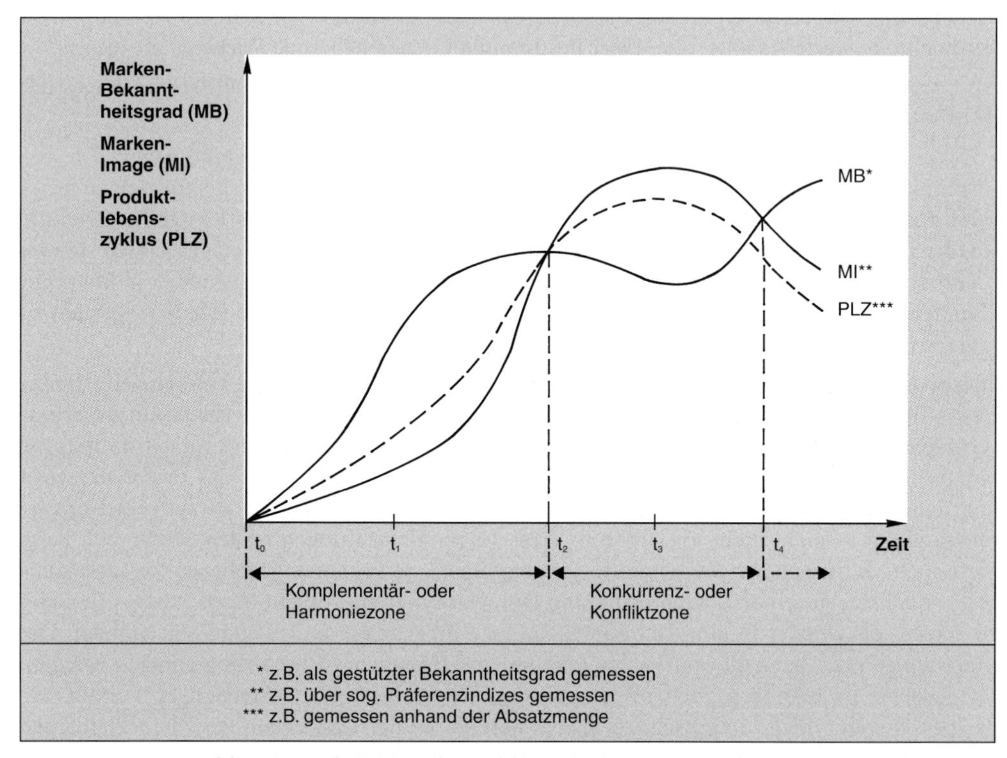


*Abb. 77: Konkurrierende und komplementäre Beziehungen zwischen Image und Bekanntheitsgrad*

Das Modell verdeutlicht die marktpsychologische **Aufbauarbeit für eine Marke,** ausgehend von der Markteinführung in $t_0$. Zum Verständnis ist der idealtypische Lebenszyklus zum Produktlebenszyklus (siehe hierzu 3. Teil „Marketingmix“, Kapitel Phasenbezogene Dimensionen) integriert. Für die Beurteilung des Modellbeispiels sind dabei nicht so sehr die absoluten Werte der einzelnen Kurvenverläufe relevant – sie basieren auf jeweils unterschiedlichen Messkriterien –, sondern es kommt vor allem auf ihre Verlaufstypik zueinander an.

Die **Modelldarstellung** skizziert den Markenaufbau, der dadurch gekennzeichnet ist, dass während der Einführungs- ($t_0/t_1$) und Wachstumsphase ($t_1/t_2$) vor allem aufgrund entsprechender kommunikationspolitischer Maßnahmen (speziell Werbung und Verkaufsförderung) sowohl Bekanntheitsgrad als auch Imageniveau permanent aufgebaut werden, allerdings mit bestimmten **Asymmetrien.** Vielfach ist es zunächst unmittelbares Ziel, möglichst schnell einen bestimmten Bekanntheitsgrad – auch aus Gründen der Distributionserleichterung im Handel – zu erreichen. Insbesondere spezielle Vorlaufkampagnen, die mehr rational-redaktionell konzipiert sind, kommen mehr dem Bekanntheitsgrad als dem Image einer Marke zugute. Außerdem vollzieht sich der Imageaufbau, vor allem wenn er auf besondere Einstellungsänderungen bei der anvisierten Zielgruppe ausgerichtet ist, nicht selten mit einem bestimmten **Time-lag.** Gleichwohl verläuft Bekanntheitsgrad- und Imageaufbau bis zum Zeitpunkt $t_2$ im Allgemeinen in einer Harmoniezone, d. h. beide Zielrealisierungen stehen in einem komplementären Zusammenhang, wobei speziell der vorlaufende Bekanntheitsgrad den Imageaufbau stützt.

Spätestens vom Zeitpunkt $t_2$ an ergeben sich jedoch bestimmte **Rivalitäten,** d. h. die weitere Zielrealisierung tritt in eine Konfliktzone ein. Das ist sowohl Resultat typischer Lebenszyklus-Mechaniken als auch charakteristischer instrumentaler Wirkungsverläufe. Was den Lebenszyklus-Verlauf betrifft, so tritt spätestens in dieser Phase ein verstärkter Wettbewerb aufgrund von Nachahmer-Produkten ein, die, unterstützt mit entsprechenden Werbeaufwendungen, den weiteren Bekanntheitsgradaufbau der eigenen Marke bremsen (oder den erreichten Bekanntheitsgrad sogar abfallen lassen). Was das Imageniveau angeht, so zahlt sich aufgrund von Time-lag-Effekten vielfach erst jetzt der Imageaufbau via Kommunikationspolitik und anderer image-unterstützender Maßnahmen (wie Produktverbesserungen oder auch Optimierung des Services) aus. Im Übrigen macht sich in dieser Phase ein spezielles **Phänomen** bemerkbar: während sich Kontinuität in der Werbung (d. h. in Werbebotschaft/-konzeption) imagemäßig auszahlt, führt der Mangel an „spektakulären" Änderungen in der Werbung ggf. zu bestimmten Bekanntheitsgrad-Verlusten.

Insoweit können also bei der Verfolgung von Bekanntheits- und Imagezielen in späteren Lebenszyklusphasen (etwa ab der Reifephase) **deutliche Zielrivalitäten** auftreten. Das heißt, bestimmte Maßnahmen (z. B. konzeptionelle Kontinuität in der Werbung) zahlen sich imagemäßig weiterhin aus, während der Bekanntheitsgrad aufgrund mangelnder Aktualität abfällt oder zumindest stagniert. Wenn aus wettbewerbsstrategischen Gründen eine erneute Anhebung des Bekanntheitsgrades angezeigt scheint und deshalb durch neue spektakuläre Werbeansprachen und/oder stärker reichweiten-orientierte Mediawahl eine Erhöhung des Bekanntheitsgrades angestrebt wird, kommt es andererseits nicht selten zu einem bestimmten Absinken des Imageprofils aufgrund nivellierender Masseneffekte ($t_3/t_4$). Diese Zielrivalität kann zukünftig immer wieder gegeben sein, nämlich dadurch, dass sich **Phasen** steigenden Bekanntheitsgrades (bei gleichzeitiger Verschlechterung der Imageposition) und steigenden Imageniveaus (unter Inkaufnahme des Abbröckelns des Bekanntheitsgrades) abwechseln. Hierbei sind ähnliche **zyklenförmige Verläufe** denkbar, wie sie bereits bei der Analyse partieller Zielkonflikte zwischen Rentabilität und Marktanteil aufgezeigt wurden.

### *b) Grundsätzliche Möglichkeiten der Zielkonfliktbewältigung*

Die angeführten Beispiele konfliktärer Zielbeziehungen im Marketing haben gezeigt, dass die Konfliktzonen vielfach **nur partielle Abschnitte** des Entscheidungsrahmens darstellen. Die besondere Brisanz derartiger Zonen konfliktärer Zielbeziehungen liegt allerdings darin, dass sie sich mit erwünschten Komplementärzonen zum Teil *mehrfach* abwechseln. Diese Tatsache erschwert den notwendigen Zielkompromiss im Marketing in erheblichem Maße, macht ihn aber zugleich zur notwendigen Voraussetzung für ein erfolgreiches **oberziel-orientiertes Marketing.**

Das Problem derartiger Zielkompromisse besteht darin, dass es sich nicht allgemein gültig lösen lässt. Das durchgängige Prinzip aller Konfliktlösungen besteht zunächst darin, **Prioritäten** in der Zielerreichung zu setzen (= Bildung von Präferenzrelationen, *Kupsch,* 1979, S. 30 ff.). So werden Hauptziele und verschiedene Abstufungen von Nebenzielen identifiziert. Zur Lösung von Zielkonflikten werden verschiedene Möglichkeiten vorgeschlagen (*Heinen*, 1976, S. 40; *Wild*, 1982, S. 62 ff.; *Nieschlag/Dichtl/Hörschgen*, 1997, S. 883; zu den entscheidungstheoretischen Grundlagen – u. a. der Zielprogrammierung und Nutzwertanalyse – *Bamberg/Coenenberg*, 2004; *Laux*, 2003). Als wichtige Ansatzpunkte der **Zielkonfliktbewältigung** sollen hier folgende genannt werden:

**(1)** Das als dominant anerkannte Ziel wird unter Vernachlässigung aller anderen Ziele maximiert bzw. minimiert (= **Zieldominanz**).

**(2)** Das als dominant erkannte Ziel wird unter der Bedingung einer bestimmten Mindesterfüllung des(r) anderen Ziele(s) zu maximieren bzw. minimieren gesucht (= **Zielrestriktion**).

**(3)** Von den konkurrierenden Zielen wird je nach Entscheidungssituation (bezogen auf Entscheidungsfeld und/oder -phase) jeweils einem anderen Ziel der Vorrang eingeräumt (= **Zielschisma**).

Der *erste* Lösungsweg ist dann gefährlich bzw. im Hinblick auf die Oberzielsetzung (= Gewinnziele) nicht optimal, wenn aus Konfliktgründen bzw. Gründen der Operationalität z. B. Umsatzziele anstatt Gewinnziele verfolgt werden – wie dies übrigens vielfach in der Praxis geschieht –, ohne dass hierbei der mögliche **Wechsel der Zielbeziehungen** zwischen Umsatz und Gewinn, d. h. also der Wechsel von Komplementär- und Konfliktzonen, hinreichend berücksichtigt wird.

Der *dritte* Lösungsweg besteht darin, dass für die verschiedenen Entscheidungssituationen festgelegt wird, welches Ziel jeweils maßgebend sein soll. Bezogen auf die einzelne Entscheidungssituation läuft diese Regel wiederum auf eine **Zieldominanzlösung** hinaus.

Der *zweite* Lösungsansatz ist im Prinzip der **gängigste Weg** einer Konfliktbewältigung. Er orientiert sich zwar primär am Hauptziel (i. d. R. am Oberziel des Unternehmens, also Gewinn bzw. Rentabilität), versucht aber Nebenziele als Begrenzungsfaktoren (Restriktionen, zur Theorie multikriterieller Entscheidungsmodelle *Fandel/Gal,* 1980; *Gal,* 1989, 1; *Zimmermann,* 2008) zu berücksichtigen, die für die Verfolgung des Hauptzieles essentiell sind (z. B. Wachstums-, Umwelt- und/oder Kundenzufriedenheitsziele) und insoweit die **Generierung und Selektion von Handlungsalternativen** (mit-)steuern bzw. begrenzen. Dieser zweite Lösungsansatz ist jedoch zu differenzieren, und zwar u. E. in dreifacher Hinsicht. Die vier im vorigen Abschnitt aufgeführten Zielkonfliktbeispiele haben jedenfalls gezeigt, dass im Grunde **verschiedene Zielkompromisstypen** unterschieden werden können, nämlich:

- **der zonale Fall** (z. B. die Zielbeziehung zwischen Umsatz und Gewinn: Das Unternehmen muss im Rahmen der gegebenen Betriebs- wie Marktaufnahme-Kapazitäten die jeweils für sie günstigste Zone bestimmen),
- **der zyklische Fall** (z. B. die Zielbeziehung zwischen Marktanteil und Rentabilität: Die Unternehmung „pendelt“ im Grunde zwischen beiden Zielen, um auf diese Weise mittel- und langfristig ertragsorientiert operieren zu können; ähnliches gilt etwa auch für Zielbeziehungen zwischen Bekanntheitsgrad und Image),
- **der sukzessive Fall** (z. B. die Zielbeziehung zwischen Image und Rentabilität: Die Unternehmung nimmt zunächst bewusst den Zielkonflikt in Kauf, um eine Imageplattform zu schaffen, die mittel- und langfristig überhaupt erst eine ertragsorientierte Markt- und Unternehmenspolitik ermöglicht).

Die hier unterschiedenen drei Fälle möglichen Kompromissverhaltens machen nicht zuletzt den zeitlichen Aspekt noch einmal besonders deutlich. Das aber heißt, dass im Grunde nur **dynamisch definierte Zielsysteme** operational und oberzieladäquat sind. Die Definition derartiger Zielsysteme ist – das haben die bisherigen Darlegungen auch zu zeigen versucht – in hohem Maße vom **marketingpolitischen Wollen** bzw. von den Fristigkeiten der (Ober-)Ziele bzw. ihren Prioritäten abhängig, insbesondere also vom kurzfristigen oder mittel-/langfristigen Gewinnstreben.

Unternehmerische Oberziele (Gewinn bzw. Rentabilität) wie auch marketingspezifische Schlüsselziele wie Umsatz oder Marktanteil werden auf der Basis marketing-strategischer Handlungsmuster (siehe 2. Teil „Strategien") über adäquate Marketing(mix)programme (siehe 3. Teil „Mix") realisiert. Damit werden zugleich die **grundlegenden Beziehungen** bzw. Verbindungen zwischen allen drei konzeptionellen Ebenen (Ziele, Strategien, Mix) deutlich (= **konzeptionelle Kette**). Wesentlichen Einfluss auf die Zielerfüllung hat dabei u. a. auch die **Festlegung des Preises**. Die Auswirkungen alternativer Preise auf die verschiedenen Zielgrößen wie Gewinn, Umsatz und Marktanteil soll an einem Modellbeispiel näher aufgezeigt werden *(Abb. 78)*.

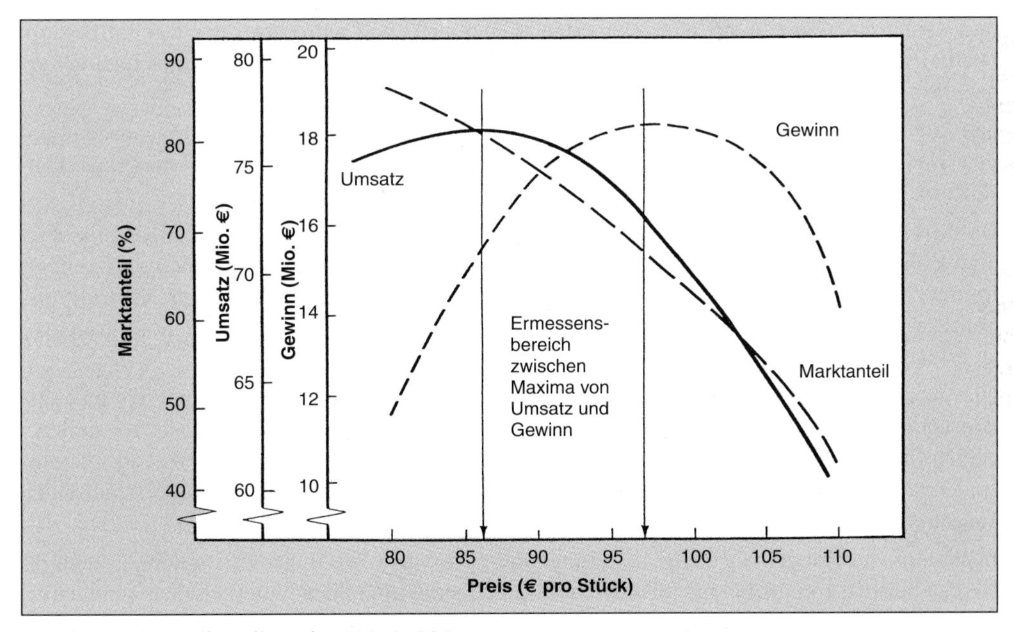


*Quelle: Kotler/Keller/Bliemel,* 2007, S. 594

*Abb. 78: Auswirkungen des Preises auf wichtige unternehmens- bzw. marketingpolitische Zielgrößen (Gewinn, Umsatz und Marktanteil)*

Danach sollte im **Modellbeispiel** das Unternehmen einen Preis von € 97,– fordern, wenn es „Gewinnmaximierung" anstrebt; zur „Umsatzmaximierung" wäre ein Preis von € 86,– angezeigt, während zur „Marktanteilsmaximierung" der Preis noch niedriger angesetzt werden müsste.

In der Unternehmenspraxis werden mit dem operativen Marketingmix im Allgemeinen wie mit der Preispolitik im besonderen in der Regel **mehrere Ziele** *gleichzeitig* zu realisieren gesucht. Nicht selten dominiert aber auch (phasenweise) *ein* als zentral angesehenes Unternehmens- bzw. Marketingziel.

Was solche **zentralen Ziele** betrifft, so können u. a. folgende grundlegenden Zielorientierungen unterschieden werden, auf die gerade auch preispolitisch entsprechend Rücksicht genommen werden muss (vgl. *Kotler/Keller/Bliemel,* 2007, S. 594 ff.):

- **Fortbestand des Unternehmens,**
- **Kurzfristige Gewinnmaximierung,**
- **Kurzfristige Umsatzmaximierung,**
- **Maximales Absatzwachstum,**
- **Maximale Marktabschöpfung.**

Der **Fortbestand des Unternehmens** wird dann zum wichtigen Ziel, wenn z. B. stagnierende bzw. schwach wachsende Märkte zu Überkapazitäten geführt haben. Um die Produktionskapazitäten besser ausschöpfen und/oder Fertigwarenbstände abbauen zu können, werden häufig die Preise gesenkt. Die Gewinnerzielung ist dann zunächst weniger wichtig als das „nackte Überleben".

Die **kurzfristige Gewinnmaximierung** zielt unter Berücksichtigung spezifischer Nachfrage- und Kostenschätzungen auf den „schnellen" Gewinn (bzw. Cash-Flow oder Kapitalrendite). Hierbei werden langfristige Gewinnüberlegungen bzw. -ansätze bei der Preisfestlegung vernachlässigt.

Die **kurzfristige Umsatzmaximierung** knüpft im Prinzip einseitig an Nachfrageabschätzungen (Nachfragefunktionen) an und setzt auf einen Preis, der möglichst schnell maximale Umsätze realisieren hilft.

Das **Streben nach maximalem Absatzwachstum** vertraut auf die ökonomische Mechanik, dass eine Erhöhung des Absatzvolumens zu entsprechend niedrigeren Stückkosten und damit zu (mittel-/langfristig) höheren Gewinnen führt (Economies of Scale). Mit einer Niedrigpreispolitik wird daher versucht, eine möglichst starke Marktpenetration („Penetration Strategy") zu erreichen.

Die **maximale Marktabschöpfung** zielt dagegen mit einem möglichst hohen Preis auf eine konsequente Marktabschöpfung („Skimming-Strategy"). Eine solche Politik ist speziell bei echten Innovationen möglich; das heißt, hier werden aufgrund von Nutzen- bzw. Problemlösungsvorteilen gegenüber bestehenden Konkurrenzprodukten entsprechende Preisspielräume ausgenutzt.

Insgesamt ist demnach die Zielrealisierung, und zwar was sowohl ihre Fristigkeit als auch ihr Niveau betrifft, von grundlegenden Orientierungen jedes einzelnen Unternehmens (und natürlich auch seiner Potenziale) abhängig. Neben typischen kurzfristigen Zielorientierungen haben für viele Unternehmen auch solche **mittel- und langfristiger Art** an Bedeutung gewonnen. Unternehmen haben vor allem auch gelernt (lernen müssen), dass im Zeitablauf z. T. erhebliche Schwankungen im Zielerfüllungsgrad hingenommen werden müssen.

Schwierige, wettbewerbsintensive Märkte wie auch Grenzen der exakten Planbarkeit unternehmerischer (Markt-)Erfolge haben zudem die Einsicht reifen lassen, dass **maximale Ziele** gar nicht (mehr) realisierbar sind bzw. nicht realistischem Anspruchsdenken entsprechen. Auf diese Aspekte soll im Folgenden noch näher eingegangen werden.

### 3. (Marketing-)Ziele und Zeitablauf

Aufgrund der Einsichten, die speziell durch verhaltensorientierte Analysen des unternehmerischen Entscheidungsprozesses gewonnen wurden, hat man – wie schon einleitend erwähnt – in der Zielfrage (-diskussion) die Vorstellung des Unternehmens (bzw. der Unternehmensleitung) als eines „Maximizer" zugunsten eines **„Satisfizer"** weitgehend aufgegeben. Das gilt im Prinzip nicht nur für die Oberzielsetzung des Unternehmens, sondern auch für die grundlegenden Bereichsziele wie z. B. Marketingziele. „Most human decision making, whether individual or organisational, is concerned with the discovery and selection of *satisfactory alternatives*; only in exceptional cases it is concerned with the discovery and selection of optimal alternatives" (*March/Simon,* 1958, S. 150 f., Hervorhebung J. B.). Diese Tatsache ist nicht zuletzt auch Ausdruck der unvollkommenen Information, und zwar gerade auch über die Zielbeziehungen und Zielwirkungen. Es wird daher davon ausgegangen, dass sich Unternehmen Ziele setzen, die ein bestimmtes **Anspruchsniveau** (Level of aspiration) repräsentieren.

Das Anspruchsniveau ist dann realistisch, wenn das angestrebte Zielausmaß auch erreicht werden kann. Es ist in der Regel abhängig von den Erfahrungen, die man in der Vergangenheit bei vergleichbaren Problemen bzw. Situationen gemacht hat. Aufgrund empirischer Einsichten kann davon ausgegangen werden, dass das Anspruchsniveau vor allem von drei **Faktoren** beeinflusst wird (*Kirsch,* 1977, I, S. 51):

- **von dem Streben nach Erfolg,**
- **von der Vermeidung von Misserfolgen,**
- **von der subjektiven Wahrscheinlichkeit des Erfolges bzw. Misserfolges.**

Das spezifische Problem besteht allerdings darin, dass auch unter diesen Vorzeichen anspruchsangepasste Ziele bzw. Zielsysteme im Zeitablauf nicht konstant, sondern „instabil" sind, und zwar aufgrund dynamischer Umweltveränderungen. Die generelle **zeitliche Zielanpassung** ist insgesamt das Ergebnis sowohl unternehmens*ferner* Umwelteinflüsse wie

- **konjunkturelle Lage,**
- **politische Situation,**
- **gesellschaftliche Normen**

als auch unternehmens*naher* Umwelteinflüsse wie

- **Marktlage,**
- **Branchensituation,**
- **Lebenszyklus der Produktgattung.**

Die Ziele bzw. das Zielsystem werden dabei um so häufiger modifiziert, je instabiler die Umweltverhältnisse sind. Zieländerungen sind so gesehen nichts anderes als **Anpassungsprozesse an** die Umweltsituation, wie sie durch unternehmensinterne und -externe Anspruchsgruppen (Stakeholders) wahrgenommen bzw. eingefordert werden (*Heinen,* 1976, S. 235 f.; *Kirsch,* 1977, I, S. 107 ff.; *Janisch,* 1993, S. 386 ff.; *Macharzina,* 2003, S. 187 f.).

#### *a) Anspruchsanpassung von Zielen*

Die angesprochenen Zielanpassungsprozesse lassen sich relativ plausibel mit der **Theorie der sog. Anspruchsanpassung** erklären (*Cyert/March* 1963; *Simon,* 1981). Danach lernen speziell unternehmensinterne Anspruchsgruppen (Organisationsmitglieder) aus **Erfolgen bzw. Misserfolgen** bei der Realisierung ihrer Ziele, das heißt mit anderen Worten sie passen ihre Ansprüche entsprechend an. Das **Anspruchsniveau** wird nach oben angepasst, wenn die Ziele mit aussichtsreichen Maßnahmen leicht realisiert werden können und umgekehrt wird es gesenkt, wenn die Ziele mit den vorhandenen Alternativen nicht verwirklicht werden können. „Das Anspruchsniveau der Zielerreichung in einem bestimmten Zeitpunkt hängt somit von den Zielerreichungsgraden früherer Perioden ab" (*Heinen,* 1976, S. 240). Der Bestimmung des befriedigenden Gewinns (Satisfizing Profit) dienen insbesondere **folgende Größen** als Orientierungskriterien:

- **der Gewinn des Vorjahres,**
- **der durchschnittliche Gewinn (z. B. der letzten fünf Jahre),**
- **die in der Branche durchschnittlich erzielten Gewinne (Renditen),**
- **der Gewinn wichtiger (Leit-)Konkurrenten,**
- **der der konjunkturellen Lage angemessene Gewinn,**
- **der für die Unternehmenssicherung „notwendige" Gewinn,**
- **die bei sicheren Anlagen (z. B. staatlichen Anleihen) erzielbare Kapitalverzinsung,**
- **die vom Unternehmen zu übernehmenden Risiken (bzw. die daraus abgeleitete Risikoprämie).**

Eine Übersicht *(Abb. 79)* zeigt z. B. Branchendurchschnitte für Eigenkapital- und Umsatzrentabilität (zur Methodik der Erfassung *Görzig/Schmidt-Faber,* 2001). Solche allgemein verfügbaren Daten beeinflussen nicht unwesentlich die Zielansprüche der Unternehmen.

| Branchen | Eigenkapitalrentabilität* | Umsatzrentabilität* | Kapitalumschlag |
|---|---|---|---|
| Chemische Industrie | 19,0–24,1 | 5,3–7,4 | 1,2–1,6 |
| Maschinenbau | 24,7–28,5 | 3,4–4,2 | 1,2–1,3 |
| Elektroindustrie | 21,9–29,7 | 3,1–5,0 | 1,1–1,3 |
| Textilindustrie | 20,0–34,8 | 2,9–4,1 | 1,7–1,8 |
| Großhandel | 33,3–45,7 | 2,1–2,6 | 2,8–2,9 |
| Durchschnitt alle Unternehmen | 32,3–43,0 | 3,5–5,0 | 1,7–1,8 |
| * jeweils in % vor Steuern | | | |

*Quelle: Deutsche Bundesbank*

*Abb. 79: Durchschnittswerte für Eigenkapital-, Umsatzrentabilität und Kapitalumschlag ausgewählter Branchen in einem Beispiel-Zehnjahreszeitraum*

Der Anspruchsanpassungsprozess verläuft dabei in der Regel so langsam, dass zumindest kurzfristig Diskrepanzen zwischen Anspruchsniveau und Zielerreichung gegeben sein können (*Kirsch,* 1977, I, S. 108), zumal der Anpassungsprozess als ein **interpersonaler Prozess** in der Unternehmung zu erheblichen Konflikten führen kann, für die es unterschiedliche Lösungsansätze – u. a. Gewalt- oder auch friedliche Strategien – gibt (*Bidlingmaier,* 1968, S. 123 ff.; *Johnson/Scholes,* 1993, S. 178 ff.). Ein Schema *(Abb. 80)* verdeutlicht den formalen **Revisionsprozess** der Zielsetzung in Abhängigkeit von der Zielerreichung (*Heinen,* 1976, S. 36; zu den ziel-strategischen Konsequenzen *Wilson/Gilligan,* 1997, S. 210 ff.).

Die Verhaltensweisen, die dieser Anspruchsanpassung zugrunde liegen, lassen sich als ein **Lernprozess** begreifen. Im Laufe der Zeit lernen die Unternehmen bzw. ihre Anspruchsgruppen, ihre Umwelt insgesamt besser zu verstehen. Das Lernverhalten der Unternehmen äußert sich dabei auch in einer Verbesserung ihrer Such- und Problemlösungstechniken. Ein Pro-

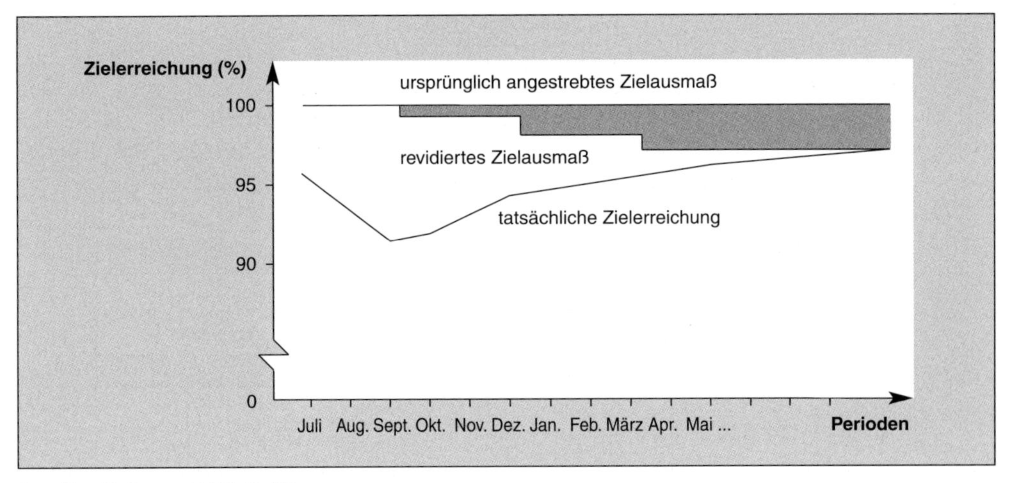


*Quelle: Heinen,* 1976, S. 36

*Abb. 80: Die Revision einer Zielsetzung in Abhängigkeit von der Zielerreichung*

zess-Schema *(Abb. 81)* verdeutlicht modellhaft, wie sich in diesem Lernprozess die Bestimmung des Anspruchsniveaus bzw. der Anspruchsanpassung vollzieht.

**Anspruchsniveau** und **Anspruchsanpassung** bezüglich der Unternehmens- und Marketingziele (speziell Gewinn bzw. Rentabilität und Marktposition bzw. Marktanteil) hängen naturgemäß vom Zeitraum der anvisierten Zielrealisierung ab. In dieser Hinsicht muss zwischen

- **Fernziel-Konzepten** (langfristigem Zielsystem) und
- **Nahziel-Konzepten** (kurzfristigem Zielsystem)

unterschieden werden. Nahzielkonzepte stellen insofern Zwischenschritte (Milestones) auf dem Weg der Realisierung von Fernzielkonzepten dar; Nahziel- und Fernzielkonzepte gilt es deshalb zu harmonisieren (*Wild,* 1974, S. 59 f.; *Köhler,* 1993, S. 112 ff.).

Gleichwohl können zwischen Nahziel- und Fernzielkonzepten **phasenspezifische Konflikte** entstehen, und zwar dann, wenn *langfristig* ehrgeizige Oberziele festgelegt worden sind. Bei einem solchen Unternehmen müssen dann – gerade bei intensivem Verdrängungswettbewerb, wie er für viele wachstumsschwache bzw. stagnierende Märkte typisch ist – ggf. kurzfristig Oberzielverschlechterungen bewusst in Kauf genommen werden, um über entsprechende Marktinvestitionen bzw. notwendigen Erlösverzicht stabile, ggf. führende Marktpositionen (Marktanteile) aufzubauen, um somit die Basis für langfristig angestrebte Gewinne (Rentabilitäten) zu schaffen. Das gilt insbesondere dann, wenn **„höhere Strategiemuster"** (z. B. Präferenzstrategie) für die Zielrealisierung eingesetzt werden (siehe 2. Teil „Marketingstrategien").

Das bedeutet also, dass ein Unternehmen u. U. kurzfristig Ziele verfolgt (verfolgen muss), die scheinbar im Widerspruch zu Fernzielen stehen. Mit ihrer Erreichung sollen jedoch „bessere Voraussetzungen für die Verfolgung der Fernziele geschaffen werden, als dies durch Setzen gleich lautender Nahziele möglich ... wäre" (*Berthel,* 1973, S. 95). Als **typische Beispiele** können u. a. genannt werden:

- Bewusster Einsatz von **(kurzfristigen) Preisaktionen**, um bestimmte Marktpositionen (Marktanteile) zu realisieren, von deren Plattform aus eine ertragsstabile Marketing-Politik wieder möglich ist.

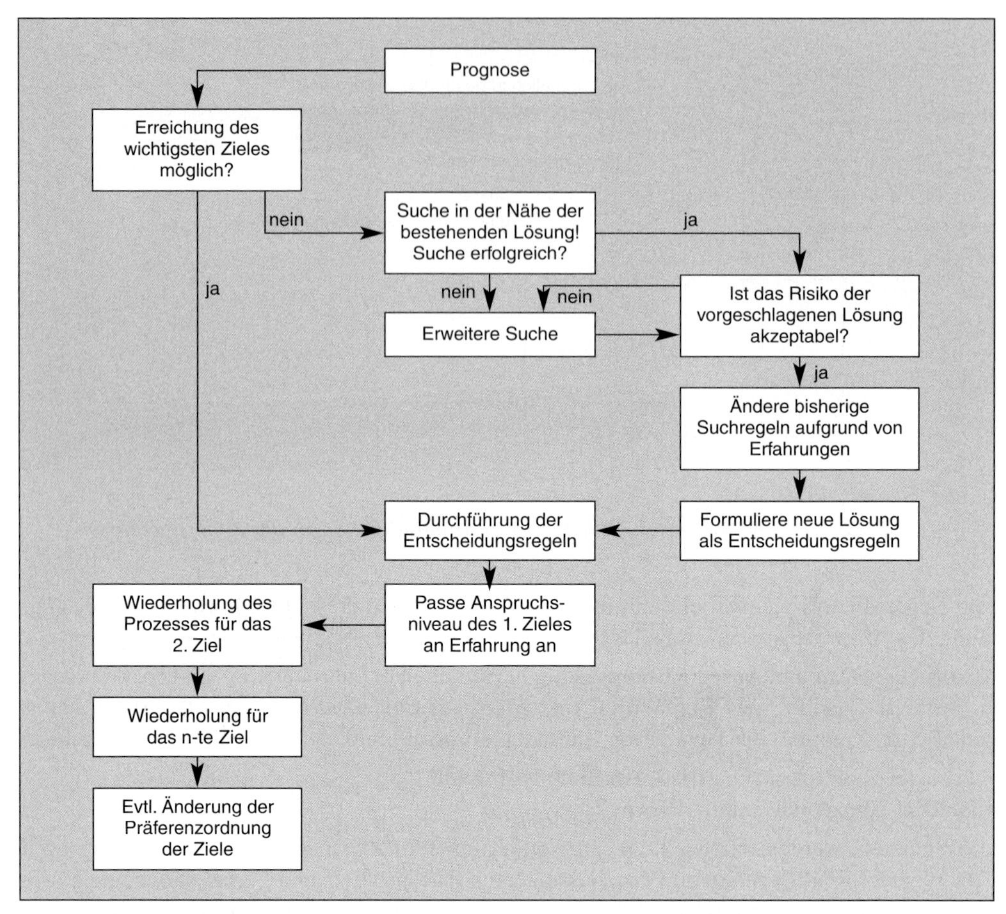


*Quelle: Grochla,* 1972, S. 165

*Abb. 81: Prozess des Unternehmensverhaltens und seine Auswirkungen auf die Zielformulierung*

- Aufwendiger **Imageaufbau**, der zunächst zu Ergebnisverschlechterungen führt, mittel- und langfristig aber aufgrund eines höheren Präferenzniveaus eine überdurchschnittliche, gewinnverbessernde Preisstellung erlaubt.
- Entwicklung **neuer Produkte** (Innovationen) z. B. für neue bzw. ergänzende Märkte, um damit Voraussetzungen für entsprechende Umsatz- und Gewinnzuwächse zu schaffen.

Ein Unternehmensbeispiel *(Abb. 82)* verdeutlicht, dass wettbewerbsbedingte Verschlechterungen der Marktposition ggf. nur durch Maßnahmen der diskutierten Art und damit zunächst nur unter Inkaufnahme entsprechender **Ergebnisverschlechterungen bzw. Verluste** korrigiert werden können.

Insofern kommt den **Zeitraum-Beziehungen** zwischen Nah- und Fernzielen eine besondere Bedeutung zu, weil langfristige Ziele letzlich nur über kurz- bzw. mittelfristige Ziele (bzw. Anspruchsanpassungen, ggf. auch Inkaufnahme negativer Ergebnisse) realisiert werden können. Eine marketing-spezifische Verfeinerung bzw. Operationalisierung der Zielsteuerung im Zeitablauf insgesamt kann man im sog. Leitlinien-Konzept (*Crawford,* 1966 bzw. 1972,

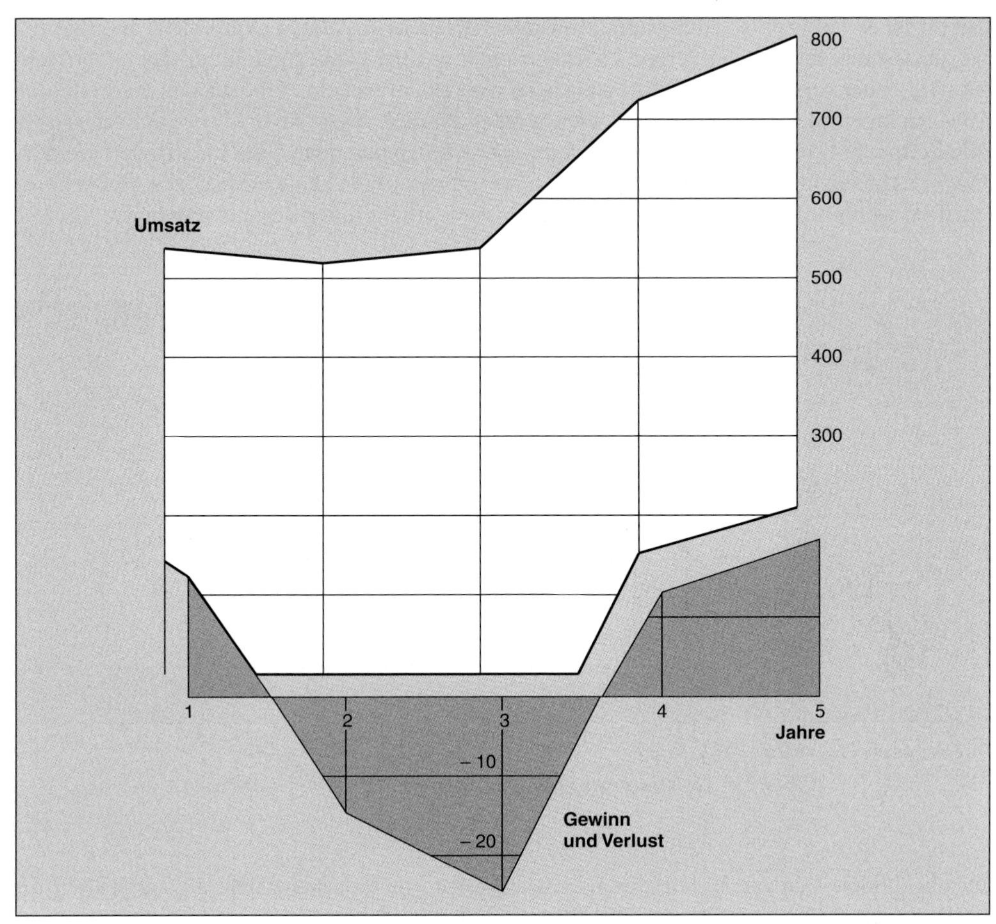


*Abb. 82: Umsatz- und Ergebnisentwicklung eines Herstellerunternehmens während einer kritischen zweijährigen Nahzielphase innerhalb einer Beispiel-5-Jahres-Periode (in Mio. €)*

Überblick bei *Köhler,* 1993, S. 35 f.) sehen. Darauf soll abschließend noch etwas näher eingegangen werden.

### *b) Prinzip des Leitlinien-Konzepts (Trajektorie-Konzept)*

Dieses Konzept geht von der Einsicht aus, dass der Prozess der Zielerreichung als eine **Abfolge von Zustandsänderungen** im Zeitablauf aufgefasst werden kann. Insoweit liegt es nahe, den Zeitpfad dieser Zustandsänderungen als **Trajektorie** – in Analogie zur ballistischen Flugbahn eines ferngelenkten Projektils – darzustellen. „Ein solches Projektil wird auf ein bestimmtes Ziel gerichtet und abgefeuert. Das Bodenpersonal hat ... durch praktische Erfahrung eine Reihe von Zwischenpunkten und -geschwindigkeiten ermittelt, die die Rakete erreichen muss, wenn sie ins Ziel treffen soll. Diese Daten werden ständig kontrolliert. Wenn die Rakete von der Bahn abkommt, können früh genug Flugkorrekturen vorgenommen werden, so dass doch noch ein Treffer erzielt wird." ... „Genau dieselbe Methode kann angewendet werden, um die Entwicklung eines neuen Produktes zu erfassen" (*Crawford,* 1972, S. 254 f.).

Hierfür ist es notwendig, ein **System relevanter Orientierungsdaten** (Variablen) zu schaffen, das zur Ortung des Planzielverlaufs herangezogen werden kann. Analog zur Raumfahrttechnik wird dabei versucht, die Zielortanalyse so weit zu entwickeln, dass aus den festgestellten Abweichungen die **Wirkungen** berechnet werden können. Wenn also z. B. eine Zielvariable zum Zeitpunkt $t_1$ um 10 % vom Planwert abweicht, so könnte dann etwa identifiziert werden, dass die Abweichung im Zeitpunkt $t_2$ 15 % betragen wird, falls keine korrektiven Maßnahmen ergriffen würden. Folgende Grafik *(Abb. 83 a)* verdeutlicht diese Zusammenhänge.

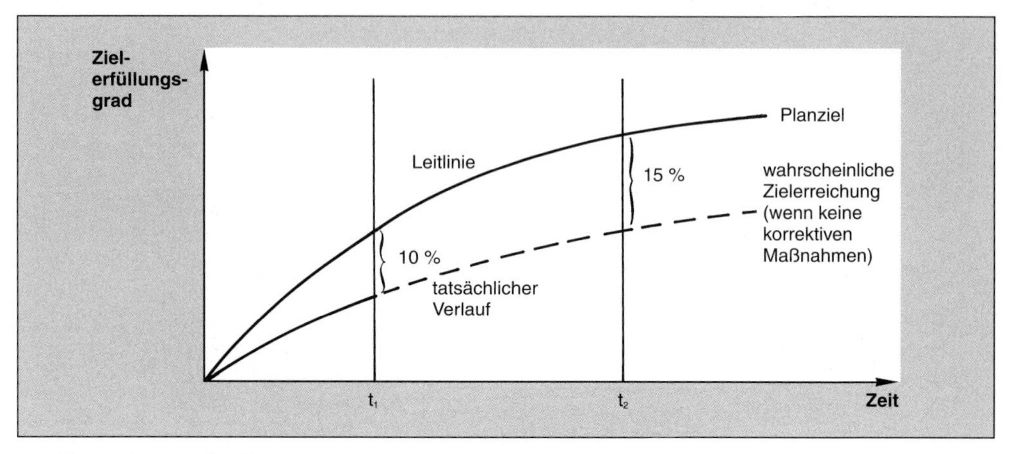


*Quelle:* nach *Crawford,* 1972, S. 255

*Abb. 83 a: Zielsteuerung auf der Basis des Leitlinien-Konzepts*

Die abgebildete Leitlinie beschreibt also die **Abfolge von Zwischenzielen**, die schließlich zur Realisation des Planziels führen. Das Prinzip dieses Leitlinien-Konzepts besteht nun darin, solche Orientierungsdaten (Variablen) auszuwählen, die als **Kontrollwerte** im Sinne von Zwischenziel-Prüfungen herangezogen werden können. Werden bei Zwischenzielkontrollen Abweichungen von der jeweiligen Leitlinie festgestellt, so können dann gezielte Korrekturen im strategischen Konzept bzw. im Marketing-Instrumenteneinsatz vorgenommen werden, um so die Erreichung des Planziels doch noch sicherzustellen.

Charakteristisch für das Leitlinien-Konzept ist die Heranziehung vor allem spezieller marketing-relevanter Kontrollwerte wie **Erstkäufe** bzw. **Folgekäufe** eines Produktes, Markenkenntnis sowie Daten der Distribution wie Lagerhaltung oder Auslagen im Handel usw. (*Crawford,* 1972, S. 257). Dieses Gerüst unterschiedlich aufeinander aufbauender Variablen, das in hohem Maße aus **Panel-Daten** gespeist werden kann, deckt konkrete Abweichungsursachen auf und gibt damit Hinweise für den Ansatz korrektiver Maßnahmen. Wird z. B. die Leitlinie bezüglich der Markenkenntnis erfüllt, während die Erstkaufrate nicht dem Leitwert entspricht, so könnten das z. B. Hinweise für Mängel in der Distribution (Verfügbarkeit) des Produkts sein.

Das Kennzeichen des Leitlinien-Konzepts ist so gesehen eine **mehrdimensionale Zielstufen-Planung,** die mehrere Perioden umfasst und den erwarteten zeitlichen Zusammenhang zwischen wichtigen Zielgrößen – darunter grundlegenden nicht-monetären – transparent zu ma-

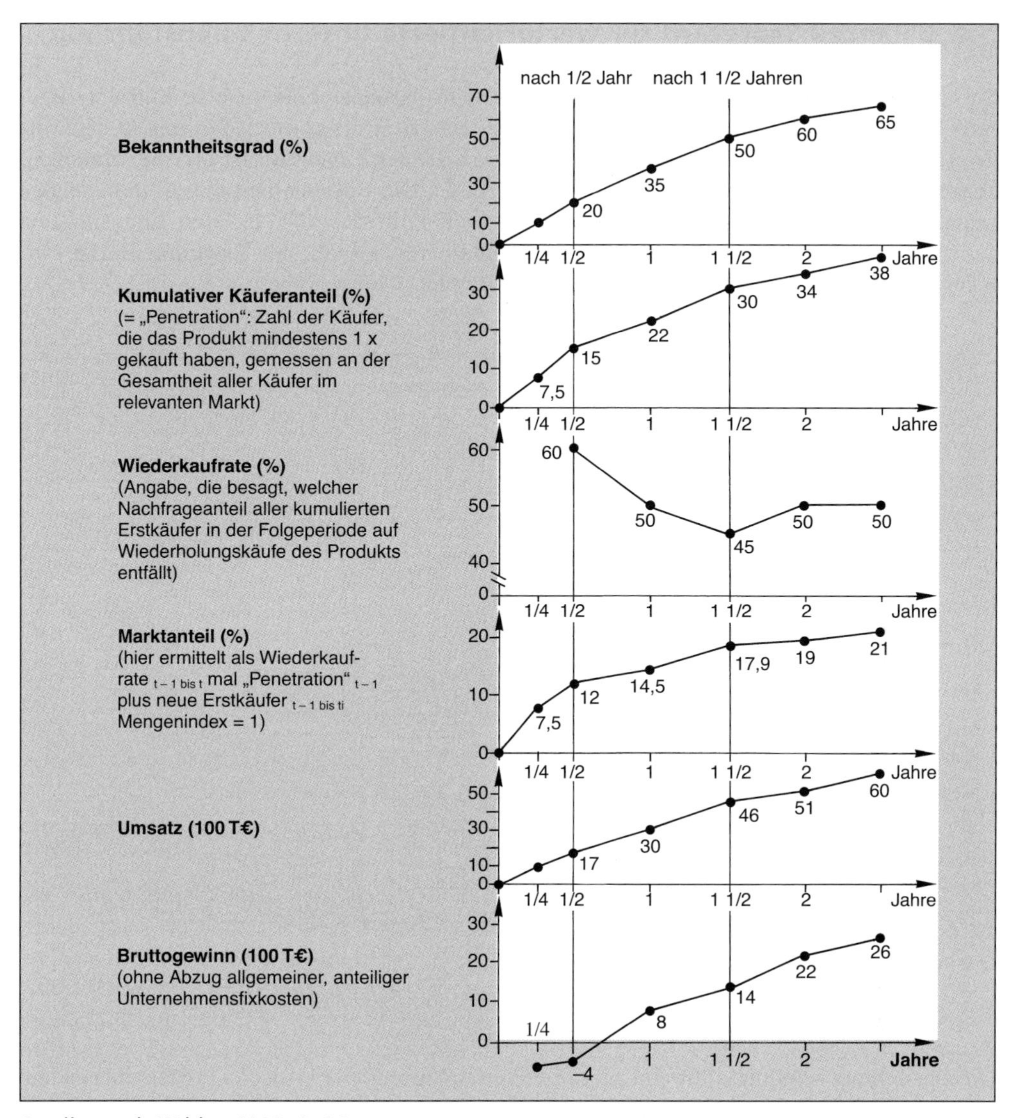


*Quelle: nach Köhler,* 1993, S. 36

*Abb. 83 b: Beispiel einer Zielbündel-Trajektorie (für eine konkrete Produkt/Markt-Kombination bei einem Produkt-Bedarfszyklus von ca. $^1/_4$ Jahr)*

chen sucht. Ein Musterbeispiel (*Abb. 83 b*) verdeutlicht typische Zielzusammenhänge im Zeitablauf.

Welche Variablen bzw. welche Kombinationen sich für ein Leitlinien-Konzept am besten eignen, muss markt- und unternehmensindividuell untersucht werden, und zwar auf der Basis von entsprechenden **„Case Histories"** vergleichbarer Produkte. Das macht das Leitlinien-Konzept wegen notwendiger Differenzierungen zum einen ziemlich aufwändig, zum anderen schränkt es die Anwendung insofern auf Fälle mit produkt-/unternehmensbezogenen Vorerfahrungen ein.

## 4. Balanced Scorecard für wertorientierte Unternehmensführung

Bei der Diskussion der Unternehmensziele ist auch das Shareholder-Value-Konzept angesprochen worden, das die (unternehmens-)wertorientierte Unternehmensführung in den Vordergrund rückt. Als Steuerungsgrundlage für *wert*orientierte Führung ist die sog. **Balanced Scorecard** entwickelt worden (*Kaplan/Norton*, 1997). Die Besonderheit dieses umfassenden kennzahlen-gestützten Controlling-Konzeptes besteht darin, dass die einseitige Konzentration auf finanzielle (Ober-)Zielgrößen überwunden und dafür bewusst der **Zusammenhang** zwischen Zielen und Strategien ganz verschiedener Bereiche (Ebenen) hergestellt wird (*Abb. 84).*

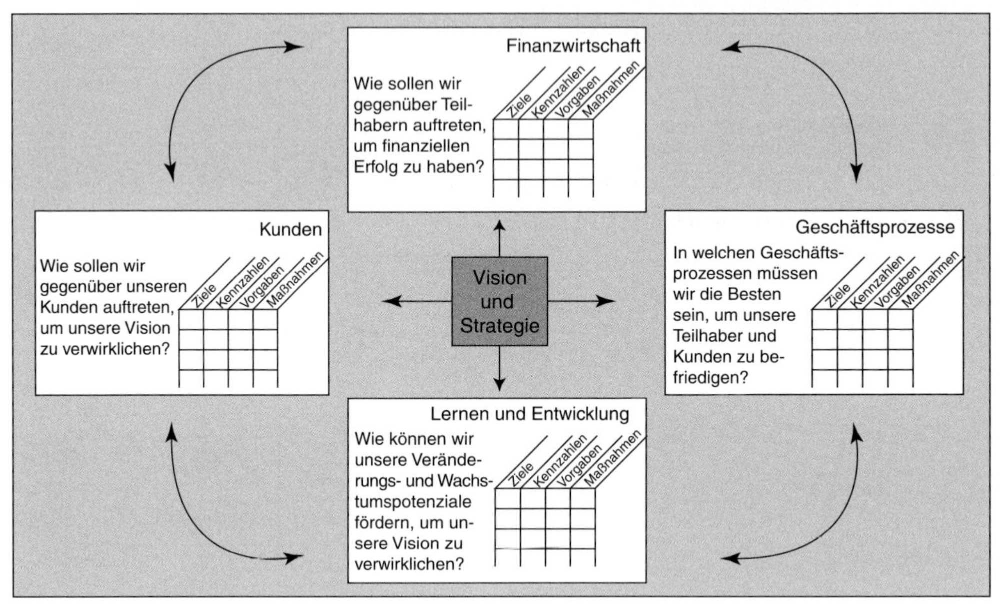


*Quelle:* nach *Kaplan/Norton,* 1997, S. 9

*Abb. 84: Die vier Basisperspektiven der Balanced Scorecard*

Die Darstellung zeigt, dass für eine *wert*orientierte Führung vier kritische Prozessebenen und ihre **Ursache-Wirkungsbeziehungen** berücksichtigt werden. Typisch für diesen Ansatz ist die Ausgewogenheit (Balance) unterschiedlicher Ebenen sowie das Ableiten von jeweils spezifischen Kennzahlen (Scorecard). Interessant unter dem marketing-konzeptionellen Aspekt ist die ausdrückliche Berücksichtigung der **Kundenperspektive**.

Der **integrierte Ansatz** der Balanced Scorecard macht das Besondere dieses Steuerungssystems aus. Aufgrund der Komplexität ist andererseits seine Implementierung in der Praxis schwierig und aufwändig – auch weil es *unternehmensindividuell* aufgebaut werden muss (zu Praxisanwendungen s. *Jossé,* 2005; *Horvath,* 2003 bzw. *Horvath und Partners,* 2007).

Mit diesen Darlegungen sind zugleich wichtige „Nahtstellen" (= **konzeptionelle Kette**) zwischen Zielen einerseits und Strategien andererseits angesprochen. Im folgenden *2. Teil* werden nun die **Marketingstrategien** als zentrale Strategien des Unternehmens bzw. des Marketing- und Unternehmenshandelns detailliert behandelt.

2

# 2. Teil: Konzeptionsebene der Marketingstrategien

## Inhaltsübersicht

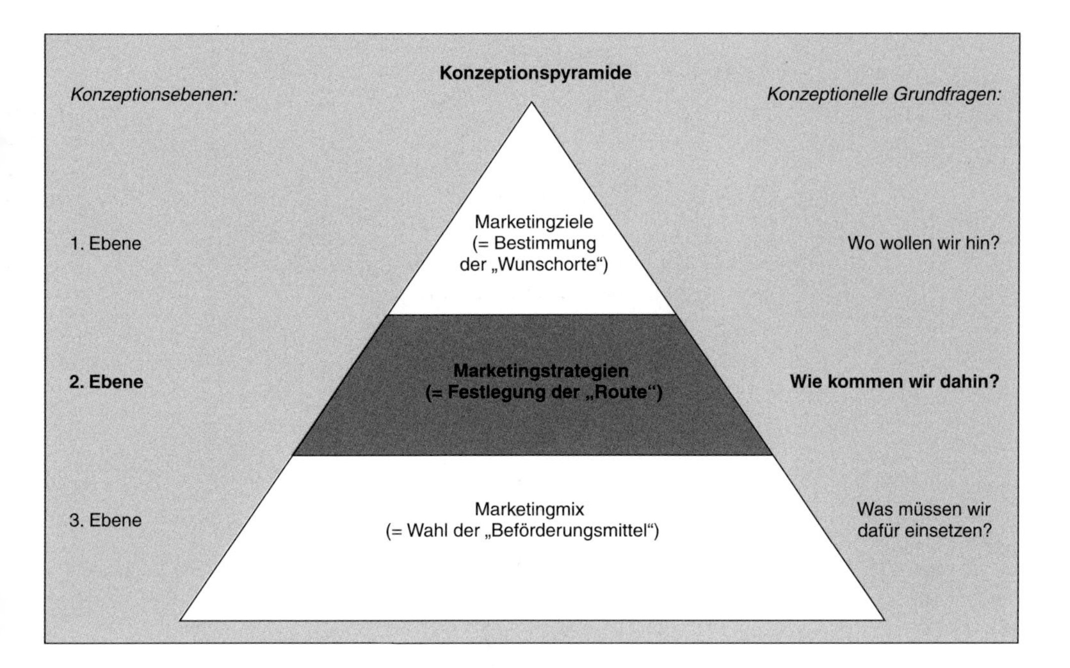


**Problemstellung:**
Eine systematische Erreichung der Ziele („Wunschorte“) des Unternehmens ist an die konsequente Verfolgung adäquater Strategien gebunden. Strategien zeigen grundsätzliche Wege und Muster der Zielrealisierung auf („Wie kommen wir dahin?“). Sie legen Regeln und Grundsätze für den zielführenden Einsatz der Marketinginstrumente („Beförderungsmittel“) fest und stecken insoweit den Handlungsrahmen („Route“) für die konzeptionelle Führung ab.

**Lernziele:**
Dieser 2. Teil behandelt die strategischen Alternativen (Optionen) und ihre spezifischen Einsatzbedingungen (mit Anwendungsbeispielen). Der Leser soll nach Durcharbeiten dieses Teils eine hinreichende Kenntnis aller strategisch relevanten Fragestellungen besitzen und zugleich in der Lage sein, für ein konkretes Unternehmen ziel-adäquate Strategien abzuleiten sowie zu bewerten und ein mehrdimensionales strategisches Grundkonzept im Sinne eines schlüssigen Handlungsrahmens zu entwickeln.

**Stoffbehandlung:**
Die strategischen Fragestellungen werden in drei aufeinander aufbauenden Kapiteln diskutiert. Im I. Kapitel wird zunächst die spezifische Rolle von Strategien für die marktorientierte Unternehmensführung und ihr Verhältnis zu den operativen (taktischen) Marketingmaßnahmen behandelt. Im II. Kapitel werden dann differenziert die marketing-strategischen Optionen und ihre Einsatzbedingungen herausgearbeitet. Im III. Kapitel werden schließlich Verfahren und Methoden der Strategiebestimmung dargestellt.

**Vorbemerkungen:** In Wissenschaft und Praxis werden seit längerem **Strategiefragen** diskutiert (zur angelsächsischen Literatur s. *Ansoff*, 1966 bzw. 1988; *Hofer/Schendel*, 1978; *Porter*, 1980 bzw. 1995; *Johnson/Scholes*, 1989 bzw. 1993; *Dess/Lumpkin/Eisner* 2008; zur deutschsprachigen Literatur s. *Hinterhuber*, 1977 bzw. 2004; *Welge/Al-Laham*, 1992 bzw. 2003; *Hungenberg*, 2000 bzw. 2014; *Bea/Haas*, 2013; *Macharzina/Wolf*, 2015).

Parallel dazu haben strategische Fragen auch in der **Marketing-Literatur** immer stärker Eingang gefunden (zur angelsächsischen Literatur s. *Abell/Hammond*, 1979; *Aaker*, 1984 bzw. 1989; *Wilson/Gilligan*, 1997; *Kotler/Bliemel*, 2001 bzw. *Kotler/Keller/Bliemel.*, 2007; zur deutschen Literatur *Raffée/Wiedmann*, 1985 bzw. 1989, *Köhler*, 1988 bzw. 1993; *Meffert*, 1988; 2000 und *Meffert/Burmann/Kirchgeorg*, 2008 bzw. 2015).

Trotz breiter Diskussion allgemeiner und marketing-spezifischer Strategiekonzepte wird unter Strategie noch immer sehr Unterschiedliches verstanden. Zum einen gibt es *kaum* vollständige, durchgängige **Systeme** möglicher Strategien und zum anderen werden vielfach noch strategische und operative (taktische) Ansätze bzw. Maßnahmen vermischt. Außerdem werden Strategiefragen häufig einseitig verfahrensbezogen (z.B. via Portfolio-Analyse, SWOT-Analyse) und zu wenig sachinhaltlich (**Kernfrage**: Was sind die eigentlichen Optionen strategischen Handelns?) diskutiert (siehe hierzu auch *Becker*, 1995 bzw. 2000 c).

# I. Wesen und Bedeutung von Marketingstrategien

Marketingstrategien werden hier als ein **Bereich eigener Art** aufgefasst, und zwar in einem gewissen Gegensatz sowohl zur angelsächsischen als auch deutschsprachigen Marketinglehre, in der Marketingstrategien und Marketinginstrumente – wie betont – häufig nicht streng abgegrenzt werden. Das heißt mit anderen Worten, in der Marketinglehre ist es noch immer üblich, unter Marketingstrategien auch „Instrumentalstrategien" zu verstehen, d.h. also Fragen des operativen Marketinginstrumenteneinsatzes (wie Produkt-, Preis- oder Werbegestaltung). Mit dem diesem Buch zugrundeliegenden **Konzeptionellen Ansatz**, der streng zwischen Ziel-, Strategie- und Instrumenten- bzw. Mix-Entscheidungen *trennt,* soll das überwunden werden.

Eine Zeit lang war – vor allem ausgehend von amerikanischen Autoren – eine Tendenz zu beobachten, Analogien zwischen Marketing bzw. **strategischem Marketing und Kriegsführung** zu „erkennen" und daraus marketingstrategische Handlungsmuster abzuleiten (etwa *James,* 1984 bzw. 1986; *Ries/Trout,* 1986 a oder auch *Düro/Sandström,* 1986). Es zeigt sich jedoch bei näherer Betrachtung, dass man hier – jenseits ethischer Vorbehalte – die Parallelen nicht zu weit treiben kann (darf), weil es sich doch jeweils um ganz *unterschiedliche* Entscheidungsfelder handelt. Zudem erweisen sich nicht wenige der Analogien als viel zu formal und inhaltsleer; abgesehen davon, dass u.a. der Bezug auf Lehren *von Clausewitz* (*Clausewitz,* 1980) gar nicht mehr dem aktuellen Stand der Militärtheorie entspricht (vgl. hierzu *Vesper,* 1987). Am ehesten lassen sich noch bestimmte Beziehungen hinsichtlich des **geografischen Vorgehens** bei der Kriegsführung und beim strategischen Marketing herstellen; die militärische Theorie handelt vor allem von den strategischen Operationen im Gelände (vgl. hierzu II. Kapitel, 4. Abschnitt „Marktarealstrategien"). Ausgangspunkt der Militäranalogien ist sicher auch der wettbewerbsstrategische Ansatz (*Porter,* 1995 bzw. 1986) gewesen. Er erfuhr durch diese Bezüge quasi seine „Dramatisierung" (zur Gefahr bzw. Relativierung des wettbewerbsstrategischen Ansatzes siehe auch II. Kapitel, 6. Abschnitt „Wettbewerbsstrategien").

Zunächst aber sollen die sachlich-inhaltlichen, d. h. ökonomisch bzw. betriebs- und marktwirtschaftlich orientierten Strategiemuster im Mittelpunkt stehen.

Bei den im Folgenden herausgearbeiteten Marketingstrategien handelt es sich nach eigenem Verständnis um ein **Entscheidungsfeld ganz spezifischer Art.** Das kann nicht zuletzt daraus abgeleitet werden, dass hier Fragestellungen im Vordergrund stehen, die im Marketing ursprünglich nicht behandelt oder aber in nicht adäquater Weise mit Fragen des Marketinginstrumentariums vermischt wurden. Bevor grundlegende Marketingstrategien *inhaltlich* herausgearbeitet werden, soll noch etwas grundsätzlicher auf die Strategiefrage eingegangen werden.

## 1. Relevanz strategie-orientierter Unternehmensführung

Unternehmerisches Handeln ist dem Wesen nach zweck- oder zielorientiertes Handeln, d. h. das unternehmerische Verhalten ist auf die **Erreichung von Zielen** gerichtet. Betrachtet man den markt- bzw. kundenorientierten Unternehmensprozess, so setzt er sich aus einer Vielzahl von Teilstufen bzw. Teilfunktionen zusammen. Sie alle müssen einen Teilbetrag leisten für die Erreichung gesetzter Ziele. Die Problematik der einzelnen funktionalen Leistungsprozesse im Unternehmen – und das gilt gerade und insbesondere auch für den Marketingbereich – besteht darin, dass bereits diese Teilleistungen jeweils das Ergebnis einer **Vielzahl** von Entscheidungen über eine Vielzahl von Instrumenten sind, und zwar sowohl was ihre Art, ihre Intensität als auch ihren zeitlichen und räumlichen Einsatz betrifft.

Die Gestaltung des Unternehmensprozesses, in seinen Teilen wie auch als Ganzes, stellt somit eine äußerst komplexe Aufgabe dar, die insbesondere darin besteht, eine kaum überblickbare Zahl von Instrumenten zielgerecht einzusetzen. Das setzt die Wahl *ziel-adäquater* Strategien als **Steuerungsmechanismen** (Grundsatzregelungen) voraus.

Strategien legen den notwendigen Handlungsrahmen bzw. die Route („Wie kommen wir dahin?“) fest, um sicherzustellen, dass alle operativen (taktischen) Instrumente auch zielführend eingesetzt werden.

### *a) Lenkungsleistungen von Strategien*

Jede zielführende Steuerung des Instrumenteneinsatzes setzt – das ist der entscheidende unternehmenspolitische Ansatzpunkt – die Ableitung und Realisierung von **zukunftsgerichteten, potenzialorientierten Strategien** voraus, und zwar im Sinne klar vorgegebener, einzuschlagender „Routen“ (Handlungsbahnen) für das unternehmerische Handeln. Insofern kann man auch sagen, dass Strategien ein (Hilfs-)Mittel sind, unternehmerische Entscheidungen bzw. den Mitteleinsatz im Unternehmen zu kanalisieren. Ihre Kanalisierungswirkung beruht dabei auf ihrem Richtlinien-Charakter, der in der Vorgabe bestimmter **Handlungsrichtungen und -folgen** besteht. Mehrere schematische Abbildungen *(Abb. 85* bis *87)* versuchen diese spezifische Rolle von Strategien zu verdeutlichen. Der Mittelpunkt des Kreises *(Abb. 85)* markiert das Ziel (Zielsystem) des Unternehmens und der Kreis bzw. der ihm zugrundeliegende Radius gibt den Abstand des Unternehmens vom angestrebten Ziel an.

Alle Punkte auf der Kreislinie markieren verschiedene Ausgangspunkte für die Zielrealisation, d. h. Unternehmen haben in der Regel mehrere (viele) unternehmens- und marketingpolitische Ausgangspunkte für das Verfolgen ihrer Ziele. Die Gefahr eines nicht **strategie-gelei-**

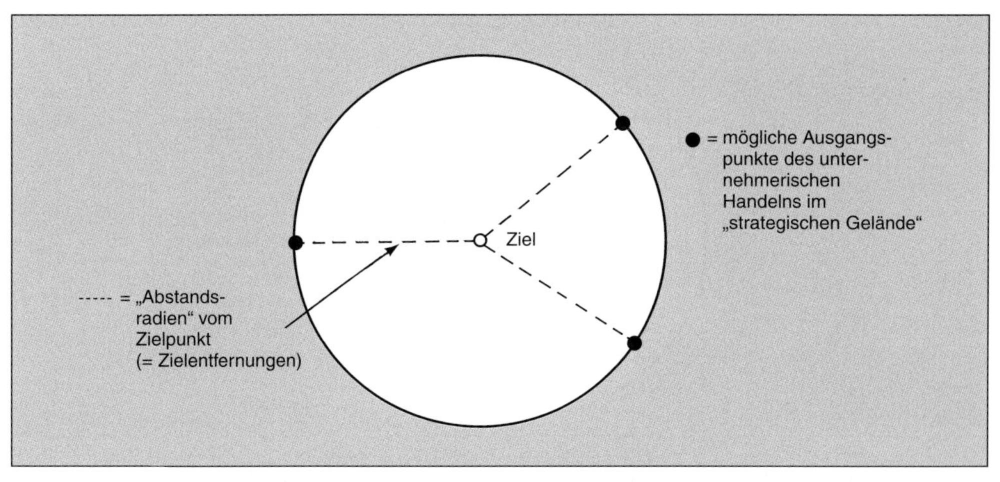


*Abb. 85: Zielposition und strategische Ausgangspunkte*

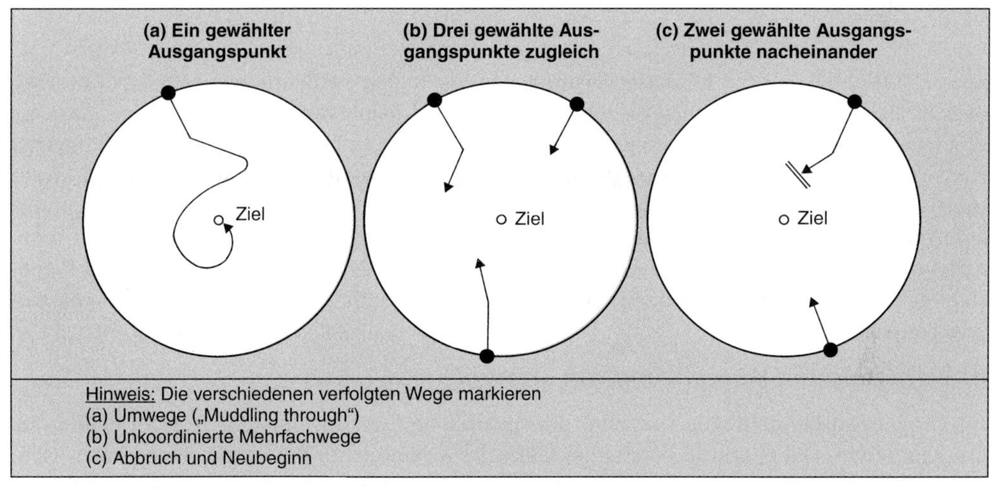


*Abb. 86: Typische Formen nicht strategie-geleiteter Handlungsweisen*

**teten Vorgehens** besteht nun darin, dass ein Unternehmen dann ohne strenge Kanalisierung das angestrebte Ziel zu verfolgen sucht. Verzichtet das Unternehmen auf eine bewusste Kanalisierung des unternehmerischen Vorgehens, so führt das in der Regel zu Umwegen, unkoordinierten Mehrfachwegen und/oder auch zum Abbruch von eingeschlagenen und zum Betreten neuer Wege, ohne dass ein entsprechender **Wirkungstransfer** zwischen mehreren gleichzeitig oder nacheinander eingeschlagenen Wegen erreicht wird *(Abb. 86)*.

Strategie-orientierte Unternehmensführung ist demgegenüber dadurch charakterisiert, dass ein **zieladäquater Kanal** (Handlungsrahmen) vorgegeben wird, in dem sich aus Effizienzgründen der Instrumenteneinsatz im Zeitablauf bis zur endgültigen Zielerreichung schrittweise zu vollziehen hat.

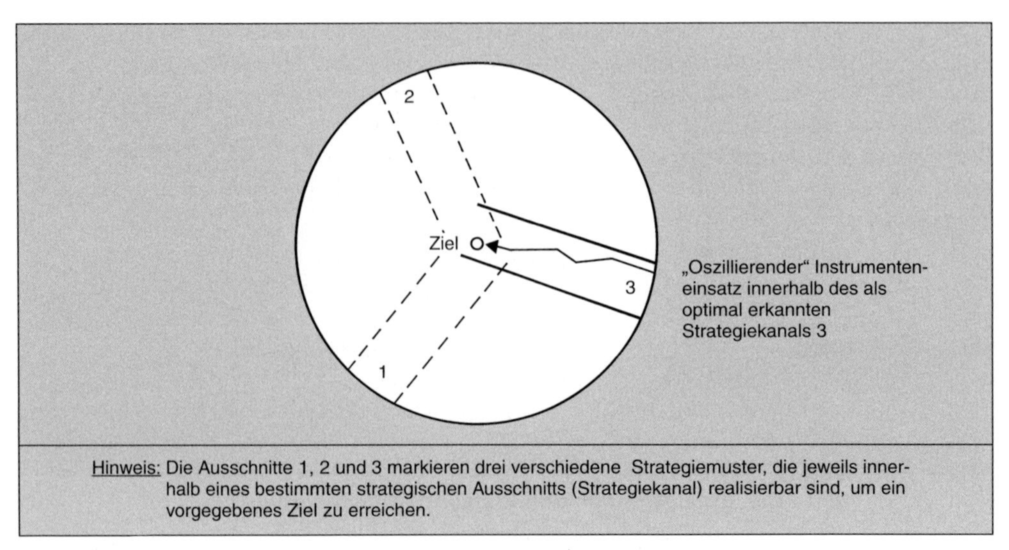


Hinweis: Die Ausschnitte 1, 2 und 3 markieren drei verschiedene Strategiemuster, die jeweils innerhalb eines bestimmten strategischen Ausschnitts (Strategiekanal) realisierbar sind, um ein vorgegebenes Ziel zu erreichen.

*Abb. 87: Lenkungsleistung von Strategien*

Speziell *Abb. 87* soll die **Lenkungsleistung** von Strategien verdeutlichen, die darin besteht, dass Strategien innerhalb eines vorgegebenen Kanals Lösungswege so vorzeichnen, dass ein gesetztes Ziel (Zielsystem) ohne gravierende Umwege erreicht wird. Ein derartig definierter Kanal erlaubt andererseits zugleich – das zeigt der Verlauf der Strategierealisierung (siehe Pfeil) – auch notwendige taktische Spielräume für den Instrumenteneinsatz etwa im Hinblick auf Änderungen der Markt- und/oder Umweltkonstellationen, ohne allerdings einen möglichst direkten Weg zum Ziel grundsätzlich zu gefährden. Die **relative Direktheit** des Weges steht dabei für eine sowohl schnelle (= zeitlicher Aspekt) als auch wirtschaftliche (= ökonomischer Aspekt) Lösung.

## b) Verhältnis und Abgrenzung von Strategie und Taktik

Im vorigen Abschnitt wurde versucht, die spezifische Lenkungsleistung von Strategien herauszuarbeiten. Dabei wurde bereits die taktische Komponente des unternehmerischen Handelns angesprochen. Insofern erscheint es zwingend, im Folgenden **Strategie und Taktik** des Unternehmens näher abzugrenzen. Gerade durch eine Gegenüberstellung dieses Begriffspaares kann der Charakter von Strategien differenziert und damit noch deutlicher herausgestellt werden.

Betrachtet man die neuere Marketingliteratur, so gibt es kaum eine Veröffentlichung, die nicht in irgendeinem Zusammenhang auf die Strategiefrage eingeht. Allerdings wird dabei häufig nicht oder nur unscharf definiert, was eigentlich unter „Strategie“ zu verstehen ist. Der Strategiebegriff ist in der Literatur insbesondere von *Ansoff* im Rahmen der allgemeinen Managementlehre eingeführt worden. Typisch für die Deutung des Strategiebegriffes ist der **Markt- bzw. Umweltbezug** von Strategien, d. h. Strategien sind speziell auf die Erreichung bestimmter Positionen im Markt gerichtet (*Ansoff,* 1966, S. 125 ff.; *Miles/Snow,* 1986, S. 16 f. sowie auch *Kotler/Bliemel,* 2001, S. 107 ff.). Man kann ihre Funktion insoweit auch darin sehen, Erfolgspositionen aufzubauen und zu erhalten (*Gälweiler,* 1981, S. 135; *Pümpin,* 1986, S. 34 ff.) bzw. Chancen und Risiken des Unternehmens geplant zu handhaben (*Trux/Kirsch,*

1979, S. 228; *Kreikebaum,* 1991, S. 29 ff.). Strategien stellen in diesem Sinne **Grundsatzregelungen mittel-/längerfristig geltender Art** dar. Strategien sind demnach ihrem Wesen nach „konstante" Vorgaben, Richtlinien oder Leitmaximen, durch welche ein konkreter Aktivitätsrahmen sowie eine bestimmte Stoßrichtung (*Koontz/O'Donnell,* 1976, S. 135 f.; *Aaker,* 1989, S. 5 f.) des unternehmerischen Handelns determiniert wird. Auf diese Weise sind sie ein **zentrales Bindeglied** zwischen den Zielen einerseits und den laufenden operativen Maßnahmen agierender und reagierender Art andererseits.

Jene operativen Maßnahmen stellen zugleich die taktische Seite oder **Taktik** des unternehmerischen Handelns dar. Die Taktik legt die „Beförderungsmittel" fest, die über die vorgegebene „Route" (= Strategie) zu den angestrebten Zielen („Wunschorten") führen sollen. Sie bestimmt die **laufenden Maßnahmen** innerhalb der kurzen Planperioden (Monat/Jahr) und widmet sich darüber hinaus den aktuell auftretenden Problemen. Ein ganz wesentlicher Beitrag des taktischen unternehmerischen Handelns besteht gerade auch in der Bewältigung des „Tagesgeschäfts", d. h. also in dem Reagieren auf unerwartete Verhaltensweisen der Konkurrenten, Absatzmittler und/oder Käufer.

Versucht man, Strategie und Taktik abschließend noch einmal gegenüberzustellen, so können insbesondere zwei Unterschiede spezifisch herausgestellt werden, nämlich vor allem sachliche und zeitliche. In der Lehre von der Kriegführung betrifft die Strategie die allgemeine Entwicklungsrichtung eines Heeres, während die Taktik auf das situationsgerechte Verhalten der Truppe auf dem Kampfplatz gerichtet ist (*Kreikebaum,* 1991). Überträgt man diese Grundgedanken – so weit sie ganz allgemein **systematisches Vorgehen** im Hinblick auf die Realisierung von Zielen (Zwecken) schlechthin beschreiben – auf den ökonomischen Bereich, so kann Strategie und Taktik für die weiteren marketing-konzeptionellen Überlegungen wie folgt *(Abb. 88)* abgegrenzt werden.

| **Strategie** = Grundsatzregelungen<br>(grundsätzliche Prädispositionen) | **Taktik** = operative Handlungen<br>(laufende Dispositionen) |
|---|---|
| *Merkmale:*<br>– strukturbestimmend (konstitutiv)<br>– echte (Wahl-)Entscheidungen<br>– mittel-/langfristig orientiert<br>– verzögert bzw. in Stufen wirksam<br>– schwer korrigierbar | *Merkmale:*<br>– ablaufbestimmend (situativ)<br>– Routineentscheidungen (habituelles Verhalten)<br>– kurzfristig orientiert<br>– „sofort" wirksam<br>– leicht korrigierbar |
| *Entscheidungssituation:*<br>– komplexes, schlecht strukturiertes Entscheidungsfeld (Unsicherheitsgrad hoch)<br>– heute werden (Grundsatz-)Entscheidungen für morgen getroffen<br>– ganzheitliches Denken notwendig (Unternehmen als Ganzes umfassend)<br>– makro-betonte, eher qualitative Betrachtungsweise | *Entscheidungssituation:*<br>– überschaubares, gut strukturiertes Entscheidungsfeld (Unsicherheitsgrad niedrig)<br>– heute werden (Problemlösungs-)Entscheidungen für heute getroffen<br>– partikulares Denken steht im Vordergrund (einzelne Aktionsbereiche des Unternehmens betreffend)<br>– mikro-betonte, eher quantitative Betrachtungsweise |
| *Grundorientierung insgesamt:*<br>**Effektivitätskriterium** → „die richtigen Dinge machen" | *Grundorientierung insgesamt:*<br>**Effizienzkriterium** → „die Dinge richtig machen" |

*Abb. 88: Abgrenzung von Strategie und Taktik (nach Merkmalen und Entscheidungssituation)*

Zwischen Strategie und Taktik bestehen jedoch nicht nur grundlegende Rollenverteilungen in der bisher beschriebenen Weise (= Strategie als verbindlicher Handlungsrahmen für laufende operative Entscheidungen, vgl. auch *Becker,* 2000 c), sondern – darauf sei an dieser Stelle lediglich hingewiesen – auch **Wechselbeziehungen** in der Weise, dass durch taktische Maßnahmen Strategien (und ihr grundlegender Problemlösungsansatz) nicht nur verfolgt, sondern auch beeinträchtigt, verändert, ja sogar aufgehoben werden können.

## 2. Besonderheiten des strategie-orientierten Marketing-Managements

Der Strategiebegriff wird nicht nur im Marketingbereich, sondern zunehmend auch in anderen Unternehmensbereichen verwendet. So spricht man u. a. auch von Beschaffungs-, Personal-, Finanzstrategien. Dennoch kann nicht übersehen werden, dass die grundlegenden Unternehmensstrategien („Leitstrategien“) in erster Linie **Marketingstrategien** sind. Alle anderen Strategien sind in dieser Hinsicht mehr Folge- bzw. Begleitstrategien.

Wenn man Marketing als die **konsequente marktorientierte Führung** des gesamten Unternehmens auffasst – nämlich als eine das Unternehmen als Ganzes erfassende Führungskonzeption –, so ist ohne weiteres einsichtig, dass Unternehmensstrategien bei Anwendung dieses Konzepts in erster Linie Marketingstrategien sind oder anders ausgedrückt: Der Marketingsektor im Unternehmen hat, zumindest im „long-run“, **Dominanzcharakter.** Im „short-run“ gilt andererseits das, was *Gutenberg* mit dem sog. Ausgleichsgesetz der Planung umschreibt, d. h. in der kurzen Sicht hat jener Unternehmensbereich Priorität, der den jeweiligen Engpass darstellt (*Gutenberg,* I, 1975, S. 163 f.).

Das bedeutet insgesamt, dass die (Absatz-)Marktseite des Unternehmens zwar nicht in jeder kurzfristigen Entscheidungssituation primär das Unternehmensgeschehen bestimmen muss, dass aber Unternehmen, wenn sie auf Dauer existieren wollen – gerade auch angesichts verschärfter Markt- und Wettbewerbsverhältnisse – das markt- bzw. kundenorientierte Handeln und seine zielgerichtete und konsequente Steuerung in den **Mittelpunkt** ihrer Unternehmenspolitik rücken müssen.

### *a) Typische Wirkungsmechanismen im Marketing*

Die spezifische Bedeutung von Marketingstrategien ist jedoch nicht allein durch die beschriebenen Tatbestände bestimmt, sondern vor allem auch dadurch, dass marketing-strategische Mittel- und Langfristprogramme und ihre konsequente Verfolgung deshalb von besonderer Relevanz sind, weil bestimmte Marktwirkungen – wie etwa die Schaffung von Präferenzen über den Aufbau von Image und/oder Bekanntheitsgrad – in der Regel nur über einen mehrperiodigen Stufenprozess (er entspricht den notwendigen Lernprozessen bei den jeweiligen Zielgruppen) realisiert werden können. Der **Strategiefaktor Kontinuität** hat daher im Marketing ganz besonderes Gewicht. Marketingstrategien stellen insofern verbindliche Leitlinien für den Instrumenteneinsatz (Marketingmix) dar, die dem Grundsatz nach für den gesamten Lebenszyklus von Produkten, Programmen und/oder Unternehmen – je nach zugrundeliegender Markenpolitik bzw. gewähltem Markentyp (vgl. hierzu auch II. Kapitel, insbesondere 2. Abschnitt „Marktstimulierungsstrategien“) – Gültigkeit haben oder besser gesagt haben müssen.

Gerade Marketingstrategien kommt daher der Charakter ausgesprochener **„Dauerfestlegungen“** zu; ihr strukturbestimmender (konstitutiver) Charakter ist damit evident. Es liegt auf der Hand, dass Marketingstrategien aus diesem Grunde äußerst sorgfältig und abgesichert erarbeitet werden müssen, wenn sie die notwendige Kanalisierung der eingesetzten Mittel bzw. Instrumente im zielorientierten Unternehmensprozess auch tatsächlich leisten sollen.

Damit sind bereits grundlegende Probleme der **Strategieableitung** bzw. der Bewertung von Strategien angesprochen. Der langfristige Charakter von Strategien wirft dabei zunächst die Grundsatzfragen von Daten- bzw. Entwicklungsprognosen sowie von Wirkungsprognosen für Strategiealternativen auf. Darüber hinaus ist die eigentliche Bewertung von Strategien nicht allein eine quantitativ-verfahrensmäßige Spezialfrage, sondern vor allem auch eine qualitative, ganzheitlich zu orientierende Basisfrage des gesamten Unternehmens. Die Grenze der Rechenhaftigkeit derartiger Problemstellungen wird damit bereits hier sichtbar. Trotz dieser grundsätzlichen Problematik des strategischen Marketing-Managements kann kein Zweifel darüber bestehen, dass Unternehmen unter heutigen Markt- und Wettbewerbsbedingungen erfolgreich nur noch über eine **zukunftsgerichtete, potenzialorientierte Strategie-Orientierung** geführt werden können.

Im Folgenden sollen nun noch zentrale Fragen der Fristigkeit von Marketingstrategien und ihre Konsequenzen problematisiert werden.

### *b) Planungshorizont im Marketing*

Ein besonderes Problem – gerade auch für Marketingstrategien – stellt der **Strategiehorizont** dar. Das Problem besteht in der Frage, welchen Bindungszeitraum Strategiefestlegungen überhaupt zu umspannen vermögen.

Ganz allgemein kann der Grundsatz gelten, dass Strategien nur Festlegungen für **den Zeitraum** formulieren können (bzw. sollten), der hinsichtlich der notwendigen Markt- und Umweltinformationen wie auch hinsichtlich der zu erwartenden Strategie-Wirkungen „ausreichend“ überblickbar ist. Was hierbei als ausreichend zu betrachten ist, kann nicht generell gesagt werden, sondern diese grundlegende Frage muss in Abhängigkeit von den jeweiligen Marktbedingungen einerseits und den allgemeinen, das Unternehmen bzw. den Markt tangierenden Umweltkonstellationen andererseits gesehen werden. Der strategische Planungshorizont hängt dabei auch von der **Verfügbarkeit strategie-relevanter Frühinformationen** ab.

Generell kann man lediglich sagen, dass Strategiefestlegungen zumindest die nächste, wenn nicht auch die übernächste **Produkt/Markt-Generation** umfassen müssen, wenn Bestand und Wachstum eines Unternehmens langfristig gesichert werden sollen. Besonders deutlich wird der Zwang zu einem solchen Strategiehorizont etwa am Beispiel der Automobilindustrie, für die Entwicklungszeiten für eine neue Modellreihe von etwa sechs Jahren typisch sind. Der Strategiehorizont würde demnach bei Berücksichtigung der übernächsten Produktgeneration mehr als ein Jahrzehnt umfassen. Damit werden zugleich auch die Grenzen strategischer Bindungen – vor allem auch angesichts unsicherer gesamtwirtschaftlicher Konstellationen (z. B. Konjunktur, Energieversorgung, Umwelt) – deutlich sichtbar.

Noch immer wird – gerade auch von Seiten der Unternehmenspraxis – eingewandt, dass Strategiefestlegungen in dem bisher verstandenen Sinne (insbesondere bei weitem Strategiehorizont) Flexibilität und Kreativität im Unternehmen in unvertretbarer Weise beeinträchtigen bzw. einengen. Dazu kann jedoch Folgendes konstatiert werden:

**(1)** **Flexibilität und Strategie** sind an sich keine Gegensätze. Strategien stecken nämlich Suchfelder („Kanäle“) ab, in denen sinnvolle Alternativen auch für situatives Handeln des Unternehmens gefunden werden können, und zwar in der Regel schneller als ohne Suchfeldabgrenzung. Strategien erleichtern damit im Gegenteil die Flexibilität des Unternehmens.

**(2)** Auch **Kreativität und Strategie** sind an sich keine Gegensätze. Strategien ermöglichen „gelenkte" Kreativität, deren Vorteil darin besteht, dass die gefundenen kreativen Lösungen auch ziel-strategisch sinnvoll bzw. im Unternehmensrahmen überhaupt realisierbar sind. Kreativität bzw. die durch sie gefundenen Problemlösungen haben – das zeigen viele Beispiele in der Praxis – vor allem dann die größten Erfolgschancen, wenn sie strategisch kanalisiert sind.

Strategien haben insoweit nicht den restriktiv-einengenden Charakter, der ihnen z. T. unterstellt wird, sondern sie ermöglichen vielmehr erst vernünftige, innovative **Rasterungen des unternehmerischen Handelns.** „The conditions of most businesses change so fast that strategic management is the only way to anticipate future problems and opportunities" (*Glueck,* 1980, S. 16). Klare, zukunftsorientierte Strategien auf der Basis entsprechender Potenzialanalysen und Prognosen erlauben, in einem frühen Stadium sich abzeichnender Markt- und Umweltveränderungen die Weichen für ein effektives Marketing- und Unternehmensmanagement zu stellen. *Glueck* führt in diesem Zusammenhang elf empirische Studien an (u. a. die *Ansoff* -Studie, die *Hegarty* -Analyse, das *PIMS* -Projekt), die – wenn auch auf unterschiedliche Weise – nachweisen, „that businesses which perform strategic management are more effective than those which do not, and their employees are more satisfied" (*Glueck,* 1980, S. 17). Diverse Untersuchungsansätze belegen die Bedeutung strategie-geleiteten Handelns für den **Unternehmenserfolg** (s. *Fritz,* 1992 bzw. 1995 a) sowie den Überblick bei *Meffert/Burmann/Kirchgeorg*, 2015, S. 67 ff.).

Die besondere Bedeutung von Strategien im Rahmen von umfassenden Marketing-Handlungsanweisungen wird im Übrigen auch daran deutlich, dass die Unternehmen in der Praxis die Zielebene vielfach nicht hinreichend operationalisieren (können), so dass dann Strategien zum Teil als **Zielersatz** fungieren. Man orientiert sich dabei an Strategien bzw. legt solche fest, von denen man glaubt, dass sie in den „Hof" prinzipiell angestrebter Ziele münden (ohne, dass die genaue Position oder Stelle im Zielhof fixiert ist, vgl. *Abb. 89*).

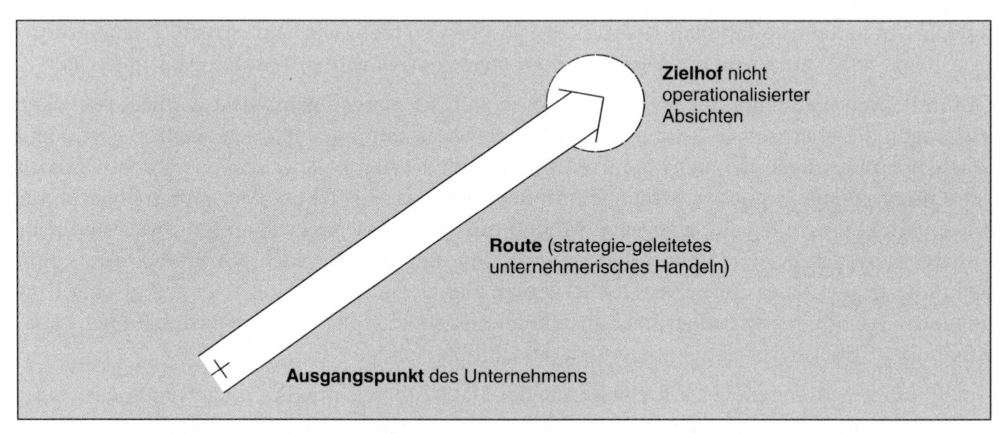


*Abb. 89: Strategien als Zielersatz bei nicht operationalisierten Absichten*

Es hat den Anschein, als ob in der Realität viel mehr Unternehmen Strategien als Zielersatz verwenden als gemeinhin angenommen. Jedenfalls ist es immer wieder überraschend, bei nicht wenigen Unternehmen zu entdecken, dass sie (fast) keine operationalen Ziele definiert haben (außer der Forderung bzw. dem Anspruch, etwa einen Gewinn wie bisher und/oder einen um x % höheren Umsatz als im Vorjahr zu erzielen).

Damit soll nicht zum Ausdruck gebracht werden, dass eine operationale Zielbildung bzw. eine geschlossene Zielhierarchie als wesentliches Steuerungs- und Kontrollinstrument im Unternehmen verzichtbar ist, sondern es soll lediglich festgestellt werden, dass Strategien eine bestimmte Ersatzfunktion für Ziele übernehmen können, weil auf diese Weise zumindest eine **bestimmte Kanalisierung** der laufenden operativen Maßnahmen („Taktik") sichergestellt werden kann.

Nachdem Wesen und Notwendigkeit eines strategie-orientierten Marketing-Managements herausgearbeitet worden sind, soll nun den konkreten Erscheinungsformen von Strategien im Einzelnen nachgegangen werden.

## II. Arten und Ausprägungen von Marketingstrategien

Ein bestimmtes Problem besteht darin, angesichts der **Vielfalt strategischer Formen** (Optionen) ein möglichst in sich geschlossenes System von Marketingstrategien zu entwickeln.

Die Behandlung strategischer Grundfragen hat deshalb auch mit **partialen Ansätzen** begonnen. Das heißt, es wurde versucht, zunächst einige wenige Basisentscheidungen zu identifizieren und ihre Einsatzmuster zu analysieren. Als grundlegende marktorientierte Strategiealternativen wurden zunächst Teilsysteme wie die **Produkt-/Marktstrategien** (*Ansoff,* 1966) und später die **Wettbewerbsstrategien** (*Porter,* 1995) entwickelt. Zu nennen sind hier auch mehr formale Strategieansätze („Normstrategien"), die aus Strategieanalyse-Methoden wie etwa der Portfolio-Analyse oder dem PIMS-Programm abgeleitet wurden (*Buzzell/Gale,* 1989).

Diese strategischen Teilsysteme haben insgesamt die Strategiediskussion stark befruchtet; dennoch wurde zugleich erkennbar, dass eine vollständige strategie-geleitete Führung des Unternehmens (i. S. v. klarer Kanalisierung aller operativen Instrumentalentscheidungen) nur auf der Basis *totaler* Strategiesysteme möglich ist. Unter diesem Aspekt wurde ein **mehrdimensionales Strategiekonzept** entwickelt (*Becker,* 1983 bzw. 1986), das auf *vier* strategischen Ebenen jeweils mehrere Strategieoptionen umfasst (zur Begründung dieses Konzepts s. a. S. 372 ff. u. 669 f.).

Diesem unter einem einheitlichen, **abnehmerorientierten Aspekt** abgeleiteten Strategiesystem (*denn:* (strategisches) Marketing heißt nichts anderes als markt- bzw. kundenorientierte Führung des gesamten Unternehmens) liegen folgende, klar voneinander abgrenzbare, materiell-inhaltliche Strategieebenen(-dimensionen) zugrunde:

**(1) Marktfeldstrategien,**
**(2) Marktstimulierungsstrategien,**
**(3) Marktparzellierungsstrategien,**
**(4) Marktarealstrategien.**

Während Marktfeldstrategien die strategische Stoßrichtung in bezug auf alternative Produkt/Markt-Kombinationen (Marktfelder) eines Unternehmens determinieren, legen Marktstimulierungsstrategien die Art und Weise der Einwirkung auf den Markt fest. Marktparzellierungsstrategien andererseits definieren Art bzw. Grad der Differenzierung der Marktbearbeitung, während Marktarealstrategien auf die Festlegung des Markt- bzw. Absatzraumes gerichtet sind. *Abb. 90* macht dieses **mehrdimensionale strategische Grundraster** noch einmal transparent.

Jede dieser einzelnen Strategieebenen bzw. ihre Basisoptionen sind durch **verschiedene Ausprägungsformen** charakterisiert, auf die im Einzelnen eingegangen wird. Im Anschluss an die mehr isolierende Behandlungsweise der vier grundlegenden Strategieebenen (strategischen Optionen) wird außerdem dargelegt, wie aus einzelnen strategischen Komponenten ein um-

| Vier Strategieebenen | Art der strategischen Festlegung | Strategische Basisoptionen |
|---|---|---|
| **1. Marktfeldstrategien:** | Festlegung der Art der Produkt/Markt-Kombination(en) | Gegenwärtige oder neue Produkte in gegenwärtigen oder neuen Märkten |
| **2. Marktstimulierungs-strategien:** | Bestimmung der Art und Weise der Marktbeeinflussung | Qualitäts- oder Preiswettbewerb |
| **3. Marktparzellierungs-strategien:** | Festlegung von Art und Grad der Differenzierung der Marktbearbeitung | Massenmarkt- oder Segmentierungs-marketing |
| **4. Marktarealstrategien:** | Bestimmung der Art und Stufen des Markt- bzw. Absatzraumes | Nationale oder internationale Absatz-satzpolitik |

*Abb. 90: Marketing-strategisches Grundraster*

fassendes marketing-strategisches **Gesamtkonzept** entsteht (= gesamtstrategische Konfiguration). Erst ein solches Gesamtkonzept ermöglicht eine **konsequente marktorientierte Führung** des Unternehmens.

## 1. Marktfeldstrategien

Eine zentrale strategische Ansatzebene des Unternehmens besteht zunächst in der Fixierung des Leistungsprogramms bzw. seiner konkreten Ausrichtungsdimensionen. Es wird auf diese Weise über **marketing-strategische Stoßrichtungen** entschieden, die für Entwicklung und Wachstum des Unternehmens verantwortlich sind (s. a. *Becker,* 2000 c, S. 11 ff.).

Die hier generell möglichen Strategierichtungen lassen sich durch vier grundlegende **Produkt/Markt-Kombinationen** (Marktfelder) beschreiben *(Abb. 91).* Jedes Unternehmen muss dabei eine Entscheidung über die Wahl einer oder mehrerer dieser auch als Wachstumsvektoren (*Ansoff,* 1966, S. 132) bezeichneten Basiskombinationen treffen.

| Märkte / Produkte | gegenwärtig | neu |
|---|---|---|
| **gegenwärtig** | Marktdurchdringung* | Marktentwicklung |
| **neu** | Produktentwicklung | Diversifikation |

* = marketing-strategische Urzelle jedes Unternehmens

*Abb. 91: Die vier grundlegenden marktfeld-strategischen Optionen des Unternehmens*

Kein Unternehmen kommt um eine prinzipielle Entscheidung hinsichtlich des oder der zu wählenden **Marktfelder** herum; denn alle anderen strategischen Festlegungen knüpfen an diesen Produkt/Markt-Entscheidungen an, setzen sie mit anderen Worten also voraus.

Typisch für die Produkt/Markt-Entscheidung ist, dass entweder einzelne oder auch mehrere dieser **Strategiefelder** besetzt werden können, und zwar sowohl gleichzeitig als auch in einer bestimmten Abfolge. Viele Unternehmen – zumal in wettbewerbsintensiven Märkten – entscheiden sich für *mehrere* der aufgezeigten Produkt/Markt-Kombinationen (Strategiefelder).

Grundsätzlich kann gesagt werden, dass, je älter ein Unternehmen ist, es umso stärker dazu tendiert bzw. aufgrund der Ausschöpfung bestehender Marktpotenziale dazu gezwungen ist, *mehrere* dieser Felder zu besetzen (siehe hierzu auch *Becker,* 2000 c, S. 12 ff.):

(1) **Marktdurchdringung** = gegenwärtiges Produkt im gegenwärtigen Markt,
(2) **Marktentwicklung** = gegenwärtiges Produkt in einem neuen Markt,
(3) **Produktentwicklung** = neues Produkt in gegenwärtigem Markt,
(4) **Diversifikation** = neues Produkt in einem neuen Markt.

Während bei den ersten drei Produkt/Markt-Kombinationen die **strategischen Gemeinsamkeiten** noch deutlich erkennbar sind – denn bei ihnen sind gemeinsame Vertriebsmethoden und/oder Herstellprozesse gegeben –, ist bei der vierten strategischen Alternative (= Diversifikation) die „gemeinsame Linie" weniger deutlich und „in der Regel schwächer als bei den ersten drei Alternativen" (*Ansoff,* 1966, S. 132).

*Ansoff* und die Adopter seiner strategischen Überlegungen haben das marktfeld-strategische Vorgehen (= Bestimmung der Produkt/Markt-Kombinationen) durchweg unter dem Aspekt **wachstumspolitischen Agierens** gesehen. Jene Produkt/Markt-Alternativen besitzen jedoch auch analoge Relevanz bei schrumpfendem Absatz (*Hahn,* 1981, S. 1085 ff.; *Johnson/Scholes,* 1993, S. 221 ff.). Das heißt, dass Unternehmen bei markt- und/oder unternehmensinduzierten **Rückzugsstrategien** ebenfalls an den vier Marktfeldern anknüpfen können (müssen).

Das dargestellte *Ansoff*-Schema, dem vier grundlegende Marktfelder zugrunde liegen, hat in der Literatur zum Teil Modifikationen erfahren im Sinne einer **weitergehenden Differenzierung** möglicher Produkt/Markt-Kombinationen (*Scheuing,* 1972, S. 29 ff.; *Hinterhuber,* 1977, S. 221; *Hentze/Brose/Kammel,* 1993, S. 147). Diese Modifikationen beruhen in erster Linie auf einer feineren Abstufung der Produktebene. So werden hier beispielsweise statt der üblichen zwei Ebenen (*Ansoff,* 1966) *vier* verschiedene unterschieden (*Kollat/Blackwell/Robeson,* 1972, S. 21 f.): gegenwärtige Produkte, Verbesserungen gegenwärtiger Produkte, neue Produkte mit verwandter Technologie (hierbei wiederum zwei Unterfälle) und neue Produkte mit nicht verwandter Technologie. Aufgrund der erheblichen Abgrenzungsprobleme bei dieser vierfachen Differenzierung wird deshalb im Folgenden bewusst an dem „einfachen" Basisschema von *Ansoff* angeknüpft.

Die strategischen Anknüpfungspunkte der vier unterschiedenen Marktfelder im Sinne *Ansoffs* sollen nun im Folgenden näher herausgearbeitet werden.

### *a) Marktdurchdringungsstrategie*

Die Strategie der Marktdurchdringung (Marktpenetration) ist dadurch gekennzeichnet, dass ein erhöhter Einsatz gegenwärtiger Produkte auf gegenwärtigen Märkten angestrebt wird. Sie ist die **„natürlichste" Strategierichtung** des Unternehmens; denn sie knüpft am noch latenten Potenzial des oder der bisherigen Produkte bzw. des bisherigen Marktes an. Auch das weniger strategiebewusste Unternehmen wird versuchen, aus dem bestehenden Produkt im bestehenden Markt noch mehr zu machen. Dieses „Mehr" zielt auf Erhöhung der Absatzmengen bzw. Marktanteile und damit verbundene Erlös- und Ertragsverbesserungen.

#### *aa) Ansatzpunkte der Marktdurchdringung*

Die strategischen Möglichkeiten der Marktdurchdringung sind äußerst vielfältig. Die mit dieser Strategie erstrebten bzw. vielfach auch realisierten marktlichen und betrieblichen Verbesserungen beruhen dabei im wesentlichen auf **zwei Effekten**:

- Mit steigendem Marktanteil **wächst der Einfluss auf die Preisbildung**, und zwar in Bezug auf die Preishöhe sowie die Preisstabilität.
- Mit steigendem Marktanteil bzw. steigender Absatzmenge **sinken die Stückkosten** im Sinne der sog. Erfahrungskurve bzw. der Economies of Scale.

Die Ausschöpfung des gegenwärtiges Marktes mit gegenwärtigen Produkten kann dabei grundsätzlich auf folgende Weise erreicht werden (siehe hierzu auch *Aaker*, 1989, S. 238 ff.; *Kotler/Keller/Bliemel*, 2007, S. 113):

- **Erhöhung der Verwendungsrate bei Kunden,**
- **Gewinnung von Kunden der Konkurrenz,**
- **Erschließung von Nicht-Verwendern.**

Eine **Erhöhung** (Intensivierung) der Produktverwendung bei **bestehenden Kunden** kann auf vielfältige, jeweils produkt- und marktadäquate Weise erfolgen, und zwar u. a. durch Konsumsteigerung durch Verbesserung des Produktes (Produktmodifikation, z. B. mildere Waschsubstanzen für „Jeden-Tag-Haarshampoos"), Beschleunigung des Ersatzbedarfs (etwa durch „künstliche" Obsoleszenz, z. B. Mode bei Oberbekleidung), Vergrößerung der Verkaufseinheit (z. B. Familienflasche bei alkoholfreien Erfrischungsgetränken), Erhöhung der Distribution (Schließen von Distributionslücken und/oder Erhöhung der Bevorratung im Handel) oder auch durch Verstärkung von Werbung (z. B. konsumsteigernde Argumentation) und/oder Verkaufsförderung (z. B. Aktionen/Anreize am Ort des Kaufs). Insgesamt ist der strategische Ansatz zur Erhöhung der Verwendungsrate bei bestehenden Verwendern darauf gerichtet, die Kundenzufriedenheit von Stammverbrauchern zu erhalten bzw. zu erhöhen und gleichzeitig Anreize für eine intensivere Produktnutzung zu schaffen.

Für die **Gewinnung neuer Kunden** für das bestehende Produkt durch Abwerbung von Kunden der Konkurrenz bestehen ebenfalls unterschiedliche Anknüpfungsmöglichkeiten, wie z. B. Verbesserung des Produkts (Angleichung an präferierte Konkurrenzprodukte bzw. „Einbau" von Zusatznutzen), Modifikation der Produktauslobung (z. B. zusätzliche Informationen/Argumente), konkurrenzorientierte Preisstellung (entsprechende Preisreduktion oder -anhebung) oder auch durch Erweiterung der Distribution in konkurrenzspezifische Absatzkanäle (damit ein (Ver-)Folgen der Konkurrenzkundenströme). Insgesamt zielt der strategische Ansatz zur Gewinnung neuer Kunden darauf, den Markt für das eigene Produkt (Angebot) intensiver auszuschöpfen. Maßnahmen zu gezielter Gewinnung von Abnehmern, die bisher Konkurrenzprodukte kaufen, finden aber dort ihre Grenze, wo sie beginnen, den Absatz bei Stammverbrauchern zu gefährden.

Als dritte grundsätzliche Möglichkeit wachstumsorientierter Marktdurchdringung kommt schließlich die **Gewinnung bisheriger Nichtverwender** der Produktgattung in Betracht. Sie stellt in der Regel den schwierigsten marktdurchdringungs-strategischen Ansatz dar. Unter anderem sind hier etwa folgende – jeweils produkt-, markt- und unternehmensspezifisch zu orientierende – Anknüpfungsmöglichkeiten gegeben: Degustation bzw. Produktproben-Verteilung (Schaffen aktivierender Probiergelegenheiten), Einschaltung neuer bzw. Verstärkung bisher vernachlässigter Absatzkanäle, die bisherige Nicht-Verwender präferieren oder Berücksichtigung von Preisschwellen (Evtl. Schaffung eines Einstiegsprodukts = günstiges Preis-Leistungsverhältnis speziell für preissensible Nicht-Verwender). Der strategische Ansatz zur Gewinnung von Nicht-Verwendern richtet sich primär an potenzielle Verwender, bei denen es bestimmte „Hürden" bezüglich Kauf bzw. Verwendung abzubauen gilt. Kategorische Nicht-Verwender können i. d. R. nicht gewonnen werden.

Diese Beispiele marktdurchdringungs-strategischer Ansatzpunkte zeigen, dass Unternehmen latente Potenziale für bestehende Produkte in bestehenden Märkten grundsätzlich auf **drei verschiedenen Wegen** ausschöpfen können: Intensivierung des Konsums bei Stammverbrauchern, Abwerbung von Kunden der Konkurrenz, Gewinnung von Nicht-Verwendern.

Je nach marktlichen Gegebenheiten wie auch nach unternehmensspezifischen Voraussetzungen gibt es insgesamt also sehr verschiedene Basisanknüpfungspunkte, innerhalb derer in aller Regel wiederum sehr **differenzierte Möglichkeiten** einer gezielten (d. h. z. B. an Absatz-/Umsatz-, Marktanteils- oder auch Deckungsbeitragszielen orientierten) Politik der Marktdurchdringung gegeben sind. Insoweit zeigen sich hier wichtige Verbindungen (= konzeptionelle Ketten) zwischen Ziel- und Strategieebene (siehe auch 1. Teil „Marketingziele").

### *ab) Kombinierte marktdurchdringungs-strategische Vorgehensweisen*

Marketing-strategisch können Unternehmen an den genannten Ansatzpunkten systematischer, ziel-orientierter Marktdurchdringung isoliert anknüpfen (z. B. Wahl einer der strategischen Varianten) oder aber diese Varianten auch bewusst kombiniert einsetzen. Das **kombinierte Vorgehen** ist dabei umso mehr angezeigt, je mehr das Potenzial eines Marktes bereits ausgeschöpft ist. Im Übrigen lassen sich viele marketing-politische Maßnahmen gar nicht so eindeutig auf eine Ansatzebene zentrieren.

Fallbeispiel: Marktdurchdringung von *Pfanni*

Viele der gewählten Maßnahmen der Marktdurchdringung haben – gewollt oder auch ungewollt – **flächigen Charakter,** d. h. sie sind z. B. geeignet, sowohl Stammverbraucher im Konsum zu bestätigen bzw. sie zu einem Mehrkonsum zu aktivieren als auch bisherige Nicht-Verwender zu gewinnen.

Das soll an einem klassischen Beispiel näher verdeutlicht werden.

Wenn etwa *Pfanni* – als Pionier von Kartoffel-Convenienceprodukten – für die „Feinen Klöße" seinerzeit die **zentrale Botschaft** wählte:

„Die Feinen Klöße schmecken wie frisch gerieben.
Ist das nicht Pfanni."

und mit dem Abbinder („Reason why") abschloss:

„Aus Liebe zum Essen. *Pfanni*" (mit Markenlogo),

so wendeten sich diese Aussagen zum einen an bisherige Nicht-Verwender (hier Abbau von Vorurteilen wie „schmeckt nicht so gut wie selbst gemacht"). Zum anderen enthielten sie aber auch wichtige Elemente zur Konsumintensivierung bei Stammverbrauchern. Der kompetente Auftritt in Aussage und Optik war darüber hinaus aber auch darauf gerichtet, (unzufriedene) Verwender von Konkurrenzprodukten, also Kunden der Konkurrenz, abzuwerben.

Kombinierte, auf mehrere Zielgruppen (z. B. eigene Kunden und Kunden der Konkurrenz) ausgerichtete marktdurchdringungs-strategische Handlungsmuster können dabei – wie bereits skizziert – an ganz verschiedenen **marketing-instrumentalen Maßnahmen** anknüpfen.

In dieser Hinsicht lassen sich z. B. viele Beispiele kombinierter Werbeansprachen in der Marketingpraxis nachweisen. Analoge Effekte können aber auch von anderen Marketingmaßnahmen (wie etwa distributiver Art, z. B. Erweiterungen in der Absatzmittler-Selektion) ausgehen. Es gibt aber auch vielfältige angebotspolitische Anknüpfungspunkte. Als Möglichkeiten erweiternder Zielgruppenansprache können hier etwa **Packungsvarianten** (nach Art und/oder Größe) genannt werden.

Fallbeispiel: Marktdurchdringung von *Coca-Cola*

So hat beispielsweise *Coca-Cola* durch Großgebinde, wie 1- bzw. 2-Liter-Flasche, den **Hauskonsum** seiner Getränke gefördert und damit neben Stammverbrauchern auch bisherige Nicht-(oder auch Nicht-mehr-)Verwender erreicht. Diese Politik – neben dem **Außer-Haus-Konsum** mit den typischen Kleingebinden (z. B. 0,33-Liter-Flasche bzw. -Dose) – den Hauskonsum zu forcieren, wird inzwischen bei allen wichtigen Anbietern alkoholfreier Erfrischungsgetränke verfolgt.

Auf diese Weise konnten wesentliche Potenziale des Erfrischungsgetränke-Marktes neu erschlossen werden.

Neben der Möglichkeit der Anknüpfung an einzelnen Marketinginstrumenten kann die gezielte Marktausschöpfung – und das ist vielfach der erfolgversprechendere Ansatz – auch auf der Basis ziel- und strategie-adäquater **Marketingmix-Bündel** erfolgen (z. B. Neuorientierung der Werbung bzw. Werbeaussagen in Verbindung mit einer Intensivierung der Distribution(spolitik) zur gezielten Erreichung bisheriger Nicht-Verwender über verbesserte Marktpräsenz in den Absatzkanälen).

Es gibt sogesehen ein vielfältiges Instrumentarium, das *strategisch* im Sinne der Marktdurchdringungsstrategie eingesetzt werden kann.

Damit wird zugleich deutlich, dass strategische Anknüpfungspunkte (Handlungsmuster) erst durch den gezielten **Einsatz adäquater Marketinginstrumente** konsequent genutzt bzw. umgesetzt werden können. Insoweit zeigen sich hier wichtige **konzeptionelle Ketten** zwischen Marketingstrategien einerseits und Marketingmix (siehe im einzelnen 3. Teil) andererseits. Oder anders ausgedrückt: ein sinnvoller Marketinginstrumenteneinsatz ist ohne marketingstrategische Führung („Kanalisierung") nicht möglich bzw. führt nicht zu den angestrebten Positionsverbesserungen (Zielrealisierung).

### *b) Marktentwicklungsstrategie*

Die Strategie der Marktentwicklung fußt auf dem Prinzip, für bereits existierende Produkte einen oder mehrere **neue Märkte** zu finden bzw. zu entwickeln (vgl. *Abb. 91*). Sie ist insofern eine nahe liegende Strategie, als hier versucht wird, die bisherigen Marktgrenzen für ein oder mehrere bestehende Produkte aufzubrechen. Die Strategie besteht darin, ein bestehendes Produkt auch in anderen, bisher nicht genutzten Märkten zu etablieren. Vielfach handelt es sich hierbei um bisher nicht gesehene bzw. nicht bearbeitete Arrondierungs- bzw. Zusatz- oder (neue) Teil-Märkte eines Gesamtmarktes.

#### *ba) Grundsätzliche Anknüpfungsmöglichkeiten der Marktentwicklung*

Die Vermarktung bestehender Produkte in neuen Märkten kann insgesamt auf sehr verschiedene Art und Weise realisiert werden (ähnlich *Aaker,* 1989, S. 242 f.; *Kotler/Bliemel,* 1999, S. 112 f.). Insgesamt sind **drei Anknüpfungsfelder** typisch für eine Strategie der Marktentwicklung:

- **Gewinnung fehlender Absatzräume,**
- **Erschließung von funktionalen Zusatzmärkten,**
- **Schaffung neuer Teilmärkte.**

Die **Gewinnung fehlender Absatzräume** (i. S. gebietlicher Arrondierung) ist darauf gerichtet, bisher ungesteuerte Absatzgebieteentwicklungen auf ihre ökonomische Schlüssigkeit zu überprüfen, d. h. etwa sog. weiße Kreise im gewachsenen Absatzgebiet zu schließen oder auch – einen geordneten Instrumenteneinsatz beeinträchtigende – „Ausfransungen" des Absatzgebietes zu begradigen (= *Vorstufe* einer systematischen Marktareal-Strategie).

Die **Erschließung von Zusatzmärkten** (im Sinne gezielter „Funktionserweiterungen" für bestehende Produkte) kann auf vielfältige Weise erfolgen, nämlich von der Erweiterung der Produkteignung (z. B. bei *Lindt* neben der klassischen Geschenkbedarfseignung Verstärkung der Selbstverzehreignung von Pralinen) über die Schaffung neuer Anwendungsbereiche (z. B. Anwendungserweiterung von *Penaten*-(Kinder-)Pflegeprodukten für die Pflege empfindlicher Haut von Erwachsenen) bis hin zur Gewinnung neuer Einsatzfelder (z. B. durch spezielle Serviceleistungen für bestehende Produkte und damit Erschließung neuer anspruchsvollerer Zielgruppen). Damit wird bereits zum dritten marktentwicklungs-strategischen Ansatz übergeleitet.

Die **Schaffung neuer Teilmärkte** (im Sinne neuer Abnehmer, die sich von den bisherigen Kunden in bestimmten Merkmalen unterscheiden) ist ebenfalls über ganz unterschiedliche Ansatzpunkte möglich, etwa durch Schaffung differenzierter, abnehmer-spezifischer Produkte über geeignete Produktvariation (z. B. *Lady Protector* von *Wilkinson* für die Nassrasur bei Frauen), Einschaltung abnehmer-spezifischer Absatzwege (z. B. sog. Nachbarschaftsläden für bisher nicht bearbeitete Kunden bzw. Cash-und-Carry-Betriebe für bisher nicht bediente Großverbraucher) oder auch Werbung in zusätzlichen abnehmer-spezifischen Medien (ggf. in Verbindung mit neuen Anspracheformen im Sinne „psychologischer" Produktdifferenzierung).

Die aufgezeigten Anknüpfungspunkte verdeutlichen, dass Unternehmen für bestehende Produkte **zusätzliche Potenziale** in ergänzenden Märkten bzw. Marktabschnitten mobilisieren können, und zwar über folgende Ansatzpunkte: Absatzraum-Ansatzpunkt, Zusatzmarkt-Ansatzpunkt sowie Teilmarkt-Ansatzpunkt.

Bei diesen drei grundsätzlichen Ansatzpunkten handelt es sich um ergänzende, sich nach wie vor hauptsächlich auf die Markt*durchdringung* (= strategische Urzelle!) stützende Strategien. Bei den drei angeführten Grundmustern im Sinne einer **Ergänzungsstrategie** werden jedoch bereits bestimmte Bezüge (Nahtstellen) zu Strategien *eigener* Art wie Marktparzellierungsstrategien oder auch Marktarealstrategien sichtbar. Während die geschilderten marktentwicklungsstrategischen Ansätze im Rahmen der 1. Strategieebene also mehr den Charakter einer „Arrondierungs- bzw. Mitnahmestrategie" haben, sind Marktparzellierungs- und Marktarealstrategien (= 3. und 4. Strategieebene) zentrale Basisstrategien mit eigenständigen, differenzierten Handlungsmustern. Die Erschließung zusätzlicher räumlicher Märkte wie auch die Erschließung neuer Zusatz- bzw. Teilmärkte stellen andererseits aber bereits bestimmte „primitive" Vorstufen der Marktareal- bzw. Marktparzellierungs-(speziell Segmentierungs-)strategien dar.

### *bb) Marktentwicklungs-strategische Hauptstoßrichtungen*

Die im vorigen Abschnitt diskutierten Strategieansätze zur **systematischen Marktentwicklung** sind vor allem für solche Unternehmen geboten, die auf dem traditionellen Markt eine nicht mehr ausbaufähige Marktposition erreicht haben und/oder mit Nachfragerückgängen aufgrund eines fortgeschrittenen Produktlebenszyklus oder neuer bevorstehender Technologien rechnen müssen (*Zahn,* 1971, S. 56; *Aaker,* 1989, S. 242).

Was die Hauptstoßrichtungen von Strategien der Marktentwicklung betrifft, so gibt es hier eine ganze Reihe von Möglichkeiten. Sie laufen alle auf ein **Market Stretching** (*Kollat/Blackwell/Robeson,* 1972, S. 219 f.) hinaus, und zwar insbesondere über zwei Operationsebenen:

- **New Uses** (= *Neue Verwendungszwecke* für bestehende Produkte, also bestimmte Funktionserweiterungen), vgl. auch Zusatzmarkt-Ansatzpunkt;
- **New Users** (= *Neue Verwender* für bestehende Produkte, also bestimmte Abnehmererweiterungen), vgl. auch Teilmarkt-Ansatzpunkt.

Fallbeispiele: Marktentwicklung

Für den Ansatz **Finden neuer Verwendungszwecke** (New Uses) kann etwa das Beispiel des **Fruchtsaftherstellers** *Granini* aufgeführt werden. Nachdem *Granini* Nektare im Markt erfolgreich und nachhaltig eingeführt hatte (ursprünglich *Granini* „Trink-Frucht", später „Trink-Genuss" = Umpositionierung), traten allmählich Sättigungserscheinungen auf. *Granini* hatte seinerzeit versucht, das Marktpotenzial für Nektare durch Auslobung **neuer Anwendungsbereiche** zu erweitern, z. B. die Verwendung als Fruchtsoße oder auch als Zutat zum Backen. Diese propagierte Anwendungserweiterung erfolgte dabei auf der Basis eines unveränderten Produkts.

**Neue Anwendungsbereiche** haben beispielsweise auch **Papierwarenhersteller** für ein klassisches Produkt, nämlich das Papiertaschentuch, zu finden gesucht. Auf der Basis dieses Produkts (bzw. bestimmter Varianten in differenzierten Verpackungen) hat man ein ganzes Bündel von neuen Anwendungsbereichen erschlossen: Kosmetik-, Allzweck- oder auch Babybereich (z. B. *Kimberley-Clark* ). Freilich werden bei diesem zuletzt genannten Beispiel bereits bestimmte **Übergänge** auch zur Produktentwicklung erkennbar.

Was das **Finden neuer Verwender** (New Users) betrifft, so gibt es auch hierfür vielfältige Beispiele. So haben etwa die *Allgäuer Alpenmilchwerke* mit der Schaffung der Kleindose bei Dosenmilch neue Konsumentengruppen für dieses Produkt erschlossen (u. a. Berufstätige am Arbeitsplatz, die dort über keine Kühlungsmöglichkeiten verfügen, und in der Regel nicht bereit sind, eine Normaldose für ihren Arbeitsplatz zu kaufen, weil eine geöffnete Dose nur sehr begrenzt haltbar ist). Darüber hinaus hat man mit diesem Gebinde Ein-Personen-Haushalte spezifischer angesprochen. Die Tatsache, dass durch eine Packungsgrößenvariation **neue Verbrauchergruppen** erschlossen wurden, ist nicht zuletzt daraus ablesbar, dass nach und nach alle wichtigen Konkurrenten auf dem Dosenmilchmarkt dem Beispiel von *Bärenmarke (Allgäuer Alpenmilchwerke)* gefolgt sind.

Ein weiteres interessantes Beispiel für das **Erschließen neuer Abnehmer** bietet der Markt für **Elektrowerkzeuge** (Bohr-, Schleifmaschinen usw.). Dieser Markt, der von der Firma *Fein,* Stuttgart, entdeckt und zunächst gestaltet worden ist, war ursprünglich ein reiner Profi-Markt (d. h. als Zielgruppen wurden ausschließlich gewerbliche Verwender gesehen und bedient). Im Zuge der allgemeinen Entwicklung des Hobby-Marktes haben dann die großen Elektrogerätehersteller wie *AEG* und *Bosch* oder auch der große amerikanische Anbieter *Black & Decker* mit ihren vereinfachten, preiswerteren Elektrowerkzeugen gezielt (auch) die **Heimwerker** als **neue Zielgruppe** für Elektrowerkzeuge zu gewinnen gesucht. Inzwischen umfasst dieser Hobby-Markt etwa die Hälfte des Gesamtmarktes für Elektrowerkzeuge. Marktentwicklungsstrategien können insoweit Märkte in ihrer Struktur grundlegend verändern. Eine Modelldarstellung skizziert solche Strukturveränderungen *(Abb. 92).*

Die Darstellung zeigt, dass im Markt der Elektrowerkzeuge zunächst eine **Zweiteilung** (Spezialisierung) eingetreten ist, die jeweils spezialisierte Unternehmen bedient haben. Inzwischen haben sich die meisten Anbieter zu Universalisten weiterentwickelt, d.h. sie versuchen gleichzeitig an beiden Teilmärkten („User-Gruppen“) zu partizipieren, wenn auch mit unterschiedlichen Schwerpunkten bzw. Voraussetzungen.

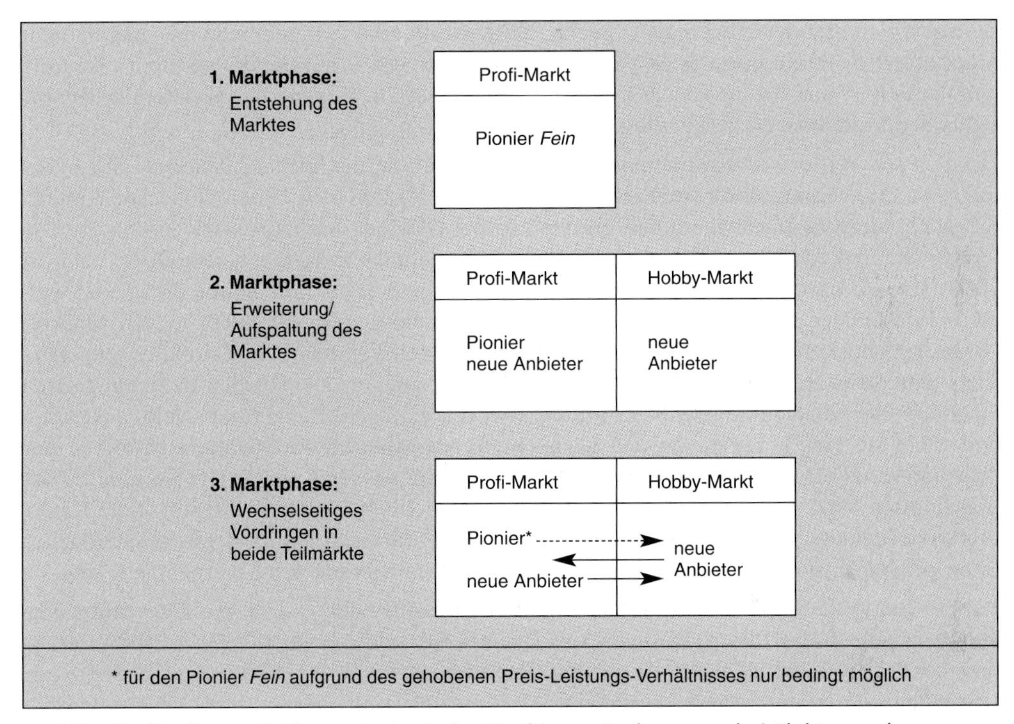


*Abb. 92: Marktentwicklungs-strategische Strukturveränderungen bei Elektrowerkzeugen*

Analog zur Strategie der Marktdurchdringung ist im Übrigen auch bei der hier behandelten Marktentwicklungsstrategie ein kombinatives Vorgehen typisch, d.h. man versucht vielfach, sowohl neue Verwendungszwecke als auch neue Verwender für ein bestehendes Produkt zu finden. Das wird auch als **Multiple Market Stretching** bezeichnet (*Kollat/Blackwell/Robeson,* 1972, S. 220).

Die besondere Bedeutung der Marktdurchdringungs- wie auch der zuletzt behandelten Marktentwicklungsstrategie besteht darin, dass beide strategischen Handlungsmuster wesentlich dazu beitragen, **größere Herstellungsmengen** zu realisieren. Auf diese Weise sind Unternehmen in der Lage, **relative Einsparungen** zu verwirklichen (Skalen- oder Größendegressionseffekt bzw. Economies of Scale). Diesem Effekt liegt das ökonomisch messbare Ergebnis zugrunde (u.a. *PIMS-Projekt*, siehe *Buzzell/Gale,* 1989), dass hohe Ausbringungsmengen Stückkostensenkungen sowohl im Produktions- als auch im Verwaltungsbereich von Unternehmen ermöglichen. Insoweit können die produktions- bzw. absatzmengen-steigernden

Strategiekonzepte „Marktdurchdringung“ und „Marktentwicklung“ ganz wesentlich zur **Oberzielerfüllung** des Unternehmens (Rentabilität/*Unternehmenswert*) beitragen. Es bestehen damit wesentliche Verknüpfungen zwischen Zielfestlegung (1. Teil „Ziele“) einerseits und Zielrealisierung über adäquate Strategien andererseits (= **konzeptionelle Kette**).

### c) Produktentwicklungsstrategie

Der Ansatzpunkt der Strategie der Produktentwicklung besteht darin, für bestehende Märkte **neue Produkte** zu entwickeln (vgl. *Abb. 91*). Gerade heutige Marktkonstellationen haben dieser Strategierichtung zu einem ganz neuen Stellenwert verholfen: nämlich viele stagnierende Märkte und dadurch ausgelöster Verdrängungswettbewerb – mit der Folge einer „Neuprodukt-Inflation“ und daraus wiederum resultierender Beschleunigung der Veralterung von bestehenden Produkten (= Verkürzung des Produktlebenszyklus).

Diese neuen Wettbewerbsbedingungen erzwingen heute in den meisten Märkten eine **systematische Innovationspolitik** (im Sinne echter Marktneuheiten bzw. Unternehmensneuheiten). Sie ist geradezu zu einem zentralen Ansatzpunkt der Gewinn- und Existenzsicherung von Unternehmen geworden (so erzielen bereits viele Unternehmen zwischen einem Drittel und der Hälfte ihres Umsatzes mit Produkten, die in den letzten drei bis fünf Jahren entwickelt wurden). Ein solcher Anteil neuer Produkte am Gesamtumsatz ist vor allem in den Märkten (Branchen) notwendig, in denen Produkte relativ schnell veralten bzw. es relativ schnell zu Preis- und damit Renditeverfall kommt. Unternehmen können unter solchen Bedingungen nur dann ihre **Oberzielerfüllung** (d. h. Erfüllung ihrer (ehrgeizigen) Rentabilitätsziele) sicherstellen, wenn sie eine konsequente und **permanente Neuprodukte-Entwicklung** betreiben und diese im Markt erfolgreich etablieren. Gelingt das nicht, so lassen sich in dynamischen, stark umkämpften Märkten nicht einmal bisherige Marktanteile (als wesentliche Stütze der Rentabilitätsziele) halten. Damit wird deutlich, wie wichtig die richtigen Strategieentscheidungen (hier: produktstrategische Dispositionen) für die Zielrealisierung des Unternehmens sind.

Bei der Entwicklung neuer Produkte (Problemlösungen) handelt es sich um einen **Aufgabenkomplex,** der sowohl die Schaffung von „Neuheiten“ wie die grundlegende Verbesserung bestehender Produkte als auch die gezielte Erweiterung sowie die notwendige Eliminierung vorhandener Programme/Produkte umfasst. Der für viele Unternehmen bzw. Märkte typische permanente Produktentwicklungsprozess führt zu ständigen Aufnahmen verbesserter und/oder neuer Produkte; zugleich besteht aber ein ständiger Zwang zur systematischen Eliminierung degenerierter Produkte (speziell zur Eliminierungsproblematik vgl. *Majer,* 1969; *Reinöhl,* 1981).

#### ca) Grundorientierungen der Produktentwicklung

Jedes Unternehmen muss für sich entscheiden, welchen **Innovationsgrad** es grundsätzlich anstrebt. Wesentliche Rahmenentscheidungen sind bei konzeptionell gestütztem Vorgehen bereits auf der Zielebene festgelegt, und zwar insbesondere in Bezug auf **Unternehmenszweck** (Mission und Vision) des Unternehmens. Insoweit werden hier wichtige konzeptionelle Verknüpfungen zwischen Ziel- und Strategieentscheidungen deutlich (= **konzeptionelle Kette**).

Exkurs: Arten von Produktinnovationen

In der Literatur wie in der Praxis wird heute die Produktentwicklung des Unternehmens vielfach mit dem Begriff der **Produktinnovation** belegt. Der Innovationsbegriff wird dabei insofern missbraucht, als damit nicht nur die Schaffung originärer Produkte, sondern auch Produktverbesserungen und implizit sogar reine Nachahmungsprodukte gemeint sind. Im Interesse einer angemessenen Abgrenzung sollen deshalb – bezogen auf den Neuigkeitsgrad gegenüber dem Markt – folgende **Arten** neuer Produkte unterschieden werden:

- **Echte Innovationen** (d. h. originäre Produkte, die es ursprünglich überhaupt nicht gab, z. B. Deo-Produkte, Sofortbild-Kamera, Taschenrechner, Quarzuhr);
- **Quasi-neue Produkte** (d. h. neuartige Produkte, die aber an bestehenden Produkten/Produktleistungen anknüpfen, z. B. Diätmargarine, Ölschaumbäder, Filzschreiber, Klappfahrrad);
- **Me-too-Produkte** (d. h. nachempfundene bzw. nachgeahmte Produkte, die sich vom Original weniger in der Produktsubstanz, sondern mehr im Produktäußeren (ggf. Preis) unterscheiden, z. B. das x-te Spülmittel, das x-te Vollwaschmittel, die x-te Kaffeemühle, der x-te Haartrockner).

Es ist klar, dass der echten Innovation ein sehr komplexer, kosten- und zeitintensiver Produktentwicklungsprozess zugrundeliegt, den Me-too-Produkten dagegen nur ein wesentlich „verarmter" Entwicklungsprozess. Dafür stehen den Innovationen deutlich höhere Erfolgs-(Gewinn-)chancen gegenüber als den reinen Nachahmungsprodukten (Me-too-Produkten). Eine **spezielle Form** der Nachahmung besteht dagegen in der gezielten Übertragung von Innovationen bzw. innovativen Elementen, die in einem bestimmten Produkt- oder Marktbereich entwickelt wurden, auf andere Produkt- oder Marktfelder. So hat z. B. die Firma *Merck* Multivitaminpräparate zur Selbstmedikation entwickelt (u. a. *Multibionta*). Das durch dieses und später auch andere Vitaminpräparate ausgelöste „Vitaminbewusstsein" der Verbraucher hat man dann erfolgreich in anderen Produktbereichen zu nutzen versucht, indem gezielt multi-vitaminisierte Produkte geschaffen wurden (etwa Multi-Vitamin-Bonbons, z. B. *Nimm 2* von *Storck*, Multi-Vitamin-Säfte, z. B. von *Dr. Koch's* oder auch Multi-Vitamin-Buttermilch, z. B. von *Müller*). Mit solchen höheren Formen der Nachahmung – man kann sie auch als adaptive Nachahmung bezeichnen – können im Gegensatz zu einfachen Formen (1 : 1 Nachahmung, außer der Marke ist alles andere gleich) interessante neue Teilmärkte geschaffen werden mit durchaus interessanten Ertragspotenzialen, vor allem für frühe Nutzer (strategisches Timing!).

Wichtige **Orientierungsgrundlagen** für die Produktentwicklung (s. auch 1. Teil „Marketingziele", Unternehmenszweck bzw. Mission) bilden unternehmenspolitische Grundsätze

- zur Wahl bestimmter **Preis-Leistungs-Verhältnisse,**
- zur Konzentration auf **Grund- oder Zusatznutzenprodukte,**
- zum Einsatz **bestehender oder neuer Technologien,**
- zur Konzentration **auf einfache oder komplexe Problemlösungen.**

Die grundlegende Entscheidung betrifft jedoch den **Anspruch**, ob ein Unternehmen sich generell als Innovator (Pionier) versteht und insoweit auf Basisinnovationen (echte Innovationen) konzentriert oder ob die Produktentwicklung grundsätzlich auf Verbesserungs- oder „nur" Routineinnovationen (Quasi-neue Produkte oder Me-too-Produkte) gerichtet ist.

Die auf der Zielebene (Mission/Vision) verankerte Grundorientierung und auf der Strategieebene zu konkretisierende Basisentscheidung hat weitreichende Konsequenzen für den **Unternehmensprozess** *(Abb. 93)*, zum Innovationsmanagement s. *Hauschildt/Salomo,* 2007.

Die Übersicht über die Voraussetzungen bzw. Konsequenzen der Wahl bestimmter Innovationstypen macht deutlich, dass solche Produktentscheidungen **strategische Dispositionen** darstellen, d. h. sie sind mittel- bis langfristige Entscheidungen. Sie beziehen sich insbesondere auf die Schaffung und Unterhaltung entsprechender Forschungs- und Entwicklungs-Aktivitäten. Darüber hinaus wird mit der Wahl des Innovationstyps sowohl über das Risiko- als auch über das Chancenprofil des Unternehmens entschieden.

Die technologie- bzw. forschungsspezifischen Überlegungen zur Produktentwicklung dürfen freilich nicht davon ablenken, dass unter heutigen Markt- und Wettbewerbsbedingungen Produktentwicklung streng *markt- bzw. kundenorientiert* erfolgen muss. Das heißt, es geht bei der Produktgestaltung darum, an Wünschen, Erwartungen bzw. Problemen der Kunden anzuknüpfen und dafür entsprechende **Problemlösungen** anzubieten. Kunden interessieren sich nicht (so sehr) dafür, mit welchen Materialien ein Hersteller gut umgehen kann, über welche spezifischen Herstellungsverfahren er verfügt oder welche Wissens- oder Forschungsbasis er besitzt, sondern sie machen ihre Kaufentscheidungen letztlich allein davon abhängig, wie gut ein bestehendes Problem mit einem angebotenen Produkt (Leistung) gelöst werden kann.

| Innovationsarten / Voraus-setzungen/ Konsequenzen | Basisinnovation | Verbesserungs-innovation | Routineinnovation |
|---|---|---|---|
| **Schwerpunkte der Forschungs- und Entwicklungstätigkeit** | Grundlagenforschung als Voraussetzung | Beschränkung auf angewandte Forschung und Entwicklung | Konzentration auf Anwendungstechnik |
| **Fortschrittsart** | wissenschaftlicher Fortschritt | technologischer Fortschritt | technischer Fortschritt |
| **Ressourcenaufwand** | hoch | mittel | niedrig |
| **Innovationsbarrieren im Markt** | ggf. hoch | durchschnittlich | gering |
| **Chance der Steigerung der Wettbewerbsfähigkeit** | überproportional | proportional | unterproportional |
| **Risiko** | hoch | mittel | niedrig |
| **Gewinnpotenzial** | überdurchschnittlich | durchschnittlich | eher gering |

*Quelle:* in Anlehnung an *Hentze/Brose,* 1985

*Abb. 93: Innovationsarten und ihre Voraussetzungen bzw. Konsequenzen*

Das Grundgesetz von *Apple*

- Computer müssen dem Menschen entsprechend arbeiten und dürfen ihn nicht zwingen, zu arbeiten wie ein Computer.
- Computer müssen mit einheitlicher, einfach zu bedienender Software laufen, so dass keine kostspieligen Schulungen erforderlich sind.
- Computer müssen dem Benutzer Freude bereiten und ihn dadurch kreativer und produktiver machen.
- Computer müssen nach einem einheitlichen System arbeiten und zugleich für andere Systeme offen sein.
- Computer müssen das Arbeiten in Gruppen ermöglichen und daher netzwerkfähig sein.
- Computer müssen so gebaut sein, dass sie immer wieder auf den neuesten Stand der Technik gebracht werden können.

*Quelle: Apple*-Anzeige (Frühe Beispielperiode)

*Abb. 94: Kundenorientiertes Grundgesetz von Apple*

Wie strenge Kundenorientierung in einer Art **Grundgesetz** für die Produkt- und Leistungsgestaltung gefasst werden kann, zeigt sehr anschaulich ein Beispiel *(Abb. 94).*

Spätestens bei der Produktentwicklung bzw. Produktausrichtung zeigt sich also, wie ernst und konsequent Unternehmen tatsächlich „Kundenorientierung" (und damit ihre Mission, vgl. 1. Teil „Marketingziele") umsetzen. Hierbei ist auch an generellen Veränderungen von Kunden- bzw. Problemlösungen anzuknüpfen. Eine zentrale Veränderung in den Ansprüchen hat ihre Ursache in **hohen Sättigungsgraden** der Märkte bzw. Abnehmer. Immer dann, wenn hohe Sättigungsgrade in der Versorgung mit Basisleistungen gegeben sind, entstehen im Markt bzw. bei den Abnehmern neue zusätzliche Wünsche bzw. Problemlösungsanforderungen. Diese Thematik ist schon relativ früh unter dem Stichwort **Grund- und Zusatznutzen** (*Vershofen,* 1950) diskutiert worden. Dahinter verbirgt sich das Phänomen, dass Abnehmer neben technisch-funktionalen Basis- bzw. Problemlösungsleistungen zunehmend Zusatznutzen erwarten, was dazu führt, dass heute der Wettbewerb um den Kunden in vielen Märkten vor allem über das Bieten von Zusatznutzenleistungen (Added Value) bzw. **Nutzenanbau** ausgetragen wird. Die Anknüpfungspunkte für solche Zusatzleistungen sind dabei vielfältig. Eine Übersicht *(Abb. 95)* versucht das an zwei Beispielen zu verdeutlichen.

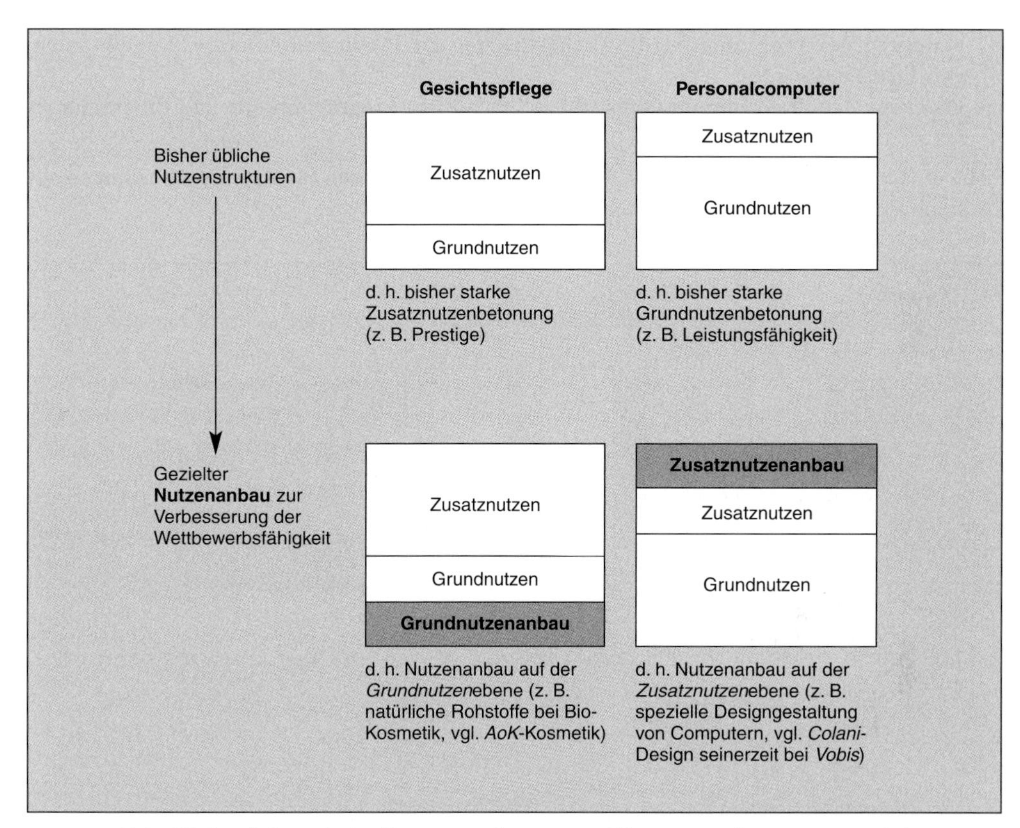


*Abb. 95: Produkttypische Nutzenstrukturen und ihre Veränderungspotenziale*

Die aufgezeigten Beispiele verdeutlichen, wie vielfältig die **Möglichkeiten einer Nutzenstrukturveränderung** zur Verbesserung der Wettbewerbsfähigkeit des Unternehmens sein können. In vielen Märkten spielt sich heute – auf Basis ausgereifter Grundleistungen – der Wettbewerb mehr und mehr auf der Zusatznutzenebene ab (Beispiel Computer). Andererseits sind Nutzenveränderungen aber auch auf der Grundnutzenebene selbst möglich (Beispiel Gesichtspflege).

Auf diese Weise entstehen in vielen Märkten **neue Standards,** die in der Regel den Unternehmen Vorteile am Markt verschaffen, die sie zuerst entwickeln und einführen. In dieser Hinsicht werden vielfach neue Spielregeln am Markt begründet, die für die Ausgestaltung und Verfeinerung des Marketinginstrumenteneinsatzes weit reichende Folgen haben können. Insoweit zeigen sich wesentliche konzeptionelle Nahtstellen zwischen (Produktentwicklungs-) Strategie einerseits und Marketingmix (3. Teil) andererseits (= **konzeptionelle Kette**).

### *cb) Programmstrategische Bezüge der Produktpolitik*

Produktstrategische Entscheidungen müssen insgesamt auch unter dem Aspekt einer optimalen Programmgestaltung getroffen werden. Durch sie wird letztlich das **akquisitorische Potenzial** eines Unternehmens (*Gutenberg,* 1976, II, S. 243) determiniert. Dabei sind im Wesentlichen zwei strategische Basisentscheidungen zu treffen (*Meyer,* 1992 a, S. 52 ff.; *Becker,* 1993 b, S. 3 ff.; *Meffert,* 2000, S. 462 f.; *Bruhn/Hadwich,* 2006, S. 23 f.):

**(1) Fixierung des Programminhalts** (= Festlegung der Produktart(en) bzw. Produktlinien, ggf. Produktsysteme);

**(2) Fixierung des Programmumfangs** (= Festlegung von Programmbreite und Programmtiefe).

Anhand eines Modellbeispiels *(Abb. 96)* sollen die strategischen Strukturentscheidungen zur Programmpolitik verdeutlicht werden.

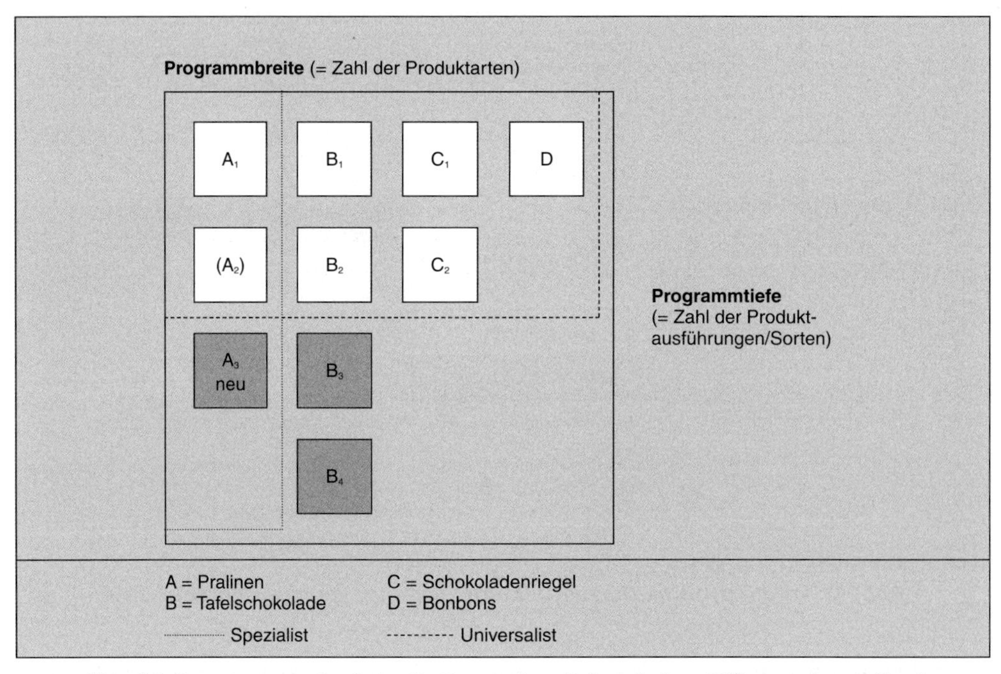


*Abb. 96: Programmstrategische Optionen (am Beispiel eines Süßwarenherstellers)*

Das Programm des Beispiel-Unternehmens umfasst vier Produktarten; davon wurden drei Produktarten bereits zu **Produktlinien** ausgebaut ($A_1$-$A_2$, $B_1$-$B_4$, $C_1$-$C_2$). Bei der Produktlinie A wurde das bisherige Produkt $A_2$ durch $A_{2\ neu}$ ersetzt (= **Produktmodifikation,** z. B. Weinbrandbohnen jetzt ohne Zuckerkruste), während die bisherige Produktlinie $B_1$-$B_2$ um die Varianten $B_3$ und $B_4$ ergänzt wurde (= **Produktvariation,** z. B. neben klassischer jetzt auch gefüllte Schokolade).

Jedes Unternehmen – ganz gleich, ob es sich um ein Industrie-, Handels- oder Dienstleistungsunternehmen handelt – steht dabei vor dem Problem, die richtige **Programm- oder Sortimentsgeometrie** zu bestimmen, und zwar im Sinne eines optimalen Verhältnisses von Programm- oder Sortimentsbreite und -tiefe. Dass die adäquate Justierung in hohem Maße für die spezifische **Kompetenz** eines Unternehmens verantwortlich ist, kann anhand der aufgeführten Beispiele eines Süßwarenherstellers nachvollzogen werden. Außerdem kann nur durch eine strategische Programmdisposition der **gewollte Unternehmenszweck** (Mission/Vision) konsequent realisiert werden. Zielorientierte Sortiments- bzw. Programmentscheidungen setzen insoweit klare Konzepte voraus: entweder **Spezialisten-** (= schmal und tief) oder **Universalistenstrategie** (= breit und flach, vgl. *Abb. 96*), was bestimmte Korrekturen im Zeitablauf nicht ausschließt. In der Regel sind jedenfalls nur solche Unternehmen im Markt auf Dauer erfolgreich, die relativ klare programmstrategische Konzepte verfolgen.

Fallbeispiele: Universalisten- und Spezialisten-Konzepte

Generell kann nicht gesagt werden, welches der beiden programm-strategischen Grundkonzepte besonders erfolgversprechend ist. Hierbei sind insbesondere auch spezifische Marktkonstellationen zu berücksichtigen. So sind im **Biermarkt** z. B. vor allem Spezialbrauereien (insbesondere auf (Premium-)Pils spezialisierte) sehr erfolgreich (vgl. etwa *Warsteiner, Bitburger, Krombacher*), während im **Markt der alkoholfreien Erfrischungsgetränke** eher die Anbieter breiter Programme (wie *Coca-Cola, Gerolsteiner Brunnen* ) Erfolg haben. Im **Maschinenbau** dagegen gibt es sowohl erfolgreiche Spezialisten (wie ursprünglich z. B. *Kronseder* mit Spezialisierung auf Etikettier- und Flaschenabfüllanlagen) als auch mit Erfolg operierende Universalisten (wenn sie über bestimmte Kernkompetenzen verfügen, wie z. B. *Gildemeister*). Auch im **Markt der Tiernahrung** gibt es sowohl erfolgreiche Universalisten (insbesondere *Masterfoods* mit starker Marktstellung u. a. bei Nahrung für Hunde, Katzen, Vögel) als auch erfolgreiche Spezialisten (vgl. z. B. *Tetra*-Gruppe mit starker Marktstellung durch Spezialisierung auf Zierfische bzw. Aquaristik). Programmstrategische Erfolgskonzepte sind insgesamt von unternehmensindividuellen wie auch von marktspezifischen Bedingungen abhängig.

Was die Programmpolitik insgesamt betrifft, so gibt es neuere Entwicklungen, die immer stärker zur Schaffung von **Programmsystemen** zu führen scheinen (*Belz et al.,* 1991; *Weiss,* 1992 sowie *Backhaus,* 2003, S. 599 ff.). Sie entsprechen nicht zuletzt dem Bemühen, *noch konsequenter* kundenorientierte Problemlösungen anzubieten. Das ist aber vielfach nur möglich durch die problemspezifische Bündelung einzelner Produktlösungen bzw. -leistungen. Dabei lassen sich verschiedene **Stufen oder Intensitätsgrade** unterscheiden:

**(1)** **Kombinierte Produkte** (wie z. B. Radiowecker oder auch moderne Two-in-one-Produkte wie kombinierte Haarpflegeprodukte (Pflegeshampoo und Spülung in einem, vgl. *Wash & Go* von *Vidal Sassoon*),

**(2)** **Teilsysteme innerhalb eines Programms** (z. B. Schaffung spezieller Haarpflegesysteme aus aufeinander abgestimmten Einzelprodukten im Rahmen eines ansonsten breit gestaffelten Haar- und Körperpflegeangebots, vgl. *Schwarzkopf & Henkel*),

**(3)** **Gesamtes Programm als System** (z. B. Gartenbedarfssystem, Angebot sowohl hand- und motorbetriebener Garten- und Rasenpflegesysteme als auch entsprechender Samen und Düngemittel, vgl. *Wolf*-System),

**(4)** **Hard-, Software- und Servicesysteme** (z. B. im EDV-Markt Angebot von Computern, Betriebs- und Anwendungssoftware sowie Wartungs-, Notdienst- und Beratungsservices, vgl. z. B. *IBM*, das Computer-Geschäft wurde inzwischen aufgegeben).

Insbesondere in der vierten Stufe oder Ausprägungsform wird die Berücksichtigung eines gezielten **Nach-(kauf-)Marketing** in Form verschiedener Serviceleistungen zur nachhaltigen Erreichung von Kundenzufriedenheit erkennbar. Nachkaufstrategien werden insgesamt weiter an Bedeutung gewinnen, gerade auch unter dem Aspekt der **Kundenbindung**. Diese Entwicklung ist dabei nicht nur typisch für den EDV-Bereich, sondern erfasst vor allem immer mehr Gebrauchsgüter- bzw. Investitionsgütermärkte.

Insoweit kann man generell Entwicklungen erkennen, die dazu führen, dass sich Herstellerangebote bzw. -leistungen stärker **von der Sachleistung hin zur Dienstleistung** entwickeln *(Abb. 97).*

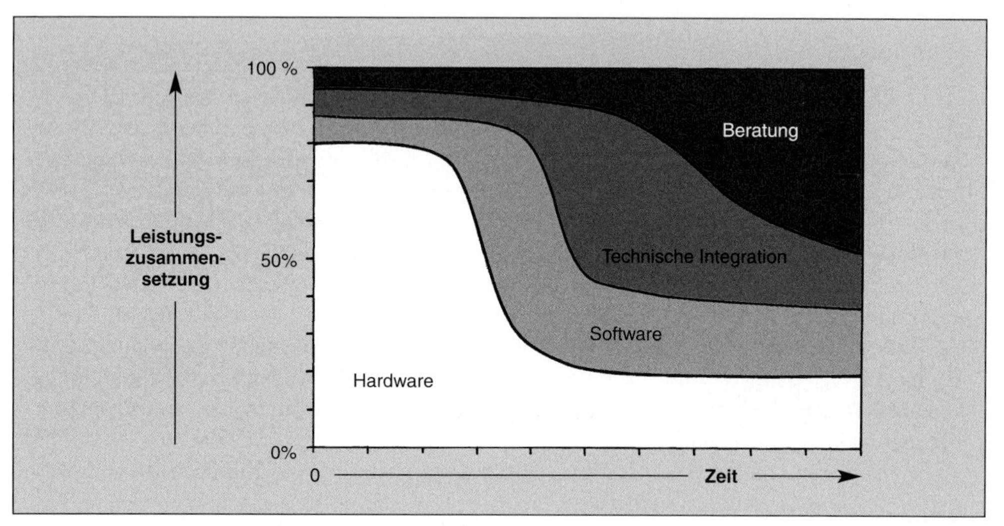


*Quelle: Specht,* 1991, S. 83

*Abb. 97: Strategische Veränderungen der Leistungszusammensetzung (von der Sach- zur Dienstleistung)*

Zur Nutzung der Hardware ist eine entsprechende Software notwendig. Software-Verbesserungen bzw. neue Software-Programme können erweiterte Nutzungen ermöglichen, hierfür sind vielfach auch **anwendungsspezifische Integrationsleistungen** (Systemangebote) sinnvoll. Dabei nimmt insgesamt der Beratungsbedarf der Kunden zu. Im Zuge solcher Entwicklungen kann sich das strategische Profil eines Unternehmens grundlegend verändern. Wenn der Umsatz eines Computerherstellers sich ursprünglich zu mehr als zwei Dritteln aus Hardware- und nur zu einem Drittel aus Software- und Beratungsleistungen zusammensetzte, kann es strategische Zwänge – auch aufgrund agressiver Preiskämpfe gerade im Hardware-Bereich – geben, die Umsatzanteile umzukehren. So entfällt z. B. bei *IBM* inzwischen deutlich mehr als die Hälfte des Umsatzes auf Software- und Beratungsleistungen.

Aufgrund der starken technologischen Angleichung in vielen Produktbereichen (vgl. z. B. den Einsatz der gleichen, leistungsfähigen Prozessoren in den meisten Computern, ausgewiesen durch entsprechende Marken, etwa *„Intel inside"*) ist der Aufbau von Alleinstellungen bzw. Wettbewerbsvorteilen immer weniger durch die Produkte (Hardware) selbst, sondern im hohen Maße nur durch **eigenständige Serviceleistungen** möglich. Insoweit zeichnet sich ab, dass sich strategische Kernkompetenzen (i. S. spezieller Kenntnisse und Fähigkeiten) zunehmend nur noch über entsprechende Dienstleistungsangebote aufbauen lassen (*Quinn/Doorley/Paquette,* 1990).

Die Entscheidungen zum Produkt- bzw. Leistungsprogramm haben für Unternehmen insoweit existentielle Bedeutung. Gerade auch unter den erschwerten Bedingungen heutiger Märkte (Stagnation/Verdrängungswettbewerb, Wandel Kaufansprüche, Verkürzung Produktlebenszyklus) ist eine **strategische Anpassung** der Programme an veränderte Markt- und Wettbewerbsverhältnisse notwendig. Was die Realisierung dieser Anpassungen angeht, so stehen dem Unternehmen grundsätzlich verschiedene Optionen des **Make or buy** offen (= Selbst entwickeln bzw. herstellen oder Entwicklungen bzw. Produkte zukaufen). Das heißt mit anderen Worten, die Programmgestaltung des Unternehmens muss *nicht* zwangsläufig die Grenze bei den eigenen Möglichkeiten der Forschung und Entwicklung bzw. der eigenen Produktion finden *(Abb. 98)*.

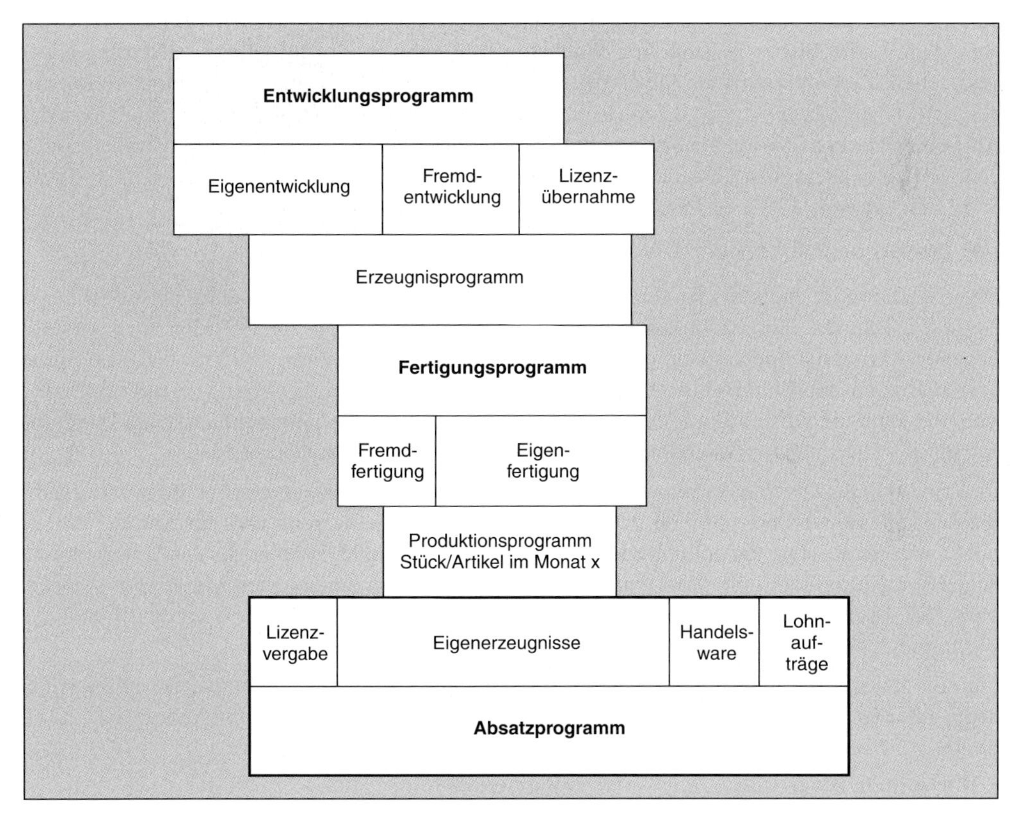


*Quelle:Bantleon/Wendler/Wolff,* 1976, S. 88

*Abb. 98: Programmstrategische Stufen und ihre Realisierungsformen*

Das Unternehmen verfügt demnach speziell im Hinblick auf das Entwicklungs-, Fertigungs- und Absatzprogramm über **strategische Spielräume,** die Anpassungen an Marktveränderungen erleichtern können. Hierdurch ist es etwa möglich, das Absatzprogramm um Randprogramme oder auch um „Einsteiger-“ und/oder „Aufsteiger“-Modelle zu komplettieren, um so insgesamt eine vollständige Produkt- und Leistungshierarchie am Markt anbieten zu können. Aus Gründen rationeller Fertigung (und damit Ausschöpfung von Kostenreserven) wird heute vielfach auch der Weg der Kooperation zwischen sich ergänzenden Unternehmen gewählt, und zwar zum Zwecke des gegenseitigen Programmaustausches bzw. zum Austausch von Bauteilen (Komponenten). Beispiele finden sich u. a. in der Automobil- und Unterhaltungselektronikindustrie.

Unternehmen können somit, was die Produkt-, Programm- und Leistungsgestaltung betrifft, vielfältige Alternativen und Ausprägungen strategischer **Stoß- und Wachstumsrichtungen** wählen.

### *d) Diversifikationsstrategie*

Aufgrund der Zunahme schwach wachsender oder gar stagnierender Märkte und des dadurch bedingten **Verdrängungswettbewerbs-Drucks** sehen sich Unternehmen oft veranlasst, zu diversifizieren. Das heißt, Unternehmen gehen davon aus, dass – je nach spezifischer Ausgangslage – die bisher behandelten Wachstumsoptionen zur Unternehmenssicherung *nicht* ausreichen. Zugleich wird die Diversifikationsstrategie als ein Mittel der Risikostreuung angesehen (*Grant/Nippa*, 2006). Empirische Untersuchungen weisen im Übrigen nach, dass der Antrieb zu Diversifikationsmaßnahmen vor allem dem Gewinn- und/oder Machtstreben sowie dem Vorhandensein von „Überschüssen" entspringt (*Böhnke,* 1976, S. 42 ff.; *Wittek,* 1980, S. 121 ff.; *Jacobs,* 1992, S. 13 ff.; *Friedrich/Hinterhuber,* 2000, S. 5 ff.).

#### *da) Wesen und Arten der Diversifikation*

Diversifikation ist dadurch charakterisiert, dass Unternehmen bei Anwendung dieser Strategie aus dem Rahmen ihrer traditionellen Branche (Markt) in benachbarte oder auch weitabliegende Aktivitätsfelder „ausbrechen" (*Aaker,* 1989, S. 259; *Jacobs,* 1992, S. 6 f.). Im Sinne der zu Beginn der Marktfeldstrategien dargestellten Produkt/Markt-Matrix (*Ansoff*-Schema; *Abb. 91*) kann die Diversifikation einfach als die Ausweitung des unternehmerischen Handelns auf für das Unternehmen **neue Produkte** und **neue Märkte** verstanden werden.

Im Prinzip kann Diversifikation somit als das Ergebnis **zweier strategischer Entwicklungslinien** aufgefasst werden, nämlich der Produktentwicklung einerseits und der Marktentwicklung andererseits. Die Produktentwicklung führt also am Ende zu einer für das Unternehmen neuen Technologie und die Marktentwicklung schließlich in einen neuen Markt (*Borschberg,* 1974, Sp. 481 sowie *Döhmen,* 1991, S. 155 f.). Eine Darstellung *(Abb. 99)* verdeutlicht diese Zusammenhänge.

Für eine Diversifikationsstrategie können verschiedene **Optionen** gewählt werden. Es werden heute überwiegend drei Arten der Diversifikation (siehe u. a. *Steinmann/Schreyögg,* 2000, S. 204 ff.; *Becker,* 2000 c, S. 28 ff.) unterschieden:

- **Horizontale Diversifikation,**
- **Vertikale Diversifikation,**
- **Laterale Diversifikation.**

Die **horizontale Diversifikation** ist dadurch gekennzeichnet, dass hier eine Erweiterung des bisherigen Produktprogramms um verwandte Produkte für tendenziell die gleiche Abnehmerschaft vorgenommen wird, und zwar auf der gleichen Wirtschaftsstufe (Beispiel: *Knorr (Bestfoods)* erweitert(e) das Programm aus Soßen, Würzen, Suppen und Fertiggerichten um Kartoffel-Convenienceprodukte wie Püree, rohe Klöße, Knödel usw.).

Die **vertikale Diversifikation** ist demgegenüber dadurch charakterisiert, dass bei ihr Produkte in das Programm aufgenommen werden, die den bisherigen Produkten (Programm), was die Wertschöpfungsstufe(-kette) betrifft, vor- oder nachgeschaltet sind (Beispiele für Vorstu-

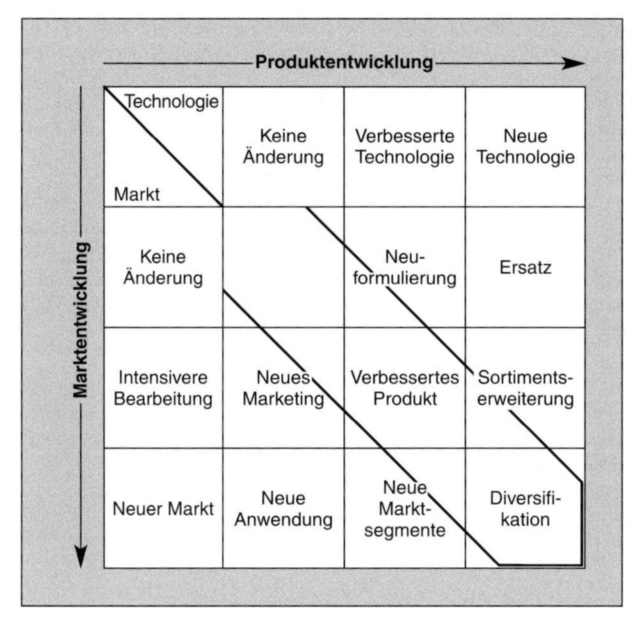


*Quelle: Borschberg,* 1974, Sp. 481

*Abb. 99: Stadien auf dem Weg zur Diversifikation*

fen-Diversifikation: Ein DOB-Konfektionär (Hersteller von Damen-Oberbekleidung) gliedert sich eine eigene Stoffweberei an und für Nachstufen-Diversifikation: Ein DOB-Konfektionär baut eine eigene Ladenkette mit DOB-Fachgeschäften auf).

Die **laterale Diversifikation** besteht darin, dass hier ein Vorstoß in völlig neue Produkt- bzw. Marktbereiche vorgenommen wird, so dass die neuen Produkte mit den bisherigen in keinerlei sachlichem Zusammenhang mehr stehen (Beispiele: Ein Zigarettenhersteller engagiert sich im Getränkemarkt wie ursprünglich *Reemtsma* u. a. mit Kauf der *Bavaria*-Brauerei oder ein Automobilhersteller übernimmt ein Büromaschinen/Computerunternehmen wie seinerzeit *Volkswagen* das Unternehmen *Triumph-Adler*).

Insgesamt stellen diese drei Arten der Diversifikation zwar sinnfällige Unterscheidungen dar; ihre Abgrenzung ist jedoch nicht in jedem Falle eindeutig. Überhaupt besteht bisher keine Einigkeit darüber, wie wenig verwandt bzw. wie fern ein neues Produkt bezogen auf das bisherige Programm sein muss, um überhaupt von einer **echten Diversifikation** sprechen zu können (zur Unterscheidung von „related and unrelated diversification" siehe *Johnson/Scholes,* 1993, S. 227 ff.; *Sinatra,* 2000, S. 34 f.; bzw. im Einzelnen *Rumelt,* 1974, der diese Unterscheidung seinen empirischen Untersuchungen zugrunde gelegt hat).

Offensichtlich sind die diversifikationsstrategischen Anknüpfungspunkte so vielfältig, dass eine eindeutige Systematisierung kaum möglich erscheint. Sowohl firmen- und marktindividuelle als auch situative Komponenten erlauben jedenfalls *keine* generelle Ableitung von Norm- oder Erfolgsstrategien.

Exkurs: Diversifikation und Synergien

Die Wahl der jeweiligen Diversifikationsart ist nicht zuletzt für das Zustandekommen eines erwünschten Synergismus zwischen bestehenden Aktivitäten und neuen Produkt/Markt-Kombinationen entscheidend. **Synergismus** oder auch Synergie kann als der **sog. 2 + 2 = 5-Effekt** gekennzeichnet werden (*Ansoff,* 1966,

S. 97, im einzelnen *Ropella,* 1989). Damit soll ausgedrückt werden, dass durch das sinnfällige Zusammenwirken ursprünglich getrennter Elemente (hier Produktbereiche bzw. Unternehmen) in einer neuen Einheit eine größere Wirkung realisiert wird als mit den einzelnen Elementen in getrenntem Zustand (d. h. das Ganze ist mehr als die Summe seiner Teile). Der **Synergie-Effekt** (2 + 2 = 5-Effekt) hat offensichtlich eine seiner (wesentlichen) Ursachen in den Economies of Scope (*Goldhar/Jelinek,* 1983). Hierbei handelt es sich um **Verbundeffekte,** die dann entstehen, wenn Unternehmen über flexibel nutzbare Potenziale verfügen. Solche Effekte treten z. B. auf, wenn Unternehmen über flexible Fertigungssysteme verfügen, mit denen – ohne wesentlichen Umrüstaufwand – unterschiedliche Produkte produziert werden können. Unternehmen sind dann nicht mehr allein darauf angewiesen, etwa nur standardisierte Produkte für bearbeitete Massenmärkte in großen Mengen herzustellen, sondern sie können auch auf neue Produkt- und Marktfelder ausgreifen und damit ggf. Preiskämpfen in undifferenzierten Massenmärkten ausweichen (um nicht zuletzt die Erfüllung von **rentabilitätsorientierten Oberzielen** sicherzustellen; zum Phänomen der Verwischung von Industriegrenzen bzw. Business Migration s. a. *Heuskel,* 1999).

Solche Synergie- bzw. Verbundeffekte können auch im Marketing- und Vertriebssystem eines Unternehmens begründet sein (z. B. Vorhandensein einer kompetenten Marke oder einer leistungsfähigen Vertriebsorganisation – Potenziale, die auch für neue Produkt-/Markt-Kombinationen ausgeschöpft werden können). Das Ausschöpfen von Synergien bzw. Verbundeffekten scheint insofern eher für Diversifikationsprojekte zu sprechen, die aus Gründen der Nutzbarkeit von Fertigungs- und/oder Marketing- bzw. Vertriebspotenzialen noch in einer bestimmten **Beziehung zum Kern- oder Ausgangsgeschäft** stehen („related diversification"). Die bisherigen empirischen Überprüfungen der Erfolgsträchtigkeit von Diversifikationsstrategien bestätigen das aber nur teilweise (worauf im nächsten Punkt noch Bezug genommen wird).

Nach den bisherigen Darlegungen zum Wesen der Diversifikationsstrategie soll nun auf Diversifikationsschwerpunkte in der Unternehmenspraxis näher eingegangen werden.

Von den verschiedenen Möglichkeiten der Diversifikation wird in der Realität in unterschiedlicher Weise Gebrauch gemacht. Die am häufigsten praktizierte Diversifikation ist die **horizontaler Art**; auf sie dürften nach wie vor mehr als die Hälfte aller Diversifikationsprojekte entfallen (vgl. hierzu auch die Ergebnisse zur empirischen Diversifikationsforschung im Abschnitt e).

Wenn die horizontale Diversifikation auch die mit Abstand am meisten realisierte Diversifikationsart ist, so ist sie jedoch keineswegs problemfrei. Misserfolge haben hier vielfach ihre Ursache darin, dass die **angenommene Übereinstimmung** der potenziellen Abnehmer des neuen Produktes mit der Abnehmerschaft der bestehenden Produkte sich nachträglich als falsch oder nur bedingt richtig herausstellt und damit einkalkulierte vertriebs- bzw. marketing-synergetische Effekte ausbleiben.

Von deutlich geringerer Bedeutung ist dagegen die **vertikale Diversifikation.** Die spezifische Problematik dieser Diversifikationsart besteht einmal darin, dass z. B. bei Nachstufen-Diversifikation die Aufnahme von Folgeprodukten (i. S. v. Produkten höherer Wertschöpfung) zu Konflikten mit den eigenen Abnehmern führen kann. *Beispiel:* Ein Chemiekonzern, der unter anderem Lackrohstoffe an verschiedene Lackhersteller liefert, gliedert sich selbst eine Lackfabrik an und konkurriert damit jetzt direkt mit den Abnehmern seiner Vorprodukte. Zum anderen findet hier kein Risikoausgleich zwischen den einzelnen Unternehmensaktivitäten statt, da alle im gleichen Branchenstrang angesiedelt sind. Das heißt, wenn die Nachfrage nach Lacken strukturell sinkt, sind sowohl die neu angebotenen Lacke als auch die Lackrohstoffe negativ betroffen.

Was die **laterale Diversifikation** betrifft, so hat sie phasenweise relativ stark zugenommen. Mit ihr sind grundsätzlich sowohl die größten Chancen als auch die größten Risiken verbunden. Das gilt insbesondere für die typische Form der sog. **Conglomerate-Strategie** (= Mischkonzern-Strategie; *Leontiades,* 1987). Als klassische Beispiele solcher breit gestreuten Mischkonzerne können etwa *General Electric* (USA), *Hanson* (GB) oder die großen, internationalen Generalhandelshäuser in Japan (die sog. *Sogo Ghoshas*), die auch über eigene Industriebetriebe und Banken verfügen, genannt werden. In Deutschland verfolgte z. B. die

*Preussag* eine solche Conglomerate-Strategie; dieses Unternehmen war in mehr als 25 Branchen tätig und zählte zu den größten Mischkonzernen der Welt (später Touristik- und Schifffahrts-Konzern *TUI AG*). Die in der Regel durch **Aufkauf** einer Vielzahl von Unternehmen mit jeweils sachlich nicht verwandten Produkten/Märkten entstehenden Conglomerates – die ihren Ausgangspunkt in den USA in den Jahren ab 1960 genommen haben – weisen vor allem deshalb besondere Chancen auf, weil sie sehr konsequent die interessantesten Wachstumsfelder (ggf. weltweit) besetzen können (vgl. Erfolgsbeispiel *General Electric*). Dem stehen aber auch spezifische Risiken gegenüber, weil die Konzernleitung bei der sehr heterogenen Branchenstruktur einer solchen Gruppe meist nicht genügend die branchen-typischen Eigenarten kennt und es deshalb zu gravierenden **konzeptionellen Führungsfehlern** kommen kann. Jedenfalls hat sich in den USA oder auch Japan gezeigt, dass der Erfolg (Rentabilität bzw. Wachstum) der meisten Conglomerates durchweg *nicht höher* ist als der gut geführter „klassischer" (Groß-)Unternehmen (siehe hierzu *Liertz,* 1974 sowie *Fey,* 2000).

Fallbeispiel: Diversifikation *Volkswagen AG*

Insgesamt wird die laterale Diversifikation – und zwar nicht nur in Form der Mischkonzern-Strategie – eher wieder kritischer gesehen. Dazu haben auch spektakuläre **diversifikationsstrategische Fehlentscheidungen** beigetragen, wie z. B. der seinerzeitige Versuch der *Volkswagen AG,* sich mit dem Aufkauf von *Triumph-Adler* im Markt der Bürokommunikation ein zweites „strategisches Bein" zu verschaffen.

Nach mehrjährigen hohen Verlusten hatte sich *Volkswagen* von diesem Engagement wieder getrennt. *Volkswagen* hatte die **spezifischen strategischen Bedingungen** dieses interessanten Marktes unterschätzt, zumal er sich zum Zeitpunkt des Eintritts von *Volkswagen* gerade in einem starken Umbruch befand (u. a. Weiterentwicklung von mechanischen zu elektronischen Büromaschinen; die Stärke und Kompetenz von *Triumph-Adler* lag aber gerade bei den mechanischen Schreibmaschinen; die Umstellung des Programms u. a. auch auf Computer erwies sich als schwierig und hohe Anlaufverluste verursachend). Insoweit hängen Diversifikationserfolge nicht zuletzt auch vom **richtigen strategischen Timing** ab (vgl. hierzu 6. Abschnitt, speziell „Zur Relevanz der zeitlichen Komponente").

Überhaupt ist für Diversifikationsstrategien, insbesondere natürlich für **Conglomerate-Strategien,** typisch, dass sie – trotz mittel- und langfristiger Orientierung – immer wieder *korrekturbedürftig* sind. Das hängt mit der Komplexität „extrem" diversifizierter Unternehmen bzw. der Weitläufigkeit und Dynamik der bearbeiteten Märkte zusammen. So hat seinerzeit der breit gestreute britische Mischkonzern *Hanson* entschieden, sich (wieder) stärker auf **vier „Kerninteressen"** zu besinnen (Energie, Chemie, Tabak, Baumaterialien/Baugerät), um damit größere, schlagkräftigere Konzernunternehmen für den weltweiten Wettbewerb zu schaffen und so die Rentabilität und die langfristigen Aussichten der vier Unternehmensbereiche zu steigern.

Andererseits sind Conglomerate-Strategien verfolgende Mischkonzerne oft durch hohe Kapitalkraft gekennzeichnet, die **strategische Spielräume** für neue Unternehmens- bzw. Marktaktivitäten eröffnen. Vor allem große Versorgungsunternehmen wie z. B. *RWE,* die sich zu stark diversifizierten Unternehmen entwickelt hatten, verfügten ursprünglich aufgrund hoher Erträge im Energiegeschäft über finanzielle Mittel, die ihnen ermöglichten, sich in **Zukunftsmärkten** zu engagieren. Für *RWE* und andere Versorger ist jedoch typisch, sich wieder mehr auf Kerngeschäfte (bei *RWE* auf drei Geschäfte: Strom-/Wärmeerzeugung, Strom-/Gasnetze, Energiehandel) zu konzentrieren.

Das Grundproblem conglomerativer Diversifikation besteht insgesamt darin, dass mit ihr häufig **zentrifugale Kräfte** verbunden sind, die letztlich das Ergebnis von Unverträglichkeiten im gesamten Diversifikationskomplex sind. Ihr fehlt im Prinzip eine einheitliche, alles verbindende zentrale Idee. Eine in dieser Hinsicht neuere Form konsequenter Diversifikationspolitik stellt die *system*-orientierte Diversifikation dar. Ihr liegt im Gegensatz zur klassischen Conglomerate-Strategie eine zentrale Grundidee zugrunde. Die system-orientierte Diversifikation knüpft z. B. an der Tatsache an, dass immer mehr Technologien bzw. technische Problemlösungen aus den unterschiedlichen Einsatzfeldern „zusammenwachsen", und zwar in der Weise, dass sie wechselseitig einsetzbar werden bzw. sich z. T. auch ersetzen können. Relevante Technologien und Systeme können somit zu einem strategisch verbindenden Element diversifizierender Unternehmensaktivitäten werden. Das gleiche gilt – mutatis mutandis – für Dienstleistungsfelder, die miteinander verknüpft werden, um dem Markt bzw. den Kunden komplette, aufeinander abgestimmte Dienstleistungsbündel (z. B. Allfinanz-Systeme) zu bieten. Auf zwei spezifische, grundsätzlich an Bedeutung gewinnende Varianten soll hier deshalb ausführlicher Bezug genommen werden: das **diversifizierte Technologie-System** und das **diversifizierte Dienstleistungssystem.**

Fallbeispiel: Diversifiziertes Technologiekonzept der damaligen *Daimler-Benz AG*

Als Beispiel eines umfassenden Technologie-Systems kann die ursprüngliche, später aber wieder korrigierte Diversifikationspolitik von *Daimler-Benz* angeführt werden. *Daimler-Benz* hatte nicht – wie seinerzeit die *Volkswagen AG* mit der Übernahme von *Triumph-Adler* (Bürokommunikation) – einfach ein neues, vom Automobilbau relativ weit entferntes Diversifikationsobjekt übernommen, sondern ein ganzes Diversifikationsprogramm realisiert, das auch der Zukunftssicherung des Automobilgeschäftes durch **Zukauf von neuen Technologien** (High Technology, u. a. Elektronik) dienen sollte und damit ausgeprägte synergistische Effekte versprach. Mit der Übernahme von *MTU* (Triebwerkhersteller), *Dornier* (Luft- und Raumfahrt), *AEG* (Elektrounternehmen) und von *MBB* (Luft- und Raumfahrt) verschaffte man sich Zugang zu den modernsten Techniken, die das künftige Auto der Zukunft bzw. seine Wettbewerbsfähigkeit (mit)bestimmen. Aber auch umgekehrt sollten die übernommenen Konzernmitglieder vom hohen Stand der Entwicklung und Fertigung im Automobilbereich *(Mercedes-Benz)* profitieren.

In Verbindung mit den aufgekauften Technologieunternehmen sollten zugleich starke zusätzliche Unternehmenssäulen (neue Geschäftsfelder) aufgebaut werden, um die bis dahin hohe, einseitige Abhängigkeit vom Automobilgeschäft zu mildern. Die Vision vom umfassenden, **synergieträchtigen Technologie-Konzern** hat sich jedoch nicht erfolgreich realisieren lassen. Zwei spezifische Gründe waren im Fall *Daimler-Benz* vor allem ausschlaggebend: **1. hohe zentrifugale Kräfte** bei der unternehmerischen Zusammenführung der sehr heterogenen, durch sehr spezifische Unternehmenskulturen geprägten Unternehmen (was den „Traum" von starken Synergieeffekten = 2 + 2 = 5-Effekten weitgehend zunichte machte) und **2. grundlegende weltpolitische Veränderungen** (insbesondere Rückgang des Ost-West-Konfliktes wie auch angespannte Staatsfinanzen), welche zu rückläufigen Marktvolumina bzw. -potenzialen im Rüstungsgeschäft sowie in der Luft- und Raumfahrt führten – verbunden mit entsprechendem Preis- und damit Ertragsverfall (bzw. hohen Verlusten).

Ehe die **Vision** vom Technologie-Konzern *Daimler-Benz* richtig umgesetzt bzw. ökonomisch entsprechend ausgeschöpft werden konnte, erzwangen also hohe Verluste grundgende **Kurskorrekturen und Restrukturierungen.** Sie betrafen damals insbesondere den

Konzernbereich *Deutsche Aerospace* (Luft/Raumfahrt sowie Verteidigung und Zivile Systeme), aber auch die *Daimler-Benz Industrie/AEG* (u. a. Bahnsysteme, Dieselantriebe, Energietechnik, Haushaltsgeräte). In dieser Phase fiel es schwer, eine **neue schlüssige Vision** als ziel-strategischen Bezugspunkt zu bestimmen (statt „Technologie-" künftig „Mobilitätskonzern"). Deshalb hatte sich *Daimler-Benz* durch Übernahme und Fusion mit *Chrysler* (USA) zur *Daimler-Chrysler AG* wieder ganz auf das Automobilgeschäft konzentriert (**Vision:** in Zukunft der führende Automobilhersteller (automobile „Welt-AG") zu sein). Im Zuge dieser Restrukturierung hatte die *Daimler-Chrysler AG* sich weitgehend von allen nicht-automobilen Technologie-Geschäftsfeldern getrennt.

Dem Restrukturierungskonzept von *Daimler-Chrysler* lag ein **strategischer Ausgleich** zugrunde (vgl. Kapitel „Strategiekombinationen", Abschnitt Oder-Ansatz der Strategieevolution). Das heißt, das was *Daimler-Chrysler* durch Aufgabe der Geschäftsfelder außerhalb des Automobilgeschäfts (PKW und LKW) verlor, sollte durch eine Weltmarkterschließung (vgl. Kapitel „Marktarealstrategien", Abschnitt Übernationale Strategien) ausgeglichen bzw. überkompensiert werden. Dazu diente in einem wichtigen strategischen Schritt die Erschließung der **USA** und **China**. Auf Grund strategischer und kultureller Unverträglichkeiten wurde der Zusammenschluss mit Chrysler schließlich wieder beendet. Mit starken **Produktoffensiven** (insbesondere SUV-/Cross-over-Modellen) versucht seither die neue *Daimler AG* die angestrebte führende Weltmarktstellung weiter auszubauen.

Inzwischen haben **disruptive Veränderungen** (Elektromobilität, autonomes Fahren, Dominanz der Software) den Automobilmarkt grundlegend verändert: neue Wettbewerber und neue Regeln. Der notwendige Transformationsprozess verändert das klassische Geschäftsmodell völlig: Entwicklung hin zum *digital* getriebenen Mobilitätsdienstleister.

Fallbeispiele: Diversifizierte Finanzdienstleistungssysteme

Im Sinne einer markt- bzw. kundenorientierten Diversifikationspolitik haben sich viele Banken quasi als universale Problemlöser i. S. v. Allfinanz-Warenhäusern (für den Privatkunden) bzw. Financial Engineers (für die Firmenkunden) weiterentwickelt (*Krümmel/Rehm/Simmert,* 1991; *Corsten/Hilke,* 1999; *Dinauer,* 2001).

Ausgangspunkt dieser Entwicklung war die Weiterentwicklung von Spezialbanken (z. B. reine Hypothekenbanken oder Außenhandelsbanken) zu **Universalbanken**. „Wenn auch vielfach an bestimmten geschäftlichen Schwerpunkten festgehalten wurde, bieten ... Sparkassen, Kreditgenossenschaften und Kreditbanken mit Ausnahme weniger Privatbankiers einem heterogenen Kundenkreis die Leistungen des Depositen-, Kredit-, Effektenemissions-, -kommissions- und -depotgeschäfts an und erfüllen damit die allgemein gebräuchliche Universalbankdefinition" (*Ferstl,* 1977, S. 164). Inzwischen ist die Entwicklung weitergegangen in Richtung umfassender, diversifizierender **Finanz- und Dienstleistungskonzepte** (*Schlenzka,* 1987, u. a. Angebot eigener bzw. Vermittlung fremder Leistungen, wie Versicherungen, Bausparen, Altersvorsorge, Vermögensberatung/-verwaltung bis hin zur Unternehmensberatung oder auch Immobilienberatung, vgl. in diesem Zusammenhang die Übernahme eines großen Beratungsunternehmens (inzwischen wieder verkauft) und eines bedeutenden Immobilienmakler-Unternehmens sowie seinerzeit sogar der Aufbau einer eigenen Lebensversicherungsgesellschaft durch die *Deutsche Bank AG)*. Insgesamt haben viele Finanzdienstleister ähnliche strategische Schritte in Richtung diversifizierender Dienstleistungskonzepte realisiert, und zwar durch Aufkauf (z. B. ehemals *Allianz/Dresdner Bank*), z. T. über Kooperationen (vgl. z. B. den Vertriebsverbund der *Volksbanken/Raiffeisenbanken* u. a. mit der *Bausparkasse Schwäbisch Hall* und der *R & V-Versicherung* ), um durch Leistungsbündelung und **Cross-Selling** vertriebs-synergetische Effekte zu realisieren. Das generelle diversifikations-strategische Ziel des Ertrags- und Risikoausgleichs lässt sich dagegen nur konsequent in einem **finanziell verflochtenen Konzernkonzept** verwirklichen (*Remsperger,* 1989, S. 301).

Wettbewerbsbedingt wie aus Gründen der Bindung bestehender wie auch der Gewinnung neuer Kunden dringen Banken auch in den allgemeinen Dienstleistungssektor vor, der nicht bankenspezifisch geprägt ist, wie Reise-, Immobilienvermittlungsgeschäft, spezielle EDV-Serviceleistungen (z. B. Datenbank-Systeme), Unternehmensberatung. Insoweit sind bestimmte strategische **Stufen der Diversifikation** im Bereich der Finanzdienstleister *(Abb. 100)* erkennbar (*Becker,* 1978; *Wagner,* 1991; *Heuskel,* 1999), aber auch bestimmte Rückentwicklungen (z. B. bei der *Deutschen Bank*).

Die angedeutete Diversifikationsgrenze ist nicht als Endlinie der diversifikationspolitischen Entwicklung im Bankensektor anzusehen, sondern es sind Entwicklungen denkbar, dass sich Banken zu **allgemeinen Dienstleistungsunternehmen** (z. B. mit Immobilien- und Reisevermittlung) weiterentwickeln, welche das „Bankgeschäft" nur noch als eine von zahlreichen gleichberechtigten Leistungssparten betreiben (*Ferstl,* 1977; *Robens,* 1987; *Söhnholz,* 1992) – auch vor dem Hintergrund, dass umgekehrt Hersteller- und Handelsbetriebe in den Markt der Finanzdienstleistungen eindringen.

Wie weit Banken im diversifizierten Ausbau eines umfassenden Finanz- und Dienstleistungssystems gehen können, ist letztlich abhängig von der **Bereitschaft der Kunden,** sich ausschließlich in einem „Finanz- und Dienstleistungssupermarkt" bedienen zu lassen (One-Stop-Shopping). Skeptiker des Allfinanzkonzepts (einschließlich ergänzender Dienstleistungen) gehen davon aus, dass die Kunden zukünftig eher wieder verstärkt die Alternativangebote unterschiedlicher Anbieter suchen werden (More-Stop-Shopping), nicht zuletzt auch aufgrund der letztlich doch begrenzten Fähigkeiten der Kundenberater für ein kompetentes **Cross-Selling** über einen großen Dienstleistungsbereich hinweg (*Süchting,* 1988, S. 8; *Lehmann,* 1994, S. 5 ff.; *Szallies,* 1999, S. 29 ff.).

Diversifikationskonzepte im Finanz- und Dienstleistungsbereich bedürfen insoweit auch stadienspezifischer Steuerung und Justierung, speziell was die Leistungsintegration angeht; **das allgemein gültige Allfinanzkonzept** jedenfalls gibt es nicht.

Das gilt auch für **Versicherungsunternehmen,** die ausgehend von traditionellen Versicherungsleistungen sich zu umfassenden Finanzdienstleistern zu entwickeln versucht haben. Der strukturelle Vorteil der Versicherungsunternehmen, solche diversifizierenden Allfinanzkonzepte zu realisieren, wird – im Gegensatz zu den Banken mit ihren klassischen Bankfilialsystemen – in deren mit „Hard-Selling-Methoden" vertrauten, nicht an übliche Geschäftszeiten gebundenen Außendienst-Organisationen gesehen. Insoweit hängt der Erfolg von strategischen Allfinanz-Konzepten entscheidend von den **operativen Umsetzungsmöglichkeiten** (einschließlich der **Digitalisierung des Geschäftsmodells**, s. a. *Fromme,* 2014) ab. Damit ergeben sich grundlegende Verknüpfungen zwischen Strategieebene einerseits und Mixebene (vgl. 3. Teil) andererseits (= **konzeptionelle Kette**).

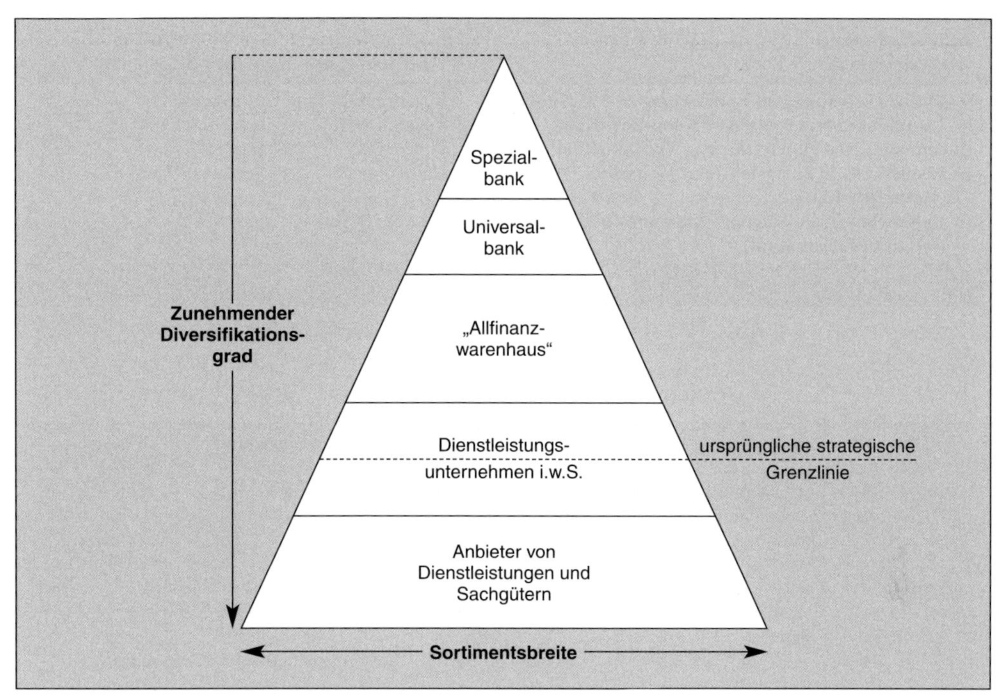


*Abb. 100: Stufen des Diversifikationsprozesses bei Finanzdienstleistern*

Nachdem zuletzt vor allem moderne systemorientierte Diversifikationskonzepte hinsichtlich ihrer Chancen und Risiken näher diskutiert worden sind, soll nun noch auf die generellen Realisierungsformen eingegangen werden.

### db) Typische Realisierungsformen der Diversifikation

Im Rahmen der Behandlung unterschiedlicher Muster diversifikations-strategischen Unternehmensverhaltens sind bereits Formen der Realisierung angesprochen worden. Insbesondere im Zusammenhang mit conglomerativen bzw. systemorientierten Diversifikationsstrategien wurde auf das Aufkaufkonzept eingegangen. Die Realisierung von Diversifikation ist aber nicht an eine einzige Form gebunden, sondern es sind sehr **unterschiedliche Realisierungsformen** möglich. Auf sie soll im Folgenden näher eingegangen werden. Dabei werden die Möglichkeiten – nicht zuletzt wegen ihrer Vielfalt – aus der Sicht industrieller Unternehmen aufgezeigt *(Abb. 101)*; zur Führung diversifizierter Unternehmen s. a. *Hinterhuber et al.,* 2000.

Aus der Übersicht geht hervor, dass Unternehmen sowohl über unternehmens*interne* Realisierungsformen (eigene Forschung und Entwicklung sowie Realisierung über Lizenzen oder Handelsware) als auch unternehmens*externe* (Kooperation bzw. Joint Venture und Unternehmenskauf) verfügen. Die Aufkaufstrategie steht insoweit „am Ende“ einer Kette von Möglichkeiten. Nicht zuletzt wählen Unternehmen auch **kombinierte Wege;** vor allem bei Diversifikation in mehrere unterschiedliche Produkt-/Marktfelder sind häufig – je nach Bedingungen bzw. Gelegenheiten – verschiedene Realisierungsformen sinnvoll. Hierbei sind auch die Besonderheiten (Vor- und Nachteile) der einzelnen Realisierungsformen der Diversifikationsstrategie zu berücksichtigen.

| Realisierungsformen (= Art der eigentlichen Konkretisierung) | Charakteristik (= interne oder externe Diversifikation) |
|---|---|
| (1) Eigene Forschung und Entwicklung (= Eigenaufbau) | intern i. e. S. |
| (2) Übernahme von Lizenzen (= Know-how-Kauf) | intern i. w. S. |
| (3) Aufnahme von Handelsware (= Produkt-Kauf) | intern i. w. S. |
| (4) Kooperation in Form von Joint Ventures (= „Partner-Kauf") | extern i. e. S. |
| (5) Unternehmens-Beteiligung/-Zusamnmenschluss (= Unternehmens-Kauf) | extern i. w. S. |
| i. e. S. = im engeren Sinne; i. w. S. = im weiteren Sinne | |

*Abb. 101: Realisierungsformen der Diversifikation*

| Diversifikations-Realisierungsformen / Beurteilungskriterien | Eigene Forschung und Entwicklung (= Eigenaufbau) | Lizenzübernahme (= Know-how-Kauf) | Aufnahme von Handelsware (= Produkt-Kauf) | Kooperation in Form von Joint Ventures (= „Partner-Kauf") | Unternehmens-Beteiligung/-Zusammenschluß (= Unternehmenskauf) |
|---|---|---|---|---|---|
| • Zeitfaktor | langsam | schnell | schnell | ziemlich schnell | ziemlich schnell |
| • Kosten | hoch | ziemlich niedrig | ziemlich niedrig | niedrig | niedrig |
| • Organisationsprobleme | wenige | praktisch keine | praktisch keine | wenige | zahlreiche |
| • Risiko | groß | klein | klein | relativ groß | relativ groß |

*Abb. 102: Vergleich der Diversifikations-Realisierungsformen auf der Basis grundlegender Beurteilungskriterien*

Unter dem Aspekt wichtiger Auswahlkriterien können die **Alternativen der Diversifikationsrealisierung** allgemein *(Abb. 102)* charakterisiert werden (*Borschberg,* 1974, Sp. 483; *Graßy,* 1993, S. 47 ff.; zu Erfolgsfaktoren *Hungenberg,* 2008, S. 509 ff.):

Die Charakterisierungen der einzelnen Realisierungsformen von Diversifikationsstrategien sind naturgemäß nur Tendenzaussagen. Je nach spezifischer Ausgangslage können sich vorteilhafte bzw. nachteilige Aspekte ggf. grundlegend verändern. Wichtig ist daher immer die **Einzelfallprüfung**, und zwar auch vor dem Hintergrund evtl. bisher gemachter eigener Erfahrungen (Fähigkeitsprofil des Unternehmens).

Zwei Realisierungsformen spielen bei der Diversifikationsrealisierung eine herausgehobene Rolle: der **Eigenaufbau** und der **Unternehmenskauf.** Der Eigenaufbau wird dabei vor allem bei *horizontaler* Diversifikation durchgeführt, und zwar wegen produktlicher, produktionstechnischer und/oder auch marktlicher Verwandtschaften der neuen Aktivitäten mit den bisherigen. Der Unternehmenskauf ist dagegen bei *lateraler* Diversifikation typisch, insbesondere auch bei conglomerativen Diversifikationskonzepten. Hier gibt es in aller Regel keine oder nur untergeordnete Nahtstellen zwischen den neuen Aktivitäten und den bisherigen bzw. es fehlt ausreichendes technisches und/oder marktliches Know-how hinsichtlich der neuen Branchen, in denen man tätig werden will.

Der Unternehmenskauf (Mergers and Acquisitions, *Behrens/Merkel,* 1990; *Jansen,* 2000; *Picot/Nordmeyer/Pribilla,* 2000) wird jedoch auch bei horizontaler Diversifikation als Realisierungsform gewählt, und zwar hier insbesondere unter **Timing-Aspekten.** Man glaubt vielfach, durch eine Übernahme einer bestehenden Struktur (einschließlich entsprechender Kompetenzen) vor allem schneller Diversifikationsziele (wie Wachstum und Rentabilität) zu verwirklichen. Insoweit „diktieren" die Ziele ggf. auch die Realisierungsformen von Diversifikationsvorhaben. Vor allem im Konsumgüterbereich ziehen es Unternehmen (insbesondere international tätige Großunternehmen, „Global Player") vor, mit geeigneten Unternehmen insbesondere etablierte, in ihrem Markt **kompetente Marken** zu kaufen, anstatt sie selbst neu aufzubauen. Das soll an einem Beispiel näher verdeutlicht werden.

Fallbeispiel: Aufkaufstrategie von *Nestlé*

Als Beispiel für eine an dynamischem Wachstum orientierte, diversifizierende **Aufkaufstrategie** ist *Nestlé* anzusehen. Dieses Beispiel steht für eine ausgeprägte horizontale Diversifikation im Umfeld bisheriger Tätigkeiten, die *Nestlé* – wie sonst vor allem für laterale Diversifikation (Wahl vom bisherigen Tätigkeitsfeld weit entfernter neuer Geschäftsbereiche) üblich – durch ein systematisches Aufkaufkonzept unterstützt bzw. realisiert hat.

Dabei zeigt sich, dass das Aufkaufkonzept von Nestlé in einer klaren **Unternehmensphilosophie** verankert ist, das heißt, die verfolgten Strategien werden von grundlegenden Zielsetzungen aus gesteuert (insoweit sind Ziel- und Strategieentscheidungen eng verzahnt, wie es der **konzeptionellen Kette** entspricht).

Die Unternehmensleitung hat seinerzeit Grundzüge der *Nestlé*-**Unternehmenspolitik** wie folgt formuliert:

„Oberste Aufgabe der Unternehmensführung ist es, den Bestand des Unternehmens langfristig zu sichern, dafür zu sorgen, dass Umsätze, Erträge und Arbeitsplätze auch in Zukunft gewährleistet sind. Für *Nestlé* hat dabei die Festigung und Weiterentwicklung des bestehenden Geschäfts absoluten Vorrang. Gerade unser Erfolg in den angestammten Bereichen versetzt uns aber auch in die Lage, Möglichkeiten des Zukaufs oder der Beteiligung zu nutzen, wenn sich dadurch bestehende Positionen verstärken oder neue Märkte erschließen lassen ..."

„Tatsächlich hat *Nestlé* in ihrer über hundertjährigen Geschichte auch diesen zweiten Weg zur Zukunftssicherung und Wachstum immer wieder beschritten. Zweifellos war es die geschickte und erfolgreiche Kombination beider Strategien – konsequente Eigenentwicklung und Akquisition –, die entscheidend zur heutigen internationalen Bedeutung von *Nestlé* beigetragen und das Unternehmen zum größten Nahrungsmittelhersteller der Welt gemacht hat. Der Erfolg ermutigt uns zur Fortsetzung dieser Doppelstrategie, wie unsere in jüngster Zeit getätigten Akquisitionen und Beteiligungen belegen ..." (*Maucher,* 1985, S. 6).

„Akquisitionen oder Beteiligungen erwägen wir vor allem dann, wenn dadurch

- bestehende Sortimente und Marktpositionen sinnvoll abgerundet und ergänzt werden können;
- der Eintritt in interessante zusätzliche Lebensmittelmärkte ermöglicht wird ...;
- eine bessere geografische Ausgeglichenheit unseres weltweiten Geschäfts erzielbar ist ..." (*Maucher,* 1985, S. 7).

Inzwischen versucht *Nestlé* stärker über **eigene Marken** als über Zukäufe zu wachsen.

Welches breite Spektrum kompetenter Unternehmen (und starker Marken) *Nestlé* im Laufe der Zeit weltweit übernommen hat, zeigen einige wichtige Namen: *Carnation,* USA (Lebensmittel), *Herta,* Deutschland (Fleisch- und Wurstwaren), *Rowntree,* Großbritannien (Süßwaren), *Buitoni,* Italien (Teigwaren), *Perrier,* Frankreich (Mineralwasser), *Alpo Petfood,* USA (Tiernahrung), *Finitalgel,* Italien (Eiscreme).

Nachdem *Nestlé* phasenweise sehr viele Unternehmen übernommen hat und auf diese Weise bis zu zwei Drittel des Wachstums hinzugekauft hat, will *Nestlé* wieder stärker aus **eigener Kraft** wachsen. Hier kann *Nestlé* an einem überdurchschnittlich guten Portfolio führender Marken in vielen Tätigkeitsfeldern anknüpfen, unterstützt durch eine **konsequente Innovationspolitik** (allein die *Nestlé*-Gruppe, Deutschland, realisiert pro Jahr z. T. mehr als 100 Innovationen). Insoweit wird von *Nestlé* sowohl eine ausgeprägte Produktentwicklungs- als auch eine systematische Diversifikationsstrategie betrieben.

Das Beispiel *Nestlé* zeigt insofern (s.a. *Maucher,* 2007), dass erfolgreiche Unternehmen in der Regel an mehreren der marktfeldstrategischen Optionen zugleich anknüpfen (müssen). Damit wird zu typischen marktfeldstrategischen Handlungssystemen insgesamt übergeleitet.

### *e) Zusammenfassende Betrachtungen zu den marktfeld-strategischen Optionen*

Mit der Wahl der strategischen Marktfelder oder Produkt/Markt-Kombination(en) legt das Unternehmen seine richtungs- bzw. wachstumsstrategischen Aktivitäten fest. Diese Kombinationen stellen den **eigentlichen Kern** (Ausgangsbasis) der strategischen Marketing- und Unternehmenspolitik insgesamt dar. Alle anderen Entscheidungen strategischer Art finden hier jedenfalls ihren zentralen Bezugspunkt.

Die vier grundsätzlichen Strategierichtungen (Marktfeldstrategien)

- **Marktdurchdringung,**
- **Marktentwicklung,**
- **Produktentwicklung,**
- **Diversifikation,**

sind zwar – projiziert auf reale Unternehmens- und Marktverhältnisse – nicht immer eindeutig abgrenzbar, d. h. es bestehen zwischen den vier Produkt/Markt-Wahlmöglichkeiten auch gewisse fließende Übergänge. *Dennoch:* Kein Unternehmen kann eine langfristig orientierte, auf Rentabilitäts- und *Unternehmenswert*steigerung angelegte Politik betreiben, wenn es sich nicht für seine ziel-adäquaten strategischen Marktfelder entscheidet.

Aus diesen grundsätzlichen Überlegungen zu den Produkt/Markt-Kombinationen (Marktfeldstrategien) folgt, dass die Entscheidungen für die zu wählenden Strategierichtungen unternehmensindividuell geplant und entsprechend abgesichert getroffen werden müssen, und zwar nicht zuletzt deshalb, weil diese Entscheidungen – wie bereits hervorgehoben – einen zentralen **Angelpunkt** des gesamten strategischen Agierens des Unternehmens bilden.

#### *ea) Bedeutung und Charakteristik der Produkt/Markt-Festlegungen*

Unternehmen verfügen grundsätzlich über **vier Optionen** marktfeld-strategischen Vorgehens. Sie stellen sich als verschiedene Möglichkeiten gezielter Produkt/Markt-Kombinationen dar. Was die Bedeutung (Gewicht) dieser verschiedenen marktfeld-strategischen Handlungsmuster betrifft, so können einige generalisierende Aussagen gemacht werden, was anhand von *Abb. 103* näher verdeutlicht werden soll.

| **A. Marktdurchdringung** | **B. Marktentwicklung** |
|---|---|
| Kennzeichen:<br>Produkt alt, Markt alt<br>= *Natürlichste Strategie* (Minimum-Strategie) | Kennzeichen:<br>Produkt alt, Markt neu<br>= *Naheliegende Strategie* (Arrondierungs-Strategie) |
| **C. Produktentwicklung** | **D. Diversifikation** |
| Kennzeichen:<br>Produkt neu, Markt alt<br>= *Wettbewerbsinduzierte* Strategie<br>(Innovationsstrategie) | Kennzeichen:<br>Produkt neu, Markt neu<br>= *Marktpotenzialinduzierte* Strategie<br>(Absicherungsstrategie) |

*Abb. 103: Vier Produkt/Markt-Kombinationen des Unternehmens und ihre Charakteristik*

Die **Strategie A** (Marktdurchdringung) ist die natürlichste Strategie des Unternehmens, d.h. die Ausschöpfung des Potenzials bestehender Produkte in bestehenden Märkten ist gleichsam die **Plattform,** von der aus alle anderen strategischen Maßnahmen ihren Ausgangspunkt nehmen (sie stellt zugleich die Minimum-Strategie des Unternehmens dar, d.h. kein Unternehmen ist auf Dauer überlebensfähig, wenn es nicht mindestens systematische Marktdurchdringung betreibt).

Die **Strategie B** (Marktentwicklung) ist insofern eine nahe liegende Strategie, als sie **verborgene Marktmöglichkeiten** für ein bestehendes Produkt aufzudecken und zu nutzen sucht (sie ist insoweit eine Arrondierungs-Strategie, als sie bestehende Produkte auch in anderen Märkten zur Erzielung zusätzlicher Erträge einzusetzen trachtet).

Die **Strategie C** (Produktentwicklung) ist speziell aufgrund allgemein verschärfter Marktbedingungen (schwach wachsende bzw. stagnierende Märkte/Verdrängungswettbewerb) eine wettbewerbsinduzierte Strategie. Sie ist inhaltlich eine gezielte **Innovationsstrategie,** die darauf ausgerichtet ist, sich Wettbewerbsvorteile gegenüber der Konkurrenz zu verschaffen oder zumindest Wettbewerbsvorteile von Konkurrenten zu egalisieren. Insoweit bestehen wesentliche Beziehungen (= strategische Ketten) sowohl zwischen qualitäts-orientierten Präferenz- als auch zwischen differenzierungs-orientierten Wettbewerbsstrategien (siehe im Einzelnen die entsprechenden Abschnitte bzw. Kapitel weiter unten).

Alle drei Strategien (A, B und C) sind im Prinzip **gezielte Wachstumsstrategien** des Unternehmens. Vor allem Strategie A und C vermögen wesentliche Wachstumsbeiträge zu liefern; Wachstumsbeiträge der Strategie C sind – wie die diskutierten Beispiele gezeigt haben – von jeweils spezifischen Markt- und Unternehmensbedingungen abhängig (= situative Komponente). Der Beitrag dieser Strategien zur **Erfüllung der Oberziele** (Gewinn/Rentabilität = **konzeptionelle Kette** zwischen Ziel- und Strategieentscheidungen) insgesamt ist relativ stark an die Möglichkeit gebunden, die eigenen Marktanteile auszubauen (= Beziehung zwischen Oberziel- und Marketingzielerfüllung, vgl. auch Ergebnisse der *PIMS*-Forschung, *Buzzell/Gale,* 1989; zum Erfolgsbeitrag der innovativen Produktentwicklung siehe auch *Specht,* 1989; *Hauschildt/Salomo,* 2007; *Gerybadze,* 2004).

Die **Strategie D** (Diversifikation) ist eine marktpotenzial-induzierte Strategie insoweit, als Wachstumsgrenzen in angestammten Märkten des Unternehmens dazu zwingen, sich in **Zusatzmärkten** zu engagieren, die zugleich gegenüber den bisherigen Märkten einen Risikoausgleich darstellen. Sie ist insofern eine umfassende Absicherungsstrategie des Unternehmens im Sinne von Gewinn- und Existenzsicherung. Die Diversifikationsstrategie wird inzwischen aber nicht mehr so ausgeprägt eingesetzt (vgl. auch *Raffée/Effenberger/Fritz,* 1994, S. 387). Ansonsten zeigen verschiedene empirische Untersuchungen, dass der **Wachstums- und Erfolgsbeitrag** der Diversifikationsstrategie sehr *differenziert* gesehen werden muss (worauf am Ende dieses Abschnitts noch näher eingegangen wird).

Die Charakterisierung der vier marktfeld-strategischen Optionen macht zugleich deutlich, dass die Wahl zwischen diesen Marktfeldern weniger alternativ im Sinne eines „Entweder-oder" als vielmehr kombinativ im Sinne eines „Sowohl-als-Auch" anzusehen ist. Entscheidend dabei ist, dass sie sich nicht nur ergänzen (*Ansoff,* 1966, S. 135), sondern dass es hierbei eine Reihe sinnfälliger, typischer **Kombinationsmöglichkeiten** gibt. Trotzdem ist es für viele Unternehmen von Vorteil, sich (zunächst) vor allem auf eine der vier Hauptstrategien (Strategierichtungen) zu stützen. Die einzelnen Strategiekomponenten können sich andererseits in unterschiedlicher Weise sinnvoll ergänzen, d. h. etwa mit verschiedenen Schwerpunkten sich insgesamt gegenseitig verstärken (*Raffée/Effenberger/Fritz,* 1994, S. 387 bzw. S. 394). Derartige Strategiekombinationen können aber auch ungewollt Substitutionseffekte zwischen neuen und alten Produkten hervorrufen (*Zahn,* 1971, S. 59).

### *eb) Marktfeld-strategische Kombinationen und Reihenfolgemuster*

Bei der Diskussion marktfeld-strategischer Entscheidungen (in der Literatur meist unter dem Stichwort Produkt/Markt-Kombinationen behandelt) wird durchweg implizit unterstellt, dass sich Unternehmen grundsätzlich für eine der Optionen entscheiden müssen. Die Darlegungen im vorigen Abschnitt haben jedoch deutlich werden lassen, dass Unternehmen im Zeitablauf durchweg **von mehreren dieser Optionen** *(Abb. 103)* zugleich Gebrauch machen (müssen).

Aufgrund dieses marketingpolitischen Ansatzes ergeben sich Grundsatzfragen in bezug auf (ideal-)typische Reihenfolgen bei der Wahl der Strategien A bis D, und zwar hinsichtlich ihrer stufenweisen Berücksichtigung im Produkt/Markt-Konzept des Unternehmens.

Analysiert man das marktfeld-strategische Vorgehen von Unternehmen, so kann man vor allem folgende typischen konzeptionsrelevanten **Strategiemuster** *(Abb. 104)* erkennen.

| | **Muster I** | **Muster II** | **Muster III** |
|---|---|---|---|
| **Strategie A** | 1 | 1 | 1 |
| **Strategie B** | 2 | – | – |
| **Strategie C** | 3 | 2 | 2 |
| **Strategie D** | 4 | 3 | – |

*Abb. 104: Typische Strategiefolgen (Strategiemuster)*

Was typische Strategiefolgen bzw. Strategiemuster betrifft, so kann man tatsächlich in der Unternehmenspraxis insbesondere **drei relevante Varianten** nachweisen, die zugleich unterschiedliche Strategiekombinationen darstellen (= zwei-, drei- oder vierfache Produkt/Marktkombinationen, vgl. Varianten *III, II* und *I*). Die Unterschiede im strategischen Vorgehen wie auch in der strategischen Kombination lassen sich dabei am besten noch einmal grafisch verdeutlichen *(Abb. 105).* Es zeigt sich, dass sich dabei jeweils **„alphabetische" Strategiemuster** (Strategiepfade) ergeben.

Das *Strategiemuster I* weist dabei das insgesamt chancenreichste, aber auch risikostärkste Strategiekonzept auf. Es impliziert zugleich sehr komplexe Planungs- und Realisierungsprob-

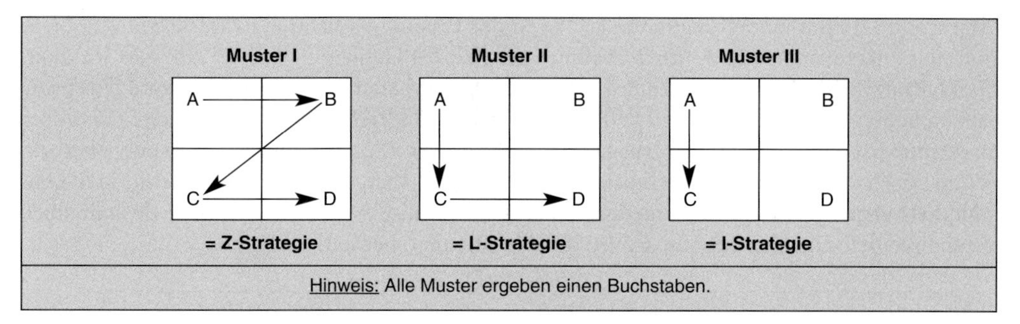


*Abb. 105: Alphabetische Strategiemuster bzw. -pfade*

leme. *Strategiemuster III* ist demgegenüber der – vergleichsweise – strategisch einfachste Fall, wobei allerdings die Möglichkeiten und Grenzen der Produktentwicklung jeweils vom konkreten Markt und seinen Wettbewerbs- sowie Innovationspotenzialen abhängen. Das *Strategiemuster II* weist so gesehen eine „mittlere" strategische Qualität auf; seine strategische Qualität ist vielfach entscheidend abhängig von dem konkreten strategischen Beitrag der Diversifikation.

Alle dargestellten alphabetischen Strategiemuster stellen insgesamt **logisch-professionelle Stufenfolgen** dar, weil sie jeweils im Sinne vernünftiger, sinnvoll aufeinander aufbauender Stoß- bzw. Wachstumsrichtungen voranschreiten (*Becker,* 1986 b, S. 190).

Aus diesen Einsichten kann insgesamt abgeleitet werden, dass es sowohl Unternehmen gibt, die alle Strategiefelder nacheinander durchlaufen, als auch solche, die bestimmte Felder auslassen. Der **strategische Idealweg** entspricht (bisher) – vor allem angesichts erschwerter Marktbedingungen und dem Zwang eines systematischen Ausschöpfens aller Wachstumspotenziale – nicht selten einem sinnvoll gestuften, strategie-logischen Besetzen aller Marktfelder (Produkt-/Markt-Kombinationen) in **Form der Z-Strategie** *(Abb. 105).* Viele Unternehmen, insbesondere große, wachstumsstarke Unternehmen, sind häufig diesen strategischen Pfad gegangen, was notwendige Überprüfungen von Zeit zu Zeit und ggf. strategische Modifikationen bzw. Korrekturen nicht ausschließt (siehe hierzu auch *Becker,* 2000 c, S. 48 ff.).

| | Muster IV | Muster V | Muster VI |
|---|---|---|---|
| Strategie A | 1 | 1 | 1 |
| Strategie B | 2 | 2 | – |
| Strategie C | – | – | – |
| Strategie D | – | 3 | 2 |

*Abb. 106: Beispiele problematischer Strategiefolgen (Strategiemuster)*

Andererseits gibt es nicht wenige Unternehmen, die marktfeld-strategisch eher *unsystematisch* vorgehen, indem sie **nicht optimale Reihenfolgen** wählen bzw. wichtige Produkt-/Markt-Kombinationen einfach aussparen, was meistens auf mangelndes konzeptionelles, strategiegestütztes Vorgehen bzw. auf entsprechende Management-Schwächen zurückzuführen ist.

Die näher aufgezeigten, grundsätzlich als problematisch einzuschätzenden strategischen Reihenfolgen markieren entweder eine einseitige Betonung der Diversifikationsstrategie

(Marktfeld D) oder eine gravierende Lücke in der Produktentwicklung (Marktfeld C). Diese eher unsystematischen bzw. **unvollkommenen Strategiefolgen** in bezug auf das Produkt/Markt-Konzept sind meist Ausdruck von gravierenden Versäumnissen in dem heute durchweg existenziellen Strategiefeld C bzw. Ergebnis massiv auftretender unternehmens- und/oder marktspezifischer Probleme im Ausgangsfeld A; die in *Abb. 106* aufgezeigten, als eher unsystematisch erkannten Strategiemuster (*IV, V* und *VI*) haben insoweit einen bestimmten **„analphabetischen" (nicht-professionellen) Charakter** (vgl. *Abb. 107).* Sie können deshalb auch als analphabetische Strategiemuster (-pfade) bezeichnet werden.

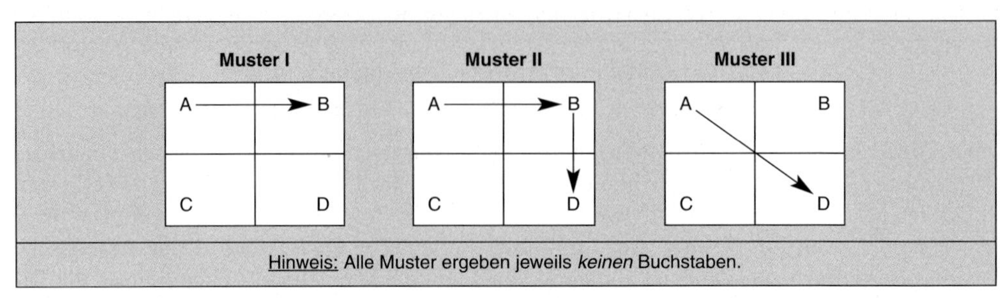


*Abb. 107: Analphabetische Strategiemuster bzw. -pfade*

Relativ frühe Untersuchungen von *Gutmann* in den USA bestätigen im Wesentlichen die gemachten Aussagen. Danach basierte jedenfalls das Wachstum der am **schnellsten wachsenden Unternehmen** vor allem auf der Strategie A (= Marktdurchdringung) und der Strategie C (= Produktentwicklung). Die Ergebnisse im Einzelnen zeigt eine Übersicht *(Abb. 108).*

| **Anteil der Unternehmen*** | **Art des Produktes** | **Art des Marktes** | **Wachstumsrichtung** | **Strategie-symbol** |
|---|---|---|---|---|
| 98 % | alt | alt | Expansion (= Marktdurchdringung) | A |
| 6 % | alt | neu | Extension (= Marktentwicklung) | B |
| 80 % | neu | alt | Supplementation (= Produktentwicklung) | C |
| 40 % | neu | neu | Diversifikation | D |
| * „Mehrfachnennungen" bzw. Strategiekombinationen | | | | |

*Quelle: Gutmann,* zit. nach *Haberlandt,* 1970, S. 385

*Abb. 108: Typische Wachstumsrichtungen schnell wachsender Unternehmen*

Die insgesamt deutlich über 100 % liegenden Nennungen (vgl. *Abb. 108*) weisen auf grundlegende, bereits herausgearbeitete **Strategiekombinationen** in der Unternehmenspraxis hin, und zwar insbesondere auf die Strategiekombinationen A, C bzw. A, C, D (= I-Strategie und L-Strategie, siehe *Abb. 105*). Das heißt, marktfeld-strategisch haben zunächst einmal die Marktdurchdringung („strategische Urzelle") und dann die Produktentwicklung die mit Abstand größte Bedeutung für die **generelle Existenz- und Wachstumssicherung** von Unternehmen.

Im Laufe der Entwicklung (etwa ab 70er Jahre) hatte die **Diversifikation** ihren Anteil am Wachstum von Unternehmen deutlich erhöht. In den USA wurde der Anteil diversifizierter

Unternehmen – gemessen an den 500 größten Industrieunternehmen („Fortune 500") – auf immerhin 80–85 % geschätzt. Der Anteil diversifizierter Unternehmen in der BRD wurde auf der Basis der 100 größten Industrieunternehmen („FAZ 100") seinerzeit mit etwa 60–70 % angenommen (*Wittek,* 1980, S. 55 bzw. 57).

Während noch *Peters/Watermann* aufgrund ihrer eher qualitativen Untersuchungen (*Peters/Watermann,* 1984) davon ausgingen, dass „exzellente" Unternehmen vor allem durch eine **Konzentration auf das angestammte Geschäft** gekennzeichnet sind, kamen *Clifford/Cavanagh* in ihrer empirisch-quantitativen Studie zu dem Ergebnis, dass „Spitzengewinner" vielfach ausgeprägte **Diversifikationsstrategien** verfolgen, wobei sie sich **primär in verwandten Bereichen** (= horizontale Diversifikation) engagieren, und zwar häufig über Aufkaufstrategien (*Clifford/Cavanagh,* 1986; *Jacobs,* 1992). Die ausdrücklich positive Wirkung von ausgeprägten Diversifikationsstrategien auf den **Return-on-Investment** (RoI) konnte in einer Untersuchung auf Basis der *PIMS*-Datenbank nachgewiesen werden (etwa *Schoeffler/Buzzell/Heany,* 1974, in der Regel aber verbunden mit „Wartezeiten" bis zu acht Jahren, *Biggadike,* 1979). Andererseits gibt es Untersuchungen, die aufzeigen, dass der Unternehmenserfolg mit dem Ausmaß der Diversifikation grundsätzlich abnimmt (z. B. *Varadarajan,* 1986; *Bühner,* 1987, zur Problematik des Erfolgsnachweises *Fey,* 2000). Die Zukunft des diversifizierten Unternehmens wird inzwischen differenzierter gesehen (*Hinterhuber et al.,* 2000).

Vor allem bei strategisch nicht kontrollierter, extremer Ausdehnung der Diversifikation tritt das Phänomen der „Verzettelung" auf. Deshalb haben nicht wenige Unternehmen ihre Diversifikationsaktivitäten inzwischen wieder zu korrigieren gesucht (**neues strategisches Credo:** „Zurück zum Kerngeschäft", *Wiborg,* 1993). Diese diversifikationsstrategischen Korrekturen gehen dabei vielfach einher mit einer **Erweiterung der strategischen Räume** (Internationalisierung, „Global Playing"). Insoweit kommt es – je nach unternehmens- und marktspezifischen Gegebenheiten – zu einem **strategischen Ausgleich** (d. h. Rücknahme der Diversifikation und Zunahme der Internationalisierung, vgl. 5. Abschnitt „Strategiekombinationen").

Umfassende Studien des Lehrstuhls für Strategie und Internationales Management der Technischen Universität München (Basis: 55.000 Investments und Desinvestments) haben ergeben: „Es gibt erfolgreiche, auf eine Branche spezialisierte Unternehmen, und es gibt auch erfolgreiche diversifizierte Unternehmen (o. V., 2018)." Die jüngere Fokussierungswelle (z. B. *Bayer, Linde, Siemens*) ist primär von Investoren (Kapitalmarkt) getrieben.

## 2. Marktstimulierungsstrategien

Gegenstand der ersten strategischen Ebene war die Bestimmung der zieladäquaten Marktfelder (Produkt/Markt-Kombinationen). Bei der hier zu behandelnden zweiten Strategieebene geht es um die **Art und Weise der Marktbeeinflussung** (Stimulierung) im Sinne definierter Marktziele. Den strategischen Ansatzpunkt bildet hierbei die Schichtung von Märkten (siehe auch *Becker,* 2000 c, S. 52 ff.). Die marketingpolitische Aufgabenstellung besteht in der richtigen schichten-strategischen Einpassung des Unternehmens im Markt (vgl. hierzu auch die Festlegung von Preispositionierungszielen auf der 1. Konzeptionsebene („Marketingziele") sowie die Wahl des schichten-adäquaten Marktbeeinflussungsmusters).

Diese notwendigen marktschichten- bzw. marktbeeinflussungs-strategischen Entscheidungen haben ihren Ausgangspunkt in der generellen Dynamik der Märkte, die im Entwicklungsprozess jedes konkreten Marktes in aller Regel zu einer schichtentypischen Ausdifferenzierung führt. Dabei zeigt sich, dass die Mechanismen der Beeinflussung bzw. Steuerung von Märkten schichtenabhängig sind, d. h. der jeweilige **strategische Hebel** zur gezielten Marktbeeinflussung hängt von der jeweils anvisierten Marktschicht und ihren Charakteristika ab.

In den meisten entwickelten Märkten können mindestens *drei* relativ gut separierbare Marktschichten unterschieden werden. Unabhängig von der Zahl möglicher Marktschichten gibt es zwei grundlegende (Wettbewerbs-)Hebel oder Mechanismen der Marktbeeinflussung: der klassische Preiswettbewerb (price competition) einerseits und der moderne Qualitätswettbewerb (non-price competition) andererseits. Der klassische **Preiswettbewerb** vertraut auf die (alleinige) Wirksamkeit eines möglichst niedrigen Preises als Lenkungsmittel. Er ist typisch für Marktschichten, die durch Produkte mit Basisleistungen (Grundnutzen) gekennzeichnet sind. Der **Qualitätswettbewerb** als Wettbewerbsform (vor allem) mit nicht-preislichen Mitteln (*Abbott,* 1958) ist demgegenüber charakteristisch für mittlere und obere Marktschichten. Sie sind gekennzeichnet durch Produkte, die neben Basisleistungen auch Zusatzleistungen (Zusatznutzen) bieten, so dass in diesen Marktschichten der Preiswettbewerb in hohem Maße von einem Qualitätswettbewerb (also dem Einsatz vor allem nicht-preislicher Wettbewerbsmittel) überlagert wird. Diese strategische Wettbewerbsform zielt auf die Schaffung von (Marken-)Präferenzen beim Abnehmer. Präferenzen begründen Vorzugsstellungen für Marken in den Köpfen (der Psyche) der Abnehmer; durch sie werden Preise in ihrer Bedeutung für den Kaufentscheid stark relativiert bzw. umgekehrt hohe oder überdurchschnittliche Preisstellungen möglich. Insoweit können Unternehmen zwischen zwei **grundlegenden Strategiemustern** zur Beeinflussung bzw. Steuerung von Märkten wählen (siehe hierzu auch *Becker,* 2000 c, S. 53 ff.):

**(1) Präferenzstrategie** (= Hochpreis- bzw. Markenartikelkonzept) und

**(2) Preis-Mengen-Strategie** (= Niedrigpreis- bzw. Discountkonzept).

Die Präferenzstrategie entspricht im Prinzip der **Differenzierungsstrategie** von *Porter;* die Preis-Mengen-Strategie ist demgegenüber nicht identisch mit dem, was *Porter* als Kostenführerschaft bezeichnet (vgl. im Einzelnen *Porter,* 1995, S. 63 ff.). **Kostenführerschaft** ist zwar eine wichtige Voraussetzung für das Verfolgen einer marktgerichteten Preis-Mengen-Strategie, sie ist aber *nicht* mit der Preis-Mengen-Strategie gleichzusetzen; denn Unternehmen können mit Kostenführerpositionen durchaus auch Präferenz- bzw. Differenzierungsstrategien als marktstimulierungs-politisches Muster wählen (vgl. sog. Überholstrategien im Abschnitt „Strategiekombinationen“).

Beide strategischen Beeinflussungsformen von Märkten zielen dabei **auf bestimmte Abnehmergruppen,** die durch spezifische Verhaltensweisen bzw. Auswahlkriterien hinsichtlich ihrer Kaufentscheidungen gekennzeichnet sind. Die Beziehungen zwischen Marktschichtung, Preisbzw. Niveauschichten, Abnehmerschichten und Strategiemustern erläutert eine modellhafte Darstellung *(Abb. 109).* Diese Darstellung verdeutlicht, dass für die beiden oberen Märkte der **sog. Marken-Käufer** typisch ist, der primär über präferenz-strategischen Wettbewerb **(Markenartikelkonzept)** zu mobilisieren ist, während im unteren Markt der **sog. Preis-Käufer** dominiert, der prinzipiell nur über preis-mengen-orientierte Strategien **(Discountkonzept)** zu gewinnen ist. Zwischen mittlerer und unterer Marktschicht verläuft eine *kritische* Zone, die in anderem Zusammenhang als „Bermuda-Dreieck“ gekennzeichnet wird (vgl. *Abb. 136* und *141).*

Welche grundsätzlichen strategischen Optionen den Unternehmen für eine **Positionsbestimmung** hinsichtlich der Haupt-Dimensionen Qualität und Preis grundsätzlich zur Verfügung stehen, lässt sich anhand einer Matrix kennzeichnen (*Abb. 110,* einen ähnlichen Ansatz siehe auch bei *Kotler/Bliemel,* 1999, S. 759 f. bzw. modifiziert 2001, S. 813 f.).

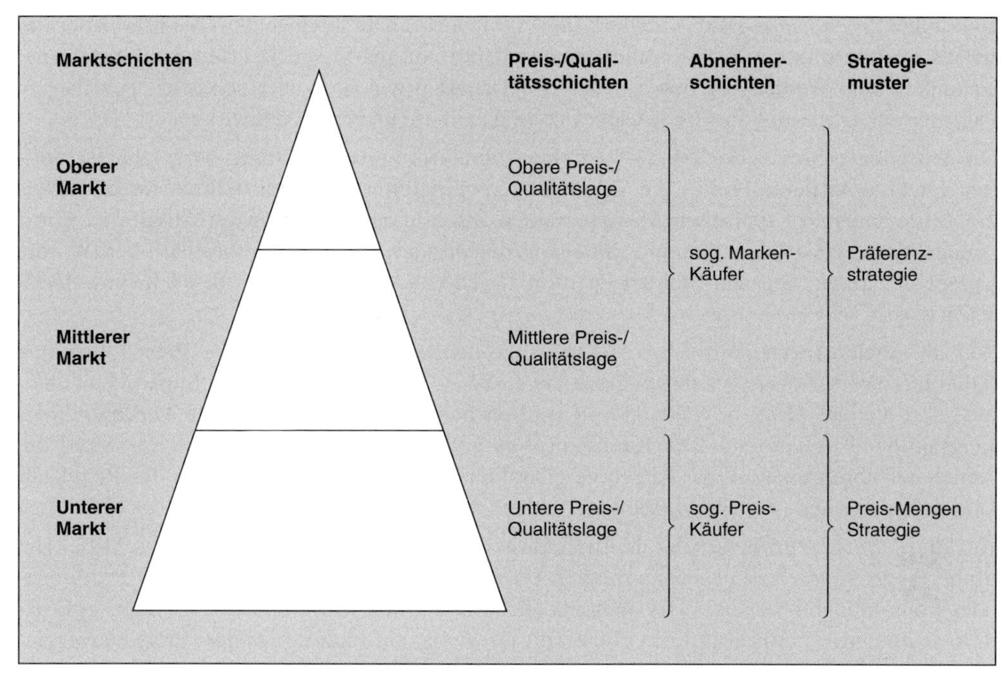


*Abb. 109: Idealtypische Markt-, Preis- bzw. Abnehmerschichten und die zwei adäquaten marktstimulierungs-strategischen Optionen*

| Dimension Preis / Dimension Qualität | niedrig | mittel | hoch |
|---|---|---|---|
| **hoch** | Aktions(preis)politik | | *A.* Reine Präferenzstrategie |
| **mittel** | Nicht-reine Preis-Mengen-Strategie | *B.* Mittellagen-Strategie | Nicht-reine Präferenz-Strategie |
| **niedrig*** | *C.* Reine Preis-Mengen-Strategie | Raubbau(preis)politik | |

* i. S. v. (Mindest-)Standardqualität

*Abb. 110: Grundsätzlich mögliche strategische Positionen hinsichtlich Qualität und Preis*

Diese Matrix macht deutlich, dass die **reine Präferenz-** (*A.:* hohe Qualität/hoher Preis) wie auch die **reine Preis-Mengen-Strategie** (*C:* niedrige Qualität/niedriger Preis) *symmetrische* Basisstrategien darstellen. Zu diesen beiden symmetrischen Basisstrategien bestehen zugleich jeweils ganz spezifische Strategiebeziehungen – nämlich insoweit, als die *nicht-reine* Präferenzstrategie zur reinen Präferenzstrategie tendiert bzw. in sie übergeführt werden muss (= Zwang zur Symmetrie), wenn eine echte Präferenzstellung aufgebaut bzw. auf Dauer gesichert werden soll, während bei der reinen Preis-Mengen-Strategie vielfach umgekehrt eine Tendenz erkennbar ist, die Attraktivität des Angebots durch eine überproportionale Qualität zu erhöhen (*nicht-reine* Form = Zwang zur Asymmetrie). Die Zwänge bzw. die Stärke der **Positionsveränderungen** (Polarisierung) hängen dabei von markt-spezifischen Strukturen (insbesondere vom Wettbewerb bzw. „neuen Spielregeln") wie auch unternehmens-spezifischen Faktoren (u. a. Stellung im Produktlebenszyklus, situativen Komponenten) ab.

Die **Mittellagen-Strategie** *(Abb. 110)* ist eine symmetrische Durchschnitts-Strategie (*B.*: mittlere Qualität/mittlerer Preis), die angesichts „polarisierter" Marktstrukturen (siehe hierzu die Darlegungen zu typischen Marktschichten-Strukturveränderungen im Abschnitt „Horizontale Strategiekombinationen") immer *problematischer* wird. Es besteht m. a. W. die Gefahr der „Zwischen-den-Stühlen-Position" (siehe auch *Porter,* 1986, S. 38 f. bzw. 1995, S. 71 ff.).

Was die **Aktions(preis)politik** betrifft, so ist sie durch besonders *attraktive* Preis-Leistungs-(Qualitäts-)Verhältnisse gekennzeichnet; sie stellen „Gelegenheiten" bzw. „Supergelegenheiten" dar, wie sie etwa im Rahmen von zeitlich begrenzten, d. h. taktischen Verkaufsförderungsaktionen üblich sind. Die **Raubbau(preis)politik** ist demgegenüber aus der Sicht der Abnehmer durch unattraktive Angebote charakterisiert, die sich im Markt in der Regel nur *kurz* halten können (= „Übervorteilungs"- bzw. „Verbrannte Erde"-Politik).

Auf diese Weise wird insgesamt deutlich, dass der Preis sowohl als strategisches Mittel (im Sinne langfristiger Preispositionierung in Form der reinen bzw. symmetrischen Präferenz- oder Preis-Mengen-Strategie) als auch als taktisches Mittel (im Sinne kurzfristiger, ggf. extrem asymmetrischer Preispolitik) eingesetzt werden kann. Im Rahmen der (Preis-)Strategieentscheidungen, die Gegenstand der in diesem Teil behandelten 2. Konzeptionsebene sind, geht es ausschließlich um die grundsätzliche, d. h. **langfristig orientierte Preispositionierung** (Positionen *A, B* oder *C*, vgl. *Abb. 110*) und die sich daraus ergebenden Handlungsmuster, die für den Marketinginstrumenten-Einsatz (3. Konzeptionsebene: Marketingmix) verbindliche Rahmenentscheidungen darstellen.

### a) Präferenzstrategie

Die Präferenzstrategie, die für eine klare Position im Markt steht (hohe Qualität/hoher Preis), bedient sich zur Beeinflussung bzw. Steuerung des Marktes eines speziellen strategischen Hebels: nämlich das **qualitativ hochstehende Produkt** (im Sinne eines konsequenten Leistungsvorteils) am Markt anzubieten.

Für eine solche strategische Angebotsposition ist es notwendig, gezielt auch **qualitative Präferenzen** (Vorzugsstellungen) aufzubauen, die eine entsprechend hohe Preisstellung aus der Sicht des Abnehmers rechtfertigen. Träger solcher Präferenzen sind jeweils Marken (*Kapferer,* 1992); die Präferenzstrategie stellt insoweit eine **Markenstrategie** (in ihrer konsequentesten Form: Markenartikelstrategie) dar (*Becker,* 1992). In jedem Markt gibt es Nachfrager bzw. Zielgruppen für solche präferenzorientierten Markenangebote. In vielen Märkten haben das Markenbewusstsein und der Markenkauf eher wieder zugenommen, was nicht zuletzt Ausdruck höherer Sättigungsgrade bei Grundbedürfnissen (d. h. Grundnutzen- oder Basisprodukten) und wachsender Zusatzbedürfnisse (und entsprechender Nachfrage nach differenzierten Zusatznutzenprodukten) ist.

Da in vielen Märkten ein durchgängig hoher technologischer Stand erreicht ist, der zu einer hohen technisch-funktionalen Angleichung (technologischen Homogenisierung) der Produkte geführt hat, ist die Präferenzbildung bei Marken im Sinne einer **marktpsychologischen Heterogenisierung** der Produkte (Leistungen) sehr stark auf alle nicht-preislichen Marketinginstrumente (etwa eigenständige, unverwechselbare Produktgestaltung und -präsentation, vor allem spezifische Produkt- und Markenphilosophie sowie adäquate Absatzwege- und Servicepolitik) angewiesen. Hier wird zugleich die Nahtstelle zum Marketingmix (3. Konzeptionsebene) erkennbar, d. h. ein präferenzstrategisch operierendes Unternehmen muss den Instrumenteneinsatz so gestalten, dass Markenpräferenzen in Form **unverwechselbarer Markenimages** (-profile oder -kompetenzen) aufgebaut, erhalten bzw. weiterentwickelt werden können (= **konzeptionelle Kette**).

Damit sind insgesamt **psycho-soziale Grundlagen** der Präferenzbildung und -wirkungen angesprochen. Auf sie soll zunächst näher eingegangen werden.

### *aa) Präferenzbildung und Präferenzwirkungen*

Im Laufe der wirtschaftlichen Entwicklung, speziell seit dem Wandel vieler Verkäufermärkte in Käufermärkte und der daraus folgenden Wettbewerbsverschärfung, hat man in Theorie und Praxis erkannt, dass die Präferenzbildung als ein wichtiger wettbewerbsstrategischer Ansatz in hohem Maße psycho-soziale Dimensionen hat. Das heißt, strategische Vorzugsstellungen des Unternehmens bzw. seiner Marke am Markt hängen nicht nur von objektiven Produktgegebenheiten, sondern in hohem Maße auch von **subjektiven Vorstellungen** des Verbrauchers ab. Dieses Phänomen hat seinen Ursprung darin, dass Verbraucher sich bei ihrem Verhalten an ihrem Umfeld orientieren, eine Vielzahl von Informationen aufnehmen bzw. verarbeiten und ihre Ergebnisse zu Einstellungen verdichten, die dann für ihr Verhalten **sog. Prädispositionen** darstellen. Sie sind insoweit wertende Haltungen bzw. Überzeugungen, die für das Verhalten der Abnehmer quasi Richtliniencharakter haben, und zwar ganz gleich, ob diese Einstellungen mit der Realität ganz, teilweise oder überhaupt nicht übereinstimmen. Der Verbraucher richtet sein Verhalten gegenüber einem Meinungsgegenstand (Produkt) „nicht danach, wie dieser ist, sondern danach, wie er glaubt, dass dieser sei …" (*Spiegel/Nowak,* 1974, S. 966; im Einzelnen *Spiegel,* 1961 bzw. *Wiswede,* 1991; *Kroeber-Riel/Weinberg,* 2003; *Kroeber-Riel/Weinberg/Gröppel-Klein,* 2009; *Solomon,* 2013).

Man kann Einstellungen – und das ist gerade marketing-strategisch relevant – als eine gelenkte und **relativ stabile Bereitschaft von Menschen** auffassen, „auf bestimmte Reizkonstellationen der Umwelt (und damit vor allem auch auf Marketingmaßnahmen, Erg. *J. B.* ) konsistent positiv oder negativ zu reagieren" (*Trommsdorff/Schuster,* 1981, S. 721; im Einzelnen *Trommsdorff,* 2004; *Trommsdorff/Teichert*, 2011 sowie *Fischer/Wiswede,* 2002). Art und Intensität von Verhaltens- bzw. Kaufreaktionen sind naturgemäß abhängig von güterspezifischen Merkmalen. Vor allem in solchen Produktbereichen, wo **Zusatznutzen** (Added Values) eine bestimmte Rolle spielen (und das gilt heute in sehr vielen Bereichen), kommt den Einstellungen bzw. ihrer verhaltensprägenden Wirkung ganz offensichtlich eine erhebliche Bedeutung zu. Was die marketingstrategischen Anknüpfungspunkte betrifft, so sind dabei zwei grundlegende relevant, um eigene Marketing- und Unternehmensziele zu realisieren:

**(1)** **Strategie der Anpassung an bestehende Einstellungen** (u. a. Bio-Orientierung von neuen Nahrungsmittelangeboten, um Marktchancen durch Anpassung an inzwischen stark verfestigte Wertmuster zu erhöhen, vgl. z. B. Korn-Riegel von *Mars,* Korn-/Müsli-Joghurt von *Bauer* oder auch Korn-Müsli von *Kellogg's*);

**(2)** **Strategie der Veränderung bestehender Einstellungen** (z. B. Durchsetzung von Tiefkühlkost in einem jahre- bzw. jahrzehntelangen Prozess, in dem die Abnehmer aufgeklärt wurden, dass Tiefkühlung keine „Konservierung", sondern die natürlichste Form der Frischhaltung ist, oder Einstellungsveränderungen dahingehend, dass z. B. Eiskrem inzwischen auch als ein gutes Dessert im Winter gilt (= Eiskrem als Ganzjahresprodukt)).

Generell lässt sich sagen, dass die **Strategie der Anpassung** an vorhandene Einstellungen durchweg leichter ist, weil sie nicht einstellungsbezogene Verbraucher- bzw. Marktwiderstände überwinden muss. Die Strategie der Einstellungsveränderung muss dagegen solche z. T. massiven Widerstände (im psychologischen Sinne = Vorurteile) „brechen". Das gelingt in der Regel nicht einem Unternehmen allein, sondern hier muss meistens eine ganze Branche gleichgerichtet agieren.

Fallbeispiel: Schaffung des Tiefkühlkost-Marktes

Im Falle der Tiefkühlkost hat hier zunächst der Marktführer *Langnese-Iglo* Pionierarbeit (d. h. vor allem Aufklärungsarbeit: u. a. gesunde, schonend behandelte Produkte, Erhaltung von Vitaminen, Convenience-Vorteile) geleistet; später haben aber auch *Oetker, Schöller* u. a. (nicht zu vergessen auch das *Deutsche Tiefkühlinstitut* ) wesentlich daran mitgewirkt. Insbesondere in den letzten Jahrzehnten haben dann die Heimdienste, allen voran *Bofrost* und *Eismann,* mit der Hausbelieferung und mit attraktiven, differenzierten Sortimenten die Kaufbereitschaft der Verbraucher stark erhöht, d. h. einstellungsbezogene Widerstände konnten abgebaut bzw. ein entsprechendes *positives* „Tiefkühlbewusstsein" (im Sinne einer grundlegenden Einstellungsveränderung) geschaffen werden. Der Markt für Tiefkühlkost gehört inzwischen zu den etablierten und noch wenigen wachstumsträchtigen Nahrungsmittelmärkten überhaupt.

Diese Einsichten in das Verbraucherverhalten und die Entdeckung der zentralen Rolle von Einstellungen hat sich in einer umfassenden **Image-Theorie** niedergeschlagen. Die Begriffe Einstellung und Image werden z. T. synonym bzw. ohne spezielle Abgrenzung nebeneinander verwendet. Image soll hier als umfassendes Vorstellungsbild von einem Meinungsgegenstand (= „Komplexqualität") aufgefasst werden, das auf einer Vielzahl von Einstellungen im Sinne objektiver und subjektiver Wertungen beruht. Images haben insoweit einen **mehrdimensionalen (Einstellungs-)Charakter.**

Die Image- bzw. Einstellungsforschung ist zu einem Eckpfeiler der modernen Marktpsychologie geworden und hat von da ihren Eingang in die Marketinglehre wie auch Marketingpraxis gefunden. Dass die **Imageforschung** zum Teil etwas zu einseitig im Vordergrund steht, hat vor allem zwei Gründe (siehe hierzu etwa *Hammann/Erichson,* 2000, S. 331 ff.; *Kroeber-Riel/Weinberg/Gröppel-Klein,* 2009, S. 210 ff. bzw. 237 ff.):

- Bisher unbefriedigende Einsichten u. a. in die **Motivations- bzw. Bedürfnisgrundlagen** (inkl. entsprechender messtechnischer Probleme; *Trommsdorff/Teichert*, 2011);
- dafür differenziertere Einblicke in die **Rolle von Einstellungen (Images)** und die Verfügbarkeit entsprechender Messverfahren, z. B. das semantische Differenzial bzw. Polaritäten-Profil (s.a. Beispiel im 1. Teil „Ziele", Kapitel Grundlagen der Formulierung von Marketingzielen) oder andere Verfeinerungen mehrdimensionaler Skalierung (= *kompositioneller* Ansatz, *Trommsdorff,* 1975; *Hammann/Erichson,* 2000; *Kroeber-Riel/Weinberg/Gröppel-Klein,* 2009). Verstärkt versucht man auch das Conjoint-Measurement (Conjoint-Analyse) als spezielles Analyse- und Messverfahren anzuwenden, das die relativen Beiträge einzelner Merkmale (Attribute) für die Gesamtpräferenz eines Produktes (Marke) erfassen soll (= *dekompositioneller* Ansatz, vgl. u. a. *Green/Srinivasan,* 1990 bzw. *Schweikl,* 1985; *Hammann/Erichson,* 2000; *Kroeber-Riel/Weinberg/Gröppel-Klein,* 2009).

Im Übrigen geht man davon aus, dass eine **Konsistenz** zwischen motivationalen, einstellungs- und verhaltensbezogenen Komponenten besteht. Man hält es daher für prinzipiell möglich, dass über die Einstellungsmessung auch Verhaltensaussagen ableitbar sind, ohne dass hier auf die inhaltlichen Zusammenhänge wie auch auf verfahrenstechnische Einzelheiten näher eingegangen werden kann (siehe u. a. *Engel/Blackwell/Miniard,* 1995; *Kroeber-Riel/Weinberg/Gröppel-Klein,* 2009; *Kroeber-Riel/Gröppel-Klein,* 2013).

Auch wenn Einstellungen bzw. Images in der (strategischen) Marktforschung vielfach „als ‚Mädchen für alles' herhalten" müssen (*Kroeber-Riel/Weinberg/Gröppel-Klein,* 2009, S. 210), so besteht dennoch kein Zweifel darüber, dass beide psychologischen Faktoren für das Entstehen von Marken bzw. Markenpräferenzen verantwortlich sind. Marken haben für den Verbraucher eine **starke Orientierungsfunktion** (*Becker,* 1992) und sind damit zugleich ein entscheidender strategischer Ansatz der Unternehmen, Verbraucher und Märkte im Sinne eigener Markt- und Unternehmensziele zu steuern (stimulieren).

Die Anwendung der Präferenzstrategie dient somit der bewussten, **zielstrategisch-orientierten Marken(image)gestaltung** für das Angebot (Produkt/Produktprogramm) des Unternehmens. Welche Rolle Marken (Markenartikel = konsequenteste Umsetzung der Präferenzstrategie) im Markt spielen bzw. wie stark sie das tatsächliche Verbraucherverhalten leiten, kann mit einer Vielzahl von Untersuchungen belegt werden (vgl. Überblick bei *Becker,* 1992). Auf wichtige Ergebnisse auch neuerer Erhebungen soll hier Bezug genommen werden, um damit auch die Realisierungsmöglichkeiten und -chancen von präferenzstrategischen Konzepten zu beleuchten.

Die Verbraucher gehen davon aus, dass sie mit dem Kauf eines Markenartikels ein bewährtes Produkt mit gleich bleibender Qualität erwerben. Demgegenüber verlieren – aus der Sicht der Verbraucher – Aspekte wie breite Distribution oder einheitlicher Preis allmählich an Bedeutung (*Heinlein/Woll,* 1990). Die Verbraucher wissen und akzeptieren darüber hinaus, dass Markenware (Markenartikel) verglichen mit Nicht-Markenartikeln einen höheren, z. T. deutlich höheren Preis haben (*Henning-Bodewig/Kur,* 1988; *Becker,* 1992; siehe auch *GfK Panel Services Consumer Research/IRI/GfK Retail Services,* 1999). Hier liegen die ökonomischen (oberziel-orientierten) Chancen der Marken(artikel)- bzw. Präferenzstrategie. Sie ist nach wie vor eine geeignete Strategie, **überdurchschnittliche Renditen und (Marken-)Werte** zu realisieren (vgl. *Esch,* 2012). Gleichwohl sind die Marktbedingungen für eine erfolgreiche Präferenzstrategie *schwieriger* geworden.

Exkurs: Markenverhalten der Verbraucher

Die allgemeine Wettbewerbsverschärfung aufgrund stagnierender bzw. schwach wachsender Märkte oder auch aufgrund von Rezessionsphasen hat jedenfalls immer wieder zu Preiskämpfen in vielen Märkten geführt und dadurch die Verbraucher preislich sensibilisiert. Vor diesem Hintergrund verwundert es nicht, dass die **Markenbereitschaft** im Zeitablauf z. T. Schwankungen aufweist. In Langzeitstudien hat man die Veränderung bzw. Konstanz der Markenbereitschaft zu erfassen versucht (*Abb. 111, Franke,* 1994).

Die Untersuchungsergebnisse zeigen, dass es bezogen auf die Markenbereitschaft eine bestimmte Produktgruppen-Hierarchie gibt, nämlich Produktgruppen mit konstant hoher Markenbereitschaft (z. B. Hautpflegemittel) und Produktgruppen mit konstant niedriger Markenbereitschaft (z. B. Toilettenpapier). Dazwischen liegen Produktgruppen, die eher mittlere Markenbereitschaften aufweisen, allerdings mit z. T. relativ starken Veränderungen im Zeitablauf (z. B. sinkende Markenbereitschaft bei Damen-Badeanzügen, steigende dagegen z. B. bei Mineralwasser). Die unterschiedlich hohe Markenbereitschaft wie auch ihr unterschiedlicher Verlauf hat seine Ursachen im **unterschiedlichen Stellenwert der Produktgruppen** (Produktinvolvement bzw. Produktinteresse) und seiner Veränderung (Produktwertewandel). Die Markenbereitschaft bei einzelnen Produktgruppen wie auch bei konkreten Produkten einzelner Anbieter hängt naturgemäß stark von der verfolgten, mit spezifischen operativen Marketingmaßnahmen (siehe 3. Teil „Marketingmix") gestalteten Präferenzstrategie ab. Trotzdem können sich Unternehmen von bestimmten Strukturbedingungen in einzelnen Märkten nicht oder nicht völlig abkoppeln.

| Ausgewählte Produkte | Markenbereitschaft* (in 3-Jahresabständen) | | | | |
|---|---|---|---|---|---|
| | *1. Unters.* | *2. Unters.* | *3. Unters.* | *4. Unters.* | *5. Unters.* |
| **Konstant hoch** | | | | | |
| – Bohnenkaffee | 8,2 | 8,4 | 8,2 | 8,3 | 8,2 |
| – Hautpflegemittel | 8,1 | 8,1 | 7,8 | 8,1 | 8,0 |
| **Aufgestiegen** | | | | | |
| – Mineralwasser | 5,5 | 5,7 | 5,2 | 7,1 | 7,6 |
| – Frucht-/Orangensaft | 5,6 | 5,6 | 5,7 | 6,5 | 7,0 |
| **Abgestiegen** | | | | | |
| – Damen-Badeanzug | 6,0 | 5,3 | 5,5 | 3,7 | 3,6 |
| – Pulverkaffee | 7,5 | 7,4 | 6,6 | 6,6 | 5,7 |
| **Konstant niedrig** | | | | | |
| – Toilettenpapier | 4,7 | 4,5 | 4,2 | 4,9 | 4,5 |
| – Damenslip | 5,0 | 4,6 | 5,2 | 5,2 | 4,9 |

* Angaben in Mittelwerten; erreichbares Maximum: 10,0

*Quelle: Ires-Marketing*

*Abb. 111: Konstanz und Veränderung der Markenbereitschaften (Beispielperiode 15 Jahre)*

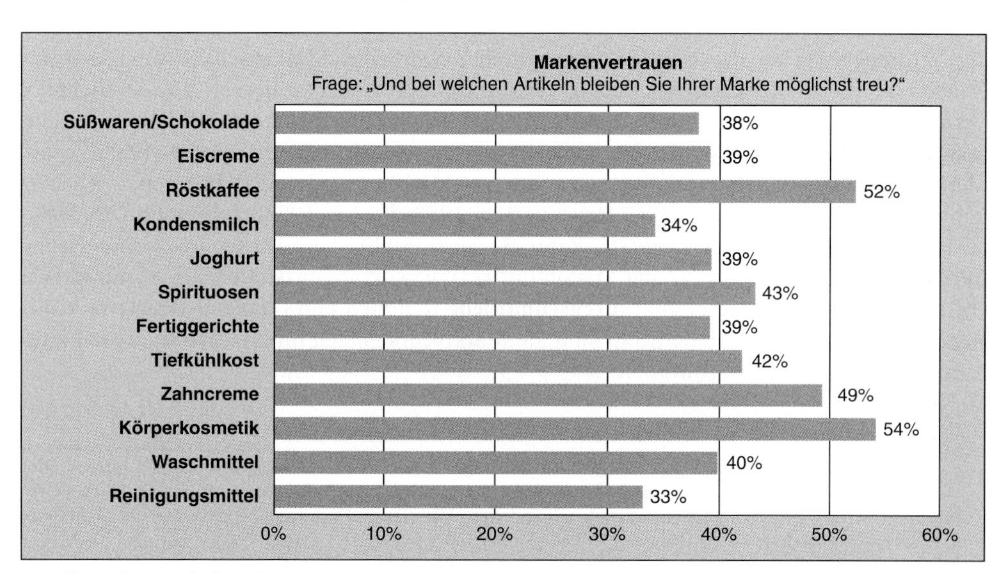


*Quelle: GfK-Marktforschung*

*Abb. 112: Markenbindungsgrad bei ausgewählten Warengruppen (Beispieljahr)*

Eine wesentliche Einsicht in das tatsächliche Markenverhalten bieten Untersuchungen zum **Markenbindungsgrad** (Markentreue). Hier wird danach gefragt, in welchem Maße Konsumenten ihrer Marke grundsätzlich treu bleiben, d. h. im Prinzip also immer wieder die gleiche Marke kaufen. Untersuchungen der *GfK* zu einem breiteren Spektrum von Warengruppen zeigen ein differenziertes Bild *(Abb. 112)*.

Vergleichsweise hohe Markenbindungsgrade weisen insbesondere Körperkosmetik und Röstkaffee mit 54 % bzw. 52 % der Nennungen auf. Im Mittelfeld liegen u. a. Tiefkühlkost (42 %) und Waschmittel (40 %), relativ niedrige Markenbindungsgrade sind etwa bei Reinigungsmitteln (33 %) oder auch Kondensmilch (34 %) gegeben.

Was die Würdigung des **Phänomens Markentreue** insgesamt angeht, so muss berücksichtigt werden, dass eine mehr oder weniger hohe Markentreue im Prinzip als Ergebnis einer **Konfliktsituation** anzusehen ist. Einerseits spielt beim Abnehmer die sog. Risikoaversion (= Neigung, subjektiv als hoch empfundene Risiken zu vermeiden) eine je nach Warengruppe unterschiedlich hoch ausgeprägte Rolle. Die Treue zu einer als bewährt eingeschätzten Marke erscheint in dieser Hinsicht als die sichere Lösung. Andererseits haben Abnehmer mehr oder weniger stark ausgeprägte Neigungen zur Abwechslung bzw. zu „neuen Reizen", welche durch markentreues Verhalten nicht befriedigt werden (vgl. hierzu auch die vom *Markenverband e. V.* ausgezeichnete Arbeit von *Quink,* 1995).

Eher niedrige Markenbindungswerte wie z. B. bei Schokolade (38 Prozent) oder bei Joghurt (39 Prozent) lassen allerdings nicht etwa darauf schließen, dass in diesen Warenbereichen in hohem Maße Nicht-Marken-Ware gekauft wird. Für diese (und auch andere) Warengruppen ist vielmehr typisch, dass – aufgrund zahlreicher Verkaufsförderungsaktionen mit Preisvorteilen im Lebensmittelhandel – die Konsumenten in beachtlichem Maße **vagabundierende Markenkäufer** geworden sind. Das heißt, sie kaufen zwar durchweg Markenware, aber jeweils diejenige, die gerade in (absatzfördernden) Preisaktionen des Handels vermarktet wird. Insgesamt führt das mehr und mehr zu **Markenerosionen** (s. *Kirchgeorg/Klante,* 2005).

Zu unterscheiden vom vagabundierenden Markenkaufverhalten ist das sog. **hybride Kaufverhalten**, d. h. in bestimmten Produktbereichen werden Billigangebote (auch Nicht-Marken) und in anderen Bereichen nur Markenprodukte gekauft (*Esch*, 2012, S. 40).

Interessant im Zusammenhang mit der Markenbindung erscheint im Übrigen, dass die Kaufgewohnheiten innerhalb einer Warengruppe *nicht homogen* sein müssen, sondern dass das Markenverhalten nach Produktarten variiert (variieren kann). So ist z. B. die Markentreue innerhalb des komplexen Bereichs **Kosmetik** recht unterschiedlich, wie in einer Studie grundsätzlich nachgewiesen wurde *(Abb. 113).*

| Warengruppen | Vpn | ausschließlich die selbe(n) Marke(n) (in %) | andere Marken in gewissem Umfang (in %) | andere Marken in starkem Umfang (in %) |
|---|---|---|---|---|
| **Tagescreme** | 1681 | 60 | 31 | 9 |
| **Nachtcreme** | 1352 | 55 | 34 | 11 |
| **Reinigungsmilch** | 1291 | 41 | 45 | 14 |
| **Spezialcreme gegen Probleme** | 988 | 44 | 38 | 18 |
| **Make-up** | 1305 | 36 | 49 | 15 |
| **Augen-Make-up** | 1367 | 32 | 51 | 17 |
| **Lippenstift** | 1474 | 31 | 50 | 19 |
| **Nagellack** | 1441 | 28 | 52 | 20 |
| **Parfum/Duftwasser** | 1809 | 46 | 42 | 12 |

*Quelle: BBE-Unternehmensberatung*

*Abb. 113: Markenbindungsgrad bei ausgewählten Warengruppen der pflegenden und dekorativen Kosmetik sowie bei Parfum/Duftwasser (Beispieljahr)*

Aus den wiedergegebenen Untersuchungsergebnissen wird deutlich, dass bei „problembehafteten", stark erklärungsbedürftigen Produkten der pflegenden Kosmetik, wie z. B. bei Tages- und Nachtcreme, die Markenbindung (Markenloyalität) stark (= Streben nach Sicherheit), bereits deutlich weniger etwa bei Parfum/ Duftwasser (= Streben nach Abwechslung) und am geringsten bei dekorativer Kosmetik wie Augen-Make-up, Lippenstift und Nagellack (= Orientierung an Modefarben) ausgeprägt ist. Markenverhalten bzw. Markenbindungsgrad stellt sich so gesehen *sehr differenziert* dar.

Die Markentreue der Verbraucher ist nicht zuletzt auch das Ergebnis erlebter bzw. wahrgenommener **Marken(qualitäts)unterschiede,** und zwar solcher sowohl objektiver (produktspezifischer) als auch subjektiver (sozial-psychologischer) Art. Andererseits zeigen Untersuchungen, die vor dem Hintergrund der zunehmenden Schwierigkeit einer eigenständigen (alleinstellenden) Markenprofilierung durchgeführt worden sind, dass in vielen Produktbereichen die Marken mehr und mehr einer **Angleichung** unterliegen (**Brand Parity-Phänomen,** *BBDO* 1987, 1993 und 2009). Damit wird das Phänomen umschrieben, dass die Austauschbarkeit von Marken tendenziell zunimmt *(Abb. 114).*

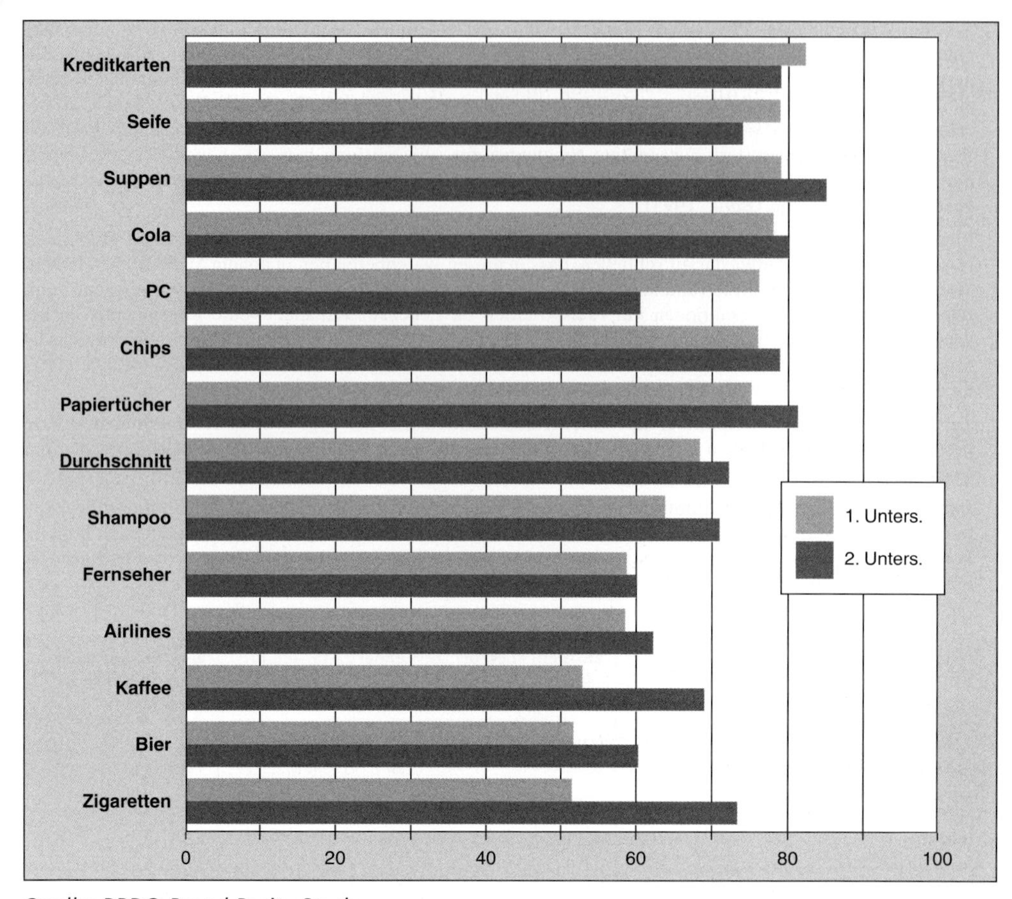


*Quelle: BBDO-Brand Parity Study*

*Abb. 114: Wahrgenommene Markengleichheit der Verbraucher (Angaben in %)*

Bei 13 untersuchten Produktgruppen können 64 % der Verbraucher (2009) im **Durchschnitt** keine (wesentlichen) Markenunterschiede erkennen. Besonders *hoch* war die wahrgenommene Markengleichheit u. a. bei Kreditkarten, Suppen und Papiertüchern (1. u. 2. Unters., s. a. *Esch*, 2012, S. 34).

Wesentliche Ursachen dieser Entwicklung liegen in der **steigenden Zahl** beworbener Produkte bzw. Marken. Aufgrund seiner begrenzten Informationsaufnahme- und Informationsverarbeitungskapazität (*Kroeber-Riel*, 1987; *Kroeber-Riel/Weinberg*, 2003) ist der Verbraucher nicht mehr in der Lage, die beworbenen Marken differenziert im Sinne eigenständiger Angebote wahrzunehmen.

Diese Einsichten zeigen, dass der ökonomische Erfolg präferenz-strategischer Konzepte in starkem Maße an eine konsequente, alle relevanten „Reserven" nutzende **Markenprofilierung** gebunden ist. Auf diese Frage soll im Folgenden näher eingegangen werden.

### *ab) Die Marke als präferenz-strategischer Schlüsselfaktor*

**Marken** (als Erzeugnisse gleich bleibender oder verbesserter Qualität mit einem die Herkunft kennzeichnenden Merkmal) bzw. **Markenartikel** (als konsequenteste Übersetzungsform der Marke im Sinne der Präferenzstrategie) sind grundlegende Gestaltungsmittel von Marktprozessen.

Der Gestaltungs- oder Steuerungsansatz aus der Sicht anbietender Unternehmen besteht darin, dass Marken Abnehmerverhalten zu steuern vermögen. Marken sind das Ergebnis entsprechender marketingpolitischer Maßnahmen, die grundsätzlich alle Instrumente des Marketingmix umfassen. Marken sind in dieser Hinsicht **Bezugspunkt und Träger** aller präferenzorientierten, operationalen Marketingmaßnahmen; sie sind gleichsam die strategischen Schlüssel zur Realisierung der Präferenzstrategie (für die es im Prinzip schon bestimmte Vorformulierungen auf der Zielebene gibt, und zwar speziell bei der Festlegung der Mission/Vision des Unternehmens, vgl. 1. Teil „Marketingziele").

Auf die ziel-strategische Schlüsselfunktion von Marken soll im Folgenden näher eingegangen werden. Sie beruht auf der Tatsache, dass Konsumenten (Abnehmer) sich bei ihren Dispositionen stark an Marken orientieren. Sie erlauben es ihnen, sich über die Waren- und Produktvielfalt **Transparenz** zu verschaffen und **Unterschiede** zu erkennen (i. S. eines „Information chunking", d. h. einer bestimmten Blockbildung von Informationen, *Bleicker,* 1983; *Henning-Bodewig/Kur,* 1988, S. 68 f.). Marken ermöglichen darüber hinaus, Produkte (Problemlösungen) und ihre Unterschiede nicht nur zu identifizieren, sondern sie auch wiedererkennbar zu machen (Voraussetzung für Wiederkauf bzw. Markentreue). Kaufentscheidungsprozesse werden durch das „Evoked set" (*Howard/Sheth,* 1969; *Schubert/Franzen/Scharf,* 1989) gesteuert, das die Markenalternativen widerspiegelt, die in die **engere Wahl** einer Kaufentscheidung gelangen.

Marken ermöglichen außerdem, Produktangebote zu „individualisieren" (zu Grundfragen der **Individualisierung** von Produkten vgl. *Gierl,* 1989), und zwar sowohl was ihre Grund- als auch vor allem ihre Zusatznutzenleistung (*Kroeber-Riel/Weinberg/Gröppel-Klein,* 2009) betrifft. Sie manifestieren sich schließlich in konkreten Preis-Leistungs-Verhältnissen (*Becker,* 1985 a und 1991) und bieten dem Verbraucher eine wesentliche Orientierung in einer komplexen ökonomischen und psychologischen Waren- und Markenwelt.

Marken erfüllen die Funktion, Produkte und Leistungen klar zu positionieren, ihnen im Markt einen schlüssigen, möglichst „eigenständigen Platz" zuzuweisen und diesen für den Verbraucher nachvollziehbar bzw. attraktiv zu machen. Auf diese Weise entstehen spezifische **Markenkompetenzen** und entsprechende **Markenwerte** (*Größer,* 1991; *Becker,* 1992; zu Grundlagen moderner, wertorientierter Markenführung *Aaker/Joachimsthaler,* 2000; *Köhler/Majer/Wiezorek,* 2001; *Sattler,* 2001; *Esch,* 2012 bzw. *ders.* 2018).

In einer Gesellschaft, in der immer mehr Grundbedürfnisse befriedigt sind, werden Marken vor allem auch zu Kommunikatoren von (psychologischen) **Zusatzbedürfnissen** (*Konert,* 1986). Marken (Markenartikel) nehmen auf diese Weise Symbol- und Wertcharakter an. Dieser ist letztlich für Präferenzen (= Vorzugs- bzw. Monopolstellung in der Psyche des Verbrauchers, *Domizlaff,* 1982) von Marken verantwortlich.

Angesichts der großen Markenvielfalt im Markt können sich Marken – im Sinne ihrer Orientierungs- bzw. Steuerungsfunktion für den Verbraucher bzw. die Unternehmen – nur erfolgreich durchsetzen, wenn es gelingt, **Markenpersönlichkeiten** aufzubauen. Marken haben insoweit die Funktion des „Gesichts in der Menge", d. h. sie müssen Eigenschaften entwickeln, die sie deutlich erkennbar und erstrebenswert machen.

Drei grundlegende **Komponenten** (Bausteine) sind für die Gestaltung von Markenpersönlichkeiten notwendig *(Abb. 115)*. Entscheidend ist dabei nicht nur ihre vollständige Nutzung, sondern auch und gerade ihr optimales Verhältnis zueinander.

Im Idealfalle *(Situation a))* stellt sich die Markenpersönlichkeit als ein **ausgewogenes Verhältnis** von Markenanatomie (= marktgerechte Produktqualität bzw. Problemlösung), Mar-

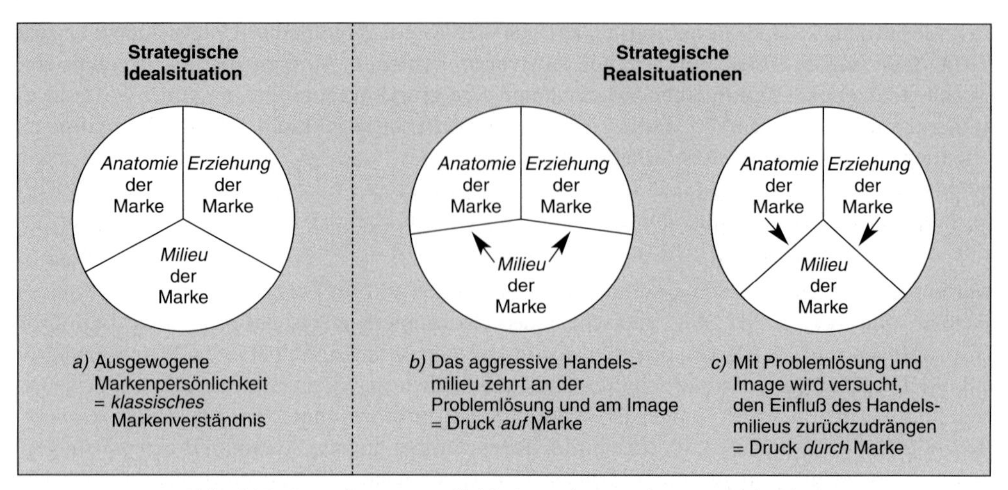


*Abb. 115: Gestaltungsmöglichkeiten der Markenpersönlichkeit unter Ideal- und Realbedingungen*

kenerziehung (= produktspezifisches Markenimage bzw. Markenprofil) und Markenmilieu (= markt- und produktadäquate Distribution bzw. Handelsszene) dar. Aufgrund der hoch konzentrierten wie hoch kompetitiven Situation in vielen Branchen des Handels werden heute viele Marken – entgegen konzeptioneller Vorstellungen der Markenhersteller – *aggressiv* (d. h. in hohem Maße über den Preis) vermarktet. Marken verlieren auf diese Weise leicht von ihrer Problemlösungskompetenz (speziell bei higher-interest-products: Preis = Qualitätsindikator) wie auch von ihrem Markenprofil (durch Preisaggressivität Nivellierungstendenz). Deshalb sind Marken heute mehr denn je darauf angewiesen, durch starke Erbanlage (Markenanatomie via spezifischer Problemlösung) wie durch eine konsequente Erziehung (Markenprofil via eines eigenständigen Markenimages) eine bestimmte **Resistenz** gegenüber aggressiver Vermarktung im Handel aufzubauen. Die reale Markt- und Vermarktungssituation bzw. -problematik lässt sich insoweit wie folgt charakterisieren (vgl. *Abb. 115*):

**(1)** Entweder **Druck durch Marke** *(Situation c)*, d. h. mit marktgerechter Problemlösung und eigenständigem, unverwechselbarem Markenimage wird versucht, den Einfluss des Handelsmilieus zurückzudrängen. **Strategischer Ansatz:** Schaffen von Muss-Marken (durch hohe, kreative Produktinnovations- und Marktinvestitionskraft), an denen der Handel nicht vorbeikommt und bei denen Hersteller deshalb ihr präferenzstrategisches, preispflegendes Markenkonzept im Handel eher durchsetzen bzw. sich adäquate Milieubedingungen schaffen bzw. aussuchen können.
Solche **Muss-Marken** sind i. d. R. starke „Markenpersönlichkeiten" in ihrem Markt und sind z. B. im Lebensmittelbereich nach einer Studie von *Roland Berger & Partner* durch folgende Merkmale gekennzeichnet: Distribution ab 60 %, Bekanntheitsgrad ab 70 % und Marktanteil ab 30 %. Beispiele solcher Muss-Marken sind etwa *Marlboro, Coca-Cola, Jacobs Krönung, Nivea, Persil, Whiskas* – Marken, welche die genannten Kriterien für Muss-Marken „übererfüllen".

**(2)** Oder **Druck auf Marke** *(Situation b)*, d. h. das aggressive Handelsmilieu bzw. die aggressive Markenvermarktung (speziell im massendistribuierenden Handel) zehrt psychologisch an der Problemlösung wie am Markenimage. **Strategisches Problem:** Schwache oder geschwächte Marken verstricken sich leicht im **Rabattwettbewerb,** was dann zur Auszehrung von Marken führt, und zwar durch Umleitung von Mitteln aus dem Kommunikations- bzw. Profilierungsetat für die Marke in die Konditionenkasse für den Handel (was die aggressive Vermarktung nur noch weiter anheizt, speziell bei Konditionenspreizung zugunsten der Großen im Handel).

Es kommt demnach immer mehr darauf an, dass Marken alle **markenpolitischen Spielräume** in Bezug auf Markenanatomie wie auch Markenerziehung konsequent ausschöpfen, um so das aggressive Handelsmilieu im Sinne eigener Marketing- und Markenkonzepte „disziplinieren" zu können.

Im Übrigen ist eine zeitweise preisaktive Vermarktung eines Markenartikels seitens des Handels vielfach gerade auch Ausdruck der Präferenzstärke einer Marke **(Strategisches Paradoxon),** d. h. sie ist aus der Sicht des Handels so attraktiv, dass er seine Leistungsfähigkeit über Sonderangebote gerade mit dieser Marke zu dokumentieren sucht. Für den Markenartikelhersteller ist das zunächst eine bestimmte Art von Anerkennung im Wiederverkäufer-Markt (d. h. auf der Handelsstufe), die er jedoch in ihren preis- und image-politischen Auswirkungen zu „steuern" (besser: zu begrenzen) trachten muss.

Wie stark Marken Präferenzen (Vorzugsstellungen) aufbauen können, die nicht nur produkt-objektiv, sondern auch marken-subjektiv gestützt sind, zeigt das Beispiel eines Produkttests eines Getränkeherstellers *(Abb. 116).* Hierbei wurde ein differenzierter Untersuchungsansatz gewählt, d. h. es wurde zunächst „blind" und anschließend „offen" getestet, um so den **Markeneinfluss** isolieren zu können.

Das Untersuchungsergebnis *(Abb. 116)* zeigt, dass im Blindtest (d. h. Versuchspersonen wissen nicht, welche Marke sie jeweils trinken) die *Marke A* qualitativ deutlich höher beurteilt wird als die *Marke B.* Im offenen Test dagegen (d. h. Versuchspersonen wissen jetzt, welche

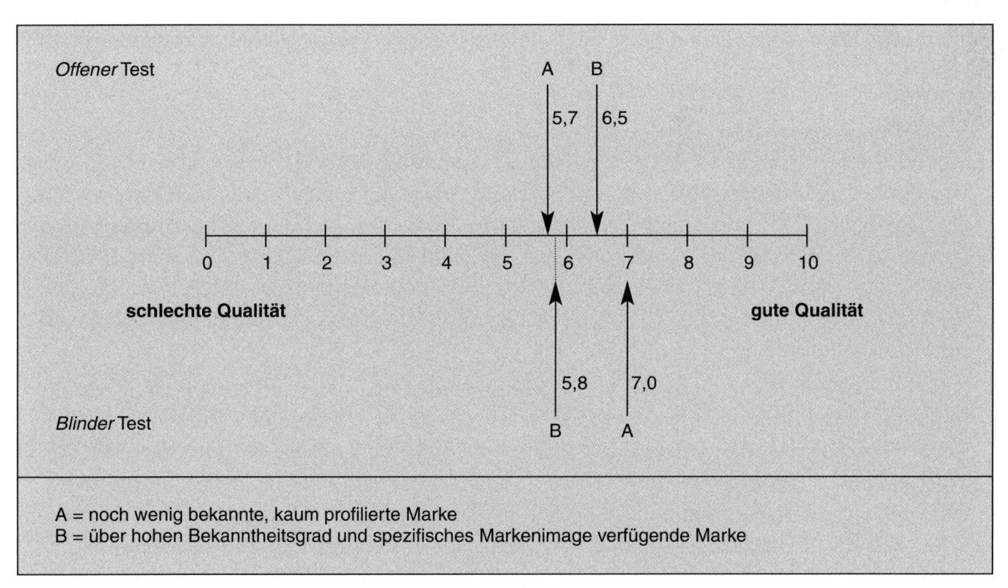


*Abb. 116: Qualitätsbeurteilung zweier Erfrischungsgetränkemarken (Basis: kombinierter blinder und offener Produkttest, Durchschnittswerte)*

Marke sie jeweils trinken) schlägt die Markenpräferenz der bekannten, imageträchtigen *Marke B* durch, d. h. sie wird nun qualitativ höher als die *Marke A* erlebt. Auf der Basis dieses Untersuchungsansatzes lässt sich also der **psychisch-subjektive Markeneinfluss** nachweisen, der insgesamt bei Präferenzstrategien an Bedeutung gewonnen hat (und zwar insbesondere dann, wenn *objektive* Produktunterschiede zur eigenständigen Profilierung nicht gegeben oder nicht (mehr) ausreichend sind).

Exkurs: Sozialtechniken zur Markenprofilierung

Das generelle Problem in vielen Märkten bzw. bei vielen Produkten oder Marken besteht darin, dass sich die Basisleistungen (technisch-funktionale Qualität = Grundnutzen) *stark angeglichen* haben, und zwar meist auf relativ hohem Niveau. Eigenständige Profilierungen von Marken sind daher in hohem Maße auch auf Zusatzleistungen i. S. **psycho-sozialer Zusatzleistungen** (Zusatznutzen) angewiesen. Damit kommt der Werbung (neben anderen kommunikationspolitischen Instrumenten) für die Markenprofilierung eine zentrale Rolle zu. Man geht davon aus, dass es dabei vor allem auf die Vermittlung **emotionaler Erlebniswelten** ankommt (*Konert,* 1986; *Kroeber-Riel,* 1988; *Opaschowski,* 1991; *Schulze,* 2005). Inzwischen wird insgesamt postuliert, dass nicht nur die Werbung, sondern das Marketing insgesamt verstärkt unter Erlebnisaspekten für den Verbraucher gestaltet werden muss, um notwendige Profilierungsleistungen überhaupt noch erbringen zu können (*Weinberg,* 1992; *Bekmeier/Konert,* 1994). Diese emotionalen Grundorientierungen bei der Markenprofilierung setzen sich fort in neuen „Sozialtechniken" wie **Eventmarketing** (d. h. Schaffung von erlebnisorientierten Anlässen bzw. Veranstaltungen (*Nickel,* 2005) zur emotionalen Markenaktivierung), **Szenenmarketing** (d. h. bestimmte Kultur-, Sport- oder Kneipenszenen (*Otte,* 2004) gezielt in die Markenprofilierung einzubeziehen) oder **Lifestyle-Marketing** (d. h. Berücksichtigung von Vorlieben, Stilstandards, Lebensqualitäten und Verhaltensmustern bei der Gestaltung der Marken- und Marketingmaßnahmen, *Szallies/Wiswede,* 1990), wie das vor allem bei großen nationalen, vor allem aber internationalen Marken zu realisieren versucht wird (z. B. bei Automobilmarken wie *BMW,* Getränkemarken wie *Coca-Cola,* Zigarettenmarken wie *Marlboro,* Uhrenmarken wie *Swatch*). Solche emotional aufgeladenen, z. B. life-style-orientierten, sinnvermittelnden Marken besitzen – nicht zuletzt auch aufgrund ihrer sozialen Auffälligkeit („demonstrativer Konsum") – das Potenzial, auf andere für die Marke noch neue Produktfelder übertragen zu werden, was zur Erhöhung ihrer sozial-psychologischen Akzeptanz wesentlich beitragen kann (zu Grundfragen des hier angesprochenen **Image- bzw. Markentransfers** s. nächsten Abschnitt).

Für die Profilierung von Marken müssen jeweils markt- und unternehmensindividuelle Lösungen gewählt werden. Dabei muss auch an bestehenden Voraussetzungen angeknüpft werden.

Fallbeispiel: Profil der Marke *BMW*

Attraktive, eigenständig life-style-orientierte Marken sind nach neueren Erkenntnissen das Ergebnis vom Verbraucher (Abnehmer) nachhaltig aufgenommener **Komponenten (Attribute) rationaler wie emotionaler Art.** Sie sind in hohem Maße als „innere Bilder" gespeichert (*Ruge,* 1988; *Nommensen,* 1990) und in ein semantisches Netz eingebunden (*Grunert,* 1990; *Esch,* 1993), was am Beispiel *BMW* näher verdeutlicht werden soll *(Abb. 117).*

Das Beispiel zeigt, wie vielfältig **Markenbilder** aufgebaut bzw. aufgeladen sind. Attraktivität und Eigenständigkeit einer Marke sind sogesehen das Ergebnis ganz unterschiedlicher Markenbausteine. Diese Bausteine lassen sich im Sinne des Produktmodells von *Myers/Shocker* (*Myers/Shocker,* 1981, vgl. auch *Knoblich,* 1994, S. 861 f.) verschiedenen Eigenschaftskategorien zuteilen, nämlich Produktcharakteristika (wie z. B. dynamische Motoren), Nutzeneigenschaften (wie z. B. sportlich, jugendlich) und „Standing-Eigenschaften" (z. B. exklusiv). Die eigenschaftsspezifische Zusammensetzung bzw. Analyse der Marke *BMW* ermöglicht dem Unternehmen **interessante strategische Optionen**

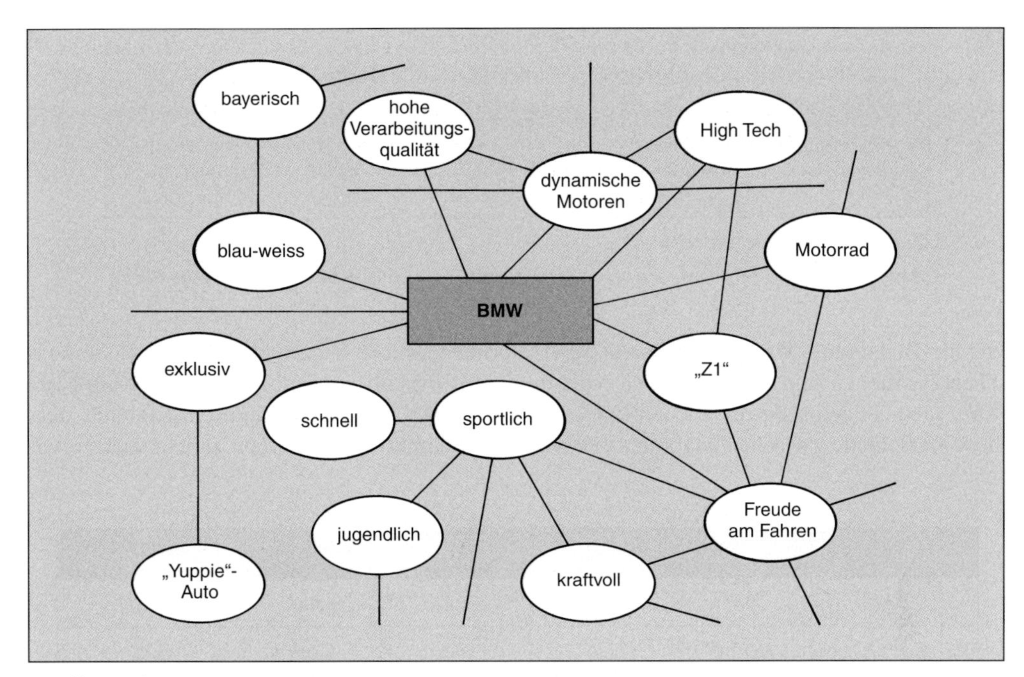


*Quelle: Esch,* 1993, S. 59

*Abb. 117: Rational-emotionale Aufladung (semantisches Netz) der Marke BMW (Beispielphase)*

in Bezug auf die Programmgestaltung (z.B. Option bzw. Kompetenz für **Nischenautomobile**). Strategische Optionen – das wird damit deutlich – hängen vielfach gerade auch von den Markenvoraussetzungen ab (wie umgekehrt die Ausschöpfung markenverträglicher Optionen die Marke selbst stützt bzw. ihre Präferenz sogar erhöhen kann).

Aufgrund bestehender Imagevoraussetzungen wie auch aufgrund technischer Merkmale lobte etwa *BMW* bei der Einführung einer neuen Generation der *5 er*-Serie dieses PKW-Modell wie folgt aus *(Abb. 118)*.

In dieser Hinsicht untersuchen inzwischen viele Unternehmen, gerade auch in schwierigen Märkten, den Wert bzw. die grundlegenden Imagekomponenten – vor allem Imagestärken – ihrer Marke(n), um die noch **ungenutzten präferenzspezifischen Potenziale** zu identifizieren (*Kapferer,* 1992; *Esch,* 2005 b bzw. 2018). Dabei zeigt sich, dass „klassische“ Marken, die für bestimmte Standards einer Epoche stehen, über hohe emotionale Präferenzreserven verfügen (vgl. z.B. *Jaguar* bei PKW oder *Harley Davidson* bei Motorrädern). So hatte beispielsweise *BMW* mit der ursprünglichen Übernahme von *Rover* nicht nur sein Programm weiter komplettiert und eine neue strategische Größe gerade auch für den globalen Wettbewerb erlangt, sondern damit zugleich klassische Marken (u.a. *MG, Morris, Austin* bzw. *Austin Healey*) erworben, die *BMW* vielfältige neue strategische Optionen eröffnen sollten (u.a. im Klein- wie auch im Sportwagenbereich). Damit wird noch einmal deutlich, wie stark die strategischen Möglichkeiten der Unternehmen von ihren **Marken** (= strategischer Schlüsselfaktor) grundsätzlich abhängig sind.

- **Dynamik und Komfort**
  (Die überzeugende Allianz aus agiler Kraftentfaltung und einzigartigem Ambiente)
- **Präzision und Ästhetik**
  (Technische Perfektion und eine Silhouette von unverwechselbarer Persönlichkeit)
- **Temperament und Sicherheit**
  (Die erste Serienlimousine der Welt mit Integral-Hinterachse und Aluminium-Leichtbaufahrwerk)

*Quelle: BMW-Firmenprospekt*

*Abb. 118: Beispiel der Auslobung (Positionierung) eines 5er-Modells von BMW (Beispielperiode)*

Welche Bedeutung Marken insgesamt für Unternehmen haben bzw. für ihre marktstrategischen Positionen und Möglichkeiten bedeuten, verdeutlicht beispielhaft eine **Ranking-Liste** *(Abb. 119)* der zehn imagestärksten Marken in der BRD. Die Liste verdeutlicht zugleich, dass die Unterschiede zwischen Markenartikeln und „großen" Handelsmarken zunehmend verwischen.

| | [illegible] | [illegible] | [illegible] | [illegible] | 2012/13 | 2014/15 |
|---|---|---|---|---|---|---|
| **1.** | *Aldi* | *Aldi* | *Aldi* | *Lego* | *Aldi* | *Aldi* |
| **2.** | *Coca-Cola* | *Nivea* | *IKEA* | *Aldi* | *Google* | *Google* |
| **3.** | *Nivea* | *Coca-Cola* | *Nivea* | *IKEA* | *Milka* | *Coca-Cola* |
| **4.** | *ARD* | *Nutella* | *Ritter Sport* | *Coca-Cola* | *IKEA* | *IKEA* |
| **5.** | *VW* | *Mercedes* | *ARD* | *Tempo* | *Coca-Cola* | *Tempo* |
| **6.** | *Milka* | *IKEA* | *Nutella* | *Ritter Sport* | *Lego* | *Nutella* |
| **7.** | *Mercedes* | *Ritter Sport* | *Coca-Cola* | *Google* | *Ritter Sport* | *Haribo* |
| **8.** | *Lego* | *ARD* | *Adidas* | *Nivea* | *Nivea* | *Milka* |
| **9.** | *Ferrero* | *Adidas* | *Milka* | *Haribo* | *ADAC* | *Lego* |
| **10.** | *IKEA* | *Tempo* | *Maggi* | *Milka* | *Adidas* | *Nivea* |

*Quelle: Young & Rubicam, 2016 (zit. nach Esch, 2018, S. 20).*

*Abb. 119: Die stärksten Marken Deutschlands nach dem Brand Asset Valuator*

Besondere Profilierungsaufgaben für Marken entstehen immer dann, wenn eine Marke mehrere **unterschiedliche Produkte bzw. Produktgruppen** umfasst. Dann ergeben sich spezielle Aufgaben für die Image- und Kompetenzgestaltung. Um diffuse, wenig prägnante Markenbilder zu vermeiden, wird insbesondere bei differenzierten Programmen vielfach versucht, der Marke und dem dahinter stehenden Produkt eine spezifische, auslobbare Philosophie zu geben, bei *BMW* z. B. „Freude am Fahren". Das gilt auch und gerade für zunehmende Systemangebote (vgl. hierzu auch Kapitel „Marktfeldstrategien", speziell Abschnitt zur Produktentwicklungsstrategie). In dieser Hinsicht gibt es ganz unterschiedliche Ansätze einer **Philosophieprägung** von Marken. Einige erfolgreiche Konzepte dieser Art zeigt eine Übersicht *(Abb. 120)*.

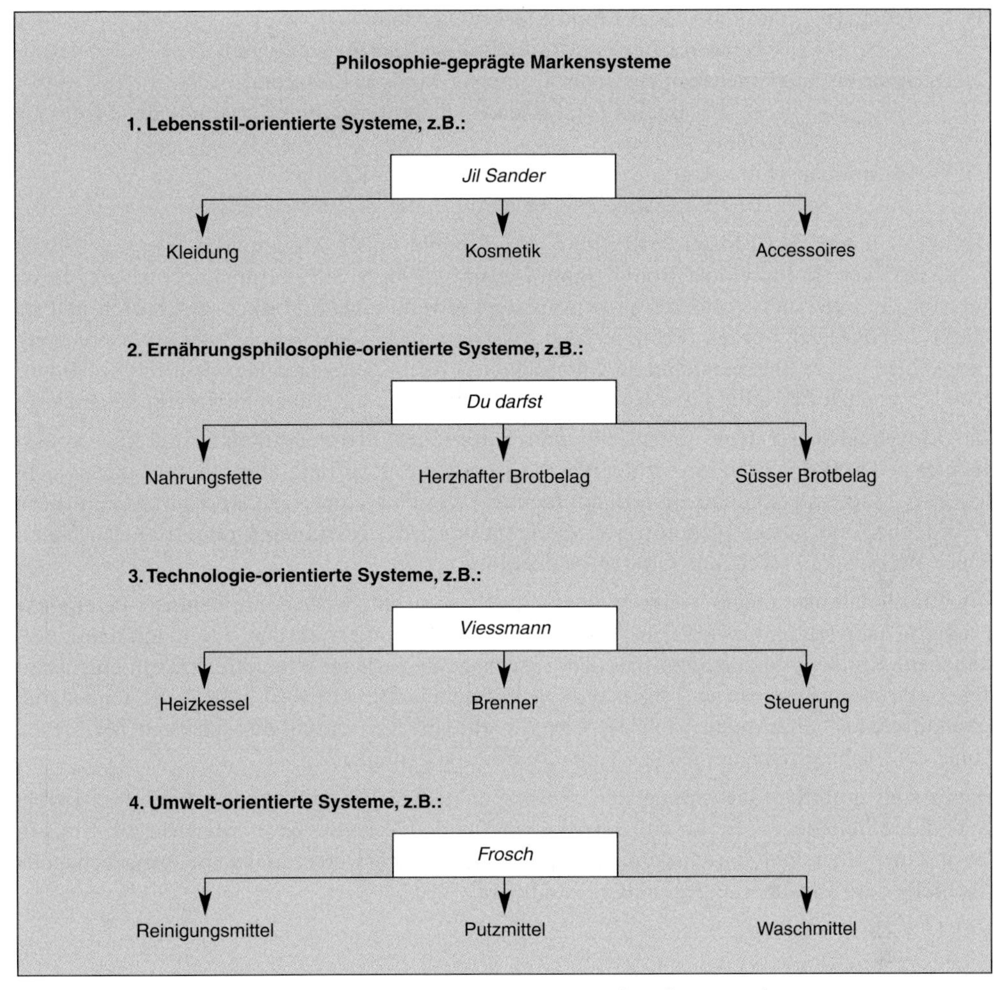


*Abb. 120: Beispiele philosophie-geprägter Marken bzw. Markensysteme*

Auf Basis solcher speziellen Produkt- und Markenphilosophien ist es jedenfalls möglich, diversifizierten Programmen mit einer (Dach-)Marke ein **spezifisches Profil** (spezielle Kompetenz) zu geben, was ohne ein solches Philosophiemarketing nicht möglich wäre. Damit ist zugleich die Frage der Markentypenwahl angesprochen, nämlich insoweit, als es grundsätzlich verschiedene Möglichkeiten gibt hinsichtlich der Zuordnung der Art bzw. Zahl von Produkten zu einer konkreten Marke.

### *ac) Typen von Markenstrategien und ihre Beurteilung*

Markenerziehung bzw. Markenprofilierung ist nämlich nicht nur Ergebnis der Profilierungsart bzw. -philosophie, sondern – das wird nicht selten übersehen – Resultat einer konsequenten Markenpolitik, und zwar im Sinne einer schlüssigen **Markentypwahl** bzw. ggf. ihrer systematischen Weiterentwicklung. Folgende wichtigen Markentypen kommen strategisch in Betracht (*Becker,* 1991 bzw. 2004 und 2005 b; *Kapferer,* 1992; *Sattler,* 2001; *Esch,* 2018):

(1) **Einzelmarke** (Produkt- oder Mono-Marken-Konzept:
z. B. *Mon Chéri* (spezielle Praline) der Firma *Ferrero*),

(2) **Dachmarke** (Unternehmens- oder Company-Marken-Konzept:
z. B. *Dr. Oetker* (umfassendes Nahrungsmittelprogramm) der Firma *Dr. Oetker*),

(3) **Familienmarke** (Produktgruppen- oder Range-Marken-Konzept:
z. B. *Tesa* (ganze Klebebandlinie) der Firma *Beiersdorf*).

Das Prinzip bei der **Einzelmarke** (auch als Produkt- oder Monomarke (*Becker*, 2005b, S. 386 ff.) oder als Individual Brand Name (*Assael*, 1990, S. 306) bezeichnet) besteht darin, dass für die einzelnen Produkte eines Anbieters jeweils eigene Marken geschaffen und im Markt durchgesetzt werden (Prinzip: Eine Marke = ein Produkt = ein Produktversprechen). Der Anbieter (z. B. das herstellende Unternehmen) bleibt demgegenüber deutlich im Hintergrund, was dazu führt, dass den Kunden das Unternehmen u. U. überhaupt nicht bekannt ist.

Die **Einzelmarkenstrategie** entspricht dem klassischen Markenartikelkonzept (als konsequentester Form der Präferenzstrategie). Sie ist auf die Schaffung einer klaren, unverwechselbaren Markenpersönlichkeit (Brand Identity) gerichtet, um eine überdurchschnittliche Preisstellung am Markt zu realisieren (= Schaffung bzw. Nutzung monopolistischer Spielräume für eine entsprechende Oberzielrealisierung).

Die Einzelmarkenstrategie bietet sich vor allem dann an, wenn Unternehmen **heterogene Produkte** anbieten bzw. solche, die unterschiedlich positioniert werden sollen, um damit verschiedene Kundengruppen anzusprechen. Insbesondere für neue Produkte, die ein eigenständiges Marktfeld besetzen und insoweit sog. Firmenmärkte aufbauen sollen, die tendenziell „konkurrenzlos“ sind, bietet sich die Einzelmarke an. Sie vermag am stärksten Märkte im Sinne unternehmenseigener Ziele zu steuern bzw. zu beeinflussen.

Damit sind grundlegende strategische Ansatzpunkte der Einzelmarkenstrategie transparent geworden. Sie belegen die besonderen konzeptionellen **Vorteile** dieses Markentyps. Sie sollen in einer Übersicht stärker detailliert werden. Zugleich werden dazu die entsprechenden **Nachteile** der Einzelmarke gegenübergestellt *(Abb. 121)*.

| Vorteile | Nachteile |
|---|---|
| • Klare („spitze“) Profilierung eines Produktes möglich<br>• Konzentration auf eine definierte Zielgruppe (Kundensegment)<br>• Wahl einer spezifischen Positionierung gegeben<br>• Gute Darstellungsmöglichkeiten des Innovationscharakters eines neuen Produktes<br>• Profilierungs- und Positionierungsfreiheiten im Produktlebenszyklus (Relaunch-Maßnahmen)<br>• Vermeidung eines Badwill-Transfereffektes bei Misserfolg des Produktes auf andere Produkte des Unternehmens | • Ein Produkt muss den gesamten Markenaufwand (Markenbudget) alleine tragen<br>• Voraussetzung ist ein tragfähiges Marktvolumen (-potenzial)<br>• Langsamer Aufbau einer Markenpersönlichkeit (Brand Identity)<br>• Bei immer kürzeren Produktlebenszyklen Gefahr, dass der Break-even-Point nicht mehr erreicht wird<br>• Durch Strukturwandel von Märkten kann die Überlebensfähigkeit produktspezifischer Marken gefährdet sein<br>• Immer größere Probleme, geeignete und schutzfähige Markennamen zu finden |

*Abb. 121: Wichtige Vor- und Nachteile der Einzelmarke*

Die Übersicht zeigt, dass die Einzelmarke wesentliche Vorteile bietet. Das ist auch der Grund gewesen, dass z. B. viele **erfolgreiche Markenartikelunternehmen** bewusst diesen Markentyp gewählt haben bzw. darin ein wesentlicher Erfolgsfaktor zu sehen ist. Hierfür stehen Unternehmen wie *Procter & Gamble* mit Produktmarken wie *Ariel* (Waschmittel), *Meister Proper* (Reinigungsmittel), *Pampers* (Windeln) oder *Henkel* mit Marken wie *Persil* (Waschmittel), *Pritt* (Klebstoffe), *Spüli* (Spülmittel) oder insbesondere auch *Ferrero* mit Marken wie *Mon Chéri* (Praline), *Nutella* (süßer Brotaufstrich), *Hanuta* (Riegel).

Auf der anderen Seite werden die Risiken der Einzelmarke gravierender. Sie resultieren daraus, dass der **Profilierungsaufwand** für Marken angesichts der zunehmenden Markenvielfalt und des dadurch verstärkten Markenwettbewerbs immer größer wird. Bei Einzelmarken trägt ein Produkt diesen Aufwand ganz allein. Ökonomieprobleme ergeben sich vor allem aufgrund tendenziell kürzer werdender Produktlebenszyklen, was die Amortisation des Markenaufwandes zunehmend erschwert und im Extremfall bis zur Existenzgefährdung von Unternehmen führen kann (insbesondere dann, wenn nicht ausreichende Absatzmengen bzw. entsprechende Erlöse realisiert werden können).

Neben generellen Chancen- und Risikoabwägungen ist die Entscheidung für den Markentyp Einzelmarke noch von **situativen Faktoren** abhängig zu machen (z. B. für echte Innovationen mit hohem Markt- und Ertragspotenzial eignet sich häufig gerade die Einzelmarke). Darüber hinaus spielen nicht selten bestimmte Branchenbedingungen eine wichtige Rolle bei der Wahl des adäquaten Markentyps (z. B. bei Finanzdienstleistungen kommt es oft weniger auf die Profilierung einzelner Leistungen als vielmehr auf die Kompetenz und die Vertrauenswürdigkeit des Unternehmens an, das spricht eher für die Firmen- oder Dachmarke).

Inzwischen finden häufig Dehnungen des strengen Einzelmarkenkonzepts statt, indem zum Originalprodukt (-marke) neue, moderne Varianten (sog. **Flanker,** *Müller,* 1994, S. 504, vgl. z. B. die Light-Flanker bei Einzelmarken wie *Coca-Cola* oder *Marlboro*) hinzugefügt werden. Insoweit ergeben sich hier bestimmte Übergänge zur Familien- bzw. Dachmarke.

Die **Dachmarke** (auch als Unternehmens- oder Company-Marke (*Becker,* 2005 b, S. 390 ff.) oder als Corporate Brand Name (*Assael,* 1990, S. 306) bezeichnet) stellt gegenüber der bisher diskutierten Einzelmarke den anderen markenstrategischen Extremtyp dar. Während bei jener für jedes einzelne Produkt eine eigene Marke gewählt wird, ist die Dachmarke dadurch gekennzeichnet, dass hier sämtliche Produkte eines Unternehmens unter einer einheitlichen Marke (Umbrella Branding) angeboten werden. Im Vordergrund der Profilierungsbemühungen steht also die Firma und ihre Kompetenz (speziell bei Investitionsgütern und Dienstleistungen) bzw. ihre Sympathie oder das Vertrauen in sie (speziell bei Konsumgütern).

Die **Dachmarkenstrategie** ist ebenfalls stark verbreitet, bisher aber – zumindest als Reintyp – eher im Nicht-Konsumgüterbereich. Als typische Beispiele hierfür stehen etwa *Siemens* (Elektrogeräte i. w. S.), *Allianz* (Versicherungen), *BMW* (Automobile) oder auch *Obi* (Fachmarktkette). Aber auch im Konsumgüterbereich finden sich klassische Dachmarkenkonzepte, wie z. B. *Oetker* (Nahrungsmittel) oder *Bahlsen* (Gebäckwaren), wenngleich diese Firmen- oder Dachmarkenkonzepte inzwischen modifiziert worden sind (worauf noch weiter unten einzugehen sein wird).

Die Dachmarke wird vor allem dann gewählt, wenn der **Umfang des Programms** zu groß ist für eine sinnvolle bzw. ökonomische Einzelmarkenstrategie (vgl. z. B. *Siemens*) oder sich Zielgruppen bzw. Positionierung der Programmteile nicht oder nicht wesentlich voneinander unterscheiden (vgl. z. B. *Allianz*) oder das Programm bzw. wesentliche Teile davon starken Modeschwankungen unterliegen (vgl. z. B. *Boss* bzw. *Escada*).

Im Vergleich zur Einzelmarke kehren sich dabei wesentliche Vor- und Nachteile um (vgl. *Abb. 122*). Dachmarken können aufgrund großer Programmbreite oder Programmheterogenität nicht so klar und fokussiert profiliert werden wie eine typische Einzel- oder Monomarke (vgl. z. B. *Persil* oder *Ariel*). Andererseits bietet die Dachmarke den – gerade auch unter erschwerten Marktbedingungen – geschätzten Vorteil, dass hier die Marken- bzw. Profilierungsaufwendungen speziell für Werbung grundsätzlich von allen unter dieser Marke subsumierten Produkten oder Leistungen finanziert werden.

Insoweit sind bereits grundlegende Ansatzpunkte für die Bewertung wie für den Einsatz der Dachmarke deutlich geworden. Hieran soll im Folgenden angeknüpft werden, um insgesamt die wichtigsten **Vor- und Nachteile** dieses Markentyps gegenüberzustellen *(Abb. 122).*

| **Vorteile** | **Nachteile** |
|---|---|
| • Alle Produkte tragen den notwendigen Markenaufwand (Markenbudget) gemeinsam<br>• Eine vorhandene Dachmarke erlaubt relativ leicht die Einführung neuer Produkte<br>• Jedes neue Produkt kann am Goodwill der Dachmarke partizipieren (Starthilfe)<br>• Das Unternehmen kann sich auch in kleineren, ergänzenden Teilmärkten engagieren<br>• Kurze Produktlebenszyklen bei einzelnen Produkten gefährden nicht die gesamte Ökonomie der Marke<br>• Man ist nicht auf den aufwendigen Prozess der Suche nach neuen schutzfähigen Marken angewiesen | • Klare Profilierung eines ganzen Programmes unter einer Marke ist stark erschwert (nur „runde“ Profilierung möglich)<br>• Konzentration auf einzelne Zielgruppen/Teilmärkte ist im Prinzip nicht möglich<br>• Als Positionierung kann nur eine allgemeine, eher unspezifische „Lage“ gewählt werden<br>• Auf Besonderheiten der Profilierung einzelner Programmteile kann (auch bei Relaunchaktivitäten) keine Rücksicht genommen werden<br>• Innovationen können nicht spezifisch profiliert bzw. ausgelobt werden<br>• Im Falle des Scheiterns eines Produktes ergeben sich Badwill-Transfereffekte auf die Marke und alle Produkte insgesamt |

*Abb. 122: Wichtige Vor- und Nachteile der Dachmarke*

Die Übersicht zu den Vor- und Nachteilen der Dachmarke zeigt – gerade auch unter Risiko- und Ökonomieaspekten – wesentliche Vorteile dieses Markentyps. Ihnen steht neben verschiedenen steuerungsstrategischen Nachteilen im Prinzip vor allem ein ganz gravierender Nachteil gegenüber: der nicht zu leugnende **Profilierungsnachteil**, der sich speziell bei Marketingkonzepten als nachteilig erweist, die auf die Eroberung bzw. nachhaltige Besetzung *oberer* Märkte (speziell Premiummärkte, *Becker,* 1991, S. 45 f.) gerichtet sind.

Neben generellen Aspekten der Bewertung bzw. Effizienz von Dachmarken spielen auch bei diesem Markentyp **situative Bedingungen** eine Rolle. So kann z. B. in Bereichen mit hohem Verdrängungswettbewerb und entsprechendem Preis- bzw. Ertragsverfall der Zwang zur Dachmarke oder die Überführung zu ihr erzwungen werden. Ansonsten gibt es branchenbedingte Faktoren (z. B. traditionell niedriges Marketingaktivitätsniveau in Rohstoff- oder Zwischenproduktmärkten, wie Komponenten und Teile), die – so weit hier überhaupt eine bewusste Markenpolitik betrieben wird – ökonomisch allenfalls die Wahl einer Dachmarkenstrategie zulassen.

Die **Familienmarke** (auch als Produktgruppen- oder Range-Marke (*Becker,* 2005 b, S. 388 ff.) oder als Product Line Name (*Assael,* 1990, S. 306) bezeichnet) nimmt gleichsam eine *mittlere* Position zwischen Einzel- und Dachmarke ein. Das Grundprinzip dieses Markentyps besteht darin, dass hier für eine bestimmte Produktgruppe (Produktlinie) eine einheitliche Marke gewählt und eingesetzt wird. Alle unter dieser Familienmarke angebotenen Produkte partizipieren so am aufgebauten bzw. weiterentwickelten, produktgruppenspezifischen Markenimage.

Die mittlere Position dieses Markentyps eröffnet besondere strategische Chancen, und zwar insofern, als die **Familienmarkenstrategie** die Möglichkeit bietet, sowohl grundlegende Vorteile der Einzelmarke (Profilierungsvorteil: produktspezifische Auslobung) als auch solche der Dachmarke (Ökonomievorteil: mehrere Produkte finanzieren das Markenbudget) zu nutzen, ohne jeweils deren gravierende Nachteile (vgl. *Abb. 122*) voll in Kauf nehmen zu müssen. Die Familienmarke hat sich inzwischen stärker durchgesetzt, insbesondere im Konsumgüterbereich. Typische Beispiele sind die *Nivea*-Linie von *Beiersdorf,* die *Du darfst*-Linie von *Unilever Bestfoods* oder auch die *Milka*-Linie von *Kraft Foods* bzw. *Mondelez International.*

Die Familienmarke wird vor allem dann gewählt, wenn bestimmte Produkte eines heterogenen Programms zu Produktlinien zusammengefasst (*Herstatt,* 1985, S. 179 f.) bzw. über bestehende Leitprodukte Potenziale in (neuen) Teilmärkten ausgeschöpft werden sollen (*Becker,* 1984, S. 22 f.). Solche Marken werden meist unter einer speziellen Philosophie im Sinne eines Nutzenversprechens bzw. einer **Nutzenklammer** geführt (vgl. z. B. *„Nivea-Pflege-", „Du darfst-Ernährungs-"* oder *„Milka-Alpenmilch-Philosophie"*). Unter solchen Bedingungen eignet sich die Familienmarke gerade auch als Markentyp für eine gezielte Neuprodukteinführung bzw. -verankerung im Markt.

Damit werden zugleich spezifische strategische Eigenschaften des Markentyps Familienmarke deutlich. Sie stellen grundlegende **Vorteile** dar. Sie sollen in einer Übersicht *(Abb. 123)* im Einzelnen aufgeführt und den **Nachteilen** dieses Markentyps gegenübergestellt werden.

| **Vorteile** | **Nachteile** |
| --- | --- |
| • Spezifische Profilierungsmöglichkeit (vor allem bei spezieller Nutzenphilosophie für Produktlinien)<br>• Mehrere Produkte tragen den erforderlichen Markenaufwand (Markenbudget)<br>• Neue Produkte partizipieren am Goodwill der Familienmarke (Starthilfe)<br>• Insbesondere bei Vorhandensein einer speziellen Nutzenphilosophie gute Ausschöpfungsmöglichkeiten von (neuen) Teilmärkten (Satelliten-Strategie)<br>• Jedes neue „philosophiegerechte" Produkt stärkt das Markenimage (Markenkompetenz)<br>• Die Familienmarke ermöglicht die Bildung eigenständiger strategischer Geschäftsfelder (Organisationseinheiten mit eigenen strategischen Erfolgsfaktoren) | • Der Markenkern der Ausgangsmarke begrenzt die Innovationsmöglichkeiten<br>• Gefahr der Markenüberdehnung bzw. -verwässerung durch nicht philosophie-adäquate Neuprodukte („Rubber Effect")<br>• Bei der Profilierung einzelner Produkte muss Rücksicht auf die Basispositionierung genommen werden<br>• Wettbewerbsbedingte Restrukturierungsmaßnahmen (Relaunch) sind relativ begrenzt (insbesondere gegenüber starken Einzelmarken)<br>• Die Familienmarke ist nur dort einsetzbar, wo die Abnehmer (Verbraucher) Angebotssysteme mit entsprechenden Nutzenklammern akzeptieren<br>• Familienmarkensysteme sind gefährdet, wenn der Handel solche Systeme nicht voll aufnimmt (bzw. nicht als System präsentiert) |

*Abb. 123: Wichtige Vor- und Nachteile der Familienmarke*

Die Übersicht *(Abb. 123)* verdeutlicht insbesondere zwei strategisch relevante Aspekte. Die Familienmarke ermöglicht einerseits – speziell bei adäquater und akzeptierter Markenphilosophie – ein **ökonomisches Konzept** gezielter Marktgestaltung bzw. -ausschöpfung. Der Erfolg dieses Markentyps ist andererseits an den disziplinierten Umgang mit dem **Markenkern** gebunden und setzt darüber hinaus ein entsprechendes Aufnahmeverhalten des Handels voraus (einschließlich der Berücksichtigung des Markensystemgedankens in der Warenpräsentation).

Außer diesen generellen Faktoren der Einsatzmöglichkeiten von Familienmarken sind – ebenso wie bei den anderen Markentypen hervorgehoben – spezielle **situative Faktoren** zu berücksichtigen. So ist der erfolgreiche Aufbau einer Familienmarke in aller Regel an die Rückgriffsmöglichkeit auf eine erfolgreiche Pioniermarke gebunden (*Buttler,* 1978, S. 310). Welche Bedeutung gerade diesem Aspekt zukommt, wird insbesondere an Erfolgsbeispielen wie *Nivea* (siehe hierzu auch die speziellen Darlegungen weiter unten) oder *Suchard-Milka* deutlich. Bei letzterer Marke konnte das große Sympathie- und Vertrauenskapital von *Suchard Milka*-Tafelschokolade für eine ganze Range philosophiegerechter Produkte wie *Milka Lila Pause* (süße Riegel), *I love Milka* (Pralinen), *Milka Lila Stars* (süße Knabberartikel) bis hin zu *Milka* Saisonware (Weihnachts- und Osterprodukte) erfolgreich genutzt werden.

Ein strategischer Ansatzpunkt für Familienmarken ist zunehmend auch das Konzept, vorhandenes **Markenkapital** unternehmens*extern* zu „melken" (Brand Milking; vgl. z. B. die Lizenzvergabe des Markennamens *Boss* etwa an einen Strickwarenhersteller *(Falke)* und einen Kosmetikhersteller *(Betrix),* die jeweils unter dem Namen *Boss* eigenständige Serien von Pullovern, Sweatshirts usw. sowie von Pflegeprodukten wie After Shave, Eau de Toilette, Duschbad u. Ä. anbieten).

Bislang wurden die markenstrategischen Basisalternativen (Einzelmarke, Dachmarke, Familienmarke) quasi als **Reintypen** dargestellt und ihre jeweiligen spezifischen Vor- und Nachteile sowie generelle Einsatzbedingungen aufgezeigt.

Nicht wenige Unternehmen wählen jedoch für ihr markenstrategisches Agieren nicht einen einzelnen Markentyp, sondern setzen bestimmte Kombinationen ein (*Herstatt,* 1985,

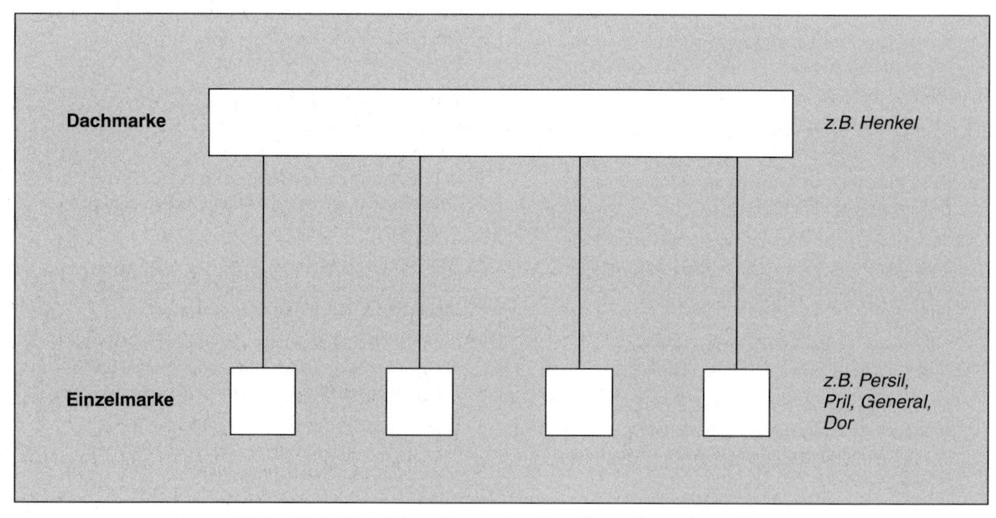


*Abb. 124: Kombination von Einzel- und Dachmarke*

S. 177 f.; *Kapferer,* 1992, S. 163 ff.). Dabei können **zwei- und dreifache Markenkombinationen** unterschieden werden (*Becker,* 2005 b, S. 392 ff. bzw. *Becker,* 2004, S. 651 ff.).

Was die zweifache Kombination betrifft, so tritt sie etwa als **Kombination von Einzel- und Dachmarke** auf *(Abb. 124).*

Das heißt, die Strategie besteht hierbei darin, starke Einzelmarken aufzubauen und deren Markenkraft durch die übergeordnete Kompetenz einer Dachmarke zu verstärken (= Kumulationseffekt, so tragen z. B. alle Waschmittelmarken der Firma *Henkel* neben der spezifischen Einzelmarke zusätzlich das Markenlogo *Henkel,* das für ein marktführendes, forschungsintensives, ökologie-orientiertes Unternehmen steht).

Eine andere Form der zweifachen Markenkombination ist die **Verknüpfung von Familien- und Dachmarke** *(Abb. 125).*

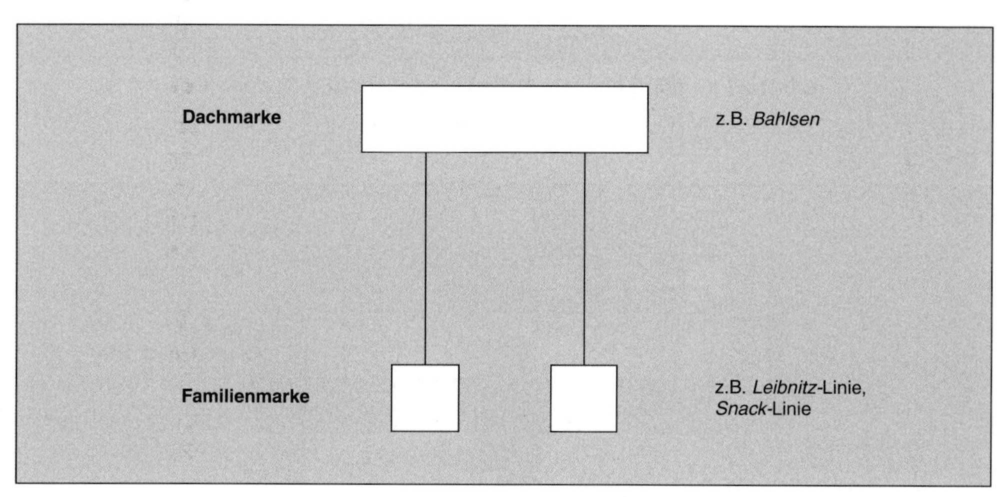


*Abb. 125: Kombination von Familien- und Dachmarke*

Die strategische Zielsetzung besteht bei dieser Markenkombination in der Schaffung von homogenen, **markendifferenzierten Produktlinien** unter einem mit hohem Goodwill ausgestatteten Markendach (z. B. Trennung süßer und salziger Linien bei *Bahlsen*).

Die **dreifache Markenkombination** verknüpft demgegenüber alle drei Markentypen, und zwar auf der Basis einer jeweils spezifischen Rollenverteilung *(Abb. 126).*

Das Prinzip besteht darin, eine **hierarchische Markenarchitektur** zu schaffen, die unter einer bewährten Dachmarke das Programm nach Produktklassen trennt und innerhalb der Produktklassen Untermarken z. B. für Ausstattungs-/Leistungsvarianten schafft. Eine solche Markenhierarchie kann – nachfrage- und wettbewerbsbedingt – bei sehr differenzierten Programmen (Programmvarianten), z. B. im PKW-Markt, sinnvoll sein (*Becker,* 2005 b, S. 394).

Markenkombinationen bzw. Markenhierarchien sind im Übrigen nicht selten das Ergebnis von **Aufkaufstrategien**. In ein bestehendes Markensystem müssen dann aufgekaufte Marken integriert werden. Das führt häufig zu vermischten Strukturen zwei- oder dreifacher Markenkombinationen im Sinne markenpolitischer Kompromisse.

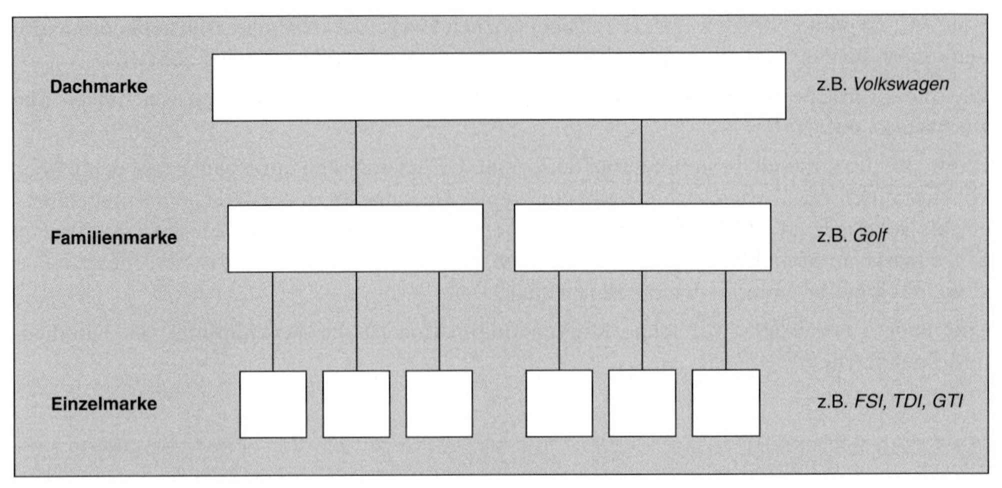


*Abb. 126: Kombination von Einzel-, Familien- und Dachmarke*

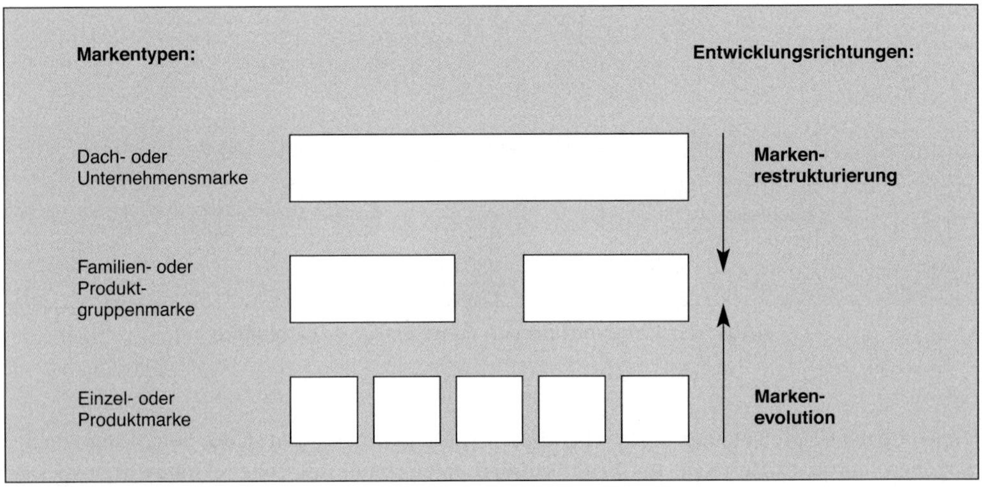

Markentypen:

Entwicklungsrichtungen:

Dach- oder Unternehmensmarke

Marken-restrukturierung

Familien- oder Produkt-gruppenmarke

Einzel- oder Produktmarke

Marken-evolution

*Abb. 127: Typische Entwicklungsrichtungen bei Veränderungen des Markentyps*

Davon zu unterscheiden sind geplante markenstrategische **Veränderungsformen im Zeitablauf** (phasenspezifische Möglichkeiten bzw. Zwänge). Ausgangspunkt solcher Veränderungen sind in dieser Hinsicht normalerweise entweder eine Einzelmarke oder eine Dachmarke. Insoweit lassen sich zwei typische Entwicklungsrichtungen unterscheiden *(Abb. 127)*.

Die grafische Darstellung macht deutlich, dass markenstrategisch **zwei Stoßrichtungen** unterschieden werden können, die jeweils zu einer Familien- oder Produktgruppenmarken-Konzeption führen. Sie haben in der Regel unterschiedliche Ausgangspunkte und unterscheiden sich insofern hinsichtlich ihrer strategischen Qualität: nämlich einmal Markenevolution und zum anderen Markenrestrukturierung. Im Folgenden soll zunächst die **Markenevolution** erläutert werden, und zwar vor dem Hintergrund genereller strategischer Marktbedingungen.

In gesättigten, tendenziell überbesetzten Märkten wird es immer schwieriger, neue Marken aufzubauen, und zwar aus Gründen hoher Marktinvestitionen (*Sattler,* 1997) wie auch aus Zeitgründen (strategisches Timing, vgl. hierzu auch Wettbewerbsstrategien). Ein wichtiger markenstrategischer Ansatz wird deshalb zunehmend darin gesehen, starke und imageträchtige vorhandene Marken **für neue Aktivitäten** (z. B. bei der Strategieentwicklungsrichtung horizontale Diversifikation; siehe 1. strategische Ebene: Marktfeldstrategien) zu nutzen. Das heißt mit anderen Worten, dass man speziell starke, gut profilierte Einzelmarken in Familienmarken überführt, um schneller und vor allem auch effizienter in neue Märkte eindringen zu können. Klassisches Vorbild einer solchen Strategie ist das *Nivea*-Konzept. Hier ist es gelungen, unter Beachtung eines gemeinsamen, nutzengeprägten Imagedaches – nämlich einer „Pflege-Philosophie" – einen ganzen Kranz bedarfsverwandter Produkte um die Muttermarke *Nivea*-Creme zu legen (u. a. *Nivea*-Milk/-Lotion, -Gesicht, -Sonnenpflege, -Haarpflege, -Dusch-/Schaumbäder) und damit sehr erfolgreich einen sog. **Markentransfer** vorzunehmen (*Abb. 128,* vgl. *Becker,* 1991, S. 48; *Wölfer,* 1994, S. 539 f. bzw. *Esch,* 2018, S. 415 ff.).

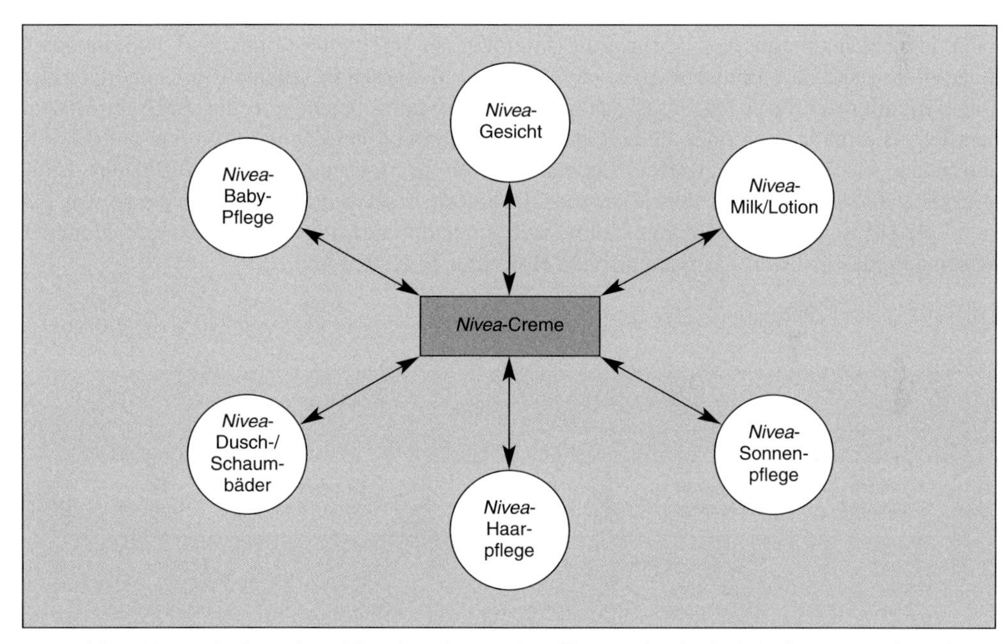


*Abb. 128: Evolution einer Einzelmarke zur Familienmarke (Beispiel Nivea, Ausschnitt)*

Das Prinzip einer solchen markenstrategischen Evolution – ausgehend von einer starken Muttermarke – besteht also darin, im Interesse eines Auf- bzw. Ausbaus einer ganzen Produktlinie *satellitenartig* neue Produkte (Markenkinder) um einen bewährten Markenkern (bei *Nivea:* (Körper-)Pflege-Kompetenz) zu gruppieren. Entscheidende Voraussetzung für das Funktionieren einer solchen Markenevolution über eine entsprechende Markentransferstrategie ist die **imagemäßige Affinität** zwischen Ausgangsmarke bzw. Ausgangsprodukt und den vorgesehenen Transferprodukten (*Mayer/Mayer,* 1987; *Hätty,* 1989 bzw. 1994). Diese einschränkende Bedingung – in der Regel durch entsprechende Untersuchungen über das Markenimage und die Markenkompetenz abgeklärt – führt nicht selten dazu, dass der Markentransfer auf vorgesehene Zielprodukte nur in Stufen, d.h. im Sinne einer **kontrollierten Produktlinienerweiterung** (Line Extension, *Assael,* 1990, S. 308 f.; Brand Extension, *Aaker/Keller,* 1990, S. 27) vollzogen werden kann. Auf diese Weise sollen bestimmte Kompetenzzuwächse im Zeitablauf abgewartet werden, um so einer möglichen Markenerosion durch vorschnelle, (noch) nicht stimmige Transferprodukte vorzubeugen. So war z.B. der Transfer der Marke *Nivea* auf Deo-Produkte erst nach einer ganzen Reihe anderer Pflegeprodukte, die näher am *Nivea*-Markenkern lagen, möglich bzw. sinnvoll (*Becker,* 2005 b, S. 397 f.).

Von der – am *Nivea*-Beispiel diskutierten – markenstrategischen Evolution ist eine andere markenstrategische Entwicklungsrichtung zu unterscheiden, die als **Markenrestrukturierung** gekennzeichnet werden kann. Auch sie soll anhand eines Beispiels konkretisiert werden.

Viele große, klassische Markenhersteller haben durch die Wahl von Firmen- oder Dachmarken von vornherein die markentechnischen Voraussetzungen geschaffen, um neue Aktivitäten in für sie neuen Märkten entfalten zu können, ohne dass hier die Marke (zunächst) als Begrenzungsfaktor in Erscheinung tritt. Ein strategischer Zwang zur Restrukturierung einer Dachmarke zu einem ggf. mehrstufigen System von Familien- oder Produktgruppenmarken kann jedoch dann eintreten, wenn ein Unternehmen im Laufe seiner Entwicklung stark diversifiziert und sich immer stärker **von seinem Stammgeschäft** (speziell im Sinne lateraler Diversifikation) entfernt hat. Dass das gegeben sein kann, macht u.a. das Beispiel *Melitta* deutlich. Hier hatte man über Jahrzehnte hinweg ziemlich heterogene Produkt- und Marktaktivitäten wie Kaffeefilter/Kaffee, Lebensmittelfolien, Staubsauger- und Müllbeutel, Luftreiniger und Teefilter unter dem Firmendach *Melitta* subsumiert. Auf diese Weise war ein ziemlich **diffuses Markenbild** mit kaum noch einer durchgängigen Identifikationsklammer entstanden, das insoweit der strategischen Korrektur bedurfte *(Abb. 129).*

*Abb. 129: Restrukturierung einer Dachmarke zu einem System von Familienmarken (Beispiel Melitta)*

Die Übersicht zeigt im Einzelnen, wie das Unternehmen *Melitta* sich wieder auf den **ursprünglichen Markenkern** der Dachmarke *Melitta* (Kaffeefilter, Kaffeemaschinen/-geräte, Kaffee) besonnen und die Marke Melitta nach der Markenrestrukturierung nur noch als hierfür reservierte Familien- oder Produktgruppenmarke einsetzt, während für alle anderen Aktivitäten jeweils neue bzw. in Ansätzen schon vorhandene Familien- oder Produktgruppenmarken geschaffen bzw. eingeführt wurden. Man entschloss sich also für eine umfassende Restrukturierung der Marke *Melitta* (d. h. Reservierung der Marke *Melitta* allein für den „Kaffee-Bereich", dagegen (neue) spezielle Marken wie *Toppits, Swirl, Aclimat, Cilia* für die übrigen Bereiche), und zwar, um sowohl jeweils die Glaubwürdigkeit und Kompetenz zu stärken als auch um Klammern für spezifische (Geschäfts-)Bereiche zu schaffen, welche Produktinnovationen und ihre Durchsetzung im Markt (beim Handel wie beim Verbraucher) erleichtern sollen (*Becker,* 2005 b, S. 399 f.). Diese Restrukturierung war im Übrigen auch notwendig, um verstärkt an interessanten *oberen, hochpreisigen* Teilmärkten (Premiummärkten) partizipieren zu können.

Die Darlegungen zu den Markentypen, insbesondere zu ihren strategischen Ansatzpunkten und ihren spezifischen Entscheidungsfragen – auch unter Berücksichtigung kombinativer und restrukturierender Markenmuster – haben gezeigt, wie wesentlich die jeweils richtige Wahl des Markentyps für den Erfolg einer Präferenzstrategie ist.

### *ad) Das Markenartikel-Konzept als konsequenteste Umsetzung der Präferenzstrategie*

Die konsequenteste Umsetzung präferenz-strategischen Vorgehens am Markt ist ohne Zweifel das sog. Markenartikel-Konzept. In ihm hat präferenz-strategisches Agieren gleichsam seine **Vollendung** gefunden. Das Markenartikel-Konzept, das heute unter allgemein erschwerten Bedingungen (preisaggressiver Verdrängungswettbewerb) realisiert werden muss, besitzt nach wie vor in vielen Märkten (Branchen) eine große Bedeutung, und zwar sowohl unter dem Aspekt erfolgreicher, oberzielorientierter Unternehmensführung als auch unter dem Aspekt möglichst hoher Kundenzufriedenheit.

Bevor auf strategische Realisierungsformen des Markenartikel-Konzepts näher eingegangen wird, sollen zunächst **Grundlagen und Grundprinzipien des Markenartikels** herausgearbeitet werden (wobei auch auf begriffliche Abgrenzungsfragen zwischen Marke und Markenartikel einzugehen sein wird).

Marke bedeutet zunächst ganz allgemein ein auf einer Ware **angebrachtes Zeichen.** Sie dient der bewussten, individualisierenden Kennzeichnung eines Produktes (Leistung) und damit ihrer Wiedererkennung bzw. Heraushebung. Marken spiegeln zugleich ein Stück Wirtschaftsgeschichte wider und reichen weit zurück. Große Bedeutung erlangten sie vor allem im Mittelalter, etwa in Form von Haus-, Meister-, Zunft- und Ständemarken (*Dichtl,* 1992).

Die **Schutznormen** der verschiedenen Kennzeichnungsarten waren in der BRD ursprünglich in mehreren unterschiedlichen Gesetzen geregelt (u. a. Warenzeichengesetz (WZG), Gesetz gegen Wettbewerbsbeschränkungen (UWG)). Die Rechtsprechung hatte dazu ein kohärentes Schutzsystem erarbeitet. Mit einer umfassenden Reform wurde das Markenrecht unter Einbeziehung der Kennzeichenrechte auf eine neue, einheitliche gesetzliche Grundlage gestellt und die ursprüngliche Zersplitterung weitgehend behoben. Im **neuen Markengesetz** (MarkenG), das auch der Harmonisierung im Rahmen des EG-Binnenmarktes dient, wird die Marke in § 3 Abs. 1 in einem erweiterten Sinne wie folgt definiert (zitiert nach *Wahlert,* 1994, S. 1750; s. im Einzelnen *Berlit,* 2008):

> „Als Marke können alle Zeichen, insbesondere Wörter einschließlich Personennamen, Abbildungen, Buchstaben, Zahlen, Hörzeichen, dreidimensionale Gestaltungen einschließlich der Form einer Ware oder ihrer Verpackung sowie sonstige Aufmachungen einschließlich Farben und Farbzusammenstellungen geschützt werden, die geeignet sind, Waren oder Dienstleistungen eines Unternehmens von denjenigen anderer Unternehmen zu unterscheiden."

Die neue gesetzliche Definition berücksichtigt den **Umstand**, „dass Form/Gestaltung/Design oder Ausstattung von Waren, ihrer Verpackung oder Aufmachung so bekannt werden können, dass das Publikum die Produkte dem Unternehmen auch ohne besondere Markierung zuordnet" (*Wahlert,* 1994, S. 1750; siehe i. E. auch *Fezer,* 2004, S. 2451 ff.).

Neben der Marke (z. B. *Persil*) gibt es das **Unternehmenskennzeichen** (d. h. eine Ware oder Dienstleistung kann mit Name, Firma, besonderer Geschäftsbezeichnung, Firmenschlagwort und Geschäftszeichen(-emblem) gekennzeichnet werden, z. B. *Henkel AG* oder *Henkel*) und die **sog. Kollektivmarke** (d. h. hier werden Waren oder Dienstleistungen mit einem Hinweis auf besondere Merkmale versehen, wobei diese Marke durch mehrere, rechtlich voneinander unabhängige Unternehmen verwendet wird, z. B. *WK-Möbel*). Auch sie sind schutzfähig (zu Hindernissen der Schutzfähigkeit *Esch*, 2012, S. 271 ff.).

Der Begriff **Markenartikel** wird „aus Kundenperspektive verstanden und bezeichnet das Versprechen, auf Kundennutzen ausgerichtete unverwechselbare Sachgüter oder Dienstleistungen standardisiert in gleich bleibender oder verbesserter Qualität . . . anzubieten" (*Bruhn,* 1994, Bd. 1, S. 7 bzw. i. E. 2004, Bd. 1, S. 5 ff.). Heute wird zusätzlich die **Markenidentität** (Frage: Wofür steht die Marke?) als grundlegendes Merkmal angesehen (*Aaker/Joachimsthaler,* 2000; *Meffert/Burmann/Koers,* 2002; *Esch*, 2012 bzw. *ders.,* 2018).

Das Markenartikel-Konzept – als die konsequenteste Umsetzungsform der Präferenzstrategie – kann (muss) im Prinzip als **ganzheitliches Marketingsystem** aufgefasst werden. Dieses Markenartikelsystem ist durch bestimmte, quasi konstituierende Merkmale gekennzeichnet, die sich allerdings im Laufe der Zeit geändert haben, und zwar sowohl was ihre Art als auch ihre Ausprägung betrifft.

Das klassische Markenartikel-Konzept als System war ursprünglich mindestens durch sieben grundlegende **Merkmale** gekennzeichnet (*Mellerowicz,* 1963, S. 40):

- **markierte Fertigware,**
- **gleich bleibende Qualität,**
- **gleich bleibende Menge,**
- **gleich bleibende Aufmachung,**
- **größerer Absatzraum,**
- **starke Verbraucherwerbung,**
- **hohe Anerkennung im Markt.**

Darüber hinaus ist lange – zumindest solange die Preisbindung der zweiten Hand zulässig war – ein einheitlicher, (relativ) konstanter Endverkaufspreis als Wesensmerkmal des Markenartikels angesehen worden.

Diese Kennzeichnung bzw. Merkmalsbestimmung des **klassischen Markenartikels** ist unter dem Aspekt heutiger Marktbedingungen zu statisch angelegt. Qualität, Menge und Aufmachung sind in vielen Märkten nur noch in einem *relativem* Sinne gleich bleibend, und zwar aufgrund des technischen Fortschritts, des Wandels der Bedürfnisse sowie des verstärkten Wettbewerbs.

Insgesamt weist das **Markenartikel-Konzept** noch drei konstitutive Merkmale auf (*Dichtl,* 1992, S. 16 ff.; zu Entwicklung und Erweiterung *Bruhn,* 2004, Bd. 1, S. 5 ff.; *Esch*, 2012, S. 18 ff.):

**(1) Herkunftsnachweis und Qualitätsgarantie,**
**(2) Image und Verkehrsgeltung,**
**(3) Ubiquität (Überallerhältlichkeit, gilt bei Premium-/Luxusmarken nur eingeschränkt).**

Ziel der Präferenz- bzw. Markenartikel-Strategie ist es, einen jeweils nutzenspezifischen, möglichst innovativen **Leistungsvorteil** (an Stelle des Preisvorteils bei der Preis-Mengen-Strategie) zu erarbeiten. Sie ist darauf gerichtet und ihr Erfolg ist davon abhängig, ob es gelingt, den Kunden Produkte (Leistungen) zu bieten, die sie überdurchschnittlich (überragend) einschätzen und damit bewirken, dass Kunden diese Angebote anderen konkurrierenden Leistungen gegenüber bevorzugen (präferieren).

Im Mittelpunkt der Präferenzstrategie steht ein konsequentes Qualitätsmanagement. Präferenzorientierte Qualitätskonzepte müssen – nicht zuletzt unter den bestehenden Wettbewerbsbedingungen – mit einem umfassenden **Total Quality Management** (TQM, siehe hierzu u. a. *Töpfer/Mehdorn,* 1993; *Stauss,* 1994 b; *Ebel,* 2003) umgesetzt werden. Der Ansatz des Total Quality Managements besteht darin, in allen Funktionsbereichen des Unternehmens ein geschärftes Qualitätsbewusstsein (und zwar sowohl für Produkt- als auch Prozessqualität) zu entwickeln und in der Ausübung aller Funktionsaufgaben in allen Wertschöpfungsphasen zu realisieren (einschließlich der Formulierung, Zertifizierung und Einhaltung entsprechender DIN ISO Normen 9000 ff.). Im Prinzip muss dieser Ansatz bereits auf der Zielebene (**Metaziele:** Allgemeine Wertvorstellungen (Basic Beliefs) bzw. Unternehmenszweck (Mission/Vision) des Unternehmens) verankert und vorformuliert werden. Insofern werden wesentliche Verknüpfungen (= **konzeptionelle Kette**) zwischen Zielentscheidungen und Strategieentscheidungen deutlich.

Total Quality Management (TQM) zielt auf die Optimierung des Kundennutzen ab, und zwar geht es darum, in allen **Phasen der Wertschöpfungskette** „Alleinstellungsmerkmale als Grundlage für Wettbewerbsvorteile" (*Töpfer/Mehdorn,* 1993, S. 11) bzw. „Komparative Konkurrenzvorteile" (*Backhaus,* 2003, S. 35 ff.) zu schaffen. Dabei entstehen in dynamischen Märkten immer wieder **neue Standards,** die entsprechende qualitative Anpassungen notwendig machen (= marktphasen- bzw. wettbewerbsphasen-adäquate Qualität und ihre Sicherung).

Angesichts der Fülle der Angebote (Produkte und Leistungen) im Markt, kommt – wie bereits dargelegt – der Profilierung von Marken eine zentrale Bedeutung zu. Präferenzen sind letztlich das Ergebnis entsprechender Markenimages und Markenbekanntheiten. Nicht allein die marken-adäquate Qualität eines Produktes oder Leistung begründet den ökonomischen, oberzielorientierten Erfolg, sondern vor allem auch die geeignete ‚Herausstellung' im Sinne der Begründung einer **Vorzugsstellung** (im Idealfall: Alleinstellung im Sinne einer Unique Selling Proposition (USP)) im Markt. Dabei fällt der Kommunikationspolitik (im Konsumgüterbereich insbesondere der Werbung in Verbindung mit kommunikativer, markenspezifischer Verpackung bzw. Design) im Rahmen des Marketingmix eine zentrale Aufgabe zu. Inzwischen gibt es eine Vielzahl anderer Instrumente, welche gezielt profilierungs-strategisch genutzt werden können (u. a. Sponsoring, Public Relations, Direktmarketing). Die Profilierungsleistung ist in aller Regel davon abhängig, inwieweit es gelingt, die speziellen Instrumente und ihre Aufgaben im Konzept der Profilierung optimal zu integrieren (= **integrierte Kommunikationspolitik,** vgl. hierzu 3. Teil „Marketingmix").

Das Markenprofil ist jedoch auch von einer ausreichenden und strategie-adäquaten Präsenz im Markt abhängig. Insoweit ist eine möglichst große Verbreitung (Distribution) einer Marke erfolgsentscheidend. Deshalb wird als drittes, konstitutives Merkmal der Markenartikel-Strategie die **Überallerhältlichkeit** (Ubiquität) angesehen. Gerade in dieser Frage können aber konzeptionelle Einschränkungen sinnvoll sein (von der Meidung preisaggressiver Absatzkanäle bis hin zur bewussten Selektion präferenzfördernder Absatzkanäle mit spezifischen präferenzstärkenden Leistungen wie Preispflege, Beratung und Service). Insofern kommt es also darauf an, die marken-adäquaten Milieubedingungen im Absatzkanal zu schaffen, um insbesondere präferenzstörende oder gar -mindernde Einflüsse möglichst zu eliminieren.

Letztlich kann Wesen und Konzept des Markenartikels nur erfolgsorientiert definiert werden. Das heißt, dass nur das, „was die Konsumenten als einen Markenartikel bezeichnen, ..., tatsächlich einer ist" (*Berekoven,* 1978 b, S. 43). Kennzeichen solcher Markenartikel sind hohe Erfüllungsgrade sowohl der **marktpsychologischen Ziele** (z.B. Markenbekanntheit und Markenimage sowie Kundenzufriedenheit und Kundentreue) als auch der **marktökonomischen Ziele** (wie Umsatzhöhe, Preispositition, Marktanteil, Distributionsgrad, vgl. hierzu auch 1. Teil „Marketingziele"). Gerade auch beim Markenartikel-Konzept werden damit nochmals die **fundamentalen Beziehungen** zwischen Marketingzielen einerseits und Marketingstrategien andererseits besonders deutlich (= **konzeptionelle Kette**).

Exkurs: Klassisches Markenartikel-Verständnis

Der *Markenverband e. V.,* Wiesbaden, als Zusammenschluss und Interessenvertretung der Markenartikel-Hersteller, hat folgende **Funktionen** („Selbstverständnis") des Markenartikels bzw. Markenartikelgedankens formuliert (*Gries,* 1987, S. 412):

1. Der **Markenartikel** gibt dem Verwender Sicherheit beim Einkauf; er ist nicht anonym.
2. Der **Markenartikel** ist langfristig konzipiert. Er hat ein eigenständiges Produktprofil. In bezug auf Qualität, Preis und Service hat er in seiner Gruppe eine Leitfunktion. Durch Leistung und kontinuierlichen Markenauftritt schafft er Vertrauen bei den Verwendern.
3. Der **Markenartikel** geht mit der Zeit. Denn Produktion und Forschung haben höchstes Niveau und können veränderte Verbraucherbedürfnisse jederzeit berücksichtigen. Der Markenartikel hat dadurch langfristigen Markterfolg und hohe Bekanntheit.
4. Der **Markenartikel** wird über ein produktadäquates Vertriebssystem distribuiert. Das garantiert gleich bleibende, überregionale Versorgung, bequemen Einkauf und fachkundigen Service.
5. Der **Markenartikel** fördert den Wettbewerb und dadurch Produktinnovationen. Er ist das beste Mittel gegen ein eintöniges Warenangebot. Markenartikel sprechen große Verbrauchergruppen an und garantieren durch rationelle Fertigung einen angemessenen Preis.
6. Der **Markenartikel** verhindert Produktenttäuschungen. Durch seine hohe Produktqualität verschafft er dem Käufer positive Erfahrungen und verdient sich dadurch höchste Wertschätzung. Durch Markenwerbung und Verkaufsförderung informiert der Hersteller Handel und Verbraucher.
7. **Markenartikel** setzen Maßstäbe für wirtschaftlichen und technischen Fortschritt. Durch die Innovationskraft und Produktkompetenz der Hersteller prägen sie in hohem Maße die modernen Konsumgütermärkte.

Das klassische Feld der Markenartikel (vgl. hierzu auch die Merkmale des Markenartikels) sind **Verbrauchsgüter des Konsumgüterbereichs.** Das Markenartikelangebot umfasst in dieser Hinsicht zunächst einmal die wichtigsten Güter des täglichen Bedarfs, d.h. insbesondere also industriell hergestellte bzw. verarbeitete Nahrungs- und Genussmittel, Wasch- und Reinigungsmittel, Körperpflegemittel, pharmazeutische Produkte.

Das Markenartikelangebot erstreckt sich aber auch auf **Gebrauchsgüter des Konsumgüterbereichs** wie „Elektrogeräte für den Haushalt, Unterhaltungselektronik, Fotoartikel, Optik, Kraftfahrzeuge usw.; auf weiteren Märkten, so bei Textilien, Schuhen, Möbeln, gewinnen Markenartikel ständig an Bedeutung" (*Martino,* 1982, S. 520).

Damit ist das **breite Spektrum** der Anwendung der Markenartikelstrategie (als konsequentester Form der Präferenzstrategie) umrissen. Gleichwohl gibt es auch in klassischen Produktbereichen des Markenartikels spezifische Bedingungen, welche die Anwendung des Markenartikel-Konzepts einschränken können.

Beispielsweise im Bereich der **landwirtschaftlichen Produkte** (hier etwa bei Obst und Gemüse) gibt es Begrenzungsfaktoren, die in der erschwerten Beherrschbarkeit der Qualität u. a. aufgrund von Witterungseinflüssen (z. B. Äpfel) oder auch in der zeitlich begrenzten Verfügbarkeit (z. B. Erdbeeren) liegen können. Durch eine konsequente Sortenpolitik, systematischen Anbau und streng gesteuerte Reifung (inkl. Transport) ist es andererseits gelungen, z. B. Bananen markenartikelfähig zu machen (vgl. *Chiquita*-Konzept). Ähnliches gilt auch für Citrusfrüchte (z. B. *Jaffa* oder *Outspan*), und analoge Ansätze gibt es auch bei Gemüse.

Insoweit kann man sagen, dass es zwar erschwerende Bedingungen für den Einsatz des Markenartikel-Konzepts in einzelnen Produktbereichen geben kann, dass es umgekehrt in vielen aber möglich ist, durch entsprechende Maßnahmen die notwendigen Voraussetzungen – ggf. auch stufenweise – zu schaffen. Der **Anwendungsbereich des Markenartikel-Konzepts** lässt sich somit grundsätzlich *eher* noch ausbauen.

Fallbeispiele: Markenartikel-Konzept in nicht-klassischen Bereichen

So hat man auch *außerhalb* des Konsumgüterbereiches die Markenartikel-Strategie längst als Konzept erfolgreicher Marktbearbeitung erkannt. Das gilt zunächst einmal für den **Produktionsgüterbereich.** Hier können etwa Anbieter im Bereich Informationstechnologie oder auch Verpackungstechnik genannt werden. Markenartikel-ähnliche Konzepte werden vor allem dort verfolgt, wo es um die Vermarktung ganzer Systeme (und damit um den Aufbau entsprechender Anbieterkompetenzen geht, z. B. bei Informationstechnologie *IBM* und bei Verpackungstechnik *Tetra Pak,* s. a. *Pförtsch/Schmid,* 2005).

Markenartikel-ähnliche Konzepte finden sich auch bei **Vorprodukten und Komponenten.** Hier geht es um die Profilierung spezifischer Produkte, insbesondere beim Endabnehmer, um Hersteller zur Verwendung bestimmter Vorprodukte oder Komponenten zu veranlassen (vgl. z. B. früh die Fasermarke *Trevira* von *Hoechst* oder später die Chipmarke *Pentium* von *Intel/„Intel inside"*). Hierbei handelt es sich um Markenartikel-Konzepte in der *vertikalen* Kette, initiiert und realisiert von der Rohstoff- oder Komponentenstufe und ausgreifend bis auf die Fertigproduktstufe (z. B. Bekleidung aus *Trevira,* Personalcomputer mit *Pentium*-Chip = **Ingredient Branding**, *Freter/Baumgarth,* 1996 bzw. 2005).

Schließlich hat man auch im **Dienstleistungsbereich** längst begonnen, markenartikelähnliche Konzepte zu realisieren. Die präferenz-strategischen Möglichkeiten sind hier gegenüber Sachleistungen (Produkten) aber eingeschränkt. Da es sich bei Dienstleistungen (seit 1979 auch unter gewerblichem Rechtsschutz stehend) „lediglich um Leistungsvorgänge an Kunden bzw. Kundenobjekten handelt, produziert der Dienstleister selbst keine Sachgüter, welche als … Träger für Marketing … in Frage kommen könnten" (*Berekoven,* 1992, S. 41).

Markenkonzepte sind im Dienstleistungsbereich deshalb auf *spezielle* Profilierungsinstrumente bzw. ihre konsequente Nutzung angewiesen (z. B. „Markierung" der Produktionsmittel, Gebäude, Fahrzeuge, Kleidung der Mitarbeiter u. ä. (*Graumann,* 1983; *Stauss,* 1994 a; vgl. z. B. solche präferenz-orientierten Konzepte bei Anbietern von Reinigungsdienstleistungen (etwa *Pedus*) oder von Sicherheitsdienstleistungen (etwa *Kötter*). Hier findet im Prinzip eine Profilierung von Unternehmen (und den dahinter stehenden Leistungen) statt, wie das z. B. bereits bei Banken und Versicherungen der Fall ist (vgl. hierzu auch *Tomczak/Schögel/Ludwig,* 1998).

Damit ist insgesamt deutlich geworden, dass das Markenartikel-Konzept über den Konsumgüterbereich hinaus ein **weites Anwendungsfeld** besitzt. Zugleich wurde aber erkennbar, dass im Produktionsgüter- wie im Dienstleistungsbereich spezifische Bedingungen gegeben sind, die einer vollständigen Übertragung des klassischen Markenartikel-Konzepts aus dem Konsumgüterbereich (vgl. Kennzeichen bzw. konstituierende Merkmale dieses Konzepts) im Wege stehen. Man kann deshalb außerhalb des Konsumgüterbereichs streng genommen nur von *markenartikel-ähnlichen* Konzepten sprechen.

Insgesamt ist das Markenartikel-Konzept i. e. S. dadurch gekennzeichnet, dass es sich um ein **Herstellerkonzept** handelt, d. h. die Entwicklung markenartikel-adäquater Produkte (einschließlich markenartikel-typischer Verpackung), ihre Produktion (Erstellung), ihre konzeptionsgerechte Vermarktung und die Qualitätsgarantie liegen beim Hersteller (im Gegensatz dazu übernimmt bei Handelsmarken der Handel die Qualitätsgarantie und eine eigenständige, handelsorientierte Vermarktung, während die Entwicklung und Herstellung der Handelsmarkenprodukte i. d. R. an Herstellerunternehmen delegiert wird).

Die Schaffung und Vermarktung von Marken(systemen) ist ein **grundlegendes Merkmal** der Warenversorgung in hochentwickelten Volkswirtschaften. Ohne solche Markensysteme wäre eine effiziente Güterproduktion und -distribution nicht vorstellbar (*Andreae,* 1978, S. 278 f.; *Batzer/Greipl,* 1992, S. 186 f.). Die Schaffung und Aufrechterhaltung solcher Markensysteme wird – trotz des Vordringens von Handelsmarken(systemen) in verschiedenen Produktbereichen – nach wie vor von den Herstellern und ihren Marken(artikeln) dominiert. Aufgrund der natürlichen Rollenverteilung zwischen Hersteller und Handel wird das grundsätzlich auch so bleiben (wenn es in dieser Hinsicht auch immer wieder neue „Verteilungskämpfe" geben wird).

Exkurs: Zur Bedeutung von Hersteller- und Handelsmarken

Die **dominierende Rolle** der Herstellermarken im Vergleich zu den Handelsmarken zeigen auch empirische Untersuchungen (obwohl es hier nicht unerhebliche Mess- bzw. Abgrenzungsprobleme gibt). Eine seinerzeitige Sondererhebung des *Instituts für Wirtschaftsforschung (Ifo)* zu den Anteilen der beiden Markensysteme hat das bestätigt *(Abb. 130).*

Im Durchschnitt aller untersuchten Warengruppen (Branchen) entfallen auf Herstellermarken 58 % und auf Handelsmarken 24 % des Umsatzes, der Markenanteil insgesamt beträgt damit über 80 %. Der Rest (18 %) entfällt danach auf *anonyme* Ware, z. T. verwischen aber inzwischen die Markengrenzen.

Auf neuere Haushaltpaneldaten *(GfK)* gestützte Untersuchungen im Lebensmitteleinzelhandel, die zwischen Marktführer- und sonstigen Herstellermarken (ab 2004 auch **Premium**-Marken) unterscheiden, zeigen im **Längsvergleich** von zehn Jahren, dass die Herstellermarken zwar eine rückläufige Entwicklung aufweisen, aber trotzdem nach wie vor dominieren *(Abb. 131).*

Weiter zurückreichende Daten der *GfK* verdeutlichen, dass die Herstellermarken mit knapp 80 % (1995) ursprünglich **vier Fünftel des Marktes** auf sich vereinigten. Nach einem stärkeren Rückgang zwischen 1975–1985 stagnierten die Herstellermarken seit 1985 auf hohem Niveau. Betrachtet man die **Marktführer** unter den Herstellermarken, so haben sie über zwei Jahrzehnte hinweg ihren Anteil (rd. 20 %) behauptet. Das zeigt, dass professionelle Markenkonzepte sich auszahlen, wenn auch die Marktbedingungen schwieriger geworden sind (**Preisorientierung** der Verbraucher: „Geiz-ist-geil-Phänomen"). Der Herstellermarkenanteil insgesamt betrug 2010 noch rd. 64 %.

Entscheidend unter **marketing-strategischen Aspekten** ist jedoch, dass allein die Herstellermarken konsequente präferenz-strategische Konzepte verfolgen (können), während Handelsmarken grundsätzlich preis-mengen-strategisch agieren. Um das nachvollziehbar zu machen,

| Branchen | Anteil am Umsatz (in %) | | |
|---|---|---|---|
| | Hersteller-marken | Handels-marken | Markenware insgesamt |
| **Nahrungs- und Genussmittel** | 58 | 25 | 83 |
| **Textilien und Bekleidung** | 46 | 28 | 74 |
| **Schuhe** | 55 | 22 | 77 |
| **Sport- und Campingartikel** | 70 | 20 | 90 |
| **Lederwaren** | 27 | 16 | 43 |
| **Drogerieartikel** | 68 | 8 | 76 |
| **Papier, Bürobedarf, Schreibwaren** | 66 | 14 | 80 |
| **Bücher** | 82 | 10 | 92 |
| **Möbel** | 32 | 46 | 78 |
| **Glas, Porzellan, Keramik** | 72 | 23 | 95 |
| **Eisenwaren, Hausrat** | 56 | 15 | 71 |
| **Beleuchtungs- und Elektroartikel** | 82 | 14 | 96 |
| **Rundfunk-, Fernseh-, Phonogeräte** | 83 | 15 | 98 |
| **Fotoartikel** | 70 | 22 | 92 |
| **Uhren, Schmuckwaren** | 45 | 16 | 61 |
| **Spielwaren** | 56 | 9 | 65 |
| **Heimwerkerbedarf** | 30 | 22 | 52 |
| **Einzelhandel insgesamt** | 58 | 24 | 82 |

*Quelle: Erhebungen des Ifo-Instituts,* zit. nach *Batzer/Greipl,* 1992, S. 201

*Abb. 130: Bedeutung der Markenarten in ausgewählten Einzelhandelsbereichen der BRD (Beispieljahr, alte Bundesländer)*

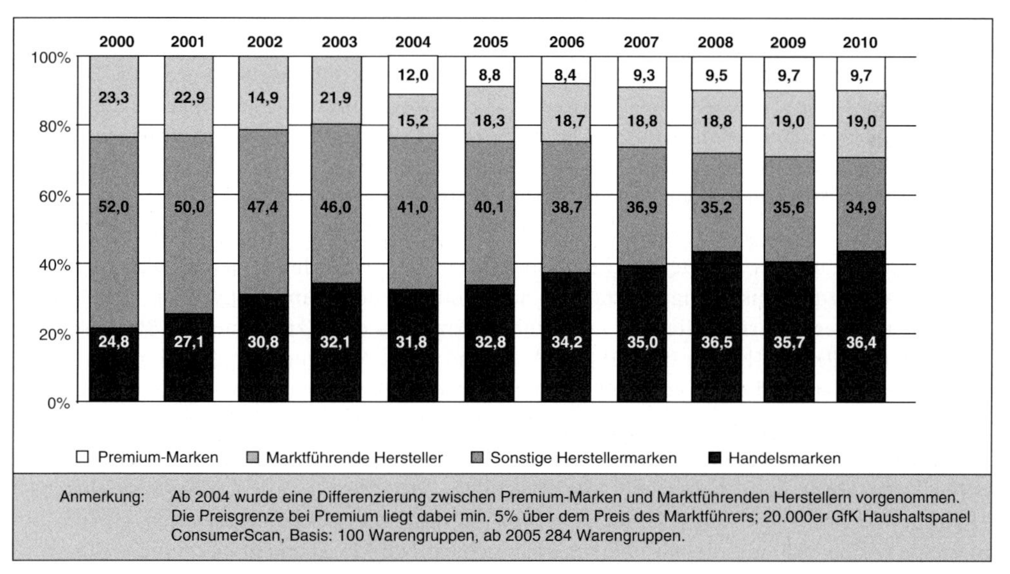


*Quelle: GfK, 2011 (zit. nach Esch, 2012, S. 559)*

*Abb. 131: Druck auf schwache Marken durch Handelsmarken*

ist nochmals der Bezug auf die zu Beginn dieses Kapitels angesprochene Marktschichtung notwendig. Entwickelte Märkte weisen nämlich durchweg eine **Dreiteilung** (dreistufige Schichtung) auf, der entsprechende Wert- bzw. Preisniveaus, Strategie- sowie Markenarten und Markencharakteristika zugeordnet werden können *(Abb. 132)*.

| Marktschichten | Wert-/Preisniveaus | Strategiearten | Markenarten | Markencharakter |
|---|---|---|---|---|
| **Oberer Markt** | Hohes Niveau | Präferenzstrategie | Herstellermarken | Luxusmarken (Premium-Marken) |
| **Mittlerer Markt** | Standard-Niveau | Präferenzstrategie | Herstellermarken (primär) | Standardmarken (Konsummarken) |
| **Unterer Markt** | Niedriges Niveau | Preis-Mengen-Strategie | Handelsmarken (primär) | „Billigmarken" (Auch-Marken) |

*Abb. 132: Typische Marktschichten bzw. Wert-/Preisniveaus und korrespondierende Strategie- und Markenarten sowie-charakteristika*

Die Darstellung zur Marktschichtung zeigt, dass im Prinzip nur **Herstellermarken** Marktschichten besetzen (können), die aufgrund ihrer Wert-/Preisniveaus (Preis-Leistungs-Verhältnisse) konsequentes **präferenz-strategisches Handeln** voraussetzen. Handelsmarken bzw. die dahinter stehenden Handelsunternehmen verfügen in aller Regel weder über das notwendige Innovations- und Markenpotenzial noch über die Möglichkeiten einer umfassenden oder zumindest ausreichenden Ubiquität (Überallerhältlichkeit).

Ausgangspunkt des klassischen Markenartikel-Konzepts waren (und sind) die **mittleren Marktschichten.** Markenartikel-Unternehmen haben mit ihren Angeboten und Kompetenzen Märkte vielfach von der Mitte her „aufgerollt". Das heißt, sie haben zunächst qualitätsorientierte Massenangebote für Massenmärkte geschaffen, die in aller Regel die Standards in den verschiedenen Märkten gesetzt haben.

Die mittleren Märkte bzw. die dahinter stehenden Marken sind – speziell im Konsumgüterbereich – häufig schon zwischen 1950 und 1965 geschaffen und gestaltet worden. Die Entwicklungsgeschichte **erfolgreicher Marken** (und **entsprechender Markenwerte**) reicht z. T. an die Schwelle des 20. Jahrhunderts zurück, z. B. *Odol* (1893), *Persil* (1907) oder *Nivea* (1912). Im großen, markenartikel-typischen Lebensmittelmarkt stehen dafür viele Markenprodukte so bekannter Unternehmen wie *Henkel, Nestlé, Oetker* oder *Beiersdorf.*

Nachdem es in vielen Märkten strategische Abrundungen nach unten gegeben hat (Schaffung bzw. Besetzung unterer Märkte mit Handelsmarken in den 70er Jahren – darauf wird im nächsten Abschnitt zur Preis-Mengen-Strategie näher einzugehen sein), entstanden in den 80er Jahren **neue obere Märkte.** Sie sind nicht zuletzt Ergebnis einer zunehmenden **Polarisierung** von Märkten (*Becker,* 1986 a bzw. 1988). Aufgrund hoher Sättigungsgrade bei grundnutzen-orientierten Basisprodukten entstand Nachfrage nach gehobenen, zusatznutzen-orientierten Luxusprodukten(-marken), z T. auch bei Alltagsprodukten wie Socken, Zahncreme.

**Luxusmarken** (auch als **Premiummarken** bezeichnet, *Becker,* 1991) können als eine weiterentwickelte Form des klassischen Markenartikels aufgefasst werden (*Haedrich/Tomczak,* 1990, S. 152 f.; *Becker,* 2004, S. 657 f.). Sie sind das Ergebnis einer gezielten Trading-up-Strategie (Added Value), die auf oberste, anspruchsvollste Marktschichten und ihre Zielgruppen gerichtet ist. Diese verdanken ihre Entstehung sowohl einem ausgeprägten Wertewandel (speziell Genussstreben, Hedonismus, Geltungsstreben) als auch gestiegener, frei verfügbarer Kaufkraft (zum Wesen von Luxusmarken s. a. *Kapferer,* 2000; *Sihler,* 2007).

Zielsetzung einer **Luxusmarken-Strategie** (als oberster Ausschöpfungsform der Präferenz-Strategie) ist das Schaffen einer exklusiven, meist über Lifestyle- oder Erlebnisorientierung profilierten Markt- und Markenposition (man spricht auch von Lifestyle- bzw. Erlebnis(wert)marken, *Konert,* 1986; *Weinberg,* 1992; *Becker,* 2004; *Thieme,* 2017). Eine Premium- oder Luxusmarke beruht auf einer *extremen* Qualitäts- und Leistungsorientierung, und zwar sowohl in einem objektiv-rationalen als auch in einem subjektiv-emotionalen Sinne (vgl. hierzu etwa Luxusmarken im Uhrenmarkt (wie *Piaget* oder *Cartier*), im Schuhmarkt (wie *Bally* oder *Charles Jourdan*), im Parfümmarkt (wie *Dior* oder *Yves Saint Laurent*)).

Solche Marken nehmen im relevanten Markt die Position von **qualitativen Marktführern** ein („Markenelite“, *Haedrich/Tomczak,* 1990, S. 152; zu Strategie *Meffert/Lasslop,* 2004; *Kapferer/Bastien,* 2009), was sich in einer entsprechenden **Spitzenpreisstellung** niederschlägt. Mit Luxusmarken-Konzepten sind Unternehmen – gerade angesichts stagnierender Märkte in vielen Branchen – in der Lage, am qualitativen Wachstum von Märkten zu partizipieren.

Viele Unternehmen versuchen inzwischen, in solche Luxusmärkte einzudringen. Erfolgreich sind Luxusmarken-Konzepte i. d. R. aber nur dann, wenn Spitzenleistungen bei Produkt (Leistung) und Marke (Profil) geboten werden. Engpass bildet nicht selten die Verfügbarkeit bzw. das Finden geeigneter Marken. Vielfach bedient man sich deshalb auch des **Kaufs** oder der **Lizenz** (*Böll,* 1999) premium-geeigneter Marken.

Fallbeispiele: Premium-/Luxusmarken-Konzepte

Insgesamt gibt es also ganz verschiedene Möglichkeiten, Premium- oder Luxusprodukte marken-spezifisch zu differenzieren. Folgende **Basisalternativen** können grundsätzlich gewählt werden:

(1) Schaffung von eigenen neuen Premiummarken,
(2) Bildung von Premiummarken durch Personifizierung bestehender Marken,
(3) Entwicklung von Premiumlinien auf der Basis von bestehenden Marken,
(4) Kauf bzw. Lizenz premium-geeigneter Marken.

Eine Übersicht *(Abb. 133)* zeigt für die premium-strategischen Alternativen jeweils zwei Beispiele.

Diese Übersicht markentechnischer Modell-Varianten zeigt, dass es **ganz verschiedene Alternativen** der Premiummarken-Bildung gibt. Die Wahl der jeweils optimalen Variante ist in hohem Maße firmen- und marktindividuell zu treffen. Alle Varianten sind aber im Prinzip dadurch gekennzeichnet, dass zur Ursprungs- oder Ausgangsmarke ein mehr oder weniger ausgeprägter Bezug hergestellt wird. Die häufige Verwendung des Markenlogos der Stamm-Marke soll quasi das Basisimage mitliefern, um dann auf diesem Fundament das Premium-Image der neuen Marken aufbauen zu können. Zur Unterstützung dieses Imageaufbaus werden nicht selten spezielle Vertriebs- bzw. Distributionskonzepte verfolgt (z. B. selektiver Vertrieb wie etwa bei *Siemens*). Je weniger andererseits an der Stamm-Marke angeknüpft wird, um so mehr besteht die Chance für den Aufbau (völlig) eigenständiger Premiummarken-Images (was allerdings entsprechende Investitionen in die Marken-Kommunikation voraussetzt, vgl. z. B. die Strategie von *Masterfoods* bei *Sheba*).

Besonders konsequent ist der Aufbau eines Luxus(marken)-Konzerns wie z. B. *Moët-Hennessy-Louis Vuitton (LVMH*-Gruppe*)*. Dieser französische Konzern hat in premiumträchtigen Branchen Spitzenmarken aufgebaut bzw. aufgekauft, und zwar u. a. bei:

- **Champagner:** *Moët et Chandon, Veuve Cliquot, Pomméry,*
- **Cognac:** *Hennessy, Davidoff,*
- **Lederwaren/Reisegepäck:** *Vuitton, Berluti, Rimowa*
- **Haute Couture:** *Dior, Kenzo, Donna Karan, Givenchy,*
- **Parfüm:** *Dior, Guerlain, Givenchy,*
- **Schmuck/Uhren:** *Chaumet, Ebel, TAG Heuer, Zenith.*

Das insgesamt erfolgreiche Konzept besteht in der **Konzentration auf Luxusmärkte** und dem aufgebauten Know-How für ihre systematische Bearbeitung und Weiterentwicklung.

| Markentechnische Varianten | Beispiele | | | Markt | Unternehmen |
|---|---|---|---|---|---|
| | Ausgangsmarke | › | Premiummarke | | |
| (1) Schaffung neuer Marken | (a) *Whiskas* | › | *Sheba* | Tiernahrung | *Masterfoods* |
| | (b) *Iglo* | › | *Bistro* | Fertiggerichte | *Langnese-Iglo* |
| (2) Personifizierung bestehender Marken | (a) *DUB* | › | *Brinkhoff's No. 1* | Bier | *Dortmunder Union* |
| | (b) *Henkell* | › | *Adam Henkell* | Sekt | *Söhnlein & Henkell* |
| (3) Entwicklung neuer Linien | (a) *Siemens* | › | *Top Line* | Haushalts-elektrogeräte | *Siemens* |
| | (b) *Betrix* | › | *Exklusive Line* | Kosmetik | *Betrix* |
| (4) Kauf bzw. Lizenz | (a) *Ford* | › | *Ghia, Volvo* | Automobile | *Ford* |
| | (b) *Schöller* | › | *Mövenpick* | Eiskrem | *Nestlé* |

*Abb. 133: Markentechnischer Baukasten für Premiummarken-Konzepte (mit Beispielen)*

Aufgabe dieses Abschnittes war es, die Markenartikel-Strategie als **konsequenteste Form** der Präferenzstrategie herauszuarbeiten, und zwar sowohl in Form der Standard- als auch der Luxusmarken-Strategie. Auf diese Weise sind die grundlegenden strategischen Muster zur erfolgreichen Bearbeitung mittlerer wie oberer Märkte charakterisiert worden. Es fehlt nun noch, die strategischen Konzepte für die Bearbeitung *unterer* Märkte zu skizzieren. Damit ist die Preis-Mengen-Strategie angesprochen. Auf sie soll im Folgenden näher eingegangen werden.

### *b) Preis-Mengen-Strategie*

Während die Präferenzstrategie in ihrer Umsetzung als Markenartikelstrategie über einen mehrdimensionalen Qualitätswettbewerb monopolistische Preisspielräume zu erarbeiten trachtet, ist die Preis-Mengen-Strategie (vgl. Preis-/Kostenführerschaft bei *Porter*, 1995) *umgekehrt* auf einen (aggressiven) **Preiswettbewerb** ausgerichtet, und zwar unter weitestgehendem Verzicht auf sonstige präferenzpolitische Maßnahmen. Das akquisitorische Potenzial preis-mengen-strategisch agierender Unternehmen beruht in seiner strengsten Form nahezu ausschließlich auf einem niedrigen Angebotspreis (= eindimensionale bzw. unechte Präferenzbildung).

Die unternehmenspolitische Bedeutung einer Entscheidung für die Preis-Mengen-Strategie liegt darin begründet, dass sich mit ihr das Unternehmen primär für die Zielgruppe der **sog. Preis-Käufer** entscheidet. Wie zu Beginn dieses Kapitels bereits ausgeführt, können bei den allermeisten Märkten **verschiedene Marktschichten** identifiziert werden, und zwar in der Regel drei, nämlich der obere, der mittlere und der untere Markt. Grundsätzlich weist damit also beinahe jeder Markt *auch ein* Betätigungsfeld für ausgesprochene Preis-Mengen-Strategien auf. Der Anteil der sog. Preis-Käufer (das sind absolut preisbewusste Käufer, die sich jeweils für das billige bzw. billigste Produkt einer Warengruppe entscheiden) ist in den einzelnen Märkten bzw. Produktgruppen allerdings unterschiedlich. Die Preissensibilität unterliegt außerdem Schwankungen, u. a. beeinflusst durch konjunkturelle Phasenverläufe (vgl. hierzu auch 3. Teil „Marketingmix“, speziell Darlegungen zum Rezessionsmarketing).

Eine frühere Studie der *Verlagsgruppe Bauer* hat z. B. bei einzelnen Produkt- bzw. Konsumbereichen **unterschiedliche Intensitäten** sparsamen Kaufverhaltens *(Abb. 134)* nachgewiesen.

| Produktbereiche | Anteile sparsamen Kaufverhaltens (in %) |
|---|---|
| Lebensmittel | 74 |
| Kleidung/Kosmetik | 52 |
| Haushalt/Einrichtung | 30 |
| Freizeitbereich | 12 |

*Quelle: Verlagsgruppe Bauer*

*Abb. 134: Sparsames Kaufverhalten (differenziert nach Produktbereichen, Beispielperiode)*

Die Ergebnisse zeigen, dass vor allem der Lebensmittel- und hier vor allem der Grundnahrungsmittelmarkt ein besonders preissensibler Bereich ist. Das heißt aber nicht, dass beinahe drei Viertel der Konsumenten nur preis-mengen-strategisch vermarktete (Discount-)Produkte kaufen, sondern dass **sparsames Konsumentenverhalten** auch auf phasenweise aktionspreisvermarktete Markenartikel (z. B. im Rahmen von Verkaufsförderungsaktionen) gerichtet ist (darauf ist bereits bei den Darlegungen zur Präferenzstrategie eingegangen worden: Phänomen *vagabundierenden* Markenverhaltens).

Welches **große Preisspektrum** in realen Märkten insgesamt gegeben ist, zeigen immer wieder Preisanalysen auf Handelsebene. Die Ergebnisse einer solchen Preisanalyse für eine Auswahl von Konsumwaren gibt eine Übersicht wieder *(Abb. 135).*

Die ausschnittsweisen Ergebnisse verdeutlichen, dass es **erhebliche Spannweiten der Preise** für Nahrungsmittel (höchste Preise bis etwa zum Fünffachen des niedrigsten Preises) gibt; extreme Spannweiten gibt es in den untersuchten Produktfeldern vor allem bei Kosmetika (höchste Preise bis etwa zum Zwanzigfachen des niedrigsten Preises). Damit wird zugleich erkennbar, dass in jedem Markt z. T. erhebliche Nachfrage nach preiswerten (preisaggressiven) Angeboten besteht. Diese preis-mengen-strategisch orientierten Produkte (Leistungen) weisen heute in vielen Märkten Marktanteile von 20–30 % (z. T. noch darüber hinaus) auf.

Das heißt mit anderen Worten, in jedem Markt besteht Platz für bzw. Nachfrage nach der **preiswerten Alternative**, oder anders ausgedrückt: In grundsätzlich jedem Markt gibt es nicht nur präferenz-strategische Optionen, sondern auch Wahlmöglichkeiten für preis-mengen-strategisches Agieren (= niedrige(re) Qualität i. S. v. (Mindest-)Standardqualität zu niedrigem Preis („Value for Money“), vgl. hierzu auch die Darlegungen zur Marktschichtung von Märkten zu Beginn des Kapitels „Marktstimulierungsstrategien“).

Die Anwendung der Preis-Mengen-Strategie bedeutet dabei nicht den Verzicht auf jegliche Markierung des Angebots: typisch für diese Strategie ist lediglich der primäre bis aus-

| Produktfeld | Anzahl der Produkte | Preisspanne (in WE) |
|---|---|---|
| Dekorative Kosmetik | 22 | 22.00– 92.00 |
| Deo | 23 | 1.37– 14.51 |
| Dosenmilch | 10 | 0.23– 1.99 |
| Eiscreme | 11 | 0.99– 3.37 |
| Fertiggerichte | 8 | 0.99– 2.53 |
| Geschirrspülmittel | 10 | 1.49– 3.75 |
| Haarspülung | 17 | 1.88– 8.49 |
| Handcreme | 17 | 1.08– 18.60 |
| Joghurt | 11 | 2.34– 4.90 |
| Margarine | 16 | 0,50– 2.10 |
| Parfum | 22 | 15.00– 45.00 |
| pflegende Kosmetik | 29 | 8.20–164.00 |
| Saft | 17 | 0.48– 3.29 |
| Seife | 24 | 1.00– 4.00 |
| Sekt | 20 | 4.80– 26.00 |
| Shampoo | 24 | 1.00– 4,75 |
| Sonnenmilch | 16 | 4.52– 33.00 |
| Speiseöl | 11 | 1.00– 7.00 |
| Röstkaffee | 14 | 5.98– 11.00 |
| Vollwaschmittel | 16 | 6.82– 11.84 |
| Weichspüler | 10 | 2.98– 5.34 |
| Weinbrand/Brandy/Cognac | 22 | 10.00– 36.00 |
| Zahnpasta | 24 | 0.90– 4.40 |

*Quelle: Gierl,* 1991, S. 53

*Abb. 135: Zahl der Produkte pro Produktfeld und Spannweiten der Preise (erhoben in Super- und Drogeriemärkten für identische Mengeneinheiten, Beispieljahr)*

schließliche Einsatz des Preises als **Wettbewerbsmittel**, ohne spezifische Auslobung bzw. Profilierung der verwendeten „Auch-Marke". Insoweit kann man bei dieser Strategie auch von einer Strategie mit einseitiger „Preis-Präferenz" sprechen. Der strategische Ansatz besteht dabei darin, **grundnutzen-orientierte Basisprodukte** in einer für den Kunden (äußerst) günstigen Preisstellung anzubieten („Value for Money").

### ba) Aktionsbereich der Preis-Mengen-Strategie und ihre Bedeutung

Existenzberechtigung und Einsatzfeld der Preis-Mengen-Strategie sind das Ergebnis von **Ausdifferenzierungen** in entwickelten Märkten. Viele Märkte sind mit Markenartikeln etabliert worden; sie haben vielfach die Standards in einem Markt gesetzt. Im Laufe der Entwicklung von Märkten haben die ersten Markenangebote in aller Regel einen „mittleren" Markt (Marktschicht) gebildet, von dem aus dann weitere Angebote (Produkte/Leistungen) sowohl „oben" (Etablierung oberer Marktschichten, speziell Premium-Produkte) als auch *„unten"* (Etablierung unterer Marktschichten, u. a. Handelsmarken) entstanden sind.

Bei der Ausdifferenzierung von Märkten nach oben wie nach unten können jeweils verschiedene **Reihenfolge-Muster** unterschieden werden:

- **Reihenfolge-Muster A:** Ausgangspunkt mittlerer Markt, danach zuerst Ausbildung oberer Märkte und zuletzt Etablierung unterer Märkte,
- **Reihenfolge-Muster B:** Ausgangspunkt mittlerer Markt, danach zunächst Etablierung unterer Märkte und später Ausbildung oberer Märkte.

Viele Märkte sind in ihrer Entwicklung durch den **Verlaufstyp B** gekennzeichnet, d. h. nach Einführung und Durchsetzung eines mittleren Markenangebotes entstand zunächst die Nachfrage (und damit auch das Angebot) einer preiswerteren Alternative bzw. eines günstigeren Preis-Leistungs-Verhältnisses. Und erst wenn mit mittleren und unteren Angeboten (vom Markenartikel bis zur Auch-Marke bzw. Handelsmarke) eine Grundsättigung im jeweiligen Markt erreicht war, entstanden zusatznutzen-orientierte Ansprüche, die mit oberen Angeboten (Luxus- oder Premium-Marken) abgedeckt werden konnten.

Auf diese Weise bildet(e) sich in vielen Märkten eine **große Spannweite** auch von Angeboten bzw. Marken (oder markenähnlichen Produkten), die auf einen klaren Preisvorteil setzen.

Insoweit weisen heute die meisten Märkte (speziell im Konsumgüterbereich, aber nicht nur dort) zwei deutlich unterscheidbare **Aktionsfelder** auf. Das versucht eine Modelldarstellung zu verdeutlichen *(Abb. 136)*.

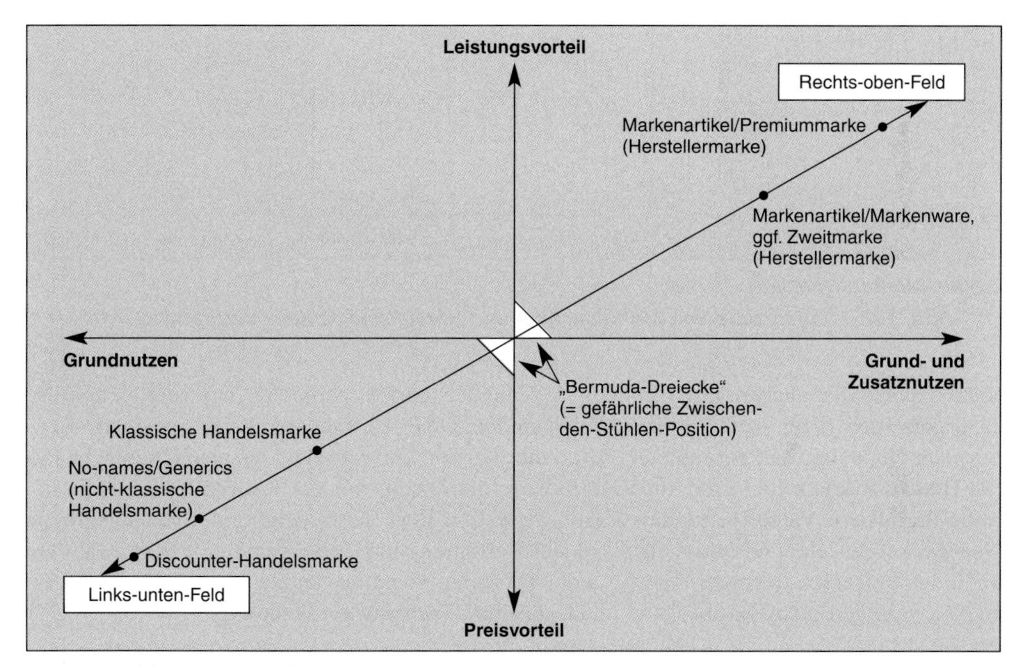


*Abb. 136: Modell der Grundpositionierung von Marktbereichen und Marken*

Die Darstellung zeigt, dass anhand der Basiskriterien Leistungs-/Preisvorteil sowie Grund-/Grund- und Zusatznutzen im Prinzip **zwei klar voneinander unterscheidbare strategische Aktionsräume** abgebildet werden können, die jeweils für ein spezifisches Strategiemuster stehen: nämlich das Rechts-oben-Feld für die im vorigen Abschnitt behandelte Präferenzstrategie und das Links-unten-Feld für die noch herauszuarbeitende Preis-Mengen-Strategie.

Die Darstellung verdeutlicht zugleich, dass das präferenz-strategisch-orientierte Rechts-oben-Feld von den **Herstellermarken,** das preis-mengen-strategisch gekennzeichnete Links-unten-Feld dagegen von den **Handelsmarken** dominiert wird. Beide strategischen Handlungsräume und -muster stehen sich gleichsam kontrastierend gegenüber.

Dieser strategische Kontrast wird auch in wichtigen **Imagedimensionen** des Markenartikels (Herstellermarke) und der Handelsmarke sichtbar *(Abb. 137)*.

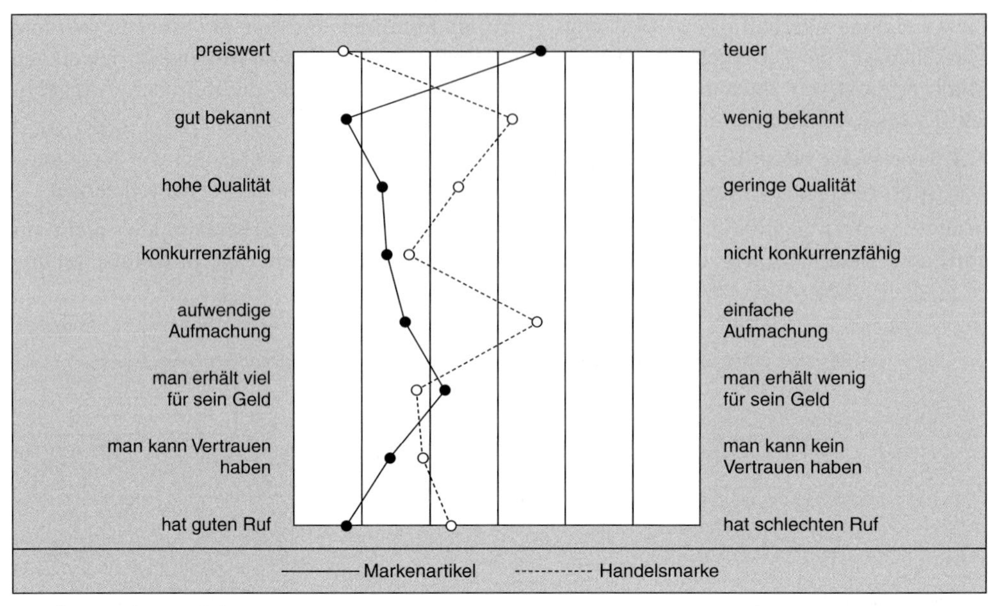


*Quelle: Markant/Nielsen*

*Abb. 137: Imageprofile von Markenartikel und Handelsmarke (aus Verbrauchersicht)*

Nicht zuletzt die ausgeprägte Tendenz der Handelsmarken(anbieter), bei vergleichsweise niedrigem Preis (Preisvorteil-Konzept) sich an dem Qualitätsstandard (Leistungsvorteil-Konzept) der Herstellermarken(anbieter) zu orientieren und entsprechend anzupassen, macht solche **Handelsmarken** nicht nur für Zielgruppen interessant, die aus Kaufkraftgründen preiswerte Produkte („Value for Money") kaufen müssen. Eine Untersuchung der Handelsgruppe *Markant* zeigte seinerzeit, dass nur 22 % der Befragten nie Handelsmarken kaufen, während 62 % der Befragten angaben, künftig mehr Handelsmarken zu kaufen *(Abb. 138)*. Handelsmarken verfügen insofern über eine immer **breitere Verbraucherakzeptanz.**

Die Ergebnisse wurden auch von einer Studie der *Lebensmittelzeitung* (1993) bestätigt. Sowohl die befragten Industrie- als auch Handelsunternehmen gingen davon aus, dass sich der Handelsmarken-Anteil im Lebensmittelhandel von durchschnittlich rd. 11 % bis zum Jahre 2000 mehr als verdoppeln wird. Inzwischen liegt der Anteil der Handelsmarken – je nach Quelle – zwischen 25 % und 40 % (inkl. *Aldi,* s. *Gröppel-Klein,* 2005, S. 1115).

Typisch für Handelsmarken-Konzepte war lange das ausschließliche Setzen auf einen attraktiven (aggressiven) Preis, während alle anderen Marketinginstrumente (wie Verpackung, Werbung) nur mit sehr begrenztem Aufwand für die Profilierung genutzt wurden (= einseitiger Preiswettbewerb, bezogen auf die übrigen Instrumente Minimum-Mix). Inzwischen haben jedoch **verschiedene Aufspaltungen** des klassischen Handelsmarken-Konzepts stattgefunden. Insoweit müssen verschiedene Typen (Realisierungsformen) handelsmarken-strategischer Konzepte unterschieden werden. Auf diese – auch für die klassischen Herstellermarken-Konzepte – weit reichenden strategischen Entwicklungen soll im Folgenden näher eingegangen werden.

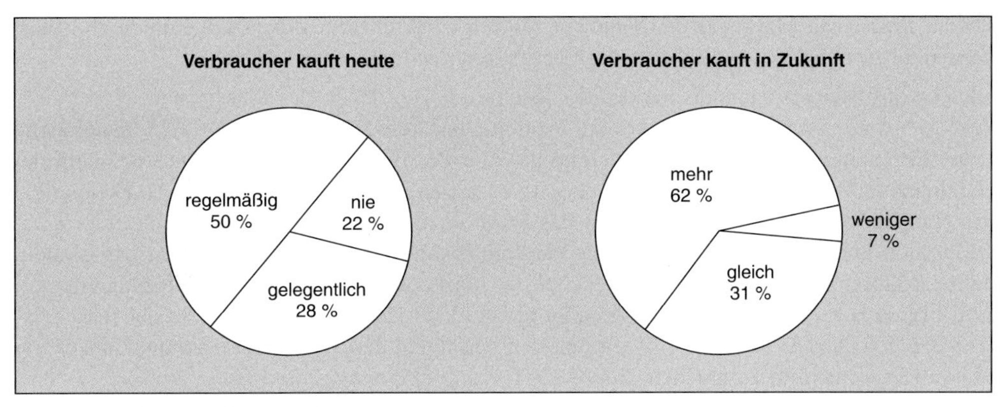


*Quelle: Markant/Nielsen-Studie*

*Abb. 138: Verbrauchereinstellungen zu Handelsmarken (Beispielperiode)*

## *bb) Typen preis-mengen-strategischer Angebotsformen*

Die Darstellung zur Markt- und Markenpositionierung *(Abb. 136)* hat im preis-mengen-strategisch orientierten Quadranten (Links-unten-Feld) ein **ganzes Spektrum** handelsmarken-spezifischer Angebotsformen identifiziert, nämlich:

**(1) Klassische Handelsmarke,**
**(2) Discounter-„Handelsmarke",**
**(3) No-Names (Gattungsmarke).**

Auch bei diesen preis-mengen-strategischen Ausprägungsformen hat es **bestimmte Entwicklungsstufen** gegeben: zunächst ist die klassische Handelsmarke als preiswerte Alternative zur Herstellermarke (Markenartikel) entstanden (*Huber,* 1969; *Berekoven/Bernkopf,* 1981). Später kam – jedenfalls in größerem Umfange – die preis-aggressive Discounter-"Handelsmarke" hinzu. Zuletzt hat sich dann die Gattungsmarke (No-Names oder Generics) ausgebildet (*Rogge/Goeke/Heisig,* 1984; *Meffert/Bruhn,* 1984; *Schenk,* 2001; *Bruhn,* 2001 a), und zwar mit Angriffsabsicht in Richtung Discounter (und ihren Eigenmarken).

Die **klassische Handelsmarke** (auch als Händler- oder Eigenmarke bezeichnet), bei der der Handel Markeneigentümer ist und als Qualitätsgarant auftritt (*Schenk,* 1994, S. 59), zielt mit preisgünstigen Alternativangeboten zu den klassischen Herstellermarken (Markenartikel) nicht nur auf die preisorientierten Käufer (Preiskäufer) am Markt, sondern Handelsmarken-Konzepte entstanden vor allem auch aus dem Willen des Handels (vornehmlich großer überregional oder national tätiger Handelsgruppen) heraus, am Markt selbst initiativ und aktiv gestaltend – und *nicht nur* als Distributeure von Herstellermarken – zu agieren (*Peters,* 1998).

Handelsmarken dienen zugleich dazu, eine gewisse **Unabhängigkeit des Handels** von den Herstellermarken zu erreichen sowie preis- und spannenpolitischen Spielraum zu gewinnen (*Berekoven,* 1990, S. 141; *Lerchenmüller,* 1992, S. 159 sowie auch *Schmalen/Lang/Pechtl,* 2000, S. 877 ff.). Die Handelsmarken-Strategie kann als Sonderform exklusiver Distributionspolitik aufgefasst werden (*Haedrich/Tomczak/Kaetzke,* 2003), und zwar insofern, als der Verkauf einer Handelsmarke prinzipiell auf eine Handelsgruppe beschränkt ist. Insoweit weisen – verglichen mit den Herstellermarken bzw. Markenartikeln – die Handelsmarken einen „Defekt" (*Bruhn,* 1994, Bd. 1) auf, nämlich die fehlende Überallerhältlichkeit (Ubiquität), die für das klassische Markenartikel-Konzept typisch ist (vgl. hierzu die Darlegungen zu „Markenartikel-Konzept als konsequenteste Umsetzung der Präferenzstrategie").

Gleichwohl besitzen Handelsmarken Eigenschaften, die denen des klassischen Markenartikels *verwandt* sind (u. a. Markierung, Produktausstattung). Sie wandeln sich zunehmend „vom Ergänzungsartikel zum Stabilisierungs- und Profilierungsinstrument im Sortiment der Handelsunternehmen" (*Oehme,* 1992 a, S. 151 f.). Sie werden auch schon als **Markenartikel des Handels** bezeichnet. Allerdings ist das Präferenzniveau von Handelsmarken unter (z. T. wesentlich unter) dem Niveau der von Markenartikeln beanspruchten Position angesiedelt, denn „Präferenzinhalt und Einsatzintensität der Marketinginstrumente sind (bei Handelsmarken, Erg. J. B.) i. d. R. geringer ausgeprägt als bei klassischen Markenartikeln der Industrie" (*Haedrich/Tomczak,* 1990, S. 153, zu neueren Ansätzen, den **Handelsbetrieb** als Ganzes zur Marke (Retail Brand) zu machen, *Roeb,* 2001; *Ahlert/Kenning,* 2005; *Esch*, 2012).

Fallbeispiele: Traditionelle Handelsmarken-Konzepte

Insbesondere große Handelsunternehmen(-gruppen) versuchen immer stärker, eigene Handelsmarken-Konzepte am Markt einzuführen und durchzusetzen, und zwar sowohl als **Stabilisierungs-** als auch **Profilierungsinstrumente**.

Als typische Handelsmarken-Konzepte – unter Berücksichtigung strategischer (Marken-) Varianten – können während verschiedener Marktperioden angeführt werden:

- *plus* (Lebensmittelhandel): eine Vielzahl von Familienmarken wie *Almsana* (Milchprodukte), *Belsina* (Säfte), *Biscoteria* (Gebäck), *Bravil* (Wasch-/ Spülmittel), *Romanza* (Eiscreme) oder *Selina* (Haushaltsfolien),
- *Edeka* (Lebensmittelhandel): Sortimentsmarke *Gut & Günstig*, Familienmarken für verschiedene Produktbereiche wie *Wertkost* (Vollwertnahrung), *Mibell* (Milch/Sahne), *Rio Grande* (Konserven) bis hin zu Einzelmarken z. B. *Schloss Königstein* (Sekt),
- *dm* (Drogeriemärkte): verschiedene Familienmarken für Teile des Drogerie-Sortiments wie *dm Dein Bestes* (Tiernahrung), *Balea* (Körperpflege), *dm Bio* (Nahrungsmittel) oder *Sundance* (Sonnenschutz),
- *Quelle* (Versandhandel): seinerzeit Familienmarken wie *Universum* (für Unterhaltungselektronik), *Privileg* und *Matura* (für Elektrohaushaltsgeräte) oder *Revue* (für den Bereich Foto).

Die Beispiele zeigen, dass auch bei Handelsmarken grundsätzlich alle **drei Markentypen** (Einzel-, Familien- und Dachmarke, vgl. hierzu die Darlegungen im Rahmen der Präferenzstrategie) eingesetzt werden (können).

Die Beispiele machen zugleich deutlich, dass Handelsunternehmen inzwischen über **Marken(artikel)-Know-how** verfügen. Gerade neuere Handelsmarken-Konzepte (u. a. bei *Edeka* und *dm*) lassen markentechnische Professionalität erkennen.

Insgesamt liegt die **Marketingführerschaft** bei Handelsmarken (*Irrgang,* 1989, S. 18 f.) beim Handel selbst; das gilt auch für den Fall, dass der Handel über keine eigenen Produktionsbetriebe verfügt. Der Handel delegiert dann zwar die eigentliche Handelsmarkenherstellung auf fremde Industriebetriebe. Diese Industriebetriebe übernehmen aber nur die technische Funktion der Produktion, wenn nicht andere (zusätzliche) Vereinbarungen bzw. Funktionen hinzutreten.

Für industrielle Hersteller stellen von ihnen hergestellte Handelsmarken **Fremdmarken** dar, da sie zwar von ihnen produziert, aber unter jeweils anderen (fremden) Markenbezeichnungen (Marken bzw. auch „Auch-Marken“) verkauft werden. Insoweit bestehen bei der Produktion von Handelsmarken ganz andere Beziehungen und Rollenverteilungen zwischen Industrie und Handel als bei der Herstellung eigener Marken (Markenartikel) und deren Distribution und Verkauf durch den Handel. Denn hier ist i. d. R. nach wie vor der Hersteller der Marketingführer.

Trotzdem treffen sich wichtige **Interessen von Industrie und Handel** bei der Handelsmarkenproduktion. Sie ist für den Handel Voraussetzung für eigene Profilierungsbemühungen, für die Industrie stellt sie die Möglichkeit dar, freie Produktionskapazitäten (angesichts vieler stagnierender Märkte meist ausreichend vorhanden) auszulasten, ohne selbst die Vermarktung und damit entsprechende Marktinvestitionen u. a. in die Kommunikation (Werbung/Promotion) übernehmen zu müssen. Das setzt naturgemäß auch ein Umdenken gerade bei (Markenartikel-)Herstellern voraus. Hierfür sind grundsatzpolitische Entscheidungen notwendig (siehe hierzu *Quelch/Harding,* 1996), die nicht zuletzt das **Selbstverständnis** der Unternehmen insgesamt berühren (etwa bei der Festlegung des Unternehmenszwecks (Mission/Vision) auf der Zielebene). Damit werden erneut wichtige Verbindungen (= **konzeptionelle Ketten**) zwischen Zielebene einerseits und Strategieebene andererseits erkennbar.

Es verwundert daher nicht, dass ursprünglich vor allem flexible **Klein- und Mittelbetriebe** auf Herstellerseite bereit waren, Handelsmarken für Handelsgruppen zu produzieren. Mit steigendem Kapazitätsauslastungsdruck aufgrund stagnierender Märkte wie auch entsprechenden Verdrängungswettbewerbs haben inzwischen viele große namhafte **Markenartikelhersteller** ihre Politik dahingehend überprüft, in bestimmtem definierten Umfange auch Handelsmarken für (große) Handelsgruppen herzustellen (= **verdeckte Preis-Mengen-Strategie**).

Das ist auch vor dem Hintergrund geschehen, dass der Markenartikel nach wie vor eine wichtige **Existenzberechtigung** hat und auch behalten wird, was – trotz phasenweise steigendem Interesse des Handels gerade an Handelsmarken („Renaissance der Handelsmarke“) – auch vom Handel selbst so gesehen wird. Eine der großen Handelsgruppen wie z. B. die *Rewe*-Handelsgruppe hat ihre Politik bzw. Einschätzungen (durchaus „repräsentativ“ auch für andere Handelsgruppen) so formuliert: „Aufbau und Pflege unseres Handelsmarkenprogramms gehören zu den wichtigen Aufgaben. Wir haben jedoch nicht den falschen Ehrgeiz, dadurch klassische Markenartikel zu verdrängen.“ … „Starke Marken (Herstellermarken, *Erg. J. B.*) können und dürfen in unseren Geschäften nicht fehlen“ (*o. V.,* 1987, S. 1).

Fallbeispiele: Produktion von Handelsmarken

Was die Produktionsmöglichkeiten von Handelsmarken betrifft, so gibt es inzwischen eine ganze Reihe **unterschiedlicher Alternativen.** Nach wie vor gibt es viele mittelständische Hersteller-Unternehmen (z. T. haben sie sich bereits zu Großunternehmen entwickelt), die hauptsächlich oder ausschließlich Handelsmarken produzieren (s. a. *Schneider,* 2005) und damit bewusst eine (offene) **Preis-Mengen-Strategie** betreiben, z. B.

- *Freiberger Lebensmittel,* Berlin
  (beliefert inzwischen – europaweit – beinahe alle großen Handelsgruppen mit Pizza-Handelsmarken, daneben wird auch unter der eigenen Marke *Alberto* und z. T. unter der Marke *Käfer* für den Lizenzpartner *Feinkost-Käfer,* München, produziert),

- *Saturn Petfood,* Bremen
  (dieses zur *Heristo*-Gruppe gehörende Unternehmen beliefert viele große europäische Handelskonzerne mit Petfood-Handelsmarken, daneben wird ein eigenes Markenprogramm unter der Marke *Saturn* angeboten).

Beide Unternehmen bieten – wie z. T. andere handelsmarken-produzierende Unternehmen auch – **spezielle Marketing-Services** für den Handel (z. B. Zurverfügungstellung geschützter eigener Marken zur exklusiven Nutzung von Handelsgruppen, auf Wunsch mit Übernahme von Produkt-Management-Funktionen oder Entwicklung kompletter Handelsmarken-Konzepte nach Vorgaben des Handels und unter Verwendung geschützter Marken des Handels selbst).

Eine strategische Variante für große **Markenartikelhersteller,** die sich scheuen, im eigenen (Markenartikel-)Produktionsbereich Handelsmarken zu produzieren, besteht darin, **Unternehmen aufzukaufen,** die einen Schwerpunkt in der Handelsmarkenproduktion besitzen (z. B. Übernahme von *Warncke,* Bremen, mit einem Handelsmarkenanteil von etwa der Hälfte des Umsatzes durch die *Nestlé AG*). Umgekehrt kann das strategische Konzept von **Handelsunternehmen** darin bestehen, Produktionsbetriebe zu übernehmen (seinerzeit z. B. *Wissoll,* Mühlheim, durch die *Tengelmann*-Gruppe zur Produktion von Süßwaren-Eigenmarken) oder selbst aufzubauen (z. B. die frühere *Vobis*-Gruppe, die aus einem Handelsunternehmen für Computer und Zubehör hervorgegangen war und für die Eigenmarke *Highscreen* eine eigene Produktionsstätte errichtet hatte).

Inzwischen gibt es immer mehr Beispiele dafür, dass Handelsbetriebe – vor allem wenn sie hohe Marktbedeutung erlangt haben – dazu übergehen, **eigene Produktionsstätten** zu unterhalten. So hat z. B. auch der erfolgreiche Filialist *Fielmann* (Brillen/Optik) inzwischen eigene Produktionsstätten für Brillenfassungen aufgebaut bzw. solche übernommen. Ergänzt wird dieses Konzept durch **Kooperationen** mit verschiedenen ausländischen Herstellern. Die *Fielmann*-Gruppe hat damit Voraussetzungen für eine noch konsequentere („aggressive") **Preis-Mengen-Strategie** geschaffen.

Insgesamt füllen Handelsmarken eine wichtige Funktion im Markt aus; im Prinzip besteht zwischen Herstellermarken (Markenartikel) und Handelsmarken so etwas wie eine **Koexistenz:** während die einen mehr Zusatz- bzw. emotionale Bedürfnisse befriedigen, zielen die anderen mehr auf Grund- bzw. rationale Bedürfnisse. Phasenweise können sich dabei die Gewichte zwischen beiden verschieben, z. B. in Rezessionsphasen, in denen in vielen Bereichen die Käufer eher auf preis-rationale Basisprodukte in Form der Handelsmarken ausweichen (vgl. hierzu auch 3. Teil „Marketingmix", Kapitel zum Rezessionsmarketing).

Die unterste Preis-Position im Markt nehmen – speziell in Konsumgütermärkten – die **Discounter-„Handelsmarken"** ein (*Bruhn,* 2001 a). Im Lebensmittel- und später auch im Non-Food-Bereich hat hier ohne Zweifel die *Aldi*-Handelsgruppe die Standards gesetzt. *Aldi* und vergleichbare Unternehmen (u. a. die aufstrebende *Lidl*-Gruppe) bieten im Markt jeweils die preisgünstigsten Alternativen an, indem sie sich ganz stark auf ein begrenztes, sich schnell umschlagendes Sortiment konzentrieren. Durch die **Konzentration** auch auf mengenmäßig interessante Produkte(-bereiche) sind konsequente Discounter in der Lage, leistungsfähige Herstellerunternehmen an sich zu binden, die (Mindest-)**Standardqualitäten** zu äußerst günstigen Preisen produzieren können. Sehr bescheidene Handelsspannen, die aber großen Handelsgruppen wie *Aldi* oder inzwischen auch *Lidl* aufgrund des großen Absatzvolumens ausreichende Erträge ermöglichen, erlauben es, das strenge Konzept „Wir sind immer billiger" (übrigens vom Schweizer Discounter *Denner* jahrelang als Werbeslogan benutzt) auch durchzuhalten bzw. mit neuen **Preissenkungswellen** noch zu forcieren.

Durch konsequente Beschränkung der Discounter auf den (reinen) Preiswettbewerb – und damit **Zurückdrängung** aller, eine extrem günstige Kostenposition gefährdender qualitativer Marketingmittel wie Ladenausstattung, Produktausstattung, Warenpräsentation (= Minimum-Marketingmix) – verteidigen die Discounter „verbissen" die untere Preisschiene für alle Sortimentsbereiche.

Was die „Markenpolitik" der Discounter betrifft, so wird hier vergleichsweise unorthodox operiert. Es finden sich einmal eigene Marken (bis hin sogar zu Einzelmarken wie *Tandil* als Waschmittelmarke bei *Aldi*) und zum anderen Auch-Marken bzw. Phantasiemarken von meist mittelständischen Lieferanten der Discounter, z. T. aber auch markenlose Ware. In geringerem Umfang vermarkten – je nach Konzept – die Discounter (neu auch wieder *Aldi*) darüber hinaus Markenartikel zum Discountpreis, allerdings oft in speziellen Packungsgrößen – also **eigenständigen Preis-Leistungs-Verhältnissen** –, um damit den klassischen Markenartikelvertrieb in „Normalpreis-Kanälen" möglichst wenig zu stören (= wichtige Bedingung bei Lieferung von Originalmarken an Discounter seitens der Markenartikelindustrie, u. a. *Kellogg's*-Cereals wie *CornFlakes, Smacks* oder auch Süßwaren von *Nestlé* wie z. B. *After-Eight, Lion).*

Ausgesprochene **Preiskämpfe** – im Sinne des Konzepts „Wir sind immer billiger" – dienten im Laufe der Entwicklung auch immer wieder dem Ausbau des Marktanteils der großen Discounter (vor allem *Aldi*). Während der Marktanteil der Discounter 1975 noch deutlich unter 10 % lag, erreichte er 20 Jahre später bereits einen Wert von über 25 %. Und diese Entwicklung dürfte sich fortsetzen, wenn die aggressive preis-mengen-orientierte Politik beibehalten wird, worauf vieles hindeutet (u. a. Rezession, steigende Steuer- und Abgabenlast, „Umwertungen" wie Sparen bei Nahrungsmitteln versus teure Urlaubsreise, vgl. auch *Rueß,* 1995, S. 48 f.).

Während klassische Handelsmarken gegenüber klassischen Markenartikeln größenordnungsmäßig etwa 20 bis 30 % billiger sind, liegt der **Preisabstand** der Discounter-Handelsmarken zu den Markenartikeln eher bei 40 bis 50 %, z. T. sogar noch darüber. Die No-Names, auf die im Folgenden noch näher einzugehen sein wird, liegen etwa 30 bis 40 % unter den vergleichbaren Markenartikelpreisen. Die genannten Preisrelationen können naturgemäß nur als **grobe Anhaltspunkte** angesehen werden, selbstverständlich gibt es z. T. erhebliche Unterschiede bei einzelnen Produktgruppen und Produkten (vgl. hierzu auch *Meffert/Bruhn,* 1984, S. 2 und S. 52; *Pretzel,* 1996, S. 137 und S. 140 sowie *Dölle,* 2001, S. 139 f.).

Die **No-Names (Gattungsmarken oder Generics)** sind Ende der siebziger Jahre bis Anfang der achtziger Jahre entstanden, während die klassische Handelsmarke bereits Vorläufer vor dem Zweiten Weltkrieg hatte und die Discounter bzw. die Discounter-Marken etwa seit Mitte der sechziger bzw. Anfang der siebziger Jahre stärker in den Vordergrund rückten (*Bruhn,* 2001 a).

**Vorbilder** der No-Names (auch „Weiße Ware" genannt) waren etwa *Juwel Food* in den USA oder auch *Carrefour* in Frankreich – konzentriert in hohem Maße auf Güter des täglichen Bedarfs (problemlose, nicht erklärungsbedürftige „Schnelldreher" mit geringen Marketing-, Lager- und Handlingkosten). Dieser strategische Ansatz machte die Produktion solcher No-Names auch für (Markenartikel-)Hersteller interessant, und zwar primär unter Kapazitätsauslastungsaspekten. Die Hersteller nahmen damit zugleich aber die Gefahr zusätzlicher Konkurrenz zu den eigenen Markenartikeln in Kauf, die sich aber – im Gegensatz zur klassischen

Handelsmarke – als eher unbegründet erwies. Der Handel schuf sich vielmehr selbst mit den No-Names eine **spannenmindernde Konkurrenz** zu den eigenen Handelsmarken.

Besonderes Kennzeichen der No-Names war der **Verzicht** auf eine eigentliche Marke und die Konzentration auf eine einheitliche (anfangs nur weiße) Verpackung, die lediglich die Produktbezeichnung trug. Damit sollte signalisiert werden, dass der Verbraucher bei diesen Produkten kein „Aufgeld" für Verpackung, sondern lediglich den günstigen Preis für das Produkt selbst zahlt (z.B. die *Weißen* von *Rewe* oder die *Sparsamen* von *Spar*). Die *Deutsche Spar* nennt inzwischen zum ersten Mal in der Geschichte der Handelsmarken die Hersteller mit Namen und kennzeichnet die Artikel mit dem Qualitätssiegel des Instituts für Qualitätssicherung (o. V., 1993).

Später erwies sich die **weiße Uniformierung** als nicht zweckmäßig für die handelsgruppenspezifische Profilierung. Daher wurden auch andere Uni-Farben (z.B. gelbe Aufmachungen) gewählt; schließlich kamen erste Schmuckbilder (Inserts) auf weißen Packungen hinzu (u.a. bei den *Sparsamen*). Zum Teil wurde der strenge No-Name-Ansatz auch von vornherein durchbrochen, und zwar durch **Wahl einer Marke** (wie seinerzeit z.B. *A & P* bei der *Tengelmann*-Gruppe). Insoweit fanden – nicht nur im Auftritt, sondern auch in der Preisstellung – vielfach Vermischungen zwischen klassischer Handelsmarke einerseits und den neuen No-Names andererseits statt. Die No-Names wurden deshalb später auch als Unterart (Spezialform)der Handelsmarke bezeichnet (*Schenk,* 1994, S. 62 f. bzw. *ders.,* 2001, S. 79ff. und 2004,S. 132 ff.).

Strategische Zielrichtung der No-Names war insgesamt, als Handelsmarke der **Niedrigpreislinie** ihren Platz im Markt zu finden (Trimmung auf Discountfähigkeit). Die einzelnen Handelsgruppen haben daher zunächst eher niedrige (einfache) Qualitäten den No-Name-Konzepten zugrunde gelegt. Als sich das nicht bewährte – die entsprechenden Nachkäufe der Kunden ließen allmählich stark nach: während No-Names in einzelnen Warengruppen mengenmäßige Marktanteile bis zu 20/25 % realisieren konnten, fiel der *durchschnittliche* Marktanteil innerhalb von wenigen Jahren wieder auf 2–3 % zurück, *Oehme,* 1992 a, S. 146 ff. bzw. 1994 b, S. 819) – versuchte man, die Qualitäten und damit auch die Preise anzuheben, was insgesamt aber zu einer Verwässerung des preisaggressiven, discountorientierten No-Name-Konzepts führte. Sortimentsstrategische Fehler (z.B. Ausdehnung auf prestige- bzw. genussorientierte Produktgruppen wie Weinbrand, Sekt, Pralinen, Fertiggerichte) verstärkten die **Positionierungsprobleme** der No-Names im Markt.

Während die klassischen Handelsmarken primär auf die Markenartikel der Hersteller gerichtet sind, war die Zielrichtung der No-Names in erster Linie der Wettbewerb mit den **Discountern** („Kampfmarken"). Insgesamt sollen bzw. sollten beide Markensysteme des Handels – in der Regel konzipiert als handelsgruppen-spezifische Systeme – die **Einkaufsstättentreue** der Kunden erhöhen. Während die Bedeutung der Handelsmarken im Zeitablauf Schwankungen unterworfen war, sich aber insgesamt als relativ stabiler Marktgestaltungsfaktor des Handels erwiesen hat, ist das No-Name-Konzept im Prinzip gescheitert (*Becker,* 2004, S. 659f.). Es hat nicht nur zu Irritationen und Enttäuschungen beim Verbraucher geführt, es hat auch seine Aufgabe als „wettbewerbsstrategische Bremse" der Discounter – im Lebensmittelbereich speziell gegenüber *Aldi* – nicht erfüllen können (*Batzer/Greipl,* 1992, S. 197 ff.). Auch im Lebensmittelhandel selbst wird das inzwischen so gesehen; jedenfalls schätzt der Lebensmittelhandel im Gegensatz zur Handelsmarke – der auch von den Herstellern **positive Perspektiven** eingeräumt werden – die künftige Marktbedeutung von No-Names als *eher gering* ein (vgl. auch *Lebensmittel-Zeitung,* 1993, S. 18 f. sowie *Schenk,* 2001, S.84ff.).

Exkurs: Zur Entwicklung der Handelsmarkenanteile

So weit Daten zu Anteilen der Handelsmarken bei einzelnen Warengruppen überhaupt veröffentlicht werden (z. B. von Panel-Instituten wie *Nielsen* oder *GfK*), werden hierbei in der Regel **keine Unterschiede** zwischen Handelsmarken i. e. S. und No-Names (mehr) gemacht. Nach Erhebungen von *Nielsen* (ohne *Aldi,* 1994) weisen insbesondere Hygienepapiere (z. B. Küchentücher mit 33 %, Toilettenpapier mit 31 % Mengenanteil) und Milchkonzentrate (mit 32 %) hohe Handelsmarkenanteile auf; relativ geringe Anteile dagegen Tafelschokolade (2 %), Shampoos (3 %) oder Waschmittel (5 %). Jeder dieser Märkte (Produktgruppen) weist dabei **spezifische Bedingungen** auf, die für diese *unterschiedlichen* Handelsmarkenanteile verantwortlich sind (zu den Perspektiven der Handelsmarken siehe auch *Bruhn,* 2001 a).

Bei *Hygienepapieren* steht beim Verbraucher sehr stark der **Grundnutzen** im Vordergrund, deshalb greift er bei diesen Papieren eher zu preiswerteren Handelsmarken (obwohl ihr Preisvorteil gegenüber von Herstellermarken z. T. nicht sehr groß ist). Bei *Waschmitteln* haben sich andererseits mit hohem Werbedruck **große Herstellermarken** im Markt etabliert, auf die der Verbraucher vorrangig vertraut (Qualitäts-Kompetenz). Und bei *Tafelschokolade* sind Preisaktionen für Markenschokolade im Lebensmittelhandel so ausgeprägt, dass auch der preissensible Käufer jederzeit auf **Sonderpreise bekannter Herstellermarken** trifft (und somit der Anreiz für den Kauf von Handelsmarken gering ist).

Untersuchungen im Lebensmittelhandel – und zwar im **Längsvergleich** z. B. von zwanzig Jahren – zeigen, dass sich der Anteil der Handelsmarken in diesem Zeitraum nahezu *verdoppelt* hat *(Abb. 139).*

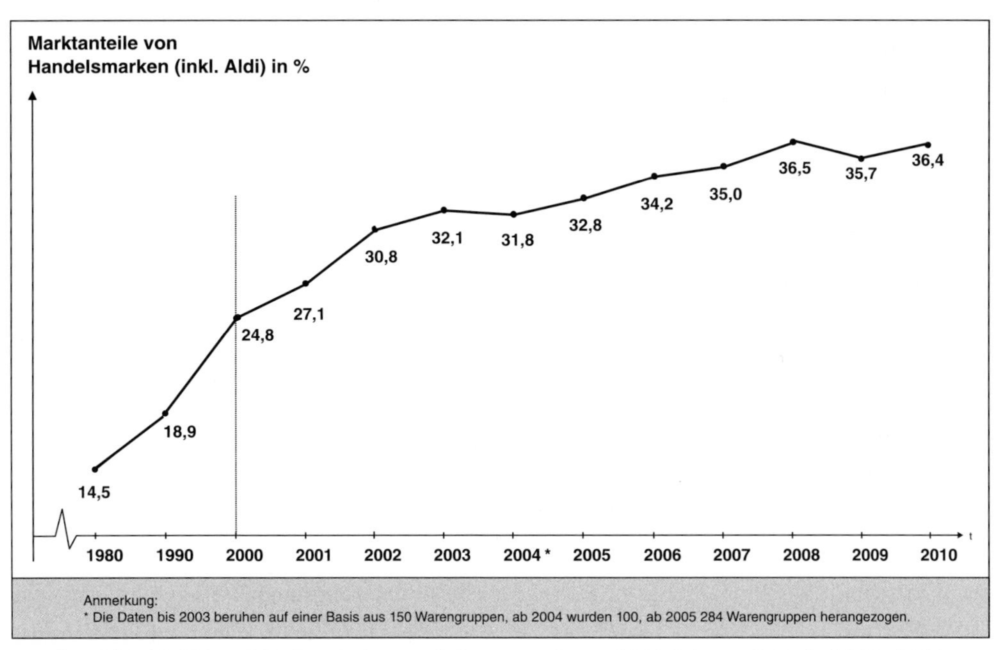


*Quelle: GfK, 20.000er GfK Haushaltspanel ConsumerScan, 2011 (zit. nach Esch, 2012, S. 50)*

*Abb. 139: Entwicklung der Marktanteile von Handelsmarken (Beispielperiode)*

Die Ergebnisse verdeutlichen, dass der Anteil der Handelsmarke über alle Warengruppen hinweg 1990 erst knapp ein **Fünftel des Marktes** ausmachte. Dabei zeigte sich, dass die positive Entwicklung der Handelsmarke seither insbesondere von den Discountern (inkl. *Aldi*) getragen wurde. Inzwischen ist der Handelsmarkenanteil insgesamt auf rd. 36 %, also auf mehr als ein **Drittel** (2010), angestiegen.

Dass die Handelsmarke in Deutschland grundsätzlich noch über **Marktpotenziale** verfügt, zeigt ein europäischer Vergleich der Handelsmarkenanteile *(Abb. 140).*

Die Übersicht weist insbesondere für die *Schweiz* und *Großbritannien* sehr hohe Handelsmarkenanteile (rd. 41 % bzw. 37 %) aus. In beiden Ländern sind jedoch **spezifische Bedingungen** gegeben, die für diese über-

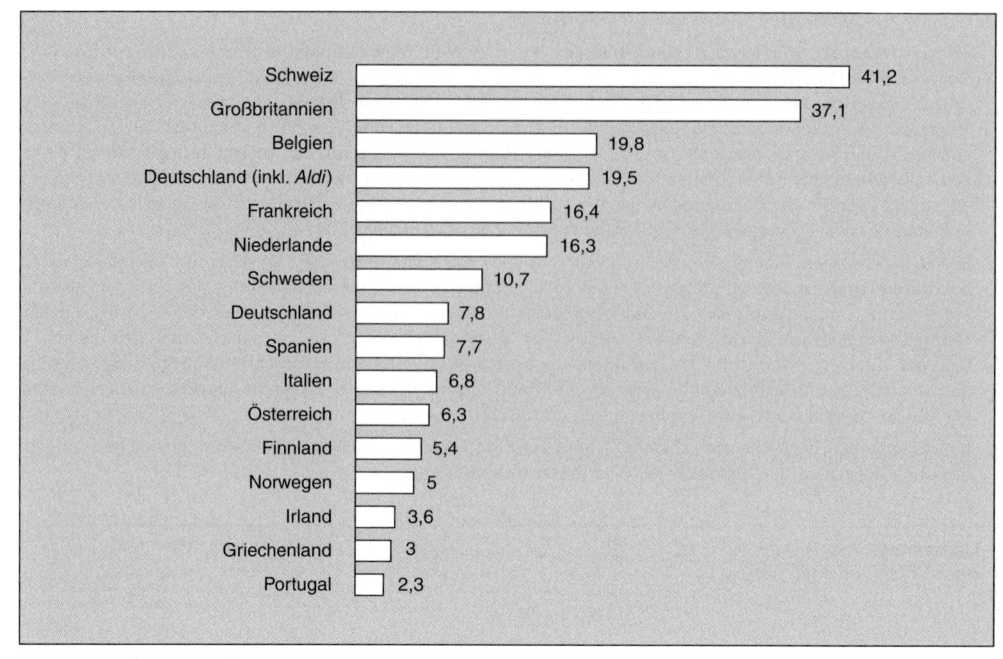


*Quelle: Nielsen*

*Abb. 140: Marktanteile der Handelsmarken in Europa (Beispieljahr)*

durchschnittlichen Handelsmarkenanteile verantwortlich sind. So wird der Lebensmittelhandel in der Schweiz von großen Handelsgruppen (allen voran *Migros* und *Coop*) beherrscht, die traditionell (insbesondere *Migros*) die Handelsmarke (beinahe ausschließlich) forciert haben. Ähnliches gilt auch für Großbritannien, Promotoren der Handelsmarke sind hier u. a. *Sainsbury* und – über den Lebensmittelbereich hinausgehend – *Marks & Spencer* mit ihrer klassischen Handelsmarke *St. Michael* seit immerhin 1928 (zu Erfolgskonzepten von Handelsmarken siehe *Jary/Schneider/Wileman,* 1999).

### bc) „Grenzüberschreitende" Strategiemuster

In den beiden vorangegangenen Abschnitten wurden einmal die Präferenzstrategie und ihre Ausprägungsformen und zum anderen die Preis-Mengen-Strategie und ihre Erscheinungsformen behandelt. Für die Lokalisierung der Handlungsbereiche (-räume) beider Strategien wurde im Abschnitt zur Preis-Mengen-Strategie ein **Positionierungsmodell** eingeführt, das hier erweitert werden soll *(Abb. 141),* um *strategiefelder-überschreitende* Handlungsmuster aufzeigen zu können.

Das Modell der Grundpositionierung von **Märkten und Marken** (und damit auch der beiden grundlegenden Strategiemuster (Präferenzstrategie im Rechts-oben-Feld und Preis-Mengen-Strategie im Links-unten-Feld) hat zunächst gezeigt, dass

**(1)** die **Präferenz-Strategie** eine hersteller-typische Strategie ist (und zwar in Form des klassischen Markenartikel- wie auch des modernen Premium-(Markenartikel-)Konzepts), während

**(2)** die **Preis-Mengen-Strategie** – jedenfalls im Konsumgüterbereich – eine handels-typische, ggf. durch Hersteller unterstützte Strategie ist (und zwar in Form des klassischen Handelsmarken-, des No-Name- und des Discount-„Handelsmarken"-Konzepts).

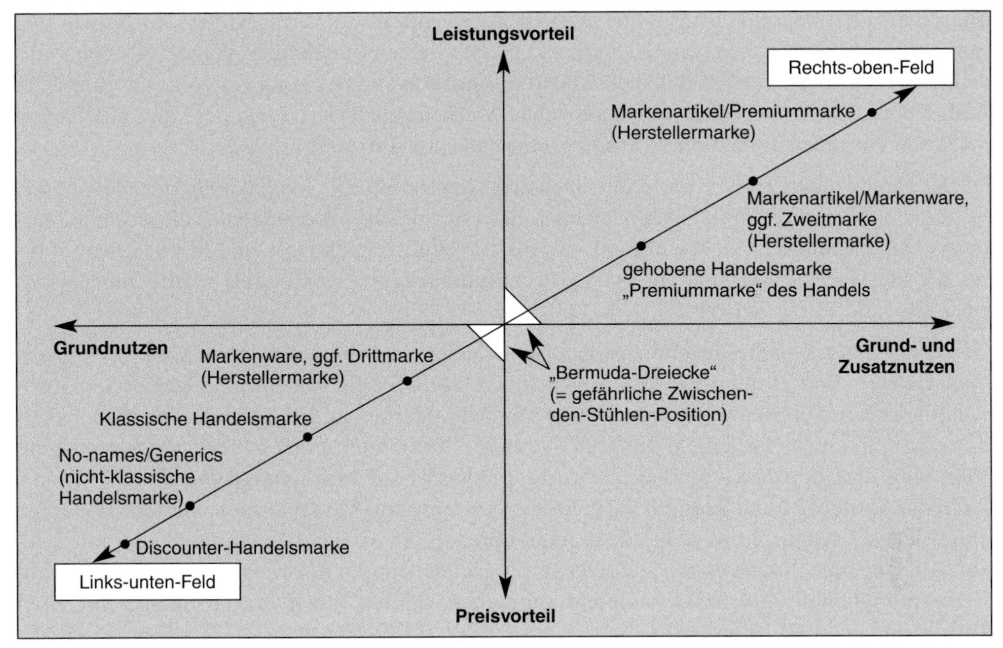


*Abb. 141: Erweitertes Modell der Grundpositionierung von Marktbereichen und Marken*

Beide Strategie-Konzepte decken zunächst also **klar definierte Handlungsbereiche** im weiterentwickelten Positionsmodell *(Abb. 141)* ab.

Beide Handlungsbereiche (-felder) sind zugleich durch einen **Grenzbereich** getrennt, der eine preislich-imagemäßige Mittellage im Positionsmodell einnimmt. Aufgrund der Polarisierung der Märkte bzw. der Käufer (einerseits Streben nach dem hochqualitativen und -preisigen (Premium-)Markenartikel und andererseits Bevorzugung von (Mindest-)Standardqualitäten zum Niedrigpreis in Form verschiedener Ausprägungen von Handelsmarken) markiert der mittlere Bereich grundsätzlich eine **gefährliche Zwischen-den-Stühlen-Position** („Bermuda-Dreiecke“). Dieser mittlere Preis-/Qualitätsbereich, der nicht nur eine (preis-)quantitative, sondern auch eine (image-)qualitative Mitte darstellt, ist insofern *strategisch gefährlich,* als in diesem Bereich positionierte Produkte (Marken) aufgrund des polarisierenden Kaufverhaltens weder Preis-Käufer noch Marken-Käufer *voll* überzeugen können (und insofern vom „Untergang“ bedroht sind).

Aufgrund polarisierender Marktentwicklungen (vgl. hierzu auch die spezifizierenden Darlegungen im Kapitel „Strategiekombinationen“, speziell Horizontale Strategiekombinationen) haben – bei gleichzeitiger Ausdünnung mittlerer Marktbereiche (Preis-Leistungs-Verhältnisse) – sowohl obere, präferenz-strategisch zu bearbeitende Marktschichten als auch untere, preis-mengen-strategisch zu handhabende Marktschichten an **Marktvolumen** z. T. erheblich gewonnen. Insoweit ist es natürlich, dass sowohl präferenz-strategisch operierende Unternehmen als auch preis-mengen-strategisch orientierte nach Betätigungsmöglichkeiten im jeweils „fremden“ Marktfeld suchen. Das hat insgesamt zu **„grenzüberschreitenden“ Strategiemustern** geführt, die streng genommen keine reinen Strategiekonzepte mehr darstellen.

Solche strategischen Grenzüberschreitungen hat es dabei sowohl von Hersteller- als auch von Handelsseite aus gegeben. Begonnen werden soll zunächst mit der Handelsseite.

Angesichts des begrenzten Erfolgs preis-mengen-strategisch vermarkteter No-Name- und zum Teil auch klassischer Handelsmarkenkonzepte, haben zunehmend Handelsgruppen versucht, Handelsmarken in **gehobenen Marktabschnitten** (konkret: im unteren Abschnitt des Rechts-oben-Feldes unterhalb der klassischen Markenartikel der Hersteller, vereinzelt sogar auf ihrem Niveau) zu platzieren (*Trading-up*-Konzepte/-Prozesse).

Solche Handelsmarken-Konzepte der **nächsten Generation(en)** (= *gehobene* Handelsmarke, vgl. *Abb. 141*) sind dadurch gekennzeichnet, dass sie verstärkt Elemente des klassischen Markenartikels im Sinne eines Trading-up – von der Produkt-, Packungs- und Markenqualität bis hin zur klassischen Werbung für diese **„Premiummarken" des Handels** – aufnehmen (*Rutsche,* 1991, S. 23 ff.; *Becker,* 2004, S. 660).

Ein relativ gutes Beispiel hierfür war das Handelsmarken-Programm *M* von *Rewe/Leibbrand* (später *Rewe,* Bad Homburg) Mitte der achtziger Jahre. Mit diesem als Dach- oder Sortimentmarke konzipierten Programm wurde versucht, stärker in die Nähe des Markenartikels zu rücken, und zwar mit einem präferenz-strategisch orientierten (d. h. eher höher-preisigen) Programm, das bewusst Anleihen am **Auftritt klassischer Markenartikel** nahm (was auch durch das Symbol *M* und dadurch ausgelöste Markenartikel-Assoziationen unterstützt werden sollte). Dieses Konzept hat sich jedoch nicht durchsetzen können; es wurde wieder aufgegeben. Als eine Art „Nachfolgekonzept" kann die Handelsmarke *Master Product* (mit *M*-Logo) der ursprünglichen *Tengelmann*-Gruppe angesehen werden (auch in Verbindung mit einer Aufwertung des Ladenkonzepts).

Eine Art Premium-Handelsmarken-Konzept stellte das seinerzeit eingeführte *O'Lacy's*-Sortiments- oder Dachmarken-Programm der *Asko*-Gruppe (bzw. der dazugehörigen Verbundgruppe) dar. Neu an diesem Konzept war – neben der markenartikel-ähnlichen Anlage – vor allem der handelsgruppen-übergreifende Ansatz, der für dieses Handelsmarken-Konzept ein höheres Maß **markenartikeltypischer Ubiquität** (Überallerhältlichkeit) sichergestellt und damit auch grundsätzliche Voraussetzungen für eine ausgeprägtere Umwerbung geschaffen hat.

Neuere Entwicklungen gehobener Handelsmarken-Konzepte gehen darüber hinaus – analog zu Entwicklungen im klassischen Markenartikelbereich – in Richtung stärkerer **internationaler Ausrichtung** und damit weiterer Stärkung „echter" Markenkompetenz (unterstützt durch international tätige, auf Handelsmarken spezialisierte Hersteller).

Inwieweit und vor allem in welchem Umfang sich **gehobene Handelsmarken** („Premium-Marken" des Handels) tatsächlich durchsetzen werden, erscheint noch offen. In diesem Bereich angesiedelte Marken sind im Ausland (z. B. bei der *Migros* in der Schweiz oder auch bei *Marks & Spencer* in Großbritannien) offensichtlich weiterentwickelt; jedenfalls konnten sich dort die entsprechenden Marken (z. B. *St. Michael* von *Marks & Spencer*) in allen Sortimentsbereichen etablieren, während entsprechende deutsche bzw. inzwischen europäische Programme (wie z. B. *O'Lacy's*) aufgrund nicht durchgängiger Erfolge das Angebot wieder ausdünnen mussten (vgl. auch *Sternagel,* 1994, S. 554; *Schenk*, 2004, S. 136).

Nicht nur Handelsunternehmen und ihre Handelsmarken haben den angestammten Quadranten preis-mengen-strategischen Agierens (Links-unten-Feld, *Abb. 141*) partiell verlassen bzw. sind zusätzlich in das Rechts-oben-Feld mit gehobenen Handelsmarken-Konzepten vorgedrungen, sondern auch **Hersteller** mit ihren Markenartikel- bzw. Marken-Konzeptionen haben strategische Optionen gewählt, um neben ihrem Agieren im strategischen Stammfeld (Rechts-oben-Feld) auch am *volumenmäßig* interessanten, preis-mengen-strategisch geprägten **Links-unten-Feld** zu partizipieren. Darauf soll nunmehr näher eingegangen werden.

Die offensichtliche Schwierigkeit, die preis-mengen-strategisch orientierten Marktbereiche (Links-unten-Feld, *Abb. 141*) allein mit Handelsmarken abzudecken, hat dazu geführt, dass nicht nur Hersteller für ihr eigenes (Marken-)Engagement dort Chancen sehen, sondern dass auch der Handel akzeptiert hat, dass zur vollständigen preis-mengen-strategischen **Ausschöpfung** von Märkten eben auch die **Herstellermarke** notwendig ist. Das hat zur Etablierung von **Drittmarken-Konzepten** seitens der Hersteller (z. B. Waschmittel *Spee* von *Henkel*) geführt.

Hierbei handelt es sich entweder um speziell konzipierte Marken mit eigenständigen Preis-Leistungs-Verhältnissen i. d. R. oberhalb der klassischen Handelsmarke für den preis-mengen-orientierten Einsatz oder für diese Zwecke *übergeführte,* ursprünglich präferenz-strategisch geführte Markenartikel (Trading-down). Solche **Trading-down-Prozesse** stellen vielfach eine bestimmte Automatik im Produktlebenszyklus von Markenartikeln (Markenerosion = Verfallerscheinungen aufgrund abnehmendem Präferenzpotenzials) dar, zumindest wenn nicht bewusst und erfolgreich mit entsprechenden Marktinvestitionen – wie Produktinnovationen, Aktualisierung von Marke bzw. Positionierung, Werbung usw. – gegengesteuert wird. Häufig gleiten auch Markenartikel, die zu oft und zu lange mit Preisaktionen (im Rahmen von Verkaufsförderungsaktionen) vermarktet werden, allmählich in eine **durchgängige preis-mengen-strategische Führung** ab.

Entweder durch „Neukonstruktion" (sog. Drittmarken-Konzepte) oder eben durch solche Trading-down-Prozesse entstehen **Dauer-Niedrigpreis-Produkte (-Marken)**, die der Handel i. d. R. zu kompletten, „schnelldrehenden" Dauer-Niedrigpreis-Sortimenten zusammenfasst. Dass der Handel diesen Sortimentsteilen für den Gesamterfolg inzwischen eine große Bedeutung beimisst, geht auch aus der **starken Herausstellung** der Dauer-Niedrigpreis-Marken in der Handelswerbung hervor.

Die Bedeutung für die Hersteller liegt umgekehrt darin, dass sie mit solchen Drittmarken nicht nur an den volumenmäßig interessanten „unteren" Märkten (und hier meist oberen Abschnitten) partizipieren, sondern dass sie mit diesen Drittmarken-Angeboten auch ihre Erst- (Premium-) und Zweitmarken gegen Preisaktionen abzuschirmen suchen, indem sie dem Handel möglichst (noch) attraktive Drittmarken als **Preisjoker** überlassen – mit der Absprache bzw. in der Hoffnung auf Preisdisziplin des Handels bei den präferenz-strategisch geführten Erst- und Zweitmarken der Hersteller.

Solche Dauer-Niedrigpreis-Konzepte („Drittmarken") sind vor allem bei den Produktbereichen erfolgreich, bei denen das **Preisinteresse der Abnehmer hoch** ist und die preisorientierte Qualitätsbeurteilung keine oder nur eine geringe Rolle spielt (d. h. umgekehrt dort, wo der Preis als Qualitätsmerkmal (Preis = Qualitäts-Effekt) herangezogen wird, ist eine solche Niedrigpreis-Vermarktung also *nicht* gewinn- bzw. oberzielführend.

Dauer-Niedrigpreis-Konzepte sind – gerade auch aus der Sicht der Markenartikel-Hersteller – verstärkt unter dem Aspekt von „Umwertungen" beim Verbraucher zu sehen. Der aufgeklärte bzw. intelligente Verbraucher hat inzwischen gelernt, dass er bei Dauer-Niedrigpreis-Markenangeboten (das gilt im Prinzip auch für die klassische Handelsmarke) nicht oder wenig auf objektiv-rationale Qualität gegenüber den hochpreisigen Markenartikeln, sondern „nur" auf **subjektiv-emotionale Qualität** (Markenimage-Qualität) verzichten muss.

Dass Dauer-Niedrigpreis-Produkte via (Hersteller-)Marken an Bedeutung gewinnen, zeigen nicht nur Entwicklungen im Lebensmittelbereich bzw. -handel (Food- und Non-Food-Artikel), sondern auch im Drogeriebereich bzw. -handel (Drogeriewaren bzw. Körperpflege und Kosmetik). Dauer-Niedrigpreis-Markenprogramme finden sich inzwischen nicht nur in den

Drogeriemärkten (z. B. *dm*-Drogerie-Märkte), sondern auch im klassischen Fachhandel (wie z. B. den Parfümerien, u. a. *Douglas*). Verstärkt werden solche Angebotsformen naturgemäß immer in preissensiblen Rezessions- bzw. Konjunkturabschwächungsphasen (zum Rezessionsmarketing siehe 3. Teil „Marketingmix").

Mit Drittmarken-Konzepten verfolgen Hersteller insgesamt **kombinierte Strategien,** nämlich mit Erst-(Premium-) und Zweitmarke eine Präferenz- oder Markenartikel-Strategie (im Rechts-oben-Feld, vgl. *Abb. 141*) und mit der Drittmarke i. d. R. zusätzlich eine Preis-Mengen- oder Discount-Strategie (im Links-unten-Feld). Gerade aufgrund stark *polarisierender* Marktbewegungen (d. h. obere und untere Märkte nehmen zu, mittlere Märkte dagegen ab) ist eine strategische Mehrfeld-Abdeckung vielfach opportun. Sie lässt sich aber grundsätzlich nur konsequent und untereinander störungsfrei verfolgen, wenn hierfür ein echtes **Mehrmarkenkonzept** (A-, B- und C-Marke mit jeweils eigenständigem Auftritt) realisiert wird, für das ggf. auch ein **Multi-Channel-System** für eine selektive Distribution vorgesehen ist – nämlich entsprechende „Erst-, Zweit- bzw. Drittmarken-Kanäle" –, um auf diese Weise z. B. die Erst-(Premium-) und evtl. auch die Zweitmarke aus Marken(preis)pflegegründen preisaggressiven Absatzschienen (speziell Discountern) vorenthalten zu können, so weit das wettbewerbsrechtlich möglich ist (*Höhl-Siebel,* 1994; *Lingenfelder/Kahler/Wieseke,* 2004). Damit werden zugleich wichtige Verknüpfungen zwischen Marketingstrategie einerseits und Marketingmix (3. Teil) andererseits erkennbar (= **konzeptionelle Kette**).

### *c) Abschließende Betrachtungen zu Präferenz- und Preis-Mengen-Strategie*

In den vorausgehenden Abschnitten wurden alternative **Strategien zur Beeinflussung des Marktes** (Marktstimulierungsstrategien) analysiert und problematisiert. Zwei grundlegende Basisstrategien wurden dabei unterschieden:

- **Präferenzstrategie** (Marken(artikel)strategie) einerseits,
- **Preis-Mengen-Strategie** (Discountstrategie) andererseits.

Bei der Darstellung beider Strategien wurde auf die verschiedenen **Ausformungen und Ausprägungen** möglicher marktstimulierungs-strategischer Handlungsmuster näher eingegangen. Hierfür wurden unterschiedliche Beispiele herangezogen, um die Vielfalt strategischen Vorgehens transparent zu machen. Insgesamt sind Präferenz- und Preis-Mengen-Strategie aber durch jeweils **klare Prinzipien** gekennzeichnet.

#### *ca) Charakteristik und „Mechanik" von Präferenz- und Preis-Mengen-Strategie*

Nachdem beide Strategien ausführlich in ihren typischen Aktionsmustern (Ausprägungen) aufgezeigt worden sind, soll hier konzentriert die prinzipielle **Markt-Mechanik** der Präferenzstrategie einerseits und die der Preis-Mengen-Strategie andererseits zunächst einmal hinsichtlich der *qualitativ-inhaltlichen* Dimensionen gegenübergestellt und spezifiziert werden. Zwei Übersichten *(Abb. 142* und *143)* enthalten jeweils die wichtigsten Elemente (Merkmale) beider Basisstrategien.

Die grundlegenden marketing-konzeptionellen Besonderheiten der Präferenz-Strategie sind damit noch einmal deutlich geworden, ebenso die wichtigen konzeptionellen Merkmale der Preis-Mengen-Strategie.

Nach dem mehr qualitativ-inhaltlichen Vergleich von Präferenzstrategie und Preis-Mengen-Strategie soll nun noch eine mehr *quantitativ-betriebswirtschaftliche* Abgrenzung beider Basisstrategien vorgenommen werden, und zwar einmal hinsichtlich der jeweils typischen Preis-Absatz-Funktion (preistheoretischer Ansatz = statische Sicht) und zum anderen in Bezug auf

| | |
|---|---|
| **Prinzip:** | *Qualitätswettbewerb* (mehrdimensional) = Markenartikel-Konzept (multi-instrumental). |
| **Ziel:** | Gewinn *vor* Umsatz/Marktanteil (*Focus:* Umsatzrentabilität). |
| **Charakteristik:** | *Hochpreis-Konzept* (über den Aufbau von Präferenzen (Vorzugsstellungen), d. h. Erarbeitung eines „monopolistischen Preisspielraumes" → Setzen auf *Leistungs*vorteil), Kundenfindung/-bindung durch ein klares Markenimage (Sensibilisierung der Abnehmer für spezielle Grund- und/oder Zusatznutzen, Herausstellung einer tragenden Idee/USP (unique selling proposition) = einzigartiger Verkaufsvorteil bzw. spezifische Kompetenz, dadurch eigenständige Positionierung zur „Immunisierung" gegenüber Konkurrenzmarken), sehr differenzierter präferenz-orientierter Marketingmix. |
| **Hauptzielgruppe:** | *Sog. Marken-Käufer* (bei ihnen rangiert die Marke/Qualität vor dem Preis). |
| **Wirkungsweise:** | *„Langsam-Strategie"* (d. h. ein Aufbau der Markenpräferenz im Sinne einer Produktpersönlichkeit (im Idealfall als „Mono-Marke") bedarf in der Regel eines mehrjährigen gezielten Profilierungsprozesses), dafür aber Chancen dauerhafter Wirkung. |
| **Dominanter Bereich:** | *Marketingbereich* → Ertragsorientierung, Dominanz des „Marktwirts" (in Verbindung mit leistungsfähiger Produktentwicklung). |
| **Typischer Marketingmix:** | • überdurchschnittliche Produktqualität,<br>• attraktive Verpackung,<br>• image-orientierte Markenprofilierung,<br>• starke Media-Werbung (sog. Sprungwerbung → Endverbraucherwerbung),<br>• starker persönlicher Verkauf/Service,<br>• hoher (überdurchschnittlicher) Preis → als Ziel bzw. Ergebnis und Voraussetzung zugleich. |
| **Prinzipielle Vorteile:** | Chance des Aufbaus einer *eigenständigen* Marktposition („Firmenmarkt"), vor allem mittel- und langfristig hohe Ertragschancen bei klarem, eigenständigen (kreativen) Marken- und Markenführungs-Konzept. |
| **Prinzipielle Nachteile:** | Hoher Mitteleinsatz, vor allem auch hohe Vorinvestitionen in den Markenaufbau bzw. in die innovative Produktentwicklung, bei *ungenügenden* Management-, Marktinformations- und/oder Marketing-Know-how-Voraussetzungen *relativ* hohes Marktrisiko. |

*Abb. 142: Grundlegende Merkmale der Präferenz-Strategie*

die Entwicklung von Preis- und Kostenkurve im Zeitablauf (Erfahrungskurven-Ansatz = dynamische Betrachtung). Diese Zusammenhänge werden anhand von Modelldarstellungen *(Abb. 144)* erläutert.

Der **preistheoretische Ansatz** verdeutlicht, dass bei der Präferenzstrategie ein *monopolistischer* Preisspielraum besteht, d.h. ein Unternehmen, das für sein Produkt (Marke) eine entsprechende Präferenz aufgebaut hat, läuft nicht Gefahr, wesentliche Absatzmengen zu verlieren, wenn es statt des unteren Grenzpreises den oberen Grenzpreis ansetzt (*Gutenberg,* II, 1976, S. 238 ff.). Das auf Basis der Preis-Mengen-Strategie operierende Unternehmen hat dagegen nur die Wahl, einen möglichst *niedrigen* Abgabepreis anzusetzen, wenn entsprechende Absatzmengen erreicht werden sollen, oder aber bei jeder Anhebung des Preises sofort deutliche Absatzrückgänge in Kauf zu nehmen.

Der **Erfahrungskurven-Ansatz** demonstriert die Möglichkeit, bei Präferenzstrategie die Abgabepreise über einen bestimmten Zeitraum relativ unabhängig von der Entwicklung der Kostenkurve (d.h. potenzieller 10–30prozentiger Kostenreduktion bei Verdoppelung der Absatzmen-

| | |
|---|---|
| **Prinzip:** | *Preiswettbewerb* (eindimensional) = Discount-Konzept („mono-instrumental"). |
| **Ziel:** | Umsatz/Marktanteil *vor* Gewinn (*Focus:* Kapitalumschlag). |
| **Charakteristik:** | *Niedrigpreis-Konzept* (Verzicht auf den Aufbau echter Präferenzen, d. h. kein Aufbau echter Marken → Setzen auf *Preis*vorteil), Kundenfindung/-bindung allein über eine aggressive Preispolitik (eine „Präferenz" gegenüber Konkurrenzangeboten, speziell den Markenwaren bzw. Markenartikeln, wird weitestgehend über den Preis angestrebt = „billige Alternative"), niedriges Einsatzniveau des Marketinginstrumentariums (Minimum-Marketingmix). |
| **Hauptzielgruppe:** | *Sog. Preis-Käufer* (bei ihnen rangiert der Preis vor Marke/Qualität). |
| **Wirkungsweise:** | *„Schnell-Strategie"* (d. h. ein angestrebtes „Preisimage" speziell für die preissensiblen Nicht-Markenkäufer kann durch eine aggressive Preispolitik relativ schnell geschaffen werden), dafür aber Gefahr schnellen Verschleißes. |
| **Dominanter Bereich:** | *Produktions-/Logistikbereich* → Kostenorientierung, Dominanz des „Betriebswirts". |
| **Typischer Marketingmix:** | • durchschnittliche Produktqualität,<br>• rationelle Verpackung,<br>• keine oder lediglich „Auch-Marke",<br>• keine oder eher schwache Markenkommunikation (primär Verkaufsförderung → Handelsorientierung),<br>• kein oder schwacher persönlicher Verkauf (vielfach „Telefongeschäft" bzw. „Waggongeschäft"),<br>• niedriger (unterdurchschnittlicher) Preis → als Ziel bzw. Ergebnis und Voraussetzung zugleich. |
| **Prinzipielle Vorteile:** | Verzicht auf den sonst *üblichen* Mitteleinsatz in Marketing und Vertrieb (hauptsächlich Konzentration auf (ggf. starke) Aktionswerbung), Ertragschancen bei kostenoptimaler Fertigungsstruktur (Economies of Scale), rationeller Logistik/Lieferfähigkeit und effizientem Vertriebssystem. |
| **Prinzipielle Nachteile:** | Aufgrund eines einseitigen Preiswettbewerbs häufig *Verzicht* auf einen Aufbau echter, dauerhafter Markenpräferenzen (aber Ausnahmen).<br>Gefahr, aufgrund des Konkurrenzdrucks allmählich bis zur *Preisuntergrenze* (evtl. sogar darunter) anbieten zu müssen (hohes Existenz-Risiko bei ruinösem (Preis-)Wettbewerb). |

*Abb. 143: Grundlegende Merkmale der Preis-Mengen-Strategie*

ge) zu setzen und in dieser Phase *überdurchschnittliche* Erträge zu erwirtschaften, die u. a. auch für die Erhaltung bzw. Stärkung der Präferenz der Marke eingesetzt werden können. Aufgrund überdurchschnittlicher Gewinnspannen werden allerdings häufig Konkurrenten angelockt. Das führt dann zu verstärktem Wettbewerb (vgl. $P_w$ im Zeitpunkt $T_w$), der sich in schließlich sinkenden Preisen niederschlägt (*Henderson,* 1974, S. 28 ff.). Bei der Preis-Mengen-Strategie dagegen zwingt das Fehlen von echten Präferenzen (Vorzugsstellungen) die Unternehmen dazu, die Abgabepreise *von vornherein* stark an den Kosten, d. h. den eigenen wie denen der Branche, zu orientieren und sich mit vergleichsweise geringen Gewinnspannen zu begnügen.

Allgemeine Erfahrungen wie auch empirische Untersuchungen (*Porter,* 1995, S. 63 ff. bzw. 71 ff.) belegen, dass sowohl präferenz- als auch preis-mengen-strategische Konzepte am Markt erfolgreich sein und damit wichtige **Oberziele des Unternehmens** (Rentabilität/Unternehmenswert) realisieren helfen können.

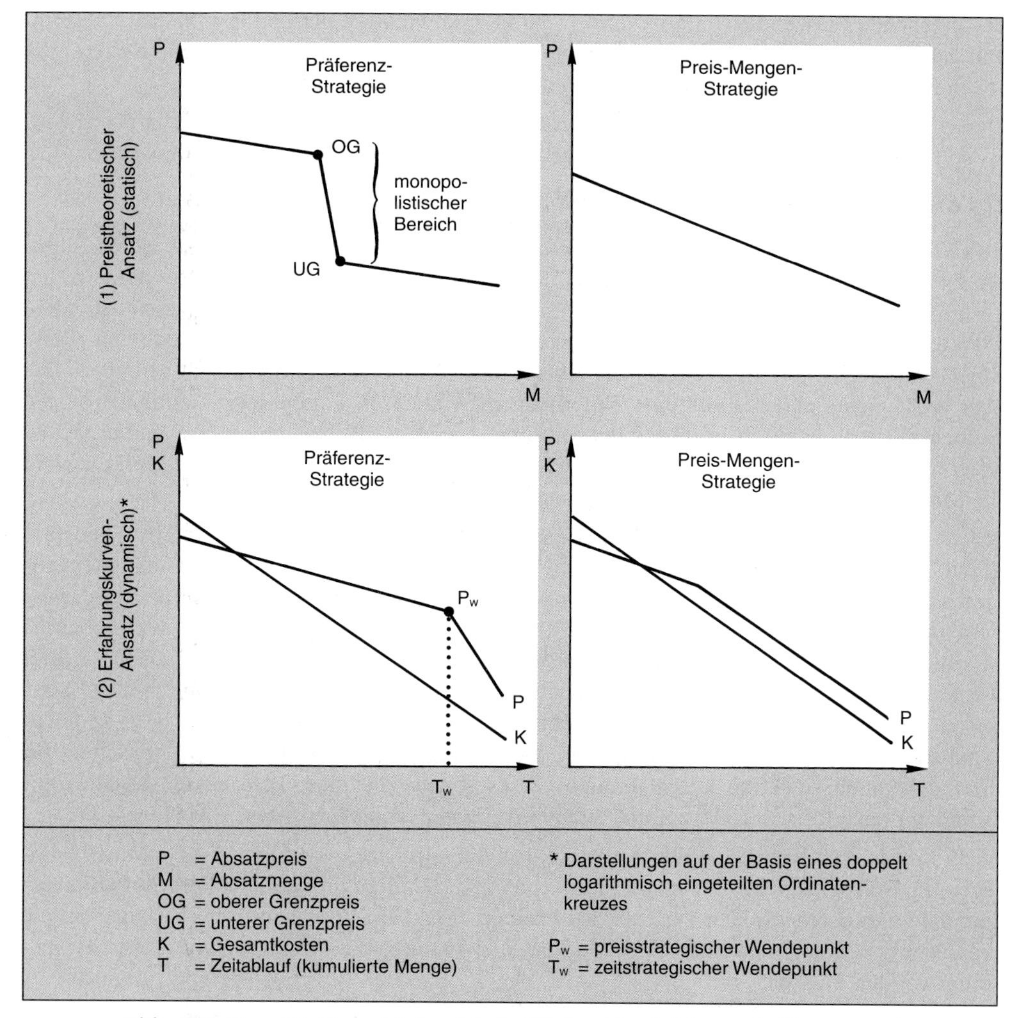


*Abb. 144: Quantitativ-betriebswirtschaftlicher Vergleich von Präferenz und Preis-Mengen-Strategie*

Wesentlich ist, dass in der Regel nur **klare strategische Konzepte** und *nicht* Zwischen-drin-Konzepte zum Erfolg führen (s. auch das Positionierungsmodell *(Abb. 141)* im Abschnitt „Preis-Mengen-Strategie", speziell kritische „Bermuda-Dreiecke"). Die Erfolgschancen **präferenzstrategischer Konzepte,** die in der Unternehmenspraxis relativ stark verbreitet sind (*Raffée/Effenberg/Fritz,* 1995, S. 387), sind vor allem an entsprechende Qualitätsstrategien (= Bieten echter Leistungsvorteile) gebunden (vgl. *PIMS*-Untersuchungen, *Buzzell/Gale,* 1989, S. 91 ff. bzw. *Phillips/Chang/Buzzell,* 1983, S. 26 ff.; siehe auch Überblick bei *Fritz,* 1995 a, Sp. 601 ff.).

Die Erfolgschancen **preis-mengen-strategischer Konzepte** sind vor allem an die konsequente Nutzung von Kostenvorteilen (Economies of Scale bzw. Erfahrungskurvenvorteile, vgl. Abschnitt Marktfeld-strategische Selektionsfragen) geknüpft. Dafür ist i. d. R. eine möglichst vollständige Marktabdeckung notwendig (*Haedrich/Jenner,* 1995, S. 61). Das setzt auch eine entsprechende Massendistribution voraus (damit sind wichtige marketing-instrumentale Fragen angesprochen; insoweit bestehen also auch hier wesentliche **konzeptionelle Ketten** zwischen Strategie- und Mixwahl, vgl. hierzu auch 3. Teil „Marketingmix“).

Damit sind die diskutierten Strategiealternativen jeweils für sich hinreichend charakterisiert. Es soll nun noch auf die Frage von **Strategiekombinationen** näher eingegangen werden.

### *cb) Marktschichten-strategische Optionen und Mehrmarken-Konzepte*

Sowohl die Stagnationserscheinungen als auch die Polarisierungstendenzen in vielen Märkten zwingen Unternehmen verstärkt dazu, Märkte möglichst *vollständig* auszuschöpfen, um verfolgte **Oberziele** (Gewinn und Wachstum) überhaupt realisieren zu können. Vollständige Markterfassung bedeutet, dass Unternehmen versuchen müssen, mit ihren Produkten (Leistungen) möglichst alle Marktschichten (obere, mittlere und untere Märkte) zu bedienen. Das aber heißt nichts anderes, als dass Unternehmen strategisch kombinierte Handlungsweisen wählen müssen: nämlich grundsätzlich präferenz-strategische in oberen und mittleren und preis-mengen-strategische in unteren Märkten. Nur auf diese Weise können im Markt sowohl die **Marken-** als auch die **Preis-Käufer** entsprechend gewonnen werden.

Solche kombinierten Strategien funktionieren allerdings nur, wenn sie mit jeweils eigenständigen Preis-Leistungs-Verhältnissen in den einzelnen Marktschichten (Preisschichten) realisiert werden. Und dazu gehören nicht nur objektive, leistungsbezogene Abgrenzungen, sondern meist auch solche markenstrategischer Art. Das bedeutet, dass – um wechselseitige Störungen im Markt zu vermeiden – **sog. Mehrmarken-Konzepte** (Multi-Branding) verfolgt werden müssen. Darauf ist bereits im letzten Abschnitt zu den „grenzüberschreitenden“ Strategien (Erst-, Zweit- und Drittmarken-Konzepte) näher eingegangen worden. In diesem Zusammenhang wird in der Praxis auch von **A-, B- und C-Marken-Strategien** gesprochen, für die i. d. R. auch selektive Distributionen (Erst-, Zweit- und ggf. Drittmarken-Kanäle) aus Gründen preispolitischer „Disziplin“ zu verwirklichen versucht werden.

Nicht immer verfolgen Unternehmen allerdings von vornherein klar abgegrenzte Markenstrategien im Sinne solcher A-, B- und C-Konzepte. Insbesondere im Zeitablauf ergeben sich aufgrund der unterschiedlichen Verläufe des **Produkt-/Markenzyklus** häufig Inkonsistenzen, die mit entsprechenden Marketing- bzw. Marken-Restrukturierungskonzepten korrigiert bzw. beseitigt werden müssen.

Speziell bei Aufkaufkonzepten entstehen hier meist besondere Aufgabenstellungen, wenn das durch aufgekaufte Marken erweiterte **Marken-Portfolio** eines Unternehmens im Sinne einer klaren Markt- bzw. Preisschichten-Positionierung *neu* geordnet werden muss. Solche markenhierarchischen Neuordnungen (Restrukturierungen) sind immer dann besonders schwierig, wenn bei Unternehmenskäufen nicht von vornherein auch die marken-strategischen Einpassungen mitbedacht bzw. geprüft worden sind. Das ist immer dann der Fall, wenn **Aufkauf-Konzepte** überhastet („Management by opportunities“) realisiert werden, um etwa Konkurrenten zuvorzukommen, und dann Marken- und Marketing-Konzepte „nachgeliefert“ werden müssen, wobei u. U. erhebliche Sortier- bzw. sogar Eliminierungsprobleme auftreten können.

Fallbeispiel: Marken-Rollenverteilungsprobleme bei Aufkaufstrategie *(Söhnlein/Henkell)*

Die Sortier- und Restruktierungsaufgaben sind umso größer, je mehr Marken unter einem Konzeptdach vereinigt werden müssen (Rollenverteilungsproblem von Marken). Das soll am Beispiel von *Henkell* und *Söhnlein* näher aufgezeigt werden.

Die Sektkellerei *Söhnlein* (*Oetker*-Gruppe) hatte sich seinerzeit gezwungen gesehen, die in Schwierigkeiten geratene Sektkellerei *Henkell* „ungeplant“ zu übernehmen, um einen Aufkauf durch große ausländische Getränke-Gruppen (wie damals *Seagram's*) aus wettbewerbs-strategischen Gründen zu verhindern. Beide Unternehmen (*Söhnlein* und *Henkell*) brachten in die „Ehe“ eine **Vielzahl von Marken** ein, die es nachträglich im Einzelnen zu bewerten und den bestehenden Marktsegmenten zuzuordnen galt *(Abb. 145)*.

Das Beispiel verdeutlicht die Problematik **marken-strategischer Restrukturierung.** Das definierte „Traditionsmarkensegment“ liegt im Prinzip zwischen oberem Markt („Premiumsegment“) und mittlerem Markt („Mittelpreissegment“). Das „Konsummarkensegment“ entspricht dem – preis-mengen-strategisch-orientierten – unteren Markt.

Zwischen Premium- und Champagner-Segment war noch der *„Brut Sekt Adam Henkell* – ein Prestige-Cuvée aus erlesenen Weinen französischer Provinienzen – … positioniert“ (*Sandler*, 1994, S. 54). Andererseits mussten einige Marken der notwendigen **Marken- und Programmbereinigung** wegen eliminiert werden – ein Prozess, der mehrere Jahre in Anspruch genommen hat. Später wurde die Aufkaufpolitik fortgesetzt.

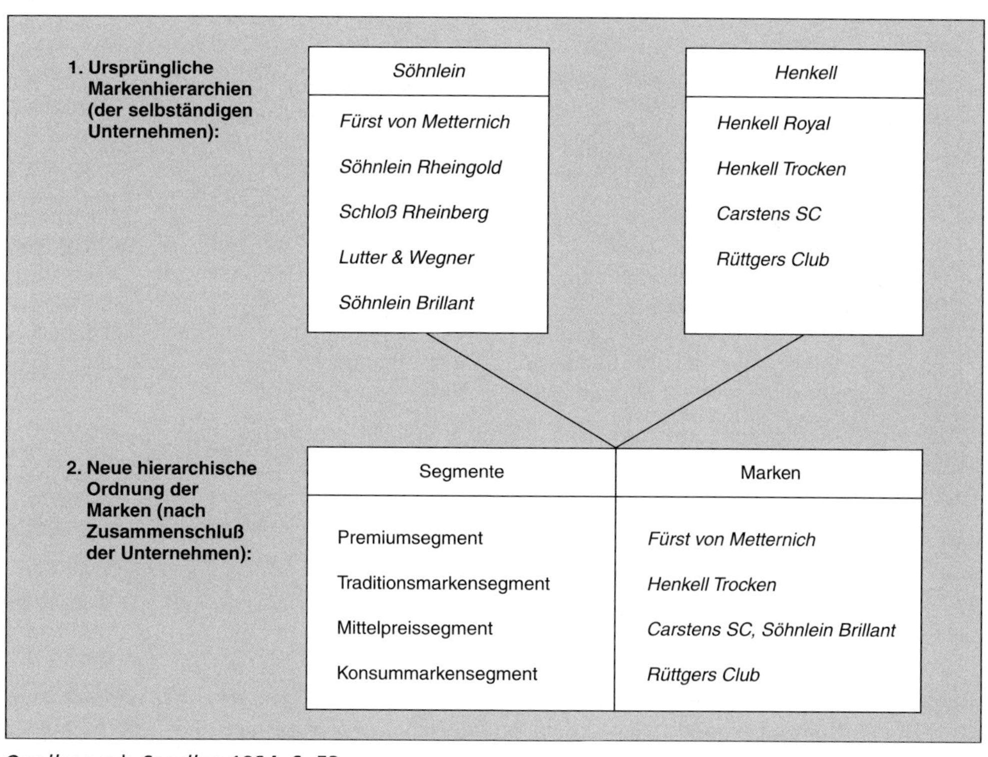


*Quelle:* nach *Sandler*, 1994, S. 53

*Abb. 145: Markenstrategische Restrukturierung nach Zusammenschluss zweier Unternehmen (Beispiel Söhnlein/Henkell bzw. Oetker-Gruppe im Sektmarkt)*

Mehrmarken-Konzepte stellen „saubere“ Konzepte zur **Abdeckung mehrerer oder aller Marktschichten** dar, denn durch ein solches Multi-branding können die einzelnen Marken schichtenspezifisch gestaltet und schichtenspezifisch vermarktet werden. Multi-branding- oder Mehrmarken-Konzepte werden insofern häufig dann gewählt, wenn Märkte möglichst umfassend ausgeschöpft werden sollen. Gleichwohl sind solche relativ aufwendigen, nicht immer leicht zu steuernden Konzepte *nicht* in jedem Falle strategisch zwingend.

Fallbeispiele: Mehrschichten-Marketing ohne Mehrmarken-Konzepte (PKW-Markt)

Insbesondere dann, wenn Produkte in ihren Leistungen objektiv gut und vom Kunden nachvollziehbar differenziert werden können, kann auch ein und dieselbe Marke eine **relativ breite Spanne** von Preis-Leistungs-Verhältnissen durchaus glaubhaft abdecken. Typisch hierfür sind Dachmarken-Konzepte, wie sie etwa im PKW- oder auch PC-Markt angewendet werden. Hier decken Unternehmen mehrere Marktschichten mit einer Marke ab, wobei vielfach ein **Untermarkensystem** gewählt wird. Das soll an ausgewählten Beispielen des PKW-Marktes demonstriert werden *(Abb. 146)*.

Vergleichsweise unproblematisch ist es, wenn eine Marke „von oben“ kommt und das Programm nach unten abrundet (z. B. bei *BMW* die *3er-* und die *1er-* Reihe sowie bei *Mercedes* die C-Klasse). Markenstrategisch schwierig erscheint allerdings das Engagement von *Mercedes* in der unteren bzw. Kleinwagenklasse (Preis- und Imagespannweite von unter 20 000 € bei der *A-Klasse* bis weit über 150 000 € bei der *S-Klasse* bzw. den dazugehörigen (Sport-)Coupés). Deshalb hatte man sich entschieden, den *Smart* (ursprünglich geplant als „Swatch“-Auto) nicht unter der Marke *Mercedes* zu verkaufen, sondern über eine eigene Gesellschaft *(MCC Smart)*. Das war geboten, weil der *Smart* mit einem unkonventionellen Vertriebskonzept (inkl. Nicht-Fachhandel wie Warenhäuser) vermarktet werden sollte (inzwischen in *Mercedes*-Organisation integriert).

Bei Marken, die eher „von der Mitte“ her kamen wie *Audi,* ist umgekehrt der Aufstieg in die Oberklasse mit der Stamm-Marke schwierig. Trotz innovativer, „visionärer“ Technik (insbesondere Ganz-Aluminium-Karosserie, vgl. hierzu auch 1. Teil „Marketingziele“, Darlegungen zu Mission/Vision), war es zunächst für Audi schwer, sich in der Oberklasse auf „Augenhöhe“ mit *BMW* und *Mercedes* zu etablieren, und zwar auch aufgrund eines nur langsamen Abbaus emotionaler Markenimage-Defizite.

Angesichts dieser (marken-)strategischen Problematik aufgrund einer stark von der Mittelklasse (oder sogar darunter) geprägten Marke, hat sich z. B. *Toyota* entschieden, das Oberklasse-Modell unter einer eigenen Marke *(Lexus)* und einem eigenen Vertriebskonzept zu führen. Auch *Audi* soll(te) künftig stärker vom Volkswagen-Gruppenvertriebskonzept getrennt werden, um eine bessere Abkoppelung vom *Volkswagen*-Image zu erreichen.

Diese Beispiele machen insgesamt deutlich, dass das zu wählende **marketing- und markenstrategische Konzept** von der jeweiligen strategischen Ausgangslage des Unternehmens abhängig ist. Je stärker ein Unternehmen mehrschichten-strategisch am Markt operieren will (muss), um so sorgsamer müssen gerade auch die markenspezifischen Weichen – möglichst von *vornherein* – gestellt werden.

| **PKW-Klassen** | *Audi* | *BMW* | *Mercedes* |
|---|---|---|---|
| **Oberklasse** | *A8* | *7er Reihe* | *S-Klasse* |
| **Obere Mittelklasse** | *A6* | *5er Reihe* | *E-Klasse* |
| **Mittelklasse** | *A4* | *3er Reihe* | *C-Klasse* |
| **Untere Mittelklasse** | *A3* | *1er Reihe* | *B-Klasse*** |
| **Kleinwagen** | *A2* | *Mini** | *A-Klasse* |
| **Kleinstwagen** | – | – | *Smart**** |

*Legende:*
* *BMW Group* (aus ehemaligem *Rover*-Engagement)
** im Prinzip Marktstellung zwischen unterer Mittelklasse und Kleinwagen
*** *MCC Smart* GmbH (*Daimler*-Gruppe)

*Abb. 146: Abdeckung mehrerer Marktschichten („Klassen") mit einer differenzierten Dachmarke (Beispielphase: Audi, BMW und Mercedes im PKW-Markt)*

Im Übrigen haben Mehrmarken-Konzepte weit reichende Konsequenzen für den **gesamten Marketingmix** (insoweit bestehen wesentliche **konzeptionelle Ketten** zwischen Strategie- und Mixentscheidungen, vgl. hierzu auch 3. Teil „Marketingmix").

Die zusammenfassenden Darlegungen zur Präferenz- und Preis-Mengen-Strategie haben nochmals die **vielfältigen Einsatzmöglichkeiten** dieser beiden grundlegenden Strategien (einschließlich ihrer Differenzierungen) aufgezeigt. Dabei wurden auch die grundsätzlichen Möglichkeiten einer **Kombination** beider Strategien und die marketing-politischen Überlegungen und Absichten bzw. Notwendigkeiten diskutiert. Die aufgeführten Beispiele haben verdeutlicht, dass es sich hinsichtlich dieser strategischen Entscheidungen um ganz zentrale konzeptionelle Fragen handelt. Sie sind in hohem Maße für die Realisierung **anspruchsvoller Oberziele** (Rendite- wie Unternehmenswert-Ziele) der Unternehmen verantwortlich.

## 3. Marktparzellierungsstrategien

Eine dritte wesentliche strategische Entscheidung betrifft die Art und Weise der **Differenzierung bzw. der Abdeckung** des Marktes, in dem ein Unternehmen tätig werden will. Es legt damit zugleich die Zielgruppe(n) fest, die es bedienen will (s. a. *Becker,* 2000 c, S. 106 ff.).

Die Entscheidung ist deshalb wichtig, weil Märkte im Laufe ihrer Entwicklung nicht nur ihre Volumina („Fläche") ändern, sondern auch ihre Charakteristik („Struktur"). Die Strukturveränderungen betreffen – speziell unter marketing-strategischen Aspekten – vor allem den

| **Abdeckung des Marktes** / **Differenzierung des Marketingprogramms** | **vollständig (total)** | **teilweise (partial)** |
|---|---|---|
| **undifferenziert** | undifferenziertes Marketing | konzentriert-undifferenziertes Marketing |
| **differenziert** | differenziertes Marketing | selektiv-differenziertes Marketing |

*Abb. 147: Basisalternativen der Marktparzellierung*

erreichten Grad zwischen **Unifizierung** und **Differenzierung** der Produkt- und Leistungsprogramme. Märkte beginnen meist als unifizierte Massenmärkte für Massenzielgruppen; sie wurden bzw. werden nach wie vor in hohem Maße von präferenz-strategisch orientierten Unternehmen (Markenartikel-Konzept, vgl. hierzu den vorigen Abschnitt zu den Marktstimulierungsstrategien, speziell zur Präferenz-Strategie) „gemacht", wobei ihre innovativen Angebote meist einen mittleren Markt bilden, von dem aus dann Ausdifferenzierungen nach oben und unten entstehen (= Marktschichtung). Märkte entwickeln sich jedoch nicht nur vertikal weiter, sondern formen sich auch *horizontal* aus, d. h. innerhalb einer preis-(niveau-)orientierten Marktschicht bilden sich **(kundengruppen-)differenzierte Angebotsleistungen.**

Es ist klar, dass nicht jedes Unternehmen über die notwendigen Fähigkeiten und Ressourcen verfügt, um alle Teilmärkte bzw. **alle Ziel-/Kundengruppen** zu bedienen. Unternehmen wählen insofern bestimmte Marktausschnitte oder Marktabdeckungsgrade. Basisfestlegungen hierfür sind bei konzeptioneller Unternehmensführung bereits auf der Zielebene zu treffen, und zwar auf der Meta-Zielebene. Diese Basisfestlegungen sind speziell Gegenstand der Formulierung von **Mission** und **Vision** des Unternehmens (vgl. hierzu auch 1. Teil „Marketingziele"). Insoweit werden erneut wichtige konzeptionelle Verbindungslinien (= **konzeptionelle Kette**) zwischen Zielebene einerseits und Strategieebene andererseits erkennbar.

Bezugspunkte bilden die strategischen Alternativen hinsichtlich der Differenzierung des Marketingprogramms (= Art der Marktbearbeitung) und der Abdeckung des Marktes (= Grad der Marktbesetzung). Diese strategischen Optionen lassen sich mit einer **Vierfelder-Matrix** *(Abb. 147)* beschreiben (*Freter,* 1980 b, S. 457; *Engel/Blackwell/Miniard,* 1995, S. 44).

Deutlich und verständlich werden diese Abgrenzungen allerdings erst, wenn hierfür konkrete Beispiele angeführt werden, welche die Unterschiede wie auch die Gemeinsamkeiten der vier strategischen Alternativen näher charakterisieren.

In der Unternehmenspraxis läuft der marketing-strategische Entscheidungsprozess vielfach so ab, dass hinsichtlich des Entscheidungskomplexes „Marktparzellierung" – der sowohl die Art der Marktbearbeitung als auch den Grad der Marktbesetzung umfasst – die Unternehmen zunächst einmal eine Entscheidung zu den beiden grundlegenden **Marktbearbeitungsalternativen** anstreben, nämlich (siehe auch *Becker,* 2000 c, S. 107 ff.):

**(1) Massenmarktstrategie,**
**(2) Marktsegmentierungsstrategie.**

Diese Entscheidungsfolge hängt vor allem damit zusammen, dass beide Alternativen der Marktbearbeitung an jeweils unterschiedliche Voraussetzungen des Marketing-Know-how sowie Vorfestlegungen der Unternehmensmission/-vision gebunden sind.

Eine strategische Entscheidung wird also zunächst darüber zu treffen gesucht, ob ein Unternehmen Massenmarketing oder – wie man es auch bezeichnen kann – Unifizierung (*Bauer,* 1976, S. 93) betreiben will, und zwar in der Weise, dass dem Markt **Standardprodukte** angeboten werden, welche die durchschnittlichen Bedürfnisse von Durchschnittskäufern zu befriedigen vermögen (= *allgemeine* Bedürfnisbefriedigung), oder ob die Strategie der Segmentierung oder Differenzierung verfolgt werden soll, die danach trachtet, spezielle Käufergruppen (Segmente) zu identifizieren, die mit jeweils besonders auf sie **zugeschnittenen Produkten** bzw. ganzen Marketingprogrammen bedient werden (= *spezielle* Bedürfnisbefriedigung, vgl. auch *Assael,* 1990, S. 232 ff.).

Die zweite grundlegende Entscheidung betrifft schließlich den Umfang der **Marktabdeckung.** Mit ihr wird fixiert, ob das Unternehmen – unifizierend oder segmentierend – jeweils den gesamten Markt (= *totale* Marktabdeckung) oder nur einen Marktausschnitt (= *partiale* Marktabdeckung) bedienen soll.

Fallbeispiel: Marktbearbeitungsalternativen im Kosmetik-Markt

Die strategische Bedeutung bzw. Möglichkeiten der Marktparzellierungsstrategien sollen – zum besseren Verständnis – zunächst anhand von ausgewählten Beispielen aus dem Körperpflege-/Kosmetik-Markt (vgl. *Abb. 148*) skizziert werden.

Im Markt der pflegenden Kosmetik gibt es **sog. Universalcremes**. Der typischste Vertreter dieser Kategorie ist ohne Zweifel die *Nivea-Creme* bzw. in ihrer moderneren Form die *Nivea-Milk*. Sie sind klassische Konsummarkenartikel für jedermann (Kinder, Frauen, Männer) und jeden Zweck (Schutz, Pflege, für Tag und Nacht, jedes Wetter usw.) und haben insoweit *total* marktabdeckenden Charakter. Mit ähnlichem Anspruch ist seinerzeit auch *Creme 21 (Henkel)* am Markt aufgetreten (lediglich jünger und dynamischer positioniert). Was Hautcremes angeht, so gibt es andererseits auch Angebote, die zwar ebenfalls einen undifferenzierten Charakter haben, aber in Anwendung und Verwendungszweck enger angelegt sind, die den Markt der Hautcremes mit anderen Worten also nur *partial* abdecken. Hier kann als typischer Vertreter die *Atrix*-Handcreme genannt werden, die sich aufgrund ihrer speziellen Indikation auf einen Ausschnitt des Hautcreme-Marktes beschränkt.

Von diesen universellen Angeboten pflegender Körperpflege/Kosmetik mit totaler bzw. partialer Marktabdeckung sind deutlich zu unterscheiden marktdifferenzierte, **segmentspezifische System-Pflegeserien**, wie sie insbesondere für die Depot-Kosmetik (= exklusiver Vertrieb renommierter Marken über ausgewählte Händler („Depots"), die auf Basis von Merkmalen wie Standort, Qualifikation der Mitarbeiter, Präsentation der Produkte, Struktur des Sortiments ausgewählt werden) typisch sind. So deckt beispielsweise das Programm des amerikanischen Kosmetikanbieters *Lauder* u. a. verschiedene Pflege-Segmente ab: z. B. *Estée Lauder* (für prestige- und qualitätsorientierte Frauen), *Clinique* (parfümfreie Pflegemittel für Frauen mit empfindlicher Haut), *Prescriptives* (für anspruchsvolle Frauen, die intensive Beratung in den Depotgeschäften suchen) und *Origins* (für Frauen, die umweltfreundlich verpackte Kosmetik auf rein pflanzlicher Basis und ohne Tierversuche präferieren) sowie *Aramis* (die anspruchsvolle, qualitätsorientierte Pflegeserie für Männer). Insoweit kann man sagen, dass *Lauder* mit seinen differenzierten Kosmetikserien im Prinzip den *gesamten* segmentierten Kosmetikmarkt abdeckt. Darin unterscheidet sich etwa das Angebot von *Vichy (Vichy Laboratoires)*, das zwar auch segmentiert ist, aber nur *ein* Segment des Gesamtmarktes abdeckt (= Segmentierung mit partialer Marktabdeckung: pflegende System-Kosmetik für Frauen mit stark medizinischem Anspruch und beratungsorientiertem Vertrieb über Apotheken).

Bei der Segmentierungsstrategie kann je nach Umfang der Marktabdeckung auch von **Multiple Segment Strategy** (= Segmentierungsstrategie mit (beinahe) totaler Marktabdeckung, vgl. Beispiel *Lauder*) und **Single Segment Strategy** (= Segmentierungsstrategie mit partialer Marktabdeckung, vgl. Beispiel *Vichy*, inzwischen zur *L'Oreal-Gruppe* gehörend) gesprochen werden (vgl. in diesem Zusammenhang auch Multiple-niche- und Single-niche-Strategy bei *Cravens*, 1982, S. 168 ff.). Eine partial-orientierte Marktsegmentierungsstrategie kann allerdings auch in der Form verfolgt werden, dass zwar nicht alle Marktsegmente, aber *mehr* als nur ein Marktsegment bedient wird. Die Segmentierungsstrategie bietet so gesehen gegenüber der Massenmarktstrategie einen breiteren marketing-strategischen Handlungsfächer (*Becker*, 2000 a, S. 23 f.).

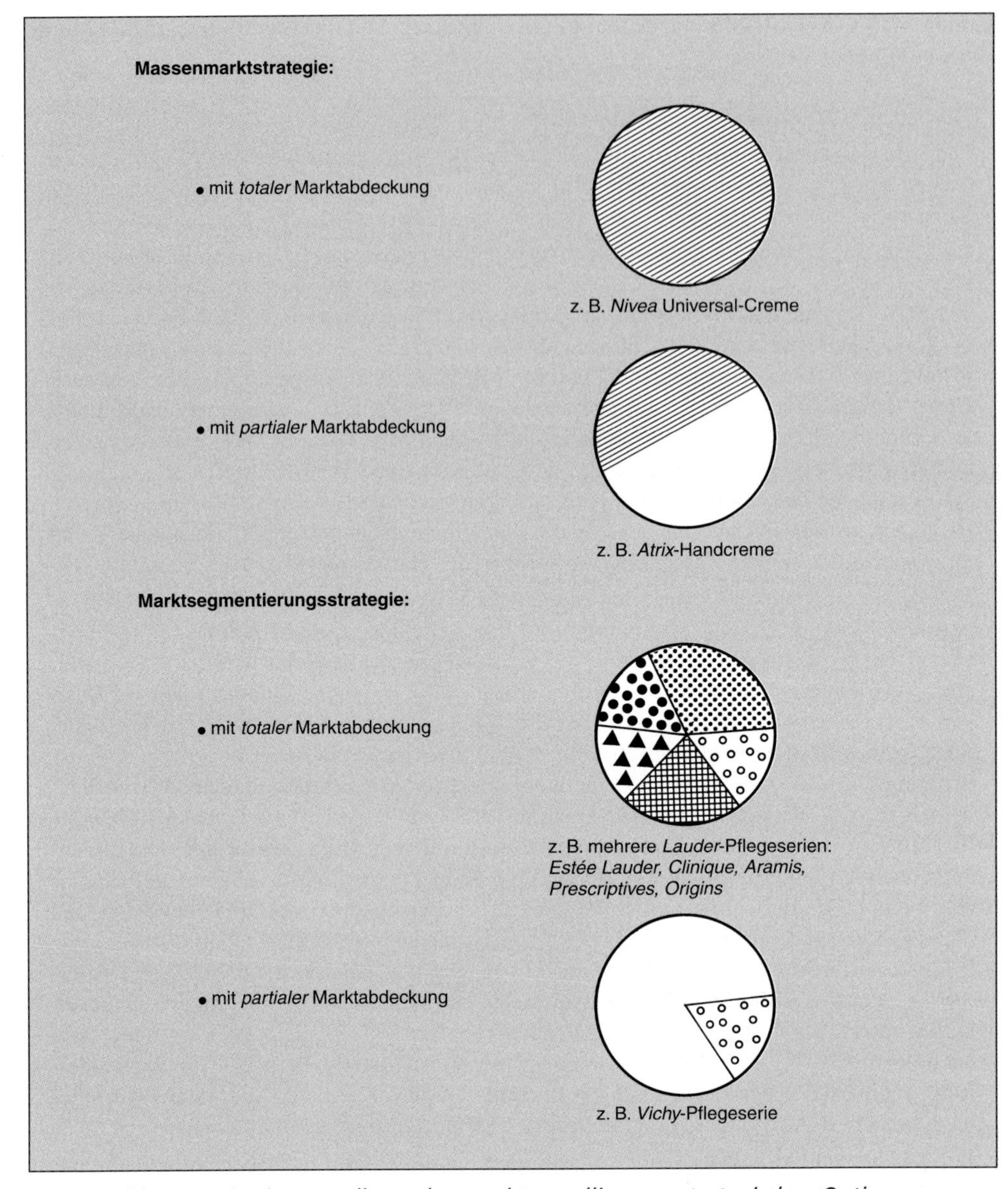


*Abb. 148: Die vier grundlegenden marktparzellierungs-strategischen Optionen (am Beispiel des Marktes der pflegenden Kosmetik)*

Nachdem die Marktparzellierungsstrategien in ihren verschiedenen Ausprägungsformen beispielhaft charakterisiert worden sind, soll nunmehr in gesonderten Abschnitten auf die Massenmarktstrategie einerseits und die Marktsegmentierungsstrategie andererseits im Einzelnen eingegangen werden, und zwar sowohl was ihre **Prinzipien** als auch **Marktmechanismen** betrifft. Der Segmentierungsstrategie wird dabei – wie noch zu begründen sein wird – besondere Aufmerksamkeit geschenkt. Zunächst soll aber auf die Massenmarktstrategie Bezug genommen werden.

### a) Massenmarktstrategie

Diese Strategie ist eine **klassische Marketingstrategie,** wie sie von vielen Unternehmen in vielen Märkten angewandt wird. Die Strategie des sog. Massenmarketing – also jene Strategie, die auf die undifferenzierte Abdeckung von Massenmärkten zielt – ist dabei nicht zwingend an preis-mengen-orientierte Aktionsweisen gebunden, sondern sie ist vielmehr in hohem Maße **Standardstrategie** des klassischen *präferenz*-orientierten Markenartikel-Konzepts. Das heißt, gerade auch präferenz-politisch orientierte Unternehmen bewegen sich – oder besser: bewegten sich – mit Vorliebe auf solchen Massenmärkten. Einige klassische Markenartikel, die es zum Teil bereits seit mehr als hundert Jahren gibt, mögen das (bezogen auf ihr jeweiliges Ausgangskonzept, z. T. bis heute so fortgeführt) verdeutlichen:

- *Odol* (Mundwasser)
- *Nivea* (Hautcreme)
- *Persil* (Waschmittel)
- *Tempo* (Taschentücher)
- *Maggi* (Würze/Suppen)
- *Asbach* Uralt (Weinbrand)

Diese Marken sind zugleich Beleg dafür, dass das Markenartikel-Konzept mit seiner – zumindest in der Vergangenheit – primären Massenmarkt-Orientierung in den **unterschiedlichsten Märkten** (Branchen) zu finden ist.

Es soll deshalb näher nach dem eigentlichen Prinzip dieser klassischen Unifizierungs- oder Massenmarktstrategie gefragt werden. In den einführenden Darlegungen zu diesem Abschnitt ist aus Abgrenzungsgründen darauf bereits eingegangen worden. Hier soll diese Thematik nun noch speziell vertieft werden, und zwar *differenziert* nach dem jeweiligen Grad der Marktabdeckung.

#### aa) Massenmarktstrategie mit totaler Marktabdeckung

Das Prinzip der Unifizierungsstrategie (Strategie des Massenmarketing) besteht insgesamt darin, *nicht* die Unterschiede in den Bedürfnisstrukturen und den Verhaltensweisen der Abnehmer in spezieller Weise zu beachten oder – wie man auch markt- bzw. preistheoretisch formulieren kann – nicht ihre unterschiedlichen Nachfragekurven zu berücksichtigen. Der Markt wird demnach bewusst nicht in seinen Teilen gewürdigt, sondern als **Aggregat** behandelt, d. h. man konzentriert sich bei der Gestaltung des eigenen Angebots für den Markt nicht auf das, worin sich die Abnehmer unterscheiden, sondern vielmehr auf *das*, was sie verbindet. In diesem Sinne versuchen daher massenmarkt-strategisch operierende Unternehmen, den Produkt- wie auch den Marketingmix insgesamt so auszurichten, dass damit grundsätzlich die **größtmögliche Zahl von Abnehmern** angesprochen wird.

Die marketing-strategische Mechanik besteht also insgesamt darin, möglichst das **gesamte Potenzial** eines Marktes universal zu nutzen, dadurch große Absatzmengen zu realisieren, die zugleich niedrigste Herstellkosten und damit niedrige Preise ermöglichen (bzw. umgekehrt: niedrige Preise ermöglichen eine große (vollständige) Marktpotenzialausschöpfung bei gleichzeitiger Realisierung niedrigster Kostenpositionen). Reine Massenmarktstrategien können aufgrund dieser Marktmechanik sehr wohl oberziel-führend (z. B. in bezug auf das **Rentabilitätsziel**) realisiert werden. In vielen Märkten gibt es Beispiele für auf dieser Grundlage erfolgreich operierende Unternehmen. Als klassische Beispiele solcher Vermarktungskonzeptionen können etwa *Ford* mit dem *T-Modell* oder auch *Volkswagen* mit dem *VW-Käfer* angeführt werden. Im Zeichen stagnierender Märkte einerseits und gestiegener Konsumansprüche andererseits nehmen die Erfolgschancen solcher undifferenzierten Massenstrategien aber tendenziell ab (sie bedürfen inzwischen – wie noch darzulegen sein wird – zumindest strategischer Ergänzungen wie Differenzierungs- bzw. Segmentierungsmarketing).

*Rosenberg* bezeichnet die klassische massenmarkt-orientierte Strategie auch als „Market Integration", die dadurch möglich wird, dass mit Methoden der Marketingforschung gezielt nach Abnehmercharakteristika gesucht wird, „that are basic to widely different market groups" (*Rosenberg,* 1977, S. 163). Diese strategische Grundausrichtung von Unternehmen entspricht durchweg einer sehr allgemein formulierten **Mission** (= Unternehmenszweck) im Rahmen der Unternehmenszielfestlegungen (vgl. 1. Teil „Marketingziele"). Charakteristisch für eine solche allgemein gehaltene Zwecksetzung ist etwa eine **Formulierung** wie folgt: „Gegenstand des Unternehmens ist die Herstellung und der Vertrieb von (Erfrischungs-)Getränken". Es ist klar, dass eine so weit gefasste „Mission" zunächst auf massenstrategische Abdeckung von **Grundmärkten** gerichtet ist bzw. auf sie hinausläuft (Ziel- bzw. Missionsfestlegungen haben insoweit den Charakter strategischer Vor-Formulierungen = **konzeptionelle Kette**). Typisch für eine solche Massenmarktstrategie ist neben einer ausgeprägten Massenproduktion der Einsatz von Massendistributionswegen und Massenwerbemedien (Multi- bzw. Omni-Channel und Off- sowie Online).

Fallbeispiele: Typische Massenmarkt-Konzepte (1)

Im Interesse der Gewinnung einer möglichst **breiten Abnehmerschaft** werden die massenmarkt-orientierten Produkte i. d. R. universal-thematisch ausgelobt. Als Beispiel kann hierfür etwa die (ursprüngliche) Auslobung des *Mars*-Schokoladenriegels angeführt werden: „*Mars* macht mobil bei Arbeit, Sport und Spiel". *Mars* wurde auf diese Weise in Richtung „für jedermann und für jeden Zweck" profiliert. Art und Wiederholung der Werbung sorgten darüber hinaus für einen hohen Bekanntheitsgrad, der die Marke für die verschiedenen Bedarfsanlässe ständig aktualisieren und bei den Abnehmern entsprechende Markenbindungen schaffen sollte.

Ein ähnliches Konzept lag z. B. seinerzeit auch dem Marketing von *Jägermeister* zugrunde. Über eine spezielle Unikat-Werbekampagne (Prinzip: jedes Anzeigensujet wird nur einmal in jeweils einem Medium geschaltet) wurde die Spirituose *Jägermeister* als für jeden Menschen und für jede Gelegenheit geeignet profiliert („Einer für alle").

Vergleichbare, vielseitig verwendbare Produkte, wie das zuletzt am Beispiel von *Mars* oder auch *Jägermeister* demonstriert worden ist, haben damit in hohem Maße den Charakter von Standard- bzw. Universalangeboten, die in der Regel primär der Befriedigung von *Grund*bedürfnissen dienen. Sie sind „flächig" konzipiert; die ihnen zugrundeliegende Strategie des Massenmarketing kann insoweit auch als **Schrotflinten-Konzept** bezeichnet werden.

Der diesen Konzepten zugrundeliegende Markt kann als ein **Grundmarkt** (*Kalmar,* 1971, S. 105, *Hesse,* 1973, S. 8 f.) aufgefasst werden. Er ist dadurch definiert, dass vom theoretischen Gesamtmarkt (= Summe aller in Betracht kommenden Abnehmer, z. B. alle Einwohner oder Haushalte eines Landes) lediglich die Abnehmer eliminiert werden, die aufgrund „einfacher Deduktionen" für die Verwendung eines Produkts oder Leistung nicht in Betracht kommen, z. B. Kinder für Rauchwaren, Nicht-Autobesitzer für Autorechtsschutz-Versicherungen.

Die Strategie des Massenmarketing ist darauf angelegt, Produkte bzw. deren Verwendung so zu entproblematisieren, dass sie im Prinzip für jedes Grundmarkt-Subjekt geeignet sind (vgl. z. B. den langjährigen *Oetker*-Profilierungsansatz „Qualität ist das beste Rezept").

Auf diese Weise treffen Massenmarktstrategien auf entsprechend große Marktvolumina, die große Absatzvolumina für konsequent operierende Unternehmen ermöglichen (mit dementsprechenden Kostenvorteilen bis hin zur Kostenführerschaft). Was die **Entproblematisierung von Produkten** bzw. ganzen Produktkategorien betrifft, um massenbedarfs-orientierte „Volumenstrategien" zu realisieren, so gibt es hierfür unterschiedliche Beispiele. Ein interessantes bezieht sich auf den Weinmarkt.

Fallbeispiel: Typische Massenmarkt-Konzepte (2)

In dieser Hinsicht war etwa das Weinprogramm *„Goldener Oktober"* (*Allgäuer Alpenmilch AG,* München bzw. deren Tochterunternehmen *St. Ursula,* Bingen) massenmarktstrategisch konzipiert, wobei mit einem **kompakten Angebot** (ursprünglich zwei Weißweine verschiedener Lagen und ein Rotwein) die Probleme der Weinauswahl speziell für Nicht-Weinkenner entscheidend reduziert wurden. Aufgrund eines durchschnittlichen Preisniveaus wurde dieses Angebot außerdem so breitenfähig, dass als Zielgruppe im Grunde lediglich totale Ablehner des Weinkonsums sowie anspruchsvolle Weinkenner ausfielen. Einen ähnlichen strategischen Ansatz verfolgte ein ursprüngliches *Käfer*-Weinsortiment (zunächst drei weiße und drei rote Weine), allerdings auf einem etwas gehobenerem Preisniveau.

Typische Massenmarkt-Strategien lassen sich auch in *vielen* anderen Märkten nachweisen, so u. a. im Körperpflegemarkt. Er ist aber zugleich auch ein Beispiel dafür, dass insbesondere Massenmärkte bzw. ihre Produkte/Marken relativ stark in einen **Preiswettbewerb** geraten (können). Dieser Preiswettbewerb, der sich vor allem in einem ausgeprägten Aktionswettbewerb (preisorientierte Verkaufsförderungsaktionen) niederschlägt, trifft dabei nicht selten die jeweiligen Marktführer, weil ihre Marken sich naturgemäß besonders gut für den Handel eignen, die **eigene Leistungsfähigkeit** durch entsprechende (Preis-)Angebote zu dokumentieren (vgl. entsprechende Probleme z. B. bei den führenden Haarkosmetik-Marken *Schauma* (Shampoo) und *Taft* (Haarspray) von *Schwarzkopf,* die das Unternehmen seinerzeit veranlasst haben, höherpreisige Marken zu etablieren (wie z. B. *News* und *Topas*). Überhaupt zwingen zunehmend **veränderte Konsumverhaltensweisen** (u. a. gestiegene qualitative Konsumansprüche, Wunsch nach Abwechslung, Bevorzugung von Spezialitäten und „Neuheiten") zu einer stärkeren Differenzierung von (Massen-)Angeboten. Klassische Markenartikel-Unternehmen wie *Oetker, Unilever Bestfoods, Kraft Foods* variieren deshalb permanent ihr Produktangebot (z. B. *Oetker* im Backmischungen- und Fertigkuchen-Markt, *Bestfoods* im Suppen- und Fertiggerichte-Markt oder auch *Kraft Foods* im Saucen- und Dressing-Markt oder neue Ernährungslinien, vegetarische bzw. vegane).

Das heißt, sowohl gestiegene Abnehmeransprüche als auch der allgemeine Preisverfall von Stammprodukten bzw. Stamm-Marken erzwingt eine zunehmende Differenzierung bzw. **Variation von Massenprodukten** (Variantenmarketing). Ein solches Variantenmarketing kann man zugleich als eine Art Vorstufe zur zielgruppen-spezifisch differenzierenden Marktsegmentierung ansehen (siehe nächsten Abschnitt).

Was typische Massenmarktstrategien totaler Art betrifft, so gibt es auch ein breites Einsatzfeld im **Nicht-Konsumgüterbereich.** Auch hier zeichnen sich – wie Beispiele zeigen – zunehmend differenzierende Formen des Massenmarketing ab. Das soll an ausgewählten Beispielen noch etwas vertieft werden.

Fallbeispiele: Massenmarkt-Konzepte im Nicht-Konsumgüterbereich

Massenmarktstrategien werden in hohem Maße auch im **Investitionsgüterbereich** verfolgt, und zwar speziell bei massenhaften Roh-(= Ursprungs-) und Einsatzstoffen (= verarbeitete Rohstoffe). Sie sind meistens mit speziellen Vermarktungsinstitutionen bzw. Marktveranstaltungen wie Auktionen und Börsen verknüpft (*Engelhardt/Günter,* 1981, S. 199 ff.; *Kleinaltenkamp,* 1995, Sp. 2114 f.).

Beispiele für Massenmarktstrategien mit tendenziell totaler Marktabdeckung gibt es auch im **Dienstleistungsbereich.** So versucht z. B. die Hotelgruppe *Accor* mit ihren Hotelketten *Mercure* oder auch *Ibis* über ein attraktives Preis-Leistungs-Verhältnis den Durchschnittsreisenden anzusprechen (im Gegensatz insbes. zur Top-Hotelkette *Sofitel* für den anspruchsvollen Kunden). Massenmarktstrategien erzwingen demnach – je nach unternehmerischem Gesamt-Konzept – ggf. auch *markenstrategische* Trennungen.

Typische Massenmarktstrategien verfolgen zudem – ihrem Versorgungsauftrag entsprechend – **öffentliche Versorgungsunternehmen** (z. B. Strom/Gas/Wasser). Auch die inzwischen privatisierte Telekom verfolgt eine Massenmarktstrategie (aber mit immer mehr differenzierten Geräte-/Netzangeboten). Das gilt übrigens auch für die Bahn (vgl. die zunehmende Angebotsdifferenzierung, z. B. *Inter Regio, Inter City, Inter City Express*).

Die Massenmarktstrategie mit *totaler* Marktabdeckung stellt sich insoweit als eine in vielen Branchen praktizierte, durchaus **evolutionsfähige Standard-Strategie** dar, die aber in wachsendem Maße durch ganz unterschiedliche Differenzierungsformen – je nach spezifischen Markt- und Wettbewerbsbedingungen – ergänzt werden muss (= Strategie-(Weiter-)Entwicklung).

### *ab) Massenmarktstrategie mit partialer Marktabdeckung*

Von Massenmarktstrategien mit im Prinzip total marktabdeckendem Charakter sind solche Unifizierungsstrategien zu unterscheiden, die zwar ebenfalls massenhaft („flächig") angelegt sind, sich aber auf **bestimmte Globalabschnitte** eines Marktes konzentrieren: Massenmarktstrategie mit partialer Marktabdeckung.

Das Prinzip besteht auch bei dieser Strategievariante darin, bewusst Massenmärkte zu bedienen, die jedoch *enger* gefasst sind als die oben beschriebenen sog. Grundmärkte. Hier kommen bereits bestimmte einengende **Abgrenzungsmerkmale** ins Spiel, die *generelle* Bedarfsunterschiede berücksichtigen oder solche ggf. auch erst schaffen. Diese strategischen Möglichkeiten werden am besten anhand entsprechender Beispiele (etwa Zweiräder und Rasierer) transparent.

Fallbeispiele: Partiale Massenmarkt–Konzepte

Der **Markt für Zweiräder** kann zunächst einmal nach **zwei großen (Teil-)Massenmärkten** unterschieden werden: motorlose Zweiräder (= Fahrräder) und motorbetriebene Zweiräder (= Motorräder i. w. S.). Der Motorradmarkt umfasst sowohl Mopeds, Motorroller als auch (klassische) Motorräder. Unternehmen haben die Wahl, z. B. am gesamten Markt für Motorräder zu partizipieren (wie z. B. *Honda*) oder sich *nur partial* auf diesem Markt (wie z. B. *Harley Davidson*) zu betätigen.

Hier sind wiederum verschiedene partiale Abdeckungsformen möglich: entweder Engagement auf mehreren, aber nicht allen Teilmärkten (wie z. B. *Piaggo („Vespa")* speziell auf dem Rollermarkt sowie auch auf dem Moped-Markt) oder Konzentration auf nur einen Teilmarkt, und den ggf. nur in Ausschnitten abdeckend (wie z. B. *BMW* mit der Konzentration auf eher schwere, leistungsstarke Motorräder).

Generell kann gesagt werden, dass – entsprechend aufgebaute Markt- und **Markenkompetenz** vorausgesetzt – Massenmarktstrategien mit partialer Marktabdeckung („Spezialisten-Strategien") für sich gesehen zwar kleinere Umsatz-, dafür aber (deutlich) **höhere Gewinnpotenziale** aufweisen (verglichen mit Massenmarkt-Strategien mit totaler Marktabdeckung).

Hier zeigen sich zugleich **strategische Querverbindungen** zur generellen Ausrichtung der Programmpolitik entweder in Richtung Universalist (d. h. den gesamten Markt abdeckend) oder Spezialist (d. h. nur Teile des Grundmarktes bearbeitend). Insoweit bestehen Interdependenzen zwischen Entscheidungen der 1. Strategischen Ebene (= Marktfeldstrategien) und denen der hier behandelten 3. Strategischen Ebene (= Marktparzellierungsstrategien). Damit sind grundlegende **konzeptionelle Ketten** angesprochen.

Die Bedeutung der programmpolitischen Entscheidungen einerseits und der auf die Art der Marktabdeckung gerichteten Entscheidungen andererseits werden auch an einem anderen Beispiel deutlich.

Der **Rasierer-Markt** umfasst heute insgesamt **zwei große Bereiche:** den (klassischen) Nassrasierermarkt und den (modernen) Trockenrasierermarkt. Die *Gillette Company* hat den Nassrasierermarkt mit der Erfindung des Klingenhalters und der dazugehörigen Wegwerf-Rasierklinge um 1900 geschaffen und von da an professionalisiert. Er bildete zunächst den Gesamtmarkt, den *Gillette* damit zugleich voll abdeckte (Massenmarketing mit totaler Marktabdeckung).

Mit der Erfindung des **Trockenrasierers** (u. a. durch *Braun*) entstand ein zweiter Rasierermarkt, den *Gillette* mit seinen Nassgeräten nicht bedienen konnte. Insofern wandelte sich die ursprünglich totale Marktabdeckung von *Gillette* zunächst in eine partiale Marktabdeckung. Mit zunehmender Bedeutung des Trockenrasierer-Geschäfts entschloss sich Ende der siebziger Jahre die *Gillette Company,* die Firma *Braun* (Spezialist u. a. für Trockenrasiergeräte) zu übernehmen. Aus Konzernsicht deckt die *Gillette*-Gruppe seit dieser Übernahme wieder den *gesamten* Rasierermarkt ab (nämlich mit *Gillette*-Geräten den Nassrasierer- und mit *Braun*-Geräten den Trockenrasierermarkt). Das heißt, in diesem Beispiel bearbeiten zwei markenmäßig getrennte **Spezialisten** (jeweils mit spezifischer, anerkannter Markt- und Markenkompetenz und damit überdurchschnittlichem Gewinnpotenzial) den gesamten Rasierermarkt im Rahmen einer Unternehmensgruppe. Marktabdeckungs-strategische Entscheidungen stellen insofern in vielen Fällen nicht Einmalentscheidungen dar, sondern sind Entscheidungen, die im Laufe des Unternehmenszyklus wie des Marktzyklus überprüft und ggf. korrigiert werden müssen.

Anhand des zuletzt diskutierten Beispiels werden zugleich wichtige Querverbindungen zu **marken-strategischen Entscheidungen** (und damit zur 2. strategischen Entscheidungsebene, d. h. den Marktstimulierungsstrategien, speziell Präferenzstrategie) deutlich. Insoweit bestehen also nicht nur allgemeine **gesamt-konzeptionelle Ketten** zwischen Ziel-, Strategie- und Mixebene, sondern auch besondere strategische Ketten, nämlich in Bezug auf eine sinnvolle Abstimmung und Ausrichtung wichtiger *strategischer* Basisentscheidungen untereinander.

Insgesamt haben die aufgeführten Beispiele gezeigt, dass es in vielen Märkten durchaus **erfolgversprechende Ansatzpunkte** für massenmarkt-strategische Konzepte mit lediglich partialer Marktabdeckung gibt. Die Beschränkung auf – wenn auch i. d. R. relativ große – Teile eines Grundmarktes führt zwar naturgemäß zu Einschränkungen möglicher Absatzvolumina, verbunden mit einem entsprechenden Verzicht auf die Realisierung maximaler Kostenvorteile. Unter **Rentabilitätsgesichtspunkten** können solche „partialen" massenmarkt-strategischen Angebotsformen aber trotzdem interessant sein, und zwar aufgrund ihres „Spezialitäten-Charakters". Er erlaubt es i. d. R., entsprechend höhere Preisstellungen gegenüber reinen oder „totalen" massenmarkt-strategischen Produktleistungen zu realisieren.

Das aufgeführte *Gillette-/Braun*-Beispiel verdeutlicht andererseits, dass durch geschickte **strategische Kombinationen** die Vorteile von Spezialisten-Konzepten wahrgenommen werden können (= Preis-/Renditevorteile), ohne die prinzipiellen Nachteile *un*vollständiger Marktabdeckung in Kauf nehmen zu müssen (= dank **übergeordneter Konzernstrategie).**

Insgesamt haben die Darlegungen gezeigt, dass massenmarkt-strategische Entscheidungen mit ihren Marktabdeckungsalternativen (totale/partiale Abdeckung) Entscheidungen von erheblichem Gewicht sowohl für die **strategische Grundausrichtung** als auch die **Erfolgsaussichten** (= Ziel-Orientierung) der Unternehmen darstellen.

Nachdem zunächst die Massenmarkt-Strategie in ihren beiden Marktabdeckungsvarianten diskutiert worden ist, soll nun im Einzelnen auf die marktsegmentierungs-strategischen Möglichkeiten eingegangen werden.

### *b) Marktsegmentierungsstrategie*

Bereits in den einführenden Darlegungen zum marktparzellierungs-strategischen Ansatz wurde darauf hingewiesen, dass sich Märkte unter dynamischen Umfeldbedingungen weiterentwickeln und immer feinere Strukturen annehmen (siehe hierzu auch *Becker,* 2000 a).

Während der marktstimulierungs-strategische Ansatz (2. strategische Ebene) an der allgemeinen qualitativen Ausdifferenzierung im Sinne einer ausgeprägten Marktschichtung (und damit **vertikalen Abstufungen** von Preis-Leistungs-Niveaus) anknüpft, geht es bezogen auf den hier behandelten marktparzellierungs-strategischen Ansatz primär um **horizontale Ausdifferenzierungen**, und zwar speziell auf der mittleren und oberen Marktschicht, welche jeweils zielgruppenorientierte Marken(qualitäts)-Käufer mit speziellen Leistungsansprüchen repräsentieren. Eine modellhafte Abbildung soll das verdeutlichen *(Abb. 149).*

Den verschiedenen Preis-Leistungs-Niveaus (= vertikale Ausdifferenzierung) liegen i. d. R. mehr **objektive Qualitätsabstufungen** (z. B. allgemeine Qualitätsklassen nach Rohstoffanteilen, Reinheitsgraden, Toleranzen u. ä.) zugrunde. Die (horizontale) zielgruppen-orientierte Ausdifferenzierung der Leistungsansprüche ist dagegen – neben objektiv-qualitativen Unterschieden (z. B. nach PS-Klassen, Sicherheits- und Komfortstufen bei PKWs) – vor allem durch **subjektiv-psychologische Merkmale** geprägt (z. B. Prestige-, Stil-, Erlebnis-Ansprüche).

Die „Entdeckung" der Segmentierung von Märkten geht auf Analysen in den USA ab 1950 zurück (*Smith,* 1956), das Segmentierungsphänomen wurde jedoch erst ab 1970 intensiver aufgegriffen (*Frank/Massy/Wind,* 1972; *Bauer,* 1976 bzw. 1977; *Böhler,* 1977 b; *Kaiser,* 1978; *Freter,* 1983 bzw. 2008; *Berrigan/Finkbeiner,* 1992; *McDonald/Dunbar,* 1995; *Pepels, 2000*).

In der Literatur wie in der Praxis wird üblicherweise *nicht* zwischen vertikalen und horizontalen Ausdifferenzierungen von Märkten unterschieden. Gleichwohl ist diese Unterscheidung relevant, weil sonst jede Ausdifferenzierung – also auch die vertikale Marktschichtung als

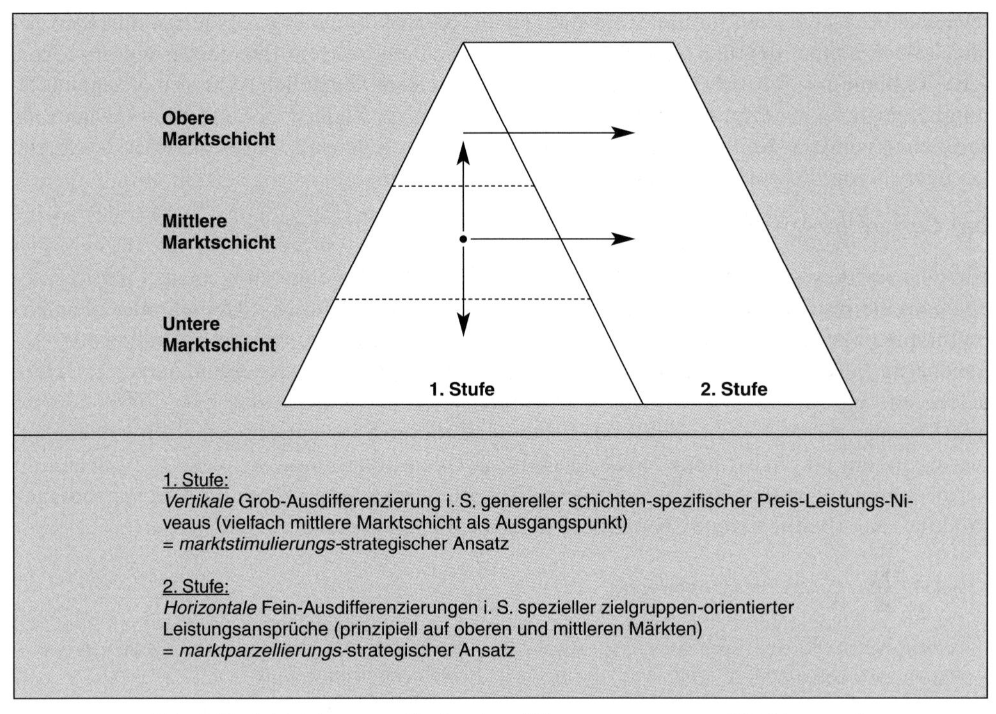


*Abb. 149: Schichten-spezifische Ausdifferenzierung von Märkten und marketing-strategische Ansatzpunkte*

grob-differenzierende 1. Stufe im Rahmen evolutorischer Marktentwicklungen – als Segmentierung angesehen werden könnte. Das Spezifische der Marktsegmentierung (und zwar sowohl im Sinne der Identifizierung existierender Segmente (Zielgruppen) als auch im Sinne ihrer gezielten strategischen Nutzung/Bearbeitung) ginge damit verloren bzw. würde aufgehen in jeder nur denkbaren Form differenzierter Marktbearbeitung. Wie noch im abschließenden Abschnitt zur Marktparzellierungsstrategie zu zeigen sein wird, stellt die Marktsegmentierung aber ein ganz **spezielles strategisches Stadium** in konkreten Märkten dar, das durch eine verbesserte, zielgruppen-bezogene Kundenorientierung gekennzeichnet ist.

Unter diesem horizontal-feindifferenzierenden Aspekt sollen – wie in der Literatur allgemein üblich – unter **Marktsegmentierung** die „Aufteilung oder Zerlegung eines Marktes in Teilmärkte" (*Kaiser,* 1978, S. 11) verstanden werden. Im marketing-strategischen Sinne kann der Ansatz Marktsegmentierung dahingehend präzisiert werden, dass mit ihm die Aufteilung eines Marktes in homogene Untergruppen von Verbrauchern (Abnehmern) angestrebt wird, und zwar in der Weise, dass jede von ihnen als Zielmarkt ausgewählt werden kann, der mit einem spezifischen Marketing-Mix bearbeitet werden soll (siehe hierzu auch *Halfmann,* 2014). Im Prinzip stellen sich die meisten Märkte (Grundmärkte) als ein **Konglomerat** von Segmenten dar, die es – gerade angesichts verschärfter Markt- und Wettbewerbsbedingungen – verstärkt zu identifizieren gilt. Die Strategie der Marktsegmentierung versucht dann – im Rahmen der Produkt-, Preis-, Vertriebs- wie auch der Werbepolitik – selektierten Segmenten bzw. dahinter stehenden Abnehmergruppen mit ihren jeweiligen Bedürfnisstrukturen und Erwartungshaltungen möglichst *optimal* zu entsprechen. Eine gewählte Marktsegmentierungsstrategie hat insofern weit reichende Konsequenzen für die Ausgestaltung des Marketingmix (vgl. 3. Teil); damit wird zugleich noch einmal deutlich, dass Marketingstrategien eine wesentliche Steuerungsgrundlage („Kanalisierung“) für den Marketinginstrumenteneinsatz darstellen. Die Marktsegmentierungsstrategie kann aufgrund ihrer strengen Teilmarkt- bzw. Zielgruppen-Orientierung auch als **sog. Scharfschützen-Konzept** charakterisiert werden (im Gegensatz zur Massenmarktstrategie, die man als sog. Schrotflinten-Konzept kennzeichnen kann).

### *ba) Generelle Anforderungen an eine Segmentierung von Märkten*

Um eine solche **segmentspezifische Marktbearbeitung** sicherstellen zu können, wird an jedes Segment die Forderung gestellt, dass es für sich betrachtet möglichst ähnlich oder gleichartig (homogen) und im Vergleich zu anderen Segmenten dagegen möglichst unähnlich oder ungleichartig (heterogen) ist. Jedes Segment soll in dieser Hinsicht *intern* homogen und *extern* heterogen sein (*Frank/Massy/Wind,* 1972; *Bauer,* 1976; *Freter,* 1983 bzw. 2008; *McDonald/Dunbar,* 1995; *Pepels,* 2000). Das Hauptziel dieser Segmentierungspolitik besteht immer darin, ein möglichst hohes Maß an Identität (Identifizierungsmöglichkeit) zwischen einer bestimmten Art und Zahl von Käufern bzw. Zielgruppe einerseits und dem angebotenen Produkt einschließlich seines Vermarktungskonzepts andererseits zu realisieren.

Exkurs: Grundfragen der Positionierung

Die für die Marktsegmentierung typische (horizontale) Fein-Differenzierung von Märkten (vgl. *Abb. 149*) bedient sich i. d. R. eines speziellen methodischen Instrumentariums, das der **konkreten Lokalisierung** strategisch nutzbarer Marktsegmente dient: die Methode der Produktpositionierung.

Die Produktpositionierung beschreibt die Position der verschiedenen miteinander im Wettbewerb stehenden Produkte (Marken) in einem **sog. Eigenschaftsraum.** Aus Vereinfachungs- bzw. Darstellungsgründen wird hierfür meist ein zweidimensionales Positionierungsmodell verwendet. Bausteine eines solchen Positionierungmodells sind die wahrgenommenen bzw. erlebten relevanten Produkteigenschaften, die von den Konsumenten den Produkten (Marken) unterschiedlich zugeordnet werden bzw. auf die sie unterschiedlich reagieren bei ihrer Produkt- bzw. Markenwahl (*Rehorn,* 1976; *Ries/Trout,* 1986 b bzw. 2012; zu Grundfragen der Positionierung *Becker,* 1996 b bzw. i. E. *Tomczak/Rudolph/Roosdorp,* 1996 sowie *Esch,* 2018).

Zentrale konzeptionelle Fragen, die in Verbindung mit Positionierungsmodellen beantwortet werden können, lauten (s. a. *Kotler/Bliemel,* 2001, S. 467 ff.; *Kotler/Keller/Opresnik*, 2017, S. 348 ff.):

(1) **Auf welche Produkteigenschaften** reagieren die Käufer unterschiedlich?
(2) **Wie sind die Konkurrenzprodukte** im Produktfeld platziert?
(3) **Welche Platzierung im Produktfeld** eignet sich für das vorliegende Produkt?

Ausgangspunkt der Produktpositionierung ist die Tatsache, dass Konsumenten durchweg die Produkte auswählen, deren Eigenschaften (und zwar subjektiver und objektiver Art) ihren Vorstellungen möglichst in hohem Maße entsprechen. Marketing ist deshalb generell darauf konzentriert, jene kaufbestimmenden Eigenschaften zu identifizieren und bestehende Produkte (einschließlich vorhandener eigener) im marktrelevanten Eigenschaftsraum einzuordnen bzw. entsprechende Lücken (Positionierungslücken) für neue Produkte aufzudecken. Konzeptionelles Ziel ist es letztlich, für das eigene Produkt eine „unique selling proposition“ (abgekürzt: USP, *Reeves,* 1961), d. h. einen **einzigartigen Verkaufsvorteil** zu besetzen, der es erlaubt, dieses Produkt ganz spezifisch und möglichst nicht nachahmbar zu profilieren. Der Ausgangspunkt der Überlegungen von *Reeves* war dabei, einen möglichst originellen Ansatz für die *werbliche* Auslobung von Produkten zu finden. Die spezifische Position(ierung) von Produkten kann jedoch niemals mono-instrumental, sondern stets nur *multi*-instrumental besetzt bzw. gehalten werden. Das Positionierungsmodell ist insofern eine zentrale **Steuerungsgrundlage** für die Art und Weise des Einsatzes aller Marketinginstrumente (was gerade auch für die Marktsegmentierungsstrategie – wie bereits hervorgehoben – charakteristisch ist). *Magyar* spricht deshalb auch zutreffender von „Unique Marketing Proposition“ (*Magyar,* 1985, S. 267 ff.).

Für die Definition des **Eigenschaftsraums** gibt es verschiedene Ansatzpunkte. Prinzipiell können einzelne oder auch kombinierte Konstrukte des Kaufverhaltens, und zwar *aktivierende* (= Emotionen, Bedürfnisse (Motivationen), Einstellungen) wie *kognitive* (= Wahrnehmen, Denken, Lernen) herangezogen werden (*Ma-*

*zanec/Wiegele,* 1977, S. 46 ff.; *Schobert,* 1980; *Freter,* 2008, S. 65 ff.). Sie müssen so ausgewählt werden, dass sie zwischen den Produkten eines Marktes diskriminieren (*Brockhoff/Rehder,* 1978, S. 327 f.; zu Methodik der Positionierung *Rehder,* 1975; *Trommsdorff,* 1992; *Marks,* 1994; *Trommsdorff/Paulssen,* 2005).

Bei der Diskussion der Produktpositionierung (und ihren methodischen Ansätzen, insbesondere **multivariate Datenanalyse,** und zwar im Sinne messtechnischer Erklärungs- oder auch Entscheidungsmodelle) wird dabei meist explizit, zumindest aber implizit der **Segmentierungsfall** zugrunde gelegt. Positionierungsmodelle bzw. -ansätze können jedoch ganz allgemein als grundsätzliche Möglichkeit der Markt- bzw. Produktplazierung aufgefasst werden, und zwar unabhängig davon, ob diesem Plazierungsmodell nun eine Massenmarkt- oder eine Segmentierungsstrategie zugrundeliegt (zur Methodik mit Beispielen *Berekoven/Eckert/Ellenrieder,* 2001, S. 355 ff.; *Schubert/Franzen/Scharf,* 1989; zu den konzeptionellen Grundlagen *Becker,* 1996 b).

Es wird häufig übersehen, dass auch in Massenmärkten bestimmte **Grobpositionen** („Makro-Segmentierungen") unterschieden werden können, die nicht die Eigenschaften von Segmenten im strengen Sinne erfüllen, weil ihnen keine eindeutigen, mehrdimensional definierten Zielgruppen zugeordnet werden (können). Dennoch werden mit solchen Grobpositionen bestimmte Marktfelder definiert, die sich durch generelle Merkmale von anderen unterscheiden (vgl. *Abb. 150,* in Anlehnung an *Schmeißer,* 1984, S. 354; zur Definition solcher Grobsegmente vgl. auch *Porter,* 1986, S. 309 ff. bzw. zur positionsorientierten Strategie- bzw. Markenplanung siehe *Müller,* 1986 b sowie *Esch,* 2005 b bzw. *ders.,* 2018).

Eine Positionierung nach diesem Grundmodell wird auch gewählt als methodischer Ansatz für die Definition von Marktsegmenten, und zwar für die sog. **Nutzen-Segmentierung** (Benefit Segmentation, *Yankelovich,* 1964; *Haley,* 1970, S. 30 ff.; *Bauer,* 1977, S. 89 ff. sowie *Kotler/Bliemel,* 2001, S. 441 f.; *Kotler/Keller/Bliemel,* 2007, S. 377 ff.), die als eine Sonderform der Segmentierung aufgefasst werden kann. Verschiedene inzwischen kommerziell durchgeführte segmentspezifische Produktpositionierungs-Analysen belegen, dass es in vielen Produktmärkten möglich ist, Marktsegmente zu ermitteln, die in sich bedürfnishomogen und untereinander bedürfnisheterogen (= Grundbedingung von Marktsegmenten) sind.

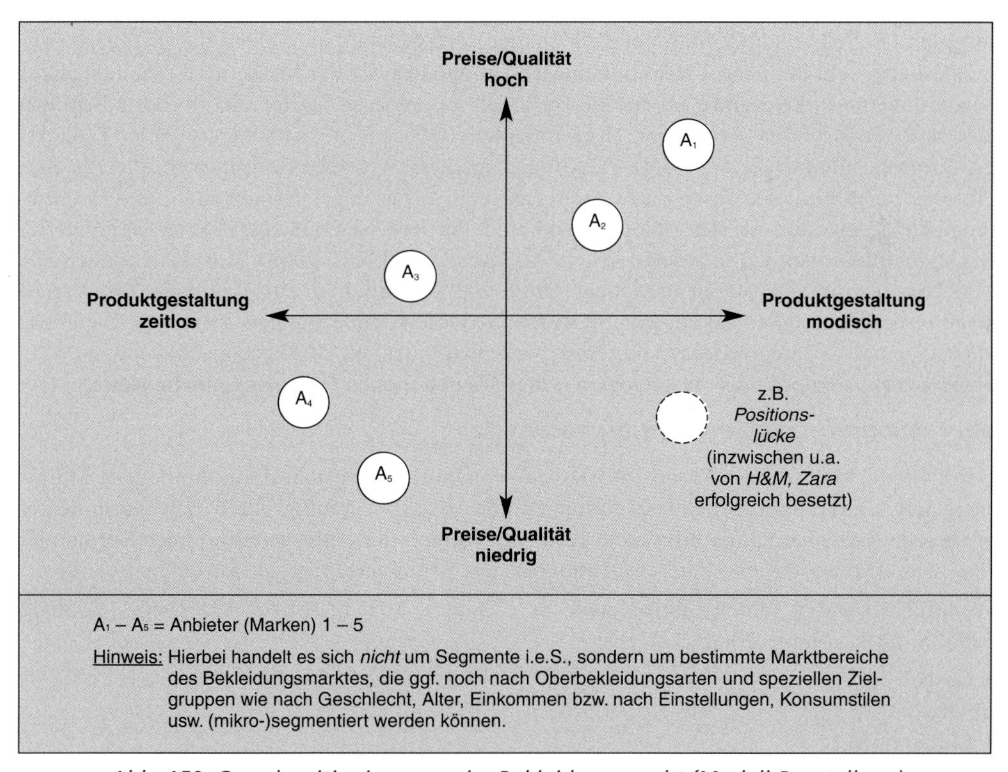


*Abb. 150: Grundpositionierungen im Bekleidungsmarkt (Modell-Darstellung)*

Damit sind die **grundsätzlichen Möglichkeiten** (Kriterien) angesprochen, mit Hilfe derer echte, mehrdimensional zu beschreibende Marktsegmente abgegrenzt und damit einer marketing-strategischen Besetzung (Marktbearbeitung) zugänglich gemacht werden können. Was die Identifizierung von echten Marktsegmenten betrifft, so kann für diese Aufgabe eine große Zahl verschiedenartiger, zielgruppen-differenzierender **Trennvariablen** (Messkriterien) herangezogen werden, und zwar solche, die kaufverhaltens-relevante Tatbestände bzw. marketingmix-relevante Reaktionskoeffizienten abgreifen bzw. ermitteln lassen. In der Theorie wie auch in der Praxis sind inzwischen eine ganze Reihe solcher Variablen (auch als Indikatoren bezeichnet) konzipiert und erprobt worden. Unternehmen haben von je her herauszufinden gesucht, welche Kauf- bzw. Einflussfaktoren für Verhalten und Reaktionsweisen ihrer Abnehmer (Kunden) entscheidend sind. Erst mit der Entdeckung von „Feinstrukturen" – d.h. verschiedenen Teilmärkten oder Segmenten (Zielgruppen) innerhalb von Gesamt- bzw. Grundmärkten – hat man versucht, möglichst alle wesentlichen Unterscheidungsmerkmale für Kaufverhalten zu identifizieren.

In der Literatur (z.B. *Frank/Massy/Wind,* 1972, S.26ff.; *Böhler,* 1977 b, S.64ff.; *Kotler/Bliemel,* 1999, S. 436 ff.; *Meffert,* 2000, S. 186 ff.) wie in der Praxis werden für die Abgrenzung von Marktsegmenten im Wesentlichen folgende grundlegenden **Merkmalsgruppierungen** vorgeschlagen bzw. angewendet *(Abb. 151).* Es sind Kriterien, wie sie vor allem für Konsumgütermärkte typisch sind (*Freter,* 2001 b; stärker differenziert *ders.,* 2008 sowie *Halfmann*, 2014).

Die Übersicht zeigt, wie vielfältig Segmentierungsansätze gewählt werden können. Generell gilt, dass die **Trennschärfe** von Marktsegmenten (= intern homogen, extern heterogen) mit der jeweils adäquaten Zahl bzw. der sinnvollen Kombination unterschiedlicher Merkmale wächst. Insgesamt sollen solche Zielgruppen (Segmente) erfasst werden, welche die gleichen – zumindest aber sehr ähnliche – **Reaktionsweisen** auf den Einsatz der Marketinginstrumente bzw. den gesamten Marketingmix aufweisen. Das heißt mit anderen Worten, die in einem Segment zusammenzufassenden Abnehmer (Konsumenten) müssen so betrachtet gleiche Produkterwartungen, gleiche Preis-Absatz-Funktionen, gleiche Werbewirkungskurven, gleiche Servicereaktionsfunktionen usw. aufweisen (zu den Erfassungsmöglichkeiten und Validierungsschwierigkeiten bei der Ableitung individueller bzw. segmentspezifischer, aggregierter Reaktionsfunktionen vgl. *Steffenhagen,* 1978; *Freter,* 1983 bzw. 2008). Nur dann können alle Marketinginstrumente segment-adäquat eingesetzt werden und eine optimale *(ober-)zielorientierte* Wirkung entfalten. Damit werden wichtige Beziehungen zwischen Zielebene einerseits und Strategieebene andererseits sichtbar, m.a.W. Marktsegmentierung ist kein Selbstzweck, sondern muss festgelegten (Ober-)Zielen dienen (= **konzeptionelle Kette**).

### *bb) Demografischer Segmentierungsansatz*

Der älteste („klassische") Ansatz, Märkte zu segmentieren, besteht darin, homogene Marktsegmente und dahinter stehende Zielgruppen auf der Basis „biologischer" bzw. **sozio-demografischer Kriterien** zu identifizieren. Er stellt zugleich die einfachste Form der Segmentierung von Märkten dar und kann als demografische Segmentierung gekennzeichnet werden.

Wichtige **Kriterien** bilden hierfür etwa (u.a. Böhler, 1977b, S.68ff.; *McDonald/Dunbar,* 1995, S. 54ff.; *Freter,* 2008, S.97ff.):

- **Geschlecht,**
- **Alter,**
- **Einkommen,**
- **Wohnort.**

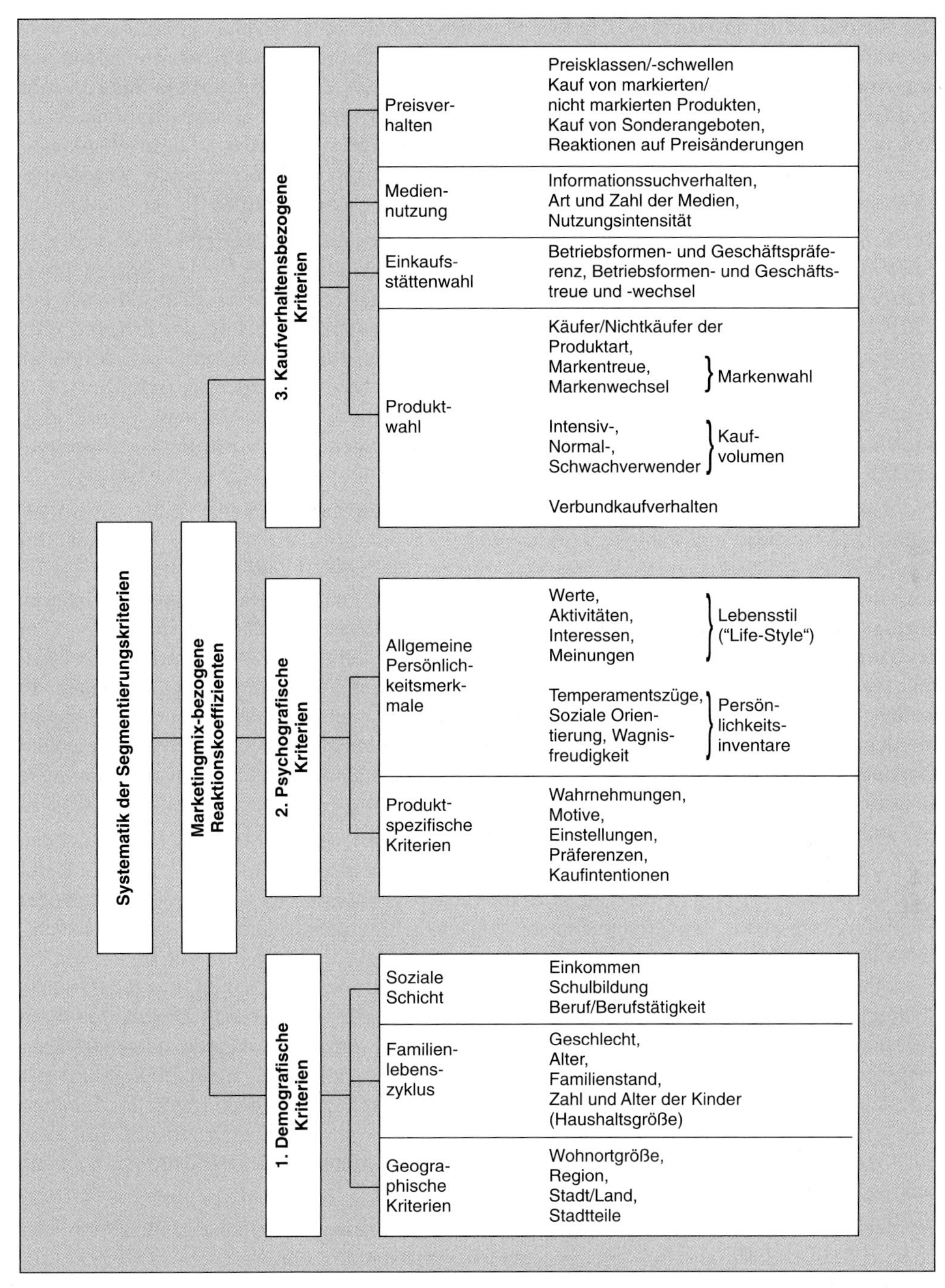


*Quelle:* nach *Freter,* 1995, Sp. 1807 f. bzw. ders., 2001 b, S. 1074 und 2008, S. 93

*Abb. 151: Merkmalsgruppen und Kriterien für die Segmentierung von Märkten*

Das **Geschlecht** ist aufgrund spezifischer physiologischer, sozial-psychologischer und kultureller Faktoren immer noch für signifikante Unterschiede im Kaufverhalten von Mann und Frau verantwortlich. Generelle Marktsegmentierungen bzw. Zielgruppenbestimmungen nach dem Geschlecht sind vor allem bei solchen Warengruppen sinnvoll, bei denen Kauf und Konsum in einem direkten Zusammenhang mit dem Geschlecht stehen. Das ist bei vielen klassischen Verbrauchs- und Gebrauchsgütern im Konsumgüterbereich gegeben, wie Körperpflege/Kosmetik, Kleidung, Zigaretten, Zeitschriften oder auch Automobilen.

Bei Kosmetik kann unterschieden werden zwischen Frauen- und Herrenserien, wie z. B. *Estée Lauder* für Frauen und *Aramis* für Männer, bei Zigaretten etwa Männerzigaretten wie *Marlboro* und Frauenzigaretten wie *Eve,* bei Zeitschriften beispielsweise „Männerzeitschriften" wie *Wirtschaftswoche* oder *Capital* und Frauenzeitschriften wie *Brigitte* oder *Freundin* oder verstärkt auch bei Automobilen zwischen Männer-Marken bzw. -Modellen wie *Porsche* bzw. *5 er-BMW* und Frauen-Modellen wie *1er-BMW* (oder speziell *Mini*), *Fiat Punto* oder *Ford Fiesta.* Insbesondere die Produktpolitik (inkl. Design bzw. Verpackung) wird hier ganz bewusst auf geschlechtspezifische Ansprüche und Erwartungen/Einstellungen hin konzipiert.

Das **Alter** ist insofern eine grundlegende Trennvariable für Marktsegmente (Zielgruppen), als Wünsche/Ansprüche und Fähigkeiten/Möglichkeiten sich im Laufe des Lebens ändern. Das wird deutlich an Marktsegmenten, die stark altersmäßig geprägt sind (z. B. der Baby-Markt, u. a. Ernährung, Bekleidung, Körperpflege, Spielzeug; analoge altersgruppen-spezifische Segmentierungen gelten bzw. sind notwendig auch im Kinder-, Jugend-, Erwachsenen- oder neuerdings im Alten- bzw. Jung-Senioren-Markt). Dabei zeigt sich, dass nicht nur das faktische Alter konsumbestimmt ist, sondern auch die jeweiligen Vorstellungen und Haltungen. So wollen Jung-Senioren nicht als „Alte", sondern als sich noch jung und dynamisch fühlende Menschen angesprochen werden. Hier zeigen sich erste Verbindungen zu wichtigen psychografischen Merkmalen und ihre Relevanz für echte konsumenten-adäquate Segmentierungen (worauf noch einzugehen sein wird).

Das **Einkommen** stellt ebenfalls eine wichtige Trennvariable für die Marktsegmentierung dar. Sie wird sehr häufig benutzt, und zwar – was ebenfalls noch zu behandeln ist – meist in Kombination mit anderen Segmentierungskriterien (u. a. psychologischen Kaufbereitschaften oder Stilpräferenzen). Was den Zusammenhang zwischen Einkommen und Kauf- bzw. Konsumverhalten betrifft, so gibt es verschiedene empirisch belegte Erfahrungen. Mit zunehmendem Einkommen sinkt im Allgemeinen zunächst einmal der Einkommensanteil, der für (Grund-) Nahrungsmittel ausgegeben wird (auch bekannt als *Engel'sches Gesetz*). Umgekehrt steigt aber mit zunehmendem Einkommen die Nachfrage nach Produkten mit Zusatznutzen im Nahrungsmittelbereich (aber nicht nur dort). So nimmt etwa mit steigendem Einkommen der Konsum von Spezialitäten, Luxus- oder Premiumprodukten zu. Dennoch trennt das Einkommen – jedenfalls als einzelne Segmentierungsvariable – das segmentspezifische Verhalten *nicht mehr* so eindeutig wie früher. Dafür ist ein Einstellungswandel bzw. die Ausformung subtiler Lebensstile verantwortlich.

Während z. B. ein Arbeiter mit niedrigem Einkommen einen möglichst großen *Mercedes* (z. B. *E-Klasse,* dafür aber mit eher bescheidener Ausstattung und eher schwacher (Diesel-) Motorisierung) kauft, entscheidet sich ein Angehöriger einer gehobenen Berufs-/Einkommensklasse etwa für das Kompaktauto (z. B. *Golf* von *Volkswagen,* und zwar mit sehr anspruchsvoller Innenausstattung und „starker" Motorisierung). Beide Verhaltensweisen stellen Ausdrucksformen eines *demonstrativen* Konsums dar, und zwar die eine als offene Demonstration im Sinne „Das kann ich mir leisten“ und die andere als mehr versteckte Demonstration im Sinne einer „neuen Bescheidenheit“.

Der **Wohnort** schließlich kann ebenfalls eine relevante Segmentierungsvariable bilden. Hierfür können unterschiedliche geografische Einheiten gewählt werden: z. B. Länder, Bundesländer, Regierungsbezirke, Landkreise, Städte oder auch Stadtteile. Es ist klar, dass regionale Segmentierungen nur Sinn machen, wenn geografische Abgrenzungen segment- oder zielgruppenspezifische Konsumverhaltensweisen separieren können. Unabhängig davon, ob ein Unternehmen sich strategisch dafür entscheidet, nur in einzelnen, mehreren oder allen geografischen Segmenten zu engagieren (vgl. hierzu auch die 4. strategische Entscheidungsebene, IV. Kapitel „Marktarealstrategien“), muss sich eine nach geografischen Zielgruppen-Merkmalen ausgerichtete Marketingpolitik jeweils mit ihrem gesamten Marketingprogramm auf „regionen-bezogene“ Bedürfnisse, Einstellungen und Präferenzen einstellen.

Fallbeispiele: Regionale Konsummuster in Konsumgütermärkten

**Regionalspezifische Konsumunterschiede** bestehen u. a. im Nahrungsmittel- wie auch Getränkemarkt. Vielfach repräsentieren schon einfache geografische Trennlinien – wie z. B. die Main-Linie als subkulturelle, landschaftlich geprägte Nord-/Südabgrenzung – sehr unterschiedliche Konsumpräferenzen. Während im Süden eher milde (süße) Feinkost-Salate, Senfarten oder das normale Vollbier bevorzugt werden, werden im Norden eher saure (scharfe) Salate und Senfarten oder das Pilsbier präferiert. Ähnliche „Konsumachsen-Verläufe“ bestehen nach der Wiedervereinigung zwischen alten und neuen Bundesländern (West-/Ostunterschiede). Sie beziehen sich u. a. auf unterschiedliche Konsumintensitäten wie auch Markenpräferenzen (während Ostdeutschland z. B. einen höheren Pro-Kopf-Verbrauch bei Bier aufwies als Westdeutschland, konsumierten die Westdeutschen wesentlich mehr Sekt/Champagner als die Ostdeutschen; nachdem die Ostdeutschen bei Sekt zunächst westdeutsche Marken bevorzugten, kehrten sie allmählich wieder stärker zu ihren eigenen alten Marken zurück, während die Westdeutschen ostdeutsche Markensekte zunächst sehr zurückhaltend angenommen haben).

Vielfach bestehen auch **feinere geografische Konsummuster,** das heißt, geografische Marktsegmente (Zielgruppen) repräsentieren etwa nur einzelne Bundesländer oder auch nur Ausschnitte davon. So ist z. B. das Weizenbier eine bayerische Spezialität, die vor allem in Bayern getrunken wird, während das Altbier eine in Teilen Nordrhein-Westfalens („Niederrhein“) präferierte Sorte ist. Gleichwohl sorgen eine „mobile“ Konsumelite (wie z. B. Geschäftsleute) oder auch Konsumpioniere (wie z. B. Studenten) dafür, dass sich (teil-)regionale Spezialitäten allmählich, wenn auch eher grobmaschig, ausbreiten. Damit wird zugleich deutlich, dass dynamische Entwicklungen Segmentabgrenzungen, gerade auch geografische, allmählich aufbrechen (können).

Insgesamt kann festgestellt werden, dass es zwar eine ganze Reihe unterschiedlicher Segmentierungskriterien gibt, eine *einzelne* Trennvariable aber in aller Regel Marktsegmente *nicht* scharf genug voneinander trennen kann. Deshalb versucht man durchweg, sinnvolle **Kombinationen von Kriterien** zu wählen, welche die Trennschärfe zu erhöhen vermögen. Ein Beispiel dafür ist etwa die Kombination von Einkommenshöhe, Familiengröße und Alter. Auf der Basis z. B. von vier Altersklassen, drei Familiengrößen und drei Einkommensklassen lassen sich insgesamt 36 Marktsegmente (4 × 3 × 3 = 36) unterscheiden *(Abb. 152).*

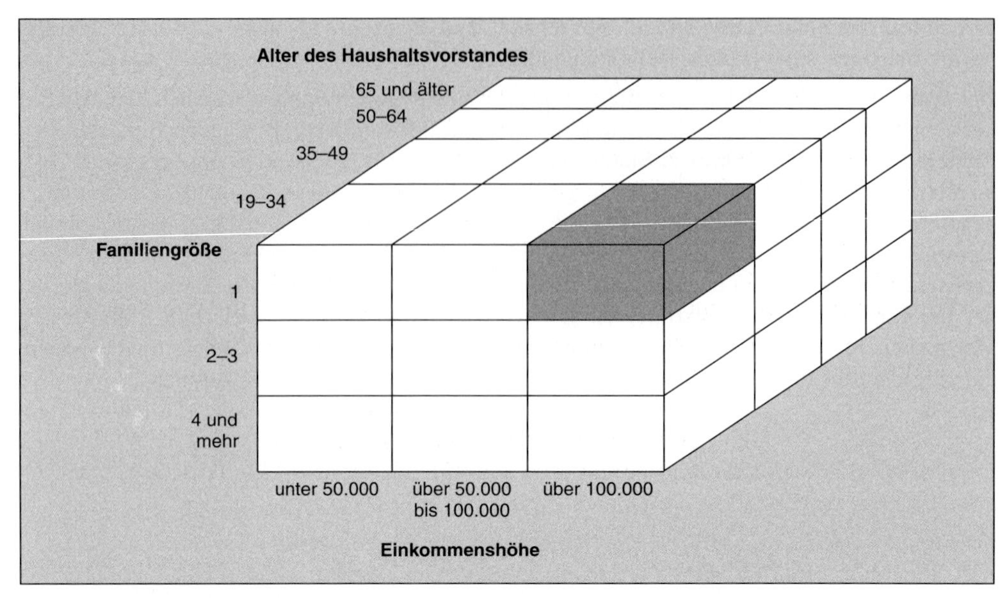


*Quelle:* nach *Kotler,* 1982, S. 208

*Abb. 152: Segmentierung eines Marktes auf Basis von drei demografischen Kriterien*

Das in der Abbildung **markierte Segment** repräsentiert junge Single-Haushalte mit vergleichsweise hohem Einkommen. Dieses definierte Segment kennzeichnet im allgemeinen eine sehr aufgeschlossene, konsumfreudige Zielgruppe. Im Hinblick auf produktgruppen-spezifische Unterschiede bzw. Besonderheiten reichen die beispielhaft ausgewählten Segmentierungskriterien vielfach jedoch nicht aus.

Neben dieser aufgezeigten, relativ einfachen Art kombinierter demografischer Segmentierung sind als **Spezialfälle** aggregierter Marktsegmentierungsmöglichkeiten sowohl die „soziale Schichtung" als auch der „Familien-Lebenszyklus" anzusehen. Hierunter sind umfassende Konzepte zur Beschreibung von Lebenssituationen bzw. Lebensphasen zu verstehen.

Der **sozialen Schichtung** (Social classes) werden im Allgemeinen die Variablen Einkommen, Beruf und Bildung/Ausbildung zugrunde gelegt. Üblich ist ein Drei-Schichten-Modell (ABC-Modell), das eine Ober-, Mittel- und Unterschicht – häufig jeweils noch nach zwei Untergruppen („obere" und „untere") differenziert – unterscheidet. Aufgrund der gewählten Merkmale stellen soziale Schichten zwar relativ stabile homogene Gesellschaftsgruppierungen dar. Aufgrund der Demokratisierung des Konsums wie aufgrund der Pluralisierung der Gesellschaft verliert – von bestimmten Teilbereichen abgesehen – das Schichtenkonzept allerdings mehr und mehr an segment-scharfer Aussagefähigkeit (s. a. *Berekoven/Eckert/Ellenrieder,* 2001, S. 251; *Kroeber-Riel/Weinberg/Gröppel-Klein,* 2009, S. 594 ff.).

Der **Familien-Lebenszyklus** stellt ein in der Soziologie verwandtes Konstrukt dar, bei dem wichtige Merkmale wie Alter, Familienstand und Alter des jüngsten Kindes miteinander verknüpft werden. Der Familienzyklus (Family life cycle) stellt dabei auf die einzelnen Phasen ab, die Menschen in einem Haushalt im Zeitablauf durchlaufen. Das auf *Wells/Gubar* zurückgehende Phasen-Modell (*Wells/Gubar,* 1966) unterscheidet *neun* Phasen, von denen einige typische genannt werden sollen (etwa 1. Phase: Junge, allein stehende Leute, die nicht mehr im

Elternhaus leben, 2. Phase: Frisch verheiratete Paare, jung, ohne Kinder, 3. Phase: Volles Nest I: Jüngstes Kind unter 6 Jahren ..., 6. Phase: Leeres Nest I: Ältere Paare, Kinder haben das Elternhaus verlassen ..., 9. Phase: Ehepartner gestorben, Überlebender pensioniert). Empirische Untersuchungen haben gezeigt, dass das Kauf- und Konsumverhalten von der jeweiligen **Lebensphase** relativ stark beeinflusst wird, und zwar in bezug auf Gebrauchs- und Verbrauchsgüter des Konsumbereichs. So werden beispielsweise Gebrauchsgüter der Haushaltausstattung wie Kühlschrank, Waschmaschine oder Staubsauger besonders stark in den ersten Phasen des Lebenszyklus gekauft. Die segmentspezifischen Aussagen zum Kauf bestimmter Produktarten sind somit vergleichsweise gut. „Wesentlich schwächer ist der Aussagewert in Bezug auf die Abgrenzung einzelner Segmente mit unterschiedlichen Bedürfnissen und unterschiedlicher Reaktion auf Marketing-Stimuli“ (= Instrumente des Marketingmix, Erg. J. B.; *Freter,* 2008, S. 104).

Abschließend soll noch auf einen neueren Ansatz zur kombinierten Segmentierung eingegangen werden: der **mikro-geografischen Segmentierung.** Der Ansatz einer kleinräumigen Regionaltypologie fußt auf der Kernidee der sog. Neighbourhood-Affinität, nämlich der begründeten Vermutung, „dass Personen mit gleichem oder ähnlichem sozialen Status und Lebensstil und daraus resultierend ähnlichem Kaufverhalten in einer Nachbarschaft wohnen bzw. umgekehrt, dass räumliche Nachbarschaft ähnliches Kaufverhalten (u. a. über das Phänomen des demonstrativen Konsums) schafft“ (*Meyer,* 1989, S. 343). Diese mikro-geografische Feinstsegmentierung wird vor allem dem Direkt- bzw. Data-base-Marketing zugrunde gelegt (*Holland,* 2000, S. 142 f. sowie *ders.,* 2009, S. 144 ff.), das durch möglichst individuelle Kundenansprache die in der Massenkommunikation üblichen Streuverluste vermeiden und zugleich Möglichkeiten für gezielte **Cross-Selling-Aktivitäten** eröffnen will.

In der BRD verwendete mikro-geografische Segmentierungssysteme beruhen auf bis zu 500.000 geografischen Zellen, die z. B. durch ein typisches Kauf-, Konsum- und Medienverhalten gekennzeichnet sind. Die **bekannten Systeme** (wie *regio Select von AZ Direct, Bertelsmann*) basieren sowohl auf sekundärstatistischen Daten als auch Primärerhebungen vor Ort in Verbindung mit der Auswertung großer vorhandener Adress- oder Kundendatenbestände (zur Mikro-Segmentierung *Martin,* 1992; *Nitsche,* 1998; Holland, 2009).

Die Darlegungen zur **demografischen Segmentierung** haben insgesamt gezeigt, dass es sehr unterschiedliche Segmentierungsansätze gibt. Neben der Verwendung einzelner Trennvariablen (Segmentierungskriterien) erweist sich durchweg die – markt- und unternehmens-(ziel-) adäquate – **Kombination** solcher Merkmale als sinnvoll. Wichtige Ansätze bzw. Systeme und ihre Leistungsmöglichkeiten wie auch -grenzen wurden diskutiert.

Zugleich haben die Darlegungen bzw. entsprechende Verweise deutlich gemacht, dass man bei echten kaufrelevanten Segmentierungen ohne psychologische und verhaltensbezogene Kriterien nicht auskommt. Auf diese Segmentierungsverfahren soll im Folgenden eingegangen werden, und zwar zunächst auf die psychografische Segmentierung.

### *bc) Psychografischer Segmentierungsansatz (einschließlich Life-Style- und Käufer-Typologie-Konzepte)*

Die psychografische Segmentierung ist der moderne(re) Ansatz, Märkte zu segmentieren. Der Ansatz besteht darin, Zielgruppen anhand gezielter **psychologischer Kriterien** zu definieren und zwar im Sinne gleichartiger, psychisch verwandter Gruppen.

Die psychografische Segmentierung bzw. der ihr zugrundeliegende Ansatz wurde entwickelt, weil die Erfahrungen gezeigt haben, dass die klassische demografische Segmentierung auf

Basis einer formal-statistischen (sozio-demografischen) Gleichheit von Zielpersonen keineswegs zu einem gleichgerichteten **Kauf- und Konsumverhalten** führen muss. Das soll an einem realen Beispiel verdeutlicht werden.

Fallbeispiel: Abgrenzungsprobleme echter Verhaltenssegmente

**Zwei Frauen** (beide regelmäßige Raucherinnen) – und zwar beide 25 Jahre alt, ledig, mit Realschulabschluss, in der gleichen Stadt wohnend, die eine Facharbeiterin in einem Produktionsunternehmen, die andere als Grafikerin in einer Werbeagentur arbeitend, beide jedoch mit annähernd gleichem Einkommen – entwickeln u. a. aufgrund der „Umwelt", in der sie leben, unterschiedliche **Konsumpräferenzen**, die sich bezogen auf das Rauchen etwa darin niederschlagen, dass die eine typische Frauen-Zigaretten (wie z. B. *Kim, Eve* usw.) ablehnt, während die andere sie ausschließlich konsumiert.

Derartige Konsumpräferenzen lassen sich mit demografischen Kriterien allein also nicht eindeutig einfangen. Hier bedarf es zusätzlicher, nämlich psychografischer Kriterien, um die **Trennschärfe von Segmenten** (Zielgruppen) entsprechend zu erhöhen.

Während es über Art und Umfang demografischer Segmentierungskriterien kaum Kontroversen gibt, ist man bezüglich der psychografischen Kriterien allerdings von einer einheitlichen Grundauffassung noch ziemlich entfernt, und zwar sowohl was ihre Art bzw. Abgrenzung als auch die Beurteilung ihrer **Relevanz für die Segmentierung** von Märkten betrifft. Insofern liegt eine voll befriedigende Systematisierung aller Kriterien bislang noch nicht vor (vgl. die unterschiedlichen Systeme u. a. bei *Böhler,* 1977 b, S. 83 ff.; *McDonald/Dunbar,* 1995, S. 54 ff.; *Kotler/Bliemel,* 2001, S. 430 ff.; *Freter,* 2008, S. 135 ff.).

Im Rahmen eines strategie-orientierten Überblickes soll hier auf die **wichtigsten Arten** psychografischer Segmentierung eingegangen werden:

- **Allgemeine Persönlichkeitsmerkmale (Personality segmentation),**
- **Lebensgewohnheiten (Life-style-segmentation),**
- **Einstellungen und Präferenzen (Attitude bzw. Preferences segmentation).**

Was die Eignung allgemeiner **Persönlichkeitsmerkmale** für Segmentierungszwecke betrifft, so wird diese Frage unterschiedlich eingeschätzt. Immerhin haben aber eine Reihe empirischer Untersuchungen Korrelationen zwischen untersuchten Persönlichkeitszügen und dem Konsum ausgewählter Produkte aufzeigen können. Eine der bekanntesten Untersuchungen dieser Art ist die von *Tucker* und *Painter* (*Tucker/Painter,* 1961), die *korrelierende* Beziehungen zwischen vier Persönlichkeitsmerkmalen (Machtstreben, Verantwortungsgefühl, emotionale Stabilität und Geselligkeit) und der Menge sowie Frequenz des Konsums ausgewählter Produkte (u. a. Kopfschmerztabletten, Vitaminpräparaten, Zigaretten, Mundwasser) nachweisen konnte (siehe auch *Bergler,* 1972, S. 28 f.). Das Problem besteht jedoch darin, dass hierbei sehr unterschiedliche Persönlichkeitsinventare (z. B. auch soziale Orientierung oder Wagnisfreudigkeit) herangezogen werden können, die als mögliche psychologische Merkmale durchweg nur sehr schwer operationalisiert werden können. Hinzu kommt die Schwierigkeit, dass die Persönlichkeit sich als schwer durchschaubares Konglomerat sehr verschiedener Faktoren darstellt (*Böhler,* 1977 b, S. 85 f.).

Einen interessanten Ansatz, über psychografische Kriterien zu „echten", trennscharfen Marktsegmenten zu gelangen, stellt das **Life-style-Konzept** von *Leo Burnett* (USA) dar, das im Jahre 1967 eingeführt wurde (*Lürzer/Burnett,* o. J.). Dieses Konzept, das im Allgemeinen auf *Lazer* zurückgeführt wird (*Lazer,* 1964), knüpft an der Erkenntnis an, dass die Verwendung psychografischer Merkmale in isolierter Form nur zu beschränkten Aussagen über kaufrelevante Marktsegmente führt. Das Life-style-Konzept, das am **Lebensstil** bzw. an Lebensgewohnheiten der Konsumenten ansetzt, berücksichtigt die Tatsache, dass Menschen nach etablierten **Einstellungs- und Verhaltensmustern** leben, die identifiziert und gemessen werden können, und zwar gerade auch in ihrer Auswirkung auf produkt- und markenspezifisches *Kauf*verhalten (*Lazer,* 1964, S. 130 ff.; im Einzelnen *Wells,* 1974 sowie *Kaiser,* 1978, S. 128; *Berekoven/Eckert/Ellenrieder,* 2001, S. 253 f.). Besondere Bedeutung hat daher *der* Life-style-Ansatz gefunden, der produkt- bzw. markenspezifische Life-style-Segmente durch *drei* grundlegende Konstrukte zu erfassen sucht (*Böhler,* 1977 b, S. 112 f.; *Freter,* 1983, S. 83 ff.; bzw. *ders.,* 2008, S. 135 ff.; zu den theoretischen Grundlagen *Banning,* 1987), nämlich:

„activities", „interests", „opinions"
**(= AIO-Approach).**

Der daraus abgeleitete Bezugsrahmen zur **Erfassung** des „Life-style" kann wie folgt *(Abb. 153)* skizziert werden (*Wells/Tigert,* 1971, S. 27 ff.; *Wind,* 1972, S. 303; *Kaiser,* 1978, S. 130; *Freter,* 1983, S. 84 bzw. 2001, S. 1074 f.; *Hartmann,* 1999, S. 51 ff.):

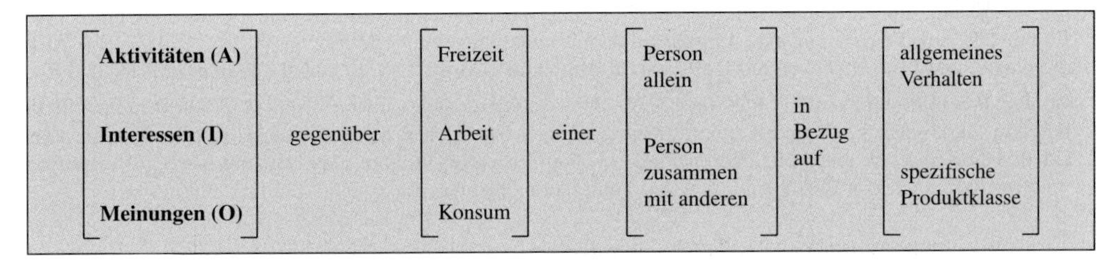


*Abb. 153: Bezugsrahmen zur Erfassung des „Lifestyle" (AIO-Kriterien)*

Auf der Basis dieses **Bezugsrahmens** werden zunächst Fragen allgemeiner Art erhoben, welche die Selbsteinschätzung der Befragten, Einstellungen zu verschiedenen Lebensbereichen und das Verhalten im sozialen Umfeld betreffen (= Erfassung ihres „Selbstbildes" über entsprechende Statement-Batterien in standardisierten, mündlichen Befragungen). Darüber hinaus werden – je nach Untersuchungsziel – die Kauf- und Verwendungsgewohnheiten von Produktarten bzw. Marken sowie das Mediaverhalten erfasst und dabei die psychologischen Merkmale mit sozio-demografischen Kriterien verknüpft (*Wells,* 1974).

Seit etwa 1990 zeigen Unternehmen wie Marktforscher resp. Marktforschungsinstitute, zunehmend Interesse an der Life-Style-Forschung. Ein Hauptgrund ist darin zu sehen, dass in entwickelten Gesellschaften **Life-Style-Analysen** wesentlich zum **Verständnis** des differenzierten Kauf- bzw. Konsumverhaltens beitragen können. In solchen Gesellschaften mit überdurchschnittlicher frei-verfügbarer Kaufkraft entstehen allmählich sehr ausdifferenzierte Bedürfnislagen, deren Ausprägungen allgemeiner wie produktspezifischer Art durch Life-Style-Forschung transparent gemacht werden können (*Michmann,* 1992; *Drieseberg,* 1995; vgl. auch die soziologische Schlüsseluntersuchung von *Bourdieu,* 1982 bzw. 1993 sowie *Georg,* 1998 und *Otte,* 2004).

Diesen Life-Style-Untersuchungen liegt insgesamt ein **käufer-typologischer Ansatz** zugrunde, d. h. Konsumenten werden durch mehrere Merkmale beschrieben und einander ähnliche

Personen zu Typen zusammengefasst. Grundsätzlich können alle Faktoren des Konsumverhaltens herangezogen werden, also Variablen psychologischer wie demografischer Differenzierung und auch solche des beobachtbaren Kaufverhaltens (wie Produktverwendung, Kaufhäufigkeiten, Verwendungsintensitäten usw.).

Exkurs: Methodenfragen von Life-Style-Analysen

Das Grundproblem der Bildung solcher Käufertypologien besteht darin, Personen mit gleichen bzw. ähnlichen Antworten zu den vorgelegten Statements adäquat zu **Typen von Zielpersonen** (i. S. v. unterscheidbaren Marktsegmenten → strategisches Ziel: zielgruppendifferenzierte Marketingprogramme) zu verknüpfen.

Aufgrund der erheblichen Redundanz der in solchen Untersuchungen erfassten Statements werden i. d. R. die Statementbatterien einer **sog. Faktorenanalyse** unterzogen. So werden beispielsweise Statements wie „Ich gehe viel aus", „Ich genieße das Leben in vollen Zügen", „Ich liebe die Atmosphäre von Lokalen/Veranstaltungen, wo man viele interessante, attraktive Leute sieht und trifft" und „Ich umgebe mich gerne mit edlen exklusiven Dingen" mit Hilfe einer Faktorenanalyse zum Faktor „Erlebnisfreude" komprimiert. Die Befragten werden anschließend durch ihre Faktorenwerte bei den extrahierten Faktoren gekennzeichnet. Der Vorteil dieser Vorgehensweise besteht darin, dass statt vieler Ausgangsvariablen einige wenige wichtige Dimensionen zur Beschreibung der Typen verwendet werden können. Dies erleichtert die Interpretation der jeweiligen Typenunterschiede. Zum anderen ergeben sich daraus methodische Vorteile für die **sog. Clusteranalyse,** d. h. für die Zusammenfassung von Personen zu homogenen Käufertypen. Mit Hilfe der Clusteranalyse werden die Personen in einem Eigenschaftsraum positioniert, dessen Dimensionen die Faktoren sind. „Die Unähnlichkeit von Personen lässt sich hier durch die direkte Entfernung zweier Personen (sog. Euklid-Distanz) operationalisieren. Personen, die nahe beieinander positioniert sind, bilden dann einen Typ. Es handelt sich hierbei um eine Punktewolke im Merkmalsraum" (*Böhler,* 1995, Sp. 1094). Eine Modelldarstellung *(Abb. 154)* verdeutlicht das (zur Methodik *Georg,* 1998, S. 144 ff.; *Freter,* 2008, S. 206 ff.).

Andere Typen bilden ebenfalls Punktewolken, wobei zwischen den Clustern freie, d. h. von Personen nicht besetzte Merkmalszonen liegen können. Insgesamt muss bei solchen Analysen berücksichtigt werden, dass i. d. R. keine *deutlich* unterscheidbaren Punktewolken vorzufinden sind. Das Ergebnis der Clusteranalyse wird insofern auch von Entscheidungen des Analytikers beeinflusst.

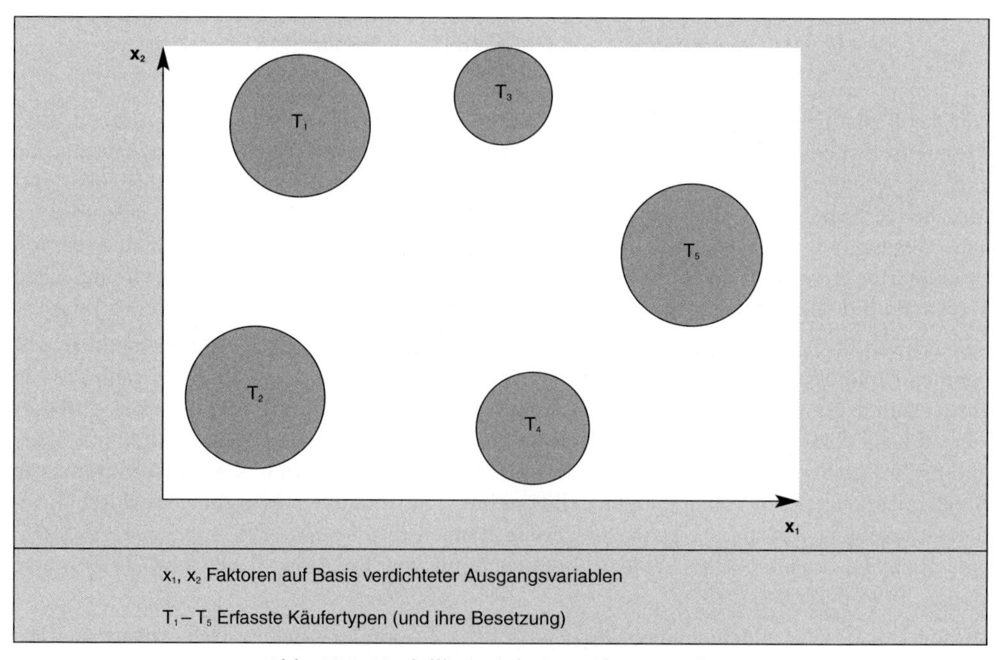


*Abb. 154: Modellbeispiel einer Clusteranalyse*

Das **Life-Style-Konzept** von *Leo Burnett* war und ist ein spezieller, pionierhafter Ansatz käufer-typologischer Segmentierung, der die Schwächen demografischer Segmentierungen durch Kombination vor allem psychografischer und verhaltensbezogener Kriterien überwinden wollte (will). Auf diese Weise sollten bzw. sollen bessere Planungsgrundlagen für zielgruppenspezifische Werbeaussagen und Werbemedienwahl sowie die strategische Positionierung von Produkten bzw. Marken gewonnen werden (*Conrad/Burnett,* 1991).

Fallbeispiel: Erfasste Life-Style-Bereiche und Life-Style-Typen der *Conrad-Burnett*-Untersuchung

Eine Übersicht *(Abb. 155)* gibt einen Überblick über die Bereiche, zu denen die Befragten im Rahmen solcher Life-Style-Untersuchungen anhand von entsprechenden Statementvorlagen zur **Selbsteinstufung** Stellung nehmen.

Auf Basis der durchgeführten standardisierten mündlichen Befragungen mit entsprechenden cluster-analytischen Verfahren wurden insgesamt **zwölf Käufertypen** identifiziert *(Abb. 156).*

Die erfassten Typen unterscheiden sich – wie aus den Kurzbeschreibungen hervorgeht – sowohl durch ihre Werteorientierung als auch durch ihre sozialen Lebensbedingungen. Für die gekennzeichneten Typen stehen Daten zu ihrem Kauf- und Konsumverhalten in insgesamt 25 Produktbereichen sowie Daten zu ihrer Mediennutzung zur Verfügung. Auf diese Weise ist grundsätzlich ein ziel- bzw. zielgruppengerichteterer **Marketinginstrumenten-Einsatz** möglich als ohne solche Daten.

**Freizeit und soziales Leben**
- Freizeitaktivitäten
- Freizeitmotive
- Ausübung verschiedener Sportarten
- Bevorzugte Urlaubs-/Reiseart
- Soziales Netzwerk

**Interessen**
- Musikinteressen
- Themeninteressen
- Gruppenmitgliedschaften

**Stilpräferenzen**
- Wohnstil (bildgestützt)
- Kleidungsstil (verbal und bildgestützt)

**Konsum**
- Öko-Einstellungen
- Einstellung zu Essen und Trinken
- Einstellung zu Geld und Konsum

**Outfit**
- Einstellungen zum Outfit
- Body-Image

**Grundorientierung**
- Lebensphilosophie und Moral
- Zukunftsoptimismus
- Soziales Milieu
- Typenzugehörigkeit Life Style bisher

**Arbeit**
- Arbeitszufriedenheit
- Arbeitseinstellungen
- Berufserwartungen

**Familie**
- Einstellungen zu Familie, Partnerschaft und Emanzipation
- Rollenbilder
- Wohnsituation

**Politik**
- Politisches Interesse und Parteiinteresse
- Politikwahrnehmung

*Abb. 155: Berücksichtigte Lebensstilbereiche nach Life Style Research (Beispieljahr)*

| | |
|---|---|
| **Traditionelle Lebensstile** | **37 %** |
| • Erika – Die aufgeschlossene Häusliche | 10 % |
| • Erwin – Der Bodenständige | 13 % |
| • Wilhelmine – Die bescheidene Pflichtbewußte | 14 % |
| **Gehobene Lebensstile** | **20 %** |
| • Frank und Franziska – Die Arrivierten | 7 % |
| • Claus und Claudia – Die neue Familie | 7 % |
| • Stefan und Stefanie – Die jungen Individualisten | 6 % |
| **Moderne Lebensstile** | **42 %** |
| • Michael und Michaela – Die Aufstiegsorientierten | 8 % |
| • Tim und Tina – Die fun-orientierten Jugendlichen | 7 % |
| • Martin und Martina – Die trendbewußten Mitmacher | 5 % |
| • Monika – Die Angepaßte | 8 % |
| • Eddi – Der Coole | 7 % |
| • Ingo und Inge – Die Geltungsbedürftigen | 7 % |

*Quelle: Life Style Research*

*Abb. 156: Ermittelte Life-Style-Typen nach Life Style Research (Beispieljahr)*

Aufrund methodischer Schwächen dieser Life-Style-Analysen (Käufer-Typologien) darf die **„segmentspezifische Verlässlichkeit“** allerdings nicht überschätzt werden, zumal durch notwendige methodische Eingriffe des Analytikers die multivariate statistische Aufbereitung des Ausgangsmaterials (d. h. der Befragungen) beeinflusst wird (zur Kritik z. B. *Böhler,* 1977 a sowie 1995). Andererseits zeigen aber praktische Erfahrungen mit Life-Style-Daten, dass die marketingpolitischen, segmentspezifischen Steuerungsmöglichkeiten besser sind als bei rein demografischen (und zwar auch entsprechend kombinierten) Segmentierungsdaten.

Interessante, erfolgversprechende Segmentierungskonzepte sind u. a. im Getränkebereich (z. B. bei Spezialbieren) oder auch bei Körperpflege-/Kosmetikprodukten realisiert worden.

Das Life-Style-Konzept, das – wie schon dargestellt – methodisch aufwändig ist, hat man speziell bei **Produkten** anzuwenden versucht, die in ihrer Zusammensetzung wie bezüglich ihres Nutzens (Grundnutzen) weitgehend gleichwertig sind (= objektive Homogenität), so dass eine markenspezifische Differenzierung im Prinzip dann *nur* noch über Zusatznutzen (= subjektive Heterogenität) möglich ist. In der BRD hatte z. B. die frühere Firma *Ferd. Mühlens,* Köln, neben ihren klassischen Markenartikeln *„4711“* und *Tosca* mehrere life-style-segmentierte Produkte im Markt (zunächst) erfolgreich eingeführt (u. a. *Janine D., Inspiré* und *My Melody,* vgl. hierzu auch 1. Teil „Marketingziele“, II. Kapitel, Abschnitt Image- und Bekanntheitsgrad-Positionen).

Neben grundlegenden Operationalisierungsproblemen bei Life-style-Segmentierungsuntersuchungen (*Kaiser,* 1978, S. 133 f.; *Freter,* 1983, S. 86; *ders.,* 2008, S. 68 ff. sowie *Kramer,* 1991 b) liegen generelle Probleme darin begründet, dass life-style-definierte Segmente *nicht* (immer) die **erwünschte Stabilität** haben. So hat eines der genannten Life-style-Produkte der früheren Firma *Ferd. Mühlens* zwar einen überdurchschnittlichen Erfolg in den ersten zwei vollen Jahren gehabt, danach traten jedoch erhebliche Absatzrückgänge auf (vgl. *Abb. 157*).

Es muss hierbei allerdings auch gesagt werden, dass derartige Absatzverläufe nicht nur für segmentierte, sondern auch für **unifizierte Produkte** (Massenprodukte) – aufgrund der in vielen Märkten verschärften Wettbewerbsbedingungen (insbesondere schwaches Wachstum bzw. Stagnation und dadurch ausgelöster Verdrängungswettbewerb) – inzwischen nicht untypisch sind.

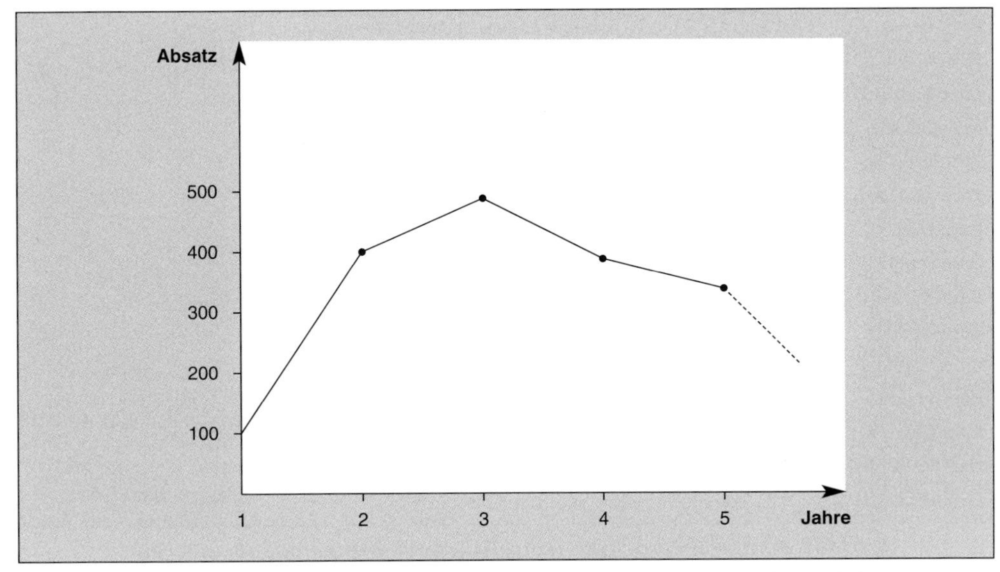


*Abb. 157: Absatzentwicklung eines duft-kosmetischen Life-Style-Produktes (Basis: Absatzmenge, Absatz Jahr 1 = 100)*

Auf europäischer Ebene gibt es inzwischen mehrere Marktforschungsinstitute, die solche **Life-Style-Untersuchungen** bzw. ihre Ergebnisse auch länderübergreifend anbieten, etwa:

- *ACE (Anticipating Change in Europe)* des schweizerischen Marktforschungsinstituts *RISC* (*Research Institute on Social Change,* Partner in Deutschland: *GFM-GETAS,* Hamburg),
- *Euro-Styles* von *CCA* (*Centre de Communication Avancée,* Mitglied in Deutschland: *GfK,* Nürnberg),
- *EDL International (Everyday-Life-Research International)* des *SINUS*-Instituts, Heidelberg.

Fallbeispiel: Euro-Style-Typen

Eine Übersicht *(Abb. 158)* zeigt 15 verschiedene **sog. Euro-Styles,** die das Ergebnis einer europaweiten Untersuchung sind (durchgeführt in einer Kooperation von großen europäischen Marktforschungsinstituten, in der BRD von der *GfK,* Nürnberg).

Die Bedeutung derartiger Untersuchungen kann z. B. am ersten Typ, dem **sog. Euro-Dandy,** skizziert werden. Dieser in vielen europäischen Ländern (u. a. BRD, Italien, Frankreich) nachgewiesene Typ ist dadurch gekennzeichnet, dass er ein hohes Interesse für ein modisches Outfit (etwa Bekleidung, Schuhe, Schmuck, Uhren) hat und bewusst entsprechend gestaltete Produkte bzw. stilgerechte Marken sucht (z. B. *Boss*-Anzüge, *Armani*-Jeans, *Aigner*-Accessoires).

**Längsschnitt-Untersuchungen** zeigen nicht nur die jeweiligen Anteile dieser Typen am jeweils betrachteten Gesamtmarkt, sondern auch ihre Veränderung, so dass segmentierungs-strategisches Handeln und seine marketing-instrumentale Umsetzung an diesen Veränderungen anknüpfen kann. Zum Teil wird aber die **mangelnde Trennschärfe** der identifizierten Euro-Typen kritisiert (*Böhler,* 1995, Sp. 1097).

| | |
|---|---|
| **Euro-Dandy** | Angeber, Vergnügungssüchtiger, immer auf der schönen Seite des Lebens |
| **Euro-Business** | Karriere-Macher – Immer auf der Leiter |
| **Euro-Vigilante** | Misstrauisch, frustriert, vorsichtig, konservativ |
| **Euro-Defense** | Heimchen, der Defensive – Eigentum und lange nichts mehr |
| **Euro-Prudent** | Vorsichtiger, Resignierter – Sicherheit kommt zuerst |
| **Euro-Moralist** | Gut-Bürgerlicher, religiös, prinzipientreu, aber auch tolerant |
| **Euro-Gentry** | Nobler – Gesetz, Ordnung und Tradition |
| **Euro-Scout** | Wohltäter, Generöser – helfen wir den anderen! |
| **Euro-Rocky** | Rocker, junge Außenseiter – Augen zu und durch! |
| **Euro-Squadra** | Aktiver – Freizeit und Freunde sind alles |
| **Euro-Protest** | Protestler – allein gegen das ganze System |
| **Euro-Pioneers** | Idealist, die Alternativen – verändern wir die Welt! |
| **Euro-Citizens** | Verantwortungsvoller, der gute Nachbar – dienen wir der Öffentlichkeit! |
| **Euro-Romantic** | Träumer – Harmonie, Heim und Familie kommen zuerst |
| **Euro-Olvidados** | Abgekoppelter – vergessen und neidisch |

*Abb. 158: Fünfzehn Euro-Styles (Euro-Typen) für Westeuropa (Beispieljahr)*

Es hat insgesamt schon relativ früh (spätestens ab Mitte der siebziger Jahre) Versuche gegeben, die Methodik des Life-style-Konzepts aufzugreifen und vor allem auch weiterzuführen, um die Ergebnisse solcher Untersuchungen zu verbessern bzw. so zu differenzieren, dass sie noch besser als **Planungsgrundlage** für segmentspezifische Marketingkonzepte herangezogen werden können.

Hauptkritikpunkte waren neben Trennschärfe-Problemen des klassischen Life-style-Konzepts insbesondere auch die Einsicht, „dass zwischen der Beantwortung der allgemeinen Items (im Rahmen der mündlichen Befragungen, Erg. J. B.) und der Wahl von bestimmten Produkten bzw. Warengruppen nur geringe Zusammenhänge bestehen" (*Berekoven/Eckert/Ellenrieder,* 1993, S. 265). Es wurden deshalb erweiterte Forschungsansätze für Marktsegmentierungszwecke entwickelt, welche im höheren Maße auf verhaltensbestimmende Dimensionen gerichtet sind. Frühe Versuche wurden z. B. von der *GfK,* Nürnberg, in Verbindung mit der **Panelforschung** unternommen (zu Methodik und neueren Befunden *Enke/Geigenmüller/Schrader,* 2006). Weiterentwicklungen sind auch von den großen deutschen Zeitschriften-Verlagen vorgenommen worden, und zwar als Service für ihre Anzeigenkunden, um die Planbarkeit speziell von Werbeinhalten und vor allem der Wahl von Werbemedien zu verbessern. Die Untersuchungen sind auf die Erfassung differenzierter, möglichst trennscharfer **einstellungs- und verhaltensrelevanter Käufertypologien** gerichtet (zur Rolle der Einstellungen für das Marketing s. a. die Darlegungen im 2. Kapitel zur „Präferenzstrategie").

Im Prinzip können zwei verschiedene Arten **weiterführender Käufertypologien** unterschieden werden: Untersuchungen bzw. Untersuchungsteile, die allgemeine Zielgruppen etwa unter dem Aspekt „Persönliche Werte/Leitlinien" (z. B. im Rahmen der *Dialoge*-Untersuchung von *Gruner & Jahr* ) oder „Lebensbedingungen" (z. B. Soziale Milieu-Analysen des *Sinus-Instituts* in Verbindung mit der *Outfit*-Untersuchung des *Spiegel-Verlags*) abzubilden versuchen, und solche, die vor allem auf die Erfassung produkt- und markenspezifischer Zielgruppen und ihre demografischen, psychografischen bzw. verhaltensbezogenen Merkmale angelegt sind (ggf. unter Rückgriff auf allgemeine Typenbezüge).

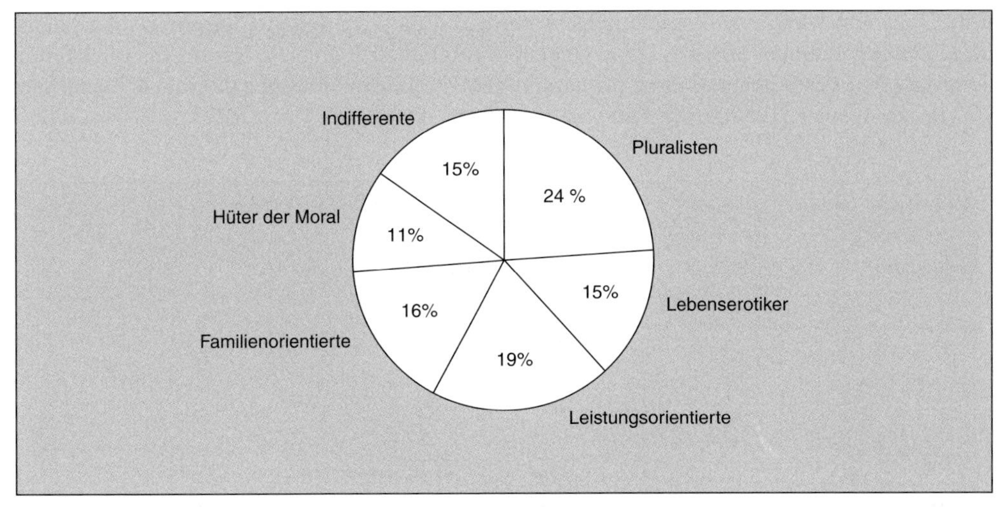


*Quelle: Dialoge 3*

*Abb. 159: Allgemeine Wertetypen (Typologie auf Basis persönlicher Werte, Beispieljahr, Bevölkerung 18–64 Jahre)*

Was die allgemeinen Zielgruppen (Typen) betrifft, so soll das hier anhand zweier spezieller, bereits oben genannter Untersuchungen aufgezeigt werden. Zunächst wird ein Beispiel von **allgemeinen Wertetypen** bzw. Wertetypen-Strukturen der BRD *(Abb. 159)* aus der *Dialoge 3*-Untersuchung des *Bauer-Verlages* vorgestellt.

Inzwischen gibt es mehrere **neuere Typologien** (z. B. zehn Ernährungstypen nach einer *Brigitte/Lebensmittelzeitung*-Untersuchung, s. *Fösken*, 2012 sowie fünfzehn Global Consumer Types von *Accenture Consulting*, s. *Eversloh*, 2010).

Einen spezifischen Ansatz stellt das **sog. Milieu-Konzept** dar. Es ist der Versuch, die verschiedenen in der BRD manifestierten Lebenswelten zu identifizieren (ohne dass diese Lebenswelten exakt abgrenzbar sind; zur methodischen Würdigung s. a. *Trommsdorff/Teichert*, 2011). Soziale Milieus fassen Menschen zusammen, die sich in ihrer Lebensauffassung (Werteorientierungen) und Lebensweise (Alltagshandeln) ähneln. Grundlage dieser Untersuchung bilden etwa 40–50 Milieu-Indikatoren. Das Ergebnis dieser Untersuchung ist eine differenzierte Milieustruktur der BRD, ursprünglich differenziert nach West- und Ostdeutschland. Hier soll *prototypisch* die Struktur für die BRD (West) aufgezeigt werden *(Abb. 160).*

Die Milieu-Untersuchungen, die in den 1980er Jahren zum ersten Mal durchgeführt wurden, zeigen im Längsschnitt grundlegende Veränderungen in der **Milieustruktur**. Eine auffallende Veränderung war z. B. die typische Abnahme des „traditionellen Arbeitermilieus“ (1986: 9 %, 1994: 5 %) und ein ausgeprägtes Anwachsen z. B. des „aufstiegsorientierten Milieus“ (1986: 24 %, 1994: 28 %). Inzwischen liegen neuere Milieustudien vor (s. *Flaig/Barth,* 2014).

Exkurs: Charakteristika des traditionellen Arbeiter- und des aufstiegsorientierten Milieus

Auf die Milieustudien und ihre Ergebnisse kann nicht im Einzelnen eingegangen werden. Dennoch sollen **zwei ausgewählte Milieus** kurz vorgestellt werden, um die Besonderheit des Milieu-Ansatzes etwas zu verdeutlichen, zumal in einer noch vorzustellenden branchenorientierten Segmentierungsstudie (*Outfit*-Untersuchung, Teil Modemarkt) hierauf Bezug genommen wird.

Eine Übersicht *(Abb. 161)* verdeutlicht *prototypisch* die ermittelten **Charakteristika** beider beispielhaft genannten Milieus. Diese Übersicht zeigt die filigranen Erfassungsmöglichkeiten derartiger Milieustudien und ihren primär qualitativen Informationsgehalt (zum Milieuansatz s. a. *Becker/Nowak,* 1982 sowie *Vester et al.* 1993).

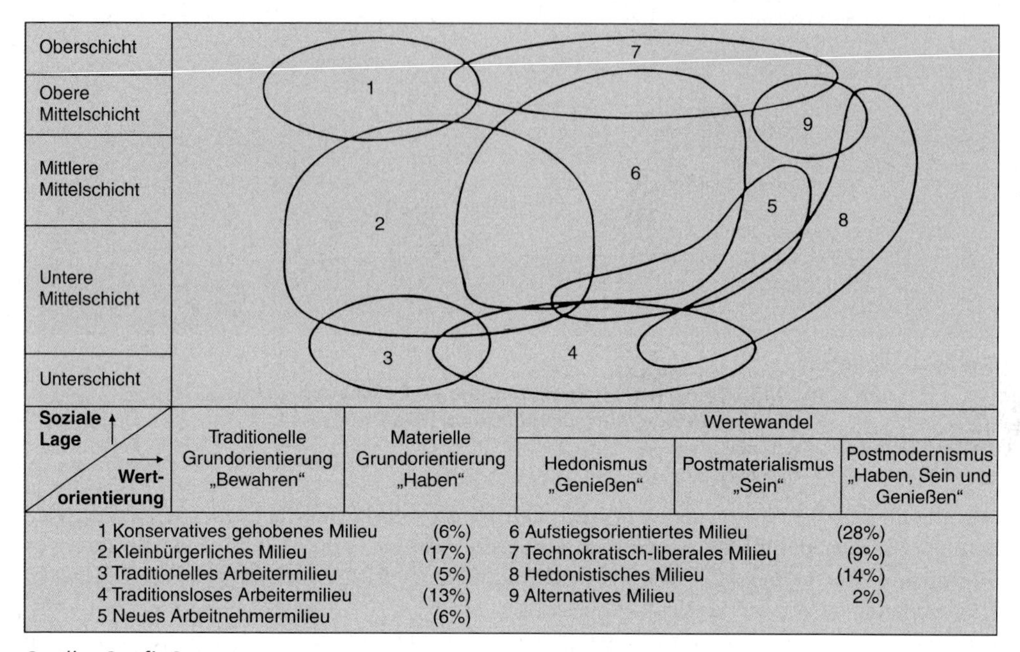


*Quelle: Outfit 3*

*Abb. 160: Die sozialen Milieus in Westdeutschland (soziale Positionierung und Anteile in %, Basis: Bevölkerung 14–64 Jahre, 1980er Jahre)*

Wie noch an einem produktgruppen-spezifischen Beispiel gezeigt wird, können solche milieu-typischen Charakteristika segment-orientierte Strategien und deren marketing-instrumentale Umsetzung wesentlich unterstützen, vor allem auch, seitdem hierfür **quantifizierte Daten** zur Verfügung stehen (*Spiegel-Verlag,* mehrere *Outfit*-Untersuchungen).

Neben der Erfassung allgemeiner Typologien (Zielgruppen-Strukturen) hat man schon relativ früh versucht, unter dem Aspekt konkreter, produkt-(gruppen-)bezogener Marktsegmentierungsmöglichkeiten entsprechend differenziert angelegte Analysen durchzuführen. Ein typisches Beispiel bzw. eine Pionieruntersuchung war in dieser Hinsicht etwa die *Brigitte*-**Frauentypologie** von *Gruner & Jahr.* Die ihr zugrunde gelegte Methodik ging von der Überlegung aus, dass im Prinzip nur lebensstilorientierte (Frauen-)Typen in speziellen Kauf- und Konsumbereichen die Grundlage für eine sinnvolle Zielgruppen- oder Marktsegmenterfassung und zugleich deren gezielte Bearbeitung darstellen. Grundsätzliche Gewähr dafür bietet ein kombinierter Ansatz unterschiedlicher Segmentierungsvariablen, wie eine Darstellung verdeutlicht *(Abb. 162).*

Als produkt-bezogene Untersuchungsfelder wurden u. a. Körperpflege/Kosmetika, Nahrungsmittel/Gebäcke und der Sektor Gesundheit/Pharma zugrunde gelegt. In der ersten *Brigitte*-Untersuchung hatte man seinerzeit im Bereich **Kosmetik** z. B. verschiedene Kosmetik-Typen identifiziert *(Abb. 163).*

| Das traditionelle Arbeitermilieu | Das aufstiegsorientierte Milieu |
|---|---|
| Lebensziel<br>• Befriedigender Lebensstandard (ein gutes Auskommen haben)<br>• Sicherer Arbeitsplatz/gesichertes Alter<br>• Soziale Integration: anerkannt sein bei Freunden, Kollegen, Nachbarn (traditionelle Arbeiterkultur)<br>• Bescheidenheit und Anpassung an die Notwendigkeiten | Lebensziel<br>• Beruflicher und sozialer Aufstieg (sich hocharbeiten) als zentraler Lebensinhalt<br>• Vorzeigbare Erfolge haben, mehr erreichen als der Durchschnitt, Ansehen genießen<br>• Große Bedeutung von Konsumwerten (Auto, Urlaub, exklusive Freizeitaktivitäten) |
| Lebensstil<br>• Pragmatisch-nüchterne Sicht der eigenen sozialen Lage; Einfachheit, Sparsamkeit<br>• Keine übertriebenen Konsumansprüche, kein Prestigekonsum<br>• Bevorzugung solider, handfester und haltbarer Produkte, Skepsis gegenüber modischen Neuerungen | Lebensstil<br>• Orientierung an den Standards gehobener Schichten<br>• Erfüllung der Rollenerwartungen im Beruf und im sozialen Leben (nicht unangenehm auffallen)<br>• Prestigeorientierter Konsumstil, hohe Wertschätzung von Statussymbolen |
| Arbeit/Leistung<br>• Strikte Trennung von Arbeitswelt einerseits, Freizeit/„Feierabend" andererseits<br>• Nüchterne Einstellung: man arbeitet, um zu leben („Arbeit ist etwas, das sein muss"). Traditionelles Arbeitsethos (Pflichtbewusstsein, Fleiß, Disziplin)<br>• Gewerkschaftliche Orientierung, Solidarität (Erhaltung/Ausbau des sozialen Besitzstandes) | Arbeit/Leistung<br>• Identifikation mit dem Beruf, Karrierestreben (Mythos vom „self-made-man", aber starker Realitätsbezug)<br>• Ausgeprägte Leistungsorientierung, hoher Arbeitseinsatz, Risikobereitschaft<br>• Häufig Furcht vor sozialem Abstieg und Einbußen im Lebensstandard – Folge: ständige Suche nach Profilierung |
| Freizeit<br>• Konzentration der Lebensansprüche auf die Freizeit (keinen Zwängen unterworfen sein)<br>• Geselligkeit (Stammkneipe, Vereinsleben, Nachbarschaftshilfe)<br>• Sicherung und Ausbau des materiellen Lebensstandards (Hausbau/-ausbau, Reparaturen, Nutzgarten) | Freizeit<br>• Erholung, Entspannung, Ausgleich zum Beruf, Genuss, körperliche Fitness<br>• Statusdemonstration (exklusive Hobbys, teure Urlaubsreisen), Pflege sozialer Beziehungen<br>• Freizeit als Herausforderung: sich der eigenen Leistungsfähigkeit versichern, Selbstbestätigung, Suche nach intensiven Erlebnissen |
| Familie/Partnerschaft<br>• Familie als Ort der Ruhe, Erholung und Geborgenheit<br>• Starkes Zusammengehörigkeitsgefühl, Familie als Solidargemeinschaft<br>• Dominanz des Mannes als „Ernährer der Familie" (häufig „Pascha-Haltung" der Männer)<br>• Traditionelles Rollenverständnis bei Männern und Frauen | Familie/Partnerschaft<br>• Familie/Partnerschaft als Schonraum: Erholung vom harten Berufsalltag, sich keinen Zwängen unterwerfen müssen<br>• Reibungsloses Funktionieren, intakte Fassade sind wichtige Ansprüche an das Familienleben<br>• Dazu im Widerspruch: Emanzipationsanspruch der Frauen (Wunsch nach eigener beruflicher Karriere)<br>• Folge: „Emanzipationsstress" |

*Quelle: Outfit 3*

*Abb. 161: Charakteristika des traditionellen Arbeitermilieus und des aufstiegsorientierten Milieus, differenziert nach verschiedenen Lebenswelten (Beispieljahr)*

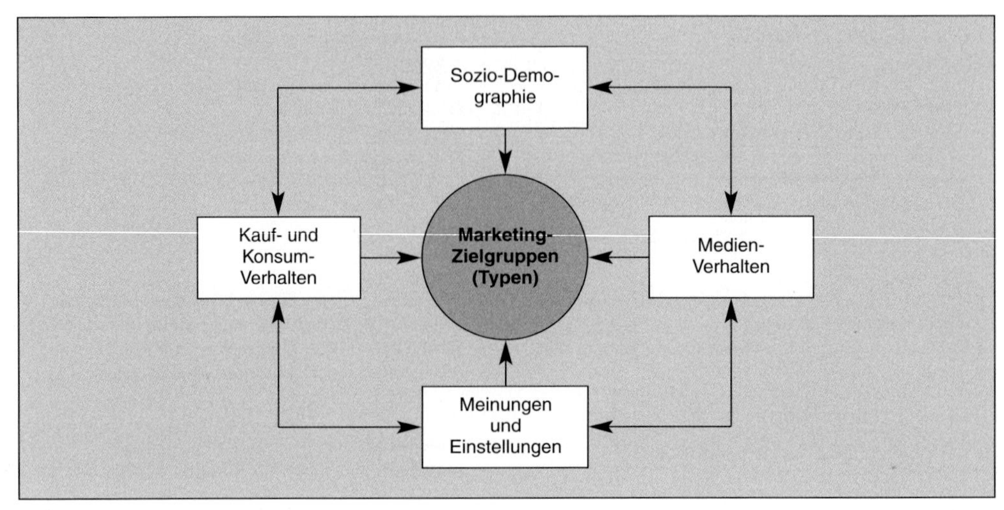


*Quelle: Brigitte-Typologie 2*

*Abb. 162: Merkmalsstruktur der erfassten Daten bei der Brigitte-Typologie*

| | |
|---|---|
| **Typ 1:** Schönheitsexpertin | 16 % |
| **Typ 2:** Hautpflegetyp | 18 % |
| **Typ 3:** Kosmetikmuffel | 18 % |
| **Typ 4:** Handcremetyp | 25 % |
| **Typ 5:** Progressiver Kosmetiktyp | 10 % |
| **Typ 6:** Schminktyp | 13 % |
| | 100 % |

*Quelle: Brigitte-Typologie 1*

*Abb. 163: Beispiel für abgrenzbare Kosmetiktypen (Anteile in Prozent, Beispieljahr)*

Einen neueren umfassenden, mit dem – schon angesprochenen – **Milieu-Konzept** verknüpften Ansatz repräsentiert z. B. die differenzierte *Outfit*-Analyse des *Spiegel-Verlags.*

Fallbeispiel: Ausgewählte Segmente im Damenmodenmarkt (*Outfit*-Untersuchung)

Produktgruppenbezogener Gegenstand dieser Untersuchung sind die drei Bereiche Kleidung, Accessoires (u. a. Schmuck, Armbanduhren, Lederwaren/Reisegepäck) und Duftwässer/Körperpflege. Art und Nutzungsmöglichkeiten dieses Untersuchungskonzepts sollen am Markt für Damenmode näher aufgezeigt werden. Eine Übersicht zeigt zunächst die erfassten **Zielgruppen** *(Abb. 164).*

Um einen Einblick in den quantitativ verfügbaren **Datenfundus** zu geben, werden anhand grundlegender Erhebungsbereiche zwei kontrastierende Typen („Die Altmodische“ = 10 % und „Die Modebegeisterte“ = 16 %) charakterisiert *(Abb. 165 a und b).*

Neben dem Lebenswelt- und Lebensstil-Bezug zeigen diese beispielhaften Untersuchungsergebnisse auch die zentrale Rolle von **Einstellungen** und **Präferenzen** für die Bildung bzw. Trennung von Marktsegmenten.

Diese Analyseergebnisse bieten eine Fülle von Informationen für eine gezielte Segmentbearbeitung, d. h. vor allem für einen adäquaten Marketinginstrumenteneinsatz (Marketingmix) z. B. im Mode-/Bekleidungsmarkt.

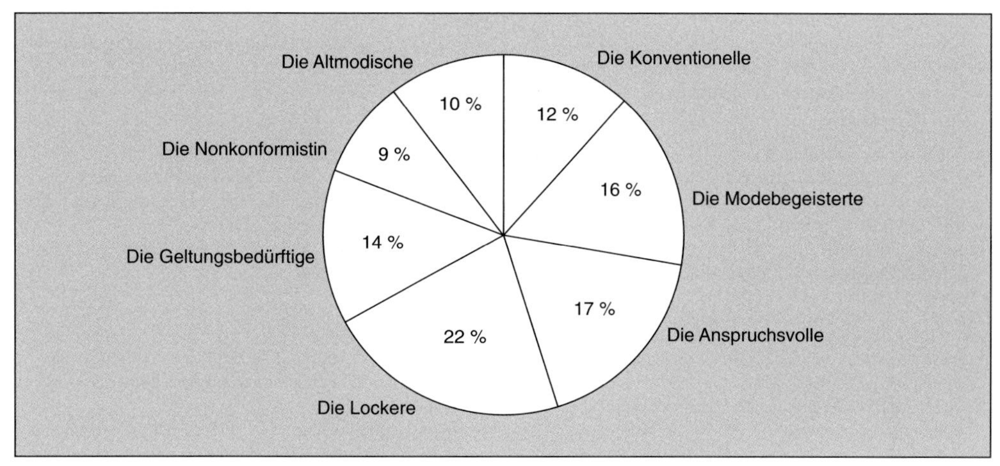


*Quelle: Outfit 3*

*Abb. 164: Zielgruppen (-segmente) im Markt für Damenmode (Anteile in Prozent, Beispieljahr, Basis: Frauen 14–64 Jahre)*

Versucht man die **verschiedenen Käufertypologien** insgesamt zu würdigen, so kann Folgendes gesagt werden: so weit solche Typologien auf die Erfassung allgemeiner Typen ohne oder ohne detaillierten Bezug zu konkreten Produktgruppen (Warenbereichen) abstellen, ist ihr segmentspezifisches Trennvermögen (i. S. v. homogenen Teilmärkten) generell nicht wesentlich höher einzuschätzen als bei Segmentierungen auf demografischer Basis. Immer dort aber, wo man *produktbezogene* Typologien zu erfassen gesucht hat, die im Untersuchungsansatz außer den Einstellungen auch Verhaltensweisen wie Produktpräferenzen, Innovationsfreudigkeit, Preisbewusstsein berücksichtigen, stehen durchweg brauchbare Daten für konkrete Marktsegmentierungen bzw. den segmentspezifischen Marketingmix (siehe hierzu auch 3. Teil „Marketingmix") zur Verfügung. Ihre Güte, speziell Trennschärfe, hängt naturgemäß von dem jeweiligen konkreten Untersuchungskonzept ab. Auf jeden Fall stellen sie meist eine gute Ausgangsbasis dar, um aufbauend auf allgemein verfügbaren Segmentierungsdaten – z. B. der verschiedenen Verlagstypologien – weiterführende, tiefer gehende und differenziertere Marktforschungsuntersuchungen für einzelne Märkte und Unternehmen durchzuführen oder auch bereits vorliegende eigene Untersuchungen durch entsprechende Daten aus vorhandenen Käufertypologien zu komplettieren.

Bei der Würdigung der Käufertypologien ist bereits die Rolle von verhaltensbezogenen Variablen (Kriterien) für die Güte dieser Daten angesprochen worden. Auf diese Art von Variablen als *drittem* Segmentierungsansatz (neben der bisher behandelten demografischen und psychografischen Segmentierung) soll im Folgenden näher eingegangen werden.

*a) Einstellung zu Kleidung/Mode, Orientierung beim Kauf*

| **Typ 1: 10 %**<br>**„Die Altmodische“** | **Typ 4: 16 %**<br>**„Die Modebegeisterte“** |
|---|---|
| **Einstellung zu Kleidung und Mode** | **Einstellung zu Kleidung und Mode** |
| Stellenwert des Outfits<br>• Von Bescheidenheit geprägte, anti-hedonistische Grundhaltung der äußeren Erscheinung gegenüber<br>• Nur 5 % geben an, dass Kleidung für sie „sehr wichtig“ ist | Stellenwert des Outfits<br>• Ausgeprägtes Körperbewusstsein: Die äußere Erscheinung hat einen sehr hohen Stellenwert<br>• Outfit und Mode haben für diesen Typ eine außerordentlich große Bedeutung |
| Einstellung zur Kleidung<br>• Kleidung soll unauffällig und schlicht sein; Festhalten an alten Gewohnheiten, Angst aufzufallen<br>• Traditionelle Sparsamkeit und Bedürfnislosigkeit prägen das Verhalten<br>• Die Kleidung muss vor allem sauber und ordentlich sein | Einstellung zur Kleidung<br>• Exklusivitäts- und Luxusbedürfnisse: Man möchte sich durch seine Kleidung von anderen abgrenzen und stilistische Überlegenheit demonstrieren<br>• Narzisstische Freude am modischen Auftritt und Lust am Experimentieren |
| Einstellung zur Mode<br>• Desinteresse an Mode: Man hat es aufgegeben, sich mit Mode zu beschäftigen<br>• Keine Anpassung an die aktuelle Mode, sondern Festhalten am „Bewährten“ | Einstellung zur Mode<br>• Hohe Identifikation mit Mode: Ein lustvoll besetztes Thema, bei dem man immer auf dem Laufenden sein will<br>• Anpassung an die aktuelle Mode: Bedürfnis, immer up-to-date zu sein, Selbstbild als Trendsetter |
| Bevorzugter Kleidungssill<br>• Zeitlos/zurückhaltend, dezent/konservativ/seriös<br>• Korrekt/ordentlich, gepflegt | Bevorzugter Kleidungsstil<br>• Chic/elegant/edel, exklusiv/perfekt gestylt<br>• Figurbetont/raffiniert |
| **Orientierung beim Kauf** | **Orientierung beim Kauf** |
| Einstellung zum Kauf<br>• Vorsichtiges, zögerndes Kaufverhalten: Man kauft gezielt nur das, was benötigt wird<br>• Orientierung an einfacher und mittlerer Qualität sowie an preisgünstigen Angeboten | Einstellung zum Kauf<br>• Kleidungskauf macht großen Spaß und ist ein Konsumerlebnis, das man sich gerne und häufig gönnt<br>• Vorliebe für Spontankäufe, bei denen das Geld keine Rolle spielen soll (hohe Ausgabebereitschaft)<br>• Hohes Anspruchsniveau, Misstrauen gegenüber der Kompetenz des Verkaufspersonals |
| Markenorientierung<br>• Geringes Markenbewusstsein, wenig Kenntnis der Markenlandschaft<br>• Wenig Interesse an exklusiven und aktuellen Marken und Scheu, sich durch die Wahl exklusiver Marken zu exponieren | Markenorientierung<br>• Orientierung an top-aktuellen und exklusiven Marken: Marken als Statussymbole<br>• Hohe Kompetenz bei der Beurteilung des Markenangebots und selektiv-souveräne Auswahl |
| Kaufverhalten<br>• Wichtigste Kriterien sind der Preis sowie die Haltbarkeit und Strapazierfähigkeit der Produkte<br>• Bevorzugte Einkaufsstätten: Kaufhaus, Warenhaus/Bekleidungshaus/Versandhandel/Verbrauchermarkt, SB-Markt | Kaufverhalten<br>• Wichtigste Kaufkriterien sind neben Qualität und Passform vor allem modische Aktualität und Exklusivität<br>• Bevorzugte Einkaufsstätten: Fachgeschäfte/Boutiquen/Jeans-Läden/Sportartikel-Geschäfte sowie große Einkaufszentren mit vielen kleinen Geschäften |

*Quelle: Outfit 3*

*Abb. 165 a: Charakteristik zweier weiblicher Bekleidungstypen*

*b) Soziale Milieus/Demografie, Lebenwelt, Lebensstil*

| **Typ 1: 10 %**<br>**„Die Altmodische“** | **Typ 4: 16 %**<br>**„Die Modebegeisterte“** |
|---|---|
| **Soziale Milieus, Demografie**<br>Milieu-Schwerpunkte<br>• Traditionelles Arbeitermilieu<br>• Kleinbürgerliches Milieu<br>Demografisches Profil<br>• Ältere Frauen ab 50 Jahre<br>• Einfache Bildung (Volksschule/Hauptschule)<br>• Kleine bis mittlere Einkommen (Schwerpunkt: unter 3000 €)<br>• Überwiegend nicht berufstätig | **Soziale Milieus, Demografie**<br>Milieu-Schwerpunkt<br>• Aufstiegsorientiertes Milieu<br>Demografisches Profil<br>• Kein eindeutiger Altersschwerpunkt (am ehesten 20 bis 50 Jahre)<br>• Mittlere bis gehobene Bildungsabschlüsse<br>• Gehobene Einkommen (ab 3000 €) sind überrepräsentiert<br>• Überwiegend berufstätige Frauen |
| **Lebenswelt**<br>Grundorientierung<br>• Festhalten an traditionellen Werten: Pflichterfüllung, Verlässlichkeit, Ordnung, Anstand<br>• Wunsch nach materieller Sicherheit: Befriedigender Lebensstandard, gesichertes Alter<br>• Intakte private Lebensräume: Harmonisches Familienleben, anerkannt sein in der Familie, bei Freunden und Nachbarn<br>Konsumorientierung<br>• Bescheidenheit und Beschränkung auf das Notwendige, Ablehnung übertriebener Konsumansprüche<br>• Bevorzugung, solider und haltbarer Produkte,<br>• Skepsis gegenüber modischen Neuerungen | **Lebenswelt**<br>Grundorientierung<br>• Ideal der souveränen Integration von beruflicher Karriere und Familie<br>• Vorzeigbare Erfolge haben, mehr erreichen als der Durchschnitt, Ansehen genießen<br>• Erfüllung der Rollenerwartungen im Beruf und im sozialen Leben: Bemühen, nichts falsch zu machen<br>Konsumorientierung<br>• Orientierung an den Standards gehobener Schichten: Freude an Luxus und Komfort<br>• Exklusivitäts-orientierter Konsumstil, hohe Wertschätzung von In- und Prestigemarken |
| **Lebensstil**<br>Freizeitinteressen<br>• Häusliche Tätigkeiten: Handarbeiten (häkeln, stricken, nähen)/Pflanzenpflege/Sich mit Haustieren beschäftigen<br>• Intensive Mediennutzung: Zur Unterhaltung<br>• Zeitung und Illustrierte lesen/Fernsehen/Radio hören<br>• Familiäre Kontakte pflegen: Verwandte, Kinder besuchen/Etwas mit Kindern, Enkeln unternehmen<br>Sportaktivitäten<br>• Keine sportlichen Ambitionen (mehr)<br>Musikinteressen<br>• Deutsche Volksmusik, Blasmusik/deutsche Schlager, Evergreens<br>• Tanz- und Unterhaltungsmusik/Operette | **Lebensstil**<br>Freizeitinteressen<br>• Outdoor-Aktivitäten: Stadtbummel, Einkaufsbummel/Gaststätten, Restaurants, Cafés besuchen/Tanzen, in die Disco gehen/Aktiv Sport treiben<br>• Zeitung, Zeitschriften lesen/Fernsehen (Unterhaltung und Information)<br>• Musik hören: CD, Cassetten, Radio<br>Sportaktivitäten<br>• Ausgeprägte Sport- und Fitness-Orientierung: Radfahren/Jogging, Laufen/Schwimmen/Gymnastik, Aerobic<br>• Prestige-Sportarten: Tennis, Squash, Badminton/Ski-Abfahrtslauf/Bodybuilding<br>Musikinteressen<br>• Moderne Unterhaltungsmusik: Pop International (Hitparade) |

*Quelle: Outfit 3*

*Abb. 165 b: Charakteristik zweier weiblicher Bekleidungstypen*

#### *bd) Kaufverhaltensbezogener Segmentierungsansatz*

Die verhaltensbezogene Segmentierung – als dritter möglicher Ansatzpunkt – knüpft (vorrangig) an dem tatsächlich beobacht- bzw. erfassbaren, konkreten **Kauf- und Konsumverhalten** an. Wie die bisherigen Darlegungen speziell zur psychografischen Segmentierung – insbesondere zu den käufertypologischen Konzepten – gezeigt haben, versuchen auch Käufertypologien in unterschiedlichem Umfang und Ausprägung bereits verhaltensbezogene Segmentierungsvariablen mit einzubeziehen. Hier soll deshalb nun auf solche Segmentierungsansätze näher eingegangen werden, die sich allein bzw. zumindest *vorrangig* auf verhaltensbezogene Variablen konzentrieren.

Generelles Kennzeichen dieser Variablen ist, dass sie anders als demografische Kriterien (wie Alter, Geschlecht u. ä.) und auch anders als psychografische Kriterien (wie Werte, Überzeugungen, Einstellungen) enger am **tatsächlichen Kauf** (und Konsum) ansetzen. Wie bereits in der Übersicht zu Beginn dieses Abschnitts zur Marktsegmentierungsstrategie aufgezeigt, können verschiedene **Ebenen** des Kaufverhaltens unterschieden werden, wie

- **Produkt-/Markenwahl,**
- **Kaufvolumen/-intensität,**
- **Preisverhalten,**
- **Einkaufsstättenwahl,**
- **Mediennutzung.**

Auf der Basis dieser verhaltensbezogenen Daten soll gleichsam vom gegenwärtigen Kauf- und Konsumverhalten auf das zukünftige geschlossen werden, und zwar unter besonderer Berücksichtigung zielgruppenspezifischer Marktbearbeitungsmöglichkeiten. Grundlage des Marktsegmentierungskonzepts bilden hier also nicht Bestimmungsfaktoren des Kaufverhaltens (wie z. B. Einkommen oder Einstellungen), sondern die **Ergebnisse realisierter Kaufentscheidungsprozesse** von Konsumenten. Die bereits genannten Elemente (Faktoren) des tatsächlichen Kaufverhaltens sollen im Folgenden näher herausgearbeitet werden.

Die **Produktartwahl** bezieht sich auf die Frage, ob Konsumenten als Käufer einer bestimmten Produktart am Markt auftreten oder nicht (Käufer/Nichtkäufer). Damit wird eine Basisaufteilung eines Marktes transparent. Man kann hier auch von „Marktsegmentierung der ersten Stufe“ sprechen (*Freter,* 1983, S. 88 bzw. *ders.,* 2008, S. 157 ff.). Die eigentliche Marktsegmentierung setzt dann an der Identifizierung einzelner Käufergruppen am Gesamtmarkt aller Käufer an, und zwar im Rahmen der verhaltensbezogenen Segmentierung an wichtigen Verhaltensvariablen. Hierzu zählt ggf. auch die Erfassung des Verwender-Status, also die Unterscheidung nach Erstkäufern und traditionellen bzw. Wiederholungskäufern und/oder die Berücksichtigung von Verwendungsanlässen, wie z. B. Heim- oder Außer-Haus-Konsum.

Eine wichtige Segmentierungsvariable stellt darüber hinaus die **Markenwahl** dar. Ansatzpunkte für Segmentierungen des Marktes bilden hier etwa Markenkäufer bestimmter Marken oder auch von Marken bestimmter Marktschichten (Premiummarken, Konsummarken, Auch-Marken, vgl. hierzu die auf bestimmte Marktschichten gerichteten Marktstimulierungsstrategien).

Fallbeispiel: Markentreue-Verhaltensmuster in Konsumgütermärkten

Ein Markt lässt sich in dieser Hinsicht auch nach **Markenverhalten** segmentieren. Für Zwecke der Segmentierung muss dabei die Charakteristik der Markentreue näher definiert werden. Das wird an einem allgemeinen Beispiel eines Marktes, in dem fünf Marken angeboten werden, konkretisiert (*Abb. 166;* zu den Messmethoden *Böhler,* 1977 b, S. 119 ff.).

Diese unterschiedlichen Markenkäufer-Charakteristika finden sich **in vielen Märkten** (zu den Grundlagen des Markentreueverhaltens siehe auch *Weinberg*, 1977). Es gibt nach wie vor viele Märkte, die vor allem durch einen hohen Anteil „ungeteilt markentreuer Käufer" gekennzeichnet sind. Das gilt z. B. für Teile des Körperpflegemarktes (z. B. Zahnpasta), Teile des Kosmetikmarktes (z. B. pflegende Kosmetik, speziell Systemkosmetik), Teile des Biermarktes (z. B. Spezial- bzw. Trendbiere wie Pilsbier) oder auch Teile des Marktes alkoholfreier Erfrischungsgetränke (hier z. B. insb. bei Cola-Getränken). Die Bindungen sind durchweg das Ergebnis systematisch aufgebauter **Markenpräferenzen** (vgl. hierzu auch II. Teil, Präferenzstrategie). In solchen Märkten ist die Veränderung von Marktanteilen oder gar der neue Zutritt aufgrund von erheblichen Markteintrittsbarrieren besonders schwer. Andererseits müssen Unternehmen, die über starke Marken mit einer hohen markentreuen Verwenderschaft verfügen, herauszufinden suchen, was die Gründe dieser Markenbindung sind, um die Bindungen möglichst noch zu verstärken. Unternehmen dagegen, die über Marken verfügen, deren Käuferschaft sich als „geteilt markentreu" erweist, müssen etwa segmentspezifische Ansatzpunkte im Marketinginstrumenten-Einsatz finden, um Markentreueverhalten gezielt zu verbessern (z. B. gegenüber von Konkurrenzmarken mit gleicher „geteilt markentreuer" Charakteristik). Anknüpfungspunkte bieten hier Paneldaten (speziell Haushalt- bzw. Individualpanel, und zwar sog. Sonderauswertungen) und ggf. weiterführende unternehmens- bzw. marktindividuelle Primäruntersuchungen (speziell Befragung), welche zusätzlich vor allem die Gründe des differenzierten Markentreue-Verhaltens zu erfassen suchen. Das gilt auch und gerade für „wechselhaftes" und speziell auch „abwanderndes" Markenverhalten.

- **Die ungeteilt Markentreuen**
  Diese kaufen immer dieselbe Marke. Zeigen die Kaufgewohnheiten eines Verbrauchers das Muster A, A, A, A, A, A, hält er der Marke A ungeteilt die Treue.
- **Die geteilt Markentreuen**
  Die Markentreue dieser Verbraucher verteilt sich auf zwei oder drei Marken. Das Muster A, A, B, B, A, B spiegelt das Kaufverhalten eines Verbrauchers wider, dessen Markentreue zwischen A und B geteilt ist.
- **Die abwandernden Markentreuen**
  In diesem Fall wandert der Verbraucher zu einer anderen Marke ab und kauft diese künftig. Ein Beispiel dafür wäre das Schema A, A, B, B, C, C, C.
- **Die Wechselhaften**
  Diese Gruppe hält überhaupt keiner Marke die Treue. Das Kaufmuster A, C, E, B, D, B deutet auf einen Verbraucher ohne Markentreue hin, der auf Sonderangebote aus ist (er kauft die Marke, die gerade besonders günstig ist) oder nach Abwechslung sucht.

*Quelle: Kotler/Bliemel,* 2001, S. 444

*Abb. 166: Muster von Markentreueverhalten in einem Markt mit fünf Marken (A–E)*

Neben dem Markenverhalten stellt die **Verbrauchsintensität** eine wichtige segmentierende Variable dar. Damit ist jene Kaufmenge gemeint, die eine Käufergruppe innerhalb eines bestimmten Zeitraums durchschnittlich kauft bzw. verbraucht. Aufgrund ihrer Verbrauchsintensität lassen sich Käufer in verschiedene Segmente aufteilen, z. B. in das Segment der Intensiv-, Normal-, Wenig- und Nicht-Käufer.

Fallbeispiel: Kauf- bzw. Verbrauchsintensitäten im Kaffeemarkt

Marktuntersuchungen zeigen immer wieder, wie *unterschiedlich* einzelne Märkte und Verbrauchsintensitäten segmentiert sind.

Eine Übersicht zeigt das beispielhaft für ein **Produkt (Sorte)** aus dem Bereich Bohnenkaffee *(Abb. 167)*.

Die Analyseergebnisse (z. B. als Sonderauswertungen der Panelforschung, zu den Möglichkeiten solcher Sonderauswertungen siehe auch *Berekoven/Eckert/Ellenrieder*, 2001, S. 133 ff.) zeigen u. a., dass 29 % der Käufer immerhin 60 % der insgesamt abgesetzten Menge kaufen (= **sog. Heavy User**). In vielen Warengruppen lassen sich ähnliche Strukturen nachweisen. Damit zeigen sich in zahlreichen Märkten spezielle verbrauchsintensive Segmentpotenziale, die gezielt ausgeschöpft werden können. In aller Regel ist es dafür aber notwendig, zusätzlich **andere Segmentvariablen** hinzuzuziehen (wie z. B. Marken-(treue-)-verhalten), d. h. es sind geeignete Kombinationen von Verhaltenskriterien Marktsegmentierungsstrategien zugrunde zulegen. Das gilt auch für normal-verbrauchende Segmente (Käufer), deren Kauf bzw. Konsum durch gezielte Marketingmaßnahmen intensiviert werden soll.

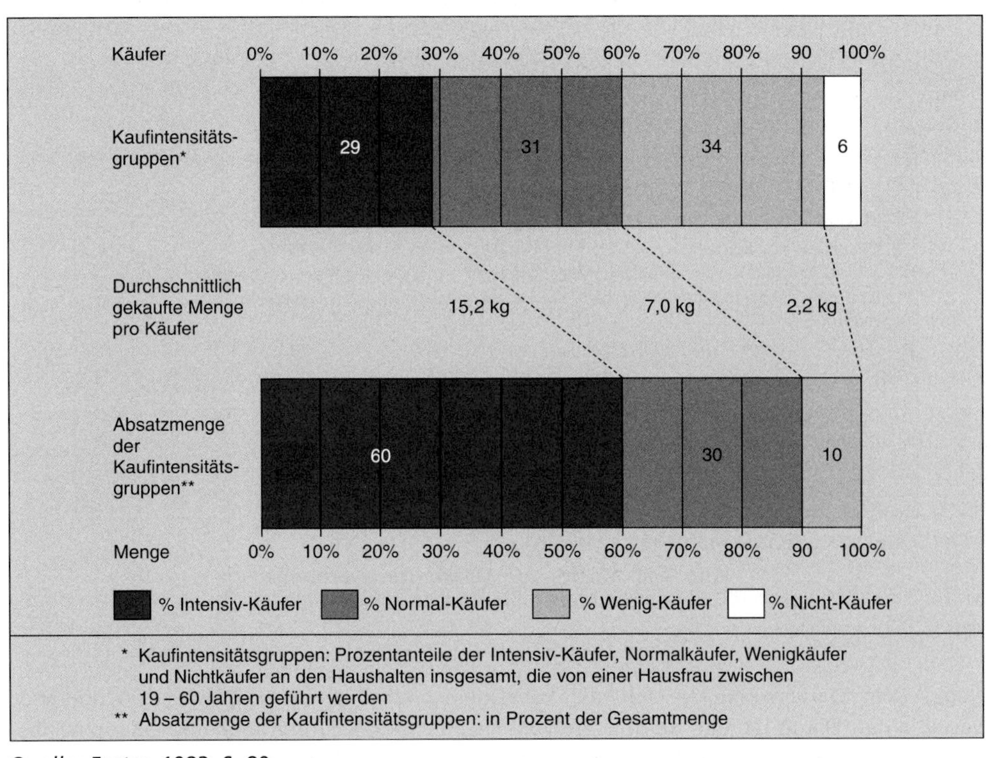


*Quelle: Freter,* 1983, S. 89

*Abb. 167: Kaufintensitäten für eine bestimmte Sorte von Bohnenkaffee (Angaben in Prozent und Kilogramm, Beispieljahr)*

Wichtige Ansatzpunkte verhaltensbezogener Segmentierungen stellen auch **preisliche Variablen** (Kriterien) dar. Dieses Konzept liegt ja schon der klassischen mikro-ökonomischen Analyse zugrunde (= Erfassung individueller Preis-Absatz-Funktionen und Ableitung gewinnmaximaler Preise auf Basis der Marginalanalyse). Beziehungen ergeben sich hier auch zu den eingangs angesprochenen marketing-instrumental- bzw. marketing-mix-bezogenen Reaktionsfunktionen oder -koeffizienten (*Freter,* 1983, S. 45 ff. bzw. *ders.,* 2008, S. 161 ff.; *Böhler,* 1977 b, S. 132 ff.; vgl. hierzu auch die Darlegungen zu den Segmentierungsmöglichkeiten sowie zu ihren Grenzen gleich zu Beginn des Abschnitts zur Marktsegmentierung).

Ansatzpunkte für preisbezogene Segmentierungen bietet das **beobachtbare Preisverhalten**, wie es z. B. in der Panelforschung in Form der Standard- wie auch in Form von Sonderanalysen nachweisbar ist. Das Preisverhalten kann dabei sowohl personenbezogen (also demografisch differenziert) als auch produktbezogen erfasst bzw. beide Erfassungsmöglichkeiten kombiniert als Segmentierungsgrundlage gewählt werden. Von besonderer Bedeutung ist in diesem Zusammenhang auch der Kauf bzw. die Kaufbereitschaft von Sonderangeboten, also die Neigung, z. B. stets die preislich günstigsten Marken (etwa im Rahmen von Verkaufsförderungsaktionen) zu kaufen. Gerade aber solches **vagabundierendes markentreues Kaufverhalten** erschwert sehr stark ein segmentstrategisches Vorgehen, das an den Kriterien Marken- und Preisverhalten festzumachen versucht. Auf diese Problematik wurde bereits im Rahmen der generellen Marken- bzw. Präferenzstrategie (= 2. strategische Ebene) hingewiesen.

Als sinnvoller Weg eines preissegmentierenden Vorgehens kann sich immerhin die Unterscheidung von Käufern nach verschiedenen **Preisklassen** erweisen. Diese Art der Segmentierung – die sinnvollerweise mit anderen Segmentierungskriterien, z. B. psychografischen, zu kombinieren ist – knüpft grundsätzlich an der typischen **Schichtung von Märkten** (oberer, mittlerer und unterer Markt, vgl. Einführung zu den Marktstimulierungsstrategien) an. Je nach Markt kann es sinnvoll sein, mehr als drei Markt- oder Preisschichten (-klassen) zu unterscheiden. Im Automobilmarkt (PKW) ist es – wie bereits weiter oben gezeigt wurde – sinnvoll, mindestens sechs Preis-/Leistungs-Klassen (-segmente) zu unterscheiden (zur generellen Bedeutung der Marktsegmentierung auf Basis der Preislagenwahl von Konsumenten in Verbindung mit demo- und psychografischen Merkmalen vgl. auch *Gierl,* 1991).

Wie bereits angesprochen, erhöht sich die Leistungsfähigkeit verhaltensbezogener Segmentierungen durch **geeignete Kombinationen** markt- bzw. unternehmensadäquater Segmentvariablen. Wichtige zusätzliche verhaltensbezogene Merkmale über die bisher diskutierten hinaus stellen die **Einkaufsstättenwahl** und die **Mediennutzung** dar. Gerade für die segmentspezifische Steuerung des Marketinginstrumenten-Einsatzes ist es neben den produktpolitischen Anknüpfungspunkten (= segmentspezifische Produktgestaltung) vor allem auch wichtig zu wissen, in welchen Absatzkanälen bestimmte Käufersegmente gewöhnlich kaufen oder welche Medien sie regelmäßig nutzen. Konsequente Marktsegmentierung heißt ja – darauf wurde bereits am Anfang dieses Abschnitts hingewiesen – gezielte Ausrichtung des *gesamten* Marketingprogramms (Marketingmix) an den Bedürfnissen, Erwartungen und/oder Verhaltensweisen der erfassten Segmentangehörigen (-käufer). Eine zentrale Voraussetzung erfolgreicher Segmentierungsstrategie ist dabei auch die notwendige Erreichbarkeit der anvisierten Zielgruppe sowohl in den einschlägigen Absatz- als auch Kommunikationskanälen.

Einen geeigneten Ansatz zur umfassenden Erfassung von Marktsegmenten auf der Basis möglichst verlässlicher Daten stellt in diesem Zusammenhang der **sog. Single-Source-Ansatz** dar. Anknüpfungspunkt bildet hier die bereits angesprochene Panelforschung, und zwar speziell das Verbraucher-Panel (*Berekoven/Eckert/Ellenrieder,* 2001, S. 134 bzw. S. 254 f.).

Exkurs: Der Single-Source-Ansatz für Segmentierungszwecke

Die Grundidee dieses Ansatzes, der auf Initiativen des *G & I*-Instituts, Nürnberg, bzw. seine eigenen Panelforschungsaktivitäten zurückgeht, besteht darin, neben der traditionellen, i. d. R. wöchentlichen Abfrage des Einkaufsverhaltens zusätzlich eine ganze Reihe anderer Tatbestände wie Einstellungen, Meinungen, Informations- und Verwendungsverhalten etc. mittels **sog. Paneleinfragen** zu erfassen und durch Verknüpfung dieser Daten eine quantitative und qualitative Erweiterung der Informationsbasis zu erreichen. Eine Übersicht verdeutlicht die Datenstruktur des Ansatzes *(Abb. 168)*.

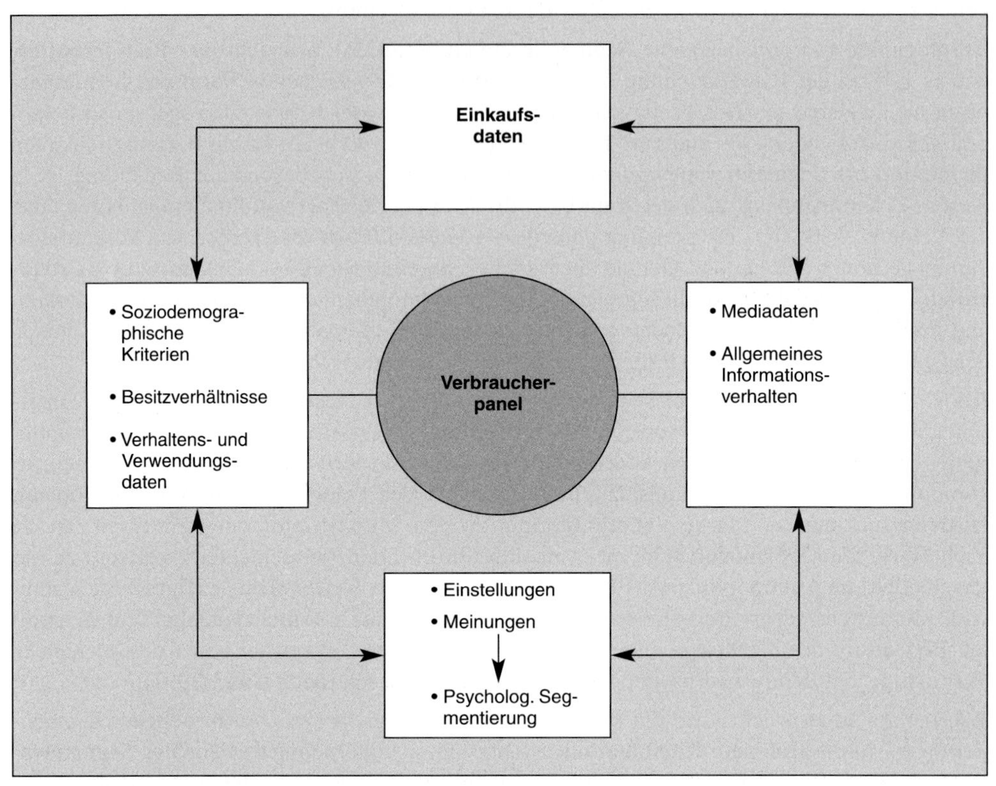


*Quelle: Berekoven/Eckert/Ellenrieder,* 2001, S. 255

*Abb. 168: Datenstruktur des Single-Source-Ansatzes*

Auf diese Weise sind Möglichkeiten gegeben, „aktiv" qualitative (psychografische) Segmentierungen vorzunehmen. Diese psychologisch definierten Segmente können dann „passiv" sowohl mit demografischen als auch verhaltensbezogenen Kriterien unterfüttert und unter Homogenitätsbedingungen (generelle Segmentbedingung: intern homogen, extern heterogen) gegeneinander abgeglichen werden. Eine Darstellung *(Abb. 169)* skizziert diese Zusammenhänge.

Das Besondere des Single-Source-Ansatzes liegt darin, dass die Informationen zur Bildung von Marktsegmenten (Zielgruppen) – deshalb auch die verwendete Bezeichnung – aus einer **einzigen Quelle** stammen, nämlich dem Verbraucherpanel, dem konkrete Produkte bzw. Produktgruppen zugrunde liegen. Mit Hilfe des „Eine-Quelle-Ansatzes" lässt sich insoweit überprüfen, ob sich die geäußerten Einstellungen, Ansichten und Meinungen der Panelteilnehmer auch wirklich in einem entsprechenden Kaufverhalten widerspiegeln (bei getrennten Erhebungen dagegen, z. B. Panel = permanente Erhebung und spezielle Befragung = Ad

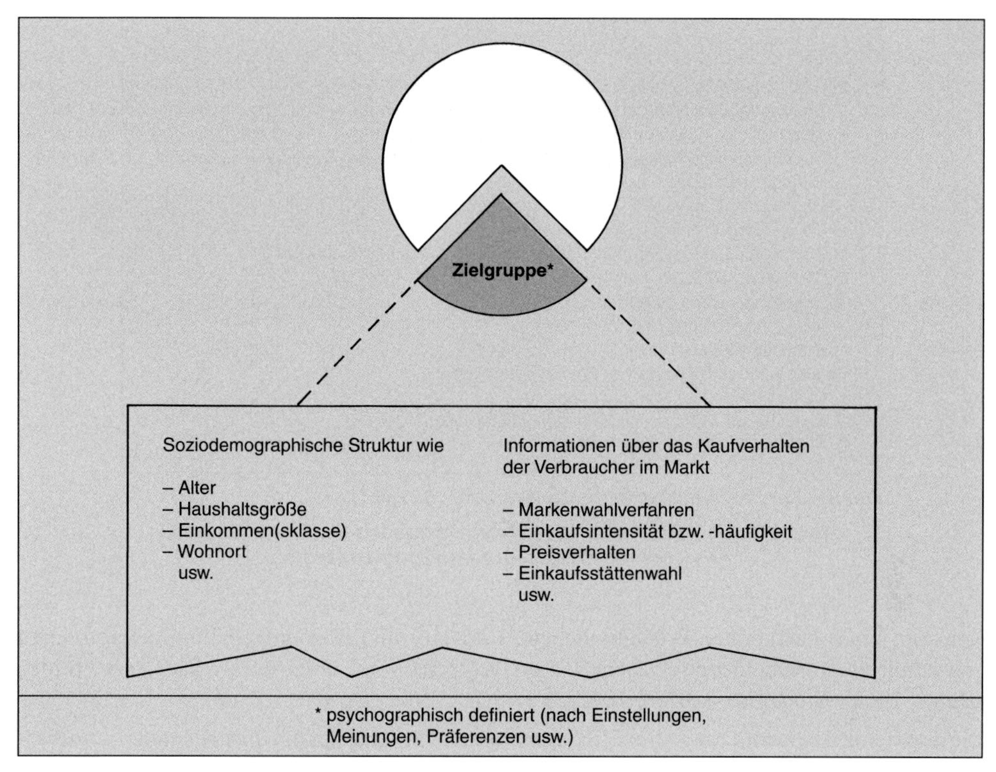


*Quelle:* nach *Berekoven/Eckert/Ellenrieder,* 2001, S. 255

*Abb. 169: Zielgruppen-definierende Variablen nach dem Single-Source-Ansatz*

hoc-Erhebung, wäre das nur unter ganz bestimmten Voraussetzungen möglich (*Berekoven/Eckert/Ellenrieder,* 2001, S. 255 f.).

Eine zusammenfassende Übersicht *(Abb. 170)* verdeutlicht noch einmal die **Informationen,** die der Single-Source-Ansatz für ein segmentspezifisches (zielgruppenorientiertes) Marketing insgesamt bereitzustellen in der Lage ist.

Der Vorteil dieses Ansatzes besteht insgesamt auch darin, dass über die i. d. R. wöchentliche Erhebung zu den Einkäufen der Panelteilnehmer jede Veränderung des Kaufverhaltens einzelner Segmente im **Zeitablauf** identifiziert werden kann und so eine dynamische Fortschreibung erfasster Segmente möglich ist bzw. Reaktionen der verschiedenen Zielgruppen (Segmente) auf konkrete marketing-instrumentale Maßnahmen gemessen werden können.

Begrenzungen des Single-Source-Ansatzes liegen andererseits darin, dass wegen der Gefahr der Überlastung der Panelteilnehmer sog. Paneleinfragen (also Erfassung psychologischer Fragestellungen wie Einstellungen, Meinungen, Präferenzen neben den erheblichen wöchentlichen Routineerfassungen zum tatsächlichen Kaufverhalten) nur in **begrenztem Umfang** durchgeführt werden können (deshalb werden dafür zunehmend separate *Omnibus*-Befragungen eingesetzt, *Berekoven/Eckert/Ellenrieder,* 2001, S. 256).

Ein spezieller, kaufverhaltensorientierter Segmentierungsansatz, der gerade auch in der Praxis stärker aufgegriffen wurde (*Bauer,* 1977, S. 88 ff.; *Böhler,* 1977 b, S. 103 ff.; *McDonald/Dunbar,* 1995, S. 76 ff. bzw. 90 ff.), ist die sog. **Nutzen-Segmentierung** (Benefit Segmentation). Dieser Ansatz, der auf *Yankelovich* zurückgeht (*Yankelovich,* 1964), beruht auf dem Gedanken, dass die **Nutzenerwartungen**, die Konsumenten hinsichtlich des Kaufs bzw.

**Informationen**

1. für eine *zielgruppenspezifische Marktanalyse* hinsichtlich
   - Anzahl und Bedeutung der Segmente,
   - Markt- und Absatzvolumina,
   - Einstellungs- und Kaufverhaltensdaten der Verbraucher in den jeweiligen Segmenten,
   - Soziodemografische Strukturen der Segmente,
   - Positionen der eigenen und der Konkurrenzmarken,
   - Überprüfung bisheriger Strategien,
2. für eine *zielgruppenspezifische Planung und Entscheidung* hinsichtlich
   - Festlegung möglicher Markt- bzw. Absatzvolumina,
   - Neupositionierung bestehender Produkte,
   - Konzeptentwicklung für neue Produkte,
   - Kommunikationsstrategien,
3. für eine *zielgruppenspezifische Kontrolle* hinsichtlich
   - Veränderungen der Marktvolumina,
   - Reaktion auf Konzepte und Marketingmaßnahmen,
   - Messung des Erfolgs.

*Quelle: Berekoven/Eckert/Ellenrieder,* 2001, S. 256 f.

*Abb. 170: Übersicht über die Informationsbasis des Single-Source-Ansatzes für Marktsegmentierungsstrategien*

Konsums eines bestimmten Produkts hegen, das Kauf- und Konsumverhalten determinieren und damit die entscheidende Ursache für die Existenz von *„True Market Segments"* bilden (*Haley,* 1968; *Frank/Massy/Wind,* 1972).

Diese Art von Segmentierung (Benefit Segmentation) wird daher als eine besonders „wirksame Form" (*Kotler/Keller/Bliemel,* 2007, S. 377) angesehen. *Yankelovich* wandte diese Methode bei einer Untersuchung des amerikanischen Uhrenmarktes an. Seine Untersuchungen zeigten, dass **traditionelle Segmentierungskriterien** allein (wie z. B. soziodemografische, etwa Alter, Geschlecht) *nicht* zu echten Segmenten führen, sondern erst spezifische Nutzen, die Käufer bei konkreten Produkten suchen. In diesem Sinne fand er heraus, dass etwa 31 % der Käufer sich eine Uhr zur Erinnerung an ein besonderes Ereignis kauften, 23 % in erster Linie auf einen niedrigen Preis beim Kauf achteten und 46 % besondere Ansprüche in bezug auf Produktqualität und Haltbarkeit hatten. Alle großen Uhrenanbieter konzentrierten sich damals auf das erste Segment, nämlich den eher prestigebewussten Käufer, der die teure, exklusive Uhr im Fachhandel sucht. Vor diesem Hintergrund entschloss sich seinerzeit die *U. S. Time Company* (Marke *Timex*), ihr Angebot (und Vermarktung) an den beiden anderen Segmenten auszurichten: Schaffung eines Programms preiswerter, strapazierfähiger Uhren, die überall erhältlich sind, d. h. also auch und gerade außerhalb des Fachhandels. Später entdeckten auch japanische Anbieter wie *Citizen* und *Seiko* dieses interessante Massensegment, das dann im Laufe der Marktentwicklung immer differenzierter bearbeitet wurde (Feinsegmentierung bzw. Multiple Segment Strategy).

Der spezifische Ansatz der Nutzen- oder Benefit-Segmentierung besteht insoweit darin, in einem relevanten Markt bisher befriedigte Nutzen und **Nutzenlücken** (Needs Gap Analysis, *Mc Donald/Dunbar,* 1995, S. 78 ff.) zu identifizieren, um so segmentspezifisch nutzbare **Marktpotenziale** zu erkennen und einem strategisch fundierten Marketing-Konzept zugrunde zulegen. Das bedeutet etwa bessere Oberzielrealisierung, z. B. Gewinn bzw. Rentabilität, durch konsequente segmentadäquate Marktbearbeitung (= **konzeptionelle Kette** zwischen Zielebene einerseits und Strategieebene andererseits).

Fallbeispiel: Nutzensegmentierung im Markt der Fotokopiergeräte

Nutzensegmentierungskonzepte sind – wie hervorgehoben – inzwischen stärker verbreitet; das gilt auch für Bereiche außerhalb des klassischen Konsumgüterbereiches. Ansatzpunkte bilden auch hier **identifizierte Nutzenlücken** (Needs Gaps).

Solche Nutzenlücken und ihr zielgerichtetes Füllen zeigt eine prototypische **Gap-Analyse** auf dem Markt der Fotokopiergeräte – also einem Beispiel aus dem Investitionsgüterbereich *(Abb. 171)*.

Das Beispiel verdeutlicht, dass *Rank Xerox* in der betrachteten Beispielperiode den Markt mit „Overall-Geräten" bediente, die keine spezifischen Eignungen (Nutzen) für große oder kleine Unternehmen bzw. solche mit hohem oder niedrigem Kopierbedarf pro Monat aufwiesen. Vor allem der strategische Quadrant links unten (eher kleinere Unternehmen mit eher geringem Kopierbedarf/Monat) wurde seinerzeit als interessantes, bis dahin eher vernachlässigtes **Nutzensegment** speziell von japanischen Anbietern entdeckt und gezielt bearbeitet.

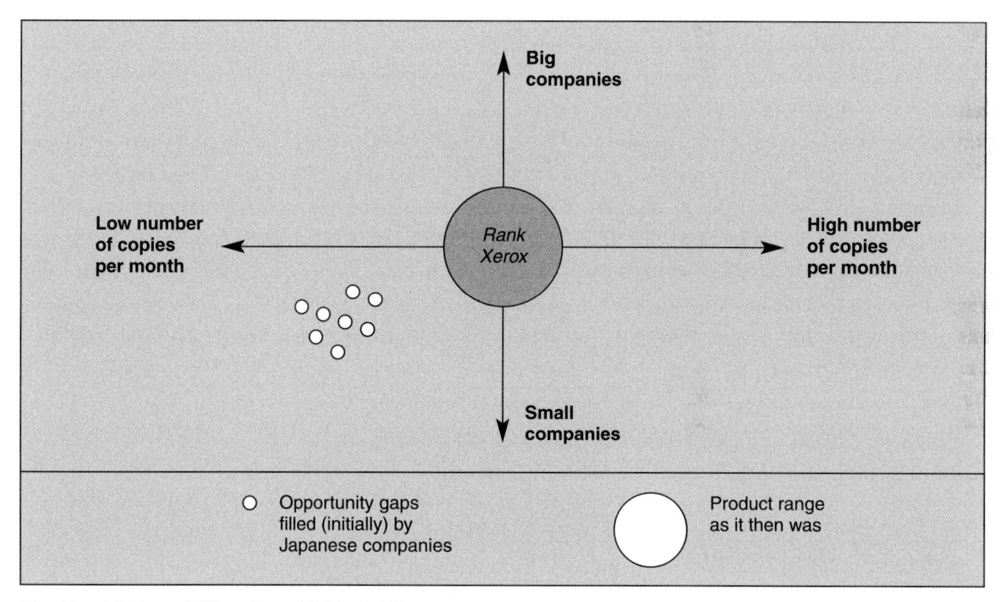


*Quelle: McDonald/Dunbar,* 1995, S. 79

*Abb. 171: Anwendungsfall einer Needs-Gap-Analyse im Fotokopiergeräte-Markt (Beispielperiode)*

Während Needs-Gap-Analysen entsprechende Nutzenlücken aufdecken können, ist das **Perceptual Mapping** (*McDonald/Dunbar,* 1995, S. 82 f.) geeignet, nicht nur solche segmentstrategischen Lücken aufzuzeigen, sondern auch Nutzenveränderungen bzw. entsprechende nutzenspezifische Umpositionierungsmöglichkeiten (-zwänge) darzustellen. Das soll am Beispiel des Körperpflegemarktes, und zwar speziell am Feinseifenmarkt, näher gekennzeichnet werden.

Fallbeispiel: Nutzensegmentierung im Feinseifenmarkt

Weit verbreitet sind Konzepte der Nutzensegmentierung naturgemäß in Konsumgütermärkten. Das gilt speziell für Märkte, die sich in **reiferen Stadien** stärker differenziert haben (insbesondere auf der Basis von Zusatznutzen). Das kann anhand einer Beispielphase des Feinseifenmarktes näher aufgezeigt werden, der erst einmal in den Kosmetik-/Körperpflegemarkt eingeordnet werden soll *(Abb. 172).*

Die Marktstrukturübersicht verdeutlicht zunächst den gesamten Komplex des Kosmetik-/Körperpflegemarktes, unterteilt nach den wichtigsten Grob- und Feinstrukturen. Für den Teilmarkt **Feinseifen** ist eine Nutzen-Segmentierung der wichtigsten Anbieter bzw. Angebote (Marken) dargestellt, und zwar auf der Basis **vier dominanter Nutzenerwartungen** der Konsumenten, wie sie für diesen Markt aufgrund von Verbraucher-Untersuchungen seinerzeit ermittelt wurden:

- **Pflege,**
- **traditioneller Duft,**
- **Deo-Wirkung,**
- **natürliche Frische.**

Auf ein zweidimensionales **Marktmodell** übertragen, entstehen so vier Quadranten von Nutzenkombinationen, in denen die einzelnen Marken – bezogen auf die Betrachtungsperiode – angesiedelt (positioniert) waren.

Das klassische Feinseifensegment („Ursegment“) stellte das „Pflege-/Traditioneller Duft-Segment“ dar, hier waren u. a. die klassischen Markenartikel *Palmolive* und *Lux* positioniert. Im Laufe der Zeit ist dann zusätzlich das „Deo-Segment“ (zunächst mit *Rexona,* später mit *Banner* ) bzw. das Segment „Natürliche Frische“ (zuerst mit *Fa,* später mit *Atlantic*) identifiziert und gezielt bearbeitet worden.

Die Marktentwicklung im Sinne einer segment- bzw. nutzenspezifischen **Aufspaltung** des Feinseifenmarktes vollzog sich seinerzeit vom ursprünglichen Stammsegment „Pflege/Traditioneller Duft“ in *zwei* Richtungen *(Abb. 173),* nämlich in Richtung „Deo-Wirkung“ einerseits und „Natürliche Frische“ andererseits.

*Colgate-Palmolive* hatte, nachdem das „Deo-Segment“ durch *Rexona (Lever-Sunlicht)* und die eigene Marke *Banner* besetzt und auch das „Frische-Segment“ durch *Fa (Henkel)* und *Atlantic (Lever-Sunlicht)* belegt war, eine Marktlücke (Nische) zwischen diesen beiden Segmenten erkannt und für die eigene Seife *Irischer Frühling* konsequent ein **eigenständiges Profil** aufzubauen gesucht (ursprünglich war diese Seife marktpsychologisch mehr am „Deo-Pol“ angesiedelt worden). In einer späteren Phase unterzog man die Marke einem **Relaunch,** der sie noch stärker in Richtung „natürliche, sanfte Frische“ positionierte.

Die ausgeprägten nutzenorientierten Segmentierungsbemühungen im Feinseifen-Markt entstanden damals vor dem Hintergrund **verschärfter Wettbewerbsbedingungen:**

- Der Seifenmarkt hatte **keine wesentlichen Wachstumsreserven** mehr.
- Schaumbäder und Duschmittel **substituierten teilweise die Seife.**
- Der verschärfte Wettbewerb hatte zu einem **verstärkten Preiskampf bei Seifen** geführt.
- Der Preisverfall bei Seifen hatte sich bereits in einer **Abnahme der Markentreue** niedergeschlagen.

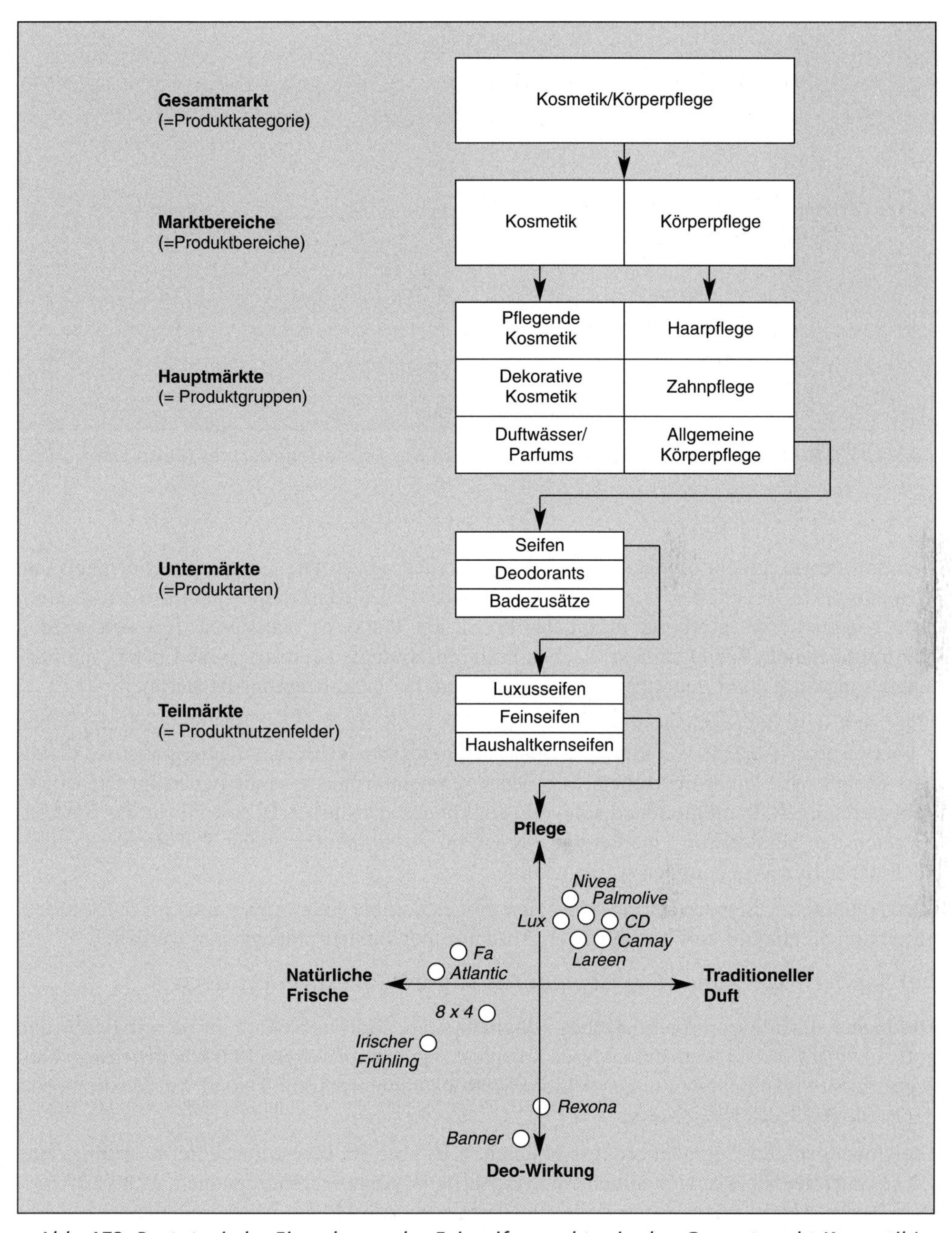


*Abb. 172: Prototypische Einordnung des Feinseifenmarktes in den Gesamtmarkt Kosmetik/ Körperpflege und seine Strukturierung nach Nutzensegmenten (Beispielperiode)*

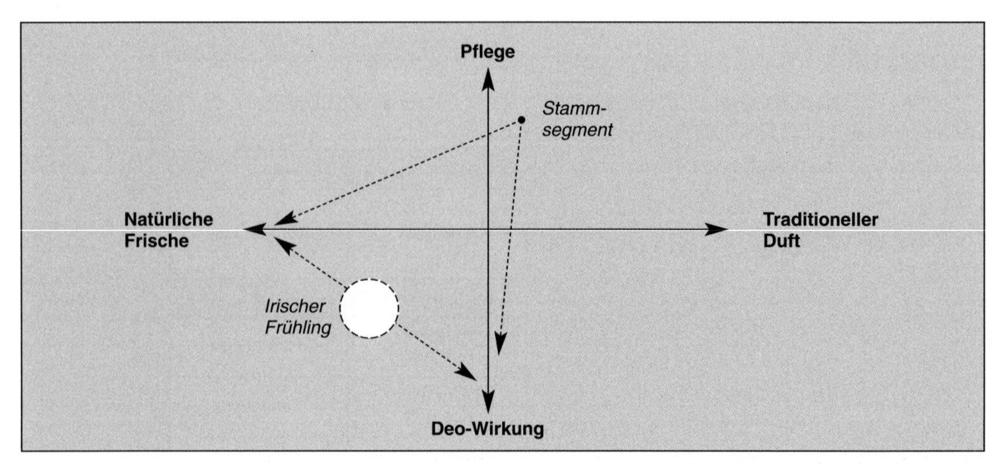


*Abb. 173: Nutzensegment-spezifische Entwicklung des Feinseifen-Marktes (Beispielperiode)*

Gerade Nutzensegmentierungen sind auch als Versuch zu werten, wenigstens tendenziell **sog. Firmenmärkte** zu schaffen, die nicht nur ein zusätzliches Marktpotenzial eröffnen, sondern auch geeignet sind, präferenz-orientierte Preise am Markt zu realisieren. Insoweit werden hier grundlegende Beziehungen zwischen Präferenzstrategie (2. strategische Ebene) und Segmentierungsstrategie (3. strategische Ebene) erkennbar (= **konzeptionelle Kette**).

Insgesamt wird die Segmentierungsstrategie – wie auch die diversen Beispiele gezeigt haben – überwiegend am Fall von **Herstellerunternehmen** (speziell Konsumgüterindustrie) diskutiert. Dabei wird leicht übersehen, dass Marktsegmentierungsstrategien auch im Dienstleistungsbereich i. w. S. möglich und sinnvoll sein können. Das gilt z. B. sowohl für das Banken- als auch das Versicherungsmarketing, worauf im zusammenfassenden Teil dieses Kapitels noch näher Bezug genommen werden soll.

Ansatzpunkte für Segmentierungsstrategien gibt es darüber hinaus aber auch im Investitionsgüterbereich. Hierauf soll im folgenden Abschnitt noch näher eingegangen werden.

### *be) Sonderfragen der Marktsegmentierung bei Investitionsgütern*

Die bisher diskutierten methodischen Möglichkeiten, Marktsegmente zu identifizieren und aufbauend auf diesen Segmentanalysen adäquate **segmentspezifische Marktbearbeitungskonzepte** zu entwickeln, gelten in erster Linie für Konsumgütermärkte. Darauf wurde bereits eingangs ausdrücklich hingewiesen.

Gleichwohl spielen Segmentierungsstrategien, z. B. auch im Investitionsgütermarketing, eine *wichtige* Rolle. Nicht zuletzt allgemein verschärfte Wettbewerbsbedingungen auch in Investitionsgütermärkten (schwach wachsende bzw. stagnierende Märkte, Verdrängungswettbewerb) haben dazu geführt, Kunden in diesen Märkten spezifischer zu bedienen bzw. auf jeweilige **Kundenanforderungen** gezielter einzugehen (um damit entsprechende Wettbewerbsvorteile zu realisieren, *Backhaus/Voeth,* 2014, S. 122 ff.).

Der segmentspezifische Ansatz besteht auch im Investitionsgütermarketing darin, homogene Gruppen von Abnehmern zu finden, die gleiche **Strukturen bzw. Verhaltensweisen** aufweisen, um sie marktlich gezielter bearbeiten zu können.

Grundsätzlich können auch in Investitionsgütermärkten **drei Kategorien** von Segmentierungskriterien (-variablen) unterschieden werden (ähnlich *Horst,* 1988, S. 350 ff.):

- **Organisations-bezogene Kriterien,**
- **Organisationsmitglieder-bezogene Kriterien,**
- **Organisationsverhaltens-bezogene Kriterien.**

Die **organisations-bezogenen Kriterien** entsprechen in etwa den demografischen Variablen in Konsumgütermärkten. Sie beziehen sich auf eher formale Unterscheidungsmerkmale wie Standort, Unternehmensgröße, Branche, Marktvolumen oder auch Organisationstypen/-formen (*Gröne,* 1977, S. 52 ff.; *Scheuch,* 1975, S. 70 ff.). Ihre Trennschärfe – zumindest, so weit sie einzeln oder isoliert zugrunde gelegt werden – ist eher begrenzt. Das teilen sie im Prinzip mit den demografischen Kriterien in Konsumgütermärkten.

Die **organisationsmitglieder-bezogenen Kriterien** (Variablen) beziehen sich auf psychische Charakteristika der Mitglieder bzw. Entscheidungsträger in den Unternehmen. Zu nennen sind hier etwa Wahrnehmung, Motivation, Innovationsfreudigkeit, Informationsgewinnung, Einstellungen oder Persönlichkeitsmerkmale (*Gröne,* 1977, S. 135 ff.; *Scheuch,* 1975, S. 72 f.). Diese Kriterien stehen in Analogie zu den psychografischen Merkmalen in Konsumgütermärkten. Ihre Trennschärfe in bezug auf möglichst klare Segmentabgrenzungen ist ebenfalls begrenzt, vor allem, wenn sie nur als Einzelfaktoren herangezogen werden. Wie auch schon im Rahmen der Segmentierungsmöglichkeiten in Konsumgütermärkten dargestellt, nimmt die Trennschärfe gewöhnlich mit der Zahl (= Kombination) adäquater Variablen zu.

Die **organisationsverhaltens-bezogenen Segmentierungskriterien** schließlich versuchen das eigentliche Kaufverhalten von Unternehmen als Ausgangspunkt für segment-strategische Konzepte zu wählen. Hauptanknüpfungspunkt bildet das für den industriellen Einkauf so typische kollektive Einkaufsverhalten (sog. Buying Centers). Das Einkaufsverhalten industrieller Unternehmen ist nämlich stark durch Mehrpersonenentscheidungen geprägt (siehe im Einzelnen etwa *Engelhardt/Günter,* 1981, S. 34 ff. sowie *Godefroid,* 2003, S. 56 ff.; *Backhaus/Voeth,* 2014, S. 124 ff.). Wichtige verhaltensrelevante Segmentierungskriterien bilden insoweit etwa Größe, Zusammensetzung und interpersonale Beziehungen von Buying Centers. Darüber hinaus kommen einzelne Verhaltensaspekte wie Auftragsvorgabekriterien, Produktverwendungen (*Kotler/Keller/Bliemel,* 2007, S. 380 f.), Verwendungsintensitäten, Lieferantentreue, Kaufzeitpunkte sowie Auftragsgrößen (*Scheuch,* 1975, S. 71) in Betracht. Segmentierungen auf der Basis verhaltensbezogener Kriterien tasten sich am ehesten an verhaltensrelevante („echte") Segmente bzw. Zielgruppen (spezielle Zielunternehmen) heran. Grundsätzlich gilt aber auch bei diesen Kriterien, dass eine hohe Trennschärfe i. d. R. erst über mehrere adäquate Kriterien, also Kriterienkombinationen, erreicht wird.

Die Besonderheit der Marktsegmentierung im Investitionsgütermarketing bzw. für industriellen Einkauf/Verkauf besteht darin – das haben die bisherigen Darlegungen gezeigt –, dass eine besonders große Zahl unterschiedlicher Kriterien (Variablen) gewählt werden kann. Speziell im Bereich industrieller Segmentierung sind daher **mehrstufige Segmentierungskonzepte** vorgeschlagen worden. Das Grundprinzip besteht darin, in einem stufenweisen Filterungsprozess verschiedene „Hierarchien" von Einflussfaktoren abzuprüfen.

Einer der ersten Ansätze dieser Art war ein zweistufiges Vorgehen (z. B. *Wind/Cardozo,* 1974). Auf der ersten Stufe erfolgt eine **sog. Makro-Segmentierung,** d. h. es werden zunächst Zielsegmente aufgrund wichtiger organisationsbezogener Kriterien des Unternehmens wie Unternehmensgröße, Anwendungsbereich des Produkts, Verwenderbranche, Organisations-

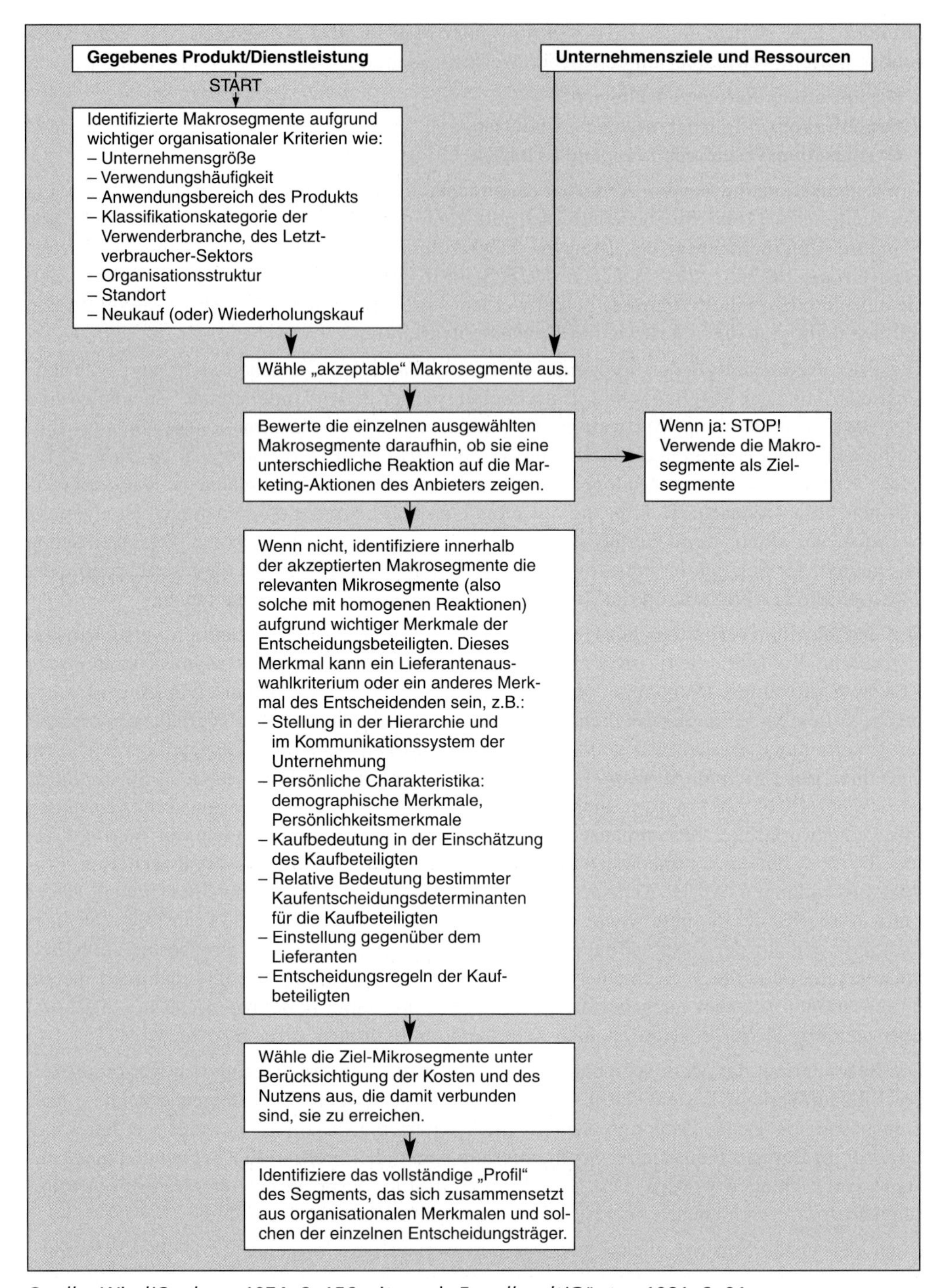


*Quelle: Wind/Cardozo,* 1974, S. 156, zit. nach *Engelhardt/Günter,* 1981, S. 91

*Abb. 174: Ablaufschema des zweistufigen Segmentierungskonzepts (Wind/Cardozo)*

struktur, Standort zu identifizieren versucht. Gelingt es auf diese Weise, Makro-Segmente zu erfassen, die jeweils unterschiedliche Reaktionsweisen auf die Marketingaktivitäten des anbietenden Unternehmens zeigen, so hat man bereits **verhaltensrelevante Segmente** gefunden und kann auf weitere Verfeinerungen verzichten. Ist das nicht der Fall, so ist es notwendig, in einer zweiten Stufe die erfassten Makro-Segmente mit Hilfe geeigneter Merkmale oder Kriterien in sog. Mikro-Segmente (mit entsprechend homogenen Reaktionen) überzuführen.

Für diese **Mikro-Segmentierung** werden dann organisationsmitglieder- und/oder organisationsverhaltens-bezogene Kriterien der beteiligten Personen herangezogen, wie z. B. Stellung der Kaufbeteiligten (Entscheidungspersonen) in der Hierarchie, ihre Persönlichkeitsmerkmale, ihre Einschätzung der Kaufbedeutung bzw. Bedeutung bestimmter Kaufentscheidungsdeterminanten, ihre Entscheidungsregeln oder auch ihre Einstellung gegenüber dem (den) Lieferanten. Diese Mikro-Segmentierung knüpft insoweit primär am Buying Center bzw. seinen Mitgliedern und ihren Verhaltensweisen an. Eine Übersicht *(Abb. 174)* verdeutlicht das **Ablaufschema** der beschriebenen *zweistufigen* Marktsegmentierung.

| Segmentierunganſatz nach Scheuch | Segmentierunganſatz nach Gröne |
|---|---|
| **1. Ebene:**<br>**Umweltbezogene Merkmale**<br>• Organisationsdemographische Merkmale<br>– Standort<br>– Branche<br>– Betriebsgröße<br>• Kauf- und Verwendungsverhalten<br>– Auftragsgrößen<br>– Lieferantentreue<br>– Verwendungsintensität<br>• Position der Organisation in der Umwelt<br>– politische Bedingungen<br>– technische Bedingungen<br>– rechtliche Bedingungen | **1. Ebene:**<br>**O-Segmentierung (organisationsbezogene Kriterien)**<br>• Organisationsdemographische Merkmale<br>– Standort<br>– Branche<br>– Unternehmensgröße<br>• Institutionalisierung der Einkaufsfunktion<br>– Zentralisation/Dezentralisation<br>– Aufgabenbereich<br>• Organisatorische Beschaffungsregeln<br>– Ablauf der Einkaufsentscheidung<br>– Angebotsbewertung |
| **2. Ebene:**<br>**Innerorganisatorische Merkmale**<br>• Zielsystem der Organisation<br>• Restriktionensystem<br>– Know how-Begrenzungen<br>– Budgetrestriktionen<br>• Hierarchische Struktur<br>– Stellen<br>– Positionen | **2. Ebene:**<br>**K-Segmentierung (Merkmale des Entscheidungskollektivs)**<br>• Größe des Buying Centers<br>• Zusammensetzung des Buying Centers<br>• Interpersonelle Beziehungen |
| **3. Ebene:**<br>**Merkmale der Mitglieder von Entscheidungszentren**<br>• Alter<br>• Beruf<br>• Status/Rollen | **3. Ebene:**<br>**I-Segmentierung (Merkmale des entscheidungsbeteiligten Individuums)**<br>• Informationsverhalten (-quellen)<br>• Einstellungen<br>• Motivation |

*Quelle:* nach *Scheuch,* 1975, S. 70–73 und *Gröne,* 1977, S. 34–36

*Abb. 175: Überblick über wichtige Segmentierungskriterien (-hierarchien) dreistufiger Segmentierungskonzepte (Scheuch und Gröne)*

Ein ähnlicher Ansatz liegt im Übrigen dem Segmentierungsmodell von *Strothmann/Kliche* zugrunde; es ist allerdings speziell für den Anwendungsfall von High-Tech-Unternehmen konzipiert (*Strothmann/Kliche,* 1989).

Neben zweistufigen sind auch **dreistufige Segmentierungssysteme** vorgeschlagen worden (etwa von *Scheuch,* 1975; *Gröne,* 1977), „ohne dass jedoch grundlegende konzeptionelle Unterschiede zu den zweistufigen Ansätzen deutlich werden" (*Backhaus/Voeth,* 2007, S. 122). In einer Übersicht beider konzeptioneller Ansätze *(Abb. 175)* wird das transparent.

Die Übersicht zu den beiden dreistufigen Systemen zeigt, dass sie inhaltlich sehr verwandt sind. Sie stellen – ähnlich wie das Konzept von *Wind/Cardozo – hierarchische,* für konkrete Segmentierungszwecke jeweils spezifisch ausbau- bzw. weiter differenzierbare Systeme dar.

Interessant ist in diesem Zusammenhang auch ein **fünfstufiges Konzept,** wie es von *Bonoma/Shapiro* vorgeschlagen worden ist (*Bonoma/Shapiro,* 1983). Diesem Konzept liegt ein sog. Schalenansatz (Nested Approach) zugrunde, der durch ein ausgeprägt *selektierendes* Vorgehen gekennzeichnet ist. Ausgehend von der äußeren „Schale" wird stufenweise geprüft, ob die jeweiligen Schichten von Segmentierungsvariablen ausreichend sind, um verhaltensrelevante („echte") Segmente zu erfassen, oder nicht. Sobald das beim stufen- oder schichtenorientierten Segmentierungsprozess gelingt, kann auf weitere (Fein-)Segmentierungskriterien verzichtet werden. Schafft man das bei den stufenweise erfolgenden Segmentierungsschritten nicht, werden nacheinander alle fünf Kriterienebenen durchgeprüft, „um herauszufinden, ob diese immer differenzierter und präziser werdenden Kriterien (schließlich, Erg. J. B.) zu brauchbaren Ergebnissen führen" (*Backhaus/Voeth,* 2014, S. 127).

Eine Darstellung verdeutlicht zunächst die **„Schalenstruktur"** des Segmentierungskonzepts von *Bonoma/Shapiro (Abb. 176).*

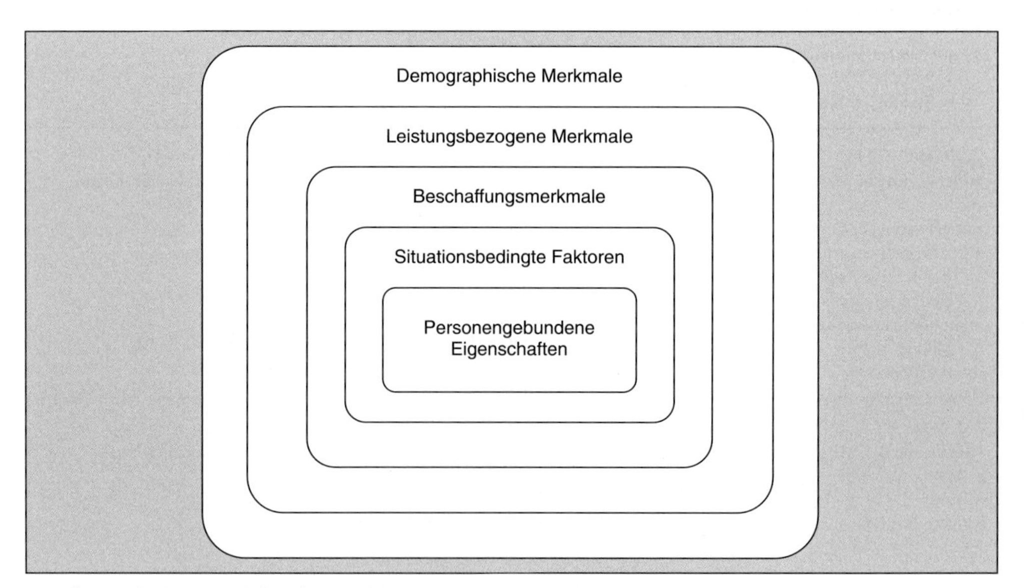


*Quelle:* nach *Bonoma/Shapiro,* 1983, S. 10

*Abb. 176: Schalenansatz (Nested Approach) zur stufenweisen Marktsegmentierung im Investitionsgütermarketing (Bonoma/Shapiro)*

Dass hinter dieser Schalenstruktur ein hierarchisches System immer feiner selektierender Merkmale steckt, zeigt eine Übersicht *(Abb. 177)*.

**Demografische Merkmale**
- **Branchen:** Auf welche Branchen, die unser Produkt benötigen, sollten wir uns konzentrieren?
- **Unternehmensgröße:** Auf Unternehmen welcher Größe sollten wir uns konzentrieren?
- **Standort:** Auf welche geografischen Gebiete sollten wir uns konzentrieren?

**Leistungsbezogene Merkmale**
- **Technologie:** Auf welche Kundentechnologien sollten wir uns konzentrieren?
- **Anwenderstatus:** Sollten wir uns auf starke, mittlere oder schwache Verwender oder Nichtverwender konzentrieren?
- **Kundenkompetenz:** Sollten wir uns auf Kunden konzentrieren, die viele Dienstleistungen benötigen, oder auf solche, die wenige benötigen?

**Beschaffungsmerkmale der Kunden**
- **Organisationsform der Beschaffungsfunktion:** Sollten wir uns auf Unternehmen mit einer stark zentralisierten oder einer dezentralisierten Beschaffungsfunktion konzentrieren?
- **Machtstruktur:** Sollten wir uns auf Unternehmen konzentrieren, bei denen die Technikabteilung dominiert, oder auf solche, wo die Finanzabteilung dominiert etc.?
- **Bestehende Beziehungen:** Sollten wir uns auf Unternehmen konzentrieren, mit denen wir bereits intensive Geschäftsbeziehungen unterhalten, oder einfach die attraktivsten Kunden ansprechen?
- **Allgemeine Beschaffungspolitik:** Sollten wir uns auf Kunden konzentrieren, die Leasing, Wartungsverträge, Systemkäufe oder die Beschaffung mittels Ausschreibungen bevorzugen?
- **Kaufkriterien:** Sollten wir uns auf Kunden konzentrieren, die in erster Linie Wert auf Qualität legen? Oder auf Kundendienst? Oder auf niedrige Preise?

**Situationsbedingte Faktoren**
- **Dringlichkeit:** Sollten wir uns auf Untemehmen konzentrieren, die auf schnelle und kurzfristige Lieferungen bzw. Kundendienstleistungen angewiesen sind?
- **Spezifische Produktanwendungen:** Sollten wir uns auf bestimmte Anwendungen unseres Produktes konzentrieren, statt auf alle?
- **Auftragsumfang:** Sollten wir uns auf große oder kleine Aufträge konzentrieren?

**Personengebundene Eigenschaften**
- **Ähnlichkeit zwischen Käufer und Verkäufer:** Sollten wir uns auf Unternehmen konzentrieren, deren Mitarbeiter und Wertvorstellungen Ähnlichkeit mit unseren eigenen aufweisen?
- **Risikobereitschaft:** Sollten wir uns auf risikofreudige oder auf vorsichtige Kunden konzentrieren?
- **Lieferantentreue:** Sollten wir uns auf Unternehmen konzentrieren, die ihren Lieferanten gegenüber besonders treu sind?

*Quelle: Bonoma/Shapiro,* 1983, zit. nach *Kotler/Bliemel,* 2001, S. 446

*Abb. 177: Dem Schalenansatz von Bonoma/Shapiro zugrundeliegende Segmentierungsvariablen*

Der Nachteil der bisher betrachteten mehrstufigen Segmentierungsansätze besteht insgesamt darin, dass aufgrund dieser Mehrstufigkeit sog. **Baumstrukturen** auftreten. Das bedeutet: Bei einem Objekt bzw. Unternehmen, das einem bestimmten Segment zugeordnet wird, kann diese Zuordnung in weiteren Segmentierungsschritten nicht wieder aufgehoben werden. Andererseits zeigt sich nicht selten, dass die auf den ersten Stufen verwendeten Kriterien nur eine geringe Kaufverhaltensrelevanz aufweisen (siehe hierzu *Horst,* 1988, S. 285 ff.). Im Gegensatz zu mehrstufigen Ansätzen versuchen mehrdimensionale Ansätze diese Problematik zu umgehen.

**Mehrdimensionale Segmentierungsansätze** sind dadurch charakterisiert, dass sie danach trachten, *simultan* (also nicht stufenorientiert) mehrere Segmentierungskriterien zu verwenden. Ein solcher Ansatz speziell für Segmentierungen im Investitionsgütersektor ist von *Horst* konzipiert worden (*Horst,* 1988). Er unterscheidet drei Segmentierungskategorien (von ihm als Dimensionen bezeichnet), mit deren Hilfe das spezifische Verhalten von Nachfragesegmenten für Investitionsgüter erfasst werden soll. Dazu wird jede der drei Segmentierungsdimensionen wieder in mehrere Teildimensionen aufgerastert.

Die drei dem Modell zugrundeliegenden **Segmentierungskategorien** (-dimensionen) sind:

**(1)** das **Interaktionspotenzial,** das die generellen Unternehmungs-/Kunden-Beziehungen bei der Beschaffung kennzeichnet,

**(2)** die **konstitutiven Merkmale der Beschaffungspolitik,** welche die Beschaffungsstrategie und die handelnden Personen beschreiben,

**(3)** die **situativen Merkmale der Beschaffungspolitik,** die sich auf bedarfsspezifische Verhaltensmerkmale und Bedarfsfunktionen beziehen.

Mit einem fiktiven Beispiel *(Abb. 178)* soll das Prinzip einer mehrdimensionalen Segmentierung skizziert werden.

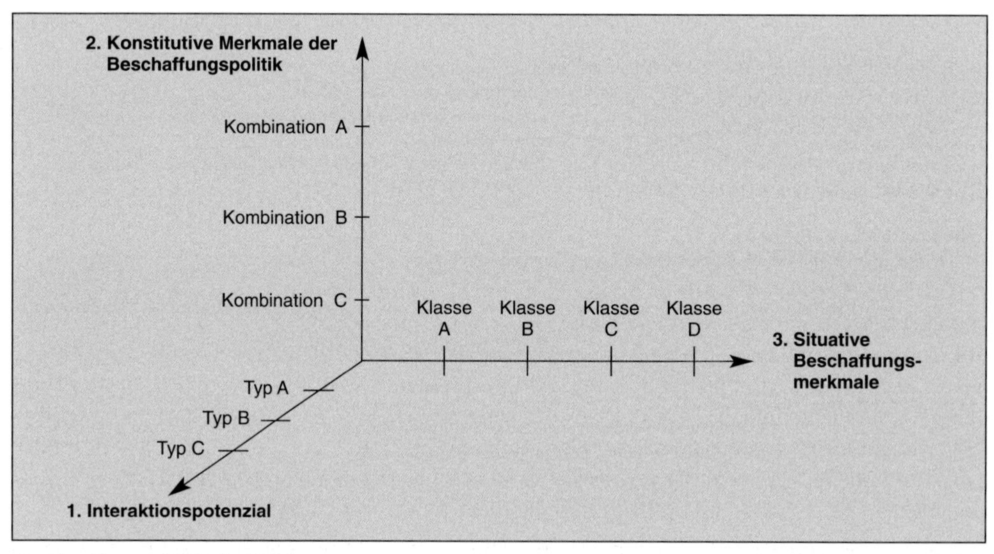


*Quelle: Horst,* 1998, S. 324 f.

*Abb. 178: Fiktives Beispiel einer mehrdimensionalen Segmentierung im Markt für Bürokommunikation*

Der dargestellte Ansatz (*Horst,* 1988) weist im Übrigen eine formale Verwandtschaft mit dem Konzept der **Geschäftsfeldbestimmung** („Defining the Business") von *Abell* auf (*Abell,* 1980). Die bei diesem Konzept verwendeten drei Analysedimensionen (bediente Abnehmergruppen, erfüllte Funktionen und eingesetzte Technologie, *Abell,* 1980, S. 14 ff. bzw. 169 ff.) stellen nur zum Teil Nachfragedimensionen dar. Das Konzept von *Abell* führt deshalb im Sinne einer Geschäftsfeldbestimmung mehr zu konkreten Leistungsvorgaben für bestimmte Marktfelder oder Produkt/Markt-Kombinationen im Sinne der *Ansoff*-Matrix (= Festlegungen der 1. strategischen Ebene: Marktfeldstrategien). Der Ansatz von *Horst* beruht demgegenüber ausschließlich auf **Nachfragedimensionen** und dient insoweit der Ableitung von verhaltensrelevanten Marktsegmenten, wie sie Gegenstand dieses Kapitels (= 3. strategische Ebene: hier Marktsegmentierungsstrategien) sind.

*Mehr*dimensionale Segmentierungskonzepte, wie z. B. das von *Horst*, erlauben grundsätzlich sehr differenzierte Segmentierungen von Märkten. Als gravierendes Problem ist jedoch die Beschaffung der hierfür notwendigen Daten anzusehen. Das wird übrigens auch von *Horst* selbst so eingeschätzt (*Horst,* 1988, S. 343). Ein weiteres, nicht unerhebliches Problem ist darüber hinaus in der **Operationalisierbarkeit** der von ihm verwendeten Segmentierungsdimensionen und ihrer Elemente zu sehen.

### c) Zusammenfassende Würdigung von Massenmarkt- und Marktsegmentierungsstrategie

Was die Art und Weise der Differenzierung wie auch der Abdeckung von Märkten (und damit die Bestimmung der Zielgruppen) betrifft, so gibt es – wie zu Beginn dieses Abschnitts im Einzelnen dargelegt – zunächst zwei grundlegende **Strategiealternativen,** nämlich

(1) **Massenmarktstrategie** einerseits und
(2) **Marktsegmentierungsstrategie** andererseits.

Beide Basisstrategien können nach dem jeweiligen **Grad der Marktabdeckung** wiederum zweifach unterteilt werden, nämlich nach

(1) **Massenmarktstrategie** mit
 *totaler* Marktabdeckung oder
 *partialer* Marktabdeckung,
(2) **Marktsegmentierungsstrategie** mit
 *totaler* Marktabdeckung oder
 *partialer* Marktabdeckung.

Anhand von Beispielen wurde dargelegt, dass die **Massenmarkt-(oder Unifizierungs-)strategie** von vielen Markenartikelunternehmen mit großen renommierten Marken z. T. seit Jahrzehnten, in Einzelfällen schon seit mehr als einem Jahrhundert erfolgreich angewendet worden ist und weiter angewendet wird. Neben solchen „Massenmarken", die im Sinne universaler Angebote den gesamten jeweiligen (Produkt-)Markt abzudecken suchen, gibt es andererseits viele Marken, welche in bewusster Spezialisierung lediglich einen Teil des Gesamtmarktes abdecken, trotzdem aber bewusst undifferenziert bzw. massenhaft angelegt sind. Eine Reihe von Beispielen, die aufgeführt wurden, belegen auch diese marketing-strategische Variante.

Diesen klassischen Marketingkonzepten steht die bewusste **Marktsegmentierung** im Sinne einer gezielten ausdifferenzierten Marktbearbeitung gegenüber (inzwischen auch unterstützt durch **CRM-Systeme**). Es wurde im Einzelnen dargelegt, dass Marktsegmentierung über das, was bisher unter Produktdifferenzierung verstanden wird, weit hinausgeht (nämlich nicht nur bezüglich einer segmentspezifischen Produktgestaltung, sondern auch hinsichtlich eines segment-spezifischen Marketingmixes insgesamt). Letzteres entspricht dem, was generell unter *echter* Marktsegmentierung verstanden wird.

Bei der Behandlung der unterschiedlichen segmentierungs-strategischen Konzepte ist deutlich geworden, dass es die Marktsegmentierung schlechthin nicht gibt, sondern dass sehr verschiedene Ansätze bzw. Vorgehensweisen im Hinblick auf eine Segmentierung von Märkten möglich sind. Um das zu konkretisieren, wurden die wichtigsten, speziell **kaufrelevanten Marktsegmentierungskriterien** und ihre jeweilige Eignung analysiert und anhand von Beispielen ihre Anwendung dargestellt.

Die Darlegungen zu den verschiedenen methodischen Möglichkeiten einer Segmentierung von Märkten haben zunächst einmal deutlich gemacht, dass hierbei zwischen Konzepten zu unterscheiden ist, die für Konsumgütermärkte geeignet sind und solchen, die für Investitionsgütermärkte in Betracht kommen.

Bei der Behandlung der marktsegmentierungs-strategischen Möglichkeiten speziell in Konsumgütermärkten wurde insgesamt erkennbar, dass die Verwendung einzelner demografischer oder psychografischer Segmentierungskriterien (-variablen) in aller Regel nicht ausreicht, um echte Verhaltenssegmente zu identifizieren. Die Leistungsfähigkeit segment-strategischer Ansätze steigt zunächst einmal mit der **Zahl bzw. Kombination geeigneter Kriterien.** Von besonderer Bedeutung bzw. grundsätzlicher Leistungsfähigkeit sind vor allem spezielle psychografische und kaufverhaltensorientierte Segmentierungskonzepte. In diesem Zusammenhang wurde deshalb auf – gerade auch in der Praxis „bewährte" – Konzepte wie Life-Style- oder auch Nutzen-(Benefit-)Segmentierung näher eingegangen.

Typisch für segmentierungs-strategische Möglichkeiten im Investitionsgütermarketing sind primär **mehrstufige bzw. mehrdimensionale Segmentierungsansätze** (-konzepte). Letztere haben vor allem deshalb Bedeutung erlangt, weil sie gleichzeitig (simultan) eine Vielzahl adäquater Segmentvariablen berücksichtigen.

Exkurs: Segmentierungsmöglichkeiten in nicht-industriellen Sektoren

Vielfältige und zugleich viel versprechende Segmentierungsmöglichkeiten gibt es natürlich auch in **anderen Wirtschaftssektoren** (Branchen), wie z. B. bei Banken oder im Handel (ohne dass hierauf im Einzelnen eingegangen werden kann). In beiden Sektoren sind die Segmentierungskonzepte eher an den verschiedenen methodischen Möglichkeiten im Konsumgütermarketing orientiert. Ausgangspunkte differenzierter Segmentierungskonzepte bilden im (Universal-)Bankensektor etwa Basissegmentierungen nach Privatkunden- und Firmenkundengeschäft (*Feldbausch,* 1974, S. 25 ff.; *Becker,* 1978, S. 133 ff.; zu den Weiterentwicklungsmöglichkeiten segmentierungs-strategischer Konzepte bei Banken *Meyer,* 1992 b, S. 83 ff.) Auch im Handel sind unterschiedliche Möglichkeiten segmentspezifischer Marktbearbeitung möglich bzw. werden in diesem Bereich angewandt. Einen wichtigen Ausgangspunkt marktsegmentierungs-strategischen Vorgehens bildet hier etwa die Abgrenzung von Universalhandel einerseits und Fachhandel andererseits; insbesondere auf der Ebene des sog. Fachhandel sind unterschiedliche segment-strategische Konzepte wähl- bzw. realisierbar (*Berekoven,* 1990, S. 94 ff.; *Haller,* 2001, S. 95 ff.; *Liebmann/Zentes,* 2001, S. 430 ff.).

Grundsätzlich kann man sagen, dass sich jeder Marktbereich (Branche) für segmentierungs-strategische Vorgehensweisen eignet, der durch eine **höhere Marktreife** und einen ausdifferenzierten Entwicklungsstand gekennzeichnet ist. Das gilt in hohem Maße gerade auch für den Dienstleistungssektor (*Botschen/Mühlbacher,* 1998, S. 681 ff.; *Meffert/Bruhn,* 2000, S. 112 ff.; *Bieberstein,* 2001, S. 161 ff.).

Von der Art der Differenzierung in der Marktbearbeitung (Massenmarkt- oder Marktsegmentierungsstrategie) zu unterscheiden ist der **Grad der Marktabdeckung.** Sowohl die Massenmarkt- als auch die Marktsegmentierungsstrategie sind mit partialer und mit totaler Marktabdeckung realisierbar, d. h. es wird entweder nur ein Teil des Gesamtmarktes oder der Markt insgesamt (also alle Teilmärkte umfassend) bearbeitet. Diese strategischen Optionen wurden zu Beginn dieses Kapitels („Marktparzellierungsstrategien") an einem Beispiel aus dem Kosmetik-Markt grundsätzlich herausgearbeitet, worauf hier noch einmal zur Transparenz aller marktparzellierungs-strategischen Optionen verwiesen wird.

Wenn auch die Marktsegmentierung stark an Bedeutung gewonnen hat, so kann man andererseits nicht sagen, dass die Strategie der Zukunft die Segmentierungsstrategie sein wird (und umgekehrt die Bedeutung der Massenmarktstrategie generell abnehmen wird). *Erfolgsentscheidend* für Marktsegmentierungen wird sein, ob bzw. inwieweit es gelingt, sich Nachfrageveränderungen adäquat anzupassen (= **dynamische Segmentierung**, *Freter,* 2008, S. 271 ff. bzw. *Backhaus/Voeth,* 2014 S. 128). In digitalen Märkten ist grundsätzlich eine Segmentierung leichter (*Kollmann,* 2013, S. 82 ff., zu den Möglichkeiten der Kundenprofil-Erstellung im **Online-Marketing** bzw. **Social Media-Marketing** siehe auch *Kollmann*, 2008).

### *ca) Beurteilungsfaktoren marktparzellierungs-strategischer Entscheidungen*

Es gibt in der Tat sowohl Entwicklungen, welche die Homogenisierung von Märkten (und damit Massenmarktstrategien) begünstigen, als auch solche, die ihre Heterogenisierung (und insoweit Marktsegmentierungsstrategien) fördern. Eine Übersicht *(Abb. 179)* kennzeichnet wichtige **Faktoren** (zur **Trendforschung** s. *Szallies/Wiswede,* 1990; *Naisbitt/Aburdene,* 1990; *Popcorn,* 1992; *Horx/Wippermann,* 1996; *Bosshart/Frick,* 2003; *Horx*, 2011 b).

| **Faktoren für Homogenisierungsprozesse** (Strategietendenz: *Massenmarketing*) | **Faktoren für Heterogenisierungsprozesse** (Strategietendenz: *Marktsegmentierung*) |
|---|---|
| • Standardprodukte (Produktstandards)<br>• Massendistributionskanäle<br>• Verstädterung (Urbanisierung)<br>• Moderne Kommunikationstechniken<br>• Gestiegene Mobilität | • Sättigung von Grundbedürfnissen<br>• Zunehmende Individualisierung<br>• Steigende Bildung (Wissen)<br>• Kreativität in Produktion und Konsum<br>• Steigende Kaufkraft (Vermögen) |

*Abb. 179: Für Homogenisierungs- und Heterogenisierungsprozesse verantwortliche Faktoren (und Strategietendenzen)*

Jedes Unternehmen, das marketing-strategisch fundiert operieren will, muss sich daher fragen, an welchen Entwicklungsfaktoren es sich primär orientieren will und welche **Gewichtungen** vorgenommen werden sollen. Diese Fragen können dabei nicht generell beantwortet werden, sondern müssen vor allem markt- und/oder unternehmensindividuell geprüft und entschieden werden. Die besondere Problematik besteht darin, dass die Verbraucher – wenn auch mit produktgruppen-spezifischen Unterschieden – im Prinzip *ambivalent* strukturiert sind. Das äußert sich in einem gleichzeitigen

- **Streben nach Gemeinsamkeit** („Uniformität") und
- **Streben nach Differenzierung** („Individualität").

Mit diesen Widersprüchen im Verbraucherverhalten, die eher zu- als abnehmen, müssen sich Unternehmen verstärkt auseinander setzen und versuchen, konzeptionell ihren eigenen, d.h. jeweils ziel- und strategie-adäquaten Weg zu gehen.

Nach diesen grundsätzlichen Ausführungen zu den parzellierungs-strategischen Alternativen Massenmarktstrategie einerseits und Marktsegmentierungsstrategie andererseits sowie zu generellen gesellschaftlichen, technischen und ökonomischen Veränderungen, die hierbei jeweils berücksichtigt werden müssen, soll zusammenfassend versucht werden, die generellen **Vor- und Nachteile** beider Strategiealternativen gegenüberzustellen *(Abb. 180)*.

Der Vergleich zeigt, dass – gerade auch aufgrund „neuer" Marktzwänge: stagnierende Märkte und dadurch ausgelöster verschärfter Wettbewerb (Verdrängungswettbewerb) – **Segmentierungsstrategien** insofern bedeutsam sind, als sie den Wettbewerb von der reinen Preisebene auf die Qualitätsebene zu verlagern im Stande sind. Insofern ergeben sich hier wichtige strategische Querverbindungen zu den Marktstimulierungsstrategien (= 2. strategische Ebene), und zwar deshalb, weil die konsequente Anwendung der Präferenzstrategie speziell in Märkten mit Stagnationstendenz vielfach den segment-strategischen Ansatz voraussetzt. Segmentierungsstrategien bedürfen dabei allerdings in weit höherem Maße als Massenmarktstrategien einer sorgfältigen Planung, Realisation und Kontrolle. Das heißt nichts anderes, als dass konsequente Segmentierungsstrategien auch an eine entsprechende **Marketing-Infrastruktur** im

| Grundsätzliche Bewertungen | Massenmarktstrategie („Schrotflinten-Konzept") | Segmentierungsstrategie („Scharfschützen-Konzept") |
|---|---|---|
| **Vorteile** | • Kostenvorteile durch Massenproduktion<br>• Abdeckung des gesamten Grundmarktes (Potenzialausschöpfung)<br>• Vereinfachter, durchschnittsorientierter, weniger aufwendiger Marketingmix<br>• Geringerer marketing-organisatorischer Aufwand | • Hohe Bedarfsentsprechung (Erfüllung zielgruppen-differenzierter Käuferwünsche)<br>• Erarbeitung überdurchschnittlicher Preisspielräume<br>• Gute „Lenkungsmöglichkeiten" der Teilmärkte nach Zielgruppengesichtspunkten<br>• Möglichkeit, Preiswettbewerb durch Qualitätswettbewerb weitgehend zu ersetzen (zu überlagern) |
| **Nachteile** | • Je nach Marktgegebenheiten nicht volle Entsprechung von Käuferwünschen<br>• Begrenzte Preisspielräume („monopolitischer Bereich" relativ klein)<br>• Eingeschränkte Möglichkeiten gezielter Marktsteuerung<br>• Gefahr des Preiswettbewerbs in Massenmärkten | • Komplizierung (Verteuerungen) im Einsatz des Marketing-Instrumentariums<br>• Ggf. Verzicht auf Massenproduktion (und entsprechende Kostenvorteile)<br>• Teilweise eingeschränkte Stabilität von Marktsegmenten<br>• Hoher Marketing-Know-how-Bedarf (bzw. entsprechende Marketingorganisation) |
| **Beurteilung insgesamt** | Rentabilität aufgrund des Preiswettbewerbs primär von einer niedrigen Kostenposition abhängig. | Rentabiltät aufgrund der spezifischen Zielgruppenentsprechung primär durch überdurchschnittliche Preise möglich. |

*Abb. 180: Vergleichende Darstellung der Vor- und Nachteile von Massenmarkt- und Segmentierungsstrategie*

Unternehmen gebunden sind. Darin ist kein Nachteil der Segmentierungsstrategie an sich zu sehen, sondern vielmehr eine notwendige Voraussetzung ihrer sinnvollen Anwendung.

Die Segmentierungsstrategie soll deshalb noch etwas problematisiert werden, und zwar was sowohl notwendige **Voraussetzungen** als auch spezielle **Gefahren** betrifft (*Freter,* 2008, S. 433 ff. bzw. *ders.,* 2001 a, S. 1072 f.; *McDonald/Dunbar,* 1995, S. 109 ff.; *Kotler/Keller/Bliemel,* 2007, S. 357 ff. sowie *Scheuch,* 1975, S. 76 f.; *Engelhardt/Günter,* 1981, S. 92; *Backhaus/Voeth,* 2014, S. 122 ff.). Eine Übersicht *(Abb. 181)* fasst wichtige Kriterien bzw. Voraussetzungen für eine erfolgreiche Segmentierung zusammen.

Es gibt inzwischen Untersuchungen, die zeigen, dass Segmentierungsstrategien – was aufgrund vieler stagnierender bzw. schwach wachsender Märkte nicht überrascht – von den Unternehmen stärker angewendet werden (*Raffee/Effenberger/Fritz,* 1994, S. 387; *Kirchgeorg,* 1995, S. 22). Auch bestätigen empirische Untersuchungen die grundsätzliche **Erfolgswirksamkeit** von Segmentierungskonzepten (Messgrundlage Gewinn und Marktanteil, *Haedrich/Jenner,* 1995, S. 61). Wesentliche Erfolgsvoraussetzung ist das Bieten entsprechender **Zusatznutzenvorteile** gegenüber standardisierten Massenprodukten. Hierbei spielt auch das Präferenzniveau der eingesetzten Marke eine entscheidende Rolle (*Haedrich/Jenner,* 1995, S. 62). Insoweit bestehen wichtige Verknüpfungen bzw. Interdependenzen zwischen Präferenz- und Segmentierungsstrategie (vgl. hierzu auch das Kapitel „Strategiekombination").

| | |
|---|---|
| • **Messbarkeit:** | Möglichkeit, die speziellen Käufereigenschaften und -verhaltensweisen des oder der Marktsegmente(s) hinreichend zu erfassen |
| • **Tragfähigkeit:** | Möglichkeit, eine ausreichende Größe und Potenzial des bzw. der Marktsegmente(s) nachzuweisen |
| • **Erreichbarkeit:** | Möglichkeit einer wirksamen Zielung spezieller Marketingprogramme auf das oder die Marktsegment(e) |
| • **Stabilität:** | Möglichkeit, dass das bzw. die gefundenen Marktsegment(e) eine ökonomische Mindestzeit ausschöpfbar sind |
| • **Profitabilität:** | Möglichkeit, den erhöhten Produktions-, Marketing- und/oder Verwaltungsaufwand in den Abgabepreisen mehr als nur weitergeben zu können |

*Abb. 181: Wichtige Kriterien (Voraussetzungen) für eine erfolgreiche Marktsegmentierung*

Ansonsten müssen die Möglichkeiten bzw. Realisierungsformen der Segmentierungsstrategien – wie im Einzelnen dargestellt – sehr differenziert gesehen werden (inkl. Bedeutung *situativer* Erfolgsdeterminanten).

Exkurs: Oversegmentation und Overconcentration

Im Zusammenhang mit den Einsatzmöglichkeiten und Erfolgschancen der Marktsegmentierung müssen auch zwei **typische Gefahren** genannt werden, die bei nicht genügend abgesicherten Segmentierungsstrategien auftreten können (*Rosenberg,* 1977, S. 167; *Assael,* 1990, S. 251 f.; *Kotler/Bliemel,* 2001, S. 451 ff.):

**(1) Oversegmentation**

= Gefahr, dass Märkte „künstlich“ zu stark aufgespalten werden. *Beispiel:* Man hat in den USA versucht, spezielle Deodorant(-Marken) für Männer und solche für Frauen zu konzipieren. Es hat sich jedoch gezeigt, dass im Haushalt meist ein Deodorant von allen Mitgliedern, gleich welchen Geschlechts, benutzt wird. Aus dieser Erkenntnis wurde das „Familien-Deodorant“ geboren (vgl. in der BRD z. B. die langjährige „Familienprofilierung“ von Bac; interessant sind in diesem Zusammenhang auch speziell positionierte „Unisex-Düfte“ wie z. B. *„CK one“* von *Calvin Klein*).

**(2) Overconcentration**

= Gefahr, sich zu stark auf ein Segment zu konzentrieren. *Beispiel:* In den USA ist Bier lange Zeit als das typische Getränk für junge Leute ausgelobt worden, mit dem Effekt, dass die ältere Zielgruppe zum Teil von diesem Produkt abgewandert ist (vgl. in diesem Zusammenhang auch die ursprünglich eher männliche Auslobung von Bier in der BRD, die dazu geführt hat, dass Frauen nicht so ausgeprägt an das Produkt Bier gebunden werden konnten wie etwa Männer. Inzwischen hat man das zu korrigieren versucht, vgl. hierzu etwa die Werbekampagne von *Beck's*).

Was im Grunde für jede Strategie gilt, nämlich die Notwendigkeit ihrer **ständigen Überprüfung**, um gegebenenfalls modifizierend eingreifen zu können, gilt in noch viel stärkerem Maße für die Segmentierungsstrategie. Insbesondere auf verhaltenspsychologischer Basis beruhende Segmentierungen – speziell Nutzen- oder auch Life-style-Segmentierungen – sind nicht selten schon nach vergleichsweise kurzer Zeit vom Einstellungs- und Verhaltenswandel der Käufer bedroht. Typisch für solche Entwicklungen ist dann eine **Umpositionierung** von segmentspezifischen Produkten (Marken) bzw. ganzer Marketingprogramme. Man kann in diesem Zusammenhang auch von der Notwendigkeit einer dynamischen Segmentierung im Sinne einer permanenten Positionierungs- bzw. Repositionierungsaufgabe sprechen (Marktsegmentierung stellt insoweit eine *anspruchsvolle* strategische Option dar).

Abschließend muss gesagt werden, dass die einzelnen Segmentierungskriterien (Segmentierungsansätze), wie sie in den vorigen Abschnitten behandelt wurden, **unterschiedliche Eignungen** aufweisen. Versucht man diese Ansätze – und zwar speziell diejenigen, die für Segmentierungen in Konsumgütermärkten geeignet sind – unter verschiedenen Gesichtspunkten zusammenfassend zu überprüfen, so zeigt sich insgesamt ein sehr **differenziertes Bild** (*Freter,* 1983, S. 97 bzw. 1995, Sp. 1809 f. sowie im Einzelnen *Freter,* 2008, S. 189 bzw. S. 431 ff.; *Böhler,* 1977 b, S. 62 ff.; zur detaillierten Beurteilung der Segmentierungsansätze im Investitionsgütermarketing siehe *Gröne,* 1977, S. 171 ff. und *Scheuch,* 1975, S. 55 ff.).

Eine Übersicht *(Abb. 182)* macht deutlich, dass alle Segmentierungskriterien jeweils spezifische **Vor-, aber auch Nachteile** aufweisen, d. h. die behandelten Segmentierungskriterien bzw. Gruppen von Kriterien genügen den an sie gestellten grundlegenden sechs Anforderungen in ganz unterschiedlicher Weise.

| Anforderungen / Kriteriengruppen | Kaufverhaltensrelevanz | Aussagefähigkeit für Instrumenteneinsatz | Möglichkeit der Messbarkeit | Erreichbarkeit | Zeitliche Stabilität | Wirtschaftlichkeit |
|---|---|---|---|---|---|---|
| **Marketingmix-bezogene Reaktionsparameter** | hoch | mittel/hoch | niedrig | niedrig | mittel | niedrig |
| **Demografische Kriterien** | niedrig | niedrig | hoch | mittel/hoch | hoch | hoch |
| **Psychografische Kriterien – persönlichkeitsbezogen** | niedrig | niedrig | niedrig | niedrig | hoch | niedrig/mittel |
| **– produktbezogen** | mittel/hoch | mittel | niedrig | niedrig | mittel | niedrig |
| **Verhaltensbezogene Kriterien** | mittel/hoch | mittel | mittel/hoch | mittel | mittel | mittel/hoch |

*Quelle:* nach *Freter,* 1995, Sp. 1809 f. bzw. ders., 2001 b, S. 1075 f. sowie 2008, S. 189 f.

*Abb. 182: Vergleichende Würdigung der wichtigsten Segmentierungskriterien und der auf ihrer Grundlage ableitbaren Segmente (im Konsumgüterbereich)*

Die auf **Reaktionsparameter** gestützte Segmentierung bzw. eine auf ihr fußende Marktbearbeitung (Marketingmixgestaltung) wäre aufgrund ihrer Kaufrelevanz grundsätzlich hoch einzuschätzen, wenn nicht die Erfassung von Reaktionskoeffizienten so schwierig wäre (erhebliche Mess- bzw. Operationalisierungs- und damit auch Wirtschaftlichkeitsprobleme aufgrund sehr aufwändiger Untersuchungsansätze).

Die **demografischen Kriterien** sind dagegen leicht messbar und damit auch wirtschaftlich zu erheben. Probleme bereitet die eher niedrige Kaufverhaltensrelevanz dieser Variablen und damit auch ihre niedrige Aussagefähigkeit für die Steuerung des segment-spezifischen Instrumenteneinsatzes. Ihre praktische Bedeutung besteht andererseits darin, dass diese Kriterien in allgemein zugänglichen Standarduntersuchungen wie *Media*analyse (MA) oder *Verbraucher*analyse (VA) erhoben werden (und deshalb u. a. auch zur Verknüpfung mit schwerer bzw. aufwändiger zu erfassenden psychografischen Variablen benutzt werden können).

Die **psychografischen Kriterien** (Variablen) – speziell die produktbezogenen Motive, Einstellungen, Präferenzen – weisen zwar eine relativ hohe Kaufverhaltensrelevanz auf; ihre Messbarkeit bzw. die Erreichbarkeit so gefundener Segmente ist jedoch relativ niedrig einzustufen (weil schwierig bzw. nur unvollkommen gegeben). Der vergleichsweise hohe Aufwand für die Erfassung psychografischer Segmentierungskriterien bzw. Marktsegmente beeinträchtigt nicht zuletzt die Wirtschaftlichkeit dieser Vorgehensweise (Notwendigkeit relativ aufwändiger Primäruntersuchungen). Andererseits ist vor allem beim produktbezogenen Ansatz die Aussagefähigkeit für die Steuerung des Marketinginstrumenten-Einsatzes vergleichsweise hoch.

Was schließlich die **kaufverhaltensbezogenen Kriterien** betrifft, so ist die grundsätzliche Kaufverhaltensrelevanz wie die Aussagefähigkeit für den gezielten Marketinginstrumenten-Einsatz ähnlich gut wie bei den (produkt-)psychografischen Kriterien. Die auf verhaltensbezogene Kriterien gerichteten Segmentierungsansätze weisen jedoch Vorteile bei der Messbarkeit bzw. Erreichbarkeit so identifizierter Segmente (und damit hinsichtlich ihrer Wirtschaftlichkeit) auf.

Auch die verschiedenen methodischen Ansätze zur Marktsegmentierung in Investitionsgütermärkten weisen sehr unterschiedliche Eignungs- bzw. Schwachstellen auf (*Backhaus/Voeth,* 2007, S. 122 ff.; *Engelhardt/Günter,* 1981, S. 89 ff.). Generell kann gesagt werden, dass die **Wirtschaftlichkeit** tendenziell mit dem jeweils notwendigen Aufwand abnimmt; das ist insbesondere dann gegeben, wenn die so identifizierten und damit spezifisch zu bearbeitenden Marktsegmente zu klein werden (Gefahr vor allem bei vielstufigen bzw. komplex-mehrdimensionalen Verfahren). Auch im Investitionsgütermarketing gilt, dass die formal-statistischen („äußeren“) Kriterien wie Branche, Region, Unternehmensgröße – vergleichbar den demografischen Kriterien im Konsumgütermarketing – nicht zu echten verhaltensrelevanten Segmenten führen. Dafür ist vielmehr die Berücksichtigung von Verhaltensweisen des Entscheidungskollektivs (Buying Center) wie auch von entscheidungsbeteiligten Individuen notwendig (vgl. z. B. den mehrstufigen Ansatz). Andererseits wird die Möglichkeit zur Identifizierung möglichst zeitlich stabiler Segmente dann eingeschränkt, wenn (zu stark) **situative Komponenten** berücksichtigt werden (vgl. speziell mehrdimensionale Ansätze).

Insgesamt kann festgestellt werden, dass die Marktsegmentierung (Zielgruppensegmentierung) inzwischen zu den am meisten realisierten Strategietypen gehört und trotz aller methodischen Schwierigkeiten einen vergleichsweise **hohen Bewährungsgrad** aufweist (*Kirchgeorg,* 1995, S. 22). Gleichwohl zeichnen sich – speziell in Konsumgütermärkten – Tendenzen ab, dass Konsumenten **mehrere Konsumstile** zugleich pflegen. Empirische Markt-Untersuchungen haben z. B. ergeben, dass sich hinsichtlich der Ernährung vor allem drei Ernährungsstile stark durchsetzen werden, nämlich die Fertig-, die Fein- bzw. Genusskost und die Fitnesskost. Es zeigt sich mehr und mehr, dass diese Ernährungsstile von den Konsumenten *parallel* realisiert werden. Das aber bedeutet, dass klassische Zielgruppen-Definitionen nicht mehr ohne weiteres Gültigkeit haben bzw. ein und dieselben Abnehmer mehreren – ggf. konträren – Marktsegmenten (Zielgruppen) angehören können. Die kaufverhaltensspezifische Segmentierung wird auf diese Weise erschwert, nicht zuletzt auch, was die **Erreichbarkeit** bzw. marketinginstrumentale Steuerung solcher „Mischsegmente“ betrifft. Diese Situation ist Ausdruck zunehmender Ambivalenzen im Kaufverhalten von Konsumenten (man spricht in diesem Zusammenhang vom polarisierenden Kaufverhalten bzw. vom hybriden Verbraucher, *Szallies/Wiswede,* 1990 oder auch *multi-optionalen* Verbraucher, *Schüppenhauer,* 1998). Die Marketingkonzepte der Unternehmen müssen deshalb verstärkt versuchen, möglichst an verschiedenen **Erlebnis- bzw. Anspruchswelten** der Konsumenten zu partizipieren (= Zwang zu *multi-optionalen* Strategien, *Becker,* 2000 a, S. 31 f. bzw. 52 ff.).

### *cb) Strategietrend und strategische Evolutionsformen*

Die – inzwischen eher schwieriger gewordene – Segmentierung von Märkten bildet gleichwohl nicht den Schlusspunkt differenzierter Marktbearbeitung überhaupt. Vielmehr gibt es

Strukturveränderungen von Märkten (Strategietrend), welche zunehmend die gezielte **Weiterentwicklung** marktparzellierungs-strategischer Handlungsweisen der Unternehmen erzwingen.

Die grundlegende Veränderung der Märkte in den letzten Jahrzehnten ist dadurch gekennzeichnet, dass sie sich – branchenübergreifend – von großen standardisierten Massenmärkten (mit grundnutzenorientierten **Standardprodukten**) zu immer differenzierteren, fragmentierten Märkten (mit zusatznutzen-orientierten, differenzierten Produkten bis hin zu **individualisierten Produkten**) weiterentwickelt haben. Das heißt mit anderen Worten: die Abnehmeransprüche sind immer differenzierter und spezieller geworden.

Betrachtet man die Entwicklung der Märkte etwa der letzten Jahrzehnte, so können ganz bestimmte **Abfolgen** strategischer Handlungsmuster (*Becker,* 1994 a und c; *Becker,* 1999 b sowie insbesondere *Becker,* 2000 a) unterschieden werden:

**(1) Undifferenziertes Massenmarketing** (ca. bis Mitte 1960),
**(2) Differenziertes Massenmarketing** (ca. ab Mitte 1960),
**(3) Segmentorientiertes Marketing** (ca. ab Anfang 1970),
**(4) Nischenorientiertes Marketing** (ca. ab Anfang 1980),
**(5) Kundenindividuelles Marketing** (ca. ab Anfang 1990).

Ein erster großer strategischer Umbruch fand also bereits etwa Mitte der sechziger Jahre statt; von da an wurden – speziellen Marktentwicklungen folgend – immer **feinere Strategiemuster** entwickelt, die in vielen Märkten bis heute parallel bzw. überlappend angewendet werden. Das Grundlegende dieser Entwicklungsstufen wird vor allem dann deutlich, wenn man den **grundlegenden Wandel** (Strategietrend) vom ursprünglichen reinen Massenmarketing („Generalisierung“) zum sich immer deutlicher abzeichnenden Kundenindividuellen Marketing („Individualisierung“) nachvollzieht *(Abb. 183 a).*

Bei der Betrachtung des Strategietrend-Modells ist zu berücksichtigen, dass die genannten **strategischen Evolutionsformen** nicht immer streng voneinander abgrenzbar sind; das gilt

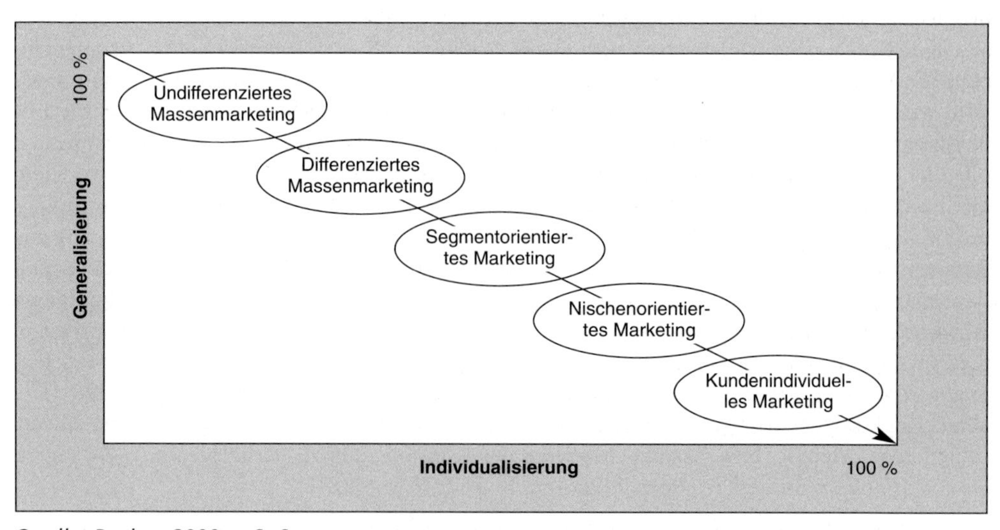


*Quelle: Becker,* 2000 a, S. 6

*Abb. 183 a: Der Strategietrend im Marketing (Generalisierungs- und Individualisierungsgrade der Markt- bzw. Kundenorientierung)*

insbesondere ab der marktsegmentierungs-strategischen Phase. Das hängt auch mit unterschiedlichen Bedingungen in konkreten Märkten zusammen. Je nach Beispiel verschieben sich ggf. bestimmte, gedanklich **gezogene Grenzen**. Im Übrigen markieren die unterschiedlichen Optionen bzw. Entwicklungsstufen markante Punkte auf einem Kontinuum sehr unterschiedlicher Generalisierungs- und Individualisierungskonzepte. Zugleich ist zu beachten, dass noch **alle Muster** der strategischen Marktbearbeitung angewendet werden, wenn auch mit einer Akzentverschiebung in Richtung „Individualisierungsstrategie" (s. a. neue Möglichkeiten des **Targeting** im Rahmen des Online-Marketing) und entsprechenden Konsequenzen für die Markt- und Kundenorientierung (*Becker,* 2000 a, S. 51 ff.; zu den soziologischen Grundlagen der **Individualisierung** s. a. *Berger,* 1996).

Vorreiter und erfolgreicher Anwender der klassischen (undifferenzierten) Massenmarktstrategie war vor allem die Markenartikelindustrie. Dieses Konzept zielt(e) – um konsequent die Massenproduktionsvorteile (Economies of Scale) zu nutzen – auf die Erschließung und Abdeckung von Massenmärkten. Die **undifferenzierte Massenmarktstrategie** basiert auf einem Unifizierungskonzept, das nicht so sehr die Unterschiede in den Bedürfnisstrukturen und Verhaltensweisen der Abnehmer beachtet, sondern sich vielmehr bewusst darauf konzentriert, was Massenzielgruppen einstellungs- und verhaltensbezogen *verbindet.* Darauf ist zu Beginn dieses Teiles (3. strategische Ebene = Marktparzellierungsstrategien) ausführlich eingegangen worden.

In dem Maße, in dem Grundbedürfnisse im Markt befriedigt sind und Zusatzansprüche von Abnehmern gestellt werden, werden reine unifizierte Massenmarktstrategien problematisch, weil das ursprüngliche Massenmarktpotenzial zurückgeht. Eine solche Entwicklung setzte in vielen Märkten in der zweiten Hälfte der sechziger Jahre ein und verstärkte sich in den siebziger Jahren. **Differenziertes Massenmarketing** (Variantenmarketing) zielt auf eine bessere Bedürfnisbefriedigung bei Massenzielgruppen mit Differenzierungsansprüchen. Die sog. Produktdifferenzierung ist als das Prinzip anzusehen, von einem bestimmten Produkt Varianten (Produktvarianten) im Markt einzuführen, die sich in der Qualität und/oder anderen Produktgestaltungselementen (z. B. Design, Verpackung) von eigenen und/oder Konkurrenzprodukten unterscheiden. Produktdifferenzierung wird dabei primär vom Produkt selbst bzw. seinen Produktionsmöglichkeiten her gedacht. Charakteristisch für solche Produktdifferenzierungen ist, dass man zwar eine Produktkategorie in vielfältigen Varianten anbietet, diese Produktvarianten aber meist mit einem *einzigen* Marketingprogramm (Marketingmix) vermarktet werden. Das besondere Kennzeichen der Marktsegmentierung dagegen ist, dass die für die einzelnen Marktsegmente zielgruppen-spezifische Produkte und Leistungen mit jeweils angepassten Marketingprogrammen am Markt angeboten werden (*Becker,* 2000 a, S. 20 ff.).

Das **segmentorientierte Stadium** der strategischen Marktbearbeitung wurde etwa Mitte der siebziger Jahre erreicht. Starke Befriedigungsgrade bei Massenbedürfnissen sowohl durch undifferenzierte als auch differenzierte Produkt- bzw. Programmangebote führten zu deutlich sinkenden Wachstumsraten in vielen Märkten, z. T. wurden erste Sättigungserscheinungen erkennbar. Andererseits zeigte sich, dass im Markt *latente* Bedürfnisse spezieller Art, nämlich zielgruppenspezifischer Art, „schlummerten". Dieses Zielgruppenpotenzial führte schließlich zu einer deutlichen Auflösung klassischer Massenmärkte (= **Fragmentierung** von Märkten).

Unter Marktsegmentierung kann – das wurde bereits im Einzelnen dargestellt – die (Auf-) Teilung heterogener Gesamtmärkte in homogene Teilmärkte (Marktsegmente) verstanden werden. Dieser Aufteilung werden dabei möglichst trennscharfe Merkmale tatsächlicher bzw. potenzieller Käufergruppen zugrunde gelegt. Die eigentliche Marktsegmentierungsstrategie (als spezielles Marktbearbeitungskonzept) besteht darin, für identifizierte Marktsegmente

**spezifische Marketingprogramme** (d. h. eine zielgruppenorientierte Produkt- bzw. Angebots-, Distributions- und Kommunikationspolitik) zu wählen. Auf diese Weise können ein hoher Grad der Bedürfnisbefriedigung bei unterschiedlichen Zielgruppen erreicht sowie latente Wachstums- und Ertragspotenziale in stagnierenden Grundmärkten mobilisiert werden.

Typisch für das im vorigen Abschnitt ausführlich diskutierte segmentorientierte Marketing ist die Abdeckung jeweils mehrerer, vieler oder auch aller identifizierten Marktsegmente bzw. Käufergruppen (= **multiple Segmentierung,** vgl. solche Konzepte etwa im Nahrungsmittel-, im Getränke- oder auch im Körperpflege-/Kosmetik-Markt; Anwendungsbeispiele finden sich – wie schon dargelegt – auch in Investitionsgüter- und Dienstleistungsmärkten i. w. S., hier z. B. bei Banken, Versicherungen bzw. Allfinanzanbietern).

Davon zu unterscheiden ist die – vor allem von mittleren und kleineren Unternehmen – praktizierte **Strategie des Nischenanbieters.** Sie ist eine hoch konzentrierte Strategie auf bestehende oder potenzielle Marktlücken bzw. Marktnischen. Hierbei handelt es sich um ganz spezielle Teilmärkte („Segmente“), die für große Anbieter aufgrund ihres vergleichsweise begrenzten Marktvolumens nicht (mehr) interessant sind oder für deren Bearbeitung sie nicht (mehr) über spezifische Fähigkeiten (Kompetenzen) verfügen (*Kotler/Keller/Bliemel,* 2007, S. 369 f.; im Einzelnen *Cavalloni,* 1991; *Linnemann/Stanton,* 1991; *Becker,* 2000 a, S. 32 ff.; *Danner,* 2002). Kennzeichen des Nischenmarketing ist demnach eine hohe Spezialisierung; diese Spezialisierung bezieht sich auf ein spezifisches Kundenproblem, d. h. es wird ein ganz auf die spezielle Nachfrage abgestimmtes Leistungsangebot entwickelt (mit den dazu gehörigen Marktbearbeitungsmaßnahmen wie z. B. spezifischen Beratungs- und Serviceleistungen). Der Fokus liegt auf der Schaffung bzw. Einnahme einer „geschützten Marktposition“, und zwar über die Gestaltung eigener Regeln und Standards.

Fallbeispiele: Nischenorientiere Konzepte in unterschiedlichen Märkten

Erfolgsbeispiele einer solchen stark fokussierten Strategie finden sich sowohl im **Konsumgüter-** als auch im **Investitionsgüterbereich.** Als Konsumgüterbeispiel seien hier „Randsorten-Spezialisten“ wie z. B. Weißbierbrauereien (wie etwa *Schneider* und *Erdinger*) oder *Schweppes* (Bittergetränke) genannt; als Beispiele im Investitionsgüterbereich kann u. a. auf verschiedene spezialisierte Erfolgskonzepte im Maschinenbau (etwa Spezialisierung von *Hauni* auf Zigarettenmaschinen oder ursprünglich *Kronseder* auf Etikettier- und Abfüllmaschinen) oder auch im Prüftechnik-Markt (vgl. z. B. Spezialisierung von *Parsytec* auf Oberflächeninspektionssysteme für Bahnwaren wie Stahl, Aluminium und Papier) verwiesen werden. Besonders erfolgreich sind Nischenanbieter dann, wenn sie die Enge des spezialisierten Marktes durch Internationalität ausgleichen (*Simon,* 1996; so besitzt *Hauni* bei Zigaretten-/Tabakverarbeitungsmaschinen weltweit einen Marktanteil von rd. 90 % und bei *Kronseder* betrug der Auslandsanteil am Gesamtumsatz rd. 80 % bei einem Gruppenumsatz von etwa 1 Mrd. €). Damit werden zugleich wichtige strategische Beziehungen (= **strategische Ketten**) zwischen marktparzellierungsstrategien (hier: Nischen-Konzept) und Marktarealstrategien (hier: Internationales Marketing) sichtbar. Damit sind spezielle Grundfragen eines **strategischen Ausgleichs** angesprochen (vgl. hierzu auch die Darlegungen zum Kapitel „Strategiekombinationen“, speziell zum „Oder-Ansatz“ der Strategieevolution).

Charakteristisch für eine Nischenstrategie ist insgesamt das Besetzen und Halten einer relativ kleinen, dafür aber **„geschützten“ Marktposition** (Marktausschnitts). In dieser strategischen Einengung des Markthandelns liegen zugleich auch die Grenzen einer alleinigen Anwendung dieses Konzepts. Zunehmend bedienen sich andererseits Großunternehmen einer *akzessorischen* Nischenstrategie (vgl. z. B. die großen Automobilanbieter, die neben Automobilen für Massenmärkte zusätzlich Nischenmodelle in ihr Programm integrieren, wie z. B. Van-, Gelände-, SUV- oder Sportautomobile, und zwar häufig über Bildung „Strategischer Allianzen" mit Wettbewerbern, s. seinerzeit das gemeinsame Van-Car-Konzept der *Peugeot/Citroën-* und der *Fiat/Lancia*-Gruppe).

Gerade das zuletzt genannte Automobilbeispiel zu Nischenkonzepten leitet bereits über zu weitergehenden, d. h. immer stärker **kunden-individualisierten Strategie-Konzepten.** Die segmentorientierte Analyse von Märkten wie auch die segmentorientierten Marktbearbeitungsprogramme haben zunächst zu immer feineren Segmentmustern (d. h. tendenziell immer kleineren Marktabschnitten bis hin zu mikro-geografischen Marktsegmenten, *Meyer,* 1989; *Holland,* 2009) geführt. Verstärkt wurde diese Entwickung vor allem auch durch einen sich beschleunigenden Trend zur Individualisierung der Bedürfnisse bzw. des Konsums (*Becker,* 2000 a).

Bei weiter fortschreitender Zellteilung bzw. Spaltung von (Grund-)Märkten entstehen gleichsam immer kleinere Marktzellen mit immer spezifischeren Nutzenansprüchen schließlich bis zur **Markt- bzw. Losgröße „1"** und damit zur kundenindividuellen Produktion und Vermarktung. Diese Entwicklung wird in Anlehnung an Visionen von *Toffler* (*Toffler,* 1970) auch als grundlegender Übergang der Massenproduktion (Mass Production) zur **Mass Customization** bezeichnet (*Pine,* 1993 bzw. 1994). Mass Customization bedeutet dabei so viel wie Massenindividualisierung. Dahinter steht ein strategisches Konzept bzw. die Fähigkeit, „in großem Umfang individuell gestaltete Produkte herzustellen, die den Erfordernissen des einzelnen Kunden entsprechen" (*Kotler/KellerBliemel,* 2007, S. 361 f.), wie das u. a. bei der „Individualisierung" von Kleidung (z. B. *Levi's*), Schuhen (z. B. *Adidas*), Computern (z. B. *Dell*) oder PKWs (z. B. *BMW*) möglich ist (s. a. *Piller,* 1998 bzw. 2006 sowie *Becker,* 2000 a, S. 41 ff.) und von Kunden stärker genutzt wird (s. a. *Kotler/Keller/Opresnik,* 2017, S. 336 ff.).

Nicht nur die Individualisierungstendenzen bei den Abnehmern haben eine solche Entwicklung eingeleitet bzw. entsprechende Konzepte forciert, sondern **neue Technologien** in Produktion und Kommunikation haben eine Individualisierung des Marketing (Customized Marketing) überhaupt erst möglich gemacht. Alles deutet darauf hin, dass diese neuen Möglichkeiten noch zunehmen (vgl. auch 3. Teil „Marketingmix", u. a. Datamining bzw. Customer-Profiling bis hin zum Online- bzw. Social Media Marketing), d. h. Customized Marketing also künftig noch besser realisierbar wird (*Becker,* 2000 a; *Hoepner/Schminke*, 2012; *Halfmann*, 2014). Damit zeichnen sich grundlegende Änderungen der **strategischen Spielregeln** in vielen Märkten bzw. Branchen ab. Während die klassische Massenmarktstrategie einen One-for-all-Approach darstellt (Konzept: eine einheitliche Leistung für alle), realisiert das kundenindividuelle Marketing einen One-for-one-Approach (es wird in diesem Sinne auch vom 1 : 1-Marketing gesprochen, siehe hierzu *Peppers/Rogers,* 1996; *Hildebrand,* 1997). Das kundenindividuelle oder 1 : 1-Marketing ist – vor allem bei feinst-strukturierender Segmentbildung – im Investitionsgüter- bzw. Business-to-business-Bereich typisch, d. h. je feiner die Segmentierung gewählt wird, um so mehr führt sie zu einer echten „Kundensegmentierung" (*Backhaus,* 2003, S. 238). Bemerkenswert ist, dass zunehmend auch in Massenmärkten des Konsumgüterbereichs Ansatzpunkte für „Massenindividualisierungen" bei Produkten oder ganzen Marketingprogrammen erkannt bzw. genutzt werden. Vorreiter dieser Entwicklung ist u. a. die Automobilindustrie (siehe auch *Peren/Hergeth,* 1996).

Fallbeispiel: Kundenindividualisiertes Marketing als Ergänzungskonzept *(BMW)*

Angesichts struktureller Marktveränderungen (Strategietrend) stellt sich immer häufiger die Frage einer marketingstrategischen Neuorientierung (Evolution) des Unternehmens. Das heißt, Unternehmen müssen immer wieder überprüfen, wo bzw. wie sie sich innerhalb der beiden extremen Strategiepole (Undifferenziertes Massenmarketing einerseits und Kundenindividuelles Marketing andererseits) positionieren wollen. In jedem Markt und für jedes Unternehmen bestehen dabei durchweg **mehrere strategische Optionen** (ggf. sogar Zwänge). Die marketingstrategische Wahlentscheidung ist also sowohl von den eigenen Fähigkeiten (Kompetenzen einschließlich unternehmenskultureller Bedingungen) als auch von der im jeweiligen Markt gegebenen Strategiebesetzung abhängig zu machen. Grundsätzlich sind *mono*-strategische wie auch *multi*-strategische **Konzeptmuster** (*Becker,* 2000 a, S. 52 ff.) möglich (z. B. ausschließlich differenzierte Massenmarktstrategie – z. B. heute noch bei vielen Anbietern von Konsumgütern des täglichen Bedarfs üblich – oder beispielsweise die Kombination von Segmentierungs- und Individualisierungsstrategie – wie etwa bei Gebrauchsgütern, z. B. im Maschinenbau oder bei Automobilen). So deckt z. B. *BMW* mit der *1 er-, 3 er-, 5 er-, und 7 er-Serie* zum einen verschiedene Zielgruppensegmente ab, zum anderen mit dem *Z4* oder dem *6 er* zusätzlich interessante Nischen. Darüber hinaus bietet *BMW Individual* das auf die individuelle Persönlichkeit abstimmbare äußere und innere Ausstattungskonzept = höchste Form der individuellen Kundenentsprechung.

Grundsätzlich gilt, dass der näher analysierte **Strategietrend** zwar generell von links-oben (= Massenmarketing/Generalisierung 100 %) nach rechts-unten (= Kundenindividuelles Marketing/Individualisierung 100 %) verläuft, andererseits sind aber auch bestimmte **Gegenentwicklungen** nicht zu übersehen. Sie sind das Ergebnis dynamischer Markt- und Wettbewerbsprozesse. So können sich z. B. ursprüngliche Nischen (u. a. SUV-Fahrzeuge) zu ganzen, von mehreren Anbietern besetzten Marktsegmenten „auswachsen“ *(Abb. 183 b).*

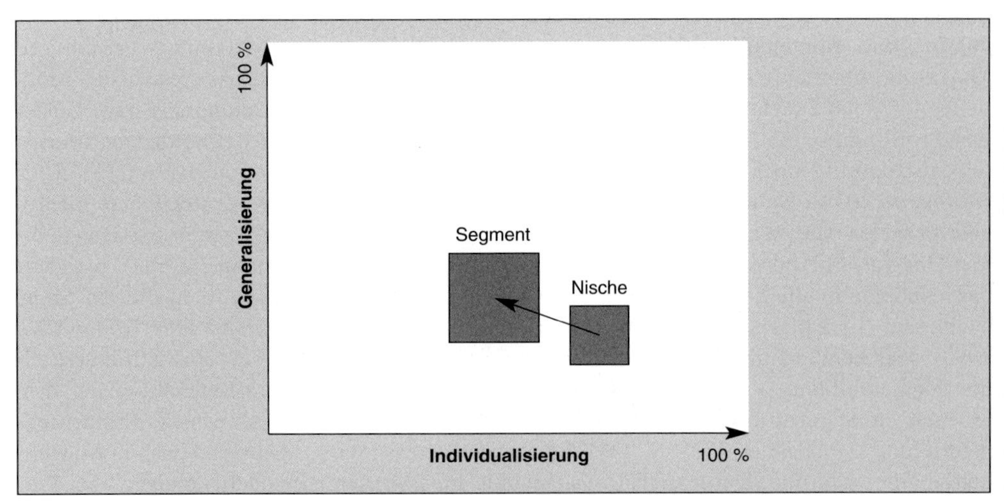


*Abb. 183 b: Von der Nische zum Segment (Beispiel: Marktstruktur-/Marktgrößenveränderungen im Sports Utility Vehicle-(SUV-)Markt)*

Vereinzelt gibt es sogar Entwicklungen, die beinahe wieder bis zum Massenmarkt-Stadium (zurück)führen können.

Fallbeispiele: Gegenentwicklungen zum generellen Strategietrend in verschiedenen Märkten

Verschiedene „Gegenentwicklungen" können u. a. im **Automobilmarkt** identifiziert werden. Seit einigen Jahren zeichnen sich immer stärker solche Entwicklungen im Van-Car-Markt ab (Marktverbreiterung durch Midi- und Mini-Vans). Ähnliche gegenläufige Marktentwicklungen zum generellen Strategietrend haben z.B. auch im **EDV-Markt** (und hier speziell im Software-Markt) stattgefunden. Ausgangspunkt im Markt der sog. Anwendungsprogramme bildeten zunächst kundenspezifische Lösungen, später wurden sie in hohem Maße von segment- oder branchenspezifischen Programmen abgelöst. Inzwischen ist der Trend bei Anwendungsprogrammen sehr stark in Richtung genereller Standardsoftware („Massensoftware") weitergegangen. Solche gegenläufigen Marktprozesse können im Übrigen auch im **Markt der Kreditkarten** identifiziert werden. Ursprünglich war er ein Nischenmarkt für „Besserverdienende", spaltete sich allmählich in verschiedene Segmente auf und hat inzwischen ein differenziertes Massenmarktstadium (vgl. differenzierte Leistungsumfänge innerhalb der einzelnen Kartensysteme) mit entsprechendem Marktvolumen erreicht.

Die Darlegungen haben insgesamt gezeigt, dass Unternehmen über die beiden großen **strategischen Optionen**

- **Massenmarktstrategie** einerseits und
- **Marktsegmentierungsstrategie** andererseits

*hinaus* noch weitere strategische Konzepte (insbesondere Nischenstrategie wie auch Kundenindividuelle Marketingstrategie) angesichts neuerer grundlegender Marktentwicklungen wählen können (inzwischen eher müssen). Maßstab bzw. Orientierungspol für solche gravierenden Dispositionen bilden stets die Ausgangslage und die Perspektiven im jeweils relevanten Markt wie auch die gegebenen sowie entwickelbaren Fähigkeiten (Kompetenzen) des Unternehmens. Gerade auch das marktparzellierungs-strategische Konzept (= 3. strategische Ebene) eines Unternehmens muss insoweit sowohl markt-(stadien-)spezifisch als auch unternehmens(stadien-)individuell gestaltet werden.

## 4. Marktarealstrategien

Drei grundlegende strategische Entscheidungen (Entscheidungsebenen) wurden bisher behandelt: Marktfeldstrategien (= Art der Produkt/Marktkombination), Marktstimulierungsstrategien (= Art und Weise der Marktbeeinflussung) und zuletzt Marktparzellierungsstrategien (= Art bzw. Grad der Differenzierung der Marktbearbeitung). Am Ende der strategischen Entscheidungskette insgesamt stehen nunmehr die **Marktarealstrategien** (sie wirken – wie noch zu zeigen sein wird – zugleich auf alle anderen Strategieentscheidungen bzw. -ebenen zurück). Gegenstand dieser letzten Strategieebene ist die klare Bestimmung des **Markt- bzw. Absatzraumes** des Unternehmens (siehe hierzu auch *Becker,* 2000 c, S. 148 ff.).

Lange sind diese Entscheidungen sowohl in Theorie als auch Praxis eher vernachlässigt worden. In der wissenschaftlichen Literatur sind geo-politische Fragen durchweg nur partiell bzw. unter ganz **spezifischen Aspekten** aufgegriffen worden, und zwar etwa im Rahmen der

Allgemeinen Betriebswirtschaftslehre bzw. der Handelsbetriebslehre (hier speziell die Standortwahl, z. B. *Wöhe,* 1986 bzw. *Berekoven* 1990), der Exportbetriebslehre bzw. der Internationalen Marketing- sowie Managementlehre (z. B. *Ringle,* 1977 bzw. *Cateora/Hess,* 1975 sowie *Perlitz,* 1995) und schließlich auch im Zusammenhang mit Fragen der Marktsegmentierung (z. B. *Böhler,* 1977 b oder *Freter,* 1983). Die lange meist nur **fragmentarische Behandlung** geo-politischer Entscheidungen hängt nicht zuletzt damit zusammen, dass man den insgesamt strategischen – d. h. strukturell-langfristig bindenden – Charakter dieser Entscheidungen zunächst unterschätzt hat. Gebietsspezifisches Vorgehen im Markt wurde vielfach als Ergebnis („Automatik") instrumentaler oder auch anderer strategischer Entscheidungen angesehen. Erst in neuerer Zeit – auch aufgrund stark veränderter Wettbewerbsbedingungen („globaler Wettbewerb") – hat man erkannt, dass die Absatzgebiete- oder Marktarealentscheidungen bewusst geplant und gestaltet werden müssen, wenn Unternehmen auf Dauer erfolgreich sein wollen (zu Planungsgrundlagen im Einzelnen *Becker,* 2000 c, S. 168 ff.).

Wie wichtig ein bewusstes, geplantes geo-strategisches Vorgehen ist, wird dann deutlich, wenn man sich vergegenwärtigt, welche **vielfältigen Möglichkeiten** (und auch Zwänge) das „Vorgehen im Gelände" für viele Marketingbereiche schafft, so z. B. bezüglich der Absatzorganisation, der Produkt- und Programmwahl, der Markierung, der Werbung usw. In dieser Hinsicht werden nicht selten mittel- und langfristig **bindende Tatbestände** geschaffen, ohne dass dem ein entsprechend abgesichertes und geplantes marktareal-strategisches Konzept zugrundeliegt. Diese Fragestellung soll an einem Beispiel näher problematisiert werden.

Fallbeispiel: Bedeutung geo-strategischer Planung für einen Nahrungsmittelhersteller

Ein **Nahrungsmittelhersteller** hatte eine für den inländischen Markt zugeschnittene neue Produktlinie geschaffen. Nach der Einführung dieses Programms zeigte sich, dass das **Absatzpotenzial** im inländischen Markt wesentlich überschätzt wurde. Deshalb versuchte man, diese Produkte – für die eine neue rationelle Fabrikation mit hohem Ausstoß errichtet wurde – zusätzlich im **Ausland** zu vermarkten. Jetzt rächte sich jedoch, dass bei der Produkt- und Programmentwicklung lediglich inländische Bedürfnisse wie auch Nahrungsmittel-Vorschriften berücksichtigt wurden und außerdem ein Markenname gewählt wurde, der in den meisten in Betracht kommenden Märkten nicht schutzfähig, teilweise aber auch sprachlich („Fehlassoziationen") nicht einsetzbar war. Darüber hinaus wurden Produktion, Verpackung und logistisches System so konzipiert, dass im Inland eine dreimonatige Haltbarkeit der Produkte ausreichte. Für einen Vertrieb (Export) schon in unmittelbar benachbarte ausländische Märkte genügte diese Haltbarkeitsfrist jedoch nicht.

**Fazit:** Aufgrund nicht erfolgter gebiete-strategischer Vorausplanung war ein Unternehmens- und Marketingkonzept realisiert worden, das nur schwer oder u. U. gar nicht mit den **Notwendigkeiten bzw. Möglichkeiten** eines übernationalen Marketing vereinbar war.

Dieses Beispiel hat deutlich gemacht, dass das marktareal-strategische Vorgehen einer umfassenden **Fundierung bzw. Vorausplanung** bedarf. Dabei können zwei große geo-politische Entscheidungsfelder unterschieden werden (siehe auch *Becker,* 2000 c, S. 148 ff.):

**(1) Nationale Gebietestrategien,**

**(2) Übernationale Gebietestrategien.**

Beide marktareal-strategischen Optionen lassen sich weiter aufrastern *(Abb. 184)*:

| **Nationale Strategien** (Domestic Marketing) mit |
|---|
| • *lokaler* Markterschließung,<br>• *regionaler* Markterschließung,<br>• *überregionaler* Markterschließung,<br>• *nationaler* Markterschließung. |
| **Übernationale Strategien** (International Marketing) mit |
| • *multinationaler* Markterschließung,<br>• *internationaler* Markterschließung,<br>• *Weltmarkt*erschließung. |

*Abb. 184: Die zwei marktareal-strategischen Basisoptionen und ihre stufen-differenzierten Muster*

Es gibt also sehr differenzierte marktareal-strategische Handlungsmuster, die einer bewusst-geplanten, strategie-orientierten Gebieteselektion zugrundegelegt werden können.

### a) Nationale Strategien (Domestic Marketing)

Geo-politische Entscheidungen sind bislang in erster Linie vor dem Hintergrund **internationaler Aspekte** thematisiert worden. Das heißt, marktareal-strategische Fragen werden primär unter dem Gesichtspunkt grenzüberschreitender Gebietsausdehnung („Internationales Marketing" oder „Euro-Marketing" bzw. „Internationalisierung von Unternehmen") behandelt (u. a. *Meffert/Bolz,* 1998 oder *Berg/Meissner/Schünemann,* 1990; *Töpfer/Berger,* 1991 bzw. *Kumar,* 1982; *Perlitz,* 1995; *Müller/ Kornmeier,* 2002). Was im Prinzip noch fehlt, ist die Herausarbeitung *inlandsbezogener* Gebietsoptionen bzw. -muster (*Kellner,* 1990, S. 142). An dieser Problemstellung soll im Folgenden angesetzt werden.

Zuvor sollen jedoch kurz die generelle Bedeutung und wichtige Orientierungs- und Bezugspunkte **geplanter Gebietepolitik** herausgearbeitet werden. Unter aktiver Gebietepolitik ist ganz allgemein die bewusste räumliche Festlegung und Bearbeitung von Absatzgebieten zu verstehen. Oberste Gesichtspunkte für das gebiete-politische Vorgehen bilden die zu verfolgenden Unternehmens- und Marketingziele (insoweit wird erneut der konzeptionelle Zusammenhang („konzeptionelle Kette") zwischen Zielebene einerseits und Strategieebene andererseits erkennbar). Zentralen Bezugspunkt bilden dabei der anvisierte Absatzmarkt bzw. die anzusprechenden bzw. zu gewinnenden Zielgruppen (= Markt- bzw. Kundenorientierung als Führungsphilosophie). Grundlage bewusster Gebieteplanung ist das jeweils vorhandene **Kunden- bzw. Absatz/Umsatzpotenzial,** und zwar sowohl das markt- als auch das unternehmensrelevante. Es ist in hohem Maße abhängig vom Leistungspotenzial eines Unternehmens, speziell den Produkten bzw. Leistungen (Problemlösungen). Insoweit bestehen auch wichtige Beziehungen zu anderen marketing-strategischen Entscheidungen des Unternehmens (z. B. zu solchen auf der 2. Ebene: Präferenz- oder Preis-Mengen-Strategie oder auch auf der 3. Ebene: Massenmarkt- oder Segmentierungsstrategie = **konzeptionelle Kette**).

Absatzgebietliche Planungen und Rasterungen bilden andererseits wesentliche Grundlagen für einen gezielten, also ziel- und strategie-orientierten Marketinginstrumenten-Einsatz (= Endpunkt der konzeptionellen Kette: Ziele → Strategien → Maßnahmen(Mix)). Alle Marketinginstrumente bedürfen der **gebiete-politischen Führung bzw. Justierung,** angefangen von der Angebots- über die Distributions- bis hin zur Kommunikationspolitik (vgl. hierzu im Einzelnen auch 3. Teil „Marketingmix“).

Speziell unter dem Aspekt **aktiver Gebieteausdehnung** (Expansionsstrategie) lassen sich typische geo-politische Handlungsmuster unterscheiden. Während die erste strategische Ebene (Marktfeldstrategien: Wahl der Produkt/Markt-Kombination) gleichsam die marktbezogenen Leistungsdimensionen (= sachliches Leistungsprogramm) festlegt, fixieren die Marktarealstrategien das konkrete Vorgehen im Absatzraum (= geografisches Leistungsprogramm). Das Gebietekonzept eines Unternehmens bestimmt somit die **geo-orientierten Wachstumsvektoren** (vgl. hierzu auch die Darlegungen zur 1. Strategieebene: Marktfeldstrategien, insbesondere die einleitenden Ausführungen).

Betrachtet man die absatz-geografische Entwicklung von Unternehmen, d. h. also die Entwicklung und Formung ihres Absatzgebietes, so fällt immer wieder auf, dass bei vielen Unternehmen das Absatzgebiet zunächst mehr **ungeplante Stadien** durchläuft. Ausgangspunkt bei nicht wenigen Unternehmen bildet zunächst ein lokales, unmittelbar um den eigenen „Schornstein“ gelegenes Absatzgebiet. Das gilt vor allem für klein- bis mittelbetrieblich organisierte Branchen. Als typische Beispiele können hierfür etwa folgende Branchen genannt werden: Brauereien, Fruchtsafthersteller, Mineralbrunnen, Backwaren- oder auch Konservenindustrie.

Genetisch betrachtet entwickelten sich viele Unternehmen der genannten Branchen (aber nicht nur dieser) im Laufe der Zeit von lokalen zu regionalen oder auch überregionalen Anbietern weiter, und zwar häufig im Sinne eines **rollenden Schneeballs**. Eine modellhafte Darstellung *(Abb. 185)* verdeutlicht das.

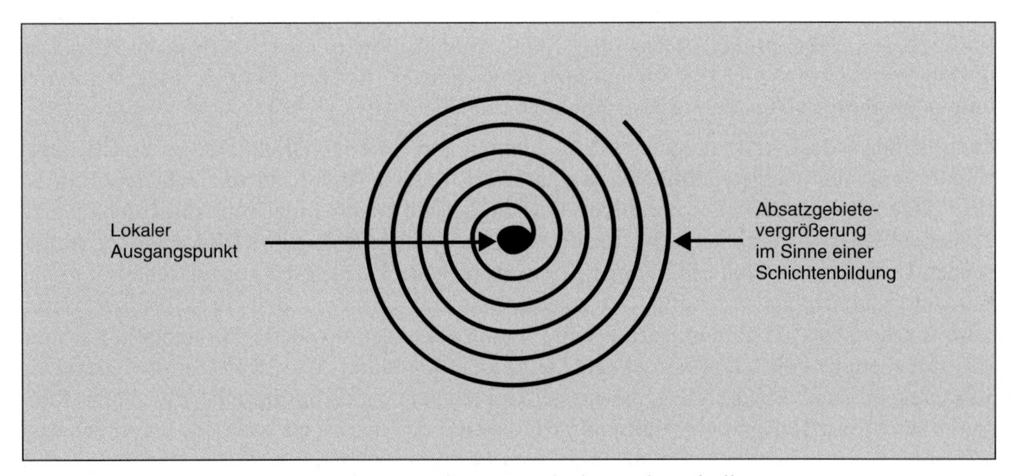


*Abb. 185: Gebietewachstum nach dem Schneeballsystem*

Dieser mehr automatische **Schneeball-Effekt** kann von lokalen Absatzmärkten („Schornsteingebiet“) ausgehend bis hin zu einer überregionalen, selten aber zu einer vollständig nationalen Marktabdeckung und -verdichtung führen. Eine der entscheidenden Wurzeln für derartige, häufig automatische, d. h. nicht (streng) geplante Gebieteentwicklungsprozesse ist u. a.

die sog. **zweistufige Kommunikation** via Mundpropaganda. Sie verhilft zu einer Absatzgebieteausdehnung in Richtung bisher nicht oder nicht systematisch bearbeiteter Randzonen.

Absatzgebiete können somit durch einen primär kommunikativ induzierten Prozess grundsätzlich folgende **Abdeckungsstufen** durchlaufen (siehe auch *Becker,* 2000 c, S. 149):

- **lokale Marktabdeckung** (d. h. Heimatmarkt um den „Schornstein"),
- **regionale Marktabdeckung** (z. B. ein Bundesland),
- **überregionale Marktabdeckung** (z. B. mehrere Bundesländer),
- **nationale Marktabdeckung** (z. B. alle Bundesländer der BRD).

Derartige gebieteausweitende Prozesse vollziehen sich teilweise über mehrere Jahre oder ggf. Jahrzehnte und bleiben teilweise auch auf einer der genannten Stufen schließlich mehr oder weniger „arretiert" stehen. Eine solche Situation tritt meist dann ein, wenn stark **konkurrierende Wettbewerbszonen** mit entsprechenden dahinter stehenden Anbietern aufeinander stoßen und keine speziellen Maßnahmen zur Überwindung solcher Wettbewerbsgrenzen(-zonen) ergriffen werden (können) oder das nur mit unverhältnismäßig hohen Marketingaufwendungen möglich ist (Kampfstrategie zum Abbau von regionen-spezifischen Markteintrittsbarrieren, vgl. hierzu auch den übernächsten Abschnitt „Wettbewerbsstrategien").

Während bisher die Aufmerksamkeit mehr auf passive („automatische") Absatzareal-Entwicklungen gelenkt wurde, soll nunmehr auf *aktive,* strategie-orientierte Gebieteentwicklungen bzw. -konzepte eingegangen werden. Dabei sind wiederum zwei grundlegende **Alternativkonzeptionen** zu unterscheiden:

- **Nicht spezifisch markengestützte** Gebieteausdehnungskonzepte,
- **markengestützte** Gebieteausdehnungskonzepte.

Was **nicht spezifisch markengestützte Konzepte** betrifft, so können hierfür z. B. Getränkehersteller (wie Mineralbrunnen, Brauereien, z. T. auch Spirituosenhersteller) angeführt werden, die bei einer „gewachsenen" lokalen Markenpräferenz das Absatzgebiet in erster Linie distributiv auszudehnen trachten. Sie verfolgen dieses Ziel dabei nicht über eine (über)regionale angelegte, zeitlich vorlaufende Marken-(Kommunikations-)Politik, sondern hauptsächlich über vertriebs- und/oder preispolitische Mittel. Zwischen Kernabsatzgebiet und erweitertem Absatzgebiet besteht dann häufig ein ausgeprägtes Marken(präferenz)-, Preis- und damit auch Ertragsgefälle oder ausgedrückt in **Kategorien der Kostendeckung:**

- Während das *lokale* Kernabsatzgebiet **Vollkostendeckung** ermöglicht,
- bietet das erweiterte, *(über)regionale* Absatzgebiet lediglich **Teilkostenersatz** (nicht zuletzt auch aufgrund ansteigender Logistikkosten im Zuge einer Absatzgebieteausdehnung vor allem bei gewichtsintensiven Produkten, wie das z. B. bei Getränken der Fall ist).

**Markengestützte Gebieteausdehnungskonzepte** werden demgegenüber von einem entsprechenden präferenz-orientierten Marketingmix begleitet, der auf den gezielten Markenaufbau auch in neu zu erschließenden Absatzgebieten gerichtet ist. Das bedeutet vielfach auch entsprechende präferenz-orientierte Marktinvestitionen (z. B. in die Werbung) vor der eigentlichen Vertriebs- bzw. Distributionserschließung neuer Gebiete. Das ökonomische Ziel eines solchen gebiete-strategischen Konzepts besteht darin, grundsätzlich in allen Absatzgebieten das Produkt (Programm) zu gleichen Preisen und/oder Konditionen oder in neuen Gebieten sogar zu höheren, speziell auch an den steigenden Transportkosten orientierten Preisen/Konditionen zu vermarkten (sog. Versandbiere sind aus diesem Grunde im zusätzlichem Versandgebiet „automatisch" teurer als in ihrem Heimatabsatzgebiet), um grundsätzlich durchgängig in allen Absatzgebieten – zumindest auf Dauer – eine Vollkostendeckung zu realisieren. Nachdem damit zunächst grundlegende **Zusammenhänge** zwischen Marken- bzw. Marktstimulierungsstrategie (hier: Präferenzstrategie) einerseits und Marktarealstrategie andererseits aufgezeigt worden sind, soll nunmehr auf spezifische marktareal-strategische Expansionstypen näher eingegangen werden.

### *aa) Marktareal-strategische Expansionsmuster*

Aktives absatzgebiete-politisches Vorgehen unterscheidet sich von einem mehr passiven („automatischen") Gebietegewinn durch bestimmte, systematische gebieteerweiternde Konzepte. Dabei können folgende strategische **Grundtypen** (Muster) abgegrenzt werden:

**(1) Konzentrische Gebieteausdehnung,**

**(2) Selektive Gebieteausdehnung,**

**(3) Inselförmige Gebieteausdehnung.**

Typisch für die **konzentrische Gebieteausdehnung** ist, dass sie quasi ringförmig erfolgt, und zwar in dem Sinne, dass man dem bestehenden Absatzgebiet *vorauseilende* Aktivitäten bzw. entsprechende Abstrahlungen (u. a. nicht vermeidbare Werbeüberstreuungen über das eigentliche Absatzgebiet hinaus) ganz gezielt nutzt, um das Marktareal systematisch auszudehnen *(Abb. 186).*

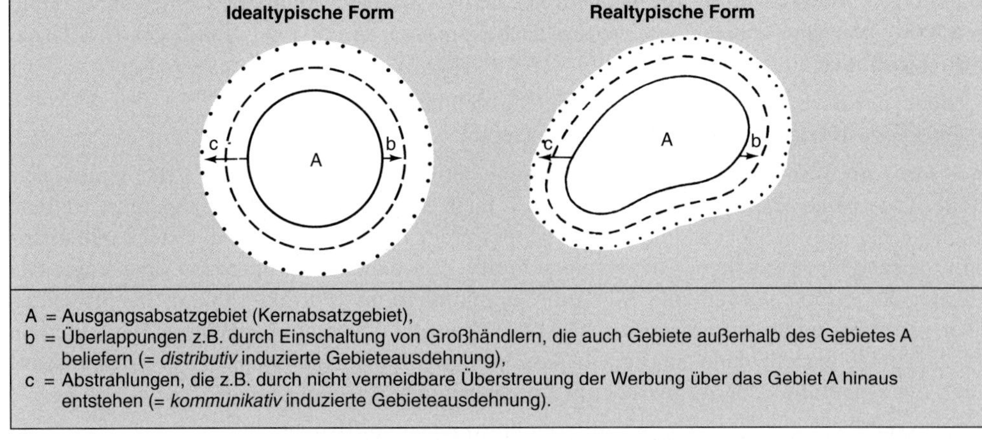


A = Ausgangsabsatzgebiet (Kernabsatzgebiet),
b = Überlappungen z.B. durch Einschaltung von Großhändlern, die auch Gebiete außerhalb des Gebietes A beliefern (= *distributiv* induzierte Gebieteausdehnung),
c = Abstrahlungen, die z.B. durch nicht vermeidbare Überstreuung der Werbung über das Gebiet A hinaus entstehen (= *kommunikativ* induzierte Gebieteausdehnung).

*Abb. 186: Konzentrische Gebieteausdehnung*

Auf der Basis derart genutzter distributiver und/oder kommunikativer Faktoren kann ein Absatzgebiet im Sinne einer **Ringbildung** systematisch aufgestockt und verdichtet werden. Eine solche konzentrische Gebieteausdehnung führt nicht selten zu sehr stabilen Absatzmärkten („Absatzburgen"), von denen aus eine gezielte gebietliche Weiterentwicklung möglich ist. Sie führt in der Regel aber auch zu einer vergleichsweise langsamen überregionalen oder gar nationalen Gebieteabdeckung. Das soll an zwei Beispielen verdeutlicht werden.

Fallbeispiele: Gebieteausdehnungsmuster von *Diebels* und *Bofrost*

Bei der **systematischen Gebieteausdehnung** hatte die marktführende Brauerei *Diebels* ausgehend vom klassischen Altbiergebiet (Niederrhein) zunächst versucht, die Marke *Diebels Alt* im Altbierkerngebiet stark zu penetrieren (extrem hohe Marktanteile u. a. über eine überdurchschnittliche Distribution, hohe Werbeabdeckung), um dann von dieser stark abgesicherten Absatzbastion ausgehend den nationalen Markt über eine **selektive Gebiete-politik** (siehe weiter unten) zu erschließen. Das hatte zu einer wesentlich erfolgreicheren Marken- und Marktposition geführt als die Politik des ursprünglichen Marktführers *Hannen,* der ohne ausreichende „Zementierung" des Heimatmarktes zu früh eine kräftezehrende und mittel-bindende, expansive **nationale Politik** zu treiben versucht hatte (s. a. timing-strategische Handlungsmuster im Abschnitt „Wettbewerbsstrategien").

Ähnlich war beispielsweise auch *Bofrost* als der inzwischen marktführende Tiefkühlheimdienst vorgegangen. Ausgehend von einer **starken Absatzbasis** am Niederrhein (später ausgebaut zu einer dominanten Marktstellung in Nordrhein-Westfalen) hatte auch *Bofrost* den nationalen Markt erst richtig angegangen, nachdem eine starke und gefestigte lokal-regionale Marktposition erreicht war. Der ursprüngliche Marktführer *Eismann* hatte demgegenüber sehr schnell mit einer **inselförmigen Gebietestrategie** (siehe weiter unten), und zwar auf Basis des Franchisesystems (Fahrverkäufer als Einzelfranchise-Nehmer) den nationalen Markt zu erobern gesucht, ohne dabei eine jeweils ausreichende Festigung zu erreichen. Die zu schnell realisierte Expansion hatte außerdem zu einer ursprünglich zu großen Teilgebiet-Vergabe an die einzelnen Franchisenehmer geführt; im Laufe der Zeit mussten deshalb im Sinne einer Gebieteverdichtung mehrfach **gebietliche Zellteilungen** in der Weise vorgenommen werden, dass Franchisenehmer Teile ihres Gebietes wieder abgeben mussten, um Raum und Aktionsfeld für neue Franchise-Nehmer zu schaffen (was zwangsläufig zu Verunsicherungen und Demotivationen in der Vertriebsorganisation geführt hat).

Insofern wird also auch deutlich, dass nicht nur die Art bzw. Stufung, sondern auch das **Timing** des gebiete-strategischen Vorgehens eine entscheidende Rolle spielt (zu Grundfragen des Timings siehe auch die Darlegungen im Abschnitt „Wettbwerbsstrategien").

Gebietestrategische Ausdehnungskonzepte sind im Übrigen nicht selten an bestimmte produkt- bzw. programmstrategische Entscheidungen gebunden. So müssen zum Teil **Produktvarianten** entwickelt werden, um gebiete-strategisch expandieren zu können. In dieser Hinsicht hatte sich z. B. gezeigt, dass die Gebieteausdehnung der klassischen *Aachener Printe* (= Hartprinte) aufgrund des gelernten Konsumverhaltens bzw. typischer Konsumerwartungen relativ begrenzt war. Absatzversuche in neue Gebiete führten – auch aufgrund begrenzter kommunikativer Möglichkeiten der mittelständischen Anbieter – immer wieder dazu, dass die Konsumenten die Hartprinte als zu alt bzw. überlagert reklamierten, in Unkenntnis der Tatsache, dass die klassische Hartprinte aufgrund ihrer Zusammensetzung (u. a. Zuckergehalt) bewusst „hart" hergestellt wird. Erst das Angebot einer Alternative in Form der Weichprinte hat die Voraussetzungen geschaffen, neue regionale Märkte zu erschließen, um später dann auch die Hartprinte abgestuft nachzuziehen (z. B. *Lambertz*).

Regionale bzw. nationale Gebietestrategien erzwingen so gesehen nicht selten einen gebietedifferenzierten Produkt- bzw. Programm-Mix (nach Arten, Sorten, Geschmacksrichtung usw.), was besonders typisch für viele Nahrungsmittelbereiche wie Nudelerzeugnisse, Wurstwaren, Feinkostsalate u. ä. ist. Damit ist insgesamt die **Verzahnung** zwischen Produkt-/Programmstrategie (= 1. strategische Ebene) und Marktarealstrategie (= 4. strategische Ebene) deutlich geworden (= **konzeptionelle Kette**). Nach der Diskussion der konzentrischen Gebieteausdehnung sollen nun noch die beiden anderen Grundtypen der Gebieteexpansion (selektive und inselförmige) herausgearbeitet werden.

Was die Strategie **selektiver Gebieteausdehnung** betrifft, so erstrebt sie nicht einen streng ring- oder schichten-förmigen Gebietegewinn, sondern sie geht vielmehr von einem Kerngebiet aus differenzierend-selektiv vor. Das heißt, es werden – meist phasenversetzt – zusätzliche Aufbau- und Verdichtungsgebiete geschaffen, und zwar in der Weise, dass Lücken zwischen diesen neuen Gebieten und dem Kernabsatzgebiet zunächst bewusst in Kauf genommen werden. Diese Lücken sind meist das Resultat bestimmter lokaler oder regionaler Marktwiderstände (Markteintrittsbarrieren), die es ratsam erscheinen lassen, zunächst bestimmte, nur schwer einnehmbare „Absatzfestungen" von Konkurrenten nicht anzugehen, sondern diese vielmehr zu umzingeln *(Abb. 187),* um dann in einer späteren Phase gleichzeitig von mehreren Seiten aus mit besseren Aussichten und/oder geringerem Mitteleinsatz in von Konkurrenten beherrschte Gebiete eindringen zu können.

Charakteristisch für diese selektive Gebieteausdehnung ist, dass – im Interesse der Schaffung eines vertriebs- und (werbe-)mediapolitisch möglichst **geschlossenen Absatzgebietes** – häufig in der aufgezeigten differenzierend-selektivierenden Art vorgegangen wird (*Becker,* 1972,

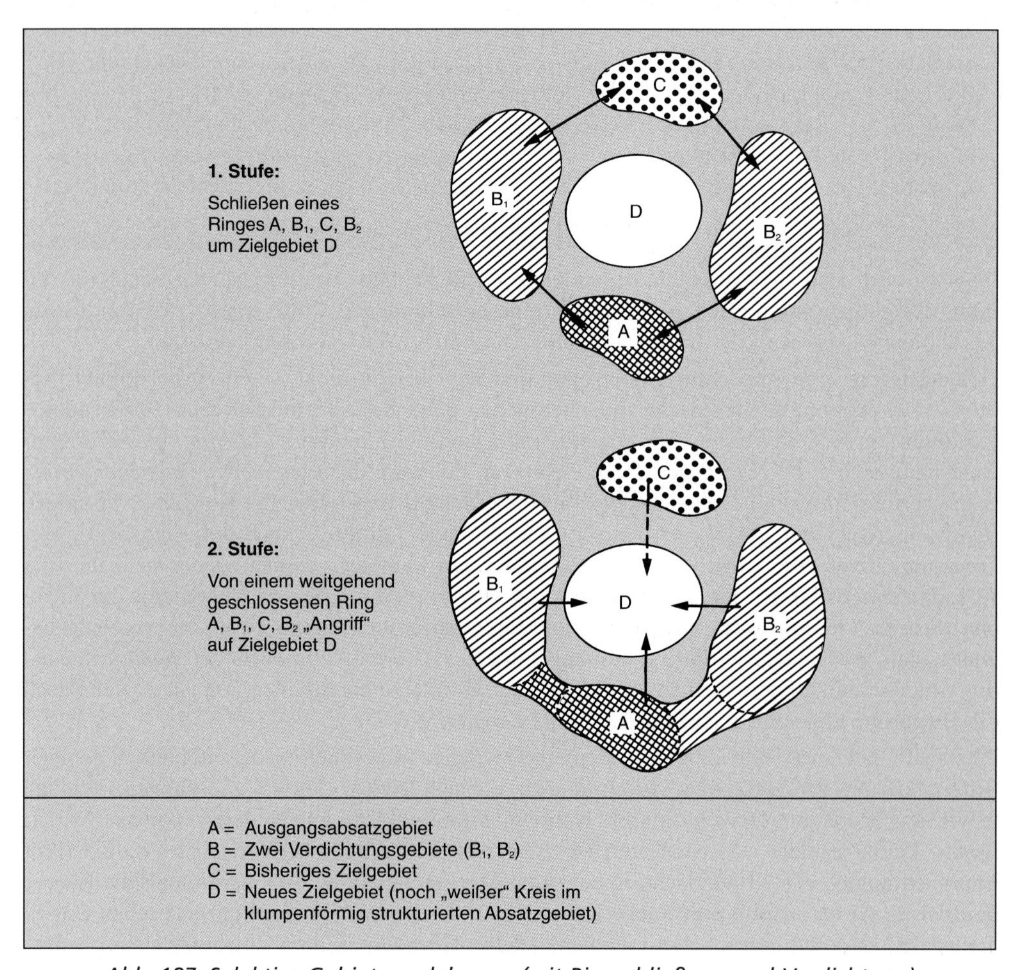


*Abb. 187: Selektive Gebietsausdehnung (mit Ringschließung und Verdichtung)*

S. 321). Auf diese Weise können unterschiedliche **Marktwiderstände** in einzelnen Teilgebieten adäquat berücksichtigt werden. Im Interesse eines ökonomisch vertretbaren Mitteleinsatzes entsteht so ein geschlossenes Zielabsatzgebiet in der Regel erst in einem mehrstufigen (d. h. gewöhnlich mehrjährigen) Ausdehnungsprozess. Die modellhafte Darstellung anhand zweier Phasen soll dabei nur das Prinzip skizzieren; in der Realität sind für die Gewinnung geschlossener Zielabsatzgebiete häufig weit mehr als zwei Stufen notwendig.

Für das Schließen eines überregionalen oder insgesamt nationalen Absatzgebietes gibt es ganz verschiedene **Realisierungsmöglichkeiten**, angefangen von eigenen Erschließungskonzepten bis hin zu kooperativen Lösungen oder auch Lizenzmarken- bzw. Franchise-Konzepten. Dafür sollen einige Beispiele angeführt werden, speziell was kooperative Gebieteerschließungen angeht.

Fallbeispiele: Realisierungsformen nationaler Gebietekonzepte

So hatten sich seinerzeit unter anderem große regionale **Molkereien** zusammengeschlossen, um unter der gemeinsamen Marke *Tiffany* flächendeckend über das gesamte Bundesgebiet hinweg ein gemeinsames Programm von Frischmilch-Desserts anzubieten. Das ursprünglich gewählte Nischen-Konzept wurde später verlassen, und zwar zugunsten eines breiteren Angebots, das arbeitsteilig produziert und vertrieben wurde (Übergang vom Spezialisierungs- zum Rationalisierungskartell).

Ähnliche Konzepte gab bzw. gibt es auch auf anderen Märkten, so zum Beispiel auf dem **Fruchtsaftmarkt,** in dem sich vier regionale Fruchtsafthersteller auf Herstellung und Vertrieb eines gemeinsamen Saft- bzw. Saftgetränkeprogramms unter der einheitlichen nationalen Marke *Junita* verständigt hatten. Ein anologes Konzept wurde im **Markt industrieller Backwaren** verfolgt, in dem sich eine Reihe von Herstellern zu Produktion und Vertrieb einer nationalen Toast-Marke *(Golden Toast)* zusammengefunden hatten.

Insgesamt stellen solche Kooperationen auch eine Reaktion auf die **Konzentration im Handel** dar. Der gemeinsame und damit gestärkte Auftritt (vor allem mit einer gemeinsamen, national beworbenen Marke) gegenüber dem Handel ist zugleich eine wichtige Klammer derartiger Kooperationen, die z. T. auch recht unterschiedliche Partner (u. a. in bezug auf Größe, Know-how, Investitionskraft und auch Unternehmenskultur) zusammenhält.

Abschließend soll nun noch auf den dritten gebiete-strategischen Expansionstyp, nämlich die **inselförmige Gebieteausdehnung,** eingegangen werden. Typisch für sie ist, dass hier u. U. nur einige wenige Großstadtzentren als Ausgangspunkt für einen nationalen Vertriebsaufbau herangezogen werden, und zwar in der Regel Zentren mit Leitcharakter. Hierbei handelt es sich um ein gebiete-strategisches Konzept, das u. a. auch für die Erschließung ausländischer Märkte gewählt wird. So hatte seinerzeit z. B. die englische Firma *Cadbury Schweppes* (und zwar zunächst über eine Importfirma, nämlich *Hosie,* Hamburg) in einer ersten Stufe versucht, den deutschen Markt insbesondere von *drei* Konsum-Inseln aus aufzurollen *(Abb. 188).*

In einer späteren Phase hat man systematisch die drei Ausgangsabsatzgebiete konzentrisch weiterzuentwickeln und die daraus entstehenden regionalen Absatzräume in weiteren gebiete-strategischen Schritten zu *vernetzen* gesucht (analog ging man übrigens auch beim Aufbau der *Pizza Hut-Kette* vor). Die Ansatzpunkte einer insel-förmigen Gebieteerschließung sollen näher am *Schweppes*-Beispiel erläutert werden.

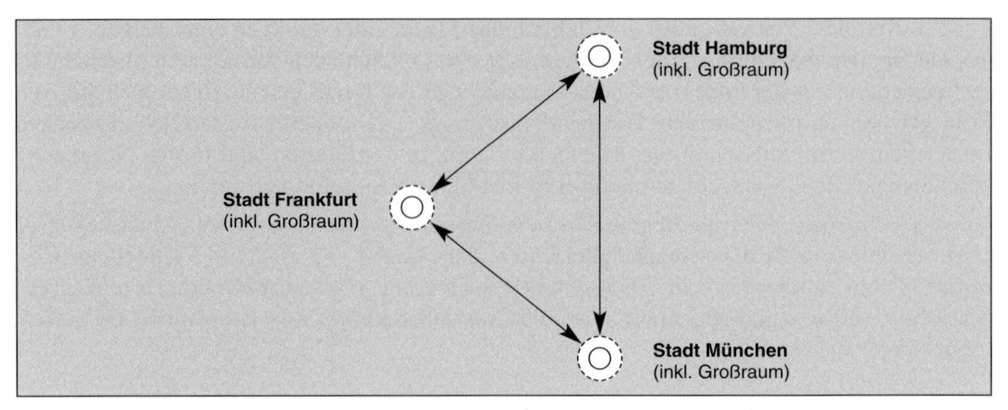


*Abb. 188: Inselförmige Gebieteausdehnung auf der Basis von drei Großstadtzentren*

Fallbeispiel: Inselförmiges Gebieteerschließungskonzept *(Schweppes)*

Ein solches **insel-orientiertes Gebietekonzept,** wie es z. B. seinerzeit gezielt von *Schweppes* bei der Einführung verfolgt wurde, beruhte auf der Tatsache, dass die in Großbritannien bekannte und etablierte Produktkategorie **Bittergetränke** in der BRD seinerzeit völlig neu war. Man entschloss sich daher, dieses Produkt „von oben" über Konsumpioniere in den Markt einzuführen, die man am besten in weltläufigen Großstadtzentren ansprechen konnte, und zwar in diesem Falle primär in der gehobenen Gastronomie. Von diesen **Konsum- bzw. Absatznestern** aus hat man dann über ein gezieltes Demokratisierungskonzept (Bittergetränke nicht nur als gehobenes Mixgetränk, sondern auch als besondere Pur-Limonade) die *Schweppes*-Getränke allmählich national distribuiert. Der Alleinstellungscharakter des Produkts und eine sehr eigenwillige, kreative Werbekonzeption haben diesen gebietlichen Marktausdehnungsprozess dabei begünstigt.

Das Streben nach **nationaler Marktabdeckung,** und zwar sowohl aus Marken- als auch Marktausschöpfungsgründen, wird – wie bereits erwähnt – nicht selten additiv zu realisieren versucht, d. h. Unternehmen erschließen nicht selten das nationale Gebiet gezielt sowohl über eigene Niederlassungen als auch über franchisierte Niederlassungen bzw. Beteiligungsgesellschaften (vgl. das Verfolgen solcher Konzepte u. a. auch bei Tiefkühlheimdiensten oder in der Fast-food-Gastronomie). Auf diese oder ähnliche Weise ist eine vollständige nationale Gebietsabdeckung vielfach schneller und ggf. auch leichter sowie besser (z. B. durch zusätzliches „Unternehmerpotenzial") möglich als über einen ausschließlich eigenen Auf- bzw. Ausbau.

### *ab) Grundorientierungen der Absatzgebietewahl*

Für alle drei unterschiedenen Muster gebiete-strategischer Expansion (konzentrische, selektive und inselförmige Gebieteausdehnung) sollen zunächst die mehr formalen Vorgehensweisen sowie die dahinter stehenden konzeptionellen Überlegungen behandelt werden. Allen drei herausgearbeiteten Vorgehensweisen müssen – soll das Vorgehen fundiert sein – entsprechende **Kriterien bzw. Maßstäbe** zugrunde gelegt werden (*Becker,* 2000 c, S. 168 ff.).

Auch das marktareal-strategische Vorgehen dient – wie bereits hervorgehoben – der Oberzielrealisierung, d. h. gerade auch zwischen Zielebene und 4. Strategieebene bestehen wichtige Verknüpfungen (= **konzeptionelle Ketten**). Hauptansatzpunkt ist hierbei die oberzieladäquate **Potenzialausschöpfung** regionaler Teil- bzw. nationaler Gesamtmärkte. Insoweit gilt es, an den für diese Zielsetzung geeigneten Kriterien anzuknüpfen. Dabei können verschiedene Kategorien *(Abb. 189)* unterschieden werden.

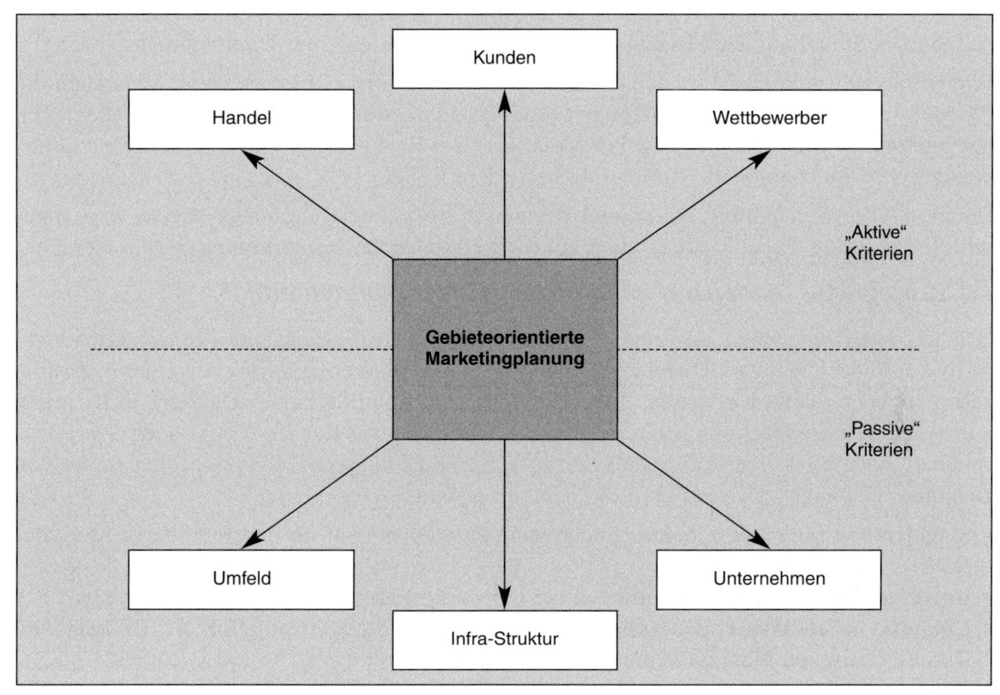


*Quelle:* nach *Kellner,* 1990, S. 125 ff.

*Abb. 189: Kriterien für die Bestimmung der Absatzgebiete*

Die **„aktiven“ Kriterien** sind diejenigen Maßstäbe, die sich unmittelbar auf die Marktpartner beziehen. Wichtigstes Kriterium stellen die (tatsächlichen und potenziellen) Kunden des Unternehmens dar. Gemeint sind hierbei zunächst die Endabnehmer (Konsumenten), und zwar sowohl was ihre Art und Zahl als auch ihr Kauf- und Konsumverhalten betrifft. Beim indirekten Absatzweg – dem Regelabsatzweg im Konsumgüter-Marketing – wird das Potenzial eines regionalen Marktes auch von Art, Zahl sowie Absatz-/Umsatzvolumen der Groß- und Einzelhandelsbetriebe bestimmt. Die (wichtigsten) Konkurrenten nach Art, Zahl, Bedeutung (u. a. Marktanteile) definieren gleichsam den Spielraum des gebiete-strategischen Handelns.

Die **„passiven“ Kriterien** bilden insgesamt Umfeld-, Infrastruktur- und Unternehmensbedingungen. Wichtige gebiete-spezifische Bedingungen des Unternehmens selbst werden durch „gewachsene“ (Produktions- und Distributions-)Standorte sowie durch die eigene Marktbedeutung (wie Umsatz/Absatz, Marktanteile, Bekanntheitsgrad und Image bzw. Kompetenz) definiert. Das Umfeld des Unternehmens bezieht sich vor allem auf makro-ökonomische Bedingungen, wie Gesetze, Regeln, Standards und gesamtwirtschaftliche Strukturen und Trends. Die Infrastruktur schließlich beinhaltet spezifische, das absatz-strategische Handeln beeinflussende Systeme wie Medien- und Kommunikationstechnik, Straßennetz, Versorgung mit Dienstleistungen u. Ä.

Jedes Unternehmen muss – im Interesse *oberziel*-realisierender Vorgehensweise – jeweils die für die spezifischen konzeptionellen Belange wichtigen Kriterien (Maßstäbe) identifizieren. Für das Gebietekonzept eines Unternehmens, das meistens durch stufen- oder phasenbezogene Ansätze gekennzeichnet ist, müssen dabei die jeweils **adäquaten Kriterien bzw. Kriterienelemente** – ähnlich wie beim segment-strategischen Vorgehen (vgl. 3. strategische Ebene) – kombiniert und einer detaillierten Gebieteplanung zugrunde gelegt werden. Hiervon ist u. a. Aufbau und Steuerung der Absatz- oder Vertriebsorganisation eines Unternehmens abhängig.

Wie bereits angesprochen, spielen bei der Formulierung des Gebietekonzepts stets auch die Produkt- und Programmvoraussetzungen sowie die marketing-instrumentalen Besonderheiten des Marketing- und Unternehmenskonzepts (also der Bezug zur 3. Konzeptionsebene „Marketingmix" = **konzeptionelle Kette**) eine besondere Rolle.

Damit soll die Behandlung marktareal-strategischer Konzepte nationaler Art so weit abgeschlossen werden. Es soll jedoch noch auf einige Tendenzen aufmerksam gemacht werden.

### *ac) Strategische Tendenzen inländischer Absatzgebietepolitik*

Die drei unterschiedenen marktareal-strategischen Expansionskonzepte (konzentrische, selektive und inselförmige Gebieteausdehnung) und ihre marketingpolitischen Charakteristika haben zugleich deutlich gemacht, dass die Absatzgebietepolitik heute sehr stark in Richtung **nationaler Marktabdeckung** orientiert ist, sei es über eigene Konzepte oder auch – wie beispielhaft skizziert – über kooperative bzw. additive Lösungen. Dafür sind eine Reihe von **Gründen** („Zwängen") verantwortlich, nämlich insbesondere:

- **Stagnierende regionale Märkte** (Suche nach Ersatzpotenzial im überregionalen Marktbereich),
- **Unvermeidbare Werbefehlstreuungen** bei (zu starker) Regionalisierung von Märkten,
- **Ubiquität (= nationale „Überallerhältlichkeit")** als Voraussetzung für die Bildung und Durchsetzung von Marken(artikeln),
- **Konzentration im Handel** (große nationale Handelsorganisationen präferieren grundsätzlich Marken mit nationaler Verbreitung/Kompetenz).

Vor allem der vierte Faktor drängt (zwingt) in immer stärkerem Maße Herstellerunternehmen – speziell im Konsumgüterbereich – zu einer national orientierten Absatzpolitik. Insofern ist auch von dieser Seite aus die Frage der Gebietepolitik zu einer **strategischen Grundfrage** geworden, die nur lösbar ist über ein jeweils unternehmensindividuelles und markt- und wettbewerbsspezifisch abgeleitetes Gebieteausbau-Konzept. Hierbei bedarf es wichtiger Kriterien (Maßstäbe), die im vorigen Abschnitt behandelt wurden.

Neue Herausforderungen für die inländische Gebietepolitik sind nicht zuletzt auch durch die deutsche **Wiedervereinigung** entstanden. Die neuen Bundesländer stellten – insbesondere auch aufgrund des jahrelangen Empfangs des westdeutschen Werbefernsehens – insgesamt relativ gut vorbereitete Märkte für westdeutsche Hersteller und ihre Marken (Markenartikel) dar. Insoweit fand ein ziemlich schneller und starker Absatzgebiete-Expansionsprozess von West- nach Ostdeutschland statt (zunehmend aber auch von Ost nach West).

Zwei (wettbewerbs-)strategische **Expansionsmuster** konnten dabei beobachtet werden:

- die **eher kurzfristig orientierte, aggressive Gebietserschließung** (methodisch und planerisch nicht immer fundiert und konsequent) und
- die **verhaltene, eher langfristig orientierte Gebieteerschließung** (methodisch fundiert und planerisch behutsam umgesetzt).

Nicht wenige Unternehmen, welche eine eher kurzfristig-orientierte, möglichst **schnell flächendeckende Expansion** verfolgten, haben das inzwischen wieder korrigieren und bereinigen müssen (u. a. falsche Standortwahl, gebietliche Überbesetzung, hoher Konkurrenzkampf und Verdrängungswettbewerb).

Die eher langfristig ausgerichtete, mehr **behutsame Gebietsausdehnung** war bzw. ist demgegenüber dadurch gekennzeichnet, dass ausgehend von gezielt gewählten Absatzinseln (= inselförmige Gebietsexpansion) eine allmähliche Vernetzung „konzentrisch" wachsender Absatzgebiete angestrebt wird. Als prinzipielles Beispiel für ein solches Vorgehen kann etwa eine südwestdeutsche Bau- und Gartenmärkte-Kette angeführt werden, die fünf Jahre nach der Wiedervereinigung eine immer noch relativ „bescheidene" Erschließung des ostdeutschen Marktes auswies *(Abb. 190).*

Das Beispiel zeigt zugleich das, was für viele Unternehmen typisch ist, nämlich einen absatzgebietlichen Schwerpunkt im **Heimatmarkt** (= Kernmarkt).

Durchweg – zwar zeitlich versetzt – haben auch ostdeutsche Unternehmen stärker auf dem westdeutschen Markt Fuß gefasst. Sie konnten in aller Regel dabei nicht an bereits „vorverkauften" Marken anknüpfen, sondern mussten – speziell im Konsumgütermarkt – erst entsprechende **Markenaufbauleistungen** vollbringen. Inzwischen haben die Ostdeutschen stärker ihre eigenen Marken „wieder entdeckt", so dass für viele ostdeutsche Anbieter die eigenen ostdeutschen Absatzgebiete (wieder) an Priorität bzw. **Attraktivität** gewonnen haben.

Gebieteexpansive Zwänge ergeben sich für das Inlandsmarketing (Domestic Marketing) im Übrigen auch aufgrund der **Internationalisierung des Wettbewerbs.** Immer stärker drängen ausländische Erzeugnisse bzw. Angebote aus dem Europäischen Binnenmarkt auf den deutschen Markt. Viele deutsche Anbieter sehen es daher als zwingend an, Absatzpotenziale zunächst im eigenen Land möglichst vollständig, d. h. also zumindest überregional, wenn nicht national, auszuschöpfen.

Daneben führt ein zunehmender **branchenübergreifender Wettbewerb** zum Eintritt neuer Wettbewerber in angestammte Märkte (vgl. z. B. Wettbewerb zwischen chemischer und elektronischer Bildaufzeichnung oder auch das Zusammenwachsen von Kommunikationstechnologien, u. a. Multimedia-Markt). Auch diese Entwicklung bedeutet für die Unternehmen, auf jeden Fall angestammte Märkte zu verteidigen und das heißt auch und gerade, zunächst einmal die regionalen bzw. nationalen Absatzpotenziale konsequent auszunutzen.

Andererseits gibt es aber auch Entwicklungen, die Unternehmen veranlassen, ihre Gebietepolitik im Sinne einer **Kontraktion** zu überprüfen, d. h. z. B. Abbau von Präsenz in den Absatzgebieten. Ausgangspunkt solcher kontraktiven Entwicklungen sind etwa zu dichte Netze, wie sie z. B. viele Banken aufweisen. Insoweit haben viele Kreditinstitute ihre Zweigstellennetze bereits stark ausgedünnt. Angestoßen wurde dieser Prozess von Rationalisierungszwängen (Zwang zur Kostensenkung). Realisierbar wird dieser Rationalisierungsprozess auch durch Möglichkeiten des Electronic Banking (d. h. Abwicklung von Bankgeschäften per Telefon, über das Internet oder andere elektronische Kommunikationssysteme = genereller Trend zum Direct- bzw. Online-Banking, vgl. entsprechende Aktivitäten bei allen Bankgesellschaften).

Von solchen geo-strategisch relevanten Rationalisierungsprozessen, z. B. im Vertriebssystem von Banken, sind marktareal-strategische Konzentrationen auf **Kernabsatzgebiete** zu unterscheiden. Solche gebietlichen Konzentrationen entsprechen im Prinzip denjenigen bezüglich des eigentlichen Betätigungsfeldes (Konzentration auf Kerngeschäfte, d. h. Abbau von Diversifikation, vgl. hierzu die Darlegungen zur 1. strategischen Ebene: Marktfeldstrategien).

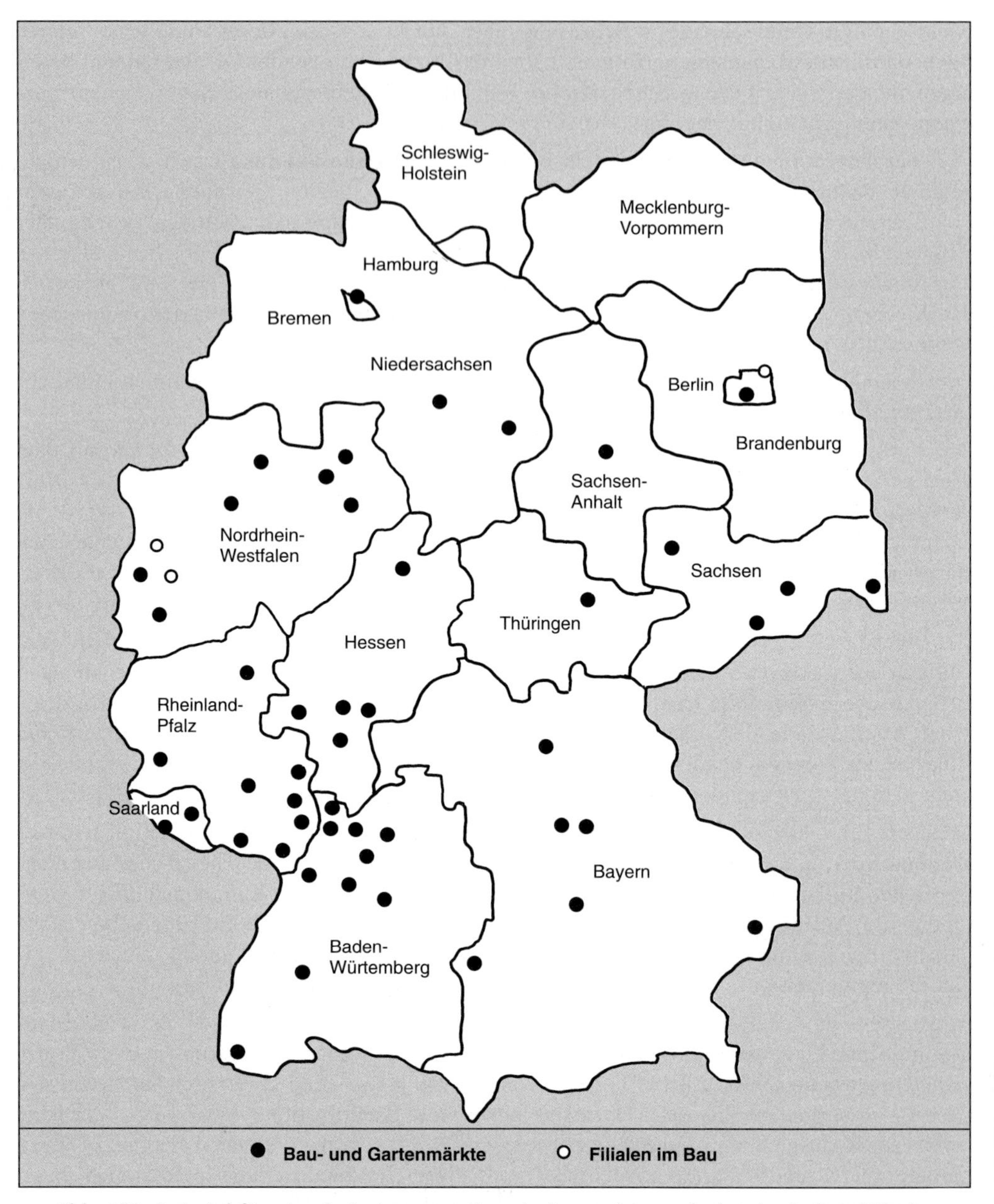


*Abb. 190: Beispiel für eine behutsame nationale Expansion nach der deutschen Wiedervereinigung (Bau- und Gartenmärkte-Kette, 5 Jahre nach der Wiedervereinigung)*

Auslöser von **Gebietekonzentrationen** („Rückzug“ auf Kernabsatzgebiete) sind meistens gravierende Wettbewerbsverschärfungen und daraus resultierender Preis- und Verdrängungswettbewerb. Für nicht wenige, und zwar auch größere (Marken-)Brauereien z. B. erweist sich das überregionale Geschäft als nicht mehr lukrativ bzw. als betriebswirtschaftlich bedenklich. Dieses Geschäft wird immer mehr von Brauereien beherrscht, die ganz klar auf die Preis-Mengen-Strategie setzen (vgl. 2. strategische Ebene: Marktstimulierungsstrategien) und aufgrund ihres konsequenten aggressiven Preisführerschaftskonzepts für marken-(artikel-)orientierte Brauereien in überregionalen Absatzgebieten den Platz einengen.

Die Ausführungen haben insgesamt gezeigt, dass es Gründe (Zwänge) sowohl für systematische Gebietsexpansionen als auch für bewusste Gebietekontraktionen geben kann. Jedes Unternehmen ist gezwungen, aufgrund der markt- bzw. wettbewerbsspezifischen wie der unternehmensindividuellen Bedingungslagen die richtigen geo-strategischen Maßnahmen bzw. Anpassungen vorzunehmen. Dabei bestehen – das haben die Beispiele verdeutlicht – grundlegende **Querverbindungen** zu anderen Strategieebenen (= **konzeptionelle Kette**).

Mit diesen Darlegungen soll die Behandlung inländischer Gebietepolitik abgeschlossen werden. Im Zusammenhang mit den Ausführungen speziell zu den Trends bzw. Tendenzen nationaler Gebietestrategien (Domestic Marketing) wurden bereits Bezüge zum internationalen Marketing (International Marketing) erkennbar. Auf das internationale Marketing und seine Ausprägungsformen soll nun im Folgenden näher eingegangen werden.

#### *b) Übernationale Strategien (International Marketing)*

Marketing- und Unternehmensstrategien, die über das inländische Absatzgebiet („Marketing across national boundaries“) hinausgehen, stellen eine neue(re) Dimension marktareal-strategischen Handelns dar. Sie greifen im Grunde über rein gebietliche (Absatz-)Aspekte weit hinaus (*Perlitz*, 1995; *Müller/Kornmeier,* 2002); das heißt, sie haben in der Regel wesentlich stärker strukturierende, **längerfristig bindende Wirkungen** für das gesamte Unternehmen als etwa rein inländische Gebiete-Konzepte – nicht zuletzt aufgrund der notwendigen unternehmensübergreifenden Prozess-Steuerung i. S. eines internationalen, *wertschöpfungs*-orientierten Marketing- und Unternehmensmanagements (*Zentes/Swoboda/Schramm-Klein,* 2006).

Übernationale Strategien haben dabei insgesamt eine **Vielzahl von Ausgangspunkten**. Neben nicht zu unterschätzenden Prestige-Aspekten (z. B. das Bestreben, es wichtigen Leitkonkurrenten gleich zu tun) und Image-Motiven (z. B. auch als kompetentes internationales Unternehmen/Marke zu gelten) geht eine entscheidende Motivation zu multi- bzw. internationalem Marketing von stagnierenden oder zumindest schwach wachsenden inländischen Märkten aus, wie sie heute für viele Branchen typisch sind. Für bereits im Auslandsgeschäft tätige Unternehmen besteht andererseits immer stärker der Zwang, das übernationale Geschäft zu forcieren, um möglichst an – am Weltmaßstab gemessen – Mindestabsatzmengen heranzukommen, die den Einsatz modernster Fertigungstechniken erlauben, um auf diese Weise entsprechend niedrige Produktionskosten zu realisieren (**Economies of scale**), die Unternehmen am Weltmarkt auf Dauer überhaupt erst überlebensfähig machen.

Insgesamt ist die zunehmende Internationalisierung der Unternehmen Ausdruck der stark voranschreitenden **Globalisierung** der Wirtschaft, und zwar ausgehend von den Warenmärkten, gefolgt von den Finanzmärkten und schließlich übergreifend auf die unterschiedlichsten Dienstleistungsmärkte (*Yip,* 1992; *Kotabe/Helsen,* 2001; *Kutschker/Schmid,* 2005).

Die Verfolgung bewusster, konsequenter geo-strategischer Konzepte – gerade auch im internationalen Bereich – dient, wie die Realisierungsfragen der bereits behandelten Strategien

(Marktfeld-, Marktstimulierungs- und Marktparzellierungsstrategien) verdeutlicht haben, der Erreichung der unternehmerischen und marktlichen Ziele. Insoweit zeigt sich auch hier erneut die enge **Verzahnung** von Ziel- und Strategieentscheidungen (= **konzeptionelle Kette**).

Internationales Agieren von Unternehmen entspringt insoweit ganz stark dem generellen Streben nach **Rentabilitäts- bzw. Unternehmenswertsteigerung.** Verbunden ist diese Zielsetzung internationaler Tätigkeit mit dem Bemühen um Absatz- und Wachstumssicherung, etwa um inländische Absatzrückgänge auszugleichen und/oder angesichts stagnierender Inlandsmärkte an dynamischen Wachstumsprozessen in internationalen Märkten zu partizipieren. Von diesen Zielen eher „passiven" Charakters sind solche zu unterscheiden, die eher offensive Dimensionen aufweisen. In dieser Hinsicht versuchen Unternehmen, z.B. Innovationen bzw. Technologievorsprünge konsequent in interessanten, potenzial-trächtigen Auslandsmärkten einzuführen bzw. zu nutzen oder ganz gezielt unterschiedliche Entwicklungsstadien (Konsumbereitschaftsstadien) in Auslandsmärkten für eine konsequente Lebenszyklusverlängerung von neuen Produkten bzw. Technologien auszuschöpfen.

Wie vielfältig **Ziele und Motive** eines Auslandsengagements (mit entsprechenden Auslandsinvestitionen) sind, zeigt eine Übersicht *(Abb. 191)*, die auf empirischen Untersuchungsergebnissen des *Instituts der Deutschen Wirtschaft* beruht.

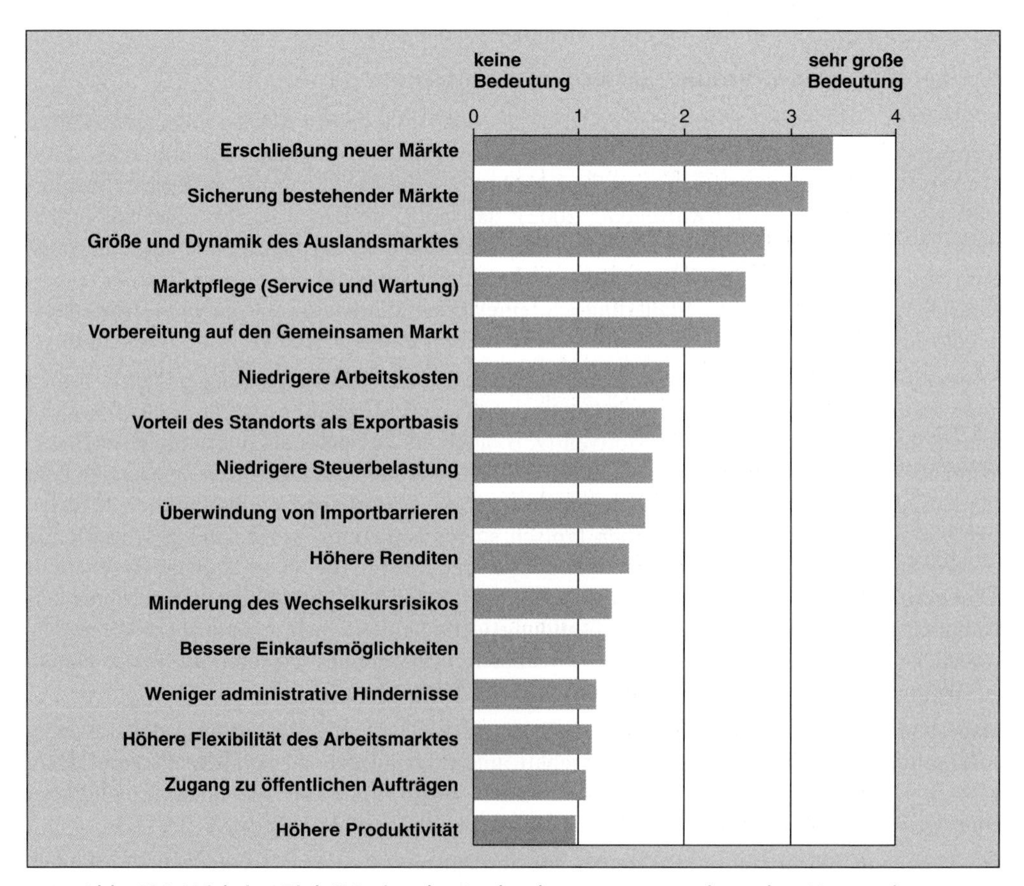


*Abb. 191: Wichtige Ziele/Motive des Auslandsengagements deutscher Unternehmen*

Diese Aufstellung wichtiger Gesichtspunkte für eine Internationalisierung von Unternehmen macht deutlich, dass die Ziele und Anlässe nicht auf den Marketingbereich allein beschränkt sein müssen (= unternehmens-konzeptionelle Komponente).

### ba) Stadien (Stufen) der Internationalisierung

Was die Realisierung des übernationalen Marketing betrifft, so lassen sich genetisch verschiedene Entwicklungsstufen (Stadien) unterscheiden, die als verschiedene **Intensitätsgrade** eines länderüberschreitenden Marketingkonzepts aufgefasst werden können. In der Literatur werden unterschiedliche Abgrenzungen vorgenommen (*Keegan,* 1989; *Terpstra/Sarathy,* 1991; *Hünerberg,* 1994; *Hill,* 1994; *Perlitz,* 1995; *Mühlbacher/Dahringer/Leihs,* 1999; *Kotabe/Helsen,* 2001; *Welge/Holtbrügge,* 2003; *Zentes/Swoboda/Schramm-Klein,* 2013; *Meffert/Burmann/Becker,* 2011), was damit zusammenhängt, dass Fragen der Internationalisierungsstufen und solche ihrer Implementierung vermischt werden. Versucht man beide Aspekte auseinander zu halten, so können drei **Stufen (Stadien)** des übernationalen Marketing identifiziert werden, die jeweils auch durch spezifische Haltungen bzw. Orientierungen des Managements und des Unternehmens gekennzeichnet sind. Diese Strategiestufen werden den folgenden Überlegungen zu übernationalen Strategiemustern zugrunde gelegt:

**(1) Multinationale Strategie,**
**(2) Internationale Strategie,**
**(3) Weltmarktstrategie.**

**(1)** Die **multinationale Strategie** ist dadurch gekennzeichnet, dass Unternehmen neben dem Inlandsmarkt einen bzw. nach meist kurzer Zeit mehrere, häufig benachbarte ausländische Märkte in ihr Marketing- und Vertriebskonzept einbeziehen. Typisch für diese Stufe des übernationalen Marketing ist, dass man zunächst eher unmittelbar benachbarte Auslandsmärkte zu erschließen sucht. Für deutsche Unternehmen heißt das, dass sie etwa (unmittelbar) benachbarte europäische Länder als zusätzliche Absatzgebiete wählen – eine Tendenz, die durch den Europäischen Binnenmarkt eher noch verstärkt worden ist.

Zwei grundsätzliche Zielrichtungen bzw. **Handlungsweisen** sind dabei zu unterscheiden, nämlich der eher passive Ansatz (d. h. etwa Erschließung ausländischer Absatzgebiete als Ausgleich für rückläufige Märkte bzw. Marktanteile im Inland) oder der mehr aktive Ansatz (d. h. z. B. gezielte Ausschöpfung bestehender Markt- und Absatzpotenziale im Ausland, etwa auf der Basis entsprechender innovativer Produkte/Leistungen).

Die multinationale Gebiete-Strategie besitzt in dieser Hinsicht nicht selten den Charakter einer **„Probierstrategie“.** Mit ersten Schritten auf Auslandsmärkten sollen erst einmal Erfahrungen gesammelt werden. Die Auslandsaktivitäten stellen insoweit eine Ergänzung des inländischen Marketing (Domestic Marketing) dar.

Charakteristisch für dieses Stadium geo-strategischen Vorgehens ist, dass vor zu starken Bindungen bzw. entsprechenden Investitionen im Ausland zurückgeschreckt wird. Es wird deshalb bei dieser Stufe des übernationalen Marketing meist der vergleichsweise risikoarme, relativ wenig organisatorischen Aufwand verursachende Weg des **Exports** beschritten.

Beim Exportgeschäft sind **zwei Grundformen** *(Abb. 192)* zu unterscheiden, nämlich der indirekte und der direkte Export. Entscheidendes Kriterium für die Abgrenzung von indirektem und direktem Export ist das Einschalten bzw. Umgehen des inländischen (Export-)Handels (*Ringle,* 1977, S. 87; *Meffert/Bolz,* 1998, S. 125 f.; *Kutschker/Schmid,* 2005, S. 16 ff.).

Die historisch ältere („klassische“) Form des Exportgeschäftes ist der **sog. indirekte Export,** für den die Einschaltung eines Exportorgans im Inland typisch ist. Das heißt, in einer ersten

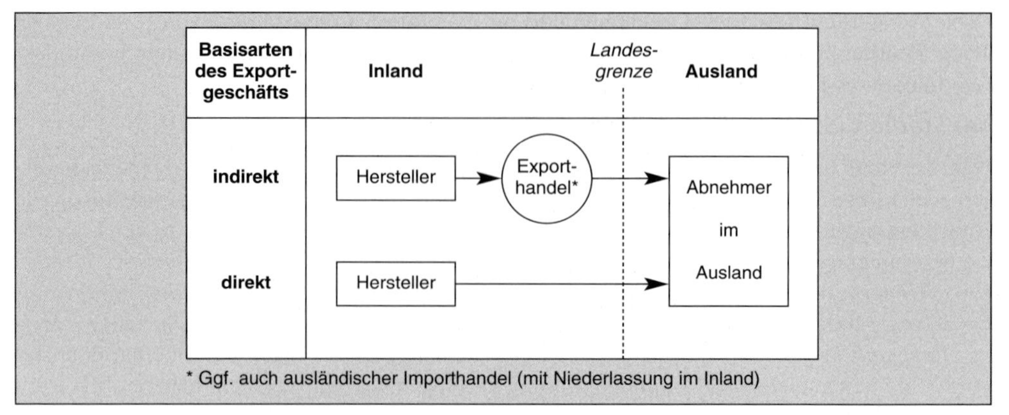


*Abb. 192: Vergleich indirekter und direkter Export*

Phase beschränkt man sich weitgehend darauf, z. B. die Vermarktung von „Überschussmengen" im Ausland einem inländischen Exporteur zu übertragen, ohne näheren Einfluss auf das (Vertriebs-)Konzept im Ausland zu nehmen.

Nach einer bestimmten Übergangsphase des indirekten Exportgeschäfts genügen jedoch vielfach Umfang und/oder Qualität der Marktbearbeitung nicht mehr den absatzstrategischen Anforderungen. In einer solchen Entwicklungsphase wird häufig auf den sog. **direkten Export** übergegangen und versucht, in eigener Regie z. B. Vertragshändler-Systeme im Ausland zu realisieren, um eigene konzeptionelle Vorstellungen besser durchsetzen zu können (*Terpstra/Sarathy,* 1991, S. 362 ff.; *Kotabe/Helsen,* 2001, S. 13; zu Sonderformen wie Veredelungs- und Kompensationsgeschäften (Bartering) s. *Kutschker/Schmid,* 2005, S. 33 ff.).

Der Direktexport kann bei Gebrauchsgütern speziell des Investitionsgüterbereichs (z. B. komplexen Maschinen) von vornherein angezeigt sein. Hier ist es vielfach notwendig, auch Direktbeziehungen zu Endabnehmern im Ausland (u. a. wegen Spezifikationen der Produkte/Leistungen) zu unterhalten, zumindest aber selbst ein bestimmtes Netz von Händlern (Absatzmittlern) im Ausland zu schaffen, um nicht nur die Erzeugnisse verkaufen, sondern auch verlässlich Ersatzteile in Kundennähe bereithalten und schnell und fachmännisch den notwendigen **Reparatur- bzw. Wartungsservice** erbringen zu können.

Unternehmen, welche ein exportorientiertes, multinationales Konzept verfolgen, sind insgesamt durch ganz spezifische Orientierungen und Einstellungen ihres Managements gekennzeichnet. Die Auslandstätigkeit hat bei diesen Unternehmen (noch) eine eher untergeordnete Bedeutung, was sich nicht zuletzt auch im häufig gewählten indirekten Export ausdrückt. Eine Marketing-Planung für die Auslandsmärkte erfolgt – wenn überhaupt – im bzw. vom Heimmarkt aus; Direktinvestitionen in Auslandsmärkte erfolgen in aller Regel (noch) nicht. Die **Stamm- oder Heimatland-Orientierung** des Unternehmens steht eindeutig im Vordergrund. *Perlmutter* kennzeichnet Unternehmen dieses geo-strategischen Stadiums auch als **ethnozentrische Unternehmen** (*Perlmutter,* 1972, S. 53 ff. bzw. *Heenan/Perlmutter,* 1979, S. 17 ff.).

Nicht wenige deutsche Unternehmen etwa des Maschinenbaus befinden sich noch in diesem ethnozentrischen Stadium, während z. B. wichtige japanische oder auch amerikanische Wettbewerber bereits das nächste, nämlich das internationale Stadium erreicht haben. Wettbewerbsvorteile gegenüber deutschen Anbietern liegen darin z. T. begründet, während deutsche Anbieter eher auf Innovationen setzen (verstärkt aber auch auf Auslandsproduktion).

(2) Die **internationale Strategie** ist demgegenüber dadurch gekennzeichnet, dass bei ihr die einseitige Home-country-orientation (= Heimatland-Orientierung) zugunsten einer umfassenden Host-country-orientation (= Gastland-Orientierung) aufgegeben – zumindest aber von ihr wesentlich ergänzt – wird. An dem Übergang vom Exportmarketing zum „echten" internationalen Marketing steht dabei in der Regel die Gründung von (unabhängigen) Tochtergesellschaften. Typisch für dieses Stadium geo-strategischen Agierens ist auch der Aufbau ausländischer Produktionsstätten. Diese Produktionsstätten bzw. Niederlassungen (Tochtergesellschaften) im Ausland werden in der Regel von einem jeweils nationalen bzw. gastlandorientierten Management geführt (= *Professionalisierungs*phase), wobei auch die Marketingaktivitäten überwiegend auf einer „Country-by-country-basis" geplant und gesteuert werden (*Rosenberg,* 1977, S. 619 f.; *Stahr,* 1991, S. 53 ff.; *Stegmüller,* 1993, S. 388 f.). Unternehmen, welche dieses Stadium der Internationalisierung erreicht haben, bezeichnet *Perlmutter* als **polyzentrische Unternehmen** (*Perlmutter,* 1972). Sie sind dadurch gekennzeichnet, dass sie ihre jeweiligen Auslandsengagements, die sich in diesem Stadium bereits auf viele Länder – auch mit entsprechenden Auslandsinvestitionen – erstrecken, weitgehend für sich zu führen und auf diese Weise zu optimieren versuchen. Die Marketing-Planung wie auch die Marktforschung erfolgt nicht mehr vom Heimatmarkt aus, sondern wird vor Ort erstellt bzw. durchgeführt. Die Marketing-Konzepte solcher Unternehmen liegen in hohem Maße in der Verantwortung der **einzelnen Auslandsgesellschaften,** deren Führungspersonal meist aus den jeweiligen Ländern stammt; auf diese Weise sind Möglichkeiten gegeben, einzelne Auslandsmärkte (sehr) spezifisch zu bearbeiten. Das heißt, das Marketingprogramm (Marketingmix) wird jeweils länderspezifisch differenziert, und zwar entweder total (also mehr oder weniger alle Marketinginstrumente umfassend) oder zumindest partial (beschränkt auf wichtige marketinginstrumentale Schlüsselbereiche). Damit wird zugleich die enge Beziehung zwischen marktareal-strategischen Entscheidungen (Stadien) einerseits und Marketingmix-Entscheidungen andererseits (= **konzeptionelle Kette**) erkennbar.

Viele präferenz-strategisch operierende Unternehmen (Markenartikel-Unternehmen) etwa im Lebensmittelbereich (z.B. *Oetker*) oder auch im Waschmittel- (z.B. *Henkel*) sowie im Körperpflegebereich (z.B. *Beiersdorf*) verfolgen – mit jeweils markt- und firmenindividuellen Ausprägungen – ein solches polyzentrisches Konzept.

Ein internationales Unternehmen bzw. seine **Operationsstruktur** lässt sich modellhaft etwa wie folgt *(Abb. 193)* darstellen.

Aus der Abbildung geht hervor, dass ein internationales Konzept sehr differenziert sein kann. In dem gewählten **realtypischen Beispiel** werden etwa die unmittelbar benachbarten Auslandsmärkte $A_1$ und $A_2$ von der inländischen Produktionsstätte $P_1$ beliefert. Für den Auslandsmarkt $A_3$ wurde aus Kapazitäts-, Kosten- und spezifischen Produktqualitätsgründen eine eigene Produktionsstätte $Pa_1$ geschaffen, die auch die noch im Aufbau befindlichen Auslandsmärkte $A_4$ und $A_5$ bedient; ein spezielles Produkt wird von der Produktionsstätte $Pa_1$ auch an den Nachbarmarkt $A_2$ geliefert. Die Produktionsstätte $Pa_2$ im Auslandsmarkt $A_6$ wurde im Hinblick auf die Erschließung neuer Zielmärkte in einem anderen Kontinent geschaffen (Langfrist-Konzept).

Das internationale Konzept sieht etwa eine weitgehende Selbstständigkeit der Produktionsunternehmen im Hinblick auf von ihnen zu beliefernde Märkte vor. Die Mutterfirma $P_1$ behält sich jedoch bestimmte **strategische Basisentscheidungen** z.B. hinsichtlich der Markenführung – speziell Kommunikationspolitik für die in allen Auslandsmärkten eingesetzte und geschützte Marke X – sowie hinsichtlich der Programmbreite und -tiefe vor. Außerdem gibt

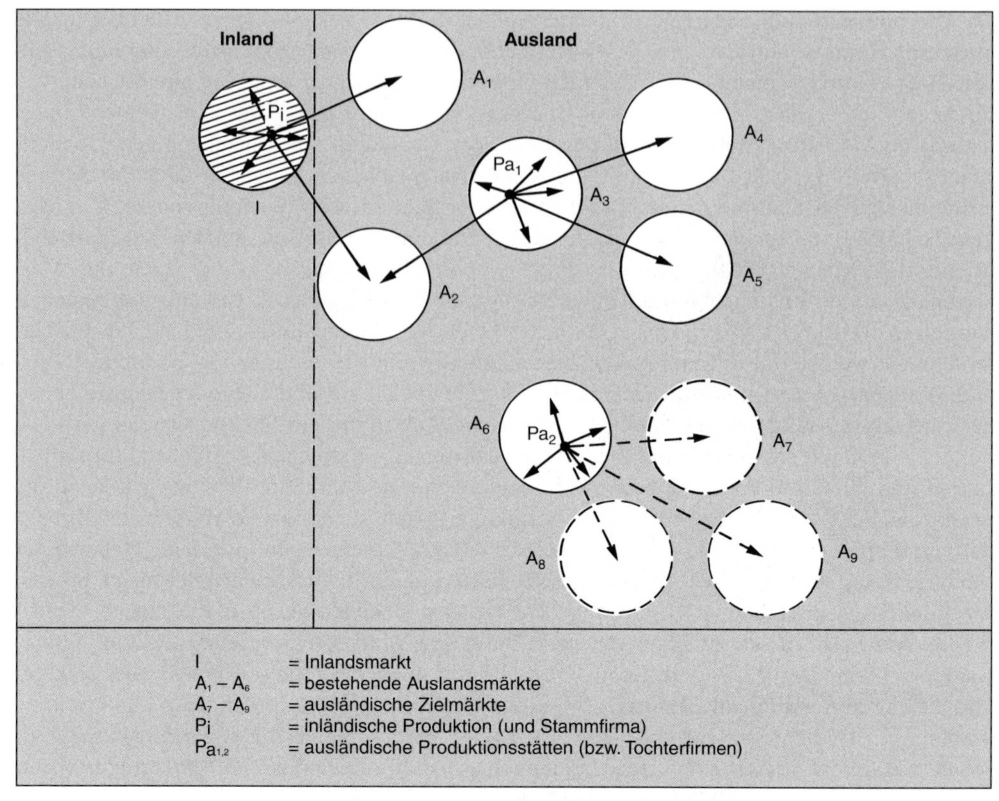


*Abb. 193: Realtypische Struktur eines internationalen Unternehmens*

es durchgängige, essenzielle Organisationsrichtlinien, die vor allem die regelmäßige Kontrolle des Auslandsgeschäfts durch die Stammfirma $P_i$ ermöglichen sollen.

Diese an realen Beispielen orientierten **Strukturen** und **Abläufe** eines internationalen Unternehmens verdeutlichen die Autonomie einzelner Märkte (speziell mit eigenen Tochtergesellschaften/Produktionsstätten), markieren aber auch die Möglichkeiten und Zwänge einer Gleichrichtung bei ausgewählten funktionalen Aufgabenbereichen bzw. beim Instrumenteneinsatz im Rahmen dieser Bereiche. Die internationale Unternehmung erscheint so gesehen auch als Durchgangsstufe zu einem streng strukturierten Weltunternehmen (vgl. verschiedene Beispiele auch bei *Buzzell/Quelch,* 1988).

Wie komplex und zugleich differenziert sich internationale Konzepte von Unternehmen darstellen, soll am Beispiel von *Siemens* illustriert werden.

Fallbeispiel: Internationalisierung von *Siemens* (Entwicklung zum Weltunternehmen)

Eine Landkarte *(Abb. 194)* verdeutlicht zunächst die konkrete internationale, weltumspannende Struktur der *Siemens-Gruppe* (als Beispiel der Gebrauchs- bzw. Investitionsgüterindustrie), und zwar differenziert nach Vertriebs- und Fertigungsgesellschaften.

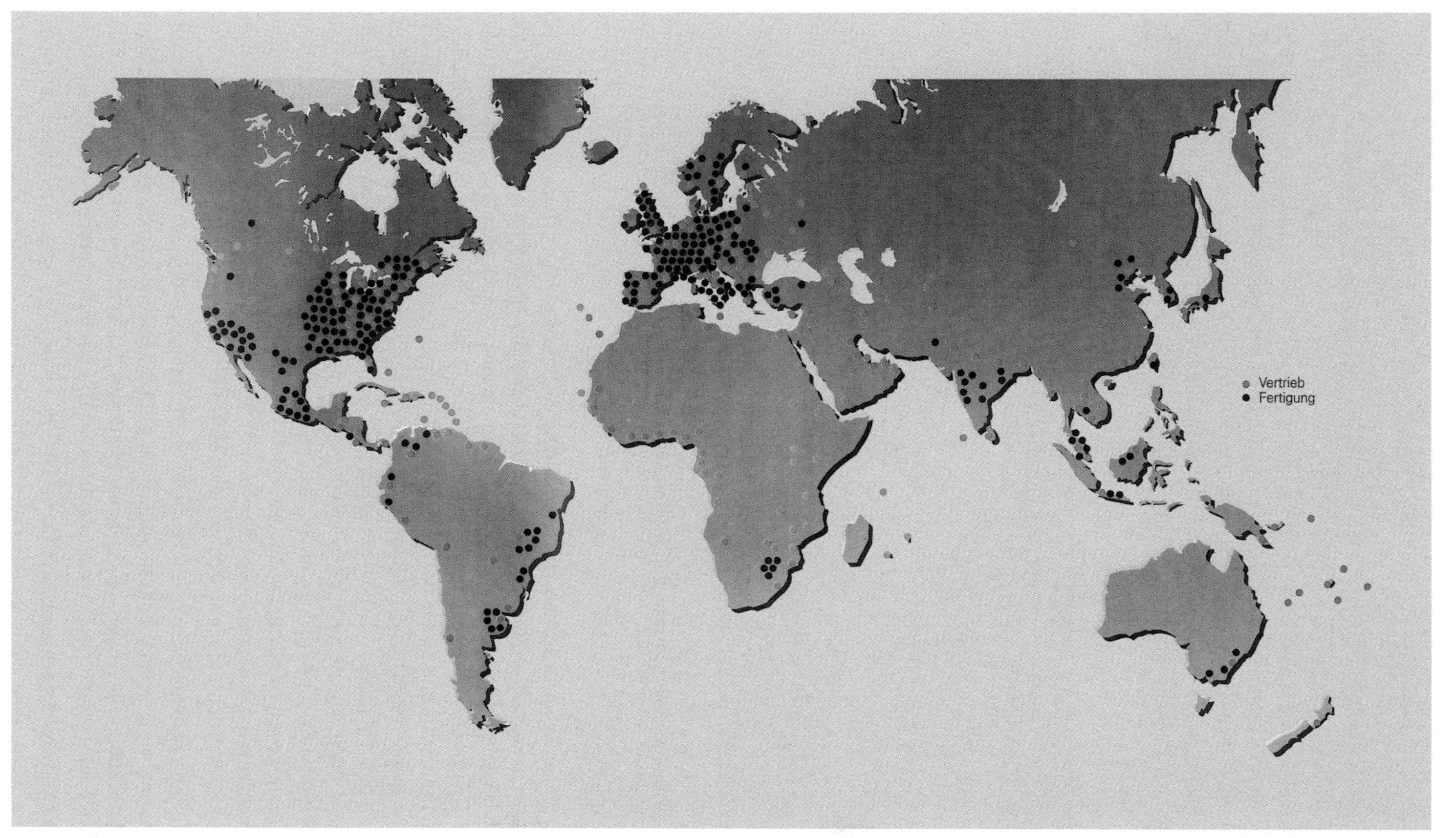


*Quelle: Siemens*

*Abb. 194: Internationale Struktur der Siemens-Gruppe (Beispieljahr)*

Diese Karte veranschaulicht für eine Beispielphase die **internationale Präsenz** von *Siemens*. Eine Grafik *(Abb. 195)* zeigt zudem die Umsatzverteilung nach Regionen. Diese Übersicht lässt erkennen, dass *Siemens* deutlich mehr als die Hälfte des Umsatzes (58 %) im Ausland tätigt. Anhand der Übersicht wird zugleich deutlich, dass auch einer internationalen Marketing- und Unternehmenspolitik in der Regel nicht eine gleichmäßige Länder- bzw. Regionenabdeckung, sondern eine geplante Schwerpunktbildung zugrundeliegt, bei der es allerdings im Zeitablauf zu wesentlichen **Umschichtungen** kommen kann (muss, vgl. z. B. die noch notwendige stärkere Hinwendung nach Asien, u. a. China als zukunftsträchtigen Markt mit überdurchschnittlichem Absatzpotenzial).

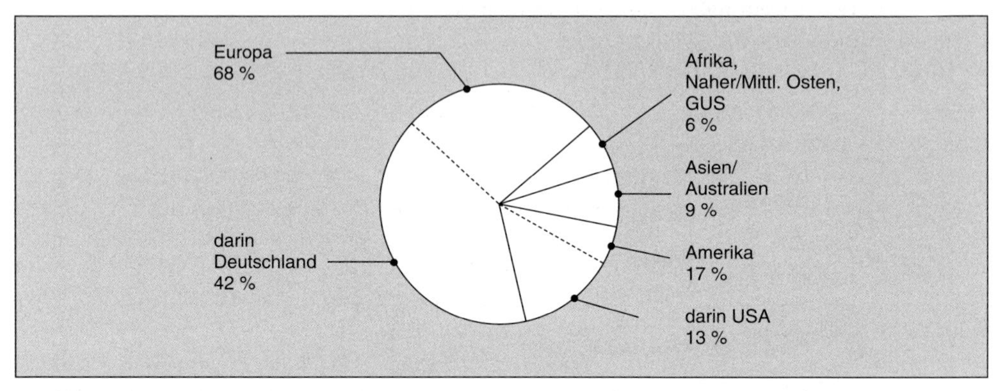


*Quelle: Siemens*

*Abb. 195: Weltumsatz der Siemens-Gruppe nach Regionen (Beispieljahr)*

Hinter der regionen-spezifischen Aufteilung des Weltmarktes der *Siemens*-Gruppe verbirgt sich zugleich ein Ansatz, mehrere Länder mit gleichen oder ähnlichen Strukturgegebenheiten (wie Erdteilzugehörigkeit, Kulturkreis, Sprachbereiche, Konsumenten-/Handelsstrukturen usw.) nach Regionen zusammenzufassen, um auf diese Weise bestimmte **Synergieeffekte** in der (Markt-)Bearbeitung zu realisieren. In dieser Hinsicht typische Regionen sind etwa Westeuropa, Osteuropa, Nord- und Südamerika oder auch Südostasien. Die für diese Regionen verantwortlichen Tochtergesellschaften arbeiten – analog zum polyzentrischen Unternehmen – weitgehend nach selbstständigen Konzepten. Der Differenzierungsansatz der Marktbearbeitung (Marketingmix) wird hier nicht länder-, sondern eben regionenspezifisch, d. h. nach möglichst homogenen Ländergruppen, gewählt. *Perlmutter* spricht in diesem Zusammenhang vom **regiozentrischen Unternehmen** (*Perlmutter,* 1972). Es stellt im Prinzip ein weiterentwickeltes, ursprünglich polyzentrisch ausgerichtetes Unternehmen dar.

Dieses Stadium regiozentrischer internationaler Marktbearbeitung ist typisch für schon länger international operierende Unternehmen, die allmählich eine immer *dichtere* internationale Marktabdeckung mit immer enger benachbarten Absatzräumen erreicht haben. Das gilt u. a. für große Fahrzeughersteller oder auch große Chemieunternehmen.

**(3)** Was die **Weltmarktstrategie** betrifft, so ist eine eindeutige Abgrenzung zur internationalen Strategie nicht ohne weiteres möglich. Hierbei gibt es vielfältige Zwischen- bzw. Übergangsstufen, die nicht zweifelsfrei zugeordnet werden können. Als ausschlaggebend für eine konkrete Zuordnung muss dabei im Prinzip auch die unternehmens- und marktindividuelle Gesamtstruktur herangezogen werden.

Weltmarkt-strategisch operierende Unternehmen sind insbesondere durch folgende **grundlegende Merkmale** gekennzeichnet (*Tajima,* 1974, Sp. 902 f.; *Kreutzer,* 1989, S. 60 ff.; *Yip,* 1992, S. 10 ff.; *Kotabe/Helsen,* 2001, S. 580 ff.; *Müller/Kornmeier,* 2002, S. 93 ff.):

- **Weltweite Operationsbasis,**
- **große Zahl von Niederlassungen und Tochtergesellschaften im Ausland,**
- **hoher Anteil ausländischer Produktion,**
- **internationale Kapitalbeschaffung,**
- **breite Streuung von Programmen/Tätigkeitsbereichen,**
- **weltweite Rekrutierung des (Top-)Managements,**
- **eingeschränkte Autonomie der ausländischen Marketing- und Produktionseinheiten,**
- **Stammhaus als Holdinggesellschaft (mit strategischer Richtlinien-Kompetenz).**

Die Forcierung der **Produktion im Ausland** ist vor allem bei vielen japanischen Großunternehmen (inzwischen aber nicht nur diesen) bzw. ganzen Branchen erkennbar, und zwar speziell in den USA und in Europa. Abgesehen davon, dass die Produktion in wichtigen Absatzmärkten wesentliche Marketingvorteile aufgrund der Marktnähe (einschließlich abnehmer-psychologischer Art) bietet, dient diese Strategie vor allem der **Vorsorge** für protektionistische Maßnahmen, die den freien Zugang zu wichtigen Abnehmermärkten erschweren könn(t)en (vgl. entsprechende Maßnahmen der japanischen Automobil- oder auch Elektronik-Industrie). Andererseits bauen verstärkt z. B. auch deutsche Unternehmen etwa aus dem Automobil- (u. a. *VW)* oder aus dem Chemiebereich (u. a. *BASF*) wichtige Produktionsstandorte in Asien (etwa in China) auf, nicht zuletzt deshalb, um durch eine entsprechende **Vorort-Präsenz** interessante Wachstums- bzw. Zukunftsmärkte systematisch erschließen zu können.

*Sieber* spricht von einer Weltunternehmung, wenn über 50 % ihrer **Gesamtinvestitionen** im Ausland getätigt werden (*Sieber,* 1970). Diese Abgrenzung gegenüber der internationalen Unternehmung ist allerdings zu pauschal und zu formal zugleich. Eine angemessene Zuordnung kann u. E. – wie bereits betont – letztlich nur auf der Basis spezifischer, ggf. auch fallbezogener Kriterien vorgenommen werden (vgl. hierzu auch *Segler,* 1986, S. 22 ff.; *Perlitz,* 1995, S. 11 f.; *Meffert/Bolz,* 1998, S. 25 ff.; *Zentes/Swoboda/Morschett,* 2004, S. 7 f.).

Ein Weltmarktkonzept ist bei hoher **Technologiedynamik** angezeigt, weil es hier auf eine schnelle, globale Durchsetzung von Produkten bzw. Produktsystemen ankommt (hier bedient man sich oft weltweiter Kooperationen bzw. **strategischer Netzwerke** *(Sydow/Möllering,* 2004), wie z. B. seinerzeit bei der Video-Kassette (*VHS*-System von *Matsushita*) oder neuerdings beim DVD-Nachfolgeformat *Blu-ray (Sony/Panasonic).*

Das Weltunternehmen ist demnach vor allem durch weltumspannende Aktivitäten einerseits und eine straffe, in Basisfragen zentral-orientierte Führungsstruktur andererseits gekennzeichnet. **Unternehmens- und Führungsstruktur** des Weltunternehmens lassen sich modellhaft etwa wie folgt *(Abb. 196)* skizzieren.

Die Darstellung illustriert – vom Stammunternehmen ausgehend – die weltumspannenden Aktivitäten mit zahlreichen verselbständigten (Produktions-)Gesellschaften im Ausland, die wiederum jeweils mehrere Auslandsmärkte beliefern. Die Grafik markiert aber auch die notwendigen **Steuerungslinien** in Grundsatzfragen von der Zentrale (Holding) aus zu den Produktions- bzw. Tochterunternehmen im Ausland, während die ausländischen Gesellschaften

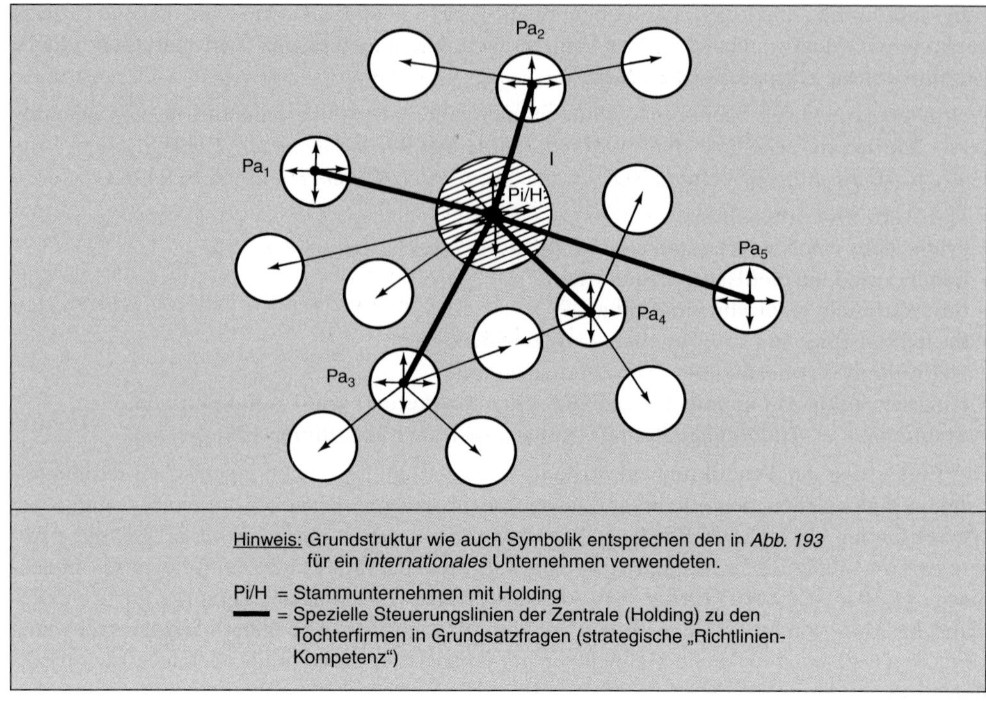


*Abb. 196: Modell-Struktur eines Weltunternehmens*

wiederum ihrerseits dafür (mit)verantwortlich sind, dass diese Richtlinien der Zentrale auch in von ihnen belieferten, wiederum grenzüberschreitenden Absatzgebieten umgesetzt werden.

Typisch für weltweit operierende Unternehmen (= letztes marktareal-strategisches Stadium) ist, dass jeweils nationale, teilweise sogar regionale Strukturen in hohem Maße vernachlässigt werden. Das heißt, die Marketingaktivitäten werden weitgehend länder- bzw. regionenunabhängig geführt. Oberstes Ziel ist eine **Gesamtoptimierung** der weltweiten Geschäftstätigkeit. Länder- bzw. regionenspezifische, suboptimale Lösungen werden allenfalls noch vorübergehend in Kauf genommen (*Kreutzer,* 1989, S. 16). In letzter Konsequenz werden alle Länder weltweit als ein **einheitlicher Markt** angesehen und entsprechend zu bearbeiten versucht. Mit anderen Worten: die Marktbearbeitung erfolgt – so weit als möglich – standardisiert (also weitgehend „einheitlicher" Marketinginstrumenteneinsatz), orientiert an länder- bzw. regionenübergreifenden Zielgruppen. *Perlmutter* kennzeichnet ein in dieser Weise agierendes Unternehmen als **geozentrisches Unternehmen** (*Perlmutter,* 1972).

Als Beispiele weltmarkt-strategisch operierender Unternehmen (World Enterprise) können – unter Berücksichtigung der bereits angesprochenen Abgrenzungsprobleme – etwa *Coca-Cola, Philip Morris* (speziell Zigarettengeschäft), *General Electric, IBM, Toyota* oder auch *BASF* und *Siemens* genannt werden. Bei genauerer Betrachtung zeigt sich allerdings, dass trotz weltweiter Operationsbasis (oder gerade deshalb) eine **vollständige Standardisierung** (Vereinheitlichung) des Marketing nur *eingeschränkt* möglich ist. Das verdeutlicht auch – wie noch zu zeigen sein wird (vgl. hierzu 3. Teil „Marketingmix") – das in diesem Zusammenhang durchweg genannte Standardbeispiel *Coca-Cola.*

Der in diesem Kontext vielfach verwendete Begriff des **Global-Marketing** (Global Enterprise, „Global-Player"), das ist zu beachten, wird in einem **zweifachen Sinne** verwendet: 1. als geo-strategisch i. S. weltweiter Operationsbasis eines Unternehmens (= Weltunternehmen) und/oder 2. als standardisierte Marktbearbeitung i. S. eines einheitlichen Marketingmix weltweit (*Porter,* 1989 a; *Perlitz,* 1995; *Hermanns/Wissmeier,* 1995; *Müller/Kornmeier,* 2002).

Die insgesamt drei unterschiedenen **Typen (Stadien) des übernationalen Marketing** – nämlich 1. (exportorientierte) multinationale, 2. internationale und 3. Weltmarktstrategie (denen jeweils spezifische unternehmerische Orientierungen entsprechen: *ethno*zentrische, *poly-* bzw. *regio*zentrische und *geo*zentrische) – repräsentieren Basis-Konzepte, die in der Realität allerdings vielfältige, meist unternehmens- und marktindividuell bedingte Ausprägungsformen aufweisen (können bzw. müssen). Eine Übersicht *(Abb. 197)* fasst noch einmal die wichtigsten behandelten Aspekte zusammen.

| Übernationale Stadien | Ausbreitungsgrad | Charakteristika |
|---|---|---|
| **Multinationale Strategie** | ein oder einige wenige ausländische Märkte | *ethnozentrisches Unternehmen:* Marketingplanung für Auslandsmärkte aus Sicht Stamm-/Heimatmarkt, noch keine Direktinvestitionen im Ausland |
| **Internationale Strategie** | mehrere bis viele ausländische Märkte | *poly- bzw. regiozentrisches Unternehmen:* Marketingplanung für Auslandsmärkte aus Sicht und in Verantwortung ausländischer Unternehmensteile/-gesellschaften, bereits notwendige Auslandsinvestitionen |
| **Weltmarktstrategie** | alle (wichtigen) Länder der Welt | *geozentrisches Unternehmen:* Marketingplanung länder- bzw. regionen-unabhängig, Welt als „einheitlicher Markt" angesehen, hohe Auslandsinvestitionen |

*Abb. 197: Zusammenfassende Übersicht zu Stadien, Ausbreitungsgrad und Charakteristika übernational tätiger Unternehmen*

Typisch ist, dass auf dem Weg in Richtung Weltunternehmung die beiden **marktareal-strategischen Vorstufen** durchweg nicht übersprungen werden können. Andererseits kann man sagen, dass klassische exportorientierte, multinationale Unternehmen aufgrund der generellen ökonomischen Entwicklung in vielen Bereichen inzwischen von internationalen Unternehmen abgelöst worden sind; das gilt jeweils vor allem für die Marktführer in einem Markt (Branche). Aufgrund neuer globaler Wettbewerbsbedingungen versuchen zugleich immer mehr – namentlich Großunternehmen – Weltmarktkonzepte zu realisieren, nicht selten verbunden mit stärkerer Konzentration auf **Kerngeschäfte** (= Abbau von Diversifikation, vgl. hierzu die Entscheidungen auf der 1. strategischen Ebene: Marktfeldstrategien, speziell zur Diversifikation).

Die verschiedenen Stadien des übernationalen Marketing sind im Übrigen nicht nur für Herstellerunternehmen relevant, sondern erfassen auch **Dienstleistungsbetriebe** i. w. S. (*Perlitz,* 1995, S. 3; *Meffert/Bolz,* 1998, S. 58 f.). In dieser Hinsicht entstehen – u. a. ausgehend von einer konkreten Branchenebene – gleichsam internationale Verkettungen zwischen Herstellerunternehmen und Handel, Banken, Versicherungen sowie speziellen Dienstleistungsunternehmen wie Marktforschungsinstituten, Werbeagenturen oder auch Unternehmensberatern. So streben z. B. viele Unternehmen, die übernational tätig sind, danach, dass sie im Ausland nicht nur von ihrer Hausbank, sondern etwa auch von ihrer Hausagentur betreut werden. Die

Internationalisierung, die vielfach von Herstellerunternehmen initiiert wird, erfasst somit viele arrondierende Wirtschaftsbereiche.

### *bb) Eintrittsstrategien in ausländische Märkte*

Bei den bisherigen Betrachtungen zum übernationalen Marketing standen drei typische Stufen (Stadien) und ihre Charakteristika im Vordergrund. Alle drei Stufen oder Stadien stellen gleichsam verschiedene **Identitätsgrade** der Internationalisierung unternehmerischen Agierens dar.

Davon zu unterscheiden sind **konkrete Realisierungsformen** der Internationalisierung. Man kann sie auch als **Markteintrittsentscheidungen** (Entry Modes) ins Ausland auffassen (*Keegan,* 1989, S. 291 ff.; *Hill,* 1994, S. 402 ff.; *Kotabe/Helsen* 2001, S. 289 ff.), bzw. als Implementierungsstufen (*Hünerberg,* 1994, S. 113 ff.; *Meffert/Bolz,* 1998, S. 124 ff. bzw. 255 ff.; *Welge/Holtbrügge,* 2003, S. 99 ff.; *Zentes/Swoboda/Schramm-Klein,* 2013, S. 229 ff.).

Bei der Behandlung der Internationalisierungsstadien(-stufen) im vorigen Abschnitt wurden diese Aspekte – notwendigerweise – bereits berührt. Die Möglichkeiten des Markteintritts im übernationalen Marketing sollen hier jedoch insgesamt beleuchtet und ihre jeweilige **spezifische Charakteristik** kurz herausgearbeitet werden. Dazu dient zunächst einmal eine differenzierte Übersicht *(Abb. 198).*

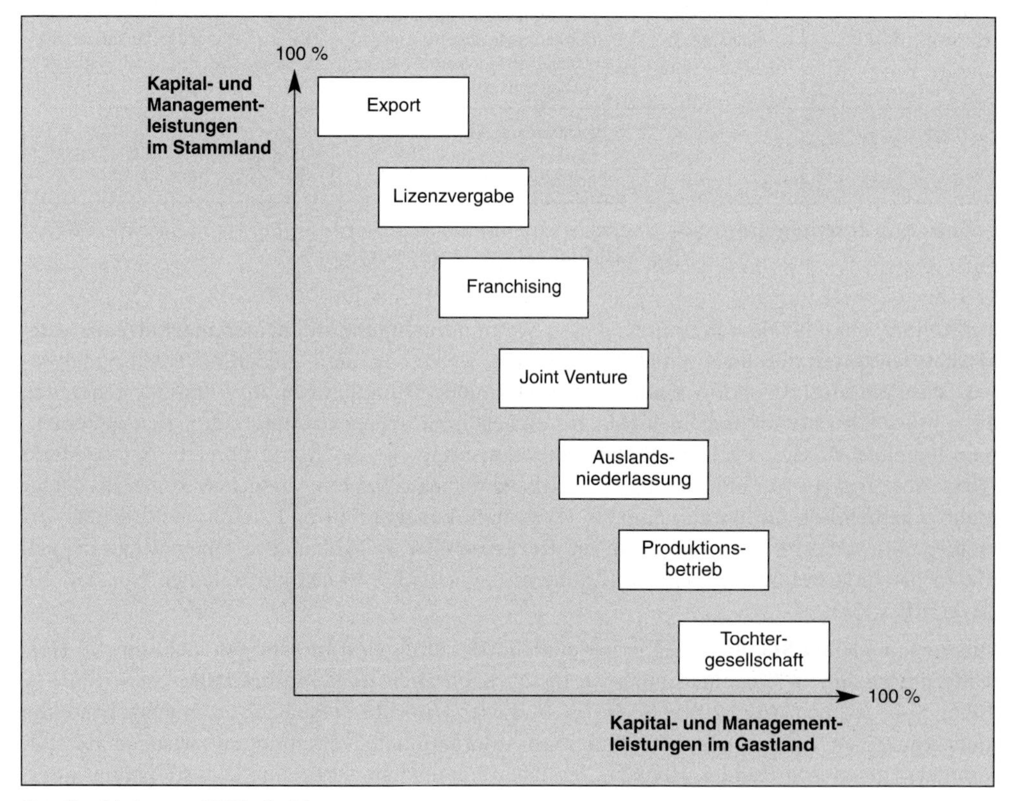


*Quelle: Meissner,* 1987, S. 47

*Abb. 198: Realisierungsstufen des übernationalen Marketing in Abhängigkeit von Kapital- und Managementleistungen im Stamm-/Gastland*

Als strategische Urzelle des übernationalen Marketing ist prinzipiell der **Export** anzusehen. Diese Form des Auslandsmarketing entspricht dem (frühen) multinationalen Strategiekonzept bzw. den Orientierungsphasen des ethnozentrischen Unternehmens. Kennzeichen dieses Konzepts bzw. Stadiums ist, dass Kapital- und Management-Leistungen im Prinzip zu hundert Prozent im In- oder Stammland erbracht werden. Vorteile des Exports liegen insbesondere im relativ niedrigen Risiko und im relativ niedrigen zusätzlichen Kapitalaufwand begründet; ein gravierender Nachteil besteht darin, dass zu wenig Einfluss auf die Marktbearbeitung im Ausland genommen werden kann. Die Exportphase stellt insgesamt eher eine „Lernphase" im übernationalen Marketing dar.

Lizenzvergabe und Franchising sind Sonderformen, die zum Teil nur ein **Zwischenstadium** des Markteintritts in ausländische Märkte darstellen.

Ein **Lizenz-Konzept** besteht darin, entgeltlich und i. d. R. befristet patentierte Produkte, Verfahren und ggf. eingetragene Warenzeichen ausländischen Unternehmen zur Nutzung zu überlassen (*Berekoven,* 1985, S. 42 ff.; *Bruns,* 2003, S. 97 ff.). Vorteile der Lizenzvergabe bestehen darin, dass Unternehmen aus ihrem Know-how zusätzliche Erträge erwirtschaften, einen Einstieg in ausländische Märkte finden (*Keegan,* 1989, S. 296) und u. U. entsprechendes Know-how vom Lizenznehmer als Gegenleistung für die Vergabe der eigenen Lizenz erhalten (*Stahr,* 1991, S. 57, sog. Kreuzlizenz oder Cross licence). Der Nachteil des Lizenz-Konzepts besteht vielfach darin, dass der Lizenzgeber speziell auf das Vermarktungskonzept im Ausland nicht hinreichend Einfluss nehmen kann (vgl. z. B. das ursprüngliche *Löwenbräu*-Lizenzkonzept u. a. in den USA; ein Beispiel für ein relativ straffes Lizenz-Konzept ist dagegen *Coca-Cola,* es weist bereits Bezüge zum Franchise-Konzept auf).

Das **Franchise-Konzept** fußt – im Gegensatz zum Lizenz-Konzept – in erster Linie auf der Vergabe von kaufmännischem einschließlich Marketing-Know-how bzw. ganzer Geschäftssysteme (*Stahr,* 1991, S. 58; *Bruns,* 2003, S. 101 ff.; im Einzelnen *Nebel/Schulz/Flohr,* 2008). Man spricht in diesem Zusammenhang auch vom Vertragsvertrieb, d. h. der Franchisenehmer nutzt gegen Entgelt (häufig Eintrittsgebühr und Prozentsatz vom laufenden Umsatz) ein klar umrissenes, vertraglich festgeschriebenes Marketing- und Vertriebskonzept (vgl. z. B. *McDonald's*-Franchisesystem). Der Vorteil des Franchising besteht darin, dass hier die Durchsetzung eines Konzepts durch das vom Franchisenehmer einzubringende Kapital beschleunigt werden kann (*McDonald's* unterhält und gründet laufend weiter sowohl eigene als auch Franchise-Fast-food-Betriebe). Der Nachteil des Lizenzgeschäfts, nämlich der in aller Regel geringe Einfluss auf das Vermarktungskonzept, ist beim Franchise-Konzept kraft rechtlicher Konstruktion grundsätzlich nicht gegeben. Das Franchise-Konzept eignet sich aufgrund der Möglichkeit, weltweit weitgehend standardisierte Konzepte durchzusetzen, gerade auch für weltmarktstrategisch operierende Unternehmen.

Neben Lizenz- und Franchise-Konzept – darauf soll kurz hingewiesen werden – gibt es noch andere **vertragliche Konzepte**, die ein Auslandsmarketing speziell in noch frühen Phasen unterstützen können: Management-Verträge *mit* oder Vertragsfertigung *bei* ausländischen Partnern (*Berekoven,* 1985, S. 46 f.; *Quack,* 1995, S. 110 f. bzw. im Einzelnen *Quack,* 2000).

Das **Joint Venture** (= Gemeinschaftsunternehmen) steht häufig an der Nahtstelle zwischen exportorientiertem, multinationalem und internationalem Stadium bzw. zwischen ethno- und polyzentrischer Unternehmensorientierung. Wenn das eigene Know-how für den Aufbau eigener Tochtergesellschaften bzw. Produktionsbetriebe im Ausland fehlt bzw. das Risiko für den eigenen Aufbau oder auch der notwendige Kapitalbedarf hierfür zu hoch erscheint, wird zunehmend die Form des Gemeinschaftsunternehmens gewählt. Hierbei gründen zwei oder mehr Unternehmen aus verschiedenen Ländern gemeinschaftlich ein drittes Unternehmen, dessen Standort i. d. R. im Land eines der Partner liegt (*Meffert/Bolz,* 1998, S. 128 f., vgl. z. B. das ursprüngliche Gemeinschaftsunternehmen von *Corning* (USA) und *Siemens* (BRD) zu Herstellung und weltweitem Vertrieb von Glasfasern). Das Joint-Venture-Konzept bietet erhebliche strategische Vorteile. Nachteile können darin bestehen, dass sich die Partner – trotz entsprechender Regelungen (Anteilsverhältnisse) – auf Dauer nicht auf eine gemeinsame Unternehmens- und Marketingpolitik verständigen können (einschließlich der adäquaten Feststellung und Verteilung wie auch Verwendung der erzielten Gewinne, siehe *Seibert,* 1981; *Weder,* 1989 sowie auch *Keegan/Schlegelmilch/Stöttinger,* 2002, S. 322 ff.).

Eigene **Auslandsniederlassungen** (meist als Vertriebsniederlassungen konzipiert) entsprechen der internationalen Strategie bzw. dem polyzentrischen Stadium des Unternehmens. Vor allem bei stärkerem Ausbau des Auslandsgeschäfts sind sie vielfach fester Konzeptbestandteil. Das gilt zunehmend auch für den Aufbau (ggf. Aufkauf) von **Produktionsstätten** im Ausland. Die Verlegung der Produktion ins Ausland hat z. T. auch Kostengründe (vgl. Standortrisiken/Rahmenbedingungen in Deutschland); kostengünstig herstellende Produktionsbetriebe im Ausland beliefern dann etwa auch den inländischen Markt und dienen insoweit nicht nur der konsequenten Erschließung von Auslandsmärkten durch Marktnähe.

Am Ende der Skala marktareal-strategischer Realisierungsformen stehen ausgebaute **Tochtergesellschaften** im Ausland (ggf. auch in Verbindung mit Kooperationen bzw. **Strategischen Netzwerken**). Dieses Stadium entspricht schon der weltmarkt-orientierten Strategie oder dem geo-zentrischen Unternehmen, zumindest aber dem Übergangsstadium dahin.

Die Vorteile der zuletzt genannten Realisierungsformen (insbesondere Produktionsbetriebe und Tochtergesellschaften) bestehen in einer **systematischen Bearbeitung** der Auslandsmärkte, der Realisierung von Economies of Scale (Größenvorteilen) und der Ausschöpfung vorhandener Marktpotenziale. Bestimmte Nachteile bzw. erschwerte unternehmerische Bedingungen entstehen durch i. d. R. hohe Direktinvestitionen im Ausland und damit einer entsprechend größeren Komplexität der internationalen oder gar weltweiten Geschäftstätigkeit mit daraus resultierenden unternehmerischen Risiken. Art und Ausmaß dieser Risiken hängen sowohl von der Aufbauart (eigener Aufbau, Kooperation bzw. Netzwerke, Aufkauf bzw. Fusion oder Beteiligung, „Mergers and Acquisitions") als auch von den gewählten Informations-, Steuerungs- und Kontroll-Systemen beim Management globaler Unternehmen ab.

Insoweit kann man – analog zu den bereits behandelten Stadien (Stufen) des übernationalen Marketing – auch bestimmte **Evolutionsphasen** bei der Realisierung der Internationalisierung unterscheiden. Ein Modellschema *(Abb. 199)* versucht, die jeweiligen betriebswirtschaftlich-organisatorischen Strukturen näher zu verdeutlichen.

Das prinzipiell evolutorische Voranschreiten im Internationalisierungsprozess hängt auch von den jeweils gemachten Erfahrungen und dem gesammelten Know-how ab; erst wenn genügend Erfahrungen gesammelt und ausreichendes Know-how aufgebaut worden ist, können Unternehmen kompetent die nächste Stufe realisieren. Hierbei sind jeweils Kontroll-, Zeit- und vor allem auch Risikoaspekte bzw. Risikobereitschaften zu beachten (*Stahr,* 1991, S. 52; *Macharzina,* 2003, S. 856 ff.; *Müller/Kornmeier,* 2002, S. 283 ff.). Eine Modelldarstellung *(Abb. 200)* zeigt unter diesen Gesichtspunkten **typische Markteintrittspfade** auf.

Mit einem höheren unternehmerischen Engagement beim geo-strategischen Vorgehen ist einerseits eine zunehmende Kontrolle der Aktivitäten, andererseits aber eine Zunahme des Risikos gegeben. Insgesamt zeigen empirische Untersuchungen, dass ein **stufenweises geplantes Vorgehen** bei der Internationalisierung des Unternehmens den höchsten ökonomischen Erfolg

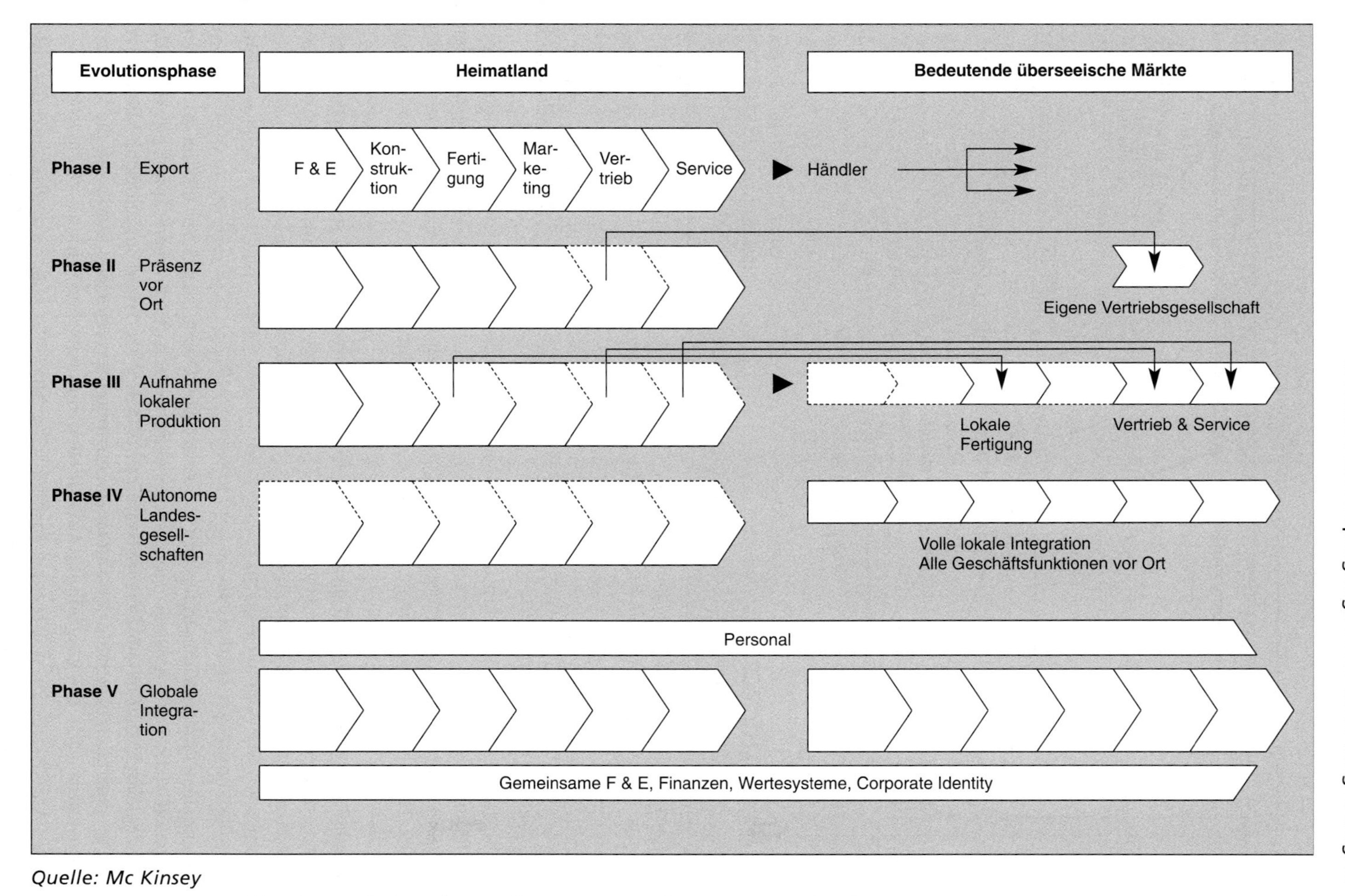


*Quelle: Mc Kinsey*

*Abb. 199: Evolutionsphasen der Internationalisierung und Globalisierung von Unternehmen*

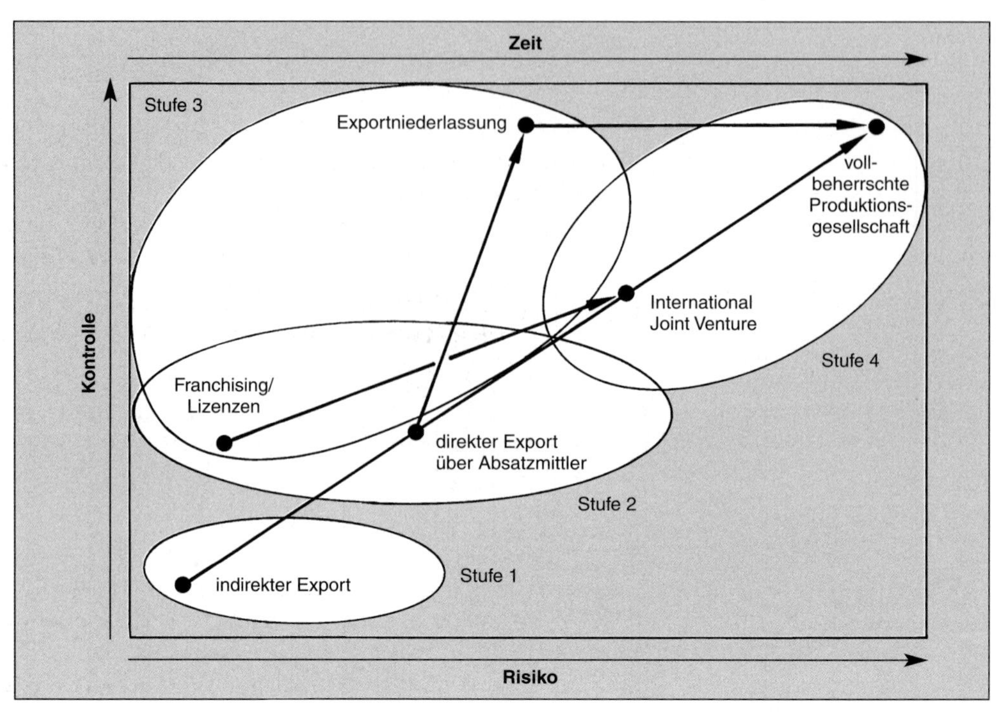


*Quelle:* nach *Macharzina,* 2003, S. 863

*Abb. 200: Pfade von Markteintrittsstrategien*

verspricht. Es gibt aber auch Beispiele dafür, dass Direktinvestitionen (Tochter-/Produktionsgesellschaften) von vornherein erfolgreich sein können (*Macharzina,* 2003, S. 860).

Die Wahl des Markteintritts (Markteintrittsmuster), und zwar sowohl was das angestrebte (End-)Stadium als auch die konkrete Stufenfolge betrifft, ist insoweit von den **geschätzten Erlösen und Kosten** alternativer Vorgehensmuster abhängig zu machen (*Meffert/Bolz,* 1998, S. 101 ff.). Hierbei sind vor allem auch situative Faktoren unternehmens- wie auslandsmarktspezifischer Art zu berücksichtigen (*Jenner,* 1994, S. 96 ff. bzw. 189 ff.).

Naturgemäß werden marktareal-strategische Entscheidungen – das wurde bereits angesprochen – auch von **Risikobereitschaften** des Unternehmens bzw. seines Managements beeinflusst (insoweit bestehen wichtige Bezüge (= **konzeptionelle Kette**) zwischen Ziel- und Strategieebene). Mit anderen Worten: es gibt *kein* Standard- oder Regelkonzept der Realisierung des übernationalen Marketing.

Die behandelten Implantationsstrategien (von dem Export vom Inland aus bis hin zu eigenen Tochtergesellschaften im Ausland) stellen insgesamt wirtschaftlich-organisatorische Alternativen und zugleich Evolutionsstufen des Markteintritts (Entry Modes) in ausländische Märkte dar. Über diese generellen Eintrittsformen hinaus ist auch im übernationalen Marketing die konkrete Vorgehensweise – also das **geografische Aufschließen** ausländischer Märkte – zu entscheiden.

Für dieses Aufschließen bzw. Besetzen ausländischer Märkte kommen grundsätzlich die gleichen **Vorgehensmuster** in Betracht, wie sie im Rahmen der *inländischen* marktareal-strategischen Erschließungsformen behandelt wurden (siehe auch *Becker,* 2000 c, S. 150 ff.):

- **Konzentrische Gebieteerschließung,**
- **Selektive Gebieteerschließung,**
- **Inselförmige Gebieteerschließung.**

Für die Erschließung ausländischer Märkte ist vielfach das inselförmige Vorgehen typisch, d. h. die bewusste Schaffung von **geografischen Stützpunkten** in jeweiligen Auslandsmärkten, von denen aus dann konzentrisch, ggf. auch selektiv der gesamte ausländische Markt zu erschließen versucht wird. Als Stützpunkte eines solchen gestuften Konzepts bieten sich meist Großstädte (Großstadtzentren) an, und zwar aufgrund der „Massierung" von Endabnehmern und Absatzmittlern (Handelsbetrieben) in diesen Zentren (einschließlich entsprechender Infra-Strukturen, zur (Wieder-)Entdeckung von Städten für das übernationale bzw. globale Marketing vgl. auch *Kanter,* 1996, u. a. S. 441 ff.). Das gilt vor allem für das Konsumgütermarketing. Im Investitionsgütermarketing folgt man meist geografischen Konzentrationen in wichtigen Standorten oder Regionen der Abnehmer, z. B. für den Absatz von Schuhmaschinen den Schuhherstellern oder bei Textilmaschinen den Herstellern von Textilien in einer jeweils speziellen Region eines Landes.

### *bc) Möglichkeiten und Grenzen der Standardisierung bei der Erschließung ausländischer Märkte („Global Marketing")*

Die bisherigen Überlegungen zum übernationalen Marketing haben zunächst an *zwei* Grundfragen angeknüpft: Stadien (Stufen) der Internationalisierung und Eintrittsstrategien (Implantationsstrategien) in ausländischen Märkten.

Bei der Behandlung der Stadien oder Stufen der Internationalisierung sind drei **typische Muster** unterschieden worden:

- **Multinationale Strategie,**
- **Internationale Strategie,**
- **Weltmarktstrategie.**

Kennzeichnend für die multinationale Strategie – zumindest in einem frühen Stadium – ist die Realisierungs- oder Eintrittsform des Exports. Das Auslandsmarketing wird in dieser Phase vom Marketing des Inlandes dominiert (= Stammland-Orientierung). In diesem **ethnozentrischen Stadium** wird m. a. W. wenig bzw. gar nicht auf spezifische Belange bearbeiteter Auslandsmärkte eingegangen, d. h. die Marketingaktivitäten (Marketingmix) werden grundsätzlich nicht länderspezifisch differenziert.

In der nächsten Stufe des übernationalen Marketing, dem **poly- bzw. regiozentrischen Stadium,** wird aufgrund internationaler ausländischer Marktaktivitäten die einseitige Stammland-Orientierung aufgegeben, d. h. ausländische Märkte werden im Verhältnis zum Stammland als gleichwertige (-berechtigte) Märkte angesehen und behandelt. Das bedeutet, dass Marketingaktivitäten stärker an die Besonderheiten einzelner ausländischer Märkte (polyzentrische Orientierung) oder einzelner Länderregionen (regiozentrische Orientierung) angepasst werden. Es findet insoweit eine stärkere Differenzierung in der Marktbearbeitung ausländischer Märkte statt.

Im letzten Stadium des übernationalen Marketing – weltumspannende Auslandsmarktbearbeitung = **geozentrische Phase** – löst dann vielfach eine länderunabhängige Betrachtungsweise die länder- oder länderregionenspezifische Orientierung ab. Das heißt, die „Menge aller Länder wird als einheitlicher Markt bearbeitet und bestehende Länderunterschiede sowie Ländergrenzen werden bewusst (weitgehend, Erg. J. B.) ignoriert. Man orientiert sich an länderübergreifenden Zielgruppen" (*Hünerberg,* 1994, S. 124), die man mit möglichst standardisierten (d. h. einheitlichen, also nicht (mehr) differenzierten) Marketingprogrammen zu bedienen sucht.

Ein in dieser Weise realisiertes weltweit standardisiertes Marketing wird – wie schon erwähnt – auch als **Global Marketing** bezeichnet (*Levitt,* 1983; *Kreutzer,* 1989; *Yip,* 1992). Ihm liegt eine spezifische Unternehmensphilosophie (Mission/Vision) zugrunde, die alle Marketing- und damit verbundenen Unternehmensentscheidungen an den Erfordernissen sowie Chancen des Weltmarktes ausrichtet. Insoweit ist ein solches Konzept bereits auf der Zielebene verankert bzw. zu verankern, d. h. es bestehen wichtige Verbindungslinien (= **konzeptionelle Ketten**) zwischen Zielentscheidungen einerseits und Strategieentscheidungen andererseits.

Globale Marketing- und Unternehmensstrategien dienen angesichts weltweiten Wettbewerbs der **Oberzielrealisierung** (Gewinn/Rentabilität), und zwar durch Auf- bzw. Ausbau einer entsprechenden globalen Weltmarktposition, die auf der Basis entsprechend abgeleiteter weltweiter Absatz-/Umsatz- bzw. Marktanteilsziele realisiert wird.

Exkurs: Global Marketing und Standardisierungsthese

Ausgangspunkt des Themas „Global Marketing" war die bereits in den sechziger Jahren geführte Standardisierungs-/Differenzierungsdiskussion (*Buzzell,* 1968), die dann mit der These von der „Globalization of Markets" weitergeführt wurde (*Levitt,* 1983; *Hamel/Prahalad,* 1985) und mit einem Thesengerüst als ein sich selbst verstärkender Globalisierungsprozess gekennzeichnet wurde (*Meffert,* 1986, S. 694 f.; *Müller/Kornmeier,* 2002, S. 142 ff.). Eine Darstellung verdeutlicht die **Argumentationskette** *(Abb. 201).*

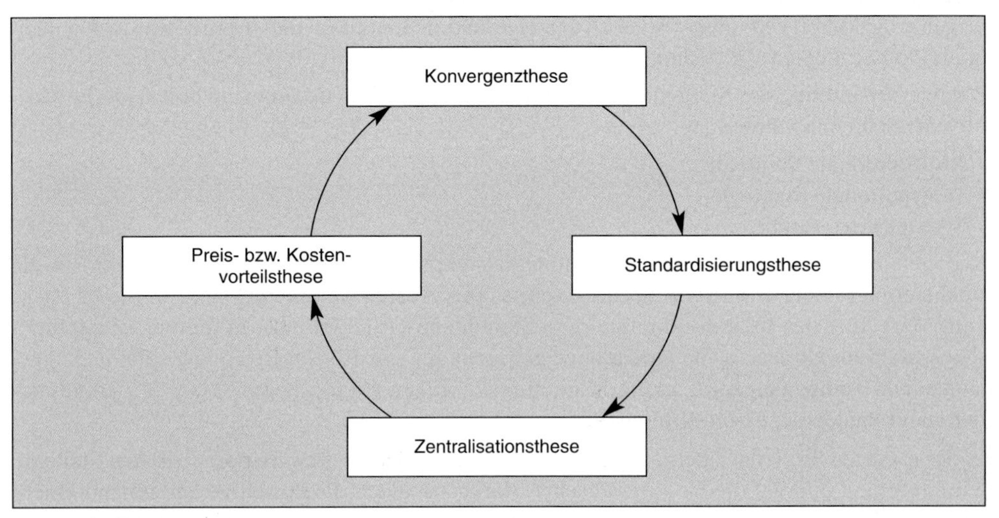


*Quelle: Meffert,* 1986, S. 695

*Abb. 201: Argumentationskette standardisierter Marketingprogramme in globalen Märkten*

Ausgangspunkt dieser Argumentationskette *(Abb. 201)* ist die Annahme bzw. der Nachweis einer zunehmenden **Angleichung der Weltmärkte** (Tendenz zur Vereinheitlichung der Welt = Konvergenzthese). Dadurch werde es möglich, mit standardisierten Marketingprogrammen eine Vielzahl von Ländern zu bearbeiten (= Standardisierungsthese). Bei entsprechender Zentralisierung der Führung (= Zentralisierungsthese) ließen sich weltweit Skalen- und Synergieeffekte für die Schaffung von Kosten- bzw. Preisvorteilen nutzen (= Kosten- bzw. Preisvorteilsthese). „Der Kreis schließt sich, wenn, wie unterstellt wird, die Weitergabe des Preisvorteils die Homogenisierung der Nachfrage beschleunigt" (*Müller/Kornmeier,* 2002, S. 147).

Was die Konvergenzthese als zentraler These dieser Argumentationskette betrifft, so werden – trotz unübersehbarer weltweiter Angleichungen nicht nur bei „High-Tech-Produkten" (wie Computer, Kameras,

Unterhaltungselektronik), sondern auch bei „High-Touch-Produkten" (wie Kosmetika, Softdrinks, Unterhaltungsmusik) – **länderspezifische Unterschiede** im Konsum bzw. seinen Merkmalen bestehen bleiben (vgl. hierzu einerseits eine Studie zur Verbrauchs-/Konsumangleichung, *Berekoven,* 1978 a sowie die These von der Multiple-Options-Society andererseits, *Naisbitt/Aburdene,* 1990). Aufgrund des Wertewandels (und anderer konsumbeeinflussender Faktoren) gehen umgekehrt sogar Impulse für eine immer stärkere Individualisierung (und damit Differenzierung) des Konsums aus (vgl. *Becker,* 2000 a, siehe hierzu auch die Darlegungen zum Strategietrend im Marketing im Kapitel zur 3. strategischen Ebene: „Marktparzellierungsstrategien"). Im Prinzip sind Globalisierungskonzepte jeweils von entsprechenden Kulturanalysen und ihren Ergebnissen (*Segler,* 1986, S. 77 ff.; *Knoblich/Treis,* 1991, S. 13 ff. sowie i. E. *Müller/Gelbrich,* 2004 bzw. 2015) abhängig zu machen, u. a. in Bezug auf kulturelle, konsumrelevante Mobilität bzw. Trägheit.

Die durch Globalisierung (Standardisierung) nutzbaren **Kosten- bzw. Preisvorteile** (als wesentliches betriebswirtschaftliches Argument für ein konsequentes Globalisierungskonzept) lassen sich im Wesentlichen auf folgende Ursachen zurückführen (*Porter,* 1995): Größendegressions- bzw. Erfahrungskurvenvorteile in Beschaffung, Fertigung, Marketing und Logistik. Hierbei ist allerdings zu beachten, dass sich diese Effekte weitgehend nur bei Standardprodukten für Massenmärkte realisieren lassen. Dabei werden erhebliche Marktvolumeneffekte vor allem dadurch erwartet, dass Unternehmen global zu (relativ) niedrigen Preisen anbieten (*Levitt,* 1983, d. h. die dem Standardisierungskonzept zugrunde liegend Marktstimulierungsstrategie (2. strategische Ebene) ist insoweit die Preis-Mengen-Strategie). In mehrschichtigen Märkten (siehe hierzu auch die Darlegungen zur Polarisierung), wie sie weltweit – insbesondere in entwickelten Volkswirtschaften – typisch sind, gibt es jeweils auch strategische Räume für differenzierte **Präferenzstrategien.** *Levitts* marktstimulierungs-strategischen Vorstellungen (Fokus auf Preis-Mengen-Strategie) erscheinen insoweit als zu einseitig. Der klassische Zielkonflikt zwischen Preishöhe und Qualitätsniveau lässt sich im Allgemeinen nicht so einfach überwinden. Ein bestimmtes strategisches Dilemma besteht jedenfalls darin, dass Zielsegmente (-gruppen) in einzelnen Ländern unterschiedliche Preisschichten oder umgekehrt gleiche Preisschichten unterschiedliche Zielgruppen repräsentieren können (*Takeuchi/Porter,* 1989, S. 156).

Vor dem Hintergrund der unterschiedlichen Argumente bzw. Möglichkeiten eines „Global Marketing" sollen noch einmal zusammenfassend die strategischen Besonderheiten des Standardisierungskonzepts einerseits und des Differenzierungskonzepts andererseits gegenübergestellt werden (vgl. hierzu auch *Segler,* 1986, S. 213). **Zwei Betrachtungsebenen** liegen diesem Vergleich zugrunde: Kostensenkungs- und Erlöserhöhungspotenziale *(Abb. 202).*

| | **Standardisierung** | **Differenzierung** |
|---|---|---|
| **Kostensenkungs-potenziale** | – Economies of Scale („Größeneffekte")<br>– Lern- bzw. Erfahrungskurveneffekte<br>– Verringerung von Planungs- und Entwicklungsaufwand<br>– Effektivere Koordination und Kontrolle | – Economies of Scope („Verbundeffekte")<br>– Baukastensysteme<br>– Korrekturen der Produktqualität (Wertanalyse)<br>– Abbau von Servicebedarf |
| **Erlöserhöhungs-potenziale** | – Einheitliches Firmen- bzw. Produktimage (Corporate Identity)<br>– Nutzung von Ausstrahlungseffekten<br>– Chancen zur Homogenisierung von Ländermärkten | – Erhöhung von Kauf-/Preisbereitschaften durch Anpassung an Kundenbedürfnisse<br>– Möglichkeiten der (geographischen) Segmentierung von Märkten<br>– ggf. Bedienung von Marktnischen |

*Abb. 202: Kostensenkungs- und Erlöserhöhungspotenziale der Standardisierung und Differenzierung*

Mit der internationalen Standardisierung wie mit der Differenzierung sind zugleich auch bestimmte **Gefahren** verbunden. Bei der Standardisierung beziehen sie sich primär auf Erlössenkungsgefahren aufgrund einer nivellierenden, akzeptanzmindernden Marktbearbeitung; bei der Differenzierung sind dagegen eher Kostensteigerungsgefahren gegeben aufgrund von ggf. zu weitgehender, aufwändiger Marketing(mix)differenzierung im weltweiten Geschäft (einschließlich entsprechender Differenzierungskosten in Beschaffung und Produktion).

Betrachtet man die **Diskussion** zum Thema Standardisierung bzw. Global Marketing zusammenfassend, so konzentriert sie sich sehr stark auf die *internen* Erfolgsvoraussetzungen (Angebotsseite) der Globalisierungsstrategien. Das heißt mit anderen Worten als globalisierungstreibende Kräfte werden vor allem **Skaleneffekte** (Betriebsersparnisse) in den verschiedenen Funktionsbereichen (einschließlich International Financing und International Sourcing) betrachtet. Darüber hinaus werden als *externe* Erfolgsvoraussetzungen (Nachfrageseite) hauptsächlich die Existenz bzw. das Potenzial **sog. Cross-cultural-groups** mit (weitgehend) übereinstimmenden Einstellungs- und Verhaltensmustern im Konsumgüterbereich einerseits und die zunehmend homogenen Anforderungen an Produkte und Leistungen seitens international operierender Kunden aus dem Investitionsgüterbereich andererseits angesehen.

Die Realität zeigt jedoch unübersehbar, dass in vielen Branchen und Märkten die **Globalisierungs- bzw. Standardisierungsvoraussetzungen** (noch) nicht hinreichend gegeben sind. Selbst wenn man die Betrachtung eingrenzt auf das überschaubare Feld des Europäischen Binnenmarktes, zeigt sich deutlich, dass – u. a. durch unterschiedliche kulturgeprägte Verhaltensmuster der Konsumenten, unterschiedliche Distributions- und Medienstrukturen, z. T. voneinander abweichende Wettbewerbsstrukturen – standardisierende Marketingmaßnahmen selbst im „kleinen" europäischen Rahmen stark erschwert sind (*Müller/Gelbrich,* 2004).

Trotzdem bzw. gerade deswegen gibt es inzwischen Untersuchungsansätze der Marktforschung, einheitliche Zielgruppen möglichst europaweit zu identifizieren. Zu nennen sind hier etwa das **Life-Style-Konzept** von der Agenturgruppe *Leo Burnett,* ein von *GfK/G & J* vorgestelltes **Euro-Style-Konzept,** das ebenfalls auf einem Lifestyle-Konzept beruht (*Kreutzer,* 1991, S. 22 ff. sowie im Einzelnen *Anders,* 1990; *Berndt et al.* 2005, S. 124 ff., vgl. hierzu auch die Darlegungen zu den „Segmentierungsstrategien") sowie die **4 C-Studie** von *Young & Rubicam* (Cross Cultural Consumer Characterisation, *Kraus,* 1991, S. 391 ff.; zur Notwendigkeit und zu den methodischen Möglichkeiten der interkulturellen Forschung siehe auch *Müller/Kornmeier,* 2002 bzw. *Müller/Gelbrich,* 2004 und 2015).

Fallbeispiele: Globalisierungs- bzw. Standardisierungsmöglichkeiten in unterschiedlichen Branchen

Was die **Globalisierungs- bzw. Standardisierungsmaßnahmen** – im Idealfalle weltweit – betrifft, so müssen auf jeden Fall güterspezifische Aspekte im allgemeinen wie auch markt- und firmenindividuelle im speziellen berücksichtigt werden. Typische Produkte bzw. Branchen mit starken Globalisierungsmöglichkeiten sind technische Produkte (Gebrauchsgüter) wie Unterhaltungselektronik, Computer, Baumaschinen, Roboter, Automobile oder auch Flugzeuge. Das Tempo der Globalisierung hat dabei erheblich zugenommen: „Bei den Baumaschinen dauerte es nach Eintritt in die Reifephase der Industrie noch 30 Jahre bis zur Globalisierung; Roboter wurden noch in der Aufbauphase global, und zwar innerhalb von zehn Jahren; bei Personal-Computern schließlich reichten fünf Jahre für den Weg vom nationalen über das multinationale zum globalen Geschäft, und in weiteren fünf Jahren ging die Branche von der Aufbauphase in die Reifephase über" (*Henzler/Rall,* 1985, S. 256). Bei Verbrauchsgütern (speziell des täglichen Bedarfs) wie Nahrungsmittel, Getränke, Körperpflegemittel, Kosmetika u. ä. bestehen dagegen noch erhebliche Zwänge für ein differenziertes internationales Marketing (= länder- bzw. ländergruppen-spezifische Marketing-Programme). Beispiele von *Coca-Cola* oder auch *Mc Donald's* belegen andererseits – zumindest vordergründig – Globalisierungs- bzw. Standardisierungsmöglichkeiten auch in diesem Bereich. Auf die konkreten marketinginstrumentalen Umsetzungen wie auch ihre Begrenzungen wird im 3. Teil („Marketingmix") näher eingegangen.

Wenn man versucht, die generellen Globalisierungspotenziale bzw. Lokalisierungszwänge nach Produkten/Branchen zu differenzieren, so lässt sich in etwa folgendes Bild zeichnen (*Abb. 203,* vgl. *Meffert,* 1986, S. 693; s. a. *Müller/Kornmeier,* 2002, S. 142 ff.).

Zum Teil ergeben sich jedoch auch unterschiedliche strategische Ansatzpunkte bzw. Zwänge innerhalb einer Produktgruppe/Branche. „Farben für Gebäudeanstriche sind zum Beispiel ein überwiegend nationales Geschäft, Farben für industrielle Verwendungen, zum Beispiel in der Automobilindustrie, fallen in die multinationale Kategorie, und Farben für Schiffsanstriche können äußerst erfolgreich als globales Geschäft betrieben werden" (*Henzler/Rall,* 1985, S. 258).

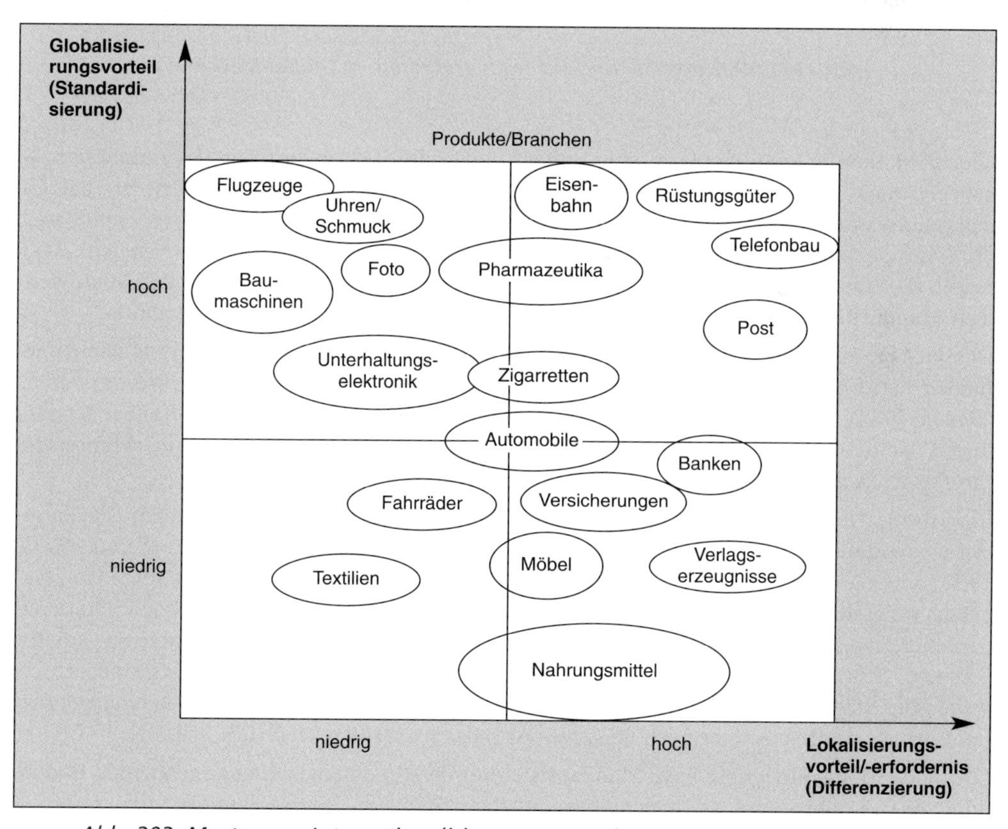


*Abb. 203: Muster von Internationalisierungsstrategien in ausgewählten Branchen*

Insgesamt – das geht auch aus den „Zwischenpositionierungen" von Produkten bzw. Branchen hervor, stellen globalisiertes, standardisiertes Marketing und lokalisiertes, differenziertes Marketing im internationalen Bereich nicht Gegensätze dar, sondern sind zwei strategische Extrempositionen bei der Bearbeitung weltweiter Märkte. Je nach Produkt-, Unternehmens-, Markt- und Wettbewerbssituation sind unterschiedliche **Mischformen** möglich bzw. angezeigt.

Solche strategischen Mischformen sind vor allem deshalb notwendig, weil eine weltweite Einheitlichkeit der Zielgruppen (= Konvergenzthese) bisher real nicht gegeben ist; auch in Zukunft werden verschiedene **Divergenzfaktoren** eine volle Angleichung der Verhaltens-, Kauf- und Konsummuster verhindern (*Kreutzer,* 1989, S. 39). Das wird deutlich, wenn man wichtigen Konvergenzfaktoren grundlegende Divergenzfaktoren gegenüberstellt *(Abb. 204).*

| Konvergenzfaktoren | Divergenzfaktoren |
|---|---|
| – Sozio-demografische Entwicklung<br>– Transport/Verkehr<br>– Kommunikationstechniken<br>– Ausbildung/Mobilität<br>– Engagement internationaler Unternehmen<br>– Länderübergreifende Entwicklungsprogramme | – Unzureichende Ressourcenausstattung<br>– Länderinterne Probleme (Beschäftigung/Kaufkraft)<br>– Kulturelle Trägheit<br>– Klima-/Konsumunterschiede<br>– Streben nach differenzierter Bedürfnisbefriedigung<br>– Länderspezifische politische Maßnahmen und Entwicklungsprogramme |

*Abb. 204: Konvergenz- und Divergenzfaktoren im Global Marketing*

Global Marketing kann insofern nicht einfach mit weltweit standardisierten Produkten bzw. ganzen Marketingprogrammen gleichgesetzt werden, sondern stellt zunächst einmal ein marktareal-strategisches Konzept dar, **weltweite Marktpräsenz** zu realisieren (hier muss auch die künftige Forschung zum Thema Global Marketing ansetzen, *Müller/Kornmeier,* 2002, S. 146 ff.). Trotzdem war und ist das Streben vieler Großunternehmen darauf gerichtet, weltweit **Standardisierungsvorteile** (primär in Form von Kostenvorteilen) auszuschöpfen.

Den großen Anklang, den das Globalisierungs- bzw. Standardisierungskonzept zunächst gefunden hat, hing auch mit den zunehmenden **Problemen stagnierender Märkte** zusammen (*Bauer,* 1988), die durch Standardisierungsgewinne (via Kostenreduktion) offenbar leichter lösbar schienen, als durch Nutzung des Differenzierungsvorteils (via Mehrerlös) (*Müller/Kornmeier,* 2002, S. 142 ff.).

Empirische Untersuchungen haben allerdings gezeigt, dass sich die angestrebten Standardisierungsvorteile und die Renditeerfolge im Sinne der Oberzielrealisierung nicht (*Samiee/Roth,* 1992) oder nur partiell (*Meffert/Bolz,* 1995) nachweisen lassen. Die zuletzt genannte Untersuchung weist **differenzierte Ergebnisse** aus, die sich wie folgt kennzeichnen lassen: Die Standardisierung der Produkt- und Distributionspolitik beeinflusst die Rentabilität positiv, während sich die Standardisierung der Kommunikationspolitik als rentabilitätsmindernd erweist. Die Standardisierung der Preispolitik übt auf die Rentabilität (ROI) keinen ausgeprägten Einfluss weder positiver noch negativer Art aus (s. a. *Müller/Gelbrich,* 2015, S. 197 ff.).

Obwohl der Globalisierung bzw. Standardisierung im Allgemeinen eher zunehmende Bedeutung zugeschrieben wird, stellt sie angesichts der genannten Untersuchungsergebnisse offensichtlich nicht – in jedem Falle – die *optimale* Lösung für die Oberzielrealisierung dar.

Als generelles Fazit aus diesen nicht eindeutigen Verhältnissen bzw. Voraussetzungen lässt sich am ehesten ein Ansatz ableiten, der sich so charakterisieren lässt: „Soviel Standardisierung wie möglich, soviel Differenzierung wie nötig". Er wird auch als **Glocalisierung** gekennzeichnet (*Huber,* 1999). Jedes Unternehmen muss demnach vor dem Hintergrund sowohl unternehmensinterner als auch -externer Bedingungslagen jeweils das „kritische Standardisierungsausmaß" für das globale Marketing bestimmen (Glocal Company).

### *bd) Strategische Grundorientierungen übernationaler Absatzgebietepolitik*

Die Darlegungen zu den marktareal-strategischen Stufen (Stadien) im übernationalen Marketing haben gezeigt, dass es verschiedene geo-strategische Intensitäts- bzw. Ausbreitungsgrade gibt. Jedes Unternehmen muss je nach Unternehmens-, Markt- und gesamt- bzw. weltwirtschaftlichen Bedingungen sein **eigenes marktareal-strategisches Vorgehensmuster** wählen.

So wie im Inland tätige Unternehmen, ausgehend von lokalen oder regionalen Marktabdeckungen, unter Markt- und Wettbewerbsbedingungen grundsätzlich eine nationale Marktabdeckung anstreben müssen (nicht zuletzt auch aufgrund nationaler, stark konzentrativer Strategien des Handels), so können auch übernational tätige Unternehmen auf der ersten Stufe der multinationalen, export-orientierten Strategie (ethnozentrische Orientierung) nicht stehen bleiben. Unter den neuen Rahmenbedingungen eines weltweiten Wettbewerbs sind Unternehmen vielmehr gezwungen, relativ schnell das **internationale Stadium** (polyzentrische Orientierung) zu erreichen und – je nach unternehmensexternen und -internen Bedingungen – ggf. eine, zumindest ansatzweise, **Weltmarktstrategie** (geozentrische Orientierung) anzustreben.

Aufgrund neuer Kommunikationstechnologien (speziell via Internet) haben Unternehmen grundsätzlich die Möglichkeit weltweiter Präsenz. Beim *virtuellen* Markteintritt sind zwei Intensitätsgrade der weltweiten Markterschließung zu unterscheiden (*Quelch/Klein,* 1996): das **Informationskonzept** (z. B. Auftritt im Internet über eine Web-Site) und das **Transaktionskonzept** (ein Konzept, das den *gesamten* Prozess einer Geschäftsabwicklung umfasst: von der Information, Vertragsanbahnung und -abschluss bis hin zur Auslieferung und Bezahlung eines Produktes oder einer Leistung). Bestehende Unternehmen beginnen häufig mit einem Informationskonzept (Internet-Werbung) und bauen es später zu einen Transaktionskonzept (= *E-Commerce*) aus (vgl. hierzu auch 3. Teil „Mix", Kapitel Neue Möglichkeiten des Internet-Marketing und des Electronic Commerce).

Neben der Art der Markteintrittsform ist darüber zu entscheiden, welches **Markteintrittsmuster unter zeitlichem Aspekt** gewählt werden soll *(Abb. 205).*

Der **Wasserfall-Strategie** liegt ein eher vorsichtiges, sukzessives Vorgehen bei der internationalen Marktdurchdringung zugrunde. Der Durchdringungszyklus kann hier ein Jahrzehnt oder mehr umfassen. Eine solche Vorgehensweise kann dann angezeigt sein, wenn bestimmte Länder als Brückenköpfe („Sprungbretter") für eine weitere Auslandsmarkterschließung geschaffen werden müssen (*Müller/Gelbrich,* 2015, S. 491 f.). Auch stark auseinander liegende Produktgattungszyklen in den verschiedenen Ländern können das Wasserfall-Muster nahe legen, um ausgehend vom Stammland den Gesamtlebenszyklus des zu vermarktenden Produkts zu optimieren (*Kreutzer,* 1989, S. 238 ff.; *Backhaus/Büschken/Voeth,* 2003, S. 168 ff.).

Die **Sprinkler-Strategie** ist demgegenüber dadurch gekennzeichnet, eine Produktinnovation möglichst schnell, d. h. gleichzeitig oder simultan in allen relevanten (Schlüssel-)Märkten durchzusetzen. Dieses Vorgehensmuster entspricht vor allem der Weltmarktstrategie (= geozentrische Orientierung des Unternehmens). Eine simultane Erschließung von wichtigen (Schlüssel-)Märkten verzichtet damit bewusst auf Testphasen in Stellvertreter-Märkten

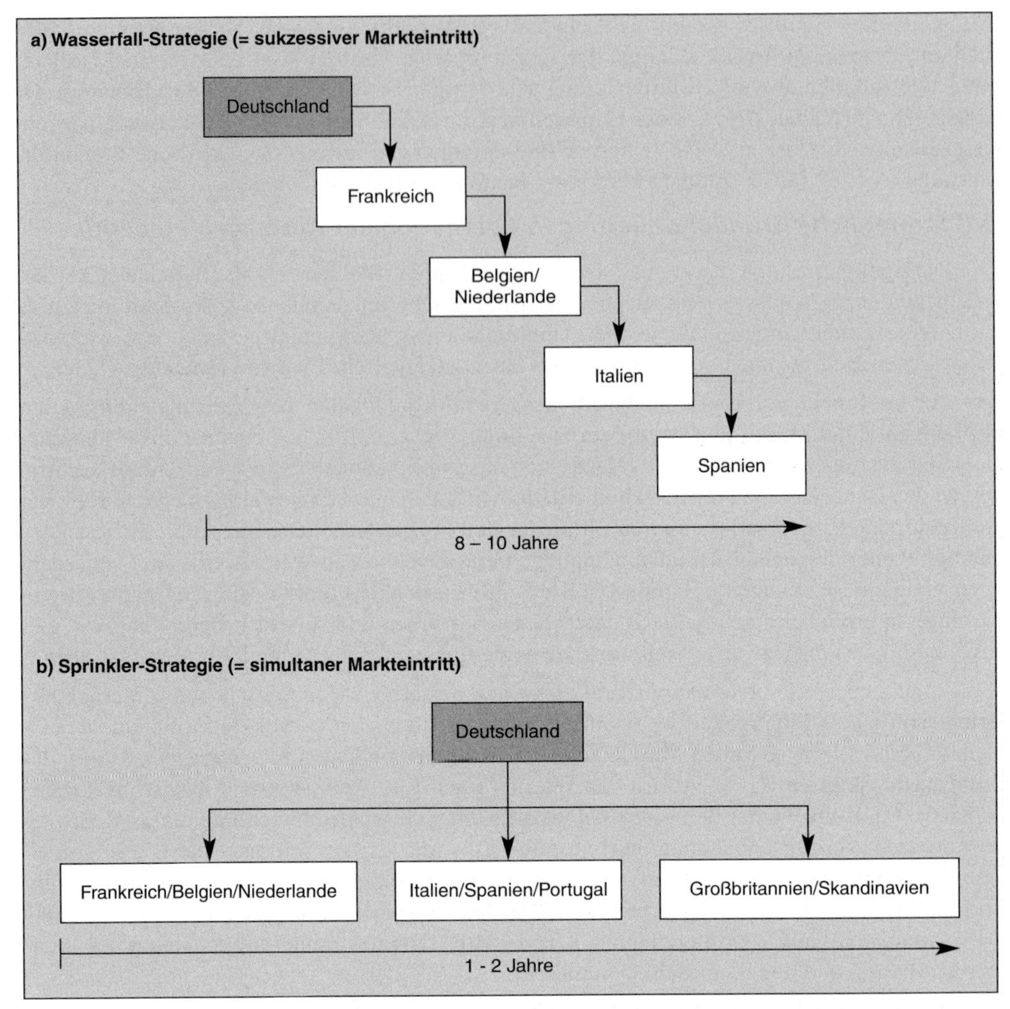


*Abb. 205: Wasserfall- und Sprinkler-Strategie als zeitliche Markterschließungsmuster (Modellbeispiel eines Euro-Marketing)*

(*Ohmae,* 1985, S. 44; *Kreutzer,* 1989, S. 241 f.; *Backhaus/Büschken/Voeth,* 2003, S. 173 ff.). Vor allem bei Produkten mit weltweit hohem Technologiepotenzial werden die Innovationszeiten immer kürzer; eine schnelle Besetzung des „Weltmarktes" ist dann angezeigt, insbesondere bei immer kürzeren Produktlebenszeiten. Das Timing des Markteintritts wird damit zum **kritischen Erfolgsfaktor** (*Benkenstein,* 1987 bzw. 1995; *Rennhak,* 2017), gerade auch was das Setzen weltweiter Standards betrifft.

Reichen die Ressourcen für die Realisierung einer Sprinkler-Strategie nicht aus und/oder wird das Risiko eines globalen Fehlschlages aufgrund dieser Strategie als zu hoch eingeschätzt, so kann ggf. auch eine **kombinierte Wasserfall-Sprinkler-Strategie** gewählt werden. Eine Analyse globaler Marken (Global Brands) zeigt, dass auch sie zunächst nach dem Wasserfall- und erst später nach dem Sprinkler-Modell vorgegangen sind (z. B. *Coca-Cola, Marlboro, Nescafé, Nivea,* vgl. *Kreutzer,* 1989, S. 250 f.; *Müller/Gelbrich,* 2015, S. 492 ff.).

Zur Grundorientierung des übernationalen Marketing gehört neben der Festlegung der Zeitmuster auch die Bestimmung der geo-strategischen Handlungsrichtungen. Aus der Sicht deutscher Unternehmen (aber nicht nur dieser) kann man etwa folgende **geo-politischen Stoßrichtungen** unterscheiden:

- **Europa,**
- **Triade,**
- **Welt.**

Erste Stoßrichtung deutscher Unternehmen ist vielfach der **Europäische Markt.** Während ursprünglich häufig versucht wurde, zunächst einzelne – oft auch untereinander (regional) verbundene – Länder zu erschließen, ist die Politik der Unternehmen seit Bestehen des Europäischen Binnenmarktes (1993) stärker auf eine vollständige, eher *simultane* Erschließung wichtiger europäischer Länder gerichtet. Das Fallen physischer, technischer, steuerlicher und administrativer Schranken (= vier neue Freiheiten) ermöglicht nicht nur eine solche Gebiete-Politik, sondern sie ist aus Konkurrenzgründen durchweg angezeigt. Aufgrund der Wettbewerbsintensivierung im ursprünglichen EU-Binnenmarkt genügt in aller Regel nicht mehr die passive Verteidigung des ursprünglichen Stamm-Marktes, sondern die offensive Erschließung zusätzlicher (Länder-)Märkte ist aus Gründen der Existenz- und Wachstumssicherung notwendig.

Insgesamt zeigte sich, dass nicht alle Unternehmen/Branchen gleichermaßen von den Veränderungen im Rahmen der Binnenmarkt-Harmonisierung betroffen waren. Eine Übersicht *(Abb. 206)* macht die **tendenziellen Unterschiede** transparent.

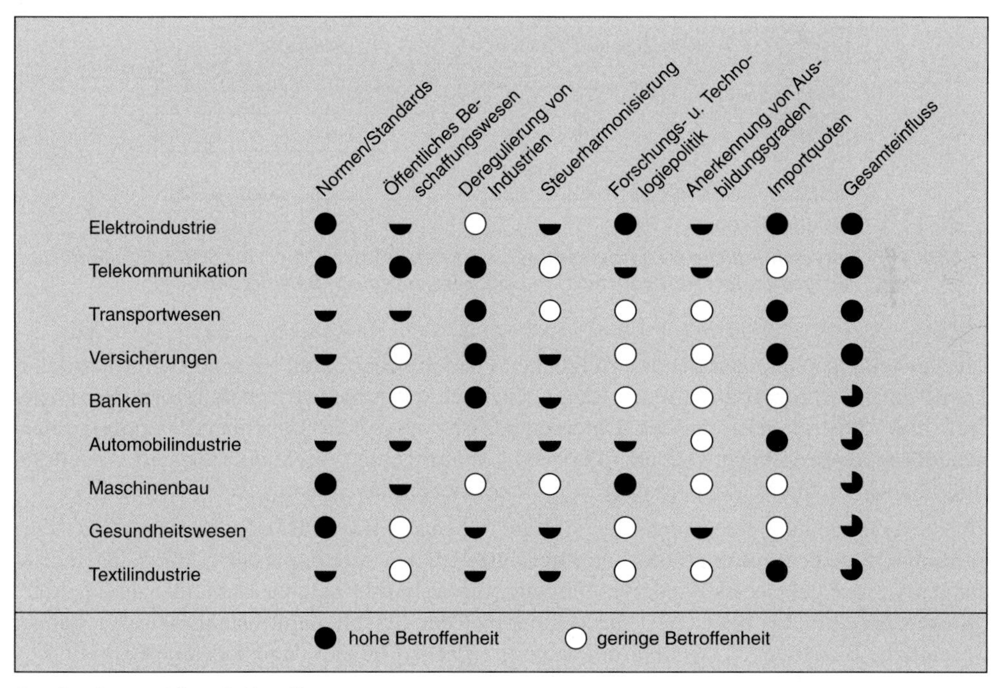


*Quelle: Booz, Allen & Hamilton*

*Abb. 206: Betroffenheit einzelner Branchen von Veränderungen im Rahmen der Europäischen Binnenmarkt-Harmonisierung*

Die Übersicht verdeutlicht u. a. die hohe Betroffenheit z. B. von Elektroindustrie und Maschinenbau in Bezug auf Normen und Standards, während etwa Versicherungen und Banken im hohen Maße von Deregulierungen tangiert sind.

Die **regionalen Stoßrichtungen** im Europäischen Binnenmarkt sind von individuellen Unternehmens- und speziellen Marktbedingungen abhängig. Neben einer Schlüsselländer-Orientierung (wie Frankreich, Großbritannien, Benelux-Länder) ist häufig auch eine Regionen-Orientierung innerhalb des Binnenmarktes typisch. So lassen sich z. B. auf dem Pharma-Markt (aber nicht nur dort) folgende Regionen mit gleichem oder ähnlichem Therapieverhalten unterscheiden: deutschsprachige Länder, französischsprachige Länder, Mittelmeer-Länder und Großbritannien/Skandinavien.

Außer der typischen west- und südeuropäischen Orientierung des Euro-Marketing ist aufgrund der politischen Veränderungen (Fall des „Eisernen Vorhangs") auch die verstärkte Hinwendung zu den **osteuropäischen Märkten** notwendig geworden. Nicht wenige der zugehörigen Länder stell(t)en zunächst mehr Perspektiv-Märkte dar. Einen wichtigen Orientierungspol bilden die jeweiligen (wirtschafts-)politischen Rahmenbedingungen und ihre Perspektiven. Als Schlüssel-Länder werden dabei etwa Ungarn, Polen sowie Tschechien und Slowakei (ehemalige CSFR) und Russland (ehem. UDSSR) angesehen (zu spez. Anforderungen/Regeln dieser Märkte s. a. *Enke/Geigenmüller/Schrader,* 2006, S. 133 f. und 152 f.).

Wie unterschiedlich seinerzeit die **Bedingungen bzw. Perspektiven** für ein Auslandsengagement in diesen Ländern anzusehen waren (bzw. noch sind), verdeutlicht eine Übersicht *(Abb. 207).*

| Reformtempo / Reformtradition | **Graduell** | **„Schock"** |
|---|---|---|
| **Lang** | Ungarn | Polen |
| **Kurz** | Ehem. UdSSR | Ehem. CSFR |

*Quelle: Habuda,* 1992, S. 17

*Abb. 207: Unterschiedliche Bedingungslagen und Perspektiven von vier Schlüssel-Ländern aufgrund von Reformtradition und Reformtempo (Beispielperiode)*

Die Darstellung zeigt, dass die ursprünglichen Planwirtschaften für ihr marktwirtschaftliches Transformationsprogramm (mit den Hauptelementen wie Außenwirtschaftsreform, Privatisierung und Umstrukturierung des Unternehmenssektors sowie Preisliberalisierung) **unterschiedliche Ausgangslagen** wie auch Perspektiven aufwiesen (vgl. *Steinle/Bruch/Lawa,* 1996; zum Phänomen von Marktspaltungen s. a. *Backhaus/Büschken/Voeth,* 2003, S. 502 ff.).

Für die Erschließung osteuropäischer Märkte haben die *neuen* Bundesländer vielfach eine **bestimmte Brückenfunktion** aufgrund ihrer ausgeprägten osteuropäischen Wirtschaftsbeziehungen vor der deutschen Wiedervereinigung, die weiterhin nutzbar bzw. ausbaufähig sind. Insoweit bestehen für deutsche Unternehmen bei der Erschließung osteuropäischer Länder wesentliche Beziehungen (Querverbindungen) zwischen Inlands- und Auslandsmarketing.

Was die **Erfolgsfaktoren** für einen Markteintritt in osteuropäische Märkte betrifft, so zeigen empirische Untersuchungen, dass hier spezifische Faktoren von besonderer Bedeutung sind *(Abb. 208).*

| Faktoren | Nennungen |
|---|---|
| Partner | |
| Partnerwahl | 9 |
| Langfristperspektive/Vertrauen schaffen | 7 |
| Unterstützung des Partners | 3 |
| Produkt | |
| Eignung, Qualität | 9 |
| Konditionen | 4 |
| (Marken)-Image | 5 |
| Analyse/Kenntnis der Marktgegebenheiten | 8 |
| Timing/Schnelligkeit | 5 |
| Präsenz/Persönl. Engagement | 4 |
| Flexibilität | 3 |
| Ausdauer/Geduld | 3 |
| Anpassungsfähigkeit | 3 |

*Quelle: Wesnitzer,* 1993, S. 154

*Abb. 208: Erfolgsfaktoren des Eintritts in osteuropäische Märkte*

Neben Faktoren, die für das übernationale Marketing schlechthin gelten (wie Partnerwahl, Produkteignung/-qualität, Analyse/Kenntnis der Marktgegebenheiten), fällt die Bedeutung besonderer „weicher" Faktoren auf (wie Vertrauen schaffen, persönliches Engagement oder auch Ausdauer/Geduld).

Zur klassischen Europa-(inzwischen einschließlich Osteuropa-) und USA-Orientierung vieler, auch deutscher, Unternehmen tritt verstärkt eine Japan- (und vor allem auch Asien-)Orientierung. Eine quasi neue Stufe der Orientierung des übernationalen Marketing wurde in dieser Hinsicht durch das sog. **Triade-Konzept** von *Ohmae* aufgegriffen bzw. entsprechend beeinflusst (*Ohmae,* 1985). Das typische Triade-Unternehmen ist durch eine starke Wettbewerbsposition in den drei Triade-Regionen USA, Europa und Japan gekennzeichnet. „Damit betrachtet *Ohmae* ausschließlich OECD-Länder, auf die sich allerdings auch ein Großteil der internationalen Unternehmenstätigkeit konzentriert" (*Perlitz,* 1995, S. 144).

Das Triade-Unternehmen wird dabei in den drei Ländern als jeweils **lokales Unternehmen** angesehen und nimmt in diesen eine „Insider-Position" ein (*Ohmae,* 1985, S. 69). Die drei Triade-Länder sind insbesondere dadurch charakterisiert, dass sie in der Entwicklung und Erschließung neuer Technologien (auch mit ihrem Kostensenkungspotenzial) führend sind, sich ihre Produktion immer mehr auf High-Tech-Produkte konzentriert und sie insgesamt eine starke Kauf- und Konsumentenverhaltens-Angleichung aufweisen (= Homogenisierung, entspricht der Konvergenzthese mit ihrem Standardisierungspotenzial).

Die Grundorientierung des Triade-Unternehmens entspricht weitgehend dem **regiozentrischen Konzept** von *Perlmutter.* Hierfür ist nach *Ohmae* vor allem eine regiozentrische bzw. multiregionale Management- und Organisationsstruktur empfehlenswert (*Ohmae,* 1985, S. 210), und zwar mit einer Zentrale von ausgeprägter Vordenker- und Koordinationsfunktion. Aufgabe der Zentrale ist es, „zum Wohle des Unternehmens neue Chancen zu entdecken und tote Winkel der Triade auszuleuchten" (*Ohmae,* 1985, S. 228).

Nach dem Konzept von *Ohmae* ist jedes Triade-Unternehmen auch für die jeweils südlich von ihm gelegenen (Entwicklungs-)Länder zuständig, d. h. er ordnet Europa die afrikanischen Län-

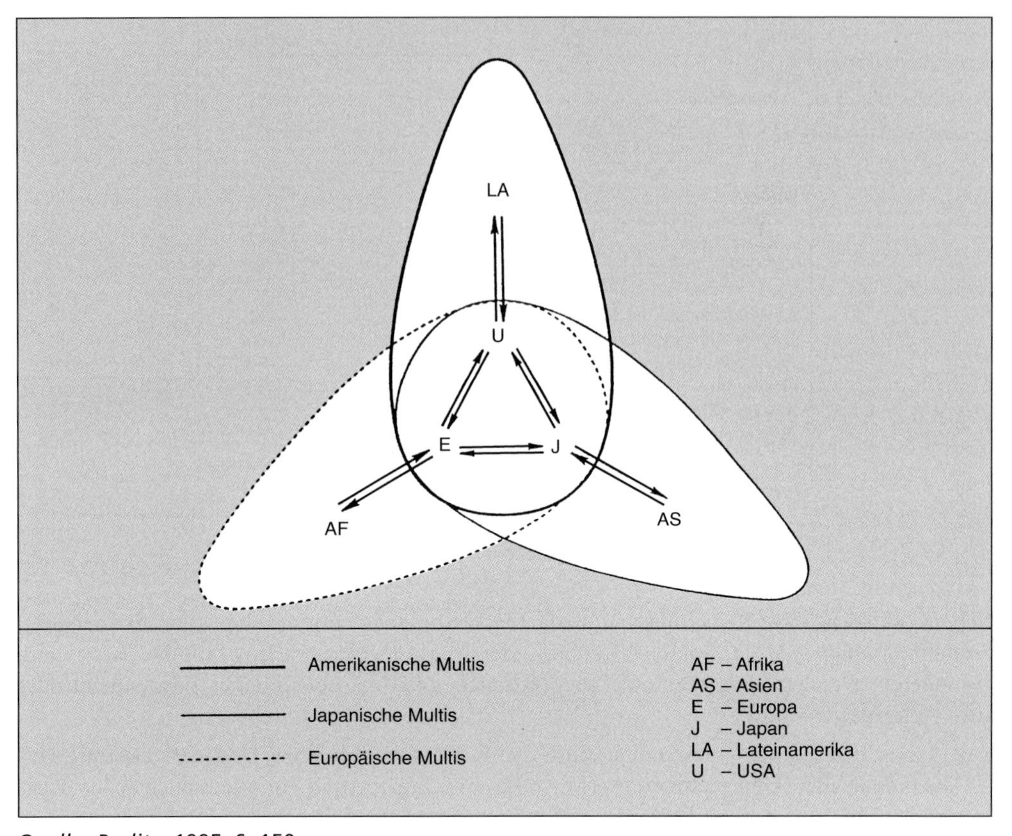


*Quelle: Perlitz,* 1995, S. 150

*Abb. 209: Regionale Verantwortungsbereiche der Triade-Unternehmen*

der, Japan die asiatischen und den USA die latein-amerikanischen Länder zu. Eine Abbildung verdeutlicht diese **regionalen Verantwortungsbereiche** des Triade-Unternehmens *(Abb. 209).*

Hinter diesem Konzept der jeweils ergänzten Verantwortungsbereiche steht auch ein humanitärer Aspekt. Es ist deshalb kein Zufall, dass *Ohmae* bei Triade-Unternehmen primär auf eine **Strategie der Kostenführerschaft** (i. S. einer Preis-Mengen-Strategie) setzt, die eine möglichst hohe Marktdurchdringung in den Triade-Ländern erreichen soll (ermöglicht durch entsprechende Economies-of-Scale-, Economies-of-Scope- und Erfahrungskurvenvorteile aufgrund hoher Konzentration auf die Triade-Länder).

Mit dieser strategischen Betonung einer spezifischen marktstimulierungs-strategischen Option (vgl. hierzu 2. strategische Ebene: „Marktstimulierungsstrategien") vernachlässigt Ohmae eine zweite, in den Triade-Ländern durchaus interessante und **erfolgsversprechende Qualitätsführerschaft** (i. S. einer Präferenz-Strategie).

Das Triade-Konzept ist im Übrigen stärker vom **japanischen Managementdenken** beeinflusst. Das wird u. a. daran deutlich, dass in Teilmärkten etwa geringere Gewinne im Interesse einer „Gewinnmaximierung" auf allen Triade-Märkten akzeptiert werden. Außerdem werden bei Triade-Unternehmen – im Gegensatz zu westlichen Unternehmen, bei denen Unternehmenziele wie Rentabilität und Unternehmenswert(-steigerung) Vorrang haben – eher absolute und relative Marktanteile als Orientierungs- und Steuerungsgrößen zugrunde gelegt (siehe auch *Perlitz,* 1995, S. 150 f.; *Backhaus/Büschken/Voeth,* 2003, S. 331 f.).

In seiner ursprünglichen Auslegung (Grundorientierung) ist das Triade-Konzept inzwischen zu eng. Spätestens mit der Öffnung Osteuropas, der dynamischen Entwicklung von südostasiatischen Schwellenländern (u. a. Taiwan, Südkorea, Singapur) wie auch den absehbaren Entwicklungspotenzialen des chinesischen Marktes greift eine reine Triade-Orientierung – je nach unternehmensbranchen- und länderspezifischen Bedingungen – unter geo-strategischen Aspekten ggf. zu kurz (*Lasserre/Schütte,* 1995). So sind Unternehmen dazu übergegangen, China und die ASEAN-Staaten als Schwerpunktregionen in Asien zu bearbeiten, wobei vielfach einzelne Länder aus dem ASEAN-Bereich (u. a. Singapur) als **Brückenköpfe** für die Erschließung der großen chinesischen Wachstumsmärkte gewählt werden. Damit einher gehen sehr hohe Direktinvestitionen in dieser Region (vgl. dort etwa das unternehmerische Engagement von *Siemens*, *Volkswagen* sowie von *BASF;* s. a. *Kaufmann et al.,* 2005).

Interessant ist, dass bei der Erschließung z. B. des chinesischen Marktes differenzierte, **stufenorientierte Vorgehensweisen,** wie sie bereits bei der Behandlung des nationalen Marketing (Domestic Marketing) behandelt wurden, gewählt werden *(Abb. 210).*

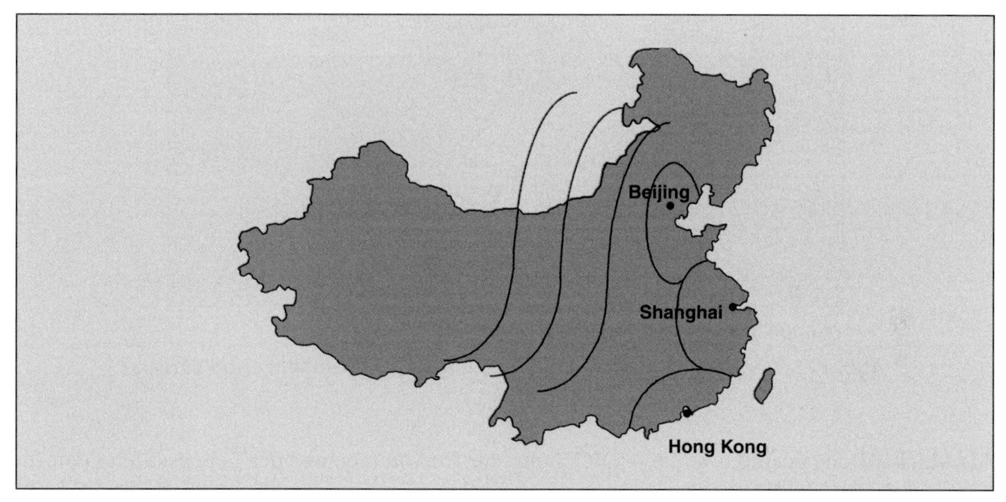


*Quelle: Jeannet,* 1995, S. 8

*Abb. 210: Regionen-orientierte Erschließung (Regional Roll-outs) am Beispiel des chinesischen Marktes*

In einer ersten Phase ist der chinesische Markt vielfach vom (ursprünglich selbstständigen) Wirtschaftszentrum Hongkong aus bearbeitet worden. In einer zweiten Phase wurde dann oft die Marktbearbeitung auf die wichtige Region Beijing und danach auf die Region Shanghai ausgedehnt. Ausgehend von einer systematischen Erschließung wichtiger, potenzial-trächtiger Küstenregionen kann dann in Wellen die Markterschließung landesinnerer Regionen (**Wave Strategy,** siehe *Jeannet,* 1995, S. 8) in Angriff genommen werden.

Besondere **Chancen** für internationale Strategien bieten außerdem die sog. **BRIC(S)**-Staaten (= Schwellenländer: Brasilien, Russland, Indien, China (sowie Südafrika)).

Die **globale Stoßrichtung** (i. S. v. Weltmarkterschließung) von immer mehr Unternehmen ist die logische Konsequenz inzwischen zahlreicher globaler Branchen und Märkte (wie Unterhaltungselektronik, Computer, Kameras, PKW). Eine globale Branche ist dadurch gekennzeichnet, dass die Wettbewerbsposition eines Unternehmens in einem konkreten Land von seiner Stellung in (vielen) anderen Ländern abhängig ist. Insoweit bestehen dann unternehmerische Zwänge für globales Agieren eines Unternehmens (*Porter,* 1989 b, S. 20 f.).

Verantwortlich für diese Zwänge zum weltweiten Agieren in vielen Branchen bzw. Märkten sind sog. **treibende Kräfte** der Globalisierung (General **Globalization Drivers,** vgl. *Yip,* 1992, S. 11 ff.). Vier grundlegende Einflusskräfte können unterschieden werden *(Abb. 211).*

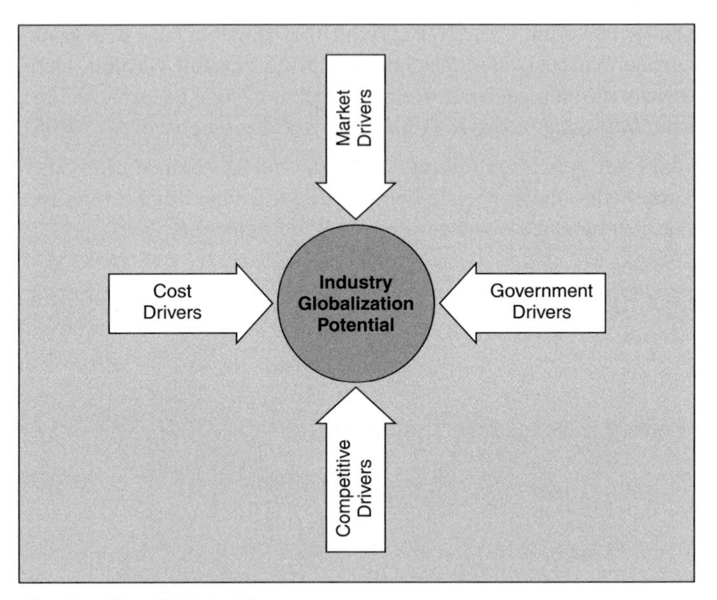


*Quelle: Yip,* 1992, S. 12

*Abb. 211:Vier grundlegende Globalisierungskräfte (Globalization Drivers)*

Als **Market Drivers** sind u. a. die Angleichung der Einkommen und der Lebensstile in den Industrienationen, die Internationalisierung der Marketingprogramme wie auch die Etablierung von Weltmarken anzusehen. Die Cost Drivers sind Ausdruck des weltweiten Wettbewerbs um insgesamt günstige Kostenpositionen u. a. hinsichtlich Produktions-, Logistik- wie auch Forschungs- und Entwicklungskosten. Die Competitive Drivers haben ihre Ursachen im zunehmenden weltweiten Handel, den weltweiten Netzwerken in Bezug auf Produktionsstätten und Absatzkanäle (-systeme). Die Government Drivers schließlich sind im Abbau tariflicher und nicht-tariflicher Barrieren bzw. Auf- und Ausbau von großen Handelsblöcken zu sehen (*Yip,* 1992, S. 13–15; *Kotabe/Helsen,* 2001, S. 254 f.).

Nach *Porter* muss ein global handelndes Unternehmen auf der Basis seiner **Wertkette** (vgl. hierzu 4. Teil) klar zwischen nachgelagerten und vorgelagerten Funktionen (Aktivitäten) unterscheiden. **Nachgelagerte Funktionen** sind solche, die stärker auf den Kunden bezogen sind (wie Marketing/Vertrieb und Service/Kundendienst); sie sind eher in die geografische Nähe der Abnehmer zu verlegen.

Die **vorgelagerten Aktivitäten** (wie Beschaffung, Produktion, Teile der Logistik und auch Forschung und Entwicklung) sind dagegen eher unabhängig vom Kundenstandort (*Porter,* 1989 b, S. 25 f.), d. h. sie können eher weltweit an bestimmten Standorten konzentriert werden, um sowohl **Economies-of-Scale-** und **Erfahrungskurven-Effekte** als auch komparative Kostenvorteile (kostenspezifische Standortvorteile) ausschöpfen zu können. Das unternehmerische Ziel, Economies-of-Scale- und Erfahrungskurven-Effekte auszunutzen, bestimmt dabei primär die Zahl der Standorte, während das Bestreben, standortbezogene Kostenvorteile wahrzunehmen, vor allem die geografische Lage der Standorte beeinflusst (*Porter,* 1989 b, S. 31 ff.). Insoweit kommt es also ganz entscheidend auf die weltweite Optimierung der Wertkette eines global agierenden Unternehmens an.

Insgesamt hängen die geo-strategischen Stoßrichtungen eines z. B. deutschen Unternehmens (in Bezug auf Europa, Triade oder Welt) sowohl von den **Bedingungen** der Länder (*Yip*, 1992, S. 241 ff.) als auch von den Zielen und den konkreten **Möglichkeiten** des Unternehmens ab. Jedes Unternehmen muss seinen jeweils eigenen Weg finden bzw. spezifische geostrategische Entwicklungsstufen und Markteintrittsstrategien festlegen (s. a. *Keegan/Schlegelmilch/Stöttinger,* 2002; *Keegan/Green*, 2008).

Eine konsequente Internationalisierung bzw. Globalisierung „allows firms large and small to increase their profitability in ways not available to purely domestic enterprises“ (*Hill,* 1994, S. 349). Das heißt mit anderen Worten, das unternehmerische Agieren jenseits des nationalen Marktes (Domestic Marketing) hin zu einem umfassenden übernationalen Marketing (International Marketing) entspricht insoweit einer konsequenten **Oberzielrealisierung** (Rentabilitäts- und Unternehmenswertziele = **konzeptionelle Kette**).

### *c) Zusammenfassende Betrachtungen zum marktareal-strategischen Vorgehen*

Was das geo-strategische Vorgehen von Unternehmen (d. h. also die Festlegung ihrer Absatzgebiete) betrifft, so sind zwei **große Entscheidungsfelder** unterschieden worden:

- **Teilnationale und nationale Gebieteerschließung** (Domestic Marketing) und
- **Übernationale Gebieteerschließung** (International Marketing).

Beide strategische Optionen weisen jeweils **spezifische Stufen** (Stadien) des marktareal-strategischen Handelns auf *(Abb. 212).*

Auf dieses Grundmuster, das den Ausgangspunkt für alle behandelten geo-politischen Überlegungen bzw. Verhaltensweisen bildete, soll nun noch einmal zusammenfassend Bezug genommen werden. Dabei werden nicht nur expansive Vorgehensmuster, sondern auch – eher vernachlässigte – *kontraktive* Vorgehensweisen angesprochen.

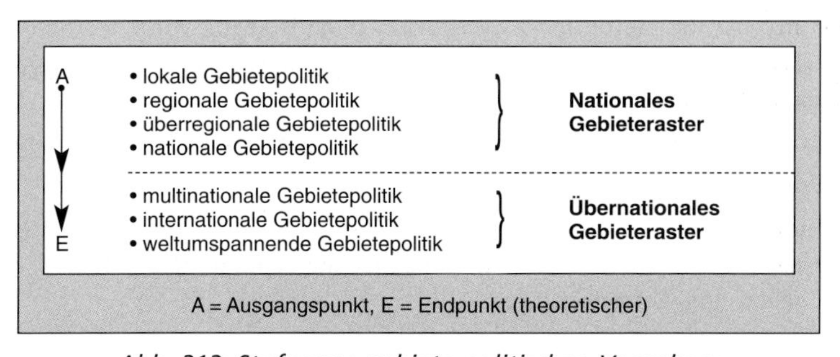


*Abb. 212: Stufungen gebiete-politischen Vorgehens*

### *ca) Expansive und kontraktive geo-strategische Muster*

Was das geografische Ausbreiten von Unternehmen insgesamt kennzeichnet, so sind zunächst *zwei* unterschiedliche Prozesse zu unterscheiden:

- **nicht geplante („automatische") Gebieteerschließung** und
- **bewusst geplante Gebieteerschließung**.

Die **automatische Gebieteerschließung** ist nicht das Ergebnis bewusst gestalteter Vorgehensweisen, sondern vollzieht sich vielmehr unbeabsichtigt bzw. ungesteuert, und zwar dadurch, dass Endverbraucher (via Mundpropaganda) und/oder Absatzmittler (via Filialisierung) neue regionale Teilmärkte (Absatzzonen) schaffen – also ohne gestaltenden Einfluss des herstellenden Unternehmens. Speziell im Abschnitt zum teilnationalen bzw. nationalen Marketing (Domestic Marketing) ist auf diese Prozesse näher eingegangen worden.

Hinter der **bewusst geplanten Gebieteerschließung** steht dagegen ein entsprechendes Konzept, das nicht nur die jeweiligen geografischen Zielmärkte definiert, sondern auch entsprechende Maßnahmenbündel (Marketingmix) festlegt.

Hinsichtlich der bewusst geplanten Gebietestrategie können außerdem *zwei* grundsätzlich verschiedene Verhaltensmuster abgegrenzt werden (vgl. auch *Schurawitzki,* 1995, S. 24):

- **offensive Gebieteerschließung** und
- **defensive Gebieteerschließung**.

Die **offensive Strategie** ist dadurch gekennzeichnet, dass die Gebieteerschließung (speziell die übernationale) „angreifend", und zwar vorrangig unter dem Aspekt der aktiven Nutzung bestehender Absatz- und Ertragspotenziale vorgenommen wird. Ausgangspunkt offensiver gebiete-strategischer Vorgehensweisen sind vielfach Stärken bzw. Vorteile bei den eigenen Produkten (Leistungen) gegenüber der Konkurrenz (z. B. Wettbewerbsvorteile aufgrund von Innovationen). Offensiven Strategien liegt insofern häufig die Überlegung zugrunde, dass diese Wettbewerbsvorteile auch in völlig neuen geografischen Märkten ausgespielt werden können.

Die **defensive Strategie** ist demgegenüber i. d. R. eine Verhaltensweise, die ihren Ausgangspunkt in rückläufigen Umsätzen im Stamm- bzw. Heimatmarkt hat. Durch die Erschließung benachbarter Absatzgebiete soll „verteidigend" ein Ausgleich für verloren gegangene Umsatz- bzw. Marktanteile im Ausgangs- oder Stamm-Markt gefunden werden.

Das typische, an Oberzielen (wie Rentabilität) orientierte unternehmerische Verhalten ist geografisch *expansiv* ausgerichtet (insoweit bestehen grundlegende Beziehungen zwischen der Zielebene und der Strategieebene (hier: Marktarealstrategien) = konzeptionelle Kette). Wie im Abschnitt speziell zum übernationalen Marketing (International Marketing) dargelegt, bestehen inzwischen vielfältige **Zwänge zur Globalisierung** von Unternehmen.

Trotz dieser strategischen, von „Globalization Drivers" (*Yip,* 1992; *Kotabe/Helsen,* 2001) ausgelösten Entwicklung gibt es nicht nur expansives Gebieteverhalten.

Neben der bewussten Gebieteausweitung (Expansion) ist die **Gebieteschrumpfung** (Kontraktion) zu unterscheiden *(Abb. 213).*

Da die Gebieteschrumpfung, und zwar die bewusste, in der geo-strategischen Diskussion durchweg vernachlässigt wird, soll hier zunächst auf **planmäßige Formen** der Gebieteschrumpfung näher eingegangen werden.

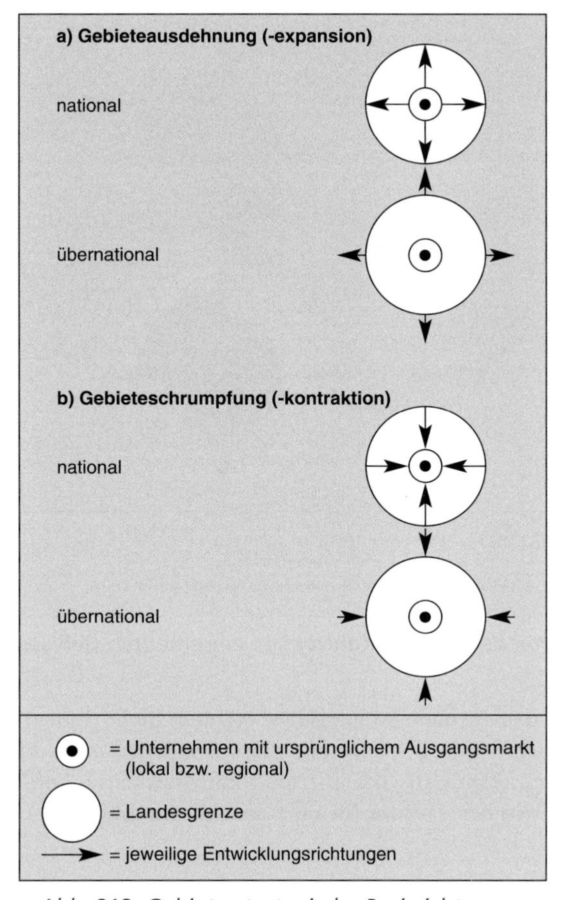


*Abb. 213: Gebiete-strategische Basisrichtungen*

Was die Gebieteschrumpfung betrifft, und zwar die bewusst gesteuerte, so kann sie vielfältige Gründe haben. Neben finanziellen und/oder organisatorischen Aspekten bzw. Zwängen sind häufig marketing-strategische Gründe gegeben. So ist z. B. denkbar, dass ein Unternehmen im Zuge einer **Restrukturierung** (Redefining the business) sich wieder auf die Belange eines überschaubaren Marktes und damit die Festigung („Zementierung") der Marktposition in einem kleineren Marktareal konzentriert. Das könnte etwa heißen: Aufgabe einer Position unter „Ferner liefen" in einem multinationalen Feld (z. B. in nordamerikanischen Märkten), dafür Anstreben einer Marktführerschaft im nationalen Markt sowie einer führenden Marktposition in wichtigen Ländern des Europäischen Binnenmarktes.

Eine solche bewusste gebietliche Konzentrationsstrategie kann auch als **Konzentration nach innen** charakterisiert werden (sie entspricht im Prinzip dem strategischen Ansatz „Konzentration auf Kerngeschäfte" im Rahmen marktfeld-strategischer Entscheidungen, speziell bei Korrekturen einer zu breiten Diversifikation). Unter Umständen ist eine solche bewusste geografische Konzentrationsstrategie zugleich geeignet, die marktpolitischen Voraussetzungen für eine *erneute* gebietliche Marktexpansion in einer nächsten Phase der Unternehmensentwicklung (Unternehmenslebenszyklus, vgl. hierzu 4. Teil) zu schaffen *(Abb. 214).*

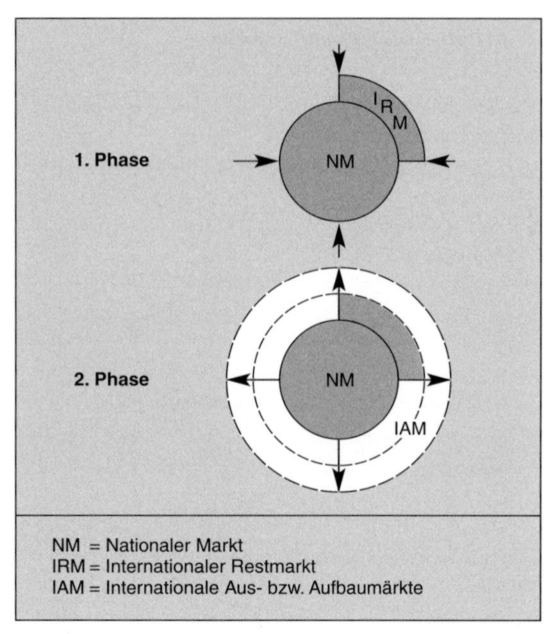


*Abb. 214: Von der Gebiete-Kontraktion zur erneuten Gebiete-Expansion*

Damit ist angedeutet, dass gebiete-strategisches Agieren nicht (immer) zwangsläufig nur in eine Richtung – nämlich expansiv – erfolgen muss, sondern dass es hierbei durchaus zu einem phasenspezifischen, *kontraktiv* orientierten Strategiewechsel kommen kann, der jedoch häufig nur eine Art **Zwischenstadium** für eine anschließend erneute Gebieteexpansion darstellt.

Fallbeispiele: Kontraktive Gebietepolitik als strategische Zwischenstufe (Bier- und PKW-Markt)

Beispiele für ein derartiges Vorgehen gebiete-strategischer Art lassen sich u. a. im **Biermarkt** nachweisen, in dem lokale Präferenzen einer Marke häufig die Voraussetzung für eine Expansion der Marke in den regionalen bzw. überregionalen Markt bilden. Der strategische Ansatz für eine präferenz-orientierte regionale oder überregionale Absatzpolitik wurde dabei nicht selten in einer bewussten **Relokalisierung der Marke** in einer ersten restrukturierenden Konzeptionsstufe erkannt. Die Bedeutung wie auch die Faktoren der (Re-)Lokalisierung von Biermarken – ein geo-strategisches Konzept, das speziell im Biermarkt Gültigkeit (noch) besitzt – verdeutlicht eine Modelldarstellung *Abb. 215.*

Ausgehend von einer wieder gestärkten lokalen Basis einer Marke ist es vielfach leichter, zusätzliche regionale bzw. überregionale Absatzgebiete *erneut* zu gewinnen.

Auch **international agierende Unternehmen,** wie z. B. der amerikanischen **Automobilindustrie,** hatten über mehrere Jahre hinweg sich speziell aus Europa und hier vor allem aus der BRD zurückgezogen, und zwar, weil sie europäischen und speziell deutschen Vorstellungen von technischem Standard und qualitativer Verarbeitung immer weniger entsprachen. Neben den Großen wie *General Motors* und *Ford* hatte auch *Chrysler* den

Rückzug speziell aus der BRD angetreten. Im Zuge einer erneuten Erstarkung der Marke *Chrysler (Daimler-Chrysler*-Phase*)* durch entsprechende Produkt- und Programmpolitik, die europäischen Vorstellungen wieder mehr entgegen kam, hatte *Chrysler* erneut begonnen, mit speziell europa-geeigneten Fahrzeugen (u. a. dem Van-Car *Voyager* und den Limousinen *PT Cruiser* oder auch *300 C*), ursprünglich **aufgegebene europäische Märkte** zurückzugewinnen. Ein neues Styling, verbesserte Verarbeitungsqualität, kleinere Hubraumklassen und trotzdem adäquate Leistung sollten dafür neue, erfolgversprechende Voraussetzungen schaffen.

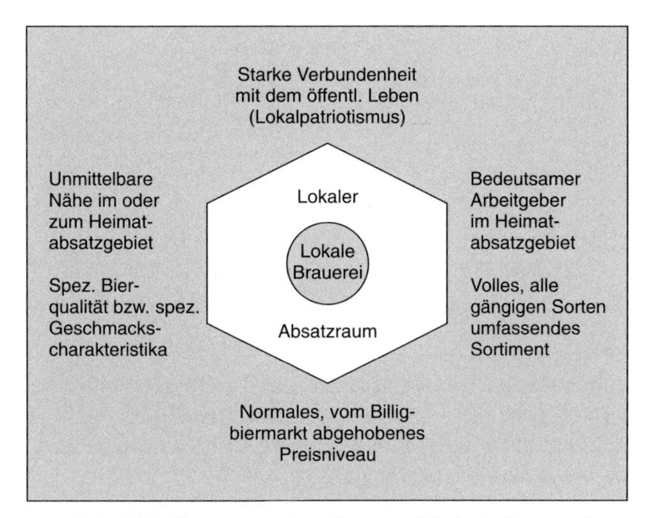


*Abb. 215: Elemente der „Festung" Lokale Brauerei*

Von **vorrangiger Bedeutung** im Rahmen der unternehmerischen Gebietepolitik ist naturgemäß die geplante gebiete-strategische Expansion. Sowohl in Bezug auf das nationale Marketing (Domestic Marketing) als auch in bezug auf das übernationale Marketing (International Marketing) sind in den vorangegangen Darlegungen die Gründe bzw. Zwänge für expansive Handlungsmuster herausgearbeitet worden. Vor allem das übernationale Marketing hat eine zunehmende, für viele Unternehmen und Branchen existenzielle Bedeutung erlangt.

Aus diesem Grunde soll hier noch einmal an den **grundlegenden Stadien** (Stufen) der Internationalisierung und den dahinter stehenden Konzepten angeknüpft werden (*Perlmutter,* 1972 bzw. *Heenan/Perlmutter,* 1979). Vergleicht man japanische, amerikanische und europäische Unternehmen und ihre geo-strategischen Handlungsweisen, so können typische **geo-strategische Expansionspfade** identifiziert werden (*Meffert,* 1989, Sp. 1413; *Perlitz,* 1995, S. 326). Eine Darstellung skizziert die unterschiedlichen Verhaltensweisen *(Abb. 216).*

Das klassische geo-strategische Vorgehen europäischer (und gerade auch deutscher) Unternehmen ist der **exportorientierte, multinationale Ansatz.** In einem frühen Stadium des übernationalen Marketing bestehen niedrige Lokalisierungsvorteile (bzw. -erfordernisse) und niedrige Globalisierungsvorteile (= Stadium der sog. ethno-zentrischen Unternehmung).

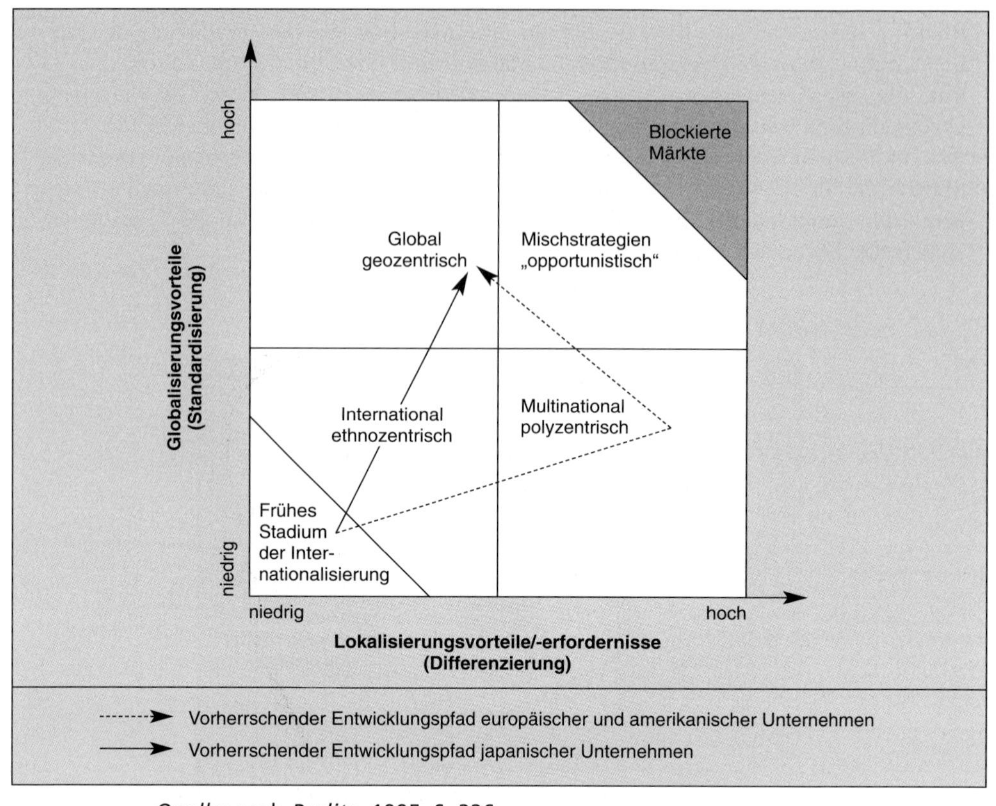


*Quelle:* nach *Perlitz,* 1995, S. 326

*Abb. 216: Typen geo-strategischer Expansionspfade*

Während europäische und auch amerikanische Unternehmen von hier aus vielfach zunächst das Stadium der **sog. poly- oder auch regio-zentrischen Unternehmung** durchlaufen – d. h. wahrgenommene Lokalisierungsvorteile bzw. -erfordernisse hoch, Globalisierungsvorteile (noch) niedrig –, streben japanische Unternehmen traditionell schon relativ früh das **geozentrische Stadium** an (d. h. Globalisierungsvorteile hoch, Lokalisierungsvorteile bzw. -erfordernisse dagegen niedrig). Europäische und amerikanische Unternehmen erreichen dieses Stadium vielfach erst in einer dritten Stufe.

Insgesamt zeichnet sich aber hier ein **bestimmter Wandel** ab, indem insbesondere amerikanische, aber auch europäische (und namentlich auch deutsche) Unternehmen früher und ohne Umwege ein *eher globales* Stadium zu erreichen suchen, um – im Hinblick auf ein zunehmendes „Global Playing“ – durch möglichst standardisierte (Massen-)Produkte konsequent weltweit Kostenvorteile auszuschöpfen.

Sind sowohl die Globalisierungsvorteile als auch die Lokalisierungsvorteile bzw. -erfordernisse hoch, so handelt es sich im Extremfall um **blockierte Märkte.** Ein Ausweg kann in der Wahl „opportunistischer“ Mischstrategien bestehen (*Perlitz,* 1995, S. 326), und zwar in der Absicht, allmählich das geozentrische Stadium (Globalisierungsvorteile hoch, Lokalisierungsvorteile bzw. -zwänge jedoch gering) zu erreichen.

### *cb) Gesamtstrategische Bezüge des marktareal-strategischen Handelns*

Die Darlegungen zu den marktareal-strategischen Optionen haben insgesamt deutlich gemacht, wie zentral das geo- oder raum-strategische Vorgehen für Unternehmen und ihre Entwicklung sind. Grundlegende **unternehmerische Ziele** wie Gewinn bzw. Rentabilität und Wachstum bzw. Existenzsicherung lassen sich heute für viele Unternehmen in vielen Branchen und Märkten nur noch hinreichend über ein konsequentes **areal-strategisches Gesamtkonzept** realisieren (= **konzeptionelle Kette** zwischen Zielen einerseits und Strategien, speziell Arealstrategien, andererseits).

So wichtig geplantes areal-strategisches Vorgehen auch ist, so kann es den unternehmerischen Erfolg allerdings nicht allein bewirken, sondern areal-strategisches Handeln ist auf vielfältige Weise mit den drei **anderen strategischen Basisentscheidungen** (d. h. Marktfeld-, Marktstimulierungs- und Marktparzellierungsentscheidungen) verknüpft (zum Erfolgsnachweis kombinierter Strategiemuster vgl. auch *Raffeé/Effenberger/Fritz,* 1994).

Was die **marktfeld-strategischen Optionen** (Marktdurchdringung, Marktentwicklung, Produktentwicklung und Diversifikation) betrifft, so sind grundsätzlich alle wachstumsorientierten Handlungsmuster vom nationalen auf das übernationale Marketing übertragbar (vgl. auch *Wissmeier,* 1992, S. 114 ff.; *Stegmüller,* 1993, S. 396 ff.; *Perlitz,* 1995, S. 40 ff.). Das heißt, der Eintritt in internationale Märkte dient zunächst der Marktdurchdringung mit bestehenden Produkten in dafür bestehenden Märkten (Zielgruppen). Beim ausländischen Markteintritt wird i. d. R. also die bestehende Produkt-Markt-Kombination nicht verlassen. An die Wahl der Marktdurchdringung (= strategische Urzelle) können sich dann auch die anderen strategischen Produkt-Markt-Kombinationen – etwa im Sinne der Z-Strategie – anschließen (vgl. hierzu auch den 1. Abschnitt zu den „Marktfeldstrategien" im Einzelnen). Empirische Untersuchungen zeigen jedoch, dass eine **internationale Diversifikationsstrategie** mehr Auslandserfahrung voraussetzt als die anderen marktfeld-strategischen Optionen (*Lim/Sharkey/Kim,* 1993, S. 111 ff.). Neuere Untersuchungen ergaben im Übrigen – und zwar im Gegensatz zu früheren (z. B. *Geringer/Beamish/da Costa,* 1989) –, dass stark diversifizierte (International/Product Diversification) Unternehmen nicht erfolgreicher sind als nicht so stark diversifizierte (*Sambharya,* 1995).

Wichtige Berührungspunkte weist übernationales Marketing auch zur zweiten strategischen Ebene (**Marktstimulierungsstrategien:** Präferenz- oder Preis-Mengen-Strategie) und zur dritten strategischen Ebene (**Marktparzellierungsstrategien:** Massenmarkt- bzw. Marktsegmentierungsstrategie) auf, und zwar unter besonderer Berücksichtigung der für das übernationale Marketing typischen Fragestellung der Standardisierung bzw. Differenzierung des Marketing(mix).

Bezogen auf eine globale Branche kann man in Anlehnung an *Porter* insgesamt vier **grundlegende Strategieoptionen** (*Porter,* 1989 b, S. 51 ff., siehe hierzu auch *Terpstra/Sarathy,* 1991, S. 179 ff.) unterscheiden *(Abb. 217).*

Die **globale Strategie** im umfassenden Sinne strebt hier entweder nach globalem Aufbau und Durchsetzung von Preis- oder von Leistungsvorteilen (vgl. hierzu auch 2. Abschnitt „Marktstimulierungsstrategien"). Strategischer Ansatzpunkt ist, den Weltmarkt mit (hoch) standardisierten Leistungen zu bearbeiten. Global preis-mengen-strategisch operierende Unternehmen nutzen dabei vor allem **Skalenvorteile** (= Kostenvorteile) im technischen Bereich (speziell in Forschung und Entwicklung sowie Produktion, ggf. auch Beschaffung, z. B. *Toyota*), global präferenz-strategisch agierende Unternehmen dagegen setzen primär auf **Leistungsvorteile** (häufig neben technischen auch Prestigevorteile), die sie preispolitisch ent-

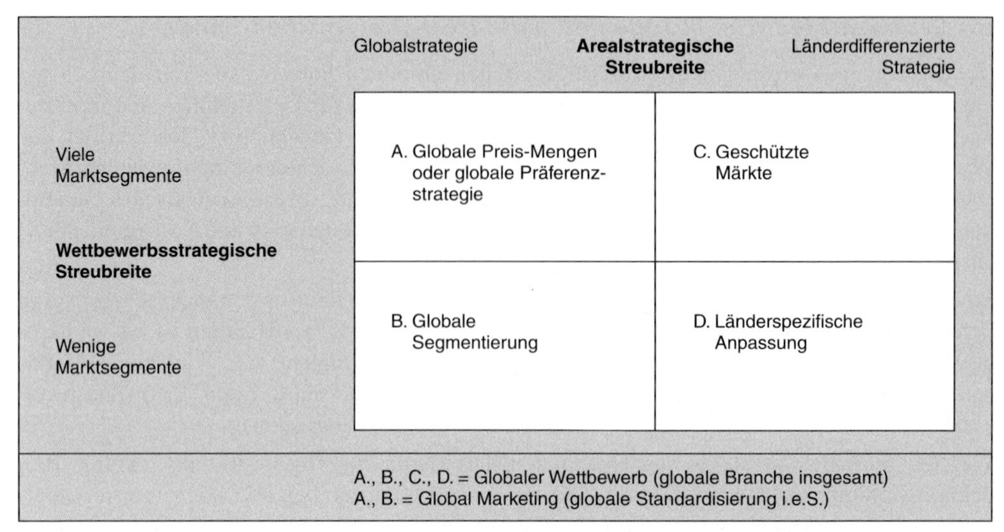


*Abb. 217: Die wichtigsten strategischen Optionen in einer globalen Branche*

sprechend auszuschöpfen versuchen (unter gleichzeitiger Nutzung von Skaleneffekten, um die Differenzierungskosten zu senken, z. B. *BMW* ).

Der Ansatz einer **globalen Segmentierungsstrategie** besteht darin, im Sinne des Global Marketing (Standardisierung) sich auf ein bestimmtes Segment bzw. eine spezielle Zielgruppe zu konzentrieren (*Kreutzer,* 1991; *Langner,* 1991; *Stegmüller,* 1995). Eine solche Strategie, die die Skalenvorteile einer Globalstrategie besitzt und gleichzeitig die vorhandenen Ressourcen auf ein schmales, attraktives Segment lenkt, ist häufig eine adäquate strategische Option gerade auch für mittelständische Unternehmen, die sich am „Global Game" beteiligen wollen (vgl. hierzu etwa die erfolgreiche Politik der Firma *Stihl,* die aufgrund entsprechender technischer Spezialisierung weltweit den Markt der mobilen Motorsägen dominiert). Typisch für globale Segmentierungen mit hoher Standardisierung sind auch weltweite Luxusmarken-Strategien wie sie etwa die französischen Unternehmen *Cartier* bzw. der Luxus-Konzern *LVMH* betreiben.

Bei der globalen strategischen **Option „geschützte Märkte"** wählt das Unternehmen Länder aus, in denen der Staat bestimmte Unternehmen bzw. Branchen mit hohem lokalen Eigenfertigungsanteil besonders schützt, etwa über hohe Zollschranken und/oder enge Importquoten. Auf diese Weise versucht sich ein Land in bestimmten Marktbereichen gleichsam vom internationalen Wettbewerb abzukoppeln. Das erfordert bei international operierenden Firmen durchweg frühzeitige Investitionsstrategien in diesen Ländern, um solche aufgebauten Markteintrittsbarrieren überwinden zu können (*Porter,* 1989 b, S. 52). Typisch ist dieses Vorgehen speziell in protektionistisch geschützten Entwicklungsländern, und zwar i. d. R. mit dafür jeweils länderspezifischen Konzepten. Sie müssen speziell bei Investitions- bzw. Gebrauchsgütern ggf. auch bestehende **Local-Content-Bestimmungen** berücksichtigen (unter Local Content „versteht man allgemein die Bestrebungen lokaler Nachfrager, den nationalen Liefer- bzw. Leistungsanteil des Bestellerlandes an dem zu vergebenden Auftrag zu erhöhen", *Schütz,* 1990, S. 26).

Bei der globalen strategischen **Option „länderspezifische Anpassung"** konzentriert sich das Unternehmen „auf diejenigen Segmente, in denen die länderspezifischen Unterschiede am stärksten zum Tragen kommen, obwohl die Branche insgesamt durchaus globale Züge aufweist" (*Porter,* 1989 b, S. 52 f.). Das bedeutet, dass ein Unternehmen bereit sein muss, in jedem Land spezielle lokale/regionale Anforderungen an Produkte, Absatzkanäle und Marketingmethoden zu erfüllen (siehe auch *Kreutzer,* 1991). Es verzichtet damit auf die Ausschöpfung von Skalenvorteilen einer standardisierten Globalstrategie. Für eine betriebswirtschaftlich sinnvolle Realisierung bieten sich gerade bei dieser Option **strategische Allianzen** an. Unter strategischen Allianzen werden Koalitionen von zwei oder mehr selbstständigen Unternehmen verstanden, die zum Zwecke der Vereinigung der jeweiligen unternehmensindividuellen Stärken eingegangen werden. Spezifisches Merkmal solcher Koalitionen ist die Selbstständigkeit der Partner, die auch nach Gründung des Bündnisses erhalten bleibt (*Porter/Fuller,* 1989; *Keegan/Schlegelmilch/Stöttinger,* 2002 sowie 4. Teil, Darlegungen zu „Strategische Realisierungsformen").

Jedes Unternehmen muss – bezogen auf den globalen Wettbewerb – jene Option wählen, mit deren Hilfe die branchenspezifischen **Konfigurations- bzw. Koordinationsvorteile** optimal genutzt werden können (*Porter,* 1989 b, S. 51, *Terpstra/Sarathy,* 1991, S. 186 ff.). Darüber hinaus ist die Wahl auch als *situativ,* d. h. also kontextabhängig anzusehen. Hierbei ist etwa der Zusammenhang zwischen Unternehmenszielen und Umweltsituation einerseits und Strategie und Organisationsstruktur andererseits zu beachten. Das bedeutet, dass in zahlreichen Branchen zwei oder mehr der beschriebenen Strategien durchaus nebeneinander existieren können (*Porter,* 1989 b, S. 54, zur Kontextabhängigkeit erfolgreicher Strategien der internationalen Marktbearbeitung siehe *Jenner,* 1994 sowie *Müller/Kornmeier,* 2002).

Damit sind insgesamt auch Grundfragen der **Erfolgsfaktoren/-aussichten** des über- bzw. internationalen Marketing berührt. Eingangs wurden die Zwänge zum Global Marketing angesprochen, d. h. im Prinzip können sich die meisten Unternehmen in den meisten Märkten bzw. Branchen einer internationalen Betätigung gar nicht mehr entziehen. Andererseits zeigen gerade die Beispiele großer, seit langem international tätiger Unternehmen, dass gerade diese Global Player hohes Know-how – gerade auch Marketing-Know-how – ansammeln und damit ihre Marketingfähigkeiten und ihren Markterfolg entsprechend steigern konnten (vgl. etwa *Procter & Gamble, Nestlé, Coca-Cola, Toyota, Siemens, BASF*).

Wichtige Erfolgsgrundlage internationaler Unternehmen bildet einmal das konsequente Ausschöpfen von **Marktpotenzialen** und von **Skalenvorteilen** (Economies of Scale, *Perlitz,* 1995, S. 101 f.). Ursächlich für den Erfolg internationaler Betätigung sind vor allem markt- und unternehmensadäquate Markteintrittsstrategien, speziell stufenmäßige Vorgehensweisen (*Meffert/Bolz,* 1998, S. 124 ff.) und die jeweils angemessene internationale Ausrichtung aller unternehmerischer Funktionsbereiche (*Perlitz,* 1995, S. 301 ff.). Ganz entscheidend sind in diesem Zusammenhang auch die Überwindung bzw. Minderung von **Kulturdistanzen** im Management (*Berger & Partner,* 1993, S. 16 ff. bzw. S. 31 ff.; *Müller/Kornmeier,* 2002, S. 177 ff.; *Zentes/Swoboda/Schramm-Klein,* 2006, S. 597 ff. bzw. *Müller/Gelbrich,* 2015 i. E.).

## 5. Strategiekombinationen (Strategieprofile)

Im Vordergrund der bisherigen strategischen Überlegungen und Ableitungen standen die inhaltlichen Fragen marketing-strategischen Vorgehens am Markt, und zwar bewusst auf der Basis einer mehr isolierenden Betrachtungsweise verschiedener Strategieebenen (= 1. bis 4. Ebene: Marktfeld-, Marktstimulierungs-, Marktparzellierungs- und Marktarealstrategien). Nur auf diese Weise war es möglich, die jeweiligen strategischen Optionen auf den einzelnen Strategieebenen hinreichend differenziert darzustellen. Erfolgreiche strategische Konzepte von Unternehmen sind andererseits aber selten das Ergebnis einer optimalen Strategiewahl lediglich auf einer Strategieebene, sondern ganz überwiegend Resultat einer **konsequenten Bündelung** mehrerer strategischer Optionen auf mehreren (allen) strategischen Ebenen. Auf die damit verbundenen Grundfragen gesamtstrategischer Handlungsmuster im Sinne der Ableitung unternehmensindividueller Strategieprofile oder besser: Strategie-Chips (= gesamtstrategische Steuerungselemente) soll im Folgenden nun noch näher eingegangen werden.

Die Herausarbeitung grundlegender Arten und Ausprägungen von Marketingstrategien hat im Einzelnen gezeigt, dass es mehrere spezifische Anknüpfungsmöglichkeiten für strategisches Handeln gibt. Insgesamt sind vier grundlegende strategische Ansatzebenen (Dimensionen) unterschieden und siebzehn strategische Einzelalternativen (Optionen) identifiziert und analysiert worden. Die vier strategischen Ebenen können gleichsam als das **Grundraster** strategischen Agierens überhaupt aufgefasst und die siebzehn strategischen Einzelalternativen als die einzelnen strategischen Bauelemente für die Konstruktion gesamtstrategischer Architekturen angesehen werden *(Abb. 218)*.

| Strategieebenen | Strategiealternativen | | | | | | |
|---|---|---|---|---|---|---|---|
| **1. Marktfeld-strategien** | Marktdurch-dringungsstra-tegie ○ | Marktentwick-lungsstrategie ○ | Produktent-wicklungs-strategie ○ | Diversifika-tionsstrategie ○ | | | |
| **2. Marktstimulie-rungsstrategien** | Präferenz-strategie ○ | Preis-Mengen-Strategie ○ | | | | | |
| **3. Marktparzellie-rungsstrategien** | Massenmarktstrategie (totale) ○ | Massenmarktstrategie (partiale) ○ | Segmentierungsstrategie (totale) ○ | Segmentierungsstrategie (partiale) ○ | | | |
| **4. Marktareal-strategien** | Lokale Strat. ○ | Regio-nale Strat. ○ | Überre-gionale Strat. ○ | Natio-nale Strat. ○ | Multina-tionale Strat. ○ | Interna-tionale Strat. ○ | Welt-markt-strat. ○ |

*Abb. 218: Das Strategie-Raster (Box der strategischen Bauelemente)*

Dieses strategische Grundraster erlaubt eine vollständige strategische Strukturierung unternehmerischen Handelns. Die **Steuerungsleistung** strategischer Festlegungen ist umso stärker, je *höher* der Strategiekanal ist (= Verhinderung taktisch-instrumentaler Ausreißer). Der Strategiekanal ist dann am höchsten, wenn er gemäß des entwickelten Strategierasters vierschichtig aufgebaut ist, d. h. insgesamt auf marktfeld-, marktstimulierungs-, marktparzellierungs- und marktareal-strategischen Fixierungen beruht.

Das aber heißt, dass die optimale marketing-strategische Steuerungsleistung erst durch entsprechende **mehrdimensionale Strategiefestlegungen** (= Strategiekombinationen) erreicht wird.

### *a) Zur Kombination marketing-strategischer Bausteine (Design des Strategie-Chips)*

Durch die Verknüpfung strategischer Bausteine verschiedener Ebenen entsteht gleichsam ein unternehmensspezifisches Steuerungselement (**Strategie-Chip**, *Becker,* 1985 b bzw. 1986 b), das das gesamte Markthandeln eindeutig zu steuern vermag. Unternehmen sind unter erschwerten Marktbedingungen mehr denn je auf solche Steuerungsleistungen angewiesen. Was den Aufbau (Design) solcher Strategie-Chips betrifft, so geht es grundsätzlich um zwei **zentrale Ansatzpunkte,** und zwar um die:

- **Bestimmung der strategischen Höhe** (= *vertikale* Strategiekombination) und die
- **Bestimmung der strategischen Breite** (= *horizontale* Strategiekombination).

Eine Darstellung *(Abb. 219)* verdeutlicht die richtungsstrategischen Vorgehensweisen bei der mehrdimensionalen Strategiefestlegung (Strategiekombination).

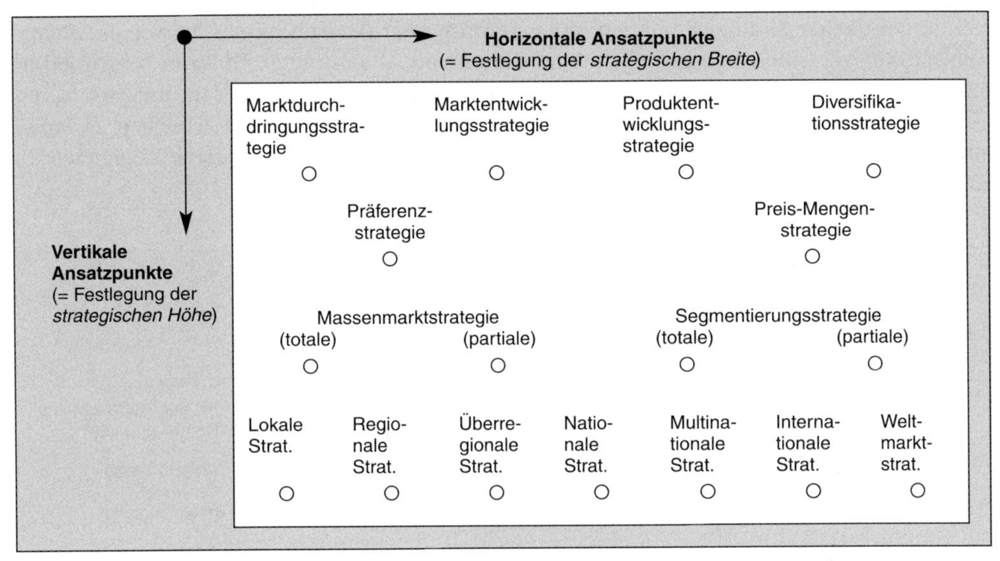


*Abb. 219: Grundsätzliche strategische Kombinationsrichtungen*

Die Festlegung der strategischen Höhe zielt auf eine zunächst möglichst vollständige **strategische Grundausstattung** des Unternehmens (= Strategie-Chip der 1. Generation). Seine Steuerungsleistung ist dabei – wie bereits dargelegt – eine Funktion der jeweiligen strategischen Höhe (im Idealfall *vierstufiger* Strategie-Aufbau). Die Bestimmung bzw. spätere Ausweitung der strategischen Breite ist demgegenüber auf bestimmte Formen der Strategieentwicklung (strategische Evolution) gerichtet. Das Ergebnis solcher strategischen Veränderungen sind Strategie-Chips nächster Generationen, die sich durchweg durch *verbesserte* Steuerungsleistungen (= stärker integrierte bzw. komplettierte Strategie-Chips) auszeichnen.

Solche Strategie-Chips werden – das ist zu beachten – vielfach für ganze Unternehmen entwickelt und als entsprechende Steuerungsgrundlage benutzt. Bei heterogenen Programmen von Unternehmen, ggf. differenziert mit unterschiedlichen Marken, ist es andererseits notwendig, Strategiekonzepte (Strategie-Chips) programm- und/oder markendifferenziert zu gestalten, wenn aufgrund unterschiedlicher Markt- und Wettbewerbsbedingungen jeweils **unterschiedliche strategische Kurse** („Routen“) verfolgt werden müssen. Am konsequentesten ist ein entsprechend differenziertes strategisches Vorgehen immer dann möglich, wenn Unternehmen nach Divisions oder Strategischen Geschäftseinheiten (mit entsprechenden dezentralen Leitungsbefugnissen) geführt werden. Ein solcher differenzierter Ansatz ist dann übrigens schon auf der 1. konzeptionellen Ebene (Unternehmens- und Bereichsziele, u. a. Marketingziele) notwendig und sinnvoll (vgl. hierzu auch 1. Teil „Ziele", speziell Abschnitt zur Zielpyramide bzw. Hierarchisierung von Zielen).

Im Folgenden sollen nun die Grundfragen der Gestaltung von **mehrdimensionalen Strategieprogrammen** näher herausgearbeitet werden. Am Anfang stehen zunächst Fragen der vertikalen Strategiegestaltung.

### *b) Vertikale Strategiekombinationen (Bestimmung der strategischen Grundausstattung)*

Bei der vertikalen Strategiekombination (= 1. Stufe oder Generation der Strategiekombination) gibt es verschiedene Einstiegsmöglichkeiten und Ablauffolgen. Es kann prinzipiell an jeder der vier herausgearbeiteten strategischen Ebenen angeknüpft werden, um von da aus eine vollständige strategische Grundausstattung eines Unternehmens zu erreichen. Wenn es auch keine zwingenden Kombinationspfade gibt, so können trotzdem **typische Pfade** identifiziert werden *(Abb. 220)*.

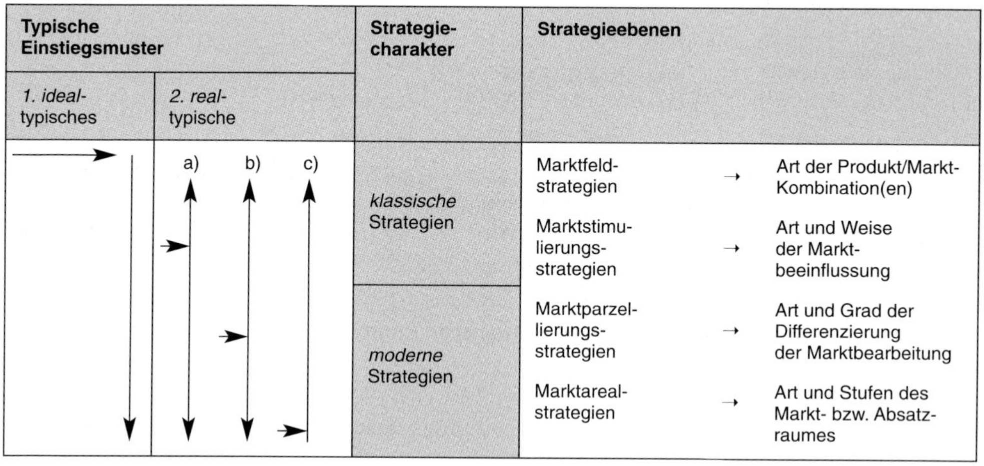

| **Typische Einstiegsmuster** | | **Strategiecharakter** | **Strategieebenen** | | |
|---|---|---|---|---|---|
| *1. idealtypisches* | *2. realtypische* a) b) c) | | | | |
| | | *klassische* Strategien | Marktfeldstrategien | → | Art der Produkt/Markt-Kombination(en) |
| | | | Marktstimulierungsstrategien | → | Art und Weise der Marktbeeinflussung |
| | | *moderne* Strategien | Marktparzellierungsstrategien | → | Art und Grad der Differenzierung der Marktbearbeitung |
| | | | Marktarealstrategien | → | Art und Stufen des Markt- bzw. Absatzraumes |

*Abb. 220: Vertikale Strategiekombinationen und typische Einstiegsmuster*

Der *idealtypische* strategie-kombinierende Pfad knüpft dabei an der Reihenfolge an, wie sie auch der Behandlung der Marketingstrategien in diesem 2. Teil zugrundeliegt. Diese Reihenfolge bzw. die daraus folgende stufen-orientierte Strategieableitung ist jedoch nicht in jedem Falle zwingend, sondern strategisches Denken und Konzipieren kann grundsätzlich an jeder Ebene anknüpfen. Gleichwohl entspricht die idealtypische vertikale Reihenfolge der Strategiekombination einer bestimmten **strategischen Logik**, die auch eine bestimmte marketinggenetische Basisentwicklung widerspiegelt. Die Strategieebenen 1 und 2 (Marktfeld- und Marktstimulierungsstrategien) repräsentieren im Prinzip klassische strategische Optionen. Ohne Festlegung hinsichtlich dieser Optionen kommt eigentlich kein marktorientiertes Unternehmen aus, das sein Handeln ziel- und strategiegeleitet steuern will. Die Strategieebenen 3 und 4 (Marktparzellierungs- und Marktarealstrategien) entsprechen dagegen in hohem Maße jüngeren strategischen Entwicklungen, und zwar insoweit, als aufgrund vieler stagnierender bzw. schwach wachsender Märkte heute entsprechende strategische Konsequenzen wie Marktsegmentierung und/oder internationale Absatzraumerweiterung notwendig geworden sind (nämlich im Sinne einer kompletten **strategischen Grundausstattung** = Strategie-Chip der 1. Generation). Diese strategische Grundausstattung hängt dabei nicht nur von den jeweiligen Voraussetzungen bzw. Potenzialen des Unternehmens selbst ab, sondern auch vom jeweiligen Reifegrad bzw. den spezifischen Wettbewerbsbedingungen des relevanten Marktes (= situative Komponenten der Strategiewahl).

Die andererseits als *realtypisch* bezeichneten strategie-kombinierenden Pfade knüpfen jeweils bewusst nicht an der ersten Strategieebene, sondern gezielt an einer der drei anderen an. Das realtypische Einstiegsmuster *2 a)* orientiert sich vorrangig an der zweiten Strategieebene. Ein solcher strategischer Einstieg in den strategischen Kombinationsprozess kennzeichnet die **besondere Rolle** der marktstimulierungs-strategischen Optionen für das strategische Gesamtkonzept. In der Unternehmenspraxis geht jedenfalls die strategische Festlegung auf dieser Ebene vielfach allen anderen strategischen Entscheidungen voraus. Die marktstimulierungs-strategischen Alternativen können in dieser Hinsicht auch als Schlüsselstrategien angesehen werden. Die vorrangige Entscheidung in Bezug auf diese Strategien hängt auch mit gravierenden Marktschichtenveränderungen (Stichwort „Polarisierung“, siehe hierzu den folgenden Abschnitt „Horizontale Strategiekombinationen“) zusammen. Das realtypische strategie-kombinierende Vorgehen nach dem Muster *2 a)* ist jedoch nur dann zulässig, wenn auch entsprechend nach oben (zur 1. Strategieebene) und nach unten (zur 3. und 4. Strategieebene) rückgekoppelt wird, ggf. in mehrmaligen fein-strategischen Justierungsstufen.

Es gibt jedoch auch noch **andere strategische Einstiegsmuster** für die vertikale Strategiekombination. Je stärker Märkte Stagnationserscheinungen oder zumindest Wachstumsschwächen aufweisen, desto mehr gewinnen Strategien einer marktlichen **Feinbearbeitung** (z. B. Marktsegmentierung) bzw. einer vollständigen Marktabdeckung an Bedeutung. Nicht selten werden dann marktparzellierungs-strategische Optionen (d. h. also die 3. strategische Ebene) als zentraler Ausgangspunkt von Strategiekonzepten gewählt (= realtypisches Einstiegsmuster *2 b)*).

Ein **weiteres strategisches Einstiegsmuster,** das vorrangig an den modernen Strategien anknüpft, ist das realtypische Muster *2 c)*. Es entspricht einer zunehmend globalen Sicht des Wettbewerbs und der darauf abgestellten strategischen Antworten. Zumindest in globalen Branchen ist der strategische Schlüsselpunkt eines Konzepts in der Art und Intensität der **über- bzw. internationalen Marktbearbeitung** zu sehen.

Trotzdem: auch die moderneren Einstiegsmuster bei der vertikalen Strategiekombination (*2 b)* und *2 c)* ) sind nur dann gerechtfertigt bzw. führen nur dann zu schlüssigen Strategiekonzepten, wenn von der jeweils gewählten strategischen Einstiegsebene ausgehend eine **entsprechende Abstimmung** bzw. Rückkopplung mit den jeweils drei übrigen Strategieebenen erfolgt. Insofern gilt – was bereits eingangs formuliert wurde –, dass ein strategisches Konzept (im Sinne strategischer Grundausstattung) erst dann vollständig und konsequent ist, wenn abgestimmte – Interdependenzen berücksichtigende – Strategiefestlegungen auf **allen vier Strategieebenen** vorgenommen worden sind. Nur dann ist ein solches strategisches Grundkonzept geeignet, als Steuerungsgrundlage für den Marketingmix (= Wahl der operativen Marketinginstrumente) zu dienen. Auf diese Weise werden zugleich die konzeptionellen Verknüpfungen zwischen Strategieebene einerseits und Mixebene andererseits deutlich (= **konzeptionelle Kette**).

Auf der Basis dieser skizzierten vertikalen Strategiefestlegungen (ideal- oder realtypischer Art) entsteht gleichsam das **strategische Profil** eines Unternehmens *(Abb. 221)*. Für die eigene strategische Justierung ist es dabei in der Regel sinnvoll, wenn nicht notwendig, zumindest für die *wichtigsten* Konkurrenten entsprechende – aufgrund gezielter Konkurrenzforschung gewonnene – **Konkurrenzprofile** in den Strategieentscheidungsprozess mit einzubeziehen. Die Ableitung solcher Strategieprofile dient zugleich der wettbewerbsorientierten Marktanalyse bzw. der Festlegung angemessener wettbewerbsstrategischer Optionen für das eigene Unternehmen (siehe hierzu auch den nächsten Abschnitt zu den „Wettbewerbsstrategien").

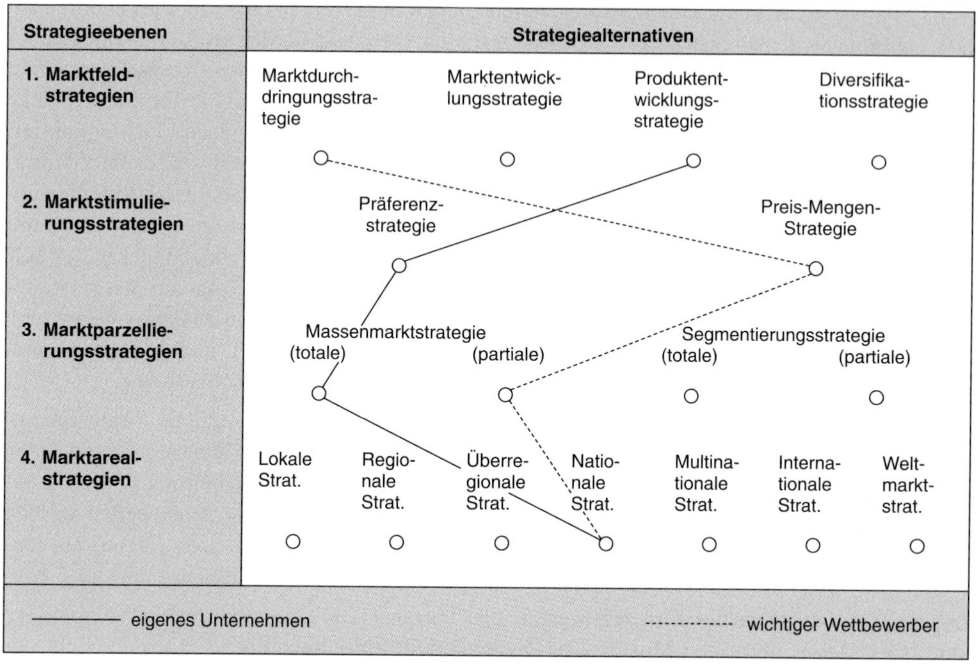

| Strategieebenen | Strategiealternativen |
|---|---|
| 1. Marktfeldstrategien | Marktdurchdringungsstrategie; Marktentwicklungsstrategie; Produktentwicklungsstrategie; Diversifikationsstrategie |
| 2. Marktstimulierungsstrategien | Präferenzstrategie; Preis-Mengen-Strategie |
| 3. Marktparzellierungsstrategien | Massenmarktstrategie (totale), (partiale); Segmentierungsstrategie (totale), (partiale) |
| 4. Marktarealstrategien | Lokale Strat.; Regionale Strat.; Überregionale Strat.; Nationale Strat.; Multinationale Strat.; Internationale Strat.; Weltmarktstrat. |

——— eigenes Unternehmen   ------------ wichtiger Wettbewerber

*Abb. 221: Strategieprofil des eigenen Unternehmens im Vergleich zu einem wichtigen Wettbewerber (Modellbeispiel)*

Bei der vertikalen Strategiekombination gibt es sowohl Wahlfreiheiten als auch bestimmte Wahlzwänge. Wahlzwänge bestehen immer dann, wenn es quasi natürliche Strategiebündelungen zu beachten gilt, deren Durchbrechung zwar nicht unmöglich ist, die jedoch nicht selten zu erheblichen Komplikationen führen kann. Solche **natürlichen Strategiebündelungen** lassen sich z. B. zwischen marktstimulierungs- und marktparzellierungsstrategischer Ebene identifizieren *(Abb. 222)*.

Diese Darstellung macht deutlich, dass die Präferenzstrategie sowohl mit der Massenmarkt- als auch mit der Segmentierungsstrategie verknüpfbar ist, während die Preis-Mengen-Strategie im Prinzip nur eine massen-strategische Marktbearbeitung zulässt. Das heißt, zwischen den beiden betrachteten Strategieebenen und ihren jeweiligen strategischen Optionen bestehen jeweils bestimmte wesensmäßige strategische Entsprechungen sowie nutzbare Synergien.

Was die **vertikale Strategie-Kombination** (i. S. strategischer Grundausstattung) insgesamt betrifft – das soll hier noch einmal betont werden –, so ist sie grundsätzlich nur dann vollstän-

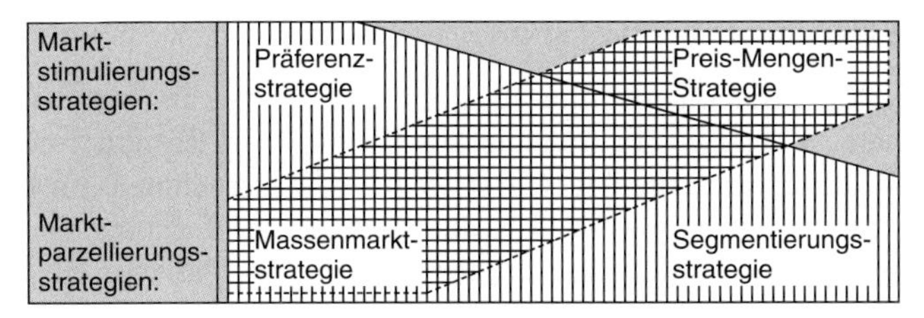


*Abb. 222: Natürliche Strategiebündelungen (Strategieklumpen)*

dig, wenn sie Festlegungen auf *allen* vier Strategieebenen enthält. Fehlen einzelne strategieebenen-spezifische Festlegungen, so ist grundsätzlich die Steuerungsleistung des Strategie-Chips eingeschränkt, und zwar deshalb, weil dann der **Strategiekanal** nicht eindeutig genug definiert ist. Der Marketinginstrumenteneinsatz (= Ebene des Marketingmix, siehe hierzu 3. Teil) kann dann in der Regel *nicht* schlüssig und ziel-strategisch geplant und entsprechend realisiert werden.

### *c) Horizontale Strategiekombinationen (Formen der strategischen Evolution)*

Neben den diskutierten Möglichkeiten bzw. Zwängen vertikaler Strategiekombinationen bestehen auch solche horizontaler Art, auf die bereits bei der isolierten Behandlung der basisstrategischen Optionen im Rahmen der 1. bis 4. Strategieebene ansatzweise eingegangen wurde (wie z. B. Möglichkeiten der **evolutorischen Strategiekombination** auf der marktstimulierungs-strategischen Ebene, nämlich Kombination von Präferenz- und Preis-Mengen-Strategie über Mehrmarken-Konzepte oder auch Formen strategischer Evolution auf der marktparzellierungs-strategischen Ebene, etwa Kombination von Massenmarkt- und Segmentierungsstrategie, und zwar häufig ebenfalls über Mehrmarken-Konzepte). Solche horizontalen Strategiekombinationen sind in der Regel Ausdruck und Konsequenz von spezifischen Markt- und/oder Umweltentwicklungen, auf die Unternehmen nicht nur taktisch, sondern zunächst einmal *strategisch* antworten müssen (in der Unternehmenspraxis steht dagegen das taktische Agieren noch immer relativ stark im Vordergrund).

Die strategische Unternehmensführung ist – im Gegensatz zur taktisch, kurzfristorientierten Routineführung – dadurch gekennzeichnet, dass sie nicht so sehr auf die Erfüllung kurzfristiger (Teil-)Ziele abstellt, sondern vielmehr auf die **mittel- und langfristige Ertrags- und Existenzsicherung** des Unternehmens ausgerichtet ist. Dazu gehört auch angesichts zunehmender Markt- und Umweltdynamik die Ortung und Nutzung latenter Erfolgspotenziale. Es geht insoweit um eine gezielte Strategie(weiter)entwicklung, die an noch nicht genutzten strategischen Optionen des strategischen Baukastens anknüpft. Gerade bei schwach wachsenden oder gar stagnierenden Märkten sind dabei primär gezielte strategische Öffnungen im Sinne einer strategischen Weiterentwicklung (Evolution) angezeigt. Eine derartige Strategieevolution im Sinne strategischer An- und Umbauten kann bzw. muss vor allem an jeweiligen *horizontalen* Strategiereserven ansetzen.

Bezüglich solcher evolutionärer Weiterentwicklungen des Strategiekonzepts der Unternehmen können zwei **grundlegende Varianten** unterschieden werden, nämlich

- **strategischer Und-Ansatz** (= Sowohl-als-auch-Konzept) und
- **strategischer Oder-Ansatz** (= Entweder-oder-Konzept).

Beide Grundformen der Strategieentwicklung sollen im Folgenden näher aufgezeigt werden.

### *ca) Und-Ansatz der Strategieevolution*

Welche Bedeutung die Strategieevolution für die Existenzsicherung von Unternehmen heute hat, soll beispielhaft an der zweiten strategischen Ebene (Marktstimulierungsstrategie) skizziert werden. In Bezug auf die grundlegende strategische Unternehmensentscheidung, ob Präferenzstrategie (= Qualitätswettbewerb, d. h. die Strategie des Leistungsvorteils) oder Preis-Mengen-Strategie (= Preiswettbewerb, d. h. die Strategie des Preisvorteils) gewählt werden soll, haben sich in der Vergangenheit viele Unternehmen aus Gründen **strategischer Konsequenz** für *eine* der beiden strategischen Optionen entschieden. Bereits in der Vergangenheit hat ein unklares Konzept bezüglich des marktstimulierungs-strategischen Agierens meistens zu Misserfolg und Existenzgefährdung geführt (zur Problematik der Weder-noch-Strategie bzw. der „Zwischen-den-Stühlen-Strategie", *Porter,* 1995, S. 71 ff.).

Strategisch „zwischendrin" operierende Unternehmen verfügen einerseits meist nicht über entsprechend differenziert-innovative Produkte (Leistungen), um gezielt die sog. Markenkäufer zu gewinnen. Andererseits vermögen sie in der Regel auch nicht solche Preisvorteile zu bieten, um die sog. Preiskäufer konsequent an sich zu binden (vgl. hierzu auch die zusammenfassenden Darlegungen zu den Marktstimulierungsstrategien). Insgesamt berücksichtigen sie nicht grundlegende **Zusammenhänge** zwischen Rentabilität (ROI) und marktstimulierungs-strategischen Alternativen *(Abb. 223).*

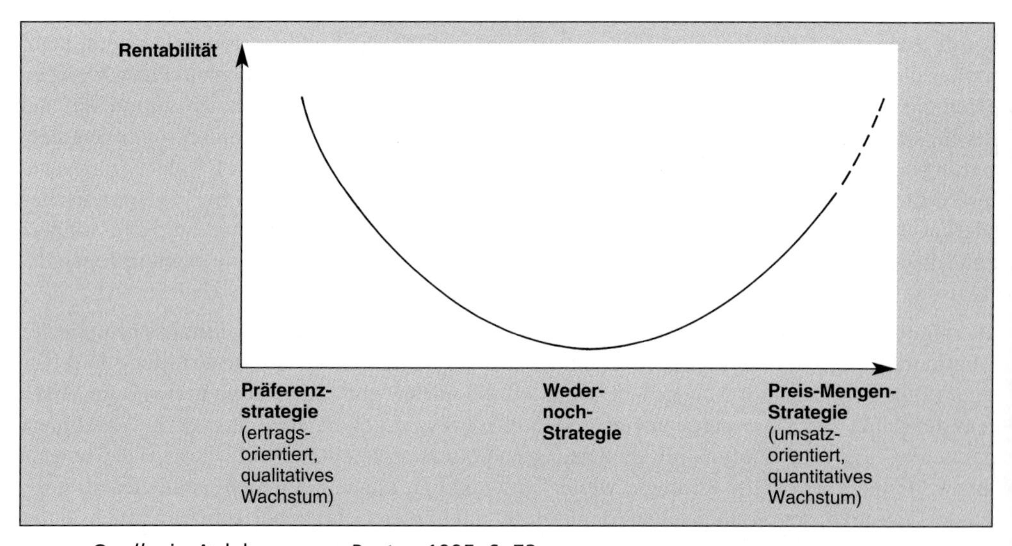


*Quelle:* in Anlehnung an *Porter,* 1995, S. 73

*Abb. 223: Grundlegende Zusammenhänge zwischen Rentabilität (ROI) und marktstimulierungs-strategischen Alternativen*

Diese aufgrund empirischer Analysen (u. a. *PIMS* -Projekt, vgl. *Buzzell/Gale,* 1989) generell vermutete Rentabilitätskurve bzw. Rentabilitätstendenz macht deutlich, wie wichtig für Unternehmen gerade im Hinblick auf die marktstimulierungs-strategische Entscheidung eine **klare Positionierung** bzw. ein klarer Kurs ist.

Der Zwang zur klaren, eindeutigen Strategiefestlegung bedeutet jedoch andererseits nicht – das ist wesentlich –, dass ein Unternehmen entweder nur ein präferenz-strategisches oder nur ein preis-mengen-strategisches Konzept realisieren kann. Gerade für bisher rein präferenz-strategisch operierende Unternehmen gibt es aufgrund der **Polarisierung von Märkten** vielfach Zwänge zu einer strategischen Korrektur, und zwar in aller Regel nicht im Sinne eines strategischen Wechsels zur Preis-Mengen-Strategie, sondern vielmehr im Sinne eines gezielten **horizontalen strategischen Anbaus** (marktinduzierte Strategieentwicklung).

Diese strategischen Zwänge sind das Ergebnis grundlegender **Veränderungen der Marktschichten-Struktur,** wie sie sich in vielen Märkten abzeichnen bzw. schon weitgehend vollzogen haben (u. a. im Möbel-, Uhren-, Eiskrem-, Sektmarkt). Folgende Modelldarstellung *(Abb. 224)* versucht die Strukturveränderungen von Märkten zu modellieren (vgl. hierzu auch *Becker,* 1986 a, 1988, 1996 a und 2004 sowie die Darlegungen zu „Methoden zur Strategiebestimmung").

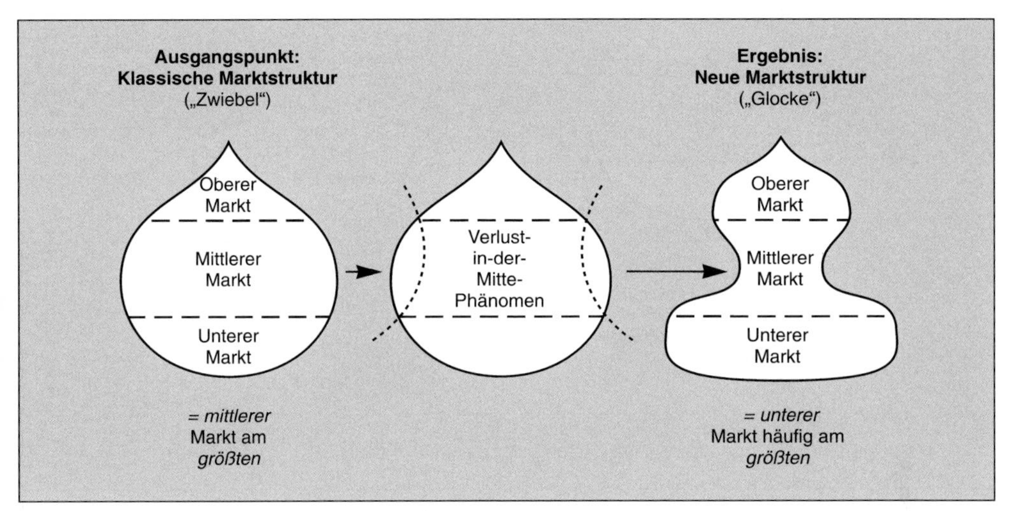


*Abb. 224: Grundlegende Änderungen in der Marktschichtenstruktur (Polarisierungs- bzw. Verlust-in-der-Mitte-Phänomen, Basis: Marktvolumen)*

Angesichts solcher gravierender Änderungen in der Marktschichtung muss heute jedes Unternehmen zunächst seine **strategische Grundposition** überprüfen und die notwendigen konzeptionellen Konsequenzen ziehen, und zwar zunächst die strategischen. Gerade präferenz-strategisch agierende Unternehmen haben sich – bei entsprechenden Markt- und Markenvoraussetzungen – häufig für ein gezieltes Trading-up entschieden, nicht selten jedoch, ohne die strategischen und die marketing-instrumentalen Anforderungen voll zu würdigen (z. B. Art sowie Umfang der Marktabdeckung und **(Mehr-)Markenkonsequenzen**).

Ursprünglich hatten sich viele präferenz-strategisch handelnde Unternehmen (hier speziell der große Bereich der klassischen Markenartikelhersteller auf Massenmärkten) bei noch „zwiebelförmiger" Marktschichten-Struktur bewusst im *mittleren* Markt etabliert und von dort aus typisches **Mehrzonen-Marketing** (d. h. einschließlich arrondierender Mitabdeckung sowohl unterer Zonen des oberen als auch oberer Zonen des unteren Marktes) betrieben. Für polarisierte Märkte („Glocke") typische strategische Fluchtbewegungen *allein* nach oben (Trading-up- oder Premiummarken-Strategie) führen dagegen zu einseitigen Marktpositionen, weil man von solchen einschichtigen Positionen heraus nicht mehr am häufig ausgeprägten Volumenwachstum gerade *unterer* Märkte partizipieren kann. Das heißt mit anderen Worten, aus Gründen der Marktvolumenzuwächse sowohl im oberen als auch im unteren Markt ist vielmehr oft ein konsequentes **Mehrschichten-Marketing** angezeigt. Das aber ist in der Regel mit der etablierten Stamm-Marke allein aus Gründen der Marken- und Preispflege bzw. ihrer Glaubwürdigkeit nicht mehr möglich. Eine Modelldarstellung *(Abb. 225)* versucht diese Zusammenhänge zu verdeutlichen (siehe *Becker,* 1988, S. 43 und 2004, S. 662 f.).

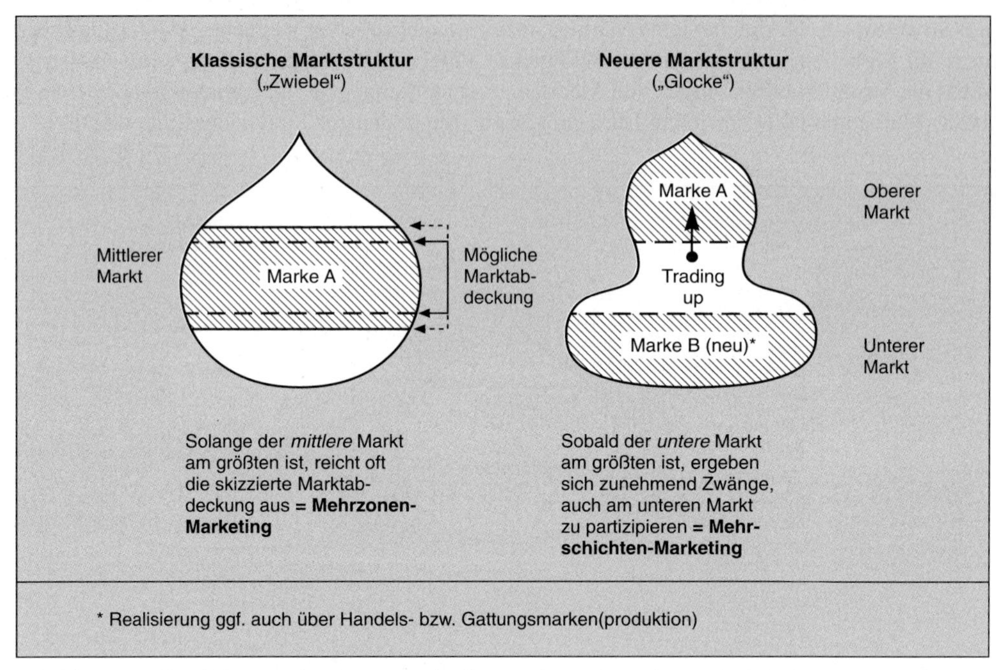


*Abb. 225: Klassisches Mehrzonen-Marketing und neue markenstrategische Zwänge eines Mehrschichten-Marketing*

Die skizzierten Marktschichtenveränderungen (von der „Zwiebel" zur „Glocke") und präferenz-strategisch zunächst nahe liegende Trading-up-Strategien machen im Laufe der Zeit aus Marktabdeckungsgründen (d. h. aus Gründen einer ausreichenden Ausschöpfung neu verteilter schichten-spezifischer Marktvolumina) – speziell im Hinblick auf mengenmäßig interessante untere Märkte – **klare Mehrmarken-Konzepte** notwendig (z. B. A- *und* B-Marken-Konzept).

Marketing-strategisch bedeutet das eine **Verbreiterung** des Konzepts auf der zweiten Strategieebene (Marktstimulierungsstrategie). Ausgehend von der strategischen Grundausstattung (= nur Präferenzstrategie mit Stamm-Marke A) sind Unternehmen angesichts der aufgezeigten Marktschichten-Änderungen nicht selten gezwungen, z. B. zusätzlich mit einer Marke B preis-mengen-strategisch zu operieren und damit insgesamt eine **Und-Strategie** zu realisieren. Eine Darstellung *(Abb. 226)* skizziert den strategischen Ansatz. Sie verdeutlicht zugleich **typische Markentrennlinien** für mögliche Und-Strategien auf anderen Strategieebenen (z. B. 3. Strategieebene: Kombination von Massenmarkt- und Segmentierungsstrategie).

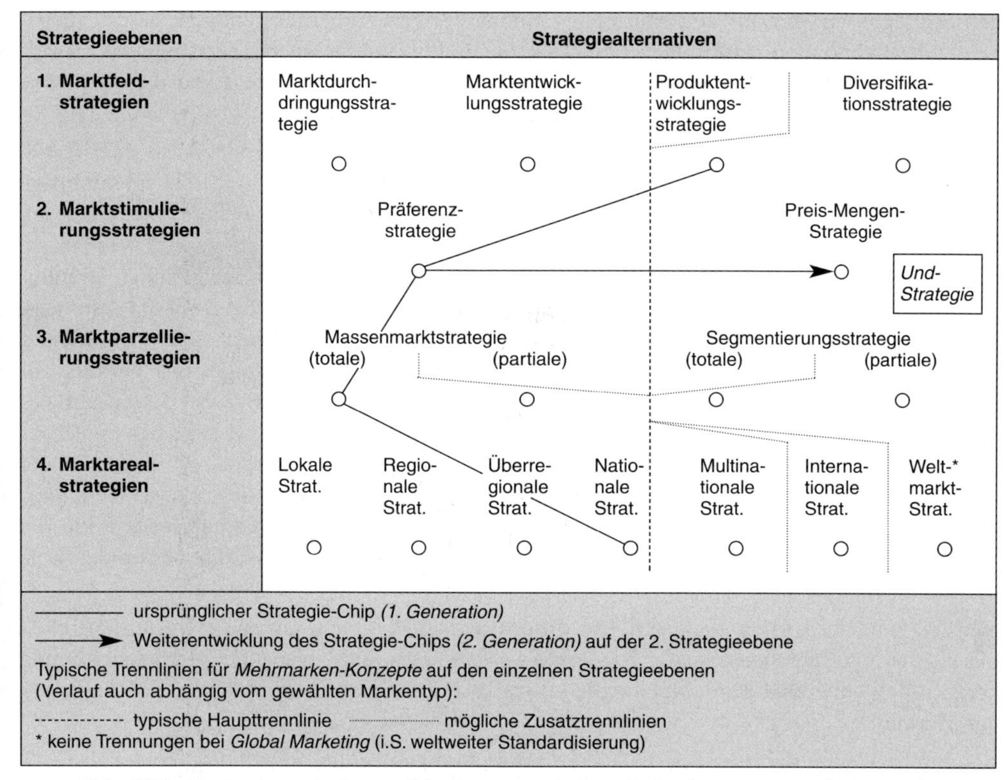


*Abb. 226: Strategieevolution auf Basis strategischer Verbreiterungen auf einer oder mehreren Strategieebenen (mit markentechnischen Konsequenzen)*

In einer solchen strategischen Verbreiterung (Strategie-Chip der 2. Generation) dokumentiert sich insofern eine bestimmte **Ausreifung (Evolution)** eines strategischen Grundkonzepts. Strategie-Chips der 2. Generation unterscheiden sich von solchen der 1. Generation demnach durch eine höhere Integrationsdichte. Ihre zusätzliche Leistung besteht dabei vor allem in einer besseren Steuerungsleistung (im näher beschriebenen Beispiel auf der 2. strategischen Ebene: Reinhaltung der A-Marken-Strategie) unter veränderten Marktschichtenbedingungen sowie in der Erschließung zusätzlicher Marktpotenziale (im Beispiel: Partizipation am volumenstarken unteren Markt über eine B-Marken-Strategie). Als Alternative einer solchen Und-Strategie auf der 2. strategischen Ebene ist darüber hinaus auch ein A-, B- und C-Marken-Konzept möglich, das auf eine konsequente Abdeckung **aller drei Markschichten** (d. h. A-Marke für den *oberen,* B-Marke für den *mittleren* Markt, und zwar jeweils präferenz-strategisch vermarktet, sowie eine C-Marke für den preis-mengen-strategisch zu bearbeitenden *unteren* Markt, zu den preispolitischen Konsequenzen s. a. *Siems,* 2009).

Das sind mögliche strategische Antworten auf Veränderungen der Marktschichten-Struktur (Polarisierung der Märkte). Auf andere soll nun noch näher eingegangen werden.

### *cb) Oder-Ansatz der Strategieevolution*

Neben der Möglichkeit des strategischen Anbaus auf der gleichen Strategieebene (z. B. marktstimulierungsstrategische Ebene: Ergänzung der Präferenzstrategie um die Preis-Mengen-Strategie via Mehrmarken-Konzept), ist noch der Fall zu berücksichtigen, dass – ausgehend von einer neuen marktlichen Bedingungslage des Unternehmens – strategische Erweiterungsmöglichkeiten alternativ auf *mehreren* Strategieebenen angezeigt sein können. Man kann hier auch vom Ansatz **mehrstufiger Strategieevolution** sprechen.

Das heißt, ausgehend von einem strategischen Knoten (= marketing-strategische **Basisfestlegung**, auf die sich ein Strategie-Konzept primär stützt), bieten sich ggf. auch mehrstufige bzw. mehrdimensionale Möglichkeiten im Hinblick auf die Strategieweiterentwicklung an. So kann etwa bei stark präferenz-strategisch geprägtem Strategie-System geprüft werden, ob auf die neue Situation der Marktschichten-Strukturveränderungen auf der gleichen strategischen Ebene – also rein marktstimulierungs-strategisch, d. h. einstufig bzw. eindimensional – geantwortet werden soll oder ob eine strategische Lösung eher auf einer anderen Strategieebene zu suchen ist. Statt der marktstimulierungs-strategischen Lösung, etwa parallel zur präferenz-strategisch vermarkteten A- oder Stamm-Marke auch ein B- oder Zweitmarken-Konzept zu realisieren, könnte z. B. – unter Berücksichtigung der markt- wie der unternehmensindividuellen Voraussetzungen des Unternehmens – geprüft werden, ob dafür auf der marktareal-strategischen Ebene durch **gezielte Aktionsraumerweiterung** (etwa Weiterentwicklung des Unternehmens von einem national zu einem international agierenden) für die A- oder Stamm-Marke notwendiges Marktpotenzial in ausländischen Märkten gefunden werden kann *(Abb. 227)*.

Hierbei handelt es sich demnach um **Oder-Strategien,** deren jeweilige Vorteilhaftigkeit markt- und unternehmensspezifisch geprüft werden muss, und zwar unter Berücksichtigung gerade auch genereller Umfeldbedingungen (z. B. Internationalisierung bzw. Globalisierung der Märkte).

Abzugrenzen vom dargestellten Fall alternativer Strategieevolutionsrichtungen, der dadurch gekennzeichnet ist, dass von einem strategischen Knoten (= wichtige strategische Basisfestlegung eines Marketing-Konzepts) ausgehend die notwendige strategische Weiterentwicklung entweder auf derselben Strategieebene oder einer anderen erfolgen kann, ist andererseits der Fall **strategischer Ausgleich** (= Sonderfall der horizontalen Strategieevolution). Er ist dadurch charakterisiert, dass es zwischen mehreren strategischen Ebenen (z. B. zwei Ebenen) zu einem *wechselseitigen* Austausch kommt, der für ein Unternehmen zu völlig neuen, erstarkten Strategiepositionen führen kann.

Ausgangspunkt grundsätzlicher Überprüfungen bisheriger strategischer Konzepte ist nicht selten die 1. strategische Ebene (= **Marktfeldstrategien:** Marktdurchdringung, Marktentwicklung, Produktentwicklung, Diversifikation). Im Zuge eines geplanten, stufenorientierten Vorgehens haben sich Unternehmen strategisch vielfach im Sinne der Z-Strategie (vgl. hierzu Abschnitt „Marktfeldstrategien“) weiterentwickelt. Das heißt mit anderen Worten, sie nutzen dann alle *vier* Optionen einschließlich der Diversifikation.

Die Erfahrungen sowie auch empirische Untersuchungen – darauf wurde bei der Behandlung der Diversifikationsstrategie bereits hingewiesen – zeigen jedoch, dass **Diversifikationskonzepte** häufig nicht die in sie gesetzten Erwartungen (etwa in Bezug auf Rentabilität/Wachstum) erfüllen. Nicht wenige Unternehmen entschließen sich aufgrund solcher Erfahrungen zu **strategischen Korrekturen** (= Konzentration auf Kerngeschäfte).

Für die Aufgabe (Eliminierung) diversifizierter Geschäftsfelder suchen Unternehmen dann z. B. den **strategischen Ausgleich** auf der 4. strategischen Ebene, d. h. durch Intensivierung bzw. Ausbau der internationalen Marktbearbeitung *(Abb. 228)*.

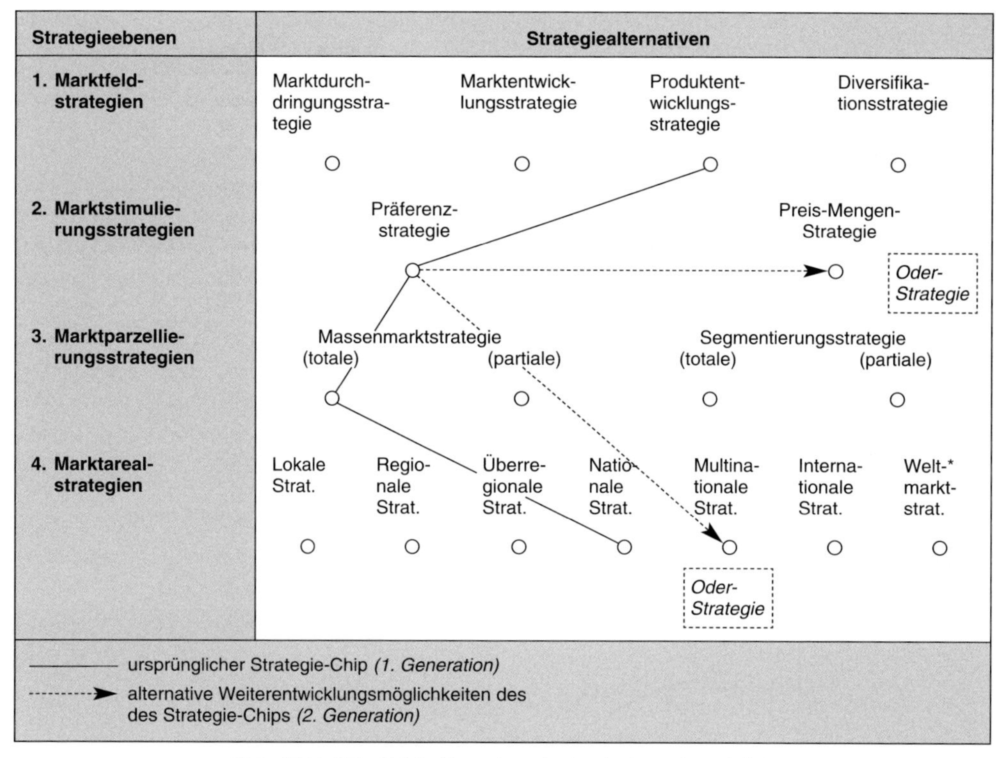


*Abb. 227: Möglichkeiten des strategischen Ausgleichs*

So hatte z. B. die Firma *BASF* mit einem neuen Konzept *(„Vision 2010")* die Weichen für eine solche **strategische Neuausrichtung** gestellt. Künftig will man sich mehr auf Kernkompetenzen mit starker Wettbewerbsposition (wie Chemikalien, Kunststoffvorprodukte und Spezialitäten) konzentrieren und dafür das internationale Geschäft (u. a. in Asien) stark ausbauen. In ihrem Kerngeschäft will die *BASF* global zu den ersten drei Unternehmen gehören (beachte die Verknüpfung von Ziel- und Strategieentscheidungen = **konzeptionelle Kette**).

Dass herausgehobene globale Wettbewerbspositionen unter dem Aspekt **ehrgeiziger Unternehmensziele** (Rentabilität bzw. ROI) notwendig sind, verdeutlicht eine Darstellung *(Abb. 229)* auf der Basis von *PIMS*-Untersuchungsergebnissen (ähnliche Befunde ergaben sich z. B. auch bei *Siemens,* vgl. *Mirow,* 2000, S. 333).

Die Darstellung zeigt insgesamt **grundlegende Wechselwirkungen** zwischen Wettbewerbsstärke einerseits (die häufig nur über einer Konzentration auf Kerngeschäfte zu erreichen ist) und Rentabilität (ROI) andererseits. Der skizzierte strategische Ausgleich zwischen 1. und 4. strategischer Ebene kann insoweit eine wesentliche Voraussetzung für die Realisierung anspruchsvoller Unternehmensziele bilden.

### *cc) Strategische Evolution und strategische Spielräume*

Die (horizontale) Strategieentwicklung ist insgesamt – wie die bisher diskutierten Beispiele gezeigt haben – in hohem Maße auf eine Erschließung **zusätzlicher Marktpotenziale** gerichtet. Ein wichtiger strategischer Ansatzpunkt kann hier gerade auch auf der 3. Strategieebene

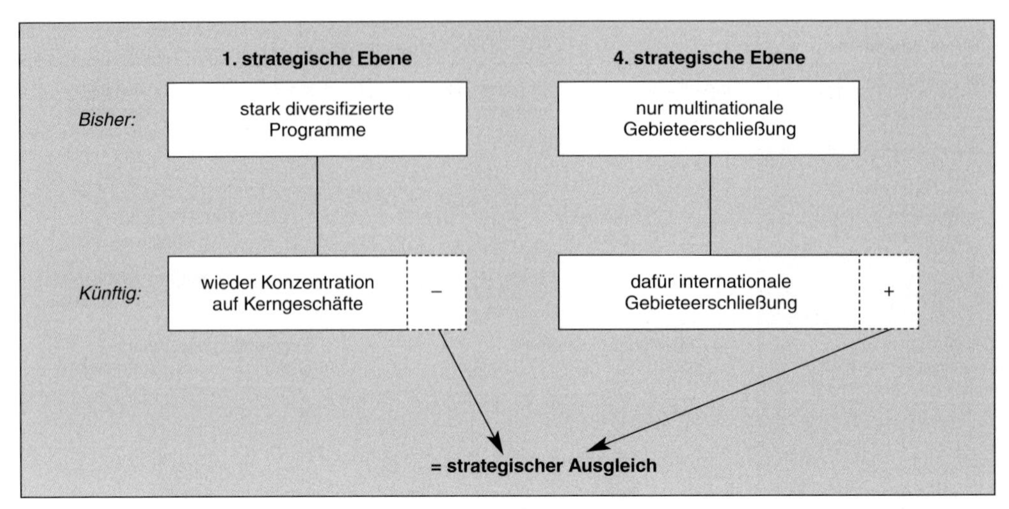


*Abb. 228: Strategischer Ausgleich zwischen 1. und 4. strategischer Ebene*

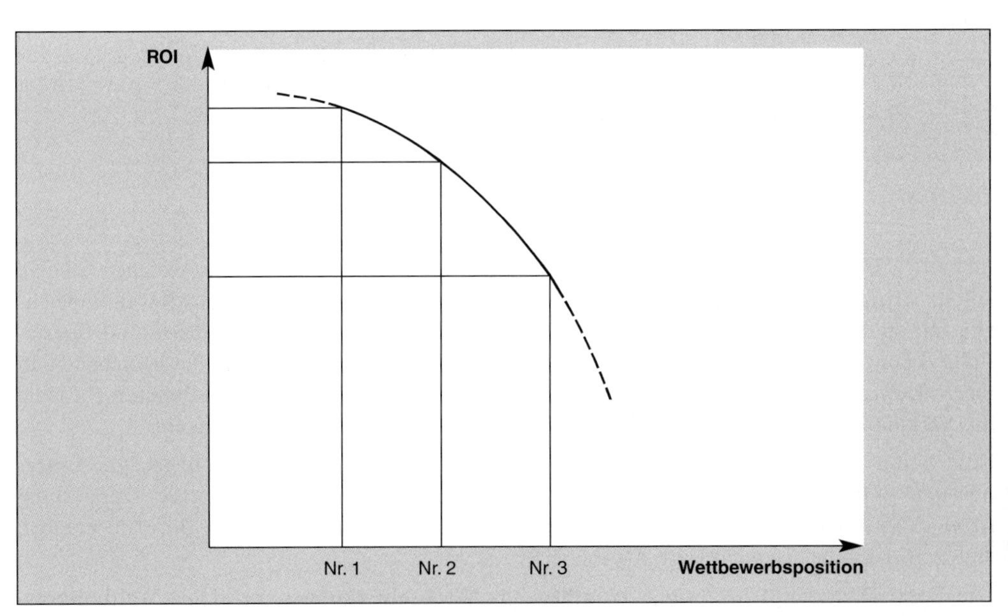


*Abb. 229: Zusammenhang zwischen Return-on-Investment (ROI) und Wettbewerbsposition*

(Marktparzellierungsstrategien) liegen. Die strategische Verbreiterung speziell auf dieser Ebene ist insbesondere für reife Märkte typisch, in denen durch zielgruppenspezifische Konzepte (Segmentierungsstrategien) versucht wird, **Marktlücken** zu finden bzw. diese durch entsprechende Angebote zu schließen. Hier kommt es dann nicht selten zu sehr schlüssigen Formen der Strategie-Evolution wie etwa das Beispiel *Beiersdorf* zeigt.

Fallbeispiel: Systematische Strategieentwicklung bei *Beiersdorf (Nivea)*

Das erfolgreiche Unternehmen *Beiersdorf* hat insbesondere im sog. *Cosmed*-Bereich mit seiner Marke *Nivea* gezeigt, wie über eine konsequente strategische Weiterentwicklung zusätzliche Marktpotenziale erschlossen und ausgeschöpft werden können. Ausgangspunkt bildete die etablierte und profilierte Marke *Nivea,* deren ursprünglicher Kompetenzbereich über ein gezielten, stufenweisen **Markentransfer** auf immer mehr Pflegefelder ausgeweitet wurde (vgl. hierzu auch die Darlegungen im Abschnitt „Präferenzstrategie").

Eine Darstellung *(Abb. 230)* zeigt das grundsätzliche strategische Muster der konzeptionellen Weiterentwicklung (Evolution).

Die Abbildung soll verdeutlichen, dass – ausgehend von einem bewährten präferenz-strategischen Grundkonzept – **alle marktparzellierungs-strategischen Optionen** erfolgreich besetzt werden können (vgl. z. B. das Erfolgsbeispiel *Nivea*), und zwar vom Massenprodukt mit totaler Marktabdeckung (*Nivea*-Universalcreme) bis hin zu Hautpflegeprodukten strategisch-differenzierender Art, wie z. B. *Atrix*-Handcreme (Massenmarktstrategie mit partialer Marktabdeckung), *Nivea*-Gesicht bzw. -Visage („Segmentierungsstrategie" mit totaler Marktabdeckung) und zwar sowohl *ohne* (= *Nivea*-Universalcreme) als auch *mit* Markentrennungen (= *Atrix*). Darüber hinaus versucht *Beiersdorf* immer stärker die etablierte Ursprungsmarke *„Nivea"* über **Untermarken** für segment-spezifische Produkte bzw. Produktlinien zu nutzen, um so (echte) Markentrennungen aus Ökonomiegründen zu umgehen (vgl. etwa *Nivea Vital:* „Pflege für die reifere Haut" = Segmentierung mit partialer Marktabdeckung).

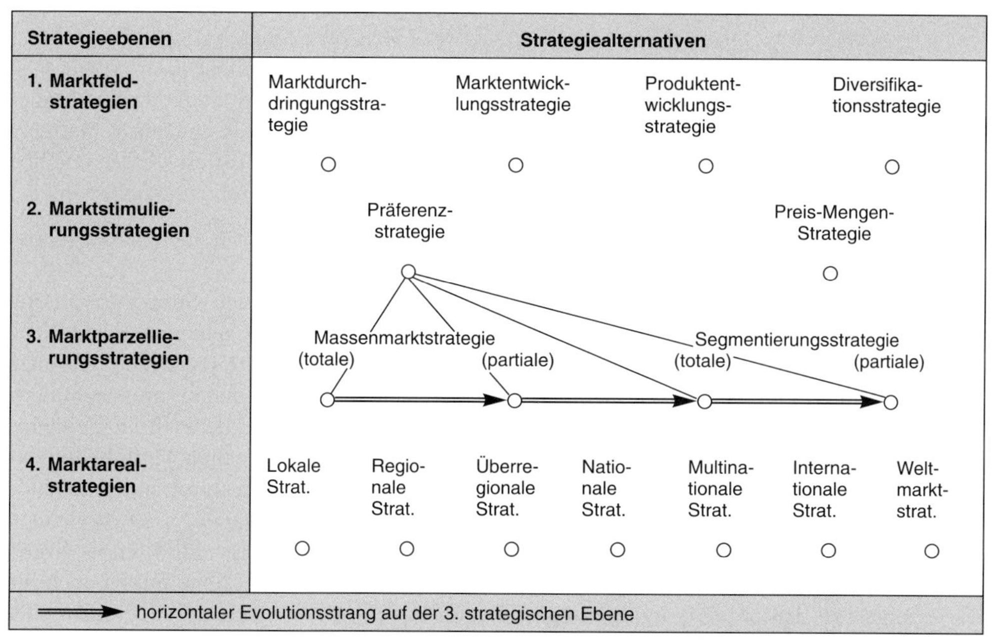


*Abb. 230: Von der reinen Massenmarkt- zur additiven Segmentierungsstrategie (Modelldarstellung am Beispiel der Firma Beiersdorf)*

Jedes Unternehmen muss bei derartigen strategischen Evolutionsprozessen den jeweils markt- und unternehmensadäquaten **Strategie-Chip** wählen, der vor allem auch stadien- bzw. phasen-spezifisch konzipiert ist. Insgesamt sind reife Unternehmen in reifen Märkten dadurch charakterisiert, dass in einem fortgeschrittenen Marktstadium die strategischen Optionen weitgehend ausgeschöpft sind, mit anderen Worten die strategischen Spielräume allmählich schrumpfen. Das soll an einem Beispiel näher skizziert werden.

Fallbeispiel: Strategischer Ausschöpfungsgrad bei Adidas (Sport-/Freizeitbereich)

Insbesondere Unternehmen, die **ehrgeizige Gewinn- und Unternehmenswertziele** verfolgen, weisen stark weiterentwickelte Strategiemuster auf, die dadurch gekennzeichnet sind, dass auf mehreren Strategieebenen horizontale Erweiterungen („Evolutionen") erfolgt sind.

Solche Weiterentwicklungen des strategischen Konzepts werden vielfach durch **wettbewerbsintensive Marktbedingungen** bzw. starke Wettbewerber (im Sport-/Freizeitbereich u. a. durch *Nike* und *Reebok*) erzwungen *(Abb. 231)*.

Der modellhafte Strategie-Chip von *Adidas* (inzwischen Aufkauf von *Reebok*) zeigt einen hohen **horizontalen Ausschöpfungsgrad** der strategischen Optionen (= hochintegrierter Strategie-Chip). Er verdeutlicht auch strategische Dominanzen, d. h. unterschiedlich intensive strategische Nutzungen auf den vier Strategieebenen. Besonders hoch ist der Ausschöpfungsgrad auf der 1. Strategieebene (Marktfeldstrategien). Insoweit kann man bei *Adidas* von einem 1. Strategieebene-dominanten Strategie-Chip sprechen. Die Strategie-Chips der verschiedenen Unternehmen in einem konkreten Markt unterscheiden sich vielfach durch solche unterschiedlichen **strategischen Dominanzen.**

Zugleich macht die Darstellung zum Status des strategischen Ausschöpfungsgrades deutlich, wo bei *Adidas* grundsätzlich noch strategische Reserven liegen (können): auf der 2. Strategieebene (*hier:* Preis-Mengen-Strategie), auf der 3. Strategieebene (hier: Segmentierungsstrategie) und schließlich auf der 4. Strategieebene (hier: Weltmarktstrategie). Das *Adidas*-Management hat deshalb einen wichtigen **strategischen Knoten** auf der 3. Strategieebene erkannt, d. h. das *Adidas*-Marketing soll künftig stärker segmentiert werden (nicht zuletzt aufgrund des starken Konkurrenten *Nike* sind hierfür z. B. im Schuhbereich sowohl mehr technische Innovationen als auch mehr modische Angebote notwendig).

Die Darlegungen zur Strategiekombination – zuletzt zur *horizontalen* Strategieevolution – haben gezeigt, dass es vielfältige strategische Optionen und damit sehr unterschiedliche Konstruktionsmerkmale bzw. -möglichkeiten unternehmerischer Strategiekombinationen (Strategie-Chips) gibt. Jedes Unternehmen muss demnach seinen optimalen, **unternehmensindividuellen Strategie-Chip** wählen. Kennzeichnend ist außerdem, dass Strategie-Chips ständig weiterentwickelt werden müssen, um ihre Leistungsfähigkeit neuen Marktbedingungen anzupassen. Strategie-Chips neuerer Generationen sind vor allem durch entsprechende **strategische Verbreiterungen** (im Sinne der Erschließung neuer Potenziale) gekennzeichnet. Diese Entwicklung führt zu immer komplexeren Strategie-Chips (= Chips mit höherer strategischer Integrationsdichte). Durch den Strategietrend (*Becker,* 2000 a, siehe hierzu auch die Darlegungen zu den „Marktparzellierungsstrategien") wird dieser strategische Prozess eher noch verstärkt, nämlich dann, wenn Unternehmen strategische Reserven wie Nischen- und/oder Kundenindividuelles Marketing zusätzlich nutzen wollen (bzw. müssen).

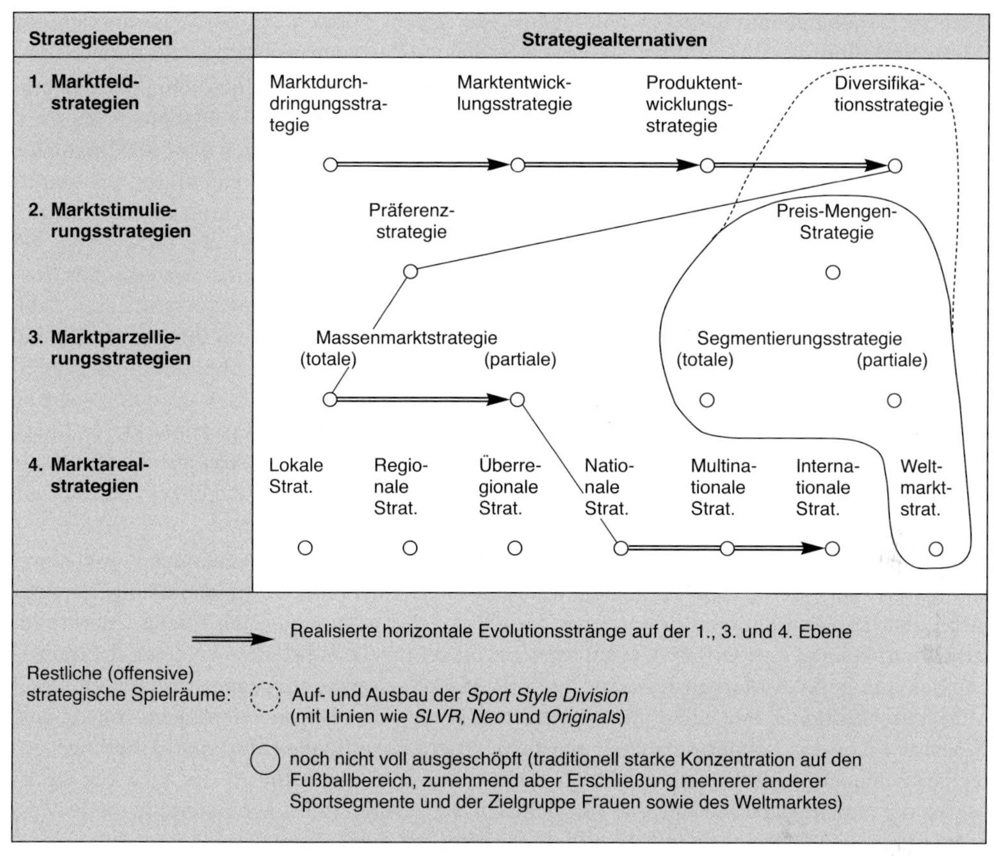


*Abb. 231: Strategischer Ausschöpfungsgrad und restliche strategische Spielräume (am Beispiel Adidas, Modell-Darstellung/Beispielperiode)*

## d) Zusammenfassung und Perspektiven des gesamtstrategischen Handelns

Unter den erschwerten Wettbewerbsbedingungen der Märkte werden Unternehmen auf Dauer nur überleben können, wenn sie ihrem Handeln klare Marketing-Konzeptionen zugrunde legen. Kernstück bzw. wesentliches Steuerungselement solcher Konzeptionen bilden Marketingstrategien. Den Unternehmen steht dabei grundsätzlich ein ganzes **System marketingstrategischer Alternativen** zur Wahl (siehe das dem Buch zugrundeliegende *vierstufige* Strategiesystem bzw. die Box der strategischen Bausteine, wie sie zu Beginn dieses Kapitels zur Strategiekombination aufgezeigt wurde).

Die angestrebte Steuerungsleistung von Marketingstrategien hängt dabei von ihrer sinnvollen **Bündelung** ab (= mehrdimensionale Strategiekombination). Hierbei sind Kombinationsansätze sowohl vertikaler als auch horizontaler Art möglich und sinnvoll.

Die vertikale Strategie-Kombination (1. Kombinationsstufe) definiert gleichsam die **strategische Grundausstattung** des Unternehmens (= Strategie-Chip der 1. Generation). Veränderte Marktbedingungen – insbesondere verschärfte Markt- und Wettbewerbsbedingungen aufgrund schwach wachsender bzw. stagnierender Märkte – machen durchweg auch phasengerechte horizontale Strategiekombinationen notwendig. Sie stellen Formen der **Strategieentwicklung** (Strategieevolution) dar (= Entwicklung von Strategie-Chips der nächsten Generation(en)).

Gerade die Strategieentwicklung ist für die Existenzsicherung von Unternehmen ganz entscheidend, weil sie nicht nur die Steuerungsleistung strategischer Konzepte verbessert, sondern vor allem auch **zusätzliche Marktpotenziale** eröffnet. Die neuen Marktbedingungen aufgrund von Marktstagnation und Marktsättigung führen dabei – jedenfalls bei marktphasenadäquatem Marketing-Management – zwangsläufig zu immer komplexeren Strategie-Chips (= Chips mit immer höherer strategischer Integrationsdichte). Je integrierter der Strategie-Chip ist, um so mehr ergeben sich zugleich Zwänge, im Sinne strategischer Sauberkeit Mehrmarken-Konzepte (A-, B- und ggf. C-Marken-Konzepte) zu realisieren (vgl. hierzu auch die Darlegungen zu entsprechenden strategischen Rollenverteilungen im Kapitel zur „Präferenzstrategie"). Solche Mehrmarken-Konzepte sind vor allem bei voller Ausschöpfung der strategischen Möglichkeiten auf der 2. und 3. Strategieebene, d. h. also bei Nutzung der präferenz- und preis-mengen-strategischen Optionen bzw. der massenmarkt- und segmentierungs-strategischen Möglichkeiten angezeigt. Die zunehmende strategische Breite via horizontaler Strategieentwicklung wird insoweit durch parallele Markenkonzepte gleichsam feinkanalisiert.

Eine solche **Feinkanalisierung** kann z. B. bedeuten, dass das A-Markenkonzept präferenzstrategisch und international angelegt, während das B-Markenkonzept preismengen-strategisch und lediglich national orientiert ist. Auch auf der 1. strategischen Ebene (Marktfeldstrategien) können ggf. Differenzierungen sinnvoll sein: z. B. ein starkes Setzen auf Produktentwicklung beim A-Marken-Konzept, beim B-Marken-Konzept dagegen Beschränkung auf Marktdurchdringung und allenfalls Marktentwicklung. Die Differenzierungen von A- und B-Marken-Konzept können sich auch auf die 3. strategische Ebene (Marktparzellierungsstrategien) beziehen. Andererseits wird aber nicht selten sowohl für die A- als auch für die B-Marke der gleiche parzellierungs-strategische Ansatz gewählt (z. B. durchgängige totale Massenmarktstrategie). Eine Modelldarstellung verdeutlicht diese Zusammenhänge *(Abb. 232).*

Aufgrund markenspezifischer Differenzierungen bei horizontaler Strategieweiterentwicklung kommt es insofern zu **strategischen Funktionsteilungen** innerhalb des Strategie-Chips. Auf diese Weise werden die Steuerungsleistungen strategischer Festlegungen bei der Strategieevolution verbessert sowie auch Möglichkeiten einer organisatorischen Verselbstständigung von Teilkonzepten (z. B. Profit-Center) geschaffen.

Im dargestellten Modellbeispiel werden so gesehen zwei **getrennte Strategiekonzepte** (für die A- und die B-Marke) verfolgt, denen i. d. R. jeweils eigenständige Zielsetzungen in Bezug auf Rentabilität, Absatz/Umsatz, Marktanteil (Menge/Wert) bzw. Bekanntheitsgrad/Image zugrunde liegen und deren Realisierung jeweils strategie-gelenkt über spezifische Marketingmaßnahmen (Marketingmix) erfolgt. Damit werden grundlegende **gesamtkonzeptionelle Verknüpfungen bzw. Ketten** zwischen Zielen (= 1. Konzeptionsebene), Strategien (= hier behandelte 2. Konzeptionsebene) und Marketingmix (= noch zu behandelnde 3. Konzeptionsebene) erkennbar.

Je nach Brancheneigenarten und Marktbesetzungsverhältnissen lassen sich ggf. sogar **Ideale Strategieprofile** festlegen, dem sich das eigene Unternehmen in bestimmten Stufen strategisch annähern kann. Damit ist insgesamt noch einmal die Frage einer gezielten Strategie(weiter)entwicklung angesprochen. Diese Weiterentwicklung vollzieht sich in der Realität nicht selten ungesteuert und häufig auch unkontrolliert. Durch die strategische Aufrasterung des eigenen Konzepts wie der wichtigsten Konkurrenz-Konzepte können entspre-

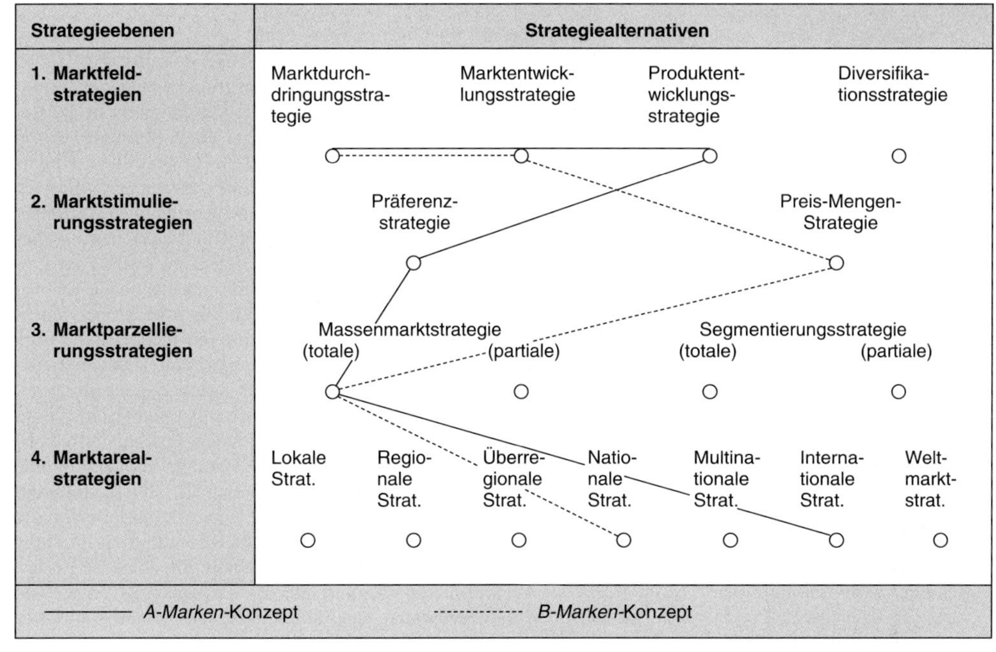


*Abb. 232: Beispiel strategischer Funktionsteilungen bei Strategieevolution auf der Basis eines A- und B-Marken-Konzeptes*

chende **Planungsgrundlagen** geschaffen werden (vgl. hierzu auch die Darlegungen im 4. Teil „Marketing-Management"). Hierfür sind etwa Robustheits- und Adäquanzprüfungen bzw. Strategie-Fit-Analysen notwendig.

Die Unternehmen müssen in dieser Hinsicht möglichst früh **strategische Schwellen** (im Sinne neuer kritischer Marktstadien) abtasten, um rechtzeitig den jeweils optimalen Strategie-Chip der nächsten Generation wählen und als Grundlage ihres marketingpolitischen Handelns (Marketingmix) einsetzen zu können.

Mit diesen Darlegungen sind grundlegende strategische Zusammenhänge herausgearbeitet worden. Auf diese Weise ist deutlich geworden, dass Unternehmen sich in der Regel nicht darauf beschränken können, eine („die") Strategie zu wählen, sondern dass sie sich durchweg für markt-, unternehmens- und ggf. phasen- bzw. situations-spezifische **Strategiekombinationen** (= mehrdimensionale Strategie-Chips) als Steuerungsgrundlage für den taktisch-operativen Mittel- bzw. Instrumenteneinsatz im Marketing entscheiden müssen.

Markt- und unternehmensadäquate Strategiekombinationen sind insgesamt nicht nur eine wichtige Steuerungsgrundlage für den Marketingmix (vgl. 3. Teil „Marketingmix"), sondern sind – wie empirische Untersuchungen zeigen (*Raffée/Effenberger/Fritz*, 1994) – eine zentrale **Erfolgsvoraussetzung** für Unternehmen (= Erfolgsfaktor).

Exkurs: Outpacing Strategy bzw. Überholstrategie

Im Zusammenhang mit der in den Vordergrund gestellten Thematik geplanter Strategiekombinationen wird auch die Problematik des Strategiewechsels diskutiert (*Gilbert/Strebel,* 1985; *Kleinaltenkamp,* 1987; *Backhaus/Schneider,* 2007). Die Frage des Strategiewechsels wird dabei vor allem wettbewerbsstrategisch begründet (Zwänge zur Outpacing Strategy bzw. Überholstrategie). Hinter der **„Outpacing Strategy"** verbirgt sich die Vorstellung, dass auch präferenz-strategisch operierende Innovatoren in reiferen, durch immer mehr nachahmende Anbieter gekennzeichneten Märkten ab einer bestimmten Phase preis-mengen-strategisch agieren müssten (sollten). Was dabei als möglicher oder notwendiger Strategiewechsel definiert wird, ist im Grunde aber nichts anderes, als eine bestimmte Preisautomatik nach unten aufgrund realisierter Erfahrungskurven-Vorteile. Es kommt durch das Wirksamwerden dieses Phänomens im Gesamtmarkt in der Regel zu Preisanpassungen nach unten. Diese **Preisanpassungen** stellen aber weniger einen Strategiewechsel von der Präferenz- zur Preis-Mengen-Strategie dar, sondern mehr eine auf präferenz-strategischem Hintergrund erfolgende wettbewerbsinduzierte Preisanpassung nach unten (z. B. Trading-down eines gesamten Marktes auf ein neues, niedrigeres Preis-Niveau aufgrund entsprechend abgesenkter Kostenniveaus). Dieser wettbewerbs- bzw. erfahrungskurven-induzierten Preisabsenkung des Innovators im Markt bzw. großer Teile der Branche (also auch von Nachahmern) stehen andererseits vielfach entsprechende Trading-up-Prozesse gegenüber. Sie sind – durch Bieten **neuer Standards** bzw. Zusatznutzen aufgrund von neuen Innovationen – darauf gerichtet, ursprüngliche Preisniveaus mindestens zu halten oder sie sogar nach oben hin zu verändern. Trading-down und Trading-up können sich sogesehen überlagern, zum Teil mehrmals, je nach Innovationsraten in einem Markt. Trading-down führt dabei nicht selten zu einer bestimmten Degeneration von Marken (in Richtung B- oder Zweitmarken), Trading-up ist umgekehrt darauf gerichtet, neue hochpreisige Marken (A-Marken, ggf. unter Nutzung von imagetransfer- sowie segmentierungs-strategischer Möglichkeiten) zu etablieren. Diese dynamischen Markt-Prozesse sind nicht selten auch Ergebnis von **Patt-Situationen** (= zu starke Konzentration eines Marktes auf ganz bestimmte Preis-Leistungs-Verhältnisse und damit gegenseitige Austauschbarkeit der Angebote), die von einzelnen Wettbewerben schließlich zu durchbrechen gesucht werden, und zwar entweder über Leistungsvorteile (Trading-up) oder durch Preisvorteile (Trading-down). Der beschriebene „Turn-around" erfasst z. T. ganze Branchen (z. B. Trading-up im Heizkessel-/Heiztechnik-Markt aufgrund von Leistungsvorteilen über innovative heizsystem-technische Lösungen oder auch Trading-down z. B. im Markt der Autovermieter aufgrund mangelnder Leistungsvorteile und ihres Ersatzes durch Preisvorteile, zu **sog. hybriden Strategien** und ihren Erfolgsaussichten *Backhaus/Schneider,* 2007, S. 157 ff., zu Thematik „Turn-around" bzw. „Restructuring" siehe *Siegwart/Mahari/Caytas/Böckenvörde,* 1990; *Rock/Rock,* 1990; *Hammer/Champy,* 1998; vgl. auch die Darlegungen zu neueren Management-Konzepten im 4. Teil „Marketing-Management").

Die Intensität der Marktdynamik wird nicht zuletzt auch durch die jeweils gegebenen **Markteintritts- und Marktaustrittsbarrieren** beeinflusst. Trading-down-Prozesse werden dann gemildert, wenn es vor allem den innovativen Unternehmen gelingt, Markteintrittsbarrieren zu schaffen (*Bain,* 1956; *Porter,* 1995). Sie werden insbesondere durch neue Leistungsstandards (innovativ-differenzierte Produkte mit spezifischen Funktionsansätzen und/oder speziellen symbolischen Eigenschaften wie spezifisches Design oder Produktausstattung) sowie erfahrungskurvenbedingte Größen- bzw. Kostenvorteile bei Pionierunternehmen gebildet. Umgekehrt werden Trading-down-Prozesse verschärft, wenn in rückläufigen Märkten die Marktaustrittsbarrieren zu hoch sind. Sie werden vor allem durch unwiderbringliche Eintrittskosten (sunk costs) geprägt. Marktspezifische Produktionsanlagen bzw. nicht gegebene Möglichkeiten, sie für andere Produkte und Märkte ökonomisch einzusetzen sowie mangelnde Produkt- und Marktalternativen (auch aufgrund begrenzter Ressourcen), führen vielfach zu Mobilitätsbarrieren (*Porter,* 1995; *Harrigan,* 1989) und damit zur Kapazitätserhaltung im Ausgangsmarkt. Die dadurch zu hohen Kapazitäten in solchen reifen bzw. rückläufigen Märkten äußern sich in starken Preiskämpfen (Trading-down), die dann erst bei systematischen **Vernichtungsstrategien** (exzessiven Preiskämpfen) zur Aufgabe des bzw. der Grenzanbieter führen und damit durch Kapazitätsabbau wieder Voraussetzungen für Trading-up-Prozesse schaffen (siehe hierzu auch 3. Teil „Mix", Abschnitt zum Marktzyklus).

Mit der Diskussion der zuletzt aufgeworfenen Frage des Strategiewechsels bzw. der Outpacing Strategy und den dahinter stehenden dynamischen Marktprozessen sind bereits wesentliche wettbewerbsstrategische Fragestellungen berührt worden.

## 6. Wettbewerbsstrategien und Strategiestile

Gegenstand der bisherigen Überlegungen (1. bis 4. Abschnitt) waren die materiell-inhaltlichen Strategien, die marketing-strategischen Konzepten prinzipiell zugrunde liegen müssen, wenn sie vollständig sein sollen (und steuerungs-strategische Torso-Lösungen vermeiden wollen). Vier grundlegende Strategieebenen wurden im Sinne eines mehrdimensionalen Strategiesystems herausgearbeitet: 1. Marktfeldstrategien, 2. Marktstimulierungsstrategien, 3. Marktparzellierungsstrategien und 4. Marktarealstrategien. Im 5. Abschnitt wurde schließlich aufgezeigt, dass Marketing-Konzeptionen prinzipiell auf einem entsprechend kombinierten strategischen Fundament stehen müssen. Auf diese Weise wird das unternehmensindividuelle Strategieprofil bzw. der **Strategie-Chip** definiert, der die zentrale Steuerungsaufgabe für den Einsatz der taktisch-operativen Marketinginstrumente übernimmt.

Das basis-strategische Handlungsmuster eines Unternehmens, das im Strategieprofil (oder Strategie-Chip) seinen Niederschlag findet, wird dabei – zumal unter verschärften Wettbewerbsbedingungen (z.B. stagnierende Märkte, Verkürzung des Produktlebenszyklus), wie das heute für viele Marktbereiche typisch ist – in hohem Maße auch von einer **spezifischen Konkurrenzorientierung** geprägt. Das heißt mit anderen Worten, mit der Wahl materieller Marketingstrategien sollen zugleich bestimmte wettbewerbsstrategische Absichten verfolgt werden; d.h. die zu wählenden strategischen Optionen müssen auch unter dem Aspekt des Wettbewerbsumfeldes bzw. der Wettbewerberkonzepte geprüft werden. Wettbewerbsstrategien sind in diesem Sinne **keine Strategiekonzepte eigener Art,** sondern Wettbewerbsstrategien bedienen sich grundsätzlich genereller strategischer Handlungsmuster (Optionen) – allerdings unter besonderer Würdigung wettbewerbsorientierter Einsatzmöglichkeiten bzw. Wirkungen. Darüber hinaus ist wettbewerbsorientiertes Markt- und Unternehmenshandeln in hohem Maße auch durch spezifische Verhaltensweisen (i.S.v. Art und Weise des Umgangs mit den Wettbewerbern) gekennzeichnet. In dieser Hinsicht können – und zwar in Verbindung mit dem konkreten Einsatz strategischer Handlungsmuster – unterschiedliche Stile (Strategiestile) identifiziert werden. Inhaltliche Fragen des Strategieprofils (Strategie-Chips) einerseits und solche des **verhaltensspezifischen Strategiestils** andererseits sind so gesehen interdependente marketingkonzeptionelle Grundfragen. Angesichts der heute typischen Wettbewerbssituation in vielen Märkten wird dabei zunehmend der Formulierung des Strategiestils besondere Aufmerksamkeit geschenkt oder anders ausgedrückt: Die Festlegung materieller Marketingstrategien erfolgt verstärkt auch unter dem Aspekt des Wettbewerbs bzw. des Erringens von Wettbewerbsvorteilen im relevanten Markt.

### *a) Zur Genesis des wettbewerbs-strategischen Ansatzes*

Wettbewerb ist ein grundlegendes Element des marktwirtschaftlichen Systems. Dass es im Marketing im Laufe der Zeit stärker in den Mittelpunkt gerückt wurde – und zwar sowohl in der Theorie als auch in der Praxis –, ist das Resultat wesentlich verschärfter Markt- und Wettbewerbsbedingungen speziell aufgrund stagnierender Märkte. Das Agieren in solchen Märkten nimmt immer mehr Formen eines **Konstant-Nullsummen-Spiels** (im Sinne der Spieltheorie, *Neumann/Morgenstern,* 1961; einführend *Dixit/Nalebuff,* 1995) an. Das heißt nichts anderes, als dass der Absatzgewinn des einen Anbieters zwingend den Absatzverlust des oder der anderen definiert. Es liegt auf der Hand, dass eine solche Marktkonstellation die Unternehmen (wettbewerbs)strategisch zunehmend sensibilisiert hat (*Becker,* 1995, Sp. 2411). Vor diesem Hintergrund haben wettbewerbsstrategische Ansätze und Konzepte (insbesondere *Porter,* 1980 bzw. 1995 und 1986) größere Aufmerksamkeit gefunden.

Die Berücksichtigung wettbewerbs- bzw. konkurrenzpolitischer Fragestellungen ist freilich nicht neu. Entsprechende **Ansätze** haben sowohl in der Betriebs- als auch in der Volkswirtschaftslehre Tradition. In der Betriebswirtschaftslehre finden sich schon relativ früh Ansätze u.a. in der Lehre von der Absatzpolitik (*Sandig,* 1966), in der Marktforschungslehre (*Schäfer,* 1966) oder auch in verknüpfenden Analysen (z.B. *Hoffmann,* 1979). Im Rahmen der

Volkswirtschaftslehre ist die Wettbewerbsanalyse bereits früh in die Theorie der Preisbildung (Preistheorie) eingegangen, und zwar über den Marktformen-Ansatz (u. a. *Möller,* 1941; *Ott,* 1968). Außerdem fand sie Niederschlag in einer allgemeinen Markttheorie (*Heuß,* 1965).

In der amerikanischen Wirtschaftswissenschaft hat sich ein übergreifender Theorie- und Forschungsansatz unter dem Begriff Industrial Organization bzw. **Industrial Economics** entwickelt, der auf die empirisch gestützte Erforschung der Organisation und Struktur in der Industrie (insbesondere Größe und Größenverteilung) und ihre Auswirkungen auf die Marktkonfiguration bzw. Preisbildung, die Allokation der Ressourcen sowie industrielle Wachstumsprozesse gerichtet ist (siehe hierzu die Übersichtsbeiträge von *Neumann,* 1979 sowie *Fritz,* 1990 und die jeweils dort genannte Literatur). Wesentliche Impulse erhielten diese Arbeiten aufgrund von Problemen der Wettbewerbspolitik (Antitrust-Frage in den USA). In der BRD sind jene wettbewerbstheoretischen Ansätze nur zögernd aufgenommen worden (vgl. vor allem *Böbel,* 1978; *Kaufer,* 1980 oder auch die branchenorientierten Analysen von *Oberender,* 1984 bzw. 1989). Speziell die Betriebswirtschaftslehre (und auch die Marketinglehre) hat an diesen Arbeiten bisher nicht näher angeknüpft, mit Ausnahme der Arbeiten von *Porter,* die jedoch weniger der klassischen Industrial Organization zuzurechnen sind, sondern primär unter dem Management-Aspekt entdeckte bzw. weitergeführte wettbewerbsstrategische Analysen darstellen (allerdings ohne konsistente theoretische Einbindung, siehe hierzu auch *Simon,* 1986, S. 209).

### *b) Einordnung und Relativierung allgemeiner Wettbewerbsstrategien*

Was die wettbewerbsstrategischen Analysen und die daraus abgeleiteten wettbewerbsstrategischen Alternativen in der neueren management- bzw. marketing-orientierten Literatur betrifft, so zeigt sich relativ deutlich, dass der wettbewerbsstrategische Ansatz – wie bereits eingangs angesprochen – im Prinzip kein eigenständiger Strategieansatz ist, sondern dass hierbei sehr unterschiedliche Markt- und Unternehmensstrategien unter wettbewerbspolitischem Blickwinkel des Unternehmens zusammengefasst werden. Die drei **wettbewerbsstrategischen Typen** von *Porter* (siehe *Porter,* 1995, S. 62 ff.):

- **Umfassende Kostenführerschaft** } = branchenweit,
- **Differenzierung** }
- **Konzentration auf Schwerpunkte** = segmentspezifisch

stimmen im Grunde mit den **kunden- bzw. abnehmerorientierten Kernstrategien** von *Kotler* überein (vgl. *Kotler,* 1977, S. 180 ff.; *Kotler/Bliemel,* 2001, S. 452 ff.):

- **Undifferenziertes Marketing,**
- **Differenziertes Marketing,**
- **Konzentriertes Marketing.**

Beiden strategischen Unterscheidungen ist im Übrigen gemeinsam, dass sie Aspekte der Art und Weise der Marktbeeinflussung (= 2. strategische Ebene: Marktstimulierungsstrategien) sowie Art und Grad der Differenzierung in der Marktbearbeitung (= 3. strategische Ebene: Marktparzellierungsstrategien) vermischen bzw. verwischen. Beide strategischen Ebenen stellen u. E. jedoch zwei *selbstständige,* nicht von vornherein verknüpfte **strategische Optionen** dar, die z. T. nur in nicht-symmetrischer Weise kompatibel sind (vgl. hierzu auch die Darlegungen zur vertikalen Strategiekombination, insbesondere zu natürlichen Strategiebündelungen bzw. „Strategieklumpen").

Speziell die Sehweise *Porters* erscheint im Übrigen zu technokratisch und zu wenig an den **differenzierten Bedingungslagen** der Abnehmer-(Verbraucher-)ebene orientiert und problematisiert. Das zeigt sich sowohl bei *Porters* **Differenzierungsstrategie** (*Porter,* 1995, S. 65 f., hier wird zu sehr auf die „technologische" Differenzierung gegenüber den Wettbewerbern und viel zu wenig auf die Ansatzpunkte der markt- und marketingorientierten Präferenzbildung beim Abnehmer abgestellt) als auch bei der **Kostenführerschaftsstrategie** (*Porter,* 1995, S. 63 f., hier werden die Überlegungen primär auf den „betriebswirtschaftlichen" Kostenvorteil gegenüber den Konkurrenten konzentriert und weniger auf die marktstrategischen Möglichkeiten und Konsequenzen bei der Gewinnung preisorientierter Abnehmer). Im Übrigen übersieht oder zumindest vernachlässigt *Porter* die strategischen Möglichkeiten, differenzierungs- oder präferenzstrategisches Agieren mit Kostenführerschaft (vgl. Beispiele aus der Markenartikelindustrie in Massenmärkten, u. a. Waschmittel, Zigaretten und Tiernahrung) im Interesse ehrgeiziger Unternehmensziele (Gewinn bzw. Rentabilität) *zu kombinieren.* Analoges gilt auch für *Porters* Sicht von Kostenführerschaft und Massen- bzw. Standardisierungsstrategie. Gerade Beispiele aus dem Investitionsgüterbereich (z. B. Werkzeugmaschinen oder Automobile) zeigen, dass speziell über konsequente Anwendung des Baukasten-Prinzips Kostenführerschaft und „individualisierte", präferenzorientierte Massenprodukte möglich sind (vgl. hierzu auch die Kritik von *Specht/Zörgiebel,* 1985, S. 162). Diese Problematik der *Porter'schen* Wettbewerbsstrategien beruht letztlich darauf, dass ihnen **kein einheitliches Unterscheidungsmerkmal** zugrundeliegt: „Kostenführerschaft" definiert betriebswirtschaftliche Voraussetzungen beim Anbieter, „Differenzierung" dagegen marktwirtschaftliche Ansatzpunkte beim Abnehmer.

Beide Strategien beruhen somit auf unterschiedlichen Betrachtungsebenen und stellen somit nicht zwingend strategische Alternativen dar. Gerade unter den allgemein verschärften Wettbewerbsbedingungen in vielen Märkten sind Unternehmen stärker denn je gezwungen, **Doppelstrategien** zu realisieren, nämlich z. B. lang bewährte, inzwischen aber auch vom Preisverfall bedrohte präferenz-strategische Konzepte durch zusätzliche Kostenführerschaft abzusichern. Das liegt im Prinzip dem bereits angesprochenen Ansatz der Überholstrategie (Outpacing Strategy) von *Gilbert/Strebel* zugrunde (*Gilbert/Strebel,* 1985; *Kleinaltenkamp,* 1987 bzw. auch die zusammenfassenden Darlegungen zum Abschnitt „Strategiekombinationen"). Eine Darstellung versucht diese Zusammenhänge zu verdeutlichen *(Abb. 233).*

Gerade der **Pionier im Markt,** der mit einer Produktionsinnovation (Qualitätsführerschaft) über eine nahe liegende Präferenz- bzw. Hochpreisstrategie „Pionierrenten" abschöpft, muss frühzeitig realisieren, dass solche Pionierrenten Konkurrenten anlocken, die i. d. R. mit niedrigeren Preisen in den Markt eintreten (bis hin zu ausgesprochenen preismengen-strategisch operierenden Folgern), was zu einem teilweise dramatischen Preisverfall führen kann. Wenn der Pionier auf Dauer überleben will, so muss er rechtzeitig durch Prozessinnovationen bzw. Kostensenkungsprogramme (Stichworte: Process Reengineering, Downsizing, Outsourcing) die Voraussetzungen für eine zusätzliche Kostenführerschaft schaffen (= **doppelter Wettbewerbsvorteil:** Qualitäts- und Kostenführerschaft). Eine solche Doppelstrategie kann jedoch – je nach Markt- und Konkurrenzstadium – nicht nur für das Pionier-, sondern auch für Folgeunternehmen angezeigt sein (vgl. auch *Becker,* 1995, Sp. 2421 f.).

Abschließend kann somit zur Wettbewerbsstrategie-Diskussion im Allgemeinen und zu den **wettbewerbsorientierten Strategietypen** von *Porter* im Besonderen grundsätzlich Folgendes konstatiert werden:

**(1)** „sie **korrespondieren** direkt mit . . . den Marktstimulierungsstrategien nach Becker" (*Meffert,* 1994 b, S. 113, Hervorhebung J. B.), d. h. sie stellen insoweit keine Strategietypen *eigener* Art dar,

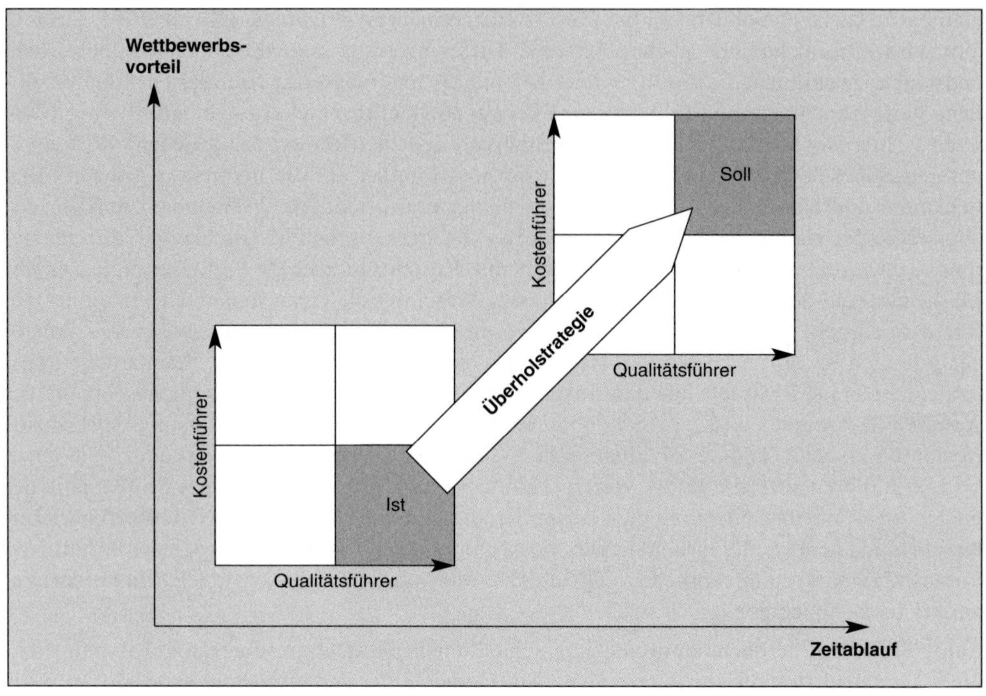


*Abb. 233: Stoßrichtung einer wettbewerbs-strategischen Überholstrategie*

(**2**) sie **vermischen** zwei grundlegende strategische Entscheidungsebenen, nämlich Marktstimulierungsstrategien (Art und Weise der Marktbeeinflussung) und Marktparzellierungsstrategien (Art und Grad der Differenzierung in der Marktbearbeitung) und

(**3**) sie **berücksichtigen nicht** adäquat die Möglichkeiten und Zwänge spezifischer Strategiekombinationen, wie sie heute in vielen Märkten vorherrschen (vgl. hierzu auch den vorigen Abschnitt zu Grundfragen der „Strategiekombinationen“).

Wenn so gesehen „Wettbewerbsstrategien“ *keine* eigene Art strategischen Vorgehens im Markt begründen, so kann wettbewerbsorientiertes Agieren prinzipiell nur an spezifischen **Haltungen und Verhaltensweisen** sowie **Prinzipien** gegenüber Konkurrenten anknüpfen. Darauf soll im Folgenden näher eingegangen werden.

### *c) Wettbewerbs-strategische Grundrichtungen und Haltungen*

Wettbewerbsstrategisches Agieren kann sich zunächst einmal in der **Grundausrichtung** unternehmerischen Handelns ausdrücken, und zwar speziell in marketing- und/oder technologie-politischer Hinsicht als:

- **Anpassung** (an das Markt- bzw. Branchenübliche) oder
- **Abhebung** (vom Markt- bzw. Branchenüblichen).

Das heißt, konkurrenzorientiertes Agieren kann sich an bewährten Standards („konventionellen Lösungen“) in den Bereichen Marketing (Beschaffungs- und Absatzmarketing) und/oder Technologie (Produkt- und Fertigungstechnologie) orientieren oder aber in allen oder ausgewählten Dimensionen bewusst dazu kontrastieren. Eine konsequent abhebende oder unkonventionelle Wettbewerbspolitik ist dabei an entsprechende **Potenziale des Unternehmens** (z.B. spezifische Stärken) wie auch an entsprechende Bereitschaften der Unternehmensführung (u.a. Zielfristen, Risikoneigung) gebunden. Sie hängt mit anderen Worten von wichtigen Zielvorgaben ab (= **konzeptionelle Kette**). Das Verfolgen einer gegenüber der Konkurrenz differenzierten Strategie (Schaffung komparativer Konkurrenzvorteile (KKV), *Backhaus/Voeth,* 2009, S. 37 ff.) ist ansonsten relativ stark verbreitet (*Raffée/Effenberger/Fritz,* 1994, S. 387).

Eine zweite wesentliche Dimension betrifft grundlegende **Haltungen** der Unternehmen bzw. ihres Managements, nämlich:

- **Defensive Haltungen** oder
- **Offensive Haltungen.**

Defensive Haltungen bzw. daraus resultierende Handlungsmuster sind auf das Bewahren des strategischen Status quo gerichtet, und zwar die marktliche und/oder technologische Position des Unternehmens. Offensive Haltungen bzw. daraus folgende Aktionsweisen sind dagegen gezielt gerichtet auf das (aggressive) Nutzen von eigenen Vorteilen und/oder positiven Veränderungspotenzialen zur Verbesserung der eigenen Markt- und/oder Technologie-Position.

Was die wettbewerbsstrategischen Grundrichtungen und Haltungen betrifft, so können sie auch als Matrix wettbewerbsstrategischer Vorgehensweisen dargestellt werden. Daraus lassen sich bestimmte **wettbewerbsstrategische Grundmuster** ableiten *(Abb. 234).*

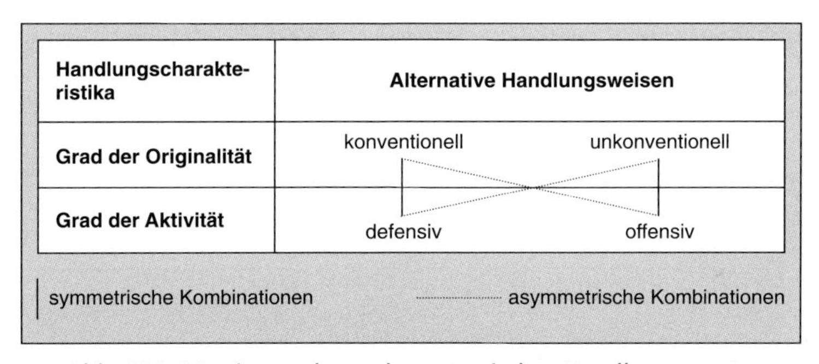


*Abb. 234: Matrix wettbewerbsstrategischer Handlungsmuster*

Dabei ist erkennbar, dass es zwischen den vier Feldern wettbewerbsstrategischer Grundrichtungen/Haltungen sowohl symmetrische als auch asymmetrische Beziehungen oder Kombinationen gibt. **Symmetrische Kombinationen** stellen gleichsam natürliche Bündel dar: a) entweder konventionelles Handeln, d.h. bewusste Anpassung an markt- und branchenübliche Standards aus Gründen defensiver Sicherung der erlangten Position (z.B. Anpassung an technologische Standards bei Produkt und/oder Fertigung und Nutzung branchenbewährter Vermarktungstechniken) oder b) unkonventionelles Agieren, d.h. Abhebung (Kontrastierung) gegenüber Markt und Konkurrenz aus Gründen offensiver Positionsveränderungen zu Gunsten des eigenen Unternehmens (z.B. Nutzen technologischer Schübe für neuartige Produktleistungen (-qualitäten) und/oder kontrastierende Vermarktungskonzepte etwa in bezug auf Produktdesign oder Absatzwege). **Asymmetrische Kombinationen** wettbewerbsstrategischer Handlungsrichtungen stellen demgegenüber „unnatürliche“ Verknüpfungen dar, die jedoch durchaus – je nach unternehmens- bzw. marktindividueller Ausgangssituation (situative Komponente!) – strategische Sinnfälligkeit besitzen können (z. B. Stützung eines an sich defensiven Markthaltens durch partielle Abhebung in Schlüsselbereichen wie z. B. Qualität oder Einsatzzeitpunkt oder umgekehrt eine bestimmte Kaschierung offensiven Vorgehens durch bewusstes Festhalten an wichtigen Marketingstandards wie Qualitätsabstufungen und/oder Serviceniveau).

Wettbewerbsstrategische Verhaltensweisen in Form konventionellen oder unkonventionellen Vorgehens in Verbindung mit passiv-defensiver oder aktiv-offensiver Unternehmenshaltung konkretisiert sich so gesehen weniger in differenzierten Strategieunterschieden (bezogen etwa auf die vier unterschiedenen Strategieebenen), sondern mehr durch die spezifische Handhabung wettbewerbsrelevanter **Schlüsselfaktoren** wie:

- **Leistung,**
- **Preis,**
- **Raum,**
- **Zeit.**

Spezifische wettbewerbsstrategische Verhaltensmuster können insofern als gezielte Kombinationen dieser Faktoren zur Erlangung von **Wettbewerbsvorteilen** interpretiert werden *(Abb. 235).*

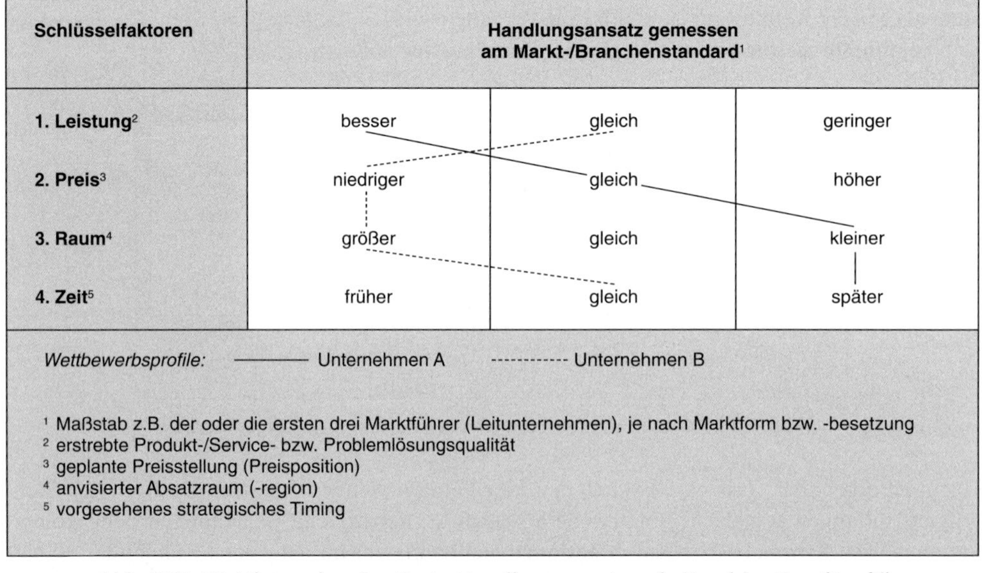


*Abb. 235: Wettbewerbsorientierte Handlungsmuster als Kombination (Profil) strategischer Schlüsselfaktoren zur Erlangung von Wettbewerbsvorteilen*

Jedes Unternehmen verfügt demnach über ein **ganzes Bündel** wettbewerbsstrategischer Optionen, die – auch unter Berücksichtigung spezifischer Markt-, Wettbewerbs- und Unternehmenskonstellationen – verschieden gestuft und gemischt werden können, solange aus den abnehmerorientierten Basisstrategien (1. bis 4. Ebene) abgeleitete **Handlungsbahnen** (Strategie-Chips, vgl. hierzu vorigen Abschnitt) nicht geschädigt bzw. ihre Steuerungsfunktion nicht außer Kraft gesetzt werden. Das wettbewerbsorientierte Aktionsmuster erweist sich so gesehen als abhängige „Variable" des übergeordneten **abnehmerorientierten Strategieprofils** oder

Strategie-Chips. Das wettbewerbsorientierte Handlungsmuster muss sich mit anderen Worten also stets innerhalb des gewählten generellen, primär abnehmer- bzw. verbraucherorientierten **Strategiekanals** bewegen, um nicht die zielerfüllende Funktion dieses Strategiekonzepts zu gefährden.

Was die vier unterschiedenen wettbewerbsorientierten Schlüsselfaktoren betrifft, so können auch hier **strategische Klumpen** identifiziert werden *(Abb. 236).*

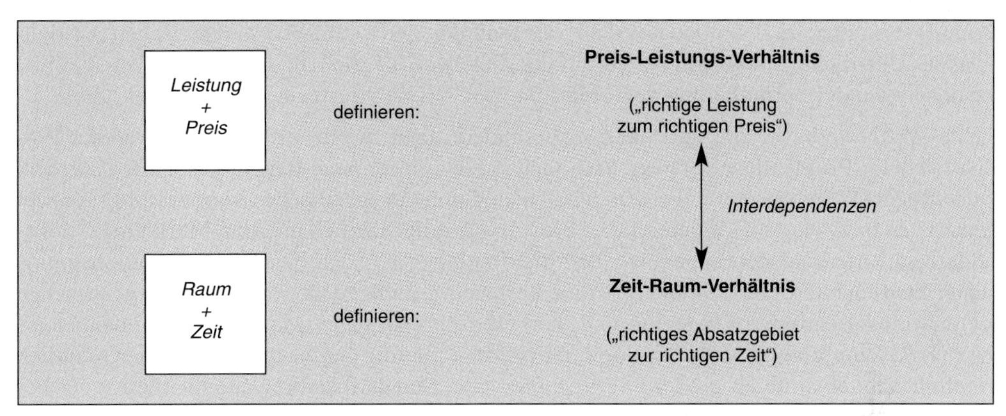


*Abb. 236: Zwei grundlegende wettbewerbsstrategische Hebel*

Die wettbewerbsstrategische Hebelwirkung wird dabei zugleich durch Interdependenzen beeinflusst, z. B. dem richtigen Preis im richtigen Absatzgebiet oder der richtigen Leistung zur richtigen Zeit. In der Tat lässt sich erfolgreiches wettbewerbsorientiertes Handeln auf diese **Wirkmechanik** spezifischer Wettbewerbsvorteilsmuster zurückführen. Gerade auch erfolgreiche japanische Strategien bei der (gestuften) Eroberung von Weltmärkten (z. B. Kameras, Automobile, Uhren) waren bzw. sind durch schlüssige Konzepte im Sinne dieser komplexen Wirkmechanik gekennzeichnet (u. a. mit verschiedenen Produktgenerationen, mit Einstiegs- und Abschöpfungsstrategien in Bezug auf den Preis, mit zeitlich gestuftem gebietestrategischen Vorgehen, z. B. bei Automobilen systematische „Einkreisung" der BRD durch Besetzung zunächst von Nachbarmärkten wie Beneluxländer oder auch Österreich/Schweiz).

In der frühen Diskussion des wettbewerbsstrategischen Ansatzes ist die Bedeutung des **Wettbewerbsvorteils** z. T. missverstanden worden. Nicht jede positive Abhebung (Mehrleistung) gegenüber der Konkurrenz begründet einen strategischen Wettbewerbsvorteil, sondern er ist erst dann gegeben, wenn eine im Vergleich zum Wettbewerb überlegene Leistung **drei Kriterien** erfüllt (*Simon,* 1988, S. 4):

- sie muss sich auf ein für den Kunden **wichtiges Leistungsmerkmal** beziehen,
- sie muss vom Kunden auch **tatsächlich wahrgenommen** werden und
- sie muss eine **bestimmte Dauerhaftigkeit** aufweisen (darf also von der Konkurrenz nicht schnell aufholbar sein).

Nur ein Vorteil, der diese drei Anforderungen erfüllt, kann als **strategischer Vorteil** bezeichnet werden. So ist z. B. eine besondere Designform eines Computers (vgl. etwa seinerzeit die „Designexperimente" von *Vobis* mit dem *Colani*-Design bei PCs) kein strategischer Wettbewerbsvorteil, wenn bei diesen Geräten technisch-funktionale Anforderungen im Vordergrund stehen. Kein Wettbewerbsvorteil wird begründet, wenn teure Rohstoffe zwar die Pflegeleistung eines Körperpflegemittels erhöhen, der Kunde diesen Vorteil aber nicht nachvollziehen kann. Und ein Wettbewerbsvorteil ist auch dann nicht gegeben, wenn bei einer Maschine eine zusätzliche Serviceleistung (z. B. 1. Inspektion kostenlos) schnell nachgeahmt werden kann. Das bedeutet insgesamt, dass ein echter Wettbewerbsvorteil – wenn auch nicht ausschließlich –, so jedoch in hohem Maße von einer **innovativen, schutzfähigen sowie kundenrelevanten Produktleistung** (Problemlösung) abhängig ist, und zwar in Verbindung mit einem kundenadäquaten Preis-Leistungs-Verhältnis (= Angemessenheit einer neuen Problemlösung, d. h. kein „Overengineering" um jeden Preis!). Grundlinien der wettbewerbsstrategischen Ausrichtung des Unternehmens werden bereits auf der Zielebene (speziell mit den Metazielen, hier insbesondere bei der Formulierung von „Mission" und Vision") festgelegt (vgl. 1. Teil „Ziele").

Echte Wettbewerbsvorteile entstehen insbesondere dann, wenn mit einer innovativen Produktleistung (Problemlösung) **neue Standards** gesetzt bzw. **neue Regeln** geschaffen werden. Neue Regeln („Spielregeln") werden dabei auch durch ein spezifisches Vermarktungskonzept geschaffen bzw. wesentlich unterstützt. Sie können grundsätzlich an allen Marketingaktionsfeldern, d. h. sowohl den angebots-, den distributions- als auch den kommunikationspolitischen Instrumenten, anknüpfen. Insoweit bestehen grundlegende Verknüpfungen zwischen wettbewerbsorientierten Strategien und dem taktisch-operativen Marketinginstrumenteneinsatz (z. B. kann eine neue Technologie einer Maschine die Servicebedingungen wesentlich vereinfachen, etwa durch größere Serviceintervalle, Standardisierungsmöglichkeit typischer Serviceleistungen und -intervalle, klare und transparente Servicekostenkalkulation). Eine wettbewerbsstrategisch orientierte Produktinnovation begründet insofern häufig noch nicht allein einen hinreichenden Wettbewerbsvorteil bzw. dieser kann noch entscheidend verstärkt werden durch neue Regeln im operativen Vermarktungskonzept (zu den marketinginstrumentalen Möglichkeiten im Einzelnen siehe 3. Teil „Marketingmix").

Was die **Preis-Leistungs-Dimension** von Wettbewerbsvorteilen im Einzelnen betrifft, so ist die grundsätzliche Wirkmechanik dieser marketingpolitischen Schlüsselfaktoren bereits differenziert bei der Behandlung der 2. und 3. strategischen Ebene (Marktstimulierungs- und Marktparzellierungsstrategien = grundlegende abnehmerorientierte Basisstrategien) herausgearbeitet worden. Was die **Zeit-Raum-Dimension** angeht, so ist speziell die Raumkomponente Betrachtungsgegenstand im Rahmen der 4. strategischen Ebene (Marktarealstrategien) gewesen. Was bisher fehlt, ist allerdings eine differenzierte Würdigung der (wettbewerbs-) strategischen Zeitkomponente. Auf diese Frage soll nun noch näher eingegangen werden.

### *d) Relevanz der zeitlichen Komponente (strategisches Timing)*

Eine angemessene Berücksichtigung der zeitlichen Komponente hat lange gefehlt, und zwar sowohl in der Theorie als auch in der Praxis. Zwar stellen die Modellierung des Produktlebenszyklus wie auch die empirisch nachgewiesenen bzw. ansatzweise präskriptiven Verhaltensweisen zur zielorientierten Steuerung des Produktlebenszyklus auf die explizite Berücksichtigung des **Zeitfaktors** ab, jedoch primär in einem taktischen Sinne (d. h. also primär die konkreten operativen Marketinginstrumente und ihren phasenadäquaten Einsatz betreffend, siehe hierzu 3. Teil „Marketingmix"). Das strategische Timing ist erst später Gegenstand entsprechender Analysen und Modellierungen gewesen (zur Einführung in die Thematik: *Stalk,* 1988; *Simon,* 1989 a). Wichtige Dimensionen des strategischen Timing-Problems sollen näher skizziert werden.

Zentraler Anknüpfungspunkt einer Bewussten Timing-Strategie ist die Planung und Realisierung des **Markteintrittspunktes** für eine innovative Leistung (Problemlösung). Ein wettbewerbsstrategischer Vorteil hängt nicht nur von einer spezifischen Leistung, sondern auch vom Zeitpunkt der Markteinführung ab (*Remmerbach,* 1988 bzw. 1989).

Besonders relevant sind Entscheidungen über den Zeitpunkt des Markteintritts vor allem für **junge, schnell wachsende Märkte.** Solche Märkte finden sich insbesondere im Investitionsgüterbereich (speziell sog. High-Tech-Märkte). Hier stellt die Zeit oft den entscheidenden Erfolgsfaktor dar, weil jene Märkte durch das Phänomen der sog. Zeitfalle gekennzeichnet sind: die Lebensdauer (Produktlebenszyklus) der Produkte reicht nicht mehr aus, um die hohen Entwicklungskosten zu amortisieren. Verstärkt wird dieses Problem durch den gleichzeitig starken Preisverfall, von dem Innovationen inzwischen durchweg betroffen sind (*Pfeiffer,* 1985, S. 128; *Backhaus,* 2003, S. 264 ff.).

### *da) Typische Markteintrittsmuster*

Hinsichtlich des zeitstrategischen, technologie-orientierten Wettbewerbsverhaltens kann zwischen Führer- und Folgerstrategien unterschieden werden (*Maidique,* 1980; *Porter,* 1995; *Zörgiebel,* 1983; *Specht/Zörgiebel,* 1985). Der folgenden Analyse sollen drei **grundlegende Basisstrategien** zugrunde gelegt werden (*Remmerbach,* 1988; *Buchholz,* 1996; *Crawford/Di Benedetto,* 2000; *Backhaus/Schneider*, 2009):

- **First-to-Market-Strategie** (Pionier-Strategie),
- **Second-to-Market-Strategie** (Frühfolger-Strategie),
- **Later-to-Market-Strategie** (Spätfolger-Strategie).

Der **Pionier** ist am eindeutigsten von den Folgern abgrenzbar, denn er ist in jedem Falle der „eindeutig bestimmbare Erste im Markt" (*Backhaus/Schneider,* 2007, S. 143). Seine Situation bzw. Chancen und Risiken können wie folgt gekennzeichnet werden *(Abb. 237):*

| **1. Situation** |
|---|
| – Hohe F & E-Aktivitäten<br>– State-of-the-Art-Technologie (Technologie-Führer)<br>– Hoher Kommerzialisierungsdruck |
| **2. Chancen** |
| – Möglichkeit zur Schaffung von Standards<br>– Nutzung von preispolitischen Spielräumen („monopolistischer Bereich")<br>– Auf Dauer Kostenvorteile durch Vorsprung auf der Erfahrungskurve |
| **3. Risiken** |
| – Hohe Markterschließungskosten<br>– Ungewißheit über weitere Marktentwicklung<br>– Gefahr von Technologiesprüngen durch Konkurrenten |

*Abb. 237: Situation, Chancen und Risiken des Pioniers*

Die Übersicht zeigt, dass der Pionier ein hohes Chancenpotenzial (speziell Schaffung von Standards und Möglichkeiten der Preisabschöpfung) besitzt, zugleich aber mit entsprechenden Risiken (Ungewissheiten) belastet ist. Pionierstrategien setzen insoweit eine entsprechende Risikobereitschaft voraus.

Der **Frühfolger** wählt einen Eintrittspunkt vergleichsweise kurz nach dem Pionier. Er muss an den Handlungsweisen des Pioniers im Markt (Pionier-Konzept) anknüpfen. Sein Technologie-Konzept hat der Frühfolger ggf. weitgehend parallel zum Pionier entwickelt. Unter Umständen hat er bei der Markteinführung dem Pionier bewusst den Vortritt gelassen, um aus dessen Markterfahrungen lernen und daran bei seiner eigenen Konzeptgestaltung anknüpfen zu können. Die Situation, Chancen und Risiken des Frühfolgers können wie folgt charakterisiert werden *(Abb. 238).*

| **1. Situation** |
|---|
| – Orientierung am „First-Product"<br>– Bemühen um Verbesserung bzw. Anwendungserweiterung<br>– Anknüpfung an „neuen"Kundenanforderungen |
| **2. Chancen** |
| – Erste Markterfahrungen liegen vor<br>– Geringeres Markteintrittsrisiko als beim Pionier<br>– Markt ist noch nicht verteilt (Erfolgschancen des „Zweiten" und „Dritten" im Markt) |
| **3. Risiken** |
| – Bereits aufgebaute Markteintrittsbarrieren (vom Pionier)<br>– Zwang zu Eigenständigkeiten im Vermarktungskonzept<br>– Ggf. erste Preiszugeständnisse notwendig |

*Abb. 238: Situation, Chancen und Risiken des Frühfolgers*

Die Übersicht macht deutlich, dass Frühfolger durchaus gute Marktchancen haben, dass jedoch bereits erste Erschwernisse (Risiken) gegeben sein können, wie Zwänge zu Eigenständigkeiten im Vermarktungskonzept, verbunden u. U. mit ersten Preiszugeständnissen, die für eine erfolgreiche Markteinführung gemacht werden müssen.

Der **Spätfolger** kann aufgrund eines technologischen Nachhinkens in der Produktentwicklung erst vergleichsweise spät in den Markt eintreten oder er scheut einfach das hohe Markterschließungsrisiko für technische Innovationen und will zunächst insbesondere von den technologie- bzw. marketing-konzeptionellen Fehlern des Pioniers bzw. des oder der Frühfolger profitieren. Beim Spätfolger stellen sich Situation, Chancen und Risiken grundsätzlich wie folgt dar *(Abb. 239).*

Die Übersicht verdeutlicht, dass Spätfolger über deutlich geringere Erfolgsaussichten verfügen, und zwar insbesondere aufgrund inzwischen schon hoher Eintrittsbarrieren im Markt. Im Gegensatz zu Pionier und (ggf. mit Einschränkungen) zu Frühfolger, die erfolgreich renditestarke Präferenz-Strategien (Hochpreiskonzepte) verfolgen können, sind Spätfolger – nicht zuletzt aufgrund ihrer Zwänge zur technischen und marktlichen Imitation – in der Regel gezwungen, Preis-Mengen-Strategien (Niedrigpreiskonzepte) zu wählen. Damit wird zugleich noch einmal die enge Verzahnung von Wettbewerbsstrategien und abnehmerorientierten Basisstrategien (hier: Marktstimulierungsstrategien) sichtbar.

### *db) Innovationsrichtungen (-typen) und Markteintrittsstrategien*

Im Zusammenhang mit den betrachteten Markteintrittsstrategien (Pionier-, Frühfolger- und Spätfolger-Strategie) ist die Frage relevant, mit welcher **Art von Innovationen** solche Markteintrittsstrategien grundsätzlich verfolgt werden können. Was mögliche Innovationspotenziale bzw. Innovationsrichtungen betrifft, so kann folgende Innovationsmatrix strukturiert werden *(Abb. 240).*

| **1. Situation** |
|---|
| – Imitation von Innovationen als Hauptansatzpunkt<br>– Zwang zu rationellen Produktionsprozessen („Prozessinnovationen“)<br>– Starke Ausschöpfung von Mengendegressionseffekten |
| **2. Chancen** |
| – Anlehnung an bereits vorhandene Standards<br>– Niedrigere F & E-Aufwendungen<br>– Größere Sicherheit über weitere Marktentwicklung und erfolgreiche Vermarktungskonzepte |
| **3. Risiken** |
| – Bereits (vor)verteilter Markt<br>– Image- und Kompetenznachteile<br>– Gefahr von größeren Preiskämpfen |

*Abb. 239: Situation, Chancen und Risiken des Spätfolgers*

| **Anwendungen** / **Techniken** | **bestehende** | **neue** |
|---|---|---|
| **bestehende** | 1 Verbesserungs-innovation | 2 Anwendungs-(erweiterungs-) innovation |
| **neue** | 3 Ablösungs-innovation | 4 Durchbruch-(Super-) innovation |

*Abb. 240: Grundsätzlich mögliche Innovationsrichtungen (Innovationsmatrix)*

Die Innovationsmatrix verdeutlicht das **Spektrum möglicher Innovationen** bzw. Innovationsansätze von der einfachen Verbesserungsinnovation (= bestehende Techniken/bestehende Anwendungen) bis zur anspruchsvollen Durchbruchinnovation (= neue Techniken/neue Anwendungen). Innovationsrichtung und Innovationsintensität hängen dabei in hohem Maße von grundlegenden **Zielsetzungen** des Unternehmens ab (u. a. Mission/Vision und Unternehmenszielen wie Rentabilität und Unternehmenswert = **konzeptionelle Kette** zwischen Ziel- und Strategieentscheidungen).

Fallbeispiel: Innovationsportfolio der Firma *Bosch*

Wie konsequent ehrgeizige Unternehmen an allen **vier innovationsstrategischen Feldern** anknüpfen, zeigen immer wieder Erfolgsbeispiele.

Zur Illustrierung bzw. Konkretisierung soll hier an das Beispiel der Firma *Bosch* mit ihrem breiten Aktivitätsspektrum angeknüpft werden, um deutlich zu machen, dass Unternehmen gleichzeitig **unterschiedliche innovative Ansätze** wählen und insoweit wettbewerbsstrategisch sehr differenziert vorgehen können. Das gilt nicht zuletzt für Unternehmen mit einem breiteren, technologisch aber verbundenen Produktionsprogramm, wie das für *Bosch* zutrifft *(Abb. 241)*.

Die Beispiele des Innovationsportfolios von *Bosch* verdeutlichen, dass die Innovationsrichtungen (-intensität) auch von den **Markt- bzw. Branchenbedingungen** abhängig sind. So sind u. a. der Markt für Elektro-Haushaltgeräte wie auch der für Elektro-Werkzeuge technologisch stark ausgereizt, während der Markt für Automobiltechnik immer noch technologische „Quantensprünge" zulässt.

Anspruchsvolle Innovationen gerade im Sektor Automobiltechnik von *Bosch* hängen damit zusammen, dass *Bosch* in diesem Bereich ein wichtiges unternehmerisches **Wachstumsfeld** sieht und hier zu den **Global Players** gehören will.

| Anwendungen / Techniken | bestehende | neue |
|---|---|---|
| **bestehende** | 1 Verbesserung klassischer Haushaltgeräte (z.B. energie- und wassersparend) | 2 Weiterentwicklung von Hobby-Elektrowerkzeugen für den Profimarkt und umgekehrt (erweiterte Anwendung) |
| **neue** | 3 Entwicklung der elektronischen Benzineinspritzung (als Substitutionsprodukt für klassische Vergaser im PKW-Bereich) | 4 Antiblockier-, Antischlupf- und Stabilitätssysteme (für grundlegende Verbesserung der Fahrsicherheit von PKWs) |

*Abb. 241: Innovationsrichtungen und Innovationsbeispiele der Firma Bosch (Innovationsportfolio)*

In Bezug auf das Innovationsportfolio eines Unternehmens lassen sich unterschiedliche **Risiko- und Ertragsniveaus** – zumindest tendenziell – identifizieren *(Abb. 242)*.

Aus dieser Modellierung der spezifischen Ertrags-/Risiko-Konstellationen geht hervor, dass der Innovationstyp **1** (= Verbesserungsinnovation) zwar tendenziell das kleinste Risiko bedeutet, aber zugleich auch die geringsten Ertrags(zuwachs-)chancen eröffnet, während umgekehrt der Innovationstyp **4** (= Durchbruchinnovation) grundsätzlich die größten Ertragschancen bietet, aber regelmäßig unter Inkaufnahme des größtmöglichen Risikos. Die Wahl des Innovationstyps bzw. ihre Mischung („Innovationsportfolio") ist insofern von wichtigen **Zielentscheidungen** des Unternehmens (speziell Rentabilität/Risikobereitschaft) abhängig zu machen. Damit werden nochmals grundlegende Zusammenhänge zwischen Zielfestlegungen einerseits und wettbewerbsstrategischen Fixierungen andererseits deutlich (= konzeptionelle Kette). Darüber hinaus bestehen wesentliche Interdependenzen zwischen Innovationstyp und **Markteintrittsstrategie.** In dieser Hinsicht setzen echte Pionierstrategien vor allem den Innovationstyp **3** (= neue Techniken für bestehende Anwendungen) und **4** (= neue Techniken für neue Anwendungen) voraus, während Spätfolger-Strategien auf der Basis bereits bestehender technologischer Standards – die ursprünglich Pioniere geschaffen haben – grundsätzlich an den Innovationstypen **1** und **2** (= bestehende Techniken/Standards für bestehende, zu verbessernde bzw. neue Anwendungen) anknüpfen. Frühfolger-Konzepte liegen innovations-strategisch prinzipiell dazwischen, nicht selten aber eher am Pionierpol angesiedelt, d. h. also ebenfalls Realisierung von Innovationstyp **3** und ggf. auch **4**.

Bei mehrstufigen Märkten ist im Übrigen zu beachten, dass es auch **mehrstufige Markteintritts- bzw. Innovationstypentscheidungen** gibt. Das soll am Pionier-Konzept näher verdeut-

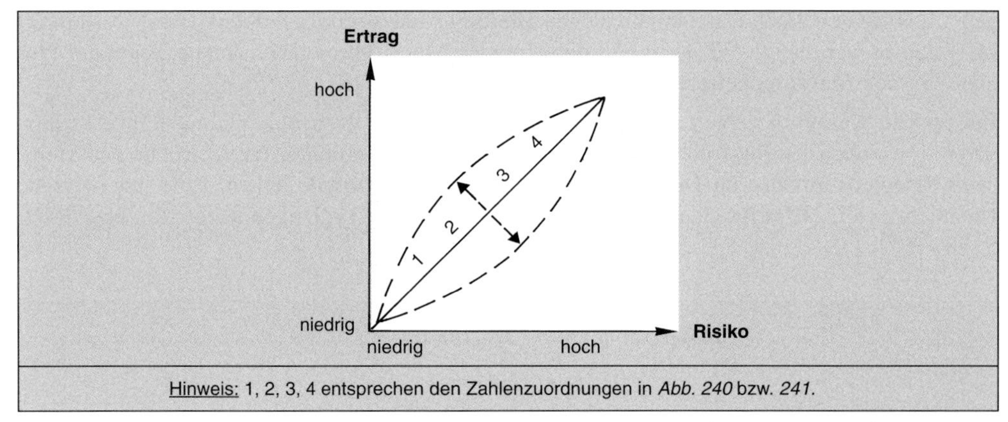


Hinweis: 1, 2, 3, 4 entsprechen den Zahlenzuordnungen in *Abb. 240* bzw. *241*.

*Abb. 242: Zusammenhang zwischen Risiko-/Ertragsniveaus und Innovationsrichtungen*

licht werden. So bemüht sich z. B. die Firma *Bosch* gerade im Automobilzuliefergeschäft um echte Innovationen, mit denen man zuerst am Markt auftritt (vgl. z. B. Antiblockier- und daraus stufenförmig abgeleitet Antischlupf- und zuletzt Fahrstabilitätssystem). Diese Innovationen (speziell Antiblockier- und Fahrstabilitätssystem) hat jeweils *Mercedes* in der *S-Klasse* (Oberklasse im PKW-Markt) als erster eingesetzt, während *BMW* mit der entsprechenden *7er-Reihe* jeweils als Frühfolger aufgetreten ist. Insoweit kann in mehrstufigen Märkten zwischen „produzierenden" und „verwendenden" **Innovatoren** unterschieden werden.

### dc) Markteintrittsstrategien und Markterfolg

Was die Wahl der richtigen Markteintrittsstrategie betrifft, so ist diese Entscheidung im hohen Maße situations- bzw. kontextabhängig.

Zwei grundlegende **Beeinflussungsebenen** sind dabei zu unterscheiden: die unternehmens*interne* und die unternehmens*externe*. Wichtige unternehmensinterne Kriterien für die adäquate Markteintrittsstrategie (verbunden mit dem angemessenen Innovationstyp) sind zentrale Festlegungen auf der Zielebene. Je **ehrgeizigere Unternehmensziele** (Gewinn/Rentabilität) festgelegt sind, um so mehr muss ein Unternehmen Pionier- oder zumindest Frühfolger-Konzepte verfolgen. Dem entsprechen i. d. R. auch spezifische Meta-Zielfestlegungen wie Mission und Vision des Unternehmens (vgl. hierzu auch 1. Teil „Ziele").

Darüber hinaus wirken unternehmensexterne Bedingungen, wie z. B. **strukturelle Branchenbedingungen,** auf die Wahl der Markteintrittsstrategie ein. Während bei Investitionsgütern mit einer Innovation vielfach erhebliche Vorinvestitionen speziell in Forschung und Entwicklung verbunden sind, so dass geschaffene Innovationen auch zu einer möglichst frühen Markteinführung drängen, ist bei Konsumgütern (speziell Verbrauchsgütern) der Forschungs- und Entwicklungsaufwand im Schnitt deutlich geringer und damit auch der Druck geringer im Hinblick auf eine (zwingende) Pionier-Vermarktung. Speziell in Konsumgütermärkten gibt es durchaus gute Chancen auch für den Zweiten (oder ggf. auch den Dritten im Markt), und zwar aufgrund ausgeprägten Absatzmittlerverhaltens (= Streben nach alternativen Angeboten, Vermeidung von zu starken Lieferantenabhängigkeiten) wie auch aufgrund von Verbraucherverhaltensweisen (Streben nach Differenzierung, Lust an der Abwechslung, d. h. vagabundierendes Markenverhalten, vgl. Darlegungen zur Präferenzstrategie). Empirische Untersuchungen mit Hilfe der *PIMS*-Datenbank belegen allerdings, dass primär **Pioniere** (First-to-Market) Marktführer werden (ca. 70 % der 877 untersuchten Marktführer gaben an, als „einer der Pioniere" in den Markt eingetreten zu sein, *Buzzell/Gale,* 1989, S. 153 ff.).

Empirische Analysen zeigen darüber hinaus – sowohl für Konsum- als auch Investitionsgüter –, welchen Einfluss die wettbewerbsstrategischen **Timingmuster** (zeitliche Markteintrittsstrategien) auf die im Durchschnitt erreichten **Marktanteile** haben. Eine tabellarische Übersicht *(Abb. 243)* gibt einen Überblick über die Befunde (vgl. auch *Kotler/Bliemel,* 2001, S. 587 ff.).

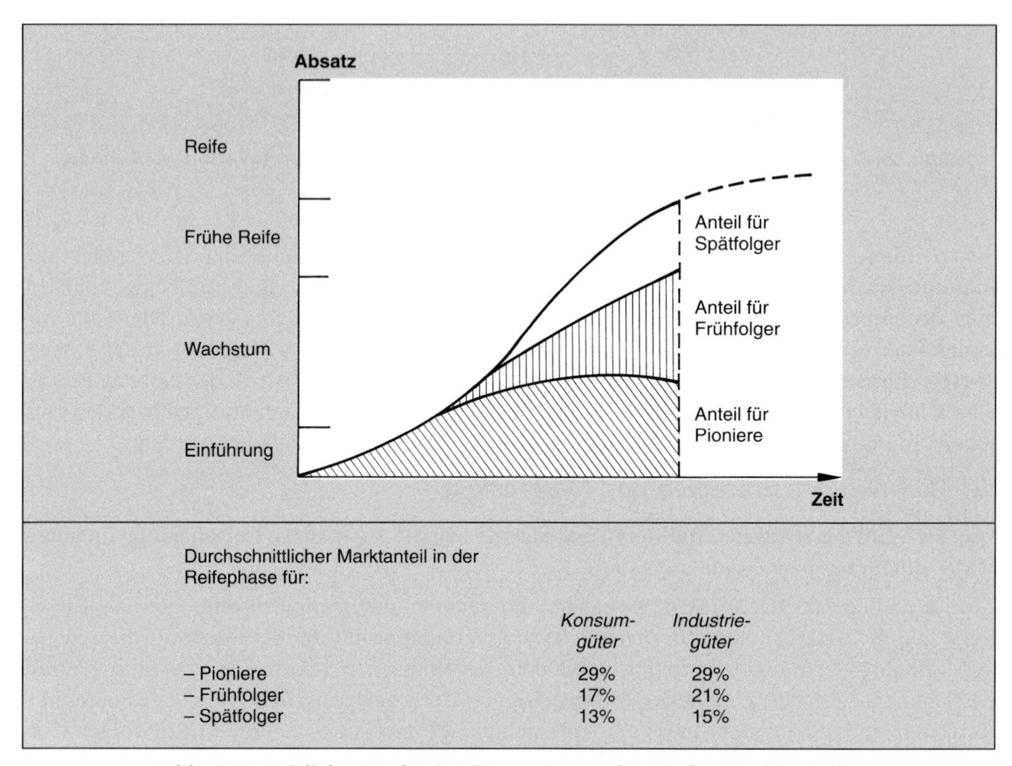


Durchschnittlicher Marktanteil in der Reifephase für:

| | *Konsumgüter* | *Industriegüter* |
|---|---|---|
| – Pioniere | 29% | 29% |
| – Frühfolger | 17% | 21% |
| – Spätfolger | 13% | 15% |

*Abb. 243: Zeitliche Markteintrittsmuster und typische Marktanteilsentwicklungen bis zur Reifephase*

Die Übersicht verdeutlicht, dass **Pionierstrategien** zu wesentlichen Marktanteilsvorteilen, nicht selten auf Dauer, führen können. Gleichwohl können empirische bzw. historische Analysen nicht ohne weiteres verallgemeinert werden, da solche Ex-post-Analysen in der Regel mit der ersten erfolgreichen Einführung beginnen, während frühere Fehlschläge außer Betracht bleiben (*Backhaus,* 2003, S. 277). Außerdem ist es nicht unproblematisch, primär bzw. ausschließlich den Marktanteil als Erfolgskriterium zu wählen (*Remmerbach,* 1988, S. 69). Im Übrigen hängen Timingstrategien und ihre spezifischen Erfolgsaussichten in hohem Maße auch von **situativen Einflussfaktoren,** wie z. B. Übernahmebereitschaften der Kunden, Innovationsgrad bzw. Dynamik des technologischen Wandels (= markt-/branchenspezifische Faktoren) sowie strategischen Grundhaltungen, Risikobereitschaften oder auch der Größe der Unternehmen (= unternehmensspezifische Faktoren) ab.

Nach diesen Darlegungen zu den Erfolgsaussichten wettbewerbsstrategischer Grundmuster – unter besonderer Berücksichtigung der Zeitkomponente – soll nun noch auf spezifische verhaltensorientierte Bezüge des wettbewerbsstrategischen Handelns näher eingegangen werden.

### *e) Wettbewerbs-strategische Prinzipien/Verhaltensweisen (Strategiestile) und Erfolgswirkungen*

Das typische Wettbewerbsverhalten von Unternehmen im Markt ist darauf gerichtet, zielorientierte **Marktpositionen** zu gewinnen bzw. einmal erreichte zu verteidigen. Dieses Streben („Spiel") wird unter den im jeweiligen Markt operierenden Unternehmen (Konkurrenten) ausgetragen, und zwar durch Menschen, die hierfür jeweils in den Unternehmen die Verantwortung tragen. Wettbewerbsverhalten äußert sich insoweit stark in **Konflikt- bzw. Konfliktlösungshandeln.** Insofern haben diese Fragen eine ausgeprägte sozial-psychologische Dimension (ohne dass das hier näher vertieft werden kann, vgl. hierzu *Hoffmann,* 1979, S. 45; *Lücking,* 1995, S. 27 ff.).

Aufgrund einer „große(n) Ähnlichkeit unternehmerischer und militärischer Situationen" (*Kotler,* 1977, S. 249) wird wettbewerbsstrategisches Verhalten von Unternehmen andererseits auch in Kategorien der **Lehre von der Kriegsführung** beschrieben (vgl. etwa *James,* 1984 bzw. 1986; *Ries/Trout,* 1986 a; *Durö/Sandström,* 1986; *D'Aveni,* 1995). In der Tat finden sich im unternehmerischen Verhalten (bzw. dem jeweils zugrundeliegenden Konzept) bestimmte Prinzipien wieder, wie sie für die „Kriegsführung" charakteristisch sind. Auch im wirtschaftlichen bzw. unternehmerischen Bereich gibt es „Fronten" und die Beteiligten setzen „Waffen" ein, um ökonomische Machtpositionen gegenüber anderen Marktteilnehmern zu gewinnen bzw. aufrechtzuerhalten.

Wettbewerbsorientiertes, ziel-strategisches Verhalten ist durch bestimmte **Handlungsprinzipien** gekennzeichnet (*Kotler,* 1977, S. 249 f.), und zwar u. a. durch:

- **Prinzip der Zielsetzung** (d. h. das Vorgehen am Markt muss an klaren Zielvorgaben orientiert sein),
- **Prinzip der Masse** (d. h. die Mittel des Unternehmens müssen zur richtigen Zeit an der richtigen „Front" konzentriert werden),
- **Prinzip der Offensive** (d. h. es muss die Initiative ergriffen werden, Schwächen der Konkurrenten in richtiger Art und Weise auszunutzen),
- **Prinzip der Überraschung** (d. h. die Erfolgsaussicht des eigenen Handelns ist umso größer, je unerwarteter die nach Zeitpunkt, Ort und Art ergriffenen Maßnahmen die Konkurrenten treffen).

Darüber hinaus ist Wettbewerbsverhalten in hohem Maße durch allgemeine menschliche Verhaltensweisen charakterisiert. Dies ist nicht zuletzt Ausdruck der Tatsache, dass Menschen Träger und Triebkraft unternehmerischer bzw. konkurrrenzbezogener Maßnahmen sind. In dieser Hinsicht können ganz verschiedene Verhaltensweisen bzw. Verhaltensstile unterschieden werden. Die Festlegung eines Unternehmens auf einen bestimmten **konkurrenzorientierten Verhaltensstil** erfolgt Konsequenterweise bereits im Rahmen der 1. Konzeptionsebene („Ziele") und zwar auf der obersten Zielstufe der sog. Wertvorstellungen (Basic Beliefs). Zumindest sind bei der Ableitung des „Grundgesetzes" des Unternehmens auch solche wettbewerbsorientierten Stilprinzipien zu berücksichtigen. Das Spektrum möglicher Verhaltensstile ist vergleichsweise breit gestreut (vgl. etwa *Kotler,* 1977, S. 250 f.; *Porter,* 1995, S. 102 ff. bzw. S. 119 ff.):

- **Friedlicher Konkurrenzstil** (d. h. dieser Stil steht für wirtschaftliches Verhalten gegenüber den Konkurrenten nach dem Motto: im Markt ist für alle Platz),
- **Kooperativer Konkurrenzstil** (d. h. dieser Stil zielt auf Zusammenarbeit bzw. (zulässige) Absprachen mit den Konkurrenten ab, um auf diese Weise gemeinsame Ziele leichter realisieren zu können),
- **Aggressiver Konkurrenzstil** (d. h. dieser Stil ist geprägt durch ein offensives Angriffsverhalten gegenüber den Konkurrenten, vor allem gegenüber denjenigen, die in das als eigen angesehene „Territorium" vordringen),
- **Konfliktärer Konkurrenzstil** (d. h. bei diesem Stil nimmt man bei der Verfolgung eigener Ziele bewusst Konflikte, z. B. wettbewerbsrechtlicher Art, in Kauf).

Hinsichtlich dieser typischen Wettbewerbsstile ist anzumerken, dass sie einerseits nicht streng voneinander abgegrenzt (bzw. abgrenzbar) sind und andererseits diese Stile sich jeweils auf einen, wenige (ausgesuchte) oder alle Konkurrenten beziehen können. Insofern sind durchaus auch **gemischte Stile** eines Unternehmens denkbar. Das Unternehmen ist dabei sowohl „Sender" als auch „Empfänger" von Konkurrenzstilen. Daraus entstehen ggf. Dynamisierungen von Wettbewerbsstilen, die auch zu grundlegenden **Stilbrüchen** führen können.

Insbesondere aggressive und konfliktäre Konkurrenzstile haben im Laufe der Entwicklung (Ursachen: u. a. stagnierende Märkte/Nullsummenspiel) deutlich zugenommen. Teilweise werden sie auch ungeschminkt propagiert (*D'Aveni,* 1995), und zwar nach dem Motto: „Angriff ist die beste Verteidigung". In dieser Hinsicht werden u. a. folgende **Angriffsstrategien** unterschieden (siehe *Hoffmann/Wolff,* 1977, S. 168; *Hoffmann,* 1979, S. 47 f. bzw. auch *Ries/Trout,* 1986 a, S. 72 ff. und *Durö/Sandström,* 1986, S. 105 ff.; *Porter,* 1995, S. 119 ff. bzw. S. 135 ff. sowie *Kotler,* 1982, S. 283 ff.; *Kotler/Keller/Bliemel,* 2007, S. 1125 ff.):

- **Strategie des Direktangriffs** (d. h. diese Strategie zielt direkt auf Haupt- und Kernproduktbereiche des anvisierten Konkurrenten („Frontalangriff"), z. B. mit neuen oder grundlegend verbesserten eigenen Produkt(en) und/oder mit einer Preisreduzierung soll die Marktstellung des Mitbewerbers erschüttert werden),
- **Umzingelungsstrategie** (d. h. diese Strategie versucht, von mehreren Seiten aus die Marktstellung des Konkurrenten aufzuweichen („Zangenbewegung"); dem Konkurrenzprodukt wird z. B. nicht nur ein direktes Angebot (Produktleistung) gegenübergestellt, sondern zusätzlich wird unter einer zweiten Marke eine billige Produktalternative – und ggf. für den oberen Markt noch ein Spitzenprodukt mit überdurchschnittlichem Preis – eingeführt),
- **Strategie des Flankenangriffs** (d. h. diese Strategie versucht, schwache bzw. ungeschützte Stellen des Konkurrenten aufzudecken und entsprechend anzugreifen; mit neuen Packungsgrößen und/oder neuen Sorten z. B. soll in das Marktfeld des Konkurrenten eingebrochen werden),
- **Guerillastrategie** (d. h. diese Strategie ist auf einen Abnutzungskampf mit dem Konkurrenten gerichtet; der Konkurrent soll aufgrund permanenter „Scharmützel", z. B. laufender rechtlicher Streitigkeiten, außer Tritt geraten, d. h. alle wettbewerbsrechtlich relevanten Aktivitäten des Konkurrenten wie Marken-, Werbe-, Verpackungs-, Konditionen- oder auch Vertriebspolitik werden als Anlass für juristische Schlagabtausche genommen).

Diese **wettbewerbs-orientierten Strategien**, die ggf. auch *kombiniert* gewählt werden (können), sind verschiedene, eher aggressive wettbewerbsspezifische Handlungsmuster des Unternehmens angesichts der Tatsache, dass es sich in der Regel mit einigen wenigen oder sogar mit vielen Mitbewerbern den Markt teilen muss. Dieser Wettbewerb ist vom marktwirtschaftlichen System (= Wettbewerbswirtschaft) grundsätzlich gewollt. Durch stagnierende und/oder rezessive Märkte ist dieser Wettbewerb aber in Richtung **Verdrängungswettbewerb** (bis hin zum Vernichtungswettbewerb) intensiviert worden.

**Aggressives Wettbewerbsverhalten** kann jeweils sehr unterschiedliche Ausgangspunkte haben und durch jeweils unterschiedliche Handlungsmuster gekennzeichnet sein, und zwar, was sowohl die gewählten Mittel als auch ihr Einsatzniveau betrifft.

Typisch ist dabei häufig das **Aussenden markanter Signale,** welche Mitbewerber „einschüchtern" sollen (z. B. keine Lizenzvergabe für eine innovative Produkt- und/oder Prozesstechnologie, Ankündigung und Realisierung großer Kapazitätserhöhungen, Ankündigung und Realisierung überdurchschnittlicher Werbeaufwendungen). Vor allem Marktführer in einem Markt, die ihre führende Position verteidigen wollen, handeln nach diesem Prinzip (z. B. die Firma *DuPont* bei der Verteidigung ihrer führenden Stellung auf dem Markt für Titandioxid (= chemisches Pigment zum Weißmachen), und zwar insbesondere dann, wenn sie über eine eigenständige, kostengünstige Verfahrenstechnologie verfügen (vgl. auch *Lücking,* 1995, S. 22–25).

Charakteristisch für Marktherausforderer – also Anbieter, die einen Marktführer angreifen bzw. ablösen wollen – ist dagegen häufig eine **Kooperationsstrategie.** Hier sollen Stärken und Kapazitäten (u. a. F & E, Produktion) gebündelt werden, um einen Marktführer gezielt angreifen und seine Vormachtstellung, u. a. auch durch Ausnutzung seiner Schwächen, brechen zu können (so kooperierten z. B. *Siemens* und *Allied Signal,* um im Markt der Kraftfahrzeugausrüstungen den Weltmarktführer *Bosch* erfolgreich anzugreifen, d. h. hier diente eine partielle, friedliche Kooperation/Allianz zwischen zwei Partnern dazu, den Marktführer zu „attackieren", zu neuen Formen einer **„Coopetition"** siehe auch *Nalebuff/Brandenburger,* 1996).

Insoweit können verschiedene Ausdrucksformen aggressiven Markt- bzw. Wettbewerbsverhaltens unterschieden werden, die ihren Ausgangspunkt in **unterschiedlichen Positionen** haben:

- **Gejagter** (d. h. Marktführer verteidigen vielfach offensiv ihre dominante Position durch aggressive Handlungsmuster bzw. -niveaus),
- **Jäger** (d. h. Marktherausforderer suchen häufig gleich gesinnte Partner, um mit gebündelten Kräften einen Marktführer gezielt angreifen und seine dominante Position aufweichen zu können).

Exkurs: Untersuchungen zur Marktaggressivität

Empirische Untersuchungen zeigen, dass **aggressive Unternehmen** (im Vergleich zu „friedlichen") vor allem in Kategorien von Marktanteilen denken, mit anderen Worten ihrem Handeln also vorrangig Marktanteilsziele und – bezogen auf die Zielprioritäten – erst danach klassische Unternehmensziele wie Gewinn bzw. (Kapital-)Rentabilität verfolgen (vgl. *Lücking,* 1995, S. 90–92). Insoweit bestehen zwischen Markt-/Unternehmenszielen und gewählten wettbewerbsstrategischen Handlungsmustern wichtige Verbindungslinien. Grundlegende Vorformulierungen ziel-strategischer Handlungsweisen werden dabei bereits auf der Meta-Zielebene, speziell Festlegung der allgemeinen Wertvorstellungen (Basic beliefs), getroffen (vgl. hierzu 1. Teil „Ziele").

Im Übrigen scheinen verschiedene Untersuchungen zu belegen, dass aggressive bzw. wettbewerbs-fokussierte Marktstrategien nicht nur zu Markterfolgen (Marktanteil, Umsatz, Absatz), sondern auch zu „harten" ökonomischen Unternehmenserfolgen (Gewinn, (Kapital-) Rentabilität, Deckungsbeitrag) führen. Aufgrund der *PIMS* -Forschung (*Buzzell/Gale,* 1987 bzw. 1989) ergeben sich etwa folgende **Erfolgsketten:**

(1) **Aggressive Preissenkungen** führen zu entsprechend hohen Marktanteilen, hohe Marktanteile erlauben die Realisierung entsprechender Erfahrungskurven- und damit Kostenvorteile, die sich in vergleichsweise hoher Rentabilität (ROI) niederschlagen.

(2) **Überlegene Produktqualitäten** führen (trotz) entsprechend hoher Preise zu größeren Marktanteilen, hohe Marktanteile tragen ihrerseits mit ihren günstigen Auswirkungen auf die Kostenposition zur Erhöhung der Rentabilität (ROI) bei.

Das bedeutet, dass nicht nur preis-mengen-strategisch orientierte, sondern auch präferenz-strategisch orientierte Verhaltensweisen zu Markt- und Unternehmenserfolg führen (vgl. hierzu auch die **„U-Hypothese"** hinsichtlich des Zusammenhangs zwischen Rentabilität und marktstimulierungs-strategischen Handlungsmustern im Abschnitt „Strategiekombinationen", und zwar zu den horizontalen Strategiekombinationen).

Untersuchungen speziell zur **„Marktaggressivität"** (via Befragung von Führungskräften bzw. Key Informants aus dem Marketingbereich von Herstellern elektrotechnischer Gebrauchsgüter) bestätigen ebenfalls, dass aggressives Wettbewerbsverhalten durchaus zu Markt- und Unternehmenserfolgen führen kann (*Lücking,* 1995, S. 204 ff.). Diese Erfolge sind jedoch stark abhängig von **situativen Gegebenheiten,** u. a. vom Stadium einer Branche (z. B. junge, reife oder schrumpfende Branche) wie auch speziell vom Muster der Marketing(mix)aktivitäten, das sowohl von Unternehmenskulturfaktoren als auch von der Breite der Marktabdeckung des Unternehmens geprägt ist (*Lücking,* 1995, S. 168 ff.).

Insgesamt zeigen diese Unternehmungen jedoch, dass aggressives Wettbewerbsverhalten („Marktaggressivität") nicht (allein) durch Markt- bzw. Umfeldkonstellationen aufgezwungen wird, sondern dass Unternehmen offensichtlich in hohem Maße selbst bestimmen, ob sie aggressiv agieren wollen oder nicht. Angesichts dieser grundsätzlichen Handlungsfreiheit handelt es sich bei Marktaggressivität insofern (lediglich) um eine **strategische Option** (*Lücking,* 1995, S. 268).

Mit diesen Darlegungen zu Wettbewerbsstrategien – zuletzt zu Grundfragen wettbewerbsorientierter Verhaltensweisen (Stile) – sollen die inhaltlichen Fragen von Marketing- und Unternehmensstrategien insgesamt abgeschlossen werden. Zu behandeln sind jetzt noch Fragen der konkreten Strategieplanung. Hier soll speziell auf Methoden und Verfahren der Strategiefestlegung eingegangen werden.

# III. Methoden und Kalküle zur Strategiebestimmung

Nachdem bisher die Diskussion grundlegender materieller Strategiealternativen (= inhaltliche Fragestellungen) im Vordergrund stand, sollen nun Fragen der Strategieanalyse bzw. Strategiebewertung (= verfahrenstechnische Fragestellungen) näher behandelt werden. Absicht dieser Darlegungen ist es, methodische Grundlagen für eine zielorientierte Strategieselektion zu entwickeln. Die bisherige Darstellung der differenzierten Wirkmechanismen materieller Marketingstrategien hat zunächst das Spektrum strategischer Handlungsalternativen insgesamt offengelegt. Nunmehr kommt es darauf an, **Analyse- und Auswahlmuster** für die konkrete Strategiewahl vorzustellen. Die Behandlung dieser Verfahrensfragen ist vor allem in Zusammenhang mit der Problematisierung der Strategischen Planung (im Sinne eines umfassenden „corporate planning concept") verstärkt bzw. verfeinert worden.

Bevor auf Verfahren der Strategieselektion, differenziert nach strategischen Basisentscheidungen (1. bis 4. Ebene: Marktfeld-, Marktstimulierungs-, Marktparzellierungs- und Marktarealstrategien), eingegangen wird, soll zunächst die Analyse **strategischer Markt- und Umfeldbedingungen** behandelt werden (s. a. Teil „Ziele", Abschnitt Zielbildung und Bedingungslagen). Derartige mikro- und makro-orientierte Analysen strukturieren Anknüpfungspunkte der konkreten Strategiewahl, d. h. sie stecken den grundsätzlichen Handlungsspielraum ab, ehe die eigentlichen Strategieentscheidungen getroffen werden können.

## 1. Analyse allgemeiner und spezifischer Umfeldbedingungen

Ausgangspunkt aller strategischen Überlegungen bzw. Entscheidungen des Unternehmens bilden sowohl generelle, prinzipiell für alle Unternehmen gültige Umfeldbedingungen als auch solche spezieller Art, die primär für bestimmte Sektoren bzw. Branchen typisch sind.

Vier elementare **Bedingungslagen** zwingen Unternehmen generell zu einer konsequenten strategischen Kursbestimmung *(Abb. 244)*.

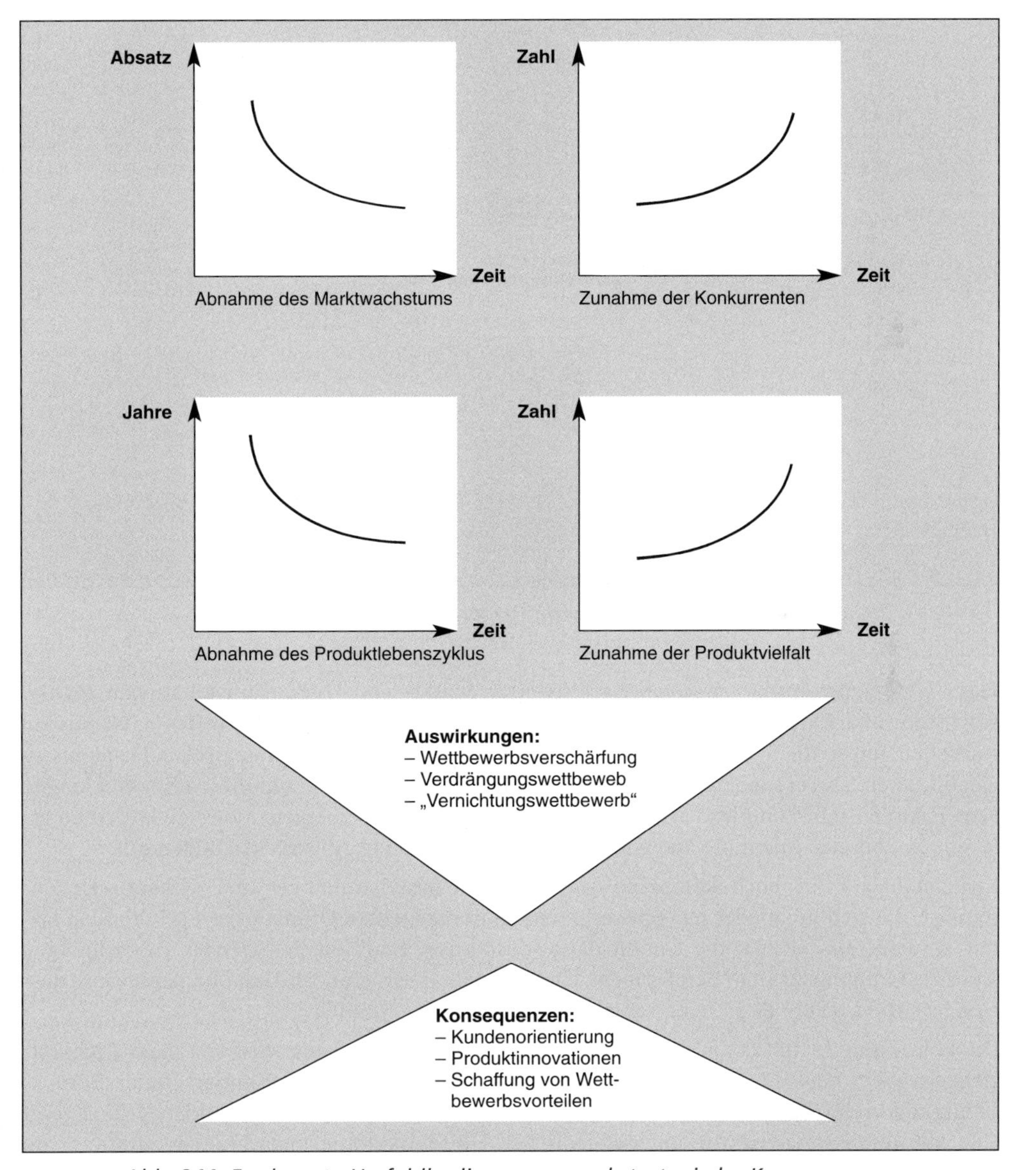


*Abb. 244: Erschwerte Umfeldbedingungen und strategische Konsequenzen*

Das heißt, die unterschiedlichen „gegenläufigen" Entwicklungen stellen insgesamt **Verschärfungen** für unternehmerisches Agieren dar, die nur durch eine konsequente und umfassende Markt- und Kundenorientierung bewältigt werden können. Mit anderen Worten: ehrgeizige Unternehmens- und Marketingziele sind immer schwerer zu realisieren.

Folge dieser Entwicklungen ist eine große **Marktdynamik,** die vier grundlegende Bezugspunkte (Faktoren) aufweist *(Abb. 245).*

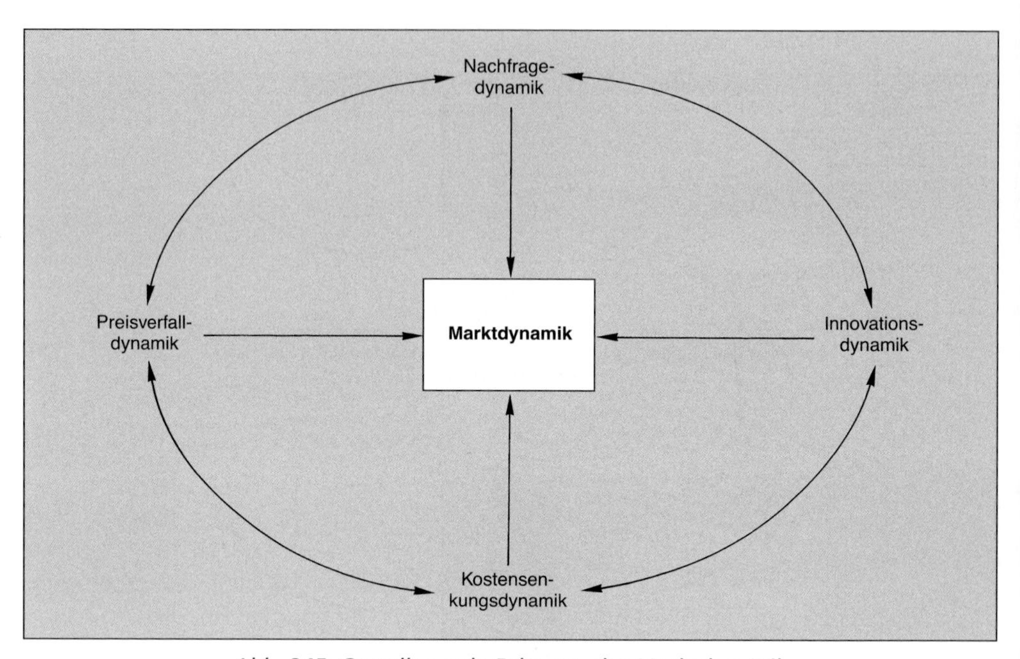


*Abb. 245: Grundlegende Faktoren der Marktdynamik*

Jedes Unternehmen, das angesichts erschwerter Markt- und Umfeldkonstellationen Erfolg, Wachstum und Existenz sichern will, muss unternehmensspezifische **Betroffenheitsanalysen** erarbeiten, um so die Schlüsselfaktoren bzw. Schlüsselprobleme des strategischen Handelns zu identifizieren. Die besondere Problematik besteht darin, dass sich hinter diesen Entwicklungen bzw. Faktoren sehr komplexe Markt- und Umfeldstrukturen verbergen, die es detailliert zu erfassen und bei der Ableitung zieladäquater Strategiekonzepte zu berücksichtigen gilt.

Kennzeichnend für hoch komplexe Markt- und Umfeldstrukturen sind **„Chaotische Zustände"**, die sich nicht oder nur schwer in einem transparenten Ordnungsgefüge abbilden lassen. Andererseits besteht die Gefahr darin, dass unser traditionelles Denken in Ordnungen („unsere Ordnungsbrillen") einfach das Ungeordnete, aber dennoch Handlungsrelevante ausblendet (*Müri,* 1986, S. 17, siehe auch *Weiber,* 1995, Sp. 349 ff.).

Die hohe Komplexität der Umfeldbedingungen des Unternehmens wird erst dann nachvollziehbar, wenn man die Elemente eines umfassenden Systems netzorientiert, unter Berücksichtigung vielfältiger Interdependenzen, abzubilden versucht. Eine Modelldarstellung zeigt eine **komplexe Netzstruktur** unterschiedlicher Umfeldfaktoren und ihre Verknüpfung mit dem Marketing *(Abb. 246).*

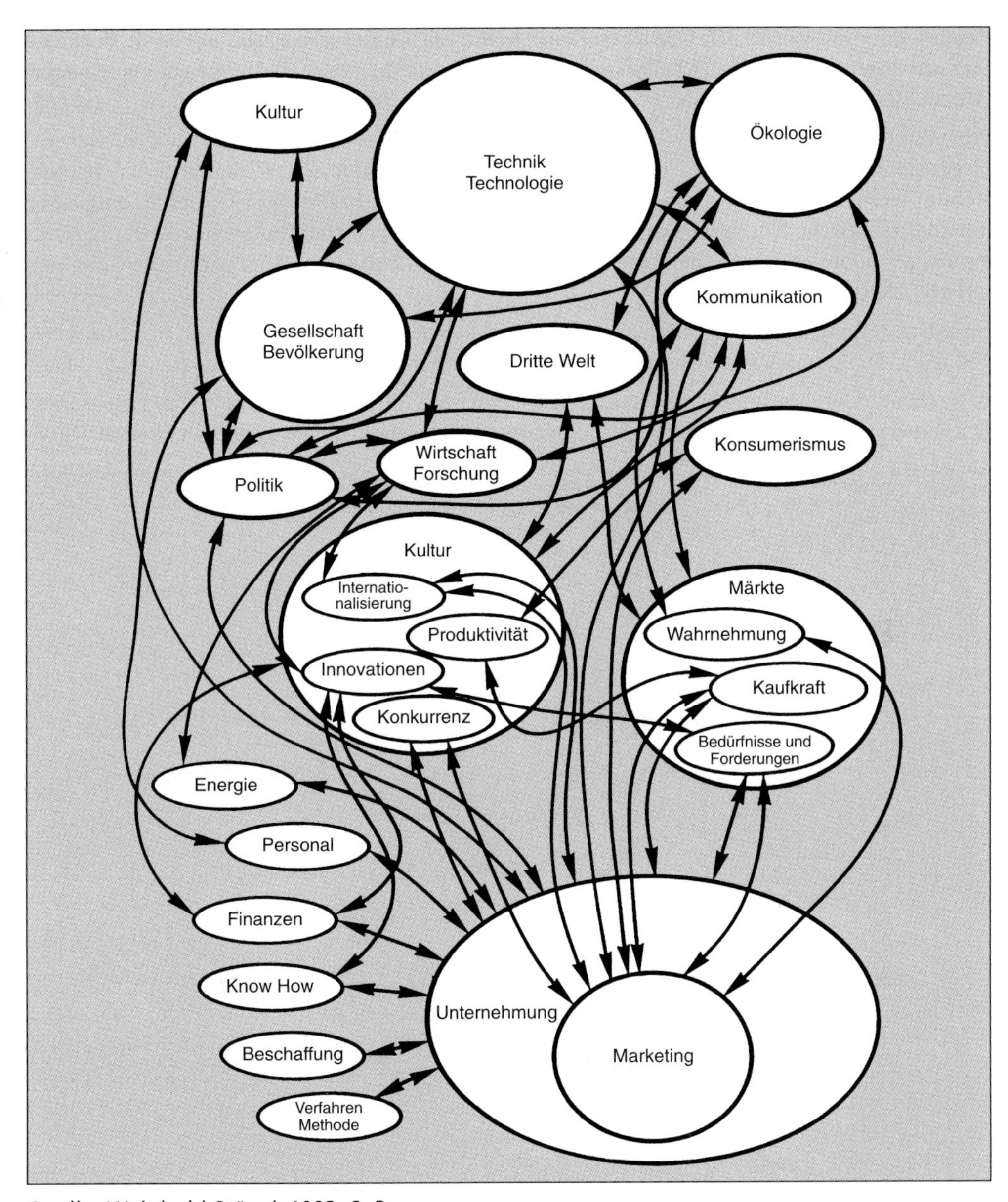


*Quelle: Weinhold-Stünzi,* 1993, S. 3

*Abb. 246: Netzwerk ausgewählter marketingrelevanter Umfeldfaktoren*

Das Netzwerk grundlegender Umfeldfaktoren, ihre Interdependenzen und ihre Bezüge zum Marketing machen zugleich die Grenzen der Planbarkeit strategischen Handelns deutlich. Man kann insoweit auch von einem **Planungsdilemma** sprechen (*Mintzberg,* 1995, S. 375 ff.). „Exakte" Analysen bzw. der Versuch ihrer Erstellung bedürfen der Verknüpfung mit „Intuition". Diese Verknüpfung ist jedenfalls notwendig, wenn die fatalen Konsequenzen einseitiger

Planorientierung vermieden werden sollen: „Leute mit Intuition handeln, bevor sie denken – falls sie überhaupt denken. Analytiker denken, bevor sie handeln – falls sie jemals handeln“ (*Wade*, 1975, S. 9).

Für konkrete Planungszwecke bzw. die Ableitung strategischer Stoßrichtungen müssen naturgemäß unternehmens- und marktindividuelle Faktoren und ihr Wirkungsgerüst berücksichtigt werden. Das heißt, neben der Erfassung genereller Markt- und Umfeldbedingungen müssen spezifische Netzwerke strukturiert werden, die bereits **Handlungsansätze** auf der dritten konzeptionellen Ebene, dem Marketingmix, berücksichtigen (= **konzeptionelle** (**und analytische**) **Kette**).

Eine Darstellung zeigt das **strategische Netzwerk** eines Zeitschriftenverlags in Form eines Feedback-Diagramms unter Berücksichtigung verschiedener Szenarienbereiche *(Abb. 247).*

Ausgehend von bestimmten Szenarienbereichen und ihren nur begrenzt beeinflussbaren Grundmerkmalen geht es darum, die eigenen **strategischen Lenkungsmöglichkeiten** (Stoß-

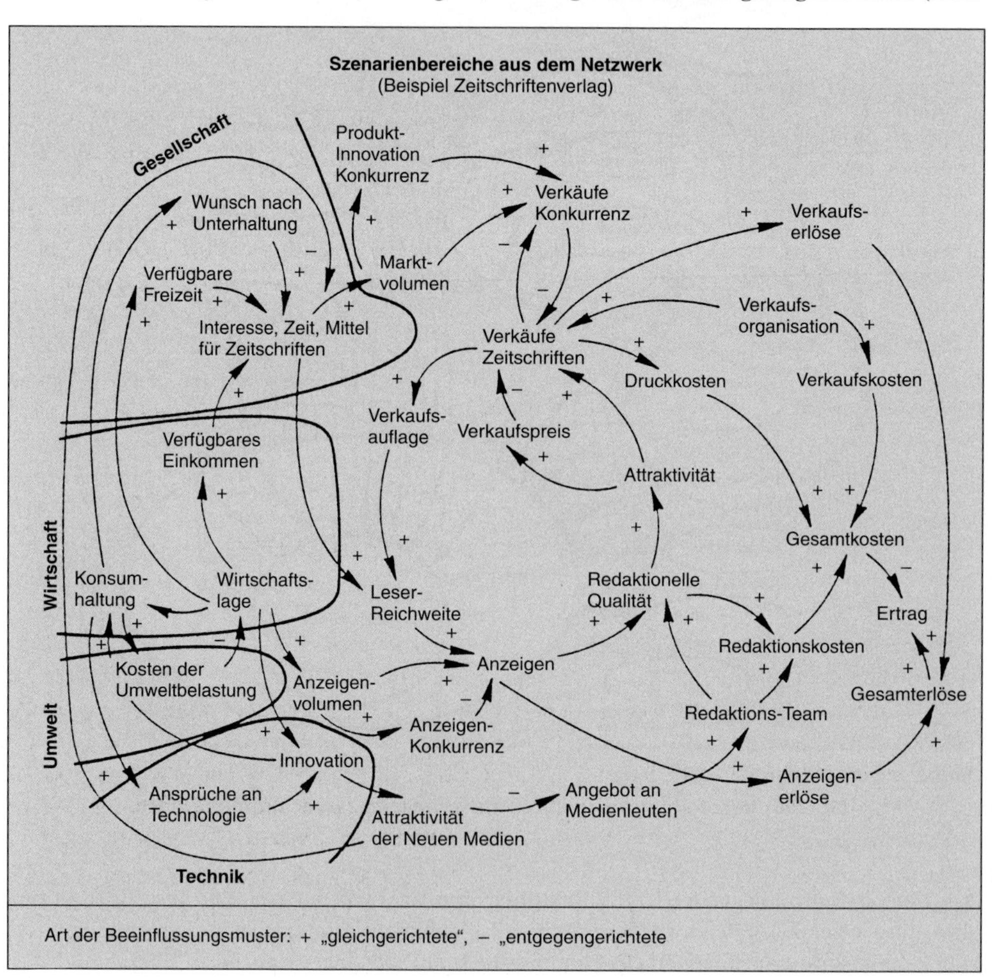


*Quelle: Probst/Gomez,* 1990, S. 916

*Abb. 247: Strategisches Netzwerk grundlegender Umfeldfaktoren für einen Zeitschriftenverlag*

richtungen) abzuleiten. „Dabei ist zu unterscheiden zwischen den (weitgehend) lenkbaren Größen, die für Eingriffe und Maßnahmen in Frage kommen, den (eher) nicht lenkbaren Größen, die im Hinblick auf vorbeugende Maßnahmen sorgfältig zu überwachen sind, und den Indikatoren, die den Erfolg von Gestaltungs- und Lenkungseingriffen feststellen" (*Probst/Gomez,* 1990, S. 916; zum Umgang mit komplexen strategischen Problemen bzw. zur Methodik des vernetzten Denkens i. e. siehe auch *Ulrich/Probst,* 1988).

Strategische Netzwerke allgemeiner wie spezieller Art bilden zunächst den strategischen **Handlungsrahmen** des Unternehmens ab. Sie basieren primär auf einer *Makro*-Sicht der Umfeldbedingungen. Wichtige strategische Informationen stellen darüber hinaus detaillierte Marktstruktur-Untersuchungen (einschließlich Marktprognosen) dar. Sie entsprechen einer *Mikro*-Sicht unternehmerischer Markt- und Umfeldbedingungen. Darauf soll im Folgenden näher eingegangen werden.

## 2. Marktstrukturanalysen und Marktprognosen

Strategische Festlegungen setzen hinreichende Kenntnisse über Marktstrukturen und ihre Entwicklung (Prognose) voraus. Nur so können ziel- und marktadäquate strategische Stoßrichtungen bestimmt werden. Märkte stellen gleichsam **Lebens- bzw. Aktionsräume** von Unternehmen dar, und nur wenn Unternehmen über diese Räume eine ausreichende Transparenz haben, können sie die für sie richtigen „Nistplätze" auswählen bzw. beibehalten oder modifizieren.

Zunächst soll auf Grundfragen der Strukturanalyse von Märkten näher eingegangen werden. Im Anschluss daran werden die grundsätzlichen Möglichkeiten der Marktprognose behandelt.

### *a) Schlüsselgrößen der Marktanalyse*

Für die Fundierung strategischer Entscheidungen ist zunächst die Erfassung grundlegender Orientierungsgrößen von Märkten notwendig. Sie dienen der Analyse der **strategischen Ausgangslage** bzw. Ausgangspositionen.

Für eine derartige strategische Ortsbestimmung ist die Erfassung folgender **Schlüsselgrößen** wichtig (ähnlich *Hüttner,* 1989, S. 280 ff.; *Meffert/Burmann/Kirchgeorg,* 2008, S. 53 ff.; *Kotler/Keller/Bliemel,* 2007, S. 195 ff.; *Voeth/Herbst*, 2013, S. 149 ff.):

- **Marktpotenzial,**
- **Marktvolumen,**
- **Absatzvolumen,**
- **Marktanteil.**

Unter **Marktpotenzial** ist die Gesamtheit möglicher Absatzmengen bzw. Absatzerlöse eines Marktes für ein bestimmtes Produkt oder eine Produktkategorie (= potenzielle, d. h. zukünftige Aufnahmemöglichkeit eines Marktes) zu verstehen. Es repräsentiert die erwartete höchstmögliche Marktnachfrage, und zwar unter Berücksichtigung aller Abnehmer, die für eine Produktübernahme in Betracht kommen und dafür mit ausreichender Kaufkraft ausgestattet sind.

Das Marktpotenzial stellt grundsätzlich eine fiktive Größe dar, die aufgrund entsprechender Schätzverfahren möglichst *realistisch* sein soll – nur dann kann sie als wichtiger Orientierungswert für strategische Entscheidungen herangezogen werden. Deshalb müssen die **Bedingungen** angegeben bzw. gewählt werden, unter denen das Marktpotenzial bestimmt wird (z. B. bisheriger Marketingaufwand der bisherigen Anbieter auf dem Markt oder höchstes, betriebswirtschaftlich noch vertretbares Niveau, Eintritt neuer Anbieter mit spezifischen Marketingprogrammen oder Austritt bisheriger Anbieter aus dem Markt, jeweilige konjunkturelle Bedingungen wie Hochkonjunktur oder Rezession bzw. Arbeitslosigkeit und Kaufkraftsituation).

Wichtige Anknüpfungspunkte für die Abschätzung von Marktpotenzialen sind etwa bisher erreichte **Ausstattungsgrade,** wie sie z. B. von der amtlichen Statistik oder auch Verbandsstatistiken erfasst werden. Ein Beispiel aus dem Elektrogerätebereich soll das belegen *(Abb. 248).*

| Gerätearten | Ausstattung der Haushalte in % | |
|---|---|---|
| | Teilgebiet A | Teilgebiet B |
| **Farbfernseher** | 96 | 96 |
| **Hifi-Anlagen** | 76 | 45 |
| **Videorecorder** | 60 | 37 |
| **CD-Spieler** | 52 | 29 |
| **Camcorder** | 14 | 5 |

*Abb. 248: Ausstattung deutscher Haushalte mit ausgewählten Geräten der Unterhaltungselektronik (differenziert nach Teilgebieten, Beispieljahr)*

Das Beispiel zeigt eine gleiche Ausstattungsquote in beiden Teilgebieten lediglich bei Farbfernsehern; bei allen anderen betrachteten Geräten weist das Teilgebiet B noch z. T. erhebliche Marktreserven auf. Das Potenzial bzw. die Sättigungsgrenze kann dabei nicht in jedem Falle bei annähernd 100 % angesetzt werden. Hierbei sind ggf. unterschiedliche **Zielgruppen bzw. Kaufbereitschaften** zu berücksichtigen.

Als Orientierungsgrößen für die Marktpotenzialabschätzung kann darüber hinaus der **Pro-Kopf-Verbrauch** z. B. im europäischen Vergleich herangezogen werden. Ein Beispiel aus dem Nahrungsmittelbereich soll das verdeutlichen *(Abb. 249).*

| Länder | Beispieljahr | 5 Jahre später |
|---|---|---|
| **Dänemark** | 18,5 kg | 34,6 kg |
| **Schweden** | 20,8 kg | 25,2 kg |
| **Frankreich** | 12,1 kg | 23,1 kg |
| **Großbritannien** | 19,4 kg | 18,9 kg* |
| **Norwegen** | 13,0 kg | 18,1 kg |
| **Schweiz** | 12,0 kg | 16,7 kg |
| **Niederlande** | 14,3 kg | 16,5 kg |
| **Deutschland** | 11,2 kg | 14,9 kg |
| **Finnland** | 7,9 kg | 11,4 kg |

* nur Einzelhandelsanteil

*Abb. 249: Pro-Kopf-Verbrauch von Tiefkühlkost in ausgewählten europäischen Ländern (Vergleich Beispieljahr/5 Jahre später)*

Das Beispiel zeigt für den Betrachtungszeitraum durchweg Zuwächse im Verbrauch von Tiefkühlkost. Als eine Art „Vorlauf-Länder" mit relativ hohen Pro-Kopf-Verbrauchszahlen können vor allem die nördlichen Länder Dänemark und Schweden angesehen werden. Bei der überdurchschnittlichen Absatzentwicklung (Pro-Kopf-Verbrauch) in vielen Ländern sind nicht zuletzt auch die **großen Anstrengungen** der Anbieter (u. a. starke Produktdifferenzierung, hohe Marketingaufwendungen großer nationaler bzw. internationaler Anbieter) sowie günstige Umfeldbedingungen zu berücksichtigen (vgl. hierzu auch Teil „Marketingziele“, Kapitel Zielbildung und Bedingungslagen unternehmensexterner und -interner Art). Angesichts dieser Ausgangslage zeigten sich u. a. in der Bundesrepublik Deutschland noch größere Marktreserven, die auch tatsächlich weiter ausgeschöpft werden konnten.

Neben der Erfassung des Marktpotenzials von Gesamtmärkten ist vor allem auch die Abschätzung der Marktpotenziale **einzelner Teilmärkte** bzw. Produktgruppen (im Tiefkühlkostmarkt z. B.: Gemüse, Kartoffelprodukte, Fertiggerichte, Fleischprodukte, Fisch usw.) relevant.

Hinter dem ermittelten Pro-Kopf-Verbrauch – wie er beispielhaft für Tiefkühlkost aufgezeigt worden ist – steht das **tatsächliche Marktvolumen** eines Marktes. Es repräsentiert die Gesamtheit aller realisierten Absatzmengen bzw. Absatzerlöse eines Marktes für ein bestimmtes Produkt oder eine Produktkategorie (= tatsächliche, d. h. gegenwärtige bzw. in der Vergangenheit realisierte Marktgrößen).

Das tatsächliche Marktvolumen lässt sich entweder auf sekundär-statistischem Wege (z. B. amtliche oder Verbandsstatistiken) und/oder auf primär-statistischem Wege (z. B. Befragung bzw. Nutzung von Panel-Daten) erfassen. Ein Beispiel soll die Erfassung auf **sekundär-statistischem Wege** verdeutlichen *(Abb. 250).*

| | **Beispieljahr 1** (in Mrd. €) | **Beispieljahr 2** (in Mrd. €) |
|---|---|---|
| **Produktion** | 19,0 | 19,7 |
| **Export** | – 9,2 | – 10,8 |
| **Import** | + 6,3 | + 6,9 |
| **Marktvolumen** | = 16,1 | = 15,8 |

*Abb. 250: Bestimmung des Marktvolumens für Kommunikationstechnik (Basis: Amtliche Produktions- und Außenhandelsstatistik, Beispieljahr 1 und 2)*

Das Beispiel zeigt, dass das Marktvolumen sich in beiden Betrachtungsjahren praktisch kaum verändert hat, während sowohl Export als auch Import jeweils deutlich zugenommen haben. Das ermittelte Marktvolumen gilt unter der Voraussetzung, dass keine (gravierenden) **Lagerbestandsveränderungen** (Lagerauf- bzw. Lagerabbau) stattgefunden haben.

Ein anderes Beispiel soll den Ausweis des Marktvolumens im Rahmen der **Panelforschung** zeigen. Gewählt wird hierfür ein Beispiel aus dem Nahrungsmittelmarkt *(Abb. 251).*

Das Beispiel zeigt im Zeitablauf eine sehr differenzierte Entwicklung (Wachstum, Stagnation und auch einmaliger Rückgang, u. a. witterungsbedingte Einflüsse). Im Betrachtungszeitraum fällt auch die starke Zunahme der Hauspackungen zu Lasten der Kleinpackungen auf, was sich später wieder umgekehrt hat. Das Beispiel verdeutlicht damit zugleich auch die Notwendigkeit von **Zeitraumbetrachtungen** (Längsschnittanalyse) für die jeweils richtigen strategischen Schlussfolgerungen.

Neben dem Marktpotenzial und Marktvolumen stellt das **Absatzvolumen** die dritte marktanalytische Schlüsselgröße dar. Das Absatzvolumen ist jeweils die Gesamtheit der Absatzmenge

| Mio. Liter | 294 | 295 | 274 | 292 | 313 | 323 | 328 |
|---|---|---|---|---|---|---|---|
| Zuwachsrate in % | +3 | ±0 | −7 | +7 | +7 | +3 | +2 |
| 100 % | | | | | | | |
| Kleinpackungen | 39 | 37 | 36 | 36 | 33.5 | 32 | 30 |
| Hauspackungen | 46 | 47 | 46 | 45 | 46 | 48 | 50.5 |
| Gastronomie | 15 | 16 | 18 | 19 | 20.5 | 20 | 19.5 |
| | Jahre | | | | | | |

*Abb. 251: Absatzentwicklung im Eiskrem-Markt (differenziert nach drei Packungsbereichen, Beispieljahre)*

bzw. Absatzerlöse eines konkreten Unternehmens bezogen auf ein bestimmtes Produkt oder eine Produktkategorie. Alle Absatzvolumina der in einem konkreten Markt (bestimmtes Produkt bzw. Produktkategorie) anbietenden Unternehmen ergeben zusammen das Marktvolumen eben dieses Marktes. Eine Modelldarstellung verdeutlicht die **Zusammenhänge** zwischen Marktpotenzial, Marktvolumen und Absatzvolumen *(Abb. 252).*

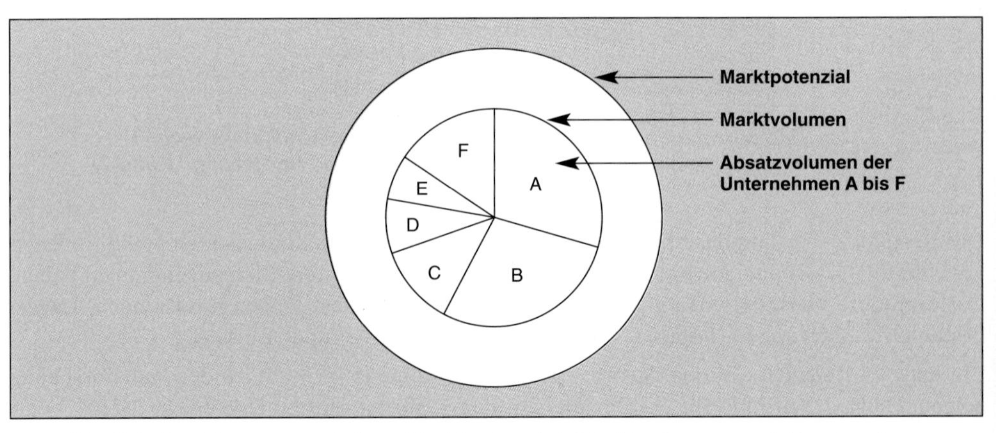


*Abb. 252: Beziehungen zwischen Marktpotenzial, Marktvolumen und Absatzvolumen*

Die Darstellung macht u. a. deutlich, dass der betrachtete Markt noch über wesentliche **Reserven** verfügt, d. h. also noch nicht voll ausgeschöpft ist. Das eigentliche Marktvolumen teilt sich auf sechs Anbieter auf, die daran jeweils unterschiedlich stark partizipieren. Die anbietenden Unternehmen A und B dominieren den Markt, d. h. ihre beiden Absatzvolumina machen mehr als die Hälfte des Gesamtmarktes (Marktvolumens) aus.

Wichtiger Orientierungspunkt für strategische Planungen ist das **Verhältnis** von Marktpotenzial und Marktvolumen in einem konkreten Markt. Die Verhältnisse in den verschiedenen (Teil-)Märkten stellen sich dabei z. T. sehr unterschiedlich dar. Das soll modellhaft am Beispiel des Kosmetikmarktes aufgezeigt werden *(Abb. 253)*.

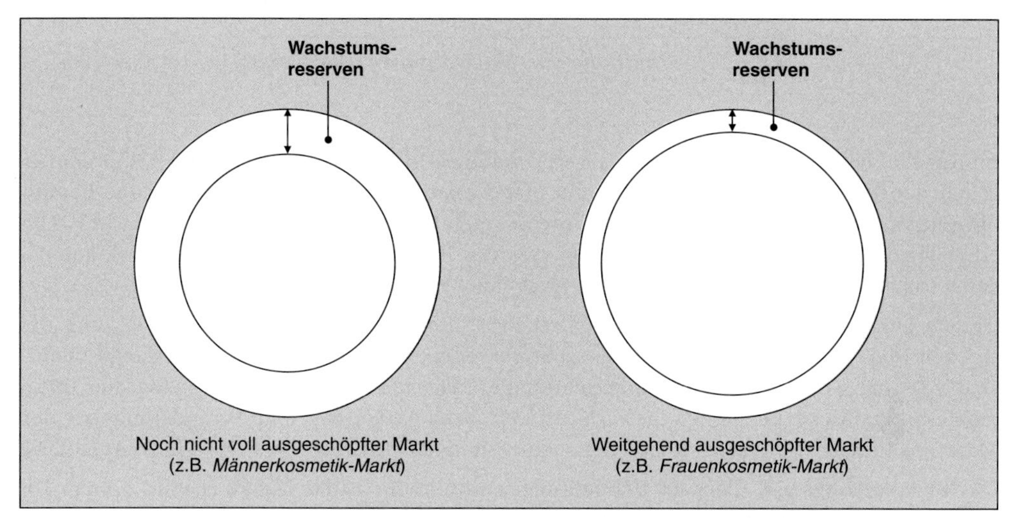


*Abb. 253: Unterschiedlich ausgeschöpfte Teilmärkte (Segmente) des Kosmetikmarktes (Beispielperiode)*

Im Laufe der Jahre ist zwar der Männerkosmetik-Markt über eine Reihe neuer spezieller Kosmetikserien stärker ausgeschöpft worden. Die verbleibenden Marktreserven in diesem Teilmarkt sind aber immer noch größer als im Frauenkosmetik-Markt.

Der Grad der Marktausschöpfung lässt sich auch als Kennziffer in Form des **Sättigungsgrades** errechnen *(Abb. 254)*.

**Formel:** $$\text{Sättigungsgrad} = \frac{\text{Marktvolumen} \times 100}{\text{Marktpotenzial}}$$

**Beispiel** (Basis Menge: Marktvolumen = 480 Mio. Liter, Marktpotenzial = 600 Mio. Liter):

$$\text{Sättigungsgrad} = \frac{480 \times 100}{600} = 80\ \%$$

*Abb. 254: Ermittlung des Sättigungsgrades (Basis: Menge)*

Im genannten Beispiel beträgt der mengenmäßige Sättigungswert 80 %, d.h. ein Fünftel des Marktpotenzials ist noch nicht ausgeschöpft (analoge Ermittlungen können auch auf Wertbasis durchgeführt werden).

Auch die Absatzvolumina der anbietenden Unternehmen lassen sich als Kennziffern in Form von **Marktanteilen** ausdrücken *(Abb. 255)*.

**Formel:** $\text{Marktanteil} = \frac{\text{Absatzvolumen} \times 100}{\text{Marktvolumen}}$

**Beispiel** (Basis Wert: Absatzvolumen des Anbieters A = 600 Mio. €, Marktvolumen = 1,8 Mrd. €):

$\text{Marktanteil} = \frac{600 \times 100}{1.800} = 33{,}33\ \%$

*Abb. 255: Ermittlung von Marktanteilen (Basis: Wert)*

Im Beispiel besitzt der Anbieter A einen wertmäßigen Marktanteil in Höhe von 33,33 %, d. h. er hält ein Drittel des Marktes und damit einen relativ hohen Marktanteil (analoge Ermittlungen können auch auf Mengenbasis vorgenommen werden). So weit für einen Markt Panelerhebungen vorliegen, können die im Rahmen der Panelforschung ermittelten Marktanteilsdaten (nach Menge und Wert) den jeweiligen Panel-Berichten entnommen werden.

Gerade auch für die Strategiewahl (ggf. auch Strategiekorrektur) ist die Entwicklung des eigenen Marktanteils im Vergleich zu wichtigen Konkurrenten im Zeitablauf (Längsschnittanalyse) eine **wichtige Entscheidungsgrundlage.** Insbesondere Paneldaten bieten hier differenzierte Einblicke in die Wettbewerbsstruktur bzw. Verteilung und Veränderung bei den Marktpositionen. Die Datenstruktur typischer Panelanalysen zeigt eine Übersicht *(Abb. 256).*

Das Beispiel zeigt u. a., dass im Betrachtungszeitraum die größte Marke (E) auf hohem Niveau (Marktanteil knapp 30 %) stagniert, während die beiden nächstgroßen Marken (D und A) Marktanteile erkennbar verlieren. Andererseits kann z. B. die relativ kleine Marke C ihren Marktanteil deutlich steigern (beinahe Verdoppelung des Marktanteils von 4,4 auf 7,1 %). Alle anderen Marken („Auch"- bzw. Handelsmarken) halten in etwa ihren Marktanteil (um 12 %).

Der Marktanteil stellt insgesamt eine wichtige Zielgröße für die Führung von Unternehmen dar (vgl. hierzu auch 1. Teil „Marketingziele"). Er ist zugleich eine wichtige **Erfolgsgröße,** weil die Rentabilität des Unternehmens (ROI) im hohen Maße mit dem Marktanteil korreliert (auf entsprechende Analyseergebnisse des *PIMS-Programms* wird im Abschnitt zu den marktfeld-strategischen Selektionsentscheidungen näher eingegangen).

In welchem Maße Marktanteil, Marktwachstum und Unternehmenswachstum miteinander verknüpft sind, soll im Folgenden dargestellt werden. Man kann nämlich einen mathematischen Zusammenhang zwischen Marktwachstum, Marktanteilsveränderungen und Unternehmenswachstum (jeweils in Mengen) herstellen. *Gälweiler* spricht in diesem Zusammenhang auch von der **„Grundformel der Unternehmensstrategie"** (*Gälweiler,* 1983, S. 263 f., siehe auch *Kreikebaum,* 1989, S. 67 f.). Sie kann wie folgt dargestellt bzw. exemplifiziert werden *(Abb. 257).*

Aus dem zugrunde gelegten Beispiel geht hervor, dass für das Unternehmen bei dem gegebenen Marktwachstum und dem zugrunde gelegten Marktanteilsziel das notwendige Unternehmenswachstum immerhin 32 % (jeweils in Mengen) beträgt. Das heißt, dass ehrgeizige Marktanteilsziele, welche der Erfüllung von unternehmerischen Oberzielen (Rentabilität bzw. ROI) dienen, je nach Marktwachstum an beträchtliche Absatzzuwächse des Unternehmens gekoppelt sein können. Hierfür müssen dann die entsprechenden „Weichen" auf den einzelnen **strategischen Ebenen** (z. B. 1. Ebene: Marktdurchdringung, Marktentwicklung, Produktentwicklung bis hin zur Diversifikation) gestellt werden.

| | DJ | FM | AM | JJ | AS | ON | DJ | FM | AM | JJ | AS | ON | DJ |
|---|---|---|---|---|---|---|---|---|---|---|---|---|---|
| TOTAL* | 6083.4 | 6754.5 | 6400.4 | 5510.9 | 5856.4 | 6314.7 | 6595.4 | 7512.7 | 6608.5 | 5764.3 | 6094.6 | 6383.4 | 6585.7 |
| A** | 15.1*** | 15.0 | 15.5 | 15.7 | 15.5 | 14.2 | 13.3 | 12.9 | 12.4 | 12.4 | 12.8 | 13.1 | 13.4 |
| B | 6.2 | 5.2 | 5.0 | 5.2 | 5.6 | 5.4 | 5.1 | 5.2 | 4.7 | 5.6 | 5.1 | 5.5 | 5.6 |
| C | 4.4 | 5.0 | 5.7 | 4.9 | 5.5 | 4.8 | 5.2 | 6.0 | 6.8 | 6.8 | 6.9 | 6.6 | 7.1 |
| D | 18.7 | 18.4 | 18.5 | 16.7 | 17.1 | 16.6 | 18.2 | 18.8 | 17.4 | 15.6 | 17.3 | 15.5 | 16.7 |
| E | 29.2 | 30.0 | 28.5 | 28.7 | 28.6 | 30.4 | 29.1 | 29.0 | 28.9 | 29.6 | 30.3 | 31.0 | 28.7 |
| F | 3.2 | 2.9 | 3.0 | 3.1 | 2.7 | 4.3 | 3.7 | 3.2 | 3.6 | 3.8 | 3.6 | 4.0 | 3.6 |
| G | 2.5 | 2.6 | 2.4 | 2.7 | 2.7 | 2.6 | 2.8 | 2.6 | 2.7 | 3.3 | 2.5 | 2.9 | 3.3 |
| H | 3.1 | 2.9 | 3.2 | 3.4 | 3.4 | 3.9 | 4.1 | 4.3 | 5.3 | 5.3 | 5.3 | 5.0 | 5.1 |
| I | 5.0 | 4.8 | 4.5 | 5.4 | 5.4 | 5.8 | 5.1 | 3.8 | 4.3 | 4.6 | 5.0 | 5.0 | 4.4 |
| Alle anderen | 12.6 | 13.2 | 13.7 | 14.2 | 13.5 | 12.0 | 13.4 | 14.2 | 13.9 | 13.0 | 11.2 | 11.4 | 12.1 |

* Gesamtmarkt in Tonnen ** Marken A bis Alle anderen *** Marktanteile in % DJ = Dezember/Januar usw.

*Abb. 256: Entwicklung der mengenmäßigen Marktanteile in einem Beispielmarkt (Paneldaten auf Zweimonatsbasis)*

Die dargestellte strategische Grundformel macht zugleich deutlich, dass Marktanteilsveränderungen aus **Unterschieden** zwischen Markt- und Unternehmenswachstum resultieren *(Abb. 258)*.

Die Darlegungen haben insgesamt deutlich gemacht, wie wichtig differenzierte **Marktanalysen und Marktpositionsbestimmungen** für die zielorientierte Strategiefestlegung sind. Die Möglichkeiten derartiger Marktstrukturanalysen stellen sich in den einzelnen Märkten z. T. sehr unterschiedlich dar. Das gilt z. B. auch für die verschiedenen Wirtschaftssektoren (z. B.

**Grundzusammenhang:** Marktwachstum × Marktanteilsveränderung = Unternehmenswachstum (jeweils in Mengen)

Die Veränderung einer bestimmten Größe kann durch einen Veränderungsfaktor (ΔF) – der gleich oder > bzw. < 1.00 sein kann – ausgedrückt werden, wobei 1.00 die Ausgangsmenge repräsentiert (d. h. ein Marktwachstum von z. B. 10 % entspricht damit einem Marktwachstumsveränderungsfaktor von 1.10).

Insoweit gilt folgende strategische Grundformel:

$$MW\Delta F \times MA\Delta F = UW\Delta F$$

MWΔF = Marktwachstumsfaktor (in Mengen)
MAΔF = Marktanteilsveränderungsfaktor (in Mengen)
UWΔF = Unternehmenswachstumsfaktor (in Mengen)

**Beispiel:** Das Marktwachstum beträgt 10 %. Der Marktanteil soll von 5 % auf 6 % (also um 20 %) erhöht werden. Das hierfür notwendige Unternehmenswachstum errechnet sich wie folgt:

$$1.10 \times 1.20 = 1.32$$

*Abb. 257: Mathematische Zusammenhänge zwischen Marktwachstum, Marktanteilsveränderungen und Unternehmenswachstum*

**Formel:** $MA\Delta F = \frac{UW\Delta F}{MW\Delta F}$

Daraus folgt:

$$MA\Delta F \begin{cases} < 1.0, \text{ wenn } UW\Delta F < MW\Delta F \\ = 1.0, \text{ wenn } UW\Delta F = MW\Delta F \\ > 1.0, \text{ wenn } UW\Delta F > MW\Delta F \end{cases}$$

**Beispiel:** Der Gesamtmarkt einer Produktgruppe beträgt im Jahr (1) 860 Mio. Stück, im Jahr (3) 1.600 Mio. Stück. Das eigene Unternehmen weist in den betrachteten Jahren Absatzmengen von 215 bzw. 320 Mio. Stück auf. Damit ergeben sich folgende Marktanteile:

Jahr (1): $\frac{215 \times 100}{860} = 25\%$

Jahr (3): $\frac{320 \times 100}{1.600} = 20\%$

Das heißt, im gewählten Beispiel ist trotz Absatzmengensteigerung des eigenen Unternehmens der Marktanteil aufgrund des relativ stärkeren Marktwachstums gesunken.

*Abb. 258: Marktanteilsveränderungen als Resultante von Markt- und Unternehmenswachstumsunterschieden (in Mengen)*

Konsumgüter-, Investitionsgüter-, Dienstleistungsmärkte, vgl. hierzu u. a. *Hüttner,* 1989, S. 313 ff.; *Kastin,* 1996, S. 258 ff.; *Berekoven/Eckert/Ellenrieder* 2001, S. 301 ff.).

Abschließend soll noch überblickhaft auf die Möglichkeiten von Marktprognosen eingegangen werden.

### *b) Grundfragen der Marktprognose*

Für Marketingdispositionen im Allgemeinen wie auch für marketing-strategische Entscheidungen im besonderen ist nicht nur die Einsicht in die bisherigen Strukturen und Entwicklungen eines Marktes notwendig, sondern auch ihre **Projektion** in die Zukunft. Gerade strategische Entscheidungen mit ihrer kanalisierenden, längerfristig bindenden Funktion sind auf solche Prognosen bzw. Projektionen angewiesen.

Marktprognosen knüpfen grundsätzlich an den **Schlüsselgrößen** an, wie sie auch für die gegenwarts- bzw. vergangenheitsbezogene Marktstrukturanalyse typisch sind. Eine Modelldarstellung zeigt eine beispielhafte Entwicklung vom Marktpotenzial, Marktvolumen und Absatzvolumen im Zeitablauf *(Abb. 259)*.

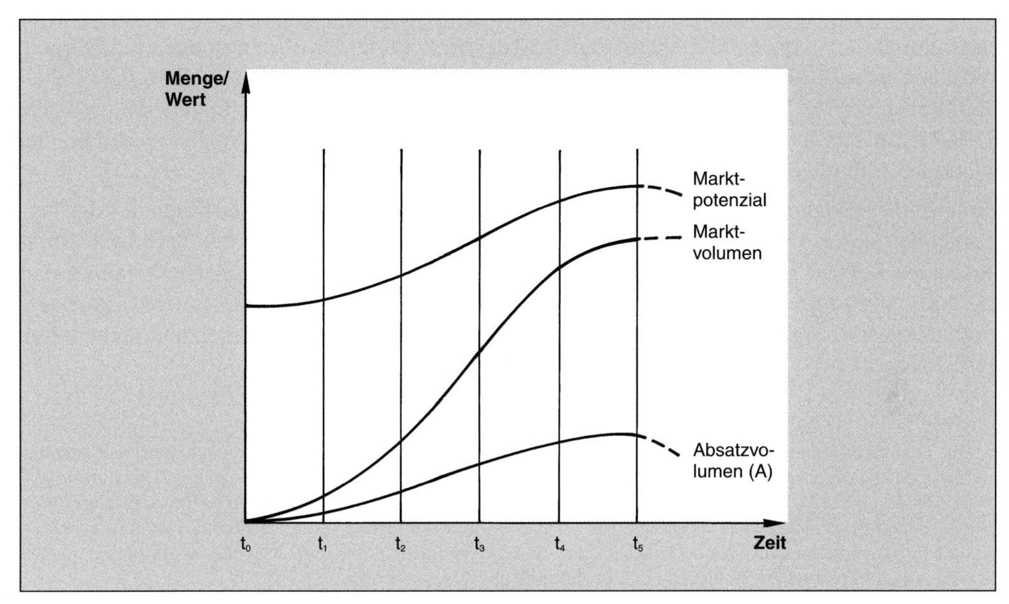


*Abb. 259: Entwicklung von Marktpotenzial, Marktvolumen und Absatzvolumen in einem Beispielmarkt*

In stark **wachsenden Märkten** (> $t_2$ bzw. < $t_4$) bestehen zwischen Marktpotenzial und Marktvolumen noch große Differenzen (= Marktreserven). Die Unternehmen können in solchen Märkten auch dann Absatz- bzw. Umsatzzuwächse realisieren, wenn sich die Marktanteile nicht oder nur unwesentlich positiv ändern. Die bestehenden Marktreserven sind im Allgemeinen dafür verantwortlich, dass solche Marktphasen durch ein eher wirtschaftsfriedliches Marktverhalten der Anbieter gekennzeichnet sind. Auf **gesättigten Märkten** dagegen (> $t_4$) ist das Marktpotenzial durch die realisierten Absatzmengen bzw. Absatzerlöse weitgehend ausgeschöpft. Für das einzelne Unternehmen sind dann nennenswerte Absatzsteigerungen nur noch über den Einbruch in die Marktanteile der Konkurrenten möglich (= Verdrängungswettbewerb). Das Marktverhalten in solchen Marktphasen ist daher grundsätzlich aggressiver. Damit sind zugleich strategische Veränderungen verbunden – und zwar bewusster (= gesteuerter) und z. T. auch nicht gesteuerter Art –, was dann meist zu einem bestimmten **Strategieverfall** (Trading down bzw. Erosion z. B. eines präferenz-strategischen Konzepts) führt.

Das heißt, Unternehmen benötigen nicht nur differenzierte Marktdaten zum bzw. bis zum gegenwärtigen Zeitpunkt ($t_0$), sondern auch entsprechende Zukunftsdaten (z. B. bis $t_5$). Wenn auch die Zukunft grundsätzlich nicht (genau) vorhersehbar ist, hat man versucht, Methoden (Verfahren) zu entwickeln, welche die Ermittlung von **künftigen Marktgrößen** ermöglichen sollen; denn ohne Prognosen (und ohne Bewertung der Unsicherheit) kann keine konsequente strategische Planung vorgenommen werden (*Makridakis,* 1990, S. 66; *Bruhn,* 2001 b, S. 116 f.), auch nicht eine ggf. strategisch notwendige Vorsorgeplanung.

Das Spektrum möglicher **Prognoseverfahren** ist inzwischen sehr breit. Es kann deshalb hier nur ein Überblick über wichtige methodische Ansätze und Verfahren gegeben werden (ansonsten wird auf die spezielle Literatur zur Markt- und Absatzprognose verwiesen, u. a. *Rogge,* 1972; *Meffert/Steffenhagen,* 1976; *Wheelwright/Makridakis,* 1980; *Hüttner,* 1982 bzw. 1986; *Hansmann,* 1983; *Mertens,* 1994; *Rudolph,* 1998; *Fantapié Altobelli*, 2007).

Hinsichtlich der Art der Vorgehensweise bei der Erstellung von Prognosen wird allgemein zwischen **quantitativen und qualitativen Prognosen** unterschieden (vgl. auch *Meffert,* 1992, S. 339 ff. bzw. 363 ff.; *Berekoven/Eckert/Ellenrieder,* 2001, S. 258 ff.; *Weis/Steinmetz,* 2000, S. 369 ff.; *Klein/Scholl,* 2004, S. 263 ff.). Eine Übersicht gibt zunächst einen Überblick über wichtige Methoden der quantitativen Prognose *(Abb. 260).*

Quantitative Prognoseverfahren sind Verfahren, die auf Basis vorhandener Daten aus der Vergangenheit unter Anwendung jeweils spezieller **mathematisch-statistischer Verfahren** Prognosedaten liefern. Die Zeitreihenanalysen stellen relativ einfache klassische Verfahren dar, die stark verbreitet sind. Die kausalen Methoden sind demgegenüber anspruchsvollere und zugleich aufwändigere Prognoseverfahren, vor deren Anwendung Unternehmen nicht selten zurückschrecken.

Exkurs: Trendextrapolationen und ihre Einsatzbedingungen

Die Trendextrapolation als einfache Zeitreihenanalyse besteht darin, die in der Vergangenheit beobachteten Werte einer Prognosegröße als Grundlage für deren Vorhersage (Projektion) heranzuziehen. Die zu prognostizierende Größe (z. B. Umsätze, Absatzmengen, Preise) wird allein anhand des **Kriteriums Zeit** ermittelt, d. h. es wird bewusst darauf verzichtet, die für den Verlauf der Größe verantwortlichen Faktoren zu untersuchen bzw. im Einzelnen zu berücksichtigen. Es wird vielmehr unterstellt, dass die in der Vergangenheit wirksamen Verursachungsfaktoren auch in Zukunft gültig sein werden.

Auf der Grundlage der bisher beobachteten Werte (Vergangenheitswerte) muss deshalb ein **Funktionstyp** gefunden werden, welcher der bisherigen Entwicklung und der darin enthaltenen Gesetzmäßigkeit am ehesten entspricht. Hierfür bieten sich unterschiedliche Trendfunktionen an, und zwar insbesondere (vgl. u. a. *Scharnbacher,* 1998):

Linearer Trend: $y = a + b \cdot t$

Exponentieller Trend: $y = a \cdot b^t$

Logistischer Trend: $y = \frac{S}{1 + e^{a - b \cdot t}}$

*Legende:*
y = Prognosegröße
t = Zeit (Laufindex)
a, b = Parameter der Funktion
S = Sättigungsniveau des Marktes
e = natürlicher Logarithmus

Ein Modellbeispiel veranschaulicht die Bedeutung, die der Wahl der Trendfunktion zukommt *(Abb. 261).* Die Abbildung weist die empirischen Beobachtungswerte aus und verdeutlicht die Tatsache, dass für die Trendextrapolation auf Basis dieser Beobachtungswerte (Vergangenheitswerte) grundsätzlich alle drei Trendfunktionen in Betracht kommen.

Bei der **Wahl** des adäquaten Funktionstyps muss die bisherige Entwicklung sachlich und marketing-spezifisch gewürdigt werden. Der lineare Trend ist zwar rechnerisch am einfachsten zu ermitteln; er ist jedoch nur angemessen, wenn für eine künftige Entwicklung gleich bleibende absolute Zuwächse pro Zeiteinheit unterstellt werden können (= stabile Marktentwicklung). Der exponentielle Trend ist dann adäquat, wenn der untersuchte Markt durch gleich bleibende relative Zuwächse im Zeitablauf gekennzeichnet ist (= Wachstumsmarkt etwa zu Beginn eines Produkt- bzw. Marktzyklus). Der logistische Trend schließlich berücksichtigt Sättigungserscheinungen, d. h. die logistische Kurve bildet die typische Entwicklung des Marktes vom Zeitpunkt der Einführung bis zur Sättigungsphase ab. Dieser Funktionstyp eignet sich besonders für die Prognose der Bestandsentwicklung langlebiger Produkte (wie Haushaltsgeräte, Geräte der Unterhal-

| **Methoden** | **Zeitreihenanalysen (univariable Methoden)** | | | **Kausale Methoden (multivariable Methoden)** | | |
|---|---|---|---|---|---|---|
| | Trendextrapolation | Methode der gleitenden Durchschnitte | Methode der exponentiellen Glättung | Einfache und multiple Regression | Ökonometrische Modelle | Input-/Output-Analyse |
| **Beschreibung** | Zerlegung einer Zeitreihe in Komponenten; Fortschreibung des sich ergebenden Trends in die Zukunft | Jeder „Punkt" einer Zeitreihe gleitender Durchschnitte ist das arithmetische oder gewichtete Mittel einer Anzahl von „Punkten" einer einfachen Zeitreihe | Vergleichbar zur Methode der gleitenden Durchschnitte, jedoch stärkere Gewichtung von Daten der „jüngeren Vergangenheit" | Der zu prognostizierende Wert wird zu einer oder mehreren kausalen Größen in mathematische Beziehung gesetzt | System von interdependenten Regressionsgleichungen, die den zu untersuchenden Bereich gemeinschaftlich beschreiben | Analyse und Prognose des „Flusses" von Gütern oder Dienstleistungen zwischen verschiedenen Wirtschaftszweigen oder zwischen einzelnen Unternehmen und ihren Märkten |
| **Typische Anwendungsbereiche** | Prognose von Marktvolumen, Absatzvolumen usw. bei relativ stabiler Umwelt | Wie einfache Trendextrapolation, jedoch bei zunehmend instabiler Umwelt | Wie Methode der gleitenden Durchschnitte, jedoch bei relativ starken Schwankungen, d. h. sehr instabiler Umwelt | Prognose von Marktentwicklungen (Absatz, Marktvolumen) unter Verwendung von einem oder mehreren Indikatoren (z. B. Sozialprodukt) als kausale Größen | Prognose von Marktentwicklungen, vor allem zusammenhängende Makrogrößen (Konsumausgaben, Investitionsvolumen etc.) | Prognose des Absatzes für verschiedene industrielle Sektoren (z. B. Branchen) und deren Subsektoren |

*Quelle: Kreilkamp,* 1987, S. 248

*Abb. 260: Beschreibung und typische Anwendungsbereiche quantitativer Prognoseverfahren*

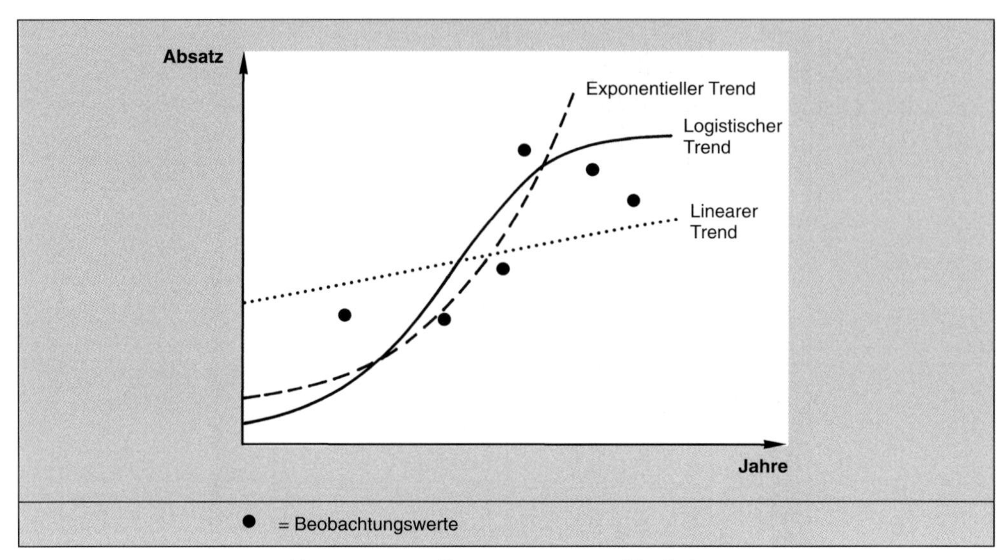


*Abb. 261: Grundformen von Trendfunktionen*

tungselektronik), denn die Funktion verläuft zunächst bis zu ihrem Wendepunkt progressiv steigend, um danach in eine degressive Entwicklung überzugehen (wie sie für solche Märkte typisch ist).

Vielfach reicht jedoch – gerade auch angesichts sich schnell verändernder Markt- und Umfeldbedingungen – die mathematisch-statistische Vorhersage wichtiger Marktgrößen („Extrapolation der Vergangenheit in die Zukunft") für strategische Planungszwecke nicht mehr aus. Deshalb sind im Laufe der Zeit zusätzliche **qualitative Prognoseverfahren** entwickelt worden, die dadurch gekennzeichnet sind, dass sie ohne (anspruchsvolle) mathematische Ansätze auskommen. Eine Übersicht gibt einen Überblick über wichtige qualitative Prognoseverfahren *(Abb. 262).*

Die qualitativen Prognoseverfahren (auch als heuristische Verfahren bezeichnet, *Hansmann,* 1995, Sp. 2174) sind dadurch gekennzeichnet, dass sie ohne ein schematisches Prognosemodell auskommen. Das heißt, sie vertrauen stark auf intuitiv-subjektive und damit nicht ohne weiteres nachprüfbare Elemente. Ihr Hauptansatz besteht darin, in unterschiedlicher Weise **„Expertenwissen"** für die Marktprognose (-schätzung) zu nutzen.

Exkurs: Ansatz und Anwendung der Delphi-Methode

Ein bekanntes Verfahren qualitativer Prognosen ist das sog. Delphi-Verfahren. Hierbei wird ein bestimmter Kreis von Experten in regelmäßigen Abständen (= mehrstufige Befragung) i. d. R. schriftlich zur Prognostizierung von bestimmten Marktentwicklungen aufgefordert. Das besondere der Delphi-Technik ist darin zu sehen, dass die Experten in den einzelnen Prognoseschritten jeweils die **Prognoseergebnisse** der gesamten Expertenrunde erhalten und auf diese Weise die Möglichkeit haben, ihre eigenen Prognosen zu überdenken bzw. ggf. zu korrigieren.

Das Verfahren wurde in den sechziger Jahren von dem amerikanischen Forschungsinstitut *Rand Corporation* entwickelt (*Gordon/Helmer,* 1966). Es beruht auf dem systematischen Erfassen individueller und intuitiver Urteile von Fachexperten. Das Prinzip besteht darin, die geistige Fähigkeit, die Erfahrung und das Wissen der Experten auszuschöpfen. Im Normalfall werden in drei Durchgängen jeweils die gleichen Fragen gestellt. Es wird dabei nach dem Eintreffen bestimmter Zukunftsereignisse oder nach der Beurteilung bestimmter Entwicklungstrends gefragt (*Gisholt,* 1976, S. 114; *Klein/Scholl,* 2004, S. 311 f.).

| Methoden | Umfragen | Brainstorming | Delphi-Technik | Experimentelle Verfahren | Historische Analogie |
|---|---|---|---|---|---|
| **Beschreibung** | Befragung von Abnehmern, Außendienst, Händlern, Führungskräften oder unabhängigen Fachleuten über künftige qualitative und quantitative Entwicklungen | Spezielle Form einer Gruppensitzung mit Experten aus einzelnen Funktionsbereichen und Hierarchien des Unternehmens, die jeweils eine relevante Problemkenntnis mitbringen | Mehrstufige schriftliche Befragung von Experten über künftige qualitative und quantitative Entwicklungen, und zwar gewöhnlich in 3 Durchgängen. Ab dem 2. Durchgang werden die Stufen bekanntgegeben, mit der Möglichkeit zur Korrektur (einschließlich Begründung). Dadurch möglichst „gleichmäßige" Verteilung vorhandener Informationen auf alle Experten und Angleichung der Aussagen | Testmärkte und kontrollierte Markttests als Feldexperimente zur Unterstützung der Absatzprognose. Laborexperimente zur Prognose des Kaufverhaltens | Vergleichende Analyse und Prognose einer zukünftigen Entwicklung anhand von Analogieschlüssen zu vergangenen Entwicklungen bei ähnlich strukturierten Entscheidungsproblemen |
| **Typische Anwendungsbereiche** | Zusammenfassung vorhandener Marktinformationen über die Struktur und Entwicklung des Marktes, insbes. qualitativer Informationen | Diskussion möglicher quantitativer und qualitativer Entwicklungen des Marktes als Grundlage von Prognosen | Langfristige Prognose von Absatzmöglichkeiten und Marktpotenzialen, aber auch allgemeine Umweltentwicklungen; meist jedoch quantitativ | Akzeptanz und Absatzprognose vor allem von neuen oder veränderten Produkten | Langfristige Prognose von Produktumsatzentwicklungen oder Vorhersagen von Gewinnentwicklungen für Neuprodukte |

*Quelle: Kreilkamp,* 1987, S. 252

*Abb. 262: Beschreibung und typische Anwendungsbereiche qualitativer Prognoseverfahren*

Aufgrund der Rückkopplungen wird – trotz der räumlichen Trennung und der gewahrten Anonymität – ein gewisser Gedanken- bzw. Informationsaustausch zwischen den beteiligten Experten realisiert. Auf diese Weise wird die Informationsbasis von Runde zu Runde verfeinert, bis schließlich ein sich in einem bestimmten Rahmen bewegendes Ergebnis erzielt wird (i. d. R. eine Häufigkeitsverteilung um den Median der Aussagen).

Den **mehrstufigen Prozess** einer Delphi-Befragung gibt eine Darstellung wieder *(Abb. 263)*.

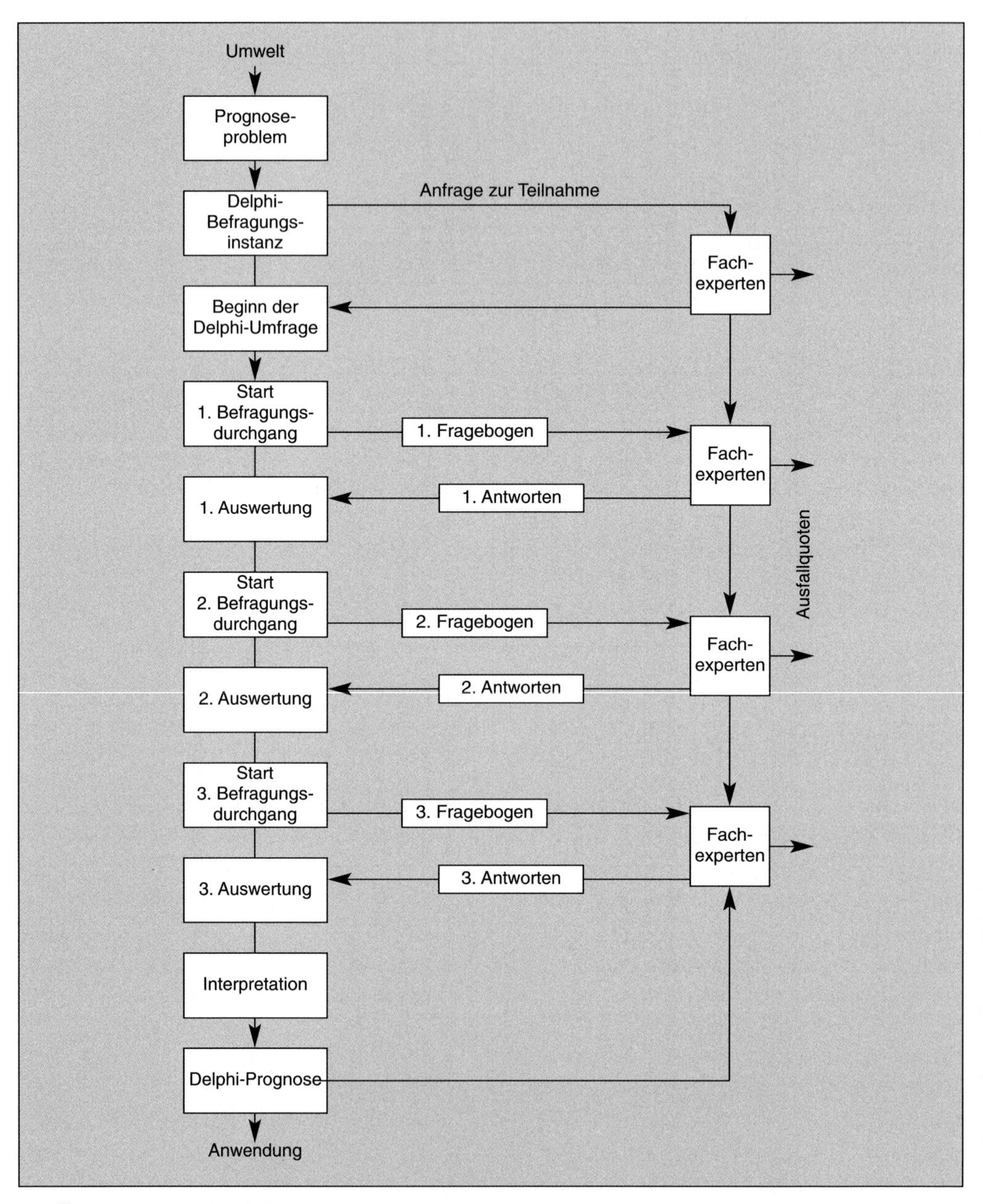


*Quelle: Hüttner,* 1982, S. 30

*Abb. 263: Ablauf einer Delphi-Befragung*

Das dargestellte Stufen-Schema basiert auf **drei Befragungsrunden,** die ggf. noch ausgedehnt werden können, um die angestrebten „Abschleifprozesse“ der Expertenurteile zu erreichen.

Die Methode kann vor allem dann sinnvoll eingesetzt werden, wenn Prognosen zu neuen Märkten bzw. neuen (technischen) Problemlösungen erstellt werden sollen (zu Grundfragen der Anwendung der Delphi-Methode siehe *Gisholt,* 1976, S. 140 ff.).

Zu den qualitativen Prognoseverfahren wird inzwischen auch die sog. **Szenario-Technik** gezählt (*Klein/Scholl,* 2004, S. 308 ff., s. a. die Kurzdarstellung der Szenario-Technik im 1. Teil „Marketingziele“, Abschnitt Schlüsselfaktoren externer Unternehmensanalysen). Sie „ragt“ bereits in die sehr langfristig orientierte **Zukunftsforschung** (*Kreibich,* 1994; *Horx,* 2011 b). Davon zu unterscheiden ist die eher kurzfristig orientierte **Trendforschung** (*Liebl,* 2000).

Was die Anwendung von Prognoseverfahren in der Praxis betrifft, so sind offensichtlich gerade qualitative (subjektive) Verfahren stärker verbreitet (*Köhler/Uebele,* 1977). Bei den quantitativen (statistisch-mathematischen) Verfahren stehen vor allem die klassischen Prognosetechniken im Vordergrund (insbesondere Trendextrapolationen, vgl. auch *Küpper/Winckler/Zhang,* 1990). Empirische Untersuchungen haben den **Verbreitungsgrad** und die **Einschätzung** der Zuverlässigkeit von Prognoseverfahren zu erfassen versucht *(Abb. 264).*

Zur Prognoseproblematik ist insgesamt zu sagen, dass es nicht *die* Prognosemethode schlechthin gibt. Auswahl und Anwendung der Methoden ist jeweils vom **Prognosezweck** abhängig zu machen. Bei Prognosen für strategische Wahlentscheidungen kommt es vor allem auf die mittel- bis langfristige Aussagequalität an, die nicht zuletzt von der Zahl, der Art und den Beziehungen berücksichtigter Einflussfaktoren abhängt. Vielfach ist dafür auch die **kombinierte Nutzung** quantitativer und qualitativer Prognoseverfahren sinnvoll, um auf diese Weise klassisches Denken in „linearen Systemen“ durch ein modernes Denken in „komplexen und vernetzten Systemen“ wenn schon nicht zu ersetzen, so doch wenigstens zu ergänzen.

Die Grundproblematik der Marketing- und Unternehmensplanung besteht im Übrigen darin, dass die Umfeld- und Rahmenbedingungen der Unternehmen u. a. in den Bereichen Politik, Wirtschaft, Technik nicht nur durch tief greifende, sondern vor allem aber durch **abrupte Veränderungen** gekennzeichnet sind („Zeitalter der Diskontinuitäten“, *Drucker,* 1969; *Ansoff,* 1976). Diese abrupten Veränderungen bedeuten freilich nicht nur Bedrohungen, sondern auch Chancen für das unternehmerische Handeln.

Unter den „neuen“ Bedingungen der Instabilität stellen – das ist einsichtig – entsprechende **Früherkennungs- bzw. Frühaufklärungsinformationen** eine wichtige Steuerungsgrundlage für eine erfolgreiche, (ober-)zielorientierte Unternehmensführung dar.

**Frühaufklärungssysteme** (u. a. *Müller,* 1981; *Buchinger,* 1983; *Gomez,* 1983; *Macharzina,* 1984 bzw. 1989; *Muchna,* 1988; *Krystek/Müller-Stewens,* 1993; *Sepp,* 1996) haben insgesamt die Aufgabe, zukünftige Ereignisse und Entwicklungen – und zwar speziell grundlegende Richtungsänderungen (Strukturbrüche) oder Niveauänderungen (Unstetigkeiten) – aufgrund systematischen Abtastens schwacher Signale möglichst frühzeitig zu identifizieren, um **Reaktionszeiten** für Maßnahmen zu verlängern bzw. strategische Richtungsänderungen (z. B. Strategiekorrekturen bzw. Ausschöpfung neuer Potenziale) wegen ihrer meist mehrperiodischen Wirkungsverläufe *früh* genug vornehmen zu können.

Es gibt Hinweise dafür, dass zahlreiche Unternehmenskrisen auf fundamentale Entscheidungsfehler der Unternehmensführung zurückzuführen sind, die ihre Ursache in **defizitären Informationsgrundlagen** haben. So lassen u. a. Befunde der Insolvenz- und Krisenforschung hinsichtlich des Entscheidungsversagens „auf Hindernisse bei der problemadäquaten Infor-

| Merkmale / Prognosemethoden | (1) Verwendung in % der 334 Unternehmen | (2) Einschätzung der Zuverlässigkeit | (3) Einsatzhäufigkeit (falls überhaupt verwendet) |
|---|---|---|---|
| **(A) Statistisch-mathematische Verfahren:** | | | |
| 1. Trendextrapolationen | 73,7 | d | h |
| 2. Bildung gleitender Durchschnitte | 67,7 | d | h |
| 3. Regressionsanalysen | 35,9 | b | m |
| 4. Exponentielle Glättung | 32,9 | d | m |
| 5. Simulationsansätze | 15,9 | g | s |
| 6. Input-Output-Projektionen | 14,4 | d | s |
| 7. Markoff-Prozesse | 4,2 | g | s |
| **(B) Eher subjektive Verfahren:** | | | |
| 1. Schätzungen von Außendienstmitarbeitern | 87,7 | d | h |
| 2. Schätzungen des kaufm. und techn. Managements | 85,9 | b | h |
| 3. Vorhersagen aufgrund von Abnehmerbefragungen | 81,7 | d | h |
| 4. Erwartungsbildung auf der Grundlage von Produkttests | 50,0 | d | m |
| 5. Analogverfahren (z. B. historische bzw. geografische Analogie) | 46,7 | b | h |
| 6. Hochrechnung von Testmarkt-Resultaten | 37,7 | d | m |
| 7. Gruppen-Schätzungen speziell nach der Delphi-Methode | 15,9 | d | s |

*Einschätzung der Zuverlässigkeit:* b = besonders gut, d = durchschnittlich, g = gering (ermittelt durch eine Kombination aus Rating-Urteilen und aus Prozentangaben über durchschnittliche Prognose-Ist-Abweichungen)
*Einsatzhäufigkeit der verwendeten Methoden:* h = häufig, m = manchmal, s = selten (Gruppierung auf der Grundlage von Durchschnittswerten)

*Quelle: Köhler/Uebele,* 1977

*Abb. 264: Verwendung von Prognosemethoden im Marketing (Befragungsergebnisse)*

mationsbeschaffung oder bei der gehaltvollen Informationsauswahl . . . schließen“ (*Macharzina,* 1989, Sp. 321).

Damit wird deutlich, welche Bedeutung („Früh“-)Informationen für eine erfolgreiche, oberziel-orientierte Unternehmensführung zukommt. Die Lösung des Problems beginnt mit **Systematisierung** und **Komplettierung** strategischer Früherkennung. Neben wichtigen Informationen auf der Makro-Ebene (Trends/Ereignisse in der Makro-Umwelt) ist vor allem auch die systematische Erfassung strategischer Marktindikatoren bzw. Aktionsvariablen wichtig, welche nicht nur die Realisierung der Marketing- und Unternehmensziele beeinflussen, sondern zugleich „einen weit reichenden Zeithorizont für die Diagnose von Chancen und Risiken eröffnen“ (*Köhler,* 1993, S. 52).

Eine Übersicht nennt beispielhaft wichtige **Früherkennungsinformationen** auf verschiedenen Analyseebenen *(Abb. 265).*

| Bereiche | Beispiele für strategisch relevante Früherkennungsinformationen |
|---|---|
| **1. Makro-Umwelt** (Informationen für die Planungsaufgaben auf Gesamtunternehmens- und Geschäftsfeldebene) | *Forschung und Technologie*<br>– Ausgaben für Forschung und Entwicklung z. B. nach Ländern, Wettbewerbern, Forschungsinstitutionen<br>– Ergebnisse der Grundlagenforschung<br>– Änderungen bei Produkt- und Verfahrenstechnologien<br><br>*Physisch-ökologische Rahmenbedingungen*<br>– Entwicklung bei Rohstoffen, Energie, Umweltbelastung<br>– Infrastruktur<br><br>*Demografische bzw. sozio-kulturelle Umwelt*<br>– Bevölkerungsentwicklung (Wachstum, Altersstruktur)<br>– Bildung<br>– Kulturelle Wertsysteme<br>– „Life Styles"<br><br>*Politisch-rechtliche Umwelt*<br>– Gesetzesinitiativen<br>– Politische Stabilitätsindices (z. B. BERI-Index)<br>– Aktivitäten von Interessenverbänden und Bürgerinitiativen<br><br>*Gesamtwirtschaftliche Umwelt*<br>– Konjunkturprognosen<br>– Geschäftsklima-Index<br>– Auftragseingänge<br>– Entwicklung auf Arbeits- und Kapitalmärkten |
| **2. Marktsituation des Gesamtunternehmens** | – Ist-Geschäftsfelder-Portfolio des Unternehmens<br>– Ist-Geschäftsfelder-Portfolio der wichtigsten Konkurrenten<br>– Grundsätzliche Diversifikationsmöglichkeiten<br>– Diversifikationsrichtungen wichtiger Wettbewerber |
| **3. Gesamte Marktbeziehungen eines strategischen Geschäftsfeldes** (Basis für Portfolio-Analysen sowie für die Zielgruppenauswahl und Grundkonzeption des Marketing-Mix) | – Marktwachstum des Geschäftsfeldes, untergliedert nach Regionen und Zielgruppen<br>– Konzentrationstendenzen auf der Anbieter- und Nachfragerseite sowie im Handel<br>– Marktanteile (absolut und zu den stärksten Konkurrenten), untergliedert nach Regionen und Zielgruppen<br>– Stand der Produktinnovation<br>– Investitionsvolumen<br>– Kapazitätsauslastungen<br>– Marketing-Budgets<br>} relativ zu wichtigen Konkurrenten<br>– F&E-Budgets |
| **4. Einzelne Produkt-Markt-Kombinationen (innerhalb der strategischen Geschäftsfelder)** | – Bekannheitsgrade<br>– Marktpenetration<br>– Veränderungen der Imageposition von Produkten<br>– Beschwerdeverhalten der Verwender<br>– Wiederkaufrate<br>– Produkt-Lebenszyklusphase<br>– Veränderungen in der Käuferstruktur<br>– Auftragseingang |

*Quelle: Köhler, 1993, S. 53*

*Abb. 265: Modell eines Systems von Früherkennungsinformationen*

Die methodischen Vorgehensweisen zur Identifikation derartiger Frühindikatoren sind vielfältig (angefangen von unternehmenseigenen Systemen bis hin zu unternehmensexternen Möglichkeiten, die speziell (Forschungs-)Institute bzw. Berater bieten und/oder entsprechende Datenbanken). Das gilt insbesondere für die Informationen zur Makro-Umwelt.

Eine Auslese aus der Flut relevanter Umweltinformationen bzw. ihre planungsadäquate Verarbeitung kann dabei über sog. **Cross-Impact-Analysen** (*Gordon/Hayward,* 1968; *Welters,* 1976; s. a. *Hentze/Brose/Kammel,* 1993, S. 272 f.) erfolgen, bei der das Management die Auswirkungen wichtiger Entwicklungen bzw. Umweltbedingungen für die eigenen strategischen Geschäftsfelder über ein Punktverfahren abschätzt. Ein Beispiel verdeutlicht die grundsätzlichen **Möglichkeiten** der Cross-Impact-Analyse *(Abb. 266).*

Auf diese Weise können relevante **Chancen** oder auch **Bedrohungen** identifiziert werden, und zwar – wie dargestellt – durch Summierung der Punktwerte einer Umweltentwicklung über die verschiedenen Geschäftsfelder hinweg. Danach erweisen sich, bezogen auf die Zinsentwicklung, alle strategischen Geschäftsfelder als gefährdet, neue Technologien bieten dagegen für die meisten Geschäftsfelder größere Chancen. Betrachtet man dagegen die einzelnen Geschäftsfelder jeweils auf der Grundlage aller Umweltbedingungen, so kann Folgendes festgestellt werden: Das strategische *Geschäftsfeld 1* stellt sich im Beispiel insgesamt als ein besonders bedrohtes, das *Geschäftsfeld 2* dagegen als relativ chancenreiches dar.

Was die konkreteren, unternehmensspezifischeren Analyseebenen betrifft, so kann hier vor allem auf die empirische Strategieforschung verwiesen werden. Das gilt insbesondere für das *PIMS*-Programm. Im Rahmen der Strategieselektionsfragen auf der 1. strategischen Ebene (Marktfeldstrategien), auf die im Folgenden näher eingegangen wird, wird hierauf konkret Bezug genommen. Ansonsten kann auf jeder Geschäftsfeldebene auch an den Möglichkeiten des **Benchmarking** angeknüpft werden (vgl. hierzu die Darlegungen im Rahmen der 1. Konzeptionsebene „Marketingziele").

Insgesamt ist das Problem der Frühaufklärung nicht nur ein mechanistisches System- und Systematisierungsproblem, sondern vor allem auch ein **Sensibilisierungsproblem** einer gesamten Organisation (speziell natürlich des Top- und Middle-Managements eines Unternehmens). Es ist darüber hinaus aber auch ein psychologisches Problem, klassische Denk- und Verhaltensweisen, die in hohem Maße an „hard facts" orientiert sind, so zu öffnen, dass auch „soft facts" bei der strategischen Planung angemessen berücksichtigt werden.

## 3. Grundorientierungen und Methoden der Strategiewahl

Nachdem zuletzt wichtige Marktgrößen wie Marktpotenzial, Marktvolumen, Absatzvolumen bzw. Marktanteil sowie Grundfragen der Marktprognose bzw. Frühaufklärung und ihre Bedeutung für die Strategiebestimmung des Unternehmens näher diskutiert worden sind, soll nunmehr auf die konkrete **Strategiefestlegung** auf allen *vier* strategischen Ebenen (1. Marktfeld-, 2. Marktstimulierungs-, 3. Marktparzellierungs- und 4. Marktarealstrategien) im Einzelnen eingegangen werden.

An der Nahtstelle zwischen Markt- bzw. Umfeldanalysen und konkreter marketing-spezifischer Strategiewahl steht die Ableitung des ziel- und marktadäquaten **Basispfads** des Unternehmens. Er wird durch die relative Wettbewerbsfähigkeit des Unternehmens (u. a. spezielle Leistungen, Kompetenzen, Alleinstellungen) einerseits und die Rentabilitätsaussichten des relevanten Marktes (u. a. Preisniveau, -stabilität, keine bzw. geringe Überkapazitäten) ande-

| **Umweltbereich** | **SGF 1** | **SGF 2** | **SGF 3** | **SGF 4** | **Auswirkung** + | **Auswirkung** – |
|---|---|---|---|---|---|---|
| 1. Gesamtwirtschaft | | | | | | |
| Bruttosozialprodukt | – 3 | – 2 | 0 | + 1 | + 1 | – 5 |
| Zinsen | – 3 | – 3 | – 3 | – 2 | 0 | (– 11) |
| 2. Politisch-rechtliche Umwelt | | | | | | |
| Umweltschutz | – 1 | + 2 | 0 | + 1 | + 3 | – 1 |
| Subventionen | 0 | + 1 | + 1 | 0 | + 2 | 0 |
| 3. Technologie | | | | | | |
| Neue Produkttechnologie | + 2 | + 2 | + 3 | – 1 | (+ 7) | – 1 |
| Neue Verfahrenstechnologie | – 1 | 0 | 0 | + 1 | + 1 | – 1 |
| 4. Demographie/ Kultur | | | | | | |
| Bevölkerungsentwicklung | – 1 | + 1 | 0 | 0 | + 1 | – 1 |
| Einstellung zum Konsum | + 2 | + 2 | – 1 | 0 | + 4 | – 1 |
| **Auswirkung** + | + 4 | (+ 8) | + 4 | +3 | | |
| **Auswirkung** – | (– 9) | – 5 | – 4 | – 3 | | |

SGF = Strategisches Geschäftsfeld
Die vermuteten Auswirkungen sind auf einer 7er-Skala anzukreuzen. Beispiel:
Umweltentwicklung . . . stellt für SGF . . . eine Bedrohung/Gelegenheit dar.

Bedrohung – 3 – 2 – 1 0 + 1 + 2 + 3 Gelegenheit

Die Impact-Analyse kann auf SGF-Ebene auch für die dort geltenden Entwicklungen bei Konkurrenz, Abnehmern, Lieferanten usw. und deren Auswirkungen auf die SGF-Teilstrategien durchgeführt werden.

*Quelle: Köhler,* 1993, S. 54

*Abb. 266: Cross-Impact-Analyse für die Bewertung von Makro-Umweltbedingungen*

rerseits bestimmt. Stellt man beide grundlegenden strategischen Orientierungskriterien in Form einer Matrix dar, so lässt sich auf dieser Basis zunächst die grundsätzliche **strategische Stoßrichtung** des Unternehmens ableiten *(Abb. 267).*

| | | **Rentabilitätsaussichten des Marktes** | | |
|---|---|---|---|---|
| | | unattraktiv | mittelmäßig | attraktiv |
| **Relative Wettbewerbsfähigkeit des Unternehmens im Markt** | schwach | Rascher Rückzug | Allmählicher Rückzug<br>Konsolidieren | Nochmaliger Versuch oder Rückzug |
| | mittelmäßig | Allmählicher Rückzug | Konsolidieren<br>Wachstum | Verstärkte Anstrengungen |
| | stark | Gezieltes Abschöpfen<br>Wachstum | Aufbau einer beherrschenden Marktstellung | Ausbau einer beherrschenden Markt stellung |

*Abb. 267: Ableitung der strategischen Stoßrichtung des Unternehmens*

Diese Matrix zur Bestimmung von generellen „Normstrategien“ ist auch als **Directional Policy Matrix** von *Shell* bekannt geworden (*Hussey,* 1981, S. 3; *Wilde,* 1989, S. 217 f.).

Die Festlegung der grundsätzlichen strategischen Stoßrichtung auf der Grundlage sowohl spezifischer Markt- als auch Unternehmensbedingungen ermöglicht eine gezieltere Ableitung der strategischen Optionen auf allen vier strategischen Ebenen. Sie stellt zugleich sicher, dass auf den einzelnen Strategieebenen nicht völlig **konträre Strategien** gewählt werden. Wenn es beispielsweise aufgrund einer strategischen Grundpositionierung darum geht, das Handlungskonzept des Unternehmens auf Wachstum bzw. Ausbau einer beherrschenden Marktstellung auszurichten, dann müssen sich *alle* strategischen Wahlentscheidungen an dieser strategischen Stoßrichtung orientieren (bis hin zur Wahl des dafür notwendigen Marketinginstrumentariums = **konzeptionelle Kette**, siehe hierzu 3. Teil „Marketingmix“).

Nach diesen Darlegungen zur generellen Strategieausrichtung soll nun auf spezifische Auswahlfragen auf den einzelnen Strategieebenen näher eingegangen werden. Dabei wird in der gleichen Reihenfolge vorgegangen, wie sie den sach-inhaltlichen Darlegungen zu den Strategiearten zugrunde gelegt worden ist. Diese Vorgehensweise entspricht auch dem **ideal-typischen Vorgehensmuster** bei der Gestaltung kombinierter Strategiekonzepte (= Ableitung von Strategie-Chips, wie im 5. Abschnitt „Strategiekombinationen“ aufgezeigt).

### *a) Marktfeld-strategische Selektionsfragen*

Marktfeldstrategien sind auf die Fixierung des Leistungsprogramms des Unternehmens (sog. Produkt/Markt-Kombinationen) gerichtet. Mit der Festlegung dieser Produkt/Markt-Kombinationen werden wesentliche Weichen für **Entwicklung und Wachstum** des Unternehmens gestellt. Sie dienen damit der Realisierung grundlegender Markt- und Unternehmensziele (speziell Rentabilität bzw. ROI). Insofern werden wiederum grundlegende Nahtstellen zwischen Zielentscheidungen einerseits und Strategieentscheidungen andererseits erkennbar (= **konzeptionelle Ketten**).

Wenn Strategien bzw. ihre konkrete Ausgestaltung der Erfüllung der unternehmerischen Oberziele dienen sollen, dann muss die adäquate Strategiewahl an der bisherigen und zukünftigen Oberzielrealisierung anknüpfen. Hierfür können **sog. Lücken- oder Gap-Analysen** herangezogen werden, gerade auch bei erschwerten Markt- und Umfeldbedingungen (schwach wachsende bzw. stagnierende Märkte, Verdrängungswettbewerb, Verkürzung der Produktlebenszyklen).

Die Lückenanalyse stellt ein **klassisches Instrument** der strategischen Planung dar. Der analytische Ansatz besteht darin, die geplante Entwicklung einer (Ober-)Zielgröße – z. B. Gewinn oder Umsatz – mit dem voraussichtlichen Unternehmenserfolg, der aufgrund gegenwärtiger Aktivitäten eintreten wird, zu konfrontieren. Das Prinzip liegt mit anderen Worten also darin, für einen planerisch übersehbaren Zeitraum, z. B. einen Planungshorizont von fünf Jahren, eine quantitativ geplante Zielgröße und die erwartete Entwicklung (Zielerreichungsgrad) einander gegenüberzustellen (*Kreikebaum,* 1973, S. 17 ff.; *Trux/Kirsch,* 1979, S. 225 f.; *Hentze/Brose/Kammel,* 1993, S. 73 f.; *Becker,* 1993 a, S. 749 f.). Man spricht dann von einer Ziellücke (Gap), wenn die erwartete Zielrealisierung *unter* der geplanten Zielgröße liegt *(Abb. 268).*

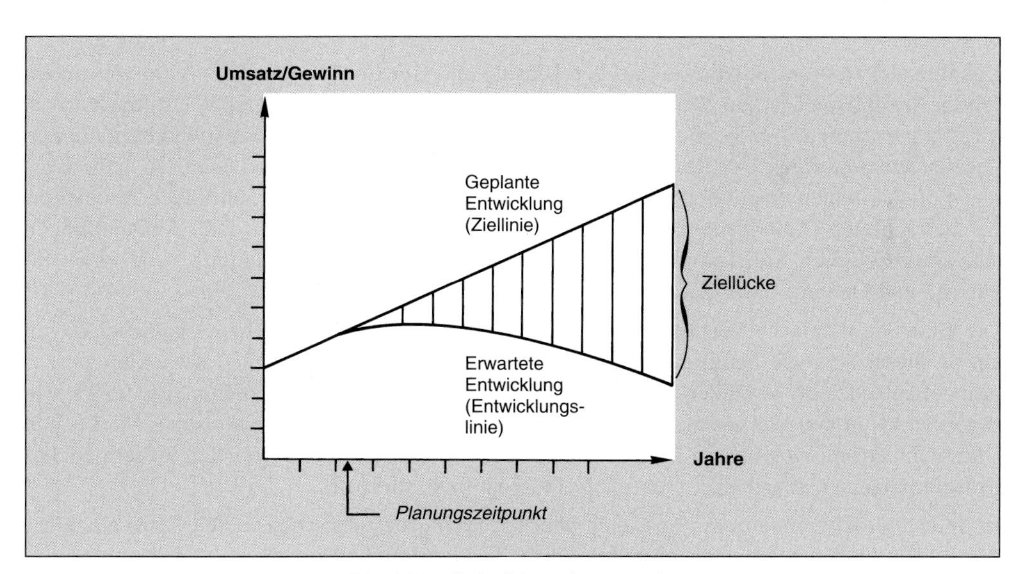


*Abb. 268: Einfache Lücken-Analyse*

Die auf diese Weise identifizierte Lücke deutet – im Sinne einer zukunftsorientierten Schwachstellenanalyse – im voraus Änderungen in den Ausgangsbedingungen der ursprünglich gewählten Strategie(-Kombination) an und erfüllt somit die Funktion einer **strategischen Anregung.** Diese Anregung soll zu notwendigen Anpassungen (Modifikationen bzw. Erweiterungen) der Strategie führen.

Ein Zahlenbeispiel soll das Prinzip der Lücken-Analyse verdeutlichen *(Abb. 269).*

| **Unternehmen X/Geschäftsfeld Y** (Wachstumsziel: 15 % p. a.) | | | | | | | |
|---|---|---|---|---|---|---|---|
| **Umsatzlückenanalyse** | | | | | | | |
| Umsätze in T€ / Jahr | 1 | 2 | 3 | 4 | 5 | 6 | 7 |
| Soll-Entwicklung | 115 | 132 | 152 | 174 | 201 | 231 | 266 |
| extrapolierte Normalentwicklung | 110 | 121 | 133 | 146 | 161 | 177 | 194 |
| Umsatzlücke | 5 | 11 | 19 | 28 | 40 | 54 | 72 |
| **Gewinnlückenanalyse** | | | | | | | |
| Gewinne in T€ / Jahr | 1 | 2 | 3 | 4 | 5 | 6 | 7 |
| Soll-Entwicklung | 17 | 19 | 22 | 26 | 30 | 34 | 39 |
| extrapolierte Normalentwicklung | 16 | 18 | 19 | 21 | 24 | 26 | 29 |
| Gewinnlücke | 1 | 1 | 3 | 5 | 6 | 8 | 10 |

*Quelle:* nach *Welge,* 1985, S. 320

*Abb. 269: Beispiel einer Lücken-Analyse für Umsatz bzw. Gewinn eines Unternehmens*

Das Beispiel zeigt jeweils die Zielgrößen **Umsatz** und **Gewinn** für einen Zeitraum von sieben Jahren. Im Beispiel ist aus Vereinfachungsgründen jeweils ein jährliches Wachstum von ca. 15 % angenommen. Der Vergleich der zugrunde gelegten Soll- oder Planentwicklung mit den jeweils dazugehörigen extrapolierten, also in die Zukunft fortgeschriebenen Ist- bzw. Normal-Entwicklungen macht deutlich, dass die vorgegebenen Pläne eines jährlichen Wachstums im betrachteten Analysezeitraum *nicht* realisiert werden können. Die Abweichungen (Lücken) zwischen Soll-Entwicklung und prognostizierter Ist-Entwicklung – bezogen auf Umsatz und Gewinn – werden vielmehr im Zeitablauf immer größer.

Die Güte und damit die **Verlässlichkeit** einer solchen Lücken-Analyse hängt natürlich davon ab, ob dieser Analyse lediglich eine einfache Fortschreibung bisheriger Entwicklungen zugrundeliegt oder ob Veränderungen in den Rahmenbedingungen unternehmensexterner wie -interner Art in den Wertansätzen berücksichtigt werden. Aufgrund dynamischer Markt- und Unternehmensentwicklungen ist jedenfalls eine einfache Extrapolation der bisherigen Ist-Entwicklungen in aller Regel nicht mehr möglich bzw. sinnvoll.

Im Interesse differenzierterer Aussagen über die Erfolgsbeiträge (Umsatz/Gewinn) einzelner Aktivitäten (z. B. verschiedener Produkte bzw. Produktlinien) können auch getrennte Analysen bezüglich Zielgröße und Zielerreichungsgrad jeweils für alt- und neueingeführte Produkte durchgeführt werden (*Picot,* 1981, S. 530). Auf diese Weise wird die unterschiedliche Position von Produkten im **Lebenszyklus** berücksichtigt.

Was die Interpretation bzw. das Schließen der Lücke betrifft, so kann man darüber hinaus zwischen einer *strategischen* und einer *operativen* Lücke (*Kreikebaum,* 1981, S. 58 bzw. 1989, S. 41; *Bea/Haas,* 2013, S. 169 f.) unterscheiden *(Abb. 270).*

Als Basisgeschäft wird derjenige Umsatz definiert, der mit bestehenden Produkten auf bestehenden Märkten erzielt wird, und zwar ohne grundlegende Änderungen im Unternehmens- und

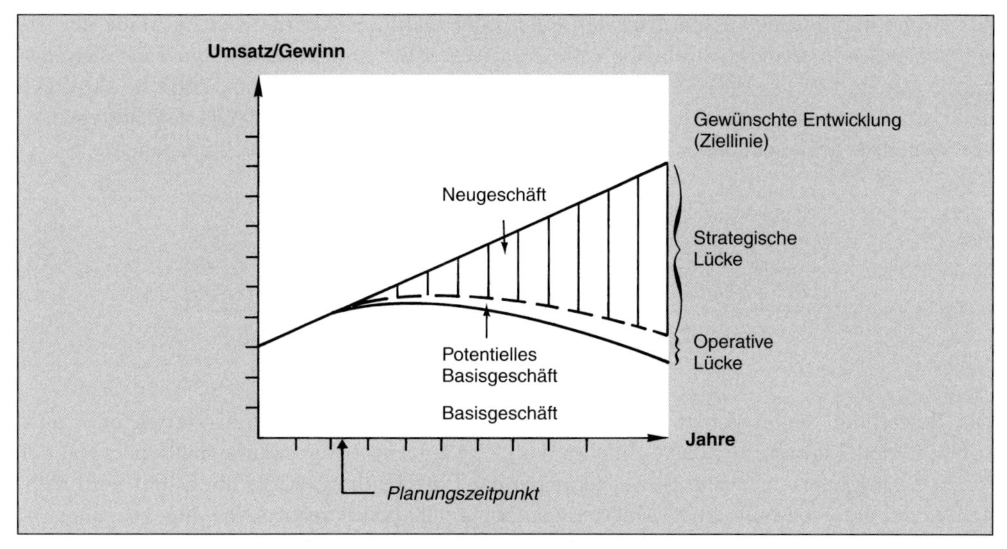


*Abb. 270: Differenzierte Lücken-Analyse (Trennung von strategischer und operativer Lücke)*

Marketing-Konzept. Das *potenzielle* Basisgeschäft knüpft an möglichen Reserven (Potenzialen) des eigentlichen Basisgeschäfts an. Sie können durch verschiedene unterstützende Maßnahmen, wie z. B. Rationalisierung, intensitätsmäßige Anpassung, Motivation der Mitarbeiter, mobilisiert werden (*Kreikebaum,* 1981, S. 59). Insoweit sind Lücken-Analysen sinnvollerweise mit entsprechenden **Potenzial-Analysen** zu verknüpfen. Solche Potenzial-Analysen sind notwendig, um gezielt Möglichkeiten zum Ausbau des Basisgeschäfts unter Nutzung vorhandener bzw. nutzbarer Potenziale möglichst bis zur Ziellinie (= gewünschte Entwicklung) zu identifizieren (*Servatius,* 1985, S. 30; *Kreikebaum*, 1989, S. 42; *Bea/Haas,* 2013, S. 170).

Es ist daher nur konsequent, wenn die Lücken- bzw. Potenzial-Analyse mit den vier Produkt/Markt-Kombinationen verknüpft wird. Auf diese Weise werden grundlegende **Strategierichtungen** (Stoßrichtungen) sichtbar gemacht, die Unternehmen zum Schließen von Ziellücken wählen können, und zwar einzeln wie auch in bestimmten Kombinationen (vgl. hierzu auch die Darlegungen zu den „Marktfeldstrategien“ und dem dort herausgearbeiteten **Z-Strategiemuster**). Als gedankliches Hilfsmittel hierfür dient die sog. *Ansoff*-Matrix (*Ansoff,* 1966, S. 132), wie sie *(Abb. 271)* nochmals wiedergegeben ist.

Diese Strategie-Matrix stellt gleichermaßen einen ersten groben „Orientierungsrahmen für die umrisshafte Erörterung strategischer Handlungsalternativen dar“ (*Köhler,* 1981, S. 268).

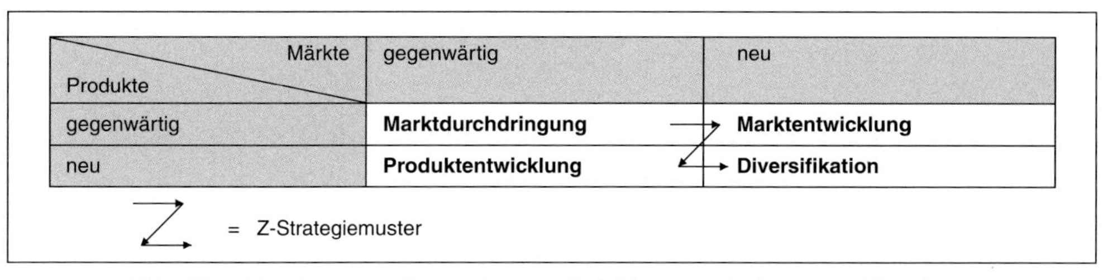

| Produkte \ Märkte | gegenwärtig | neu |
|---|---|---|
| gegenwärtig | **Marktdurchdringung** | **Marktentwicklung** |
| neu | **Produktentwicklung** | **Diversifikation** |



*Abb. 271: Die vier grundlegenden marktfeld-strategischen Kombinationen*

Als Grundorientierung für die Auswahl einer oder mehrerer Alternativen im Sinne der *Ansoff'schen* Produkt/Markt-Strategien kann das **„Gesetz der abnehmenden Synergie"** herangezogen werden (*Picot,* 1981, S. 530 f.; s. a. *Nieschlag/Dichtl/Hörschgen,* 2002 S. 188). Das heißt, man muss – bezogen auf diese vier Produkt/Markt-Strategien (Marktfeldstrategien) – von folgender grundsätzlicher Struktur des „Synergieverfalls" *(Abb. 272)* ausgehen.

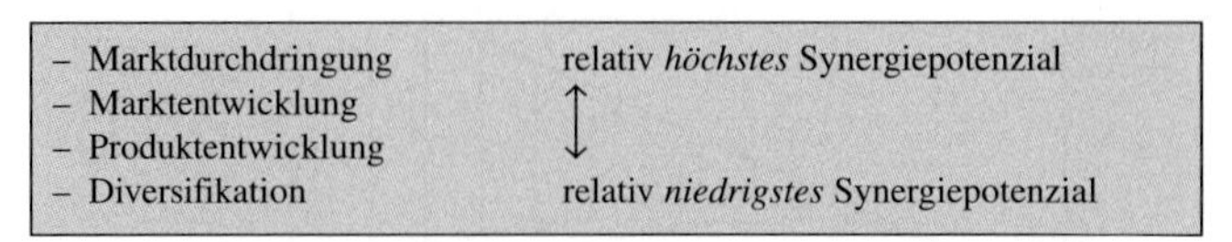


*Abb. 272: Generelles Niveau des Synergiepotenzials bei den vier Marktfeldstrategien*

Die Bewertung der einzelnen Strategiealternativen hinsichtlich ihrer isolierten oder auch kombinierten **Eignung** für das Schließen von Ziel-Lücken hängt naturgemäß auch von den subjektiven Erfahrungen und Einschätzungen der Entscheidungsträger ab. Damit wird deutlich, dass die Auswahl einer Marketingstrategie als heuristischer Vorgang zu sehen ist (*Marr/Picot,* 1976, S. 454). Das bereits genannte Gesetz der abnehmenden Synergie, bezogen auf die vier marktfeld-spezifischen Basisstrategien, korrespondiert im Übrigen mit allgemeinen heuristischen Regeln des **Suchverhaltens:**

- „Suche in der Nähe der **Problemsymptome**!"
- „Suche in der Nähe der gegenwärtigen **Verhaltensweisen**!"

Beim Schließen identifizierter Lücken mit Hilfe marktfeld-strategischen Optionen wäre danach in einer bestimmten heuristischen **Reihenfolge** vorzugehen, was im Übrigen der bereits näher diskutierten Z-Strategie (vgl. Kapitel zu den „Marktfeldstrategien") entspricht *(Abb. 273).* Das **Z-Strategiemuster** repräsentiert grundsätzlich das optimale Vorgehen, weil es

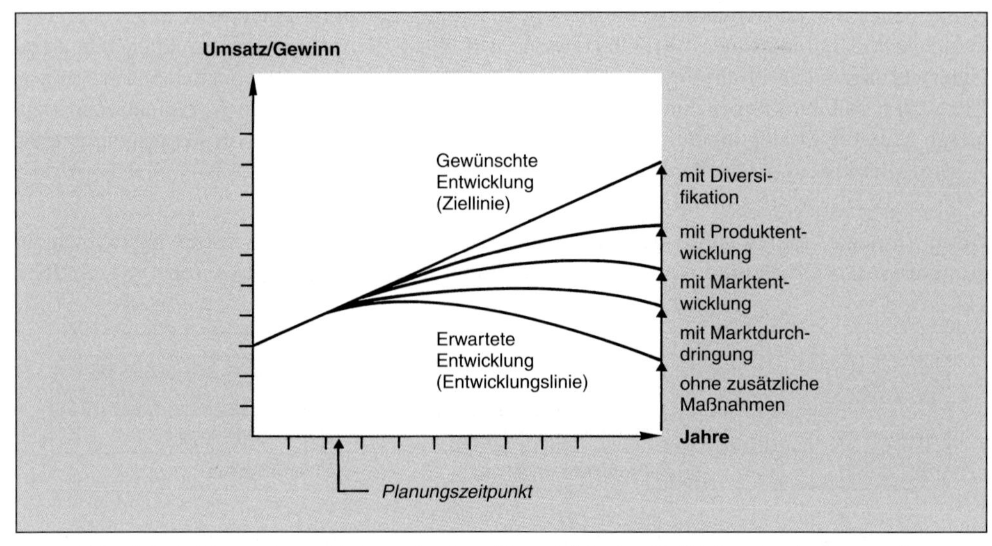


*Abb. 273: Differenzierte Lücken-Analyse (Ausgleich der Ziellücke durch abgestuftes marktfeld-strategisches Vorgehen)*

zunächst schnell realisierbare strategische Reserven auszuschöpfen trachtet, ehe zum letzten Mittel der Diversifikation gegriffen wird (*Becker,* 1993 a, S. 750; *Becker,* 2000 c, S. 48 ff.).

Dass die Erfolgswahrscheinlichkeit der vier marktfeld-strategischen Optionen von der Nutzbarkeit vorhandener **Synergiepotenziale** abhängt, belegen empirische Untersuchungen (*Hinterhuber/Thom,* 1979; *Haake,* 1987), die für die einzelnen marktfeld-strategischen Alternativen (Produkt/Markt-Strategien) recht unterschiedliche Erfolgswahrscheinlichkeiten ermittelten *(Abb. 274).*

|  | | |
|---|---|---|
| – Marktdurchdringungsstrategie | (= altes Produkt für einen alten Markt) | 50 % |
| – Produktentwicklungsstrategie | (= neues Produkt für einen alten Markt) | 33 % |
| – Marktentwicklungsstrategie | (= altes Produkt für einen neuen Markt) | 20 % |
| – Diversifikationsstrategie | (= neues Produkt für einen neuen Markt) | 5 % |

*Abb. 274: Erfolgswahrscheinlichkeiten der Produkt/Markt-Strategien*

Die Ergebnisse verdeutlichen, dass die Marktdurchdringung (= strategische Urzelle) offensichtlich eine vergleichsweise einfach zu handhabende Strategie ist, während es sich bei einer Diversifikation um einen äußerst komplexen Strategiefall mit vielen Fehlermöglichkeiten handelt.

Untersuchungen zur Realisierung von Produkt/Markt-Strategien, bei denen der Aspekt des dafür notwendigen **monetären Aufwandes** im Vordergrund stand (*Aurich/Schröder,* 1977), ergaben folgende durchschnittliche Aufwandswerte für die einzelnen Alternativen *(Abb. 275).*

|  | |
|---|---|
| – Marktdurchdringungsstrategie | Bezugsbasis |
| – Marktentwicklungsstrategie | 4-facher Aufwand |
| – Produktentwicklungsstrategie | 8-facher Aufwand |
| – Diversifikationsstrategie | 12 bis 16-facher Aufwand |

*Abb. 275: Größenordnungen des monetären Aufwandes bei der Realisierung von Produkt/Markt-Strategien*

Die Marktdurchdringungsstrategie, die bereits als vergleichsweise einfache Strategie charakterisiert wurde, diente beim Aufwandsvergleich als **Bezugsbasis.** Schon die Marktentwicklungsstrategie zeigte durchschnittlich einen um viermal höheren Aufwand, der sich bei der Produktentwicklungsstrategie nochmals verdoppelt. Der dann u. U. nochmals doppelte Aufwand bei der Realisierung von Diversifikationsstrategien ist Folge der – wie bereits hervorgehoben – sehr komplexen Aufgabenstellung, die vor allem bei *lateraler* Diversifikation durchweg gegeben ist.

Hinsichtlich einer allgemeinen **Strategieempfehlung** bzw. Strategietendenz lässt sich insoweit Folgendes konstatieren: „Für risikoaverse, aber kapitalkräftige Unternehmen ist es aufgrund der von *Hinterhuber/Thom* aufgezeigten höheren Erfolgswahrscheinlichkeit eines neuen Produkts auf dem angestammten Markt eher zweckmäßig, die Produktentwicklungsstrategie zu verfolgen. Demgegenüber sollte sich ein kapitalschwächeres Unternehmen wegen der von *Aurich/Schröder* belegten geringeren Ressourcenbindung eher für die Marktentwicklungsstrategie entscheiden" (*Hörschgen/Kirsch/Käßer-Pawelka/Grenz,* 1993, S. 127).

Die aufwändige und zugleich risikobehaftete Diversifikationsstrategie wird – wie Untersuchungen spezifisch bei Klein- und Mittelunternehmen (KMU) zeigen – in erster Linie von langfristig planenden, strategisch orientierten Unternehmen gewählt (*Haake,* 1987, S. 116–118; zu den strategischen Dimensionen s. a. *Hinterhuber et al.,* 2000).

Was das strategische Schließen erkannter Ziel-Lücken betrifft, so müssen bzw. können auch **Querverbindungen** zu anderen Strategie- bzw. Zielentscheidungen gesehen bzw. berücksichtigt werden.

Exkurs: Lücken-Analyse und ziel-strategische Querverbindungen

Identifizierte strategische Lücken lassen sich einerseits – darauf soll hier ausdrücklich hingewiesen werden – auch über Ansatzpunkte der anderen *drei* strategischen Ebenen (Marktstimulierungs-, Marktparzellierungs- und/oder Marktarealstrategien) schließen. Was die Strategiewahl im Allgemeinen wie das Schließen von strategischen Lücken im speziellen betrifft, so sind hier unterschiedliche **strategische Einstiegsmuster** möglich (vgl. hierzu auch die Darlegungen zu Reihenfolge-Mustern bei der Strategie-Kombination). Ein zentraler Ansatzpunkt für den Ausgleich von Ziellücken ist vor allem auch in marktstimulierungs-strategischen Möglichkeiten zu sehen, und zwar insbesondere in einer systematischen Abdeckung mehrerer Marktschichten, z. B. über ein geplantes Mehrmarken-Konzept (Multi-Branding).

Das Schließen von Ziellücken kann andererseits – in einem mehr passiven, reagierenden Sinne – auch über **Zielkorrekturen,** d. h. Zielanpassungen nach unten erfolgen (vgl. hierzu auch das Konzept der Anspruchsanpassung im 1. Teil „Marketingziele"). Jedes mehr aktiv handelnde oder agierende Unternehmen wird freilich versuchen, ursprünglich festgelegte Zielniveaus über strategische Lösungen (ggf. kombinierter Art) aufrechtzuerhalten, mit anderen Worten also auf eine identifizierte strategische Lücke nicht zielanpassend, sondern strategisch- bzw. maßnahmen-agierend zu antworten.

Für eine vollständige Beurteilung bzw. konsequente zielorientierte Steuerung marktfeld-strategischer Entscheidungen reicht die bisher diskutierte Lücken- oder Gap-Analyse allerdings nicht aus. Dieses klassische Analysekonzept weist nämlich bestimmte **Schwächen** auf, und zwar im Wesentlichen folgende (vgl. auch *Berndt,* 1991, S. 64 und 66; *Meffert,* 1994 b, S. 46):

- Es ist relativ grob und zu stark auf die (reine) **Entwicklungsprognose** fixiert,
- als erklärende Variable wird im Prinzip nur die **Zeit** herangezogen,
- spezifische **Markt- und Wettbewerbskonstellationen** werden nicht näher berücksichtigt,
- marketing- und finanzpolitische **Verknüpfungen** der Unternehmensaktivitäten werden nicht transparent gemacht.

Hier setzt speziell die moderne **Portfolio-Analyse** an. Auf sie soll im Hinblick auf eine zusätzliche Fundierung von Produkt/Markt-Entscheidungen (Marktfeld-Strategien) näher eingegangen werden.

Ausgangspunkt des Portfolio-Konzepts sind finanzwirtschaftliche Überlegungen bei der Zusammenstellung von Wertpapier-Portefeuilles gewesen (*Markowitz,* 1959). Hierbei ging bzw. geht es um die **optimale Mischung** von Anlagemöglichkeiten unter den Gesichtspunkten Gewinn und Risiko. Später hat man diesen Denkansatz auch auf den Bereich der strategischen Unternehmens- bzw. Marketingplanung zu übertragen gesucht. Eine Fülle einschlägiger Veröffentlichungen ist Beleg dafür (u. a. *Gälweiler,* 1974; *Hinterhuber,* 1977 bzw. 2004 a und b; *Nagtegaal,* 1977; *Dunst,* 1979; *Roventa,* 1979; *Wittek,* 1980; *Robens,* 1986; *Kreilkamp,* 1987; *Hax/Majluf,* 1988; s. a. den Überblick bei *Macharzina/Wolf,* 2008, S. 347 ff.).

Angewandt in der strategischen Planung bedeutet der Portfolio-Ansatz das **oberzielorientierte Mischen** der verschiedenen Aktivitäten bzw. strategischen Geschäftsfelder eines (diversifizierten) Unternehmens. Es geht mit anderen Worten also darum, ein im Hinblick auf die zukünftige Ertragsentwicklung ausgewogenes Produktprogramm zu bestimmen. Das Entscheidende des Portfolio-Ansatzes besteht darin, dass hierbei die **Interdependenzen** zwischen den verschiedenen Produkten des Programms explizit berücksichtigt werden, und zwar sowohl in *leistungs*wirtschaftlicher (= produktions- und absatzwirtschaftliche Fragen) als auch in *finanz*wirtschaftlicher (= Investitions- und Desinvestitionsüberlegungen) Hinsicht.

Die Einsicht, dass das **Potenzial** einer Strategie im Prinzip durch (*Picot,* 1981, S. 564; *Pfau,* 2001, S. 99 f.; *Hinterhuber,* 2004 a, S. 150 ff.):

- eine **Unternehmenskomponente** (Stärken/Schwächen der relevanten Unternehmensstruktur) einerseits und
- eine **Umweltkomponente** (= Chancen/Risiken der relevanten Umweltstruktur) andererseits

definiert werden kann, führte zu einer analytischen Verknüpfung beider Komponenten in einer für die Portfolio-Analyse typischen zweidimensionalen Darstellung (sog. Portfolio-Matrix). Da die Unternehmen in der Regel Mehrproduktunternehmen sind oder – in strategischen Kategorien ausgedrückt – mehrere Produkt/Markt-Kombinationen zugleich realisieren, müssen für Zwecke der portfolio-analytischen Diagnostik sinnvolle **Geschäftsfelder** (sog. strategische Geschäftsfelder) abgegrenzt werden. Für sie werden die beiden Erfolgskomponenten – nämlich Unternehmens- und Umweltkomponente – erfasst, um auf der Basis dieser Analysen für jedes strategische Geschäftsfeld spezielle **(Norm-)Strategien** abzuleiten.

Insoweit stellt sich zunächst die Frage der adäquaten Abgrenzung der strategischen Geschäftsfelder (SGF). In der einschlägigen Literatur werden zum Teil andere Begriffe wie Strategic Business Unit (SBU), Strategic Business Area (SBA) oder auch Strategische Geschäftseinheit (SGE) verwandt. Eine zu detaillierte Aufgliederung der strategischen Geschäftsfelder setzt dabei insgesamt die Transparenz herab und vermehrt zugleich den analytischen Aufwand. Eine zu grobe Rasterung der Geschäftsfelder trägt andererseits die Gefahr in sich, dass bei der Unternehmens- und/oder Umweltkomponente günstige und ungünstige Strukturen miteinander vermischt werden („Saldierungseffekt"). Es empfiehlt sich deshalb bei der Ableitung strategischer Geschäftseinheiten eher ein „mittlerer" Weg. Strategische Geschäftsfelder sind dabei vor allem durch folgende **spezifischen Abgrenzungskriterien** charakterisiert (*Hinterhuber,* 1977, S. 210 ff. bzw. 2004 b, S. 149 ff.; *Dunst,* 1979, S. 56 ff.; *Hax/Majluf,* 1988, S. 32 f. bzw. S. 104 ff.):

- ein eindeutig definierbares und dauerhaftes **Kundenproblem** (= spezifische Produkt/Markt-Kombination) als relativ autonome Einheit mit eigenen Chancen, Bedrohungen und Tendenzen,
- diese spezifische Produkt/Markt-Kombination hebt sich klar von **anderen Kombinationen** ab (= intern homogen, extern heterogen), und zwar u. a. in Bezug auf
  - Kundenbedürfnisse (z. B. Qualitäts-, Image-, Preis-, Serviceansprüche),
  - Marktverhältnisse (z. B. Größe, Wachstum, Wettbewerbsstruktur),
  - Kostenstruktur (z. B. Forschung und Entwicklung, Produktion, Marketing),
- für diese spezifische Produkt/Markt-Kombination können unabhängig von den Strategien in anderen Geschäftsfeldern **eigene Strategien** geplant und realisiert werden,
- diese spezifische Produkt/Markt-Kombination muss vorhandene **Wettbewerbsvorteile** nutzen bzw. solche aufbauen können (wichtig für die konkurrenzorientierte Formulierung von Strategien).

Angesichts der Komplexität der Abgrenzungsfragen bei der strategischen Geschäftsfeldbildung hat sich in der Praxis ein **Vorgehen in mehreren Schritten** bewährt (*Köhler,* 1981, S. 273). Dabei haben sich ganz bestimmte („Segmentierungs-") Heuristiken herausgebildet, die mit Auswahlgesichtspunkten der Marktsegmentierung zwar verwandt, jedoch nicht identisch sind. Die bei der Marktsegmentierung typische Außenbetrachtung (im Sinne von Käufersegmenten) muss jedenfalls bei der Bildung von strategischen Geschäftsfeldern durch eine von außen nach innen gerichtete Betrachtungsweise (= Berücksichtigung u. a. interner Kostenpotenziale) ergänzt werden (*Hinterhuber,* 1977, S. 210 f. bzw. 2004 b, S. 150 f.; *Gerl/Roventa,* 1981, S. 846 f.; *Kuß/Tomczak,* 2001, S. 71 f.).

Die eigentliche Portfolio-Analyse beruht auf der Erfassung bzw. Interpretation bestimmter **Schlüsselgrößen**, die für die Erfolgsentstehung im Unternehmen verantwortlich sind. Sie stellt eine Analysemethode dar, bei der (Einzel-)Informationen über das Unternehmen, seinen Markt und seine Konkurrenten verarbeitet, auf das Wesentliche reduziert und die Ergebnisse in visualisierter Form dargestellt bzw. für strategische Zwecke aufbereitet werden. Die Portfolio-Analyse und ihre spezielle Methodik knüpft dabei an zwei grundlegenden **strategischen Konzepten bzw. Projekten** an:

- dem **PIMS-Projekt** und
- dem **Erfahrungskurven-Konzept.**

Auf beide Projekte bzw. Konzepte und ihre Grundlagen sowie Befunde soll zunächst Bezug genommen werden.

Exkurs: Ansatz und Erkenntnisse des *PIMS*-Projekts

Hinsichtlich der angesprochenen Schlüsselgrößen (Erfolgsfaktoren) knüpfen die verschiedenen Portfolio-Modelle insbesondere an der umfangreichen Datenbasis des *PIMS*-Projektes (*PIMS* = Profit Impact of Market Strategies) des *Strategic Planning Institute,* Cambridge/Mass., an (*Buzzell/Gale,* 1987 bzw. 1989).

Bei dem *PIMS*-Projekt handelt es sich um die bisher umfassendste **systematische Untersuchung** zwischen strategischen Variablen des Unternehmens und der Realisierung von Unternehmenszielen. Aufgabe dieses Projektes ist es, mit Hilfe der multiplen Regressionsrechnung gesetzmäßige Beziehungen zwischen 37 strategischen Einflussvariablen (darunter speziell Marktanteil, Produktqualität, Ausgaben für Marketing sowie Forschung und Entwicklung, Grad der Diversifizierung) als unabhängigen Variablen und insbesondere der Rentabilität (ROI) und dem Cash Flow als abhängigen Variablen statistisch zu untersuchen. Dabei stehen zwei Fragestellungen im Vordergrund (*Bamberger,* 1981, S. 100; *Neubauer,* 1980, S. 136 f. bzw. 1990, S. 284 ff.):

- **Welche strategischen Variablen** sind verantwortlich für Unterschiede in der Rentabilität (ROI) von ganzen Unternehmen bzw. einzelnen Geschäftsbereichen?
- **Wie reagiert die Rentabilität (ROI)** auf Strategieänderungen bzw. Änderungen in den Marktbedingungen?

Der *PIMS*-Untersuchung liegen – quer über eine ganze Reihe von Branchen – nach einschlägigen Veröffentlichungen rd. 450 Unternehmen mit über 3000 Geschäftsbereichen (Strategischen Geschäftsfeldern) zugrunde (*Buzzell/Gale,* 1989, S. 3).

Unter den genannten Faktoren (unabhängigen Variablen) stellt aufgrund der Untersuchungsergebnisse der **Marktanteil** einer Geschäftseinheit diejenige Größe dar, die am *stärksten* sowohl mit der Rentabilität als auch dem Cash Flow positiv korreliert. In einer Darstellung wird dieser Beziehungszusammenhang im Bezug auf den ROI verdeutlicht (*Neubauer,* 1980, S. 14 bzw. 1990, S. 289; im Einzelnen *Schoeffler/Buzzell/Heany,* 1974, S. 141 ff.; *Buzzell/Gale,* 1989, S. 63 ff.). Für den Untersuchungszweck wurden die Geschäftsfelder der Datenbasis auf fünf zahlenmäßig etwa gleich große Gruppen verteilt. Die in *Abb. 276* wiedergegebenen Säulen repräsentieren diese fünf Gruppen. Neben dem absoluten Marktanteil kann auch der relative Marktanteil herangezogen werden, um den bereits skizzierten Zusammenhang aufzuzeigen. Der relative Marktanteil wird dabei als das prozentuale Verhältnis des Marktanteils eines betrachteten Geschäftsfeldes zur Summe der drei größten Wettbewerber in diesem Geschäftsfeld definiert. Je höher dieser Prozentwert ist, desto größer ist der Abstand zwischen dem betrachteten Geschäftsfeld und seinen Wettbewerbern. Die zweite Darstellung *(Abb. 277)* zeigt die Beziehungen zwischen relativem Marktanteil und Rentabilität (*Neubauer,* 1980, S. 142); sie bestätigt den Beziehungszusammenhang, wie er bereits für den absoluten Marktanteil und den ROI identifiziert wurde.

Inzwischen gibt es aber auch Analysen, die den Zusammenhang zwischen ROI und relativem Marktanteil *teilweise* in Frage stellen. Zum einen gibt es offensichtlich in den verschiedensten Märkten Marktführer, die

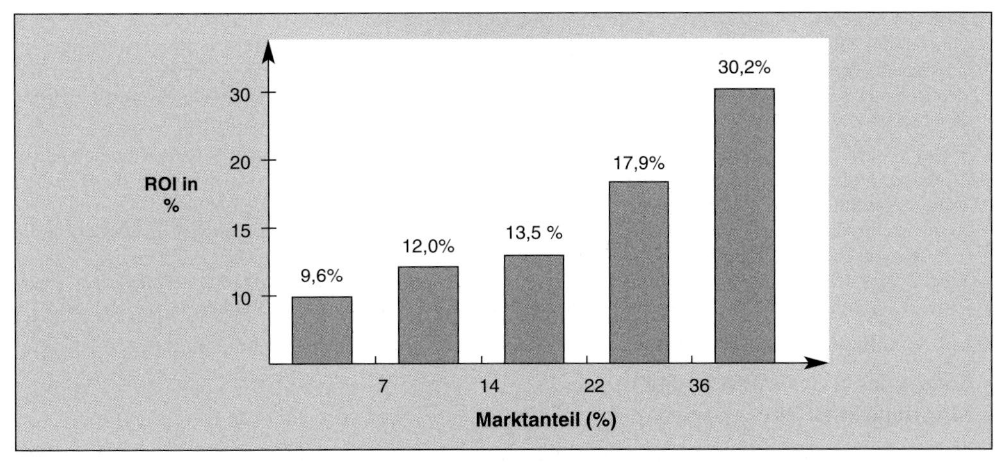


*Abb. 276: Zusammenhang zwischen absolutem Marktanteil und ROI*

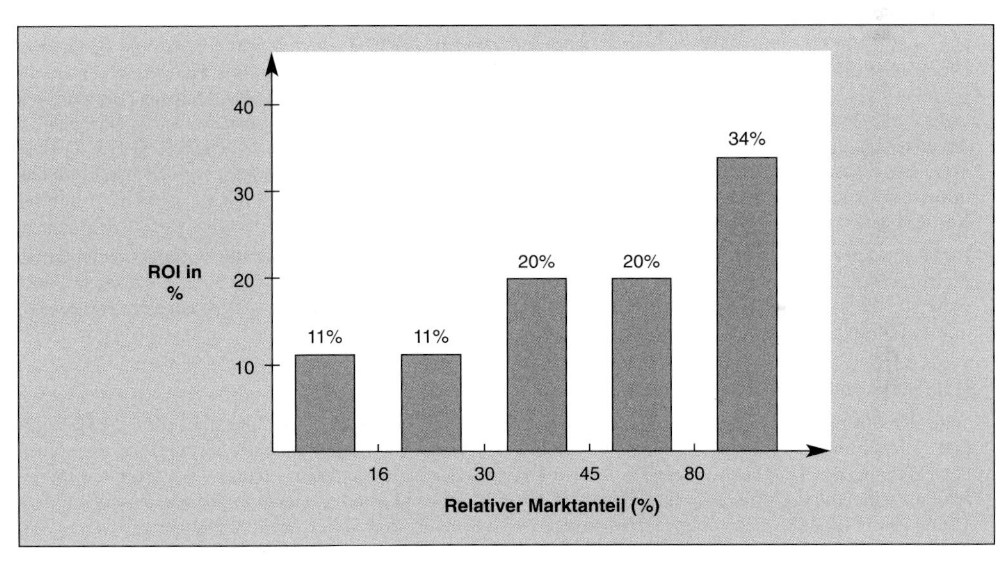


*Abb. 277: Zusammenhang zwischen relativem Marktanteil und ROI*

nicht zwingend den höchsten ROI erzielen (*Woo,* 1984). Zum anderen wird aber auch nachzuweisen versucht, dass der Zusammenhang zwischen ROI und relativem Marktanteil überwiegend rein statistischer Art sei; in Wirklichkeit (d. h. also kausal) werde dieser Zusammenhang von **sog. dritten Faktoren** bestimmt (*Jacobson/Aaker,* 1985). In diesem Sinne müsse für die Erklärung des Zustandekommens unterschiedlicher ROI-Niveaus überhaupt der Einfluss mehrerer Faktoren zugleich berücksichtigt werden, wie eben auch Wirkungen des relativen Preises und/oder insbesondere auch der relativen Produktqualität (*Phillips/Chang/Buzzel,* 1983; siehe auch *Buzzell/Gale,* 1989, S. 72 f.). Insoweit müsse der ROI realistischerweise als von einem ganzen **Faktorenbündel** abhängig angesehen werden (multidimensionale Abhängigkeit, siehe auch *Venohr,* 1988; *Hruschka,* 1989). Trotzdem ist nicht zu übersehen, dass es Schlüsselfaktoren gibt, die erkennbar eine bestimmte **Sonderrolle** spielen.

Eine der zentralen Schlüsselgrößen für die Erfolgsbildung im Unternehmen stellt in diesem Sinne ohne Zweifel der **Marktanteil** dar. Angesichts der zentralen Rolle des Marktanteils für die Rentabilität des Unternehmens entsteht die Frage, warum ein größerer Marktanteil die Rentabilität in der Regel so entscheidend positiv beeinflusst. Hierfür gibt es zumindest *drei* verschiedene Interpretationen (*Neubauer,* 1980, S. 143 f.; *Buzzell/Gale,* 1989, S. 67):

- Das Wirken der **sog. Economies of Scale** (d. h. dasjenige Unternehmen, das einen höheren Marktanteil realisiert, profitiert in größerem Umfang von sinkenden Kosten bei wachsender Ausbringungsmenge),
- die Existenz der **sog. Erfahrungskurve** (d. h. dasjenige Unternehmen, das einen höheren Marktanteil realisiert, profitiert von den bei größeren Produktions- und Absatzmengen gesammelten Erfahrungen, die kostensenkend wirken),
- der Effekt der **Marktmacht** (d. h. dasjenige Unternehmen, das einen höheren Marktanteil realisiert, profitiert z. B. von größeren Einkaufsmengen, die zu Preis- bzw. Kostenvorteilen führen).

Da es Anhaltspunkte dafür gibt, dass der Erfahrungskurven-Effekt die beiden anderen Effekte:

- **Economies of Scale-Effekt und**
- **Marktmacht-Effekt**

indirekt mit einschließt (siehe hierzu auch *Gälweiler,* 1974, S. 241 ff.; *Kreikebaum,* 1981, S. 64 f.; *Abell/Hammond,* 1979, S. 103 ff.; *Kuß/Tomczak,* 2001, S. 26 ff.), soll hier lediglich auf das Erfahrungskurven-Konzept näher eingegangen werden.

Exkurs: Phänomen und Auswirkungen des Erfahrungskurveneffektes

Der sog. Erfahrungskurveneffekt wurde aufgrund empirischer Untersuchungen der *Boston Consulting Group* über die Preis- und Kostenentwicklungen bei Unternehmen festgestellt. Das Phänomen der Erfahrungskurve basiert zunächst einmal auf schon früher im Produktionsbereich entdeckten **sog. Lernkurven,** welche die Tatsache beschreiben, dass mit zunehmender Übung und Erfahrung der Zeitbedarf für einzelne Arbeitsgänge bei der Herstellung von Produkten abnimmt (*Henderson,* 1974, S. 14; *Oetinger,* 1993, S. 412). Das neuere Erfahrungskurven-Konzept stellt jedoch bezüglich Wirkungsbereich (d. h. nicht nur Produktionsbereich, sondern Gesamtunternehmen), Ursachen sowie Wirkungsmechanik ein wesentlich erweitertes Konzept dar.

Erfahrungskurven kennzeichnen das **Phänomen,** dass die in der Wertschöpfung des Produkts enthaltenen, preisbereinigten Kosten – und zwar ohne Kosten der eingesetzten Materialien – in einer konstanten Quote um 20 %–30 % abzufallen scheinen, wenn sich im Zeitablauf die kumulierte Produktionsmenge verdoppelt, und zwar bezogen (*Henderson,* 1974, S. 19 f.; *Oetinger,* 1993, S. 421):

- auf den jeweiligen **Industriezweig als Ganzes** wie auch
- auf das einzelne **Herstellerunternehmen.**

Wird der Kostenverlauf in Abhängigkeit von der kumulierten Menge grafisch dargestellt *(Abb. 278),* so ergibt sich bei linearer Skaleneinteilung ein typisches Kurvenbild. Wesentlich deutlicher wird das Phänomen der Erfahrungskurve – auch unter dem Aspekt strategischer Konsequenzen – dann, wenn man den Beziehungszusammenhang zwischen kumulierten Mengen und Stückkosten in einem *logarithmisch* eingeteilten Ordinatenkreuz *(Abb. 279)* abbildet (*Henderson,* 1974, S. 21 ff.; *Gälweiler,* 1974, S. 243; *Hax/Majluf,* 1988, S. 134).

Die in einem logarithmisch gewählten Ordinatensystem eingetragenen Punkte zeigen bei gleichen Abständen **gleiche prozentuale Veränderungen.** Auf diese Weise wird deutlich, dass bei einer bestimmten Veränderung der Produktionsmengen die Änderungsrate der Kosten *konstant* bleibt.

Bei der Würdigung des Erfahrungskurven-Effektes ist allerdings zu berücksichtigen, dass Erfahrungskurven nicht gleichsam gesetzmäßig („automatisch") auftretende Kostenreduktionen beschreiben, sondern lediglich ein **sog. Kostensenkungspotenzial,** das nur dann ausgeschöpft werden kann, wenn „das jeweilige Management die Fähigkeiten besitzt, die mit der zunehmenden Erfahrung sich eröffnenden Wege und Möglichkeiten zur Kostensenkung zu erkennen und realisieren zu können" (*Henderson,* 1974, S. 19).

Erfahrungskurven wird insgesamt für die strategische Unternehmens- und Marketingplanung eine große Bedeutung beigemessen. Die Kenntnis der jeweils **geltenden Erfahrungskurve** gestattet u. a. (*Bamberger,* 1981, S. 99 f.; s. a. *Hentze/Brose/Kammel,* 1993, S. 173; *Ehrmann,* 1999, S. 143; *Horvath,* 2009, S. 476 ff.):

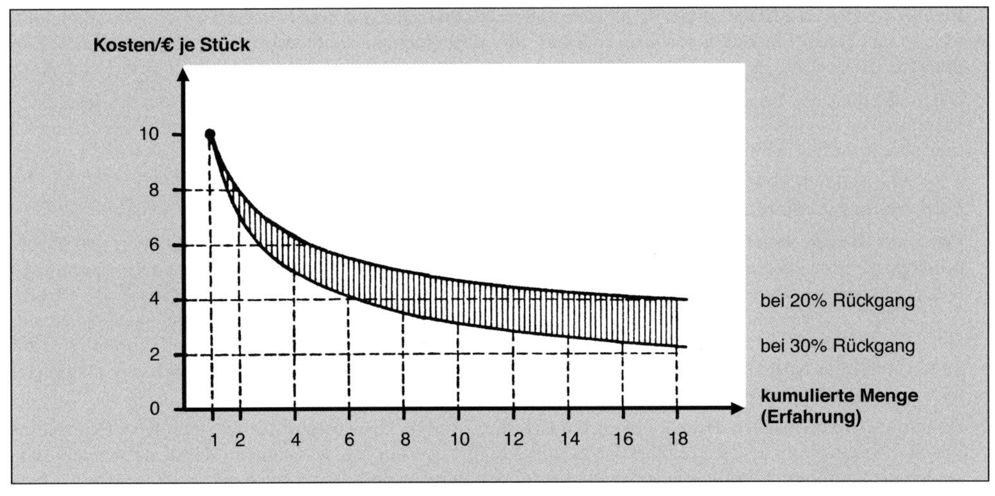


*Abb. 278: Die Kosten-Erfahrungskurve bei linear eingeteilten Ordinaten*

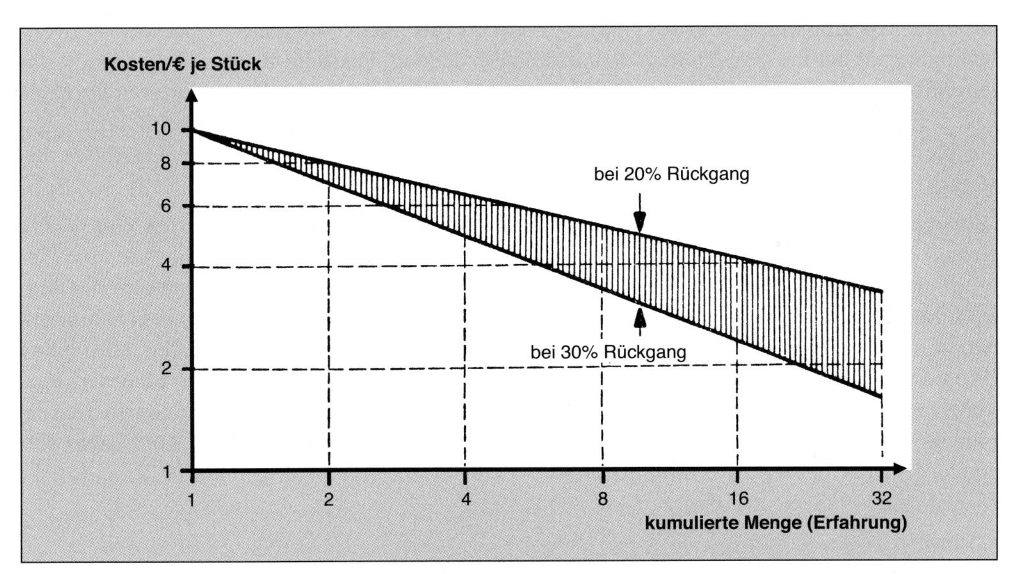


*Abb. 279: Die Kosten-Erfahrungskurve bei logarithmisch eingeteilten Ordinaten*

- die langfristige Prognose der **Kostenentwicklung,**
- die langfristige Prognose der **Preisentwicklung** (wenn unterstellt wird, dass sich zumindest längerfristig die Preise parallel zu den Kosten entwickeln),
- damit die langfristige Prognose von **Gewinnpotenzialen,**
- die Prognose der **Kosten- und Gewinnauswirkungen** aufgrund der Veränderung des eigenen Marktanteils,
- die Ermittlung der **Kostensituation** (und damit des preispolitischen Spielraums) **der Konkurrenten,** wenn deren Produktionsmengen und/oder Marktanteile bekannt sind.

**Erfahrungskurven-Effekte** zeigen sich insbesondere auf Märkten mit hoher Preiselastizität, bei vergleichsweise homogenen Produkten sowie in Märkten mit ausgeprägtem Wettbewerb (*Hörschgen/Kirsch/Käßer-Pawelka/Grenz,* 1993, S. 104).

Die Bedeutung des Erfahrungskurven-Konzepts besteht insgesamt vor allem darin, dass es die **spezifische Relevanz** von zwei Basisgrößen für die Ableitung bzw. Bewertung von strategischen Handlungsalternativen transparent macht, nämlich:

- des **Marktanteils** einerseits und
- des **Marktwachstums** andererseits.

Erfahrungskurven bestätigen bzw. erklären zunächst einmal die *PIMS*-These, dass Marktanteil und Rentabilität positiv korrelieren. Sie verdeutlichen damit, dass Unternehmen mit höheren Marktanteilen grundsätzlich ein höheres **Kostensenkungspotenzial** aufweisen (zur Kritik bzw. Umkehrung der Kausalität siehe *Alberts,* 1989). Für den Fall, dass sich die Beziehungen zwischen kumulierten Produktionsmengen und Marktanteilen annähernd entsprechen, kann ein Unternehmen mit doppelt so hohem Marktanteil ein um 20 % bis 30 % niedrigeres Kostenniveau realisieren als seine Konkurrenten. Bei einheitlichem Marktpreis steigt demnach mit wachsendem Marktanteil das Gewinnpotenzial überproportional.

Erfahrungskurven machen darüber hinaus die **Relevanz des Marktwachstums** für die Wahl bzw. Beurteilung von Strategien deutlich. „Ist das Marktwachstum gering, dauert es (bei konstantem Marktanteil) relativ lange, bis die kumulierten Produktionsmengen verdoppelt und die Kosten entsprechend reduziert werden können. Für Unternehmen, die auf einem langsam wachsenden, stagnierenden oder gar schrumpfenden Markt neu auftreten, ist es sehr schwierig, die Erfahrungen und damit den Kostenvorsprung der bisherigen Marktführer aufzuholen" (*Bamberger,* 1981, S. 99; zur generell positiven Auswirkung des Marktwachstums auf den ROI siehe auch *Buzzell/Gale,* 1989, S. 48 f.).

Die Einsicht in die Schlüsselfunktion des Marktanteils (als hochverdichteter Größe der Unternehmensbedingungen) und des Marktwachstums (als hochverdichteter Größe der Umweltbedingungen) hat ihren speziellen Niederschlag in der sog. **Portfolio-Analyse** gefunden. In ihrer einfachsten Form ist sie als sog. 4-Felder-Matrix, in einer etwas differenzierteren Form als sog. 9-Felder-Matrix, konzipiert. Darüber hinaus gibt es eine Reihe weiterer Spielarten, auf die hier jedoch nicht näher eingegangen werden soll (vgl. hierzu auch den Überblick bei *Hahn,* 1996, S. 274 ff.).

Die sog. 4-Felder-Matrix (= **Marktwachstum-Marktanteil-Portfolio** der *Boston Consulting Group*) entsteht durch die beiden Ordinaten Marktwachstum und Marktanteil sowie eine Unterteilung beider Ordinaten nach „niedrig" und „hoch". Aufgrund der in jedem der vier Matrixfelder zusammentreffenden Kombination von hohem oder niedrigem Marktwachstum mit hohen oder niedrigen Marktanteilen lassen sich für die jeweils darin liegenden Aktivitäten (Produkt/Markt-Kombinationen) grundlegende strategische Charakteristika identifizieren, die zu ersten Hinweisen und Ansatzpunkten für die Gestaltung *künftiger* Strategien führen. Für die Positionierung der Produkte/Produktgruppen in der 4-Felder-Matrix sind dabei folgende **drei Parameter** zu ermitteln (*Dunst,* 1979, S. 97; *Abell/Hammond,* 1979, s. 175 f.; *Hax/Majluf,* 1988, S. 152 ff.):

- **Umsatz,**
- **relativer Marktanteil,**
- **zukünftiges Marktwachstum.**

Für die Herausarbeitung des Portfolios eines Unternehmens wird von der *Boston Consulting Group* die **typische Matrix-Darstellung** gewählt (*Dunst,* 1979, S. 97; *Wittek,* 1980, S. 139; *Hentze/Brose/Kammel,* 1993, S. 207; *Oetinger,* 1993, S. 286 ff.). Eine Modelldarstellung zeigt das Grundmodell, ergänzt um ideal-typische Produktlebenszyklus-Verläufe *(Abb. 280).*

Ein **Beispiel** soll die Anwendung der Portfolio-Analyse für ein konkretes Unternehmen aufzeigen. Zugrunde gelegt ist eine mittelständische Brauerei, für die **vier strategische Geschäftsfel-**

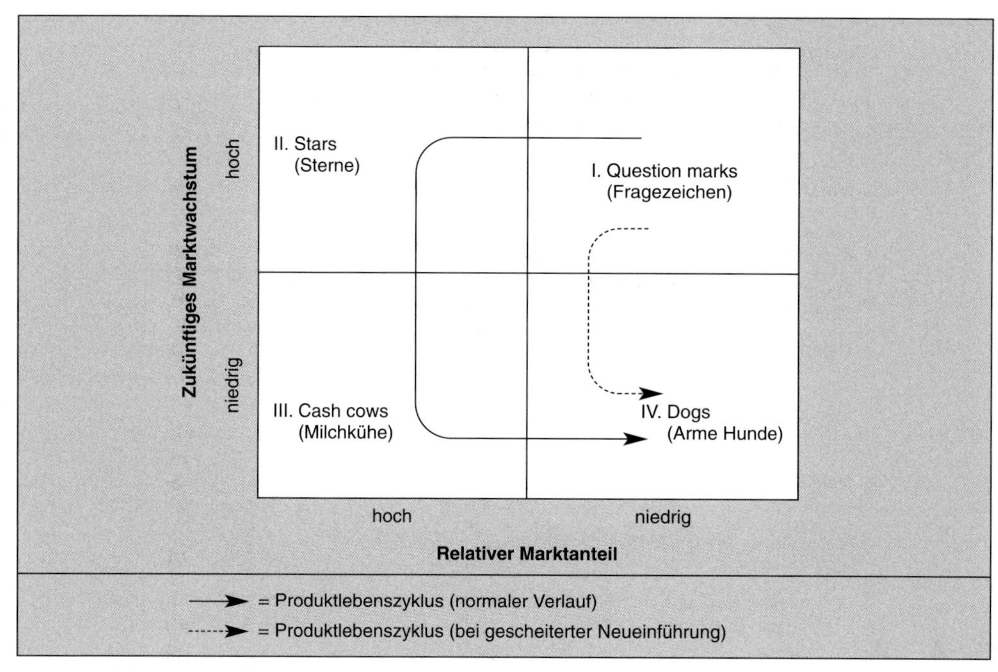


*Abb. 280: Portfolio-Modell der Boston Consulting Group (sog. 4-Felder-Matrix) mit integrierten Produktlebenszyklus-Verläufen*

**der** abgegrenzt werden. „Bei den *Geschäftsfeldern A bis C* handelt es sich um drei regionale Pilsmarken, die in angrenzenden Märkten vertrieben werden, bei dem *Geschäftsfeld D* um Exportbier, das in dem gesamten Absatzgebiet unter einem einheitlichen Markenzeichen angeboten wird“ (*Haedrich/Tomczak,* 1996, S. 113). Eine Tabelle gibt die Marktanteile für die eigenen strategischen Geschäftsfelder, die Marktanteile für den jeweils stärksten Wettbewerber sowie die daraus ermittelten relativen Marktanteile wieder. Sie enthält außerdem das geschätzte zukünftige Marktwachstum in den relevanten Absatzmärkten und die Umsatzanteile der vier Geschäftsfelder am Gesamtumsatz des Unternehmens. Aus diesen Analyseergebnissen kann das **Portfolio** des Beispiel-Unternehmens erstellt werden *(Abb. 281 a) und b)).*

Die gewählte **Abgrenzung** zwischen niedrigem und hohem Marktwachstum bei +/– 0 „erscheint in diesem Beispiel als zweckmäßig, da dieser Wert in etwa die durchschnittlichen mittelfristigen Wachstumsaussichten aller vier betrachteten Märkte repräsentiert. Die horizontale Trennlinie muss allerdings in jedem konkreten Einzelfalle neu ermittelt werden und kann sich bei verändertem Marktwachstum im Laufe der Zeit auch verschieben. Die Trennmarke 1.0 auf der Abszisse bedeutet, dass ein strategisches Geschäftsfeld, das links von dieser Trennlinie positioniert ist, einen relativen Marktanteil > 1 hat (eigener Marktanteil, dividiert durch den Marktanteil des stärksten Wettbewerbers), d.h. Marktführer ist“ (*Haedrich/Tomczak,* 1996, S. 115).

Ausgangspunkt des Portfolio-Konzepts ist die Einsicht, dass unterschiedliche Geschäfte mit unterschiedlichen Wettbewerbsbedingungen bzw. unterschiedlichen Wachstumspotenzialen differenziert gesteuert werden müssen. Jedes Geschäft muss in diesem Sinne entsprechend seiner strategischen Position und entsprechend seinem unternehmens- und marketingpolitischen Auftrag entweder **Finanzmittel** (Cash Flow) abwerfen oder zugeteilt bekommen. Um

**a) Ausgangsdaten für Portfolio-Erstellung**

| | Regional-markt A | Regional-markt B | Regional-markt C | Regional-markt D |
|---|---|---|---|---|
| **Marktwachstum** | – 0,5% | + 1,1% | + 1,2% | – 1,9% |
| **Marktanteil eigenes SGF** | 45% | 32% | 12% | 14% |
| **Marktanteil stärkster Wettbewerber** | 21% | 40% | 40% | 47% |
| **Relativer Marktanteil** $\left(\frac{\text{Eigener MA}}{\text{MA stärkster Wettbewerber}}\right)$ | 2,1 | 0,8 | 0,3 | 0,3 |
| **Umsatzanteil** | 35% | 30% | 20% | 15% |

**b) Darstellung des Marktwachstum-Marktanteil-Portfolios**

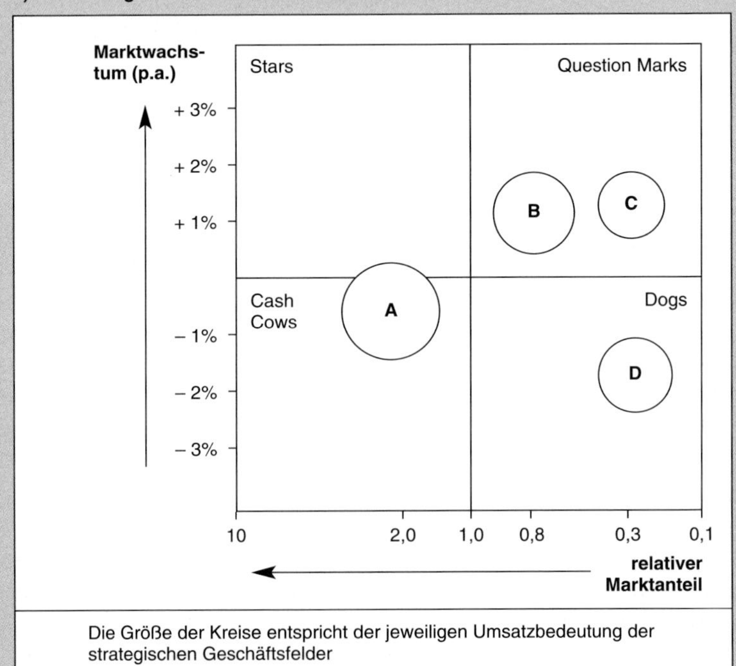


Die Größe der Kreise entspricht der jeweiligen Umsatzbedeutung der strategischen Geschäftsfelder

*Quelle: Haedrich/Tomczak,* 1996, S. 114

*Abb. 281: Ableitung eines Portfolios für ein konkretes Unternehmen (Beispiel: Mittelständische Brauerei)*

die Tätigkeit des Unternehmens als Ganzes zu steuern, muss im Sinne eines strategischen Rollenverteilungskonzepts die **Rolle** jedes einzelnen Geschäfts (Strategischen Geschäftsfeldes, SGF) mit den übrigen Geschäften im Unternehmensportfolio abgestimmt werden. Nur auf diese Weise ist langfristig der Ausgleich der Finanzströme im Unternehmen sicherzustellen (*Wittek,* 1980, S. 137; *Dunst,* 1979, S. 99 f.; *Hinterhuber,* 2004 b, S. 151 f.).

Die typischen Merkmale wie die anzuwendenden **Normstrategien** bezogen auf die vier Portfolio-Felder (Quadranten) lassen sich wie folgt *(Abb. 282)* zusammenfassen (*Picot,* 1981, S. 565 sowie im Einzelnen *Wittek,* 1980, S. 139 ff.; *Abell/Hammond,* 1979, S. 176 ff.; *Hax/Majluf,* 1988, S. 156 ff.; *Oetinger,* 1993, S. 292 ff.; *Kuß/Tomczak,* 2001, S. 75 ff.).

| **II. Stars (Sterne)** | **I. Question marks (Fragezeichen)** |
|---|---|
| **Merkmale:**<br>SGF in der Wachstumsphase, die aufgrund ihrer starken Marktstellung ihren Finanzmittelbedarf selbst erwirtschaften; Netto-Cash-Flow in etwa ausgeglichen<br><br>**Normstrategie:**<br>Marktanteil halten bzw. leicht ausbauen (Wachstumsstrategie) | **Merkmale:**<br>SGF in der Einführung bzw. frühen Wachstumsphase mit hohem Finanzmittelbedarf; Netto-Cash-Flow (Finanzmittelüberschuss) deutlich negativ<br><br>**Normstrategie:**<br>Entweder Marktanteil deutlich steigern, falls gegenüber Konkurrenten aussichtsreich (Offensiv- bzw. Investitionsstrategie) oder Marktanteil senken bzw. Verkauf, falls aussichtslose Marktsituation (Desinvestitionsstrategie) |
| **III. Cash cows (Milchkühe)** | **IV. Dogs (Arme Hunde)** |
| **Merkmale:**<br>SGF in der späten Wachstums- bzw. Reifephase mit starker Marktstellung; deutliche Finanzmittelüberschüsse („Zahlmeister" des Unternehmens)<br><br>**Normstrategie:**<br>Marktanteil halten bzw. leicht senken (Gewinn- bzw. Abschöpfungsstrategie) | **Merkmale:**<br>SGF in der Sättigungs- bzw. Rückgangphase und mit relativ schwacher Marktstellung; Netto-Cash-Flow negativ bis ausgeglichen<br><br>**Normstrategie:**<br>Marktanteil stark senken bzw. Verkauf (Desinvestitionsstrategie) |

*Abb. 282: Zusammenfassende Charakteristika der vier Portfolio-Felder und daraus ableitbare Normstrategien (mit Produktlebenszyklus-Bezug)*

Anknüpfend an die Charakteristik der vier Felder der Portfolio-Matrix und der daraus ableitbaren Normstrategien soll beispielhaft für den behandelten Portfolio-Fall (mittelständische Brauerei) ein mögliches **Ziel-Portfolio** diskutiert werden. Ein Ziel-Portfolio hat die Aufgabe, wünschenswerte zukünftige Positionierungen für die einzelnen strategischen Geschäftsfelder (SGF) im Hinblick auf die Oberzielrealisierung zu identifizieren.

Aufgrund der Analyse der **Unternehmenskomponenten** wie der **Umweltkomponenten** erscheint es etwa im Beispielfall sinnvoll, für das strategische *Geschäftsfeld C* aufgrund der eher schwachen Position eine Desinvestitionsstrategie vorzusehen, um entsprechende finanzielle Ressourcen gezielt für den Ausbau des chancenreicheren strategischen *Geschäftsfeldes B* zur Verfügung zu haben. Die aus dem strategischen *Geschäftsfeld A* („Cash Cow") freigesetzten Finanzmittel reichen nämlich nach den vorliegenden Analysen nicht aus, bei zwei strategischen Geschäftsfeldern (*B* und *C*) gleichzeitig einen Marktanteilsausbau vorzunehmen. Das als Cash Cow fungierende strategische *Geschäftsfeld A* muss in dieser Funktion erhalten werden und verbraucht für die Erhaltung der Marktposition selbst auch bestimmte finanzielle Mittel. Die durch das strategische *Geschäftsfeld D* noch in bescheidenem Umfang freigesetzten Mittel sollen zunächst noch abgeschöpft werden. Mittelfristig erscheint auch hier eher eine Desinvestitionsstrategie angezeigt, um finanzielle Ressourcen insbesondere für den Ausbau des strategischen *Geschäftsfeldes B* („Hoffnungsträger", potenzielle Cash Cow) freizusetzen.

Auf diese Weise ergibt sich für das Beispiel folgendes **Ziel-Portfolio** *(Abb. 283).*

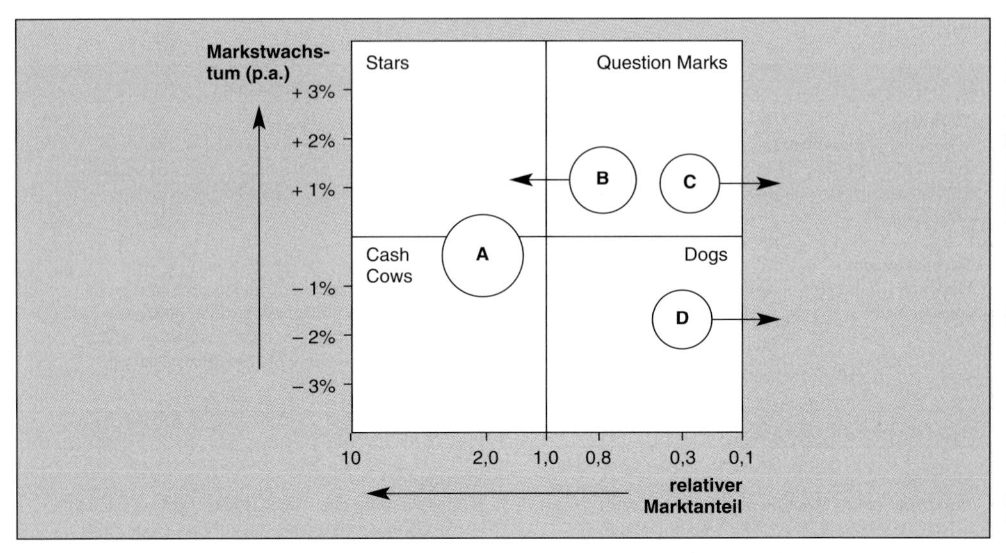


*Quelle: Haedrich/Tomczak,* 1996, S. 120

*Abb. 283: Ziel-Portfolio eines konkreten Unternehmens (Beispiel: Mittelständische Brauerei)*

„Als **Regel** (Hervorhebung, J. B.) gilt allgemein, dass ein finanziell ausgeglichenes und auf Zukunftssicherung des Unternehmens ausgerichtetes Portfolio strategische Geschäftsfelder mit einem Umsatzanteil von 40 % bis 60 % in dem Cash cow-Quadranten aufweisen sollte; ebenso sollten strategische Geschäftsfelder in dem Question Mark- und Starbereich positioniert sein, um als Nachwuchs- und Wachstumsprodukte langfristig den Cash-flow-Bedarf des Unternehmens sicherzustellen. In dem vorliegenden Beispiel liegt der Umsatzanteil der *Marke A* bei 35 %; ein relativ großer Umsatzanteil kommt durch das Dog-*Geschäftsfeld D* zustande. Die Finanzmittelsituation des Unternehmens ist daher relativ kritisch zu betrachten; fraglich ist, ob es mit eigenen Kräften gelingt, den relativen Marktanteil des strategischen *Geschäftsfeldes A* zu halten bzw. noch leicht auszubauen und gleichzeitig das *Geschäftsfeld B* als wichtiges Nachwuchsprodukt so zu fördern, dass daraus ein Star wird" (*Haedrich/ Tomczak,* 1996, S. 120 f.).

Wesentliches Ziel der Portfolio-Analyse ist es insgesamt, die Wachstumsmöglichkeiten des Unternehmens unter besonderer Berücksichtigung der vorhandenen Ressourcen auszuleuchten. Aufgrund der Portfolio-Analyse lassen sich dabei **zwei grundsätzliche strategische Möglichkeiten** ableiten (*Wittek,* 1980, S. 141):

- Die Wachstumssicherung erfolgt **innerhalb des bestehenden Portfolios.** Wichtigster Ansatzpunkt ist dabei, förderungswürdige „Fragezeichen" zu „Sternen" von morgen bzw. zu „Milchkühen" von übermorgen zu machen.
- Für den Fall, dass nicht genügend aussichtsreiche „Fragezeichen" zur Verfügung stehen, muss das Wachstum **außerhalb des bestehenden Portfolios** gesichert werden. Hierfür müssen neue aussichtsreiche Tätigkeitsfelder gesucht und die hierfür notwendigen Investitionen getätigt werden (z. B. in Forschung und Entwicklung (F&E) oder in Diversifikation/Akquisition).

Zwei Modelldarstellungen *(Abb. 284)* verdeutlichen diese beiden **strategischen Anknüpfungspunkte** (siehe auch *Wittek,* 1980, S. 142).

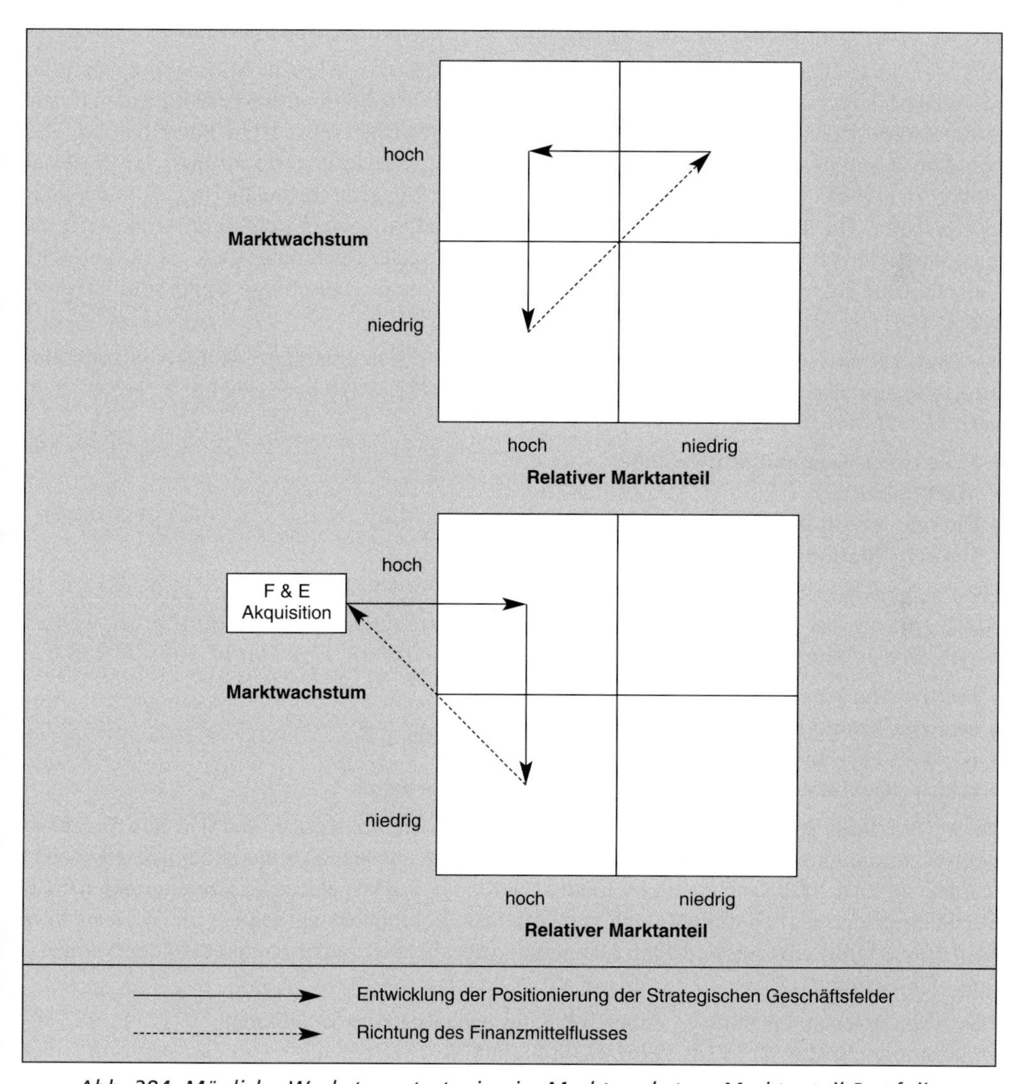


*Abb. 284: Mögliche Wachstumsstrategien im Marktwachstum-Marktanteil-Portfolio*

Wesentlich ist dabei vor allem die Einsicht, dass je nach Portfolio-Ausgangslage des Unternehmens auch die **Neuprodukt- bzw. Neuaktivitätenplanung** in den strategischen Analyseprozess mit einbezogen werden muss (*Hahn,* 1980, S. 128 f.; *Köhler,* 1981, S. 272); umgekehrt müssen – je nach strategischer Situation bzw. nach ihrem jeweiligen Anteil – auch die Möglichkeiten der Marktbehauptung von „Dogs" geprüft werden (*Tomczak,* 1989, S. 72 ff.).

Das Besondere der bisher skizzierten 4-Felder-Matrix (Marktwachstum-Marktanteil-Portfolio) liegt vor allem darin, dass die **strategie-beeinflussenden Faktoren** in einem Höchstmaß verdichtet sind (und zwar die Unternehmenskomponente auf den relativen Marktanteil (= Marktposition) und die Umweltkomponente auf das Marktwachstum). Diese „Einfachheit" ist jedoch ein häufig geäußerter Kritikpunkt des Marktwachstum-Marktanteil-Portfolios; dabei wird allerdings leicht übersehen, dass in diesem Analysekonzept trotz höchster Komprimierung die entscheidenden strategischen Faktoren wie die Kostenposition (Erfahrungskurve), die Wettbewerbsposition und indirekt auch die Produktlebensposition integriert sind.

Aus der kritischen Auseinandersetzung mit dem Marktwachstum-Marktanteil-Portfolio (4-Felder-Matrix) sind eine Reihe von Varianten der Portfolio-Analyse hervorgegangen. Ein interessantes Konzept stellt das **Marktattraktivität-Wettbewerbsvorteil-Portfolio** dar, das von dem Beratungsunternehmen *McKinsey* entwickelt worden ist. Um zusätzliche Einflussgrößen zu berücksichtigen, wurde die Portfolio-Matrix zunächst formal als sog. 9-Felder-Matrix gestaltet. Die hierbei vorgesehene detaillierte Analyse sowohl der Marktattraktivität als auch der (relativen) Wettbewerbsvorteile trägt der Tatsache Rechnung, dass im Prinzip eine Vielzahl von Faktoren für die Wirksamkeit einer Strategie ausschlaggebend sind (*Kreikebaum,* 1981, S. 73; *Abell/Hammond,* 1979, S. 211 f.).

Die Marktattraktivität bzw. Branchenattraktivität wird durch eine ganze Reihe von **Indikatoren** (Indikatorenbündeln) beschrieben (*Hinterhuber,* 1977, S. 70 bzw. 2004 a, S. 147 ff.; vgl. auch *Hax/Majluf,* 1988, S. 184 ff.):

- **Marktwachstum und Marktgröße,**
- **Marktqualität,**
- **Energie- und Rohstoffversorgung,**
- **Umweltsituation.**

Die Position eines Unternehmens im Markt (= relative Wettbewerbsvorteile) wird ebenfalls in Abhängigkeit von mehreren **Schlüsselfaktoren** (Faktorbündeln) definiert. Hierbei werden herangezogen (*Hinterhuber,* 1977, S. 74 bzw. 2004 a, S. 153 ff.; *Hax/Majluf,* 1988, S. 188 ff.):

- **relative Marktposition,**
- **relatives Produktionspotenzial,**
- **relatives Forschungs- und Entwicklungspotenzial,**
- **relative Qualifikation der Führungskräfte und Mitarbeiter.**

Diese jeweiligen Indikator- oder Faktorbündel setzen sich aus einer Vielzahl von Einzelaspekten zusammen, die über umfangreiche *interne* und *externe* Datenerhebungen gewonnen werden müssen. Dabei sind unternehmens- und/oder marktspezifische Erweiterungen bzw. Verfeinerungen möglich und vielfach sinnvoll. Das Problem besteht jedoch hierbei sowohl in der Erfassung dieses feingliedrigen Datenmaterials als auch in der entsprechenden Verarbeitung (Gewichtung).

Das Analyseverfahren umfasst dabei folgende **Einzelschritte** (*Kreilkamp,* 1987, S. 487 ff.; *Hinterhuber,* 2004 a, S. 157 ff.; *Hax/Majluf,* 1988, S. 182 ff.):

**1. Festlegung der jeweils relevanten Einflussfaktoren,**
**2. Gewichtung dieser Einflussfaktoren,**
**3. Punktbewertung der einzelnen Einflussfaktoren nach strategischen Geschäftsfeldern,**
**4. Ermittlung der gewichteten Punktzahl pro Einflussfaktor,**
**5. Ermittlung der Gesamtpunktzahl für jedes strategische Geschäftsfeld.**

Diese Analyseschritte werden sowohl für die Wettbewerbsstärke (Wettbewerbsvorteile) als auch die Marktattraktivität durchgeführt.

Im Folgenden wird noch einmal das zur Illustrierung des Marktwachstum-Marktanteil-Portfolios (4-Felder-Matrix) verwendete Beispiel (mittelständische Brauerei) aufgegriffen und zur Skizzierung des jetzt diskutierten Marktattraktivität-Wettbewerbsvorteil-Portfolios

**Geschäftsfeld B*)**

| Einflussfaktor | Gewicht % | Bewertung (0–100 P.) | | Gewichteter Wert | |
|---|---|---|---|---|---|
| | | Marke B | Stärkster Wettbew. | Marke B | Stärkster Wettbew. |
| Marktanteil | 35 | 50 | 70 | 17,5 | 24,5 |
| Produkt-Image | 20 | 50 | 5 | 10,0 | 1,0 |
| Qualität | 20 | 40 | 5 | 8,0 | 1,0 |
| Auftreten im Markt | 15 | 30 | 10 | 4,5 | 1,5 |
| Bedeutg. der Brauerei | 10 | 75 | 10 | 7,5 | 1,0 |
| Summe | *100* | | | *47,5* | *29,0* |

**Geschäftsfeld C*)**

| Einflussfaktor | Gewicht % | Bewertung (0–100 P.) | | Gewichteter Wert | |
|---|---|---|---|---|---|
| | | Marke C | Stärkster Wettbew. | Marke C | Stärkster Wettbew. |
| Marktanteil | 35 | 20 | 80 | 7,0 | 28,0 |
| Produkt-Image | 20 | 45 | 60 | 9,0 | 12,0 |
| Qualität | 20 | 60 | 50 | 12,0 | 10,0 |
| Auftreten im Markt | 15 | 25 | 65 | 3,8 | 9,8 |
| Bedeutg. der Brauerei | 10 | 80 | 90 | 8,0 | 9,0 |
| Summe | *100* | | | *39,8* | *68,8* |

*) Aus Gründen der Übersichtlichkeit und Vereinfachung wird der Vergleich lediglich für den jeweils stärksten Wettbewerber von B und C vorgenommen

*Quelle: Haedrich/Tomczak,* 1996, S. 123 f.

*Abb. 285: Ergebnisse zur Analyse der Wettbewerbsstärke (Wettbewerbsvorteile) der strategischen Geschäftsfelder B und C (im Vergleich zum stärksten Wettbewerber)*

(9-Felder-Matrix) weitergeführt. Untersucht wird für diesen Zweck die **relative Wettbewerbsstärke** (im Vergleich zum stärksten Wettbewerber) für die beiden strategischen Geschäftsfelder im Bereich der Question Marks *(Geschäftsfelder B und C)* und die **Attraktivität** der beiden Märkte B und C. Durch diese Analysen soll eine zu treffende Selektionsentscheidung zwischen den beiden strategischen Geschäftsfeldern entsprechend abgesichert werden (*Haedrich/Tomczak,* 1996, S. 122).

Mit Hilfe eines üblichen **Punktbewertungs- oder Scoring-Verfahrens** werden auf der Basis ausgewählter Einflussfaktoren (aus Vereinfachungsgründen hier relativ global formuliert) die gewichteten Gesamtpunktwerte sowohl für die Beurteilung der relativen Wettbewerbsvorteile (-stärke) als auch für die Beurteilung der Marktattraktivität ermittelt. Zunächst werden die Ergebnisse zur **Wettbewerbsvorteils-Analyse** für die *Geschäftsfelder B und C* in Tabellenform wiedergegeben *(Abb. 285).*

Die Analyseergebnisse zur Ermittlung der **Marktattraktivität** für die untersuchten Märkte B und C werden ebenfalls in Form einer Tabelle dargestellt *(Abb. 286).*

| Einflussfaktor | Gewicht % | Markt B | | Markt C | |
|---|---|---|---|---|---|
| | | Bewertung (0–100 P.) | Gewichteter Wert | Bewertung (0–100 P.) | Gewichteter Wert |
| Marktwachstum | 30 | 30 | 9,0 | 30 | 9,0 |
| Marktgröße | 20 | 80 | 16,0 | 60 | 12,0 |
| Preispolitischer Spielraum | 35 | 90 | 31,5 | 40 | 14,0 |
| Distributions-potenzial | 15 | 95 | 14,3 | 30 | 4,5 |
| Summe | *100* | | *70,8* | | *39,5* |

*Quelle: Haedrich/Tomczak,* 1996, S. 124

*Abb. 286: Ergebnisse zur Analyse der Marktattraktivität der Märkte B und C*

Die Analyseergebnisse sowohl zur Wettbewerbsstärke als auch zur Marktattraktivität können dann für die **Ist-Positionierung** der strategischen Geschäftsfelder in der üblichen 9-Felder-Matrix von *McKinsey* (sog. Marktattraktivität-Wettbewerbsvorteil-Portfolio) eingetragen werden. Das auf diese Weise abgeleitete **Ist-Portfolio** für die untersuchten *Geschäftsfelder B und C* zeigt eine entsprechende Matrix-Darstellung *(Abb. 287).*

Das dargestellte **Ist-Portfolio** zeigt, dass das strategische *Geschäftsfeld B* sich in einem ziemlich attraktiven Markt befindet sowie eine mittlere Wettbewerbsposition einnimmt und zugleich Vorteile gegenüber dem Hauptwettbewerber aufweist. Das strategische *Geschäftsfeld C* dagegen befindet sich in einem wesentlich weniger attraktiven Markt und weist in Bezug auf die Wettbewerbsstärke absolut und relativ (zum Hauptwettbewerber) gesehen eine insgesamt ungünstige Position auf.

Für die Ableitung von **Normstrategien** hat *McKinsey* die 9-Felder-Matrix in bestimmte Zonen aufgeteilt, anhand derer die jeweils adäquate strategische Stoßrichtung bestimmt werden kann. Eine Darstellung *(Abb. 288)* zeigt das Normstrategien-Portfolio.

Die Darstellung des **Normstrategien-Portfolios** unterscheidet zwei grundlegende Zonen: einmal die Zone rechts oben über der Matrix-Diagonalen, die Investitions- bzw. Wachstumsstrategien (= Zone der Mittelbindung) nahe legt, während für die Zone links unten unterhalb der

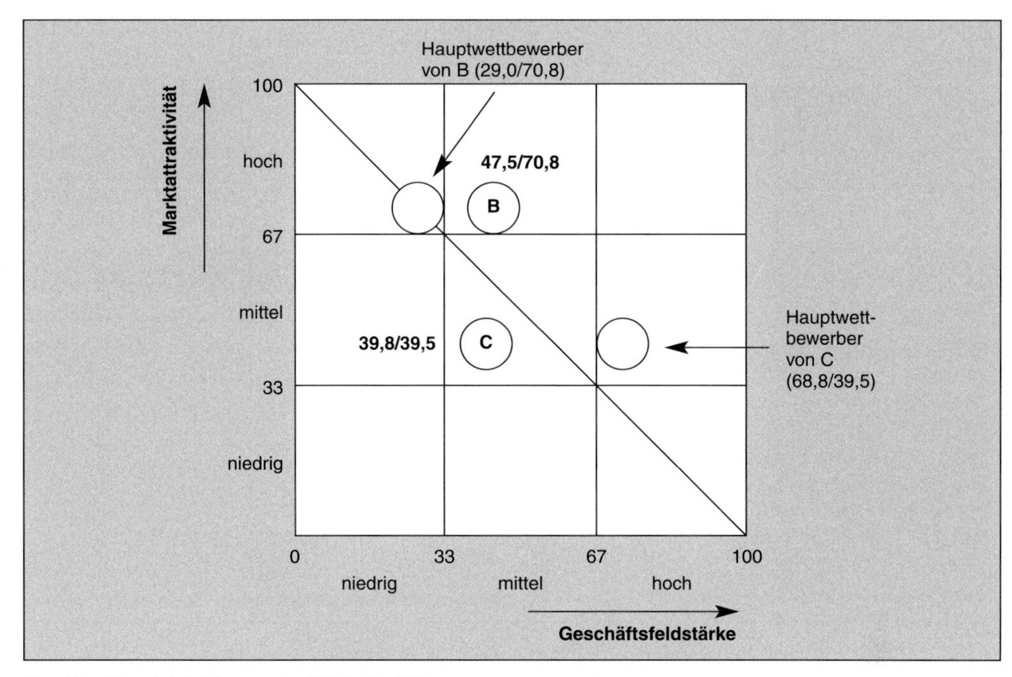


*Quelle: Haedrich/Tomczak,* 1996, S. 125

*Abb. 287: Ist-Portfolio für ein konkretes (Teil-)Unternehmen (Beispiel: Mittelständische Brauerei)*

Matrix-Diagonalen Abschöpfungs- bzw. (stufenweise) Desinvestitionsstrategien (= Zone der Mittelfreisetzung) angezeigt sind. Für strategische Geschäftsfelder, die auf der Diagonalen selbst ihre Position haben, sind sog. selektive Strategien adäquat. Sie sind nicht so klar bestimmt wie die strategischen Stoßrichtungen in den beiden Zonen ober- und unterhalb der Diagonalen. Die **konkrete Strategieentscheidung** (Offensiv-, Defensiv- oder Übergangsstrategie) muss jeweils markt- und unternehmensspezifisch abgeleitet werden (zu den Kriterien siehe im einzelnen *Hinterhuber,* 2004 a, S. 161 ff.).

Für das aufgeführte **Beispiel** einer mittelständischen Brauerei wird aufgrund der Einsichten in das Normstrategien-Portfolio bzw. in die **zonenspezifischen strategischen Stoßrichtungen** deutlich, dass sich die bereits im Rahmen der 4-Felder-Matrix (Marktwachstum-Marktanteil-Portfolio) identifizierte kritische Position des strategischen *Geschäftsfeldes C* mit der Analyse auf Basis der 9-Felder-Matrix (Marktattraktivitäts-Wettbewerbsvorteil-Portfolio) bestätigt und insofern die dort schon angesprochene Selektionsentscheidung (Desinvestitionsempfehlung) durch die ermittelte Lage dieses Geschäftsfeldes in der Zone der Mittelfreisetzung zusätzlich gestützt wird (vgl. hierzu auch *Haedrich/Tomczak,* 1996, S. 126). Das strategische *Geschäftsfeld B* erweist sich demgegenüber als ein förderungswürdiges, einer gezielten Investitions- bzw. Wachstumsstrategie zuzuführendes Geschäftsfeld.

Die vergleichsweise ausführliche Darstellung der Portfolio-Analyse – und zwar ihrer wichtigsten Varianten (4- bzw. 9-Felder-Matrix) – hat deutlich gemacht, dass solche Analysen die Planung bzw. Auswahl und Steuerung der Produkt/Markt-Entscheidungen wesentlich unterstützen können. Sie vermag grundsätzlich **fundiertere Entscheidungsgrundlagen** zu liefern als die klassische Lücken-Analyse. Trotzdem ist die Anwendung der Portfolio-Methoden nicht

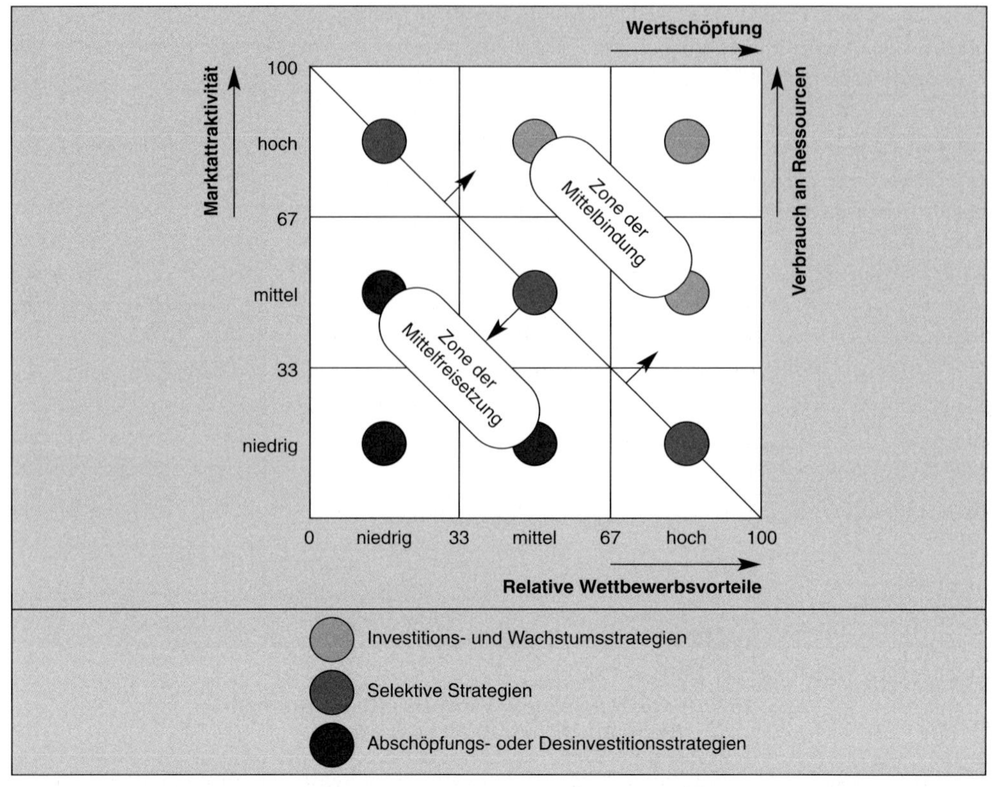


*Abb. 288: Grundschema der 9-Felder-Matrix und typische Normstrategiezonen*

frei von Gefahren. Sie resultieren einmal aus zu starker Vereinfachung (Verdichtung), wie sie mit der 4-Felder-Matrix verbunden ist. Die 9-Felder-Matrix andererseits – aus der kritischen Auseinandersetzung mit der 4-Felder-Matrix hervorgegangen – weist Probleme auf, die das Ergebnis einer (zu) starken Differenzierung des Analyseansatzes sind (zur **Kritik** im Einzelnen siehe auch *Kreilkamp,* 1987, S. 544 ff.; *Hax/Majluf,* 1988, S. 171 ff. bzw. S. 203 ff.).

Insgesamt kommt die Portfolio-Analyse nicht ohne subjektive Wertungen bzw. Gewichtungen aus. Gefahren einer Fehlanwendung bzw. die Ableitung falscher Schlussfolgerungen für die Strategiewahl können ggf. durch ein **kombiniertes bzw. stufenweises Vorgehen** (Nutzung der 4- und 9-Felder-Matrix) gemildert, wenn nicht ausgeschlossen werden, wie das am diskutierten **Beispiel** einer mittelständischen Brauerei aufgezeigt werden konnte.

Angesichts dynamischer Markt- und Umfeldbedingungen sind Portfolio-Analysen nie endgültig, sondern solche Analysen müssen von Zeit zu Zeit aktualisiert und die **strategischen Stoßrichtungen** ggf. neu justiert werden. Die zur Verfügung stehenden Daten (zu Unternehmens- und Umweltkomponenten) lassen im Übrigen vielfach gar nicht exakte Punktpositionierungen der strategischen Geschäftsfelder zu; man muss sich dann mit **sog. Unschärfepositionierungen** begnügen (*Ansoff/Kirsch/Roventa,* 1981; S. 963 ff.; *Robens,* 1986, S. 327 ff.; *Böhler,* 1989, Sp. 1556).

Die Marktfeldstrategien definieren insgesamt grundlegende strategische Stoßrichtungen des Unternehmens. Sie sind primär auf das **Wachstum des Unternehmens** ausgerichtet. Basis ist die oberziel-adäquate Wahl und laufende Steuerung der Produkt/Markt-Kombinationen. Die zuletzt behandelte Portfolio-Analyse hat deutlich gemacht, dass die Oberzielrealisierung bzw. das Wachstum des Unternehmens an eine **systematische Produktentwicklung** (Schaffung von „Question Marks" bzw. Weiterentwicklung zu „Stars") gebunden ist. Sie ist auch Voraussetzung für ein optimales, auf Cash Cows angewiesenes Unternehmens-Portfolio.

Auf Grundfragen einer systematischen Produktentwicklung (Ideenfindung, Ideenbewertung, Ideenrealisierung) soll nicht näher eingegangen werden (es wird auf die einschlägige Literatur verwiesen: u. a. *Rupp,* 1983; *Little,* 1988; *Trommsdorff,* 1990; *Haedrich/Tomczak* 1996; *Witt,* 1996 a; *Herrmann,* 1998; *Hauschildt/Salomo,* 2007). Bei der Produktentwicklung ist auch die **Technologieentwicklung,** und zwar die branchenspezifische wie die generelle zu berücksichtigen (zur Technologieanalyse bzw. Technologiefolgenforschung siehe u. a. *Wolfrum,* 1994; *Little,* 1991 bzw. zu Technologietrends *Burrus/Gittines,* 1994; *Gerybadze,* 2004).

Nachdem wichtige Analyseschritte auf der marktfeld-strategischen Ebene aufgezeigt worden sind, soll nunmehr auf Selektionsfragen auf der marktstimulierungs-strategischen Ebene näher eingegangen werden.

### *b) Marktstimulierungs-strategische Selektionsfragen*

Marktstimulierungsstrategien legen die Art und Weise der **Marktbeeinflussung** (Marktstimulierung) fest. Grundsätzlich ist die Wahlentscheidung zwischen Präferenzstrategie (i. S. v. Qualitätswettbewerb) und Preis-Mengen-Strategie (i. S. v. Preiswettbewerb) gegeben. Dahinter verbergen sich – wie im einzelnen dargestellt – ganz unterschiedliche Handlungs- bzw. Wettbewerbsmuster im Markt.

Generell sind in jedem konkreten Markt Einsatzmöglichkeiten für beide Strategiemuster gegeben. Das hängt mit der typischen **Schichtung von Märkten** zusammen, was nichts anderes bedeutet, als dass es in den Märkten – jeweils ausgehend vom höchsten bzw. niedrigsten Preis – mehrere Preisschichten (Preis-(niveau-)Klassen) von oben nach unten bzw. von unten nach oben gibt. Insbesondere in entwickelten Märkten ist die Preisspreizung bzw. die daraus resultierende Marktschichtenstruktur durchweg stärker ausgeprägt bzw. stärker differenziert als in jüngeren Märkten.

Hinsichtlich der Schichtenstruktur kann man in entwickelten Märkten i. d. R. *drei* etablierte **Marktschichten** unterscheiden, nämlich die obere, die mittlere und die untere Marktschicht. Hinter diesen Marktschichten stehen jeweils spezifische Abnehmergruppen: im oberen und mittleren Markt die sog. Markenkäufer, im unteren Markt die sog. Preiskäufer. Damit wird deutlich, dass in den (entwickelten) Märkten grundsätzlich beide marktstimulierungs-strategischen Handlungsmuster gewählt werden können, und zwar in den oberen und mittleren Märkten die Präferenz-Strategie (Qualitätswettbewerb) für die sog. Marken-Käufer und in den unteren Märkten die Preis-Mengen-Strategie (Preiswettbewerb) für die sog. Preis-Käufer.

Marktstimulierungs-strategische Wahlentscheidungen müssen sich sogesehen an der jeweiligen Schichtenstruktur in einem konkreten Markt orientieren. Die Marktschichtenstruktur bildet insofern den **strategischen Ausgangspunkt** für die marktstimulierungs-strategische Selektion.

Die grundsätzliche Positionierung eines Unternehmens wird dabei bereits auf der **Zielebene** festgelegt bzw. vorformuliert. Insoweit sind wiederum wichtige Verbindungen (**konzeptionelle Kette**) zwischen 1. Ebene (= Zielebene) und 2. Ebene (= Strategieebene) erkennbar. Entsprechende Vorformulierungen finden auf der Zielebene sowohl auf der Meta-Zielebene (speziell bei der Formulierung des Unternehmenszwecks, insbesondere Typik/Niveau der anzubietenden Produkte und Leistungen) als auch auf der Bereichsziel-Ebene (speziell mit der Formulierung von Marketing-Leitbildern, insbesondere Festlegung wichtiger Positionsziele des Unternehmens) statt.

Fundierte marktstimulierungs-strategische Entscheidungen setzen entsprechende **Preisstrukturanalysen** voraus. Wesentliche Orientierungspole für die Strategiewahl bilden zunächst die obersten und untersten Preispositionen in einem konkreten Markt und damit die Preisspannweite insgesamt.

Die untersten Positionen werden jeweils von preisaktiven (preisaggressiven) Grundnutzen-Produkten eingenommen, d. h. sie werden auf der Basis von Mindestqualitäten preis-mengenstrategisch vermarktet. Die oberste Position besetzen demgegenüber Markenangebote bzw. Markenartikel, die gehobene (höchste) Qualität bieten, und zwar i. d. R. nicht nur Grund-, sondern vor allem auch entsprechende Zusatznutzen. Insbesondere durch **Zusatznutzenanforderungen** seitens der Abnehmer entstehen speziell in entwickelten Märkten immer ausgeprägtere Zusatznutzendifferenzierungen, die zu immer stärkeren Spreizungen in der Markt- bzw. Preisschichtungstruktur führen.

Exkurs: Preisspreizung und proaktives Marketing

Märkte mit starken Preisspreizungen sind vor allem auch solche, in denen ein **proaktives Marketing** betrieben wird. Es ist typisch für Märkte, in denen das klassische aktive Marketing und seine marktgestaltenden Möglichkeiten ausgeschöpft sind. Während aktives Marketing an bereits artikulierten Kundenwünschen anknüpft, setzt proaktives Marketing an latenten Kundenwünschen an; *Haedrich/Tomczak,* 1996. S. 143 ff.). Proaktiv handelnde Unternehmen wissen, was ihre Kunden wünschen, „noch ehe sie sich selbst darüber im Klaren sind" (*Hamel/Prahalad,* 1992, S. 47). Typische Beispiele für ein solches proaktives Marketing waren seinerzeit etwa der *Walkman* von *Sony* oder der *Gameboy* von *Nintendo.*

Wie ausgeprägt Produkt-/Nutzendifferenzierungen in Märkten möglich sind, zeigen u. a. Märkte, deren Abnehmer durch ein relativ **hohes Produktinteresse** gekennzeichnet sind (sog. High-interest-Produkte). Ein Beispiel dafür ist z. B. der Markt der pflegenden Gesichtskosmetik. Nach Preisanalysen für einen untersuchten Beispielmarkt (auf Basis einer einheitlichen Menge der Variante Tagescreme für ein Beispieljahr) bildeten (Normal-)Preise für die Marken *Mouson, Pond's* oder *Riar* um 10,– WE den unteren und Marken wie *Juvena* oder *Estée Lauder* mit Preisen von etwa WE 125,– bzw. 165,– den oberen Preispol, d. h. der oberste Preis stellte mehr als das 16-fache des untersten Preises dar. Mittlere Preispositionen nahmen seinerzeit etwa Marken wie *Elizabeth Arden, Linique* und *Marbert* mit Preisen zwischen WE 60,– und 65,– ein (nach *Gierl,* 1992, S. 81).

Während in **Kosmetikmärkten** (speziell pflegende Kosmetik) eine vergleichsweise große Preisspannweite gegeben ist – und zwar aufgrund entsprechender objektiver (= (bio-)chemisch-technischer Qualität) wie auch subjektiver (= psycho-soziale Qualität) Produktdifferenzierungen –, sind dagegen **Körperpflegemärkte** durch wesentlich geringere Preisspannweiten gekennzeichnet. Das lässt sich prototypisch am Zahncrememarkt während einer 9-Jahres-Periode verdeutlichen (*Abb. 289, Jakob,* 1985, S. 155).

Das wiedergegebene Beispiel des **Zahncrememarktes** zeigt, dass sich die Preise im zugrundegelegten Betrachtungszeitraum zwischen WE 2,90 und etwa WE 1,70 bewegten, d. h. die oberen Preise stellten weniger als das Doppelte der unteren Preise dar. Die gehobenen Marken (Premiummarken) waren im Betrachtungszeitraum zunächst *Blendamed* und *Dentagard.* Sie wurden medizinisch positioniert, während die später eingeführte *Theramed* insbesondere eine Packungsinnovation (spezieller Spender) war. Den mittleren Markt bildeten u. a. die Marken *Signal* oder *Colgate Fluor.* Alle genannten Marken stellten präferenz-strategisch vermarktete Angebote (Markenartikelkonzepte) dar, während die Marke *Pepsodent* den unteren Markt preisaggressiv abdeckte (Discountkonzept). Das Beispiel zeigt zugleich, dass sich auch die präferenz-strategisch angelegte *Colgate Fluor* – zumindest zeitweise – einem (u. a. handelsinduzierten) Preiskampf bzw. Preisverfall nicht entziehen konnte.

Für Preispositionierungs-Entscheidungen ist insoweit nicht nur die statische Preisschichtenstruktur relevant, sondern auch ihre **Veränderung im Zeitablauf.** Marktstimulierungs-strategische Konzepte müssen insoweit ständig auf ihre Stimmigkeit hin überprüft werden. Marktstimulierungs-strategische Selektionsentscheidun-

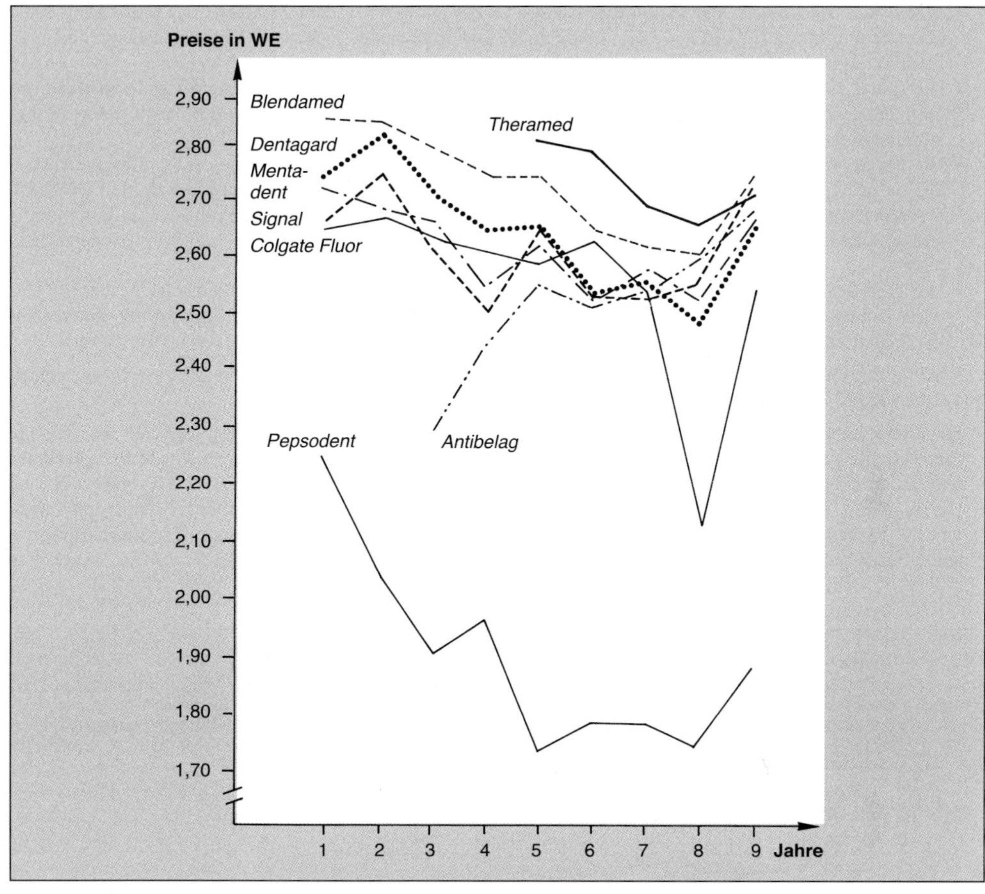


*Abb. 289: Preisschichtenstruktur für Zahncreme im Zeitablauf einer Beispielperiode (auf Basis einer einheitlichen Packungsgröße)*

gen sind sogesehen keine Einmalentscheidungen, sondern bedürfen der regelmäßigen Überprüfung und wettbewerbsorientierten Justierung.

Grundlagen für solche Strategieentscheidungen bilden entsprechende Marktanalysen. Eine ideale Basis stellen dabei **Panel-Daten** dar, weil mit ihrer Hilfe Längsschnitt-Analysen z. B. im Ein- oder Zweimonats-Rhythmus durchgeführt werden können.

Bei Untersuchungen der Preisschichtenstruktur ist zugleich eine **Ursachenanalyse** notwendig, d. h. Preisschichtenveränderungen im Zeitablauf und ihre strategischen Konsequenzen müssen entsprechend „hinterfragt" werden.

Zum Verständnis und zur Interpretation der beispielhaft **gewählten Phase** des Zahncreme-Marktes kann folgendes konstatiert werden (vgl. auch *Jacob,* 1985):

- Aufgrund des schwach wachsenden Marktes (ab Betrachtungszeitpunkt durchschnittlich nur noch knapp 2 % pro Jahr, im Jahrzehnt davor noch zweistellige Zuwachsraten) war auch der Preis ein wichtiges Wettbewerbsmittel geworden (ein Jahr zuvor: Aufhebung der Preisbindung der zweiten Hand);
- Die Hersteller versuchten allerdings über die Nutzung des Instruments der unverbindlichen Preisempfehlung, „bei deren Festlegung angemessene Handelsspannen berücksichtigt werden, und durch das Absprechen von Preisaktionen mit den Abnehmern bei der Bestimmung der Endverbraucherpreise mitzuwirken" (*Jacob,* 1985, S. 152).

- Wenn auch *Blendamed* über viele Jahre hinweg und *Theramed* seit dem Zeitpunkt der Einführung quasi einen oberen Markt (allein) abdecken konnten, so verwischten sich jedoch die Preisabstände zu den mittleren Marken allmählich.
- Die später eingeführte Marke *Antibelag (Blendax)* wurde preislich etwas unstetig am unteren Rand des am stärksten besetzten Preisbandes geführt, mit zum Teil deutlichen Ausschlägen nach unten (= bestimmte preis-mengen-strategische Züge der Marke).
- Die Marke *Pepsodent (Elida)* erwies sich als ausgesprochen preis-mengen-strategisch vermarktete Marke, die offensichtlich bewusst einen jeweils klaren Preisabstand zu den anderen Marken hielt (während *Mentadent,* ebenfalls von *Elida,* präferenz-strategisch vermarktet wurde; zur Politik eines kombiniert-strategischen Vorgehens vgl. auch die Darlegungen zum Vergleich von Präferenz- und Preis-Mengen-Strategie).
- Der Preisanstieg im letzten betrachteten Jahr war die Reaktion auf zwischenzeitlich stark gesunkene Gewinnspannen (das Absinken des Durchschnittspreises im Markt über Jahre hinweg konnte nicht mehr durch Rationalisierung aufgefangen werden, zumal auch Kostensteigerungen zu verkraften waren).

Fazit: Wahl und Ausgestaltung marktstimulierungs-strategischer Optionen sind insoweit auch und gerade von den jeweiligen **Marktphasen-Bedingungen** abhängig.

Insgesamt haben empirische Analysen gezeigt, dass preispolitische Maßnahmen (speziell kurzfristige Preisaktionen) relativ wenig geeignet sind, eigene Marktpositionen zu verbessern, d. h. speziell **Marktanteile** zu erhöhen. Das haben u. a. entsprechende Untersuchungen im Rahmen des *PIMS*-Projekts ergeben (*Buzzell/Gale,* 1989). Der marktstimulierungs-strategische Handlungsrahmen wird dabei naturgemäß auch von der Kostenposition des Unternehmens bestimmt, und zwar insbesondere was das Preisanpassungspotenzial nach unten betrifft.

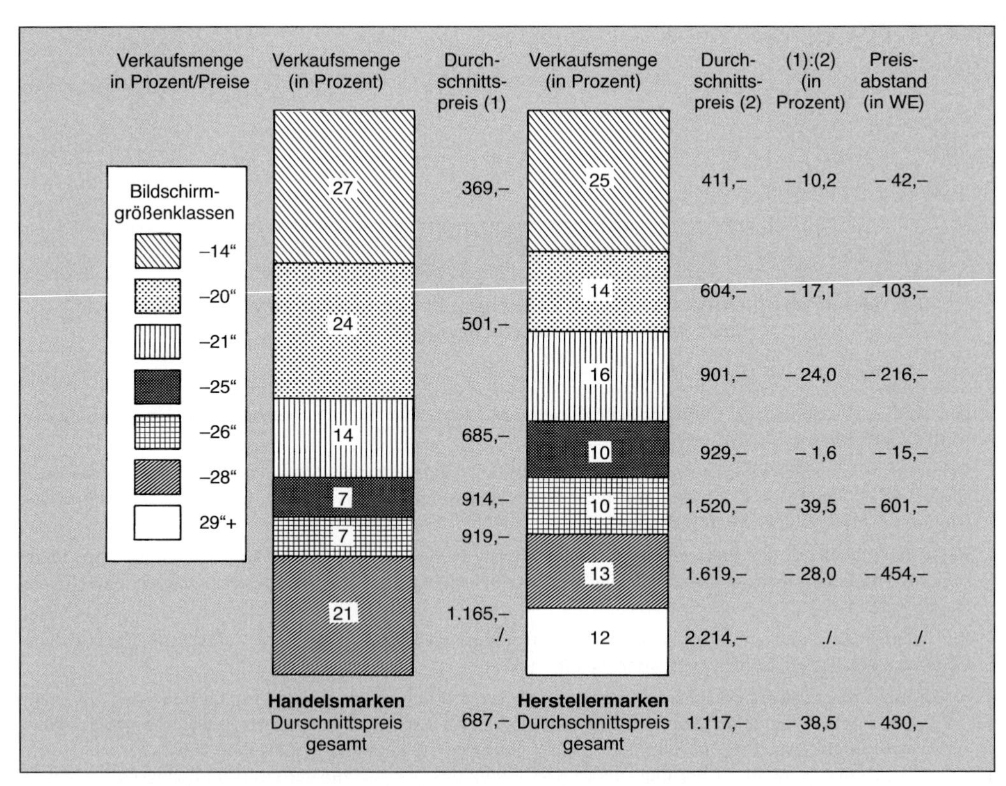


*Abb. 290: Leistungsmerkmale und Durchschnittspreise von Farbfernsehern (Basis: Paneldaten, Beispieljahr, Preisangaben in WE)*

Für die marktstimulierungs-strategische Beurteilung von Märkten und die daraus zu ziehenden Schlussfolgerungen für die preis-strategische Einpassung des Unternehmens sind neben der Erfassung der schichten-spezifischen Preisstruktur auch die jeweiligen **Leistungsmerkmale** relevant. Das soll am Beispiel des Marktes für Farbfernseher skizziert werden *(Abb. 290).*

Die Panel-Daten zur Schichtung des Farbfernsehgeräte-Marktes für ein Beispieljahr verdeutlichen, dass die **Preis-Leistungs-Verhältnisse** – und nicht nur die Preisstrukturen selbst – für die strategische Beurteilung herangezogen werden müssen (die hier auf der Basis der Bildschirmgröße gebildet wurden). Die Analyse zeigt im Einzelnen, dass die Handelsmarken jeweils die unteren Marktschichten (Preis-Leistungs-Verhältnisse: Preis/Bildschirmgröße) abdecken. Der Durchschnittspreis der Handelsmarken (WE 687,–) betrug im Beispieljahr nur 61,5 % des Durchschnittspreises der Hersteller (WE 1.117,–) oder anders ausgedrückt: die Handelsmarken waren im Durchschnitt 38,5 % billiger als die Herstellermarken.

Damit ist die zentrale Frage der **strategischen Besetzung** der Preis-Leistungs-Verhältnisse in einem Markt angesprochen (zur Bedeutung der Preis-Leistungs-Verhältnisse für die Marketingstrategie *Peckham,* 1975; *Davidson,* 1979; *Kreilkamp,* 1987, S. 114 ff.; *Simon/Dolan,* 1997, S. 56 ff.). Jedes Unternehmen ist im Hinblick auf ein schlüssiges konzeptionelles Handeln gezwungen, den ziel-strategisch adäquaten Platz auf der jeweils markt-spezifischen Preis-Leistungs-Kurve zu bestimmen. Eine Modelldarstellung verdeutlicht die Zusammenhänge *(Abb. 291).*

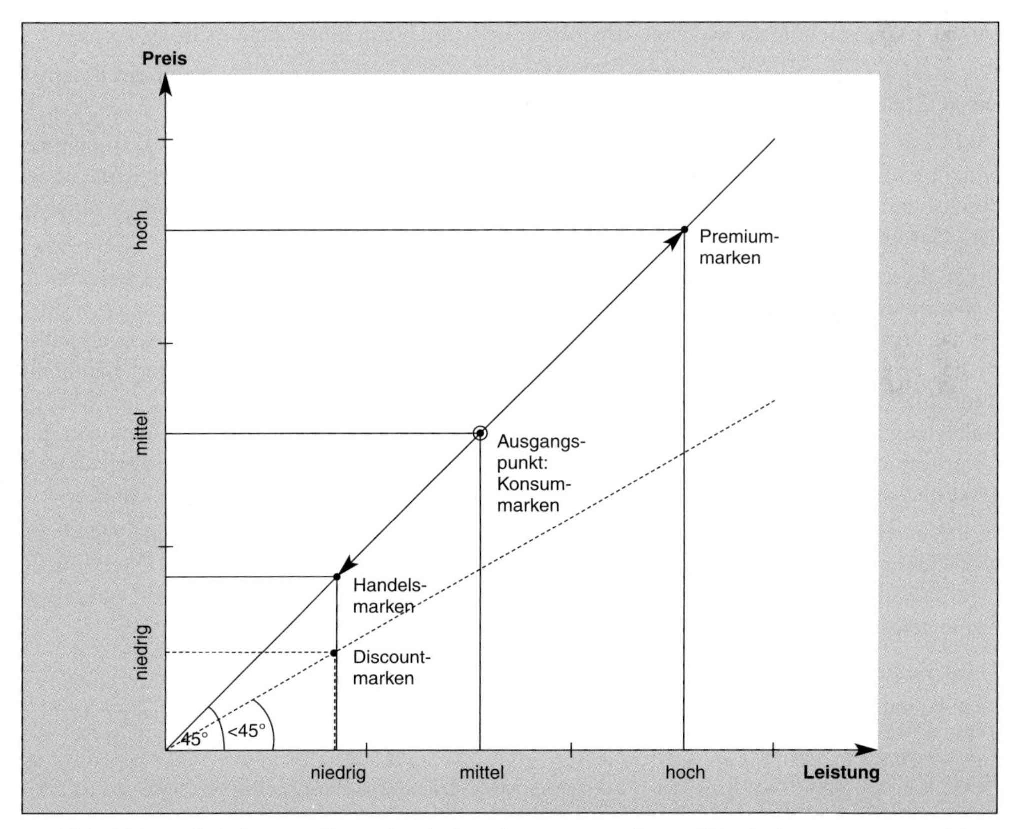


*Abb. 291: Preis-Leistungs-Kurve (typischer Ausgangspunkt und Veränderungspotenziale)*

Die Darstellung verdeutlicht, dass Märkte vielfach in der **Mitte** beginnen bzw. die ursprünglichen (originären) Preis-Leistungs-Verhältnisse in einem Markt die Mitte (Konsummarken) bilden, von der ausgehend sowohl neue Preis-Leistungs-Verhältnisse nach unten (Trading down: „Auch"- bzw. Handelsmarken) als auch neue Peis-Leistungs-Verhältnisse nach oben (Trading up: Premiummarken) entstehen. Dynamische Märkte sind insgesamt durch ausgeprägte Ausdehnungen der Preis-Leistungs-Palette gekennzeichnet. Für wettbewerbsintensive Märkte – u. a. aufgrund von Stagnationserscheinungen – ist darüber hinaus typisch, dass neben den proportionalen Preis-Leistungs-Verhältnissen (repräsentiert durch die 45 °-Linie) **disproportionale Preis-Leistungs-Verhältnisse** entstehen. Das sind solche Preis-Leistungs-Verhältnisse, die sich auf einer Linie < 45 ° bewegen, d. h. eine Absenkung der Kurve repräsentiert etwa Preis-Leistungs-Verhältnisse von Discountern (z. B. *Aldi* oder auch *Lidl*), für die eine Preisstellung unterhalb klassischer Handelsmarken typisch ist bei einer Leistung (Qualität), die mindestens der von klassischen Handelsmarken entspricht. Der Erfolg der Discounter beruht zu einem wesentlichen Teil auf dieser für die Abnehmer attraktiven Disproportionalität der Preis-Leistungs-Verhältnisse.

Auf der anderen Seite entstehen z. T. **Luxusmarken** (= spezielle Premiummarken), die z. B. prestige-orientierte Preisbereitschaften von Abnehmern auszuschöpfen versuchen. Hierbei besteht jedoch die Gefahr, dass es zu einer preislichen *Über*forderung solcher Markenangebote kommt. Das heißt, Abnehmer können „abgehobene" Preis-Leistungs-Verhältnisse, die dadurch gekennzeichnet sind, dass die Preisforderung ggf. höher ist als sie dem proportionalen Leistungsangebot entspricht, nicht mehr nachvollziehen bzw. sie werden von ihnen nicht mehr akzeptiert.

Wie es zu solchen **Überforderungen** von Markenangeboten kommen kann, zeigt ein Beispiel aus dem Süßwarenmarkt (*Abb. 292*, s. a. *Becker*, 2000 c, S. 88 f.).

Die Analysen verdeutlichen, dass die betrachtete Premiummarke im Zeitablauf allmählich preislich überfordert wurde. Der Markt bzw. die Abnehmer haben bei dieser Marke eine überdurchschnittliche Preisstellung akzeptiert, und zwar bis zu einem **Preisabstand** gegenüber dem Gesamtmarkt von rd. 100 %.

Bis zu diesem Preisabstand ist der Marktanteil dieser Marke von etwa 3,5 % kontinuierlich auf ca. 5 % gestiegen. Als der Preisabstand von 100 % überschritten wurde, fiel der Marktanteil wieder auf den ursprünglichen Marktanteil zurück. Das Unternehmen hatte offensichtlich den **monopolistischen Preisspielraum** (bzw. oberen Preispunkt im Polypol) verlassen und wurde mit Käuferabwanderungen „bestraft", weil das Preis-Leistungs-Verhältnis nicht mehr ausgewogen war. In Anlehnung an das sog. Peter-Phänomen (*Peter/Hull*, 2000) kann man davon sprechen, dass das Unternehmen mit seiner Marke in die **Peter-Falle** geraten ist, d. h. die Marke ist preislich so weit aufgestiegen, bis sie die Stufe ihrer Inkompetenz (= marktliche Überforderung) erreicht hat.

In dieser Hinsicht haben auch Untersuchungsergebnisse des *PIMS*-Projekts nachgewiesen, wie wichtig die Preis-Leistungs-Verhältnisse für die **Rentabilität** und damit die Oberzielrealisierung sind (damit werden wiederum **konzeptionelle Ketten** zwischen Ziel- und Strategieebene deutlich).

Exkurs: Bedeutung des Preis-Leistungs-Verhältnisses für die Rentabilität

Im Folgenden soll auf **wichtige Ergebnisse** des *PIMS*-Programms Bezug genommen werden. Zunächst werden grundlegende Befunde zum Einfluss des Preis-Leistungs-Verhältnisses auf die erzielbare Rentabilität wiedergegeben *(Abb. 293)*.

Auf Basis der *PIMS*-Datenbank konnte nachgewiesen werden, dass sich bei überlegener Qualität auch relativ hohe Preise am Markt realisieren lassen. Die *PIMS*-Analysen konnten zwar keine Korrelation zwischen Preisniveau und Rentabilitätsniveau nachweisen. Das heißt, dass das Setzen von Preisen – jedenfalls isoliert

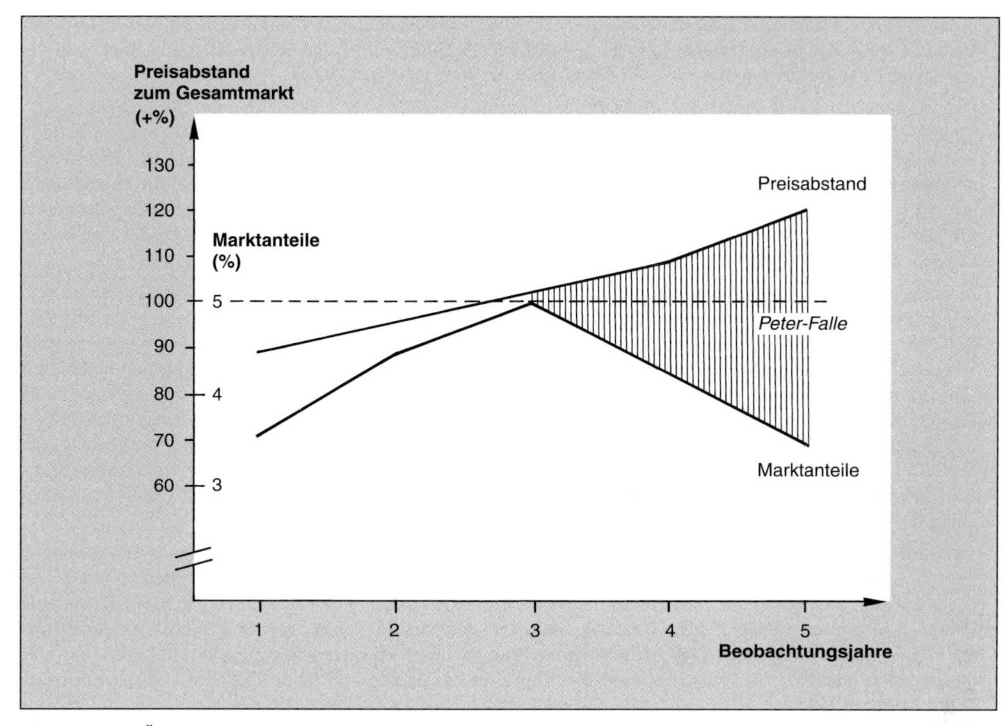


*Abb. 292: Überforderung von Marken am Beispiel einer Süßwarenmarke (Basis: Paneldaten)*

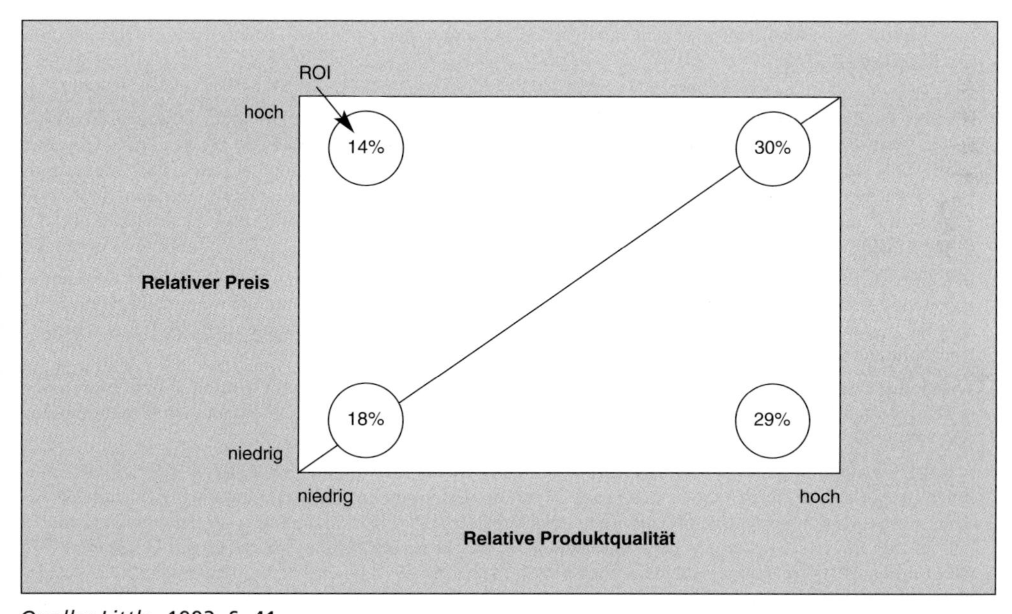


*Quelle: Little,* 1992, S. 41

*Abb. 293: Auswirkung des Preis-Leistungs-Verhältnisses auf die Rentabilität (ROI)*

gesehen – längst nicht die Bedeutung besitzt, die ihr von Unternehmen vielfach unterstellt wird. Bei **kombinierter Preis-/Qualitätsstrategie** ist jedoch, wie die Darstellung zeigt, eine hohe Wirkung in Bezug auf die erzielbare Rentabilität gegeben (*Buzzell/Gale,* 1989, S. 96 ff.; *Little,* 1992, S. 40 f.).

Die meisten der im Rahmen des *PIMS*-Programms untersuchten Geschäftseinheiten (Strategischen Geschäftsfelder) liegen entlang einer **Kurve** proportionaler Preis-Leistungs-Verhältnisse, die in der Darstellung durch die abgebildete Diagonale beschrieben werden. Sie erstrecken sich links unten von der „Billigversion" bis rechts oben zur „Premiumversion". Daneben gibt es aber auch Geschäftseinheiten, die ungewöhnliche (d. h. nicht-proportionale) Positionen einnehmen: sie verlangen entweder keinen entsprechenden Preisaufschlag für höhere Qualität (Rechts-unten-Position) oder sie vermarkten niedrige Qualität zu hohen Preisen (Links-oben-Position).

Insgesamt zeigen die Ergebnisse, dass Geschäftseinheiten, die eine Präferenz- bzw. Qualitätsstrategie verfolgen, im Durchschnitt die **höchste Rentabilität** (30 %) erzielen, während Geschäftseinheiten, die auf eine Preis-Mengen- bzw. Billigstrategie setzen, die durchschnittlich niedrigste Rentabilität (18 %) aufweisen. Überraschend bzw. auch nicht überraschend ist andererseits die Tatsache, dass Geschäftseinheiten mit „Rechts-unten-Positionen" (hohe Qualität ohne entsprechenden Preisaufschlag) eine beinahe ebenso hohe Rentabilität (29 %) realisieren wie klassische Präferenz- bzw. Qualitätskonzepte mit „Rechts-oben-Position". Worauf sie beim Preis verzichten, machen sie durch geringere Kosten wieder wett (*Buzzell/Gale,* 1989, S. 97 ff.). Geringere Kosten resultieren aus Marktanteilsgewinnen (und damit Nutzung von erfahrungskurven-induzierten Kostenvorteilen) und niedrigeren Marketingkosten (als Folge überlegener Qualität bei nicht ausgeschöpftem Preisspielraum).

Die scheinbar „cleveren" Geschäftseinheiten, die für eine niedrige Qualität einen hohen Preis verlangen und damit ihren Kunden ein schlechtes Preis-Leistungs-Verhältnis bieten, erzielen von allen strategischen Preis-Leistungs-Optionen die durchschnittlich *niedrigste* Rentabilität (14 %). Anhand der *PIMS*-Datenbank konnte beobachtet werden, dass Geschäftseinheiten mit einem schlechten Preis-Leistungs-Verhältnis („Links-oben-Position": niedrige Qualität, hoher Preis) schnell **Marktanteile** verlieren, und zwar mit entsprechenden negativen Auswirkungen auf die Kapazitätsauslastung und damit die relative Kostenposition (*Little,* 1992, S. 41).

Geschäftseinheiten (Strategische Geschäftsfelder) mit für Kunden besonders attraktivem Preis-Leistungs-Verhältnis („Rechts-unten-Position": hohe Qualität, niedriger Preis) zeichnen sich dagegen durch entsprechendes Wachstum bzw. steigende Marktanteile aus. Diese Strategie entspricht etwa typischen japanischen bzw. koreanischen (Einführungs-)Strategien im **globalen Marketing** (*Little,* 1992, S. 41).

Eine Abbildung verdeutlicht die tendenziellen Auswirkungen der einzelnen Preis-Leistungs-Optionen auf den **Marktanteil** *(Abb. 294).*

Die Darstellung zeigt, dass das klassische Preis-Leistungs-Konzept (Hohe Qualität, hoher Preis) und vor allem das kunden-attraktive disproportionale Preis-Leistungs-Konzept (hohe Qualität, niedriger Preis) die besten Chancen für Marktanteilsgewinne besitzen. Diese Konzepte bieten insoweit die beste Gewähr, über relativ hohe Marktanteile eine relativ **hohe Rentabilität** zu erzielen (zum grundlegenden Basiszusammenhang zwischen Marktanteil und Rentabilität siehe auch die Darlegungen im vorigen Abschnitt bzw. zum komplexen Zusammenhang von relativem Marktanteil, relativer Qualität und Rentabilität (ROI), *Buzzell/Gale,* 1989, S. 94).

Mit diesen Darlegungen ist deutlich geworden, dass in erster Linie Präferenz- bzw. Qualitätsstrategien geeignet sind, ehrgeizige Oberziele (Rentabilität) zu realisieren. Diesen marktstimulierungs-strategischen Basisstrategien kommt insoweit eine **zentrale Rolle** (Schlüsselfunktion) in oberziel-orientierten Marketing-Konzeptionen zu.

Wie sich auf der Basis dieser Zusammenhänge Wettbewerbspositionen im Markt beurteilen bzw. bestimmen lassen, verdeutlicht ein Beispiel aus dem Automobilmarkt, und zwar des PKW-Marktes in Großbritannien (UK) Mitte bis Ende der achtziger Jahre des vorigen Jahrhunderts *(Abb. 295).*

Aus der Darstellung geht hervor, dass *Rover* (wie auch *Volvo*) im Vergleich zu anderen (speziell ausländischen) Anbietern ein relativ schlechtes Preis-Leistungs-Verhältnis im UK-Markt aufwies, was zugleich bedeutete, dass *Rover* die typische Position mit schlechter Rentabilität einnahm. Aus vergleichbaren Gründen musste sich *Rover* seinerzeit aus dem amerikanischen Markt zurückziehen. Spätestens mit Übernahme von *Rover* durch *BMW* (und auch nach dem Wiederverkauf) hat *Rover* versucht, diese kritische Preis-Leistungs- bzw. Rendite-Position zu verbessern, und zwar in Richtung „gehobene" Rechts-unten-Position aufgrund entsprechender Leistungs- bzw. Qualitätsverbesserungen.

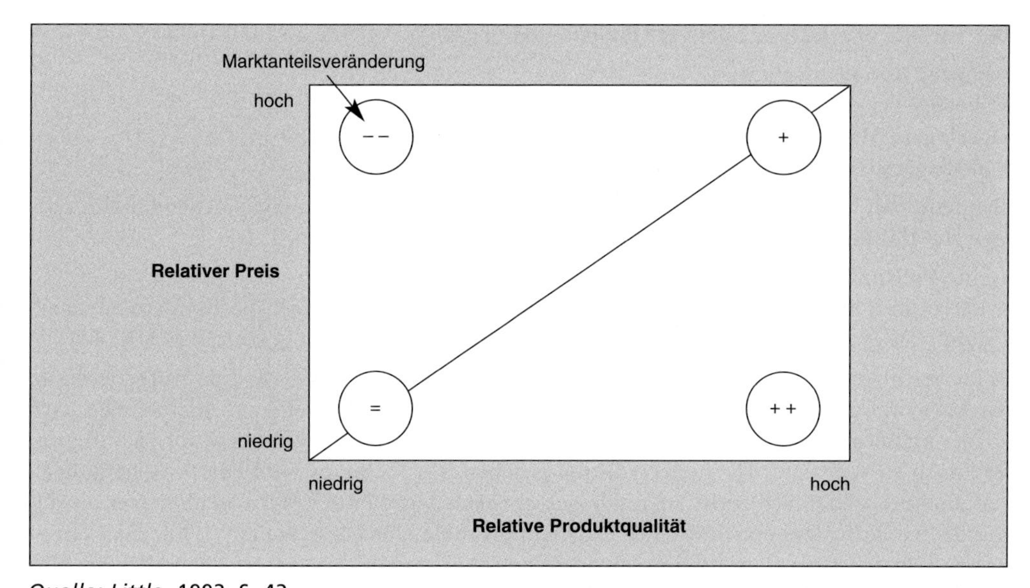


*Quelle: Little*, 1992, S. 42

*Abb. 294: Auswirkung des Preis-Leistungs-Verhältnisses auf den Marktanteil*

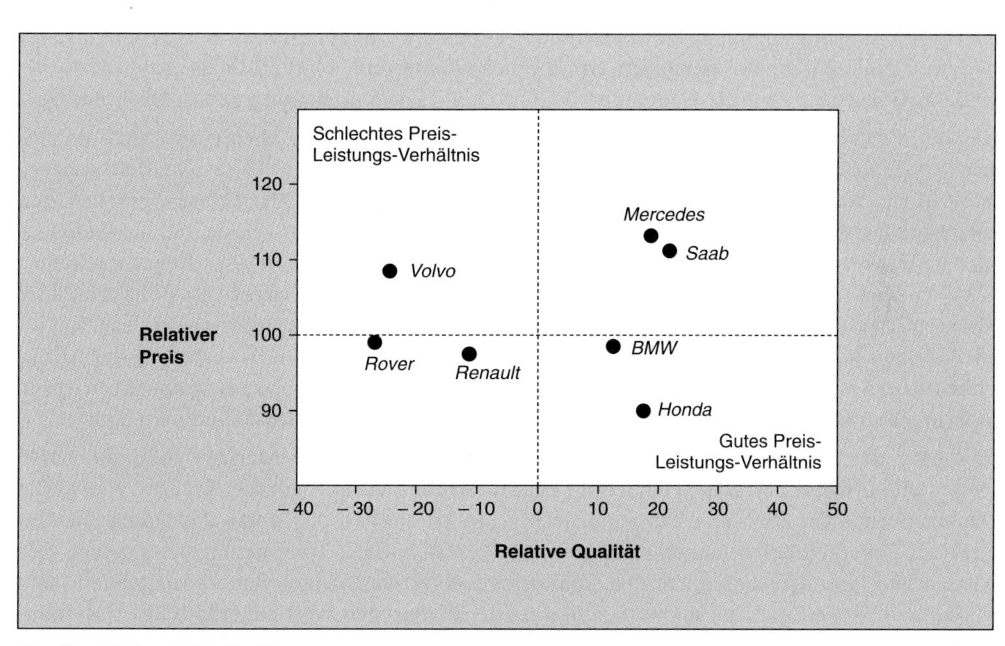


*Quelle: Little*, 1992, S. 43

*Abb. 295: Wettbewerbspositionen bzw. Preis-Leistungs-Verhältnisse auf dem UK-Markt (Beispieljahr)*

Die **Vorteile** überlegener relativer Qualität sind vielfältig (vgl. auch *Little,* 1992, S. 44):

- **höhere Kundenloyalität,**
- **größere Wiederkaufraten,**
- **geringere Marketingkosten,**
- **niedrigere (Nach-)Produktionskosten.**

Geschäfte mit hoher relativer Qualität verfügen darüber hinaus über entsprechend breite strategische **Handlungsspielräume,** „denn sie können (Hervorhebungen, J. B.)

- eine **Preisprämie** verlangen und hohe **Gewinne** erzielen,
- stärker in **F & E** und **Innovationen** investieren, um ihre **Wettbewerbsposition** auszubauen,
- durch das gute **Preis-Leistungsverhältnis Marktanteile** gewinnen" (*Little,* 1992, S. 44).

Beim Verfolgen von Präferenz- bzw. Qualitätsstrategien besteht die zentrale Aufgabe darin, **markt- bzw. kundenadäquate Qualitäten** zu definieren. In nicht wenigen Unternehmen wird – trotz grundsätzlicher Markt- bzw. Kundenorientierung – die Qualität bzw. ihre Konfiguration noch zu sehr unter Herstelleraspekten gesehen. Das heißt, es wird den Entscheidungen ein „interner" Qualitätsbegriff zugrunde gelegt (nach dem Motto: „Wir wissen besser als der Kunde, worauf es bei einem Produkt bzw. einer Problemlösung ankommt"). Für marketingstrategische Überlegungen kommt es jedoch in erster Linie auf die *„externe"* Qualität an. Nur solche Qualitätsdimensionen bzw. Qualitätsausprägungen sind für die Ausrichtung von Qualitätsstrategien relevant, die in der Wahrnehmung der Abnehmer eine wichtige Rolle spielen (vgl. auch *Meyer,* 1988, S. 75 f.; *Backhaus,* 2003, S. 250 f.; s. a. *Bruhn,* 2013, S. 33 ff.).

Bei der Wahrnehmung der Qualität durch die Abnehmer sind zwei **grundlegende Dimensionen** zu unterscheiden, nämlich die *objektive* und die *subjektive* Qualität. Die objektive Qualität bzw. ihre Wahrnehmung knüpft an konkreten technisch-funktionalen Leistungsmerkmalen (Problemlösungseignung) an, während die subjektive Qualität bzw. ihre Wahrnehmung an psycho-soziale Merkmale gebunden ist. Hierbei kommt dem Marken-Image bzw. der Markenkompetenz eine zentrale Bedeutung bei der Qualitätswahrnehmung und -beurteilung zu.

Gerade in entwickelten, wettbewerbsorientierten Märkten spielt die **Marke** insofern eine entscheidende Rolle bei der Festlegung und Durchsetzung von Präferenz- bzw. Qualitätskonzepten. Aufbau, Weiterentwicklung bzw. Verfügbarkeit von profilierten Marken ist sogesehen eine entscheidende Erfolgsvoraussetzung für Präferenzstrategien. Das gilt gerade und insbesondere für Qualitätsstrategien in oberen Märkten (Premium-Märkten), die in aller Regel markenniveau-sensibel sind. Andererseits sind gerade solche oberen Märkte angesichts polarisierender Marktentwicklungen interessant (denn: obere und auch untere Marktschichten wachsen in vielen Märkten bei gleichzeitigen Verlusten in den mittleren Schichten = **Verlust-in-der-Mitte-Phänomen,** *Becker,* 1986 a, 1988; 1996 a und 2004; zu den strategischen Konsequenzen – u. a. Mehrmarken-Konzepte – s. a. die Darlegungen zum Abschnitt „Strategiekombinationen").

Je stärker die Wettbewerbsintensität (u. a. aufgrund stagnierender Märkte) zunimmt, umso mehr stellen Marken **strategische Schlüsselfaktoren** im „Kampf" um die Nachfrage bzw. die Nachfragenden dar (*Becker,* 1985 a und 1991). „In Zukunft ist die Marke das wichtigste Kapital des Unternehmens. Jahrzehntelang wurde der *Wert* eines Unternehmens an seinen Gebäuden und Grundstücken gemessen, später an den Aktivbeständen wie Fabrikgebäude und Maschinen. Neuerdings hat man erkannt, dass der eigentliche Wert außerhalb des Unternehmens liegt, nämlich in den Köpfen der potenziellen Käufer" (*Kapferer,* 1992, S. 9).

Die Durchsetzung anspruchsvoller, oberziel-orientierter Preis-Leistungs-Verhältnisse im Markt ist neben objektiven Leistungsmerkmalen des Produkts immer mehr an den Leistungsbzw. Wertfaktor Marke gebunden. Für die marktstimulierungs-strategische Ausrichtung des Unternehmens, also die Festlegung der zu besetzenden Marktschicht(en), ist insoweit das **Vorhandensein** bzw. der **Aufbau/Ausbau** entsprechender Marken entscheidend.

Marken sind vor allem deshalb strategische Schlüsselfaktoren, weil sie Träger und Mittler **aller Marketingaktivitäten** sind. Sie sind insofern ein zentrales Medium der Marktsteuerung und -beeinflussung. Die Art der Einflussnahme hängt dabei vom vorhandenen bzw. ausbaufähigen Markenpotenzial ab. An zwei Dimensionen ist dieses Markenpotenzial gekoppelt, nämlich an die **Kompetenzhöhe und -breite** der Marke (*Becker,* 2004, S. 668 ff.). Eine Modelldarstellung verdeutlicht das *(Abb. 296).*

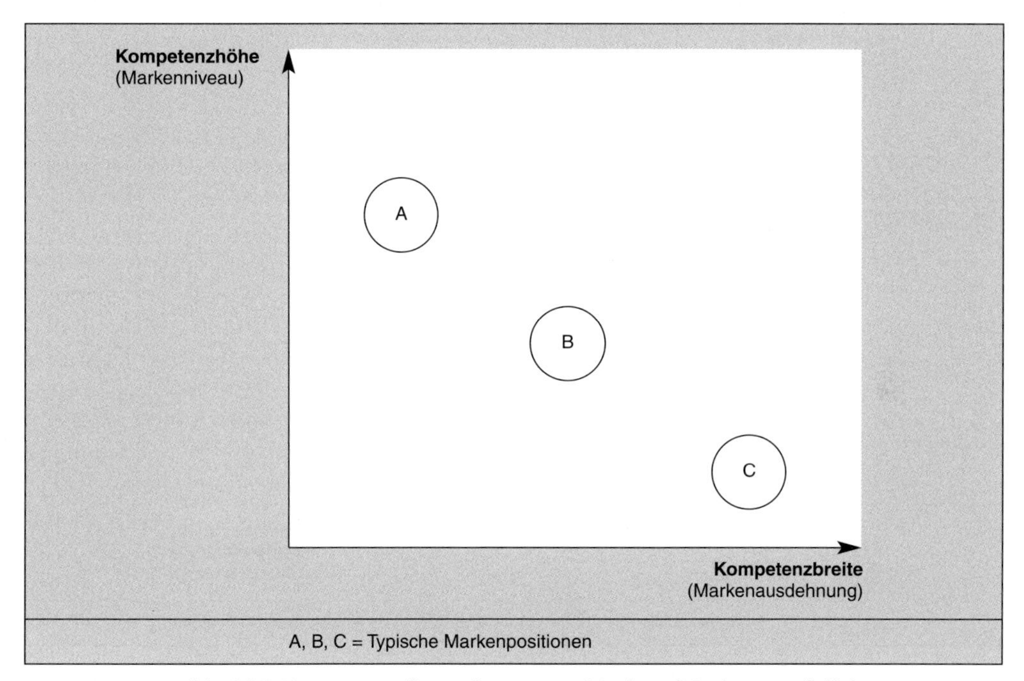


*Abb. 296: Kompetenzdimensionen von Marken (Markenportfolio)*

Die für die marktstimulierungs-strategischen Entscheidungen zunächst besonders relevante Markenkompetenz betrifft die **Kompetenzhöhe**. Sie gibt das Markenniveau bzw. die Eignung für die konkrete Marktschichtenbesetzung an. Die **Kompetenzbreite** ist demgegenüber ein Ausdruck dafür, für welche Produktarten die Marke grundsätzlich eingesetzt werden kann. Kompetenzhöhe wie -breite sind jeweils auch vom gewählten **Markentyp** abhängig (d. h. Einzel-, Familien- bzw. Dachmarke, vgl. hierzu die Darlegungen speziell zur Präferenzstrategie bzw. *Becker,* 2004, S. 644 ff.).

Die Position der *Marke A* ist durch eine vergleichsweise kleine Kompetenzbreite (kompetent nur für eine oder ganz wenige Produktarten) und eine relativ große Kompetenzhöhe (kompetent speziell für gehobene Marktschichten) gekennzeichnet. Hierfür typisch sind i. d. R. starke **Einzelmarken** („Monomarken"). Für die *Marke C* ist andererseits eine relativ große Kompetenzbreite (kompetent für viele verschiedene Produktarten) und eine relativ kleine Kompetenzhöhe (kompetent eher für untere Marktschichten) charakteristisch. Solche Marken sind häufig **Dachmarken** („Company-Marken"). Der mittlere Kompetenztyp *(Marke B)* weist sowohl eine mittlere Kompetenzbreite als auch -höhe auf. Das heißt, eine solche Marke ist kompetent für eine größere (allerdings begrenzte) Zahl von Produktarten und steht eher für mittlere Preis(niveau)schichten. Kennzeichnend für diese Art von Marken ist vielfach die **Familienmarke** („Range-Marke").

Für marktschichten-strategische Entscheidungen bildet das Ist-Markenportfolio den Ausgangspunkt. Auf der Basis des Ist-Portfolios ist das **Soll-Portfolio** abzuleiten *(Abb. 297)*.

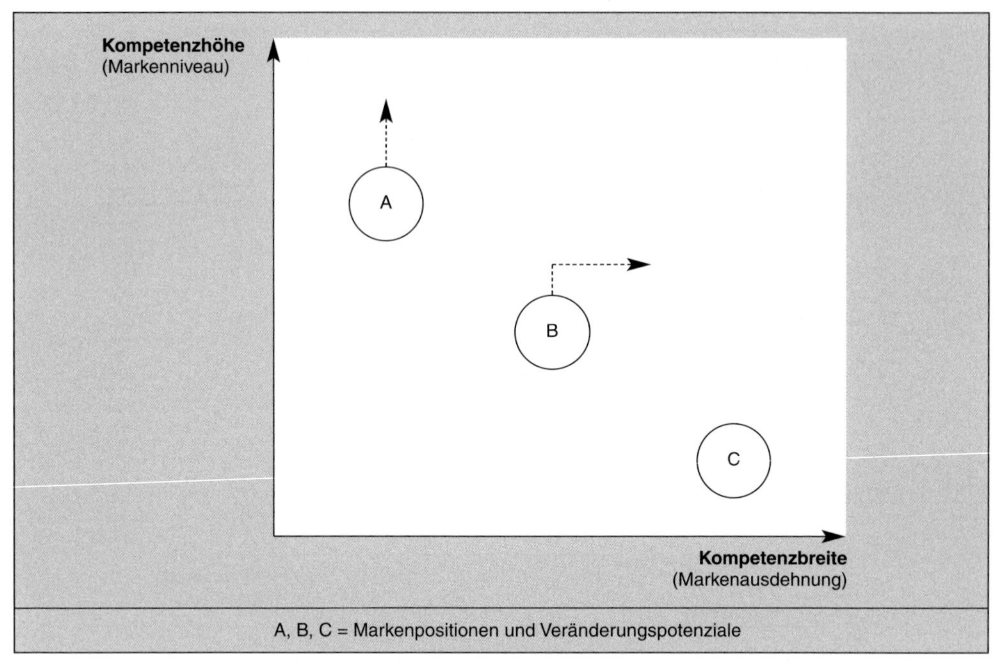


*Abb. 297: Soll-Markenportfolio (Kompetenzveränderungspotenziale)*

Die Darstellung zeigt, dass aus Gründen **optimaler Marktschichtenbesetzung** die Kompetenzhöhe der Marke A verbessert werden soll (und zwar in Richtung Luxusmarke) bei gleichzeitiger Beibehaltung der Kompetenzbreite, während die Marke B in der Kompetenzhöhe leicht angehoben werden soll, bei zusätzlich noch stärkerem Ausbau der Kompetenzbreite (für eine umfassendere Produktartenabdeckung im Markt).

Solche marktstimulierungs- bzw. markenstrategische Entscheidungen müssen auf entsprechenden Markt- bzw. **Kompetenzuntersuchungen** für die eigenen Marken im Vergleich zum Konkurrenzmarkenumfeld basiert werden. Für die Feinjustierung bzw. Korrektur von marktstimulierungs- bzw. markenstrategischen Entscheidungen müssen diese spezifischen Marktforschungsuntersuchungen im Zeitablauf ggf. wiederholt werden, um entsprechende markenmodifizierende Maßnahmen konsequent ableiten und umsetzen zu können. Was die Umsetzung betrifft, so werden hier wiederum Nahtstellen (= **konzeptionelle Kette**) zwischen

Strategieentscheidungen und operativen Marketingmixentscheidungen u. a. in Bezug auf die Programm- und Werbepolitik erkennbar.

In diesem Zusammenhang ist auch auf die stärker in den Vordergrund getretene Thematik **Bewertung/Steuerung von Marken** hinzuweisen.

Exkurs: Markenwert und Markensteuerung

Es gibt verschiedene **Anlässe** für die Bewertung von Marken (*Hammann,* 1992, S. 214 f.); als wichtige sind u. a. anzusehen:

- der **Controlling-Anlass** (Bewertung von Marken für die Steuerung des Markenpotenzials des Unternehmens im Zeitablauf),
- der **Erwerbs-Anlass** (Ermittlung des Wertes von Marken für den potenziellen Erwerber der Markenrechte),
- der **Listungs-Anlass** (Ermittlung der Eignung von Herstellermarken für die Profilierung bzw. Sortimentsgestaltung von Handelsbetrieben).

Für die Markenbewertung sind finanzorientierte und marktorientierte Modelle entwickelt worden. Speziell für das Marketing bzw. die Markensteuerung im Zeitablauf sind die **marktorientierten Modelle** relevant (siehe hierzu die Überblicke bei *Hammann,* 1992, S. 220 ff.; *Franzen,* 1992, S. 51 ff.; *Bekmeier,* 1995, Sp. 1466 ff.; i. E. verschiedene Beiträge in *Esch,* 2005 a, S. 1263 ff. sowie *Esch,* 2012, S. 641 ff.).

| Kategorien/Kriterien | Datenbasis |
|---|---|
| **Was gibt der Markt her?** | |
| 1. Größe des Marktes | Größenpotenzial des relevanten Marktes |
| 2. Entwicklung des Marktes | Lebenszyklus-Stadium des Marktes |
| 3. Wertschöpfung des Marktes | Gewinnpotenzial aller Anbieter |
| **Welchen Anteil holt die Marke aus ihrem Markt heraus?** | |
| 4. Wertmäßiger Marktanteil | Wert- statt Mengenmarktanteil |
| 5. Relativer Marktanteil | Marktanteil im Vergleich zum Marktführer |
| 6. Marktanteilsentwicklung | Bewegungswert der Marke in der Vergangenheit |
| 7. Gewinn-Marktanteil | Gewinnentwicklung der Marke |
| **Wie bewertet der Handel die Marke?** | |
| 8. Gewichtete Distribution | Nachfragepotenzial der Geschäfte |
| 9. Handelsattraktivität | Rangplatz im Regal |
| **Was tut das Unternehmen für die Marke?** | |
| 10. Produktqualität | Beurteilung duch neutrale Experten |
| 11. Preisverhalten | Rolle des Preises bei der Umsatz- und Marktanteilsentwicklung |
| 12. Share of voice | Werbeaufwand im Vergleich zur werbenden Konkurrenz |
| **Wie stark sind die Konsumenten der Marke verbunden?** | |
| 13. Markentreue | Bindungs- und Zufriedenheitsgrad beim Verbraucher |
| 14. Vertrauenskapital der Marke | Messung der Markenpersönlichkeit |
| 15. Share of mind | Messung der spontan abgerufenen Marken |
| 16. Werbeerinnerung | Messung der spontan abgerufenen Bild- oder Textelemente |
| 17. Markenidentifikation | Verbindung der Werbeelemente mit der richtigen Marke |
| **Wie groß ist der Geltungsbereich der Marke?** | |
| 18. Internationalität der Marke | Grad der Verbreitung der Marke über ihre Stammregion hinaus |
| 19. Internationaler Markenschutz | Grad des Warenzeichenschutzes |

*Quelle: Hammann,* 1992, S. 223 f.

*Abb. 298: Kategorien, Kriterien und Datenbasis der Marken-Bilanz (Nielsen)*

Ein typisches Verfahren zur Markenwertbestimmung bzw. Markensteuerung ist die **sog. Marken-Bilanz** *(Nielsen)*. Der Markenwert – erfasst auf der Basis eines Punktwertmodells – wird dabei aufgefasst als die „Gesamtheit aller positiven und negativen Vorstellungen, die im Konsumenten ganz oder teilweise aktiviert werden, wenn er das Markenzeichen wahrnimmt, und die sich in ökonomischen Daten des Markenwettbewerbs spiegeln" (*Schulz/Brandmeyer,* 1989, S. 365). Für die Erstellung der Marken-Bilanz werden insgesamt **19 Kriterien** und die dazugehörigen Datenbasen verwendet *(Abb. 298)*.

Dieses System der Marken-Bilanz kann neben der Markenwertermittlung, wie leicht nachzuvollziehen ist, ebenso für die **Markensteuerung** eingesetzt werden – nämlich, um Marken zu schaffen bzw. auf- oder auszubauen für eine konsequente Besetzung ziel-strategischer Märkte und Marktschichten (zur wertorientierten Markenführung siehe auch *Sattler,* 2001, S. 145 ff.; *Hammann,* 2001, S. 288 ff.).

Mit den Darlegungen zur **Rolle der Marke** für die Wahl der marktstimulierungs-strategischen Alternativen sollen die strategie-analytischen Überlegungen zur zweiten strategischen Ebene abgeschlossen werden. Es soll nun auf Überlegungen und Analysen für die Selektion der marktparzellierungs-strategischen Optionen (und damit auf Wahlentscheidungen auf der dritten strategischen Ebene) näher eingegangen werden.

### *c) Marktparzellierungs-strategische Selektionsfragen*

Marktparzellierungs-strategische Entscheidungen sind auf die Art bzw. den Grad **differenzierter Marktbearbeitung** gerichtet. Diese Entscheidungen stellen insoweit feinstrategische Festlegungen für die Bearbeitung von Märkten dar. Insbesondere entwickelte Märkte sind durch spezifische Ausdifferenzierungen geprägt. Eine solche Ausdifferenzierung führt zur Aufspaltung (Fragmentierung) von uniformen Massenmärkten in mehrere (viele) Teilmärkte.

Was grundsätzliche Möglichkeiten differenzierter Marktbearbeitung betrifft, so können nach *Abell* fünf **typische Marktbearbeitungsmuster** unterschieden werden (*Abell,* 1980). Sie haben vor allem in der angelsächsischen Literatur Eingang gefunden (u. a. *Thompson,* 1993, S. 297 ff.; *Kotler/Bliemel,* 2001, S. 453 ff.). Eine Modelldarstellung kennzeichnet diese Muster *(Abb. 299)*.

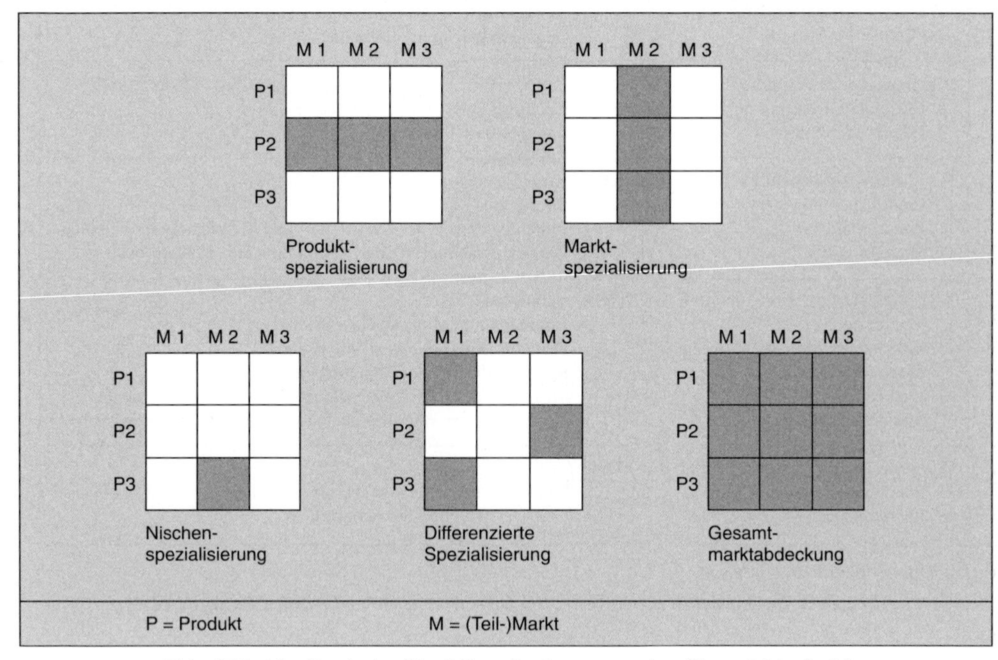


*Abb. 299: Idealtypische Marktbearbeitungsmuster (Target Markets)*

Die unterschiedenen Marktbearbeitungsmuster stellen alternative **Spezialisierungsformen der Marktabdeckung** (Zielmarktwahl) dar:

- **Produktspezialisierung** (Schwerpunkt liegt auf einem Produktbereich; es wird versucht, besondere Wettbewerbsvorteile aufzubauen, die – ggf. weltweit – entsprechend ausgeschöpft werden können, Beispiel: *Stihl*-Motorsägen),
- **Marktspezialisierung** (Focus auf einen Teilmarkt, der mit einem „kompletten" Programm abgedeckt wird, um auf diese Weise eine Kompetenz für einen gesamten Bedarfskomplex aufzubauen, Beispiel: *Wolf*-Gartensystem),
- **Nischenspezialisierung** (Spezialisierung auf einen (kleinen) Teilmarkt aufgrund einer spezifischen Kompetenz des Unternehmens und/oder der besonderen Attraktivität dieser Nische, Beispiel: *Porsche*-Sportwagen),
- **Differenzierte Spezialisierung** (Bearbeitung ausgewählter Teilmärkte mit ausgewählten Produkten zur Ausschöpfung möglichst nur attraktiver Produkt/Markt-Kombinationen, Beispiel: *Grünenthal*-Pharmazeutika),
- **Gesamtmarktabdeckung** (Abdeckung aller relevanten Teilmärkte mit jeweils darauf abgestellten Produktalternativen im Sinne eines Universalisten- bzw. Vollsortimenter-Konzepts, Beispiel: *Kaufhof*-Warenhäuser).

Auf diese Weise können Unternehmen also unterschiedliche Formen der Marktabdeckung wählen. Neben dem Aspekt der Marktabdeckung beinhaltet die marktparzellierungs-strategische Basisentscheidung auch die spezifische – bezogen auf die Marktabdeckung nicht völlig überschneidungsfreie – **Art der Marktbearbeitung.** Hierbei ist grundsätzlich zwischen zwei strategischen Optionen zu unterscheiden:

- **Massenmarktstrategie,**
- **Marktsegmentierungsstrategie.**

Gerade in entwickelten Märkten ist typisch, dass im Laufe der Zeit Grundbedürfnisse der Abnehmer mit entsprechenden Grundnutzen-Produkten (universalen Basisprodukten) befriedigt bzw. abgedeckt sind. Es bilden sich dann häufig Zusatznutzenbedürfnisse aus, und zwar differenziert nach spezifischen Abnehmergruppen. Damit ist dann in Märkten (Branchen) ein Stadium erreicht, das eine **segment-differenzierte Marktbearbeitung** nicht nur zulässt, sondern im Prinzip strategisch „erzwingt", wenn Unternehmen nicht nur interessante Marktsegmente bedienen, sondern vor allem auch ihre jeweiligen Oberzielansprüche (insbesondere in bezug auf Rentabilität, aber auch Marktposition) in entwickelten, wettbewerbsintensiven Märkten realisieren wollen.

Hinter diesen Entwicklungen steckt insgesamt ein **Strategietrend,** der in vielen Märkten wirksam geworden ist, der seinen Ausgangspunkt im klassischen Massenmarketing (= „100 % Generalisierung") hat und immer stärker in Richtung Segmentmarketing weist und darüber hinaus bis zum Individualmarketing (= „100 % Individualisierung") führt (vgl. hierzu auch die Zusammenfassung im 3. Abschnitt „Marktparzellierungsstrategien" bzw. *Becker,* 2000 a).

Als Dreh- und Angelpunkt des Strategietrends kann das Segmentstadium von Märkten angesehen werden. In den folgenden Darlegungen zur Strategieselektion soll deshalb primär am **Segmentstadium** angeknüpft werden. Dieses Stadium ist Ergebnis der Ausbildung neuer Ansprüche bzw. neuer Zielgruppen mit neuen Ansprüchen (und entsprechenden Einstellungen und Haltungen). Bereits ab Mitte der siebziger Jahre zeichneten sich Auf- bzw. Abspaltungen des Durchschnittskonsumenten („Otto-Normalverbraucher") ab, die – ausgehend von Entwicklungen in den USA – in „griffige Bilder" neuer **Konsumententypen** gefasst wurden, wie (vgl. *Auer/Horrion/Kalweit,* 1989; *Dziemba/Wenzel*, 2009):

- **Yuppies** (Young Urban Professionals),
- **Dinks** (Double Income No Kids),
- **Woopies** (Well-Off Older People).

Auch im Online-Business können inzwischen bestimmte **Typen** der Internet-Nutzung unterschieden werden wie **Surfer, Schnäppchenjäger, Unterhaltungsorientierte.**

Die Segmentierung von Märkten wie die marktparzellierungs-strategischen Entscheidungen insgesamt sind eng mit der **markstimulierungs-strategischen Festlegung** des Preis-Leistungs-Verhältnisses (siehe hierzu vorigen Abschnitt) verbunden. Eine Modelldarstellung *(Abb. 300)* skizziert die Zusammenhänge zwischen marktstimulierungs-strategischen Festlegungen (speziell Selektion des markt- und unternehmensadäquaten Preis-Leistungs-Verhältnisses) einerseits und marktparzellierungs-strategischen Entscheidungen (speziell Art der Marktbearbeitung) andererseits (siehe hierzu im Einzelnen auch *Becker,* 2000 a).

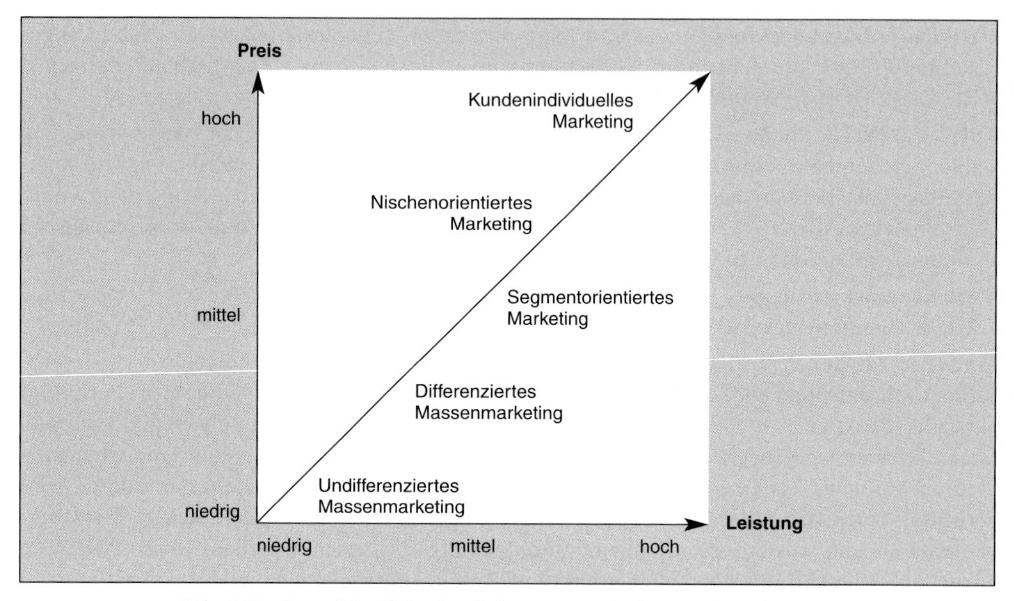


*Abb. 300: Grundsätzliche Beziehungen zwischen Preis-Leistungs-Verhältnis und Art der Marktbearbeitung*

Man kann insoweit sagen, dass eine differenzierte Art und Weise der Marktbearbeitung eine **Feinausprägung** prinzipieller Preis-Leistungs-Verhältnisse darstellt. Ein niedriges Preis-Leistungs-Verhältnis (charakteristisch für eine Preis-Mengen-(Discount-)Strategie) wird häufig auf Basis eines undifferenzierten Massenmarketing realisiert. Mittlere Preis-Leistungs-Verhältnisse lassen sich – insbesondere in entwickelten, wettbewerbsintensiven Märkten – durchweg nur noch über differenzierte Massenmarktkonzepte, z. T. aber auch nur noch über Marktsegmentierungskonzepte erfolgreich im Markt besetzen. Für hohe Preis-Leistungs-Verhältnisse sind neben dem Marktsegmentierungskonzept vielfach schon – zumindest strategieergänzend – Nischen- bzw. Kundenindividuelle Konzepte notwendig. Typisch sowohl für mittlere als auch für hohe Preis-Leistungs-Verhältnisse ist jeweils die konsequente Anwendung der **Präferenz-(Markenartikel-)Strategie.**

Das bedeutet insgesamt, dass zwischen 2. und 3. strategischer Ebene (marktstimulierungs- und marktparzellierungs-strategischer Ebene) enge **Verknüpfungen** bestehen. Auf solche strategischen Klumpeneffekte wurde bereits im Abschnitt zu den „Strategiekombinationen" eingegangen.

Aufgrund der Verzahnung beider Strategieebenen gelten grundsätzlich auch die für typische Preis-Leistungs-Verhältnisse ermittelten Rentabilitätsniveaus auf Basis der *PIMS*-Datenbank (s. a. im Einzelnen den vorigen Abschnitt). Das bedeutet, dass bezogen auf die unterschiedlichen Arten der Marktbearbeitung insbesondere höhere Strategiemuster wie Segmentierungs-, Nischen- oder Kundenindividuelle Konzepte die grundsätzlich **größten Erfolgschancen** (ROI) aufweisen. Das wird deutlich, wenn man Marktbearbeitungsniveaus und Kosten- sowie Erlösniveaus modellhaft gegenüberstellt *(Abb. 301*, vgl. *Becker,* 2000 a, S. 72*)*.

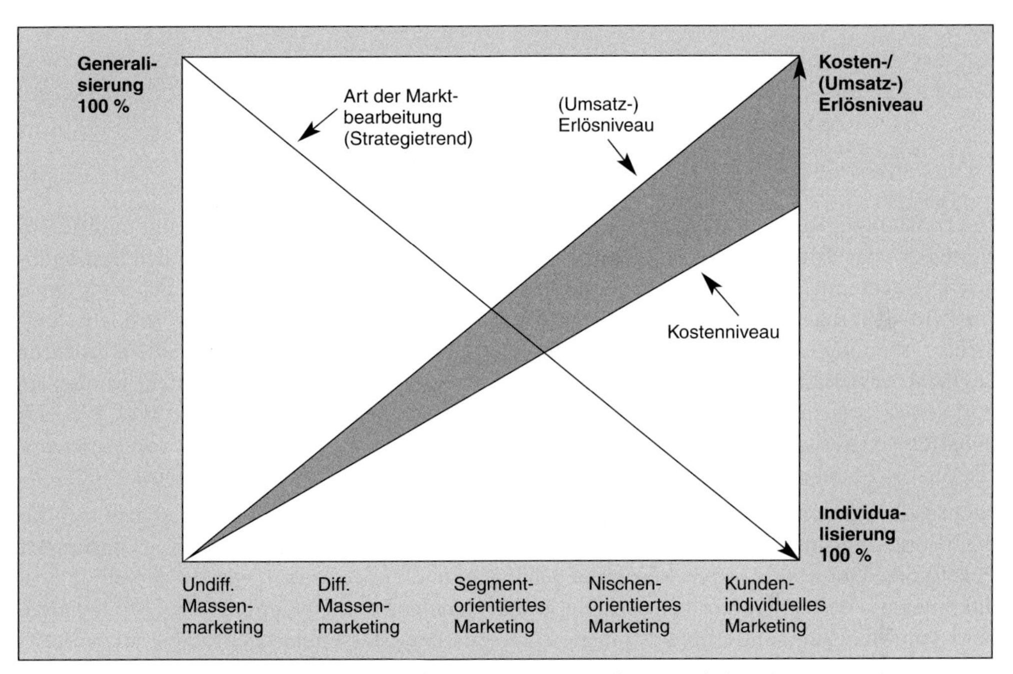


*Abb. 301: Modellierte Zusammenhänge zwischen Marktbearbeitungs-, Kosten- und Erlösniveaus*

Die Darstellung macht deutlich, dass mit **zunehmendem Strategieniveau** (ausgehend von der „100 %-Generalisierung" bis hin zur „100 %-Individualisierung") die Erfolgs- bzw. Rentabilitätschancen grundsätzlich zunehmen, weil sich – bei entsprechenden Markt- und Unternehmensvoraussetzungen – die **Schere** zwischen Kosten und Erlösen immer mehr öffnet. Der lineare Kosten- und Erlösverlauf ist als ein *idealtypischer* Verlauf anzusehen (siehe auch *Becker,* 2000 a, S. 70 ff.), der durch spezifische Markt- und Unternehmensbedingungen – gerade auch im Zeitablauf – nichtlineare, ggf. oszillierende Formen annehmen kann. Wie noch zu zeigen sein wird, kann es z. B. bei einer zu feinen Segmentierung (d. h. zu viele bearbeitete, ggf. nicht sehr stabile Kleinsegmente) zu progressiven Kosten- und evtl. gleichzeitig zu degressiven Erlösverläufen kommen.

Im Folgenden soll näher auf spezielle Selektionsfragen der Marktsegmentierungs-Strategie eingegangen werden. Sie stellt – darauf wurde bereits hingewiesen – eine Art **Dreh- und Angelpunkt** aller marktparzellierungs-strategischen Optionen dar *(Abb. 302).*

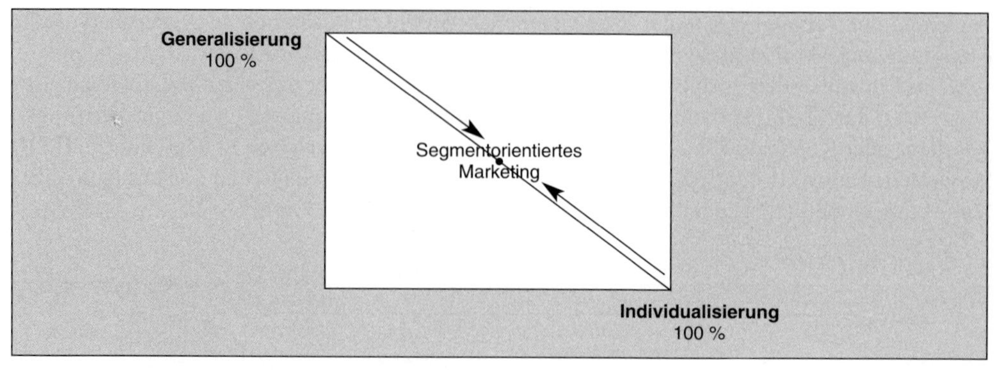


*Abb. 302: Marktsegmentierungskonzepte als marktbearbeitungs-strategischer Dreh- und Angelpunkt*

Die Darstellung soll deutlich machen, dass einerseits **klassische Konzepte** wie das undifferenzierte bzw. das differenzierte Massenmarketing aufgrund von marktevolutorischen Bedingungen in Segmentierungskonzepte übergeführt werden. Andererseits gibt es auch bestimmte **Rückentwicklungen,** d.h. ursprüngliche Nischenkonzepte münden in eine größere Segmentbearbeitung (z.B. hat sich der ursprüngliche Roadster-Nischenmarkt zu einem größeren Segment ausgebildet). Auch grundsätzliche Individualisierungsmöglichkeiten werden in Form einer „zusammenfassenden" Segmentbildung bzw. -bearbeitung realisiert (vgl. z.B. das Schaffen von zielgruppen-spezifischen Ausstattungspaketen bei der E-Klasse von *Mercedes*: Classic- (= Standard-), Elegance- (= Luxus-) und Avantgarde- (= Sport-Segment).

Nicht jedes Produkt oder jeder Markt bzw. die dahinter stehenden Abnehmer eignen sich für Segmentierungskonzepte; die Wahl solcher höheren Strategien ist vielmehr an bestimmte **Produktmerkmale bzw. -charakteristika** gebunden, und zwar speziell, was das jeweilige Produktinteresse der Abnehmer betrifft. Die grundsätzliche Strategieeignung bzw. Strategietendenz von Marktsegmentierungs-Strategie einerseits und Massenmarkt-Strategie andererseits lässt sich anhand einer Darstellung näher aufzeigen *(Abb. 303).*

Diese Darstellung verdeutlicht, dass die Massenmarkt-Strategie im Prinzip für Produkte jeden Interesses in Betracht kommt, schwerpunktmäßig aber für Low- und auch noch Middle-Interest-Produkte. Die Segmentierungs-Strategie ist dagegen insbesondere für High-Interest-Produkte angemessen bzw. vielfach notwendig.

Marktsegmentierungs-Strategien zielen auf **Teilmärkte,** hinter denen spezielle Zielgruppen mit spezifischen Ansprüchen und Einstellungen stehen. Solche Teilmärkte bzw. Marktsegmente sind dadurch gekennzeichnet, dass sie *intern* homogen, verglichen mit anderen Teilmärkten bzw. Segmenten aber *heterogen* sind – mit anderen Worten also gegenüber anderen Märkten hinreichend klar abgegrenzt werden können.

Der Segmentierungsansatz soll nicht nur eine segmentspezifische Marktbearbeitung ermöglichen – insbesondere mit entsprechenden zielgruppenspezifischen Marketingprogrammen bzw. Marketingmixkonzepten –, sondern auch Segmentreserven und damit bestehende Markt-

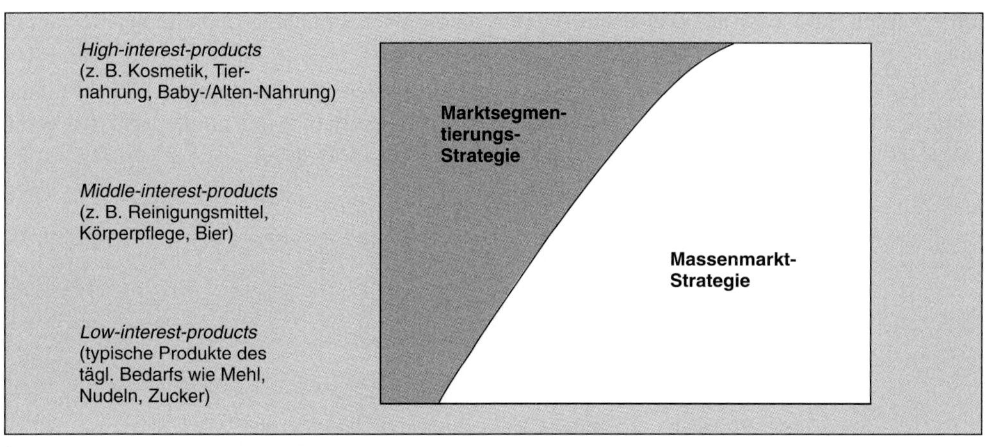


*Abb. 303: Produktcharakteristik und Segmentierungsneigung*

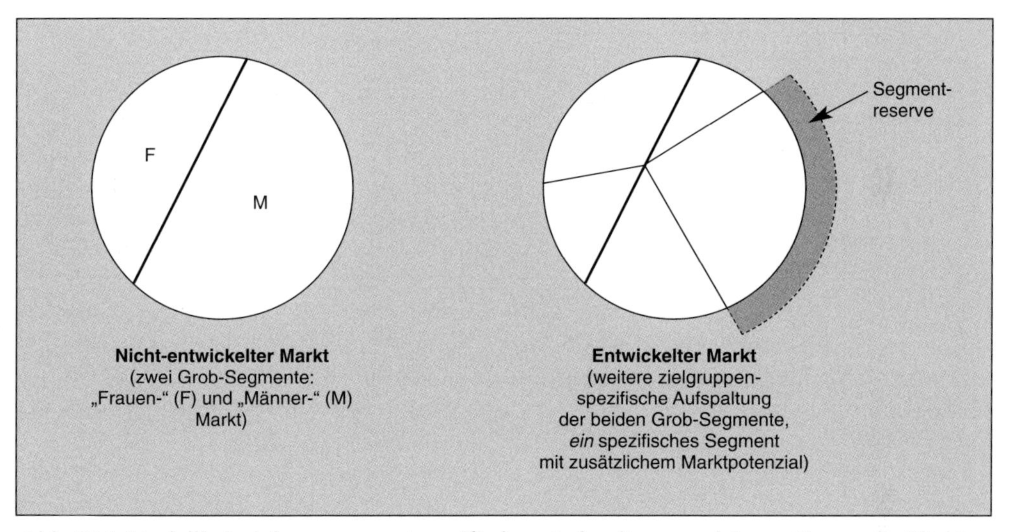


*Abb. 304: Modellbeispiel zur segmentspezifischen Aufspaltung und Ausweitung von Märkten*

potenziale gezielt nutzen, und damit zur **Oberzielrealisierung** (insb. Rentabilität und Unternehmenswert) beitragen (= **konzeptionelle Kette** zwischen Ziel- und Strategie- bzw. Mixebene). Die typische Entwicklung von eher grob massenhaften zu feineren, segmentstrukturierten Märkten zeigt eine Darstellung (*Abb. 304,* vgl. *Becker,* 2000 c, S. 131).

Segment-strategische Entscheidungen sind insgesamt – das soll näher skizziert werden – von tieferen Einsichten in die **Bedarfsgrundlagen** und **Bedarfsbedingungen** des jeweils relevanten Marktes abhängig, wenn sie konsequent produkt-, markt- bzw. zielgruppen-orientiert und damit erfolgs-orientiert getroffen werden sollen. Es geht dabei vor allem um Informationen, die den psycho-sozialen Hintergrund des Kauf- und Konsumentenverhaltens beleuchten. Hierfür müssen i. d. R. entsprechend qualitativ ausgerichtete Grundlagen-Untersuchungen durchgeführt werden, und zwar auf Basis eher tiefenpsychologisch angelegter mündlicher Befragungen.

Ein mögliches Befragungsmuster für derartige Grundlagen-Untersuchungen soll an einem typischen **Untersuchungsdesign,** das ausgehend von allgemeinen zu immer spezifischeren Fragestellungen vordringt, näher gekennzeichnet werden (*Abb. 305*).

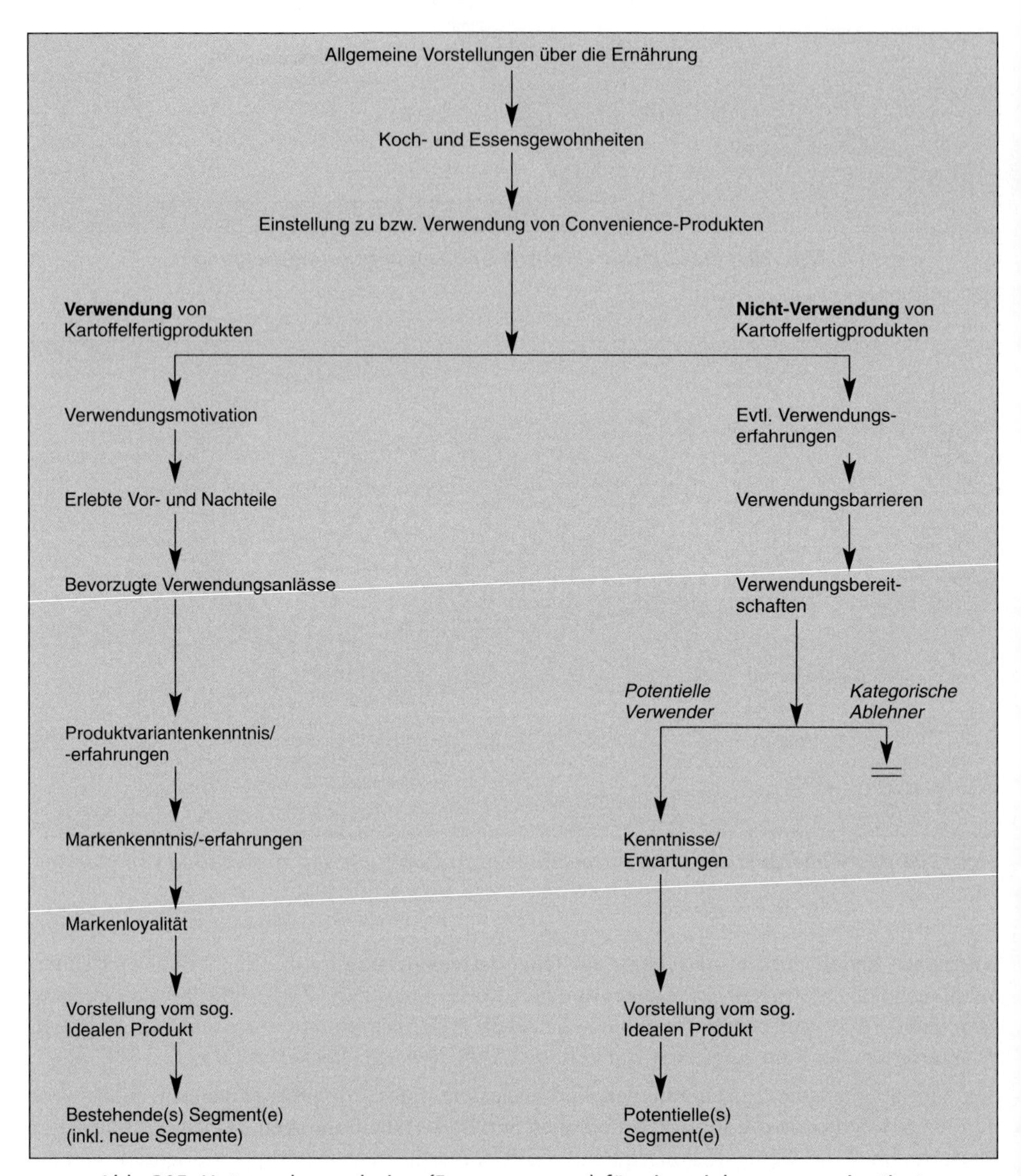


*Abb. 305: Untersuchungsdesign (Fragensequenz) für eine zielgruppen-orientierte Grundlagen-Untersuchung (dargestellt am Beispiel Kartoffelfertigprodukte)*

Entwickelte Märkte sind vor allem durch Stagnationserscheinungen aufgrund hoher Sättigungsgrade gekennzeichnet, deshalb kommt es bei Segmentierungsanalysen darauf an, nicht nur **Reserven** (neue Segmente) innerhalb *bestehender* Verwender zu identifizieren, sondern vor allem auch *potenzielle* Verwender (Segmente) und konzeptionelle Ansätze für eine erfolgsversprechende Bearbeitung zu entdecken. Bei *kategorischen* Ablehnern sind die Kauf- und Konsumwiderstände im Allgemeinen so hoch, dass eine wirtschaftliche Bearbeitung dieser (Ziel-)Gruppe i. d. R. nicht möglich ist. Sie werden deshalb in Segmentierungs-Untersuchungen gewöhnlich ausgeklammert.

Segmente werden durchweg nicht ein-, sondern *mehr*dimensional zu erfassen versucht, das gilt zumindest für das Konsumgütermarketing. Das heißt, neben **demografischen Merkmalen** (wie Alter, Geschlecht, Einkommen) werden **verhaltensrelevante Merkmale** (wie Motive, Einstellungen, Verhaltensweisen) zu berücksichtigen versucht, um echte, verhaltensorientierte Segmente (Zielgruppen) zu identifizieren, die dann mit spezifisch ausgerichteten Marketingprogrammen gezielt bearbeitet werden können. Auch im Investitionsgütermarketing sind – wie im Abschnitt zu den marktsegmentierungs-strategischen Ansätzen bzw. Konzepten dargelegt – je nach Marktgegebenheiten mehrdimensionale (kombinierte) Segmentierungsmuster sinnvoll. Grundfragen der Kundensegmentierung bzw. der Erarbeitung von Kundenprofilen werden inzwischen auch unter dem Stichwort **Data Mining** diskutiert (*Hippner et al.,* 2001).

Eine besondere Fragestellung besteht bei segment-orientierten Grundlagen-Untersuchungen darin, wie aus den erhobenen Marktdaten tatsächlich konkrete, markt- bzw. abnehmeradäquate Zielgruppen (Zielmärkte) ermittelt werden können. Insbesondere bei (merkmals-)differenzierten Untersuchungsansätzen bieten sich hierbei sog. **multi-variate Datenanalysen** an.

Exkurs: Multi-variate Datenanalysen für Segmentierungskonzepte

Multi-variate Analyseverfahren erlauben die **simultane Auswertung** vieler Merkmale. Gerade differenzierte Untersuchungsansätze, wie sie für Segmentierungszwecke notwendig sind, sind deshalb auf solche Datenanalysen angewiesen, um auf der Basis mehrerer (vieler) Variablen möglichst trennscharfe (= intern homogen, extern heterogen) Segmente zu lokalisieren.

Die übliche (vorherrschende) Klassifikation multi-variater Analyseverfahren geht auf eine Einteilung von *Kendall* zurück, die **zwei Gruppen** von Verfahren unterscheidet, nämlich Dependenzanalyse einerseits und Interdependenzanalyse andererseits (*Kendall,* 1957; vgl. auch den Überblick bei *Nieschlag/Dichtl/Hörschgen,* 2002, S. 476 ff. sowie i. E. *Schwaiger/Meyer,* 2009; *Backhaus/Erichson/Plinke/Weiber,* 2011). Im Wesentlichen folgende Verfahren unterschieden werden *(Abb. 306).*

| **Analyseziele** | **Analyseverfahren** |
|---|---|
| 1. Analyse von Abhängigkeiten (Dependenzanalyse) | a) Regressionsanalyse<br>b) Varianzanalyse<br>c) Diskriminanzanalyse<br>d) Conjoint-Analyse |
| 2. Analyse gegenseitiger Beziehungen (Interdependenzanalyse) | a) Clusteranalyse<br>b) Faktorenanalyse<br>c) Mehrdimensionale Skalierung |

*Abb. 306: Klassifikation wichtiger multi-variater Analyseverfahren*

Für Zwecke der **Marktsegmentierung** kommen insbesondere die Cluster- und Diskriminanzanalyse in Betracht.

Die **Clusteranalyse** zielt auf eine Strukturierung einer – bei differenzierten Segmentierungsanalysen – großen Zahl von Objekten (z. B. Personen oder Produkte) nach einem angemessenen Ordnungsprinzip.

Grundsatz ist hierbei, die Objekte so zu Clustern (= Gruppen oder Klassen) zusammenzufassen, dass die Objekte in einer Gruppe möglichst ähnlich (homogen), die Gruppen untereinander dagegen möglichst unähnlich (heterogen) sind. Das generelle Kriterium für die Gruppen- oder Klassenbildung ist also die **Ähnlichkeit bzw. Unähnlichkeit** von Objekten hinsichtlich unterschiedlicher Ähnlichkeitsdimensionen, die durch einzelne Variablen beschrieben werden. Das wird über Algorithmen erreicht, die im Prinzip darauf beruhen, Ähnlichkeiten (Homogenität) bzw. Unähnlichkeiten (Heterogenität) als räumliche Distanzen zu interpretieren (siehe hierzu z. B. *Hüttner,* 1989, S. 242 ff.; im Einzelnen *Backhaus/Erichson/Plinke/Weiber,* 2011).

Als Beispiel für die segment-orientierte Anwendung der Clusteranalyse ist die Bildung von allgemeinen oder auch produktgruppen-spezifischen **Persönlichkeitstypen** auf der Basis psychologischer Merkmale zu nennen (siehe hierzu auch die Typologiebeispiele im 3. Kapitel „Marktparzellierungsstrategien", Abschnitt „Marktsegmentierungsstrategien", u. a. zum Bereich Damenoberbekleidung) oder auch die Bildung von Marktsegmenten auf der Grundlage nachfragerelevanter Käufermerkmale.

Für Segmentierungszwecke kann darüber hinaus die **Diskriminanzanalyse** eingesetzt werden. Sie kann im Übrigen auch für die Überprüfung der Ergebnisse einer durchgeführten Clusteranalyse zusätzlich herangezogen werden, wobei dann untersucht wird, inwiefern bestimmte Variablen zur Unterscheidung zwischen den Gruppen, die mittels Cluster-Analyse identifiziert wurden, beitragen können bzw. diese erklären (*Backhaus/Erichson/Plinke/Weiber,* 2011).

Das Prinzip der Diskriminanzanalyse soll kurz am einfachen **Zwei-Klassen/Zwei-Variablen-Fall** dargestellt werden. Das Verfahren dient – wie der Name bereits andeutet (lat. discriminare = trennen, unterscheiden) – grundsätzlich dazu, Cluster (Gruppen oder Klassen) von Objekten durch eine Linearkombination mehrerer unabhängiger Variablen optimal zu separieren. Das gilt z. B. für den (einfachen) Anwendungsfall, dass ein Unternehmen A herausfinden will, welcher Unterschied zwischen Käufern des eigenen Produkts (Marke) A und denen der Konkurrenzmarke B besteht (Zwei-Klassen-Fall). Die Trennung beider Käufergruppen soll im (einfachen) Fall auf Basis zweier Merkmale, z. B. Alter ($x_1$) und Einkommen ($x_2$), versucht werden (Zwei-Variablen-Fall). Ein Modellbeispiel verdeutlicht, dass – wie in der Realität typisch – weder das Merkmal Alter noch das Merkmal Einkommen eine exakte Trennung der Käufergruppen erlaubt. Das mathematisch-statistisch zu lösende Problem besteht insoweit darin, die Merkmalswerte ($x_{ji}$) der Elemente ($_i$) so zu verknüpfen, dass auf Basis einer **sog. Trenngerade** (Diskriminanzfunktion) eine hinreichende Trennung der unterschiedlichen Käufergruppen möglich wird. Eine Modelldarstellung *(Abb. 307)* verdeutlicht den multi-variaten Analyseansatz und die zu findende Lösung (vgl. auch *Hüttner,* 1989, S. 207 ff.; im Einzelnen *Backhaus/Erichson/Plinke/Weiber,* 2011).

Im Rahmen der diskriminanz-analytischen Untersuchungen interessiert vor allem die **sog. Diskriminanzachse.** Auf ihr soll – grafisch gesprochen – der Abstand zwischen den Gruppenmittelwerten möglichst groß werden, während die Gruppenelemente möglichst wenig streuen sollen (siehe in diesem Zusammenhang auch das Analysebeispiel zur Abgrenzung von *Opel-* und *Ford*käufern bei *Nieschlag/Dichtl/Hörschgen,* 2002, S. 504 ff.).

Die Marktsegmentierungs-Strategie als eine wichtige marktparzellierungs-strategische Alternative setzt nicht nur die Identifikation erfolgversprechender Zielgruppen (Marktsegmente) voraus, sondern auch entsprechende **Bewertungen** bzw. **Analysen** quantitativer und qualitativer Art.

**Quantitative Analysen** sind primär auf die entsprechenden zielgruppen-spezifischen Marktgrößen gerichtet (insbesondere Marktpotenzial und Marktvolumen und ihre Entwicklung im Zeitablauf, einschließlich entsprechender Projektionen in die Zukunft, vgl. hierzu auch die einführenden Darlegungen zur Strategieselektion). **Qualitative Analysen** knüpfen vor allem an der „Qualität" identifizierter Marktsegmente (Zielgruppen) an. Hierzu zählen etwa die Aufgeschlossenheit, die Kaufbereitschaft und die Kauffähigkeit der anvisierten Zielgruppen. Aufgrund solcher qualitativen Untersuchungen sollen mögliche Marktwiderstände ermittelt und ggf. Ansatzpunkte zu ihrer Überwindung gefunden werden (insbesondere auch vor dem Hintergrund marktsegment-orientierter Konkurrenzmaßnahmen und ihres Erfolgs- bzw. Misserfolgsprofils). Hierzu können u. a. **sog. Punktwertverfahren** (Scoringverfahren) herangezogen werden. Ein Modellbeispiel *(Abb. 308),* verdeutlicht die grundsätzlichen Möglichkeiten einer (qualitativen) Marktbewertung auf der Basis eines Polaritätenprofils, das als

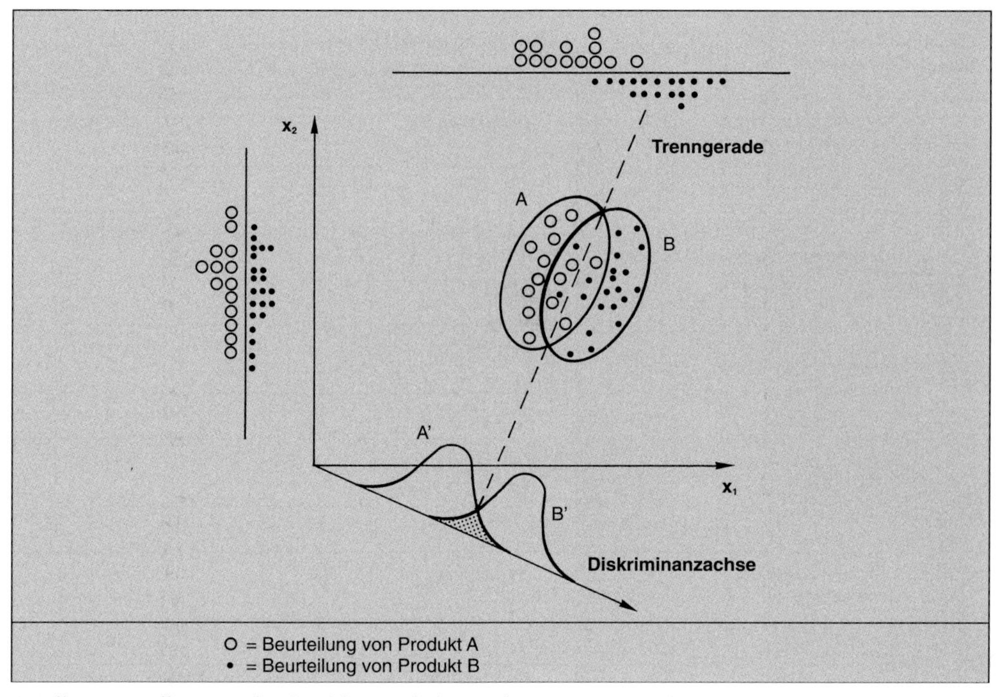


*Quelle: Darstellung nach Nieschlag/Dichtl/Hörschgen,* 1976, S. 151

*Abb. 307: Ansatz und Lösung des Diskriminanzproblems im Zwei-Klassen/Zwei-Variablen-Fall*

Ausgangspunkt einer verdichtenden Analyse zur Ermittlung eines gewichteten Segmentwiderstandsindex (*Walters,* 1984, S. 146; zur Anwendung von Scoring-Verfahren für Marktsegmentierungs-Entscheidungen siehe auch *McDonald/Dunbar,* 1995, S. 113 ff.) herangezogen werden kann.

Die **ermittelten Profile** verdeutlichen, dass bei der Bearbeitung des *Marktsegments 2* – bis auf die Wahrscheinlichkeit des Hinzutretens von Newcomern – mit durchweg höheren Marktwiderständen zu rechnen ist als bei Bearbeitung des *Marktsegments 1.* Damit ist nicht von vornherein gesagt, dass die Marktbearbeitung von *Segment 2* nicht möglich ist. Das ermittelte Widerstandsprofil lässt jedoch zumindest auf einen erhöhten Marketingaufwand für den Fall einer Bearbeitung schließen, zumal die Kauffähigkeit der Bedarfsträger bei *Segment 2* eher schwach und ihre Verhandlungsstärke eher groß ist.

Damit ist insgesamt die Bewertung von Marktsegmenten unter dem Aspekt ihrer **Wirtschaftlichkeit** (*Belz,* 1995, S. 6–8) angesprochen. Grundsätzlich gilt, dass Strategien höherer Ordnung – wie die Präferenz- oder auch die Marktsegmentierungs-Strategie – durch eine spezifische Kundenorientierung sowohl der Produkte (Leistungen) als auch der Marketingprogramme insgesamt zu einer **höheren Oberzielrealisierung** (speziell Rentabilität, aber auch Marktkompetenz) beitragen können als klassische, risikoärmere Standardstrategien (wie z. B. die Massenmarktstrategie).

Die Entscheidung für eine Segmentierungs-Strategie muss insoweit davon abhängig gemacht werden, ob und inwieweit die zu erwartende(n) **Preisbereitschaft(en)** der anvisierten Zielgruppe(n) es erlauben, die mit der Segmentierung i. d. R. verbundenen Zusatzkosten (speziell

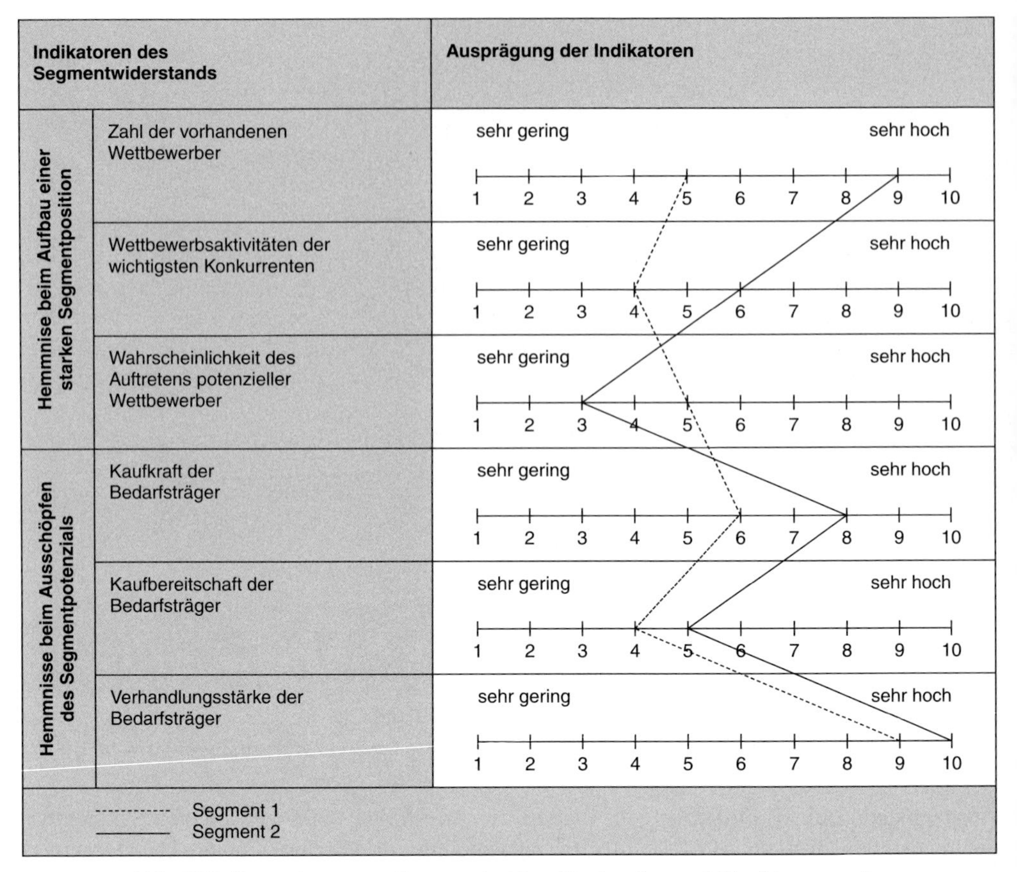


*Abb. 308: Bewertung von Segmentwiderständen in zwei Marktsegmenten*

in Produktion und Marketing) nicht nur zu kompensieren, sondern oberziel-adäquat *über*zukompensieren. Hierfür ist ein detaillierter Ansatz der segmentspezifischen **Mehrkosten** notwendig, und zwar sowohl unter Berücksichtigung einmaliger Zusatzkosten (wie z. B. spezifische Produktentwicklung, neues Packungsdesign, Entwicklung einer neuen Werbelinie) als auch laufender Zusatzkosten (wie z. B. Einsatz höher-preisiger Rohstoffe, längere Produktionszeiten oder höherer Werbeaufwand). Der höhere laufende (Marketing-)Aufwand ist vor allem auch davon abhängig, ob es notwendig ist, für segmentspezifische Angebote eigene – d. h. zusätzliche – **Marken** einzusetzen bzw. aufzubauen (= Mehrmarken-Konzept, zu hierfür typischen Markentrennlinien siehe auch die Darlegungen zum Kapitel „Strategiekombinationen", speziell Abschnitt Horizontale Strategiekombinationen).

Andererseits ist zu berücksichtigen, ob und in welchem Umfange durch differenzierte, speziell segment-spezifische Marktbearbeitungsstrategien **Größendegressionsvorteile** (Economies of Scale) verloren gehen. Darüber hinaus bedürfen differenzierte bzw. segment-orientierte Marketingstrategien durchweg entsprechender Verbesserungen in der Marketing-Infrastruktur des Unternehmens (z. B. Einführung bzw. Ausbau des Produkt-Managements, Aufbau bzw. Ausbau des Marketinginformationssystems u. ä.). Auch diese (laufenden) Zusatzkosten müssen bei der Wirtschaftlichkeitsprüfung differenzierter Marktbearbeitungsstrategien berücksichtigt werden. Insgesamt gilt es also, aufgrund entsprechender Kosten- und Erlösanalysen den **gewinnoptimalen Bereich** differenzierter bzw. marktsegmentorientierter Marktbearbeitung zu identifizieren. Davon ist vor allem auch die Zahl der zu bearbeitenden Marktsegmente berührt (zum Problem der (theoretisch) simultan abzuleitenden Segmentierungsart und Segmentzahl vgl. *Freter,* 1983, S. 166 bzw. 2001, S. 1070 sowie *Gröne,* 1977, S. 178).

Generell kann man davon ausgehen, dass mit der Zahl der bearbeiteten Marktsegmente die Kosten steigen, und zwar je kleiner die Segmente und damit je spezieller ihre Bearbeitung wird, umso stärker (d. h. tendenziell *progressiver* Verlauf, zum Problem der sog. Komplexitätskosten siehe auch 4. Teil). Dem stehen andererseits abnehmende Grenzerlöse gegenüber, da mit zunehmender Zahl der Segmente die Konsumentenrente immer stärker abgeschöpft ist (*Krautter,* 1975, S. 124). Die Erlös- bzw. Umsatzkurve weist insofern einen grundsätzlich eher *degressiven* Verlauf auf. Eine Darstellung verdeutlicht diese Zusammenhänge (*Abb. 309*, siehe hierzu auch *Becker,* 2000 c, S. 142 f.).

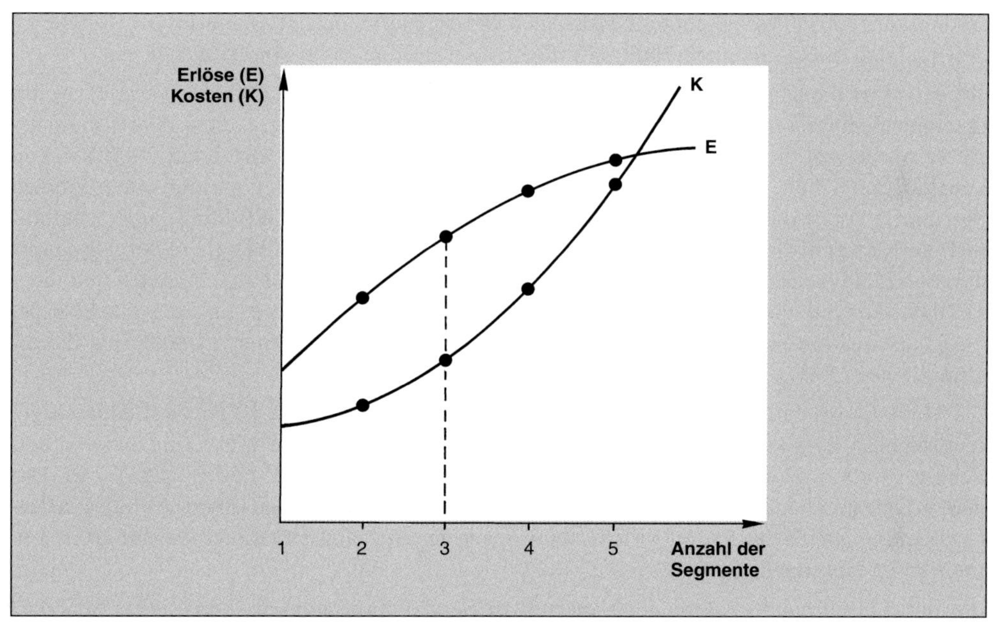


*Abb. 309: Bestimmung des gewinnmaximalen Segmentierungsgrades (Modellbeispiel)*

Die Darstellung zeigt, dass im Modellbeispiel das **Gewinnmaximum** bei *drei* bearbeiteten Marktsegmenten (= **Multi Segment Strategy**) liegt. Das Beispiel verdeutlicht zugleich, dass ein Konzept jenseits fünf bearbeiteter Segmente in die Verlustzone geraten würde.

Um die marktparzellierungs-strategische **Entscheidungssituation** zwischen Massenmarkt-Strategie einerseits und Marktsegmentierungs-Strategie andererseits näher zu diskutieren, soll ein Markt- und Rechenbeispiel dargestellt werden. Ihm liegt die Ausgangssituation zugrunde, dass das betrachtete Unternehmen bisher eine reine Massenmarkt-Strategie verfolgt und nun aufgrund neuer Marktkonstellationen die Chancen bzw. Auswirkungen einer Segmentierungs-Strategie prüfen will.

Das bisherige massenmarkt-strategische Konzept beruhte auf einem mittleren Preis-Leistungs-Verhältnis (Normal-Version), das sich an eine breite (Massen-)Zielgruppe wendete. Marktanalysen haben inzwischen ergeben, dass neben dem bisherigen Preis-Leistungs-Verhältnis Marktchancen für eine Spar-Version wie auch für eine Luxus-Version bestehen, die jeweils spezifische Zielgruppen ansprechen würden. Drei unterschiedliche **Marktkonstellationen** sind denkbar, denen unterschiedliche (Eintritts-)Wahrscheinlichkeiten(w) zugrunde liegen *(Abb. 310).*

Das Beispiel zeigt, dass das Marktsegmentierungskonzept der **Marktkonstellation I** gegenüber dem Ausgangskonzept Massenmarktstrategie deutliche Vorteile aufweist. Dadurch, dass zielgruppen-orientiert agiert wird, gelingt insgesamt eine „Marktausweitung", die zu einem um 30 % höheren Absatz führt (6500 statt 5000 Stück). Aufgrund des zielgruppen-differenzierten Konzepts, nämlich einzelnen Zielgruppen „maßgeschneiderte" Produkte (Marketing-Programme) zu bieten, gelingt es, sowohl Kosteneinsparungen bei der Spar-Version zu realisieren, die einen zielgruppen-gerechten Preis ermöglichen, als auch bei der Luxus-Version erhöhte Kosten durch einen konsumentenrenten-abschöpfenden Preis überzukompensieren. Bei einem um 25 % höheren Umsatz (statt 20 000,– € immerhin 25 000,– €) realisiert das geplante Segmentierungskonzept im Vergleich zum bisherigen Massenmarktkonzept einen um 40 % höheren Gewinn (statt 5000,– nämlich 7000,– €). Die Umsatzrendite steigt von 25 auf 28 %.

Bei der **Marktkonstellation II** ist eine schwierige Marktsituation („Dauerrezession", weiter zunehmende Preissensibilisierung der Konsumenten) unterstellt, die dazu führt, dass der größte Absatz auf die eher ertragsschwache Spar-Version entfallen wird (statt 2000 Stück in Konstellation I hier 3000 Stück), während die Luxus-Version nur noch auf einen kleinen „Restmarkt" trifft und auf einen Absatz von nur 500 Stück (statt 1500 Stück in Konstellation I) hoffen kann. Der Gesamtabsatz ist zwar noch um 500 Stück höher als in der Ausgangssituation (5500 statt 5000 Stück). Aufgrund der Umschichtungen in den Segmenten und ihren Absatzwirkungen wird jedoch mit 17 000,– € ein um 15 % niedrigerer Umsatz gegenüber der Ausgangssituation realisiert. Die Umsatzrendite ist aber mit 26,5 % etwas höher als die ursprüngliche (25 %).

Die **Marktkonstellation III** (u. a. Phänomen „neue Bescheidenheit") ist speziell dadurch gekennzeichnet, dass zur Durchsetzung der Luxus-Version ein höherer Marketingaufwand notwendig ist als in Konstellation II (Stückkosten in Konstellation III 4,50 € statt 4,– €). Das führt zu entsprechenden Ergebnisverschlechterungen (./. 250,– €) und einem Abfall der Umsatz-Rendite auf 25 %. Sie entspricht damit zwar der Ausgangssituation, aber bei um 15 % niedrigeren Umsätzen.

Die durchgeführten Modellrechnungen stellen **Sensitivitätsanalysen** (Sensitivity Analysis) dar, um mögliche Schwankungsbreiten der Oberzielrealisierung zu ermitteln, und zwar auf der Basis von unterschiedlichen Schlüsselannahmen (z. B. Marktkonstellationen). Solche Analysen ermöglichen **Risikoabschätzungen** bei der Strategiewahl (*Hill/Rieser,* 1990, S. 204; *Johnson/Scholes,* 1993, S. 291 f.; *Thompson,* 1993, S. 391 f.). Aufgrund der *beispielhaften* Modellrechnungen stellt sich die **Marktsegmentierungs-Strategie** als eine ernsthaft zu erwägende Strategiealternative dar, und zwar vor allem deshalb, weil die Marktkonstellation I mit relativ *hoher* Wahrscheinlichkeit (65 %) eintreten wird und bei dieser Konstellation das Segmentierungskonzept zu einer deutlichen Verbesserung der Oberziele (via Umsatzrendite) beiträgt (diese Verbesserung muss vor allem dann deutlich sein, wenn segment-spezifische Konzepte zu einer (teilweisen) Verringerung des Kapitalumschlags führen können, denn das eigentliche Oberziel stellt die **Kapitalrentabilität** dar, zum ROI-Konzept siehe 1. Teil „Marketingziele", Abschnitt Grundfragen der Ableitung konkreter Zielsysteme).

| Konzepte / Kriterien | Bisheriges Konzept: Massenmarktstrategie | Geplantes Konzept: Marktsegmentierungsstrategie | | | | | | | | | | | |
|---|---|---|---|---|---|---|---|---|---|---|---|---|---|
| | Marktkonstellation 0 (auch in Zukunft grundsätzlich tragfähig) | Marktkonstellation I (Wahrscheinlichkeit = 65 %) | | | | Marktkonstellation II (Wahrscheinlichkeit = 35 %) | | | | Marktkonstellation III (Wahrscheinlichkeit = 10 %) | | | |
| **Ausgangswerte:** | Normal-Version | Normal-Version | Spar-Version | Luxus-Version | $\Sigma$ | Normal-Version | Spar-Version | Luxus-Version | $\Sigma$ | Normal-Version | Spar-Version | Luxus-Version | $\Sigma$ |
| – Absatzmenge (Stück) | 5000 | 3000 | 2000 | 1500 | 6500 | 2000 | 3000 | 500 | 5500 | 2000 | 3000 | 500 | 5500 |
| – Verkaufspreis | 4,– | 4,– | 2,– | 6,– | | 4,– | 2,– | 6,– | | 4,– | 2,– | 6,– | |
| – Stückkosten | 3,– | 3,– | 1,50 | 4,– | | 3,– | 1,50 | 4,– | | 3,– | 1,50 | 4,50 | |
| **Ergebnisse:** | | | | | | | | | | | | | |
| – Umsatzerlöse | 20 000,– | 12 000,– | 4000,– | 9000,– | 25 000,– | 8000,– | 6000,– | 3000,– | 17 000,– | 8000,– | 6000,– | 3000,– | 17 000,– |
| – Gesamtkosten | 15 000,– | 9000,– | 3000,– | 6000,– | 18 000,– | 6000,– | 4500,– | 2000,– | 12 500,– | 6000,– | 4500,– | 2250,– | 12 750,– |
| – Gewinn | 5000,– | 3000,– | 1000,– | 3000,– | 7000,– | 2000,– | 1500,– | 1000,– | 4500,– | 2000,– | 1500,– | 750,– | 4250,– |
| – Umsatzrendite | $\frac{5000,- \times 100}{20\,000,-} = 25\ \%$ | $\frac{7000,- \times 100}{25\,000} = 28\ \%$ | | | | $\frac{4500,- \times 100}{17\,000} = 26{,}5\ \%$ | | | | $\frac{4250,- \times 100}{17\,000} = 25\ \%$ | | | |

*Abb. 310: Modellrechnungen zum Vergleich eines Massenmarktkonzepts mit drei Konstellationen eines Marktsegmentierungskonzepts*

Das gewählte Beispiel sollte insgesamt verdeutlichen, dass die Marktsegmentierungs-Strategie – das gilt mutatis mutantis für alle marktdifferenzierenden Strategien bis hin zum (Massen-)Individualisierungskonzept – entsprechender **betriebswirtschaftlicher Fundierungen** bedarf, wenn solche Strategien zur ehrgeizigen Oberzielrealisierung beitragen sollen. Insoweit sind damit erneut grundlegende Zusammenhänge zwischen Ziel- und Strategieentscheidungen deutlich geworden (= **konzeptionelle Kette**).

Nachdem bisher marktfeld-, marktstimulierungs- und zuletzt marktparzellierungs-strategische Selektionsfragen und entsprechende Selektionsmethoden dargestellt worden sind, soll nun noch auf Grundfragen der Strategiewahl im Hinblick auf die marktareal-strategischen Optionen näher eingegangen werden.

### *d) Marktareal-strategische Selektionsfragen*

Nicht zuletzt grundlegende Strukturveränderungen von Märkten (speziell schwach wachsende bzw. stagnierende Märkte) zwingen Unternehmen mehr denn je auch zur systematischen Ausschöpfung **gebietepolitischer Reserven** (Potenziale). Die Nutzung solcher Potenziale setzt jedoch differenzierte gebietliche Analysen und darauf gestützte marktareal-strategische Konzepte für die Steuerung und Kontrolle gebietlicher Aktivitäten voraus.

Die konsequente **gebietepolitische Rasterung** unternehmerischen Handelns erweist sich jedenfalls mehr und mehr als wichtiger strategischer Ansatz der Gewinn- und Wachstumssicherung von Unternehmen. Sie wurde lange hinsichtlich ihres strategischen Gewichts sowohl von der Unternehmenspraxis als auch von der Lehre vernachlässigt (zu verschiedenen Beiträgen zu einer Theorie der Internationalisierung vgl. *Hünerberg,* 1994, S. 40 ff.; *Perlitz,* 1995, S. 74 ff.; *Müller/Kornmeier,* 2002, S. 82 ff.). Marktareal-strategischen Weiterentwicklungen der Unternehmen kommt – gerade unter stagnierenden, wettbewerbsintensiven Marktbedingungen – eine Art Ventilfunktion im Sinne gezielter Aktionsraum-Vergrößerungen zu.

Was die gebiete-strategischen Alternativen betrifft, so können zwei große **Entscheidungsfelder** identifiziert werden (vgl. im einzelnen 4. Kapitel „Marktarealstrategien"):

- **Nationale Strategien** (Domestic Marketing),
- **Übernationale Strategien** (International Marketing).

Dabei können verschiedene **Stufen** des marktareal-strategischen Vorgehens innerhalb der beiden großen Entscheidungsfelder unterschieden werden *(Abb. 311).*

Was den gebiete-strategischen Auf- bzw. Ausbau betrifft, so vollzieht er sich – das zeigen die unternehmerischen Erfahrungen – am besten in geplanten Stufen. Hinsichtlich des Domestic Marketing ist generell ein Trend bzw. Zwang zur **nationalen Markterschließung (-ab-**

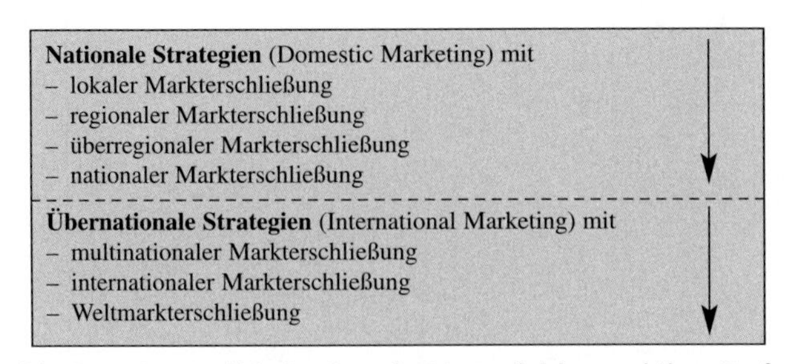


*Abb. 311: Geo-politische Entscheidungsfelder und ihre Stufen*

**deckung)** unverkennbar (insbesondere aufgrund der großen national operierenden Handelsorganisationen, u. a. im Lebensmittelhandel, die weitgehend nationale Partner präferieren).

Wenn auch bestimmte Zwänge eines systematischen Gebieteausbaus (nicht zuletzt in Richtung nationaler Distribution) bestehen und eher noch weiter zunehmen, so darf nicht übersehen werden, dass nicht wenige überregional oder national auftretende Unternehmen **gebietliche Lücken** – oder zumindest Schwachstellen – aufweisen. Das kann verschiedene Gründe haben: etwa zu starke lokale Bastionen der Konkurrenz, die nur mit unvertretbar hohen Marketing-Mitteln einzunehmen sind oder aber Absatzzellen, die vom Marktpotenzial her relativ uninteressant sind. Nationale Strategien können (müssen ggf.) also durchaus den Mut zu lokalen/regionalen Lücken einschließen. Im Laufe der Entwicklung eines Unternehmens und seiner geografischen Ausdehnung wandeln sich zudem häufig Bedingungen konkurrenz- und/oder abnehmer-bezogener Art, so dass es sinnvoll sein kann, beim gebietepolitischen Schließen von Gebieten vorbereitende und/oder abwartende Phasen einzulegen (Timing!). Diese Vorgehensweise entspricht in hohem Maße der marktareal-strategischen Option der *selektiven* Gebieteausdehnung.

Für die Planung des marktareal-strategischen Vorgehens gilt es dabei, an entsprechenden regional differenzierten Ausgangsdaten anzuknüpfen. Wesentliche Basisdaten, z. B. im Rahmen des Konsumgütermarketing, stellen hier etwa regional differenzierte **Bevölkerungs-, Handels-**

| **Bundesländer** | **Bevölkerung** in Tsd. | in Mio. | %-Verteil. | **Fläche** qkm | **Einwohner** je qkm |
|---|---|---|---|---|---|
| Baden-Württemberg | 10.149 | 10,1 | 12,5 % | 35.751 | 284 |
| Bayern | 11.770 | 11,8 | 14,5 % | 70.554 | 167 |
| Berlin | 3.466 | 3,5 | 4,3 % | 883 | 3.925 |
| Brandenburg | 2.543 | 2,5 | 3,1 % | 29.060 | 88 |
| Bremen | 686 | 0,7 | 0,8 % | 404 | 1.697 |
| Hamburg | 1.689 | 1,7 | 2,1 % | 755 | 2.238 |
| Hessen | 5.923 | 5,9 | 7,3 % | 21.114 | 281 |
| Mecklenburg-Vorpommern | 1.865 | 1,9 | 2,3 % | 23.835 | 78 |
| Niedersachsen | 7.577 | 7,6 | 9,4 % | 47.344 | 160 |
| Nordrhein-Westfalen | 17.679 | 17,7 | 21,8 % | 34.070 | 519 |
| Rheinland-Pfalz | 3.881 | 3,9 | 4,8 % | 19.849 | 196 |
| Saarland | 1.084 | 1,1 | 1,3 % | 2.570 | 422 |
| Sachsen | 4.641 | 4,6 | 5,7 % | 18.338 | 253 |
| Sachsen-Anhalt | 2.797 | 2,8 | 3,5 % | 20.444 | 137 |
| Schleswig-Holstein | 2.679 | 2,7 | 3,3 % | 15.729 | 170 |
| Thüringen | 2.546 | 2,5 | 3,1 % | 16.251 | 157 |
| **Deutschland** | 80.975 | 81,0 | 100,0 % | 356.951 | 227 |
| **West** | 63.117 | 63,1 | 77,9 % | 248.620 | 254 |
| **Ost (inkl. Berlin)** | 17.858 | 17,9 | 22,1 % | 108.331 | 165 |

*Abb. 312: Bevölkerungsdaten der BRD nach Bundesländern (Beispieljahr)*

**und/oder Kaufkraft-Daten** dar, und zwar u. a. auf Basis von Bundesländern. Eine Übersicht gibt wichtige Ausgangsdaten für die geo-strategische Analyse der BRD wieder *(Abb. 312).*

Die Übersicht zeigt, dass vor allem drei Bundesländer überdurchschnittliche Bevölkerungsanteile aufweisen (Nordrhein-Westfalen 21,8 %, Bayern 14,5 % und Baden-Württemberg 12,5 %).

Marktareal-strategisches Vorgehen hängt – bei *indirektem* Absatz (= Regelabsatzweg im Konsumgütermarketing) – darüber hinaus von der regionalen Struktur und Umsatz-Verteilung der einschlägigen **Absatzkanäle** (z. B. Lebensmittelhandel) ab. Eine Übersicht zeigt wichtige geo-politische Strukturdaten des Lebensmitteleinzelhandels (LEH), und zwar ebenfalls nach Bundesländern *(Abb. 313).*

| Bundesländer | Anzahl Geschäfte LEH | | Umsatz in Mrd. € | | Bevölkerung in Tsd. | | EW pro Gesch. | Gesch. pro 1000EW |
|---|---|---|---|---|---|---|---|---|
| | absolut | % | absolut | % | absolut | % | | |
| Baden-Württemberg | 9.020 | 12,1 % | 24,10 | 12,0 % | 10.149 | 12,5 % | 1.125 | 0,89 |
| Bayern | 11.960 | 16,1 % | 26,00 | 12,9 % | 11.770 | 14,5 % | 984 | 1,02 |
| Berlin | 1.540 | 2,1 % | 9,20 | 4,6 % | 3.466 | 4,3 % | 2.251 | 0,44 |
| Brandenburg | 2.820 | 3,8 % | 5,80 | 2,9 % | 2.543 | 3,1 % | 902 | 1,11 |
| Bremen | 500 | 0,7 % | 2,15 | 1,1 % | 686 | 0,8 % | 1.372 | 0,73 |
| Hamburg | 1.240 | 1,7 % | 5,45 | 2,7 % | 1.689 | 2,1 % | 1.362 | 0,73 |
| Hessen | 4.680 | 6,3 % | 14,60 | 7,2 % | 5.923 | 7,3 % | 1.266 | 0,79 |
| Mecklenburg-Vorpommern | 2.500 | 3,4 % | 5,30 | 2,6 % | 1.865 | 2,3 % | 746 | 1,34 |
| Niedersachsen | 7.110 | 9,6 % | 19,05 | 9,4 % | 7.577 | 9,4 % | 1.066 | 0,94 |
| Nordrhein-Westfalen | 14.240 | 19,1 % | 45,65 | 22,6 % | 17.679 | 21,8 % | 1.242 | 0,81 |
| Rheinland-Pfalz | 4.330 | 5,8 % | 9,50 | 4,7 % | 3.881 | 4,8 % | 896 | 1,12 |
| Saarland | 1.180 | 1,6 % | 3,20 | 1,6 % | 1.084 | 1,3 % | 919 | 1,09 |
| Sachsen | 5.250 | 7,1 % | 11,65 | 5,8 % | 4.641 | 5,7 % | 884 | 1,13 |
| Sachsen-Anhalt | 2.870 | 3,9 % | 6,00 | 3,0 % | 2.797 | 3,5 % | 975 | 1,03 |
| Schleswig-Holstein | 2.230 | 3,0 % | 7,50 | 3,7 % | 2.679 | 3,3 % | 1.201 | 0,83 |
| Thüringen | 2.930 | 3,9 % | 6,45 | 3,2 % | 2.546 | 3,1 % | 869 | 1,15 |
| **Deutschland** | 74.400 | 100,0 % | 201,60 | 100,0 % | 80.975 | 100,0 % | 1.088 | 0,92 |
| **West** | 56.490 | 75,9 % | 157,20 | 78,0 % | 63.117 | 77,9 % | 1.117 | 0,90 |
| **Ost (inkl. Berlin)** | 17.910 | 24,1 % | 44,40 | 22,0 % | 17.858 | 22,1 % | 997 | 1,00 |

*Abb. 313: Basisdaten des Lebensmitteleinzelhandels nach Bundesländern (Beispieljahr)*

Die Daten ermöglichen u. a. den Vergleich von Geschäfte-, Umsatz- und Bevölkerungsanteilen (z. B. Nordrhein-Westfalen: Geschäfteanteil von 19,1 % bei einem Bevölkerungsanteil von 21,8 % und einem Umsatzanteil von sogar 22,6 %). Aus diesen Daten können z. B. **gebiete-strategische Stoßrichtungen** abgeleitet werden (s. a. *Becker,* 2000 c, S. 169 ff.).

Für entsprechende Feinplanungen müssen hierzu etwa noch regional-differenzierte Daten nach Verkaufsflächen-Klassen, Betriebstypen und ggf. Organisationsformen des Handels herangezogen werden (u. a. auf der Basis von Handelspanel-Daten: *GfK* bzw. *Nielsen*).

In dieser Hinsicht hat z. B. *Nielsen* spezifische **Regionalstrukturen** der BRD geschaffen, für die entsprechende Daten zur Ableitung geo-strategischer Entscheidungen verfügbar sind *(Abb. 314)*.

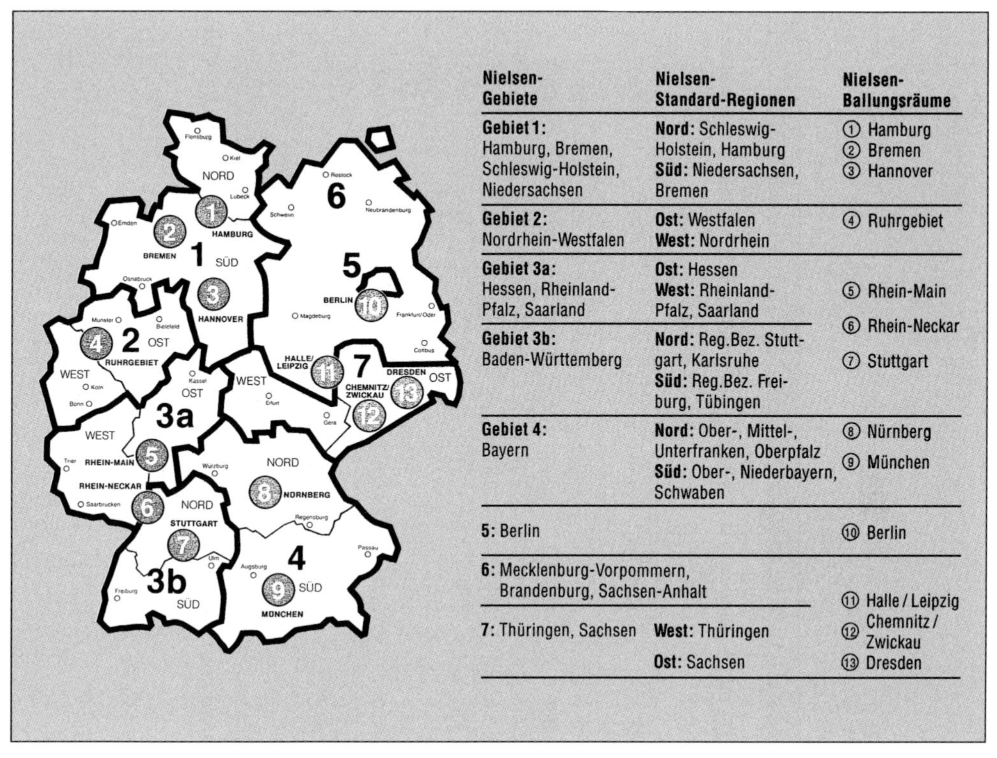


| Nielsen-Gebiete | Nielsen-Standard-Regionen | Nielsen-Ballungsräume |
|---|---|---|
| **Gebiet 1:** Hamburg, Bremen, Schleswig-Holstein, Niedersachsen | **Nord:** Schleswig-Holstein, Hamburg **Süd:** Niedersachsen, Bremen | ① Hamburg ② Bremen ③ Hannover |
| **Gebiet 2:** Nordrhein-Westfalen | **Ost:** Westfalen **West:** Nordrhein | ④ Ruhrgebiet |
| **Gebiet 3a:** Hessen, Rheinland-Pfalz, Saarland | **Ost:** Hessen **West:** Rheinland-Pfalz, Saarland | ⑤ Rhein-Main ⑥ Rhein-Neckar |
| **Gebiet 3b:** Baden-Württemberg | **Nord:** Reg.Bez. Stuttgart, Karlsruhe **Süd:** Reg.Bez. Freiburg, Tübingen | ⑦ Stuttgart |
| **Gebiet 4:** Bayern | **Nord:** Ober-, Mittel-, Unterfranken, Oberpfalz **Süd:** Ober-, Niederbayern, Schwaben | ⑧ Nürnberg ⑨ München |
| **5:** Berlin | | ⑩ Berlin |
| **6:** Mecklenburg-Vorpommern, Brandenburg, Sachsen-Anhalt | | ⑪ Halle / Leipzig |
| **7:** Thüringen, Sachsen | **West:** Thüringen **Ost:** Sachsen | ⑫ Chemnitz / Zwickau ⑬ Dresden |

*Abb. 314: Regionalstrukturen der BRD nach Nielsen*

Für die konsequente geo-strategische Ausschöpfung von Märkten ist in der Regel zusätzlich notwendig, **Absatzkennziffern** als Bewertungsmaßstab für die gebietliche Erfolgsträchtigkeit von regionalen Teilmärkten heranzuziehen. Diese Absatzkennziffern stellen Indikatoren für die absolute bzw. relative Aufnahmefähigkeit dieser Teilmärkte dar. Sie lassen sich auf der Basis einfacher oder mehrfacher Indikatoren beurteilen. Die Aufnahmefähigkeit der einzelnen Teilmärkte und damit die marktareal-strategischen Stoßrichtungen lassen sich dabei umso besser beurteilen bzw. festlegen, je mehr **Indikatoren** genereller wie spezieller Art herangezogen werden.

Für differenziertes inländisches marktareal-strategisches Vorgehen ist dabei vor allem eine regionale Feingliederung von Absatzkennziffern nach Bundesländern (bzw. Stadtstaaten), Regierungs- bzw. Verwaltungsbezirken bis hin zu Stadt- und Landkreisen sinnvoll. Eine Übersicht gibt **typische Kennziffern** für zehn beispielhafte Stadtkreise wieder *(Abb. 315)*.

Das Beispiel verdeutlicht, dass z. B. der Stadtkreis A – auf Basis der Bevölkerung mit Abstand nur *zweit*größte Region – bei allen **Kaufkraft- und Umsatzkennziffern** die (z. T. mit

| Stadtkreise | Fläche qkm | Bevölkerung | | | Bevölkerungsdichte** | Arbeitslose | Kaufkraftkennziffer (je Gebiet in Promille*) | Kaufkraftkennziffer (je Einwohner***) | Umsatzkennziffer (je Gebiet in Promille*) | Umsatzkennziffer (je Einwohner***) |
|---|---|---|---|---|---|---|---|---|---|---|
| | | insgesamt | Promille* | Ausländer abs. in 1000 | | | | | | |
| A | 217,09 | 563 531 | 9,226 | 95,1 | 2596 | 35 144 | 11,080 | 120,1 | 12,902 | 139,8 |
| B | 232,81 | 525 378 | 8,601 | 69,1 | 2257 | 35 018 | 7,831 | 91,0 | 8,311 | 96,6 |
| C | 210,33 | 623 427 | 10,206 | 39,9 | 2964 | 36 042 | 10,095 | 98,9 | 12,083 | 118,4 |
| D | 137,50 | 232 261 | 3,802 | 25,2 | 1689 | 12 399 | 3,994 | 105,0 | 4,347 | 114,3 |
| E | 170,50 | 249 587 | 4,086 | 20,7 | 1464 | 12 171 | 4,015 | 98,3 | 5,431 | 132,9 |
| F | 91,27 | 176 423 | 2,888 | 11,6 | 1933 | 9 219 | 3,109 | 107,7 | 3,592 | 124,4 |
| G | 77,03 | 220 286 | 3,606 | 18,1 | 2860 | 14 346 | 3,231 | 89,6 | 3,471 | 96,3 |
| H | 74,60 | 120 132 | 1,967 | 17,2 | 1610 | 4 449 | 2,126 | 108,1 | 1,823 | 92,7 |
| I | 89,46 | 159 103 | 2,605 | 19,4 | 1778 | 7 175 | 2,745 | 105,4 | 2,841 | 109,1 |
| J | 168,37 | 365 662 | 5,986 | 40,0 | 2172 | 16 698 | 6,406 | 107,0 | 6,570 | 109,8 |

* bezogen auf Gesamtsumme Bundesgebiet
** Einwohner insgesamt je qkm
*** bezogen auf den Bundesdurchschnitt von 100,0

*Abb. 315: Flächen- und Bevölkerungsstruktur sowie Kaufkraft- und Umsatzkennziffern für beispielhafte Stadtkreise(nach GfK)*

großem Abstand) *höchsten* Werte aufweist und damit marktareal-strategisch generell besonders interessant erscheint.

Die **Kaufkraftkennziffer** in Promille gibt das Gewicht der einzelnen Kreise in Bezug auf die Einkommen der dort lebenden Bevölkerung an. Die **Umsatzkennziffer** in Promille zeigt die Bedeutung der einzelnen Regionen nach den dort erzielten Umsätzen des Einzelhandels (zur Berechnung solcher Kennziffern vgl. *Kopp,* 1975, S. 93 ff.). Jedes Unternehmen muss prüfen, welche der beiden Reihen das regionale Absatzpotenzial für die eigenen Zwecke am besten erklärt. Häufig sind noch andere Basiszahlen (wie z. B. Industrieverteilung, Baugenehmigungen oder auch Branchenumsätze im Handel) in die Betrachtung einzubeziehen, um auf dieser Basis *spezielle* Absatzkennziffern zu ermitteln, die möglichst alle Besonderheiten des Produktes/Programms bzw. der Verbraucherverhaltensweisen, die Besonderheiten des Absatzweges bzw. -systems usw. berücksichtigen (siehe auch *Kastin,* 1995, S. 331 ff., speziell zu Absatzkennziffern in Nicht-Konsumgüterbereichen ebenda, S. 339 ff. sowie *Bauer,* 1995, Sp. 1115 ff.; *Berekoven/Eckert/Ellenrieder,* 2001, S. 314 f.).

Neben den angeführten Kaufkraft- und Umsatzkennziffern spielen ggf. auch **regionale Käuferpräferenzen** eine Rolle bei der Festlegung bzw. Schwerpunktbildung marktareal-strategischer Vorgehensweisen. Das soll am Beispiel von Molkereiprodukten näher skizziert werden *(Abb. 316).*

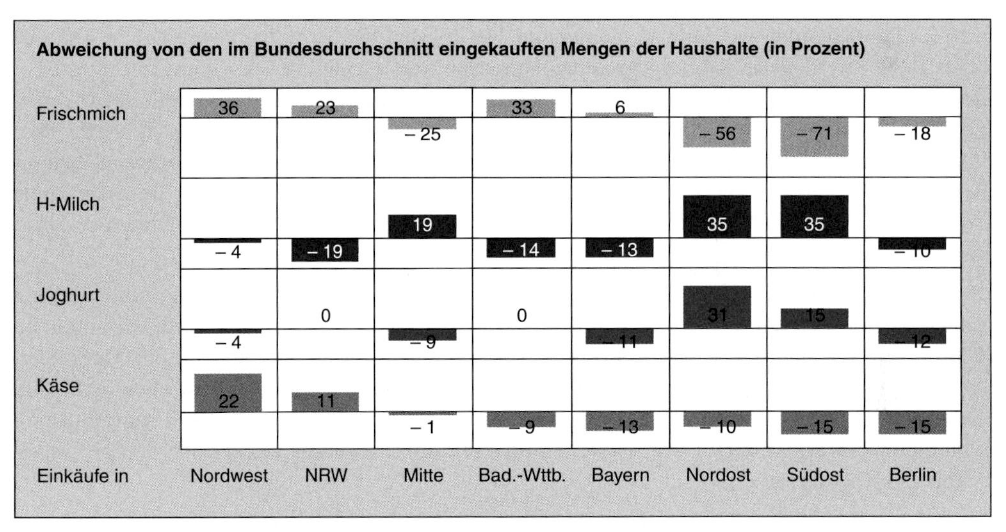


*Abb. 316: Regionale Kauf-/Konsumpräferenzen bei Molkereiprodukten (Basis: Paneldaten, Beispieljahr)*

Die Daten zeigen u. a. noch wesentliche Unterschiede in den Konsumgewohnheiten zwischen Ost- und Westdeutschland bzw. den entsprechenden Regionen.

Die Darlegungen haben insgesamt gezeigt, dass es verschiedene Möglichkeiten gibt, die **Aufnahmefähigkeit** regionaler Märkte zu beurteilen, um auf dieser Basis klare geostrategische Konzepte zu entwickeln, und zwar im Sinne systematischer Stufenpläne des Auf- und Ausbaus. Je feiner das Analyseraster ist (neben generellen auch spezielle Indikatoren bis hin zur Berücksichtigung firmenindividueller Kriterien), umso mehr kann es gelingen, auch spezifische **Ab-**

**satzreserven** kleiner Gebieteeinheiten zu identifizieren, um aus diesen Detaildaten dann ein abgestuftes, ggf. panel-gestütztes Gebieteerschließungskonzept zu entwickeln. Zur Sichtbarmachung ermittelter Regionaldaten kann auch entsprechende Landkarten-Software genutzt werden (u. a. von *GfK/GeoMarketing*: *„District"* und von *PTV: „Map & Market"*).

Neben den angesprochenen Handels- und Verbraucher- bzw. Kundendaten müssen beim gebiete-strategischen Vorgehen ggf. entsprechende **Konkurrenzdaten** sowie auch spezifische **infrastrukturelle Daten** (z. B. Straßen-, Verkehrssysteme) berücksichtigt werden (zu beispielhaften Vorgehensweisen bei der gebiete-politischen Strukturierung vgl. *Kellner,* 1990, S. 254 ff.).

Was das **übernationale Marketing** betrifft, so ist es auch für die Erschließung von Auslandsmärkten grundsätzlich sinnvoll, solche potenzial-orientierten, regionalen Analysen auf der Basis von adäquaten Absatzkennziffern durchzuführen. Erst auf der Grundlage solcher Feinanalysen ist eine systematische, differenzierte Bearbeitung von Auslandsmärkten möglich.

Bevor jedoch solche Feinanalysen im übernationalen Marketing („International Marketing") sinnvoll sind, müssen zunächst strategische **Vor-Selektionen** dahingehend durchgeführt werden, *welche* Länder überhaupt im Rahmen eines übernationalen Marketing-Konzepts berücksichtigt werden sollen (= Marktauswahlentscheidung).

Nicht nur nationale, sondern vor allem **übernationale Strategien** dienen dem Zweck der Oberzielerfüllung (primär Rentabilitäts- und *Unternehmenswertziele*). Insoweit muss die Länderauswahl im übernationalen Marketing unter dem Aspekt der **Oberzielrealisierung** geprüft und entschieden werden. Ausgangspunkt ist hierbei der erreichte sowie der in Zukunft angestrebte Internationalisierungsgrad des Unternehmens (Anteil des Auslandsumsatzes bzw. -absatzes am Gesamt-(Welt-)umsatz bzw. -absatz in %). Neben diesem marketingbezogenen Internationalisierungsgrad sind solche Grade anderer Unternehmensbereiche (u. a. der Produktion oder Beschaffung) zu unterscheiden (*Schmidt,* 1989 b, Sp. 965 f.). In diesem Zusammenhang wird von internationaler Diversifikation gesprochen, wobei der „internationale Diversifikationsbegriff" ebenfalls über die produkt- bzw. marketingbezogene Dimension hinausgeht (*Schmidt,* 1989 a, Sp. 362).

Die internationale Länderauswahl soll hier jedoch primär unter Marketing- und übergeordneten Unternehmensaspekten betrachtet werden. Grundlinien bzw. Grundpositionen im Hinblick auf die Internationalisierung eines Unternehmens werden bereits auf der **Meta-Zielebene** (vor-)formuliert, und zwar speziell auf der Ebene Unternehmenszweck (Mission einschließlich Vision); denn bereits mit der Festlegung von Produkten bzw. Programm und Kunden bzw. Märkten werden die Weichen für eine Internationalisierung gesetzt (vgl. hierzu 1. Teil „Marketingziele").

Die Internationalisierung folgt – gerade unter erschwerten inländischen Marktbedingungen (schwach wachsende oder stagnierende Märkte) – marktwirtschaftlichen **Zwängen der Aktionsraumerweiterung,** um entsprechende Wachstumspotenziale im internationalen bzw. globalen Wettbewerb zu sichern. Die internationale Diversifikation dient darüber hinaus einem gezielten Risikoausgleich (Risk Management). Nicht zuletzt trägt die Internationalisierung zur Ertragssicherung bzw. -steigerung der Unternehmen bei (vgl. auch die empirischen Analysen u. a. von *Hughes/Logue/Sweeny,* 1975; *Bühner,* 1985; *Geringer/Beamish/da Costa,* 1989; zu empirischen Studien, die zeigen, dass breit länder-diversifizierte Unternehmen nicht zwingend erfolgreicher sind, *Sambharya,* 1995).

Wie stark Unternehmen in Bezug auf Umsatz und Ergebnis vom Auslandsgeschäft abhängig sind bzw. sein können, zeigt ein konkretes Beispiel *(Abb. 317).*

| Regionen | Umsatz (in Mio. €) | Umsatzanteile (in %) | Ergebnis (in Mio. €) | Ergebnis-anteile (in %) | Umsatzrendite (in %) |
|---|---|---|---|---|---|
| Europa | 24 275 | 59 | 1102 | 47 | 4,5 |
| Nordamerika | 9 777 | 24 | 642 | 27 | 6,6 |
| Lateinamerika | 2 150 | 5 | 150 | 7 | 7,0 |
| Asien/Afrika/ Australien | 4 805 | 12 | 453 | 19 | 9,4 |
| Insgesamt | 41 007 | 100 | 2347 | 100 | 5,7 |

*Abb. 317: Umsatz, operatives Ergebnis und Umsatzrendite nach Regionen (Chemie-Großunternehmen, Beispieljahr)*

Neben jahresbedingten Einflüssen (Besonderheiten) zeigt das Beispiel, dass das betrachtete Unternehmen – wie viele andere Unternehmen – aus gutem Grund die **Internationalisierung** vorangetrieben hat: Deutschland bzw. der europäische Markt stellen sowohl von der Kosten- als auch Abnehmerseite zunehmend schwierige Märkte dar, die nur noch unterdurchschnittliche Umsatzrenditen ermöglichen (vgl. Durchschnittsrendite 5,7 %, Umsatzrendite in Europa 4,5 %). Europa trägt zum Umsatz zwar noch 59 %, zum Ergebnis aber nur noch 47 % bei.

Damit wird deutlich, wie zentral die **Länderauswahlentscheidung** im internationalen Marketing für die unternehmerische (Ober-)Zielerfüllung ist. Die zu wählenden Länder (Auslandsmärkte) müssen deshalb sowohl unter Chancen- als auch Risikoaspekten analysiert und ihre jeweilige Bearbeitung davon abhängig gemacht werden. Für solche Länderanalysen werden unterschiedliche Konzepte vorgeschlagen (siehe u. a. *Buzzell/Quelch,* 1988; *Jain,* 1990; *Yip,* 1992; *Hermanns/Wissmeier,* 1995; *Meissner,* 1995; *Kotabe/Helsen,* 2001; *Backhaus/Voeth,* 2010). Als wesentliche **Kriterien (Indikatoren)** für Länderanalysen können dabei

- **die Marktattraktivität und**
- **die Markteintrittsbarrieren**

herangezogen werden.

Die **Marktattraktivität** umfasst alle wichtigen Faktoren, die einen ausländischen Markt für eine Erschließung als lohnend erscheinen lassen. Sie ist zugleich ein Ausdruck für mögliche Ertragschancen in diesem Markt. Für die Beurteilung der Attraktivität ausländischer Märkte können dabei sehr unterschiedliche Faktoren berücksichtigt werden. Ggf. müssen dabei auch Sonderaspekte berücksichtigt werden, die bestimmte Auslandsmärkte als besonders *attraktiv* kennzeichnen (z. B. sog. **Brückenkopf- oder Referenzmärkte;** so stellen z. B. die USA einen wichtigen Brückenkopf für die nord- und südamerikanische Marktbearbeitung, z. T. sogar für eine Weltmarktbearbeitung insgesamt dar, u. a. im Automobil-, Computer- oder auch Bekleidungsmarkt).

Entscheidende Daten für die Beurteilung der Attraktivität von Märkten bzw. Regionen stellen etwa **Marktvolumen** und **Marktanteile** nach Einsatzfeldern von Produkten dar *(Abb. 318).*

Für die Beurteilung von Märkten bzw. Regionen ist darüber hinaus die Erfassung von **Marktpotenzialen** notwendig. In diesem Zusammenhang müssen zur Beurteilung der Attraktivität von Auslandsmärkten auch Projektionen (Prognosen) erarbeitet werden (und zwar sowohl hinsichtlich Marktpotenzial, Marktvolumen und Marktanteilen, vgl. hierzu den Abschnitt „Marktstrukturanalysen und Marktprognosen" zu Beginn des III. Kapitels Methoden und Kalküle zur Strategiebestimmung). Hierfür sind auch entsprechende Konkurrenzanalysen

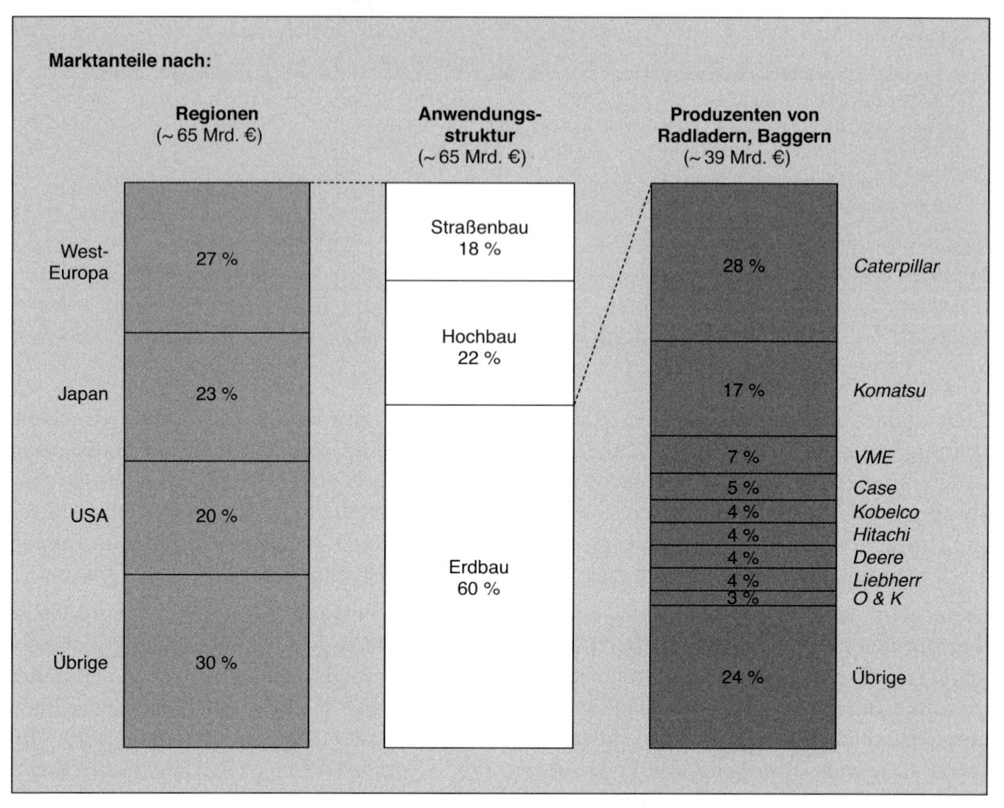


*Abb. 318: Aufteilung des Baumaschinen-Weltmarktes nach Regionen, Anwendungsstrukturen und Marktanteilen (für den Teilmarkt Erdbau, Beispieljahr)*

durchzuführen, die auf wesentliche Triebkräfte des **Branchenwettbewerbs** gerichtet sind (*Porter,* 1995):

- **Situation und Verhalten der Branchenunternehmen,**
- **Situation und Verhalten potenzieller neuer (branchenfremder) Wettbewerber,**
- **Technologische Entwicklungen, insbesondere substitutiver Produkte und/oder Verfahren.**

Wichtige Faktoren für die Beurteilung der Marktattraktivität unter Konkurrenzaspekten sind darüber hinaus Informationen u. a. über die relativen Kosten, Preise und Qualitäten der Wettbewerber (*Yip,* 1992, S. 248 f.; *Backhaus/Büschken/Voeth,* 2003, S. 124 ff.).

Exkurs: Zur Rolle der Marktforschung im übernationalen Marketing

Systematisches übernationales Marketing setzt entsprechende (Markt-)Informationssysteme voraus. Im Hinblick auf die systematische Auswahl wie auch die konsequente Bearbeitung von Auslandsmärkten sind vor allem möglichst **vergleichbare Marktdaten und -informationen** sinnvoll bzw. notwendig. Aufgrund der Bedeutung vergleichbarer Daten hat etwa die Europäische Wirtschaftskommission der Vereinten Nationen die internationalen Handelsstatistiken standardisiert und veröffentlicht sie unter der Bezeichnung *„Standard International Trade Classification“* (SITC). Dieses Klassifikationsschema hat zu einer wesentlichen Erleichterung der internationalen sekundär-statistischen Marktforschung geführt (*Kuhlhavy,* 1989, Sp. 838). Gerade die sekundär-statistische Marktforschung spielt im internationalen Marketing – u. a. aus Kosten- und Zeitgründen – eine besonders wichtige Rolle.

Darüber hinaus ist die Länderauswahl wie auch ihre spätere Bearbeitung an primär-statistische Daten und Informationen gebunden. In diesem Zusammenhang ist – speziell in Konsumgütermärkten – die **sog. interkulturelle Konsumentenforschung** von Bedeutung. Ihr liegt ein Cross-Cultural-Approach (kultur-vergleichender Ansatz) zugrunde, d. h. es geht hierbei um die Identifizierung und Würdigung von wirtschaftsrelevanten Verhaltensmustern in unterschiedlichen Kulturräumen bzw. Regionen (vgl. hierzu Überblick bei *Holzmüller,* 1989, Sp. 1143 ff. sowie im Einzelnen *Müller/Gelbrich,* 2015).

Die internationale Marktforschung steckt insgesamt in einem Entwicklungsprozess (*Schopphoven,* 1991; zu den zentralen Inhalten wie zur Methodik s. a. *Berekover/Eckert/Ellenrieder,* 2001, S. 320 ff.).

Eine zweite Basisindikatoren-Ebene – neben der Marktattraktivität – stellt die Ebene der **Markteintrittsbarrieren** dar. Als Markteintrittsbarrieren können alle diejenigen Voraussetzungen und Bedingungen bezeichnet werden, deren Erfüllung zur bedarfsgerechten Marktbearbeitung notwendig ist und die sich für das jeweils eintretende Unternehmen als hemmend bzw. erschwerend erweisen. Für die internationale Marktauswahl wie auch Marktbearbeitung sind darüber hinaus **Marktaustrittsbarrieren** relevant, da z. B. hohe Marktaustrittskosten (u. a. aufgrund einer nationalen Gesetzgebung) das Risiko einer fehlgeschlagenen Markteintrittsstrategie wesentlich erhöhen können.

Markteintrittsbarrieren treten in ganz **unterschiedlicher Weise** auf. Eine wesentliche Unterscheidung betrifft einmal sog. tarifäre Handelshemmnisse (z. B. Erhebung von Zöllen) und zum anderen sog. nicht-tarifäre Handelshemmnisse (z. B. staatliche protektionistische Barrieren). Des weiteren kann zwischen „natürlichen" und „künstlichen" Barrieren unterschieden werden. Als natürliche Barrieren können etwa geografische (wie z. B. Klima) oder auch kulturell bedingte (wie z. B. Sprache) auftreten. Künstliche Barrieren umfassen solche Hemmnisse, die gezielt den Markteintritt von ausländischen Anbietern erschweren sollen (etwa staatliche Genehmigungsverfahren oder privatwirtschaftliche Vertragsbindungen wichtiger Absatzmittlergruppen). Im Übrigen kann zwischen ökonomischen und nicht-ökonomischen (verhaltensspezifischen) Barrieren abgegrenzt werden. Ökonomische Barrieren stellen insbesondere Kostenvorteile etablierter Wettbewerber dar, während nicht-ökonomische Barrieren in den Köpfen von Abnehmern bestehen (z. B. Bevorzugung inländischer Marken, „buy British"). Insgesamt muss übernationales Marketing – wenn es erfolgreich sein soll – darauf ausgerichtet sein, Markteintrittsbarrieren abzubauen, wenigstens zu mildern oder wenn möglich, auch zu umgehen (zu Markteintrittsbarrieren und Ansatzpunkten ihrer Überwindung im internationalen Marketing siehe Überblick bei *Simon,* 1989 b).

Für den Ansatz, speziell politisch bedingte Barrieren abzubauen, ist auch der Begriff **„Megamarketing"** (*Kotler,* 1986) eingeführt worden. Während in traditioneller Weise die politische Umwelt grundsätzlich als Datum angesehen wird, besteht der megamarketing-politische Ansatz darin, etwa durch gezielte Public Relations bzw. gezieltes Lobbying diese Umwelt aktiv zu beeinflussen, um sie im Interesse eigener Unternehmens- und Marketingziele zu verändern (was allerdings i. d. R. an entsprechende Unternehmensgrößen gebunden ist).

Eine besonders wichtige und immer aktuelle Gruppe von Marktbarrieren stellen die **sog. Länderrisiken** dar, die vor allem aufgrund der weltweiten Verschuldungskrise für die Marktauswahlentscheidungen im übernationalen Marketing an Bedeutung gewonnen haben. Diese Verschuldungskrise schlägt sich u. a. nieder in Zahlungsunfähigkeits-, Wechselkurs-, Dispositions- bis hin zu Enteignungsrisiken (*Backhaus/Büschken/Voeth,* 2003, S. 137 f.). Aufgrund der strukturellen Zunahme von Länderrisiken seit etwa Mitte der siebziger Jahre ist eine ganze Reihe von Beurteilungskonzepten für Länderrisiken entwickelt worden. Hinsichtlich der Konzepte zur systematischen Erfassung von Länderrisiken lassen sich sowohl ein- und mehrdimensionale als auch quantitative und qualitative Systeme unterscheiden (im Einzelnen *Meyer,* 1987). Eine Übersicht nennt **wichtige Beispiele** *(Abb. 319).*

| Art des Konzepts / Anzahl der Dimensionen | quantitativ | qualitativ |
|---|---|---|
| **eindimensional** | statistische Kennzahlen (z. B. *Institutional Investor Country Rating*) | Länderberichte, die sich nur auf einen Umfeldaspekt beziehen (z. B. *Political Risk Letter)* |
| **mehrdimensional** | mehrdimensionale quantitative Modelle (z. B. *BERI-Index, Euromoney-Index*) | Länderberichte, die mehrere Umweltaspekte berücksichtigen (z. B. *Country Forecast Reports* des *BERI-Institutes* bzw. Länderberichte vom *BfAI*) |

*Quelle: Quack,* 1995, S. 98

*Abb. 319: Konzepte zur Bestimmung von Länderrisiken*

**Eindimensionale quantitative Konzepte** konzentrieren sich i. d. R. auf die Erfassung eines wichtigen Kriteriums, wie z. B. die Kreditwürdigkeit der Nationen. Ein typisches Verfahren ist das *Institutional Investor Country Rating,* bei dem die Kreditwürdigkeit von 135 Ländern durch ein Experten-Panel anhand einer Rating-Skala von 0–100 beurteilt wird. **Eindimensionale qualitative Konzepte** knüpfen ebenfalls an nur einem Beurteilungskriterium an, für das eine Beschreibung der landesspezifischen Situation erfolgt. Beim *Political Risk Letter* wird z. B. die Situation im Hinblick auf die politische Risikokomponente in Form eines Expertengutachtens zusammengefasst.

**Mehrdimensionale quantitative (Punktbewertungs-)Modelle** beziehen mehrere (viele) Risikoarten in die Beurteilung ein. Alle einbezogenen Risiken werden anhand von statistischen Kennzahlen bzw. durch Expertenbefragungen erfasst. Häufig werden die einzelnen Elemente erfasster Risiken hinsichtlich ihrer Bedeutung gewichtet und zu einem Gesamtwert aggregiert. Eines der bekanntesten Systeme stellt der *BERI-Index (Business environment risk information)* dar (zur Methodik des *BERI*-Systems *Backhaus/Büschken/Voeth,* 2003, S. 140 ff.; im Einzelnen *Meyer,* 1987). **Mehrdimensionale qualitative Konzepte** formulieren Aussagen zu mehreren Risikoarten, und zwar ausschließlich in verbaler Form. Hierfür können etwa die *„Country Forecast Reports"* des *BERI-Instituts* oder auch die Länderberichte der *Bundesstelle für Auslandsinformationen* (BfAI) angeführt werden (*Quack,* 1995, S. 98 f.; *Bruns,* 2003, S. 78 f.). Trotz der relativ starken Verbreitung der verschiedenen Risikobeurteilungssysteme muss gesagt werden, dass ihr Aussagewert begrenzt ist (*Berndt et al.,* 2005, S. 112). Sie ersetzen jedenfalls nicht weitere Recherchen unter Berücksichtigung branchen- und/oder unternehmensspezifischer Aspekte.

Für die Länderauswahl im übernationalen Marketing sind in den vorangegangenen Darlegungen vor allem zwei grundlegende Basiskriterien, nämlich Marktattraktivität einerseits und Markt(eintritts)barrieren andererseits, herausgearbeitet worden. Eine **erste Vorselektion** auswahlwürdiger Auslandsmärkte lässt sich auf der Basis einer kombinierten Analyse vornehmen (vgl. auch *Carl,* 1989). Eine Matrixdarstellung verdeutlicht die Zusammenhänge *(Abb. 320).*

Danach stellen Märkte, die eine hohe Marktattraktivität aufweisen bei gleichzeitig niedrigen Marktbarrieren, die **eigentlichen Zielmärkte** im übernationalen Marketing dar. Bei hohem Marktpotenzial – eines der wichtigsten Kriterien der Marktattraktivität – können sie zum ausländischen **Schwerpunkt** des Unternehmens werden. Diejenigen Ländermärkte, die zwar ebenso leicht erschlossen werden können, bei allerdings niedriger Marktattraktivität, eignen sich mehr für eine sporadische bzw. akzessorische Bearbeitung. Sie werden daher eher als **Gelegenheitsmärkte** angesehen.

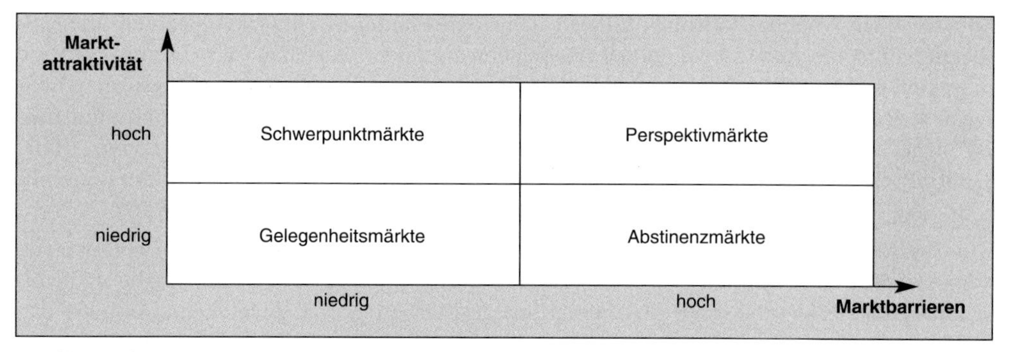


*Quelle:* nach *Backhaus/Büschken/Voeth,* 1998, S. 113

*Abb. 320: Ländermarkttypologie auf der Basis von Marktattraktivität und Marktbarrieren*

Ein dritter Typus von Auslandsmärkten ist demgegenüber sowohl durch hohe Marktattraktivität als auch durch hohe Marktbarrieren gekennzeichnet. Eine Bearbeitung solcher Auslandsmärkte ist durchweg nur mit unverhältnismäßig hohen Aufwendungen möglich, um bestehende ausgeprägte Markteintrittsbarrieren zu überwinden. Bei einem Engagement in derartigen Märkten kann das Risiko eines Scheiterns zudem hohe Marktaustrittsbarrieren bedeuten, mit entsprechenden Folgekosten. Sie stellen insofern (zunächst) nur selektiv anzugehende **Perspektivmärkte** dar. Und Märkte, die durch eine niedrige Marktattraktivität und zugleich hohe Marktbarrieren charakterisiert sind, bieten weder marktliche Potenziale noch realistische Erschließungsmöglichkeiten. Sie scheiden insofern als nicht oberzieladäquate Märkte aus (= **Abstinenzmärkte**) bzw. dort, wo es erfolglose Erschließungsversuche gegeben hat, sind ggf. Rückzugsstrategien adäquat.

Bei der Typologisierung von Auslandsmärkten ist allerdings zu berücksichtigen, dass sich Markt- und Umfeldbedingungen **im Zeitablauf** ändern können. Entsprechende Marktinformationssysteme müssen deshalb die Voraussetzungen schaffen, insbesondere Perspektivmärkte – aber durchaus auch Gelegenheits- und Abstinenzmärkte – regelmäßig auf möglichst vergleichbarer Basis zu analysieren, um Überprüfungen im unternehmensspezifisch gewählten **Länder-Portfolio** vornehmen zu können *(Abb. 321).*

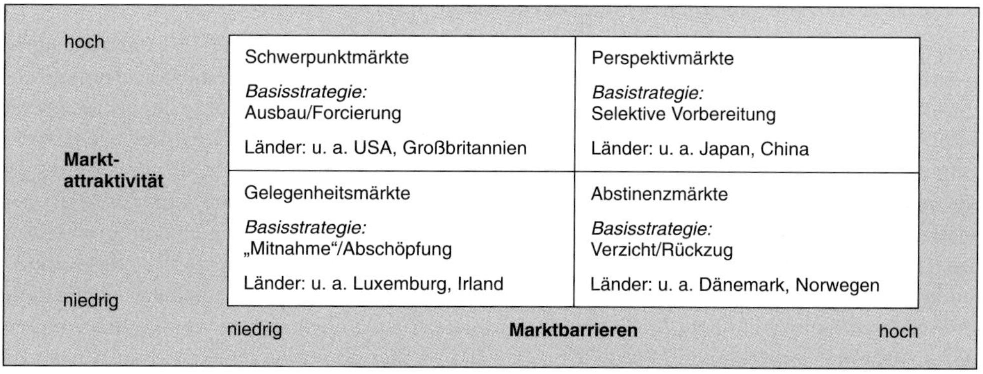

| **Marktattraktivität** | Marktbarrieren: niedrig | Marktbarrieren: hoch |
|---|---|---|
| hoch | Schwerpunktmärkte<br>*Basisstrategie:*<br>Ausbau/Forcierung<br>Länder: u. a. USA, Großbritannien | Perspektivmärkte<br>*Basisstrategie:*<br>Selektive Vorbereitung<br>Länder: u. a. Japan, China |
| niedrig | Gelegenheitsmärkte<br>*Basisstrategie:*<br>„Mitnahme“/Abschöpfung<br>Länder: u. a. Luxemburg, Irland | Abstinenzmärkte<br>*Basisstrategie:*<br>Verzicht/Rückzug<br>Länder: u. a. Dänemark, Norwegen |

*Abb. 321: Länderportfolio und Basisstrategien (angenommene Länderbeispiele)*

Auf der Basis von Ist-Portfolios können dann **Soll-Portfolios** entwickelt werden, die ggf. oberzielkonforme Änderungen in den Länderschwerpunkten vorsehen (das Gesamt-Portfolio eines Unternehmens lässt sich am konsequentesten aus einzelnen Portfolios für einzelne Länder bzw. Regionen ableiten; zum sog. Portfolio-Mapping (= mehrfach strukturierte Portfolios) siehe *Segler,* 1986, S. 140 ff.; *Töpfer/Berger,* 1991, S. 160 ff.; *Macharzina,* 2003, S. 330 ff.; zu methodischen Einzelfragen einer transnationalen, portfolio-orientierten Investitions- und Finanzplanung *Schmidt,* 1990, S. 732 ff.; *Berndt et al.,* 2005, S. 134 ff.).

Von Portfolio-Änderungen können naturgemäß auch Schwerpunktmärkte betroffen sein, wenn sich Marktattraktivität und/oder Marktbarrieren ungünstig entwickeln. Markt- und Umfeldanalysen stellen also auch im übernationalen Marketing eine **permanente Aufgabe** dar. Oberziel des Auslandsmarketing ist es insgesamt, dass ein Unternehmen jederzeit über genügend „Cash-Cow-Märkte" verfügt. Bei zunehmender Internationalisierung des Wettbewerbs (Globaler Wettbewerb) genügt eine „Cash-Cow-Position" lediglich im Stamm- oder Heimatmarkt im Allgemeinen nicht mehr.

Bei der Auswahl von Ländermärkten ist allerdings zu berücksichtigen, dass Ländermarkttypologien das Ergebnis hochaggregierter Marktauswahlprozesse sind. Ländermarkt-Portfolios teilen insofern die **grundsätzliche Problematik** von Portfolio-Analysen (vgl. hierzu auch die Darlegungen zu den „Marktfeld-strategischen Selektionsfragen"). Wenn aber Ländermarkt-Portfolios „das Ziel und Ergebnis von Marktauswahlprozessen sind, dann ist zu fragen, welche methodischen Ansätze zu deren Ableitung zu unterscheiden sind" (*Backhaus/Büschken/Voeth,* 1998, S. 114).

Insofern entsteht die pragmatische Frage, *welche* Methoden für die konkrete Marktauswahl eingesetzt werden können. In der Literatur werden hierzu unterschiedliche Vorschläge gemacht; es wird u. a. auf Checklisten-Verfahren, Punktwertverfahren (Scoringverfahren) oder auch Entscheidungsbaumverfahren verwiesen. Was die eigentliche methodische Vorgehensweise bei der Länderselektion betrifft, so können vor allem **Stufen- bzw. Filterverfahren** sinnvoll eingesetzt werden. Die klassische Stufenmethodik besteht darin, anhand nur weniger Muss-Kriterien („K.o.-Kriterien") bereits eine Anzahl von Ländermärkten auszuschließen (= Vorauswahl-Stufe) und daran anschließend mit Hilfe weiterer Kriterien wiederum Ländermärkte auszuscheiden (= Zwischenauswahl-Stufe), um dann für eine überschaubare Zahl von grundsätzlich interessanten Märkten auf Basis noch spezifischer Kriterien Feinanalysen durchzuführen (= Endauswahl-Stufe), an deren Ende dann besonders attraktive Länder, die für eine Marktbearbeitung in Betracht kommen, übrig bleiben (*Köhler/Hüttemann,* 1989, Sp. 1431 ff.; *Hünerberg,* 1994, S. 108 ff.; *Quack,* 1995, S. 95 ff.; *Bruns,* 2003, S. 81 f.). Eine Darstellung skizziert ein solches **sequenzielles Analyseverfahren** *(Abb. 322).*

Dieses stufenförmige (Punkt-)Bewertungsverfahren des Universums von 150 Ländern unter spezifischen **produkt-orientierten Kriterien** führt am Ende jeder einzelnen Bewertungsstufe zur Beantwortung der Frage, welche der beurteilten Länder für weitergehende Analysen berücksichtigt werden sollen. Dabei wird idealerweise der Kriterienkatalog, der der Bewertung zugrundeliegt, schrittweise erweitert. Das heißt mit anderen Worten, die Länder, die in den späteren Bewertungsstufen jeweils noch übrig bleiben, werden immer *feineren* Analysen unterworfen. Andererseits muss darauf geachtet werden, dass nicht durch eine zu große Zahl der Kriterien (die die Entscheidungsqualität häufig nicht wesentlich verbessern) das Verfahren in seiner Handhabung beeinträchtigt wird. Die Entscheidungsqualität solcher sequenzieller Verfahren hängt in hohem Maße davon ab, ob die Auswahlkriterien einen möglichst engen Bezug zum zu vermarktenden Produkt haben, und ob sie möglichst objektiv – im Auslandsmarketing vor allem sekundärstatistisch – erfassbar sind.

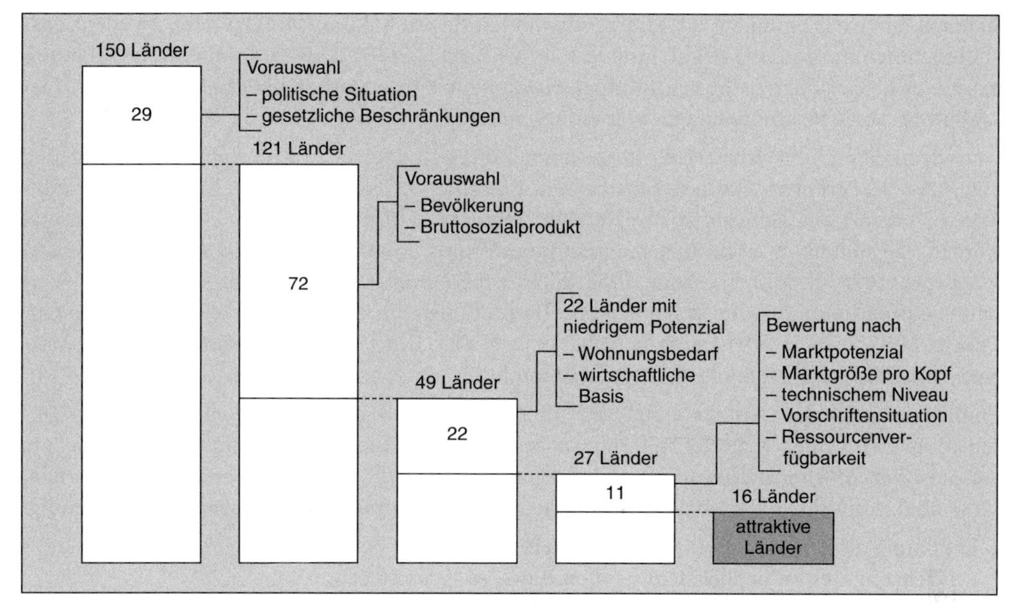


*Quelle: Henzler,* 1979, S. 122

*Abb. 322: Sequenzielle Bewertung von Auslandsmärkten (am Beispiel PVC-Bodenbeläge)*

Das aufgeführte Beispiel weicht vom allgemein beschriebenen Drei-Stufen-Modell (1. Vorauswahl-, 2. Zwischenauswahl- und 3. Endauswahl-Stufe) insofern ab, als hierbei *zwei* Vorauswahlstufen vorgesehen sind. Insoweit handelt es sich streng genommen um ein **vierstufiges Analyse-Modell.** Die Zahl bzw. die Strukturierung der Analysestufen ist sinnvollerweise auch vom konkreten Untersuchungsgegenstand abhängig zu machen.

Damit sollen die methodischen Fragen marktareal-strategischer Auswahlprozesse sowohl für das „Domestic Marketing“ als auch zuletzt für das „International Marketing“ abgeschlossen werden. Es folgen noch abschließende Darlegungen zum Strategieselektionsprozess insgesamt.

### e) Punktwert- bzw. Nutzwertanalysen und Strategieselektion insgesamt

Anknüpfend an das vierdimensionale Strategiesystem (1. Ebene: Marktfeldstrategien, 2. Ebene: Marktstimulierungsstrategien, 3. Ebene: Marktparzellierungsstrategien, 4. Ebene: Marktarealstrategien) sind zunächst für alle diese Ebenen grundlegende Methoden und Verfahren zur konkreten Strategiewahl dargestellt worden.

Wie schon bei der Behandlung der sach-inhaltlichen Fragestellungen angeführt, geht es jedoch nicht nur darum, jeweils (oberziel-)adäquate Strategiefestlegungen auf einzelnen Strategieebenen vorzunehmen, sondern ein **strategisches Konzept** ist erst vollständig – und entfaltet erst dann seine volle Steuerungsleistung („Kanalisierungsfunktion“) – wenn auf allen vier Ebenen strategische Fixierungen (= *vertikale* Strategiekombination) vorgenommen worden sind (vgl. hierzu auch Abschnitt „Strategiekombinationen“).

Bei der Behandlung der Strategieselektions-Methodik ist auch darauf eingegangen worden, dass zwischen einzelnen Strategieebenen bestimmte Verknüpfungen bzw. Interdependenzen bestehen können. Solche **Verbundeffekte** sind u. a. zwischen 2. und 3. Strategieebene gegeben, speziell zwischen Präferenzstrategie und Segmentierungsstrategie. Darüber hinaus ist im

Rahmen der Überlegungen zur Strategiekombination auch darauf hingewiesen worden, dass Unternehmen im Zeitablauf ggf. strategische Verbreiterungen (= *horizontale* Strategiekombination) auf einer oder mehreren Strategieebenen zur konsequenten oberzielorientierten Ausschöpfung von Marktpotenzialen vornehmen müssen.

Unternehmen müssen dann (Neu-)Bewertungen ihres strategischen Konzepts durchführen und evtl. über Weiterentwicklungen entscheiden. Für solche **Gesamtbewertungen** können Punktwertverfahren (sog. Scoring- bzw. Nutzwertanalysen, *Diller,* 1998 c, S. 247 ff.) eingesetzt werden. Sie stellen – u. a. für die Neuproduktbewertung entwickelt und dort speziell eingesetzt (*Siegwart,* 1974, S. 182 ff.; *Rupp,* 1983, S. 210 ff.; *Ulrich/Eppinger,* 1995, S. 113 ff.) – Verfahrenshilfen auch für die systematische Beurteilung von Strategiekonzepten dar (*Gomez/Probst,* 1997, 176 ff.; *Benkenstein,* 1997, S. 189 ff.). Eine spezielle Variante der Nutzwertanalyse ist die AHP-Analyse (Analytic Hierarchy Process, *Saaty/Alexander,* 1989).

**Punktwertverfahren** (Nutzwertanalysen) dienen dazu, auf der Basis mehrerer (vieler) entscheidungsrelevanter Kriterien alternative Strategiekonzepte vergleichend zu bewerten, um auf dieser Basis quantifizierte Entscheidungsgrundlagen für die Strategiewahl zu erarbeiten. Im Hinblick auf eine möglichst differenzierte Analyse sind **folgende Einzelschritte** notwendig:

- **Erfassung aller relevanten Bewertungskriterien,**
- **Gewichtung der zu berücksichtigenden Bewertungskriterien,**
- **Bewertung der alternativen Strategiekonzepte mit Punkten,**
- **Errechnung der gewichteten Punktwerte,**
- **Addition der für ein Strategiekonzept errechneten Punktwerte (= Gesamtpunktwerte),**
- **Feststellung der Rangfolge der Strategiekonzepte (Ranking).**

Ein solches Bewertungsverfahren kann die rationale Strategiewahl wesentlich unterstützen. Die Qualität der Entscheidungsunterstützung hängt dabei nicht nur vom gewählten Verfahren selbst ab, sondern darüber hinaus sowohl von der Güte der zugrunde liegenden **Informationen** als auch der **Urteilsfähigkeit** der Analytiker (und anschließend der Entscheidungspersonen).

Strategiefindungs- und Strategiebewertungsaufgaben werden vom Top-Management vielfach an interne und/oder externe Berater vergeben, die i. d. R. unternehmensbereichs-übergreifende **Projektteams** bilden, um ein systematisches, alle Unternehmensbereiche berücksichtigendes Vorgehen zu gewährleisten.

Ein Modellbeispiel soll die grundsätzliche Vorgehensweise bei Einsatz von Bewertungs- oder Scoringverfahren bei der **Strategiewahl** skizzieren. Ausgangspunkt ist das strategische Konzept eines Beispielunternehmens, das in der Vergangenheit mit diesem Konzept erfolgreich am Markt agiert hat. Aufgrund gravierender Veränderungen in den Markt- und Wettbewerbsbedingungen scheint das bisherige Konzept in der Zukunft (allein) nicht mehr tragfähig zu sein. Rückläufige Entwicklungen in der Oberzielrealisierung (insbesondere Rentabilität, aber auch Marktposition/-anteil) bestätigen das.

Ein Projektteam hat daher die Aufgabe erhalten, Möglichkeiten der strategischen Weiterentwicklung des Unternehmens zu analysieren und zu bewerten. Der Auftrag lautet, am bisherigen Erfolgskonzept anzuknüpfen und Optionen für eine **strategische Evolution** aufzuzeigen. Das heißt, der strategische Ansatz liegt hier darin, auf jeder Strategieebene nach Möglichkeiten für eine Strategieerweiterung zu suchen (= *horizontale* Strategiekombination, zu den generellen Möglichkeiten siehe auch Abschnitt „Strategiekombinationen").

Eine Übersicht beschreibt die **strategische Ausgangssituation** des Beispielunternehmens und die von Projektteams erarbeiteten **Strategiealternativen** bzw. -weiterentwicklungen *(Abb. 323).*

| Ist-Konzept | | Soll-Konzept 1 | |
|---|---|---|---|
| Charakteristik: | Klassisches Markenartikel-Konzept (Präferenz-Strategie),<br>Abdeckung der Konsumpreislagen (mittlerer Markt),<br>bekannte Marke,<br>traditionelle Produkte,<br>Konzentration auf Massenmärkte,<br>unbedeutendes Auslandsgeschäft. | Charakteristik: | Strategische Evolution durch „strategischen Anbau“ (= horizontale Strategiekombination),<br>Stärkung des bisherigen Geschäfts, zusätzlich Aufbau neuer Angebote (Preis-Leistungs-Verhältnisse) für den unteren Markt. |
| Probleme: | Aufgrund Polarisierung des Marktes mit eigenem Programm in gefährlicher Mittellage,<br>Angebot gehört nicht zu den Top-Marken,<br>wegen Preisstellung kein Partizipieren am wachsenden unteren Markt. | Ansatzpunkte: | Strategische Verbreiterung des Konzepts, d. h. neben der bisherigen Präferenz-Strategie Verfolgen einer Preis-Mengen-Strategie mit einem eigenständigen Konzept (Mehrmarken-Konzept: A- und B-Marke). |
| Perspektiven: | Unternehmen bewegt sich in einer Marktschicht, die nicht wächst,<br>Unternehmensziele (Rentabilität/Wachstum) können mit dem Basiskonzept nicht mehr (voll) erfüllt werden. | Perspektiven: | Konsequente Ausschöpfung des Marktpotenzials (mittlerer und unterer Markt),<br>höhere Absatzmengen (Nutzung der Economies of Scale),<br>günstigere Kostenposition,<br>verbesserte Rentabilitätschancen. |
| **Soll-Konzept 2** | | **Soll-Konzept 3** | |
| Charakteristik: | Strategische Evolution durch „strategischen Anbau“ (= horizontale Strategiekombination),<br>neben Stärkung des bisherigen Geschäfts, zusätzlich konsequenter Ausbau des übernationalen Geschäfts (mit Schwerpunkt Euro-Markt). | Charakteristik: | Strategische Evolution durch „strategischen Anbau“ (= horizontale Strategiekombination), und zwar auf zwei Ebenen: Neben Stärkung des bisherigen Geschäfts zusätzlich Entwicklung neuer Angebote für den unteren Markt bei gleichzeitiger Forcierung des Auslandsgeschäfts (Euro-Markt). |
| Ansatzpunkte: | Strategische Verbreiterung des Konzepts, d. h. Erhöhung der Auslandsmarkt-Durchdringung, neben bisherigem Exportgeschäft Gründung von eigenen Tochtergesellschaften in bereits bearbeiteten Auslandsmärkten. | Ansatzpunkte: | Strategische Verbreiterung des Konzepts, d. h. neben der bisherigen Präferenz-Strategie Verfolgen einer Preis-Mengen-Strategie (A- und B-Marken-Konzept) bei gleichzeitigem Ausbau des Auslandsgeschäfts speziell für die bekannte A-Marke. |
| Perspektiven: | Wachstumssicherung durch Aktionsraumerweiterung,<br>Erhöhung des Auslandsanteils,<br>Nutzung der Economies of Scale,<br>Abschöpfung von „Konsumentenrenten“ in weniger preissensiblen Märkten,<br>insgesamt höhere Rentabilitätsaussichten. | Perspektiven: | Wachstumssicherung sowohl durch vollständigere inländische Marktabdeckung (mittlerer und unterer Markt) als auch gezieltes Auslandsmarketing,<br>Nutzung der Economies of Scale,<br>Gute Wachstumschancen,<br>überdurchschnittliche Rentabilitätsaussichten insbesondere durch Intensivierung des Auslandsgeschäfts mit der A-Marke,<br>insgesamt aber sehr komplexe strategische Lösung. |

*Abb. 323: Strategische Ausgangssituation (Ist-Konzept) und drei alternative Strategieoptionen (Soll-Konzepte)*

Die Übersichten zur bisherigen Basisstrategie und zu drei möglichen strategischen Weiterentwicklungen verdeutlichen die jeweils spezifischen Ansatzpunkte einer gezielten **Strategieevolution**. Um eine möglichst fundierte Entscheidung treffen zu können, ist es sinnvoll, alle qualitativen Überlegungen und Beurteilungen zu den alternativen Strategieansätzen zu quantifizieren, und zwar auf der Basis eines **einheitlichen Bewertungsschemas** (Scoring-Schemas).

Hierfür ist es notwendig, **unternehmens- und markt-/umweltadäquate Kriterien** (Einflussfaktoren bzw. -bereiche) zu bestimmen. Dabei ist eine konzeptionelle Grundorientierung sinnvoll, wenn nicht notwendig. Bei Strategieentscheidungen muss in dieser Hinsicht auch an übergeordneten Zielfragen (= **konzeptionelle Kette** zwischen Ziel- und Strategiefragen) angeknüpft werden. Ein Bewertungsmodell für das skizzierte Beispielunternehmen soll das verdeutlichen *(Abb. 324)*.

Das Modellbeispiel zeigt, dass für die Bewertung (Vergleich) der gefundenen Strategiealternativen **fünf Kriterien bzw. Kriterienbereiche** ausgewählt wurden. Sie knüpfen an wichtigen Zielfragen (1. und 2. Kriterium), wichtigen Potenzialausschöpfungs-Gesichtspunkten (3. und 4. Kriterium) und der grundlegenden Realisierungsfrage, hier speziell an den wettbewerbsrelevanten Realisierungszeiten (5. Kriterium), an.

Für differenzierte Analysen zur Strategiewahl ist grundsätzlich eine **Gewichtung** der Kriterien (-bereiche) sinnvoll, weil auf diese Weise die *relative* Bedeutung dieser Kriterien für den Gesamterfolg zum Ausdruck gebracht wird. Aus Vereinfachungsgründen sind im Bewertungsbeispiel lediglich fünf Kriterienbereiche berücksichtigt worden. Diese Kriterienbereiche lassen sich bei konkreten Analysen in der Realität weiter detaillieren und ggf. in ein **gestaffeltes hierarchisches System** bringen (für die jeweils auch gestaffelte Gewichte bestimmt werden müssen).

Die Bewertungen der einzelnen Strategiealternativen hinsichtlich der unterschiedenen Kriterien erfolgt i. d. R. in den dafür vorgesehenen internen und/oder externen **Projektteams,** die auch schon für die Herausarbeitung möglicher Strategiealternativen verantwortlich waren. Sie basieren entweder auf „Expertenwissen" (Experten-Ratings), auf durchgeführten Marktanalysen/-prognosen, Planungsrechnungen (inkl. Ergebnisrechnungen), ggf. Investitionsrechnungen oder am besten auf mehreren methodischen Möglichkeiten. Im Modellbeispiel bedeutet die Bewertung 1 sehr schwache, die Bewertung 10 vollkommene Übereinstimmung (Entsprechung).

Die Punktwerte werden durch Multiplikation der Einzelbewertungen mit dem jeweiligen relativen Gewicht der einzelnen Kriterien ermittelt. Diese werden für jede der untersuchten Alternativen aufaddiert und auf diese Weise die entscheidungsrelevanten **Gesamtpunktwerte** gewonnen. Je höher der ermittelte Gesamtpunktwert (im Anwendungsbeispiel max. 10) ist, um so stärker erfüllt die dazugehörige Strategiealternative die untersuchten Anforderungen (= Ausdruck des Erfüllungsgrades).

Im dargestellten Modellbeispiel ergibt sich auf der Basis der ermittelten Gesamtpunktwerte folgende **Rangfolge** vorziehungswürdiger Strategiealternativen: 1. Rang: Option 3, 2. Rang: Option 2, 3. Rang: Option 1 und 4. Rang: bisheriges Konzept (ohne Weiterentwicklung). Das in die Analyse einbezogene Basiskonzept erfüllt danach die neuen strategischen Anforderungen am schlechtesten und die Option 3 am besten. Die Analyse legt also die strategische Weiterentwicklung des Basis-Konzepts nach **Option 3** nahe.

Prinzipiell ist es sinnvoll, auch die **Risiken** möglicher Strategiealternativen bei der Strategieselektion zu berücksichtigen (zu diesem methodischen Ansatz bei der Strategiebewertung siehe auch *Höfner/Paul/Stroschein,* 1990, S. 69 ff.). Aufgrund der im Beispiel angenommenen

| Beurteilungskriterien (-bereiche) | Relatives Gewicht (in %) | Alternative Strategiekonzepte („Soll“) (1–10 Punkte) | | | | | | Bisheriges Strategiekonzept („Ist“) (1–10 Punkte) | |
|---|---|---|---|---|---|---|---|---|---|
| | | Option 1 | | Option 2 | | Option 3 | | | |
| | | Bewertungen | Punktwerte | Bewertungen | Punktwerte | Bewertungen | Punktwerte | Bewertungen | Punktwerte |
| 1. Metaziel-Verträglichkeit (Mission/Vision) | 15 | 3 | 0,45 | 6 | 0,90 | 5 | 0,75 | 4 | 0,60 |
| 2. Oberzielrealisierung (Rentabilität) | 25 | 5 | 1,25 | 7 | 1,75 | 9 | 2,25 | 3 | 0,75 |
| 3. Potentialausschöpfung im Markt | 15 | 4 | 0,60 | 6 | 0,90 | 8 | 1,20 | 2 | 0,30 |
| 4. Potenzialausschöpfung im Unternehmen | 20 | 6 | 1,20 | 7 | 1,40 | 8 | 1,60 | 5 | 1,00 |
| 5. Realisierungszeiten (Timing) | 25<br>100 | 6 | 1,50 | 5 | 1,25 | 3 | 0,75 | 8 | 2,00 |
| Gesamtpunktwerte | | | 5,00 | | 6,20 | | 6,55 | | 4,65 |
| Rangfolge nach Gesamtpunktwerten | | | 3. | | 2. | | 1. | | 4. |
| Erfolgswahrscheinlichkeiten | | | 65 % | | 85 % | | 70 % | | 50 % |
| Gesamtpunktwerte nach Erfolgswahrscheinlichkeiten | | | 3,25 | | 5,27 | | 4,59 | | 2,33 |
| Rangfolge nach „wahrscheinlichen“ Gesamtpunktwerten | | | 3. | | 1. | | 2. | | 4. |

*Abb. 324: Bewertung von drei strategischen Weiterentwicklungsalternativen im Vergleich zum bisherigen Basiskonzept*

**Erfolgswahrscheinlichkeiten** verändern sich die Gesamtpunktwerte der untersuchten Strategiealternativen. Unter Risikogesichtspunkten stellt sich danach die „einfachere“ Option 2 günstiger als die „komplexe“ Strategiealternative 3 dar. Unter Risikoaspekten würde die Wahl insoweit auf die **Option 2** fallen.

Solche **differenzierten Analysen** zur Strategieselektion – die sich, wie bereits hervorgehoben, weiter verfeinern lassen – stellen insofern eine „objektive“ Bewertungsmethode dar, als alle Alternativen nach *einheitlichen* Kriterien und Kriteriengewichten beurteilt werden. Kriterienauswahl und Kriteriengewichtung unterliegen andererseits auch „subjektiven“ Einflüssen, nämlich denen der mit dieser Methode arbeitenden Personen bzw. Teams. Diese subjektiven Einflüsse gilt es möglichst klein zu halten, völlig eliminieren lassen sie sich aber nicht.

Für die Bewertung und Wahl von strategischen Optionen bilden insgesamt die Unternehmensziele einen wichtigen Maßstab, d. h. es gilt grundsätzlich die Strategie(n) auszuwählen, welche die bestmögliche Zielerreichung versprechen. Je stärker Unternehmen das Konzept des **Shareholder Value** (im Sinne von *Wert*maximierung, *Rappaport*, 1994) verfolgen, um so mehr müssen die Wertbeiträge aller gegebenen Strategiealternativen ermittelt und (zusätzlich) der Strategiewahl zugrundegelegt werden. Es wird dann diejenige Alternative ausgewählt, bei deren Realisierung sich der Wert des betroffenen Geschäftsfeldes (oder des Unternehmens insgesamt) aller Voraussicht nach am stärksten positiv verändern wird. Um die Wertbeiträge von Strategieoptionen (-alternativen) zu bestimmen, können verschiedene Verfahren – die hier jedoch nur skizziert werden können – herangezogen werden, wie etwa (vgl. *Hungenberg*, 2008, S. 283ff. bzw. S. 295 ff.):

- **Discounted-Cash-flow-Methode** (DCF-Methode) und
- **Economic Value Added** (EVA-Ansatz).

Mit Hilfe der DCF-Methode wird der Geschäftsfeldwert auf Basis der im Geschäftsfeld frei verfügbaren Cash-flows ermittelt. Der Geschäftsfeldwert wird dabei aus der **Summe der diskontierten freien Cash-flows** für zukünftige Planungsperioden *zuzüglich* des diskontierten Restwertes des Geschäftsfeldes berechnet. Ausgehend vom Wertansatz eines Geschäftsfeldes, der sich auf der Basis des bisherigen strategischen Konzepts ergibt, muss für jede Strategieoption der Geschäftsfeldwert ermittelt werden, der bei ihrer Umsetzung voraussichtlich erzielt wird (siehe auch *Copeland/Koller/Murrin,* 2000).

Der EVA-Ansatz stellt demgegenüber bei der Strategiebewertung auf den „Residualgewinn“ ab, der sich aus der Differenz zwischen dem operativen Ergebnis und den Kapitalkosten ergibt. „Anders als bei der Discounted-Cash-flow-Methode, bei der der Wert eines Geschäftsfeldes für seine gesamte Lebensdauer ermittelt wird, drückt der Economic Value Added also die **Veränderung des Geschäftsfeldwertes von einer Periode zur nächsten** aus“ (*Hungenberg*, 2008, S. 295, im Einzelnen *Ehrbar*, 1999 sowie *Stern/Shiely/Ross,* 2002).

Mit diesen Darlegungen zur Strategieselektion sind die Betrachtungen zur Thematik „Marketingstrategien“ abgeschlossen. Es folgt nun der *3. Teil* mit einer detaillierten Darstellung der Marketinginstrumente sowie der Ableitung des **Marketingmix**.

# 3

# 3. Teil: Konzeptionsebene des Marketingmix

## Inhaltsübersicht

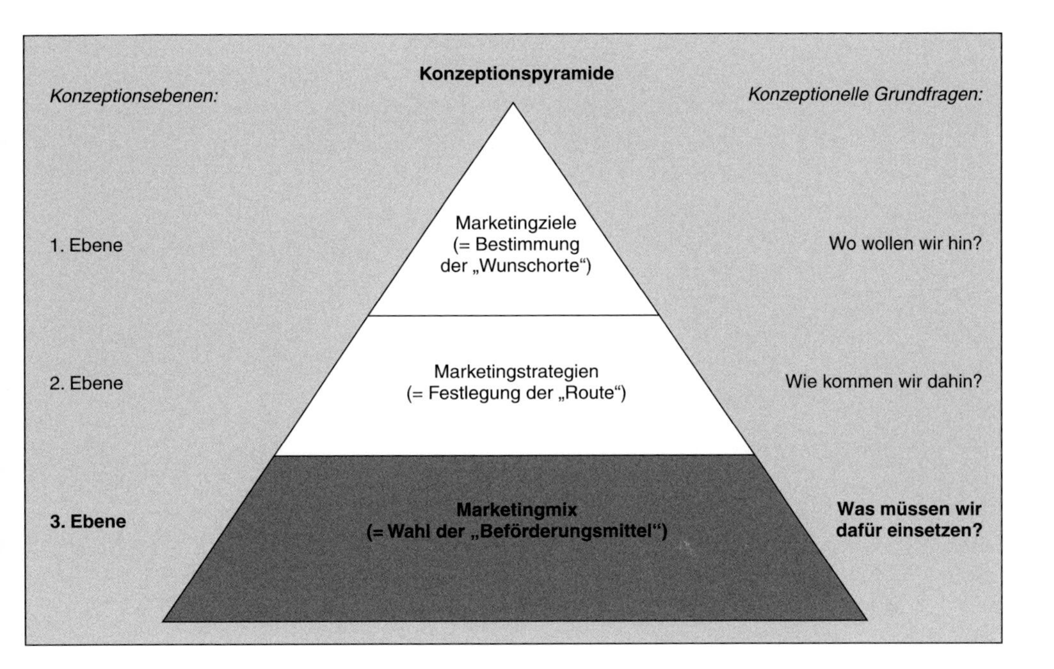


**Problemstellung:**

Auf der Grundlage zielführender Strategien („Route") müssen konkrete taktisch-operative Marketingmaßnahmen („Beförderungsmittel") abgeleitet und eingesetzt werden, wenn die gesetzten Ziele („Wunschorte") tatsächlich erreicht werden sollen. Hierzu bedarf es eines kombinierten Mitteleinsatzes (Marketingmix), da die einzelnen Marketinginstrumente jeweils nur bestimmte Teilaufgaben bei der Ziel- und Strategierealisierung erfüllen können.

**Lernziele:**

Dieser 3. Teil behandelt die Grundfragen und Anknüpfungspunkte des kombinierten Marketinginstrumenten-Einsatzes unter verschiedenen Rahmenbedingungen (mit Anwendungsbeispielen). Der Leser soll nach Durcharbeit dieses Teils eine hinreichende Kenntnis aller mix-relevanten Fragestellungen besitzen und zugleich in der Lage sein, für ein konkretes Unternehmen den kombinierten Marketinginstrumenten-Einsatz zu bestimmen sowie zu bewerten und entsprechende Vorgaben für seine Realisierung zu entwickeln.

**Stoffbehandlung:**

Die Fragestellungen des Marketingmix werden in drei aufeinander aufbauenden Kapiteln diskutiert. Im I. Kapitel wird zunächst Wesen, Aufgabe und Instrumentarium des Marketingmix behandelt. Im II. Kapitel werden dann anhand eines mehrdimensionalen Stufenprozesses einzelne Handlungsschritte zur Konkretisierung des Marketingmix aufgezeigt und im III. Kapitel schließlich Modelle und Planungsverfahren zur Mixbestimmung dargestellt.

**Vorbemerkungen:** Die operativen oder instrumentalen Fragen des Marketing standen vom Beginn der Marketinglehre an stark im **Vordergrund** des Interesses (instrumentale Ansätze fanden sich bereits in der institutionalen bzw. funktionsorientierten Absatzlehre, vgl. u. a. *Schäfer,* 1950; *Seyffert,* 1955 bzw. *Oberparleitner,* 1930).

In allen Marketingdarstellungen stehen die **Marketinginstrumente** – trotz strategischer Ergänzungen – nach wie vor im Mittelpunkt (in der angelsächsischen Literatur z. B. *Baker*, 1996; *Cravens*, 1997 bzw. *Cravens/Piercy,* 2003; *Kotler/Bliemel*, 2001 bzw. *Kotler/Keller/Bliemel,* 2007; *Kotler/Keller/Opresnik,* 2017; in der deutschsprachigen *Nieschlag/Dichtl/Hörschgen*, 1997 bzw. 2002; *Meffert*, 2000 bzw. *Meffert/Burmann/Kirchgeorg,* 2008 bzw. 2015; *Homburg/Krohmer,* 2003 bzw. *Homburg*, 2015). Die Marketingpraxis beschäftigt sich ebenfalls stark mit den Marketinginstrumenten. Sie sind Gegenstand des operativen Marketing; hier stehen „täglich" neue Entscheidungen bzw. Überprüfungen des Einsatzes an. Was bisher eher vernachlässigt wurde, sind die **Grundfragen eines optimalen Marketingmix,** d. h. die – aus konzeptioneller Sicht – ziel- und strategie-orientierte Kombination der Instrumente.

Hieran soll in diesem 3. Teil „Marketingmix" *vorrangig* angeknüpft werden. Dabei geht es zunächst um die **materiell-inhaltlichen Fragen:** Wesen und Dimensionen des Marketingmix, konzeptionell ausgerichtete Darstellung der Basisinstrumente des Marketing und Grundlagen der konzeptions-geleiteten Kombination der Marketinginstrumente. Im Anschluss daran werden dann Modelle und Verfahren der **Marketingmixplanung** behandelt.

# I. Wesen und instrumentale Grundfragen des Marketingmix

Der Marketingmix stellt gewissermaßen das **letzte Glied** in der marketing-konzeptionellen Kette dar. Nachdem die Marketingziele fixiert und auf ihnen aufbauend die Marketingstrategien formuliert sind, ist jene Stufe des Marketingmix notwendig, welche die eigentliche Umsetzung von Zielen und Strategien im Markt bewirkt. Der Marketingmix kann insoweit auch als „taktische Komponente der Strategie" (*o. V.,* 1977, S. 37) aufgefasst werden, d. h. er stellt die eigentliche operative Seite der Marketing-Konzeption bzw. die konkrete, maßnahmen-orientierte Umsetzung ziel-strategischer Vorgaben dar.

Der Begriff **„Marketingmix"** bzw. seine Ausdeutung geht auf *Borden* zurück (*Borden,* 1958 bzw. 1964), der damit den Marketingprozess umschreibt: dass nämlich Marketingziele bzw. Marktleistungen am Markt erst dann realisiert werden können, wenn eine Reihe (Vielzahl) von Marketinginstrumenten dafür koordiniert eingesetzt werden. Es ist jene Aufgabe, die *Gutenberg* auch als das Problem der „optimalen Kombination der absatzpolitischen Instrumente" gekennzeichnet hat (*Gutenberg,* 1976, S. 612 ff.). Im Sinne *Bordens* kann derjenige, der die Erstellung (und die Realisation) der Marketing-Konzeption verantwortet, auch als **„Mixer of Ingredients"** bezeichnet werden, was bedeutet, dass Marktleistungen erst dann entstehen, wenn Marketinginstrumente gezielt (und kombiniert) eingesetzt werden.

> Der Marketingmix kann im Sinne einer vollständigen und konkret zu realisierenden Marketing-Konzeption insgesamt als die zielorientierte, strategieadäquate Kombination der taktisch-operativen Marketinginstrumente („Beförderungsmittel") aufgefasst werden.

## 1. Marketingmix als mehrstufiges Verteilungsproblem

Angesichts der Vielzahl von Marketinginstrumenten bzw. ihrer mannigfachen Differenzierungs- und Modifikationsmöglichkeiten handelt es sich bei dem Marketingmix um eine sehr **komplexe Aufgabe.** Die Gestaltung des Marketingmix stellt in diesem Sinne die Unternehmensführung vor eine der grundlegendsten Koordinationsaufgaben des Unternehmens überhaupt. Sie ist darüber hinaus angesichts der zunehmenden Dynamik der Märkte zu einer Daueraufgabe geworden.

Diese permanente **Koordinationsaufgabe** kann auch als ein äußerst komplexes Verteilungs- oder Allokationsproblem aufgefasst werden, und zwar in der Weise, dass bei ihrer Bewältigung das Marketingbudget auf die verschiedenen ziel- und strategieadäquaten Marketinginstrumente aufgeteilt werden muss. Dabei müssen die vielfältigen Interdependenzen, die zwischen diesen Instrumenten bestehen, berücksichtigt werden. Das so gekennzeichnete Verteilungsproblem kann – das ist aufgrund der bisherigen Darlegungen nachvollziehbar – im Prinzip nur in Stufen gelöst werden (zum stufen-orientierten bzw. sequentiellen Ansatz des Marketingmix vgl. auch *Kühn,* 1995, Sp. 1624 ff.). Es umfasst mehrere grundsätzliche **Entscheidungsebenen** in Bezug auf die Marketinginstrumenten-Wahl:

- Welche Marketinginstrumente stehen in einer konkreten, unternehmensindividuellen Entscheidungssituation überhaupt zur Verfügung (= **universaler Aspekt**)?
- Welche Instrumente des verfügbaren Marketinginstrumentariums sollen eingesetzt werden (= **selektiver Aspekt**)?
- Wie sollen die einzusetzenden Instrumente gehandhabt werden (= **qualitativer Aspekt**)?
- In welchem Umfang sollen die einzusetzenden Instrumente angewandt werden (= **quantitativer Aspekt**)?
- In welcher zeitlichen Reihenfolge sollen die einzelnen Instrumente eingesetzt werden (= **zeitlicher Aspekt**)?
- In welcher Kombination zueinander sollen die einzelnen Marketinginstrumente wirksam werden (= **kombinativer Aspekt**)?

Unter konzeptionellen Gesichtspunkten (Marketingziele, Marketingstrategien, Marketingmix = **konzeptionelle Kette**) kann bzw. muss der stufen-orientierte Mixprozess weiter differenziert werden. Das heißt, für die Darstellung des – gerade auch für die Marketingpraxis relevanten – Mixprozesses wird ein in dieser Weise neuer **mehrdimensionaler Ansatz** gewählt.

Dabei stehen zunächst die **materiellen (sachinhaltlichen) Fragen** des Marketingmix im Vordergrund, weil sie für das Verständnis des Gesamtproblems notwendig sind. Im Anschluss daran werden jedoch auch grundlegende Fragen und Verfahren (Kalküle) der Marketingmix-Planung behandelt (= verfahrens- und rechentechnische Fragestellungen).

## 2. Überblick über das Marketinginstrumentarium

Die zielorientierte, strategieadäquate Kombination der Marketinginstrumente (Marketingmix) setzt die Kenntnis der insgesamt **verfügbaren Marketinginstrumente** voraus, denn sie sind der eigentliche Gegenstand des mehrdimensionalen Marketingmix-Prozesses.

Unter Marketinginstrumenten werden dabei jene konkreten („seh-, hör-, riech-, schmeck-, fühl- und/oder greifbaren“) Aktionsinstrumente (Parameter) verstanden, mit denen am Markt agiert und auch reagiert werden kann, um gesetzte Ziele und daraus abgeleitete Strategien zu realisieren. Sie stellen die auf die bearbeiteten Zielgruppen bzw. Märkte des Unternehmens gerichteten konkreten Marketingmaßnahmen dar.

Zum Marketinginstrumentarium gibt es eine umfangreiche Literatur (nicht nur deutschsprachige, sondern insbesondere auch angelsächsische). Auf sie wird hier grundsätzlich verwiesen. Für das Verständnis des konzeptionellen Marketing – speziell der Entscheidungsebene des Marketingmix – ist jedoch ein hinreichender **Überblick** über das Marketinginstrumentarium notwendig. Aus diesem Grunde sollen die marketing-instrumentalen Aktionsbereiche, ihre jeweiligen Basisinstrumente und ihre entsprechenden Entscheidungsgrundlagen bzw. -ansätze überblickhaft herausgearbeitet werden. Erst auf Basis dieses Grundlagenwissens können die stufenorientierten, mehrdimensionalen **Entscheidungsschritte** des Marketingmix verstanden und nachvollzogen werden.

Zum besseren Verständnis des Marketinginstrumentariums insgesamt müssen sowohl Marketing-*Instrumentalbereiche* (Marketing-Aktionsfelder) als auch Marketing-*Instrumente* (Marketing-Aktionsparameter) unterschieden werden. In der Literatur (und auch in der Praxis) werden diese Aspekte in hohem Maße vermischt.

### a) Zur Systematik der Instrumentalbereiche

So vielfältig und „bunt“ wie die Marketingpraxis sich darstellt, so vielfältig und differenziert sind auch die Instrumentalvariablen, die grundsätzlich zur Verfügung stehen, um Marktleistungen zu schaffen bzw. Märkte im Sinne eigener Zielsetzungen zu gestalten. In der Literatur gibt es eine Vielzahl von **Systematisierungsansätzen** in Bezug auf die Marketinginstrumente. Sie lassen sich im Wesentlichen auf eine 4er- bzw. 3er-Systematik zurückführen, d. h. es werden entweder vier oder drei Marketing-Instrumentalbereiche (Marketing-Aktionsfelder) unterschieden, denen spezifische (Basis-)Marketinginstrumente – mit ihren verschiedenen Ausprägungsformen und Varianten – zugeordnet werden können.

In der deutschsprachigen wissenschaftlichen Marketingliteratur hat sich – in ursprünglicher Anlehnung an das **4-P-System** von *Mc Carthy* (Product, Price, Place, Promotion; *Mc Carthy,* 1960) – weitgehend ein 4er-System der Marketingbereiche bzw. des Marketinginstrumentariums durchgesetzt (u. a. *Weinhold-Stünzi,* 1990; *Scheuch,* 1993; *Nieschlag/Dichtl/Hörschgen,* 2002; *Meffert/Burmann/Kirchgeorg,* 2015; *Homburg,* 2015). In dieser Hinsicht werden gewöhnlich folgende (z. T. sich lediglich sprachlich voneinander unterscheidende) nach außen, d. h. auf (Absatz-) Märkte gerichtete Marketingaktivitäten unterschieden:

- **Produkt- und Programmpolitik,**
- **Preis-, Kontrahierungs- bzw. Entgelt- und Konditionenpolitik,**
- **Distributionspolitik,**
- **Kommunikationspolitik.**

Diese grundsätzliche 4er-Systematik hat allerdings den **Nachteil,** dass sie Marketingbereiche und -instrumente nicht streng auseinanderhält. Im Übrigen hebt sie die Preis- und Konditionenpolitik als einen *eigenen* Instrumentalbereich heraus, obwohl Preisentscheidungen in hohem Maße mit Produkt- und Programmentscheidungen verknüpft sind (vgl. hierzu auch *Mie-*

*lenhausen,* 1982, S. 538). Streng genommen kann gar nicht isoliert über Preise (Konditionen), sondern immer *nur* über – möglichst marktadäquate – Preis-Leistungs-Verhältnisse entschieden werden (s. a. *Kotler/Keller/Bliemel,* 2007, S. 589 ff.).

Solche und ähnliche Überlegungen (vgl. auch *Haedrich/Tomczak,* 1996, S. 17) haben letztlich zur Entwicklung einer **3er-Systematik** geführt, die sich vor allem in der Praxis stärker durchgesetzt hat. Dabei werden folgende drei Instrumentalbereiche voneinander abgegrenzt:

- **Produkt-, Leistungs- oder Angebotspolitik (inkl. Preisgestaltung),**
- **Distributionspolitik,**
- **Kommunikationspolitik.**

Vergleichbare Systematiken finden sich auch in der Literatur (*Stern,* 1975; *Berger,* 1974 bzw. 1978; *Marr/Picot,* 1976; *Numrich,* 1979; *Haedrich/Berger,* 1982; *Mattmüller,* 2000; *Chernev* 2009; *Freiling/Reckenfelderbäumer*, 2010; *Kuß/Kleinaltenkamp*, 2013).

Der besondere Vorteil einer solchen 3er-Systematik besteht darin, dass sie es erlaubt, drei sachlich klar abgrenzbare **Marketing-Instrumentalbereiche** zu unterscheiden, die jeweils für eine ganz spezifische Teilleistung am Markt verantwortlich sind. Eine grafische Darstellung verdeutlicht diese Zusammenhänge *(Abb. 325).*

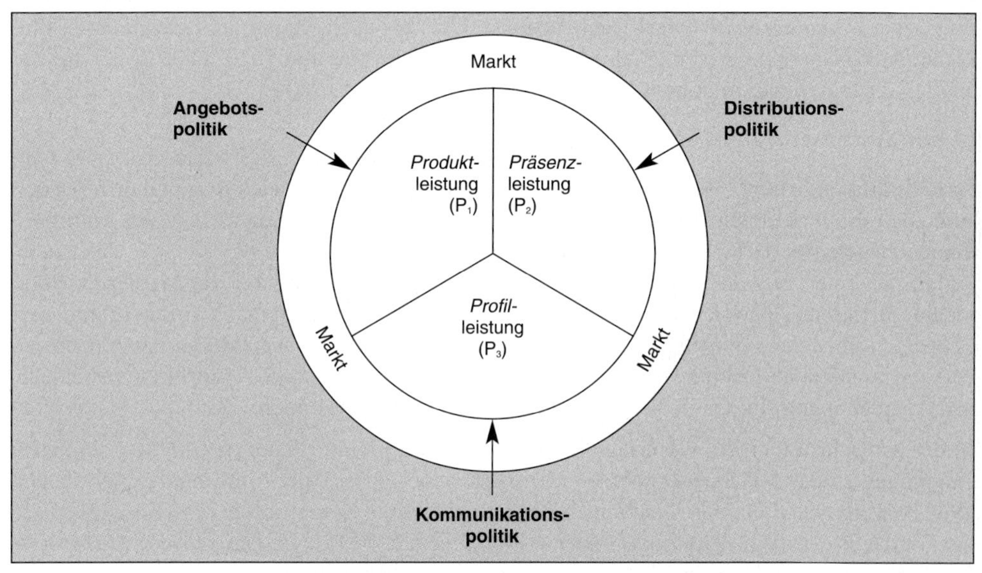


*Abb. 325: Die drei Instrumentalbereiche des Marketing und ihre spezifischen Teilleistungen am Markt*

Die vermarktungsfähige Leistung des Unternehmens ist so gesehen die Resultante dreier spezifischer **Teilleistungen**, für die jeweils drei eigenständige Instrumentalbereiche verantwortlich sind:

- **Produktleistung** ($P_1$) → Angebotspolitik,
- **Präsenzleistung** ($P_2$) → Distributionspolitik,
- **Profilleistung** ($P_3$) → Kommunikationspolitik.

Das heißt im Einzelnen:

- Die **Angebotspolitik** schafft zunächst einmal **marktadäquate Produkte** und/oder Leistungen (Problemlösungen).

- Die **Distributionspolitik** sorgt für die Präsenz und damit die **ausreichende Verfügbarkeit** des Produkts am Markt.
- Die **Kommunikationspolitik** erarbeitet für das angebotene Produkt ein **marktadäquates Image** (Kompetenz).

In diesem Sinne kann die **Marktleistung (M)** eines Unternehmens auch als eine Funktion der Produkt-, Präsenz- und Profilleistung aufgefasst werden:

$$\mathbf{M = f\ (P_1, P_2, P_3)}$$

Den drei unterschiedenen Marketing-Instrumentalbereichen oder Marketing-Aktionsfeldern können wiederum jeweils drei grundlegende Marketing-Instrumente oder **Marketing-Basisinstrumente** zugeordnet werden *(Abb. 326).*

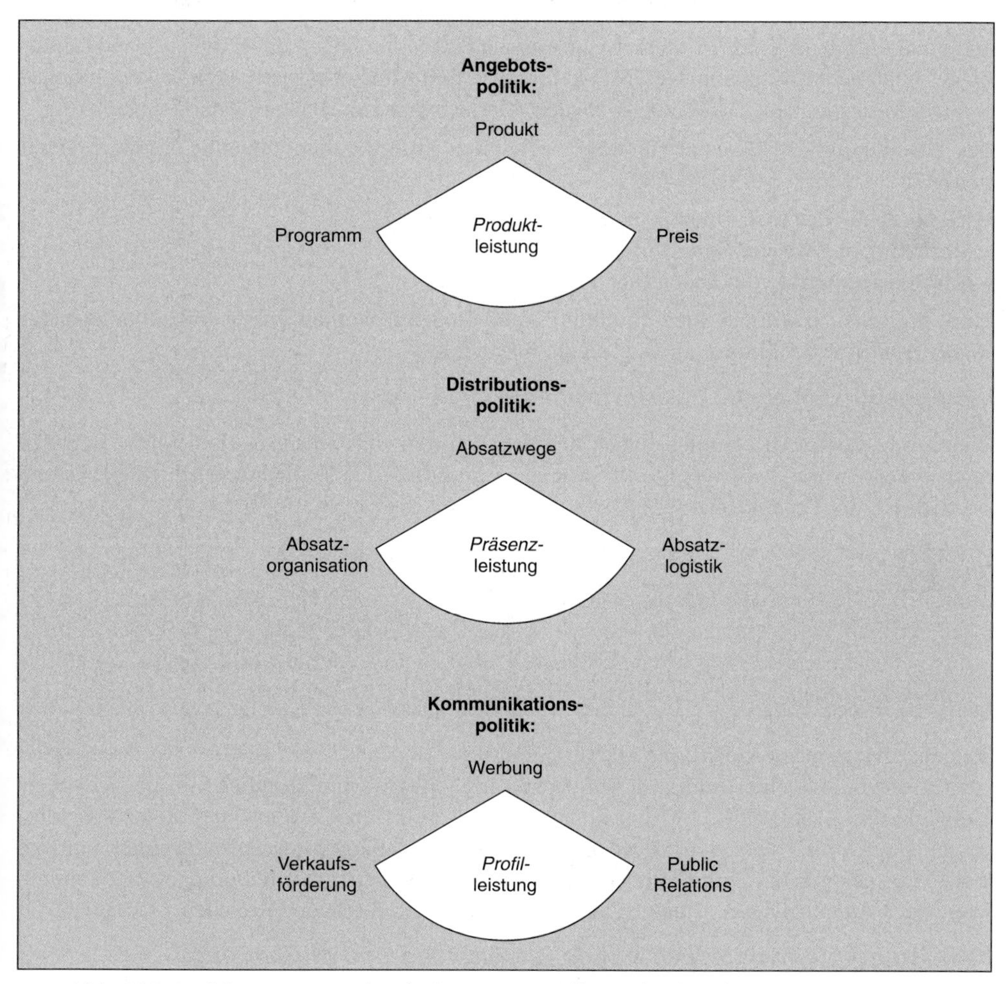


*Abb. 326: Basisinstrumente der drei Instrumentalbereiche (Marketing-Aktionsfelder)*

Das dargestellte **3er-System** grenzt auf diese Weise sowohl die Marketing-Instrumentalbereiche als auch die jeweils dazugehörigen Marketing-Instrumente (Basisinstrumente) klar voneinander ab. Damit liegt ein geeignetes System vor, das einer konsequenten, stufen-orientierten **Marketingmix-Gestaltung** zugrunde gelegt werden kann.

Der im Folgenden gegebene Überblick über wichtige Ansatzpunkte und Einsatzmöglichkeiten der Marketing-Basisinstrumente knüpft deshalb an dieser Systematik an.

### *b) Aktionsparameter des Marketing (Box der Basisinstrumente)*

Im Rahmen dieses Buches können und sollen lediglich die Grundlagen der Basisinstrumente des Marketing herausgearbeitet werden (und zwar in einem Detailierungsgrad, dass das **Verständnis** des gesamten konzeptionellen Systems im Allgemeinen wie des Marketingmix im Speziellen möglich wird. Diese Instrumente stellen jene Mittel bzw. Maßnahmen dar, die darauf gerichtet sind, das **Nachfrager- oder Kundenverhalten** so zu beeinflussen, dass die Oberziele des Unternehmens (Rentabilität bzw. *Unternehmenswert*) realisiert werden. Den unmittelbaren Anknüpfungspunkt für den konkreten Marketinginstrumenten-Einsatz bilden dabei die aus den Oberzielen des Unternehmens abgeleiteten **Marketingziele und Marketingstrategien** (= konzeptionelle Kette: Marketingziele, Marketingstrategien, Marketinginstrumente bzw. Marketingmix).

Der Darstellung der Basisinstrumente liegt dabei grundsätzlich **folgende Strukturierung** zugrunde:

- **Kernaufgabe des Instruments,**
- **Marketing-spezifische Grundorientierung,**
- **Hauptansatzpunkte des Instrumenteneinsatzes.**

Einer logischen instrumentalen Handlungskette folgend, werden zuerst die grundlegenden *angebotspolitischen* Marketinginstrumente behandelt.

#### *ba) Angebotspolitische Basisinstrumente*

Die einführenden Darlegungen haben deutlich gemacht, dass die Angebotspolitik und ihre entsprechenden Basisinstrumente für eine ganz grundlegende Teilleistung am Markt verantwortlich ist: die **Produktleistung.**

> Die Produktleistung kann als das „Herz“ des Marketing aufgefasst werden, d. h. ohne diese Basisleistung (Produktfunktion(en)/Produktnutzen) können alle anderen Teilleistungen nicht wirksam werden. Sie steht damit am Anfang jeglicher Marktgestaltung durch das Unternehmen überhaupt. Und hier liegt zugleich der eigentliche und unmittelbare Anknüpfungspunkt konsequenter Markt- und Kundenorientierung insgesamt.

Zieladäquate, strategie-orientierte Marketingkonzepte finden hier mit anderen Worten die zentralen Ansatzpunkte einer erfolgreichen Umsetzung, und zwar im Hinblick auf die anvisierten Zielmärkte bzw. Zielgruppen. Mit geeigneten produktpolitischen Maßnahmen sollen dabei insgesamt akquisitorische bzw. präferenzpolitische Voraussetzungen geschaffen werden, um **zentrale Marketingziele** (ökonomische wie Umsatz, Marktanteil, Distribution und *vor*-ökonomische wie Bekanntheitsgrad, Image, Kundenzufriedenheit) überhaupt erreichen zu können.

##### *baa) Produkt (einschließlich Design, Verpackung und Markierung)*

Den primären Anknüpfungspunkt zur Schaffung einer marktadäquaten Produktleistung stellt zunächst das eigentliche Produkt bzw. die Produktgestaltung dar. Die **Kernaufgabe** lässt sich wie folgt formulieren:

> Welche Art(en) von Produkten (Leistungen) bieten wir unseren Kunden an?

Der **marketing-spezifische Ansatz** der Produktgestaltung knüpft daran an, dass nicht das Produkttechnische im Vordergrund steht, sondern in erster Linie der kunden- bzw. zielgruppenspezifische Produktnutzen. Die Grundorientierung unternehmerischen Handelns besteht also nicht so sehr in der Schaffung von „technischen" Produkten oder Leistungen, sondern in erster Linie in der Lösung von Kundenproblemen (= Problemlösungsorientierung der Produktgestaltung). Diese Grundorientierung lässt sich an einem **Beispiel** demonstrieren: „Die Kunden wollen keinen Staubsauger, sondern eine saubere Wohnung!" Das heißt bei der Lösung eines Kundenproblems genügt es nicht, lediglich in bekannten Produktkategorien bzw. -techniken zu denken, sondern – gerade unter verschärften Wettbewerbsbedingungen – ist es ggf. notwendig, nach völlig neuen Lösungen zu suchen (zum Innovationsmarketing *Trommsdorff/Steinhoff,* 2007). Grundsätzlich gibt es keine Produktleistung, die sich nicht noch verbessern lässt. Produkt- bzw. Problemlösungsgestaltung ist so gesehen eine permanente Aufgabe aktiver Angebotspolitik (s. a. *Albers/Herrmann,* 2007).

Zwei grundlegende **Ansatzpunkte** der Problemlösungsorientierung können dabei unterschieden werden:

- **Vereinfachung der Problemlösung (Entkomplizierung),**
- **Vollständigkeit der Problemlösung (Komplettierung).**

Beide Ansatzpunkte können sowohl getrennt als auch kombiniert gewählt bzw. verfolgt werden, wie Beispiele zeigen.

Fallbeispiel: Vereinfachung der Problemlösung durch sog. Convenience-Produkte

Die Ansprüche der Kunden in vielen Märkten (und zwar nicht nur in Konsumgütermärkten) wandeln sich in Richtung **„Bequemlichkeitsgüter".** Das heißt, die Kunden erwarten, dass das angebotene Produkt bzw. die angebotene Problemlösung sie stärker entlastet, z. B. im Zubereitungsaufwand für Nahrungsmittel.

Das lässt sich u. a. am Kuchenmarkt demonstrieren. Er hat sich im Prinzip in typischen (Convenience-)Stufen entwickelt. Eine Übersicht verdeutlicht das *(Abb. 327).*

An diesem Markt und seiner Weiterentwicklung sind ganz **unterschiedliche Unternehmen** (Anbieter) beteiligt. In der ersten Stufe waren vor allem Ausgangsprodukte-Anbieter wie Mühlenbetriebe (Mehl) und Raffinerien (Zucker) vorherrschend. Die zweite Stufe ist vor allem von Weiterverarbeitern im Nahrungsmittelmarkt (wie *Oetker* oder seinerzeit *Kraft Foods* bzw. *Mondolez*) gestaltet worden. Die dritte Stufe ist von Spezialisten initiiert worden (speziell dem amerikanischen Hersteller *Pillsbury/General Mills,* in Deutschland zunächst Vermarktung durch *Kraft Foods*). Die vierte Stufe war traditionell vom Bäcker- bzw. Konditorei-Handwerk besetzt. Diese Stufe ist dann später stärker industrialisiert worden (etwa durch Spezialisten wie *Coppenrath & Wiese* oder Tiefkühlkostanbietern wie *Oetker* bzw. Gebäckherstellern wie *Bahlsen*).

| Problemlösungsentwicklungen im Kuchen-Markt |
|---|
| 1. **Ausgangspunkt:** Individuelle Zusammenstellung der Backzutaten<br>2. Backfertig-Mischungen<br>3. Fertig-Teig<br>4. **Endpunkt:** Fertig-Kuchen |

*Abb. 327: Entwicklungs-/Convenience-Stufen des Kuchen-Marktes*

Der verstärkte Trend zu vollständigen (komplexen) Problemlösungen lässt sich ebenfalls an einem typischen Beispiel aufzeigen.

Fallbeispiel: Klassische Komplettlösungen/Integrallösungen im Computer-Markt

Im Computer-Markt bzw. Markt der Informationstechnologie hat sich schon früh die Notwendigkeit abgezeichnet, neben der **Hardware** entsprechende **Software** anzubieten, und zwar z. T. auch aus einer Hand (= Verwirklichung von Systemstrategien). Diese Komplettlösungen sind immer wieder – in enger Abstimmung – weiterentwickelt worden, z. B. was die Kapazität bzw. Arbeitsgeschwindigkeit der Computer einerseits und den Leistungsumfang der Software andererseits betrifft.

Die im Boom des Marktes vielfach entstandenen „Systeminseln" haben später Zwänge zu sinnvollen **integrierten Lösungen** ausgelöst. Das grundsätzliche Prinzip integrierter Lösungen besteht darin, unter Leitung eines Lösungsanbieters die Vielzahl spezialisierter Einzelkomponenten – z. T. von einer Vielzahl unterschiedlicher Lieferanten – zu einer Gesamtlösung (i. S. v. umfassender Problemlösung) zusammenzufassen *(Abb. 328)*.

Inzwischen ist der Leistungsumfang der Computer in Verbindung mit neuen Software-Programmen wie auch entsprechenden Peripheriegeräten in Richtung **Multimedia-Fähigkeit** weiterentwickelt worden (= Problemlösungskomplettierung). Sie ist in hohem Maße auch von der Ausbau-, Erweiterungs- und Integrationsfähigkeit von Hard- und Softwareumgebungen abhängig. Hierzu dienen auch verstärkte Kooperationsformen zwischen Hard- und Software-Unternehmen.

Auf der anderen Seite sind zugleich Voraussetzungen geschaffen worden (von der Hard- wie von der Software her), die Nutzung insgesamt zu vereinfachen („plug and play").

Begleitet wurde die Entwicklung zu integrativen Gesamtlösungen (Multimedia) von einem **Zusammenwachsen** ursprünglich „unabhängiger" Branchen (*Zerdick et al.*, 2001): Computertechnologie, Unterhaltungselektronik und Telekommunikation *(Abb. 329)*.

Komplettlösungen (Problemlösungssysteme) können auch zu einer grundlegenden **Veränderung von Märkten** führen – mit weit reichenden produkt- und programmpolitischen Konsequenzen (bis hin zu Zwängen für eine Überprüfung von Mission und Vision eines Unternehmens (vgl. 1. Teil „Marketingziele") = **konzeptionelle Kette**).

Was die generellen Hauptansatzpunkte der **Produktgestaltung i. e. S.** betrifft, so können zunächst zwei grundlegende Anknüpfungsebenen der eigentlichen Leistungskonkretisierung unterschieden werden:

- **Technisch-funktionale Leistung (= „Produktinneres" oder Produktkern),**
- **Formal-ästhetische Leistung (= „Produktäußeres" oder Produktdesign).**

Der Produktkern ist für die eigentliche **problemlösende Funktionsleistung** verantwortlich (z. B. Waschleistung eines Haarwaschmittels oder Druckleistung eines PC-Druckers). Aufgrund wachsender Ansprüche der Kunden wie auch aufgrund verstärkten Wettbewerbs gilt es, neben Grundnutzenleistungen verstärkt auch **Zusatzleistungen** zu bieten (z. B. Haarwaschmittel mit zusätzlicher Pflegeleistung (*Two*-in-one-Produkt) oder Fertigspachtel zum Kleben, Fugen, Reparieren (*Three*-in-one-Produkt) bis hin zum *All*-in-one-Produkt, z. B. PC-Drucker mit Druck-, Kopier-, Scanner- und Faxfunktion).

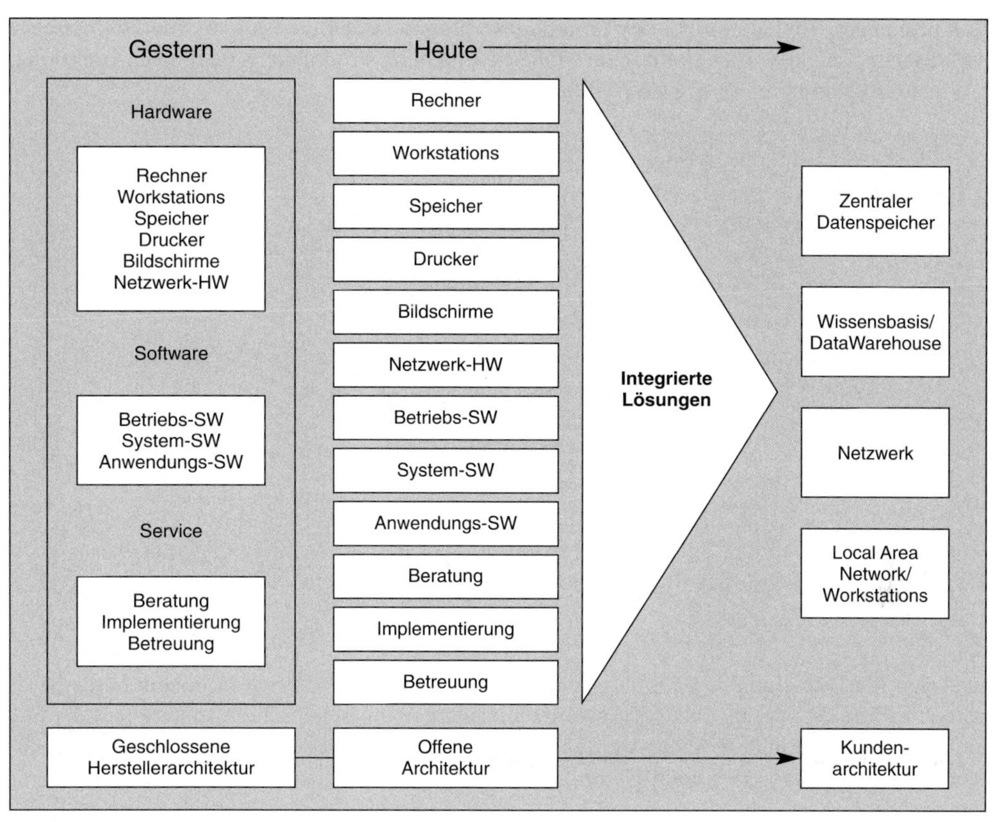


*Quelle:* nach *Dorn,* 1994, S. 1605

*Abb. 328: Integrierte Lösungen/Grundrichtungen im Markt für Informationstechnologie (Beispielphasen)*

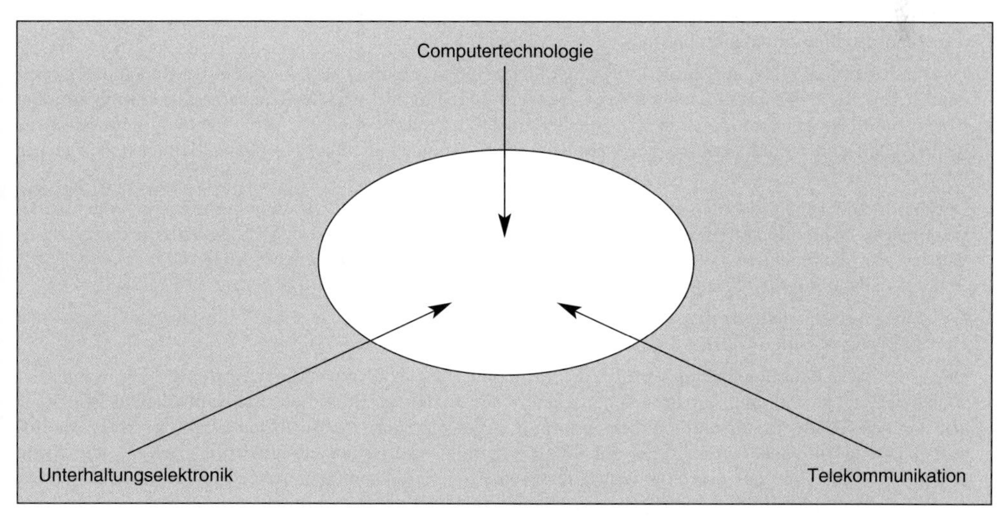


*Abb. 329: Beispielhaftes Zusammenwachsen (Konvergenz) ursprünglich getrennter Industriezweige und Technologien*

Von besonderer Bedeutung bei der Produktgestaltung ist die Berücksichtigung **ökologischer Anforderungen.** Sie müssen in hohem Maße bereits beim Produktkern (technisch-funktionale Leistung) anknüpfen (s. a. *Dyckhoff/Souren*, 2008).

Fallbeispiele: Ökologie-/Nachhaltigkeitsorientierte Produktgestaltung

Im Prinzip wird heute bei **allen Produkten** – aufgrund von gesetzlichen Auflagen bzw. Verordnungen und/oder auf Druck der Abnehmer – versucht, ökologischen Anforderungen gerecht zu werden. Die Verwirklichung ökologischer Kriterien beginnt bei der **Produktion** der Produkte und reicht bis zur **Verwendung** bzw. Nutzung der Produkte durch die Kunden (= Erfüllung von Nachhaltigkeit(szielen)).

Als Beispiele können hier u. a. wichtige **Gebrauchsgüter** genannt werden. Bei Automobilen sind die Anstrengungen u. a. auf die Senkung des Verbrauchs und der Schadstoff-Emissionen gerichtet. Bei Elektro-Haushaltsgeräten (z. B. Wasch-/Spülmaschinen) wird etwa am Energie-, Wasser- und Wasch-/Spülmittelverbrauch angesetzt. So konnte beispielsweise der **Energieverbrauch** bei Wasch- und Spülmaschinen innerhalb von 10 Jahren um jeweils ca. 50 % gesenkt werden.

Von großer Bedeutung bereits bei der Produktgestaltung ist die Berücksichtigung der späteren **Recyclingfähigkeit** (u. a. Sortenreinheit verwendeter Kunststoffe und deren Kennzeichnung).

In vielen Märkten sind die technologischen Möglichkeiten inzwischen in hohem Maße „ausgereizt", Differenzierungs- bzw. Zusatznutzenleistungen müssen deshalb verstärkt auf der **formal-ästhetischen Ebene** gesucht werden (z. B. Standard-Fahrzeugtechnik in neuem, jugendlich-spaßigen Design etwa beim Kleinwagen (Subcar) *Ford KA,* spez. 1. Generation).

Exkurs: Rolle des Design und Designstile

Aufgrund des hohen technologischen Standes in ganzen Branchen (u. a. Uhren, Kameras, Unterhaltungselektronik) sind Wettbewerbsvorteile über technisch-funktionale Kernleistungen vielfach nicht mehr oder zumindest nicht mehr allein möglich. Die bewusste Schaffung **formal-ästhetischer Zusatzleistungen** (Produktdesign) ist deshalb vielfach ein geeignetes Mittel, Differenzierungs- und damit Präferenzvorteile gegenüber Konkurrenten aufzubauen.

Das Produktdesign (auch als Industrie- oder Objektdesign bezeichnet) als zunehmend an Bedeutung gewinnender Teil der Produktgestaltung befasst sich mit körperhafter, **dreidimensionaler Gestaltung** serieller Erzeugnisse. Es konzentriert sich auf die Schnittstelle Produkt–Mensch, d. h. wahrnehmungsbezogene (ästhetische) und produktumgangsbezogene (pragmatische oder gebrauchstaugliche) Dimensionen stehen im Vordergrund.

Darüber hinaus hat Produktdesign – speziell bei Gebrauchsgütern des Konsumgüterbereichs – eine **sozial-semantische (symbolische) Dimension,** denn es sagt etwas über sich und den Produktbenutzer bzw. -verwender aus (*Koppelmann,* 1995, Sp. 441 f.; zu Grundfragen der Designgestaltung *Koppelmann,* 1997, S. 436 ff. sowie *Rat für Formgebung,* 1990; *Bürdek,* 1991; *Schmitz,* 1994; *Buck/Vogt,* 1997; *Buck,* 2003).

Es können verschiedene **Designstile** (Designrichtungen) unterschieden werden. Eine Übersicht nennt und charakterisiert wichtige Designstile *(Abb. 330).*

Der ästhetische **Funktionalismus** verfolgt das Prinzip der auf das Notwendige reduzierten Form unter besonderer Berücksichtigung der Prägnanzmerkmale wie Ordnung, Harmonie, Sparsamkeit und Prinzipien wie einfache Formen, unbunte Farben („form follows function", z. B. *Braun*-Elektrogeräte). Ähnlich zurückhaltend tritt der **Technizismus** auf, allerdings mit spezifischen „Prägnanzmaterialien" wie Stahl, Aluminium, Glas, die auf eine Anmutung des Professionellen, Hochtechnischen zielen (z. B. Möbel von *Knoll International*). Beim demonstrativen **Ästhetizismus** liegt der Schwerpunkt auf der ästhetischen Komponente. Hier wird die glatte und geschlossene, nicht durch Funktionsmerkmale (Griffe, Schalter) gestörte Form gesucht („form hides function", z. B. Unterhaltungselektronik von *Bang & Olufsen*). Das **Memphis-**

| Designstile | Designmerkmale |
|---|---|
| Funktionalismus | sachlich, einfach, klassisch |
| Technizismus | maskulin, sachlich |
| Ästhetizismus | artifiziell, modern, feminin |
| Postmoderne | zeitbetont, verspielt, originell |
| Luxus | traditionell, wertvoll |
| Memphis | originell, „verrückt", bunt |

*Abb. 330: Wichtige Designstile und ihre Charakteristik*

**Design** ist durch das bewusste „Andersgestalten", d. h. weitgehend ohne Rücksicht auf die Gebrauchstauglichkeit, gekennzeichnet (Schaffung von „Designskulpturen" auf der Basis u. a. von Materialverfremdungen und bunten Farben, z. B. Lampenbeispiele von *Artemide*). Die **Postmoderne** ist wieder mehr an der klassischen Architekturentwicklung orientiert und greift historische Stilmittel („Prägnanzmerkmale") wie Friese, Säulen usw. wieder auf (z. B. *Marktex* -Möbel). Das **Luxusdesign** schließlich – das nur bedingt als ein eigenständiger Designstil angesehen werden kann – zielt auf eine besonders wertvoll anmutende Produktgestaltung ab. Spezifisches Merkmal ist aufwendige Material- und Oberflächenbearbeitung mit eher traditionellen Bezügen (z. B. *Cartier* -Uhren).

Mit den Darlegungen zu Rolle und Stilrichtungen des Designs ist deutlich geworden, dass Designentscheidungen wichtige, die Produktleistung wesentlich mitprägende Entscheidungen darstellen (können). Gleichwohl gibt es hierbei **keine Standardlösungen,** sondern jedes Unternehmen muss dabei seine eigene Formen- bzw. Ausdruckssprache finden.

Fallbeispiele: Design-Konzeptionen verschiedener Hersteller

Am Anfang steht zunächst die Grundsatzentscheidung, welchen **Stellenwert Design** (dominantes oder nicht-dominantes Design) im Marketing-Konzept insgesamt einnehmen soll. Neben Konzeptionen, die *einen* eigenen unternehmensspezifischen Designstil („Mono-Design") wählen, gibt es Unternehmen, die bewusst *mehrere* Designstile („Designpluralismus") einsetzen, um ein breites Spektrum von Zielgruppen abzudecken bzw. ihre jeweils spezifischen Ansprüche zu befriedigen. Solche Konzepte beruhen i. d. R. nicht bzw. nicht nur auf Entwürfen von Hausdesignern, sondern greifen Designentwürfe freier, international renommierter Designer auf (wie z. B. *Rosenthal* für seine gehobenen Porzellan-Kollektionen oder *Alessi* für sein anspruchsvolles Haushaltgeräte-Programm).

Darüber hinaus kann in der **Fristigkeit des Designstils** eine wesentliche Basisentscheidung gesehen werden. So verfolgt z. B. *Hewi* mit seinem funktionsorientierten Design für Baubeschläge ausgesprochenes „Longlife-Design" (Designstil), während z. B. der Uhrenkonzern *Swatch Group* mit seinen *Swatch*-Uhren ein ausgeprägtes modisch-orientiertes „Shortlife-Design" (Designmoden) realisiert *(Abb. 331 a) und b))*.

Dass beide Ansätze (Long-/Shortlife-Design) erfolgreich sein können, beweisen die aufgeführten Beispiele. Sie bedürfen jedoch eines jeweils spezifischen Design-Managements.

Kennzeichnend für die Bedeutungszunahme des Produktdesigns ist nicht nur die Tatsache, dass in immer mehr Branchen eine bewusste designorientierte Produktgestaltung Eingang gefunden hat, sondern dass für Differenzierungs- bzw. Präferenzbildungszwecke immer stärker auch **einzelne Produktkomponenten** in das marken- bzw. firmenspezifische Design-Konzept einbezogen werden (so bezog sich das Design von Automobilen ursprünglich primär auf die Gestaltung der Karosserie, später trat die spezifische Innenraumgestaltung hinzu und als weitere Stufe ist die bewusste marken-spezifische Gestaltung der „Motoroptik" oder auch der Felgen zu sehen, vgl. z. B. die Oberklassen-Anbieter *Audi, BMW* und *Mercedes*). Zu „neuen" Designansätzen (wie Geruch, Klang) siehe Abschnitt „Erlebnismarketing".

*a) Modisches Design von Swatch (Beispielperiode)*

*Quelle: Swatch-Prospekt (Beispieljahr)*

*b) Zeitloses Design von Hewi*

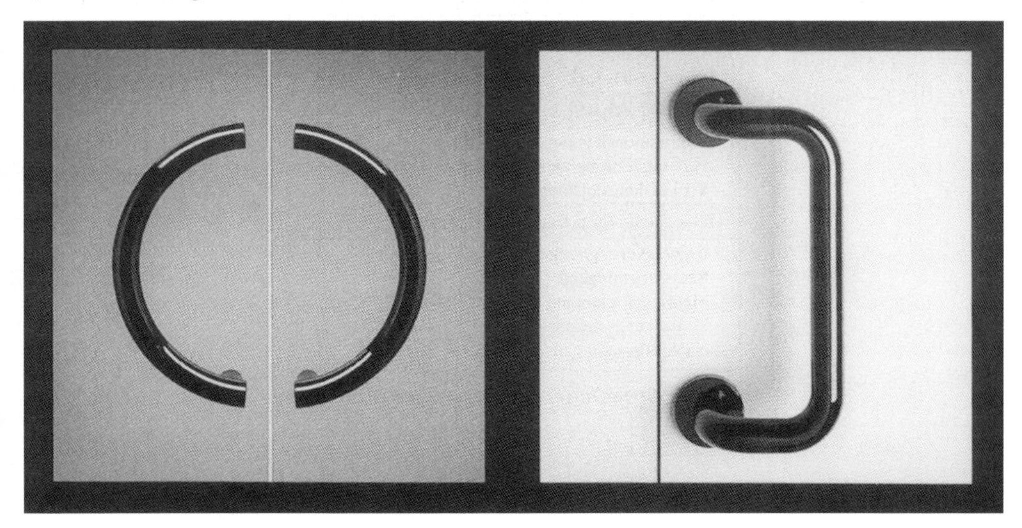

*Quelle: Hewi-Prospekt*

*Abb. 331: Prototypische Beispiele für unterschiedliche Designstile*

Neben der Produktgestaltung i. e. S. (Produktkern = technisch-funktionale Leistung („Produktinneres") und Produktdesign = formal-ästhetische Leistung („Produktäußeres")) umfasst die Produktpolitik noch die **Produktgestaltung i. w. S.** Sie bezieht sich auf *produktumgebende* Gestaltungsmittel (Product Features), die ebenfalls verstärkt unter wettbewerbsdifferenzierenden bzw. präferenzbildenden Aspekten eingesetzt werden. Erfolgsentscheidend ist insgesamt eine – ggf. durch Marktforschung abgestützte – kundenorientierte Ausrichtung (*Koppelmann,* 2001; *Bruhn/Hadwich,* 2006; *Albers/Herrmann,* 2007):

- **Verpackung,**
- **Markierung.**

Unter **Verpackung** wird die geeignete Umhüllung eines Packgutes verstanden. Die dadurch entstehende Gesamtheit von Packgut und Verpackung wird auch als Packung bezeichnet. Sie spielt vor allem bei Verbrauchsgütern des Konsumgüterbereiches (z. B. Konfitüre, Shampoo) eine zentrale Rolle, aber auch bei Gebrauchsgütern (z. B. Kameras, Haushaltgeräten) kommt der Verpackung spezifische Bedeutung zu. Rolle bzw. Bedeutung hängt insoweit von Eigenarten der Produkte bzw. Produktkategorien ab.

Damit sind die unterschiedlichen **Funktionen** der Verpackung angesprochen. Sie haben sich im Laufe der Entwicklung stärker ausdifferenziert *(Abb. 332).*

Zunächst standen die technischen Funktionen der Verpackung im Vordergrund („Primärfunktionen"). Mit der Wandlung der Märkte (von den sog. Verkäufer- zu sog. Käufermärkten) und der Verschärfung des Wettbewerbs gewannen mehr und mehr auch die **absatzwirtschaftlichen Funktionen** (ursprünglich „Sekundärfunktionen") an Bedeutung. Inzwischen werden absatzwirtschaftliche Leistungen der Verpackung – gerade auch angesichts starker technisch-funktionaler Angleichung der Kernprodukte – gezielt als Differenzierungs- bzw. Imagemittel ein-

| Technische Funktionen, insbesondere: |
|---|
| – Schutzleistung<br>– Lagerleistung<br>– Transportleistung |
| **Absatzwirtschaftliche Funktionen, insbesondere:** |
| – Informationsleistung<br>– Verkaufsleistung<br>– Verwendungsleistung |
| **Ökologische Funktionen, insbesondere:** |
| – Umweltverträglichkeit<br>– Recyclingfähigkeit<br>– Mehrwegpackungen<br>– Verpackungseinsparungen<br>– Nachfüllpackungen |

*Abb. 332: Grundlegende Verpackungsfunktionen*

gesetzt. Dabei wird vor allem an der Verkaufsleistung (Verpackung als „stummer Verkäufer" bzw. als „Markenbotschafter") und an der Verwendungsleistung (z. B. Verwendungserleichterung) angeknüpft.

Was die Funktion der Verpackung als Differenzierungs- und Imagemittel betrifft, so wird für diese Zwecke ein möglichst prägnanter, **marken- und produkttypischer Auftritt** gewählt, der ggf. ein ganzes Sortiment zu einer Einheit zusammenfasst *(Abb. 333).*

*Quelle: Lebensmittel Praxis*

*Abb. 333: Beispiel für eine sortendifferenzierte Packungslinie mit einheitlichem Markenauftritt (Melitta-Kaffee, Beispielperiode)*

Neben einem möglichst starken Packungsauftritt, der auch die Rolle des „stummen Verkäufers" erfüllt, gewinnt die **Verwendungseignung** von Packungen eine zunehmende Bedeutung, wie ausgewählte Fallbeispiele belegen.

Fallbeispiele: Verwendungsorientierte Verpackungen

Nachdem die Verkaufsleistung von Verpackungen („stummer Verkäufer") lange im Vordergrund stand, hat man zunehmend auch die Verbesserung der **Verwendungsleistungen** von Verpackungen als wichtigen Ansatzpunkt einer markt- und zielgruppenadäquaten Verpackungspolitik erkannt.

Als typisches Beispiel kann seinerzeit die Einführung des **Dosierspenders** für Zahncreme *(Theramed)* angeführt werden. Die Firma *Henkel* hatte in mehreren Anläufen versucht, in den Markt der Zahnpflege einzudringen. Erst mit dem eigenständigen Dosierspender gelang ihr, im Zahncreme-Markt Fuß zu fassen. Erfolgsfaktor war weniger das eigentliche Zahncreme-Angebot (Produktkern), sondern vielmehr die Convenience des Spenders.

Ein wichtiger Ansatzpunkt stellt z. B. bei Nahrungsmitteln die **Tischfähigkeit** von Verpackungen dar, d. h. die Packung ist so gestaltet, dass sie möglichst ohne Umfüllen gedeckt werden kann. In diesem Zusammenhang ist etwa der Klarsicht-Becher von *Zentis* („Frühstücks-Konfitüre", 225 g) zu nennen. Die kleinere Menge ermuntert zugleich zum Mehrsorten-Kauf bzw. zur Mehrsorten-Verwendung.

Was die Tischfähigkeit betrifft, so kann auch das Beispiel der Kaffeesahne im wiederverschließbaren Milchkännchen (etwa von *Südmilch/Campina*) angeführt werden. Die der klassischen Milchkanne nachempfundene Form soll zugleich **Assoziationen** wecken wie „frisch vom Bauernhof".

Als dritte wichtige Dimension sind darüber hinaus die **ökologischen Funktionen** in das Zentrum verpackungspolitischer Überlegungen gerückt, und zwar sowohl aufgrund entsprechender Sensibilisierung der Abnehmer als auch aufgrund entsprechender gesetzlicher Auflagen bzw. Verordnungen (vgl. u. a. Duales System).

Fallbeispiele: Umwelt-/Nachhaltigkeitsorientierte Verpackungslösungen

Die Umweltorientierung der Produktgestaltung muss im Prinzip mehrfach ansetzen, und zwar zunächst einmal am **Produktkern** selbst (vgl. z. B. das seinerzeit erste phosphatfreie Waschmittel von *Henkel*). Später hat man stärker die **Packung** als Gegenstand umwelt- bzw. ressourcen-schonender Produktgestaltung i. w. S. erkannt.

Wichtige Stationen waren (sind) z. B. bei Waschmitteln das Einsparen von **Verpackungsmaterial,** z. T. in Verbindung mit der Verringerung von Füllstoffen (Kompaktwaschmittel), und das Schaffen von recycle-fähigen Nachfüllpackungen.

Analoge Schritte sind u. a. auch bei Körperpflegemitteln realisiert worden (z. B. Wegfall der zusätzlichen Kartonverpackung für Zahncremetuben).

Als ein umwelt-orientiertes Verpackungskonzept kann die Einführung der **recycle-fähigen PET-Mehrwegflasche** bei alkoholfreien Erfrischungsgetränken (Pionier: *Coca-Cola*) genannt werden, die gegenüber der klassischen Mehrwegflasche auch Gewichts- und damit Transportvorteile (i. S. v. weniger Energie und Schadstoffen) aufweist.

Zwischen den einzelnen Funktionsbereichen der Verpackung (technische, absatzwirtschaftliche und ökologische Leistungen) können dabei **erhebliche Konflikte** auftreten, die es nicht zuletzt unter Berücksichtigung unternehmensspezifischer Voraussetzungen und **(Ziel-)Konzepte** wie Allgemeine Wertvorstellungen (Basic Beliefs) und Unternehmenszweck (Mission und Vision) zu lösen gilt (siehe hierzu 1. Teil „Marketingziele").

Insoweit bestehen – wie auch bei der Produktpolitik i. e. S. („Produktinneres" und „Produktäußeres") – wesentliche Verknüpfungen zwischen Unternehmens- und Marketingzielen einerseits und Marketinginstrumenten-Einsatz andererseits (= **konzeptionelle Kette**).

Hierbei sind auch Querverbindungen zu anderen Instrumentalbereichen (etwa der Logistik) zu berücksichtigen. Damit sind neben der Verkaufsverpackung (z. B. Getränkeflasche) auch die **Umverpackung** (z. B. Getränkekasten) sowie die **Transportverpackung** (z. B. Palette) angesprochen (zum Verpackungssystem vgl. *Hansen/Leitherer,* 1984, S. 38 ff.; *Koppelmann,* 2001, S. 507 f. sowie im Einzelnen *Boesch,* 1989; *Schulte*, 2017).

Insoweit können sehr unterschiedliche **Aktionsfelder** bzw. Orientierungspole der Verpackungspolitik identifiziert werden, welche die Komplexität und mögliche „Rivalitäten" verpackungspolitischer Entscheidungen unterstreichen *(Abb. 334).*

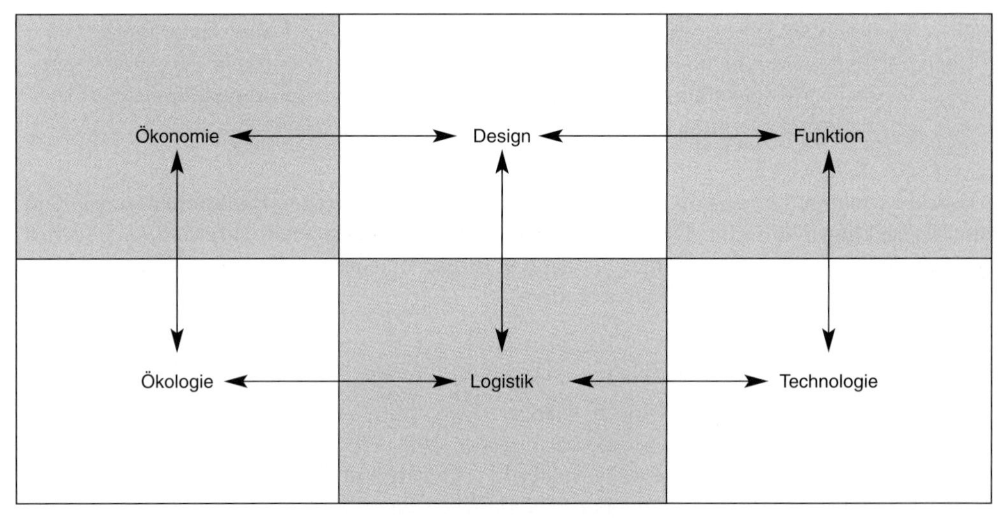


*Abb. 334: Aktionsfelder der Verpackungspolitik und ihre Verknüpfungen*

Die Verpackung steht damit nicht nur im Schnittfeld unterschiedlicher Funktionsbereiche des Unternehmens, was entsprechende **organisatorische Konsequenzen** hat (*Haedrich/Tomczak,* 1996, S. 36 f., vgl. auch die Darlegungen zum „Schnittstellen-Management" im 4. Teil), sondern es sind außerdem sehr spezifische Anforderungen zu berücksichtigen, welche die unterschiedlichen externen Zielgruppen im Markt – z. B. Handel einerseits und Verbraucher andererseits – an die Verpackung stellen *(Abb. 335).*

Die unterschiedlichen, z. T. bezugsgruppen-übergreifenden Aspekte beziehen sich auf alle wesentlichen **Verpackungsdimensionen** wie Größe, Form, Material, Handling, Sicherheit, Entsorgung. Die Möglichkeiten der Berücksichtigung der einzelnen Anforderungen hängen naturgemäß auch von den Eigenarten des jeweiligen Produkts wie auch den Wettbewerbsverhältnissen (einschließlich bestehender Standards, inkl. ökologischer) ab. Dass die Ver-

| Hersteller/Abfüller | Handel | Verbraucher |
|---|---|---|
| • hohe Abfüllgeschwindigkeit<br>• Eignung zur Profilierung<br>• Eignung als Informationsträger<br>• kostengünstig<br>• Vermittlung intendierter Preis- und Qualitätsvorstellungen | • optimale Nutzung von Regalplatz<br>• scanningfähig<br>• selbstbedienungsgerecht<br>• optimales Handling<br>• Eignung für Verkaufsförderung | • ansprechendes Design, hohe Anmutungsqualität<br>• Sichtbarkeit des Inhalts<br>• leicht zu öffnen/zu verschließen<br>• Verbrauchswirtschaftlichkeit<br>• Möglichkeit der Zweitverwendung<br>• ökologische Qualität |
| • stapelfähig<br>• palettierungsfähig<br>• raumsparend | | • Sicherheit vor missbräuchlicher Öffnung<br>• verbrauchergerechte Größe |
| | • gewichtsgünstig<br>• bruchsicher<br>• Haltbarkeit des Inhalts<br>• Schutz des Inhalts | |

*Quelle: Nieschlag/Dichtl/Hörschgen,* 2002, S. 672

*Abb. 335: Anforderungen unternehmensinterner und -externer Bezugsgruppen an die Verpackung (Beispiel Getränke)*

packung nicht nur ein wichtiges Marketinginstrument, sondern auch ein wichtiges Wettbewerbsmittel darstellt, ist deutlich geworden (s. a. *Vaih/Baur/Kastner*, 2010).

Was die **Marke** als Produktgestaltungsmittel i. w. S. betrifft, so stellt sie gerade unter verschärften Markt- und Wettbewerbsbedingungen ein grundlegendes Marketinginstrument dar. Die Marke ist ein **Schlüsselinstrument** im Rahmen der Produktpolitik, als sie eine unternehmensspezifische Produktkennzeichnung erlaubt und damit eine der wichtigsten Voraussetzungen für eine markt- bzw. zielgruppenspezifische Image- und Präferenzbildung schafft. (zur Psychologie der Markenführung s. *Florack/Scarabis/Primosch,* 2007).

„Zur Kennzeichnung gehören der Name des Produkts (die Marke i. e. S.), aber auch Merkmale der Produktausstattung, der Verpackung bzw. feste Gestaltungselemente, die als Erkennungssignale untrennbar mit dem Produktnamen verbunden sind. Dazu zählen Herkunftsbezeichnungen, Herstellerangaben und Packungsfarben mit Signalwirkung auf die Zielgruppe" . . . „Die Gesamtheit aller festen Kennzeichnungselemente der Produktausstattung kann als Marke i. w. S. bezeichnet werden" (*Haedrich/Tomczak,* 1996, S. 37).

Die Marke und ihr Auftritt spielen vor allem dann eine zentrale Rolle im Marketingmix, wenn mit **Strategien „höherer Ordnung"** (wie Präferenz- bzw. Markenartikel- und/oder Segmentierungsstrategie) ehrgeizige Unternehmens- (z. B. Rentabilitäts-) und Marketing- (z. B. Image-)ziele verfolgt werden. Insoweit werden wiederum grundlegende konzeptionelle Verknüpfungen (Interdependenzen) zwischen Ziel-, Strategie- und Mixentscheidungen erkennbar (= **konzeptionelle Kette**). Grundlegende Vorgaben können bereits die Metaziele des Unternehmens enthalten, wie z. B. die allgemeinen Wertvorstellungen (Basic Beliefs) oder auch der Unternehmenszweck (Mission und Vision).

Die wettbewerbs-differenzierende bzw. wettbewerbsvorteil-schaffende Image- bzw. Präferenzbildung im Markt ist an eine konsequente und durchgängige Ausstattung, Verwendung,

Präsenz und Kommunikation der Marke gebunden. Basis ist der **sog. Markenkern,** der den eigentlichen Inhalt bzw. die Substanz einer Marke darstellt. Der Markenkern repräsentiert die „Markenpersönlichkeit", die durch ihren Auftritt einen bestimmten Nutzen bzw. eine spezifische Problemlösung physisch und psychisch verspricht, und zwar auf einer ziel(markt)-orientierten Wert- oder Präferenzniveau-Ebene. Angesprochen ist hier das jeweilige Marktschichten-Niveau (zur Marktschichtung und Polarisierung von Märkten vgl. auch 1. Teil „Marketing-Ziele" und 2. Teil „Marketing-Strategien"):

- **Premium-Marken für obere Märkte,**
- **Konsum-Marken für mittlere Märkte,**
- **„Auch-Marken" für untere Märkte.**

Insbesondere **Premium-Marken** (in Abschwächung auch Konsum-Marken) sind durch einen konsequenten, durchgängigen Marktauftritt (Markeninszenierung) gekennzeichnet. Sie repräsentieren zugleich einen **niveau-spezifischen Markenstil,** der möglichst von allen zur Verfügung stehenden Marketinginstrumenten bzw. Marketinggestaltungsmitteln aufgenommen wird (= ganzheitlicher Markenauftritt, vgl. auch *Rieger,* 1994, S. 735 ff.; *Domizlaff,* 1994, S. 689 ff. sowie im Einzelnen *Esch,* 2012 bzw. 2018). Marken sind insoweit Träger aller marketing-instrumentalen Maßnahmen, was letztlich ihren Schlüsselcharakter begründet.

Eine Marke ist um so prägnanter, je schlüssiger sie ihre **Botschaft** (Philosophie) über alle marken-relevanten Instrumente transportiert. Das fängt an mit der Grundlinie der Produktpolitik i. e. S. (z. B. dem Designstil), der Produktpolitik i. w. S. (z. B. dem Verpackungsstil) und reicht bis zur Distributionspolitik (z. B. dem Stil der marken-führenden Geschäfte) und Kommunikationspolitik (z. B. dem Werbestil, zum Markendesign s. a. *Linxweiler,* 2003).

Fallbeispiele: Markenstile und Produktauftritte von *Jil Sander* und *Escada*

Je konsequenter Markenpolitik mit allen ihren Elementen betrieben wird, um so eher gelingt es, überdurchschnittliche Präferenzniveaus zu realisieren. Marken mit hohem Image- bzw. Präferenzniveau erlauben dann nicht selten, aufgebaute Markenkompetenzen auf **andere Produktfelder** zu übertragen (Strategie des **Markentransfers**). Man kann diese Strategie auch als gezielte Strategieevolution präferenz-strategischer Konzepte auffassen, die eine gezielte kundengruppen-orientierte Programm-Diversifikation ermöglicht. Insbesondere Marken mit „Lebensstil-Charakter" bieten hier interessante Möglichkeiten. So haben z. B. zwei ursprünglich erfolgreiche Premium-Hersteller im Damenoberbekleidungs-Bereich (*Jil Sander* und *Escada*) ihre unternehmerischen Aktivitäten auf **markenstil-verträgliche Accessoires** (z. B. Schuhe, Handtaschen, Gürtel) bis hin zu Körperpflege/Kosmetika-Produkten ausgedehnt.

Beide Marken und ihre Produkte (insbesondere in ihren Haupt- bzw. Ausgangsbetätigungsfeldern „Damenmode") wiesen ursprünglich sehr unterschiedliche Positionierungen auf, die verkürzt wie folgt gekennzeichnet werden können:

*Jil Sander:* **strenge, sparsame Formen und Farben,**
*Escada:* **üppige, verschwenderische Formen und Farben** (*alte* Positionierung).

Es ist interessant, wie beide Unternehmen ihren jeweiligen Stil („Handschrift") auch auf diversifizierte Produktfelder, wie z. B. Körperpflege-/Kosmetik-Produkte, sowohl in Duftnoten wie auch in **Packungsauftritten** zu übertragen versucht haben *(Abb. 336),* um damit auch zielgruppen-spezifischen Markenerwartungen zu entsprechen.

*Quelle: Douglas-Journal*

*Abb. 336: Markenstil-adäquate Auftritte von Escada- und Jil-Sander-Parfums (Beispielperiode)*

Die aufgeführten Beispiele von *Escada* und *Jil Sander* stehen für typische Verbrauchsgütermärkte. Markenpolitik spielt aber auch bei technischen Gebrauchsgütern eine große Rolle. Hier geht es speziell um den gezielten **Kompetenzaufbau** von Marken.

Fallbeispiel: Markenkompetenz und Produktgestaltungsgrundsätze von *Miele*

In den letzten Jahrzehnten haben sich z. B. im Markt der elektrischen Haushaltsgeräte eine Reihe von Marken erfolgreich durchsetzen können. Ein herausragendes Beispiel ist hier die *Fa. Miele.* Sie hat es verstanden, eine hohe **Markenkompetenz** für ihre Geräte aufzubauen, sich eine Art Premium-Stellung im Markt zu sichern und das auch preislich entsprechend auszuschöpfen („Preisführerschaft", s. a. *Esch*, 2012, S. 10 f.).

Das Grundprinzip der Waschmaschine, von *Miele* entwickelt, ist von *Miele* selbst – wie auch von Konkurrenten – im Laufe der Zeit konsequent verbessert worden, und zwar technisch (d. h. technisch-funktional, u. a. Waschleistung, Energieverbrauch, Programme bzw. Handhabung) wie auch optisch (d. h. formal-ästhetisch, speziell Design auch unter ergonomischen Gesichtspunkten, markentypische Designelemente). Aus dem **Know-how,** das im Waschmaschinenbereich entstand, sind dann später die Geschirrspülmaschine sowie der Wäschetrockner als weitere Säulen des *Miele*-Konzepts entwickelt worden.

Die **Kompetenz** der Marke *Miele* beruht auf wichtigen, konsequent verfolgten Grundsätzen (*Buro,* 1994, S. 1458):

„– Eine durch gründliche Beobachtung entwickelte Gebrauchslösung.
– Eine zukunftsgerichtete, langlebige und sichere Technik.
– Ein für langfristige und häufige Nutzung entwickeltes Design unter Verwendung bester Materialien garantiert langfristig weitgehend kundendienstfreie Benutzung."

Die Markenkompetenz gründet sich somit stark auf technisch-funktionale Leistungsmerkmale. Wichtige **markenprofilierende Säulen** sind darüber hinaus eine fachhandelsorientierte Vertriebs- und eine den technischen Anspruch kommunizierende Werbepolitik (mit markenspezifischem, die qualitative Führerschaft betonenden Auftritt, *Abb. 337*).

*Quelle: Miele*-Anzeige

*Abb. 337: Marken- und Werbeauftritt von Miele (Beispielperiode)*

Konsequente Markenpolitik ist also nicht nur für typische Verbrauchsgüter des Konsumgüterbereiches, sondern auch für technische Gebrauchsgüter möglich und sinnvoll (zu Besonderheiten der Markenpolitik bei Investitionsgütern *Belz/Kopp,* 1994).

Was die eigentlichen markentechnischen Fragestellungen betrifft, so sind zwei **grundlegende Entscheidungen** zu unterscheiden:

- **Wahl des Markentyps,**
- **Wahl der Gestaltungsformen.**

Die Wahl des **Markentyps** (Einzel-, Familien- oder Dachmarke, vgl. hierzu auch 2. Teil „Marketingstrategien", Abschnitt Präferenzstrategie, im Einzelnen auch *Becker,* 2004, S. 645 ff. bzw. 2005 b, S. 385 ff.) ist eine Grundsatzentscheidung, die bereits auf der 2. konzeptionellen Ebene, der Strategieebene, zu fällen ist. Markenpolitische Entscheidungen auf der 3. konzeptionellen Ebene, der Marketingmixebene, müssen sich deshalb an marken-strategischen Vorentscheidungen orientieren (= **konzeptionelle Kette**).

Die **Gestaltungsformen** der Marken selbst sind eher *operative* Instrumentalfragen, die – im Interesse der Präferenzfestigkeit und der Präferenzdauer von Marken – in möglichst hohem Maße Gestaltungs- und Aussagekonstanten aufweisen müssen (Dilemma zwischen Stil- und Trendorientierung in der Markenführung, zu Anforderungen der Markenpolitik im Zeitablauf siehe auch *Pepels,* 1998, S. 286 ff., zu den strategischen und operativen Aspekten der Markenführung insgesamt siehe *Haedrich/Tomczak,* 1990 und zu Grundfragen wertorientierter Markenpolitik *Sattler/Völckner,* 2007; *Esch,* 2012 bzw. 2018).

Bei der **Markennamengestaltung** bestehen grundsätzlich folgende Möglichkeiten:

- **Wortmarke** (z. B. *Siemens* -Schriftzug),
- **Buchstabenmarke** (z. B. *BASF*),
- **Bildmarke** (z. B. *Mercedes* -Stern),
- **Kombinierte Marke** (z. B. *Dr. Oetker* mit Frauenkopf).

Eher als Ausnahmeform kommt noch die **Zahlenmarke** (z. B. *4711*) in Betracht. Besonders verbreitet aus Profilierungs- und Lerngründen bei der jeweiligen Zielgruppe sind vor allem **Wort-Bildmarken,** d. h. es wird aus Gründen der Differenzierung („Alleinstellung") neben einem verbalen Markennamen ein typisches, unverwechselbares Bildsymbol verwendet. Die Einsicht in die Bedeutung von Bildern für Lernprozesse bzw. für das Abrufen des Gelernten – im Interesse der Markenorientierung und Markentreue des Kaufverhaltens von Abnehmern – ist insbesondere durch das sog. Imagery-Konzept gewachsen (zu Ansatz bzw. Bedeutung des Konzepts „innerer Bilder" siehe *Kroeber-Riel/Weinberg/Gröppel-Klein,* 2009, S. 390 ff., zu Grundlagen des Markenbildaufbaus auch *Kroeber-Riel,* 1996, S. 193 ff.).

**Bildsymbole** sind danach umso (verhaltens-)wirksamer, je mehr sie kennzeichnend bzw. konkret für ein spezifisches Markenangebot stehen. Abstrakte bzw. stilisierte Bildelemente ohne konkreten Sinngehalt führen demgegenüber im Allgemeinen eher zu diffusen Markenbildern und sind deshalb häufig weniger verhaltenswirksam (*Esch/Langner,* 2005, S. 583 f.). Verschiedene Markenbeispiele sollen das verdeutlichen *(Abb. 338).*

Die gezeigten Beispiele vermitteln, wie geeignete Bildsymbole **Markenleistungen** grundsätzlich erhöhen können.

Die Darlegungen zur Produktpolitik bzw. den **produktpolitischen Instrumenten** (Elementen), nämlich zu

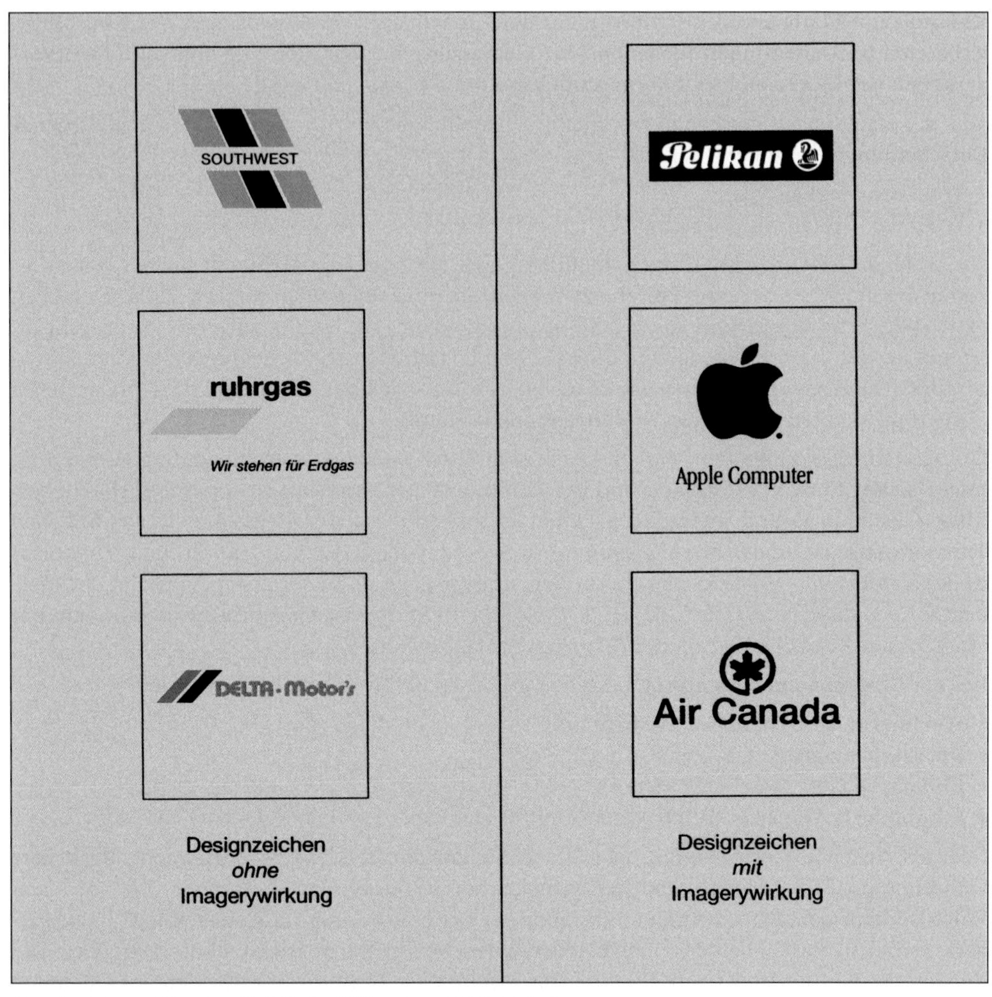


*Quelle: Berndt/Fantapié-Altobelli/Sander,* 1995, S. 202

*Abb. 338: Internationale Beispiele für Markenlogos mit und ohne Imagery-Effekt*

- **Produktkern** („Produktinneres") } = **Produktpolitik i.e.S.**
- **Produktdesign** („Produktäußeres") } und
- **Verpackung** }
- **Markierung** } = **Produktpolitik i.w.S.**

haben deutlich gemacht, wie *komplex* die operativ-instrumentale Produktgestaltung im Rahmen der Angebotspolitik ist.

Sie schafft insgesamt die grundlegenden **Voraussetzungen** für die eigentliche Marktleistung, an denen andere Instrumentalbereiche wie Distributions- und Kommunikationspolitik anknüpfen. Unternehmen können die Produktgestaltungselemente unterschiedlich gewichten (*Becker,* 2000 a, S. 79 f.). Die Gewichtung hängt sowohl von allgemeinen Markt-, Produkt- wie auch speziellen konzeptionellen Bedingungen bzw. Ansprüchen des Unternehmens ab.

Ehe auf die Distributions- und Kommunikationspolitik näher eingegangen werden kann, sind noch zwei wichtige Basisinstrumente der Angebotspolitik zu behandeln: Programm und Preis.

### *bab) Programm (einschließlich Serviceprogramm)*

Neben der Produktgestaltung stellt die Festlegung des Produktmix (bei Industriebetrieben als Programm, bei Handelsbetrieben als Sortiment bezeichnet) eine zentrale Marketingentscheidung dar. Die zu lösende **Kernaufgabe** (Fragestellung) kann wie folgt beschrieben werden:

| Welche Arten von Produkten in welchen Ausführungen (Sorten) bieten wir den Kunden an? |
|---|

Der **marketing-spezifische Ansatz** der Programmgestaltung knüpft daran an, dass das akquisitorische Potenzial eines Unternehmens i. d. R. in dem Maße steigt, in dem ein Unternehmen nicht nur einzelne Produkte (Leistungen) anbietet, sondern vielmehr durch Bündelung mehrerer Produkte und Produktausführungen ein ganzes Nutzen- bzw. Problemlösungsfeld (als Image- bzw. Kompetenzklammer) markt- und unternehmensadäquat abdeckt. Hauptanknüpfungspunkt einer solchen Programmorientierung bildet in entwickelten, wettbewerbsintensiven Märkten der Bedarfszusammenhang aus Sicht der Kunden und weniger das angewandte Herstellverfahren und/oder eingesetzte Rohstoffe. Diese Grundorientierung setzt an der Tatsache an, dass sich Kunden bei ihren Kaufentscheidungen weniger für Technik oder Rohstoffe, sondern für die Problemlösungseignung bzw. -leistung von Produkten (Leistungen) interessieren.

Die generelle **Situation** kann wie folgt charakterisiert werden: „Kunden wollen weniger einzelne Problemlösungsteile, sondern möglichst umfassende Lösungen für ein Gesamtproblem aus einer Hand." In diesem Sinne gewinnt aus Gründen der Abnehmer- wie Wettbewerbsorientierung das Angebot **integrierter Lösungen** (Systemlösungen) immer mehr an Bedeutung (*Belz et al.,* 1991; *Zerr,* 1994; *Bruhn/Hadwich*, 2006 bzw. 2017).

Auch für die Sortimentsbildung im Handel gilt das Prinzip strenger **Bedarfsorientierung.** Die Nichtbeachtung von Anforderungen bzw. Erwartungen der Abnehmerzielgruppen kann sich bei Handelsbetrieben noch einschneidender auswirken als bei Herstellerbetrieben: Die Reaktion der Zielgruppen kann bei gravierenden Sortiments- bzw. Leistungsmängeln zur vollständigen Boykottierung eines Handelsunternehmens führen (*Haedrich/Tomczak,* 1996, S. 47).

Was die konkrete Ausgestaltung von Programmen bzw. Sortimenten betrifft, so können unterschiedliche **horizontale Zusammensetzungen** – je nach Zielsetzung bzw. strategischem Konzept – gewählt werden. Neben einem homogenen Sortiment, ohne spezifische Schwerpunkte, können Hersteller z. B. folgende Strukturierung wählen:

- **Basisprogramm** (Standardprodukte, durchgängiger Programmanteil),
- **Zusatzprogramm** („beweglicher" Programmanteil, z. B. modische Produkte),
- **Aktionsprogramm** (Aktionsartikel, z. B. für zeitlich begrenzte Verkaufsförderungsaktionen).

Im Handel werden nicht selten differenzierte(re) Sortimentsstrukturen gewählt, etwa:

- **Normalsortiment** (unverzichtbar, über lange Zeit bewährt),
- **Trendsortiment** (im Trend liegende Sortimentsteile),
- **Testsortiment** (neu aufgenommene, im Teststadium befindliche Sortimentsteile),
- **Auslaufsortiment** (aufgrund nachhaltig gesunkener Attraktivität aufzugebende Sortimentsteile),
- **ggf. Nachverwertungssortiment** (von Wettbewerbern bereits aufgegebene Sortimentsteile, deshalb für einen „Restmarkt" noch interessant).

Was schließlich die **vertikale Strukturierung** angeht, so ist die jeweils adäquate Tiefenstaffelung bzw. Sortiments- oder Programmpyramide zu bestimmen. Eine Darstellung zeigt die im Handel üblichen Sortimentsbausteine *(Abb. 339).*

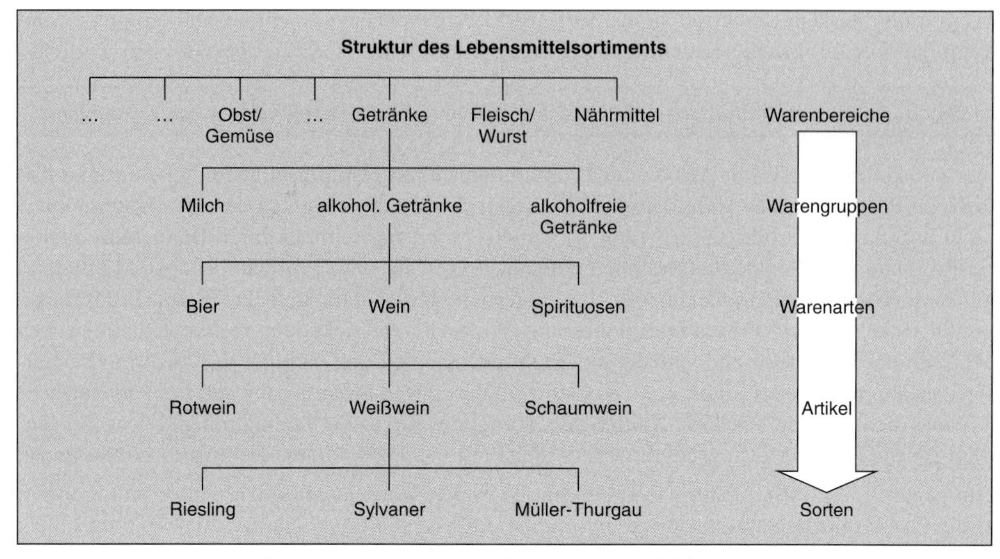


*Abb. 339: Sortimentsstruktur im Handel (Beispiel)*

Die Besonderheiten der Sortimentsbildung im **Handel** werden in der einschlägigen Literatur behandelt (u. a. *Lerchenmüller,* 1992; *Liebmann/Zentes,* 2001; *Mattmüller/Tunder,* 2004).

Analoge Programmbausteine können auch bei **Herstellerprogrammen** unterschieden werden. Eine Darstellung verdeutlicht die vertikale Programmstruktur am Beispiel von Werkzeugmaschinen *(Abb. 340).*

Die konkrete Programmstrukturierung hängt insgesamt von den **ziel-strategischen Programmvorgaben** (Prädispositionen) vor allem hinsichtlich Breite und Tiefe ab. Insoweit zeigen sich hier wieder gesamt-konzeptionelle Bezüge (= **konzeptionelle Kette**). Zu den Besonderheiten der Programmgestaltung im Investitionsgüterbereich wird auf die spezielle Literatur verwiesen (u. a. *Kleinaltenkamp/Plinke,* 1995; *Godefroid,* 2003; *Backhaus/Voeth,* 2007 bzw. 2014).

Die *operative* Programmgestaltung muss insgesamt an Festlegungen anknüpfen, die – unter Bezugnahme auf grundlegende Unternehmensziele (speziell Metaziele: Mission und Vision) – auf der **strategischen Konzeptionsebene** festgelegt sind, und zwar auf der Ebene der Marktfeldstrategien (vgl. hierzu 2. Teil „Marketingstrategien") hinsichtlich

- der **Programmbreite** (Zahl der Produktarten) einerseits und
- der **Programmtiefe** (Zahl der Produktausführungen) andererseits.

In dieser Hinsicht schafft die dort getroffene Grundsatzentscheidung für

- entweder eine **Universalisten-Strategie** (Programm breit und flach)
- oder eine **Spezialisten-Strategie** (Programm schmal und tief)

| Bezeichnungen | Hinweise zu Gliederungskriterien | Beispiele |
|---|---|---|
| Produktbereich (Produktlinie) | Organisatorisch bedingte Zusammenfassung mehrerer Produktgruppen in einer divisionalisierten Großunternehmung, wobei u.a. produktionsbezogene, absatzbezogene oder „historische" Kriterien eine Rolle spielen. | Werkzeugmaschinen |
| Produktgruppe (Produktfamilie) | Zusammenfassung von Produkten, die zu verschiedenen Produktarten gehören können, deren Zusammenfassung z.B. für Analysen und Planungen aufgrund ähnlicher Funktionsprinzipien gleicher Anwendungsbereiche oder gleicher Produktionsverfahren u.a. sinnvoll ist. | Drehmaschinen |
| Produktart | Zusammenfassung mehrerer Produkttypen bzw. -varianten, die dieselben Grundfunktionen erfüllen, aber bezüglich einzelner Eigenschaften unterschiedliche Ausmaße aufweisen bzw. unterschiedliche „Kann-" (oder „Wahl-") Funktionen besitzen. | Spitzendrehmaschinen, Plandrehmaschinen, Karusselldrehmaschinen u.a. |
| Produkttyp / Produktvariante | Gleiche Produkte werden unter dem Begriff „Produkttyp" zusammengefasst. In der Praxis wird zudem auch der Begriff „Produktvariante" verwendet oder es werden beide Begriffe auf unterschiedlicher Gliederungsstufe eingesetzt. | Spitzendrehmaschine mit bestimmter Spitzenhöhe und -weite; Spitzendrehmaschine mit Kopiervorrichtung |

*Quelle: Rupp,* 1983, S. 35

*Abb. 340: Programmstrukturierung im Werkzeugmaschinenbereich (Beispiel)*

entsprechende operative Vorgaben für die konkrete Programmgestaltung auf der Mixebene (= **konzeptionelle Kette**).

Tätigkeitsbereiche (Art und Zahl der Produktarten) und Differenzierbarkeit des Angebots (Art der Produktausführungen bzw. -sorten) unterliegen im Zeitablauf meist einem **kunden- und wettbewerbsinduziertem Wandel.** Dabei ist allerdings zu berücksichtigen, dass programm-diversifizierende Maßnahmen im Sinne eines Programmausbaus *keine* operativen Entscheidungen darstellen, sondern sowohl mit wichtigen Ziel- und Strategieentscheidungen rückgekoppelt bzw. entsprechend abgestimmt werden müssen (d. h. **konzeptionelle Ketten** verlaufen notwendigerweise sowohl von oben nach unten: Ziele, Strategien, Mix als auch von unten nach oben: Mix, Strategien, Ziele).

Fallbeispiel: Diversifizierung des Programms von *Wella*

Das Unternehmen, traditionell auf dem Markt der Haarpflege tätig, hat sich zunächst auf das **professionelle Friseurgeschäft** konzentriert. Später wurden auch Haarpflegeprodukte für das Publikumsgeschäft entwickelt. Dazu war auch eine Öffnung der Absatzwegeentscheidung über den Friseurbereich hinaus notwendig. Diese Entscheidung hatte bereits strategischen Charakter, weil Absatzwegeentscheidungen – wie noch zu zeigen sein wird – in hohem Maße strukturelle und damit nicht mehr rein operative Entscheidungen darstellen (inzwischen wurde *Wella* von *L'Oréal* aufgekauft).

Spätestens, als sich die *Wella AG* seinerzeit entschied, über den Markt der Haarpflege hinaus am interessanten, wachstums- und ertragsträchtigen **Duftwasser- und Parfümmarkt** zu partizipieren, waren grundsätzliche strategische Entscheidungen notwendig.

Es war klar, dass *Wella* nicht ohne weiteres mit der **eigenen Marke** in diesen neuen Teilmarkt eindringen konnte. Der Aufbau dafür geeigneter Produkte bzw. Marken erschien andererseits zu (zeit-)aufwändig; man entschloss sich daher für ein **Aufkaufkonzept** (Übernahme von *Ferd. Mühlens* mit klassischen Marken wie *4711* und *Tosca,* inzwischen wieder verkauft). Das heißt, diese konzeptionellen Entscheidungen betreffen zentrale Fragen des Produkt- und Markenportfolios.

Mit diesem Beispiel ist zugleich deutlich geworden, in welchem hohen Maße programm-politische und marken-politische Entscheidungen miteinander verzahnt sind (vgl. hierzu auch das näher skizzierte *Melitta*-Beispiel im 2. Teil „Marketingstrategien", Abschnitt Präferenz-Strategie).

Exkurs: Zum Verhältnis von Produktions- und Absatzprogramm

Grundsätzlich – darauf wurde bereits im 2. Teil „Marketingstrategien", Abschnitt Marktfeldstrategien, hingewiesen – müssen **Produktions- und Absatzprogramme** nicht notwendigerweise übereinstimmen (vgl. hierzu auch *Knoblich,* 1994, S. 30). Für problemlösungsorientierte Unternehmen in wettbewerbsintensiven Märkten ist vielfach typisch, dass ihr Absatzprogramm größer ist als ihr Produktionsprogramm.

Drei grundsätzliche **Alternativen,** bezogen auf das Verhältnis von Absatz- und Produktionsprogramm, sind gegeben (in Anlehnung an *Knoblich,* 1994, S. 30 f.; *Scharf/Schubert,* 1997, S. 74 f.):

- **Produktionsprogramm = Absatzprogramm**
  (Unternehmen produziert alle Produkte und Ausführungen, die es am Markt anbietet und umgekehrt, z. B. *BMW* bei PKW).
- **Produktionsprogramm > Absatzprogramm**
  (Unternehmen stellt z. T. Zwischenprodukte her, die auch für die Herstellung eigener Fertigprodukte verwendet werden, z. B. *Henkel* bei Waschmitteln).
- **Produktionsprogramm < Absatzprogramm**
  (Unternehmen bietet am Markt Produktarten an, die es nicht selber herstellt, z. B. Kühlschränke von *Miele*).

Damit ist deutlich geworden, dass Unternehmen über programmpolitische Spielräume verfügen.

Wie entscheidend letztlich eine aufgebaute Marke bzw. ein darauf konsequent aufgebautes Vermarktungskonzept ist, beweist u. a. *Nike.* Dieses auf Sportartikel spezialisierte Unternehmen verzichtet überhaupt auf eigene Produktion und lässt alle Artikel unter strengen Auflagen von Lohnherstellern insbesondere in Asien herstellen. Ein ähnliches Konzept hat im Laufe der Zeit u. a. auch *Adidas* zu realisieren gesucht. Damit ist noch einmal der **Schlüsselcharakter** des (strategischen) Marketinginstrumentes „Marke" hervor gehoben geworden.

Programme von Unternehmen beruhen zunächst einmal auf den sog. **Hauptleistungen** („Hardware"), welche die eigentliche (technische) Problemlösungsleistung i. e. S. bieten. Für die Nutzung der Hauptleistung sind jedoch i. d. R. **Kundendienst- bzw. Serviceleistungen** („Software") notwendig. Das gilt insbesondere für Gebrauchsgüter, und zwar sowohl des Konsumgüter- als auch Investitionsgüterbereiches (zu Besonderheiten des Services bei Investionsgütern vgl. *Backhaus,* 2003, S. 366 ff.; *Kleinaltenkamp/Plinke,* 1995, S. 769 ff.). Kundendienst- bzw. Serviceleistungen umfassen alle Leistungen (Maßnahmen), welche die Inanspruchnahme und Nutzung von Produkt- oder Hauptleistungen ermöglichen bzw. erleichtern (*Bruhn,* 2001 b, S. 152). Sie stellen insgesamt eine wichtige Nutzenkomponente dar, die von Abnehmern in zunehmendem Maße erwartet wird und wesentlich ihre Kaufentscheidungen mitbestimmen (im Einzelnen *Meyer,* 1998; *Harms,* 1999; *Bruhn/Hadwich,* 2006 bzw. *Bruhn*, 2016). Dabei spielt es zunächst keine Rolle, ob diese Leistungen freiwillig und kostenlos oder aber auf Anforderung und zu definierten Preisen erbracht werden.

Was die produktbegleitenden Kundendienst- bzw. Serviceleistungen betrifft, so gibt es hierbei ein ganzes Spektrum solcher „Nebenleistungen", die – wie leicht nachvollziehbar – in hohem Maße von der jeweiligen Produktkategorie, den Markt- bzw. Branchenbedingungen und ihren **jeweiligen Standards** abhängig sind. Grundmuster der zu erbringenden Servicearten bzw. -intensitäten werden bereits auf der Zielebene (speziell Metazielebene, insbesondere Festlegungen zur Mission und Vision) vorformuliert; insoweit bestehen auch hier wesentliche Verknüpfungen zwischen Ziel- und Mixentscheidungen, die auch von den zugrunde liegenden Strategiekonzepten (z. B. Präferenzstrategie) wesentlich beeinflusst werden (= **konzeptionelle Kette**).

Jedes Unternehmen muss so gesehen das unternehmens- und marktadäquate **Kundendienst- bzw. Serviceprogramm** bestimmen. Hierbei sind – auf der Basis der das Serviceprogramm ebenfalls nach Breite und Tiefe bestimmenden strategischen Entscheidungen – *operative* Serviceleistungen vor allem unter dem Aspekt der Nutzungszeitpunkte *(Abb. 341)* festzulegen.

| Zeitpunkt der Nutzung / Art des Kundenservices | Vor der Nutzung (Pre-Sale-Services) | Während der Nutzung (At-Sale-Services) | Nach der Nutzung (After-Sale-Services) |
|---|---|---|---|
| **Technische Leistungen** | – Technische Beratung<br>– Erarbeitung von Projektlösungen<br>– Demontage alter Anlagen | – Technische Einweisung<br>– Installation<br>– Reparaturen/Wartung<br>– Sicherheitsberatung<br>– Hot-Line-Service | – Umbauarbeiten<br>– Erweiterungen<br>– Abbau<br>– Entsorgung<br>– Beratungsleistungen |
| **Kaufmännische Leistungen** | – Kaufmännische Beratung<br>– Wirtschaftlichkeitsanalyse<br>– Kostenvoranschlag<br>– Testlieferung | – Schriftliche Anleitung<br>– Anwenderschulung<br>– Ersatzteilversorgung<br>– Ersatzgeräte<br>– Call Center | – Beschwerdemanagement<br>– Telefon-/Onlinehilfe über Neuentwicklungen<br>– Beratung bei Updates |

*Abb. 341: Arten von Kundendienst- bzw. Serviceleistungen*

Das heißt, es können sowohl **technische** als auch **kaufmännische Kundendienst- bzw. Serviceleistungen** unterschieden werden (für die jeweils spezifische Funktionsbereiche im Unternehmen zuständig sind = Koordinationsproblem des Service-Managements) und die entweder *vor* der Inanspruchnahme der Hauptleistung (Pre-Sale-Services), *während* der Inanspruchnahme der Hauptleistung (At-Sale-Services) oder *danach* (After-Sale-Services) vom Anbieter erbracht und vom Abnehmer entsprechend genutzt werden können.

Was die Nutzung bzw. die Nutzer von Serviceleistungen betrifft, so können in der vertikalen Kette sowohl Handelsbetriebe als auch Endverbraucher unterschieden werden. Auf diese **unterschiedlichen Zielgruppen** (ggf. auch innerhalb einer Stufe, z. B. verschiedene Gruppen von Absatzmittlern) müssen die Kundendienst- bzw. Serviceleistungen ausgerichtet bzw. differenziert werden (etwa spezielle Beratungsleistungen bzw. -pakete für Handel und Endabnehmer, z. B. auch in Form von **Chatbots** als virtuelle Ansprechpartner).

Einen besonderen Stellenwert besitzen Kundendienst- bzw. Serviceleistungen bei Systemangeboten bzw. Leistungssystemen im Sinne kompletter, integrierter Problemlösungsangebote. Kennzeichen solcher **Leistungssysteme** ist vor allem, dass durch Einbau vielfältiger, differenzierter Servicekomponenten versucht wird, eine möglichst hohe Kunden- bzw. Kundenproblemlösungsorientierung zu realisieren. Sie ist die Voraussetzung für eine möglichst hohe Kundenzufriedenheit und legt damit die Grundlage für eine ökonomisch sinnvolle **Kundenbindung** (siehe hierzu auch 4. Teil „Management", Kapitel Überprüfung von Marketing-Konzeptionen).

Fallbeispiel: Leistungssysteme im Pharmamarketing

Die Entwicklung im Pharmamarketing ist dadurch gekennzeichnet, dass aufgrund des allgemein hohen technisch-wissenschaftlichen Entwicklungsstandes es immer schwerer fällt, **echte Innovationen** in ausreichendem Maße für die Stärkung des Images und der Kompetenz der Pharmaunternehmen zu schaffen.

Das bedeutet, dass dem Arzt vielfach mehrere gleichwertige Präparat-Alternativen für die medikamentöse Therapie zur Verfügung stehen. Die Entscheidung für den Einsatz eines bestimmten Medikaments ist somit nicht mehr so sehr von der **Qualität des Medikaments** (diese wird vorausgesetzt), sondern vor allem auch von der Service- und Beziehungsqualität des Unternehmens abhängig (*Belz et al.*, 1991, S. 135).

Aus diesem Grunde haben Pharma-Unternehmen wie *Boehringer* oder *Merck* Leistungssysteme zu entwickeln gesucht, die um die Kernleistung „Medikament" ein ganzes **Bündel von Leistungen** für den Arzt und die Patientenbetreuung bilden *(Abb. 342)*.

Dieses Leistungssystem umfasst über die Medikamente hinaus **indikationsspezifische Informationen,** die über eigentliche Produktinformationen weit hinausgehen und Diagnose sowie Therapie des Arztes verbessern sollen (bis hin zu Abrufmöglichkeiten gezielter Informationen).

Darüber hinaus wurden **Beratungsbausteine** entwickelt, welche die Arztpraxis – und zwar ihre Gestaltung wie ihre Führung – betreffen. Das beginnt bei Ausstattungsempfehlungen und geht bis hin zum Praxis-Management (u. a. Personalführung, Abrechnungswesen, Praxis-Marketing).

Schließlich sind **Servicebausteine** zur „Lebenserfüllung" darauf gerichtet, dem Arzt Freude und Lust an seinem Beruf zu erhöhen (u. a. über Workshops und Fortbildungsseminare).

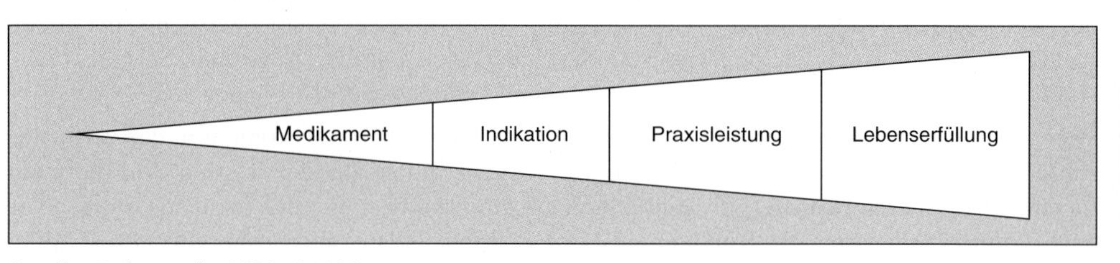


*Quelle: Belz et al.,* 1991, S. 135

*Abb. 342: Leistungsstufen und -bündel für die Vermarktung von Pharma-Produkten*

Vom Servicemarketing als wesentlicher Ergänzung der herstellerspezifischen Produkt- bzw. Hauptleistung zu unterscheiden sind Dienstleistungskonzepte, die Dienstleistungen als **Hauptleistungen** vermarkten (wie etwa Kreditkarten- (z. B. *Visa*), Flug- (z. B. *Lufthansa*) oder auch Transportgesellschaften (z. B. *United Parcel Service*)). Sie müssen an den spezifischen Bedingungen solcher Leistungen anknüpfen und spezielle Konzepte, gerade auch im Hinblick auf den Marketingmix, entwickeln (siehe *Meyer,* 1990 sowie im Einzelnen *Meyer,* 1998 und *Meffert/Bruhn,* 2006 bzw. 2013).

Mit diesen Darlegungen sollen die programm-instrumentalen Überlegungen abgeschlossen werden. Als letztes angebotsspezifisches Basisinstrument ist nun die Preispolitik zu behandeln.

### bac) Preis (sowie Rabatte und Konditionen)

Der Preis stellt das dritte Basisinstrument der Angebotspolitik dar. Die **Kernaufgabe,** die beim Einsatz dieses Marketinginstruments besteht, kann wie folgt formuliert werden:

> Welches Entgelt sollen wir für unsere Produkte (Leistungen) verlangen?

Der **marketing-spezifische Ansatz** der Preisfestsetzung knüpft daran an, dass Kunden nicht über Preise, sondern über Preis-Leistungs-Verhältnisse disponieren (= Relativierung der Preispolitik bzw. Berücksichtigung des angebotspolitischen Zusammenhangs). Das heißt, den Kundenbeurteilungen liegen Nutzenerwägungen (Problemlösungsprüfungen) im Vergleich mit den Preisforderungen der Anbieter zugrunde.

Wenn Kunden (Abnehmer) zwischen mehreren Produktalternativen wählen können, so vergleichen sie i. d. R. Preise nicht isoliert, sondern sie prüfen die Beziehungen zwischen Preis und Nutzen (= Eckpfeiler jeder ökonomischen Transaktion). Insofern gilt: der Kunde wird nur dann ein Produkt (Leistung) kaufen, wenn der **Nettonutzen** (Nettonutzen = Nutzen – Preis) positiv ist, „d. h. wenn er weniger an anderweitigem Nutzen hergeben muss, als er durch den Erwerb des Produktes erlangt" (*Simon,* 1992 b, S. 3). Die Abwägungen, die ein Kunde zwischen Preis und Nutzen im Einzelnen vollzieht, lassen sich in einer Darstellung abbilden *(Abb. 343).*

Unternehmen haben grundsätzlich **zwei Optionen,** den Nettonutzen des eigenen Angebots zu erhöhen und damit ihre Wettbewerbspositionen zu verbessern:

- Entweder es erhöht den vom Kunden wahrgenommenen Nutzen (= **Leistungsvorteil-Ansatz:** höhere Leistung zum gleichen Preis)
- oder es senkt den vom Kunden wahrgenommenen Preis (= **Preisvorteil-Ansatz:** gleiche Leistung zum niedrigeren Preis).

Diese beiden Optionen knüpfen an den beiden **marktstimulierungs-strategischen Handlungsmustern** an: Präferenz- oder Preis-Mengen-Strategie (vgl. 2. Teil „Marketingstrategien", Abschnitt Marktstimulierungsstrategien). Damit zeigt sich wiederum die Verzahnung zwischen Strategie- und Mix- bzw. Instrumentalentscheidungen (= **konzeptionelle Kette**).

> Fallbeispiele: Instrumentale Anknüpfungsmöglichkeiten der Nutzen- bzw. Leistungsverbesserung
>
> Was die Schaffung von **Leistungsvorteilen** (Added Value) betrifft, so verfügen Unternehmen über ein breites instrumentales Maßnahmen-Spektrum. Sie können dabei prinzi-

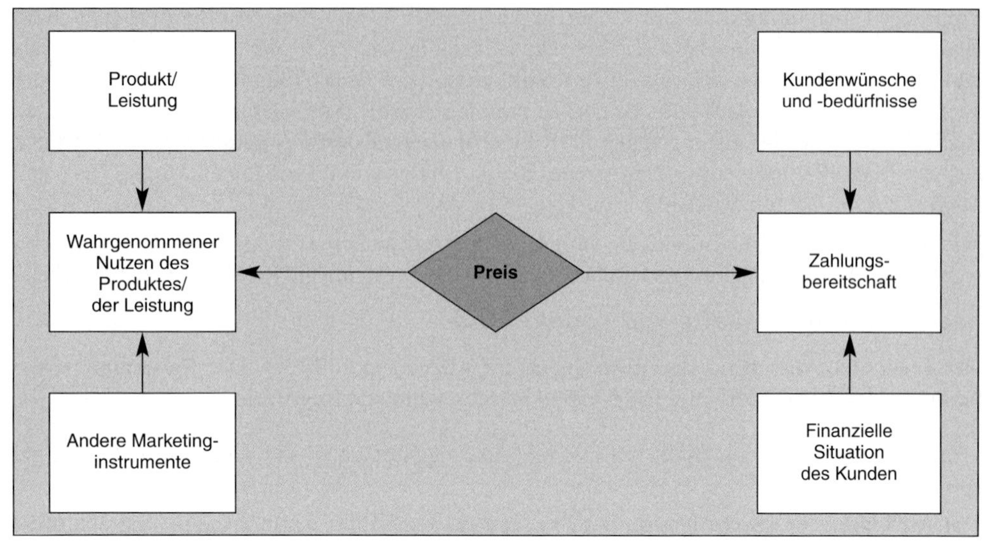


*Quelle: Simon,* 1992 b, S. 4

*Abb. 343: Zusammenhänge bei Preis-Nutzen-Abwägungen*

piell an allen nicht-preislichen Marketinginstrumenten im Sinne eines gezielten Qualitätswettbewerbs anknüpfen. Typisch hierbei ist vor allem die Anhebung bisher für das Unternehmen bzw. den Markt üblicher Standards.

Im Rahmen des **angebotspolitischen Instrumentariums** kommen hierbei insbesondere produktpolitische Maßnahmen in Betracht, wie:

- **Modifikation des Produktkerns** (z. B. Verbesserung der Waschleistung bei *Henkel* mit *Persil Megaperls*),
- **Veränderung des Produktdesigns** (z. B. Verbesserung der ästhetischen Anmutung von *Junghans*-Uhren),
- **Variation der Produktverpackung** (z. B. Verbesserung der Verwendungsleistung von Instantprodukten über wiederverschließbare Packungen wie bei *Nesquick*).

Auch **distributionspolitische Instrumente** bieten vielfältige Anknüpfungspunkte für Leistungsverbesserungen, wie:

- **Verbreiterung der Distribution** (z. B. Verbesserung der Verfügbarkeit von Marken-Süßwaren in Zusatzkanälen wie Tankstellen, u. a. von *Ferrero*-Marken),
- **Erhöhung der Serviceleistung** (z. B. durch Stärkung des Fachhandelsvertriebs etwa bei *Miele*-Elektrogeräten).

Schließlich kommen für die Schaffung von Leistungsvorteilen mannigfache Ansatzpunkte **kommunikationspolitischer Art** in Betracht, wie:

- **Verbesserung der Markenkompetenz** (z. B. durch premium-orientierte Werbekonzepte, etwa von *Warsteiner-Pils*),
- **Intensivierung der Kundenbeziehung** (z. B. durch Direktwerbemaßnahmen von Tiefkühlheimdiensten wie *Bofrost*).

Was die Schaffung von **Preisvorteilen** – als zweiter grundsätzlicher Option der Nutzensteigerung für den Kunden – angeht, so kommen im Prinzip zwei Ansatzpunkte in Betracht:

**Direkte Preissenkung** (z. B. markt- bzw. wettbewerbsorientierte Preisanpassung etwa bei *Sony*-Fernsehgeräten),
**Indirekte Preissenkung** (z. B. Angebot von Packungen mit Mehrinhalt zum gleichen Preis etwa bei Anbietern von Frühstücksprodukten (Cerealien) wie *Kellogg's*).

Unternehmen verfügen so gesehen über vielfältige Möglichkeiten der Leistungsverbesserung.

Jedes Unternehmen muss insoweit – konzeptgerecht, d. h. vor allem auch ziel- und strategieorientiert – die **adäquaten Anknüpfungspunkte** suchen. Aufgrund der Wettbewerbsorientierung in den meisten Märkten müssen vielfach mehrere, untereinander abgestimmte Maßnahmen gewählt werden. Damit sind bereits Grundfragen der eigentlichen Marketingmixgestaltung angesprochen.

Unternehmen können nämlich ihre Gewinn- und Umsatzziele nur dann realisieren, wenn sie markt-/marktschichten- bzw. kunden-/zielgruppen-adäquate **Preis-Leistungs-Verhältnisse** bzw. entsprechende Nettonutzen-Leistungen bieten (vgl. auch *Simon/Dolan,* 1997).

Was die Wahl des bzw. der unternehmensspezifischen Preis-Leistungs-Verhältnisse(s) angeht, die ein Unternehmen dem Markt anbieten will, so ist das – wie bereits angesprochen – keine (reine) operative Entscheidung auf der Mixebene, sondern sie muss anknüpfen an **Vorentscheidungen und Vorgaben,** die sowohl auf der Zielebene (speziell Metaziele: Mission/Vision) als auch der Strategieebene (speziell auf der 2. und 3. Ebene: Marktstimulierungs- und Marktparzellierungsstrategien) getroffen bzw. erarbeitet worden sind (siehe hierzu auch die methodenorientierten Abschnitte „Marktstimulierungs-strategische Selektionsfragen" und „Marktparzellierungs-strategische Selektionsfragen"). Damit werden erneut grundlegende Zusammenhänge zwischen allen drei Konzeptionsebenen deutlich (= **konzeptionelle Kette**).

Ausgangspunkt einer konsequenten Preispolitik ist die gewählte **Preispositionierung** (*Diller,* 2000, S. 393 ff.; *Simon,* 1992 b, S. 60 ff.; *Siems,* 2009, S. 19 ff.), die sich an etablierten bzw. zu schaffenden Preisschichten-Strukturen orientieren muss (i. S. v. oberer, mittlerer, unterer Markt, vgl. auch 1. Teil „Marketingziele", speziell Abschnitt zu den Marketing-Leitbildern).

Im Interesse der konsequenten Umsetzung eines Marketing-Konzepts spricht vieles dafür, einmal gewählte Preispositionen beizubehalten bzw. möglichst zu verteidigen. Denn die Preispositionierung ist ein *zentraler* Bezugspunkt aller marketing-instrumentalen Maßnahmen, und zwar sowohl was ihr Niveau als auch ihre Intensität betrifft. Andererseits sind sehr viele Märkte aufgrund des hohen Wettbewerbs einer bestimmten Preisdynamik (meist nach unten) ausgesetzt. Auch konzeptionell konsequent operierende Unternehmen sind deshalb gezwungen, ggf. entsprechende **Preisanpassungen** aktiv vorzunehmen bzw. passiv (etwa durch die „autonome" Preispolitik von Handelsbetrieben) zuzulassen oder hinzunehmen.

Exkurs: Besonderheiten preispolitischer Maßnahmen und Wirkungen

Preispolitische Maßnahmen sind grundsätzlich im Kontext anderer Maßnahmen (Marketingmix insgesamt) zu sehen bzw. einzusetzen. Beleg dafür ist der zu Beginn näher begründete Zusammenhang des **sog. Preis-Leistungs-Verhältnisses.**

Gleichwohl besitzen preisliche Maßnahmen **wichtige Besonderheiten,** die es zu berücksichtigen gilt (vgl. *Simon,* 1995, Sp. 2069 bzw. i. E. *Simon,* 1992 b sowie *Simon/Faßnacht,* 2009 und *Siems,* 2009):

- Preispolitische Maßnahmen können **ohne großen Zeitverzug** (also „schnell") umgesetzt werden. Alle anderen Maßnahmen nicht-preislicher Art wie Produkt-, Distributions- und Kommunikationspolitik bedingen i. d. R. längere Vorlaufzeiten.
- Abnehmer reagieren auf preispolitische Maßnahmen durchweg schneller als auf andere, nicht-preisliche Marketingmaßnahmen, für die entsprechende **zeitliche Wirkungsverzögerungen** typisch sind.
- Abnehmer reagieren auf Preisänderungen nicht selten stärker als auf andere marketing-instrumentale Maßnahmen, was zu **ausgeprägten Ausschlägen** in Bezug auf Absatz, Umsatz und/oder Marktanteil führen kann. Empirische Untersuchungen (u. a. *Lambin,* 1976; *Tellis,* 1988; *Sethuraman/Tellis,* 1991) belegen, dass die Preiselastizität (= Verhältnis von prozentualer Absatzänderung zu prozentualer Preisveränderung) bis zu 10–20 mal so hoch ist wie die Werbeelastizität (= Verhältnis von prozentualer Absatzänderung zu prozentualer Werbebudgetveränderung).
- Andererseits sind Preisänderungen dadurch gekennzeichnet, dass Konkurrenten darauf sehr schnell reagieren (können). Aus diesem Grunde ist es schwer, sich mit dem Preis allein einen **dauerhaften Wettbewerbsvorsprung** zu erarbeiten (zum Dynamischen Preismanagement s. a. *Siems*, 2009, S. 162 ff.).

Preispolitische Maßnahmen können insgesamt zwar als **effektive Maßnahmen** zur Realisierung von Unternehmens- (Gewinn bzw. Rentabilität) wie auch Marketingzielen (Absatz/Umsatz bzw. Marktanteil) angesehen werden. Mit preis-strategischen wie auch preis-taktischen Maßnahmen können jedoch erhebliche Risiken verbunden sein, vor allem wenn sie aufgrund von Fehleinschätzungen in Bezug auf Abnehmer- und/oder Konkurrenzreaktionen getroffen oder auch aufgrund von Fehlinformationen über die eigene Kostensituation festgelegt werden.

Damit sind Grundfragen der Preisorientierung bzw. -ableitung angesprochen, darauf soll im Folgenden näher eingegangen werden.

Die Preispolitik ist schon lange Gegenstand der Wirtschaftswissenschaften. Insbesondere in der **Theorie** (speziell der Mikroökonomie) nimmt sie traditionsgemäß einen breiten Raum ein. „Die Mikroökonomie liefert (zwar, Erg. J. B.) wertvolle theoretische Einsichten, ist aber wegen fehlender Umsetzbarkeit ihrer Modelle bisher ohne großen Einfluss auf die Praxis geblieben" (*Simon,* 1992 b, S. 24 f.). Auf eine Darstellung mikroökonomischer Grundlagen der Preispolitik soll deshalb hier verzichtet werden.

Unter **praxisbezogenen Aspekten** lassen sich *drei* grundlegende Ansatzpunkte zur Preisbestimmung unterscheiden (neben den Rein- gibt es auch Mischformen der Preisbestimmung, s. a. *Siems,* 2009, S. 67 ff. sowie im Einzelnen *Diller,* 2008):

- **Kostenorientierte Preisbestimmung,**
- **Nachfrageorientierte Preisbestimmung,**
- **Konkurrenzorientierte Preisbestimmung.**

Bei der **kostenorientierten Preisbestimmung** werden Preise auf der Basis von Kosteninformationen getroffen, wie sie das Rechnungswesen bzw. die Kostenrechnung (speziell die Kostenträgerrechnung) zur Verfügung stellt. Dazu können sowohl Instrumente und Methoden der Vollkosten- als auch der Teilkostenrechnung herangezogen werden.

In einer Marktwirtschaft besteht zwar i. d. R. **kein direkter Zusammenhang** zwischen Kosten und Absatzpreis (Ausnahme: Bestimmung der Preisuntergrenze sowie speziell die Preisbildung bei öffentlichen Aufträgen; vgl. hierzu *Raffée/Fritz/Wiedmann,* 1994, S. 197). Trotzdem ist die kostenorientierte Preisgestaltung in der Praxis *weit* verbreitet, weil sie

- auf der Grundlage der **Kostenträgerrechnung** relativ einfach ist und
- dem Prinzip entspricht, die Preisforderung für das eigene Produkt von den dafür **verursachten Kosten** abhängig zu machen.

Das zuletzt genannte Prinzip entspricht zunächst dem generellen Ziel jedes Unternehmens, langfristig die **Existenz** zu sichern. Das bedeutet, dass die Gesamtkosten aus den Umsatzerlösen für die vermarkteten Produkte (Leistungen) gedeckt werden müssen. Unter dem Aspekt zentraler Unternehmensziele (wie Gewinn bzw. Rentabilität) ist eine Preisforderung dann optimal, wenn sie dem Unternehmen unter Berücksichtigung der Selbstkosten die Realisierung des **Plangewinns bzw. der Planrentabilität** erlaubt.

Zwei **methodische Wege** sind bei kostenorientierter Preisbestimmung grundsätzlich möglich, nämlich zwei Kalkulationsarten auf Basis der Kostenträgerrechnung (siehe auch Überblicke bei *Bruhn,* 2001 b, S. 176 ff., *Siems,* 2009, S. 68 ff.):

- **Preiskalkulation auf Vollkostenbasis,**
- **Preiskalkulation auf Teilkostenbasis.**

Bei der **Preiskalkulation auf Vollkostenbasis** werden sämtliche anfallende Kosten berücksichtigt. Der Angebotspreis ergibt sich aus der Summe der auf Basis der Kostenträgerrechnung ermittelten Gesamtstückkosten und des vorher – auf der Zielebene – zu bestimmenden Gewinnzuschlags.

Dieses auch als **Cost-Plus-Pricing** bezeichnete Verfahren basiert auf einer einfachen Zuschlagskalkulation nach der Formel:

$$p = k \cdot \left(1 + \frac{g}{100}\right)$$

p = Preisforderung
k = Selbstkosten
g = prozentualer Gewinnzuschlag

Diese **einfache Zuschlagskalkulation** berücksichtigt zur Preisermittlung sowohl die variablen bzw. Einzelkosten der Produkte (wie z. B. Material- und Fertigungseinzelkosten; ggf. auch Sondereinzelkosten des Vertriebs) als auch die beschäftigungsunabhängigen Fix- bzw. Gemeinkosten (wie z. B. die Material-, Fertigungs- oder auch Verwaltungs- und Vertriebsgemeinkosten). Während variable Kosten bzw. Einzelkosten direkt zu verrechnen sind, können die Fix- bzw. Gemeinkosten nur indirekt – d. h. nach einem oder mehreren Gemeinkostenschlüssel(n) – auf die Produkte verteilt werden.

Probleme bzw. Gefahren einer Preisbestimmung auf Vollkostenbasis bestehen

- in der mehr oder weniger **willkürlichen Verrechnung der Gemeinkosten**
- sowie in der Möglichkeit, sich **aus dem Markt zu kalkulieren.**

Die Gefahr, sich aus dem Markt „auszupreisen", ist speziell bei **Absatzrückgängen** gegeben. Geht nämlich die Absatzmenge zurück, dann müssen beim nächsten Kalkulationsdurchgang (Nachkalkulation) die beschäftigungsunabhängigen Gemeinkosten auf eine geringere Stückzahl verteilt werden. Das zwingt zu einer Erhöhung der Preise, was zu noch weiter sinkenden Absatzmengen führen kann. Bei der folgenden Nachkalkulation entstehen wiederum Zwänge zur Preiserhöhung. Diese Maßnahmenkette zeigt, dass eine Preisbestimmung auf Vollkostenbasis die spezifischen Marktgegebenheiten vernachlässigt.

Bei der **Preiskalkulation auf Teilkostenbasis** werden demgegenüber nur diejenigen Kosten berücksichtigt, die in einem direkten Zusammenhang mit dem Produkt – d. h. mit seiner Entwicklung, Produktion und Vermarktung – stehen. Für die Preisbestimmung werden dabei ausschließlich die variablen Stückkosten berücksichtigt sowie der geplante Deckungsbeitragszuschlag (als Prozentwert der variablen Stückkosten) herangezogen.

Der **Angebotspreis** auf der Basis variabler Kosten errechnet sich dann wie folgt:

$$p = k_v \cdot \left(1 + \frac{ds}{100}\right)$$

p = Preisforderung
ds = prozentualer Deckungsspannenzuschlag
$k_v$ = variable Stückkosten

Der Zuschlag in Form des prozentualen Deckungsspannenzuschlages muss bei der Teilkostenrechnung *höher* sein als bei der Vollkostenrechnung, „da er zusätzlich einen Beitrag zur Deckung der fixen Kosten des Produktes leisten muss“ (*Bruhn,* 2001 b, S. 178).

Die Preisbestimmung auf Basis einer Teilkostenrechnung weist gegenüber der Preisbestimmung auf Vollkostenrechnungsgrundlage wesentliche Vorteile auf. Sie ist nämlich in der Lage, für **taktische Preisänderungen** lediglich entscheidungsrelevante Kosten einzubeziehen, und zwar nur die variablen Kosten für die Bestimmung kurzfristiger Preisuntergrenzen.

Die Gefahr von Preiskalkulationen auf Teilkostenbasis besteht jedoch darin, dass Unternehmen sich **aus der Gewinnzone kalkulieren,** und zwar dann, wenn aufgrund von zu großer Preisnachgiebigkeit gegenüber Kunden mittel- und langfristig zu niedrige Preise realisiert werden, die nicht mehr die Fix- bzw. Gemeinkosten decken.

Allen bisher beschriebenen Verfahren (Voll- und Teilkostenrechnung) ist der Mangel gemeinsam, dass sie die **Einflussfaktoren des Marktes** weitgehend vernachlässigen. Hier setzt ein dritter, zunehmend an Bedeutung gewinnender Preisbildungsansatz an: das sog. Target Costing. Hier setzen Preis-Konzepte bzw. Preis-Manager speziell an.

Das **Target Costing** dreht im Prinzip die Logik der kostenorientierten Preisbestimmung um, d.h. es wird nicht mehr danach gefragt: „Was wird uns ein Produkt aufgrund betrieblicher Voraussetzungen kosten?“, sondern: „Was darf ein Produkt aufgrund der Marktbedingungen höchstens kosten?“ (s. *Fritz/Oelsnitz,* 2001, S. 150; i.E. *Horvath,* 2009; zu den japanischen bzw. amerikanischen Wurzeln des Konzepts siehe auch *Monden/Sakurai,* 1989 sowie *Cooper/Kaplan,* 1991). Ausgangspunkt der Überlegungen bildet somit der am Markt **erziel- bzw. durchsetzbare Preis** für ein neues Produkt (sog. Zielverkaufspreis oder Target Price), der mit Mitteln und Methoden der Marktforschung zu erfassen gesucht wird. Eine Darstellung *(Abb. 344)* zeigt den Vergleich zwischen traditioneller („Produkt als Fokus“) und moderner Kostenorientierung („Zielpreis/Zielkosten als Fokus“).

**Zielkosten-Management** ((Target Costing) *Horvath,* 2009) ist – im Gegensatz zum herkömmlichen Kostenansatz – darauf ausgerichtet, für ein Produkt jene Kosten zu ermitteln, die vom Markt akzeptiert („erlaubt“) werden und insoweit höchstens anfallen dürfen: Target Costing verknüpft damit kosten-orientierte Ansätze mit nachfrage-orientierten Ansätzen der Preisbestimmung, auf die nun noch näher eingegangen werden soll.

Die **nachfrage-orientierte Preisbestimmung** stützt sich primär auf die (möglichen) wertorientierten Reaktionen der Nachfrager. Das heißt, bei diesem Ansatz interessiert in erster Linie, was der Kunde vermutlich für das angebotene Produkt bzw. Leistung zu zahlen bereit ist.

In ihrer einfachsten Form kann die Preisbestimmung auf der Grundlage der **Nachfrageintensität** erfolgen, nämlich in der Weise, dass eine starke (schwache) Nachfrage hohe (niedrige) Preise erlaubt bzw. erzwingt. Ein differenzierterer Ansatz für die abnehmer-orientierte Preisfestlegung ist jedoch in der (direkten) Preiselastizität der Nachfrage zu sehen (*Nieschlag/Dichtl/Hörschgen,* 2002, S. 836 ff.; *Homburg*, 2015, S. 713 ff.).

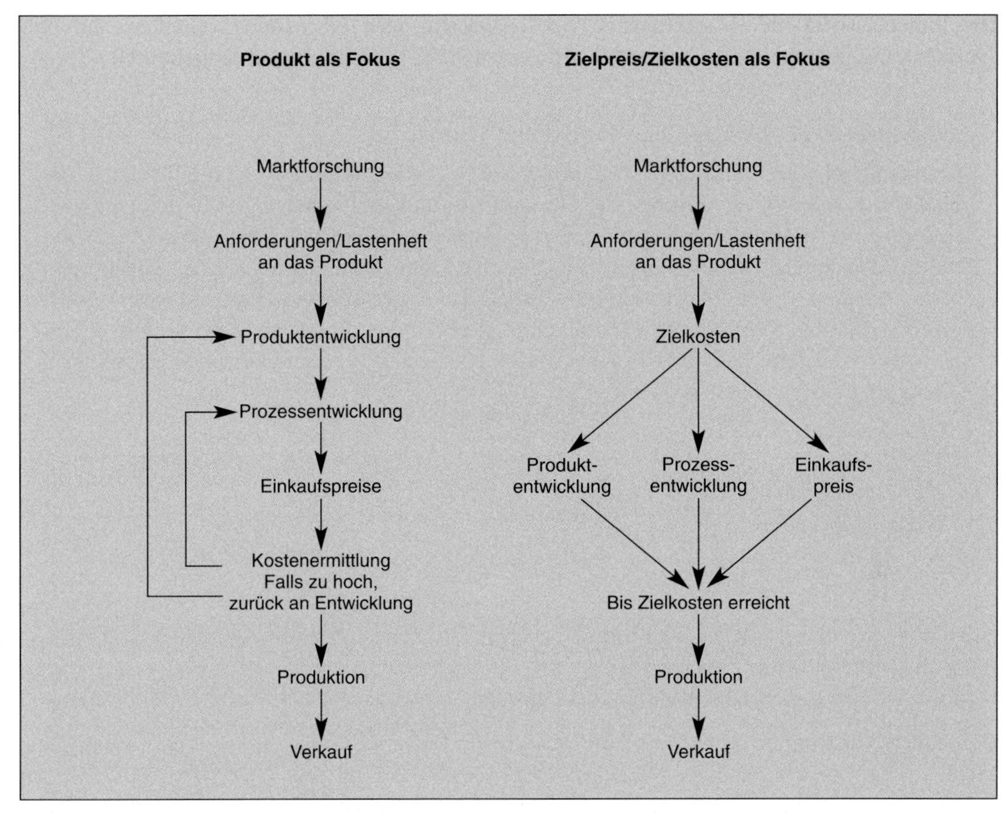


*Quelle: Simon,* 1992 b, S. 63

*Abb. 344: Unterschiedliche Ansätze und Vorgehensweisen bei der kostenorientierten Preisbestimmung*

Die **(direkte) Preiselastizität** gibt Aufschluss darüber, wie groß die prozentuale Absatzmengenänderung der Nachfrage ist, die als Reaktion auf eine prozentuale Preisveränderung des Anbieters ausgelöst wird. Sie stellt damit einen Maßstab für die Ermittlung von Absatzkonsequenzen von Preis(änderungs)entscheidungen des Unternehmens dar. Sie ist wie folgt definiert (vgl. *Fritz/Oelsnitz,* 2001, S. 151 f.; *Homburg*, 2015, S. 676 ff.):

$$\varepsilon_{x,p} = \frac{\frac{dx}{x}}{\frac{dp}{p}} = \frac{dx}{dp} \cdot \frac{p}{x}$$

---

$\varepsilon_{x,p}$ = Preiselastizität

$\frac{dx}{x}$ = relative Mengenänderung

$\frac{dp}{p}$ = relative Preisänderung

x = Menge

p = Preis

Die Preiselastizität der Nachfrage ist i. d. R. *negativ,* weil Nachfrager (Kunden) auf eine Preissenkung gewöhnlich mit einer Nachfrageerhöhung reagieren (und umgekehrt).

Fallbeispiel: Typische Reaktionsmuster der Nachfrager

Die linear fallende Preis-Absatz-Funktion (PAF) – wie sie auch in hohem Maße in der klassischen, mikroökonomischen Preistheorie zugrunde gelegt wird – stellt den **einfachsten Fall** einer Marktreaktionsfunktion zwischen der Aktionsvariablen „Preis" und der Reaktionsvariablen „Absatzmenge" dar. Für eine empirische Ermittlung des Zusammenhangs zwischen beiden Parametern wird häufig die **Regressionsanalyse** eingesetzt, wobei der Preis die unabhängige, die Absatzmenge dagegen die abhängige Variable bildet. Dabei sollen vor allem folgende Fragen analytisch geklärt werden (vgl. auch *Berekoven/ Eckert/Ellenrieder,* 2001, S. 199 ff.):

- **Ursachenanalyse:**
  Wie groß ist der Einfluss der unabhängigen Variablen (Preis) auf die abhängige Variable (Absatzmenge)?
- **Wirkungsprognose:**
  Wie verändert sich die abhängige Variable (Absatzmenge), wenn die unabhängige Variable (Preis) verändert wird?

Um die Wirkmechanismen von Preisänderungen näher aufzuzeigen, wird ein **Beispiel** gewählt (vgl. *Scharf/Schubert,* 1997, S. 149 f.):

Bei einem Preis von 10,– € für eine Videokassette setzt ein Fachhändler 100 Stück pro Tag ab. Senkt er den Preis nun auf 9,– € ab, steigt die Absatzmenge um 50 auf 150 Stück *(Abb. 345).*

Für das unterstellte Beispiel ist bei einer Preissenkung von 10,– € auf 9,– € folgende **Preiselastizität** der Nachfrage gegeben:

$$\varepsilon = \frac{+50 \times 10}{-1 \times 100} = \underline{\underline{-5}}$$

Die Preiselastizität von –5 drückt aus, dass die prozentuale Absatzmengenänderung das Fünffache der prozentualen Preisänderung beträgt, d. h. eine Preissenkung um 10 % bewirkt eine Absatzmengenänderung von immerhin 50 %. Da die Mengenänderung größer ist als die Preisänderung, ist eine sog. elastische Nachfrage gegeben (= Koeffizient kleiner als –1).

Wird der Preis – bei identischer PAF – wiederum um 1,– € abgesenkt, diesmal aber von Preisniveau 4,– € auf 3,– €, steigt die Absatzmenge wiederum um 50 Stück von bisher 400 auf jetzt 450 Stück (vgl. Beispiel bei *Schubert/Scharf,* 1997, S. 150 f.). Wenn man sich auf der gleichen PAF bewegt, ist die absolute Mengenänderung bei identischer Preisänderung gleich. Jetzt ist aber folgende **Preiselastizität** der Nachfrage gegeben:

$$\varepsilon = \frac{+50 \times 4}{-1 \times 400} = \underline{\underline{-0{,}5}}$$

Die Preiselastizität von –0,5 bedeutet, dass die prozentuale Absatzmengenänderung nur noch die Hälfte der prozentualen Preisänderung ausmacht, d. h. einer Preissenkung um

25 % entspricht nur noch eine Absatzmengenänderung von 12,5 %. Da jetzt die Mengenänderung kleiner ist als die Preisänderung, spricht man von einer sog. unelastischen Nachfrage (= Koeffizient größer als –1).

Bei einer Preiselastizität von genau –1 ändern sich die nachgefragte Menge und der Preis jeweils um den gleichen Prozentsatz. In der unterstellten linearen Preis-Absatz-Funktion (PAF) ist in dem Punkt, der sie halbiert, die Preiselastizität genau –1 (vgl. *Abb. 345*).

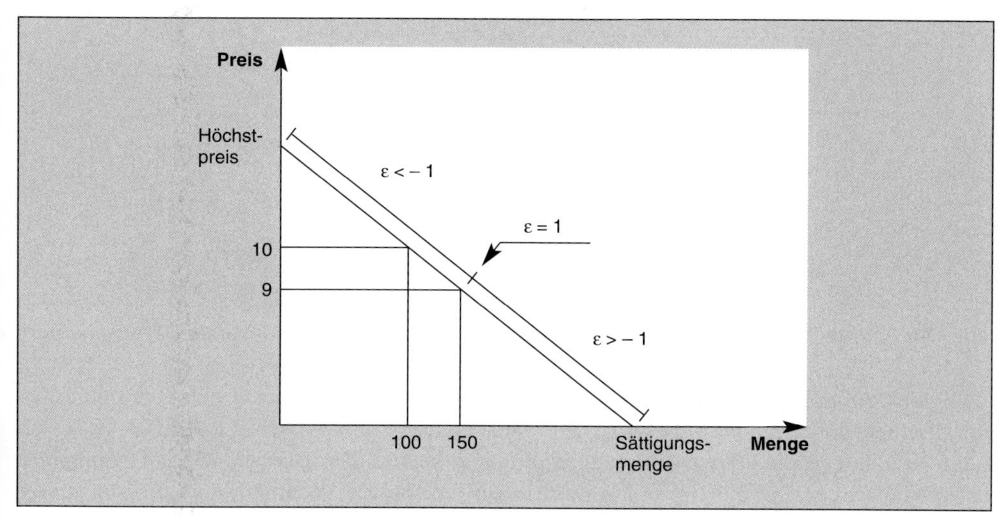


*Quelle: Scharf/Schubert,* 1997, S. 149

*Abb. 345: Beispielhafte lineare Preis-Absatz-Funktion (PAF)*

Die mit dem gewählten Beispiel aufgezeigten Unterschiede der Preiselastizität im „oberen" und „unteren" Bereich der PAF können **unterschiedliche Ursachen** haben. Sie sind in hohem Maße markt- bzw. marktphasenabhängig. Gründe für die elastische Nachfrage(phase) können etwa erste Preisanreize sein, die ein Stadium hoher stabiler Preise im Markt ablösen und von den Kunden – nach langer „Wartezeit" – stark wahrgenommen werden. Gründe für die unelastische Nachfrage(phase) können umgekehrt Abnutzungserscheinungen von Preisanreizen sein, Kunden befürchten ggf. mit weiteren Preisabsenkungen etwa Qualitätseinbußen beim Produkt.

Nicht selten verlaufen empirisch beobacht- bzw. ermittelbare Preis-Absatz-Funktionen (PAF) nicht linear, wie lange – auch und gerade von der Theorie – unterstellt. Sie weisen vielmehr „Knicke" auf; das bedeutet, dass ihre negative Steigung nicht an allen Stellen gleich groß ist. Eine theoretisch wie auch empirisch vergleichsweise gut fundierte PAF stellt die **sog. doppelt geknickte Preis-Absatz-Funktion** dar. Typisch für ihren Verlauf ist eine Art Dreiteilung, nämlich in einen – preisstrategisch besonders relevanten – steilen (und damit unelastischen) mittleren Teil (= sog. monopolistischer Bereich) und zwei relativ flache (und damit elastische) Randbereiche *(Abb. 346)*.

Diese PAF (zur theoretischen und empirischen Fundierung siehe *Simon,* 1992 b, S. 105 ff. bzw. S. 169 ff.) knüpft an der Tatsache an, dass Unternehmen – speziell über **Strategien**

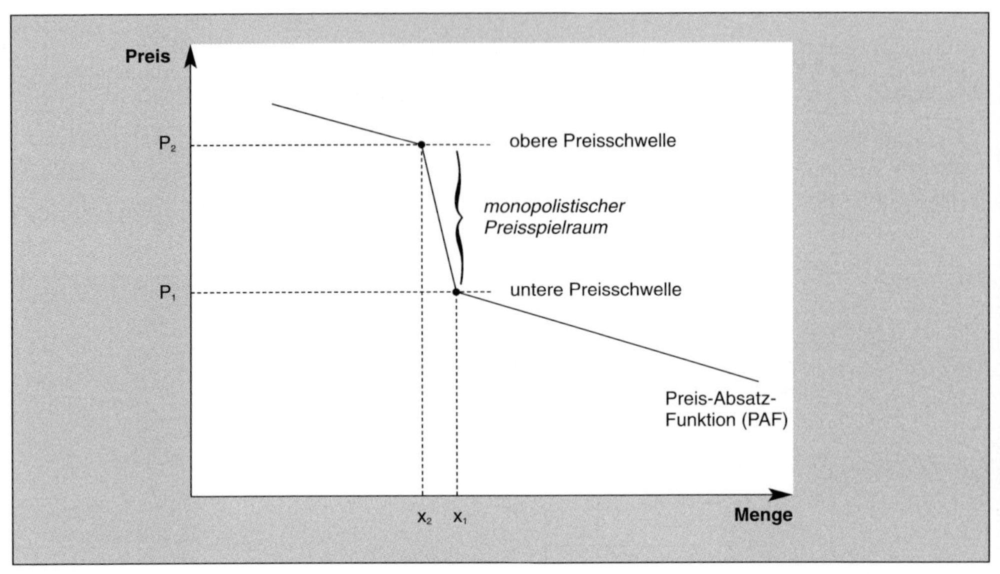


*Abb. 346: Doppelt geknickte Preis-Absatz-Funktion (PAF) und monopolistischer Preisspielraum*

**„höherer Ordnung“** wie Präferenz- und/oder Segmentierungsstrategie – sich Vorzugsstellungen (Präferenzen) erarbeiten können. Sie begründen ein akquisitorisches Potenzial, das es erlaubt, sich unter Konkurrenzbedingungen in einem bestimmten Bereich wie ein **Monopolist** zu verhalten, d. h. es können vom Unternehmen preispolitische Spielräume bis zur oberen Preisschwelle ausgeschöpft werden, ohne dass es dafür mit (wesentlichen) Absatzrückgängen „bestraft“ wird (die in der Abbildung unterstellte „große“ Ausschöpfung des Preispotenzials von $p_1$ nach $p_2$ führt zu einem „kleinen“ Rückgang der Absatzmenge von $x_1$ nach $x_2$).

Solche Preis(ausschöpfungs)potenziale werden durch den gezielten strategie-adäquaten Einsatz von **nicht-preislichen Marketinginstrumenten,** wie z. B. spezifische, von den Abnehmern honorierte Produkt-, Produktdesign- und/oder Verpackungsqualitäten begründet (= Kundennutzen-Orientierung, siehe auch *Simon/Dolan,* 1997). An den Präferenzbildungsprozessen, die zu solchen monopolistischen Preisspielräumen führen, sind jedoch vielfach nicht nur angebotspolitische, sondern auch distributionspolitische Instrumente (z. B. Wahl fachspezifischer, serviceintensiver Absatzkanäle) und kommunikationspolitische Instrumente (z. B. zielgruppenspezifische, prestige- oder erlebnis-orientierte Werbung) beteiligt. Monopolistische Beispiele sind insofern i. d. R. Ergebnis eines konsequenten, präferenz-orientierten Marketingmix. Die **Wirksamkeit strategischer Entscheidungen** (z. B. Präferenzstrategie) ist damit in hohem Maße von der taktisch-operativen Umsetzung auf der Mixebene abhängig **(= konzeptionelle Kette)**.

Einen dritten Ansatzpunkt der praxisrelevanten Preisbestimmung stellt schließlich – ebenfalls einer marktbezogenen Sicht folgend – die **Konkurrenzorientierung** dar. Immer dann, wenn in einem Markt mehrere Anbieter agieren – und das trifft für die meisten Märkte zu –, ist es notwendig, auch die Preise bzw. Preis-Leistungs-Verhältnisse der Konkurrenz bei der eigenen Preissetzung zu berücksichtigen.

Konkurrenzorientierte Preisbestimmung ist insgesamt durch eine wettbewerbsbezogene **Leitpreis-Orientierung** gekennzeichnet. Sie weist Züge nachahmender Preispolitik auf, d. h. ein

Anbieter verzichtet insoweit auf eine autonome Preissetzung, denn er richtet sich bei seiner Preisforderung vielmehr nach einem sog. Preisführer.

Grundsätzlich können zwei **Arten der Preisführerschaft** unterschieden werden (*Nieschlag/Dichtl/Hörschgen,* 2002, S. 858 f.; im Einzelnen *Diller,* 2008):

- **Dominierende Preisführerschaft,**
- **Barometrische Preisführerschaft.**

Eine **dominierende Preisführerschaft** ist dadurch gekennzeichnet, dass ein (ggf. einige wenige) marktführende(s) Unternehmen die Rolle des Preisführers übernehmen bzw. sie ihnen zufällt, weil sich die übrigen Anbieter „gezwungen" sehen, sich ihm bzw. ihnen preispolitisch unterzuordnen.

Ein solches Verhalten kann u. a. im Automobil-, Mineralöl- oder auch Zigarettenmarkt beobachtet werden (*Simon,* 1992 b, S. 201). Typisch sind solche Verhaltensmuster auch im Handel und im Handwerk (*Nieschlag/Dichtl/Hörschgen,* 2002, S. 859).

Für die **barometrische Preisführerschaft** ist demgegenüber typisch, dass es keinen überlegenen Anbieter mit hohem Marktanteil gibt, sondern vielmehr eine kleinere Gruppe von Anbietern, die in etwa gleich groß bzw. stark sind. Unter ihnen wird jedoch ein Anbieter als Preisführer „anerkannt", um z. B. ruinöse Preiswettbewerbe zu vermeiden. Der Preisführer gibt dabei einen von allen anderen Anbietern akzeptierten Preis vor, ohne sich daraus selbst einen besonderen Vorteil zu verschaffen (setzt im Allgemeinen ähnliche Kostenpositionen bzw. Gewinnpotenziale bei allen Anbietern voraus).

Eine *spezielle* Form der barometrischen Preisführerschaft besteht im Übrigen darin, dass von Zeit zu Zeit jeder Anbieter einmal als Preisführer auftritt, um Konflikte mit dem Kartellrecht zu vermeiden. Das kann z. B. immer wieder in der Automobilindustrie beobachtet werden. Ein solches Vorgehen bewegt sich letztlich immer in der **Grauzone** zwischen einem kartellrechtlich irrelevanten „bewussten Parallelverhalten" und einer kartellrechtlich untersagten „abgestimmten Verhaltensweise" (*Schmalen,* 1995, S. 109 f.).

Konkurrenzorientierte Preisbestimmung bzw. Orientierung am(n) Preisführer(n) bedeutet aber nicht, dass zwingend der gleiche Preis wie der des preisführenden Anbieters gewählt wird, sondern zwei **grundsätzliche Varianten** angepassten Preisverhaltens sind möglich bzw. werden auch praktiziert (zu Preiskriegen s. a. *Homburg*, 2015, S. 739 ff.):

- **Preisüberbietung,**
- **Preisunterbietung.**

Die **Preisüberbietung** kann z. B. bei Überholstrategien angewendet werden, wenn es z. B. darum geht, am Markt- und Preisführer vorbei eine Premiummarkt-Position einzunehmen (wie seinerzeit z. B. *Diebels* gegenüber dem ursprünglichen Marktführer *Hannen* im Altbier-Markt).

Die **Preisunterbietung** ist demgegenüber eher für Verfolgerstrategien typisch, wenn ein Anbieter den Abstand zum Marktführer preisaggressiv verringern will (z. B. phasenweise *Stollwerck* gegenüber *Suchard/Kraft Foods* bzw. *Mondolez* im Tafelschokoladenmarkt). Solche Verfolgerstrategien führen vielfach zu einer Preisdynamik nach unten, die auch ursprüngliche Preisführer mitreißt und zu einem allgemeinen, nicht mehr reversiblen Preis- und Ertragsverfall in einer ganzen Branche beiträgt (wie gerade auch im Tafelschokoladenmarkt).

Mit diesen Darlegungen soll die Behandlung der drei grundlegenden Anknüpfungspunkte praxis-relevanter Preisfindung – nämlich kosten-, nachfrage- und konkurrenzorientierte Preisbestimmung – abgeschlossen werden.

Unterstellt man Mehrstufigkeit der Märkte, die in vielen Märkten bzw. Branchen (z. B. Lebensmittel, Getränke, Bekleidung) gegeben ist, so tritt ein weiteres Preisbildungsproblem auf, nämlich die **Preisbildung gegenüber Absatzmittlern** (speziell Handelsbetrieben), die in die Vermarktungskette eines Produktes oder Programms einbezogen werden.

In diesem Falle treten nämlich nicht wie in anderen Branchen (z. B. Maschinenbau, Bank- und Versicherungsgewerbe) die Anbieter den Endabnehmern ihrer Produkte und Leistungen i. d. R. direkt gegenüber und legen Endverkaufspreise damit selbst fest, sondern bei mehrstufigen Märkten wird die vom Anbieter vorgesehene Endverbraucherpreispolitik (z. B. via unverbindlicher Preisempfehlung) von den **Zielen und Konzepten der Handelsbetriebe** z. T. wesentlich beeinflusst. Ggf. können Herstellerkonzepte am Markt gar nicht durchgesetzt werden, weil Handelsbetriebe bei entsprechender Einkaufs- und Marktmacht eigene (Preis- und Vermarktungs-)Konzepte zu realisieren versuchen. Darauf wird noch in einem besonderen Abschnitt „Verkaufsförderung (inkl. Vertikales Marketing)" eingegangen. Hier soll zunächst nur die Entgeltpolitik (speziell Rabattpolitik) gegenüber dem Handel in Grundzügen behandelt werden.

Unter **Rabattpolitik** wird ein System von Abschlägen (Nachlässen) verstanden, die auf festgelegte und bekanntgegebene Preise (Listenpreise bzw. unverbindliche Preisempfehlungen in bezug auf den Endverbraucher) gewährt werden. Sie stellen ein Entgelt für erbrachte bzw. noch zu erbringende Leistungen der Abnehmer dar (*Meffert/Burmann/Kirchgeorg,* 2015, S. 501 ff. sowie im Einzelnen *Steffenhagen,* 1995).

Ausgehend von den Leistungen wie auch von den Verhaltensweisen, die ein Abnehmer (z. B. Handelsbetrieb) erbringen bzw. realisieren soll, können **verschiedene Rabattarten** unterschieden werden. Eine Darstellung gibt einen Überblick über die wichtigsten Arten von Rabatten *(Abb. 347).*

**Funktionsrabatte** werden dem Handel vom Hersteller gewährt für von ihm übernommene Funktionen wie Lagerung, Präsentation der Produkte, Beratung der Kunden sowie Übernahme des Verkaufs- und Preisrisikos. Mit dem sog. Delcredere- bzw. Inkassorabatt wird die Übernahme des Ausfallrisikos bzw. der Zentralregulierung bei Filialunternehmen übernommen.

**Mengenrabatte** sind Preisabschläge, die als Anreiz gewährt werden, um Abnehmer (Handelsbetriebe) zu veranlassen, pro Auftrag und/oder pro Periode größere Mengen zu disponieren.

**Zeitrabatte** sind Preisnachlässe, die bestellzeitpunkt- oder bestellzeitperioden-bezogen gewährt werden. Typische Zeitrabatte sind z. B. Einführungsrabatte, um den Handel zu motivieren, ein neues Produkt frühzeitig in sein Sortiment aufzunehmen oder auch Saisonrabatte, die dazu dienen, dass Handelsbetriebe Produkte mit saisonalem Absatzverlauf früher bestellen bzw. kaufen (etwa Vorausbestellungs- und Frühbezugsrabatt im Bekleidungshandel). Typische Zeitrabatte sind darüber hinaus – u. a. im Lebensmittelmarkt stärker eingesetzte bzw. vom Handel auch geforderte – Aktionsrabatte im Rahmen von zeitlich begrenzten Verkaufsförderungsaktivitäten.

**Treuerabatte** schließlich sind darauf gerichtet, die Lieferantentreue eines Handelsbetriebes zu erhöhen bzw. zu belohnen. Sie zielen mehr auf langfristig kontinuierliche als auf einzelne hohe Aufträge.

Angesichts des gestiegenen Wettbewerbs im Markt werden Rabattsysteme zunehmend zu umfassenden **leistungsorientierten Systemen** weiterentwickelt. Auf diese Weise soll erreicht werden, dass Absatzmittler (Handelsbetriebe) noch gezielter alle Marktreserven ausschöpfen. In vielen Branchen hat man inzwischen solche leistungsorientierten Rabattsysteme geschaffen bzw. zu praktizieren gesucht (u. a. in der Elektro- und Elektronikbranche, *Kramer,* 1994, 181 ff.).

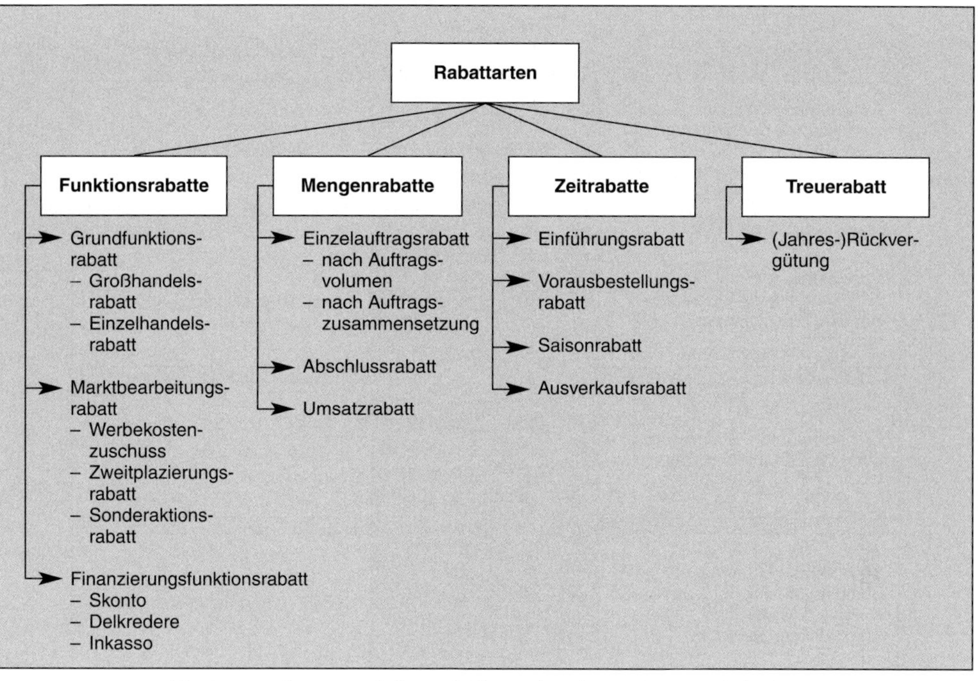


*Abb. 347: Rabatte auf der Wiederverkäufer- oder Handelsebene*

Fallbeispiel: Leistungsorientiertes Konditionensystem von *Hirschmann*

Die Firma *Hirschmann*, die u.a. Antennen und Elektronikteile herstellt und vermarktet, hat ein Konditionensystem geschaffen, das den einschlägigen (Fach-)Handel anreizen soll, konsequent bestehende **Marktreserven** auszuschöpfen. Neben der absatzwirtschaftlichen Grundfunktion (u.a. Sortiments- und Distributionsfunktion), die über den Grund- bzw. Funktionsrabatt honoriert wird, sind bestimmte Leistungskomponenten zu **Leistungsbündeln** bzw. Leistungskriterien zusammengefasst worden, die bei Erfüllung durch den Handel mit **zusätzlichen Rabatten,** Boni oder Zuschüssen abgegolten werden *(Abb. 348;* vgl. ein solches System z.B. auch bei *BMW, Becker,* 2005 a, S. 122 f.*).*

Der grundsätzliche Vorteil solcher Konditionensysteme besteht in der Leistungs- und Konditionentransparenz sowohl für den Hersteller als auch den Handel, d.h. **definierten Leistungskriterien** stehen jeweils spezifische Konditionenbausteine gegenüber.

Neben der behandelten absatzmittler-orientierten Preis- bzw. Rabattpolitik gehört zum Entscheidungsbereich Preiskonditionen auch der **Bereich „Sonstige Konditionen"** wie Absatzkredit- sowie Zahlungs- und Lieferungsbedingungen (siehe *Meffert,* 2000, S. 589 ff., zu den Zahlungsbedingungen im Einzelnen *Lauer,* 1998). Sie können ggf. im Auslandsgeschäft (z.B. beim Export) eine größere Rolle spielen als im Inlandsmarkt.

Zur Verbesserung der Wettbewerbsposition bzw. zur Förderung der Akzeptanz geforderter Preise ist es in einer Reihe von Märkten üblich geworden, zusätzliche **Geld-, Sachzuwendun-**

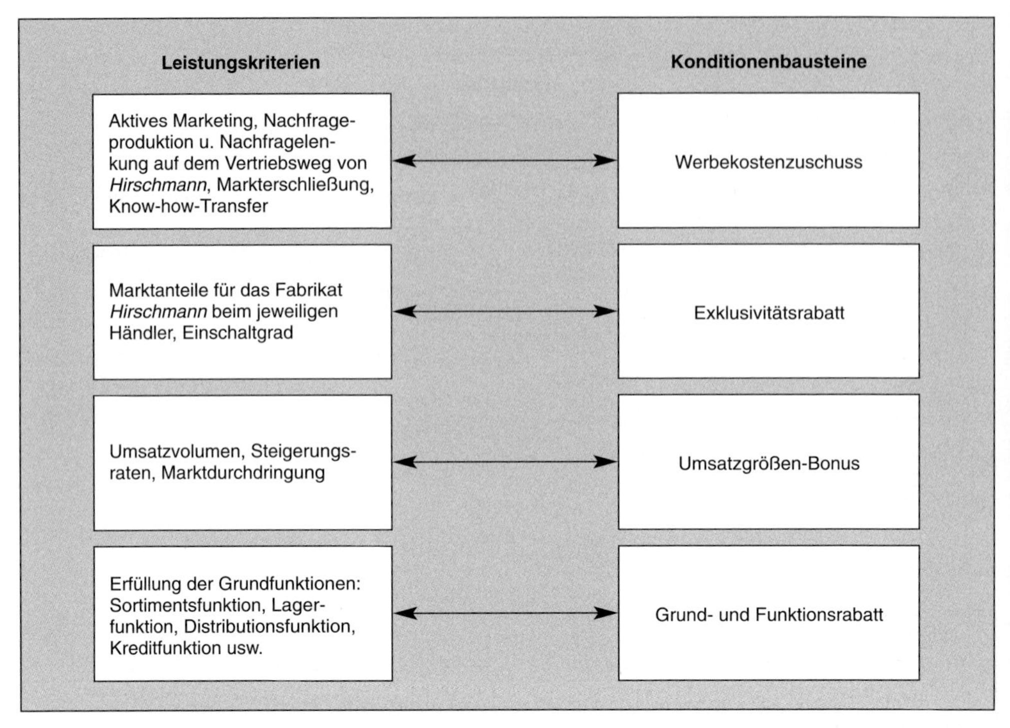


*Quelle: Kramer,* 1991 a, S. 88

*Abb. 348: System der leistungsorientierten Konditionenbausteine bei Hirschmann*

**gen und/oder Dienstleistungen** zu gewähren (z. B. im Rahmen von Preis-/Konditionenverhandlungen zwischen Industrie und Handel etwa im Lebensmittelbereich). Sie stellen im Prinzip Formen indirekter Preispolitik bzw. indirekter Preisermäßigung dar. Dazu zählen u. a. (*Steffenhagen,* 2004, S. 145 f.; *Bruhn,* 2001 b, S. 169):

- **Geldzuwendungen:** z. B. Werbekosten, Plazierungszuschüsse, Regalmieten,
- **Sachzuwendungen:** z. B. kostenlose Testware, Naturalrabatte, Zurverfügungstellung von Displaymaterial,
- **Dienstleistungen:** z. B. Regalpflege, Preisauszeichnung, Verkostungsservice.

Die Konditionenpolitik bietet ein **breites Spektrum** von Möglichkeiten, verkaufsfördernde Preis-Leistungs-Verhältnisse zu schaffen (nach Fall des Rabattgesetzes verstärkt auch auf *Verbraucher*ebene in Form von Wertgutscheinen (**sog. Couponing**)).

Im Übrigen gibt es eine Reihe von Sonderformen der Preisbildung, wie **Preisdifferenzierung** (= Setzen von unterschiedlichen Preisen für im Prinzip identische Leistungen, z. B. nach unterschiedlichen Alters- bzw. Kaufkraftgruppen (*Simon,* 1992 b, S. 391 ff.), vgl. etwa Preisermäßigungen für Jugendliche und Senioren bei der Bundesbahn) oder auch **produktübergreifende Preispolitik** (= Preisbündelung durch die Zusammenfassung mehrerer Produkte/Leistungen zu einem ganzen Angebotspaket, *Simon,* 1992 b, S. 425). Hierbei sind insofern wichtige Querverbindungen zur Programmpolitik bzw. zur Leistungs(system)bündelung zu beachten (zur Preispolitik bei umfassenden Leistungssystemen *Belz et al.,* 1991, S. 91, zur Preisbündelung (Bundling) im Einzelnen *Wübker,* 1998; *Priemer,* 1999; *Siems* 2009).

Was Sonderanlässe der Preispolitik betrifft, so ist hier speziell die Preispolitik bei der **Einführung neuer Produkte** angesprochen: Abschöpfungsstrategie („Hochpreiseinführung" oder sog. Skimming Pricing) bzw. Durchsetzungsstrategie („Niedrigpreiseinführung" oder sog. Penetration Pricing). Darauf wird noch näher Bezug genommen im Rahmen der Behandlung des produktlebenszyklus-orientierten Marketingmix).

Nicht zuletzt gilt es, **branchenspezifische Besonderheiten** der Preispolitik zu berücksichtigen (vgl. *Diller,* 2000, S. 435 ff. bzw. *Simon,* 1992 b, S. 489 ff.; *Siems,* 2009, S. 289 ff.).

Mit diesen Darlegungen zur Preispolitik soll insgesamt die Behandlung der angebotspolitischen Marketinginstrumente (Produkt, Programm, Preis) und ihrer Einsatzmöglichkeiten abgeschlossen werden. Die Diskussion des differenzierten Instrumentariums der Angebotspolitik hat gezeigt, wie wichtig dieser Bereich für die **Realisierung** von Marketing-Konzeptionen ist. Es folgt jetzt die Darstellung des zweiten großen Instrumentalbereichs (Aktionsfeldes), nämlich die Behandlung der distributionspolitischen Marketinginstrumente.

### *bb) Distributionspolitische Basisinstrumente*

Während die angebotspolitischen Instrumente für die Produktleistung verantwortlich sind, besteht die zentrale Aufgabe der Distributionspolitik bzw. ihrer Basisinstrumente darin, die notwendige **Präsenzleistung** zu schaffen.

> Die Präsenzleistung kann auch als die „Pipeline" des Marketing charakterisiert werden, die notwendig ist, damit die geschaffenen Produkte (Leistungen) die anvisierten Kunden bzw. Zielgruppen tatsächlich erreichen. Erst die markt- und unternehmensadäquate Präsenz (Verfügbarkeit) der Produkte bzw. Leistungen ermöglicht ihren Absatzerfolg und ist damit ein wesentlicher Bestandteil der Marktleistung insgesamt.

Die besondere Bedeutung der Distributionspolitik liegt darin begründet, dass die Verteil- bzw. Absatzkanäle in vielen Märkten einen **Engpass** bilden (speziell im Konsumgütermarketing auch als sog. Regalplatzknappheit thematisiert, *Hansen,* 1972; *Ahlert,* 1996). Neben der Verteilungsfunktion der Distribution besteht eine wichtige Funktion auch in sog. Rückholleistungen (Redistribution), wie sie etwa beim Rücktransport reparaturbedürftiger Produkte oder auch bei der Rücknahme von Packungsleergut (z. B. bei Mehrwegsystemen) bis hin zum Recycling zu entsorgender Produkte/Verpackungen entstehen (vgl. *Specht/Fritz,* 2005, S. 465 ff.).

Drei Basisinstrumente bzw. -entscheidungen der Distributionspolitik können unterschieden werden: **Absatzwege, Absatzorganisation und Absatzlogistik.** Die Gestaltung der Absatzwege und -organisation kann als akquisitorische Distribution (i. S. v. Verkauf) und die Absatzlogistik als physische Distribution (i. S. v. Verteilung) aufgefasst werden (*Ahlert,* 1996, S. 10; *Nieschlag/Dichtl/Hörschgen,* 2002, S. 883 f.; *Specht/Fritz,* 2005, S. 48 f.).

#### *bba) Absatzwege (und Absatzorgane sowie vertragliche Vertriebssysteme)*

Die zentrale Verteilungsaufgabe knüpft zunächst einmal an der Gestaltung der Absatzwege (Absatzkanäle, Marketing Flows) an, welche notwendige Präsenzvoraussetzungen für die Vermarktung der Produkte und Leistungen schaffen. Die **Kernaufgabe** kann wie folgt formuliert werden:

> Wie gestalten wir den Weg der Produkte (Leistungen) vom Hersteller bis zum Kunden?

Der **marketing-spezifische Ansatz** der Absatzwegewahl besteht darin, dass nicht in erster Linie organisatorische und kostenwirtschaftliche Aspekte im Vordergrund stehen, sondern erst einmal die Grundfrage, wie die Produkte (Leistungen) des Unternehmens am besten an die Kunden herangetragen bzw. ihnen zugänglich gemacht werden können. Dieser **Ansatz** lässt sich etwa so kennzeichnen: „Die Kunden wollen nicht ein Produkt suchen, sondern es muss ihnen entgegenkommen!"

Die besondere Bedeutung der Absatzwegewahl ist zugleich dadurch gegeben, dass diese Entscheidung in hohem Maße eine strukturell-bindende ist. Das heißt, sie hat insofern **Grundsatzcharakter,** als sie kurz- (und mittel-)fristig häufig nicht mehr revidierbar ist, es sei denn mit unvertretbar hohem organisatorischen Aufwand und entsprechenden Kosten. Mit anderen Worten: die angebotspolitischen wie auch – die noch zu behandelnden – kommunikationspolitischen Maßnahmen müssen sich an einmal gewählten Absatzkanälen und -strukturen orientieren.

Zwischen zwei **Hauptarten von Absatzwegen** kann unterschieden werden (*Meffert/Burmann/Kirchgeorg,* 2015, S. 522 ff.; zu *internet*-basierten Gestaltungsformen *Fritz,* 2004; *Kollmann*, 2013; zu Mehrkanal-Systemen *Schögel,* 2001; *Heinemann*, 2008):

- **Direktem Absatzweg** und
- **Indirektem Absatzweg.**

Eine Darstellung verdeutlicht die **Systeme** der direkten und indirekten Absatzkanäle *(Abb. 349).*

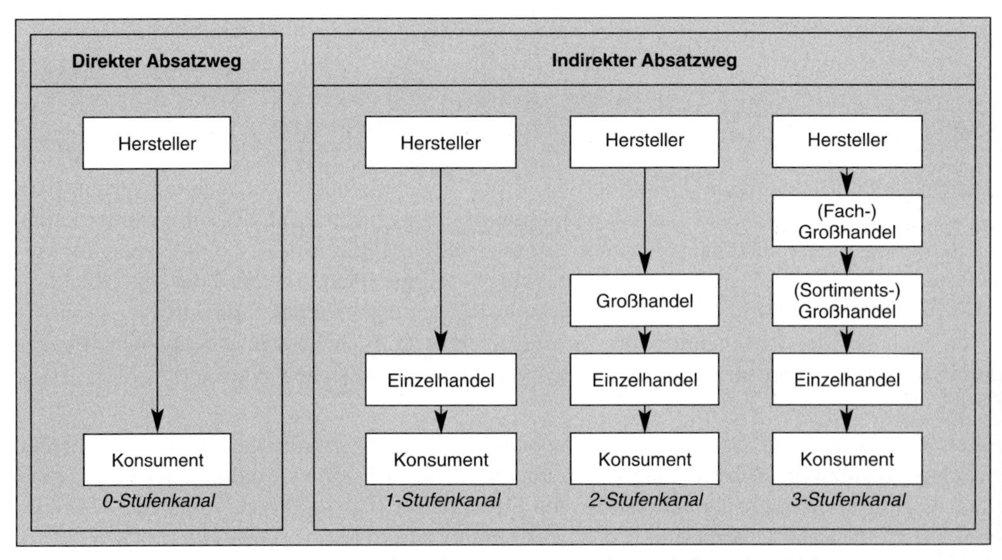


*Abb. 349: Systeme der Absatzwegegestaltung (Absatzkanäle)*

Der **direkte Absatzweg** ist dadurch gekennzeichnet, dass der Hersteller beim Absatz an den Konsumenten keine unternehmensfremden, rechtlich selbstständigen Absatzorgane einsetzt. Die Absatz- bzw. Verkaufsaufgabe wird bei diesem Absatzsystem nur von unternehmenseigenen Verkaufsorganen wahrgenommen.

Der **indirekte Absatzweg** ist demgegenüber dadurch charakterisiert, dass in der Vermarktungskette zwischen Hersteller und Konsument bewusst unternehmensfremde, rechtlich selbstständige Absatzorgane eingeschaltet werden. Hierbei sind unterschiedlich *lange* Absatzketten möglich. Stark verbreitet – speziell im Konsumgütermarketing (z. B. im Lebensmittelbereich) – ist der 2-Stufenkanal (d. h. Einschaltung von Groß- und Einzelhandelsstufe). Der 3-Stufenkanal weist zwei Großhandelsstufen auf (z. B. bei der Vermarktung von Getränken im Lebensmittelhandel bildet z. T. der Getränke-Fachgroßhandel die erste und der Lebensmittel-Sortimentsgroßhandel die zweite Großhandelsstufe).

Exkurs: Besonderheiten der Absatzwegegestaltung im Produktionsgüterbereich

Grundsätzlich kann man sagen, dass in Konsumgütermärkten der indirekte Absatzweg dominierend, im Produktivgüterbereich – speziell bei Investionsgütern (wie Anlagen und Spezialmaschinen) – der **direkte Absatzweg** vorherrschend ist. So weit im Produktivgüterbereich der indirekte Absatzweg gewählt wird, so wird hier der **sog. Produktionsverbindungshandel** bzw. Industriegroßhandel eingeschaltet. Er hat größere Bedeutung vor allem bei Standardmaterialien (z. B. Roh- und Hilfsstoffen) und bei Standardmaschinen (Einzelaggregaten, siehe hierzu *Kleinaltenkamp,* 1988, S. 38 ff. und *Kleinaltenkamp/Plinke,* 1995, S. 758 f. sowie den Überblick bei *Günther,* 1995, Sp. 2634 ff.).

Neben dem Produktionsverbindungshandel als dominierendem Absatzorgan im Rahmen des indirekten Absatzweges haben im Produktivgüterbereich (Business-to-Business-Sektor) auch sonstige **wirtschaftlich unabhängige Absatzhelfer** größere Bedeutung. Zu nennen sind hier insbesondere Handelsvertreter (primär Mehrfirmenvertreter) sowie Agenten und Makler. Im Großanlagen- und Systemgeschäft können auch Ingenieurberatungsfirmen (Consulting Engineers) vergleichbare Funktionen wahrnehmen (*Kleinaltenkamp/Plinke,* 1995, S. 759).

Was die Wahl des Absatzweges betrifft, so muss sie – wie bereits betont – in erster Linie **kunden-orientierten Ansprüchen** genügen. Daneben spielen naturgemäß auch die Vertriebskosten eine wichtige Rolle. Generell kann gesagt werden, dass ein Absatzweg umso kostspieliger ist, „je direkter die Verbindung zwischen Hersteller und Endabnehmern . . . ist“ (*Meffert,* 2000, S. 621). Andererseits können „unter Erlösaspekten . . . Formen des *in*direkten Vertriebs für Hersteller von Nachteil sein“ (*Günther,* 1995, Sp. 2637). Im Prinzip muss deshalb jede Absatzwegeentscheidung vor dem Hintergrund **unternehmens- und marktspezifischer Besonderheiten** kosten- und erlöswirtschaftlich geprüft und entschieden werden.

Versucht man, die generellen **Vor- und Nachteile** des direkten und indirekten Absatzweges zu prüfen, so können etwa folgende Aussagen gemacht werden *(Abb. 350).*

| Absatzweg | Vorteile | Nachteile |
|---|---|---|
| **direkter** | – unmittelbare Kontrolle des Absatzgeschehens<br>– unmittelbare Kommunikation mit Endabnehmer | – hoher eigener absatzorganisatorischer Aufwand<br>– keine Massendistribution möglich |
| **indirekter** | – breite Massendistribution möglich<br>– „Abwälzung“ der Absatzfunktion auf Handel/Absatzmittler | – kein unmittelbarer Zugriff auf das Absatzgeschehen<br>– erschwerte Kommunikation (Informationsaustausch) mit Endabnehmer |

*Abb. 350: Vor- und Nachteile des direkten und indirekten Absatzweges*

Neben den genannten grundsätzlichen Vor- und Nachteilen sind verschiedene **Gesichtspunkte bzw. Faktoren** bei der (indirekten) Absatzwegewahl *speziell* zu berücksichtigen. Hierzu gehören insbesondere Folgende:

- **produktbezogene Einflussfaktoren** (z. B. Erklärungsbedürftigkeit, Verderblichkeit der Produkte),
- **(end)kundenbezogene Einflussfaktoren** (z. B. Image der Handelsbetriebe, Einkaufsgewohnheiten),
- **handelsbezogene Einflussfaktoren** (z. B. Qualifikation des Verkaufspersonals, Sortimentsstruktur der Handelsbetriebe),
- **konkurrenzbezogene Einflussfaktoren** (z. B. Vertriebskanäle der Hauptwettbewerber, Marktstellung von Konkurrenten in Handelsbetrieben),
- **umfeldbezogene Einflussfaktoren** (z. B. Rolle ökologischer Aspekte in den Absatzkanälen, Veränderungen durch neue Kommunikationstechnologien).

Insgesamt gibt es bestimmte **Tendenzen** hin zu einer Intensivierung des *direkten* Absatzweges, gerade auch in Konsumgüter- bzw. Endverbrauchermärkten. Insbesondere der Vorteil der direkten und unmittelbaren Steuerung des Absatzgeschehens einschließlich der Sicherstellung einer konzeptions-adäquaten Beratung der Kunden wird hierbei als Anreiz gesehen. Meist kommen aber spezielle Aspekte hinzu, die zur Wahl des Direktvertriebs führen.

Fallbeispiele: Direkter Absatzweg im Konsumgütermarketing

Wenngleich der direkte Absatzweg im Konsumgütermarketing eher die Ausnahme darstellt, so gibt es andererseits erfolgreiche Beispiele für die Wahl dieses Absatzweges gerade auch in diesem Wirtschaftsbereich. Die Wahl des direkten Absatzweges hat dabei vielfach **firmenspezifische Gründe** bzw. Ausgangspunkte.

Ein sehr erfolgreiches Direktvertriebssystem (mit Pionierfunktion in Deutschland) stellt das *Vorwerk*-Konzept im **Elektrogerätebereich** dar. *Vorwerk* hatte seinerzeit einen neuartigen Staubsauger (den legendären *Kobold*) entwickelt, der sich durch hohe Leistungsfähigkeit auszeichnete, im Produktdesign aber wenig ansprechend war. *Vorwerk* konnte für die Vermarktung dieses Gerätes den Handel nicht in ausreichendem Maße gewinnen. Man entschloss sich daher für ein Direktvertriebskonzept mit **hauptberuflichen Vorwerk-Repräsentanten,** das sich so erfolgreich entwickelte, dass das Programm an Raumpflegegeräten stärker ausgebaut und später um Küchenmaschinen (Thermomix), Bügelsysteme und Einbauküchen ergänzt werden konnte.

Die in der Welt **größte Direktvertriebsorganisation** ist die von *Avon* (USA). Gegenstand des Unternehmens war zunächst der Direktvertrieb von Kosmetik- und Körperpflege-Produkten in den privaten Haushalten über einen großen Stab **nebenberuflich tätiger Avon-Beraterinnen.** Hauptansatz des Konzepts war und ist, die Kundin in häuslicher Umgebung ausführlich und in Ruhe zu beraten. Das Konzept wurde sehr positiv aufgenommen, fand weltweit zahlreiche Nachahmer und wurde weiterentwickelt bzw. ausgedehnt auch auf ergänzende Produkte (Accessoires wie Schmuck, Gürtel u. Ä.).

Erfolgreich arbeitende Direktvertriebsunternehmen im Konsumgüterbereich sind darüber hinaus u. a. *Tupperware* (spezielle Plastik-Haushaltswaren), *Eismann* (Tiefkühl-Heimservice) oder auch *Buch und Wissen/Bertelsmann* (Verlagserzeugnisse).

Alle genannten Unternehmen sind – neben anderen – in Deutschland im Arbeitskreis *Gut beraten – zu Hause gekauft e. V.* zusammengeschlossen und haben **Verhaltensstandards** entwickelt und sich zu deren strikten Einhaltung im Interesse ihrer Kunden verpflichtet. Inzwischen ist sogar auf europäischer Verbandsebene ein „Europäischer Verhaltenskodex" geschaffen worden (zur Bedeutung des Direktvertriebes bei Konsumgütern siehe auch *Engelhardt/Jaeger,* 1998).

Die Absatzwegewahl kann – je nach den spezifischen Produkt- und Marktbedingungen – nicht immer dahingehend getroffen werden, dass sich ein Unternehmen entweder für den direkten oder den indirekten Absatzweg entscheidet. Nicht selten sind vielmehr **kombinierte Absatzwegeformen** sinnvoll bzw. notwendig.

Fallbeispiele: Kombinierte Absatzwege bei getrennten Märkten

Immer dann, wenn Unternehmen sowohl den **privaten** als auch den **gewerblichen bzw. industriellen Sektor** bedienen, kann es Zwänge für kombinierte Absatzwegeformen geben.

So beliefern etwa Batterie- (z. B. *Varta*) oder Reifenhersteller (z. B. *Continental*) die Automobilindustrie für die **Erstausrüstung** der Automobile direkt, d. h. ohne Einschaltung des selbstständigen Handels (= direkter Absatzweg). Das **Ersatzgeschäft** wird jedoch indirekt abgewickelt, d. h. hier wird für die Vermarktung der einschlägige (Fach-)Handel bis hin zu Automobilhandel und Tankstellen eingeschaltet (= indirekter Absatzweg).

Eine solche Trennung der Absatzwegesysteme bzw. ihre Kombination kann auch bei gesonderter Bearbeitung z. B. des **privaten Sektors** (private Kunden) und des **gewerblichen Bereiches** (sog. Objektgeschäft) angemessen sein. So werden etwa die privaten Kunden über den selbstständigen Handel bedient (= indirekter Absatz), während das Objektgeschäft direkt betrieben wird, also ohne Einschaltung von Handelsbetrieben (= direkter Absatzweg). Beispiele für solche Trennungen bzw. Kombinationen finden sich u. a. im Möbel- und Raumtextilienbereich, sie sind aber auch im Lebensmittelbereich zu finden.

Gerade im zuletzt genannten Bereich gibt es **Zwänge** für unterschiedliche Vorgehensweisen. Während im Endverbrauchermarkt aus Gründen der marktabdeckenden Massendistribution und der guten Erreichbarkeit für den Verbraucher die Wahl des indirekten Absatzweges (also Einschaltung des einschlägigen selbstständigen Handels) i. d. R. geboten ist, gewinnt andererseits der Außer-Haus-Konsum zunehmend an Bedeutung und damit der Absatz von Nahrungsmitteln an gewerbliche Abnehmer (u. a. Kantinen, Gastronomie). Um an diesem wachsenden Markt entsprechend zu partizipieren, haben sich zahlreiche Markenartikelunternehmen (u. a. *Oetker, Nestlé, Unilever Bestfoods*), die im Endverbrauchermarkt den Handel einschalten, im gewerblichen Bereich für den Direktvertrieb entschlossen und hierfür **eigene Organisationen** (Gesellschaften) gegründet, welche gewerbliche Kunden (z. B. Gastronomie i. w. S.) direkt besuchen, beraten und beliefern, ohne Einschaltung des selbstständigen (Fachgroß-)Handels.

Bei indirekter Absatzwegewahl muss die Absatzkanalentscheidung (ein- oder mehrstufige Kanäle) an den vorhandenen **Betriebsformen** anknüpfen. Zwei grundsätzliche Handelsstufen müssen dabei zunächst unterschieden werden, die an der Stellung des Handelsbetriebs in der Handelskette *zwischen* Hersteller (Erzeuger) und Endabnehmer anknüpfen:

- **Großhandelsstufe** (= Verkauf an andere Handelsbetriebe und gewerbliche Abnehmer),
- **Einzelhandelsstufe** (= Verkauf an Endverbraucher bzw. private Haushalte).

Auf der **Großhandelsstufe** können im Wesentlichen sechs verschiedene Betriebsformen unterschieden werden *(Abb. 351)*.

Die Darstellung zeigt, dass es verschiedene Betriebsformen des Großhandels mit ganz **unterschiedlichem Funktionsumfang** gibt (vgl. hierzu auch Überblick von *Täger*, 1995, Sp. 260 ff.). Jedes Unternehmen muss deshalb ziel- und strategieadäquat die richtige(n) Betriebsform(en)

| Distributionsfunktion / Betriebsform | Transaktionsfunktion | Lagerung | Transport | Finanzierung | Sortimentsbildung | Qualitätskontrolle | Informationsfunktion |
|---|---|---|---|---|---|---|---|
| Sortimentsgroßhandel | [•] | [ ] | [ ] | [ ] | [ ] | [ ] | [ ] |
| Spezialgroßhandel | [•] | [ ] | [ ] | [ ] | [•] | [ ] | [ ] |
| Streckengroßhandel | [•] | — | — | — | [ ] | — | [ ] |
| Zustellgroßhandel | [•] | [•] | [•] | [ ] | [ ] | [ ] | [ ] |
| Cash & Carry-Großhandel | [•] | [•] | — | — | [ ] | [ ] | [ ] |
| Rack-Jobber | [•] | [•] | [•] | [•] | [•] | [•] | [ ] |

[•] Funktion ist spezifisches Betriebsmerkmal

[ ] Funktion kann übernommen werden

— Funktion wird von dieser Betriebsform nicht übernommen

*Quelle: Scharf/Schubert,* 1997, S. 292

*Abb. 351: Betriebsformen des Großhandels und von ihnen übernommene Funktionen*

auswählen. Insoweit zeigen sich wiederum Querverbindungen zwischen Ziel- und Strategieentscheidungen einerseits und Mixentscheidungen andererseits (= **konzeptionelle Kette**).

Was die **Einzelhandelsstufe** betrifft, so gibt es hier eine Fülle unterschiedlicher Betriebsformen. Als Grundkategorien können zunächst Folgende unterschieden werden (*Berekoven,* 1990, S. 29; *Müller-Hagedorn,* 1995, Sp. 243; *Specht/Fritz,* 2005, S. 83 ff.):

- **Versandhandel (auch in Form des Internet-Handels),**
- **Stationärer Handel,**
- **Ambulanter Handel.**

Im Konsumgütermarketing gibt es Einsatzfelder für **alle drei Handelskategorien.** Gleichwohl hat der stationäre Handel eine besondere Bedeutung, was nicht zuletzt in der Formenvielfalt dieses Bereiches zum Ausdruck kommt (siehe Überblicke u. a. bei *Nieschlag/Dichtl/Hörschgen,* 2002, S. 900 ff.; *Liebmann/Zentes,* 2001, S. 370 ff.).

Bisher ist es nicht gelungen, ein **durchgängiges System** der Betriebsformen des Einzelhandels auf der Basis *einheitlicher* Kriterien zu schaffen. Die vielfältigen Betriebsformen werden dagegen üblicherweise unter jeweils unterschiedlichen Kriterien bzw. Kriterienschwerpunkten betrachtet, ohne dass hierauf näher eingegangen werden kann. Eine Übersicht soll jedoch beispielhaft **wichtige Betriebsformen** auf der Basis ihrer marketinginstrumentalen Schwerpunkte kennzeichnen *(Abb. 352).*

| Betriebsform / Marketing-Instrumente | **Nachbarschaftsmarkt** (meist Lebensmittel, aber auch andere Branchen) | **Fachgeschäft** | **Discounter** | **SB-Warenhaus** | **Klassisches Warenhaus** | **Klassischer Versandhandel** | **Ambulanter Handel*** |
|---|---|---|---|---|---|---|---|
| **Standort** | Wohngebiet integriert | City oder Ortsmitte | zentrale Lage, auch integriert | grüne Wiese, verkehrs-orientiert | City, Groß- und Mittelstädte | verkehrs-orientiert | wechselnde Standorte |
| **Sortiment** | begrenzt, Lebensmittel frischwaren-betont | begrenzt, tief, u.U. modisch betont | stark begrenzt (Schnell-dreher, problemlos) | umfassend, breit, weniger tief | umfassend, breit und tief | umfassend, breit und tief | eher be-grenzt |
| **Andienungsform** | SB/B | B | einfachste SB | SB/B | Teil-SB | Katalog | B |
| **Preisniveau** | normal | über normal | beträchtlich unter normal | unter normal | normal und darüber | normal | über normal |
| **Ausstattung und Profil** | gut | sehr gut | einfach | einfach bis gut | gut bis sehr gut | entfällt | einfach bis sehr einfach |
| B = Bedienung, SB = Selbstbedienung, * Ergänzung J.B. | | | | | | | |

*Quelle:* nach *Oehme,* 2001, S. 319

*Abb. 352: Ausgewählte Betriebsformen des Einzelhandels und ihre Charakteristika*

Die Übersicht zu ausgewählten Betriebsformen zeigt, dass die einzelnen Betriebsformen des Einzelhandels ganz **unterschiedliche Ausprägungen** (z. B. in Bezug auf Sortimentsbreite und -tiefe) aufweisen bzw. durch **unterschiedliche Niveaus** (z. B. Ausstattungs- und Preisniveaus) gekennzeichnet sind. Es ist klar, dass Hersteller insoweit Handelsbetriebe auswählen müssen, die mit *ihrem* Marketingkonzept harmonieren. Das heißt, die eingeschalteten Handelsbetriebe im Rahmen des indirekten Absatzweges müssen verfolgten qualitativen (z. B. Image) und quantitativen (z. B. Absatzmengen) Marketingzielen entsprechen. Sie müssen aber auch in der Lage und willens sein, strategische Konzepte der Hersteller adäquat umzusetzen (z. B. entsprechende Warenpräsentation und Preispflege bei präferenz- oder markenartikel-orientierten Konzepten). Handelsbetriebe müssen also insgesamt konzeptions-adäquat ausgewählt werden. Auf die Weise soll mit anderen Worten also sichergestellt werden, dass in den Vermarktungsprozess eingeschaltete Handelsbetriebe in Bezug auf Herstellerkonzepte grundsätzlich ziel-, strategie- und mixverträglich agieren (**= konzeptionelle Kette**).

Zwei **Basisentscheidungen** sind in diesem Zusammenhang von Herstellern zu treffen (*Ahlert,* 1996, S. 151 ff.; *Specht/Fritz,* 2005, S. 249 ff. bzw. S. 292 ff.):

- **Art und Zahl der auszuwählenden Handelsbetriebe (Absatzmittler-Selektion),**
- **Art und Weise der Bindung von Handelsbetrieben (Vertragliche Vertriebssysteme).**

Hierbei handelt es sich nicht um Strategien i. e. S. (vgl. hierzu dagegen *Meffert,* 1994 b bzw. *Ahlert,* 1988), sondern vielmehr um spezifische **marketing-instrumentale Gestaltungsmuster** auf der Distributionsebene, um die *konsequente* Durchsetzung von Herstellerkonzepten auf der Absatzmittler- bzw. Handelsseite möglichst sicherzustellen.

Exkurs: Gestaltungsmuster der Absatzmittler-Selektion und der vertraglichen Vertriebssysteme

Was die **Absatzmittler-Selektion** (-Auswahl) betrifft, so können grundsätzlich drei Auswahlmuster gewählt werden (*Irrgang,* 1989, S. 66 ff.; *Ahlert,* 1996, S. 158 ff.; *Specht/Fritz,* 2005, S. 249 ff.):

- **Intensive Distribution,**
- **Exklusive Distribution,**
- **Selektive Distribution.**

Bei der **intensiven Distribution** werden alle Handelsbetriebe eingeschaltet, die grundsätzlich in Betracht kommen. Es werden also möglichst viele Betriebe eingeschaltet, um annähernd eine Überallerhältlichkeit (Ubiquität) der Produkte zu erreichen (z. B. klassisches Markenartikel-Konzept). Die **exklusive Distribution** ist demgegenüber dadurch gekennzeichnet, dass hierbei vergleichsweise wenige Handelsbetriebe mit überdurchschnittlichem Niveau (u. a. in bezug auf Standort, Sortiment, Ladengestaltung, Warenpräsentation, Beratung) einbezogen werden, um ein anspruchsvolles Markenkonzept am Markt durchzusetzen (z. B. bei Kosmetika). Die **selektive Distribution** steht im Prinzip zwischen intensiver und exklusiver Distribution. Sie ist darauf gerichtet, alle diejenigen Handelsbetriebe in den Vertrieb einzubeziehen, die definierte Selektionsmerkmale erfüllen (z. B. bestimmte Beratungs- und Servicegrade bei Elektrohaushaltsgeräten).

Zur **zusätzlichen Absicherung** von Maßnahmen der gezielten, konzeptionsgerechten Absatzmittlerauswahl oder -selektion werden nicht selten vertragliche Einzelbindungen von Handelsbetrieben gewählt. Diese Fragen werden auch unter dem Begriff Kontraktmarketing thematisiert (*Tietz/Mathieu,* 1979; *Irrgang,* 1989, S. 119 ff. sowie 1995, Sp. 1263 ff.). Hier sind insb. fünf **vertragliche Vertriebssysteme** zu nennen (*Ahlert,* 1996, S. 214 ff.; *Nieschlag/Dichtl/Hörschgen,* 2002, S. 929 ff.; *Freiling/Köhler*, 2014, S. 226 ff.):

- **Vertriebsbindungssysteme,**
- **Alleinvertriebssysteme,**
- **Vertragshändlersysteme,**
- **Franchisesysteme,**
- **Agentursysteme.**

**Vertriebsbindungen** dienen der Absicherung eines Selektionsvertriebs. Gegenstand solcher vertraglichen Vereinbarungen sind etwa räumliche Festlegungen des Absatzgebietes, eine Bindung an bestimmte Gruppen von Abnehmern und/oder die Festlegung von Sortiments- und Servicestandards (Beispiele finden sich u. a. im Möbel- und Bekleidungsmarkt). **Alleinvertriebssysteme** dienen der Durchsetzung des Exklusivvertriebs. Dazu wird etwa ein regionales Ausschließlichkeitsrecht mit absolutem bzw. relativem Gebietsschutz vereinbart. Der Handel verpflichtet sich dabei im Gegenzug u. a. zu einer umfassenden Sortimentsleistung und Lagerhaltung des Herstellerprogramms (z. B. Depot-Kosmetik-System). Bei **Vertragshändlersystemen** verpflichtet sich der Absatzmittler im Sinne einer noch weitergehenden Bindung, ausschließlich die Produkte des Herstellers zu führen und auf den Vertrieb von Konkurrenzprodukten zu verzichten. Man spricht hier auch vom lizenzierten oder konzessionierten Vertrieb bzw. Handel, wie er im Automobilmarkt oder auch im Biermarkt (speziell Gastronomiebindung via Bierlieferungsvertrag) üblich ist. Das **Franchisesystem** stellt eine besonders enge Form der vertraglichen Bindung zwischen Hersteller und Handel dar (sog. Vertragsvertrieb). Der Hersteller (Franchisegeber oder Franchisor) stellt dabei dem Partner (Franchisenehmer oder Franchisee) gegen Entgelt (i. d. R. einmalige und laufende Gebühr) ein Produkt- und Vermarktungssystem zur Nutzung zur Verfügung, das er streng einhalten bzw. umsetzen muss (Beispiele finden sich in vielen Märkten, u. a. in der Gastronomie (etwa *Mc Donald's*), im Schuhhandel (z. B. *Quick-Schuh*) oder auch bei Bau-/Heimwerkermärkten (etwa *Obi*)). **Agentursysteme** schließlich stellen eine so enge Bindung zwischen Hersteller und Handel dar, dass hier schon Annäherungen an den Direktvertrieb gegeben sind, nämlich dadurch, dass die durch Agenturverträge gebundenen Handelsbetriebe in hohem Maße ihre wirtschaftliche Selbstständigkeit verlieren. Ein typisches Beispiel war das seinerzeit eingeführte Agentursystem von *Telefunken,* durch das nicht nur die Sortimentsgestaltung und Warenpräsentation, sondern vor allem auch die Preispolitik vom Hersteller konsequent gesteuert bzw. kontrolliert werden konnte.

Was den Handel insgesamt als wichtiges Absatz- bzw. Verteilungsorgan der Hersteller betrifft, so war und ist er durch einen **grundlegenden Wandel** gekennzeichnet. Hier ist zunächst die starke Konzentration des Handels zu nennen (u. a. durch Fusionen, Filialisierung sowie Verbundgruppen wie Einkaufsvereinigungen (z. B. *Edeka*) und freiwillige Ketten (z. B. *Spar* bzw. übergeordnete europäische Ketten), siehe *Specht/Fritz,* 2005, S. 89 ff.; *Liebmann/*

*Zentes,* 2001, S. 345 ff.). Dadurch ist dem Handel Macht zugewachsen, die er zunehmend für die Schaffung und Durchsetzung *eigener* Marketingkonzepte nutzt und die z. T. stark mit herstellereigenen Konzepten rivalisieren (z. B. Handelsmarken- versus Herstellermarken-Konzepte, siehe auch 2. Teil „Marketingstrategien", speziell Marktstimulierungsstrategien).

Was die Betriebsformen speziell auf der Einzelhandelsstufe angeht, so vollziehen sich z. T. **grundlegende Verschiebungen** (z. B. Wachsen der Discounter zu Lasten anderer Betriebsformen, u. a. des Fachhandels). Die Entwicklung im Handel ist – analog zu Veränderungen auf der Verbraucherebene – insgesamt durch eine stärkere Polarisierung (vgl. auch *Gierl,* 1991) gekennzeichnet. Das heißt, der Verbraucher stellt sich als *hybrider* Konsument dar, der unterschiedliche Konsumstile pflegt und insofern **polarisierende Veränderungen** in der Handelslandschaft auslöst *(Abb. 353).*

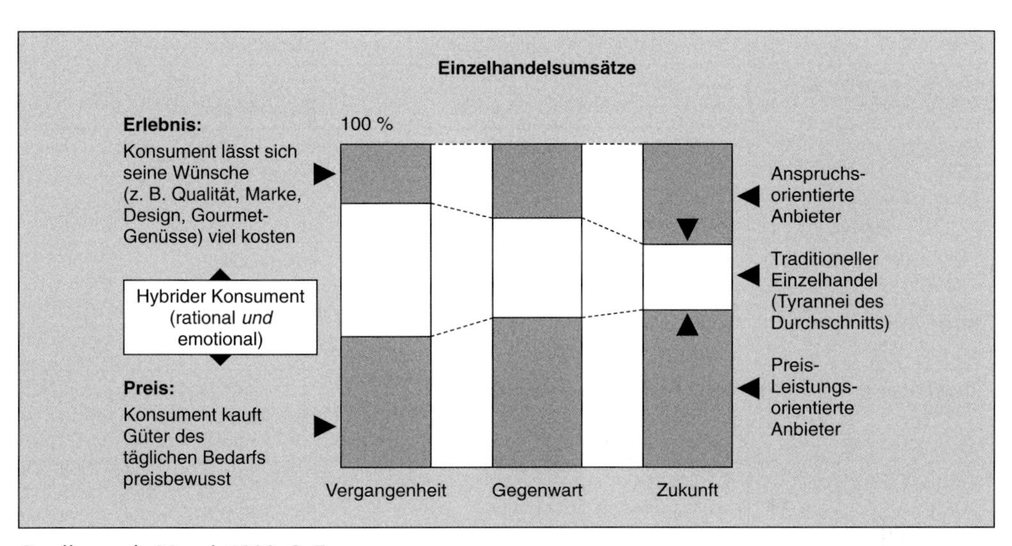


*Quelle:* nach *Magri,* 1990, S. 7

*Abb. 353: Typische polarisierende Veränderungen im Einzelhandel*

Mit anderen Worten: in Zukunft werden – aufgrund sich grundlegend wandelnden Abnehmerverhaltens – vor allem „extreme" Betriebsformen an Bedeutung gewinnen, nämlich der sog. **Versorgungshandel** einerseits und der sog. **Erlebnishandel** andererseits. Die Unterscheidung geht zurück auf eine Studie des *Battelle-Instituts* zum „Handel 2000", die grundlegende Veränderungen zu erfassen suchte (*Scharioth,* 1987, S. 63 ff.). Eine Übersicht verdeutlicht die **Anforderungen bzw. Merkmale** beider Handelskonzepte *(Abb. 354).*

Die Übersicht zeigt, dass sich der Erlebnishandel stark an übergreifenden Themen orientiert, während sich der Versorgungshandel allein auf das Produkt konzentriert.

Fallbeispiel: Kombinationsformen von Erlebnis- und Versorgungshandel

Im Zuge der skizzierten Entwicklung gibt es auch Ansätze bzw. Konzepte, **beide Elemente** (d. h. „Erlebnis" und „Versorgung") miteinander zu verbinden. Das kann etwa am Beispiel des Lebensmittelhandels näher gekennzeichnet werden *(Abb. 355).*

| Branchen | Erlebnishandel<br>*Focus:* übergreifende Themen | Versorgungshandel<br>*Focus:* Produkt |
|---|---|---|
| **Nahrungs-/ Genussmittel** | Schlemmerparadies:<br>frische Produkte,<br>echte Saisonspezialitäten,<br>Luxusprodukte, Bioprodukte | Basisprodukte,<br>Dauerware |
| **Drogerie/Kosmetik** | Schönheit/Wellness:<br>Depotprodukte | Basisprodukte |
| **Textilien/Schuhe** | Outfit-/Typgestaltung:<br>Designer-Kollektionen, Trend-/ Modeware, hochwertige Ware,<br>Exklusiv-Ware | Standardware für den Haushalt/die Familie |
| **Möbel/Einrichtungs-gegenstände** | Ambiente/Lebensstil:<br>hochwertige Ware, Kunstgegenstände | Basisprodukte |
| **Haushaltswaren/ Glas/Porzellan** | Lebensstil:<br>hochwertige Ware/Geschenkartikel | Basisprodukte |
| **Unterhaltungs-elektronik/ Elektro/Foto** | Ton-/Bild-/Lichterlebnisse:<br>hochwertige Einführungsprodukte,<br>limitierte Auflagen,<br>beratungsintensive Produkte | Standardware |
| **Büro-Kommunikation/ -Möbel** | hochwertige Einführungsprodukte<br>Innovationen | Basisprodukte |
| **Do-it-yourself** | bisher nicht besetzt | entspricht der Logik, Geld zu sparen |
| **Sport/Freizeit** | Fashion + Exklusivsportarten,<br>hochpreisige Ware,<br>mit intensiver Beratung | Basisprodukte |
| **Elektro-Großgeräte** | Kochstudios:<br>beratungsintensiv/hochwertige Produkte | Basisprodukte |
| **Uhren/Schmuck** | Luxus- und Standardsortiment | Standardprodukte |
| **Buchgeschäfte** | Spezialitäten und Standard-produkte | Taschenbücher und preiswerte Sortimente |

*Quelle:* in Anlehnung an *Szallies/Wiswede,* 1990, S. 277

*Abb. 354: Erlebnis- und Versorgungshandel im Vergleich einzelner Branchen*

Das prototypische Beispiel zeigt, dass in einem sinnvollen **Rollenverteilungskonzept** zwischen den Sortimentsteilen durchaus wichtige Erlebnisinseln in einen zugleich auch versorgungsorientierten Supermarkt integriert werden können. Sie bilden dann häufig die „Magneten" für den Verbraucher, um (anschließend) auch versorgungstypische Käufe zu tätigen. Beispiele für solche Misch-Konzepte gibt bzw. gab es u. a. bei der *Edeka-* und der *Rewe*-Gruppe.

Es zeichnen sich grundlegende Veränderungen im Handel ab (*Zentes/Swoboda,* 1999; *Beisheim,* 1999; *Eggert*, o.J.), u. a. aufgrund digitaler Technologien (etwa in Form von **TV-Shop-**

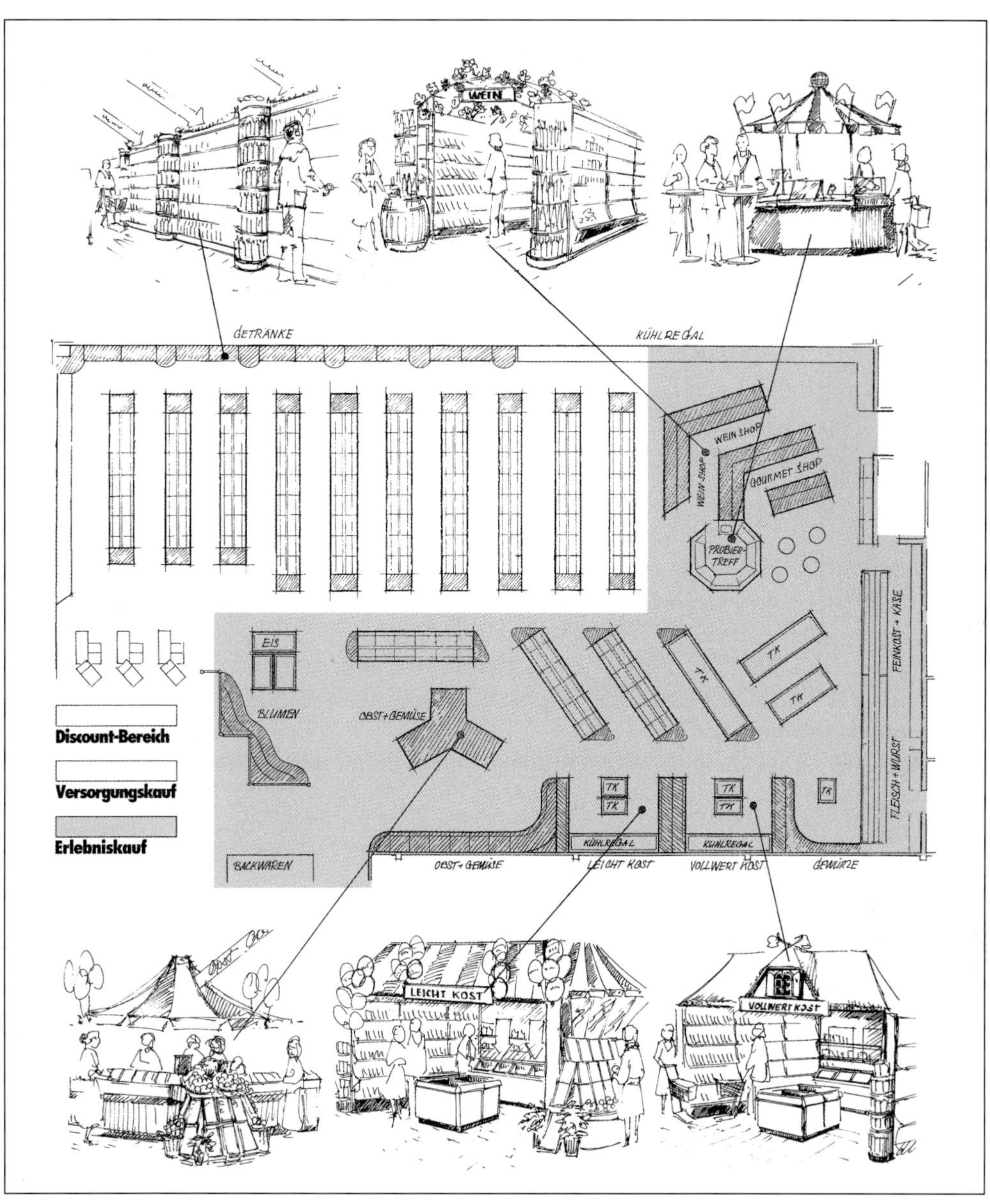


*Quelle: Oehme*, 1992, S. 215

*Abb. 355: Zielgruppen-orientiertes Verkaufsraum-Design eines Supermarktes*

**ping-Kanälen** (z. B. *QVC*) und **Internet-Shopping** (z. B. *amazon.de*)). Außerdem wird das Airport- und Bahnhofs-Shopping mit attraktiven Layouts zunehmen (z. B. Düsseldorfer Flughafen oder Leipziger Hauptbahnhof). Auch werden Fachmärkte (z. B. *Media-Markt*) mit **Multi-Channel-Konzepten** zunehmen *(Abb. 356)*.

Für Hersteller- wie für Handelsunternehmen selbst besteht insofern ein entsprechender **Anpassungs- bzw. Konzeptionsbedarf** (Festlegung von Mission/Vision sowie adäquater Marke-

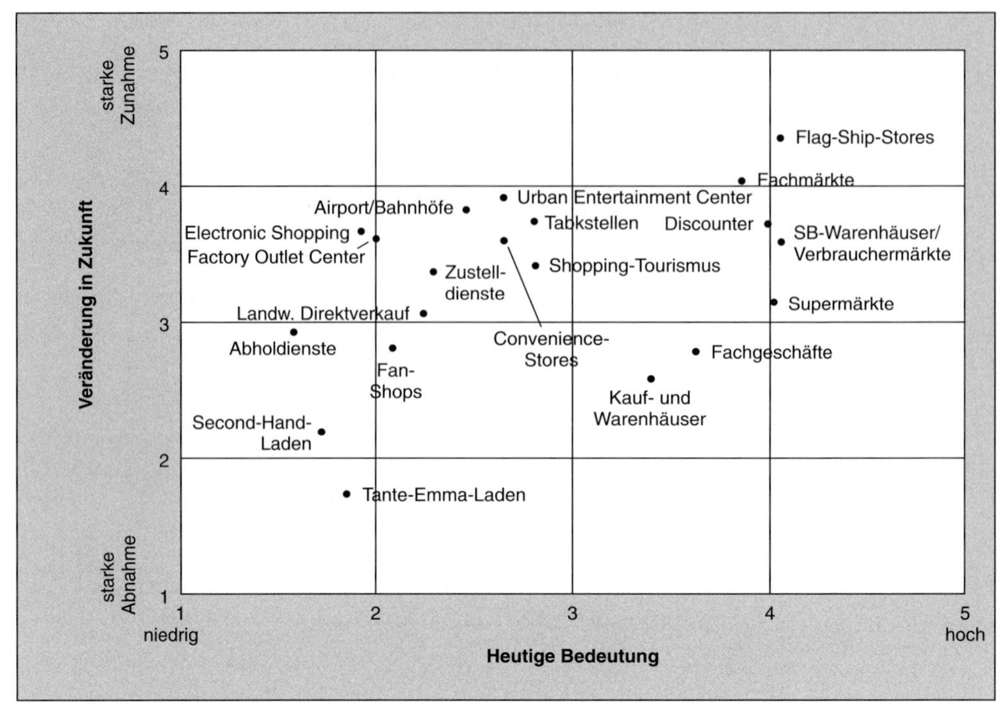


*Quelle: HandelsMonitor*

*Abb. 356: Entwicklung der Handelsformen (aus Sicht des Handels, Beispielperiode)*

tingstrategien, zu den Optionen speziell des *Handels* auf der Basis des im 2. Teil „Marketingstrategien" herausgearbeiteten Strategiesystems vgl. *Köhler, F.W.,* 1992, S. 117 ff.). Verstärkt ist auch die **Online-Vermarktung** (i. S. eines **Multi-Channel-Management** *Wirtz,* 2008) zu berücksichtigen(s. Abschnitt cc) Möglichkeiten des Online-Marketing).

Neben den Handelsbetrieben (Groß- und Einzelhandel) sind – je nach Produkt- und Marktgegebenheiten – auch **Marktveranstaltungen** im Rahmen der Distributionspolitik von Bedeutung. Der Begriff der Marktveranstaltungen wird in Wissenschaft und Praxis unterschiedlich weit verstanden. Im e. S. zählen dazu insb. Messen/Ausstellungen, Warenbörsen und Auktionen (*Nieschlag/Dichtl/Hörschgen,* 2002, S. 911 ff.; *Meffert/Burmann/Kirchgeorg*, 2015, S. 673 ff.).

Exkurs: Messen und Ausstellungen

Von besonderer Bedeutung – und relativ weit verbreitet sowohl bei Konsum-, Investitionsgütern als auch bei Dienstleistungen – sind vor allem **Messen und Ausstellungen** (*Strothmann/Busche,* 1992; *Selinski/Sperling,* 1999; *Kirchgeorg et al.,* 2003; s. a. *Bruhn,* 2005 b, S. 958 ff.).

**Messen** sind Veranstaltungen mit **Marktcharakter** (Zusammentreffen von Angebot und Nachfrage), die je nach Spezialisierungsgrad ein umfassendes Angebot einer oder mehrerer Branchen bieten. Im Allgemeinen finden sie in einem regelmäßigen Turnus und am gleichen Orte statt.

Auf Messen wird – neben der Bekanntmachungs- und Informationsfunktion – anhand von Mustern an Wiederverkäufer und/oder gewerbliche Verwender verkauft. Der Zutritt zu Messen wird normalerweise nur **Fachbesuchern** (Einkäufern) gewährt (siehe auch *Taeger,* 1993; *Strothmann,* 1995, Sp. 1890).

**Ausstellungen** sind demgegenüber Veranstaltungen, deren Hauptaufgabe in der Werbung und Information für Branchen und Wirtschaftsräume besteht, z. T. dienen sie aber auch dem Verkauf. Die Besucher von Ausstellungen entstammen i. d. R. der **allgemeinen Öffentlichkeit** (*Strothmann,* 1995, Sp. 1890).

Von größerer Bedeutung sind inzwischen auch **sog. Hausmessen** (-ausstellungen). Initiatoren dieser Hausmessen sind hier nicht ganze Branchen bzw. deren Verbände, sondern *einzelne* Unternehmen, die spezielle Informations- und Verkaufsmessen (-ausstellungen) für ihre Kunden abhalten, damit diese sich ganz auf das eigene Unternehmen und sein Angebot (ggf. besondere Innovationen) konzentrieren können.

Hausmessen („Mikromessen") bieten **spezifische Vorteile,** nicht zuletzt weil sie sich unternehmens- und situationsspezifisch gestalten lassen (vgl. hierzu auch *Schenk,* 1995, S. 82 ff.).

Die Darlegungen zu den Absatzwegen und Distributionsorganen (zuletzt zu Messen und Ausstellungen) haben gezeigt, wie **vielfältig die Möglichkeiten** zur Gestaltung der Distributionspolitik grundsätzlich sind. Jedes Unternehmen muss dabei prüfen, welche Wege bzw. Organe produkt-, markt- und vor allem auch konzeptionsadäquat sind. Das heißt, es gilt die Interdependenzen zwischen Zielen, Strategien und den instrumentalen Maßnahmen auf der Mixebene zu berücksichtigen (= **konzeptionelle Kette**).

Es soll nun auf Grundfragen der Absatzorganisation näher eingegangen werden.

### *bbb) Absatzorganisation (einschließlich Schulung, Entlohnung, Führung)*

Einen zweiten wichtigen Bereich der Distributionspolitik, und zwar der sog. *akquisitorischen* Distribution i. e. S. (= Erlangung von Aufträgen), stellt die Verkaufs- oder Absatzorganisation dar. Die zu lösende **Kernaufgabe** kann wie folgt umrissen werden:

Wie stellen wir für den Absatz (Verkauf) den Kontakt zu unseren Kunden her?

Der **spezifische Marketingansatz** bei der Gestaltung der Absatzorganisation knüpft an der Tatsache an, dass zur Akquisition von Aufträgen in hohem Maße das persönliche Gespräch mit bestehenden und potenziellen Kunden notwendig ist. Die generelle **Situation** kann etwa so skizziert werden: „Kunden wollen nicht einfach etwas verkauft bekommen, sondern sie wollen ausreichend informiert und beraten werden".

Trotz vielfältiger moderner Kommunikationstechniken spielt der **persönliche Kontakt** (Face-to-face) zum Kunden nach wie vor eine wichtige Rolle, d. h. der persönliche Verkauf (Personal Selling) wird auch in Zukunft seine grundsätzliche Bedeutung behalten. Das gilt in besonderem Maße für erklärungsbedürftige Produkte und Leistungen.

Exkurs: Zur Einordnung des persönlichen Verkaufs

Die Grundfragen bzw. Gestaltungsmöglichkeiten des persönlichen Verkaufs werden in der deutschsprachigen Marketing-Literatur überwiegend der **Distributionspolitik** zugerechnet (u. a. *Nieschlag/Dichtl/Hörschgen,* 2002, S. 935 ff.; *Fritz/Oelsnitz,* 2001, S. 164 ff.; *Olbrich,* 2001, S. 205 ff.; *Homburg/Krohmer,* 2006, S. 900 ff.). In der amerikanischen Literatur wird dagegen der persönliche Verkauf durchweg der **Kommunikationspolitik** zugeordnet (u. a. *Stanton/Etzel/Walker,* 1991, S. 428 ff.; *Assael,* 1990, S. 499 ff. oder auch *Kotler/Keller/Bliemel,* 2007, S. 791 ff.). Teilweise ist diese Zuordnung auch von deutschen Autoren gewählt worden (*Ramme,* 2000, S. 215; *Stender-Monhemius,* 2002, S. 181 ff.; *Weis,* 2004, S. 526 ff.).

Die Zuordnung des persönlichen Verkaufs zur Distributionspolitik knüpft an der organisatorischen Verankerung dieser Aufgaben (= Absatz- bzw. Verkaufsorganisation) innerhalb der akquisitorischen Distributionspolitik an, während die Zuordnung des persönlichen Verkaufs zur Kommunikationspolitik auf die besondere, nämlich persönliche Kommunikationsform im Rahmen der gesamten Kommunikationspolitik des Unternehmens abstellt (zur Abgrenzung der Begriffe s. a. *Homburg*, 2015, S. 862 ff.).

Der persönliche Verkauf tritt in **unterschiedlichen Formen** bzw. auf unterschiedlichen Ebenen auf:

- **Verkauf an Konsumenten** (Direktverkauf an Konsumenten in ihrem Haus),
- **Verkauf an Handelsbetriebe** (Verkauf an Wiederverkäufer in ihren Betrieben),
- **Verkauf an industrielle Endabnehmer** (Verkauf an Einkäufer von Herstellerbetrieben in ihren Betrieben),
- **Sonderform: Verkauf auf Veranstaltungen** (z. B. Messeverkauf an Einkäufer des Handels oder der Industrie bzw. Verkauf an Konsumenten im Rahmen von Verkaufs-Parties bzw. Verkaufsfahrten).

Die mit dem persönlichen Verkauf verbundenen Aufgaben sind komplex und bedürfen – je nach Markt/Branche und Unternehmen – entsprechender Ausgestaltungsformen. Es lassen sich drei **große Aufgabenfelder** unterscheiden (*Albers,* 2001 c, S. 1771 f.; im Einzelnen *Witt,* 1996 b; *Weis,* 2005; *Winkelmann,* 2008 bzw. 2012; *Preißner*, 2013; *Buhr*, 2017):

- **Gestaltung der Verkaufsaufgabe,**
- **Wahl geeigneter Verkaufspersonen,**
- **Steuerung der Verkaufsaufgabe/-personen.**

Was die Gestaltung der **Verkaufsaufgabe** betrifft, so besteht ihre besondere Bedeutung darin, dass sie sich an der Schnittstelle zwischen Anbieter und Abnehmer bewegt (*Nieschlag/Dichtl/Hörschgen,* 2002, S. 934 f.). Ihre spezifische Rolle ist es, die im Rahmen der Angebotspolitik (speziell Produktpolitik) geschaffenen Produkte (Leistungen) **an den Kunden** heranzutragen, ihm zu erläutern bzw. zu demonstrieren und ihn von ihrer Problemlösungsfähigkeit zu überzeugen, um am Ende des Beratungs- und Verkaufsprozesses den tatsächlichen Verkauf (d. h. den Leistungsübergang gegen Entgelt) zu realisieren bzw. vertraglich zu vereinbaren.

Diese Aufgabe ist möglichst effizient zu lösen, und zwar unabhängig davon, ob ein Unternehmen den direkten oder indirekten Absatzweg wählt. Der persönliche Verkauf durch unmittelbare, ggf. medial unterstützte Einwirkung (z. B. Demonstrationsmaterial) auf bestehende oder potenzielle Kunden zur Erlangung von Aufträgen ist durch äußerst vielfältige Erscheinungsformen gekennzeichnet (*Schwab,* 1982, zu den *multi-medialen* Möglichkeiten im Verkaufsgespräch *Silberer/Kretschmar,* 1999). Es zeigt sich, dass es hierbei – je nach Produkt, Markt bzw. Unternehmen – unterschiedliche Abstufungen bzw. **Ausprägungen der Verkaufsaufgabe** i. w. S. gibt. So können etwa folgende Aufgabenfelder bzw. Verkaufspersonen unterschieden werden:

- **Verkaufsfahrer** (Hauptaufgabe: Auslieferung beim Kunden, eigentliche Verkaufsaufgabe eher untergeordnet),
- **Verkaufsberater** (Hauptaufgabe: Beratung und Demonstration, aber ohne Abschlussvollmacht, Verkaufsaufgabe vorbereitend),
- **Verkäufer** (Hauptaufgabe: eigentlicher Verkauf(sabschluss), ggf. mit allen vorbereitenden Aufgaben),
- **Verkaufsingenieur** (Hauptaufgabe: technische Beratung, ggf. mit Abschlussvollmacht),
- **Verkaufshelfer** (Hauptaufgabe: Unterstützung des Verkaufs durch spezielle Präsentations- bzw. Regalpflegeaufgaben nach dem Verkaufsvorgang),
- **Verkaufsservicer** (Hauptaufgabe: Unterstützung des Verkaufs durch Serviceleistungen sowie Beratung und Kundendienst nach dem Verkaufsvorgang).

Es zeigt sich damit, dass es sehr unterschiedliche Verkäuferaufgaben gibt, die ggf. – je nach Produkt bzw. Marketing- und Vertriebskonzept – auch *kombiniert,* d. h. durch mehrere Verkaufspersonen erbracht werden müssen.

Die eigentliche Verkaufsaufgabe kann sich im Rahmen **typischer Konstellationen** (Situationen) vollziehen:

- **einzelner Verkäufer und einzelner Einkäufer,**
- **einzelner Verkäufer und mehrere Einkäufer (Buying Center),**
- **mehrere Verkäufer (Selling Center) und mehrere Einkäufer (Buying Center).**

Die Situation einzelner Verkäufer und einzelner (Ein-)Käufer ist eine stark verbreitete Form, vor allem auf der Endverbraucherebene (z. B. Verkäufer-Käufer-Situation im Einzelhandel). Gerade auf der Einzelhandelsebene hat sich jedoch mit immer stärkerer Durchsetzung der **Selbstbedienung** ein grundlegender Wandel vollzogen. In vielen Branchen ist der eigentliche persönliche Verkaufsvorgang durch aktive Selbstbedienung des Käufers ersetzt worden (z. B. im Lebensmittel-, Drogeriewaren-, z. T. auch im Schuh- und Textil- bzw. Bekleidungshandel). Im Business-to-Business-Bereich ist die **persönliche Verkaufsleistung** jedoch nach wie vor üblich bzw. vielfach zwingend. Das gilt insbesondere für beratungsintensive Produkt- und Leistungsfelder. Bei komplexen Leistungen bzw. Systemen sind auf der Einkäuferseite häufig Einkaufteams (Buying Center) tätig, ggf. auf der Verkäuferseite ebenfalls Verkaufteams (Selling Centers).

Den jeweiligen Centern gehören **verschiedene Spezialisten** an (neben solchen des Marketing/ Verkaufs- bzw. Einkaufsbereichs etwa Angehörige des Finanz-, Produktions-, ggf. Forschungs- und Entwicklungsbereichs). Hier sind jeweils markt- bzw. branchen- und unternehmensindividuelle Center-Formen anzutreffen (zur Bedeutung von Buying bzw. Selling Centers und ihren Funktionsweisen (inkl. Rollenprozessen) speziell im Investitionsgüterbereich siehe *Backhaus/Voeth,* 2014, S. 39 ff.; *Godefroid,* 2003, S. 56 ff.).

Der **Vertrieb (Verkauf)** eines Unternehmens ist der unmittelbar mit den aktuellen und potenziellen Abnehmern in Verbindung stehende Funktionsbereich des Unternehmens, dessen „Erfolg" sich an konkreten Umsatz- und Ergebniszahlen messen lässt. Er leistet mit anderen Worten einen entscheidenden **Beitrag zur Zielerreichung** (= **konzeptionelle Kette** zwischen Zielebene einerseits und Mixebene andererseits). Es ist klar, dass damit dem Verkaufs- bzw. Vertriebsbereich im Unternehmen ein hoher Stellenwert zukommt, besser: zukommen muss (zum modernen Kundenmanagement s. a. *Diller/Haas/Ivens,* 2005). Umso mehr sind grundlegende Wandlungen zu beachten, die den Verkauf beeinflussen bzw. auf die er sich immer stärker einstellen muss. Eine Übersicht versucht das zu verdeutlichen *(Abb. 357).*

Besonders wichtig erscheint die **organisatorische Verankerung** des Vertriebs im Marketing, um so – gerade auch angesichts verschärfter Wettbewerbsbedingungen, die u. a. in einer Oligopolisierung der Nachfrage ihren Niederschlag finden – ziel- und strategie-basierte Marketingkonzepte konsequent und damit erfolgreich **an der „Verkaufsfront"** umsetzen zu können (u. a. via Programm- und Preispflege). Nur so kann eine Vertriebsorganisation zur Gewinnorientierung bzw. -erzielung des Unternehmens *aktiv* beitragen. Dabei spielt auch Ausbildung des Verkaufspersonals (einschließlich Personalentwicklung) eine entscheidende Rolle, weil auf Kundenseite, z. B. im Handel, heute professionelle Einkäufer (Einkaufsgremien oder Buying Center) sitzen, die zur Aufnahme neuer Produkte oder auch zur Weiterführung bestehender Produkte immer wieder fundiert überzeugt werden müssen.

Exkurs: Handelsdynamik in Konsumgütermärkten und Konsequenzen für das Verkaufsmanagement

Die Dynamik des Handels in vielen Konsumgütermärkten hat zu grundlegenden **quantitativen und qualitativen Veränderungen** geführt, die eine Neuorientierung des Verkaufsmanagements in vielen Unternehmen be-

| | bisher | zukünftig |
|---|---|---|
| **Integration im Unternehmen** | selbstständige Organisationseinheit | integrierter Bestandteil der Marketingorganisation |
| **Denk- und Verhaltensstruktur** | Taktik | Strategie |
| **Nachfragestruktur** | Polypol | Oligopol |
| **Aufgabenteilung** | Allroundverkäufer | Verkaufsspezialist |
| **Arbeitsstil** | Einzelkämpfer | Teamarbeit |
| **Verkaufsschwerpunkt** | Produkt | System |
| **Ziel** | Umsatz | Gewinn |
| **Organisationsform** | Befehlsorganisation | Vertrauensorganisation |
| **Führungsstil** | autoritär | kooperativ |
| **Informationssystem** | Berichtssysteme | computergestützte Entscheidungssysteme |
| **Anforderungsprofil** | „Praktiker“ mit Erfahrung | Akademiker |
| **Kundenbeziehung** | persönlicher Kontakt | betriebswirtschaftliche Überzeugungsarbeit |

*Quelle: Schulz,* 1989, S. 565

*Abb. 357: Wandlungen im Verkaufs- bzw. Vertriebsmanagement*

wirkt haben bzw. weiter bewirken werden. Eine Übersicht zeigt wesentliche Veränderungen *(Abb. 358),* die alle auf eine „Erschwerung“ des Herstellermarketing hinauslaufen (*Ahlert,* 1996, S. 109 ff.; *Liebmann/Zentes,* 2001, S. 71 ff., zu verschiedenen Vertriebszenarien im neuen Jahrtausend *Belz/Bussmann,* 2000).

| **1. Quantitative Veränderungen auf Handelsebene:** |
|---|
| – Verringerung der Zahl der Verkaufsstellen des Handels (= Präsenzprobleme)<br>– Verringerung der Entscheidungszentren im Handel (= Konzentrations- bzw. Machtprobleme) |
| **2. Qualitative Veränderungen auf Handelsebene:** |
| – Regionale bzw. nationale/internationale Zentralisierung der Entscheidungen (= Listungsprobleme)<br>– Einkauf über Einkaufsgremien (= Durchsetzungsprobleme)<br>– Umfassende Informationssysteme (= Auslistungsprobleme)<br>– Verstärkte Konditionenforderungen (= Anspruchsprobleme)<br>– Zunehmende Sonderaktionen (= Konzeptprobleme) |

*Abb. 358: Grundlegende Veränderungen im Handel als erschwerende Faktoren des Herstellermarketing*

Noch stärker als die Abnahme der Verkaufsstellen beeinflusst den Verkaufsprozess die Abnahme der Entscheidungsstellen im Handel. Das heißt, die Hersteller müssen sich immer stärker auf wenige, aber entscheidende Zentralen der nationalen (internationalen) Handelsorganisationen und die nachgelagerten regionalen Zusammenschlussformen des Handels konzentrieren. Absatz-, Umsatzerfolg und Gewinn des Unternehmens hängen immer stärker davon ab, ob und inwieweit es gelingt, diese **Schlüsselkunden** zu gewinnen und zu halten, und zwar auch für die Umsetzung der Hersteller-Konzepte (= qualitative Probleme).

Diese Tatsache hat zu neuen Organisationsformen im Vertrieb (Verkauf) der Hersteller geführt: Betreuung von Schlüsselkunden (= Großkunden oder Key Accounts) durch **sog. Key Account Manager** (= Schlüsselkunden-Manager). Die spezifische Betreuung von Schlüsselkunden ist nicht zuletzt notwendig, weil auf Einkäuferseite der Großkunden im Handel immer stärker professionelle, z.T. auch akademisch ausgebildete Einkäufer sitzen, die entsprechenden Informations- und Überzeugungsbedarf haben (zum Key-Account-Management u.a. *Kemna,* 1979; *Ebert/Lauer,* 1988; *Diller,* 1989; *Biesel,* 2000; *Belz/Müllner/Zupancic,* 2004; *Reintgen,* 2017). Das Key-Account-Management stellt eine kundengruppen-spezifische Managementaufgabe dar, die Analyse-, Planungs-, Verhandlungs-, Steuerungs- und Koordinationsfunktionen umfasst.

Diese Aufgabe und ihre Wahrnehmung haben auch aufgrund der qualitativen Veränderungen im Handel an Bedeutung gewonnen, z.B. durch die enorme Verbesserung der **Informationsgrundlagen des Handels** aufgrund des Auf- bzw. Ausbaus integrierter Warenwirtschaftssysteme, was sich u.a. im Listungs- bzw. Auslistungsverhalten für neue bzw. bestehende Produkte im Handel auswirkt und z.B. auch die üblichen **Jahresgespräche** zwischen Hersteller und Handel stark beeinflusst.

Die bisherigen Darlegungen waren Gestaltungsfragen der Verkaufsaufgabe gewidmet. Sie haben deutlich gemacht, dass weitgehend unabhängig von der Absatzkanalentscheidung (direkter oder indirekter Absatzweg) persönlicher Verkauf (Personal Selling) notwendig ist. Im Folgenden soll auf die Frage der Wahl geeigneter **Absatz- bzw. Verkaufsorgane** näher eingegangen werden (s.a. *Winkelmann,* 2008, S. 41 ff.). Das heißt, hier interessiert, welche Arten von Absatzpersonen solche persönlichen Verkaufsleistungen erfüllen können.

Die Verkaufsaufgabe kann grundsätzlich sowohl von **unternehmenseigenen** als auch von **unternehmensfremden Personen** (Organen) erbracht werden. Folgende kommen im wesentlichen in Betracht:

- **Unternehmenseigene Organe**
  - Geschäftsleitung,
  - Marketing- bzw. Vertriebsleitung,
  - Reisende.
- **Unternehmensfremde Organe**
  - Handelsvertreter,
  - Kommissionär,
  - Makler.

Was die **unternehmenseigenen Organe** betrifft, so ist zu unterscheiden zwischen mehr *einmaligen* bzw. top-kunden-bezogenen Verkaufsaufgaben, die von der Geschäftsleitung oder Marketing- bzw. Vertriebsleitung wahrgenommen werden (z.B. wichtige Jahresgespräche bei Schlüssekunden (Key Accounts)) und solchen, die mehr das *laufende* Geschäft („Routine-Verkauf") betreffen und von **Reisenden** der verschiedenen Hierarchiestufen (z.B. Bezirksleiter, Gebietsverkaufsleiter) erbracht werden.

Als **unternehmensfremde Organe** des Unternehmens kommen hauptsächlich Handelsvertreter in Betracht, die zwar rechtlich selbstständig sind, aber aufgrund vertraglicher Vereinbarungen ggf. *stark* an ein Unternehmen gebunden werden können. Das gilt zumindest für den sog. Einfirmenvertreter; losere Bindungen bestehen demgegenüber beim sog. Mehrfirmenvertreter, der mehrere, sich im Angebot ergänzende Unternehmen vertritt. Der Kommissionär unterscheidet sich vom Handelsvertreter dadurch, dass er nicht wie dieser im Namen des von ihm vertretenen Unternehmens Geschäfte abschließt, sondern im eigenen Namen für die Rechnung des auftraggebenden Unternehmens. Auch der Makler ist selbstständiger Kaufmann, der sich die Partner für den Abschluss von Verträgen von Fall zu Fall aussucht bzw. jeweils entweder von der Käufer- bzw. Verkäuferseite mit der Kauf- bzw. Verkaufsaufgabe betraut wird.

Von den unternehmensfremden Organen spielt bei der Vermarktung von Produkten (Waren) vor allem der **Handelsvertreter** nach wie vor eine größere Rolle (zu Aufgabenfeld und „Meinungsbild" des Handelsvertreters vgl. auch *Meffert/Kimmeskamp/Becker,* 1981, zu seinen Perspektiven *Schmitz-Hübsch,* 1987; *Pfaffhausen,* 1995, Sp. 900 ff.). Kommissionär und Makler haben demgegenüber an Bedeutung verloren. Der Kommissionär hat lediglich im Agrar- und Außenhandel, der Makler nur noch bei der Vermarktung spezifischer Rohstoffe wie Tabak, Wolle und Holz eine stärkere Stellung bewahren können.

Die Wahl für das „Mengengeschäft" im Verkauf von Produkten (Waren) reduziert sich in den meisten Märkten bzw. Branchen auf den **Reisenden** (unternehmenseigenes Organ) *oder* den **Handelsvertreter** (unternehmensfremdes Organ). Für die konkrete Wahl sind neben markt-, produkt- und unternehmensspezifischen Aspekten vor allem wichtige generelle Kriterien heranzuziehen, um die jeweiligen Vor- und Nachteile beider Absatzorgane ausloten zu können. Eine Übersicht zeigt jeweils die Besonderheiten des Reisenden und des Einfirmen- bzw. Mehrfirmenvertreters anhand wichtiger Beurteilungskriterien auf *(Abb. 359).*

Die Entscheidung zwischen Reisendem einerseits und Handelsvertreter andererseits wurde lange Zeit primär unter **Kostengesichtspunkten** (Modell des sog. kritischen Umsatzes) – und damit quantitativen Aspekten – diskutiert. Inzwischen spielen darüber hinaus auch **qualitative Aspekte** – wie Steuerungs- und Motivationsgesichtspunkte – eine größere Rolle. Auf diese Managementprobleme und die hierfür notwendigen Überlegungen wird auch im 4. Teil „Marketing-Management", Kapitel Überprüfung von Marketing-Konzeptionen näher eingegangen. Dort werden speziell Verfahren zur Bestimmung der notwendigen Größe der Verkaufsorganisation vorgestellt; denn neben der adäquaten Absatzperson ist auch die Zahl der für die Verkaufsaufgaben erforderlichen Absatzpersonen festzulegen.

Schließlich ist auch die adäquate **Organisationsstruktur** (Gebiete-, Objekt-(Produkt-), Kunden-Orientierung, ggf. Kombinationen) zu wählen. Hierauf wird im 4. Teil „Marketing-Management", Kapitel Realisierung von Marketing-Konzeptionen, Bezug genommen.

Nachdem Grundfragen der Verkaufsaufgabe und der Wahl geeigneter Verkaufsorgane behandelt worden sind, gilt es nun noch, auf Grundfragen der **Steuerung** der Verkaufsaufgabe bzw. der Verkaufsorgane näher einzugehen.

Diese Fragen sind insofern besonders relevant, als sie mit grundlegenden Zielfragen und ihrer Realisierung verknüpft sind. Von der Steuerung der Absatz- bzw. Verkaufspolitik hängt in entscheidendem Maße ab – darauf wurde bereits hingewiesen –, ob und inwieweit **zentrale Unternehmensziele** (wie Gewinn/Rentabilität) einerseits und **wichtige Marketingziele** (wie Absatz-, Umsatz-, Marktanteilsziele) andererseits erreicht werden können. Es bestehen insoweit auch an dieser „Stelle" wichtige Interdependenzen zwischen Zielebene einerseits und Mixebene andererseits **(= konzeptionelle Kette)**.

Da der persönliche Verkauf (Personal Selling) eine Kommunikationsform mit dem Kunden ist, die durch Personen ermöglicht wird, ist klar, dass viele Fragen der Verkaufs- und Außendienstpolitik solche **personalwirtschaftlicher Natur** sind. Drei Problemfelder sollen hier näher diskutiert werden (siehe hierzu im Einzelnen *Albers,* 1989; *Witt,* 1996 b, *Reichwald/Bullinger,* 2000 sowie *Weis,* 2010; *Hofbauer/Hellwig*, 2012):

- **Akquisition und Selektion von Absatzpersonen (Verkäufern),**
- **Schulung, Training und Motivation von Absatzpersonen (Verkäufern),**
- **Kompetenzen und Kontrolle von Absatzpersonen (Verkäufern).**

| Kriterium | Reisender | Einfirmenvertreter | Mehrfirmenvertreter |
|---|---|---|---|
| **Vertragliche Bindung** | §§ 59 ff. HGB, unselbstständig, stark weisungsgebunden | §§ 84 ff., HGB, selbstständig, grundsätzlich nicht weisungsgebunden | in der Regel wie Einfirmenvertreter |
| **Arbeitszeit und Tätigkeit** | Vorgabe durch das Unternehmen, Umsatzsoll | freie Gestaltung im Rahmen des Vertrages | in der Regel wie Einfirmenvertreter |
| **Entgelt** | Gehalt, evtl. Provision und Prämien | Provision vom erzielten Umsatz (Deckungsbeitrag) | in der Regel wie Einfirmenvertreter |
| **Zusätzliche Kosten** | Kfz-Kosten, Bürokosten, Sozialleistungen, Telefonkosten, Tagegelder, Übernachtungsgelder | eventuell aus Vertrag, z. B. garantiertes Einkommen | in der Regel keine |
| **Kostencharakter** | größtenteils fix | fast nur variabel | in der Regel variabel |
| **Kundenbearbeitung** | weitgehend nach Vorgabe durch die Verkaufsleitung | nach eigener Entscheidung in Abstimmung mit der Verkaufskonzeption des Unternehmens | wie Einfirmenvertreter, Überschneidungen können auftreten |
| **Kontakte zu Kunden** | auf der Basis des Verkaufsprogramms und persönlicher Beziehungen | auf der Basis des Verkaufsprogramms und persönlicher Beziehungen | sehr vielseitige Kontakte durch das breite Verkaufsprogramm von verschiedenen Unternehmen |
| **Interessenlage** | vertritt vorwiegend Interessen des Unternehmens | vertritt Interessen des Unternehmens und „eigene“ Interessen | vertritt vorwiegend sein Interesse und das seiner Kunden |
| **Änderung der Verkaufsbezirke** | grundsätzlich leicht möglich | schwieriger, nur mit Einverständnis des Vertreters, sonst Änderungskündigung | wie Einfirmenvertreter |
| **Berichterstattung** | kann von Verkaufsleitung genau vorgeschrieben werden | muss vertraglich vereinbart werden | wie Einfirmenvertreter |
| **Einsatzmöglichkeiten** | grundsätzlich im gesamten Unternehmen | nur im Rahmen des Vertrages | Rücksichtnahme auf die anderen vertretenen Unternehmen |
| **Arbeitskapazität** | steht dem Unternehmen voll zur Verfügung | steht dem Unternehmen voll zur Verfügung | verteilt sich auf mehrere Unternehmen |
| **Arbeitsweise** | weitgehend unternehmensorientiert | unternehmens- und einkommensorientiert | vorwiegend einkommensorientiert |
| **Verkaufstraining** | integrierter Bestandteil der Aus- und Weiterbildung | entsprechend des Vertrages | schwieriger möglich, nur im Rahmen des Vertrages |
| **Nebenfunktionen** | Verkaufsförderung, Markterkundung, Kundendienst | entsprechend der vertraglichen Vereinbarungen | schwieriger möglich, nur im Rahmen des Vertrages |
| **Kündigung** | wie bei jedem Angestellten | Sonderregelung, eventuell Ausgleichsanspruch nach § 89 HGB | wie Einfirmenvertreter |

*Quelle: Weis,* 2004, S. 400

*Abb. 359: Beurteilungskriterien für die Wahl zwischen Reisenden und Handelsvertretern*

Die **Akquisition und Selektion** von Absatzpersonen ist eine der zentralen Aufgaben des Verkaufs- oder Vertriebsmanagements. Die Auswahl der Absatzpersonen, speziell im Verkaufsaußendienst, verursacht zum einen erhebliche Kosten, und zwar für Suche, Vorstellung, Auswahl, Einarbeitung sowie Schulung und Training der Mitarbeiter. Die ersteren machen nicht selten die Höhe eines Jahreseinkommens eines Außendienstmitarbeiters aus. Zum anderen hängt – und das ist ganz entscheidend – von der Verkaufsarbeit der Außendienstmitarbeiter in hohem Maße ab, ob es gelingt, eine Marketing-Konzeption – also Ziele, Strategien und operative Marketingmaßnahmen (Mix) – *konsequent* am Markt um- und durchzusetzen. Neben laufenden Steuerungsaufgaben seitens des Verkaufs- oder Vertriebsmanagements ist das zunächst einmal eine Frage der konzeptionsgerechten Auswahl der Verkaufspersonen (Außendienstmitarbeiter).

Das heißt, es muss gelingen, das Fähigkeitsprofil (persönliche Eignung und fachliche Fähigkeiten) der Bewerber mit dem Anforderungsprofil des Unternehmens **in Übereinstimmung** zu bringen.

Das **Anforderungsprofil** des Unternehmens wird dabei stark von dem strategischen Konzept bestimmt, d.h. ein Markenartikelunternehmen, das eine klare Präferenzstrategie verfolgt, braucht auch Außendienstmitarbeiter, die ein Qualitäts- und Hochpreis-Konzept verstehen, akzeptieren, verinnerlichen und auch bereit sind, für seine Umsetzung und Durchsetzung im Markt zu kämpfen. Es ist klar, dass bei einem Unternehmen, das eine Discountstrategie verfolgt – in erster Linie also über den Preis verkauft – die Verkaufsaufgabe weniger anspruchsvoll ist.

Insoweit zeigen sich hier **grundlegende Verknüpfungen** bzw. Interdependenzen zwischen Strategieentscheidungen (auf der 2. Konzeptionsebene) und operativen Entscheidungen und Maßnahmen (auf der 3. Konzeptionsebene). Gerade zwischen der Strategiewahl und den operativen Maßnahmen des persönlichen Verkaufs bestehen also wichtige **konzeptionelle Ketten**.

Exkurs: Methoden zur Erfassung des Fähigkeitsprofils von Bewerbern

Im Rahmen des Selektionsprozesses von Bewerbern für den Verkaufsaußendienst werden diejenigen Bewerber ermittelt, die aufgrund ihrer Qualifikation am besten für die vorgesehenen **konzeptionsorientierten Verkaufsaufgaben** geeignet sind.

Als **Auswahlverfahren bzw. -instrumente** kommen dabei im Wesentlichen folgende in Betracht (siehe hierzu auch *Goehrmann,* 1984; *Witt,* 1996 b; *Weis,* 2005 bzw. 2010):

- **Analyse der Bewerbungsunterlagen,**
- **Bewerbungsgespräche,**
- **Einholen von Auskünften (Referenzen),**
- **Intelligenz-, Persönlichkeits- und Eignungstests,**
- **Assessment Center (Überprüfung von Verhaltensleistungen).**

Generell ist zu sagen, dass es nicht *das* Verfahren schlechthin gibt, sondern dass i.d.R. angezeigt ist, von mehreren der genannten Verfahren Gebrauch zu machen. Der **Verfahrensmix** hängt auch davon ab, ob ein Unternehmen die Bewerber selbst auswählt oder für diese Aufgaben externe Personalberater heranzieht. Einfluss auf die Methoden bzw. Verfahren hat ggf. auch die Tatsache, ob Bewerber unternehmens*extern* oder unternehmens*intern* gesucht werden.

Zu Grundfragen der **Validität** der Bewerberauswahl bzw. der Auswahlverfahren wird auf die einschlägige Literatur verwiesen (siehe u.a. *Scholz,* 2000, S. 224 ff. und die dort aufgeführten Quellen).

Eine wesentliche Aufgabe des Verkaufs- bzw. Vertriebsmanagements besteht darüber hinaus in der **Schulung und Motivation** der Verkaufspersonen (Außendienstmitarbeiter). Denn nur durch eine markt- und unternehmensspezifische Aus- und Weiterbildung der Verkäufer und entsprechende Anreize (Anreizsysteme) kann erreicht werden, dass Verkäufer die Marketing-Konzeption des Unternehmens auch konsequent umsetzen können und wollen.

Die möglichen **Schulungsinhalte** der Verkäuferschulung (= Vermittlung von Wissen) und des Verkaufstrainings (= Anwendung von Wissen) sind äußerst vielfältig.

Sie sind in erster Linie von den **Schulungs- bzw. Trainingszielen** des Unternehmens abhängig zu machen, die – wie bereits angesprochen – mit übergeordneten Marketing- und Unternehmenszielen abgestimmt werden müssen. Als generelle Ziele können Folgende genannt werden: Verbesserung der fachlichen Qualifikation, der verkäuferischen Professionalität und der persönlichen Motivation.

In der Literatur wie in der Praxis werden unterschiedliche **Schulungskataloge** genannt, die sich jedoch mehr oder weniger nur in formaler Hinsicht unterscheiden. Im Prinzip können drei große Blöcke der Verkäuferschulung unterschieden werden (*Becker,* 1982 b; ähnlich *Weis,* 2005 bzw. 2010; s. a. *Weis,* 2003):

- **Unternehmens-, Produkt- und Marktwissen,**
- **Verkaufs- und Überzeugungsprozess,**
- **Organisation der Verkaufsarbeit.**

Es ist einsichtig, dass eine erfolgreiche Verkaufsarbeit zunächst einmal **ausreichendes Wissen** über die zu vermarktenden Produkte, die zu bearbeitenden Märkte wie auch über das Unternehmen und die von ihm verfolgte Marketing-Konzeption voraussetzt. Das Wissen soll dem Verkäufer (Verkaufsaußendienst) sowohl Kompetenz als auch Motivation verschaffen. Ein Kernstück jeder Verkäuferschulung ist darüber hinaus die optimale **Gestaltung des Verkaufsgesprächs** beim Kunden. Hier geht es um die Optimierung des Gesprächsablaufs unter besonderer Berücksichtigung kritischer Phasen („Das Verkaufen beginnt, wenn der Kunde nein sagt"). Dazu gehört die Beherrschung von Argumentations- und Einwandbegegnungstechniken (zu Benefit und Adaptive Selling s. a. *Homburg/Krohmer,* 2006, S. 902 f.).

Obwohl die Verkaufsaufgabe eine ganz zentrale Aufgabe im Marketing jedes Unternehmens darstellt, ist das Wissen um Verkaufsprozesse, ihre Abläufe und Steuerungsmöglichkeiten noch vergleichsweise begrenzt. Im Grunde handelt es sich hier um ein **interdisziplinäres Feld,** das Betriebswirtschafts- bzw. Marketinglehre, Psychologie und Soziologie tangiert.

Exkurs: Zur Theorie und Praxis der Verkäuferschulung

Was die wissenschaftliche Behandlung dieses Themas betrifft, so wird u. a. auf die **sog. Reiz-Reaktions-Theorie** (Stimulus-Response-Theory) zurückgegriffen. Hierbei geht es um die Grundfrage, welche Reize (Stimuli), z. B. Informationen bzw. Argumente, vermittelt werden müssen, um eine gewünschte Reaktion (Response), z. B. einen Kaufabschluss, auszulösen (*Schoch,* 1969; *Skinner,* 1973).

Ein spezieller Ansatz ist in dem **sog. GRID-System** zu sehen. Im Mittelpunkt dieses Ansatzes stehen die Beziehungen zwischen Käufer und Verkäufer (*Blake/Mouton,* 1972). Die unterschiedlichen Ausprägungen im Verkaufsstil werden auf der Basis von zwei Kriterien (Dimensionen) erfasst, nämlich dem Bemühen um den Kunden einerseits und dem Bemühen um den Verkaufsabschluss andererseits *(Abb. 360).*

Die Gitterstruktur zeigt die **unterschiedlichen Interessenlagen** und wie sie aufeinander wirken. Jedes Unternehmen muss auf diesen Einsichten basierend seinen eigenen Verkaufsstil entwickeln. Der 9,1-Stil (rechts unten) ist primär am Verkaufen interessiert (= Hochdruck-Verkauf oder Hard Selling), während der 1,9-Stil (links oben) primär am Kunden orientiert ist (= Niedrigdruck-Verkauf oder Soft Selling). Der 9,9-Stil versucht dagegen beide Elemente miteinander zu verbinden. Dieser Stil ist insgesamt auf die Problemlösung für den Kunden fixiert und entspricht damit am besten der **Marketingphilosophie.**

Andere Ansätze konzentrieren sich auf den **eigentlichen Verkaufsprozess** und seine Stufen (Stufen-Modell). Es geht auf *E. Lewis* zurück (*Weis,* 2003) und wurde im Laufe der Zeit – auch von Praktikern (insbesondere Verkaufstrainern) – weiterentwickelt bzw. stärker differenziert. Ausgangspunkt ist die bekannte **AIDA-Formel** mit den formulierten bzw. postulierten Stufen:

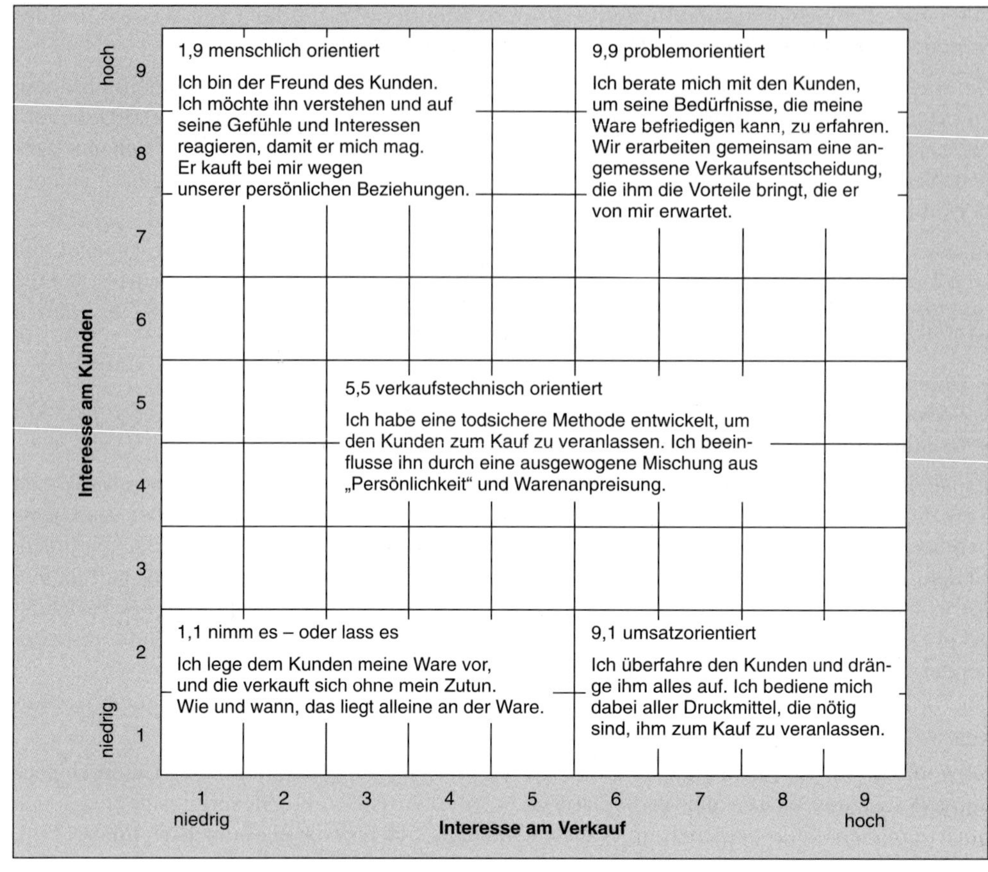


*Quelle: Blake/Mouton,* 1972, S. 14

*Abb. 360: Das Verkaufsgitter (GRID-System)*

- **Erziele Aufmerksamkeit (Attention),**
- **Gewinne Interesse (Interest),**
- **Schaffe Kaufwunsch (Desire),**
- **Löse Kaufakt aus (Action).**

Viele Praktiker-Konzepte der Verkäuferschulung beruhen auf diesem Stufenansatz, z. B. das erweiterte **DIBABA-Modell** (Definitions-, Identifizierungs-, Beweisführungs-, Annahme-, Begierde- und Abschlussstufe, *Goldman,* 1982). Andere Fassungen bzw. Erweiterungen des Stufenkonzepts haben ihren Niederschlag u. a. in der Verkaufsplan-Formel von *Wage* gefunden (*Wage,* 1982). Sie dienen insgesamt der **gedanklichen Durchdringung** der Verkaufssituation bzw. des Verkaufsprozesses und zur Ableitung jeweils adäquater Verhaltensweisen bzw. Gesprächsführungen, und zwar im Sinne bestimmter „Standardlösungen“. Verkäufer müssen jedoch zugleich durch entsprechende Schulungs- und Trainingsmaßnahmen in die Lage versetzt werden, die jeweils individuellen Bedingungen eines Verkaufsgesprächs (u. a. Marktsituation, Gesprächspartner, Gesprächssituation, Wissensstand der Beteiligten) zu berücksichtigen bzw. ihnen zu entsprechen (situative Kompetenz).

Hinsichtlich weiterer Entwürfe und Ansätze zum Verkaufsprozess bzw. zur Verkäuferschulung wird auf spezielle Literatur verwiesen (u. a. *Bänsch,* 1996 b und 1998; *Weis,* 2003 und 2005 bzw. „Praktikerkonzepte“ von *Geffroy,* 1996; *Seelye/Moody,* 1996; *Christiani et al.,* 2005; *Friedemann,* 2005).

Über die Schulungsinhalte zum Verkaufsprozess hinaus sind häufig auch Schulungsbausteine zur **Organisation der Verkaufsarbeit** Bestandteil des gesamten Schulungs- bzw. Trainingskonzepts eines Unternehmens. Hierbei geht es vor allem um Grundfragen der Verkaufsplanung (Zielsetzungen einzelner Verkaufsgespräche, ihre Vorbereitung bzw. Prüfung von Realisierungsmöglichkeiten) sowie der Verkaufskontrolle (Festhalten der erzielten Ergebnisse, Erstellen erforderlicher Verkaufsberichte, Fixierung der Anknüpfungspunkte bzw. Schwerpunkte beim nächsten Gespräch). Dazu gehören die entsprechenden Organisationsmittel und der Umgang mit ihnen. Alle diese Fragen haben – wie leicht nachvollziehbar – auch mit einem effizienten Zeitmanagement der Verkäufer (Außendienstreisenden) zu tun.

Ansonsten sind – wie bereits betont – Schulungs- und Trainingskonzepte vom jeweiligen Schulungsbedarf bzw. den unternehmens- und marktindividuellen Gegebenheiten abhängig.

Fallbeispiel: Schulungs-/Trainingsprogramm von *Rank Xerox*

Dass Schulungs- bzw. Trainingskonzepte von Unternehmen jeweils **individuelle Handschriften** aufweisen (müssen), zeigt das Beispiel von *Rank-Xerox (Abb. 361).*

Das Beispiel verdeutlicht zugleich, dass neben der **Schulung** („Grundtraining“ = Vermittlung von Wissen) die **Feld-Ausbildung** („Feldtraining“ = Anwendung von Wissen) einen hohen Stellenwert einnimmt.

Zugleich sind wichtige **Methoden** der Schulung bzw. des Trainings angesprochen (wie Vortrag, Lehrgespräch, Gruppenarbeit, Rollenspiel bzw. begleitete Kundenbesuche, Nachtraining, „Bordsteinkonferenzen“).

Neben Verkäuferschulung und -training kommt der **Motivationsaufgabe** im Verkauf eine wichtige Rolle zu. Für die Motivation der Verkäufer können verschiedene **Anreizsysteme** gewählt werden, die zugleich auch der Steuerung der Vertriebsorganisation (Verkaufsaußendienstorganisation) im Hinblick auf die Verkaufszielerreichung dienen:

- **Entlohnungssystem,**
- **Incentivesystem.**

Zur Motivation der Verkäufer wie auch zur Realisierung spezifischer Vertriebs- oder Verkaufsziele werden überwiegend **materielle Entlohnungsformen** gewählt, die neben dem festen Gehalt Provisions- und/oder Prämienelemente enthalten. Provisionen werden entweder als Prozentwert bezogen auf den Umsatz oder – in Hinblick auf die Oberzielerfüllung (Gewinn/Rentabilität) – *besser* auf den Deckungsbeitrag gewährt. Prämien werden i. d. R. auf der Basis eines an der Erfüllung der Verkaufsziele orientierten Punktesystems und/oder gekoppelt an Erfolge bei Verkaufswettbewerben (z. B. „Verkäufer-Rallyes“, vgl. auch *Witt,* 1996 b, S. 255 ff.) gezahlt.

Exkurs: Alternative Entlohnungssysteme und ihre Beurteilung im Vertrieb

Im Prinzip gibt es vier **verschiedene materielle Entlohnungskonzepte:** reines Gehalt, reine Provision, Gehalt und Provision, Gehalt und Prämie. Vom reinen Gehaltsprinzip ist man aus anreiz- und steuerungstechnischen Gründen weitgehend abgekommen. Das reine Provisionssystem dagegen ist im Prinzip nur beim Einsatz von Handelsvertretern üblich bzw. möglich (nicht selten in Verbindung mit einem vergleichsweise kleinen Festentlohnungsbetrag oder Fixum). Für die Motivation und Steuerung typischer Reisendenorganisationen werden heute durchweg Gehalt-plus-Provision-Systeme oder Gehalt-plus-Prämie-Systeme, ggf. auch in Kombination, eingesetzt.

| **I. Verkäufer-Grundtraining – New Intake Training (NIT)** | |
|---|---|
| 1. Dauer/Ort: | 4 Wochen Trainingszentrum Düsseldorf |
| 2. Inhalt: | – Kennenlernen Rank Xerox Deutschland/ Konzern und Unternehmensphilosophie<br>– Rank Xerox-Produkte nach Größe, Merkmalen, Anwendungsbereichen, Marketing- und Vertriebsstrategie<br>– Präsentation der Rank Xerox-Produkte vor dem Kunden<br>– Wettbewerbs-Verfahren und Produkte<br>– Vertrags- und Preissysteme, Kalkulation<br>– Betriebswirtschaftslehre<br>– Verkaufstechnik/Verkaufspsychologie |
| 3. Methode/Medien: | Trainervortrag, Lehrgespräch, Einzel-/Gruppenarbeit, Rollenspiel, Handling an Produkten, Feedback |
| **II. Feld-Grundausbildung – NIT-Feldtraining** | |
| 1. Dauer/Ort: | 3 Wochen in festgelegten Verkäufer-Gebieten in Kleingruppen (4–7 Teilnehmer) |
| 2. Inhalt: | – Besuchsplanung<br>– Telefonkontakt zur Terminabsprache<br>– Direktbesuche<br>– Verkäuferberichtswesen<br>– Verkaufsgespräche (vom Vorgespräch bis zum Vertragsabschluss)<br>– Produkt-Präsentationen<br>– Ausarbeitung von kundenbezogenen Problemlösungen/Angeboten<br>– Vertiefungen/Wiederholung/Auffrischung der Trainingsinhalte NIT I |
| 3. Durchführung: | Erfahrener/Erfolgreicher Vertriebs-Repräsentant (VR) |
| 4. Voraussetzung: | – Erfolgreicher Abschluss des Sichtungsseminars Vertrieb<br>– Potenzial zur Führungskraft (Verkaufsleiter) |
| 5. Aufgabe: | – Organisation des Feldtrainings (Hotel, Gebiet, Verkaufsunterlagen, Planung etc.)<br>– Beobachtung und Unterstützung des Einzelnen (Begleitung bei Kundenbesuchen)<br>– Vertiefung von Wissen/Fertigkeiten/Verhalten des Einzelnen durch Nachtraining/„Bordsteinkonferenz“<br>– Nachtraining im täglichen Meeting (aktuelle Tagesfragen, Problemfälle, Entwicklung von Strategien, Stoff-Wiederholung)<br>– Ergebnisorientierte Steuerung der Gruppe wie ein Verkaufsleiter |
| 6. Verkaufstrainer: | – Zeitweise Unterstützung des Vertriebs-Repräsentanten in den genannten Aufgaben<br>– Unterstützung des Vertriebs-Repräsentanten in seiner Trainingsfunktion |

*Quelle: Rank Xerox/Weis*

*Abb. 361: Schulungs- und Trainingsprogramme bei Rank Xerox*

Für die Wahl des konkreten Entlohnungssystems sind die jeweiligen **Vor- und Nachteile** zu berücksichtigen *(Abb. 362)*.

Die Übersicht zeigt, dass Entlohnungssysteme **mit Zusatzleistungen** zum Gehalt wesentliche Motivations- und Steuerungsvorteile bieten. Eine Darstellung gibt einen Überblick über den **Verbreitungsgrad** und Art von anreiz-orientierten Zusatzleistungen *(Abb. 363)*.

| Kriterium | Reines Gehalt | Reine Provision | Gehalt + Provision | Gehalt + Prämie |
|---|---|---|---|---|
| Steuerfunktion, d. h. Möglichkeit der Förderung von bestimmten<br>– Produktgruppen<br>– Verkaufsgebieten<br>– Auftragsgrößen<br>– Abnehmergruppen | mangelhaft | sehr gut | gut | gut |
| Bereitschaft zur Zusammenarbeit der Verkäufer | sehr gut | ausreichend | befriedigend | gut |
| Anreiz zur Leistungs- und Einkommenssteigerung | mangelhaft | sehr gut | gut | befriedigend |
| Ansporn zu Tätigkeiten, die nicht direkt zum Kaufabschluss führen (Service, Beratung) | sehr gut | ungenügend | befriedigend | sehr gut |
| Gefahr von Vernachlässigung schwieriger Kunden und schwer zu verkaufender Erzeugnisse | gut | mangelhaft | befriedigend | sehr gut |
| Erzielen kurzfristiger gezielter Leistungssteigerungen | mangelhaft | befriedigend | befriedigend | sehr gut |
| Abwendung der Gefahr von Unter- und Überbezahlung (Fluktuation vermeiden) | ausreichend | gut | sehr gut | befriedigend |
| Verwaltungstechnischer Aufwand | sehr gut | gut | befriedigend | gut |

*Quelle: Battelle-Institut*

*Abb. 362: Vor- und Nachteile der Entlohnungssysteme*

Es gibt also sehr unterschiedliche Ausprägungsformen bzw. Kombinationen von Zusatzleistungen. Die Wahl des optimalen Mix von Entlohnungskomponenten insgesamt ist jeweils markt- bzw. branchen- wie auch unternehmensspezifisch zu gestalten, und zwar unter besonderer Berücksichtigung der **jeweiligen Marketing-Konzeption.** Bei Präferenz- oder Markenartikel-Konzepten kommt z. B. der Preispflege eine besondere Bedeutung zu; das muss etwa bei Gestaltung möglichst deckungsbeitrags-orientierter Provisionen wie auch bei der Prämierung von Marktpflegeleistungen berücksichtigt werden.

Zur Gestaltung von Entlohnungssystemen im Vertrieb wird ansonsten auf die Literatur verwiesen (siehe hierzu Überblicke bei *Albers,* 2001 a, S. 84 f.; *Mattmüller,* 2000, S. 318 ff.; im Einzelnen *Albers,* 1989; *Weis,* 2010 sowie auch *Scholz,* 2014).

Über die materielle Entlohnung hinaus spielen **immaterielle Entlohnungsformen** zunehmend eine Rolle (sog. **Incentivesysteme,** siehe auch *Tomczak,* 1992). Hierbei handelt es sich um Anreize nicht-materieller Art, wie z. B. Luxusreisen, Beförderungen, Auszeichnungen, Clubzugehörigkeiten, besondere Arbeitszeit- und Urlaubsregelungen oder auch spezielle Karriereplanungen. In der Unternehmenspraxis erweisen sich vielfach solche Anreizformen als besonders wirksam, die zu einer Statusverbesserung des Verkäufers sowohl unternehmensextern als auch unternehmensintern beitragen. Häufig wird auch ein ganzes Bündel von Anreizformen angeboten, aus dem der einzelne Mitarbeiter persönlich auswählen kann (sog. **Cafeteria-Konzepte).**

Mit den Darlegungen ist deutlich geworden, dass es **vielfältige Möglichkeiten** gibt, den Verkaufsaußendienst zu motivieren bzw. Voraussetzungen zu schaffen, dass vorgegebene Marke-

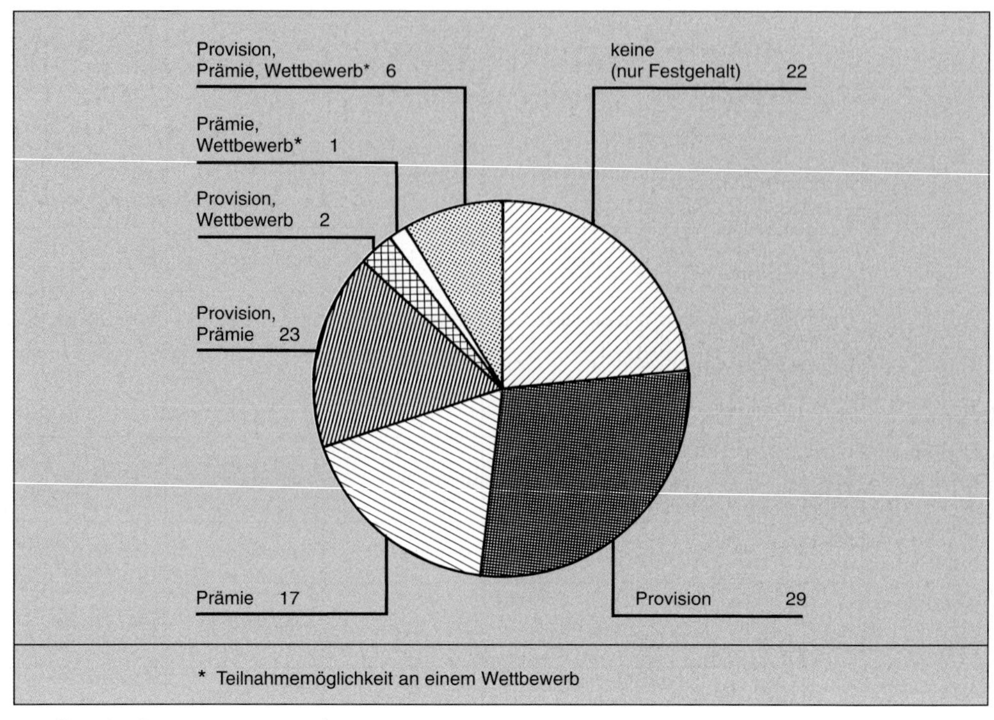


*Quelle: Kienbaum Vergütungsberatung*

*Abb. 363: Außendienst-Entlohungssysteme zum Festgehalt (in Prozent der Außendienst-Mitarbeiter)*

ting- und Vertriebsziele möglichst konsequent realisiert werden. Insoweit gilt es, jeweils adäquate Kombinationen sowohl aus materiellen als auch immateriellen Anreiz-Komponenten zu wählen.

Dass die Motivation des Verkaufsaußendienstes insgesamt in einem **größeren Zusammenhang** gesehen werden muss, zeigen Ergebnisse einer Befragung bei Verkaufsleitern *(Abb. 364).*

Die Ergebnisse zeigen, dass neben der Entlohnung bzw. entsprechenden Anreizformen („Verkaufswettbewerbe") vor allem der **Führungsstil** wie auch die **Innovationskraft** des Unternehmens von großer Bedeutung für die Motivation der Außendienstmitarbeiter ist.

Abschließend soll nun noch auf Grundfragen der **Kompetenzen und Kontrolle** von Absatzpersonen (Verkäufern) eingegangen werden. Die bisherigen Darlegungen haben deutlich gemacht, dass die Produkt- bzw. Problemlösungsleistungen des Unternehmens – für welche die Angebotspolitik verantwortlich ist – nur dann zum Markterfolg führen kann, wenn es gelingt, sie dem Kunden erfolgreich zu verkaufen, und zwar unter Berücksichtigung vorgegebener Ziele und Strategien **(= konzeptionelle Kette**).

Insoweit bilden die Kompetenzen von Verkäufern einen **entscheidenden Ansatz,** festgelegte Verkaufskonzepte auf der Basis erarbeiteter ganzheitlicher Marketing-Konzeptionen auch tatsächlich zu realisieren. Bei der Delegation der Verkaufsaufgaben an die Verkäufer (Außendienstreisende) kann die Verkaufs- oder Vertriebsleitung zwischen **zwei Formen** wählen:

- **Zentralisierter Verkauf,**
- **Dezentralisierter Verkauf.**

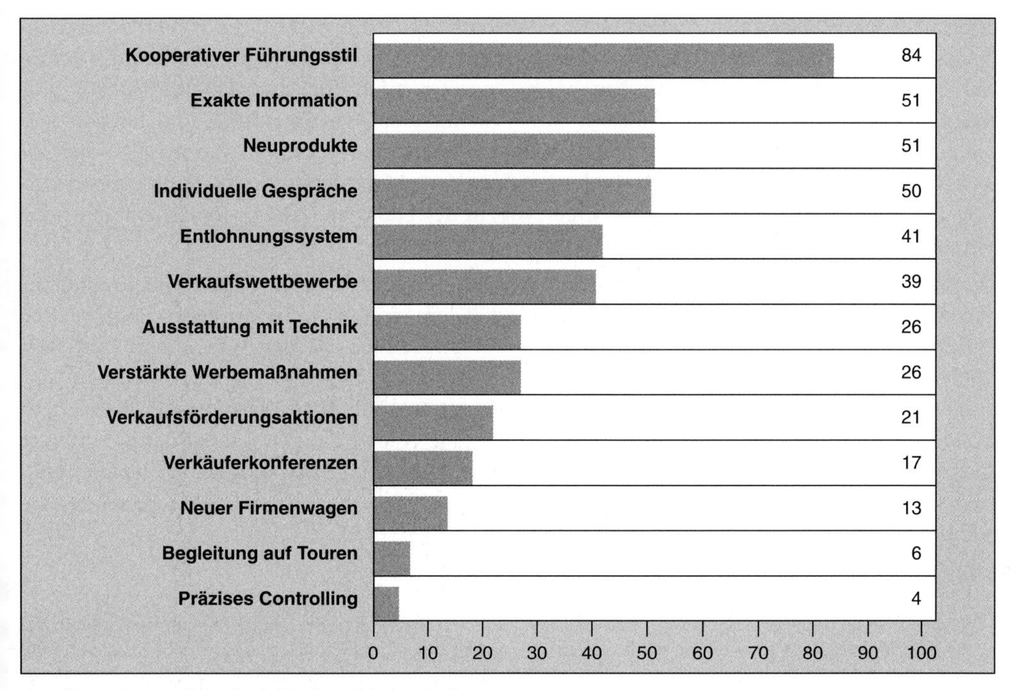


*Quelle: Absatzwirtschaft*/Verkaufsleiterbefragung

*Abb. 364: Wichtigkeit der Motivationsfaktoren für den Außendienst (in Prozent der Befragten)*

Beim **zentralisierten Verkauf** gibt das Unternehmen bzw. die Verkaufsleitung im striktesten Fall im Einzelnen vor, welche Kunden wann zu besuchen, welche Produkte dort zu verkaufen und welche Ergebnisse (z. B. Umsätze) zu erzielen sind. Was die Ausgestaltung der Außendienststeuerung betrifft, so kann insgesamt zwischen folgenden **Formen** gewählt (bzw. kombiniert) werden *(Abb. 365)*:

| Bezugsgröße / Konkretisierungsgrad | Input<br>Aktivitäten | Output<br>Ergebnis |
|---|---|---|
| **Ziel-Vorgaben** | Detaillierte Besuchs-Vorgaben | Umsatz-Vorgaben |
| **Finanzielle Anreize** | Prämien pro Besuch oder Merchandising-Aktivität | Provisionssätze bezogen auf den Umsatz |

*Quelle:* nach *Albers*, 2001 b, S. 88

*Abb. 365: Formen der Verkaufsaußendienststeuerung (mit Beispielen)*

**Zentrale Formen** der Außendienststeuerung dieser Art sind immer dann angezeigt, wenn die Verkaufsleitung einen besseren Informationsstand und ein besseres Beurteilungsvermögen über die jeweiligen Verkaufschancen als die Verkäufer im Außendienst selbst besitzen. Demgegenüber werden beim **dezentralisierten Verkauf** alle Kompetenzen dem Verkaufsaußendienst übertragen. Die Verkaufsleitung beschränkt sich dann im Wesentlichen darauf, zu kontrollieren, ob insgesamt auch gute Ergebnisse erzielt werden. Sie wird dadurch frei für *strategische* Aufgaben (z. B. Durchführung von Potenzialanalysen in mittel- und langfristiger Sicht, Neuorientierung bzw. Restrukturierung des Verkaufskonzepts, Prüfung von Kooperationsmöglichkeiten mit anderen Unternehmen). Der Verkaufsaußendienst hat dann andererseits den taktischen Verkauf mehr oder weniger voll in der Hand und kann – bei entsprechenden Voraussetzungen – flexibel auf (neue) Kundenanforderungen eingehen.

Die Kompetenz für **Preis- bzw. Konditionenverhandlungen** stellt eine spezielle Kompetenz dar, die Verkäufern mit Abschlussvollmacht i. d. R. eingeräumt werden muss. Dafür müssen ggf. besondere Verkaufsrichtlinien erstellt bzw. vorgegeben werden. Ob und in welchem Maße Verkäufer Preisspielräume nutzen (müssen), hängt auch und gerade von ihrem Verhandlungsgeschick ab. Es ist klar, dass Art und Umfang der Ausschöpfung von Preis- bzw. Konditionenspielräumen unmittelbar *erfolgswirksame* Auswirkungen haben, nämlich ob ein Auftrag überhaupt erlangt und ob bzw. inwieweit Umsatz- und Deckungsbeitragsziele realisiert werden (wichtige Nahtstelle zwischen Zielebene einerseits und Maßnahmenebene andererseits = **konzeptionelle Kette**).

Exkurs: Zur Kunst der Preisverhandlung

Verhandlungen und gerade auch Preisverhandlungen setzen im Prinzip einen **Verhandlungsspielraum** („Kompromisszone") zum Interessenausgleich der Verhandlungsparteien (hier: Käufer und Verkäufer) voraus. Eine Kompromisszone ist immer dann gegeben, wenn sich die akzeptierbaren Verhandlungsergebnisse der beiden Parteien überlappen. Dieses **sog. Konzept der Kompromisszone** kann modellhaft wie folgt dargestellt werden *(Abb. 366).*

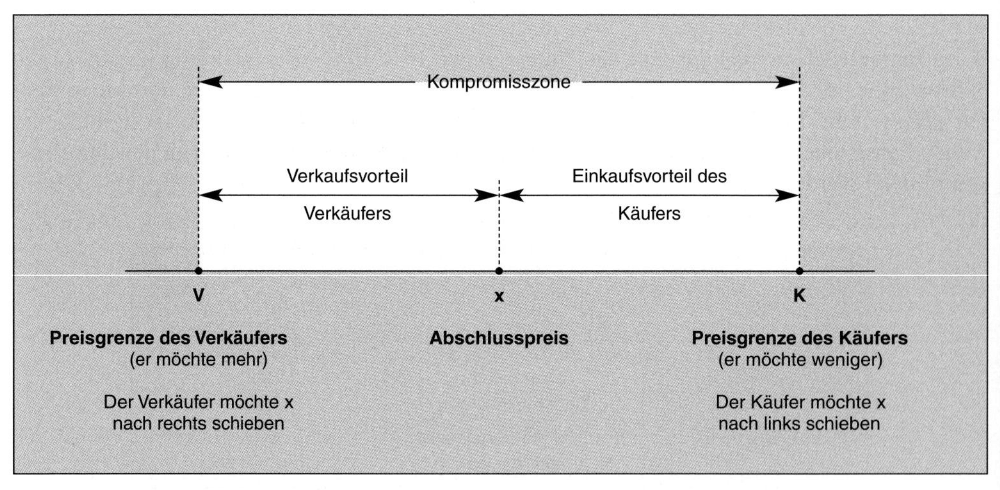


*Quelle: Kotler/Bliemel,* 2001, S. 1061

*Abb. 366: Modell der Kompromisszone bei Preisverhandlungen*

Bei Verhandlungen (hier: Preis- bzw. Konditionenverhandlungen) ist es also ganz offensichtlich von Vorteil, die jeweilige Preisgrenze bzw. Konditionengrenze (Verhandlungsführung hier mit „umgekehrten" Vorzeichen) **der Gegenseite** zu kennen und den Eindruck zu erwecken, die eigene Preisgrenze sei höher (= Sicht des Verkäufers) oder niedriger (= Sicht des Käufers), als dies in Wirklichkeit gegeben ist.

Zum erfolgreichen Verhandeln gehört insoweit sowohl die richtige Verhandlungsstrategie (i. S. v. genereller Linie) als auch das richtige taktische Verhalten (i. S. v. situationsgerechtem Agieren). Es ist klar, dass Schulung bzw. Training von Verkäufern auch Fragen der **optimalen Preis- bzw. Konditionenverhandlung** beinhalten muss.

Was die Steuerung und Kontrolle des Verkaufsaußendienstes insgesamt betrifft, so sind hier noch wichtige Fragen wie **Verkaufsgebietseinteilung, Besuchs- und Tourenplanung** zu klären bzw. die entsprechenden Vorgaben festzulegen. Je nach Grad der Zentralisierung bzw. Dezentralisierung obliegen diese Aufgaben entweder der Verkaufs-/Vertriebsleitung oder – zumindest teilweise – der Außendienstorganisation selbst.

Zu den Fragen der Außendienst-Einsatzplanung i. E. wird auf die einschlägige Literatur verwiesen (u. a. *Albers,* 1989; *Witt,* 1996 b; *Weis,* 2005 bzw. 2010; *Winkelmann* 2008 bzw. 2012).

Aufgrund der Wettbewerbsdynamik in vielen Märkten entsteht von Zeit zu Zeit die Aufgabe, die Vertriebsorganisation – häufig vor allem die Außendienstorganisation – zu überprüfen bzw. ggf. zu restrukturieren.

Fallbeispiel: Beispiel für eine Restrukturierung der Verkaufsorganisation

Eine von *Knorr/Maizena* (*Bestfoods*) seinerzeit vorgenommene **Umstrukturierung** der Verkaufsorganisation war Teil einer umfassenden Neuorientierung der **Marketing-Konzeption** und entsprechenden Strukturveränderungen im ganzen Unternehmen.

**Oberziele** der Umstrukturierung waren die Verbesserung von „Kompetenz, Präsenz und Effizienz" im Markt (*o. V.,* 1989, S. 30).

Die Umstrukturierung umfasste im Einzelnen eine Neuaufteilung der Verkaufsgebiete, eine Umschichtung der Kompetenzen, einen Abbau von Hierarchieebenen sowie die Entwicklung einer neuen Verkaufsphilosophie. **Ansatzpunkte und Realisierungsformen** sollen im Folgenden näher skizziert werden (*o. V.,* 1989, S. 30–32):

Statt wie bisher die Verantwortung auf fünf Regionen mit einem jeweils verantwortlichen Verkaufsleiter zu verteilen, wurden **drei neue Absatzgebiete** (Nord, Mitte, Süd) geschaffen, für die jeweils ein „Kundenmanager" und ein „Regionalmanager" gemeinsam verantwortlich sind. Diese insgesamt sechs „Absatzleiter" bilden das neue Führungsteam. Dem Absatzleiter „Kundenmanagement" unterstehen weitere Kundenmanager und dem Absatzleiter „Regionalmanagement" berichten die Regionalmanager und die Reisenden. Die Gesamtorganisation umfasst 25 Kundenmanager, 25 Regionalmanager und rd. 200 Reisende.

Der Neustrukturierung der Verkaufsorganisation entsprechen auch **neue Aufgabenverteilungen.** Die Kundenmanager sind Verkäufer, die Markt- und Handelsstrukturen analytisch intensiv durchdringen, die für die Kundenbetreuung notwendigen Daten zusammenstellen und diese professionell präsentieren können. Der Regionalmanager dagegen soll mit dem „Banner" vorangehen und die Reisenden für ihre Verkaufs- und Betreuungsaufgaben begeistern.

Neu ist, dass das **Regional- und das Kundenmanagement** gleichberechtigt nebeneinander stehen. Der Kundenmanager ist kein Key Account Manager im klassischen Sinne, der von der Zentrale aus Großkunden betreut, sondern vielmehr ein „Regionalmanager mit Schlüsselkundenverantwortung".

Vom – für das Gesamtkonzept besonders wichtigen – **Kundenmanager** erwartet das Unternehmen im Wesentlichen vier Fähigkeiten: a) er muss den Kunden besser kennen als dieser sich selbst, b) er muss den Kunden richtig verstehen, c) er muss konsequent Kundennutzen anbieten können, d) er muss Leistungen strikt ertragsorientiert anbieten.

Zu den umfassenden **Aufgaben des Kundenmanagers** zählen u. a. die Sicherstellung einer vorteilsgewährenden Sortimentsbreite und -tiefe, die Kontaktstreckenqualität, die Warenwerbung und die Preispflege. Zu seinen Aufgaben gehören außerdem die Optimierung des Kundenertrags (Absatzleistung in € dividiert durch kundenspezifische Vertriebskosten), die permanente Kundenanalyse, der Aufbau einer persönlichen und einer *Knorr/Maizena*-Kompetenz bei allen Entscheidern des Kunden sowie die effiziente Steuerung der Absatzorganisation.

Für das Funktionieren der kundenorientierten Verkaufsorganisation bildet ein möglichst vollständiger Einblick in die **Kommunikationsstruktur** des jeweiligen Großkunden eine wichtige Voraussetzung. Ohne hinreichende Kenntnis der Entscheidungsprozesse beim Kunden kann Kundenmanagement nicht funktionieren, d. h. der Kundenmanager muss die unterschiedlichen Abteilungsziele, die zäh verteidigten Positionen und die „nachwachsende Elite“ kennen, die verschiedenen Interessen bündeln können und in der Lage sein, immer wieder für den Kunden interessante Gesprächsthemen und Anlässe zu schaffen und ihm vor allem spezifische Problemlösungen anzubieten (wie neue Sortimentsbausteine, wirkungsvolle Sonderplatzierungen, Regaloptimierungen).

Das klassische Beispiel zeigt, wie vielfältig sich Verkaufsaufgaben darstellen, und wie sie erfolgreich wahrgenommen werden können. Dabei wurden viele Fragestellungen berührt, die zuvor in allgemeiner Form angesprochen worden sind.

Es bleibt nun noch, das dritte Basisinstrument der Distributionspolitik zu behandeln: die Absatzlogistik.

### *bbc) Absatzlogistik (und Warenwirtschaftsysteme)*

Bislang wurden Fragen der akquisitorischen Distribution behandelt (Absatzwege/Absatzorganisation), jetzt stehen Fragen des zweiten Bereiches der Distributionspolitik im Vordergrund, nämlich der physischen Distribution. Die **Kernaufgabe** kann dabei wie folgt formuliert werden:

Wie gestalten wir die Auslieferung der Produkte (Leistungen) an unsere Kunden?

Der **spezifische Marketingansatz** dieser Aufgabenstellung besteht darin, dass die Produktleistung (Problemlösung), die dem Kunden angeboten bzw. verkauft wird, erst dann vollständig ist, wenn die Produkte markt- und konzeptadäquat beim Kunden physisch angeliefert werden. Die **Bedeutung** dieser Aufgabe kann so gekennzeichnet werden: „Die Kunden wollen die richtigen Produkte in der richtigen Menge, zur richtigen Zeit, in der richtigen Qualität am richtigen Ort verfügbar haben.“

Die Aufgabe der Absatzlogistik (auch als Distributionslogistik (*Specht/Fritz,* 2005), Marketinglogistik (*Meffert,* 2000) oder Vertriebslogistik (*Homburg/Krohmer,* 2006) bezeichnet) besteht mit anderen Worten darin, **räumliche und zeitliche Distanzen** zwischen der Erstellung und dem Verkauf der Produktleistung und ihrer Übergabe bzw. Inanspruchnahme zu überbrücken. Diese Funktion hat im Rahmen von Marketing-Konzeptionen vor allem deshalb einen besonderen Stellenwert, weil sie – gerade unter heutigen Markt- und Wettbewerbsbedingungen – das **Serviceniveau** hinsichtlich Lieferbereitschaft, Lieferzeit und Lieferzuverlässigkeit definiert. Ein Unternehmen kann sich damit ggf. entscheidende Wettbewerbs- bzw. Präferenzvorteile verschaffen, was speziell bei Strategien *höherer* Ordnung wie Präferenz- und/oder Segmentierungsstrategien von Bedeutung sein kann. Auf der anderen Seite verursacht das physische Auslieferungssystem hohe Kosten; deshalb muss im Sinne der Oberzielrealisierung (Gewinn/Rentabilität) eine markt- und unternehmensindividuelle **Optimallösung** zwischen möglichst niedrigen Logistikkosten einerseits und möglichst hohem Lieferserviceniveau andererseits angestrebt werden. Insoweit zeigen sich auch bei der physischen Distribution grundlegende Beziehungen bzw. Abhängigkeiten zwischen Ziel-, Strategie- und Mixebene (= **konzeptionelle Kette**).

Nicht zuletzt unter dem geschilderten Serviceaspekt haben Grundfragen der Absatzlogistik einen besonderen Stellenwert im Marketing erlangt, und zwar nicht nur im Konsumgütermarketing. Die Absatz- oder Marketinglogistik wird deshalb sowohl in der Marketingwissenschaft als auch in der Marketingpraxis als ein wichtiges Marketinginstrument und als wesentlicher **Erfolgsfaktor** angesehen. Der Stellenwert der Logistik steigt vor allem auch im Zuge der Entwicklung *neuer* Geschäftsmodelle wie z. B. dem **E-Commerce** (*Baumgarten,* 2001, siehe hierzu auch weiter unten das Kapitel „Neue Möglichkeiten des Internet-Marketing und des E-Commerce“).

Ein hoher Stellenwert kommt der physischen Distribution bzw. der Absatz- oder Marketinglogistik naturgemäß auch im **Investitionsgütermarketing** bzw. Business-to-Business-Bereich zu (*Backhaus/Voeth,* 2007, S. 276 ff.; *Kleinaltenkamp/Plinke,* 1995, S. 747 ff.), und zwar mit jeweiligen Besonderheiten je nach Güterkategorien („Geschäftstypen“) bzw. je nach gewählten Vertriebswegen („Vertriebsformen“).

Exkurs: Zur Querschnittsfunktion der Logistik

Die Logistik des Unternehmens ist insgesamt als ein umfassendes, **schnittstellenübergreifendes System** anzusehen. Es steuert alle Güter-, Waren- und Informationsflüsse im Unternehmen, und zwar von der Beschaffung über die Produktion bis hin zur Auslieferung im Absatzmarkt. Das Logistiksystem des Unternehmens ist insoweit ein Integrationskonzept, das im Sinne einer Querschnittsfunktion alle klassischen Funktionsbereiche durchdringt (*Pfohl,* 1990, S. 34 f.; *Sommerer,* 1998, S. 23 ff.; *Schulte,* 2005, S. 549 ff.).

Konsequente Unternehmensführung beruht damit auf zwei grundlegenden Führungskonzepten: Einerseits auf dem **Marketingkonzept** als übergeordnetem Führungskonzept, das den Markt bzw. die Kunden und ihre Bedürfnisse, Anforderungen sowie Erwartungen als den zentralen Bezugs- und Orientierungspunkt wählt (was auch von allen modernen Management-Konzepten wie Lean-Management, Kaizen, Total Quality Management nachvollzogen wird) und andererseits auf dem **Logistikkonzept** als versorgungsfluss-orientiertem Führungskonzept (**Supply Chain Management,** s. *Arndt,* 2004; *Werner,* 2008), das für alle Grundfunktionen wesentliche „Servicefunktionen“ erbringt, ohne dass die Logistik zwingend in einer eigenen organisatorischen Einheit im Unternehmen institutionalisiert werden muss (*Pfohl,* 1990, S. 35; i. E. *Schulte,* 2005 bzw. 2017), wie das normalerweise für das Marketing bzw. die Absatzfunktion gilt.

Das Absatz- bzw. Marketinglogistik-System beruht auf **vier bzw. fünf Subsystemen** (*Pfohl,* 1990, S. 18 und S. 73 ff.; *Specht/Fritz,* 2005, S. 117 ff.; ähnlich *Schulte,* 2017, S. 693 ff.; zu Grundfragen der Logistik als Führungskonzeption wird auf *Göpfert,* 2005, verwiesen). Was die physisch-konkreten Objektbereiche betrifft, so können zunächst vier objektbezogene Subsysteme identifiziert werden *(Abb. 367).*

Allen vier objektbezogenen Subsystemen kommen spezifische Teilaufgaben zu. Das **Lagerhaltungssystem** dient der Einlagerung von Produkten, die zur Überbrückung zeitlicher

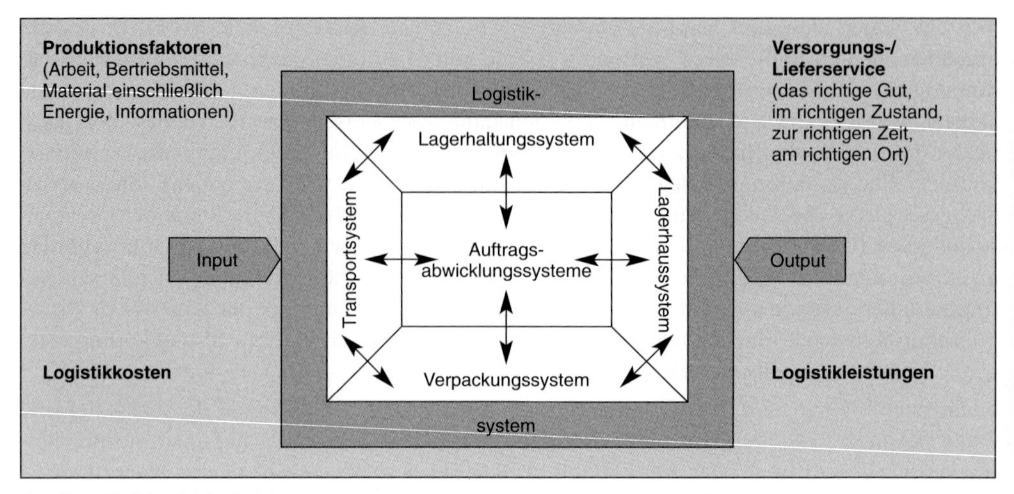


*Quelle: Pfohl,* 1990, S. 18

*Abb. 367: Bausteine und Aufgaben des Absatzlogistiksystems*

Lücken zwischen zwei aufeinander folgenden Prozessen notwendig sind, z. B. wenn die Nachfrage nicht mit dem fertigungstechnisch notwendigen gleichmäßigen Fertigungsrhythmus übereinstimmt (= Lagerhaltung). Wichtige Entscheidungen der Lagerhaltung betreffen die markt- und unternehmensadäquate Höhe des Lagerbestandes. Er ist – neben Kostengesichtspunkten – u. a. abhängig vom geplanten Lieferservice-Niveau, den Bestellrhythmen der Kunden, dem Bevorratungsverhalten der Absatzmittler (Handelsbetriebe), von eigenen Promotionaktivitäten des Vertriebs und schließlich auch von Umfang und Zeitpunkt der Einführung von Produktinnovationen.

Hinsichtlich unterschiedlicher Bestandskonzepte wird auf die Literatur verwiesen (*Pfohl,* 1990, S. 98 ff.; *Schulte,* 2005, S. 273 ff.). Eine völlige Abkehr vom traditionellen Lagerkonzept stellt das **Just-in-time-Konzept** dar, das weit reichende Konsequenzen sowohl für den Hersteller (als Lieferanten) als auch den Kunden hat.

Exkurs: Grundprinzip des Just-in-time-Konzepts

Das Grundprinzip des **Just-in-time-Prinzips** (JIT) besteht darin, den Kunden – und zwar industrielle Abnehmer z. B. in der Automobilindustrie – *fertigungssynchron* zu beliefern, d. h. die Zulieferunternehmen liefern ihre Teile bzw. Komponenten den industriellen Abnehmern immer dann an, wenn sie diese für ihren Fertigungsprozess gerade benötigen (*Ohno,* 1993; *Wildemann,* 1988 sowie auch *Schulte,* 2017).

Hauptziel der Abnehmer ist es, durch ein Null-Lager bzw. **bestandslose Fertigung** Kapitalkosten, die bei klassischen Lägern häufig in beträchtlichem Umfange anfallen, zu vermeiden. Für den Lieferanten selbst hat das naturgemäß weit reichende Konsequenzen, und zwar sowohl was seinen Produktions- und Materialfluss als auch sein Transportsystem und seine Standortentscheidungen betrifft.

JIT-geeignet sind vor allem **Produkte** mit vergleichsweise hohem Wert, einem hohen Bedarf, hohem Transportvolumen und gleichmäßiger Kundennachfrage (*Wildemann,* 1988, S. 30).

Dabei stellen verlässliche Lieferbereitschaft, Lieferzuverlässigkeit und Produktqualität wegen der hohen Folgekosten bei Störungen absolute **Muss-Kriterien** für die – häufig mittelständischen – Zulieferunternehmen dar. Viele industrielle Abnehmer fordern für die Gewährleistung dieser Fähigkeiten ein konsequentes Qualitätsmanagementsystem bzw. sogar eine Zertifizierung nach den *ISO-Normen 9000 ff.* (vgl. auch *Schulte,* 2005, S. 304 f.).

Was das **Lagerhaus- oder Depotsystem** betrifft, so geht es hier darum, die notwendigen geografischen Strukturen, d. h. die notwendige räumliche Anordnung von Produktionsstätten, Zentrallagern, Regionallagern und kundennahen Auslieferungslagern, zu schaffen. Diese Entscheidungen haben aufgrund der damit verbundenen hohen Investitionen „strategischen Charakter", denn mit diesen Entscheidungen bzw. Investitionen bindet sich ein Unternehmen in hohem Maße für lange Zeit. Für alle operativen Prozesse der physischen Distribution stellen diese Festlegungen somit ein Datum dar.

Hinsichtlich des Lagerhaus- und Belieferungssystems sind ggf. differenzierte Lösungen notwendig oder sinnvoll, nämlich in der Weise, dass einzelne Produkte bzw. -gruppen je nach periodenbezogenen Umsätzen (Gängigkeit), Mengenaufkommen und Verbundeffekten im Programm selektiv gesteuert und distribuiert werden, um so **Bestandsreduzierungen** (und damit Kosteneinsparungen) ohne Lieferserviceeinbußen realisieren zu können (*Ihde,* 2001, S. 313 f.). Eine Darstellung verdeutlicht die Ansatzpunkte *(Abb. 368).*

| | **Traditioneller Ansatz** | **Selektive Bevorratung** | **Selektive Bevorratung und Belieferung** |
|---|---|---|---|
| **Werklager** | | | |
| **Zentrallager** | A B C | A B C | A B C |
| **Auslieferungslager** | A B C  A B C | A B | A B |
| **Kunden** | | | |

*Quelle:* nach *Ihde,* 2001, S. 314

*Abb. 368: Alternative Lagerhaltungs- und Auslieferungskonzepte*

Es ist klar, dass die Gestaltung des Lagerhaussystems sowohl unter Kostengesichtspunkten als auch unter Erlösaspekten detailliert geprüft und entschieden werden muss, und zwar unter Berücksichtigung konzeptioneller Notwendigkeiten (s. a. *Schulte,* 2005, S. 221 ff.).

Fallbeispiele: Zentral- oder Streckenlieferungen im Lebensmittelhandel

Der **indirekte Absatzweg** im Lebensmittelmarkt ist i. d. R. zweistufig organisiert. Das heißt, zwischen Hersteller und Kunde (Endverbraucher) ist sowohl der Lebensmittelgroßhandel als auch der Lebensmitteleinzelhandel eingeschaltet.

Zwei logistische **Grundsysteme** sind bei der Auslieferung möglich:

- **Zentrallieferung,**
- **Streckenlieferung.**

Bei **Zentrallieferung** nimmt der Großhandel die georderten Lieferungen für den angeschlossenen Einzelhandel auf das eigene Zentrallager (um von da aus den Einzelhandel zu beliefern), während bei **Streckenlieferung** es der Hersteller übernimmt, für den auftraggebenden Großhandel die angeschlossenen Einzelhandelsbetriebe direkt zu beliefern (ohne dass der Großhandel die Ware auf das eigene Zentrallager legt).

Nicht wenige der großen Handelsorganisationen haben im Laufe der Zeit ihre **Logistikkonzepte** bzw. -wünsche geändert. Sie machen ihre Dispositionen in erster Linie von organisatorischen wie auch Kosten-/Nutzen-Überlegungen abhängig. Nicht selten haben die Handelsorganisationen gemischte Konzepte gewählt, d.h. je nach den Eigenarten bzw. Bedingungen der Waren (Warengruppen) realisieren sie entweder das Zentral- oder das Streckenlieferungssystem.

Die Hersteller müssen sich – nicht zuletzt aufgrund der Handelskonzentration – den Wünschen der großen Handelsorganisationen in hohem Maße beugen, allerdings ebenfalls unter Berücksichtigung ihrer eigenen Kosten-/Nutzenabwägungen.

Als weiteres Subsystem des Absatz- oder Marketinglogistik-Systems ist das **Verpackungssystem** anzusehen. Die Verpackung hat im Rahmen des logistischen Systems besondere Anforderungen zu erfüllen, und zwar sowohl im Hinblick auf den Schutz der Produkte (Ware), ihrer Lagerfähigkeit als auch hinsichtlich ihrer Transporteignung. Darüber hinaus spielt vielfach die Schaffung geeigneter, palettenfähiger Transport- und Lagereinheiten eine wichtige Rolle (Rationalisierungsansatz für Hersteller und Handel). In diesem Zusammenhang bemüht man sich z.B. bei Mehrwegtransport-Verpackungen um die Entwicklung einheitlicher Standards (Logistikverbund *MTV, o. V.,* 1995).

Bei Entscheidungen über Verpackungsalternativen müssen neben kostenwirtschaftlichen Aspekten auch ökologische und ökonomische Gesichtspunkte im Zusammenhang mit der **Entsorgung** von Verpackungsmaterial berücksichtigt werden. Diese Aufgabenstellung wird auch unter den Begriffen der Re- oder **Retrodistribution** thematisiert (vgl. *Pfohl/Stölzle,* 1995; *Specht/Fritz,* 2005; *Huber/Laverentz,* 2012). Sie deuten auf die – verglichen mit der normalen Distribution – umgekehrte Flussrichtung bzw. eine nochmalige Distribution hin, welche die Verbindung zwischen den Anfallorten und den Orten des Wiedereinsatzes herstellt. Die Retrodistribution – die auch gebrauchte, zu entsorgende Produkte umfassen kann – , kann als einfaches Kreislaufmodell wie folgt dargestellt werden *(Abb. 369).*

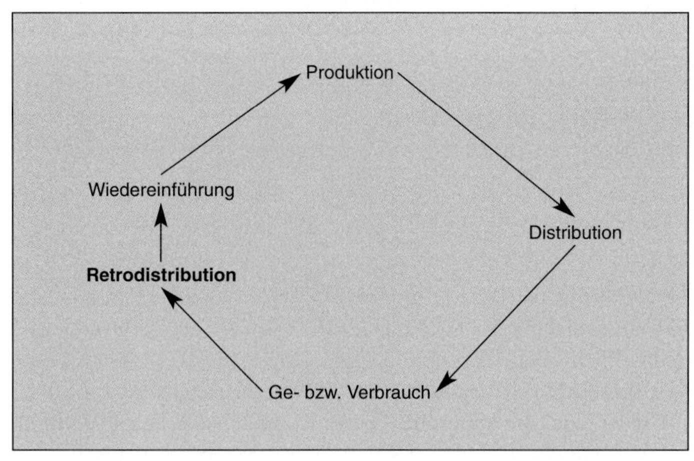


*Abb. 369: Einfaches Kreislaufmodell der Retrodistribution*

Art und Umfang der Retrodistribution eines Unternehmens hängt nicht nur von den gesetzlichen Regelungen bzw. staatlichen Verordnungen ab, sondern auch von den **ökologischen Zielsetzungen** (Mission und Vision) des eigenen Unternehmens (= **konzeptionelle Kette** zwischen Ziel- und Mixebene).

Als viertes objektbezogenes Subsystem der Marketinglogistik ist schließlich das **Transportsystem** zu nennen. Transportprozesse überbrücken räumliche Distanzen zwischen einem oder ggf. mehreren Produktionsorten und den – zumindest im Konsumgüterbereich – i. d. R. geografisch weit gestreuten Orten der Kunden bzw. des Bedarfs. Sie betreffen Transportleistungen der Produkte (Waren) von den Produktionsstätten zu den verschiedenen Stufen von Außenlagern und von diesen zu den Kunden (Abnehmern) bzw. deren Lägern.

Hierfür kommen ganz unterschiedliche **Transportarten bzw. Verkehrsträger** in Betracht. Neben den jeweiligen Kosten und der Geschwindigkeit der einzelnen Transportmittel sind auch produktspezifische Anforderungen (wie Kühlbedürftigkeit, Transportempfindlichkeit, Verderblichkeit) zu berücksichtigen. Die Transportmittelwahl ist auch von den jeweiligen Transportmengen abhängig. Unter Berücksichtigung der bei allen Transportmitteln gegebenen Fixkosten lassen sich – abhängig von der Versandmenge – unterschiedliche Kostenverläufe ermitteln, die zu einer **Rangfolge** der Transportalternativen führen können (*Stanton/Etzel/Walker,* 1991, S. 395 f.; *Ehrmann,* 1997, S. 452 f.; *Specht/Fritz,* 2005, S. 148 ff.).

Was die generelle Eignung der einzelnen Transportalternativen betrifft, so lassen sich anhand spezifischer Kriterien ganz bestimmte **Eignungscharakteristika** erkennen *(Abb. 370).*

| **Auswahlkriterien** | **Transportalternativen** | | | | |
|---|---|---|---|---|---|
| | **Schiene** | **Wasser** | **Straße** | **Luft** | **Pipeline** |
| **Geschwindigkeit („Tür-zu-Tür-Zeit“)** | mittel | am langsamsten | schnell | am schnellsten | langsam |
| **Transportkosten** | mittel | am niedrigsten | hoch | am höchsten | niedrig |
| **Verlässlichkeit der Auslieferung (zeitlich)** | mittel | schlecht | gut | gut | sehr gut |
| **Flexibilität (im Hinblick auf Produktvielfalt)** | größte Vielfalt | sehr große Vielfalt | mittel | begrenzt | sehr begrenzt |
| **Verfügbarkeit (geographische)** | sehr umfangreich | begrenzt | unbegrenzt | umfangreich | sehr begrenzt |

*Abb. 370: Vergleich der verschiedenen Transportmittel hinsichtlich ihrer Eignungen*

Die Übersicht zeigt jeweils spezifische Eignungen der Transportsysteme, die bei der Transportwahl zu beachten sind (vgl. hierzu auch *Assael,* 1990, S. 391 ff.). Im Übrigen sind natürlich **verschiedene Kombinationen** möglich, so z. B. die Koppelung Straße/Schiene („Huckepack-System“ via Sattelauflieger) oder auch das Roll-on/Roll-off-System, das landgebundenen Transport (Straße/Schiene) mit Wassertransport verknüpft (*Specht/Fritz,* 2005, S. 151 f.).

Neben der Gestaltung der physischen Warenflüsse im Absatz- oder Marketinglogistik-System (vier Subsysteme: Lagerhaltung, Lagerhaus, Verpackung und Transport) ist – als fünftes Subsystem – die effiziente **Gestaltung des Informationsflusses** zwischen Hersteller (Lieferant) und Kunde (Abnehmer) notwendig (= Subsystem Information). Hierbei sind wichtige Fragen zu klären bzw. die notwendigen, vor allem aber auch die markt- und unternehmensadäquaten Methoden und Verfahren zu bestimmen, wie Struktur des Auftragsübermittlungsnetzes, Automatisierungsgrad der Auftragsbearbeitung, Teleshopping, Warenwirtschaftssystem (*Pfohl,* 1990, S. 10; i.E. *Schulte,* 2005, S. 61 ff.). Welche Schlüsselfunktion der Auftragsabwicklung für das marketinglogistische Gesamtsystem zukommt, verdeutlicht eine flussorientierte Darstellung *(Abb. 371).*

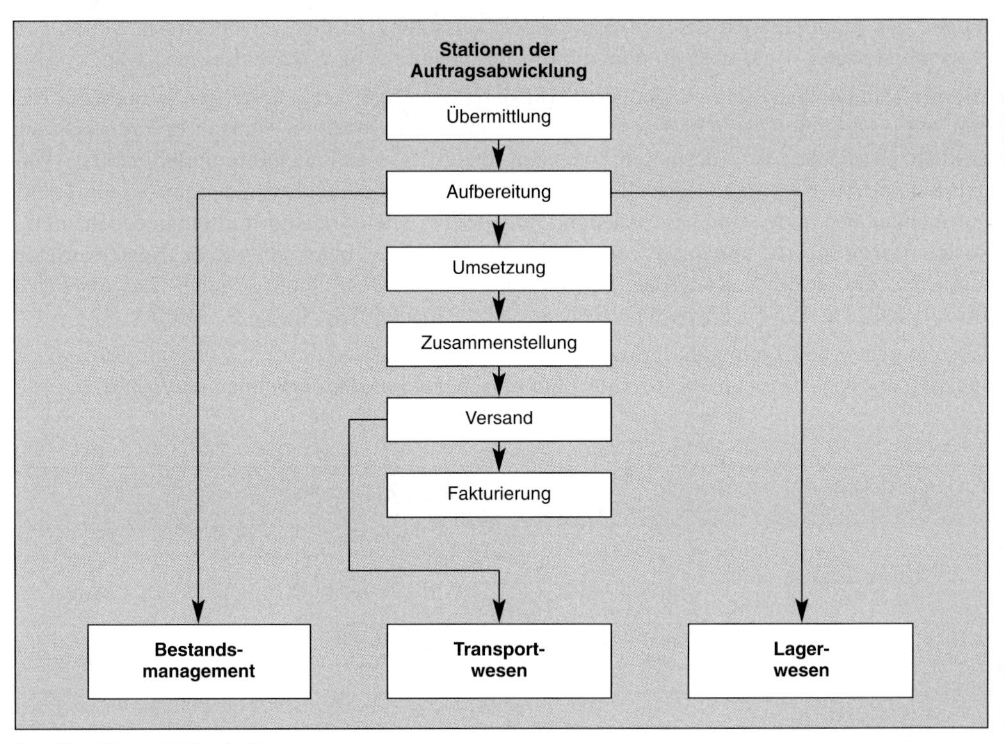


*Quelle: Pfohl,* 1990, S. 80

*Abb. 371: Wege und Wirkungen der Auftragsinformation bei der Auftragsabwicklung*

Die Abbildung zeigt, wie die **Auftragsabwicklung** mit den Subsystemen Lagerhaltung („Bestandsmanagement"), Lagerhaus („Lagerwesen") und Transport („Transportwesen") vernetzt ist.

Fallbeispiel: Auslieferungszeiten im Konsumgütermarkt

In hart umkämpften Märkten, wie z. B. dem Nahrungsmittelmarkt, versuchen Unternehmen – bei weiter sich angleichenden Produkten bzw. Produktleistungen –, sich stärker über einen **verbesserten Lieferservice** zu profilieren.

Beim indirekten Absatzweg (Einschaltung selbstständiger Handelsbetriebe in die Absatzkette) spielen vor allem **Lieferzeiten** an den Handel eine wichtige Rolle. Nahrungsmittelhersteller haben deshalb im Laufe der Entwicklung die Lieferzeiten generell zu verkürzen versucht. Eine Darstellung zeigt das mehrgliedrige **Logistik-System** eines Feinkost-Markenartikelunternehmens *(Abb. 372).*

Das Logistik-System dieses Unternehmens ermöglicht nationale Lieferungen im 24- oder 48-Stunden-Service. Ein solches Service-Niveau ist beispielsweise für kühlbedürftige Feinkostprodukte sinnvoll bzw. notwendig.

Durch *internet*-basierte Bestell- und Kommunikationssysteme können Lieferzeiten vielfach noch deutlich verkürzt werden. Eine solche Beschleunigung vermeidet nicht zuletzt **Vorratslücken** im Kühlregal des Handels und damit Wanderungen von Konsumenten zu anderen Produkten/Marken oder absatz-/umsatzwirksame Nichtkäufe. Das heißt, die Realisierung von Unternehmens- bzw. Marketingzielen hängt nicht nur von den richtigen Produkten, sondern vor allem auch von ihrer **Verfügbarkeit** am Point of Sale (POS) ab.

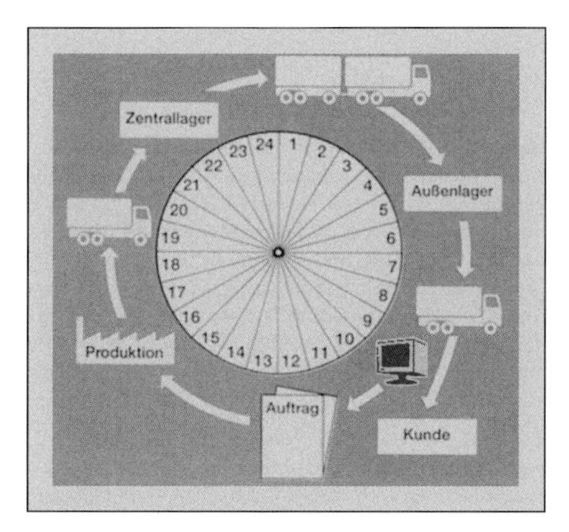


*Abb. 372: Systembausteine und Lieferzeiten eines Markenartikelunternehmens*

Bei der Gestaltung von Logistik-Systemen – speziell bei indirektem Absatzweg: Hersteller → Handel → Verbraucher – spielen **Warenwirtschaftssysteme** eine immer größere Rolle.

Exkurs: Geschlossene bzw. integrierte Warenwirtschaftssysteme

Im Rahmen der Handelsliteratur wird das Logistiksystem auch als Teil der **Warenwirtschaft** von Handelsunternehmen diskutiert (*Hertel,* 1995, Sp. 2658 ff.; *Zentes,* 2001 b, S. 1841 ff.; *Specht/Fritz,* 2005, S. 410 ff.). Unter Warenwirtschaft wird dabei das physische, administrative und dispositive Handling der Handelswaren verstanden. Sog. geschlossene, rechnergestützte Warenwirtschaftssysteme haben für die Auftragsabwicklung von Handelsbetrieben mit ihren umfangreichen Sortimenten (große Artikelzahl) eine zentrale Bedeutung. Sie sind durch einen **modularen Aufbau** gekennzeichnet, was mit einer Modelldarstellung wie folgt skizziert werden kann *(Abb. 373).*

Geschlossene Warenwirtschaftssysteme bestehen demnach aus **vier Modulen.** Im Mittelpunkt des **Wareneingangs-Moduls** steht die artikelgenaue (artikelspezifische) Wareneingangserfassung. Sie ist mit dem Abgleich zur Bestellung gekoppelt und Basis der Rechnungskontrolle. Das **Warenausgangs-Modul** erfasst die Ausgangsdaten über das Kassensystem (z. B. *EAN-Code* ) und stellt dem Rechner diese Daten zur weiteren Verarbeitung zur Verfügung.

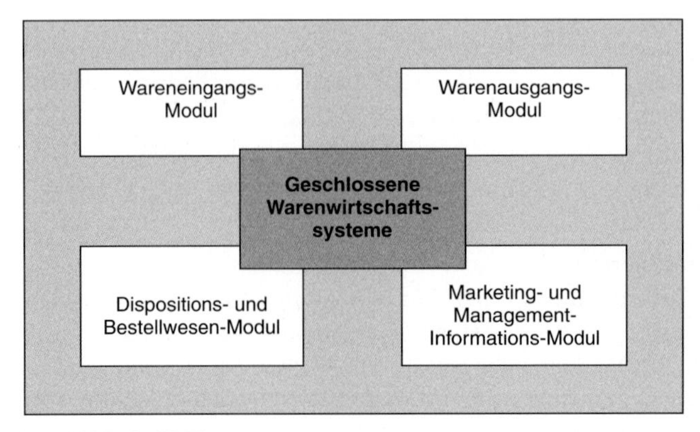


*Quelle: nach Zentes,* 1992, S. 1285

*Abb. 373: Prototypische Modularstruktur geschlossener Warenwirtschaftssysteme*

Das **Dispositions- und Bestellwesen-Modul** erfasst die Bestellmengen bzw. Warenanforderungen der angeschlossenen Handelsbetriebe (Filialen). „Aufbauend auf den artikel-spezifisch geführten Umsätzen und Beständen können unter Berücksichtigung von Bedarf, Lieferzeit, Umschlagshäufigkeit, Mindestbestellmenge, Konditionen und sonstigen Parametern *Bestellvorgänge* maschinell erstellt werden. Die Bestellvorschläge werden den Disponenten vorgelegt und ggf. modifiziert. In Abhängigkeit von der Struktur der Nachfrage können auch Formen der *automatischen Disposition* eingesetzt werden, bei denen keine Interaktion des Disponenten erfolgt. Die abgeschlossene Disposition führt zur automatischen Bestellschreibung mit gleichzeitiger Speicherung der Daten zur Bestellüberwachung. Neben der Optimierung der Bestandsführung gehört zur Bestelloptimierung auch die Frage der Lieferantenselektion und die Frage der optimalen Distribution, so die Belieferung einer Filiale über das Zentrallager oder über Strecke“ (*Zentes,* 1992, S. 1286).

Das **Marketing- und Management-Informations-Modul** erlaubt zugleich die gezielte Ableitung von Informationen, Statistiken, Auswertungen usw. für die Führung von Handelsbetrieben. Insbesondere durch folgende **Informationen** kann das Handelsmarketing fundiert werden:

- **Umsätze/Absatzmengen, Spannen, Deckungsbeiträge,**
- **Aktionsergebnisse,**
- **Sortiments- bzw. Verbundbeziehungen.**

Die modernen elektronischen Kommunikationssysteme machen zugleich die **Einbeziehung** von Lieferanten, Banken und ggf. Marktforschungsinstituten in die komplexen warenwirtschaftlichen Informationsströme möglich, und zwar zum Zwecke

- **des elektronischen Bestell-, Liefer- und Rechnungsdatenaustausches mit Lieferanten,**
- **der elektronischen Zahlungsabwicklung mit Banken,**
- **der elektronischen Kommunikation von Konsumenten- und Handelspanel-Daten.**

Auf diese Weise entstehen **sog. integrierte Warenwirtschaftssysteme** (*Zentes,* 1992, S. 1286 bzw. *ders.,* 2001 b, S. 1841 f.; *Mülder/Weis,* 1996, S. 363 ff.), was vor allem durch EDI-Standards (Electronic Data Interchange) ermöglicht wird (*Förster,* 1996; *Specht/Fritz,* 2005, S. 395 ff.; *Hofbauer/Hellwig*, 2012, S. 128 ff.).

Inzwischen gibt es leistungsfähige **Standard-Warenwirtschaftssysteme,** die so konzipiert sind, dass sie an die unterschiedlichen Kundenanforderungen und neuere Entwicklungen *angepasst* werden können. Außerdem haben sich völlig neue Kooperationsformen zwischen Hersteller- und Handelsunternehmen entwickelt, die auf das Ziel gerichtet sind, durch gemeinsame unternehmensübergreifende Maßnahmen sowohl die Kosten zu senken als auch den Kundennutzen zu erhöhen (*Hertel,* 1995, Sp. 2665 f.). Damit werden bereits Fragen des sog. vertikalen Marketing angesprochen, auf die weiter unten noch gesondert einzugehen sein wird.

Die Darlegungen haben insgesamt gezeigt, wie wichtig die Absatz- oder Marketinglogistik (geschlossene bzw. integrierte Warenwirtschaftssysteme eingeschlossen) für **Marketingerfolge** geworden sind. Diese Fragen sind daher auch etwas ausführlicher diskutiert worden.

Damit sind alle drei Basisinstrumente der Distributionspolitik (Absatzwege, Absatzorganisation, Absatzlogistik) behandelt worden. Es kann nun auf den dritten Instrumentalbereich des Marketing näher eingegangen werden: die Kommunikationspolitik.

### *bc) Kommunikationspolitische Basisinstrumente*

Während die Angebotspolitik für die Produktleistung (Produktnutzen) verantwortlich ist und die Distributionspolitik die Präsenzleistung (Verfügbarkeit im Markt) zu erfüllen hat, besteht die Aufgabe des letzten Instrumentalbereiches – der Kommunikationspolitik – darin, die notwendige **Profilleistung** (Bekanntheitsgrad-/Imageleistungen) zu schaffen.

> Für die Profilleistung ist es notwendig, gezielt in Kommunikation zu treten mit wichtigen Ziel- bzw. Anspruchsgruppen des Unternehmens, wie Endabnehmern, Absatzmittlern und Öffentlichkeit. Das heißt, ein Unternehmen muss mit den verschiedenen Zielgruppen gleichsam ins Gespräch kommen, und zwar sowohl über seine Produkt- als auch seine Präsenzleistungen. Die Kommunikationspolitik kann insoweit auch als das „Sprachrohr" des Marketing gekennzeichnet werden.

Die daraus resultierenden Profilleistungen werden immer wichtiger, je mehr Produktleistungen (Produktnutzen- bzw. Problemlösungsleistungen) – zumindest technologisch – sich weiter angleichen. Kommunikationspolitische Instrumente sind dann vielfach ein Ansatz, Produkte bzw. Marken zu differenzieren – insbesondere auch psychologisch –, um auf diese Weise **Wettbewerbsvorteile** am Markt zu schaffen. Kommunikationspolitisch gestützte Produkt- und Markenführung stellt insoweit vielfach einen Schlüsselfaktor erfolgreicher Marketing-Konzeptionen dar.

Die Kommunikationspolitik und ihre Instrumente zielen dabei darauf ab, Kenntnisse, Einstellungen (Images) sowie Verhaltensweisen von **Ziel- bzw. Anspruchsgruppen** zu beeinflussen und sie im Sinne eigener Marketing- und Unternehmensziele zu lenken (*Kroeber-Riel/Weinberg* 2003, S. 605 ff.). Hierfür können unterschiedliche Botschaftsformen und Medien (inkl. neuer Kommunikationstechnologien wie z. B. das Internet) eingesetzt werden.

Drei Basisinstrumente der Kommunikationspolitik können unterschieden werden: **Werbung, Verkaufsförderung** (Sales Promotions), **Public Relations** (Öffentlichkeitsarbeit). Zunächst soll das Marketinginstrument Werbung näher behandelt werden.

#### *bca) Werbung (einschließlich Direktwerbung)*

Das Marketinginstrument Werbung steht in vielen Konzepten **im Vordergrund** aktiver Kommunikationsarbeit; das hängt zusammen mit der spezifischen Profilierungsleistung, die gerade dieses Instrument zu leisten im Stande ist.

Exkurs: Zu Geschichte und Kritik der Werbung

Werbung ist eines der *ältesten* Marketinginstrumente überhaupt (*Buchli,* 1962; *Behrens,* 1996, S. 6 ff.), dessen Ursprünge bis ins Mittelalter, zum Teil bis zur Antike zurückreichen.

Zugleich hat die Werbung – anders als andere Instrumente – immer (populärwissenschaftliche) **Kritik** auf sich gezogen, und zwar sowohl was „Entgleisungen" und „unerklärliche Wirkungen" (*Leymore,* 1975) als auch das Phänomen von den „geheimen Verführern" (*Packard,* 1958) betrifft. Darüber hinaus gibt es auch wirtschafts- und sozialwissenschaftliche Auseinandersetzungen bzw. **Analysen** (u. a. *Grunert/Stupening,* 1981; *Bergler,* o. J.). Nicht zuletzt ist schließlich das Einräumen von „Grenzen der Sozialtechniken" zur Gestaltung wirksamer Werbung zu nennen (siehe etwa *Kroeber-Riel/Weinberg,* 2003, S. 90 und *Kroeber-Riel/Esch,* 2000, S. 13 f. sowie *Kloss,* 2012, S. 56 ff.).

Die **Kernaufgabe** der Werbung kann insgesamt wie folgt charakterisiert werden:

> Wie machen wir unsere Produkte (Leistungen) bekannt und welches Image bauen wir für sie auf?

Der **spezifische Marketingansatz** bzw. -anknüpfungspunkt der Werbegestaltung besteht darin, dass es nicht genügt, Produkte (Leistungen) zu schaffen und im Markt zu distribuieren, sondern jene müssen für ihre Durchsetzung im Markt auch kundenorientiert profiliert werden. Die besondere **Bedeutung** dieser Aufgabe kann auch so gekennzeichnet werden: „Kunden finden nicht allein zu einem Produkt bzw. einer Marke, sondern sie wollen angesprochen und umworben werden." Hierbei handelt es sich um eine permanente Aufgabe, gerade auch angesichts verschärfter Wettbewerbsbedingungen und sich im Zeitablauf verändernder Kundenansprüche.

Damit ist die Rolle der Werbung angesprochen. In dieser Hinsicht werden gewöhnlich **spezifische Aufgabenstellungen** der Werbung unter ganz verschiedenen Aspekten unterschieden, an denen sich die werbe-instrumentellen Einsatzformen orientieren müssen (*Pepels,* 1996 a, S. 20 ff.; *Rogge,* 2000, S. 32 ff. sowie i. E. *Kloss*, 2012; *Bruhn*, 2015):

- **Werbung im Produkt- bzw. Markenzyklus**
  - Einführungswerbung zur Durchsetzung neuer Produkte/Marken im Markt,
  - Expansionswerbung zur Verbesserung der Marktstellung im Markt,
  - Erinnerungswerbung zur Erhaltung der Marktstellung im Markt,
  - Reduktionswerbung zur kontrollierten Aufgabe eines(r) Produktes/Marke (und angestrebten Verlagerungen im bestehenden Programm).
- **Werbung nach Werbeobjekten**
  - Produktwerbung zur Auslobung konkreter Produkte,
  - Dienstleistungswerbung zur Präsentation spezifischer Dienstleistungen,
  - Unternehmenswerbung zur Profilierung ganzer Unternehmen.
- **Werbung nach Wirtschaftsstufen**
  - Herstellerwerbung produzierender Unternehmen,
  - Handelswerbung Handel treibender Unternehmen (speziell auf der Einzelhandelsstufe).
- **Werbung nach Anlässen**
  - Basiswerbung als durchgängige Werbeform,
  - Ereigniswerbung als spezifische Werbeform für spezifische Anlässe,
  - Überbrückungswerbung zur Füllung bestimmter Absatz- bzw. Umsatzlücken.
- **Werbung nach Zahl der Umworbenen**
  - Massenumwerbung breiter Zielgruppen,
  - Segmentwerbung für spezielle, abgegrenzte Zielgruppen,
  - Individualwerbung für einzelne Ansprechpartner.

Werbung bzw. die von ihr angestrebten Wirkungen i. S. v. ziel-adäquaten Verhaltensänderungen bei Zielgruppen vollziehen sich generell unter erschwerten Kommunikationsbedingungen. Als gravierendste Rahmenbedingung ist die **Informationsüberlastung** (Information Overload, *Jacoby,* 1977) durch Werbung anzusehen. Darunter wird der Anteil nicht beachteter Botschaften bzw. Informationen an den insgesamt ausgesendeten Botschaften verstanden, der – aufgrund empirischer Untersuchungen – bis zu 95 % beträgt bzw. betragen soll (u.a. *Kroeber-Riel,* 1987). Das bedeutet, dass die **Reizschwellen** für wirksame Werbung deutlich höher geworden sind. Hinzu kommen Erschwerungen, die ihre Ursache in der starken Angleichung der Produkte haben. Und schließlich sind kritischere Einstellungen zur Werbung zu nennen wie auch überraschende Änderungen im Abnehmerverhalten (siehe auch *Kroeber-Riel/Esch,* 2000, S. 18 ff. sowie i.E. *Kroeber-Riel/Gröppel-Klein*, 2013).

Es ist klar, dass erfolgreiche, d.h. wirksame Werbung unter solchen erschwerten Rahmenbedingungen nur dann möglich ist, wenn sie entsprechend geplant wird. Insofern sollen Grundlagen eines systematischen **Werbeplanungs-Prozesses** kurz herausgearbeitet werden, ehe auf konkrete Einsatzfragen der Werbung näher eingegangen werden kann.

Ausgangspunkt bildet – wie für alle Marketinginstrumente – die Marketingkonzeption eines Unternehmens, und zwar speziell die Zielentscheidungen (1. Konzeptionsebene) und die Strategiefestlegungen (2. Konzeptionsebene). Werbung und das, was sie erreichen will, kann nur schlüssig auf der bestehenden **Marketingplattform** abgeleitet und entschieden werden **(= konzeptionelle Kette)**. Einstieg und Stufen des Werbeplanungs-Prozesses können wie folgt formalisiert werden *(Abb. 374)*.

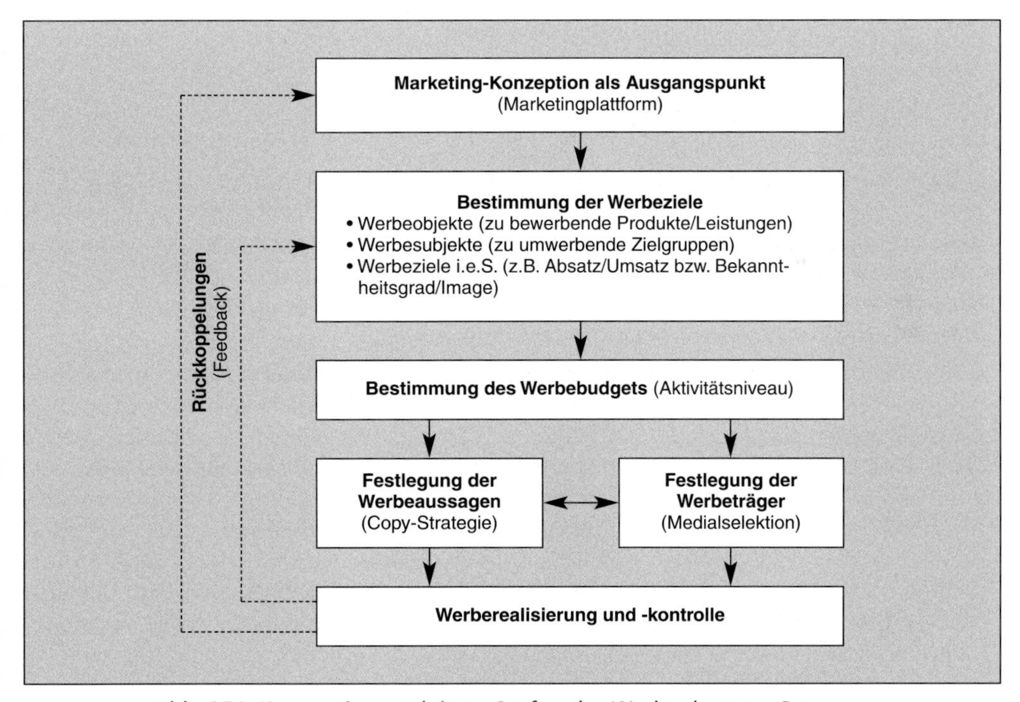


*Abb. 374: Konzeptions-geleitete Stufen des Werbeplanungs-Prozesses*

Auf der Grundlage der marketing-konzeptionellen Plattform – unter Berücksichtigung phasen-spezifischer Bedingungen (z.B. Produktlebenszyklus und/oder Konjunktur, siehe hierzu weiter unten das Kapitel „Phasenbezogene Dimensionen des Marketingmix") – sind zunächst schlüssig die zu verfolgenden **Werbeziele** abzuleiten, und zwar in Bezug auf die zu bewerbenden Produkte (je nach Programm und Markentyp), die anzusprechenden Zielgruppen (je nach verfolgter Strategie: z. B. Massenmärkte oder Marktsegmente) wie auch hinsichtlich konkreter Leistungsziele markt-ökonomischer (z. B. Umsatz) und markt-psychologischer (z. B. Image) Art (zu beiden Zielkategorien vgl. auch 1. Teil „Marketingziele").

Fallbeispiel: Ansatzpunkte der Werbezielplanung von Heizsystem-Anbietern

Anbieter von Heizsystemen wie *Buderus* oder *Viessmann* müssen zunächst einmal festlegen, welche **Gerätetypen** mit welchen Leistungsmerkmalen bzw. Energiearten beworben werden sollen (= Werbeobjekte). Hierbei sind firmenspezifische Gesichtspunkte (Produktmix) wie auch konjunkturelle Aspekte (z. B. rezessions-geeignete Sparmodelle) zu berücksichtigen.

Daneben sind konkrete **Werbezielgruppen** (= Werbesubjekte) festzulegen, und zwar unter besonderer Berücksichtigung unterschiedlicher Bedarfsanlässe, wie Bau von Häusern (= Neubedarf) und Renovierung von Häusern (= Ersatzbedarf).

Außerdem sind verschiedene **Teilmärkte** zu beachten, wie Markt der Privathäuser (= Endverbraucher-Markt) und Markt der gewerblichen Gebäude (= Business-to-Business- bzw. Objekt-Markt).

Schließlich sind **Bedarfsberater** (wie Architekten) und Absatzmittler (wie Installationshandwerk) als mögliche Zielgruppen für Werbeansprachen zu berücksichtigen.

Im Hinblick auf diese unterschiedlichen Werbeobjekte und -subjekte sind dann konkrete **Werbeziele** zu formulieren, wie z. B. ökonomischer Art (z. B. Erhöhung des Umsatzes im Teilmarkt X um 10 % gegenüber Vorjahr) und psychologischer Art (z. B. Erhöhung des ungestützten Bekanntheitsgrads von 55 auf 60 % innerhalb eines Jahres).

Bei der Ableitung solcher operativen Ziele ist zugleich darauf zu achten, dass der später erzielte bzw. **kontrollierte Erfolg** den konkreten Werbemaßnahmen möglichst direkt zugeordnet werden kann (z. B. über Coupon-Anzeigen, Direktwerbemaßnahmen bzw. werbemittelbezogene Marktforschungsuntersuchungen).

Schließlich ist das **Aktivitätsniveau** zu bestimmen, d. h. es ist der konkrete Werbeetat (Werbebudget) der Höhe nach festzulegen. Hierbei sind auch die Aktivitätsniveaus der anderen Instrumentalbereiche (Angebots- und Distributionspolitik) zu beachten, weil auch diese bzw. die in ihrem Rahmen eingesetzten Instrumente spezielle Zielaufgaben erfüllen und hierbei die Zielverknüpfungen komplementärer und ggf. konkurrierender Art im Hinblick auf die Oberzielerfüllung (Rentabilität bzw. *Unternehmenswert*) berücksichtigt werden müssen. Insgesamt ist also die **Zielorientierung** des gesamten Aktivitätsniveaus (Marketingbudgets) eine wichtige Planungsgrundlage. Daneben gibt es weitere Gesichtspunkte, die bei der Budget- oder Etatfestlegung herangezogen werden können (zu Grundfragen der Marketingbudgetierung im Allgemeinen und zur Werbebudgetierung im Besonderen wird auf die Darlegungen im Rahmen des Abschnitts „Marketingmixplanung" verwiesen).

Auf der Basis abgeleiteter Werbeziele einerseits und festgelegter Werbebudgets andererseits können dann die **Realisierungsformen** der Werbung bestimmt werden, nämlich Werbeaussage und Werbeträger. Beide Entscheidungen sind stark miteinander verknüpft bzw. wechselseitig voneinander abhängig. In der Regel bildet die Werbebotschaft bzw. die **werbeinhaltli-**

**che Grundkonzeption** den Ausgangspunkt. Sie muss an der **Positionierung** von Marke (und Unternehmen) anknüpfen, die in Markenidentität und Markenimage ihren messbaren Ausdruck findet (*Esch*, 2012). Daran muss sich auch die Werbeträgerauswahl (Mediaselektion) orientieren. Umgekehrt können Werberealisierungs-Entscheidungen zunächst an bestimmten, für die Werbezielerfüllung besonders geeignet erkannten Werbeträgern (Off-/Online-Medien) ansetzen, auf die dann Rücksicht bei der Werbebotschaftsgestaltung genommen werden muss. Diese Reihenfolge ist aber eher die Ausnahme.

Grundlage der Werberealisierung ist im Allgemeinen eine werbeinhaltliche Basiskonzeption – in der Werbefachsprache auch als **Copy-Strategie** bezeichnet. Sie bildet i. d. R. den mittel- bis langfristig definierten Rahmen der Werbeansprache und des Werbeauftritts für ein Produkt, Programm bzw. die dafür eingesetzte Marke (siehe hierzu u. a. *Schweiger/Schrattenecker,* 2001, S. 196 f.; *Hofbauer/Hohenleitner,* 2005, S. 160 ff.; *Bruhn,* 2005 a, S. 480 ff.; *Huth/Pflaum,* 2005, S. 271 ff.; *Kloss,* 2012, S. 205 ff.; *Bruhn*, 2015, S. 535 f.).

Eine solche Copy-Strategie umfasst gewöhnlich **folgende Elemente** bzw. Basisfestlegungen als Grundlage für die konkrete Werbeplanung (nämlich die Werbeaussagegestaltung einerseits und die davon abhängige Werbeträgerauswahl andererseits):

- **Positionierung** (d. h. es ist der Platz im „Merkmals- bzw. Nutzenraum" eines Marktes zu bestimmen, der das zu bewerbende Produkt gegenüber Konkurrenzprodukten hinreichend differenziert, auch als unverwechselbares Nutzenangebot (USP = *Unique Selling Proposition*) bezeichnet, *Reeves,* 1961; *Ries/Trout,* 1986 b sowie 2012),
- **Zielgruppen** (aus der Positionierung heraus werden die Zielgruppen abgeleitet und ihre Anspruchsniveaus und -merkmale definiert),
- **Consumer Benefit** (Art bzw. Ansatz, den Produktnutzen in Form eines glaubhaften Produktversprechens zu kommunizieren),
- **Reason Why** (nachvollziehbare Begründung eines Produktversprechens, möglichst über objektive Kerneigenschaften des Produkts),
- **Werbeidee** (Art und Weise der werblichen Präsentation, um die Nachvollziehbarkeit und Akzeptanz der Werbeaussage zu erreichen),
- **Tonality** (Art des werblichen Grundtons bzw. Werbeauftritts, auch als „atmosphärische Verpackung" der Werbebotschaft bezeichnet).

Diese Merkmale bzw. Elemente einer Copy-Strategie werden an einem Beispiel verdeutlicht.

Fallbeispiel: Copy-Strategie für zwei Waschmittelmarken der Firma *Henkel*

Gerade der Waschmittelmarkt ist durch einen hohen (Verdrängungs-)Wettbewerb wie auch eine starke Angleichung der Produkte bzw. ihrer Leistungen gekennzeichnet.

Erfolgreiches Marketing im schwierigen Waschmittelmarkt ist deshalb vor allem an **zwei Voraussetzungen** gekoppelt: möglichst objektive (Produkt-)Nutzenverbesserung und möglichst schlüssige, von der Zielgruppe nachvollziehbare, kaufauslösende bzw. -bestärkende Werbeaussage.

Dazu tritt – je nach Programm- und Markenpolitik des Unternehmens – der Zwang zur hinreichenden **Abgrenzung bzw. Differenzierung** zwischen verschiedenen Produkten/ Marken.

Das soll anhand der seinerzeitigen Copy-Strategie für zwei klassische **Waschmittelmarken** von *Henkel* (*Persil* und *Dixan* ) näher aufgezeigt werden *(Abb. 375).*

Vergleicht man die dargestellte Copy-Strategie für beide angeführten Marken, so fällt auf, dass beide Waschmittel (*Persil:* Wasserenthärtung und *Dixan:* Anti-Kalk-Formel) im Prinzip **ähnliche Problemlösungen** bieten. Über die verschiedenen Elemente der Copy-Strategie hat man sich jedoch bemüht, beide Markenangebote zu „entzerren", was vor allem auch in einer unterschiedlichen Positionierung, in einer differenzierten Zielgruppendefinition und einer eigenständigen Werbeidee seinen Niederschlag findet.

| | **Persil Supra** | **Dixan 2000** |
|---|---|---|
| **Positionierung** | Umweltschonendes Kompakt-Vollwaschmittel mit Wasserenthärter; für die gesamte Wäsche | Kraftvolles Kompakt-Waschmittel, das Flecken besser löst als andere; für weißes und buntes Gewebe |
| **Consumer Benefit** | Unübertroffene Reinheit und Pflege bei allen Textilien und allen Waschverfahren ohne zusätzliche Wasserenthärter | Flecken werden restlos aus allen Geweben entfernt |
| **Reason Why** | Wasserenthärtung durch eine neue Kombination umweltverträglicher Wirkstoffe | Anti-Kalk-Formel, die den Kalk aus dem Wasser beseitigt, so dass die Waschkraft 100 % wirksam gegen Flecken ist |
| **Werbeidee** | Präsenter (Personen, die in TV-Spots über die Vorzüge von Persil Supra sprechen)* | Analogie (Dixan besiegt den Kalk: Pfeil durchbohrt Kalkplatte) und Special Effects |
| **Tonality** | Vertrauenswürdig, informativ, persönlich | Kompetitiv, innovativ, impact-stark |
| **Zielgruppen** | Alle Konsumenten, die schön gepflegte Wäsche bei geringer Umweltbelastung wünschen | Junge, innovative Verwender von Kompakt- und Normalpulver |

*Quelle:* nach *Schweiger/Schrattenecker,* 1995, S. 203

*Abb. 375: Copy-Strategien für Persil-Supra und Dixan 2000 (Beispielperiode)*

Nachdem grundlegende Fragen der Copy-Strategie allgemein wie auch anhand von Beispielen behandelt worden sind, soll nunmehr auf Fragen der **Werbeaussagegestaltung** und der **Werbeträgerauswahl** im Einzelnen eingegangen werden.

Als wichtigste Grundlage (ziel-)wirksamer **Werbeaussagegestaltung** wird – insbesondere in der Werbepraxis – eine hohe Kreativität zur Schaffung origineller Werbelösungen angesehen, um auf diese Weise Werbebotschaften interessanter und eigenständiger zu gestalten für entsprechende Differenzierungsleistungen bzw. Wettbewerbsvorteile im Markt. Insoweit wird in hohem Maße auf die Möglichkeiten der Intuition vertraut. Gleichwohl kann Werbung auch als **angewandte Sozialtechnik** angesehen werden, die sich die Einsichten angewandter Verhaltenswissenschaften zunutze macht. Deshalb soll kurz auf die verhaltenswissenschaftlichen Grundlagen der Werbung Bezug genommen werden.

Exkurs: Verhaltenswissenschaftliche Grundlagen der Werbung

Ausgangspunkt der verhaltenswissenschaftlichen Orientierung von Werbung bzw. Werbegestaltung war die **sog. Massenpsychologie,** die davon ausging, dass der Massenmensch leicht beeinflussbar ist und sich (Dauer-)Reklame nicht entziehen kann. Diese Überschätzung der Werbung und ihrer Möglichkeiten hat viel zur Kritik an der Werbung beigetragen. Eine spätere psychologische Schule – die **Gestaltpsychologie** – versuchte, allerdings ohne nachhaltigen Erfolg, allgemein gültige Gestaltungsprinzipien abzuleiten. Sie war eine kritische Auseinandersetzung mit der **Elementenpsychologie,** die davon ausging, dass sich die (werbliche) Gesamtwirkung aus einzelnen Gestaltungselementen (wie Schrift, Farbe, Größe) durch einfache, mechanische Addition gleichsam synthetisieren lasse. Größere Bedeutung erlangte später die **Ganzheitspsychologie,** die davon ausging, dass das Wahrnehmungsbild schrittweise entsteht, und zwar beginnend mit ersten gefühlsmäßig getönten Anmutungen. Nach der **Theorie der sozialen Wahrnehmung** (Social Perception) ist die Wahrnehmung ein komplexer Prozess, der auf Informationen der Umwelt einerseits und der Motivation (Bedürfnisse) und sozial bedingten Einstellungen der Menschen andererseits beruht (zu den Möglichkeiten einer konsequenten Nutzung von „Sozialtechniken" für die Gestaltung wirksamer Werbung siehe *Bruhn,* 2005 a, S. 444 ff.; *Kroeber-Riel/Esch,* 2000, S. 127 ff.;i. E. *Kroeber-Riel/Gröppel-Klein*, 2013).

Als Schlüsselbegriffe bzw. -prozesse des Konsumentenverhaltens werden heute vor allem **Aktivierungs- und Lernprozesse** angesehen. Moderne marktpsychologische Konzepte stellen jedenfalls diese Prozesse in den Vordergrund. Neben der Nutzung von Sozialtechniken spielt jedoch auch die **Kreativität** der Werbung (im Sinne ungewöhnlicher, neuartiger Werbeideen) eine große, eher zunehmende Rolle.

**Aktivierende Prozesse** können als menschliche Antriebskräfte interpretiert werden, weil sie das Individuum mit psychischer Energie versorgen. Sie „treiben das Verhalten an, sie sind dafür verantwortlich, dass überhaupt Verhalten zustandekommt" (*Kroeber-Riel/Weinberg,* 2003, S. 53). Im Mittelpunkt stehen dabei Emotionen, Motivationen und Einstellungen. „Emotionen sind nach innen – auf das eigene Erleben – gerichtet, Motivationen auf ein Handeln, Einstellungen auf Objekte" (*Kroeber-Riel/Weinberg,* 2003, S. 55). Wirksame Werbung versucht, an allen drei Ebenen anzuknüpfen, indem sie z. B. emotionale Erregungsmuster (z. B. erlebnisorientierte Anspracheformen) wählt, an Grund- und vor allem Zusatznutzenansprüchen anknüpft und sich an vorhandene Haltungen anpasst oder sie auch zu verändern sucht.

Ansatzpunkt für die praktische Anwendung aktivierungs-psychologischer Einsichten ist generell die Tatsache, dass Konsumenten bei Kommunikationsprozessen eher eine **passive Rolle** spielen, insbesondere in Märkten, in denen objektive Produktunterschiede gering und/oder das Involvement für die Produktkategorie vergleichsweise gering sind. Untersuchungen bei Werbeagenturen haben gezeigt, dass sie bei der Gestaltung von Werbung in hohem Maße an Erkenntnissen der Aktivierungsforschung anzuknüpfen suchen (*Lenz/Fritz,* 1986).

Als wichtige **aktivierungstheoretische Ergebnisse** für sozial-technische – also anwendungsorientierte – Zwecke können u. a. Folgende genannt werden (*Kroeber-Riel/Gröppel-Klein,* 2013, S. 55 ff.):

- Für die gezielte Auslösung von Aktivierungen der Zielgruppe stehen **Reize** mit primär physischer (z. B. via Farbe oder Lautstärke), emotionaler (z. B. via Stimmung) oder kognitiver (z. B. via Überraschung) Wirkung zur Verfügung.
- Generell ist es empfehlenswert, Reize mit zielgruppen-spezifischer Wirkung bzw. Reize mit weitgehend konformer **Aktivierungsreaktion** zu verwenden.
- Die Intensität der notwendigen Aktivierung hängt von der gegebenen **Sensibilität** der Zielgruppen gegenüber den benutzten Reizen wie auch von der Aktivierungswirkung der konkurrierenden Werbung ab.
- Durch geeignete Gestaltung kann die primär ausgelöste Aktivierung auch zu einer **effizienteren Verarbeitung** weiterer Reize (also der gesamten Werbebotschaft) führen. Dafür ist die formale und inhaltliche Integration von Auslösereiz und Umfeld notwendig.
- Die größte Gefahr bei der Nutzung von aktivierenden Reizen besteht immer dann, wenn die ausgelöste Aktivierung die Verarbeitung von solchen Informationen stimuliert, die entweder **nicht dem Werbeziel** entsprechen oder aber von der eigentlichen Werbeaussage ablenken.

Neben den als wichtig erkannten aktivierenden Wirkungen der Werbung spielen auch **kognitive Prozesse** und Wirkungen wie Aufnahme, Verarbeitung und Speicherung der übermittelten Informationen eine wesentliche Rolle, ohne dass das hier näher vertieft werden kann (siehe hierzu im Einzelnen *Kroeber-Riel/Gröppel-Klein,* 2013, S. 304 ff. und überblickhaft *Bänsch,* 1996 a, S. 71 ff.; *Kurz,* 1992, S. 453 ff. sowie auch das weiter unten behandelte Prozess-Stufenmodell zur Werbewirkung). Kognitive Prozesse bzw. Wirkungen sind im Übrigen auch Gegenstand entsprechender Werbewirkungsanalysen (Werbewirkungsanalysen und -kontrollen sind nicht zuletzt aufgrund der heute notwendigen hohen Werbeaufwendungen zwingend, zu den Methoden *Bruhn,* 2005 a, S. 492 ff. und *Bruhn,* 2005 b, S. 537 ff.).

Bei der Entwicklung konkreter Werbebotschaften geht es darum, auf der Basis einer stimmigen Copy-Strategie die *inhaltliche* Ausgestaltung der eigentlichen Werbeaussage (Information, Argumentation, Beweise) zu kreieren. Hierbei handelt es sich um eine kreative Aufgabe, die copy-gerecht etwa Wort, Bild, Farbe und Musik als **wichtigste Gestaltungsmittel** einsetzt (*Behrens,* 1996, S. 41 ff.) und zu einer Aussageeinheit bündelt bzw. bündeln muss.

Bei diesem kreativen Prozess sind vor allem die Ziele und Zielgruppen der zu gestaltenden Werbung zu berücksichtigen. **Wichtige Ansatzpunkte** – bezogen auf die Zielgruppe – bilden dabei u. a.

- **ihre Kenntnisse,**
- **ihre Motive,**
- **ihre Einstellungen,**
- **ihre Präferenzen,**
- **ihre Probleme bzw. Problemlösungswünsche,**
- **ihre möglichen Kaufbarrieren.**

Nur unter Berücksichtigung solcher Einsichten und Informationen über Markt und Abnehmerschaft kann eine zielgerichtete Werbebotschaft gestaltet werden. Sie bilden gleichsam die objektive Grundlage für subjektive Kreativprozesse.

Werbebotschaften müssen insgesamt geeignet sein, einen **kaufpsychologischen Prozess** bei der Zielgruppe auszulösen, der – in Verbindung mit anderen Leistungen (z. B. der eigentlichen Produktleistung) – zu Kaufhandlungen führt.

Solche kaufpsychologischen Prozesse hat man mit **Stufenmodellen** der Werbewirkung zu beschreiben versucht (eines der bekanntesten Stufenmodelle ist die sog. **AIDA-Formel,** auf die bereits im Rahmen der Distributionspolitik bei der Behandlung des persönlichen Verkaufs bzw. der persönlichen Kommunikation eingegangen worden ist; zu Wirkungs- bzw. Prozessmodellen s. *Kroeber-Riel/Weinberg/Gröppel-Klein,* 2009, S. 633 ff.).

Exkurs: Differenziertes Prozessmodell zur Werbewirkung

Hinter solchen stufen-orientierten Prozessmodellen stehen im Prinzip **drei voneinander abgrenzbare elementare Stufen,** nämlich Wahrnehmungs-, Verarbeitungs- und Verhaltensstufe, zwischen denen eine Kausalverkettung vermutet wird (*Meffert,* 1993, S. 454). Eine **Modelldarstellung** verdeutlicht den Bezugsrahmen *(Abb. 376)*, zur Wirkungspfad-Analyse der Werbung s. a. *Kroeber-Riel/Weinberg,* 2003, S. 612 ff.

Der durch Werbung auszulösende Kaufverhaltensprozess (Kaufverhaltensänderung) setzt zunächst die (bewusste) **Wahrnehmung** voraus (zur Widerlegung der These von „unterschwelliger Werbung" siehe *Brand,* 1978). Die Wahrnehmung knüpft grundsätzlich sowohl an emotionalen Informationen (gefühlsgesteuerten Anmutungen) als auch an thematischen Informationen (rationalen Sachinformationen) an. Wahrnehmungen sind die Voraussetzung für **Verarbeitungsprozesse** bei Zielpersonen; wichtige „Teilphasen" sind dabei Verständnis, Akzeptanz und Speicherung der Werbebotschaft sowie die durch sie verursachte Motivsteuerung und Einstellungs-/Imagebildung bzw. -änderung (relevant vor allem bei Realisierung der Präferenz- oder Markenartikel-Strategie, vgl. hierzu 2. Teil „Marketingstrategien"). Am Ende dieses Prozesses entsteht dann der konkrete Verwendungswunsch und die entsprechende Markenpräferenz. Sie löst dann in der nächsten Stufe das eigentliche (Marken-)Kaufverhalten aus.

Um einen werbepsychologischen Prozess auszulösen, der zu ziel-orientierten Aktualisierungen, Einstellungs- und Verhaltensänderungen (einschließlich Kauf bzw. -intensivierung) bei Zielgruppen führen soll, müssen Werbeaussagen (Werbebotschaften) konkret gestaltet werden. In diesem Zusammenhang sollen **drei Konkretisierungsebenen** unterschiedenen werden, die jeweils auf der Basis der herausgearbeiteten Copy-Strategie entschieden werden müssen:

- **Gestaltungsart,**
- **Gestaltungsform,**
- **Gestaltungsmittel.**

Die **Gestaltungsart** betrifft Entscheidungen über Art und Weise der grundsätzlichen Werbeansprache. Zwei bzw. **drei Grundarten** („Handschriften") der Werbung sind prinzipiell gegeben:

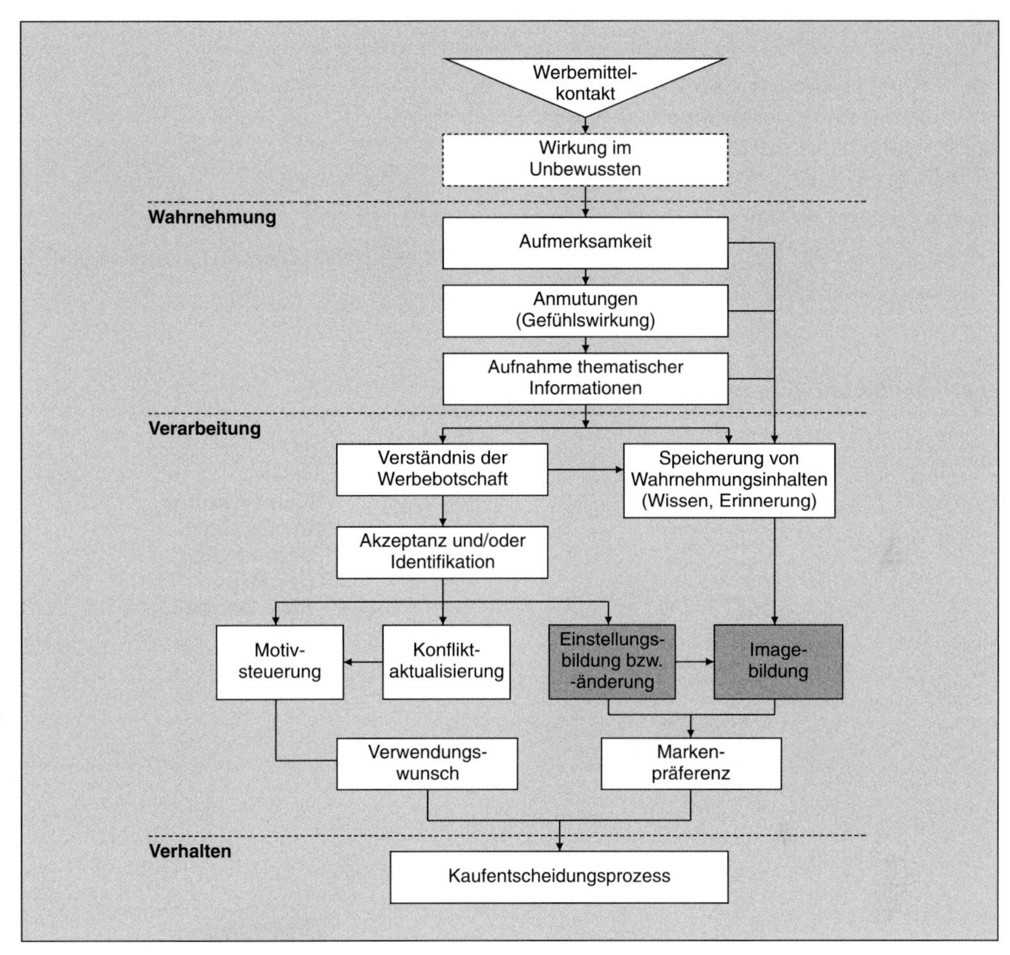


*Quelle: Meffert,* 1993, S. 455

*Abb. 376: Psychologischer Bezugsrahmen der Werbewirkung*

- **Rationale, d. h. sachargumentierende Werbung**
  (typische Realisierungsform: „Still-Life"),
- **Emotionale, d. h. erlebnisorientierte Werbung**
  (typische Realisierungsform: „Life-Style"),
- **Kombinierte Arten rational-emotionaler Ansprache**
  (mit jeweils unterschiedlichen Schwerpunkten bzw. unterschiedlichen Anleihen an „Still-Life" oder „Life-Style").

Fallbeispiele: Rationale, emotionale und kombinierte Werbung

Die Grundarten der Werbebotschaftsgestaltung wie auch kombinierte Formen (in unterschiedlichen Ausprägungen) können in **vielen Produktbereichen** und Märkten nachgewiesen werden. Eine Exemplifizierung soll deshalb prototyphaft vorgenommen werden.

Es ist klar, dass bei der konkreten Werbegestaltung **mehrere Aspekte,** wie:

- **Produkt (Eigenarten der Produktkategorie),**
- **Marke (Status von Bekanntheit, Image, Kompetenz),**
- **Produkt-/Markenlebenszyklus-Stadium,**
- **Markt-/Branchenzyklus-Situation,**

berücksichtigt werden müssen.

Drei ausgewählte Beispiele sollen die grundsätzlich möglichen **Ansprache- und Gestaltungsarten** der Werbung näher verdeutlichen *(Abb. 377).*

*a) Beispiel für rationale Werbung (Braun-Rasierer)*

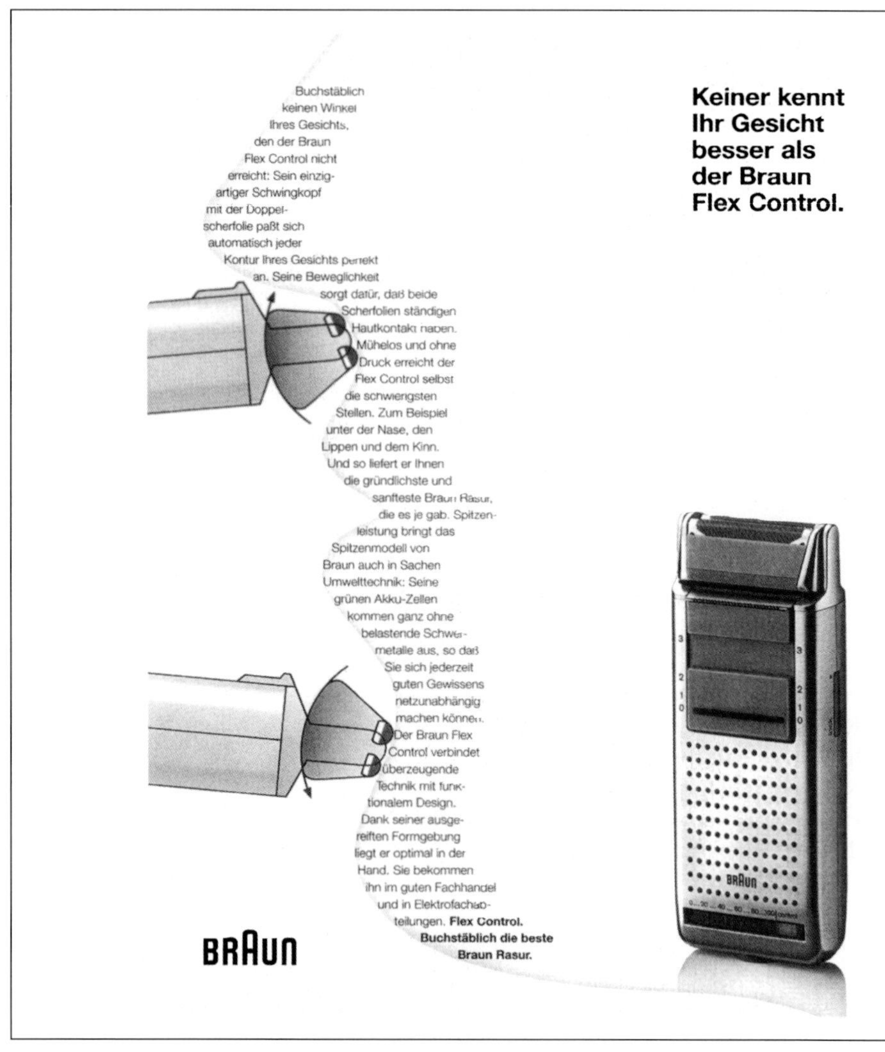


*Quelle: Braun-Anzeige (Beispielperiode)*

Alle drei Beispiele zeigen jeweils unterschiedliche Ansätze der Werbebotschaftsgestaltung (rational/emotional/kombiniert). Dabei ist zu beachten, dass – wie betont – die Gestaltung jeweils **vom beworbenen Produkt** und seinen spezifischen Bedingungen abhängig ist. Generelles Kennzeichen der rationalen Werbung ist der produktbetonte, eher statische Werbeauftritt, während die emotionale Werbung einen eher verwendungsbezogenen, dynamischen Werbeauftritt repräsentiert. Kombinierte Werbebotschaftsgestaltungen versuchen beide Elemente miteinander zu verbinden. Überlegene Werbe- bzw. Markenauftritte gelingen i. d. R. allerdings nur dann, wenn **„asymmetrische" Kombinationen**

*b) Beispiel für emotionale Werbung (Magnum-Eisriegel)*

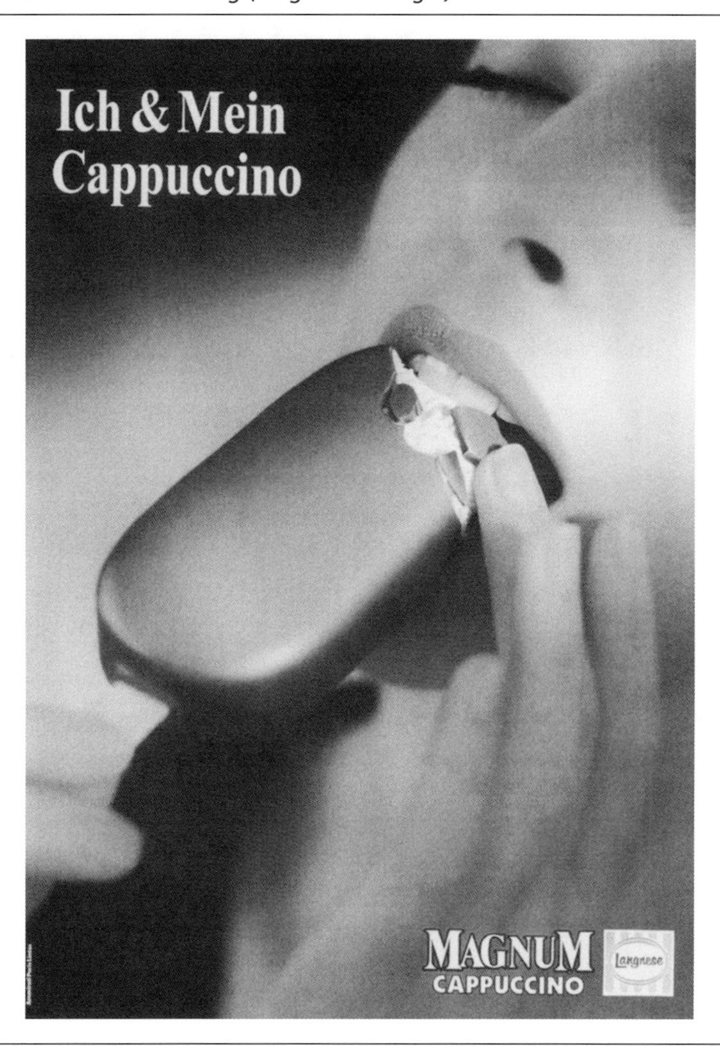


*Quelle: Langnese-Anzeige (Beispielperiode)*

gewählt werden (d.h. eine der beiden Komponenten (rational/emotional) dominierend eingesetzt wird, wie z.B. bei der Dachmarken-Kampagne für *Oetker* (= genuss-emotionale Dominanz), sonst Gefahr flacher Weder-noch-Werbung).

Zusammenfassend muss gesagt werden, dass es bei der Wahl der Gestaltungsart der Werbebotschaft keine Patentrezepte gibt, so wenig solche Rezepte auch beim Einsatz angebotspoli-

*c) Beispiel für rational-emotionale Werbung (Oetker-Backzutat)*

*Quelle: Oetker-Anzeige (Beispielperiode)*

*Abb. 377: Prototypische Beispiele für Ansprache- und Gestaltungsarten der Werbung*

tischer (z. B. Produktgestaltung) oder distributionspolitischer Instrumente (z. B. Absatzwegegestaltung) verfügbar sind. Die Handschrift eines Unternehmens bzw. bestimmte Gestaltungsvorstellungen werden bereits auf der Zielebene vorformuliert (insbesondere auf der Metazielebene, nämlich im Rahmen der Entscheidungen zu Mission und Vision des Unternehmens, vgl. hierzu 1. Teil „Marketingziele"). Solche Entscheidungen beziehen sich u. a. auf die übergeordnete **Corporate Identity** bzw. das **Corporate Design** eines Unternehmens, die zugleich Leitlinien für Anspracheformen („Handschriften") der Werbung bilden, die übrigens auch für die Internet-Werbung und die Website-Gestaltung gelten (müssen). Andererseits stehen gerade Werbeentscheidungen nicht selten unter bestimmten operativen Zwängen. Sie werden ausgelöst durch Ansprüche und Erwartungen der Zielgruppen sowie durch Maßnahmen und „Handschriften" der Konkurrenz (und ihren wechselseitigen Wandlungsprozessen sowie notwendigen Trendanpassungen im Zeitablauf). Daraus erwächst ein typisches **Grundproblem:** nämlich Konstanz und/oder Wechsel in der Marken- und Werbeführung).

Insgesamt muss die Werbehandschrift auch von den zu bewerbenden Produkten bzw. Produktkategorien abhängig gemacht werden. Bei Produkten mit **niedrigem Involvement** (z. B. Produkte des täglichen Bedarfs) sind vielfach emotionale Werbeansprachen angezeigt, und zwar insbesondere dann, wenn die objektiven Produktleistungen weitgehend identisch sind und eine Differenzierung dann mehr oder weniger nur noch psychologisch (etwa über Erlebnisorientierung wie Spaß, Freiheit, Freizeit) möglich ist. Bei Produkten mit **hohem Involvement** andererseits (z. B. anspruchsvolle Elektrogeräte, u. a. der Unterhaltungselektronik), bei denen häufig objektive Differenzierungsmerkmale gegeben sind, bietet sich eher eine sachargumentierende Gestaltung der Werbebotschaft (ggf. auch kombinative Form: sachlich/emotional) an. Kombinierte Formen sind immer dann angezeigt, wenn die Zielgruppe sowohl rational als auch emotional motivierbar ist (siehe hierzu *Kroeber-Riel/Esch,* 2000; *Esch,* 2012 bzw. 2018).

Exkurs: Genereller Wandel in der Werbegestaltung

Im Laufe der Zeit hat sich ein genereller Wandel in der Werbung vollzogen, nämlich in der Weise, dass die **emotionale Werbegestaltung** zunimmt, während rationale Aussagearten abnehmen. Das kann in den USA wie in der BRD aufgrund von Inhalts- bzw. Monitoring-Analysen beobachtet werden *(Abb. 378).*

Die Gründe dafür liegen einmal in der **zunehmenden Erlebnisorientierung** der Konsumenten (*Schulze*, 2005) in entwickelten Industriegesellschaften („Wohlstandsgesellschaften") und zum anderen im großen Anteil sog. Low-Involvement-Produkte mit stark angeglichenen (objektiven) Produktnutzen. Differenzierung ist dann in erster Linie nur noch subjektiv (also psychologisch, z. B. erlebnishaft) möglich.

Die Übersicht zu deutschen Monitoring-Untersuchungsergebnissen zeigt neben werbegestalterischen Grundrichtungen (rational/emotional) auch *spezifische* Gestaltungsformen und ihre Relevanz. Damit wird zu einem weiteren Thema der Werbegestaltung übergeleitet.

Im Rahmen der grundsätzlichen Gestaltungsarten („Handschriften") von **Werbebotschaften** sind verschiedene Umsetzungsformen möglich. Sie beziehen sich auf verschiedene Ausdrucksmittel bzw. inhaltliche Übersetzungs- oder Inszenierungsformen. Hierbei haben sich im Laufe der Zeit verschiedene **Grundmuster** herausgebildet, deren Abgrenzung – wie sie im Folgenden vorgenommen wird – allerdings nicht *völlig* überschneidungsfrei ist (zu Grundfragen der Werbebotschaftsgestaltung s. a. *Kotler/Bliemel*, 2001, S. 896 ff.; *Kloss*, 2012, S. 214 ff. zu Grundfragen der Wirkungseinflussgrößen *Kloss*, 2012, S. 55 ff.), die aber **Basisansätze** anhand **klassischer** Umsetzungsbeispiele verdeutlichen:

- **Lebenswelten-orientierte Muster,**
- **Symbol-orientierte Muster,**
- **Erzählungs-orientierte Muster,**
- **Problemlösungs-orientierte Muster.**

*a) Ergebnisse von Inhaltsanalysen in den USA (Beispielperiode)*
*(Werbestile im Wandel der Zeit)*

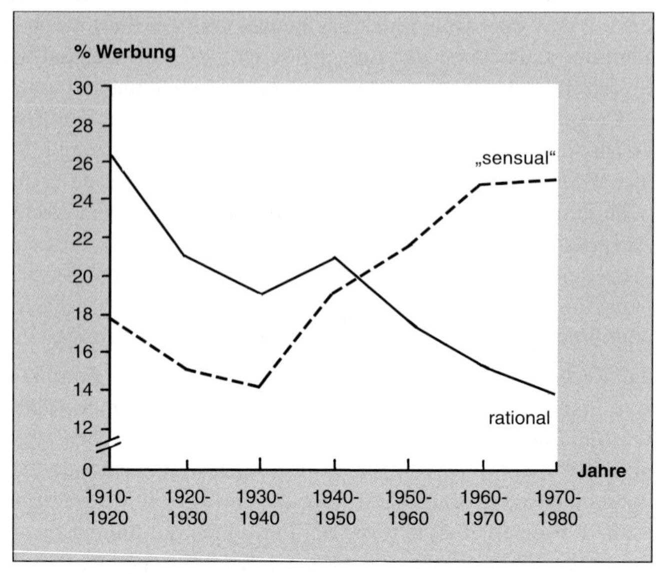


*Quelle: Leiss/Kline/Jhally,* 1986, zit. nach *Kroeber-Riel*, 1992, S. 263

*b) Ergebnisse von Werbeklima-Untersuchungen in der BRD*
*(Geplante Ausrichtung der Werbeauftritte für Beispieljahr, Angaben in %)*

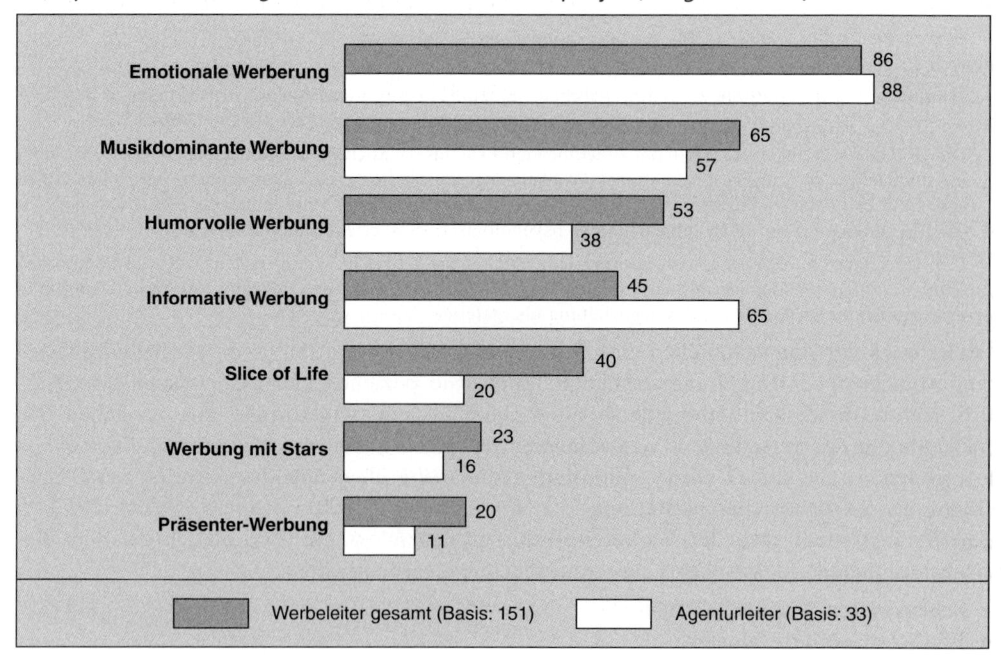


*Quelle: Wirtschaftswoche/Absatzwirtschaft*

*Abb. 378: Der Trend von der rationalen zur sensualen (emotionalen) Werbung*

**Lebenswelten-orientierte Muster** der Werbegestaltung sind dadurch gekennzeichnet, dass hier Wunsch- oder Traumwelten inszeniert werden (z. B. Reise-, Gartenparadiese), denen Produkte bzw. Marken als selbstverständliche Bestandteile zugeordnet werden (vgl. z. B. *TUI* -Reisewerbung oder auch *Wolf*-Gartenbedarfswerbung). Ein anderer Ansatz ist die sog. Slice-of-Life-Technik, welche Produkte bzw. Marken in wirklichkeitsgetreuen Ausschnitten des täglichen Lebens („Realwelten") einbindet (z. B. *Rama* am Frühstückstisch). Lebensweltbezogene Ansätze sind dabei häufig hedonistisch unterlegt (etwa Selbstbelohnungsansatz, z. B. bei *TUI*-Reisen: „Sie haben es sich verdient").

**Symbol-orientierte Muster** vertrauen dagegen auf die „Verkürzung" bzw. Codierung wichtiger Aussagen mit Hilfe geeigneter Symbole. Bei der Wahl von Symbolen können unterschiedliche Ansätze gewählt werden. Die Spanne möglicher Symbole reicht von Tieren (z. B. seinerzeit der Tiger bei *Esso:* „Pack den Tiger in den Tank") über Comic- oder Zeichentrickfiguren (wie *„Meister Proper"* bei einem Reinigungsmittel) bis hin zu Personen (z. B. geeignete Präsenter für die *Ford*-Kampagne: „Die tun was") bzw. prominenten Persönlichkeiten als Testimonials (wie z. B. *Franz Beckenbauer* für die Auslobung von speziellen Mobiltelefon-Leistungen des Netzbetreibers $O_2$).

**Erzählungs-orientierte Werbemuster** wählen ganz bestimmte Umfelder bzw. Inszenierungen der Werbebotschaft, und zwar mit jeweils spezifischen Ausdrucks- bzw. Dramatisierungsformen. Zu nennen ist hier die geschichten-erzählende Form zu vielfältigen Einsatzmöglichkeiten eines Produktes oder einer Leistung (z. B. seinerzeit die *D2-Mobilfunk:* „Das Leben ist zu kurz für eine lange Leitung"). Nicht selten werden (zusätzlich) musikalische Mittel (z. B. markentypische Jingles) für geschichten-erzählende Werbeformen eingesetzt (z. B. *Diebels Alt:* „Welch ein Tag" bzw. „Der Moment gehört dir"). Typisch für erzählungs-orientierte Werbemuster ist das Aufzeigen von (attraktiven) Alltagssituationen in „Erzählform", wobei diesen Situationen die zu bewerbende Marke als ganz selbstverständlicher Bestandteil zugeordnet wird. Besonders geeignet ist diese Werbegestaltungsform naturgemäß für Fernsehwerbung. Insofern zeigen sich hier wichtige Beziehungen bzw. Abhängigkeiten zwischen Werbebotschaftsgestaltung einerseits und Werbeträger- bzw. Werbemittelwahl andererseits, die *bereits* bei der Festlegung der Copy-Strategie berücksichtigt werden müssen.

**Problemlösungs-orientierte Muster** knüpfen vor allem am konkreten Produktnutzen bzw. der spezifischen Problemlösungseignung an. Hierfür werden typische „Testsituationen" als Darstellungsprinzip gewählt, z. B. der Before-After-Test: Wäsche kratzig, weil ohne Weichspüler gewaschen/Wäsche weich, weil mit *Lenor* gewaschen oder die Side-by-Side-Technik: Vergleich zweier Spülmaschinen-Heizschlangen, die eine nicht mit Wasserenthärter, die andere immer mit *Calgon* behandelt oder der Torture-Test: Demonstration der Strapazierfähigkeit einer Uhr *(Timex)* am Bein eines Rennpferdes, bis hin zu wissenschaftlichen Nachweisen („Neues aus der *Blend-a-med-Forschung"*).

Es ist klar, dass einzelne Umsetzungsformen (z. B. geschichten-erzählende Werbemuster) mit bestimmten generellen **Gestaltungsarten** der Werbung (z. B. *emotionaler* Werbeansatz) korrespondieren, während dem *rationalen* Werbeansatz eher problemlösungs-bezogene Werbemuster entsprechen. Neben der grundsätzlichen Handschrift der Werbung (rational/emotional) versuchen die zuletzt behandelten Werbemuster bzw. ihre Konkretisierungsformen, der Werbung einen möglichst unverwechselbaren Auftritt zu verschaffen, um auf diese Weise Markenpräferenzen aufzubauen und Markenbereitschaften(-käufe) auszulösen.

Neben den zuletzt behandelten inhaltlichen Darstellungs- bzw. Inszenierungsformen der Werbung spielen schließlich auch bestimmte *formale* Gestaltungsfragen eine nicht unerhebliche

Rolle für den unverwechselbaren Werbe- und Markenauftritt. Es soll deshalb noch auf wichtige **Gestaltungsmittel** sowie -grundsätze kurz eingegangen werden. Werbeaussagen finden in konkret gestalteten Werbemitteln (z. B. Anzeige, TV-Spot) ihren Niederschlag. Als formale Gestaltungsmittel bzw. -elemente sind hierbei Zeichen, Farben, Formen, Größen bzw. Proportionen von ausschlaggebender Bedeutung (siehe im Einzelnen etwa *Behrens,* 1996, S. 41 ff.). Dabei ist zwischen **konstanten und variablen Werbeelementen** zu unterscheiden (*Huth/Pflaum,* 1996), die letztlich zu einer erlebbaren, eigenständigen Ganzheit verwoben werden müssen, und zwar i. S. eines einheitlichen, *firmen- bzw. markenspezifischen* Kommunikations- und Grafik-Designs (s. a. *Bruhn,* 2013, S. 491 ff.).

Unter **konstanten Werbeelementen** (Werbekonstanten) sind solche Ausdrucks- bzw. Wirkfaktoren zu verstehen, die in allen eingesetzten Werbemitteln wiederkehren und möglichst lange unverändert eingesetzt werden, wie Markenlogos, Symbole, Slogans, Layouts usw.. Ihnen kommt eine Identifikations- und Verdichtungs- sowie Klammerfunktion zu.

Zu Werbekonstanten können je nach Anlage der Werbekonzeption bzw. seiner Umsetzung auch **bestimmte Bilder (Schlüsselbilder)** bzw. eine bestimmte Bild- oder Fotoauffassung gehören. Die Einsicht in die besondere Bedeutung von Bildern für die Erreichung der Werbeziele hat die Werbegestaltung insgesamt stark beeinflusst.

Exkurs: Lernen durch Bilder (Imagery-Theorie)

Man geht aufgrund empirischer Forschungsergebnisse davon aus, dass Lernprozesse (und damit auch das Lernen von Werbebotschaften bzw. die dadurch ausgelösten Verhaltensänderungen) **sehr stark durch Bilder** gesteuert werden. Das heißt, dass von Konsumenten aufgenommene Reize (Informationen) „häufig in Form von inneren Bildern – Vorstellungsbildern – kodiert" werden (*Kroeber-Riel/Weinberg,* 2003, S. 350). Allgemein wird die gedankliche Entstehung, Verarbeitung und Speicherung von inneren Bildern als **Imagery** bezeichnet (zu den theoretischen Grundlagen siehe auch *Ruge,* 1988; *Denis,* 1991).

Zu den wichtigsten Erkenntnissen der Konsumentenpsychologie zählt, dass die Präferenzen für Produkte (Leistungen) bzw. die dahinter stehenden Marken entscheidend davon abhängen, „wie lebendig das innere Bild ist, das sich die Konsumenten von den Objekten machen" (*Kroeber-Riel/Weinberg,* 2003, S. 352). Die Lebendigkeit (Vividness) von Bildern kann in dieser Hinsicht auch als eine Art **„Superdimension"** interpretiert werden, welche für die Klarheit und Deutlichkeit von Bildern, wie sie vor dem inneren Auge des Betrachters stehen, sorgt (*Ruge,* 1988, S. 105).

Es ist nahe liegend, dass man sich diese Einsichten für die **wirksame Gestaltung** von Werbebotschaften zunutze zu machen versucht. „Bilder, die einen lebendigen Eindruck hervorrufen sollen, müssen assoziationsreich, gestaltfest und eigenständig sein, das heißt, sie müssen sich von konkurrierenden Bildern deutlich abheben" (*Kroeber-Riel/Weinberg,* 2003, S. 353 sowie i. E. *Kroeber-Riel/Gröppel-Klein,* 2013, S. 439 ff.).

Zum Aufbau eines klaren Vorstellungsbildes (Images) bzw. der erstrebten Handlungswirkung ist i. d. R. eine **Wiederholung** von entsprechenden Bildreizen notwendig. Hierbei können zwar die Bildreize variiert werden, entscheidend ist jedoch, das „grundlegende Motiv" beizubehalten.

**Variable Werbeelemente** (Werbevariablen) sind demgegenüber solche Wirkungselemente, die entweder einmalig oder nur eine bestimmte Zeit eingesetzt werden. Hierbei kann es sich z. B. um verschiedene Bildfolgen oder situationsspezifische Texte handeln. Eine geschichten-erzählende Werbung mit stark emotionaler Handschrift lebt von unterschiedlichen Geschichten und Bildfolgen; spezielle Markt- bzw. Konkurrenzsituationen erfordern ggf. eine bestimmte Aussage- bzw. Argumentationsflexibilität.

Insgesamt ist die **richtige Mischung** aus Werbekonstanten und Werbevariablen für die Unverwechselbarkeit wie für die Nachhaltigkeit bzw. Dauerhaftigkeit einer Werbekonzeption von größter Bedeutung. Sie ist nicht zuletzt für die innere Geschlossenheit einer Werbekonzeption und für die Ausbildung eines eigenständigen Kommunikations- und Firmenstils verantwortlich (*Huth/Pflaum,* 1996; *Schweiger/Schrattenecker,* 2001; *Bruhn,* 2013; zum Firmenstil in einem umfassenden Sinne auch *Landgrebe,* 1980).

Exkurs: Besonderheiten der Werbung für Investitionsgüter und Dienstleistungen

Was die Gestaltungsmittel bzw. -grundsätze für Investitionsgüter- und Dienstleistungswerbung betrifft, so gelten grundsätzlich **ähnliche Regeln** wie bei der Konsumgüterwerbung. Das gilt speziell für die Fragen bezüglich der Werbekonstanten und Werbevariablen.

Auch bei der Investitionsgüter- und Dienstleistungswerbung haben **Schlüsselbilder** bzw. Schlüsselreize besondere Bedeutung, weil hier ebenfalls das grundsätzliche Problem der Reizüberflutung gegeben ist. Dennoch sind Besonderheiten zu beachten; das gilt vor allem hinsichtlich der Fragen der Gestaltungsart (emotional/rational) und der Gestaltungsform (Art der gestalterischen Übersetzungsformen).

Grundsätzlich kann man sagen, dass bei der Investitionsgüterwerbung eher **rationale, problemlösungs-orientierte Arten** bzw. Formen der Werbung vorherrschen bzw. angezeigt sind. Das liegt am Informationsverhalten der im Investitionsgüter-(Business-to-Business-)Bereich agierenden Zielgruppen. Sie sind kraft ihrer Aufgaben und Funktionen bzw. der niedergelegten Aufgabenprofile und Stellenbeschreibungen gehalten, sich rational im Sinne der Ziel- bzw. Konzeptrealisierung des eigenen Unternehmens zu verhalten (trotzdem können auch bei professionellen Einkäufern durchaus emotionale Verhaltensorientierungen gegeben sein).

Bei der Kommunikation für Investitionsgüter (Business-to-Business-Kommunikation) spielt im Übrigen das **Zusammenwirken** von *unpersönlicher* Kommunikation (Werbung) und *persönlicher* Kommunikation (persönlicher Verkauf) eine größere Rolle als im klassischen Konsumgütermarketing. Die Aufnahme bzw. Verarbeitung von Werbebotschaften wird sehr stark von Image- und Kompetenzqualitäten beeinflusst, die von persönlichen Verkaufs- und Informations- bzw. Beratungsleistungen bei den Zielgruppen geschaffen wurden (*Merbold,* 1994, S. 13 ff.; *Kleinaltenkamp/Plinke,* 1995, S. 809 ff.; i. E. siehe auch *Pförtsch/Schmid,* 2005). Außerdem sind unterschiedliche Kommunikationsbedingungen je nach Art des angebotenen Produkts (Leistung) – wie Einzelprodukt, ganzheitliche Anlage, Gesamttechnologie, integriertes System, immaterielle Dienstleistung (*Merbold,* 1994, S. 38 ff.; i. E. auch *Backhaus/Voeth*, 2014) – zu berücksichtigen.

Darüber hinaus sind auch **entscheider-typologische Differenzierungen** zu beachten. Das heißt, das Informationsverhalten bzw. die Entscheidungskompetenzen hängen vom Status bzw. Rolle der Zielgruppen ab (z. B. Inhaber, leitender Angestellter, Abteilungsleiter, *Merbold,* 1994, S. 25 ff.).

Die Besonderheit der Werbung für Dienstleistungen besteht zunächst einmal in der **Immaterialität** von Dienstleistungen. Hauptansatzpunkte liegen deshalb in den Möglichkeiten einer Materialisierung (z. B. Dokumentation der Problemlösungsfähigkeit) bzw. einer Visualisierung wichtiger Leistungskomponenten (z. B. Art bzw. Eignung von Dienstleistungspersonen). Im Hinblick speziell auf die Nichtlagerfähigkeit von Dienstleistungen kommt der Werbung die besondere Aufgabe einer **kurzfristigen Nachfragesteuerung** zu (z. B. in Verbindung mit Sondertarifen etwa im Flugverkehr) und/oder gezielter Ausschöpfung von Cross-Selling-Potenzialen (z. B. bei der Auslobung von Dienstleistungen der gleichzeitige Hinweis auf ergänzende bzw. zusätzliche Dienstleistungen).

Auch bei Dienstleistungen bestehen wichtige **Verknüpfungen** zwischen unpersönlicher Kommunikation etwa durch Werbung und persönlicher Kommunikation via persönlichem Beratungs- und Verkaufsgespräch (vgl. hierzu auch *Bieberstein,* 2001, S. 228 ff.). Von besonderer Bedeutung für die Kommunikation von Dienstleistungen ist vor allem die Aussendung von Kompetenzsignalen, um entsprechende Vertrauensgrundlagen für Kundenbeziehungen zu schaffen (*Schulze,* 1993).

Insoweit kommt Fragen der **integrierten Kommunikation** (= zielgerichtete Koordination und Abstimmung *aller* Kommunikationsmaßnahmen) bei Dienstleistungen – wie auch bei Investitionsgütern – ein besonderer Stellenwert zu (zur Thematik integrierter Kommunikation siehe *Bruhn,* 2013; *Esch,* 2001).

Nachdem Grundfragen der Werbebotschaftsgestaltung – aufgrund ihrer Bedeutung wie ihres Schwierigkeitsgrades – bewusst relativ ausführlich behandelt worden sind, soll nunmehr noch überblickhaft auf Fragen der **Werbemittel bzw. Werbeträger** (= „Transportmittel“ von Werbebotschaften) eingegangen werden. Die Leistung von zielgerichteten, konzeptionsadäquaten

– auch die jeweiligen Produkt- und Marktbedingungen berücksichtigenden – Werbebotschaften kann sich erst entfalten, wenn sie über *geeignete* Medien zu den anvisierten Zielgruppen gelangen. Für den Transport von Werbebotschaften ist eine große Zahl unterschiedlicher Werbemedien verfügbar. Zwei **große Bereiche** können dabei unterschieden werden:

- **Klassische Massenwerbemedien/Werbemittel,**
- **Nicht-klassische Werbemedien/Werbemittel.**

Bezüglich der Massenwerbemedien sind zwei wichtige **Kategorien** zu nennen: die Printmedien und die elektronischen Medien. Im Rahmen beider Kategorien können verschiedene **Werbeträger** gewählt werden. Ihnen entsprechen jeweils spezifische **Werbemittel** *(Abb. 379).*

| Massenwerbemedien | Korrespondierende Werbemittel |
|---|---|
| **Printmedien** | |
| – Zeitungen | – Anzeige |
| – Zeitschriften | – Anzeige |
| – Plakatflächen/Vitrinen | – Plakat/Lichtwerbung |
| **Elektronische Medien** | |
| – Fernsehen | – Fernseh-Spot |
| – Hörfunk | – Hörfunk-Spot |
| – Filmtheater | – Werbefilm/-dia |
| – Internet | – Werbebutton/Werbebanner u. a. |

*Abb. 379: Übersicht über Massenwerbemedien und korrespondierende Werbemittel*

Innerhalb der einzelnen Medien-Kategorien gibt es z. T. verschiedene **Unterarten,** z. B. bei **Zeitschriften** (*Rogge,* 2000, S. 172; *Huth/Pflaum,* 2005, S. 178 ff.; *Kloss,* 2012, S. 303 ff.):

- **Publikumszeitschriften**
  - Aktuelle Illustrierte,
  - Programmzeitschriften,
  - Spezielle Publikumszeitschriften
    - Frauenzeitschriften,
    - Elternzeitschriften,
    - Jugendzeitschriften,
    - Kinderzeitschriften,
    - Unterhaltende Zeitschriften,
    - Zeitschriften für spezielle Interessensgebiete (Special interests, z. B. Auto, Garten, Essen/Trinken).
- **Fachzeitschriften,**
- **Standes-, Berufs- und Verbandszeitschriften,**
- **Kunden-, Haus- und Werkszeitschriften.**

Bei der Belegung von Zeitschriften sind verschiedene **Sonderwerbeformen** möglich, u. a.:

- **Beilagen,**
- **Beihefter,**
- **Beikleber,**
- **Warenproben.**

Die Vielfalt der Medien bedeutet, dass Unternehmen je nach Konzept gute Möglichkeiten **zielgruppen-spezifischer Medienwahl** haben, d.h. ihre Werbebotschaften zielgruppen-genau transportieren können. Im Medienmix gewinnt die zusätzliche Werbung über das Internet an Bedeutung (**Multi-Channel-Kommunikation**). Für die **Online-Werbung** ist neben der eigenen Homepage (und Verweisen darauf auf fremden Sites) vor allem die redaktionelle wie auch werbliche Präsenz in Suchmaschinen (SEO bzw. SEA, hier z.B. *Google AdWords*) wichtig.

Vielfalt und Entwicklung der **Werbeträger** in der BRD verdeutlicht eine Übersicht *(Abb. 380).*

| Werbeträger | 2014 | Veränderg. in % | 2015 | Veränderg. in % | 2016 | Veränderg. in % | 2017 | Veränderg. in % |
|---|---|---|---|---|---|---|---|---|
| Fernsehen | 4 292,16 | 4,0 | 4 421,85 | 3,0 | 4 559,70 | 3,1 | 4 591,10 | 0,7 |
| Tageszeitungen | 2 840,20 | – 2,8 | 2 651,38 | – 6,6 | 2 529,89 | – 4,6 | 2 386,19 | – 5,7 |
| Anzeigenblätter | 1847,00 | – 4,4 | 1 811,00 | – 1,9 | 1 917,00 | 5,9 | 1 856,75 | – 3,1 |
| Online und Mobile | 1344,22 | 6,6 | 1 424,74 | 6,0 | 1 517,35 | 6,5 | 1 638,76 | 8,0 |
| Außenwerbung | 926,33 | 3,9 | 1 005,44 | 8,5 | 1 033,01 | 2,7 | 1 150,78 | 11,4 |
| Publikumszeitschriften | 1 190,00 | – 3,6 | 1 075,00 | – 9,7 | 1 015,00 | – 5,6 | 965,00 | – 4,9 |
| Fachzeitschriften | 868,55 | – 2,3 | 861,60 | – 0,8 | 864,53 | 0,3 | 834,27 | – 3,5 |
| Verzeichnismedien | 970,10 | –4,8 | 891,52 | – 8,1 | 845,16 | –5,2 | 790,22 | – 6,5 |
| Hörfunk | 737,66 | – 1,1 | 742,80 | – 0,7 | 767,55 | 3,3 | 784,46 | 2,2 |
| Wochenzeitungen/ Sonntagszeitungen | 154,20 | – 15,2 | 154,54 | 0,2 | 144,04 | –6,8 | 137,71 | – 4,4 |
| Kino | 80,59 | 0,6 | 95,14 | 18,1 | 88,28 | –7,2 | 92,84 | 5,2 |
| Zeitungssupplements | 79,30 | 0,0 | 79,30 | 0,0 | 79,30 | 0,0 | 79,30 | 0,0 |
| **Gesamt** | **15.330,31** | **– 0,2** | **15.214,31** | **– 0,8** | **15.360,81** | **1,0** | **15.307,38** | **– 0,3** |

*Quelle: ZAW-Jahrbuch,* Werbung 2018, S. 111

*Abb. 380: Netto-Werbeeinnahmen erfassbarer Werbeträger (BRD, in Mio. Euro, Veränderung in %)*

Neben den klassischen Werbemitteln bzw. Werbeträgern gibt es **nicht-klassische Werbemittel** und entsprechende mediale Möglichkeiten. Hier soll speziell auf Möglichkeiten des Direktmarketing (Direktwerbung) eingegangen werden. *Andere* nicht-klassische Kommunikationsmittel werden in einem gesonderten Abschnitt zum „Beziehungsmarketing" behandelt.

Unter **Direktmarketing** werden grundsätzlich alle Formen der direkten, individuellen Ansprache und Kommunikation von bzw. mit Zielgruppen verstanden. Abgeleitet aus seiner ursprünglichen Anwendungsform als Instrument des Direktvertriebs via Versandhandel hat es sich zu einem wichtigen kommunikationspolitischen Instrument **mit breiten Einsatzmöglichkeiten** entwickelt (siehe hierzu u.a. *Rapp/Collins,* 1991; *Belz,* 1997 bzw. 2003; *Bruns,* 1998; *Löffler/Scherfke,* 2000; *Dallmer,* 2002; *Holland,* 2009 bzw. 2016).

Ziel des Direktmarketing (Direktwerbung) ist nicht zwingend der unmittelbare Verkauf eines Produktes, sondern eher – und zwar im Konsumgüter- wie auch im Business-to-Business-Bereich – das Ingangsetzen eines Dialogs (**Dialogmarketing**) mit den anvisierten Zielgruppen.

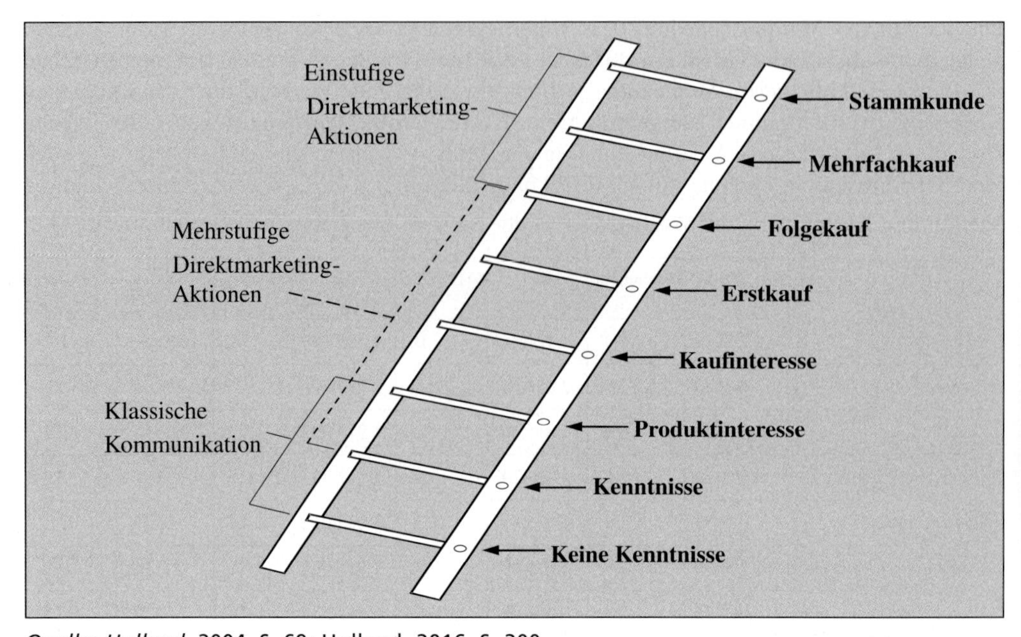


*Quelle: Holland,* 2004, S. 69; Holland, 2016, S. 200

*Abb. 381: Loyalitätsleiter auf dem Weg zum Stammkunden*

Typisch hierfür ist ein mehrstufig beeinflussendes Marketing. Mit aufeinander aufbauenden Ansprache- und Reaktionsphasen über einen längeren Zeitraum (sog. Kontaktketten) soll eine Kundenbindung geschaffen, aufrechterhalten sowie möglichst verstärkt werden. Dabei können mehrere Stufen auf einer **Loyalitätsleiter** unterschieden werden *(Abb. 381)*.

Die Abbildung zeigt den Weg von einer Zielperson, die noch keine Beziehung zum Unternehmen hat, zum erst-kaufenden bis hin zum stamm-kaufenden Kunden (Stammkunden). Die Darstellung macht zugleich deutlich, dass es dabei ein **sinnvolles Zusammenwirken** von klassischem Marketing (z. B. klassischer Werbung) und Direktmarketing-Maßnahmen geben kann.

Grundsätzliche Merkmale wie auch **spezifische Vorteile** des Direktmarketing sind:

- **Zielgerichtete Ansprache** von Käufergruppen (entweder auf der Basis von Adressenlisten oder Ansprache in Massenmedien mit Responsemöglichkeiten),
- **Sammlung und Analyse** kundenindividueller, marketing-relevanter Kundendaten,
- **Individualisierte Ansprache** des einzelnen Kunden auf der Grundlage spezifischer Kundenmerkmale,
- **Genaue Messbarkeit** des Erfolgs von Direktmarketing-Maßnahmen (Direct Response Marketing).

Die direkte Ansprache von Zielgruppen kann sowohl in Verbindung mit direkten Absatzwegen (klassische Form) als auch indirekten Absatzwegen (neuere, erweiterte Form) erfolgen. Insoweit bestehen wichtige Verbindungen zwischen **Absatzwege- und Kommunikationswege-Gestaltung** (= **konzeptionelle Kette** innerhalb der Mixebene).

Direktmarketing kann am konsequentesten – das hat die Übersicht zu Wesensmerkmalen und Vorteilen deutlich gemacht – über **Database-Marketing** gesteuert und kontrolliert werden (zu den Möglichkeiten des *internationalen* Direktmarketing s. a. *Krafft et al.,* 2005).

Exkurs: Database-Marketing

Database-Marketing steht für die „individualisierte Kunden- und Interessentenansprache, die durch eine Datenbank informatorisch gestützt wird" (*Kreutzer,* 1995, Sp. 403 und 2006, S. 72). Die **Datenbasis** bezieht sich dabei vor allem auf sozio-demografische Daten des Kunden bzw. Daten seines Kaufverhaltens (*Holland*, 2009, S. 177 ff.).

Beim Aufbau des Database-Systems muss geklärt werden, welche **Informationsbedarfe** für ein zielgerichtetes, möglichst streuverlust-freies Direktmarketing benötigt werden. Hierbei ist zwischen dem Consumer- und dem Business-to-Business-Bereich zu unterscheiden. Auch müssen Produkt-, Markt- bzw. Branchenbedingungen berücksichtigt werden (zur Kundenselektion/-bewertung *Holland,* 2009, S. 185 ff.).

Die **Adressen der Kunden** bzw. Interessenten können aus internen Quellen stammen (z. B. aus der Marktforschung) oder sie können extern gewonnen werden (z. B. über Adressenverlage, *Kreutzer,* 1995; *Bruns,* 1998; *Holland,* 2009, S. 161 ff. bzw. *internet*-basiert *Holland*, 2016, S. 93 ff.).

Wichtig ist, dass die mit Hilfe von Dialogmarketing-Maßnahmen erzielten Ergebnisse in die Datenbank einfließen, so dass ein **Informationskreislauf** entsteht, der Möglichkeiten zur Aktualisierung wie Verfeinerung der Kundendaten bietet.

Die Verfeinerung der Daten kann sich im Consumer-Bereich etwa auf Alter, Hobby, Familienstruktur/-zyklus beziehen, im Business-to-Business-Bereich u. a. auf Umsatzgrößen, Beschäftigtenzahl, Verantwortungsbereich von Entscheidungsträgern.

Database-Marketing kann insoweit als ein **Entscheidungs-Unterstützungssystem** angesehen werden, das erlaubt, die Kundenorientierung zu intensivieren und die kundenbezogenen Aktivitäten zu *individualisieren.* Erst durch Database-Marketing kann das Marketinginstrument Direktmarketing seine spezifischen Vorteile voll ausspielen und sich zu einem echten Dialogmarketing mit dem Kunden entwickeln; denn ein Dialog mit dem Kunden kann nur dann entstehen, wenn frühere Kontakte und ihre Reaktionen bei aktuellen Direktansprachen berücksichtigt werden (siehe hierzu *Holland,* 2009, S. 177 ff. bzw. *ders.* 2016, S. 93 ff.).

Die **wichtigsten Direktwerbemedien,** mit denen Kunden zielgerichtet, d. h. individuell erreicht werden können, sind:

- **Werbebriefe (Mailings) per Post oder Fax,**
- **E-Mails per Internet,**
- **Telefonate (Telefonmarketing).**

Das **Standard-Mailing** besteht aus vier Elementen: Werbe- bzw. Angebotsbrief, Katalog/Prospekt/Preisliste, Antwort- bzw. Bestellkarte und Versandhülle. Nicht selten wird das Mailing-Package angereichert mit aufmerksamkeitssteigerndem Beilagezettel (Stuffer) und/oder beigefügtem Gegenstand (Gadget). **E-Mails** sind inzwischen eines der wichtigsten Medien zur Kundenkommunikation (Information, Beratung). Wenn der Kunde mit dem gleichen Medium antwortet, entsteht ein **direkter Dialog.** Beim **Telefonmarketing** ist zwischen aktiver und passiver Telekommunikation zu unterscheiden. Bei der aktiven Form geht die Initiative zur Kontaktherstellung vom Unternehmen, bei der passiven Form vom Interessenten aus.

Neben den traditionellen Direktwerbemedien (insbes. Werbebrief) können für Direktmarketingzwecke (**Dialogmarketing**) auch klassische Medien, und zwar sowohl Print- als auch elektronische Medien, eingesetzt werden. Typisch hierbei ist die Nutzung der *Response*-Möglichkeiten (z. B. Anzeigen mit Coupons oder TV-Spots mit eingeblendeter Telefonnummer bzw. E-mail-Coupons, *Holland,* 2009 bzw. 2016).

Für die Umwerbung von Zielgruppen bestehen insoweit vielfältige Möglichkeiten der klassischen Werbung über Massenmedien und des Direktmarketing (Direktwerbung). Insoweit entsteht die grundsätzliche Frage, was die jeweiligen **Eignungsmerkmale** der verschiedenen kommunikationspolitischen Mittel sind. Eine tabellarische Darstellung zum **Inter-Media-Vergleich** gibt hierzu einen Überblick *(Abb. 382).*

| Werbeträger / Merkmale | Zeitungen | Zeitschriften | Fernsehen | Rundfunk | Film | Plakat | Direktwerbung |
|---|---|---|---|---|---|---|---|
| **Funktion des Werbeträgers** | Information, aktuelle Nachrichten | Information, Unterhaltung, Bildung | Information, Unterhaltung, Bildung | Information, aktuelle Nachrichten, Unterhaltung, Bildung | Unterhaltung, Erholung | Out-door-Werbung | persönliche oder unadressierte Werbung |
| **Darstellungsbasis** | Text, Bild (z. T. Farbwirkung) | Text, Bild (Farbwirkung) | Text, Bild, Ton (multisensorische Ansprache, Farbwirkung) | Ton (Sprache und Musik) | Text, Bild, Ton (multisensorische Ansprache, Farbwirkung) | Text, Bild (Farbwirkung) | Text, Bild (Farbwirkung) |
| **Anspracheарten** | informierende und argumentierende Werbung | argumentierende Werbung, emotionale Apelle | emotionale Appelle, argumentierende Werbung | rationale Werbebotschaften, emotionale Appelle (nur Zusatzmedium) | emotionale Appelle (nur Zusatzmedium) | Vermittlung von Kurzinformationen (nur Zusatzmedium) | rationale und emotionale Argumente |
| **Aufnahmesituation** | Inhaltsaufnahme in häuslicher Atmosphäre oder Arbeitsplatz (vormittags) | Inhaltsaufnahme in häuslicher Atmosphäre | Empfang in häuslicher Atmosphäre (nachmittags, abends) | Empfang in häuslicher Atmosphäre (ganztags) | Empfang im Filmtheater (überwiegend abends) | Inhaltsaufnahme auf Straße (eher zufällig) | Empfang zu Hause, am Arbeitsplatz |
| **Werbenutzung** | mehrmalige Nutzung möglich | mehrmalige Nutzung möglich, verschiedene Nutzungsphasen | einmalige Betrachtung, zeitlich begrenzt | einmaliger Kontakt, zeitlich begrenzt | einmalige Betrachtung, zeitlich begrenzt | mehrmalige Betrachtung denkbar | mehrmalige Nutzung möglich |
| **Auswahlmöglichkeit** | Auswahl aufgrund Leserstruktur-Analysen | Auswahl aufgrund Leserstruktur-Analysen | Auswahl aufgrund Panelbefragung | Auswahl aufgrund Panelbefragung | keine exakte Zielgruppenbestimmung | keine exakte Zielgruppenbestimmung | exakte Zielgruppenbestimmung (spez. mit Databasemarketing) |
| **Erscheinungsweise** | täglich | wöchentlich, vierzehntägig, monatlich | täglich | täglich | täglich (Mindestbelegung eine Woche) | täglich (Mindestbelegung zehn Tage) | täglich (werktags) |
| **Verfügbarkeit** | keine Beschränkungen | keine Beschränkungen | gesetzliche Beschränkungen | unterschiedliche Beschränkungen | Begrenzung auf Filmvorführzeiten | keine Beschränkungen | keine Beschränkungen |

*Quelle:* nach *Burda/Horizont*

*Abb. 382: Inter-Media-Vergleich auf der Basis wichtiger Kriterien*

Die Übersicht zeigt, dass kommunikative Aufgaben i. d. R. nicht mit einem einzigen Werbemittel bzw. Werbemedium gelöst werden können, sondern dass hierzu ein ziel- und strategieorientierter **Kommunikationsmix** gewählt werden muss (auch unter Einbindung der *Internet-*/Online-Kommunikation). Insoweit zeigen sich erneut wichtige Zusammenhänge zwischen Ziel- und Strategieebene (vgl. 1. und 2. Teil) einerseits und Mixebene andererseits (= **konzeptionelle Kette**, siehe hierzu auch die Darlegungen zur Aufgabe der Copy-Strategie).

Für die Ableitung der jeweiligen konzeptionsadäquaten, werblichen Kommunikationsmittel reichen im Übrigen allein qualitative Abwägungen und Beurteilungen (s. Kriterienvergleich) nicht aus. Es müssen dazu **Kosten-Nutzen-Überlegungen** bzw. entsprechende Optimierungsrechnungen durchgeführt werden. Zu diesen quantitativen Fragestellungen (einschließlich Mediaanalysen) wird auf *Schweiger/Schrattenecker,* 2001 und *Bruhn,* 2005 a bzw. 2013 verwiesen.

Neben werblichen Kommunikationsmitteln, die bisher Gegenstand der Betrachtungen waren, gibt es noch andere Kommunikationinstrumente mit *spezifischen* Aufgaben: Verkaufsförderung und Public Relations. Im Folgenden soll zunächst die Verkaufsförderung behandelt werden.

### *bcb) Verkaufsförderung (und Vertikales Marketing)*

Das Instrument der Verkaufsförderung hat im Laufe der Entwicklung an Bedeutung zugenommen. Das liegt nicht zuletzt an den vielfältigen Möglichkeiten relativ direkter Einflussnahmen auf den Absatz bzw. Umsatz (und damit der Zielerfüllung). Die **Kernaufgabe** kann in dieser Hinsicht wie folgt formuliert werden:

| Wie können wir den Verkauf unserer Produkte (Leistungen) unmittelbar unterstützen? |
|---|

Der **spezifische Marketingansatz** der Verkaufsförderung besteht darin, dass es im Allgemeinen nicht ausreicht, die Produkte (Leistungen) des Unternehmens über Werbung auszuloben bzw. zu profilieren, sondern es sind – nicht zuletzt aufgrund der hohen Reizüberflutung – zusätzliche Verkaufs- bzw. Kaufanreize notwendig. Die **Bedeutung** dieser Aufgabe kann so skizziert werden: „Kunden wollen am Ort des Verkaufs (Point of Sale) informiert werden, damit sie Kaufanregungen erhalten."

Verkaufsförderungsmaßnahmen sind insofern als wichtige flankierende Maßnahmen der Werbung anzusehen. Das lässt sich an einer **Modelldarstellung** näher aufzeigen *(Abb. 383).*

Die Verkaufsförderung – das soll die Darstellung verdeutlichen – ergänzt die klassische Werbung, die sich vornehmlich an die Endverbraucher wendet (sog. Sprungwerbung), um **produktweg-begleitende Promotions-Maßnahmen** (= Below-the-line-Marketing, *Frey,* 1994, S. 179).

Dabei können **drei Stufen bzw. Zielgruppen** der Verkaufsförderung (Sales Promotions) unterschieden werden (siehe auch *Fuchs/Unger,* 1999, S. 61 ff.; *Pflaum/Eisenmann/Linxweiler,* 2000, S. 16 ff.; *Bruhn,* 2005 b, S. 608 ff.; *Bruhn*, 2013, S. 385 ff.):

- **Verkäuferpromotions (Staff Promotions),**
- **Händlerpromotions (Trade Promotions),**
- **Verbraucherpromotions (Consumer Promotions).**

Das heißt, Hersteller haben bei klassischem indirekten Absatzweg grundsätzlich drei Zielgruppen für Konzipierung und Realisierung jeweils adäquater verkaufsfördernder Maßnahmen zu berücksichtigen. Trotz unterschiedlicher Anforderungen und Bedingungen der drei Zielgruppen ist es notwendig, an der gewählten **ziel-strategischen Plattform** des Unternehmens anzuknüpfen (= **konzeptionelle Kette** zwischen Zielen und Strategien einerseits und den für ihre Realisierung notwendigen Maßnahmen andererseits).

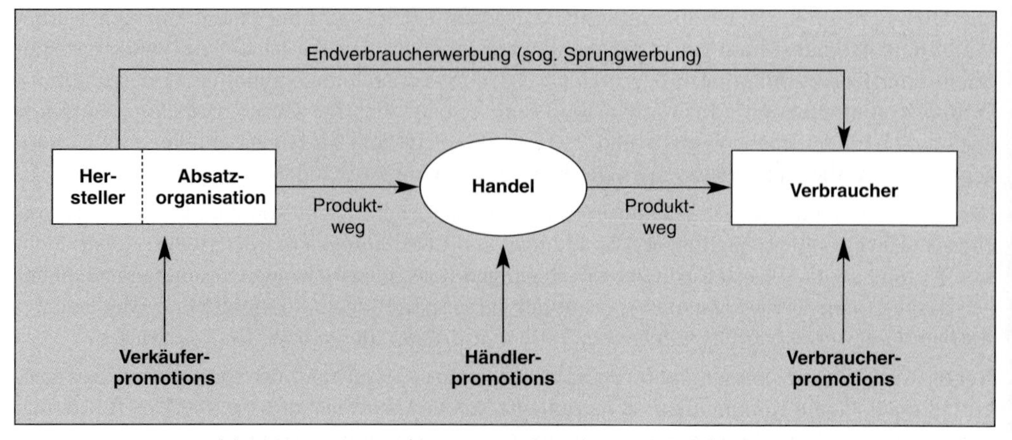


*Abb. 383: Arten und Ansatzpunkte der Verkaufsförderung*

Das Basisinstrument Verkaufsförderung ist – verglichen mit den Basisinstrumenten Absatzorganisation bzw. persönlicher Verkauf und klassischer Werbung – ein vergleichsweise **junges Instrument.** Es entstand aus der Erkenntnis, dass die zuletzt genannten Basisinstrumente für den akquisitorischen Erfolg (und damit für die Realisierung von Absatz-/Umsatz- bzw. Gewinnzielen) des Unternehmens nicht (mehr) ausreichen. Zugleich stellt sich die Verkaufsförderung als ein **Mischinstrument** dar, das auf vielfältige Weise mit anderen Instrumenten verbunden ist. So sind Verkaufsförderungsaktionen mit der Preispolitik (z. B. sog. **Couponing** i. S. v. Wertgutscheinen, s. a. *Bruhn,* 2013, S. 399 ff.), mit der klassischen Mediawerbung (z. B. promotion-unterstützende Anzeigenwerbung) oder mit dem persönlichen Verkauf (z. B. Beratungsaktivitäten) *eng* verknüpft. Nicht selten werden bei Verkaufsförderungsaktionen spezielle Produkt- (z. B. Konfitüre des Jahres von *Schwartau*) oder Verpackungslösungen gewählt (z. B. Probier-, Großpackungen von *Kellogg's*).

Fallbeispiele: Mischinstrument Verkaufsförderung

Um die Endverbraucher zu aktivieren (z. B. bei ihnen (Marken-) Lernprozesse bzw. Kaufanreize auszulösen), werden nicht selten **Gewinnspiele** eingesetzt. Sie werden häufig sowohl über Endverbraucherwerbung als auch Handelswerbung bekannt gemacht (u. a. Anreize, Teilnahmebedingungen, Termine).

Im Handel, d. h. am Ort des Verkaufs (Point of Sale, POS) sind außerdem **POS-Aktivitäten** notwendig bzw. sinnvoll (z. B. Aufstellen von entsprechenden Displays, Ausgabeboxen für Teilnahmekarten). Zur Beratung des Handels bzw. zur Besprechung von Durchführungsmodalitäten von Gewinnspielen sind entsprechende Aktivitäten des Verkaufspersonals (Reisenden) der Hersteller notwendig.

Um Kaufanreize für die Endverbraucher zu bieten bzw. das Engagement des Handels zu gewinnen, sind ggf. **Sonderpreise bzw. Sonderkonditionen** wichtig. Für ein entsprechendes Engagement des Verkaufspersonals der Hersteller können ebenfalls Anreize, z. B. in Form von Prämien (als spezielle Entlohnungsformen für die Verkaufsorganisation), sinnvoll sein.

Bei Verkaufsförderungsaktivitäten kommt es sogesehen auf die **promotionziel-adäquate Kombination** ganz verschiedener Instrumente an. Im Mittelpunkt aller Promotionmaßnahmen steht dabei das Produkt und seine (Problemlösungs-) Leistung. Sie ist der zentrale Bezugspunkt, denn alle Promotionaktivitäten können nur dann wirken, wenn die Produktleistung selbst – auch und gerade im Wettbewerbsumfeld – überzeugt.

Domäne der Verkaufsförderungsmittel und ihres Einsatzes ist das Konsumgütermarketing. Zunehmend gewinnen diese Formen der Absatzaktivierung auch an Bedeutung im **Investitionsgüter- bzw. Business-to-Business-Bereich** sowie in **Dienstleistungsmärkten** (*Assael,* 1990, S. 454 f.; *Cristofolini,* 1994 a, S. 430; *Pflaum/Eisenmann/Linxweiler,* 2000, S. 159 ff.).

Kaum ein Instrument ist so facettenreich wie die Verkaufsförderung. Die Praxis (speziell im Konsumgüterbereich) entwickelt immer wieder **neue Ansätze und Muster** für Promotionaktivitäten. Insoweit ist es gar nicht leicht, einen genügend differenzierten Überblick über dieses Instrumentarium zu geben (zur Vielfalt verkaufsfördernder Instrumente siehe im Einzelnen *Cristofolini/Thies,* 1979; *Kellner,* 1982; *Fuchs/Unger,* 1999; *Pepels,* 1999 b; *Pflaum/Eisenmann/Linxweiler* 2000; *Gedenk,* 2002). Eine Übersicht verdeutlicht **wichtige Maßnahmen** der Verkaufsförderung, und zwar sowohl unter dem Aspekt der drei Aktionsebenen (Verkäufer-, Händler- und Verbraucherpromotions) als auch unter dem Aspekt der Einsatzzeiten (kurz- und mittelfristige Maßnahmen, *Abb. 384).*

Die Verkaufsförderung bzw. ihre Maßnahmen besitzen häufig stark **taktisch-operativen Charakter,** d. h. sie dienen der Erfüllung bzw. Unterstützung eher kurzfristiger Marketingziele. Andererseits gibt es Maßnahmen, die über typische Kurzeinsatzzeiten (wie z. B. 14-tägige Promotionaktion für aktualisiertes oder verbessertes Produkt) hinausreichen (= Instrumente mit „Mittelfrist-Tendenz“, vgl. *Cristofolini,* 1994 b). Maßnahmen **mittelfristiger Art** sind dadurch gekennzeichnet, dass sie in besonderem Maße mit anderen Instrumenten verknüpft sind (im Rahmen des Kommunikationsmix oder auch des Marketingmix insgesamt).

Charakteristisch für Maßnahmen der Verkaufsförderung ist also, dass sie gewöhnlich *mehrere* Instrumente kombinieren, was sich schon aus der sinnvollen Berücksichtigung **aller drei Aktionsebenen** (Verkäufer, Handel und Verbraucher) ergibt.

Typisch für solche kombinierten Verkaufsförderungsaktivitäten ist im Übrigen die Orientierung an **spezifischen Anlässen.** Firmen- bzw. Produktjubiläen oder auch die Einführung bzw. Forcierung neuer Produkte sind solche Anlässe.

Fallbeispiele: Kombinierte Verkaufsförderungsaktionen

Für die Einführung von neuen Kaffeespezialitäten (aromatisierte Kaffees, z. B. *Nescafé Chococafé* ) hat *Nestlé* – neben klassischer Fernseh- und Hörfunk-Werbung – speziell im Handel **folgende Promotionmaßnahmen** schwerpunktmäßig gewählt:

- **Verkostungsaktionen,**
- **Probenverteilung,**
- **Zweitplatzierungen,**
- **Regalstopper,**
- **Telefonkarten.**

Aufgabe dieser Maßnahmen war, ganz gezielt Probierer zu gewinnen, mit der Chance, Sofortkäufe bzw. Impulskäufe – und bei Zufriedenheit entsprechende Nachkäufe – auszulösen.

| (1) Aktionsebene Verkaufsorganisation |
|---|
| **Kurzfrist-Tendenz**<br>– Verkaufshilfen wie Salesfolder<br>– Aktionstraining, Startveranstaltungen<br>– Verkäuferbriefe, Verkaufsinformationen<br>– Verkaufswettbewerbe, Incentives<br>– Einsatz von Servicekräften<br>– Merchandising<br>**Mittelfrist-Tendenz**<br>– Verkaufshandbücher<br>– Datenbanken und Computerprogramme<br>– Verkaufsausbildung<br>– Verkäuferzeitung, Verkaufsvideos<br>– Prämiensysteme, gemeinsame Motivation von Innen- und Außendienst<br>– Kombination von persönlichem Verkauf und Telefonverkauf<br>– Neue Vertriebskonzepte |
| **(2) Aktionsebene Absatzmittler** |
| **Kurzfrist-Tendenz**<br>– Verkaufsbriefe, Aussendungen<br>– Fachblattanzeigen<br>– Handelsgadgets mit Argumenten<br>– Zweitplatzierungen<br>– Verkaufsförderungsaktionen<br>– Displays<br>– Handelspreisausschreiben<br>**Mittelfrist-Tendenz**<br>– Handelsmessen und Fachausstellungen<br>– Informationszentralen von Herstellern<br>– Entscheidungshilfen für Einkaufs-/Verkaufsgremien<br>– Absicherung der Stammplatzierung<br>– Verkaufsförderungsvereinbarungen in Jahresgesprächen<br>– Audiovisuelle Informationen<br>– Verkaufsprogramme für das Handelspersonal<br>– Handelsgerechte und umweltfreundliche Produkte und Verpackungen<br>– Neue Verkaufsstellen (Shop-in-the-Shop) |
| **(3) Aktionsebene Verbraucher/Verwender** |
| **Kurzfrist-Tendenz**<br>– Postwurfsendungen<br>– Gutscheine, Coupons<br>– Zugaben<br>– Verbundangebote<br>– Verkostungen im Markt<br>– Verbraucherpreisausschreiben, Marktverlosungen<br>– Nutzen von handelseigenen Verkaufsförderungsträgern wie Parkplatzplakaten, Ladenfunk usw.<br>– Zusatzangebote zum Produkt<br>**Mittelfrist-Tendenz**<br>– Verbraucherzeitungen<br>– Warenproben, Geräte zur Probe<br>– Neue Konsumideen<br>– Produkte mit Zusatznutzen<br>– Packungen mit Zweitnutzen<br>– Gewinnspiele in Kombination mit TV-Shows<br>– Promotionprogramme im Medienverbund (Multi-Media)<br>– Kundenclubs<br>– Audiovisuelle Informationen am POS und für zu Hause |

*Quelle: Cristofolini,* 1994 b, S. 1081 f.

*Abb. 384: Hauptansatzpunkte für Verkaufsförderungsmaßnahmen (unter Berücksichtigung von Aktionsebenen und -fristen)*

Für die Nutzung des 25-jährigen Jubiläums von *Sebapharma* zur Stärkung bzw. Aktualisierung des pharmazeutisch-orientierten Körperpflegeprogramms wurden u. a. **folgende Verkaufsförderungsmittel** eingesetzt:

- **Displays,**
- **Theken- und Bodenaufsteller,**
- **Minipaletten,**
- **Gewinnspiel.**

Flankiert wurden die Promotionmaßnahmen jeweils von einer **Printkampagne** in ausgewählten zielgruppen-orientierten Medien.

Die Beispiele verdeutlichen, dass sich Verkaufsförderungsmaßnahmen stark auf den Handel konzentrieren und den **Point of Sale** (POS) für das Auslösen von Kaufimpulsen aktivieren (inzwischen auch einschließlich der Berücksichtigung der **Touchpoints** insbes. via **Mobile Marketing**).

Was die Handelspromotions betrifft, so sind zwei **Ansatzpunkte** zu unterscheiden:

- **Klassische Trade Promotions (= Hineinverkaufsmaßnahmen, Sell-in),**
- **Neuere Merchandising-Aktivitäten (= Herausverkaufsmaßnahmen, Sell-out).**

Zu den typischen **Hineinverkaufsmaßnahmen** gehören neben Informations- und Schulungsangeboten für den Handel vor allem finanzielle Anreize wie Listungsgelder, Einführungsrabatte, Werbekostenzuschüsse (WKZ) u. ä.. Ursprünglich haben sich Handelspromotions sehr stark auf den Hineinverkauf konzentriert, bis man erkannte, dass der Marketingerfolg (Absatz/Umsatz) für Hersteller und Handel erst dann gegeben ist, wenn die Produkte abverkauft bzw. durch den Verbraucher gekauft werden. Das Interesse der Verkaufsförderung hat sich insofern stark auf geeignete abverkaufsunterstützende bzw. **herausverkaufende Maßnahmen** (Merchandising) verlagert. Zu typischen Merchandising-Maßnahmen zählen etwa Impuls- oder Spontankäufe auslösende Verkaufsförderungsmittel wie Verkaufsdisplays, Dekorationsmittel, Verkostungen, Probierpackungen, Regalbeschickung und -pflege (vgl. auch *Pepels,* 1999 b, S. 12 ff.).

Eine Untersuchung des *EuroHandelsinstituts (EHI)* zur Nutzung typischer Verkaufsförderungsinstrumente im Handel bestätigt gerade auch die **Bedeutung herausverkaufs-orientierter Instrumente** *(Abb. 385).*

Dabei fällt auf, dass u. a. **Displays** in Verbindung mit Deckengestaltung und **Sonderplazierungen** relativ stark eingesetzt werden. Andererseits ist der Trend hin zu einem verstärkten **Einsatz elektronischer Medien** (Ladenfunk, Computer/Multimedia) kennzeichnend. An konkreten Beispielen soll jeweils eine typische Sonder- bzw. Zweitplazierung *(Abb. 386)* sowie der Einsatz von *Multimedia*-Techniken am POS *(Abb. 387)* illustriert werden.

Der **Regaltray** in Form einer Biotonne – eingesetzt als Sonder- bzw. Zweitplazierung – lenkt die Aufmerksamkeit konzeptionsgerecht auf ein neues Sortiment (Beutel/Säcke) für die Biomüll-Entsorgung.

Der **Rezept-Computer** hat dagegen die Funktion, einen ganzen Sortimentsbereich zu aktualisieren und zu „beleben“.

Der **Multimedia-PC** erlaubt eine interaktive Beratung mit individueller Informationsauswahl. Die Rezepte sind auf die Zubereitung von Gemüse und Salat konzentriert und damit auf das „Grüne Sortiment“, das einen hohen Stellenwert im Lebensmittelhandel besitzt.

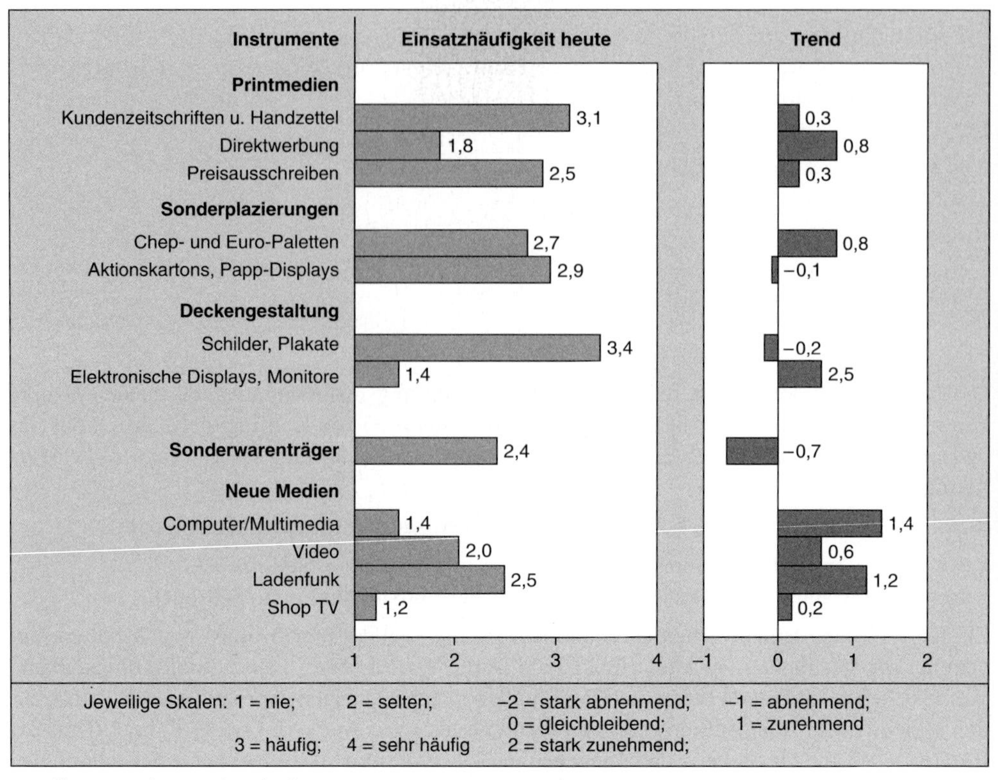


*Quelle: EHI/Absatzwirtschaft*

*Abb. 385: Einsatzhäufigkeit von Verkaufsförderungsinstrumenten (und Trends, Beispielperiode)*

In Verbindung mit *herausverkaufs*-orientierten Promotionmaßnahmen werden nicht selten auch Sonderprodukte oder **Sonderverpackungen** eingesetzt *(Abb. 388)*.

Solche Sonderpackungen können Verkaufsaktionen wesentlich unterstützen. Dieser Ansatz, auch die Produkt- bzw. Packungsgestaltung mit in das Promotion-Konzept einzubeziehen, unterstreicht noch einmal den **Mischcharakter** des Marketinginstrumentes Verkaufsförderung.

Im Zusammenhang mit effizienten Merchandising- bzw. Herausverkaufsmaßnahmen hat auch die **Regalplatzoptimierung** stark an Bedeutung gewonnen.

Exkurs: Grundfragen der Regalplatzoptimierung (RPO)

Im Rahmen der Distributionspolitik, speziell bei der Diskussion der verschärften Wettbewerbssituation im Handel, ist bereits auf das grundsätzliche Problem der **Regalplatzknappheit** eingegangen worden. Es ist klar, dass der Handel (und indirekt auch die Hersteller) versuchen (müssen), die Regalflächen-Nutzung zu verbessern. Spätestens seit Einführung des **DPR-Konzeptes** (Direkte Produkt-Rentabilität = Ermittlung des individuellen Gewinn- bzw. Rentabilitätsbeitrages jedes einzelnen Artikels im Handelssortiment, *Behrends,* 1992 und *Jediss,* 1991) ist der Handel interessiert, die knappe Regalfläche unter Ertragsgesichtspunkten zu optimieren (*Pflaum/Eisenmann/Linxweiler,* 2000, S. 146 f.; *Specht/Fritz,* 2005, S. 429 f.).

Entscheidungsgrundlage für die Regalflächenzuweisung (Space-Management) sind die **artikelspezifischen Roh- oder Deckungsbeiträge,** welche eine Umrechnung auf Verkaufsflächen-, Regalflächenbasis oder auf Basis laufender Regalmeter erlauben. Einen zentralen Ansatzpunkt zur Regalflächenoptimierung bildet z. B.

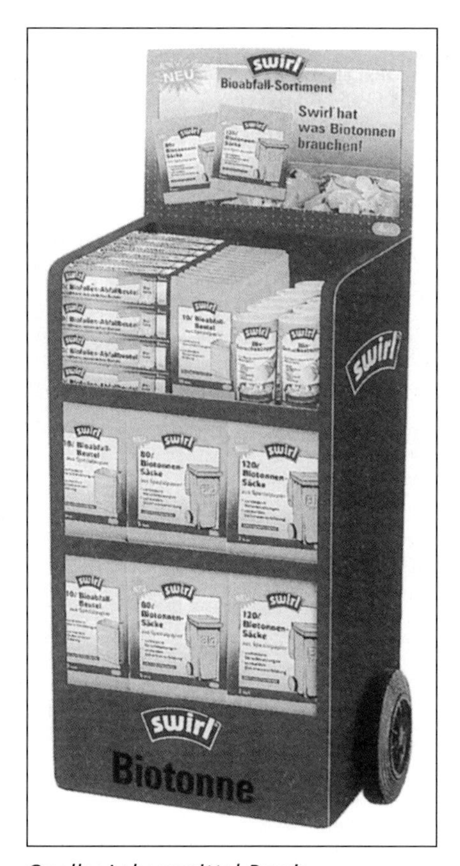


*Quelle: Lebensmittel-Praxis*

*Abb. 386: Sonder- bzw. Zweitplazierung für Bioabfall-Sortiment (Swirl)*

eine vergleichende Analyse der Regalstreckenanteile und der Deckungsbeitragsanteile in den verschiedenen Warengruppen. Sie stellt die Vorstufe zu **computergestützten Regaloptimierungsverfahren** dar (vgl. Überblick von *Zentes,* 2001 a sowie *Specht/Fritz,* 2005, S. 430 f.). Hierfür stehen verschiedene Standardsoftware-Pakete zur Verfügung, mit deren Hilfe eine Simulation der Auswirkungen alternativer Plazierungskonzepte möglich ist, u. a.:

- **APOLLO** *(Information Resources Inc.),*
- **COMPAS** *(Adapta Deutschland),*
- **SPACEMAN** *(Logistics Data GmbH).*

Auf der Basis entsprechend **erhobener Daten im Handel** (wie Höhe und Verlauf der Kundennachfrage, Maße und Anordnung der Regalfläche, Maße der Artikel bzw. Verpackungen, Verkaufs- und Einstandspreise, Handling-, Lager-, Flächen- und Energiekosten (i. S. des DPR-Konzeptes), kann z. B. mit Hilfe des SPACEMAN-Programms ermittelt werden,

- **welche Produkte (Artikel) das Ergebnis verbessern können,**
- **welchen Artikeln mehr Regalplatz eingeräumt werden soll,**
- **welchen Artikeln weniger Regalplatz zugewiesen werden soll.**

Es ist einsichtig, dass solche Optimierungen an den spezifischen Bedingungen der jeweiligen Geschäfte (Filialen) anknüpfen müssen, und solche Optimierungen im Zeitablauf immer wieder *neu* justiert werden müssen. Hierbei müssen im Prinzip auch Regalwertigkeiten bzw. -anmutungen aus der **Sicht der Verbraucher** berücksichtigt werden (*Gröppel,* 1995, Sp. 1022). Dafür müssen spezielle Untersuchungen durchgeführt werden (via Marktforschung).

*Quelle: Lebensmittel-Praxis*

*Abb. 387: Rezept-Computer im Gewürzberatungsregal (Maggi)*

*Quelle: Absatzwirtschaft*

*Abb. 388: Sonderpackungen bei Getränken (Coca-Cola)*

Die allgemeine Regalplatzknappheit im Handel und der daraus folgende Zwang zur Regalflächenoptimierung hat zu einer entsprechenden **Zusammenarbeit** (Kooperation) zwischen Industrie und Handel geführt. Bereits im Rahmen der Distributionspolitik, und zwar speziell bei der Behandlung der Absatzlogistik, wurde auf Möglichkeiten bzw. Zwänge integrierter Warenwirtschaftssysteme näher eingegangen. Auch in diesem Bereich gibt es entsprechende Kooperationen zwischen Industrie und Handel. Damit sind Grundfragen der Zusammenarbeit zwischen beiden Marktstufen insgesamt angesprochen. Diese Fragen werden auch unter dem Thema **Vertikales Marketing** thematisiert.

Exkurs: Grundfragen und Grundprobleme des Vertikalen Marketing

Im klassischen Konsumgütermarketing ist der **indirekte Absatzweg** typisch, d. h. die Hersteller setzen für die Vermarktung ihrer auf den Endverbraucher gerichteten Produkte (Leistungen) den **selbstständigen Handel** ein. Insofern setzt die konzeptionsgerechte Vermarktung die wechselseitige Information und Kooperation beider Marktstufen voraus.

Kernproblem der Hersteller- und Handelsbeziehung ist ein struktureller Zielkonflikt. Insbesondere in Hinblick auf die Vermarktung von Markenartikeln im allgemeinen Handel lassen sich **typische Zieldivergenzen** identifizieren (*Abb. 389*, vgl. hierzu u. a. *Steffenhagen,* 1975, S. 75; *Thies,* 1976, S. 41; *Kunkel,* 1977, S. 107, zu Grundfragen des Vertikalen Marketing insgesamt *Irrgang,* 1989 und 1993 sowie *Fauser,* 2004).

| Zielbereiche | Herstellerziele* | Handelsziele |
|---|---|---|
| **Angebots-politik** | • Aufbau von Produkt- bzw. Markenimage<br>• Hohe Produktinnovation<br>• Forcierung der Herstellermarke<br>• Eher hochpreisige Politik<br>• Abbau überhöhter Spannen | • Aufbau von Sortiments- bzw. Ladenimage<br>• Möglichst Produktkonstanz<br>• Forcierung der Handelsmarke<br>• Eher niedrigpreisige Politik<br>• Durchsetzung zusätzlicher Konditionen |
| **Distributions-politik** | • Große Bestellmengen<br>• hohe (optimale) Distributionsdichte<br>• Günstige Platzierung der eigenen Ware<br>• Hohe Lieferbereitschaft<br>• Möglichst viel Beratung und Service | • Schnelle Auslieferung auch kleiner Bestellmengen<br>• Selektive Distribution (bzw. Alleinvertretungsansprüche)<br>• Niedrige Lagerhaltung<br>• Möglichst wenig Beratung und Service |
| **Kommunika-tionspolitik** | • Produktwerbung<br>• Aufbau von Markenpräferenzen<br>• Bevorzugte Markenplatzierung<br>• Herstellerorientierte Verkaufsförderung<br>• Erhöhung der Markentreue | • Firmenwerbung<br>• Aufbau von Präferenzen für den Laden<br>• Sortimentsgerechte Platzierung<br>• Handelsorientierte Verkaufsförderung<br>• Erhöhung der Ladentreue |
| | * speziell bei präerenz-orientierten Marken-Konzepten | |

*Abb. 389: Wichtige Zielunterschiede zwischen Hersteller- und Handelsunternehmen*

Die Übersicht zeigt, dass Industrie und Handel insgesamt sehr unterschiedliche Zielvorstellungen haben. Beide Marktstufen streben danach, **eigene Marketingkonzepte** am Markt durchzusetzen, die jeweils der Erfüllung ihrer eigenen Ziele dienen. Während die Hersteller grundsätzlich ihr auf den Endverbraucher ausgerichtetes Grundkonzept (z. B. Markenartikel-Konzept = Präferenz-Strategie) vom Handel entsprechend mitgetragen wissen wollen, versucht der Handel – nicht zuletzt aufgrund seiner allgemein erstarkten Position (hoher Konzentrationsgrad, z. B. die „Top 10" im Lebensmittelhandel vereinigen immerhin rd. 80 % des

Umsatzes auf sich) – eigene Konzepte am Markt durchzusetzen (z. B. ausgeprägte Handelsmarkenkonzepte = Preis-Mengen-Strategie). Beide Strategiemuster stehen vor allem dann im Konflikt zueinander, wenn **keine klare Rollenverteilung** zwischen beiden Konzepten besteht bzw. eine oder beide Marktstufen jeweils in die Domäne der anderen Seite eindringen (vgl. hierzu auch 2. Teil „Marketingstrategien", speziell Abschnitt zu den Marktstimulierungsstrategien).

Hersteller- und Handelsstufe ringen um die **Marketingführerschaft** (*Olbrich,* 1995, Sp. 2617 f.; im Einzelnen *Ahlert,* 1996, S. 109 ff.; *Specht/Fritz,* 2005, S. 453 ff.). Während ursprünglich die Hersteller als „Marktgestalter" und der Handel als „Verteiler" relativ problemfrei zusammenarbeiteten, führten neue Ansprüche des Handels (nämlich marktgestaltend zu wirken) zu stärkeren Konflikten (= Hersteller- versus Handelsmarketing, zu Handels- und Herstellermarkenstrategien s. a. *Esch,* 2012, S. 545 ff. bzw. 569 ff.).

Neben dem klassischen horizontalen (auf den Endverbraucher) gerichteten Marketing versuchen (Markenartikel-)Hersteller seit längerem, den Handel über ein sog. Vertikales Marketing (siehe u. a. *Dingeldey,* 1975, *Thies,* 1976 bzw. *Irrgang,* 1989 und 1993; *Florenz,* 1992; *Laurent,* 1996; *Müller-Hagedorn et al.,* 1999) so zu beeinflussen, dass er ihr **Produktmarketing** und ihre **Vermarktungsvorstellungen** möglichst weitgehend übernimmt. Immer mehr Hersteller betreiben deshalb ein gezieltes Trade Marketing mit entsprechenden organisatorischen Konsequenzen (u. a. Key Account Management, zu Möglichkeiten erfolgreicher ECR-Kooperationen s. a. *Schmickler/Rudolph,* 2001, siehe hierzu auch *Abb. 391*).

Während in der Vergangenheit preis- und konditionenpolitische Fragen (u. a. bei den üblichen Jahresgesprächen, *Irrgang,* 1989, S. 125 f.) im Vordergrund der Verhandlungen zwischen Industrie und Handel standen, treten immer ausgeprägter **andere Verhandlungsgegenstände** bzw. Kooperationsbereiche hinzu, z. B. logistische einschließlich warenwirtschaftliche Fragen (vgl. Teil „Distributionspolitik", Abschnitt Absatzlogistik) sowie verkaufsfördernde Aktivitäten bis hin zu gemeinsam interessierenden Fragen der Regalflächenoptimierung (siehe auch *Schuh,* 1995, Sp. 1880 f.). Besondere Möglichkeiten der Koordination beiderseitiger Interessen bieten insbesondere **vertragliche Vertriebssysteme** (siehe dazu die Darlegungen zum Teil „Distributionspolitik", Abschnitt Absatzwege). Eine kooperative Zusammenarbeit zwischen Industrie und Handel muss sogesehen an *mehreren* Arbeitsfeldern anknüpfen, um eine **Win-Win-Situation** für beide Marktseiten herbeizuführen.

Art bzw. Intensität kooperativen Marktverhaltens zwischen Industrie und Handel ist naturgemäß auch von der **jeweiligen Machtposition** abhängig (zu Machtfragen im Distributionssystem siehe *Ahlert,* 1996, S. 98 ff.). Während der Handel vor allem seine Einkaufsmacht auszuspielen versucht (Abhängigkeit der Hersteller von der Listung großer, marktstarker Handelsorganisationen bzw. Drohpotenzial der Auslistung), setzen die Hersteller dem vor allem ihre Markenmacht entgegen bzw. den **Pull-Effekt** ihrer Marken. Das heißt, die Hersteller versuchen – durch innovative Produkte und ihre starke Profilierung über Werbung beim Endverbraucher (sog. Sprungwerbung) –, den Handel durch diese Mobilisierung der Verbrauchernachfrage zu „zwingen", entsprechend starke Marken **(„Mussmarken")** in das eigene Sortiment aufzunehmen. Die Markenpolitik der Hersteller ist insoweit der eigentliche Schlüssel, eigene Konzepte auch im Handel konsequent durchzusetzen. Eine Darstellung versucht die **Mechanik** erfolgreicher und nicht erfolgreicher Markenpolitik zu verdeutlichen *(Abb. 390).*

Neuere empirische Untersuchungen bestätigen im Übrigen, dass der Handel seine Bereitschaft zu herstellerkonzept-orientierter Vermarktung in hohem Maße von Pull-Maßnahmen (insbesondere hohem Werbedruck) und deutlich **weniger von Push-Maßnahmen** (Hineinverkaufsmaßnahmen der Verkaufsförderung inklusive Konditionenpolitik) abhängig macht (*Feige/Tomczak,* 1995, S. 33 ff. bzw. S. 46 ff., im einzelnen *Feige,* 1996 a bzw. Überblick *Feige,* 1996 b; zur Nutzung von „Pull-Argumenten" vgl. auch *Irrgang,* 1989, S. 44 ff.).

Jenseits machtpolitischen Agierens und Reagierens haben sich vielfältige kooperative Formen der Zusammenarbeit zwischen Industrie und Handel herausgebildet. Dem liegt die Erkenntnis zugrunde, dass beide Marktseiten **ihre Ziele** am besten realisieren, wenn sie kooperieren. Hierbei kommt der Herstellerseite vielfach eine **Initiatorfunktion** zu, denn sie ent-

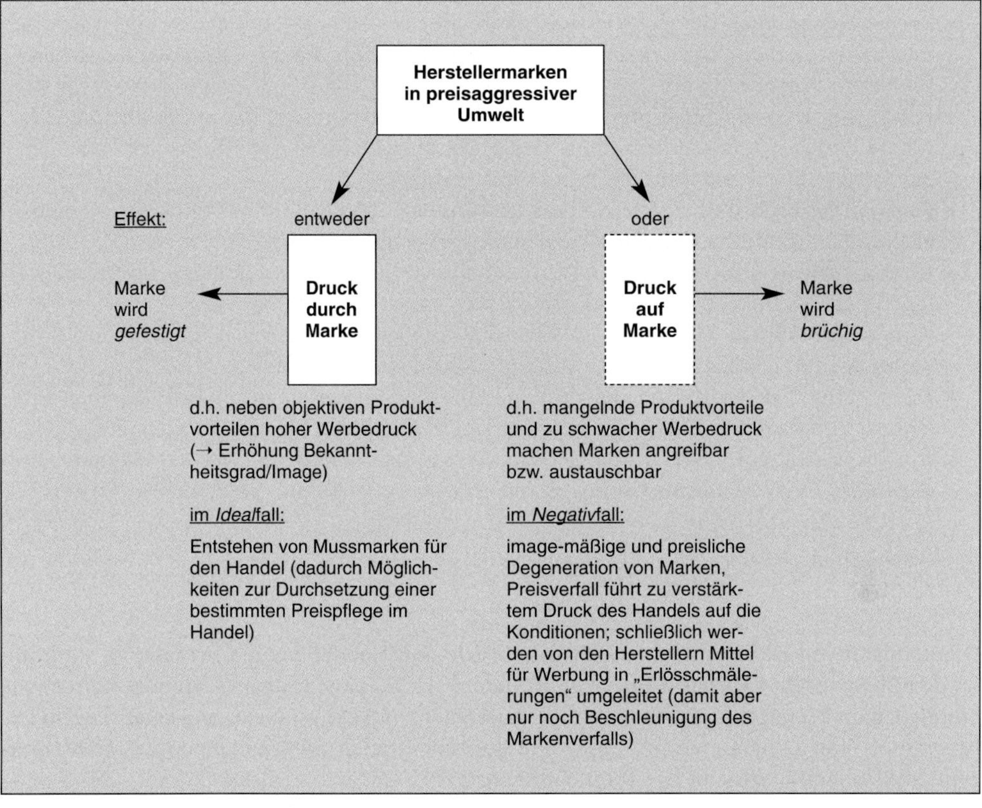


*Abb. 390: Mechanik erfolgreicher und nicht erfolgreicher Herstellermarken-Konzepte*

wickelt Produkte (Leistungen), die im Distributionskanal konzeptionsgerecht vermarktet werden sollen. Auf der anderen Seite kann es sinnvoll sein, den Handel bereits *früh* in Produktüberlegungen einzubeziehen, um so auch rechtzeitig Vermarktungsfragen im Produktkonzept zu berücksichtigen.

Fallbeispiel: Kooperative Formen der Zusammenarbeit (Kundenbindungsprogramm)

Praktische Beispiele zeigen immer wieder, wie differenziert die **Formen der Kooperation** zwischen den Marktstufen insgesamt sein können.

Hier soll das kooperative Konzept des mittelständischen Unternehmens *Hailo,* das technische Haushaltsprodukte wie Leitern, Bügeltische, Trockenständer u. a. herstellt, skizziert werden. Das Unternehmen unterscheidet bzw. beliefert **fünf Kundengruppen:** Hausrat- und Eisenwarenhandel, Warenhäuser, Bau- und Heimwerkermärkte, Cash & Carry-Märkte und Verbrauchermärkte.

Zur Förderung der Zusammenarbeit bzw. als **Kundenbindungsprogramm** hat Hailo ein ganzes Paket von Maßnahmen entwickelt (*Klimek,* 1996, S. 51):

- **Werksbesuche** (insbesondere Besichtigung der modernen Fertigung, um die Handelspartner vom Qualitätsstandard der Produkte zu überzeugen),

- **Produktschulungen** (für die Verkaufsmitarbeiter des Handels, um sie von der Funktionsqualität der Produkte zu überzeugen und Argumente für Preisgespräche mit dem Endverbraucher zu liefern),
- **Förderung Handels-Jungunternehmer** (Seminare und Kooperation mit der Fachhochschule des Deutschen Eisenwaren- und Hausratgroßhandels, um den Nachwuchs an das Unternehmen und sein Programm heranzuführen),
- **Fachhandelskreis** (Arbeitskreis mit ausgewählten Fachhändlern zur Entwicklung neuer Produkt-, Verkaufsförderungs- und Warenpräsentationsideen),
- **Ideengespräche mit Großkunden** (Zusammenarbeit mit Schlüsselkunden zur Entwicklung neuer Produkt- und Promotionkonzepte),
- **Kundenindividuelle Produkte** (Entwicklung kundenindividueller Aktionsprodukte in bezug auf Produktausstattung, Gestellfarbe, Produkteinleger usw.),
- **Kooperative Verkaufsförderung** (Entwicklung kompletter eigenständiger, kundenorientierter Verkaufsförderungsaktionen von der Themenidee bis zum Aktionsprospekt),
- **Kooperative Verbraucherwerbung** (Möglichkeit der Einbindung von Großkunden in die *Hailo*-TV-Werbung als exklusive Partner einer gemeinsam entwickelten Aktion).

Das *Hailo*-Beispiel verdeutlicht, wie vielfältig die Ansatzpunkte sind, die für eine Zusammenarbeit zwischen Hersteller und Handel in Betracht kommen.

Die kooperativen Beziehungen zwischen Industrie und Handel werden inzwischen stark unter den Stichworten **Efficient Consumer Response** (ECR) bzw. **Category Management** sowie **Supply Chain Management** diskutiert und weiterzuentwickeln versucht, und zwar u. a. im Lebensmittel- und Drogeriewaren-Markt. Die konzeptionellen Stoßrichtungen des ECR-Konzepts stellen sich insgesamt wie folgt dar *(Abb. 391)*.

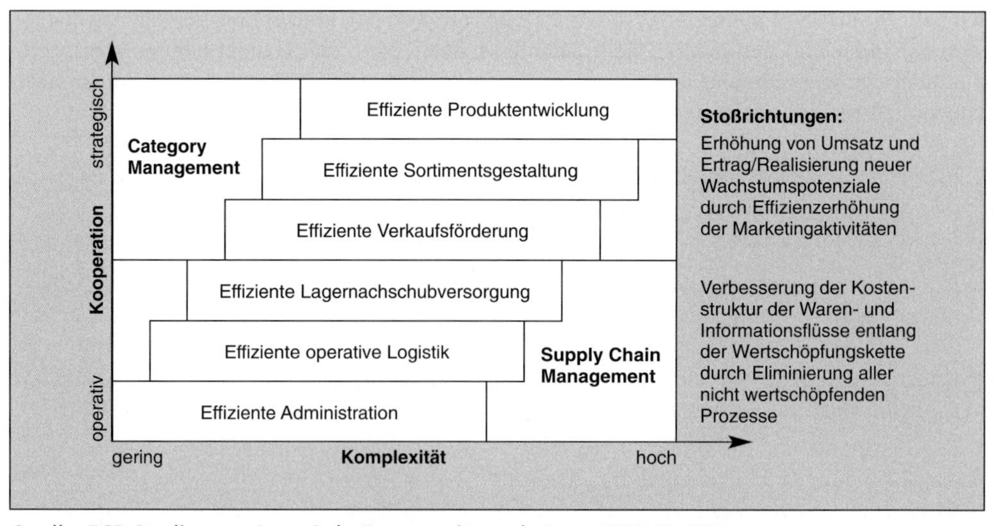


*Quelle:* ECR-Studie von *Coca-Cola-Europa*, zit. nach *Frey*, 1997, S. 172

*Abb. 391: Konzeptionelle Stoßrichtungen des ECR-Konzepts*

Die Darstellung macht insgesamt die **enge Verzahnung** von Produktgestaltung, Sortimentsmanagement (Category Management, vgl. hierzu Überblick bei *Köhler,* 1995, Sp. 1642 f.) und Logistikkonzept deutlich. Sie zeigt, wie stark Industrie und Handel dazu „verdammt" sind, im Interesse der Erfüllung eigener Unternehmensziele möglichst konsequent zusammenzuarbeiten (zu Konzepten, Erfahrungen und Herausforderungen *Heydt,* 1998; *Behrends,* 2001; *Hahne,* 2001 sowie *Specht/Fritz,* 2005, S. 186 ff.; *Homburg*, 2015, S. 882 ff.).

Dass das Bewusstsein hierfür gewachsen ist, zeigen Untersuchungsergebnisse zum ECR-Konzept und den damit **verfolgten Zielen** auf Industrie- und Handelsseite *(Abb. 392).*

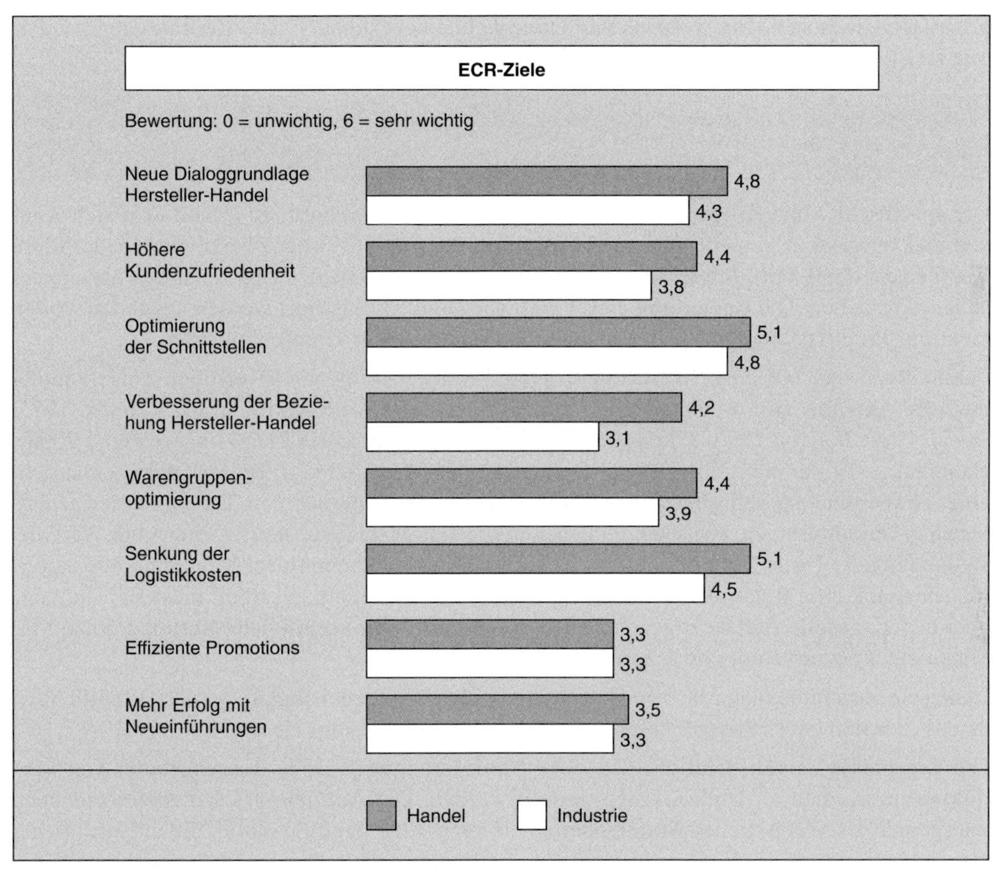


*Quelle: Lebensmittel-Praxis/Dölle*

*Abb. 392: ECR-Ziele von Handel und Industrie*

Insgesamt fällt bei diesen Ergebnissen auf, dass Industrie und Handel jeweils **unterschiedliche Akzente** bei den ECR-Zielen setzen. Andere empirische Untersuchungen zeigen, dass man sich von der Verwirklichung des ECR-Konzepts vor allem auch eine **effizientere Produktentwicklung** (u. a. Einbeziehung des Handels in die Produktentwicklung, mehr Produkttests in Geschäften) verspricht (*Homburg/Grandinger/Krohmer,* 1996; s. a. *Freiling/Köhler*, 2014, S. 220 ff.). Insofern sind die Ziele einer „neuen Wertschöpfungspartnerschaft" zwischen Industrie und Handel hoch gesteckt.

Mit diesen Darlegungen sollen die Betrachtungen und Analysen zur Verkaufsförderung – unter besonderer Berücksichtigung von Problemstellungen bzw. -lösungen im Vertikalen Marketing – abgeschlossen werden.

### *bcc) Public Relations (klassische und moderne Formen)*

Public Relations (auch als Öffentlichkeitsarbeit bezeichnet) sind ein kommunikationspolitisches Instrument, das in den letzten Jahren (Jahrzehnten) ständig an Bedeutung gewonnen hat. Während Werbung und Verkaufsförderung auf die Profilierung und Aktivierung von Produkten (Leistungen) gerichtet sind, besteht die Aufgabe der Öffentlichkeitsarbeit darin, die „Öffentlichkeit" über das Unternehmen zu informieren und auf diese Weise Vertrauensgrundlagen zwischen Unternehmen und Öffentlichkeit aufzubauen. Die **Kernaufgabe** von Public Relations kann insoweit wie folgt beschrieben werden:

> Wie profilieren wir unser Unternehmen als Absender (Garant) unserer Produkte und Leistungen?

Der **spezifische Marketingansatz** der Öffentlichkeitsarbeit ist darin zu sehen, dass sich Kunden und Interessenten nicht allein auf profilierte Produkte (Marken) verlassen, sondern ihre Kaufentscheidung bzw. Interesse auch von Ruf und Kompetenz des Unternehmens als Ganzes abhängig machen. Die **Bedeutung** dieser Aufgabe kann so illustriert werden: „Kunden wollen nicht nur Produktsicherheit, sondern auch die Sicherheit des Unternehmens."

Public Relations (Öffentlichkeitsarbeit, auch Pressearbeit genannt) erfüllen eine **komplementäre Aufgabe** zur produktorientierten Werbung und Verkaufsförderung (*Zankl,* 1975; *Oeckl,* 1981; *Bogner,* 1992, *Pflaum/Linxweiler,* 1998; *Kunczik,* 2002; *Ruisinger/Jarzik*, 2008). Hauptansatz ist ein möglichst offener Dialog mit der Öffentlichkeit. Dieser Dialog entspricht einer gewachsenen **gesellschaftlichen Verantwortung** der Unternehmen. Damit werden grundlegende Verknüpfungen zwischen Zielebene (speziell Metaziele, hier: Allgemeine Wertvorstellungen oder Basic Beliefs) und Mix- oder Instrumentalebene (hier: Kommunikationspolitik, speziell Public Relations) sichtbar. Das heißt, die Öffentlichkeitsarbeit muss sich an übergeordneten, gesellschaftsbezogenen Zielen orientieren (= **konzeptionelle Kette**), z. B. an Maximen eines sozialverantwortlichen Unternehmenshandelns.

In diesem Zusammenhang ist von Bedeutung, welche **Anforderungen** von der Öffentlichkeit an das „ideale Unternehmen" gestellt werden *(Abb. 393).*

Die Ergebnisse zeigen deutlich, wie stark Anforderungen **jenseits des Angebotes von Produkten** inzwischen an Unternehmen gestellt werden. Die Aufgabe des Unternehmens auch und gerade als verlässlicher Arbeitgeber spielt dabei eine zentrale Rolle, die angesichts bestehender struktureller Wirtschafts- und Beschäftigungsprobleme eher noch zunehmen wird.

Zugleich ist für das Agieren des Unternehmens wie für seine Informationspolitik entscheidend, nicht nur potenzielle und tatsächliche Kunden (= Kundenorientierung) in das Zentrum des Dialogs zu stellen, sondern **alle Anspruchsgruppen** (Stakeholder) des Unternehmens zu berücksichtigen (*Fill,* 2001, S. 607 ff., vgl. hierzu auch 1. Teil „Marketingziele", Abschnitt Allgemeine Wertvorstellungen (Basic Beliefs)).

Danach muss die Öffentlichkeitsarbeit (und die ihr zugrunde liegenden Anliegen und Aufgaben bzw. die Resultate des Unternehmenshandelns) auf eine **sehr breite Zielgruppe** ausgerichtet werden, und zwar auf zwei Zielgruppen-Kategorien:

| Ein ideales Unternehmen soll folgende Anforderungen erfüllen | Angaben in Prozent (Mehrfachnennungen) |
|---|---|
| – Sichere Arbeitsplätze | 70 % |
| – Gute Bezahlung | 57 % |
| – Gutes Betriebsklima | 49 % |
| – Engagement für die Umwelt | 48 % |
| – Preisgünstige Produkte | 37 % |
| – Qualitativ hochwertige Produkte | 34 % |
| – Umweltverträgliche Produkte | 33 % |
| – Ehrliche Informationspolitik | 28 % |
| – Forschungsinvestitionen | 24 % |
| – Weiterbildungsangebot | 23 % |

*Quelle: Sample Institut*

*Abb. 393: Das ideale Unternehmen aus der Sicht der Bundesbürger*

- **Externe Anspruchs- oder Zielgruppen**
  - Fremdkapitalgeber,
  - Lieferanten,
  - Kunden,
  - Konkurrenten,
  - Staat und Gesellschaft.
- **Interne Anspruchs- oder Zielgruppen**
  - Eigentümer,
  - Management,
  - Mitarbeiter.

Analog zu verschiedenen Zielgruppen-Kategorien werden verschiedene **Public-Relations- oder PR-Kategorien** unterschieden, die bestimmte Zielgruppen zusammenfassen bzw. differenzieren (*Pepels,* 1996 a, S. 505 f.; *Bruhn,* 2005 b, S. 727 ff.; *Kloss*, 2012, S. 165 ff.):

- **Business Relations** (in Bezug auf Lieferanten und Konkurrenten),
- **Investor Relations** (in Bezug auf Kapital- und Kreditgeber),
- **Trade Relations** (in Bezug auf Handel und Distributionsorgane),
- **Consumer Relations** (in Bezug auf Kunden, tatsächliche und potenzielle),
- **Governmental Relations** (in Bezug auf staatliche Organe wie Bund, Länder und Gemeinden),
- **Opinion Leader Relations** (in Bezug auf Entscheidungsträger und Meinungsbildner),
- **Social Relations** (in Bezug auf Gesellschaft bzw. bestimmte gesellschaftliche Gruppen),
- **Employee Relations** (in Bezug auf Arbeitnehmer und ihre Interessenvertreter).

Public Relations (PR oder Öffentlichkeitsarbeit) wenden sich insoweit an sehr verschiedene **Teil-Öffentlichkeiten.** Es ist klar, dass Öffentlichkeitsarbeit ihre Aufgaben nur dann erfüllen kann, wenn ihr ein Konzept zugrundeliegt, das die ggf. ganz unterschiedlichen Anliegen in bezug auf die verschiedenen Teil-Öffentlichkeiten harmonisiert (z. B. im Hinblick auf die Vermittlung möglichst *durchgängiger* Basisaussagen bzw. Botschaften). In diesem Zusammenhang verwundert nicht, dass man sich auch mit den **sozial-psychologischen Grundlagen** der Kommunikation beschäftigt hat.

Exkurs: Zur Theorie der beeinflussenden Kommunikation

Schon früh (etwa seit den vierziger Jahren) hat man sich in den USA (speziell an der *Yale University*) mit Bedingungen und Wirkungen von Themen, für die starkes öffentliches Interesse besteht, beschäftigt. Dabei stehen auch **kommunikationstechnische Fragen** wie Kommunikationsinhalte, -medien, -sender und -empfänger im Mittelpunkt des Interesses (vgl. *Schenk,* 1978). Als deutschsprachiger Beitrag zur Theorie der Public Relations ist die Arbeit von *Ronneberger* und *Rühl* zu nennen (*Ronneberger/Rühl,* 1992).

Ein grundlegender Unterschied zwischen Public Relations und Werbung „hinsichtlich der Rahmenbedingungen für die Anwendung der Kommunikationstheorie liegt in der **Glaubwürdigkeit** (im Orig. kursiv, J. B.). Werbung wirkt aufgrund der durchaus selbstverständlich empfundenen Beeinflussungsabsicht und der ihr zugeschriebenen kommerziellen Absicht weniger glaubwürdig als Public Relations. Wiederum ist sie eher in der Lage, die Bewusstseinskontrolle zu unterlaufen" (*Meyer, J.-A.,* 1995, Sp. 2198). Das gilt insbesondere für emotionale Formen der Werbung bzw. Werbebotschaften.

Von besonderer Relevanz für die Wirkungen bzw. Wirkungssteuerung von Public Relations ist u. a. die **Einstellungsforschung,** die für das Marketing insgesamt große Bedeutung hat (*Kroeber-Riel/Weinberg,* 2003, S. 168 ff.).

Im Hinblick auf die Beeinflussung von Einstellungen lässt sich aufgrund reaktanztheoretischer Einsichten für PR-Maßnahmen grundsätzlich das **Konzept der kontinuierlichen Einstellungspflege** ableiten. Denn wenn gesellschaftlich problematische Nebenwirkungen unternehmerischen Handels von der Öffentlichkeit bzw. Teil-Öffentlichkeiten erst einmal als wichtig und problematisch eingeschätzt werden, stoßen korrigierende PR-Maßnahmen i. d. R. auf Abwehrmechanismen (*Meyer, J.-A.,* 1995, Sp. 2199, zu den theoretischen Grundlagen *Kroeber-Riel/Weinberg,* 2003, S. 206 ff.; *Kroeber-Riel/Gröppel-Klein,* 2013, S. 284 ff.).

Insoweit ist grundsätzlich eine *aktive* (problemfreie) Öffentlichkeitsarbeit einer reaktiven (problemkorrigierenden) vorzuziehen.

Eine systematische PR- oder Öffentlichkeitsarbeit setzt eine **konzeptionelle Fundierung** voraus. Dabei können folgende Konzeptionsstufen unterschieden werden *(Abb. 394).*

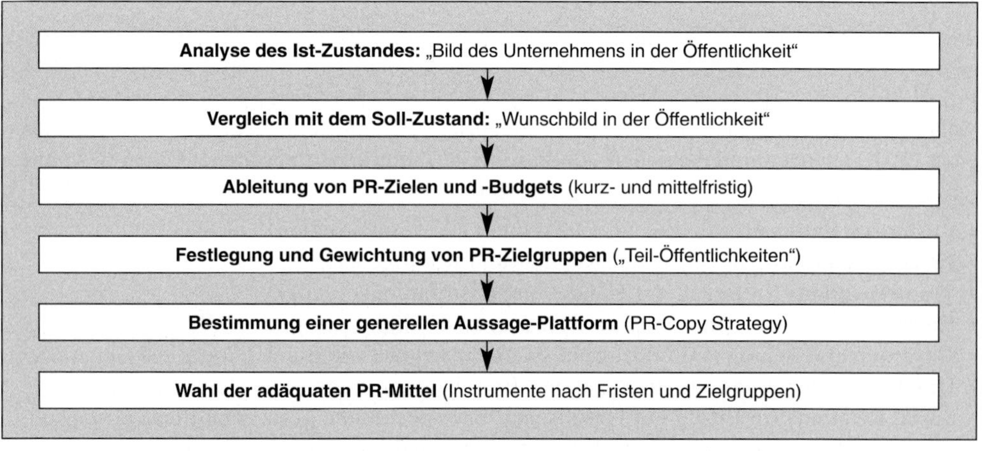


*Abb. 394: Stufen einer konzeptions-geleiteten PR-Politik*

Was den konzeptionellen Stufenprozess (*Bogner,* 1992, S. 101 ff.; *Pflaum/Linxweiler,* 1998, S. 89 ff.; *Bruhn,* 2005 b, S. 745 ff.) betrifft, so gilt es – auf der Basis entsprechender Analysen (z. B. vorhandene Einstellungen, Kenntnisse, Aversionen) – **schlüssige PR-Ziele** abzuleiten. Diese müssen – unter Berücksichtigung der jeweiligen Markenpolitik des Unternehmens (Einzel-, Familien-, Dachmarke) – mit den Unternehmens- und Marketingzielen abgestimmt werden (d. h. **Zielkonsistenz** als Voraussetzung kompatibler Strategie- und Maßnahmenwahl, gerade auch im Hinblick auf eine notwendige Abstimmung der PR-Maßnahmen mit allen übrigen Unternehmensaktivitäten = **konzeptionelle Kette**).

Es ist sicher kein Zufall, dass Unternehmen häufig die PR-Aufgabe unternehmensorganisatorisch hoch ansiedeln, ggf. sogar als dem Vorstand unmittelbar zugeordnetes Ressort (oder sogar als Vorstandsressort selbst, vgl. etwa Großunternehmen u. a. im Chemie-, Elektronik- oder PKW-Bereich). Das **PR-Management** wird damit zu einer zentralen Führungsfunktion (vgl. auch *Meyer J.-A.,* 1995, Sp. 2202; *Haedrich,* 1982, S. 73 f. sowie *Ross,* 1977, S. 48 f.), denn die PR-Funktionsträger sind einmal dafür verantwortlich, dass die Öffentlichkeit darüber informiert wird, dass Existenz, Ziele und Resultate des Unternehmens im öffentlichen Interesse liegen und sich mit gesellschaftlichen Anliegen in Übereinstimmung befinden. Zum anderen tragen sie auch dafür Verantwortung, dass das Unternehmen und seine Führung darüber informiert wird, welche Einstellungen und **Erwartungen die Öffentlichkeit** hat bzw. welche *neuen* Ansprüche der unterschiedlichen Zielgruppen (Anspruchsgruppen) sich abzeichnen. Nur so ist es möglich, frühzeitig aktiv und eigeninitiativ „neue Strömungen" aufzugreifen, um sie in adäquates Unternehmens- und Marketinghandeln umzusetzen.

Auf der Basis der Bestimmung der Ziel- oder Anspruchsgruppen von PR-Maßnahmen und ihrer Bedürfnisse gilt es, eine möglichst **schlüssige PR-Plattform** (Copy-Strategie) abzuleiten, die möglichst durchgängige Aussagen (Botschaften) wählt, und zwar im Interesse eines möglichst einheitlichen Unternehmensbildes in der Öffentlichkeit (speziell was Image- und Kompetenzqualitäten betrifft). Erst auf Basis einer solchen Plattform ist es möglich, ein **konsistentes PR-Maßnahmen-Programm** zu wählen. Das heißt, i. d. R. ist es notwendig, mehrere der möglichen PR-Maßnahmen oder -Instrumente zu wählen (entweder parallel oder im Rahmen eines Stufenkonzepts, vgl. hierzu die Darlegungen zu den zeitlichen Beziehungen von Marketinginstrumenten).

Was die PR-Maßnahmen (Instrumente) angeht, gibt es ein **breites Spektrum von Möglichkeiten.** Folgende Grundkategorien können unterschieden werden (*Zankl,* 1975, S. 97 ff.; *Pflaum/Linxweiler,* 1998, S. 102 ff.; *Bruhn,* 2005 b, S. 779 ff.; *Kloss*, 2012, S. 173 ff.):

- **Klassische PR-Arbeit,**
- **PR-Werbung,**
- **PR-Veranstaltungen,**
- **PR-Dokumentationen.**

Zur **klassischen PR-Arbeit** zählt die planmäßige Information der Medien (insbesondere Massenmedien: Presse, Rundfunk, Fernsehen) über wichtige Maßnahmen, Pläne und Ergebnisse des Unternehmens. Grundlage hierfür bilden regelmäßige Pressemitteilungen, Pressegespräche („Round Table-Gespräche") und Pressekonferenzen für Journalisten, ggf. auch Unternehmensprospekte und spezielles Informationsmaterial (auch über das **Internet**, *wichtig:* Aktualität und einfache Zugriffsmöglichkeit). Dazu gehört ebenso der persönliche Dialog bzw. die Pflege persönlicher Beziehungen zu Medienvertretern und wichtigen Meinungsführern. Ergebnis dieser Maßnahmen ist die kostenlose, möglichst den Zielen des Unternehmens entsprechende Berichterstattung im redaktionellen Teil der Medien.

Davon zu unterscheiden sind PR-Maßnahmen, die in **Form der bezahlten Werbung** in Medien realisiert werden. Ausgangspunkt ist hier ein Werbekonzept für das Unternehmen als Ganzes, das der gezielten Imageprofilierung dient. Solche Maßnahmen werden immer dann gewählt, wenn – aus der Sicht des Unternehmens – Möglichkeiten der klassischen PR-Arbeit nicht ausreichen. Das gilt u. a. für die sog. **Krisen-PR** (Überblick bei *Pflaum/Linxweiler,* 1998, S. 197 ff. sowie i. E. *Apitz* 1987; *Marconi* 1994; *Kloss*, 2012, S. 180 ff.). Sie ist immer notwendig bzw. sinnvoll, wenn Unternehmen mit unerwarteten Krisen (z. B. ökologische Probleme) konfrontiert werden, die in der Berichterstattung der Medien stark aufgegriffen werden und Negativbilder des Unternehmens erzeugen. Aufgabe von PR ist nicht die „Schönrednerei“, sondern das offene Bekenntnis zum Problem und zur Problemlösung (zu aktuelleren Problemen s. a. Abgasaffäre von *VW* oder explodierende Handy-Akkus von *Samsung*).

Fallbeispiel: Entsorgung der Ölplattform *Brent Spar* von *Shell*

Nach Prüfung durch Experten hatte sich Shell seinerzeit für eine Entsorgung der ausgedienten Ölplattform im Meer entschieden und die Landentsorgung verworfen. Von den Medien wurde dieses ökologisch sensible Thema breit aufgegriffen, und zwar durchweg **mit negativer Beurteilung,** wenn auch – je nach Medium – differenziert.

Die Umweltschutzorganisation *Greenpeace* nahm sich dieses Themas umfassend an (eigene Pressemitteilungen, Protest-Anzeigen) und versuchte durch aktive Maßnahmen die **Versenkung im Meer** zu verhindern (mit breiter Resonanz in den Medien). Nach allgemeiner negativer Presse gingen auch Politiker, Kirchenvertreter und andere Meinungsführer auf **Distanz** zur geplanten Versenkung im Meer (ebenfalls mit entsprechender Resonanz in den Medien).

Die Firma *Shell* (speziell die englische Muttergesellschaft) versuchte zunächst, das Problem – im Bewusstsein eingeholter Experten-Gutachten – „auszusitzen“. Relativ späte Versuche, mit den Medien ins informierende Gespräch zu kommen, konnten das **Stimmungsbild der Medien** nicht mehr ändern. Massive Boykotte von *Shell*-Tankstellen durch die Autofahrer erzeugten erhebliche ökonomische Probleme.

*Shell* entschied sich schließlich zur **Rücknahme der Entscheidung** einer Entsorgung im Meer. Eine spezielle **PR-Kampagne** versuchte, entstandenen Imageschaden wieder gutzumachen bzw. in einem ersten Schritt verlorengegangenes Vertrauen wieder zu gewinnen *(Abb. 395*, wäre heute auch in den **Sozialen Medien** notwendig).

Das *Shell*-Beispiel zeigt, dass der **frühzeitige gesellschaftliche Dialog** eines Unternehmens mit der Öffentlichkeit notwendiger denn je ist; das gilt vor allem in Bezug auf sensible (z. B. ökologische) Themen. Dabei gilt auch und gerade abzuwägen zwischen dem, was technisch-wissenschaftlich richtig und was gesellschaftlich akzeptabel ist.

Das Fallbeispiel *Shell* wurde deshalb etwas ausführlicher dargestellt, weil es exemplarisch ist für **veränderte Situationen, Einstellungen und Verhaltensweisen** sowohl auf Seiten der Medien, Umweltorganisationen als auch der Öffentlichkeit – mit *weit reichenden* Konsequenzen für viele Unternehmen in vielen Branchen für ihre künftigen Handlungsweisen wie auch ihre Public Relations.

Neben der klassischen und der Anzeigen-PR gibt es weitere Maßnahmen der Öffentlichkeitsarbeit, die sich unter dem Begriff **PR-Veranstaltungen** zusammenfassen lassen. Dazu zählen etwa Betriebsbesichtigungen („Tag der offenen Tür“), Ausstellungen, Seminare, Fachtagungen (Symposien), Jubiläumsveranstaltungen. Sie dienen dazu, Fähigkeiten und Anliegen des Unternehmens an allgemeine und spezielle Zielgruppen heranzutragen. Breitenwirkung erhalten solche Veranstaltungen durch Berichte der Medien über solche Veranstaltungen.

Unter **PR-Dokumentationen** sind – über die klassischen Pressemitteilungen hinaus – Informationsbroschüren, ggf. auch Filme oder Videos zu speziellen Themen von öffentlichem Interesse (z. B. Sozial- und Öko-Bilanzen), sowie Festschriften zu Jubiläen und (ggf. auch ins Internet gestellte) Informationen zu neuen Aktivitäten oder Konzepten des Unternehmens zu

# *Wir* werden uns ändern.

Sie haben alle von der Entscheidung der Shell U.K. gehört, bei der britischen Regierung den Antrag zu stellen, die Lager- und Verladeplattform „Brent Spar" an Land zu entsorgen. Die Deutsche Shell Aktiengesellschaft, unsere Mitarbeiter und unsere Tankstellen- und Vertriebspartner haben diese Entscheidung mit Erleichterung aufgenommen.

Aber wir haben auch daraus gelernt. Denn obwohl die ursprüngliche Entscheidung der Shell U.K. in völliger Übereinstimmung mit den einschlägigen britischen Gesetzen und insbesondere mit den internationalen Konventionen von Paris und Oslo zum Schutz der Meere stand, war die geplante Tiefsee-Entsorgung nicht durchsetzbar. Sie war es deswegen nicht, weil zahlreiche Regierungen der Nordsee-Anrainerstaaten den ursprünglich genehmigten Entsorgungsweg nicht mehr mittragen wollten. Das hat uns gezeigt, daß die Übereinstimmung einer Entscheidung mit Gesetzen und internationalen Bestimmungen allein nicht ausreicht. Hinzukommen muß die notwendige Akzeptanz in der Gesellschaft.

Die Brent Spar

Wir haben gelernt, daß die Öffentlichkeit unsere Argumente nicht nachvollziehen konnte. Aber nicht nur das. Uns ist auch bewußt geworden, daß wir auf Sie, unsere Kunden, mehr und genauer hören müssen.

Damit haben wir auch gelernt, daß für bestimmte Entscheidungen Ihr Einverständnis genauso wichtig ist wie die Meinung von Experten oder die Genehmigung durch Behörden. Tatsachen, denen in Zukunft sicher nicht nur wir, sondern auch andere Unternehmen bei wichtigen Entscheidungen gerecht werden müssen.

Wir sind daran erinnert worden, daß wir als Unternehmen unsere Größe und Stärke letzten Endes Ihnen, unseren Kunden, verdanken.

Und wir sind daran erinnert worden, daß – wie bei uns rund um die „Brent Spar" geschehen – viele gute Leute aus ihrer Sicht das Vernünftigste und Beste tun können und daß dies dennoch zu einer Gesamtentscheidung führen kann, die die Gesellschaft nicht akzeptiert.

Aus den Ergebnissen der letzten Tage werden wir mit Sicherheit Konsequenzen ziehen und nach Wegen suchen, unterschiedliche gesellschaftliche Strömungen und Entwicklungen über die Landesgrenzen hinaus wahrzunehmen und entsprechend zu berücksichtigen.

Auch wenn das Lernen manchmal schmerzt – nur wer lernt, hat Zukunft. Und natürlich wollen wir Zukunft haben. Wir wollen erreichen, daß Sie uns wieder akzeptieren. Und wir wünschen uns, daß das, worauf wir stolz sind, von Ihnen wieder anerkannt wird: unsere Glaubwürdigkeit und Integrität.

Wir werden daran arbeiten.

Peter Duncan

Deutsche Shell Aktiengesellschaft

*Quelle: Shell AG* (Hrsg.), Dokumentation:
Die Ereignisse von *Brent Spar* in Deutschland (1995)

*Abb. 395: PR-Anzeige von Shell in mehr als 100 Tageszeitungen*

verstehen. Solche Dokumentationen können zugleich die klassischen Public Relations (= regelmäßige Informationen und Mitteilungen an die Medien) unterstützen.

Exkurs: Produkt-Publicity (Produkt-PR)

Eine **Sonderform** der Public Relations ist die sog. Produkt-PR. Im Gegensatz zur klassischen PR, welche der Profilierung des Unternehmens als Ganzes gilt, richtet sich die Produkt-PR auf die Publicity von i. d. R. **neuen Produkten** (Marken). Sie zählt nur dann zu PR-Maßnahmen, so weit auch hier versucht wird, über gezielte Informationen (und ggf. Bemusterung) der Medien zu erreichen, dass über konkrete Produkte bzw. Marken im *redaktionellen* Teil der Medien berichtet wird (s. a. *Bruhn,* 2005 b, S. 731).

Solche Maßnahmen der Produkt-PR können sich sowohl an **Publikumsmedien** als auch an **Fachmedien** wenden. Ein Beispiel aus einer Publikumszeitschrift soll Möglichkeiten bzw. Realisierungsformen dokumentieren *(Abb. 396)*.

KOSMETIK
DAS IST NEU

SANFTER SCHAUM

Das Reinigungsgel aus der neuen Gesichtspflegelinie „Bio-Calmille" von Yves Rocher ist für die empfindliche Haut gedacht. Ein Betain-Kamille-Komplex soll die Haut beruhigen und vor schädlichen Umwelteinflüssen schützen (100 ml ca. 17 Mark).

Frisch und würzig nach Wacholder, Bernsteinlilie und Tabakblüten duftet „The Dreamer" von Gianni Versace. Zu der Herrenlinie gehören Eau de Toilette, Duschgel, Deo und After-Shave (Preise ca. 16,50 bis 106 Mark).

Das Spezial-Duschöl von „Laceran" reinigt sanft, versorgt trockene Haut mit Fett und Feuchtigkeit und lindert Juckreiz. Nur in Apotheken erhältlich; 150-ml-Flasche für ca. 17 Mark.

Viermal Pflege und Schutz für zarte Lippen mit Wirkstoffen wie Vitamin E, Bienenwachs und Sheabutter. Stifte ca. 2 und 3 Mark, der Balsam kostet ca. 5 Mark; von „bebe Young Care".

HAARPFLEGE MIT SYSTEM

bietet „Ultra Beauty" von Laboratoires Garnier. Für unterschiedliche Haartypen gibt es Shampoos, Spülungen und Kuren mit Seidenprotein und Extrakten aus Kiwi, Mandel, Kamille und Aprikose. Preise ca. 3,50 bis 10 Mark.

Die Pflegeserie „Anti-Couperose-Effect" von Marbert enthält Malvenextrakt, Allantoin und Stiefmütterchen. Cremes und Serum sollen strapazierte Gesichtshaut beruhigen und Hautrötungen mildern. Cremes (15 und 50 ml) von ca. 42 bis 56 Mark; Serum (3x3-ml-Ampullen) ca. 48 Mark.



Quelle: Zeitschrift *Brigitte*

*Abb. 396: Prototypische Beispiele von Produkt-PR in einer Frauenzeitschrift*

Der Wert bzw. Effekt der Produkt-PR besteht in der **„neutralen" Kommunikation** im redaktionellen Umfeld.

PR-Veranstaltungen wie PR-Dokumentationen können auch auf **interne Zielgruppen,** z. B. die eigenen Mitarbeiter, gerichtet sein. Hierzu zählen etwa Informationsveranstaltungen sowie Haus- oder Mitarbeiter-Zeitschriften (*Pauli,* 2004; *Herbst,* 2007.). Dieser spezielle PR-Bereich wird auch den **Human Relations** (zum Begriff *Berthel,* 2000) zugeordnet.

Im Zusammenhang mit Public Relations (Öffentlichkeitsarbeit bzw. Public Affairs) wird zunehmend auch ein vergleichsweise neues Kommunikationsinstrument, das **Sponsoring,** diskutiert und praktiziert.

Exkurs: Öffentlichkeitsarbeit und Sponsoring

Unter Public Relations lassen sich streng genommen nur jene Sponsoringmaßnahmen subsummieren, die der **Profilierung von Unternehmen** dienen. Produktorientierte Sponsoringaktivitäten sind im Prinzip der Werbung, ggf. sogar der Verkaufsförderung, zuzuordnen.

Unter Sponsoring ist die **Bereitstellung** von Geld, Sachmitteln und/oder Dienstleistungen von Unternehmen für Personen oder Organisationen bzw. Institutionen zu verstehen. Im Gegensatz zum Spendenwesen und zum klassischen Mäzenatentum besteht das besondere Merkmal des Sponsoring darin, dass es auf dem **Prinzip Leistung** (durch das Unternehmen, den sog. Sponsor) und **Gegenleistung** (der Personen oder Organisationen, des sog. Gesponserten) beruht (*Bruhn,* 1995 b, Sp. 2342, im Einzelnen *Hermanns/Marwitz,* 2008, *Bruhn,* 2003 b), d. h. der Gesponserte bekennt sich zum Sponsor, nennt ihn bei seinen Aktivitäten bzw. lässt zu, dass er ausdrücklich genannt wird (z. B. in der Werbung des Unternehmens, vgl. beispielhafte Logo-Darstellungen, *Abb. 397*).

*Quelle: Hermanns/Drees,* 1989, S. 119

*Abb. 397: Von Brother und 3M seinerzeit verwendete Logos bei der Unterstützung des Internationalen Olympischen Komitees (IOC), Beispieljahr*

Die Sponsoring-Aktivitäten sollen **Marketing- bzw. Kommunikationsziele** erreichen bzw. unterstützen helfen, wie Erhöhung des Bekanntheitsgrades, Verjüngung bzw. Aktualisierung des Images, Dokumentation gesellschaftlicher Verantwortung.

Für die Realisierung solcher Ziele kommen **verschiedene Sponsoring-Bereiche** in Betracht, u. a. werden folgende Bereiche unterschieden (*Hermanns/Marwitz,* 2008; *Bruhn,* 1995 b und 2003 b):

- **Sportsponsoring,**
- **Kultursponsoring,**
- **Soziosponsoring,**
- **Umweltsponsoring.**

Ein Schwerpunkt der Sponsoringaktivitäten liegt im **Bereich des Sports** (*Drees,* 1992; *Hermanns/Riedmüller,* 2003). Die Unterstützung kann sich auf Einzelsportler, Sportmannschaften oder Sportveranstaltungen beziehen. Verfolgte Sponsoringziele der Unternehmen sind die Erhöhung des Bekanntheitsgrades oder die positive Veränderung von Images. Sie müssen sich – wie *alle* Sponsoringziele – an generellen Kommunikationszielen (speziell der Werbung) sowie an der Positionierung von Produkt und Unternehmen orientieren.

Beim **Kultursponsoring** geht es demgegenüber häufig um die Schaffung bzw. den Ausbau von lokalem oder regionalem Goodwill für das Unternehmen.

Beim **Sozio- und Umwelt- oder Ökosponsoring** steht im Allgemeinen mehr der Fördergedanke („gesellschaftliche Verantwortung“) des Unternehmens im Vordergrund. Positive Wirkungen für das Unternehmen entstehen vor allem bei glaubhafter inhaltlicher Identifikation mit dem unterstützten Projekt.

Vergleichsweise neu ist das **sog. Programmsponsoring.** Hierbei treten Unternehmen als Sponsoren von Fernsehsendungen (z. B. Filmen) oder von Sport-Übertragungen (z. B. Fußballweltmeisterschaft) auf. Beim **sog. Programm-Bartering** handelt es sich dagegen nicht um Sponsoring. Prinzip ist hierbei der Tausch von vorproduzierten Sendeprogrammen (z. B. Unterhaltungsfilmen) durch Hersteller gegen Sendezeiten von privaten Fernsehsendern (*Nickel,* 1996).

Sponsoring kann insgesamt wichtige Aufgaben der klassischen Kommunikationspolitik, und zwar der Werbung, der Verkaufsförderung wie auch speziell der Public Relations, unterstützen bzw. ergänzen.

Welche Breiten- und verkaufsunterstützende Wirkung von Sponsoring-Aktivitäten ausgehen können, zeigt prototypisch eine frühere **Sponsoring-Kampagne** von *Kraft Foods.*

Fallbeispiel: Sponsoringkonzept *„aktiverleben“*

Die Kampagne *„aktiverleben“* wurde seinerzeit vom *Deutschen Turner-Bund* und als Hauptsponsor von *Kraft* ins Leben gerufen. Anliegen der **Gemeinschaftsaktion** war, „dem Wertewandel in der Gesellschaft, der sich u. a. in einem Trend zu aktivem, gesundem und bewusstem Leben ausdrückt, Rechnung zu tragen, indem man den Menschen die Möglichkeit zu einer sinnvollen und vernünftigen Freizeitgestaltung bietet“ (*Staudacher,* 1993, S. 44 f.).

Die **Zielgruppen** für eine intensivierte Ansprache sowie die Schaffung maßgeschneiderter Sportangebote wechselten im Jahreszyklus (insgesamt sechs Zielgruppen: Kinder, Jugendliche, Frauen, Männer, Senioren und Familien). *Kraft* unterstützte die Aktion *„aktiverleben“* mit dem Ziel, das eigene Image als modernes und innovatives Unternehmen weiter auszubauen.

Der **Erfolg der Sponsorship** zwischen *Kraft* und *DTB* beruhte im Wesentlichen auf zwei Faktoren (*Staudacher,* 1993, S. 45):

- **Zielgruppenaffinität** (es bestand weitgehende Übereinstimmung zwischen der Zielgruppe des Gesponserten und den anvisierten Kundengruppen des Sponsors),
- **Imageaffinität** (die (angestrebten) Imagemerkmale des Unternehmens bzw. seiner Produkte stimmten mit dem Image des Sponsoring-Engagements weitestgehend überein (wie z. B. Gesundheit, Fitness, Aktivität, Erfolg)).

Zugleich wurde das Engagement von *Kraft* genutzt, zusammen mit dem Handel spezifische **Verkaufsförderungsmaßnahmen** für *Kraft*-Produkte zu entwickeln und zu realisieren (z. B. „Mit Schwung durch den Winter“, „Frühjahrsfitness leicht gemacht“), und zwar unter Einbeziehung komplementärer, bedarfsverbundener Angebote.

Das Beispiel zeigt, dass erfolgreiche Kommunikationsmaßnahmen insgesamt das Ergebnis einer **integrierten Vorgehensweise** mit mehreren Instrumenten sind.

Nachdem wichtige Beziehungen zwischen den kommunikationspolitischen Instrumenten im Allgemeinen und zwischen Public Relations und Sponsoring im Speziellen angesprochen worden sind, sollen abschließend noch einige Hinweise zu Entwicklungsrichtungen der Public Relations (Öffentlichkeitsarbeit) gegeben werden.

Public Relations werden künftig noch stärker als ein wesentliches Element einer **Corporate Identity-Policy** angesehen werden (müssen). Unter Corporate Identity (CI) wird ein einheitliches, prägnantes Erscheinungsbild des Unternehmens verstanden (*Birkigt/Stadler/Funk,* 1995), und zwar sowohl gegenüber der *externen* Öffentlichkeit (mit ihren zahlreichen „Teil-Öffentlichkeiten") als auch in Bezug auf die *interne* Öffentlichkeit (Mitarbeiter). Sie stellt einen immer wichtiger werdenden **Wettbewerbsfaktor** angesichts erschwerter Markt- und Umfeldbedingungen der Unternehmen dar.

Unternehmen können aufgrund neuer Technologien interne und externe Zielgruppen auch über eigene (elektronische) Medien bzw. Mediennutzungen erreichen (Stichworte: **Business-** und **Kunden-TV** bzw. **WebTV** sowie **Social Media**), um dadurch sowohl die interne als auch externe Kommunikation zu verbessern.

Damit wird zugleich der Übergang zu einem abschließenden Kapitel über instrumentales Marketing (Marketinginstrumente) hergestellt. Hier sollen insbesondere Trends, neue Ansätze und neue (technologische) Möglichkeiten herausgearbeitet werden.

### *c) Schwerpunkte und Perspektiven des Marketinginstrumenten-Einsatzes*

In den vorangegangenen Abschnitten sind die **Grundlagen und Einsatzformen** der neun Basisinstrumente im Rahmen der drei Marketinginstrumentalbereiche (Marketingaktionsfelder) dargestellt worden:

- **Angebotspolitik (→ Produktleistung):** Produkt, Programm, Preis,
- **Distributionspolitik (→ Präsenzleistung):** Absatzwege, Absatzorganisation, Absatzlogistik,
- **Kommunikationspolitik (→ Profilleistung):** Werbung, Verkaufsförderung, Public Relations.

Dabei wurden auch neuere Entwicklungen und neuere Schwerpunkte im instrumentalen Marketing angesprochen. Daran soll hier noch einmal angeknüpft werden, außerdem sollen neuere *umfassendere* Marketing-(instrumentale) Ansätze näher aufgezeigt und ihre Bedeutung für das zukünftige Marketing herausgearbeitet werden. Außerdem sollen neuere kommunikations-technologische Möglichkeiten und ihre Marketing-Konsequenzen und -Potenziale gewürdigt werden.

#### *ca) Instrumentale Schwerpunkte (Trends)*

Hier sollen zunächst **Veränderungen bzw. Schwerpunktverlagerungen** im (instrumentalen) Marketing angesprochen werden, und zwar unter besonderer Berücksichtigung neuerer Marketinginstrumente bzw. neuerer Ausprägungen bestehender Instrumente.

Verfolgt man die Entwicklungen in der jüngeren Vergangenheit, so zeichnen sich z. T. bestimmte **„durchgängige" Trends** ab. Sie können in vielen Branchen/Märkten bzw. bei vielen Unternehmen nachvollzogen werden. Regelmäßige Trendeinsichten zum Marketinginstrumenten-Einsatz bieten u. a. die jährlichen Umfragen der Fachzeitschrift *absatzwirtschaft,* die jeweils im Oktober-Heft (Nr. 10) wiedergegeben werden (Untersuchungsansatz: „Wie bereiten sich die Marketing- und Vertriebschefs der Markenartikelindustrie auf das nächste Jahr vor?"). Auffallend sind dabei auch **wechselnde Prioritäten** beim Instrumenteneinsatz.

Die folgenden Darlegungen zu instrumentalen Trends orientieren sich an der im Buch gewählten Systematik des Marketinginstrumentariums. Es werden deshalb zunächst angebotspolitische Trends und Herausforderungen angesprochen.

Das große beherrschende Thema im Rahmen der **Angebotspolitik** ist zunächst die Produktpolitik. Immer mehr Unternehmen haben erkannt, dass das Überleben im Markt in hohem Maße von den richtigen Produkten (Problemlösungen) abhängt. Kundenorientierung bedeutet in diesem Sinne in erster Linie **Problemlösungsorientierung** im Hinblick auf anvisierte bzw. bearbeitete Zielgruppen im Markt (= Voraussetzung für Kundenfindung *und* -bindung).

Problemlösungsorientierung heißt **ständige Verbesserung** der Problemlösungseignung von Produkten (s. a. den **Design-Thinking-Ansatz**, *Gerstbach*, 2017; *Lewrick et al.*, 2018). Insofern steht immer stärker ein produkt-innovatives Marketinghandeln im Vordergrund. Gemeinsame Klammer des produkt-innovativen Vorgehens ist das Schaffen von **Kundenmehrwert** (Added Value), auch unter Einbeziehung des produkt-nahen Instrumentariums wie (Produkt-)Design und Verpackung. Added Value muss dabei an markt- bzw. zielgruppenspezifischen Bedingungen und Anforderungen anknüpfen. Das kann an Beispielen aufgezeigt werden.

Fallbeispiele: Spezifische Kundenanforderungen in verschiedenen Märkten

Betrachtet man zunächst einmal typische **Konsumgütermärkte** (und hier speziell den Bereich Food), so zeichnen sich ganz bestimmte **Schwerpunkte** im Rahmen von Added-Value-Konzepten ab, z. B.:

- **Ansatz Convenience:** Bieten von Anwendungserleichterungen (etwa Backmischungen, Fertiggerichte),
- **Ansatz Gesundheit und Genuss:** Anknüpfen an gestiegenen Gesundheitsansprüchen (ohne Vernachlässigung der Genusskomponente, z. B. probiotischer Joghurt, kalorienreduzierte Produkte),
- **Ansatz Variation/Differenzierung:** Berücksichtigung des Bedürfnisses nach Abwechslung (z. B. Ethnic Food wie chinesische, italienische, mexikanische Küche),
- **Ansatz Ökologie:** Rücksicht auf gestiegene Umweltansprüche (z. B. Nachfüll-, Mehrweg-, recyclebare Packungen).

Lenkt man den Blick etwa auf **Gebrauchsgütermärkte,** so sind hier wiederum spezielle **Ansätze** für Kunden-Mehrwert-Konzepte (Added Value) gegeben:

- **Ansatz Sicherheit:** Bieten von zusätzlichen Sicherheitsleistungen (z. B. bei Automobilen Antiblockiersystem, Antischlupfregelung bis hin zu fahrfehler-korrigierenden Fahrprogrammen oder Airbags von Front-, Seiten- bis hin zu Kopf-Airbags),
- **Ansatz Ökologie:** Erfüllen von ökologischen Anforderungen (z. B. Strom-, Wasser- und/oder Spül-/Waschmitteleinsparungen bei Haushaltselektrogeräten wie Spül- und Waschmaschinen),
- **Ansatz System:** Schaffen umfassender Problemlösungen (z. B. Kombination von Hardware- und Software-Angeboten sowie Integration von Beratungsleistungen etwa bei kommunikationstechnischen bzw. IT-Lösungen),
- **Ansatz Anwendungserleichterung:** Bieten von leichter nutzbaren Problemlösungen (z. B. „Plug and play-Leistung“ bei (Personal-)Computern).

Bei dem **ökologischen Ansatz** handelt es sich im Prinzip um einen durchgängigen branchen- bzw. märkteübergreifenden Ansatz. Es gibt darüber hinaus auch andere übergreifende Ansätze. Ein solcher besteht z. B. in mehr **psychologischen Mehrwert-Ansätzen,** wie Nostalgie- bzw. Heile-Welt-Ansätzen, vgl. etwa Retro-Design bei Automobilen (z. B. Neueinführung des *VW-Beetle* oder *Alessi/Philips*-Serie Elektrokleingeräte) bzw. Großmutters Likör (z. B. *Berentzen*) oder Altdeutscher Kuchen (z. B. *Oetker*).

Die bewusste Nutzung von Mehrwert-Ansätzen soll – unter oberziel-orientierten Aspekten (Gewinn/Rentabilität) – entsprechende **Preisspielräume** nach oben eröffnen und dem generellen Preisverfall in den Märkten entgegenwirken (= **konzeptionelle Kette**). So hatten z. B.

probiotische Joghurte (z. B. *LC1* von *Nestlé*) ermöglicht, das Preisniveau gegenüber herkömmlichen, von starkem Preisverfall gekennzeichneten Joghurten in der Einführungsphase um ca. 50 % anzuheben. Das Verfolgen immer höherer Sicherheitsstandards bei Automobilen stößt andererseits deutlich an **Preis-(bereitschafts-)grenzen** der Abnehmer, d. h. die Bereitschaft, für zusätzliche Sicherheitsleistungen deutliche Zusatzpreise zu akzeptieren, sinkt. Die Preisbereitschaft steigt jedoch mit dem **Markenimage** (vgl. z. B. Premiummarke *BMW*).

Was die **Programmpolitik** betrifft, so ist – auch im Zusammenhang mit mehrwertorientierter Produktpolitik – ein Ausbau der Programme unverkennbar, und zwar speziell im Hinblick auf die Programmtiefe (**Variantenmarketing**). Hierbei werden Kannibalismus-Effekte nicht immer genügend berücksichtigt (Effekt: neue Variante geht stark zu Lasten einer bisherigen Variante = interner Substitutionswettbewerb). Andererseits ist – was bereits im Rahmen der marketing-strategischen Ebenen (speziell 1. Ebene: Marktfeldstrategien, hier Diversifikation) angesprochen wurde – ein Trend zum **Stamm- oder Kerngeschäft** unverkennbar. Das heißt, viele Unternehmen besinnen sich wieder mehr auf ihre Stamm-Kompetenzen und bauen übertriebene Diversifikationsgeschäfte (die häufig viel Managementkraft und Investitionen gebunden haben, ohne entsprechenden Mittelrückfluss bzw. Erfolgsbeitrag) wieder ab.

Das hat in vielen Unternehmen zu deutlichem Abbau in der Programmbreite geführt. Damit werden erneut wichtige **Zusammenhänge** zwischen der Verfolgung zielorientierter Strategien bzw. Strategiekorrekturen und Marketinginstrumenten-Einsatz deutlich (= **konzeptionelle Kette**).

Die **Preispolitik** schließlich ist vor allem darauf gerichtet, markt- und konkurrenzadäquate Preis-Leistungs-Verhältnisse im Markt zu finden und zu besetzen, auch und gerade unter Berücksichtigung kundenmehrwert-orientierter Ansätze. Preispolitische Maßnahmen richten sich verstärkt auf die Handelsstufe (bei indirektem Absatzweg). Typisch sind hier Ansätze zu einer **marktpreispflegenden Konditionenpolitik** (d. h. Schaffung und Realisierung leistungsorientierter Konditionensysteme, die den existenzgefährdenden Preiswettbewerb eindämmen sollen, vgl. z. B. stärkere Durchsetzung solcher Systeme im Automobilmarkt, ansatzweise auch im Unterhaltungselektronik- oder Nahrungsmittelbereich). Situation und Ansatzpunkt kennzeichnet ein einschlägiges Zitat eines Markenartikel-Managers: „Die Industrie muss aufhören, allein in Marktanteilen zu denken. Wir müssen die Rendite in den Vordergrund stellen und das Wort Nein wieder in unseren Sprachschatz aufnehmen."

Betrachtet man Entwicklungen bzw. Zwänge im Rahmen der **Distributionspolitik,** so fällt zunächst ein Trend zu einer stärkeren bzw. verbesserten Präsenz im Handel auf. Die markt- bzw. kunden-adäquate Präsenz in den Absatzkanälen erweist sich immer mehr als ein wichtiger **Erfolgsfaktor.** In diesem Zusammenhang nimmt das möglichst kooperative Zusammenwirken von Industrie und Handel einen größeren Stellenwert ein. Diese Thematik wird unter dem Stichwort Vertikales Marketing diskutiert bzw. verfolgt. Wichtige Felder der Zusammenarbeit sind etwa **integrierte Warenwirtschaftssysteme** (= Vernetzung mit dem Handel), inzwischen stärker unter ECR-Aspekten thematisiert (Efficient Consumer Response, d. h. gemeinsame Optimierung der Produkt- und Programmpolitik unter Kundenaspekten). Neben dem Ausbau der Massendistributionskanäle ist auch ein Trend zur **Fachhandelsorientierung** erkennbar. Jedenfalls gibt es in vielen Branchen – u. a. im Kosmetik-, Bekleidungs-, Schuh-, Spielwarenmarkt – Versuche, die preispflegende Sortimentsfunktion des Fachhandels (inkl. Service- und Beratungskompetenz) zu beleben. Insgesamt nehmen **Multi-Channel-** oder sogar **Omni-Channel-Konzepte** (*Offline-* und *Online-/E-Commerce-*Vermarktung) zu.

Die Fragen, die im Rahmen der Vertriebs- bzw. Absatzorganisation im Vordergrund stehen, betreffen neben gezielten Maßnahmen zur Verbesserung der Kundenorientierung via **Verkäufer-**

**motivation und -schulung/-training** – nicht zuletzt aufgrund des hohen Aufwands für persönliche Verkaufsleistungen (z.B. typische Reisendenorganisationen) – vor allem auch **Rationalisierungsansätze**. Hier geht es etwa um Fragen einer möglichen Verkleinerung der Absatzorganisation bzw. Verlagerung von Beratungs-/Verkaufsleistungen auf nicht-persönliche Lösungen, z.B. (unpersönliches) Direktmarketing und/oder elektronische Kommunikationslösungen. In diesem Zusammenhang sind verstärkte Vertriebscontrolling-Aktivitäten zu nennen.

Ähnliches gilt für die **Absatzlogistik.** Auch hier setzen – aufgrund der hohen Kostenbelastung – Rationalisierungsanstrengungen an. Zugleich nehmen **Kooperationsbemühungen** im Hinblick auf Warenwirtschaftssysteme zu. Rationelle Logistikkonzepte gewinnen angesichts zunehmender Internationalisierung und verstärkter *E-Commerce-* wie auch *Supply Chain-*Aktivitäten der Unternehmen an Bedeutung.

Was schließlich den dritten Instrumentalbereich, nämlich die **Kommunikationspolitik** betrifft, so zeichnen sich auch hier bestimmte Trends ab, die aber – im Gegensatz zu Trends in anderen Instrumentalbereichen – z.T. eher kurzfristiger Natur sind (= „Moden" im Instrumentaleinsatz). Speziell die Werbung und ihre Wirkung leidet unter dem Phänomen der Reizüberflutung. Differenziertere Aussage- wie Medienformen (*Offline-* wie *Online-Medien*) werden verstärkt zu nutzen versucht. Als werbekonzeptioneller Ansatz ist in vielen Branchen/Märkten bzw. bei vielen Unternehmen eine **emotional orientierte Werbung** unter besonderer Betonung des Massenmediums Fernsehen (oder auch der **Sozialen Medien**) zu erkennen, speziell im Konsumgüterbereich (wie Nahrungsmittel, Getränke, aber auch Körperpflege und Kosmetik). Werbekonzepte sind aber schon öfter „Wellenbewegungen" ausgesetzt gewesen. In diesem Sinne sind durchaus bestimmte Rückentwicklungen in Richtung **rationalere Anspracheformen** in Verbindung mit einer stärkeren Betonung der Printmedien denkbar. Andererseits eröffnen neue Informations- und Kommunikationstechnologien (insbesondere auf Basis des Internet) ganz neue Möglichkeiten der Kommunikation, vor allem direkt-marketing- bzw. dialog-orientierte Anspracheformen (**sog. Response-Medien**). Andererseits wird die Werbung und ihre Leistung immer stärker auf den Prüfstand gestellt, d.h. Analysen, den Werbebeitrag zum gesamten Markterfolg festzustellen bzw. laufend zu kontrollieren (u.a. über Monitoring- bzw. Tracking-Systeme), nehmen zu.

Bezüglich des Kommunikationsinstruments **Verkaufsförderung** fällt vor allem die zunehmende Ausdifferenzierung der Möglichkeiten und Ansätze auf (bis hin zu neueren Formen des Event-Marketing) sowie die immer stärkere **Verzahnung** mit anderen Marketinginstrumenten (z.B. aktionsbezogene Produkt-, Packungs-, Designvarianten), in Verbindung mit Zweitplatzierungen sowie **Couponing-** und Zugabeaktionen (klassisch wie digital).

Die **Public Relations-Aktivitäten** der Unternehmen sind dadurch gekennzeichnet, dass ihre Zielgruppen immer differenzierter (in Bezug auf die verschiedenen Teil-Öffentlichkeiten) und diese intensiver (auch im Sinne von Beziehungsmarketing) werden. Das heißt, dass die Unternehmen immer mehr erkennen, dass sie sowohl klassische vertikale **Beziehungsstränge** (wie Lieferanten, Handel, Endverbraucher) als auch solche horizontaler Art (wie Gesellschaft, Politik, standortbezogene Gemeinden/Regionen) in ihrer Kommunikationsarbeit für das Unternehmen als Ganzes berücksichtigen müssen (= **Stakeholder-Kommunikation**).

Insgesamt sind die instrumentalen (wie konzeptionellen) Entwicklungen durch stärkere Verknüpfungen der klassischen **Offline-Welt** und der neuen **Online-Welt** gekennzeichnet. Merkmal ist dabei die immer konsequentere Verzahnung klassischer und digitaler Instrumente bzw. Kanäle entlang der **Customer Journey**. Dem entspricht auch eine adäquatere (Neu-)Verteilung der **Budgets**.

### *cb) Spezifische, umfassende Marketingansätze*

Jenseits einzelner instrumentaler Trends bzw. Schwerpunktverlagerungen zeichnen sich seit längerer Zeit bestimmte **neue(re), umfassendere Marketingansätze** ab, die – das ist das Kennzeichen dieser Ansätze – mehrere, viele bzw. z. T. sogar grundsätzlich alle Instrumente und ihre Einsatz- sowie Gestaltungsformen beeinflussen. Folgende *drei* wichtigen und komplexeren Marketingansätze sollen näher behandelt werden:

- **Nachhaltigkeitsmarketing,**
- **Erlebnismarketing,**
- **Beziehungsmarketing.**

Die Bedeutung dieser Marketingansätze für die Gestaltung des Marketinginstrumenten-Einsatzes ist z. T. schon bei der Behandlung der Basisinstrumente des Marketing angesprochen worden. Diese Ansätze und ihre Bedeutung sollen hier jedoch *spezifischer* und noch umfassender herausgearbeitet werden.

Dass es sich bei diesen Ansätzen (Approaches) um mehr als nur isolierte Marketinginstrumente handelt, kommt im Übrigen auch darin zum Ausdruck, dass sie jeweils mit dem **Zusatz „Marketing"** versehen sind und insoweit auch umfassender betrachtet, diskutiert bzw. realisiert werden, und zwar sowohl in der Wissenschaft als auch in der Praxis.

Die Behandlung wichtiger, umfassender Marketingansätze beginnt mit dem Öko-Marketing.

#### *cba) Nachhaltigkeitsmarketing*

Unter Öko-Marketing ist die **ganzheitliche Ausrichtung** des Marketing- und Unternehmenskonzepts (Ziele, Strategien, Mix = **konzeptionelle Kette**) unter **ökologischen Aspekten** bzw. Notwendigkeiten und Möglichkeiten zu verstehen. Es knüpft an der gesellschaftlichen Verantwortung der Unternehmen und eines nachhaltigen Wirtschaftens an.

Es geht darum, beim unternehmerischen Handeln Belastungen für die Umwelt zu vermeiden oder wenigstens zu vermindern, um die natürlichen Lebensgrundlagen von Menschen, Tieren und Pflanzen zu erhalten oder zu verbessern sowie alternative, umweltbewusste Lebensführung von Konsumenten aufzugreifen und mit **entsprechenden Marketing–Konzeptionen** zu fördern (*Kirchgeorg,* 1995 b, Sp. 1943; i. E. *Steger,* 1992; *Meffert/Kirchgeorg,* 1992 bzw. 1998; *Müller-Christ,* 2001 bzw. 2014; *Schmidt/Schwegler,* 2003; *Dyckhoff/Souren,* 2008).

Eine ökologische bzw. umweltorientierte Marketing- und Unternehmenspolitik setzt zunächst ein adäquates **Unternehmensleitbild** voraus, das bei der Formulierung von Marketing- und Unternehmenszielen die Umwelterfordernisse angemessen berücksichtigt (vgl. hierzu 1. Teil „Marketingziele", hier speziell Teil Allgemeine Wertvorstellungen (Basic Beliefs) sowie das Beispiel eines ökologie-orientierten Unternehmensleitbildes der Firma *Henkel*). Das Öko-Marketing kann in dieser Hinsicht auch als **Vertiefung** (Deepening) der marktorientierten Unternehmensführung (Marketing als Führungsphilosophie) verstanden werden, bei der neben abnehmer- und wettbewerbsorientierten Zielen solche ökologischer und gesellschaftlicher (ethischer) Art berücksichtigt werden (= **konzeptionelle Kette**).

Unternehmen realisieren andererseits immer stärker, dass die Wahrnehmung konkreter ökologischer Verantwortung nicht nur der Förderung ihres Ansehens in der Öffentlichkeit, sondern auch **legitimen Umsatz- und Ertragszielen** (und damit der Oberzielrealisierung) dient (*Schulz/Schulz,* 1994, S. 61; *Fritz,* 1995 b, S. 351 ff.; *Balderjahn/Hansen,* 2001, S. 1215 f. sowie i.E. *Balderjahn*, 2004 und *Belz/Peattie*, 2009).

Wie breit der **ökologische Rahmen** insgesamt gesteckt werden kann, zeigt eine frühere *EWG*-Verordnung im Zusammenhang mit der Vergabe eines europäischen Umweltzeichens. Dieser Rahmen reicht von der Produktionsvorstufe bis zur Entsorgung („Von der Wiege bis zur Bahre“, *Abb. 398*).

| **Umweltaspekte** | **Lebenszyklus des Produkts** | | | | |
|---|---|---|---|---|---|
| | **Produktions-vorstufe** | **Produktion** | **Vertrieb einschließlich Verpackung** | **Verwendung** | **Entsorgung** |
| **Abfallaufkommen** | | | | | |
| **Bodenverschmutzung und -schädigung** | | | | | |
| **Wasserverschmutzung** | | | | | |
| **Luftverschmutzung** | | | | | |
| **Lärm** | | | | | |
| **Energieverbrauch** | | | | | |
| **Verbrauch von natürlichen Ressourcen** | | | | | |
| **Auswirkungen auf Ökosysteme** | | | | | |

*Quelle:* Anhang I der *EU-Verordnung*

*Abb. 398: Ökologisches Beurteilungsschema für die Vergabe eines europäischen Umweltzeichens*

Während das europäische Umweltzeichen („Öko-Blume“, *Abb. 399*) eine sehr *umfassende* (totale) ökologische Beurteilung bzw. Attestierung voraussetzte, knüpfte das nationale, von der *UNO* zur Verfügung gestellte Umweltzeichen („Blauer Engel“, *Abb. 399*), an mehr *punktuellen* ökologischen Leistungen bzw. Vorteilen („Umweltzeichen, weil . . .“) an.

Wie komplex sich die **Zusammenhänge** zwischen den verschiedenen Einflussgrößen umweltorientierter Unternehmensführung darstellen, zeigt eine Modelldarstellung *(Abb. 400)*.

Die Übersicht macht deutlich, wie schwierig die **Bestimmung und Beurteilung** der unternehmensrelevanten Faktoren für ein umweltorientiertes Unternehmenskonzept insgesamt ist. Der Bewertungsprozess ist dabei – zwangsläufig – nicht frei von subjektiven Beurteilungen etwa des Managements. Als ein wichtiges Kriterium für die (objektive) Beurteilung der Marktchancen, die mit einer umweltorientierten Marketing- und Unternehmenspolitik wahrgenommen werden können, ist die **umweltbezogene Sensibilität** von Absatzmittlern und Endabnehmern anzusehen (s. a. *Balderjahn/Hansen,* 2001, S. 1216 f.). Ein vergleichsweise einfaches Instrument zur Analyse dieses Basiskriteriums ist die entsprechende Aufschlüsselung möglicher Marktreaktionen in einer sog. Markt-Umwelt-Reaktionsmatrix *(Abb. 401)*.

Die Matrix zeigt, dass proaktives umweltorientiertes Handeln speziell in Hinblick auf unsensible Abnehmerverhaltensweisen marktwirtschaftlich problematisch sein kann. Umgekehrt ist bei entsprechenden Maßnahmen für sensible Abnehmer mit durchweg positiven Marktreak-

a) Europäisches Umweltschutzzeichen („Öko-Blume")

b) Deutsches Umweltzeichen („Blauer Engel")

*Abb. 399: Europäisches und deutsches Umweltzeichen*

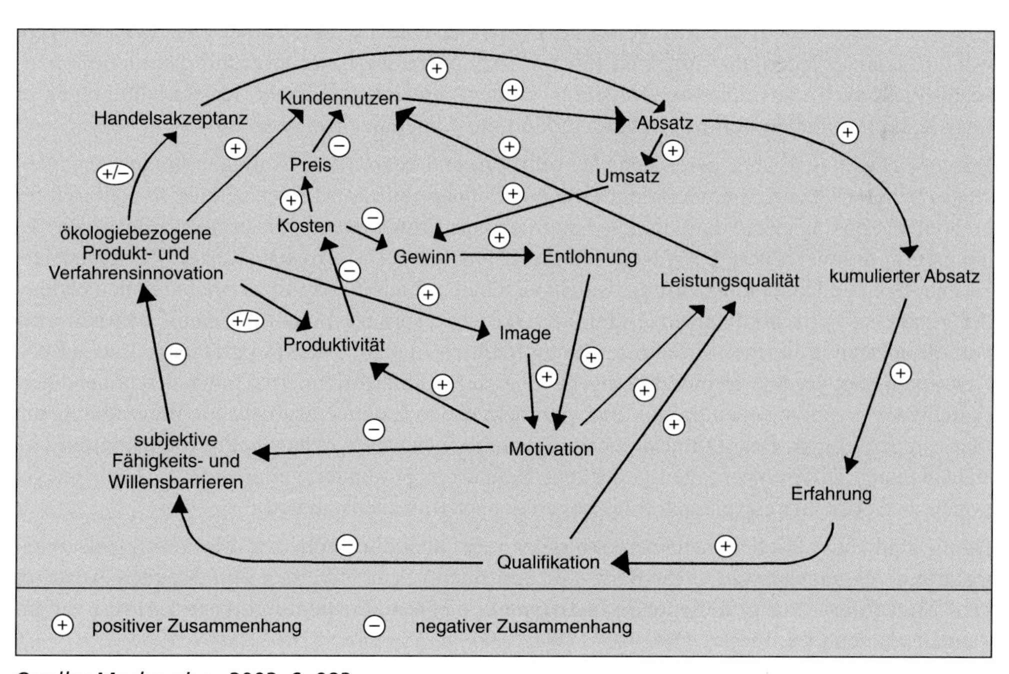


*Quelle: Macharzina,* 2003, S. 983

*Abb. 400: Beziehungszusammenhänge von Einflussvariablen ökologieorienterter Unternehmensführung*

| Marktsensibilität für Umweltschutz / Konsequenzen Umweltaktivitäten | Kostenerhöhung | Minderung der Gebrauchseigenschaften | Zusatznutzen | Innovation |
|---|---|---|---|---|
| **sensibel** | +/0 | + | + | + |
| **potenziell sensibel** | ? | ? | + | + |
| **unsensibel** | – | – | 0 | 0/+ |
| + positive Marktreaktion, 0 neutrale Marktreaktion, – negative Marktreaktion, ? ungewisse Marktreaktion | | | | |

*Quelle: Steger,* 1993, S. 155

*Abb. 401: Markt-Umwelt-Reaktionsmatrix*

tionen zu rechnen (= Problem des **Auseinanderfallens** von kollektiver und individueller Rationalität, *Macharzina,* 2003, S. 985; *Steger,* 1993, S. 154).

Nachdem zunächst vor allem marketing- bzw. unternehmensziel-relevante Aspekte einer ökologieorientierten Unternehmensführung beleuchtet worden sind, gilt es – im Sinne der gesamtkonzeptionellen Konsequenzen –, auch die **strategischen Bezüge** zu berücksichtigen. Je nach strategischem Grundkonzept (z. B. auf der zweiten strategischen Ebene: Marktstimulierungsstrategien, vgl. hierzu 2. Teil „Marketingstrategien") sind umweltorientierte Ansätze bzw. Aktivitäten unterschiedlich zu bewerten. So sind etwa kostensteigernde Umweltschutzmaßnahmen für solche Unternehmen problematisch, die eine konsequente **Preis-Mengen-Strategie** verfolgen, und erhöhten Kostenaufwand nicht in den Abgabepreisen weitergeben können. Unternehmen, die dagegen eine **Präferenzstrategie** als strategisches Basiskonzept wählen, können jedenfalls aufgrund ihrer Markenpräferenz bzw. aufgrund des monopolistischen Preisspielraums, den sie realisieren können, umweltspezifische Kostenerhöhungen in ihrer Kalkulation eher verkraften bzw. ggf. an die Abnehmer weitergeben.

Was *offensive* – d. h. über gesetzliche Vorschriften und behördliche Auflagen hinausgehende – strategische Ansätze zur umweltorientierten Marketingpolitik betrifft, so bieten sich demnach für preis-mengen-strategisch operierende Unternehmen primär Rationalisierungsmaßnahmen an, um z. B. im Bereich Energie-, Wasser-, Rohstoff- und/oder Abfallkosten (Kosten-)Reserven auszuschöpfen. Die **Hauptstoßrichtung** bezieht sich hier vor allem auf Prozessinnovationen entlang der gesamten Wertschöpfungskette, um über Kostenvorsprünge Preis- und damit Wettbewerbsvorteile speziell in (noch) umweltunsensiblen Märkten zu realisieren. Bei präferenzstrategischen Konzepten liegt der **Schwerpunkt** demgegenüber auf qualitätsorientierten, umweltschonend hergestellten wie zu nutzenden Produktinnovationen, die auch eine entsprechende Preisstellung am Markt rechtfertigen. Das ist umso eher möglich, je mehr auch unter ökologie-orientierten Gesichtspunkten Differenzierungen gegenüber Konkurrenzprodukten gelingen (z. B. Öko-Innovationen, wie etwa energiesparende Elektrogeräte über Branchenstandard).

Damit sind schließlich Fragen des ökologie- bzw. umweltorientierten Marketinginstrumenten-Einsatzes angesprochen. Insofern soll nun noch – im Sinne des umfassenden Ansatzes Öko-Marketing – auf grundlegende **instrumentale Einsatzformen** und Ausprägungen eingegangen werden (s. a. *Steger,* 1992 bzw. 1993; *Meffert/Kirchgeorg,* 1992 bzw. 1998; *Dyckhoff,* 2000; *Müller-Christ,* 2001 bzw. 2014; *Schmidt/Schwegler,* 2003; *Dyckhoff/Souren,* 2008).

Im Rahmen der **Angebotspolitik** ist ein zentraler Anknüpfungspunkt eines ökologieorientierten Marketing zunächst die **Produkt- und Programmpolitik.** Ökologiegerichtete Produkt- und

Programmpolitik ist sowohl auf die umweltfreundliche Herstellung der Produkte, ihre umweltfreundliche Nutzung (spez. bei Gebrauchsgütern) wie auch auf ihre umweltfreundliche Entsorgung gerichtet (= Gestaltung **geschlossener Stoffkreisläufe**, zu den Implikationen dieses Ansatzes für das Marketing s. *Kirchgeorg,* 1995 a, S. 234 ff.). Einzubeziehen ist nicht nur der Produktkern (*Türck,* 1990; *Spiller,* 1996), sondern auch das Produktdesign („Ökodesign" = Verwendung und Nutzung umweltfreundlicher Stoffe für eine neue Ökoästhetik, *Bunk,* 1993) sowie die Verpackung, und zwar sowohl die *primäre* Verpackung für den Endverbraucher als auch die *sekundäre* Verpackung entlang der Absatz- bzw. Logistikkette (u. a. Anforderungen des Dualen Entsorgungssystems in Verbindung mit der Verpackungsverordnung).

Was die **Preispolitik** betrifft, so ist zunächst relevant, ob umwelt-orientierte Produkte zusätzliche Kosten verursachen und inwieweit diese Kosten an die Endverbraucher weitergegeben werden können. Dabei ist an der **umweltorientierten Preisbereitschaft** der Abnehmer anzuknüpfen. Ursprünglich zeichnete sich eine breite Bereitschaft ab, für umweltgerechte Produkte auch höhere Preise zu akzeptieren. Diese Bereitschaft hat eher wieder abgenommen, nicht zuletzt vor dem Hintergrund gesamtwirtschaftlicher Probleme wie hohe Arbeitslosigkeit, Dauerrezession und ihren ökonomischen bzw. kaufkraftbezogenen Auswirkungen. Anstelle von Preisabschöpfungsstrategien (Skimming-Strategien) bei umweltorientierten Produktinnovationen sind deshalb ggf. auch Durchsetzungspreisstrategien (Penetration-Strategien) angemessen, die über einen eher niedrigen Preis eine hohe Durchsetzung im Markt anstreben und über hohe Absatzmengen bzw. Marktanteile dann entsprechende Kostenvorteile realisieren (vgl. Erfahrungskurven-Konzept bzw. *PIMS*-Programm, siehe dazu auch 2. Teil „Marketingstrategien", Abschnitt Marktfeld-strategische Selektionsfragen).

Für breitere Programme kommen im Übrigen auch Ansätze der **Mischkalkulation** in Betracht (wie es z. B. *Henkel* seinerzeit mit der Einführung des ersten phosphatfreien Waschmittels realisiert hat). Besondere Probleme bzw. Konsequenzen für die Preispolitik ergeben sich vor allem bei der Schaffung geschlossener Stoffkreisläufe (vgl. *Kirchgeorg,* 1995 a, S. 239 f.).

Im Rahmen der **Distributionspolitik** ist sowohl die akquisitorische als auch die physische Distribution tangiert. Bei der *akquisitorischen* Distribution geht es vor allem darum, die adäquaten Absatzkanäle für den Absatz umweltorientierter Produkte (Leistungen) zu finden und ggf. auch Schwerpunkte in der Gestaltung der Absatzwege zu bilden (z. B. unter besonderer Berücksichtigung spezifischer Beratungs- und Kundendienstleistungen). Stark betroffen ist darüber hinaus die *physische* Distribution (vgl. auch *Ihde/Dutz/Stieglitz,* 1994). Hierbei geht es vor allem um die Gestaltung umweltfreundlicher Transport- und Auslieferungssysteme. Einen besonderen Stellenwert hat außerdem die Gestaltung adäquater Rückführungskanäle für gebrauchte, zu entsorgende Produkte erhalten (Redistribution, s. a. *Michaelis,* 1999, S. 178 ff.; *Specht/Fritz,* 2005, S. 465 ff.). Hierbei sind je nach Produktart jeweils spezifische Systeme zu entwickeln (vgl. etwa bei Automobilen, Unterhaltungselektronik, Computern usw.).

Neben einer Umweltorientierung der Angebots- und Distributionspolitik gilt es auch, im Rahmen eines systematischen, konsequenten Öko-Marketing die Möglichkeiten der **Kommunikationspolitik** zu nutzen. Ihr kommt generell die Aufgabe zu, realisierte Umweltvorteile herauszustellen und die Kompetenz des Unternehmens für umweltorientierte Marketing- und Unternehmenskonzepte aufzubauen (*Lambsdorff,* 1993). Hierfür ist zunächst einmal – ggf. zielgruppendifferenziert – Mediawerbung einzusetzen. Hierzu gehört, wenn vorhanden bzw. eingesetzt, auch die Herausstellung von Umweltzeichen. Neben der Werbung in Massenmedien, die sich in erster Linie an Endverbraucher richtet (sog. Sprungwerbung), sind die warenbegleitenden Aktivierungsmöglichkeiten der Verkaufsförderung zu nutzen, um vor allem am Ort des Verkaufs (Point of Sale, POS) umweltfreundliche Leistungen herauszustellen bzw. die von der Werbung vermittelten **Öko-Botschaften** zu (re)aktivieren. Bei enger abgegrenzten ökologieorientierten Zielgruppen kann auch der Einsatz von Direktwerbemaßnahmen sinnvoll sein, ggf. gestützt durch eine entsprechende Adressendatenbank (Database-Marketing).

Neben der produktorientierten Werbung und Verkaufsförderung gilt es auch, Umweltthemen und Umweltleistungen des Unternehmens zum Gegenstand von **Public Relations** (Öffentlichkeitsarbeit) zu machen (einschl. Informationsverhalten bei Störfällen, *Michaelis,* 1999, S. 184). Hierbei ist es sinnvoll, wenn nicht notwendig, die Anliegen und Interessen einzelner „Teil-Öffentlichkeiten" (wie Endverbraucher, Absatzmittler, Lieferanten, Kapitalgeber oder das lokale Umfeld („Standort-PR") usw.) zu berücksichtigen. In diesem Zusammenhang sind ggf. Möglichkeiten eines **Umwelt-Sponsoring** zu prüfen (z.B. Ausschreibung von eigenen Umweltpreisen oder Unterstützung von Umweltprojekten, *Bruhn,* 1990).

Mit diesen Darlegungen ist deutlich geworden, dass ein konsequentes Öko-Marketing im Prinzip **an allen Instrumentalbereichen** bzw. allen Basisinstrumenten des Marketing anknüpfen muss. Nur so kann eine ökologie-orientierte Marketing- und Unternehmenspolitik konsequent gestaltet und im Markt verankert werden. Es geht mit anderen Worten um einen konsequenten **ökologie-orientierten Marketingmix.** Wie umfassend er sich grundsätzlich darstellt, zeigt eine Übersicht *(Abb. 402).*

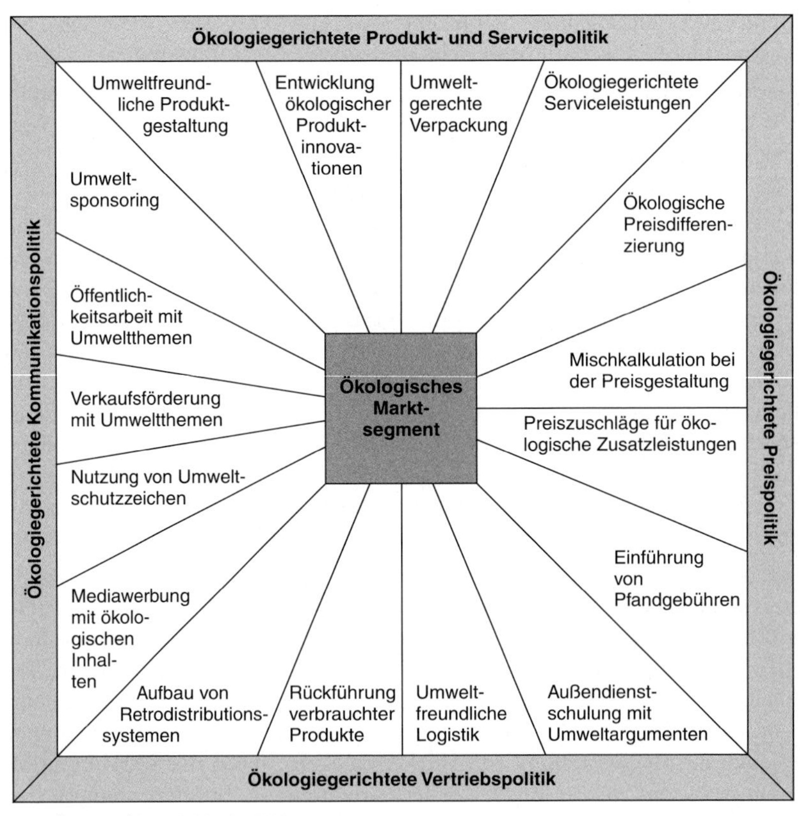


*Quelle: Bruhn,* 1992, S. 551

*Abb. 402: Mögliche Ansatzpunkte eines ökologie-orientierten Marketingmix*

Die Abbildung gibt insgesamt eine Vorstellung darüber, wie komplex sich Öko-Marketing darstellt bzw. darstellen kann. Einsatzarten und -intensitäten eines ökologie-orientierten Marketingmix hängen dabei naturgemäß von der **Art des ökologie-orientierten Grundkonzepts** – das seine Verankerung bereits auf der Zielebene (vgl. 1. Teil „Marketingziele") finden muss – ab. Im Prinzip können *drei* ökologie-orientierte Konzepte unterschieden werden (vgl. *Meffert,* 1994 b, S. 350):

- **Pseudo-ökologisches Konzept** (Aufgreifen allgemeiner ökologischer Argumente z. B. in Packungs- und Werbegestaltung, ohne echte umweltfreundliche Leistungsverbesserungen der Produkte),
- **Verkürztes ökologisches Konzept** (Anknüpfen an konkreten umweltrelevanten Produkteigenschaften, aber keine konsequente Umsetzung z. B. in Produktion, Distribution und Entsorgung),
- **Echtes ökologisches Konzept** (Umsetzung eines ganzheitlichen ökologischen Konzepts, das die gesamte Prozesskette von der Beschaffung bis zur Entsorgung umfasst und sich auf umweltfreundliche Produktinnovationen stützt).

Erfolgreiche ökologie-orientierte Konzepte sind vor allem solche, die einen möglichst umfassenden Ansatz wählen. Dafür gibt es unterschiedliche Realisierungsformen.

Fallbeispiele: Ökologie-orientierte Marketingkonzepte

Bereits im Rahmen der ersten Konzeptionsebene der **Marketing- und Unternehmensziele** (vgl. 1. Teil, speziell Abschnitt Allgemeine Wertvorstellungen (Basic Beliefs)) ist auf die notwendige Verankerung des Umweltschutzgedankens und seine Umsetzung in innovative, umweltfreundliche Produkte z. B. bei der Firma *Henkel* näher eingegangen worden. Hier sollen zwei spezifische Konzepte angesprochen werden, die sich durch jeweils unterschiedliche strategische Handschriften bzw. Ausgangspunkte auszeichnen.

Ein Ansatz kann darin bestehen, neben dem klassischen herkömmlichen Programm ein spezielles **ökologie-orientiertes Programm** zu entwickeln und über eine eigenständige Marke zu vermarkten. Diesen Weg ist z. B. die Firma *Werner & Merz* gegangen. Neben dem traditionellen Schuhreinigungs- und Schuhpflegeprogramm unter der Marke *Erdal Rex* (Markensymbol „roter Froschkönig") hatte sich das Unternehmen entschlossen, in neue Märkte zu diversifizieren, und zwar mit einem ausgeprägten ökologischen Konzept unter einer eigenen Marke.

Man erkannte, dass der Markt für Reinigungs- und Putzmittel sich in einem Wandel befand. Immer mehr Konsumenten waren mit klassischen, die Umwelt stärker belastenden Reinigungs- und Putzmitteln nicht mehr zufrieden und suchten nach **umweltfreundlichen Alternativen.** *Werner & Merz* schuf ein solches Programm, das u. a. auf Chlor und Phosphat verzichtet und vermarktet es unter einer eigenständigen Marke *Frosch* (im Gegensatz zur Stamm-Marke als „grüner Frosch" konzipiert). Damit wurde bewusst eine Assoziation zur von der Umwelt bedrohten Tierart Frosch hergestellt, was der Marke von vornherein ein positives Ausgangsimage mitgab.

Neben der umweltorientierten Produktgestaltung i. e. S. (Verzicht auf umweltproblematische Rohstoffe, Wahl u. a. des Basisrohstoffes Essig = „sanfte Chemie") entschied man sich für ein umweltorientiertes, stark am Grundnutzen orientiertes **Verpackungskonzept** (weniger Verpackungsmaterial, Verzicht auf umweltbelastende Verpackungsstoffe wie

PVC, Schaffung leichter Nachfüllpackungen). Begleitet wird das Konzept von einer konzeptions-adäquaten **Kommunikationspolitik,** die sehr stark die sachliche Produktinformation in den Vordergrund stellt, und zwar sowohl in der Werbung als auch in der Verkaufsförderung.

Der Markt hat dieses Konzept honoriert, inzwischen benutzt über die Hälfte aller Haushalte mindestens ein *Frosch*-Produkt.

Ökologische Konzepte können erfolgreich neben klassische Konzepte treten. Davon zu unterscheiden sind unternehmerische Konzepte, deren **Grundidee** von vornherein auf einem ökologischen Ansatz beruht. Das gilt z.B. für das Konzept bzw. das Unternehmen *Body Shop* (inzwischen vom Kosmetik-Konzern *L'Oreál* übernommen).

Konzept- und Positionierungsidee von Gründerin *Anita Rodduck* war, Körperpflegemittel zu entwickeln bzw. entwickeln zu lassen, die auf Basis **natürlicher Rohstoffe** reinigen, pflegen und schützen, und zwar ohne aufwändige chemische Aufbereitungsprozesse. Zugleich bestand die Konzeptidee darin, solche Körperpflegeprodukte in eigenen, **philosophie-gerechten Läden** zu verkaufen.

Wichtiger Konzeptbestandteil war von Anfang an ein einfaches, ursprünglich reines Glasverpackungssystem in typischen fünf Größen. Grundidee war dabei auch die **Wiederbefüllbarkeit.** Zum umweltschonenden, zumindest natürlichen Anspruch des Pflegeprogramms passte auch die ursprünglich eingesetzte Hausfarbe Grün (obwohl nach Aussagen der Gründerin eher zufällig gewählt). Das stimmige Produkt- und Vermarktungskonzept war so tragfähig, dass es sich als geeignet für ein **Franchise-Konzept** erwies. *Body Shop* ist inzwischen international vertreten (auch über E-Commerce).

Die Verwirklichung eines konsequenten Öko-Marketing setzt die breite Akzeptanz eines solchen Konzepts **im Unternehmen selbst** voraus. Das bedingt mit anderen Worten entsprechende Maßnahmen eines *internen* Marketing (zu Grundlagen und Ansatzpunkten eines internen Marketing siehe *Bruhn,* 1999 a). Nur so kann ein ökologisches Konzept gelebt und realisiert werden (= Philosophie-Treue). Aufgrund der Komplexität und des bereichsübergreifenden Ansatzes eines Öko-/Hochhaltigkeits-Marketing müssen deshalb auch vorherrschende funktionsorientierte Organisationskonzepte durch ganzheitlichere, vernetzte Strukturen überlagert werden (= **Schnittstellen-Management**, vgl. hierzu auch 4. Teil).

Nachdem Grundfragen eines umfassenden Öko-Marketing diskutiert worden sind, soll nun auf einen ganz anderen, aber ebenfalls umfassenderen Marketingansatz näher eingegangen werden, nämlich den Ansatz des Erlebnismarketing.

### *cbb) Erlebnismarketing*

Zunehmend gesättigte Märkte in vielen Branchen wie auch sich ändernde Kauf- und Konsumverhaltensweisen der Verbraucher stellen **neue Anforderungen** an Unternehmen und ihre Marketingkonzepte. Besonders gravierend ist vor allem die starke funktionale Angleichung der Produkte, welche eine objektive Produktdifferenzierung und damit die Schaffung von Wettbewerbsvorteilen im Markt immer mehr erschwert (*Kroeber-Riel,* 1986; *Konert,* 1986; *Weinberg,* 1992; *Schulze*, 2005). Andererseits streben Abnehmer (speziell Endverbraucher) verstärkt nach **Zusatznutzen.** Immer wenn Grundnutzen weitgehend befriedigt sind (= Kennzeichen stagnierender bzw. wachstumsschwacher Märkte), streben Abnehmer nach der Erfüllung von Zusatzbedürfnissen. Da auch technisch-funktionale Zusatznutzen inzwischen in vielen Märkten bei vielen Produkten angeboten werden und auch hier eine weitgehende Angleichung (Nivellierung) stattgefunden hat, werden immer stärker *psychologisch-emotionale* Zusatzbedürfnisse der Abnehmer und ihre gezielte Befriedigung relevant.

Ansatzpunkte für eine psychologische Produkt- und Markendifferenzierung bildet der wachsende Anteil **erlebnisorientierter Verbraucher** („Erlebnisgesellschaft", *Schulze,* 2005). Durch die bewusste Schaffung emotionaler Erlebniswerte, die in ihrer Summe ganze Erlebniswelten schaffen können, werden Produkt- bzw. Marktleistungen auf diese Weise psychologisch (also subjektiv) differenziert. Das heißt, durch die bewusste Erfüllung neuer Erlebnisansprüche werden insoweit produkt- bzw. markenpsychologische Wettbewerbsvorteile im Markt begründet.

Der Ansatz konsequenter Erlebnisgestaltung im Marketing ist dann umso konsequenter und damit auch erfolgreicher in Hinblick auf die **Oberzielerfüllung** (Rentabilität bzw. *Marken-* und *Unternehmens*wert), wenn nicht nur produktgestalterische Mittel erlebnisorientiert eingesetzt werden, sondern **möglichst viele Marketingmittel**. Damit erweist sich auch der Ansatz des Erlebnismarketing als ein sehr umfassender. Er ist vor allem geeignet für Strategien „höherer Wertigkeit", wie z. B. Präferenz- und/oder Segmentierungsstrategien. Gerade sie zielen auf die Schaffung von **Mehrwerten** (Added Values) ab, und zwar in gesättigten, technisch-funktional weitgehend homogenen Märkten eben gerade aufgrund subjektiv-emotionaler Ansätze i. S. v. Erlebnismarketing. Insofern bestehen wichtige Zusammenhänge zwischen Ziel-, Strategie- und Instrumental- bzw. Marketingmixentscheidungen (= **konzeptionelle Kette**, unter besonderer Berücksichtigung neuer Marktbedingungen).

Erlebniswerte stellen **sinnliche Konsumerlebnisse** dar, „die in der Gefühls- und Erfahrungswelt der Konsumenten verankert sind und einen realen Beitrag zur Lebensqualität leisten" (*Weinberg,* 1995, Sp. 607 bzw. 1992, S. 3). Wichtige Voraussetzungen bzw. wesentliche Bedingungen für die Realisierung erlebnis-betonter Marketingkonzepte (Erlebnismarketing) bilden Wertevorstellungen und Wertetrends in der Gesellschaft (*Inglehart,* 1989; *Naisbitt/Aburdene,* 1990; *Popcorn,* 1992; *Silberer,* 1992; *Weinberg,* 1992; *Pine/Gilmore,* 2000). Neben generellen Trends wie Genuss- oder Freizeitorientierung nimmt die allgemeine Erlebnis- bzw. Unterhaltungsorientierung der Gesellschaft zu (*Schulze,* 2005 und *Wolf,* 1999).

Empirische Untersuchungen in verschiedenen Warenbereichen zeigen, dass das Segment der „Erlebniskäufer" bis zur **Hälfte der Bevölkerung** umfasst (u. a. *Diller,* 1990; *Gröppel,* 1991; *Opaschowski,* 1991). Der Trend zum Erlebniskonsum ist auch eine Antwort auf Gleichförmigkeitstendenzen im Lebensstil (zu Grundfragen/-problemen der **Trendforschung** *Horx/Wippermann,* 1996; *Horx,* 2006 sowie *ders.* 2011 b; *Opaschwoski,* 2006 bzw. *Rust,* 1997, zu Grundfragen eines Trend-Management *Buck/Hermann/Lubkowitz,* 1998, zu Trendwelten/-marken *Franke,* 2001).

Entscheidend für erfolgreiches, zielgruppen-adäquates Erlebnismarketing ist die Generierung und Auswahl von **Erlebnissen bzw. Erlebniswelten** (*Kroeber-Riel/Esch,* 2000, S. 29 f. und S. 70 ff.; *Weinberg,* 1992, S. 5 f. bzw. 1995, Sp. 608 f.; s. a. *Schmitt/Mangold,* 2004; *Esch,* 2018, S. 124). Bei der Generierung von Erlebnissen ist ein *mehrstufiges* Verfahren angezeigt:

- **1. Schritt: Sammlung möglichst vieler Erlebnisse** auf kreativem Wege, unter Berücksichtigung aktueller Werte-, Markt- und Produkttrends.
- **2. Schritt: Auswahl geeigneter Erlebnisse,** unter Berücksichtigung der Übertragbarkeit auf relevante Marketinginstrumente, der möglichen Nutzungsdauer und ihrer Übereinstimmung mit der Markt- und Markenphilosophie des Unternehmens (= **konzeptionelle Kette**).

Unter dem Aspekt nachhaltiger Erlebniskompetenz (Ziel: möglichst dauerhaftes Markenimage) gilt es, das **geeignete Erlebnisprofil** festzulegen. Auch Erlebnisprofile sind das Ergebnis kreativer Leistungen und weniger Ergebnis von Marktforschung. Maßgebend sind dabei vor allem Determinanten der Lebensqualität. „Dazu zählen derzeit vor allem Lebensstandard, Lebensfreude, Genuss, Familie und Kommunikation" (*Weinberg,* 1995, Sp. 609).

Bei der Festlegung der einzelnen Erlebnisse bzw. Erlebniskomponenten, die in bildlicher, sprachlicher und ggf. sensorischer Form das Erlebnisprofil bilden, sind vor allem **folgende Aspekte** bzw. Fragen zu berücksichtigen (*Weinberg,* 1992, S. 6 bzw. 1995, Sp. 609):

- **Entsprechen die vorgesehenen Erlebnisse den Lebensstiltrends** und sind sie geeignet, die vorgesehene Zielgruppe unverwechselbar und mittel- bis langfristig anzusprechen und zu binden?
- **Erlauben diese Erlebnisse eine hinreichende Abgrenzung** gegenüber der heutigen Konkurrenz und erschweren sie zugleich eine künftige Nachahmung durch Konkurrenten?
- **Eignen sich die vorgesehenen Erlebnisse bzw. die definierte Erlebniswelt,** um auf möglichst viele Marketinginstrumente (Marketingmix) übertragen zu werden?

Gerade der letzte Aspekt ist von besonderer Bedeutung für erfolgreiches Erlebnismarketing, denn das Vermitteln markenspezifischer Erlebnisse gelingt i. d. R. nur *multi*-instrumental. Der Einsatz z. B. lediglich erlebnisorientierter Werbung reicht jedenfalls aller Erfahrung nach nicht aus.

Im Folgenden soll nun noch auf Grundfragen der Erlebnisorientierung und dafür geeigneter **Marketinginstrumente** eingegangen und jeweils typische Fallbeispiele aufgezeigt werden.

Für die Umsetzung eines erlebnisorientierten Marketing kommen prinzipiell **alle drei Marketinginstrumental-Bereiche** und dort jeweils wichtige Basisinstrumente in Betracht:

- **Angebotspolitik** (hier insbesondere Produktgestaltung i. w. S., d. h. inkl. Marke, Design und Verpackung),
- **Distributionspolitik** (hier insbesondere die akquisitorische Distribution, speziell Ladengestaltung, Warenpräsentation und Verkaufsgesprächsführung),
- **Kommunikationspolitik** (hier insbesondere Werbung, aber auch Aktionsinstrumente der Verkaufsförderung sowie Events).

Was die angebotspolitischen Möglichkeiten erlebnisorientierter Marketinggestaltung betrifft, so sind zunächst einmal Ansätze zu nennen, die am **Produktkern**(-innern) und/oder am **Produktäußeren** anknüpfen. Dazu gehört „die gesamte sinnlich wahrnehmbare Gestaltung durch Form und Farbe, Geruch, Geschmack und Geräusch" (*Weinberg,* 1995, Sp. 610 bzw. nähere Konkretisierung *ders.,* 1992, S. 38 ff.). Die klassische Produktgestaltung konzentriert sich oft noch zu stark auf rein technisch-funktionale Kriterien, auch die Gestaltung des Produktäußeren(-design) folgt vielfach „nur" diesen Kriterien (Form follows function). Angesichts gesättigter Märkte bzw. Bedürfnisse reicht die Grundnutzenorientierung jedoch vielfach nicht mehr aus. Konsumenten streben nach zusatznutzen-stiftenden „Erlebnissen"; sie können – speziell was die **Produktgestaltung i. w. S.** betrifft – vor allem durch Ansprache mehrerer Sinne geschaffen werden (= Erlebnispositionierung, s. a. *Esch,* 2012, S. 36 f.; *ders.,* 2018, S. 124 ff.).

Fallbeispiele: Erlebnisorientierte Produktgestaltung/-positionierung

Bei Verbrauchsgütern, wie z. B. Körperpflegeprodukten, wird immer stärker versucht – neben adäquaten reinigenden bzw. pflegenden Substanzen – über **spezifische Düfte** Erlebnisse zu vermitteln (zum Ansatz eines Duftmarketing vgl. *Knoblich/Scharf/Schubert,*

2003; zur Marketingsensorik bei Nahrungs-/Genussmitteln *Knoblich/Scharf/Schubert*, 1996, zur Berücksichtigung von Anmutungsleistungen bei Produkten *Koppelmann*, 1997; zur multisensualen Markenführung *Steiner*, 2011; *Krishna*, 2010). Über die Gestaltung bzw. Optimierung der objektiven Duftnote hinaus spielt zunehmend das Mitliefern einer **Duftphilosophie** eine wichtige Erfolgsvoraussetzung. Das beginnt mit der Wahl eines geeigneten Markennamens bzw. einer philosophiegerechten Untermarke.

In dieser Hinsicht kann beispielhaft die ursprüngliche Herren-Pflegeserie *Joop Nightflight* von *Joop* angeführt werden. Ihre **erlebnisorientierte Philosophie** beschreibt *Joop* so (z.B. in der Beipackinformation zur Serie):

*JOOP! NIGHTFLIGHT*

„Die Frische des nächtlichen Universums, eingefangen in einem Duft der beflügelt. Er entführt in die Weite des Sternenmeers. Funkelnde Lichter entfachen die Sehnsucht nach Unendlichkeit. Gefährten der Nacht begegnen sich, wagen kühne Flüge. Wenn der Nachtflug längst ein Traum ist, weckt ein frischer Duft die Erinnerung. *JOOP! NIGHTFLIGHT.* Die Sternstunde des Duftes."

Dieser erlebnisorientierten Philosophie entspricht z.B. die nachtblaue Gestaltung der Verpackung; bei der Packung z.B. für das Produkt Shower Gel sind stilisierte Sterne eingeprägt. Die Nightflight-Erlebniswelt wird auch von anderen Marketinginstrumenten aufgegriffen bzw. adaptiert (z.B. Werbung, Verkaufsförderungsmittel bzw. Mittel der Warenpräsentation). „Erlebniswelten" – darauf wurde bereits in den einführenden Darlegungen hingewiesen – können konsequent nur **über mehrere Marketinginstrumente** geschaffen bzw. der Zielgruppe vermittelt werden (= **konzeptionelle Kette**).

Auch Gebrauchsgüter werden zunehmend erlebnisorientiert optimiert. Als Beispiele können etwa Automobile angeführt werden. So versucht u.a. *BMW* durch gezielte Berücksichtigung der **Geruchs-, Hör- und Tastsinne** den Erlebniswert des *BMW*-Fahrens zu erhöhen.

Im Hinblick auf die Vermeidung von störenden Gerüchen werden z.B. Kunst- und Klebestoffe optimiert, für die Verbreitung eines angenehmeren **„Geruchsklimas"** etwa Lederausrüstungen verbessert. Über spezifische technische Hilfsmittel (sog. Resonatoren) wird etwa der *Porsche*-typische **Motorenklang** – gerade auch bei neuen Modellreihen (wie *Boxster* oder *Panamera*) – zu erhalten bzw. weiterzuentwickeln gesucht. Andererseits ist das Bemühen darauf gerichtet, die Fahrgeräusche im Auto gezielt zu vermindern, u.a. durch Noppen an Lampen und Außenspiegeln oder spezielle Leitbleche bei Schiebedächern. Solche Maßnahmen der „Psychoakkustik" dienen insgesamt der Komforterhöhung. Aber auch **Tastsinne** (Haptik) werden verstärkt in die erlebnisorientierte Produktgestaltung einbezogen, z.B. der angenehm zu bedienende Türgriff (außen wie innen) oder der angenehm anzufassende bzw. zu bedienende Schaltknauf.

Untersuchungen haben ergeben, dass alle diese verschiedene Sinne ansprechenden Maßnahmen das Erleben eines Automobils wesentlich verbessern und vor allem **markenspezifische Mehrwerte** (Added Values) begründen können, welche die Ausschöpfung preispolitischer Spielräume ermöglichen bzw. aus der Sicht der Abnehmer rechtfertigen.

Neben den vielfältigen Möglichkeiten erlebnisorientierter Produktgestaltung i.w.S. gilt es auch, mögliche bzw. sinnvolle Ansätze **erlebnisorientierter Distributionspolitik** zu nutzen. Hierbei können erlebnisorientierte Einkaufsstätten (Handelsbetriebe) zur Vermittlung bzw.

Befriedigung von Erlebnisansprüchen gewählt werden (*Gröppel,* 1991, zu Grundfragen des In-Store-Marketing auch *Gröppel,* 1995). Im Rahmen der Behandlung der Distributionspolitik wurde bei der Diskussion der Betriebsformenfrage im Handel bereits die Polarisierung des Handels in Versorgungs- *und* **Erlebnishandel** angesprochen. Das heißt, es bilden sich – im Hinblick auf die Vermarktung erlebnisorientierter Produkte (Marken) – neue Formen des Erlebnishandels aus, und zwar im allgemeinen Handel (u. a. erlebnisorientierte Supermärkte) wie im Fachhandel (z. B. im Bekleidungsfachhandel) bis hin zu Trend-Kaufhäusern (z. B. *Lust-for-Life,* siehe *Becker,* 2005 a, S. 132 f.) und Themen-Kaufhäusern (z. B. *Stilwerk*).

Neben der Nutzung vorhandener erlebnisorientierter Handelsformen müssen von Herstellern ggf. eigene Initiativen zur aktivierenden, die Verweildauer erhöhenden Erlebnisgestaltung von Einkaufs- bzw. Verkaufsstätten realisiert werden (bis hin zum **Aufbau eigener Filialketten,** z. B. sog. **Flagship-Stores** von *Escada* oder *Marco' Polo* sowie von *Rimowa* und von *Apple*). Ein Beispiel für verstärkte erlebnisorientierte Verkaufs- und Servicestättengestaltung bildet die Automobilindustrie, insb. Anbieter von Premium-Marken. Neben Kundenfreundlichkeit und emotionaler Atmosphäre versucht man vor allem **markenspezifische Gestaltungsformen** (Corporate Design) zu realisieren, und zwar sowohl bei eigenen Niederlassungen als auch bei den selbstständigen Händlern (z. B. *BMW*-Konzept). Eine neue Dimension stellen Erlebnisparks (sog. **Brand Parks**) u. a. der Automilindustrie dar (z. B. *Autostadt* der *Volkswagen AG* in Wolfsburg, *BMW-Welt* in München).

Besondere Bedeutung kommt in diesem Zusammenhang auch der Gestaltung bzw. Steuerung **erlebnisorientierter Verkaufsgespräche** zu. Beim Verkaufsgespräch gilt es, den Kunden sowohl verbal als auch non-verbal in die Erlebniswelt der Produkte bzw. Leistungen einzuführen (*Klammer,* 1989), und zwar unter Einbeziehung geeigneter emotionaler Präsentationstechniken. Einen spezifischen Beitrag zum Erlebnismarketing kann auch die **Schaufenster- und Verkaufsraumgestaltung** leisten (*Esch/Herrmann/Sattler,* 2008, S. 74 ff).

Fallbeispiel: Erlebnisorientierte Schaufenstergestaltung

Schaufenster stellen ein **wichtiges Kontaktmedium** zwischen Kunde und Einkaufsstätte dar. Insoweit bietet sich gerade auch das Schaufenster an, in das erlebnisorientierte Gesamtkonzept integriert zu werden. Neben generellen Schaufenster-Stilen (wie Traditions-, Nobel-, Basar-, Future-Stil, vgl. *Schmitz/Kölzer,* 1996, S. 317 ff.) gilt es, vor allem an der spezifischen Erlebniswelt anzuknüpfen, die für ein Produkt (Marke) gewählt wurde.

Ansatzpunkt ist die möglichst **unverwechselbare Übertragung** eines Erlebniskonzepts auch auf Mittel der Warenpräsentation in Schaufenstern.

Das Beispiel einer Schaufenstergestaltung für das Uhrensortiment und die Marke *Swatch* verdeutlicht das *(Abb. 403).*

Die beispielhafte Schaufenstergestaltung versucht über die Originalität der Auslage die bunte, jugendliche, aufgeschlossene, trendige **Lebenswelt der Marke** *Swatch* aufzugreifen bzw. einzufangen und damit eine non-verbale Kommunikation mit der Zielgruppe aufzunehmen.

Besondere Bedeutung für das Erlebnismarketing kommt naturgemäß der **Kommunikationspolitik** zu. Im Rahmen der kommunikationspolitischen Instrumente spielt dabei vor allem die **Werbung** eine herausragende Rolle. Sie übernimmt dabei die zentrale Aufgabe, „das Angebot in der emotionalen Erlebnis- und Erfahrungswelt der Konsumenten zu positionieren" (*Weinberg,* 1995, Sp. 611, im Einzelnen *ders.,* 1992, S. 62 ff.).

*Quelle: Schmitz/Kölzer,* 1996, S. 157

*Abb. 403: Erlebnisbetonte Schaufenstergestaltung für das Swatch-Uhrensortiment (Beispiel)*

Eine emotionale Positionierung bedient sich dabei der Erkenntnisse aus der **non-verbalen Kommunikationsforschung** (*Bekmeier,* 1989; *Kroeber-Riel/Weinberg,* 2003, S. 526 ff.). Non-verbale Kommunikation ist eine Form der Kommunikation, die sich nicht auf eine sprachliche Informationsübertragung stützt. Bezogen auf Massenkommunikationsmittel ist die non-verbale Kommunikation vor allem **Bildkommunikation.** Für die Vermittlung erlebnisorientierter Werte (Lebenswelten) sind sog. Schlüsselbilder wichtig; sie dienen dem mittel- und langfristigen Aufbau von *inneren* Firmen- bzw. Produkt- oder Markenbildern beim Kunden, die eine emotionale Positionierung begründen können (i. E. *Kroeber-Riel/Gröppel-Klein*, 2013).

Unter einem Schlüsselbild wird ein **Bildmotiv** verstanden, das den visuellen Erlebniskern einer Werbebotschaft bildet (*Kroeber-Riel,* 2003, S. 120). Bilder lösen Gefühle aus und sind besonders geeignet, Erlebniswerte zu vermitteln und zu speichern. Für die Erlebnisvermittlung sind vor allem solche (Schema-)Bilder interessant, die bei der Zielgruppe „besonders lebendig (d. h. klar und anschaulich) und emotional stark besetzt sind" (*Weinberg,* 1992, S. 89). Insofern ist die Suche nach zielgruppenadäquaten Erlebniskonzepten eine Suche nach (Schlüssel-)Bildern, die bei der Zielgruppe geeignet sind, starke **Schemabilder** anzusprechen.

Fallbeispiel: Einführung eines alkoholfreien Bieres *(Löwenbräu)*

Für die Einführung eines neuen alkoholfreien Bieres hatte die *Löwenbräu AG* seinerzeit **Erlebniswerte** zu vermitteln gesucht, die durch den markenspezifischen Löwen und ein Mädchen als Schlüsselbild bzw. durch die zwischen beiden bestehende Beziehung (Interaktion) ausgelöst werden sollten.

Beide Figuren rufen jeweils **typische Schemabilder** ab, der Löwe u. a. Stärke, Natur, Männlichkeit, das Mädchen etwa Schönheit, Eleganz, Reinheit. Im Mittelpunkt der Beziehung zwischen beiden steht „die Psychologie des ‚Tierbräutigams‘: Den Löwen und das Mädchen verbindet eine sublime erotische Partnerschaft“ (*Kroeber-Riel,* 1996, S. 309).

Eine Abbildung zeigt die **Übertragung** des Schlüsselbildes Löwe/Mädchen auf verschiedene Medien *(Abb. 404).*

Das Wesen konsequenter Erlebnisprofilierung besteht demnach darin, Schlüsselbilder der Werbung auf **wichtige andere Medien** zu übertragen. Im Biermarkt gehören zu diesen wichtigen Medien etwa das Flaschenetikett, der Kronenkorken, der Bierkasten, das Bierglas, der Bierdeckel. Vor allem die beiden zuletzt genannten Medien konfrontieren den Verbraucher mit der Erlebniswelt von *Löwenbräu* alkoholfrei **unmittelbar vor dem Konsum** und beeinflussen insoweit konzeptionsgerecht das Konsumerlebnis.

Für eine möglichst konsequente Erlebnisvermittlung kommt es insgesamt also darauf an, Erlebnis- bzw. Schlüsselbilder möglichst *durchgängig* in allen wichtigen produktspezifischen Medien (einschließlich Kauf- (POS-) und Konsumorte) zu adaptieren.

Für die Erlebnisprofilierung von Produkten (Marken) werden zunehmend auch spezifische Aktionsformen der Kommunikationspolitik, speziell der Verkaufsförderung bzw. des **sog. Eventmarketing**, eingesetzt.

Exkurs: Bedeutung und Einsatzformen des Eventmarketing

Events sind von Unternehmen **inszenierte Ereignisse** (Veranstaltungen), um Zielgruppen i. S. eigener Marketing- bzw. Kommunikationsziele zu aktivieren (*Mues,* 1990; *Kinnebrock,* 1993; *Zanger/Sistenich,* 1996; *Nickel,* 2005; *Nufer*, 2012; *Kiel/Bäuchl*, 2014). Zwei **Grundarten** von Events sind zu unterscheiden:

- **Geschlossene (interne) Events** (z. B. Außendienstkonferenzen, Startveranstaltungen für Produktneueinführungen („Kick Offs“), z. B. auch im Handel),
- **Offene (öffentliche) Events** (z. B. Publikumsaktionen, Ausstellungen, (gesponsorte) kulturelle Veranstaltungen, Road Shows oder Volksfeste).

Solche Events ersetzen weder klassische Werbung, Verkaufsförderung oder Public Relations, sondern sie sind als *zusätzliche* (komplementäre) Elemente im Kommunikationsmix anzusehen. Diese inszenierten Ereignisse und ihr Einsatz für Marketingzwecke sind grundsätzlich nicht neu; neu ist eher ein **intensivierter Einsatz,** nicht zuletzt auch zur Unterstützung eines erlebnisorientierten Marketing.

Veranstaltungen mit Eventcharakter (Live-Communication) sollen produkt- bzw. **markenbezogene emotionale Reize** auslösen und auf diese Weise Sympathien, Einstellungen und Verhaltensweisen von Zielgruppen aktiv beeinflussen (z. B. Imagestabilisierung oder -verbesserung, Absatzstabilisierung oder -steigerung).

Ein wichtiges Merkmal von Events ist die **Kommunikation mit Dialogcharakter,** d. h. sie sollen unmittelbare Kontakte zu teilnehmenden Zielgruppen ermöglichen (Zitat von *Coca-Cola:* „Eventmarketing bedeutet für uns, die faszinierende Welt von *Coca-Cola* vor Ort hautnah erlebbar zu machen“, *Lebensmittel Praxis* 5/1994; vgl. hierzu auch *Müller,* 1995, S. 112 ff.).

Events (Eventmarketing) sollen – in Abgrenzung zu anderen kommunikationspolitischen Instrumenten – vor allem **folgende Kriterien** erfüllen (*Zanger/Sistenich,* 1996, S. 235, Hervorhebungen J. B.):

- Events sind von Unternehmen initiierte Veranstaltungen **ohne Verkaufscharakter,**
- Events unterscheiden sich bewusst **von der Alltagswirklichkeit** der Zielgruppe,
- Events setzen Werbebotschaften in **tatsächlich erlebbare Ereignisse** um, d. h. inszenierte Markenwelten werden erlebbar,
- Events werden zielgruppenfokussiert ausgerichtet und stehen für eine **hohe Kontaktintensität,**
- Events sind interaktionsorientiert, Kunden werden aktiv **über die Verhaltensebene** mit einbezogen,
- Events sind Bestandteil des Konzepts **integrierter Unternehmenskommunikation** (inhaltlich gebunden, organisatorisch selbstständig).

*Quelle: Kroeber-Riel,* 1996, S. 310

*Abb. 404: Übertragung des Schlüsselbildes der Printwerbung auf andere Medien (Beispiel Löwenbräu alkoholfrei, Beispieljahr)*

Wichtig ist, dass Eventmarketing, wie im letzten Punkt angesprochen, mit den übrigen kommunikationspolitischen Instrumenten vernetzt ist und – das ist vor allem für die Wirkung erlebnisorientierter Marketing-Konzepte entscheidend – an positionierungs-adäquaten **Erlebniswerten bzw. -welten** anknüpft.

Auch das Eventmarketing erweist sich – ähnlich wie die Verkaufsförderung – als **Mischinstrument**; jedenfalls sind Überlappungen bzw. Verknüpfungen mit Sponsoring, Direktmarketing, Public Relations und schließlich auch mit der Verkaufsförderung unverkennbar.

Insgesamt zeigt sich also, dass Erlebnismarketing sehr umfassend angelegt werden kann bzw. muss – unter sonst gleichen Bedingungen eine wichtige Erfolgsvoraussetzung für diesen Marketingansatz. Es bleibt nun noch, auf den dritten komplexen Marketingansatz näher einzugehen: das Beziehungsmarketing.

### *cbc) Beziehungsmarketing (Customer Relationship Management, CRM)*

Beziehungsmarketing (ursprünglich unter dem Begriff **Beziehungsmanagement** und neuerdings unter dem Begriff **Customer-Relationship Management** (CRM) diskutiert) ist an sich nicht neu. Es wird aber immer stärker als ein wesentlicher, erfolgsbestimmender Marketingansatz angesehen, der geeignet ist, Unternehmen in stagnierenden oder schwach wachsenden und damit zugleich hoch kompetitiven Märkten konsequent *kundenorientiert* zu führen.

Das Beziehungsmarketing oder Beziehungsmanagement hat seinen Ausgangspunkt im **Investitionsgüterbereich** (Business-to-Business-Bereich, erste Arbeiten *Engelhardt/Günter,* 1981; *Gemünden,* 1981, Weiterführungen u. a. *Diller/Kusterer,* 1988; *Belz et al.*, 1994). Kennzeichnend ist, dass dieser Ansatz auch in das klassische Konsumgütermarketing übertragen worden ist (*Diller,* 2001; *Hadwich,* 2003; *Bruhn*, 2009 bzw. 2013; *Grunwald/Schwill*, 2017).

Zum Verständnis des Beziehungsmarketing soll zunächst an seiner Verankerung im Business-to-Business-Marketing angeknüpft und das Konzept (System) des Beziehungsmarketing näher dargestellt werden. Im Anschluss daran werden dann auch vergleichbare Ansätze und Realisierungsformen und -möglichkeiten im Konsumgütermarketing diskutiert. Dabei zeigt sich insgesamt, dass das Beziehungsmarketing bzw. -management einen sehr **umfassenden, komplexen Ansatz** darstellt, der im Übrigen wichtige Querverbindungen zu anderen Marketingansätzen sowie neueren Basisinstrumenten des Marketing aufweist.

Insgesamt kann die konsequente, *aktive* Analyse und Gestaltung von Geschäftsbeziehungen zwischen zwei Geschäftspartnern als zentraler Ansatz und Aufgabenbereich des Marketing gesehen werden. Sie entspricht **konsequenter Kundenorientierung,** die weit über das übliche Verständnis von persönlichem oder unpersönlichem Verkauf hinausgeht. Beziehungsmarketing kann in diesem Sinne als eine auf spezifische Beziehungsziele des Unternehmens ausgerichtete „Außenpolitik“ verstanden werden, die geeignet ist, Kompetenzen für das Unternehmen aufzubauen, die Wettbewerbsvorteile begründen können. Inhaltlich kann Beziehungsmarketing (Beziehungsmanagement) als die „aufeinander abgestimmte Gesamtheit der Grundsätze, Leitbilder und Einzelmaßnahmen zur langfristig zielgerichteten Selektion, Anbahnung, Steuerung und Kontrolle von Geschäftsbeziehungen“ angesehen werden (*Diller,* 1995, Sp. 286). Beziehungsmarketing ist damit zunächst Bestandteil (besser: Kern) eines konsequenten Kundenmanagements. Es geht andererseits über die reinen Kundenbeziehungen hinaus und umfasst grundsätzlich – das wird vor allem neuerdings stark betont – **alle relevanten Außenbeziehungen** des Unternehmens. Dem muss dann auch eine entsprechende nach innen gerichtete Beziehungspflege („Innenpolitik“) entsprechen (*Specht,* 1996), inzwischen auch unter dem Begriff **internes Marketing** thematisiert (*Bruhn,* 1999 a).

Aus der bisherigen Charakterisierung des Beziehungsmarketing wird deutlich, dass es seine Verankerung bereits auf der **Zielebene** (speziell Metazielebene, nämlich Allgemeine Wertvorstellungen (Basic Beliefs) einerseits und Unternehmenszweck (Mission/Vision) andererseits) findet bzw. finden muss. So gesehen werden wiederum grundlegende Beziehungen zwischen 1. Konzeptionsebene („Ziele") und 3. Konzeptionsebene („Mix") deutlich (= **konzeptionelle Kette**).

Was das Beziehungsmarketing des Unternehmens betrifft, so ist es in umfassender Auslegung *mehrdimensional* ausgerichtet, d. h. es umfasst sowohl vertikale und horizontale als auch externe und interne Beziehungsfelder. Sie bilden insgesamt ein komplexes „Beziehungsgeflecht", das gezielt gesteuert werden muss (siehe auch *Harnischfeger,* 1996; *Diller,* 2001; *Payne/Rapp,* 2003). Eine Darstellung verdeutlicht die Zusammenhänge *(Abb. 405).*

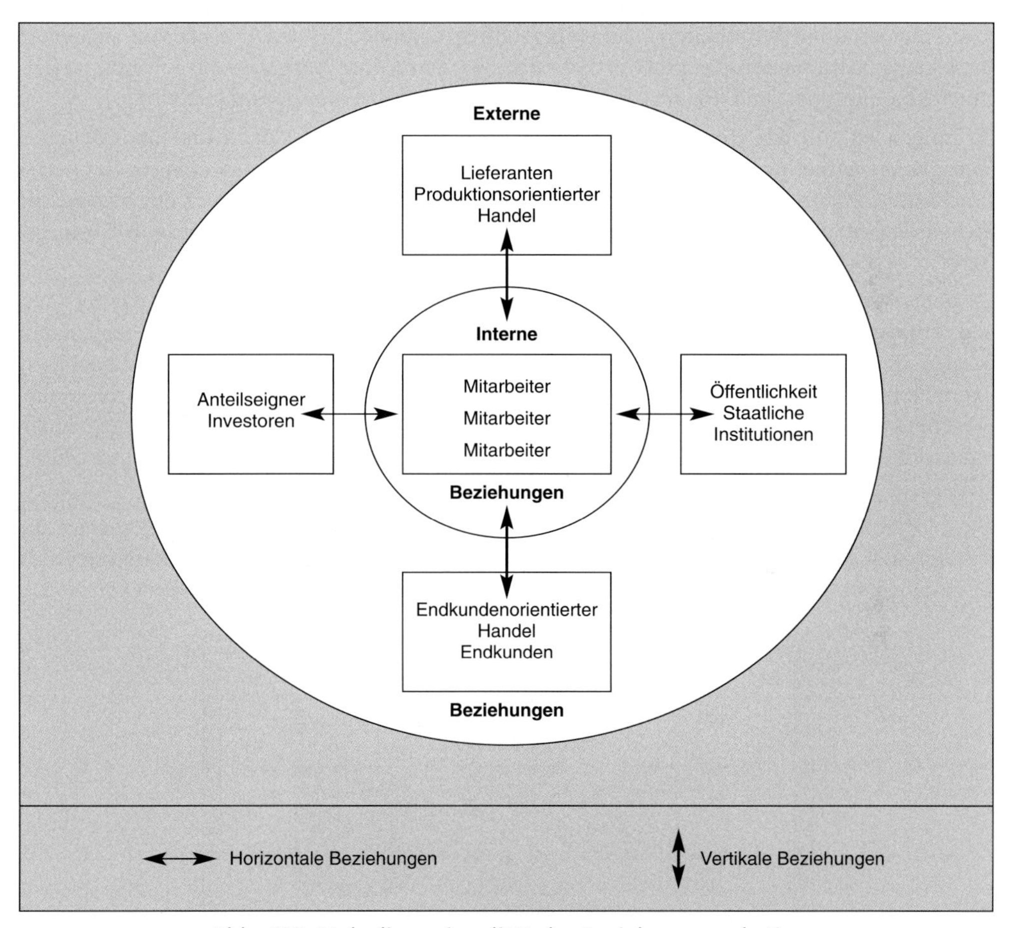


*Abb. 405: Mehrdimensionalität des Beziehungsmarketing*

Die grafische Übersicht zeigt, dass neben dem vertikalen Beziehungsstrang (ausgehend von den Lieferanten bis hin zu den Endverbrauchern bzw. Endkunden) ein horizontaler Beziehungsstrang des Unternehmens besteht. Was den **vertikalen Beziehungsstrang** betrifft, so reicht er vom systematischen Supply Chain Management (in Bezug auf Lieferanten) über das

– bereits im Abschnitt Verkaufsförderung behandelte – vertikale Marketing (in Bezug auf die endverbraucher-orientierten Handelsstufe(n)) bis zum eigentlichen endverbraucher-orientierten Kundenmarketing. Der **horizontale Beziehungsstrang** bezieht sich auf die verschiedenen „Teil-Öffentlichkeiten" und ihre spezifischen Erwartungen und Anforderungen an das Unternehmen (= Grundfragen, die im Rahmen der Public Relations bereits angesprochen wurden). Bezüglich des **externen Beziehungsmarketing** kann insoweit zwischen einem Beziehungsmarketing i. w. S. (= alle Beziehungen umfassend) und von einem Beziehungsmarketing i. e. S. (= auf den Endkunden bezogen, d. h. im Business-to-Business-Bereich auf das abnehmende Unternehmen, im Konsumgüterbereich auf den Endverbraucher gerichtet) unterschieden werden.

Externes Beziehungsmarketing, und zwar im engen wie im weiten Sinne, setzt zugleich **internes, auf die Mitarbeiter gerichtetes Beziehungsmarketing** voraus; denn für die Herstellung und Pflege der Beziehungen des Unternehmens zu den verschiedenen Beziehungsebenen bzw. -gliedern sind Mitarbeiter – sei es persönlich und/oder für den Einsatz von adäquaten Beziehungsinstrumenten – verantwortlich. Sie müssen für ihre Aufgaben ausgewählt, weiterentwickelt, motiviert und zielgerichtet eingesetzt werden (*Homburg/Stock,* 2000).

Im Folgenden soll das Beziehungsmarketing speziell am Beispiel der Kundenbeziehungen (Beziehungsmarketing i. e. S.) diskutiert werden, weil ihnen im Rahmen *kunden*orientierter Unternehmensführung (= Kern der marktorientierten Führungsphilosophie) ein **besonderer Stellenwert** zukommt. Dabei soll zunächst am Investitionsgüter- bzw. Business-to-Business-Bereich angeknüpft werden.

Besonders vielschichtige und intensive Kundenbeziehungen sind vor allem für das System- und Anlagengeschäft typisch, da hier kunden- bzw. auftragsbezogene Leistungen erstellt werden, die eine besonders *enge* Beziehung zwischen Herstellerunternehmen und Abnehmerunternehmen bedingen. Sie ist sowohl auf Hersteller- als auch Abnehmerseite durch **Mehrpersonenbeziehungen** gekennzeichnet (Selling bzw. Buying Center, vgl. im Einzelnen zuden industriellen Kauf- und Beziehungsprozessen *Engelhardt/Günter,* 1981; *Backhaus,* 2003; *Godefroid,* 2003; *Backhaus/Voeth,* 2007 bzw. 2014).

Geschäftsbeziehungen beinhalten ganz verschiedene, teilweise **sich überlagernde Ebenen**, „die jede für sich Ansatzpunkte für ein Beziehungsmanagement liefern und gleichzeitig integrativ zu gestalten sind" (*Diller,* 1992, S. 116). Eine Modelldarstellung verdeutlicht das *(Abb. 406).*

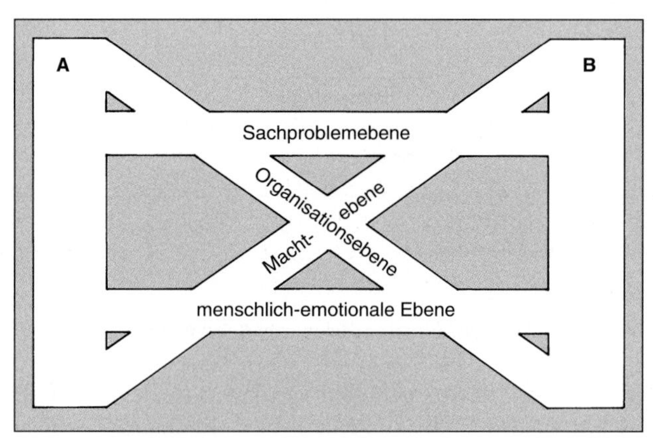


*Quelle: Diller,* 1992, S. 116

*Abb. 406: Interaktionsebenen bei der Gestaltung von Geschäftsbeziehungen*

Die **Sachproblemebene** bezieht sich auf die sachlich-inhaltliche Gestaltung der Geschäftsbeziehung (wie Produktkonfiguration, Preisverhandlungen, Liefermengen/-zeiten usw.). Auf der **Organisationsebene** werden die mehr formalen Regeln für die Geschäftsabwicklung festgelegt (z. B. optimale Abstimmung der Informations- und Warenlogistik, Zahlungsabwicklung). Die **Machtebene** betrifft Art und Ausgleich der wechselseitigen Abhängigkeiten der Geschäftspartner, was wesentlich das Beziehungsklima (Beziehungskultur) beeinflusst. Eine von beiden Geschäftspartnern akzeptierte Beziehungskultur schafft gegenseitiges Vertrauen (*Belz et al.*, 1994, S. 53 ff.) und damit die Voraussetzung für Dauerbeziehungen, was entscheidende Wettbewerbsvorteile begründen kann. Auf der **menschlich-emotionalen Ebene** schließlich geht es um ein „Konglomerat von Wertetransaktionen" (*Diller,* 1992, S. 117), die sich in persönlicher Sympathie- und Beziehungspflege durch persönliche Umgangsformen und in professioneller Gesprächs- und Verhandlungstechnik niederschlagen. Die Marketingwissenschaft, die sich im Laufe der Entwicklung immer intensiver mit dem Beziehungsmarketing bzw. -management auseinander gesetzt hat, greift dabei auf unterschiedliche **Theorieansätze** zurück.

Exkurs: Theoriebezüge des Beziehungsmarketing (-management)

Bei der Beschäftigung mit bzw. der Weiterentwicklung von Beziehungsmarketing (Beziehungsmanagement) hat man an **verschiedene Theorien** anzuknüpfen versucht. Hierzu gehören u. a. die Interaktionstheorie, die Theorie des sozialen Austauschs, Theorien der Kommunikationsforschung wie auch die Theorie des organisatorischen Beschaffungsverhaltens (vgl. Überblicke von *Diller,* 1995, Sp. 294 ff. bzw. 2001, S. 163 ff.).

Typisch für diese Theorien ist der starke **sozialwissenschaftliche Bezug.** Es ist einsichtig, dass ein Konzept des Beziehungsmarketing, das sehr stark gerade auch *menschliche* Dimensionen der Geschäftsbeziehungen in den Vordergrund rückt, auf psychosoziale Forschungsansätze und Einsichten zurückgreift (s. *Bruhn*, 2016).

Hauptsächliche Erkenntnisobjekte des Beziehungsmarketing (-management) waren in der Vergangenheit vor allem das Investitionsgüter-, das Dienstleistungs-, aber auch das Vertikale Marketing (Hersteller-Handels-Beziehungen). Zunehmend ist aber die Überzeugung gewachsen, dass auch für das klassische Konsumgütermarketing eine auf **Dauerhaftigkeit angelegte Beziehungspflege** zwischen Hersteller und Endabnehmer große Bedeutung hat (*Specht,* 1996; *Harnischfeger,* 1996 sowie i. E. *Homburg/Werner,* 1998; *Payne/Rapp,* 2003; *Bruhn,* 2009 bzw. 2016).

Die „Entdeckung" der Beziehungspflege auch und gerade im Konsumgütermarketing ist nicht zuletzt beeinflusst von der Einsicht in die betriebswirtschaftlichen Zusammenhänge zwischen **Kundenbindung und Gewinnerzielung.** So haben z. B. amerikanische Forschungsergebnisse im Dienstleistungsbereich gezeigt, dass ein Unternehmen, dem es gelingt, die Kundenabwanderung um 5 % zu senken, seine Gewinne um 25 % bis zu 85 % steigern kann. Das hängt u. a. damit zusammen, dass für die Neukundengewinnung etwa das fünf- bis siebenfache dessen notwendig ist, was man für die Erhaltung von bestehenden Kunden aufwenden muss (*Reichheld/Sasser,* 1991; *Bhote,* 1996). Darüber hinaus zeichnen sich Dauer- oder Stammkunden dadurch aus, dass sie im Zeitablauf häufiger und mehr kaufen (inkl. der **Cross-Selling**-Möglichkeit). Nicht zu unterschätzen ist außerdem der „Multiplikatoren-Effekt", der bei zufriedenen Stammkunden durch ihre Empfehlungen entsteht.

Damit wird deutlich, dass der verstärkte Ansatz eines Beziehungs- bzw. Stammkundenmarketing in der Praxis ursächlich mit den spezifischen Möglichkeiten der **Oberzielerfüllung** (Gewinn/Rentabilität und *Wert*steigerung) zusammenhängt. Stammkunden- bzw. Kundenbindungsmarketing (Loyality Marketing) ist insofern darauf gerichtet, möglichst das Ziel einer **Zero-Migration** (Kundenabwanderung = 0) zu realisieren. Damit wird erneut der enge Zusammenhang zwischen Zielentscheidungen (1. Konzeptionsebene) und Mixentscheidungen

(3. Konzeptionsebene) – in Verbindung mit spezifischen kundenorientierten Strategiekonzepten (2. Konzeptionsebene) – deutlich (= **konzeptionelle Kette**).

Dieser Ansatz bzw. seine (oberzielrelevanten) Auswirkungen werden vor allem deutlich, wenn man die Kundenbeziehung als einen **Lebenszyklus** begreift, der verschiedene Phasenabschnitte umfasst, die jeweils spezifisch gesteuert werden müssen. Eine Übersicht versucht diese Zusammenhänge zu verdeutlichen *(Abb. 407)*.

| | **Zeitpfad** | | | | | | |
|---|---|---|---|---|---|---|---|
| *Phase im Kunden-beziehungs-Lebenszyklus* | Anbahnungsphase | Sozialisationsphase | Wachstums- und Reifephase | Gefährdungsphase | | Kündigungsphase | Revitalisierungsphase |
| *Ziel* | Anbahnung von neuen Geschäftsbeziehungen | Festigung von neuen Geschäftsbeziehungen | Stärkung von stabilen Geschäftsbeziehungen | Stabilisierung gefährdeter Beziehungen von sich beschwerenden Kunden | Verhinderung von Kündigungen | Rücknahme von Kündigungen | Wiederanbahnung der Geschäftsbeziehung |
| *Kunden-orientierte Management-aufgabe* | Interessentenmanagement | Neukundenmanagement | Zufriedenheitsmanagement | Beschwerdemanagement | Kündigungspräventionsmanagement | Kündigungsmanagement | Revitalisierungsmanagement |
| | **Interessentenmanagement** | **Kundenbindungsmanagement** | | | | **Rückgewinnungsmanagement** | |

*Quelle: Stauss,* 2000, S. 15

*Abb. 407: Aufgaben des Kundenmanagement in den Phasen des Kundenbeziehungs-Lebenszyklus*

Dieser Kundenbeziehungs-Lebenszyklus knüpft im Prinzip am „Modell" des Produktlebenszyklus an. Während jedoch das Konzept des Produktlebenszyklus sich auf marketing-instrumentelle Einsatzformen zur Verlängerung des Produktlebenszyklus (Life Cycle Stretching) konzentriert – siehe hierzu auch die Darlegungen im II. Kapitel „Stufen und Differenzierungsformen des Marketingmix", Abschnitt Produktlebenszyklus und Marketingmix –, stellt das **Konzept des Kundenbeziehungslebenszyklus** Steuerungsansätze zur systematischen Kundengewinnung *und* -bindung in den Mittelpunkt. Danach können **sechs Phasen** von der Anbahnungs- bis zur Revitalisierungsphase unterschieden werden. Alle Phasen sind durch jeweils spezifische Zielsetzungen und entsprechende kundenorientierte Managementaufgaben gekennzeichnet (mit angepassten Einsatzformen *aller* Marketinginstrumente, s. a. prototypische Beispiele bei *Homburg/Krohmer,* 2006, S. 945; zum Ansatz, *primär* die Kunden zum Bezugspunkt der Marketingmix-Entscheidungen zu machen, *Bruhn,* 1999 b und 2009 bzw. 2013). Die Managementaufgaben konzentrieren sich dabei auf **drei Schwerpunkte:** Interessenten-, Kundenbindungs- und Rückgewinnungsmanagement (= Ansatz für eine *transaktionsorientierte* Segmentierung, s. a. *Kreutzer,* 2006, S. 116 f. bzw. *ders.,* 2013 S. 199 ff.).

Das Interessenten-Management dient der gezielten Akquisition neuer Kunden. Das klassische Marketing und sein Instrumentarium konzentriert sich in hohem Maße auf diese Basisaufgabe. Sie besteht darin, Aufmerksamkeit und Interesse bei potenziellen Kunden zu wecken, um sie zu einem Erstkauf zu veranlassen. Mit der wachsenden Einsicht, dass Gewinnerzielung und Wertsteigerung in starkem Maße von der Bindung einmal gewonnener Kunden abhängt, wird generell ein stärkerer Fokus auf das sog. **Kundenbindungsmanagement** (*Bruhn/Homburg*, 2003) gelegt, wie viele Beispiele zeigen (siehe auch *Tomczak/Reinecke*, 1998, S. 95 ff.). Spezifische Aufgaben kommen dabei sowohl dem Kundenzufriedenheitsmanagement (*Homburg*, 2003) als auch dem Beschwerdemanagement (*Stauss/Seidel*, 2002) zu. Kundenzufriedenheits- wie Beschwerdeanalysen bilden die Grundlage für streng *kundenorientierte* Marketing(verbesserungs)maßnahmen. Sie liefern nicht zuletzt eine wichtige Basis für kundenbindende Produkt- und Leistungsinnovationen. Da aber auch ein konsequentes Kundenbindungsmanagement *nicht* völlig verhindern kann, dass Kunden abzuwandern drohen oder tatsächlich abwandern, muss ein vollständiges Kundenmanagement sowohl das **Kündigungspräventionsmanagement** (= „Spezialfall" des Kundenbindungsmanagement, *Stauss*, 1999, S. 520) als auch das eigentliche **Rückgewinnungsmanagement** umfassen (*Sauerbrey/Henning*, 2000, siehe dort speziell die Beispiele auf S. 83 ff.).

Gezieltes Kundenmanagement wird als **Customer Relationship Management** (CRM, *Web 2.0*-basiert als **Social Customer Relationship Management**, SCRM) realisiert. CRM und SCRM stehen für die Ausrichtung sämtlicher Unternehmensprozesse auf den Kunden. Kerngedanke ist „die Steigerung des Unternehmens- und Kundenwerts durch das systematische Management der existierenden Kunden." (*Rapp*, 2000, S. 42; i. E. *Helmke/Uebel/Dangelmaier*, 2003 sowie *Hippner/Hubrich/Wilde*, 2011).

Grundlage hierfür bildet eine geeignete CRM-Software (z. B. *Siebel*), denn Unternehmen brauchen für CRM differenzierte Daten **über ihre Kunden.** Normalerweise sind diese Daten in den Unternehmen in Form von Kunden- oder Produktdatenbanken vorhanden. Für Zwecke des Customer Relationship Management müssen daraus mit Hilfe IT-gesteuerter CRM-Systeme die notwendigen Kundeninformationen extrahiert werden. Schlüsseltechnologien, die das ermöglichen, sind Data Warehouse- und Data Mining-Systeme. Beim **Data Warehouse** handelt es sich um ein zentrales Datenlager, in dem die Daten nach definierten Themen bzw. Aufgaben geordnet sind (*Schütte et al.*, 2001). Mit Hilfe verschiedener **Data Mining-Methoden** können die Daten nach immer neuen Kriterien sowie Gesetzmäßigkeiten durchsucht und aufbereitet werden (*Hippner et al.*, 2001; *Hippner/Wilde*, 2004 b; *Holland*, 2009 bzw. 2016). Diese Thematik wird inzwischen breit unter dem Stichwort **Big Data** diskutiert (s. a. *Davenport*, 2014). Sie hat auch ihren Niederschlag in neuen Berufen (**Database Manager, Data Scientist**) gefunden (s. 5. Teil „Marketingpersonal").

Customer Relationship Management (CRM) kann als Glied einer ganzen **„Entwicklungskette"** systematischer Marketing- und Vertriebssteuerung gesehen werden, von einfachen Database- (Kundendatenbanken-), über CAS- (Computer Aided Selling-) bis hin zu ganzheitlichen ERP- (Enterprise Resources Planning-) Systemen (*Winkelmann*, 2008; *Schwetz*, 2001).

Als stärkstes Instrument des Beziehungsmarketing gegenüber Kunden im Konsumgütermarketing (Customer Relations) – s. a. empirische Untersuchungen (*Hennig-Thurau*, 2000; *Hadwich*, 2003) – erweist sich nach wie vor der **persönliche Kundenkontakt.** Daneben spielen *nicht*-persönliche, aber **kundenspezifische Maßnahmen** wie Direktmarketing (von klassischen bis internet-gestützten Maßnahmen), Kundenzeitschriften, Kundenclubs, Kundencards, kundenbezogene Events („inszenierte Veranstaltungen", vgl. hierzu auch Abschnitt zum Erlebnismarketing) eine wichtige Rolle. Nicht zuletzt nehmen – als entscheidende Grundlage bzw. Voraussetzung für ein Beziehungsmarketing – die Qualität der Leistung, eine angemessene Preis-, Finanzierungs- und Konditionenpolitik bzw. kundenadäquate Preis-Leistungs-Verhältnisse sowie spezifische Beratungs- und Serviceleistungen einen **besonderen Stellen-**

**wert** ein. Diese Faktoren sind es, die nicht zuletzt entsprechende Anbieterkompetenzen beim Kunden begründen können (als übergeordnete Vertrauensgrundlage). Solche Kompetenz- bzw. Vertrauensleistungen spielen vor allem auch im Dienstleistungsbereich eine herausragende Rolle, weil hier häufig keine Inspektions- und/oder Erfahrungseigenschaften gegeben sind (z. B. bei Versicherungen: die Erfahrungseigenschaften einer Versicherungsleistung würden hier einen konkreten Versicherungs- bzw. Schadensfall voraussetzen; zur **informationsökonomischen Unterscheidung** von Such- bzw. Inspektions-, Erfahrungs- und Vertrauenseigenschaften vgl. *Zeithaml,* 1991; *Kaas/Busch,* 1996, siehe hierzu auch *Abb. 444*).

Es ist klar, dass für ein kundenorientiertes Beziehungsmarketing nicht zuletzt den kommunikationspolitischen Instrumenten und ihrem gezielten Einsatz eine besondere Rolle zukommt. Einen besonderen Stellenwert besitzen dabei die **sog. nicht-klassischen Kommunikationsmittel.** Betrachtet man die Mediawerbung (in den Massenmedien) einerseits und den persönlichen Verkauf (Beratungs- und Verkaufsgespräch) andererseits als die klassischen Mittel der Kommunikation, so stellt sich der **Baukasten** der nicht-klassischen Kommunikationsmittel (vgl. hierzu *Tomczak/Müller/Müller,* 1995) sehr differenziert dar *(Abb. 408).*

| | **Direkte Kommunikation** | **Indirekte Kommunikation** |
|---|---|---|
| **Persönliche Kommunikation** | 1) Persönlicher Dialog,<br>*insbes.*<br>– Kundenberatung/-schulung<br>– Firmenpräsentationen<br>– Hausmessen<br>– Firmenjubiläen | 3) Marketingveranstaltungen,<br>*insbes.*<br>– Erlebnismarketing<br>– Eventmarketing<br>– Sponsoring |
| **Unpersönliche Kommunikation** | 2) Individualisierte Massenkommunikation,<br>*insbes.*<br>– Direktmarketing (-werbung)<br>– Kundenzeitschriften<br>– Kundenclubs<br>– Kundencards<br>– Werbegeschenke | 4) Neuere standardisierte Massenkommunikationsmittel,<br>*insbes.*<br>– Product Placement<br>– Produkt-PR<br>– Telefonkarten<br>– Tragetüten u. Ä. |

*Quelle:* nach *Tomczak/Müller/Müller,* 1995, S. 3

*Abb. 408: Baukasten der nicht-klassischen Kommunikationsbereiche und Kommunikationsinstrumente*

Die nicht-klassischen Kommunikationsmittel haben bei der Realisierung eines konsequenten Beziehungsmarketing deshalb zunehmend an Gewicht gewonnen, weil die **Leistungsgrenzen** der klassischen Mediawerbung (Grundprobleme: Informationsüberlastung und Zielgruppenungenauigkeit) immer deutlicher zu Tage treten. Andererseits sind persönliche Beratungs- und Verkaufsleistungen (Grundprobleme: Verfügbarkeit geeigneter Absatzpersonen und Kostenbelastung) nicht beliebig vermehrbar. Eine stärkere Verlagerung des Beziehungsmarketing-Instrumentariums – gerade auch im Konsumgütermarketing – auf die nicht-klassischen Mittel war und ist insofern konsequent.

Als spezifische („konstituierende") **Merkmale** der nicht-klassischen Kommunikationsmittel können insbesondere Folgende genannt werden (*Bruhn,* 1995 a, S. 34 f.):

- **relativ hoher Neuigkeitsgrad des Instrumentes in Markt/Branche,**
- **spezifische Nutzung von Medien der Individualkommunikation,**

- **gezielter Einsatz in besonderen Kundensituationen,**
- **hoher Grad an Zielgruppengenauigkeit beim Einsatz,**
- **ausgeprägte Dialogorientierung.**

Die nicht-klassischen Kommunikationsinstrumente – auf die z. T. bereits bei der Darstellung des Marketinginstrumentariums eingegangen wurde – werden in der Praxis auch als **Below-the-line-Aktivitäten** bezeichnet (*Frey,* 1994, S. 176 ff.; *Bruhn,* 1995 a, S. 33).

Neue Möglichkeiten des Beziehungsmarketing sind durch die **internet-basierten Kommunikationstechnologien** gegeben. Sie erlauben neue Formen des Direktmarketing und damit der Direktbeziehung und des **Dialogs** mit den Kunden (*Rapp/Giehler*, 1999; *Hildebrand*, 2000; *Holland,* 2009; *Hoepner/Schminke*, 2012; *Kollmann,* 2013). Auf Grundfragen des Internet-Marketing bzw. des Electronic Commerce wird im Folgenden näher eingegangen.

### *cc) Einsatzmöglichkeiten des Online-Marketing und des Electronic Commerce*

Unter **Internet-Marketing** wird der systematische Einsatz der Internet-Dienste für Marketingzwecke verstanden. Als Internet-Dienste kommen insbesondere die elektronische Post (E-Mail) und vor allem das World Wide Web (WWW) in Betracht, das die weitesten Anwendungsmöglichkeiten bietet. In immer stärkerem Maße hat sich das Internet-Marketing zum Kern des sog. **Online-Marketing** entwickelt (*Fritz*, 2004, S. 26; *Kollmann,* 2013, S. 62 ff.).

Vom Online-Marketing zu unterscheiden ist das sog. **Offline-Marketing**. Hierbei können Offline-Medien multimedialer Art (z. B. die interaktive CD-ROM) sowie interaktive Medien, die sich nicht des Internets bedienen (z. B. das interaktive Fernsehen) eingesetzt werden (*Albers/Clement/Peters*, 1999, S. 19 ff.). Die Nutzung auch solcher elektronischer Medien geht über das Internet-Marketing i. e. S. hinaus. Andererseits bietet das Marketing im Internet (WWW) ebenfalls die Möglichkeiten eines interaktiven *und* multimedialen Marketing.

Was den Begriff **Electronic Commerce** (E-Commerce) betrifft, so wird er unterschiedlich weit gefasst. Im *weiteren* Sinne umfasst er „jede Art wirtschaftlicher Tätigkeit auf der Basis elektronischer Verbindungen“ (*Picot/Reichwald/Wigand*, 1998, S. 17). Im *engeren* Sinne wird unter Electronic Commerce dagegen „die digitale Anbahnung, Aushandlung und/oder Abwicklung von Transaktionen zwischen Wirtschaftssubjekten“ (*Clement/Peters/Preiß*, 1999, S. 49) verstanden. Der engere Begriff des Electronic Commerce, der den folgenden Darlegungen zugrundeliegt, ist dennoch *nicht* deckungsgleich mit dem Begriff Internet-Marketing, „da einerseits der marktorientierte E-Commerce auf einer anderen technischen Basis stattfinden kann (z. B. im interaktiven Fernsehen) und es andererseits unternehmerische Marketing-Aktivitäten im Internet gibt, die nicht unmittelbar im Dienste kommerzieller Markttransaktionen stehen müssen“ (wie z. B. Public Relations oder Sponsoring, *Fritz*, 2004, S. 27 f.).

Dennoch führen image-orientierte Unternehmensauftritte (Homepages), mit der Online-Aktivitäten vielfach beginnen, nicht selten in einem **Stufenprozess** bis hin zu vollständigen E-Commerce-Konzepten (*Abb. 409*).

Aus der Sicht des Online-Verkaufs steigt mit jeder der skizzierten Stufen die **Interaktivität** zwischen E-Commerce-Angebot und den Kunden sowie der potenzielle Nutzen des E-Commerce an. Gleichzeitig nehmen die organisatorischen und informationstechnologischen Anforderungen jeweils deutlich zu.

Innerhalb der Internet-Ökonomie haben bisher **zwei Bereiche** die größte wirtschaftliche Bedeutung erlangt, was auch künftig so bleiben wird (*Hermanns/Sauter*, 2001, S. 25 ff.): der Business-to-Consumer-Bereich (B-to-C) und der Business-to-Business-Bereich (B-to-B).

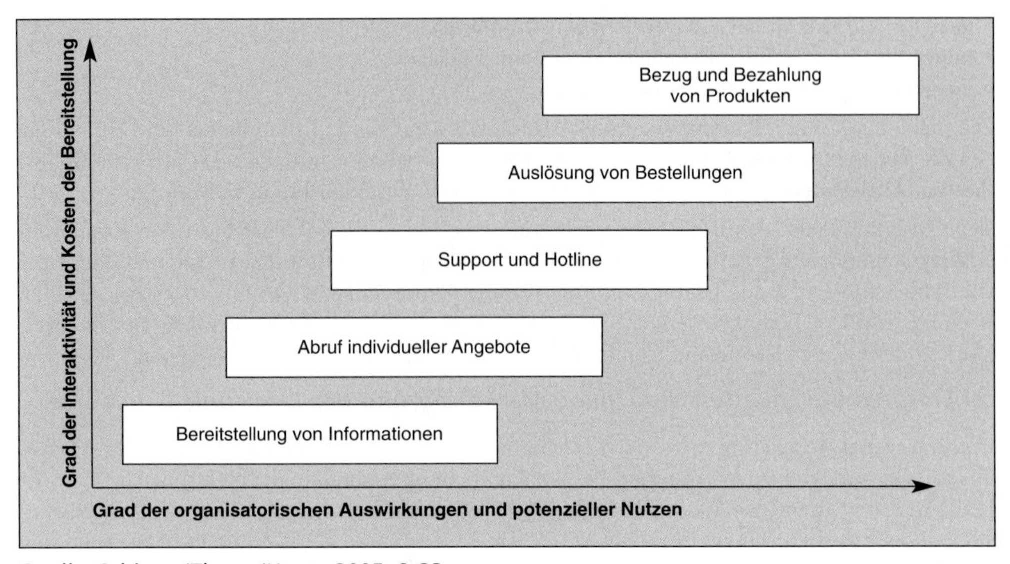


*Quelle: Schinzer/Thome/Hepp, 2005, S. 23*

*Abb. 409: Mögliche Realisierungsstufen des Electronic Commerce*

Auf beide Bereiche soll im Folgenden eingegangen werden, wobei der Schwerpunkt auf den B-to-C-Bereich gelegt wird.

Das Internet-Marketing soll hier primär aus der Perspektive des **Absatz-Marketing** behandelt werden. Im Vergleich zum klassischen Marketing ist es durch verschiedene Besonderheiten gekennzeichnet (vgl. auch *Zerdick et al.*, 1999, S. 144 f. bzw. 151 ff.; *Chaffey et al.,* 2001, S. 39 ff.; *Fritz*, 2004, S. 137 ff.; *Kollmann,* 2013, S. 36 ff.). Als **Charakteristika** des Internet-Marketing können insbesondere Folgende genannt werden:

- **Pull-Prinzip** (d. h. die Initiative zur Kommunikation mit dem Anbieter geht vom Nachfrager aus, Advertising-on-demand),
- **Dialog-Prinzip** (d. h. über die Einrichtung von Rückkopplungslösungen ist ein Dialog zwischen Nachfrager und Anbieter möglich),
- **Multimedia-Prinzip** (d. h. das Marketing im Internet kann vielfältige multimediale Gestaltungsformen wie Audio, Video, Text, Bild und Grafik realisieren),
- **Global-Prinzip** (d. h. aufgrund der weltweiten Verbreitung der Internet-Zugänge kann eine internationale bzw. globale Präsenz geschaffen werden).

Die folgende konkrete Darstellung der Möglichkeiten des **Internet- bzw. Online-Marketing** orientiert sich an der im Buch verwendeten Einteilung des *klassischen* Marketinginstrumentariums: nämlich Angebotspolitik, Distributionspolitik und Kommunikationspolitik (s. hierzu Abschnitt „Zur Systematik der Instrumentalbereiche" im I. Kapitel).

### *cca) Zum angebotspolitischen Instrumentarium des Internet-Marketing*

Im Mittelpunkt der Angebotspolitik steht die **markt- bzw. kundenorientierte Erstellung** der Produkte und Leistungen. Die Produkt- und Leistungsgestaltung wird durch die Internet-Möglichkeiten wesentlich beeinflusst und geprägt. Das betrifft insbesondere die Eignung von Produkten (Leistungen) für eine Internet-Vermarktung, die Veränderung der Produktgestaltungsmöglichkeiten, die Konsequenzen für die Markenpolitik wie auch für die Gestaltung der Preis-Leistungs-Verhältnisse.

Was die Internet- bzw. E-Commerce-Eignung von Produkten angeht, so kann man grundsätzlich sagen, dass sie vor allem für **solche Produkte** gegeben ist, „die aus digitalisierbarer Information bestehen und/oder Selbstbedienungscharakter haben" (*Albers/Bachem/Clement/Peters*, 1999, S. 267). Aber nicht allein diese Eigenschaften entscheiden darüber, ob ein Produkt (Leistung) erfolgreich im Internet vermarktet werden kann, sondern die Eignung ist auch vom **zusätzlichen Nutzen** (Added Value) abhängig, der dem Kunden geboten wird. Dieser spezielle Kundennutzen kann z. B. in besseren Informationsmöglichkeiten für die Produktwahl oder auch in der individuellen Produktgestaltung (Mass Customization) bestehen. Die Erfahrung zeigt, dass bisher vor allem Bücher, Computerprodukte (Soft- und Hardware), CDs, Bahn- und Flugtickets, Eintrittskarten sowie auch typische Versandhausartikel wie Kleidung und Schuhe via Internet gekauft werden. Wesentlich seltener werden Lebensmittel, Möbel und Einrichtungsgegenstände online disponiert. Aufgrund spezieller kundennutzen-orientierter Internet-Vermarktungskonzepte werden künftig auch *neue* Produktbereiche für einen Online-Verkauf erschlossen werden (u. a. PKWs). Die Frage der **Produkteignung** für eine Internet-Vermarktung (siehe hierzu *Albers*, 2000, S. 21 ff.; *Kollmann,* 2013, S. 69 ff.) lässt sich insofern *nicht generell* beantworten, denn sie ist in hohem Maße abhängig von den jeweiligen kunden-spezifischen Nutzen (Added Value), z. B. in Form von besonderen Serviceleistungen. Ein großer Vorteil bei **internet-basierten Serviceleistungen** besteht in der sofortigen Verfügbarkeit und der Möglichkeit, solche Leistungen ständig zu aktualisieren. Neue Dimensionen eröffnen internet-gestützte Diagnosesysteme (z. B. zur Fehler- oder Verschleißerkennung) bis hin zu Fernwartungssystemen (einschließlich Fernreparatur).

Mit dem Internet als Angebotsplattform können vielfältige **produkt- und programmpolitische Konzepte** verfolgt werden, wie Produktverbesserungen (z. B. neue Software-Versionen, die über das Internet vertrieben werden), Produktlinienausbau (z. B. die Ergänzung einer klassischen Zeitung um eine Online-Version) oder Neupositionierung von Produkten bzw. Leistungen (z. B. die Weiterentwicklung von Suchmaschinen zu umfassenden Portalen).

Speziell für Unternehmen, die ihr Geschäftsmodell ausschließlich auf dem Internet bzw. dem E-Commerce begründen, ist der Auf- und Ausbau einer **bekannten und profilierten Marke** von entscheidender Bedeutung (auch und gerade in *traditionellen* Werbemedien). Denn diesen Unternehmen und ihren Produkten bzw. Leistungen fehlt zunächst die physische Präsenz und Identität, über die Wettbewerber in traditionellen Märkten (Marketplace) verfügen. Andererseits kann für Unternehmen, die sowohl im Marketplace als auch im Marketspace (also virtuellen Märkten) anbieten, das Internet eine wesentliche zusätzliche Funktion für den gezielten Ausbau existierender Marken spielen (siehe auch *Aaker/Joachimsthaler*, 2000, S. 228 ff. sowie i. E. *Backhaus/Hoeren,* 2007; *Esch*, 2018).

Eine grundlegende Frage der Markenpolitik im Internet stellt bereits die Wahl des geeigneten **Internet-Domain-Namens** dar. Bei Unternehmen, die bereits über einen profilierten Markennamen verfügen, liegt es nahe, diesen Namen auch als Internet-Adresse zu verwenden, um an der bestehenden (Marken-)Kompetenz anknüpfen zu können. Soweit über das Internet-Marketing neue oder spezielle Zielgruppen angesprochen werden sollen, bietet sich eine **Differenzierung des Namens (Domain)** an (siehe z. B. die Differenzierung nach Unternehmens- und Produktmarke bei der *Volkswagen AG: www.volkswagen.de* und *www.passat.de* oder *www.beetle.de*). Auf diese Weise können jeweils eigene Markenwelten aufgebaut werden. Die Unterteilung der Internet-Präsenz in Corporate Sites und Brand Sites ist inzwischen stark verbreitet (vgl. z. B. große internationale Markenartikelunternehmen wie *Nestlé* oder *Procter & Gamble*). Eine interessante Variante der Markenpolitik im Internet ist das sog. **Co-Branding**, das dadurch gekennzeichnet ist, dass zwei oder mehr Unternehmen ihre Markennamen gemeinsam auf ihrer jeweiligen Homepage aufführen, um auf diese Weise Synergieeffekte zu nutzen und insgesamt die Markenpräsenz zu verstärken (zu den markenpolitischen Aspekten des Internet-Marketing *Strauss/Frost*, 1999, S. 134 ff.; *Kollmann*, 2013, S. 229 ff.; speziell zu den informationspsychologischen Fragen *Esch/Hardiman/Langer*, 2000, S. 10 ff.).

Als besonders wichtiges Instrument des Internet-Marketing bzw. E-Commerce stellt sich die **Preispolitik** dar. Ihre Bedeutung und ihre Möglichkeiten beruhen auf dem **Gesetz steigender Skalenerträge** (Law of Increasing Return). Diesem „Gesetz" liegen Netz- und Skaleneffekte zugrunde. Das heißt, der Nutzen eines Netzwerkes wird zunächst umso größer, je stärker das Netzwerk wächst (je mehr Personen also an das Internet angeschlossen sind bzw. es entsprechend nutzen). Dazu kommt ein spezieller Skaleneffekt, der darauf beruht, dass bei digitalen Produkten – wie Software, Spielfilmen, Informationen – die Herstellkosten ganz wesentlich von den Fixkosten der Erstkopien bestimmt sind (und praktisch kaum variable Kosten anfallen). Ähnliches gilt im Übrigen auch für die Vertriebskosten im Internet, die ebenfalls in hohem Maße Fixkostencharakter aufweisen. Die Kosten für die Erstellung einer Web-Seite, ihre Bekanntmachung wie auch die Kosten für die Bereitstellung der Kapazität zum Abrufen der Produkte sind insgesamt Kosten, die zum größten Teil unabhängig von der Zahl der z. B. über einen Download abgerufenen Produkte sind (*Skiera*, 2000 b, S. 99). „Unter diesen Bedingungen ist Marketing besonders schwierig, weil man als Nischenanbieter nicht langfristig überleben kann, sondern immer anstreben muss, zum **dominierenden Anbieter** (Hervorhebung J. B.) zu werden" (*Albers*, 1999, S. 10).

Es ist klar, dass aus diesem Grunde die Preispolitik von Anbietern im Internet bzw. von Unternehmen mit dem Geschäftsmodell E-Commerce so gestaltet werden muss, dass die gesammten Netz- und Skaleneffekte konsequent genutzt werden. Das bedeutet, dass Unternehmen die Verbreitung der Produkte im Internet so schnell wie möglich vorantreiben müssen. Das wiederum legt konzeptionell eine Niedrigpreispolitik nahe, was die Ursache für eine **generelle Preissenkungstendenz** im Internet ist (*Fritz*, 2004, S. 200 f.). Der Preisdruck bei der Internet-Vermarktung geht aber auch von der Nachfragerseite aus. Mit **Online-Preissuchmaschinen** (z. B. *guenstiger.de; billiger.de*) ist es Nachfragern möglich, schnell und i. d. R. kostenlos die preisgünstigste Angebotsalternative zu finden.

Eine spezielle Preispolitik, um die schnellstmögliche Verbreitung eines Produktes im Internet zu realisieren, ist das sog. **Follow-the-Free-Pricing** (vgl. auch *Zerdick et. al.*, 1999, S. 192). Es besteht darin, im *ersten* Schritt durch kostenlose Abgabe z. B. eines Software-Produkts Netzwerkeffekte (= schnell wachsender Kundenkreis) und Kundenbindungseffekte (= Lock-in-Effekte) auszulösen. In einem *zweiten* Schritt werden dann durch Verkauf von Komplementärleistungen oder auch von neuen bzw. leistungsfähigeren Produktversionen (sog. Updates bzw. sog. Premiums) an den im ersten Schritt gewonnenen Kundenstamm *ertrags*-orientierte Erlöse generiert. Beim Follow-the-Free-Pricing handelt es sich um eine **aggressive Variante** des Penetration Pricing (vgl. hierzu auch das Kapitel „Phasenbezogene Dimensionen des Marketingmix", Abschnitt Produktlebenszyklus und Marketingmix). Diese Form der Preispolitik bietet sich vor allem bei digitalen Produkten (z. B. Software) an; bei nicht-digitalen, über das Internet vermarkteten Produkten (z. B. Kleidung) ist sie grundsätzlich nicht oder viel weniger sinnvoll, weil bei diesen Produkten vergleichbare Skaleneffekte fehlen.

Mit der sog. **Preisdifferenzierung** wird versucht, unterschiedliche Preisbereitschaften der Internet-Nutzer auszuschöpfen (*Skiera*, 2000 a, S. 117 ff.; zu den Besonderheiten der Preisstrategien im Internet **(ePricing)** insgesamt s. a. *Kollmann,* 2013, S. 122 ff.).

### *ccb) Zum kommunikationspolitischen Instrumentarium des Internet-Marketing*

Im Rahmen der Kommunikationspolitik kommt der **Werbung** eine besondere Aufgabe zu, weil sie ein wichtiges Instrument zur Profilierung von Produkten und Leistungen darstellt, und zwar für den Aufbau eines hohen Bekanntheitsgrades und eines unverwechselbaren Images zur Beeinflussung des Käuferverhaltens im Sinne eigener Marketing- und Unternehmensziele. *Zwei* Grundformen der Werbung sind dabei zu unterscheiden:

- **Media-Werbung** (Werbung in (klassischen) Massenmedien, die auf den „anonymen Markt" zielt) einerseits und
- **Direkt-Werbung** (Werbung, die sich direkt an ausgewählte Zielpersonen wendet) andererseits.

Durch das Internet werden diese Möglichkeiten der Werbung in mehrfacher Weise erweitert. Zum einen wird das Internet mit seiner zunehmenden Verbreitung immer stärker zu einem Massenmedium, mit dem fast alle Bevölkerungsschichten – und zwar mit **neuen Formen** multimedia-basierter Werbung – erreichbar sind. Aufgrund der Interaktivität des Mediums Internet und des Einsatzes der sog. Ad-Server-Technologie für automatisierte Anzeigen-Plazierungssysteme eröffnet des Internet in ganz besonderer Weise Möglichkeiten zur Individualisierung des Kommunikationsinhalts. In dieser Hinsicht kann die Werbung im Internet auch als eine Form **individualisierbarer Massenkommunikation** angesehen werden (*Fritz*, 2004, S. 214; *Kollmann,* 2013, S. 224 f.).

Zwar erlaubt auch herkömmliche Direktwerbung (siehe hierzu die Darlegungen zum Abschnitt „Kommunikationspolitische Basisinstrumente", Teil Werbung (einschließlich Direktwerbung)) eine individuelle Ansprache von Zielpersonen; das **Internet** erweitert jedoch diese Möglichkeiten in erheblichen Maße, und zwar insbesondere dadurch, dass es möglich ist, die Werbung (Kommunikation) *interaktiv* zu gestalten, und zwar u. a. via E-Mailing, E-Newsletter, E-Katalog (*Holland,* 2009, S. 71 ff. bzw. *ders.,* 2016, S. 105 ff.).

Werbung im Internet unterscheidet sich von klassischer Werbung insbesondere durch eine Vielzahl neuer Werbemittel bzw. Werbeauftritte. Dabei sind verschiedene Arten von **Werbeauftritten** in Form von Web-Sites (Homepages) zu unterscheiden, wie:

- **Image-Website** (Firmen-, Produkt- und Werbeinformationen),
- **Marketing-Website** (Marketinginformationen mit Interaktionsmöglichkeit),
- **Shopping-Website** (Shopping-Angebot mit Transaktionsmöglichkeit).

Viele Internet-Auftritte sind in erster Linie informations- und weniger verkaufsorientiert gestaltet, d. h. der Kunde bzw. Interessent kann die Produkte des Unternehmens *nicht* über das Internet bestellen. Neben diesen Möglichkeiten zweiseitiger Kommunikation gewinnt die vernetzte Kommunikation über **Communities** oder **Blogs** bzw. Weblogs in Form von Internet-Notizbuch oder -Tagebuch (**Social Media Marketing, Web 2.0**) an Bedeutung, bei der Unternehmen die Informationshoheit nicht mehr voll besitzen.

Bei der Gestaltung von Web-Sites (Homepages) gilt es, Grundlinien und Konstanten des generellen **Corporate Design** eines Unternehmens zu beachten, um damit den Aufbau eines stets gleichen und damit besonders einprägsamen Unternehmensbildes zu unterstützen.

Außerdem können nicht nur eigene Web-Sites als spezielles Werbemittel im Internet eingesetzt werden, sondern auch fremde Web-Sites können als Werbeträger für **web-spezifische Werbeformen** (wie Werbebanner, Werbebuttons oder Werbeframes) genutzt werden (siehe Überblicke bei *Fritz*, 2004; *Kreutzer*, 2014). In dieser Hinsicht bilden die Web-Sites der bekannten **Suchmaschinen** (wie *Google*), Portale bzw. Online-Dienste (wie *T-Online*) die wichtigsten Werbeträger im Internet. Für die meisten Unternehmen kommt das WWW als ein Online-Medium in Betracht, das die klassischen Werbeträger *ergänzt*. Das gilt auch für junge Unternehmen (speziell Internet-Start ups), die für Zwecke der sog. Website-Promotion wesentliche Teile ihres Werbeetats für die **Offline-Werbung** ausgeben müssen (= Zwang zu intensiver **Cross-Media-Kommunikation** inkl. klassischer Medien, *Fritz*, 2004, S. 225).

Neben der Werbung sind **Verkaufsförderung** und **Public Relations** wichtige Basisinstrumente der Kommunikationspolitik insgesamt. Auf sie soll noch kurz unter **Internet-Aspekten** eingegangen werden.

Die **Verkaufsförderung** stellt ein flankierendes Instrumentarium zur Werbung dar, das den Absatz von Produkten und Leistungen durch zusätzliche Anreize fördern soll. *Drei* Stufen bzw. Ansatzpunkte können dabei unterschieden werden: nämlich Verkäufer-, Händler- und Verbraucherpromotions (siehe hierzu auch den Abschnitt „Kommunikationspolitische Basisinstrumente", Teil Verkaufsförderung). Derartige Maßnahmen der Verkaufsunterstützung können auch internet-basiert realisiert werden. So kann z. B. ein sog. **Intranet** (d. h. ein unternehmens-internes, also für geschlossene Benutzergruppen vorgesehenes Kommunikationssystem auf Internet-Basis) aufgebaut werden, über das Verkäuferschulungen interaktiv und multimedial durchgeführt sowie auch Verkäuferwettbewerbe ausgeschrieben werden können. Für handelsspezifische Verkaufsförderungsmaßnahmen kann analog ein sog. **Extranet** (d. h. also ein Intranet, das auch autorisierten Außenstehenden wie z. B. Handelspartnern zugänglich ist) eingerichtet werden. Auf diese Weise können internet-gestützt handelsspezifische Schulungen, Verkaufsaktionen und Wettbewerbe angekündigt bzw. durchgeführt werden (*Fritz*, 2004, S. 228 f.). Der Vorteil internet-gestützter Verkaufsförderungsaktionen besteht insgesamt darin, dass sie stärker individualisiert werden können (*Gedenk*, 1999, S. 329).

Während Maßnahmen der Werbung und Verkaufsförderung auf die Profilierung und Aktivierung von Produkten gerichtet sind, dienen **Public Relations** der Profilierung und Vertrauensbildung des Unternehmens (vgl. hierzu den Abschnitt „Kommunikationspolitische Basisinstrumente", Teil Public Relations). Auch und gerade für solche Aufgaben der Öffentlichkeitsarbeit für Unternehmen kann das Internet gut eingesetzt werden. Alle Informationen, die von Unternehmen *kostenlos* in das Internet gestellt werden, sind in hohem Maße den Public Relations zuzuordnen (*Strauss/Frost*, 1999, S. 214). Ganz konkret gehören hierzu etwa **allgemeine oder spezielle Unternehmensnachrichten**, Geschäftsberichte, Umweltberichte, Berichte zu Jubiläen sowie auch elektronische Pressemitteilungen bzw. Pressemappen im Internet sowie die Beantwortung der Anfragen von Redakteuren via E-Mail. Moderne Möglichkeiten der Beantwortung bestehen in Form spezieller Programme (Autoresponder), die Anfragen *automatisch* beantworten können. Für Zwecke der Öffentlichkeitsarbeit können auch **Chats** eingesetzt werden, die Gesprächsrunden im Internet z. B. unter Beteiligung von Unternehmensvertretern (wie etwa Pressesprechern, Geschäftsleitungsmitgliedern, Wissenschaftlern) dienen.

Möglichkeiten der Kommunikationspolitik im Internet bestehen darüber hinaus in Sonderformen wie **Sponsoring** (hier z. B. das sog. Content-Sponsoring = Sponsoring von Web-Sites anderer Organisationen) oder **Events** (z. B. in Form von virtuellen Events unter aktiver Beteiligung der Internet-Nutzer).

### *ccc) Zum distributionspolitischen Instrumentarium des Online-Marketing bzw. E-Commerce*

Die Distributionspolitik wird hier bewusst als letzter Instrumentalbereich unter den Aspekten eines Internet-Marketing näher betrachtet. Aufgabe der Distributionspolitik ist die **Anbahnung und der Abschluss von Transaktionen** bis hin zur Auslieferung von Produkten (Leistungen). Die Distributionspolitik via Internet – die hier im Vordergrund steht – stellt insofern ein zentrales Glied der Realisierung von **E-Commerce-Konzepten** im eingangs definierten Sinne dar (zu Erscheinungsformen s. Überblick bei *Kreutzer*, 2014, S. 471 ff.).

Das Internet kann grundsätzlich als ein **neuer Absatzweg** angesehen werden, der – analog zu klassischen Absatzwegen – sowohl *direkt* als auch *indirekt* genutzt werden kann (zur Abgrenzung von direktem und indirektem Absatzweg bzw. Vertrieb siehe auch Abschnitt „Distributionspolitische Basisinstrumente“, Teil Absatzwege). So kann das Internet für den **Direktvertrieb**, also ohne Einschaltung selbständiger Absatzmittler bzw. Handelsbetriebe, z. B. bei Software gewählt werden. Beispiele zeigen jedoch, dass auch bei Computern (also Hardware) erfolgreich ein internet-gestützter Direktvertrieb realisiert werden kann (*Dell,* siehe Fallbeispiel im nächsten Abschnitt).

Das Internet eröffnet außerdem die Möglichkeit, dass Hersteller mit klassischem indirekten Vertrieb – im Sinne eines Mehrkanal- oder **Multi-Channel-Konzepts** (*Schögel,* 2001; *Ladwig,* 2002; *Ahlert et al.,* 2003; *Heinemann,* 2008 bzw. *ders.,* 2018; *Wirtz,* 2008) – ihren Kunden *zusätzliche* Bestellmöglichkeiten bieten (z. B. Buchverlage, PKW-Hersteller). Bei Nutzung des Internets als zusätzlichem direkten Absatzweg durch Hersteller materieller, also nicht-digitaler Produkte (wie Bücher, Computer u. ä.), müssen Hersteller dann für sie **neue Versandhandelsfunktionen** übernehmen. Aufgrund der dadurch entstehenden Kosten für zusätzliche Kundenbetreuung wie auch für die notwendige Warenauslieferung wird jedoch das Internet für nicht wenige Hersteller ökonomisch uninteressant, zumindest wenn diese Absatzform zu einer „Atomisierung“ von Aufträgen und Auslieferungen führt (= Kleinstaufträge und -auslieferungen). Diese zusätzliche internet-gestützte Absatzform rechnet sich nur dann, wenn die Kundenbetreuung (z. B. an Call-Center) und vor allem die Auslieferung (z. B. an Logistik-Dienstleister) kostengünstig *ausgelagert* werden können. Damit ist die **Absatzlogistik** als Schlüsselfaktor des Internet-Marketing bzw. des E-Commerce anzusehen (*Bennemann,* 2002; zu Grundfragen globaler Logistiknetzwerke *Baumgarten*, 2000). Einfacher stellt sich die Situation für Hersteller bestimmter digitaler Produkte (wie z. B. Software) dar, weil hier die Auslieferung *online* (also nicht-physisch) und damit kostengünstig erfolgen kann.

Die Distributionspolitik spielt im Internet-Marketing bzw. beim E-Commerce insofern eine zentrale Rolle, weil sie letztlich dafür verantwortlich ist, ob und inwieweit **internet-basierte Transaktionsprozesse** zwischen den Akteuren (im Business-to-Consumer-Bereich also zwischen Anbieter und Konsument) möglich sind. Von E-Commerce kann jedenfalls in dieser Hinsicht erst dann gesprochen werden, wenn sowohl die Geschäftsanbahnung als auch der Geschäftsabschluss *online* erfolgen.

Es soll im folgenden Abschnitt noch auf verschiedene Internet-Geschäftsmodelle, insbesondere den Electronic Commerce (E-Commerce), eingegangen werden.

### *ccd) Geschäftsmodelle im Internet (speziell E-Commerce)*

Die Geschäftsanbahnung und -abwicklung im Electronic Commerce (E-Commerce) basiert auf dem Funktionsprinzip eines **elektronischen Marktes**. Das heißt, eine Markttransaktion wird in allen Phasen, und zwar von der Information über die Vereinbarung bis zur Abwicklung eines Geschäftsvorganges, durch internet-basierte Informations- und Kommunikationstechnologien unterstützt (*Schögel/Birkhofer/Tomczak*, 2000, S. 11 f.).

Dem Internet-Marketing bzw. E-Commerce liegen **spezielle Geschäftsmodelle** zugrunde. Unter Geschäftsmodell (Business Model) wird die Abbildung des betrieblichen Produktions- und Leistungssystems eines Unternehmens verstanden. Ein Geschäftsmodell bildet dabei ab, „welche externen Ressourcen in die Unternehmung fließen und wie diese durch den innerbetrieblichen Leistungserstellungsprozess in vermarktungsfähige Informationen, Produkte und/oder Dienstleistungen transformiert werden" (*Wirtz/Kleineicken*, 2000, S. 629, im Einzelnen *Wirtz*, 2001 sowie *Kollmann*, 2008 bzw. *ders.*, 2013). Den Geschäftsmodellen im Internet liegen – als wesentlichem Bestandteil – verschiedene **Erlösmodelle** zugrunde (*Abb. 410)*.

| | Direkte Erlösgenerierung | Indirekte Erlösgenerierung |
|---|---|---|
| transaktions-abhängig | • Transaktionserlöse i.e.S.<br>• Verbindungsgebühren<br>• Nutzungsgebühren | • Provisionen |
| transaktions-unabhängig | • Einrichtungsgebühren<br>• Grundgebühren | • Bannerwerbung<br>• Data-Mining-Erlöse<br>• Sponsorship |

*Quelle: Wirtz/Kleineicken*, 2000, S. 629

*Abb. 410: System der Erlösmodelle im Internet*

Dabei können transaktions*abhängige* und transaktions*unabhängige* Erlöse unterschieden werden. Die internet-basierten Geschäftsmodelle im **Business-to-Consumer-Bereich** (B-to-C) können auf der Basis modell-spezifischer Charakteristika grundsätzlich **vier Internet-Basisgeschäftsmodellen** (vier C's) zugeordnet werden (*Abb. 411*): Content, Commerce, Context und Connection (zu den Geschäftsmodellen *Wirtz,* 2013, S. 720 ff.; *Kollmann*, 2013, S. 53 ff.).

| | Content | Commerce | Context | Connection |
|---|---|---|---|---|
| Definition | • Sammlung, Selektion, Systematisierung, Kompilierung und Bereitstellung von Inhalten | • Anbahnung, Aushandlung und/oder Abwicklung von Geschäftsaktionen | • Klassifikation und Systematisierung von im Internet verfügbaren Informationen | • Herstellung der Möglichkeit eines Informationsaustausches in Netzwerken |
| Ziel | • Online-Bereitstellung von konsumentenzentrierten, personalisierten Inhalten | • Ergänzung bzw. Substitution traditioneller Transaktionsphasen durch das Internet | • Komplexitätsreduktion<br>• Navigation | • Schaffung von technologischen, kommerziellen oder rein kommunikativen Konnektionen in Netzen |
| Erlösmodell | • Indirekte Erlösmodelle | • Transaktionsabhängige, direkte und indirekte Erlösmodelle | • Indirekte Erlösmodelle | • Direkte und indirekte Erlösmodelle |
| Beispiele | • *Financial Times Deutschland*<br>• *Spiegel-Online*<br>• *MP3.com* | • *Amazon*<br>• *Dell*<br>• *eBay* | • *Yahoo!*<br>• *Lycos*<br>• *MySimon* | • *AOL*<br>• *Outpost.com*<br>• *GMX* |

*Quelle: Wirtz/Kleineicken*, 2000, S. 629

*Abb 411: Vier Geschäftsmodelle im Internet und ihre Charakteristika (Beispielperiode)*

Die Darstellung verdeutlicht die jeweiligen geschäftspolitischen Ziele und Gegenstände sowie das jeweils zugrundeliegende Erlösmodell (mit typischen Beispielen).

Aufgrund des gewählten Schwerpunktes bei der Darstellung des Internet-Marketing soll im Folgenden speziell auf das **Geschäftsmodell „Commerce“** Bezug genommen werden. Beim E-Commerce besteht der konzeptionelle Ansatz darin, durch die Präsenz im Internet die klassischen, realen Phasen einer Transaktion durch die Internet-Möglichkeiten zu unterstützen, zu ergänzen oder *sogar zu ersetzen*. Dabei sind insbesondere die Transaktionsphasen **Anbahnung** und **Vereinbarung** von Bedeutung. Speziell während dieser Phasen sind die Kostensenkungspotenziale besonders groß, und zwar aufgrund der möglichen Reduzierung der Transaktionskosten (*Wirtz/Kleineicken*, 2000, S. 631, i. E. *Wirtz*, 2001; *Kollmann*, 2008; *Kreutzer*, 2014).

Die Abwicklungsphase einer Transaktion umfasst neben der Fakturierung speziell die (physische) **Distribution** der Produkte und Leistungen. Während bei digitalen Gütern (wie Software oder Musik) die Auslieferung elektronisch über das Internet erfolgen kann, muss die Auslieferung *nicht*-digitaler Produkte (wie Lebensmittel oder Kleidung) über physische Logistiksysteme erfolgen (siehe auch die Darlegungen zum distributionspolitischen Instrumentarium des Internet-Marketing). Die Kostensenkungspotenziale – selbst bei Auslagerung an externe Logistikdienstleister (sog. On-demand-Distributoren) – sind bei solchen Produkten allerdings (zumindest Abholmöglichkeit bei Pick up-Stationen, z. B. Tankstellen) begrenzt. Andererseits ist eine schnelle Auslieferung internet-georderter Produkte erfolgentscheidend, denn Kunden, die über das Internet bestellen, erwarten *kurze* Lieferzeiten.

Die Unternehmen, die das **Geschäftsmodell „Commerce“** einsetzen, können sowohl aus dem Bereich der Hersteller, des Handels als auch aus dem Bereich Makler (Brokerage) kommen. Hersteller nutzen dabei vor allem die Möglichkeit, ihre Produkte (Leistungen) an private Kunden *direkt* – also ohne Einschaltung des (selbstständigen) Handels – zu verkaufen. Als **Erfolgsbeispiel** wird hier immer wieder ein Beispiel aus dem Bereich der Computer-Anbieter angeführt.

Fallbeispiel: Das direkte Geschäftsmodell (E-Commerce) von *Dell*

Die *Dell Computer Corporation* hat(te) sich weltweit zu einem **führenden Direktanbieter** und -vermarkter von Computersystemen entwickelt. Das Unternehmen bedient neben *professionellen* Kunden (Unternehmen und Behörden), an die der größte Teil der Systeme verkauft wird, auch *private* Kunden direkt, wie eine *Dell*-Homepage zeigt (*Abb. 412*).

Das *Dell*-Beispiel ist insoweit ein Beispiel sowohl für den B-to-B- als auch den B-to-C-Bereich.

Das *Dell*-Konzept besteht darin, qualitativ hochwertige Computer(systeme) in günstigen Preis-Leistungs-Verhältnissen anzubieten und gleichzeitig qualifizierte Beratungs- und Serviceleistungen sicherzustellen. Durch den Verzicht auf Zwischenhändler spart *Dell* einerseits die Handelsspanne, muss andererseits aber die üblichen Handelsleistungen selbst erbringen. Mit einem **konsequenten E-Commerce-Konzept** kann *Dell* die Transaktionsprozesse kundenorientiert, schnell und kostengünstig abwickeln, einschließlich der notwendigen Beratungs- und Unterstützungsleistungen (Support/Hotline).

**Kosteneinsparungen** können nicht nur im internet-basierten Transaktionsprozess, sondern auch in Produktion und Logistik dadurch realisiert werden, dass Computer(systeme) erst bei einer *konkreten* Bestellung gefertigt bzw. zusammengestellt werden. Auf diese Weise kann der Lagerbestand sehr klein gehalten und ein hoher Lagerumschlag si-

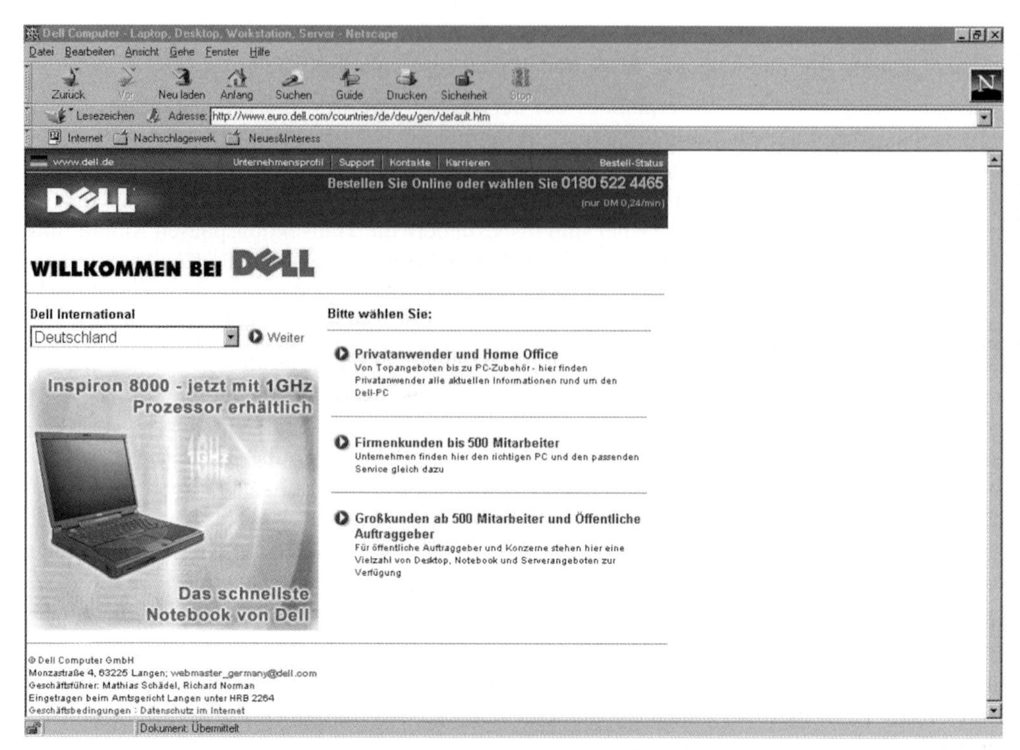


*Abb. 412: Zielgruppen-differenzierter Aufbau der Homepage von Dell/Deutschland (Beispieljahr)*

chergestellt werden. Das ist im Markt der Computer(systeme) vor allem auch deshalb ökonomisch, weil Computer bzw. Computerkomponenten schnell veralten und im Preis ständig fallen. Durch die Auftragsproduktion kann *Dell* schnell neue Techniken (Komponenten) in die Produkte integrieren und außerdem auf Preissenkungen im Markt flexibel reagieren.

Eine starke Säule das *Dell*-Konzepts ist die **maßgeschneiderte Massenproduktion** (Mass Customization), die neuen Anforderungen eines kundenindividuellen Marketing (1:1-Marketing) entspricht (*Becker,* 2000 a). Eine weitere wichtige Säule besteht darin, dass auf Wunsch des Kunden das zu liefernde Computersystem mit Hard- und Software (einschließlich firmenspezifischer Anwendungsprogramme und Betriebssystem-Einstellungen) ab Werk ausgestattet wird. *Dell* verfügt hierfür auch über ein **computergestütztes Expertensystems**, das aus den Anwendungen des Kunden automatisch eine „maßgeschneiderte Konfiguration" ermittelt.

Das **internet-gestützte Geschäftsmodell** von *Dell* erlaubt es außerdem, mit sehr vielen Kunden in Kontakt zu treten, schnell von den Kunden zu lernen und von daher frühzeitig auf neue bzw. veränderte Kundenwünsche zu reagieren. Die **Integration der Kunden** in den Wertschöpfungsprozess ist bei *Dell* stark ausgeprägt – z. B. durch die Möglichkeiten, Produkte zu bewerten, Preisvorschläge für Produkte zu machen, die Komponenten des Computers selbst auszuwählen, online zu bestellen sowie den Fertigungs- und Auslieferungsprozess durch ein Tracking-System zu verfolgen.

In der Anfangsphase des Internet-Marketing bzw. E-Commerce verfolg(t)en Unternehmen vielfach die vier beschriebenen Geschäftsmodelle in „Reinform“. Im Laufe der Entwicklung – und zwar in den Märkten wie bei den Unternehmen selbst – zeichnen sich jedoch Tendenzen ab, ursprünglich gewählte Modelle zu arrondieren oder auch mehrere zu kombinieren (= **multi-optionale Geschäftsmodelle**). So hat sich beispielsweise *Yahoo* ausgehend vom Geschäftsmodell „Context“ (= Suchmaschine) in Richtung aller anderen Geschäftsmodelle einschließlich „Commerce“ (= Internet-Auktionator) weiterentwickelt. Das Ziel besteht letztlich darin, Nutzer möglichst lange und dauerhaft auf den eigenen Seiten zu halten (Kundenbindung, „Stickiness“). Auch bei *Amazon* als führendem Internet-Buchhändler („Commerce“) haben sich entsprechende Erweiterungen des ursprünglichen Geschäftsmodells vollzogen. Und selbst bei einem Hersteller wie *Dell* zeichnen sich bestimmte Erweiterungen des ursprünglichen Geschäftsmodells („Commerce“) via neuer Dienstleistungen ab (zur Veränderung von Internet-Geschäftsmodellen siehe *Wirtz/Kleineicken*, 2000, S. 634 f., im Einzelnen *Wirtz,* 2001 sowie *Kollmann,* 2008 und *ders.,* 2013).

### cce) Konzeptionelle Grundlagen und Perspektiven des Online-Marketing bzw. E-Commerce

Auch für das Internet-Marketing gilt, dass seine Nutzung nur *konzeptions-geleitet* sinnvoll ist. Jeder Einsatz internet-basierter Marketinginstrumente bedarf insoweit der **ziel-strategischen Fundierung**. Das heißt, Einsatzformen des Internet-Marketing auf der operativ-instrumentalen Ebene sind aus den Marketing- und Unternehmenszielen abzuleiten (= Konzeptioneller Ansatz, s. Wahl dieses Ansatzes z. B. bei *Bagusat/Hermanns,* 2008 u. *Schwarz,* 2008). Hierbei muss an Mission wie an Vision des Unternehmens im Hinblick auf gewählte oder neu zu wählende Geschäftsfelder angeknüpft werden. Es muss die Frage geklärt werden, inwieweit Internet-Marketing zur **Oberzielrealisierung bzw. Wertsteigerung** des Unternehmens beitragen kann. Entscheidend ist dabei die Frage, ob Internet-Marketing bis hin zum E-Commerce zusätzlich zu bestehenden klassischen Marktauftritts- und Vermarktungsformen für bestehende Geschäftsfelder eingesetzt werden soll (= internet-gestützte „Old Economy“) *oder* ob die Internet-Vermarktung für ein neues Geschäftsfeld als alleiniges Geschäftsmodell gewählt werden soll (= internet-basierte „New Economy“).

Ein Internet-Engagement muss darüber hinaus auf Basis ökonomischer (z. B. Umsatz, Marktanteil) wie *vor*-ökonomischer **Marketingziele** (z. B. Bekanntheitsgrad/Image) geprüft und entschieden werden (= **konzeptionelle Kette**). Vielfach wird in der Praxis (noch) nach der Maxime „Erfahrung vor Gewinn“ bzw. „Erfahrung vor Umsatz“ gehandelt. Hohe Investitionen in IT-Systeme und hohe Marktinvestitionen (speziell in klassische Kommunikationsmedien) erschweren in aller Regel Gewinne beim Internet-Marketing bzw. E-Commerce, nicht zuletzt auch aufgrund nur allmählich wachsender Umsätze im Zuge des *mehrperiodigen* Bekanntheitsgrad- und Imageaufbaus. Internet-Marketing bzw. speziell das umfassende Geschäftsmodell E-Commerce ist durchweg mit **verlustreichen Anlaufphasen** verbunden. Aufgrund des bereits angesprochenen „Law of Increasing Return“ ist jedoch nach dem Erreichen der Gewinnschwelle (Break-even-Point) bei steigendem Umsatz „mit einem überproportional ansteigenden Ertrag zu rechnen“ (*Fritz,* 2004, S. 162). Entscheidend ist hierfür vor allem – wie bereits dargelegt – die Entwicklung *und* Weiterentwicklung eines tragfähigen Erlös-Modells (*Wirtz/Kleineicken*, 2000, S. 634 ff., i. E. *Wirtz,* 2001; *Bagusat/Hermanns,* 2008).

Was die eigentliche **strategische Fundierung** des Online-Marketing insgesamt betrifft, so ist auf allen *vier* strategischen Ebenen spezifisch zu entscheiden (vgl. hierzu 2. Teil „Strategien“ bzw. *Becker*, 2000 c):

- **1. Ebene: Marktfeldstrategie** (Grundfrage: Welche Produkt/Markt-Kombinationen (bis hin zur Diversifikation) sollen überhaupt mit Internet-Marketing oder -Geschäftsmodellen unterstützt bzw. gestützt werden?),
- **2. Ebene: Marktstimulierungsstrategie** (Grundfrage: Soll (muss) ein preis-mengen-strategisches Konzept verfolgt werden oder inwieweit kann über spezielle Zusatzleistungen (Added Value) auch ein präferenz-strategisches Konzept realisiert werden?),
- **3. Ebene: Marktparzellierungsstrategie** (Grundfrage: Soll eher ein massen-strategisches Konzept verfolgt werden oder inwieweit sollen die spezifischen Möglichkeiten eines kundenindividuellen Marketing (*Becker,* 2000a) gezielt ausgeschöpft werden?),
- **4. Ebene: Marktarealstrategie** (Grundfrage: Soll ein nationales Konzept realisiert werden oder inwieweit können die Chancen eines internationalen (globalen) internet-basierten Konzeptes genutzt werden?).

Die besondere Chance des Internet-Marketing besteht darin, dass im Gegensatz zum klassischen Marketing (Marketplace) im **Marketspace** über entsprechende Technologien (u. a. Database, Data Mining) sehr gut **zielgruppenspezifische Konzepte** realisiert werden können (einschließlich der Möglichkeiten eines internet-basierten Customer Relationship Managements (CRM, s. *Rapp*, 2000 bzw. *Wirtz,* 2001). Internet-basiertes Marketing bietet darüber hinaus die Möglichkeit, relativ leicht **Ländergrenzen** bei der Marktbearbeitung zu überspringen. Beim Geschäftsmodell E-Commerce müssen dann aber auch die entsprechenden Logistikvoraussetzungen geschaffen werden (z. B. internationales Auslieferungssystem über entsprechende Logistikdienstleister bzw. Logistiknetze).

Nur vor dem Hintergrund eines schlüssigen ziel-strategischen Fundaments lassen sich die **adäquaten internet-basierten Marketinginstrumente** angebots-, distributions- und kommunikationspolitischer Art sinnvoll einsetzen. Ohne ein solches Fundament bleiben Maßnahmen des Internet-Marketing vielfach „Aktionismus“ bzw. „Alibi-Maßnahmen“. Entscheidend für die Realisierung der Marketing- und Unternehmensziele ist, dass es – speziell bei bestehenden Geschäftsfeldern – gelingt, klassische und internet-basierte Instrumente sinnvoll zu *verknüpfen*. Das heißt, der **„Electronic-Marketing-Mix“** muss „ein integrierter Bestandteil seines klassischen Pendants“ (*Wamser*, 1997, S. 30; s. a. *Bagusat/Hermanns,* 2008, S. 120 f.) sein. Orientierungsgrundlage für die Integration von klassischem *und* elektronischem Marketingmix bildet das ziel-strategische Grundkonzept des Unternehmens (= **konzeptionelle Kette**).

Das Internet-Marketing und seine instrumentalen Möglichkeiten stellen nicht zuletzt ein wichtiges **Reserveinstrumentarium** für stärker kunden-fokussierte Marketing-Konzepte wie z. B. segmentorientiertes und kundenindividuelles Marketing dar (*Becker*, 2000a, S. 20ff. sowie 41 ff.). Internet-basiertes Marketing durchläuft nicht selten verschiedene **Intensitäts-Stufen** des Einsatzes: neues Kommunikationsinstrument, neuer Absatzweg, neues Geschäftsmodell (*Kreutzer*, 2014 S. 503 ff.). Der Erfolg hängt – wie Untersuchungen zeigen – ganz wesentlich von der Bedienerfreundlichkeit (Einfachheit, Komfort) und der Sicherheit bei den elektronischen Bezahlsystemen (Electronic Payment) ab. Unter ökonomischen Aspekten (Rentabilität/Kundenwert) gilt analog zum klassischen Marketing (Marketplace), dass der Erfolg im E-Commerce ebenfalls an eine möglichst hohe **Kundenbindung** gekoppelt ist (siehe hierzu auch *Reichheld/Schefter*, 2001).

In der Zukunft sind die Möglichkeiten eines Internet-Marketing – gerade auch im Business-to-Consumer-Bereich (B-to-C) – als sehr positiv einzuschätzen, und zwar aufgrund der **weiter voranschreitenden Verbreitung des Internet** bzw. entsprechender Internet-Zugänge. Das zeigen immer wieder aktualisierte Studien u. a. von *Forrester Research* (lange wurde das größte Potenzial im Business-to-Business-Bereich (B-to-B) vermutet). Weitere Impulse werden von neuen *mobilen,* internet-fähigen Endgeräten (wie Smartphones, Tablets) und ihrer zunehmenden Verbreitung ausgehen (*Wiedmann/Buxel/Buckler*, 2000). Internet-/Online-Marketing werden daher wesentliche Impulse durch das sog. **Mobile Marketing** erhalten (*Link,* 2003; *Holland/Bammel,* 2006; *Krum*, 2012; *Holland*, 2016).

## 3. Grundlegende Beziehungsstrukturen zwischen Marketinginstrumenten

In den vorangegangenen Abschnitten wurde der „Baukasten" der Marketinginstrumente näher dargestellt. Dabei standen Arten, Ausprägungen und Einsatzmöglichkeiten sowie Einsatzwirkungen der einzelnen Instrumente im Vordergrund.

Die Darlegungen speziell zu den umfassenden Marketingansätzen wie Öko-, Erlebnis- und Beziehungsmarketing haben deutlich gemacht, dass die angestrebten Zielwirkungen jeweils von mehreren, wenn nicht **allen einschlägigen Marketinginstrumenten** abhängen. Der Marketinginstrumenten-Einsatz erfolgt insoweit i. d. R. kombiniert (= Marketingmix). Das bedeutet zugleich, dass zwischen eingesetzten Instrumenten Beziehungen bestehen bzw. beachtet werden müssen.

Betrachtet man die möglichen Beziehungsstrukturen unter **materiellen wirkungsanalytischen Gesichtspunkten** (auf *formale* wirkungsanalytische Muster wird im Abschnitt zur „Marketingmixplanung" näher eingegangen), so können drei Ebenen von Instrumentalbeziehungen unterschieden werden:

- **funktionale Beziehungen,**
- **zeitliche Beziehungen,**
- **hierarchische Beziehungen.**

Diese drei Betrachtungsebenen stellen gleichsam verschiedene „Schnitte" durch das natürliche Beziehungsgefüge von Marketinginstrumenten dar, und zwar unter sachlichen, temporalen und Rangordnungsaspekten. Diese unterschiedlichen Beziehungsmuster sollen im Folgenden jeweils an typischen Beispielen verdeutlicht werden.

### *a) Funktionale Beziehungen*

Die Untersuchung funktionaler Beziehungen ist auf die Analyse inhaltlicher Wirkungsverbunde gerichtet, die zwischen Marketinginstrumenten grundsätzlich bestehen können. In diesem Sinne können fünf grundlegende Arten von Beziehungen unterschieden werden *(Abb. 413).*

**Konkurrierende Beziehungen** zwischen Marketinginstrumenten sind demnach dadurch gekennzeichnet, dass sich die von ihnen ausgehenden Wirkungen gegenseitig negativ beeinträchtigen. *Typisches Beispiel:* Durch aggressiven Einsatz des Instrumentes Preis wird der werbliche Aufbau eines Prestige-Markenimages gestört.

Charakteristisch für **substituierende Beziehungen** zwischen Marketinginstrumenten ist der Fall, dass eine beabsichtigte Wirkung dadurch erreicht wird, dass ein (bisher) eingesetztes Instrument durch ein anderes ersetzt wird. *Typisches Beispiel:* Durch vereinfachte Konstruktion eines Produkts (= Neugestaltung des Produktkerns) entfällt die (bisherige) Notwendigkeit einer persönlichen Anwendungsberatung, d. h. also, das Instrument persönlicher Beratungsservice wird durch Problemlösungsvereinfachung ersetzt.

| Beziehungstyp | Allgemeine Charakterisierung | Symbolische Kennzeichnung* |
|---|---|---|
| **Konkurrierend** | Rivalisierend, sich gegenseitig störend | ⇄ |
| **Substituierend** | Austauschbar, sich gegenseitig ersetzend | (⇉) |
| **Komplementär** | Ergänzend, sich gegenseitig stützend | ⇉} |
| **Konditional** | Bedingend, das eine setzt das andere voraus | →→ |
| **Indifferent** | Keine (erkennbaren) Beziehungen | ⇢ ? → |
| * Betrachtungsbasis: Einsatz von zwei Marketinginstrumenten zur Zielerreichung | | |

*Abb. 413: Funktionale Beziehungen zwischen Marketinginstrumenten*

Was **komplementäre Beziehungen** zwischen Marketinginstrumenten betrifft, so sind sie dadurch gekennzeichnet, dass sich die von ihnen ausgehenden Wirkungen ergänzen bzw. gegenseitig stützen. *Typisches Beispiel:* Die technisch-funktionale Gestaltung des Produktinneren (Funktionsleistung) und die bewusste formal-ästhetische Gestaltung des Produktäußeren (Designleistung) bewirken einen Zusatznutzen (Added Value).

Für **konditionale Beziehungen** ist charakteristisch, dass hier die Wirkung eines Instrumentes an die Mitwirkung eines anderen Instrumentes gleichsam gebunden ist bzw. sie voraussetzt. *Typisches Beispiel:* Echte Marken mit überdurchschnittlichem Präferenzpotenzial entstehen nicht allein durch Wahl eines geeigneten Markennamens und Gestaltung eines möglichst unverwechselbaren Markenlogos, sondern in aller Regel nur in Verbindung mit einer konsequenten Kommunikationspolitik (Off-/Online).

**Beziehungen indifferenter Art** sind schließlich solche, die dadurch gekennzeichnet sind, dass zwischen zwei Instrumenten keinerlei (erkennbarer) Wirkungsverbund besteht. *Typisches Beispiel:* Zwischen der Entscheidung für den zu wählenden Markentyp (z.B. Einzel- oder Dachmarke) und der Entscheidung für das Absatzlogistiksystem (z.B. zentrale oder dezentrale Lagerhaltung) bestehen keine unmittelbar erkennbaren Verknüpfungen. Trotzdem können jedoch versteckte Beziehungen gegeben sein, unter Umständen über die „Brücke" eines anderen Instrumentes (z.B. das Serviceinstrument), so dass der Fall echter indifferenter Wirkungsbeziehungen zwischen Marketinginstrumenten in der Tat äußerst selten sein dürfte.

Was die beschriebenen Beziehungsstrukturen zwischen Marketinginstrumenten insgesamt betrifft, so ist ihr jeweiliger Charakter auch von den **Dispositionen** der Marketingentscheider abhängig. Sie können gegebene Beziehungen verstärken oder auch mildern. Außerdem lassen sich diese Beziehungstypen jeweils danach unterscheiden, ob sie während des gesamten instrumentalen Einsatzspektrums gültig sind oder nur innerhalb bestimmter „Ausschnitte" des quantitativen und/oder qualitativen Einsatzes. Insoweit kann generell zwischen **totalen und partialen Beziehungsgefügen** unterschieden werden. Neben diesen allgemeinen Beziehungsmustern können noch weitere Differenzierungen identifiziert werden, welche das Beziehungsgefüge – und damit schließlich den Marketingmix – zusätzlich komplizieren.

Exkurs: Sonderfragen funktionaler Instrumentenbeziehungen

So lassen sich je nach Instrument bzw. Instrumentenausprägung **unterschiedliche Intensitäten** in den Beziehungen (starke oder schwache Ausprägungen) nachweisen (*Meffert,* 1993, S. 516 bzw. 2000, S. 973). Diese Intensitäten können dabei durchgängigen oder wechselnden Charakter haben (*Tietz,* 1978, S. 321). Was derartige instrumentale Beziehungen überhaupt angeht, so sind auch zwei verschiedene **prozessuale Beziehungsmuster** zu unterscheiden, nämlich einmal ein quasi auslaufendes bzw. abklingendes und zum anderen ein gleichsam kettenreaktions-artiges Wirkungsmuster (*Linssen,* 1975, S. 125 f.). Darüber hinaus ist das

Beziehungsgefüge zwischen Instrumenten in hohem Maße auch durch das jeweilige **Aktivitätsniveau** der Marketingaktivitäten (Marketingetats) determiniert (*Steffenhagen,* 1978, S. 189), d. h. die Wirkungsstruktur zwischen Instrumenten ist auch entscheidend abhängig von dem Grad ihrer niveaumäßigen Übereinstimmung, und zwar sowohl im quantitativen als auch im qualitativen Sinne.

Im Hinblick auf den zu gestaltenden Marketingmix ist darüber hinaus von Relevanz, sowohl das Feld als auch die Richtung des Wirkungsverbundes von Instrumenten zu identifizieren bzw. ziel- und strategieadäquat zu steuern. In dieser Hinsicht kann zwischen einer **sog. internen Wirkungsinterdependenz** (Beziehungen zwischen Maßnahmen ein und desselben Unternehmens) und einer **sog. externen Wirkungsinterdependenz** (und zwar Maßnahmenbeziehungen sowohl horizontaler Art: Hersteller-Hersteller-Ebene als auch vertikaler Art: Hersteller-Handels-Ebene) unterschieden werden (*Steffenhagen,* 1978, S. 187). Die Komplexität instrumentaler Beziehungen und die Probleme ihrer Erfassung werden damit deutlich (zur Analyse der Wirkungselastizitäten von Marketinginstrumenten s. a. *Meffert,* 2000, S. 997 ff.; *Homburg*, 2015, S. 926 ff.).

Ein spezifisches Problem besteht im Übrigen darin, dass es kaum generelle, für alle Wirtschafts-, Markt- und Lebenszyklusphasen gültige instrumentale Beziehungsmuster gibt, sondern dass solche Beziehungen aufgrund von spezifischen Einflüssen unternehmensexterner wie auch -interner Art auch als *situativ* definiert anzusehen sind. Das heißt, an sich bewährte positive Beziehungsmuster zwischen Marketinginstrumenten können aufgrund unternehmensinterner und/oder -externer Maßnahmen (z. B. der Konkurrenten) verschleißen. Typisches Beispiel: Die grundsätzlich komplementäre Wirkung von Werbung und Verkaufsförderung degeneriert aufgrund „missbräuchlichen" Einsatzes der Verkaufsförderung – etwa im Sinne permanenter aggressiver Preisaktionen – in eine konkurrierende Wirkung. Das bedeutet, dass die Verfolgung kurzfristiger Umsatz-/Absatzziele mit Hilfe preisaggressiver Promotions z. B. die Realisierung übergeordneter Ziele des Markenimageaufbaus bzw. -ausbaus und damit die **mittel- bis langfristige Oberzielerfüllung** (Rentabilität/Unternehmenswert) stark unterminieren kann (= **konzeptionelle Kette**).

Die unternehmens-/markt-individuellen Charakteristiken von Wirkungsbeziehungen zwischen Marketinginstrumenten im Sinne vielfältiger **Beziehungsvariationen** sind damit evident, die Konsequenzen für einen maßgeschneiderten, d. h. nicht rezeptartigen Marketingmix aber ebenso deutlich. Damit wird zugleich erkennbar, wie wichtig eine entsprechende Sensibilität der Planungsinstanzen im Marketing für eine effiziente marketing-instrumentale Realisierung von Marketing-Konzeptionen ist.

### *b) Zeitliche Beziehungen*

Neben den dargestellten und problematisierten Beziehungen (Interdependenzen) inhaltlicher Art bestehen zwischen Marketinginstrumenten auch grundlegende Beziehungen zeitlicher Dimension. Auch sie spielen bei der **Allokation der Marketingmittel**(-budgets) auf die einzelnen Marketinginstrumente eine wichtige Rolle. Im Einzelnen können vier zeitliche Beziehungsmuster unterschieden werden *(Abb. 414).*

Während es sich bei den funktionalen Beziehungen zwischen Instrumenten sowohl um „natürliche" (gegebene) als auch gestaltete Beziehungsmuster handelt, sind zeitliche Beziehungen zwischen Instrumenten primär das Ergebnis **bewusster dispositiver Handlungen.** Zum

| Beziehungstyp | Allgemeine Charakterisierung | Symbolische Kennzeichnung* |
|---|---|---|
| **Parallel** | Gleichzeitiger Einsatz | |
| **Sukzessiv** | Zeitlich versetzter Einsatz | |
| **Internittierend** | Zeitlich unterbrochener Einsatz | |
| **Ablösend** | Zeitlich sich ablösender Einsatz | |

* Betrachtungsbasis: Einsatz von zwei Marketinginstrumenten zur Zielerreichung

*Abb. 414: Zeitliche Beziehungen zwischen Marketinginstrumenten*

Teil bestehen aber auch zeitliche Gegebenheiten, die ihren Ursprung in bestimmten konditionalen (und damit funktionalen) Beziehungen haben, und zwar dort, wo der Vorlauf eines bestimmten Marketinginstruments die Bedingung für einen erfolgversprechenden Einsatz eines anderen Instruments ist. Auf diese Weise können demnach gleichzeitig funktionale und zeitliche Verknüpfungen zwischen Instrumenten wirksam sein. Sie stellen eigentlich den typischen Fall instrumentaler Beziehungen dar.

Was die **zeitlichen Parallelbeziehungen** zwischen Marketinginstrumenten betrifft, so handelt es sich hier um den häufig gegebenen Fall des gleichzeitigen Einsatzes mehrerer Marketinginstrumente. *Typisches Beispiel:* Die Vermarktung eines bestimmten Produktes ist nur dann möglich, wenn nicht nur die Produktgestaltung i. e. S. (Produktinneres und Produktäußeres), sondern auch die Verpackungs- und Markenfrage (Produktgestaltung i. w. S.) gelöst ist.

Für **sukzessive Beziehungen** zwischen Marketinginstrumenten ist demgegenüber charakteristisch, dass ein Instrument zeitlich vorausläuft, um auf diese Weise gleichsam den Boden vorzubereiten für den gezielten Einsatz eines anderen Instruments. *Typisches Beispiel:* So kann es je nach Markt und seinen Ausgangsvoraussetzungen notwendig sein, erst eine bestimmte Mindestdistribution (numerisch/gewichtet) für ein neues Produkt aufzubauen, ehe es möglich oder sinnvoll ist, für das neue Produkt Mediawerbung (Massenkommunikation) zu betreiben. Gegebenenfalls kann aber auch die umgekehrte Reihenfolge des Instrumenteneinsatzes angezeigt sein, und zwar im Hinblick auf die Pull-Wirkung in den Handel hinein. Hierbei handelt es sich im Übrigen um ein klassisches „Henne-Ei-Problem" im Marketing.

**Intermittierende Beziehungen** zwischen Marketinginstrumenten sind dadurch gekennzeichnet, dass z. B. ein Instrument durchlaufend genutzt, während das andere nur phasenweise, d. h. also mit zeitlichen Unterbrechungen, herangezogen wird. *Typisches Beispiel:* Das Instrument Werbung wird vielfach als durchlaufendes Kommunikationsmittel eingesetzt, das unterstützende Instrument der Verkaufsförderung (Promotions) häufig jedoch nur phasenweise, u. a. lebenszyklus-bedingt bzw. im Hinblick auf spezifische Kurzfrist-Aufgaben. Bezüglich Trade und Consumer Promotions können sich dabei weitere Differenzierungen ergeben (je nach Aufgaben- bzw. Problemstellung).

Zeitliche **Beziehungen sich ablösender Art** sind dann gegeben, wenn im Laufe der Zeit ein Instrument das andere ablöst. *Typisches Beispiel:* Bei einer Produktentwicklung steht zunächst die Gestaltung des Produktkerns (Produktinneres) im Vordergrund; nachdem die technisch-funktionalen Möglichkeiten eines neuen Produktes ausgeschöpft sind, verlagert sich die Produktgestaltung vielfach auf Differenzierungsmöglichkeiten im Produktäußeren (Design) beziehungsweise bei der Verpackung. Dahinter verbergen sich Fragestellungen der Effektivität bzw. Effizienz von Marketinginstrumenten (insbesondere bei der Steuerung des Produkt- bzw. Markenlebenszyklus).

Was zeitliche Beziehungsmuster zwischen Marketinginstrumenten insgesamt betrifft, so beruhen sie zum Teil auf natürlichen Gegebenheiten (Instrumentencharakteristika); vor allem aber sind sie Ausdruck einer jeweils spezifischen **Marketing(mix)politik**. Ihre ziel- und strategieadäquate Verknüpfung mit funktionalen Beziehungsstrukturen der Marketinginstrumente ist dabei eines der *zentralen* Probleme des Marketingmix. Ein sinnfälliges Ordnungsprinzip bei diesen Verknüpfungen ist vor allem in einer bestimmten Rangordnung der Marketinginstrumente zu sehen. Auf diese Frage soll im Folgenden näher eingegangen werden.

### *c) Hierarchische Beziehungen*

Marketinginstrumente sind nicht nur durch funktionale und zeitliche Beziehungen (Interdependenzen) gekennzeichnet, sondern sie stehen zugleich – und das ist für den Marketingmix von besonderer Relevanz – in einer bestimmten hierarchischen Ordnung oder Rangordnung zueinander. Das heißt, es gibt Instrumente, die einen gleichsam *höheren* Rang besitzen als andere, und insoweit Prioritätscharakter haben.

In der Marketinglehre hat man sich mit diesen Rangfragen insbesondere unter zwei Aspekten auseinander gesetzt, und zwar einmal unter dem Aspekt der zwingenden Komplementarität von Marketinginstrumenten (*Linssen,* 1975, S. 130 ff.). Damit sind Grundfragen der **Mindestkombination** von Marketinginstrumenten („Minimum-Mix") angesprochen. Zum anderen sind Rangfragen von Marketinginstrumenten unter dem Gesichtspunkt strategischer und taktischer Komponenten (*Meffert,* 1993, S. 115 f.) und insoweit unter dem Aspekt des **Bindungsgrades** untersucht worden.

Es wird also einmal danach gefragt, welche Marketinginstrumente überhaupt eingesetzt werden müssen, damit eine Marktleistung entsteht. In dieser Hinsicht kann zwischen konstitutiven und akzessorischen Instrumenten unterschieden werden. **Konstitutive Instrumente** sind dabei diejenigen Instrumente, die „physisch" zwingend sind (= Muss-Instrumente). Hierzu zählt *Linssen* Produktgestaltung („das Produkt muss irgendwie gestaltet sein"), Preis („in einem marktwirtschaftlichen System sind Geschenke nicht systemkonform"), Distributionskanal („dieser kann zwar minimal sein, ist aber immer existent") und mit Einschränkungen die Werbung („hier ist das Kriterium nicht die technische Notwendigkeit, sondern die Unentbehrlichkeit im Hinblick auf die Erzielung eines bestimmten Umsatzerfolges", *Linssen,* 1975, S. 130). Im Sinne der in diesem Buch verwendeten 3er-Systematik der Marketinginstrumentalbereiche und der von ihnen erbrachten Teilleistungen kann man auch sagen, dass die **Marktleistung** eines Unternehmens zwingend an bestimmte

- **Produktleistungen** (via Produkt/Preis),
- **Präsenzleistungen** (via Absatzweg/Absatzorganisation) und
- **Profilleistungen** (via Werbung/ggf. andere Kommunikationsmittel)

gebunden ist. Eine Marktleistung entsteht so gesehen erst auf der Basis eines bestimmten „Minimalmix", der jeweils stark **strategie-differenzierte Züge** aufweist. Insbesondere Strategien höherer Ordnung (wie z. B. Präferenz- oder auch Segmentierungsstrategie) sind außerdem dadurch gekennzeichnet, dass bei ihnen **akzessorische Instrumente** (Kann-Instrumente) eine wichtige abstützende Funktion haben (so z. B. im Rahmen der Angebotspolitik das Produktdesign oder innerhalb der Kommunikationspolitik etwa das Corporate bzw. Communication Design).

Eine **weitergehende Differenzierung** der Hierarchie der Instrumente im Hinblick auf ihre Einsatzbedeutung bzw. Wirkung unterscheidet dominierende, komplementäre (i. S. v. akzessorische) und marginale Instrumente (*Kühn,* 1985, S. 20 bzw. 1995, Sp. 1618). Dominierend sind alle diejenigen Instrumente, welche für den Markterfolg die größte Bedeutung haben. Das sind die Instrumente, die den Kunden motivieren, das Produkt (Leistung) des eigenen Unternehmens gegenüber Konkurrenzangeboten vorzuziehen. Diese Instrumente werden durch solche Maßnahmen (Instrumente) ergänzt, welche die Wirkung dominierender Instrumente stützen bzw. verstärken (= „komplementäre" Instrumente). Einen akzessorischen oder ergänzenden Charakter weisen auch „marginale" Instrumente auf, deren Bedeutung jedoch vergleichsweise gering ist. *Typisches Beispiel:* So sind etwa „bei der Einführung eines neuen Medikamentes das beratende Gespräch zwischen Pharmareferenten und Arzt als dominierend für dessen künftigen Therapie-Einsatz einzustufen, die Abgabe eines Musters als komplementär und die Beigabe eines Kugelschreibers mit dem Aufdruck des Arzneimittelherstellers als marginal zu betrachten“ (*Kehl/Bernsmann,* 1993, S. 72).

Was die **dominierenden Instrumente** betrifft, kann man (s. a. *Kühn,* 1985) solche mit geringen Gestaltungsmöglichkeiten (= „Standardinstrumente“) und solche mit hohen Gestaltungsmöglichkeiten durch das Unternehmen unterscheiden. Standardinstrumente sind Instrumente, die in einem Markt (Branche) Standardcharakter haben und insoweit wenig unternehmensspezifisch gestaltet werden können (z. B. bestimmte Marketinglogistik-Konzepte bzw. bestimmte Subsysteme wie Warenwirtschaftssysteme). Dominierende Instrumente mit hohen Gestaltungsmöglichkeiten (-freiheiten) sind Instrumente mit hoher Absatzbedeutung, die eine unternehmensspezifische, unverwechselbare Gestaltung bzw. Anwendung zulassen (z. B. neues Werbekonzept in Verbindung mit neuen elektronischen Medien) und insoweit **Sonderstellungen** (Präferenzen) am Markt begründen können.

Dass Marketingerfolge vor allem von solchen dominierenden Instrumenten abhängig sind, die **firmenspezifische Alleinstellungen** („Firmenmärkte“) zu schaffen vermögen, verdeutlicht eine Übersicht *(Abb. 415).*

| Unternehmen/Marken | Dominierende Instrumente | Zuständiger Instrumentalbereich |
|---|---|---|
| *Polaroid*-Sofortbildkamera | Innovation (Produktkern) | Angebotspolitik |
| *Braun*-Elektrogeräte | Design (Produktäußeres) | Angebotspolitik |
| *Livio*-Speiseöl | Wiederverschließbare Dose (Verpackung) | Angebotspolitik |
| *Avon*-Kosmetik | Direktvertrieb (Vertriebssystem) | Distributionspolitik |
| *Mc Donald's*-Fastfood | Franchisekonzept (Vertriebssystem) | Distributionspolitik |
| *Advance-Bank* (Bankdienstleistungen) | Direktmarketing (Kommunikationskonzept) | Kommunikationspolitik |
| *Marlboro*-Zigaretten | Werbephilosophie (Kommunikationskonzept) | Kommunikationspolitik |

*Abb. 415: Dominierende Marketinginstrumente erfolgreicher Marketingkonzepte (Beispielperiode)*

Die Übersicht zeigt, dass grundsätzlich **alle Marketinginstrumente** (bzw. -instrumentalbereiche) als dominierende, primär erfolgsbegründende Mittel gewählt und eingesetzt werden können. Besondere Erfolge erzielen Unternehmen vor allem dann, wenn sie ein bestimmtes Instrument in einer spezifischen Einsatzform als *erste* in einer Branche einsetzen (und auf diese Weise neue Standards schaffen bzw. neue Regeln einführen).

Was andererseits die Unterscheidung von strategischen bzw. taktischen Komponenten der einzelnen Marketinginstrumente betrifft, so wird mit dieser Differenzierung der **unterschiedliche Bindungsgrad** der Marketinginstrumente bzw. der durch sie ausgelösten Festlegungen berücksichtigt. Das heißt mit anderen Worten, es gibt einerseits mehr *strategische* Instrumente, die einen strukturellen, also mittel- bis langfristig bindenden Charakter besitzen und andererseits mehr *taktische* Instrumente, deren Einsatzdomäne primär der kurzfristige Handlungsbereich des Unternehmens ist. Die Problematik besteht jedoch – wie schon in der Formulierung angedeutet – darin, dass hinsichtlich der einzelnen Marketinginstrumente jeweils keine eindeutigen Zuordnungen möglich sind. Jedes Instrument enthält im Prinzip sowohl strategische als auch taktische Komponenten; es sind deshalb in einem generalisierenden Sinne lediglich bestimmte **Tendenzaussagen** darüber möglich, welche der beiden Komponenten bei welchem Instrument jeweils am stärksten ausgeprägt ist.

Für die Lösung des komplexen Mixproblems (= Kombination der Marketinginstrumente) ist jedenfalls notwendig, eine generelle Einsicht in die jeweils typische **(Anteils-)Struktur** der Marketinginstrumente zu besitzen. Denn es ist klar, dass ein stufenmäßiger Mixprozess – wie im Folgenden noch darzustellen und zu begründen sein wird – zunächst an denjenigen Instrumenten anknüpfen muss, die stark strukturierend und damit auf *lange* Zeit (ggf. für den gesamten Produkt- bzw. Unternehmenszyklus) bindend sind.

Von besonderem Interesse sind dabei jene Marketinginstrumente, die durch hohe (höchste), d. h. überwiegend strategische und damit **strukturierende Komponenten** gekennzeichnet sind. Mit diesen Instrumenten bindet sich ein Unternehmen also am stärksten bzw. am längsten. Unter Bindungsaspekten unproblematisch sind dagegen solche Instrumente, die einen hohen, d. h. überwiegenden Anteil taktischer Komponenten aufweisen, mit anderen Worten also das Unternehmen mit ihrem Einsatz nicht stark oder nur kurzzeitig festlegen.

Betrachtet man unter diesem Aspekt alle *neun* Basisinstrumente des Marketing (vgl. hierzu auch den vorangegangenen Abschnitt zum Marketinginstrumentarium), so können diese Instrumente grundsätzlich in ein **(Anteils-)Kontinuum** zwischen sehr hoher und sehr niedriger strategischer Komponente (bzw. analog zwischen sehr niedriger und sehr hoher taktischer Komponente) eingeordnet werden *(Abb. 416).*

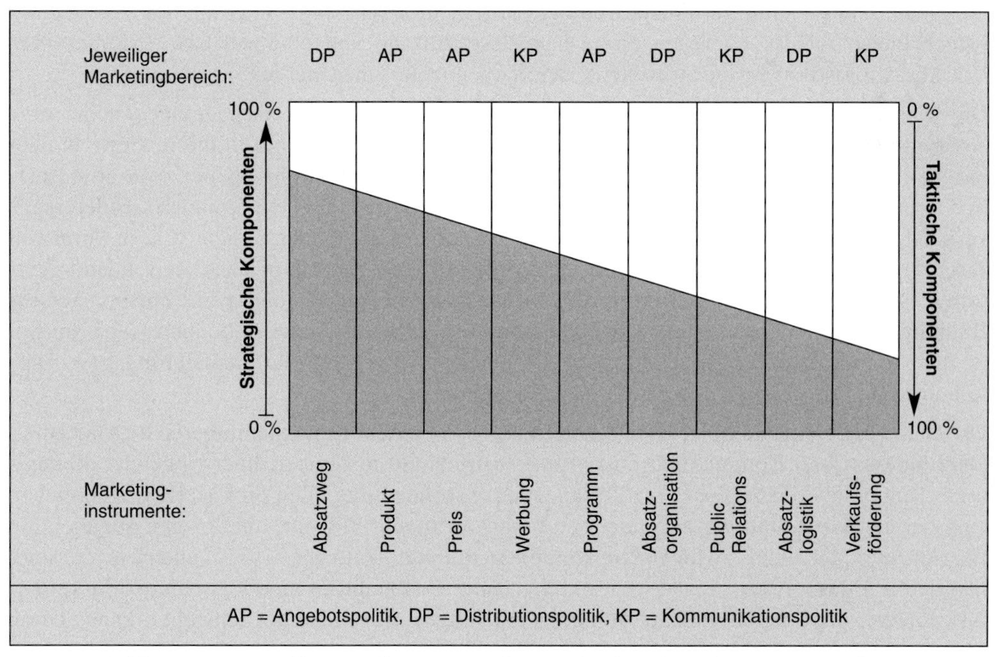


*Abb. 416: Generelle Anteile strategischer und taktischer Komponenten bei Marketinginstrumenten (dargestellt anhand der neun Basisinstrumente)*

Das Modell zur Anteilsstruktur der Marketinginstrumente ist als vereinfachtes, **generalisierendes Abbild** der Realität aufzufassen, das Tendenzaussagen enthält. Danach stellt die Festlegung des **Absatzweges** (Wahl zwischen direktem und indirektem Absatzweg) die Mixentscheidung mit dem höchsten Bindungsgrad dar. In der Tat legt sich ein Unternehmen mit dieser Entscheidung auf einen Absatztyp fest, der nur schwer zu korrigieren ist, und zwar aufgrund organisatorischer Bindungen (Investitionen) wie auch aufgrund der Gewöhnung und Bindung der Abnehmer. **Produkt und Preis** definieren die eigentliche Produktleistung des Unternehmens (im Sinne eines bestimmten Preis-Leistungs-Verhältnisses, bei Mehrmarken-Konzepten ggf. mehrerer, abgegrenzter Preis-Leistungs-Verhältnisse). Sie repräsentieren die Kernleistung des Unternehmens, d. h. sie legen auf „Dauer" fest, wofür das Unternehmen steht (Kompetenz des Unternehmens). Die **Werbung** hat insoweit stärker strategischen Charakter, weil ihre Realisierungsformen (Botschaften wie Gestaltungsmittel) in Bezug auf die eingesetzte(n) Marke(n) im Sinne kontinuierlicher, image- bzw. präferenzorientierter Markenführung nicht ohne weiteres, jedenfalls nicht laufend geändert werden können.

Auf der anderen Seite stellt die **Verkaufsförderung** das Instrument mit überwiegend taktischer Komponente schlechthin dar. Verkaufsfördernde Maßnahmen dienen primär kurzfristigen Absatzförderungszielen (mit sehr kurzen Laufzeiten, z. B. 1- oder 2-Wochen-Laufzeit). Andererseits gibt es auch Verkaufsförderungsinstrumente, die mittelfristigen Charakter haben (vgl. hierzu die Darlegungen zum Basisinstrument Verkaufsförderung) und insoweit auch strategische Komponenten aufweisen. Ein Instrument mit bestimmtem strategischen Gewicht stellt auch die **Öffentlichkeitsarbeit** (Public Relations) dar. Dieses Instrument, das sich bei umfassender Orientierung und Anlage an viele „Teil-Öffentlichkeiten" wendet, muss aber vielfach situationsspezifisch (also eher taktisch) eingesetzt werden (vgl. z. B. die sog. Krisen-PR). Auch die **Absatzlogistik** (und ihre Systeme bzw. Subsysteme) haben (teil-)strukturellen Charakter; im dynamischen Wettbewerb – speziell bei indirektem Absatzweg – erzwingt der Handel hier jedoch immer wieder Anpassungen an handelsspezifische Vorstellungen bzw. Erfordernisse. Die Absatzlogistik muss insoweit heute stärker auch taktischen Bedingungen genügen.

Die Marketinginstrumente **Programm** und **Absatzorganisation** weisen demgegenüber eine Art Mittellage auf, d. h. strategische und taktische Komponenten sind in ihrem Gewicht eher ausgeglichen. Was das Programm betrifft, so muss sich ein Unternehmen hier zwar grundsätzlich strukturell bzw. strategisch festlegen (nicht zuletzt aus Kompetenzgründen), andererseits verlangt der Markt bzw. der Wettbewerb laufend notwendige Anpassungen (u. a. in Form von Zusatzsortimenten). Die Absatzorganisation, etwa in Form einer typischen Reisendenorganisation, stellt zunächst eine strukturelle bzw. strategische Entscheidung mit entsprechenden Bindungen dar, andererseits erzwingen Wettbewerbsverhältnisse zu laufenden Anpassungen (z. B. in Bezug auf das Serviceniveau oder auch in Bezug auf Rationalisierung bzw. Umschichtungen im Rahmen der gesamten Distributionspolitik).

Die Darlegungen haben insgesamt gezeigt, dass es in jedem Instrumentalbereich (Angebots-, Distributions- und Kommunikationspolitik) Instrumente mit hoher, überwiegender strategischer Komponente gibt. Diese stark bindenden Instrumente in allen drei Marketingbereichen sind bei der Mixgestaltung besonders zu berücksichtigen. Sie sind im Übrigen zugleich die Instrumente, die einer **zwingenden Komplementarität** (*Linssen,* 1975) unterworfen sind, nämlich: Produkt, Preis, Absatzweg und Werbung. Das heißt, es sind zwingende Marketinginstrumente, ohne deren Einsatz keine (vollständige) Marktleistung entstehen kann. Diese **Muss-Instrumente** und ihr ziel- und strategie-adäquater Einsatz stehen insofern am Anfang jedes Marketingmix-Entscheidungsprozesses. Sie haben damit Vorrang-Charakter gegenüber Instrumenten primär taktischer Art (= **konzeptionelle Kette**).

# II. Stufen und Differenzierungsformen des Marketingmix

Nachdem zunächst das Wesen und grundlegende Dimensionen des Marketingmix herausgearbeitet worden sind – und zwar speziell das Beziehungsgefüge zwischen Marketinginstrumenten –, sollen nunmehr im Sinne einer weiteren Konkretisierung wichtige (Teil-)Stufen des eigentlichen Marketingmix sowie grundlegende Orientierungspole für seine konkrete Gestaltung herausgearbeitet werden. Am Anfang dieser Überlegungen steht die Grundfrage der „Auflösung" des Totalmix in mehrere Submixe, um das Komplexproblem Marketingmix auf diese Weise überhaupt beherrschbar bzw. gestaltbar zu machen.

## 1. Auflösung des Komplexproblems Marketingmix

Der Marketingmix stellt insofern ein Komplexproblem dar, als es sich hier um einen **kombinativen Auswahlprozess** aus einer Vielzahl von Instrumenten in jeweils mannigfaltigen Ausprägungsformen bzw. Variationsmöglichkeiten handelt.

Unterstellt man lediglich drei Instrumente und jeweils drei Ausprägungsformen, z. B. die drei unterschiedenen Instrumentalbereiche und ihre jeweiligen drei Basisinstrumente im Sinne von Ausprägungen, so bedeutet das bereits

**$3^3$ = 27 Kombinationsmöglichkeiten.**

Geht man jedoch realistischer von den insgesamt neun abgegrenzten Basisinstrumenten aus – von denen es jeweils in der Marketingpraxis eine kaum übersehbare Vielzahl von Variationsmöglichkeiten gibt – und setzt im Durchschnitt nur fünf Ausprägungsformen an, so führt das bereits zu

**$5^9$ = 1.953.125 Kombinationsalternativen.**

Die Zahl von beinahe 2 Mio. Kombinationsmöglichkeiten macht damit zugleich auch Grenzen der Planbarkeit bzw. vor allem der Rechenhaftigkeit des Marketingmix deutlich. Zudem wird aber auch erkennbar, wie wichtig und notwendig Ziel- und Strategiefestlegungen – also konkrete Entscheidungen auf der ersten und zweiten Konzeptionsebene (siehe 1. und 2. Teil des Buches) – sind, um das **Suchfeld** für die Kombination der Marketinginstrumente bzw. ihre jeweiligen Ausprägungen entsprechend eingrenzen zu können. Trotz dieser das Mixproblem „vereinfachenden" basis-konzeptionellen Fixierungen kann die noch verbleibende Kombinationsproblematik im Prinzip nur über eine Aufspaltung des Gesamtproblems (= Marketingmix insgesamt) in Teilprobleme (= Marketingsubmixe) gelöst werden.

Dabei müssen – diese Überlegungen knüpfen unmittelbar an den bereits gewonnenen Einsichten zur Rangordnung von Marketinginstrumenten an – grundsätzlich **zwei Submix-Ebenen** unterschieden werden, und zwar:

- **intra-instrumentaler Submix** (= instrumentalbereichs-bezogener Submix),
- **inter-instrumentaler Submix** (= instrumentalbereichs-übergreifender Submix).

In der Marketingliteratur wird durchweg – und zwar meist explizit, zum Teil aber auch nur implizit – lediglich auf den *intra*-instrumentalen Submix Bezug genommen. Die folgende Darstellung knüpft daher zunächst an diesem Submix-Typ an.

### a) *Intra-instrumentaler Submix*

Der intra-instrumentale, d. h. bereichsbezogene Submix berücksichtigt die Tatsache, dass sich – nach der hier vorgenommenen Abgrenzung – **drei große Instrumentalbereiche** (Marketing-Aktionsfelder) unterscheiden lassen, die jeweils ganz *spezifische* Teilleistungen am Markt erbringen. Der intra-instrumentale Submix-Ansatz geht deshalb davon aus, dass es sinnvoll ist, das Gesamtmix-Problem quasi in *drei* inhaltlich gesonderte Submixe, nämlich den

- **angebotspolitischen Submix,**
- **distributionspolitischen Submix** und
- **kommunikationspolitischen Submix**

aufzulösen. Eine Abbildung verdeutlicht diese Zusammenhänge *(Abb. 417).*

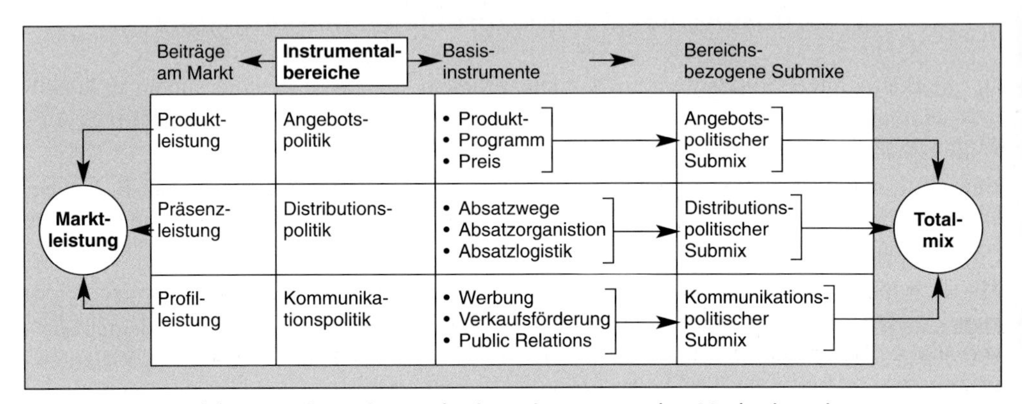


*Abb. 417: Dimensionen des intra-instrumentalen Marketingmix*

Das heißt, bei der Lösung des Marketingmix-Problems insgesamt (= Totalmix) kann – nach dieser Vorstellung (vgl. *Abb. 417*) – zunächst eine **erste Stufe** (= Vorstufe) in der Weise realisiert werden, dass jeweils für sich die Marketinginstrumente der Angebotspolitik zum sog. Angebotsmix, die der Distributionspolitik zum sog. Distributionsmix und schließlich die der Kommunikationspolitik zum sog. Kommunikationsmix gebündelt werden. Das Vorgehen in dieser Stufung entspricht zugleich der natürlichen Reihenfolge des Instrumenteneinsatzes insgesamt.

Der gesamte Marketingmix (= Totalmix) ist dann die Resultante der ziel- und strategieadäquaten Integration von Angebots-, Distributions- und Kommunikationsmix. Er vollzieht sich in einer anschließenden **zweiten Stufe** (= Hauptstufe).

Diese phasenmäßige Fraktionierung des Mix-Problems in Vor- und Hauptstufe entspricht einem in der Unternehmenspraxis häufig anzutreffenden Vorgehen. Es ist nicht zuletzt auch Ausdruck der **üblichen Kompetenzverteilung** in marketing-orientierten Unternehmen, etwa:

- **Product Manager** (→ Kompetenz primär für die Angebotspolitik, insbesondere für Produktgestaltung, Verpackungsgestaltung und Markenpolitik),
- **Sales Manager** (→ Kompetenz primär für die Distributionspolitik, vor allem für Absatzorganisation und Lieferservice),
- **Communications Manager** (→ Kompetenz primär für die Kommunikationspolitik, speziell für Werbung und Public Relations).

Das damit in einer Unternehmensorganisation vorhandene **Ressort-Denken** induziert vielfach das skizzierte *intra*-instrumentale Submix-Vorgehen, d. h. jeder Kompetenzträger (Instanz) tendiert zunächst dazu, die Instrumente des eigenen Bereichs vorzubündeln.

Die Problematik dieses Vorgehens besteht jedoch darin, dass hierdurch die Realisierung des **optimalen Totalmix** verfehlt werden kann. Dieses Phänomen resultiert aus der Tatsache, dass zwischen den Marketinginstrumenten der drei Instrumentalbereiche vielfältige Beziehungen bzw. Interdependenzen bestehen, die bei einer reinen „Intra-Betrachtung" (also weitgehend isolierten Abstimmung nur innerhalb des jeweils eigenen Marketingbereichs) unberücksichtigt bleiben.

Im Übrigen besteht eine **große Gefahr** darin, dass selbst in der zweiten Stufe (Hauptstufe) bestimmte Beziehungsgefüge zwischen Instrumenten aller drei Instrumentalbereiche – auch wenn sie dann erkannt werden, etwa aufgrund der koordinierenden Funktion des Marketing Sales Managers – u. U. gar nicht mehr berücksichtigt werden können. Der Grund: nicht mehr oder nur mit erheblichen Kosten zu revidierende Vorwegdispositionen der ersten Stufe in den einzelnen Marketingbereichen.

### b) Inter-instrumentaler Submix

An der im vorigen Abschnitt geschilderten Problematik des sog. intra-instrumentalen Submix knüpfen die im Folgenden zu entwickelnden Überlegungen zum inter-instrumentalen Submix an.

Er wird deshalb als inter-instrumentaler Submix bezeichnet, weil er instrumental an **allen drei Marketingbereichen** (Angebots-, Distributions- und Kommunikationspolitik) zugleich anknüpft, um auf diese Weise „Blockaden" für gesamtoptimale Lösungen des Marketingmix zu vermeiden. Dieser inter-instrumentale Submix setzt dabei an der Tatsache an, dass es eine bestimmte Hierarchie der Marketinginstrumente (nämlich im Sinne einer Rangordnung) gibt. In dieser Hinsicht kann – unter Bezugnahme auf bereits diskutierte instrumentale Hierarchiefragen – zwischen

- **mehr strukturbestimmenden (strategischen) Instrumenten** und
- **mehr ablaufbestimmenden (taktischen) Instrumenten**

unterschieden werden. Wie bereits herausgearbeitet, gibt es im Prinzip keine „reinrassigen" Instrumente, sondern nur solche mit jeweils unterschiedlicher schwerpunktmäßiger Ausprägung. Insoweit können grundsätzlich Marketinginstrumente mit strukturbestimmender und solche mit ablaufbestimmender Dominanz unterschieden werden. Die Marketinginstrumente mit strukturbestimmender Dominanz stellen dabei quasi **Instrumente höherer Ordnung** dar, während die Marketinginstrumente mit ablaufbestimmender Dominanz entsprechend als Instrumente niederer Ordnung charakterisiert werden können.

Die Marketinginstrumente mit **strukturbestimmender Dominanz** sind diejenigen Instrumente, die strukturelle (strategische) Festlegungen im Unternehmen schaffen und damit mittel- bis langfristige Bindungen. Dazu zählen insbesondere folgende Instrumente:

- **Absatzwege,**
- **Produkt/Preis (= Preis-Leistungs-Verhältnis),**
- **Werbung.**

Diese marketinginstrumentalen Festlegungen bilden gleichsam das **Fundament** für den gesamten Marketingmix. Sie sind Prädispositionen, an denen sich die Marketinginstrumente niederer Ordnung – also solche mit ablaufbestimmender Dominanz – orientieren müssen, so z. B. *taktische* Maßnahmen wie:

- **Verkaufsförderungsaktionen (z. B. auf Verbraucherebene),**
- **Public Relations-Maßnahmen (für einzelne Teilöffentlichkeiten),**
- **Absatzlogistik-Varianten (etwa für einzelne Kundengruppen).**

Diese Entscheidungen mit ablaufbestimmender Dominanz müssen jeweils Bezug nehmen auf die vorweggenommenen **Strukturentscheidungen im Marketing** insgesamt, und zwar unabhängig davon, in welchem Marketingbereich sie getroffen worden sind. Insofern kommt dem interinstrumentalen Submix – also jenem Submix, der bereichsübergreifend wirkt – *vorrangige* Bedeutung zu. Das ist die entscheidende Schlussfolgerung aus den bisherigen Überlegungen.

Unter diesem Aspekt der hierarchischen Zwänge bzw. Rangfolgefragen von Marketinginstrumenten ist demnach die Frage der Auflösung des Totalmix in Submixe neu zu durchdenken.

*c) Integration von inter- und intra-instrumentalen Submixen (Totalmix)*

Wenn gilt, dass Marketinginstrumente mit strukturbestimmender Dominanz Gegebenheiten mit mittel- bis langfristiger Bindung schaffen und diese zugleich **Prädispositionen** für den Einsatz von Marketinginstrumenten mit ablaufbestimmender Dominanz darstellen, so kann bezüglich der Reihenfolge des Marketinginstrumenten-Einsatzes gesagt werden, dass strukturbestimmende Instrumente sowohl in sachlicher als auch zeitlicher Hinsicht vor den ablaufbestimmenden Instrumenten disponiert werden müssen.

Wenn außerdem evident ist, dass innerhalb **aller drei Marketingbereiche** strukturbestimmende Entscheidungen zu treffen sind, dann kann weiterhin formuliert werden, dass alle ablaufbestimmenden Folgeentscheidungen (Folgeinstrumente) an den marketinginstrumentalen Strukturgegebenheiten orientiert werden müssen. So gesehen bedarf es also zunächst einer Prüfung und Abstimmung der Strukturentscheidungen in allen drei Marketing(instrumental)bereichen (Angebots-, Distributions-, Kommunikationspolitik). Dieser inter-instrumentale, d. h. also bereichsübergreifende Submix im Sinne einer Vorwegprüfung bzw. -abstimmung hat somit **Vorrangcharakter** vor den jeweils intra-instrumentalen, d. h. bereichsbezogenen Submixen.

Aus diesen Überlegungen ergibt sich demnach folgende **Standard-Vorgehensweise** in Bezug auf die Auflösung des Totalmix in sog. Submixe bzw. Submix-Ebenen oder -Stufen:

(1) **Grobabstimmungsstufe:** inter-instrumentaler Submix (auf Instrumente primär strukturbestimmender Art gerichtet, und zwar grundsätzlich in allen drei Marketingbereichen) → Vereinbarkeitsprüfungen im Sinne eines schlüssigen ziel- und strategieorientierten Mix-Fundaments,

(2) **Feinabstimmungsstufe:** intra-instrumentaler Submix (auf die Abstimmung sowohl der strukturbestimmenden Instrumente als auch der ablaufbestimmenden Instrumente innerhalb aller drei Marketingbereiche gerichtet) → am Mix-Fundament orientierte Teiloptimierungsstufe,

(3) **Feinstabstimmungsstufe:** abschließende Integration von übergeordnetem inter-instrumentalen Submix und drei intra-instrumentalen Submixen insgesamt → nochmalige Abschleifungs- und Austarierungsstufe zur Bestimmung des Totaloptimums.

Die einzelnen Abstimmungsstufen des in Teilabschnitte aufgelösten Marketingmix lassen sich grafisch wie folgt *(Abb. 418)* skizzieren.

Die Darstellung verdeutlich die **besondere Rolle** des inter-instrumentalen (bereichsübergreifenden) Submix (= 1. Stufe). Er stellt quasi das Fundament für die folgenden Stufen (= 2. und 3. Stufe) dar. Säulen dieses Fundaments sind wichtige, untereinander abgestimmte strukturelle (strategische) Instrumente, wie z. B. Produkt/Preis, Absatzweg und Werbung. An diesen

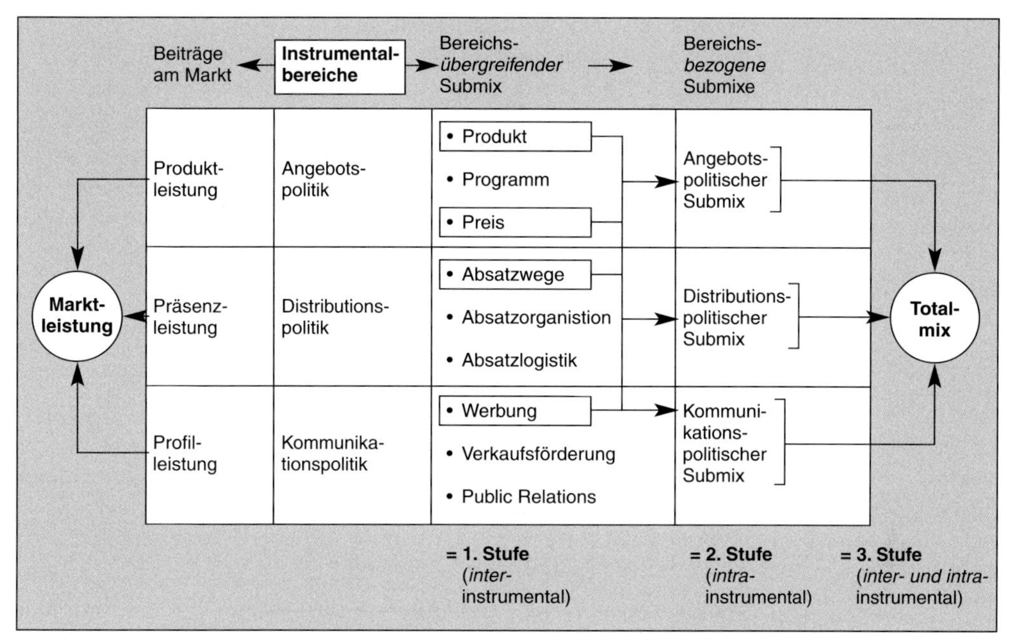


*Abb. 418: Stufenorientierte Integration von inter-instrumentalem Submix und intra-instrumentalen Submixen*

Basisfestlegungen müssen *alle* anderen Instrumente bzw. ihre Einsatzformen (Ausprägungen) anknüpfen.

Eine weitere Übersicht *(Abb. 419)* zeigt nun noch anhand des marketing-instrumentalen Baukastens (= 9 Basisinstrumente des Marketing) mit jeweils beispielhaften Ausprägungen (**A** bis **G**) die **grundsätzlichen Kombinationsrichtungen** und ihre Anknüpfungspunkte auf (vgl. hierzu ein analoges Modell zur Strategiekombination im 2. Teil „Marketingstrategien").

Die Modelldarstellung macht deutlich, wie der vertikale, bereichsübergreifende (= inter-instrumentale) Mixansatz quasi das angesprochene **Mixfundament** aus Muss-Instrumenten schafft, auf dem dann alle anderen Marketinginstrumente und ihre Ausprägungen aufbauen können. Der horizontale, bereichsbezogene (= intra-instrumentale) Mixansatz komplettiert somit den Mix im Hinblick auf die Schaffung einer vollständigen, differenzierten sowie ziel- und strategie-adäquaten Marktleistung insgesamt.

Für ein mittelständisches, technologie-orientiertes Unternehmen z. B. sind prototyphaft die inter- und intra-instrumentalen **Mixfestlegungen** dargestellt *(Abb. 420)*.

Dieser (vollständige) Marketingmix stellt sich, wenn man die festgelegten Ausprägungen (**A** bis **G**) für alle neun Basisinstrumente entsprechend verbindet, als detailliertes unternehmensspezifisches **Mixprofil** des Unternehmens dar.

Für die Bestimmung des Mixprofils kann es sinnvoll sein, auch das Mixprofil des oder der wichtigsten Konkurrenten zu erstellen, um auf diese Weise zu erkennen, wo **Differenzierungsmöglichkeiten** für das eigene Unternehmen liegen können, um sich so gegenüber Konkurrenten bzw. deren Konzepten abzugrenzen. Damit können Ansatzpunkte für Alleinstellungen im Markt identifiziert werden, die besonders geeignet sind, die **Ziel- und Strategievorgaben** des Unternehmens erfolgreich umzusetzen (= **konzeptionelle Kette**).

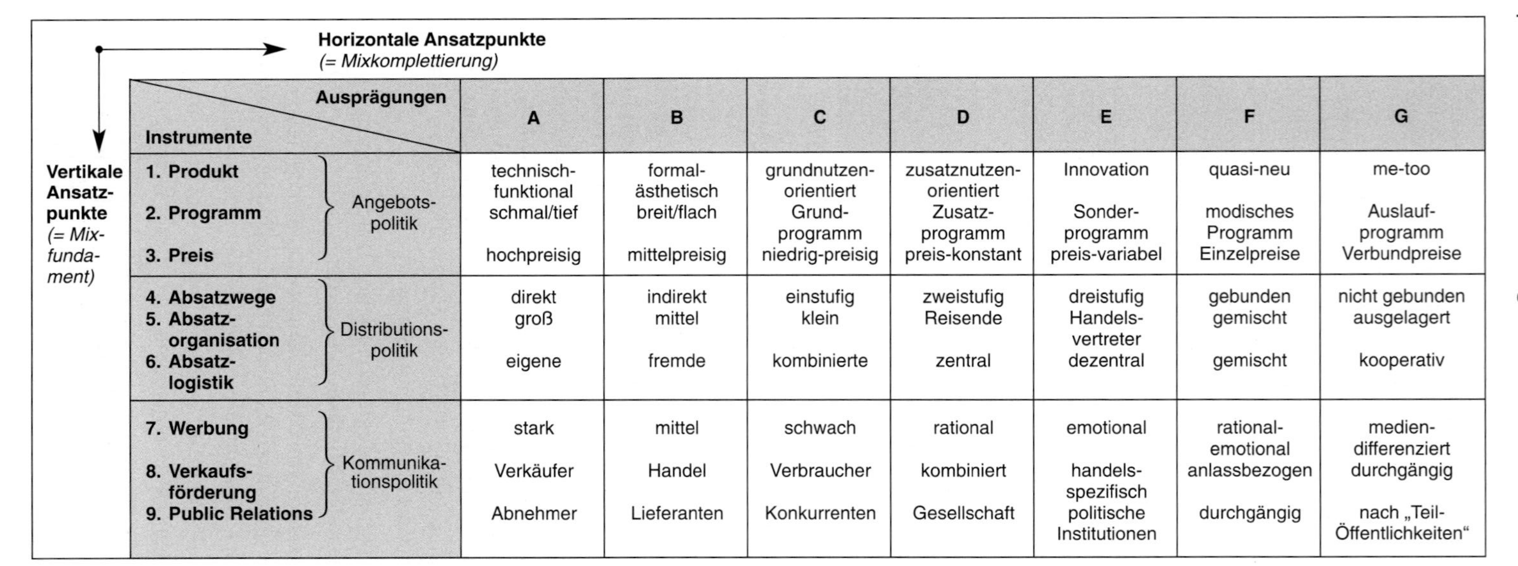


| Instrumente / Ausprägungen | | A | B | C | D | E | F | G |
|---|---|---|---|---|---|---|---|---|
| **1. Produkt** | Angebotspolitik | technisch-funktional | formal-ästhetisch | grundnutzen-orientiert | zusatznutzen-orientiert | Innovation | quasi-neu | me-too |
| **2. Programm** | | schmal/tief | breit/flach | Grund-programm | Zusatz-programm | Sonder-programm | modisches Programm | Auslauf-programm |
| **3. Preis** | | hochpreisig | mittelpreisig | niedrig-preisig | preis-konstant | preis-variabel | Einzelpreise | Verbundpreise |
| **4. Absatzwege** | Distributionspolitik | direkt | indirekt | einstufig | zweistufig | dreistufig | gebunden | nicht gebunden |
| **5. Absatz-organisation** | | groß | mittel | klein | Reisende | Handels-vertreter | gemischt | ausgelagert |
| **6. Absatz-logistik** | | eigene | fremde | kombinierte | zentral | dezentral | gemischt | kooperativ |
| **7. Werbung** | Kommunikationspolitik | stark | mittel | schwach | rational | emotional | rational-emotional | medien-differenziert |
| **8. Verkaufs-förderung** | | Verkäufer | Handel | Verbraucher | kombiniert | handels-spezifisch | anlassbezogen | durchgängig |
| **9. Public Relations** | | Abnehmer | Lieferanten | Konkurrenten | Gesellschaft | politische Institutionen | durchgängig | nach „Teil-Öffentlichkeiten“ |

*Abb. 419: Neun Marketing-Basisinstrumente, jeweils sieben beispielhafte Ausprägungen (A bis G) und zwei Kombinationsrichtungen des Marketingmix (vertikal und horizontal)*

| Instrumente / Ausprägungen | | A | B | C | D | E | F | G |
|---|---|---|---|---|---|---|---|---|
| **1. Produkt** | Angebotspolitik | *technisch-funktional* | formal-ästhetisch | *grundnutzen-orientiert* | zusatznutzen-orientiert | **Innovation** | quasi-neu | me-too |
| **2. Programm** | | *schmal/tief* | breit/flach | *Grund-programm* | *Zusatz-programm* | Sonder-programm | modisches Programm | Auslauf-programm |
| **3. Preis** | | **hochpreisig** | mittelpreisig | niedrig-preisig | *preis-konstant* | preis-variabel | *Einzelpreise* | Verbundpreise |
| **4. Absatzwege** | Distributionspolitik | direkt | **indirekt** | einstufig | *zweistufig* | dreistufig | *gebunden* | nicht gebunden |
| **5. Absatzorganisation** | | groß | mittel | *klein* | Reisende | *Handels-vertreter* | gemischt | *ausgelagert* |
| **6. Absatzlogistik** | | eigene | fremde | *kombinierte* | zentral | *dezentral* | gemischt | kooperativ |
| **7. Werbung** | Kommunikationspolitik | stark | *mittel* | schwach | **rational** | emotional | rational-emotional | *medien-differenziert* |
| **8. Verkaufsförderung** | | *Verkäufer* | *Handel* | Verbraucher | kombiniert | *handels-spezifisch* | anlassbezogen | durchgängig |
| **9. Public Relations** | | *Abnehmer* | Lieferanten | Konkurrenten | *Gesellschaft* | *politische Institutionen* | durchgängig | *nach „Teil-Öffentlichkeit“* |

●— **vertikal** = beispielhafte Festlegungen bezüglich der mehr strukturbestimmenden (strategischen) Instrumente (= 1. Stufe: **bereichsübergreifender Submix**)
×— *horizontal* = beispielhafte Festlegungen bezüglich der ablaufbestimmenden (taktischen) Instrumente (= 2. Stufe: *bereichsbezogene Submixe*)

*Abb. 420: Modellbeispiel für instrumentale Festlegungen (Marketingmix) eines mittelständischen, technologie-orientierten Unternehmens*

Diese zunächst mehr formal diskutierten Zusammenhänge zwischen den unterschiedenen Submix-Ebenen sollen nun noch zum besseren Verständnis anhand eines Fallbeispiels nachvollziehbar und plausibel gemacht werden.

Fallbeispiel: Mixplanungsstufen am Beispiel eines Nahrungsmittel-Herstellers

Ein Nahrungsmittel-Hersteller mit bekannter Marke, der bisher ausschließlich im **klassischen Trockensortiment** tätig ist, hält nach neuen Märkten Ausschau, um Wachstumsgrenzen im angestammten Markt überwinden zu können. Als wachstumsstarker „neuer" Markt wird aufgrund einschlägiger Analysen der Joghurt- und Dessert-Markt erkannt. Da der Eintritt in diesen Markt erfolgversprechend erscheint und die finanziellen Mittel für den Aufbau einer entsprechenden Produktion vorhanden, einschlägige Lieferanten entsprechender Anlagen bekannt sowie auch das notwendige technische Know-how beschaffbar sind, wird in der Geschäftsleitung eine Entscheidung getroffen, in den **Joghurt- und Dessert-Markt** einzutreten. Die Marketingleitung wird beauftragt, die marketingmäßigen Voraussetzungen des eigenen Unternehmens im Einzelnen zu prüfen und ein realisierbares Marketingkonzept für dieses neue Geschäftsfeld (= horizontale Diversifikation) zu entwickeln.

Die erste Stufe der Marketingmixplanung besteht zunächst darin, die marketing-strukturellen Gegebenheiten (Voraussetzungen) zu prüfen. Entscheidende **Ansatzpunkte** sind hierfür u. a.:

**(a)** Kann die **bisher verwendete Marke (Markenartikel-Konzept)** auch für das geplante Joghurt- und Dessertprogramm eingesetzt werden?
**(b)** Ist die **bestehende Vertriebsorganisation** in der Lage, auch das neue Programm mit zu verkaufen?
**(c)** Besteht die Möglichkeit, das **bisher praktizierte Preis- und Konditionensystem** grundsätzlich zu übernehmen?
**(d)** Kann bei der Vermarktung des neuen Programms auch auf das **bestehende absatzlogistische System** zurückgegriffen werden?
**(e)** Ist es möglich, aufgrund des geplanten neuen Programms die **bisherige Corporate Identity** (speziell die Corporate Communication) zu bewahren?

Aus diesen Fragestellungen wird ersichtlich, dass es hierbei um eine grundsätzliche **Verträglichkeitsprüfung** mit dem bisherigen marketing-konzeptionellen Strukturgefüge des Unternehmens geht, und zwar auf *inter*-instrumentaler (bereichsübergreifender) Basis (**= 1. Stufe**), denn:

Die **Fragen (a) und (c)** beziehen sich auf die **Angebotspolitik.**
Die **Fragen (b) und (d)** betreffen die **Distributionspolitik.**
Die **Frage (e)** hat primär Bezüge zur **Kommunikationspolitik.**

Die für die Klärung dieser Fragen notwendigen Untersuchungen ergeben, dass im Prinzip sowohl eine angebotspolitische als auch kommunikationspolitische Verträglichkeit gegeben ist (d. h. Marke, Preis- und Konditionssystem können – im letzteren Fall mit marktspezifischen Ergänzungen – übernommen werden; das bisherige Corporate Design (speziell Hausfarben, Marken-Logo und Markensymbol) kann ebenfalls adaptiert werden). Für beide Marketingbereiche sind somit die Voraussetzungen für die **2. Stufe** der Marketingplanung – nämlich für die *intra*-instrumentale Abstimmung im Einzelnen – grundsätzlich gegeben.

Für den Instrumentalbereich **Distributionspolitik** ergeben sich dagegen zwei spezifische Probleme:

- Die **bisherige Vertriebsorganisation** kann für die Vermarktung des geplanten Joghurt- und Dessert-Programms aus Kapazitäts- bzw. Auslastungsgründen nicht eingesetzt werden. Darüber hinaus steht dem entgegen, dass im Handel die Einkäufer für das Trockensortiment einerseits und das Frischsortiment andererseits (u. a. Joghurts und Desserts) vielfach nicht identisch sind.
- Das **bisherige absatzlogistische** System ist für die Auslieferung des geplanten Frischsortiments nicht geeignet. Das System umfasst keine Kühlfahrzeuge und der bisherige Belieferungsrhythmus von durchschnittlich 14 Tagen ist zu lang.

Auf diese Weise entstehen ursprünglich nicht bzw. nicht vollständig berücksichtigte zusätzliche Investionen für das geplante neue Geschäftsfeld. Damit erfüllt das Konzept zunächst nicht die **festgelegten Oberzielkriterien** (Gewinn/Rentabilität). Es gelingt jedoch schließlich, ein vorläufiges Vertriebs- und Verteilungskonzept, das sowohl auf eigene als auch fremde Absatzpersonen/-organe zurückgreift, zu finden, das außerdem betriebswirtschaftlich tragfähig erscheint. Die Voraussetzungen für den (intra-instrumentalen) Distributions-Submix im Einzelnen sind damit grundsätzlich geschaffen.

Nachdem der Angebots- und Kommunikations-Submix sowie ein speziell entwickelter, „übergangsweiser" Distributions-Submix vorliegen, sind die Voraussetzungen für die **3. Stufe** des Marketingmix-Planungsprozesses geschaffen, nämlich die sog. Integrationsphase im Sinne des **Totalmix**.

Während des Planungsprozesses eingetretene Wettbewerbsverschärfungen auf dem Joghurt- und Dessertmarkt und damit einsetzender **Preisverfall** zwingen allerdings zu einer erneuten ziel- und strategie-orientierten Überprüfung des Gesamtkonzepts. Aufgrund der verschlechterten Ertragssituation müssen an zwei Submix-Konzepten (Distributions- und Angebotspolitik) Korrekturen vorgenommen werden:

- Der geplante Aufbau einer eigenständigen Vertriebsorganisation für das Joghurt- und Dessert-Programm kann nicht wie vorgesehen sofort und voll realisiert werden. In der **Einführungsphase** – die zumal durch hohe Einführungswerbung belastet ist – sollen für die Schaffung der Erstdistribution im Handel in bestimmten regionalen Teilmärkten (ZbV = Zur besonderen Verfügung-)Reisende und Akquisiteure der Trockensortiment-Vertriebsorganisation eingesetzt werden. In anderen Gebieten sollen zunächst Leasing-Reisende herangezogen werden. Notwendige Degustationen im Handel sollen ebenfalls Leasing-Propagandistinnen übertragen werden.
- Die neue Marktsituation im Joghurt- und Dessertmarkt – Preisverfall speziell bei Standardprodukten – zwingt außerdem dazu, das geplante Programm stärker in Richtung **höherpreisiger Spezialitäten** auszubauen. Das inzwischen einführungsreife Standardprogramm soll möglichst schnell um eine Premium-Linie mit innovativen Produkten ergänzt werden. Daraus sich eventuell ergebende Konsequenzen für die Absatzkanäle (speziell die Abnehmerselektion) sollen erst nach gewonnenen Markterfahrungen mit dem Premium-Programm näher geprüft werden.
- Bezüglich der Absatzlogistik wird ein entsprechender **Auslieferungsvertrag** mit einer nationalen Frischdienst-Organisation geschlossen. Zugleich wird eine Option darauf erworben, sich nach zweijähriger Erfahrung an dieser Organisation zu beteiligen, um auf diese Weise künftig das Gesamtkonzept zu kontrollieren.

Was die Abstimmungsstufen 1, 2 und 3 betrifft (vgl. hierzu *Abb. 418*), so sind – je nach unternehmens- und marktindividuellen Gegebenheiten, wie auch das dargestellte Beispiel zeigt – häufig operative **Ergänzungen bzw. Korrekturen** notwendig, bei denen schrittweise

- **entweder neue, bisher nicht genutzte Instrumente (Reserveinstrumente)**
- **und/oder neue Ausprägungen bereits berücksichtigter Instrumente**

in das Marketingmix-Konzept eingefügt werden (= Perfektionierung des Marketingmix). Hierbei handelt es sich aufgrund gerade im Marketingbereich häufig gegebener Übersichtsprobleme nicht selten um mehrperiodige, quantitative und/oder qualitative **Abschleifungs- bzw. Austarierungsstufen** oder ggf. auch gezielte Probierphasen („Trial and Error“). So gesehen kann nicht selten der Marketingmix erst im Zeitablauf der Konzeptrealisierung allmählich komplettiert werden. Zentrale Orientierungspole für diesen marketingpolitischen Komplettierungs- bzw. Perfektionierungsprozess stellen dabei sowohl **(Ober-) Ziele** mit ihrer Grundorientierungsfunktion als auch **Strategien** mit ihrer Kanalisierungsfunktion für den konkreten instrumentalen Mitteleinsatz dar (= **konzeptionelle Kette**).

## 2. Konzeptionelle Bezugspunkte des Marketingmix

Bereits bei der Behandlung der grundsätzlichen Beziehungsstrukturen, die zwischen den Marketinginstrumenten bestehen, ist darauf hingewiesen worden, dass diese Strukturen auch von getroffenen Ziel- und Strategieentscheidungen abhängig sind. Die Darlegungen zum Marketingmix und zu den notwendigen differenzierten Submix-Stufen bis hin zum integrierten Totalmix haben dann besonders deutlich gemacht, wie stark **Ziel-, Strategie- und Mixentscheidungen** miteinander verknüpft sind bzw. verknüpft werden müssen, um insgesamt schlüssige Konzepte am Markt verfolgen zu können. Nur schlüssige, konsequent verfolgte Marketingkonzepte führen zur **Oberzielrealisierung** (Rentabilität/Unternehmenswert).

Im Folgenden sollen deshalb wichtige Ziel- und Strategiebezüge des Marketingmix herausgearbeitet werden. Das soll anhand grundlegender Festlegungen bzw. Optionen – wie sie im 1. Teil „Marketingziele“ und 2. Teil „Marketingstrategien“ dargestellt worden sind – skizziert werden. Damit soll noch einmal zusammenfassend die **konzeptionelle Kette,** d. h. also das zwischen Ziel-, Strategie- und Mixebene abgestimmte, ganzheitliche Vorgehen und seine wichtigsten Bezugspunkte, verdeutlicht werden.

Der Logik der konzeptionellen Kette entsprechend wird mit den Zielbezügen des Marketingmix begonnen.

### *a) Zielorientierung des Marketingmix*

Wenn der Sinn einer Marketing-Konzeption darin besteht, konsequentes unternehmerisches Handeln zu ermöglichen, so ist klar, dass eine solche Konzeption zunächst – bei bestehenden Unternehmen anknüpfend am bisher Erreichten – **Ziele** formulieren muss, die in festzulegenden Zeithorizonten erreicht werden sollen. Nur so kann unternehmerisches Handeln schlüssig und zweckgerichtet sein (Ziele = „Wunschorte“ bzw. Imperative des Handelns).

Im 1. Teil „Marketingziele“ sind die Zielarten und Zielebenen (Zielpyramide) im Einzelnen herausgearbeitet worden. Hier sollen lediglich noch einmal *wichtige* Zielebenen, ihre Funktionen, ihre Festlegungen sowie ihre **Konsequenzen** für Strategie- und Mixentscheidungen aufgezeigt werden.

Drei wichtige **Zielebenen** sind dabei anzusprechen:

- **Metaziele** { Allgemeine Wertvorstellungen (Basic Beliefs), Unternehmenszweck (Mission/Vision),
- **Unternehmensziele,**
- **Marketingziele.**

Im Folgenden sollen spezifische Anknüpfungspunkte der Marketingmixgestaltung anhand dieser Zielebenen(-kategorien) näher skizziert werden.

### *aa) Metaziele und Marketingmix*

Die **allgemeinen Wertvorstellungen** (Basic Beliefs) legen verbindliche Unternehmensgrundsätze fest. Sie stellen eine Art Grundgesetz des Unternehmens dar, d. h. es sind grundlegende Wertaussagen des Unternehmens, die das Handeln des Unternehmens nach außen wie innen prägen (sollen). In dieser Hinsicht sind sie zugleich ein wesentlicher Bestandteil der **Unternehmensidentität** (Corporate Identity).

Diese Entscheidungen bzw. Festlegungen haben hohe Relevanz für die Strategie- und Mixentscheidungen des Unternehmens, denn sie formulieren mit ihren **Handlungsnormen** das, was ein Unternehmen tut, tun darf und nicht tun darf. Solche Normen wirken durch bis zum konkreten Mixeinsatz, z. B. welche Produkte, in welcher Art und Weise bzw. mit welchen Problemlösungseigenschaften hergestellt und vermarktet werden (und welche nicht). Sie legen in dieser Weise auch Rahmenbedingungen für die Art bzw. Formen der Markenführung und Werbung fest und geben damit auch an, welche Art der Werbung (z. B. aggressive, an „niederen Instinkten" ansetzende Werbung) etwa mit den Vorstellungen (auch ethischen) des Unternehmens nicht vereinbar ist.

Die allgemeinen Wertvorstellungen („Grundgesetz") des Unternehmens beziehen auch den Interessenausgleich aller **Bezugs- und Anspruchsgruppen** mit ein. Unternehmen werden zwar gegründet, um Problemlösungen für Kunden zu schaffen und zu vermarkten. Die Kundenorientierung des Unternehmens steht in marktwirtschaftlichen Systemen insoweit im Zentrum. Die gesellschaftliche Verantwortung legt dem Unternehmen jedoch bestimmte Grenzen auf oder anders gesagt: die Kundenorientierung ist unter Rücksichtnahme auf berechtigte Interessen legitimer Anspruchsgruppen des Unternehmens zu realisieren.

Es ist klar, dass eine solche Grundorientierung bzw. Restriktion sowohl **Marketingstrategien** als auch **Marketingmix** des Unternehmens beeinflussen, z. B. hinsichtlich der Erfüllung ökologischer Ansprüche in Bezug auf Herstellung, Nutzung und Entsorgung von Produkten. Auf diese Weise wird etwa die Angebotspolitik (insbesondere Produkt- und Programmpolitik) oder auch die Distributionspolitik (etwa Auslieferungs- und Redistributionssysteme) des Unternehmens wesentlich gesteuert. Jede produkt- bzw. distributionspolitische Entscheidung muss sich insoweit messen lassen an übergeordneten Strategien und Zielen (nicht zuletzt und gerade an sog. Metazielen).

Produkt-, programm-, distributions- wie auch kommunikationspolitische Entscheidungen auf der operativen Ebene (Mixebene) müssen deshalb immer wieder rückgekoppelt werden mit übergeordneten **Ziel- und Strategiefestlegungen.** Nur so kann ein Unternehmen konsequent ein Konzept verfolgen und nachhaltigen Erfolg sichern.

Eine solche Notwendigkeit der Rückkoppelung besteht auch für Metazielfestlegungen hinsichtlich des Unternehmenszwecks (Mission/Vision des Unternehmens). Die **Corporate Mission** legt fest, was Gegenstand des Unternehmens ist (bzw. welcher es sein sollte) und die

**Corporate Vision** gibt vor, wie sich ein Unternehmen und sein kundenorientiertes Problemlösungskonzept weiterentwickeln soll (bzw. aus Gründen der Wachstums- und Existenzsicherung weiterentwickeln muss). Hier werden bereits die Weichen gestellt für die Erfüllung der Unternehmensziele (Rentabilität/Unternehmenswert) bzw. ihre Perspektiven.

Wichtige Weichenstellungen betreffen u. a. Qualität bzw. Preis-Leistungs-Verhältnis des eigenen Angebots und ihre Auswirkungen auf die **Rentabilität des Unternehmens.** Grundlegende markt-ökonomische Parameter der Mission sind dabei die Wahl des Leistungsumfangs (Marktausschnitt) und des Leistungsniveaus (Marktschicht). Wichtige markt-psychologische Parameter sind andererseits Produktpositionierung und Produktphilosophie.

Grundlegende Festlegungen der **Vision** des Unternehmens betreffen u. a. die technische Machbarkeit, den Innovationsgrad und Innovationsbereich oder auch die gesellschaftliche Akzeptanz zukunftsgerichteter Weiterentwicklungsformen des Unternehmens bzw. seines Leistungsprogramms (vgl. hierzu auch 1. Teil „Marketingziele" und die dort aufgeführten Beispiele).

Es ist einsichtig, dass solche Weichenstellungen hinsichtlich Mission und Vision des Unternehmens **Vorgabencharakter** für nachgelagerte Strategie- und Mixentscheidungen (d. h. alle wichtigen operativen Marketinginstrumenten-Entscheidungen) haben. Gerade auch die Mixentscheidungen können insoweit nicht taktisch-aktionistisch getroffen werden, sondern bedürfen ziel-strategischer Führung. Insbesondere unter den Bedingungen dynamischer und globaler Märkte (= extreme Wettbewerbsverschärfung) müssen auch hier immer wieder entsprechende Abgleichungen bzw. Rückkoppelungen zwischen Ziel- und Mixebene (und hier z. B. mit der Angebotspolitik) vorgenommen werden. Das heißt mit anderen Worten, wichtige produkt- und programmpolitische Entscheidungen u. a. hinsichtlich Produktkern, Produktdesign, Verpackung, Marke, Programmbreite und -tiefe sind bereits auf der Zielebene verankert, und zwar was ihre grundlegenden Ausrichtungen bzw. Ausprägungen betrifft. Analoges gilt auch für Kernentscheidungen der Distributions- und Kommunikationspolitik.

### *ab) Unternehmensziele und Marketingmix*

Eine weitere wichtige Zielebene, welche Weichenstellungen für Strategie- und Mixentscheidungen vornimmt, ist die Ebene der Unternehmensziele (= Oberziele des Unternehmens i. e. S.). Unternehmen können in marktwirtschaftlichen Systemen nur überleben, wenn es gelingt, systemkonforme **Oberziele** wie Rentabilität und Unternehmenswert zu realisieren.

Dabei kann hinsichtlich der angestrebten Zielerreichung zwischen Extremwert-Orientierung (mehr theoretisch) und Anspruchsniveau-Orientierung (Satisfizing Level, mehr pragmatisch, vgl. hierzu 1. Teil „Marketingziele") unterschieden werden. Der **Extremwert-Orientierung** entsprechen z. B. folgende Zieldefinitionen:

- **Gewinnmaximierung:** $G \rightarrow \max.$
- **Rentabilitätsmaximierung:** $R \rightarrow \max.$

**Anspruchsorientierter Zielrealisierung** dagegen entspricht die Definition von bestimmten Mindestzielen, die erreicht werden sollen (müssen):

- **Mindestgewinn ($\overline{G}$):** $G \geq \overline{G}$
- **Mindestrentabilität ($\overline{R}$):** $R \geq \overline{R}$

Es ist einsichtig, dass z. B. die relative Zielvariable Rentabilität sowohl die Wahl der Marketingstrategien als auch des Marketingmix beeinflusst bzw. steuern muss. Das wird deutlich, wenn man die Rentabilität und ihre Realisierung nach wichtigen **Komponenten** (ökonomischen Basisgrößen) differenziert (**Return-On-Investment-Konzept,** vgl. hierzu 1. Teil „Marketingziele"), denn jede realisierte Rentabilitätsgröße ist das Ergebnis von Umsatzrentabilität einerseits *und* Kapitalumschlag andererseits.

Strategiekonzepte (und ihre adäquaten Marketingmixgestaltungen) können dabei unterschiedliche Schwerpunkte setzen. Oder anders ausgedrückt: bestimmte Konzepte knüpfen primär an der Umsatzrentabilität, andere eher am Kapitalumschlag an. So zielen z. B. Präferenzstrategien (2. strategische Ebene) und Segmentierungsstrategien (3. strategische Ebene) primär auf das Erreichen hoher **Umsatzrenditen** ab. Ihre jeweiligen strategischen Pendants, nämlich Preis-Mengen-Strategie bzw. Massenmarkt-Strategie, versuchen dagegen, stärker am **Kapitalumschlag** anzuknüpfen.

Es ist ohne weiteres nachvollziehbar, dass derartige Weichenstellungen ziel-strategischer Art großen Einfluss auf die Gestaltung des **Marketingmix** haben (müssen). Hohe Umsatzrenditen, wie sie etwa via Präferenz- und/oder Segmentierungsstrategien zu realisieren versucht werden, setzen das Schaffen von **Präferenzen** (Vorzugsstellungen) am Markt voraus, um entsprechende monopolistische Preisspielräume nutzen zu können. Für die Gestaltung des Marketingmix bedeutet das zunächst eine konsequente Ausrichtung der Angebotspolitik am **Prinzip Leistungsvorteil** (Added Value). Das heißt, es müssen bewusst und konsequent vor allem die nicht-preislichen Instrumente (wie Produktgestaltung, Verpackung, Marke) mehrwertschaffend gestaltet und eingesetzt werden. Aber auch der Einsatz der distributionspolitischen Instrumente wie auch der kommunikationspolitischen muss sich gezielt am Prinzip Leistungsvorteil orientieren (u. a. entsprechende Absatzmittler-Selektion für präferenzorientierte Warenpräsentation und Beratung sowie markenartikel- bzw. premium-orientierte Werbung).

Ehrgeizige Marketing-Konzeptionen mit überdurchschnittlichen Rentabilitätsansprüchen wählen grundsätzlich diese bisher skizzierte konzeptionelle Handschrift. Weniger anspruchsvolle, dafür aber auch einfachere Konzepte knüpfen eher an Preis-Mengen- bzw. Massenmarktstrategien an. Sie setzen am **Prinzip des Preisvorteils** an und vertrauen primär auf die Erfolgskomponente Kapitalumschlag.

Preis-mengen-strategische Konzepte (vielfach in Verbindung mit Massenmarktstrategien) vertrauen auf die Wirksamkeit niedriger Preise (Preisvorteil-Prinzip). Das setzt entsprechend **günstige Kostenpositionen** voraus; das aber bedeutet wiederum – bezogen auf den Marketingmix – sparsamer Umgang mit den nicht-preislichen Marketinginstrumenten (z. B. nur durchschnittliche Produkt-Qualitäten, einfache Verpackungen, unproblematische Massenabsatzkanäle, Verzicht auf aufwändige Werbung). Der Marketingmix mit dieser beschriebenen ziel-strategischen Handschrift orientiert sich damit eher am **Mindestmix,** d. h. am unbedingt notwendigen Instrumenteneinsatz, damit überhaupt eine von den jeweiligen Zielgruppen akzeptierte Marktleistung entsteht.

### *ac) Marketingziele und Marketingmix*

Marketingziele schließlich stellen die unmittelbare Steuerungsgrundlage für den Marketingmix dar. Auf der Basis von entsprechenden Marketing-Leitbildern werden z. B. **wichtige Positionsziele** im Hinblick auf markt-ökonomische (etwa Marktanteil, Distribution, Preissegment) und markt-psychologische (z. B. Image, Bekanntheitsgrad, Kundenzufriedenheit) Positionen festgelegt (vgl. hierzu im Einzelnen 1. Teil „Marketingziele", Abschnitt Wesen und Arten von Marketingzielen). Ihre Fixierung orientiert sich an übergeordneten Unternehmenszielen (insbesondere Gewinn bzw. Rentabilität), für deren Erfüllung die positions-orientierten Marketingziele entsprechende Beiträge liefern. Das gilt z. B. speziell für das Positionsziel **Marktanteil.** Nach Untersuchungen des *PIMS*-Programms korreliert der Marktanteil in hohem Maße mit dem ROI (Return-On-Investment). Das bedeutet, dass ehrgeizige ROI-Ziele (= Unternehmensziele) auf der Marketingzielebene u. a. über möglichst *hohe* Marktanteilsziele realisiert werden müssen (vgl. hierzu auch 2. Teil „Marketingstrategien", Abschnitt Marktstimulierungs-strategische Selektionsfragen).

Die positions-orientierten Marketingziele selbst bilden dann die **unmittelbaren Bezugsgrößen** für die detaillierte Marketingzielfestlegung auf der Marketingbereichs- oder Marketingaktionsfeld-Ebene bis hinunter zur Marketinginstrumenten-Ebene, auf der dann ganz konkrete Ziele für den unmittelbaren Marketinginstrumenten-Einsatz (Marketingmix) formuliert werden.

Fallbeispiele: Marketing-Leitbilder und Instrumenteneinsatz

Marketing-Leitbilder werden z. T. umfassend und auch marketingbereichs-übergreifend definiert. Ein typisches Beispiel ist etwa die Marketing- und Produktphilosophie von *Procter & Gamble (Abb. 421).*

Das Beispiel verdeutlicht, wie wichtig möglichst umfassende Leitbilder für die konkrete **Zielformulierung des Marketinginstrumenten-Einsatzes** sind. Die Konkretisierung des Marketing-Instrumenteneinsatzes ist dabei an möglichst konkrete Positionsziele gebunden (vgl. 1. Teil „Marketingziele", Abschnitt Beispielhafte Struktur eines Marketingleitbildes).

Das dargestellte allgemeine Leitbild von *Procter & Gamble* geht im Übrigen über Festlegungen auf der Zielebene bereits hinaus. Es enthält schon **strategische Festlegungen** (z. B. marktfeld-strategische in Bezug auf die Produktkategorienwahl oder marktarealstrategische in Bezug auf die Übertragbarkeit auf andere Länder).

Zum Teil basieren solche Marketing-Leitbilder auch auf einem **dominanten Positionsziel** (z. B. Marktposition im Markt bzw. Marktanteil). Von diesem grundlegenden Ziel aus werden Ansatz und Ausprägungen der Marketingmaßnahmen strategischer und taktischer Art festgelegt. Das verdeutlicht ein Beispiel aus dem Mineralwassermarkt *(Abb. 422).*

Gemeinsamer **Bezugspunkt** aller Marketingmaßnahmen bildet in diesem Falle also ein ehrgeiziges Markt-Positionsziel.

- Eintritt in **große,** möglichst schon **etablierte Produktkategorien.**
- Bemühen um **Vorherrschaft im Markt.**
- Angebot eines den Konkurrenzerzeugnissen **überlegenen Produkts.**
- Einsatz von Werbung, die zeigt, **wie ein Verbraucherbedürfnis** befriedigt wird.
- **Hohe Werbeinvestitionen,** um große **Markenbekanntheit** aufzubauen.
- Großzügige **Verteilung von Warenproben,** um viele Verbraucher schnell mit dem **Produkt** vertraut zu machen.
- **Erfolgskontrolle** auf Testmärkten.
- Erreichung einer **„Low cost producer"-Position** in allen Produktbereichen.
- **Weltweite** (möglichst simultan laufende) **Penetration** der Märkte.
- **Kostengünstige Herstellung durch Standardisierung** der Produkte sowie durch Nutzung von Kostenvorteilen im **Einkauf.**
- **Effizienzsteigerung** durch **Übertragung erfolgreicher Marketingkonzepte** in andere Länder.

*Quelle: Manager Magazin*

*Abb. 421: Kernpunkte der Marketing- und Produktphilosophie von Procter & Gamble*

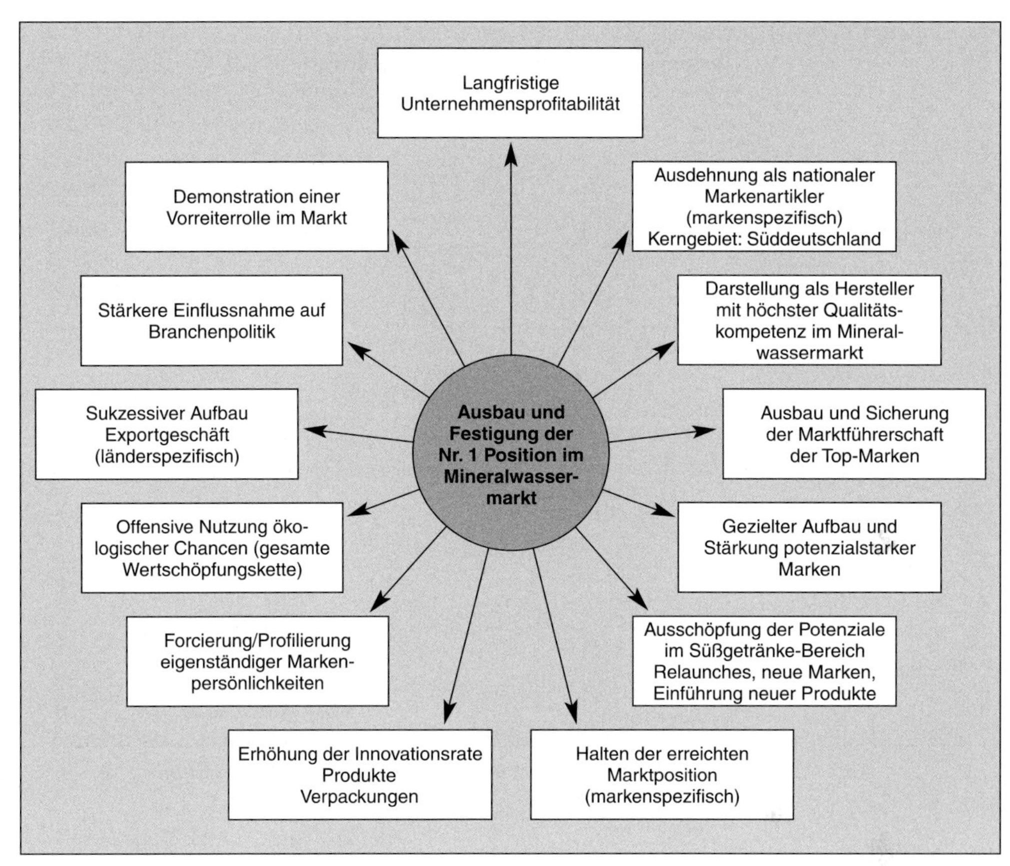


*Quelle: Überkingen-Teinach AG/Absatzwirtschaft*

*Abb. 422: Beispiel für die Ableitung notwendiger strategischer und taktischer Marketingmaßnahmen aus einem ehrgeizigen Markt-Positionsziel (Beispielperiode)*

Die Darlegungen zu den Zielbezügen des Marketingmix haben insgesamt deutlich gemacht, dass zwischen Ziel- und Strategieentscheidungen **wichtige Wechselwirkungen** bestehen, die beim konzeptionellen Vorgehen bzw. der Ableitung des Marketingmix berücksichtigt werden müssen (= **konzeptionelle Kette**).

Eine Darstellung versucht, diese **Zusammenhänge** noch einmal zusammenfassend zu verdeutlichen *(Abb. 423)*.

Damit ist die Nahtstelle zu den eigentlichen strategischen Anknüpfungspunkten des Marketingmix hergestellt. Auf Grundfragen der Strategieorientierung des Marketingmix soll nun noch näher eingegangen werden.

### *b) Strategieorientierung des Marketingmix*

Es entspricht dem Selbstverständnis des Marketing bzw. der Marketingphilosophie, dass „der Konsument (Endabnehmer, Erg. J. B.) im Mittelpunkt der Strategieentscheidungen" steht (*Meffert,* 1994 b, S. 122). Aus diesem Grunde ist hier ein Strategiekonzept entwickelt wor-

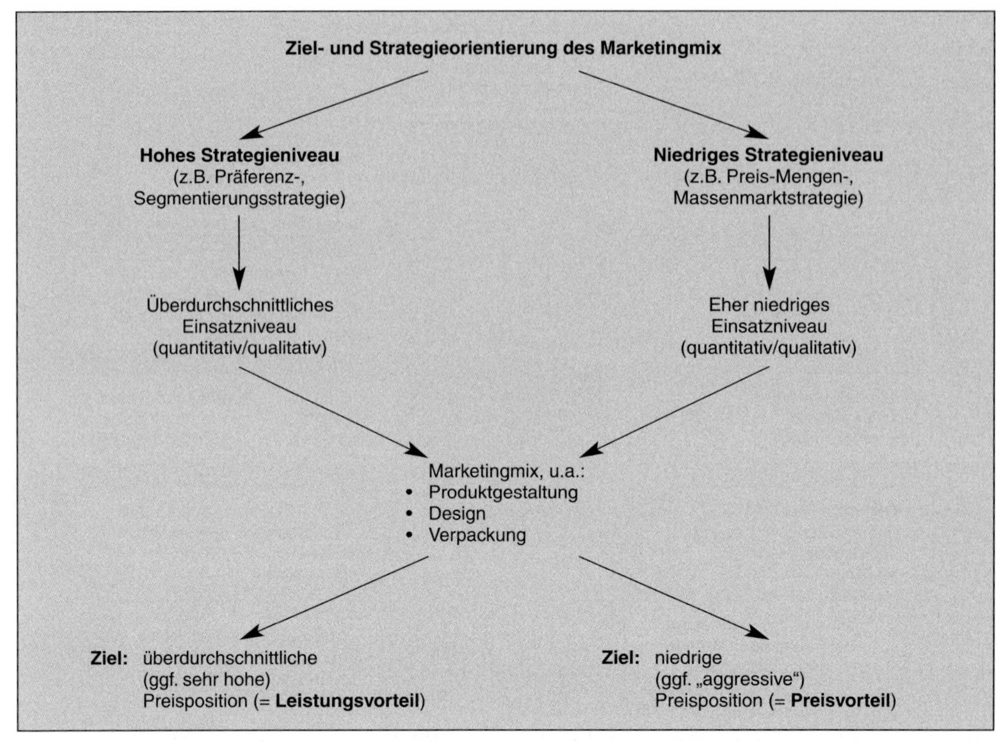


*Abb. 423: Grundsätzliche Ziel- und Strategiebezüge des Marketingmix*

den, das sich **Konsequenterweise am Abnehmer** orientiert (= mehrdimensionales abnehmer-orientiertes Strategiekonzept). Mögliche andere strategische Aspekte (wie wettbewerbs- oder absatzmittler-orientierte) sind im Prinzip im abnehmer-orientierten Konzept enthalten: Wettbewerbsvorteile werden am besten durch klare, zielgerichtete abnehmer-orientierte Strategien aufgebaut und absatzmittler-orientierte „Strategien" sind – bei indirektem Absatzweg – notwendigerweise Bestandteil eines auf die Abnehmer ausgerichteten Strategie-Konzepts. Das schlägt sich auch in der **Wahl des Marketingmix** entsprechend nieder: er ist grundsätzlich *(end-)abnehmer-orientiert* gestaltet (ggf. unter Berücksichtigung spezieller wettbewerbs- und absatzmittler-orientierter Aspekte). Eigenständige Wettbewerbs- oder Absatzmittler-Mixe gibt es jedoch *nicht,* und zwar weder in der Wissenschaft (Lehre) noch in der Unternehmenspraxis.

Das heißt mit anderen Worten, zentrale Grundlagen des Marketingmix sind auf der strategischen Ebene die **vier abnehmer-orientierten Strategiefestlegungen** (vgl. hierzu 2. Teil „Marketingstrategien"):

- **Marktfeldstrategien,**
- **Marktstimulierungsstrategien,**
- **Marktparzellierungsstrategien,**
- **Marktarealstrategien.**

An diesen Strategien bzw. ihren Festlegungen muss der Marketingmix im Sinne der **konzeptionellen Kette** (= Marketing-Konzeption als ganzheitlicher Marketingansatz) anknüpfen. Auf wichtige strategische Bezugspunkte des Marketingmix soll im Folgenden näher eingegangen werden (zu den strategischen Optionen im Einzelnen und ihre spezifischen Einsatzbedingungen wird auf den 2. Teil „Marketingstrategien" verwiesen).

### *ba) Marktfeld-strategische Anknüpfungspunkte*

Was die Marktfeldstrategien betrifft, so legen sie die grundsätzlichen **Wachstumsrichtungen** des Unternehmens fest. Sie knüpfen dabei an vier möglichen Produkt/Markt-Kombinationen an (vgl. hierzu 2. Teil „Marketingstrategien", Abschnitt Marktfeldstrategien):

- **Marktdurchdringung,**
- **Marktentwicklung,**
- **Produktentwicklung,**
- **Diversifikation.**

Die **Marktdurchdringung** (= strategische Urzelle) setzt auf die Durchsetzung bestehender Produkte in bestehenden Märkten. Je nach (Ober-)Zielsetzung des Unternehmens gilt es, die möglichen Optionen einer intensiven Marktdurchdringung konsequent auszuschöpfen:

- **Erhöhung der Verwendungsrate bei Kunden,**
- **Gewinnung von Kunden der Konkurrenz,**
- **Erschließung von Nicht-Verwendern.**

Es ist klar, dass eine möglichst vollständige Ausschöpfung dieser Optionen umso mehr angezeigt ist, je ehrgeiziger etwa die **Gewinn- bzw. Rentabilitätsziele** sind. Sie müssen dann in entsprechend formulierten Marketingzielen ihren Niederschlag finden (z. B. Umsatz-, Marktanteils-, Distributionsziele); diese stellen dann die eigentlichen Bezugspunkte für die Ableitung adäquater Instrumentalziele und entsprechender instrumentaler Maßnahmen dar.

Da sich die Marktdurchdringung auf bestehende, allenfalls modifizierbare Produkte (Leistungen) stützt, sind vorrangige Anknüpfungspunkte vor allem **distributions- und kommunikationspolitische Ziele bzw. Maßnahmen.** Meistens wird versucht, marketing-instrumentale Maßnahmenbündel zu formen, welche möglichst alle drei genannten Optionen der Marktdurchdringung abdecken. Dabei sind ggf. entsprechende Kompromisse zu schließen. So wird z. B. ein neues oder zumindest modifiziertes Werbekonzept gewählt, das sowohl bisherige Verwender im Konsum des Produkts (Leistung) bestärkt bzw. sie zu einer intensiveren Verwendung anreizt als auch Verwender von Konkurrenz-Produkten motiviert, die Leistungen des eigenen Unternehmens zu wählen. Idealerweise ist das Werbekonzept – ggf. mit begleitenden Maßnahmen etwa der Verkaufsförderung und/oder auch des Direktmarketing – so angelegt, dass auch bisherige Nicht-Verwender gewonnen werden können.

Insgesamt – das wird damit deutlich – hängt die Konzipierung des Marketingmix also von den gewählten marktdurchdringungs-strategischen Optionen bzw. ihren Prioritäten ab. Im **Zeitablauf** muss dabei i. d. R. der Marketingmix bzw. seine einzelnen Komponenten immer wieder *neu* justiert werden. Häufig ist auch sinnvoll, bestimmte Instrumentenfolgen bzw. -ablöseprozesse vorzusehen (vgl. hierzu auch die Darlegungen zu den „Beziehungsstrukturen zwischen Marketinginstrumenten", u. a. funktionale und zeitliche Beziehungen).

Die **Marktentwicklung** ist demgegenüber darauf gerichtet, für ein bestehendes Produkt (Leistung) zusätzliche Märkte zu gewinnen (etwa via arrondierender Marktgebiete, differenzierter Abnehmergruppen oder auch durch Anwendungserweiterungen). Bei diesen **strategischen Ansätzen** gilt es, jeweils markt- und zielgruppenspezifisch anzuknüpfen und – neben Möglichkeiten der Produktmodifizierung, ggf. auch Schaffung neuer Preis-Leistungs-Verhältnisse – die jeweils adäquaten Maßnahmen der Distributions- und Kommunikationspolitik zu bestimmen. Bei der Marktentwicklung muss in aller Regel an beiden Instrumentalbereichen wegen zusätzlicher Präsenz- wie auch Profilleistungen angeknüpft werden.

Die **Produktentwicklungsstrategie** stellt unter erschwerten Wettbewerbsbedingungen (wie stagnierende oder wachstumsschwache Märkte, globaler Wettbewerb, Preisverfall) die wichtigste Wachstumsstrategie des Unternehmens dar. Unternehmen werden in Bezug auf die Umsatz- und Gewinnerzielung immer stärker abhängig von neuen Produkten (Innovationen). Nicht wenige Unternehmen realisieren inzwischen schon über 50 % und mehr des Umsatzes mit Produkten, die *weniger* als drei oder zumindest fünf Jahre alt sind.

Kernansatzpunkt der Produktentwicklungsstrategie für den Marketingmix ist zunächst die **Angebotspolitik,** d. h. insbesondere Produkt- und Programmgestaltung (einschließlich Preispolitik bzw. Gestaltung neuer markt- bzw. kunden-adäquater Preis-Leistungs-Verhältnisse). Vor allem gilt es, konsequent alle produktgestalterischen Möglichkeiten zu nutzen, nämlich Produktkern, Produktäußeres, Verpackung und Markierung.

Der Marketinginstrumenten-Einsatz hängt dabei naturgemäß vom **gewählten Innovationsgrad** des Unternehmens ab: echte Innovationen, quasi-neue Produkte, Me-too-Produkte. Je ehrgeiziger die Produktpolitik ist (ehrgeizigster Fall: echte Innovationen), um so spezifischer und komplexer muss von allen produktgestalterischen Möglichkeiten Gebrauch gemacht werden. Der adäquate Marketingmix sowohl hinsichtlich Ausprägung als auch Intensität (hier zunächst der angebotspolitische Submix) ist somit vom gewählten Strategiekonzept bzw. vom gewählten Innovationstyp abzuleiten. Innovationsspezifische Vorgaben (Leitlinien) sind normalerweise bereits auf der Zielebene (Metazielebene: Mission/Vision) vorformuliert. Für die angebotspolitische Marketinginstrumentenwahl besteht – bei konsequentem konzeptionellen Vorgehen – demnach eine klare **konzeptionelle Kette** in Bezug auf Ziel-, Strategie- und Mixentscheidungen. Ein konzeptionsgeleitetes Unternehmen ist insoweit auf der Marketingmixebene nicht völlig frei in seinen Entscheidungen, sondern orientiert sich hier an übergeordneten konzeptionellen Festlegungen, um so vorgegebene Marketing- und Unternehmensziele möglichst direkt (also ohne aktionistische Umwege) zu erreichen.

Eine konsequente Produktentwicklungsstrategie muss – das ist einsichtig – auch von entsprechenden distributions- und kommunikationspolitischen Maßnahmen gestützt und getragen werden. Art und Ausprägung dieser marketing-instrumentalen Maßnahmen müssen dabei naturgemäß stark an den **Bedingungen bzw. Anforderungen** neuer Produkte (Leistungen) anknüpfen, die von ihrem jeweiligen Innovationsgrad determiniert werden.

Am komplexesten ist die **Diversifikationsstrategie.** Sie ist dadurch gekennzeichnet, dass hierbei nicht nur Produkte (Leistungen) neu sind, sondern auch der bearbeitete Markt. Das, was zur Produktentwicklungsstrategie und ihren marketing-instrumentalen Bezügen bzw. Konsequenzen gesagt worden ist, gilt in ganz besonderer Weise auch für die Diversifikationsstrategie. Sie hat in aller Regel **weit reichende Konsequenzen** für den gesamten Marketingmix, die ihre Ursache insbesondere in den – zumindest für das Unternehmen – neuen Märkten haben.

Die Gestaltungszwänge für den Marketingmix hängen dabei naturgemäß von der **Art der verfolgten Diversifikationsstrategie** ab (horizontale, vertikale oder laterale Diversifikation, vgl. hierzu im Einzelnen 2. Teil „Marketingstrategien", Abschnitt Diversifikationsstrategie im Kapitel zu den Marktfeldstrategien).

Der Marketingmix wird somit insgesamt von den gewählten **Wachstumsquellen** bestimmt. Eine Darstellung versucht das zu verdeutlichen *(Abb. 424).*

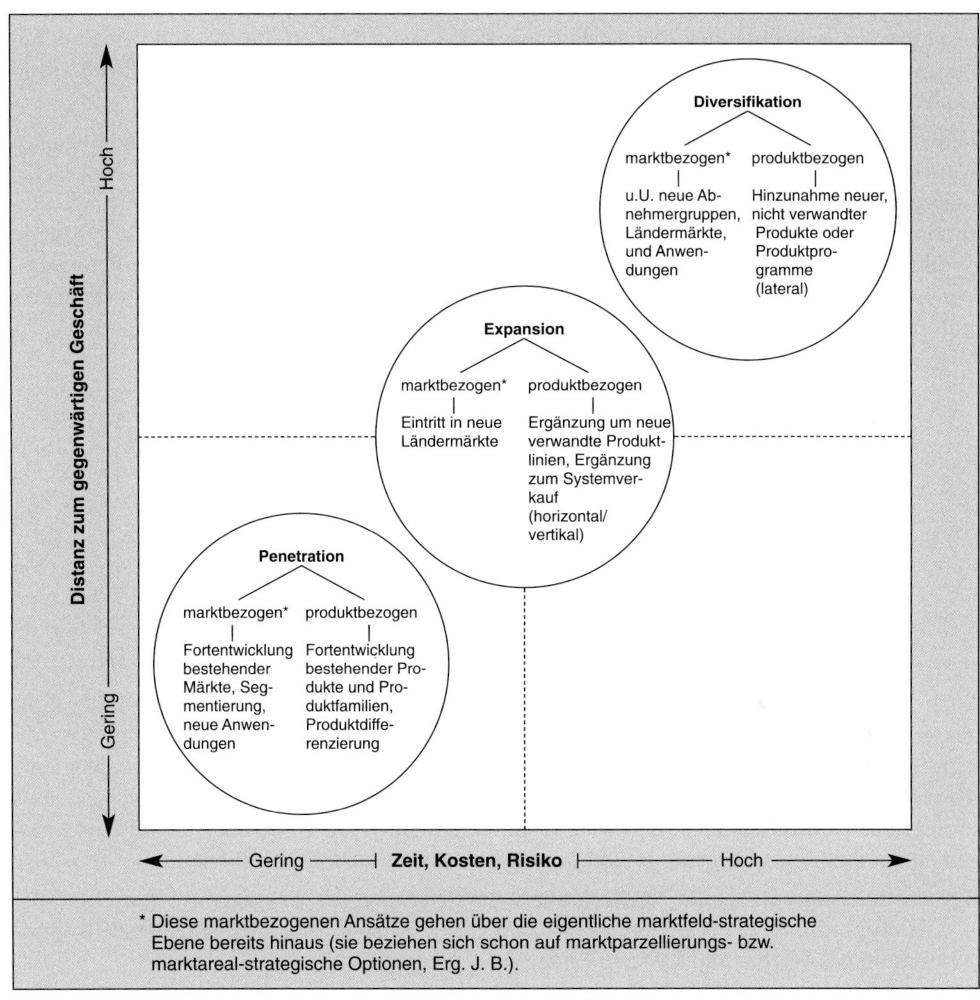


*Quelle: Wieselhuber,* 1984, S. 428

*Abb. 424: Wachstumsquellen des Unternehmens und ihre marketing-politischen Konsequenzen*

Die modellhafte Darstellung zeigt, dass Unternehmen **unterschiedlich intensive Wachstumsstrategien** verfolgen können, mit jeweils unterschiedlichen Konsequenzen für den Marketingmix. Aufgrund verschärfter Wettbewerbsbedingungen wählen Unternehmen im Zeitablauf nicht selten mehrere, wenn nicht *alle* marktfeld-strategischen Optionen (vgl. hierzu auch die an der marktfeld-strategischen Matrix anknüpfende **Z-Strategie,** 2. Teil „Marketingstrategien", Abschnitt Marktfeldstrategien (Zusammenfassung)).

Bezüglich der wiedergegebenen Darstellung (*Wieselhuber,* 1984) ist noch anzumerken, dass mit zunehmender Ausschöpfung der Wachstumsquellen nicht nur Zeit, Kosten und Risiko steigen, sondern grundsätzlich auch die **Gewinnchancen.** Andererseits haben in der Unternehmenspraxis Diversifikationskonzepte (und hier speziell laterale) nicht selten zu enttäuschenden Unternehmensergebnissen geführt. Strategische Überprüfungen bei vielen Unternehmen haben inzwischen wieder eine stärkere Besinnung auf das **Stamm- oder Kerngeschäft** ausgelöst (wie bereits bei der Diskussion der Diversifikation im 2. Teil „Marketingstrategien" dargelegt). Solche strategischen Korrekturen haben ebenfalls entsprechende Konsequenzen für die Gestaltung bzw. Restrukturierung des Marketingmix.

Neben dem – etwas einseitig im Vordergrund der Diskussion stehenden – strategischen Wachstumsansatz (vgl. hierzu auch den Ansatz „Multiplikation", *Hübner,* 1993, S. 186 ff.) kann es also auch strategische Zwänge zur **Schrumpfung** geben (Reorganisation bzw. „Reduktion", vgl. auch *Trautmann,* 1993, S. 140). Der strategische Fall der Schrumpfung kann in Anlehnung an die „Wachstumsmatrix" von *Ansoff* (*Ansoff,* 1966, vgl. 2. Teil „Marketingstrategien", Abschnitt Marktfeldstrategien) auch als Beibehaltungs- bzw. Bereinigungsmatrix umformuliert werden (ähnlich *Meyer/Mattmüller,* 1993). Eine Darstellung verdeutlicht das *(Abb. 425).*

| Märkte / Produkte | beibehalten | bereinigen |
|---|---|---|
| **beibehalten** | A Konsolidierung von Produkten und Märkten | B Aufgabe von Märkten |
| **bereinigen** | C Aufgabe von Produkten | D Aufgabe von Produkten und Märkten |

*Abb. 425: Matrix der Beibehaltungs- und Schrumpfungsstrategien*

Auch bei notwendigen Schrumpfungsprozessen ist – ausgehend von der Konsolidierungsphase – ein **Z-strategisches Vorgehen** ggf. sinnvoll bzw. möglich (= Wahrnehmung der strategischen Optionen in der Reihenfolge A, B, C, D, vgl. hierzu 2. Teil „Marketingstrategien", Abschnitt Typische Vorgehensweisen richtungs-strategischen Marketings). Es ist klar, dass strategische Konsolidierungs- und noch mehr Bereinigungsprozesse vom Marketingmix aufgenommen bzw. entsprechend umgesetzt werden müssen, und zwar mit einem

- **Konsolidierungsmix** (z. B. Modifikation/Attraktivierung des Programms, Korrektur der Vertriebspolitik (u. a. Forcierung der A- und ggf. B-Kunden) sowie entsprechende Neuorientierung des Werbe- und Verkaufsförderungskonzepts) bzw.
- **Schrumpfungsmix** (z. B. Aufgabe von Produkten/Marken, Verzicht auf Sonderabsatzkanäle, Konzentration der Werbung und Verkaufsförderung auf Stammmärkte/-zielgruppen).

Bei der Behandlung der marktfeld-strategischen Optionen im Einzelnen (vgl. 2. Teil „Marketingstrategien", Abschnitt Marktfeldstrategien) wurde bereits darauf hingewiesen, dass nicht wenige Unternehmen – nach Experimenten bzw. Erfahrungen mit Diversifikationsstrategien – sich wieder stärker auf ihre **Kernfähigkeiten** und ihr eigentliches Stammgeschäft besinnen.

Fallbeispiele: Konzentration auf Stammgeschäfte bzw. Bereinigung der Geschäftsfelder

Ausgehend von den USA – die ursprünglich viele „Vorbild-Beispiele" für stark diversifizierte Unternehmen boten – hat inzwischen wieder ein deutlicher **strategischer Umdenkungsprozess** eingesetzt.

So hat sich z. B. *PepsiCo* in den USA entschlossen, ihre **Diversifikation** in den Fast-Food-Restaurant-Bereich wieder aufzugeben. Die ursprünglich erworbenen Ketten *Pizza Hut, Taco Bell* und *Kentucky Fried Chicken* wurden wieder verkauft, um damit Ressourcen zu gewinnen, das Softdrink- und Snack-Geschäft konsequent auszubauen, insbesondere auch im Ausland, wo *PepsiCo* zuletzt teilweise weniger erfolgreich war (*Altschul,* 1997, S. 29).

Eine ähnliche Politik der **Konzentration** auf Basis- bzw. Kerngeschäfte verfolgen auch große Chemie-Konzerne. So hatte sich *Hoechst* (nach Fusion mit *Rhône-Poulenc: Aventis,* inzwischen *Sanofi-Aventis*) relativ früh auf zwei bzw. drei wichtige Geschäftsfelder konzentriert (Pharma, Tier- und Pflanzenschutz). Viele Aktivitäten außerhalb dieser Schwerpunkte wurden aufgegeben, die Schwerpunktfelder durch Aufkäufe u. a. in den USA weiter gestärkt. Die so gestaltete Konzentration diente zugleich der **weiteren Expansion** (Konzentration auf Kerngeschäfte muss also *nicht* zwingend Schrumpfung des Geschäftsvolumens bedeuten, insbesondere bei konsequenter Internationalisierung des Geschäfts = strategischer Ausgleich, vgl. hierzu auch 2. Teil „Marketingstrategien", Abschnitt Strategiekombinationen).

Straffung der Geschäftsfelder bedeutet dabei i. d. R. auch **Straffung der Marketingmix-Konzepte.** Unternehmen konzentrieren sich auf diese Weise auf bestimmte Marketing-Konzepte, die sie besonders gut beherrschen. Während *Hoechst* sich damals u. a. von konsumnahen Bereichen wie Kosmetik/Körperpflege (*Marbert* (Kosmetik) und *Schwarzkopf* (Haar- und Körperpflege)) bewusst getrennt und damit wieder mehr auf seine Vermarktungsstärken im Tier- und Pflanzenschutz sowie Pharmageschäft besonnen hat, so hat umgekehrt *Henkel* mit dem Aufkauf von *Schwarzkopf* ebenfalls konzept-gerecht gehandelt. Die Firma *Henkel,* die ursprünglich selbst ein großes Chemiegeschäft mit Grund- und Zwischenstoffen betrieb, hat dieses Geschäftsfeld stark gestrafft und dafür das konsumnahe Markenartikelgeschäft ausgebaut (und zwar auch durch entsprechende Zukäufe wie *Schwarzkopf* von *Hoechst*). Mit dieser Geschäftspolitik konzentriert sich *Henkel* ebenfalls auf Marketing-Konzepte bzw. Märkte, von denen das Unternehmen viel versteht und in denen **führende Positionen** eingenommen werden können.

Insbesondere die zuletzt genannten Beispiele haben gezeigt, dass Aktivitäten, die für das eine Unternehmen nicht mehr in das ziel-strategische Konzept passen, bei einem anderen Unternehmen durchaus die **eigene strategische Position** stärken können (auch mit den entsprechenden Konsequenzen für den Marketingmix bzw. das dafür verfügbare und einsetzbare Know how).

Ein strategischer Sonderfall besteht in der **Konversion** (vgl. hierzu *Brixle,* 1993, S. 87 ff.); sie bewegt sich in dem Spannungsfeld zwischen diversifikationsgestütztem Wachstum und notwendiger strategischer Reduktion. Der Standardfall der Konversion ist in der Rüstungsgüterkonversion zu sehen, d. h. Unternehmen sind aufgrund veränderter politischer Bedingungen (z. B. Aufhebung des Ost-West-Konflikts) gezwungen, Rüstungsproduktionen und -programme in Produktionen/Programme für zivile Zwecke überzuführen. Ganz allgemein kann Konversion als eine Strategie definiert werden, die dem Ziel dient, „bisher bearbeitete Geschäftsfelder aufgrund veränderter Rahmenbedingungen in einem ein- oder mehrstufigen Prozess ganz oder teilweise durch neue Geschäftsfelder zu substituieren" (*Brixle,* 1993, S. 92).

Solche grundlegenden Veränderungen setzen nicht nur Überprüfungen bzw. Neuausrichtungen auf der **Zielebene** (Neudefinition Unternehmenszweck: Mission und Vision) voraus, sondern haben weit reichende Folgen auch und gerade für den **Marketingmix,** angefangen von der Angebots-, über die Distributions- bis hin zur Kommunikationspolitik (= gesamter Marketingmix, zu Änderungsstrategien der Unternehmen insgesamt und ihren Bedingungen siehe auch *Meyer/Mattmüller,* 1993, S. 25 ff. bzw. *Mattmüller,* 2000, S. 150 ff.).

### *bb) Marktstimulierungs-strategische Anknüpfungspunkte*

Nachdem zunächst die Marktfeldstrategien und ihre Konsequenzen für den Marketingmix skizziert worden sind, soll nun auf wichtige marktstimulierungs-strategische Bezugspunkte der Marketingmixgestaltung näher eingegangen werden.

Was die **Art und Weise der Einwirkung** auf den Markt betrifft, so verfügt ein Unternehmen – darauf wurde bereits bei der Betrachtung der Zielorientierung des Marketingmix Bezug genommen – über zwei grundlegende Optionen (vgl. hierzu 2. Teil „Marketingstrategien", Abschnitt Marktstimulierungsstrategien):

- **Präferenz-Strategie (Markenartikel-Konzept),**
- **Preis-Mengen-Strategie (Discount-Konzept).**

Während die Präferenz-Strategie auf das Prinzip des *Leistungs*vorteils (Added Value) vertraut, setzt die Preis-Mengen-Strategie am *Preis*vorteil (Lower Price) an. In realen Märkten gibt es durchweg Möglichkeiten, sowohl präferenz- als auch preismengen-strategisch zu operieren. Das hängt mit der **Schichtung von Märkten** zusammen. In etablierten, ausdifferenzierten Märkten können i. d. R. mindestens drei Markt(niveau) schichten unterschieden werden, für die jeweils spezifische strategische Konzepte adäquat sind:

- **Oberer Markt** (→ *Präferenz*-Strategie),
- **Mittlerer Markt** (→ *Präferenz*-Strategie),
- **Unterer Markt** (→ *Preis-Mengen*-Strategie).

Hinter diesen Einzelnen Marktschichten stehen jeweils **typische Kundengruppen,** nämlich hinter oberen und mittleren Märkten die sog. Marken-Käufer (Marke rangiert vor Preis) und hinter unteren Märkten die sog. Preis-Käufer (Preis rangiert vor Marke).

Oberer und mittlerer Markt einerseits und unterer Markt andererseits sind also dadurch getrennt, dass in beiden ersteren die Marke(npräferenz) eine große Rolle spielt, in letzterem dagegen allenfalls eine nachrangige. Die Marke ist so gesehen **das strategische Schlüsselinstrument,** das entweder *großes,* erfolgsentscheidendes Gewicht besitzt oder nur eine nachgeordnete Funktion hat (im Extremfall keine).

Der **Marketingmix** ist insoweit jeweils spezifisch auszurichten: entweder stark markenfokussiert (= Präferenz-Strategie), d. h. alle anderen Instrumente unterstützen die Marke und ihre Profilierung, oder er verzichtet weitestgehend auf markenbezogene Maßnahmen (= Preis-Mengen-Strategie), d. h. der Marketingmix konzentriert sich ganz stark auf einen „aggressiven" Preiswettbewerb.

Bei der **Preis-Mengen-Strategie** gruppiert sich insoweit um einen niedrigen Preis ein *Mindest*mix der nicht-preislichen Instrumente, der aber auf jeglichen Marketingaufwand verzichtet (verzichten muss), der die notwendige niedrige Kostenposition gefährden könnte. Die Marktstimulierung vertraut bei Preis-Mengen-Strategie auf die Wirkung eines niedrigen Preises bei den sog. Preis-Käufern. Der typische preis-mengen-strategisch orientierte Marketingmix stellt sich damit erzwungenermaßen als „Sparmix" dar.

Die Wirkungsmechanik der **Präferenz-Strategie** funktioniert demgegenüber völlig anders. Über den gezielten Aufbau von Marken wird versucht, ein Präferenzpotenzial aufzubauen, das einen monopolistischen Preisspielraum schafft, der über vergleichsweise *hohe* Preise ausgeschöpft werden kann. Beim präferenz-strategischen Konzept ist es deshalb notwendig, alle nicht-preislichen Marketinginstrumente gezielt und konsequent einzusetzen, und zwar marktschichtenspezifisch, d. h. weit überdurchschnittlich nach Art, Intensität und Niveau im oberen oder sog. **Premiummarken-Markt** und immer noch ausgeprägt überdurchschnittlich im mittleren oder sog. **Konsummarken-Markt.**

Die Darlegungen zur Präferenz-Strategie im einzelnen (vgl. dazu 2. Teil „Marketingstrategien") haben – auch anhand empirischer Befunde – deutlich gemacht, dass Markenbewusstsein und markenorientiertes bzw. markentreues Käuferverhalten, wenn auch markt- bzw. branchendifferenziert, noch relativ stark ausgeprägt ist. Andererseits zeigen Untersuchungen, dass die von den Kunden empfundene Markengleichheit (s. das bereits diskutierte Phänomen „Brand Parity") tendenziell zunimmt. Erfolgreiche Präferenz- oder Markenartikelkonzepte sind demnach an eine **starke, unverwechselbare Markenprofilierung** gebunden. Eine Übersicht zu Untersuchungsergebnissen von *Nielsen* zeigt, woran Kunden den Alleinstellungscharakter bzw. die Differenzierungsleistung von Marken „erkennen" *(Abb. 426).*

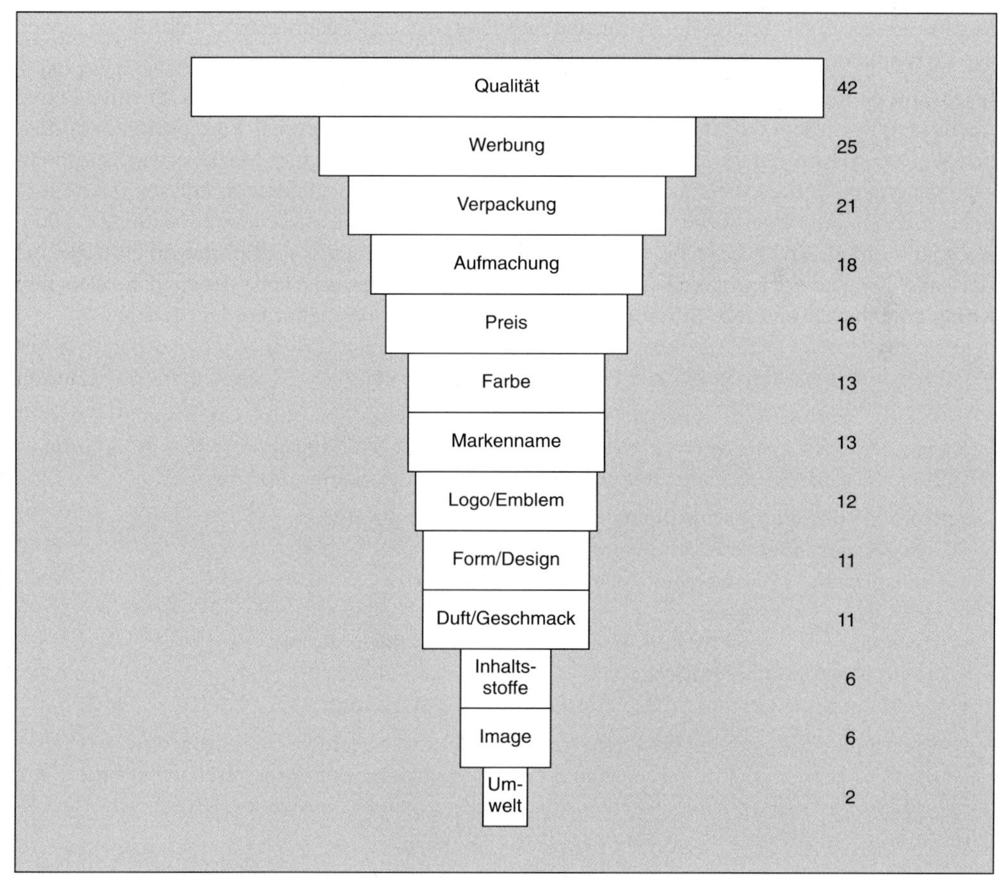


*Quelle: Nielsen/Absatzwirtschaft*

*Abb. 426: Merkmale der Markendifferenzierung (Angaben in %, Mehrfachnennungen)*

Diese Untersuchungsergebnisse (vgl. auch *Brunner,* 1989) machen deutlich, dass für Verbraucher die **Qualität** das wichtigste Differenzierungsmerkmal bildet (42 Prozent der Befragten). Das entspricht im Prinzip dem üblichen Marken(artikel)bild, wie es auch in Untersuchungen der *GfK* nachgewiesen worden ist (siehe *Becker,* 1992; *Heinlein/Woll,* 1990). Qualität wird allerdings je nach Produktkategorie unterschiedlich interpretiert. Wichtige Anknüpfungspunkte sind dabei eigene und fremde Erfahrungen, vermuteter wie erlebter Nutzen. An zweiter Stelle wird bereits die **Werbung** als Merkmal der Alleinstellung bzw. Differenzierung von Marken genannt (wenn auch mit deutlichem Abstand zum Merkmal Qualität).

Die Ergebnisse zeigen außerdem den relativ hohen Stellenwert von **Verpackung und Aufmachung** (21 Prozent bzw. 18 Prozent der Befragten). Bei zunehmender Angleichung objektiver Produktqualität (technische Homogenität) wächst der äußeren Gestaltung der Produkte eine besondere Differenzierungsaufgabe zu (s. a. die Bedeutung von Farbe, Form/Design bzw. Markenname und Logo/Emblem). Für eine vergleichsweise hohe Zahl der Befragten (16 Prozent) bildet darüber hinaus der **Preis** ein wichtiges Differenzierungsmerkmal. Das spiegelt im Prinzip das gelernte Marken(artikel)bild wider; hier kommt auch der sog. Preis = Qualitäts-Effekt zum Ausdruck, nämlich das Phänomen, dass Verbraucher in Ermangelung anderer Beurteilungskriterien vielfach den höheren Preis als Qualitätsmerkmal interpretieren (s. a. *Kroeber-Riel/Weinberg,* 2003, S. 305 ff.). Aufgrund des „Geiz-ist-geil-Phänomens" funktioniert jedoch der Preis immer *weniger* als Qualitätsindiz (Untersuchung von *TNS-Infratest*).

Insgesamt ist die Präferenzstrategie also eine Strategie, deren Wirkung (Präferenzniveau und -festigkeit) vor allem auf dem kombinierten Einsatz aller **nicht-preislichen,** präferenzbildenden **Wettbewerbsmittel** beruht. Die Präferenz (Vorzugsstellung) einer Marke erwächst gleichsam aus einem Gefüge von Faktoren, die zu einer Ganzheit verschmelzen müssen (siehe u. a. *Becker,* 1991; *Kapferer,* 1992; *Aaker,* 1996; *Herrmann,* 1999; *Aaker/Joachimsthaler,* 2000; *Esch,* 2007 bzw. 2018). Entscheidend für das Zustandekommen von Präferenzen ist dabei die Art- und Niveauverträglichkeit der eingesetzten präferenzpolitischen Mittel, d. h. also ihre Komplementarität und ihre Stimmigkeit. Ein Beispiel soll das näher verdeutlichen.

Fallbeispiel: Präferenzmerkmale einer Depot-Kosmetikmarke

Der Auf- bzw. Ausbau einer Depot-Kosmetikmarke mit überdurchschnittlicher Präferenzstellung bei einer anvisierten gehobenen weiblichen Zielgruppe (wie z. B. Lauder, Dior) setzt mindestens folgenden niveau-orientierten Marketingmix voraus:

- **Produkt: überdurchschnittliche Qualität (Premiumqualität),**
- **Verpackung: hohe Wertanmutung,**
- **Markenname: internationale kosmetische Kompetenz,**
- **Absatzweg: Fachhandel,**
- **Abnehmerwahl: selektiv bzw. exklusiv (mit Abnehmerbindung),**
- **Service: persönliche Beratung,**
- **Werbung: image-betont (z. B. Prestige und/oder Wirkung).**

Um instrumental-bedingte **Profilierungskonflikte** zu vermeiden, wären im unterstellten Beispiel u. a. eine rein funktional-nüchterne Verpackung, eine Massendistribution etwa bis hin zu Nicht-Fachhandelskanälen oder eine in erster Linie verkaufsfördernde (promotion-orientierte) Kommunikationspolitik inadäquat.

Die jeweils **optimale präferenz-strategische Instrumentalkombination** im Hinblick auf eine möglichst hohe Anspruchsbefriedigung bei der anvisierten Zielgruppe ist dabei naturgemäß auch abhängig von den individuellen Produkt-, Marken-, Unternehmens-, Markt- und Konkurrenzgegebenheiten. Erfolgsprogrammierte Standard-Kombinationen („Erfolgsrezepte") gibt es in dieser Hinsicht also *nicht;* darin liegt der Reiz, aber zugleich auch die Schwierigkeit präferenz-politischen Agierens. Die Marktrealität zeigt jedoch immer wieder, wie bestehende Marken erfolgreich geführt oder neue Marken erfolgreich eingeführt werden können.

Im Rahmen der Markenführung spielt gewöhnlich die **Kommunikationspolitik** mit ihren verschiedenen markenprofilierenden Instrumenten und ihren unterschiedlichen Einsatzformen bzw. Ausprägungen eine ganz **zentrale Rolle.** Auf die instrumentalen Fragen im Einzelnen wurde im Abschnitt zu den Marketinginstrumenten, speziell zu den kommunikationspolitischen Instrumenten, bereits eingegangen.

Für die Markenführung ist es jedoch in hohem Maße erfolgsentscheidend, ob und inwieweit es gelingt, für alle Kommunikationsinstrumente – angefangen von den klassischen Instrumenten der Werbung, Verkaufsförderung, Public Relations bis hin zu neueren Instrumenten wie Direkt-, Eventmarketing, Sponsoring usw. – eine gemeinsame, durchgängige **Marken- und Kommunikationsphilosophie (Positionierung)** zu finden und am Markt *konsequent* umzusetzen. Das gilt insbesondere auch dann, wenn versucht wird, ganz spezielle Profilierungskonzepte wie Öko-, Erlebnis- oder Beziehungsmarketing zu realisieren (vgl. hierzu jeweils die speziellen Abschnitte zu diesen umfassenden Marketingansätzen).

Exkurs: Markenführung und integrierte Kommunikationspolitik

Eine **einheitliche Profilierungspolitik** über die unterschiedlichsten Kommunikationsinstrumente hinweg wird vor allem durch drei Faktoren erschwert:

- **Vielzahl der Instrumente und ihrer Ausprägungen,**
- **unterschiedliche Zuständigkeiten im Unternehmen,**
- **Einsatz unterschiedlicher Dienstleister (Agenturen).**

Eine möglichst einheitliche und gemeinsame Philosophie (Kommunikations-Plattform) ist jedoch unerlässlich für eine sich *gegenseitig* stärkende und aufbauende Kommunikations- bzw. Profilierungswirkung in Bezug auf die Marke.

Diese Fragen bzw. Lösungsansätze werden verstärkt unter dem Begriff **Integrierte Kommunikation** thematisiert (zur Einführung in die Problematik *Kroeber-Riel,* 1993, S. 2 ff.; *Pepels,* 1996 a, S. 639 f.; im Einzelnen *Schultz/Tannenbaum/Lauterborn,* 1993; *Esch,* 2001; *Bruhn,* 2015).

Da die meisten Unternehmen Mehrproduktunternehmen sind, entsteht vielfach die Grundfrage, ob und inwieweit ein Unternehmen ggf. **mehrere Marken** für die Realisierung ihres strategischen Grundkonzepts einsetzen muss (vgl. hierzu auch den 2. Teil „Marketingstrategien", Abschnitt Strategiekombinationen). Mehrmarken-Konzepte (Multi-Branding) sind immer dann angezeigt, wenn Unternehmen entweder breite, unterschiedliche Produkt- bzw. Problemlösungskategorien umfassende, diversifizierte Programme vermarkten und/oder mehrere Marktschichten zugleich bearbeiten. Die einzelnen Produkt- bzw. Marktfelder müssen dann vielfach im Interesse einer klaren Präferenzpolitik *markendifferenziert* geführt werden (siehe hierzu auch die Beispiele im 2. Teil „Marketingstrategien", Abschnitt Präferenzstrategie).

Solche **Mehrmarken-Konzepte (Multi-Branding)** haben weit reichende Konsequenzen für die Marketingmixgestaltung. Im Extremfall müssen die Marketingmixe für alle eingesetzten Marken völlig getrennt abgeleitet und im Markt auch völlig voneinander getrennt realisiert werden. Bei drei angenommenen Marken (1, 2, 3) würde sich damit eine völlig **unverbundene Marketingmix-Konstellation** ergeben *(Abb. 427).*

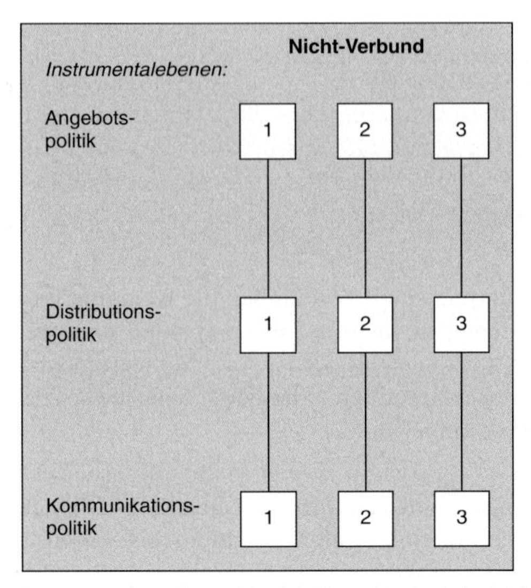


*Abb. 427: Unverbundene Marketingmixe bei drei Marken (1, 2, 3) eines Unternehmens*

Die Darstellung verdeutlicht, dass im angenommenen Beispiel **alle Submixe** (Angebots-, Distributions- und Kommunikationspolitik) und damit der **Totalmix insgesamt** jeweils markengetrennt geführt werden. Eine solche völlige Trennung aller Mixbereiche bzw. der Totalmixe ist in der Realität aber eher die Ausnahme. Selbst ein Unternehmen wie die Firma *Beiersdorf,* die ihre verschiedenen Marken-/Produktlinien wie die Kosmetik-(u. a. *Nivea, 8 × 4*), die *Tesa-* und die Pharma-*(Medical-)*Linie im Prinzip unabhängig voneinander entwickelt, gestaltet und vermarktet, versucht(e) über ein spezifisches Corporate-Identity-Konzept *(BDF. . .)* alle Produktlinien in eine neue Firmenidentität einzubinden (= Kommunikationsverbund). Auch innerhalb der Produktlinien (z. B. Kosmetik-Linie: Marken *Nivea, 8 × 4* usw.) bestehen z. B. im Rahmen der Distributionspolitik bestimmte Verbundbeziehungen.

Mehrmarken-Konzepte sind in der Realität insoweit meist dadurch gekennzeichnet, dass zwischen den Marken-/Produktlinien zumindest **partiale Verbundbeziehungen** bestehen *(Abb. 428).*

Die Modelldarstellung zeigt jeweils *partial* (also teilweise) verbundene Instrumental- bzw. Mixbereiche. Beispiele für Kommunikations- oder auch Distributionsverbunde wurden bereits am *Beiersdorf*-Fall skizziert. **Typische Angebotsverbunde** sind dann gegeben, wenn z. B. mit einem weitgehend *durchgängigen* Programm verschiedene Teilmärkte (etwa im Fußbodenbelag- oder Heimtextilienmarkt Endverbraucher- und Objekt-(Business-to-Business-) Geschäft) bedient werden (vgl. z. B. *Vorwerk* ). Bezogen auf die Distributions- und Kommunikationspolitik müssen hier jedoch jeweils unterschiedliche Marketingmix-Konzepte verfolgt werden (z. B. indirekte bzw. direkte Absatzwege oder Werbung bzw. Direktmarketing).

Partialverbunde der skizzierten Art sind prinzipiell dadurch gekennzeichnet, dass hier jeweils nur auf **einer Marketingbereichsebene** grundlegende Interdependenzen bestehen, während die übrigen Aktionsbereiche grundsätzlich unabhängig sind, also in ihrem Rahmen jeweils (relativ) *autonom* Marketinginstrumente eingesetzt werden können. Manchmal bestehen hier jedoch nur Quasi-Autonomien, weil auch in den freien oder unabhängigen Instrumentalbereichen bestimmte *übergeordnete,* unternehmensspezifische Rücksichten genommen werden

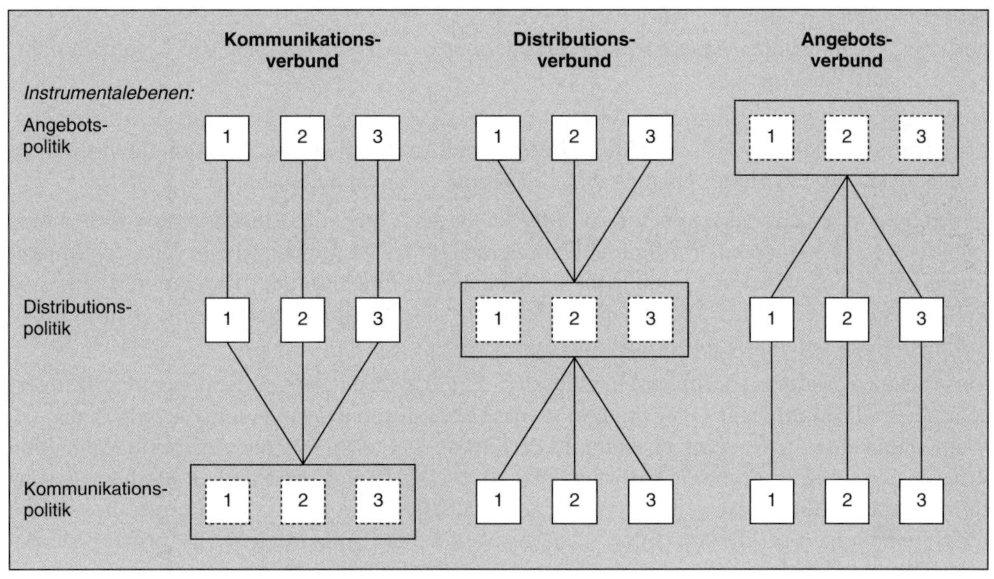


*Abb. 428: Verschiedene partial verbundene Marketingmixe bei drei Marken (1, 2, 3) eines Unternehmens*

müssen und insoweit bestimmte Restriktionen definiert sein können. *Beispiel:* Bei einem Kommunikationsverbund (etwa bei einheitlicher Marke) werden angebotspolitische Restriktionen formuliert, die etwa auf einen Bewussten Verzicht reiner Nachahmungsprodukte (Metoo-Produkte) hinauslaufen, um so ein **aufgebautes Markenimage** (z. B. „Innovative Produkte von überdurchschnittlicher Qualität") nicht zu gefährden. Partialverbunde können so gesehen in Reinform wie auch in modifizierter Form auftreten.

Die marktstimulierungs-strategischen Festlegungen bzw. Notwendigkeiten besitzen – das haben die Darlegungen deutlich gemacht – stark steuernden Einfluss auf das operative Marketing (Funktion der Marketingstrategien insgesamt = Kanalisierung des Instrumenteneinsatzes).

### *bc) Marktparzellierungs-strategische Anknüpfungspunkte*

Neben den Marktstimulierungsstrategien (Präferenz- bzw. Preis-Mengen-Strategie) haben auch die Marktparzellierungsstrategien eine wichtige Steuerungsfunktion in Hinblick auf die Marketingmixgestaltung bzw. den Einsatz der einzelnen Marketinginstrumente.

Der marktparzellierungs-strategische Ansatz betrifft **Art bzw. Grad der Differenzierung der Marktbearbeitung.** Über zwei grundlegende Optionen verfügt hierbei das Unternehmen (vgl. hierzu 2. Teil „Marketingstrategien", Abschnitt Marktparzellierungsstrategien):

- **Massenmarktstrategie,**
- **Marktsegmentierungsstrategie.**

Märkte stellen sich – je nach **Entwicklungsstadium** – als uniforme Massenmärkte oder stärker segmentierte bzw. fragmentierte Märkte dar. Das heißt, solange Grundbedürfnisse der Abnehmer noch nicht voll befriedigt sind, verharren Märkte in uniformen Strukturen (Grundnachfrage und Verhaltensmuster weitgehend gleich). Sind Grundbedürfnisse dann aber weitgehend befriedigt, so entstehen i. d. R. Zusatznutzenbedürfnisse bzw. -ansprüche. Unternehmen sind dann gezwungen, differenzierteren Bedürfnisausprägungen zu folgen und entsprechende bedürfnis-differenzierte Produkte bzw. Problemlösungen am Markt anzubieten. Nur so können sie grundlegenden Marktstrukturveränderungen entsprechen und die Unternehmensexistenz auf Dauer sichern.

Hinter der Um- bzw. Feinstrukturierung von Märkten stehen jeweils **unterschiedliche Zielgruppen** mit jeweils spezifischen Bedürfnissen und Ansprüchen. Sie gilt es, zu identifizieren und analysieren, um zielgruppengerechte Angebote entwickeln zu können.

Je differenzierter die Zielgruppen sind, umso mehr muss auch der **Marketingmix** sich an den spezifischen Zielgruppenanforderungen ausrichten. Die Zielgruppenorientierung des Marketingmix darf sich dabei nicht allein auf die Angebotspolitik (Produkt, Programm, Preis bzw. Preis-Leistungs-Verhältnis) beschränken, sondern muss durchweg sowohl die Distributions- als auch die Kommunikationspolitik mit einbeziehen.

Verschiedene Zielgruppen unterscheiden sich nämlich in der Regel nicht nur durch unterschiedliche **Produktansprüche,** sondern weisen auch differenzierte **Kaufgewohnheiten** (z. B. Wahl unterschiedlicher Einkaufsstätten, Erwartung unterschiedlicher Serviceniveaus) und differenzierte **Informationsverhaltensweisen** (z. B. Wahl unterschiedlicher Medien, Erwartung unterschiedlicher Botschaftsinhalte) auf. Ein Unternehmen, das der Feinstrukturierung (Segmentierung) von Märkten folgt, kann insoweit keinen einheitlichen (uniformen) Marketingmix wählen, sondern muss bei der Marketingmixgestaltung zielgruppen-differenziert vorgehen (vgl. hierzu *Kotler/Bliemel,* 2001, S. 457; *Wilson/Gilligan,* 1997, S. 270; *Freter,* 2008, S. 292 ff.; *Abb. 429*).

Typisch für die Massenmarktstrategie ist die Gestaltung eines einheitlichen Marketingmix, der sich an dem orientiert, was die „Massenkunden" verbindet (und nicht an dem, was sie ggf. trennt). Der **massenmarkt-strategische Marketingmix** stellt sich insoweit als „Durchschnittsmix" dar.

Die **segment-spezifische Marketingmixgestaltung** ist demgegenüber dadurch charakterisiert, dass sie an den Anforderungen und Erwartungen der hinter diesen Segmenten stehenden Zielgruppen anknüpft und Art und Ausprägung der eingesetzten Marketinginstrumente zielgruppen-differenziert wählt (und abgrenzt, speziell bei **Multi Segment Strategy**).

Bei der Segmentierungsstrategie kann zwischen *totaler* (alle Marktsegmente umfassende) und *partialer* (auf ein oder einige wenige Segmente konzentrierte) **Marktabdeckung** unterschieden werden (vgl. hierzu 2. Teil „Marketingstrategien", Abschnitt Marktsegmentierungsstrategie). Im Modellbeispiel setzt das Unternehmen bei Abdeckung aller fünf Segmente (= totale Marktabdeckung) fünf segmentspezifische Marketingmixe (i. d. R. für Angebots-, Distributions- und Kommunikationspolitik) ein, bei Abdeckung nur zweier Segmente (= partiale Marktabdeckung) auch nur zwei segment-spezifische Mixe ein.

Segment-spezifische Marketingmixe lassen sich dabei so wenig standardisieren wie solche präferenz-strategischer Ausrichtung. Segment-spezifische und präferenz-orientierte Konzepte sind im Übrigen in hohem Maße verknüpft. Durch strenge Segmentausrichtung eines Konzepts sollen möglichst hohe Präferenzen und damit entsprechende Preisspielräume erarbeitet werden.

Fallbeispiel: Segmentierung im Investitionsgüterbereich und Marketingmixkonsequenzen

Wie stark Segmentierungskonzepte vom jeweiligen Markt, ihren Kundensegmenten und den unternehmensspezifischen Voraussetzungen abhängen, verdeutlicht ein Beispiel aus dem Investitionsgüterbereich *(Abb. 430).*

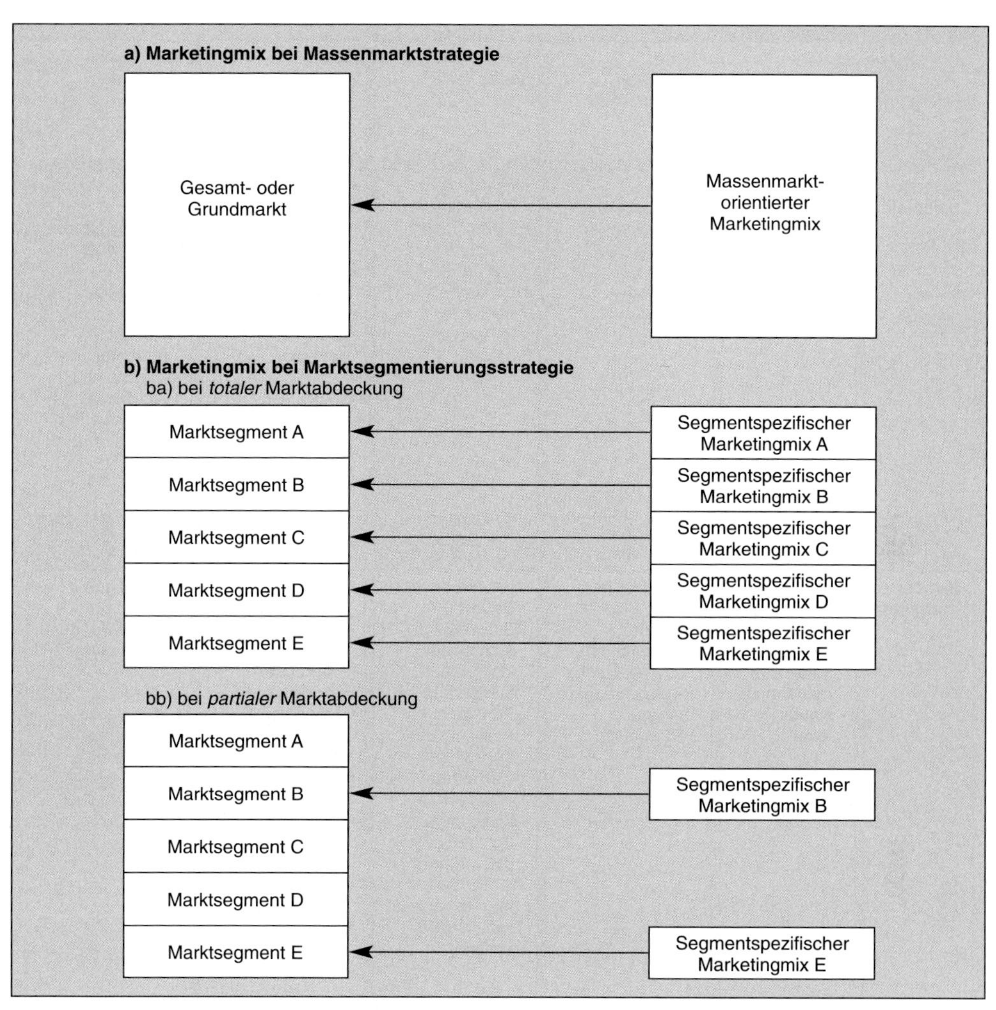


*Abb. 429: Vergleich der Marketingmixgestaltung bei Massenmarktstrategie und Marktsegmentierungsstrategie (mit totaler und partialer Marktabdeckung)*

Neben der **segmentspezifischen Produktgestaltung** (inkl. verschiedener Marken) setzt das Konzept an den jeweils spezifischen Kundenverhaltensweisen und -erwartungen an, was sich u. a. in spezifischen **Vertriebswegen** wie auch unterschiedlichen **Servicegraden** bzw. -schwerpunkten niederschlägt.

„Für Hobby-Kunden zählen primär Verfügbarkeit und Preis. Kleine Anwender müssen kurzfristig bedient werden können, wobei ihr Bedarf schwierig zu prognostizieren ist. Maschinenbau-Kunden benötigen Vor-Ort-Service und genau spezifizierte Materialien, große Anwender bestehen auf Zertifizierung und Qualität, für den High-Tech-Bereich ist technisches Know-how der qualifizierende Faktor" (*Soliman/Justus/Arena,* 1997, S. 24).

| | **Hobby-kunden** | **Kleine Anwender** (Jahresbedarf 0–50 €) | **Maschinen-bauer** | **Große Anwender** (Jahresbedarf > 500 €) | **High-Tech-Anwender** |
|---|---|---|---|---|---|
| **Kunden-beispiele** | • Private Kunden<br>• Kleine Auto-werk-stätten et cetera | • Kleine Schlossereien<br>• Handwerker<br>• Kleine Bau-firmen<br>• Montage-firmen | • *Hywema*<br>• *Wolf-Pressen*<br>• *Hemscheidt*<br>• *Kronprinz*<br>• *Gardena*<br>• Landmaschi-nenbauer<br>• Fahrzeug-bauer | • *Mannesmann/ Demag*<br>• *SKET*<br>• *MAN*<br>• Automobil-hersteller<br>• Wagenbauer<br>• Schiffs-werften | • *Voith*<br>• *ABB*<br>• Chemiefirmen<br>• Kraftwerks-bauer<br>• Behälter-bauer<br>• Maschinen-bauer für Lebensmittel-technologie<br>• Schiffswerften<br>• Ölplattformen |
| **Kunden-verhalten** | • Kaufen sporadisch<br>• Möchten Produkte sofort mitnehmen<br>• Kaufen lokal | • Einzelkäufe nach aktuellem Bedarf<br>• Bestellen oft sehr kurzfristig, dadurch Lager-verkauf erforderlich | • Kaufen nach Bedarf<br>• Schweiß-technik hat kleinen An-teil an der Fertigung<br>• Vielschichti-ger/speziali-sierter bei Schweißan-forderungen<br>• Schweißzu-sätze führen zu Proble-men mit spe-ziellen Werk-stoffen | • Kaufen in großen Men-gen, können Preise drücken<br>• Jahresab-schlüsse<br>• Einkaufs-abteilung entscheidet<br>• Mehrere Standorte<br>• Eigene Service-mitarbeiter<br>• Gefragt sind auch Sonder-lösungen | • Benötigen Spezialwerk-zeuge/Sonder-anfertigungen<br>• Einzelne Standorte<br>• Ingenieure und Einkaufs-abteilungen oder Behör-den entschei-den |
| **Kunden-erwar-tungen** | • Rasche Verfüg-barkeit | • Rasche Ver-fügbarkeit | • Service vor Ort<br>• Technische Beratung | • Beratung<br>• Feste An-sprechpartner<br>• Service vor Ort<br>• Zertifizierung | • Verlangen nach techni-schem Know-how<br>• Zertifizierung |

*Quelle: Soliman/Justus/Arena*, 1997, S. 23

*Abb. 430: Marktsegmentierungsansatz eines Schweißgeräteherstellers und Marketingmix-Schwerpunkte*

Im Rahmen segment-orientierter Marketingpolitik kann – wie bereits angesprochen – ggf. auch der Zwang zu **segment-spezifischer Markenpolitik** gegeben sein.

Fallbeispiele: Segmentspezifische Markenpolitik

Segmentspezifische Markenpolitik ist immer dann angezeigt, wenn zur konsequenten Zielgruppenbearbeitung eine **eigenständige Marke** für die Angebotsprofilierung (= Aufbau zielgruppen-spezifischer Identität bzw. Kompetenz) sinnvoll bzw. notwendig ist.

Dabei sind zwei **marken-strategische Varianten** möglich: entweder Schaffung völlig eigenständiger Zielgruppen-Marken oder Einsatz zielgruppen-spezifischer Untermarken auf Basis einer Hauptmarke.

Für den ersten Fall bietet u. a. der Zeitschriftenmarkt, und zwar der Markt der sog. **Special Interests** (= Zielgruppen-Zeitschriften), entsprechende Beispiele *(Abb. 431)*.

Mit dem dargestellten Marken-Konzept von *Gruner & Jahr* ist es gelungen, völlig eigenständige Zielgruppen-Objekte zu schaffen, und zwar auch gegenüber entsprechenden Konkurrenz-Titeln.

Für den zweiten Fall (= Schaffung von zielgruppen-spezifischen Untermarken auf Basis einer Hauptmarke) kann ein Beispiel aus dem **Handel,** und zwar aus dem Schuhfachhandel, angeführt werden *(Abb. 432)*.

Das Markenkonzept von *Görtz* bietet die Möglichkeit einer zielgruppen-spezifischen Leistungs- bzw. Outlet-Differenzierung „bei gleichzeitiger Beibehaltung der übergreifenden Markenidentität" *Görtz* (*Meyer/Brauer,* 1994, S. 1621). Inzwischen bedroht der Schuhhandel im Internet (u. a. *Zalando*) das **Geschäftsmodell**.

Die Markenpolitik kann – das haben die Beispiele gezeigt – insoweit bei der Gestaltung zielgruppen-spezifischer Marketingmixe eine sehr **wichtige Rolle** spielen.

| **Zielgruppen-Zeitschriften** | **Zielgruppen-Marken** |
|---|---|
| • Frauen-Zeitschrift<br>• Eltern-Zeitschrift<br>• Wohnkultur-Zeitschrift<br>• Essenskultur-Zeitschrift<br>• Länder/Reisen-Zeitschrift<br>• Wirtschafts-Zeitschrift | • *Brigitte*<br>• *Eltern*<br>• *Schöner Wohnen*<br>• *Essen & Trinken*<br>• *Geo*<br>• *Capital* |

*Abb. 431: Zielgruppen-Zeitschriften (Auswahl) des Gruner & Jahr-Verlages (mit jeweils eigenen Zielgruppen-Marken)*

Im Laufe der Entwicklung haben sich viele Märkte – ausgehend von ursprünglichen Massenmärkten – zu **segmentierten Märkten** weiterentwickelt. Die Aufspaltung bzw. Fragmentierung ist aber über diese Entwicklungsstufen in zahlreichen Branchen (Märkten) inzwischen hinausgegangen: **Nischen- und kunden-individualisierte Märkte** (1 : 1-Märkte) haben sich entwickelt (= Strategietrend (*Becker,* 2000 a), vgl. hierzu auch 2. Teil „Marketingstrategien", Abschnitt Strategietrend und strategische Evolutionsformen).

**Nischen-Marketing** ist dadurch gekennzeichnet, dass es sich auf geschützte oder schützbare Marktlücken konzentriert. Solche Marktlücken können als spezielle Teilmärkte („Segmente")

*Quelle: Meyer/Brauer,* 1994, S. 1622

*Abb. 432: Markenfamilienkonzept zur Zielgruppensegmentierung beim Schuhfilialisten Görtz*

aufgefasst werden, die ein vergleichsweise begrenztes Marktvolumen aufweisen und in denen sich Spezialisten engagieren, die über spezifische Fähigkeiten verfügen. Ein **nischen-fokussierter Marketingmix** muss sich auf die Lösung eines spezifischen Kundenproblems konzentrieren und mit Speziallösungen die bearbeitete Nische verteidigen. Für den Schutz bzw. die Abschirmung der Marktlücke müssen in aller Regel auch distributions- und kommunikationspolitische Instrumente eingesetzt werden (z. B. Einschaltung spezialisierter Absatzorgane und deren Bindung und/oder Profilierung einer Spezialmarke mit dafür besonders geeigneten Kommunikationsinstrumenten).

Der **kunden-individuelle Marketingansatz** (im Sinne kunden-individueller Massenproduktion, Mass Customization, *Pine* 1993 bzw. 1994; *Piller,* 1998 bzw. 2006) setzt an noch kleineren Marktzellen als der Nischenanbieter an. Im Extremfall konzentriert sich das Mass Customization verfolgende Unternehmen auf den individuellen Kunden (1 : 1-Marketing bzw. Losgröße 1). Kundenindividuelles Marketing (Customized Marketing) schafft im Idealfalle die „Quadratur des Kreises", nämlich kundenspezifische Problemlösungen ohne Verzicht auf die Kostenvorteile einer prozessorientierten Massenfertigung. **Wichtige Voraussetzungen** für das Gelingen eines solchen Konzepts sind (im Einzelnen *Becker,* 2000 a):

- **kundenindividuelle Informationsbasis,**
- **dialogische Kommunikationsformen,**
- **Beherrschung flexibler Fertigungstechnologien.**

Das Prinzip des Customizing besteht darin, dass der Kunde sein „Unikat" auf der **Grundlage eines Basisproduktes** erhält, das durch Komponentenaustausch und/oder Zusatzleistungen (Sach-/Serviceleistungen) individualisiert wird (zu Beispielen siehe auch 2. Teil „Marketingstrategien", Abschnitt Strategietrend und strategische Evolutionsformen). Im Folgenden werden noch Weiterentwicklungen bzw. Ausdifferenzierungen des Mass Customization-Konzeptes aufgezeigt.

Fallbeispiele: Realisierungsformen des Mass Customization-Konzepts

Das Mass Customization-Konzept (Kundenindividuelles Marketing) ist in **unterschiedlichen Formen** realisierbar. Diese Realisierungsformen hängen sowohl von den jeweiligen produkt- bzw. leistungsspezifischen Bedingungen als auch von den unternehmens- bzw. marketingpolitischen Vorstellungen und Möglichkeiten der jeweiligen Anbieter ab.

Typisch für kundenindividuelle Marketing-Konzepte ist, dass sie – noch stärker als andere Marketing-Konzepte entlang der mega-strategischen Entwicklungskette – auf eine entsprechende **Abstimmung und Koordination** mit anderen Funktionsbereichen des Unternehmens angewiesen sind. Unterschiedliche Realisierungsformen und ihre jeweiligen gesamtunternehmerischen Bezüge zeigt eine Übersicht *(Abb. 433)*.

Nicht wenige Unternehmen verfolgen **multi-optionale Konzepte,** d. h. sie verbinden z. B. Marktsegmentierungs- oder Massenmarkt-Konzepte mit kundenindividuellen Konzepten. Zwischen diesen Konzepten können ggf. fruchtbare Wechselbeziehungen bestehen. So können z. B. die Beobachtungen „auf dem individuellen Markt als Trendbarometer für den anonymen Massenmarkt dienen, für *Levi Strauss* noch immer der bei weitem wichtigste Markt. Aber die Kombination von Massenfertigung und Mass Customization erlaubt es, die Häufigkeit bestimmter individueller Kombinationen, etwa häufig gefragte Schnitte oder Farben, als Anhaltspunkt für Modifikationen im Produktprogramm der Massenfertigung zu verwenden“ (*Piller,* 1997, S. 22 f.).

Es ist klar, dass Customized Marketing nur funktioniert, wenn möglichst der **gesamte Marketingmix** in das Individualisierungskonzept einbezogen wird; das gilt vor allem für eine individualisierte Kundenansprache via eines konsequenten Beziehungsmarketing, auch unter Nutzung *digitaler* Kommunikationsmittel (zu spezifischen Marketingansätzen *Beyering,* 1987; *Peppers/Rogers,* 1996; *Becker,* 2000 a). Spezielle Möglichkeiten bieten auch neue Technologien wie das *3-D-Drucken* (etwa bei der Produktion von Sportschuhen, z. B. *Adidas*). Neuere Beispiele sind *MyMuesli* oder *SwatchXyou*, wo Kunden ihr persönliches Produkt auf Basis vorhandener Komponenten zusammenstellen.

Leistungsindividualisierung zielt – unter konzeptionellen Aspekten – immer auf eine Leistungsverbesserung und damit auf eine **Erlössteigerung** (= Anknüpfung am präferenz-politischen Grundkonzept, 2. strategische Ebene „Marktstimulierungsstrategien“). „Bei jeder Form der individualisierten Leistungsgestaltung sind jedoch immer auch die daraus resultierenden Kostenwirkungen zu beachten“, speziell die sog. **Komplexitätskosten** (*Kleinaltenkamp,* 1995, Sp. 2359). Das heißt, es gilt ein optimales Verhältnis zwischen Erlössteigerungsmöglichkeiten und nicht zu vermeidenden Kostensteigerungseffekten zu finden. Gerade Individualisierungs-Konzepte müssen *gesamt-unternehmerisch* gesteuert werden (auch im Zeitablauf, Problem: Änderungen der Erlös- und Kostenbedingungen). Außerdem setzen Mass Customization-Konzepte enge Verbindungen mit Wertschöpfungspartnern (z. B. Zulieferern oder Handelsbetrieben) voraus (*Piller,* 1997, S. 25, i. E. *Pine* 1993 bzw. 1994).

Nachdem die relevanten megatrend-spezifischen Marketingkonzepte und ihre Konsequenzen für den Marketingmix und ihre Auswirkungen auf das gesamtunternehmerische Konzept (= **konzeptionelle Kette**) dargelegt worden sind, soll auf die Marketingmixbezüge der Marktarealstrategien eingegangen werden.

| Produktindividualisierung basiert auf Aktivitäten von F&E/Konstruktion und Absatz | Produktindividualisierung basiert auf Aktivitäten von Fertigung und Absatz |
|---|---|
| **Externalisierung der Prodtuktindividualisierung auf den Kunden (Self Customization)**<br>*Microsoft Office:* Das Programm wird in Millionen identischer Exemplare abgesetzt. Während des Setups und anschließend über den Befehl Anpassen können Farben, Menüs, Kürzel, Tastaturbelegung, Formulare et cetera vom jeweiligen Benutzer nach individuellen Wünschen eingestellt werden. Viele Funktionen des Standardprodukts werden etliche Anwender nicht kennen, geschweige denn benutzen, fehlende Funktionen dagegen können sie sich selbst definieren. Ähnliches gilt auch für andere Standardsoftware. | **Modulare Produkte auf Basis eines Baukastensystems (Modularization)**<br>Elektronische Ausgabe des *Wall Street Journal:* Nach Definition ihrer Interessen erhalten die Abonnenten jeden Morgen ihre individuelle Zeitung in der Losgröße 1 auf elektronischem Wege zugestellt.<br>*Anderson Windows, Inc:* Die Kunden des größten US-Fensterherstellers können seit 1990 mit der Grafiksoftware „Windows of Knowledge“ bei 387 Händlern ihr eigenes Fenster aus vorgegebenen Elementen entwerfen (Größe und Tiefe, Isolierung, Rahmenstruktur, Griffe).<br>*Dell Computer:* Ein individuell zusammengestellter PC wird ohne Aufpreis innerhalb von 2 Tagen geliefert. |
| **Kundenspezifische Endproduktion massenhaft vorgefertigter Standardprodukte am Verkaufsort (Point-of-Delivery Customization)**<br>*San Marco Skischuhe:* Individuelle Skischuhe. Der Käufer kann im Sportgeschäft den Skischuh durch Einfüllen von Silikon einmalig exakt an seine Fußform anpassen lassen. Auch Motorradhelme werden der individuellen Kopffom des Trägers angepasst. | **Kundenindividuelle Produktion mit massenhafter Vorfertigung unter Nutzung von Zeitvorteilen (Time-based-Management)**<br>*Levi Strauss, Inc:* maßgeschneiderte Damenjeans.<br>*National Bicycle Industrial Company* (Japan) ermöglicht für circa 20 Prozent Aufpreis über dem Marktdurchschnitt die Bestellung eines individuellen Fahrrads, angefangen von der exakten Rahmenhöhe über 18 verschiedene Lenkerweiten bis zu 199 verschiedenen Farben. Möglich sind mehr als 8 Millionen Variationen. Die Lieferzeit beträgt etwa 2 Wochen. |

*Quelle:* nach *Piller,* 1997, S. 17

*Abb. 433: Mass Customization in der Praxis (vier klassische Umsetzungsmöglichkeiten mit Beispielen)*

### *bd) Marktareal-strategische Anknüpfungspunkte*

Der strategische, mittel- bis langfristig bindende Charakter geo-politischen Vorgehens wurde lange unterschätzt. Nicht zuletzt im Zuge der Internationalisierung des Wettbewerbs (Global Competition) ist jedoch deutlich geworden, wie stark Unternehmen von ihrem marktareal-strategischen (Stufen-)Konzept und den **adäquaten operativen Marketingmaßnahmen** (Marketinginstrumenteneinsatz bzw. Marketingmix) abhängen.

Was das marktareal-strategische Vorgehen am Markt betrifft, so können **zwei große Ansatzpunkte** unterschieden werden (vgl. 2. Teil „Marketingstrategien“, Abschnitt Marktarealstrategien):

- **Nationale Gebietestrategien (Domestic Marketing),**
- **Übernationale Gebietestrategien (International Marketing).**

Jedes Unternehmen bzw. jedes Marketing-Konzept startet i. d. R. mit einem **nationalen Geschäft** (wenn auch die Internationalisierung des Wettbewerbs Unternehmen immer schneller zwingt, übernational tätig zu werden). Es soll daher zunächst an den nationalen Ausgangspunkten unternehmerischen Handelns angeknüpft und auf wichtige Ansatzpunkte des Marketingmix eingegangen werden.

Marktareal-strategische Entscheidungen setzen insgesamt in hohem Maße **Daten für den Marketingmix.** Das heißt, je nach geo-strategischem Ausbreitungsgrad ergeben sich für das Unternehmen spezifische strukturelle Bedingungen, die Resultat unterschiedlicher Nachfragebedingungen in einzelnen Absatzräumen bzw. -regionen sind. Gebietepolitische Konzepte – die, wie die anderen strategischen Festlegungen, der **Oberzielrealisierung** (Gewinn/*Unternehmenswert*) dienen – müssen marketing-adäquat umgesetzt werden, das heißt mit anderen Worten: der Einsatz der operativen Marketinginstrumente (Marketingmix) muss jeweils an den Gebiete-Bedingungen und -Vorgaben anknüpfen. Insoweit wird deutlich, dass eine **aktive Gebietepolitik,** die klare Vorgaben für den Marketingmix schafft, einer passiven, nicht bewusst gesteuerten Gebietepolitik ohne entsprechende feste Strukturierung vorzuziehen ist.

Die Schaffung entsprechender Strukturen bzw. Ableitung adäquater Vorgaben für den Marketinginstrumenten-Einsatz beginnt zweckmäßigerweise bereits beim inländischen Marketing. Während die *lokale* Phase eines Unternehmens (= Absatz um den „Schornstein" herum) vielfach noch ungeplant ist, weil diese Phase die Pionierphase des Unternehmens darstellt (mit eher Probier-Charakter, „Trial and Error"), setzt die **Regionalisierung des Unternehmens** bzw. seines Absatzes in aller Regel Planungsschritte voraus. Das hängt zunächst einmal damit zusammen, dass nach der lokalen Probierphase des Unternehmens aufgrund des Wachstums alle Marketing- und Unternehmensaktivitäten arbeitsteilig(er) gestaltet werden müssen. Arbeitsteiligkeit aber setzt entsprechende Planung voraus, auch und gerade für das Vorgehen im Gelände (i. S. v. Absatzraumerweiterung).

Die regionale und noch mehr die **überregionale Stufe** (Phase) des Unternehmens hat darüber hinaus weit reichende Konsequenzen für den Marketingmix. Im Rahmen der Angebotspolitik müssen häufig zusätzliche Varianten (Sorten) des Produktes eingeführt werden, die spezifischen regionalen Anforderungen genügen. Dort, wo ursprünglich lokale Spezialitäten nun auch regional oder überregional vermarktet werden sollen, müssen ggf. besondere distributionspolitische Konzepte entwickelt und verfolgt werden. Nicht zuletzt müssen Evtl. notwendige Modifikationen bzw. Differenzierungen im kommunikationspolitischen Konzept vorgenommen werden, um den regional unterschiedlichen Kundengruppen und ihren Erwartungen gerecht zu werden. Solche **Anpassungs- bzw. Weiterentwicklungsprozesse** im Marketingmix lassen sich an einzelnen Beispielen näher aufzeigen.

Fallbeispiele: Veränderungen des Marketingmix bei Weiterentwicklung eines lokalen Unternehmens zu einem regionalen bzw. überregionalen Unternehmen

Wenn etwa eine **Spezialitäten-Brauerei** (z. B. Altbierbrauerei) ihr Stammgebiet (z. B. den Niederrhein) verlassen und zusätzliche Absatzgebiete gewinnen will, so ist es nicht zweckmäßig, die Spezialitäten (grundlegend) zu verändern, sondern *eher* in regionalen/überregionalen Märkten Zielgruppen zu suchen, die für eine solche Spezialität in Betracht kommen, ohne dass sie bisher Vorerfahrungen mit dieser Spezialität haben.

Dabei wendet man sich sinnvollerweise an **aufgeschlossene überregionale Zielgruppen,** die für Neuerungen oder Alternativen offen sind. Bei Altbier hat man hierbei u. a. Studenten entdeckt, die in ihrem Konsum- und Markenverhalten noch nicht endgültig festgelegt sind. Um sie gut zu erreichen und zugleich die Probiermöglichkeit als Einstieg in den Konsum von Spezialitäten zu ermöglichen, hat man hierfür als speziellen Absatzweg die Gastronomie (insbesondere getränke-intensive Kneipen) gewählt.

Hochschulorte haben sich insoweit als **interessante Konsumnischen** zur ringförmigen Aufschließung neuer regionaler Absatzgebiete herausgestellt (= konzentrische Gebieteerschließung via eines spezifischen Absatzwegekonzepts). Wenn über die Gastronomie Studenten und auch andere Zielgruppen an die Spezialität gebunden werden konnten, bietet sich als nächste Absatzwegestufe die Distribution im Handel an, um so neben dem Außer-Haus- auch den Haus-Konsum zu bedienen.

Die **Stufung des Absatzwege-Konzepts** (1. Stufe: Gastronomie, 2. Stufe: Handel, u. a. Lebensmittelhandel, Getränkemärkte) hat sich aus Marktpreis-Pflegegründen als zweckmäßig erwiesen. Über die Spezialitäten-Einführung via Gastronomie wird eine entsprechend hohe Preisposition eingenommen, an der sich der Absatz im Handel orientieren kann. Eine Einführung umgekehrt zuerst über den Handel würde von vornherein zu einer Einführungs- und anschließenden Sonderangebotspreisbildung beitragen und damit von Beginn an eine eher niedrige Preisposition bedeuten.

Was die **Kommunikationspolitik** betrifft, so ist es vielfach sinnvoll, die kommunikationspolitischen Mittel bzw. ihre Schwerpunkte regional zu differenzieren. Neben einer überregionalen Werbekampagne werden z. B. Verkaufsförderungsaktivitäten regional differenziert (unter handels- wie verbraucherspezifischen Gesichtspunkten). Für jeweils lokal-regionale Profilierungen bzw. Kundenbindungen bieten sich ggf. Maßnahmen des Event-Marketing und/oder des Sponsoring an (zu Arten und Einsatzbedingungen dieser Kommunikationsinstrumente siehe den Abschnitt „Marketinginstrumentarium", Teil Kommunikationspolitische Instrumente).

Das Beispiel zeigt deutlich, dass es bei der marketing-instrumentalen Weiterentwicklung eines Konzepts im Zusammenhang mit einer neuen marktareal-strategischen Stufe (z. B. vom lokalen zum regionalen/überregionalen Unternehmen) kein „Patentrezept" geben kann, sondern die Weiterentwicklung des Marketingmix jeweils an den **Markt- und Branchenbedingungen** wie auch an den Unternehmensbedingungen und -fähigkeiten anknüpfen muss. Gerade aufgrund der zuletzt genannten Aspekte hatten die verschiedenen Altbierbrauereien wie *Diebels, Hannen, Gatzweiler* – neben gemeinsamen Ansätzen – jeweils unterschiedliche marketing-konzeptionelle Lösungen gewählt.

Was sich bereits beim inländischen (nationalen) Marketing als äußerst komplex erweist – nämlich die marktareal-strategische Umsetzung bzw. Weiterentwicklung des Marketingmix-Konzepts –, gilt in noch ausgeprägterem Maße für das **übernationale bzw. internationale Marketing.** Beim Überschreiten nationaler Grenzen kommen neue *kulturelle* Bedingungen hinzu, die nicht selten gravierende Auswirkungen auf das Marketingmix-Konzept für neue ausländische Märkte haben (zu den inter-kulturellen Grundfragen s. *Müller/Gelbrich,* 2015).

Andererseits sind Unternehmen – wie bereits betont – im Zuge der **Internationalisierung des Wettbewerbs** (Global Competition) immer stärker gezwungen, übernational zu agieren. Das gilt nicht nur für Groß-, sondern auch für Mittelbetriebe (je nach Marktgegebenheiten und -bedingungen sogar für Kleinbetriebe).

Aus diesem Grunde sollen die **marketing-instrumentalen Grundfragen** des übernationalen Marketing ausführlicher diskutiert werden. Die marketing-instrumentalen Zwänge und Möglichkeiten werden besonders deutlich, wenn man zunächst an den grundlegenden strategischen Optionen anknüpft, über die Unternehmen zur Wachstums- und Existenzsicherung insgesamt verfügen.

Die Fähigkeiten des Unternehmens zur Wachstums- und Existenzsicherung über ein konsequentes übernationales Marketing sind an die drei **basis-strategischen Konzepte** des Unternehmens gebunden: zunächst einmal an das marktfeld-strategische Konzept (insbes. an die Voraussetzungen für eine innovative Produktentwicklung), außerdem an das marktstimulierungs-strategische Konzept (insbes. an die Voraussetzungen für ein präferenz-politisches Vorgehen am Markt) sowie an das marktparzellierungs-strategische Konzept (insbes. an Voraussetzungen für eine stärker kunden-fokussierte Marktbearbeitung, *Becker,* 2000 a). Insoweit bestehen starke Interdependenzen zwischen Marktfeld-, Marktstimulierungs-, Marktparzellierungs- und den hier näher zu diskutierenden Marktarealstrategien (= **konzeptionelle Kette**).

Übernationale Marktsuche bzw. Marktbearbeitung *und* basis-strategische Fähigkeiten bzw. Voraussetzungen müssen sich deshalb möglichst entsprechen. Demnach gilt grundsätzlich – und das hat vor allem Auswirkungen auf den operativen Marketinginstrumenten-Einsatz (Marketingmix) –, dass jedes neue übernationale Geschäft auf die jeweiligen **Auslandsmarktbedingungen** Rücksicht nehmen muss („all business is local“).

Insofern muss jede übernationale Aktivität des Unternehmens die jeweiligen Einsatzbedingungen

- **der Angebotspolitik,**
- **der Distributionspolitik und**
- **der Kommunikationspolitik**

überprüfen (zu Grundfragen des Instrumenten-Einsatzes im internationalen Marketing *Hermanns/Wissmeier,* 1995, S. 139 ff.; *Hünerberg,* 1994, S. 147 ff.; *Schurawitzki,* 1995, S. 82 ff.; *Meffert/Bolz,* 1998, S. 155 ff.; *Keegan/Schlegelmilch/Stöttinger,* 2002, S. 403 ff.; *Backhaus/Büschgen/Voeth,* 2003, S. 197 ff.; *Zentes/Swoboda/Schramm-Klein,* 2013, S. 353 ff.).

Im Rahmen der **Angebotspolitik** geht es primär darum, inwieweit die Produkte (Leistungen) des Unternehmens auch den Problemlösungsanforderungen des jeweiligen Auslandsmarktes entsprechen. Das beginnt bei gesetzlichen Vorschriften und Auflagen und geht bis zu länderspezifischen Abnehmeranforderungen.

Fallbeispiele: Produktpolitische Anpassungszwänge

Während in Deutschland die elektrische Netzspannung von 220 V üblich ist, und alle Elektrogeräte auf diese Spannung eingestellt sind, gibt es noch zahlreiche Märkte (u. a. die USA), in denen eine Netzspannung von 110 V gegeben ist. **Elektrogeräte deutscher Anbieter** müssen insofern für die entsprechenden Länder entweder umgerüstet werden, eine Umschaltmöglichkeit von 220 V auf 110 V bieten oder – als Lösung mit größerer Convenience – sich automatisch auf die jeweilige Spannung umschalten.

In asiatischen Märkten (u. a. auch Japan) sind – verglichen mit europäischen Verhältnissen – die Wohnflächen vergleichsweise klein. Ein **Möbelhersteller,** der in solchen Ländern tätig werden will, muss deshalb Modifikationen bzw. zusätzliche Rastermöglichkeiten in seinem Programm vorsehen, um den Bedingungen „beengter Wohnverhältnisse“ zu entsprechen.

Vielfach ist auch die Packungspolitik tangiert. Selbst innerhalb des europäischen Marktes bestehen mitunter erhebliche Unterschiede, so z. B. bei **Waschmitteln.** Während in Deutschland die Großgebinde (z. B. 10 Kg) die größte Bedeutung besitzen, spielen in Italien oder Spanien die Mittelgebinde (z. B. 3 Kg) die größte Rolle. Damit sind auch konzeptionelle Fragen der Preiskoordination angesprochen, die – je nach Ausgangslage – von der Schaffung eines Preiskorridors bis hin zur (völligen) Preisharmonisierung reichen (vgl. *Belz/Mühlmeyer,* 2000).

Was die **Distributionspolitik** betrifft, so ist für das übernationale Marketing vor allem die jeweilige Distributionsstruktur des gewählten Auslandsmarktes relevant. Hier treten etwa Fragen nach Art, Zahl und Differenzierung wichtiger Absatzorgane in den Vordergrund (einschließlich Fragen des jeweiligen Servicegrades). Von der Distributionsstruktur sind naturgemäß auch die absatzlogistischen Fragen bzw. Lösungsmöglichkeiten berührt. Länderspezifische Anpassungen des inländischen Vertriebskonzepts sind – je nach Markt-/Branchen- und Unternehmens- bzw. Produktbedingungen – häufig notwendig.

Fallbeispiele: Distributionspolitische Differenzierungszwänge

Da – zumindest in der ersten übernationalen Phase (Exportphase) des Unternehmens – die Kenntnis eines anvisierten Auslandsmarktes, sowohl was den Markt bzw. die potenziellen Abnehmer als auch die Absatzstrukturen betrifft, noch unvollkommen ist, versuchen nicht wenige Unternehmen, **bestimmte Partner** etwa auf der Importhandels- oder Großhandelsstufe zu binden und grundlegende Aufgaben der Distribution auf sie zu übertragen.

Das gilt insbesondere für Anbieter von Gebrauchsgütern (z. B. Elektrohaushaltsgeräte, Uhren, Unterhaltungselektronik), weil sie oft nur so den Aufbau von **Service und Kundendienst** sicherstellen können.

Je nach **Handelsvoraussetzungen** (Fach-/Nichtfachhandel) kann ggf. nicht von vornherein das Gesamtprogramm eines Unternehmens in neuen Auslandsmärkten angeboten werden, sondern zunächst nur weniger service- und beratungsintensive Produkte.

Als z. B. *Audi* in der Oberklasse *(A 8)* die Aluminium-Karosserie einführte, war hierfür die Entwicklung und der Aufbau **neuer Service-Center** notwendig, weil die Reparatur an einer Aluminium-Karosserie ganz spezifische Reparaturtechniken erfordert. Die Einführung des neuen *A 8* in wichtigen Auslandsmärkten war deshalb an den Aufbau solcher Service-Center gebunden und verzögerte sich entsprechend.

Im Hinblick auf die **Kommunikationspolitik** ergeben sich ebenfalls verschiedene Ansatzpunkte bzw. Zwänge zur Anpassung. Jedenfalls können aufgrund kultureller Unterschiede (z. B. Sprache, Wertesystem) wie auch aufgrund von Unterschieden in der Medienstruktur vielfach inländische Konzepte nicht ohne weiteres 1 : 1 auf Auslandsmärkte übertragen werden.

Fallbeispiele: Kommunikationspolitische Anpassungserfordernisse

Die Anpassungsnotwendigkeiten können sich einmal auf die Gestaltung der **Werbebotschaft** beziehen. Hierbei muss ggf. sehr sensibel an den kulturellen Bedingungen des jeweiligen Auslandsmarktes angeknüpft werden.

So war es z. B. bei der *Perwoll*-Kampagne („Ist es neu – nein, mit *Perwoll* gewaschen") notwendig, „mit landesspezifisch angepassten Selling Ideas bzw. Slogans zu arbeiten", weil sonst die Gefahr einer „Aussagebanalisierung" bestanden hätte (*Bolz,* 1994, S. 495):

- *Perwoll supra* (D): „Damit es Schmusewolle bleibt",
- *Mir Laine supra* (F): „C'est doux comme neuf même en machine",
- *Perlana Liquido* (I): „. . . con ammorbidente, una grande morbidezza tutta da scoprire . . . passa parola",
- *Perlan* (E): „Cuidado natural para tus prendas".

Bei der Behandlung der kommunikationspolitischen Instrumente, und zwar speziell der Werbung, ist auf die große **Rolle von Schlüsselbildern** (Imagery-Konzept) für die Werbewirkung hingewiesen worden. Bei der *Esso*-Werbung wurde seinerzeit der Tiger als weltweit einheitliches Symbol eingesetzt; er musste jedoch für viele Länder modifiziert werden, weil der Original-Tiger in einigen Kulturen als „zu wild" erschien (*Majora,* 1992, S. 167).

Aber auch in Bezug auf die **Medienwahl** sind nicht selten Anpassungszwänge gegeben. So verfügt die BRD z. B. über eine Vielzahl von TV-Sendern mit unterschiedlichen Zielgruppenausprägungen. Ein vor diesem Hintergrund entwickeltes deutsches Werbekonzept, das stark das Fernsehen als Werbemedium einsetzt, kann nicht ohne Weiteres auf Länder übertragen werden, die weit weniger TV-Möglichkeiten bieten (z. B. auch europäische Nachbarländer).

Aufgrund der Wechselwirkung zwischen Werbeansprache (Botschaft) und Werbemedium („Transportmittel") muss dann bei Zwängen zur Medienverlagerung etwa auf Printmedien nicht selten auch die **Botschaft** medien-spezifisch modifiziert werden.

Die ausgewählten Fallbeispiele haben deutlich gemacht, dass – je nach Ausgangslage des Marktes, des Produktes und/oder des Unternehmens – **wesentliche Differenzierungszwänge** im übernationalen Marketing bestehen können. Andererseits gibt es internationale Angleichungen im Abnehmerverhalten wie auch in Absatzstrukturen und Vermarktungskonzepten. Das hat die Diskussion und These entfacht, dass Internationales Marketing (Global Marketing) in stärkerem Maße *standardisierbar* sei bzw. zunehmend sein werde. Im Rahmen dieser Diskussion werden auch die Kostenvorteile einer möglichst weitgehenden Standardisierung des Marketinginstrumenten-Einsatzes hervorgehoben, wenngleich die möglichen Kostenvorteile der Standardisierung mit den möglichen Erlösvorteilen bei einer bewussten Differenzierung des Marketingkonzeptes abgewogen werden müssen. Die jeweilige Ausganssituation und die möglichen Bearbeitungsformen im internationalen Marketing müssen insoweit sehr differenziert gesehen werden, nicht zuletzt auch unter **Markt- und Branchenbedingungen** (zur Diskussion der Standardisierungsthese und ihren Begründungen siehe auch die Darlegungen im 2. Teil „Marketingstrategien", Abschnitt Marktarealstrategien, Teil Möglichkeiten und Grenzen der Standardisierung bei der Erschließung ausländischer Märkte).

Trotz inzwischen eher kritischer Beurteilung der Standardisierung versuchen immer wieder Unternehmen, die Möglichkeiten der **kostensenkenden Vereinheitlichung** des Marketingmix auszuloten und so weit wie möglich zu realisieren (Grundorientierung: „Soviel Differenzierung wie nötig, soviel Standardisierung wie möglich", s. a. *Müller/Gelbrich*, 2015).

Im Laufe der Entwicklung hat es immer wieder empirische Untersuchungen gegeben, welche den Standardisierungsgrad der einzelnen Marketinginstrumente analysiert haben. Eine **zusammenfassende Auswertung** verschiedener Untersuchungen (u. a. *Bolz,* 1992; *Beutelmeyer/Mühlbacher,* 1986) hat folgende Ergebnisse erbracht *(Abb. 434).*

Die der Auswertung zugrunde liegenden Studien weisen z. T. erhebliche Unterschiede in den Befunden auf, was u. a. aus den unterschiedlichen Untersuchungszeitpunkten wie auch unterschiedlichen Stichproben resultiert. Berücksichtigt man „nur die Spannweite der auf die einzelnen Instrumente bezogenen Antworten", wird der „Erkenntnisgehalt der Studien sichtbar" (*Müller/Kornmeier,* 1994, S. 142; i. E. *dies.,* 2002). So wird z. B. deutlich, dass die **pro-**

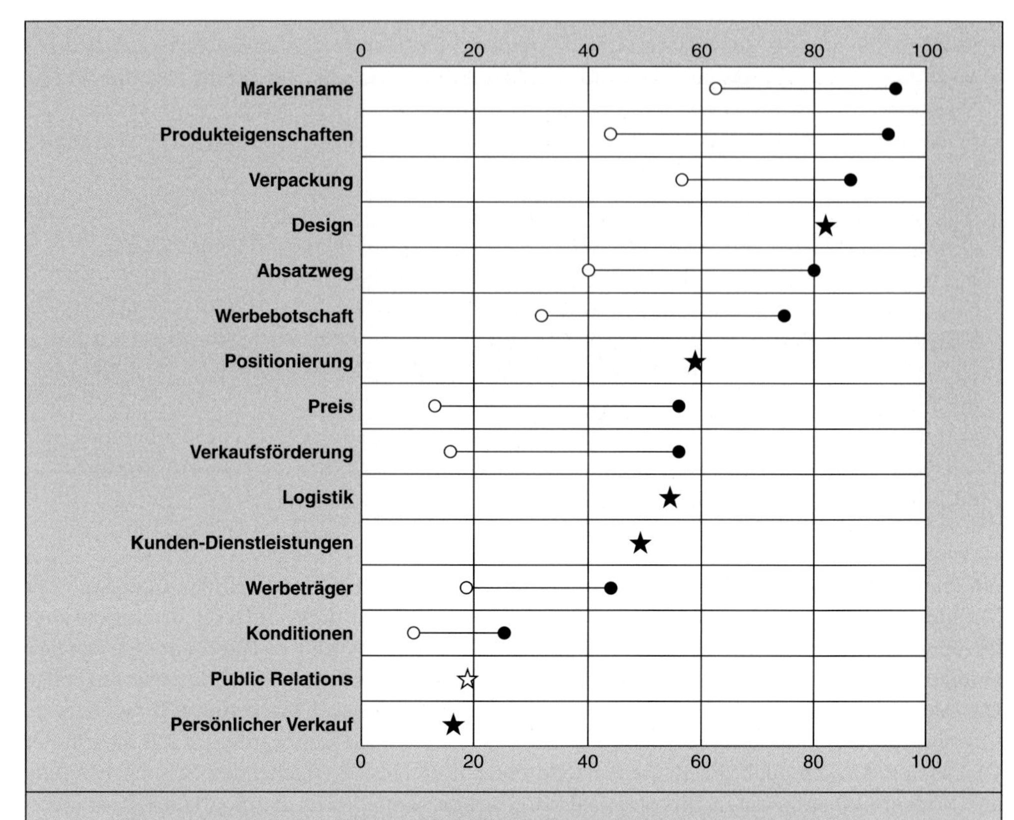


*Quelle: Müller/Kornmeier,* 1994, S. 142 bzw. *dies.,* 2002, S. 208

*Abb. 434: Spannweite des Standardisierungspotenzials bei Marketinginstrumenten (in %) (Basis: verschiedene empirische Untersuchungen)*

**duktpolitischen Instrumente** (Markenname, Produkteigenschaften, Verpackung, Design) offensichtlich ein größeres Standardisierungspotenzial besitzen als die übrigen Marketingbereiche (Distributions- und Kommunikationspolitik) und ihre Instrumente. Das bestätigen auch neuere Untersuchungsergebnisse in Produktionsgütermärkten (*Krämer,* 1993, S. 308 f.).

Naturgemäß erlauben solche Untersuchungsergebnisse keine generellen Aussagen zur konkreten Standardisierung des Marketinginstrumentariums, sondern sie stellen eher **Tendenzen des Möglichen** dar. Dass das Mögliche vielfach überschätzt wird, zeigt ein Blick auf das vielfach als Standardbeispiel für eine Standardisierung angeführte *Coca-Cola*-Beispiel.

Fallbeispiel: Standardisierung des Marketing bei *Coca-Cola*

Untersucht man das Beispiel *Coca-Cola* näher, so stützt es die These von der weitgehenden Standardisierungsmöglichkeit des Marketing(mix) **nur zum Teil.** Eine Übersicht zeigt die bei *Coca-Cola* standardisiert bzw. differenziert eingesetzten Instrumente *(Abb. 435).*

Was die **Werbung** betrifft, so hat auch *Coca-Cola* erkennen müssen, dass diese nicht so standardisierbar ist, wie eigentlich angestrebt. Als man seinerzeit weltweit den *Coke*-Slogan „You can't beat the feeling" einsetzen wollte, zeigten Tests in acht Schlüsselländern, dass das Konzept nicht überall die gewollte Botschaft überbringen konnte. Man wählte deshalb Differenzierungen des Slogans, z. B. in Japan „ich fühle *Coke*", in Italien „die einzigartige Erfindung", in Chile „das Gefühl des Lebens" (*Grimm,* 1991).

Aber auch der **Zuckergehalt** – bei sonst gleicher Produktformel – wird z. T. variiert; er ist z. B. in islamischen Ländern, in denen Süßes besonders und ohne „schlechtes Gewissen" geschätzt wird, höher als in eher gesundheitsbewussten Regionen wie Nordeuropa (z. B. Skandinavien, *Müller/Kornmeier,* 2002, S. 210).

Das heißt, selbst bei einem „globalen Produkt" wie *Coca-Cola* ist die Standardisierungsmöglichkeit auch nur relativ gegeben.

| **Standardisiert eingesetzte Marketinginstrumente** | **Differenziert eingesetzte Marketinginstrumente** |
| --- | --- |
| • Schutzmarke<br>• Logo<br>• Positionierung<br>• Werbung<br>• Produktformel | • Preis<br>• Verpackung<br>• Vertrieb<br>• Verkaufsförderung |

*Abb. 435: Standardisiert und differenziert eingesetzte Marketinginstrumente bei Coca-Cola*

Möglichkeiten und Grenzen der Standardisierung zeigen im Übrigen auch andere Beispiele globaler Produkte.

Fallbeispiele: Standardisierungsgrade bei ausgewählten globalen Produkten

Das Bemühen, das Marketing möglichst zu standardisieren, kann an einer ganzen Reihe **unterschiedlicher Produkte bzw. Marken** demonstriert werden. Vergleiche zwischen solchen Produkten machen aber zugleich auch die Unterschiede bzw. Möglichkeiten und Grenzen deutlich *(Abb. 436).*

Auch diese Beispiele belegen, dass das größte Standardisierungspotenzial ganz offensichtlich im Rahmen der **Angebotspolitik** (d. h. bei den produktpolitischen Instrumenten) besteht. Während sich das Standardisierungspotenzial bei der Kommunikationspolitik (speziell der klassischen Werbung) differenzierbar darstellt bzw. unterschiedlich genutzt wird, ist das Standardisierungspotenzial bei Preis- und Distributionspolitik – gemessen an den Beispielen – äußerst gering (bzw. wird nicht entsprechend genutzt).

| Instrument / Marke | Gervais Danone | American Express | Gillette | Bacardi | Samsonite | Levis 501 | Johnny Walker | Benetton | Parker Pen | Swatch | Adidas Torsion | Henkel Pritt |
|---|---|---|---|---|---|---|---|---|---|---|---|---|
| **Produktpolitik** | | | | | | | | | | | | |
| 1. Produkt | | | | | | | | | | | | |
| – Positionierung | ● | ● | ● | | ● | ● | ● | ● | ● | ● | | |
| – Markenname | ● | ● | ● | ● | ● | ● | ● | ● | ● | ● | ● | ● |
| – Kernprodukt | ● | ● | ● | ● | ● | ● | ● | ● | ● | ● | ● | ● |
| – Bestandteile | | | ● | | ● | ● | | ● | | ● | ● | |
| 2. Verpackung | | | | | | | | | | | | |
| – Design | | | | ● | | | | | ● | ● | | ● |
| – Größe | | | | | | | | | ● | ● | | |
| **Kommunikationspolitik** | | | | | | | | | | | | |
| 1. TV-Werbespots | | | | | | | | | | | | |
| – Konzept | | | ● | | ● | ● | ● | ● | ● | ● | | ● |
| – Ausführung | | | ● | | ● | ● | ● | ● | ● | ● | | ● |
| 2. Printmedien | | | | | | | | | | | | |
| – Konzept | | | | | ● | | ● | ● | ● | ● | | ● |
| – Ausführung | | | | | | | ● | ● | ● | | | ● |
| 3. Verkaufsförderung | | | | | | | | | | | | |
| 4. PR | | | | | | | | | | | | |
| **Preispolitik** | | | | | | | | ● | | ● | | |
| **Distributionspolitik** | | | | | | | | ● | | ● | | |
| ● = Standardisiertes Instrument | | | | | | | | | | | | |

*Quelle: Riesenbeck,* 1994, S. 333

*Abb. 436: Standardisierungsgrad verschiedener globaler Produkte bzw. Marken*

Die weiter vorn wiedergegebenen Untersuchungsergebnisse aus verschiedenen empirischen Studien sowie die Analyse der zuletzt aufgezeigten Fallbeispiele zeigen insgesamt eines sehr deutlich: Die meisten Unternehmen versuchen, international einen **einheitlichen Markennamen** zu nutzen (vgl. hierzu auch *Takeuchi/Porter,* 1989, S. 144), das gilt insbesondere für **Premium-Marken** (*Müller/Gelbrich,* 2004 bzw. 2015). Die Marke stellt ein Schlüsselinstrument im Rahmen internationaler Marketingkonzepte dar. Das verwundert nicht – s. a. 2. Teil „Marketingstrategien", Abschnitt Präferenzstrategie –, denn die Marke ist der Träger bzw. Kommunikator aller anderen marketing-instrumentalen Maßnahmen.

Standardisierung des Marketing muss deshalb im Prinzip bei der Marke beginnen. Nur auf einer möglichst durchgängig einsetzbaren Marke kann ein internationales, Standardisierungsmöglichkeiten nutzendes **Gesamtmarketing-Konzept** aufgebaut werden. Damit wird die erworbene bzw. die ausbaufähige Markenkompetenz zum **Schlüssel** internationalen Marketing überhaupt. Eine Darstellung (siehe hierzu auch *Becker,* 2004, S. 669) versucht das – anknüpfend an präferenz-politische Überlegungen – zu verdeutlichen *(Abb. 437).*

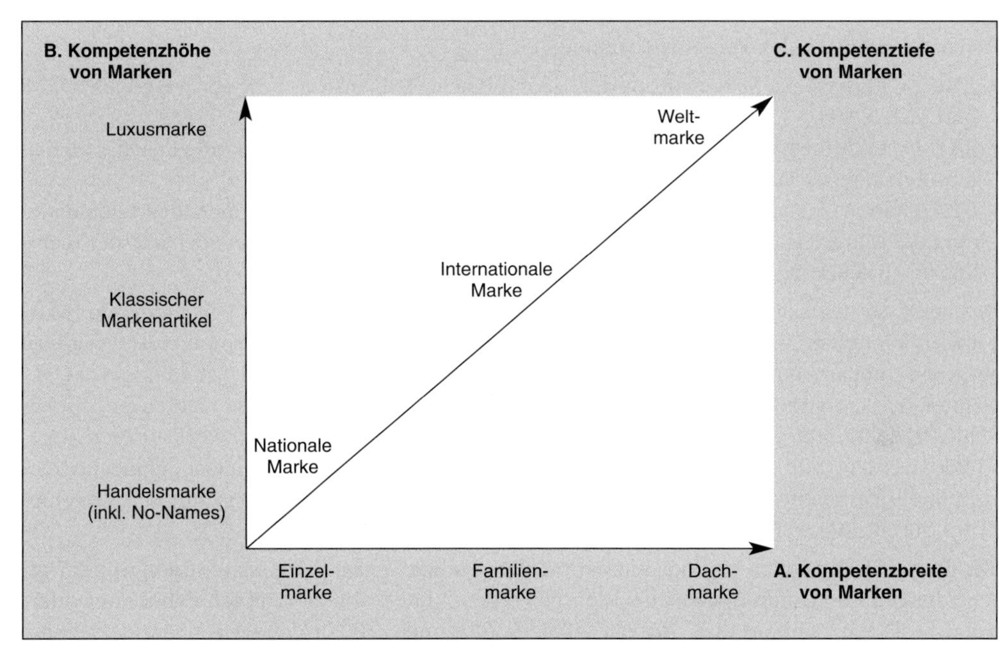


*Abb. 437: Drei Dimensionen der Markenkompetenz*

Die Markengestaltung hat demnach **drei strategische Anknüpfungspunkte.** Entscheidungen zur Kompetenzbreite legen die Zahl der unter einer Marke angebotenen Produkte fest, die Festlegung der Kompetenzhöhe bezieht sich auf die jeweilige Markt- bzw. Markenschichtung und die Dispositionen zur Kompetenztiefe bestimmen die geo-strategische Reichweite von Marken (*Becker,* 2004, S. 668 ff.).

Eine aktive Marktgestaltung bewegt sich insofern in einem *dreidimensionalen* marken-strategischen Raum. Alle Basisoptionen in allen drei Dimensionen sind als wechselseitig voneinander abhängig anzusehen und entsprechend zu entscheiden. Dabei kann grundsätzlich jede marken-strategische Dimension als **Ausgangspunkt** gewählt werden. Der **A-Entscheidung** (Kompetenzbreite) kommt insoweit eine strategische Schlüsselfunktion zu, als mit dieser Entscheidung sowohl über die marken-strategische Präzision als auch über das marken-strategische Aktivitätsniveau entschieden wird (z. B. Einzelmarke als „spitzer" Profilierungsansatz mit relativ hohem Markeninvestitionsniveau einerseits oder Dachmarke als nur „runde" Profilierungsmöglichkeit mit relativ niedrigem Markeninvestitionsniveau). Die **B-Entscheidung** (Kompetenzhöhe) legt demgegenüber die zu bearbeitende Markt- und Markenschicht fest (z. B. präferenzorientiertes Luxusmarkenkonzept mit der Möglichkeit, monopolistische Preisspielräume zu schaffen und entsprechend auszuschöpfen oder etwa preis-mengen-orientiertes Handels- oder Auch-Markenkonzept, das einseitig auf den (aggressiven) Preisvorteil setzt). Die **C-Entscheidung** bezieht sich schließlich auf die – angesichts zunehmender Globalisierung des Wettbewerbs – immer wichtiger werdende Entscheidung des geo-politischen Ausbreitungsgrades (z. B. Beschränkung auf eine nationale Markenstrategie mit hoher, aber räumlich begrenzter Profilierungschance oder Realisierung einer internationalen Markenpräsenz mit den diskutierten Problemen einer möglichen Standardisierung bzw. den Zwängen einer Mindestdifferenzierung des Marken- und Marketingprogrammes).

Das strategische Marken- und Marketingmanagement kann dabei insgesamt verschiedene **Reihenfolgemuster** des Vorgehens wählen:

- **ABC** (= klassisches Vorgehensmuster, geopolitische Dimension wird erst vergleichsweise spät festgelegt),
- **BAC** (= modernes Vorgehensmuster, das speziell in polarisierten Märkten zunächst einmal die anvisierte(n) Marktschicht(en) festzulegen versucht),
- **CBA** (= inzwischen stärker gewähltes Vorgehensmuster, das der zunehmenden Globalisierung der Märkte Rechnung trägt und die Reichweite der Markenkompetenz (inkl. der rechtlichen Absicherung bzw. Schutzrechte) in den Mittelpunkt rückt).

Das heißt, strategisch sind also verschiedene Reihenfolgemuster für die Festlegung der Markenpolitik möglich, wenn sich auch – wie angedeutet – **bestimmte Schwerpunktverlagerungen** aufgrund zunehmender Globalisierung des Wettbewerbs abzeichnen. Unabhängig vom gewählten marken-strategischen Einstieg ist entscheidend, dass im Interesse marken-politischer Schlüssigkeit *alle drei* Markenentscheidungen (Markenstrategie-Ebenen) wechselseitig abgestimmt werden, und zwar ggf. im Rahmen mehrerer „Umläufe" im Entscheidungsprozess einschließlich bestimmter Korrekturen auch im Zeitablauf (d.h. Berücksichtigung verschiedener Markt-, Marken- und Unternehmensstadien).

Mit diesen Darlegungen ist noch einmal die **notwendige Verzahnung** basis-strategischer Entscheidungen des Unternehmens deutlich geworden. Unternehmen knüpfen dabei sinnvollerweise an Potenzialen an (s.a. *Becker,* 2004, S. 671), die z.B. in *gehobenen* Marktschichten und/oder im *internationalen* Marketing noch ausgeschöpft werden können *(Abb. 438).*

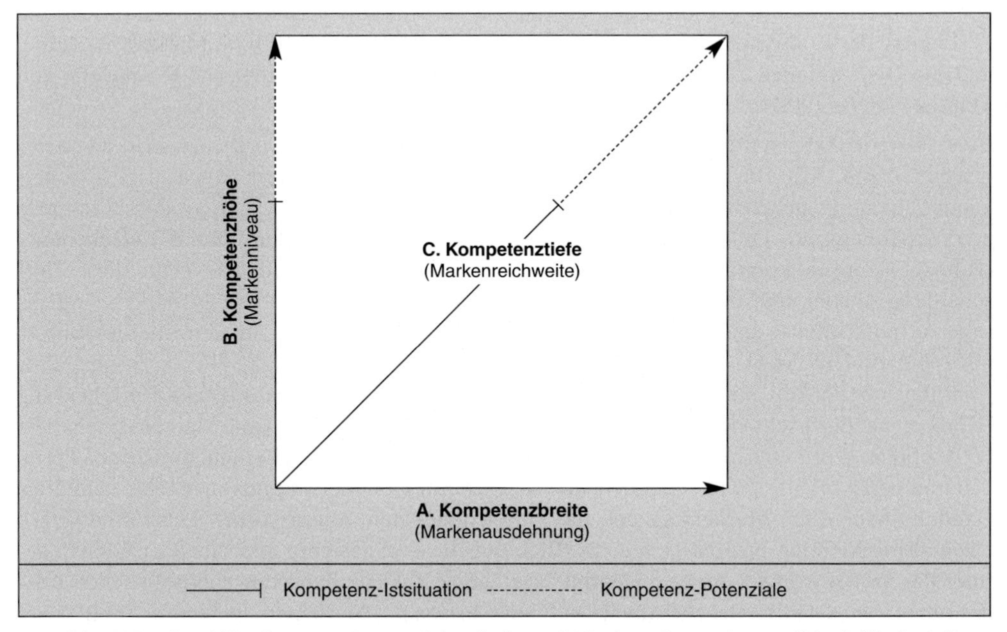


*Abb. 438: Identifikation von Potenzialen bei zwei Markendimensionen (Modellbeispiel)*

Das heißt, die Markenentscheidungen als Schlüsselentscheidungen bei einem präferenz-orientierten Strategiekonzept des Unternehmens bilden insgesamt die **konzeptionelle Grundlage,** auf deren Basis die *adäquaten* marketing-instrumentalen Maßnahmen bzw. der gesamte Marketingmix schlüssig abgeleitet werden können.

Damit sollen die Darlegungen zur notwendigen **Strategieorientierung** des Marketingmix abgeschlossen werden. Sie haben noch einmal zusammenfassend gezeigt, dass erst ein abgestimmtes, kombiniertes Strategie-Konzept erlaubt, den **Marketinginstrumenten-Einsatz** effektiv und effizient zu gestalten: mit anderen Worten also die richtigen Marketinginstrumente in der richtigen Art und Weise einzusetzen.

## 3. Branchen-, güter- und firmenspezifische Differenzierungen des Marketingmix

In einer entwickelten, arbeitsteiligen Volkswirtschaft sind die Branchen bzw. Märkte- und Güterstrukturen äußerst vielfältig. Die unterschiedlichen Branchen, Märkte wie auch Güter weisen jeweils **spezifische Besonderheiten** (Eigenarten) auf, die bei der Marketingmix-Gestaltung berücksichtigt werden müssen. Nur wenn der Marketingmix branchen- bzw. markt- und güteradäquat gestaltet ist, kann er erfolgreich sein, mit anderen Worten also Ziele und Strategien des Unternehmens konsequent umsetzen.

Darüber hinaus sind aber auch vielfältige **firmenspezifische Ansätze** der Instrumentenwahl und -gestaltung gegeben. Über branchen- und gütertypische Gestaltungsmöglichkeiten hinaus besitzen Unternehmen – je nach Ausgangssituation (= situativer Ansatz) – Möglichkeiten, von branchen- und/oder güterspezifischen Normen bewusst abzuweichen und eigene Standards zu setzen. Erfolgreiche Konzepte sind jedenfalls vielfach dadurch gekennzeichnet, dass sie bewusst von „Normmarketingmixen" – zumindest teilweise – abweichen.

Im Folgenden soll deshalb näher auf branchen-, güter- und firmenspezifische Möglichkeiten (und Zwänge) der Marketingmixgestaltung eingegangen werden.

### *a) Branchenspezifische Differenzierungen des Marketingmix*

Entwicklung und Anwendung des Marketinggedankens bzw. der umfassenden Marketingphilosophie als Führungskonzept des ganzen Unternehmens haben ihren **Ursprung im Konsumgütermarketing,** und zwar insbesondere im Markenartikelbereich (speziell Verbrauchsgüter des privaten Konsums). Später wurde das Marketingkonzept auch auf Gebrauchsgüter des Konsumgüterbereichs übertragen.

Je stärker die Erfolge des Marketingkonzepts sichtbar wurden, umso mehr hat sich der Marketinggedanke bzw. die Marketingphilosophie auch in konsumgüterfernen Bereichen durchgesetzt. In der Marketinglehre wurde dieser Prozess durch die Beschäftigung mit den Besonderheiten des Marketing in **unterschiedlichen Branchen** gestützt. Neben dem Konsumgütermarketing stehen dabei vor allem folgende Branchen mit ihrem spezifischen Marketing im Vordergrund des Interesses:

- **Investitionsgütermarketing,**
- **Handelsmarketing,**
- **Dienstleistungsmarketing.**

Zum Verständnis der notwendigen branchen-differenzierten Gestaltung des Marketingmix soll deshalb auf **wichtige Charakteristika** des branchen-orientierten Marketing Bezug genommen werden. Als Ausgangspunkt sollen zunächst Besonderheiten des Konsumgütermarketing kurz dargestellt werden.

### *aa) Besonderheiten des Konsumgütermarketing*

Das Konsumgütermarketing (vgl. hierzu den Überblick von *Dichtl,* 1995, sowie im Einzelnen die allgemeine Standard-Marketingliteratur, die in hohem Maße am Konsumgüterfall orientiert ist) bildet insofern einen ganz **zentralen Sektor,** weil er auf die Befriedigung „fundamentaler physiologischer wie auch psychischer und sozialer Bedürfnisse" von Menschen gerichtet ist (*Dichtl,* 1995, Sp. 1246). Diese Aufgabe bildet den Endzweck allen Wirtschaftens.

Konsumgütermärkte sind zunächst einmal originäre Massenmärkte, in denen die Befriedigung von Massen(grund)bedürfnissen typisch ist. Im Laufe der Entwicklung, in der immer stärker Grundbedürfnisse befriedigt werden konnten, entstanden dann **zunehmend Zusatzbedürfnisse.** Eine Modelldarstellung skizziert die speziell für Konsumgütermärkte (und zwar sowohl für Verbrauchs- als auch Gebrauchsgüter) typische Entwicklung *(Abb. 439).*

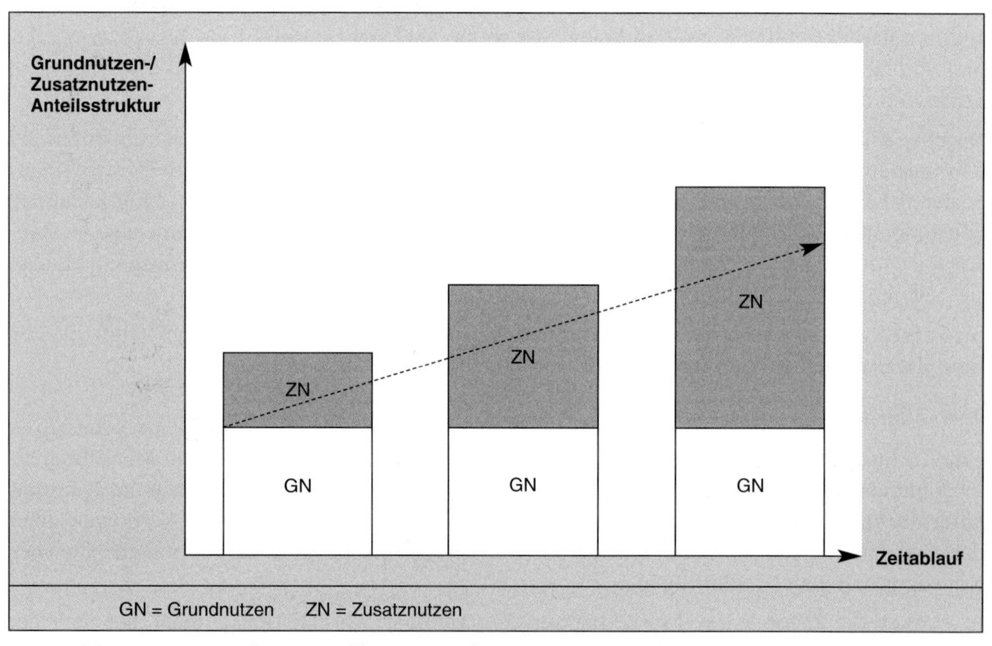


*Abb. 439: Generelle Entwicklung von überwiegend grundnutzen- zu immer stärker zusatznutzen-geprägten Produkten (Added Value-Ansatz)*

Die Darstellung zeigt, dass im Laufe der allgemeinen Marktentwicklung (zunehmende Sättigung bei Grundbedürfnissen bzw. Grundnutzenprodukten) immer stärker Zusatznutzenbedürfnisse auftraten, denen die Hersteller durch das Bieten von **Zusatznutzenprodukten** entsprechen mussten. Wie stark Hersteller bei kunden-orientierter Unternehmensführung den differenzierten Kundenwünschen tatsächlich folgen, indem sie immer wieder neue Zusatznutzen (Added Value) bieten, zeigt z. B. die Entwicklung im Nahrungsmittelmarkt.

Fallbeispiel: Added-Value-Ansatz bei Nahrungsmitteln

Während ursprünglich Nahrungsmittel primär die Aufgabe hatten, **Existenzbedürfnisse** (= Stillen von Hunger) zu befriedigen, haben sich die Bedürfnisse der Kunden inzwischen stark differenziert.

Zu dem Grundnutzen (Hunger stillen) traten u. a. das Zusatzbedürfnis **Geschmack** (von den Herstellern durch anspruchsvollere Rezepte entsprochen, u. a. ausländische Küche bzw. Ethnic Food), das Zusatzbedürfnis **Gesundheit** (erfüllt durch kalorien-orientierte Rezepte, z. B. Weglassen bzw. Reduzierung von Fett) und das Zusatzbedürfnis **Convenience** (befriedigt etwa durch Fertiggerichte unterschiedlicher Fertig- und Komplettgrade).

Analoge Entwicklungen lassen sich in vielen **anderen Konsumgütermärkten** beobachten bzw. nachweisen, u. a. auch bei Getränken.

Hinter diesen Entwicklungen zu immer stärker differenzierten Zusatzbedürfnissen bzw. entsprechenden Added-Value-Angeboten verbirgt sich der **allgemeine Wertewandel** der Konsumenten bzw. der Gesellschaft. Das Entstehen von Zusatzbedürfnissen (objektiven wie subjektiven) hat immer stärker zu einer **Fragmentierung** von Massenmärkten geführt. Insoweit ist das Konsumgütermarketing inzwischen durch einen hohen Differenzierungsgrad (z. B. nach Zielgruppen bis hin zum Kundenindividuellen Marketing) gekennzeichnet (*Becker,* 2000 a, vgl. hierzu auch 2. Teil „Marketingstrategien", Abschnitt Marktparzellierungsstrategien, Teil Strategischer Megatrend und strategische Evolutionsformen).

Der im Laufe der Zeit gewachsene Wettbewerb – nicht zuletzt aufgrund stagnierender Märkte wie auch der Internationalisierung des Wettbewerbs – hat zu einer entsprechenden Differenzierung und Erweiterung der **Marketinginstrumente bzw. Marketingkonzepte insgesamt** geführt. Das Marketinginstrumentarium (vgl. hierzu auch den Abschnitt Aktionsparameter des Marketingmix) ist im Konsumgütermarketing am weitesten entwickelt und auch erprobt. Das gilt insbesondere für neuere Instrumente wie z. B. Produktdesign, Sponsoring, Event-Marketing sowie neuere Konzepte wie Öko- und Erlebnismarketing.

Typisch für das Konsumgütermarketing ist andererseits das Vorherrschen **indirekter, mehrstufiger Absatzwege,** d. h. die Einschaltung von selbstständigen Absatzmittlern (u. a. Groß- und Einzelhandelsbetriebe) in die Vermarktungskette. Wesentliche Marketinganstrengungen beziehen sich deshalb auch auf die konzeptionsgerechte Beeinflussung bzw. Bindung des Handels (Kontraktmarketing), um unter seiner Mitwirkung die endverbraucher-orientierten Marketing-Konzeptionen konsequent und damit erfolgreich am Markt durchsetzen zu können.

Wesentliches Merkmal des Konsumgütermarketing ist darüber hinaus die besondere Bedeutung der **Kommunikationspolitik** für eine erfolgreiche Marktbearbeitung (angefangen von klassischen Instrumenten wie der Werbung oder Öffentlichkeitsarbeit bis hin zu den vielfältigen nicht-klassischen Mitteln). Gerade im Konsumgütermarketing haben sich immer wieder **neue Formen** bzw. Ausprägungen von Kommunikationsinstrumenten ausgebildet. Die Zahl der eingesetzten Kommunikationsinstrumente ist inzwischen so groß und die Art der Instrumente so unterschiedlich, dass ein erhebliches Problem darin besteht, alle diese Instrumente ziel- und strategieadäquat einzusetzen, und zwar auf der Basis einer möglichst durchgängigen Kommunikationsplattform (Problemlösung: konzeptions-geleitete, *integrierte* Kommunikation).

Allgemeines Kennzeichen der meisten Konsumgütermärkte – vor allem wenn sie sich in einem entwickelten Stadium befinden – ist der **hohe Innovationswettbewerb,** der zu einer immer schnelleren Veralterung (und Preisverfall) bestehender Produkte und damit zum Zwang systematischer Neuproduktentwicklung mit kürzeren Entwicklungszeiten geführt hat.

Die allgemeine Wettbewerbsverschärfung hat, wie bereits hervorgehoben, insgesamt zur Erarbeitung und Umsetzung **ganzheitlich orientierter Marketing(mix)konzepte** wie Öko-, Erlebnis- oder Beziehungsmarketing beigetragen (vgl. hierzu auch den Abschnitt Neuere, umfassendere Marketingansätze). Die Möglichkeiten wie die Erfordernisse der Marketingmix-Gestaltung im Konsumgütermarketing erweisen sich damit als sehr komplex.

Ganz allgemein sind Konsumgütermärkte durch eine **hohe Dynamik** geprägt, die entsprechende Anpassungen (Flexibilität) im Rahmen des konzeptionellen Marketing, insbesondere auf der operativen Ebene (Marketingmix), erfordert. Diese Dynamik überträgt sich mehr und mehr auch auf andere vorgelagerte Wirtschaftssektoren (Branchen). Der Zwang zu konsequenter Markt- bzw. Kundenorientierung besteht jetzt insofern in den *meisten* Branchen, u. a. auch im Investitionsgütersektor.

### *ab) Besonderheiten des Investitionsgütermarketing*

Das Investitionsgütermarketing ist dadurch gekennzeichnet, dass es ein **breites Spektrum von Gütern** unterschiedlicher Art umfasst, und zwar von Rohstoffen bis hin zu hoch aggregierten Anlagen (siehe hierzu den Überblick von *Engelhardt,* 1995 bzw. im Einzelnen etwa *Strothmann,* 1979; *Engelhardt/Günter,* 1981; *Richter,* 2001; *Godefroid,* 2003; *Backhaus/Voeth,* 2007). Inzwischen werden *vier* Grundtypen des Investitionsgütergeschäfts unterschieden:

- **Produktgeschäft,**
- **Anlagengeschäft,**
- **Systemgeschäft,**
- **Zuliefergeschäft,**

ohne dass auf die spezifischen Besonderheiten und ihre Marketingkonsequenzen näher eingegangen werden kann (s. *Backhaus/Voeth,* 2007; neue Systematik dies., 2014).

Im Gegensatz zu den Konsumgütern (Verbrauchs- und Gebrauchsgütern) stellen Investitionsgüter insgesamt „Vermarktungsobjekte dar, die von Organisationen (Unternehmen bzw. Institutionen, Erg. J. B.) beschafft . . . werden, um mit ihrem Einsatz (Ge- oder Verbrauch) weitere Güter für die Fremdbedarfsdeckung zu erstellen oder um sie unverändert an andere Organisationen weiterzuveräußern, die diese Leistungserstellung vornehmen“ (*Engelhardt,* 1995, Sp. 1056 f.). Gemeinsames Merkmal aller Investitionsgüter ist die **abgeleitete (derivative) Nachfrage,** d. h. ihre Erstellung bzw. Verwendung dient – in einem vielstufigen Prozess – letztlich der Befriedigung von Endverbraucherbedürfnissen.

Typisches Kennzeichen von Investitionsgütermärkten bzw. des Business-to-Business-Marketing ist – aufgrund wesentlich engerer Märkte (verglichen etwa mit dem Konsumgütermarketing) – die **persönliche Interaktion** zwischen Anbieter und Nachfrager und ihre entsprechende organisatorische Verankerung (Selling bzw. Buying Centers). Das heißt, Verkaufs- bzw. Kaufprozesse sind durch Mehrpersonen-Entscheidungsprozesse geprägt.

Die persönliche Kommunikation nimmt im Investitionsgüter-Marketingmix deshalb einen hohen Stellenwert ein (= **klassisches Beziehungsmarketing**), das man später übrigens auch auf das Konsumgütermarketing zu übertragen versucht hat (vgl. hierzu Abschnitt Neuere umfassende Marketingansätze, Teil Beziehungsmarketing). Insofern hat es einen Marketing-Know how-Transfer vom Investitionsgütermarketing zum Konsumgütermarketing gegeben, während normalerweise eher ein Transfer vom Konsumgütermarketing zu *anderen* Wirtschaftssektoren stattfand bzw. noch stattfindet.

Aufgrund der starken persönlichen Beziehungen zwischen Anbieter und Nachfrager im Investitionsgütermarketing (= personalisierte Märkte statt anonyme Märkte, wie sie für viele Konsumgütermärkte charakteristisch sind) ist i. d. R. die Einflussnahme des Nachfragers auf die Leistungserstellung des Anbieters vergleichsweise groß. Diese Form der **Kundeneinbeziehung (Customer Integration)** ist eine besonders intensive Form der Kundenorientierung (vgl. hierzu auch *Kleinaltenkamp/Fließ/Jacob,* 1996).

Die **Intensivierung der Zusammenarbeit** zwischen Anbieter und Abnehmer kann dabei facettenreich erfolgen. Sie entwickelt sich z. B. über regelmäßigen Informationsaustausch und die Akquisition von Referenzkunden bis hin zu Lead-User-Vereinbarungen und langfristigen Entwicklungspartnerschaften (*Belz/Müller/Walti,* 1996, S. 23).

Für das Gelingen solcher Partnerschaften ist von entscheidender Bedeutung, dass ein umfassender **wechselseitiger Informationsfluss** zwischen Anbieter und Nachfrager entsteht. Wichtig ist vor allem, dass Marketinginformationen in Form von Anforderungsprofilen der Nachfrager (Kunden) bis in die Forschungs- und Entwicklungsabteilungen des Anbieters vordringen und entsprechend berücksichtigt werden, denn allein der Kunde entscheidet letztlich über Produkt- bzw. Leistungsakzeptanz und damit Markterfolg.

Exkurs: Kundeneinbindung in einzelnen Phasen des Innovationsprozesses

Eine empirische Untersuchung zu **Grundfragen der Produktentwicklung** hat gezeigt, dass Unternehmen mit „Flop-Produkten" ihre Kunden in den Innovationsprozess deutlich geringer einbinden als Unternehmen mit „Volltreffer-Produkten" *(Abb. 440)*.

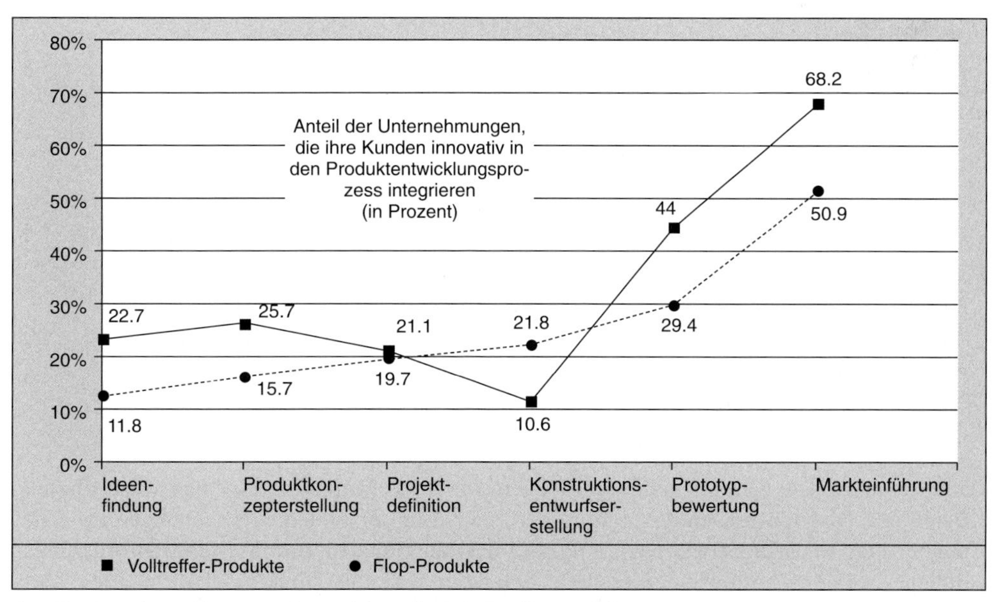


*Quelle: Homburg/Gruner,* 1996, zit. nach *Belz/Müller/Walti,* 1996, S. 24

*Abb. 440: Arten (Stufen) der Kundeneinbindung in den Innovationsprozess (differenziert nach „Volltreffer- und Flop-Produkten")*

Die Untersuchungsergebnisse verdeutlichen, dass „Volltreffer-Produkte“ offensichtlich das Ergebnis vergleichsweise **intensiver Zusammenarbeit** während aller wichtigen Phasen des Innovationsprozesses sind, mit einer Ausnahme: der Konstruktionsentwurfserstellung. Das bedeutet, dass sich die Anbieter von Volltreffer-Produkten bei der internen technischen Umsetzung von Konstruktionsentwürfen offensichtlich überwiegend auf die eigenen Fähigkeiten verlassen.

Typisch für das Investitionsgütermarketing ist insgesamt der vergleichsweise hohe Anteil von **Individuallösungen für die Abnehmer** (= Kundenindividuelles Marketing). Das, was sich in Konsumgütermärkten zunehmend vollzieht bzw. zunehmend versucht wird – nämlich Realisierung kundenindividueller Marketingkonzepte (Customized Marketing, siehe *Becker,* 2000 a) –, ist in vielen Investitionsgütermärkten das Regelgeschäft (zu Formen und Bedeutung der Individualisierung im Investitionsgütermarketing siehe *Burghard/Kleinaltenkamp,* 1996, S. 166 ff., zu Besonderheiten des *Gruppengüter*marketing s. *Voeth,* 2003).

Im Investitionsgüterbereich verfügen Anbieter deshalb weniger über fertige Produktprogramme, sondern mehr über ein bestimmtes **Programmrepertoire,** das sich als Potenzial von Fähigkeiten und Kompetenzen für die Erstellung spezifischer Problemlösungen darstellt (= Solution Marketing in Form von Hard- und Software-Leistungen). Damit ist zugleich angedeutet, dass im Investitionsgütermarketing in hohem Maße **Systemleistungen** angeboten werden (einschließlich notwendiger Dienstleistungen, zum Systemmarketing-Ansatz s. Überblick von *Specht,* 1995 b; i. E. *Backhaus/Voeth,* 2007, S. 401 ff.). Bei der Kommerzialisierung von Dienstleistungen ergeben sich dabei nicht unerhebliche Probleme, und zwar sowohl hinsichtlich der Bestimmung sinnvoller bzw. notwendiger Dienstleistungsarten als auch in Bezug auf ihre Verrechenbarkeit (vgl. hierzu *Belz/Müller/Walti,* 1996, S. 34 ff.).

Fallbeispiel: Systemgeschäft im Investitionsgütermarketing

In nicht wenigen Sektoren des Investitionsgüterbereiches wurden Investitionsgüter lange in Form des **Produktgeschäftes** vermarktet, d. h. es wurden am Markt Einzelleistungen angeboten. So wurden z. B. im Markt der Ausrüstung von Eisenbahngesellschaften Lokomotiven, Waggons, Signal- und Steuerungsanlagen u. ä. ursprünglich als von den abnehmenden Gesellschaften kombinierbare Einzelprodukte betrachtet.

In Folge der technischen Weiterentwicklung wurden die Problemlösungen für den Schienenweg jedoch immer komplexer. Zugleich entstand der Zwang, den **Systemverbund** (Kompatibilität) von Triebköpfen, Reisewagen, Stromversorgung wie auch Verkehrsleit- und Signaltechnik zu beachten. Bei Hochgeschwindigkeitszügen wie dem *ICE* wurde es für die Bahngesellschaften (z. B. die *Bundesbahn*) deshalb notwendig, Systemanbieter zu wählen. Solche Systemanbieter sind in diesem Markt durch Kooperation mehrerer „Produktanbieter“ unter Leitung eines Systemführers (z. B. *Siemens*) entstanden.

Auch der französische Hochgeschwindigkeitszug *TGV* wird auf Basis eines solchen Systemverbundes (weiter)entwickelt und vermarktet.

Daraus ergeben sich weit reichende Konsequenzen für das Marketing bzw. den Marketingmix, speziell den **Distributionsmix.** Aufgrund der intensiven persönlichen Beziehungen zwischen Anbieter und Nachfrager wie auch aufgrund der individualisierten Leistungsanforderungen vollziehen sich Investitionsgütergeschäfte in hohem Maße als Direktgeschäft (= direker Absatzweg, keine Einschaltung von selbstständigen Absatzmittlern). Der indirekte Absatzweg (z. B. Einschaltung des Produktionsverbindungshandels) kommt nur für standardisierte Güter (etwa Standardprodukte wie klassische Werkzeuge, Vielzweckmotoren u. Ä.) in Frage.

Charakteristisch für das Investitionsgütergeschäft (zumindest für das direkte, individualisierte) ist die **Verhandlungspreisbildung** zwischen Anbieter und Nachfrager. In personalisierten Märkten gibt es keine Marktpreisbildung, wie sie für anonyme Märkte z. B. im Konsumgüterbereich typisch ist.

Im Rahmen der Preisverhandlungen im Investitionsgütergeschäft spielen die **sonstigen Konditionen** (wie Liefer-, Zahlungs- und Finanzierungsbedingungen) eine große Rolle. Hier verfügt das Investitionsgütermarketing über ein sehr differenziertes Marketinginstrumentarium.

Darüber hinaus haben im Investitionsgütermarketing **Serviceleistungen** eine besonders große Bedeutung, und zwar sowohl *vor* als auch *nach* dem Verkauf bzw. Kauf. In dieser Hinsicht spielt vor allem ein umfassendes Nachkaufmarketing (z. B. Aufbau-, Einweisungs-, Service- und Garantieleistungen bei Anlagen) eine wichtige Rolle. Einen erheblichen Stellenwert besitzt in diesem Zusammenhang die Absatzlogistik (u. a. in Form von Just-in-Time-Konzepten).

Das Investitionsgütermarketing verfügt insoweit über besondere Möglichkeiten der **Schaffung von Kundenzufriedenheit** und – davon abgeleitet – der Schaffung von **Kundenbindung.** Auf diese Weise sind auch besondere Möglichkeiten des sog. Cross Selling gegeben (d. h. Ausdehnung der Kundenbeziehungen bzw. der Verkäufe auf andere Leistungen des Anbieters).

Einen deutlich geringeren Stellenwert besitzt im Investitionsgütermarketing dagegen – verglichen etwa mit dem Konsumgütermarketing – die klassische Kommunikationspolitik (speziell die Werbung). Größere Bedeutung besitzen hier mehr das **Direktmarketing** bzw. die **Direktwerbung.** Als besondere „Kommunikationsform" spielen darüber hinaus Marktveranstaltungen wie Messen und Ausstellungen eine wesentliche Rolle.

### *ac) Besonderheiten des Handelsmarketing*

Das Handelsmarketing bezieht sich auf „das Marketing der Handelsbetriebe" (*Tietz,* 1995, Sp. 875), zu denen insbesondere Groß- und Einzelhandelsbetriebe gehören. Im Mittelpunkt stehen dabei **Warenhandelsbetriebe** und ihre unterschiedlichen Betriebsformen. Vor allem die starke Expansion bzw. Konzentration des Handels hat zu einer „zunehmenden Emanzipation eines eigenständigen Handels-Marketing" geführt (*Meyer/Mattmüller,* 1994, S. 907). Der Handel sieht sich nicht mehr nur als verlängerter Arm (d. h. als Distributionssystem) der Hersteller, sondern hat längst begonnen, **eigene Marketingkonzepte** zu realisieren.

Die Tätigkeit des Handels konzentriert sich darauf, Waren und Güter zu kaufen und diese weitgehend unverändert an Wiederverkäufer bzw. Endverbraucher zu verkaufen. Seine spezifische Leistung besteht in der **Überbrückung** von räumlichen, zeitlichen, quantitativen und qualitativen Spannungen zwischen ersten Anbietern (Herstellern) und Nachfragern durch die Gestaltung von eigenen Beschaffungs- und Absatzsystemen sowie insbes. von **Sortimenten** (*Mattmüller/Tunder,* 2004, S. 189 ff., zum Handelsmarketing i. E. *Haller,* 2001; *Oehme,* 2001; *Liebmann/Zentes,* 2001; *Mattmüller/Tunder,* 2004; *Ahlert/Kenning,* 2007).

Das Marketing von Handelsbetrieben findet Niederschlag in **Betriebsformen,** die durch typische Leistungsmerkmale gekennzeichnet sind. Es sind i. W. folgende (*Haller,* 2001, S. 107 ff.; *Oehme,* 2001, S. 79 ff.; *Müller-Hagedorn,* 2002, S. 110 ff.; *Bormann/Hurth*, 2014 S. 285 ff.):

- **Sortiments- und Servicepolitik,**
- **Preis- und Konditionenpolitik,**
- **Verkaufs-, Ladengestaltungs- und Präsentationspolitik,**
- **Werbe- und Verkaufsförderungspolitik,**
- **Standortpolitik.**

Diese Leistungsmerkmale stellen zugleich das **Spektrum des absatzpolitischen Instrumentariums** (Marketingmix) dar. Dieses Instrumentarium lässt sich auf das klassische Marketinginstrumentarium von Herstellern zurückführen (*4er*-Systematik: Sortiments-, Preis- bzw. Konditionen-, Distributions- und Kommunikationspolitik bzw. *3er*-Systematik: Angebots-, Distributions- und Kommunikationspolitik, s. a. Überblick über das Marketinginstrumentarium zu Beginn des 3. Teils „Marketingmix"). Die eigentliche Besonderheit des Handelsmarketing bzw. einen zusätzlichen Instrumentalbereich stellt die Standortpolitik dar.

Die **Standortpolitik** beschäftigt sich mit „allen Entscheidungen und den darauf aufbauenden Maßnahmen, die dazu dienen, den Ort der Leistungserstellung einer Handelsunternehmung festzulegen und zu erschließen" (*Haller,* 2001, S. 367). Hierbei handelt es sich um eine langfristige Marketing- und Unternehmensentscheidung mit strategischer Bedeutung (= Marketinginstrument mit hoher strategischer bzw. struktureller Komponente). Das heißt, sie ist nicht oder zumindest nicht leicht änderbar und bedarf deshalb besonders sorgfältiger Planung. Der Bezug zu den **Marktarealstrategien** und ihren Markterschließungsmustern – insbesondere bei großen, expansiven Filialisten im Handel – ist also unverkennbar (zu Methoden der Standortanalyse und -bewertung siehe etwa *Tietz,* 1985, S. 209 ff.; *Oehme,* 2001, S. 79 ff.; *Haller,* 2001, S. 370 ff. sowie i. E. *Müller-Hagedorn/Natter*, 2011).

Die **Sortimentspolitik** des Handels stellt einen zentralen Marktgestaltungsbereich dar, weil sie eine ganz entscheidende Kernleistung von Handelsbetrieben ist. Ihr liegt zunächst eine bestimmte Grundorientierung zugrunde (z. B. Fach- oder Branchenorientierung, inzwischen stärker abgelöst von einer Bedarfskomplex- bzw. Problemlösungsorientierung, *Beispiele:* Fachmarkt für Bau- und Heimwerkerbedarf, Herrenausstatter). Wichtige Anknüpfungspunkte der Sortimentsbildung sind außerdem die Sortimentskonfiguration, z. B. breites und flaches Sortiment (= Universalhandel) oder schmales und tiefes Sortiment (= Spezialhandel) sowie die Sortimentskonstanz (etwa Standardsortimente und/oder modische Sortimente bis hin zu Aktions- und Auslaufsortimenten). Eine wichtige Sortimentsentscheidung bezieht sich darüber hinaus auf Art, Zusammensetzung und Absatz-/Umsatzanteile geführter Marken (unter besonderer Berücksichtigung von Hersteller-, Handelsmarken bzw. No-Names). Hier bestehen zugleich **wichtige Nahtstellen** zwischen Hersteller- und Handelsmarketing (Bezugspunkt: Marketing der Hersteller für Handelsbetriebe = Trade Marketing oder sog. Vertikales Marketing, vgl. hierzu die entsprechenden Darlegungen im Abschnitt zur Kommunikationspolitik, Abschnitt Verkaufsförderung).

Exkurs: Sortimentssteuerung im Handel

Insbesondere bei differenzierten, umfangreicheren Sortimenten ist es unabdingbar für ein konzeptionsgelenktes Handelsmarketing, **strategische Sortimentsanalysen** durchzuführen, die einer systematischen Sortimentssteuerung zugrunde gelegt werden können.

In diesem Zusammenhang haben spezifische **Portfolio-Analysen** Bedeutung, welche das mittel- bis langfristige Gleichgewicht des Handelsunternehmens aufzeigen bzw. herbeiführen helfen sollen.

Im Handel erfolgt diese Beurteilung auf der Basis der Kriterien **Marktwirkung** einerseits und **Ergebniswirkung** andererseits (*Jauschowetz,* 1995). Eine Modelldarstellung zeigt das sog. Marktwirkungs-/Ergebniswirkungsportfolio *(Abb. 441).*

„Die Kennzahl **Lagerumschlag** stellt die **Marktwirkung** dar, aus ihr kann ersehen werden, welche Artikelgruppen häufig gekauft und von den Kunden präferiert werden. Der **Deckungsbeitrag** einzelner Sortimentsteile gibt Auskunft dahingehend, welche Gruppen für die Handelsunternehmung besonders vorteilhaft sind und daher forciert werden sollten. Er stellt die **Ergebniswirkung** dar" (*Haller,* 2001, S. 119).

Aus dieser handelsspezifischen Portfolio-Analyse können entsprechende **Handlungsoptionen** abgeleitet werden (siehe hierzu *Haller,* 2001 bzw. *dies.,* 2008).

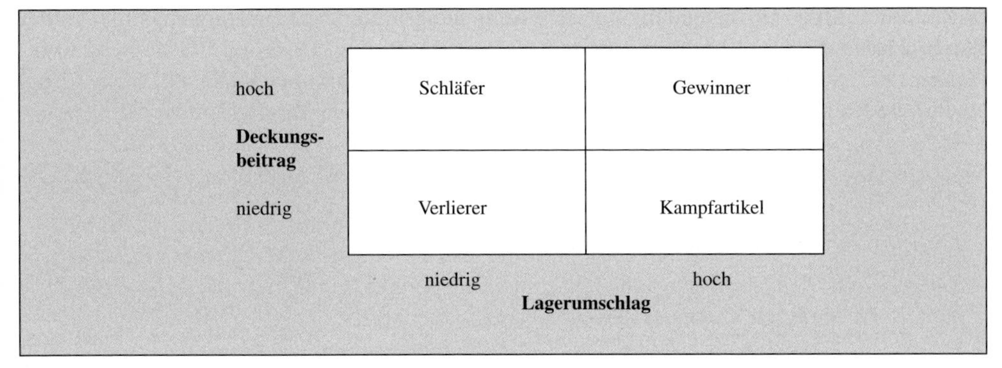


*Quelle: Haller,* 2001, S. 119

*Abb. 441: Marktwirkungs-/Ergebniswirkungsportfolio im Handel*

Neben der Sortimentsbildung selbst stellt die Art und Weise der **Andienungsform** ein zweites wichtiges Marktleistungsmerkmal einer Betriebsform bzw. eines Marketingkonzepts im Handel dar. Das Spektrum der Möglichkeiten reicht hier von der persönlichen Bedienung, über die Selbstbedienung bis hin zur medialen Andienung (= *Internet-Shopping-* bzw. *E-Commerce-*Konzept, siehe u. a. *Liebmann/Zentes,* 2001, S. 397 ff. sowie *Rudolph*, 2013). Dabei bestehen naturgemäß starke **wechselseitige Abhängigkeiten** zwischen Sortiment bzw. Sortimentsteil und Andienungsform. Handelsbetriebe können insoweit für verschiedene Sortimentsteile durchaus unterschiedliche Andienungsformen wählen und damit kombinierte Andienungssysteme realisieren (vgl. solche kombinierten Systeme z. B. bei Media-Fachmärkten).

Die **Preis- bzw. Konditionenpolitik** bildet einen dritten wichtigen marketing-politischen Gestaltungsansatz. Sie definiert in Verbindung mit den geführten Sortimenten das generelle bzw. abgestufte Preis-Leistungs-Niveau der Betriebsformen bzw. der Handelsmarketing-Konzepte. Hierbei bestehen vor allem auch marketing-strategische Querverbindungen (= **konzeptionelle Kette**), speziell zur marktstimulierungs-strategischen Ebene: nämlich Wahl und Verfolgung von Präferenz- oder Preis-Mengen-Strategie (siehe hierzu *Abb. 442*).

| Betriebsform | Sortiment | Andienungssystem | Preisstrategie |
|---|---|---|---|
| **Fachgeschäft** (z. B. *Escada*-Bekleidungsgeschäft) | Fachsortiment | persönliche Bedienung | Hochpreiskonzept |
| **Warenhaus** (z. B. *Kaufhof*) | Vollsortiment | pers. Bedienung, Selbstbedienung, mediale Andienung | Mittel- bis Hochpreis-Konzept |
| **Fachdiscounter** (z. B. *Aldi*) | Kernsortiment | Selbstbedienung | Niedrigpreiskonzept |

*Abb. 442: Merkmale der Marktbearbeitung bei ausgewählten Betriebsformen des Einzelhandels*

Die Übersicht macht deutlich, dass eine überdurchschnittliche Preisstellung (Hochpreiskonzept) nur mit überdurchschnittlichen Sortiments- und Andienungsformen realisiert werden kann, ein Niedrigpreiskonzept sich dagegen in Sortiment und Andienung beschränken muss

(= Minimum-Mix). In Verbindung mit dem Andienungssystem spielt naturgemäß die Art der **Warenpräsentation** und **Ladengestaltung** (In-Store-Marketing, *Gröppel,* 1995, Sp. 1020 ff.; *Haller,* 1997, S. 329 ff.; *Liebmann/Zentes,* 2001, S. 545 ff.; *Bormann/Hurth*, 2014, S. 405 ff.) eine große Rolle und bietet vielfältige handels-differenzierende Möglichkeiten.

Fallbeispiel: Schlüssiges Marketingkonzept als Voraussetzung erfolgreicher Filialisierung

Die *Douglas Holding AG* war eine **diversifizierte Handelsgruppe.** Ihre Aktivitäten reichten von Süßwarengeschäften über Parfümerien, Schmuck- und Uhrenfachgeschäfte, Bücher- und Zeitschriftenhandel bis zum Damenmode-Handel (*strategische* Schwerpunkte: Parfümerien, Schmuck, Problembereich: Bücher).

Besonders erfolgreich war die Gruppe mit ihren *Douglas*-Parfümerien; sie erwirtschafteten mit Abstand den **größten Umsatz-/Erfolgsbeitrag.** Der Erfolg der *Douglas*-Parfümerien hatte die Gruppe bewogen, den Holding-Namen auf *Douglas* umzustellen.

Alle Handelsaktivitäten betrieb die *Douglas*-Gruppe nach dem **Filialprinzip.** Das heißt, auf der Basis eines einheitlichen, erfolgsträchtigen Basis-Konzepts wurde systematisch ein ganzes Filialnetz auf- und ausgebaut (und zwar national wie international).

Die *Douglas*-Gruppe hatte insgesamt bewiesen, dass auch schwierige (Fach-)Sortimente filialisierungsfähig sind. Wichtige **Erfolgsfaktoren** aller Filialsysteme der *Douglas*-Gruppe waren im Wesentlichen folgende vier:

- **überzeugende Fachsortimente (Fach-/Markenkompetenz, „Lifestyle"),**
- **konsequente Kundenorientierung (Servicesystem),**
- **starke Profilierung der Filialnetze (unverwechselbare Corporate Identity),**
- **ausgeprägte Vermittlung von Kauferlebnissen (Art der Warenpräsentation und Warenandienung).**

Inzwischen hat sich *Douglas* mit Hilfe von Investoren zu einer *reinen*, in Europa führenden **Parfümeriegruppe** fokussiert.

Was schließlich die **Kommunikationspolitik** betrifft, so kann sich der Handel grundsätzlich aller der Instrumente bedienen, die im Konsumgütermarkt üblich bzw. möglich sind (vgl. hierzu auch den Abschnitt Kommunikationspolitische Instrumente). Von weiten Teilen des Handels – vor allem von den Groß- bzw. Filialbetrieben – wird in hohem Maße handelsspezifische Werbung insbesondere in den Printmedien (speziell den Tageszeitungen) eingesetzt, mit allen Vorteilen der Aktualität bzw. des Aktionsmarketing.

Insgesamt ist für weite Teile des Handels (insbesondere des allgemeinen Handels) ein eher **aktionsbezogenes, stark preisorientiertes Marketing** charakteristisch geworden – verstärkt nicht zuletzt durch gesamtwirtschaftliche Entwicklungen (u. a. hohe Arbeitslosigkeit und entsprechende Kaufkraftdefizite bzw. Kaufzurückhaltung).

### ad) Besonderheiten des Dienstleistungsmarketing

In entwickelten Volkswirtschaften nimmt die Bedeutung des Dienstleistungssektors und damit die Bedeutung des Dienstleistungsmarketing zu. Im Dienstleistungssektor wird das Marketing entscheidend von der **Vielfalt und Unterschiedlichkeit** der Dienstleistungsarten bzw. -angebote geprägt (vgl. Überblick von *Meffert,* 1995, Sp. 454 ff., i. E. *Hilke,* 1989; *Meyer,* 1992 bzw. 1998; *Bieberstein,* 2001; *Meffert/Bruhn,* 2006; *Meffert/Bruhn/Hadwich*, 2015).

Insgesamt kann zwischen **selbstständigen Dienstleistern** bzw. Dienstleistungen (wie sie durch die verschiedenen Arten von Dienstleistungsbetrieben erbracht werden) und **abhängigen Dienstleistern** bzw. Dienstleistungen (wie sie z.B. von Herstellerbetrieben produktbegleitend angeboten werden) unterschieden werden. Auf produktbegleitende Dienstleistungen ist bereits im Rahmen der Produkt- und Programmpolitik (Pre-, At- und After-Sale-Services) näher eingegangen worden. Es soll deshalb hier vorrangig auf *selbstständige* Dienstleistungen bzw. spezielle Dienstleistungsbetriebe und die Besonderheiten ihres Marketing Bezug genommen werden. Beispielhaft sind hier etwa Banken, Versicherungen, Reiseveranstalter, Transportunternehmen, Beratungsunternehmen oder auch Handwerksdienstleistungen zu nennen sowie Dienstleistungsbetriebe des öffentlichen Sektors wie Krankenhäuser, Schulen, Hochschulen.

Die Besonderheiten des Dienstleistungsmarketing sind Resultat der **spezifischen Eigenschaften** von Dienstleistungen. Es sind insbesondere Folgende:

- **Dienstleistungen sind immateriell (also vor dem Kauf nicht „richtig" greif- oder sehbar),**
- **Dienstleistungen sind nicht lager- und transportfähig,**
- **Dienstleistungen entstehen i.d.R. durch aktive Beteiligung des Kunden.**

Dienstleistungen können – jeweils vorrangig – von Personen oder Objekten an Personen oder Objekten erbracht werden. Auf Basis einer Matrix lassen sich insgesamt **vier Typen von Dienstleistungen** unterscheiden (*Lehmann,* 1993, S. 27; *Bieberstein,* 2001, S. 42 ff.; *Abb. 443*).

| | | **Art des externen Faktors** | |
|---|---|---|---|
| | | A Personenbezogene Dienstleistungen | B Objektbezogene Dienstleistungen |
| **Haupt-einsatz-faktor** | Personendominante Dienstleistung 1 | A 1 | B 1 |
| | Objektdominante Dienstleistung 2 | A 2 | B 2 |

*Quelle: Bieberstein,* 2001, S. 43

*Abb. 443: Systematisierung der Dienstleistungen nach den Kriterien Haupteinsatzfaktor und Art des externen Faktors*

Das heißt, unter den sich daraus ergebenden Anbieter-Nachfrager-Beziehungen lassen sich folgende **Dienstleistungsgruppen** abgrenzen:

- Der Dienstleistungsanbieter leistet **mit Person(en) an der Person** des Kunden (A 1), *Beispiel:* Erziehungswesen (Schule, Hochschule),
- Der Dienstleistungsanbieter leistet **mit Objekt(en) an der Person** des Kunden (A 2), *Beispiel:* Transportunternehmen (Personenverkehr),
- Der Dienstleistungsanbieter leistet **mit Person(en) am Objekt** des Kunden (B 1), *Beispiel:* Kraftfahrzeugwerkstatt,
- Der Dienstleistungsanbieter leistet **mit Objekt(en) am Objekt** des Kunden (B 2), *Beispiel:* Wäscherei.

Nicht selten werden im Rahmen eines Dienstleistungsunternehmens auch verschiedene Dienstleistungen dieser Art *kombiniert* (z.B. Bankbetrieb: persönliche Beratung bei Kapitalanlagen, unpersönliche Ausgabe der Bankauszüge aus einem Bankautomaten).

Dienstleistungsbetriebe können sich grundsätzlich des gleichen Marketinginstrumentariums bedienen wie z. B. Konsumgüterbetriebe. Die Besonderheiten des Dienstleistungsmarketing bestehen jedoch in der **Art der Nutzungsmöglichkeiten** dieser Instrumente und ihren spezifischen Ausprägungs- und Anpassungsformen (vgl. auch *Belz/Bieger,* 2000).

Die Angebotspolitik von Dienstleistungsunternehmen ist dadurch gekennzeichnet, dass hier **weniger standardisierte Produkte** bzw. Leistungen vorgehalten werden, sondern dass Dienstleistungsbetriebe vielmehr Dienstleistungspotenziale (-repertoires) ähnlich wie im Investitionsgütermarketing aufbauen und ggf. weiterentwickeln, die Kunden dann spezifisch nutzen können (zu Besonderheiten von IT-Produkten s. *Herzwurm/Pietsch,* 2009). Dienstleistungsmarketing hat – je nach Dienstleistungsbranche – somit stark **kundenindividuellen Leistungscharakter.** Bei der Schaffung neuer Dienstleistungen entstehen aufgrund der Immaterialität der Leistungen durchweg Argumentations- und Beweisprobleme.

Exkurs: Mögliche Bewertung von Sachgütern und Dienstleistungen im Vergleich

Die typischen Argumentations- und Beweisprobleme bei (neuen) Dienstleistungen haben ihre Ursache darin, dass Dienstleistungen im Allgemeinen **keine Prüfqualitäten** aufweisen, d. h. vor Kauf bzw. Nutzung der Dienstleistung besteht keine physische Prüfmöglichkeit. Hierin ist ein wesentlicher Nachteil in der Vermarktung gegenüber Sachgütern zu sehen. Eine Darstellung zeigt das im Einzelnen *(Abb. 444).*

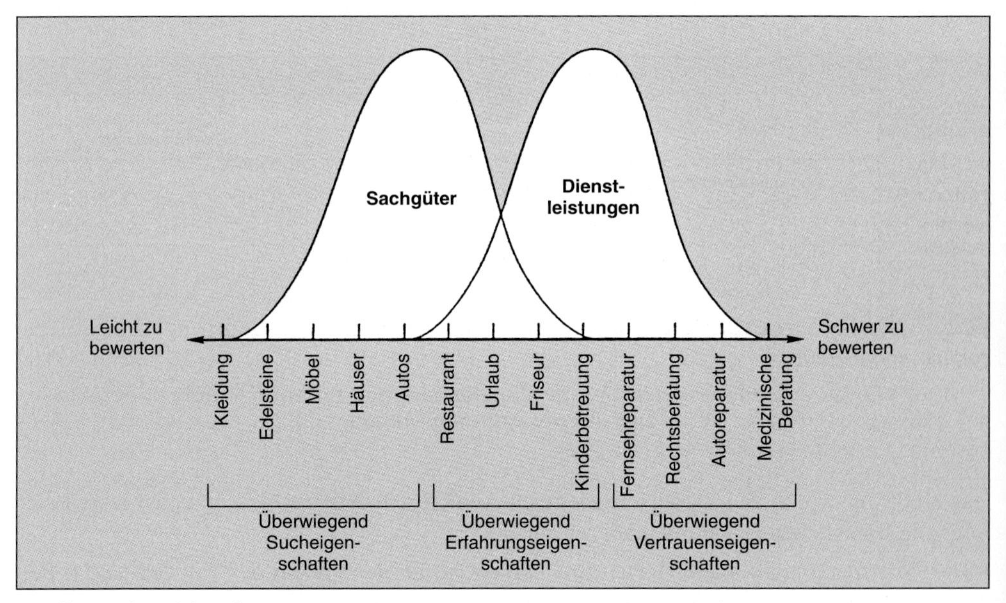


*Quelle:* nach *Zeithaml,* 1991, S. 40

*Abb. 444: Möglichkeiten der Bewertung bei unterschiedlichen Gütern/Leistungen*

Diese Darstellung verdeutlicht, dass klassische Sachgüter durch Sucheigenschaften, d. h. durch Qualitäten charakterisiert sind, die relativ leicht vor dem Kauf objektiv überprüft werden können. **Dienstleistungen,** die nicht dem „Routinebereich“ des Nachfragers angehören, und insgesamt schwer zu beurteilen sind, sind demgegenüber durch Vertrauenseigenschaften gekennzeichnet; das bedeutet, dass objektive Prüfungen durch **Glauben bzw. Vertrauen** gegenüber dem Dienstleister ersetzt werden müssen.

In einem mittleren Bereich, dem sowohl Sachgüter als auch Dienstleistungen angehören, die weder leicht noch schwer zu bewerten sind, überwiegen Erfahrungseigenschaften, d. h. hier vertrauen Kunden vor allem auf (positive) **Erfahrungen**.

Der steigende Wettbewerb gerade auch im Dienstleistungssektor hat dazu geführt, dass z. T. Dienstleistungsarten branchenübergreifend integriert und zu **neuen Problemlösungen** (Problemlösungspaketen) gebündelt werden.

Fallbeispiel: Allfinanz-Konzept

Bereits im 2. Teil „Marketingstrategien“, Abschnitt Marktfeldstrategien, Teil Diversifikationsstrategie, wurde das Allfinanzkonzept als diversifikations-strategische Option angesprochen.

Das Allfinanz-Konzept – auch mit Schlagworten belegt, wie „Finanzsupermarkt“ oder „Alle Finanzdienstleistungen unter einem Dach“ – zielt auf das **Angebot unterschiedlicher Finanzdienstleistungen** bei gleichzeitiger Zusammenarbeit zwischen Finanzinstitutionen verschiedener Branchen (*Büschgen,* 1992; *Corsten/Hilke,* 1999; *Dinauer,* 2001), dazu zählen insbesondere: Geschäftsbanken, Versicherungsunternehmen, Bausparkassen, Hypothekenbanken, Kapitalanlagegesellschaften.

Um möglichst umfassende Allfinanz-Angebotspaletten zu realisieren, entstanden unterschiedliche **Kooperationen** zwischen unterschiedlichen Finanzdienstleistern. So arbeitete seinerzeit z. B. die *Commerzbank* mit der *Leonberger Bausparkasse* und der *DBV Versicherung* (Tochterunternehmen) zusammen.

Im Zusammenhang mit schwer bewertbaren Dienstleistungen, deren Inanspruchnahme zwangsläufig in hohem Maße auf Vertrauensqualitäten beruht, spielt naturgemäß die **Markenbildung** (Aufbau von Kompetenz- bzw. Vertrauensmarken) eine wichtige Rolle. Dabei werden i. d. R. Dachmarken-Konzepte gewählt, über die Kompetenz und Vertrauen für eine ganze Institution (z. B. eine Bankgesellschaft oder ein Versicherungsunternehmen) aufgebaut werden sollen. Teilweise werden zusätzlich Untermarken-Konzepte realisiert, z. B. zur Profilierung eines zielgruppen-spezifischen Dienstleistungsprodukts (etwa spezielles Jugendsparbuch mit Scheckkarte).

Was die **Preispolitik** (einschließlich Rabatte sowie Zahlungs- und Lieferungsbedingungen) betrifft, so sind unterschiedliche Bedingungen im Dienstleistungsbereich gegeben. Bei standardisierbaren Dienstleistungen bilden sich Marktpreise wie im Konsumgütermarketing aus, bei individualisierten Leistungen kommt es zur Verhandlungspreisbildung wie in Investitionsgütermärkten. Dass Dienstleistungen grundsätzlich nicht lagerfähig sind, Dienstleister aber marktgerechte Kapazitäten vorhalten müssen, entsteht – um Leerkapazitäten bzw. -kosten zu vermeiden – der Zwang, die Preispolitik zur **aktiven Nachfragesteuerung** einzusetzen. Hierfür wird die Preisdifferenzierung gewählt, speziell die zeitliche (z. B. Preisanreize für Nutzung von Hotels in der Nebensaison oder an Wochenenden). Zum Teil werden aber auch die verschiedenen Formen der Preisdifferenzierung kombiniert für eine ertragsorientierte Preis-Mengen-Steuerung eingesetzt (**sog. Yield Management**, *Zehle,* 1990 bzw. **sog. Revenue Management**, *Fandel et al.,* 2005), und zwar speziell von Dienstleistungsbetrieben mit unflexiblen Kapazitäten und hohen Fixkosten (z. B. Fluglinien oder Reiseunternehmen).

Die **distributionspolitischen Entscheidungen** hängen in hohem Maße von der Art der angebotenen Dienstleistungen ab. Aufgrund des i. d. R. zwingenden Direktkontakts zwischen Anbieter und Nachfrager (Kunde) bei der Erstellung von Dienstleistungen ist grundsätzlich ein direktes Distributionssystem zu wählen. „Dies kann in der Form von Filialen, durch räumlich flexible Einrichtungen (z. B. fahrbarer Beratungsbus) oder durch Franchising-Verträge mit rechtlich selbstständigen, wirtschaftlich aber bezüglich des angebotenen Dienstes unter der Lenkung des Franchisegebers stehende Distributionsorgane erfolgen" (z. B. Auspuff-Servicedienste, Erg. J. B., *Scheuch,* 1992, S. 198). Indirekte Distributionssysteme sind bei abgeleiteten Distributionsaufgaben möglich bzw. üblich (z. B. Kartenvertrieb für Theater durch Buchhandlungen oder Buchung von Reisen in Reisebüros).

Im Zusammenhang mit der Immaterialität von Dienstleistungen (Intangibility, *Levitt* ) spielt die **äußere und innere Gestaltung** von Dienstleistungsbetrieben bzw. von ihren Filialen eine große Rolle. Ansprechende Gestaltungen können Kaufhemmungen reduzieren bzw. den Kompetenzaufbau von Dienstleistungsbetrieben unterstützen (z. B. Außen- und Innenarchitektur von Bankfilialen). Damit sind bereits wichtige kommunikative Aufgaben angesprochen.

Was schließlich die **Kommunikationspolitik** i. e. S. betrifft, so besteht ihre Hauptaufgabe bei Dienstleistungsbetrieben vor allem darin, immaterielle Dienstleistungen bzw. ihre Problemlösungseignung möglichst „sichtbar" zu machen. Ansonsten gilt es, für Dienstleistungsbetriebe und ihr Leistungsangebot entsprechende Kompetenz- und Vertrauensprofile aufzubauen (vgl. frühere Beispiele wie *Volksbanken*-Werbung: „Wir machen den Weg frei" oder Werbung der *Dresdner Bank:* „Das grüne Band der Sympathie", zu typischen Beispielen von Dienstleistungswerbung siehe auch *Bieberstein,* 2001, S. 322 ff.).

Grundsätzlich sind im Dienstleistungsmarketing auch alle **modernen Kommunikationsinstrumente** einsetzbar (etwa vom Direktmarketing bis hin zum Internet- sowie Social Media-Marketing). Wichtig ist dabei vor allem der ziel-strategisch orientierte Einsatz (zur grundsätzlichen Notwendigkeit einer integrierten Kommunikation siehe das Kapitel „Kommunikationspolitische Basisinstrumente").

So wie im Handel die Standortpolitik eine spezifische Bedeutung besitzt (auch bei Dienstleistungsbetrieben kann sie im Übrigen je nach Dienstleistungsart eine besondere Rolle spielen, *Bieberstein,* 2001), so hat bei Dienstleistungsbetrieben vor allem der **Personalfaktor** eine große Relevanz. Das hängt damit zusammen, dass viele Dienstleistungen von Personen erbracht bzw. wesentlich mitgestaltet werden, und zwar in unmittelbarem Kontakt mit dem Kunden (s. a. *Meyer,* 2001, S. 296 f.).

Das Personal stellt in Dienstleistungsbetrieben damit einen entscheidenden **Qualitätsfaktor** dar, der in die Dienstleistung einfließt bzw. sie in hohem Maße selbst ausmacht. Die Marketingmaßnahmen von Dienstleistungsbetrieben müssen sich deshalb – speziell für die Dienstleistungstypen A 1 und B 1 (vgl. *Abb. 443*) – auch auf die dienstleistungs- und konzeptadäquate Mitarbeitergewinnung, -schulung und -weiterentwicklung erstrecken. Diese personalbezogenen Aufgaben werden deshalb z. T. als *eigener* Marketinginstrumentalbereich bei Dienstleistungsbetrieben aufgefasst (siehe hierzu auch *Bieberstein,* 2001, S. 346 ff.).

Die Darlegungen zu den Besonderheiten des Konsumgüter-, Investitionsgüter-, Handels- und Dienstleistungsmarketing haben gezeigt, dass **alle vier Sektoren** jeweils spezifische Besonderheiten im Marketing aufweisen, die entsprechende Konsequenzen für die Marketinginstrumentenwahl bzw. ihre Einsatzformen und Ausprägungen haben. Marketing-Konzeptionen können insofern nur dann erfolgreich sein, wenn sie branchen-/marktadäquat abgeleitet und realisiert werden.

### *b) Güterspezifische Differenzierungen des Marketingmix*

Die Branchenorientierung allein ist jedoch vielfach ein noch nicht ausreichender Differenzierungsansatz. Weitergehende Ansätze versuchen deshalb an spezifischen Waren- oder **Gü-**

**tereigenschaften bzw. -eigenarten** anzuknüpfen. Bekannt geworden sind diese Bemühungen unter den Begriffen „Waren- oder Gütertypologischer Ansatz“ (Commodity Approach), der vor allem in der amerikanischen Marketing- und Managementlehre entwickelt und gepflegt worden ist (*Copeland,* 1925; *Aspinwall,* 1962 bzw. 1967; *Miracle,* 1965; *Lipson/Darling/Reynolds,* 1970 bzw. *Lipson/Darling,* 1971), aber auch in der deutschen Absatz- bzw. Marketinglehre Tradition hat (*Schäfer,* 1950 bzw. 1981; *Knoblich,* 1969 bzw. 1974 sowie 1995 und 2001; *Koppelmann,* 1969, 1974 bzw. 1997).

Während die **klassische Unterscheidung** von Convenience Goods, Shopping Goods und Speciality Goods (*Copeland,* 1925) an der Art und Intensität von Kaufentscheidungsprozessen bei den Abnehmern (Kunden) anknüpft, lenkt die Unterscheidung von „Red Goods“, „Orange Goods“ und „Yellow Goods“ (*Aspinwall,* 1967) die Aufmerksamkeit primär auf die Konsequenzen für die Wahl der Absatzkanäle und die Art der Kommunikationspolitik.

Anknüpfend an diesen noch relativ groben Güterunterscheidungen haben dann insbesondere *Miracle* (1965) und *Lipson/Darling/Reynolds* (1970) **gütertypologische Ansätze** gewählt, die nicht nur wesentlich differenziertere Analysesysteme darstellen, sondern vor allem als Basis benutzt werden, um güterspezifische Marketingmixe *insgesamt* zu bestimmen.

Exkurs: Zur waren- bzw. güter-typologischen Methode

Waren- bzw. Gütertypologien beruhen auf dem methodischen Ansatz, aus der Gütervielfalt heraus jeweils eine Reihe von Güterarten, die in **charakteristischen Merkmalsausprägungen** übereinstimmen, zu besonderen **Warentypen** zusammenzufassen. Solche Typen reflektieren somit bei einer bestimmten Fragestellung (z. B. der Gestaltung eines güteradäquaten Marketingmix) das gemeinsam Wesentliche bzw. Charakteristische mehrerer Warenarten.

Typologien versuchen insoweit die Vereinzelung von Aussagen (im Extrem: jede einzelne Warenart wird zum Gegenstand absatz- bzw. marketingwissenschaftlicher Untersuchungen gemacht) zu vermeiden, ebenso aber die **grobe Verallgemeinerung,** die von jeglichen Waren- bzw. Güterdifferenzierungen abstrahiert (= allgemeinste Form der Theorie: Gut ist gleich Gut).

Die typologische Methode stellt in diesem Sinne einen **materiell orientierten Mittelweg** zur differenzierten Theoriebildung dar. Sie versucht, die große Gütervielfalt auf eine überschaubare Zahl von Gütertypen zu reduzieren, für deren Kennzeichnung (Abgrenzung) – im Gegensatz zur reinen (formalen) Klassifikation – nicht nur ein, sondern *mindestens zwei* Merkmale (also Merkmalskombinationen) gewählt werden.

Derartige materielle Gütertypen sind umso spezifischer, **je mehr Merkmale** ihnen kombinierend zugrunde gelegt werden. Das bedeutet zugleich, dass für sie dann auch umso besser (= adäquater) spezifische Marketinginstrumente bzw. entsprechende instrumentale Ausprägungen gewählt und damit gütertyp-adäquate Marketingmixe bestimmt werden können (zur typologischen Methode – insbesondere progressive (synthetische) Typenbildung versus retrograde (analytische) Typeninterpretation – siehe *Knoblich,* 1995 und 2001 bzw. im Einzelnen *Knoblich,* 1969).

Den waren- bzw. gütertypologischen Ansätzen liegt mit anderen Worten also das **Bemühen** zugrunde, möglichst „generelle Aussagen über die unternehmerische Absatzgestaltung unter besonderer Berücksichtigung der Produkte und ihrer Eigenschaften zu machen“ (*Knoblich,* 1995, Sp. 839).

In dieser Hinsicht hat *Miracle* ein differenziertes **Produktgruppen-Konzept** vorgelegt, das auf einer relativen Gewichtung grundlegender Produktcharakteristika beruht (*Miracle,* 1965, S. 18 ff.). Er hat hierfür insgesamt *neun* Produktmerkmale gewählt, die seiner Meinung nach für die Wahl des Marketingmix („Marketing Strategy“) entscheidend sind. Insgesamt legt er seinem synthetisch abgeleiteten Produktsystem *fünf* Gruppen zugrunde. Für die Charakterisierung seiner fünf Produktgruppen zieht *Miracle* jeweils mehrere typische Beispiele heran. Zwei Übersichten (*Abb. 445* und *446*) verdeutlichen dieses **produkttypen-differenzierende System.**

| Produkt-Charakteristika | Gruppe I | Gruppe II | Gruppe III | Gruppe IV | Gruppe V |
|---|---|---|---|---|---|
| **Preis (Wert) der Produkteinheit** | sehr gering | gering | mittel bis hoch | hoch | sehr hoch |
| **Bedeutung jedes einzelnen Kaufs für den Abnehmer** | sehr gering | gering | mittel | hoch | sehr hoch |
| **Für den Kauf aufgewendete Zeit und Mühe** | sehr gering | gering | mittel | hoch | sehr hoch |
| **Rate der technischen und modischen Änderungen** | sehr gering | gering | mittel | hoch | sehr hoch |
| **Technische Komplexität** | sehr gering | gering | mittel bis hoch | hoch | sehr hoch |
| **Bedürfnis nach Serviceleistungen** | sehr gering | gering | mittel | hoch | sehr hoch |
| **Kaufhäufigkeit** | sehr hoch | mittel bis hoch | gering | gering | sehr gering |
| **Schnelligkeit des Ver(Ge-)brauches** | sehr hoch | mittel bis hoch | gering | gering | sehr gering |
| **Zahl (Art) der Verwendungsmöglichkeiten** | sehr hoch | hoch | mittel bis hoch | gering bis mittel | sehr gering |

*Quelle:* nach *Miracle*, 1965, S. 20.

*Abb. 445: Produktcharakteristika für fünf unterschiedene Produktgruppen*

| Gruppe I | Gruppe II | Gruppe III | Gruppe IV | Gruppe V |
|---|---|---|---|---|
| Zigaretten | Lebensmittel (Trockensortiment) | Radio- und Fernsehgeräte | Qualitätskameras | Elektronische Büromaschinen |
| Süßwaren-Riegel | Arzneimittel | Haushaltgroßgeräte | Landmaschinen | Elektrische Generatoren |
| Rasierklingen | Haushaltswaren | Damenbekleidung | Personenkraftwagen | Dampfturbinen |
| Alkoholfreie Erfrischungsgetränke | Industrielle Betriebsstoffe | Reifen und Schläuche Sportausrüstungen | Qualitätsmöbel | Spezialwerkzeuge |

*Quelle:* nach *Miracle*, 1965, S. 20.

*Abb. 446: Typische Produkt-Beispiele für die fünf Produktgruppen*

Die von *Miracle* für die Bestimmung des Marketingmix als relevant angesehenen neun Merkmale sind demnach den **fünf Produkttypen** hinsichtlich ihrer Bedeutung jeweils ordinal in fünf Abstufungen (sehr hoch, hoch, mittel, gering, sehr gering) zugeordnet. Aufgrund von empirisch gestützten Plausibilitätsurteilen können für die fünf Produkttypen die **Marketinginstrumente** bzw. ihre adäquaten Ausprägungen grundsätzlich wie folgt bestimmt werden *(Abb. 447)*.

Das heißt, für jeden der fünf Produkttypen lassen sich so spezifische Marketinginstrumente bzw. jeweils adäquate **instrumentale Ausprägungen** bestimmen. Es zeigt sich jedenfalls, dass

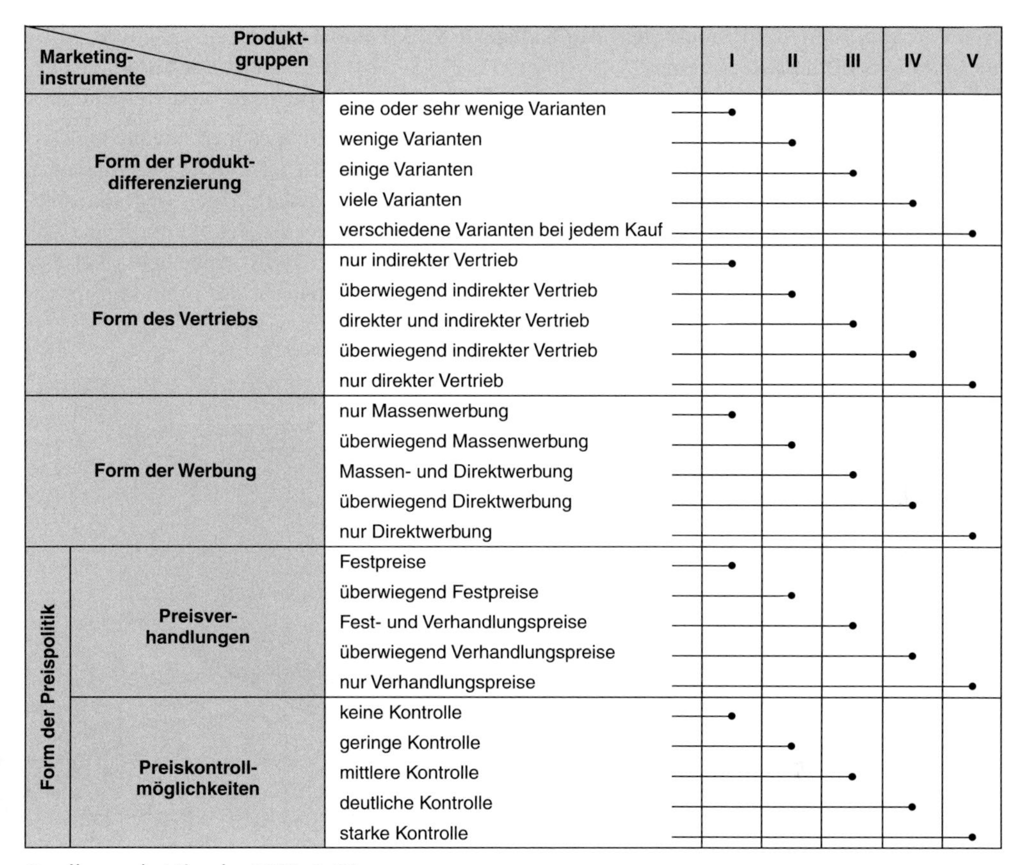

| Marketinginstrumente \ Produktgruppen | | | I | II | III | IV | V |
|---|---|---|---|---|---|---|---|
| Form der Produktdifferenzierung | | eine oder sehr wenige Varianten | ● | | | | |
| | | wenige Varianten | | ● | | | |
| | | einige Varianten | | | ● | | |
| | | viele Varianten | | | | ● | |
| | | verschiedene Varianten bei jedem Kauf | | | | | ● |
| Form des Vertriebs | | nur indirekter Vertrieb | ● | | | | |
| | | überwiegend indirekter Vertrieb | | ● | | | |
| | | direkter und indirekter Vertrieb | | | ● | | |
| | | überwiegend indirekter Vertrieb | | | | ● | |
| | | nur direkter Vertrieb | | | | | ● |
| Form der Werbung | | nur Massenwerbung | ● | | | | |
| | | überwiegend Massenwerbung | | ● | | | |
| | | Massen- und Direktwerbung | | | ● | | |
| | | überwiegend Direktwerbung | | | | ● | |
| | | nur Direktwerbung | | | | | ● |
| Form der Preispolitik | Preisverhandlungen | Festpreise | ● | | | | |
| | | überwiegend Festpreise | | ● | | | |
| | | Fest- und Verhandlungspreise | | | ● | | |
| | | überwiegend Verhandlungspreise | | | | ● | |
| | | nur Verhandlungspreise | | | | | ● |
| | Preiskontrollmöglichkeiten | keine Kontrolle | ● | | | | |
| | | geringe Kontrolle | | ● | | | |
| | | mittlere Kontrolle | | | ● | | |
| | | deutliche Kontrolle | | | | ● | |
| | | starke Kontrolle | | | | | ● |

*Quelle:* nach *Miracle,* 1965, S. 22

*Abb. 447: Produkttypen-spezifische Auswahl der Marketinginstrumente*

die einzelnen Produkttypen durch jeweils ähnliche Marketingmöglichkeiten und -zwänge gekennzeichnet sind. Das kann am augenfälligsten an den beiden extremen Produkttypen I und V abgelesen werden.

Danach sind die **Produkte der Gruppe I** dadurch charakterisiert, dass die Produktgestaltung relativ einfach ist (eine oder sehr wenige Varianten), der indirekte Absatzweg vorherrschend ist (und zwar im Sinne der Massendistribution, sog. Überallerhältlichkeit), die Massenwerbung typisch ist (i. S. des Vorverkaufs- oder Pull-Konzepts mit sog. Sprung-Werbung), bei der Preisbildung die Orientierung an Marktpreisen gegeben ist und Unternehmen bei dieser Produktgruppe über keine Kontrollmöglichkeiten hinsichtlich der Preise verfügen.

Bei **Produkten der Gruppe V** ist demgegenüber typisch, dass man sich hinsichtlich der Produktgestaltung auf verschiedene Varianten bei jedem Kauf einstellen muss, ausschließlich der direkte Absatzweg aufgrund kundenindividueller Produkte angemessen ist, bei der Werbung deshalb auch die Direktwerbung sinnvoll bzw. zwingend ist, die Preispolitik durch Verhandlungspreisbildung gekennzeichnet ist und die Unternehmen zugleich ausgeprägte Preiskontrollmöglichkeiten besitzen.

Produkte, die unter die Produktarten der **Kategorie II, III und IV** fallen, „are governed by modifications of the two extremes" (*Rosenberg,* 1977, S. 314), wie anhand des produktgruppen-spezifischen Marketinginstrumenten-Auswahltableaus nachvollzogen werden kann.

Diese **qualitative Auswahlheuristik** für die Bestimmung des produktgruppen-adäquaten Marketingmix ist später weiter ausgebaut und differenziert worden (*Lipson/Darling/Reynolds,* 1970). Der Vorteil ihres Systems – das auf dem System von *Miracle* aufbaut – liegt darin begründet, dass es alle Marketinginstrumental-Bereiche (und zwar alle vier P's im Sinne von *McCarthy:* „Product", „Price", „Place", „Promotion", *McCarthy,* 1960) einbezieht. Auf dieser Basis ist eine möglichst **vollständige Matrix** für die (Vor-)Auswahl des produktgruppen-spezifischen Marketingmix entwickelt worden *(Abb. 448).*

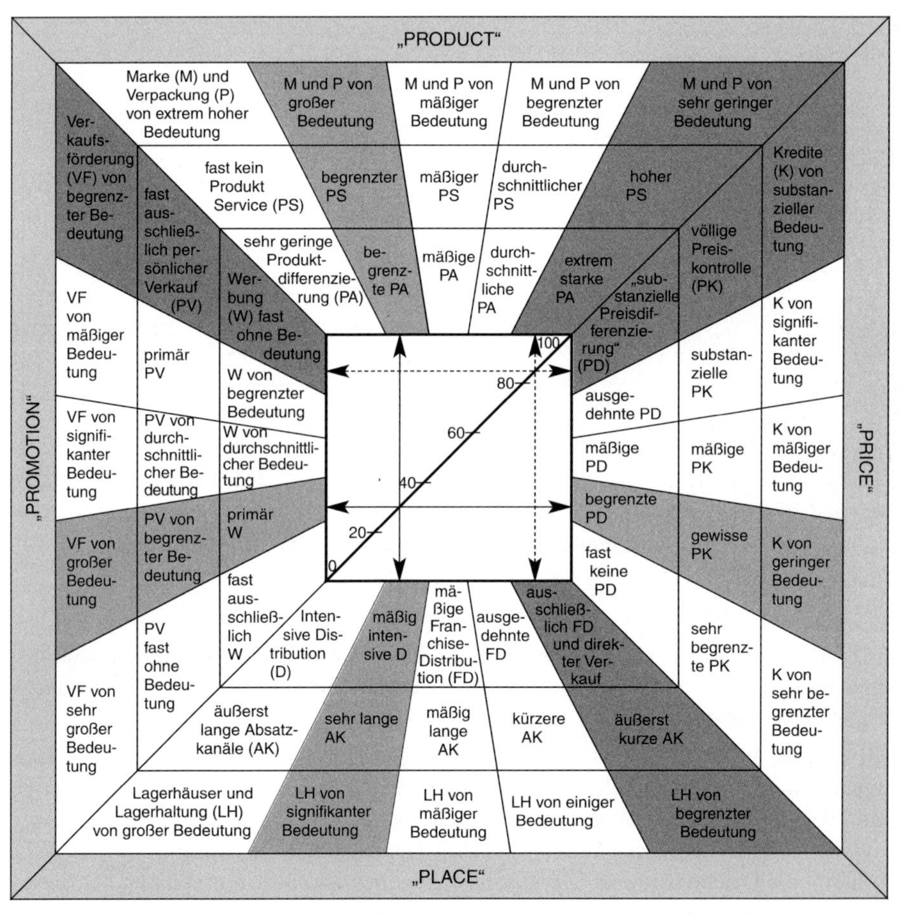


*Quelle:* nach *Lipson/Darling/Reynolds,* 1970. S. 40

*Abb. 448: Produktgruppen-spezifische Kombinationsheuristik von Marketinginstrumenten*

Die **konkrete Vorauswahl** des Marketingmix auf der Basis dieser Matrix, welche die generellen Beziehungen (Beziehungsmuster) zwischen den verschiedensten Marketinginstrumenten bzw. ihren jeweiligen Ausprägungen berücksichtigt, erfolgt dabei in *drei* Basisschritten:

**(1) Charakterisierung des Produktes,**
**(2) Einordnung des Produkts auf der Basis seiner Merkmale (= Bestimmung der Skala-Position),**
**(3) Vorauswahl des sog. Normmix.**

Die **Charakterisierung des Produkts** im Sinne einer merkmals-spezifischen Typisierung erfolgt dabei unter Berücksichtigung der von *Miracle* unterschiedenen fünf Produktgruppen bzw. der sie kennzeichnenden Merkmale (*Miracle,* 1965, S. 18 ff.). In Anlehnung an das methodische Vorgehen von *Aspinwall* (Einführung einer diagonalen Punkteskala von 0 bis 100, *Aspinwall,* 1962, S. 635) wird dann im zweiten Schritt die **Skalaposition** des Produktes ermittelt (siehe die *stark* gezogene Diagonale mit den Werten 0 bis 100 in *Abb. 448*). Von dieser Skalaposition aus wird schließlich im dritten Schritt mit dem Lot auf die vier Instrumentenfelder „Product", „Price", „Place" und „Promotion" der **sog. Normmix** abgelesen (siehe Fallbeispiele).

Fallbeispiele: Typische Ableitung von sog. Normmixen

Anhand zweier Beispiele soll das skizzierte Verfahren konkretisiert werden. Es werden dafür zwei kontrastierende Fallbeispiele gewählt, um **Möglichkeiten** wie auch **Grenzen** des produkt-analytischen Marketingmix-Ansatzes illustrieren zu können.

*Beispiel 1:* Körperpflege (wie Seife, Haarshampoo)
Aufgrund einer Durchprüfung der neun Produktcharakteristika, wie sie etwa *Miracle* wählt (*Miracle,* 1965, S. 20, vgl. auch *Abb. 445*), nehmen die genannten Produkte ungefähr eine *mittlere* Position in der **Produktgruppe II** ein (etwa zwischen Nahrungs- und Arzneimitteln). Bei fünf Produktgruppen und einer Gesamtpunktzahl von 100 sind die produktgruppen-spezifischen **Punkteklassen** wie folgt definiert:

- **Gruppe I:** 0–20 Punkte,
- **Gruppe II:** 21–40 Punkte,
- **Gruppe III:** 41–60 Punkte,
- **Gruppe IV:** 61–80 Punkte,
- **Gruppe V:** 81–100 Punkte.

Eine mittlere Position in der Gruppe II bedeutet demnach einen **Skalawert** von etwa 30 Punkten. Von diesem Skalawert aus auf die vier Instrumentalbereichsfelder gelotet ergibt sich demnach folgender **Normmix** (siehe zwei durchgezogene Achsen und vier hellblaue Felder in *Abb. 448*):

- **„Product":**
  - begrenzte Produktdifferenzierung (technisch stark homogene Güter!),
  - begrenzter Produktservice (z. B. kaum Beratung),
  - große Bedeutung von Marke und Verpackung (Differenzierungsersatz!).
- **„Price":**
  - begrenzte Preisdifferenzierung (Massengüter!),
  - gewisse Preiskontrolle (z. B. bei unverbindl. Preisempfehlung),
  - Kredite von geringer Bedeutung (geringer Wert der Produkte!).
- **„Place":**
  - mäßig intensive Distribution (nur Fach- und Lebensmittelhandel),
  - sehr lange Absatzkanäle (ggf. Einschaltung von Fach- und Sortimentsgroßhandel),
  - Lagerhäuser und Lagerhaltung von signifikanter Bedeutung (Lieferbereitschaft!).

- **„Promotion“:**
  - primär Werbung (starker Vorverkauf, sog. Sprungwerbung!),
  - persönlicher Verkauf von begrenzter Bedeutung (primär Jahres- bzw. Listungsgespräche beim Großhandel),
  - Verkaufsförderung von großer Bedeutung (Impulskäufe!).

Beispiel 2: Fertighäuser
Legt man auch hier die Produktcharakteristika von *Miracle* zugrunde (vgl. *Abb. 445*, so wird deutlich, wie grundlegend sich Fertighäuser in ihren produktspezifischen Merkmalen z. B. von Körperpflegemitteln unterscheiden. Sie gehören ohne Zweifel zur **Produktgruppe V** und nehmen dort eine *mittlere* Position ein. Sie repräsentieren sogesehen einen **Skalawert** von ungefähr 90 Punkten. Auf der Basis dieses Skalawertes lässt sich folgender **Normmix** identifizieren (siehe zwei gestrichelte Achsen und vier dunkelblaue Felder in *Abb. 448*):

- **„Product“:**
  - (extrem) starke Produktdifferenzierung (durch Baukastenprinzip möglich!),
  - hoher Produkt-Service (sowohl kaufmännischer als auch technischer Service!),
  - Marke und Verpackung von sehr geringer Bedeutung (allenfalls Firmenmarke und Transportverpackung relevant).
- **„Price“:**
  - substanzielle Preisdifferenzierung (u. a. räumliche Preisdifferenzierung),
  - völlige Preiskontrolle (Verhandlungspreise!),
  - Kredite von substanzieller Bedeutung (Absatzfinanzierung!).
- **„Place“:**
  - ausschließlich Franchise-Distribution und direkter Verkauf (direkte Kommunikation wegen Erklärungsbedürftigkeit notwendig!),
  - äußerst kurze Absatzkanäle („direkter“ Verkauf),
  - Lagerhäuser und Lagerhaltung von begrenzter Bedeutung (Baustellenfertigung!).
- **„Promotion“:**
  - Werbung fast ohne Bedeutung (wegen Streuverlusten eher Direktwerbung),
  - fast ausschließlich persönlicher Verkauf (Berater im Direktverkauf!),
  - Verkaufsförderung von begrenzter Bedeutung (im Wesentlichen Prospekte und Musterhaus-Ausstellungen).

Diese beiden – auf der Basis der in *Abb. 448* wiedergegebenen Selektionsmatrix – beispielhaft abgeleiteten **Normmixe** für Körperpflegemittel einerseits und Fertighäuser andererseits entsprechen weitgehend allgemeinen empirischen Beobachtungen und Erfahrungen. Der in dieser Matrix steckende Vorrat an *heuristischen* Prinzipien vermag dennoch nicht das gesamte Warenspektrum instrumental adäquat abzudecken. Jedenfalls lassen sich Beispiele finden, für die der mit Hilfe der Selektionsmatrix abgeleitete Normmix *nicht* voll plausibel ist bzw. mit Erfahrungen in der Realität nicht übereinzustimmen scheint (*Beispiel:* Qualitätskameras mit einem Skalawert von ca. 70 Punkten wären nämlich danach etwa durch eine begrenzte Bedeutung der Marke sowie der Werbung charakterisiert).

Solche Mängel bzw. Lücken ließen sich grundsätzlich durch **Aktualisierungen** und **Verfeinerungen** beseitigen bzw. schließen, wobei sowohl am System der Produktgruppen(typen) von *Miracle* als auch an der Mixauswahl-Matrix von *Lipson/Darling/Reynolds* anzuknüpfen wäre. Aber auch solche Feinarbeit würde nicht über das hinausführen können, was bisher als **Normmix** bezeichnet wurde. Mit anderen Worten, derartige heuristische Vorauswahlkonzepte sind von ihrer Konstruktion her eher auf den **durchschnittlichen Standard-Marketingmix** fixiert. Die durch sie gewährte erste Hilfsstellung bei der Bewältigung des komplexen Marketingmix-Problems ist dabei allerdings nicht zu unterschätzen.

Andererseits muss an dieser Stelle aber auch gesagt werden, dass Marketingmixe nicht selten dadurch eine besonders positive Wirkung entfalten, dass sie bewusst von gegebenen Produkt- bzw. Branchennormen abweichen, und zwar im Sinne einer partiellen oder sogar totalen **Kontrastpolitik**. Ein solches bewusst kontrastierendes Marketingkonzept setzt jedoch *zunächst* einmal die Kenntnis des produkt- bzw. marktüblichen Normmix voraus. An ihm muss sich gleichsam der innovative, differenzierende und Alleinstellungen (USP) begründende Ansatz der Mixgestaltung entzünden.

Damit wird insgesamt deutlich, dass zwar branchen- wie auch produkt-spezifische Differenzierungen bei der Marketingmix-Gestaltung sinnvoll bzw. notwendig sind. Ihren vollen Wirkungseffekt im Hinblick auf die übergeordnete Ziel- und Strategierealisierung entfalten Marketing(mix)konzepte aber vielfach erst dann, wenn sie darüber hinaus *firmenspezifisch* ausgerichtet sind.

### *c) Firmenspezifische Differenzierungen des Marketingmix*

Die vorangegangenen Abschnitte haben deutlich gemacht, dass sowohl Brancheneigenarten als auch Produkteigenschaften großen Einfluss auf die Marketinginstrumentenwahl und die Ausgestaltung der Instrumente haben (müssen). Sie determinieren jedenfalls **bestimmte Rahmenbedingungen,** die Unternehmen bei der Planung des Marketingmix nicht ignorieren können.

Gleichwohl haben die bisherigen Darlegungen gezeigt, dass branchen- und/oder produktspezifische Marketingmixe *allein* die Realisierung insbesondere ehrgeiziger und anspruchsvoller Ziel- und Strategiekonzepte nicht ohne Weiteres sicherstellen können. Hierfür bedarf es i. d. R. zumindest **partialer Abweichungen** von den Normmixen.

Art und Ausmaß solcher Abweichungen hängen dabei sowohl von **spezifischen Außen- wie auch Innenbedingungen** des Unternehmens ab. Spezifische Außenbedingungen werden vor allem von typischen Wettbewerbsstrukturen geprägt. Besondere Innenbedingungen sind im Unternehmen selbst angelegt und betreffen insbesondere seine Stärken und Schwächen. Der adäquate Marketingmix muss insoweit auch *situativ* geprägt sein.

Exkurs: Situativer bzw. kontingenz-theoretischer Ansatz

Diese grundsätzlich situative Orientierung entspricht dem **sog. Concept of Fit-Ansatz** (als spezieller Ausformung des kontingenz-theoretischen Paradigmas). Danach können konkrete Aussagen bzw. Erfahrungen zur unternehmerischen Konzeptgestaltung nur auf der Basis von Analysen sowohl unternehmensexterner als auch unternehmensinterner **Voraussetzungen** und eines entsprechenden Abgleichs (Fit-Analyse) abgeleitet werden. In dieser Hinsicht lautet die **zentrale These** situativer Ansätze allerdings, dass es nicht eine generell gültige Handlungsalternative gibt, sondern stets mehrere situationsbezogen angemessene bzw. erfolgsversprechende (*Staehle,* 1999, S. 547 f., zu den Grundlagen bzw. Grundfragen des „Contingency Approach" (Kontingenzansatz) für das Marketing siehe *Zeithaml/Varadarajan/Zeithaml,* 1988).
Das heißt mit anderen Worten, die Situation und ihre spezifischen Bedingungen werden als **Restriktionen** für konkrete Gestaltungsmaßnahmen angesehen (zur Nutzung des Contingency Approach für die Ableitung situativer Theoriesysteme vgl. u. a. *Gussek,* 1992 und *Lücking,* 1995).

Was die Umweltkomponente betrifft, so kann etwa an allgemeinen **Branchentypen** und ihren **wettbewerbsrelevanten Bedingungen** angeknüpft werden. In diesem Sinne können ganz allgemein zwei Branchentypen (der homogene und der heterogene Typ) unterschieden werden *(Abb. 449).*

| Homogener Branchentyp | Heterogener Branchentyp |
|---|---|
| • geringe Möglichkeiten zur Differenzierung der Branchenprodukte | • viele Möglichkeiten zur Differenzierung der Branchenprodukte |
| • tendenzielle Markttransparenz | • tendenzielle Marktintransparenz |
| • weitgehend gleichartige Unternehmenstypen (Finanzkraft, „Shared Experience“) | • unterschiedliche Unternehmenstypen |

*Quelle: Tomczak,* 1989, S. 92

*Abb. 449: Homogener und heterogener Branchentyp und ihre wettbewerbsrelevanten Bedingungen*

Diese allgemeine, unter marketing-spezifischen Gesichtspunkten getroffene Unterscheidung macht deutlich, dass **zwei grundlegende Marktbedingungen** zu unterscheiden sind: geringe Möglichkeiten und große Möglichkeiten zur Produktdifferenzierung. Die beiden Branchentypen (geringe/große Produktdifferenzierungsmöglichkeiten) sind dabei weniger als ausschließliche Typen in Reinform, sondern mehr als die *extremen* Ausprägungsendpunkte eines ganzen Kontinuums möglicher Branchentypen anzusehen (vgl. hierzu auch *Gussek,* 1992, S. 79).

Bei Marktsituationen, die durch **geringe Möglichkeiten der Produktdifferenzierung** (= homogener Branchentyp) gekennzeichnet sind, herrscht im allgemeinen eine hohe Markttransparenz und die unter solchen Bedingungen operierenden Unternehmen sind hinsichtlich ihrer Voraussetzungen wie Fähigkeiten weitgehend gleich. Unter diesen Bedingungen haben Unternehmen also *wenig* Möglichkeiten, von Allgemeinen, nivellierenden Branchen- bzw. Produktstandards abzuweichen. Die eingesetzten Marketinginstrumente (Marketingmixe) sind insgesamt stark angeglichen.

Solche Märkte (z. B. Märkte einfacher Grundnahrungsmittel wie etwa Mehl, Zucker, Nudeln oder auch Märkte einfacher Produktionsgüter wie Schrauben, Stecker, Kabel) tendieren jedoch unter *erschwerten* Marktbedingungen (wie Stagnation, Internationalisierung, Wettbewerbsverschärfung) zur **Durchbrechung der Homogenität.** Ansätze bieten hierfür insbesondere Added-Value-Konzepte, die durch Schaffung abnehmer-relevanter Zusatznutzen (Added Value Products) gekennzeichnet sind und damit Ansatzpunkte für Marketingmix-Differenzierungen insgesamt bieten. Auf diese Weise verändern sich im Zeitablauf sowohl Markt- als auch Unternehmensstrukturen (i. S. v. Heterogenisierung).

Besondere Möglichkeiten der Marktgestaltung bieten vor allem **ausgeprägt heterogene Branchen,** die durch vielfältige Möglichkeiten der Produktdifferenzierung, und zwar objektiver (= technisch-funktionaler) *und* subjektiver (= psychologisch-erlebnishafter) Art gekennzeichnet sind. Solche Märkte sind aufgrund des ausgeprägten Differenzierungsgrades des Produktangebotes tendenziell intransparent.Unter dem Schutzschild dieser **Intransparenz** haben vor allem ehrgeizige Unternehmen bzw. Unternehmen mit ehrgeizigen Markt- und Unternehmenszielen vielfältige Möglichkeiten von Marktinitiativen (damit zeigt sich erneut die Verzahnung von Zielebene einerseits und operativer Mixebene andererseits = **konzeptionelle Kette**).

Im Laufe der Entwicklung sog. heterogener Branchen (Märkte) bilden sich auch **unterschiedliche Unternehmenstypen** aus, nämlich solche, die stark initiativ sind und sich dafür entsprechende Strukturen bzw. Fähigkeiten („Stärken“) aufgebaut haben und solche, die sich eher passiv-nachahmend verhalten und damit mehr die unteren Marktschichten (Preis-Leistungs-Verhältnisse) eines Marktes abdecken. Die Initiatoren (Pioniere) konzentrieren sich demgegenüber eher auf die mittleren und vor allem die oberen Marktschichten (sog. Premium-Märkte) mit entsprechenden Innovationen, Produktvarianten oder Added Value-Produkten.

Innovative Ansätze in der Produktpolitik ermöglichen bzw. legen differenzierende Ansätze auch in den **übrigen Marketingmixbereichen** wie Distributions- und/oder Kommunikationspolitik nahe. Auf diese Weise vermögen Initiatoren (Pioniere) **neue Regeln** bzw. **neue Standards** im Markt zu realisieren, die ihnen auch entsprechende Pioniergewinne sichern.

Gerade wettbewerbsintensive Märkte – und das sind inzwischen die meisten Märkte – sind durch laufende Veränderungen der **Angebots- bzw. Wettbewerbsregeln** gekennzeichnet. Das heißt, solche Märkte sind dann nicht selten von ganzen Kaskaden neuer Regeln geprägt, mit anderen Worten: jede neue Regel (Standard) löst Initiativen zur Weiterentwicklung bestehender bzw. Schaffung völlig neuer Regeln aus. Sie können als neue Formen von (Teil-)Problemlösungen aufgefasst werden, die Wettbewerbsvorteile am Markt begründen.

Fallbeispiel: Kaskaden neuer Regeln (Standards) im Automobilmarkt

Gerade hochkompetitive Märkte wie der PKW-Markt liefern immer wieder Beispiele dafür, wie die einzelnen Anbieter – insbesondere die Anbieter gehobener Fahrzeugklassen – permanent versuchen, mit neuen Standards **Alleinstellungen am Markt** zu begründen, die jedoch in aller Regel von den Konkurrenten relativ schnell aufgegriffen und nicht selten weiterentwickelt werden **(Kaskaden-Effekt).**

Solche Entwicklungen hat es vor allem im Bereich der **Sicherheitstechnik** von Automobilen gegeben (z. B. Anti-Blockier-Bremse → Anti-Schlupf-Regelung → Anti-Schlupf-Regelung mit Bremseneingriff → Brems-Assistent → Stabilitätsprogramm, ESP).

Wie sich die einzelnen Oberklassen-Anbieter dabei in der **Weiterentwicklung** der Regeln bzw. Standards abwechseln und sich gegenseitig zu überbieten suchen, kann an der Airbag-Entwicklung demonstriert werden *(Abb. 450).*

Bei den Standards der Airbag-Entwicklung fand darüber hinaus – wie auch bei anderen (Sicherheits-) Standards – ein **Penetrationsprozess von oben nach unten** statt, d. h. diese Standards wurden bzw. werden von der Oberklasse ausgehend mit „Time lag" auch in niederen Klassen eingeführt. Die **Spielregeln** veränderten bzw. verändern sich dabei z. T. auch in der Weise, dass diese Standards zunächst wahlweise gegen Aufpreis und später als Bestandteil der Serienausstattung angeboten werden.

| **Stufen des Airbag-Standards** | **Pionier-Unternehmen** |
|---|---|
| I. Bisherige Entwicklung | |
| 1. Fahrer-Airbag | *Mercedes* |
| 2. Fahrer- und Beifahrer-Airbag | *BMW* |
| 3. Seiten-Airbags (vordere Sitzreihe) | *Volvo* |
| 4. Seiten-Airbags (hintere Sitzreihe) | *Audi* |
| 5. Kopf-Airbags (vordere Sitzreihe) | *BMW* |
| 6. Kopf-Airbags (beide Sitzreihen) | *Mercedes* |
| 7. Knie-Airbags (vordere Sitzreihe) | *Toyota* |
| II. Weitere Entwicklungsperspektiven | |
| 8. Front-Airbags (hintere Sitzreihe) | ... |
| 9. Dach-Airbags (vordere Sitzreihe) | ... |
| 10. Dach-Airbags (hintere Sitzreihe) | ... |
| 11. Center-Airbags (zwischen Fahrer/ Beifahrer) | ... |
| 12. Außen-Airbags (Motorhaube) | ... |

*Abb. 450: Entwicklungsstufen der Airbag-Standards (PKW-Hersteller, Beispielperiode)*

Die Differenzierungsansätze über **neue Regeln (Standards)** im Interesse oberziel- bzw. strategie-adäquater Konzeptrealisierung beschränken sich dabei nicht auf die Angebotspolitik (i. e. S. die Produktpolitik), sondern beziehen immer stärker auch **Distributions- und Kommunikationspolitik** mit ein.

**Firmenspezifische Differenzierungen** des gesamten Marketingmix knüpfen dabei nicht selten an neuen Produktleistungen (Standards) an, z. B. greift die Werbung diese neuen Standards kommunikations-spezifisch auf. Differenzierungen bzw. neue Standards (Regeln) werden z. T. aber auch *unabhängig* von neuen Produkteigenschaften gewählt, z. B. neue Service- bzw. Garantiesysteme oder neue Beratungskonzepte in Verbindung mit einem neuen Corporate Design der Outlets. Für die Gestaltung von Marketingmixen mit neuen Standards (Regeln) gibt es also vielfältige Ansatzpunkte (zum Versuch, erfolgreiche und nicht oder weniger erfolgreiche, strategie-orientierte Marketingmix-Typen zu identifizieren, vgl. auch *Gussek,* 1992, S. 284 ff.).

Exkurs: Marktaggressivität und Marketingmix

Bei der Ausschöpfung von Differenzierungspotenzialen speziell in wettbewerbsintensiven Märkten nimmt die **Aggressivität** des unternehmerischen Handelns tendenziell zu (vgl. hierzu auch 2. Teil „Strategien", Kapitel Wettbewerbsstrategien, Abschnitt Wettbewerbsstrategische Prinzipien/Verhaltensweisen).

Aggressive Unternehmen sind dadurch gekennzeichnet, dass sie bereit sind, für die Erreichung ihrer Ziele zu kämpfen. Sie entfalten **Initiativen im Wettbewerb** und trachten danach, Ziele so zu realisieren, dass ihre Erreichung den Wettbewerbern *verwehrt* bleibt. Sie sind dafür bereit, entsprechende Risiken in Kauf zu nehmen, weil sie von den höheren Chancen überzeugt sind (*Lücking,* 1995, S. 121 ff.).

Bei der Wahl des Marketingmix setzen sie weniger auf die Wirkung eines aggressiven Preises, sondern sie vertrauen mehr auf die erfolgsbestimmte Wirkung der **nicht-preislichen, präferenz-bildenden Marketinginstrumente** (*Lücking,* 1995, S. 171 ff.).

Sie versuchen dabei, den **Handlungsspielraum der Konkurrenten** einzuengen, indem sie etwa interessante Produktpositionen (also attraktive Positionierungen im relevanten Markt) zu besetzen und/oder die Kostenposition der Wettbewerber zu verschlechtern suchen, indem sie z. B. die Werbeausgaben stark erhöhen, was die Konkurrenten zwingt, entsprechend „mitzuziehen".

Als besonders erfolgreich für aggressive Unternehmen hat sich dabei vor allem das gezielte Ausschöpfen von **Produktdifferenzierungsreserven** herausgestellt, und zwar nicht nur in Hinblick auf den Markterfolg (z. B. Ausbau der Marktanteile), sondern auch in Hinblick auf den *ökonomischen* Erfolg (z. B. Rentabilität, siehe *Lücking,* S. 223 ff.).

Die empirischen Untersuchungsergebnisse von *Lücking* korrespondieren insoweit mit grundlegenden Ergebnissen des *PIMS*-Programms (siehe *Buzzell/Gale,* 1987 bzw. 1989).

**Art, Umfang und Intensität** der – neue Standards begründenden – Differenzierungsansätze im Marketingmix finden ihren unmittelbaren Anknüpfungspunkt dabei nicht nur in gewählten Strategien (speziell solchen „höherer Ordnung" wie Präferenz- und/oder Segmentierungsstrategie), sondern vor allem auch in **formulierten Zielen** (nämlich den Metazielen: Mission/Vision sowie ehrgeizigen Unternehmenszielen in Bezug auf Rentabilität und *Unternehmenswert* und daraus entsprechend abgeleiteten Marketingzielen (wie Umsatz- und Marktanteilszielen).

Die firmen-spezifischen Differenzierungsfragen des Marketingmix (= 3. konzeptionelle Ebene) sind insoweit sowohl mit den Zielentscheidungen (= 1. konzeptionelle Ebene) als auch den Strategieentscheidungen (= 2. konzeptionelle Ebene) verzahnt bzw. zu verzahnen, wenn **ganzheitliche Marketing-Konzeptionen** nicht nur konsequent geplant, sondern auch erfolgreich umgesetzt werden sollen (= **konzeptionelle Kette**).

## 4. Phasenbezogene Dimensionen des Marketingmix

Im vorhergehenden Abschnitt sind verschiedene Differenzierungsansätze des Marketingmix herausgearbeitet worden. Die Behandlung des Marketingmix und seiner Gestaltungsprobleme bleibt jedoch unvollständig, wenn nicht auch phasenspezifische Aspekte berücksichtigt und Grundfragen des phasen-spezifischen Marketing diskutiert werden. Für die Marketingtheorie wie auch für die Marketingpraxis ergibt sich jedenfalls aufgrund der zunehmenden **Dynamik von Märkten** und der typischen **gesamtwirtschaftlichen Schwankungen** mehr denn je die Notwendigkeit, zusätzlich eine phasen-differenzierte Betrachtungsweise bei der Marketing-Analyse wie bei dem Marketing-Maßnahmeneinsatz zu wählen.

Der Marketingmix der Unternehmen soll daher im Folgenden unter einer **dreifachen Phasenbetrachtung** beleuchtet werden, nämlich unter Berücksichtigung von

- **Produktzyklus-Phasen (fünf typische Phasen),**
- **Marktzyklus-Phasen (insbesondere junge und reife Märkte),**
- **Konjunkturzyklus-Phasen (speziell Rezession).**

Dabei sollen die jeweiligen Besonderheiten der Phasen-Verläufe und ihre Konsequenzen für den Marketingmix herausgearbeitet werden.

### *a) Produktzyklus und Marketingmix*

Der Produktzyklus – auch als Produktlebenszyklus bezeichnet – kann als allgemeines Modell der **Umsatz- bzw. Absatzentwicklung** von Produkten im Zeitablauf (= phasen-orientiertes Marktreaktionsmodell) aufgefasst werden. Dieses Modell beruht auf der Überlegung, dass es zwischen dem Leben biologischer Organismen und dem „ökonomischen Leben“ von Produkten bestimmte Parallelen gibt.

#### *aa) Phänomen Produktlebenszyklus*

Dem Produktlebenszyklus liegt insoweit das **„biologische Gesetz“** vom Werden und Vergehen biologischen Lebens zugrunde, das sich auf „künstliche“ Systeme (Produkte) übertragen lässt.

Das **Phänomen** des Lebenszyklus von Produkten ist in der amerikanischen wie deutschen Literatur vergleichsweise breit – und zum Teil kontrovers – diskutiert worden (*Penrose,* 1952; *Mickwitz,* 1959; *Ellinger,* 1961; *Levitt,* 1965; *Freudenmann,* 1965; *Cox,* 1967; *Polli/Cook,* 1969; *Hoffmann,* 1972; *Meffert,* 1974; *Bischof,* 1976; *Day,* 1981; *Pfeiffer/Bischof,* 1981; *Engelhardt,* 1989; *Höft,* 1992; *Meinig,* 1995; *Siegwart/Senti,* 1995; *Becker,* 2000 d). Dabei steht vor allem der *normative* Charakter des Produktlebenszyklus-Modells im Vordergrund, d. h. seine Eignung für die Marketingplanung (spez. für den phasen-adäquaten **Marketinginstrumenten-Einsatz**).

Dem sog. idealtypischen Produktlebenszyklus wird meistens ein **glockenförmiger (normalverteilter) Umsatzverlauf** zugrunde gelegt. Häufig wird auch eine idealtypische Gewinnkurve berücksichtigt (vgl. u. a. *Meffert,* 2000, S. 338; *Kotler/Bliemel,* 2001, S. 574 bzw. *Hax/Majluf,* 1988, S. 206; *Höft,* 1992, S. 33; *Siegwart/Senti,* 1995, S. 5). Was das Phasenschema betrifft, so werden unterschiedliche Differenzierungsformen gewählt (Vier-, Fünf- und Sechsphasen-Schemata). Plausibel und relativ gut phasen-spezifisch abgrenzbar ist das **Fünf-Phasen-Modell** *(Abb. 451).*

Hinsichtlich der **Phasenabgrenzung** beim fünf-phasigen Modell gilt Folgendes:

- Die **Einführungsphase** reicht von der Markteinführung des Produktes bis zum Erreichen der Gewinnschwelle.

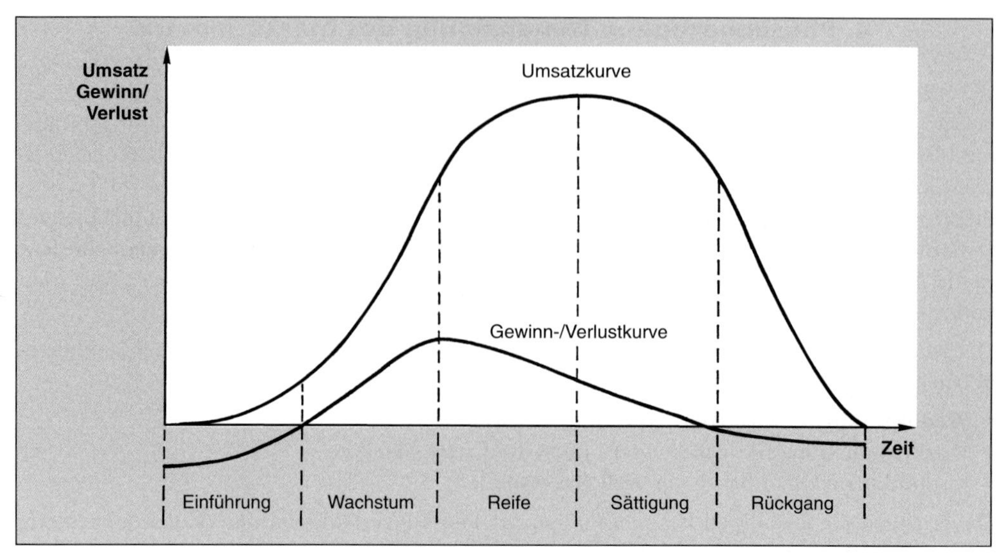


*Abb. 451: Fünf-phasiges Produktlebenszyklus-Modell*

- Die **Wachstumsphase** umfasst die Zone vom Erreichen der Gewinnschwelle bis zum Punkt des höchsten Gewinnes.
- Die **Reifephase** reicht vom Punkt des höchsten Gewinnes bis zum Punkt des höchsten Umsatzes.
- Die **Sättigungsphase** umfasst den Bereich vom höchsten Punkt des Umsatzes bis zum Beginn der Verlustzone.
- Die **Rückgangsphase** reicht vom Beginn der Verlustzone bis zur Herausnahme des Produktes aus dem Markt.

In der Praxis konnten solche Lebenszyklen für eine Reihe von Produkten nachgewiesen werden (z. B. für Nahrungsfette, Zigaretten, Antibiotika, Automobile, vgl. hierzu auch *Hoffmann,* 1972, S. 51 ff.; *Bischof,* 1976; *Schwartau,* 1977; *Simon,* 1992 b, S. 243 f.). Die empirischen Verläufe weisen jeweils **verschiedene Oszillierungen** um die idealtypische Kurve herum auf. Dabei kann zwischen eher links-steilen Verläufen (bei Produkten mit geringem Innovationsgrad und relativ schneller Marktdurchdringung) und eher rechts-steilen Verläufen (bei Produkten mit höherem Innovationsgrad und entsprechend verzögerter Marktdurchsetzung, *Simon,* 1992 b, S. 245) unterschieden werden.

Der idealtypische Produktlebenszyklus-Verlauf wird im Übrigen auch durch **diffusions-spezifische Untersuchungen** gestützt.

Exkurs: Ergebnisse der Diffusionsforschung

Gegenstand der Diffusionsforschung ist die **Analyse der Ausbreitung von Innovationen** (Produkten/Ideen). Den Hauptansatzpunkt bilden hierbei psycho-sozial definierte Verhaltensmerkmale der Abnehmer, die für die Erklärung der sog. Innovationsbereitschaft herangezogen werden, und zwar – hier liegt zugleich die Verwandtschaft zum Lebenszyklus-Konzept begründet – im Sinne einer zeitraumbezogenen Deutung des Diffusionsvorganges (*Rogers,* 1962; *Robertson,* 1971; *Bodenstein,* 1972; *Kaas,* 1973 bzw. 1974; *Schmalen,* 1979; *Gierl,* 1987 bzw. 1995). Als Maß für die Innovationsbereitschaft des Abnehmers wird die **Zeitspanne** zugrunde gelegt, die vom Zeitpunkt der Produkteinführung bis zum ersten Kauf durch ihn vergeht. Auf der Basis der unterschiedlichen zeitlichen Reaktionsweisen der Abnehmer (und der sich dahinter verbergenden

Einstellungen und Risikobereitschaften) hat man im Rahmen der Diffusionsforschung **verschiedene Adopterkategorien** identifiziert, nämlich:

- **Innovatoren (Innovators),**
- **frühe Übernehmer (early Adopters),**
- **frühe Mehrheit (early Majority),**
- **späte Mehrheit (late Majority),**
- **Nachzügler (Laggards).**

Eine Modelldarstellung *(Abb. 452)* verdeutlicht die idealtypische **Übernahmeverteilung** in Anlehnung an *Rogers* (*Rogers,* 1962; zur Würdigung dieses klassischen Modells, *Weiber,* 1993, *Kroeber-Riel/Gröppel-Klein*, 2013).

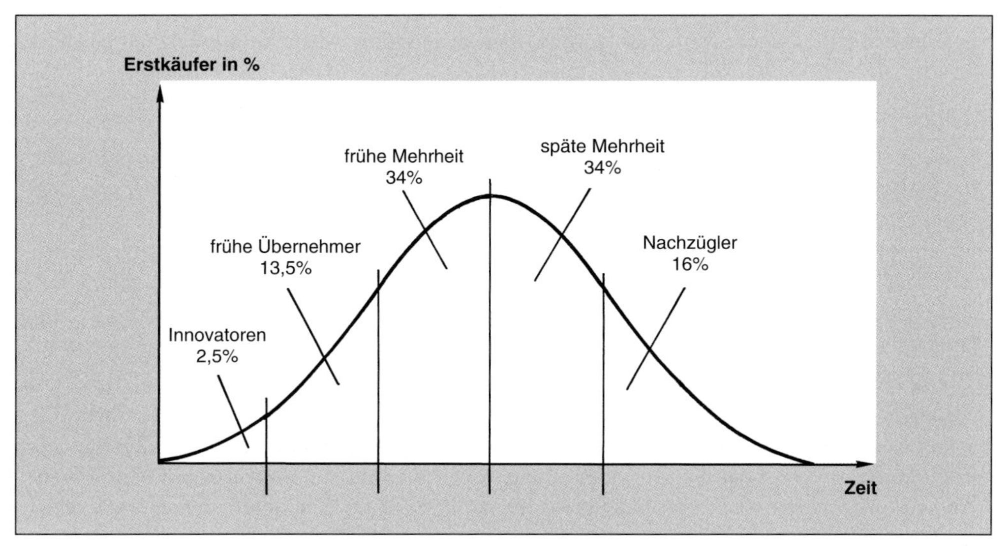


*Abb. 452: Adoptergruppen und ihre relativen Übernahmezeiten von Innovationen*

Das **empirisch gestützte Modell** zeigt, dass sowohl diejenigen, die eine Innovation sehr schnell übernehmen (sog. Innovatoren) als auch diejenigen, die sich hierfür sehr viel Zeit lassen (sog. Nachzügler), die Minderheit der Abnehmerschaft darstellen (2,5 % bzw. 16 %). Jene Abnehmergruppen, die mittlere Übernahmezeiten bevorzugen (frühe und späte Mehrheit), machen immerhin einen Abnehmeranteil von zusammen 68 % aus.

Die individuellen Übernahmezeiten sind – wie die Modelldarstellung zeigt – annähernd normal verteilt. Die Diffusionskurve entspricht insoweit der **idealtypischen Produktlebenszyklus-Kurve** bzw. stützt sie.

Das idealtypische Lebenszyklus-Modell, das durch diffusionstheoretische Untersuchungen zusätzlich fundiert wird, umfasst – wie schon dargelegt – verschiedene Phasen mit jeweils **spezifischer Charakteristik.** Auf der Basis des sog. 5-Phasen-Schemas sollen im Folgenden die einzelnen Phasenabschnitte hinsichtlich ihrer markt- und betriebswirtschaftlichen Besonderheiten skizziert und Grundfragen des phasen-adäquaten Marketinginstrumenten-Einsatzes diskutiert werden.

### ab) Einführungs- und Wachstumsphase

Einführungs- und Wachstumsphase stellen die **frühen Phasen** des Produktlebenszyklus dar. Sie weisen jeweils spezifische Charakteristika und damit unterschiedliche Ansatzpunkte für die Marketingmixgestaltung auf.

Die **Einführungsphase** ist die Phase des eigentlichen Lebensbeginns eines neuen Produkts im Markt und damit auch die Phase, in der sich entscheidet, ob und inwieweit es vom Markt ziel- und strategiekonform aufgenommen, gekauft und akzeptiert wird. Je höher der Grad der Neuigkeit ist (echte Innovation, quasi-neues Produkt oder lediglich Me-too-Produkt, zur Unterscheidung der Arten neuer Produkte siehe 2. Teil „Strategien", Kapitel Marktfeldstrategien), um so eher hat das Unternehmen die Chance, sich am Markt einen **Wettbewerbsvorteil** und damit einen präferenz-gestützten monopolistischen Preisspielraum („Pioniergewinn") zu verschaffen. Die Erfahrungen in vielen Märkten zeigen allerdings, dass die Nachahmungszeiten immer mehr abnehmen. Sie sind z. B. in der Markenartikelindustrie (speziell bei Verbrauchsgütern des Konsumgüterbereiches) vielfach bis auf sechs Monate und darunter geschrumpft – es sei denn, es gelingt, patent- und/oder wettbewerbsrechtliche Absicherungen gegenüber Nachahmern aufzubauen. Zum Teil werden aber auch andere Absicherungsformen gewählt.

Fallbeispiele: Spezielle Formen der Absicherung gegenüber Wettbewerbern

Andere Formen der Absicherung gegenüber Nachahmern sind z. B. die **Bindung oder „Abschottung"** von Lieferanten: So hatte beispielsweise *Henkel* für den Eintritt in den Zahncreme-Markt mit dem Produkt *Thera-med* einen speziellen Spender eines amerikanischen Herstellers gewählt und für eine bestimmte Zeit Ausschließlichkeitsrechte erworben, und die *Eckes*-Gruppe hatte seinerzeit für eine neuartige Blockpackung für Fruchtsäfte alle in einem bestimmten Zeitraum lieferbaren Abfüllmaschinen eines darauf spezialisierten Herstellers gekauft und sich auf diese Weise eine längere Alleinstellung am Markt verschaffen können.

Einen anderen Weg – der aber auf denselben Effekt hinausläuft – ist seinerzeit das Pionierunternehmen *Wöhlk* auf dem Markt der Kontaktlinsen gegangen. Dieses Unternehmen hat von Anfang an die zur Herstellung von Kontaktlinsen **notwendigen Maschinen** selbst konstruiert und gebaut. Auf diese Weise hat das Unternehmen sich ein grundlegendes Know-how im Werkzeugmaschinenbau verschafft, das dem Unternehmen lange einen deutlichen Wettbewerbsvorsprung gesichert hat. Ein ähnliches Prinzip haben sehr erfolgreich auch die *Hauni-Werke* als Spezialanbieter von Zigarettenmaschinen praktiziert.

Die Einführungsphase ist zugleich die Phase des **größten Marktwiderstandes**, der bei Me-too-Produkten i. d. R. weniger, bei echten Innovationen dafür umso stärker ausgeprägt ist. Die Phase der Nachfrageschaffung kann sich dabei erstrecken auf einige Monate (z. B. neues Waschmittel) bis hin zu mehreren Jahren (z. B. Kaffeefilter) oder gar mehreren Jahrzehnten (z. B. Tiefkühlkost). Der Erfolg eines neuen Produktes bzw. seine Übernahmedauer ist dabei vor allem von **folgenden Faktoren** abhängig (vgl. hierzu auch *Levitt,* 1965; *Hofstätter,* 1977; *Meinig,* 1995; *Becker,* 2000 d):

- **Neuigkeitsgrad und Erklärungsbedürftigkeit des Produkts (Problemlösung),**
- **Übereinstimmung mit Abnehmerbedürfnissen (und entsprechende Preisbereitschaften),**
- **Existenz bzw. Art und Umfang von Substitutionsprodukten.**

Um den Marktwiderstand für ein neues Produkt möglichst schon im Vorfeld abzubauen bzw. die anvisierte Zielgruppe auf die Einführung eines neuen Produkts (speziell einer Innovation) rechtzeitig vorzubereiten, bedient man sich z. T. eines gezielten **Pre-Marketing** (siehe auch *Möhrle,* 1995).

Fallbeispiele: Pre-Marketing im Automobilmarkt

Aufgrund des **gestiegenen Wettbewerbs** im PKW-Markt setzen Automobil-Hersteller bei der Einführung neuer, speziell innovativer Automobile ein sog. Pre-Marketing ein. Das erscheint insbesondere deshalb angezeigt, weil sich Abnehmer, wie empirische Untersuchungen gezeigt haben, etwa 18 Monate vor dem eigentlichen Autokauf mit der Vorbereitung, Analyse und Planung des Kaufs beschäftigen. Während dieser Zeit legen sich Käufer also immer stärker auf ein konkretes Modell und eine bestimmte Marke fest.

Insbesondere bei **innovativen Automobilen** würde das Problem darin bestehen, dass Käufer erst ab tatsächlicher Einführung eines neuen Automobils dieses in ihre Kaufplanüberlegungen einbeziehen und damit wesentliche Käufe erst ca. 1,5 Jahre später realisiert würden.

Deshalb hatte sich seinerzeit z. B. *Mercedes* (bzw. damals die *Daimler-Chrysler AG*) entschlossen, für die innovative *A-Klasse* ein umfassendes Pre-Marketing-Konzept zu verfolgen. Mehr als 1,5 Jahre **vor realer Markteinführung** hatte man begonnen, in Werbeanzeigen, Großflächen-Plakaten und TV-Spots die *A-Klasse* und ihre besonderen Leistungsmerkmale der Öffentlichkeit vorzustellen. Über Coupons konnten Interessenten weitere Informationen zur geplanten *A-Klasse* anfordern. Aufgrund der persönlichen Angaben der Interessenten konnte *Mercedes* u. a. eine Database aufbauen und die Interessenten im Zeitablauf etwa mit Direktwerbung (z. B. einem vierteljährlich erscheinenden *A-Klasse-Magazin*) zusätzlich ansprechen und informieren. Außerdem war es möglich, mit Interessenten in einen **Dialog** über ihre Vorstellungen und Wünsche zu treten, was bei der Produktentwicklung bzw. -ausreifung z. T. noch berücksichtigt werden konnte. Interessenten wurde außerdem die Möglichkeit geboten, sowohl über eine kostenlose Service-Nummer als auch über das Internet Informationen zur *A-Klasse* zu erhalten.

Insgesamt hatte das Pre-Marketing von *Mercedes* den Markt für das innovative Konzept der *A-Klasse* stark vorbereitet und aufgeschlossen, so dass bereits für das erste Jahr eine bestimmte – vom „Elch-Test" allerdings durchkreuzte – Planungssicherheit bestand.

Auch die *Ford AG* hatte sich vor der physischen Einführung des neuartigen *Ford KA* (1. Generation) eines Pre-Marketing-Konzepts bedient. Ziel des Pre-Marketing für dieses Modell war dabei nicht, das ganze Zielpublikum zu erreichen, sondern zunächst nur **sog. Trendsetter** über Teaser-Anzeigen mit Antwortelementen in ausgewählten Life-Style-Magazinen. Ihnen wurde die Möglichkeit geboten, auf der Basis umfassenden Informationsmaterials als erste einen *Ford KA* („First-Edition") zu kaufen, ohne dass sie ihn physisch prüfen konnten. Sie sollten damit angereizt werden, über den neuen *Ford KA* im Vorfeld der Einführung ausführlich zu berichten bzw. mit anderen darüber ins Gespräch zu kommen. Auf diese Weise sollte die gesamte Zielgruppe für den neuen *Ford KA* frühzeitig informiert und interessiert werden.

Inzwischen bedienen sich alle großen PKW-Anbieter gezielter Pre-Marketing-Konzepte. So hat z. B. *BMW* vor der Einführung des SUV *X1* eine **Social Media-Kampagne** realisiert, bei der Filme im Netz für viel Gesprächsstoff und Interessenweckung sorgten.

In der Einführungsphase sind die Umsätze gewöhnlich gering und wachsen eher langsam, d. h. „die Wachstumsrate erhöht sich schneller als der Umsatz selbst, da der letztere sehr niedrig ist . . ." (*Scheuing*, 1972, S. 202). Die zum Teil **beträchtlichen Verluste** in dieser Phase haben in der Regel *zwei* Ursachen: Vor der Einführung eines neuen Produktes entstehen einmal, je nach Neuigkeitsgrad des Produkts, entsprechende Aufwendungen für Forschung und Entwicklung sowie ggf. die Beschaffung spezieller Produktionsmittel und zum anderen – vor allem bei präferenz-orientierten Marketingstrategien – zur Zeit der Einführung selbst hohe Investitionen in den Markt (z. B. für Endverbraucherwerbung). Im Idealfall erreicht das Unternehmen zum Ende der Einführungsphase den **Break-even-Point**, bei dem sich Erlöse und Kosten entsprechen. Aufgrund der sich tendenziell verkürzenden Lebenszyklen von Produkten entstehen jedenfalls zusätzliche Zwänge, den Break-even-Point möglichst früh zu realisieren.

Was die aktive Steuerung des Produktlebenszyklus durch den Marketingmix betrifft, so besitzen in der Einführungsphase – der Phase des größten Marktwiderstandes – vor allem zwei Instrumente die relativ größte Wirkung im Hinblick auf die (Absatz- bzw. Umsatz-)Zielrealisierung: die **Produktqualität** (= Problemlösungsqualität) und die **Werbung.** Die Problemlösungsqualität vermag am ehesten Wettbewerbsvorteile zu begründen und die sog. Innovatoren (Innovators) zu überzeugen. Hierbei spielt – speziell bei präferenz-strategischen Konzepten – auch die Werbung eine zentrale Rolle, nämlich für die Schaffung von Bekanntheitsgrad und Imageprofil für das Produkt bzw. die Marke, und zwar nicht nur für die Gruppe der Innovatoren, sondern – käufervorbereitend – auch für die Gruppe der frühen Übernehmer.

Die Schnelligkeit der Marktdurchsetzung hängt dabei nicht zuletzt auch von der **Preispolitik** ab (z. B. Abschöpfungs-Konzept („hohe Preise") zur Gewinnung zunächst nur der nicht preissensiblen Innovatoren oder Durchdringungskonzept (eher „niedrige Preise") zur schnellen Gewinnung auch weiterer Adoptergruppen). Darüber hinaus spielt – je nach marketing-strategischem Konzept (z. B. Massenmarkt- oder Marktsegmentierungsstrategie) – auch die Schaffung einer jeweils ausreichenden **Distribution** in den Absatzkanälen eine entscheidende Rolle (= Präsenz bzw. Verfügbarkeit im Markt). Damit wird insgesamt deutlich, dass der phasen-spezifische Marketingmix die marketing-strategischen Festlegungen des Unternehmens entsprechend berücksichtigen muss **(= konzeptionelle Kette)**.

Exkurs: Muster der Preispolitik bei neuen Produkten in der Einführungsphase

Für die Gestaltung des Preises in der Einführungsphase besitzt ein Unternehmen grundsätzlich **zwei Optionen:** Skimming- und Penetration-Strategie.

Die Mechanik der **Skimming-(= Abschöpfungs-)Strategie** und die der **Penetration-(= Durchdringungs-)Strategie** kann wie folgt (vgl. *Abb. 453*) modelliert werden (siehe *Diller,* 1991, S. 192; *Simon,* 1992 b, S. 291 ff. sowie auch *Kotler/Keller/Bliemel,* 2007, S. 595 ff. und *Meffert/Burmann/Kirchgeorg*, 2015, S. 463 ff.).

Bei der Skimming- oder Abschöpfungs-Strategie wird – im Hinblick auf die primär zu gewinnenden **Innovatoren,** die aufgeschlossen sind und überdurchschnittliche Preise akzeptieren – der Preis deutlich *oberhalb* des kurzfristig optimalen Preises in der Periode 1 ($p_1$) angesetzt und von da aus dann stufenweise gesenkt, während bei der Penetration- oder Durchdringungs-Strategie der Preis *unterhalb* $p_1$ festgelegt wird, um von vornherein eine möglichst **breite Abnehmerschaft** – und nicht nur die Innovatoren – anzusprechen und für einen frühen Kauf zu gewinnen.

Der Preisverlauf in späteren Phasen ist dann in hohem Maße von spezifischen Markt- und Umweltbedingungen abhängig, insbesondere auch den **Wettbewerbsverhältnissen** (Phänomen der Reaktionsverbundenheit). Er kann deshalb verschiedene Formen annehmen (siehe gestrichelte Verläufe).

Die **Wachstumsphase** ist diejenige eines generellen, sich beschleunigenden Ausbreitungsprozesses für das neue Produkt („Take-off Stage", *Levitt,* 1965, S. 82). Als Hauptzielgruppe in diesem Diffusionsprozess treten jetzt die sog. frühen Übernehmer (early Adopters) auf. Dieser Prozess ist nicht zuletzt auch das Ergebnis von Ausstrahlungseffekten der Einführungsphase; so wirken z. B. Werbemaßnahmen vielfach erst mit einem bestimmten **Time-lag**. Die Absatz- bzw. Umsatzentwicklung vollzieht sich dabei häufig in Schüben, und zwar aufgrund eines kaum steuerbaren Wechselspiels von Absatzimpulsen und Absatzhemmnissen (*Hoffmann,* 1972, S. 55).

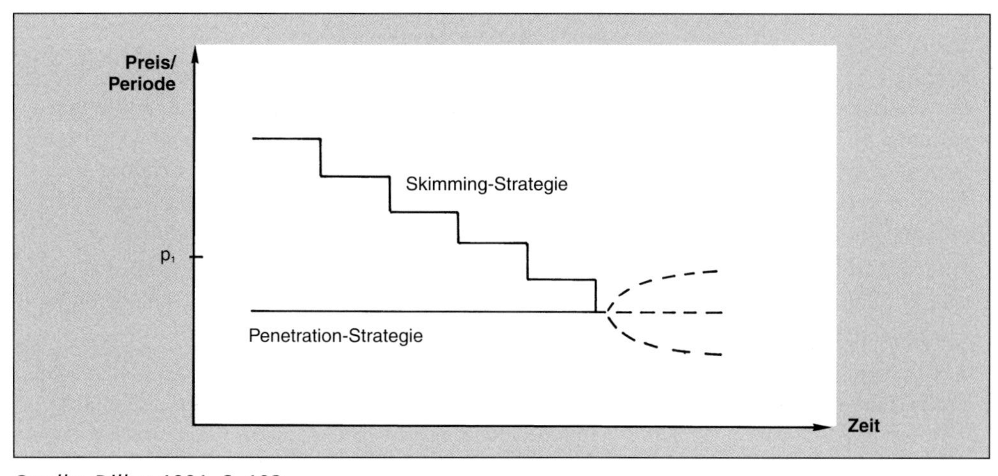


*Quelle: Diller,* 1991, S. 192

*Abb. 453: Idealtypische Muster der Skimming- und Penetration-Strategie*

Entscheidend für den Durchbruch des neuen Produkts (Innovation) ist, ob es gelingt, evtl. in der Einführungsphase **aufgetretene Produktprobleme** bzw. -schwächen (z. B. nicht optimale Konsistenz eines neuen Fertiggerichts, nicht optimale Duftnote eines Waschmittels) zu beseitigen, um enttäuschte Probekäufer in der Einführungsphase nicht auf Dauer zu verlieren. Notwendig sind hier entsprechende Korrekturen und ihre Auslobung über Kommunikationsinstrumente (etwa die Werbung). Erfolgsvoraussetzung für die Wachstumsphase und vor allem ihre Dauer ist jedenfalls aller Erfahrung nach die **Perfektionierung** des Produkts bzw. seiner Problemlösung.

Fallbeispiel (1): Perfektionierungszwänge bei Gebrauchsgütern

Bei der Perfektionierung von Produkten spätestens in der Wachstumsphase geht es primär um die **technisch-funktionale Ausreifung.** Sie ist die Grundvoraussetzung für den „großen Durchbruch“ im Markt.

Das kann u. a. immer wieder am PKW-Markt beobachtet werden. So hat z. B. seinerzeit *BMW* bei der Einführung der *3er Serie* (3. Generation) erhebliche Probleme gehabt.

Unter **Konkurrenzaspekten** hatte *BMW* die Einführung um etwa ein Jahr vorgezogen, obwohl das Fahrzeug – wie sich in der Einführungsphase herausstellte – noch nicht voll ausgereift war. So zeigten sich z. B. Mängel bei der Motoraufhängung und Kupplung, Schwächen bei der Servolenkung und der Geräuschdämmung.

Die Mängel bzw. Schwächen („Kinderkrankheiten“) wurden – insbesondere über die Fachpresse (Automobilzeitschriften) – einem **breiten Publikum** bekannt und beeinträchtigten den Verkauf der Fahrzeuge (sie drohten sogar auf den Verkauf der *5er* und *7er-Serie* negativ überzugreifen).

In einem Kraftakt (u. a. durch Umkonstruktion und Austausch von Lieferanten) ist es *BMW* ca. 1,5 Jahr nach Einführung der *3er-Serie* gelungen, die Mängel weitestgehend auszumerzen. Es gelang, den Markterfolg dieser Serie zu beschleunigen und die **Lebensdauer** (Produktlebenszyklus) auf rd. 7,5 Jahre auszudehnen, was unter heutigen Verhältnissen vergleichsweise lang ist.

Fallbeispiel (2): Perfektionierungsmöglichkeiten bei Verbrauchsgütern

Während es bei Gebrauchsgütern aufgrund des technischen Fortschritts im Allgemeinen notwendig ist, bestehende Produkte im Zeitablauf durch vollständig neue **Produktgenerationen** abzulösen (z. B. *VW-Golf I, II, III, IV, V, VI, VII, VIII*), sind Lebenszyklen von *Verbrauchs*gütern dadurch gekennzeichnet, dass sie sich mit immer neuen **produkt-technischen Verbesserungen** vergleichsweise lang ausdehnen lassen, ohne dass hier immer von jeweils vollständig eigenen Produktgenerationen gesprochen werden kann.

Gleichwohl sind z. T. grundlegende Produktverbesserungen ein sehr **erfolgreicher Ansatz,** Produktlebenszyklen auch bei Verbrauchsgütern immer wieder neu zu beleben bzw. auszudehnen.

Als Beispiel hierfür kann etwa der Waschmittelmarkt angeführt werden. So konnte das Produkt bzw. die Marke *Tide (Procter & Gamble)* – 1947 am US-Markt eingeführt – während der folgenden 30 Jahre ständig expandieren. Während dieser Zeit wurden Produkt und Auftritt aber insgesamt 55mal geändert, um es dem sich ändernden Markt und den sich verändernden Verwendungsgewohnheiten (u. a. neuen Waschmaschinen-Eigenschaften, neuen Textilien, neuen Waschgewohnheiten) anzupassen (*Lambin,* 1987, S. 162).

Im deutschen Markt kann etwa *Persil (Henkel)* als Beispiel für eine permanente Produktperfektionierung genannt werden. Das Waschmittel, das 1907 eingeführt wurde, wurde systematisch verbessert und neuen Entwicklungen stets angepasst. Die seit 1959 vorgenommenen Veränderungen können wie folgt skizziert werden:

„*Persil '59* war das synthetische Waschmittel, das den chemischen Fortschritt repräsentierte, *Persil '65* enthielt zwei Weißmacher für noch mehr Reinigungskraft, *Persil '70* zeitigte durch Enzyme biologisch aktive Waschwirkung. Im Jahre 1975 wurde der Wert der Wäsche in der Waschtrommel zum Anlass genommen, um zu mahnen, nicht am falschen Ende, nämlich mit einem billigen Waschmittel, zu sparen. Im Jahre 1981 kam das energieverstärkte *Persil* in den Handel, 1986 das ökologisch orientierte *Persil phosphatfrei,* 1990 *Persil supra* als Kompaktwaschmittel, 1992 *Persil Color*schutz für farbige Wäsche, später *Persil flüssig ...*" (*Pepels,* 1996 b, S. 869 f.) und 1994 *Persil Megaperls* sowie 1998 *Persil Tabs. ...*

Im Jahre 2007 wurde *Persil* bereits 100 Jahre alt. Dieser ungewöhnlich lange Produktlebenszyklus ist das Ergebnis **konsequenter Produkt- und Markensteuerung**, nicht zuletzt auf der Basis wichtiger, zeitgemäßer Produktverbesserungen.

Die Wachstumsphase lässt sich insgesamt als ein „Turbulenzstadium" (*Staudt/Taylor,* 1970) charakterisieren, das vor allem durch das **Auftreten von neuen Konkurrenten** (Nachahmern bzw. Imitatoren, *Engelhardt,* 1989, Sp. 1594) wie auch vom **Aufnahmeverhalten des Handels** (*Bauer,* 1980; *Pfeiffer,* 1981; *Feige/Tomczak,* 1995) geprägt ist. Das Eindringen von Konkurrenten in den Markt – insbesondere bei Innovationen oder quasi-neuen Produkten – führt vielfach zu einem beschleunigten Marktwachstum auf der Basis zunehmender Produktakzeptanz, die nicht zuletzt auch durch das Vorhandensein von Alternativen gefördert wird. Mit dem Auftreten neuer Konkurrenten ist in der Regel *zweierlei* verbunden: vielfach der Verlust der monopolartigen Sonderstellung des Pionierunternehmens sowie gezielte Preissenkungen bzw. der Beginn eines wettbewerbs-induzierten Preisverfalls. Gezielte Preissenkungen der Hersteller beruhen zum Teil auf Kostendegressionen (u. a. Erfahrungskurven-Effekt), werden aber vor allem von den Nachahmern als das bewährte Mittel angesehen, sich in einem neuen

Markt am ehesten Zutritt zu verschaffen. Der beginnende Preisverfall ist aber häufig auch Ausdruck des Wettbewerbs auf der Handelsebene, den die Hersteller in vielen Märkten nicht mehr (gegen-)steuern können.

Die Wachstumsphase ist andererseits durch **überdurchschnittliche Umsatzwachstumsraten** gekennzeichnet; sie erreichen aber bereits in der Mitte dieser Phase konkurrenzbedingt ihren Gipfelpunkt, d.h. die Grenzumsatzkurve hat hier ihr Maximum. Es wird generell angenommen, dass an dieser Wendemarke auch die **höchste Umsatzrendite** realisiert wird (*Meffert,* 1974, S. 94; *Engelhardt,* 1989, Sp. 1593 f.). Diese Situation ist das Ergebnis mehrerer Faktoren: Der „Umsatzboom" löst einmal Stückkostensenkungen (Erfahrungskurven-Effekt) aus, zum anderen sind Absatzwiderstände inzwischen stark abgebaut, nicht zuletzt auch aufgrund positiver Wirkungen der sog. Mund-zu-Mund-Werbung (Mouth-to-Mouth-Advertising). Die Dauer und der Expansionsgrad der Wachstumsphase entscheidet schließlich auch darüber, ob bzw. inwieweit die Entwicklungs- und Einführungskosten in dieser Phase mit abgedeckt werden können.

Unter Steuerungsgesichtspunkten kommt in der Wachstumsphase vor allem folgenden Marketinginstrumenten eine besondere Bedeutung zu: der Produktpolitik, und zwar im Sinne der diskutierten **Perfektionierung des Produkts,** und der Kommunikationspolitik zur systematischen Erschließung weiterer Zielgruppen bzw. Adoptergruppen. Neben der klassischen Werbung gewinnen in der Wachstumsphase zunehmend die **nicht-klassischen Kommunikationsmittel** (wie Direktmarketing bzw. Direktwerbung, Event-Marketing, Promotions, vgl. hierzu auch das Kapitel Marketinginstrumentarium, Teil Kommunikationspolitische Instrumente) an Stellenwert. Auch spezifische Maßnahmen der Distributionspolitik sind in dieser Phase von ausschlaggebender Bedeutung für die Zielerreichung (u.a. gezielter Ausbau des Distributionsnetzes (Distribution Network), Ausbau der **Beratungs- und Servicekapazitäten;** speziell bei Gebrauchsgütern werden spätestens ab dieser Phase verstärkt Kundendienst- bzw. Reparaturdienstleistungen in Anspruch genommen). Nicht selten werden im Hinblick auf die Schaffung ausreichender Distributions- bzw. Servicekapazitäten auch Kooperationen auf Hersteller- bzw. Handelsebene eingegangen.

„Darüber hinaus ist der Kundendienst eine wichtige Informationsquelle für Verkauf, Entwicklung und Produktion. Denn über vertiefte Kundenkontakte können vielfach neue Problemlösungen (Problemlösungsideen, Erg. J. B.) gewonnen werden" (*Siegwart/Senti,* 1995, S. 16).

Die Expansionsphase ist – bei übernational tätigen Unternehmen – in aller Regel durch eine **Internationalisierung der Produkteinführung** gekennzeichnet. Die internationale Einführung erfolgt im Allgemeinen aus *zwei* Gründen erst jetzt: Kapazitätsgründen speziell in der Fertigung und Ausmerzung von Produktmängeln („Kinderkrankheiten"), um ausländische Distributions- und Servicestellen damit nicht zu belasten (weil dort häufig vom Handling schwieriger). Insoweit zeigen sich hier wieder wichtige Querverbindungen zwischen strategischem Marketing-Konzept (z.B. Art und Grad der Internationalisierung) und Produktlebenszyklus-Management auf der Mixebene (= **konzeptionelle Kette**).

### ac) Reife- und Sättigungsphase

Reife- und Sättigungsphase stellen **fortgeschrittene Phasen** des Produktlebenszyklus dar. Sie weisen jeweils spezifische Probleme auf, denen mit einer jeweils adäquaten Marketingmixgestaltung begegnet werden muss, wenn eine aktive, lebenszyklus-verlängernde Marketingpolitik konzeptionelle Zielsetzung des Unternehmens ist.

Die **Reifephase** ist dadurch gekennzeichnet, dass Absatz bzw. Umsatz zwar noch steigen, die Absatz- bzw. Umsatzzuwachsraten im Verlauf dieser Phase jedoch *immer kleiner* werden, bis schließlich Absatz bzw. Umsatz nicht mehr steigen (Null-Wachstum). Gleichzeitig nimmt der

Gewinn in dieser Lebenszyklusphase deutlich ab. Sie stellt sich insofern als **kritische Marktphase** (Problemphase) dar; das Marketing-Management steht damit vor schwierigen Entscheidungen, um zugleich drohenden Rückgängen von Absatz, Umsatz und Gewinn in der *nächsten* Phase (Sättigungsphase) entsprechend vorzubeugen.

Ausgangspunkt ist eine kritische Bestandsaufnahme der Markt- und Unternehmenssituation (vgl. hierzu auch *Kotler/Bliemel,* 2001, S. 591 f.). Typisch für die Reifephase ist zwar die Gewinnung weiterer Zielgruppen (Adoptergruppen = frühe Mehrheit oder early Majority); gleichzeitig wandern aber bereits bisherige Abnehmer (z. B. Innovatoren oder auch frühe Übernehmer) von Produkt bzw. Marke ab. Die kritische Situation ist insgesamt dadurch gekennzeichnet, dass das Marktpotenzial bzw. die Marktkapazität (zunächst) das **Maximum** erreicht hat, während aufgrund des Hinzutretens neuer Wettbewerber auch noch in der Reifephase spätestens jetzt Überkapazitäten in der Produktion auf Gesamtmarktebene entstehen. Die auf den Markt dringende Überproduktion verschärft vor allem den **Preiswettbewerb** mit entsprechenden Auswirkungen auf die Rendite. Beschleunigt wird dieser Prozess vielfach noch durch das (verstärkte) Auftreten preisaktiver Handelsmarken bzw. preisaggressiver No-Names im Handel.

Die Pionier-Unternehmen stehen jetzt vor der Wahl zweier **strategischer Optionen:** Entweder Verteidigung der bisher aufgebauten Marktstellung (Marktanteile) durch gezielte Attraktivierung des Produkts bzw. der Marke, um die Präferenzen am Markt zu stärken bzw. weiter auszubauen oder Sicherung vor allem des Absatzniveaus durch Beteiligung an preisaktiver Vermarktung (u. a. auch über die Handelsmarken-Produktion, zum Markenwettbewerb siehe *Meffert/Bruhn* 1984; *Bruhn,* 2001 a sowie auch *Zentes/Swoboda,* 2005, S. 1063 ff.).

Für präferenz-strategisch operierende Unternehmen (Markenartikelindustrie) bietet sich vor allem die erste Option an: **konsequente Attraktivierung** von Produkt und Marke. Wichtige Ansatzpunkte bieten hier eine gezielte Produktdifferenzierung (Variantenmarketing), was geeignet ist, neue Abnehmer (Übernahmegruppen) zu gewinnen und bestehende in Kauf und Konsum bzw. Verwendung zu bestärken.

Fallbeispiel: Variantenmarketing und Produktlebenszyklus

Konsequentes Variantenmarketing wird u. a. im Automobilmarkt zunehmend für eine **aktive Lebenszyklus-Steuerung** genutzt. Nicht zuletzt neue flexible Fertigungsstrukturen ermöglichen eine kostengünstige Produktion mehrerer (vieler) Produktvarianten und damit eine an Oberzielen (Rentabilität/Unternehmenswert) orientierte, aktive Produktdifferenzierung.

So hat z. B. *BMW* mit der *3er-Serie* durch eine immer weiter ausgedehnte Modellvariation (*3er-Limousine, 3er-Coupé, 3er-Cabriolet, 3er-Touring* sowie ursprünglich *3er-Compakt* und *Z3-Roadster* und *Z3-Coupé*) nicht nur eine **breite Zielgruppe** mit unterschiedlichen Verwendungswünschen und Ansprüchen erreichen können, sondern mit der gestuften Einführung der einzelnen Varianten auch zur **Verlängerung des Produktlebenszyklus** der jeweiligen Produktgenerationen wesentlich beigetragen.

Untersuchungen zeigen im Übrigen, dass es der **Limousinen-Fahrer** durchaus goutiert, dass er im Fahrzeug einer Modellreihe fährt, die attraktive Modellvarianten (wie z. B. das Cabrio) aufweist, ohne eine solche Variante selbst zu fahren.

Inzwischen verfolgen auch Hersteller in der unteren Mittelklasse *(„Golf-Klasse")* die beschriebenen Differenzierungsmöglichkeiten (vgl. z. B. *VW, Renault, Peugeot,* z. T. auch japanische Anbieter).

Während die Perfektionierung der Produkte in der Wachstumsphase – wie dargelegt – primär auf die Verbesserung bzw. Optimierung der technisch-funktionalen Qualität (= Grundnutzen) gerichtet ist, zielt die Attraktivierung primär darauf ab, die Marktstellung des Produkts über die **„ästhetische Qualität"** (= Zusatznutzen) zu erhalten oder möglichst noch zu verbessern, um damit auch neue Nutzungsmöglichkeiten zu eröffnen bzw. neue Nutzer zu gewinnen. Geeignete Instrumente sind hier – je nach Produkt- und Marktvoraussetzungen – etwa das Design und/oder die Verpackung von Produkten. Aber auch die Verbesserung oder überhaupt Gestaltung spezifischer Serviceleistungen kann Voraussetzungen für ein Neuwachstum schaffen (um damit auf dem Plateau der bisherigen Lebenszykluskurve quasi einen neuen Lebenszyklus „aufzusetzen"). Das geht vor allem dann, wenn es gelingt, durch kundenadäquate Kombination von Hard- und Software-Leistungen **attraktive Systemprodukte** zu schaffen bzw. weiterzuentwickeln.

Die Gewinn- wie auch Absatz- und Umsatzziele des Unternehmens werden speziell in der Reifephase (und auch noch danach) am besten dadurch erreicht, dass die **markt-feldstrategischen Optionen** der Marktdurchdringung möglichst konsequent und vollständig ausgeschöpft werden, d. h. vor allem:

- **Steigerung der Verwendungshäufigkeit bei Stammverbrauchern** (z. B. über größere Verpackungseinheiten bzw. neue Preis-Leistungs-Verhältnisse, gezielten Ausbau der Distribution bzw. Verbesserung der Warenpräsentation, Einsatz geeigneter Promotion-Maßnahmen etwa auf Handels- und Verbraucherebene),
- **Gewinnung von Kunden der Konkurrenz** (z. B. Ausbau der Produktstärken (etwa via Produktmodifikation) bzw. neue Varianten mit spezifischen Zusatzleistungen und deren kommunikative Auslobung),
- **Gewinnung von Nicht-Verwendern** (Berücksichtigung bzw. Abbau von Verwendungsbarrieren, die sowohl im Produktkern (Problemlösung) als auch im Produktäußeren (Design, Verpackung) liegen können).

Fallbeispiele: Ansatzpunkte zur Verbesserung der Marktdurchdringung

Die Marktdurchdringung – darauf wurde bereits im 2. Teil „Strategien" hingewiesen – ist gleichsam die **strategische Urzelle** unternehmerischen Handelns. Jedes Unternehmen, auch wenn es nicht über ein differenziertes strategisches Handlungsprogramm verfügt, betreibt zwangsläufig („automatisch") Marktdurchdringung, indem es mit einem bestehenden Produkt (Programm) nachhaltig Markt- und Unternehmenserfolge zu realisieren sucht.

Kernansatzpunkt bildet dabei die gezielte Steigerung der **Verwendungshäufigkeit** (-intensität) bei bisher gewonnenen Abnehmern (Stammverbrauchern). Die Möglichkeiten hierfür sind äußerst vielfältig, hängen aber von den jeweiligen Bedingungen und Anforderungen des Marktes bzw. der Abnehmer ab.

Betrachtet man z. B. den **Markt der Erfrischungsgetränke,** so hat man hier ursprünglich vor allem den **Außer-Haus-Konsum** von Verwendern bedient (so etwa bei Limonaden und Cola-Getränken), während die Limonaden-Verwender dagegen für den Haus-Konsum ursprünglich noch stark die typischen Hausgetränke (wie Milch, Kaffee, Tee) konsumierten. Durch Schaffung attraktiver neuer Preis-Leistungs-Verhältnisse (z. B. 1- und 1,5-Liter-Flasche, kastenweisen Verkauf, spezielle Mehrstückgebinde) ist es im Laufe der Zeit gelungen, auch stärker den **Haus-Konsum** zu erreichen und insgesamt zu einer intensiveren Produktverwendung beizutragen. Auch neue Angebotsformen (wie z. B. Ice-Tea) haben ebenfalls diese Entwicklungsmöglichkeiten gezielt genutzt (vom ursprünglichen 0,33 l-Dosenangebot bis hin zur 2-Liter-Kartonverpackung).

Auch der **Nahrungsmittelmarkt** bietet viele Beispiele für Konzepte einer systematischen Steigerung der Konsumintensität bei Stammverwendern. Ein anschauliches Beispiel liefert etwa der Markt der **Fertiggerichte.** Die Fertiggerichte stellten ursprünglich mehr Angebote für den „Notfall" dar (u. a. nicht ausreichende Vorräte für das Bereiten eigener Gerichte oder Zeit- bzw. Lustmangel für die eigene Zubereitung). Mit einem immer differenzierteren Angebot von Fertiggerichten (wie deutsche und internationale Küche, Normal- und Premiumgerichte, aber auch Teilfertiggerichten wie Gemüse-/Kartoffel- oder Gemüse-/Nudel-Gerichte) ist es gelungen, Anreize für eine **Konsumintensivierung** zu bieten. Dazu haben nicht zuletzt auch neue, attraktive Preis-Leistungs-Verhältnisse beigetragen.

Die Differenzierung von Produktangeboten (z. B. immer wieder neue *Fanta*-Varianten der *Coca Cola GmbH*) ist vielfach auch eine „strategische Mehrzweckwaffe" insofern, als es mit solchen Maßnahmen nicht nur gelingen kann, den Stammverbraucher-Konsum zu intensivieren, sondern i. d. R. auch **Konkurrenzprodukt-Verwender** bzw. sogar bisherige **Nichtverwender** anzusprechen und für den Konsum zu gewinnen.

Die gezielte **Produktdifferenzierung (Variantenmarketing)** stellt sich insofern einmal mehr als ein ganz entscheidendes Marktgestaltungsmittel im Konzept des Marketingmix dar, gerade auch unter erschwerten Produktlebenszyklus-Bedingungen.

Wie wichtig die Gestaltung **attraktiver Preis-Leistungs-Verhältnisse** gerade in der Reifephase ist, bestätigen auch Untersuchungsergebnisse des *PIMS*-Programms *(Abb. 454)*.

Die Untersuchungsergebnisse belegen, dass sich überdurchschnittliche („attraktive") Preis-Leistungs-Verhältnisse gerade auch in der Reifephase in Bezug auf die **Rentabilität** (ROI) entsprechend auszahlen.

Neben den Möglichkeiten der Marktdurchdringung bieten im Übrigen auch die Optionen der **Marktentwicklung** vielfältige Ansatzpunkte, dem Produkt bzw. der Marke neuen Schub im Markt zu verleihen (vgl. hierzu auch 2. Teil „Strategien", Kapitel Marktfeldstrategien):

- **Gewinnung neuer Verwender** (New Users) = Zielgruppenerweiterung,
- **Schaffung neuer Verwendungszwecke** (New Uses) = Verwendungserweiterung.

Bezogen auf den Markt der Fertiggerichte ist es z. B. durch eine gezielte Produktdifferenzierung (u. a. durch entsprechende **Added-Value-Konzepte** auf Basis neuer anspruchsvoller Rezepte) gelungen, nicht nur neue gehobene Zielgruppen zu erreichen, sondern Fertiggerichte auch für besondere Anlässe (z. B. Bewirtung von (überraschendem) Besuch) „hoffähig" zu machen.

Damit zeigen sich wichtige Verknüpfungen zwischen Strategieebene (hier speziell 1. Ebene: Marktfeldstrategien) einerseits und Mixebene (hier speziell Instrumenteneinsatz in der Reifephase) andererseits. Damit wird erneut deutlich, wie wichtig die **richtige Verzahnung** von Strategie- und Mixentscheidungen für die (Ober-)Zielrealisierung insgesamt ist (= **konzeptionelle Kette**).

Die **Sättigungsphase** beginnt formal dort, wo die Absatz- bzw. Umsatzkurve ihr Maximum erreicht hat. Sie ist die Phase der Marktsättigung, die dadurch charakterisiert ist, dass die Umsatzkurve von jetzt ab fällt und die **Grenzumsätze** negativ werden. Auch die Gewinnkurve

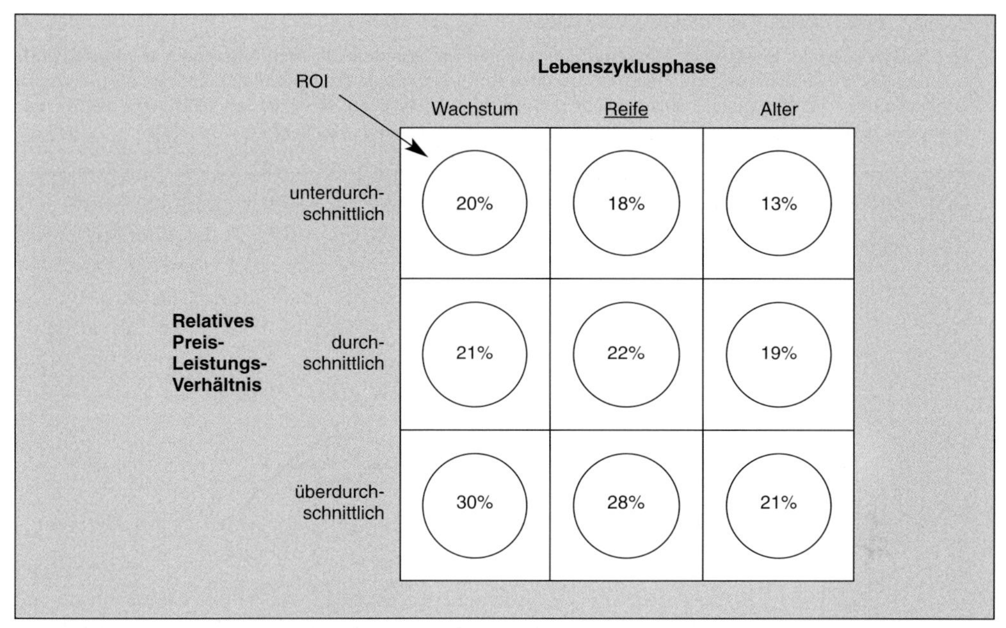


*Quelle: PIMS/Buzzell/Gale,* 1989, S. 43

*Abb. 454: Ermittelte ROI-Ergebnisse für unterschiedliche Preis-Leistungs-Verhältnisse in der Reifephase (im Vergleich zu Wachstums- und Altersphase)*

spiegelt den **negativen Trend** wider: Gewinne werden zwar im Allgemeinen noch erzielt, sinken aber weiter, um am Phasenende die „Gewinnschwelle in negativer Richtung zu passieren und in Verluste überzugehen" (*Scheuing,* 1972, S. 204).

Die idealtypisch beschriebenen Rückgänge in dieser Phase sind freilich *nicht* ein Naturgesetz. In den Markt tritt jetzt normalerweise die späte Mehrheit (late Majority) als Nachfragergruppe ein. Gleichzeitig versuchen die Unternehmen die bisher gewonnenen Zielgruppen möglichst zu halten. Die Unternehmen versuchen insofern präferenz-bildende bzw. -stärkende **Verlängerungsstrategien** anzuwenden, um nicht nur Umsatz- bzw. Absatz- und Gewinnrückgänge zu überwinden, sondern nach Möglichkeit sogar ein erneutes Wachstum zu realisieren (*Hoffmann,* 1972, S. 43), zumindest aber Absatz, Umsatz und Gewinn lange auf möglichst *hohem* Niveau zu stabilisieren (*Engelhardt,* 1995, Sp. 1595). Das heißt, durch gezielte marketing-politische Maßnahmen kann das realisiert werden, was zahlreiche Unternehmen bzw. Produkte und Marken in vielen Märkten erreicht haben, und zwar zum Teil über viele Jahrzehnte oder sogar mehr als ein Jahrhundert hinweg: nämlich **Life Extension** (*Levitt,* 1965, S. 87). Viele klassische Markenartikel sind überzeugender Beleg dafür *(Abb. 455).*

*Coca-Cola* (1886), *Maggi Suppenwürze* (1887), *Dr. Oetker Backin* (1892), *Leibnitz-Keks* (1892), *Odol* (1893), *Aspirin* (1899), *Erdal* (1901), *Leukoplast* (1901), *Milka* (1901), *Vivil* (1902), *Ovomaltine* (1904), *Kaffee Hag* (1906), *Kellogg's Corn-Flakes* (1906), *Asbach-Uralt* (1907), *Persil* (1907), *Tesa* (1907), *Melitta Filtertüten* (1908), *Toblerone* (1908), *Palmolive* (1911), *Bärenmarke* (1912), *Nivea Creme* (1912).

*Abb. 455: Beispiele für erfolgreiche Produkte bzw. erfolgreiche Produktlebenszyklus-Steuerung*

Exkurs: Sonderformen von Produktlebenszyklen

Die Beispiele großer klassischer Markenartikel und ihre im Grunde mehr **atypischen Lebenszyklusverläufe** (nämlich Dauerstabilisierung auf einem bestimmten Reife-Niveau, allerdings mit bestimmten oszillierenden Schwankungen im Zeitablauf) dürfen nicht darüber hinwegtäuschen, dass die am häufigsten auftretende Form des Produktlebenszyklus offensichtlich die mit einem **zweiten „Höcker"** ist *(Abb. 456):*

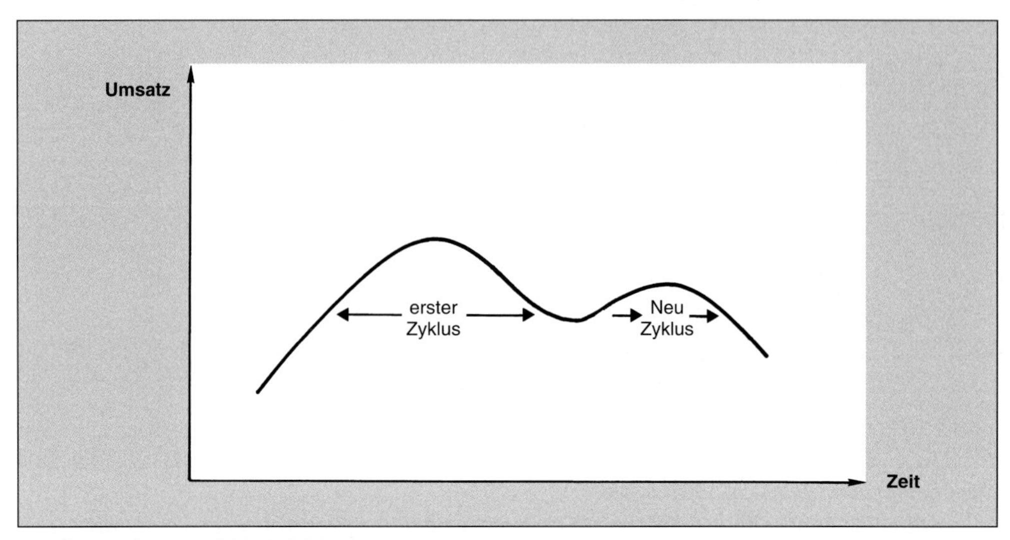


*Quelle:* nach *Cox,* 1967, S. 381

*Abb. 456: Zyklus-/Neuzyklus-Produktlebenskurve*

Der in der Abbildung skizzierte zweite „Höcker" ist das Ergebnis von für die Sättigungsphase typischen **Relaunch- bzw. Renovierungsmaßnahmen** des gesamten Produkt- und Markenkonzepts (vgl. auch *Lambin,* 1987, S. 162 f.).

Nicht zu verwechseln ist diese Kurvenstruktur mit charakteristischen Zyklusverläufen bei **langlebigen Gebrauchsgütern** wie Kühlschränken, Waschmaschinen, Staubsaugern u. ä. . Der zweite „Höcker" (vgl. *Abb. 457)* entsteht hier dann, „wenn sich ein gewisser Ersatzbedarf nach Ablauf der durchschnittlichen Gebrauchsdauer anhäuft" (*Weinhold-Stünzi,* 1972, S. 64; siehe auch *Priemer,* 1970, S. 43). Diese Kurve ist in der Literatur auch als **sog. Kamel-Höcker-Kurve** geläufig.

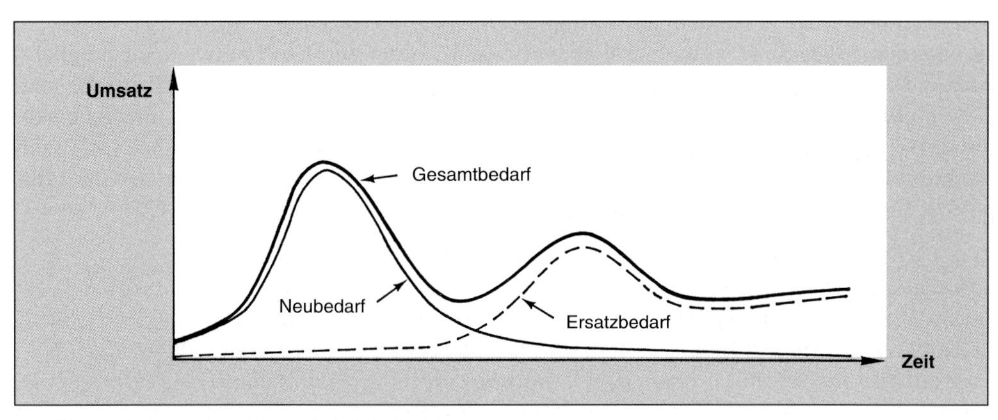


*Quelle:* nach *Weinhold-Stünzi,* 1972, S. 64

*Abb. 457: Lebenszykluskurve für ein langlebiges Gebrauchsgut*

Für die Stabilisierung von Absatz, Umsatz und Gewinn auf möglichst hohem – i. d. R. aber *nicht* ursprünglichem – Niveau (der Reifephase) reichen im Allgemeinen die Attraktivierungsmaßnahmen, wie sie für die Reifephase typisch und wirksam sind, nicht mehr aus. Das liegt daran, dass das **Alter von Produkt und Marke** weiter vorangeschritten ist (physische und psychologische Veralterung) und vor allem *junge,* attraktivere Produkte bzw. Marken die Position des eigenen Produkts (Marke) bedrängen und verschlechtern. Es besteht insofern die Gefahr, dass das Produkt zusätzliche Ziel- bzw. Adoptergruppen (primär die späte Mehrheit) gar nicht mehr ohne weiteres erreichen kann.

Verbesserungsmaßnahmen bei einzelnen Marketinginstrumenten reichen jetzt im Allgemeinen nicht mehr aus, sondern es bedarf nun umfassender **Renovierungs-Konzepte.** In der Literatur wird dieser Ansatz auch als **Relaunch** bezeichnet (*Haedrich/Tomczak,* 1990, S. 30, 45 bzw. 170; *Tennhagen,* 1993; *Pepels,* 1996 b, S. 758 bzw. 869 f.; *Weinhold-Stünzi,* 1997, S. 11 f. und 15; *Becker,* 2000 d, S. 4), z. T. wird in diesem Zusammenhang von **Brand Revitalization** (*Assael,* 1990, S. 314 bzw. 316; *Kotler,* 1982, S. 24 bzw. 26 sowie **Brand Renewal** (*Kotler/Bliemel,* 2001, S. 281, s. i. E. auch Beispiele bei *Esch,* 2018) gesprochen.

Unter Relaunch ist insgesamt die **grundlegende Reaktivierung** eines Produktes bzw. einer Marke zu verstehen, und zwar – im umfassenden Sinne – nicht nur mit Mitteln der Marktbearbeitung (distributionspolitische und/oder kommunikationspolitische Reaktivierung bzw. Renovierung), sondern auch die Renovierung (Reinnovation, *Weinhold-Stünzi,* 1997, S. 12 bzw. 15) des Produktes *selbst* (d. h. also entsprechende Nutzung der produktpolitischen Instrumente).

Am Anfang steht dann eine **Neudefinition bzw. Weiterentwicklung** der Qualitätsmerkmale des Produkts (Marke), nicht zuletzt um einen weiteren Preisverfall aufzuhalten oder ggf. sogar Preise wieder nach oben korrigieren zu können. Die produktpolitische Verbesserung knüpft dabei an Konstruktion, Zusammensetzung bzw. Funktionsprinzipien an. Sie kann sich aber auch auf neue Zusatzleistungen (Added Value) beziehen, während die Grundleistung weitgehend unverändert bleibt. Wichtige Orientierungspunkte bilden hierbei neuere Konkurrenzprodukte im Markt, die bestimmte Weiterentwicklungen der eigenen Produktinnovation darstellen.

Neben der generellen Konkurrenzorientierung bei der Produktrenovierung (Reinnovation) sind aber auch spezielle Veränderungen in den **Qualitäts- und Merkmalsanforderungen** der Abnehmer zu berücksichtigen (= konsequente Kundenorientierung). Allgemeines Kennzeichen der Entwicklung sind immer komplexere Anforderungen, wobei im Zeitablauf – je nach Markt – bestimmte Komplexitätsschübe beobachtet werden können. Ganz allgemein lässt sich ein Lebenszyklus der Qualitätsmerkmale identifizieren *(Abb. 458).*

Die Abbildung macht deutlich, dass inzwischen viele Märkte durch einen **Qualitätspluralismus** gekennzeichnet sind: neben funktionalen Basisleistungen werden von den Abnehmern verstärkt Zusatzleistungen auf ganz verschiedenen Ebenen gefordert. In diesem Zusammenhang wird auch zwischen Basis-, Schlüssel- und Schrittmacherleistungen bei Produkten bzw. der Produkt-(weiter-)entwicklung unterschieden (*Little,* 1994).

Typisch für einen umfassenden Relaunch sind jedoch – neben der **Produktrenovierung** – auch adäquate distributions- und kommunikationspolitische Renovierungsmaßnahmen; denn vielfach bildet die vollständige Renovierung des **gesamten Marketingmix** die entscheidende Voraussetzung für ein erfolgreiches, oberziel-orientiertes Lebenszyklus-Management. Denn es kommt nicht nur darauf an, produkt- bzw. qualitätsverbessernde Maßnahmen zu realisieren, sondern die Abnehmer müssen die Produktfortschritte auch als ein „spürbares Neuheitserlebnis" wahrnehmen (*Haedrich,* 1997, S. 18). Insofern sind für Relaunchmaßnahmen i. d. R. auch kommunikationspolitische Änderungen bzw. Neuerungen notwendig.

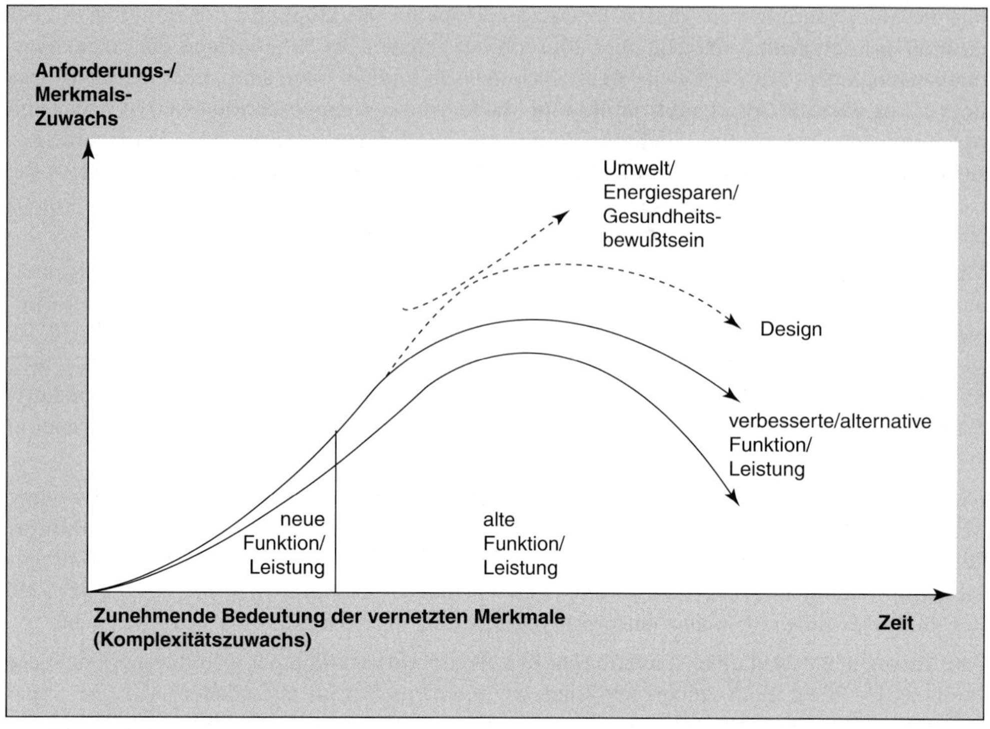


*Quelle: Briskorn,* 1991, S. 123

*Abb. 458: Typischer Lebenszyklus der Qualitätsmerkmale*

Hauptansatzpunkte bilden hierbei neu zu definierende **Bekanntheitsgrad-, Image- bzw. Kompetenzziele,** die durch eine veränderte Kommunikationspolitik realisiert bzw. gestützt werden müssen. Neben neuen Werbebotschaften (Werbeaussagen) spielen vielfach auch *neue* Medien (z. B. *Internet*-Auftritte) eine wichtige Funktion. Charakteristisch für fortgeschrittene Produktlebenszyklen ist die konsequente Nutzung von **Reserveinstrumenten** (*Becker,* 2000 d) – von Instrumenten also, die bisher noch nicht genutzt wurden, deren Einsatz aber für Relaunchkonzepte sinnvoll oder sogar notwendig sein kann. Hierbei ist vor allem an das breite Spektrum der *nicht*-klassischen Kommunikationsinstrumente zu denken (wie Direkt Marketing, Sponsoring, Product Placement, Event-Marketing usw., *Tomczak/Müller/Müller,* 1995, vgl. hierzu auch das Kapitel zum „Marketinginstrumentarium“, Abschnitt Kommunikationspolitische Instrumente).

„Im Rahmen einer mit Relaunch-Maßnahmen einhergehenden Zielgruppenerweiterung bzw. -verlagerung wird es erforderlich sein, *Kern- und Randzielgruppen* der Kommunikation bzw. einzelner Kommunikationsinstrumente neu zu bestimmen“ (*Haedrich,* 1997, S. 20).

Neben kommunikationspolitischen Renovierungsmaßnahmen können bzw. müssen ggf. auch distributionspolitische hinzutreten. Diese können u. a. in einer Intensivierung der **Kooperation und/oder Bindung** von Absatzmittlern bestehen (z. B. Intensivierung der Zusammenarbeit mit dem Fachhandel). Andererseits können auch bewusste **Mehrkanal-Konzepte** (*Schögel/ Tomczak,* 1995) angezeigt sein, um alle nur denkbaren Distributions- und damit Präsenzreserven im Markt zu nutzen.

Aufgrund des umfassenden Ansatzes sind Relaunchkonzepte in aller Regel mit einer **Umpositionierung** von Produkt und Marke verbunden (*Haedrich,* 1997, S. 18). Unter Produkt- bzw. Markenpositionierung wird die Position mehrerer in einem Markt miteinander konkurrierender Produkte (Marken) in einem sog. **Eigenschaftsraum** verstanden (vgl. hierzu Überblick von *Trommsdorff,* 1995; zu konzeptionellen Grundfragen *Becker,* 1996 b bzw. im Einzelnen *Tomczak/Rudolph/Roosdorp,* 1996). Produkte (Marken) sollen in diesem Eigenschaftsraum möglichst eigenständige, zumindest aber attraktive Positionen einnehmen, um sich so von Konkurrenzprodukten möglichst klar und positiv abzugrenzen (= **Differenzierungs- oder Wettbewerbsvorteil,** vgl. hierzu auch das Positionierungsbeispiel im 2. Teil „Strategien", Kapitel Marktparzellierungsstrategien, Abschnitt Marktsegmentierungsstrategie). Alle Relaunchmaßnahmen sollen in diesem Sinne also dazu beitragen, dass das eigene Produkt (Marke) in der Sättigungsphase eine solche günstige Position *wiedergewinnt,* um mit den im Markt inzwischen aufgetretenen Konkurrenzprodukten entsprechend mithalten oder sie möglichst sogar in wichtigen Eigenschaftsdimensionen übertreffen zu können.

Prinzip einer solchen Umpositionierung ist der **positionsgerechte Einsatz** aller Marketinginstrumente bzw. ihre positions-adäquate Renovierungsform als Bedingung eines neuen, ganzheitlichen Markt- und Markenauftritts. Er ist die Voraussetzung für eine Stabilisierung (u. U. erneutes Wachstum) von Absatz, Umsatz und Gewinn (= **konzeptionelle Kette**).

Fallbeispiel: Umfassende Umpositionierung von *Junghans*

Die Uhrenmarke *Junghans* (Klein- und Großuhren) bietet ein Beispiel dafür, wie ein umfassendes Relaunch-Konzept einer alten Marke – zumindest phasenweise – wieder zu **neuem Markterfolg** verhelfen kann.

Die seit 1861 existierende, inzwischen zur *Egena-Goldpfeil*-Gruppe gehörende Marke hatte sich lange auf die tradierten Werte wie **Qualität, Langlebigkeit und Zuverlässigkeit** konzentriert, die vor allem für ältere Zielgruppen kaufentscheidend sind (waren).

Spätestens seit der „*Swatch*-Phase" im Uhrenmarkt wird eine Uhr nicht mehr als eine Anschaffung für das ganze Leben, sondern mehr als ein **modisches Accessoire** angesehen. Wenn *Junghans* am Uhrenmarkt überleben wollte, musste insofern eine grundlegende **Umpositionierung** und ein vollständiger Relaunch vorgenommen werden.

Wichtige Säulen, an denen *Junghans* anknüpfen konnte, war das Technik-Know how, das durch Erfahrungen in der Sportzeitmessung gewonnen wurde. Außerdem verfügte die **Marke** über einen sehr hohen Bekanntheitsgrad.

Für das Überleben von Marke und Unternehmen war es entscheidend, **neue, jüngere Zielgruppen** zu erschließen und zugleich preisaktive, renditeschwache Marktschichten des Uhrenmarktes zu verlassen (Trading-up-Konzept). Das konnte nur mit einem umfassenden, ganzheitlichen Relaunch- bzw. Renovierungsansatz gelingen.

Angebotspolitisch setzte man dabei auf eine High-Tech-Positionierung auf Basis neuer Uhrenkonzepte wie **Solar-** und insbesondere **Funk-Uhr.** Unterstützt wurde die Neupositionierung durch ein modernes, technik-betontes Design, das auf eine neue **Kernzielgruppe** zwischen 20 und 39 Jahren ausgerichtet wurde, deren Merkmale wie folgt beschrieben werden konnten: „modern, trendbewusst, anspruchsvoll, gebildet, besser verdienend, städtisch und markenbewusst" (*Ernst,* 1993, S. 97).

Begleitet wurde das Relaunch-Konzept von einer neuen Kommunikationspolitik mit neuen **Botschaften** und neuen **Medien.** Das kommunikative Aktivitätsniveau wurde durch

Aufstockung des Werbe- und Kommunikationsetats wesentlich erhöht, nicht zuletzt, um die neue Zielgruppe auch zu erreichen.

Schließlich wurde auch die **Distributionspolitik** in das Relaunch-Konzept mit einbezogen. Das heißt, die bisher eingeschalteten Absatzkanäle wurden konzeptions- bzw. positionsgerecht überprüft: Preisaktive Absatzkanäle („Allkanäle") wurden weitgehend aufgegeben, qualitativ hochwertige Geschäfte (Fachhandel i. w. S.) forciert (vgl. hierzu auch *Spinnarke,* 1996, S. 149).

Mit umfassenden Relaunchmaßnahmen kann erreicht werden, dass die Sättigungsphase – z. T. sogar mit neuem Aufschwung (Wachstum) – sehr lange andauert. Schließlich tritt dann aber eine Phase ein, in der der Verfall eines Produktes (Marke) nicht mehr aufgehalten werden kann. Die sich anschließende Rückgangsphase weist einen massiven Umsatzrückgang auf, ihr Beginn ist durch das Auftreten von Verlusten markiert, während in der Reife- wie auch Sättigungsphase normalerweise noch Gewinne erzielt werden.

### *ad) Rückgangsphase (und abschließende Betrachtungen)*

Wenn auch durch gezieltes Lebenszyklus-Management – gerade in der Reife- bzw. Sättigungsphase – der Eintritt des Produktes in die Rückgangsphase („Sterbephase"), wie erfolgreiche Beispiele immer wieder zeigen, ggf. *lange* hinausgezögert werden kann, so bleibt der **Eintritt** in die Rückgangs- oder Sterbephase am Ende doch unvermeidlich. Als neue Zielgruppe kommen in dieser Phase zwar noch die sog. Nachzügler (Laggards) hinzu; dafür wenden sich aber **frühe Adoptergruppen** massiv vom Produkt ab.

Die **Rückgangsphase** – auch als Degenerationsphase („Phasing Out") bezeichnet – ist dadurch gekennzeichnet, dass das Bedürfnis, für dessen Befriedigung das Produkt ursprünglich geschaffen wurde, inzwischen besser und/oder billiger von neuen Produkten (Problemlösungen) befriedigt wird (*Freudenmann,* 1965, S. 12; *Dichtl,* 1970, S. 67 f.; *Engelhardt,* 1989, Sp. 1595). Vielfach haben sich auch die Motive, Einstellungen bzw. Erwartungen der Abnehmer inzwischen so gewandelt, dass das „alte" Produkt als nicht mehr adäquat empfunden wird; das heißt, die Nutzenmatrix des Produkts stimmt nur noch unzureichend mit der Bedürfnismatrix der Abnehmer überein (*Meinig,* 1995, Sp. 1401). Für grundlegende Änderungen des Produkts bzw. seiner Positionierung ist es in der Rückgangsphase allerdings meistens zu spät. Echte Wiederbelebungen, sog. **Revivals**, gelingen in dieser Phase vergleichsweise selten.

Revivals („Wiederbelebungen") würden im Prinzip umfassende Reaktivierungs- bzw. **Reanimierungsmaßnahmen** voraussetzen. Solche umfassenden Konzepte haben bei bewusster, zielorientierter Lebenszyklus-Steuerung jedoch normalerweise bereits in der **Sättigungsphase** in Form von ganzheitlichen Relaunch- und Umpositionierungsmaßnahmen stattgefunden. Sie lassen sich im Allgemeinen nicht mehrfach wiederholen, zumal wenn die Zielgruppe jetzt auf die späten Übernehmer (Nachzügler) und eine vergleichsweise kleine **Restgruppe** früherer Adopter- oder Zielgruppen geschrumpft ist. Bei indirektem Absatz hat im Übrigen der Handel das Produkt im Allgemeinen bereits massiv ausgelistet, die mangelnde Präsenz im Handel beschleunigt *zusätzlich* den Verfall von Produkt und Marke.

In aller Regel ist eine Umkehr der negativen Entwicklung nicht mehr möglich. Auch späte **Face-lifts** (z. B. äußere (Teil-)Umgestaltungen, etwa Retuschen bei Automobilen an Front und/oder Heck) können die Lage nicht grundlegend wenden. Ebenso lösen **Sondermodelle** (Editions) und/oder Preisaktionen meist nur noch kurze „Strohfeuer" für Absatz und Umsatz aus. Im Prinzip ist das Produkt objektiv (d. h. in Bezug auf die Leistungscharakteristik) und subjektiv (z. B. in Bezug auf die Einstellungen der Abnehmer) unattraktiv geworden.

Die Rückgangsphase ist jedenfalls – wie bereits hervorgehoben – dadurch charakterisiert, dass die Kosten die Erlöse übersteigen, es entstehen mit anderen Worten also **Verluste**. Trotz dieser negativen ökonomischen Situation verbleiben manche Produkte noch relativ lange – wenn auch auf ziemlich niedrigem Absatzniveau – im Markt. Sie bilden damit eine Art Rumpfmarkt. Diese Tatsache ist meistens auf „Verbundwirkungen des Produkts im Absatzprogramm und ein relativ hohes Maß an emotionaler Verwenderloyalität (bei einer Restzielgruppe, Erg. J. B.)" zurückzuführen (*Meffert,* 1974, S. 95 f.). Die Produkte in solchen Rumpfmärkten sterben dann nicht selten erst allmählich mit ihren Stammverbrauchern aus, wenn nicht vorher ökonomische Zwänge die **gesteuerte Eliminierung** dieser Produkte erforderlich machen.

Überaltete, betriebswirtschaftlich nicht mehr interessante bzw. das Ergebnis sogar belastende Produkte sterben – im Gegensatz zu Lebewesen – nicht eines natürlichen Todes, sondern sie bedürfen „aktiver Sterbehilfe". Die wird nicht selten verwehrt bzw. lange hinausgezögert, weil dem **psychologische Widerstände** gegenüberstehen (z. B. „Mütter" oder „Väter" dieser Produkte (Marken), die mit ihnen ursprünglich große Erfolge gehabt haben, verhindern nicht selten lange ihre Eliminierung wider besseres betriebswirtschaftliches Wissen).

Mitunter wird aber auch die **Verabschiedung** eines Produktes in besonderer Weise „zelebriert".

Fallbeispiel: Verabschiedungskonzept der *Braun*-Unterhaltungselektronik

Im Jahre 1990/91 beschloss die *Braun AG,* das **HiFi-Geschäft** aufzugeben. *Braun* hatte mit diesen Geräten am Schluss nur noch eine – unter betriebswirtschaftlichen Aspekten – zu **kleine Nische** besetzen bzw. halten können. Die Aufgabe des nicht mehr interessanten HiFi-Geschäfts sollte zugleich der Straffung und Stützung der Kerngeschäfte (Core Businesses) dienen.

Die *Braun AG* entschloss sich deshalb für ein geplantes Abschiedskonzept unter Einbeziehung der Öffentlichkeit, dessen Aufgabe eine zweifache war: Erstens **negative Auswirkungen** auf das *Braun*-Kerngeschäft zu vermeiden und zweitens die **Schließungskosten** zu minimieren.

Man schuf eine limitierte, nummerierte *„Letzte Edition",* und griff damit eine dem Kunstmarketing entlehnte Grundidee auf. Mit diesem Kunstgriff konnte die letzte Serie der Geräte als Kunst- und Kultobjekt ohne imageschädigende Ausverkaufspreisbildung – und damit **ohne Negativauswirkungen** auf die Marke *Braun* – vermarktet werden. Begleitet wurde das Konzept von einer Werbekampagne mit fünf Anzeigensujets, die den Abschied von *„Letzte Edition CC4"* zelebrierten, um damit die potenzielle Käuferschaft zu mobilisieren. Es wurde eine dreijährige Garantie auf die Anlage gewährt und eine zehnjährige Ersatzteilversorgung in Aussicht gestellt.

Die *Last Edition* der *Braun HiFi-Geräte* konnte so für *Braun* betriebswirtschaftlich erfolgreich und markt- und markenschonend zugleich ausverkauft werden.

Mit den Darlegungen zu den betriebswirtschaftlichen Problemen und marketingspezifischen Möglichkeiten in der Rückgangsphase sind **alle Phasen** diskutiert und hinsichtlich ihrer Beeinflussungsmöglichkeiten dargestellt worden. Abschließend sollen die **Kernansatzpunkte** zur Lebenszyklus-Dehnung (Life Cycle Stretching) noch einmal zusammenfassend gewürdigt werden *(Abb. 459).*

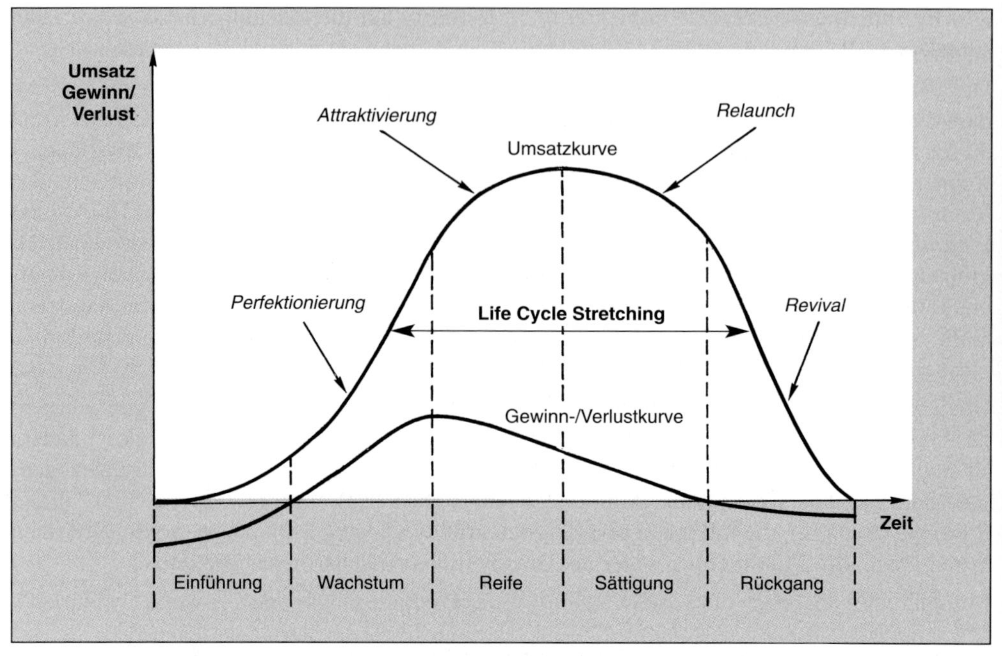


*Abb. 459: Ansatzpunkte eines aktiven Produktlebenszyklus-Managements*

Nachdem ein möglichst geschlossenes, ggf. vorher getestetes **Produkt- und Marketingkonzept** den ersten Durchbruch in der **Einführungsphase** bewirkt hat, gilt es, den Produktlebenszyklus schon möglichst *früh* gezielt zu steuern (vgl. auch *Becker,* 2000 d), um die Marketing- und Unternehmensziele zu realisieren, und zwar möglichst lange (Kernansatzpunkt: Life Cycle Stretching). Erste wichtige Schritte hierfür sind bereits in der **Wachstumsphase** angezeigt: Perfektionierung des Produkts (= Optimierung der technisch-funktionalen Leistung, Ausmerzung von „Kinderkrankheiten"). In der **Reifephase** kommt es darauf an, das Produkt bzw. die Marke zu attraktivieren (= Schaffung von Zusatznutzen, Added Value-Ansatz). Die kritische, aber grundsätzlich noch umkehrbare **Sättigungsphase** bedarf konsequenter, umfassender Relaunchmaßnahmen (= Verbesserung der Markt- und Marktbearbeitungsleistung, Ansatz Neupositionierung). Die besonders kritische **Rückgangsphase** bietet zwar noch bestimmte Möglichkeiten des Revivals (= kurzfristige Wiederbelebung), aber i. d. R. ohne Aussicht auf Dauererfolg.

Die Darlegungen haben insgesamt deutlich gemacht, wie wichtig die **Lebenszyklus-Steuerung** für das Unternehmen ist und wie sie spezifisch im Marketinginstrumenten-Einsatz (*Becker,* 2000 d) berücksichtigt werden muss. Dabei sind – wie beispielhaft aufgezeigt – auch und gerade notwendige Querverbindungen zum **Strategie-Konzept** des Unternehmens (z. B. Verfolgung einer Präferenz- oder einer Preis-Mengen-Strategie und ihre Konsequenzen für die phasen-adäquate Preispolitik) zu beachten. Alle Marketingentscheidungen müssen insoweit immer entlang der **konzeptionellen Kette** (Ziele, Strategien, Mix) gesehen und entsprechend abgeleitet werden.

Der unternehmensindividuelle Produkt- und Markenlebenszyklus wird „überwölbt" vom generellen **Marktlebenszyklus.** Auch Märkte bzw. Branchen durchlaufen grundsätzlich verschiedene Zyklusphasen. Auf sie soll im Folgenden schwerpunktmäßig eingegangen werden; denn sie nehmen nicht unwesentlich Einfluss auf die Bedingungs- und Entscheidungslage von Unternehmen.

### *b) Marktzyklus und Marketingmix (unter besonderer Berücksichtigung junger und reifer Märkte)*

Der Marktzyklus – z. T. als Marktlebenszyklus (z. B. *Bruhn,* 2001 b, S. 65 f.) bezeichnet – bildet das Verlaufsmuster eines **ganzen Marktes** (Branche) ab. Er ist das Ergebnis aller Produktzyklen (Produktlebenszyklen) in einem Markt und basiert insoweit auf aggregierten Größen.

#### *ba) Phänomen Marktzyklus*

Auch das **Phänomen** Marktzyklus ist in der Literatur vergleichsweise ausführlich problematisiert worden, wobei allerdings jeweils **unterschiedliche Akzente** gesetzt werden (u. a. *Heuß,* 1965; *Seidel,* 1972; *Hamermesh/Silk,* 1979; *Meffert,* 1984 bzw. 1994 b; *Porter,* 1980 bzw. 1995; *Servatius,* 1985; *Specht,* 1986; *Robinson,* 1986; *Strebel,* 1987; *Bauer,* 1988; *Harrigan,* 1988 bzw. 1989; *Trummer,* 1990). So werden entweder alle Phasen des Marktzyklus oder schwerpunktmäßig nur einzelne Problemphasen diskutiert, z. T. stehen mehr die Charakterisierung der Phasen (und ihre Verknüpfung mit Innovationszyklen), neuerdings aber stärker die **marketing-politischen Konsequenzen** der Phasen im Vordergrund. Daran soll hier – analog zu den Produktlebenszyklus-Betrachtungen – primär angeknüpft werden.

Was den grundsätzlichen Marktzyklus-Verlauf betrifft, so wird im Allgemeinen ebenfalls ein **normalverteilter Verlauf** unterstellt. Er ergibt sich prinzipiell als „Umhüllungskurve" (*Meinig,* 1995, Sp. 1394) aus der Aggregation der einzelnen Produktlebenszyklen in einem Markt. Die Phasen lassen sich beim Marktzyklus jedoch weniger gut abgrenzen, weil hier eine generelle Gewinnkurve nicht zugrunde gelegt werden kann. Sie aber wäre für eine genaue Abgrenzung der Phasen notwendig (vgl. hierzu die Abgrenzung der Lebensphasen im Produktzyklus aufgrund von Umsatz- und Gewinnkurve im vorigen Abschnitt).

Bezüglich des **Phasenmusters** werden entweder fünf Phasen (z. B. *Heuß,* 1965; *Kotler/Bliemel,* 2001, S. 606 ff.) oder vier Phasen (z. B. *Porter,* 1995, S. 209 ff.; *Höft,* 1992, S. 103 ff.) gewählt. Aufgrund der erwähnten Abgrenzungsprobleme soll hier deshalb das **Vier-Phasen-Schema** zugrunde gelegt werden *(Abb. 460).*

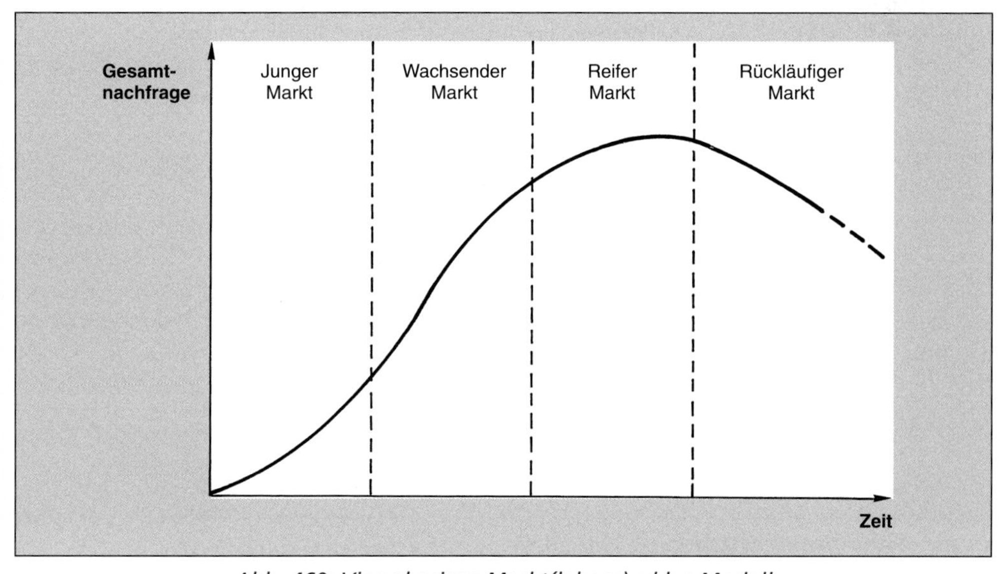


*Abb. 460: Vier-phasiges Markt(lebens)zyklus-Modell*

Als Messgröße wird beim Markt(lebens)zyklus die **Gesamtnachfrage** auf Absatz- bzw. Umsatzbasis gewählt.

Der Marktzyklus ist im Übrigen mit dem **Technologie-Zyklus** einer Branche (Industriezweiges) verzahnt.

Exkurs: Technologie- und Marktzyklus

Viele Märkte sind technologie-geprägt, d. h. im Wettbewerb werden jeweils neue **Technologien als Wettbewerbsfaktor** bzw. Differenzierungsmittel eingesetzt. Die Problematik technologie-geprägter Märkte besteht darin, dass für die Technologieentwicklung ständig längere Zeitspannen und/oder höhere Aufwendungen in Kauf genommen werden müssen. Die Technologiedynamik induziert zugleich kürzere Marktzyklen, so dass die Investitionen in immer kürzeren Zeitabschnitten amortisiert werden müssen. Damit entsteht in technologie-geprägten Märkten ein zentrales strategisches Problem: die **Zeitfalle** (vgl. überblickhaft *Wolfrum,* 1995, Sp. 2449 ff.; i. E. *Zörgiebel,* 1983; *Specht,* 1986; *Perillieux,* 1987; *Pfeiffer/Weiß,* 1990; *Wolfrum,* 1994; *Corsten/Gössinger/Müller-Seitz/Schneider*, 2016).

Im Rahmen der Technologieentwicklung sind im Übrigen **zwei Innovationsverläufe** zu beachten: Produktinnovations- und Prozessinnovationsverlauf (*Abernathy/Utterback,* 1982, zur Würdigung dieses Ansatzes auch *Höft,* 1992, S. 117 ff.). In der **Produktinnovationsphase** sorgen innovative Produkteigenschaften für Alleinstellungen am Markt, die in der Einführungs- und Wachstumsphase mit einer Hochpreispolitik (Skimming-Strategie) abgeschöpft werden können. Sobald sich ein dominantes Produktdesign (Industrie- bzw. Branchenstandard) herausgebildet hat, gehen die produkt-innovativen Differenzierungsmöglichkeiten zurück.

Die Standardisierung der Produkte ermöglicht dann in der Übergangs-(Transitions-) bzw. Reifephase eine effizientere, kostengünstigere Produktion, was sich in einer Zunahme von **sog. Prozessinnovationen** niederschlägt *(Abb. 461)* und insgesamt den Boden für einen Preisverfall im Markt (Branche) bereitet.

Diese ideal-typischen Produkt- und Prozessinnovationsverläufe sind – das ist zu beachten – an bestimmte **Technologie- und Branchenbedingungen** gebunden: u. a. ausreichende Differenzierbarkeit der Produkte, Massenproduktionsfähigkeit und dafür bestimmte Standardisierungsfähigkeit der Produkte (*Höft,* 1992, S. 119).

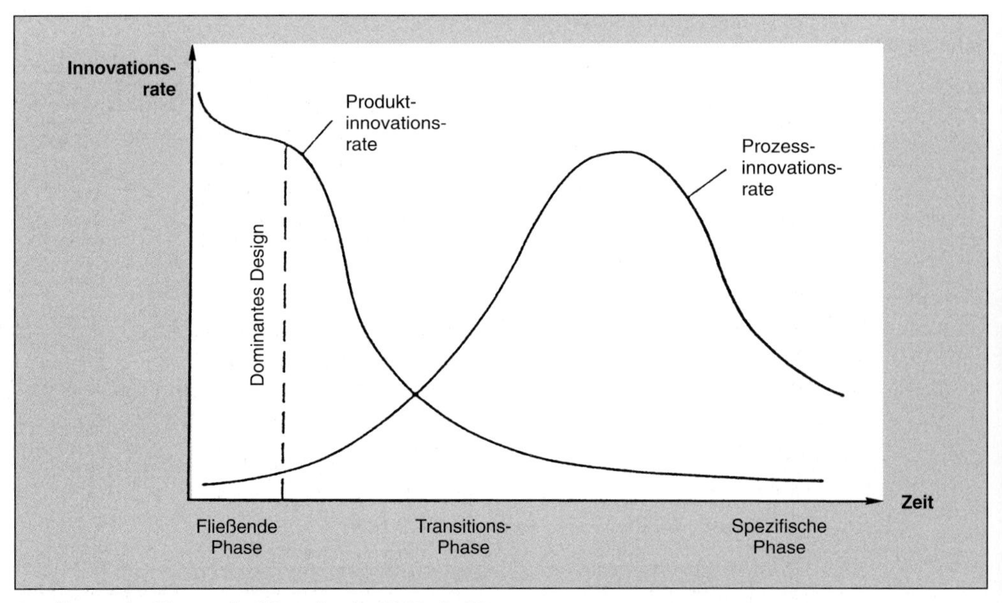


*Quelle:* nach *Abernathy/Utterback,* 1982, S. 98

*Abb. 461: Modellverlauf der Entwicklung von Produkt- und Prozessinnovationsrate*

Im Folgenden soll nun auf Besonderheiten *zweier* spezifischer Marktzyklusphasen bzw. **komplexer Marktkonstellationen** und ihre marketing-relevanten Fragestellungen näher eingegangen werden: junge, schnellwachsende Märkte einerseits und reife, rückläufige Märkte andererseits.

### *bb) Besonderheiten junger, schnell wachsender Märkte*

Bevor ein Markt entsteht, existiert er bereits als **latenter Markt** (*Kotler/Bliemel,* 2001, S. 606) in den Köpfen der potenziellen Abnehmer, die eine Problemlösung suchen, die es noch gar nicht gibt (zum Phänomen „schlummernder Märkte" s. a. *Ballin,* 2005).

Junge Märkte sind solche Märkte bzw. Branchen, die neu sind oder die durch Neuformierung entstehen. Sie sind das Resultat „erwarteter" technologischer Innovationen und **latenter Abnehmerbedürfnisse,** „die ein neues Produkt oder eine neue Dienstleistung in den Rang einer potenziell lebensfähigen Geschäftsgelegenheit erheben" (*Porter,* 1995, S. 273). Als Beispiele können etwa Folgende aufgeführt werden: Multimedia-Markt, Solarenergie-Markt, Elektro-Automobile-Markt, Fitness-Markt, Fertiggerichte-Markt.

Typisch für junge Märkte ist ein **zweigeteiltes Stadium,** d. h. sie sind zunächst durch ein langsames, aus Unsicherheiten der potenziellen Abnehmer resultierendes eher zähes Wachstum gekennzeichnet, um dann ab dem sog. Take-Off-Stadium rasant zu wachsen, vor allem dann, wenn das neue Produkt bzw. seine Problemlösung die „Erwartungen" der Abnehmer besonders gut trifft.

Risiko und Chance zugleich bedeutet die Tatsache, dass in jungen Märkten noch **keine festen Spielregeln** bestehen (*Porter,* 1995, S. 273 f.), insbesondere was Marktbearbeitungskonzepte – und damit den marketing-instrumentalen Einsatz (Marketingmix) – betrifft. Die Chance für Pioniere besteht deshalb darin, die Marketingstandards weitgehend selbst festzulegen und damit „das Heft in die Hand zu nehmen". Das bedeutet, dass **Pionierunternehmen** die Regeln in hohem Maße in einer für sie günstigen Weise bestimmen können.

Fallbeispiel: Stadtfahrzeug *Smart* und neue Spielregeln in einem neuen Markt

Der *Smart* (von *Daimler-Gruppe* bzw. ursprünglich von *Daimler-Benz* über eine eigene Gesellschaft *(MCC Smart)* vermarktet) wurde konzipiert, um einen neuen Markt zu begründen, und zwar den **Markt der Klein(st)wagen** bzw. Stadtwagen.

Der *Smart* beruhte auf einem **neuen technischen Konzept,** das hohe Sicherheit („Sandwichboden") mit hoher Wirtschaftlichkeit („neue Motoren") und besonderem Fahrkomfort („halbautomatisches Fünfganggetriebe") verbinden sollte.

Dieses neue Basisautomobil setzte insofern **neue Produktstandards** im Klein(st)wagen-Segment. Aber auch in der **Vermarktung** ging man neue Wege (Verkauf über neue franchisierte Vertriebs- und Service-Center, welche die *Smart*-Autos ab Lager verkaufen und Reparaturen innerhalb von acht Stunden ausführen sollten).

Neue Regeln (Standards) wurden auch im **Fertigungskonzept** realisiert, denn das Fahrzeug wird in kostengünstiger Modulbauweise gefertigt: Zulieferer liefern just-in-time komplexe Bauteile (physische Montageeinheiten) an, die dann in der eigentlichen Montage-Fabrik von *MCC Smart* endmontiert werden.

Man bemühte sich im Übrigen, über den Gesetzgeber **neue Bestimmungen** für das extrem kurze Stadtfahrzeug zu erreichen: Fahrerlaubnis schon ab 16 Jahre (statt 18 Jahre Regelalter) und Erlaubnis, in Parklücken quer zu parken (optimale Parkplatzausnutzung).

Mit dem *Smart* wurde also versucht, von vornherein die **Regeln** in diesem neuen Markt zu bestimmen und mit dem eigenen Konzept die Vorteile aus diesen Regeln zu ziehen.

Speziell Pioniere in einem Markt bedienen sich der von uns so bezeichneten **strategischen Wippe,** die gerade in jungen, innovativen Märkten oft funktioniert *(Abb. 462).*

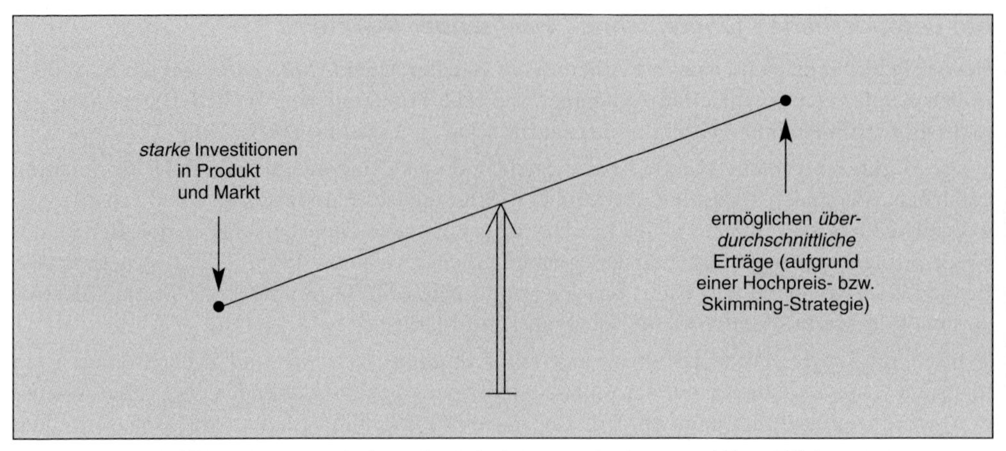


*Abb. 462: Strategische Wippe in jungen Märkten und ihre Effekte*

Dass junge, schnell wachsende Märkte sowohl durch überdurchschnittliche Forschungs- und Entwicklungs- sowie Marketingaufwendungen als auch durch **überdurchschnittliche Deckungsbeiträge bzw. Renditen** (ROI) gekennzeichnet sind, belegen im Übrigen die Ergebnisse des *PIMS*-Projekts (*Buzzell/Gale,* 1989, S. 171 und 174).

Junge, schnell wachsende Märkte sind – vor allem aufgrund der überdurchschnittlichen Renditeaussichten – andererseits dadurch charakterisiert, dass in dieser Phase – wie in keiner anderen (*Porter,* 1995, S. 276) – die **Zahl der Wettbewerber** stark steigt bzw. viele potenzielle Wettbewerber die Absicht hegen, in den neuen Markt einzutreten.

Aggressive Marketingkonzepte von Pionierunternehmen, die nicht nur in der reifen, sondern gerade in der jungen Marktphase nicht untypisch sind, ermöglichen jedoch, **Markteintrittsbarrieren** für Folgerunternehmen aufzubauen bzw. **Signale** auszusenden, die potenzielle Konkurrenten abhalten, in den jungen Markt einzutreten (*Lücking,* 1995, S. 214 ff., zur Theorie der Signalgebung (Signaling) siehe auch *Kaas,* 1991 sowie *Heil/Robertson,* 1991).

Solche Signale können durch verschiedene Marketingkonzepte bzw. -instrumente gesetzt werden, u. a. durch eine eigenständige, auf die interessanten Zielgruppen **focussierte Produktpositionierung,** eine eher an der Penetration-Strategie orientierte Preisstellung, die Bindung wichtiger Absatzkanäle, die Besetzung von Schlüsselgebieten.

Frühe Folger im Markt (Second-to-Market-Strategie) haben andererseits den Vorteil, dass sie sich am Pionier (First-to-Market-Strategie) und seinem Marktleistungs- und Marktbearbeitungskonzept orientieren und **„Fehler" des Pioniers** vermeiden können. Zugleich ist der Markt noch nicht verteilt; es bestehen vielmehr noch gute Erfolgschancen für den Zweiten und Dritten im Markt.

Der späte Folger dagegen (Late-to-Market-Strategie) findet zwar etablierte Standards vor, der Markt ist aber schon weitgehend verteilt und **Preisverfallerscheinungen** schmälern seine Gewinnaussichten (zu den Timing-Strategien und ihren Chancen bzw. Risiken siehe auch 2. Teil

„Strategien", Kapitel Wettbewerbsstrategien und Strategiestile, Abschnitt Relevanz der zeitlichen Komponente).

Exkurs: Spezielle Timing-Konzepte des frühen Folgers (Second-to-market)

Der frühe (schnelle) Verfolger in einem innovativen Markt – der gegenüber dem Pionierunternehmen die bereits angesprochenen Vorteile besitzt – verfügt im Übrigen über **zwei Optionen,** die ihm in einem jungen, innovativen Markt besondere Chancen eröffnen können (*Kotler/Bliemel,* 2001, S. 586):

- **Imitatives Überbieten** (Out-Imitating),
- **Direktes Überspringen** (Leap Frogging).

Beim **imitativen Überbieten** wird versucht, das Pionierunternehmen im Markt sowohl mit einem verbesserten Produkt (Problemlösung) als auch mit einem besseren Marketingprogramm (Marktbearbeitung) zu überbieten (= bewusste Ausschöpfung von Schwachstellen des Pioniers).

Das **direkte Überspringen** zielt dagegen darauf ab, mit wesentlichen Fortschritten in der Produkttechnologie bzw. -funktion (Problemlösung) am Pionier vorbeizuziehen oder ihm bei neuen Zielgruppen, die bisher nicht optimal bedient werden konnten, zuvorzukommen. So folgte z. B. im Videorecorder-Markt der japanische Anbieter *Matsushita* zunächst dem Marktführer *Sony* und anderen Anbietern (wie *Grundig*), um sie dann vor allem mit einem intelligenteren Marketing zu überspringen, für sein System ein internationales Netzwerk aufzubauen und sein *VHS*-System weltweit als Standard durchzusetzen.

„Ein erfolgreiches „Überspringen" durch Produkte ist schwierig, denn der Verfolger muss dabei schneller als der Pionier neue Innovationen entwickeln und realisieren. Beste Voraussetzungen zum Überspringen sind jedoch gegeben, wenn der Pionier sich auf eine bestimmte Technologie der **„ersten Generation"** (Hervorhebung J. B.) festlegen musste, die höhere Kosten mit sich bringt, und ihm dann die Mittel fehlen, den Sprung zur Technologie der zweiten Generation schnell zu vollziehen. Der Pionier kann ein „Überspringen" durch den schnellen Verfolger antizipieren, selbst zur zweiten Produktgeneration vorstoßen und den Herausforderer, der zum Sprung ansetzt, abschütteln" *(Kotler/Bliemel,* 2001, S. 586).

Für das Öffnen eines jungen Marktes bzw. die Überführung in ein schnell wachsendes Stadium ist insgesamt die **„Aufschließung" der potenziellen Abnehmer** die eigentliche Kernaufgabe. Die Zielgruppen sind in jungen, innovativen Märkten durch eine relativ große Unsicherheit gekennzeichnet, weil ihnen entsprechende Vorerfahrungen fehlen. Sie tendieren deshalb zunächst eher zu einer Abwartehaltung. Abnehmer können die technologische Ausgereiftheit einer Neuerung speziell bei komplexeren Gebrauchsgütern meist nicht voll beurteilen und wollen deshalb warten, bis sich ein technologischer Standard (= dominantes Design) herausgebildet hat (*Wolfrum,* 1995, Sp. 2451, i. E. *Michel,* 1992; *Hauschildt,* 2004; *Corsten et al.* 2016).

Wichtig für die Dynamik eines jungen Marktes ist deshalb, früh entsprechende **Referenzkunden** (Lead User) bzw. **Innovatoren** (Multiplikatoren) zu finden, die mit ihrem Kauf bzw. demonstrativen Nutzung Nachahmungseffekte bei zögernden Zielgruppen auslösen.

Was den diese Marktdurchdringungsprozesse unterstützenden Marketinginstrumenten-Einsatz angeht, so kommt einmal der **aufklärenden Kommunikationspolitik** i. w. S. eine besondere Bedeutung zu. Neben der klassischen Werbung für innovative Produkte (Leistungen) kann hier auch die Öffentlichkeitsarbeit den Kompetenzaufbau des Unternehmens wesentlich stützen. Speziell bei technologie-geprägten Produkten (insbesondere High-Tech-Produkten) spielen auch Auftritt und Repräsentanz auf Messen und Ausstellungen eine wichtige Rolle sowie Maßnahmen des Direktmarketing, und zwar in Form von Direktwerbung wie ggf. auch in Form von Direktvertrieb (statt oder neben der Einschaltung von Handelsbetrieben = indirekter Absatzweg).

Schließlich sind Aufbau und Weiterentwicklung eines **umfassenden Servicesystems** (Pre-, At- und After-Sale-Services, vgl. hierzu auch das Kapitel zu den Aktionsparametern des Marketingmix, Abschnitt Programmpolitik) für die Durchsetzung einer Innovation im Markt entscheidend, weil es den noch verunsicherten Abnehmern entsprechende Sicherheit bietet (auch für den „Fall danach", d. h. bei Problemen der Anwendung bzw. Nutzung einer Innovation).

Die Darlegungen zeigen insgesamt, dass die Umsetzung (wettbewerbs-)strategischer Konzepte in jungen Märkten eines **adäquaten Marketingmix** bedarf (= **konzeptionelle Kette**), und zwar unter besonderer Berücksichtigung der markt- bzw. produktspezifischen Besonderheiten (= situativer Ansatz).

### *bc) Besonderheiten reifer, rückläufiger Märkte*

Die Marketingansätze bei reifen, stagnierenden und vor allem rückläufigen Märkten – einer zweiten besonders relevanten Marktzyklus-Phase bzw. **Marktkonstellation** – stellen sich demgegenüber völlig anders dar. Im Prinzip kann man auch in dieser Marktsituation **zwei typische Stadien** unterscheiden, nämlich Reife mit Wachstumsstillstand und Beginn des Rückgangs. Besonders kritisch sind naturgemäß Rückentwicklungen von Märkten, weil das die Wettbewerbsstruktur nachhaltig beeinflusst.

Inzwischen gibt es viele stagnierende bzw. rückläufige Märkte, z. B. der Stahl-, der PKW-, der Fahrrad-, der Foto-, der Uhren-, der Bier-, der Kaffeemarkt sowie viele Nahrungsmittelmärkte. Schätzungen gehen davon aus, dass in entwickelten Volkswirtschaften (wie Westeuropa) mehr als die **Hälfte aller Branchen** stagnierend bzw. rückläufig sind (*Meffert,* 1994 b, S. 227).

Da stagnierende bzw. rückläufige Märkte tendenziell weiter zunehmen, sind solche Marktkonfigurationen nicht nur ein **spezielles Problem der Unternehmenspraxis,** sondern auch von wissenschaftlicher Seite hat man sich diesen Fragestellungen stärker zugewandt (*Seidel,* 1972; *Hamermesh/Silk,* 1979 bzw. 1980; *Hahn,* 1981; *Meffert,* 1984 bzw. 1994 b; *Bauer,* 1988; *Welge/Hüttemann,* 1993 sowie insbesondere *Harrigan/Porter,* 1983 bzw. 1987; *Harrigan,* 1988 bzw. 1989 und *Porter,* 1980 bzw. 1995; s. a. *Grant/Nippa*, 2006, S. 463 ff.).

Kennzeichen stagnierender bzw. rückläufiger Märkte ist eine Marktsituation, bei der das **Marktpotenzial** weitgehend ausgeschöpft ist, d. h. nahezu mit dem bisher realisierten Marktvolumen identisch ist und nennenswerte Wachstumsreserven somit nicht mehr bestehen.

Die **Gründe für die Sättigungserscheinungen** können unterschiedlich sein: etwa Änderungen in den Verbrauchs- bzw. Verwendungsgewohnheiten, Abnahme der Verbrauchs- bzw. Verwendungsintensität, preisgünstigere und/oder technologisch überlegene Substitutionsprodukte.

Stagnierende bzw. rückläufige Märkte sind aufgrund des fehlenden Wachstums („Nullsummenspiel") generell durch **verschärften Wettbewerb** gekennzeichnet, der auch mit preislichen Mitteln ausgetragen wird, was zu deutlichem Preisverfall führen kann. Ursache hierfür sind auch die vielfach bestehenden **Überkapazitäten** in der Produktion, d. h. Unternehmen versuchen ihre Kapazitäten in dieser Phase zunächst durch günstige Angebote („Teilkostenkalkulation") möglichst noch auszulasten.

Ansonsten sind reife Märkte insgesamt durch eine **Fragmentierung** (Aufspaltung) in verschiedene Teilmärkte gekennzeichnet. Nachdem Grundbedürfnisse mit bestehenden Produkten weitgehend befriedigt sind, entstehen zielgruppen-spezifische **Zusatzbedürfnisse,** denen Unternehmen zur Behauptung am Markt möglichst gut zu entsprechen versuchen *(Abb. 463).*

In der Phase zwischen Verlangsamung des Wachstums, Stagnation und ersten rückläufigen Entwicklungen versuchen Unternehmen durch bessere, vollständigere Problemlösungen für einzelne Kundengruppen ihren Marktanteil am Gesamtmarkt wenigstens zu halten. Märkte brechen dadurch in **einzelne Teilmärkte** (Segmente) auf (Phase 1). Die Buchstaben in der Ab-

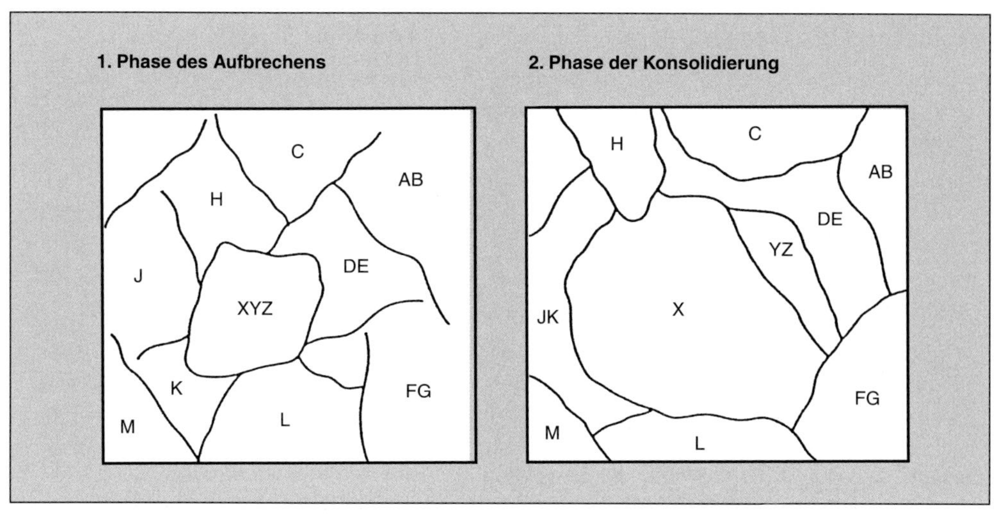


*Quelle: Kotler/Bliemel,* 2001, S. 609

*Abb. 463: Fragmentierung von Märkten (differenziert nach Phase des Aufbrechens und des Konsolidierens)*

bildung stehen dabei für unterschiedliche Unternehmen, die jetzt in verschiedenen Marktsegmenten tätig sind. Zwei Segmente bleiben dabei frei, da sie zu klein bzw. zu wenig profitabel sind. In einer anschließenden Phase (Phase 2) kommt es dann zu einer **Konsolidierung des Marktes,** die z. B. „durch das Auftauchen eines neuen Produktmerkmals (neue Problemlösung, Erg. J. B.) von großer Anziehungskraft im Markt eingeleitet wird. Das neue Merkmal bringt oft keine Ausweitung des Marktes, wohl aber eine Verschiebung der Marktanteile" (*Kotler/Bliemel,* 2001, S. 609 bzw. *Kotler/Keller/Bliemel*, 2007, S. 1035 f.).

Fallbeispiel (1): Neuordnung (Shake out) im Schokoladenwarenmarkt

Der klassische Schokoladenmarkt (Tafelschokolade) war schon seit längerer Zeit ein stagnierender bzw. rückläufiger Markt, der durch **hohe Überkapazitäten** geprägt war, was sich in einem starken Preisverfall niederschlug.

Ein anderer Teil des Schokoladenwarenmarktes, nämlich der **Riegel-Markt,** war etwa aufgrund der Zunahme von Zwischenmahlzeit-Bedürfnissen eher ein Markt mit positiven Perspektiven. Durch **trendgerechte Weiterentwicklung** der Produkte wurden dem Markt neue Impulse gegeben, die ihn auf hohem Niveau stabilisieren konnten.

Impulsgeber war seinerzeit die *Jacobs/Suchard* (jetzt *Mondolez*), die ihr **Erfolgsrezept** *Suchard Milka* („Lila Kuh" – Symbol für gute Alpenmilch) auf den Riegelmarkt übertrug (u. a. *Lila Pause*). Die neuen Suchard-Riegelangebote entsprachen mehr den veränderten Verbrauchervorstellungen in Richtung Genuss und Gesundheit.

Auch andere Anbieter versuchten, den Riegelmarkt zu attraktivieren, und zwar u. a. durch gesündere Kornriegel. Er spaltete sich auf diese Weise in **neue Segmente** auf, die sowohl von bisherigen Anbietern (wie *Mars-Gruppe* jetzt *Masterfoods*) als auch von neuen Anbietern (z. B. *Schwartau/Oetker-Gruppe*) besetzt wurden. Neben der Aufspaltung kam es insgesamt auch zu einer **Neuaufteilung** des Marktes unter alten und neuen Anbietern.

Fallbeispiel (2): Produktdifferenzierung und -perfektionierung in reifen Märkten

Reife bzw. stagnierende, vom Rückgang bedrohte Märkte entwickeln – je nach Produkt- und Branchenbedingungen – vielfach **„neue Fähigkeiten"**, ein Produkt bzw. eine ganze Produktkategorie systematisch und konsequent weiterzuentwickeln.

Der **Fahrrad-Markt** bietet hier ein interessantes Beispiel. Die Anbieter in diesem Markt folgten den sich wandelnden Ansprüchen der Abnehmer, was zu einer **Fragmentierung** (Segmentierung) des Marktes führte.

Neben dem klassischen Standardrad bildeten sich **interessante Teilmärkte** etwa für BMX-Räder, Mountain-Bikes, Trekking-Räder, Lasten-Räder sowie E-Bikes heraus.

Zugleich setzte eine dynamische Weiterentwicklung der **Fahrradkomponenten** ein: Vielgangschaltungen mit Schalterleichterungen bis hin zur Automatik, neue Bremsen (z. B. Trommel- und Kantilever-Bremse), neue Steuerungstechniken. Führend in der Weiterentwicklung ist insb. der japanische Komponenten-Anbieter *Shimano*. Der *Shimano*-Manager *van Vhiet* hatte die weitere Entwicklung (**„Vision"**) auf der Fahrradmesse *Eurobike* 1997 so charakterisiert: „Früher dachten wir immer, ein Rad hat etwas mit Kabeln zu tun. Bald werden alle Funktionen von der Bremse bis zur Schaltung mit Pneumatik (oder elektronisch, *Erg. J. Be.*) und mit Computern gesteuert" (zit. nach *Heidmann,* 1997, S. 5).

Auf diese Weise werden dem Markt nicht nur immer wieder wichtige **Nachfrageimpulse** gegeben, sondern solche Weiterentwicklungen der Fahrräder und ihrer Technik erlauben – trotz hohen Wettbewerbs – je nach Technik- und Markenvoraussetzungen durchaus noch, eine präferenz-orientierte und damit **ertrags-orientierte Preispolitik** zu betreiben.

Insoweit können auch reife, tendenziell vom Rückgang bedrohte Märkte ökonomisch noch interessant sein.

Die Beispiele zeigen, dass reife Märkte immer wieder neue Impulse erhalten, und zwar vor allem dadurch, dass einige Anbieter **innovative Erfolgsprodukte** kopieren bzw. weiterentwickeln. Reife Märkte *pendeln* insoweit – je nach Aktivitätsniveau der Branche bzw. seiner Mitglieder – zwischen Marktfragmentierung und Marktkonsolidierung (einschließlich marktlicher Neuverteilung unter den Wettbewerbern).

Durch neue Angebotsformen (Problemlösungen) kann nicht selten das Gewinnniveau stabilisiert werden, wenn es gelingt, mit diesen Angeboten **neue Präferenzen** aufzubauen, die preislich entsprechend abgeschöpft werden können. Das Differenzierungspotenzial nimmt im Laufe der Marktentwicklung jedoch stetig ab (vgl. auch *Buzzell/Gale,* 1989, S. 172 f.).

Irgendwann sind jedenfalls alle **strategischen und instrumentalen Reserven** (wie neue technisch-funktionale oder auch neue formal-ästhetische Produktleistungen, Service- und Distributionsreserven) ausgeschöpft. Auch die Möglichkeiten von erneuten Korrekturen sind dann nicht mehr gegeben (z. B. Änderungen der Werbebotschaft bzw. Positionierung, nachdem sie schon mehrmals geändert worden sind). Reife, stagnierende Märkte gehen am Ende „unvermeidlich" in die Rückgangsphase über, vor allem dann, wenn neue Impulse ausbleiben oder vom Markt nicht mehr entsprechend honoriert werden. Kennzeichen dieser Situation ist häufig ein **Rückgang der Investitionen** in Produktentwicklung (F&E) und in den Markt (z. B. Werbung).

Die von uns so bezeichnete **strategische Wippe** verändert sich dann ungünstig, was z. T. zu massivem Preis- und damit Renditeverfall führt *(Abb. 464).*

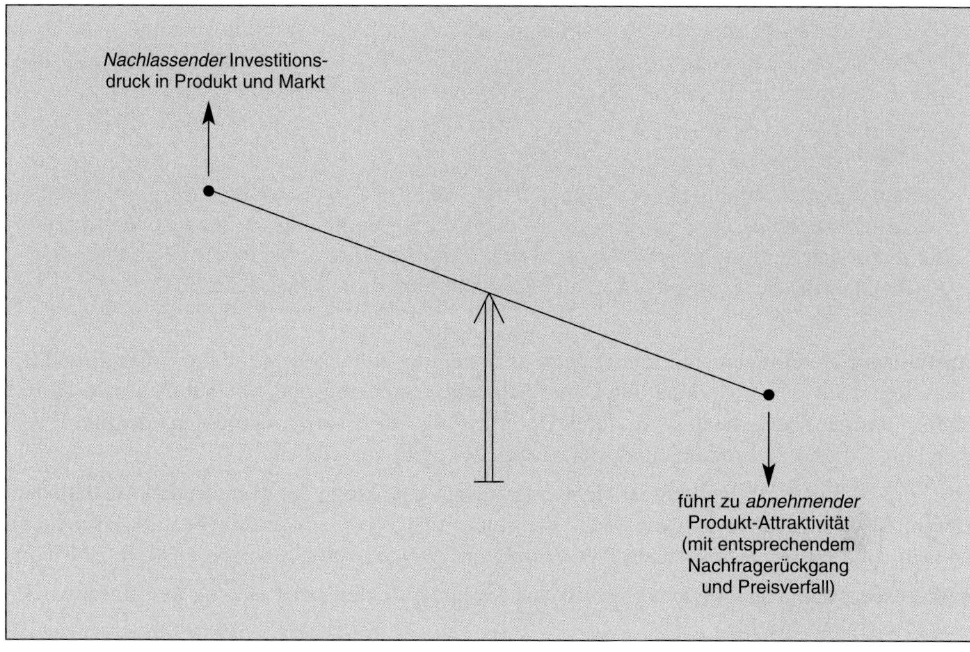


*Abb. 464: Strategische Wippe in rückläufigen Märkten und ihre Effekte*

Dass rückläufige Märkte generell durch deutlich zurückgehende Forschungs- und Entwicklungs- sowie Marktinvestitionen und zugleich durch **stärkere Renditerückgänge** gekennzeichnet sind, zeigen im Übrigen Untersuchungsergebnisse des *PIMS-Projekts* (*Buzzell/Gale,* 1989, S. 171 und 174).

**Abschöpfungsstrategien** (Harvesting) funktionieren im Allgemeinen nur kurze Zeit, d.h. Unternehmen können z.T. noch Markenpräferenzen preislich ausschöpfen, die in vorangegangenen Perioden aufgebaut wurden, aber jetzt nicht mehr durch neue Marktinvestitionen gestützt werden.

Insofern stehen Unternehmen in der massiven Rückgangsphase vor der **strategischen Grundfrage,** ob bzw. inwieweit sie im bisher bearbeiteten Markt verbleiben wollen (Stay-or-Exit).

Fallbeispiel: Marktbereinigung durch Marktaustritte im Markt der gekühlten Fertigteige

Der Markt der gekühlten Fertigteige (für Brötchen, Croissants u.ä.) hatte sich zunächst in den USA entwickelt (ursprüngl. Hauptanbieter *Pillsbury/General Mills*).

Aufgrund des sich allgemein entwickelnden **Convenience-Marktes** entschloss sich *Pillsbury* in (Vertriebs-)Kooperation mit *Kraft Foods,* diese Produkte auch in der BRD einzuführen. Nach typischen Marktwiderständen in der Einführungsphase (Zurückhaltung bei den Verbrauchern, weil ungewohnt; Zurückhaltung beim Handel, weil Platz in der teueren Kühltruhe notwendig) entwickelte sich der neue Markt schließlich stärker.

*Oetker* sah sich mit diesen gekühlten Fertigteigen in seiner **Kernkompetenz** „Backen" berührt und entschloss sich, auch mit entsprechenden Produkten in den Markt einzutreten. Andere Anbieter folgten.

Obwohl der Markt sich voll zu etablieren schien (ein hoher Verbraucheranteil hatte inzwischen 5-mal und mehr nachgefragt), setzte wider Erwarten eine **deutliche rückläufige Entwicklung** ein. Die Produktkategorie konnte sich jedenfalls nicht als tägliches Normalprodukt durchsetzen, sondern nur als „Notlösung" bzw. spezielle Problemlösung für das Wochenende.

Es kam zu einem **Shake-out,** in dem sich der Markt neu strukturierte. Alle Anbieter bis auf den Pionier *Pillsbury* zogen sich aus dem Markt wieder zurück. Inzwischen werden die gekühlten Fertigteige von *General Mills* (BRD) selbst angeboten und führen ein **Nischendasein,** das für diesen Anbieter offensichtlich (noch) interessant ist.

**Austrittsentscheidungen** sind immer dann in Erwägung zu ziehen, wenn die Umsatz- und Ertragsaussichten eines Marktes auf Dauer schlecht erscheinen und Maßnahmen zum Abbau überschüssiger Kapazitäten (z. B. durch Unterlassung von Ersatzinvestitionen oder durch Verwendung für andere Produkt- und Marktbereiche) nicht ausreichen.

Die Stay-or-Exit-Entscheidung ist nicht zuletzt auch eine Frage der **bestehenden Austrittsbarrieren.** Als wichtige Austrittsbarrieren, die einen Austritt aus einem Markt stark erschweren können, sind Folgende zu nennen (vgl. *Harrigan,* 1989, S. 100 ff.; *Porter,* 1995, S. 324 ff.):

- **Wechselseitige Abhängigkeit** (Verlust von Verbundeffekten bei Rückzug aus einer(m) Geschäftseinheit/Markt),
- **Vorhandene Spezialanlagen** (Aussicht auf nur geringe Liquidationserlöse, weil Interessentenkreis zu klein),
- **Verschlechterung des Kapitalmarktzuganges** (Kreditwürdigkeit des Unternehmens leidet, wenn aufzugebender Bereich gemessen am Gesamtumsatz zu groß),
- **Höhe der Austrittskosten** (z. B. hohe Konventionalstrafen aufgrund langfristiger Verträge, Sozialplan-Aufwendungen oder auch Garantieleistungen auf Produkte),
- **Soziopolitische Barrieren** (hoher politischer Druck zur Erhaltung der Geschäftseinheit oder verlangte Zugeständnisse inakzeptabel),
- **Emotionale Barrieren** (Weigerung zum Eingeständnis des Misserfolgs, persönliche Identifikationen mit aufzugebendem Bereich).

Die Austrittsmöglichkeiten bzw. -zwänge hängen insgesamt auch von den Ursprungsbedingungen eines Marktes ab. Je niedriger nämlich die **Eintrittsbarrieren** ursprünglich waren (z. B. in „junger" Phase), umso mehr Anbieter gehören i. d. R. später einem Markt an. Je mehr Anbieter aber in einem Markt tätig sind, umso schwieriger ist die mehr **passive Strategie** des „letzten Überlebenden", weil erst zu viele andere Anbieter den Markt verlassen bzw. sich neue Betätigungsfelder suchen müssen, ehe der Markt wirksam zu Gunsten des *eigenen* Verbleibens entlastet wird.

Bei hohen Austrittsbarrieren bzw. langen Wartezeiten auf Austritt von Wettbewerbern gibt es demnach nicht selten bestimmte Zwänge für **strategisch-offensivere Weiterführungskonzepte.** Zunächst muss ein Unternehmen, das im Markt verbleiben will (muss), alle – so weit noch nicht geschehen – wichtigen Reservemaßnahmen ergreifen. Neben der Ausschöpfung strategischer Reserven (z. B. neben einer Präferenzstrategie zusätzliches Verfolgen einer Preis-Mengen-Strategie etwa über eine Zweitmarkenstrategie und/oder eine Handelsmarkenproduktion) geht es vor allem um das konsequente Nutzen operativer bzw. **instrumentaler Reserven** (z. B. zusätzliche Direktmarketingaktivitäten, Einsatz neuer elektronischer Kommunikationstechnologien (u. a. *Internet*), Ausbau der Serviceleistungen). Weiterführungskonzepte sind im Allgemeinen dann am erfolgreichsten, wenn sie **strategische und operative Maßnahmen** möglichst konsequent verzahnen (= **konzeptionelle Kette**).

Sonderformen eines Überlebenskonzepts in „kritischen Märkten" können darüber hinaus **Nischen- oder Kooperationskonzepte** darstellen. Das Ziel der Nischenstrategie ist es, „ein Segment (oder eine Nachfragenische) in der schrumpfenden Branche zu identifizieren, dessen Nachfrage nicht bloß stabil bleibt oder nur langsam schwindet, sondern auch strukturelle Eigenschaften aufweist, die hohe Erträge erlauben" (*Porter,* 1995, S. 337). Ein Kooperationskonzept zielt „auf eine Verminderung der Wettbewerbsintensität und die Ausnutzung von Synergiepotenzialen ab" (*Meffert,* 1994 b, S. 241; s. a. *Homburg*, 2015, S. 520 ff.). Solche Kooperationen zwischen zwei oder mehr Unternehmen beziehen sich dabei meistens auf Teilfunktionen der Produktion und/oder des Marketing. Die Erfahrungen mit Kooperationsstrategien zur Flankierung von Weiterführungskonzepten in stagnierenden und rückläufigen Märkten sind unterschiedlich. Erfolgsvoraussetzungen sind die Übereinstimmung in wichtigen konzeptionellen Fragen wie auch eine gute „persönliche Chemie" der unmittelbar beteiligten Aufgabenträger.

Nachdem sowohl Grundfragen des Produkt- und des Marktzyklus sowie marketing-konzeptionelle Konsequenzen wichtiger bzw. „kritischer" Phasen diskutiert worden sind, soll nun noch auf konjunkturphasen-spezifische Fragen des Marketing, und zwar unter besonderer Berücksichtigung der Rezession, eingegangen werden.

### *c) Konjunkturzyklus und Marketingmix (unter besonderer Berücksichtigung der Rezession)*

Die Marketingentscheidungen des Unternehmens werden nicht nur durch den Produkt- und Markt(lebens)zyklus beeinflusst, sondern auch von **gesamtwirtschaftlichen Zyklen bzw. Schwankungen** tangiert. In aller Regel können Unternehmen ihr Marketingkonzept nicht in allen gesamtwirtschaftlichen Phasen unverändert „durchziehen", sondern es bedarf der Anpassung, speziell an Bedingungen von Problemphasen, wie z. B. der Rezession.

#### *ca) Zum Phänomen Konjunkturzyklus*

Bezugspunkt des Konjunkturzyklus ist – im Gegensatz zu Produkt- und Marktzyklus – der **Gesamtmarkt** aller wirtschaftlichen Güter und Leistungen. Ihm liegt also eine hoch aggregierte Gesamtmarktgröße zugrunde. Das Phänomen des Konjunkturzyklus ist Gegenstand sowohl der **Konjunkturtheorie** (= Analyse typischer Konjunkturschwankungen, ihrer Gründe und Eignung von Indikatoren für ihre Erfassung bzw. für die konjunkturelle Frühwarnung) als auch der **Konjunkturpolitik** (= Möglichkeiten der Beeinflussung bzw. Steuerung der Konjunkturschwankungen über geeignete gesamtwirtschaftliche Parameter zur Realisierung zentraler gesamtwirtschaftlicher Ziele, wie Preisstabilität, Vollbeschäftigung und außenwirtschaftliches Gleichgewicht).

So wie Produkt- und Marktzyklen jeweils durch spezifische Merkmale gekennzeichnet sind, so weist auch jeder Konjunkturablauf eine Reihe von Gegebenheiten auf, die „einmalig" sind. Trotzdem gibt es **wiederkehrende Merkmale,** die allgemeine Aussagen zum Verlauf möglich machen. Der Konjunkturablauf wird gewöhnlich in *vier* Phasen gegliedert (*Samuelson/ Nordhaus,* 1987, S. 315; *Baßeler/Heinrich/Utecht,* 2002, S. 836; *Woll,* 2011, S. 493 f.). In vereinfachter, idealtypischer Form kann der Konjunkturablauf durch **folgendes Zyklenmuster** abgebildet werden *(Abb. 465).*

Diesem Verlauf liegt als **Präsenzindikator** die Produktion (gemessen am realen Volkseinkommen Y) zugrunde. Dabei kann eine scharfe Trennung zwischen den einzelnen Phasen em-

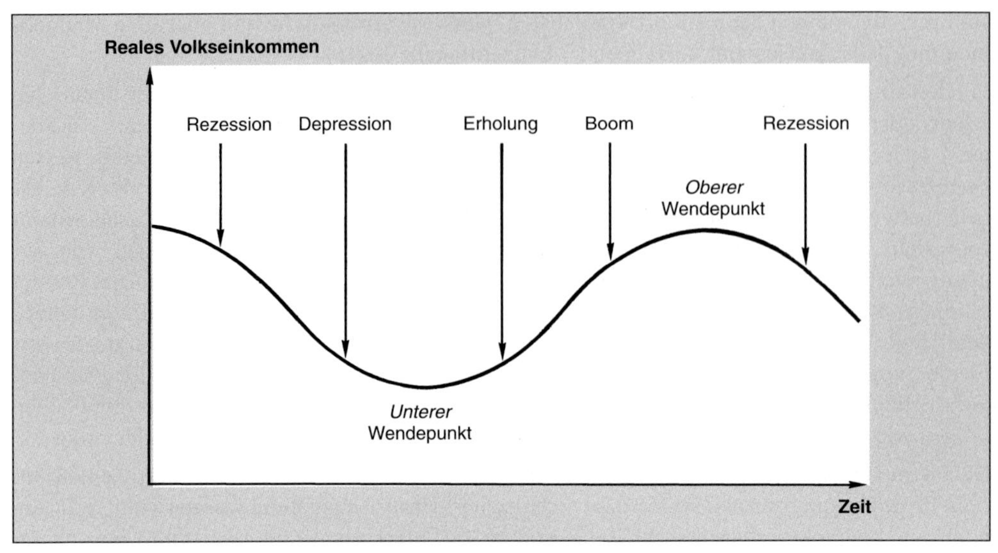


*Quelle: nach Woll,* 2011, S. 494

*Abb. 465: Idealtypischer Konjunkturablauf*

pirisch nicht bestimmt werden. Generell geht man von unterschiedlichen Phasenlängen, also aperiodischen Zyklen, aus, wobei die Zeitspanne zwischen den aufeinander folgenden Wendepunkten unbestimmt ist. Erfahrungsgemäß sind es Zeiträume von mehr als einem Jahr, oft vier bis fünf Jahre (*Woll,* 2011, S. 493; zu Konjunkturerklärungen siehe *ders.* S. 496 ff.; *Baßeler/Heinrich/Utecht,* 2002, S. 838 ff. bzw. den „Klassiker" *Haberler,* 1955; zu „langen" Typen von Konjunkturzyklen, speziell dem *Kondratieff-Zyklus, Clement/Terlau,* 2002, S. 180 f.; *Peto,* 2001, S. 168 f.). Neben dem Präsenzindikator (z. B. der Produktion) gibt es noch andere Konjunkturindikatoren, nämlich **Früh- und Spätindikatoren.** Berücksichtigt man alle Indikatoren, so kann man ein Indikatorenmuster modellieren, das für die meisten Konjunkturverläufe charakteristisch ist *(Abb. 466).*

Neben den objektiven Früh-, Präsenz- und Spätindikatoren kann man auch **psychologische Indikatoren** heranziehen. Sie beruhen auf der Messung von Stimmungen und Erwartungen auf der Konsumentenebene (z. B. *GfK-Konsumklima-Index*) und Unternehmensebene (z. B. *Ifo-Konjunkturtest,* zur psychologischen Dimension des Konjunkturphänomens siehe die „Klassiker" *Katona,* 1960 und *Schmölders,* 1972).

### *cb) Marketing-relevante Besonderheiten der Rezession*

Die für eine Rezession typischen Auftrags- bzw. Absatzrückgänge führen dazu, dass die **vorhandenen Kapazitäten** nicht mehr voll ausgelastet werden können. Verstärkungseffekte können durch preisgünstigere ausländische Wettbewerber oder Wettbewerber mit Technologie- oder Qualitätsvorsprüngen ausgelöst werden.

Typisch für eine Rezession sind die **sinkenden Gewinne** der Unternehmen bzw. die Anspruchsanpassung der Markt- und Unternehmensziele an die neuen konjunkturellen Bedingungen. In vielen Unternehmen steigen nämlich die Stückkosten aufgrund der verminderten Absatzmengen. Nicht zuletzt deshalb ist das Unternehmensverhalten in der Rezession durch ausgeprägte **Kostensenkungs- bzw. Rationalisierungsmaßnahmen** gekennzeichnet (*Meffert,*

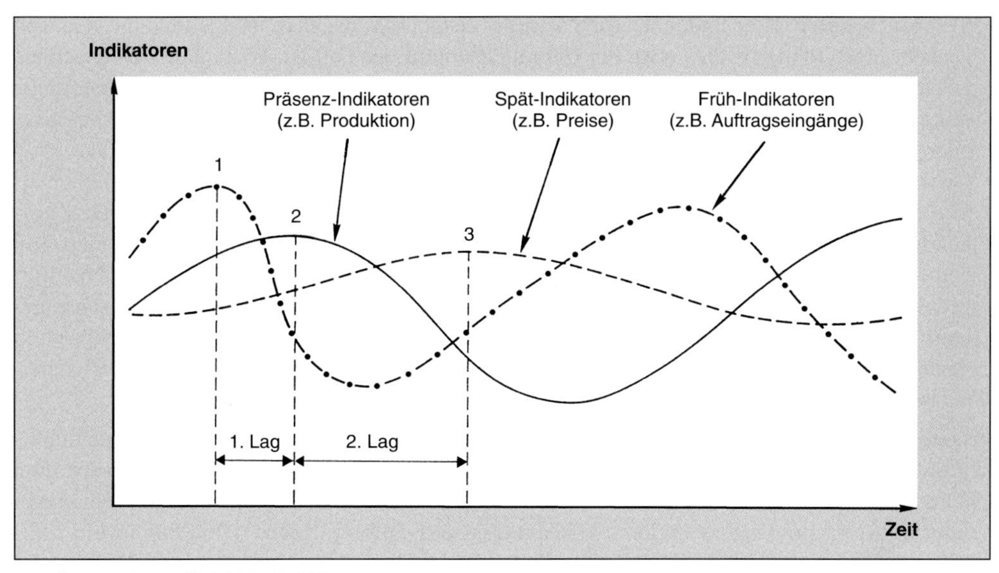


*Quelle: nach Woll,* 2011, S. 494

*Abb. 466: Indikatorenmuster für Konjunkturabläufe*

1994 a, S. 203 f., zu Grundfragen des Lean Management siehe u. a. *Bösenberg/Metzen,* 1992; *Womack/Jones,* 2004; *Drew/Mc Callum/Roggenhofer,* 2005). Neben einem Rückgang der Unternehmensinvestitionen in Betriebsanlagen und Ausrüstungen (*Samuelson/Nordhaus,* 1987, S. 314) sowie einem (partialem) Kapazitätsabbau werden vor allem die **Budgets** stärker gekürzt, auch und gerade die Marketingbudgets (und hier insbes. die der Medienwerbung, *Tomczak/Belz,* 1993, S. 17 f.; zu den Gefahren s. a. *McDonald,* 2008, S. 309 ff.).

Einen zentralen Indikator für die in der Rezession schwache Nachfrage stellt der **gesunkene private Verbrauch** dar, „der vor allem durch eine Abnahme der Nachfragerzahl, eine Verringerung der durchschnittlichen Verbrauchsintensität, einen Rückgang der Kaufkraft und eine Erhöhung der Sparquote („Angstsparen", Erg. J. B.) verursacht wird" (*Meffert,* 1994 a, S. 246).

Charakteristisch für das **allgemeine Konsumentenverhalten** ist insoweit eine bestimmte Kaufzurückhaltung, ein selektiver Kauf- bzw. Konsumverzicht sowie eine zunehmende Preissensibilität (= besondere Ausprägung des „Geiz-ist-geil-Phänomens").

Was den **Handel** – der in der schwierigen Rezessionsphase zwischen den „unberechenbaren" Polen Hersteller und Konsumenten steht – betrifft, so neigt er aufgrund der verschlechterten Absatzsituation zu Preisaktionen, welche die Nachfrage wieder beleben sollen. Das aber führt zu sinkenden Handelsspannen bzw. Erträgen. Grundsätzlich nehmen in der Rezession die **Konflikte** zwischen Herstellern und Handel zu, insbesondere über die Frage des *richtigen* Marketing- und Vermarktungskonzepts. Dem vertikalen Marketing (Trade Marketing der Hersteller) kommt dann eine ganz besondere Bedeutung zu.

Der eigentliche Schlüssel für die Bewältigung der Rezessionsprobleme ist – zumindest aus Marketingsicht – das **Verbraucherverhalten.** Die Problematik besteht allerdings darin, dass es kein einheitliches Abnehmerverhalten in Rezessionsphasen gibt, sondern *unterschiedliche* Verhaltensmuster, z. B. in Hinblick auf Verbrauchsgüter einerseits und Gebrauchsgüter andererseits (vgl. hierzu *Becker,* 1981, S. 41; *Meffert,* 1994 a, S. 27–29 sowie *BBDO,* 1994):

- **Verbrauchsgüter:** Hier finden deutlich weniger ausgeprägt negative mengenmäßige Nachfrageänderungen statt, als dies etwa bei Gebrauchsgütern der Fall ist. Was qualitative Nachfrageänderungen betrifft, so ist in vielen Verbrauchsgüterbereichen (z. B. bei Grundnahrungsmitteln) das Ausweichen auf preiswerte Angebote – entweder preisgünstige Markenartikel oder billigere Handelsmarken – typisch (allgemeine Tendenz: *eher* Preisbewusstsein).
- **Gebrauchsgüter:** Diese Güter sind im Allgemeinen deutlich konjunkturempfindlicher als Verbrauchsgüter. In der Rezession ist ihr Kauf aufschiebbar, weil die Nutzungsdauer vorhandener Produkte vielfach noch verlängerbar ist. Bei diesen Gütern sind also zum Teil deutliche Kaufzurückhaltungen charakteristisch. Andererseits sind qualitative Nachfrageänderungen in der Weise zu beobachten, dass – wenn diese Güter in der Rezession gekauft werden – vielfach das qualitativ bessere und damit preislich höhere Markenprodukt gekauft wird, etwa bei Möbeln, elektrischen Großgeräten oder beim Automobil (allgemeine Tendenz: *eher* Qualitätsbewusstsein).

Insgesamt lässt sich in Rezessionsphasen beobachten, dass die Abnehmer grundsätzlich markentreu bleiben. Ihre Sparhaltung führt jedoch zu einem **intelligenteren Kaufverhalten** (Smart Buyer): Marken billig(er) kaufen, nicht billige Marken kaufen. Im Übrigen lernen Abnehmer in Rezessionszeiten stärker zwischen Basiseinkäufen („Needs") und Selbstverwirklichungs- bzw. Erlebniskäufen („Wants") zu unterscheiden. Bei „Needs" wird versucht, die Ausgaben zu minimieren, bei „Wants" wird dagegen versucht, die Ressourcen bewusst und „intelligent" zu nutzen (*BBDO,* 1994).

Die Erfahrungen zeigen, dass nicht alle Unternehmen bzw. Branchen von Rezessionsphasen gleichermaßen tangiert werden. Weniger beeinflusst von der Rezession sind im Allgemeinen Verbrauchsgüter wie Nahrungsmittel; aber hier können **gespaltene Konjunkturen** auftreten (z. B. keine oder nur geringe Absatzrückgänge bei Nahrungsmitteln des *Haus*-Konsums, dagegen ausgeprägte Zurückhaltung und damit stärkere Rückgänge beim *Außer-Haus*-Konsum, d. h. Gastronomie i. w. S.).

Stärker von Rezessionsphasen beeinträchtigt sind etwa Branchen wie Chemische Industrie, Maschinenbau, Elektroindustrie oder auch Automobilbau, wenngleich hier die Auswirkungen je nach Konjunkturzyklus in ihrer **Intensität** variieren können.

Im Übrigen sind nicht zwangsläufig alle Unternehmen einer Branche von den Rezessionsbedingungen betroffen. Erfahrungen belegen, dass einzelne Unternehmen sich z. T. relativ stark von den allgemeinen, rezessionsbedingten Absatzrückgängen abkoppeln können. Dieser Effekt beruht auf sog. **Firmenkonjunkturen,** die bewusst gestaltet werden, und zwar über besondere alleinstellende (präferenz-bildende) Marketingkonzepte, die Unternehmen gegenüber Rezessionsauswirkungen in bestimmtem Umfange immunisieren können (*Becker,* 1981, S. 55; vgl. hierzu auch *Rohlmann,* 1994, S. 206 f.).

Fallbeispiele: Firmenkonjunkturen durch spezifische Marketingkonzepte

Bei rezessiven gesamtwirtschaftlichen Entwicklungen gibt es immer wieder Unternehmen, die – obwohl ihre Branche von z. T. massiven Absatzrückgängen betroffen ist – ihren **eigenen Absatz** (Umsatz sowie Marktanteile) erheblich steigern können. In vielen Märkten bzw. Branchen gibt es solche Unternehmen, die z. T. schon in mehreren Konjunkturzyklen den negativen Einflüssen der Rezession getrotzt haben.

Als **Beispiele** können hier Unternehmen mit langjährigen, z. T. jahrzehntelangen erfolgreichen Geschäftsverläufen in ganz unterschiedlichen Zweigen genannt werden, u. a.

- *Beiersdorf* (speziell bei Körperpflege, Marke *Nivea*),
- *Würth* (Schrauben, Befestigungs- und Montagetechnik),
- *SAP* (Software).

Wie stark Unternehmen aufgrund von konzeptions-gestützten **Firmenkonjunkturen** sich vom **Branchentrend** positiv absetzen können, zeigen drei Unternehmensbeispiele in einem Vierjahres-Zyklus (Jahre 1–4, *Abb. 467)*.

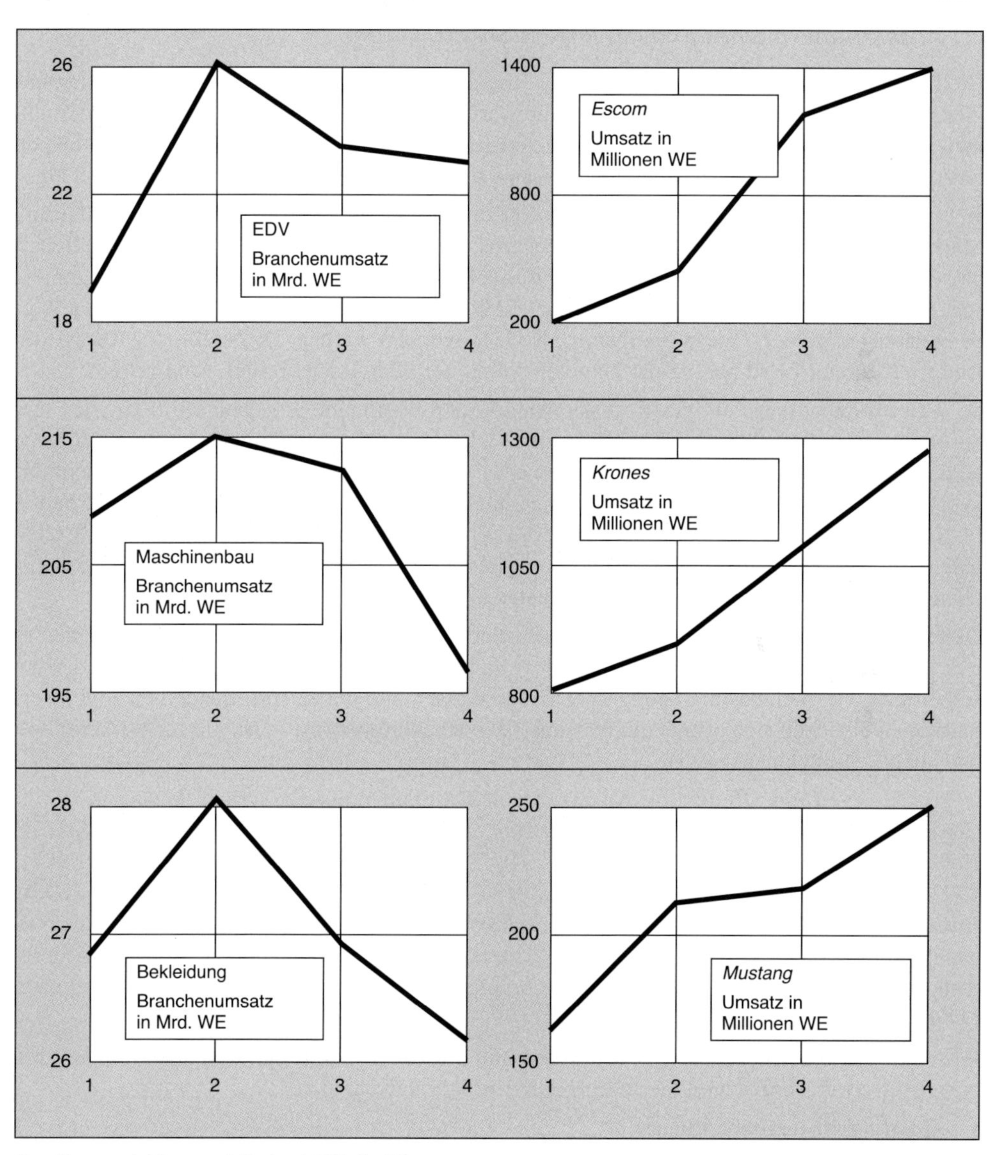


*Quelle: nach Tomczak/Belz,* 1993, S. 16

*Abb. 467: Beispiele für erfolgreiche Unternehmen in rezessiven Märkten (Beispielzyklus: Jahre 1–4)*

Verantwortlich für solche Firmenkonjunkturen sind in der Regel sowohl spezifische **Marktleistungen** (besondere Produkt- bzw. Problemlösungsleistungen, entsprechende Markenkompetenz) als auch spezifische Formen der **Marktbearbeitung** (alleinstellende Besonderheiten in der Distributions- und/oder Kommunikationspolitik).

Damit aber sind marketing-konzeptionelle Grundfragen eines „Rezessionsmarketing" überhaupt angesprochen. Darauf soll im Folgenden näher eingegangen werden.

### *cc) Ansatzpunkte eines aktiven Rezessionsmarketing*

Die Darlegungen zu den Besonderheiten der Rezession haben deutlich gemacht, dass Unternehmen in Rezessionsphasen geringere Gewinnerwartungen haben bzw. ihre Markt- und Unternehmensziele nach unten korrigieren (Anspruchsanpassung). Die passive Reaktion reicht jedoch umso weniger aus, **je länger Rezessionsphasen** dauern. Das aber ist inzwischen eher der Fall.

Je ausgeprägter der Wettbewerb ist (verstärkt durch generell stagnierende bzw. rückläufige Märkte, Internationalisierung des Wettbewerbs, Veränderungen des Abnehmerverhaltens), umso weniger ist auch eine **Kürzung der Budgets,** speziell der Marketingbudgets, angemessen. In Rezessionsphasen verloren gegangene Markt-, Image- und Kompetenzpositionen können später nur schwer, wenn überhaupt, wiedergewonnen werden. Das heißt, der Ansatz der Budget-Kürzung ist zu passiv und zu gefährlich unter dem Aspekt mittel-/langfristiger Ziele.

So weit ein bewusstes, aktives Rezessionsmarketing überhaupt betrieben wird, so wird insbesondere auf die **nachfrage-stimulierende Wirkung** von Preissenkungen vertraut. Wie die Darlegungen zu den Abnehmerverhaltensweisen gezeigt haben, sind generelle Preissenkungen jedoch nicht immer sinnvoll, sondern es müssen u. a. produktspezifische Besonderheiten (z. B. bei Verbrauchs- und Gebrauchsgütern) berücksichtigt werden. Preissenkungen stellen jedenfalls – entgegen einer weit verbreiteten Ansicht in der Marketingpraxis – keine „Patentlösung" dar, sondern **nur ein Reaktionsmuster** unter vielen.

Das Wissen um die marketing-relevanten Besonderheiten der Rezession und die angemessenen Marketingkonzepte ist allerdings noch vergleichsweise unvollkommen. Das betriebswirtschaftliche wie auch das marketing-spezifische Wissen und die entsprechenden Handlungserfahrungen beziehen sich primär auf **Normal- bzw. Hochkonjunktur** – das gilt für Wissenschaft wie auch Unternehmenspraxis.

Dennoch liegen eine Reihe von **Ansätzen** und **Untersuchungen** vor (u. a. *Krommes,* 1972; *Glauz,* 1973; *Haller/Stempel,* 1975, *Wilkening,* 1975; *Rohlmann,* 1977 bzw. 1994; *Uphues,* 1979; *Becker,* 1981; *Scholz,* 1984; *Stähli,* 1993; *Tomczak/Belz,* 1993; *Weber,* 1993; *Zerres,* 1993; *Berndt,* 1994; *Fritz,* 1994; *Meffert,* 1994 a; *Hüttel,* 1994; *Krafft/Niederhofer,* 2007; *Haller/Twardawa*, 2010), ohne dass ein geschlossenes Konzept für ein spezifisches Rezessionsmarketing bisher vorliegt. Empirische Untersuchungen belegen zugleich, dass Unternehmen in Rezessionsphasen eher einseitig, „bruchstückhaft" und kurzfrist-orientiert vorgehen (*Tomczak/Belz,* 1993; *Fritz,* 1994; *Meffert,* 1994 a; *Belz/Schmitz/Zupancic,* 2003).

Was ein möglichst durchgängiges und konsequentes Rezessionsmarketing betrifft, so sind prinzipiell **zwei Ansatz- und Gestaltungsebenen** zu unterscheiden:

- **marketing-strategische Ebene,**
- **marketing-instrumentale Ebene.**

Hinsichtlich der strategischen Anknüpfungspunkte zeigen empirische Untersuchungen, dass Unternehmen primär **zwei strategische Optionen** wählen, um die Problemphase Rezession zu überwinden bzw. zu mildern (siehe im Einzelnen *Meffert,* 1994 a, S. 193 ff. sowie *Hüttel,* 1994, S. 159):

- **Strategie der Qualitätsführerschaft,**
- **Innovationsstrategie.**

Das zeigt, dass Unternehmen primär auf das Konzept des bewussten **Wettbewerbsvorteils** setzen. Der Produkt- bzw. Problemlösungsvorteil bietet naturgemäß die größten Chancen, die Kunden in Rezessionsphasen nicht nur zu halten, sondern sie ggf. auch in der Verwendungshäufigkeit und Verwendungsintensität zu bestärken. Dieser Ansatz wird offensichtlich von rd. 80 % aller in die Untersuchung einbezogenen Unternehmen gewählt (*Meffert,* 1994 a, S. 203 ff.).

Rezessions-spezifische Problemlösungen – z. B. kleinere, aber leistungsfähige PKW-Motoren u. a. beim *VW-Golf* – stellen einen **Sonderfall** innovativer Produktpolitik dar.

Fallbeispiele: Rezessionsspezifische Produkte (Problemlösungen)

Rezessionsphasen, die durch Kaufkraftrückgang und vor allem auch Kaufzurückhaltung („Angstsparen") gekennzeichnet sind, bedeuten zugleich, dass das Kaufverhalten der Abnehmer generell durch verstärkt **rationale Überprüfungen** bzw. Rechtfertigungen geprägt ist.

Käufe werden daher nicht nur unter dem Aspekt ihrer Notwendigkeit, sondern auch unter dem Aspekt einer möglichen Beschränkung bzw. einer **möglichen Selbsthilfe** überprüft.

Das **Selbermachen** (Do-it-yourself) gewinnt deshalb in diesen Phasen an Bedeutung. Bei Umbauten und Renovierungen im Haus erfährt z. B. das Selbermachen in Rezessionsphasen einen Bedeutungszuwachs. Anbieter von entsprechendem Material bzw. einschlägige Handelsbetriebe wie Bau- und Heimwerkermärkte können das durch einfache Problemlösungen unterstützen, kombiniert mit entsprechendem Informationsmaterial und Beratungsservice (vgl. z. B. *OBI*-Heimwerkermärkte).

Auch im **Nahrungsmittelbereich** nimmt in Rezessionsphasen das Selbermachen grundsätzlich zu. So steigt z. B. der Bedarf an Einmachhilfen und Zutaten für das Einmachen von Obst, die Zubereitung von Marmelade usw. . Diesen Prozess kann man nicht nur durch spezifische Produkte („Gelinggarantie"), sondern auch durch entsprechendes Informationsmaterial und Informationsdienste stärken (vgl. z. B. Aktivitäten von *Dr. Oetker*).

Ein weiterer Ansatz kann darin bestehen, den Abnehmern preisgünstige **Halbfertigprodukte** (Semi-finished Products) anzubieten, z. B. bei Möbeln, die durch den Abnehmer selbst zusammengebaut bzw. montiert werden müssen. Anbieter, die überhaupt stark auf dieses Konzept setzen, haben in Rezessionsphasen keine oder deutlich geringere Absatzrückgänge als klassische Möbelanbieter (vgl. z. B. das Konzept von *Ikea*).

Neben den innovativen, produktpolitischen Maßnahmen werden speziell von Investitionsgüterherstellern auch **preisaggressive Strategien** favorisiert, während sowohl Konsumgüterhersteller als auch Dienstleistungsunternehmen in höherem Maße auf **Kooperationsstrategien** (strategische Allianzen) vertrauen *(Abb. 468).*

Insgesamt wird die **Aufgabe von Geschäftsfeldern** in der Rezession zu vermeiden gesucht. Charakteristisch ist, dass in Rezessionsphasen offensichtlich weniger ein Strategiewechsel, sondern eher eine **situations-adäquate Strategieanpassung** vollzogen wird, wobei auf Qualitäts- und Innovationsstrategien ein besonderer Fokus gelegt wird.

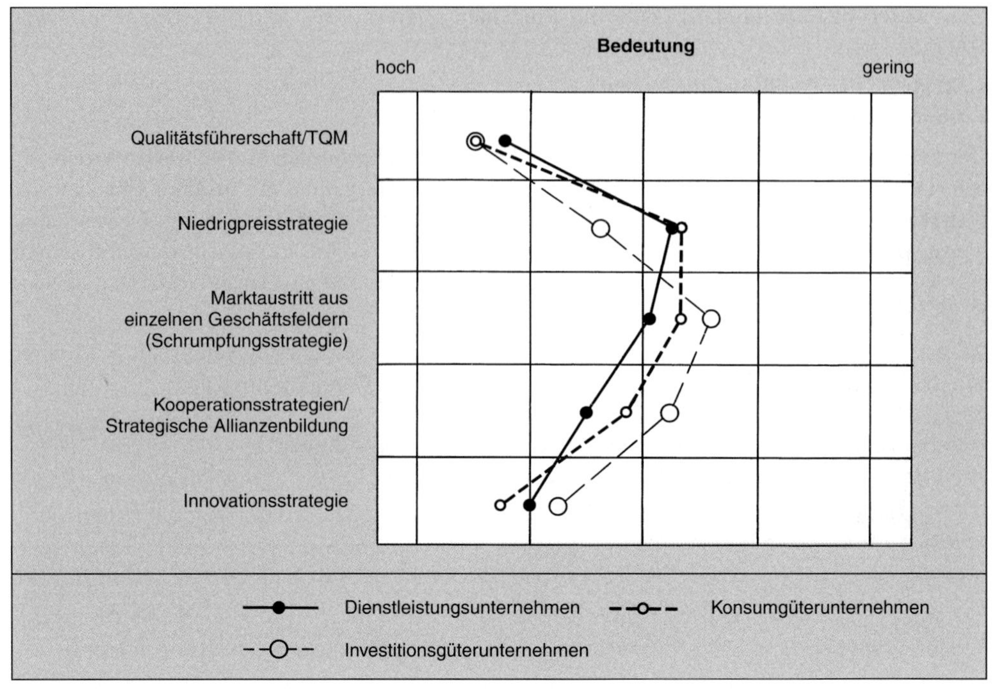


*Quelle: Meffert,* 1994 a, S. 11

*Abb. 468: Verfolgte Strategien in der Rezession (differenziert nach Wirtschaftssektoren)*

Die empirischen Untersuchungen ergaben außerdem, dass die Unternehmen durchaus **mehrere strategische Optionen** zugleich zu realisieren suchen (= Strategiekombination, vgl. hierzu auch 2. Teil „Strategien", Kapitel Strategiekombinationen (Strategieprofile)).

Unter dem Aspekt der rezessions-adäquaten Strategiekombination ergeben sich – den Untersuchungsergebnissen nach (*Meffert,* 1994 a) – jedoch *offene* Fragen. Wenn man die bevorzugten Strategieansätze der Unternehmen genauer betrachtet, so zeigt sich, dass offensichtlich primär an der **1. und 2. Strategieebene** (nämlich Marktfeldstrategien, hier speziell an der Produktentwicklung, und Marktstimulierungsstrategien, hier speziell an der Präferenzstrategie) angeknüpft wird.

In Rezessionsphasen nimmt die ohnehin verbreitete **Fragmentierung von Märkten** nämlich noch zu („neue" Zielgruppen nach Kaufkraftunterschieden und psychologischen Kaufbereitschaften). **Segmentierungsstrategien** bzw. ihre Neujustierung (Anpassung) in Rezessionsphasen gewinnen deshalb eher noch an Bedeutung (= 3. strategische Ebene: Marktparzellierungsstrategien). Aber auch die 4. strategische Ebene (= Marktarealstrategien) bekommen gerade in Rezessionsphasen einen neuen Stellenwert, und zwar im Hinblick darauf, wie sie dazu beitragen können, **nationale und übernationale Gebietereserven** zu mobilisieren, um die generellen Auswirkungen der Rezession auf Umsatz und Gewinn möglichst durch absatzgebietliche Zugewinne auszugleichen (= **konzeptionelle Kette**).

Das heißt mit anderen Worten, um die kritische Rezessionsphase möglichst gut zu überstehen, müssen **auf allen strategischen Ebenen** entsprechende Reserven genutzt werden.

Hierbei ist auch darauf zu achten, dass **strategische** Maßnahmen nicht nur rezessionsbegleitend getroffen werden, sondern – aufgrund ihres notwendigen Zeitbedarfs für Festlegung und Umsetzung – möglichst schon vorausschauend bzw. vorwegnehmend in Hinblick auf eine künftig zu erwartende Rezession (= **Rezessionsprophylaxe,** *Becker,* 1981, S. 42 f.).

Was die *operativen* Ansatzpunkte, d. h. die instrumental-taktischen Maßnahmen (= **Rezessionstherapie,** *Becker,* 1981, S. 42 f.) angeht, so stehen sie in der Unternehmenspraxis ganz offensichtlich im Vordergrund. Jedenfalls belegen neuere Untersuchungen, „dass in der Rezession der langfristige Auf- und Ausbau marktorientierter Stärken mit Hilfe des strategischen Marketing gegenüber kurzfristigen Maßnahmen der Absatzpolitik und der Kosteneinsparung vernachlässigt wird“ (*Fritz,* 1994, S. 6; siehe im Einzelnen auch *Meffert,* 1994 a und *Tomczak/Belz,* 1993).

Im Vordergrund des rezessions-orientierten, **operativen Marketinginstrumenten-Einsatzes** stehen insbesondere (s. a. *Meffert,* 1994 a, S. 204; *Belz,* 2002, S. 76 f.):

- **Verbesserung von Kundenservice/-beziehung,**
- **Kundenbindungs- und Kundenrückgewinnungsaktivitäten,**
- **Verstärkung von Direktkommunikation bzw. Direktmarketing,**
- **Aufbau neuer Absatzwege (Multi-Channel-Konzepte).**

Viele Unternehmen glauben jedoch, sich auch **preispolitischen Maßnahmen** (i. S. v. Preissenkungen) nicht entziehen zu können. Das ist nicht zuletzt eine Frage der Wettbewerbsintensität und damit auch der Dauer der Rezessionsphase.

Insgesamt zeigt die Erfahrung, dass **unspezifische Preisabsenkungen** häufig nicht die erwünschte Absatzwirkung haben. Das trifft – wie im vorigen Abschnitt bereits dargelegt wurde – insbesondere auf Gebrauchsgüter zu. So weit Preisreduktionen zur Überbrückung von Kaufkraftrückgängen und Kaufzurückhaltungen bei den Abnehmern notwendig sind, erweisen sich eher **indirekte Preissenkungen** als vorteilhaft.

Fallbeispiele: Indirekte Preissenkungen in der Rezession

Indirekte Preissenkungen basieren auf **Veränderungen des Preis-Leistungs-Verhältnisses.** Speziell in preissensiblen Rezessionsphasen bzw. Märkten kann ein erfolgreicher Marketingansatz darin bestehen, dem Kunden „mehr Leistung für das gleiche Geld“ zu bieten.

Dieser Ansatz lässt sich auf unterschiedliche Weise realisieren. So kann beispielsweise die **Problemlösungsleistung** eines Produktes verbessert werden, ohne dass hierfür ein höherer Preis gefordert, sondern vielmehr der **bisherige Preis** beibehalten wird (etwa Erhöhung des Frucht- und damit des Vitaminanteils in einem Kinderprodukt z. B. *Hipp*-Babynahrung) oder Verbesserung einer Waschmaschine, die zu einer Einsparung von Wasser und Waschmitteln führt (z. B. *Miele*-Waschmaschinen).

Eine andere Variante indirekter Preissenkung ist die Erhöhung der **bisherigen Produktmenge** (= neue Packungsgröße) zum bisherigen Preis. Beispiele hierfür finden bzw. fanden sich in zahlreichen Nahrungsmittelmärkten (u. a. *3Glocken-Nudeln* „20 % mehr“, *Ültje Geröstete Erdnüsse* „26 % mehr“, *Nestlé Choclait Chips* „20 % mehr Inhalt“, wobei im letzteren Fall das neue Preis-Leistungs-Verhältnis mit dem Zusatznutzen „Jetzt noch feiner im Geschmack“ verbunden wurde).

Die **mögliche Wirkungsschwelle** ist dabei jeweils produkt- bzw. marktspezifisch zu analysieren; die Schwelle „+ 20 % mehr“ bei grundsätzlich gleichem Preis scheint aber eine ziemlich durchgängige, von den Abnehmern akzeptierte Schwelle – zumindest im Nahrungsmittelmarkt – zu sein.

Veränderte Preis-Leistungs-Verhältnisse ermöglichen im Übrigen auch die Erschließung **preisaggressiver Absatzkanäle,** ohne dass normal-preisige Absatzkanäle davon unmittelbar tangiert werden (vgl. z. B. *Kellogg's Cerealien* mit eigenen Preis-Leistungs-Verhältnissen ursprünglich bei *Aldi:* etwa 600 g Packungen statt 375 g Packungen). Eine solche Trennung von Preis-Leistungs-Verhältnissen ist vor allem dann angezeigt, wenn Unternehmen in der Rezession den **Kundenströmen** hin zu den Discountern folgen wollen (müssen).

Eine Abgrenzung von handels-spezifischen Teilmärkten bzw. Preis-Leistungs-Verhältnissen kann jedoch auch über **Mehrmarken-Konzepte** (Multi-Branding) realisiert werden.

Exkurs: Mehrmarken-Konzepte (Multi-Branding) und Rezessionsmarketing

Um die Stamm-Marke eines Unternehmens aus „Preissenkungsmanövern", die in der Aufschwungphase häufig nicht mehr korrigiert werden können, herauszuhalten, kann es sinnvoll sein, attraktive Preis-Leistungs-Verhältnisse – gerade in preissensiblen Rezessionsphasen – über **Zweitmarken** anzubieten.

Mit preisaktiven Zweitmarken kann es in der Rezessionsphase – je nach Markt- und Konkurrenzvoraussetzungen – gelingen, trotz unvermeidlicher Absatzrückgänge bei der normal-preisigen Stamm-Marke (A-Marke) durch **überproportionale Absatzsteigerung** der Zweitmarke (B-Marke) Absatz, Evtl. Umsatz (und ggf. auch Ertrag) des Unternehmens mindestens auf dem bisherigen Niveau zu halten (Abb. 469).

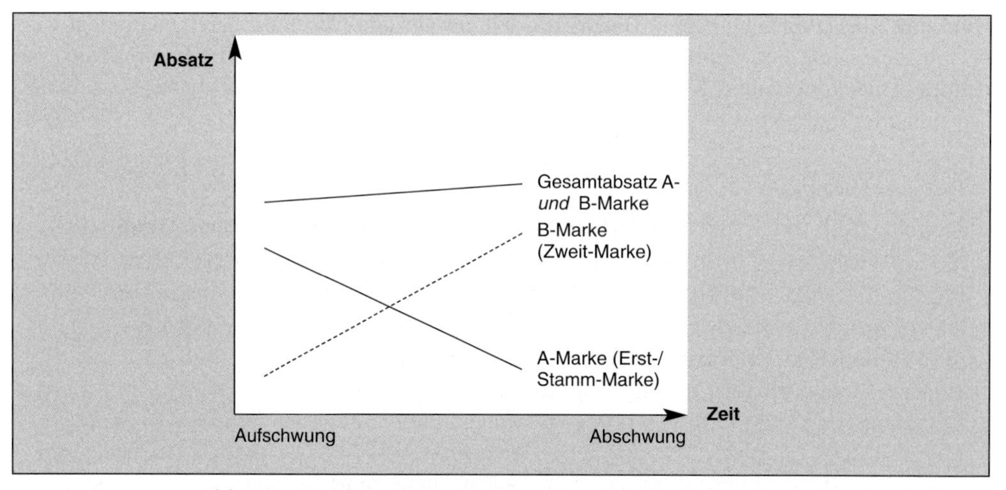


*Abb. 469: Produkt- bzw. Markenmix im Konjunkturverlauf*

Mit einem solchen Konzept kann vor allem gelingen, die **A-Marke** aus Preisaktionen weitgehend herauszuhalten. Das setzt – bei indirektem Absatzweg (= Einschaltung des Handels) – jedoch auch eine entsprechende Kooperation zwischen Hersteller und Handel voraus. Das heißt, der Handel muss dann akzeptieren, dass die A-Marke von Preissenkungen weitgehend verschont und für die Bedienung der preissensiblen Zielgruppen vorrangig die **B-Marke** eingesetzt wird.

Zu den marktschichten-spezifischen Ansatzpunkten einer **Mehrmarken-Politik** siehe auch 2. Teil „Strategien" (Kapitel Abschließende Betrachtungen von Präferenz- und Preis-Mengen-Strategie, Abschnitt Marktschichten-strategische Optionen und Mehrmarken-Konzepte).

Bei der Analyse der bisherigen Untersuchungsergebnisse zum Marketinginstrumenten-Einsatz in der Rezession fällt auf, dass die Unternehmenspraxis – ähnlich wie bei der Wahl strategischer Handlungsmuster – **bestimmte Schwerpunkte** setzt, ohne grundsätzlich *alle* Instrumente auf ihre rezessions-orientierten Einsatz- bzw. Anpassungsformen zu prüfen.

Grundsätzlich gilt aber auch auf der Ebene des Marketingmix (= 3. konzeptionelle Ebene), dass **alle Instrumente** hinsichtlich ihres möglichen Beitrages bzw. ihrer Reserven für die aktive Rezessionsbewältigung und nachhaltige **Oberzielerfüllung** (Gewinn/Rentabilität) geprüft werden müssen (= **konzeptionelle Kette**).

Offensichtlich werden vor allem die **kommunikationspolitischen Möglichkeiten** für das Rezessionsmarketing unterschätzt. Das ist nicht zuletzt aus der empirisch belegten Vornahme von Budget-Kürzungen speziell bei der klassischen Medienwerbung, aber auch anderen Kommunikationsinstrumenten wie Sponsoring, Public Relations und Verkaufsförderung, zu ersehen (*Tomczak/Belz,* 1993, S. 18).

Wenn Unternehmen jedoch nicht Gefahr laufen wollen, „die Rezession auf Kosten der eigenen Zukunftschancen zu bewältigen" (*Tomczak/Belz,* 1993, S. 21), dann müssen Unternehmen stärker als bisher prüfen, ob und inwieweit sie gerade in Bezug auf die Kommunikation eine **antizyklische Politik** (= bewusste Aufstockung der Kommunikationsetats in der Rezession bei drohenden Absatzrückgängen) betreiben können (s. a. *Belz,* 2002, S. 75).

Gerade in Phasen der Rezession darf die **Markenprofilierung** und **Markenführung** nicht vernachlässigt werden (*BBDO,* 1994). In einer Phase, in der erfahrungsgemäß nicht wenige Konkurrenten ihre Budgets kürzen, bestehen umgekehrt sogar *besondere* Chancen, sich Profilierungs- und damit Wettbewerbsvorteile am Markt zu verschaffen.

Fallbeispiele: Imagekampagnen in der Rezession

Speziell in **wettbewerbsintensiven Märkten,** wie dem Kaffee- oder auch dem PKW-Markt, haben einzelne Anbieter die besonderen Chancen einer Profilierung in der Rezession erkannt.

So haben z. B. *Tchibo* im Kaffeemarkt und *BMW* im PKW-Markt gerade in Rezessionsphasen bewusst **imageprägende Kommunikationskampagnen** gewählt, die nicht nur Abnehmer in der Rezession in Kauf und Verwendung bzw. Nutzung der Marke bestärken, sondern zugleich auch verbesserte Ausgangssituationen für die erfolgreiche Marktbearbeitung in der Nach-Rezessionsphase eröffnen sollten.

Dabei wurden nicht nur quantitative Veränderungen (Etaterhöhungen), sondern auch **Veränderungen qualitativer Art** vorgenommen (nämlich Veränderung der Werbeaussagen, u. a. Liefern von rationalen Argumenten – wie Gesundheit (z. B. bei Kaffee) oder Sicherheit (z. B. bei PKW) – für die Markenwahl bzw. Markenbestätigung = **Nachkaufwerbung**).

Die Nachkauf-Werbung ist ein bisher noch viel zu *wenig* gewürdigter Marketing-Ansatz, speziell und gerade in der Rezession (aber nicht nur dort).

Exkurs: Zur Rolle der sog. Nachkaufwerbung

Da gerade in Rezessionsphasen die Käufer ihr Verhalten stärker überprüfen, kommt es darauf an, marketingpolitisch dazu beizutragen, dass sie keine **Dissonanzen** oder **Disharmonien** empfinden, gerade auch nach dem Kauf.

Dissonanzen nach **Kaufentscheidungen** entstehen dadurch, „dass der Kauf inkonsistentes Wissen hinterlässt: Es ist das Wissen, durch die Entscheidung (Kaufentscheidung, Erg. J. B.) die Nachteile der gewählten Alternative hinzunehmen und nicht in den Genuss der Vorteile der ausgeschlagenen Alternativen zu kommen" (*Kroeber-Riel/Weinberg,* 2003, S. 185).

Um solche Dissonanzen und damit Unsicherheiten bei den Abnehmern zu vermeiden, weil sie – gerade auch in „unsicheren" Rezessionsphasen – Nachkäufe erschweren, bieten sich Maßnahmen des **Nachkauf-Marketing,** speziell der Nachkauf*werbung* i. w. S., an (*Kroeber-Riel/Weinberg,* 2003, S. 187 f.; *Bänsch,* 1996 a, S. 67; *Kroeber-Riel/Gröppel-Klein*, 2013, S. 161 ff.).

Ihre Rolle besteht darin, die Abnehmer durch **gezielte Informationen** im Kauf zu bestärken und sie zugleich von „erlebten" Nachteilen zu befreien. Die Einsichten in die wichtige Rolle eines Nachkauf-Marketing gehen auf Untersuchungsergebnisse von *Festinger* (*Festinger,* 1957 bzw. 1978) zurück. Aufgrund seiner Untersuchungen ist das Phänomen erkannt worden, dass Abnehmer **„Entlastungen"** hinsichtlich erlebter, in Kauf genommener Nachteile suchen und Anbieter hierbei entsprechende Hilfestellungen leisten können. So können z. B. durch besonders überzeugende, in der Rezession eher rational nachvollziehbare Argumentationen (z. B. Expertenurteile, Testberichte) die Abnehmer derart in ihrem Kauf bestärkt werden, dass die empfundenen Nachteile überdeckt bzw. eliminiert werden. Man weiß, dass u. a. Autofahrer gerade nach dem Kauf **besonderes Interesse** an der Werbung für ihre gewählte Marke haben, um Argumente aufzunehmen, die ihre Wahl stützen.

Möglichen Nachkauf-Dissonanzen kann jedoch ggf. auch schon prophylaktisch entgegengewirkt werden, indem z. B. Gebrauchsanweisungen mögliche **Dissonanzerlebnisse** vorwegnehmen und entsprechend auszuräumen suchen (z. B. Hinweis, dass eventuelle Trübungen eines bestimmten Heilwassers keine negative Bedeutung haben, sondern vielmehr das Zeichen der Naturbelassenheit und damit des Mineralienreichtums sind, vgl. hierzu auch *Bänsch,* 1996 a, S. 67 sowie weitere Beispiele bei *Kroeber-Riel/Weinberg,* 2003, S. 188).

Wenn auch das Nachkauf-Marketing bzw. die Nachkauf-Werbung nicht nur in der Rezession von Bedeutung sind, so spielen sie dennoch gerade in dieser **Konjunkturphase** eine besondere stützende bzw. entlastende Rolle.

Das gilt im Prinzip natürlich für das gesamte instrumentale Marketing (Marketingmix). Generell gilt zwar – ähnlich wie bei den strategischen Anknüpfungspunkten – der Grundsatz, dass in Rezessionsphasen kein völliger Wechsel im Marketinginstrumenteneinsatz opportun ist. Gleichwohl geht es aber darum, bestehende **instrumentale Reserven** zu nutzen bzw. sinnvolle Modifikationen im Einsatz der Instrumente vorzunehmen, um der allgemeinen Kaufzurückhaltung gezielt entgegenzuwirken.

Daher sind gleichermaßen angebotspolitische, distributions- und kommunikationspolitische Instrumente zu berücksichtigen. Sie alle erbringen jeweils eine **spezifische Teilleistung** im Markt, nämlich die Produkt-, die Präsenz- und die Profilleistung (vgl. hierzu auch den Abschnitt Aktionsparameter des Marketingmix). Und keine dieser Teilleistungen darf in schwierigen Rezessionsphasen vernachlässigt werden; im Gegenteil, jede dieser Teilleistungen ist möglichst rezessions-adäquat zu stützen.

Insgesamt schließt sich damit der Kreis: Nicht einseitiges Rationalisieren (Kostensenkungsprogramme einschließlich Budgetkürzungen) löst die rezessions-spezifischen Probleme der Unternehmen, sondern vor allem eine bewusste, ganzheitliche, im Hinblick auf die Rezessionsbedingungen **weiterentwickelte Marketingpolitik** insgesamt (vgl. hierzu auch die Untersuchungsergebnisse von *Fritz,* 1994 bzw. 1992).

Mit den Darlegungen zum phasen-spezifischen Marketing – zuletzt zum Rezessionsmarketing – soll die Darstellung der marketing-instrumentalen Sachfragen abgeschlossen werden. Es folgt nun noch die Behandlung wichtiger verfahrens- und rechentechnischer Fragen der Marketingmixplanung.

# III. Planungstechniken und Kalküle zur Marketingmixfestlegung

Nachdem die sach-ökonomischen Fragen der Marketingmixebene – nämlich die Aktionsparameter des Marketing (Marketinginstrumente), ihre Rolle und Beziehungen untereinander sowie die konzeptions-gestützte Vorgehensweise bei der Instrumentenkombination unter Berücksichtigung verschiedener Differenzierungsebenen – behandelt worden sind, treten Fragen der methoden-gestützten Marketingmixfestlegung in den Vordergrund. Das heißt, es sind hier **Planungstechniken** und **Kalküle** zu behandeln, welche den Entscheidungen zum konkreten Einsatz einzelner Instrumente sowie zum Marketingmix insgesamt zugrunde gelegt werden können bzw. für den rationalen Einsatz aller operativen Marketinginstrumente notwendig sind.

## 1. Marketingmixplanung und ziel-strategisches Aktivitätsniveau

Der Marketinginstrumenten-Einsatz ist bei konzeptions-gestütztem Vorgehen nicht allein eine Fragestellung der operativen Mixebene (= 3. Konzeptionsebene), sondern diese Instrumentendisposition ist sowohl von Strategieentscheidungen (= 2. Konzeptionsebene) als auch von übergeordneten Zielentscheidungen (= 1. Konzeptionsebene) abhängig. Das entspricht einem konsequenten Entscheidungsprozess entlang der **konzeptionellen Kette** (Ziele, Strategien, Mix).

Ehe also überhaupt Marketinginstrumente bzw. ihr konkreter Einsatz nach Art und Intensität disponiert werden können, ist zunächst das **konzeptions-adäquate Aktivitätsniveau** zu bestimmen. Es wird in hohem Maße vom Strategiekonzept des Unternehmens „vorgegeben“, das z. B. auf der 2. Strategieebene (Marktstimulierungsstrategien, vgl. hierzu im Einzelnen 2. Teil „Strategien“) dadurch gekennzeichnet ist, dass entweder ein präferenz-orientiertes oder ein preis-mengen-orientiertes Konzept verfolgt wird. Diese Strategieentscheidung ist selbst abhängig von übergeordneten Marketing- (z. B. Umsatz, Marktanteil) und Unternehmenszielen (z. B. Gewinn bzw. Rentabilität sowie Mission und Vision des Unternehmens, vgl. hierzu im Einzelnen 1. Teil „Ziele“). Grundsätzlich gilt: Je höher das anvisierte Gewinn- bzw. Rentabilitätsniveau ist, desto mehr ist auf der 2. Strategieebene eine konsequente Verfolgung von präferenz-strategischen Konzepten angezeigt.

Schlüssige **ziel-strategische Konzepte** – als Ausgangs- bzw. Orientierungsbasis des *operativen* Marketinginstrumenten-Einsatzes – definieren insoweit das notwendige Aktivitäts- oder Einsatzniveau. Bezogen auf die 2. Strategieebene (Wahl: Präferenz- oder Preis-Mengen-Strategie) lassen sich allgemein folgende ziel-strategische Aktivitätsniveaus und entsprechende marketing-instrumentale Einsatzniveaus unterscheiden *(Abb. 470)*.

**Aktivitätsniveaus** sind jeweils firmen-spezifisch – und zwar unter besonderer Berücksichtigung von Markt- und Umfeldbedingungen des Unternehmens – festzulegen. Sie definieren die Gesamtheit und das Niveau aller **marketing-politischen Anstrengungen**, die letztlich ihren Niederschlag im marketing-instrumentalen Mitteleinsatz und damit in der Gesamtheit aller Marketing-Kosten finden (*Barzen,* 1990, S. 33; *Kuß/Tomczak,* 2001, S. 231).

Insgesamt sind die Zielvorstellungen bzw. -festlegungen und die Strategieansätze bzw. -festlegungen sowie das Aktivitätsniveau des Marketinginstrumenten-Einsatzes eng miteinander verzahnt und deshalb konzeptions-geleitet zu verknüpfen. „Sie sind gewissermaßen einem System kommunizierender Röhren vergleichbar, deren Pegelstände sich aus zwingenden physikali-

| Bezugspunkte / Niveaus | Hohes Niveau | Niedriges Niveau |
|---|---|---|
| **Oberzielsetzung** | Überdurchschnittliche Rentabilität | Eher durchschnittliche Rentabilität |
| **Strategische Zielrichtung** | Gewinn vor Umsatz (→ Fokus: Umsatzrentabilität) | Umsatz vor Gewinn (→ Fokus: Kapitalumschlag) |
| **Strategisches Schlüssel-instrument** | Qualität (→ hohes Preis-Leistungs-Verhältnis) | Preis (→ niedriges Preis-Leistungs-Verhältnis) |
| **Nutzung des Marketinginstrumentariums** | Intensiver Einsatz | Sparsamer Einsatz |
| **Marketingaufwand** | Großes Marketingbudget | Kleines Marketingbudget |

*Abb. 470: Alternative ziel-strategische Aktivitätsniveaus (Extrempole)*

schen Gründen nur im ‚Gleichschritt' verändern können" *(Nieschlag/Dichtl/Hörschgen,* 1997, S. 890). Insoweit sind zwischen den *alternativen* Basis-Niveaus („Hohes/Niedriges Niveau") auch entsprechende markt- und unternehmens-individuelle **Niveau-Abstufungen** möglich.

Der jeweilige Marketinginstrumenten-Einsatz und die dafür anfallenden Marketing-Kosten sind dabei nicht nur von übergeordneten, marktorientierten Aktivitätsniveaus abhängig, sondern dieser Einsatz muss auch mit den Aktivitätsniveaus in den **übrigen Funktionsbereichen** (wie Forschung und Entwicklung, Produktion, Beschaffung) abgestimmt werden. „Die strategische Marketing-Budgetierung bildet somit die Schnittstelle zur Unternehmens-Budgetierung" (*Barzen,* 1990, S. 36).

Die Festlegung des marketingpolitischen Aktivitätsniveaus im Sinne kostenmäßig quantifizierter Marketing-Budgets kann grundsätzlich auf **zwei Wegen** erfolgen *(Abb. 471),* nämlich im Sinne

- **einer operativ orientierten Residualgröße oder**
- **einer strategisch orientierten Offensivgröße.**

Der **operativ-residuale („passive") Ansatz** definiert das Marketing-Kostenbudget ausgehend vom branchenüblichen Marktpreis unter Berücksichtigung eines vorgegebenen Mindestgewinns pro Stück (= Stückgewinn). Bei konstanten Produktions- und Verwaltungskosten werden die „zulässigen" Marketing-Kosten als Differenzgröße zwischen Marktpreis abzüglich des Mindestgewinns und der Summe der übrigen Unternehmens-Kosten ermittelt. Die Frage, ob bzw. inwieweit durch spezifische Marketingstrategien ein höherer Preis als der branchenübliche realisiert werden kann, wird beim Residualansatz nicht gestellt. Insofern handelt es sich bei diesem Ansatz um ein primär passives, operativ orientiertes Marketing-Budgetierungsverfahren.

Der **strategisch-offensive („aktive") Ansatz** dagegen knüpft an den Beeinflussungs- und Gestaltungsmöglichkeiten eines Marktes an, um sich über den gezielten Aufbau von Produkt- bzw. Firmenpräferenzen ausschöpfbare Preisspielräume zu erarbeiten. Das heißt, dem anvisierten und als erreichbar angesehenen „Firmenpreis" wird bei offensiver Mittel-Allokation das für die Zielerreichung *notwendige* Marketing-Budget zugrunde gelegt. Präferenz-strategische Konzepte weisen zwar aufgrund der Komplexität des Vorgehens bzw. seiner Umsetzung bestimmte Marktrisiken auf, ihnen stehen andererseits entsprechende Chancen für eine höhere Oberzielerfüllung (Gewinn) gegenüber. Sie sind deshalb immer dann vorziehungswürdig, wenn für sie aufgrund der markt- und firmenspezifischen Bedingungslagen bzw. Fähigkeiten ausreichende Gewinnpotenziale prognostiziert werden können.

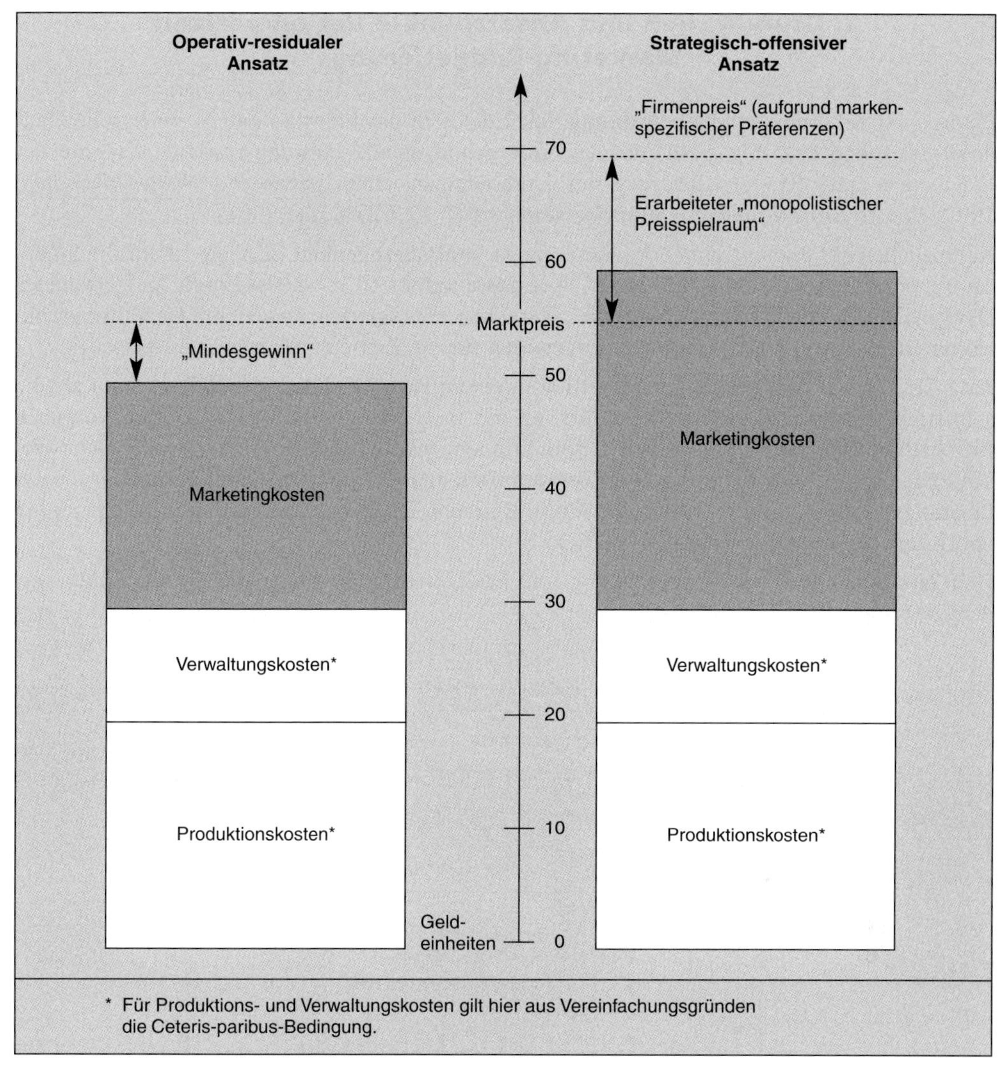


*Abb. 471: Vergleich strategisch-offensiver und operativ-residualer Bestimmung des Aktivitätsniveaus*

Im vereinfachten Beispiel steht der für die Realisierung eines offensiven präferenz-strategischen Konzepts notwendigen Erhöhung des Marketing-Budgets um 50 % (statt 20 vielmehr 30 Geldeinheiten) immerhin die **Erhöhung des Gewinns** um 100 % (statt 5 vielmehr 10 Geldeinheiten) gegenüber.

Das Beispiel macht insgesamt deutlich, dass die Planung des operativen Marketing-Budgets für den Einsatz aller Marketinginstrumente notwendigerweise am **ziel-strategischen Konzept** des Unternehmens anknüpfen muss (= **konzeptionelle Kette**).

## 2. Grundfragen und Ansatzpunkte der operativen Marketing-Budgetierung

Planung ist der **Entwurf einer Ordnung,** nach der sich das künftige unternehmerische Handeln vollziehen soll. Sie stellt insoweit eine grundlegende Führungsmethode dar, die der Wachstums- und Existenzsicherung des Unternehmens dient (siehe u. a. *Welge/Al-Laham,* 1992; *Hentze/Brose/Kammel,* 1993; *Ehrmann,* 1999; *Kuß/Tomczak,* 2001).

Kennzeichen der Planung sind vor allem ihre **Zukunftsbezogenheit** (d. h. sie ist auf die Steuerung zukünftigen Handelns gerichtet), ihre **Rationalität** (d. h. sie ist durch zielgerichtetes Denken und methodisch-systematisches Vorgehen charakterisiert) und ihr **Gestaltungscharakter** (d. h. sie versucht geeignete Maßnahmen für die Zielrealisierung zu erarbeiten).

Jede Art von Planung schlägt sich letztlich in einem Budget nieder. Ein **Budget** kann als die schriftlich dokumentierte Zusammenfassung der in Geldeinheiten quantifizierten Vorgaben für bestimmte Organisationseinheiten (Funktionen, Sparten, Objekte bzw. Strategische Geschäftsfelder) in einem bestimmten Zeitraum verstanden werden. Dafür kommen sowohl Leistungs-(Erlös-) als auch Kostengrößen in Betracht. Budgets erlauben damit die Steuerung und Kontrolle von Organisationseinheiten.

Den **Zusammenhang** zwischen Planung und Budgetierung am Beispiel des Marketing verdeutlicht eine Übersicht *(Abb. 472).*

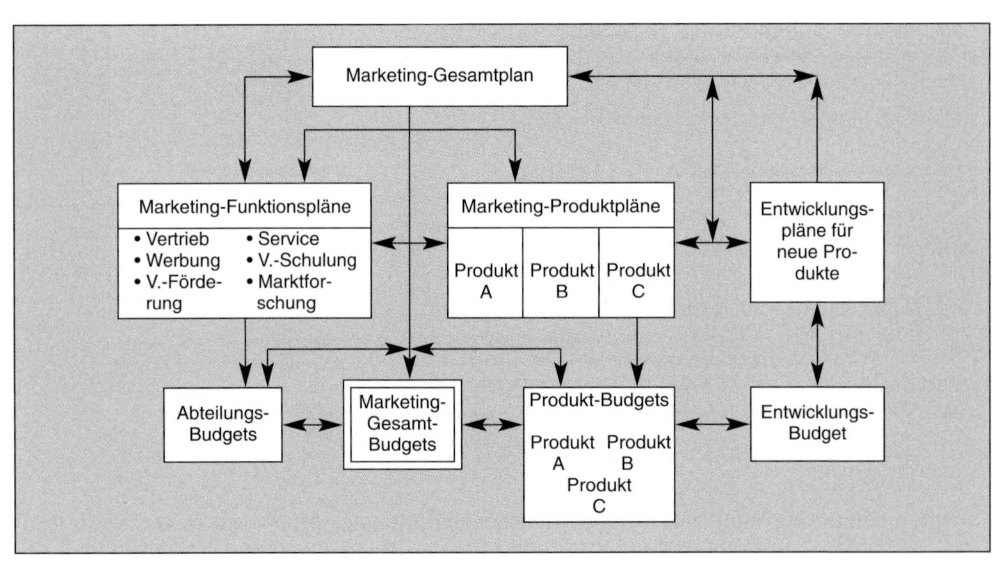


*Quelle: Wild,* 1974 a, S. 338

*Abb. 472: Zusammenhänge zwischen Marketing-Planung und Marketing-Budgetierung*

Ein koordiniertes Handeln verschiedener Organisationseinheiten wird – wie die Darstellung zeigt – dadurch erreicht, dass den Budgetvorgaben jeweils **Planansätze** zugrunde gelegt werden, die aufeinander *abgestimmt* sind und zu einem Marketinggesamtplan und Marketing-Gesamtbudget führen.

Die **operative Marketing-Budgetierung** umfasst die kurzfristigen Budgetvorgaben auf Basis der – bereits diskutierten – übergeordneten ziel-strategischen Aktivitätsniveaus. Insoweit besteht bei konzeptionellem Vorgehen ein zwingender **strategisch-operativer Zusammenhang** der Planung (vgl. hierzu auch neuere Untersuchungen von *Greiner,* 2004).

Eine Übersicht *(Abb. 473)* zeigt das **grundsätzliche Vorgehen** bei der Bestimmung des Budgets für eine produktbezogene organisatorische Einheit (= Ermittlung eines Produkt-Budgets).

Das Budgetierungs-Schema enthält sowohl die Leistungsseite (= **Erlöse**) als auch die **Kosten,** und zwar sowohl die Kosten der Marketingorganisation (hier z. B. Produkt Management), die Marketingkosten i. E. (= Kosten des Marketinginstrumenten-Einsatzes) als auch die anteiligen, vom Produkt Management zu verantwortenden Kosten des Produkts in anderen Funktionsbereichen (= variable F&E-, Produktions- und Beschaffungskosten bzw. Grenzplankosten, s. a. *Diller,* 1980, S. 121 ff.; *Haas,* 2001, S. 197 ff.). Es handelt sich um ein mögliches differenziertes, produktorientiertes **Budgetierungsschema**, das auch wichtige vorgegebene Kennzahlen enthalten kann, welche Leistungen und Kosten im Verhältnis zu anderen Größen messen bzw. steuern helfen (vgl. hierzu auch 4. Teil „Marketing-Management").

Durch Zusammenfassung der Budgets aller Produkt Manager (d. h. des gesamten Produkt Managements) und Ergänzung um die noch nicht verrechneten Kosten aller Marketingabteilungen ergibt sich das **Gesamt-Marketingbudget,** für dessen Einhaltung die Marketingleitung verantwortlich ist.

Exkurs: Vorgehensweisen bei der Erstellung von Marketing-Budgets

Bei der **Ausarbeitung** der Produkt- und Marketing-Budgets kann unterschiedlich vorgegangen werden, und zwar nach *zwei* verschiedenen Methoden (*Hentze/Brose/Kammel,* 1993, S. 51 f.; *Preißler,* 1996, S. 82 f.; *Ehrmann,* 1999, S. 63 f.; *Horvath,* 2003, S. 130 bzw. S. 195 f. bzw. *ders.*, 2009, S. 205 ff.):

- **der sog. Top-down-Methode (= retrograder Ansatz) oder**
- **der sog. Bottom-up-Methode (= progressiver Ansatz).**

Bei der **Top-down-Methode** verläuft der Planungsweg von oben nach unten (also retrograd). Das heißt, bei diesem Verfahren macht die Marketingleitung bereits vor der Erstellung der einzelnen Produkt-Budgets bestimmte Vorgaben, die von den Produkt Managern bei den von ihnen zu erstellenden Produkt-Budgets „umgesetzt" werden müssen. Der Vorteil dieses Verfahrens liegt darin, dass zeitaufwändige und kostenverursachende Koordinierungsaufgaben weitgehend überflüssig sind. Der Nachteil des Verfahrens besteht in der Gefahr einer schlechten Akzeptanz der Planvorgaben, da sich die nachgeordneten Hierarchieebenen nicht entsprechend einbezogen fühlen.

Dagegen werden bei der **Bottom-up-Methode** von den Produkt Managern zunächst eigene Budgetvorschläge ausgearbeitet. Das heißt, hier läuft der Planungsweg von unten nach oben (also progressiv). Die Budgetvorschläge der Produkt Manager werden dann mit den übergeordneten Hierarchieebenen diskutiert und abgestimmt. Der Vorteil der retrograden Methode liegt in dem höheren Motivationsanreiz auf Produkt-Manager-Ebene; als Nachteil wirkt sich andererseits der ggf. hohe Abstimmungsbedarf aus, und zwar vor allem dann, wenn auf der Produkt Manager-Ebene zu viel „Sicherheitspuffer" eingebaut werden.

Da beide Vorgehensweisen – Top-down- und Bottom-up-Methode – jeweils Vor- und Nachteile aufweisen, werden in der Planungspraxis häufig **beide Verfahren** kombiniert eingesetzt („Gegenstromverfahren").

Unabhängig von der Verfahrensweise bei der Budget-Erstellung ist eine Entscheidung darüber zu treffen, ob die Vorgaben für den Budgetierungszeitraum starr oder flexibel erarbeitet werden sollen. Für den Fall sehr unsicherer Markt- und Umfelderwartungen empfiehlt sich für die Planperiode grundsätzlich eine **flexible Budgetierung,** „die beispielsweise unterschiedliche Sollleistungen und -kosten für verschiedene Konjunkturverläufe oder Konkurrenzaktivitäten festlegen. Damit wird einer schnellen Veralterung der Planentwürfe noch innerhalb der Planperiode vorgebeugt" (*Diller,* 1980, S. 123).

**Produkt:** **Verantwortlicher:** **Genehmigungsdatum:**

**I. Produkt-Erlöse**

1. **Umsatz-Erlöse** (gesamt)
2. **Erlösschmälerung** (./.)
   - Rabatte
   - bes. Preisnachlässe, Boni
   - Retouren
   - Skonti

**Netto-Erlöse:**

3. **Netto-Erlöse** nach
   - Kundengruppen
   - Regionen
   - Vertriebswegen

| | Jahr | Quartale I | II | III | IV |
|---|---|---|---|---|---|
| | | | | | |
| Netto-Erlöse: | | | | | |
| | | | | | |

**II. Kosten des Produkt-Management** (eigener Etat):

1. Gehälter
2. Sozialabgaben
3. Büromaterial
4. Raumkosten
5. Telefon, Fernschreiben
6. Porti
7. Reisekosten
8. Bücher, Zeitschriften
9. Fremdleistungen (Beratung etc.)
10. Gemeinkostenumlage/Verwaltung

eigene Kosten:

| | Jahr | Quartale I | II | III | IV |
|---|---|---|---|---|---|
| | | | | | |
| eigene Kosten: | | | | | |

**III. Produkt-Kosten** in anderen Abteilungen (Kostenstellen) als anteilige variable Kosten (Grenzplankosten, Stellenumlage)

1. **Bereich: Marketing**
   a) **Marktforschung**
   - Marktanalysen
   - spez. Tests
   - Umfragen

   b) **Werbung**
   - Werbemaßnahmen/-medien
   - Sachmittel
   - Muster, Kataloge etc.
   - Werbeforschung

   c) **Verkaufsförderung**
   - Verkaufsförderungsmaßnahmen
   - Verpackungsmuster
   - Displaymaterial

   d) **Vertrieb**
   - Dienstleistungen
   - Verkäuferschulung

   gesamt

2. **Bereich: Forschung/Entwicklung**
   - Entwicklungsaufträge

   gesamt

3. **Bereich: Beschaffung**
   - Beschaffungsaufträge

   gesamt

4. **Bereich: Produktion**
   - Sondereinzelkosten

   gesamt

gesamt

| | Jahr | Quartale I | II | III | IV |
|---|---|---|---|---|---|
| 1. Bereich: Marketing | | | | | |
| gesamt | | | | | |
| 2. Bereich: Forschung/Entwicklung | | | | | |
| gesamt | | | | | |
| 3. Bereich: Beschaffung | | | | | |
| gesamt | | | | | |
| 4. Bereich: Produktion | | | | | |
| gesamt | | | | | |
| gesamt | | | | | |

**IV. Kennzahlen** Gewinnspanne, Umsatzrentabilität, Kosten-Umsatz-Relationen, gebundene Bestände, Verkaufssatz, Werbungssatz etc.

*Quelle: Wild,* 1973, S. 136 f.

*Abb. 473: Schema eines Produkt-Budgets*

Budgetierungstechniken besitzen in der Planungspraxis eine große Bedeutung für die **Steuerung und Kontrolle** der operativen Marketingmaßnahmen. Gleichwohl gibt es unterschiedliche Vorgehensweisen bzw. Ansatzpunkte, die jeweils auch markt-, branchen- sowie unternehmensspezifische Faktoren berücksichtigen (müssen).

Als Leistungsvorgaben kommen für die Marketing-Budgetierung vor allem Umsatz, Marktanteil, Gewinn und Deckungsbeitrag in Betracht. Die **mögliche Vorgehensweise** wird am Beispiel einer neuen Marke (Spezialwaschmittel) verdeutlicht, die nach Abschluss des Testmarktes in der gesamten BRD vermarktet werden soll.

Das dargestellte **Kalkulationsschema** dient der Planung dieser neuen Marke und der für sie in den ersten drei Jahren erzielbaren Deckungsbeiträge *(Abb. 474).*

| Zeile | Bezeichnung | Testmarkt Jahr 1 (effektiv) | Jahr 2 (geschätzt) | Jahr 3 (geschätzt) | Jahr 4 (geschätzt) |
|---|---|---|---|---|---|
| 1 | Gesamtmarkt in jato | 8700 | 38 000 | 38 000 | 38 000 |
| 2 | Marktanteil „XY" in % | 14 | 14 | 17 | 16 |
| 3 | Marktanteil „XY" in jato | 1220 | 5320 | 6460 | 6080 |
| 4 | Pipeline in jato | 350 | 1080 | – | – |
| 5 | Absatzvolumen „XY" in jato | 1570 | 6400 | 6460 | 6080 |
| 6 | Ø Verbraucherpreis /t in € | 4300 | 4300 | 4300 | 4300 |
| 7 | Umsatz zu Verbraucherpreisen in 1000 € | 6750 | 27 520 | 27 780 | 26 140 |
| 8 | ./. 30 % Handelsspanne in 1000 € | 2030 | 8260 | 8340 | 7840 |
| 9 | Herstellerumsatz in 1000 € | 4720 | 19 260 | 19 440 | 18 300 |
| 10 | ./. aller direkt zurechenbaren Kosten außer Werbung (etwa 35 % vom Erlös) in 1000 € | 2360 | 9630 | 9720 | 9150 |
| 11 | DB I in 1000 € | 2360 | 9630 | 9720 | 9150 |
| 12 | ./. Werbeaufwendungen in 1000 € | 2500 | 10 000 | 8000 | 6000 |
| 13 | DB II pro Jahr in 1000 € | ./. 140 | ./. 370 | 1720 | 3150 |
| 14 | DB II kumuliert in 1000 € | ./. 140 | ./. 510 | 1210 | 4360 |

*Quelle: Nieschlag/Dichtl/Hörschgen,* 2002, S. 338

*Abb. 474: Beispiel einer konkreten Marketing-Budgetierung*

„Die relativ kurze Frist, die der Beurteilung der **Erfolgsträchtigkeit** dieses Erzeugnisses zugrundeliegt, erklärt sich daraus, dass der maximale Marktanteil bei Waschmitteln, wie Branchenkenner bestätigen, im Allgemeinen bereits nach 12 bis 18 Monaten erreicht wird" (*Nieschlag/Dichtl/Hörschgen,* 2002, S. 337).

Um die **Planungsansätze** besser beurteilen zu können, ist es sinnvoll, die Überlegungen, die zu ihnen geführt haben, nachzuvollziehen (*Nieschlag/Dichtl/Hörschgen,* 2002, S. 337–340, v. w. Z.).

Planungsbeispiel: Konkrete Überlegungen zu den Planungsansätzen

Die Überlegungen werden *zeilenweise* von oben nach unten (Zeilen (1) bis (13) bzw. (14)) wiedergegeben.

„(1) Das gesamte Marktvolumen wird auf Grund der auf dem Testmarkt gewonnenen Erfahrungen sowie weiterer umfassender Analysen geschätzt, und zwar ohne Berücksichtigung der im Einzelnen ins Auge gefassten absatzpolitischen Maßnahmen. Offenkundig stagniert der Gesamtbedarf, so dass die Marketingkonzeption eindeutig auf die Konkurrenten und den Handel gerichtet sein muss.

(2) Die Marktanteile werden wiederum auf Grund von Marktanalysen geschätzt, wobei folgende Gesichtspunkte von vorrangiger Bedeutung sind: Spezifische Problemlösung, die der Hausfrau durch das Produkt geboten wird; Marktstellung des Anbieters bei den übrigen Waschmitteln; Absatzentwicklung des Produktes „XY“ in anderen Ländern, in denen es von Schwestergesellschaften vertrieben wird; Höhe der Rabatte an den Handel; Ausmaß der Werbeaufwendungen; Niveau des Verbraucherpreises gegenüber vergleichbaren Konkurrenzprodukten sowie Art und Umfang sonstiger absatzpolitischer Maßnahmen, die geplant sind.

(3) Der Marktanteil für „XY“ in jato (= Jahrestonnen) ergibt sich durch Multiplikation der Werte in den Zeilen (1) und (2).

(4) Die Menge, die zur Auffüllung der Läger des Handels benötigt wird, die also den sog. Pipeline-Effekt verursacht, hängt allgemein vom Goodwill ab, über den das Unternehmen bei den verschiedenen Gruppierungen des Handels (Großbetriebsformen, Freiwillige Ketten, Genossenschaften usw.) verfügt, speziell jedoch von der Höhe der Handelsspanne und der Werbeaufwendungen.

(5) Das Absatzvolumen für „XY“ in jato erhält man durch Addition der Werte in den Zeilen (3) und (4).

(6) Der zu wählende Verbraucherpreis steht in engem Zusammenhang mit der Packungsgröße, die möglichst aus einer vorhandenen Reihe (z. B. 300 g, 1 kg oder 5 kg Füllgewicht) stammen und genügend „display“ bieten, d. h. Aufmerksamkeit auf sich ziehen soll. Als entscheidend erweist sich, dass ein Preis/Mengenverhältnis erreicht wird, das gegenüber den Relationen vergleichbarer Konkurrenzprodukte und eigener Erzeugnisse vorteilhaft erscheint. Andererseits darf der Wert auch nicht spürbar darunter liegen, da das Unternehmen sonst gegen die in Oligopolen im Allgemeinen herrschende Preisdisziplin verstoßen bzw. einer Umlenkung der Nachfrage von anderen Erzeugnissen auf das neue Produkt Vorschub leisten würde.

(7) Die voraussichtlichen Erlöse ergeben sich durch Multiplikation der Werte in den Zeilen (5) und (6).

(8) Die Höhe der Handelsspanne richtet sich nach der vom Konzern bei anderen Produkten verfolgten Rabattpolitik sowie nach dem einschlägigen Verhalten der beiden bedeutendsten Wettbewerber.

(9) Durch Subtraktion der Handelsspanne (8) vom Umsatz zu Verbraucherpreisen (7) erhalten wir den Herstellerumsatz.

(10) Unter den direkt zurechenbaren Kosten, die wir hier mangels Verfügbarkeit der Ergebnisse der Plankostenrechnung mit 35 % vom Erlös veranschlagen, sind etwa Herstellungskosten, Frachten, Lagerkosten und Skonti (nicht jedoch die Werbekosten) zu verstehen, die von der Menge abhängen und vom Produkt-Manager kaum zu beeinflussen sind.

(11) Die Verminderung des geschätzten Herstellerumsatzes um die direkt zurechenbaren Kosten, ausgenommen die Werbung, führt zum Deckungsbeitrag I (DB I).

(12) Der Werbeetat bildet in gewissem Sinne eine Residualgröße, weil er am ehesten Manipulationen zugänglich erscheint. Er richtet sich nach den Zielen, die mit dem Produkt erreicht werden sollen, dem Konkurrenzdruck und der Höhe des DB I. Im Übrigen dient der Posten Werbung auch der Verrechnung gewisser Erlösminderungen.

Die Zeilen (13) und (14) kommen in analoger Weise zustande. Zu beachten ist dabei, dass die hier ausgewiesenen Werte keinesfalls in voller Höhe Gewinn, sondern gewissermaßen eine Dispositionsmasse verkörpern, aus der zunächst die nicht direkt zurechenbaren Kosten zu decken sind und erst in zweiter Linie ein Gewinnfonds gespeist werden kann.

An dieser Stelle ist der Punkt erreicht, an dem die Ergebnisse der Planung in Frage gestellt werden. Das heißt, dass man gezwungen ist, die variablen Elemente des Schemas (Marktanteil, Verbraucherpreis, Handelsspanne, Werbeaufwendungen) erneut zu untersuchen, in ihrer wechselseitigen Abhängigkeit zu erfassen, miteinander abzustimmen und zu modifizieren, falls das für die Aufnahme eines Produktes im Rahmen einer Konzernrichtlinie postulierte Ziel nicht erreicht wird. Dieses könnte im vorliegenden Fall wie folgt lauten:

- Der DB II muss ab dem zweiten Jahr nach Einführung des Produkts mindestens 1 Mio. € pro Jahr betragen.
- Der DB II muss in demselben Intervall einen Wert von mindestens 10 % vom Umsatz erreichen.
- Die Anlaufverluste, gemessen in der Dimension DB II, müssen nach spätestens zwei Jahren kompensiert sein.

Die beiden ersten Teilziele werden im vorliegenden Fall offenbar nicht erreicht, so dass in der oben beschriebenen Weise vorgegangen werden muss. Wenn das Projekt „XY“ nicht spontan aufgegeben wird, hängt dies mit der Einsicht zusammen, dass es angesichts der Unsicherheit der Daten meistens nicht mit einer Entscheidung im Sinne eines „Ja“ oder „Nein“ getan ist. In der Regel wird man nicht umhin können, sich vor einer etwaigen Verwerfung eines Vorhabens weitere Informationen zu beschaffen“ (*Nieschlag/Dichtl/Hörschgen,* 2002, S. 337–340, v. w. Z.).

Die Marketing-Planung bzw. -Budgetierung stellt sich insoweit als eine sehr **komplexe Marketingaufgabe** dar.

Im Rahmen der Budgetierungsaufgabe müssen, darin besteht das eigentliche Kernproblem, **begrenzte finanzielle Mittel** (Ressourcen) auf verschiedene Funktionsträger, Geschäftsfelder, Produkte/Programme, Marken – im Rahmen der Marketing-Budgetierung auf die eingesetzten Marketinginstrumente – verteilt werden. Hierfür müssen „Regeln“ aufgestellt werden, wie die finanziellen Mittel im Rahmen des Marketing-Budgets im Einzelnen verteilt werden sollen. Hierbei handelt es sich – angesichts der Vielzahl der Marketinginstrumente und ihrer zahlreichen Ausprägungen – um ein typisches **Allokationsproblem.** Für die Lösung dieses Problems sind im Laufe der Entwicklung eine Reihe von Verfahren entwickelt worden, ohne dass man eine generelle und zugleich praxis-taugliche Methode finden konnte, die das komplexe Marketingmix- bzw. Marketingbudget-Problem voll und durchgängig zu lösen im Stande ist. Die Planungspraxis ist deshalb dadurch gekennzeichnet, dass man verschiedene Methoden für die Mittelverteilung (Budgetierung i. e. S.) – und zwar zum Teil auch parallel – heranzieht. Darauf soll im Folgenden näher eingegangen werden.

## 3. Bestimmung des Mitteleinsatzes für die Marketinginstrumente (Budgetierung i. e. S.)

Bevor die (potenziellen) Marketingmittel sinnvoll aufgeteilt werden können, gilt es zunächst, die möglichst **effiziente Höhe** des Marketingbudgets zu ermitteln. Hierbei wird i. d. R. auf bestimmte, praxiserprobte Heuristiken zurückgegriffen. Sie sind insbesondere am Fall der Werbebudgetierung („Kommunikationsetat“) entwickelt worden. Auch in der Marketingwissenschaft steht die Beschäftigung mit der Festlegung von Werbebudgets im Vordergrund, während andere Instrumentalbereiche bzw. Instrumente unter Budgetierungsaspekten wenig oder gar nicht reflektiert werden.

Unter **Heuristiken** werden Regeln verstanden, welche die Suche nach guten Lösungen für zu treffende Entscheidungen unterstützen. In dieser Hinsicht haben sich auch bestimmte Regeln für die Ableitung von Marketingbudgets herausgebildet. Sie liegen in hohem Maße den Budgetierungsentscheidungen in der Praxis zugrunde (vgl. hierzu auch *Diller,* 1980, S. 117; *Haas,* 2001, S. 196 f.).

Solche Regeln sollen zunächst am Beispiel der **Werbebudgetierung** bzw. Budgetierung für die Kommunikationsinstrumente näher behandelt werden.

### *a) Budgetierung der kommunikationspolitischen Instrumente*

Hinsichtlich der Bestimmung von Werbe- bzw. Kommunikationsbudgets werden eine ganze Reihe heuristischer Vorgehensweisen diskutiert und auch angewandt. Im Vordergrund stehen dabei insbesondere folgende **Budgetierungsverfahren** (*Pepels,* 1996 a, S. 132 ff.; *Rogge,* 2000, S. 138 ff.; *Bruhn,* 2005 b, S. 400 ff. bzw. *Bruhn*, 2013, S. 271 ff.):

- **Budget als Prozentsatz des Umsatzes,**
- **Budget als Prozentsatz des Gewinns/Deckungsbeitrages,**
- **Budget auf Basis verfügbarer finanzieller Mittel,**
- **Budget nach Höhe der Kommunikationsausgaben der Konkurrenz,**
- **Budget in Relation zum Marktanteil,**
- **Budget nach den verfolgten Werbezielen.**

Insoweit können grundsätzlich **Prozent- und Nicht-Prozent-Methoden** unterschieden werden (*Barzen,* 1990, S. 175 f.).

Die **Prozent-Methoden** sind dadurch charakterisiert, dass die Budgets jeweils als ein fester Prozentsatz einer Bezugsgröße ermittelt werden. Bezugsgrößen können in diesem Sinne Umsatz, Gewinn, Deckungsbeitrag oder auch Marktanteil sein. Hierbei kann entweder an der Bezugsgröße der letzten, der geplanten oder auch an einem Durchschnitt aus mehreren vergangenen Perioden angeknüpft werden. Das Budget ergibt sich jeweils, indem die ausgewählte Bezugsgröße mit einem zuvor bestimmten Prozentwert multipliziert wird.

Als **Kritik** an den Prozent-Methoden können insbesondere folgende „Mängel" genannt werden (*Diller,* 1980, S. 117; *Barzen,* 1990, S. 175 f.; *Bruhn,* 2005 b, S. 404 f.):

- **fehlende sachliche Logik (Umkehrung von Ursache und Wirkung),**
- **prozyklische Marketingaufwendungen,**
- **keine Orientierung an (ziel)geplanten Marketingmaßnahmen.**

Dennoch sind diese heuristischen Ansätze zur Budgetierung der Werbung bzw. Kommunikationspolitik insgesamt weit verbreitet. Das liegt daran, dass anspruchsvollere, modell-gestützte Verfahren in hohem Maße an den **Schwierigkeiten und Kosten** der Informationsbeschaffung wie auch an der Komplexität der zugrundeliegenden Wirkungszusammenhänge „scheitern" bzw. bei ihrer Anwendung ebenfalls Einseitigkeiten und Unvollkommenheiten in Kauf genommen werden müssen (vgl. hierzu die Überblicke zu solchen modell-gestützten, quantitativen Optimierungsmodellen bei *Barzen,* 1990, S. 173 f. und S. 178–191; *Rogge,* 2000, S. 155 ff. und insbesondere *Bruhn,* 2005 b, S. 405 ff.).

Zu den **Nicht-Prozent-Methoden** zählen Budgetierungsansätze, die sich entweder an den Konkurrenz-Budgets (Competitive-Parity-Methode), an den verfügbaren finanziellen Mitteln (All-you-can-afford-Methode) oder an den Marketing- bzw. Kommunikationszielen (Objective-and-Task-Methode) orientieren.

Die Festlegung der Budgethöhe auf der Basis der Aufwendungen des oder der stärksten Konkurrenten im (relevanten) Markt setzt zunächst einmal die Kenntnis der **Wettbewerber-Aufwendungen** voraus. Sie ist nicht immer gegeben, in vielen Konsumgütermärkten jedoch aufgrund entsprechender permanenter Erhebungen (z. B. *Nielsen*) möglich. Der konkurrenzorientierte Ansatz der Budgetierung unterstellt andererseits prinzipiell, dass alle oder zumindest die wichtigsten Konkurrenten im Markt die gleichen Markt- und Unternehmensziele verfolgen. Es werden hierbei jedenfalls nicht ausreichend die eigenen produkt-, marken- und marktstadien-spezifischen Konstellationen berücksichtigt. Außerdem wird beim Konkurrenz-Ansatz zu sehr auf die quantitative Seite des Mitteleinsatzes und weniger bis gar nicht auf die qualitative Seite (z. B. kreativer Ansatz der Werbung und ihre Wirkungen) abgestellt.

Einseitigkeiten liegen auch dem **All-you-can-afford-Ansatz** zugrunde. Auch dieser Ansatz kehrt im Grunde Ursache und Wirkung um, d. h. in Werbung bzw. Kommunikation wird dann höher investiert, wenn genügend Mittel vorhanden sind. Sie sind aber grundsätzlich dann vorhanden, wenn es dem Unternehmen „gut" geht. Die Methode führt in dieser Hinsicht also ebenfalls zu einem **prozyklischen Budgetverhalten,** d. h. in kritischen Phasen – wie z. B. Rezessionsphasen –, in denen kaufimpuls-auslösende Werbung angezeigt ist, werden die Budgets dann gekürzt (vgl. hierzu auch die Darlegungen zu Kapitel „Phasenbezogene Dimensionen des Marketingmix", Abschnitt Konjunkturzyklus und Marketingmix).

Die Aufstellung der Budgets aufgrund vorgegebener **Marketing- bzw. Kommunikationsziele** und daraus abgeleiteter operativer Marketingmaßnahmen (Objective-and-Task-Methode) entspricht dagegen in hohem Maße der **geforderten Kausalbeziehung** zwischen Budgetbedarf und Budgethöhe. Diese Methode zwingt das Marketing-Management zu einer detaillierten Analyse der Ausgangssituation. Bei der Zielfestlegung muss z. B. die Position des zu budgetierenden Produkts (Marke) im Lebens- und Marktzyklus, unter besonderer Berücksichtigung der Wettbewerbsposition, bestimmt werden. So erfordern beispielsweise neue Produkte in der Einführungsphase zur Überwindung des allgemeinen Marktwiderstandes andere Budgets als etablierte Produkte in der Sättigungsphase für bestimmte Relaunchmaßnahmen (vgl. hierzu auch die Darlegungen zum produktlebenszyklus-spezifischen Marketing im Kapitel „Phasenbezogene Dimensionen des Marketingmix").

Der **Ablauf einer Budgetierung** nach der Ziel-Aufgaben-Methode (Objective-and-Task-Methode) stellt sich idealtypisch wie folgt dar (siehe hierzu die Ablaufschemata bei *Rogge,* 2000, S. 151 und *Bruhn,* 2005 b, S. 404 bzw. *Bruhn*, 2013, S. 276 ff.):

**(1) Fixierung der produkt- bzw. markenspezifischen Werbeziele,**
**(2) Festlegung der anvisierten Zielgruppe (Adressaten),**
**(3) Bestimmung der zielgruppen-adäquaten Werbemaßnahmen (Botschaften/Medien),**
**(4) Schätzung der in der Planperiode notwendigen Werbekontakte (Kontakthäufigkeit),**
**(5) Ermittlung der treffsichersten Streumöglichkeiten (zielgruppen-adäquate Medien),**
**(6) Kostenschätzungen für Herstellung und Streuung der Werbemittel,**
**(7) Addierung der ermittelten Kostengrößen,**
**(8) Überprüfung und Vergleich mit bestehenden Budgetvorstellungen und/oder bisherigen Budgets,**
**(9) Ggf. neuer Durchlauf (Rückkopplung) der Stufen (1) bis (8).**

Wenn auch das ziel-orientierte Budgetierungsverfahren ein sach-logisch und **konzeptionell richtiger Ansatz** ist, so weist das Verfahren – je nach Markt und Erfahrungsstand des Unternehmens bzw. des Managements – erhebliche **Prognoseprobleme** auf, d. h. dieses Verfahren setzt die Kenntnis von Instrumentenwirkungen bzw. die Kenntnis der Erfassung solcher Wirkungen voraus, wobei das generelle Prognoseproblem („Die Zukunft ist grundsätzlich nicht voraussehbar") gilt.

Die Qualität der Budgetentscheidung ist mit anderen Worten nur so gut wie die Qualität der Maßnahmenplanung bzw. der ihr zugrunde gelegten **antizipierten Wirkungen** (z. B. in Hinblick auf die Erfüllung definierter Marktanteilsziele).

Exkurs (1): Bestimmungsgrößen des Marktanteils (Theorem)

Der Ziel-Aufgaben-Methode liegt die Kernfrage zugrunde, ob und inwieweit bestimmte Marketingmaßnahmen bzw. -aufwendungen **vorgegebene Ziele** realisieren helfen. Das soll am Beispiel des Marktanteilsziels exemplifiziert werden.

Ein stark verbreitetes Konzept besagt, dass sich die Marktanteile der einzelnen Wettbewerber proportional zum **Anteil ihrer Marketingaufwendungen** verhalten. Diese allgemeine Beurteilung kann als fundamentales **Theorem** der Marktanteilsbestimmung angesehen und wie folgt ausgedrückt werden (*Kotler/Bliemel,* 2001, S. 277 f.):

$$(1) \quad s_i = \frac{M_i}{\sum M_i}$$

Dabei sind:

$s_i$ = Marktanteil (share of market) von Unternehmen i

$M_i$ = Marketingaufwendungen von Unternehmen i

$\sum M_i$ = Summe der Marketingaufwendungen aller Mitbewerber

Wenn etwa zwei vergleichbare Unternehmen das gleiche Produkt vermarkten und hierfür unterschiedliche Marketingaufwendungen tätigen, nämlich 60 000 € bzw. 40 000 €, dann resultiert aus Gleichung (1) für das erste Unternehmen ein vorhergesagter **Marktanteil** von 60 %:

$$s_i = \frac{60\,000\,€}{60\,000\,€ + 40\,000\,€} = 0{,}60$$

Wenn das Unternehmen diesen Marktanteil von 60 % nicht realisiert, dann müssen zusätzliche Einflussfaktoren wirksam sein. Es können etwa Unterschiede im **Wirkungsgrad,** mit dem die Unternehmen ihre Marketingaufwendungen einsetzen, gegeben sein. Für den Fall ist die Gleichung (1) zu erweitern:

$$(2) \quad s_i = \frac{\alpha_i M_i}{\sum \alpha_i M_i}$$

Dabei sind:

$\alpha_i$ = Wirkungsgrad der aufgewandten Marketingmittel von Unternehmen i (mit a = 1,00 für den branchendurchschnittlichen Wirkungsgrad)

$\alpha_i M_i$ = wirksame Marketingaufwendungen von Unternehmen i

Wenn im gegebenen Beispiel Unternehmen 1 seine Marketingmaßnahmen weniger wirksam einsetzt als Unternehmen 2, mit $\alpha_1 = 0{,}90$ und $\alpha_2 = 1{,}20$, dann errechnet sich ein **Marktanteil** für Unternehmen 1 von 53 % wie folgt:

$$s_i = \frac{0{,}90\ (60\,000\,€)}{0{,}90\ (60\,000\,€) + 1{,}20\ (40\,000\,€)} = 0{,}53$$

Gleichung (2) setzt allerdings eine direkte Proportionalität zwischen dem Marktanteil und dem Anteil an durchschnittlich wirksamen Marketingaufwendungen voraus. Jedoch ist im Normalfall zu erwarten, dass die Grenzrate der Wirkung von Marketingaufwendungen abnimmt, wenn immer höhere Marketingaufwendungen getätigt werden. Die Gleichung (2) ist demnach zu erweitern, wobei die **abnehmende Grenzrate** der Wirkung durch eine Exponentialfunktion ausgedrückt werden kann. Dabei sollte der Exponent für die Marketingaufwendungs-Elastizität kleiner als 1 sein (*Kotler/Bliemel,* 2001, S. 277):

$$(3) \quad s_i = \frac{(a_i M_i)^{e_{mi}}}{\sum (a_i M_i)^{e_{mi}}} \quad \text{wobei } 0 < e_{mi} < 1$$

Dabei ist:

$e_{mi}$ = Elastizität des Marktanteils als Reaktion auf die getätigten Marketingaufwendungen von Unternehmen i

Angenommen der Elastizitätsexponent für alle Wettbewerber wäre 0,8, dann hätte Unternehmen 1 einen **Marktanteil** von 50 %:

$$s_i = \frac{[(0{,}90)(60\,000\,€)]^{0{,}8}}{[(0{,}90)(60\,000\,€)]^{0{,}8} + [(1{,}20)(40\,000\,€)]^{0{,}8}} = 0{,}50$$

Auf diese Weise wird also bei der Schätzung des Marktanteils für Unternehmen 1 die abnehmende Grenzrate der Wirkung in Ansatz gebracht, d. h. obwohl Unternehmen 1 in der Branche 60 % der Marketingaufwendungen tätigt, realisiert es wegen seines geringeren Wirkungsgrades und der abnehmenden Grenzrate der Wirkung lediglich einen Marktanteil von 50 %.

Eine weitere **Verfeinerung des Verfahrens** kann noch dadurch vorgenommen werden, dass die Marketingaufwendungen der einzelnen Unternehmen in ihre marketinginstrumentalen Bestandteile (wie Preis, Distribution, Werbung) zerlegt und für sie jeweils getrennt Wirksamkeit und Elastizität in Ansatz gebracht werden (siehe *Kotler/Bliemel,* 2001, S. 278).

Exkurs (2): Bestimmungsgrößen des Marktanteils („Erfahrungskurve“)

Neben dem theoretischen Ansatz (Theorem) zum Verhältnis von Marketingaufwendungen und Marktanteil hat man die **Art des Zusammenhangs** auch empirisch zu erfassen gesucht.

So hat etwa *Nielsen* aufgrund umfangreicher Analysen (unter anderem durch Nutzung der eigenen Panelforschung) versucht, eine **sog. Marketing- bzw. Werbeerfahrungskurve** abzuleiten. Diesen Analysen lagen 34 Konsumgüter des täglichen Bedarfs in den ersten zwei Jahren ihrer Einführung zugrunde. Diese Erfahrungskurve, welche die Zusammenhänge zwischen **Werbeanteil** (Share of Advertising, SoA) einerseits und **Marktanteil** (Share of Market, SoM) andererseits abbildet, hat folgenden typischen Verlauf *(Abb. 475)*:

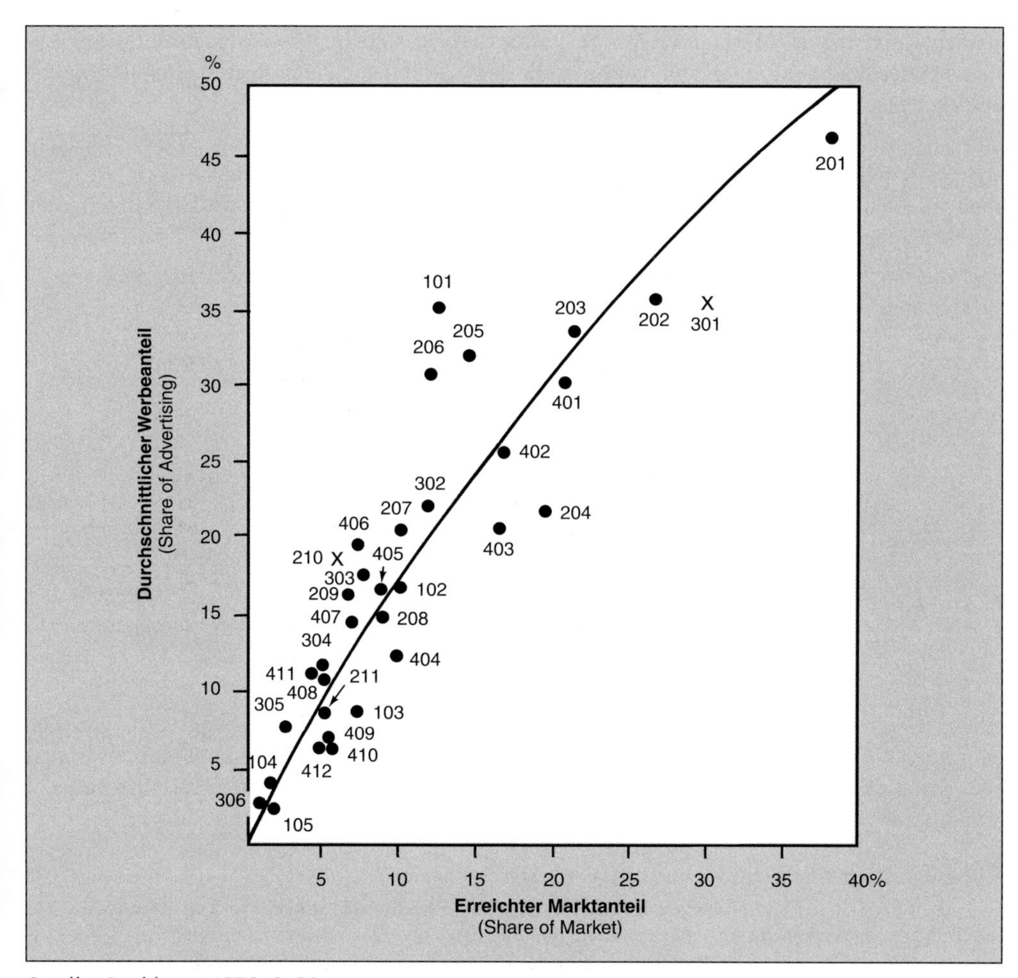


*Quelle: Peckham,* 1976, S. 32

*Abb. 475: Werbeerfahrungskurve nach Nielsen (Beispielperiode)*

Diese Kurve verdeutlicht, dass „das Verhältnis zwischen dem den Werbeanteil darstellenden senkrechten Abstand und dem den Absatzanteil darstellenden waagerechten Abstand ... angenähert 1,5 oder 1,6 zu 1“ beträgt (*Peckham,* 1976, S. 31, nach anderen Quellen sogar bis zu 2,0 zu 1, *Haller,* 1980, S. 121). Die einzelnen Marken streuen dabei um diesen Wert. Die *Marke 301* z. B. liegt insoweit relativ günstig, als sie einen Marktanteil von rd. 30 % mit einem Werbeanteil von nur rd. 35 % realisierte. Gemäß der gefundenen Erfahrungskurve hätte die *Marke 301* eigentlich einen Werbeanteil von rd. 45 % realisieren müssen, um den tatsächlich erreichten Marktanteil von rd. 30 % zu realisieren. Die *Marke 210* dagegen hat mit einem Werbeanteil von 18 % nicht einen Marktanteil von 12 %, sondern von nur 6 % erreicht. Verantwortlich für diese **Unterschiede** – die sich jeweils auch als Abweichungen von der durchschnittlichen Erfahrungskurve darstellen – sind dabei offensichtlich Unterschiede in der werblichen Umsetzung (kreative Komponente) wie auch in der spezifischen Produktqualität (Nutzenkomponente). Eine rein mechanistische Anwendung der gefundenen Werbeerfahrungskurve reicht insoweit also keineswegs aus. Das heißt mit anderen Worten, es bestehen zwischen quantitativem und qualitativem Mitteleinsatz durchaus bestimmte Substitutionszonen (z. B. Substitution bestimmter finanzieller Mittel durch eine besonders kreative Umsetzung der Werbung).

Derartige **Erfahrungskurven**, wie in der Abbildung aufgezeigt, bzw. die ihnen zugrundeliegenden Kennziffern (Marktanteil-Werbe-Ratios) lassen sich im Prinzip auch aufgrund entsprechender **Beobachtungen und Analysen** für den Markt des eigenen Unternehmens ableiten und als Entscheidungsgrundlage nutzen (*Rütschi,* 1978, S. 110 f.).

Insgesamt muss bei Werbebudget-Entscheidungen jeweils an den *situativen* Markt-, Marken- und Unternehmensbedingungen bzw. -möglichkeiten angeknüpft werden. Wichtig ist dabei auch die Beachtung der **dynamischen Komponente** (= Markt- bzw. Produktzyklus-Stadien und ihre spezifischen Erfordernisse).

Was die *umsatz*bezogenen **Größenordnungen** der Werbeaufwendungen betrifft, so bewegen sie sich innerhalb einer vergleichsweise großen Spanne *(Abb. 476).*

| Warengruppen | Werbeaufwendungen |
|---|---|
| Körperpflege | bis zu 10 % |
| Getränke | bis zu 15 % |
| Kosmetik | bis zu 25 % |
| Reinigungsmittel | bis zu 30 % |
| Stärkungsmittel | bis zu 35 % |
| Ø Markenartikelindustrie | rd. 10 % |

*Abb. 476: Größenordnungen der Werbeaufwendungen bei ausgewählten Warengruppen (in % des Umsatzes, Beispielperiode)*

Hinter diesen unterschiedlichen Aktivitätsniveaus in Bezug auf die Werbung verbergen sich naturgemäß ganz unterschiedliche **Maßnahmen** wie auch **Konzepte**. Sie sind darüber hinaus ein Ausdruck der jeweiligen Wettbewerbsintensität (z. B. bei Reinigungsmitteln) und des Zwangs zur Mobilisierung schwieriger Zielgruppen (z. B. bei Stärkungsmitteln).

Exkurs: Aktivitätsniveau und „kritische Masse" (Modellrechnung)

Je nach Markt- und Wettbewerbsverhältnissen sind demnach **unterschiedlich hohe Aktivitätsniveaus** notwendig, wenn die jeweils vorgegebenen Ziele und Strategien auch realisiert werden sollen.

In vielen Märkten sind inzwischen bestimmte **Mindest-Aktivitätsniveaus** zwingend. So geht man in wettbewerbsintensiven Markenartikel-Märkten des Konsumgüterbereiches davon aus, dass ein neues Produkt (Marke) in stark besetzten Märkten einen Werbeetat von mindestens 10 Mio. € erfordert, um sich im Markt durchzusetzen.

Das bedeutet zugleich, dass in solchen Märkten für ein neues Produkt **Mindestumsätze** von etwa 50 Mio. € erreichbar sein müssen. Bei Werbemargen in typischen Markenartikel-Märkten des Konsumgüterbereiches zwischen 10 und 20 % vom Umsatz ergibt das eine **„kritische Werbemasse"** um 5 bis 10 Mio. €.

Neuprodukt-Konzepte müssen sich insofern an entsprechend vorhandenen bzw. zu schaffenden **Marktpotenzialen** orientieren.

Die dargestellte Methodik zur Budgetierung der Werbung und ihre Würdigung gilt grundsätzlich auch für die Budgetierung der **Verkaufsförderung** (s. a. *Gedenk,* 2002, S. 38 ff.) und **Public Relations** (s. a. *Pflaum/Linxweiler,* 1998, S. 223 ff.). Hierbei ist jedoch gegenüber der Werbung eine deutlich geringere Transparenz hinsichtlich der Konkurrenzaufwendungen gegeben. Für Verkaufsförderung und Public Relations liegen auch keine generellen umsatzbezogenen Erfahrungssätze vor, und zwar auch deshalb, weil diese kommunikationspolitischen Maßnahmen *schwieriger* abzugrenzen sind (auch gegenüber der klassischen Werbung). Das ist eine Folge vielfältiger nicht-klassischer Werbemittel, die inzwischen in größerem Umfang (zusätzlich) eingesetzt werden (siehe auch die Darlegungen im Kapitel „Aktionsparameter des Marketing", speziell im Abschnitt Kommunikationspolitische Basisinstrumente).

### *b) Budgetierungsfragen der Angebots- und Distributionspolitik*

Bei der Bestimmung des Aktivitätsniveaus (Budgets) eines Unternehmens sind neben den werbe- bzw. kommunikationspolitischen „Anstrengungen" (Aufwendungen) auch die der **Angebots- und Distributionspolitik** zu berücksichtigen. Wenn auch die Kommunikationspolitik (verantwortlich für die Profilleistung) im Rahmen eines Marketing-Konzepts vielfach eine herausragende Stellung einnimmt – nicht zuletzt aufgrund erschwerter Markt- und Wettbewerbsbedingungen –, so ist dennoch eine **optimale Marktleistung** als Voraussetzung für die Oberzielerfüllung (Gewinn/Rentabilität) nicht zuletzt von der Distributionspolitik (verantwortlich für die Präsenzleistung) wie von der Angebotspolitik (verantwortlich für die Produktleistung) abhängig (= **konzeptionelle Kette**).

Kern jeder Marktleistung bildet im Prinzip die Produkt- bzw. Problemlösungsleistung; insofern muss das Aktivitätsniveau (Budget) vor allem an der **konzeptions-adäquaten Produktpolitik** des Unternehmens anknüpfen.

Grundsätzlich kann die Festlegung von **Produkt-Etats** i. e. S. (Aufwand für die technisch-funktionale und formal-ästhetische Produktqualität = Produktinneres und -äußeres wie für die Verpackung) ebenfalls an **den Prozent- und den Nicht-Prozent-Methoden** der Etatbestimmung anknüpfen, so wie sie im Rahmen der Werbebudgetierung näher dargestellt worden sind. Auch im Rahmen der produktpolitischen Budgetierung gelten dabei generell die dort aufgeführten Beurteilungen bzw. Eignungen.

Insgesamt gelten für die Ableitung des Produkt-Etats i. e. S. besondere Einschränkungen insofern, als die **Transparenz** der markt- bzw. branchenüblichen Aufwendungen gegenüber den Werbebudgets deutlich geringer ist. Zum einen gibt es keine allgemein zugänglichen Daten, zum anderen sind die jeweiligen Bedingungen der Anbieter bezüglich der Produktpolitik häufig weniger vergleichbar.

Bei der Budgetierung des „Aktivitätsniveaus" im angebotspolitischen Bereich muss im Übrigen berücksichtigt werden, dass sich die Budgetierung für **bestehende Produkte** von der Budgetierung für **neue Produkte** grundlegend unterscheidet. Während es sich bei bestehenden Produkten überwiegend um einen durchgängigen, wenn auch vom Produktlebenszyklus-Stadium abhängigen „Betreuungsaufwand" (Produktoptimierung) handelt, sind neue Produkte durch – teilweise extrem hohe – Aufwendungen gekennzeichnet. Hierbei handelt es sich um einen umfassenden „Entstehungsaufwand", angefangen vom Forschungs- und Entwicklungsaufwand (F&E) bis zum marktbezogenen Gestaltungsaufwand sowohl des Produktinneren als auch des Produktäußeren (einschließlich entsprechender Marktanalysen und Produktwirkungstests, ggf. Testmärkte).

Mehr noch als bei der Werbebudgetierung bietet sich bei der Bestimmung des Produktbudgets insbesondere die **Objective-and-Task-Methode** an, das heißt, die Budgetierung orientiert sich sinnvollerweise an dem ziel-strategischen Unternehmenskonzept. Wichtige Orientierungspole bilden dabei – neben den Meta-Zielbezügen (= Mission/Vision des Unternehmens) – die eigentlichen Oberziele (Gewinn/Rentabilität) und daraus abgeleitete Schlüsselziele des Marketing (wie Umsatz oder Marktanteil). Die diesen Zielen bzw. ihrer Erfüllung zugrunde gelegten Strategien (z. B. 2. Strategieebene: Präferenz- oder Preis-Mengen-Strategie oder 3. Strategieebene: Massenmarkt- oder Marktsegmentierungsstrategie) setzen weitere Daten für die Bestimmung des produktpolitischen Aktivitätsniveaus (Budgets). Dabei gilt generell, dass „höhere" Strategien wie Präferenz- bzw. Marktsegmentierungsstrategien nur mit **überdurchschnittlichen Budgets** am Markt erfolgreich umgesetzt werden können, weil sie entsprechende Niveaus der produktpolitischen Marketinginstrumente voraussetzen.

Eine besondere Bedeutung kommt in diesem Zusammenhang dem **F&E-Budget** zu. Die wichtigsten Einflussgrößen für die Forschungs- und Entwicklungsaufwendungen sind die Branchenzugehörigkeit, die Unternehmensgröße, die bisherigen F&E-Aufwendungen, die in der Branche erwarteten F&E-Aufwendungen sowie die eigene F&E-Strategie. Wichtige „Daten" in Bezug auf die Forschungsstrategie setzt dabei das **marktfeld-strategische Grundkonzept** des Unternehmens (insbesondere Bedeutung von Marktdurchdringung bzw. Produktentwicklung und ihre jeweiligen Schwerpunkte, vgl. hierzu auch 2. Teil „Strategien", Kapitel zu den Marktfeldstrategien).

Für die konkrete Budgetierung werden in der Unternehmenspraxis vielfach **prozent-orientierte Ansätze** gewählt, z. B. das F&E-Budget als fester Prozentsatz vom Umsatz oder vom Gewinn, sowie die Orientierung an der Forschungsintensität der Konkurrenten (*Specht,* 1992 b, S. 347; dabei stehen weniger Vergangenheitswerte, sondern stärker Erwartungsgrößen im Vordergrund, *Küpper/Winckler/Zhang,* 1990, S. 448). Für die Competitive-Parity-Methode können etwa Daten zu den F&E-Aufwendungen herangezogen werden, wie sie u. a. in Geschäftsberichten wichtiger Konkurrenten veröffentlicht werden. Angemessen sind darüber hinaus vor allem auch Ansätze zur **ziel-orientierten Budgetierung** der F&E-Aufwendungen. Das setzt naturgemäß ein entsprechendes Zielsystem des Unternehmens (einschließlich Marketingleitbild) voraus (vgl. *Kern/Schröder,* 1977, S. 122 ff.; *Bürgel/Haller/Binder,* 1996, S. 101 ff. sowie auch *Gerybadze,* 2004; *Meffert/Klein,* 2007).

Was die *umsatz*bezogenen **Größenordnungen** der F&E-Aufwendungen betrifft, so streuen auch hier die Werte relativ breit *(Abb. 477).*

| Branchen | F&E-Aufwendungen |
|---|---|
| Elektrohausgeräte-Industrie | bis zu 3 % |
| Foto-elektrische Industrie | bis zu 5 % |
| Automobil-Zuliefer-Industrie | bis zu 6 % |
| Elektronik-Industrie | bis zu 9 % |
| Pharmazeutische Industrie | bis zu 10 % (und darüber) |
| Industrien mit Spitzentechnologien | > 8,5 % |

*Abb. 477: Größenordnungen der F&E-Aufwendungen in ausgewählten Branchen (in % des Umsatzes, Beispielperiode)*

Hinsichtlich der Bestimmung des Aktivitätsniveaus für Forschung und Entwicklung (F&E) sind im Übrigen **wichtige Schnittstellen** zu beachten, und zwar einmal zum Marketing- und zum anderen zum Finanzbereich. Die F&E-Aktivitäten müssen zunächst einmal am marketing-strategischen Grundkonzept orientiert werden (z. B. Präferenz- bzw. Kompetenzstrategien und ihrem Einfluss auf die Innovationsrate des Unternehmens, zum Verhältnis von Marketing- und Forschungsaufwand siehe auch *Brockhoff,* 1989, S. 97 ff.).

Untersuchungsergebnisse des *PIMS*-Programms haben in diesem Zusammenhang aufgedeckt, dass eine **hohe Produktqualität** mit hoher Rentabilität (ROI) korreliert, eine zu **hohe Innovationsrate** andererseits eher auf die Rentabilität (ROI) drückt, weil bei hoher Innovationsrate entsprechende Umstellungskosten entstehen und zunächst neue Erfahrungen für spätere Erfahrungskurven-Effekte gesammelt werden müssen (*Little,* 1992, S. 44 f.). Eine Übersicht dokumentiert diese Beziehungen *(Abb. 478).*

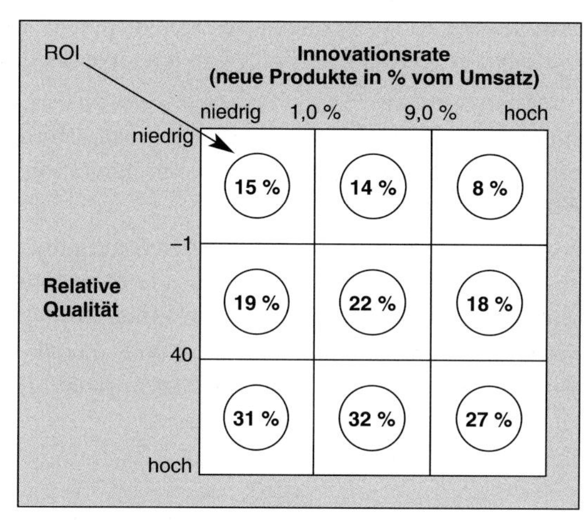


*Quelle: Little,* 1992, S. 45

*Abb. 478: Beziehungen zwischen Innovationsrate, Qualität und Rentabilität (ROI)*

Die Ergebnisse verdeutlichen, dass im Hinblick auf eine möglichst gute Oberzielerfüllung (ROI) die **Produktqualität** *vor* der Innovationsrate rangiert.

Was die Berücksichtigung **finanzwirtschaftlicher Aspekte** angeht, so sind sie speziell auf Folgeinvestitionen gerichtet. In dieser Hinsicht wird versucht, Investitionen, die im Zusammenhang mit einer neuen Produktentwicklung stehen (z. B. Installation eines neuen Produktionsverfahrens), bei der Optimierung des F&E-Budgets zu erfassen. Ein vorläufig festgelegtes F&E-Budget wird deshalb daraufhin überprüft, „ob der zukünftige Gesamtfinanzbedarf, der durch die auf dem vorläufigen FuE-Budget basierenden Folgeinvestitionen hervorgerufen wird, den in Zukunft vorhandenen Finanzmitteln entspricht. Liegt der Bedarf über (unter) den Mitteln, so wird das vorläufige FuE-Budget so lange verringert (aufgestockt), bis sich beide Größen decken" (*Specht,* 1992 b, S. 347).

Neben der Budgetierung der Angebotspolitik, die ihren Niederschlag in hohem Maße im F&E-Budget (einschließlich der notwendigen Marktforschungs- und Markteinführungskosten) findet (vgl. hierzu auch *Albach/de Pay/Rojas,* 1991), ist die Budgetierung der **Distributionspolitik** vorzunehmen.

Auch bei der Festlegung der Distributions- oder Vertriebskosten kann grundsätzlich an **den Prozent- und den Nicht-Prozent-Methoden** angeknüpft werden, wie sie im Rahmen der Budgetierung der kommunikationspolitischen Instrumente (speziell der Werbung) näher aufgezeigt worden sind.

In der Praxis werden dabei für die **Erstellung** des Vertriebsbudgets insbesondere Folgende angewandt (*Berndt,* 1990, S. 356 f.):

- **Budget als Prozentsatz des Umsatzes,**
- **Budget gemäß Aufwendungen der Hauptkonkurrenten,**
- **Budget gemäß verfügbarer Mittel,**
- **Budget gemäß Ziel und zu lösender Aufgabe.**

Die Orientierung des Vertriebsbudgets an Umsatz bzw. Gewinn unterliegt grundsätzlich den bekannten **Einwendungen** hinsichtlich des fehlenden sach-logischen Zusammenhanges, während die Orientierung an den Aufwendungen der Konkurrenten vor allem aufgrund der mangelnden Transparenz des vertriebspolitischen Aktivitätsniveaus der Wettbewerber stark erschwert ist.

Was die Budgetierung gemäß verfügbarer Mittel (All-you-can-afford-Methode) betrifft, so kehrt auch sie – wie bereits bei der Budgetierung der Kommunikationspolitik dargelegt – im Grunde **Ursache und Wirkung** um.

Auch bei der Budgetierung der Distributions- bzw. Vertriebsaufgaben gilt deshalb, dass die Vertriebsaufwendungen am besten an – aus Oberzielen (1. Konzeptionsebene) und Grundsatzstrategien (2. Konzeptionsebene) abgeleiteten – **Marketing- und Vertriebszielen** orientiert werden (= Objective-and-Task-Methode). Die Budgetierung „gemäß Ziel und zu lösender Aufgabe" kann hinsichtlich ihres Ablaufs wie folgt skizziert werden *(Abb. 479).*

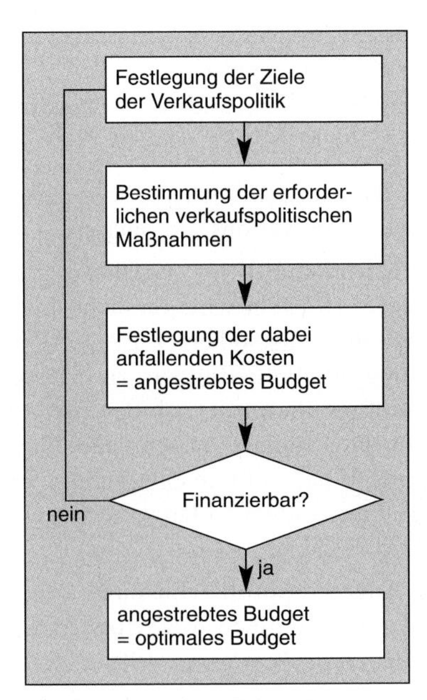


*Quelle: Berndt,* 1990, S. 357

*Abb. 479: Flussdiagramm zur Bestimmung des optimalen Vertriebsbudgets nach der Objective-and-Task-Methode*

Ein Vorgehen nach diesem Ansatz kann jedoch – nicht zuletzt aufgrund der Komplexität vertriebspolitischer Aufgaben – zu Problemen führen, wenn die im zweiten Schritt notwendige **Prognose der Wirksamkeit** alternativer Maßnahmen nur bedingt möglich ist. Damit sind überhaupt Grundfragen von Wirkungsprognosen für operative, instrumentale Marketingmaßnahmen angesprochen, auf die im nächsten Abschnitt näher eingegangen werden soll.

Was die Angabe von *umsatz*bezogenen **Größenordnungen** für „übliche" Vertriebskosten betrifft, so ist sie insofern erschwert, als die Vertriebskosten – je nach Zwecksetzung – unterschiedlich abgegrenzt werden. Sie weisen im Übrigen je nach Branche sehr große Bandbreiten auf *(Abb. 480)*.

| Branche | Vertriebskosten |
|---|---|
| Automobilhersteller | bis 8 % |
| Hersteller von Körperpflegemitteln | bis 42 % |
| Ø Markenartikelindustrie | 27 % |

*Abb. 480: Größenordnungen der Vertriebskosten in ausgewählten Branchen (in % des Umsatzes, Beispielperiode)*

Diese **relativ starke Streuung** der Vertriebskosten (vgl. hierzu auch *Männel/Lücking,* 1992, S. 1253; *Soliman/Justus/Gregory,* 1997, S. 19 ff.) hängt naturgemäß nicht nur von spezifischen Branchenbedingungen, sondern auch vom konkreten, unternehmensspezifischen Marketingkonzept ab. Aufgrund des starken Wettbewerbs (Verdrängungswettbewerb) und des dadurch ausgelösten Preisverfalls in vielen Märkten gilt das Bemühen der Unternehmen zwar seit Jahren dem Versuch, die Vertriebskosten zu senken. Vertriebskostensteigernde Tendenzen gehen jedoch von kundenorientierten Zwängen zur Erhöhung des Betreuungsniveaus aus.

Besondere Bedeutung im Rahmen der Vertriebskosten haben vor allem auch die **Logistikkosten.** Sie stellen den Teil der Vertriebskosten dar, welche das physische Distributionssystem (Marketing-Logistik) betreffen. Der Anteil der Logistikkosten am Umsatz schwankt – u. a. in Abhängigkeit von der Branche sowie vom markt- bzw. kundenorientierten Konzept – im Allgemeinen zwischen etwa 10 und 25 %, teilweise sogar 30 % (*Pfohl,* 1990, S. 41 ff.; *Delfmann/Arzt,* 2001, S. 922; *Schulte,* 2005, S. 8 f.).

Neben den Logistikkosten spielen vor allem die **Außendienstkosten** der Vertriebs(außen)organisation innerhalb der gesamten Vertriebskosten eine große Rolle. Außer von Branchenbedingungen sind sie vor allem von spezifischen marketing- bzw. vertriebspolitischen Konzepten (speziell Beratungs- und Serviceniveau) abhängig. Im Durchschnitt machen sie rd. 14 % des Umsatzes aus (davon entfallen ca. 49 % auf Personal- und rd. 12 % auf Reisekosten, *Bussmann,* 1994, S. 31 ff.; *Belz/Kuster/Walti,* 1996, S. 22).

Art und Umfang der Vertriebskosten verdeutlichen, wie wichtig für die oberzielorientierte Steuerung des Unternehmens gerade auch die **Optimierung** der Vertriebskosten bzw. des Vertriebsmanagements ist.

### c) Bestimmung des Marketingbudgets insgesamt

Bestimmung und Verteilung der finanziellen Mittel stellt ein komplexes Allokationsproblem dar. Es ist klar, dass i. d. R. nicht für alle Instrumentalbereiche bzw. Instrumente hohe bzw. gleich hohe Budgets vorgesehen und eingesetzt werden können. Vielmehr muss es bezüglich der Budgetierung aller Marketingmittel zu einem **bestimmten Ausgleich** zwischen den Instrumentalbereichen bzw. Instrumenten kommen.

Die Art und Weise der Verteilung der finanziellen Mittel hängt dabei zunächst einmal von bestimmten **Branchenbedingungen** ab. In dieser Hinsicht lassen sich *dominante* Aktivitätsbereiche des Marketing identifizieren, die für bestimmte Branchen bzw. Märkte typisch sind, und die bei der Budgetverteilung entsprechend berücksichtigt werden müssen.

So gibt es Märkte, in denen ein hohes **Innovationspotenzial** vorhanden ist, das nicht zuletzt aus Wettbewerbsgründen möglichst konsequent ausgeschöpft werden muss (z. B. produkt- bzw. innovationspolitische Dominanz im Süßwarenmarkt). Demgegenüber gibt es Märkte, deren Innovationspotenzial äußerst begrenzt ist (z. B. Biermarkt mit biersteuer-rechtlich fixierten Grundsorten), in denen – speziell bei präferenz-strategischen Konzepten – dafür der **Kommunikationspolitik** (Werbung) eine dominante Rolle zufällt, während in anderen Marktbereichen (z. B. Markt der Milch(frisch)produkte wie Joghurt, Quark, Desserts) bestimmte Dominanzen in der **Distributionspolitik** (u. a. Sicherstellung eines funktionierenden Frischdienstes) bestehen.

Eine Abbildung verdeutlicht die „natürlichen" **Aktivitätsdominanzen** in den drei angesprochenen Märkten *(Abb. 481)*.

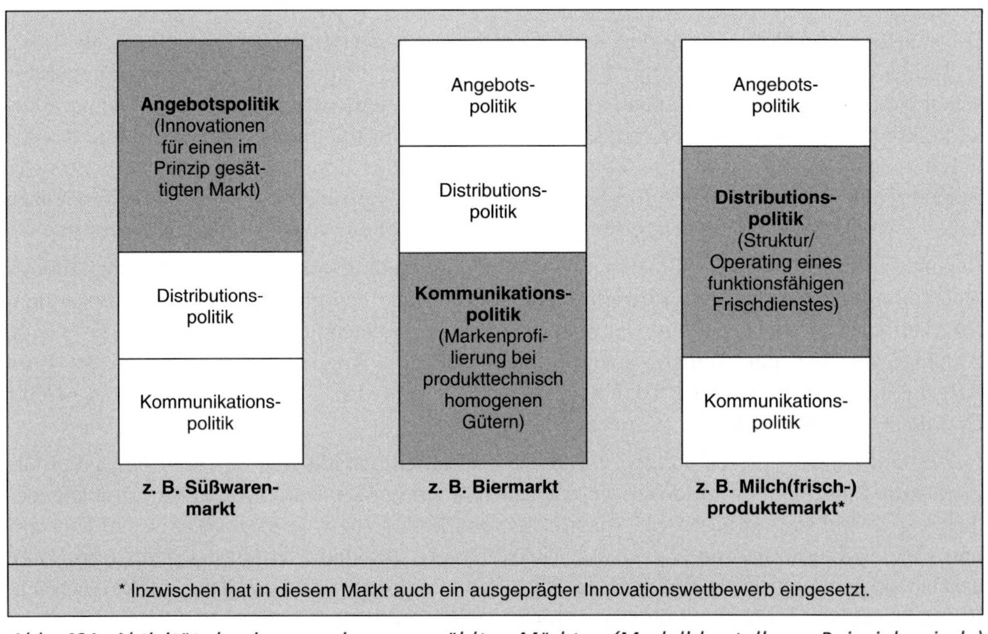


*Abb. 481: Aktivitätsdominanzen in ausgewählten Märkten (Modelldarstellung, Beispielperiode)*

Die markt-typischen Aktivitätsdominanzen markieren quasi die generelle Ausgangslage. Vor dem Hintergrund der branchen-typischen Gegebenheiten ist darüber hinaus das eigene unternehmens-individuelle Marketingkonzept Planungsgrundlage für Budgethöhe und -verteilung. Wichtige Bezugspunkte bilden hierbei vor allem **strategische Basiskonzepte** des Unternehmens (z. B. 2. Strategieebene: Präferenz- oder Preis-Mengen-Strategie). Ein Unternehmen, das etwa ein konsequentes präferenz-strategisches Konzept verfolgt, muss i. d. R. überdurchschnittlich in Marke und Kommunikation investieren, während bei gezielter Preis-Mengen-Strategie der Aufwand für diese Instrumente bzw. Instrumentalbereiche grundsätzlich (sehr) gering anzusetzen ist. **Aktivitätsniveau und -bereich** sind insofern in hohem Maße strategieabhängig zu determinieren.

In diesem Zusammenhang sind Untersuchungsergebnisse des *PIMS*-Programms interessant, die aufzeigen, dass Geschäftsfelder mit schlechtem Preis-Leistungs-Verhältnis im Verhältnis zu ihren Wettbewerbern erheblich mehr für Marketing aufwenden als diejenigen, die ein gutes Preis-Leistungs-Verhältnis aufweisen. Das Erstaunliche ist jedoch, dass sie trotzdem Marktanteile verlieren. Das heißt, ausschließlich mit Marketingmaßnahmen lässt sich ein **unattraktives Preis-Leistungs-Verhältnis** längerfristig *nicht* ausgleichen. „Statt mehr in Marketing zu investieren, sollten die betroffenen Unternehmen mehr für Qualität aufwenden" (*Little,* 1992, S. 41 f.). Eine Darstellung verdeutlicht bzw. konkretisiert diese Zusammenhänge *(Abb. 482).*

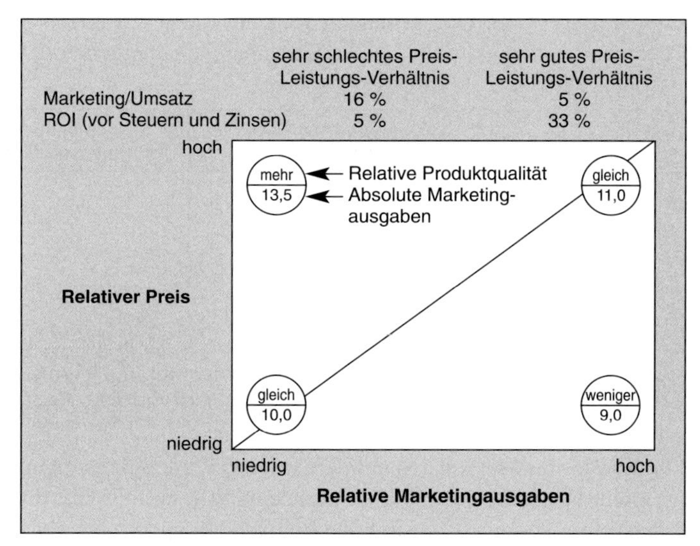


*Quelle: Little,* 1992, S. 42

*Abb. 482: Beziehungen zwischen Preis-Leistungs-Verhältnis, Marketingausgaben und ROI*

Neben dem Strategie-Konzept (in Verbindung mit dem angebotenen Preis-Leistungs-Verhältnis) spielt naturgemäß auch die Stellung des Produkts (Geschäftsfeldes) im **Lebenszyklus** eine ganz entscheidende Rolle. Aktivitätsniveau und -bereich sind in dieser Hinsicht auch von den jeweiligen Zyklusbedingungen und ihren „Zwängen" abhängig (z. B. Relaunch-Ansatz in der Reife- bzw. Sättigungsphase, vgl. hierzu die Darlegungen zu den phasenspezifischen Bedingungen des Marketingmix, speziell zum Produktlebenszyklus). In dieser Hinsicht haben die Analysen des *PIMS*-Programms gezeigt, dass im Verlaufe des Lebenszyklus der Deckungsbeitrag, die Marketingaufwendungen wie auch Umsatz- und Kapitalrendite sinken. „Die einzige Ausnahme ist ein Anstieg der Marketingkosten für Konsumgüter in der stabilen Reifephase" (*Buzzell/Gale,* 1989, S. 173). Das hängt offensichtlich mit erhöhten Werbeaufwendungen zusammen, die dann vorgenommen werden, wenn die Hauptanbieter im Markt erkennen, dass die **Gesamtnachfrage** nicht mehr im bisherigen Umfange steigt.

Bei der Festlegung und Verteilung der finanziellen Mittel für die operativen Marketingmaßnahmen ist im Übrigen auch die **Beziehungsstruktur** der Marketinginstrumente insgesamt zu berücksichtigen, also z. B. die Frage, inwieweit es sich generell oder auch nur phasenweise um komplementäre, konkurrierende oder indifferente Instrumente bzw. **Instrumentenbeziehungen** handelt. Generelles Ziel ist bzw. muss sein, alle Instrumente möglichst so auszurichten, dass sie sich im Hinblick auf die Marketing- und Unternehmenszielrealisierung *komplementär,* d. h. sich gegenseitig unterstützend, verhalten. Neben funktionalen Beziehungen sind auch solche zeitlicher Art (z. B. sukzessiver oder paralleler Einsatz) zu beachten (zu den Beziehungsstrukturen der Marketinginstrumente siehe auch die Darlegungen zu Beginn des 3. Teiles „Mix“).

Damit sind Grundfragen der **Optimierung des Marketingmix** und ihre Berücksichtigung in der Budgetierung angesprochen. Als Maßstab bzw. Orientierungsgrundlage können auch **Erfahrungswerte** (Benchmarks) herangezogen werden, so weit bekannt bzw. beschaffbar. So hatten z. B. die Recherchen eines Süßwaren-Herstellers, der mit hochpreisigen Produkten (Premium-Produkten) im oberen Markt tätig war, seinerzeit folgende Kostenstruktur für typische Markenartikel-Unternehmen (auch außerhalb des Süßwarenbereiches) ergeben *(Abb. 483).*

| Kostenarten | Typische Markenartikel-unternehmen | Beispiel-Unternehmen (mit speziellem Konzept) |
|---|---|---|
| **Herstellkosten** | 45 % | 64 % |
| **Mediawerbung** | 8 % | 2 % |
| **Vertriebskosten (Außendienstorganisation)** | 5 % | 10 % |
| **Logistikkosten** | 5 % | 9 % |

*Abb. 483: Kostenstruktur typischer Markenartikelunternehmen (im Vergleich zu einer konzept-spezifischen Kostenstruktur, jeweils in % vom Bruttoumsatz, Beispielperiode)*

Die Kostenstruktur „typischer Markenartikelunternehmen“ verdeutlichte damals, dass solche Unternehmen vor allem über eine ausgeprägte **Markenpolitik** und die hierfür erforderlichen **Media-Aufwendungen** ihre vergleichsweise hohe Wertschöpfung zu erzielen suchen.

Das Beispiel-Unternehmen dagegen, das am Markt überdurchschnittliche Preise erzielte, hatte ein **spezifisches Merchandising- und Service-System** realisiert, das einen hohen Anteil des Budgets band. Im Rahmen eines ausgeprägten Shop-in-the-Shop-Konzepts wurde das gehobene, auf den Geschenkbedarf fokussierte Produktprogramm über den eigenen Außendienst im Handel platziert, sortiert und ggf. wieder aussortiert. Es wurde dafür im Handel preispflegend vermarktet (= weitestgehende Einhaltung der unverbindlich empfohlenen Endverbraucherpreise). Der hierfür notwendige, damals überdurchschnittliche Vertriebsaufwand für Außendienst und Logistik ließ andererseits kaum Spielraum für die Mediawerbung (2 % vom Umsatz stellten lediglich eine „Marketing-Restgröße“ dar).

Obwohl klassischerweise für Aufbau und Führung von Markenartikeln hohe Marken- bzw. Mediaaufwändungen notwendig und üblich sind, hatte es das Beispiel-Unternehmen aufgrund seines **spezifischen Vertriebskonzepts** trotzdem verstanden, eine anerkannte Premiummarke aufzubauen. Aufgrund des verschärften Wettbewerbs im schwach wachsenden bzw. stagnierenden Süßwarenmarkt erwies sich die geringe Werbemarge jedoch zunehmend als „Engpass“ erfolgreicher Markenführung. Die überdurchschnittliche Produktqualität (siehe die vergleichsweise hohen Herstellkosten mit 64 %) und das damit ausgewogene Preis-Leistungs-Verhältnis der angebotenen hochpreisigen Produkte hatte jedoch den Erfolg gesichert (vgl. in diesem Zusammenhang die weiter oben wiedergegebenen Untersuchungsergebnisse des *PIMS*-Programms zum Verhältnis von Preis-Leistungs-Verhältnis und Marketingkosten).

Aufgrund des allgemein gestiegenen Wettbewerbs (Verdrängungswettbewerb) in vielen Märkten und des damit verbundenen Preisverfalls sind Unternehmen generell gezwungen, die **Marketingbudgets** kritisch zu überprüfen. Der Zwang zur Kostensenkung macht jedenfalls nicht vor dem Marketingbereich halt (zum Ansatz des Lean Management siehe u. a. *Bösenberg/Metzen,* 1992; *Pfeiffer/Weiss,* 1994; *Womack/Jones,* 2004, zum Ansatz des **Lean Marketing** vgl. etwa *Geyer/Bauer,* 1993; *Becker/Lukas,* 1994; *Belz/Schögel/Kramer,* 1994). Bereits im Rahmen des Abschnitts zum Rezessionsmarketing wurde darauf hingewiesen, dass die Unternehmen sich unter den erschwerten Markt- und Absatzbedingungen der Rezession auch zu (problematischen) Einsparungen am Marketingbudget gezwungen sehen. Zugleich wurde aber auf die Gefahren einer zu starken Kappung der Marketingbudgets eingegangen. Das gilt grundsätzlich für **alle Rationalisierungsansätze** – ganz gleich, wie die dahinter stehenden Konzepte (Lean Management, Reengineering usw.) auch genannt werden. „Unternehmerischer Erfolg ist aber noch nie über Kosteneinsparungen, sondern immer nur über Aktivität und Leistung in bestehenden und neuen Märkten realisiert worden" (*Belz,* 1994, S. 15).

Gleichwohl besteht auch im Marketing die Notwendigkeit, konzeptions-adäquat **Kostensenkungsmöglichkeiten** zu prüfen und solche ggf. auch vorzunehmen. Sie bedürfen jedoch unbedingt der Orientierung an mittel- und langfristigen Marketing- und Unternehmenszielen des Unternehmens wie auch am marketing-strategischen Grundkonzept (z. B. in Bezug auf Kompetenz, Positionierung und Kundenorientierung bzw. -zufriedenheit). Das heißt mit anderen Worten, auch und gerade die Prüfung kostensenkender Ansätze im Marketing bedarf der **ziel-strategischen Fundierung** (= **konzeptionelle Kette**).

Für die **Umsetzung** von Lean Marketing gilt es im Übrigen, „möglichst operationale Ziele zu setzen. Nur so lässt sich ein blinder Aktionismus vermeiden, nur so wird die Messlatte, an der wir die Effizienz der eingeleiteten Maßnahmen letztendlich auch ablesen können, definiert" (*Kreutzer,* 1993, S. 198).

## 4. Marketinginstrumente, Aktivitätsniveau und Wirkungsverläufe

Eine optimale Marketing-Budgetierung, speziell der Ziel-Aufgaben-Ansatz (Objective-and-Task-Methode), setzt im Prinzip die Kenntnis **instrumentaler Wirkungsverläufe** voraus. Hierbei handelt es sich um ein noch relativ offenes Analysefeld des Marketing, vor allem was die Ableitung gesicherter Wirkungsprognosen betrifft.

Im **Gegensatz** zu den Entwicklungsprognosen (vgl. auch 2. Teil „Strategien", Kapitel Methoden und Kalküle der Strategiebestimmung, Abschnitt Marktstrukturanalysen und Marktprognosen) steht bei den **Wirkungsprognosen** die zu prognostizierende Budgetgröße in einer kausalen Beziehung zu Variablen, die vom Unternehmen direkt beeinflusst werden können (z. B. durch den Marketing-Mix, *Barzen,* 1990, S. 225; *Homburg,* 2015, S. 766 ff.).

Der Versuch, über adäquate **mathematische Funktionen** sowohl mono- als auch poly-kausale Zusammenhänge zwischen Kosten- (z. B. Produkt, Werbung) und Leistungsbudgets (z. B. Umsatz, Marktanteil) empirisch sichtbar zu machen, erweist sich i. d. R. als sehr komplex. Es müssen hierbei sehr unterschiedliche Problemstellungen (Phänomene) berücksichtigt werden (*Barzen,* 1990, S. 230; *Kaas,* 1992, S. 685 f. sowie im Einzelnen *Steffenhagen,* 1978 und *Balderjahn,* 1993), nämlich:

- das Bestehen **sachlicher Verbundwirkungen** (z. B. Interdependenzen zwischen Preis- und Werbewirkungen) einerseits und
- das Bestehen **zeitlicher Verbundwirkungen** (z. B. gegenwärtige Absatzwirkungen werden vom Marketingmix früherer Perioden beeinflusst = **Carry-over-Effekte** oder die Wirkungen des Marketingmixes auf bisherige Produkte werden auch auf neue Produkte übertragen = **Spill-over-Effekte**) andererseits.

Hierbei treten naturgemäß erhebliche **Messprobleme** auf, und zwar sowohl was die historische oder experimentelle Erfassung quantitativer und vor allem qualitativer Ausgangsdaten als auch ihre mathematisch-statistische Verarbeitung für Wirkungsprognosezwecke betrifft (zu ökonometrisch modellierten Wirkungsprognosen siehe den Überblick bei *Barzen,* 1990, S. 230 ff. und die dort angegebenen Quellen). Neben ökonometrischen Modellansätzen für die Ableitung von Wirkungsprognosen kann versucht werden, Wirkungsprognosen (Marktreaktionsfunktionen) zumindest ausschnittsweise auf der Basis von subjektiven Expertenurteilen numerisch zu schätzen (*Decision-Calculus*-Ansatz, vgl. hierzu den Überblick bei *Barzen,* 1990, S. 250 ff.).

Die möglichen **subjektiven Schätzungen** in Bezug auf die Marktreaktion (z. B. auf der Basis alternativer Submix-Budgets (etwa für den Kommunikations-Submix) und ihrer Wirkung auf den Marktanteil) lassen sich modellhaft wie folgt darstellen *(Abb. 484).*

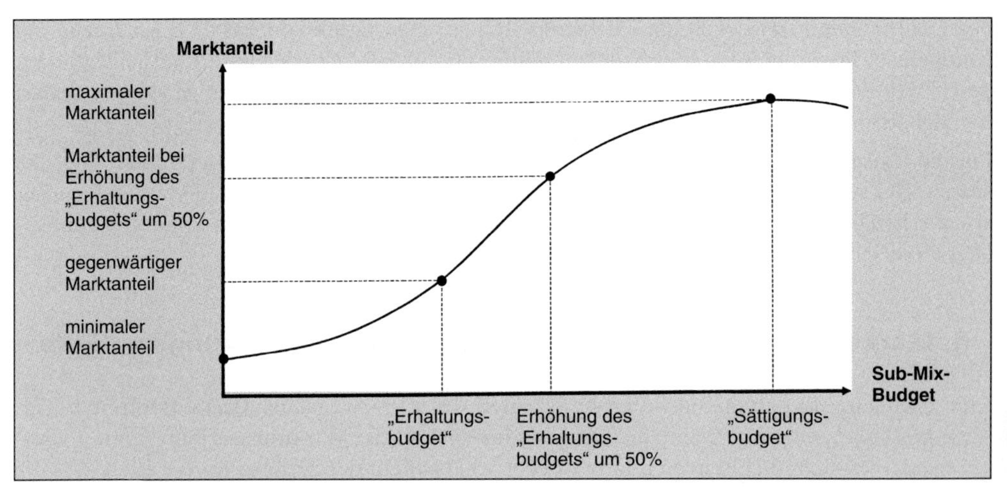


*Quelle: Barzen,* 1990, S. 258

*Abb. 484: Geschätzte Wirkungsfunktion für alternative Submix-Budgets*

Im unterstellten Beispiel werden – ceteris paribus – folgende **Fragen** zu beantworten gesucht (zur Anwendung dieses Advertising Budgeting-Modells *(AD-BUDG)* siehe auch *Little,* 1977, S. 130 ff.):

- Wie hoch muss das **Submix-Budget** in der Planungsperiode sein, um den gegenwärtigen Marktanteil zu halten (= „Erhaltungsbudget")?
- Wie wirkt sich eine **Erhöhung** des „Erhaltungsbudgets" um 50 % auf den Marktanteil in der Planungsperiode aus?
- Wie hoch ist der **Marktanteil** am Ende der Planungsperiode bei nicht limitiertem Submix-Budget (= „Sättigungsbudget")?

Dem unterstellten Schätzverfahren liegt dabei ein konvexer bzw. **S-förmiger Wirkungsverlauf** (Marktreaktionsfunktion) zugrunde. Damit stellt sich überhaupt die Frage, welche Wirkungsverläufe beim Instrumenteneinsatz unterstellt bzw. empirisch nachgewiesen werden können.

Grundsätzlich sind sehr unterschiedliche Marktreaktionsfunktionen denkbar. Eine Darstellung zeigt **verschiedene Wirkungsmuster** *(Abb. 485)*.

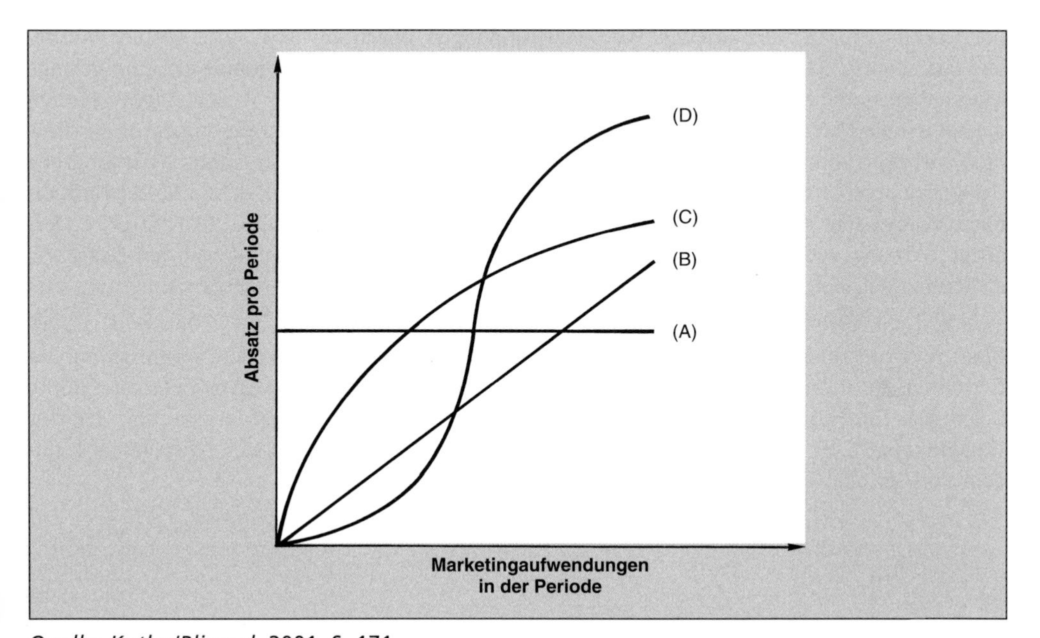


*Quelle: Kotler/Bliemel,* 2001, S. 171

*Abb. 485: Grundsätzliche Marktreaktionsfunktionen in Abhängigkeit der Marketingaufwendungen*

Die Abbildung zeigt *vier* unterschiedliche Funktionsformen zwischen Absatzmenge einerseits und Marketingaufwendungen andererseits. Dabei ist die **Funktionsform (A)** am wenigsten plausibel, denn sie unterstellt, dass die Absatzmenge durch die Höhe der Marketingaufwendungen nicht beeinflusst wird. Die **Funktionsform (B)** geht davon aus, dass das Absatzvolumen linear zu den Marketingaufwendungen ansteigt. Diese Funktionsform bedeutet also, dass die Wirkung innerhalb des Entscheidungsrahmens immer gleich bleibt. Das aber widerspricht den allgemeinen Marketingerfahrungen.

Die **Funktionsform (C)** weist einen konkaven Verlauf auf. Diese Wirkungsform ist dann gegeben, wenn die Absatzmenge mit höheren Marketingaufwendungen zwar jeweils zunimmt, die Zunahme bei immer größeren Aufwendungen aber relativ geringer ausfällt. Die Plausibilität dieses Verfahrens kann am Fall der Absatzzunahme bei einem immer größeren Außendienst exemplifiziert werden: Würde der Außendienst aus nur einem Mitarbeiter bestehen, dann würde dieser nur die erfolgversprechendsten Kunden besuchen. Das Ergebnis seiner Anstrengungen pro Besuch wäre dann das höchstmögliche. Ein zweiter Außendienstmitarbeiter würde dementsprechend seine Bemühungen auf die erfolgversprechendsten der noch verbliebenen Kunden lenken, und die Resultate seiner Verkaufsanstrengungen pro Besuch wären etwas geringer als die des ersten Mitarbeiters. Jeder zusätzliche Außendienstmitarbeiter würde dann schrittweise auf immer weniger aussichtsreiche Kunden treffen, und auf diese Weise fiele sein Beitrag zur Verkaufsmenge immer geringer aus (*Kotler/Bliemel,* 2001, S. 172). Ein solcher Wirkungsverlauf kann auch bei der Zahl der Besuche pro Kunde unterstellt werden.

Die **Funktionsform (D)** hat einen S-förmigen (ertragsgesetzlichen) Verlauf. Dieser Verlauf bedeutet, dass das Absatzvolumen zunächst mit einer ansteigenden Rate und ab dem Wendepunkt der Kurve mit einer abnehmenden Rate wächst. Ein derartiger Wirkungsverlauf ist etwa bei Reaktionen auf zunehmende Werbeaufwendungen plausibel: Mit Hilfe kleiner Werbebudgets schafft man i. d. R. nicht genügend Werbeeindrücke. Das Ergebnis ist eine geringe Markenbekanntheit mit der Folge eines geringen Absatzes. Größere Werbebudgets können dagegen hohe Markenbekanntheitsgrade, Verbraucherinteressen und Präferenzen für das Produkt aufbauen helfen, was zu einer entsprechenden Kaufreaktion führen kann. „Extrem große Budgets jedoch bringen oft nur noch wenig zusätzliche Kaufreaktionen, da die Marke im Zielmarkt bereits sehr bekannt (und profiliert, Erg. J. B.) ist" (*Kotler/Bliemel,* 2001, S. 173). Derartige Wirkungsverläufe hat man auch empirisch nachweisen können, und zwar auf Basis von Experimenten, bei denen vor-ökonomische Wirkungsmuster (z. B. Anzeigenerinnerung und Zahl der Werbekontakte) erfasst wurden (*Hörzu/Funkuhr,* 1970 bzw. 1977 sowie *Time,* 1982).

Marktreaktionsfunktionen können zur **Oberzielrealisierung** genutzt werden, wenn sie von der Form her bestimmt und von der Ausprägung her kalibriert sind (*Steffenhagen,* 2000, S. 190 ff.). Ihre grundsätzliche Nutzung soll in grafischer Form illustriert werden. Hierfür wandelt man z. B. die Marktreaktionsfunktion durch Multiplikation der Absatzmenge mit dem Preis in eine Umsatzreaktionsfunktion um *(Abb. 486).*

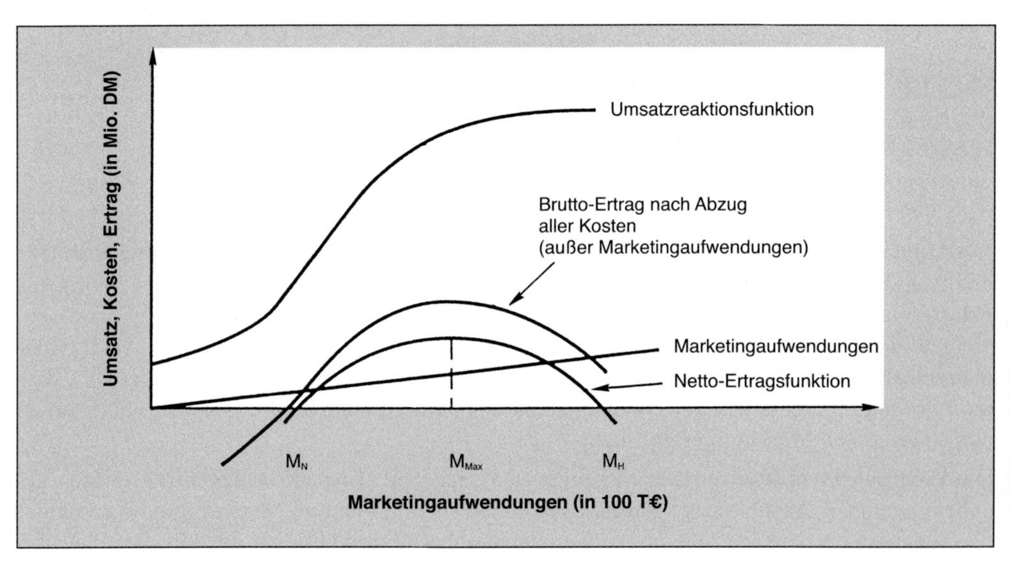


*Quelle: nach Kotler/Bliemel,* 2001, S. 174

*Abb. 486: Funktionaler Zusammenhang zwischen Umsatz, Marketingaufwendungen und Ertrag*

Die im Modellbeispiel unterstellte Umsatzreaktionsfunktion ist S-förmig. Zur Maximierung des Nettoertrags bzw. zur Bestimmung der optimalen Höhe der Marketingaufwendungen werden **zusätzliche Kurvenverläufe** herangezogen. Der Ansatz besteht darin, über den Verlauf der

Umsatzreaktionsfunktion alle Kosten bis auf die Marketingaufwendungen abzuziehen. Auf diese Weise erhält man die Bruttoertragsfunktion. Anschließend wird die Marketingausgabenfunktion aufgetragen. „Sie besteht aus einer geraden Linie, die im Koordinatenursprung beginnt und deren Steigung allein durch die unterschiedlichen Skalen von Ordinate und Abszisse bestimmt wird. Die Marketingausgabenfunktion wird dann von der Bruttoertragskurve abgezogen und ergibt die Nettoertragskurve. Die Nettoertragskurve zeigt in unserem Beispiel positive Erträge, wenn die Marketingaufwendungen zwischen $M_N$ und $M_H$ liegen, wodurch der Bereich abgesteckt wird, in dem die Marketingausgaben liegen sollen. Die Nettoertragskurve zeigt ein Maximum bei $M_{max}$“ (*Kotler/Bliemel,* 2001, S. 175). Das bedeutet, dass im Modellbeispiel der **höchste Nettoertrag** mit Marketingaufwendungen in der Höhe $M_{max}$ erzielt wird.

Nachdem zunächst Grundfragen der Marketingbudgetierung und der Marketingwirkungsverläufe (Marktreaktionsfunktionen) diskutiert worden sind, soll nunmehr auf typische Planungsansätze und Planungsverfahren zur Marketingmixfestlegung eingegangen werden.

## 5. Planungsinstrumente und Kalküle zur Marketingmixfestlegung

Die Darstellung der Aktionsparameter des Marketing (Marketinginstrumente) zu Beginn des 3. Teils „Marketingmix“ hat deutlich gemacht, dass für die Realisierung von Marketingzielen und Marketingstrategien eine **große Zahl von Parametern** zur Verfügung steht, insbesondere wenn man noch die Vielzahl möglicher instrumentaler Ausprägungen berücksichtigt. Die Darlegungen zu den Stufen und Differenzierungsformen des Marketingmix haben andererseits gezeigt, welche unterschiedlichen Gesichtspunkte bei der Vorauswahl des Marketingmix notwendigerweise zu berücksichtigen sind, wenn ein konzeptions-adäquater Einsatz der Marketingmaßnahmen sichergestellt werden soll. Es gilt nunmehr, die optimale Kombination der Marketingmaßnahmen (Marketingmix) methodengestützt zu bestimmen.

Hierfür können grundsätzlich verschiedene, sich zum Teil ergänzende **Planungsansätze bzw. Planungsinstrumente** herangezogen werden, und zwar insbesondere (s. a. *Meffert,* 2000, S. 982 ff.; *Nieschlag/Dichtl/Hörschgen,* 2002, S. 349 ff.; *Kotler/Keller/Bliemel,* 2007, S. 190 ff., 216 ff.):

- **Marginalanalytische Ansätze,**
- **Break-even-Analysen,**
- **Entscheidungsmodelle,**
- **Strukturierungstechniken,**
- **Markt- bzw. Marketingforschung.**

Hierbei handelt es sich um ganz unterschiedliche Vorgehensweisen und Planungsansätze, zwischen denen z. T. auch **Beziehungen** bestehen bzw. hergestellt werden können. Im Folgenden sollen Grundfragen dieser Methoden anhand von Beispielen behandelt werden.

### *a) Marginalanalytische Ansätze*

Die Darlegungen zu Wirkungsverläufen von Marketinginstrumenten bzw. ihres Einsatzniveaus im vorigen Abschnitt haben gezeigt, dass rationale, d. h. an ökonomischen Größen bzw. Zielen orientierte Marketingmix-Entscheidungen eine Abschätzung der **Erlös- und Kostenwirkungen** alternativer Instrumentenkombinationen voraussetzen. Zusammen mit Informationen über bestehende Restriktionen (insbesondere Budgetrestriktionen für Marketingaufwendungen) bilden solche Schätzungen die Grundlage für Entscheidungskalküle zur Bestimmung eines optimalen Marketingmix.

Soweit Wirkungen bzw. Marktreaktionen für alternative Marketinginstrumenten-Kombinationen bekannt sind, ist es grundsätzlich möglich, auf **mathematischem Wege** solche Optimallösungen zu finden. Generell in Betracht kommen dabei zunächst einmal marginalanalytische Ansätze. Marginalanalytische Ansätze bauen auf der sog. Infinitesimalrechnung (Differenzialrechnung) auf, die in der mikro-ökonomischen Theorie (Theorie der Unternehmung) eine lange Tradition hat. Mit ihrer Hilfe wird überprüft, wie sich eine infinitesimal kleine Veränderung einer Variablen auf die Veränderung einer oder mehrerer anderer Variablen auswirkt.

Zum Zwecke der Ableitung eines optimalen Marketingmix wird die Struktur der Kombination von Marketinginstrumenten durch stetige, differenzierbare mathematische Funktionen abgebildet. Grundlage des Entscheidungskalküls bildet dabei i. d. R. die **Gewinnmaximierung.** Im Übrigen liegen dem Modell folgende Annahmen zugrunde (*Meffert,* 2000, S. 982; *Hüttner/Pingel/Schwarting,* 1994, S. 285):

- die **Marktreaktionsfunktionen** sind stetig und differenzierbar,
- die **Instrumentalvariablen** sind auf metrischem Skalenniveau quantifizierbar,
- die **Instrumentalvariablen** sind bei ihrem Einsatz infinitesimal veränderbar.

Für das Auffinden einer **optimalen Instrumentenkombination** (Marketingmix) kann die Marktreaktionsfunktion nach den einzelnen Instrumentalvariablen partiell differenziert werden, um auf diese Weise die jeweiligen Grenzbeiträge im Hinblick auf die abhängige Variable – d. h. die Messzahl der Marktreaktion (etwa Umsatzerlöse oder Absatzmenge) – zu ermitteln. Als gewinnoptimaler Marketingmix kann dann jenes Instrumentenbündel angesehen werden, bei dem die **Grenzgewinne** (= Differenz zwischen Grenzerlösen und Grenzkosten) der einzelnen Marketinginstrumente einander entsprechen und damit gleich Null sind. Das bedeutet, dass durch den Einsatz zusätzlicher Einheiten einzelner oder mehrerer Marketinginstrumente ein zusätzlicher Gewinn nicht mehr erzielt werden kann.

Es waren *Dorfmann* und *Steiner,* die als erste den Versuch unternommen haben, das Problem des optimalen Marketingmix auf der Basis des **marginalanalytischen Grundmodells** zu lösen (*Dorfmann/Steiner,* 1954; zur Weiterführung des Ansatzes siehe auch *Palda,* 1969).

Die marginalanalytische **Vorgehensweise** soll im Folgenden näher skizziert werden (s. a. *Hüttner/Pingel/Schwarting,* 1994, S. 285 ff.).

Grundlage des *sog. Dorfmann-Steiner-Theorems* bildet eine absatzmengen-bezogene (x = Absatzmenge) **Marktreaktionsfunktion,** die durch drei Instrumentenvariablen – nämlich Preis (p), Werbung (w, gemessen als Aufwendungen pro Periode) und Produktqualität (q, gemessen als Qualitätsindex) – erklärt wird:

$$(1) \quad x = x\,(q,p,w)$$

Außerdem wird eine Funktion der durchschnittlichen **Produktionskosten** (c) in Abhängigkeit sowohl von der Qualität als auch von der Menge angenommen:

$$(2) \quad c = c\,(x,q)$$

Die **Gewinnfunktion** (G) kann demnach wie folgt definiert werden:

$$(3) \quad G = p \cdot x\,(q,p,w) - x \cdot c\,(x,q) - w$$

Das Gewinnmaximum wird durch die **partielle Differentiation** der Gewinnfunktion nach den drei Instrumentenvariablen und ihrer Gleichsetzung mit dem Wert Null ermittelt. Nach mehreren Zwischenschritten gelangt man auf diese Weise zu folgender **Grundformel**:

$$(4) \quad ep = \; = \frac{p}{c} \cdot e_q$$

Diese als *Dorfmann-Steiner-Theorem* bezeichnete Gleichung besagt, dass ein Unternehmen genau dann seine **Marketinginstrumente** (im Modell drei Instrumente) *gewinnmaximal* festgelegt hat, „wenn die Preiselastizität ($e_p$) gleich dem Grenzerlös des Werbebudgets ( ) sowie gleich dem Produkt aus (Nachfrage-)Elastizität in bezug auf Produktqualitätsänderungen ($e_q$) und dem Quotienten aus Preis und Durchschnittskosten ist“ (*Hüttner/Pingel/Schwarting,* 1994, S. 287, zu Detailrechnungen bzw. -ableitungen s. a. *Meffert,* 2000, S. 983 ff.; *Sander,* 2004, S. 722 ff.; *Homburg/Krohmer,* 2006, S. 937 ff.).

*Dorfmann* und *Steiner* haben – ihrer mikro-ökonomischen Herkunft entsprechend – bei dem gewählten marginalanalytischen Ansatz zur Ableitung des optimalen Marketingmix folgende **Annahmen** zugrunde gelegt (*Meffert,* 2000, S. 983; *Hüttner/Pingel/Schwarting,* 1994, S. 287):

- Es liegt eine **Ein-Produkt-Unternehmung** vor,
- es wird das Ziel der **Gewinnmaximierung** verfolgt,
- die **Marketinginstrumente** wirken unabhängig voneinander.

Diese Annahmen schränken den **Aussagewert** des Modells zwangsläufig ein. Vor allem die unterstellte Unabhängigkeit der instrumentalen Wirkungen (im Modell Preis, Werbung und Produktqualität) ist – ob ihrer Realitätsferne – als problematisch anzusehen (zu bestehenden, empirisch fundierten Beziehungen (Interdependenzen) zwischen Marketinginstrumenten siehe *Hruschka,* 1990, S. 549 ff. bzw. 1996, S. 64 ff. sowie *Simon,* 1992 a, S. 87 ff.).

Trotz der genannten Annahmen bzw. Einschränkungen weist *Topritzhofer* darauf hin, „dass marginalanalytische Marketing-Mix-Modelle dem (den) Entscheidenden bei der Beurteilung der Gewinnträchtigkeit eines gegebenen Mix sowie bei Entscheidungen bezüglich der Vorteilhaftigkeit allfälliger Umorientierungen innerhalb des Mix eine Hilfe bieten können, sofern ökonometrisch geschätzte Marketing-Mix-Reaktionsfunktionen vorliegen“ (*Topritzhofer,* 1977, S. 409). Für die Ableitung von Marktreaktionsfunktionen können nicht zuletzt die **(Test-)Marktforschung** (u. a. *Berekoven/Eckert/Ellenrieder,* 2001, S. 405 ff.; *Hammann/Erichson,* 2000, S. 205 ff.) und ihre – auf Basis von uni- und multivariaten-statistischen Methoden erfassten – Markt(reaktions)daten herangezogen werden (zur Methodik der Ableitung von Marktreaktionsfunktionen siehe auch *Schmidt/Topritzhofer,* 1978, S. 195 ff. sowie zur Bestimmung solcher Funktionen auf Basis von *PIMS*-Daten *Hruschka,* 1993, S. 253 ff.).

Damit sollen die Ausführungen zu den grundsätzlichen Möglichkeiten der marginalanalytischen Modellansätze zur Marketingmixgestaltung abgeschlossen werden. Es soll nunmehr auf ein vielfältig nutzbares, in der Unternehmenspraxis stark eingesetztes Planungsverfahren eingegangen werden: die sog. Break-even-Analyse.

### b) Break-even-Analysen

Die Break-even-Analyse (auch unter dem Begriff Gewinnschwellen-Analyse bekannt) „soll Erkenntnisse über das Verhältnis von Erlös, Preis, Kosten und Gewinn vermitteln, d. h. Beziehungen zwischen dem Leistungsvolumen einerseits und den Kosten, Erlösen und Gewinnen andererseits sichtbar machen“ (*Wild,* 1973, S. 173). Oder anders ausgedrückt: sie dient der Ermittlung der Profitabilität vorgesehener Maßnahmen („Prüfstand für Alternativen“, *Deyhle/Bösch,* 1979, S. 39).

Die Modellierungsleistung des Break-even-Modells liegt dabei einmal im **Vergleich** negativer und positiver Gewinnkomponenten, und zwar in funktionaler Abhängigkeit von einer gemeinsamen unabhängigen Variablen wie dem Beschäftigungsgrad oder der Zeit und zum anderen darin, den Einfluss fixer und variabler Kostenbestandteile auf die Ergebnisgröße Gewinn transparent zu machen (*Diller,* 1998 e, S. 280). Die Bedeutung der Ermittlung des

Break-even-Points bzw. der Gewinnschwelle ist vor allem deshalb von besonderer Relevanz, weil viele der unternehmerischen Entscheidungen (gerade auch im Marketingbereich) darauf hinauslaufen, Kapazitäten zu erweitern, Preise zu ändern, den Personaleinsatz zu erhöhen usw. Die mit zusätzlichen Inputs verbundenen Kostenerhöhungen zwingen die Entscheidungsträger, auch danach zu fragen, ob diese zusätzlichen Kosten durch den zu erwartenden Erfolg dieser Maßnahmen auch gedeckt sind. Es geht hier also um die Frage, ob sich das **Einsatz-Ergebnis-Verhältnis** auch tatsächlich verbessert (oder zumindest gleich bleibt). Mit der Break-even-Analyse lässt sich in dieser Hinsicht bestimmen, welche Steigerung des Outputs eine Input-Erhöhung mindestens bewirken muss, um ökonomisch im Sinne der Oberzielrealisierung vertretbar zu sein (*Wild,* 1973, S. 173 f.; *Deyhle/Bösch,* 1979, S. 39 f.; zu methodischen Varianten und Erweiterungen der Break-even-Analyse siehe auch *Schweitzer/Troßmann,* 1986, S. 43 ff. bzw. 99 ff. und *Köhler,* 1993, S. 338 ff.).

Die Break-even-Analyse geht in ihrer einfachsten Form von einem Einproduktunternehmen aus. Der Gewinn ist definiert als Differenz zwischen Erlösen und Kosten, wobei beide Größen in ihrer Abhängigkeit vom **Beschäftigungsgrad** (= Produktions- bzw. Absatzmenge) betrachtet werden. Diese Zusammenhänge lassen sich mit folgenden Gleichungen (1) bis (5) ausdrücken (*Diller,* 1998 e, S. 281 f.):

(1) $G = E - K$   $G$ = Gewinn; $E$ = Erlös

(2) $K = K_F + K_V$   $K$ = Gesamtkosten; $K_F$ = Fixkosten; $K_V$ = variable Kosten

(3) $K_V = k_v \cdot x$   $k_v$ = variable Stückkosten; $x$ = Ausbringungsmenge

(4) $E = p \cdot x$   $p$ = Preis

(5) $K_F = c$   $c$ = Konstante

Die Break-even-Analyse geht gewöhnlich von beschäftigungsabhängigen linearen Gesamtkosten- und Umsatzerlöskurven aus. Ein erstes Ziel der Analyse besteht zunächst einmal darin, jene **kritische Ausbringungsmenge** $x_B$ zu identifizieren, bei der die Gesamtkosten durch die Umsatzerlöse gerade gedeckt werden. Bei dieser Ausbringungsmenge entsteht also weder ein Verlust noch ein Gewinn. Dieser sog. Break-even-Point (Gewinnschwelle) kann durch **Gleichsetzung** der Gleichungen (2) und (4) wie folgt ermittelt werden:

(6) $K_F + k_v \cdot x_B = p \cdot x_B$   $x_B$ = Break-even-Menge

(7) $x_B = \frac{K_F}{p - k_v}$

Es müssen demnach so viele Einheiten des Produktes verkauft werden, dass die Summe ihrer Bruttostückgewinne ($[p - k_v] \cdot x$) die gesamten Fixkosten deckt. Die **Zusammenhänge** können auch grafisch verdeutlicht werden *(Abb. 487).*

Der Break-even-Point stellt sich in diesem Break-even-Diagramm mathematisch als **Schnittpunkt** der Umsatzerlös- und Gesamtkostenkurve dar. Im Abzissen-Abschnitt $o < x < x_B$ entstehen demnach Verluste und im Abschnitt $x_B < x < x_K$ dagegen Gewinne (siehe hierzu die punktierte bzw. schraffierte Fläche).

Die Break-even-Analyse kann dazu herangezogen werden, das **Gewinnrisiko** in der Planperiode transparent zu machen. Hierfür wird einfach die als realisierbar erachtete Absatzmenge zur Break-even-Menge in Beziehung gesetzt. Wenn $x_R$ die realisierbare Absatzmenge und u die Zielabweichungsrate bezeichnen, gilt dann (vgl. *Diller,* 1998 e, S. 283):

(8) $u = \frac{x_B - x_R}{x_R} \cdot 100$

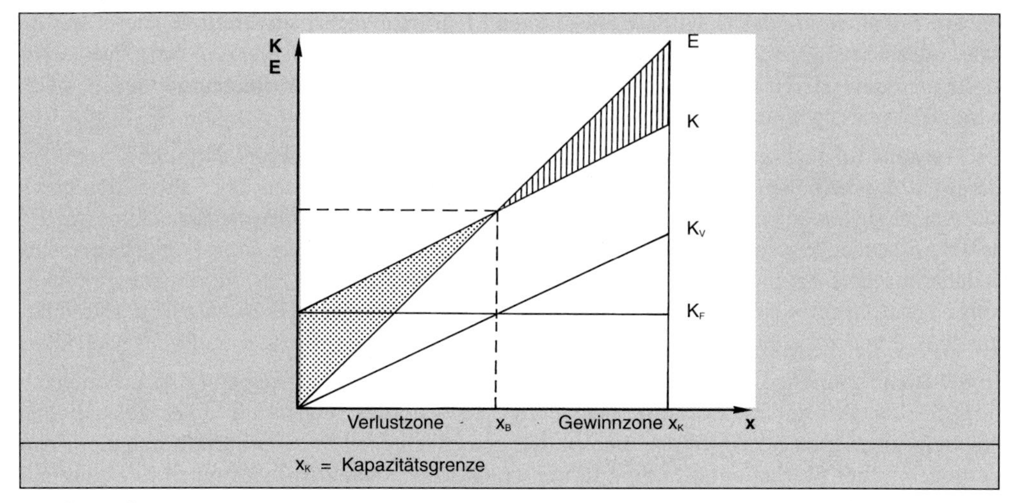


*Quelle: Diller,* 1998 e, S. 282

*Abb. 487: Typisches Break-even-Diagramm*

Der Vorteil der Break-even-Analyse liegt insgesamt in ihrer vielfältigen **Variierbarkeit** je nach der zugrundeliegenden Fragestellung. So ist es z. B. möglich, Änderungen im Marketinginstrumenten-Einsatz auf ihre Auswirkungen auf den Gewinn hin zu untersuchen. Diese Änderungen können zu Erlössteigerungen bzw. -senkungen und/oder Kostensenkungen bzw. -erhöhungen führen. Entsprechende Break-even-Diagramme *(Abb. 488)* machen die **Wirkungen** solcher instrumentalen Änderungen sichtbar.

Die **Variante (a)** in der Modelldarstellung verdeutlicht die Verschiebungen des Break-even-Points, die durch Preis- und dadurch ausgelöste **Umsatzerlösveränderungen** bewirkt werden. Dieser Ansatz ist z. B. bei der Prüfung von vorgesehenen Aktionspreisen relevant, bei der man

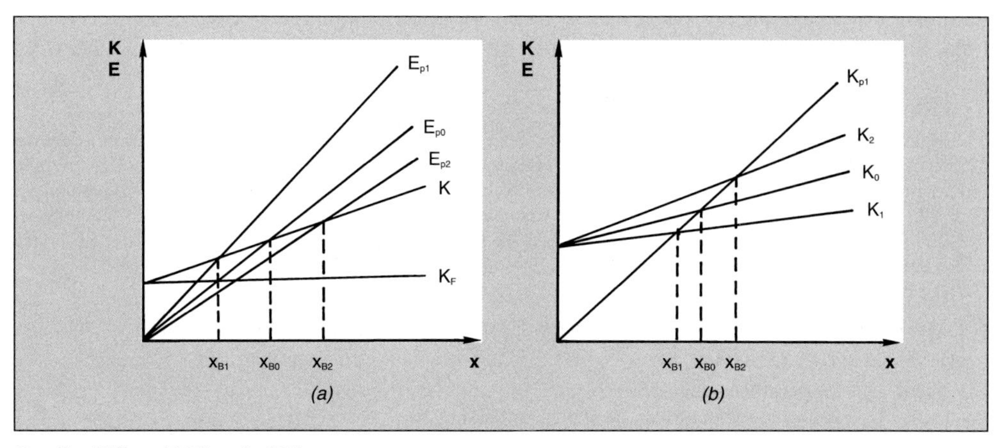


*Quelle: Diller,* 1998 e, S. 285

*Abb. 488: Break-Even-Diagramm zur Beurteilung von Preisänderungen (a) und stückkostensteigernden Aktivitäten (b)*

die zur Beibehaltung des Gewinns notwendigen Mengenzuwächse zu ermitteln sucht. Bei im Markt durchsetzbaren Preiserhöhungen (etwa aufgrund aufgebauter Marken- bzw. Präferenzstellung) interessieren umgekehrt die Mengenrückgänge, die bei Aufrechterhaltung des Gewinnziels zulässig sind.

Die **Variante (b)** zeigt umgekehrt die Wirkungen auf den Break-even-Point aufgrund von Veränderungen des **variablen Kostensatzes.** Wenn z. B. die variablen Kosten eines Produktes durch Wahl einer aufwändigeren Verpackung erhöht werden, so kann auch hier die Break-even-Analyse die Absatzmengenkonsequenzen aufgrund der Verschiebung des Break-even-Points nach rechts sichtbar machen. Analoges gilt für Senkungen der variablen Kosten (z. B. Verringerung des Anteils eines Rohstoffes aufgrund von Wertanalysen, bei grundsätzlicher Beibehaltung der Produktqualität), d. h. hier ergibt sich eine entsprechende Verschiebung des Break-even-Points nach links.

In der Break-even-Analyse können selbstverständlich auch Veränderungen (also Erhöhungen oder Senkungen) der **Fixkosten** berücksichtigt werden, z. B. Errichtung eines zusätzlichen Auslieferungslagers oder Aufgabe eines unternehmenseigenen Testgeschäfts. Auch diese Änderungen in der Marketinggestaltung führen zu entsprechenden Auswirkungen in Bezug auf die Lage des Break-even-Points.

Bei den bisherigen Modellbetrachtungen ist – das gilt es zu beachten – jeweils davon ausgegangen worden, dass Änderungen im Instrumenteneinsatz keine positiven bzw. negativen Auswirkungen **auf die Absatzmenge** (nämlich bei Variante (a): aufgrund von Preisveränderungen und bei Variante (b): aufgrund von Kostenänderungen) haben. Derartige Break-even-Analysen geben demnach nur Aufschluss über die jeweils notwendige Mindestabsatzmenge, die in jedem Falle realisiert werden muss, um den Break-even-Point zu erreichen.

Realistischer bzw. vollständiger im Hinblick auf die Marketingmix-Planung sind Break-even-Analysen dann, wenn sie in der Weise *erweitert* werden, dass einerseits mehrere Marketinginstrumente zugleich berücksichtigt werden und andererseits Umsatzreaktionsfunktionen, d. h. also Änderungen der Absatzmenge aufgrund von instrumentalen Variationen, im Modell einbezogen werden. Auf diese Weise kann transparent gemacht werden, wie sich **bestimmte Marketingmix-Alternativen** auf den Break-even-Point (Gewinnschwelle) wie auch auf den Gewinn selbst auswirken. Derartig erweiterte Break-even-Analysen stellen ein relevantes Kalkül für die Beurteilung bzw. Bestimmung des Marketingmix dar. Das soll an einem Beispiel konkretisiert werden (nach *Kotler,* 1964, S. 43 ff. bzw. 1982, S. 269 ff.; *Scheuing,* 1972, S. 126 ff. sowie *Meffert,* 1993, S. 531 ff.).

Anwendungsbeispiel einer marketingspezifischen Break-even-Analyse

Ausgangspunkt ist ein **Einproduktunternehmen,** das ein Marketingkonzept verfolgen will, das auf dem gezielten Einsatz der drei Marketinginstrumente Preis (p), Werbung (W) und persönlichen Verkauf (A) beruht. Es wird angenommen, dass das Unternehmen die Wahl zwischen zwei Preisen (€ 64 oder € 96) hat und für die Werbe- wie die Verkaufsaktivitäten zwei verschiedene Budgets wählen kann (jeweils € 40 000 oder € 200 000). Darüber hinaus wird unterstellt, dass die Produktqualität gegeben ist und insgesamt Fixkosten der Produktion ($K_F$) von € 150 000 sowie variable Stückkosten ($k_v$) von € 40 entstehen.

Unter der Annahme, dass sowohl die Werbeausgaben (W) als auch die Ausgaben für den Verkauf (A) zu den Fixkosten zu rechnen sind, kann der **Break-even-Point** (Gewinnschwelle) wie folgt abgeleitet werden:

(1) $W + A + K_F + k_v \cdot x_B = p \cdot x_B$

$W$ = Werbeaufwendungen
$A$ = Aufwendungen für den persönlichen Verkauf
$K_F$ = Fixkosten der Produktion
$k_v$ = variable Stückkosten
$x_B$ = Break-even-Absatzmenge
$p \cdot x_B$ = Umsatzerlöse (p = Preis)

Wird die entwickelte Gleichung (1) nach $x_B$ aufgelöst, so errechnet sich die **Break-even-Absatzmenge** wie folgt:

(2) $$x_B = \frac{W + A + K_F}{p - k_v}$$

Wird weiterhin angenommen, dass die tatsächlich am Markt realisierbare Absatzmenge ($x_R$) vom Einsatz der drei Marketinginstrumente abhängt, so kann folgende allgemeine **Marktreaktionsfunktion** geschrieben werden:

(3) $$x_R = f\,(p, W, A)$$

Im aufgeführten Rechenbeispiel *(Abb. 489)* wurden für alle **acht Mixalternativen** – jeweils zwei Ausprägungen der drei Marketinginstrumente: $2^3 = 8$ Marketingmixe – auf der Grundlage angenommener Marktreaktionsfunktionen die jeweils zu **erwartenden Absatzmengen** ermittelt (siehe Spalte 5).

| **Mix-Nr.** | | **Marketingmix** | | **$x_B$ Break-Even-Absatz in Stück** | **$x_R$ erwarteter Absatz in Stück** | **$x_R - x_B$ in Stück** | **$G_B$ Bruttogewinn $(p - k_v) \cdot (x_R - x_B)$ in €** | **$P - k_v$ in €** |
|---|---|---|---|---|---|---|---|---|
| | **Preis (p) in €** | **Werbung (W) in €** | **Verkauf (A) in €** | | | | | |
| 0 | 1 | 2 | 3 | 4 | 5 | 6 | 7 | 8 |
| ① | 64 | 40 000 | 40 000 | 9 583 | 12 000 | + 2417 | + 58 008 | 24 |
| 2 | 64 | 40 000 | 200 000 | 16 250 | 18 000 | + 1750 | + 42 000 | 24 |
| 3 | 64 | 200 000 | 40 000 | 16 250 | 15 000 | – 1250 | ./. 30 000 | 24 |
| 4 | 64 | 200 000 | 200 000 | 22 917 | 22 000 | – 917 | ./. 22 008 | 24 |
| ⑤ | 96 | 40 000 | 40 000 | 4 107 | 5 500 | + 1393 | + 78 008 | 56 |
| 6 | 96 | 40 000 | 200 000 | 6 964 | 8 000 | + 1036 | + 58 016 | 56 |
| 7 | 96 | 200 000 | 40 000 | 6 964 | 7 000 | + 36 | + 2 016 | 56 |
| 8 | 96 | 200 000 | 200 000 | 9 821 | 10 000 | + 179 | + 10 024 | 56 |

*Abb. 489: Erwarteter Absatz, Break-even-Absatz und Bruttogewinn für alternative Marketingmixe*

Unter Heranziehung der jeweiligen Marktreaktionsfunktion ist es jetzt auch möglich, den **Bruttogewinn** ($G_B$) für jede der acht Kombinationen der Marketinginstrumente, ausgedrückt in der erwarteten Absatzmenge $x_R$, zu bestimmen:

(4) $$G_B = (p - k_v) \cdot (x_R - x_B).$$

Die größte Mengendifferenz zwischen $x_R$ und $x_B$, d. h. zwischen erwarteter Absatzmenge und notwendiger Break-even-Absatzmenge, ist bei der Mixalternative Nr. 1 mit 2417 Stück gegeben. Bei keiner der anderen Alternativen ist die Überschussmenge ähnlich groß. Bei **gewinnorientierter Zielsetzung** des Unternehmens interessiert jedoch primär die Alternative, bei der der absolut höchste Bruttogewinn entsteht. Das ist im Beispiel die **Mixalternative Nr. 5** (erwarteter Bruttogewinn = € 78 008). Sie ist demnach die vorziehungswürdige Alternative in diesem Beispiel. Bei dieser Alternative wird das Produkt zu einem relativ hohen Preis (€ 96) und zugleich mit relativ geringen Aufwendungen für Werbung und Verkauf vermarktet. Ein solches Vermarktungskonzept geht – jedenfalls unter Realbedingungen – in der Regel aber nur dann auf, wenn das Produkt wichtige innovative Wettbewerbsvorteile aufweist und/oder seiner Vermarktung eine Marke mit großem Goodwill bzw. attraktivem Image zugrunde liegt.

Die Break-even-Analyse wird in der Unternehmenspraxis in großem Umfange als Hilfsmittel bei der **Alternativen-Evaluation** eingesetzt. Sie stellt eines der am meisten eingesetzten Planungsverfahren überhaupt dar (*Kordina-Hildebrandt/Hildebrandt,* 1979, S. 159 bzw. S. 155). Trotzdem werden vielfältige Kritikpunkte gegen die Break-even-Analyse vorgebracht, so etwa gegenüber dem gewöhnlich unterstellten Fall sowohl linearer Kosten- und Erlösverläufe als auch dem Modellfall einer Einproduktunternehmung. Was die Kosten- bzw. Erlösverläufe betrifft, so ist es jedoch möglich, prinzipiell auch nicht-lineare Kosten- und Erlösfunktionen, sprungfixe Kosten oder auch fixe Erlöse (z. B. Grundtarife beim Absatz von Strom und Gas) abzubilden. Sogar gewinnabhängige Steuern können mit in das Kalkül einbezogen werden (*Diller,* 1998 e, S. 283). Größere Probleme ergeben sich dagegen bei dem realistischeren Fall der **Mehrproduktunternehmung;** aber auch sie sind grundsätzlich lösbar. Zur Berücksichtigung unterschiedlicher Kapazitätsauslastungen bzw. Absatzmengen kann hier etwa auf ein mit Hilfe von Äquivalenzziffern gebildetes „Normprodukt" (als unabhängige Variable) zurückgegriffen werden oder es sind separate Analysen für bestimmte Produktmengen-Kombinationen durchzuführen (*Diller,* 1998 e, S. 283). Dort, wo das nicht möglich ist bzw. den realen Verhältnissen nicht angemessen erscheint, empfiehlt sich allerdings, „mit einer Standardgrenzkosten- oder Grenzplankostenrechnung bzw. (bei knappen Kapazitäten) mit der Standard-Grenzpreisrechnung zu arbeiten" (*Wild,* 1973, S. 178).

Exkurs: Zur Kritik an der Break-even-Analyse

Gegenüber der klassischen Break-even-Analyse können wie gesagt bestimmte Vorbehalte, vor allem aufgrund folgender dem Modell zugrundegelegter **Annahmen,** genannt werden (*Wild,* 1973, S. 176 ff.; *Thommen,* 1991, S. 297; *Diller,* 1998 e, S. 288 f.):

- Die Kosten und Erlöse werden als allein abhängig **von dem Beschäftigungsgrad** betrachtet.
- Die **Kosten- und Erlösfunktionen** sind gegeben.
- Zwischen Kosten und Erlösen bestehen **keine Abhängigkeiten**.

Die Betrachtung der Kosten und Erlöse in Abhängigkeit allein vom Beschäftigungsgrad stellt in der Tat eine starke Einseitigkeit dar. Was die Ermittlung der Kostenfunktion angeht, so besteht vor allem das Problem der Kostentrennung in fixe und proportionale Kosten. Was die Erlösfunktion betrifft, so sei hier auf die vorhergehenden Darlegungen bezüglich der Ableitung von Wirkungsprognosen (Marktreaktionsfunktionen) verwiesen. Was schließlich den dritten Einwand angeht, so ist immerhin anhand der marketingspezifisch erweiterten Break-even-Analyse und dem dazugehörigen Modellbeispiel gezeigt worden, dass sehr wohl Abhängigkeiten zwischen Kosten und Erlösen berücksichtigt werden können. Auf der Basis dieser Berücksichtigung wie auch speziell durch den Ansatz relevanter Marketingmix-Konstellationen ist es grundsätzlich möglich, wenigstens eine grobe **Annäherung an Optimallösungen** zu erreichen. Die Chancen hierfür steigen vor allem dann, „wenn es gelingt, eine Vielzahl von Kombinationsmöglichkeiten rechnerisch ‚durchzuspielen'" (*Meffert,* 1993, S. 532).

Break-even-Analysen stellen trotzdem (noch) keine Optimierungsrechnungen dar. Gleichwohl lassen sie sich aber in Richtung von Optimierungsansätzen weiterentwickeln, und zwar durch Einbeziehung **marginalanalytischer Elemente.** Zu nennen ist hier etwa der Ansatz von *Topritzhofer,* der sich u. a. dadurch auszeichnet, dass kompensatorische (gegenläufige) Interdependenzen der Instrumente Preis und Werbung berücksichtigt werden (*Topritzhofer,* 1974, Sp. 1249 ff.). Außerdem ist die im Modellansatz bestimmte Preiselastizität generell sowohl von der Nachfrage nach Wettbewerbsprodukten als auch von den branchenüblichen Werbeaufwendungen als abhängig anzusehen. Das „Optimum" der Marketinginstrumenten-Kombination wird dann der Marginalanalyse entsprechend durch Differentation ermittelt.

Solche Modellansätze können übrigens auch als Grundlage für den Aufbau von computergestützten **Marketingmix-Analysesystemen** genutzt werden, und zwar unter Verwendung von Standardsoftware in Form von Tabellenkalkulations-Programmen (vgl. hierzu *Meyer/Fiedler,* 1993, S. 68 ff., zu ihrem Einsatz bei umfangreichen Optimierungsproblemen s. a. *Domschke/Drexl,* 2005, S. 240 ff.).

### *c) Entscheidungsmodelle*

Während die bisher behandelten Modellansätze (Marginal- und Break-even-Analyse sowie Möglichkeiten ihrer Verknüpfung) – je nach Modellkonstruktion und -voraussetzungen – z. T. nur „gute" Lösungen in der „Nähe" von Optimallösungen finden helfen, erlauben Entscheidungsmodelle i. S. v. Verfahren der mathematischen Programmierung die Identifizierung **exakter optimaler Lösungen**.

Diese Thematik ist auch unter den Begriffen **Operations Research bzw. Unternehmensforschung** geläufig. Die Grundfragen von Entscheidungsmodellen und ihrer Anwendbarkeit gerade auch für Zwecke der Marketing(mix)planung werden schon seit längerem diskutiert. Gerade die Komplexität vieler Entscheidungssituationen im Marketing hat immer wieder Anstöße geliefert, solche Situationen als Optimierungskalküle zu modellieren (siehe u. a. *Krautter,* 1973; *Hansen/Thabor,* 1973; *Hammann,* 1975; *Köhler/Zimmermann,* 1977; *Lilien/Kotler,* 1983; *Lilien/Kotler/Moorthy,* 1992). Inzwischen ist hinsichtlich der Anwendbarkeit solcher Entscheidungsmodelle – speziell im Marketing – eine gewisse Ernüchterung eingetreten. Trotzdem gibt es immer wieder Anläufe, und zwar in Wissenschaft wie in Praxis, mathematische Entscheidungsmodelle im Marketing für das Finden optimaler Lösungen einzusetzen.

Die **Eignung** solcher Entscheidungsmodelle hängt von bestimmten Bedingungen bzw. Voraussetzungen ab (*Köhler,* 1977, S. 2 f. sowie *Berens/Delfmann,* 2002, S. 30 ff.; *Homburg,* 2000 b, S. 36 ff.; *Meffert,* 2000, S. 995 f. bzw. auch *Nickel/Stein/Waldmann*, 2011):

- der **Realitätsansprechung** (d. h. die Formalstruktur muss mit den wesentlichen Merkmalen des Realproblems übereinstimmen),
- der **Datenbereitstellbarkeit** (d. h. es müssen erfüllbare Voraussetzungen hinsichtlich Menge, Genauigkeit und Sicherheit der bereitstellbaren Daten gegeben sein),
- der **numerischen Lösbarkeit** (d. h. es müssen Verfahren zu konkret-rechnerischen Lösungen des Modellansatzes verfügbar sein),
- der **Benutzeradäquanz** (d. h. es muss den betroffenen Entscheidungsträgern möglich sein, die Problembeschreibung und -lösung mit ihrer eigenen Denkweise zu identifizieren).

Ein gravierendes Problem stellt vor allem die **Datenbereitstellbarkeit** (= Input der Modelle) dar. Bestimmte Effekte, die für Marketingwirkungen typisch sind, *erschweren* die Quantifizierung, und zwar (s. a. *Meffert/Steffenhagen,* 1977, S. 166 ff.; *Steffenhagen,* 2004, S. 278 f.):

- **Verzögerungseffekte** („time lag"),
- **Nachhalleffekte** („carry over"),
- **Ausstrahlungseffekte** („spill over"),
- **Verfalleffekte** („decay").

Für die Bestimmung des Marketingmix mit Hilfe von Methoden des Operations Research sind u. a. Ansätze der **linearen,** der **nicht-linearen** sowie der **dynamischen Programmierung** vorgeschlagen worden.

Zur **linearen Programmierung** liegen formal ausgereifte Lösungsalgorithmen (speziell die sog. Simplex-Methode, siehe hierzu u. a. *Müller-Merbach,* 1973; *Gal,* 1987, Bd. 1; *Ohse,* 1998; *Domschke/Drexl,* 2005; *Zimmermann,* 2008) vor. Der wichtigste Vorteil dieses Verfahrens liegt darin, dass marketinginstrumenten-spezifische Zielfunktionen optimiert werden können, und zwar – im Gegensatz zur Marginalanalyse – unter gleichzeitiger Berücksichtigung von Nebenbedingungen, z. B. in der Weise, dass die Marketingaufwendungen ein vorgegebenes Budget *nicht* überschreiten dürfen (zu Methoden der Budgetbestimmung siehe den Abschnitt Grundfragen der operativen Marketing-Budgetierung).

Hinsichtlich des Einsatzes der linearen Programmierung im Marketing müssen grundsätzlich folgende **Bedingungen** erfüllt sein (*Meffert,* 1993, S. 534 bzw. 2000, S. 986 f.; *Hüttner/Pingel/Schwarting,* 1994, S. 287), nämlich:

- den **Ausprägungen** der Marketinginstrumente müssen Wirkungsbeiträge zurechenbar sein,
- die **Wirkungsbeiträge** der Marketinginstrumente müssen voneinander unabhängig sein,
- die zugrundeliegenden **Marktreaktionsfunktionen** müssen linear sein.

Die Anwendung der linearen Programmierung für Zwecke der Marketingplanung soll an einem Beispiel *modellhaft* aufgezeigt werden (nach *Kotler,* 1971, S. 64 ff.; *Meffert,* 1993, S. 534 ff. sowie auch *Berndt,* 1990, S. 410 ff. und *Homburg,* 2015, S. 186 ff.).

Anwendungsbeispiel: Lineare Programmierung für die Marketingplanung

Die Oxite Company produziert Sauerstoff-Flaschen, die auf zwei Märkten vermarktet werden (*Markt 1:* Sanitätshäuser und *Markt 2:* Hersteller von Feuerbekämpfungsgeräten). Beide Märkte sind durch **unterschiedliche Gewinnspannen** charakterisiert, die auf einer jeweils unterschiedlichen Vertriebspolitik beruhen: in *Markt 1* werden € 15 und in *Markt 2* € 10 als Stückgewinn erzielt. Als Marketinginstrumente werden persönlicher Verkauf und Werbung eingesetzt; es stehen vier ausgebildete Verkäufer (mit 4000 Stunden in den nächsten sechs Monaten) sowie € 14 000 für Werbung zur Verfügung. Aufgrund von Erfahrungen bzw. Schätzungen ist bekannt, dass für den Verkauf einer Sauerstoff-Flasche auf *Markt 1* ein Verkäufereinsatz von 15 Minuten und Werbeaufwendungen von € 2, auf dem *Markt 2* dagegen ein Verkäufereinsatz von 30 Minuten und Werbeaufwendungen von € 1 notwendig sind.

Das **Ziel des Unternehmens** ist es, den Gewinn zu maximieren, und zwar unter der Bedingung, dass mindestens je 3000 Sauerstoff-Flaschen auf jedem Teilmarkt abgesetzt werden sollen. Die gestellte Aufgabe besteht nun darin, festzustellen, wie viel Sauerstoff-Flaschen in den beiden Teilmärkten bei jeweils definierten Verkäufereinsatz und Werbeaufwendungen verkauft werden können.

Wenn $x_1$ das Sollverkaufsvolumen für den *Markt 1* und $x_2$ das für den *Markt 2* ist, so ergibt sich unter Berücksichtigung der Gewinnspanne folgende **Zielfunktion:**

(1) $G = 15x_1 + 10x_2 \rightarrow \max!$

Als **Nebenbedingung** für den Verkäufereinsatz auf beiden Teilmärkten kann folgende Funktion abgeleitet werden:

(2) $\frac{1}{4} x_1 + \frac{1}{2} x_2 \leq 1400$

Angesichts der Tatsache, dass auf dem *Markt 1* pro Stück € 2 für Werbung ausgegeben werden und auf dem *Markt 2* € 1 und das Werbebudget insgesamt € 14 000 nicht übersteigen soll, ergibt sich für den Werbeeinsatz folgende **Nebenbedingung:**

(3) $2x_1 + 1x_2 \leq 14\,000$

Außerdem besteht das Ziel darin, auf den **beiden Teilmärkten** jeweils mindestens 3000 Sauerstoff-Flaschen zu verkaufen. Es gilt also:

(4) $x_1 \cdot x_2 \geq 3000$

Die **sog. Simplex-Methode** kann nun dafür eingesetzt werden, um jeweils die Werte von $x_1$ und $x_2$ zu bestimmen, bei denen der Gewinn *maximal* ist.

Da es sich im angenommenen Beispiel lediglich um zwei Variablen handelt, soll aus Gründen der Anschaulichkeit die Problemstellung grafisch gelöst werden. Dafür wird in ein $x_1/x_2$-Koordinatensystem zunächst die Zielfunktion eingetragen, die eine Steigung von $-^3/_2$ aufweist. Daran anschließend werden die gegebenen Nebenbedingungen (2) bis (4) in das Koordinatensystem eingeführt. Der im Beispiel *(Abb. 490)* **zulässige Lösungsbereich** ist schraffiert worden.

Die optimale Lösung liegt dort, wo die Zielfunktion den zulässigen Lösungsbereich tangiert. Das ist hier bei $x_1$ = 4000 Stück und $x_2$ = 6000 Stück der Fall. Der Gewinn beträgt damit insgesamt € 120 000 (= 4000 × € 15 und 6000 × € 10). Für den *Markt 1* werden dabei 1000 Verkäuferstunden und € 8000 an Werbeausgaben, für den *Markt 2* dagegen 3000 Verkäuferstunden und € 6000 für Werbung ermittelt.

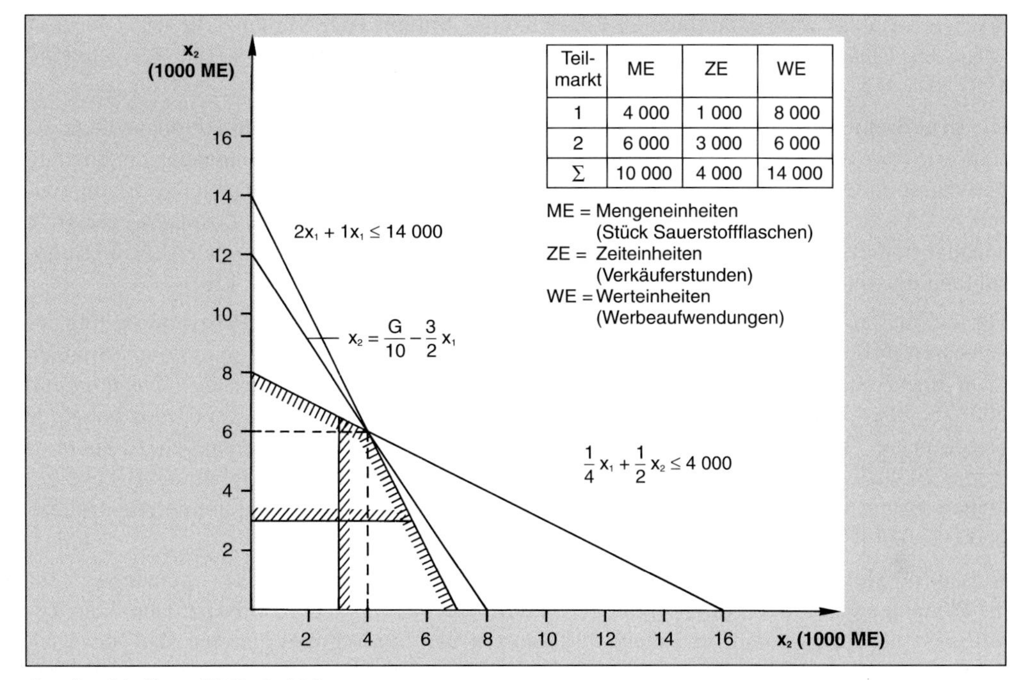


| Teil-markt | ME | ZE | WE |
|---|---|---|---|
| 1 | 4 000 | 1 000 | 8 000 |
| 2 | 6 000 | 3 000 | 6 000 |
| Σ | 10 000 | 4 000 | 14 000 |

*Quelle: Meffert,* 1993, S. 536

*Abb. 490: Linearer Programmierungsansatz zum Problem des optimalen Marketingmix*

Trotz dieses instruktiven Beispiels muss gesagt werden, dass **Adäquanz und Effizienz** der linearen Programmierung immer dann deutlich abnehmen, sobald nicht-lineare Zusammenhänge bzw. andere Komplikationen (z. B. die Notwendigkeit der Ganzzahligkeit der Entscheidungsvariablen, etwa bei der Zahl der Verkäufer) berücksichtigt werden müssen. Das aber ist bei der überwiegenden Zahl der Entscheidungen im Marketing der Fall, und zwar deshalb, weil Abnehmerverhalten durch lineare Funktionstypen meist nicht adäquat abbildbar ist bzw. die Problemstruktur eine diskrete Formulierung erfordert.

Wenn **ganzzahlige Lösungen** verlangt werden, so ist grundsätzlich der Einsatz der ganzzahligen Programmierung notwendig. Man könnte zwar zunächst vermuten, dass man durch Runden der Ergebnisse, die mit Hilfe der linearen Optimierung ohne Ganzzahligkeitsbedingung gefunden wurden, ein optimales ganzzahliges Ergebnis erhält. Das ist jedoch nicht der Fall, denn „meistens bestehen große Unterschiede zwischen einem durch Runden einer nichtganzzahligen optimalen Lösung erzeugten Ergebnis und dem speziell durch Ganzzahlige Optimierung gefundenen optimalen ganzzahligen Ergebnis" (*Zimmermann/Stache,* 2001, S. 125; zu Verfahrensfragen s. auch *Gal,* 1987, Bd. 2, S. 361 ff.; *Zimmermann,* 2008, S. 307 ff.).

Bestimmte **nicht-lineare Beziehungen** lassen sich andererseits durch Weiterentwicklungsformen der mathematischen Programmierung, wie z. B. der dynamischen Programmierung, berücksichtigen. Das Prinzip besteht hierbei darin, das Optimierungsproblem – z. B. die optimale Kombination der Marketinginstrumente – in Teilschritte zu zerlegen und ein Optimum durch stufenweises Vorgehen zu bestimmen. Der **dynamischen Programmierung** liegt demnach ein sequenzieller Lösungsansatz zugrunde (*Meffert,* 1993, S. 536; aufgrund des methodischen Ansatzes wäre eigentlich die Bezeichnung „Stufen- oder Sequenzielle Optimierung" adäquater, *Zimmermann/Stache,* 2001, S. 184, zur *Methodik* s. ebenda, S. 185 ff. sowie *Gal,* 1987, Bd. 3, S. 69 ff.; *Domschke/Drexl,* 2005, S. 157 ff.).

Die **praktische Anwendung** im Marketing ist jedoch vor allem durch die Grundannahme erschwert, dass die Wirkungen der einzelnen Marketinginstrumente voneinander unabhängig und damit addierbar sind. Jedenfalls lassen sich die vielfältigen Interdependenzen, die zwischen den Marketinginstrumenten bestehen, in den einzelnen Stufen des Lösungsweges nicht adäquat berücksichtigen (*Meffert,* 1993, S. 586 ff.). Speziell dafür geeignete Lösungsalgorithmen müssen im Prinzip noch gefunden werden (s. a. *Wöhe,* 2005, S. 128).

Für die Marketing-Anwendung erscheinen Verfahren der **nicht-linearen Programmierung** angemessen. Probleme, bei denen die Zielfunktion und/oder eine Restriktion in ihren Variablen nicht linear ist, zählt zum Anwendungsfall der nicht-linearen Optimierung (*Zimmermann,* 2008, S. 188). Leider existiert hierfür kein Standard-Algorithmus, mit dem jedes beliebige nicht-lineare Optimierungsproblem lösbar ist (zu den **Verfahrensalternativen** s. *Zimmermann,* 2008, S. 189 ff.; *Gal,* 1987, Bd. 1, S. 255 ff.). Ein für Marketingplanungszwecke geeigneter Algorithmus gilt als noch nicht gefunden (zu Grenzen der Programmierung *Meffert,* 2000, S. 986 f. sowie *Meffert/Burmann/Kirchgeorg*, 2015, S. 789 ff.).

Klassische Methoden des Operations Research sind für Marketingzwecke – gerade auch für die Planung ganzer Marketingprogramme – bisher nur *bedingt* geeignet. Es ist daher kein Zufall, dass neuerdings mehr und mehr Verfahren in den Vordergrund getreten sind, die auch dann noch zu brauchbaren Lösungen führen, wenn exakte Optimierungskalküle versagen. Angesprochen sind hier sog. **heuristische Verfahren** (siehe hierzu auch die empirischen Befunde zum Einsatz dieser Verfahren in der Praxis bei *Kordina-Hildebrandt/Hildebrandt,* 1979, S. 159 ff.; *Gaul/Both,* 1990, S. 196). Diese Verfahren weisen im Einzelnen folgende spezifische **Eigenschaften** auf (*Zimmermann,* 1977, S. 32 bzw. i. E. *ders.,* 2008, S. 272 ff.):

- Sie garantieren **keine optimale, sondern nur eine „gute" Lösung.** Diese Lösung kann ggf. sogar die optimale Lösung sein, allerdings ohne Gewähr. Mitunter können relativ einfach untere und obere Grenzen für optimale Werte identifiziert werden. Auf diese Weise kann wenigstens die relative Güte der gefundenen Lösung beurteilt werden.
- Sie erfordern im Gegensatz zu exakten Optimierungsverfahren in der Regel **einen wesentlich geringeren Lösungsaufwand.**
- Sie stellen **eine Kombination von mathematischen Verfahren** einerseits **und „plausiblen" Entscheidungsregeln** (Faustregeln) andererseits dar. Diese Entscheidungsregeln dienen vor allem dazu, die Zahl der Lösungen bzw. die Größe des Lösungsraums „sinnvoll" zu verkleinern. Dadurch verringert sich grundsätzlich der Lösungsaufwand; gleichzeitig entsteht jedoch die Gefahr, die optimale Lösung des Problems auszuschließen.

Kennzeichnend für die Anwendung **heuristischer Prinzipien** ist die Tatsache, „dass durch eine ‚Politik der kleinen Schritte' – Zug um Zug gewissermaßen – eine Menge erfolgversprechender Lösungen generiert und ein Pfad guter Lösungen beschritten wird, der auf lange Sicht in das gewünschte Zielgebiet führt" (*Meffert,* 1993, S. 519 bzw. 2000, S. 988, zur Methodik systematischer Suchverfahren s. a. *Gaul/Both,* 1990, S. 225; *Zimmermann/Stache,* 2001, S. 150 f.).

Exkurs: Beispiele für Heuristiken

Jeder Entscheidungsträger im Unternehmen verfügt im Allgemeinen über einen bestimmten **Erfahrungsschatz** allgemeiner oder spezieller Heuristiken, die er bei Planungsaufgaben einsetzt. Heuristische Verfahren für die Gestaltung des Marketingmix sind – wie sich denken lässt – äußerst vielfältig. Sie erstrecken sich von mehr allgemeinen Heuristiken, wie z. B. „Versuche, analoge Problemlösungen zu finden!" oder „Formuliere Prioritäten!“, bis hin zu mehr speziellen Heuristiken, wie z. B. „Orientiere den Marketinginstrumenten-Einsatz an den Verhaltensmerkmalen der Zielgruppe!“ oder „Berücksichtige die spezifischen Einflussfaktoren des Produkts!“. Im Hinblick auf die Gestaltung des Marketingmix sind die Produktmerkmale besonders relevant.

Es erscheint von daher nahe liegend, den Marketingmix vom Produkt bzw. vom auf den Markt projizierten Produktkonzept her zu entwickeln (siehe auch die Darlegungen zum produkt-analytischen Ansatz des Marketingmix). Diesen mehr qualitativen Analysen können sich dann entsprechende **quantitative Analysen** auf der Basis von Optimierungsalgorithmen anschließen (*Meffert,* 1993, S. 525; *Hüttner/Pingel/Schwarting,* 1994, S. 288, zu typischen Anwendungsbereichen heuristischer Verfahren s. *Zimmermann,* 2008, S. 277 ff.).

Heuristische Verfahren können insgesamt als systematische Suchverfahren interpretiert werden. In dieser Hinsicht kann im Übrigen auch die **Simulation** – so weit sie als Entscheidungsmethode eingesetzt wird – als heuristisches Verfahren aufgefasst werden, denn bei ihr wird ebenfalls nur ein (kleiner) Teil aller möglichen Parameterkombinationen exploriert (*Zimmermann,* 1977, S. 32 f.; *Hannsmann,* 1982, S. 322 ff. sowie auch *Berndt,* 1991, S. 89 ff.). Die Simulation ist dann von praktischer Relevanz, wenn die Struktur von Marketingproblemen so komplex ist, dass sie nicht mehr durch exakte, analytische Modelle repräsentiert werden kann. Dann bleibt im Prinzip nur die Möglichkeit, diese Probleme approximativ in einem sog. **Ablaufmodell** abzubilden und dieses Modell mit verschiedenen Werten für bestimmte Parameter durchzuspielen (als Laborexperiment und damit ohne die Irritationsmöglichkeiten, die von Feldexperimenten auf Abnehmer wie Konkurrenten ausgehen können). Diese Vorgehensweise (Technik der „experimentellen Mathematik“) gestattet vielfach, Rückschlüsse in Bezug auf das Verhalten des realen Systems zu ziehen (*Zimmermann/Stache,* 2001, S. 336 ff.; *Domschke/Drexl,* 2005, S. 223 ff.). Dazu werden Modelle formuliert, die ein in der Realität vorhandenes System (z. B. Lagerhaltung) abbilden. Mit Hilfe dieser Modelle werden Reaktionen dieses Systems auf Änderungen von Daten (z. B. Nachfrageänderung) oder von Parametern (z. B. Änderung des angestrebten Lieferservice-Niveaus) untersucht. Die Simulation kann auch für die optimale Marketingmix-Planung zur Einführung eines neuen Produkts herangezogen werden (*Schmalen,* 1977, S. 697 bzw. i. E. *ders.,* 1979).

Die Bedeutung von derartigen Simulationsmodellen für Planungsprobleme im Marketing liegt vor allem darin, dass sie erlauben, mit **realistischen Systemen** zu experimentieren, ohne dass diese Veränderungen in der Praxis auch tatsächlich realisiert werden müssen. Da die zeitliche Bindung an die Realität nicht gegeben ist, können Abläufe, die unter realen Bedingungen Monate oder gar Jahre in Anspruch nehmen, über **Computer-Simulation** in relativ kürzester Zeit durchgespielt werden. Auf diese Weise lassen sich – quasi im Labor – Aussagen über signifikante Eigenschaften bestimmter Systeme gewinnen (*Zimmermann/Stache,* 2001; *Gal,* 1987, Bd. 3; zu marketingspezifischen Einsatzmöglichkeiten s. a. *Köhler/Zimmermann,* 1977).

Die **praktische Relevanz** von quantitativen Lösungsmethoden ist nicht nur davon abhängig, ob bzw. inwieweit es gelingt, Entscheidungsprobleme adäquat zu modellieren, sondern in entscheidendem Maße auch von der sog. **Benutzeradäquanz**. Damit wird zum Ausdruck gebracht, dass die Eigenschaften eines Modells auch der Denkweise des Benutzers entsprechen müssen (*Köhler,* 1977, S. 13 f.; *Zimmermann,* 1977, S. 41 f. bzw. i. E. *Zimmermann,* 2008).

Exkurs: Benutzeradäquanz und Decision Calculus-Ansatz

Diese Anforderungen sind überzeugend mit dem Konzept des **sog. Decision Calculus** (*Little,* 1970) formuliert worden. Ein Decision Calculus wird dabei definiert als eine Reihe modellgestützter Verfahren zur Verarbeitung von Daten und subjektiven Urteilen, um Entscheidungsträger bei ihren Entscheidungen zu unterstützen. In dieser Hinsicht sollte ein Decision Calculus folgenden **Anforderungen** genügen (*Little,* 1977, S. 127 f., siehe auch *Gaul/Both,* 1990, S. 104 f. bzw. 178 f.):

- **Einfachheit** (d. h. Modelle sollten so konstruiert sein, dass das Verständnis erleichtert wird);
- **Robustheit** (d. h. die Modellstruktur sollte so gewählt werden, dass die möglichen Ergebnisse auf einen sinnvollen Wertebereich beschränkt sind),
- **Einfache Steuerungsmöglichkeit** (d. h. der Benutzer sollte das Modellverhalten nach seinen Vorstellungen steuern können),
- **Anpassungsfähigkeit** (d. h. das Modell sollte revidiert werden können, wenn neue Informationen zugänglich werden),
- **Vollständigkeit** (d. h. die Modellstruktur sollte möglichst viele Faktoren berücksichtigen und zur Vervollständigung auch subjektive Schätzungen einbeziehen, konkurriert jedoch mit Einfachheit),
- **Kommunikationsfähigkeit** (d. h. der Entscheidungsträger sollte die Eingaben leicht verändern können und die Ergebnisse schnell erhalten).

Als Anwendungsbeispiele sind hier das schon erwähnte *ADBUDG*-(*Little,* 1970 bzw. 1977) sowie das *BRANDAID*-Modell (*Little,* 1975) zu nennen. Während das *ADBUDG*-Modell der Bestimmung der Marktreaktion auf die Werbeaufwändungen für ein bestimmtes Produkt dient, stellt das *BRANDAID*-Modell ein wesentlich komplexeres **Marktsystem-Modell** dar, das Aktivitäten von Konsumgüterherstellern, Handelsbetrieben, Konkurrenten und Umwelteinflüsse in Beziehung zueinander setzt *(Abb. 491).*

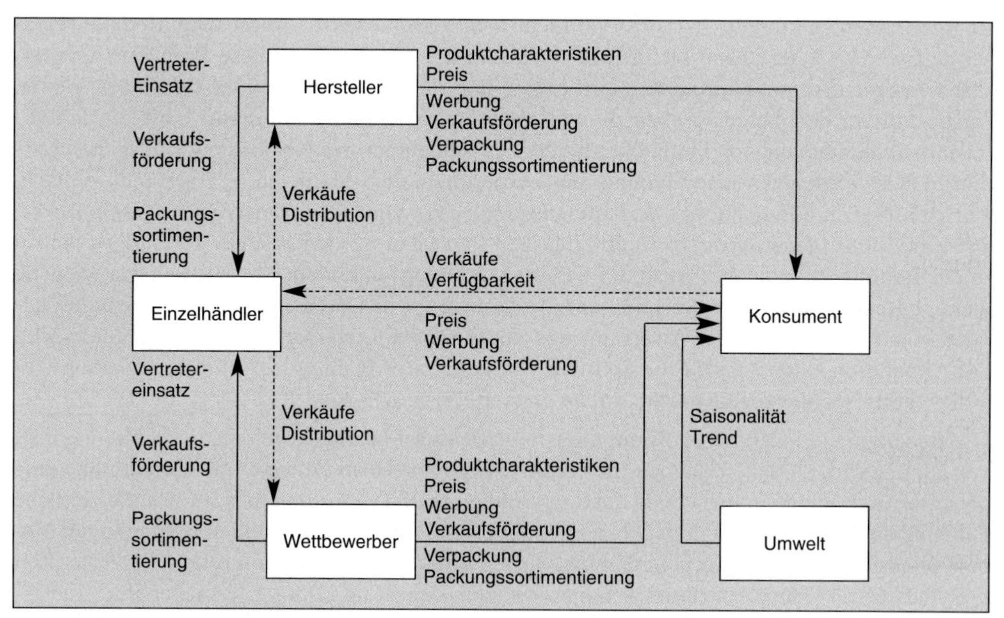


*Quelle: Gaul/Both,* 1990, S. 251

*Abb. 491: Struktur des Marktsystems beim BRANDAID-Modell*

Die notwendigen **Eingangsdaten** sind sowohl Bestandsdaten (wie Umsatzzahlen, Werbeaufwendungen oder Bezugswerte des Marktanteils) als auch Reaktionsdaten (Informationen über die Auswirkung des Marketinginstrumenten-Einsatzes auf den Marktanteil). Während die zuerst genannten Daten – zumindest für das eigene Unternehmen – relativ leicht beschaffbar sind, bereitet die Erfassung der **Reaktionsdaten** die bekannten Schwierigkeiten (zu Anwendungsfragen des *BRANDAID*-Modells siehe auch die Überblicke bei *Gaul/Both,* 1990, S. 251 ff.; *Homburg/Krohmer,* 2003, S. 774 f.; *Sander,* 2004, S. 736 f.).

Trotz einer bestimmten Zurückhaltung, die bezüglich der **Implementierung** von Entscheidungsmodellen (Operations-Research- bzw. OR-Modellen) aufgrund des immer noch ausgeprägten Vorrangs der OR-*Technologie* (= „Baukasten der Mathematik") *vor* der OR-*Methodo-*

*logie* (= Verstehen von Entscheidungsprozessen und adäquates Erweitern des Instrumentariums) eingetreten ist, kann auf derartige Planungsansätze im Prinzip nicht (voll) verzichtet werden, weil sie die Verarbeitung der jeweils verfügbaren Informationen **in systematischer Form** ermöglichen (*Müller-Merbach,* 1978, S. 14 ff.). Dabei darf allerdings nicht übersehen werden, dass für Zwecke der Marketingplanung in hohem Maße nur unvollkommene Informationen zur Verfügung stehen. Im Marketing sind dafür *drei* grundlegende Tatbestände verantwortlich:

- die starke Abhängigkeit von **menschlichen Verhaltensreaktionen,** welche die Bestimmung der Marktreaktionsfunktionen und der im Anwendungsfall geltenden Parameter erschweren,
- die nur schwer abschätzbaren **zeitlichen Interdependenzen,** die zu den schon erwähnten Verzögerungs-, Nachhall- bzw. Verfalleffekten führen können,
- die besondere Bedeutung **qualitativer Gestaltungsunterschiede** (kreative Komponente) im Marketinginstrumenten-Einsatz, die sowohl die Vollständigkeit als auch die Genauigkeit (Messbarkeit) der Daten berühren.

Aufgrund dieser Gegebenheiten erscheint es notwendig, „die Ungewissheit der vorauszuschätzenden Entscheidungsergebnisse unmittelbar in der Modellanalyse zu berücksichtigen" (*Köhler,* 1977, S. 7), und zwar entweder unmittelbar über entsprechende wahrscheinlichkeitsrechnerische Ansätze (im Marketing meist auf der Basis subjektiver Wahrscheinlichkeitsschätzungen) oder indirekt über sog. **Sensitivitätsanalysen**, die nach Ermittlung „deterministischer Lösungen" deren Empfindlichkeit gegenüber Parameteränderungen überprüfen sollen. Sensitivitätsanalysen befassen sich mit anderen Worten mit der Stabilität von Optimallösungen (*Dürr/Kleibohm,* 1983, S. 81 ff.; *Berens/Delfmann,* 1995, S. 259 ff.; *Domschke/Drexl,* 2005, S. 42 ff.; *Zimmermann,* 2008, S. 104 ff.).

### d) Strukturierungstechniken

Die bisherigen Darlegungen zu den möglichen Planungskalkülen für die Optimierung der Marketingmixfestlegung – nicht zuletzt die Würdigung der entscheidungstheoretischen Ansätze – haben gezeigt, dass der „Rechenhaftigkeit" der Marketingplanung **bestimmte Grenzen** gesetzt sind. Die Grenzen zeigen sich umso mehr, je mehr bei Planungsüberlegungen detaillierte Marktreaktionsverläufe einbezogen werden (müssen).

Für die Lösung von Fragestellungen einer konsequenten, zielorientierten Marketingmix-Gestaltung können deshalb auch **Strukturierungstechniken** („Strukturierungshilfen", *Steffenhagen,* 2004, S. 221 ff.; „Grafische Modelle", *Kotler/Keller/Bliemel,* 2007, S. 224 f.) angewendet werden. Sie stellen insoweit Hilfen für die Marketingmixplanung dar, als sie das jeweilige Entscheidungsfeld bzw. bestimmte Entscheidungsfolgen (-prozesse) transparent machen und damit die richtigen Marketingmix-Entscheidungen einzukreisen helfen, wobei Verbindungen zu Entscheidungsmodellen (Optimierungsrechnungen) bestehen können.

Als ein generelles, alle Marketingentscheidungen eines Unternehmens umfassendes ablauforientiertes Strukturierungsmodell kann der in diesem Buch entwickelte **konzeptionelle Ansatz** selbst angesehen werden, denn er strukturiert den Marketingentscheidungsprozess im Sinne einer *logischen* Abfolge von zu treffenden Entscheidungen auf drei Ebenen *(Abb. 492).*

Ein solches **umfassendes ablauforientiertes Vorgehen** stellt sicher, dass zwischen allen drei Entscheidungsebenen des Marketing entsprechende Abstimmungsprozesse erfolgen, die dann schließlich zu einem konsistenten Maßnahmenplan auf der 3. Konzeptionsebene (= Marketingmix: ziel-orientierter, strategie-adäquater Einsatz der operativen Marketinginstrumente) führen. Welche vielfältigen Strukturierungshilfen dabei das konzeptionelle System bietet, ist

*Abb. 492: Idealtypisches Ablaufmodell des konzeptionellen Vorgehens (mit Rückkoppelungsprozessen)*

auf allen drei Konzeptionsebenen herausgearbeitet worden, und zwar im Sinne immer konkreterer Gestaltungshilfen von oben nach unten (d. h. ausgehend von der Zielebene über die Strategieebene bis hin zur Mixebene = **konzeptionelle Kette**). Die spezifischen Gestaltungs- bzw. Strukturierungshilfen für die operative Maßnahmen-Planung sind zuletzt im Kapitel zu **Stufen und Differenzierungsformen** des Marketingmix ausführlich dargestellt worden.

Neben diesen generellen Gestaltungs- und Orientierungshilfen, welche die jeweiligen Optionen der konkreten Marktgestaltung „einkreisen" (s. a. Mind Mapping, *Buzan/Buzan*, 2011), können zusätzlich spezifische **Strukturierungs- bzw. Planungshilfen** eingesetzt werden, um Marketingplanungsaufgaben partieller oder totaler Art lösen zu helfen. Das heißt, es können entweder Planungsausschnitte (partialer Ansatz) oder auch das ganze Planungsfeld (totaler Ansatz) der Marketingmixplanung zugrunde gelegt werden.

Als solche Planungs- bzw. Strukturierungshilfen („grafische Modelle", *Kotler/Keller/Bliemel*, 2007, S. 223) kommen dabei vor allem **sechs Modelle** in Betracht *(Abb. 493).*

Alle sechs Strukturierungshilfen bzw. grafischen Modelle für die Marketingplanung sollen im Folgenden näher skizziert werden, und zwar speziell in Hinblick auf ihre **Planungsunterstützungsleistungen.**

Das **Flussdiagramm (a)** zeigt logische Abfolge- und Entwicklungsprozesse auf. Solche – in der Organisationslehre für die Analyse von ablauforganisatorischen Prozessen entwickelte Modelle – werden zunehmend auch im Marketing für Planungszwecke eingesetzt, weil sie logische Abläufe mit großer Klarheit ableiten können. Einzelne Prozessabschnitte werden in einem Flussdiagramm als Felder dargestellt, und zwar entweder durch einfache Sequenz oder durch zwei Basisoperationen verbunden: also mit Verzweigung oder Schleifenbildung. Eine Verzweigung ist dort gegeben, wo eine Frage (ent)steht. Mögliche Antworten werden dabei als vom Fragefeld wegführende Alternativen eingetragen. Eine Schleifenbildung entsteht dann, wenn Antworten auf eine Frage zu einem vorausgehenden Schritt zurückführen (zur Flussdiagramm-Technik (Flow Charting) und Symbolkonventionen im Einzelnen siehe z. B. *Curth/Weiß,* 1989, S. 251).

Die **Netzplantechnik (b)** stellt den Ablauf von Ereignissen bzw. den Abschluss von Tätigkeiten dar, die zur Realisierung eines Projekts zu durchlaufen sind. Die Nutzung dieses Planungs- und Analyseverfahrens ist immer dann sinnvoll, wenn eine Vielzahl voneinander abhängiger Tätigkeiten zu koordinieren und/oder eine ausgeprägte Verzweigung der Vorgänge gegeben ist (*Curth/Weiß,* 1989, S. 47). Die durch Kreise gekennzeichneten Tätigkeiten (Vorgänge) sind jeweils durch Pfeile verbunden; sie zeigen die Abhängigkeit eines Vorganges von vorausgehenden Tätigkeiten (so kann z. B. im dargestellten „Beispiel" der Vorgang oder das Ereignis (6) erst dann eintreten, wenn die Tätigkeiten (4) und (5) erfolgt sind). Der inzwischen verfügbare Methodenapparat der Netzplantechnik geht auf zwei unterschiedliche

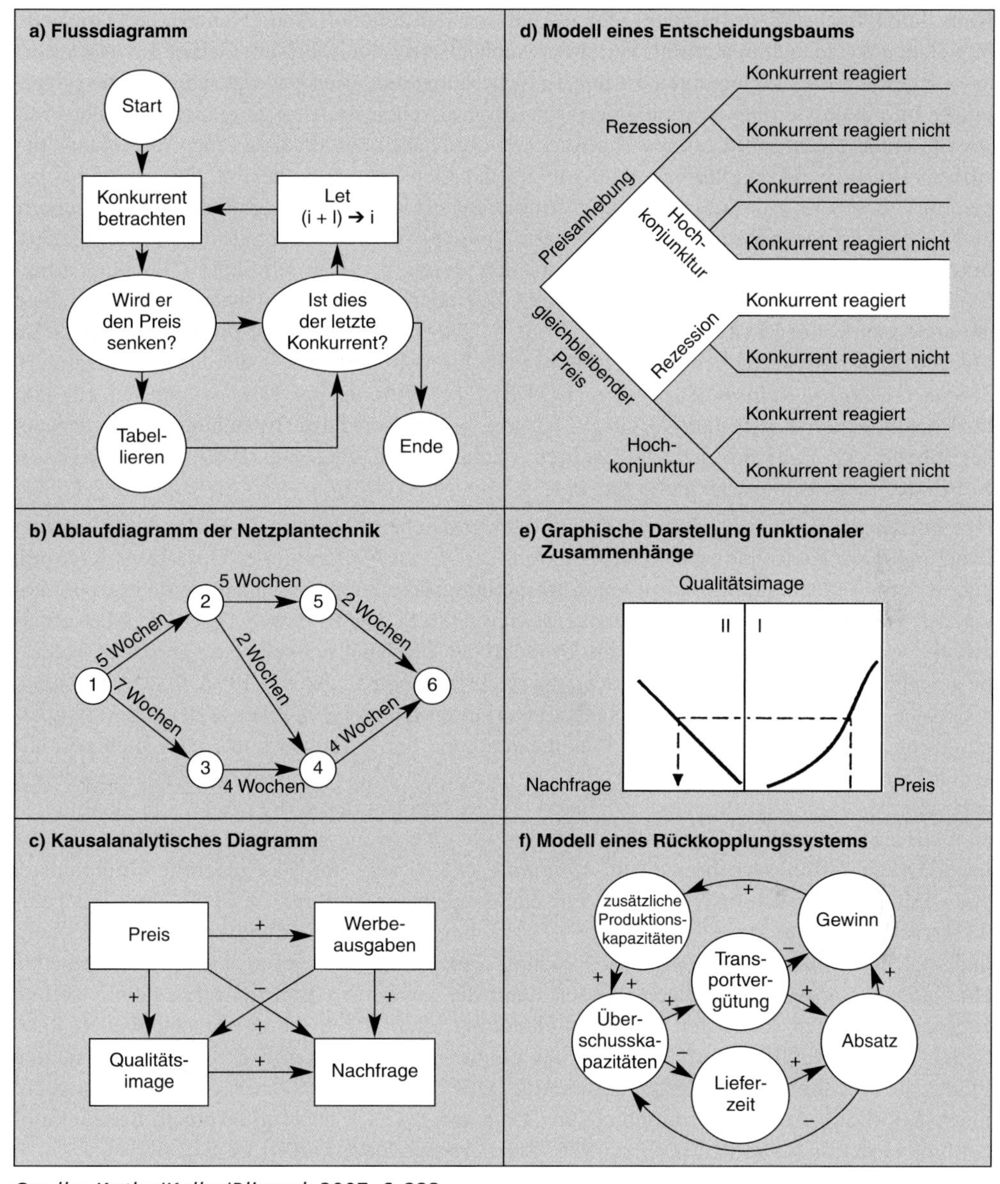


*Quelle: Kotler/Keller/Bliemel,* 2007, S. 223

*Abb. 493: Strukturierungshilfen („grafische Modelle") für die Marketingplanung*

Grundkonzeptionen zurück: die *Critical Path Method* (CPM) und die *Program Evaluation and Review Technik* (PERT). Die Netzplantechnik kann insbesondere für komplexe Aufgabenstellungen im Marketing, wie z. B. die Entwicklung und Einführung neuer Produkte, herangezogen werden (zur Methodik der Netzplantechnik, die gewöhnlich zu den Verfahren des Operations Research gezählt wird, siehe etwa *Gal,* 1987, Bd. 2, S. 165 ff.; *Ohse,* 1998, S. 9 ff.; *Domschke/Drexl,* 2005, S. 96 ff.; *Zimmermann,* 2008, S. 345 ff.).

**Kausalanalytische Diagramme (c)** bieten Analysemöglichkeiten dann, wenn es zu klären gilt, in welcher Weise sich bestimmte Variablen wechselseitig beeinflussen. Gerade im Marketing ist – wie auch die Darlegungen zu den Entscheidungsmodellen gezeigt haben – die ausgeprägte Interdependenz der Variablen typisch. Im grafischen Beispiel zeigt sich, dass der Preis sowohl einen direkten (negativen) Einfluss auf die Nachfrage als auch einen indirekten (positiven) Einfluss auf das Werbebudget wie auf das Qualitätsimage besitzt. Das heißt, ein hoher Preis hebt das Qualitätsimage und ermöglicht eine Erhöhung der Werbeaufwendungen und beide Folgeerscheinungen üben wiederum eine positive Wirkung auf die Nachfrage aus. Solche kausalanalytischen Diagramme machen deutlich, „dass einfache Gleichungsfunktionen nicht immer ausreichen, um kausale Beziehungen zwischen bestimmten Variablen darstellen zu können" (*Kotler/Bliemel,* 2001, S. 273). Inzwischen hat die Kausalanalyse im Marketing an Bedeutung gewonnen, und zwar im Sinne hypothesen-testender Verfahren (z. B. *Linear Structural Relations-Methode* (LISREL) ). Methodischer Kern ist hierbei ein faktorenanalytischer – also multivariater – Ansatz, mit dessen Hilfe Beziehungsstrukturen auf der Ebene der Faktoren getestet werden (siehe hierzu *Bagozzi,* 1980 bzw. *Backhaus/Erichson/Plinke/Weiber*, 1996, S. 322 ff.).

Das **Entscheidungsbaumverfahren (d)** dient der grafischen Abbildung von Handlungsalternativen und ihren Konsequenzen. Das Verfahren, das zu den Verfahren des Operations Research gehört, kann jedoch auch in Form von Entscheidungstabellen angewendet werden (zu methodischen Fragen im Einzelnen u. a. *Zimmermann,* 2008, S. 230 ff. bzw. S. 334). Für Marketingzwecke wird häufig – nicht zuletzt aus Gründen der Übersichtlichkeit – die grafische Methode gewählt (vgl. etwa Beispiele bei *Schildbach,* 1990, S. 75 f.; *Zerres,* 1992, S. 209 ff.; *Diller,* 1998 a, S. 236 ff.). Das Entscheidungsbaumverfahren hat sich für Zwecke der Marketingplanung vor allem als eine hilfreiche Planungsmethode bei komplexen und/oder mehrperiodischen Planungsproblemen erwiesen. Bei der grafischen Methode wird das Planungsproblem anhand eines Baumdiagrammes visualisiert. Dabei repräsentieren die „Äste" die Handlungsalternativen bzw. Umweltkonstellationen und die Verzweigungsknoten normalerweise die jeweiligen Handlungsergebnisse (die *Abbildung 493 d)* zeigt nur das generelle Grundmuster eines Entscheidungsbaums). Wird das Entscheidungsbaumverfahren im Sinne einer Entscheidungsrechnung genutzt, so ist der Wechsel zwischen sog. Entscheidungsknoten (= Kästchen) und sog. Erwartungsknoten (= Kreise) wichtig. Für die den Erwartungsknoten zugeordneten alternativen Umweltbedingungen müssen dann die jeweiligen Eintrittswahrscheinlichkeiten zugeordnet werden sowie den einzelnen Handlungsalternativen die entsprechenden Realisationskosten. Schließlich sind dem Ende des Baumes die erwarteten Ergebnisse des gesamten Pfades zuzurechnen. Die optimale Alternative wird auf dem Wege einer sog. Rückwärtsrechnung (Roll-Back-Analyse) ermittelt (*Diller,* 1998 a, S. 241 f.). Das soll an einem Beispiel modellhaft verdeutlicht werden (*Lapin,* 1976; *Zimmermann/Stache,* 2001, S. 272 ff.).

Anwendungsbeispiel: Entscheidungsbaumanalyse

Ein *Hersteller von Tonträgern* steht vor der Entscheidung, von einer Musikveranstaltung einen Tonträger
- entweder zu 50 000 Stück weltweit herauszubringen,
- oder zunächst 5000 Stück herzustellen und auf einem begrenzten Markt zu testen, wobei bei positivem Ergebnis weitere 45 000 Stück produziert und weltweit verkauft werden,
- oder auf die Pressung der Platten zu verzichten.

Es bestehen damit folgende **alternative Möglichkeiten:**
- Test-Verkauf,
- weltweiter Verkauf,
- Verzicht auf Pressung und Verkauf.

Es gehört zu den **Besonderheiten** des Tonträgergeschäftes, dass ein Tonträger entweder ein Hit oder ein totaler Misserfolg wird, d. h.

- Erfolg ≙ Verkauf aller Tonträger
- Misserfolg ≙ Verkauf ist praktisch Null

Auf der Basis dieser marketing-spezifischen Ausgangssituation kann ein entsprechender **Entscheidungsbaum** erstellt werden *(Abb. 494)*.

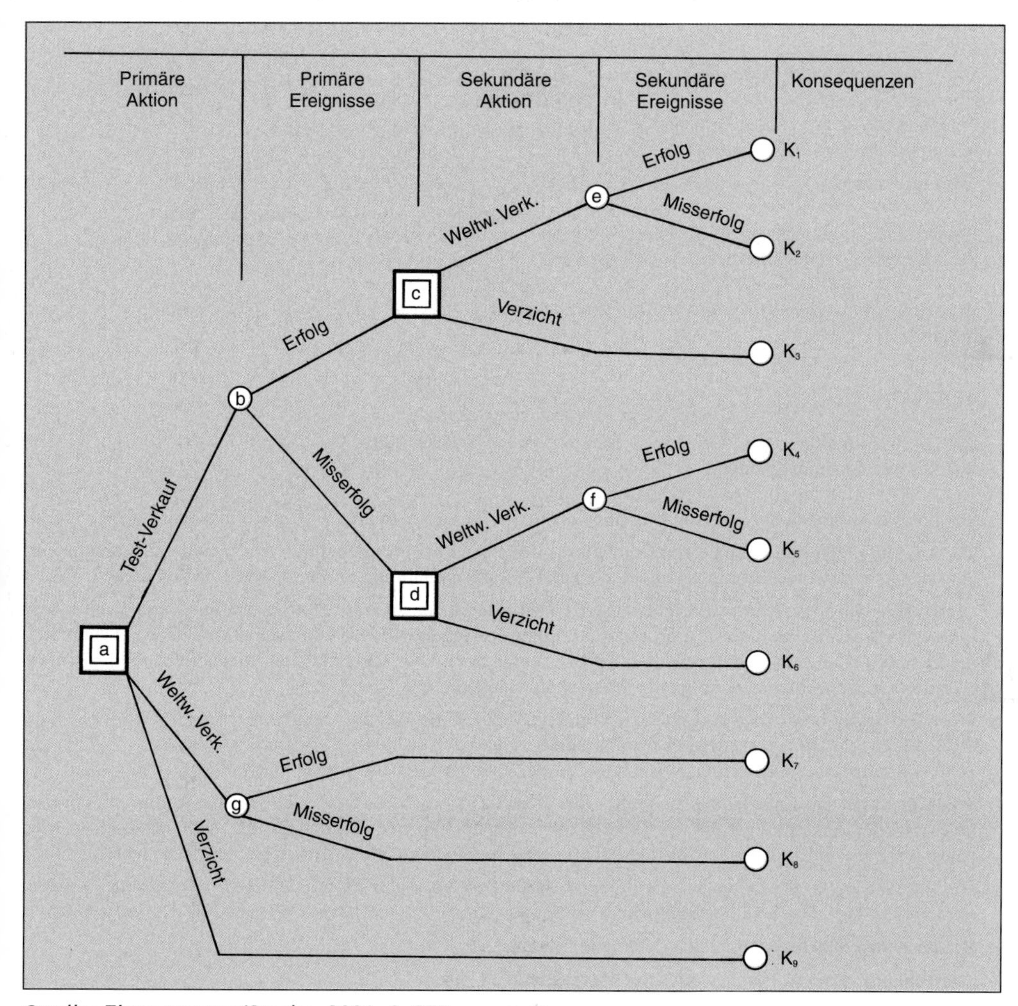


*Quelle: Zimmermann/Stache,* 2001, S. 273

*Abb. 494: Beispiel eines Entscheidungsbaums zur Lösung eines Tonträgerproblems*

Als nächster Schritt sind die **Auszahlungen** zu ermitteln. Hierfür liegen folgende Informationen vor:
- Honorar für die Veranstalter, falls eine Herstellung erfolgt, 50 000,– €
- Fixe Kosten der Herstellung und des Vertriebs 50 000,– €
- Variable Kosten je Tonträger 10,– €
- Verkaufspreis je Tonträger 20,– €

Daraus lassen sich folgende **Zahlungen** errechnen (in €):

| *Test-Verkauf* | | |
|---|---|---|
| Honorar | – | 50 000,– |
| Fixe Kosten | – | 50 000,– |
| Variable Kosten (5000 Tonträger) | – | 50 000,– |
| Ausgabensumme | – | 150 000,– |
| | | |
| Bei Erfolg Einnahmen von | + | 100 000,– |
| Bei Misserfolg Einnahmen von | ± | 0,– |
| | | |
| *Sofortiger, weltweiter Verkauf* | | |
| Honorar | – | 50 000,– |
| Fixe Kosten | – | 50 000,– |
| Variable Kosten (50 000 Tonträger) | – | 500 000,– |
| Ausgabensumme | – | 600 000,– |
| | | |
| Bei Erfolg Einnahmen von | + | 1 000 000,– |
| Bei Misserfolg Einnahmen von | ± | 0,– |
| | | |
| *Weltweiter Verkauf im Anschluss an Test-Verkauf* | | |
| Fixe Kosten | – | 50 000,– |
| Variable Kosten (45 000 Tonträger) | – | 450 000,– |
| Ausgabensumme | – | 500 000,– |
| | | |
| Bei Erfolg Einnahmen von | + | 900 000,– |
| Bei Misserfolg Einnahmen von | ± | 0,– |

Sowohl die **Ausgaben** als auch die **Einnahmen** werden an den Ästen des Entscheidungsbaums eingetragen.

Die Auszahlungen für die einzelnen Ergebnisse (Konsequenzen) werden durch Addition der Zahlungen entlang der Äste des Entscheidungsbaumes via einer **Vorwärtsrechnung** ermittelt (siehe *Abb. 495 a).*

„Falls der Erfolg als sicheres Ereignis angesehen werden kann, so wäre die Entscheidung „weltweiter Vertrieb" zu empfehlen, weil dies die größte Auszahlung erbringen würde. Wenn der Entscheidende sich am maximal zu erwartenden Gewinn orientieren will, so sind noch Wahrscheinlichkeitsangaben für die Ereignisse erforderlich. Es werden z. B. folgende Wahrscheinlichkeiten unterstellt:

50% für Erfolg beim Testverkauf und sofortigem weltweitem Verkauf.
80% für Erfolg bei weltweitem Verkauf, wenn bereits der Test-Verkauf erfolgreich war.
20% für Erfolg bei weltweitem Verkauf, wenn der Test-Verkauf ein Misserfolg war.

Wenn man nun die Entscheidungssituation bei Punkt a) analysieren will, stellt man fest, dass der Erwartungswert der Auszahlungen bei primären Aktionen (primären Entscheidungen) nur dann ermittelt werden kann, wenn die entsprechenden Werte aller späteren (sekundären) Entscheidungen bestimmt worden sind.

Die Analyse muss also entgegen dem chronologischen Ablauf der Entscheidungen durchgeführt werden. Man spricht deshalb von einer **Rückwärtsrechnung**" (*Zimmermann/Stache,* 2001, S. 273 f., *Abb. 495 b*).

Die **einzelnen Schritte** stellen sich dabei wie folgt dar:

„Berechnung des Erwartungswertes der Auszahlung $= \sum_j p_i e_{ij}$

Ereignisknoten ⓔ $_e = 0.8 \cdot 350\,000 + 0{,}2\,(-\,550\,000) = 170\,000$
Ereignisknoten ⓕ $_f = 0{,}2 \cdot 250\,000 + 0{,}8\,(-\,650\,000) = -\,470\,000$

Diese Werte notiert man sich an den Knoten (siehe *Abb. 495 b*).

Entscheidungssituation am Knoten [c]:
Da der Erwartungswert bei „weltweitem Vertrieb" mit 170 000 größer ist als bei „Verzicht" (– 50 000) wird der „Verzicht-Ast" abgehackt.

Entscheidungssituation am Knoten [d]:
„Verzicht" ist hier günstiger als „weltweiter Vertrieb", deshalb wird letzterer „abgehackt".

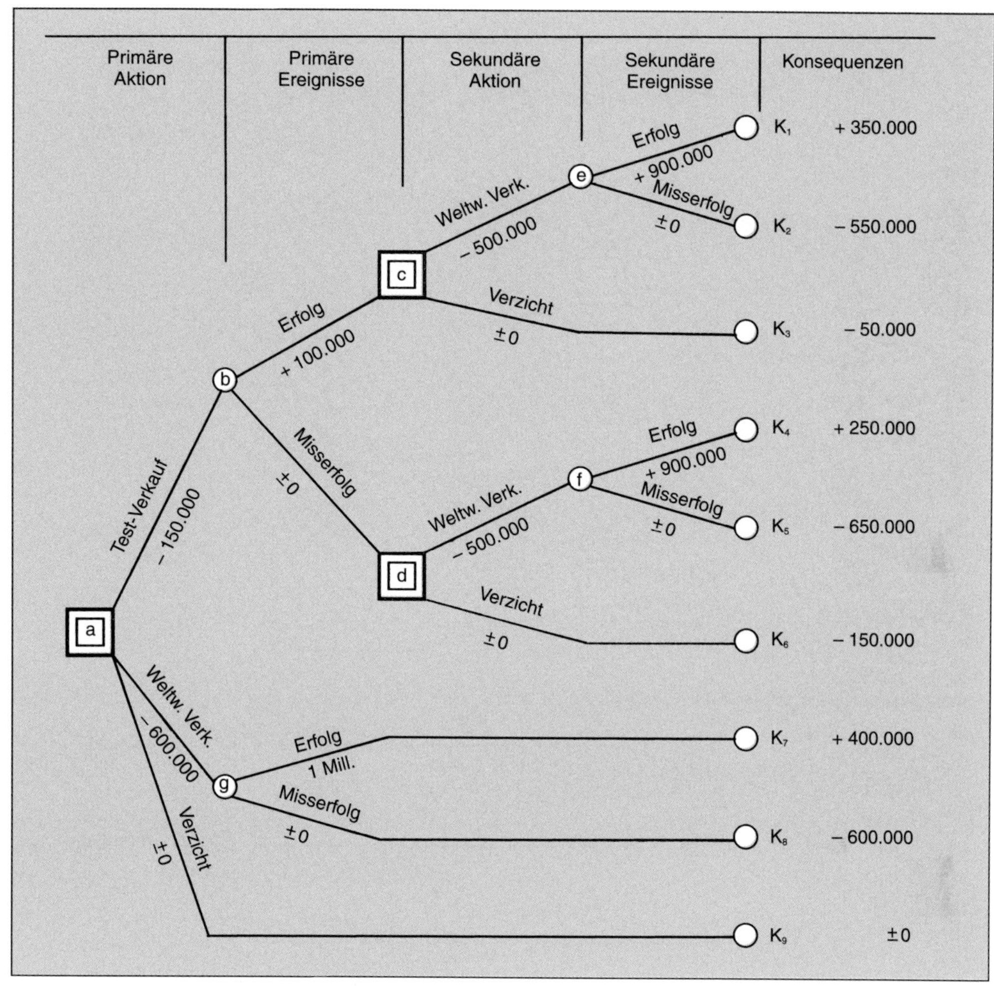


*Quelle: Zimmermann/Stache,* 2001, S. 274

*Abb. 495 a: Vorwärtsrechnung im Entscheidungsbaum (Tonträgerbeispiel)*

So werden alle Äste außer demjenigen mit dem höchsten Erwartungswert „abgehackt“; nur der maximale Erwartungswert der späteren Stufe wird auf die frühere Stufe übertragen.

Man beachte: **A**st-abhacken nur in **A**ktions-Bereichen
**E**rwartungswert-Berechnung nur in **E**reignis-Bereichen

Ereignisknoten ⓑ $_b$ = 0,5 · 170 000 + 0,5 (– 150 000) = + 10 000
Ereignisknoten ⓖ $_g$ = 0,5 · 400 000 + 0,5 (– 600 000) = – 100 000

Nach Abschluss der Rückwärtsrechnung ist die **Entscheidungsfolge** klar aus dem Rest-Baum (nichtabgehackte Äste) zu erkennen:

1. Entscheidung für Test-Vertrieb von 5000 Platten,
2. Entscheidung für weltweiten Vertrieb, wenn Testvertrieb erfolgreich; andernfalls Verzicht auf weiteren Vertrieb“ (*Zimmermann/Stache,* 2001, S. 274 f., v. w. Z.).

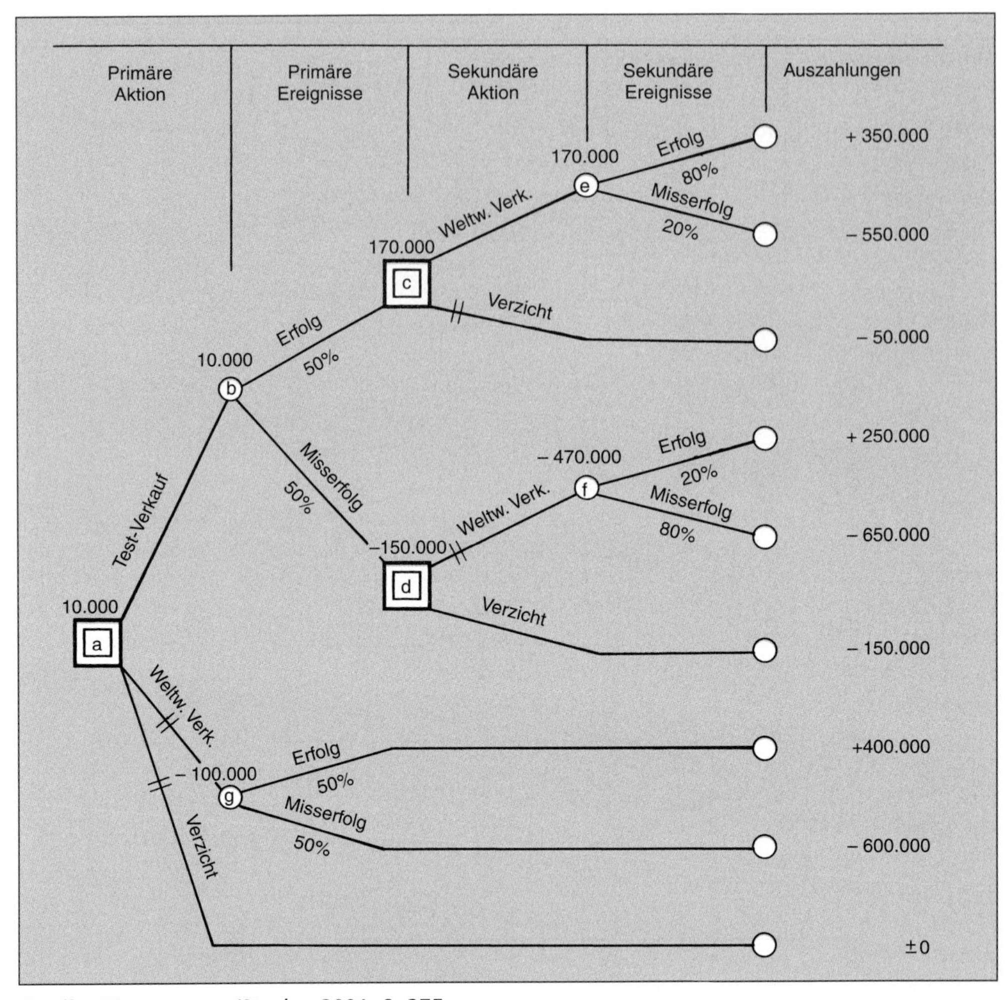


*Quelle: Zimmermann/Stache*, 2001, S. 275

*Abb. 495 b: Rückwärtsrechnung im Entscheidungsbaum (Tonträgerbeispiel)*

Nachdem die Entscheidungsbaumanalyse unter Verwendung eines Beispiel mit ihren Einsatzmöglichkeiten für Zwecke der Marketingplanung näher dargestellt worden ist, sollen nun noch die **beiden letzten Strukturierungstechniken** – nämlich Darstellung von funktionalen Zusammenhängen sowie von Rückkopplungsprozessen – hinsichtlich ihrer Anwendungen skizziert werden (vgl. hierzu auch *Abb. 493*).

**Funktionale Zusammenhänge (e)** können über entsprechende Diagramme *(Abb. 493)* abgebildet werden. Diese Form der Darstellung wurde bereits bei den Darlegungen zu den Wirkungsanalysen (Marktreaktionsfunktionen) im Marketing gezeigt. Im grafischen Beispiel spiegelt der Quadrant I den positiven Zusammenhang zwischen erzielbarem Preis und wahrgenommener Qualität wider, der Quadrant II gibt die positiven Beziehungen zwischen wahrgenommener Qualität und Nachfrage an. Beide „Quadranten" zusammen ermöglichen es,

„die Verbindung zwischen einem ganz bestimmten Preis, der perzipierten Qualität und der Nachfragemenge aufzuzeichnen. Auf diese Weise lässt sich aus zwei bekannten funktionalen Zusammenhängen eine Nachfragefunktion bilden“ (*Kotler/Bliemel,* 2001, S. 274).

**Rückkopplungsdiagramme (f)** sind Systemdarstellungen *(Abb. 493),* die geeignet sind, Wirkungen aufzuzeigen, die ein Output durch Rücklauf in den Funktionskreis auf den nachfolgenden Output auslöst. Im zugrunde liegenden Beispiel werden die Wechselwirkungen zwischen Absatz, Gewinn, Produktionskapazität und anderen Marketingvariablen verdeutlicht. „Kapazitätsüberschüsse führen dazu, dass man die Lieferzeit verkürzt und dem Kunden höhere Transportvergütungen anbietet. Dadurch lässt sich ein höherer Absatz erzielen. Die Gewinnsituation des Unternehmens verbessert sich, und der Kapazitätsüberschuss wird abgebaut. Gleichzeitig wirken die Transportvergütungen verschlechternd auf die Ertragslage. Wenn per Saldo ein Gewinnzuwachs herauskommt, investiert das Unternehmen in zusätzliche Kapazitäten, und der Zyklus verstärkt sich“ (*Kotler/Bliemel,* 2001, S. 274). Dieses Beispiel macht deutlich, wie Rückkoppelungsdiagramme in besonderer Weise zur Veranschaulichung von Variablen beitragen können, die durch Interdependenzen und Rückkoppelungseffekte gekennzeichnet sind.

Die dargestellten Strukturierungstechniken („Grafischen Modelle“) haben gezeigt, dass die Sichtbarmachung von Abläufen und Beziehungen wesentlich dazu beitragen kann, **rationale Entscheidungen** im Rahmen der Marketing(mix)planung zu treffen. Abschließend soll nun noch kurz auf die Rolle und die grundsätzlichen Einsatzmöglichkeiten der Markt- bzw. Marketingforschung für die Planung des Marketingmix eingegangen werden.

### e) Markt- bzw. Marketingforschung

Wenn Konzeptionelles Marketing bedeutet, das Unternehmen konsequent vom Absatzmarkt und den Kundenansprüchen her zu führen, so ist klar, dass insbesondere auch für den Marketinginstrumenten-Einsatz die Möglichkeiten der Markt- bzw. Marketingforschung genutzt werden müssen. Unter Marketingforschung soll hier deshalb jene Forschung verstanden werden, die dazu dient, den **Einsatz der Marketinginstrumente** zu unterstützen. Eine Übersicht *(Abb. 496)* zeigt die marketing-konzeptionellen Möglichkeiten der Marktforschung.

Was die Untersuchungsmethodik betrifft, so wird i. d. R. zwischen **Sekundär- und Primärforschung** unterschieden (u. a. *Berekoven/Eckert/Ellenrieder*, 2001 bzw. *dies.,* 2009); *Hammann/Erichson*, 2000; *Kamenz*, 1997, zu Möglichkeiten computer-gestützter Marktforschung siehe *Hoepner,* 1994; *Koch,* 2009, zu Möglichkeiten via Internet *Fritz*, 2000, S. 87ff.; *Koch,* 2009, S. 58 ff.). Während sich die sog. Sekundärforschung auf die Beschaffung und Auswertung bereits vorhandener, vielfach nicht für Marketingzwecke erhobener Daten stützt, zielt die sog. Primärforschung auf die originäre Erhebung und Analyse von Daten, die ganz speziellen Marketingzwecken dienen. Hierunter zählt insbesondere die Beschaffung von Daten und Informationen für die **Steuerung** des Marketinginstrumenten-Einsatzes (z. B. optimale Produktgestaltung) oder des Marketingmixes insgesamt oder zumindest wesentlicher Submixe (z. B. optimale Produkt-, Verpackungs- und Preisgestaltung). Hierfür können vor allem die Untersuchungstypen Instrumentenwirkungs-Untersuchungen (3), Markttests (4) und Kontrolluntersuchungen (5) eingesetzt werden (siehe *Abb. 496*). Um die Möglichkeiten der Entscheidungsunterstützung zu verbessern, werden vielfach aufwändige **multi-variate Analyseverfahren** eingesetzt (vgl. z. B. *Herrmann/Homburg*, 1999, S. 101 ff. bzw. S. 687 ff.; *Sander,* 2004, S. 182 ff.). Hierbei sind auch *branchenspezifische* Besonderheiten und Möglichkeiten der Marketingforschung zu berücksichtigen (*Berekoven/Eckert/Ellenrieder*, 2001, S. 301 ff.).

| Untersuchungstypen | Untersuchungsziele | Untersuchungsmethodik |
|---|---|---|
| **(1) Marktstruktur-Untersuchungen** | Ermittlung von Marktgrößen (wie Marktpotenzial, Marktvolumen, Marktanteile) | Sekundär- und Primärforschung (speziell Panel) |
| **(2) Grundlagen-Untersuchungen** | Erhebung abnehmerspezifischer Fragen wie Bedürfnisse, Einstellungen/Images/Verwendung/Verwendungsgewohnheiten, Produkt-/Markenkenntnis | Primärforschung (insbes. Befragung) |
| **(3) Instrumentenwirkungs-Untersuchungen** | Feststellung der Wirkungen u. a. von Produkt-, Packungs-, Marken-, Preis-, Werbemaßnahmen | Primärforschung (Befragung, Beobachtung und Experiment) |
| **(4) Markttests** | Ermittlung der Produkt- und Marketingmix-Akzeptanz (unter Realbedingungen) | Primärforschung (häufig über Spezial-Panels) |
| **(5) Kontroll-Untersuchungen** | Überprüfung der Marktziele-Realisierung (und Ansatzpunkte für evtl. Maßnahmen-Korrekturen) | Sekundär- und Primärforschung (speziell Panel sowie Befragung) |

*Abb. 496: Konzeptionelle Einsatzmöglichkeiten der Marktforschung*

Von großer Bedeutung für die Marketingmix-Planung ist die **Panel-Forschung**, und zwar sowohl Standardauswertungen als auch Sonderanalysen, die für *spezielle* problem-orientierte Steuerungszwecke des Marketinginstrumentariums (z. B. für die Erhöhung der Markentreue) eingesetzt werden können (siehe hierzu *Günther/Vossebein/Wildner*, 1998).

Für die ziel-strategische Justierung des Marketinginstrumenten-Einsatzes spielt darüber hinaus die sog. **Testmarktforschung** eine besondere Rolle, und zwar in Form (*Berekoven/Eckert/Ellenrieder*, 2001, S. 163 ff.; *Hammann/Erichson,* 2000, S. 210 ff.; *Koch,* 2009, S. 106 ff.):

- klassischer **Markttests** (= Feldexperiment in einem räumlich begrenzten Gebiet) und
- neuerer **Testmarktersatzverfahren** (= a) Minimarkttest als Kombination von Storetest und Haushaltpanel, b) Testmarktsimulation als Produkttest mit Kaufsimulation).

Außerdem gewinnt die **Online-Marktforschung** an Bedeutung, und zwar *sekundär* z. B. via Datenbanken und Suchmaschinen und *primär* z.B. via Mail- oder WWW-Befragungen.

Insgesamt gilt es, für die marktinformations-fundierte Marketingmix-Planung den **richtigen Methodenmix** zu finden, und zwar möglichst durchgängig wegen der Vergleichbarkeit der Ergebnisse, ggf. aber auch fallbezogen bei situations-spezifischen Aufgabenstellungen.

Mit diesen Darlegungen zur Marketingmix-Planung ist die Behandlung der Thematik „Marketingmix“ abgeschlossen. Im folgenden *4. Teil* werden nun noch wichtige **management-spezifische Aspekte** des Konzeptionellen Marketing herausgearbeitet.

# 4. Teil: Marketing-Konzeption und Marketing-Management

4

## Inhaltsübersicht

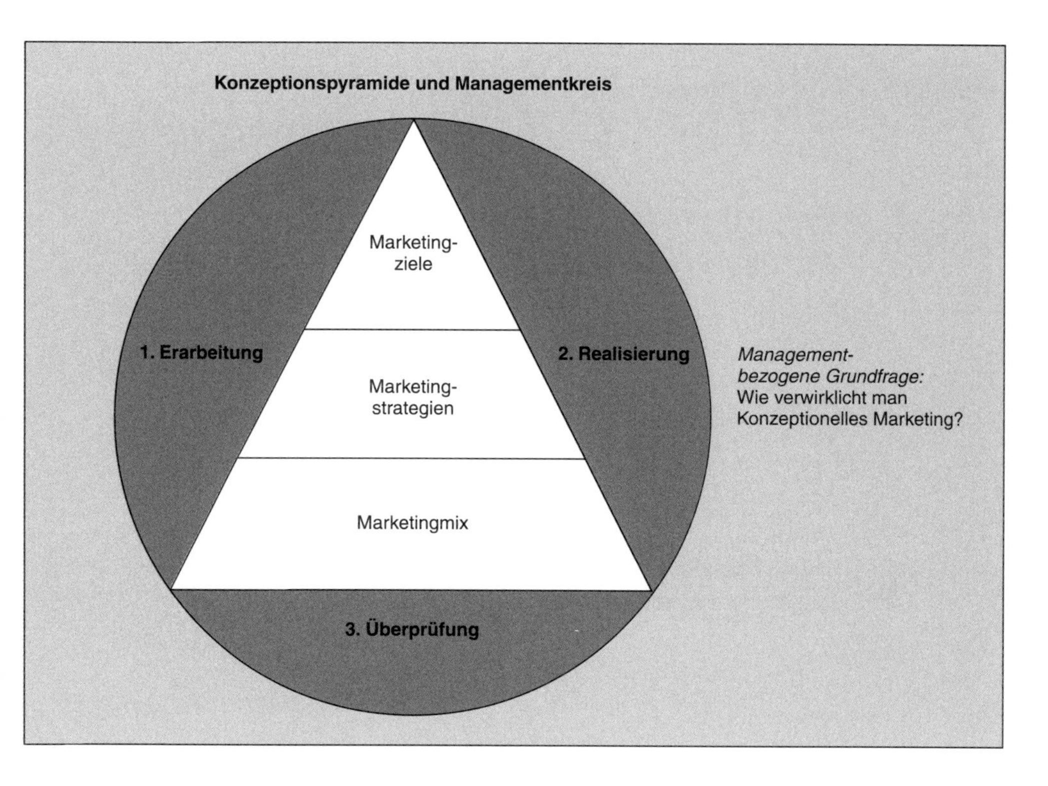


**Problemstellung:**

Rentabilitäts- und unternehmenswert-orientierte Führung setzt angesichts komplexer, dynamischer Markt- und Umweltbedingungen schlüssige, ganzheitliche Marketing-Konzeptionen voraus (= Fahrplan für das Unternehmenshandeln). Diese Fahrplan-Funktion können Konzeptionen dann erfüllen, wenn sie auf abgestimmten Entscheidungen auf allen drei Konzeptionsebenen (= Ziel-, Strategie- und Mixebene) beruhen. Die Umsetzung des Konzeptionellen Marketing stellt insofern eine umfassende Managementaufgabe dar.

**Lernziele:**

Dieser 4. Teil behandelt in einer komprimierten Darstellung management-prozessuale Kernfragen der Unternehmensführung auf der Basis des Konzeptionellen Marketing. Der Leser soll nach Durcharbeit dieses Teils eine hinreichende Kenntnis darüber besitzen, wie Marketing-Konzeptionen im Detail geplant, konsequent realisiert und – im Zeitablauf – angemessen überprüft und ggf. weiterentwickelt werden.

**Stoffbehandlung:**

Die management-bezogenen Fragestellungen der Führung von Unternehmen mit Marketing-Konzeptionen werden in drei aufeinander abgestimmten Kapiteln behandelt. Im I. Kapitel werden Grundfragen der Erarbeitung von Marketing-Konzeptionen (einschließlich der Methodik) aufgezeigt. Das II. Kapitel konzentriert sich auf Grundfragen der Konzeptrealisierung unter besonderer Berücksichtigung organisatorischer und schnittstellen-spezifischer Aspekte und das III. Kapitel ist den Grundfragen der systematischen Überprüfung von Marketing-Konzeptionen gewidmet.

**Vorbemerkungen:** Die Darstellung des Konzeptionellen Marketing wäre unvollständig, wenn nicht auch auf mehr formale **management-prozessuale Grundfragen** der Umsetzung von Marketing-Konzeptionen eingegangen würde. Andererseits handelt es sich hierbei um einen Gegenstand eigener Art, der in hohem Maße (Erfahrungs-)Objekt der allgemeinen Unternehmensführungslehre ist. Es soll und kann hier deshalb nur ein Überblick über prozessuale Managementfragen des Konzeptionellen Marketing im Unternehmen gegeben werden.

Im Mittelpunkt stehen die **funktionalen Kernfragen** des Unternehmensführungs-Prozesses „Planung, Organisation, Kontrolle", wie sie typisch sind sowohl für die Marketing- bzw. Marketing-Management-Lehre als auch die Unternehmensführungs- bzw. Management-Lehre(s. *Meffert,* 2000 bzw. *Meffert/Burmann/Kirchgeorg,* 2008 bzw. 2015; *Kotler/Bliemel,* 2001 bzw. *Kotler/Keller/Bliemel,* 2007 sowie *Steinmann/Schreyögg,* 2000; *Welge-Al-Laham,* 1992 bzw. 2003; *Macharzina,* 2003 bzw. *Macharzina/Wolf,* 2008 und 2015).

Das prozessuale Marketing-Management – auf der Grundlage des Konzeptionellen Marketingansatzes – bezieht sich auf die Erarbeitung, Realisierung und Überprüfung von ganzheitlichen, konsistenten und detaillierten Marketing-Konzeptionen.

Diese Thematik wird inzwischen stärker unter dem Begriff der **Implementierung** des Marketing im Unternehmen problematisiert. Dabei wird der Begriff Implementierung (i. S. v. Vollzug, Durch- bzw. Ausführung oder Realisierung) unterschiedlich weit gefasst (zum Implementierungsbegriff und seiner Entwicklung in der angloamerikanischen Planungs- bzw. Managementliteratur u. a. *Galbraith/Kazanjian,* 1986; *Piercy,* 1997; *Dess/Lumpkin/Eisner,* 2008). Im *weitesten* Sinne umfasst die Implementierung des Marketing bzw. von Marketing-Konzeptionen sowohl Planungs- bzw. Erarbeitungsstufen, Organisations- bzw. Realisierungsstufen als auch Kontroll- bzw. Überprüfungsstufen (vgl. etwa *Ansoff/McDonnell,* 1990; die Autoren verwenden hierfür den Begriff Implanting i. S. v. „Einpflanzen"). Im *engsten* Sinne wird die Implementierungsaufgabe von strategisch fundierten Konzepten auf Grundfragen der organisatorisch-personalen Umsetzung konzentriert (siehe etwa *Backhaus,* 2003, S. 792 ff.; *Bea/Haas,* 2013, S. 206 ff.). Eine „mittlere" Auslegung der Implementierungsaufgabe subsummiert hierunter sowohl Grundfragen der Organisation als auch der Kontrolle von Konzepten (z. B. *Meffert,* 1994 b, S. 361 ff.; erweiterter Ansatz *ders.,* 2000, S. 1006 ff.). Im Prinzip umfasst die Implementierung des Marketing bzw. von Marketing-Konzeptionen **alle drei Konkretisierungsstufen,** nämlich Planungs- bzw. Erarbeitungs-, Organisations- bzw. Realisierungs- und Kontroll- bzw. Überprüfungsstufe; denn die eigentliche Realisierung setzt erst einmal entsprechende Pläne (d. h. Konzeptionen als Fahr- oder Handlungspläne) voraus und eine konsequente Realisierung dieser konzeptionellen Pläne erfordert wiederum entsprechende Überprüfungen (Kontrollen) im Zeitablauf.

Für die Sicherung von Unternehmenswachstum und Unternehmenserfolg ist Marketing ein *zentraler* Faktor (*Fritz,* 1992 und 1995 a; *Becker, Jan,* 1999). Marketing kann aber nur dann als **Erfolgsfaktor** wirksam werden, wenn es gelingt, schlüssige, ganzheitliche Marketingkonzepte nicht nur zu erarbeiten, sondern sie auch konsequent umzusetzen. Erfolgs- und (unternehmens-)*wert*orientierte Unternehmensführung beruht in diesem Sinne auf der Auswahl der richtigen Maßnahmen **(= Effektivität)** und ihrer richtigen Umsetzung **(= Effizienz)**.

# I. Erarbeitung von Marketing-Konzeptionen

In den vorangegangenen Teilen (1. Teil „Ziele“, 2. Teil „Strategien“ und 3. Teil „Mix“) sind die grundlegenden sach-inhaltlichen wie auch die verfahrens-technischen Grundfragen der drei konzeptionellen Bausteine detailliert dargestellt worden. In diesem Teil „Management“ geht es primär um die funktional-prozessualen Aspekte des Konzeptionellen Marketing-Managements. Am Anfang stehen dabei zunächst die management-bezogenen Fragen der **tatsächlichen Erarbeitung** von schlüssigen, ganzheitlichen Marketing-Konzeptionen als notwendige Grundlage konsequenter markt- und kundenorientierter Unternehmensführung.

Ehe die Vorgehensweisen bei der konkreten Ausarbeitung von Marketing-Konzeptionen näher behandelt werden, sollen **grundlegende Veränderungen** der Planungsbedingungen und Fragen der konzeptionellen Planbarkeit des unternehmerischen Handelns überhaupt skizziert werden.

## 1. Erschwerte Umweltbedingungen und Möglichkeiten bzw. Zwänge konzeptionellen Handelns

Die **Unternehmensumwelt** hat sich grundlegend gewandelt; sie ist sowohl dynamischer als auch komplexer geworden. Die großen Veränderungen haben unterschiedliche Bezugspunkte, nämlich in **Gesellschaft, Wirtschaft, Technik.** Dahinter stehen Wertewandel, demografische Veränderungen, ökologisches Bewusstsein, Wachstumsgrenzen, Arbeitslosigkeit, Globalisierung des Wettbewerbs, neue Technologien, neue Informations- und Kommunikationssysteme (*Naisbitt/Aburdene,* 1990; *Hehenberger,* 1995; *Macharzina/Wolf,* 2008 bzw. 2015).

Diese grundlegenden Veränderungen (Veränderungsprozesse) haben auch **Märkte** nachhaltig beeinflusst und wesentlichen Wandlungen unterworfen. Sie finden ihren Niederschlag u. a. in sowohl wachsenden bzw. rückläufigen Märkten, polarisierten Kauf- und Konsumverhaltensweisen, Fragmentierung der Märkte, Verdrängungswettbewerb, Verkürzung der Produktlebenszyklen, Preisverfall, Innovationsdynamik.

**Komplexität und Dynamik** der Veränderungsprozesse bedeutet, dass die Umwelt bzw. die Umsysteme der Unternehmen „in einer gegebenen Zeitspanne eine große Anzahl von verschiedenen Zuständen annehmen können“ (*Bleicher,* 1996, S. 31). Unternehmen geraten unter diesen Umweltbedingungen zunehmend in eine **Zeitschere,** die sich modellhaft abbilden lässt *(Abb. 497).*

Das Dilemma einer sich abzeichnenden weiter öffnenden Zeitschere besteht für die Unternehmen darin, dass die zunehmende Umweltdynamik einerseits immer kürzere Reaktionszeiten erzwingt, während wachsende Komplexität andererseits eher längere Reaktionszeiten erfordert. Damit aber stellt sich die Grundfrage der „Beherrschbarkeit“ der Umweltbedingungen bzw. die Möglichkeit ihrer **Planbarkeit** als Grundlage unternehmerischen Handelns.

Unternehmen haben grundsätzlich **zwei Möglichkeiten** der Komplexität- und Dynamikbewältigung: den *inkrementalen* Planungsansatz einerseits und den *synoptischen* Planungsansatz andererseits (vgl. hierzu u. a. *Welge/Al-Laham,* 1992, S. 35 ff.; *Hentze/Brose/Kammel,* 1993, S. 53 f.; *Bea/Haas,* 2013, S. 212 ff.).

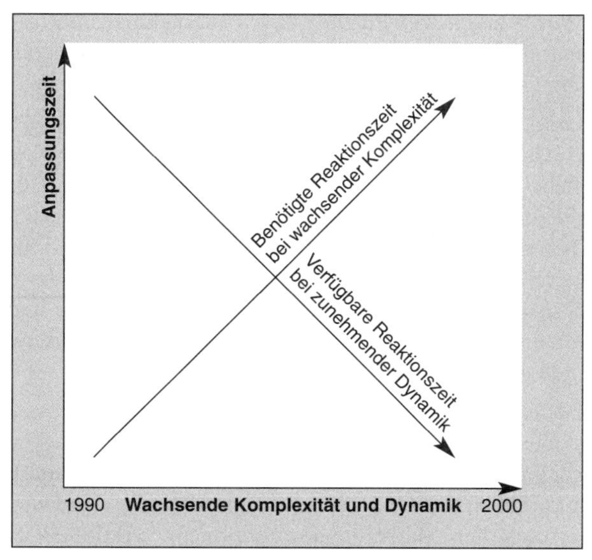


*Quelle: Bleicher,* 1996, S. 39

*Abb. 497: Zeitscheren-Problem der Unternehmensführung*

Der **inkrementale Planungsansatz** geht davon aus, dass eine vollständige Durchdringung der Planungszusammenhänge in komplex-dynamischen Situationen nicht möglich ist, und zwar sowohl aufgrund der begrenzten Informationsverarbeitungs-Kapazität der Planungsträger als auch aufgrund der nicht gegebenen Informationsvollständigkeit. Unternehmen und ihre Planungsträger seien demnach gezwungen, ein eher *reaktives* Entscheidungs- und Planungsverhalten auf aktuelle Probleme zu wählen. Das unternehmerische Verhalten ist nach dieser Sicht auf kurzfristige Teilprobleme und ihre Lösung konzentriert. Die Entscheidungen werden dabei eher unverbunden (isoliert) und intuitiv getroffen. Eine solche Interpretation des Planungs- bzw. Entscheidungsverhaltens geht z. T. auch auf empirische Untersuchungen zurück (etwa *Lindblom,* 1959 bzw. 1969 (Charakterisierung als „Muddling Through" = Durchwursteln); *Mintzberg,* 1989, S. 214 f. bzw. 1995, S. 335 ff. („Graswurzel-Modell" der Strategiebildung = unkontrolliertes Entstehen)).

Dem **synoptischen Planungsansatz** liegt demgegenüber ein bewusster und gesteuerter Planungsprozess zugrunde. Er erfolgt *antizipativ* und zielorientiert und ist umfassend sowie eher mittel- und langfristig angelegt. Der synoptische Planungsansatz beruht auf einer detaillierten Umwelt- und Unternehmensanalyse und würdigt alle (viele) Entscheidungsalternativen (Optionen). Der synoptische Ansatz ist insbesondere durch seinen normativen Anspruch gekennzeichnet, d. h. es „werden Gestaltungsempfehlungen für den Prozess der strategischen Planung abgeleitet, die eine erhöhte Effizienz der Problemlösung ermöglichen sollen" (*Welge/Al-Laham,* 1992, S. 35). Dieser Ansatz liegt den klassischen Planungsmodellen zugrunde (u. a. *Ansoff,* 1965; *Vancil/Lorange,* 1977) und wird in hohem Maße bis heute – auch und gerade unter erschwerten Umweltbedingungen des Unternehmens – als gültiges bzw. anzustrebendes Planungsmuster angesehen (insbesondere von Vertretern der angelsächsischen „Design-School", u. a. *Aaker,* 1989; *Porter,* 1995; *Ghemawat,* 1991; *Pettigrew/Whipp,* 1992; *Grant,* 1995; *Wilson/Gilligan,* 1997; der synoptische Planungsansatz liegt aber auch der einschlägigen deutschsprachigen Literatur zur strategischen Planung bzw. Unternehmensführung zugrunde, siehe etwa *Welge/Al-Laham,* 1992; *Hentze/Brose/Kammel,* 1993; *Steinmann/Schreyögg,* 2000; *Bea/Haas,* 2013; *Hungenberg,* 2008; *Machazina/Wolf,* 2008 bzw. 2015).

Das synoptische Planungsvorgehen liegt grundsätzlich auch dem **Konzeptionellen Ansatz,** der Gegenstand dieses Buches ist, zugrunde, und zwar insoweit, als das Konzeptionelle Marketing durch ein möglichst konsequentes, ganzheitlich orientiertes, mittel- und langfristig angelegtes Vorgehen gekennzeichnet ist. Zwar gilt gerade auch für Märkte die generelle Situation einer hohen Dynamik und Komplexität. Gleichwohl erlauben fundierte Markt- und Umweltanalysen – auch wenn sie das generelle Unsicherheitsproblem nicht vollständig zu lösen vermögen –, Strukturen und Veränderungsprozesse zu erfassen und **Muster** im Markt- und Abnehmerverhalten zu erkennen, die einem konzeptionell orientierten, integrierten Planungsprozess zugrunde gelegt werden können.

Ein solcher konzeptioneller, ganzheitlich orientierter Planungsprozess, an dessen Ende eine vollständige, konsistente Marketing-Konzeption steht, dient der marktorientierten **Kursbestimmung** des Unternehmens. Gerade angesichts komplexer Markt- und Umweltkonstellationen und ihrer hohen Veränderungsdynamik bedarf die Führung von Unternehmen umfassender, ziel-strategisch fundierter Marketing-Konzeptionen. „Aktionistische" Planungs- und Entscheidungsschritte, in die sich nicht wenige Unternehmen angesichts erschwerter Markt- und Umweltbedingungen flüchten, bergen dagegen erhebliche Gefahren. Eine solche, dem inkrementalen Planungsansatz nahe stehende Verhaltensweise führt zwangsläufig zu unverbundenen, ggf. widersprüchlichen Teillösungen („Insellösungen"), die im Prinzip nicht zusammenpassen, nicht zielführend sind und am Ende nur schwer bzw. nur mit erheblichem Aufwand zu korrigieren sind. Umfassende, vollständige, schlüssige Marketing-Konzeptionen sind insoweit der **gebotene Management-Ansatz,** um von vornherein ein koordiniertes Markt- und Unternehmenshandeln zu ermöglichen, das ohne aufwändige, zeitvernichtende Nachbesserungen auskommt (zum generellen Ansatz eines integrierten Managements auf gesamtunternehmerischer Ebene siehe auch *Bleicher,* 1996, zu den marketingbezogenen Aspekten eines integrierten Managements auch *Weinhold-Stünzi,* 1997).

**Fazit:** Auch und gerade hohe Markt- und Umweltkomplexität wie -dynamik erzwingt mehr denn je konzeptionell gesteuertes Markt- und Unternehmensverhalten. Eine Marketing-Konzeption stellt den grundlegenden **Leitplan** für das *gesamte* Unternehmen dar, denn Käufermärkte machen eine konsequente Markt- und Kundenorientierung notwendig (= Marketing als Führungsphilosophie, vgl. hierzu auch die Einführung: Der Konzeptionelle Ansatz des Marketing). Das heißt, alle markt- bzw. kundenrelevanten Entscheidungen müssen unter dem „Diktat" dieses Leitplans koordiniert werden.

Die markt- und kunden-orientierte Leitplanung des Unternehmens bedeutet dabei nicht Starrheit des unternehmerischen Agierens, sondern ist vielmehr die Voraussetzung für eine **kontrollierte Flexibilität** des Unternehmens. Ein solches flexibles Handeln ist jedoch nicht aktionistisch, sondern vollzieht sich geplant im Rahmen zielstrategischer Bandbreiten („Kanalisierungen") – das heißt also ohne Aufgabe eines bisher verfolgten Grundkonzepts, ggf. aber mit entsprechenden Anpassungen im Zeitablauf (Evolution). Nur aufgrund eines konzeptionell gestützten Vorgehens können Kompetenzen und Wettbewerbsvorteile des Unternehmens nicht nur aufgebaut, sondern vor allem auch erhalten, ausgebaut bzw. weiter entwickelt werden.

Konzeptionelles Vorgehen ist so gesehen eine **notwendige Voraussetzung** erfolgsorientierter Unternehmensführung, gerade auch angesichts erschwerter Markt- und Umweltbedingungen.

Die Vollständigkeit wie auch die Qualität der konzeptionellen Planung hängen dabei von computergestützten **Informations- bzw. Entscheidungsunterstützungssystemen** ab. Was die Ausgestaltung solcher Systeme betrifft, so können verschiedene **Ansätze** gewählt werden (*Gaul/Both,* 1990, S. 66 ff., S. 161 ff.; s. a. *Bea/Haas,* 2013, S. 350 ff.):

- **Informationsorientierte Systeme,**
- **Entscheidungsorientierte Systeme,**
- **Wissensorientierte Systeme.**

**Informationsorientierte Systeme** dienen der Speicherung und Bereitstellung entscheidungsrelevanter Daten, und zwar unternehmensinterner wie -externer Art. Diese für die Planung wie auch Realisierung von Marketing-Konzeptionen nutzbaren Systeme können als Management Information Systems (MIS) oder Marketing Information Systems (MAIS) aufgebaut sein. Als MIS bzw. MAIS werden in diesem Sinne computergestützte Systeme verstanden, die Daten aus unterschiedlichen Quellen (z. B. Rechnungswesen, Marktforschung) selektieren und integrieren und sowohl periodisch als auch ad hoc entscheidungsrelevante Informationen für die Organisationsmitglieder aller Hierarchieebenen in unterschiedlichen Aggregationsformen für deren Planungs- bzw. Realisierungsentscheidungen zur Verfügung stellen (zu den grundsätzlichen Ausgestaltungsformen siehe Überblicke bei *Macharzina/Wolf,* 2008, S. 869 ff.; *Bea/Haas,* 2013, S. 351 f., zu den Ausprägungsformen (wie Administrations-, Dispositions-, Berichts- und Auskunftssystemen) im Einzelnen *Gaul/Both,* 1990, S. 166 ff.).

**Entscheidungsorientierte Systeme** ermöglichen die Analyse von Beziehungen zwischen den Daten, und zwar unter besonderer Berücksichtigung konzeptioneller Alternativen und situativer Markt- und Umweltkonstellationen. In dieser Hinsicht versucht man sog. Decision Support Systems (DSS) aufzubauen, die typischerweise vier Bausteine (Komponenten) umfassen: Daten-, Modell- und Methodenbank sowie Benutzerschnittstelle. Solche DSS sollen Entscheider vor allem bei schlecht-strukturierten Problemen (zur Definition schlecht-strukturierter Probleme vgl. auch *Pfohl,* 1977, S. 260 ff.) unterstützen, und zwar über die Anwendung einfacher mathematisch-statistischer Verfahren bis hin zu Entscheidungsmodellen bzw. Verfahren des Operations Research (OR). Decision Support Systems bauen prinzipiell auf vier Säulen (Grundkomponenten), nämlich Daten-, Modell- und Methodenbank sowie Benutzerschnittstelle, auf (*Bea/Haas,* 2013, S. 352 f.). Die Nutzung dieser Systeme hängt dabei von der Qualifikation (Know how) der Mitarbeiter ab (zu spezifischen Planungssystemen (-modellen), wie z. B. einem modellorientierten System zur Portfolio-Planung (STRATPORT) oder zu einem modell-orientierten System zur strategischen Früherkennung (WARNPLAN) und ihren grundsätzlichen Anwendungsmöglichkeiten, siehe die Überblicke bei *Meffert,* 1994 b, S. 387 f. bzw. S. 388 f.).

**Wissensorientierte Systeme** sind computergestützten Systeme, auf deren Basis versucht wird, menschliche Fähigkeiten bis zu einem gewissen Grade nachzubilden (Künstliche Intelligenz, *Russel/Norvig*, 2012). Solche Systeme werden auch als sog. Expertensysteme bezeichnet. Expertensysteme sind in der Lage, komplexe Problemstellungen aus eng abgegrenzten Entscheidungsbereichen zu lösen, und zwar in der Weise, dass Problemlösungsverhalten von Experten simuliert wird. Der Ansatz dieser Systeme besteht darin, dem Benutzer qualitatives Wissen bzw. Erfahrungen, subjektive Einschätzungen und Faustregeln zur Problemlösung zur Verfügung zu stellen (*Turban,* 1995; als Beispiel von Expertensystemen für die Werbung siehe *Esch/Kroeber-Riel,* 1994 bzw. *Kroeber-Riel/Weinberg/Gröppel-Klein*, 2009, S. 43 f.). Ein **Computer Aided Advertising System** (CAAS) umfasst das Such- („Kreativ"-), das Beratungs- („Gestaltungs"-), das Bild-/Text-(„Umsetzungs"-) und das Beurteilungs-(„Kontroll"-)System *(Abb. 498)*. Damit sollen Beeinflussungstechniken der Werbung beurteilt und verbessert werden.

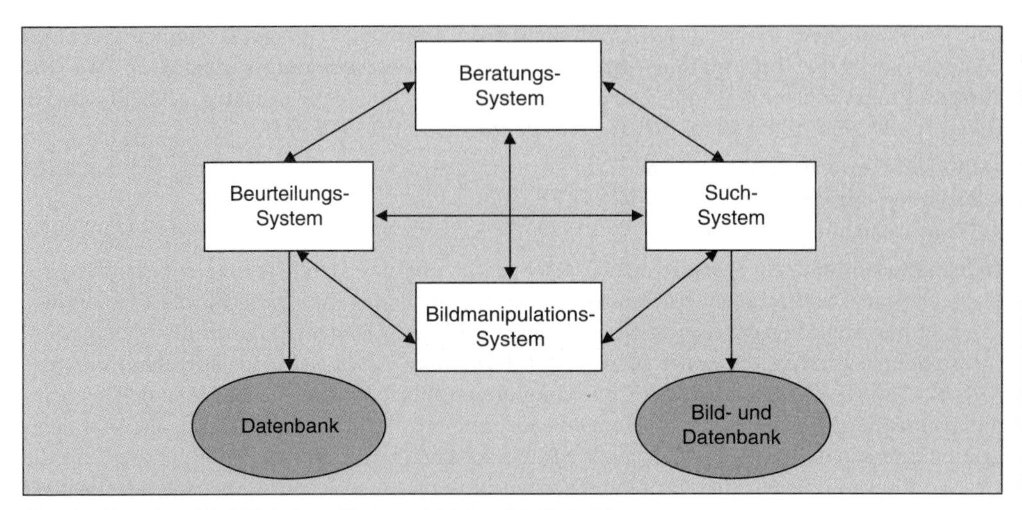


*Quelle: Kroeber-Riel/Weinberg/Gröppel-Klein, 2013, S. 45*

*Abb. 498: Das CAAS-System*

Die Nutzung von Expertensystemen erfolgt grundsätzlich auf die durch das System vorgegebene Art und Weise; sie folgt in dieser Hinsicht dem **Problemlösungsverhalten** eines Experten (zu spezifischen Planungssystemen, wie z. B. einem wissensorientierten System zur Portfolio-Planung (STRATEX) oder einem wissensorientierten System zur Wettbewerbsanalyse (EXSTRABS) und ihren prinzipiellen Einsatzmöglichkeiten, siehe die Kurzdarstellung bei *Meffert,* 1994 b, S. 393 f. bzw. S. 394 f.).

Neuere Entwicklungen gehen dahin, informations-, modell- und wissensorientierte Systeme zu sog. **integrierten Entscheidungsunterstützungssystemen** (IEUS) zu verknüpfen (zu den informationstechnologischen Möglichkeiten und ihrer Bedeutung für das Marketing *Gaul/Both,* 1990, S. 243 ff.; *Schinzer,* 1996, S. 51 ff.; zu den Marketinganforderungen *Homburg/Krohmer,* 2006, S. 1181 ff.; *Meffert/Burmann/Kirchgeorg*, 2012, S. 863 ff.).

Erhebliche *qualitative* Verbesserungen von Entscheidungsunterstützungssystemen können durch neue integrierte Datenbankkonzepte und eine stärkere Automatisierung der Datenanalyse erreicht werden. Insbesondere das sog. **Data Warehousing** erlaubt funktionsbereichübergreifende Datennutzungen, etwa gegliedert nach Geschäftsfeldern, Gebieten, Kunden usw. (*Immon*, 1996; *Mc Kinsey/Kempis*, 1998; *Schütte et al.,* 2001).

## 2. Konzeptionelle Stufen, Inhalte und Resultate

Dem konzeptionell gestützten Markt- und Unternehmenshandeln geht ein entsprechender Planungsprozess voraus. Die Erarbeitung einer ganzheitlich orientierten und zugleich detaillierten Marketing-Konzeption bedingt einen **systematischen, gestuften Prozess**, der in einem Prozess-Schema (i. S. der **konzeptionellen Kette**) abgebildet werden kann *(Abb. 499)*.

Eine fundierte, an den spezifischen Umwelt- und Unternehmensbedingungen und ihren Perspektiven anknüpfende Marketing-Konzeption setzt entsprechende detaillierte **Analysen** und Ableitungen von **Prognosen** (Projektionen) voraus. Wichtige Inhalte dieser Analyse- und Projektionsstufe sind bereits im 1. Teil „Marketingziele“ (Abschnitt Zielbildung und Bedin-

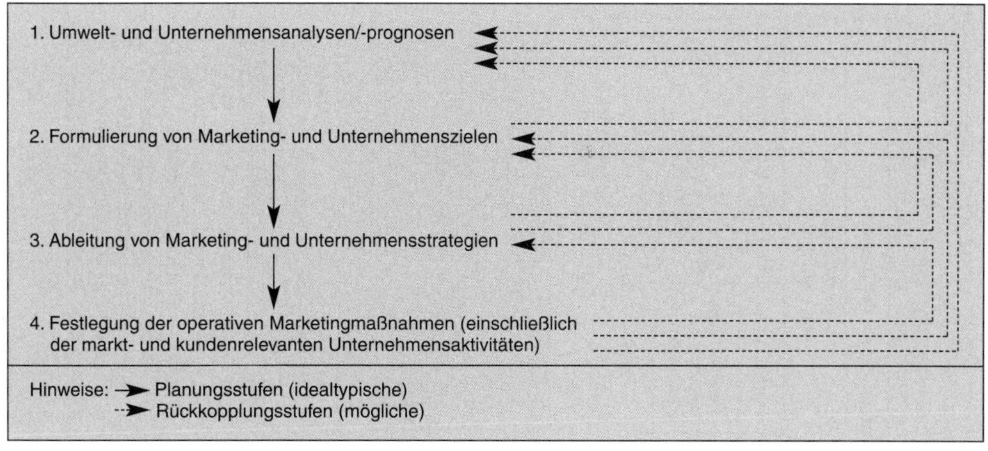


*Abb. 499: Planungsstufen einer Marketing-Konzeption (mit Analysestufe)*

gungslagen unternehmensexterner und -interner Art) herausgearbeitet worden. Grundlegende Fragen und Ansatzpunkte der marktbezogenen Analytik sind darüber hinaus im 2. Teil „Strategien" (Kapitel Methoden und Kalküle der Strategiebestimmung, Abschnitt Marktstrukturanalysen und Marktprognosen) aufgezeigt worden.

Eckpunkte der konzeptionellen Marketing- und Unternehmensplanung bilden dabei **Markt- bzw. Branchenentwicklung** einerseits und **Wettbewerbssituation** andererseits. Die zielstrategischen Wirkungszusammenhänge sind dabei sehr komplex, ihre interdependenten Grundstrukturen lassen sich modellhaft skizzieren *(Abb. 500).*

Analyse und Prognose der Markt- bzw. Branchenentwicklung dient der Ermittlung des **Marktvolumens** und der Abschätzung der eigenen **Marktposition** (Marktanteil) im Vergleich zu den (wichtigsten) Wettbewerbern. Das heißt, für das Unternehmen bzw. seine einzelnen Geschäftseinheiten bzw. strategischen Geschäftsfelder sind Informationen darüber zu gewinnen, wie sich das Marktvolumen (also das tatsächliche Absatzvolumen einer Branche) entwickeln wird und welches Marktpotenzial (also welche noch mögliche Aufnahmemöglichkeit des Marktes) grundsätzlich gegeben ist. Die Entwicklung von Marktvolumen bzw. Marktpotenzial wird in hohem Maße von der **Wettbewerbsdynamik** beeinflusst (siehe hierzu auch den „Five-Forces"-Ansatz von *Porter,* 1995). Der Wettbewerb entscheidet letztlich darüber, welchen Anteil des Marktes (Marktanteil) das Unternehmen gewinnen kann (vgl. hierzu auch 2. Teil „Strategien", Kapitel Methoden und Kalküle zu Strategiebestimmung, Abschnitt Analyse allgemeiner und spezifischer Umfeldbedingungen).

Auf Basis dieser Analysen lassen sich mögliche Absatzmengen bzw. Absatzpreise und daraus abgeleitet **mögliche Absatzerlöse** (Umsätze) ermitteln. Hierbei sind bereits ziel-strategische Ansatzpunkte zu berücksichtigen – nämlich Oberzielansprüche (Gewinn bzw. Rentabilität) einerseits und marketing-strategische Optionen (z. B. Präferenz- versus Preis-Mengen-Strategie) andererseits.

„Die prognostizierten Absatz- und Umsatzgrößen bzw. die produktspezifischen Kosten (unter Berücksichtigung leistungswirtschaftlicher Bedingungen bzw. Optionen der Beschaffung und/oder Produktion, Erg. J. B.) stellen wiederum Eingangsdaten für die vorausschauende Unternehmensrechnung dar" (*Zäpfel,* 1989 a, S. 101).

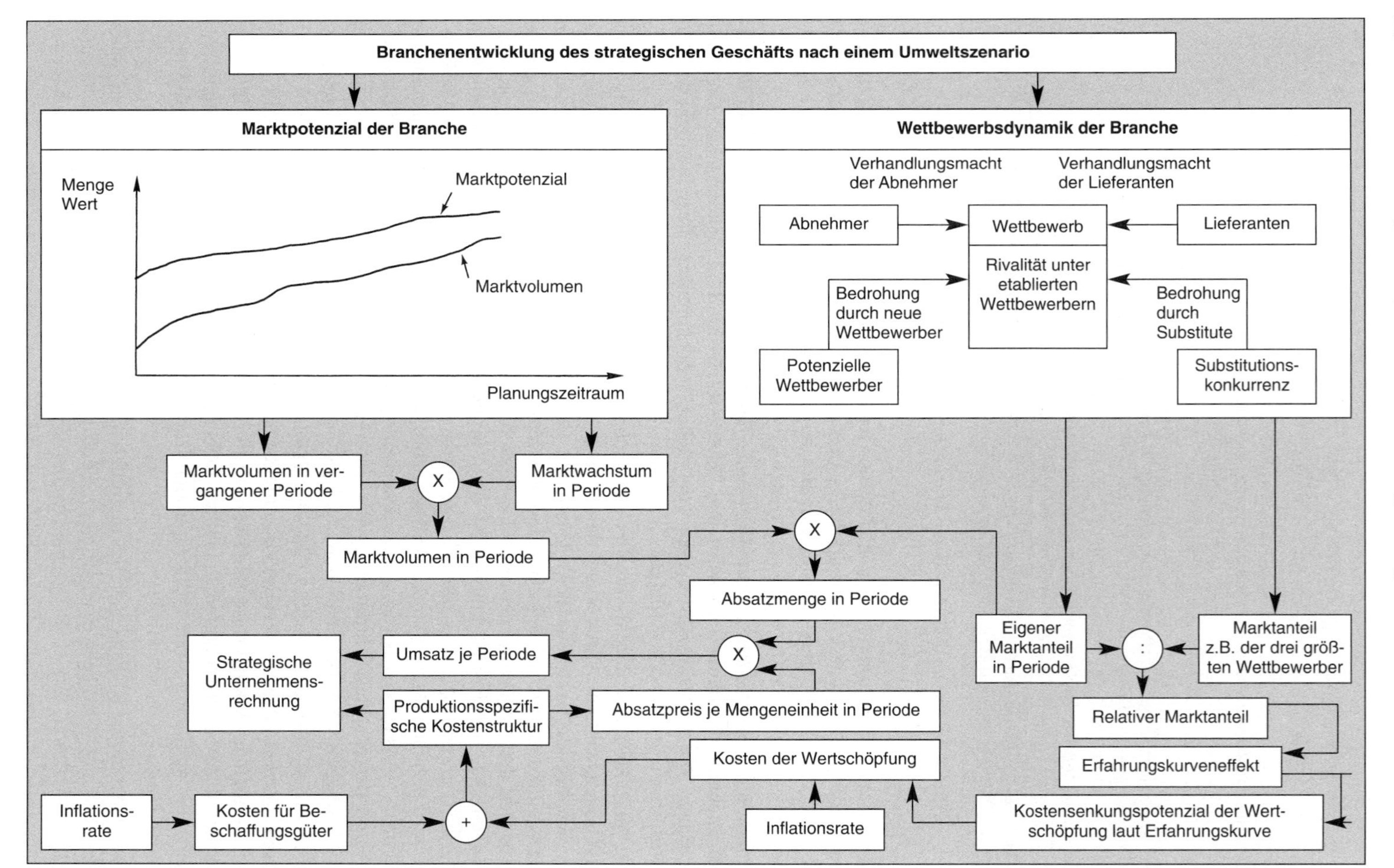


*Quelle: Zäpfel,* 1989 a, S. 102

*Abb. 500: Markt- und Wettbewerbskonstellationen und ihre ziel-strategischen Wirkungszusammenhänge*

Der Einstieg in die eigentliche marketing-konzeptionelle Planung erfolgt *idealtypisch* auf der Zielebene (= 1. Konzeptionsebene, vgl. hierzu im Einzelnen 1. Teil „Marketingziele"). Aufgrund der Umwelt- (i. e. S. Markt-) und Unternehmensanalysen ist ein Unternehmen in der Lage – und zwar auf Basis bisher erreichter Zielpositionen („Wunschorte") –, die zukünftig **angestrebten Zielpositionen** festzulegen. Ausgangspunkt bilden dabei die Oberziele des Unternehmens (Rentabilität sowie Unternehmenswert, siehe hierzu auch Schlusskapitel „Grundorientierungen") und ihre Fixierung. Sie stellen den unmittelbaren Anknüpfungspunkt für die Ableitung der Marketingziele dar, die ihrerseits einen ganz zentralen Beitrag für die Erfüllung der unternehmerischen Oberziele leisten, wie z. B. Umsatz- und Marktanteilsziele (vgl. hierzu auch den engen Zusammenhang zwischen Return-on-Investment (ROI) und Marktanteil aufgrund der *PIMS*-Studien, *Buzzel/Gale,* 1987 bzw. 1989). Umsatz- und Marktanteilsziele als wichtige marktökonomische Ziele und grundlegende marktpsychologische Ziele wie Bekanntheitsgrad und Image bilden wiederum die Ansatzpunkte für die Ableitung operativer Bereichs- bzw. Instrumentalziele (z. B. Produkt- oder Kommunikationsziele).

„Überwölbt" werden die Markt- und Unternehmensziele von den **sog. Metazielen,** insbesondere der Mission und der Vision des Unternehmens. Sie markieren das grundsätzliche Betätigungsfeld des Unternehmens (z. B. einen spezifischen Marktausschnitt, eine besondere Problemlösung und/oder einen typischen Vermarktungsansatz) und seine ehrgeizige, wettbewerbsorientierte Weiterentwicklung (z. B. von isolierten Problemlösungen zu komplexen Systemlösungen, Neudefinition von Angebotsformen und (Kern-)Kompetenz). Die Bedeutung von Mission und Vision für eine konsequente Unternehmenssteuerung sind im 1. Teil „Marketingziele" – auch unter Verwendung von Beispielen – näher skizziert worden (zur Bedeutung speziell von Visionen siehe *Große-Oetringhaus,* 1996; *Hinterhuber,* 2004; zum Ansatz wertsteigernder Kernkompetenzen *Deutsch et al.,* 1997).

Das – vor dem Hintergrund der Umwelt- und Unternehmensbedingungen bzw. ihrer Perspektiven – entwickelte Zielsystem des Unternehmens bildet Voraussetzung und Anknüpfungspunkt für die **marketing-strategische Planung** (= 2. Konzeptionsebene, vgl. hierzu im Einzelnen 2. Teil „Marketingstrategien"). Dabei sind vier grundlegende *abnehmer*orientierte Marketingstrategien unterschieden worden: Marktfeld-, Markstimulierungs-, Marktparzellierungs- und Marktarealstrategien, die implizit auch die entscheidenden wettbewerbsstrategischen Ansatzpunkte enthalten (vgl. hierzu auch *Meffert,* 1994 b, S. 113 f.; zur Begründung, dass es sich bei den sog. handelsgerichteten Strategien nicht um eigentliche Strategien handelt, siehe 3. Teil „Marketingmix", Abschnitt Strategieorientierung des Marketingmix).

Während die **Marktfeldstrategien** die grundsätzlichen strategischen Stoßrichtungen des Unternehmens festlegen (z. B. Produktentwicklung und/oder Diversifikation), bestimmen die **Marktstimulierungsstrategien** die grundlegende Art und Weise der Einwirkung auf den Markt (entweder die auf Leistungsvorteile gerichtete Präferenzstrategie oder die auf den Preisvorteil fokussierte Preis-Mengen-Strategie). Die **Marktparzellierungsstrategien** legen andererseits die Art und den Grad der Differenzierung in der Marktbearbeitung fest (entweder Massenmarkt- oder Marktsegmentierungsstrategie). Während die Massenmarktstrategie auf die Bedienung von Grundmärkten gerichtet ist, wählen Segmentierungsstrategien einen differenzierten, auf spezifische Zielgruppen ausgerichteten Marktbearbeitungsansatz. Immer stärker werden auch weitergehende strategische Differenzierungsschritte gewählt (wie Nischen- und Kundenorientiertes („Customized") Marketing, siehe im Einzelnen *Becker,* 2000 a). Die **Marktarealstrategien** schließlich legen das geo-politische Vorgehen des Unternehmens fest (vom nationalen („domestic") bis hin zum übernationalen („international") Marketing).

Entscheidend ist, dass Unternehmen nur dann eine hinreichende strategische Führung ihres Marketing- und Unternehmenshandelns besitzen, wenn sie sich auf allen **vier strategischen Ebenen** festlegen, mit anderen Worten also ein integriertes, *mehrdimensionales* Strategiekonzept besitzen. Im Rahmen eines solchen integrierten und damit vollständigen Konzepts sind – wie im 2. Teil „Marketingstrategien" (siehe speziell Kapitel Strategiekombinationen) aufgezeigt wurde – auch strategische Weiterentwicklungen (Evolutionsformen) über horizontalkombinierende Strategien auf den vier genannten Strategieebenen möglich.

Seinen Niederschlag findet das strategische Grundkonzept eines Unternehmens auch in der gewählten **Marktpositionierung** (siehe *Becker,* 1996 b sowie i. E. *Tomczak/Rudolph/Roosdorp,* 1996; *Esch,* 2007; *Ries/Trout*, 2012); denn konsequente Markt- und Kundenorientierung des Unternehmens setzt die Bestimmung und Einnahme einer definierten Marktposition voraus. Sie bildet gleichsam das **Fundament** für die Ableitung und Steuerung eines adäquaten Marketingmixprogrammes, d. h. der operativen Marketingmittel bzw. -instrumente.

Grundfragen der Positionierung sind im 2. Teil „Strategien" (Kapitel Marktsegmentierungsstrategien) näher behandelt worden. Welche **grundlegende Rolle** die Positionierung für die Planung (Erarbeitung) von Marketing-Konzeptionen spielt, soll an einem Beispiel aus dem Handel skizziert werden *(Abb. 501).*

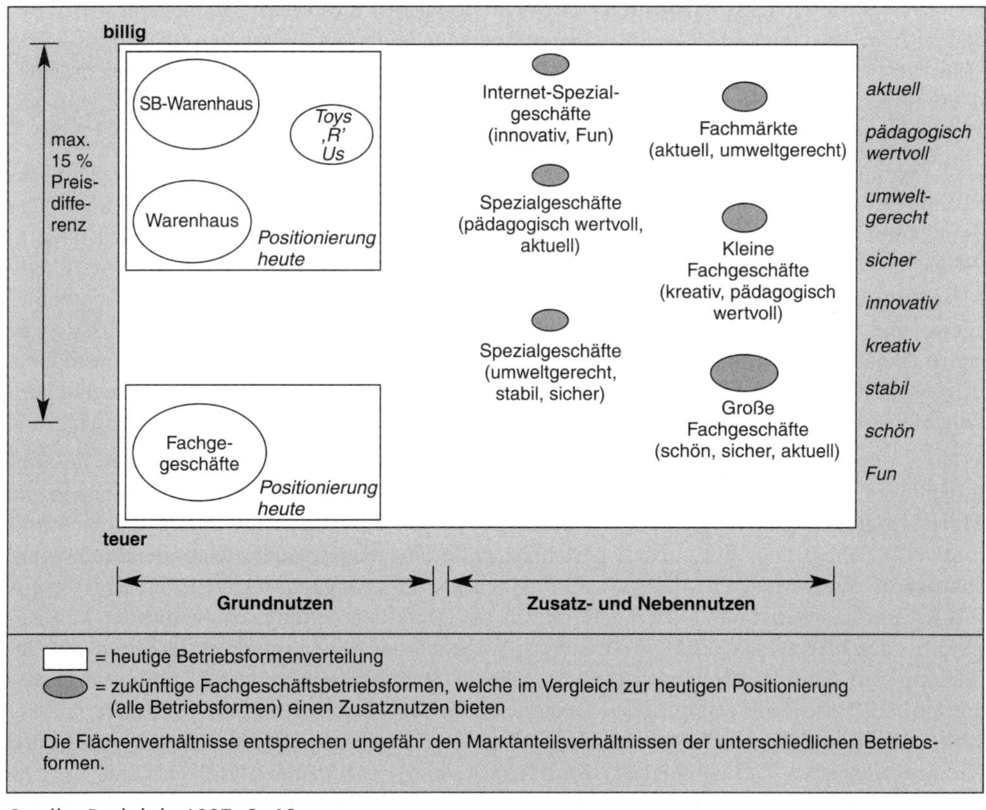


*Quelle: Rudolph,* 1997, S. 46

*Abb. 501: Mehrdimensionales Positionierungsraster für ein Spielwarenfachgeschäft*

Dem Aufstellen von Positionierungs-Alternativen liegen im Wesentlichen **drei Grundfragen** zugrunde:

- Welche Kernleistungen sollen gegenüber Konkurrenzangeboten einen Wettbewerbsvorteil begründen (= **Differenzierungsentscheidung**)?
- Welche Zielgruppen stehen im Mittelpunkt der Marketingbemühungen (= **Zielgruppenentscheidung**)?
- Mit welchen Marketinginstrumenten soll den Zielkunden die Einzigartigkeit des Angebots (USP) deutlich gemacht werden (= **Instrumentalentscheidung**)?

„Beispielsweise könnte ein Spielwarenhändler ältere Konsumenten (Großeltern) mit hochwertigen Spielwaren durch gezielte Direct-Marketing-Aktionen vor den Saison-Höhepunkten Ostern und Weihnachten ansprechen. Sein stationäres Geschäft soll den Kriterien „bequem, persönlich und vertrauenserweckend" entsprechen, weil ältere Konsumenten dies besonders schätzen. Eine Alternative dazu wäre, über das Internet . . . – einem relativ neuen Distributionskanal – technisch interessante Spielwaren an die Zielgruppe der „PC-Freaks" zu verkaufen. Dafür spricht, dass sehr wenige Konkurrenten diesen Kanal bisher bedienen, die genannte Zielgruppe spezifische Bedürfnisse besitzt und die hohen Fixkosten für das stationäre Geschäft sowie die Personalkosten entfallen" (*Rudolph,* 1997, S. 45, vgl. auch *Abb. 501*).

Zahlreiche weitere **Alternativen** sind vorstellbar, ohne dass das an dieser Stelle vertieft werden kann.

Positionierungsentscheidungen stellen insoweit **strategische Kern- oder Schlüsselentscheidungen** des markt-orientierten Unternehmens dar, die im Zeitablauf ggf. nachjustiert werden müssen, und zwar aufgrund der allgemeinen Markt- und Wettbewerbsdynamik (*Becker,* 1996 b, S. 22). Nur so bilden sie eine verlässliche Grundlage für die Auswahl der operativen Marketinginstrumente nach Art sowie qualitativem und quantitativem Niveau.

Ihre eigentliche Realisierung findet eine ziel-strategisch fundierte Marketing-Konzeption – das wird mit diesen Darlegungen noch einmal deutlich – in den **operativ-instrumentalen Marketingmaßnahmen** (= 3. Konzeptionsebene, vgl. hierzu im Einzelnen 3. Teil „Marketingmix"). Sie füllen eine Marketing-Konzeption mit eigentlichem Leben: es sind die seh-, Fühl- und hör- (ggf. auch riech-)baren Marketingmaßnahmen, die sich an die Zielgruppen bzw. Kunden des Unternehmens richten. Drei instrumentale Aktionsfelder(-bereiche) können in dieser Hinsicht unterschieden werden: die Angebotspolitik (mit ihren Basisinstrumenten Produkt, Programm und Preis = verantwortlich für die Produkt- bzw. Problemlösungsleistung), die Distributionspolitik (mit ihren Basisinstrumenten Absatzwege, Absatzorganisation und Absatzlogistik = verantwortlich für die Präsenzleistung) sowie die Kommunikationspolitik (mit ihren Basisinstrumenten Werbung, Verkaufsförderung und Public Relations = verantwortlich für die Profilleistung). Die drei Teilleistungen des Marketingmix gilt es konzeptionsgerecht zu kombinieren, wobei – je nach individuellem konzeptionellen Ansatz – besondere Schwerpunkte auf einzelne Teilleistungen gesetzt werden können (zu den Planungsgrundlagen siehe auch das Kapitel Planungstechniken und Kalküle zur Marketingmixfestlegung).

Erst das ziel-orientierte, strategie-adäquate Verknüpfen von **instrumentalen Produkt-, Präsenz- und Profilleistungen** schafft jene Marktleistungen, die von den jeweiligen Abnehmern (Zielgruppen) akzeptiert werden. Die Wettbewerbsintensität in den Märkten hat im Übrigen dazu beigetragen, dass immer wieder *neue* Instrumente entwickelt wurden, die meist spezifische Aufgaben bei der Realisierung ziel-strategischer Basiskonzepte leisten können bzw. sollen (u. a. Product Placement, Sponsoring, Event- und Erlebnismarketing).

Der allgemein zunehmende Wettbewerb in den meisten Märkten und der daraus folgende Zwang zu möglichst eigenständiger Positionierung im Markt, hat notwendigerweise auch zu **neuen ganzheitlichen Konzeptionsansätzen** geführt wie Erlebnis-, Beziehungs- und Öko-Marketing (siehe hierzu 3. Teil „Marketingmix", Abschnitt Neuere umfassendere Marketingansätze). Unternehmen sind umso erfolgreicher am Markt, je spezifischer und schwerer nachahmbar sie ihr Konzept umsetzen. Eine große Rolle spielt dabei auch die Anpassung an neue Spielregeln im Markt (wie neue Preis-Leistungs-Verhältnisse, neue Servicestandards, neue *Internet-* bzw. *E-Commerce*-Lösungen) oder noch besser: das **initiative Setzen** solcher Spielregeln. Nicht zuletzt auf diese Weise vermögen Unternehmen besondere Kompetenzen am Markt aufzubauen, die Kundenbindungen schaffen und damit Voraussetzungen für dauerhaften Markt- und Unternehmenserfolg (vgl. hierzu auch *Oetinger,* 1993, S. 92 ff. sowie *Fritz,* 2004, S. 71 ff., zu Erfolgsfaktoren generell *Becker, Jan,* 1999).

Die Entscheidungen bzw. Maßnahmen auf allen drei Konzeptionsebenen (Ziele, Strategien und Mix) schaffen insgesamt die erfolgssichernde, wettbewerbsabgrenzende **Identität des Unternehmens**. Die sog. Corporate Identity kann aufgefasst werden als „die strategisch geplante und operativ eingesetzte Selbstdarstellung und Verhaltensweise eines Unternehmens nach innen und außen auf Basis einer festgelegten Unternehmensphilosophie, einer langfristigen Unternehmenszielsetzung und eines definierten (Soll-)Images . . ." (*Birkigt/Stadler/Funck,* 1995, S. 18). Dahinter verbirgt sich der konzeptionelle Wille, die unternehmerischen Verhaltensweisen und Handlungen unter dem Aspekt eines **einheitlichen Rahmens** zu vollziehen, und zwar sowohl nach außen als auch nach innen.

Der **Identitäts-Mix** des Unternehmens lässt sich insgesamt als eine Kombination identitätsbegründender Instrumente bzw. Komponenten auffassen (*Birkigt/Stadler/Funck,* 1995, S. 19). Er kann modellhaft wie folgt abgebildet werden *(Abb. 502).*

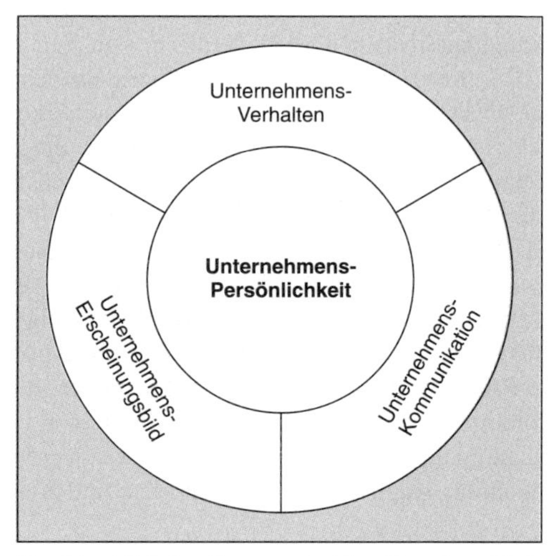


*Abb. 502: Strukturbild der Corporate Identity eines Unternehmens*

Die Darstellung zeigt, dass im Mittelpunkt aller identitäts-orientierten Aktivitäten die **Unternehmenspersönlichkeit** als „das manifestierte Selbstverständnis des Unternehmens" (*Birkigt/Stadler/Funck,* 1995, S. 19) steht. Für Aufbau und Durchsetzung dieser Unternehmenspersönlichkeit dienen dem Unternehmen **drei Instrumente** (Komponenten), und zwar (vgl. hierzu auch *Kroehl,* 2000, S. 42 ff.):

- **das Unternehmensverhalten** (schlüssiges Verhalten ist das wichtigste und wirksamste Instrument; Verhalten ist dann schlüssig, wenn es konzeptionsgeleitet ist, das gilt insbesondere für den Einsatz der operativen Marketingmaßnahmen),
- **das Unternehmenserscheinungsbild** (die Unternehmenspersönlichkeit dokumentiert sich außerdem in ihrem optischen Auftritt (Corporate Design); hier geht es darum, den visuellen Auftritt einheitlich zu gestalten, und zwar in Bezug auf Unternehmens- und Markenzeichen sowie auch Unternehmens-, Produkt- und Packungsdesign),
- **die Unternehmenskommunikation** (sie beinhaltet alle kommunikativen Botschaften des Unternehmens (Corporate Communications), wie sie etwa in Kommunikationsinstrumenten wie Offline- und Online-Werbung, Public Relations, Sponsoring u. Ä. eingesetzt werden; auch hier gilt es, visuelle Geschlossenheit (Einheitlichkeit) zu wahren).

Eine schlüssige, klare Unternehmensidentität verleiht dem System Unternehmen – auf der Basis einer entsprechenden marketing-konzeptionellen Fundierung – nicht nur **Zweckbestimmtheit** (= Leistungen, die das Unternehmen für Kunden, Eigentümer (Shareholders) und übrige Anspruchsgruppen (Stakeholders) erbringt), sondern schafft zugleich die Voraussetzung für **Integration** (= Steuerung aller Systemteile nach einheitlichem Prinzip zur Erreichung der gesetzten Ziele) und **Interaktion** (= systematischer Leistungs- und Informationsaustausch aller Systemteile untereinander sowie des Unternehmens mit seiner Umwelt).

Das System der Unternehmensidentität (Corporate Identity) auf der Basis eines konsistenten Marketing- und Unternehmenskonzepts stellt insoweit ein **umfassendes Führungsinstrumentarium** für das Unternehmen und seine Führung dar (siehe hierzu im Einzelnen *Birkigt/Stadler/Funck,* 1995; *Kroehl,* 2000 sowie auch *Große-Oetringhaus,* 1996, S. 143 ff.). Die Corporate Identity eines Unternehmens hat dabei **zwei Wirkungsrichtungen** oder Wirkungsbereiche, nämlich (*Gutjahr/Keller,* 1995, S. 87 ff.):

- **eine externe Wirkung** (sie unterstützt die Vermarktung der unternehmerischen Produkte/Leistungen und hilft bei der Durchsetzung von Unternehmensinteressen im gesellschaftlichen Umfeld wie auch bei einer konsequenten Repräsentation des Unternehmens in der Öffentlichkeit) und
- **eine interne Wirkung** (sie unterstützt die Motivation der eigenen Mitarbeiter für ziel- bzw. kundenorientierte Arbeits- bzw. Dienstleistungen und dient der öffentlichkeitswirksamen Identifikation der Mitarbeiter mit dem Unternehmen).

Dass eine konsequente, konzeptionsgestützte **Corporate Identity** (CI) sich auch auszahlt, zeigen empirische Untersuchungen (z. B. *Hinterhuber/Höfer/Winter,* 1989, S. 40 ff.). Danach führt sie – der Rangreihe nach – zu folgenden **Verbesserungen:**

- **Imagegewinn,**
- **Steigerung der Mitarbeitermotivation,**
- **Beschaffung von Führungskräften,**
- **Umsatzerhöhung,**
- **Marktanteilsgewinn,**
- **Ertragszuwachs.**

Damit wird insgesamt noch einmal deutlich, welche Bedeutung eine konzeptions-gestützte, CI-orientierte Marketing- und Unternehmenspolitik für den Unternehmenserfolg hat.

## 3. Planungsebenen, Planungsträger und Planungsanforderungen

Die dynamischen und komplexen Umweltbedingungen – das wurde zu Beginn dieses Kapitels ausgeführt – erzwingen eine möglichst klare, konzeptionell gestützte **Kursbestimmung** des Unternehmens. Im Laufe der Entwicklung haben immer mehr Unternehmen erkannt, dass sie ihr Handeln nicht allein auf den operativen Zufall gründen können; ihr Handeln braucht vielmehr angesichts „rauer See" auf den Märkten eine ziel-strategische Orientierung.

Auch die Unternehmen, die bisher einen solchen Planungsansatz für ihr Handeln *nicht* (bewusst) gewählt haben, besitzen zwar – zumindest im Laufe ihrer Entwicklung (Unternehmenszyklus) – bestimmte **gewachsene generelle Handlungsrahmen**, die dem operativen Tagesgeschäft zugrunde liegen, ohne dass sie jedoch hinreichend überprüft bzw. hinterfragt worden sind (= gewachsene ziel-strategische Muster).

Angesichts erschwerter Markt- und Umweltbedingungen bedürfen Unternehmen jedoch der *bewussten*, auf hinreichenden Analysen und Projektionen von Umwelt und Unternehmen beruhenden **ziel-strategischen Fundierung**. Das aber setzt einen entsprechenden Bewusstseinsprozess im Unternehmen bzw. eine entsprechende Sensibilität für das komplizierter gewordene Umfeld der Unternehmen voraus. Insoweit bedarf die konzeptionelle, mit anderen Worten also vor allem die ziel-strategisch ausgerichtete Grundsatzplanung entsprechener Initiativen. Da die oberste Unternehmensführung für die dauerhafte Sicherung der Oberzielrealisierung (Gewinn/Rentabilität) des gesamten Unternehmens verantwortlich ist, während das Middle-Management eher ressortgebunden denkt und handelt, muss normalerweise auch vom **obersten Management** die konzeptionelle Initiative ausgehen.

Das oberste Management ist zwar der **geborene Initiator** für die Erarbeitung von ganzheitlichen, konsistenten Marketing-Konzeptionen, übernimmt i. d. R. aber nicht selbst die Erarbeitung. Insoweit stellt sich die Frage, wer für die Erarbeitung von umfassenden Marketing- und Unternehmenskonzeptionen (d. h. einschließlich ihrer integrativen, bereichsübergreifenden Bezüge) verantwortlich ist bzw. wer mit dieser Aufgabe betraut werden kann.

Dabei können bzw. müssen grundsätzlich **verschiedene Planungsebenen** (vgl. hierzu u. a. *Hofer/Schendel*, 1978, S. 27 f.; *Bea/Haas*, 2013, S. 61 ff.; *Klein/Scholl*, 2011, S. 17) unterschieden werden, wie eine Übersicht näher verdeutlicht *(Abb. 503)*.

Das Schema zeigt, dass das Beispiel-Unternehmen über **vier Geschäftsbereiche** verfügt, die jeweils für die drei leistungswirtschaftlichen Funktionen Beschaffung, Produktion und Absatz (= Marketing als *Leistungs*funktion) verantwortlich sind. Während auf der Unternehmensebene die Grundfrage nach den Tätigkeitsfeldern des Unternehmens insgesamt beantwortet werden muss, ist auf der Geschäftsbereichsebene die Grundfrage zu klären, in welcher Art und Weise das jeweilige Geschäft betrieben werden soll. Die Funktionalplanung schließlich ist auf die operative Maßnahmenplanung gerichtet, und zwar unter vorrangiger Orientierung an den **Markt- und Kundenbedingungen** (= Marketing als *Führungs*funktion).

Bezogen auf die Marketing-Konzeption i. e. S. ergeben sich dabei **drei typische Planungsebenen,** die sich hinsichtlich ihrer Ansatzpunkte und ihrer jeweiligen Schwerpunkte (*Assael*, 1990, S. 616 f.) spezifisch charakterisieren lassen *(Abb. 504)*.

Das planungsebenen-differenzierte **Raster** zeigt, dass es sich bei der Planung der Unternehmens- und Geschäftsbereichskonzeptionen um jeweils mittel- bis langfristige Planungen (3 bis 5 Jahre) handelt, während die Detailplanung (hier am Product Management illustriert) ei-

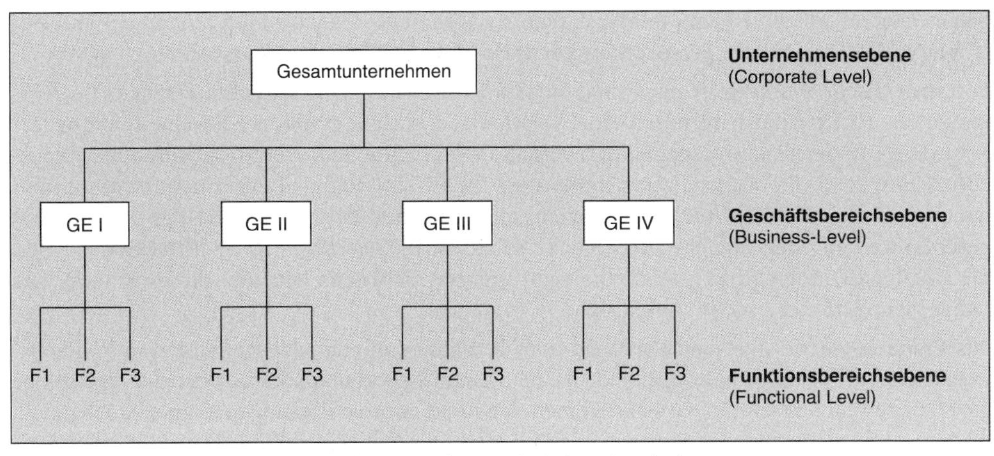


*Abb. 503: Planungsebenen bei der Einarbeitung von Marketing- und Unternehmenskonzeptionen*

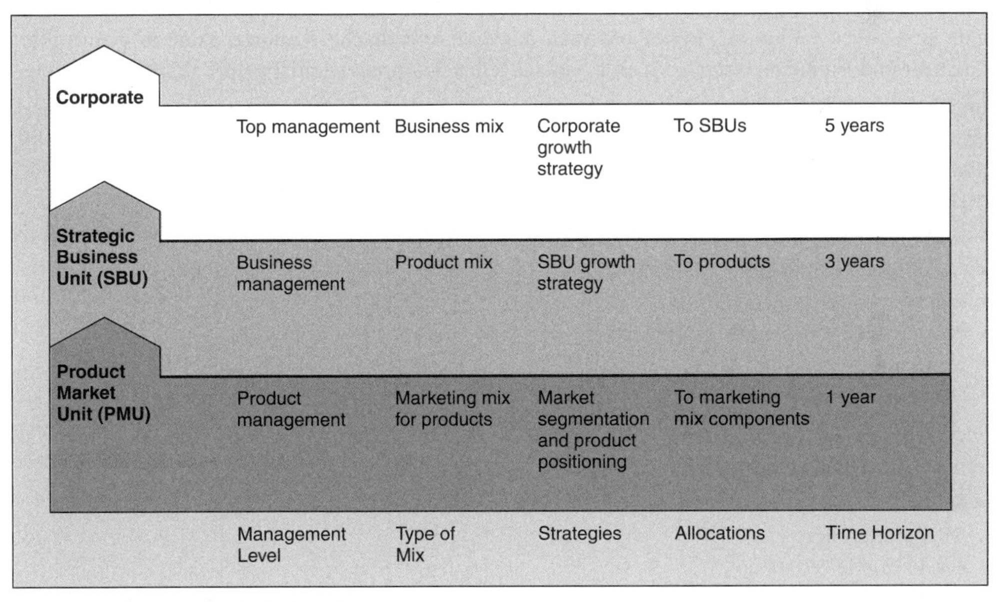


*Quelle:* nach *Assael,* 1990, S. 617

*Abb. 504: Charakteristika von drei unterschiedenen Marketingplanungsebenen*

ne kurzfristige Planung (i. d. R. 1 Jahr) darstellt. Dieses Zeitraster macht noch einmal deutlich, dass es sich bei der Unternehmens- und Geschäftsbereichsplanung um eine „dauerhafte“ **Grundsatzplanung** handelt, die Detailplanung (z. B. auf Produkt-Management-Ebene) dagegen die operativ orientierte **Maßnahmenplanung** repräsentiert.

Wenngleich dem marketing-strategischen Grundkonzept des Unternehmens gewöhnlich ein etwa **fünfjähriger Zeithorizont** zugrundeliegt, so bedeutet das nicht, dass solche Grundkonzepte nur alle fünf Jahre geplant bzw. überprüft werden. „In a fast-moving market place, companies can not wait five years to assess their environment. They develop strategic plan yearly, but with a longer-term perspective“ (*Assael,* 1990, S. 618).

Die **strategische Planung** ist insgesamt auf die Effektivität des unternehmerischen Handelns gerichtet. „Effektivität wird durch eine Relation aus aktuellem und erwünschtem Output erfasst. Die Effizienz misst dagegen das Verhältnis von aktuellem Output zu aktuellem Input“ (*Bea/Haas,* 2013, S. 74). In diesem Sinne kann die Effektivität als Leitprinzip für das mittel- und langfristige Handeln und die Effizienz als Kriterium für das kurzfristige Agieren angesehen werden. Oder anders ausgedrückt (*Hofer/Schendel,* 1978, S. 2): **Effektivität** heißt, die richtigen Dinge zu tun („to do the right things“), **Effizienz** bedeutet demgegenüber, die Dinge richtig zu tun („to do things right“).

Als **Planungsträger** sind jene Personen oder Personengruppen anzusehen, die an Planungsaufgaben arbeiten bzw. beteiligt sind. *Aktive* Planungspersonen sind solche, die eigentliche gestaltende Planungsaufgaben wahrnehmen, während *passive* Planungspersonen solche sind, die von aktiven Planungspersonen in das Planungsgeschehen – zu Zwecken der Informationsgewinnung und/oder Alternativenabstimmung und Budgetierung – einbezogen werden (vgl. hierzu *Töpfer,* 1989, Sp. 1542 ff.; *Kuhn,* 1990, S. 69 f.).

Passive Planungsträger können im Prinzip alle Personen (Organisationsträger) im Unternehmen sein. Aktive Planungsträger besitzen dagegen **spezifische Kompetenzen** aufgrund ihrer Position und Funktion oder sie werden mit solchen Kompetenzen speziell ausgestattet.

Im Unternehmen kommen für die konzeptionelle, d. h. ziel-strategisch orientierte Planung grundsätzlich folgende **Planungsorgane** in Betracht (vgl. hierzu auch *Fürtjes,* 1989, Sp. 1464 ff.; *Hammer,* 1995, S. 91 ff.; *Ehrmann,* 1999, S. 23 ff.):

- **Unternehmensleitung (in Verbindung mit Planungsstäben),**
- **Vorstandsressort Strategische Planung,**
- **Geschäftsbereichsleiter,**
- **Planungsabteilungen (-stäbe),**
- **Planungsteams (projektorientierte),**
- **Controller,**
- **Unternehmensberater.**

Die Wahl der geeigneten Planungsträger lässt sich nicht generalisieren. Sie hängt vielmehr ab von der **Prüfung** wichtiger Fragen, wie:

- **Know How-Frage,**
- **Akzeptanzfrage,**
- **Zweckmäßigkeitsfrage,**
- **Zeitfrage,**
- **Kostenfrage.**

Hierbei sind sowohl unternehmens-individuelle als auch stadien-spezifische (situative) **Komponenten bzw. Faktoren** zu berücksichtigen (zur generellen Würdigung der verschiedenen Planungsträger siehe *Ehrmann,* 1999, S. 23 ff. bzw. 197 f.).

Die konzeptionelle Planung (Erarbeitung einer ganzheitlichen Marketing-Konzeption auf der Basis der *drei* Konzeptionsbausteine Ziele, Strategien und Mix) muss bestimmten Anforderungen genügen, wenn sie die Möglichkeit bieten soll, erfolgreich (d. h. vor allem oberziel-orientiert) realisiert zu werden. Solche Anforderungen werden auch als **strategische Grundsätze** (z. B. *Hammer,* 1995, S. 127 f.) oder als erfolgspositions-orientierte Leitsätze (z. B. *Pümpin,* 1986, S. 52 ff.) formuliert und beziehen sich im Wesentlichen auf:

- **Konzentration der Kräfte,**
- **Nutzung der Unternehmensstärken,**
- **Ausschöpfung der Umwelt- und Marktchancen,**
- **Ausnutzen von Synergiepotenzialen,**
- **Ausrichtung auf Ziel-/Kundengruppen im Markt,**
- **Setzen auf Innovationen (neue Problem-/Systemlösungen),**
- **Sicherstellung eines Wachstums-/Risikoausgleichs,**
- **Wahl der richtigen Handlungsräume (national/international/global),**
- **Strategisches Timing.**

Der letzte Faktor (Grundsatz) spricht das **richtige Timing** der strategischen Handlungsmuster an, wobei zwischen Kann- und Musszeitpunkten unterschieden werden kann. So gibt es etwa zeitlich begrenzte Phasen, in denen das Potenzial eines Unternehmens und die speziellen Anforderungen (Bedingungen) eines Marktes sich optimal entsprechen. In einer solchen Phase, in der quasi das **strategische Fenster** (*Abell/Hammond,* 1979, S. 63) offensteht, muss das Unternehmen seine gesamte strategische Kraft einsetzen, um die besondere „Gunst der Stunde" zu nutzen (vgl. z.B. die wesentlich frühere und konsequentere Nutzung der Elektronik bei großen japanischen Uhrenhersteller wie *Seiko* oder *Citizien* als etwa von führenden schweizerischen und deutschen Uhrenanbietern, was den japanischen Herstellern gegenüber ihren internationalen Konkurrenten sehr lange Wettbewerbsvorteile verschafft hat (zum strategischen Timing siehe 2. Teil „Marketingstrategien", Kapitel zu den Wettbewerbsstrategien).

Ein solches timing-gerechtes Agieren verlangt zugleich eine weitgehende **Konzentration der Kräfte.** Insoweit schließt sich hier der Kreis wichtiger Planungs- bzw. Konzeptionsgrundsätze.

Marketing-Konzeptionen entfalten im Übrigen ihre Stärke und damit ihre Erfolgswirksamkeit erst dann, wenn sie auch mit **großer Nachhaltigkeit** (Beharrlichkeit) durchzusetzen versucht werden. Hierbei gilt es vor allem, möglichen Aushöhlungen des strategischen Konzepts durch operative Entscheidungen des Tagesgeschäfts („Zwänge des Augenblicks") vorzubeugen. Das setzt entsprechende Realisierungs- und Überprüfungsmechanismen voraus. Ehe auf diese Implementierungsfragen von Marketing-Konzeptionen eingegangen wird, soll abschließend noch auf Fragen der **Ausgewogenheit** von Marketing-Konzeptionen Bezug genommen werden. Marketing-Konzeptionen haben – gerade und insbesondere in wettbewerbsintensiven Käufermärkten – eine Leitplanfunktion. Diese Funktion können Marketing-Konzeptionen umso besser erfüllen, je vollständiger und ausgewogener sie sind. Eine Darstellung versucht das zu kennzeichnen *(Abb. 505).*

Die typisierende Darstellung zeigt, dass sowohl unausgewogene als auch ausgewogene Marketing-Konzeptionen unterschieden werden können. Alle unterschiedenen **Konzeptionsmuster** finden sich in der Unternehmenspraxis. Zwei *unausgewogene* Muster lassen sich abgrenzen, nämlich einmal die „Macher-Konzeption", die einseitig und extrem dominierend die operativen Marketingmaßnahmen (Marketingmix) in den Vordergrund stellt, und zwar ohne ausreichende und konsistente Fundierung durch Marketingziele und Marketingstrategien. In solchen „Macher-Konzeptionen" stellen Ziele und Strategien im Grunde nur ein übergeordnetes „Feigenblatt" primär aktionistischen Marketinghandelns dar. Die „Denker-Konzeption" – ebenfalls unausgewogen – ist vorrangig ziel-strategisch („sophisticated") angelegt, ohne hinreichende Konkretisierung durch operative Marketingmaßnahmen und damit ohne richtige Konkretisierungsgrundlage für den täglichen taktisch-operativen Marketinginstrumenten-Einsatz.

Die **Ideal-Konzeption** stellt demgegenüber ein ausgewogenes System abgestimmter Ziel-, Strategie- und Mixentscheidungen dar. Das heißt, das strategische Konzept ist streng am Ziel-

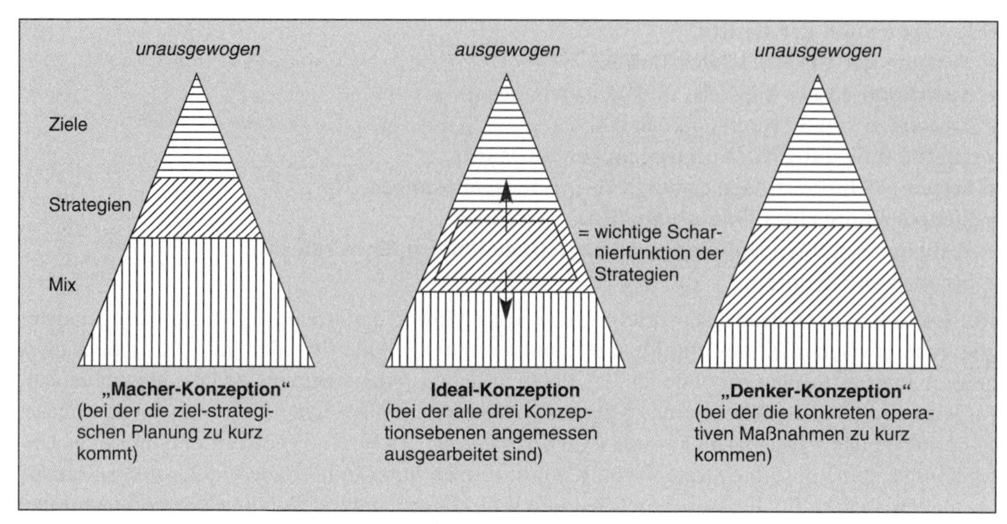


*Abb. 505: Ausgewogene und unausgewogene Konzeptionsstrukturen*

programm des Unternehmens orientiert und stellt seinerseits die Konretisierungsgrundlage für die Ableitung eines schlüssigen, strategie-fundierten (und damit nicht-aktionistischen) Marketingmix dar. Nur eine solche Ideal-Konzeption kann als Grundlage **konsequenten unternehmerischen Handelns** dienen (ein beispielhaft konkretisiertes Design einer solchen Ideal-Konzeption findet sich im 5. Teil „Handlungssystem“, I. Kapitel).

Nachdem zunächst die management-spezifischen Aspekte der Erarbeitung von Marketing-Konzeptionen herausgearbeitet worden sind, soll nun auf Fragen der Implementierung von Marketing-Konzeptionen i. e. S. eingegangen werden, nämlich organisationale und personale Fragen der Konzeptionsrealisierung.

## II. Realisierung von Marketing-Konzeptionen

Die mit der Planung (Erarbeitung) von Marketing-Konzeptionen entwickelten markt- und kundenorientierten Handlungsprogramme können nur erfüllt bzw. umgesetzt werden, wenn für die vielfältigen arbeitsteiligen Aufgaben ein entsprechender **organisatorischer Ordnungsrahmen** geschaffen wird. Er bildet „die strukturelle Basis für das Zusammenwirken von Personen, Sachmitteln und Informationen im Beziehungsgefüge zwischen Unternehmen und Umwelt“ (*Macharzina,* 2003, S. 411). In dieser Hinsicht besteht also eine wesentliche Aufgabe des Marketing-Managements darin, die Voraussetzungen i. S. v. Implementierungsbedingungen dafür zu schaffen, damit „eine Konzeption auch tatsächlich wie beabsichtigt Realität wird“ (*Hilker,* 1993, S. 3).

Am Anfang steht die Frage, welche organisatorischen Strukturen für die Realisierung des Marketing bzw. der Marketing-Konzeption geschaffen werden können (müssen). Hierbei geht es vorrangig darum, wie die **Marketingfunktion** optimal in das Unternehmen integriert werden kann.

## 1. Stadien und Grundformen der Marketingorganisation

Unter Marketingorganisation können alle **Elemente eines Organisationssystems** aufgefasst werden, „die zur Planung, Durchführung und Kontrolle von Marketingmaßnahmen sowie zur Markt- und Kundenorientierung des Unternehmens beitragen" (*Hüttner/Pingel/Schwarting,* 1994, S. 308). Damit ist zugleich angedeutet, dass die Marketingorganisation und ihre Regelungen auch die Möglichkeiten der Marketingplanung bzw. der Planung der Marketing-Konzeption selbst entsprechend beeinflussen.

Was die Durchsetzung des Marketinggedankens in den Unternehmen überhaupt betrifft, so lassen sich **bestimmte Stadien** unterscheiden, die dem unterschiedlichen Reifegrad der Marktorientierung in den Unternehmen entsprechen (vgl. hierzu *Kotler/Bliemel,* 2001, S. 1235 ff. bzw. *Kotler/Keller/Bliemel,* 2007, S. 1142 ff.):

- **Marketing als Stabsstelle des Verkaufs**
  (Primitivform des Marketing, Marketing dient hier als Unterstützung des primär taktisch orientierten Verkaufs, z. B. Beschaffung von Marktdaten über Marktforschung),
- **Marketing als Unterabteilung im Verkauf**
  (bei zunehmender Professionalisierung des operativen Verkaufsgeschehens werden spezielle Marketingmaßnahmen wie Werbung und Verkaufsförderung notwendig, die von Spezialisten wahrgenommen werden müssen),
- **Marketing als Hauptabteilung neben dem Verkauf**
  (die Professionalisierung des Markthandelns schreitet so weit voran, dass mehr strategisch orientierte Marketingmaßnahmen in eigener Zuständigkeit realisiert werden müssen),
- **Marketing als Geschäftsleitungs- oder Vorstandsposition**
  (Märkte und Marketing haben sich so verändert, dass ihnen Vorrang in der Unternehmensorientierung eingeräumt werden muss).

Die „idealtypischen" Stadien repräsentieren nicht zuletzt den grundlegenden **Wandel der Märkte** von sog. Verkäufer- zu sog. Käufermärkten und den dadurch ausgelösten Zwang zu strenger Markt- und Kundenorientierung (das bedeutet hierarchisch immer *höhere* Verankerung des Marketing in der Unternehmensorganisation).

Im Folgenden sollen im Wesentlichen **Grundformen** (Grundtypen) der Marketing-Organisation aufgezeigt werden. Sie werden dabei hauptsächlich unter dem Aspekt gewürdigt, ob bzw. inwieweit ihre organisatorischen Regeln geeignet sind, den konzeptionellen Ansatz des Marketing tatsächlich zu realisieren. Was *klassische,* eindimensionale (= streng hierarchische) Formen der Aufbauorganisation betrifft, so wird gewöhnlich zwischen funktions-(verrichtungs-) und objekt-(sparten-)orientierten Organisationsstrukturen unterschieden (*Frese,* 2000, S. 335 ff.; *Schreyögg,* 2003, S. 129 ff. bzw. *Meffert/Burmann/Kirchgeorg,* 2008, S. 769 ff.; *Kotler/Keller/Bliemel,* 2007, S. 1140 ff.; *Freiling/Köhler*, 2014, S. 81 ff.).

Die **funktions- oder verrichtungsorientierte Marketing-Organisation** ist dadurch gekennzeichnet, dass bei ihr eine Struktur gewählt wird, bei der Verrichtungen gleicher Art (wie z. B. Produktentwicklung, Werbung, Vertriebsaußendienst, Kundendienst) zusammengefasst sind *(Abb. 506).*

Auf diese Weise ist es möglich, für jede dieser Verrichtungen **Spezialisten** einzusetzen, was grundsätzlich eine qualifizierte Aufgabenerfüllung gewährleistet. Die funktionsorientierte Marketing-Organisation entspricht jedoch nur noch bedingt den Anforderungen dynamischer,

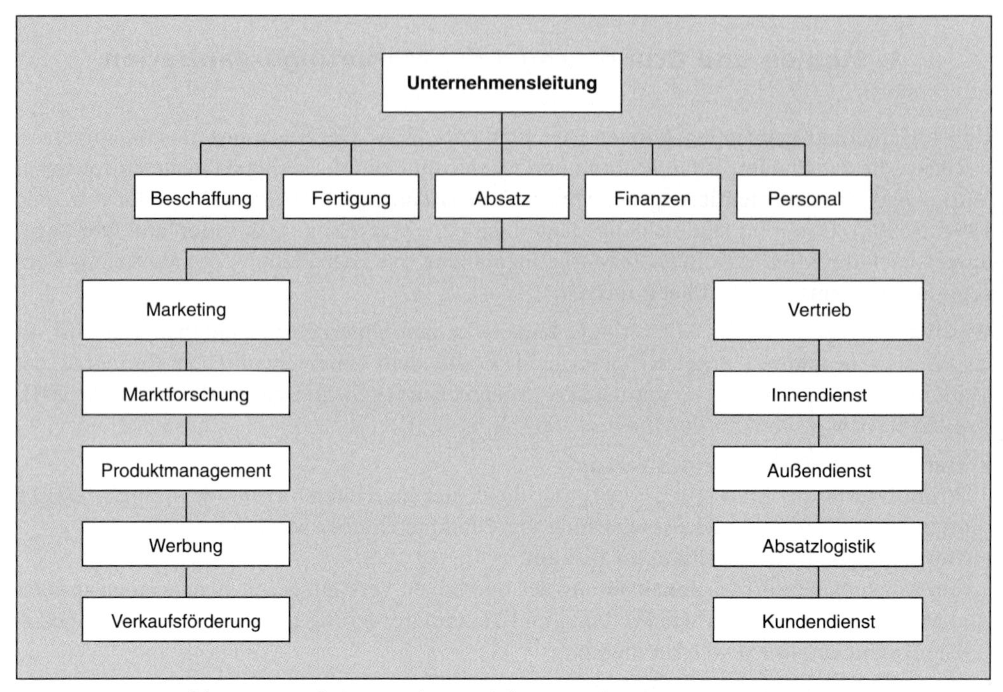


*Abb. 506: Funktions- oder verrichtungsorientierte Organisation*

fragmentierter Märkte. Das heißt, sie ist zu sehr auf die Koordination der Marketingaktivitäten nach unternehmensinternen Gesichtspunkten angelegt und berücksichtigt nicht genügend objektbezogene Koordinationsaspekte wie Produkt-, Kunden- und/oder Gebiete-Orientierung des Marketinghandelns. Die funktionsorientierte Marketing-Organisation ist deshalb nur dann angemessen, wenn ein Unternehmen in **gut überschaubaren Märkten** (Teilmärkten) mit einem relativ undifferenzierten Produktprogramm tätig ist.

Bei komplexeren, diversifizierten Markt- und Angebotsverhältnissen sind daher im Allgemeinen differenziertere Organisationskonzepte sinnvoll, wenn nicht notwendig. Unter solchen Bedingungen liegt etwa nahe, anstatt der Funktions- eine **Objektorientierung** der Marketing-Organisation zu wählen. Das Organisationsprinzip besteht hierbei darin, die unterschiedlichen Funktionsbereiche durch eine „eingebaute Querschnittskoordination" auf die Besonderheiten bestimmter Produkte oder Produktgruppen, Kunden oder Kundengruppen, Marktgebiete oder Marktregionen oder auch Projekte auszurichten.

Eine Darstellung zeigt das **Grundmodell** einer solchen objektorientierten Marketing-Organisation, und zwar am Beispiel einer produktorientierten Organisation *(Abb. 507)*.

„Auf den ersten Blick erscheint eine objektbezogene Organisation aufwändig, da sie ja herkömmliche Zuständigkeiten für Funktionen nicht einfach ersetzen kann, sondern zusätzliche Ressourcen bindet. Die damit erreichte Verbesserung der „Kundennähe" verspricht jedoch eine Verminderung von Transaktionskosten" (*Köhler,* 1995, Sp. 1641 f.). Das gilt vor allem dann, wenn Funktionen, die für mehrere oder alle Produktgruppen in gleicher Weise anfallen, an **zentraler Stelle** zusammengefasst werden.

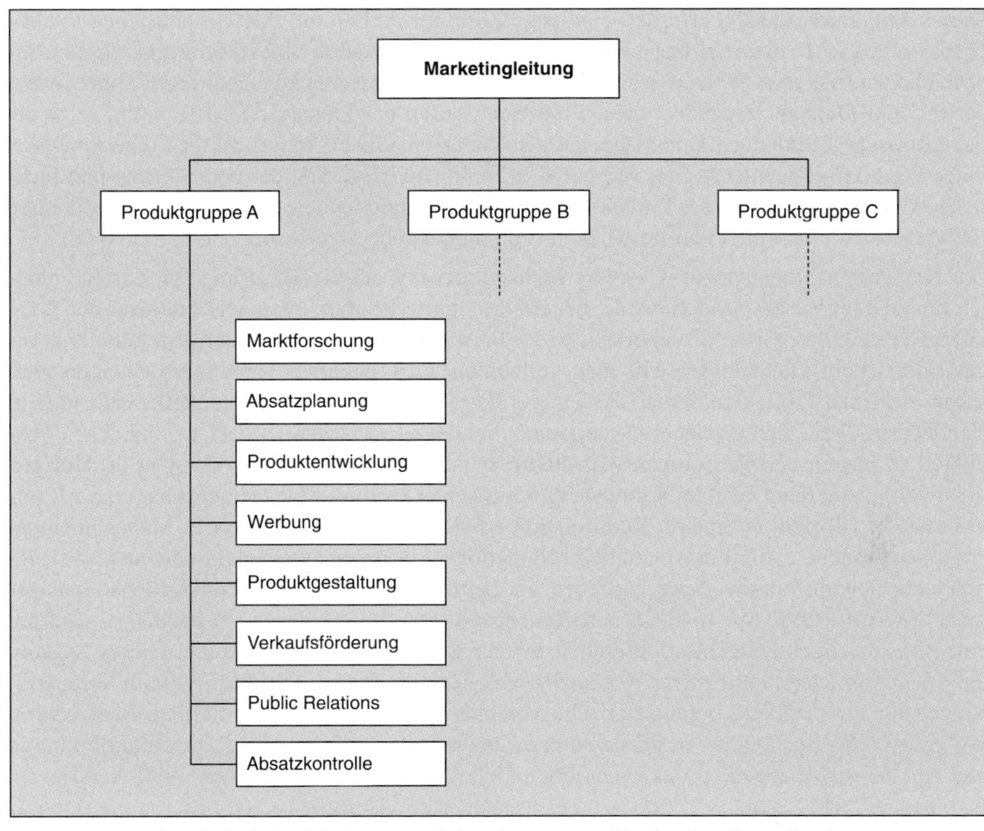


*Abb. 507: Beispiel einer produktorientierten Marketing-Organisation*

Im Folgenden sollen deshalb wichtige Formen einer **objektorientierten Marketing-Organisation** kurz vorgestellt werden (vgl. den Überblick bei *Köhler,* 1995, Sp. 1642–1645 sowie *Meffert/Burmann/Kirchgeorg*, 2008, S. 774–776; *Freiling/Köhler*, 2014, S. 99 ff.):

- **Produkt-Management,**
- **Kategorien-Management,**
- **Kunden-Management,**
- **Regional-Management,**
- **Projekt-Management.**

Das **Produkt-Management** (Product Management) – von *Procter &; Gamble* in den USA um 1930 eingeführt und in der BRD seit etwa Mitte der 60er Jahre verstärkt eingesetzt (*Wild,* 1973; *Schwarting,* 1993) – ist durch eine Aufgabenspezialisierung im Hinblick auf ein Produkt bzw. eine Marke gekennzeichnet. Aus diesem Grunde wird hierfür auch die Bezeichnung Brand Management gewählt. Die Aufgabe der Stelleninhaber (Produkt bzw. Brand Manager) besteht darin, für die von ihnen betreuten Produkte bzw. Marken Marketing-Konzeptionen zu entwickeln und zugleich für ihre operative Realisierung zu sorgen. Sie sind mit anderen Worten also verantwortlich für die Ideenfindung, Konzeptentwicklung sowie Einführung und Steuerung der Produkte (Marken) im Markt.

Dieses Aufgabenspektrum erfordert eine enge Zusammenarbeit mit den verschiedenen Funktionsbereichen (z. B. Beschaffung und Produktion) sowie anderen objektbezogenen Organisationseinheiten (wie etwa Verkaufsgebietsleitungen). Weisungsrechte im eigentlichen Sinne besitzt der Produkt-Manager gegenüber diesen internen Stellen bzw. Instanzen i. d. R. nicht; seine organisatorische Einbindung kann dabei auf sehr unterschiedliche Weise erfolgen (einschließlich Stabs-Produktmanagement). Insoweit hängt es in hohem Maße von der persönlichen und fachlichen **Überzeugungskraft** des Produkt-Managers ab, ob und inwieweit er seine konzeptionellen Entwürfe auch tatsächlich realisieren kann (vgl. hierzu auch *Schwarting,* 1993, S. 216 ff.).

Das **Kategorien-Management** (Category Management) ist auf die Schaffung von Zuständigkeiten für sachlich zusammengehörende, bedarfsorientierte Produktlinien gerichtet. Mit der Wahl ganzer Produktkategorien (Categories), wie z. B. Waschmittel oder Körperpflegemittel, als organisatorischem Objektbezug will man vermeiden, dass wichtige Verbundbeziehungen zwischen mehreren Produkten vernachlässigt werden, und zwar sowohl in Hersteller- als auch in Handelsbetrieben. Ziel ist dabei, Synergiemöglichkeiten zwischen (bedarf-)verbundenen Produkten zu nutzen und Ressourcen wirtschaftlicher einzusetzen. Dieser Ansatz ist im Übrigen nicht völlig neu, denn auch im Rahmen des klassischen Produkt-Managements hat man z. T. eine in dieser Hinsicht optimierte Koordination durch ein sog. Produktgruppen-Management zu erreichen gesucht. „Allerdings wird beim Kategorien-Management eine konsequentere Delegation von Gewinnverantwortung betrieben als beim herkömmlichen Produktgruppenmanagement" (*Köhler,* 1995, Sp. 1643). Das heißt, beim Kategorien-Management handelt es sich um eine objektbezogene Organisationseinheit mit direkter Gewinnverantwortung. Dieses System, das wiederum zuerst bei *Procter & Gamble* realisiert worden ist, schafft insgesamt Voraussetzungen für eine stärkere organisatorische Verankerung der Kundenorientierung. Man kommt mit anderen Worten „näher an das Ideal einer bedürfnisorientierten Geschäftsdefinition heran und von der oft zu engen produktorientierten Definition weg" (*Simon/Tacke,* 1990, S. 27).

Das **Kunden-Management** stellt eine spezifische kundenorientierte Organisationsform dar. Sie erweist sich insbesondere dann als zweckmäßig, wenn auf Abnehmerseite (z. B. Handelsbetrieben) ein verbundener Bedarf an verschiedenen Produkten eines Anbieters (z. B. Herstellers) besteht. In diesem Fall reicht die übliche endverbraucher-orientierte Zielgruppenorientierung der einzelnen Produkt-Manager nicht mehr aus, um die Bedürfnisse bzw. Anforderungen wichtiger Handelsbetriebe(-gruppen) zu erfüllen. Die Institutionalisierung einer (zusätzlichen) Kundenorientierung in der Marketing-Organisation ist im Übrigen auch Folge einer starken Konzentration im Handel (z. B. im Lebensmittelhandel) und der damit gewachsenen Verhandlungsmacht. So haben etwa Konsumgüterhersteller ein Kunden-Management mit Ausrichtung auf nachfragestarke Handelsorganisationen geschaffen (analoge kunden-orientierte Organisationsformen gibt es auch im Investitionsgüterbereich zur Erarbeitung individueller Problemlösungen für Großkunden, insbesondere im Systemgeschäft, *Backhaus,* 2003, S. 599 ff.). Mit der Definition von klaren Zuständigkeiten im Hinblick auf große, wichtige „Schlüsselkunden" werden die Voraussetzungen für ein **sog. Key-Account-Management** (Großkunden-Management) geschaffen (zu Grundlagen des Ansatzes siehe etwa *Gaitanides/Diller,* 1989). Bei der Bündelung mehrerer Abnehmer mit ähnlichen Merkmalen wird dagegen von **Kundengruppen-Management** gesprochen. Inzwischen werden auch Ansätze eines unmittelbar konsumenten-orientierten Kunden-(gruppen)managements verfolgt, z. B. bei Bank- bzw. Finanzdienstleistungen oder auch im Versandhandelsgeschäft (*Rumler,* 1990). Hierbei handelt es sich im Prinzip um adäquate Organisationsformen für endabnehmerorientierte Marktsegmentierungskonzepte (in dieser Hinsicht kann auch von Segment-Management gesprochen werden, s. a. *Frese,* 2000, S. 180). Beim Kunden-Management wird insgesamt eine Senkung der Transaktionskosten angenommen, und zwar aufgrund seiner Spezialisierung auf Kundeneigenheiten bzw. Kundenanforderungen (vgl. hierzu *Diller,* 1993). Im Übrigen wird in ihm auch ein entscheidender Ansatz für Aufbau und Unterhaltung eines echten Beziehungsmanagements zu wichtigen Kunden (Kundengruppen) gesehen.

Das **Regional-Management** kommt immer dann in Betracht, wenn im Endabnehmerverhalten, in der Handelsstruktur und/oder in der relativen Wettbewerbsposition starke regionale Unterschiede gegeben sind, mit anderen Worten also sehr heterogene regionale Marktbedingungen vorherrschen (*Simon/Tacke,* 1990, S. 27; *Köhler,* 1995, Sp. 1644). In der Marketing- bzw. Absatzorganisation werden dann üblicherweise spezifische regionale Organisationseinheiten geschaffen (z. B. Verkaufsbüros bzw. Verkaufsgebietsleitungen), die jeweils für bestimmte geografische Teilmärkte (Marktareale) zuständig sind. „Bei ausgeprägten Marktbesonderheiten pro Gebiet ist das Regionalmanagement oft über die Verkaufsaufgaben hinaus mit dem gesamten *lokalen Marketing* betraut oder sogar komplett mit allen (wichtigen, Erg. J. B.) betriebswirtschaftlichen Funktionsabteilungen ausgestattet, womit sich dann auch dezentrale Erfolgsverantwortung verbindet" (*Köhler,* 1995, Sp. 1644; zu Grundfragen zentraler oder dezentraler Marketingorganisation überhaupt vgl. auch *Kotler/Bliemel,* 2001, S. 1253 f.). Diese regional orientierte Ausrichtung der (Marketing-)Organisation ist vor allem für übernational bzw. international tätige Unternehmen angezeigt. Sie hängt naturgemäß vom jeweiligen Internationalisierungsgrad des Unternehmens ab (zu den verschiedenen Stadien und Bedingungen der „internationalen Unternehmung" siehe auch 2. Teil „Strategien", Kapitel Marktarealstrategien, speziell Abschnitt Übernationale Strategien). Analog zur These „Structure follows Strategy" (*Chandler,* 1962) lassen sich dabei etwa folgende **Formen** (Stufen) der internationalen Marketingorganisation unterscheiden (*Hüttner/Pingel/Schwarting,* 1994, S. 544 ff.): Exportabteilung (neben Verkauf Inland), Internationale Division (als Weiterentwicklung der Exportabteilung) bis hin zu integrierten, mehrdimensionalen Funktionalstrukturen (= vollständige Integration der ausländischen Unternehmensteile in die vorhandene funktionale Organisation).

Das **Projekt-Management** ist eine auf Projekte ausgerichtete Organisationsform. Projekte umfassen zeitlich befristete, komplexe und vergleichsweise neuartige Aufgabenstellungen (*Frese,* 1995, S. 470, i. E. *Schelle,* 2004). Das Projekt-Management bezieht sich dabei „nicht nur auf sämtliche projektbezogenen, dispositiven Tätigkeiten und auf die Gruppe der Träger dieser Aufgaben, sondern stellt auch eine Konzeption für die Durchführung von Projekten dar" (*Schulte-Zurhausen,* 2005, S. 326). Ein typisches Beispiel für eine Projektorganisation im Rahmen des Marketing ist die Entwicklung und Einführung **innovativer Produkte.** Im Gegensatz zur fest installierten produktorientierten Marketing-Organisation (z. B. Produkt-Management) bietet das Projekt-Management wesentlich mehr Möglichkeiten zur flexiblen Anpassung an die objektspezifischen Bedingungen. Das gilt insbesondere im Hinblick auf die funktionsübergreifende personelle Zusammensetzung der Projektteams wie auch hinsichtlich des Ausmaßes der Weisungs- und Entscheidungsbefugnis der Projektleitung. Die Projektorganisation kann auch eine geeignete Organisationsform bei der Abwicklung kundenindividueller Aufträge darstellen (z. B. Anlagenbau oder bei der „Maßschneiderei" von Software-Programmen).

Die bisherigen Darlegungen zu Grundformen der Marketing-Organisation haben gezeigt, dass neben der klassischen funktions- oder verrichtungsorientierten Organisationsstruktur vor allem **objekt- oder spartenorientierte Organisationsformen** (wie Produkt-, Kunden- oder Regionalmanagement) relevant sind. Diese objekt- oder spartenorientierten Ausprägungen ersetzen vielfach nicht die funktions- oder verrichtungsorientierten Organisationseinheiten, sondern ergänzen bzw. besser gesagt *überlagern* sie. Das bedeutet, dass das fachliche Know-how und die spezifische Aufgabenerfüllung zentraler Organisationseinheiten von mehreren Objektbereichen (z. B. mehreren Product-Managern) genutzt werden können (*Köhler,* 1995, Sp. 1645). Dadurch entstehen **matrixartige Kompetenzüberlappungen** (und auf diese Weise nur noch beschränkt hierarchische, mehrdimensionale Organisationssysteme, wie *Abb. 508* verdeutlicht).

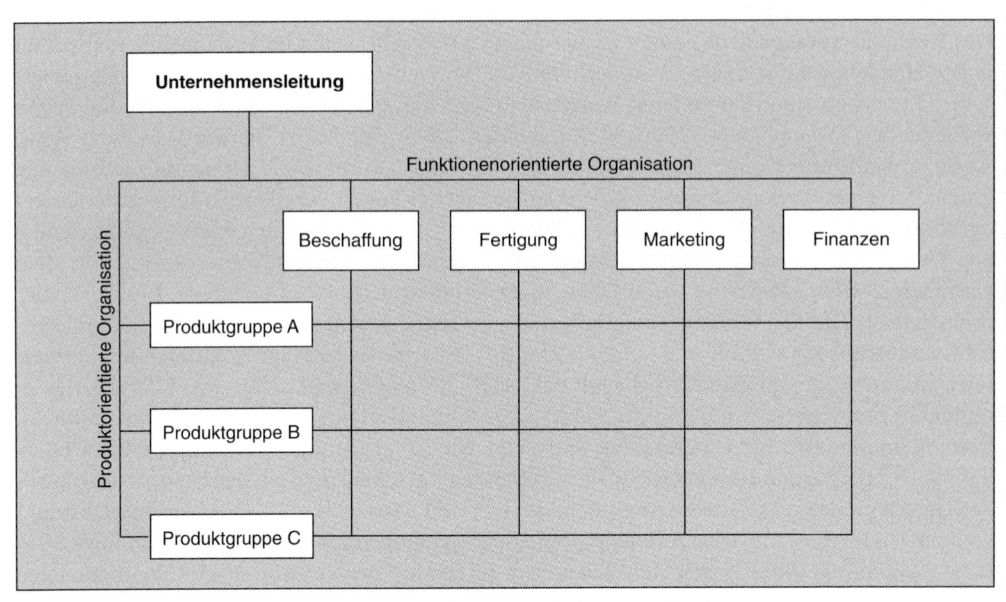


*Abb. 508: Beispiel einer Matrix-Organisation*

Solche Organisationssysteme sind dadurch gekennzeichnet, dass für die einzelne Stelle (Abteilung/Person) jeweils **zwei gleichrangige Instanzen** zuständig und verantwortlich sind. Auf diese Weise ist es möglich, sowohl die Funktionsspezialisierung zu nutzen als auch die Konzentration auf die speziellen Erfordernisse einzelner Produkte und Märkte zu erreichen. Darin liegen die entscheidenden Vorteile einer Matrix-Organisation. Ihre Nachteile sind andererseits darin zu sehen, dass die Abgrenzung der Kompetenzen zwischen funktionsorientierten und objektorientierten Stellen Schwierigkeiten bereitet und außerdem „kontraproduktive Konflikte zwischen einzelnen objektorientierten Einheiten (z. B. Produkten bzw. Marken, Erg. J. B.) im Hinblick auf die Ressourcenzuteilung entstehen können" (*Hüttner/Pingel/Schwarting,* 1994, S. 314, zu generellen Nachteilen s. a. *Schreyögg,* 2003, S. 186 f.).

Die Grundidee der Matrix-Organisation, nämlich das Prinzip systematischer Kompetenz- bzw. Steuerungsüberlagerungen, ist grundsätzlich auf eine Vielzahl von Dimensionen erweiterbar. Wenn zwei oder mehr Objektzuständigkeiten mit den Funktionsstellen zu koordinieren sind, spricht man von der **sog. Tensor-Organisation.** Sie kann bei der Organisation des *internationalen* Marketing (*Kutschker/Schmid,* 2005, S. 516 ff.) sinnvoll sein *(Abb. 509).*

Die organisatorische Gliederung des internationalen Unternehmens kann danach auf Basis der **drei Merkmale** „Funktion", „Raum" und „Produkt" aufgebaut werden (*Perlitz,* 1995, S. 612). Die angesprochenen Zentralbereiche (u. a. Forschung & Entwicklung, Beschaffung, Fertigung), Regionalbereiche (etwa Europa, Nordamerika, Asien) und Unternehmensbereiche (z. B. Produktbereiche wie Kunststoffe, Farben, Pharmazeutika) repräsentieren drei sich überlappende Kompetenzsysteme, die alle wesentlichen Orientierungspole des internationalen

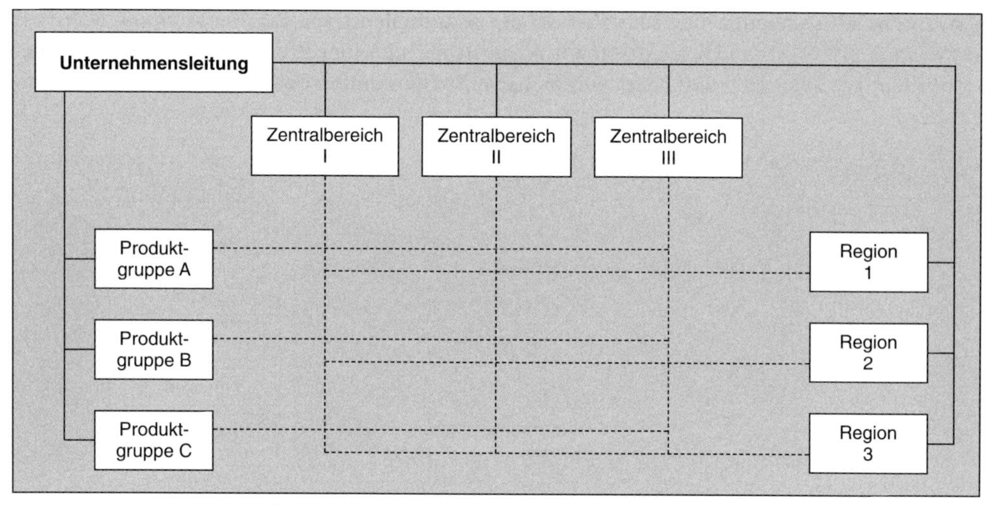


*Abb. 509: Grundmodell einer Tensor-Organisation*

Marketing-Managements angemessen berücksichtigen. Andererseits weist die Tensor-Organisation die grundsätzlichen Nachteile der bereits diskutierten Matrix-Organisation auf, und zwar eher noch ausgeprägter. Damit sie ihre positiven Effekte ausspielen kann, „bedarf es einer sorgfältigen Strukturierung, einer entsprechenden Unternehmenskultur („Matrix-Kultur"), eines partizipativ-kooperativen Führungsstiles und entsprechender persönlicher und fachlicher Qualifikationen der Mitarbeiter" (*Bea/Haas,* 2013, S. 403).

Abschließend soll noch auf zwei (unter dem Aspekt *strategischer* Unternehmensführung) relevante Organisationskonzepte eingegangen werden, nämlich das Konzept der strategischen Geschäftseinheit(en) und das Holding-Konzept.

**Strategische Geschäftseinheiten** (SGE) bzw. strategische Geschäftsfelder (SGF) stellen Planungseinheiten im Rahmen der strategischen Planung bzw. der Portfolio-Analyse dar (vgl. hierzu auch 2. Teil „Strategien", Kapitel Methoden und Kalküle zur Strategiebestimmung, Abschnitt Marktfeld-strategische Selektionsfragen). Sie knüpfen entweder an bestimmten Produkt/Markt-Kombinationen oder an spezifischen kundenorientierten Problemlösungen an (vgl. hierzu auch den Ansatz von *Abell,* 1980). Diesem Planungskonzept muss ein unternehmensorientiertes Organisationskonzept folgen, das sich in der Bildung sog. strategischer Geschäftseinheiten niederschlägt. Die strategischen Geschäftseinheiten (SGE) stellen „organisatorische Einheiten in Unternehmen dar, an die der Prozess der Formulierung, vor allem aber der Präzisierung und Ausführung spezifischer Strategien von der Unternehmensleitung delegiert wird" (*Bea/Haas,* 2013, S. 150). Diese Geschäftseinheiten besitzen einen bestimmten **Grad der Autonomie** und bilden eine Art strategie-orientierte *Sekundär*organisation, welche die Primärorganisation des Unternehmens ergänzt. Diese Primärorganisation ist – die oberste Unternehmensleitung ausgenommen – überwiegend operativ ausgerichtet, d. h. bei den operativen Planungs- und Realisierungsaufgaben geht es primär um die Nutzung bestehender Erfolgspotenziale. Bei der strategischen Planung und ihren Umsetzungsprozessen steht dagegen die Schaffung *neuer* Erfolgspotenziale im Mittelpunkt. Der Ergänzung der operativ orientierten Primärorganisation um eine strategisch orientierte Sekundärorganisation nach strategischen Geschäftseinheiten liegt das Prinzip der **sog. dualen Organisation** zugrunde (*Szyperski/Winand,* 1979). Eine Geschäftseinheit kann dabei mit einer Produktgruppe (Sparte/Division) identisch sein, sie kann aber auch mehrere Sparten umfassen *(Abb. 510).*

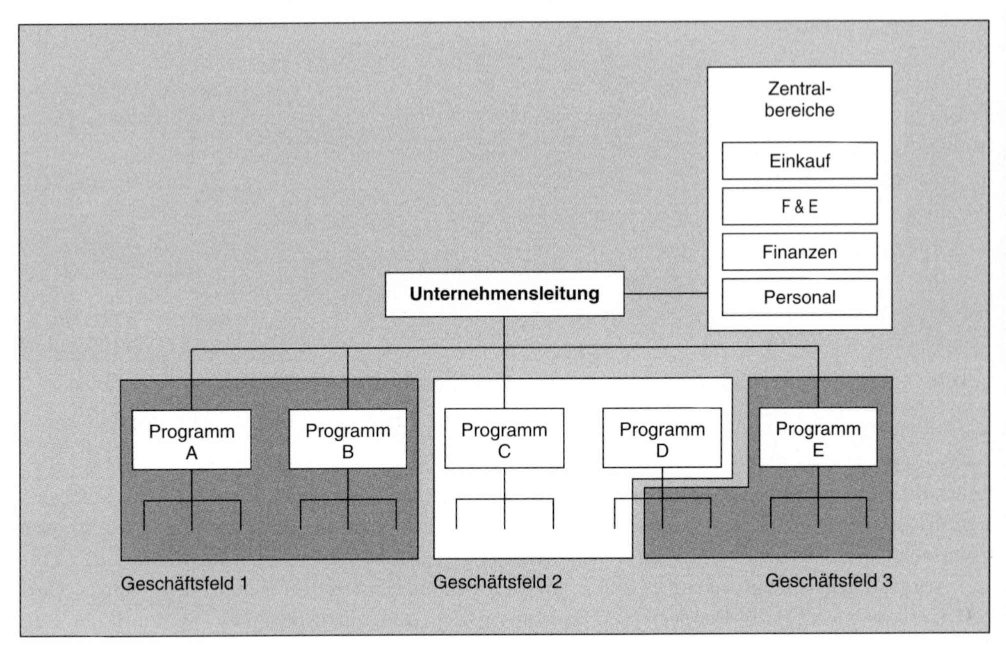


*Abb. 510: Beispiel einer dualen Organisation*

Es ist jedoch ebenso denkbar, dass eine Sparte mehrere strategische Geschäftseinheiten umfasst. Das hängt jeweils von der Definition der strategischen Geschäftseinheiten bzw. den ihr zugrunde gelegten **Abgrenzungsmerkmalen** ab (vgl. hierzu im Einzelnen *Bea/Haas,* 2013, S. 146 ff.). Eine duale Organisation kann als ein **Kompromiss** zwischen der These „Structure follows Strategy" (*Chandler,* 1962) und der Antithese „Strategy follows Structure" aufgefasst werden (*Schreyögg,* 1984, S. 128, s. a. *Kieser/Walgenbach,* 2003, S. 244 ff.).

**Holding-Konzepte** haben insbesondere aufgrund der ausgeprägten Diversifizierung von Unternehmen Bedeutung erlangt. Vor allem solche Unternehmen, die eine gewachsene Spartenorganisation besitzen, schaffen sich häufig Holding-Strukturen. „Eine Holding ist ein Unternehmen, das Beteiligungen an mehreren rechtlich selbstständigen Unternehmen hält („to hold") und dabei selbst nicht am Markt auftritt, also keine operative Tätigkeit wahrnimmt" (*Bea/Haas,* 2013, S. 394, im Einzelnen siehe etwa *Bühner,* 1992 sowie *Keller,* 1993). Es kann zwischen **Finanz-Holding** einerseits und **Management-Holding** andererseits unterschieden werden. Die Finanz-Holding ist dadurch gekennzeichnet, dass sie keine strategischen Führungsaufgaben bezüglich der rechtlich selbstständigen Holding-Gesellschaften wahrnimmt. Gleichwohl verfolgt sie eine gesamtunternehmerische Perspektive; insofern unterscheidet sie sich von reinen Kapitalbeteiligungsgesellschaften. Ihre Leitung erfolgt über die Vorgabe finanzieller Zielgrößen. Bei der Management-Holding dagegen übernimmt die Holding-Obergesellschaft die Leitung der gesamten Holding-Struktur, und zwar im Sinne einer strategisch-koordinierenden Führung sämtlicher Holding-Gesellschaften (der Eingriff in die operative Umsetzung selbst ist dagegen der Ausnahmefall, s. a. *Schreyögg,* 2003, S. 137 ff.).

Im Zusammenhang mit innovativen Organisationsstrukturen werden auch sog. **Hybridmodelle** diskutiert. Darunter werden zwitterartige Mischstrukturen verstanden, deren Ansatz darin besteht, Unternehmen – vor allem stark diversifizierte – nicht allein nach einem einzigen Strukturmodell „durchzuorganisieren". Andererseits ist eine **Auflösung** klassischer Hierarchien und eine Hinwendung zu modularen, team-orientierten Strukturen erkennbar (*Picot et al.*, 2003, S. 227 ff.). Außerdem treten neuere Formen wie **prozessorientierte, virtuelle** und **Netzwerkorganisation** hinzu (*Schulte-Zurhausen*, 2010; *Siedenbiedel*, 2010).

In welchem hohen Maße die Organisation des Unternehmens i. w. S. von den jeweils verfolgten **marketing-strategischen Konzepten** abhängt bzw. insgesamt abhängig gemacht werden muss, verdeutlicht eine Übersicht *(Abb. 511).*

| Konzepte / Konsequenzen | Massenmarketing | Segment-orientiertes Marketing | Kunden-individuelles Marketing |
|---|---|---|---|
| **Informationsbedarf** | Begrenzt | Periodisch | Real time |
| **Entscheidungs-findungsprozess** | Hochgradig zentralisiert | Zentralisiert | Dezentral |
| **Organisation** | Funktional | Funktional und Teams | Stark integriertes System |
| **Langfristige Planung** | Produkt | Produkt/Markt | Fähigkeiten |

*Quelle:* nach *Oetinger,* 1993, S. 387

*Abb. 511: Marketing-strategische Konzepte und management-spezifische Konsequenzen*

Diese Darstellung macht klar, dass Unternehmen, die dem **Strategietrend** (*Becker,* 2000 a) folgen – vom Massenmarketing, zum Segmentierungsmarketing bis hin zum Kundenindividuellen Marketing („1 : 1-Marketing") – ihre organisatorischen Strukturen (Systeme) entsprechend anpassen müssen, wenn die konkrete **Strategieimplementierung** gelingen soll.

## 2. Schnittstellen-, Wertketten- und Netz-Management

Die Darlegungen zu Grundfragen und Formen (Modellen) der Marketing-Organisation haben deutlich gemacht, dass konzeptionelles Marketing entsprechende Organisationsstrukturen voraussetzt. Nur auf der Basis jeweils adäquater **organisatorischer Regelungen** können Marketing-Konzeptionen konsequent umgesetzt (implementiert) werden. Die notwendigen Regelungen dürfen sich dabei – das ist entscheidend – nicht allein auf den Marketingbereich selbst beschränken.

Zunächst ist die Aufmerksamkeit der Konzeptionsrealisierung aber erst einmal auf den Marketingbereich des Unternehmens zu lenken. Hier lauern nämlich nicht unerhebliche Gefahren aufgrund der inzwischen klassischen **Funktionstrennung** von Marketing und Vertrieb, d.h. die Stellen bzw. Instanzen des Marketing repräsentieren im Prinzip die *strategische* Seite und die des Vertriebs entsprechend die *taktische* Seite im Unternehmen. Gerade bei Strategien höheren Niveaus, wie z.B. der Präferenz-Strategie, können Konzeptionsgefährdungen dadurch entstehen, dass aus taktischen Gründen (etwa wegen kurzfristiger Absatz- bzw. Umsatzziel-Erfüllung) Prinzipien der strategischen Markenführung durch Preisaktionen, Aufweichung der Abnehmerselektion usw. verletzt werden. Wesentliche koordinierende, konzeptionssichernde Aufgaben müssen deshalb von einem übergeordneten Absatz-(Marketing/Vertriebs-)Management auf Geschäftsleitungsebene (*Schütz,* 2003) erbracht werden.

Was die marketing-übergreifenden Koordinationsaufgaben betrifft, so treten im Rahmen der Marketing-Konzeptionserstellung sowie ihrer Realisierung wichtige Schnittstellen etwa zur Produktion oder auch zur Forschung und Entwicklung auf (vgl. hierzu *Wermeyer,* 1994; *Benkenstein,* 1987 bzw. 1995; *Brockhoff,* 1989). Gerade was diese marketing-übergreifenden Schnittstellen angeht, so muss die Unternehmensleitung hierfür ein geeignetes **Schnittstellen-Management** (*Specht,* 1995 a, Sp. 2265 ff.; *Köhler,* 1995, Sp. 1646 ff.; *Kotler/Bliemel,* 2001, S. 1254 ff.; s.a. *Homburg,* 2015, S. 1169 ff.) entwickeln, das zu einer konstruktiven Zusammenarbeit der einzelnen Funktionsbereiche in der Weise führt, „dass die Schnittpunktentscheidungen für das Unternehmen als Ganzes richtig sind . . .“ (*Groeben,* 1978, S. 120). Auf dem Wege dahin sind **drei wesentliche Schritte** notwendig:

- Erfassung der unternehmensspezifischen, konzeptionsrelevanten **Hauptabhängigkeiten** zwischen den funktionalen Bereichen (Schnittstellen-Audit),
- Schaffung notwendiger **Managementinstrumente** wie einheitliche Datenbasis, Formalisierung des Entscheidungsprozesses, Identifizierung schlüssiger Kontrollgrößen (Indikatoren),
- Durchsetzung der konstruktiven **Zusammenarbeit** an den Schnittstellen (u.a. via Führungs- und Arbeitsstil, Job-Rotation, Jour-fix-Sitzungen).

Wie notwendig Schnittstellen-Management für die schlüssige Umsetzung von Marketing-Konzeptionen letztlich ist, verdeutlich eine Übersicht, die **typische Fragenkreise** an wichtigen Schnittpunkten des Unternehmens beispielhaft illustriert *(Abb. 512).*

Oberster Orientierungspol bzw. genereller Bezugsrahmen der marketing-übergreifenden Koordination ist die **Marketing-Konzeption** des Unternehmens. Marketing im Sinne einer umfassenden Führungsphilosophie heißt nichts anderes als die bewusste Führung des gesamten Unternehmens vom Markt her. Der Markt stellt – wie bereits betont – die eigentliche „Front“ (und zugleich permanenten Engpass) des Unternehmens dar, auf die letztlich alle Unternehmensaktivitäten gerichtet sind, um die gesetzten Markt- und Unternehmensziele zu realisieren. Die Marketing-Konzeption bestimmt daher zwangsläufig den **generellen Unternehmenskurs.** Bei der Erarbeitung wie bei der Realisierung dieses marktorientierten Generalkurses, der gleichsam den *Außen*-Kurs (Markt-Kurs) des Unternehmens festlegt, müssen Markt- und Unternehmens-(Betriebs-)möglichkeiten verglichen und auf einen gemeinsamen, unternehmensindividuellen Nenner gebracht werden (*Becker,* 1993 d), vgl. hierzu auch die Untersuchungsergebnisse zur Bedeutung marktorientierter Unternehmensführung bei *Fritz,* 1992).

Das konzeptionelle Agieren – und zwar sowohl was die Planerstellung als auch die Planrealisierung betrifft – ist jedoch nur dann vollständig und schlüssig und damit für die mittel- und langfristige Steuerung von Unternehmen tauglich, wenn nicht nur der Außen-Kurs (Markt-Kurs), sondern auch der *Innen*-Kurs (Betriebs-Kurs) des Unternehmens entsprechend festgelegt wird (*Becker,* 1993 d). Dabei sind vielfältige **Nahtstellen und Abhängigkeiten** zwischen In-

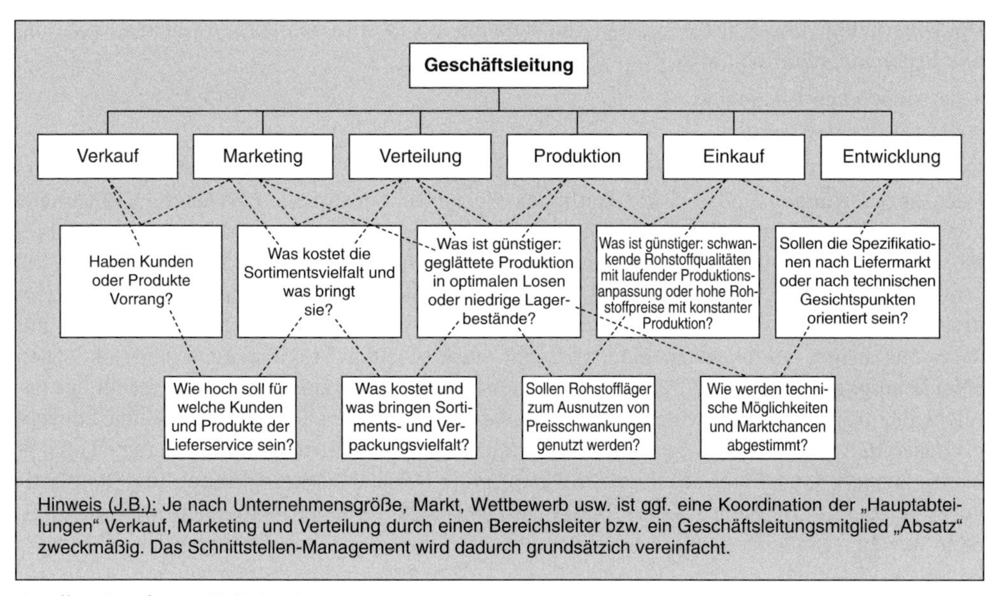


*Quelle: Groeben*, 1978, S. 121

*Abb. 512: Typische Fragestellungen an wichtigen koordinativen Schnittpunkten*

nen- und Außen-Kurs zu berücksichtigen, nicht zuletzt auch unter dem Aspekt der Fristengerechtigkeit der Maßnahmen (= **Ausgleich** strategischer Pläne und taktischer Notwendigkeiten).

Im Unternehmen gibt es im Prinzip nämlich **zwei verschiedene Probleme** konzeptions-beeinträchtigender Autonomien, wie eine Modelldarstellung zu skizzieren versucht *(Abb. 513).*

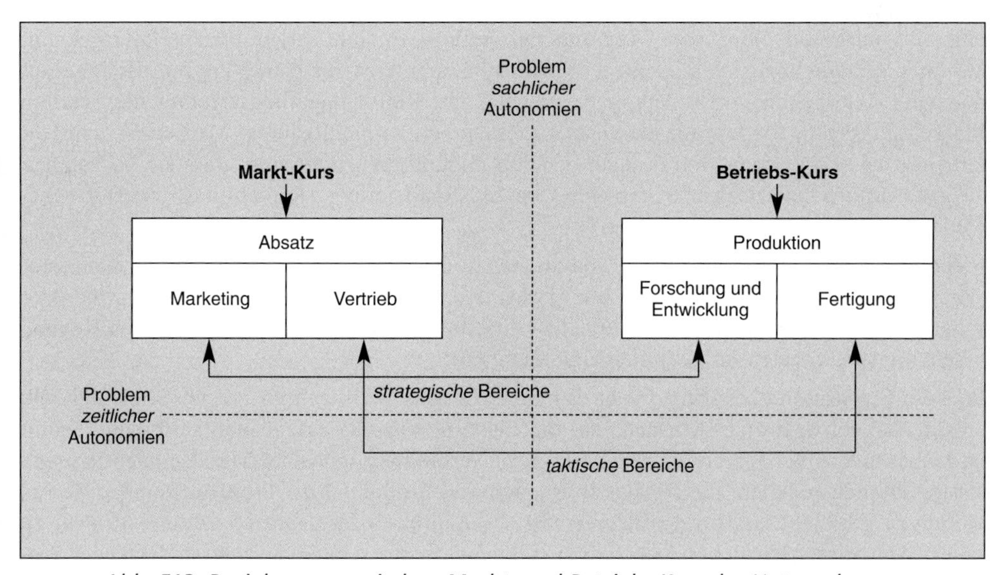


*Abb. 513: Beziehungen zwischen Markt- und Betriebs-Kurs des Unternehmens*

Bei Unternehmen bestehen demnach grundsätzlich auf **zwei verschiedenen Ebenen** koordinative Probleme, nämlich auf:

- der **sachlichen Ebene** und
- der **zeitlichen Ebene.**

Kennzeichnend dabei ist, dass es auf der sachlichen Ebene leicht zu problematischen **Bereichsabschottungen** und auf der zeitlichen Ebene zu einseitigen **Bereichsverknüpfungen** kommt. Das heißt mit anderen Worten, dass auf der *sachlichen* Ebene immer wieder Probleme einer echten Harmonisierung von Markt- und Betriebskurs gegeben sind (z. B. Forschungskonzept entspricht nicht dem Marktkonzept oder Vertriebs- und Fertigungskonzept divergieren qualitativ und/oder quantitativ). In Bezug auf die *zeitliche* Ebene kommt es andererseits häufig zu Disharmonien zwischen strategischen Möglichkeiten und taktischen „Notwendigkeiten". Typisch für divergierendes Fristendenken und -handeln ist dabei der bereichsübergreifende Fall (während z. B. Marketing- und Forschungs-Entwicklungskonzept grundsätzlich langfristig ausgerichtet sind, ist dagegen das Vertriebs- und Fertigungskonzept häufig zu stark kurzfristig orientiert, und zwar unter Vernachlässigung mittel- und langfristiger Potenziale). Die **Koordination** markt- und betriebsbezogener Aktivitäten muss insoweit nicht nur die sachliche, sondern vor allem auch die zeitliche Komponente berücksichtigen.

Diese Skizzierung wichtiger unternehmerischer Schnittstellen in sachlicher und zeitlicher Hinsicht hat deutlich gemacht, dass die sinnvolle Klärung und Abstimmung jener gesamtunternehmerischen Zusammenhänge in hohem Maße die Oberziel-Realisierung beeinflusst (*Becker,* 1986 c). Ihre schlüssige Koordination wird damit zu einem wichtigen **Erfolgsfaktor** jeder Marketing-Konzeption. Insofern kann man auch sagen, dass Marketing-Konzeptionen in diesem – notwendigerweise – umfassenden Sinne gleichsam den Charakter von ganzen **Unternehmenskonzeptionen** annehmen. Im Übrigen verstärkt sich diese Tendenz um so mehr, je schwieriger die Markt- und Wettbewerbsverhältnisse werden. Während bei (stark) wachsenden Märkten durchweg genügend marktgestalterische Freiräume vorhanden sind, um oberzieladäquate Erlöse am Markt zu realisieren, sind stagnierende oder gar rückläufige Märkte – was für viele Branchen inzwischen typisch ist – durch zum Teil erhebliche Erlöseinbußen aufgrund eines vom Verdrängungswettbewerb induzierten Preisverfalls gekennzeichnet. Gerade angesichts derartiger Rahmenbedingungen für marketing-politisches Handeln sind Unternehmen mehr denn je gezwungen, alle Rationalisierungsreserven nicht nur im Marketingbereich, sondern im *gesamten* Unternehmen zu mobilisieren. Marketing- und Unternehmenskonzeptionen sind deshalb generell dadurch charakterisiert, dass sie konsequent an **zwei unternehmerischen Seiten** der Oberziel-Realisierung (Rentabilität/Unternehmenswert) anknüpfen müssen, nämlich an

- der **Ertragsseite** (speziell über Produktinnovationsprogramme zur Realisierung von „monopolistischen" Preisspielräumen am Markt) und
- der **Kostenseite** (speziell über Rationalisierungsprogramme zur Ausschöpfung von Kostensenkungspotenzialen im gesamten Unternehmen).

Was die **Ertragsseite** betrifft, so geht es hierbei um das Verfolgen geeigneter Strategien und entsprechender operativer Maßnahmen, die **Leistungsvorteile** aufzubauen vermögen. Damit ist insbesondere die Präferenzstrategie (ggf. in Verbindung mit einer Marktsegmentierungsstrategie) angesprochen, die auf das Erarbeiten von Produkt- bzw. Problemlösungsdifferenzierungen gerichtet ist, um damit preislich abschöpfbare Zusatznutzen (Added Values) zu schaffen. In dieser Hinsicht hat auch die Erfolgsfaktorenforschung die zentrale Rolle der Produktqualität für den Unternehmenserfolg nachgewiesen (siehe hierzu sowohl den eher beschreibenden Erfahrungsbericht von *Peters/Waterman,* 1984, als auch das wissenschaftlich orientierte, auf empirischer Datenbasis beruhende *PIMS*-Projekt, dargestellt u. a. bei *Buzzell/Gale,* 1987 bzw. 1989). Die Produkt- bzw. Problemlösungsqualität im Sinne der Schaffung eines überlegenen Leistungsvorteils kann dabei *zweifach* ansetzen, nämlich an der (mehr) objektiven und/oder an der (mehr) subjektiven Produktqualität.

Was die **objektive Produktqualität** betrifft, so konzentrieren sich die Anstrengungen – vor dem Hintergrund stark angeglichener technischer Basisleistungen – in hohem Maße auf die qualitative Perfektion (z. B. den integrierten Ansatz des **Total Quality Management** bzw. die sog. Null-Fehler-Philosophie, vgl. hierzu *Zink,* 1995; *Malorny,* 1996, *Pfeifer,* 2000; *Ebel,* 2003, zu den marketing-spezifischen Aspekten *Stauss,* 1994 b).

In Bezug auf die **subjektive Produktqualität** versucht man vor allem, an den „psychologischen" Anforderungen der Abnehmer anzuknüpfen. Eine besondere Rolle spielen dabei erlebnis-orientierte Produkte und Leistungen (thematisiert unter dem Begriff **Erlebnismarketing,** siehe hierzu u. a. *Kroeber-Riel,* 1986; *Konert,* 1986 sowie *Weinberg,* 1992 bzw. 1995). Die Relevanz psychologischer Werte ist nicht zuletzt vom Wertewandel abhängig (zu den marketing-spezifischen Aspekten des Wertewandels *Szallies/Wiswede,* 1990; *Silberer,* 1995).

Was die Kostenseite angeht, so sind Unternehmen heute generell, d. h. sowohl preismengen- als auch präferenz-strategisch agierende Unternehmen, gezwungen, möglichst **günstige Kostenpositionen** zu realisieren. Der starke Wettbewerb und der daraus resultierende Preis- bzw. Erlösverfall führt allgemein dazu, dass Kostenvorteile – neben markt- bzw. kundenadäquaten Leistungsvorteilen – für Unternehmen eine wichtige Überlebensvoraussetzung darstellen. In diesem Zusammenhang hat der Ansatz des **Lean Management** entsprechende Bedeutung erlangt (siehe hierzu *Womack/Jones/Roos,* 1990 bzw. 1992 und *Womack/Jones,* 2004 sowie *Pfeiffer/Weiss,* 1994; *Drew/Mc Callum/Roggenhofer,* 2005). Als wesentliche Elemente des Lean Management gelten insbesondere: Reduktion der Fertigungstiefe (Outsourcing) und enge Kooperation mit Zulieferern, Parallelität von Produkt- und Produktionsmittelentwicklung (Simultaneous Engineering) und Total Quality Management (*Bea/Haas,* 2013, S. 510 f., siehe auch den Überblick bei *Simon,* 2000, S. 62 ff.).

Insgesamt – das haben die bisherigen Darlegungen gezeigt – stellt sich Ertrags- und Kostenorientierung nicht als konzeptioneller Gegensatz bzw. konzeptioneller Entweder-Oder-Ansatz dar, sondern sie ist vielmehr als **Sowohl-als auch-Konzept** anzusehen. In dieser Hinsicht sind alle „Wertzellen" des Unternehmens entsprechend abzustimmen bzw. zu gestalten. Alle Wertaktivitäten des Unternehmens finden in diesen Zellen statt. „Wertaktivitäten sind die physisch und technologisch unterscheidbaren, von einem Unternehmen ausgeführten Aktivitäten. Sie sind die Bausteine, aus denen das Unternehmen ein für seine Abnehmer wertvolles Produkt (Problemlösung, Erg. J. B.) schafft. Die Gewinnspanne ist der Unterschied zwischen dem Gesamtwert und der Summe der Kosten, die durch die Ausführung der Wertaktivitäten entstanden sind" (*Porter,* 1986, S. 64).

*Porter* unterscheidet bei seinem **Wertketten-Modell** (Value Chain Analysis) zwischen sog. *primären* Aktivitäten, die mit der Herstellung und dem Vertrieb eines Produktes verbunden sind, und sog. *sekundären* Aktivitäten. Unter sekundären Aktivitäten sind unterstützende Maßnahmen zu verstehen, und zwar Versorgungs- und Steuerungsleistungen (**Supply Chain Management**, s. a. *Werner,* 2008; *Arndt,* 2005) für die primären Aktivitäten *(Abb. 514).*

Eine solche detaillierte Analyse der sog. **Wertkette** ist deshalb notwendig, weil die Wertschöpfung nicht einfach als bloße Differenz zwischen Verkaufspreis und Rohstoffkosten verstanden werden darf. Die Wertschöpfung stellt sich vielmehr als ein vielgliedriger, konzep-

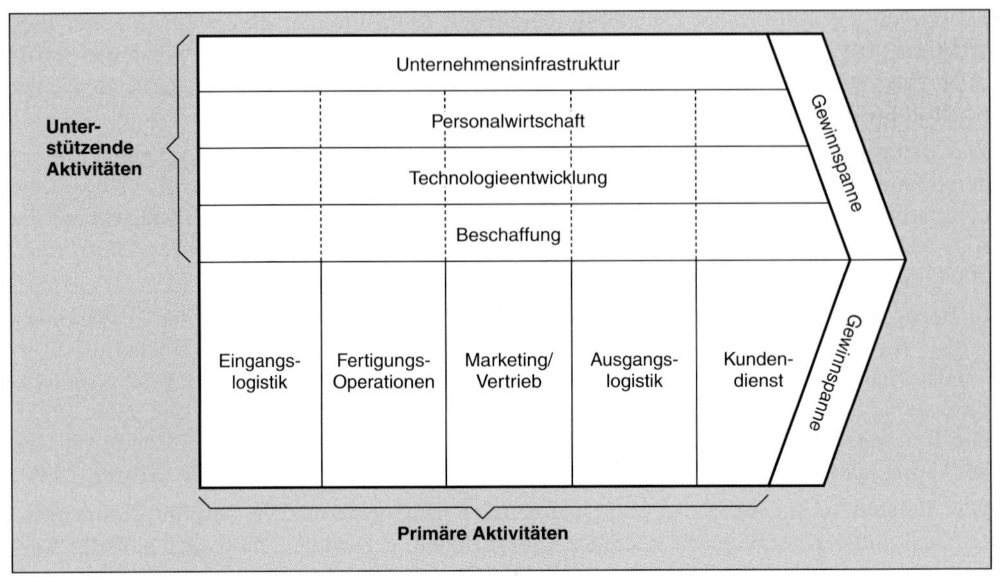


*Quelle: Porter,* 1986, S. 62

*Abb. 514: Grundmodell einer Wertkette (Value Chain)*

tionell ausgerichteter **unternehmerischer Gestaltungsprozess** dar. Dabei ist die von *Porter* vorgeschlagene Systematik nicht zwingend, sondern sie stellt einen Ordnungsrahmen dar, der auf die jeweils individuellen Markt- und Unternehmensverhältnisse spezifisch zugeschnitten werden kann (*Steinmann/Schreyögg,* 2000, S. 183 ff.).

Die Grundidee des Wertketten-Modells besteht darin, den nach Wertzellen („Funktionen") gegliederten unternehmerischen Leistungsprozess als Ansatzpunkt für konzeptionelles Handeln zu begreifen, um **Kosten- und/oder Ertragsvorteile** („Differenzierungsvorteile") gegenüber Wettbewerbern zu realisieren.

Die **Marketing-Konzeption** als den Markt- *und* Unternehmenskurs bestimmender Leitplan steht dabei quasi über der Wertkette bzw. über dem die Wertkette zu steuernden Prozess. Sie bestimmt m. a. W. die **strategische Stoßrichtung,** wie die angestrebte Gewinnspanne realisiert werden soll. Ausgangspunkt ist dabei eine möglichst eigenständige, innovative Einpassung (Positionierung) im Markt. Das bedeutet – gerade unter heutigen erschwerten Markt- und Wettbewerbsbedingungen – vielfach das Verlassen eines tradierten Markt- und Branchenverständnisses. Dabei muss vorrangig an der Wertschöpfungsstruktur der Produkte und Leistungen und ihren Differenzierungspotenzialen angeknüpft werden. Das wird vor allem an *kontrastierenden* Marketingkonzepten besonders deutlich, wie z. B. dem *Ikea*-Konzept (*Abb. 515).*

Das gewählte Beispiel zeigt, dass Wertketten-Analysen (Value Chain Analysis) dazu dienen, eine spezifische Marketing-Konzeption (z. B. *Ikea*-Konzeption) und ihre gesamtunternehmerischen Zusammenhänge, Voraussetzungen und Wirkungen transparent zu machen, um auch auf diese Weise eine **konsequente Implementierung** einer solchen Konzeption sicherstellen zu können. Eine Wertketten-Analyse vermag in dieser Hinsicht sowohl konzeptionsbedingte Wertaktivitäten zur Erhöhung des Abnehmernutzens als auch ihre Kostenkonsequenzen zu identifizieren. Sie fördert insoweit „die integrierte Betrachtung abnehmer- und kostenorien-

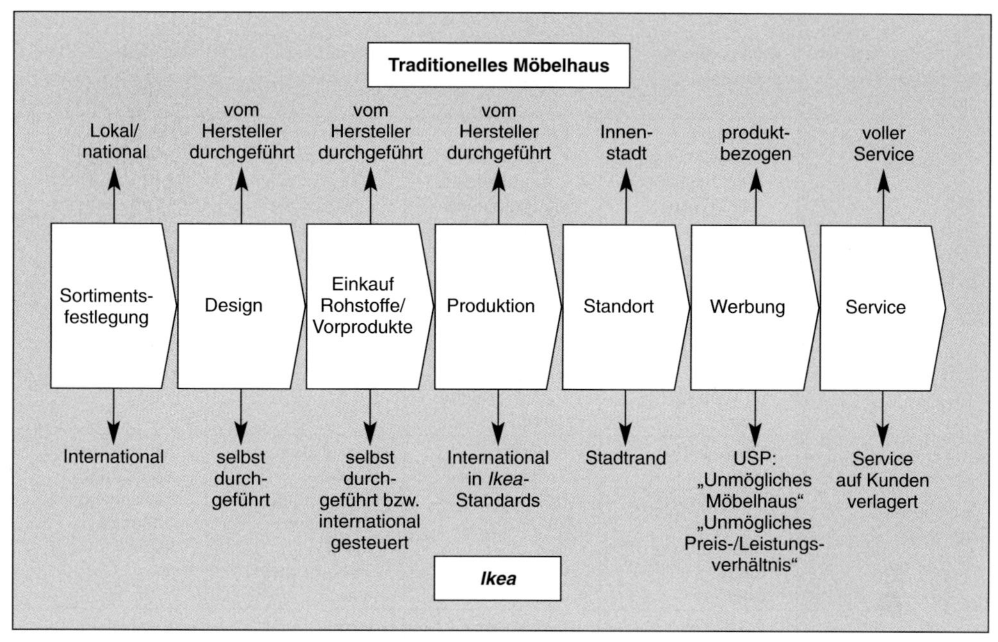


*Quelle: Little,* 1988, S. 23

*Abb. 515: Vergleich der Wertschöpfungsstruktur traditioneller Möbelgeschäfte mit der von Ikea*

tierter Denkansätze" (*Meffert,* 1994 b, S. 52). Wettbewerbsvorteile können jedoch nicht allein dadurch geschaffen werden, dass die einzelnen Wertaktivitäten sauber strukturiert und dokumentiert werden, sondern nur, „wenn auch die Art und Weise ihrer Erledigung überprüft wird" (*Macharzina,* 2003, S. 268).

In diesem Zusammenhang spielt nicht zuletzt die Analyse der sog. **strategischen Gruppen** eine besondere Rolle (*Porter,* 1995, S. 177 ff.). Eine strategische Gruppe umfasst konkurrierende Unternehmen einer Branche, die in Bezug auf ihre strategischen Aktionsweisen vergleichbar sind. Diese Vergleichbarkeit drückt sich in einer *ähnlichen* Handhabung von „strategischen Schlüsselvariablen" aus (z. B. Art des Sortiments, Servicekonzept, Standort beim traditionellen Möbelhaus). Die jeweiligen Branchenbedingungen bilden somit ein wichtiges Element wertketten-spezifischer Analysen und ihrer marketing-konzeptionellen Konsequenzen (z. B. auch im Hinblick auf mögliche vorteilhafte „strategische Ausbruchversuche").

Die konzeptionell fundierte Wertkette eines Unternehmens ist stets auch abhängig von vorhandenen bzw. zu schaffenden **Unternehmenspotenzialen** in allen Wertzellen (Funktionsbereichen), und zwar differenziert nach Informations-, Sachmittel-, Personal- und Finanzmittelpotenzialen *(Abb. 516)*.

Überlagert werden diese Potenzialbereiche durch den sog. **dispositiven Faktor** (= Management- und Führungspotenzial), der dafür verantwortlich ist, dass solche Potenziale entdeckt, geschaffen und vor allem *genutzt* werden. Dabei sind – im Sinne des bereits angesprochenen Schnittstellen-Managements – vor allem wichtige Nahtstellen und Interdependenzen zwischen den Kernzellen (Kernfunktionen) zu berücksichtigen. In industriellen Unternehmen sind solche Interdependenzen zwischen Fertigung, Marketing und Logistik gegeben. Vor al-

| Potenzial-Bereich / Potenzialart | Entwicklungs-potenzial | Beschaffungs-potenzial | Produktions-potenzial | Marketing-potenzial |
|---|---|---|---|---|
| **Informations-potenzial** | – Erfahrung<br>• Entwicklung von Funktionen und Eigenschaften<br>• Arbeitsprinzipien<br>• Organisationsmethoden<br>– Schutzrechte<br>• Patente<br>• Lizenzen<br>usw. | – Erfahrung<br>• Aushandeln von Lieferbed.<br>• Organisationsmethoden<br>– Beschaffungsorganisation<br>– Lieferantenbeziehungen<br>• Material, Zukaufteile<br>• Betriebsmittel<br>usw. | – Erfahrung<br>• Verfahren<br>• Bearbeitung Werkstoffe Abmessungen Genauigkeit<br>• Organisationsmethoden<br>– Organisationsstruktur<br>usw. | – Erfahrung<br>• Werbung<br>• Kundendienst<br>• Organisationsmethoden<br>– Vertriebsorganisation<br>– Abnehmerbeziehungen<br>• Absatzmittler<br>• Endabnehmer<br>usw. |
| **Sachmittel-potenzial** | – Entwicklungsmittel<br>• Versuchsfelder<br>• Prüfmittel<br>– Informationsmittel<br>usw. | – Ausstattung<br>– Transportmittel<br>– Informationsmittel<br>usw. | – Grundstücke, Gebäude<br>– Infrastruktur<br>– Produktionsmittel<br>– Inform.mittel<br>usw. | – Niederlassungen<br>– Ausstattung<br>– Transportmittel<br>– Informationsmittel<br>usw. |
| **Personal-potenzial** | – Forschungspersonal<br>– Konstrukteure<br>– Zeichner<br>usw. | – Personal im<br>• Innendienst<br>• Außendienst<br>usw. | – Fachpersonal<br>– Hilfspersonal<br>usw. | – Personal im<br>• Innendienst<br>• Außendienst<br>usw. |
| **Finanzmittel-potenzial** | Budgetierung: langfristige Finanzierungsmöglichkeiten | | | |

*Quelle: Rapp,* 1983, S. 19

*Abb. 516: Unternehmenspotenziale differenziert nach Potenzialbereichen und Potenzialarten*

lem ein digitalisiertes **Prozessmanagement** (s. hierzu *Eidenmüller,* 1989; *Scheer,* 1990 bzw. *Feldmayer/Seidenschwarz,* 2005; *Schmelzer/Sesselmann*, 2013; *Swoboda/Weiber*, 2013. Diese Thematik wird auch unter den Stichworten **Industrie 4.0** bzw. „**Internet der Dinge**“ diskutiert, vgl. i.E. *Obermaier*, 2016) bieten auch für Marketing-Konzeptionen verbesserte Implementierungsbedingungen. Eine Abbildung verdeutlicht z.B. produktionswirtschaftliche Ziele bzw. Möglichkeiten und ihre marketing-konzeptionellen **Vorteile und Chancen** *(Abb. 517).*

Die Darstellung zeigt, welche grundlegenden Vorteile hinsichtlich Wirtschaftlichkeit, Qualität und Logistikleistung möglich sind. Unter marketing-konzeptionellen Aspekten ermöglichen dabei u.a. neue Qualitäts-, Kosten- wie auch Auslieferungsstandards die **Realisierung von Wettbewerbsvorteilen** (bis hin zu den Möglichkeiten eines gezielten Varianten-Marketing oder sogar eines Customized Marketing = 1 : 1-Marketing, *Piller,* 1998 bzw. 2006; *Becker,* 2000 a, vgl. hierzu auch 3. Teil „Strategien“, Kapitel Marktparzellierungsstrategien).

Der Wertketten-Ansatz (Value Chain Analysis) dient nicht nur der notwendigen Transparenz bzw. optimalen Gestaltung des unternehmenseigenen Wertketten- oder Wertschöpfungsprozesses. Er ist darüber hinaus geeignet, Verknüpfungen zwischen mehreren **vertikalen Wertketten** zu untersuchen (= Unternehmenswertkette als Teil eines *vernetzten* Wertkettensystems, vgl. *Poirier/Reiter,* 1997). Auf Basis der Verknüpfung mehrerer Wertketten können so

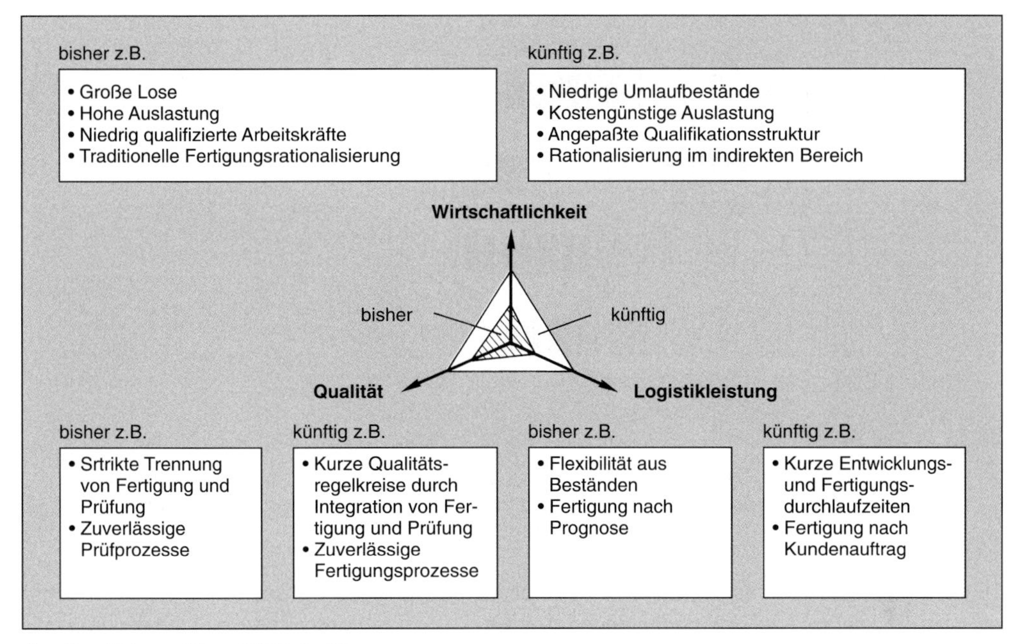


*Quelle: Eidenmüller,* 1989, S. 37

*Abb. 517: Typische Veränderungen bei den produktionswirtschaftlichen Zielen (Möglichkeiten) und wichtige marketing-politische Vorteile (Chancen)*

Verflechtungen mit Zulieferunternehmen, Vertriebskanälen und Abnehmern analysiert und ggf. *neu* strukturiert werden (auch unter Nutzung der *Internet*-Möglichkeiten, *Abb. 518).*

Die Berücksichtigung der Wertketten der Lieferanten und der Vertriebswege bzw. Abnehmer und ihrer Verbundwirkungen mit der eigenen Wertkette eröffnet nicht selten die Erschließung völlig **neuer Potenziale** sowie die Gestaltung neuer, konzeptionell fundierter **Spielregeln** (siehe hierzu *Porter,* 1986, S. 76 ff.). „In arbeitsteiligen Industrien haben die in Wertketten zusammengeschlossenen Unternehmen verschiedene Wertschöpfungsanteile. Um diese Wertschöpfungsanteile wird im Wettbewerb rivalisiert. Unternehmen in der Wertkette müssen dabei die gesamte Wertkette im Blickfeld haben, in der sie arbeiten" (*Schneider/Baur/Hopfmann,* 1994, S. 13 f.). Solche vertikalen Wertkettenverknüpfungen lassen sich auch in sog. **Wertketten-Landkarten** transparent machen *(Abb. 519).*

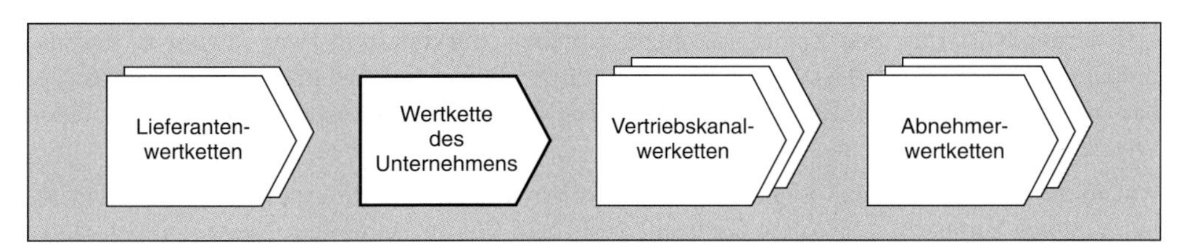


*Quelle:* nach *Porter,* 1986, S. 60

*Abb. 518: Verschränkung der Wertkette mit Vor- und Nachstufe*

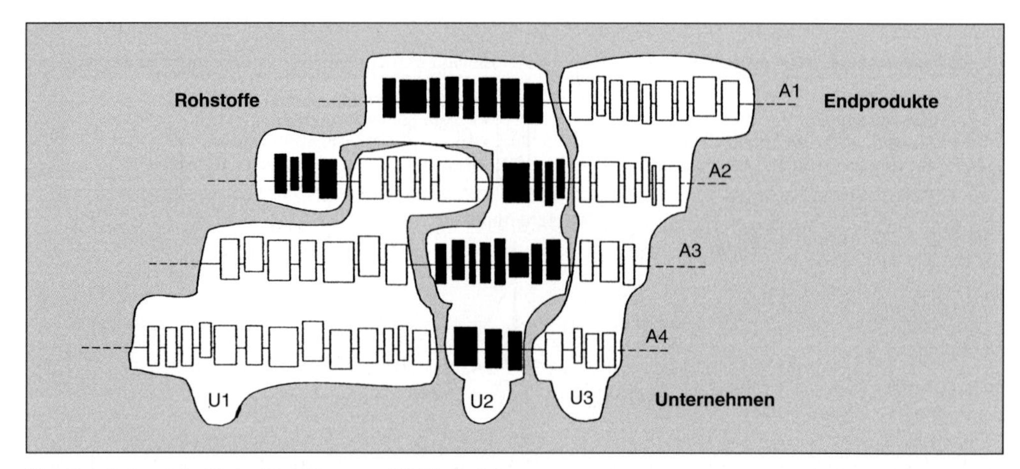


*Quelle: Schneider/Baur/Hopfmann,* 1994, S. 14

*Abb. 519: Aufteilung von Wertketten zwischen verschiedenen Unternehmen („Wertketten-Landkarte")*

Diese Wertketten-Landkarten machen deutlich, wo das eigene Unternehmen selbst beteiligt ist, wer die jeweils vor- und nachgelagerten Wertaktivitäten kontrolliert, welche der **Wertaktivitäten** strategisch besonders *relevant* sind und ob bzw. inwieweit die Gefahr besteht, dass sie von Lieferanten, Vertriebswegen bzw. Abnehmern integriert werden könnten.

Die Realisierung markt-, kunden- und wettbewerbsorientierter Marketing-Konzepte kann insoweit die bewusste Gestaltung ganzer **Wertschöpfungspartnerschaften** bedingen bzw. für ihre konsequente Realisierung von besonderem Vorteil sein. Solche Wertschöpfungspartnerschaften (Value Adding Partnerships) stellen *vertikale* Wertketten-Integrationsformen dar, und zwar im Sinne einer strategisch-vertikalen Allianz von Unternehmen, „die ihre Aktivitäten auf bestimmte Stufen der Wertkette konzentrieren und entlang der Wertkette kooperieren" (*Sydow,* 1992, S. 64). Auf diese Weise können auch umfassende **strategische Netzwerke** aufgebaut werden, die zwischen rechtlich zwar selbstständigen, wirtschaftlich jedoch meist abhängigen Unternehmen bestehen. „Typischerweise tritt in dieser Organisationsform dezentraler Unternehmensführung die Frage des Eigentums hinter die Frage der strategischen Steuerbarkeit der Netzwerkunternehmungen zurück" (*Sydow,* 1992, S. 82). Die Koalitionen innerhalb der externen Netzwerke können dabei über unterschiedliche **Formen** wie Beteiligungen, Joint Ventures, Kooperationen oder spezifische Vertragsarten (z. B. Lizenz-, Franchising-, Pacht-, Überlassungs- oder Managementverträge) realisiert werden (*Backhaus,* 2003, S. 282 ff.; *Picot et al.,* 2003, S. 302 ff.; *Macharzina/Wolf,* 2008, S. 499 ff.).

Solche – immer stärker *international* orientierten – Netze ermöglichen die **Nutzung** von Spezialisierungsvorteilen, den Zugang zu internationalen Märkten, und zwar sowohl zu internationalen Beschaffungs-, Absatz- als auch Kapitalmärkten. Oberstes strategisches Ziel ist dabei insbesondere die Realisierung von **Kosten-, Qualitäts- und Zeitvorteilen** im globalen Wettbewerb (vgl. hierzu auch *Hinterhuber/Aichner/Lobenwein,* 1994).

Auf diese Weise lösen sich zugleich klassische Strukturen von Unternehmen auf, es entstehen vielfach Unternehmen „ohne Grenzen" innerhalb flexibel lernender Netze. Dieser strategische Ansatz führt weiter bis hin zum Konzept des **virtuellen Unternehmens** (Cyber-Unternehmen, *Martin,* 1997) als der flexibelsten Möglichkeit der unternehmensübergreifenden Zusammenfassung von Kernkompetenzen zur Schaffung kundenspezifischer Problemlösungen, und zwar situations- und auftragsspezifisch „auf Zeit" (zu Grundfragen der virtuellen Organisation bzw. virtuellen Realisation von Konzepten siehe *Davidow/Malone,* 1993; *Scholz,* 1997; *Picot et al.,* 2003; *Zentes/Swoboda/Morschett,* 2003).

Die Darlegungen haben insgesamt gezeigt, dass Unternehmen ganz unterschiedliche Ansätze zur Realisierung (Implementierung) von Marketing- und Unternehmenskonzeptionen verfolgen können. Dabei zeichnet sich zunehmend eine bestimmte **Auflösung klassischer Strukturen** und Grenzen von Unternehmen ab (zu den Auswirkungen speziell des *Internet* auf Wertketten und Geschäftsmodelle mit Beispielen siehe auch *Frese/Stöber,* 2002).

## 3. Implementierung von Marketing-Konzeptionen und personales Element

Eine Marketing-Konzeption und ihre Realisierung in Unternehmen und Markt ist nicht einfach ein mechanistischer Vorgang, der gleichsam auf Knopfdruck erfolgt. Die vom Unternehmen und ihrer Führung verabschiedete und als **verbindliche Handlungsgrundlage** vorgegebene Konzeption bedarf vielmehr der Akzeptanz, des Verständnisses und des Willens zur Umsetzung **bei allen Organisationsmitgliedern.**

Nicht nur die Erarbeitung einer Marketing-Konzeption durch das Management – unterstützt durch Mitarbeiter der einzelnen Funktionsbereiche und -ebenen (etwa in Form von Projektteams), ggf. begleitet oder geführt durch externe Berater –, sondern vor allem auch die unternehmensweite Umsetzung wird in hohem Maße durch **menschliches Verhalten** determiniert. Die Umsetzung **(Implementierung)** von Marketing-Konzeptionen ist insofern als ein komplexer verhaltenswissenschaftlicher Vorgang bzw. Prozess zu begreifen (*Staehle,* 1991, S. 200 ff.; *Kolks,* 1990, S. 110 ff. und *Hilker,* 1993, S. 24 ff. sowie *Backhaus,* 2003, S. 792 ff.; *Meffert,* 2000, S. 1101 ff. bzw. *Meffert/Burmann/Kirchgeorg,* 2015, S. 769 ff.).

Die Implementierung von Marketing-Konzeptionen bedeutet im Grunde nichts anderes als „Make the concept work". Das setzt folgende **menschlichen Elemente** (Bedingungen) voraus (*Becker,* 2000 c, S. 202 f.; s. a. 5. Teil, Abschnitt „Personalmanagement"):

- **Verständnis,**
- **Akzeptanz,**
- **Identifikation,**
- **Handlungsfähigkeit,**
- **Handlungswillen.**

Das heißt mit anderen Worten, dass alle Unternehmensmitglieder **Sinn, Rolle und Bedeutung** des Marketing im Allgemeinen und der unternehmensspezifischen Marketing-Konzeption im Besonderen begreifen müssen. Das ist an das Wecken eines entsprechenden Verständnisses bei allen Mitarbeitern über alle Unternehmensbereiche und alle Unternehmensebenen hinweg gebunden. Die Bereitschaft zur Umsetzung einer Konzeption bedingt freilich nicht nur ihr Verständnis („Nachvollziehbarkeit"), sondern auch ihre Akzeptanz („Anerkennung") und die Identifikation mit ihr („Verinnerlichung").

Das verdeutlicht, wie sehr der Erfolg einer Konzeptionsrealisierung von der gezielten und umfassenden **Kommunikation** ihrer Inhalte (einschl. spezifischer Schulungs- und Trainingsmaßnahmen) abhängt. Damit sind auch Grundfragen des *internen* Marketing angesprochen (zur markt- und kundenorientierten, konzeptionsgerechten Erziehung und Motivation der Mitarbeiter *Stauss/Schulze,* 1990; *Bruhn,* 1999 a; zur Motivation generell *Drumm,* 2008).

Neben der generellen Motivation der ganzen Mannschaft eines Unternehmens für marktgerichtetes, konzeptionsgerechtes Handeln gehört als wesentliche Voraussetzung für die Implementierung (Realisierung) von Marketing-Konzeptionen auch die notwendige **Handlungsfähigkeit** (-qualifikation) der Mitarbeiter wie auch ihr ausgeprägter **Handlungswille.** Damit sind wichtige personalwirtschaftliche Grundfragen berührt, nämlich konzeptionsgerechte Auswahl der Mitarbeiter wie auch ihre ständige Weiterentwicklung (= Personalauswahl und -entwicklung bis hin zum Ansatz der „lernenden Organisation", s. *Berthel,* 2000; *Drumm,* 2008; *Scholz,* 2000 bzw. *Boehme,* 1998; *Morgan/Katsikeas/Appiah-Adu,* 1998).

Ein wesentlicher Faktor bei der Realisierung von Konzeptionen stellt darüber hinaus das **Entlohnungs- und Anreizsystem** für das Management und die Mitarbeiter dar. Ansatzpunkt für eine konzeptionsgerechte Handlungsweise bilden hierbei *zielorientierte* Entlohnungsformen, die ausreichende Anreize bieten, die festgelegten Markt- und Unternehmensziele über das strategie-geleitete operative Handeln auch tatsächlich zu erreichen (zu Grundfragen eines leistungsabhängigen Entlohnungssystems bzw. der (wertorientierten) Erfolgsbeteiligung siehe *Scholz,* 2000; *Becker/Kunz,* 2008 sowie speziell zu Systemen für Führungskräfte *Willers,* 1990; *Hungenberg,* 1999 sowie *Scholz,* 2011 bzw. 2014). Die Implementierung von Marketing-Konzeptionen stellt sich damit als komplexe Aufgabe dar, die sowohl die Managementsysteme *(„hard factors")* als auch das organisational-personale Verhalten *(„soft factors")* umfasst. Insofern kann zwischen Struktur- bzw. System- und Verhaltens- bzw. Prozessebene der Implementierungs- oder Realisierungsaufgabe unterschieden werden *(Abb. 520).*

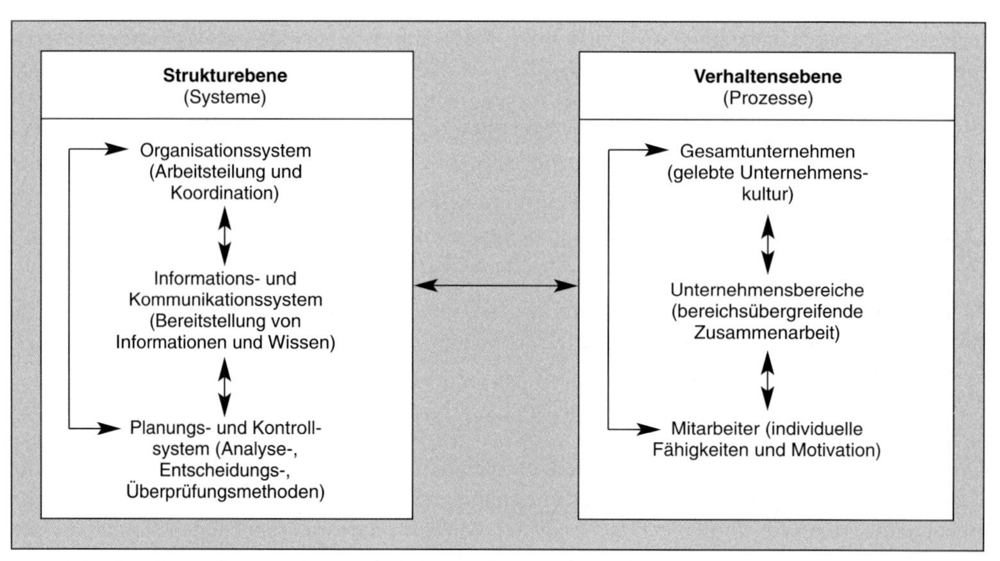


*Abb. 520: Betrachtungsebenen bei der Implementierung von Marketing-Konzeptionen*

Die **Strukturebene** umfasst die Schaffung bzw. Anpassung konzeptionsgerechter Managementsysteme (zu Wesen und Elementen von Managementsystemen siehe auch *Bleicher,* 1996, S. 41 ff.). Hierzu gehören neben den organisatorisch-infrastrukturellen Voraussetzungen (= konzeptions-adäquaten Organisationstypen, um marketingkonzeptions-geleitetes Handeln überhaupt zu ermöglichen) entsprechende Informations- und Kommunikationssysteme sowie auch Planungs- und Kontrollsysteme. Sie alle dienen letztlich der Gestaltung der Beziehungen des Unternehmens zu seiner Umwelt (und zwar insbesondere gegenüber seinen Märkten und Kunden).

Auf Arten und Bedeutung marketing-orientierter Organisationstypen(-formen) wurde bereits eingegangen, ebenso auf Grundfragen von Planungs- und Informationssystemen. Auf Grundfragen von Kontrollsystemen wird im nächsten Abschnitt zur Überprüfung von Marketing-Konzeptionen noch näher Bezug genommen. Es sollen deshalb hier ausschließlich grundlegende Aspekte des *personalen* Elements („soft factors") bei der Konzeptionsimplementierung behandelt werden. In diesem Zusammenhang lassen sich grundsätzlich drei hierarchische **Verhaltensebenen** unterscheiden, nämlich die Gesamtunternehmens-Ebene, die Unternehmensbereichs-Ebene und schließlich die Mitarbeiter-Ebene, wie die Abbildung näher verdeutlicht (*Abb. 520*).

Auf der **Gesamtunternehmens-Ebene** kommt es für die Realisierung (Implementierung) der Marketing-Konzeption in erster Linie auf die Schaffung bzw. Weiterentwicklung einer **markt- und kundenorientierten Unternehmenskultur** an (Motto: „Die Kunden stehen im Mittelpunkt unseres Handelns, denn wir und unser Unternehmen hängen von ihnen ab und nicht etwa umgekehrt"). Das heißt, wenn man unter Unternehmenskultur den Kern gemeinsam geteilter Werte versteht (*Schein,* 1995), „dann sollte die Orientierung an den Kunden den wichtigsten Wert im Unternehmen darstellen" (*Nerdinger/Rosenstiel,* 1995, S. 118), allerdings unter Berücksichtigung anderer wichtiger Anspruchsgruppen (= Stakeholder-Ansatz, vgl. hierzu auch 1. Teil „Ziele", Abschnitt Allgemeine Wertvorstellungen (Basic Beliefs).

Ursprünglich ging man davon aus, dass gewachsene Unternehmenskulturen schwer erfassbar und noch schwerer veränderbar sind. Inzwischen hat man Methoden (u. a. der Befragung) entwickelt, die eine **differenzierte Erfassung** der Ist-Unternehmenskultur und darauf gestützt die Ableitung der Soll-Unternehmenskultur erlauben (*Hinterhuber,* 2004 a und b). Und die Erfahrungen zeigen, dass Unternehmenskulturen tatsächlich veränderbar sind und dieser Veränderungsprozess in einem bestimmten Rahmen auch steuerbar ist. Als wesentlicher Erfolgsfaktor einer markt- und kundenorientierten Unternehmenskultur („Unternehmensphilosophie") ist dabei die möglichst **frühzeitige Information und Einbindung** der Mitarbeiter in einen solchen Veränderungsprozess anzusehen. Wichtig ist in diesem Zusammenhang schließlich die nachvollzieh- und akzeptierbare Formulierung mobilisierender, handlungsleitender markt- und kundenorientierter Grundsätze, die auch und gerade vom Management vorgelebt und umgesetzt werden müssen.

Wenngleich **markt- und kundenorientierte Unternehmenskulturen** grundsätzlich unternehmensspezifisch und konzeptionsorientiert ausgeformt sind bzw. sein müssen, so konnte im Rahmen empirischer Untersuchungen nachgewiesen werden, dass solche Unternehmenskulturen generell durch **folgende Merkmale** (Besonderheiten) gekennzeichnet sind (*Backhaus,* 2003, S. 794):

- **konsequente Orientierung des unternehmerischen Handelns an den Kundenbefürfnissen,**
- **ausgeprägte Mitarbeiterorientierung (im Sinne des internen Marketing),**
- **offene unternehmensinterne (funktionsübergreifende) Kommunikation,**
- **problemlösungsorientierte Innovationspolitik.**

Die erfolgreiche Umsetzung einer markt- und kundenorientierten Unternehmenskultur setzt – ohne dass das i. E. ausgeführt werden kann – den Einsatz adäquater **Führungsinstrumente** voraus (wie z. B. Führungsstil und -grundsätze, Informations- und Kommunikationsstil, Anreiz- oder Incentive-Systeme, *Kolks,* 1990; *Hilker,* 1993; *Homburg/Stock,* 2000).

Die Implementierung einer Marketing-Konzeption vollzieht sich im Übrigen in hohem Maße auf der **Unternehmensbereichs-Ebene.** Im Unternehmen existieren mehrere Funktionsbereiche, die sich nicht selten durch unterschiedliche Ziele, Werte und Normen auszeichnen. Ergebnis solcher Strukturen ist die Ausbildung von z. T. sehr ausgeprägten Subkulturen im Unternehmen, die *dann* zum Problem für die Realisierung konzeptionsgeleiteten Handelns werden, wenn solche Subkulturen störende Funktionsbereichs-Egoismen mit entsprechenden Schnittstellenkonflikten („Archipelsyndrom") hervorrufen (siehe auch *Backhaus,* 2003, S. 795 f.). Der Aufbau eines funktionsübergreifenden Marketingverständnisses muss dann durch ein effektives **Schnittstellen-Management** unterstützt werden, wie es im vorigen Abschnitt näher skizziert wurde. Es muss jedoch in hohem Maße von den Organisationsmitgliedern des Marketingbereichs selbst (als „Boundary-Spanning-Unit") geleistet bzw. gestützt werden, denn sie sind die Interpreten der Kundenwünsche und -erwartungen. Generell hat es sich als zweckmäßig erwiesen, neben den Möglichkeiten team-orientierte Organisationsformen (wie z. B. Modell sich überlappender Gruppen oder Kollegienmodell, siehe Überblick bei *Macharzina/Wolf,* 2008, S. 497 ff.) fixierte Verfahrensrichtlinien als Mittel der Koordination einzusetzen. Solche generellen Handlungsvorschriften können den Bedarf an Anweisungen durch Vorgesetzte verringern bzw. sogar ersetzen (*Kieser/Walgenbach,* 2003).

Als Beispiel eines integrierten Koordinationskonzepts zur Marketingimplementierung gilt das sog. **Konzept der „Cross-Functional-Visits"** (*Mc Quarrie/Mc Intyre,* 1992; *Backhaus,* 2003, S. 796 f.). Der Ansatz dieses Konzepts besteht darin, Informations- und Kommunikationsdefizite zwischen Marketingbereich und anderen Funktionsbereichen dadurch abzubauen, dass Mitarbeiter ganz verschiedener Funktionsbereiche gemeinsam direkte Kundenkontakte pflegen. Auf diese Weise ist es möglich, dass Mitarbeiter aus der Forschung und Entwicklung (F & E) und der Produktion direkt und persönlich mit Kundenproblemen und Problemlösungserwartungen konfrontiert werden. Die sonst nicht selten *unvollkommene* Übersetzung der Kundenwünsche in die Sprach- und Denkwelt der Organisationsmitglieder von Nicht-Marketingbereichen entfällt auf diese Weise (oder wird zumindest eingeschränkt).

Ein integrierter Management-Ansatz – basierend auf konsequenter Kundenorientierung – liegt im Übrigen auch dem Konzept **Total Quality Management** (*Ebel,* 2003, S. 46) zugrunde. Das ganzheitliche Qualitätsmanagement zielt darauf ab, durch ein *alle* Unternehmensbereiche umfassendes, von den Kundenanforderungen ausgehendes Konzept die Qualität der Produkte (Leistungen) durch konsequente Mitwirkung aller Mitarbeiter sicherzustellen und permanent zu verbessern. Die Entwicklung des Qualitätsgedankens und seiner Realisierung in den Unternehmen ist im Prinzip durch drei **typische Stufen** gekennzeichnet *(Abb. 521).*

Entscheidend – und zwar unter personalem Aspekt – ist demnach für die Realisierung markt- und kundenspezifischer, qualitätsorientierter Marketing-Konzeptionen die systematische **Einbindung aller Mitarbeiter** im Unternehmen („Quality is everybody's job"). Wesentliches Element des Qualitätsmanagements ist deshalb die entsprechende Motivation sämtlicher Mitarbeiter. Dabei wird grundsätzlich Fremdkontrolle durch Eigenkontrolle, Einzelarbeit durch Gruppenarbeit und ein eher autoritärer Führungsstil durch einen Führungsstil eher partizipierender Art abgelöst (*Schulte-Zurhausen,* 2005, S. 320, im Einzelnen *Malorny,* 1996, S. 441 ff.).

Die Realisierung des Marketing bzw. von Marketing-Konzeptionen beginnt – wie bisher aufgezeigt – auf der Gesamt-Unternehmensebene (die Unternehmenskultur betreffend), setzt sich fort auf der Gruppenebene (die funktionsübergreifende Zusammenarbeit betreffend) und mündet schließlich ein in die **Individualebene,** die sich auf Fähigkeiten und Verhaltensweisen des einzelnen Mitarbeiters bezieht.

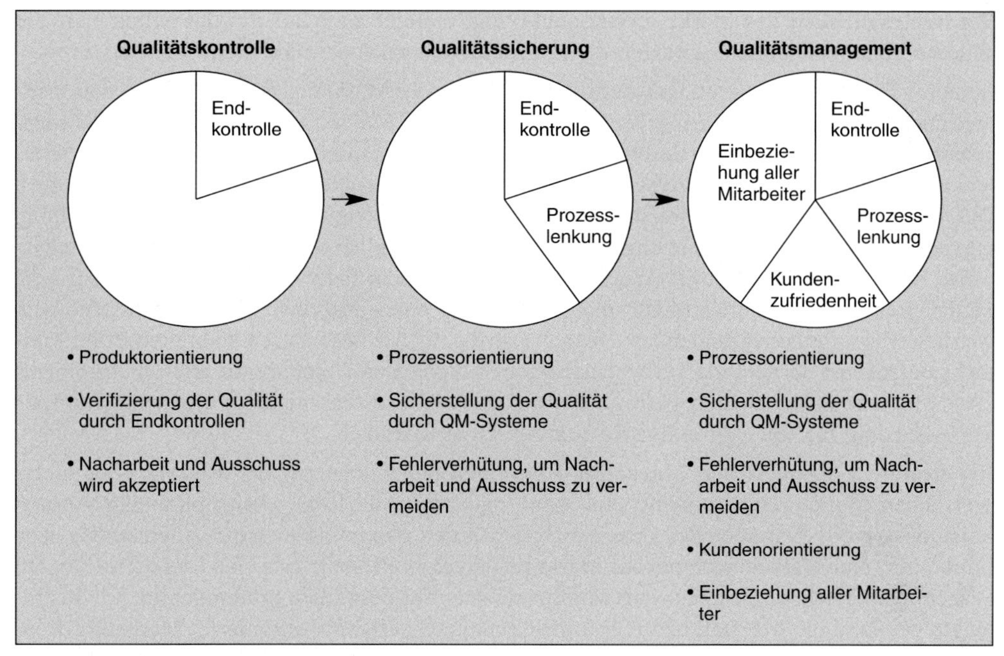


*Quelle: Widmer/Krummenacher,* 1994, S. 63

*Abb. 521: Typische Entwicklungslinien des Qualitätsgedankens*

Die **Individualebene** und damit die Betrachtung des Individualverhaltens ist insofern von besonderem Interesse, als alle unternehmerischen, marktbezogenen bzw. markt- und kundenrelevanten Dispositionen von den einzelnen Organisationsmitgliedern getroffen werden. Keine markt- und kundenrelevante Maßnahme kann ohne Mitwirkung zumindest eines Mitarbeiters realisiert bzw. geändert werden. Marktnähe und Marktbezug der einzelnen Mitarbeiter des Unternehmens ist dabei unterschiedlich; ihre Kenntnisse, Fähigkeiten und Verhaltensweisen sind deshalb verschieden (und dürfen es auch sein), wenn auch alle ein gemeinsames, grundsätzliches **Marketingverständnis** („Philosophieverständnis") verbinden muss.

Die Mitarbeiter lassen sich in dieser Hinsicht quasi *intern* segmentieren. Da gibt es zunächst die Gruppe(n) der **Nicht-Marketingleute** in den unterschiedlichen Unternehmens- bzw. Funktionsbereichen (z. B. Forschungs- und Entwicklungs-, technischer Service- und Kundendienstbereich). Sie übernehmen zwar nur von Fall zu Fall markt- bzw. kundenorientierte Aufgaben („Part-time-Marketer"), besitzen gleichwohl aber für den Aufbau von Wettbewerbsvorteilen am Markt eine nicht unerhebliche Bedeutung (*George/Grönroos,* 1995, S. 75). Da dieser Personenkreis generell den „Marketing-Spezialisten" zahlenmäßig deutlich überlegen ist, darf die gezielte Entwicklung **marktorientierter Fähigkeiten** bei dieser Personengruppe keinesfalls vernachlässigt werden (wobei jeweils (personal-)zielgruppen- bzw. segmentspezifische Informations-, Aus- und Weiterbildungsmaßnahmen zu entwickeln sind (siehe auch *Backhaus,* 2003, S. 798 f.)).

Entscheidend für die Implementierung (Realisierung) von Marketing-Konzeptionen sind die **Mitarbeiter des Marketingbereichs** selbst. Hierbei sind vor allem ihre fachlichen Fähigkeiten sowie ihre Markt- und Branchenerfahrungen relevant (einschl. des vorhandenen Entwicklungspotenzials durch Schulung und Training). Dabei muss in hohem Maße auf die **Konzep-**

**tionsverträglichkeit** des Marketingpersonals (und indirekt auch auf das der Mitarbeiter der anderen Funktionsbereiche, speziell die mit *Kunden*kontakt) geachtet werden.

In dieser Hinsicht steigt etwa das Anforderungsprofil der Marketingmitarbeiter mit dem **strategischen Niveau** von Marketing-Konzeptionen. So ist z. B. der Marketingmix bei **preis-mengen-strategischen Konzepten** durch „sparsamen" Maßnahmenmix gekennzeichnet, der vor allem auf die Wirkung eines aggressiven Preises vertraut (konzeptioneller Ansatz: Preisvorteil). Das bedeutet, dass der präferenzbildende Einsatz von Instrumenten wie Produktgestaltung (speziell Produkt- und Verpackungsdesign) oder Werbung keine, zumindest keine nennenswerte Rolle spielt. Das Marketingpersonal muss in diesem Falle also nicht über spezifische Fähigkeiten z. B. zur Entwicklung und Realisierung eines anspruchsvollen, eigenständigen, wettbewerbsvorteils-begründenden Designs verfügen. An besonderen Fähigkeiten ist vielmehr umgekehrt der äußerst zurückhaltende bzw. sparsame Umgang mit allen nicht-preislichen Marketinginstrumenten gefragt, um auf diese Weise eine niedrige Kostenposition als Voraussetzung für eine aggressive Preispolitik zu unterstützen.

Bei **präferenz-strategischen Marketing-Konzepten** spielt dagegen der Einsatz aller nichtpreislichen Marketinginstrumente eine ganz entscheidende Rolle (konzeptioneller Ansatz: Leistungsvorteil). Das bedeutet, dass ein Unternehmen, das erfolgreich präferenz-strategische Marketing- und Markenkonzepte am Markt realisieren will, nicht nur eine umfangreiche, gut ausgebildete Marketing-Mannschaft mit Spezialisten für besondere präferenzbildende Instrumente wie Design, Werbung bzw. für umfassende, etwa erlebnis-orientierte, Marketing-Konzepte braucht, sondern auch Mitarbeiter, die Erfahrung und Know-how mitbringen, externe Marketingspezialisten oder -dienstleister hierfür auszuwählen, einsetzen und kontrollieren zu können. Insgesamt sind bei der Implementierung präferenz-strategischer Konzepte hohe Sensibilität und ausgeprägte Kreativität für eine eigenständige Markenführung gefragt.

Was das Marketingpersonal in seiner Gesamtheit betrifft, so gilt es, **typische Konflikte** zwischen „Strategen" und „Taktikern" zu vermeiden bzw. zu lösen, um die nachhaltige Realisierung von Marketing-Konzeptionen *nicht* zu gefährden. Während z. B. **Produkt-Manager** grundsätzlich in strategischen, d. h. mittel- und langfristigen Kategorien denken und handeln (z. B. in Hinblick auf einen systematischen, präferenz-orientierten Marken- und Preisniveau-Aufbau), neigen **Verkäufer** eher zu taktischen, d. h. kurzfristig orientierten Denk- und Handlungsmustern (z. B. Bereitschaft, bei aggressivem Wettbewerbsverhalten relativ schnell bei Preisen bzw. Konditionen nachzugeben, ohne hinreichend die mittel- und langfristigen Auswirkungen auf das strategische Preisniveau zu bedenken bzw. entsprechend zu würdigen). Damit wird deutlich, wie wichtig eine **konzeptions-orientierte Koordination** des Marketinghandelns ist. Insoweit kommt den Marketingverantwortlichen auf Bereichs- bzw. Geschäftsführungsebene eine besondere Rolle bei der Implementierung (Realisierung) von Marketing-Konzeptionen zu.

Das besondere Gewicht des personalen Elements bei Marketing-Konzeptionen wird im Übrigen immer dann augenfällig, wenn ein Managementwechsel im Marketingbereich stattfindet. Vielfach steht nämlich eine **Person (Persönlichkeit)** durch ihr Handeln wie durch ihre Haltung sowohl unternehmens*intern* als auch unternehmens*extern* – etwa gegenüber dem Handel – gleichsam als Garant für eine Konzeption. Fehlt plötzlich diese Figur, so kann die Effektivität und/oder Glaubwürdigkeit einer Konzeption stark leiden. Umgekehrt vermag ein neues Management-Mitglied allein schon durch sein Dasein, d. h. durch sein Auftreten, seine Äußerungen bzw. seine unternehmerische Erfahrung und Herkunft eine bestehende Konzeption gravierend zu verändern, und zwar im positiven wie im negativen Sinne. Das Gewicht einer

Konzeption und damit ihre Wirksamkeit kann dadurch also entscheidend gewinnen oder auch verlieren, je nach **Konzeptionsverträglichkeit** speziell von Management-Personen.

Die Marketing-Konzeption eines Unternehmens unterliegt somit – das wird vielfach übersehen oder zumindest nicht genügend gewürdigt – einer starken Organisations- und vor allem Managementbezogenheit bzw. sogar -abhängigkeit. Die marketing-konzeptionelle Aufgabe kann von daher nicht allein als etwas Technokratisches (miss)verstanden werden, sondern sie weist vielmehr – und zwar sowohl was ihre Planung als auch ihre Realisierung angeht – **persönliche Züge** („Handschriften") auf.

## III. Überprüfung von Marketing-Konzeptionen

Marketing-Konzeptionen stellen – wie dargelegt – umfassende, ganzheitliche, markt- bzw. kundenorientierte Leitpläne des Unternehmens dar. Ihre „Fahrplanfunktion" können sie, wie im letzten Abschnitt aufgezeigt, nur dann erfüllen, wenn die Bedingungen bzw. die Strukturen und Prozesse für ihre Realisierung (Implementierung) geschaffen werden. Jedes unternehmerische Handeln, insbesondere aber konzeptions-geleitetes, bedarf zugleich der **überprüfend-kontrollierenden Begleitung.** Die Bedeutung des englischen Begriffs „Control" ist in dieser Hinsicht zweifach zu verstehen, nämlich einmal i. S. v. **Überwachung** oder Beaufsichtigung, zum anderen i. S. v. **Steuerung** oder Beherrschung. Controlling stellt insoweit das korrespondierende Element zur konzeptionellen Planung dar.

Der Controlling-Begriff und damit die Inhalte der Controllingaufgaben werden unterschiedlich weit gefasst, ohne dass sich bisher eine einheitliche Auffassung durchgesetzt hat (*Preißler,* 1997, S. 13 f.). Als **weiteste Auffassung** ist diejenige anzusehen, welche die Planung selbst als Bestandteil des Controlling-Systems ansieht (vgl. hierzu u. a. *Horvath,* 2009; *Hahn,* 1996 oder auch *Köhler,* 1993). Controlling wird insgesamt als „Planungs-, Kontroll-, Steuerungs- bzw. Regelungssystem" (*Köhler,* 1993, S. 255 f.; s. a. Brühl, 2016, S. 19 ff.) ) aufgefasst.

Im Rahmen des hier dargestellten konzeptionellen Marketing-Managements soll primär auf Grundfragen des **Marketing-Controlling** eingegangen werden, das einen wichtigen Baustein des *gesamt*unternehmerischen Controllingsystems darstellt. Beim (operativen) Marketing-Controlling werden im voraus festgelegte Schlüsseldaten (Indikatoren) zur Aufdeckung von Problemen und Chancen im Marketing periodisch in Soll-Ist-Vergleichen überprüft und bewertet. „Planungsabweichungen bzw. Probleme und Chancen sollen rechtzeitig erkannt werden, um darauf reagieren zu können" (*Kotler/Keller/Bliemel,* 2007, S. 1182). Controlling im Allgemeinen wie auch Marketing-Controlling im Speziellen dient damit einer **ergebnisorientierten Unternehmensführung.** Die Besonderheit des Marketing-Controlling besteht einmal darin, dass hierbei Daten des internen Rechnungswesens mit Markt(forschungs)informationen kombiniert werden müssen und zum anderen darin, dass neben monetären Ziel- bzw. Ergebnisgrößen auch solche nicht-monetärer Art (z. B. psychografische Größen wie Bekanntheitsgrad, Image) berücksichtigt werden müssen. Darüber hinaus kommen dem Marketing-Controlling auch Koordinationsaufgaben im **Schnittstellen-Management** (= Abstimmung zwischen Marketing- und übrigen Funktionsbereichen des Unternehmens) zu.

Analog zur Abgrenzung von strategischer und operativer (taktischer) Planung bzw. zur Unterscheidung der konzeptionellen Bausteine (Ziele, Strategien und Mix) lassen sich zwei **Controlling- bzw. Überprüfungsansätze** unterscheiden (*Köhler,* 1993, S. 258 f.; *Meffert,* 1994 b, S. 406 f. sowie im Einzelnen *Link/Gerth/Voßbeck,* 2000, S. 23 ff. bzw. S. 201 ff.):

- **Operatives Controlling (Feed-back-Ansatz),**
- **Strategisches Controlling (Feed-forward-Ansatz).**

Das Prinzip des **operativen (Marketing-)Controlling** besteht darin, instrumental-operative Maßnahmen des Marketing auf ihre Zielwirksamkeit hin zu untersuchen, und zwar ex-post aufgrund entsprechender Soll-Ist-Abweichungen. Das Controlling hat sich im Laufe der Zeit jedoch immer stärker auch zu einem Konzept vorausschauender Überprüfungen (= **strategisches (Marketing-)Controlling**) entwickelt. Das heißt, es wird *ex-ante* versucht, mögliche Abweichungen vorwegzunehmen, um dadurch ihr Eintreten zu verhindern, und zwar durch Analyse von Änderungen unternehmensexterner Rahmenbedingungen und frühzeitiger strategischer Weiterentwicklung.

Operatives und strategisches Marketing-Controlling lassen sich unter **konzeptioneller Sicht** (das heißt i. S. der **konzeptionellen Kette**) wie folgt abgrenzen *(Abb. 522)*.

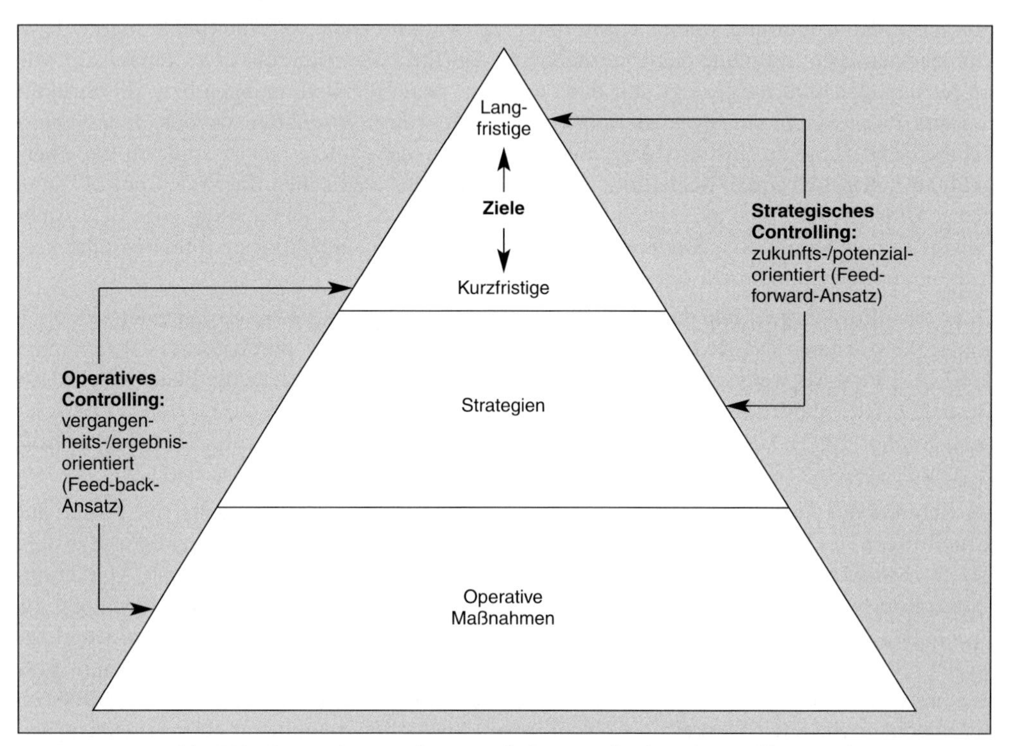


*Abb. 522: Operatives und strategisches Marketing-Controlling und ihre konzeptionellen Zusammenhänge*

Die Systemunterschiede von operativem und strategischem Controlling wie auch ihre Verknüpfungen lassen sich auf Basis der Konzeptionspyramide näher kennzeichnen *(Abb. 523)*.

Das Konzept der **Balanced Scorecard** stellt einen Ansatz dar, der die einseitige Orientierung an der finanziellen Performance zu überwinden und Leistungsstandards auf verschiedenen Ebenen, allen voran *kundenbezogene*, zu berücksichtigen sucht. Kennzeichnend ist die enge Verknüpfung von ziel-strategischen und operativen Elementen (*Kaplan/Norton*, 1997; *Weber/Schäffer*, 2000; *Jossé,* 2005, s. a. 1. Teil „Ziele“, Abschnitt Balanced Scorecard).

| Merkmale / Ebenen | Operatives Marketing-Controlling | Strategisches Marketing-Controlling |
|---|---|---|
| **Steuerungsziele** | Gewinn<br>Rentabilität<br>Marketing-Produktivität | Wachstum<br>Existenzsicherung<br>Wettbewerbsvorteile |
| **Steuerungsansatz** | Wirtschaftlichkeit der operativ-instrumentalen Marketingmaßnahmen („Effizienz“) | Angemessenheit der strategisch-potenzialorientierten Handlungsmuster („Effektivität“) |
| **Steuerungsgrößen** | Kosten und Erlöse (sowie auch nicht-monetäre Größen wie Bekanntheitsgrad, Image) | Marktposition (-anteil)<br>Marktpositionierung<br>Markt/Programm-Portfolio |
| **Steuerungssysteme** | primär internes Rechnungswesen (zusätzlich Marktforschung) | umfassende Umwelt- und Unternehmensanalysen (inkl. Frühwarnsysteme) |

*Abb. 523: Vergleich von operativem und strategischem Marketing-Controlling*

## 1. Grundfragen des operativen Marketing-Controlling

Marketing-Konzeptionen konkretisieren sich in operativ-instrumentalen Maßnahmen (= eigentliche Umsetzung einer Konzeption). Operativ-instrumentale Entscheidungen stellen insgesamt den quantitativ **umfangreichsten Entscheidungsbereich** im Marketing dar. Sie beeinflussen bzw. werden beeinflusst vom marketing-politischen Tagesgeschäft. Damit wird deutlich, dass die Kernaufgabe des operativen Marketing-Controlling in der Überprüfung der laufenden Marketingmaßnahmen besteht. Es konzentriert sich auf die Analyse von Abweichungen, Abweichungsursachen und die Erarbeitung von adäquaten Anpassungsmaßnahmen. Gegenstand des operativen Marketing-Controlling sind sowohl der gesamte Marketingmix als auch die einzelnen Marketinginstrumentalbereiche und -instrumente.

Für das Marketing stellt zunächst der **Umsatz** eine der wichtigsten Kontrollgrößen dar. In dieser Hinsicht dienen Umsatz-Varianz-Analysen einer ersten Überprüfung des Marketinghandelns, d. h. hier werden die erreichten Ergebnisse mit den Umsatzzielen abgeglichen. Ein Beispiel soll das verdeutlichen (*Kotler/Bliemel,* 2001, S. 1276). Der Jahresplan des Unternehmens sah für das 1. Quartal einen Umsatz von 4000,– € vor, und zwar war der Absatz von 4000 Stück zu einem Verkaufspreis von 1,– €/Stück geplant. Mit Ende des 1. Quartals waren jedoch nur 3000 Stück zu einem Verkaufspreis von 0,80 €/Stück abgesetzt; mit anderen Worten, es wurde nur ein Umsatz von 2400,– € realisiert. Die Planabweichung des Umsatzes beträgt demnach 1600,– € (= 40 % des geplanten Umsatzes). Es stellt sich damit die Frage, welcher Anteil der Abweichung auf die nicht erreichte **Absatzmenge** und welcher auf den **Preisverfall** zurückzuführen ist. Auf Basis folgender Rechnung kann sie beantwortet werden *(Abb. 524).*

| | | | | | |
|---|---|---|---|---|---|
| Abweichung durch den Preisverfall | = | (1 € – 0,80 €) · (3000) | = | 600 € | 37,5 % |
| Abweichung durch den Mengenrückgang | = | (1 €) · (4000 – 3000) | = | 1000 € | 62,5 % |
| | | | | 1600 € | 100,0 % |

*Abb. 524: Abweichungsanalysen nach Absatzdefizit und Preisverfall*

Die Abweichungsanalyse zeigt also, dass nahezu zwei Drittel der Umsatzabweichung darauf zurückzuführen ist, dass die **geplante Absatzmenge** verfehlt wurde und „nur" gut ein Drittel darauf, dass der vorgesehene Preis nicht realisiert werden konnte. Im Vordergrund der Analyse bzw. der daraus abzuleitenden Konsequenzen steht deshalb im Beispiel, warum das **Mengenziel** nicht erreicht wurde.

Derartige globale Umsatz-Varianz-Analysen erlauben jedoch noch nicht, **spezielle Schwachstellen** bzw. Einbrüche aufzudecken, da sich jeweilige Unterdeckungen mit vorhandenen Überdeckungen kompensieren können. Weitergehende, genaue Ursachen aufdeckende Analysen sind deshalb an **differenziertere Aufschlüsselungen** gebunden, wie z. B. nach

- **Produktgruppen,**
- **Marken,**
- **Kundenklassen (-gruppen),**
- **Regionen.**

Vielfach ist es sinnvoll, mehrere dieser **Merkmale** zu kombinieren, wie ein Beispiel zeigt *(Abb. 525).*

| Produkt-gruppen | Soll (in Mio. €) | | | | Ist (in Mio. €) | | | | $\frac{\text{Ist}}{\text{Soll}}$ (in %) | | | |
|---|---|---|---|---|---|---|---|---|---|---|---|---|
| | Kundenklassen | | | | Kundenklassen | | | | Kundenklassen | | | |
| | A | B | C | D | A | B | C | D | A | B | C | D |
| 1 | 3 | 2 | 4 | 7 | 2,5 | 2,5 | 4 | 6 | 83 | 125 | 100 | 86 |
| 2 | 1 | 1 | 2 | 3 | 1 | 1,5 | 3 | 3 | 100 | 150 | 150 | 100 |
| 3 | 2 | 3 | 4 | 3 | 2,5 | 4 | 5 | 5 | 125 | 133 | 125 | 167 |
| 4 | 5 | 2 | 3 | 6 | 4 | 3 | 4 | 5 | 80 | 150 | 133 | 83 |
| 5 | 4 | 3 | 4 | 5 | 4 | 4 | 5 | 6 | 100 | 133 | 125 | 120 |
| Σ | 15 | 11 | 17 | 24 | 14 | 15 | 21 | 25 | 93 | 136 | 124 | 104 |
| ΣΣ | 67 | | | | 75 | | | | 112 | | | |

*Quelle:* nach *Berndt,* 1991, S. 125

*Abb. 525: Umsatzkontrolle nach Produktgruppen und Kundenklassen (-segmenten)*

Das Beispiel verdeutlicht, dass im konkreten Falle die Umsatzziele insgesamt übererfüllt wurden, dass daran aber sowohl die **Produktgruppen** als auch die **Kundenklassen** (-segmente) unterschiedlich beteiligt sind.

Nachteil von reinen Umsatzanalysen ist, dass die **Kosten** der Marketingmaßnahmen *nicht* in die Überprüfung einbezogen werden und somit nicht interessante „Erfolgszellen" für die Analyse der operativ-instrumentalen Marketingaktivitäten bzw. für ihre oberziel-orientierte Überprüfung und ggf. (Neu-)Justierung offengelegt werden.

Diesem differenzierteren, ertragsorientierten Analyseanspruch werden **sog. Absatzsegmentrechnungen** gerecht. Der Ansatz solcher Segmentanalysen besteht darin, „eine Erfolgsaufspaltung nach gedanklich unterscheidbaren Teilbereichen der Absatztätigkeit vorzunehmen, um daraus genauere Hinweise auf Gewinn- bzw. Verlustquellen und Anhaltspunkte für Steuerungseingriffe zu gewinnen" (*Köhler,* 1993, S. 265). Die Absatzsegmentrechnung stellt das grundlegende Konzept der **ergebnisorientierten Marketing-Kontrolle** dar, denn sie erlaubt,

Ergebnisanalysen nach den verschiedensten Objekten der Marketingtätigkeiten vorzunehmen (*Preißner,* 1996, S. 236). Als Analyse- und Steuerungsobjekte können neben den bereits bei der differenzierten Umsatzanalyse genannten **Bezugsgrößen** (Merkmalen), wie

- **Produktgruppen,**
- **Marken,**
- **Kundenklassen (-gruppen),**
- **Regionen**

noch weitergehendere gewählt werden, wie

- **Absatzwege,**
- **Transportwege,**
- **Konditionen,**
- **Aufträge.**

Den grundsätzlichen Informationsaufbau für eine Absatzsegmentrechnung zeigt eine Darstellung zum **Bezugsgrößensystem** *(Abb. 526).*

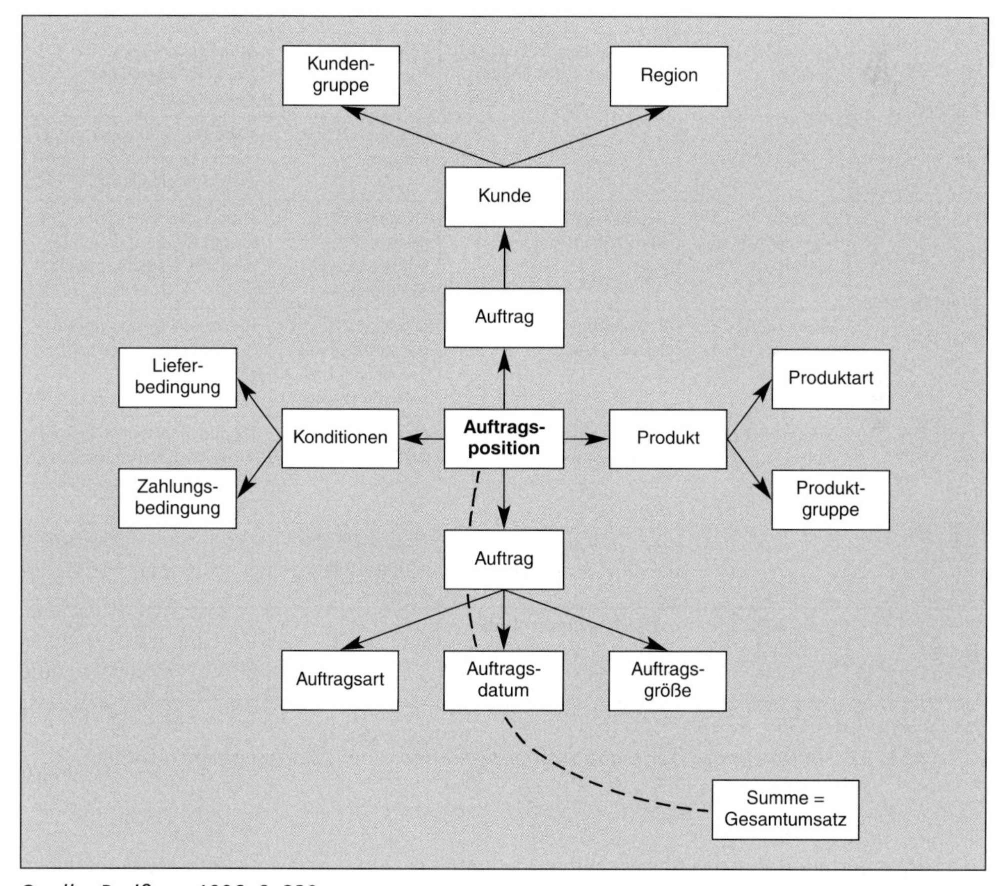


*Quelle: Preißner,* 1996, S. 239

*Abb. 526: Bezugsgrößensystem einer Absatzsegmentrechnung*

Ausgangs- bzw. Mittelpunkt dieses Systems bildet die **Auftragsposition,** die nach den unterschiedlichen Merkmalen geordnet bzw. verdichtet werden kann. Das heißt, es lassen sich nahezu beliebig Verbindungen zwischen den Merkmalen herstellen (vgl. auch *Köhler,* 1993, S. 385).

Eine Übersicht zeigt ausgewählte Möglichkeiten, wie durch Aggregation von Auftragsdaten **Analyseebenen** gebildet und diesen marketingspezifische Kosten zugerechnet werden können *(Abb. 527).*

| Auftragsdaten | 1. Aggregationsstufe | zurechenbare Kosten (Beispiele) | 2. Aggregationsstufe | zurechenbare Kosten (Beispiele) |
|---|---|---|---|---|
| **Produkt** | Gesamt-DB eines Produkts | produktbezogene Werbemaßnahmen, Lizenzgebühren, produktbezogene Rabatte, variable Einzelkosten der Herstellung | Gesamt-DB einer Produktgruppe | Produktmanagement-Gehälter, produktgruppenbezogene Werbemaßnahmen |
| | | | Gesamt-DB einer Produktart | Kosten für besondere Marktbearbeitungsmaßnahmen (z. B. Neueinführung, Elimination) |
| **Kunde** | Gesamt-DB eines Kunden | Maßnahmen zur Kundenbetreuung, Erlösschmälerungen | Gesamt-DB einer Kundengruppe | Aufbau eines Vertriebsweges, Schulungsmaßnahmen, Verkaufsbüros |
| | | | Gesamt-DB einer Region | Miete für Verkaufsbüro, Gehalt für Gebietsleiter, regionales Zwischenlager |
| **Konditionen** | Gesamt-DB bei einer Konditionsart | Bearbeitung besonderer Vertragsbedingungen | Gesamt-DB der Aufträge mit besonderen Konditionen | Mindereinnahmen bzw. Kosten für die Einräumung von Zahlungsbedingungen |
| | Gesamt-DB bei einer Lieferbedingung | Transportkosten, Zwischenlagerung | Gesamt-DB der Aufträge mit besonderen Lieferbedingungen | zusätzliche Kosten für die Erfüllung von Lieferbedingungen |
| **Preis** | Gesamt-DB eines Auftrags | Verkaufsabwicklung, Auftragsannahme | Gesamt-DB einer Auftragsart | Telefonarbeitsplätze bei telefonischer Auftragsannahme, Akquisition bei Erstauftrag |
| | | | Gesamt-DB einer Auftragsgrößenklasse | Key-Account-Management |
| **Datum** | Gesamt-DB der Aufträge eines Zeitraums | zeitlich befristete Werbemaßnahmen, Verkaufsförderung | | |

*Quelle: Preißner,* 1996, S. 240

*Abb. 527: Beispielhafte Aggregationsmöglichkeiten einer Absatzsegmentrechnung*

Generelles Grundprinzip der Absatzsegmentrechnung ist, auf der jeweils **untersten möglichen Aggregationsstufe** die genau dort zurechenbaren Kosten zu erfassen. Auf diese Weise kann „die bestmögliche Aussagekraft der Absatzsegmentrechnung sichergestellt werden“ (*Preiß-*

*ner,* 1996, S. 240). Um die Zurechnung von Kosten zu Bezugsgrößen zu systematisieren, empfiehlt sich grundsätzlich die Anlage einer sog. **Grundrechnung.** Sie erlaubt klare Anweisungen, welchen Bezugsgrößen welche Kosten zuzurechnen sind (*Köhler,* 1993, S. 285 f.; *Preißner,* 1996, S. 242 f., zu den Analysemöglichkeiten der Absatzsegmentrechnung im Einzelnen *Preißner,* 1996, S. 246 ff.).

Eine Übersicht verdeutlicht das **Prinzip** einer sog. Grundrechnung *(Abb. 528).*

| | Bezugsgrößen | | | | | | | |
|---|---|---|---|---|---|---|---|---|
| **Kostenarten** | **Produkte** | **Produktgruppen** | **Aufträge** | **Auftragsarten** | **Kunden** | **Kundengruppen** | **Verkaufsgebiete** | **Kostenstellen** |
| **Reisekosten** | | | | | × | | × | |
| **Telefongebühren** | | | | | × | | | |
| **Bewirtungskosten** | | | | | × | | | |
| **Auftragsannahme** | | | × | | | | | |
| **Auslieferung** | | | × | | | | | |
| **Rechnungsstellung** | | | × | | | | | |
| **Provisionen** | × | | × | | | | | |
| **gewährte Rabatte** | × | | | × | × | | | |
| **Lizenzgebühren** | × | | | | | | | |
| **Werbegeschenke** | | | | | × | | | |
| **Büromieten** | | | | | | | × | |
| **Gehälter für** | | | | | | | | |
| **– Produktmanager** | | × | | | | | | |
| **– Vertrieb** | | | | × | | × | × | |
| **– Key-Account-Manager** | | | | | × | | | |
| **Werbekosten** | × | × | | | | | | |
| **Honorar Werbeagentur** | × | × | | | | | | × |
| **Kundenveranstaltungen** | | | | | | × | | |
| **Prospekte** | × | × | | | | | | |
| **Beratungshonorare** | | | | | | | | × |

*Quelle: Preißner,* 1996, S. 243

*Abb. 528: Beispielhafter Ausschnitt aus einer Grundrechnung im Marketingbereich*

Das Beispiel zeigt, wie – bezogen auf **absatzbedingte Kosten** – eine solche Grundrechnung grundsätzlich aussehen kann (siehe hierzu auch das Beispiel bei *Köhler,* 1993, S. 286). Die Bezugsgrößen können ggf. sogar noch erweitert werden, so z. B. um Vertriebswege.

Neben gesamtmix-bezogenen Kontroll- bzw Überwachungsrechnungen, wie sie Absatzsegmentrechnungen auf Basis der Deckungsbeitragsrechnung erlauben, sind auch Überprüfungen der **einzelnen instrumenten-bezogenen Marketingmaßnahmen** sinnvoll und notwendig, um bei Planabweichungen ganz gezielte Korrektur- bzw. Anpassungsmaßnahmen vornehmen zu können (s. auch *Reinecke/Tomczak,* 2006). Wie gezeigt, bietet hier bereits die Absatzsegmentrechnung bestimmte Möglichkeiten; es bedarf hierfür jedoch auch jeweils instrumentenbereichs- bzw. instrumenten-spezifischer Kontrollrechnungen.

Im Rahmen der **Angebotspolitik** kommt etwa der systematischen Analyse und Überprüfung der Ergebniswirksamkeit der **Preis- und Konditionenpolitik** eine besondere Bedeutung zu. Das gilt vor allem für Sonderkonditionen (-preise), wie sie etwa im Rahmen von Verkaufsförderungsaktionen eingeräumt werden. Ein Beispiel verdeutlicht die Notwendigkeit entsprechender Analysen bzw. Überprüfungen *(Abb. 529).*

**Bisher:**
- Absatz Artikel A 15 Stück
- Verkaufspreis Artikel A 5,– €
- Einzelkosten des Artikels A 3,– €
- Deckungsbeitrag (DB) je Artikeleinheit A 2,– €

**Geplant:**
- Preissenkung Artikel A auf 3,50 €
- dadurch Reduktion des DB bei Artikel A auf 0,50 €

**1.** Ermittlung der notwendigen Absatzerhöhung, um den Gesamtdeckungsbeitrag (DB) insgesamt auf gleicher Höhe zu halten (*isolierte* Betrachtung):

$$\text{Notwendige Absatzerhöhung: } \frac{\text{bisheriger DB Artikel A} \times 100}{\text{neuer DB Artikel A}}$$

$$\text{Beispiel: } \frac{2 \times 100}{0{,}50} = 400\ \%$$

d.h. statt bisher 15 Stück müssten 60 Stück abgesetzt werden (DB bisher: 15 × 2,– € = 30,– € bzw. geplant: 60 × 0,50 € = 30,– €)

**2.** Aktionspreisbildung für Artikel A unter Berücksichtigung *komplementärer* Nachfragebeziehungen:
Beispiel für eine Preisaktion für Artikel A und ihre Auswirkungen auf verbundene Normalpreisartikel B und C in Periode II

| **Artikel** | **Periode I** | | | **Periode II** | | |
|---|---|---|---|---|---|---|
| | A | B | C | A | B | C |
| – Verkaufserlös | 5,– | 10,– | 8,– | 3,50 | 10,– | 8,– |
| – Einzelkosten des Artikels | 3,– | 7,– | 5,50 | 3,- | 7,– | 5,50 |
| – Deckungsbeitrag je Artikeleinheit | 2,– | 3,– | 2,50 | 0,50 | 3,– | 2,50 |
| – Anzahl der verkauften Artikeleinheiten | 15 | 12 | 10 | 40 | 20 | 15 |
| – Deckungsbeiträge der Artikel insges. | 30,– | 36,– | 25,– | 20,– | 60,– | 37,50 |
| – Zusammengefasste Deckungsbeiträge aller Artikel | | 91,– | | | 117,50 | |

d. h. durch den erwarteten Sortimentseffekt (Aktionsartikel A führt auch zu Absatzerhöhungen bei Artikel B und C) wird ein insgesamt höherer DB erzielt, obwohl der Absatz von Artikel A nur 40 Stück beträgt (statt der 60 Stück – siehe 1. Rechnung –, die erforderlich gewesen wären, um den gleichen Gesamtdeckungsbeitrag (DB) für Artikel A wie in Periode I zu erzielen).

*Abb. 529: Beispiel für Preisreduktionen (Aktions- oder Lockvogel-Preispolitik) und ihre Auswirkungen*

Das Beispiel zeigt, dass unter der Zielsetzung „Beibehaltung des Gesamtdeckungsbeitrages“ entsprechende Planungs- bzw. Kontrollrechnungen notwendig sind, um überprüfen zu können, ob und inwieweit sich Preisaktionen (z. B. im Rahmen von Verkaufsförderungsaktionen) tatsächlich auch auszahlen. Im vorliegenden Beispiel „rechnet“ sich die Aktion nur unter Berücksichtigung der **Verbundbeziehungen** zwischen den Artikeln A, B und C. Bei der Würdigung dieser Ergebnisse ist jedoch auch zu berücksichtigen, ob und ggf. wie die Konkurrenten auf solche Aktionen reagieren bzw. bisher reagiert haben und inwieweit Preisreduktionen ggf. den allgemeinen Preisverfall beschleunigen.

Im Rahmen der **Distributionspolitik** konzentrieren sich Kontrollrechnungen etwa auf die Überprüfung der Effizienz bzw. Erfolgswirksamkeit von **Absatzwegen (-kanälen)**. Hierzu dienen entsprechende Distributionskostenanalysen. Bei der Zurechnung der funktionalen Marketingkosten zu den einzelnen Absatzkanälen entsteht die Frage, welche Zurechnungsmethode zu verwenden ist. Grundsätzlich besteht die Möglichkeit, Vollkosten oder Teilkosten anzusetzen (zur Würdigung der Teil- und Vollkostenrechnung unter Aspekten des Marketing-Controlling siehe auch *Kotler/Keller/Bliemel,* 2007, S. 1196 f.). Für die Bewertung (Überprüfung) von Absatzkanälen ist es im Allgemeinen sinnvoll, ihnen „ausschließlich Teilkosten in Form von Einzelkosten und zurechenbaren unechten Gemeinkosten anzulasten. Denn es ist sehr schwierig, wenn nicht gar unmöglich, Gemeinkosten, wie z. B. Gehälter des Channel-Management sowie Steuern, alternativen Kanälen anzurechnen“ (*Specht/Fritz,* 2005, S. 425). Das Ergebnis einer auf diesem **Ansatz** beruhenden Distributionskostenanalyse zeigt ein Fallbeispiel *(Abb. 530).*

| | **Warenhäuser** | **Discounthäuser** | **Supermärkte** | **Gesamt** |
|---|---|---|---|---|
| **Umsatz** | 7 500 | 15 500 | 12 000 | 35 000 |
| **Herstellungskosten** | 4 400 | 8 800 | 6 800 | 20 000 |
| **Bruttospanne** | 3 100 | 6 700 | 5 200 | 15 000 |
| **Marketingausgaben in den Vertriebswegen** | | | | |
| – Lagerhaltung | 730 | 1 643 | 1 277 | 3 650 |
| – Auslieferung | 325 | 650 | 525 | 1 500 |
| – Persönlicher Verkauf | 245 | 940 | 1 415 | 2 600 |
| – Werbung | 235 | 1 095 | 1 020 | 2 350 |
| – Verkaufsförderung | 145 | 580 | 725 | 1 450 |
| – Auftragsbearbeitung | 35 | 175 | 140 | 350 |
| **Gesamt** | 1 715 | 5 083 | 5 102 | 11 900 |
| **Deckungsbeitrag** | 1 385 | 1 617 | 98 | 3 100 |
| **Umsatzrendite** | 18,5 % | 10,4 % | 0,8 % | 8,9 % |

*Quelle: Specht/Fritz, 2005, S. 426*

*Abb. 530: Ergebnis einer Distributionskostenanalyse (in WE)*

Das Beispiel weist zunächst aus, dass in allen Absatzkanälen ein **positiver Deckungsbeitrag** realisiert wird. Der Deckungsbeitrag der Supermärkte fällt zwar relativ gering, derjenige der Warenhäuser dagegen relativ hoch aus. Eine Entscheidung etwa dahingehend, den Absatz via Supermärkte einzuschränken und den via Warenhäuser auszubauen, kann jedoch allein anhand dieser Analyse (noch) nicht getroffen werden. Hierfür sind **weitere Informationen** notwendig, und zwar u. a. (vgl. *Specht/Fritz,* 2005, S. 426 f.):

- **In welchem Umfange kaufen die Kunden eher kaufstätten- oder markenorientiert?**
- **Welche Entwicklungsperspektiven zeichnen sich für die einzelnen Absatzkanäle ab?**
- **Sind die bisher auf die einzelnen Absatzkanäle ausgerichteten handelsspezifischen Maßnahmen (vertikales Marketing) optimal gewesen?**

Darüber hinaus sind ggf. auch produktgruppen- und/oder markenspezifische Unterschiede zu berücksichtigen (= *absatzsegment*-spezifische Ansätze).

Im Rahmen der **Kommunikationspolitik** entsteht vor allem Kontroll- bzw. Überprüfungsbedarf im Hinblick auf die Effizienz und Wirksamkeit von **Werbemaßnahmen** (siehe hierzu auch *Janßen,* 1999). In vielen Märkten (Branchen) weisen die Werbeaufwendungen den größten Anteil am Kommunikationsbudget auf. Der „Kontrolldruck" ist deshalb gerade bei dem Marketinginstrument Werbung besonders groß. Andererseits ist es durchweg problematisch, die ökonomischen Zielwirkungen der Werbung dadurch überprüfen zu wollen, dass den Kosten einer Werbemaßnahme die Absatz- bzw. Umsatzveränderungen gegenübergestellt werden. Diese Form der Überprüfung der Werbeeffizienz ermöglicht jedenfalls keine eindeutigen Aussagen darüber, ob der Absatz- bzw. Umsatzerfolg tatsächlich durch eine eingesetzte Werbemaßnahme oder (auch) durch andere instrumentale Maßnahmen (z. B. Preisänderungen, Packungsänderungen oder entsprechende Maßnahmen der Wettbewerber) ausgelöst worden ist.

Die Werbewirkung wird deshalb auch auf Basis **psychografischer (= vor-ökonomischer) Indikatoren** – wie Erinnerung, Einstellungen bzw. Image – zu messen versucht. Diese Indikatoren bzw. die dahinter stehenden psychischen Wirkungen bei den Kunden bilden gleichsam die Voraussetzung für die Auslösung ökonomischer (Kauf-) Handlungen (und ihren Niederschlag in Absatz, Umsatz).

In welchem Maße z. B. die Werbeerinnerung (Recall) von den Werbeaufwändungen (Spending) abhängig ist, verdeutlichen **Ergebnisse** auf Basis der Datenbank des *GfK*-Werbeindikators *ATS (Abb. 531).*

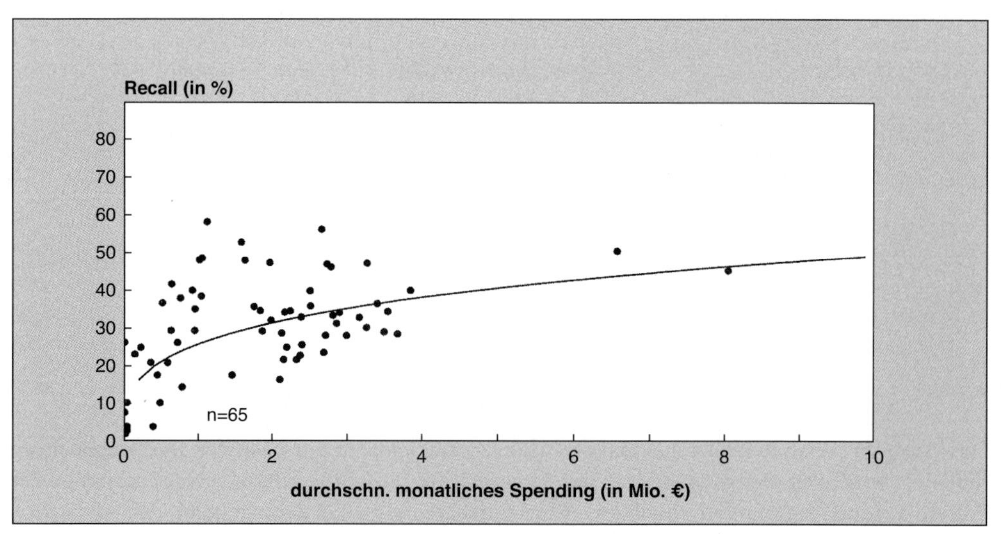


*Quelle: GfK-*Werbeindikator/*GWA*

*Abb. 531: Durchschnittliche monatliche Werbeausgaben (Spending) und die damit erreichte Werbeerinnerung (Recall) für 65 untersuchte Dachmarken (Verbrauchsgüter)*

„Deutlich erkennbar ist die große Streuung der Erinnerungswerte. Bei gleichen Werbeaufwendungen erzielen einige Kampagnen Erinnerungswerte, die zum Teil um ein Vielfaches höher sind als bei anderen Kampagnen. Diese Unterschiede in der Werbeeffizienz lassen sich unter anderem mit Unterschieden in der **Werbequalität** (Hervorhebung J. B.) erklären" (*GWA*, 1997, S. 16).

Diese Tatsache hat immer stärker dazu geführt, dass Werbemaßnahmen (speziell neue Werbekampagnen) ex-ante über sog. **Pretest-Verfahren** zu überprüfen gesucht werden, d. h. also vor ihrem eigentlichen Einsatz. Ein hierfür häufig eingesetztes Verfahren ist das *GfK*-Werbemitteltest-System *ADVANTAGE*. Das Verfahren wird im Folgenden am Ablauf eines **TV-Spot-Tests** geschildert *(Abb. 532)*.

1. In mindestens drei Teststädten in der Bundesrepublik werden insgesamt mindestens 125 Personen in ein Studio eingeladen. Den Probanden wird erklärt, dass der Testzweck die subjektive Beurteilung von Fernsehprogrammen ist. Der Programmtest wird mit Monitor und Videoplayer durchgeführt, wobei jeder Proband für sich allein ein Videoband zu sehen bekommt.
2. In einem Eingangsinterview werden die Probanden unter anderem auch gefragt, welche Marke sie bei der zu testenden Warengruppe bevorzugen.
3. Anschließend wird den Testpersonen ein der Realität nachempfundenes Fernsehprogramm per Videoband vorgespielt. Zunächst sehen sie einen Kurzfilm, an welchen sich ein Werbeblock anschließt, in den das zu testende Commercial eingebunden ist. Danach wird ein weiterer Film gezeigt. Dieser bezweckt, ebenso wie die folgenden Fragen zum Programm, die Kurzzeiterinnerung an die Werbung zu löschen.
4. Es folgt ein „Memory-Spiel", in dem die Testpersonen gefragt werden, an welche Spots sie sich noch erinnern können. Der Anteil der Erinnerer liefert ein erstes Maß für die Qualität der Werbung, nämlich das so genannte „Durchsetzungsvermögen". Dieses Maß repräsentiert die Inputvariable „Aufmerksamkeitsstärke" im Advertising-Response-Modell.
5. Nach einem weiteren Programmteil werden die Testspots ein zweites Mal vorgeführt, um eine intensive Auseinandersetzung mit dem Spot zu erzeugen.
6. Es schließt sich wiederum ein Kurzfilm an. Danach werden die Testpersonen gebeten, anhand vorgegebener Markenlisten die Marken zu bestimmen, die sie in ihrem Geschenkkorb haben wollen, den sie zum Schluss des Tests gewinnen können. Aus der Zahl der Testpersonen, die für den Geschenkkorb die beworbene Marke bevorzugen, obwohl sie im Eingangsinterview eine andere Marke angegeben haben, errechnet sich die so genannte „motivationale Schubkraft" des Werbespots. Diese repräsentiert die Inputvariable „Markenpräferenz" im Advertising-Response-Modell.
7. Die folgenden diagnostischen Fragen zur Werbung liefern Hinweise, welche Aspekte der TV-Werbung zum Erfolg oder Misserfolg beitragen. Der Test schließt mit der Verlosung von zwei Geschenkkörben.

*Quelle: GWA,* 1997, S. 20 f.

*Abb. 532: Ablauf des ADVANTAGE-Werbemitteltests der GfK (am Beispiel eines TV-Spot-Tests)*

Diesen Ablauf des *ADVANTAGE*-Tests, der vom Prinzip her auch beim Print- oder Anzeigen-Test gewählt wird, fasst noch einmal ein **Ablauf-Schema** zusammen *(Abb. 533)*.

Diese Darlegungen zur Überprüfung speziell von Werbemaßnahmen haben deutlich gemacht, dass für Marketing-Controllingzwecke sowohl **ökonomische** als auch **vor-ökonomische (psychografische) Indikatoren** in Betracht kommen.

Damit wird auch nachvollziehbar, dass für das Marketing-Controlling verschiedene Messinstrumente (-systeme) herangezogen werden müssen, nämlich das **Rechnungswesen** wie auch die **Markt- bzw. Marketingforschung** *(Abb. 534)*.

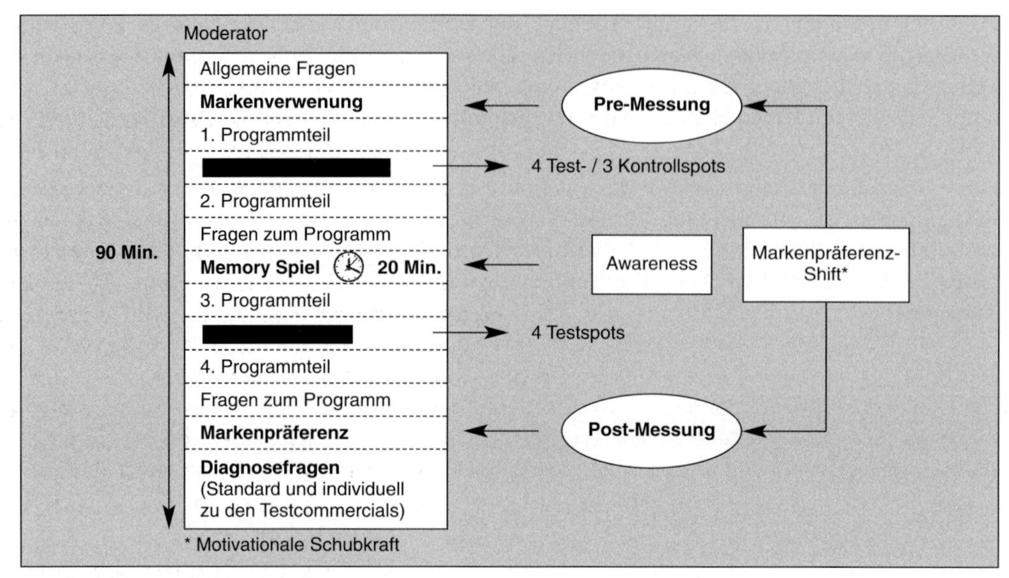


*Quelle: GfK-Marktforschung/GWA*

*Abb. 533: Ablaufschema eines ADVANTAGE-Tests (Beispiel TV-Spot)*

| **Ökonomische Maßstäbe** | **Messinstrumente** | **Vor-ökonomische Maßstäbe** | **Messinstrumente** |
|---|---|---|---|
| **Umsätze** | Diff. Absatz-statistik | **Bekanntheitsgrad** | Spezielle Marktanalysen (= Periodische Befragungen) |
| **Erträge bzw. Deckungs-beiträge*** | Marketing-(Ver-triebs-)kosten-rechnung | **Einstellungen/Image** | |
| **Marktanteile**<br>**Distribution** | Paneluntersu-chungen (Stan-dardberichte) bzw. unternehmens-eigene Ermitt-lungen | **Markentreue**<br>**Markenwanderungen** | Verbraucherpa-nels (= Sonder-auswertungen) |
| **Durchschnittl. Preise**** | | **Aufmerksamkeits-/ Wiedererkennungs-/ Erinnerungswerte** | Spezielle Werbe-tests (= Ad-hoc-Befragungen/ Experimente/ Monitoring) |

* Differenziert nach Marketingbezugsgrößen wie Artikel, Packungsgröße, Absatzgebiet
** Endverbraucherpreise

*Abb. 534: Wichtige Erfolgsmaßstäbe und typische Messinstrumente im Rahmen des Marketing-Controlling*

Neben den bisher behandelten Ansätzen und Methoden des Marketing-Controlling sind auch **Kennzahlen** bzw. **Kennzahlensysteme** von Bedeutung. Kennzahlen stellen entweder Verhältniszahlen oder absolute Zahlen dar, die über Leistungen bzw. Vorgabewerte des Unternehmens insgesamt oder auch einzelner Teilbereiche (z. B. Marketingbereich) Aussagen bzw. Kontrollen in konzentrierter Form ermöglichen (*Ehrmann,* 1995; *Preißler,* 1997; *Reichmann/Kißler/Baumöl*, 2017). Außer ihrer Funktion als Planungsinstrument dienen sie vor allem der Effizienzkontrolle. Auf Basis von Kennzahlensystemen können die großen Datenmengen, die sowohl im Rahmen des Rechnungswesens als auch in der Marktforschung anfallen, zu aussagekräftigen Verdichtungsgrößen verarbeitet werden. „Mit ihrer Hilfe ist eine Analyse der Ursachen von Abweichungen möglich, die wiederum eine Voraussetzung für die Einleitung von Korrekturmaßnahmen darstellt" (*Reichmann,* 2001, S. 21).

Unter einem **Kennzahlensystem** wird eine strukturierte Gesamtheit von Kennzahlen verstanden, die in einem interdependenten Zusammenhang stehen und dem Zweck dienen, unternehmerisches Geschehen bzw. Handeln für Planungs- und Kontrollzwecke möglichst aussagekräftig abzubilden (*Reichmann,* 2001; umfassender Ansatz bei *Kaplan/Norton,* 1997).

Ein relativ stark verbreitetes, gesamtunternehmerisch strukturiertes Kennzahlensystem stellt das **ROI-Kennzahlensystem** von *DuPont* dar (vgl. hierzu auch 1. Teil „Ziele", Kapitel Das Zielsystem des Unternehmens, Abschnitt Unternehmensziele). Es geht von einem quantifizierbaren Oberziel (Rentabilität bzw. Return-on-Investment, ROI) aus, aus dem operationale Subziele für die einzelnen Entscheidungsträger in der Unternehmenshierarchie abgeleitet werden. Es lassen sich jedoch auch Kennzahlensysteme aufstellen, wenn mehrere (Ober-)Ziele zu berücksichtigen sind (zu gesamtunternehmerisch strukturierten Kennzahlensystemen *Reichmann/Kißler/Baumöl,* 2017, zu neueren Ansätzen des **Value Controlling** s. *Schierenbeck/Lister,* 2001, des **Performance Measurement** s. *Gleich,* 2001; *Bauer et al.*, 2005).

Wenn auch das Marketing die Entwicklung bzw. Erfüllung solcher gesamtunternehmerisch strukturierter, z. B. auf den ROI fokussierter Kennzahlen durch aktives Handeln am Markt wesentlich beeinflusst, kann das Marketing (Marketingbereich) „jedoch nicht in vollem Umfang für die realisierten Istwerte verantwortlich gemacht werden. . . . Um eine verursachungsgerechte und verantwortungskonforme Marketingkontrolle sicherzustellen, sind diese globalen Systeme durch **bereichsspezifische Kennzahlensysteme** zu ergänzen" (*Meffert,* 1994 b, S. 415). Das soll beispielhaft skizziert werden.

Im Hinblick auf die **Werbung** ist es z. B. notwendig, differenziert zu messen, was Werbeaufwendungen tatsächlich bewirken. So ist es etwa sinnvoll, die Entwicklung u. a. folgender **Werte (Kennzahlen)** im Zeitablauf zu verfolgen (*Kotler/Keller/Bliemel,* 2007, S. 1199):

- **Werbeaufwendungen pro Tausend erreichter Zielkunden (aufgeschlüsselt nach Medienkategorien und einzelnen Werbeträgern),**
- **Anteil der angesprochenen Kunden bei jedem Werbeträger, welche die Werbung wahrgenommen, gesehen, gelesen bzw. gehört und die Werbung dem Werbeobjekt (z. B. Marke) richtig zugeordnet haben,**
- **Einstellungen der Kunden zu Produkt (Marke) vor und nach einer Werbekampagne.**

Es ist klar, dass hierfür z. T. **Marktforschungs- bzw. spezielle Werbetestsysteme** (ggf. entsprechende Monitoring-Systeme, z. B. *AD-VISOR* von *Burke*) herangezogen werden müssen.

Im Hinblick auf die Überprüfung des **Verkaufsgeschehens** und seiner Entwicklung bzw. Effizienz gilt es, etwa folgende Schlüsselwerte (-indikatoren) permanent zu kontrollieren (*Kotler/Keller/Bliemel,* 2007, S. 1199 f.):

- **Zahl der Kundenbesuche pro Verkäufer/Tag,**
- **Erzielter Umsatz pro Kundenbesuch,**
- **Kosten pro Kundenbesuch,**
- **Erreichte Aufträge pro hundert Besuche,**
- **Zahl neuer Kunden pro Periode,**
- **Zahl verloren gegangener Kunden pro Periode,**
- **Kosten der Verkaufsorganisation in Prozent des Gesamtumsatzes.**

Neben der möglichen Bestimmung und Kontrolle z. B. des Verkaufsaußendienstes auf Umsatzbasis (= Kosten des Verkaufsaußendienstes als Prozentsatz des Gesamtumsatzes) – was eigentlich eine logische Umkehrung des Zusammenhangs bedeutet: „während die Größe des Außendienststabes die Umsätze der Unternehmung entscheidend beeinflusst, wird bei diesem Verfahren die Anzahl der Verkaufsrepräsentanten aus dem Umsatzvolumen abgeleitet" (*Goehrmann,* 1984, S. 61) – ist vor allem auch zu prüfen, wie eine **kunden-orientierte Besuchshäufigkeit** dazu beitragen kann, anspruchsvolle Absatz- und Umsatzziele überhaupt zu realisieren. Folgende Modellrechnung *(Abb. 535)* kann hierfür herangezogen werden (vgl. einen ähnlichen Ansatz bei *Weis,* 2005, S. 149 ff.)

Problemstellung: Bestimmung der richtigen Zahl der Außendienstmitarbeiter zur Sicherstellung eines adäquaten Besuchs- und Betreuungsniveaus bei den Kunden eines Unternehmens

Berechnungsgrundlage:

$$\text{Zahl der Außendienstmitarbeiter} = \frac{\text{Zahl der Kunden} \times \text{Besuchsfrequenz}}{\text{Tagesbesuchsrate} \times \text{Zahl der Arbeitstage}}$$

Beispiel zur Errechnung der erforderlichen Zahl von Außendienstmitarbeitern:

Kundentyp I = 9000 Besuchshäufigkeit/Jahr = 12 ×
Kundentyp II = 5000 Besuchshäufigkeit/Jahr = 8 ×
Kundentyp III = 2000 Besuchshäufigkeit/Jahr = 4 ×

Durchschnittliche Tagebesuchsrate eines Außendienstmitarbeiters = 15

Zahl der Arbeitstage = 210 (365 ./. Wochenenden, Feiertage, Urlaub, Krankheit, Schulungstage)

$$\text{Zahl der Außendienstmitarbeiter} = \frac{(9000 \times 12) + (5000 \times 8) + (2000 \times 4)}{15 \times 210}$$

$$= \frac{156\,000}{3150} = 49{,}5$$

Ergebnis: Zahl der erforderlichen Außendienstmitarbeiter = rd. 50

*Abb. 535: Bestimmung der Zahl der Außendienstmitarbeiter*

Je nach Ausschöpfungsgrad des Marktes durch das Unternehmen ist es ggf. notwendig, in der Rechnung **potenzielle Neukunden** zu berücksichtigen. Im Übrigen lässt sich eine solche Rechnung noch dadurch verbessern, dass nicht nur die Besuche, sondern auch wichtige **„Teilzeiten"** für die Kapazitätsberechnung der Außendienstgröße berücksichtigt werden, wie

- **Gesprächszeiten,**
- **Wartezeiten,**
- **Fahrtzeiten.**

Entsprechende Kapazitätsrechnungen müssen dann auf **Minutenbasis** durchgeführt werden.

Kennzahlen (Indikatoren) können insgesamt auf Unternehmensebene (Vergleich Soll-Ist) benutzt oder auch im Sinne eines **Betriebsvergleichs** mit Indikatoren vergleichbarer Unternehmen abgeglichen werden (*Schnettler,* 1961; *Vodrazka,* 1967 bzw. Überblick zu Rolle, Erhebungsmethode und Auswertungsformen *Müller-Hagedorn/Erdmann,* 1995). Ein weiterer Ansatz besteht darin, den Vergleich ggf. auch mit branchenfremden Unternehmen vorzunehmen **(Best-Practice- oder Benchmarking-Ansatz).** Die zentrale Fragestellung lautet hier: „Warum sind andere erfolgreicher als wir?“ (*Preißler,* 1997, S. 160, zur Methodik des Benchmarking wie Festlegung der Vergleichsmerkmale, Festlegung des „Best-of-Best“-Unternehmens, Ermittlung der eigenen Kosten-/Leistungsstruktur und der des „Best-of-Best“-Unternehmens, Erstellung eines Aktionsplanes zur Leistungssteigerung und Kostensenkung, Implementierung der Aktionen im Einzelnen siehe u. a. *Watson,* 1993; *Camp,* 1994; *Karlöf/Östblom,* 1994; *Mertins/Siebert/Kempf,* 1995; *Rau,* 1996 b, zu Problemen bzw. Fehlanwendungen des Benchmarking in der Praxis siehe *Rau,* 1996 a bzw. *Link/Gerth/Voßbeck,* 2000, S. 122).

Wenn Marketing als marktorientierte Führungskonzeption aufgefasst wird (wie in diesem Buch zugrunde gelegt), dann bedeutet das, dass die **Wünsche und Erwartungen** gegenwärtiger und potenzieller Kunden im Mittelpunkt des unternehmerischen Handelns insgesamt stehen (müssen). Nicht zuletzt erschwerte Marktbedingungen wie schwach wachsende oder stagnierende Märkte, Verdrängungswettbewerb, Ausdifferenzierung von Kundenanforderungen (bis hin zu kundenindividuellen Wünschen), Innovationswettbewerb wie auch Preisverfall machen immer wieder deutlich, dass die möglichst optimale Befriedigung der Kundenbedürfnisse die entscheidende Voraussetzung für den Markt- und Unternehmenserfolg darstellt. Die **Kundenzufriedenheit** stellt insofern nicht nur eine wichtige Ziel-, sondern eine ebenso wichtige Kontrollgröße dar (vgl. auch Konzept der Balanced Scorecard, *Kaplan/Norton,* 1997).

Die lange in der Unternehmenspraxis **vorherrschende Meinung**, dass Kundennähe teuer und damit unwirtschaftlich sei, gilt inzwischen als *widerlegt.* So hat eine umfassende empirische, international ausgerichtete Untersuchung von *Homburg* u. a. gezeigt, „dass kundennahe Unternehmen hochprofitabel sind, weil sie beispielsweise im Forschungs- und Entwicklungsbereich weit effizienter sind als der Wettbewerb. Sie haben 18 Prozent niedrigere F + E-Kosten, produzieren 24 Prozent weniger Flops bei Neuprodukten und erzielen 14 Prozent höhere Umsatzanteile mit Produkten, die nicht älter sind als drei Jahre“ (*Homburg/Risch,* 1996, S. 152 sowie im Einzelnen auch *Homburg,* 2000 a). Einen engen Zusammenhang zwischen Produktqualität, Kundenzufriedenheit und Return-on-Investment (ROI) haben im Übrigen auch die *PIMS*-Untersuchungen nachgewiesen (*Buzzell/Gale,* 1989, S. 93 f.).

Inzwischen wird die Thematik **Kundennähe/Kundenzufriedenheit** breit und vielschichtig diskutiert (*Homburg,* 1995 bzw. 2003). Wesentliche Impulse erhält die Thematik auch im Zusammenhang **qualitätsorientierter Marketing- und Management-Konzepte** (Total Quality Management, TQM, u. a. *Malorny,* 1996; *Ebel,* 2003, zu den Implikationen für das Marketing *Stauss,* 1994). Sowohl bei den Qualitätsnormen (DIN ISO 9000 ff.) als auch bei den Bewertungskriterien für Qualitätspreise (*Malcom Baldrigde Quality,* MBQ und *European Quality Award,* EQA) stellt die Kundenzufriedenheit einen **wichtigen Maßstab** dar. So empfiehlt z. B. die DIN ISO 9004 (Abschnitt 7.3 „Qualität im Marketing“) die Einführung eines Kunden-Rückinformationssystems, um konsequent Erfahrungen bzw. Erwartungen der Kunden berücksichtigen zu können. Beim MBQ geht das Kriterium Kundenzufriedenheit mit 30 %, beim EQA mit immerhin 20 % Gewicht in die Gesamtbewertung ein (*Stauss,* 1994 b, S. 155).

Kontrollsysteme zur Überwachung der Kundenzufriedenheit bestehen in vielen Unternehmen erst in Ansätzen. Das hängt nicht zuletzt auch mit den Fragen bzw. Problemen einer **adäqua-**

**ten Messung** zusammen. Hierfür bieten sich je nach Art der Produkte und Leistungen bzw. Märkte und Branchen differenzierte Vorgehensweisen an. Generell ist Kundenzufriedenheit dann gegeben, wenn die **wahrgenommene Leistung** der erwarteten entspricht. Dieser Ansatz liegt z. B. dem *SERQUAL*-Modell zugrunde, das für die Erfassung der Qualitäts- bzw. Kundenzufriedenheitsmessung bei industriellen Servicedienstleistungen entwickelt wurde (*Parasuramam/Zeithaml/Berry,* 1985; siehe hierzu auch den Überblick bei *Quartapelle/Larsen,* 1996, S. 152–157).

Die von den Kunden erwarteten Leistungen und die subjektiv wahrgenommenen werden jeweils durch eine Reihe von **Faktoren** beeinflusst *(Abb. 536).*

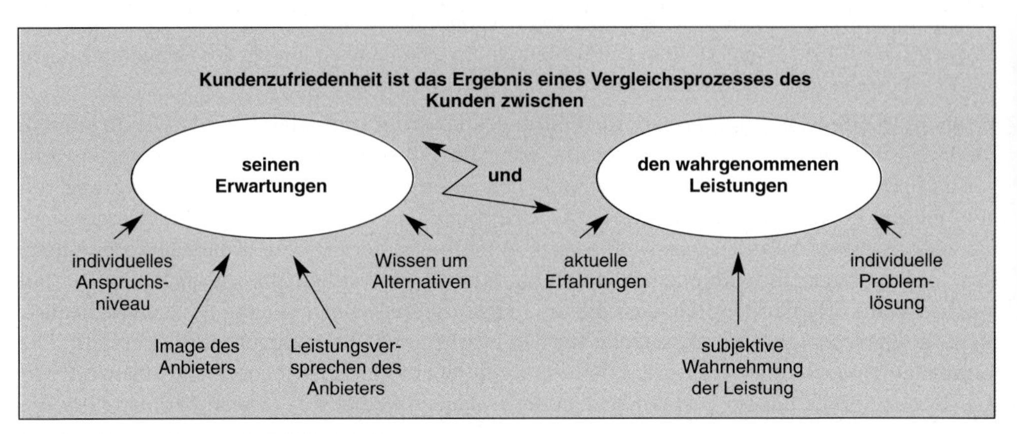


*Quelle: Meyer/Dornach,* 1998, S. 182

*Abb. 536: Beeinflussungsfaktoren der Kundenzufriedenheit*

Die Darstellung der Beeinflussungsfaktoren zeigt, dass für die Kundenzufriedenheitsmessung insbesondere **subjektive Messverfahren** in Betracht kommen. Daneben können auch **objektive Messverfahren** eingesetzt werden (zu Grundfragen der Messmethodik, *Stauss,* 1999). Eine synoptische Darstellung gibt einen Überblick über die grundsätzlich einsetzbaren Messverfahren *(Abb. 537).*

| Objektive Verfahren | Subjektive Verfahren |
|---|---|
| • **Erfassung von Marktbearbeitungsgrößen wie**<br>– Absatz<br>– Umsatz<br>– Marktanteil<br>– Wiederkaufrate<br>– Kundeneroberungs-/Kundenverlustraten<br><br>• **Erfassung der Häufigkeit von**<br>– Produktmängeln/-rückrufen<br>– Gewährleistungsansprüchen<br>– Reparaturen<br><br>• **Durchführung von Qualitätskontrollen**<br>– im eigenen Unternehmen<br>– beim Handel<br>– bei Endverbrauchern | • **Merkmalsgestützte Verfahren (indirekte Messung)**<br>– Erfassung von Beschwerden<br>– Erfassung von Beschwerdezufriedenheit<br>– Häufigkeit von nicht artikulierten Klagen („unvoiced complaints“)<br>– Problem-Panels<br><br>• **Merkmalsgestütze Verfahren (direkte Messung)**<br>– Erfassung enttäuschter Erwartungen (ex-ante/ex-post bzw. ex-post)<br>– Messung von Zufriedenheitsgraden (ein- bzw. mehrdimensional)<br>– Meinungsforschung bei Verkäufern bzw. Handel<br><br>• **Ereignisorientierte Verfahren**<br>(„critical incidences“) |

*Abb. 537: Verfahren zur Messung von Kundenzufriedenheit*

Die Übersicht zeigt, dass grundsätzlich ein **breites Spektrum** von Verfahren gegeben ist, die je nach Produkt, Markt, Branche, Stadium der Kundenzufriedenheitsforschung im Unternehmen – z. T. auch internet-basiert – eingesetzt werden können. Prinzipiell bieten sich **kombinierte Verfahren** (Messsysteme) an, um die Kundenzufriedenheit möglichst differenziert zu erfassen und auf diese Weise Ansatzpunkte für *maßgeschneiderte* Korrekturen im Marketing- und Unternehmenshandeln zu finden (zur Beschreibung und Anwendung der unterschiedlichen Messverfahren der Kundenzufriedenheit siehe etwa *Homburg,* 2003; *Quartapelle/Larsen,* 1996; zu Grundfragen des Beschwerdemanagements, u. a. auch Beschwerdemanagement-Controlling, siehe *Stauss/Seidel,* 2002).

Die Kundenzufriedenheitsforschung in der BRD hat wesentliche Impulse durch die periodische Untersuchung *Das Deutsche Kundenbarometer* – inzwischen abgelöst vom *Kundenmonitor Deutschland* – erhalten (www.kundenmonitor.de, zu Aufgabe und Ansatz *Meyer/Dornach,* 1998). Sie hat insgesamt zu einem stärker an der **Kundenzufriedenheit** orientierten Marketinghandeln beigetragen.

## 2. Grundfragen des strategischen Marketing-Controlling

Während das operative Marketing-Controlling auf die Überwachung des Marketingmix bzw. den Einsatz der operativ-instrumentalen Maßnahmen und seine (Ziel-)Wirkungen gerichtet ist (einschl. der „übergeordneten" Fragen der Kundenzufriedenheit), stellt das strategische Marketing-Controlling auf die Überprüfung grundsätzlicher konzeptioneller, **mittel- und langfristiger Weichenstellungen** ab (zu Aufgaben/Abgrenzung des strategischen Controlling *Horvath,* 2003; *Preißler,* 1997 sowie *Link/Gerth/Voßbeck,* 2000; *Reinecke/Tomczak,* 2006).

Ursprünglich wurde strategisches Controlling eher als aperiodische Aufgabenstellung angesehen; aufgrund der hohen Markt- und Wettbewerbsdynamik ist inzwischen das strategische Controlling zu einer wenn auch nicht permanenten, so doch – in bestimmten Abständen – regelmäßig zu erfüllenden Aufgabe geworden. Hauptzielrichtung ist dabei, die **Anpassungsfähigkeit von Unternehmen** an neue Markt- und Umweltkonstellationen sicherzustellen, und zwar möglichst in einer vorausschauenden Weise (Strategisches Radar, *Hasselberg,* 1989). Dem strategischen Controlling kommt insoweit auch eine wichtige Funktion der **Frühaufklärung** zu. Damit hat strategisches Controlling zugleich Aufgaben im Rahmen der weiterführenden, zielstrategischen Planung, und zwar im Sinne der Beschaffung bzw. Erarbeitung entsprechender Markt- und Umweltinformationen sowie notwendiger strategie-orientierter Unternehmensinformationen (vgl. hierzu den Ansatz der SWOT-Analyse: Strengths oder Stärken, Weaknesses oder Schwächen (= Unternehmensanalyse) und Opportunities oder Gelegenheiten/Chancen, Threats oder Bedrohungen/Risiken (= Umweltanalyse), siehe auch 1. Teil „Ziele", Kapitel Zielbildung und Bedingungslagen unternehmensexterner und -interner Art).

Der Hauptansatz des strategischen Controlling besteht dabei (zunächst) in einer kontinuierlichen Beobachtung der Umwelt, um möglichst frühzeitig („Weak Signals") zu erkennen, ob Reaktionen auf neue Herausforderungen sofort, später oder gar nicht erforderlich sind (von *Ansoff* auch als **Strategic Issue Management** bezeichnet) bis hin zu einer Art Notfall-Management, das dann einsetzt, wenn eine strategische Überraschung – also ein neues, vorher nicht be- bzw. erkanntes, wichtiges Ereignis – bewältigt werden muss (auch mit dem Begriff **Strategic Surprise Management** belegt, *Ansoff,* 1984 bzw. *Ansoff/McDonnell,* 1990).

**Ansatzpunkte** der strategischen Überprüfung und ihren möglichen Schlussfolgerungen (Konsequenzen) lassen sich ganz allgemein wie folgt abbilden *(Abb. 538).*

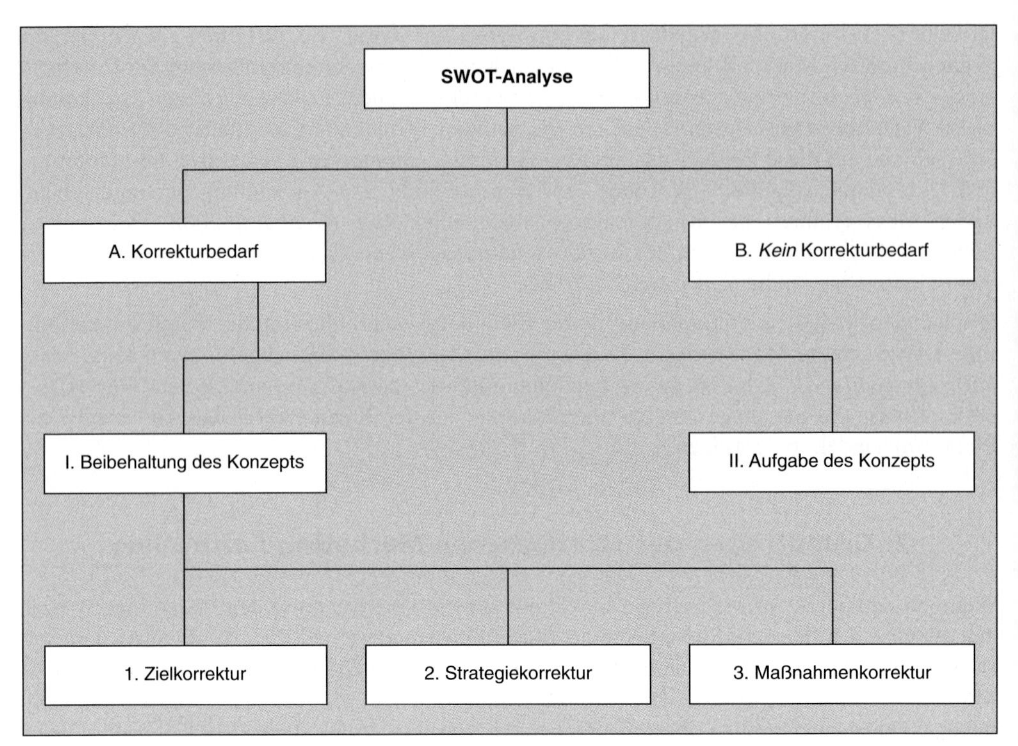


*Abb. 538: Strategische Überprüfung und mögliche Konsequenzen*

Die Übersicht zeigt – und das entspricht auch dem strengen konzeptionellen Vorgehen bzw. dessen Überprüfung –, dass die ziel-strategisch orientierte Kontrolle bei den **Zielen** selbst beginnt (= **konzeptionelle Kette**).

Was die strategischen Zielüberprüfungen betrifft, so stehen hier eindeutig die Oberziele des Unternehmens (Gewinn bzw. Rentabilität) im Vordergrund. Für die Oberzielkontrolle bietet sich vor allem das **Return-on-Investment-(ROI-)System** an (vgl. hierzu auch Teil „Ziele“, Kapitel Zielsystem des Unternehmens, Abschnitt Unternehmensziele) – möglichst mit einer vergleichenden Analyse wichtiger Konkurrenten.

Die Kernfrage der ziel-strategischen Überprüfung lautet dabei: Worauf beruht primär die Erzielung der eigenen Rentabilität wie diejenige wichtiger Mitbewerber am Markt, nämlich auf einer guten **Umsatzrendite** oder auf einem hohen **Kapitalumschlag**? Grundsätzlich ist es möglich, dass Unternehmen eine identische Kapitalrendite mit jeweils ganz unterschiedlichen strategischen Konzepten erreichen. Eine Grafik zeigt eine **Rentabilitätsanalyse** auf Basis des ROI-Ansatzes *(Abb. 539)*.

Im verwendeten Beispiel sei unterstellt, dass A den marktdominierenden Hauptwettbewerber, B das eigene Unternehmen und C einen weiteren wichtigen Konkurrenten repräsentiert. Der **Branchendurchschnitt** weist eine Kapitalrendite von 15% bei einer Umsatzrendite von 15% und einem Kapitalumschlag von 1,00 aus. Hauptkonkurrent A und das eigene Unternehmen B realisieren eine Kapitalrendite von jeweils 20%, aber auf unterschiedlichen **ziel-strategischen Wegen:** Hauptkonkurrent A erreicht die 20%-Kapitalrendite mit einer relativ niedrigen Um-

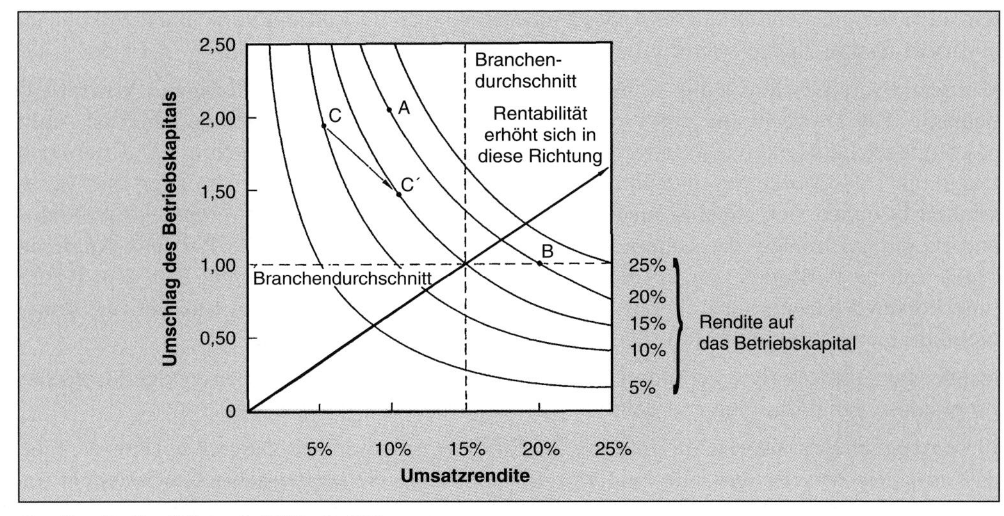


*Quelle: Kotler/Bliemel,* 2001, S. 677

*Abb. 539: Rentabilitätsanalyse auf der Grundlage des ROI-Ansatzes*

satzrendite und einem relativ hohen Kapitalumschlag. Dahinter verbirgt sich ein preis-mengenstrategisches Basiskonzept, das insbesondere untere Marktschichten von Massenmärkten über das Bieten von **Preisvorteilen** zu gewinnen bzw. bedienen versucht. Das eigene Unternehmen dagegen realisiert die 20%-Kapitalrendite mit einer vergleichsweise hohen Umsatzrendite, nimmt dafür aber einen vergleichsweise geringen Kapitalumschlag in Kauf. Grundlage der eigenen Marketing-Konzeption bildet ein präferenz-strategisches Vorgehen, das mittlere und z. T. obere Marktschichten über **Leistungsvorteile** bedient, z. T. mit segment- oder zielgruppenspezifischen Ansätzen. Konkurrent C weist einen Kapitalumschlag in etwa auf dem Niveau von Hauptkonkurrent A auf, erzielt aber eine deutlich niedrigere Umsatzrendite aufgrund einer preisaggressiven Aktionsweise am Markt, was insgesamt zu einer Kapitalrendite von lediglich 10% führt.

Konkurrent C beabsichtigt jedoch, künftig statt wie bisher eine 10%-Kapitalrendite eine solche von 15% zu erreichen (vgl. **Positionsveränderung** von C nach C'). Dahinter verbirgt sich offensichtlich eine Konzeptänderung in der Weise, dass C versucht, durch Bieten bestimmter Leistungsvorteile preislich zumindest mit dem Hauptwettbewerber aufzuschließen, dafür aber bereit ist, auf das Niveau des bisherigen Kapitalumschlags zu verzichten. Für das eigene Unternehmen B stellt sich damit die Frage, ob es das bisherige **marketing-strategische Grundkonzept** beibehalten kann oder ggf. das ausgeprägte *präferenz*-strategische Handeln dadurch abzusichern versucht, dass ein preisaktives Zusatzprogramm unter einer Zweitmarke angeboten wird.

Das Beispiel zeigt, dass Rentabilitätsanalysen (speziell ROI-Analysen), d. h. also Zielanalysen, *und* strategische Analysen, d. h. also strategische Handlungsmuster-Analysen, miteinander verzahnt sind. Strategisches Marketing-Controlling weist insofern einen **ziel-strategischen Fokus** auf.

Was die ziel-strategischen Dimensionen bzw. Analysen angeht, so können (besser: müssen) i. d. R. **verschiedene Analyse-Ansätze** parallel gewählt werden, um ein möglichst vollständiges Bild im Rahmen der Konzeptüberprüfung zu gewinnen und ggf. schlüssige, d. h. vor allem auch entsprechend fundierte Anpassungsmaßnahmen im Konzept vornehmen zu können, und zwar bis hin zu den *operativ*-instrumentalen Maßnahmen.

Während operatives Marketing-Controlling auf die Überprüfung der **Effizienz** (= Wirtschaftlichkeit: „Die Dinge richtig tun") marketing-instrumentaler Maßnahmen gerichtet ist, stellt das strategische Marketing-Controlling auf die **Effektivität** (= Wirksamkeit: „Die richtigen Dinge tun") des Marketing- und Unternehmenshandelns ab. Grundfragen strategischer Wirksamkeit beziehen sich dabei in erster Linie auf die zu verfolgende bzw. verfolgte Produkt- und Programmstrategie des Unternehmens. Hierzu dienen insbesondere **Portfolio-Analysen** (Soll- und Ist-Portfolios, zur Portfolio-Analyse (und ihren Verknüpfungen mit dem Erfahrungskurven-Konzept) siehe 2. Teil „Strategien", Kapitel Methoden und Kalküle zur Strategiebestimmung, Abschnitt Marktfeld-strategische Selektionsfragen).

Mit der Portfolio-Analyse verknüpft ist die Überprüfung des **Produktlebenszyklus-Status** des Programms. Eine Abbildung verdeutlicht die Zusammenhänge *(Abb. 540)*.

Ein ausgeglichenes, oberziel-orientiertes Portfolio ist grundsätzlich dadurch gekennzeichnet, dass in jedem der vier Portfolio-Felder (1–4) mindestens **ein strategisches Geschäftsfeld** besteht (mit einem möglichst starken im Feld 3 = „Cash Cow"). Dieser Verteilung entspricht auch eine ausgeglichene Mischung der Produkte bzw. Geschäftsfelder innerhalb des Produktlebenszyklus. Wenn eine solche ausgewogene Verteilung insgesamt gegeben ist, ist auch eine prinzipiell **gleichmäßige Oberzielerfüllung** (Gewinn/Rentabilität) im Zeitablauf gegeben.

Werden diese Überprüfungen bzw. Analysen zu **bestimmten Zeitpunkten** (z. B. jährlich) vorgenommen, „so kann rechtzeitig erkannt werden, wann spätestens ein innovatives oder innoviertes Produkt auf den Markt kommen muss (= strategisches Timing, Erg. J. B.). Die erforderlichen finanziellen Mittel dafür müssen durch das Ergebnis des Produktes/der Produkte (bzw. strategischen Geschäftsfelder, Erg. J. B.) aus **Position 3** (Hervorhebung J. B.) bereitgestellt werden" (*Schaible/Hönig,* 1996, S. 66).

Unter strategischen Steuerungs- und Kontrollgesichtspunkten ist darüber hinaus wichtig, die **Art der Geschäfte** und ihre **Mischung** („Produktmix") regelmäßig zu überprüfen. In dieser Hinsicht können – je nach Unternehmens-, Markt- bzw. Branchengegebenheiten – *drei* Geschäftsarten unterschieden werden (ähnlich *Schaible/Hönig,* 1996, S. 75 ff.):

- **Volumengeschäfte,**
- **Spezialgeschäfte,**
- **Prestigegeschäfte.**

**Volumengeschäfte** sind dadurch gekennzeichnet, dass sie den Hauptumsatz erzielen und den größten (absoluten) Ergebnisbeitrag liefern. Sie weisen häufig die größten Technologieerfahrungen (speziell in Bezug auf Prozesstechnologien) auf; das bedeutet zugleich Kostenvorteile, die auch an den Kunden weitergegeben werden (können). Im Volumengeschäft herrscht im Allgemeinen ein starker Wettbewerb mit Produkten, die sich hinsichtlich der Erfüllung von Kundenanforderungen relativ stark angeglichen haben. Daraus resultiert meistens ein ausgeprägter Preis-(Leistungs-)Wettbewerb, der auf die erzielbaren Ertragsspannen drückt.

**Spezialgeschäfte** sind dagegen solche Geschäfte, die durch technisch-funktionale Sonderleistungen (speziell in Bezug auf die Produkt-Technologie, etwa ausgeprägte „High-Tech"-Elemente, z. B. Elektronik) charakterisiert sind. Die Produkte und ihre Leistungen sind im Konkurrenzfeld stärker differenziert. Technischer Standard (Kompetenz) der Anbieter rangiert hier deutlicher vor dem Preis. Gewinne werden in diesem Geschäft – in Vergleich zum Volumengeschäft – mit größeren Spannen (= Umsatzrenditen), aber dafür mit geringeren Absatzmengen erzielt.

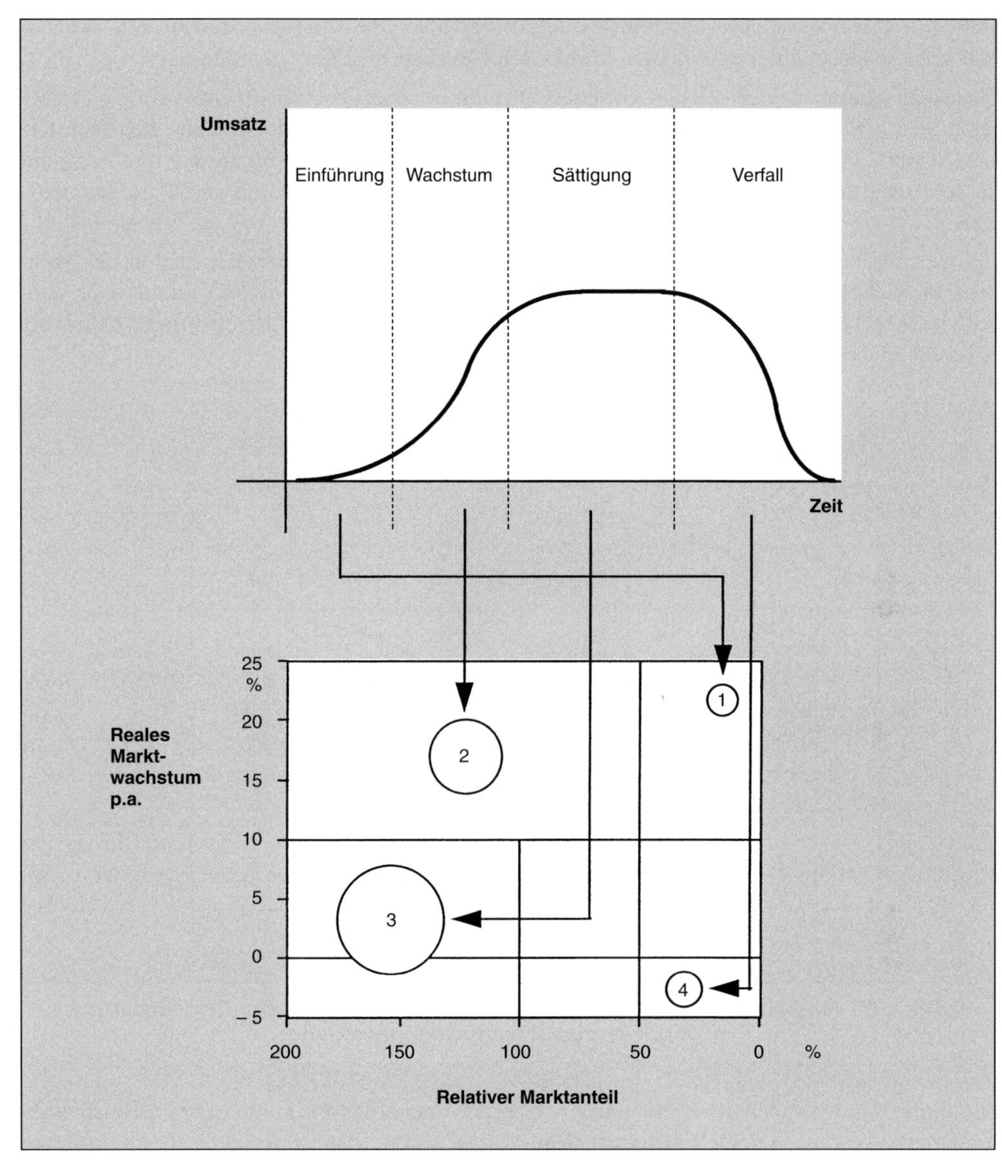


*Quelle: Schaible/Hönig,* 1996, S. 67

*Abb. 540: Portfolio- und Produktlebenszyklus-Analyse*

**Prestigegeschäfte** werden andererseits durchweg in kleinen Märkten (Nischen) getätigt, in denen es darauf ankommt, die besondere, möglichst alleinstellende technologische Leistungsfähigkeit eines Anbieters zu demonstrieren (Spitzentechnologie, allerneueste Produkt- bzw. Komponentenlösungen), die im Zeitablauf dann nicht selten demokratisiert werden, d. h. Eingang auch in die Spezialgeschäfte, ggf. auch Volumengeschäfte, finden. Prestigegeschäfte realisieren – bei verursachungsgerechter Kostenverteilung, u. a. in Hinblick auf den in aller Regel sehr hohen Forschungs- und Entwicklungsaufwand – häufig keine (nennenswerten)

Gewinne. Diese Geschäfte unterstützen allerdings über den Imagetransfer zu den Spezial- und Volumengeschäften zumindest indirekt den Gesamterfolg des Unternehmens.

Insgesamt kommt es bei solchen Geschäftsstrukturen (wie sie etwa im Investitionsgüterbereich oder z. B. auch in der Automobilindustrie gegeben sind) auf den jeweils **richtigen Geschäftsmix** („Produktmix") und seine markt- und umfeld-bezogenen Steuerung im Zeitablauf an, und zwar unter dem Gesichtspunkt der **Optimierung** von Rentabilität und Unternehmenswert.

Ein Beispiel aus dem Automobilbereich zeigt, wie ein kleinerer Hersteller gezielt das **Volumengeschäft** (untere Baureihe, „Butter- und Brot-Auto") ausgebaut und damit insgesamt größere Absatzzuwächse erzielen konnte als der Gesamtmarkt, bei gleichzeitiger Erhaltung eines überdurchschnittlichen Ertragsniveaus *(Abb. 541).*

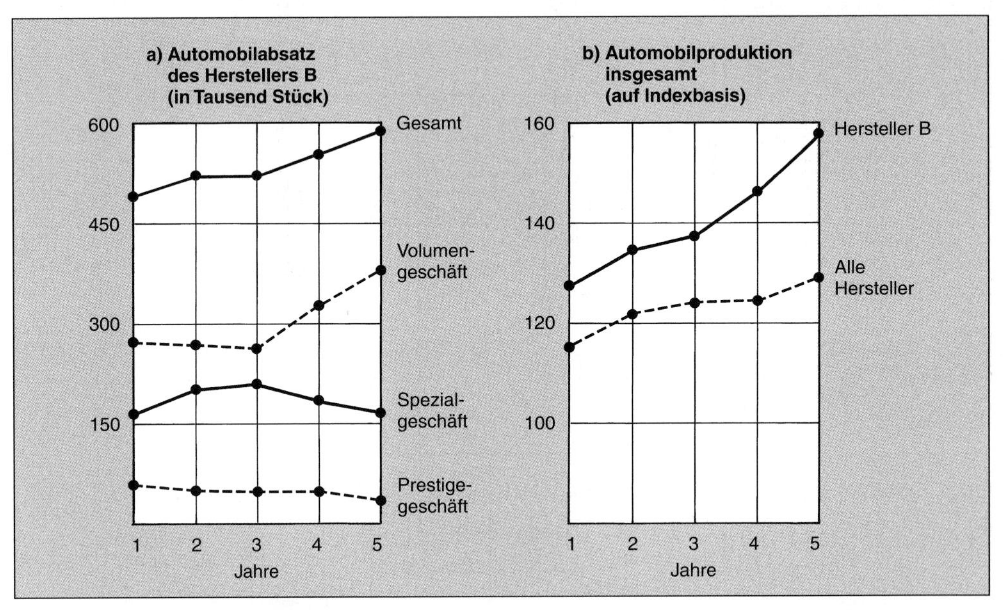


*Abb. 541: Automobilabsatz eines Pkw-Herstellers (differenziert nach Geschäftsarten) im Vergleich zur Gesamtmarktentwicklung*

Die markt- und wettbewerbsstrategischen Überprüfungen des Programms beim Beispielunternehmen ergaben jedoch **bestimmte Handlungszwänge,** das „Spezialgeschäft" (mittlere Baureihe) nicht nur gezielt zu innovieren, sondern auch um Modellvarianten zu erweitern, um so zu einem ausgewogenen Produktmix zu gelangen. Den „Prestigegeschäften" (obere Modellreihe) wurde nach wie vor eine technologie-führerschaftsorientierte Nischenpolitik zugewiesen (ebenfalls mit neuen Varianten).

Die Effektivitätsprüfungen im Rahmen des strategischen Marketing-Controlling knüpfen insoweit notwendigerweise an der Programmpolitik (Programminnovation und -pflege) an. Produkte und Programme stellen in dieser Hinsicht zentrale **Wachstums- und Ertragsgeneratoren** im Marketing dar. Darüber hinaus ist jedoch eine zweite wichtige Ebene von Wachstums- und Ertragsgeneratoren zu beachten, nämlich die **Kundenebene.** Eine Abbildung verdeutlicht die Zusammenhänge zwischen *beiden* Ebenen *(Abb. 542).*

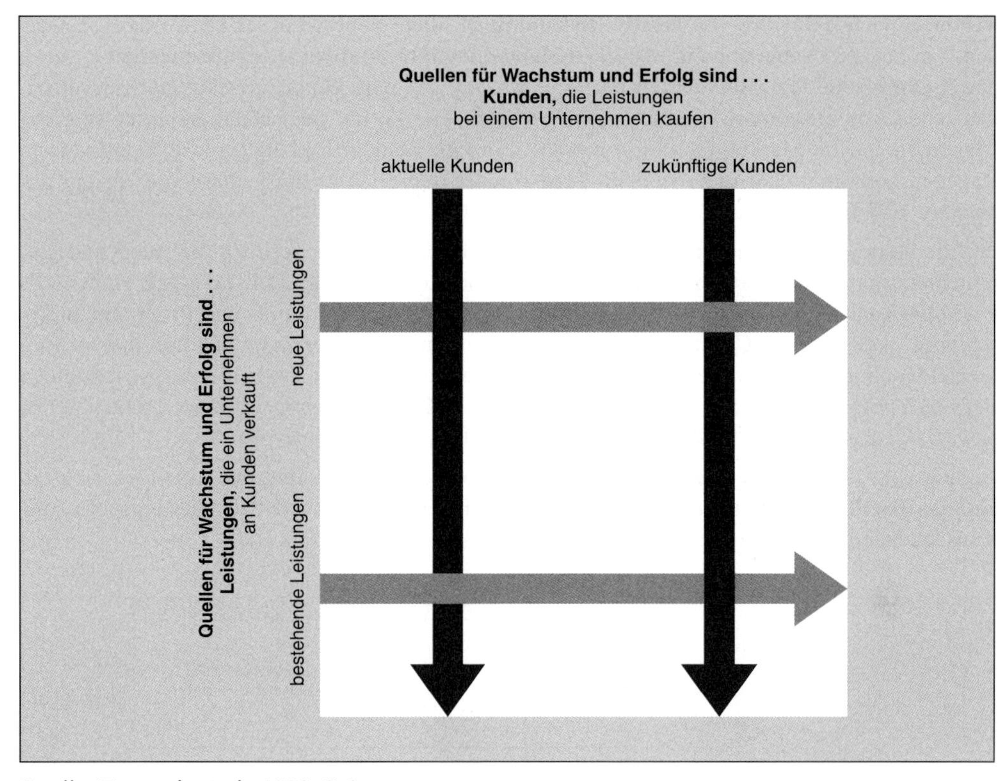


*Quelle: Tomczak et al.,* 1998, S. 2

*Abb. 542: Wachstums- und Ertragsgeneratoren im Marketing*

Die Übersicht zeigt, dass es neben der Programmpflege und der Programminnovation vor allem auch auf die **Kundenpflege** und **Kundenakquisition** ankommt, wenn Unternehmen auf Dauer erfolgreich operieren wollen. Oberziel-orientierte Unternehmensführung (Gewinn/Rentabilität) setzt also voraus, systematisch **alle Kernaufgaben** effektiv zu steuern.

Die **Kundenpflege** beinhaltet alle Ansätze des Anbieters, die dazu führen, dass Kunden Wiederkäufe tätigen und nicht zu Angeboten der Wettbewerber wechseln (= Kundenbindung). Sie erstreckt sich außerdem auf Kernaufgaben der oberziel-orientierten Kundenselektion (ex-post).

Die **Kundenakquisition** umfasst alle Ansätze des Anbieters, damit ein potenzieller Abnehmer zum ersten Mal bei ihm kauft und damit zum Kunden wird (einschließlich der Berücksichtigung oberziel-orientierter Kundenselektion, ex-ante).

Inzwischen werden in vielen Unternehmen Konzepte verfolgt, die auf eine möglichst **hohe Kundenbindung** (Kundenloyalität) zielen. Nachdem Analysen gezeigt haben, dass die Gewinnung eines *neuen* Kunden einen wesentlich größeren Aufwand erfordert als die Bindung eines bestehenden Kunden (einen 5 bis 7mal höheren), wird das Markt- und Unternehmenshandeln stärker auf Kundenbindung(-sprogramme) ausgerichtet (*Clancy/Shulman,* 1993, S. 256 ff.; *Müller, W.,* 1994, S. 187 ff.; Bruhn, 2016, S. 101 ff.). Dass hierfür ein Erreichen möglichst hoher Kundenzufriedenheitsgrade wichtig und damit die *laufende* Kundenzufriedenheits-Messung im Rahmen des operativen Marketing-Controlling für die **ertrags- bzw.**

**wertorientierte Führung** von großer Bedeutung ist, kann ohne weiteres nachvollzogen werden. Ein enger Zusammenhang zwischen **Kundenloyalität und Kundenzufriedenheit** ist auch durch empirische Untersuchungen bestätigt worden. So fand beispielsweise *Ford* im amerikanischen Automobilmarkt heraus, dass *Ford*-Kunden, die mit dem Händlerservice sehr zufrieden sind, eine Markenloyalität von 68% und eine Händlerloyalität von 40% aufweisen. Dagegen verhalten sich unzufriedene *Ford*-Kunden lediglich zu 45% markenloyal und nur noch zu 10% händlerloyal (*Müller, W.,* 1994, S. 196).

Für die strategische Steuerung und Überprüfung des kundenbezogenen Marketing- und Unternehmenshandelns bieten sich – wie bei der Produkt- und Programmsteuerung – ebenfalls **Portfolio-Analysen** an. Der Portfolio-Ansatz, ursprünglich für Produkt- und Programmanalysen entwickelt (*Boston Consulting Group, BCG*), ist im Laufe der Zeit auch auf *andere* Analysefelder übertragen worden, so z. B. für Kundenbewertungen (vgl. hierzu im Einzelnen *Belz/Kuster/Walti,* 1996, S. 102 ff.; *Preißner,* 1996, S. 260 ff.; *Homburg/Daum,* 1997, S. 64 ff. bzw. *Homburg/Werner,* 1998, S. 128 ff.; *Bruhn,* 2016, S. 108 ff.).

Analog zum klassischen Programm-Portfolio (*BCG*- oder Vier-Felder-Matrix) lässt sich ein **Kunden-Portfolio** „konstruieren“, das ähnliche Überprüfungen bzw. steuerungspolitische Konsequenzen zulässt *(Abb. 543).*

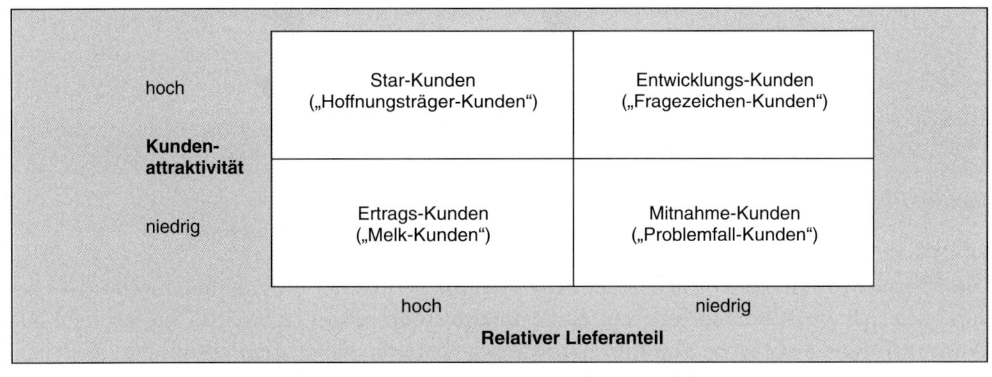


*Abb. 543: Struktur eines Kunden-Portfolios*

Für die **Kundenattraktivität** ist das entscheidende Kriterium z. B. der **jährliche Bedarf** des Kunden an Produkten (Leistungen) des eigenen Unternehmens, und wie er sich künftig entwickeln wird (= zukünftiger relevanter Bedarf). Außerdem sind hier unter dem Gesichtspunkt der Oberzielerfüllung auch die **Erlösqualität,** d. h. das Preisniveau, das beim Kunden erzielt werden kann, einzubeziehen sowie auch das Image des Kunden (etwa in Hinblick auf seine Nutzungsmöglichkeit als Referenz-Kunde).

Der **Lieferanteil** ist Ausdruck der Lieferantenposition des eigenen Unternehmens beim Kunden. So wie bei der Berechnung des Marktanteils beim klassischen Programm-Portfolio wird das bei den Kunden realisierte Umsatzvolumen in Beziehung zu seinem gegenwärtig relevanten Bedarf in Beziehung gesetzt. Beträgt der jährliche relevante Bedarf des Kunden z. B. 100 000,– € und bezieht der Kunde davon für 20 000,– € Produkte (Leistungen) vom eigenen Unternehmen, so besitzt es einen Lieferanteil von 20%. Ist bekannt, welchen Lieferanteil der stärkste Konkurrent beim analysierten Kunden realisiert, so kann auch der *relative* Lieferanteil ermittelt werden. Hierunter wird der Quotient aus eigenem Lieferanteil und dem des stärksten Wettbewerbers verstanden. Erzielt er im aufgeführten Beispiel einen Lieferanteil von 40%, das eigene Unternehmen – wie oben ermittelt – nur einen von 20%, so beträgt der eigene relative Lieferanteil 0,5 (vgl. *Homburg/Daum,* 1997, S. 66). Über den quantitativen Lieferanteil hinaus kann auch die Qualität der Geschäftsbeziehung und vor allem der **Kundenwert** für die strategische Beurteilung (*Meyer/Davidson,* 2001, S. 258 ff., im Einzelnen *Cornelsen,* 2000) herangezogen werden (vgl. auch die Darlegungen zu Rolle und Bedeutung des Beziehungsmarketing im 3. Teil „Mix", Kapitel Überblick über die Marketinginstrumente, Abschnitt Beziehungsmarketing).

Ähnlich wie beim Programm-Portfolio lassen sich auch beim Kunden-Portfolio **strategische Stoßrichtungen** („Normstrategien") ableiten, wie folgende Übersicht zeigt *(Abb. 544).*

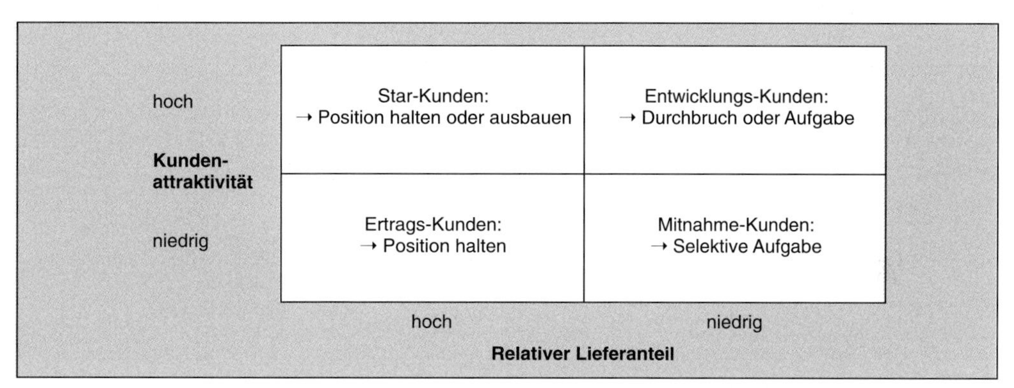


*Abb. 544: Strategische Stoßrichtungen im Rahmen eines Kunden-Portfolios*

Die genannten Stoßrichtungen („Normstrategien") entsprechen grundsätzlich denen des **Programm-Portfolios** (vgl. hierzu 2. Teil „Strategien", Kapitel Methoden und Kalküle der Strategiebestimmung, Abschnitt Marktfeld-strategische Selektionsfragen sowie *Preißner,* 1996, S. 263 f., zur differenzierten Kundenanalyse/-zuordnung *Homburg/Werner,* 1998, S. 127 ff.).

Wie wichtig die strategie-orientierte Kunden-Steuerung bzw. -Überprüfung ist, kann anhand von sog. **ABC-Analysen** demonstriert werden. Bei diesem Instrument – das auch bei Programm-Analysen verwendet werden kann – handelt es sich um eine Methode zur Analyse der Konzentration von Verteilungsstrukturen. Das Prinzip der ABC-Analyse besteht darin, die Kunden bezüglich eines bestimmten Kriteriums, z. B. Umsatz, nach abnehmender Größe zu ordnen.

Das soll am Beispiel eines Unternehmens im Körperpflege- und Kosmetikmarkt demonstriert werden, das sowohl an den allgemeinen Handel (Lebensmittelhandel i. w. S.) als auch den Fachhandel (Drogeriemärkte und Apotheken) liefert. Das Unternehmen hat insgesamt rd. 3500 Kunden. **Überprüfende Analysen** haben nachgewiesen, dass auf die 600 umsatzstärksten Kunden (sog. A-Kunden) 87% des Umsatzes entfallen. Die nach dem Umsatzrang nachfolgenden 1000 Kunden (sog. B-Kunden) repräsentieren 10% des Umsatzes, während die restlichen 1900 Kunden (sog. C-Kunden), also die Gruppe der umsatzschwachen Kunden, nur noch 3% zum Umsatz beitragen (vgl. dieses Beispiel bei *Homburg/Daum,* 1997, S. 58).

Eine Abbildung veranschaulicht die sich daraus ergebende **Kundenstruktur** in einem üblichen grafischen ABC-Analysebild *(Abb. 545).*

Dieses Analyse-Bild kommt dadurch zustande, dass auf der horizontalen Achse jeweils der kumulierte Anteil der Kundengruppen am Kundenbestand und auf der vertikalen Achse je-

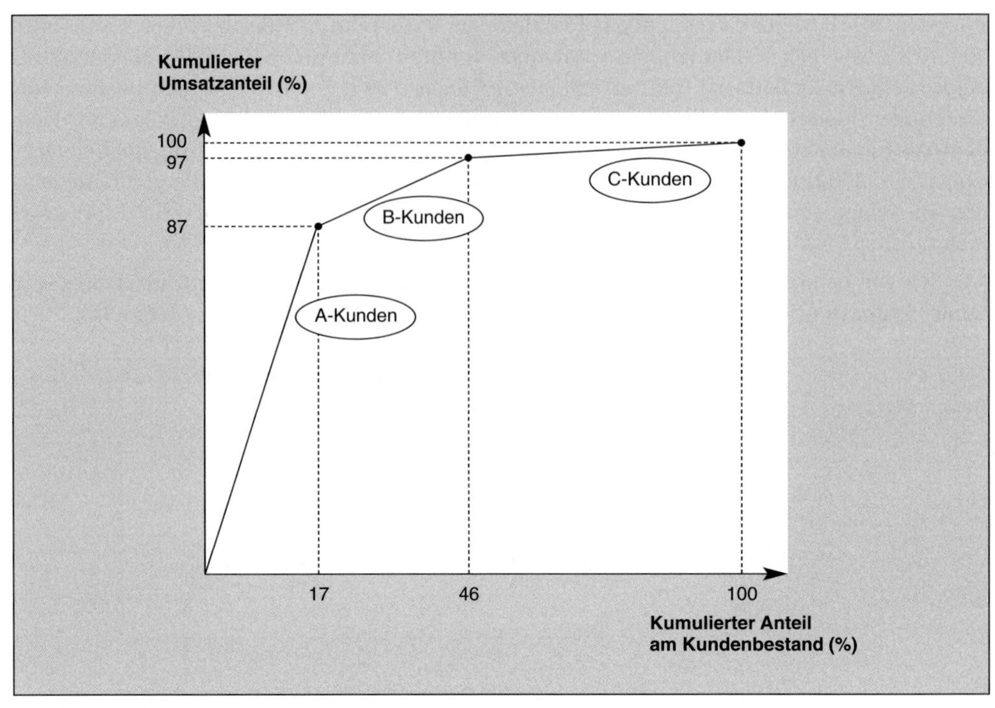


*Quelle: Homburg/Daum,* 1997, S. 59

*Abb. 545: ABC-Analyse der Kundenstruktur eines Körperpflege-/Kosmetik-Herstellers*

weils der kumulierte Umsatzanteil der Kundengruppen abgetragen wird. Je steiler die Kurve verläuft, um so höher ist die kundenspezifische Konzentration beim untersuchten Unternehmen. Die am Beispielunternehmen ermittelten Werte repräsentieren eine durchaus **typische Struktur,** nämlich die sog. **80:20-Struktur (Pareto-Regel),** d. h. mit 20% der umsatzstärksten Kunden werden 80% des Gesamtumsatzes erzielt. Auf weitere 30% der Kunden entfallen dann häufig ca. 15% des Umsatzes, während mit etwa 50% der umsatzschwachen Kunden i. d. R. nicht mehr als 5% des Umsatzes erwirtschaftet werden (*Homburg/Daum,* 1997, S. 59, zu analogen Verhältnissen bzw. Erfahrungen bei **Programm-Analysen** – auch hier werden z. B. nicht selten ca. 80% des Gesamtumsatzes mit etwa 20% der Produkte erzielt („The 80-20-Principle") – siehe *Stanton/Etzel/Walker,* 1991, S. 590 f.; *Siegwart,* 2002, S. 109 f.).

Solche ABC-Analysen können im Übrigen nicht nur auf Umsatzbasis, sondern auch auf **Ertragsbasis** (z. B. Deckungsbeitrag) durchgeführt werden, und zwar sowohl für Programm- als auch Kundenanalysen. Die Erfahrungen zeigen, dass auch bei ertragsbezogenen Analysen die **80:20-Struktur** („The 80-20-Principle") gilt. „The basic reason for the 80-20 situation is that almost every marketing program includes some misdirected effort. Marketing efforts and costs are proportional to the *number* of terretories, customers, or products, rather than to their actual sales volume or profit" (*Stanton/Etzel/Walker,* 1991, S. 590).

In dieser Hinsicht haben übrigens Analysen auf Basis der sog. Prozesskostenrechnung (zur Prozesskostenrechnung siehe u. a. *IFUA Horvath & Partner,* 1991) ergeben, dass sich die **Zahl der Kunden** in den Unternehmen vielfach als **Kostentreiber** darstellt (*Horvath/Mayer,* 1989, S. 214 ff.; *Cervellini,* 1991, S. 231). Die auf Basis von ABC-Analysen wie auch aufgrund der Methode der Prozesskostenrechnung gefundenen Ergebnisse legen insoweit eine **stärkere Kundenkonzentration** nahe. Es geht dabei allerdings „nicht um einen pauschalen Kahlschlag bei C-Kunden. Ein solcher wäre schon aufgrund möglicher Interdependenzen (Ausstrahlungseffekte der Maßnahmen bei einem Kunden auf andere Kunden) problematisch . . . Extreme kundenbezogene Konzentrationen, wie man sie z. B. in der Automobilzulieferindustrie und – aufgrund fortschreitender Konzentration im Handel – mittlerweile teilweise auch in der Konsumgüterindustrie findet, bringen (andererseits, Erg. J. B.) das Problem der Abhängigkeit von einigen wenigen Kunden mit sich" (*Homburg/Daum,* 1997, S. 63).

Grundsätzlich weisen jedoch Unternehmen – vor allem solche, die nicht entsprechende strategische Überprüfungen vornehmen – innerhalb ihrer Kundenstruktur nicht zu viel, sondern eher **zu wenig Konzentration** auf. In diesem Zusammenhang haben z. B. Untersuchungen von *Mc Kinsey* u. a. bei Komponentenherstellern ergeben, dass bei einem Vergleich erfolgreicher und weniger erfolgreicher Unternehmen die erfolgreichen eine wesentlich höhere Kundenkonzentration aufweisen *(Abb. 546).*

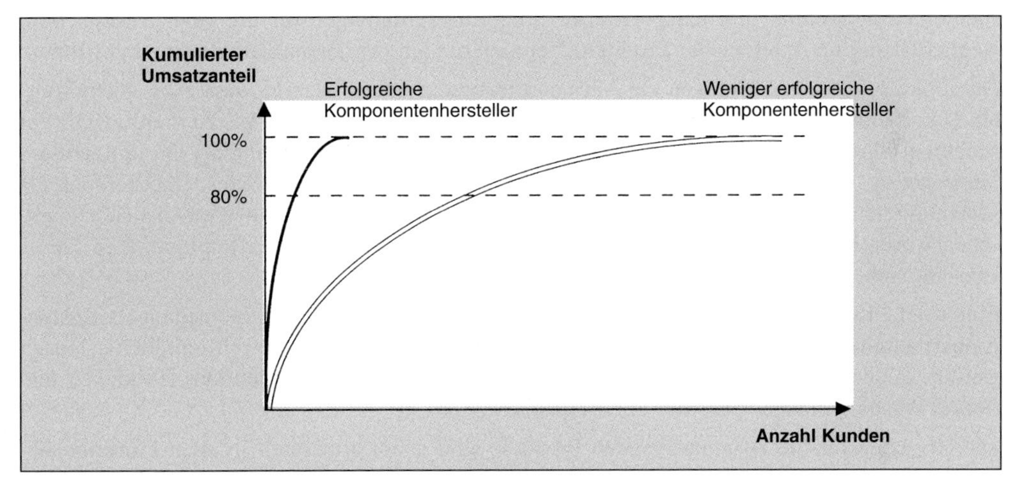


*Quelle: Mc Kinsey/Rommel et al.,* 1993, S. 32

*Abb. 546: Kundenkonzentration aufgrund von ABC-Analysen bei unterschiedlich erfolgreichen Komponentenherstellern*

Das grundsätzliche Problem, über einen *hohen* Anteil von C-Kunden (d. h. mit geringer Kundenkonzentration) **Komplexität** in ein Unternehmen zu tragen und damit Ertragsprobleme (also Gefährdungen der Oberzielrealisierung) in Kauf zu nehmen, wird prinzipiell dadurch verstärkt, dass **C-Kunden** in höherem Maße auch **C-Produkte** kaufen. Die empirischen Analysen auf Basis einer kombinierten kunden- und produktbezogenen ABC-Analyse bei Komponentenherstellern zeigten jedenfalls, dass ein relativ großer Anteil von C-Produkten (also Produkte mit einem vergleichsweise hohen zahlenmäßigen, dafür aber sehr kleinen umsatzmäßigen Anteil) auf die Nachfrage von C-Kunden zurückzuführen ist (*McKinsey/Rommel et al.,* 1993, S. 32 f.).

Damit sind wesentliche **Zusammenhänge** zwischen Produkt- bzw. Programmstruktur und Kundenstruktur des Unternehmens aufgedeckt, und damit zugleich interdependente Komplexitätsprobleme des Unternehmens mit ihren kostentreibenden Wirkungen. Das soll aufgrund der Bedeutung für das strategische Marketing(-Controlling) auch noch anhand entsprechender Programmanalysen bzw. -erfahrungen näher aufgezeigt werden.

Umfangreiche, mit **Komplexitätskosten** belastete Programme kommen vielfach dadurch zustande, dass Unternehmen vorhandene Produkte (Produkttypen) im Laufe der Entwicklung zusätzlich variieren. Der Grund liegt nicht selten in *neuen* Marktanforderungen (vgl. hierzu auch die Darlegungen zum strategischen Megatrend, 2. Teil „Strategien", Kapitel Marktparzellierungsstrategien, letzter Abschnitt Strategischer Megatrend und strategische Evolutionsformen), die darauf hinauslaufen, dass Kunden aufgrund hoher Sättigungsgrade mit Grundnutzenprodukten immer differenziertere Ansprüche an Produkte bzw. Problemlösungen stellen. Viele Unternehmen sehen sich insoweit marketing-strategisch im Zugzwang, diesen Anspruchsdifferenzierungen mit Hilfe eines entsprechenden **Variantenmarketing** entgegenzukommen (= Prinzip der Markt- bzw. Kundenorientierung). Nicht wenige Unternehmen berücksichtigen dabei jedoch nicht genügend die gesamtunternehmerischen Zusammenhänge bzw. die *kostentreibenden* Wirkungen eines intensiven Variantenmarketing. Deshalb sind – im Rahmen des strategischen Marketing-Controlling – auch detaillierte Komplexitätsuntersuchungen notwendig, um entsprechende Steuerungsgrundlagen für die **Überprüfung bzw. Neujustierung** marktrelevanter Produktdifferenzierungen (Variantenmarketing) zu gewinnen.

Durchgeführte Untersuchungen zur Variantenfertigung haben gezeigt, dass 50% der befragten Unternehmen eine **variantenreiche Produktpalette** haben, nämlich bis zu mehr als 30 Varianten pro Produkttyp (*Hoitsch/Lingnau,* 1995, S. 483). Bei Verwendung der Gesamtzahl der Varianten als Kriterium sind – den Untersuchungen nach – sogar 60% der Unternehmen als variantenreich einzustufen. Der Komplexitätsgrad deutscher Unternehmen erweist sich so gesehen wesentlich größer als bisher angenommen (zu den strategischen Implikationen dieser Einsicht siehe auch *Homburg/Daum,* 1997, S. 149 ff.).

Eine solche Komplexität der Produktpalette erweist sich jedenfalls im Allgemeinen als **Kostentreiber,** zumindest solange nicht entsprechend gegengesteuert wird. Unter Komplexitätskosten werden solche Kosten verstanden, die kausal auf die **Vielfalt** der Produktions-(Produkt-) und Vermarktungs-(Kunden-)prozesse zurückzuführen sind.

Die Ursachen für die kostentreibenden Prozesse sind dabei prinzipiell in **allen Funktionsbereichen** des Unternehmens zu suchen (vgl. hierzu auch *Schuh/Schwenk,* 2001). Eine Übersicht versucht das näher zu verdeutlichen *(Abb. 547).*

Im Hinblick auf eine Analyse der Komplexitätskosten sind jeweils unternehmens- und markt- bzw. branchenspezifische Analysemuster notwendig. So hat eine **Analyse der Komplexitätskosten** an den Gesamtkosten bei einem Automobilzulieferer folgende Daten geliefert *(Abb. 548).*

Die Übersicht zeigt, dass im vorliegenden Beispiel **15–20% der Gesamtkosten** direkt abhängig sind von der Komplexität des Programms (Zahl der Varianten und Teile). Vergleichsweise hohe Komplexitätskosten fallen dabei im F & E- sowie im Fertigungsbereich an.

Für eine strategisch gesteuerte Variantenpolitik – nämlich um kostentreibende Effekte der Komplexität zu minimieren – sind **gezielte Maßnahmen** und **klare Zuständigkeiten** notwendig. Eine Übersicht zeigt wichtige Ansatzpunkte *(Abb. 549).*

Insgesamt geht es jedoch weniger um eine Veränderung oder Reduktion von Komplexität an sich, sondern vielmehr um eine – markt- und kundenorientiert – mögliche. Das heißt, es ist zunächst danach zu fragen, **wie viel Varianten** (und damit Komplexität) sich ein Unternehmen markt- und auch wettbewerbsspezifisch leisten muss. Zugleich aber entsteht die strategische,

| Forschung & Entwicklung | Einkauf & Logistik | Fertigung | Marketing & Vertrieb & Service | Controlling |
|---|---|---|---|---|
| – Erhöhter Aufwand durch Entwicklung komplexer Produkte<br>– Zusätzlicher Aufwand für Erstellen und Verwalten der technischen Unterlagen<br>– Konstruktion der zusätzlichen Teile<br>– Pflege der zusätzlichen Teiledaten | – Erhöhter Aufwand für die Materialbedarfsermittlung<br>– Mehr Bestell- und Liefervorgänge<br>– Höhere Einstandspreise durch geringere Stückzahlen<br>– Höhere Bestände<br>– Erhöhung der Bestände an Spezialwerkzeugen | – Erhöhte Rüstkostenanteile aufgrund kleinerer Lose<br>– Zunehmend unterschiedliche Modell- und Variantenläufe<br>– Kompliziertere Austaktung der Montageeinrichtungen<br>– Größere Verwechslungsgefahr beim Einbau der Teile<br>– Erhöhter Aufwand in der Fertigungssteuerung | – Bestandsaufbau zur Aufrechterhaltung der Lieferbereitschaft<br>– Größerer Schulungsaufwand für Mitarbeiter und Kunden<br>– Umfangreichere Ausrüstung des Kundendienstes<br>– Erhöhter Aufwand bei der Preisgestaltung<br>– Größerer Aufwand der Produkt- und Preisdokumentation | – Erhöhter Aufwand in der Kalkulation sowie bei Ergebnisanalysen<br>– Erhöhtes Volumen bei Inventur, Rechnungsprüfung, Analysen |

*Quelle: Homburg/Daum,* 1997, S. 153

*Abb. 547: Typische Beispiele für kostentreibende Auswirkungen der Komplexität in wichtigen Funktionsbereichen des Unternehmens*

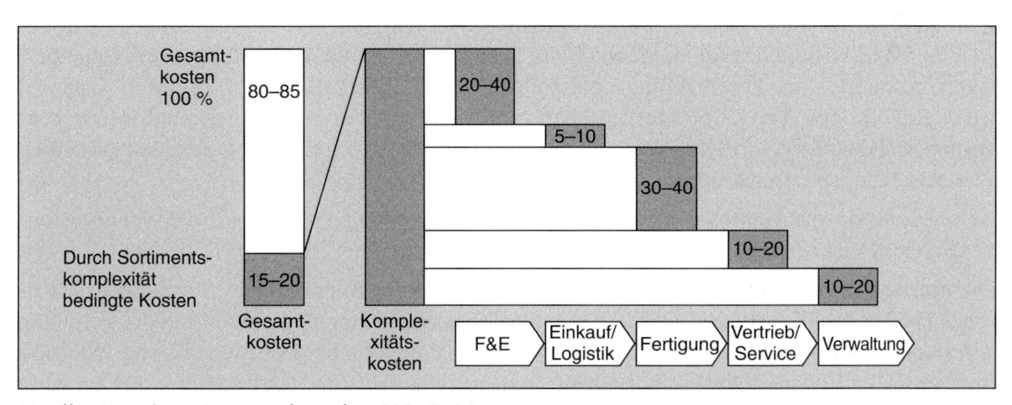


*Quelle: Mc Kinsey/Rommel et al.,* 1993, S. 24

*Abb. 548: Anteil der Komplexitätskosten an den Gesamtkosten (Beispiel Automobilzulieferer)*

**Dokumentation**

1. Wie sind Varianten dokumentiert?
2. Wer ist für die Pflege und Aktualisierung zuständig?
3. Wie wird sichergestellt, dass keine „inoffiziellen" Varianten vermarktet werden (z. B. auf der Basis guter persönlicher Kontakte zwischen Vertrieb und Produktion)?

**Aufnahme neuer Varianten**

4. Welche Kriterien müssen erfüllt sein, damit neue Varianten in das Sortiment aufgenommen werden?
5. Wer ist für die Überprüfung der Kriterien verantwortlich?

**Kosten und Preise**

6. Nach welchen Methoden werden durch Varianten verursachte Kosten ermittelt?
7. Wie wird sichergestellt, dass Varianten nicht zu Standardpreisen verkauft werden?

**Variantenelimination**

8. Welches sind die Kriterien für eine Produktelimination?
9. Wer ist für die regelmäßige und konsequente Durchleuchtung des Produktprogramms im Hinblick auf Eliminiationskandidaten verantwortlich?

*Quelle: Homburg/Daum,* 1997, S. 164

*Abb. 549: Kriterien- und Maßnahmenkatalog für ein strategisch gesteuertes Variantenmarketing*

funktionsbereichsübergreifende Frage (= strategisches Schnittstellen-Management), inwieweit eine als marktnotwendig erkannte Komplexität möglichst *wirtschaftlich* bewältigt werden kann.

„Hinsichtlich der möglichst wirtschaftlichen Bewältigung von Komplexität liegt eine zentrale Fragestellung darin, zu welchem **Zeitpunkt im Wertschöpfungsprozess** (Hervorhebung J. B.) eine Variante ‚zur Variante wird', d. h. den standardisierten Prozess verlässt. Dieser Zeitpunkt wird auch als *Freeze-point* bezeichnet. Tendenziell gilt, dass Komplexität insbesondere dann kostenintensiv wird, wenn sie große Teile des Wertschöpfungsprozesses überlagert, wenn also der Freeze-point recht früh liegt. Der diesbezügliche Extremfall liegt vor, wenn eine Variante bereits bei der Beschaffung (aufgrund spezieller Materialanforderungen) gesondert behandelt wird. In diesem Fall zieht sich die Komplexität durch den gesamten Wertschöpfungsprozess hindurch" (*Homburg/Daum,* 1997, S. 173).

Wie bedeutsam die Berücksichtigung dieser Zusammenhänge sein kann, dokumentiert ein **Vergleich** zweier Geräte eines Herstellers von Haushaltgeräten *(Abb. 550).*

Die grafische Übersicht zeigt, dass das *Gerät 2* erst in der Endmontage sein kundenspezifisches Design erhält, während *Gerät 1* sich bereits in der Vormontage in zahlreiche Varianten aufgliedert. Das hat unmittelbare Konsequenzen für die Höhe der Fertigungskosten. Sie sind trotz größerer Variantenvielfalt bei *Gerät 2* um *rd. 5% niedriger* als bei *Gerät 1.* Das heißt mit anderen Worten, Kostenvorteile können bei *Gerät 2* dadurch realisiert werden, dass hier aufgrund standardisierter Prozesse und einer größeren Anzahl gleicher Produkte **Economies of Scale** (Größendegressionsvorteile) genutzt werden können.

Dieses Beispiel macht ganz klar deutlich, dass es im Zusammenhang mit den Kostenauswirkungen von Komplexität (= Variantenpolitik als Kostentreiber) nicht nur darum geht, *„wie-*

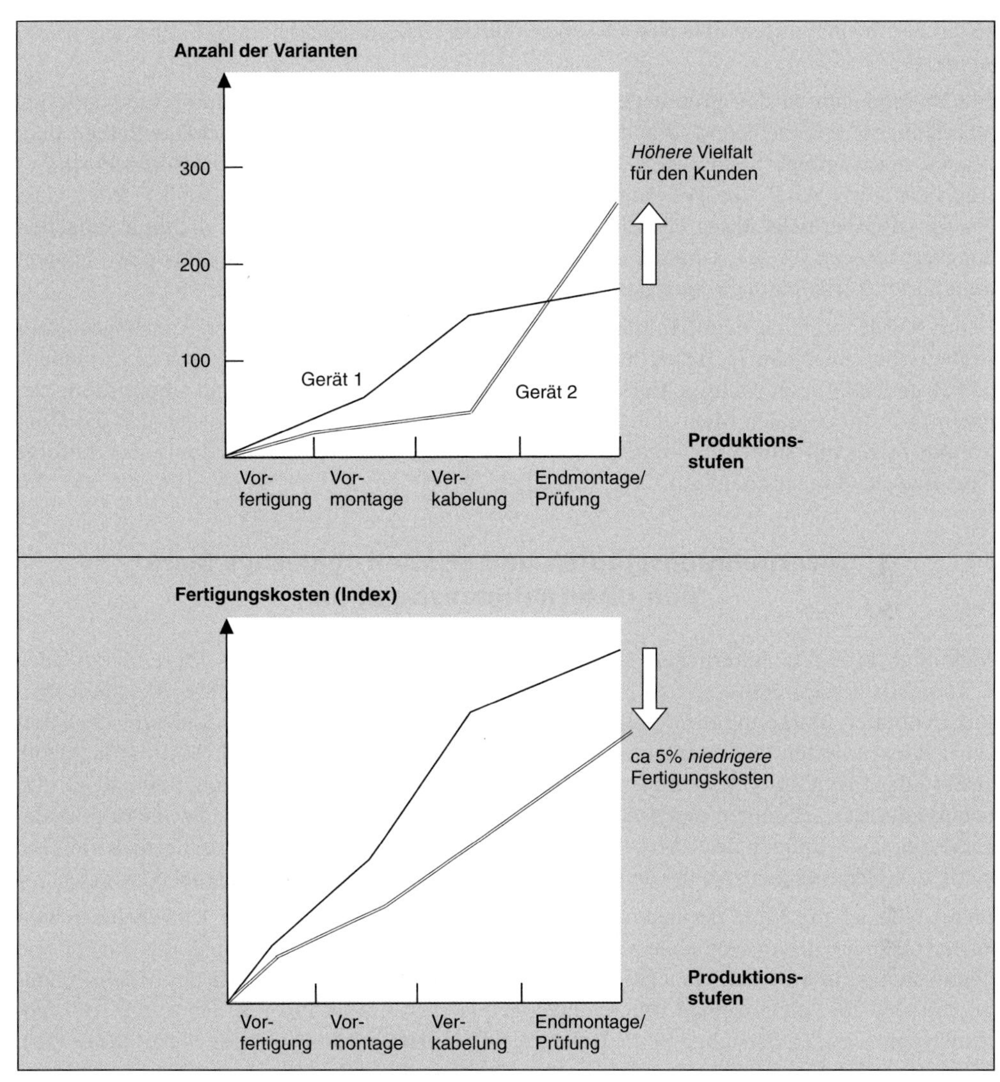


*Quelle: Mc Kinsey/Rommel et al.,* 1993, S. 38

*Abb. 550: Möglichkeit der Herstellung von mehr Varianten bei geringeren Kosten aufgrund eines späten Freeze-Points (Beispiel Haushaltgerätehersteller)*

*viel* Komplexität man sich leistet, sondern insbesondere auch . . . *wann* die Komplexität im Wertschöpfungsprozess (= Freeze-point, Erg. J. B.) entsteht" (*Homburg/Daum,* 1997, S. 173).

Unter den Zwängen des markt- bzw. kundenorientierten Variantenmarketing gilt deshalb – je nach den produkt- und unternehmensspezifischen Voraussetzungen – die *generelle* strategische Empfehlung, den sog. **Freeze-point** möglichst in die **späteren Stufen** des Wertschöpfungsprozesses zu verlagern. Im Hinblick auf die immer stärkeren Zwänge zu kundenindividualisierten (Massen-)Produkten (vgl. zu dem bereits erwähnten, an anderer Stelle herausgearbeiteten Strategietrend im Einzelnen *Becker,* 2000 a) bieten sich darüber hinaus kostenoptimierte Möglichkeiten der **flexibel automatisierten** (= segmentierten bzw. modularisierten) **Fabrik** an (*Wildemann,* 1994).

Die Darlegungen zu den grundlegenden Wachstums- und Ertragsgeneratoren im Marketing („Leistungen" einerseits und „Kunden" andererseits) haben **strategische Schlüsselfelder** identifiziert und zugleich Steuerungs- und Überprüfungsmöglichkeiten auf Basis von Portfolio-Analysen sowie ABC-Analysen aufgezeigt. Darüber hinaus konnte dargestellt werden, dass ein funktionsbereichs-übergreifendes **Komplexitätskosten-Management** wichtige Entscheidungsgrundlagen für Art, Umfang und Gestaltungsmöglichkeiten eines markt- bzw. kundenorientierten Variantenmarketing liefert (s. a. *Schuh/Schwenk,* 2001).

Damit wurde zugleich deutlich, dass das strategische Controlling – unter dem Aspekt zielstrategischer Analysen in Bezug auf die Wachstums- und Ertragsgeneratoren „Leistungen" und „Kunden" – auch wichtige **Entscheidungsgrundlagen** für Steuerung und Überprüfung des *operativ*-instrumentalen Maßnahmen-Einsatzes (mit)liefert. Insofern orientiert sich das Controlling insgesamt sinnvollerweise an der **konzeptionellen Kette** und der logischen Abfolge ihrer Entscheidungen (nämlich Ziele, Strategien, Mix).

## 3. Unternehmensstadien und stadien-typisches Markt- und Unternehmenshandeln

Nicht nur Produkte unterliegen Lebenszyklen (= Produktlebenszyklus, vgl. hierzu auch 3. Teil „Mix", Kapitel Stufen und Differenzierungsformen des Marketingmix, Abschnitt Phasenorientierter Marketingmix), sondern auch **Unternehmen als Ganzes** sind typischen Lebenszyklusverläufen (= Unternehmenslebenszyklen) unterworfen. Gleichwohl hat man sich bisher mit Fragen des Unternehmenszyklus und seinen Implikationen wenig beschäftigt. Am Schluss der Betrachtungen und Analysen zum Marketing-Management, und zwar zu grundlegenden Fragestellungen der Überprüfung von Marketing-Konzeptionen, soll deshalb die Thematik des Unternehmenszyklus unter **konzeptionellen Aspekten** näher beleuchtet werden.

Eine Untersuchung Mitte der neunziger Jahre ergab, dass das **Alter realer Unternehmen** sehr unterschiedlich ist: ein vergleichsweise hoher Anteil der Unternehmen – und das zunehmend („Innovations- bzw. Unternehmensgründungsoffensiven") – ist jung (jünger als 10 Jahre), umgekehrt sind aber nicht wenige Unternehmen vergleichsweise alt (über 30 Jahre, z. T. 100 Jahre und mehr). Eine Übersicht gibt die Befunde, differenziert **nach Branchen,** wieder *(Abb. 551).*

| Alter / Branche | < 10 Jahre | 10–30 Jahre | > 30 Jahre | Insgesamt |
|---|---|---|---|---|
| **Industrie** | 29 | 39 | 32 | 100 |
| **Handel, Verkehr** | 41 | 38 | 21 | 100 |
| **Banken, Dienstleistungen** | 46 | 41 | 13 | 100 |

*Quelle: Globus/Statisches Bundesamt*

*Abb. 551: Altersstruktur der Unternehmen (in Prozent, differenziert nach Branchen)*

Generelle Einsichten wie auch empirische Untersuchungen zeigen, dass das Alter bzw. die (Über-)Lebensdauer von Unternehmen in hohem Maße von konzeptionsgeleitetem Markt- und Unternehmenshandeln abhängt. Art und Besonderheiten des konzeptionellen Vorgehens hängen andererseits auch von **Lebenszyklusstadien** des Unternehmens selbst ab (einschließlich der jeweiligen konzeptionellen und führungsbezogenen Zwänge).

Insgesamt sind Unternehmen und ihre Konzepte angesichts komplexer und dynamischer Markt- und Umweltbedingungen verstärkt **Erosionserscheinungen** ausgesetzt. Die Konzepte sind jedoch umso weniger von solchen Verfallsprozessen betroffen, je *robuster* sie einerseits sind (d. h. Konzepte sind dann vergleichsweise stabil, wenn sie in geeigneter Weise neue Entwicklungen in Markt und Umwelt aufgrund von Frühaufklärung vorwegnehmen, zu Grundfragen **robuster Planung** siehe auch *Hanssmann,* 1989, Sp. 1758 ff.) und je *flexibler* sie andererseits sind (d. h. Konzepte und Unternehmen sind auf „unerwartete Ereignisse" durch eingebaute Handlungsspielräume vorbereitet, vgl. hierzu auch *Meffert,* 1994 b, S. 452 ff., zu Grundfragen **flexibler Planung** siehe etwa *Kuhn,* 1990, S. 73 ff.). Damit sind zugleich Fragen des strategischen Spielraums und seiner Konsequenzen für den Marketingmix angesprochen (*Fasnacht,* 1993).

Idealtypisch lässt sich der Lebenszyklusverlauf ganzer Unternehmen ebenfalls mit einem **charakteristischen Kurvenverlauf** abbilden. Hierbei können – analog zum Produktlebenszyklus (zu Analyseansätzen von Lebenszyklus-Konzepten generell *Höft,* 1992) – fünf typische Phasen unterschieden werden *(Abb. 552).*

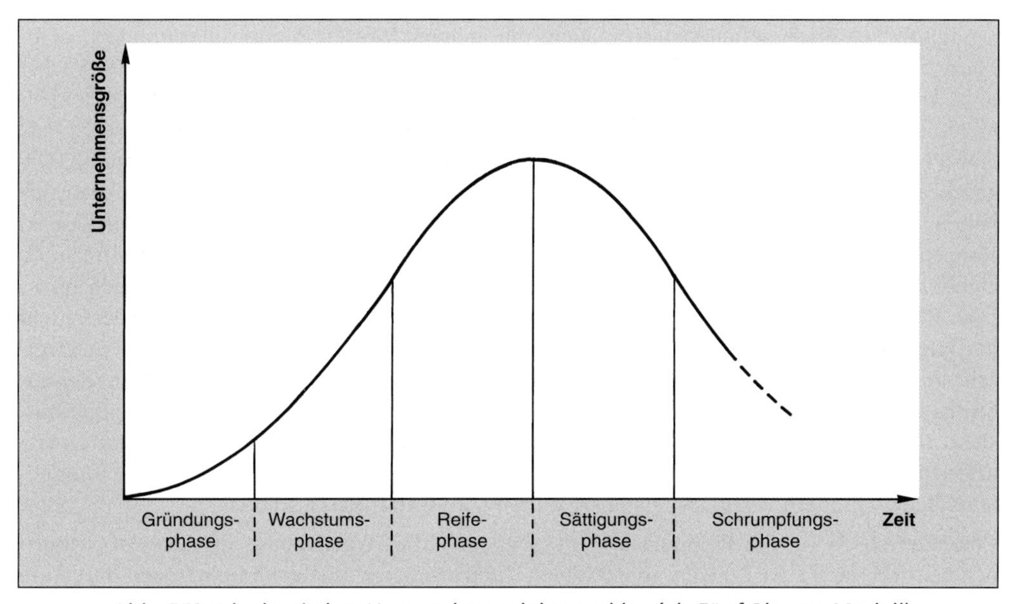


*Abb. 552: Idealtypischer Unternehmenslebenszyklus (als Fünf-Phasen-Modell)*

Dieser Phasenverlauf ist insgesamt nicht als streng gesetzmäßiges bzw. „biologisch" zwingendes Muster anzusehen, sondern er ist – ebenso wie der Produktlebenszyklus – beeinflussund damit gestaltbar. Die einzelnen Phasen des Unternehmens als Ganzes sind jeweils durch **typische Aktionsweisen** wie auch durch spezifische Besonderheiten der Führung und Führungsstrukturen gekennzeichnet. Darauf soll im Folgenden näher eingegangen werden (zu lebenszyklus-typischen Handlungsweisen siehe *Bleicher,* 1996, S. 352 ff.; *Höft,* 1992,

S. 88 ff.; zu lebenszyklus-typischen Führungsweisen bzw. -anforderungen vgl. *Gomes/Zimmermann,* 1993, S. 143 ff.; *Pleitner,* 1997, S. 181 ff.).

Die **Gründungsphase** (= Pionierphase) des Unternehmens ist dadurch gekennzeichnet, dass ein (neuer) Unternehmer bzw. sein neues Unternehmen neue Produkte/Leistungen (Problemlösungen) am Markt durchzusetzen sucht. Häufig handelt es sich hierbei um echte Innovationen (Produkt- und ggf. Prozessinnovationen); es können jedoch auch quasi-neue oder „intelligent" nachgeahmte Produkte bzw. Leistungen als Unternehmensausgangspunkt bzw. Unternehmensgegenstand gewählt werden. Typisch für die Pionierphase eines Unternehmens ist der mutige, selbstbewusste, nicht selten besessene Macher, der sich darum bemüht – häufig auch unter den Handlungsprinzipien eines „Trial and Error" –, seine unternehmerische Idee in markt- und kundenorientierte Leistungen umzusetzen. Charakteristisch ist mit anderen Worten, dass einem solchen Unternehmen und seinem Handeln meist noch *keine* ausgefeilte ganzheitliche, schriftlich dokumentierte Marketing-Konzeption zugrunde liegt, sondern dass sie in ihren Grundelementen lediglich im **Kopf des Unternehmers** („Machers") vorhanden ist. Sie macht bereits in der Pionierphase nicht selten schon bestimmte Wandlungen durch (= Ergebnis von Trial and Error-Prozessen), nicht zuletzt auch aufgrund der ggf. noch bestehenden Marktwiderstände.

Die **Wachstumsphase** (= Etablierungs- und Ausbreitungsphase) ist dadurch charakterisiert, dass sich Absatz- und Umsatzwachstum beschleunigen und das Unternehmen am Markt als „endgültig" etabliert gelten kann (es taucht mit anderen Worten in eine ausgeprägte Go-Go-Phase ein). Notwendig ist in dieser Phase, dass das Unternehmen, das aufgrund seines Wachstums immer stärker arbeitsteilig organisiert werden muss, vom Unternehmer („Macher") nicht nur getrieben, sondern auch geführt wird. Die Wachstumsphase stellt sich insoweit als eine **Professionalisierungsphase** dar, in der adäquate Managementfähigkeiten (Planung, Organisation und Kontrolle) gefordert sind. Spätestens in dieser Phase ist dann eine ausgearbeitete, ggf. gegenüber der Pionierphase weiterentwickelte Marketing- und Unternehmens-Konzeption als Handlungsgrundlage für die Mitarbeiter, vor allem aber für das allmählich etablierte Middle-Management des Unternehmens notwendig. Typisch für die Wachstums- bzw. Etablierungsphase ist die Tatsache, dass Unternehmen beginnen, in dieser Phase nicht nur intern, sondern bereits auch *extern* zu wachsen, z. B. durch Kooperationen bzw. strategische Allianzen (*Becker,* 1993 c, S. 2018 f. bzw. *Backhaus/Piltz,* 1990; *Lewis,* 1991; *Zentes/Swoboda/Morschett,* 2003) bis hin zu ersten Aufkaufkonzepten (= Mergers & Acquisitions, siehe *Behrens/Merkel,* 1990; *Jansen,* 2000; *Picot/Nordmeyer/Pribilla,* 2000). Viele Unternehmen begnügen sich in dieser Phase nicht mehr mit dem bzw. den gewachsenen Kompetenzfeldern, sondern versuchen sie auszuweiten (= Diversifikationsphase).

Charakteristisch für die **Reifephase** (= Stagnations- bzw. Wendephase) ist, dass das Unternehmen wie auch sein Konzept (der Pionier-Unternehmer wurde etwa inzwischen durch ein angestelltes Management abgelöst) zunehmend an seine Grenzen stößt – ein Prozess, der sich ggf. bereits gegen Ende der Wachstumsphase bemerkbar macht. Die vorhandenen bzw. etablierten (Führungs-)Systeme und Strukturen weisen zwar im Allgemeinen einen hohen Standardisierungsgrad auf. In ihren Betätigungs- und Kompetenzfeldern werden Unternehmen jedoch häufig immer komplexer (= Verzettelungsgefahr) und nicht selten geht die ursprüngliche Innovationskraft verloren, wird zumindest erkennbar schwächer. Schuld daran sind häufig ausgeprägte **Macht- und Positionskämpfe** im Management und zunehmende Verkrustungen im ganzen Unternehmen („Haben wir schon immer so gemacht"-Phänomen), die einerseits verhindern, dass vorhandene Stärken (Erfolgspotenziale) konsequent genutzt und andererseits neue Stärken oder Potenziale nicht entschlossen genug aufgebaut bzw. geschaffen werden. Verstärkt werden diese internen (Fehl-)Entwicklungen bei etablierten Unternehmen meist noch durch schwierige externe Entwicklungen („Umbrüche"), und zwar durch solche technischer, gesellschaftlicher und damit auch marktlicher Art. Spätestens jetzt bedürfen Marketing- und Unternehmens-Konzeptionen grundlegender Überprüfungen und entsprechender **Weiterentwicklungen** (= strategische Evolution). Das bedeutet, dass Unternehmen spätestens in dieser Phase die Weichen für einen neuen Wachstumszyklus stellen müssen, indem z. B. differenzierteren Verhältnissen fragmentierter Märkte angebots- und vermarktungspolitisch stärker entsprochen wird (vgl. hierzu auch die Darlegungen zum strategischen Megatrend, 2. Teil „Strategien", Kapitel Marktparzellierungsstrategien, letzter Abschnitt Strategischer Megatrend und strategische Evolutionsformen). Typisch ist oft auch eine ausgeprägte Internationalisierung des Unternehmens. Vielfach sind auch verstärkte Anstrengungen zur Sicherung oder zur Schaffung neuer Möglichkeiten des *externen* Wachstums (wie Kooperationen bzw. **strategische Allianzen** bis hin zu intensivierten Aufkaufaktivitäten) zu beobachten. Andererseits sind diese Aktivitäten nicht selten verbunden mit dem Zwang zur Portfolio-Bereinigung (= Abbau nicht mehr erfolgversprechender Geschäftsfelder, Abbau von Diversifikationsbereichen, Stärkung von Kernbereichen bzw. -geschäften).

Die **Sättigungsphase** (= Rückbildungs- bzw. Umstrukturierungsphase) ist generell dadurch gekennzeichnet, dass sich die bereits in der Reifephase geschilderten Phänomene und Probleme – z. T. dramatisch – verstärken, vor allem dann, wenn die strategisch-konzeptionellen Hausaufgaben in der Reifephase nicht oder nur unzureichend erledigt worden sind (zum Phänomen Unternehmenskrisen s. a. *Hutzschenreuter/Griess-Nega,* 2006). Spätestens in dieser Phase tritt eine relativ große **allgemeine Verunsicherung** im Unternehmen ein, die z. T. hektische, häufig nicht mehr konzeptions-geleitete operative Maßnahmen („Aktionismus") auslöst. Nicht selten sehen sich Unternehmen in dieser Phase gezwungen, *externen* Beistand zu suchen. Das heißt, in dieser Phase werden oft **Marketing- und Unternehmensberater** mit einer kritischen Bestandsaufnahme der Markt- und Unternehmenssituation inkl. Aufzeigen von Unternehmensperspektiven bzw. Marktpotenzialen (*D'Aveni,* 1995) und der Entwicklung konzeptioneller Lösungen, z. B. für einen **Turnaround** (*Siegwart/Mahari/Caytas/Böckenförde,* 1990; *Hamel*, 2001; *Faulhaber/Landwehr,* 2005), beauftragt. Nicht immer erfolgt die Einschaltung von Beratern aus sachlichen Gründen (= konzeptionelle Know-how-Defizite des Unternehmens), sondern häufig aufgrund der aus verstärkten unternehmensinternen Macht- und Positionskämpfen – speziell auf der Top-Management-Ebene – resultierenden Patt-Situation (d. h. neue konzeptionelle Weichenstellungen sind unternehmens*intern* nicht mehr möglich, es bedarf der Funktion des Beraters als strategisch-konzeptionellen **Moderator**). Typisch für diese Situation ist, dass die Erosionserscheinungen der Marketing- und Unternehmens-Konzeption so weit fortgeschritten sind, dass oft nur noch umfassende, bereichsübergreifende, prozessbezogene Neuorientierungen des Markt- und Unternehmenshandelns helfen. Solche Neuorientierungen erzwingen z. T. ein totales **Business Reengineering,** das radikale Verbesserungen von wichtigen, messbaren Leistungsgrößen wie Kosten, Qualität, Service und Zeit zum Ziel hat (*Hammer/Champy,* 1998 sowie auch *Hamel/Prahalad,* 1995) bzw. ein entsprechendes **Change Management** (*Doppler/Lauterburg,* 2008; *Kuhnert/Teuber,* 2008; *Kraus/Becker-Kolle/Fischer*, 2010), das auf den organisierten Wandel des Unternehmens zielt, und zwar mit seinen Elementen Reframing (Visionen/Ziele), Restructuring (Prozesse/Infrastruktur), Revitalizing (Märkte/Produkte) und Renewing (Mitarbeiter/Organisation).

Nur so kann es Unternehmen, welche in eine problematische Rückgangsphase geraten sind, gelingen, das **konzeptionelle Steuer** herumzureißen, um Unternehmen auf möglichst hohem

Niveau von Umsatz und Ertrag zu stabilisieren bzw. in eine neue Wachstumsphase (*Gertz/Baptisita,* 1996) überzuführen. Sonst droht Unternehmen nicht selten der „freie Fall" in die **Schrumpfungsphase** bzw. **Absterbephase,** die ggf. sehr viel schwerer – wenn überhaupt – nur noch über ein totales Sanierungskonzept (*Böckenförde,* 1991) abgewendet werden kann.

Im Zentrum aller restrukturierenden Maßnahmen (Reinvent the Business) steht bzw. muss stehen – und darin liegt der marketing-konzeptionelle Bezug – eine konsequente Markt- und Kundenorientierung. Nur das Unternehmen, das konsequent alle seine Aktivitäten auf **Markt und Kunden** ausrichtet (Market- and Customer-driven-Company), kann auf Dauer überleben. Es genügt nicht, allein die Kosten zu senken, sondern es müssen auch alle Voraussetzungen (wieder) geschaffen werden, um die Ertragslage nachhaltig zu stärken (*Cross,* 1997), und zwar nach dem **Prinzip:** Das richtige Produkt zum richtigen Zeitpunkt zum richtigen Preis für den richtigen Kunden.

Damit wird deutlich, dass drei Basiselemente und ihr **schlüssiges Zusammenwirken** für den Restrukturierungserfolg verantwortlich sind *(Abb. 553).*

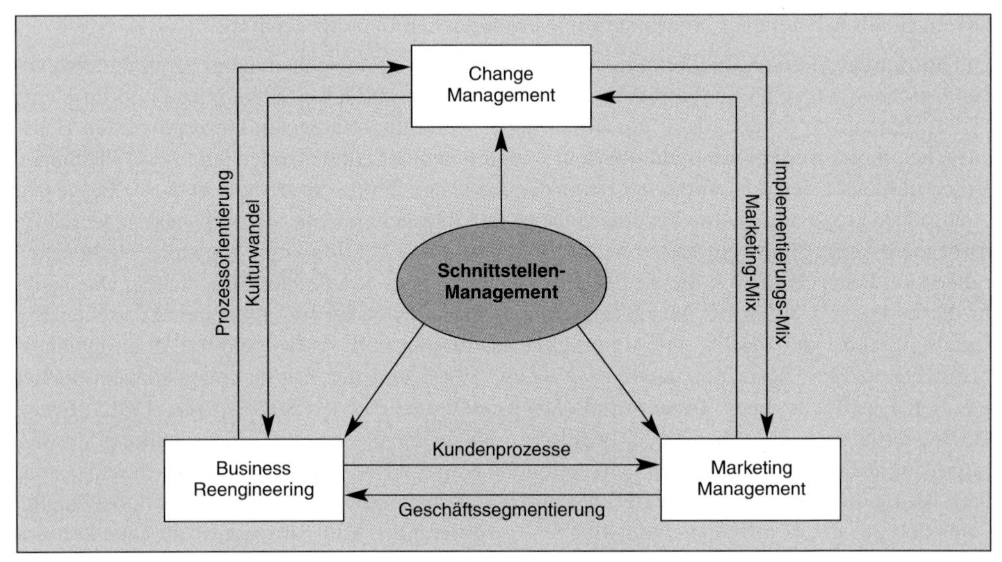


*Quelle: Reiß,* 1994, S. 40

*Abb. 553: Säulen des Restrukturierungserfolges bei Unternehmen*

Die Abbildung demonstriert die wechselseitigen Abhängigkeiten wie auch die jeweiligen **Wirkungsbeiträge** von Change Management, Business Reengineering und Marketing-Management (zu den komplexen und differenzierten Marketingbezügen, nämlich Re-Marketing, Re-Launch und Re-Innovation, Re-Engineering und Re-Invention, siehe auch *Weinhold-Stünzi/Reinecke/Schögel,* 1997).

Abschließend soll noch näher auf die in den Phasenanalysen bereits berührte Frage eingegangen werden, inwieweit die einzelnen Unternehmensphasen und ihre besonderen Bedingungen (Probleme) **unterschiedliche Anforderungen** an die Unternehmensführung stellen. Es hat immer wieder Ansätze gegeben, das personale Management-Element unter gestaltungs-

bzw. führungsspezifischen Aspekten zu analysieren (zu nennen sind hier etwa mehr *organisations-bezogene* Analysen von *Mintzberg,* 1991 bzw. 1992 oder stärker auf die *führungs-personalen* Fragen abstellende Analysen von *Miles/Snow,* 1986, ohne dass hier unmittelbare Beziehungen zu spezifischen Bedingungen der Unternehmensentwicklung im Sinne des Unternehmenslebenszyklus hergestellt werden). Versucht man die Führungsfragen mit den jeweils unternehmensphasen-spezifischen Bedingungen bzw. Anforderungen zu verknüpfen, so kann grundsätzlich **folgender Zusammenhang** hergestellt werden *(Abb. 554).*

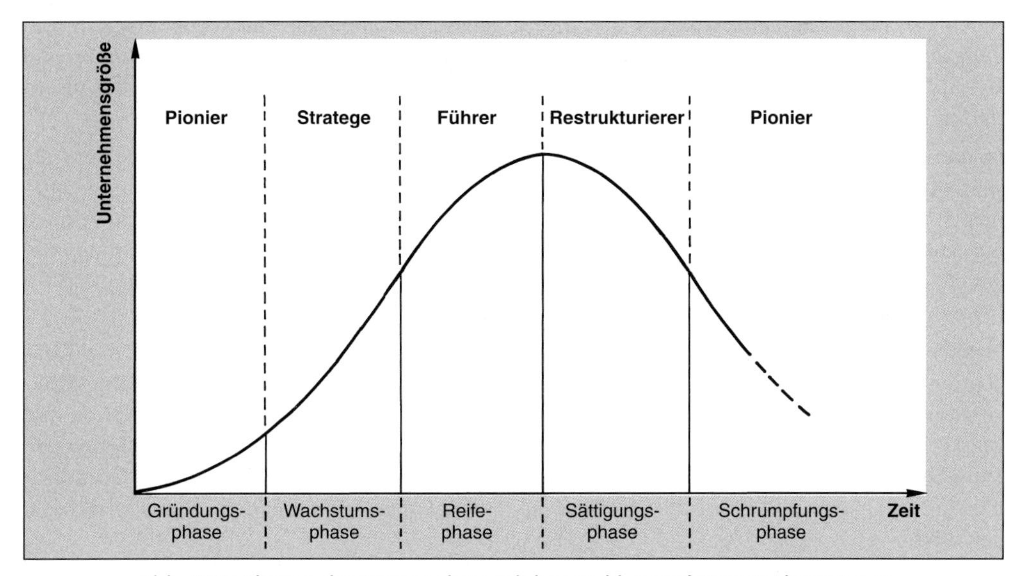


*Abb. 554: Phasen des Unternehmenslebenszyklus und Unternehmertypen*

Die Darstellung verdeutlicht, dass in den einzelnen Phasen der Unternehmensentwicklung jeweils ganz **spezifische Anforderungen** an Führungs- und Managementqualitäten gestellt werden. In den verschiedenen Phasen sind deshalb jeweils andere **Unternehmertypen** bzw. Unternehmerprofile gefragt *(Abb. 555,* zu unternehmerischen Typen bzw. Persönlichkeitsattributen siehe auch *Staehle,* 1991; *Berthel,* 1992; *Wunderer/Bruch,* 2000).

| Unternehmertypen | Wichtige Elemente des Unternehmerprofils |
|---|---|
| **Pionier** | mutig, durchsetzungsstark, probierfreudig |
| **Stratege** | planend, konzept-treu, vorausschauend |
| **Führer** | motivierend, ressourcen-mobilisierend, management-orientiert |
| **Restrukturierer** | hinterfragend, änderungs-bereit, anpackend |

*Abb. 555: Unternehmertypen und Unternehmerprofile (Profilskizzen)*

Diese Übersicht zeigt anhand von Profilskizzen, dass Unternehmen ihr Führungspersonal unternehmensphasen-adäquat auswählen bzw. einsetzen müssen (insoweit unterliegt das Führungspersonal im Unternehmen selbst einem Zyklus = **Unternehmer- bzw. Managerzyk-**

**lus**). Das bedeutet, dass das Führungspersonal entweder im Zuge neuer Unternehmensphasen ausgewechselt wird – wie häufig in der Unternehmenspraxis vorgenommen – oder sich den neuen Anforderungen entsprechend weiterentwickeln muss. Nicht selten korrespondieren die einzelnen Unternehmensphasen (-stadien) auch mit einem natürlichen Generationswechsel auf der Managementebene, z. B. neue Unternehmergeneration bzw. Wechsel vom unternehmer-(inhaber-)geführten zum manager-(angestellten-)geführten Unternehmen. Die marketing- und unternehmens-konzeptionelle Arbeit im Unternehmen, und zwar sowohl was ihre Planung, Realisierung (Implementierung) als auch ihre Überprüfung angeht, stellt sich sogesehen als eine **permanente Aufgabe** dar. Sie ist dabei nicht allein als eine technokratisch-planungstechnische, sondern vor allem auch als eine wichtige führungs-personale Aufgabe und Herausforderung anzusehen (einschließlich adäquater Maßnahmen eines mitarbeiter-orientierten Marketing, s. a. *Becker,* 2000 c, S. 202 f.).

In dieser Hinsicht erweist sich mehr und mehr ein konsequentes Personalmanagement als **zentraler Erfolgsfaktor**, und zwar im Sinne eines konzeptionsorientierten Personalmanagements. Das heißt mit anderen Worten, Personal- bzw. Personalmanagement-Dispositionen müssen an der jeweiligen Marketing-Konzeption des Unternehmens ausgerichtet werden oder anders ausgedrückt: zwischen **Marketing-Konzeption** und **Personal-Konzeption** muss ein **Fit** (also eine strategische Übereinstimmung) hergestellt werden.

Nachdem in diesem Teil grundlegende prozessuale, managementbezogene Fragen des Konzeptionellen Marketing (= Erarbeitung, Realisierung und Überprüfung von Marketing-Konzeptionen) behandelt worden sind, soll nun im folgenden 5. Teil „Marketing-Konzeption und Marketing-Handlungssystem" auf die unmittelbaren **personen- bzw. handlungsbezogenen Umsetzungsfragen** des Konzeptionellen Marketing näher eingegangen werden – Grundfragen, die in Theorie und Praxis bisher *nicht ausreichend* thematisiert und problematisiert worden sind.

# 5. Teil: Marketing-Konzeption und Marketing-Handlungssystem

5

## Inhaltsübersicht

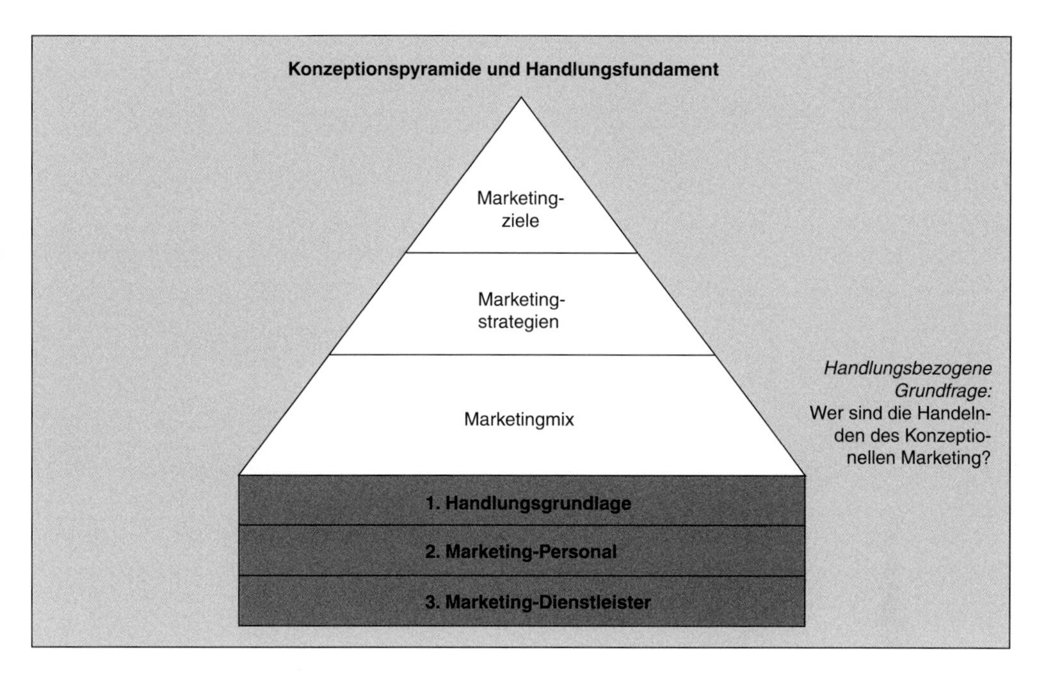


**Problemstellung:**
Vollständige, ganzheitliche Marketing-Konzeptionen sind eine unverzichtbare Handlungsgrundlage für die konkrete Umsetzung des Konzeptionellen Marketing in der Unternehmenspraxis. Die eigentlichen Umsetzer sind in einem arbeitsteilig organisierten Unternehmen die unterschiedlichen Marketingpersonen (und zwar unternehmensinterne wie -externe) mit ihren jeweiligen Beiträgen zur Konzeptionsrealisierung. Ohne professionelle Akteure kann mit anderen Worten Konzeptionelles Marketing nicht verwirklicht werden.

**Lernziele:**
In diesem 5.Teil wird dieses Handlungssystem des Konzeptionellen Marketing dargestellt und problematisiert. Der Leser soll nach Durcharbeit dieses letzten abschließenden Teils die besondere Bedeutung des gesamten internen und externen Marketing-Personals für das Konzeptionelle Marketing verstehen. Er soll zugleich in der Lage sein, konzeptionsadäquates Personal beurteilen und (mit) auswählen zu können sowie grundlegende Führungsaufgaben im Rahmen des Konzeptionellen Marketing zu erkennen.

**Stoffbehandlung:**
Der folgenden Behandlung liegen drei Themenschwerpunkte zugrunde: 1. die vollständige, ganzheitliche Strukturierung (Design) einer Marketing-Konzeption als unverzichtbarer Handlungsgrundlage der Marketingakteure, 2. das Marketing-Personal (wie Marketing Manager, Product Manager oder Social Media Manager) als eigentliche Umsetzer und 3. die Marketing-Dienstleister (wie Marketingberater, Werbe- oder Internet-/Social Media-Agenturen) als vielfach notwendige Umsetzungshelfer des Konzeptionellen Marketing.

**Vorbemerkungen:** Im vorhergehenden 4. Teil „Marketing-Konzeption und Marketing-Management" sind zentrale management-orientierte Fragen der Verwirklichung des Konzeptionellen Marketing behandelt worden. Die Darstellung folgte dabei dem allgemein üblichen Managementprozess-Modell: Planung (= Erarbeitung), Organisation (= Realisierung) und Kontrolle (= Überprüfung) von Marketing-Konzeptionen. Diese Thematik, die – wie dargelegt – auch unter dem Begriff **Implementierung** des Marketing diskutiert wird, stellt insgesamt die management-prozessualen Grundfragen in den Vordergrund der Betrachtung.

In diesem 5. und letzten Teil sollen nun noch unmittelbare **umsetzungsbezogene Grundfragen** des Konzeptionellen Marketing behandelt werden. Der Fokus wird hier auf die **Marketinghandelnden** selbst gelegt, deren konzeptionell orientiertes Denken und Agieren letztlich erst die erfolgreiche Umsetzung des Konzeptionellen Marketing bzw. die Erarbeitung und Durchsetzung einer für ein konkretes Unternehmen adäquaten, ganzheitlichen Marketing-Konzeption ermöglicht.

Marketing-Konzeptionen sind nicht einfach analytisch begründete, ganzheitliche Leitpapiere (Policy Paper), sondern ihre Inhalte, Konsequenzen bzw. Maßnahmen und insbesondere auch ihr innewohnender Geist (d. h. die dahinter stehende Philosophie) muss von allen Organisationsmitgliedern verstanden, akzeptiert, verinnerlicht und schließlich konsequent markt- und kundenorientiert umgesetzt werden.

Eine Marketing-Konzeption umfasst **drei grundlegende Bausteine:** Marketingziele, Marketingstrategien und Marketingmix. Ihre detaillierte Behandlung ist Gegenstand der Teile 1 bis 3 dieses Buches. Im vorhergehenden 4. Teil wurden – wie schon angesprochen – die managementbezogenen Prozesse des Konzeptionellen Marketing näher aufgezeigt. In diesem letzten 5.Teil geht es nunmehr darum, das **Handlungssystem** und damit die Rolle der handelnden unternehmens*internen* wie *-externen* **Marketing- und Unternehmenspersonen** bei der professionellen Umsetzung des Konzeptionellen Marketing zu diskutieren und zu problematisieren („people make the concept work"). Hierbei handelt es sich um eine ganz zentrale Frage der **konsequenten Umsetzung** des Konzeptionellen Marketing – ein Problemkreis, der in der Marketingtheorie und -lehre bisher noch nicht angemessen untersucht bzw. behandelt wird. Aber auch in der Marketingpraxis selbst wird dieser wichtigen Erfolgsvoraussetzung häufig nicht der Stellenwert beigemessen, den er eigentlich verdient.

# I. Marketing-Konzeption als Handlungsgrundlage der Marketingakteure

Bevor Konzeptionelles Marketing von den **handelnden Personen** im Marketing und im Unternehmen insgesamt konkret und konsequent umgesetzt werden kann, bedarf es einer vollständigen, ganzheitlichen Marketing-Konzeption als systematischer Handlungsgrundlage. Sie hat für die Akteure im Marketing eine Art **Fahrplanfunktion**, das heißt, sie legt die „Wunschorte (= Marketingziele), die „Route" (= Marketingstrategien) und die „Beförderungsmittel" (= Marketinginstrumente bzw. Marketingmix) fest. Ehe auf die Marketinghandelnden selbst näher eingegangen werden kann, müssen deshalb zunächst Aufbau und Struktur (Design) einer professionellen Marketing-Konzeption als **Grundlage** des Marketing- und Unternehmenshandelns herausgearbeitet werden.

Eine Marketing-Konzeption als grundlegender Leitplan des gesamten Unternehmens hat eine wichtige koordinierende Funktion in Bezug auf alle markt- und kundenrelevanten Maßnahmen des gesamten Unternehmens. Diese grundlegende Funktion kann eine Konzeption nur dann erfüllen, wenn sie schriftlich als ein komplettes, schlüssiges Bündel von Handlungsanweisungen niedergelegt ist, von der Unternehmensleitung als verbindlich erklärt und den Mitarbeitern erläutert sowie in geeigneter Form zugänglich gemacht worden ist.

Bevor auf die Strukturierung von Marketing-Konzeptionen im Einzelnen eingegangen wird, sollen zunächst noch neben ihren grundsätzlichen Aufgabenstellungen typische Anlässe sowie wichtige Grundorientierungen behandelt werden.

## 1. Aufgaben, Anlässe und Grundorientierungen einer Marketing-Konzeption

Eine Marketing-Konzeption mit ihren drei grundlegenden Bausteinen „Marketingziele, Marketingstrategien und Marketingmix", wie sie diesem Buch detailliert zugrunde liegt, stellt insgesamt eine **fundamentale Führungs- und Handlungsgrundlage** für ein modernes, professionelles Marketing-Management dar.

Eine analytisch fundierte, ganzheitlich orientierte und mehrstufig integrierte Marketing-Konzeption bildet eine unverzichtbare Grundlage für ein auf **Effektivität und Effizienz** ausgerichtetes Marketing- und Unternehmenshandeln. Sie beruht auf einem System vollständiger, widerspruchsfrei abgestimmter Entscheidungen auf allen **drei Konzeptionsebenen**, nämlich Ziel-, Strategie- und Mixebene *(Abb. 556)*.

Das heißt, diesem Vorgehen liegt ein gesamtkonzeptioneller Planungs- und Realisierungsprozess zugrunde mit **konkret zu lösenden Teilstufen** (Konzeptionsbausteinen), die jeweils eine spezifische Aufgabenstellung zu erfüllen haben (diese Aufgabenstellungen und ihre alternativen Lösungsmöglichkeiten mit den damit verbundenen Wirkungen bzw. Erfahrungen sind detailliert in den Teilen 1 bis 3 dieses Buches dargestellt ). Dieser gesamtkonzeptionelle Ansatz ist durch ein logisch strukturiertes Vorgehen gekennzeichnet, an deren Ende eine **gesamtkonzeptionelle Kette** vollständiger, in sich schlüssiger Handlungsanweisungen für ein konsequentes, oberziel-orientiertes (Gewinn/Shareholder Value) Marketing- und Unternehmenshandeln steht( unter dem Begriff „konzeptionelle Kette" finden sich im gesamten Buch, insbesondere in den Teilen 1 bis 3 (Marketingziele, Marketingstrategien und Marketingmix) konkrete Hinweise sowie Beispiele für zu berücksichtigende Abstimmungen bzw. Abhängigkeiten bei der Erarbeitung sowie Realisierung konsistenter Marketing-Konzeptionen).

**Grundidee** des in diesem Buch entwickelten Konzeptionellen Ansatzes ist, dass jede operative, marketing-instrumentale Entscheidung – wie z. B. produkt-, preis-, vertriebs- und/oder werbepolitische Maßnahmen – immer vor dem Hintergrund eines **ziel-strategischen Basiskonzepts** getroffen werden muss, weil sonst die Beurteilungsbasis dafür fehlt, ob in der täglichen, häufig konkurrenzgetriebenen Marketingpraxis zunächst nahe liegende marketing-instrumentale Aktionen wie auch Reaktionen tatsächlich einer (nachhaltigen) Zielerreichung

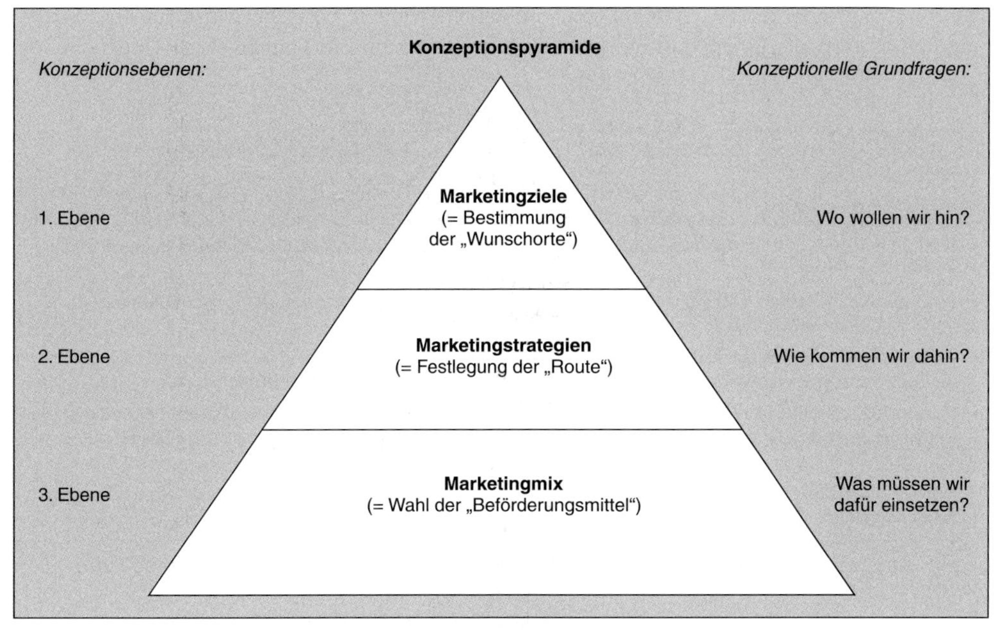


*Abb. 556: Die Konzeptionspyramide als Bezugsrahmen eines modernen Marketing-Managements*

dienen. Diese Grundorientierung des Konzeptionellen Marketing ist nicht zuletzt angesichts dynamischer Markt- und Umfeldbedingungen nicht nur sinnvoll, sondern notwendig. Dabei sind sowohl Nah-(Kurzfrist-) als auch Fern-(Langfrist-)ziele zu berücksichtigen. Bei allen geplanten Marketing- und Unternehmensaktionen sowie -reaktionen gilt es, an den **Stärken und Schwächen** des eigenen Unternehmens sowie denen der relevanten Wettbewerber anzuknüpfen. Darüber hinaus ist es fundamental, die einschlägige **Markt- und Umfeldarena** und ihre jeweiligen Änderungspotenziale hinreichend zu analysieren und den marketing-konzeptionellen Überlegungen und Entscheidungen zugrunde zu legen (zu wichtigen Unternehmens- und Marktanalysen siehe auch den hier noch folgenden Abschnitt zu „Prototypische Struktur (Design) einer Marketing-Konzeption").

Insgesamt sind wichtige **konzeptionelle Schlüsselfragen** zu stellen und konsequent zu beantworten, wie:

- **Welche** Geschäfte wollen wir in welchen Märkten realisieren?
- **Wie** wollen wir uns in diesen Märkten positionieren?
- **Welche** Wettbewerbsvorteile können wir uns in diesen Märkten erarbeiten?

Dabei ist zu berücksichtigen, welche gegenwärtigen Entscheidungen bzw. Maßnahmen welche Konsequenzen für das *künftige* Marketing- und Unternehmenshandeln haben werden und ob bzw. inwieweit das gesamtkonzeptionelle Basiskonzept hinreichend *anpassungsfähig* sein wird im Hinblick auf mögliche, sich ggf. bereits jetzt abzeichnende grundlegende **Änderungen der Markt- und Umfeldarena**. Konzeptionelles Marketing ist somit ein permanenter Prozess; eine konkrete Marketing-Konzeption bedeutet insoweit *nicht* Starrheit im Handeln, sondern eröffnet vielmehr kontrolliertes Anpassen, und zwar *ohne* Gefährdung von Effektivität und Effizienz im Sinne konsequenter Oberzielerfüllung (Gewinn/Shareholder Value).

Damit ist insgesamt die Frage angesprochen, welche **Anlässe** typischerweise für die Erarbeitung und Umsetzung einer Marketing-Konzeption gegeben sein können. Eine Übersicht versucht das näher zu kennzeichnen *(Abb. 557)*.

| Unternehmen *besitzt noch keine* schlüssige Marketing-Konzeption<br>**Typische Handlungsbedarfe:** | Marketing-Konzeption des Unternehmens *weist Mängel auf*<br>**Typische Handlungsbedarfe:** |
|---|---|
| • Wachstum und/oder Ertrag sind rückläufig | • Unternehmen hat Marketing-Konzeption, sie ist aber nicht mehr aktuell |
| • Wettbewerber im Markt verschaffen sich zunehmend Vorteile (Wettbewerbsvorteile) | • Marketing-Konzeption ist nur bruchstückhaft vorhanden |
| • Absatzmittel (Handel) verstärken eigene (marken-)konzeptionelle Vorgehensweisen | • Marketing-Konzeption ist vorrangig taktisch angelegt (ziel-strategische Fundierung fehlt) |
| • Marketing-Konzeption ist nur im Kopf des Unternehmers (oder Mangers) vorhanden | • Marketing-Konzeption berücksichtigt nicht die bereichsübergreifenden Belange (kein Schnittstellen-Management) |
| • Managementwechsel hat zur „Mitnahme" des Konzepts geführt | • Marketing-Konzeption vernachlässigt grundlegende Markt- bzw. Umfeldveränderungen |

*Abb. 557: Konzeptionelle Ausgangssituationen und typische Handlungsbedarfe*

**Konzeptionelle Überlegungen** bzw. Zwänge zur Erstellung und/oder Überprüfung von Marketing-Konzeptionen sind grundsätzlich auch an das jeweilige **Stadium** des Unternehmens im Unternehmenszyklus gebunden (siehe hierzu auch 4. Teil „Marketing-Konzeption und Marketing-Management", Kapitel Überprüfung von Marketing-Konzeptionen, Abschnitt Unternehmensstadien und stadien-typisches Handeln).

Typische bzw. kritische **konzeptionelle Stadien** und ihre jeweiligen konzeptionellen Aufgaben sowie Ansatzpunkte lassen sich wie folgt charakterisieren:

- **Gründungsphase** (Geschäftsplan, Gründungsmanagement, Erarbeitung und Umsetzung einer Marketing-Konzeption),
- **Reife-/Sättigungsphase** (Zwänge zur Überprüfung des Geschäftsmodells, Anpassung bzw. Neuerstellung der Marketing-Konzeption),
- **Schrumpfungsphase** (Strategische und/oder Erfolgskrise, umfassende Reorganisation/ Change Management).

Allem konzeptionellen Handeln gemeinsam sind bestimmte unverzichtbare **Grundorientierungen**, auf die abschließend noch näher eingegangen werden soll. Bei der Diskussion der grundsätzlichen Aufgaben einer Marketing-Konzeption wurde bereits auf die notwendige Oberzielorientierung hingewiesen. Sie ist in einem marktwirtschaftlichen System *zwingend,* wenn auch unter bestimmten übergeordneten (z. B. gesellschaftlichen bzw. ethischen) Restriktionen( siehe hierzu auch 1. Teil „Marketingziele", speziell den Abschnitt Allgemeine Wertvorstellungen).

Alle modernen stadien-spezifischen Konzeptionsaufgaben und Konzeptionslösungen sind insgesamt auf ein **nachhaltiges, wertorientiertes Wirtschaften** des Unternehmens gerichtet (siehe hierzu auch „Einführung: Der Konzeptionelle Ansatz des Marketing"). Dabei kommt es darauf an, immer wieder wirksame **Konzeptionsarchitekturen** zu entwickeln bzw. weiterzuentwickeln. Hauptanknüpfungspunkte bieten hierbei vor allem entsprechende Branchenstrukturanalysen (etwa Modellansatz nach *Porter,* 1980 bzw. 1995) sowie ggf. ergänzende

Modelle zur Analyse von Branchenumwelt und Branchendynamik (z. B. *Hungenberg*, 2008, S. 113 ff.; zur Nachhaltigkeit von Strategien siehe *ebenda,* S. 263 ff.).

Alle neuen bzw. veränderten Konzeptionsarchitekturen haben zwangsläufig Auswirkungen auf die Planung des **Geschäftsfeldportfolios** (siehe hierzu 2. Teil „Strategien", Kapitel Grundorientierungen und Kalküle der Strategiewahl, Abschnitt Marktfeld-strategische Selektionsfragen). Aktuelle Konzepte der Portfolio-Planung sind u. a. *wertorientierte* Portfoliomodelle, die darauf abzielen, „das Management bei einer möglichst (wert)optimalen Verteilung der finanziellen Ressourcen des Unternehmens zu unterstützen" (*Hungenberg*, 2008, S. 484 ff.).

**Grundvoraussetzung** für eine wertorientierte konzeptionelle Führung des Unternehmens ist in marktwirtschaftlichen Systemen – gekennzeichnet durch sog. Käufermärkte (= Angebot größer als die Nachfrage), siehe auch die „Einführung: Der Konzeptionelle Ansatz des Marketing") – die **konsequente Kundenorientierung** des gesamten Unternehmens. Insoweit stellen Marketing-Konzeptionen zugleich auch Unternehmens-Konzeptionen für eine ganzheitliche wertorientierte Unternehmensführung dar. Untersuchungen konnten einen Zusammenhang zwischen Markt-/Kundenorientierung und Unternehmensperformance nachweisen bzw. belegen (u. a. *Fritz,* 1992; *Homburg/Pflesser*, 2000; *Cano/Carrillat/Jaramillo*, 2004).

Kundenorientierung bedeutet nichts anderes, als dass die **Bedürfnisse** der aktuellen und potenziellen Kunden und deren Befriedigung in den Mittelpunkt des marketing-konzeptionellen Handelns gestellt werden. Dabei ist nicht die objektive, sondern die wahrgenommene Produkt- und/oder Servicequalität im Sinne einer vom Kunden auch preislich akzeptierten Problemlösung entscheidend. Solche **Kundenproblemlösungen** können Wettbewerbsvorteile begründen und somit eine wertorientierte Marketing- und Unternehmensführung fundamental stützen. Sie sind *die* Voraussetzung sowohl für die Kunden*gewinnung* als auch die Kunden*bindung*. Eine so konsequente Kundenorientierung umfasst damit den gesamten Kundenbeziehungszyklus, bei dem Kundenprofitabilität einerseits und Kundenwert andererseits im Fokus des marketing-konzeptionellen Handelns stehen. Ein so verstandenes **Customer Value Management** versucht, die Kunden des Unternehmens nach der gleichen Logik zu steuern wie Produkte oder Investitionen (*Cornelsen,* 2000; *Bruhn/Homburg,* 2003; *Günter/Helm,* 2006; *Bruhn*, 2016).

Eine solche Orientierung des Markt- und Unternehmenhandelns entspricht nicht zuletzt dem **Shareholder Value-Ansatz** einer nachhaltigen Unternehmens(wert)entwicklung (*Rappaport,* 1994; *Lewis,* 1994, s. a. 1. Teil „Ziele", Abschnitt Unternehmensziele). Immer mehr Unternehmen folgen diesem Ansatz; jedenfalls wird er von vielen Unternehmen als eine konzeptionelle Ausrichtung verstanden, ihre (Weiter-)Entwicklung im zunehmenden Wettbewerb dauerhaft zu sichern (allerdings unter angemessener Berücksichtigung anderer Anspruchsgruppen (Stakeholder), vgl. 1. Teil „Ziele", Abschnitt Wertvorstellungen). Die Unternehmenswertorientierung hat durch die **Kapitalmarkt-Orientierung** der Unternehmen an Bedeutung gewonnen. Sie nimmt aber auch aufgrund verstärkter externer Wachstumsstrategien der Unternehmen (Mergers & Acquisitions, *Picot,* 2005) einen höheren Stellenwert ein.

Die wertorientierte Führung der Unternehmen muss sich auf **sog. Werttreiber** (*Abb. 558*) konzentrieren, die letztlich für Erfolg und Ertrag verantwortlich sind. Eine Darstellung verdeutlicht die klassische und die moderne Sicht der Werttreiber (vgl. hierzu auch *Töpfer,* 2000).

Die klassische Sicht der Werttreiber konzentriert sich auf die **finanziellen Kerngrößen** wie Umsatz und Kosten, die letztendlich zum Unternehmenswert (Shareholder Value) führen. Eine weitergehende, moderne Auffassung der Wertsteuerung bezieht zusätzlich diejenigen Faktoren mit ein, welche die klassischen Werttreiber beeinflussen, und zwar **Kundenzufriedenheit** einerseits und **Mitarbeiterzufriedenheit** andererseits. Sie können im Prinzip als eigene Werttreiber aufgefasst werden. Unter konzeptionellen Aspekten kommt der Kundenzufriedenheit (und dem zugrundeliegenden Kundenwert) vor allem deshalb eine **Schlüsselrolle** zu, weil sie *wert-relevante* Wirkungsmechanismen *(Abb. 559)* auslösen (siehe hierzu auch *Belz/Bieger,* 2004, S. 38 f.).

Die Darstellung verdeutlicht, dass im Prinzip nur ein konsequent an der Kundenzufriedenheit ausgerichtetes Marketingkonzept eine **wertorientierte Marktausschöpfung** ermöglicht. Die Kundenzufriedenheit wird unterstützt durch eine – aufgrund von Maßnahmen eines *internen* Marketing – möglichst hohe Mitarbeiterzufriedenheit, die sich in einer entsprechenden Kundenbeziehungs- und Serviceorientierung der Mitarbeiter niederschlägt (*Stock,* 2000). Diese erweiterte Sicht der wert-orientierten Unternehmensführung liegt auch dem Konzept der **Balanced Scorecard** zugrunde (*Kaplan/Norton,* 1997; *Horvath & Partners*, 2007, *Brühl*, 2016, siehe hierzu den 1. Teil „Ziele", Abschnitt Balanced Scorecard für wertorientierte Unternehmenssteuerung). Damit wird noch einmal der enge Zusammenhang zwischen kunden- *und* wertorientierter Unternehmensführung deutlich (zu Grundfragen der Kundenzufriedenheit und ihrer Messung siehe 4. Teil „Management", Abschnitt Operatives Marketing-Controlling). Die **Kundenzufriedenheit** ist vor allem deshalb eine *wichtige* Steuerungs- und Kontrollgröße, weil sie nach Leistungskomponenten (Produkt, Service usw.) und nach strategischen Geschäftsfeldern getrennt messbar sowie mit entsprechenden Konkurrenzdaten (auch im Sinne eines Benchmarking) vergleichbar ist.

Nachdem in diesem Kapitel zunächst grundlegende Aufgaben, wichtige Anlässe sowie fundamentale Grundorientierungen einer Marketing-Konzeption herausgearbeitet worden sind, soll nunmehr auf den modularen Aufbau sowie die Struktur (Design) einer vollständigen, detaillierten und ganzheitlichen Marketing-Konzeption eingegangen werden.

## 2. Grundsätzlicher modularer Aufbau einer Marketing-Konzeption

Der **modulare Aufbau** einer konkreten Marketing-Konzeption – wie er anschließend in prototypischer Form detailliert entwickelt wird – entspricht der im Buch dargelegten marketingkonzeptionellen Vorgehensweise. Das heißt, zunächst müssen die angestrebten Ziele („Wunschorte") festgelegt, dann die für ihre Realisierung geeigneten Strategien („Route") gewählt und auf Basis dieser ziel-strategischen Entscheidungen schließlich die notwendigen Marketinginstrumente bzw. Marketingmaßnahmen („Beförderungsmittel") bestimmt werden. Insoweit umfasst jede vollständige Marketing-Konzeption erst einmal **drei *Basis*-Module**, nämlich:

- **Ziel-Modul,**
- **Strategie-Modul,**
- **Maßnahmen(-Mix)-Modul.**

Ihr jeweiliger Aufbau sowie ihre Untergliederung und Detaillierung kann prinzipiell an den im Buch entwickelten konzeptionellen Überlegungen, Unterscheidungen und Optionen anknüpfen. Die Konzeptionsstruktur wie auch die Konzeptionsschwerpunkte im Einzelnen müssen dabei – darauf soll ausdrücklich hingewiesen werden – naturgemäß immer an die jeweiligen markt-, umfeld- und/oder unternehmensspezifischen Bedingungen und Besonderheiten angepasst werden. Aufbau und Ausarbeitung einer Marketing-Konzeption ist darüber hinaus

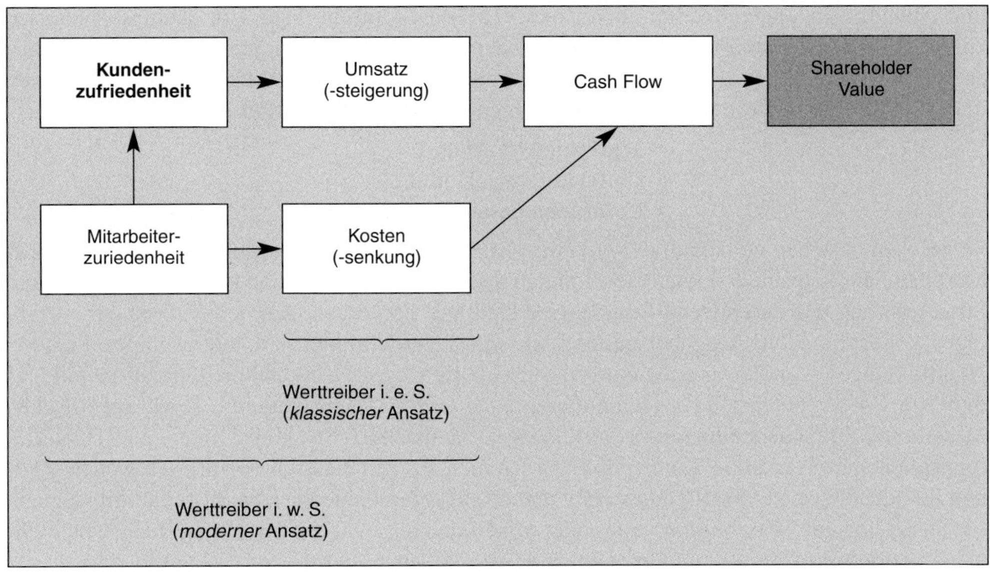


*Abb. 558: Grundmodell der Werttreiber (klassischer und moderner Ansatz)*

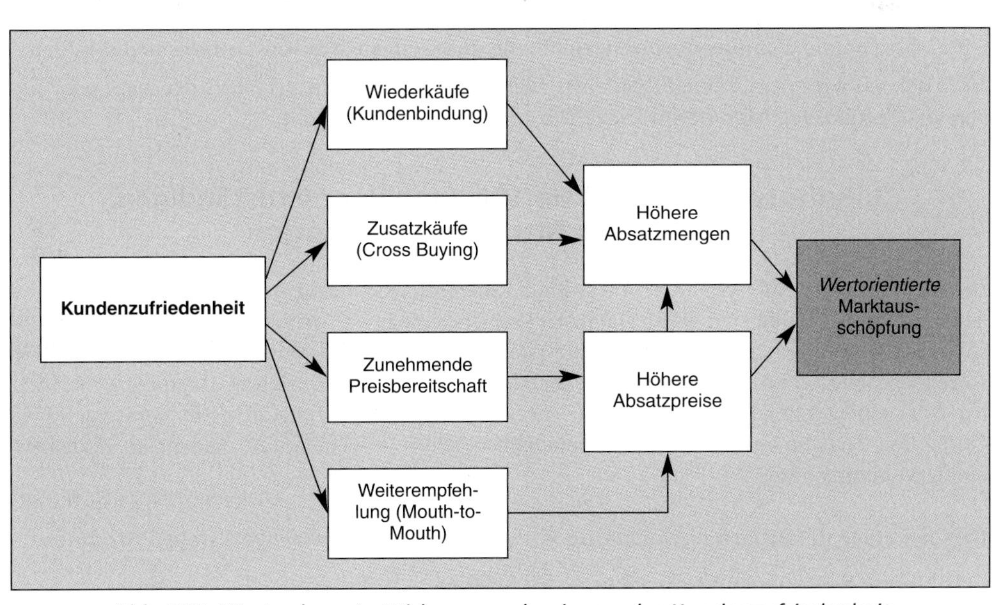


*Abb. 559: Wert-relevante Wirkungsmechanismen der Kundenzufriedenheit*

davon abhängig zu machen, welchen geo-strategischen Geltungsbereich (national/international) sie abdecken soll.

Je nach konkreter Ausgangslage, Anspruchsniveau und Grundausrichtung bzw. Grundaufgabe (z.B. Ersterstellung einer Marketing-Konzeption oder Überprüfung einer bestehenden Marketing-Konzeption) ist es sinnvoll und notwendig, den konzeptionellen Überlegungen und Ableitungen angemessene, ausreichende Markt-, Umfeld- und Unternehmensanalysen zugrunde zu legen, um die notwendigen konzeptionellen Festlegungen und Entscheidungen entsprechend fundieren zu können. Insofern umfassen vollständige Marketing-Konzeptionen in der Regel drei weitere wichtige Module, nämlich **drei *Analyse*-Module**:

- **Marktanalyse-Modul,**
- **Umfeldanalyse-Modul,**
- **Unternehmensanalyse-Modul.**

So gesehen bestehen vollständige Marketing-Konzeptionen grundsätzlich aus **sechs Standard-Modulen**, nämlich aus *drei* Analyse-Modulen und *drei* konzeptionellen Basis-Modulen. Deren Strukturierung wie deren Detaillierungsgrad sind, wie hervorgehoben, jeweils von der vorrangigen konzeptionellen Aufgabenstellung wie den beabsichtigten bzw. notwendigen Schwerpunktbildungen – und zwar auch unter Berücksichtigung von Unternehmenssituation und Stadium im Unternehmenszyklus (siehe hierzu auch 4. Teil „Management") sowie spezifischen Markt- und Branchenbedingungen – abhängig zu machen. Strukturierungs- wie Detaillierungsgrad einer Marketing-Konzeption werden nicht zuletzt dadurch beeinflusst, welche Zeit- und Kostenbudgets zur Verfügung stehen und ob sie unternehmensintern (also nur mit eigenem Management und Mitarbeitern) erarbeitet wird oder ob an ihrer Erstellung auch Unternehmensexterne (etwa Berater und/oder sonstige einschlägige Dienstleister) beteiligt sind.

Von den genannten Budgets wie auch von der zur Verfügung stehenden „Manpower" für die Konzeptionserstellung oder Konzeptionsüberprüfung hängt außerdem der Umfang und die Güte notwendiger **Planungsrechnungen** ab, die quasi ein **siebtes Konzeptionsmodul** bilden.

Nachstehend wird der Grundaufbau einer Marketing-Konzeption auf Basis der insgesamt *sieben* angesprochenen Module im Einzelnen prototypisch dargestellt.

## 3. Prototypische Struktur (Design) einer vollständigen, detaillierten Marketing-Konzeption

Die im Folgenden entwickelte **prototypische Konzeptionsstruktur** orientiert sich, wie u. a. an den Analyse-Modulen und ihrer Datenstruktur erkennbar ist, primär am Beispiel von Konsumgüter-Unternehmen. Das dargestellte prototypische Design einer Marketing-Konzeption ist jedoch ohne Weiteres auf *andere* Branchen-, Markt- sowie Umfeldbedingungen übertragbar bzw. entsprechend anpassbar und – je nach Aufgabenstellung, Aufgabenumfang sowie Größe und Zusammensetzung des Arbeitsteams (Konzeptionsteams) – zudem noch ausbau- und erweiterungsfähig.

**Beispiel einer detaillierten Marketing-Konzeption auf der Basis von sieben Modulen**

**I. Modul: Struktur und Entwicklung des Marktes**

1. Struktur und Entwicklung des Gesamtmarktes:
   Marktvolumen, Marktausschöpfung, Marktreserven, Marktprognosen
2. Struktur und Entwicklung von Teilmärkten (Segmenten):
   Marktvolumina, Marktausschöpfungsgrade, Marktreserven, Marktprognosen
3. Struktur und Entwicklung der Verbraucher/Verwender:
   Art und Zahl der Abnehmer nach Gesamt- und Teilmärkten, typische Verhaltensweisen und Verhaltensmuster, Kaufkriterien, Nutzenansprüche und Nutzenerwartungen

4. Struktur und Entwicklung der Konkurrenten (Wettbewerber):
   Art und Zahl der Wettbewerber, Leistungs- und Verhaltensprofile, spezifische Fähigkeiten und Potenziale wichtiger Wettbewerber
5. Struktur und Entwicklung der Absatzwege:
   Art und Struktur der Handelsbetriebe und Absatzkanäle, Direktvertriebsformen, Bedeutung des Online-Handels bzw. Electronic Commerce, typische Markt- und Abnehmerverhaltensweisen, spezifische Leistungsprofile von Absatzmittlern

**II. Modul: Bedingungen und Perspektiven wichtiger Umfeldbereiche**

1. Situation und Entwicklung der Beschaffungsmärkte:
   Rohstoffe, Komponenten, Maschinen und Ausrüstung, Leistungsprofile wichtiger Anbieter und Anbieterländer
2. Situation und Entwicklung der Technologie:
   Standardtechnologien, innovative Technologien, neue technologische Entwicklungen bzw. Entwicklungsrichtungen, Technologieführer (Unternehmen wie Länder)
3. Situation und Entwicklung der Bevölkerung (Gesellschaft):
   Demographie, Bevölkerungsschichten, Lebensstile, Werte und Wertewandel
4. Situation und Entwicklung der Gesamtwirtschaft:
   Gesamtkonjunktur, Branchenkonjunkturen, Wirtschaftswachstum, Wirtschafts- und Wettbewerbspolitik, Steuer- und Abgabensystem

**III. Modul: Positionen, Potenziale und Ressourcen des Unternehmens**

1. Unternehmenspositionen und ihre Entwicklung:
   Markt- und Absatzprofile, Umsatz- und Marktanteile, Kundenzufriedenheit und Kundenbindung, Programm-, Marken-, Technologie-Portfolios, Produktmix und Produktzyklen, Rentabilitätsprofile
2. Unternehmenspotenziale und ihre Entwicklung:
   Forschungs-/Entwicklungs-Know how, Marketing- und Markenkompetenzen, Markenbekanntheiten, Markenimages und Markenwerte, Fertigungsfähigkeiten und Fertigungskapazitäten, Produktivität und Kostenposition, Lieferanten und Lieferantenbeziehungen, Wertschöpfungsketten/Wertschöpfungsnetze
3. Unternehmensressourcen und ihre Entwicklung:
   Sachmittel, Finanzmittel und Personalmittel, Organisations- und Informationsmittel, jeweilige Reserven bzw. Ausbaumöglichkeiten
4. Perspektiven des Unternehmens:
   Stärken und Schwächen auf Unternehmensebene, Chancen und Risiken auf Markt- und Umfeldebene, Unternehmensreserven und -potenziale

**IV. Modul: Marketing- und Unternehmensziele (= Zielprogramm )**

1. Unternehmensgrundsätze:
   Werte („Grundgesetz“) des Unternehmens, gesellschaftliche und umweltbezogene Leitlinien, Verhaltensweisen (Stile und Regeln) gegenüber unternehmensexternen Gruppen wie Kunden, Lieferanten, Konkurrenten und unternehmensinternen Gruppen wie Eigentümern, Management, Mitarbeitern
2. Unternehmenszweck (Mission und Vision):
   Produkt- und Leistungsprogramm, Leistungscharakteristik („Problemlösungen“), Qualitätsphilosophie, Kunden-/Zielgruppen-Ausrichtung, ehrgeizige Weiterentwicklung des Unternehmens („machbare Utopie“), Produkt-, Marken- und Programm- sowie Servicevisionen

3. Unternehmensziele:
   Gewinn, Kapitalrentabilität, Umsatzrentabilität und Kapitalumschlag bzw. Return-on-Investment, Unternehmenswert (Shareholder Value), Markenwerte (Brand Values), Erlös- und Kostenziele, Kapitalstruktur, Liquidität
4. Marketingziele:
   Absatz, Umsatz, Preisposition, Deckungsbeiträge, Marktanteile, Distribution sowie Bekanntheitsgrad, Image, Kompetenz, Kundenzufriedenheitsrate und Kundenbindungs- sowie Wiedergewinnungsrate

**V. Modul: Marketing-strategisches Konzept (= Strategieprofil)**

1. Marktfeld-strategische Festlegungen:
   Marktdurchdringung, Marktentwicklung, Produktentwicklung, Diversifikation inkl. Kombinationen
2. Marktstimulierungs-strategische Festlegungen:
   Präferenz- bzw. Marken(artikel)-Strategie, Preis-Mengen- bzw. Discount-Strategie, ggf. Kombinationen
3. Marktparzellierungs-strategische Festlegungen:
   Massenmarkt-, Segmentierungs-, Nischen- und/oder Kundenindividuelle Strategien
4. Marktatreal-strategische Festlegungen:
   Teil-nationale, nationale, internationale oder globale Strategien
5. Wettbewerbs-strategische Handlungsmuster:
   Schaffung bzw. Verstärkung von Wettbewerbsvorteilen, Wahl des Wettbewerbsstils, strategisches Timing

**VI. Modul: Einsatz der marketing-operativen Instrumente (= Marketingmix)**

1. Wahl der angebotspolitischen Maßnahmen:
   Produkt-, Verpackungs- und Markengestaltung, Produkt- und Leistungsprogramm, Preis- und Konditionenpolitik
2. Wahl der distributionspolitischen Maßnahmen:
   Wahl der Absatzwege (klassische und/oder elektronische: Online-Handel bzw. E-Commerce), Art und Weise von Mehrkanalsystemen (Multi-Channel-Distribution), Absatzlogistik und Warenwirtschaftssystem, Struktur und Einsatzformen von Absatzpersonen im Vertrieb
3. Wahl der kommunikationspolitischen Maßnahmen:
   Werbung (Klassische und/oder Online-Werbung), Art und Weise von Multi-Channel-Kommunikation, Verkaufsförderung (Promotions), Eventmarketing, Direkt- bzw. Dialogmarketing, Social Media Marketing (Web 2.0), Public Relations
4. Spezifische Grundausrichtungen des Marketingmix:
   z. B. Beziehungs-, Erlebnis-, Öko-, Internet-/Online-Marketing
5. Schwerpunkte und Aktivitätsniveau des Marketingmix:
   Rangfolge sowie Reihenfolge eingesetzter Marketinginstrumente, instrumenten-bezogene und gesamtmarketing-bezogene Budgets (inkl. Aufteilung und Timing)

**VII. Modul: Planungsrechnungen**

1. Absatzplanung:
   Absatz-, Umsatz-, Marktanteils- und Distributionsplanung, jeweils differenziert z. B. nach Programmteilen, Marken und/oder Strategischen Geschäftsfeldern

2. Kostenplanung:
   Angebotspolitische Marketingkosten (z. B. für Produkt- und Verpackungsdesign, Marketing-Services), distributionspolitische Marketingkosten (z. B. für Verkaufsaußendienst, Verkaufsinnendienst, Versand), kommunikationspolitische Marketingkosten (z. B. für Werbung, Verkaufsförderung, Public Relations) sowie marketing-administrative Kosten (z. B. für Marketingleitung, Marktforschung, Marketing-Planung, Marketing-Controlling), jeweils differenziert z. B. nach Programmteilen, Marken und/oder Strategischen Geschäftsfeldern
3. Ergebnisplanung:
   Brutto-Erlöse, Rabatte, Erlösschmälerungen, Netto-Erlöse, Deckungsbeiträge, jeweils differenziert z. B. nach Programmteilen, Marken und/oder Strategischen Geschäftsfeldern

Für die **konsequente Realisierung** einer nach dem vorgestellten prototypischen Design erstellten Marketing-Konzeption sind im Hinblick auf die arbeitsteilige Koordination in den Unternehmen **Arbeitspläne** sinnvoll und notwendig, die insbesondere Folgendes festlegen: Konkrete Maßnahmen, Prioritäten, Zuständigkeitsbereich/zuständige(r) Mitarbeiter, Etat-/ Kostenpläne, Zeitpläne.

Das prototypische Design einer Marketing-Konzeption, wie es vorstehend entwickelt worden ist, ist ein **Muster** dafür, wie vollständige, integrierte, ganzheitliche Konzeptionen grundsätzlich zu gestalten sind. Diese Grundstruktur kann jedoch – je nach Anlass, Aufgabenstellung und/oder Management(orientierung) – variiert werden. Das betrifft neben den bereits erwähnten Markt- bzw. Branchenbesonderheiten die **Gewichtung** der einzelnen Teile (speziell der drei Kernmodule Marketingziele, -strategien und -mix, siehe hierzu auch 4.Teil „Management", Kapitel Erarbeitung von Marketing-Konzeptionen, Abschnitt Planungsebenen, -träger und -anforderungen). Aber auch innerhalb der einzelnen Module sind je nach konzeptionellem Ansatz (Grundorientierung) sowohl unterschiedliche **Schwerpunkte** als auch weitere **Ausdifferenzierungen** möglich und ggf. auch sinnvoll. Das betrifft z. B. nicht selten das Modul Marketingmix, weil hier oft generell neue Marketinginstrumente oder zumindest für das Unternehmen neue Instrumente (Reserveinstrumente) zum Einsatz kommen können oder auch müssen (z. B. Instrumente aus dem Bereich des Online-Marketing).

Für die **Erarbeitung** von Marketing-Konzeptionen und ihre einzelnen **Bausteine** (konzeptionelle Kette: Marketingziele, Marketingstrategien und Marketingmix) stehen vielfältige **Planungs- und Entscheidungsmethoden bzw. -techniken** zur Verfügung. Sie gilt es konzeptionsadäquat einzusetzen und für die Entscheidungsfindung auf den einzelnen Konzeptionsstufen heranzuziehen (einschließlich entsprechender Planungsmuster und -formulare). Dazu wird ausdrücklich auf den jeweils dargestellten **Baukasten** an Methoden und Verfahren in den drei Hauptteilen (Kernmodulen) verwiesen, und zwar im **1. Teil** „Marketingziele" auf Kapitel III. Grundlagen und Verfahren der Zielfestlegung, im **2. Teil** „Marketingstrategien" auf Kapitel III. Methoden und Kalküle zur Strategiebestimmung und im **3. Teil** „Marketingmix" auf Kapitel III. Planungstechniken und Kalküle zur Marketingmixfestlegung.

Exkurs: Unternehmensgründung, Businessplan und Marketing-Konzeption

Die in diesem Kapitel detailliert strukturierte, prototypische Marketing-Konzeption hat auch besondere Bedeutung für **Unternehmensgründer** (Entrepreneure) und **Unternehmensgründungen** (Start-ups). Typisch für ein professionelles Gründungsmanagement ist der sog. **Businessplan**. Er stellt ganz allgemein die schriftliche Konkretisierung und Zusammenfassung aller relevanten Entscheidungen bzw. Maßnahmen eines zu gründenden Unternehmens dar. Er umfasst im Wesentlichen folgende zentralen Bereiche, Aufgaben und Funktionen: Marketing, Finanzierung, Produktion, Beschaffung, Personal.

Angesichts des Vorherrschens von sog. **Käufermärkten** (= das Angebot ist größer als die Nachfrage) ist klar, dass gerade auch ein zu gründendes Unternehmen nur bei konsequenter Kunden- bzw. Zielgruppenorientierung eine Chance für einen erfolgreichen Markteintritt sowie eine dauerhafte Behauptung im Markt hat. Insoweit ist für Gründer (Entrepreneure) der Markt- und Unternehmenserfolg an eine schlüssige, vollständige, detaillierte **Marketing-Konzeption** gebunden, die von Anfang an ein klares Handeln am Markt ermöglicht und sicherstellt.

Eine Marketing-Konzeption ist damit ein zentraler, wenn nicht der **zentrale Teil des Businessplans**, der letztlich erst die Erfolgsaussichten des Gründungskonzepts bzw. der großen Gründungsidee („the big idea") zu beurteilen erlaubt. Eine **Geschäftsidee** ist am ehesten erfolgversprechend, wenn

- das **angebotene Produkt** neuartig („innovativ") ist,
- es über ein möglichst **dauerhaftes Alleinstellungsmerkmal** verfügt („unique selling proposition"),
- es sich möglichst um ein **serienreifes Produkt** handelt,
- die **rechtlichen Aspekte** (speziell Patentfragen) geklärt sind.

Wichtig für ein zu gründendes Unternehmen ist darüber hinaus die Festlegung von sog. **Meilensteinen**, das heißt von erfolgsentscheidenden Umsetzungsschritten, anhand derer die Unternehmensrealisierung kontrolliert und überprüft werden kann (auch mit der Möglichkeit, ggf. noch erfolgsbegünstigende Weichenstellungen rechtzeitig vornehmen zu können (zu Theorie und Praxis des Gründungsmanagements siehe *Dowling/Drumm*, 2002; *Freiling*, 2006; zu Gestaltungsfragen eines Businessplans vgl. *Nagl*, 2005; *Ottersbach*, 2007; *Fischl/Wagner*, 2010, hinsichtlich neuer beispielhafter Gründerideen und Start-ups siehe auch www.starting-up.de).

Nachdem der Aufbau bzw. das Design einer ganzheitlichen, detaillierten und integrierten Marketing-Konzeption prototypisch dargestellt worden ist, soll nun auf die im Marketing Handelnden näher eingegangen werden, und zwar im folgenden II. Kapitel auf das notwendige unternehmens*interne* Marketing-Personal als **Umsetzer** und im III. Kapitel auf wichtige unternehmens*externe* Marketing-Dienstleister als **Umsetzungshelfer** des Konzeptionellen Marketing.

## II. Marketing-Personal als Umsetzer des Konzeptionellen Marketing

Die Implementierung des Konzeptionellen Marketing setzt nicht nur entsprechende infrastrukturelle Maßnahmen bzw. Systeme voraus (= *harte* Faktoren, siehe hierzu auch 4. Teil „Management", Kapitel Realisierung (Organisation) einer Marketing-Konzeption), sondern auch sog. *weiche* Faktoren. Sie beziehen sich auf die **menschlich-personale Dimension** (Human Resources) der Umsetzung des Konzeptionellen Marketing. Sowohl für die Erarbeitung als auch die Realisierung einer Marketing-Konzeption ist adäquates Marketing-Personal sowohl in entsprechender Qualität als auch Quantität notwendig. Neben erforderlichen Persönlichkeitsmerkmalen sind vor allem auch hohe fachliche Qualifikationen eine wesentliche **Erfolgsvoraussetzung**. Außer der konzeptionsadäquaten Auswahl des Marketing-Personals kommt es insgesamt darauf an, das Personal entsprechend zu führen.

Das Marketing-Management ist letztlich die bewegende Kraft, wenn es darum geht, durch ein arbeitsteiliges Zusammenwirken vieler Menschen (in ihrer Rolle als unterschiedliche Funktionsträger) gemeinsame Marketing- und Unternehmensziele unter Umsetzung festgelegter Strategien sowie operativer, marketing-instrumentaler Maßnahmen zu erreichen. Basis allen marketing-konzeptionellen Handelns ist dabei zwingend eine markt- und kundenorientierte Unternehmenskultur. Sie muss von „oben" (Managementebene) nach „unten" (Funktions- bzw. Ausführungsebene) entwickelt, im ganzen Unternehmen umgesetzt und vor allem gelebt werden.

Das setzt **konzeptionsorientierte Personalmanagement-Systeme** voraus, die im Wesentlichen an *drei* Ebenen anknüpfen müssen: Konzeptionsorientierte Personalauswahl, konzeptionsorientierte Personalentwicklung und konzeptionsorientierte Personalführung. Bevor auf diese personalwirtschaftlichen Grundfragen näher eingegangen wird, sollen **typische Marketingaufgabenfelder und Marketingpositionen**, die ihren Niederschlag in unterschiedlichen Marketingberufen finden, skizziert werden. Sie sind – je nach realisierter Organisationsstruktur hinsichtlich Breite und Tiefe (Prinzip: Structure follows Strategy) – in jedem Unternehmen *konzeptionsadäquat,* das heißt mit unternehmensindividuellen Ausprägungen und Schwerpunkten, einzusetzen.

Die Art der in der Marketingpraxis entstandenen und realisierten Marketingberufe ist inzwischen breit gefächert. Das ist nicht zuletzt das Ergebnis immer wieder **neuer Ansätze** im Marketing und dafür eingesetzter neuer Marketinginstrumente, wie das etwa für den Komplex des Online-Marketing typisch ist.

Im Folgenden sollen wichtige Marketingfunktionen bzw. Marketingberufe skizziert werden. Dabei wird zunächst an *klassische,* in der Marketingpraxis weitestgehend etablierte Marketingberufe angeknüpft. Darüber hinaus wird aber auch auf *neuere* Marketingberufe Bezug genommen. Sie sind zum großen Teil noch nicht so fest bzw. fest gefügt etabliert. Hier gibt es vielmehr (noch) ganz unterschiedliche Ausprägungen und Bündelungen von Marketingfunktionen, die sich deshalb vielfach nicht oder nicht vollständig in einheitlichen **Berufsbildern** widerspiegeln.

## 1. Arten von Marketingberufen und typische Aufgabenfelder

Das Personalmanagement im Marketing- und Vertriebsbereich eines Unternehmens ist grundsätzlich deutlich *komplexer* als in anderen Funktionsbereichen. Das ist Folge eines äußerst **heterogenen Aufgabenspektrums**, was an so unterschiedliche Aufgaben wie etwa denen eines Marktforschers, Produkt-Managers, Vertriebsleiters, Marketing-Controllers deutlich wird. Aus dieser Heterogenität resultiert naturgemäß eine große Unterschiedlichkeit hinsichtlich der **Anforderungen**, die an die unterschiedlichen Mitarbeiter in Marketing und Vertrieb gestellt werden müssen. Das gilt umso stärker, je *professioneller* ein Unternehmen Konzeptionelles Marketing betreibt und hierfür eine vollständige, ganzheitliche Marketing-Konzeption nicht nur erarbeiten, sondern vor allem auch konsequent umsetzen will.

Deshalb hat die **Konzeptadäquanz** aller Mitarbeiter in Marketing und Vertrieb eine ganz zentrale Bedeutung – sie ist der **Erfolgsfaktor** des Konzeptionellen Marketing schlechthin.

### *a) Klassische Marketingberufe (Marketingaufgaben und Marketingpositionen)*

Die Übersicht über Marketingberufe mit den klassischen Positionen im Marketing- und Vertriebsbereich skizziert, welche für markt- und marketing-orientierte Unternehmen – wenn auch mit unterschiedlichen Ausprägungen und Schwerpunkten – typisch sind. Ausprägungen und Schwerpunkte hängen dabei jeweils auch von der hierarchischen Stellung und Zuordnung ab, die sich je nach Stadium des Unternehmens im Unternehmenszyklus verändern können. Die folgenden Aufgabenbeschreibungen beziehen sich deshalb auf die **generellen Aufgabenfelder** der verschiedenen Marketing-/Vertriebsberufe.

Die Leitung und Koordination aller dieser Aufgabenbereiche und ihrer Aufgabenträger fällt in der Regel dem **Marketing and Sales Manager** zu (z. T. auch unter dem Begriff „Absatz" zusammengefasst, siehe hierzu auch das Organisationsbeispiel in Teil 4 „Marketing-Management", Kapitel Grundformen der Marketingorganisation, *Abb. 506*). Er gehört gewöhnlich der obersten Unternehmensebene (Geschäftsleitung, Geschäftsführer, Vorstand, Management bzw. Executive Board) an. Angesichts hoch kompetitiver, dynamischer Märkte fällt ihm eine **Schlüsselrolle** im Unternehmen zu. Seine ziel-strategische, zukunftsgerichtete Konzeptionsarbeit wie seine Vorgaben zum operativen, marketing-instrumentalen Handeln trägt ganz entscheidend zum nachhaltigen, gewinn- und wert-orientierten Markt- und Unternehmenserfolg bei.

Aufgrund der Komplexität der Marketing- und Vertriebs-/Absatzaufgaben führt professionelles Marketing in der Praxis zu vergleichsweise **hoher Arbeitsteiligkeit**. Sie nimmt dabei während des Markt- wie des Unternehmenszyklus – vor allem während Wachstums- und Reifephase –tendenziell zu (zu typischen Stadien der Marketing- und Vertriebsorganisation vgl. auch *Kotler/Keller/Bliemel*, 2007, S. 1142 ff.). Die folgenden Darlegungen knüpfen an wichtige Marketing- und Vertriebspersonen und ihren jeweiligen Aufgaben(schwerpunkten) an.

#### *aa) Marketing Manager*

Marketing Manager (auch **Chief Marketing Officer**, CMO) tragen Verantwortung für die konsequente Umsetzung einer vorgegebenen bzw. wesentlich von ihm (mit) erarbeiteten, ggf. weiterentwickelten Marketing-Konzeption. Sie bildet gleichsam das durchgängige, längerfristige **Grundgerüst** aller Marketing- (und Vertriebs-)Aktivitäten des Unternehmens. Er erarbeitet und konkretisiert die aus den obersten Unternehmenszielen allen Aktivitäten zugrunde zu legenden **Marketingziele** und ist für deren Erreichung verantwortlich. Er steuert bzw. koordiniert und überwacht alle dafür notwendigen **operativen Aktivitätsbereiche** (zu unterschiedlichen Stufen bzw. Ausprägungen *Kotler/Keller/Bliemel,* 2007), d. h. er verantwortet insbesondere den konzeptionsadäquaten Einsatz aller Marketinginstrumente sowohl der *Angebots*politik (wie Produkt-, Programm-, Preis(positions)gestaltung) als auch der *Kommunikations*politik (wie Werbung, Verkaufsförderung, Public Relations, Direkt- bzw. Dialogmarketing, Online-Marketing). Eine zentrale Aufgabe besteht dabei darin, eine spezifische kunden- und wettbewerbsorientierte **Markenpositionierung und -führung** des Unternehmens wie seiner Produkte/Leistungen und Marken festzulegen und dafür zu sorgen, dass die Markenführung sowohl *allen* Maßnahmen der Produkt-, Programm- und Preispolitik sowie der gesamten Kommunikationspolitik (und damit nicht zuletzt der Markenführung) *konsequent* zugrunde gelegt wird. Im Rahmen dieser Aufgabe ist auch das **Corporate Design** des Unternehmens festzulegen und operativ entsprechend umzusetzen.

Dem Marketing Manager obliegt insgesamt die ziel- und ergebnisorientierte Führung, Motivation und Schulung der ihm unterstellten Mitarbeiter in den verschiedenen Fachabteilungen (wie Product Manager, Communications Manager, Online-Marketing Manager, Market Research Manager, Marketing-Controller) sowie die Auswahl und Koordination der für spezielle Aufgaben bzw. Marketingmaßnahmen einzusetzenden **Marketing-Dienstleister** (wie Berater und/oder Agenturen).

Aufgrund der weiter zunehmenden **Bedeutung** der digitalen oder Online-Medien wird es immer wichtiger, dass Marketing Manager die Relevanz wie auch die Notwendigkeit der **Online-Werbung** (des Online-Marketing) richtig einschätzen und die entsprechend weiterzuentwickelnden Kommunikations- und Marketingkonzepte erarbeiten und realisieren können. Führungspositionen im Marketing werden deshalb verstärkt mit Spezialisten aus der Online-Welt (sog. **Digital Natives**) besetzt werden (müssen).

Aufgrund der Entwicklung der digitalen Medien bzw. des Web.2.0 und der damit einhergehenden Bedeutung der Social Media bzw. des Social Media Marketing wird die **enge Zusammenarbeit** zwischen Marketing- und IT-Bereich im Unternehmen immer wichtiger. Nicht zuletzt die mit Social Media Marketing entstehenden riesigen Datenmengen („Big Data") stellen eine große Herausforderung dar. Dabei geht es darum, die „gigantischen" Datenmengen zu erfassen, zu analysieren und daraus aussagefähige Informationen zu generieren, um auf dieser Datenbasis kunden-strategische Marktbearbeitungskonzepte zu entwickeln und dafür die adäquaten operativen Marketingmaßnahmen zu erarbeiten. Das große Marketingziel ist insgesamt, mehr über die eigenen Kunden (und Interessenten) zu erfahren, um sie damit besser betreuen zu können. Von besonderer Bedeutung ist hierbei das Customer Relationship Management (CRM) bzw. in Verbindung mit einem gezielten, aktiven Social Media Marketing das sog. **Social Customer Relationship Management** (SCRM). Was die inzwischen mögliche große Datenbasis angeht, so erlaubt sie über Datamining-Analysen auch die ziel- bzw. konzeptionsgerechte Identifizierung (sog. **Profiling**) von relevanten, bearbeitungswürdigen **Zielgruppen** und den dahinter stehenden Marktsegmenten.

Der Marketing Manager sorgt im Rahmen seiner Führungsaufgaben für die permanente Auswertung und Kontrolle der – auf Basis eines aufgabenadäquaten, konzeptionsorientierten Marketinginformationssystems (Marketing Cockpit, Performancesystem) – vorliegenden Ergebnisse und ist verantwortlich für die Einhaltung der erstellten und verabschiedeten, vollständigen **Marketing-Planungen** (Ziele und Maßnahmen) sowie **Marketing-Budgetierungen**.

Typisch für den Marketing Manager ist der **enge Kontakt** als „Mittler und Berater" zu *allen* am Leistungsprozess beteiligten Unternehmensbereichen wie Einkauf (Beschaffung), Personal, Fertigung, Forschung und Entwicklung (F&E). Das Hauptaugenmerk liegt auf der konzeptionsorientierten Zusammenfassung aller im Unternehmen relevanten Aktivitäten insbesondere in Hinblick auf die kundenorientierte Herstellung und Verbesserung bestehender Produkte/Leistungen sowie der Schaffung von Innovationen für eine nachhaltige, oberzielorientierte Entwicklung des ganzen Unternehmens (ggf. unterstützt durch einen **Strategie-Manager**). Die **dominante Rolle des Marketing** und die damit verbundenen Aufgaben resultieren aus den in den meisten Branchen existierenden sog. Käufermärkten (= Angebot ist – z. T. erheblich – größer als die Nachfrage). Die zwingende **Kundenorientierung** des Marketing wie des Unternehmens insgesamt hat hier ihre eigentliche Ursache und weist dem **Marketing-Manager** in der Führung von Unternehmen eine zentrale Aufgabe zu.

In den Unternehmen, in denen das sog. **Produkt-Management** installiert ist, kommt in hohem Maße auch den einzelnen Product Managern diese Abstimmungs- und Koordinierungsaufgabe für ihre jeweils betreute Produktgruppe zu.

Zu den Aufgaben des Marketing Managers gehört vor allem die enge, konstruktive Zusammenarbeit mit dem **Sales Manager** und der **Absatzorganisation**. Hierbei sind unterschiedliche Denk- und Verhaltensweisen zu berücksichtigen. Marketing Manager (und ihre Fachabteilungen) handeln eher *langfristig-* und damit strategie-orientiert, Sales Manager (und ihre Vertriebsmannschaft) agieren dagegen eher *kurzfrist-orientiert* und damit stark vom „Tagesgeschäft" geprägt. Das heißt, der Vertriebsbereich gibt etwa leichter den Zwängen „ konkurrenzgetriebener" Preisnachlässe und aktionistischer Verkaufsförderung nach, während sich der Marketingbereich grundsätzlich der strategischen Marktpositionierung verpflichtet fühlt (**Grundproblem:** Das Tagesgeschäft ist der größte Feind einer strategie-fundierten Marketing-Konzeption!). Die zentrale Aufgabe des Marketingleiters besteht deshalb darin, hier *permanent* einen an den nachhaltigen Oberzielen des Unternehmens orientierten Interessenausgleich zu finden und ihn – ggf. mit aktiver Unterstützung der Geschäftsleitung bzw. der Leitung Marketing und Vertrieb – in das operative Marketing- und Vertriebshandeln umzusetzen.

### ab) Product Manager

Der Produkt-Manager als Marketingberuf (in der Praxis auch in der englischen Version Product Manager verwendet, z. T. auch als Brand Manager bezeichnet, speziell bei Schwerpunkt auf der Markenführung) verdankt seine Entstehung einer produkt- bzw. marken-orientierten **Spezialisierungsform** im Rahmen der Marketingorganisation des Unternehmens. Im Zuge eines verstärkten Zwanges („Käufermärkte") zur *konsequenten* Kundenorientierung des gesamten Marketing- und Unternehmenshandelns entstand ein spezielles Aufgabenfeld und damit eine neue Marketingposition, die für die Planung, Koordination, Umsetzung und Kontrolle aller auf eine **bestimmte Produktgruppe** (seltener auf ein einziges Produkt) bezogenen Aktivitäten verantwortlich ist (= „Unternehmer" für sein Produkt/-gruppe). Das Aufgabenfeld bezieht sich dabei sowohl auf die Betreuung *bestehender* Produkte/Programme als auch auf *neue* Produkte und Leistungen (Innovationen), zu typischen Stellenbeschreibungen s. a. *Aumayer*, 2009.

Der Product Manager initiiert und führt – neben generell vorhandenen Markt- und Konkurrenzdaten (u. a. permanente Daten der Panel-Institute) – in Koordination mit dem Market Research Manager besondere **Marktforschungsanalysen** durch (z. B. problemorientierte Adhoc-Untersuchungen in Zusammenarbeit mit darauf spezialisierten Marktforschungsinstituten), und zwar bezogen auf die von ihm betreuten Produkte, Marken und Märkte. Wichtige Analysen für die Produktbetreuung und -steuerung sind darüber hinaus **Lebenszyklus- und Portfolio-Analysen**.

Er entwickelt auf Basis der übergeordneten Marketing-Konzeption für das gesamte Unternehmen die **spezifische Konzeption** für die von ihm betreute Produktgruppe. Daraus leitet er – in Abstimmung mit der Marketing- und Absatzleitung bzw. Geschäftsleitung – die **Marketingziel-, Marketingmaßnahmen- und Marketingbudgetplanung** ab. Sie ist die Grundlage seines Handelns und für deren Einhaltung bzw. Realisierung ist er verantwortlich.

Der Product Manager ist für **Koordination aller Aktivitäten** von der ersten Produktidee bis zur Einführung des marktreifen Produktes bei den bestehenden und potenziellen Kunden zuständig (s. a. *Hofbauer/Sangl*, 2011). Dafür unterhält er intensive Arbeitsbeziehungen nicht nur zu den verschiedenen Fachabteilungen im Marketing- und im Vertriebsbereich, sondern auch zu wichtigen anderen Unternehmensbereichen wie Forschung und Entwicklung (F&E), Beschaffung, Fertigung und Logistik (s. a. *Kotler/Keller/Bliemel*, 2007). Im Zuge seiner Produktentwicklungsaufgaben initiiert und führt er ggf. spezielle Projektteams oder ist – je nach Aufgabenstellung – zumindest Mitglied solcher oft technologie-orientierten Projektteams (*Albers/Herrmann*, 2007, *Ammon*, 2009). Neben seinen grundsätzlichen analytischen sowie kreativen Fähigkeiten muss er insoweit auch über eine ausgeprägte Teamfähigkeit verfügen.

Er ist auch für Auswahl und Einsatz von **Marketing-Dienstleistern** wie etwa Marktforschungsinstituten, Produkt- und Verpackungsdesignern, Werbe- und Internet- sowie ggf. Social Media-Agenturen zuständig, und zwar für die Betreuung bestehender Produkte, vor allem aber auch und gerade neuer Produkte (und ihrer „Community"). Seine spezielle **Verantwortlichkeit** reicht hier von der konzeptions-orientierten Marktpositionierung über die geeigneten Marketingmaßnahmen in der Pre-Marketingphase über den Launch der Innovation im Markt bis hin zum gezielten Ausbau der Marktposition nach erfolgter Einführung (und später ggf. notwendigen Relaunches).

Zu den Aufgaben des Product Managers gehört auch die **Schulung und Motivation** des Vertriebsaußendienstes (Verkaufspersonals), speziell für die Präsentation und Einführung neuer Produkte oder für die Wiedereinführung (Relaunch) bestehender, aber inzwischen wesentlich verbesserter Produkte. In diesem Zusammenhang sind auch Besuche von **Fachmessen** sowie die Betreuung wichtiger **Kunden** (Lead User) ggf. bis hin zu anwendungsspezifischen Beratungen sinnvoll und notwendig.

### *ac) Sales Manager*

Unter Vertriebs- oder Absatzleiter (heute bereits üblicher: Sales Manager bzw. Chief Sales Officer, CSO) wird im Allgemeinen der verantwortliche Leiter der gesamten (nationalen) **Vertriebs- oder Absatzorganisation** verstanden. Für regional zuständige Leiter wird häufig der Begriff des *Verkaufs*(gebiets)leiters verwendet. Was die Absatzorganisation insgesamt angeht, so ist hierbei noch zwischen Verkaufs*außendienst*organisation (Frontend) und Verkaufs*innendienst*organisation (Backend) zu unterschieden (*Winkelmann*, 2008 bzw. 2012).

Die Außendienstorganisation umfasst alle Außendienstmitarbeiter; hierfür sind ganz **unterschiedliche Verkaufsorgane** (wie Verkäufer, Reisende, Bezirksleiter, Repräsentanten, ggf. Handelsvertreter) typisch, die jeweils verschiedenartige Verkaufs- und Betreuungsaufgaben wahrnehmen können (bis hin zu Aufgaben des Customer Relationship Management (**CRM**)). Allen Verkaufspersonen gemeinsam ist andererseits der enge, **regelmäßige Kontakt** mit bestehenden (aktuellen) und potenziellen (zukünftigen) Kunden des Unternehmens. Je nach zu vermarktenden Produkten/Leistungen, Verkaufsgebiet und Kundenzahl bzw. Kundenpotenzial kann die Verkaufs-/Vertiebsorganisation zur Erfüllung ihrer Aufgaben weitere Organe (Stellen) umfassen, wie **Merchandiser** und/oder Verkaufsförderer. Merchandiser sind Personen, die z. B. Produkte im Handel platzieren und im Hinblick auf die dort einkaufenden Kunden mit entsprechenden Werbe- und Verkaufsmitteln (wie Sonderplatzierungen, Demonstrationen oder Degustationen am Point of Sale) verkaufswirksam präsentieren. **Verkaufsförderer** entwickeln und realisieren Verkaufsförderungsaktionen für die eigene Verkaufsorganisation (Staff Promotions), den Handel (Trade Promotions) und die Verbraucher (Consumer Promotions). In der Praxis ist die organisatorische Zuordnung und Verantwortung dieser Aufgaben *unterschiedlich* geregelt. Häufig sind der Marketing Manager oder ihm unterstehende Fachabteilungen für Trade und Consumer Promotions zuständig (aber in *enger* Abstimmung mit dem Vertrieb bzw. der Vertriebsleitung). Staff Promotions fallen demgegenüber eher in den Verantwortungsbereich des Sales Manager, vor allem dann, wenn sie etwa Verkäuferschulungen für die eigene Verkaufsorganisation und Handelskunden umfassen.

Der **Verkaufsinnenorganisation** obliegt es, die Verkaufsorgane zu unterstützen. Ihre Hauptaufgabe besteht darin, die Verkäufer von delegierbaren Verwaltungs- und administrativen Aufgaben zu entlasten, um dadurch ihre aktiven Besuchs- und Verkaufszeiten bei den Kunden (und damit ihre Effizienz) zu erhöhen.

Die Aufgaben des Sales Managers stellen sich insoweit als *komplex* dar. Er ist dabei nicht nur für den konzeptionsadäquaten **Aufbau** der Absatz-/Verkaufsorganisation, sondern vor allem auch für ihre **Steuerung und Kontrolle** zuständig. Das schließt ggf. auch notwendige bzw. sinnvolle Reorganisationen mit ein. Eine besondere Herausforderung ist insgesamt die Weiterentwicklung des Absatzwege-Konzepts. Das bedeutet inzwischen vielfach die Realisierung eines sog. **Multi-Channel-Konzeptes**, d.h. die möglichst konfliktfreie, zumindest konfliktarme Kombination von klassischen und neuen internet-gestützten (E-Commerce) Absatzwegen.

Grundlage der Steuerung und Kontrolle ist die aus der Marketing-Konzeption des Unternehmens abgeleitete **Ziel-, Maßnahmen- und Budgetplanung** für den Absatz/Vertrieb. Basis der Planungs- wie der Überwachungsaufgaben ist dabei ein entsprechend *differenziertes* Vertriebsinformationssytem, das die Ziele und Ergebnisse bis hinunter zur kleinsten Verkaufseinheit (Verkäufer- bzw. Bezirksleiterebene) transparent und damit überprüfbar macht. Darüber hinaus ist der Sales Manager (und seine Verkaufsmannschaft) verantwortlich für eine systematische Konkurrenzbeobachtung (mit Berichtspflicht).

Der Sales Manager ist darüber hinaus an wichtigen marketing-spezifischen Basis- oder Grundkonzepten beteiligt (= **Marketingmitverantwortung**). Er ist gehalten, wichtige Strategiekonzepte wie etwa Markenartikel- bzw. Präferenzstrategie oder Marktsegmentierungsstrategie nicht nur mitzugestalten, sondern auch konzeptionsgerecht im Markt bzw. bei den Kunden im Handel umzusetzen. Dazu gehört vor allem die strategie-adäquate, *positionierungsgerechte* Gestaltung von Preisen und Konditionen.

In diesem Kontext übernimmt der Sales Manager neben seinen konzeptionellen und führungsbezogenen Aufgaben auch **Besuche und Verhandlungen** (speziell Jahresgespräche) bei bzw. mit wichtigen Großkunden (Schlüsselkunden oder Key Accounts) und die Akquisition neuer Abnehmergruppen. Hierzu zählt auch der Besuch von marktspezifischen, fach- und kundenbezogenen bzw. abnehmerspezifischen Hausmessen. Von diesen Aufgaben ist er dann – zumindest teilweise – entlastet, wenn das **Key-Account-Management** innerhalb der Absatz/Verkaufsorganisation realisiert ist.

Darüber hinaus obliegt dem Sales Manager (Absatz/Vertriebsleiter) gewöhnlich die **Verkaufsabwicklung** in Bezug auf die kundenorientierte Fertiglagerpolitik und Versandsteuerung (= Marketing-/Vertriebslogistik). Im Zuge der an Bedeutung gewinnenden Betreuung von Kunden ist ihm in der Regel auch der **Kundendienst**, und zwar sowohl der *Pre*-Sale- als auch der *After*-Sale-Service (z. B. **Leiter Kundenbetreuungsprogramme** bzw. **Chief Customer Officer**, CCO) unterstellt.

Für eine **konstruktive Zusammenarbeit** mit dem Marketingbereich ist es entscheidend, dass der Sales Manager (und seine Mannschaft) für strategische, eher langfristige Marketingkonzepte aufgeschlossen sowie bereit und in der Lage ist, konzeptionell zu denken und zu handeln, wie umgekehrt der Marketing Manager (und seine Mannschaft) die Herausforderungen und Zwänge des kurzfristigen Vertriebsgeschäfts („Tagesgeschäft“) kennen und verstehen.

### *ad) Key Account Manager*

Das Key Account Management (KAM, auch als Kunden(gruppen)-Management bezeichnet) ergänzt das produktorientierte Produkt-Management um eine grundlegende, nämlich **kundenorientierte Dimension**. Dabei ist zu berücksichtigen, dass das Key Account Management nicht etwa das Produkt-Management ersetzt, sondern seine spezifischen kundenorientierten Aufgaben in *enger* Zusammenarbeit sowohl mit dem Produkt-Management als auch mit bzw. in der Absatz-/Vertriebsorganisation erbringt.

Das Key Account Management bzw. der oder die Key Account Manager ist der Bereich und umfasst die Stellen (Instanzen), die sich mit der gezielten Betreuung jeweils unterschiedlicher Abnehmer- oder Kundengruppen (wie Großhandel, Einzelhandel) und ihren jeweiligen **Bedürfnissen und Anforderungen** beschäftigen. Der Hauptansatz des Key Account Managers besteht dabei darin, das unternehmenseigene Marketing- und Vertriebskonzept bei seinen jeweiligen Kunden (Kundengruppen) so einzubringen, dass einerseits das eigene Konzept möglichst *optimal* umgesetzt, andererseits aber so auf den oder die Kunden zugeschnitten wird, dass beide – Unternehmen und Kunde – daraus ihren Vorteil ziehen (= sog. **Win-Win-Situation**).

Das Key Account Management berücksichtigt die sog. **Pareto-Regel**, dass nämlich etwa 20 % der Kunden ca. 80 % des Umsatzes erbringen. Das bedeutet, dass eben diese 20 % der Kunden die Großkunden und damit die sog. Schlüsselkunden sind, die für ein Unternehmen besonders wichtig sind und deshalb besonders gepflegt und betreut werden müssen. Durch regelmäßige Information und Kommunikation soll die Beziehung zu diesen Kunden möglichst konfliktarm gestaltet werden.

Das Key Account Management soll letztlich dazu beitragen, das die Marktstellung des eigenen Unternehmens gegenüber dem Wettbewerb verbessert wird und seine Produkte bzw. Marken im Handel konzeptionsgerecht präsentiert und im **Preis- und Konditionengefüge** des Handels eine bestimmte, der **eigenen Marktpositionierung** entsprechende Stellung einnehmen und möglichst halten. Das ist mit dem Handel so abzustimmen, dass diese preisliche Einpassung auch für ihn selbst zu Umsatz- und Renditevorteilen führt.

Die Tätigkeit des Key Account Managers beginnt mit einer **sorgfältigen Analyse** des Geschäftsmodells, der Geschäftsprozesse und der Bedürfnisse des Kunden (sowohl auf der Einkaufs- als auch auf der Verkaufsseite), denn Großkunden erwarten von Geschäftspartnern eine individuelle Betreuung und Beratung zur Steigerung des Geschäftserfolgs sowie entsprechende Serviceleistungen (siehe auch *Belz/Müllner/Zupancic*, 2004). Modernes Key Account Management bedeutet deshalb weniger Produkt- als vielmehr **Ideen- und Konzeptverkauf**, um vorhandene Marktpotenziale gemeinsam möglichst optimal zu nutzen. In dieser Funktion ist der Key Account Manager der Gesprächspartner der Entscheider-Ebene (Buying Center) des Ein- und Verkaufs im Handel.

Aufgrund von Markt- und Kundenanalysen sowie Aufbau und Weiterentwicklung eines Kundeninformationssystems erarbeitet der Key Account Manager für seine Kunden – in Abstimmung mit dem Sales Manager (Vertriebsleiter) – entsprechende **Ziel-, Maßnahmen- und Budgetpläne**, für deren Einhaltung bzw. Realisierung er die Verantwortung trägt. Neben der konsequenten Betreuung und Bindung seiner Großkunden besteht eine wesentliche Aufgabe auch darin, neue Schlüsselkunden zu gewinnen sowie ggf. auch ehemalige Kunden wiederzugewinnen (er übt insoweit auch die Funktion eines **New Business Development Managers** aus).

Zum Aufgabenspektrum des Key Account Managers gehört auch die systematische **Markt- und Wettbewerbsbeobachtung** (mit Reporting) sowie der Besuch wichtiger Fach- und Handelsmessen.

### *ae) Communications Manager*

Die Art der Kommunikationsinstrumente (Offline wie Online Medien) und ihre Einsatzformen (inkl. Cross Media) sind so vielfältig, dass Kommunikationsziele wie übergeordnete Marketing- und Unternehmensziele nur durch eine konsequente **konzeptionsorientierte Integration** *aller* Kommunikationsmaßnahmen (Communications) erreicht werden können. Zumindest in größeren, marketingorientierten Unternehmen spricht daher vieles für einen *zentralen* Communications Manager (auch Corporate Communications Manager bzw. **Chief Communications Officer**, CCO). In vielen Unternehmen ist eine solche Aufwertung der Kommunikation(sfunktion) und ihrer Führung zu beobachten.

Die Hauptaufgabe des Communications Managers (Leiters Kommunikation) besteht darin, das aus der gültigen Marketing-Konzeption des Unternehmens abgeleitete bzw. enthaltene **Kommunikationskonzept** umzusetzen (ggf. aber auch erst ein vollständiges, integriertes Kommunikationskonzept zu entwickeln oder weiterzuentwickeln etwa bis hin zu einem *Social Media*-Marketingkonzept).

Auf der Basis eines ganzheitlichen Kommunikationskonzepts ist er dafür verantwortlich, die Kommunikationsziele zu realisieren, die einen wesentlichen Beitrag zur Erfüllung der Marketing- und Unternehmensziele leisten sollen. In Wahrnehmung dieser Aufgabe ist der Kommunikationsleiter zuständig für eine **vollständige Ziel-, Maßnahmen- und Budgetplanung** für die Kommunikationspolitik des *gesamten* Unternehmens. Das heißt mit anderen Worten, er ist für die Realisierung und Einhaltung dieser Planungen verantwortlich.

Hinsichtlich der organisatorischen Gestaltung sowie der Ausdifferenzierung der Kommunikationsaufgaben sind grundsätzlich verschiedene Lösungen möglich (*Kloss*, 2012; *Bruhn*, 2011). Im Interesse einer effizienten, *integrativen* Kommunikationsarbeit sind dem Communications Manager folgende **Aufgaben bzw. Bereiche** zugeordnet: Werbung, Verkaufsförderung (ggf. außer der unmittelbar verkäuferorientierten Absatzförderung, vgl. die Aufgabenbeschreibung des Sales Managers), Public Relations (Öffentlichkeitsarbeit, in dieser Funktion ist er auch Ansprechpartner wie Kontaktsuchender von bzw. bei Publikumsmedien und Fachpresse). Im Interesse eines möglichst einheitlichen, an der Markt- und Markenpositionierung des Unternehmens ausgerichteten **Gesamtauftritts** des ganzen Unternehmens ist er grundsätzlich auch für Sponsoring, Events sowie Messen und Ausstellungen zuständig und verantwortlich. Insoweit kommt ihm auch insgesamt eine zentrale Aufgabe bei der Gestaltung und Umsetzung einer einheitlichen **Corporate Identity** zu. Schließlich ist es sinnvoll, dem Communications Manager auch die Interne Kommunikation zu unterstellen. Ihr kommt nicht zuletzt unter dem Aspekt einer anzustrebenden und zu realisierenden *kundenorientierten* **Unternehmenskultur** ein besonderer Stellenwert zu.

Ob und inwieweit dem Communications Manager tatsächlich *alle* angesprochenen Aufgaben und Zuständigkeiten übertragen werden, ist nicht nur eine Frage der Zweckmäßigkeit, sondern auch eine Frage der „zulässigen" **Kontrollspanne**. Ihre Beantwortung hängt dabei nicht nur vom Anspruch des unternehmensindividuellen Marketing- und Kommunikationskonzepts ab; diese Entscheidung ist auch von der Ausbildung und Erfahrung des vorgesehenen Stelleninhabers abhängig zu machen (bis hin zu Anforderungen eines **Digital Natives**).

Entscheidend ist insgesamt, dass dem Communications Manager (Leiter Kommunikation) entsprechende **Fachabteilungen** mit entsprechend spezialisiertem Fachpersonal zur Verfügung stehen. Darüber hinaus hängt die Realisierung eines anspruchsvollen Kommunikationskonzepts vom Einsatz spezialisierter **Marketing-Dienstleister** ab ( wie unterschiedliche Agenturen für Werbung, Verkaufsförderung, Public Relations bis hin zu Internet- und Social Media-Agenturen, ggf. auch sog. Full-Service-Agenturen, siehe dazu das nächste Kapitel „Marketing-Dienstleister als Umsetzungshelfer des Konzeptionellen Marketing"). Ihr Einsatz und die von ihnen zu erarbeitenden und zu realisierenden Kommunikationsmaßnahmen sind nicht nur innerhalb des Bereiches Kommunikation zu koordinieren, sondern auch mit den *Produkt*-Managern (hinsichtlich der Betreuung ihrer Produkt/Marken) und den *Key Account* Managern (hinsichtlich der Betreuung ihrer „Schlüsselkunden"). Das ist eine grundlegende **Voraussetzung** für die konzeptionsgerechte Markenprofilierung und Kundenbindung und damit für die Erreichung oberster Marketing- und Unternehmensziele.

Bei der Entwicklung und Umsetzung umfassender professioneller Kommunikationskonzepte spielen stark zunehmend die digitalen Kommunikationsmöglichkeiten, wie sie insbesondere das **Internet** (inkl. Web 2.0) bietet, eine wichtige, vielfach erfolgsentscheidende Rolle. Im Zuge dieser Entwicklung sind verschiedene *spezialisierte* Marketingberufe (Berufsfamilie „New Media Management") entstanden, auf die im folgenden Abschnitt näher eingegangen wird.

Im Zusammenhang mit dieser Entwicklung haben sich auch **spezielle Marketing-Dienstleister** im Bereich der digitalen Kommunikation, insbesondere Internet-, Multimedia- sowie Social Media-Agenturen, entwickelt. Diese Dienstleister und ihre speziellen Services werden noch in einem gesonderten Kapitel über externe Marketing-Dienstleister näher behandelt. Gerade auf den angesprochenen Feldern sind Unternehmen vergleichsweise stark auf **externen Rat** sowie **externe Problemlösungen** angewiesen. Dem Communications Manager kommen in diesem Zusammenhang – und zwar in enger Abstimmung mit dem Marketing Manager – wichtige, erfolgsentscheidende Auswahl- und Koordinationsaufgaben zu. Idealerweise fängt heute der Arbeitstag des Communications Managers (und Marketing Managers) **im Internet** an, nicht zuletzt auch was schnelle Initiativen und/oder Reaktionen im Rahmen des zunehmend eingesetzten Social Media-Marketing angeht. Grundlegende Unterstützung bieten hierbei Systeme des **Marketing Resource Management**, bei dem spezielle IT- bzw. Software-Lösungen Anwendung finden.

Unter den neuen digitalen, Web 2.0- und speziell den Social Media-Bedingungen bekommt das Thema **„Integrierte Kommunikation"** eine ganz *neue*, komplexe Dimension (s. a. neue Aufgabe eines **Content Marketing Managers**). „Alle mit Kommunikation befassten Bereiche in Unternehmen müssen … organisatorisch-strukturell und inhaltlich vernetzt und mit einem integrierten Kommunikationsansatz gesteuert werden. Erst damit gelingt es, Kommunikationsziele im Zusammenspiel aller Instrumente einer Organisation nach außen und innen als konsistentes Gesamterscheinungsbild zu präsentieren" (*Hilker*, 2012, S. 122).

### *af) Market Research Manager*

Die erfolgreiche Erarbeitung wie auch Umsetzung einer Marketing-Konzeption ist mehr denn je an umfassende, verlässliche Markt- und Marketinginformationen gebunden. Die **Dynamik der Märkte** erfordert vielfältige, möglichst zeitnahe Informationen, um die jeweils richtigen Marketingentscheidungen treffen zu können. Insoweit kommtdem Leiter der Marktforschung (oder inzwischen üblicher: dem **Market Research Manager**) eine stetig wachsende Bedeutung zu, und zwar nicht zuletzt aufgrund der Fülle von Informationsmöglichkeiten auf Basis moderner Informations- und Kommunikationstechnologien, die grundsätzlich auch den **Wettbewerbern** im Markt zur Verfügung stehen.

Der große Baukasten der Marktforschungsinstrumente und ihre *differenzierten* Informationsmöglichkeiten (Bereitstellung von grundlegenden Markt-, Abnehmer- bzw. Zielgruppendaten) dienen als unerlässliches **Radarsystem** für die Markt- und Unternehmenssteuerung. Der Market Research Manager ist der verantwortliche **Partner** im Unternehmen, der zu vielen konzeptionellen Fragestellungen aus den unterschiedlichen Marketing- und Unternehmensbereichen – unter Kosten-Nutzen-Abwägungen – optimale und vor allem realisierbare Antworten bzw. Lösungsansätze generiert. Er ist zugleich das **Bindeglied** zwischen den einzelnen Fachabteilungen des Unternehmens und *externen* Marktforschungsdienstleistern und verantwortlich sowohl für die Qualität als auch die Umsetzbarkeit der Forschungsergebnisse. Insgesamt sind alle Maßnahmen der Marktforschung (Market Research) bzw. der Generierung von Marktdaten und Marketingansätzen darauf gerichtet, dem Unternehmen Informations- und Handlungsvorteile in sachlicher und zeitlicher Hinsicht zu verschaffen, aus denen sich **Wettbewerbsvorteile** begründen lassen.

Folgende **Formen** und Vorgehensweisen der Marktforschung können unterschieden werden: Was den Bezugszeitraum angeht, so sind einmalige Erhebungen (sog. Ad hoc- Forschung) und mehrmalige, ggf. laufende Erhebungen (sog. Tracking- sowie Panelforschung) möglich. Was die untersuchten Märkte betrifft, so konzentriert sich die marketing-bezogene Forschung i. e. S. auf die *Absatz*märkte des Unternehmens und i. w. S. auch auf Beschaffungs- und ggf. Finanzmärkte. Und was schließlich die Art und Weise der Marktinformationsgewinnung angeht, so wird generell zwischen sog. **Primärforschung** (= Erhebung von *originären* Markt- und Kundeninformationen via persönlichen, telefonischen, schriftlichen und inzwischen verstärkt Online Interviews) einerseits und sog. **Sekundärforschung** (= Gewinnung und Verarbeitung von marktbezogenen Informationen auf Basis *vorhandener*, allgemein – verstärkt auch über das Internet – zugänglicher Ausgangsdaten) andererseits unterschieden.

Was die Erhebung **originärer Daten** auf der Basis unterschiedlicher Interviewarten betrifft, so ist hierfür meistens – vor allem bei repräsentativen Großuntersuchungen – die Einschaltung von spezialisierten Marketing-Dienstleistern wie **Marktforschungsinstituten** notwendig. Auf diese Marketing-Dienstleister und ihre jeweiligen Services wird noch in einem gesonderten Kapitel näher Bezug genommen. Was die Beschaffung von Informationen auf Basis vorhandener, allgemein zugänglicher Quellen angeht, so eröffnen sich heute auf der Grundlage von **Internet-Recherchen** vielfältige, schnelle und vergleichsweise kostengünstigeMöglichkeiten der Markt- und Umfeldinformationsgewinnung, und zwar weltweit. Die Möglichkeiten der Unternehmen, selbst Primärerhebungen durchzuführen, sind etwa bei **Pilotstudien** gegeben (z. B. via Moderation von Gruppendiskussionen oder Beobachtung von Kundenkontaktstellen via Mystery Shopping).

Im Hinblick auf den *ziel-strategischen* Einsatz der **operativen Marketinginstrumente** bietet die Marktforschung – und hier auch über spezialisierte Marktforschungsinstitute – ein breites Methodenspektrum an für die Durchführung von Produkt-, Preis-, Distributions- und Kommunikationsuntersuchungen bzw. -tests.

In Bezug auf die grundsätzlichen methodischen Ansätze wird gewöhnlich zwischen *quantitativer* und *qualitativer* Marktforschung unterschieden. Für die Durchführung derartiger Untersuchungen stehen wiederum jeweils unterschiedlich ausgerichtete Marktforschungsinstitute zur Verfügung. Vergleichsweise neu sind die Ansätze des sog. **Neuromarketing**, bei dem versucht wird, Methoden aus den Neurowissenschaften (u. a. der Hirnforschung) auf Marketingprobleme bzw. -fragestellungen insbesondere im Hinblick auf den Marketinginstrumenteneinsatz (z. B. Produkt-, Preis- oder Werbegestaltung) anzuwenden (s. etwa *Bruhn/Köhler*, 2010). Diese Ansätze finden inzwischen verstärkt Eingang in den Methodenbaukasten unterschiedlicher Marktforschungsinstitute. Die methodische Entwicklung ist hier allerdings noch stark im Fluss und die endgültigen Einsatz- und Nutzungsmöglichkeiten im Marketing noch nicht abschließend zu beurteilen.

Im Hinblick auf den regionalen Geltungsbereich der Marktforschung wird zwischen *nationaler* und *internationaler* Marktforschung unterschieden. Letztere gewinnt angesichts der **Globalisierung** und der entsprechenden marketing-strategischen Ausrichtung der Unternehmen immer stärker an Gewicht. Nicht selten wird in den Unternehmen inzwischen für Aufgaben internationaler (globaler) Marktinformationsgewinnung ein **Global Market Research Manager** eingesetzt.

Ziele und Aufgaben der Markt- und Wettbewerbsinformationsgewinnung unterliegen insgesamt bestimmten **Restriktionen**. Sie bestehen u. a. in Form begrenzter Marktforschungsbudgets, beschränkter zur Verfügung stehender Zeit wie auch in Form rechtlicher Beschränkungen (insbesondere notwendige Berücksichtigung von Daten- und Persönlichkeitsschutz, speziell bei Primärerhebungen via Befragung).

Die Entwicklung eines unternehmensspezifischen, marketingadäquaten **Marktforschungskonzepts** und seine Umsetzung unter Berücksichtigung der vielfältigen methodischen Ansätze wie auch gegebener Restriktionen ist eine **herausfordernde Managementaufgabe** des Market Research Managers (Markforschungsleiters).

Generell ist heute das Bemühen darauf gerichtet, möglichst umfassende **Marktinformationssysteme** zu schaffen,die Teil eines komplexen Informations- bzw. Wissenssystems des ganzen Unternehmens sind. Insoweit sind hier auch Grundfragen des **Wissensmanagements** (zu Theorie und Praxis des sog. Wissensmanagements *Al-Laham*, 2003; *Götz/Schmid*, 2004 sowie *Lehner*, 2012) sowie eines **Wissensmanagers** angesprochen.

Exkurs: Zum Aufgabenspektrum eines Wissensmanagers

Der **Wissensmanager** (Chief Knowledge Officer, CKO) ist im Wesentlichen für folgende **Aufgaben** verantwortlich (*Lehner*, 2012): Konzeption und Implementierung eines systematischen Wissensmanagements, Unterstützung des internen Wissenstransfers, Unterstützung von Innovationsprozessen, Analyse und Bewertung von Wissensprozessen, Weiterentwicklung des Wissensmanagementsystems. Insgesamt sind die Wissensziele („Was ist das wichtige und relevante Wissen im Unternehmen?") und die Wissensmanagementziele („Was soll mit Wissensmanagement überhaupt erreicht werden?") zu definieren. **Kritische Faktoren** eines Wissensmanagementsystems sind die Bedingungen der Navigation und des Zugriffs auf sowie der Weitergabe von Wissen, einschließlich der adäquaten Einbindung und Motivation der Mitarbeiter im Unternehmen.

An (Markt-)Informationssysteme und ihre Daten sind **generelle Anforderungen** zu stellen, wie Relevanz, Objektivität, Zuverlässigkeit, Aktualität, Zweckmäßigkeit und nicht zuletzt Wirtschaftlichkeit. Ihre **zentralen Funktionen** bestehen insbesondere in einer Frühwarn-, Innovations-, Planungs- und Prognosefunktion. Die Funktion des **Market Research Managers** ist insoweit eine anspruchsvolle, für marketing- und kundenorientierte Unternehmen insgesamt erfolgsentscheidendeAufgabenstellung.

### *b) Neuere Marketingberufe (Marketingaufgaben und Berufsfamilien)*

Neben den klassischen, in der Marketingpraxis weitgehend etablierten Berufen (und Funktionen) ist verstärkt die Ausbildung und Ausdifferenzierung „neuer“ Marketingberufe zu beobachten. Sie sind das Ergebnis neuer **Technologien** (z. B. digitalen Informations-, Kommunikationstechnologien) und neuer **Marktentwicklungen** (z. B. Marktsättigung, Globalisierung) und daraus folgender Zwänge zur Ausschöpfung neuer Potenziale gerade auch im Marketing. Das hat zu „neuen“ Marketinginstrumenten bzw. neuen marketing-spezifischen Einsatz- und Nutzungsformen geführt.

Die Abgrenzung von „klassisch“ und „neu“ ist dabei *nicht* eindeutig und widerspruchsfrei möglich, zumal die Entwicklung hier im evolutionären Fluss ist und die Konsequenzen für das einzelne Unternehmen jeweils auch vom **Anspruch und Aktivitätsniveau** der Marketing-Konzeption abhängt.

Die neueren Berufe sind dabei vor allem an die Entwicklung und Durchsetzung des **E-Business** und des **Online-Marketing** (Online-Werbung und E-Commerce) gekoppelt. Die Erfahrung zeigt, dass die Potenziale dieser neuen strategischen und instrumentalen Möglichkeiten in aller Regel nur mit **Spezialisten** sowie entsprechenden Fachabteilungen und spezialisierten Marketing-Dienstleistern genutzt werden können. Solche Spezialisten haben sich zuerst bei einschlägigen Marketing-Dienstleistern herausgebildet und entwickelt.

Grundsätzlich sind diese neuen Marketingberufe bzw. die von ihnen wahrzunehmenden Aufgaben (Positionen) der **Gesamtleitung Marketing/Vertrieb** (Marketing/Sales Manager) und zwar entweder auf der 1. Hierarchieebene (Geschäftsleitungsebene) oder auf der 2. Hierarchieebene (Hauptabteilungsebene), zugeordnet. Auf der 2. Hierarchieebene werden die neuen Aufgaben nicht selten aufgespalten (z. B. Zuordnung/Unterstellung der Online-Werbung (-Marketing) der *Marketing*leitung und des Electronic Commerce der *Vertriebs*leitung). Die einzelnen Unternehmen suchen und realisieren bislang eher verschiedene unternehmensindividuelle Lösungen, was vielfach mit dem unterschiedlichen Entwicklungsstadium von Unternehmen und ihrer Marketing-Konzeption sowie der Verfügbarkeit von Spezialisten zusammenhängt.

Die neueren Marketingberufe können insgesamt unterschiedlichen **Berufsfamilien** zugeordnet werden (*Schütz* 1998; *asw-Serie* „Neue Berufe“ in den Jahrgängen 1999 und 2000 sowie 2012; *Massow,* 2000; *Goertz,* 2002; *Schwarz*, 2008), und zwar:

1. **Information-Management** (u. a. Database-Manager, Internet-Scout),
2. **Relationship-Management** (u. a. Relationship-Manager, Call-Center-Manager),
3. **Efficient Consumer Response-Management** (u. a. Category-Manager, Supply-Chain-Manager),
4. **New Media-Management** (u. a. Webmaster, Online Marketing Manager, E-Commerce-Manager, Social Media- bzw. Community-Manager),
5. **Marketing Tools-Spezialisten** (u. a. Innovation-Manager, European oder Global Price-Manager, European oder Global Advertising-Manager, New Channel-Manager).

Im Folgenden sollen die fünf angesprochenen Berufsfamilien und jeweils typische Berufe näher skizziert werden.

#### *ba) Berufsfamilie Information-Management*

Was die erste Berufsfamilie: Information-Management betrifft, so sind die hier aufgeführten Berufe und Positionen darauf gerichtet, „maßgeschneiderte Informationen“ für das Marketing zu gewinnen. Speziell die Aufgabe des **Database-Managers** (Data Scientist) besteht darin, aus der Kontakthistorie fein-strukturierte Informationen über Kunden systematisch in einer IT-gestützten Datenbank zu sammeln *und* zu pflegen, um damit die Möglichkeit zu besitzen, mit Hilfe von Data-Mining-Tools systematisch Kundenprofile zu erstellen, um auf diese Weise **kundenspezifisches** bzw. **segmentspezifisches Marketing** z. B. über die Direktansprache (Direktmarketing) betreiben zu können. Eine solche Datenbank ist insoweit eine grundlegende Voraussetzung für ein professionelles, kontrollierbares Customer Relationship Management (CRM, siehe hierzu auch 3. Teil „Marketingmix“, Kapitel Neuere umfassende Marketingansätze, Abschnitt Beziehungsmarketing).

Der Database-Manager übernimmt eine Art **Zulieferfunktion** nicht nur für Marketing, sondern auch für Vertrieb und Service. Bei seiner Tätigkeit nimmt er zugleich eine „Moderatorenfunktion“ zwischen der IT-/Informatik-(**Chief Information Officer**, CIO) und der Marketing-/Vertriebs-Welt (**Chief Sales and Marketing Officer**, CSMO) wahr.

Was das Information-Management i. w. S. angeht, so haben sich inzwischen am Markt spezielle **Wissensdienstleister** etabliert, wie Internet-Scouts, Info-Broker und Online-Marktforschungsinstitute. Sie betreiben professionelle wissens- bzw. informationsorientierte Auftragsforschung **im Internet** (siehe hierzu das folgende III. Kapitel Marketing-Dienstleister als Umsetzungshelfer des Konzeptionellen Marketing, speziell den Abschnitt Marktforschungsinstitute).

Immer mehr Unternehmen setzen inzwischen ihre eigenen **Internet-Scouts** ein, um das Netz systematisch zu durchforsten. Diese Kundschafter durchsuchen Millionen von Seiten – immer auf der Suche nach verwertbaren Informationen und Trends für die Marketing- und Unternehmenspolitik des Unternehmens. Eine vergleichsweise neue wissensbezogene Aufgabe im Unternehmen erfüllt der sog. **Issues Manager**; er widmet sich der Beschaffung von Zukunftsinformationen und baut Frühwarnsysteme auf. Damit sollen „brisante Themen“, sog. Issues, rechtzeitig identifiziert werden, um darauf aufbauend *proaktiv* agieren zu können.

### *bb) Berufsfamilie Relationship-Management*

Die zweite Berufsfamilie: Relationship-Management umfasst Berufe bzw. Aufgaben und Positionen, die sich einem systematischen Kundenbeziehungsmanagement widmen, und zwar über den gesamten **Kundenzyklus** hinweg (= potenzielle Kunden, bestehende Kunden, ehemalige, ggf. wiederzugewinnende Kunden). Diese Aktivitäten, für die ein sog. **Relationship-Manager** verantwortlich ist, dienen der Kundenbindung und versuchen über verschiedene **konzeptionelle Ansätze** wie More-Selling, Cross-Selling und Up-Selling das Kundenpotenzial im Interesse ehrgeiziger Marketing- und Unternehmensziele konsequent auszuschöpfen.

Beim Ansatz „*More*-Selling“ geht es darum, dass der **loyale Kunde** mehr von bisherigen Produkt(en) kauft, beim „*Cross*-Selling“ darum, die Käufer eines bestimmten Produktes dafür zu motivieren, auch andere Produkte des eigenen Unternehmens zu erwerben und das „*Up*-Selling“ schließlich zielt darauf ab, Kunden anzureizen, höherwertigere (und damit i. d. R. renditestärkere) Produkte zu kaufen (siehe hierzu etwa die Beispiele bei *Kreutzer*, 2006, S. 117 ff. sowie die dafür notwendigen kundenbezogenen Profil-, Aktions- und Reaktionsdaten).

Für Kunden, die aufgrund der erfassten Kundendaten Abwanderungstendenzen zeigen, werden „Kundenerhaltungsspezialisten“ (z. T. auch als **Retention-Manager** bezeichnet) tätig; das ist vor allem in Branchen mit hoher Kundenfluktuation (wie z. B. beim Mobilfunk oder bei den Direktbanken) der Fall. Diese spezielle Form des Beziehungsmanagements wird

– neben zielgruppenspezifischen Mailings oder auch E-Mails – gewöhnlich über ein aktives **Telefonmarketing** betrieben. Hierfür werden entweder eigene Call Center installiert, für deren Aufbau und Betreiben ein **Call Center-Manager** verantwortlich ist. Häufig wird dieser Aufgabenbereich aber auch in unternehmens*externe* Call Center ausgelagert.

Hinsichtlich der Nutzung der verschiedenen Kommunikationskanäle wie Telefon, Briefe (Mailings) oder E-Mails ist deren rechtliche Zulässigkeit zu beachten, die auf eine jeweilige Erlaubnis durch den bzw. die Angesprochenen hinausläuft. In diesem Zusammenhang wird auch vom **Permission Marketing** gesprochen (*Hoepner/Schminke*, 2012, S. 27 ff.).

### *bc) Berufsfamilie Efficient Consumer Response-Management*

Das dritte Berufsfeld: Efficient Consumer Response-Management (ECRM) bezieht sich auf die Gestaltung und Optimierung **kooperativer Beziehungen** zwischen Industrie und Handel. Hierbei sind zwei verschiedene strategische Stoßrichtungen zu unterscheiden (siehe hierzu auch 3. Teil „Marketingmix", Kapitel Kommunikationspolitische Basisinstrumente, Abschnitt Verkaufsförderung (und Vertikales Marketing)).

Liegt der Schwerpunkt auf der effizienten, verbraucher-orientierten Sortimentssteuerung und Regaloptimierung im Handel, so ist dies das Einsatzfeld des **Category-Managers**. Solche Optimierungsprozesse fußen auf entsprechenden Marktforschungsanalysen, die vom Category Manager gewöhnlich initiiert und häufig gemeinsam von Industrie und Handel durchgeführt werden (meistens von darauf spezialisierten Marktforschungsinstituten). Wenn der Hauptansatz der Kooperation dagegen auf der Effizienzsteigerung der Logistik und der davon abhängigen Warenversorgung liegt, so fällt das in das Aufgabenfeld eines **Supply-Chain-Managers** (= Lieferketten-Managers). Die Kernaufgabe dieses Lieferketten-Managers besteht dabei in der Vernetzung der Informations- und Güterströme zwischen Lieferant und Kunde (und ist damit ein typischer Einsatzbereich für Wirtschaftsingenieure).

### *bd) Berufsfamilie New Media-Management*

Die vierte Berufsfamilie: New Media-Management umfasst vielfältige spezialisierte Berufsfelder um das Thema „Neue Medien" (insbesondere das Internet). Die Hauptaufgabe besteht hier darin, das **Internet-Marketing** als wichtigen konzeptionellen Teil sowohl der Marketingstrategie als auch des Marketingmix zu etablieren und in konkrete zielstrategischorientierte Aktivitäten (und nicht in Form kurzatmiger Alibi-Maßnahmen) umzusetzen.

Die Möglichkeiten des Internet- bzw. Online-Marketing sind inzwischen äußerst vielfältig (siehe hierzu auch 3. Teil „Marketingmix, Kapitel Neuere Möglichkeiten des Internet-Marketing und des Electronic Commerce). Eine Kernaufgabe besteht zunächst einmal in der Einrichtung von Websites für das eigene Unternehmen, und zwar in Form von Image-, Marketing- oder Shopping-Sites. Das ist ein Aufgabenfeld für den sog. **Webmaster**. Er ist für die Planung, Implementierung und Pflege von Websites zuständig und bildet gleichsam die Schnittstelle zwischen Online-Redaktion, Webdesignern, Programmierern und Usern. Entscheidend dabei ist, Websites bedienungs-freundlich zu gestalten. Neben der ständigen Aktualisierung der Website sorgt er auch für das Funktionieren der Links.

Die Aktivitäten im Rahmen des Electronic Commerce (E-Commerce) werden Spezialisten übertragen, die häufig entsprechende Kenntnisse und Erfahrungen bei einschlägigen Marketing-Dienstleistern (Internet-Agenturen bzw. spezialisierten IT-Beratern) gewonnen haben. Für den **E-Commerce-Manager** ist aber vor allem auch ein gutes Verständnis des *kundenorientierten* Servicedenkens wie der Bestell- und Logistikprozesse wichtig. Er ist insgesamt für die Konzeptionierung, Entwicklung, Realisierung und Umsetzung von elektronischen Geschäftssystemen sowie deren ständiger Optimierung und ggf. Modifizierung verantwortlich.

Neben der Möglichkeit, Bestellungen *online,* d. h. ohne Orderlisten, vornehmen zu können, ist auch die Möglichkeit des Downloads von Produktinformationen und Bedienungs- bzw. Störfall- oder Reparaturanleitungen sowie von Informationen über Preise und Konditionen einschließlich der Lieferfähigkeiten von Bedeutung. Da es sich bei der Installierung des E-Commerce vielfach um eine Erweiterung bzw. Ergänzung bestehender klassischer Absatzwege im Sinne einer **Multi-Channel-Distribution** handelt, ist es grundsätzlich sinnvoll, aus Gründen der konzeptions-orientierten Gesamtkoordination diese Aktivitäten dem Vertriebsbereich (Vertriebsleitung/Sales Management) zuzuordnen.

Eine spezifische Aufgabe kommt in diesem Zusammenhang dem **E-Business-Manager** zu. Er fungiert als IT-orientiertes Bindeglied zwischen internen Fachabteilungen wie Vertrieb, Marketing, Logistik und Technik (Produktion). Er ist zuständig für alle **elektronischen Geschäftsprozesse**, und zwar sowohl was das Tagesgeschäft als auch neue konzeptionelle Projekte angeht. Wichtig ist seine Kunden- und Serviceorientierung. Die ist etwa dann gefordert, wenn z. B. der vom Kunden gewünschte Artikel *nicht* verfügbar ist. Der reine IT-Experte neigt dann dazu, diesen Artikel als „nicht verfügbar" zu stellen. Der E-Business-Manager im skizzierten kundenorientierten Sinne dagegen drängt darauf, einen Algorithmus zu programmieren, der auf verwandte Artikel verweist (Cross Selling).

Soweit das Internet bzw. digitale Medien für die Kommunikationspolitik genutzt werden, so ist hierfür in der Regel der Leiter Online-Werbung (**Online Marketing-Manager**) zuständig. Er ist zweckmäßigerweise dem Communications Manager zugeordnet, um auf diese Weise eine konzeptions-orientierte, *integrierte* Unternehmenskommunikation realisieren zu können. Die grundlegende Aufgabe des Online Marketing Managers besteht darin, den Paradigmenwechsel in der Kommunikationspolitik aktiv mitzugestalten (= steigende Bedeutung der Internetwerbung, Herstellung einer **Balance** zwischen *Off*line- und *On*line Werbung (Cross Media) mit klaren Rollenzuweisungen für unterschiedliche Kommunikationsaufgaben, Entwicklung und Fortschreibung geeigneter Kommunikationskonzepte, inkl. entsprechender Ziel-, Maßnahmen- und Budgetplanung). Was speziell die neuen **digitalen Kommunikationskanäle** angeht, so besteht eine wesentliche Aufgabe darin, *permanent* auszuloten, welche Kommunikationsinstrumente in welcher Kombination am besten funktionieren. Diese **Optimierungsaufgabe** wird dadurch erleichtert, dass – bis auf das Engagement des Unternehmens in den Social Media-Netzwerken – fast alles zähl- und messbar ist. Die direkte Rückkoppelung mit dem Kunden und die präzise **Messbarkeit** von Werbemaßnahmen hinsichtlich Resonanz-, Performance- und /oder Verkaufszahlen in den Online-Medien macht den fundamentalen Unterschied zu Kommunikationsmaßnahmen in den Offline-Medien aus.

Speziell der in einem weiteren Sinne zuständige **Online Marketing-Manager** (auch als **Digital Marketing Manager** bezeichnet) ist dafür verantwortlich, alle Möglichkeiten der *digitalen* Medien für das **Kommunikationskonzept** des Unternehmens zu verfolgen und für das eigene Unternehmen nutzbar zu machen. Hierzu gehören (*Kreutzer*, 2012) auch die Möglichkeiten des **Viralen** (= digital unterstützten Empfehlungsmarketing) und des **Affiliate Marketing** (= Platzierung von Bannern auf der Internetseite eines Kooperationspartners). Außerdem sind wichtige Entwicklungen wie Social Media-Marketing und **Mobile Marketing** (= Marketingmaßnahmen mit bzw. für mobile Endgeräte) konzeptionell zu berücksichtigen (wofür ggf. ein spezieller **Mobil Marketing Manager** eingesetzt wird).

Eine zentrale Aufgabe des Online Marketing-Managers besteht vor allem in einem immer wieder zu optimierenden **Suchmaschinen-Marketing** (Search Engine Marketing). *Zwei* Ansatzpunkte sind hierbei zu unterscheiden: einmal die eigentliche Suchmaschinen-Optimierung (Search Engine Optimization, **SEO**), die daraufgerichtet ist, in den normalen Suchergebnissen eine Platzierung möglichst weit oben auf der ersten Seite zu erreichen und zum anderen die Suchmaschinen-Werbung (Search Engine Advertising, **SEA**), bei der die Möglichkeit besteht, Werbung gezielt am Rand der Ergebnisseiten zu platzieren, was von den Suchbegriffen des Nutzers abhängig ist (z. B. bei *Google AdWords*).

Bei der *direkten* Werbung via Internet wird versucht, den Empfänger der Werbebotschaft unmittelbar zu erreichen, was grundsätzlich nur über den bekannten E-Mail-Account eines vorgesehenen Empfängers möglich ist. Zur Direktansprache der Umworbenen können dabei E-Mail-Werbebriefe und E-Mail-Newsletter eingesetzt werden. Hierfür wird auch der Begriff des **E-Mail-Marketing** verwendet. Bei der *indirekten* Werbung via Internet wird demgegenüber versucht, die eigenen Werbebotschaften in ausgewählten fremden Websites zu platzieren. Hierfür können **verschiedene Werbeformate** wie Banner, Buttons und Popups eingesetzt werden. Häufig wird versucht, über das sog. **Targeting** Werbebotschaften nur an solche Internet-Nutzer heranzutragen, die einem bestimmten zielgruppen-orientierten Profil entsprechen (zu Portalen, die Targeting erlauben, zählen u. a. *AOL Deutschland* und *T-Online*).

Im Zuge der dynamischen Entwicklung Sozialer Medien (Social Media) versuchen Unternehmen verstärkt, auch diese Medien für die Realisierung *eigener* Marketing- und Unternehmensziele nutzbar zu machen. In diesem Sinne wird auch von **Social Media Marketing** gesprochen. Gleichwohl dürfen Soziale Medien in Gestalt von Online-Netzwerken wie *Facebook* und *Xing*, Kurzmitteilungsdiensten wie *Twitter* und *WhatsApp* bzw. Blogs oder Microblogs und Video- und Foto-Communities wie *Youtube*, *Instagram* und *Snapchat* nicht als reine Werbe- und Vertriebskanäle missverstanden werden. Dennoch bieten sie – adäquat eingesetzt – nicht zu unterschätzende, vielfältige Möglichkeiten zum **Dialog** zwischen Unternehmen und ihren relevanten Zielgruppen (s. hierzu auch *Kreutzer*, 2012, S. 330 ff.). Diese Medien knüpfen an der Kernidee des **Web 2.0** an, das heißt an den digitalen Möglichkeiten der Interaktivität und der von (privaten) Nutzern generierten Inhalte (User Generated Contents). Der große Fortschritt des Web 2.0 (*Kollmann/Häsel*, 2007) besteht darin, dass Internet-Nutzer nicht mehr nur Empfänger von Informationen sind, sondern selbst Aktivitäten entfalten und eigene Beiträge in das Web einstellen können.

**Ziel-strategische Nutzungsmöglichkeiten** für Unternehmen bestehen in mehrfacher Hinsicht. Zunächst einmal bieten sich die Sozialen Medien als **Informationsquelle** an. Sie sind insoweit für Zwecke der Marktforschung (im Sinne des Crowdsourcing, *Howe*, 2008; *Whitla*, 2009) einsetzbar. Andererseits bieten diese Medien nicht nur die Möglichkeit, Informationen zu erhalten, sondern auch solche zu kommunizieren (im Sinne von „Advertising“). Der eigentliche Sinn der Sozialen Medien liegt primär in den **Interaktionsmöglichkeiten** zwischen Kunde und Unternehmen in Form von Dialog. In dieser Hinsicht können Unternehmen ganz gezielt Informationen, die in den Sozialen Medien über Personen bzw. Kunden zugänglich sind, in ihre Kundendatenbanken aufnehmen und auch für ein gezieltes **(Social)Customer Relationship Management** ((S)CRM) nutzen. Größer werdende Möglichkeiten bieten hier automatisierte, software-gestützte Auswahlverfahren, bei denen allerdings Datenschutz-Aspekte zu berücksichtigen sind (*Hoepner/Schminke*, 2012).

Exkurs: Ansatzpunkte des Social Customer Relationship Management (SCRM)

Das sog. Social Customer Relationship Management stellt die Verknüpfung von Social Media und Customer Relationship Management (CRM) dar. Social CRM ergänzt das Kundenbeziehungsmanagement um **Meinungen** aus dem Web. Unternehmen erfahren auf diese Weise mehr über ihre Kunden, können ihren Vertrieb/Absatz optimieren, ihre Marketing- und Werbebotschaften entsprechend anpassen und somit insgesamt näher an ihre Zielgruppen heranrücken (*Hermes*, 2010).

Beim **Einsatz** von Social CRM haben sich bislang insbesondere **vier Ansatzpunkte** in Unternehmen herauskristallisiert (*Alt/Reinhold*, 2012):

- Anwendungen im **operativen Bereich** (Einsatz von Social Media z. B. zur Unterstützung der eigenen Helpline oder zur transparenten Beantwortung von Beschwerden),
- Anwendungen im **analytischen Bereich** (Nutzung von Social Media-Analysen z. B. zur Gewinnung von Informationen über Marktsegmente oder Kundenerwartungen),
- Anwendungen im **kommunikativen Bereich** (Verwendung von Social Media z. B. zur Bereitstellung von Informationen über Produkte/Marken in Expertenforen oder sozialen Netzwerken),
- Anwendungen im **kooperativen Bereich** (Intensivierung der Zusammenarbeit zwischenSocial Web-Nutzern und Unternehmen z. B. zur Diskussion über eigene Produkte in Kundenforen oder gemeinsame Entwicklung von Produktideen).

Bislang beruhen sowohl die Nutzeneinschätzungen als auch die Einsatzbereiche noch stark auf Einzelerfahrungen von Unternehmen und lassen sich nicht ohne Weiteres auf andere Unternehmen oder andere Branchen übertragen (*Hermes*, 2010; *Wang/Owyang*, 2010).

Aufgrund der schnellen und umfassenden Informationsverbreitung in den Sozialen Medien können – wie bereits erwähnt – auch positive **virale Effekte** (d. h. empfehlende Effekte) ausgelöst werden. Andererseits stellt die schnelle Verbreitung von unter Umständen **negativen Stellungnahmen** und Diskussionen über Produkte, Leistungen und/oder Verhaltensweisen von Unternehmen ein nicht *unerhebliches* Risiko dar. Dennoch müssen im Prinzip alle Unternehmen mit der relativ begrenzten Kontrollier- und Beeinflussbarkeit solcher Diskussionen (sowie „Shitstorms") umzugehen lernen. Nicht nur Großunternehmen, sondern auch Klein- und Mittelunternehmen (KMU) – und zwar sowohl im B-to-C- als auch im B-to-B-Bereich – werden auf Dauer nicht ohne ein bestimmtes **Engagement** in den Sozialen Medien auskommen (*BVDW*-Studie „Social Media in Unternehmen", 2012).

Vor diesem Hintergrund müssen Aktivitäten des Social Media Marketing in der **Marketing- und Unternehmensorganisation** bewusst und ziel-strategisch verankert werden. Aufgrund der Tatsache, dass Social Media Marketing noch ein vergleichsweise neuer Marketingansatz ist, werden hierfür *unterschiedliche* organisatorische Lösungen diskutiert und praktiziert (vgl. *Weinberg*, 2011; *Kreutzer*, 2014). Typisch ist hierfür etwa der **Social Media Manager** (auch als Community-Manager bezeichnet), dessen Aufgabe darin besteht, das Engagement auf allen (wichtigen) Social Media-Plattformen zu überwachen und inhaltlich „community-gerecht" zu gestalten, und zwar im Sinne von Zuhören, Einbringen und Mitdiskutieren. Dieser Manager ist entweder Teil des Marketing- oder Vertriebsbereiches und damit in die kundennahen Unternehmensbereiche eingebunden, um so auch Zugang zur gesamten ein- und ausgehenden Kundenkommunikation zu haben. Der Community bzw. Social Media Manager ist dabei in ein Spannungsfeld eingebettet: „Einerseits soll er als Mitarbeiter des Unternehmens dessen Interessen auch nach außen vertreten. Andererseits darf er nicht zu marketing- oder vertriebslastig agieren, um in der Community auf Akzeptanz zu stoßen" (*Kreutzer*, 2012, S. 417). Teilweise werden für diese Aufgaben auch **Social Media-Teams oder -Abteilungen** geschaffen. Eine solche Lösung ist vor allem dann angezeigt, wenn das Social Media Marketing für das Unternehmen eine **große Bedeutung** (namentlich in Konsumgüterunternehmen) besitzt, vielfältige Maßnahmen und Aktionen parallel laufen und hierfür ggf. auch mehrere *externe* Marketing-Dienstleister – wie Internet- bzw. Social Media-Agenturen – eingeschaltet werden (siehe hierzu auch das Kapitel zu den unterschiedlichen Marketing-Dienstleistern weiter unten). Mit ganzen **Social Media-Teams** können naturgemäß vollständigere, aktuellere Social Media-Konzepte erarbeitet, realisiert und auch kontrolliert werden. Diese Teams entwickeln Konzepte für konkrete Marketing- und Unternehmensziele, Zielkunden und Produkte/Marken. Auf der Basis dieser Festlegungen geht es dann um die Auswahl geeigneter Tools und Netzwerke sowie um die Content-Erarbeitung. Mit geeigneten Monitoring-Systemen beobachten sie Trends und Themen im Netz. Außerdem planen sie Aktionen, um das Community-Building zu fördern. In der Umsetzung entwickeln sie multimediale und interaktive Angebote (*Hilker*, 2012). Die Mitglieder des Social Media-Teams bringen idealerweise als Voraussetzungen „Spaß" an Kommunikation und hohe Internet-Affinität mit und gehören möglichst der Generation der sog. **Digital Natives** an.

Das gesamte Social Media-Engagement muss auch ein ausreichendes **Social Media Monitoring** umfassen, um sowohl die angestrebten als auch die unerwünschten Ergebnisse und Reaktionen frühzeitig und möglichst vollständig zu erfassen und zu überwachen (Social Listening). In diesem Zusammenhang wird auch über die spezielle Funktion eines **Social Listening Officers** (SLO) diskutiert. Inzwischen gibt es Software-Lösungen, die das Monitoring umfassend automatisieren, zumindest aber wesentlich unterstützen können.

Erfolgsentscheidend ist insgesamt, dass Social Media Marketing konsequent in die jeweilige **Marketing-Konzeption** des Unternehmens *integriert* wird – wie jede andere Marketinglösung bzw. -maßnahme auch. Die besondere Herausforderung des Social Media Marketing liegt im Zwang zur **hohen Reaktionsgeschwindigkeit** (in Echtzeit), bei der es nicht möglich ist, jede einzelne Maßnahme bzw. Reaktion von Vorgesetzten oder gar der Geschäftsleitung absegnen zu lassen. Deshalb ist es zwingend notwendig, dass die Mitarbeiter im Social Media Marketing-Bereich über einen möglichst klaren **strategischen Handlungsrahmen** verfügen (in Form von Social Media-Marketinggrundsätzen), innerhalb derer sie eigenverantwortlich agieren und reagieren können. Nur auf diese Weise ist ein motivierter, lebendiger, engagierter und persönlicher Dialog mit den Kunden bzw. der jeweiligen Community möglich.

### *be) Berufsfamilie Marketing Tools-Spezialisten*

Die fünfte Berufsfamilie: Marketing Tools bezieht sich auf spezielle **Marketingmix-Spezialisten**, mit jeweiligen Spezialisierungen sowohl hinsichtlich der Angebots-, der Distributions- als auch der Kommunikationspolitik. Ihre Tätigkeiten sind dabei weniger neu als vielmehr ihre *starke* Spezialisierung.

Was die Angebotspolitik betrifft, so ist hier der Innovations-Manager sowie der European Price-Manager zu nennen. Angesichts des intensivierten Wettbewerbs durch Marktsättigung und Globalisierung ist der Marketing- und Unternehmenserfolg immer stärker von Innovationen abhängig. Der **Innovation-Manager** (s. a. *Servatius/Piller*, 2014) soll nicht nur mit systematischen Produkt- und Marktanalysen, sondern vor allem mit Kreativität für Nachschub an neuen Produktideen bzw. an neuen Ideen für kunden-orientierte Problemlösungen sorgen. Zu diesem Zweck koordinieren Innovation-Manager das Betriebliche Vorschlagswesen, besuchen Erfindermessen, halten Kontakt zu wissenschaftlichen Forschungsinstituten und recherchieren nach innovativen Ansätzen und Lösungen im Internet. Hier ergeben sich u. a. Querverbindungen zum **Social Media Marketing**, bei dem über ein gezieltes **Monitoring** von einschlägigen Social Media-Plattformen Meinungen, Wünsche und Erfahrungen zu Produkten und Marken generiert werden können, die sich z. B. für Produktinnovationen und Markenpositionierungen nutzen lassen. Außerdem bieten sich gezielte Möglichkeiten des **Crowdsourcing** und der **Co-Creation** (s. a. *Gassmann*, 2013) als neue Formen kollaborativer Wertschöpfung an, die über das Web 2.0 realisierbar sind. „Aus einer zunächst unbestimmten Masse an Internetnutzern bilden sich Anwendergruppen heraus, die ihre Ideen, Gedanken und Arbeitskraft zur Lösung einer Aufgabenstellung einsetzen" (*Bartl*, 2012). Berührungspunkte ergeben sich auch zu sog. **Trend Scouts**, die weltweit Trendszenen für die Erfassung bzw. Ableitung von Produktideen aufsuchen (mit entsprechendem Reporting).

Vom bisher skizzierten Innovation-Manager ist der **Marketing Innovation-Manager**, wie er inzwischen häufiger in großen Unternehmen etabliert wird, zu unterscheiden. Seine Aufgabe ist primär auf *neue* Ansätze und Methoden im gesamten Marketing gerichtet, und zwar vor allem auf solche, die mit den neuen *digitalen* Medien zusammenhängen. In diesem Sinne haben z. B. große Markenartikel-Unternehmen bereits die Position eines **Digital Marketing-Managers** geschaffen, dessen Aufgabe es ist, die neuesten Entwicklungen in der digitalen Welt zu erfassen und die kommunikations-technischen wie die sach-inhaltlichen Nutzungsmöglichkeiten für das eigene Unternehmen ziel-strategisch zu überprüfen und entsprechende Lösungsansätze mit konkreten Maßnahmen zu entwickeln (zu neueren Ansätzen des Innovationsmanagements *Corsten et al.*, 2016; *Völker/Friesenhahn*, 2018).

Der **European Price-Manager** verdankt seine spezifische Aufgabenstellung der europäischen Integration und der Einführung des Euro als gemeinsamer Währung. Mit der Einführung des Euro ist die Preistransparenz für die Kunden in Europa deutlich gestiegen. Erhebliche Preisunterschiede für identische Produkte und/oder Marken in einzelnen Ländern sind damit nicht mehr konfliktfrei durchsetzbar. Hier setzt die Aufgabe des Preis-Managers an, europaweit bestimmte **Preiskorridore** festzulegen und dabei nicht nur die eigene Markt- und Preispositionierung zu berücksichtigen, sondern auch diejenige wichtiger Wettbewerber.

Was die Kommunikationspolitik angeht, so knüpft auch der **European Advertising-Manager** an der europäischen Integration und der verstärkten Bearbeitung europäischer Märkte an. Im Rahmen der Werbung (wie der Kommunikationspolitik insgesamt) gilt es entweder jeweils länderspezifische Adaptionen von Werbe- und Marken-Kampagnen zu entwickeln oder von vornherein europäische Dach-Kampagnen zu schaffen. Hierbei gilt es, die verschiedenen nationalen Werbeagenturen einzubeziehen, ggf. auch eine *Lead*-Agentur zu bestimmen.

European Price-Manager oder auch European Advertising-Manager werden in einer globalisierten Welt mit immer mehr *global* auftretenden Unternehmen inzwischen vielfach von einem **Global Price-** bzw. **Global Advertising-** (oder umfassender **Global Communications-Manager**) abgelöst bzw. ergänzt. Das gilt namentlich für weltweit präsente und agierende Großunternehmen und ihrem erheblichen Koordinationsbedarf einschließlich des Einsatzes unterschiedlicher *externer* Marketing-Dienstleister in einzelnen Ländern bzw. Regionen. Gerade in einer durch die Internet-Möglichkeiten gegebenen weltweiten Markttransparenz ist es mehr und mehr notwendig geworden, Ausrichtung und Einsatz wichtiger Marketinginstrumente nicht nur zentral zu beobachten, sondern – im Interesse schlüssiger **globaler Marketing-Konzeptionen** – bewusst zu steuern und zu kontrollieren und dafür entsprechende Verantwortlichkeiten zu schaffen.

Was die Distributionspolitik betrifft, so ist hier als „neuer" Marketingberuf etwa der **New Channel-Manager** zu nennen. Angesicht der Wettbewerbsverschärfung wie auch aufgrund der Ausschöpfung etablierter Absatzwege entsteht die marketing- und vertriebspolitische Stoßrichtung, völlig neue (innovative) Absatzkanäle für die eigenen Produkte und Leistungen zu suchen und mit adäquaten Vertriebslösungen auszuschöpfen (vgl. z. B. Ansätze zum Verkauf von Versicherungen, Reisen oder PKWs im Supermarkt). Hierbei gibt es auch Berührungspunkte, ggf. Abgrenzungsprobleme zum Aufgabenfeld des **New Business Development-Managers**.

Es ist nachvollziehbar, dass Art und Umfang der **Übernahme neuer Aufgaben** und damit auch **neuer Berufe** (fachspezifischer Positionen) in Marketing und Vertrieb, wie sie in diesem Abschnitt näher skizziert worden sind, von der jeweils bestehenden und ggf. weiterzuentwickelnden **Marketing-Konzeption** abhängig zu machen sind. Die Bündelung neuer Aufgaben und Ansätze sowie ihre Integration in die bestehende Marketing- und Vertriebs-/Absatzorganisation erfolgt grundsätzlich nach den *unternehmensindividuellen* konzeptionellen und infra-strukturellen Bedingungen (einschließlich bestehender personalbezogener Voraussetzungen wie auch Potenziale). Die Erweiterung bzw. Modifikation der Marketing- und Vertriebs-/Absatzorganisation hat insgesamt unter Erfüllung von **Effektivitäts- und Effizienzkriterien** zu erfolgen. Alibifunktionen und -positionen, wie sie z. B. teilweise in der Anfangsphase des Internet-Marketing üblich waren, widersprechen jedenfalls konsequentem ziel-strategischen Handeln, wie es – dem in diesem Buch entwickelten – Konzeptionellen Marketing zu Grunde liegt.

Welche Bewegungen und Veränderungen in der **Berufswelt** des Marketing immer wieder erkennbar sind, spiegelt sich nicht zuletzt in **ausgeschriebenen Stellen** und **Positionen** im Marketing- und Vertriebs-/Absatzbereich der Unternehmen wider. Einen jeweils aktuellen Überblick darüber gewähren etwa www.absatzwirtschaft.de und www.jobscout24.de

## 2. Grundlegende Bausteine eines Personalmanagements zur Umsetzung des Konzeptionellen Marketing

Systematisches markt- und kundenorientiertes Handeln, und zwar in seiner konsequentesten Form als marketing-konzeptionelles Handeln (d. h. entlang der **konzeptionellen Kette:** Ziele, Strategien, Mix) verstanden, wird in der Theorie wie in der Praxis in erster Linie als ein methodisch-rationales Führungsprinzip angesehen. Dabei wird insoweit vernachlässigt, dass gerade konzeptionelles Marketing-Agieren und seine Erfolgsbeiträge – und zwar sowohl was die Konzeptionserstellung als auch die Konzeptionsrealisierung betrifft – das Ergebnis menschlicher, arbeitsteiliger Entscheidungs- und Handlungsprozesse sind. Damit wird noch einmal die **personale Dimension** marketing-konzeptioneller Unternehmensführung deutlich („Schlüsselfaktor Mensch“).

Damit ist die besondere Bedeutung eines Internen Marketing angesprochen, das immer dann notwendig ist, wenn Markt- und Kundenorientierung – und damit ein konsequentes Denken und Handeln in Kategorien von Kundenzufriedenheit und Kundenbindung – in den Köpfen aller Mitarbeiter eines Unternehmens von ganz oben bis ganz unten „eingepflanzt“ werden soll (und zwar im Sinne einer markt- und kundenorientierten Unternehmenskultur).

Eine solche **Unternehmenskultur**, die gleichzeitig und konsequent Kunden- *und* Mitarbeiterorientierung im Interesse einer internen Marketingdenkhaltung zu verbinden sucht (siehe hierzu auch *George/Grönroos,* 1995; *Bruhn*, 1999 a), ist die prinzipielle Voraussetzung dafür, dass eine umfassende, ganzheitliche Marketing-Konzeption nicht nur als „Kursbuch" des Unternehmens erarbeitet, sondern vor allem auch konsequent umgesetzt werden kann. Ganz entscheidende Bedeutung kommt nicht zuletzt einer entsprechenden **Motivation der Mitarbeiter** zu (einschließlich geeigneter Anreize sowohl finanzieller als auch nicht-finanzieller Art, vgl. *Ondrack*, 1995 sowie auch *Scherm/Süß*, 2010; *Scholz*, 2011 bzw. *ders.* 2014).

Als **finanzielle Anreize** kommen zunächst einmal materielle Vergütungsformen in Betracht. So kann etwa neben dem Festgehalt zusätzlich mit einem Provisionssystem entlohnt werden, wobei z. B. bei Vertriebsmitarbeitern Provisionen auf Umsatz oder Deckungsbeitrag gewährt werden. Darüber hinaus können Prämiensysteme eingesetzt werden, bei denen z. B. für Personal des Marketingbereiches nach einem Punktesystem Geld- oder Sachprämien vergeben werden. Bei Führungskräften (aber nicht nur diesen) kommen darüber hinaus verschiedene Beteiligungsformen am Unternehmen oder auch (inzwischen etwas in Verruf geratene) Aktienoptionspläne in Betracht. Zu den **nicht-finanziellen** (immateriellen) Entlohnungsformen zählen Belobigungen, Auszeichnungen oder auch Beförderungen (*Frey/Osterloh*, 2002; *Zander/Wagner*, 2005). In der Regel empfehlen sich Kombinationen aus finanziellen und nicht-finanziellen Anreizen (s. a. *Brühl*, 2016, S. 465 ff.). Auf diese Weise kann am ehesten den unterschiedlichen Werte- und Motivationsbesonderheiten der Mitarbeiter oder einzelner Mitarbeitergruppen entsprochen werden.

Die **Motivation,** Marketing-Konzeptionen konsequent zu realisieren, beginnt bereits damit, dass die Mitarbeiter in den Prozess der Konzeptionserarbeitung *aktiv* mit einbezogen werden, und zwar nicht nur in der Informations- und Analysephase für die Ableitung möglicher Handlungsalternativen, sondern auch bei der **Bewertung und Würdigung** konzeptioneller Optionen und marketing-strategischer Handlungsmuster.

Auf diese Weise sind dann Marketing-Konzeptionen, wie sie schließlich von der Unternehmensleitung gewählt und verabschiedet werden, auch **ein „Werk" der Mitarbeiter**, in dem sie sich wiederfinden, und für das es sich lohnt, bei der Realisierung in Unternehmen und Markt zu kämpfen. Insofern ist konzeptions-orientierte Führung im gesamten Unternehmen gefragt, und zwar im Sinne von Führen von Personen durch Personen über alle Hierarchiestufen hinweg. Die Umsetzung von Marketing-Konzeptionen bedeutet nichts anderes als „Make-the-concept-work". Das aber ist an typische **menschliche Bedingungen** bzw. Voraussetzungen gekoppelt, und zwar: Nachvollziehbarkeit, Akzeptanz, Identifikation, Umsetzungsfähigkeit und Umsetzungswille. Marketing-konzeptionelles Denken und Handeln ist insofern auch an ein **geeignetes Personalmanagement** im Unternehmen gebunden (*Becker*, 2000 c, S. 202 f.). Im Folgenden soll deshalb auf *drei* zentrale personalpolitische Problemstellungen – unter besonderer Würdigung des marketing-konzeptionellen Bezuges – näher eingegangen werden:

- **Personalauswahl,**
- **Personalentwicklung,**
- **Personalführung.**

Diese personalpolitischen Ansatzpunkte können auch als grundlegende Bausteine eines Personalmanagements zur konsequenten Umsetzung einer Marketing-Konzeption aufgefasst werden.

### *a) Konzeptionsorientierte Personalwahl*

Unter konzeptionellen Gesichtspunkten kommt zunächst einmal der adäquaten **Personalauswahl** eine zentrale Bedeutung zu. Speziell bei grundlegenden Veränderungen bzw. Weiterentwicklungen von Marketing-Konzeptionen muss der notwendige **Personalbedarf** unter *qualitativen* wie *quantitativen* Aspekten festgestellt werden (zu den Entscheidungen im Rahmen einer systematischen Auswahlkette *Oechsler*, 2006; *Drumm*, 2008; *Jung*, 2008). Gerade unter qualitativem Aspekt kommt es darauf an, und zwar nicht nur im Marketingbereich selbst, sondern in allen Bereichen mit Markt- bzw. Kundenbezug diejenigen Mitarbeiter zu finden, die in der Lage sind, eine **konzeptionelle Neuorientierung** des Unternehmens (z. B. Aufbau eines neuen Strategischen Geschäftsfeldes) entsprechend umzusetzen. Hierbei sind nicht nur ziel-strategische Fähigkeiten, sondern auch operative Umsetzungskompetenz der einzelnen Fachabteilungen und ihrer Mitglieder gefragt (zu Motivations- und Fähigkeitsbestandteilen der **Umsetzungskompetenz** *Wunderer/Bruch*, 2000). Grundlage für die entsprechende Personalauswahl neuer Mitarbeiter (und ggf. die erforderliche Personalentwicklung von bestehenden Mitarbeitern) bilden ziel-strategisch ausgerichtete Bedarfsanalysen und daraus abgeleitete konzeptionsadäquate Anforderungsprofile, die dann ihren Niederschlag in detaillierten **Mitarbeiterprofilen** finden (müssen). Nur so kann eine konzeptions-orientierte Personalbeschaffung und Personalauswahl sichergestellt werden (im Sinne von „People (must) follow Strategy" und nicht von „Strategy follows People"), um zu vermeiden, dass das Personal zum **Engpass** einer neuen markt- und wettbewerbs-optimalen Marketing- und Unternehmenskonzeption wird. Hierzu dient auch ein image-orientiertes externes **Personalmarketing**, das darauf gerichtet sein muss, mittel- und langfristig auf dem externen Arbeitsmarkt die erforderlichen Potenziale konzeptions-gerechten Personals zu erschließen.

Bei ehrgeizigen Marketing-Konzeptionen bzw. bei ihrer entsprechenden Weiterentwicklung müssen als wichtiges Auswahlkriterium vor allem **unternehmerische Fähigkeiten** der Mitarbeiter (**Intrapreneurship**, *Wunderer/Bruch*, 2000, S. 23 ff., im Einzelnen *Kuhn*, 2000) berücksichtigt werden, und zwar im Sinne eines unternehmerischen Mitwissens, Mitdenkens, Mithandelns und Mitverantwortens. Dies entspricht zugleich der Entwicklung des klassischen Personalwesens hin zu einem modernen **Human Resource Management** (HRM). Die grundlegenden Unterschiede zwischen traditionellem Personalwesen (Personalwirtschaft) und neuerem Human Resource Management-Ansatz verdeutlicht eine vergleichende Übersicht *(Abb. 560)*.

Wie wichtig der HRM-Ansatz gerade für ein konsequentes Konzeptionelles Marketing ist, zeigen exemplarisch die Dimensionen Aktivitätenhorizont (= „langfristig-proaktiv") und Grundhaltung (= „unternehmerisch"). Im Rahmen eines modernen Human-Resource-Management wird zunehmend auch der **wert-steigernde Beitrag** professioneller Personalarbeit erkannt. In dieser Hinsicht wird vor allem ein weiterführender Ansatz des sog. **Human-Capital-Management** (HCM) diskutiert, bei dem es allerdings noch ungelöste methodische Probleme gibt (*Scholz*, 2004, im Einzelnen *Scholz/Stein/Bechtel*, 2004). In diesem Zusammenhang sind auch Ansätze zu erwähnen, die auf Basis der **Balanced Scorecard** ein strategie- und wert-orientiertes Human-Resource-Management zu realisieren suchen (*Grötzinger/Uepping*, 2001).

Ganz neue Anforderungen an das Personalmanagement werden durch die zunehmende **Globalisierung** gestellt. Das gilt insbesondere dann, wenn Unternehmen ihre Marketing-Konzeption in geo-strategischer Hinsicht – also im Sinne einer immer stärkeren Internationalisierung des Geschäfts – weiterentwickeln (vgl. *Meckl*, 2006, S. 192 ff.; *Oechsler*, 2006, S. 541 ff.;

| | Betriebliches Personalwesen | Human Resource Management |
|---|---|---|
| **Unternehmenspolitische Einordnung** | nachgelagerte betriebliche Funktion | integrierter Bestandteil der Unternehmensstrategie |
| **Aktivitätenhorizont** | kurzfristig – reaktiv | langfristig – proaktiv |
| **Interessenperspektive** | interessenpluralistisch konfliktorientiert | interessenmonistisch harmonieorientiert |
| **Personalpolitisches Instrumentarium** | bürokratisch – vereinheitlicht zentralisiert – standardisiert | organisch – flexibel dezentral – situativ |
| **Kontrolle** | Fremdkontrolle | Selbstkontrolle |
| **Erfolgskriterien** | Konformität Kostenreduzierung | Selbstverpflichtung Intensivierung der Arbeit |
| **Grundhaltung** | verwaltend | unternehmerisch |

*Quelle: Oechsler,* 2006, S. 25

*Abb. 560: Unterschiede zwischen Betrieblichem Personalwesen und Human Resource Management (HRM)*

*Scherm/Süß*, 2001, S. 228 ff.; zum Spektrum der Probleme und Lösungen *Clermont/Schmeisser/Krimphove*, 2001). Eine spezielle personalpolitische Herausforderung stellt insbesondere die Entsendung von Mitarbeitern, vor allem aber von Managern dar, wenn sie in „kulturell distanten Märkten" regelmäßig mit Verhaltensweisen (z. B. ihrer Geschäftspartner, Kunden, Mitarbeiter, Stakeholder) konfrontiert werden, die ihren eigenen Gewohnheiten, Einstellungen und/oder Werten widersprechen. Hierbei geht es insofern um **multiple Anpassungsfragen**, weil hier Loyalitäten sowohl zum Herkunftsunternehmen als auch zum Auslandsunternehmen tangiert sind (*Müller/Kornmeier*, 2002, S. 532). Die Erscheinungsformen möglicher Anpassungen (Anpassungstypen) lassen sich wie folgt darstellen *(Abb. 561).*

Der **Integrierer**, der verschiedene kulturelle Systeme miteinander verknüpfen kann, ist „die gleichermaßen idealisierte wie von den Personalabteilungen gesuchte Ausnahme" (*Müller/Kornmeier*, 2002, S. 533). Der **Assimilierer** identifiziert sich zwar weitgehend mit der Kultur und den Gepflogenheiten des Gastlandes, vernachlässigt aber die Bezüge zum Herkunftsland (was auch zu Reintegrationsproblemen führen kann). Der **Segregierer** lehnt demgegenüber die fremde Kultur weitgehend ab und flüchtet sich in ein „Ghetto-Dasein" mit Gleichgesinnten aus dem Herkunftsunternehmen. Der **Marginalisierer** schließlich fühlt sich weder der Kultur des Stammlandes noch der des Gastlandes verpflichtet, versteht sich eher als Außenstehender und versucht vor allem individuelle (Karriere-)Ziele zu verfolgen. Traditionelles interkulturelles Personalmanagement ist darauf gerichtet, die Belegschaft an die interkulturelle Pluralität anzupassen, ein *modernes* Personalmanagement ist dagegen durch das Bemühen gekennzeichnet, „eine interkulturelle Belegschaft so zu führen, dass sie durch ihre Vielfalt und das damit verbundene Potenzial zur Wertschöpfung eines Unternehmens beiträgt" (*Blom/Meier*, 2002, S. 238). Für ein so verstandenes interkulturelles Personalmanagement wird inzwischen auch der amerikanische Begriff des **Diversity Management** verwendet.

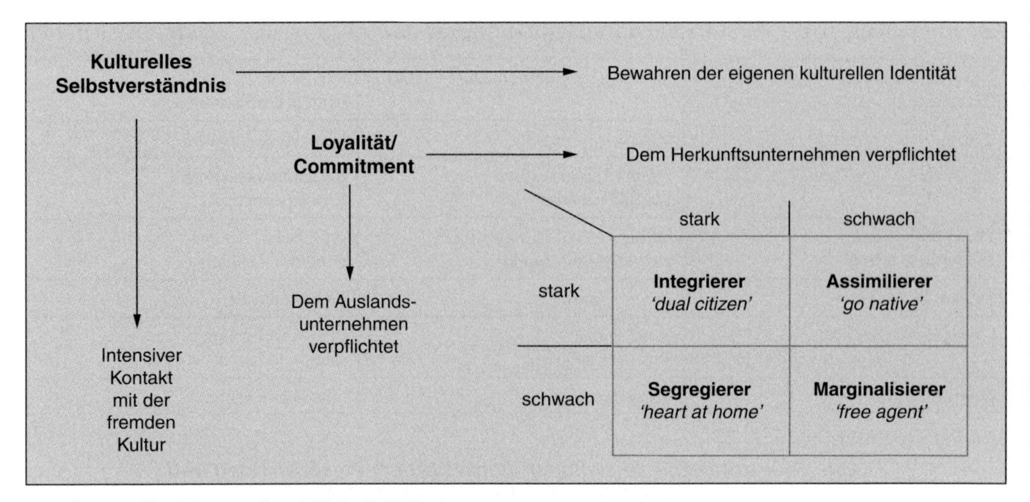


*Quelle: Müller/Kornmeier, 2002, S. 533*

*Abb. 561: Erscheinungsformen (Typen) der multiplen Anpassung*

## *b) Konzeptionsorientierte Personalentwicklung*

Für ein konsequentes erfolgsorientiertes, konzeptionelles Handeln (= Erarbeitung wie Umsetzung von Marketing-Konzeptionen) ist insgesamt eine systematische **Personalentwicklung** (Human Resource Development, *Scholz*, 2000, S. 505 ff.; *Jung*, 2008, S. 250 ff.; im Einzelnen *Becker, M.*, 2009; *Mudra*, 2004; zu den wirtschaftspädagogischen Grundlagen *Huisinga/ Lisop*, 1999) notwendig, und zwar immer dann, wenn Diskrepanzen bzw. Lücken zwischen notwendigen persönlichen Fähigkeiten auf der ziel-strategischen wie auch operativen Ebene nicht durch neue Beschaffung von Personal gelöst werden sollen oder können. Personalentwicklung ist darauf gerichtet, Mitarbeiter aller Hierarchiestufen für die Bewältigung der gegenwärtigen wie zukünftigen konzeptionellen Aufgaben zu qualifizieren. Dabei geht es darum, neue oder überarbeitete bzw. weiterentwickelte Marketingkonzepte zum **täglichen Job** jedes einzelnen Mitarbeiters zu machen (inklusive des marken-adäquaten Verhaltens gegenüber Kunden, sog. **Brand Behavior**). Hierzu gehört, diese Konzepte in operativ handhabbare Begriffe und Maßnahmen zu „übersetzen". Nicht zuletzt unter den Bedingungen sich ständig verändernder Markt- und Umfeldbedingungen dient Personalentwicklung auch der Erhöhung der unabdingbaren Mitarbeiterflexibilität. Nur so kann ganzheitliches konzeptionelles Handeln als **permanenter Prozess** im Unternehmen sichergestellt werden. Außerdem dient eine systematische, d. h. strategisch fundierte und nicht nur aktionistisch angelegte Personalentwicklung auch der Steigerung der **Mitarbeiterzufriedenheit** und Mitarbeiterloyalität – damit werden wiederum wichtige Querverbindungen zu einer nachhaltigen erfolgsorientierten Marketing- und Unternehmensführung deutlich (siehe hierzu auch I. Kapitel „Marketing-Konzeption als Handlungsgrundlage" in diesem 5. Teil).

Maßnahmen und Ansätze der Personalentwicklung werden in der Theorie wie auch in der Praxis *unterschiedlich weit* gefasst bzw. abgegrenzt (siehe hierzu den Literaturüberblick bei *Mudra*, 2004, S. 136 ff.). Im engeren Sinne werden unter **Personalentwicklung** (PE) Maßnahmen der Aus-, Fort- und Weiterbildung verstanden, im weiteren Sinne auch Programme und Systeme der Personalförderung einbezogen und im weitesten Sinne schließt die Personalentwicklung sogar die **Organisationsentwicklung** mit ein. Eine Übersicht verdeutlicht diese Zusammenhänge und die jeweiligen personalpolitischen Ansatzpunkte *(Abb. 562)*.

| **Bildung** | **Förderung** | **Organisationsentwicklung** |
|---|---|---|
| • Berufsausbildung,<br>• Weiterbildung,<br>• Führungsbildung<br><br>• Anlernung,<br>• Umschulung,<br><br>• … | • Auswahl und Einarbeitung,<br>• Arbeitsplatzwechsel,<br>• Auslandseinsatz,<br><br>• Nachfolge- und Karriereplanung<br>• Strukturiertes Mitarbeitergespräch und Leistungsbeurteilung,<br>• Coaching/Mentoring,<br>• … | • Teamentwicklung,<br>• Projektarbeit,<br>• Sozio-technische Systemgestaltung,<br>• Gruppenarbeit,<br>• … |
| **PE im engeren Sinne = Bildung** | **PE im weiteren Sinne = Bildung + Förderung** | **PE im weitesten Sinne = Bildung + Förderung + Organisationsentwicklung** |

*Quelle: Becker, M., 2002, S. 6*

*Abb. 562: Mögliche Inhalte der Personalentwicklung (PE)*

Die Darstellung zeigt wichtige Aktionsfelder sowohl der Bildung als auch der Förderung auf. Im Zuge allgemein erhöhter Anforderungen an Mitarbeiter im Rahmen markt- und wettbewerbs-bedingter neuer oder zumindest weiterentwickelter Marketing- und Unternehmenskonzepte haben vor allem gezielte **Förderungsmaßnahmen** an Bedeutung gewonnen (*Oechsler*, 2006, S. 478ff.), u. a. auch **Coaching** (hier wird einer Führungskraft (Coachee) individuelle Hilfestellung zur Aufgabenwahrnehmung und Problembewältigung durch einen Vorgesetzten oder Berater (Coach) geboten, *Bauer*, 1995 a; *Teuber, 2005*) und **Mentoring** (hier übernimmt eine erfahrene Führungskraft (nicht zwingend der Vorgesetzte) als Mentor Einarbeitungs- und Unterstützungsfunktionen für einen neuen Mitarbeiter, *Stegmüller*, 1995; *Hilb*, 1997).

Die genannte **Organisationsentwicklung** umfasst im Prinzip zwei Dimensionen, nämlich einmal – unter *a*personalem Aspekt – die geplante, systematische Veränderung der organisatorischen Strukturen und Prozesse im Sinne einer evolutorischen Veränderung des Unternehmens und zum anderen – unter *inter*personalem Aspekt – die über gezielte Lernprozesse ausgelösten Verhaltensänderungen der Mitarbeiter zur Verbesserung der Team- und Konfliktfähigkeit (zum Konzept der Organisationsentwicklung und seinen Ursprüngen sowie Anknüpfungspunkten *Rosenstiel/Comelli*, 2003, S. 173 ff.). Ziel dieser komplexen Ansätze ist insgesamt die **Steigerung der Leistungsfähigkeit** des ganzen Unternehmens.

Die Personalentwicklung kann hinsichtlich der Zielgruppen (Entwicklungsadressaten) grundsätzlich **vier Prinzipien** verfolgen (*Scholz*, 2011, S. 344 ff.): nämlich Prinzip „Chancengleichheit“ (hier werden Mitarbeiter unabhängig von ihrem Leistungspotenzial wie auch ihren Fähigkeitslücken ausgewählt), Prinzip „Privilegierung“ (hier beschränken sich die Maßnahmen z. B. auf Führungskräfte), Prinzip „Begabtenförderung“ (hier konzentrieren sich Entwicklungsmaßnahmen auf Mitarbeiter mit überdurchschnittlichem Entwicklungspotenzial), Prinzip „Engpassbeseitigung“ (Auswahlkriterium ist hier der mögliche Schaden für das Unternehmen, der von nicht geschlossenen Fähigkeitslücken ausgehen kann). Jedes Unternehmen muss das oder die adäquaten Prinzipien für seine Personalentwicklungsmaßnahmen wählen, wobei es phasenweise – wettbewerbs- wie konzeptions-(änderungs-)bedingt – **unterschiedliche Prioritäten** geben kann.

Als zentrale **Zielbereiche der Personalentwicklung** können insbesondere drei Mitarbeiter-Kompetenzfelder angesehen werden: *Fach*kompetenz (= fachspezifisches Wissen und Erfahrungen), *Methoden*kompetenz (= methodisch-systematisches Vorgehen und Anwenden von Fachwissen) und *Sozial*kompetenz (= Kommunikationsfähigkeit und Kooperationsbereitschaft bzw. Teamfähigkeit). Die drei aufgeführten Kompetenzfelder (u.a. *Jung*, 2008, S. 254 f.) entsprechen dem bekannten **Three-Skill-Approach** des amerikanischen Sozialpsychologen *Katz* (*Katz,* 1974). Art und Gewichtung der Kompetenzfelder im Rahmen von Personalentwicklungsprogrammen hängen naturgemäß von den gestellten Anforderungen an die Mitarbeiter ab und diese werden in hohem Maße auch und gerade von der jeweiligen markt- und unternehmensindividuellen **Marketing-Konzeption** definiert (siehe hierzu auch die Darlegungen zur Realisierung von Marketing-Konzeptionen, Abschnitt Implementierung von Marketing-Konzeptionen und personales Element im 4. Teil „Marketing-Management").

Die Fülle konkreter Maßnahmen zur gezielten Weiterentwicklung von Personal kann verschiedenen Kategorien zugeordnet werden (siehe im Einzelnen *Scholz*, 2000, S. 510 ff.; *Mudra*, 2004, S. 214 ff.). Zuordnungskriterium ist dabei die jeweilige Art des Lern-Ortes oder Job-Bezuges. Die unter diesem Aspekt unterscheidbaren **Kategorien von Personalentwicklungsmaßnahmen** gibt eine Abbildung wieder *(Abb. 563)*.

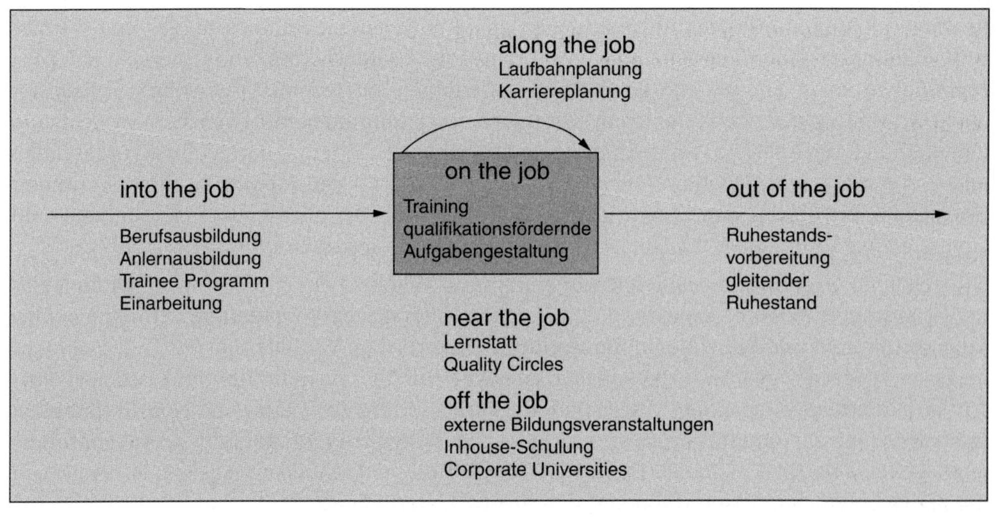


*Quelle: Scholz,* 2000, S. 511

*Abb. 563: Kategorien von Personalentwicklungsmaßnahmen*

**Personalentwicklung** *into the job* dient der gezielten Hinführung zu einer neuen Tätigkeit, Personalentwicklung *on the job* sind direkte Maßnahmen am Arbeitsplatz z. B. in Form von Projektarbeiten oder Sonderaufgaben, Personalentwicklung *along the job* ist auf die gesamte laufbahnbezogene Entwicklung gerichtet, Personalentwicklung *near the job* ist arbeitsplatznahes Training und Stellvertretung, Personalentwicklung *off the job* umfasst Weiterbildungsmaßnahmen außerhalb der Arbeitszeit wie Seminare oder Trainings und schließlich Personalentwicklung *out of the job* dient der Sicherstellung der Einsatzfähigkeit und Vorbereitung auf das Verlassen des Unternehmens, z. B. Eintritt in ein Tochterunternehmen oder auch Personalfreisetzung (sog. Outplacement). Die Auswahl der Personalentwicklungs-Aktivitäten hängt naturgemäß von den Bedingungen und Anforderungen des jeweiligen Marketing- und Unternehmenskonzepts und dem darauf aufbauenden **adäquaten Personalkonzept** ab, das seinerseits sich abzeichnende, mittelfristig zu erwartende gravierende Änderungen in den Markt-, Umfeld- und/oder Wettbewerbsbedingungen berücksichtigen bzw. vorwegzunehmen versuchen muss.

### *c) Konzeptionsorientierte Personalführung*

Im Zuge eines konsequenten konzeptionellen Marketing- und Unternehmenshandelns kommt nicht zuletzt der **Personalführung** (Leadership) eine zentrale Bedeutung zu. Führung ist in diesem Sinne ein wichtiger Erfolgsfaktor für die Erarbeitung wie vor allem auch die Realisierung von Marketing-Konzeptionen. Mit Personalführung sollen Marketing- und Unternehmensziele sowie die Marketing- und Unternehmensstrategien realisiert sowie die dafür notwendigen operativen Maßnahmen auf den einzelnen hierarchischen Ebenen durch Vorgesetzte umgesetzt werden. Personalführung kann in dieser Hinsicht auch als Form der ziel- und zweckgerichteten Beeinflussung im zwischenmenschlichen Bereich des gesamten Unternehmens aufgefasst werden (= Beeinflussung im Rahmen des **Führer-Geführten-Verhältnisses**, *Steinmann/Schreyögg*, 2000, S. 573, im Einzelnen *Rosenstiel/Regnet/Domsch*, 2003).

Führungsfunktionen umfassen dabei *zwei* Dimensionen, nämlich die Funktion der Willens*bildung* im Unternehmen (= Zielsetzung, Planung und Entscheidung) und die Funktion der Willens*durchsetzung* (= Realisation und Kontrolle). Für eine rationale, zweckbezogene Führung stellt die **Zielsetzung** (nach Inhalt, Ausmaß und Periode) den zentralen Ausgangspunkt dar. Sie bildet gleichsam den Kristallisationspunkt umfassender, ganzheitlicher Marketing-Konzeptionen, wie es dem Konzeptionellen Ansatz in diesem Buch entspricht (siehe hierzu auch den 1. Teil „Ziele"). Hier schließt sich insoweit der Kreis in Bezug auf die personale bzw. führungsbezogene Betrachtungsebene.

Grundsätzlich kann die Frage gestellt werden, warum **personale Führung** in Unternehmen so wichtig ist. Unternehmen versuchen durch organisatorische Strukturen und Regelungen Voraussetzungen dafür zu schaffen, dass ein möglichst reibungsloser Prozess zur Erreichung der Marketing- und Unternehmensziele gewährleistet ist. „Führung kann damit also nur von Bedeutung sein, wenn dieser Versuch nicht in vollem Umfang gelingt. Genau dies ist aber im Alltag von Organisationen der Fall" (*Weibler*, 2001, S. 107; i. E. auch *Weibler,* 2016). Der Personalführung kommt insoweit die Funktion des **„Lückenfüllers"** (*Türk*, 1986) zu, die u. a. dadurch notwendig wird, weil Organisationen nicht für alle „Eventualitäten", die aufgrund der engen Verflechtung mit einer immer dynamischeren und komplexeren Umwelt entstehen, ausreichende Vorkehrungen treffen können. Andererseits können individuelle Ziele der Organisationsmitglieder (Mitarbeiter) – zumindest temporär, mitunter aber auch systematisch – die Realisierung von Marketing- und Unternehmenszielen behindern oder sogar konterkarieren. Führung ist insofern kein Selbstzweck, sondern wird vom **Führungspersonal** (Vorgesetzten) – so jedenfalls wird es gefordert – *deshalb* ausgeübt, „damit die Geführten das tun, was sie tun sollen" (*Rosenstiel/Comelli*, 2003, S. 77). Das entspricht auch der **Ziel- bzw. Ergebnisorientierung**, wie sie dem Konzeptionellen Ansatz des Marketing zugrunde liegt.

Ein **Rahmenmodell der Führung** kann deshalb wie folgt dargestellt werden *(Abb. 564)*.

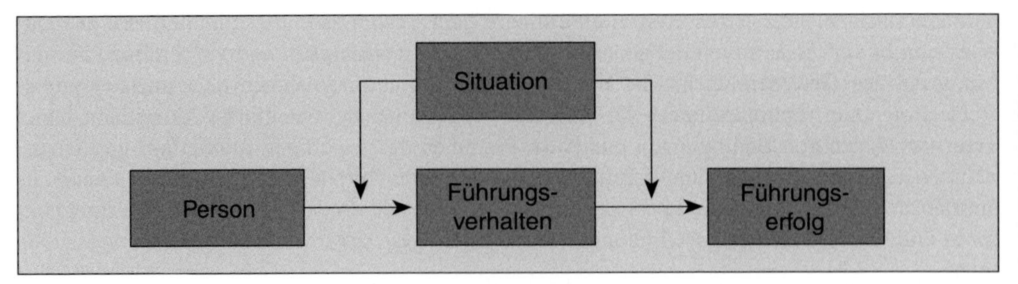


*Quelle: Rosenstiel/Comelli*, 2003, S. 80

*Abb. 564: Rahmenmodell der Führung*

Dieses **Modell** bringt Folgendes zum Ausdruck: 1. Das Führungsverhalten wird von der Führungsperson mitbestimmt, 2. Das Führungsverhalten ist jedoch auch von der Situation abhängig, 3. Der Führungserfolg wird wesentlich vom Führungsverhalten geprägt und 4. Der Führungserfolg wird aber nicht nur vom Führungsverhalten selbst, sondern auch von der jeweiligen Situation mitbestimmt (zu den organisations-psychologischen Grundlagen im Einzelnen siehe *Rosenstiel/Comelli*, 2003, S. 81ff.).

Unter den Bedingungen sich beschleunigender, komplexer Veränderungsprozesse in Markt, Umwelt und Wettbewerb ändern sich zwangsläufig auch die Anforderungen an Führungskräfte (= Führungspersonen als **Change Agents**). Das heißt mit anderen Worten, die Führungskraft der Zukunft wird neben den bereits angesprochen Basiskompetenzen – Fach-, Methoden- und Sozialkompetenz – vor allem auch über *Veränderungs*kompetenz verfügen müssen, wenn Existenz, Wachstum und **Wertgenerierung** des Unternehmens auf Dauer sichergestellt werden sollen. Anstatt die Augen vor großen Umbrüchen zu verschließen, gegebene Veränderungsnotwendigkeiten zu ignorieren oder einfach vor sich her zu schieben, „wird von der Führungskraft der Zukunft erwartet, dass sie sich aktiv in die Gestaltung des Wandels einschaltet" (*Rosenstiel/Comelli*, 2003, S. 145). Das **Profil der Führungspersonen** von morgen verdeutlicht eine Übersicht *(Abb. 565)*.

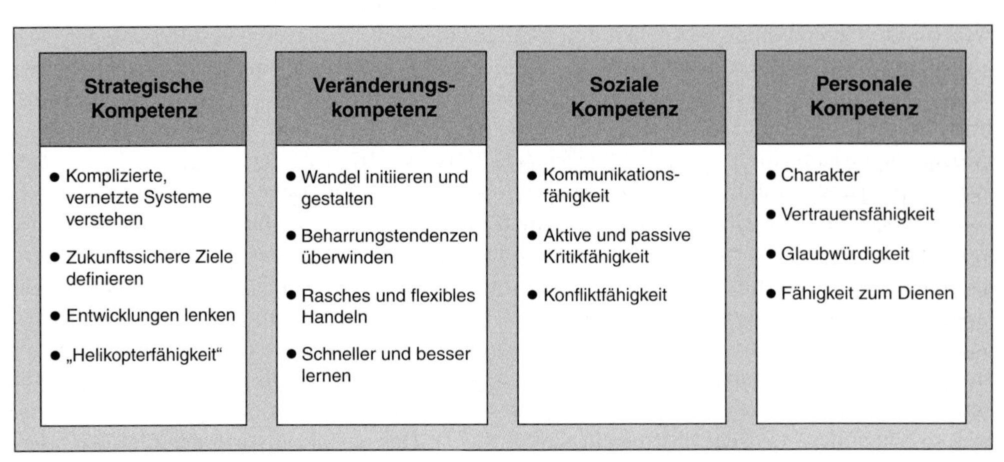


*Quelle: Sauder*, 1997, S. 1170

*Abb. 565: Profil der Führenden von morgen*

Die Übersicht zeigt, dass es über die „Mindestkompetenzen" personale und soziale Kompetenz hinaus vor allem um die **strategische Kompetenz** der Führungspersonen geht, und zwar als grundlegende Voraussetzung auch und gerade für ein konsequentes Konzeptionelles Marketing. Darüber hinaus ist aber insbesondere die Funktion und Fähigkeit als „Agent der Veränderung" gefragt. Bereits heute und noch viel stärker in Zukunft werden Führungspersonen unausweichliche Veränderungs- bzw. Restrukturierungsprozesse des Unternehmens nicht nur initiieren, konzeptionieren, sondern – als **wesentliche Erfolgsbedingung** – mitarbeiterfordernd, -fördernd und -motivierend umsetzen müssen.

Eng verbunden mit der Personalführung ist der Fragenkomplex **Führungsstile, -prinzipien und -modelle** (siehe *Jung*, 2008, S. 421 ff. und S. 496 ff.; *Olfert/Steinbuch*, 2001, S. 235 ff. und S. 301 ff. sowie i. E. *Neuberger*, 2008, *Weibler*, 2016). Hierauf soll abschließend noch kurz eingegangen werden. **Führungsstil** unter personalwirtschaftlichem Aspekt kennzeichnet die Form, in der Führungskräfte ihre Leitungsaufgaben in einem Unternehmen wahrnehmen. Er findet seinen Ausdruck in der konkreten Verhaltensweise der Führungskraft gegenüber den Mitarbeitern (z. B. autokratischer Führungsstil: Führungskraft ist mit unbegrenzter Machtfülle und Entscheidungsmacht ausgestattet oder charismatischer Führungsstil: Führungskraft leitet ihren Herrschafts- und Entscheidungsanspruch aus einer ihr Autorität verleihenden Ausstrahlung ab, die sich vor allem „aus emotionalen Fähigkeiten speist, … andere zu bewegen, inspirieren und fesseln", *Schanz*, 2000, S. 672). **Führungsprinzipien** beschreiben andererseits konkrete Gestaltungsregeln, die von Führungskräften bei ihren Führungs- und Leitungsaufgaben angewendet werden können. Die meisten Führungsprinzipien sind auch als sog. **Management-by-Techniken** bekannt (z. B. Management by Exception (MbE): das heißt, die Führungskraft greift nur in Fällen ein, die außerhalb definierter Grenzen liegen; Management by Delegation (MbD):das Führungsprinzip hier besteht darin, Aufgaben, Entscheidungen und Verantwortung möglichst weitgehend auf untere Instanzen zu übertragen, auch bekannt als „Harzburger Modell", oder Management by Objectives (MbO): es bedeutet Führung durch Zielvorgaben, welche die Mitarbeiter und Vorgesetzten gemeinsam erarbeitet haben – ein Führungsprinzip, bei dem der **Zielbildungsprozess** ein Kernstück des gesamten Führungsmodells darstellt. An diesem Führungsansatz knüpft im Prinzip – wie bereits angesprochen – auch das Konzeptionelle Marketing bzw. die **Konzeptionelle Kette** (Marketingziele, Marketingstrategien, Marketingmix) an, wie sie diesem Buch als Bezugsrahmen zugrunde liegt.

Erfolgreiche Führung hängt insgesamt davon ab, ob bzw. inwieweit es gelingt, die einzelnen Führungsbereiche, -philosophien, -ansätze sowie Führungsmittel und -instrumente zu einem Gesamtsystem im Sinne eines **vollständigen Führungsmodells** zu verknüpfen. Im Bemühen um die Erklärung wie die Lösung dieser umfassenden Aufgabenstellung sind bislang sehr unterschiedliche Konzeptionen („Führungsmodelle") vorgelegt worden. Das liegt u. a. daran, dass bei den Lösungsversuchen dieser Fragestellung sehr unterschiedliche methodische, z. T. interdisziplinäre Wege eingeschlagen worden sind (s. speziell *Weibler*, 2016, S. 464 ff. sowie auch *Laloux*, 2015 und *Scheller*, 2017). Ein Blick in die *historische* Entwicklung der Managementforschung verdeutlicht zugleich, dass die unterschiedlichen Vorstellungen, Einsichten und Auffassungen „über Führung … kaum harmonisierbar erscheinen" (*Macharzina/Wolf*, 2008, S. 36; zur Managementforschung im Einzelnen siehe u. a. *Staehle*, 1999, zur Charakteristik ausgewählter Führungsansätze und Führungsmodelle vgl. z. B. *Macharzina/Wolf*, 2008, S. 45 ff., S. 70 ff. sowie S. 93 ff.). Bekannt geworden sind etwa der **sozio-technische Managementansatz**, der das Systemdenken als Rahmenkonzeption für Führungshandeln umzusetzen sucht (auch als St. Gallener Management-Modell bezeichnet, Grundkonzept von *Ulrich/Krieg*,

1974; weitergeführt von *Bleicher*, 1996), der **Kontingenzansatz**, der die Umweltabhängigkeit (Kontingenz) unternehmerischen Führungshandelns in den Mittelpunkt stellt (*Fiedler*, 1967; *Fiedler/Chemmers*, 1984) oder auch der **Evolutionsansatz**, der auf Erkenntnissen der Evolutionsbiologie aufzubauen sucht (u. a. *Malik*, 2000). Der System- und der an ihm anknüpfende Evolutionsansatz sind insgesamt sehr allgemein gefasst und ihre Operationalisierung hin zu praktisch verwertbaren Aussagen steht im Prinzip noch aus. Die kritischen Einwände gegenüber dem Kontingenzansatz münden andererseits darin, dass man in zahlreichen empirischen Untersuchungen zwar eine Fülle von Einflussfaktoren (Variablen) gefunden hat, daraus aber letztlich nur „Alles-oder-Nichts-Befunde" im Sinne von „Alles hängt von Allem ab" ableiten konnte (*Macharzina/Wolf*, 2008, S. 78 bzw. S. 75).

Abschließend soll noch auf das viel zitierte **7-S-Führungsmodell** etwas näher eingegangen werden, das auf einem *kultur-vergleichenden* Managementansatz beruht. Hervorgegangen ist dieses Konzept (Modell) aus Analysen, die sich speziell auf den Vergleich japanischer und nordamerikanischer Management-Methoden beziehen (*Pascale/Athos*, 1981; *Peters/Waterman*, 1982). Als Resultat dieser umfangreichen Studien ergeben sich insgesamt **sieben Faktoren** mit herausragender Erfolgsrelevanz („Erfolgsfaktoren"). Diese sieben Faktoren, die alle mit einem **„S"** beginnen (daher der Name 7-S-Modell), wurden in einem „Managerial Molecule" angeordnet *(Abb. 566)*.

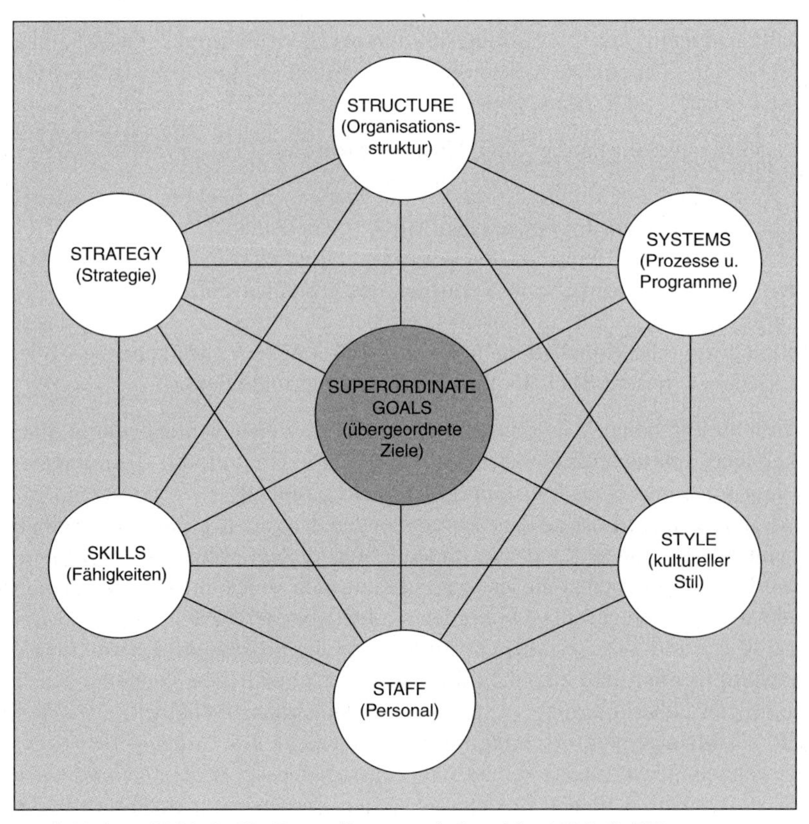


*Quelle: Pascale/Athos,* 1981, S. 93, Darstellung nach *Staehle,* 1999, S. 508

*Abb. 566: Elemente und Verknüpfungen des sog. 7-S-Modells*

Nach diesen Untersuchungen sind *japanische* Unternehmen dadurch charakterisiert, dass sie eher die „weichen S“ (Skills, Staff, Style) betonen, während *amerikanische* Unternehmen vor allem die „harten S“ (Strategy, Structure, Systems) in den Vordergrund rücken. Für besonders erfolgreiche amerikanische wie japanische (Groß-)Unternehmen ist – den Untersuchungen nach – andererseits typisch, dass sie sowohl „harte Faktoren“ als auch „weiche Faktoren“ ihrem **Managementkonzept** zugrunde legen. Die Grundaussage des 7-S-Modells im Sinne des dargestellten Managerial Molecule besteht darin, dass es nicht nur darauf ankommt, alle „S“ zur Zielerreichung des Unternehmens konsequent zu nutzen, sondern auch optimal aufeinander abzustimmen („Fit“). Die Superordinate Goals nehmen im 7-S-Modell insofern eine *zentrale* Stellung ein, als sie das ganze System im Innersten zusammenhalten. Das Führungsmodell geht insgesamt nicht davon aus, dass es für alle Unternehmen *eine* einheitliche Lösung oder Umsetzung gibt. Jedes Unternehmen muss vielmehr seinen **eigenen Lösungsweg** finden (*Pascale/Athos*, 1981, S. 206). Das 7-S-Modell, das ohne Zweifel Abgrenzungsprobleme aufweist und zudem nicht vollständig ist (zur Kritik siehe *Staehle,* 1999, S. 509 f.; *Macharzina/ Wolf*, 2008, S. 1009 f.), kann immerhin dazu herangezogen werden, die grundsätzliche Ausrichtung der Führung eines Unternehmens zu bestimmen oder auch Defizite zu erkennen. Moderne Unternehmen sind insgesamt dadurch charakterisiert, dass sie ausgewogen „harte“ und „weiche“ Faktoren zu verbinden suchen. Eine stärkere Betonung der „weichen“ Faktoren“ (Soft Facts) entspricht im Übrigen dem neueren Human-Resource-Management, das Menschen (Mitarbeiter) als **Erfolgsfaktoren eigener Art** ansieht, die zusammen mit den anderen Ressourcen des Unternehmens so zu führen, zu entwickeln und zu motivieren sind, dass sie unmittelbar zur Zielerreichung (= Superordinate Goals im Sinne des 7-S-Modells) beitragen. Hier schließt sich noch einmal der Kreis zum Konzeptionellen Marketing und Management, nämlich insofern, als Marketing- und Unternehmensziele der **zwingende Ausgangspunkt** („Kristallisationspunkt“) aller strategischen Dispositionen wie auch aller operativen Maßnahmen sind (vgl. hierzu *Abb. 59* im 1. Teil „Marketingziele“).

## III. Marketing-Dienstleister als Umsetzungshelfer des Konzeptionellen Marketing

Die konsequente Anwendung des Konzeptionellen Marketing in der Unternehmenspraxis setzt *zwei* grundlegende Schritte voraus: die ***Erarbeitung*** von Marketing-Konzeptionen (= Planungsstufe) und die ***Realisierung*** von Marketing-Konzeptionen (= Realisierungsstufe). Beide Stufen stellen zwei umfangreiche, arbeits- und personalintensive Prozess-Stufen dar, bei denen sich Unternehmen theoretisch zwar allein auf unternehmens*interne* Kräfte (Management und Fachmitarbeiter) stützen können; in der Praxis sind jedoch Unternehmen – je nach Konzeptionsaufgabe, Konzeptionsumfang und Konzeptionsdetaillierungsgrad – in unterschiedlichem Maße auf unternehmens*externe* Kräfte bzw. einschlägige **Serviceunternehmen** (im Folgenden als **Marketing-Dienstleister** bezeichnet) angewiesen. Der Einsatz von verschiedenen, in der Regel jeweils spezialisierten Dienstleistern (wie z. B. Unternehmensberatern, Werbeagenturen und/oder Marktforschungsinstituten) hat verschiedene Gründe, meistens jedoch vorrangig Kapazitäts- und Know how-Gründe. Prinzipiell kann sich zwar jedes Unternehmen eigene Kapazitäten und grundsätzlich auch eigenes Know how aufbauen – für den Einsatz externer Dienstleister sind jedoch neben Zeitgründen häufig auch Kostengründe verantwortlich. In den meisten Fällen sprechen jedenfalls **Kosten-Nutzen-Analysen** gegen eigene Marketing-Dienstleistungskapazitäten im Unternehmen (nur ganz große Unternehmen mit ständigem Bedarf z. B. an Beratungs- oder Agenturleistungen in ihren verschiedenen Geschäftsfeldern besitzen z. T. eigene Beratungs- und Werbeagentur-Units (sog. Inhouse-Consultants bzw. Inhouse-Agencies)). Generell spricht vieles für eine ausgewogene Mischung von unternehmensinternen Kräften (also eigenen Mitarbeitern und eigenem Management) und externen Dienstleistern mit ihren jeweils spezifischen Kompetenzen. **Art und Umfang** des Einsatzes *externer* Kräfte hängt naturgemäß von der jeweiligen Aufgabenstellung wie auch von den markt-, umfeld- und unternehmensbezogenen Bedingungen und den sich daraus ergebenden Anforderungen ab.

Marketing-Dienstleister können grundsätzlich sowohl in der Planungs- als auch in der Realisierungsstufe des Konzeptionellen Marketing herangezogen werden. Eine nicht unwesentliche Rolle fällt zunächst Unternehmensberatern zu, die schwerpunktmäßig in der Planungsstufe (= Konzepterstellung) eingeschaltet werden können – allerdings nicht nur dort, sondern auch in der Realisierungsstufe (= Konzeptrealisierung), und zwar in Form umsetzungs-begleitender Beratung. Darüber hinaus gibt es eine Vielzahl spezialisierter Marketing-Dienstleister (insbesondere verschiedene Arten von Agenturen), die vor allem bei der operativen Umsetzung von Marketing-Konzeptionen eingesetzt werden können (müssen) – zum Teil aber auch schon in der generellen Marketingkonzept-Erstellungsphase.

Die nachstehenden Darlegungen zu wichtigen und typischen Marketing-Dienstleistern beginnen mit „Generalisten" mit eher breitem Einsatzspektrum (und zum Teil mit Schwerpunkt auf der ziel-*strategischen* Konzeptarbeit) und wird fortgeführt mit „Spezialisten" mit eher fokussierten Einsatzmöglichkeiten (und unterschiedlichen Schwerpunkten vor allem bei marketing-*operativen* Konzeptumsetzungen).

## 1. Arten von Marketing-Dienstleistern und ihre typischen Serviceleistungen

Der **Markt der Marketing-Dienstleister** ist vergleichsweise groß und gleichzeitig ziemlich fragmentiert (z. B. viele unterschiedliche Spezialagenturen auf dem Gebiet der Kommunikation), was die Markttransparenz nicht gerade erleichtert. Außerdem ist dieser Markt – mehr als bei anderen Märkten – durch ständige Neu- und Umgründungen sowie Zusammenschlüsse und Geschäftsaufgaben gekennzeichnet, was den Überblick zusätzlich erschwert. Selbst Marketingpraktiker, die schon länger in ihrem Aufgabenfeld tätig sind, verfügen häufig nicht über eine ausreichende Kenntnis der am Markt tätigen Marketing-Dienstleister und **ihres Servicespektrums**. Deshalb sollen im Folgenden wichtige Arten (Typen) von Marketing-Dienstleistern und ihre jeweils spezifischen Serviceleistungen herausgearbeitet werden, um damit die Anwendung und Umsetzung des Konzeptionellen Marketing in der Praxis zu fördern sowie zu unterstützen. Die Darlegungen beginnen mit einer für Konzeptionsaufgaben besonders wichtigen Gruppe von Marketing-Dienstleistern, nämlich den Unternehmensberatern.

### *a) Unternehmens-/Marketingberater*

Die systematische, **kundenorientierte Führung des gesamten Unternehmens** – das ist die Botschaft des vorliegenden Buches – setzt zwingend eine schlüssige, ganzheitliche Marketing-Konzeption voraus, mit anderen Worten also klare, aufeinander aufbauende und in sich schlüssige Ziel-, Strategie- und Maßnahmen- bzw. Instrumenten-Entscheidungen. Der Einsatz von Unternehmensberatern (**Management bzw. Marketing Consultants**) und der Rückgriff auf entsprechende Beratungskapazitäten ist dann geboten, wenn Unternehmen noch gar keine (vollständige) Marketing-Konzeption besitzen, die vorhandene Konzeption gravierende Mängel bzw. erhebliche Lücken aufweist oder wesentliche Veränderungen der Markt- und/oder Umfeldbedingungen („ Umbrüche") eine grundlegende Neuorientierung oder Überarbeitung des bisher verfolgten Marketingkonzepts (sowie **Geschäftsmodells**) erfordern.

Das Spektrum von Unternehmensberatern ist groß und breit gefächert. **Klassische Beratungsbereiche** (Kompetenzfelder) erstrecken sich u. a. auf Organisations-, Informationstechnologie-, Strategie- sowie Personalberatung (zu Unternehmensberatern und ihren Services sowie ihren Arbeitsweisen siehe u. a. *Schwan/Seipel,* 1999; *Fink/Knoblach,* 2003; *Heuermann/Herrmann,* 2003; *Bamberger,* 2005). Für die Unterstützung von Unternehmen bei der Erarbeitung oder Überarbeitung von Marketing-Konzeptionen kommen vor allem Unternehmensberater in Betracht, die einen **Schwerpunkt** im Bereich der Strategischen Beratung („Strategy Consultants") und/oder im Bereich Marketing und Vertrieb („Marketing and Sales") aufweisen. Dabei ist zunehmend auch die Kompetenz auf den Feldern Internet-Marketing, Electronic Business bzw. Electronic Commerce von Bedeutung.

Je nach Unternehmen(sgröße) und **Anforderungen** an die zu leistende Konzeptionsarbeit gilt es, den oder ggf. die geeigneten Berater zu finden und einzusetzen. Das heißt etwa, zwischen großen oder eher kleinen, national oder international ausgerichteten sowie eher breit aufgestellten oder spezialisierten Beratern zu wählen (auf wichtige Auswahlkriterien und Entlohnungs- bzw. Honorarfragen bei Marketing-Dienstleistern wird noch in einem gesonderten Kapitel näher eingegangen).

Die Auswahl von bzw. die Zusammenarbeit mit Unternehmensberatern setzt zunächst eine **Analyse des Beratungsbedarfs** voraus, auf deren Basis eine Aufgabenstellung für den Berater-Einsatz formuliert werden kann. Unternehmensberater sind grundsätzlich Partner auf Zeit. Immer mehr hat sich jedoch die Einsicht durchgesetzt, dass Berater vor allem dann sinnvoll eingesetzt werden können, wenn sie nicht nur mit der – in der Regel sich auf detaillierte Unternehmens-, Markt- und Umfeldanalysen stützende – **Erarbeitung oder Überarbeitung** einer Marketing-Konzeption betraut werden, sondern auch in der anschließenden *Realisierungs*phase verantwortlich mit eingebunden sind (einschließlich ihrer Mitwirkung bei der Auswahl von „Umsetzungsdienstleistern" wie z. B. Werbe-Agenturen oder anderen spezialisierten Kommunikationsagenturen).

Grundlegende **Erfolgsvoraussetzung** für den Berater-Einsatz ist neben dem sach- und methoden-orientierten Aspekt der Gesichtspunkt einer offenen, vertrauensvollen, team-orientierten Zusammenarbeit zwischen dem bzw. den beauftragten Beratungsunternehmen (und seinen jeweils eingesetzten Beratern) und dem auftraggebenden Unternehmen (und seinen für das Beratungsprojekt zuständigen Mitgliedern des Managements wie der zuständigen Fachabteilungen). Das gilt übrigens in gleicher Weise für den Einsatz *aller* Arten von Marketing-Dienstleistern (wie z. B. auch von Werbe-Agenturen, Direktmarketing-Agenturen oder Internet-Agenturen).

Der Schwerpunkt von **Strategieberatern** (Strategy Consultants) liegt grundsätzlich auf der *ziel-strategischen* Ebene, das heißt auf der Ableitung der zu verfolgenden Marketing- und Unternehmensziele sowie der Erarbeitung dafür geeigneter Marketing- und Unternehmensstrategien (einschließlich der hierfür erforderlichen Markt-, Umfeld- und Unternehmensanalysen). Was andererseits die für ihre Realisierung einzusetzenden operativen Maßnahmen und Instrumente angeht, so muss eine vollständige, konsistente Marketing-Konzeption, die mit Hilfe von Unternehmensberatern erstellt wird, notwendigerweise zumindest konkrete **Basiskonzepte** für den Marketinginstrumenten-Einsatz in den Bereichen der *Angebots*politik (Produkt, Programm, Preis), der *Distributions*politik (Absatzwege, Absatzorganisation, Absatzlogistik) und der *Kommunikations*politik (Werbung, Verkaufsförderung, Public Relations) einschließen. Diese marketing-operativen Basiskonzepte bilden dann die **konzeptionellen Anknüpfungspunkte** für den Einsatz spezialisierter „Umsetzungsdienstleister" wie z. B. Werbe-, Verkaufsförderungs-, Public Relations- oder Direktmarketing-Agenturen.

Neben Unternehmensberatern mit breitem Erfahrungs- und Kompetenzspektrum gibt es eine Reihe spezialisierter Berater, die sich auf ein bestimmtes Kompetenzfeld konzentrieren. Hierzu zählen etwa **Marketingberater** (mit der Abdeckung des gesamten Marketingbereichs, ggf. aber auch mit bestimmten Schwerpunkten), **Vertriebsberater** (mit einer Spezialisierung auf vertriebs- bzw. distributionspolitische Problemstellungen, inkl. Steuerungs- und Kontrollsysteme sowie Entlohnungs- und Anreizsysteme) oder **Markenberater** (mit Konzentration auf die Lösung marken-strategischer Fragen wie Markenpositionierung, Markendesign (Branding), Markenarchitektur sowie Findung von Markennamen (Naming). Solche spezialisierten Berater kommen vor allem dann in Betracht, wenn Unternehmen bereits über eine Marketing-Konzeption verfügen, aber gezielten Nachbesserungsbedarf haben oder Zwänge für gezielte Neuorientierungen in einzelnen Marketingbereichen gegeben sind.

Neuerdings gewinnen speziell **Markenberater** (Brand Consultants) an Bedeutung. Der Grund liegt in der zunehmend erkannten Rolle von Marken für den dauerhaftenMarkt- und Unternehmenserfolg. Diese auf die **strategische Markenführung** fokussierten Berater weisen ganz *unterschiedliche* Herkünfte auf, was naturgemäß ihre Perspektive und ihre Lösungsansätze prägt. So gibt es Brand Consultants, die aus dem Bereich der Unternehmens- bzw. Marketingberatung kommen oder aus dem Bereich der Werbeagenturen stammen und z. T. bei diesen Dienstleistern als Spezialberater oder Spezialteam installiert sind. Das gilt vor allem für große Beratungsgesellschaften oder große Werbeagenturen. Es finden sich aber auch Markenberater (Brand Consultants), die aus dem Bereich der(strategischen) Marktforschung hervorgegangen sind. Mit die größte Herausforderung des professionellen Brand Planning wird künftig auch die Erarbeitung und Realisierung von Kommunikationskonzepten für die digitalen Medien sein (Digital Brand Planning, *Baetzgen*, 2011; *Esch*, 2018).

Eine vergleichsweise neuere Spezialisierung auf dem Feld der Markenberatung sind Berater für das Finden von Marken- oder Unternehmensnamen (sog. **Name Finder**). Ihre Entstehung und wachsende Bedeutung beruht auf der Tatsache, dass es immer schwieriger wird, attraktive bzw. konzeptionsgerechte und international einsetzbare sowie schutzfähige Marken zu finden. Diese spezialisierten Berater suchen systematisch neue, für das jeweilige Markenkonzept des Unternehmens *geeignete* Namen über Kreativprozesse und/oder Computerprogramme unter Heranziehung von spezialisierten Marken- und Patentanwälten (siehe auch den Abschnitt zu Sonstige Marketing-Dienstleister).

Für das Marketing bzw. die Umsetzung von Marketing-Konzeptionen spielen außerdem **Informationstechnologie(IT-)Berater** eine immer größere Rolle, und zwar generell unter *drei*

Aspekten: Vereinfachung der Anwendungen, Vereinheitlichung der Systeme und Verknüpfung der IT mit den Geschäftsprozessen. Unter Marketinggesichtspunkten gewinnen vor allem *zwei* Themen an Bedeutung: Customer Relationship Management-Systeme (CRM) zur Kundenbindung und Business Intelligence-Lösungen (BI) zur Bereitstellung von detaillierten Kunden-, Markt- und Unternehmensinformationen(siehe hierzu auch die Funktion bzw. den Beruf des Market Research Managers sowie des Wissensmanagers im Kapitel zu den Marketingberufen).

Als spezialisierte Berater haben sich auch **F&E-Dienstleister** (Dienstleister für Forschungs- und Entwicklungsaufgaben) etabliert; sie haben vor allem in bestimmten Branchen wie der Pharma- oder auch Automobilindustrie größere Bedeutung erlangt. Hierbei handelt es sich entweder um Forschungsinstitute an Hochschulen oder um gewerbliche Anbieter solcher F&E-Dienstleistungen. Die Vorteile der Vergabe von derartiger **Vertragsforschung** werden u. a. in Qualitätsvorteilen durch besonderes technisches Know how,in Kostenvorteilen durch Spezialisierung, in der Vermeidung oder Reduzierung von unternehmenseigenen Fixkosten sowie in Zeitvorteilen gesehen.

Ein spezieller Beratungsbereich ist die **Gründungsberatung** (*Heuermann/Herrmann*, 2003). Sie ist auf die Beratung des Managements bestehender Unternehmen bei der (Neu-)Gründung einer Organisation gerichtet oder auf die spezielle Beratung von Unternehmensgründern (Entrepreneuren) bei Start-ups. Diese Art von Beratung ist meist eine Mischung aus klassischer Unternehmensberatung und speziellen Beratungsleistungen, wie: die Entwicklung eines **Gründungskonzepts** mit einem **Businessplan** (siehe hierzu auch die Darlegungen in diesem 5. Teil, I. Abschnitt, Kapitel 1. „Aufgaben, Anlässe und Grundorientierungen einer Marketing-Konzeption sowie Kapitel 3. Prototypische Struktur (Design) einer Marketing-Konzeption), die Finanzierungsberatung (inkl. Nutzung evtl. Förderprogramme), die Beratung in wichtigen unternehmerischen **Funktionen** wie Marketing/Vertrieb, Produktion, Beschaffung und/oder Personal und ggf. die **unterstützende Begleitung** beim Start des Geschäftsbetriebs (inkl. Coaching).

Neben unternehmensexternen Beratern bzw. Beratungsgesellschaften gibt es solche *unternehmensinterner* Art. Vor allem Großunternehmen ziehen es nicht selten vor, u. a. aus Kosten-, Zeit- sowie Einfluss- und internen Know how-Gründen („dichter dran"), unternehmensinterne Beratungsbereiche oder -gruppen **(Inhouse Consulting)** aufzubauen und einzusetzen (vgl. *Niedereichholz/Niedereichholz*, 2010). Nicht wenige Unternehmen rekrutieren aus diesen Consulting-Units auch ihren Managementnachwuchs für Schlüsselpositionen im mittleren und oberen Management.

Insgesamt gibt es umfassend und spezialisiert aufgestellte Beratungsgesellschaften. Außerdem konkurrieren große, häufig international operierende mit eher kleineren, meist nationalen Beratungsunternehmen, die häufig spezialisiert sind (z. B. auf einzelne Branchen, mittelständische Unternehmen, KMU) sowie mit unterschiedlich fokussierten Einzelberatern. Zum Teil haben sich Beratungsunternehmen auf besondere Beratungsansätze bzw. **Beratungskonzepte** spezialisiert, wie z. B. Business Reengineering, Change Management, Lean Management oder Total Quality Management (jeweils auch mit entsprechenden Marketingbezügen, siehe im Einzelnen *Fink,* 2004 sowie *Bamberger,* 2005). Die Auswahl von Unternehmensberatern oder Beratungsunternehmen muss deshalb vom jeweiligen Beratungsbedarf und der konkreten Aufgabenstellung abhängig gemacht werden (zum Auswahlprozess von Marketingdienstleistern wird auch auf ein gesondertes Kapitel weiter unten hingewiesen).

Außer den bereits genannten Aufgaben von Unternehmensberatern erfüllen professionelle Berater auch spezifische Funktionen wie die des **Moderators** (Hilfestellung bei unternehmenseigenen Strategie- bzw. Konzeptdiskussionen), die des **Katalysators** (Unterstützung bei der Ingangsetzung beabsichtigter Konzepte bzw. Maßnahmen) und/oder die des **Change Agent** (Hilfestellung bei der Einleitung und Realisierung notwendiger Veränderungsprozesse) sowie ggf. des **Interim-Managers** (= Manager auf Zeit, *Groß/Bohnert*, 2007).

### *b) Personalberater*

Personal-spezifische Beratungsleistungen werden zwar auch von vielen Unternehmensberatern mit breitem Dienstleistungsspektrum erbracht, zum Teil auch von Beratern mit bestimmten Beratungsschwerpunkten wie Marketing oder Vertrieb. Im Markt der Beratungsdienstleister hat sich andererseits schon früh eine **Spezialisierung auf Personalfragen** ausgebildet: Personalberater (**Personal Consultants**; vgl. auch *Sattelberger,* 1999; *Berthel,* 2000; *Heidelberger/Kornherr*, 2009). Ihre Dienstleistungen werden nicht nur bei neuen oder veränderten Marketing- und Unternehmenskonzepten in Anspruch genommen, sondern häufig auch von Unternehmen ohne konzeptionellen Wechsel genutzt. Allerdings ist vor allem bei neuen oder stark veränderten bzw. erweiterten Konzepten Personalberatung besonders gefragt.

Immer komplexere und dynamischere Markt- und Umweltbedingungen verlangen grundsätzlich nach immer qualifizierteren **Fach- und Führungskräften**. Der personale Faktor ist insoweit – darauf wurde bereits im 4.Teil „Management" hingewiesen – zu einem „Schlüsselfaktor" bei der Erarbeitung wie Umsetzung von rentabilitäts- und unternehmenswert-orientierten Marketing- und Unternehmenskonzeptionen geworden. Andererseits verfügen Unternehmen häufig nicht über ausreichende qualitative wie quantitative **Kapazitäten** für eine systematische, anforderungs- bzw. konzeptionsgerechte Personalsuche und Personalauswahl. Nicht wenige Unternehmen konzentrieren sich – nicht zuletzt aus Kosten(senkungs)gründen – im Personalbereich vorrangig auf die Personalverwaltung sowie auf die Personalentwicklung (bei bestehendem Personal).

Personalberatung als spezielle Dienstleistung im *engeren* Sinne erstreckt sich deshalb auf die **Personalsuche und Personalauswahl**. Eingeschlossen sind dabei – je nach Kompetenz des Beraters bzw. der Vertragsgestaltung – auch Arbeitsplatzanalysen und/oder die Erstellung von Anforderungsprofilen. Die **Kandidatensuche** kann dabei grundsätzlich auf zwei Wegen erfolgen: *erstens* über entsprechende Anzeigen in Zeitungen, Zeitschriften oder ähnlichen Medien (also Offline) und/oder über geeignete Online-Medien (insbesondere Internet bzw. spezielle Portale, z. B. Netzwerke bestimmter Berufsgruppen), *zweitens* über eine persönliche oder telefonische Direktansprache von vorab ausgewählten Kandidaten (sog. **Head Hunting**), wie es sich vor allem bei der Suche von Spezialisten, Führungskräften, Aufsichts- und Beiräten (Executive Search Consulting) etabliert hat.

Zum **Service der Personalberater** gehört durchweg die Auswertung von Bewerbungsunterlagen, das Führen von Interviews, die Bewertung von Referenzen und der Einsatz von Bewertungs- oder Einschätzungsverfahren sowie ggf. die Anwendung psychologischer Testverfahren und die Durchführung von Assessment-Center-Verfahren (= spezielle anforderungsbezogene, situationsspezifische und verhaltensorientierte Prüfverfahren mit Mehrpersonenbeurteilung).

Personalberatung im *weiteren* Sinne ist eine Unternehmensberatung mit dem Schwerpunkt auf personelle Frage- und Problemstellungen insgesamt und auf dafür jeweils geeignete Serviceleistungen. Hierzu gehören prinzipiell alle **funktionalen und organisatorischen Aufgaben** im

Rahmen des betrieblichen Personal- bzw. Human Resource Management. Entsprechende Beratungsleistungen erstrecken sich dann etwa auf Aufgabenfelder wie Personalentwicklung und/oder Organisationsentwicklung. Vergleichsweise neue Serviceleistungen von Personalberatern umfassen auch **Coaching** (im Sinne von Begleitung, Betreuung, Förderung und Qualifizierung einzelner Mitarbeiter oder ganzer Arbeitsgruppen (Teams) z. B. bei gravierenden Veränderungsprozessen von Unternehmen bzw. ihrer Konzepte) und **Mentoring** (im Sinne von karriere-planenden und/oder karriere-begleitenden Services speziell für Nachwuchskräfte des Unternehmens). Zum Leistungsspektrum von Personalberatern im weiteren Sinne gehören auch Services wie **Moderation** (von Workshops oder Entscheidungsprozessen), **Mediation** (Hilfestellung bei der Lösung von Konflikten unter und mit den Beteiligten) und **Training** (im Sinne von Vermittlung von Wissen und dessen praktischer Umsetzung bzw. Anwendung).

Eine neue Form der Beratung, die sich **Facilitating** nennt, bietet eine spezielle *psychologische* Beratung bei Change Management-Prozessen an. Bei solchen grundlegenden Veränderungsprozessen in Unternehmen – die viel zu häufig scheitern – geht es darum, wie eine Art **Therapeut** die Mitarbeiter und auch Führungskräfte bei der Akzeptanz und Umsetzung von gravierenden Veränderungen im Unternehmen beratend zu begleiten, um so die beabsichtigten Veränderungen überhaupt ziel- und konzeptionsgerecht umsetzen zu können. Facilitatoren begreifen sich in diesem Sinne als „Ermöglicher".

Zu Personalservices im weiteren Sinne sind auch Leistungen der **Aus- und Weiterbildung** zu zählen. Sie dienen der beruflichen wie fachspezifischen Ausbildung und Weiterentwicklung von Mitarbeitern, und zwar in Form überbetrieblicher Seminarveranstaltungen, teilweise auch in Form von für Unternehmen maßgeschneiderter sog. Inhouse-Seminare. Solche Seminarveranstaltungen werden darüber hinaus von einer Vielzahl unterschiedlicher, z. T. fachspezifisch orientierter **Seminar-Veranstalter oder Weiterbildungsinstitute** angeboten. Besonders spezialisierte Ausbilder oder Trainer sind sog. **Verkaufstrainer**, deren Dienstleistung sich auf die verkaufs-spezifische Wissensvermittlung und das entsprechende Trainieren von Verkaufspersonen bezieht (u. a. Verkaufsgesprächsführung, Verkaufs- und Verhandlungstechniken, Organisation der Verkaufsarbeit). Diese Serviceleistungen werden nicht selten auch von – bei den Darlegungen zu Unternehmensberatern bereits erwähnten – Vertriebsberatern erbracht.

Zu den Dienstleistungen von Personalberatern gehören **unterschiedliche Personalanalysen**, wie z. B. Management-Potenzial-Analysen zur Identifizierung von Managementbedarfen bzw. von entsprechenden Reserven oder auch umfassende Management Audits. Weitere Services von Personalberatern können sich auf die **Vergütungsberatung** (Compensation Consulting) beziehen, angefangen von überbetrieblichen Vergütungsvergleichen über die Unterstützung beim Aufbau systematischer Entgeltstrukturen bis hin zu Provisions- und Incentive-Systemen (z. B. für Vertriebsmitarbeiter) oder leistungs- und erfolgsbezogener Vergütungssysteme für das Management. Ein weiterer Service kann das sog. **Outplacement,** d. h. die Freistellung von Mitarbeitern, betreffen. Hierbei handelt es sich um vom Arbeitgeber finanzierte Beratungs- und Unterstützungsleistungen für einen oder mehrere freizusetzende Mitarbeiter bei der Suche nach einem neuen, qualifikationsadäquaten Arbeitsplatz in einem anderen Unternehmen.

### c) Werbeagenturen

Wenn eine schlüssige, ganzheitliche und vollständige Marketing-Konzeption mit den konzeptionellen Bausteinen Ziele, Strategien, Maßnahmen vorliegt – vom Unternehmen selbst oder in Zusammenarbeit mit Unternehmensberatern erarbeitet –, muss sich die Stufe der **Konzeptrealisierung** anschließen. In dieser Stufe geht es darum, das konzeptionell Gedachte und Festgelegte in konkrete operativ-instrumentale Maßnahmen umzusetzen.

Ein besonders weiter und zugleich differenzierter Umsetzungsbereich ist hierbei häufig das Feld der **Kommunikationspolitik** (Basisinstrumente: Werbung, Verkaufsförderung (Promotions), Public Relations (Öffentlichkeitsarbeit)). Da dieser Bereich unterschiedliche Ressourcen und Kompetenzen voraussetzt, wird diese komplexe Umsetzungsaufgabe durchweg an darauf spezialisierte Kommunikations-Dienstleister übertragen. Der wichtigste Dienstleister auf diesem Gebiet ist zunächst einmal die (klassische) Werbeagentur (Advertising Agency) und zwar in Form der weithin etablierten **Full-Service-Agentur** (siehe hierzu etwa *Bruhn*, 2005 b; *Huth/Pflaum*, 2005).

Das **Leistungsspektrum** der Full-Service-Agentur reicht von der Werbung (sog. *Above-the-line*-Kommunikation) in den klassischen Printmedien (wie Zeitungen, Zeitschriften) und in den klassischen elektronischen Medien (wie Hörfunk, Fernsehen) bis zu den unterschiedlichen Einsatzformen internet-gestützter Kommunikation (wie Online-Werbung, E-Mail-Marketing), um auf diese Weise über *cross-mediale* Kampagnen die Kommunikationswirkung zu erhöhen. Außerdem umfasst das Leistungsspektrum von Full-Service-Agenturen die klassische Verkaufsförderung (sog. *Below-the-line*-Kommunikation: Verkäufer-, Händler- und Verbraucher-Promotions) bis hin zu Kommunikationsformen wie Direkt- bzw. Dialogmarketing (s. a. *Kilian/Langner*, 2010, S. 31 ff. und 103 ff.). Außerdem gehört zum Servicebereich von Full-Service-Agenturen grundsätzlich der Bereich Public Relations (PR) oder Öffentlichkeitsarbeit mit Sonderformen wie Produkt-PR oder auch Investor bzw. Financial Relations.

Derartige umfassende Kommunikationsservices bieten vor allem die großen, meistens international agierenden Werbeagenturen (Agentur-Netzwerke), für die zunehmend der Begriff der **Kommunikationsagentur** verwendet wird, und zwar insbesondere dann, wenn aufgrund der geschaffenen Agenturstruktur (Dienstleistungsportfolios) die Möglichkeit gegeben ist, *alle* eingesetzten Kommunikationsinstrumente im Sinne eines in sich schlüssigen, aufeinander abgestimmten, d. h. also *integrierten* Kommunikationsmix zu bündeln. Zum Leistungsbündel solcher Agenturen gehören in der Regel entsprechende Markt- und Kommunikationsanalysen und die Erarbeitung umfassender oder auch nur spezieller ziel-strategischer Kommunikationskonzepte – meistens auf Basis der von den auftraggebenden Unternehmen vorgegebenen, zum Teil von ihren Unternehmens- und/oder Marketingberatern vorformulierten Grundkonzepten. Die sich anschließende Planung und Umsetzung konkreter operativer Kommunikationsmaßnahmen schließt meistens auch deren Erfolgskontrolle mit ein.

Eine große Herausforderung für Werbe- bzw. Kommunikationsagenturen stellt die zunehmend vom **Internet** geprägte Medienwelt dar. Alle Agenturen stehen vor der komplexen Aufgabenstellung, klassische *und* digitale Werbung für das jeweils betreute Unternehmen *optimal* zu verzahnen. In dieser Hinsicht gewinnt der schon früher entwickelte Ansatz einer **integrierten Kommunikation** erneut einen ganz besonderen Stellenwert. Für die Bewältigung dieser Aufgabenstellung ist es notwendig, die entsprechenden Strukturen in den Agenturen zu schaffen sowie *digital* geprägtes und erfahrenes Personal (sog. **Digital Natives**) zu finden und systematisch für diese neuen kommunikativen Aufgabenstellungen einzusetzen. Eine echte Herausforderung stellt das insbesondere für solche Werbeagenturen dar, die in der Vergangenheit sich in erster Linie als *kreative* Kommunikationsdienstleister verstanden und basierend auf dieser Ausrichtung ihre – aus heutiger Sicht – etwas einseitige, jedenfalls nicht umfassende Kompetenz (d. h. vor allem inkl. *Internet*-Kompetenz) aufgebaut haben.

Einen ganz besonderen Stellenwert besitzt inzwischen für Werbeagenturen und ihre Serviceleistungen der Aufbau von Know how und Kompetenz auf dem Feld des **Social Media-Marketing**, denn diese Medien und ihre konsequente Nutzung gewinnen immer mehr an Bedeutung für ein umfassendes und vollständiges, alle technischen und inhaltlichen Möglichkeiten nutzendes Gesamtkommunikations-Konzept der Unternehmen. Jedenfalls gilt das gerade für die großen (klassischen) Werbeagenturen mit dem Anspruch eines Full-Service. Das äußert sich u. a. auch darin, dass bisher vor allem kreativ herausragende, inhaber-geführte Agenturen ihre stark kreativ ausgerichtete Führung völlig verändern und etwa durch eine internet-affine und -kompetente Führung (Geschäftsführer) ersetzen. Gleichwohl ist **kreative Werbung** (Kommunikation) nach wie vor ein Erfolgsfaktor in der Markenführung, da sie die Wirkung der Werbung wie auch ihre gesellschaftliche Akzeptanz zu steigern vermag (*Walter*, 2007; *Kroeber-Riel/Esch*, 2011; *Esch*, 2018).

Neben den großen Full-Service-Agenturen gibt es andererseits eine Vielzahl von **kleineren und mittleren Werbeagenturen**, die sich häufig auf das klassische Werbegeschäft – ggf. in Verbindung mit ergänzenden Promotionsaktivitäten oder anderen speziellen (Online-)Zusatzservices – konzentrieren (zur Zukunft von Agenturen s. a. *Nöcker*, 2014).

Was die grundlegenden Aufgaben der Marken-, Produkt- bzw. Design- und Verpackungsgestaltung angeht, so werden solche Serviceleistung ganz oder zum Teil von Werbeagenturen (insbesondere Full-Service-Agenturen) erbracht. Andererseits gibt es inzwischen vielfältige Arten von **Design-Agenturen** (auf die noch in einem gesonderten Abschnitt näher eingegangen wird).

Sonderformen von Agenturen stellen die sog. **Media-Agenturen** (vgl. *Kloss*, 2012, S. 259 ff.) dar, die sich auf Einkauf, Vermittlung und Einsatzoptimierung von Massenmedien konzentrieren und keinerlei kreativ-gestalterische Leistungen erbringen. Sie bündeln die Nachfrage der werbetreibenden Unternehmen nach Werbeplätzen und können auf diese Weise *günstigere* Konditionen aushandeln, die sie teilweise an werbetreibende Unternehmen bzw. Werbeagenturen weitergeben. Inzwischen bieten Media-Agenturen neben den Offline-Medien (klassische Massen-Medien) auch Online-Medien (Websites von Suchmaschinen, Portalen, Online-Diensten und Online-Zeitschriften) an, um damit die immer wichtiger werdende One-to-One- bzw. Dialog-Kommunikation mit abdecken zu können. Neben den klassischen Media-Agenturen existieren auch spezielle Online-Vermarktungsgesellschaften. Im Übrigen unterhalten große Werbeagenturen (Netzwerke) z. T. eigene Media-Agenturen für Offline- und Online-Medien.

Es ist klar, dass – ähnlich wie beim Einsatz von Unternehmensberatern – bei zu vergebenden kommunikativen Aufgaben die Art und Weise des Einsatzes von full-service-orientierten und/oder spezialisierten Kommunikationsdienstleistern von der jeweiligen konzeptionellen Aufgabenstellung abhängig gemacht werden muss. Zum Serviceangebot vieler Kommunikationsdienstleister gehören inzwischen auch **Strategische Beratungsservices** für die gesamte Kommunikationsstrategie eines Unternehmens oder die strategische Markenführung (wie Markenpositionierung, Markenarchitektur, Markenportfolio). Hierbei ergeben sich nicht selten Schnittstellen – u. U. auch Überschneidungen („Konflikte") – zur Konzeptionsarbeit von Unternehmens-, Marketing- oder Markenberatern.

Generell nimmt die **Spezialisierung** unter den Kommunikationsdienstleistern zu. So gibt es immer mehr Spezialisten, die sich u. a. auf Bereiche wie die Verkaufsförderung, die Public Relations oder auch das Direktmarketing konzentrieren und hier jeweils sehr differenzierte Serviceleistungen anbieten. Auf verschiedene Typen solcher spezialisierten Dienstleister soll im Folgenden noch näher eingegangen werden.

### *d) Verkaufsförderungsagenturen*

Während Media-Werbung (= *Above-the-line*-Maßnahmen) eher indirekt auf Abnehmer bzw. Kunden einwirkt, und zwar im Sinne von Basiswerbung zum Auf- und Ausbau von Bekanntheit, Image und Kompetenz für eine Marke oder ein ganzes Unternehmen, zielt die Verkaufsförderung unmittelbar auf die **Förderung und Unterstützung** des Verkaufs bzw. Absatzes ab (= *Below-the-line*-Aktivitäten). Angesichts des zunehmenden Wettbewerbs ist es deshalb kein Zufall, dass Unternehmen neben der Werbung als wichtigem Leitinstrument im Kommunikationsmix verstärkt Verkaufsförderungsinstrumente einsetzen und dafür auch wesentliche, überwiegend steigende Anteile des Kommunikationsbudgets dafür aufwenden.

Unter Verkaufsförderung können alle Ideen, Maßnahmen und Methoden verstanden werden, welche die Arbeit der **Verkäufer** bei der Akquisition unterstützen (Staff Promotions), den **Hineinverkauf** in den Handel (Sell-in-Maßnahmen = klassische Channel oder Trade Promotions) sowie den **Herausverkauf** aus dem Handel (Sell-out-Maßnahmen = moderne Merchandisingmaßnahmen in Verbindung mit Consumer Promotions) fördern und damit insgesamt unmittelbare Kaufentscheide am Einkaufs- bzw. Verkaufsort auslösen. Ihr Erfolg wird u. a. gemessen am höheren Warenumschlag im Handel, an verstärkten Verbundverkäufen (Cross Selling), erhöhten Durchschnittspreisen z. B. für Markenartikel oder auch an höheren Distributions- und Marktanteilen.

Neben den einschlägigen Verkaufsförderungs-Servicebereichen im Rahmen klassischer Full-Service-Werbeagenturen hat sich aufgrund der gestiegenen Bedeutung der Verkaufsförderung wie auch aufgrund der Vielzahl möglicher Instrumente und Einsatzformen eine ganze Reihe von **Spezial-Dienstleistern** auf dem Felde der Verkaufsförderung etabliert (siehe u. a. *Bruhn*, 2005 b; *Pflaum/Eisenmann/Linxweiler*, 2000).

Neben Spezialagenturen, die mehr oder weniger den gesamten Bereich der Verkaufsförderung abzudecken suchen, sind jedoch auch ganz verschiedene Spezialisten entstanden, so z. B. sog. **Trade Marketing-Agenturen.** Das sind Agenturen, die sich auf den Handelsbereich und damit auf Trade Promotions spezialisiert haben, und zwar insbesondere auf Förderungsmaßnahmen am Verkaufsort (Point of Sale, POS), etwa zur Absicherung von Stammplatzierungen und/oder ergänzenden Zweit- und Sonderplatzierungen sowie anderen kooperativen Maßnahmen zwischen Handel und Hersteller (z. B. Regalplatz-Optimierungen) im Sinne eines Vertikalen Marketing. Darüber hinaus gibt es **Consumer Promotions-Agenturen**, also Verkaufsförderungsagenturen, die sich auf die Planung und Realisierung konsumenten-spezifischer Promotions wie Postwurfsendungen, Mailings, Produktproben, Produktverköstigungen, Zugaben, Couponing usw. konzentrieren. Hierbei spielen auch internet-basierte Lösungen wie E-Mails und E-Coupons eine immer größere Rolle.

Wie weit hier die Spezialisierung gehen kann, lässt sich an neueren **Couponing-Agenturen** verdeutlichen. Diese konzentrieren sich vorrangig auf die Konzipierung und Abwicklung von Rabatt-, Zugabe- und Treuecoupons. Sie dienen primär der Kundenbindung und Kundenentwicklung (u.a. via Cross Selling) durch gezielte, wettbewerbsorientierte Anreize. Aber auch für die Kundengewinnung können Coupons eingesetzt werden, u. a. in Form von Dialogcoupons, mit denen potenzielle Kunden Informationen und/oder Produktproben anfordern können. Typisch sind hierbei vor allem auch internet-gestützte Lösungen wie E-Mails oder E-Coupons.

Daneben sind **Messeagenturen** entstanden, die sich auf Messeservice-Leistungen spezialisiert haben. Diese Services reichen von der verkaufsfördernden Gestaltung von Messeständen

(z. T. in Zusammenarbeit mit einschlägigen Messe- und Ausstellungsbau-Unternehmen) bis hin zu Operating-Services während der Messe selbst wie Verkostungsservice, Informationsmaterialverteilung, Informationsveranstaltungen, Multimedia-Shows usw. Außerdem können noch **Licence-Agenturen** genannt werden, die das Management von Lizenzen übernehmen, z. B. den Erwerb von Rechten für den Einsatz von prominenten Stars (Personality Licensing), bekannten Comic-Figuren (Character Licensing) oder von geeigneten Marken/Logos (Brand Licensing) für Verkaufsförderungszwecke.

Zu Verkaufsförderungsagenturen im weiteren Sinne können auch **Eventmarketing-Agenturen** gezählt werden, die ein besonderes Know how für die Konzipierung und Durchführung von Events für die unterschiedlichsten Zwecke in ganz verschiedenen Märkten aufgebaut haben (vgl. auch *Nickel*, 2005; *Wünsch/Thuy*, 2007; *Kiel/Bäuchl*, 2014). Events stellen erlebnis-orientierte Inszenierungen von unternehmens- oder produkt-bezogenen Anlässen dar, die für die Realisierung spezifischer Marketing- und Kommunikationsziele eingesetzt werden. Sie richten sich an jeweils definierte Zielgruppen. Im Prinzip können zwei **Grundarten von Events** unterschieden werden: erstens *geschlossene* (interne) Events, die sich an den eigenen Außendienst („Außendienstkonferenzen") oder an den Handel (z. B. Startveranstaltungen für Produktneueinführungen, sog. Kick-offs) wenden und zweitens *offene* (öffentliche) Events in Form von Publikumsveranstaltungen mit „Volksfestcharakter" oder mit kulturellem Bezug sowie auch sog. Roadshows. Neuerdings wird in diesem Zusammenhang von Live Communication gesprochen, und zwar in dem Sinne, eine Marke oder ein Unternehmen kommunikativ erlebbar zu machen. Diesen Kommunikationsbereich versuchen z. T. Full-Service-Agenturen mit abzudecken, dennoch ist das Eventmarketing in seinen verschiedenen Spielarten die Domäne *spezialisierter* Event-Agenturen geblieben.

Neben größeren Verkaufsförderungsagenturen genereller und spezialisierter Art gibt es insgesamt eine Vielzahl eher kleiner Spezialisten für Sonderaufgaben. Daneben hat sich eine bestimmte **Branchenspezialisierung** herausgebildet (u. a. Verkaufsförderungsagenturen primär für Konsumgüter, Investitionsgüter oder Dienstleistungen).

### e) Public-Relations-Agenturen

Public Relations (PR, auch als **Öffentlichkeitsarbeit** bezeichnet) ist ein wichtiger Teilbereich der gesamten Kommunikationspolitik eines Unternehmens. Sie zielen auf die systematische Gestaltung und Pflege der Beziehungen eines Unternehmens zur Öffentlichkeit im Sinne von Corporate Communication. Zentraler Ansatzpunkt ist dabei die umfassende, tatsachengestützte Information über das Unternehmen und seine Aktivitäten zum Aufbau eines positiven Images (Ruf des Unternehmens), das von **Vertrauen** geprägt ist. Unter Öffentlichkeit werden *alle* Anspruchsgruppen (Stakeholder) des Unternehmens verstanden, die sowohl externe Anspruchsgruppen wie Lieferanten, Kunden, Konkurrenten, Staat und Gesellschaft als auch interne Anspruchsgruppen wie Eigentümer, Management, Mitarbeiter einschließen.

Hierbei handelt es sich um eine – inhaltlich wie zielgruppen-bezogen – sehr komplexe informatorische Aufgabenstellung, bei der sich Unternehmen häufig der Dienstleistungen von speziellen **Public-Relations-Agenturen** oder auch derer von spezialisierten **Public-Relations-Beratern** bedienen müssen (siehe dazu auch *Pflaum/Linxweiler*, 1998). Die Unternehmen vertrauen immer mehr auf die positive, erfolgs-beeinflussende Wirkung von Public Relations-Maßnahmen im Rahmen des gesamten Kommunikationsmix und geben deshalb inzwischen mehr Mittel aus dem Kommunikationsbudget für PR-Zwecke aus.

Public Relations (PR) lassen sich insgesamt nur schwer abgrenzen. PR-Aktivitäten umfassen nicht nur die klassische PR-Arbeit in Form von **Pressearbeit** (zur Herstellung und Pflege von Pressekontakten), sondern auch die **PR-Werbung** (als Image- oder Vertrauenswerbung für ein Unternehmen in dafür geeigneten Medien). Nicht selten beziehen sie außerdem die Sponsoring-Aktivitäten eines Unternehmens mit ein, etwa in Form von Sport-, Kultur- oder Sozio-Sponsoring. Dafür stehen auch **Sponsoring-Agenturen** zur Verfügung, die hinsichtlich der Einsatzmöglichkeiten von Sponsoring-Aktivitäten für PR-Zwecke beratend und/oder vermittelnd tätig sind. Dabei können grundsätzlich *drei* Typen von Sponsoring-Agenturen unterschieden werden (*Bruhn,* 2005 b): erstens *Beratungs*agenturen mit Schwerpunkt auf Konzeptionsberatung beim Sponsoring-Engagement, zweitens *Vermittlungs*agenturen mit Fokus auf der Vermittlung von Sponsoren bzw. Gesponserten und drittens *Durchführungs*agenturen, die sich auf das Veranstaltungsmanagement (inkl. unterstützender Pressearbeit) konzentrieren.

Die Dienstleistungen von Public-Relations-Agenturen umfassen – je nach Ausrichtung und Kompetenz des jeweiligen Dienstleisters – auch die Organisation von **PR-Veranstaltungen** (z. B. „Tag der offenen Tür", unternehmens-spezifische Ausstellungen und/oder Fachtagungen/Symposien) sowie die Konzipierung und Ausarbeitung von **PR-Dokumentationen** (wie Firmenfestschriften, -filme, -videos sowie Kunden-Zeitschriften). Die Services von PR-Agenturen umfassen grundsätzlich auch die **Human Relations** (d. h. Programme zur unternehmensinternen Information und Kommunikation, dazu zählen etwa Firmen-Zeitschriften, Firmen-Veranstaltungen, Mitarbeiter-Schulungen).

Insgesamt erstrecken sich die Dienstleistungen von **Full-Service-PR-Agenturen** von der Erstellung von Analysen der bisherigen Unternehmenskommunikation im Wettbewerbsumfeld und ihrer Wirkungen, über die Ausarbeitung neuer oder modifizierter PR-Konzepte auf Basis vorgegebener oder zusammen mit dem auftraggebenden Unternehmen festgelegter PR-Ziele bis zur Realisierung dafür geeigneter PR-Maßnahmen (meistens einschließlich entsprechender Erfolgskontrollen).

Sonderbereiche von Public Relations und einschlägiger Serviceleistungen von PR-Agenturen beziehen sich darüber hinaus auf **Marketing Publicity** (= Product-PR, Product Launch oder Product Relaunch). Spezielle PR-Aufgaben, die von PR-Agenturen wahrgenommen werden, betreffen u. a. **Financial Relations** (z. B. bei Börsengängen von Unternehmen, Firmenbeteiligungen und Firmenübernahmen, sog. Mergers & Acquisitions).

Ein vergleichsweise neues, zunehmend an Bedeutung gewinnendes Aufgabenfeld von PR-Agenturen betrifft die sog. **Krisen-PR** (*Schulz-Brühdoel/Fürstenau*, 2013). Sie dienen der Aufklärung der Öffentlichkeit bzw. der betroffenen Stakeholder einerseits und der Wiedergewinnung verloren gegangenen Vertrauens z. B. bei Qualitäts- oder Umweltaffairen eines Unternehmens andererseits (ggf. einschließlich eines proaktiven **Issues Managements**).

Neben den großen Full-Service-PR-Agenturen gibt es – wie bereits erwähnt – spezialisierte (z. T. branchen-orientierte) **PR-Berater**.

### *f) Direktmarketing-Agenturen*

Der Begriff Direktmarketing – ursprünglich auch den Direktvertrieb umfassend – wird heute im Sinne von **Direktwerbung** als eine spezielle Form der Kommunikation (Direktkommunikation) verstanden, deren Zielsetzung darin besteht, im Gegensatz zur Massenkommunikation durch eine gezielte Einzelansprache einen direkten Kontakt zu Adressaten herzustellen und möglichst in einen **Dialog** mit ihnen einzutreten (siehe *Holland,* 2009 bzw. *ders.,* 2016; *Hoepner/Schminke*, 2012).

Eine solche Direkt(um)werbung hat insbesondere folgende **Vorteile**: Möglichkeiten des Aufbaus dauerhafter Kundenbeziehungen (Beziehungsmarketing bzw. Customer Relationship Management, CRM), eines persönlichen und bedarfsgerechten Informations- und Leistungsangebotes (Individualmarketing bzw. One-to-one-Marketing) sowie der Fähigkeit des Dialogs mit den Kunden (Dialogmarketing). Damit verbunden sind zugleich Möglichkeiten einer genauen **Selektion der Zielpersonen** (und dadurch Vermeidung von Streuverlusten, wie sie für die klassische Massenwerbung typisch sind) sowie der genauen Erfolgskontrolle (sog. Response-Marketing).

Aufgrund der genannten Vorteile haben inzwischen viele Unternehmen ihre Direktmarketing-Aktivitäten ausgebaut und intensiviert. Hierfür war und ist spezielles Know how gefragt, wie das **Direktmarketing-Agenturen** bieten. Im Markt des Direktmarketing haben sich dabei verschiedene Agenturtypen herausgebildet. Zunächst einmal gibt es Direktmarketing-Agenturen mit **Full-Service-Angebot.** Sie verfügen durchweg über eigene umfassende und detaillierte Adressen-Bestände und können allein *alle* Stufen bei Direktmarketingaktionen für ihre Unternehmenskunden ohne Einschaltung Dritter realisieren. Solche Full-Service-Agenturen bieten Konzeption, Text, Produktion sowie Streuung der Direktwerbemittel oder Mailings sowie deren (Erfolgs-)Kontrolle. Je nach Größe und Kompetenz der Agentur werden insoweit auch Leistungen von Adressen-Verlagen, die Rücklaufbearbeitung (Response) und/oder das gesamte **Database-Management** (Aufbau und ggf. Pflege von Kundendatenbanken) übernommen. Außerdem liefern sie die Software für alle Direktmarketing-Aufgaben und z. T. komplexe Electronic Business-Lösungen (auch in Kooperation mit Unternehmens- bzw. Informationstechnologie-Beratern). In diesem Zusammenhang ist zu beobachten, dass ursprünglich eigene Agenturen oder Units für Direktmarketing und für Internet/Multimedia von den dazugehörigen großen (Mutter-)Werbeagenturen teilweise wieder *zusammengeführt* werden.

Daneben gibt es Spezialanbieter, die sich auf spezifische Direktservices wie das **Telefonmarketing** konzentrieren. Diese Telefonmarketing-Agenturen sind darauf spezialisiert, im Auftrag von Unternehmen z. B. im Zusammenhang mit Kundenanfragen die Auftragsannahme oder die Anwenderberatung wahrnehmen (= *passives* oder sog. Inbound-Telefonmarketing) sowie auch Anrufe z. B. zur Ermittlung von Ansprechpartnern, zur Terminvereinbarung oder für Telefonverkauf bzw. Cross Selling im Sinne von Zusatzverkäufen durchzuführen (= *aktives* oder sog. Outbound-Telefonmarketing). Für diese Zwecke betreiben Telefonmarketing-Agenturen im Kundenauftrag sog. **Call Center**.

Außerdem sind noch Direktmarketing-Dienstleister zu nennen, die Unterstützungsleistungen bieten, wie **Adressen-Verlage**, -Broker und -Verarbeiter, deren Hauptaufgabe darin besteht, zielgruppen-spezifische Adressen zu erfassen bzw. zusammenzustellen, die – zu Kollektionen gebündelt – an Anwender vermietet werden. Darüber hinaus gibt es **Produktionsagenturen und Lettershops**, welche die Produktion und Weiterverarbeitung von Katalogen und Prospekten sowie die Personalisierung und Auslieferung von Briefen (Fullfillment) übernehmen.

Eine zunehmende Rolle spielt insgesamt das **Online-Direktmarketing,** das in Form internetbasierter Direktanspracheformen gezieltes Individualmarketing (One-to-one-Marketing) ermöglicht. Das gilt insbesondere für das E-Mail-Marketing (elektronische Mailings), E-Newsletters (elektronische Kundenzeitungen) oder auch E-Kataloge (elektronische Produktangebote mit Bestellmöglichkeit per Mouseclick). Das Direktmarketing bzw. seine spezifische Ausprägung in Form des **Dialogmarketing** hat aufgrund verstärkter Kundenorientierungs- und Kundenbindungsbemühungen der Unternehmen zunehmend an Bedeutung gewonnen. Die direkte, dialog-orientierte Kommunikation wird inzwischen von vielen

Unternehmen im Wettbewerb um den Kunden eingesetzt. Konsequentes Dialogmarketing – wie es von unterschiedlichen, z. T. stark **spezialisierten Dialog-Agenturen** als Dienstleistung angeboten wird – dient letztlich der Realisierung eines systematischen Customer Relationship Management (CRM). Gewählt wird dabei eine gezielte Kundenansprache meistens über mehrere „direkte Kanäle", und zwar sowohl online als auch offline.

### *g) Internet-/Multimedia-/Social Media-Agenturen*

Neben den klassischen (Massen-)Werbemedien wird – darauf wurde bereits mehrfach hingewiesen – zunehmend das **Internet** als neuere zusätzliche Möglichkeit der Zielgruppenansprache entdeckt und aktiv eingesetzt, insbesondere für *internet-affine* Zielgruppen – ein Zielgruppenkreis, der sich ständig erweitert. Das Internet als elektronisches Medium wird dabei sowohl zur **Kommunikation** (Online-Advertising bzw. Online-Communication) als auch zur **Interaktion und Transaktion** (Electronic Business bzw. Electronic Commerce) immer ausgeprägter genutzt. Analog dazu werden die Kommunikationsbudgets der Unternehmen entsprechend umgewichtet (vgl. *Chaffey et al.,* 2001; *Fritz,* 2004; *Bruhn,* 2005 b bzw. 2015).

Als Kommunikationsmittel kommen im Rahmen der **Online-Kommunikation** u. a. eigene Homepages (mit unterschiedlichen Aufgabenstellungen), Werbe-Banner/-Buttons, Web-Promotions auf fremden Websites (einschl. Suchmaschinen) sowie E-Mails und E-Newsletter (E-Mail-Marketing) in Betracht. Werden im Rahmen des Online-Marketing zugleich Produkte, Informationen oder Dienstleistungen über das Internet verkauft, so spricht man von **Electronic Commerce** (E-Commerce). Soweit dabei sog. digitale Güter wie Software, elektronische Publikationen oder Informationsdienste zur Auslieferung kommen, handelt es sich zugleich um elektronischen Vertrieb oder **Online-Distribution**.

Aufgrund der Vielzahl elektronischer Möglichkeiten und Einsatzformen im Marketing bedienen sich Unternehmen durchweg des fachlichen Know how von **spezialisierten Internet- bzw. Multimedia-Agenturen**. Multimedia-Agenturen sind häufig Teil einer Internet-Agentur, aber auch umgekehrt treten Internet-Agenturen im Verbund mit Multimedia-Agenturen auf (*Huth/Pflaum,* 2005). Beide Agenturtypen sind jedenfalls nicht selten in einer einzigen Agentur vereint, wenn auch häufig mit unterschiedlichen Schwerpunkten, was sich in der Namensgebung von „Online-Agenturen" aber meistens so nicht niederschlägt. Insgesamt ist bei Auswahlüberlegungen seitens auftraggebender Unternehmen darauf zu achten, dass Agenturen, die als **Multimedia-Agenturen** auftreten, sich nicht selten auf die *Offline*-Übertragung multimedialer Inhalte (wie Texte, Grafik und Ton) in Form von CD-ROM-Präsentationen, DVD-Filmen oder -Katalogen konzentrieren, während **Internet-Agenturen** ihren Fokus mehr auf die *Online*-Kommunikation in Form ganz verschiedener kommunikativer Internet-Auftritte oder auch auf Mobile Marketing-Kampagnen (z. B. auf Basis moderner Smartphones) legen. Multimedia- und Internet-Agenturen sind insgesamt fachspezifische Marketing-Dienstleister, die sich auf die Konzeption, die Gestaltung wie auch die Nutzung bzw. Einschaltung elektronischer Medien (u. a. auf verschiedene Multimedia-Anwendungen wie z. B. Videos im Internet bzw. im Rahmen des Social Media-Marketing) spezialisiert haben.

Typische Aufgabenbereiche bestehen: 1. in der **Markenführung im Internet** (z. B. in Form digitaler Imagewerbung über entsprechende Marketing- und Image-Websites, in Form diverser Online-Formate wie Banner, Button, Pop-Up, Skyscraper oder innovativer Weiterentwicklungen), 2. in der **internet-gestützten Verkaufsförderung** (u. a. in Form von Promotion-Sites, Online-Couponing, Online-Gewinnspielen), 3. in der **internet-basierten Direktwerbung** (insbesondere in Form von dialog-orientierten E-Mailings oder E-Newsletters zur Kundenfindung wie auch Kundenaktivierung und Kundenbindung, einschließlich eines entsprechenden Database-Managements zur Realisierung eines konsequenten Beziehungsmarketing im Sinne des Customer Relationship Management, CRM) und 4. in der Entwicklung oder Auswahl der elektronischen Werkzeuge für die Realisierung von **Geschäftsmodellen des E-Commerce**. Für die verschiedenen Internetanwendungen werden von den Internet-Agenturen u. a. folgende Konzept- und Designleistungen erbracht: Konzept für Frontend und Backend, Interface-Design, Content-Konzept und Content-Erstellung, Usibility-Tests und Usibility-Optimierung, Corporate Design-Konzept und Corporate Design-Erstellung, z. T. bis hin zur Prozess-Beratung und zu (kundennahen) IT-Infrastruktur-Services. Ggf. werden auch Unternehmensberatungen mit einem Kompetenzschwerpunkt Informationstechnologie (IT-Beratung) oder spezialisierte IT-Beratungsgesellschaften herangezogen.

Im Zuge der stark an Bedeutung gewinnenden Online-Werbung in **Suchmaschinen** entsteht ein zunehmender Beratungs- und Betreuungsbedarf in diesem wichtigen Kommunikationsbereich der Unternehmen, den vor allem spezialisierte Online Marketing-Agenturen, nämlich sog. **Suchmaschinen-Agenturen**, abdecken (vgl. *Schwarz*, 2012, S. 233 f.). Was das Suchmaschinen-Marketing angeht, werden *zwei* Konzepte bzw. Ansatzpunkte unterschieden (*Kreutzer*, 2014; *Hoepner/Schminke*, 2012): nämlich Suchmaschinen-Optimierung (Search Engine Optimization, SEO) einerseits und Suchmaschinen-Werbung (Search Engine Avertising, SEA) andererseits. Unter **SEO** werden alle Maßnahmen verstanden, die darauf gerichtet sind, dass das eigene Angebot (Produkte/Leistungen) auf den ersten Plätzen der sog. organischen Trefferliste bei Suchmaschinen (wie *Google, Yahoo*) erscheint. Diese Trefferlisten beinhalten die jeweiligen Ergebnisse eines durch Internet-Nutzer ausgelösten Suchprozesses, der das Resultat eines Algorithmus (Rechenvorgangs) der Suchmaschine ist und *nicht* das Ergebnis von bezahlter Werbung. Untersuchungen zeigen, dass meistens nur die ersten drei Positionen vom Internet-Nutzer bewusst wahrgenommen werden. Die Suchmaschinen-Optimierung eines Website-Betreibers ist insoweit darauf gerichtet, die Rangstelle bei den Suchergebnissen zu verbessern. Die Basis hierfür bildet die **Keyword-Analyse**, bei der das auf Schlüsselbegriffen beruhende Suchverhalten der Zielgruppe berücksichtigt wird. Auf Basis dieser Analyse wird die Website-Gestaltung optimiert, wobei auf eine suchmaschinen-konforme Vorgehensweise geachtet wird. Suchmaschinen-Agenturen stützen sich hierbei auf Erfahrungen und begründete Annahmen.

Unter **SEA** werden dagegen die Möglichkeiten bzw. Angebote der Suchmaschinen-Betreiber verstanden, dass eigene Online-Werbeformate des Unternehmens gegen Bezahlung bei der Eingabe bestimmter Suchbegriffe auf den ersten Seiten der Suchmaschinen unter Werbung, Sponsoring o. Ä. erscheinen (z. B. *Google AdWords* oder *Yahoo Sponsored Search*). Für das werbetreibende Unternehmen hat dieses **Keyword-Advertising** den Vorteil, „dass die Anzeigen in dem Moment präsentiert werden, zu dem der Internet-Nutzer sich mit den vorab definierten Keywords beschäftigt und somit ein grundsätzliches Interesse an den entsprechenden Angeboten signalisiert" (*Kreutzer*, 2012, S. 196 f.). Auch im Bereich der **SEA** können Suchmaschinen-Agenturen aufgrund ihrer Expertise sowohl bei der Gestaltung der Werbung als auch bei der Platzierung ihre spezifischen Serviceleistungen anbieten.

Internet-Agenturen (**New Media-Agenturen**) sind für Unternehmen inzwischen vor allem auch dann interessant, wenn sie spezifische Dienstleistungen auf dem Gebiet des **Social Media Marketing** erbringen. Für immer mehr Unternehmen wird es wichtig, sich in diesem relativ neuen Kommunikationsbereich einzubringen, ohne dass sie selbst über entsprechende Fähigkeiten und Ressourcen verfügen. Insoweit sind deshalb gerade in diesem Kommunikationsbereich besondere **Expertisen** von Internet- bzw. spezialisierten **Social Media-Agenturen** gefragt.

**Social Media** umfassen sämtliche **Technologien und Netzwerke** in digitalen Medien, die es den Internet-Nutzern ermöglichen, sich untereinander auszutauschen, Inhalte (Contents) zu gestalten und diese zu veröffentlichen. Hierbei handelt es sich zunächst einmal um eine Customer-to-Customer-Beziehung (C-to-C). Unternehmen können sich diesen Sozialen Medien jedoch nicht auf Dauer „verweigern", weil sie und ihre Marken sowie ihre (Marketing-)Aktivitäten auch ohne ihr eigenes Zutun **Gegenstand** von Beurteilungen und Diskussionen im **Social Web** sind. Sie müssen deshalb diese Social Media-Kommunikation nicht nur aufmerksam beobachten (über Monitoring bzw. Monitoring-Systeme), sondern sich im Prinzip angemessen und konzeptionsadäquat daran *beteiligen*. Hierbei sind etwa Online-Netzwerke wie *Facebook* und *Xing*, Kurzmitteilungsdienste wie *Twitter* und *WhatsApp* bzw. Blogs oder Microblogs sowie Video- und Foto-Communities wie *Youtube*, *Instagram* sowie *Snapchat* zu berücksichtigen (zu neuen Entwicklungen und Instrumenten des Social Media-Marketing wird auch auf www.social-media-magazin.de verwiesen).

So wie inzwischen eine Homepage zum Standard für nahezu alle Unternehmen geworden ist, so wird künftig eine Präsenz im **Social Web** für Unternehmen üblich, wenn nicht zwingend sein (*Hoepner/Schminke*, 2012; *Kreutzer*, 2014 sowie *Karle*, 2012). Unternehmen brauchen hierfür nicht nur eigene Spezialisten wie Social Media- oder Community Manager (s. hierzu auch das Kapitel „Neuere Marketingberufe", Abschnitt Berufsfamilie New Media Management), sondern auch Internet-Agenturen mit spezieller Expertise, sog. **Social Media-Agenturen**, um diese neuen digitalen Möglichkeiten ziel-strategisch angemessen nutzen zu können (siehe hierzu auch *Zarrella*, 2010; *Heymann-Reder*, 2011; speziell zur Auswahl geeigneter Social Media-Agenturen *Heymann-Reder*, 2011; *Schwarz*, 2012).

Die konzeptionellen **Aufgabenstellungen**, bei der Unternehmen durchweg auch auf die Dienstleistungen von **Social Media-Agenturen** angewiesen sind, erstrecken sich u. a. auf (*Kreutzer*, 2014, S. 338 ff.): Bekanntmachung der Social Media-Aktivitäten – idealerweise auch auf der eigenen Homepage – sowie Aktivierung von Nutzern und/oder Mitgliedern für eigene Communities, Foren, Blogs usw., Verknüpfung der sonstigen Marketing- und Kommunikationsmaßnahmen des Unternehmens mit denen in den Sozialen Medien (s. Beispiele bei *Bruhn*, 2015, S. 471 ff.), Erarbeitung eigenständiger Kampagnen für den Einsatz in den Sozialen Medien, Auswerten sowie Aufgreifen von Anregungen der Nutzer für das Unternehmen, Beantwortung der von den Nutzern an das Unternehmen gestellten Fragen sowie Moderation von eigenen Foren bzw. Communities (zu den zur Verfügung stehenden Instrumenten und ihren Einsatzmöglichkeiten s. a. *Pfeiffer/Koch*, 2011). Außerdem ist es immer wichtiger, sich bei der mobilen Social Media-Nutzung zu engagieren. Mit neuen Smartphones ist es leichter als je zuvor, auch unterwegs online zu bleiben und in Social Media aktiv zu sein. So nimmt z. B. die mobile Nutzung u. a. von Twitter und LinkedIn stark zu.

Für den Fall, dass *negative* Meldungen oder Beschwerden über das eigene Unternehmen und/oder seine Produkte (Leistungen) den Unternehmenserfolg, die Marke oder sogar den Fortbestand des Unternehmens gefährden können, gilt es – unter Einbindung kompetenter Social Media-Agenturen – ein **Social Media-Krisenmanagementkonzept** zu erarbeiten und einsatzfähig zu halten, das nicht nur richtige („sachlich und ehrlich"), sondern vor allem auch schnelle („in Echtzeit") Unternehmensreaktionen sicherstellt und damit nicht zuletzt ein Überschwappen von Negativmeldungen etwa in die Offline-Medien vermeiden hilft.

Damit sollen die Darlegungen zu den *verschiedenen* Kommunikationsdienstleistern (Agenturtypen) abgeschlossen werden. Insgesamt zeichnet sich eine immer stärkere **Überschneidung** aller angesprochenen Kommunikationsdienstleister (wie Werbe-, Verkaufsförderungs-, Direktmarketing-, Internet-Agenturen) untereinander ab, und zwar nicht nur aufgrund der Tatsache, dass die einzelnen Dienstleistertypen im Wettbewerb um Unternehmenskunden ihre Services vermehrt ergänzen und ausbauen, sondern auch aufgrund des Umstandes, dass heute alle Marketingdienstleister auf dem Felde der Kommunikation nicht nur *Offline*-Medien, sondern auch *Online*-Medien im Interesse eines **wirkungs-optimierten Kommunikationsmix** (**Cross Media**) für ihre Kunden anbieten und einsetzen müssen. Trotz dieser Überschneidungen in den Leistungsangeboten ist es in der Regel nach wie vor notwendig, dass Unternehmen bei einer konzeptions-orientierten Gestaltung ihrer Marken-, Marketing- und Unternehmens-Kommunikation *mehrere* Kommunikationsdienstleister parallel heranziehen müssen. Deshalb ist nicht nur eine faire und vertrauensvolle **Zusammenarbeit** zwischen dem Unternehmen und dem einzelnen Marketingdienstleister notwendig, sondern eine ebenso gestaltete **Kooperation** zwischen den verschiedenen vom Unternehmen beauftragten Marketingdienstleistern untereinander (wie z. B. zwischen – ggf. sogar mehreren – Beratern und mehreren, ganz unterschiedlichen Agenturtypen, wie sie im Einzelnen vorgestellt worden sind).

### h) Design-Agenturen

Design ist heute ein wichtiges Instrument, um Marken, Produkte und ganzeUnternehmen im verschärften Wettbewerbsumfeld unverwechselbar zu profilieren. Insgesamt ist in vielen Teilbereichen des Designs bereits ein hohes Niveau (Standard) erreicht, das dazu führt, dass Unternehmen immer stärker gezwungen sind, noch bestehende Designpotenziale gezielt auszuschöpfen (zu typischen Designaufgaben siehe *Schmitz*, 1994 sowie *Buck*, 2003). Hierbei können Unternehmen auf eine Vielzahl ganz **unterschiedlicher Design-Dienstleister** mit ganz verschiedenen Schwerpunkten und Erfahrungen zurückgreifen.

Was **Design-Agenturen** betrifft, so gibt es auch auf diesem Feld zunächst einmal Dienstleister mit umfassendem Ansatz und Service. Sie bieten Problemlösungen für die Gestaltung einer einheitlichen **Corporate Identity**. Dieser umfassende, ganzheitliche Ansatz besteht darin, mit allen Designäußerungen des Unternehmens ein einheitliches, attraktives Gesamtbild zu vermitteln. Drei grundlegende Designbereiche sind dabei angesprochen: das sog. *Industrial* Design (Produktdesign, in Verbindung damit auch Verpackungs- und Markendesign), das sog. *Communications* Design (Visuelle Gestaltung aller kommunikativen Mittel wie Anzeigen, Plakate, Drucksachen, Broschüren) und das sog. *Environment* Design (Gestaltung von Firmengebäuden, Inneneinrichtungen, Firmenwagen oder auch Design von Vertriebsfilialen, Servicestellen, Ladengeschäften). Gestaltungsmittel einer einheitlichen, unverwechselbaren Corporate Identity sind jederzeit wieder erkennbare, leitbildfähige **Zeichen- und Symbolsysteme**, die ihre positiven Wirkungen sowohl nach innen in das Unternehmen als auch nach außen in den Markt entfalten.

Neben solchen Corporate Identity-Agenturen gibt es eine ganze Reihe **spezialisierter Design-Agenturen**, die sich etwa auf das Verpackungsdesign (Packaging Design) und/oder das Markendesign (Brand Design) konzentrieren. Nicht selten bieten aber auch Werbe-Agenturen mit Full-Service-Anspruch solche packungs- oder markenbezogenen Designleistungen an (zum Teil in Form von darauf spezialisierten Units oder über eigene Tochtergesellschaften, ggf. auch über die Einschaltung **freier Designer** (sog. Free Lancer)).

Das eigentliche Produktdesign wird dagegen in aller Regel als Serviceleistung von darauf spezialisierten **Produktdesignern** oder Designstudios angeboten. Größere Designstudios (Designinstitute) sind vielfach dadurch charakterisiert, dass sie jeweils einen bestimmten **Designstil** pflegen (wie z. B. ästhetischen, funktionalen, organischen Designstil). Einen Sonderbereich stellt das **Modedesign** dar, auf das sich einzelne Designer bzw. Designinstitute spezialisiert haben. Die Designleistungen, die Designstudios oder Designinstitute erbringen, gehen übrigens vielfach über die reine Gestaltung des Produktäußeren hinaus und schließen – je nach Bedarf des Unternehmens wie der entsprechenden Kompetenz des Designinstituts – ggf. die technisch-funktionale **Produktentwicklung** bzw. Produktverbesserung mit ein. Solche Produktentwicklungsleistungen werden aber auch von Unternehmensberatungsgesellschaften erbracht, die den Kompetenzbereich Technologie- und Produktentwicklung (sog. **F&E-Dienstleister**) abdecken. Zu nennen sind hier außerdem einschlägige **Forschungs- und Entwicklungsinstitute** an Technischen Hochschulen und Universitäten.

Was das große Feld des **Kommunikationsdesigns** (Communication Design) betrifft, so sind die einschlägigen Gestaltungsleistungen in der Regel ebenfalls Bestandteil des Leistungsspektrums von Werbe-Agenturen (und zwar der großen wie auch der kleineren), wie sie weiter oben im Einzelnen behandelt wurden.

Die Vergabe von Designaufgaben an Designer bzw. Design-Agenturen stellt insgesamt eine **komplexe Aufgabenstellung** dar, weil hier sehr unterschiedliche Facetten (Bereiche) des Designs berücksichtigt werden müssen. Nicht selten kann diese Problemstellung nur in definierten Teilschritten gelöst werden und unter Einschaltung *mehrerer* Design-Agenturen mit jeweils unterschiedlichen Kompetenzen. Das Problem besteht dann häufig darin, auf diese Weise trotzdem zu durchgängigen, ganzheitlichen Designlösungen im Sinne eines **Corporate Design** zu gelangen.

### i) Marktforschungsinstitute

Marktforschungsinstitute (und auch Marktforschungsberater) erbringen wichtige Informationsdienstleistungen für Unternehmen. Insbesondere konsequent markt- und kundenorientierte Unternehmen kommen heute ohne **systematische Marktforschung** nicht mehr aus. Nur zum Teil sind Unternehmen jedoch selbst in der Lage, die notwendigen Daten und Informationen für Marketingentscheidungen strategischer wie operativer Art selbst zu beschaffen bzw. zu gewinnen. Unternehmen sind deshalb in hohem Maße auf die Inanspruchnahme von Marktforschungs-Dienstleistern angewiesen (siehe *Berekoven/Eckert/Ellenrieder,* 2001 bzw. *dies.,* 2009; *Weis/Steinmetz,* 2000; *Koch*, 2009; *Altobelli/Hoffmann*, 2011).

Unternehmen brauchen einmal **regelmäßige Daten**, die jeweils aktuell im Markt erhoben werden müssen (z. B. Panelinformationen (via Handels- und/oder Verbraucher-Panels) über Größen wie Absätze, Umsätze, Durchschnittspreise, Distribution, Marktanteile usw. des eigenen Unternehmens im Vergleich zu wichtigen Konkurrenten, und zwar sowohl in Gesamt- als auch in Teilmärkten). Darüber hinaus benötigen Unternehmen sog. **Ad-hoc-Informationen**, wie sie für strategische Entscheidungen (u. a. in Form von Positionierungs-, Image- oder Kundenzufriedenheitsanalysen) sowie für den Marketinginstrumenten-Einsatz (z. B. in Form von Produkt-, Verpackungs-, Preis- und/oder Werbetests) notwendig sind. Größere Bedeutung erlangt haben außerdem **Werbetrackings bzw. Werbemonitore** im Sinne standardisierter, kampagnen-begleitender Werbeerfolgskontrollen, wie sie von einer Reihe von Marktforschungsinstituten angeboten werden. Bei allen hier genannten Untersuchungen handelt es sich um sog. **Primärforschung**, das heißt Erhebung von *originären* Markt- und Kundeninformationen insbesondere über verschiedene Befragungsmethoden. Nur in Ausnahmefällen und in der Regel nur in begrenztem Umfange können Unternehmen selbst solche Erhebungen durchführen.

Lediglich die sog. **Sekundärforschung** (= Beschaffung und Verarbeitung von Marktinformationen auf der Grundlage bereits *vorhandener*, allgemein zugänglicher Daten wie z. B. Statistiken von Statistischen Ämtern auf nationaler wie internationaler Ebene oder auch Online-Nutzungsmöglichkeiten von Datenbanken oder Suchmaschinen) können Unternehmen grundsätzlich selbst vornehmen. Das gilt insbesondere für größere Unternehmen, die über entsprechende Marktforschungskapazitäten, das heißt über Marktforschungsabteilungen und entsprechendes Marktforschungspersonal, verfügen.

**Marktforschungsinstitute** konzentrieren sich vor allem auf den Bereich der Primärforschung, weil diese Art der Marktforschung eine entsprechende Feldorganisation (Intervieweror-ganisation) voraussetzt und darüber hinaus ein spezifisches Methoden-Know how für die Durchführung von Befragungen, Beobachtungen und ggf. Experimenten bedingt. Für diese Marktforschungs-Aufgaben gibt es sowohl große, z. T. internationale Institute mit breitem Service- und Methodenspektrum als auch mittlere bis kleinere Institute, die sich nicht selten methodisch und/oder branchen-orientiert spezialisiert haben. Neben den **Full-Service-Instituten**, die grundsätzlich alle Arten von Markterhebungen und -untersuchungen durchführen, haben sich auch sog. **Feldinstitute** entwickelt, deren Service (zunächst) darin besteht, den eigenen Interviewer-Stab für Untersuchungszwecke anderen Unternehmen zur Verfügung zu stellen. Die Abgrenzung zu klassischen Marktforschungsinstituten mit vollem Service ist allerdings dann fließend, wenn diese Feldinstitute zusätzlich noch die Fragebogengestaltung und/oder die EDV-Auswertungen der durchgeführten Interviews übernehmen. Im Zuge der allgemeinen Verbreitung des Internets bzw. der Internet-Anschlüsse haben sich außerdem spezielle Marktforschungsinstitute entwickelt, die sich auf die **Online-Marktforschung** konzentrieren (Nutzung Internet für Adhoc- und Paneluntersuchungen).

Eine Sonderstellung unter den Marktforschungsinstituten nehmen nach wie vor die (großen) **Panel-Institute** ein, die sich auf die permanente Erhebung von Marktdaten für bestimmte Produktbereiche auf Unternehmens-, Handels- oder Verbraucherebene konzentrieren (= sog. Unternehmens-, Handels- oder Verbraucher-Panels). Die Erhebungen erfolgten ursprünglich ausschließlich bzw. überwiegend via mündlicher Befragungen; inzwischen werden die Daten in hohem Maße auf elektronischem Wege (z. B. über das Internet) erfasst.

Was die klassischen **Vollservice-Institute** betrifft, so können große – inzwischen meist international tätige – sowie mittlere, in der Regel national ausgerichtete Institute unterschieden werden. Außerdem stehen sowohl eher quantitativ orientierte (auf „Massenumfragen" ausgerichtete) als auch eher qualitativ orientierte („psychologische") Marktforschungsinstitute zur Verfügung. Marktforschungsinstitute unterscheiden sich teilweise durch Art und Umfang ihrer Services, und zwar was die reine Datenlieferung einerseits und die zusätzliche Interpretation der erhobenen Daten oder zunehmend die **Beratung** hinsichtlich marketing-strategischer Konsequenzen (Problemlösungen) andererseits angeht. In diesem Zusammenhang haben sich z. B. auf **Markenführung/-forschung** spezialisierte Institute herausgebildet, bei denen die stragtegische Markenberatung stark im Vordergrund steht.

Neben den Marktforschungsinstituten gibt es noch **Marktforschungsberater**, die beratend bei der Marktforschung bzw. bei der Erarbeitung von Markforschungskonzepten tätig sind, z. T. aber auch in Zusammenarbeit mit Marktforschungsinstituten Studien unterschiedlicher Art durchführen. Einen besonderen Institutstyp stellen **Marktforschungsstudios** dar, die über spezielle Studioräume verfügen, in denen sie speziell apparativ gestützte Untersuchungen (z. B. mit Tachistoskopen oder Blickregistriergeräten, ggf. auch Big Idea and Ad Labs) durchführen sowie Gruppendiskussionen unter Leitung von Experten abhalten.

Daneben können noch wirtschaftswissenschaftliche **Forschungsinstitute** angeführt werden, die u. a. Konjunkturanalysen und -prognosen liefern, Länder-, Regionalentwicklungs-, Strukturwandel-, Arbeitsmarkt-, Umwelt- oder auch Branchenuntersuchungen durchführen und in Verbindung damit z. B. quantitative branchen- bzw. markt-spezifische Prognosen erstellen. Zu nennen sind außerdem **Trend- sowie Zukunftsforschungsinstitute**, deren Serviceleistungen in der Erfassung qualitativer Konsumtrends genereller wie märkte-spezifischer Art bestehen. Darüber hinaus gibt es noch **Informationsbroker**, die aus Datenbanken und/oder dem Internet im Auftrag von Unternehmen Informationen beschaffen und ggf. aufbereiten.

Die Darlegungen zum Spektrum zur Verfügung stehender Marktforschungsinstitute macht deutlich, dass die Wahl des Marktforschungsdienstleisters vom jeweiligen **Untersuchungsanlass und Untersuchungszweck** des Unternehmens abhängig gemacht werden muss. Das kann u. U. dazu führen, dass ein Unternehmen mit *mehreren* Marktforschungsinstituten (ggf. auch Sozialforschungsinstituten) ständig oder zumindest in bestimmten Phasen zusammenarbeitet bzw. zusammenarbeiten muss. Hierfür ist es in aller Regel sinnvoll und notwendig, der Institutsauswahl ein markt- und unternehmensspezifisches **Marktforschungskonzept** zugrunde zu legen, das einerseits den Marktforschungsbedarf des Unternehmens in sach-inhaltlicher wie methodischer Hinsicht festlegt und andererseits die Anforderung möglichst weitgehender Vergleichbarkeit der insgesamt vorgesehenen Datenerhebungen berücksichtigt.

Angesicht verstärkten Wettbewerbs und dynamischer Märkte ist eine konsequente, markt- und kundenorientierte Führung der Unternehmen nur möglich, wenn Unternehmen alle, zumindest aber alle wichtigen **Markt- und Kundeninformationsmöglichkeiten** (im Sinne eines systematischen Wissensmanagements) ausschöpfen. Dabei sind sie jedoch – wie bereits hervorgehoben – in hohem Maße auf die Serviceleistungen ganz verschiedener Marktforschungs-Dienstleister angewiesen. Inzwischen haben sich – z. B. branchenorientiert organisiert – für komplexe marktforscherische Aufgabenstellungen auch einzelne **Marktforschungsnetzwerke** herausgebildet.

### *j) Sonstige Marketing-Dienstleister*

Über die bisher dargestellten bzw. angesprochenen Marketing-Dienstleister hinaus gibt es noch eine Reihe von Dienstleistern, die zwar nicht allein für Marketingzwecke einschlägig sind, aber eben auch dafür herangezogen werden können (oder müssen). Auf *zwei* Dienstleistergruppen – **Marketing-Dienstleister im weiteren Sinne** – soll hier kurz eingegangen werden: nämlich auf **Rechtsanwälte** und **Steuerberater**.

**Rechtsberatung** ist relevant, um rechtskonformes Marketing- und Unternehmenshandeln sicherzustellen und dort, wo Probleme oder sogar Verstöße auftreten, die erforderlichen Klärungen und ggf. die notwendigen Korrekturen vornehmen zu können (u. a. in Bezug auf Corporate Governance und Compliance, *Diederichs/Kißler*, 2008). **Rechtliche Aspekte speziell im Marketing** ergeben sich einmal aus dem Gesetz gegen Wettbewerbsbeschränkungen (*GWB*) und dem Gesetz gegen den unlauteren Wettbewerb (*UWG*). Wesentliche rechtliche Fragen des Marketing betreffen etwa die Haftung von Unternehmen für ihre Produkte und Leistungen (Produkthaftung) sowie die Gestaltungsmöglichkeiten der (Sonder-)Preispolitik.

Darüber hinaus sind Rechtsnormen und Musterurteile zu **wichtigen Marketinginstrumenten** und ihren erlaubten Einsatzformen zu beachten (siehe hierzu *Birk/Löffler*, 2012; besondere rechtliche Fragen bzw. Probleme sind generell beim Online-Marketing gegeben, *Schirmbacher*, 2011 sowie auch speziell beim Social Media-Marketing, *Schwenke*, 2012). Rechtsnormen entfalten jedoch nicht nur restriktive, sondern auch schützende Wirkungen (etwa vor rechtswidrigen Maßnahmen anderer Unternehmen). Relevant ist hierfür auch das Markengesetz (*MarkenG*) in Bezug auf die Eintragung von Markenrechten und die Möglichkeiten des Markenschutzes. Rechtliche Aspekte des Marketing betreffen außerdem den Urheber- wie auch den Patentschutz (inkl. des Plagiatschutzes). Für solche Frage- bzw. Problemstellungen stehen jeweils unterschiedlich **spezialisierte Rechtsanwälte** oder auch **Anwaltskanzleien** (Sozietäten) zur Verfügung.

Ein vergleichsweise neues Feld der Rechtsberatung betrifft den Bereich Unternehmenskäufe und Unternehmensfusionen (**Mergers&Acquisitions**, M&A, siehe u. a. *Picot,* 2012; *Ballwieser/Hippe*, 2012). Hierauf haben sich vor allem **große internationale Anwaltskanzleien** (bzw. entsprechende Netzwerke) spezialisiert, und zwar insbesondere auf internationale Transaktionen (sog. Cross-Border-M&A). Heute gibt es – nicht nur für Großunternehmen, sondern auch für mittelständische Unternehmen – vielfältige Gründe, Beteiligungen einzugehen oder sich zusammenzuschließen: z. B. Einbettung des Unternehmens in einen größeren Verbund mit Synergiepotenzial, Konzentration auf Kerngeschäfte oder Nachfolgeregelungen speziell bei mittelständischen Unternehmen. Was die *ökonomisch-strategischen* Fragen von Unternehmenskäufen oder Fusionen angeht, so bieten hierfür vor allem größere nationale oder inernationale **Wirtschaftsprüfungsgesellschaften** ihre Dienstleistungen an, und zwar speziell dann, wenn sie über eigene Bereiche oder Gesellschaften für Unternehmensberatung und hierbei über besondere M&A-Services verfügen. Zu diesen Services gehört u. a. die **Due Diligence** im Sinne der Beschaffung und Prüfung der für diese Transaktionen notwendigen Informationen marktlicher, strategischer wie auch finanzwirtschaftlicher Art (nicht zuletzt für die Findung eines angemessenen Kauf-/Verkaufspreises; zu den Aufgaben insgesamt in der Pre- und Post-Merger-Phase vgl. *Heuermann/Herrmann*, 2003, S. 236 f.). Was die Suche und Bewertung möglicher Übernahmeobjekte sowie Finanzierungsfragen betrifft, so kommen hierfür außerdem **Investment-Banken** – insbesondere internationale – in Betracht. Mit solchen Transaktionen verbunden sind in der Regel zugleich wichtige steuerliche bzw. steuerrechtliche Aspekte, die geklärt werden müssen.

Insofern ist damit eine weitere Gruppe von marketing-relevanten Dienstleistern angesprochen: die der **Steuerberater** bzw. **Steuerberaterkanzleien** (Sozietäten). Im Rahmen unternehmerischer Entscheidungen, und gerade auch von **Marketingentscheidungen**, sind steuerliche Aspekte immer dann zu berücksichtigen, wenn Steuern die relative Vorteilhaftigkeit möglicher Maßnahmenalternativen des Unternehmens beeinflussen, mit anderen Worten also ein Steuergefälle zwischen den zu prüfenden Handlungsalternativen besteht. Ob und in welchem Umfang Steuern letztlich Einfluss auf die Entscheidungsfindung haben, hängt naturgemäß vom Einzelfall – also z. B. vom Gewicht möglicher steuerlicher Belastungen – ab, aber auch von übergeordneten Marketing- und Unternehmenskonzeptionen und ihren „Zwängen“.

**Steuerwirkungen des Marketing** treten auf u. a. in Verbindung mit verschiedenen Marketinginstrumenten (z. B. bei Preis- und Rabattpolitik oder bei Sponsoring sowie Events), im Zuge bestimmter struktureller Rahmenentscheidungen (wie Rechtsform, Standort oder auch Unternehmensverbindung) oder im Zusammenhang mit unterschiedlichen Steuer- und Rechtssystemen (z. B. bei Auslandsgesellschaften).

Während bei den rechtlichen Aspekten – wie dargelegt – vor allem eine Fülle von kommunikationspolitischen Instrumenten und ihre Ausgestaltung bzw. Zulässigkeit tangiert sind, treten *steuerliche* Aspekte stärker im Rahmen der **Distributionspolitik** auf. Das gilt etwa für Vertriebssysteme, insbesondere soweit sie rechtlich verselbständigt sind. Noch ausgeprägter gilt das für *internationale* Vertriebssysteme (z. B. bei Exportgeschäften oder noch mehr bei eigenen Gesellschaften (Produktions- und/oder Vertriebsgesellschaften) im Ausland). Gerade im Rahmen der zunehmenden Internationalisierung des Marketing sind nicht nur rechtliche, sondern auch steuerliche Aspekte zu berücksichtigen. Hierfür bedarf es durchweg entsprechender Beratungs- und Dienstleistungen einschlägiger, das heißt vor allem **international orientierter Steuerberater** bzw. Steuerberatungskanzleien (Sozietäten).

Damit soll die ausführliche Behandlung einer ganzen Reihe von Marketing-Dienstleistern im engeren Sinne (wie Unternehmensberater, Werbe-, Verkaufsförderungs- oder Direktmarketingagenturen) und ein kurzer Überblick zu Marketing-Dienstleistern im weiteren Sinne (wie Rechts- und Steuerberater, Wirtschaftsprüfer) abgeschlossen werden. Es folgen nun noch Darlegungen zu Auswahlkriterien und Entlohnungsfragen sowie zum Such- und Auswahlprozess speziell von Marketing-Dienstleistern im *engeren* Sinne.

## 2. Grundfragen des professionellen Einsatzes von Marketing-Dienstleistern

Die Darlegungen zu typischen Marketing-Dienstleistern und ihren jeweiligen Serviceangeboten haben gezeigt, dass konsequent markt- und kundenorientiert agierende Unternehmen sowohl bei der Erarbeitung als auch bei der Umsetzung von Marketing-Konzeptionen grundsätzlich auf die **Mitwirkung externer Marketing-Dienstleister** angewiesen sind – wenn auch in unterschiedlicher Ausprägung und Intensität, und zwar je nach Ausgangslage und konzeptionellen Grundlagen. Das bedeutet zugleich, dass Unternehmen und ihr Management wie ihre Mitarbeiter bereit und fähig sein müssen, mit solchen Dienstleistern und ihren jeweils eingesetzten Mitarbeitern bzw. Projektverantwortlichen vertrauensvoll, informationsbereit, teamorientiert und gestaltungs- sowie veränderungsbereit zusammen zu arbeiten.

Der professionelle Einsatz von Marketing-Dienstleistern ist an eine systematische, konsequente und **konzeptionsorientierte Auswahl** derartiger Dienstleister gebunden. Ihre Arbeiten und Services werden für das Unternehmen umso erfolgreicher und zielgerichteter sein, je sorgfältiger und differenzierter der Auswahlprozess vom Unternehmen durchgeführt wird. Je nach Rolle und Aufgabenstellung des bzw. der einzusetzenden Marketing-Dienstleister ist das sogar **Top-Management-Aufgabe**. Ressortchefs in Marketing und Vertrieb/Absatz müssen hierbei wichtige Vorarbeiten (wie Vorschläge zum Auswahlverfahren, Knüpfen erster Kontakte, Führen von Vorgesprächen) leisten, unter Umständen unterstützt durch ein Projektteam.

Folgende **Grundfragen** des systematischen Auswahlprozesses sollen hier näher diskutiert werden:

- **Auswahlkriterien** und Entlohnungs- bzw. Honorarformen,
- **Such- und Auswahlprozess** von Marketing-Dienstleistern,
- **Informationsmöglichkeiten** über Berufs- und Fachverbände.

Bei der Wahl der Auswahlkriterien wie beim Auswahlprozess selbst müssen die **jeweilige Ausgangslage** des Unternehmens sowie seine spezifischen **konzeptionellen Absichten** und Pläne berücksichtigt werden.

### *a) Auswahlkriterien und Entlohnungs- bzw. Honorarformen*

Was die **Auswahl** geeigneter Marketing-Dienstleister angeht, so muss sie so sach- und problemorientiert wie nur möglich gestaltet werden. Grundsätzlich lassen sich eine ganze Reihe wichtiger, an Marketing-Dienstleister zu stellender Anforderungen im Sinne von **Auswahlkriterien** aufführen. Ihre jeweilige Bedeutung hängt nicht zuletzt von der Art (Typ) und Arbeitsweise des auszuwählenden Marketing-Dienstleisters ab:

- **Gründung, Größe, Geschäftsentwicklung, Ressourcen, Kundenstruktur, Standort(e),**
- **Philosophie des Unternehmens, Besonderheiten des Dienstleistungsangebots, Kundenorientierung,**
- **Leistungsspektrum und Problemlösungskompetenz (Ruf inkl. Referenzprojekte/-kunden, Erfolgsbeispiele),**
- **Genereller und spezieller Erfahrungshintergrund (national/international, Branchenkompetenz, Mitgliedschaft in einschlägigen Fachverbänden bzw. Berufsorganisationen),**
- **Kreativität bei der Lösungssuche bzw. Originalität der Problemlösungen,**
- **Strategisches und konzeptionelles Denken und Handeln,**
- **Umsetzbarkeit und Erfolgsnachweis der Problemlösungen,**
- **Ansprechpartner/Projektleiter/Kundenberater und Mitarbeiterstab (Art der Kundenbetreuung, Fach-, Methoden- und Sozialkompetenz, Einfühlungsvermögen, Sympathie),**
- **Vorgehensweise und Methodik bei der Projektarbeit (Standardisierung und/oder Problemorientierung, fachspezifische Besonderheiten/Ansätze),**
- **Umsetzungsberatung (Mitwirkung/Verantwortung bei der Konzeptumsetzung, Umsetzungserfahrungen, ggf. Management auf Zeit bzw. Interims-Management),**
- **Fähigkeit und Bereitschaft zur Zusammenarbeit mit anderen Marketing-Dienstleistern (und zwar zur notwendigen Integration/Abstimmung von (Teil-)Konzepten und ihren jeweiligen Maßnahmen bzw. Instrumenten),**
- **Honorierung bzw. Entlohnungsmodell (inkl. Kostenerstattungsregelungen),**
- **Preis-Leistungs-Verhältnis von Projektteilen und Gesamtprojekten (inkl. der Form und des Umfangs der Berichterstattung bzw. Präsentationen),**
- **Art und Besonderheiten der Vertragsgestaltung (z.B. Vorstudie, Rahmenvertrag, Komplettauftragsvergabe, Konkurrenzausschlussklausel, Regelungen zur Vertragsbeendigung),**
- **Projekt- und Aufgabenmanagement (Art der Vorgehensweise, Terminplanung, Arbeitsstufen, Fortschrittskontrollen („Meilensteine"), Budgetkontrollen, Termintreue).**

Es ist klar, dass *nicht* immer alle Auswahlkriterien berücksichtigt werden können. Rangfolge und Gewichtung der Kriterien sind nicht nur von der Art der auszuwählenden Marketing-Dienstleister abhängig, sondern naturgemäß auch von **Art und Umfang der Aufgaben- oder Problemstellung**, die mit ihrer Hilfe gelöst werden sollen. Was den Auswahlprozess von Marketing-Dienstleistern angeht, so ist es in aller Regel notwendig, auf jeden Fall aber sinnvoll, hierfür eine **konkrete Ablaufplanung** vorzusehen und auch auszuarbeiten (und zwar mit den entsprechenden personellen Zuständigkeiten im Unternehmen und einer konkreten, zu kontrollierenden Zeitplanung).

Für eine systematische Auswahl von Dienstleistern können auf Basis der vom Unternehmen festgelegten *essentiellen* Auswahlkriterien auch sog. **Scoring- oder Punktwertverfahren** eingesetzt werden. Auf diese Weise werden alle in die engere Wahl genommenen Dienstleister-Kandidaten in einheitlicher Weise durch Führungs- und Fachmitglieder des Unternehmens, das Dienstleister einsetzen will, bewertet. Der Auswahlprozess wird dadurch „objektiviert". Hierfür ist es prinzipiell sinnvoll und notwendig, dass sich die in die engere Wahl gezogenen Marketing-Dienstleister dem auftraggebenden Unternehmen *persönlich* vorstellen (mit Präsentation der Firmenphilosophie, des Servicespektrums, der Mitarbeiterstruktur und der ggf. für das auftraggebende Unternehmen vorgesehenen Führungs- und Fachpersonen sowie Informationen zur Kundenstruktur und ggf. zu Erfolgsbeispielen).

Basis einer Erfolg versprechenden Zusammenarbeit mit Marketing-Dienstleistern ist die **klare Problem- und Aufgabendefinition**. Dazu gehört auch eine ausreichende, schriftlich dokumentierte Informationsgrundlage (sog. **Briefing**) für die in die engere Wahl gezogenen Marketing-Dienstleister, und zwar u. a. mit:

- **Informationen über wichtige Marktgrößen und ihre Entwicklung sowie über Markt-/Branchenbesonderheiten und die Hauptwettbewerber,**
- **Informationen über das eigene Unternehmen (Unternehmens- und Marketingphilosophie, Programm/Marken/Zielgruppen, Marktstellung, Markt- und Markenpositionierung),**
- **Informationen über die bisher verfolgte Marketing-Konzeption bzw. die verschiedenen Instrumentalkonzepte der Angebots-, Distributions- und Kommunikationspolitik,**
- **Informationen über neue konzeptionelle Vorgaben (z. B. neues Geschäftsfeld, neue Zielsetzungen, vorgesehene Budgets),**
- **Informationen über neue Rahmenbedingungen des Marktes, der Branche, des allgemeinen Umfeldes wie des Unternehmens selbst.**

Auf der Basis mündlicher Gespräche und Informationen wie des skizzierten Briefings ist es üblich, dass die in die engere Wahl gezogenen Marketing-Dienstleister **schriftliche Angebote** bzw. Projektvorschläge zur Lösung der Aufgabenstellung ausarbeiten und dem auftraggebenden Unternehmen vorlegen (mit Eckpunkten zur Vertragsgestaltung wie Honorar- bzw. Entlohnungsregelungen, ggf. Vereinbarungen hinsichtlich einer Konkurrenzausschlussklausel, evtl. Verrechnungsmodalitäten von Fremdleistungen sowie Vereinbarungen zu Rechten an Ideen und Konzepten). Nach ggf. noch notwendigen ergänzenden Erläuterungen von Seiten der angesprochenen Marketing-Dienstleister ist dann grundsätzlich eine **Entscheidung** über *den* einzuschaltenden Dienstleister zu treffen.

Gegenstand zu treffender Vereinbarungen muss auch eine **detaillierte Projektplanung** mit konkreten Fortschrittskontroll-Stufen („Meilensteinen") sein, einschließlich der Festlegung der Arbeitsteams auf Dienstleister- wie auf Unternehmensseite. Außerdem müssen Art und Häufigkeit von Berichterstattungen sowie die Form der Zwischen- und Endpräsentationen (einschließlich Berichtsform) festgelegt werden. Schließlich müssen die Verantwortlichkeiten des Marketing-Dienstleisters bzw. seiner Mitarbeiter für die Konzepterstellung wie auch die Konzeptumsetzung geregelt werden (einschließlich der vorgesehenen Abläufe in sachlicher, örtlicher und zeitlicher Hinsicht).

Was die angesprochene **Honorierung** (Entlohnung) von Marketing-Dienstleistern bzw. der von ihnen zu erbringenden Leistungen betrifft, so gibt es hierfür **verschiedene Modelle**, die nicht zuletzt auch von der Art des Dienstleisters und seinen typischen Leistungen abhängen. Darauf soll noch überblickhaft eingegangen werden.

Bei **Unternehmensberatern** kommen in der Praxis insbesondere drei Vergütungsformen in Betracht (vgl. auch *Larew/Deprosse,* 1997; *Schwan/Seipel,* 1999; *Janzen,* 2004):

- **Vergütung auf Zeitbasis (Grundlage ist die Zeit, die für Beratung in Anspruch genommen wurde, Basis: Honorar pro „Manntag"),**

- **Pauschalvergütung (sie wird bei gut überschaubaren Projekten bzw. Standardberatungen gewählt),**
- **Erfolgsorientierte Vergütung (als Maßstab der Vergütung wird die Erfüllung festgelegter Ziele herangezogen).**

Alle Arten der Vergütung haben ihre Vor- und Nachteile. Nicht selten werden deshalb *kombinierte* Vergütungsformen gewählt. Eine erfolgs-orientierte Vergütung ist aufgrund der Schwierigkeit, Beratungserfolge eindeutig zu isolieren und entsprechend zuzurechnen, nicht unproblematisch. Sie eignet sich daher nicht selten nur als ergänzende Vergütungsform. Erfolgsabhängige Vergütungsformen können andererseits zu einer engagierteren wie disziplinierteren Arbeit von Beratern beitragen.

Bei **Werbeagenturen** können im Wesentlichen folgende Entlohnungsformen unterschieden werden (siehe u. a. *Fill,* 2001; *Bruhn,* 2005 a bzw. 2015 *Huth/Pflaum,* 2005):

- **Einzelabrechnung auf Honorarbasis (Einzelleistungen wie Graphik, Text usw. werden für den vereinbarten Leistungsumfang und -qualität auf Basis von Stundensätzen abgerechnet),**
- **Pauschalabrechnung (die Agentur erhält für einen bestimmten Leistungsumfang und eine definierte Leistungsqualität für einen vereinbarten Zeitraum ein festes Monatshonorar, dafür werden Vermittlerprovisionen der Agentur, die sie von Verlagen und Sendern erhält, an das werbetreibende Unternehmen weitergegeben),**
- **Abrechnung auf Provisionsbasis (die von Verlagen bzw. Sendern erhaltenen Provisionen (Regelsatz: 15 % der Streuetats) stellen die Vergütung der Agentur für alle von ihr erbrachten Leistungen dar; insbesondere bei großen Streu-Etats werden von den werbetreibenden Unternehmen aber häufiger bestimmte Rückvergütungen verlangt).**

Auch diese Arten von Agenturvergütungen haben ihre jeweiligen Vor- und Nachteile. Deshalb werden nicht selten *kombinierte* Formen gewählt, wie z. B. die Kombination von Honorar- und Provisionsabrechnung. Darüber hinaus gibt es Mischformen der Vergütung, welche etwa die Pauschalabrechnung mit einer erfolgsabhängigen Komponente bei der Erreichung vorher definierter, zurechenbarer Ziele verbinden. Auch bei Agenturen können grundsätzlich erfolgsorientierte Entlohnungsformen bzw. Entlohnungsanteile Engagement, Disziplin und Identifikation mit der Aufgabe fördern.

Die Entlohnungsformen für *andere* Marketing-Dienstleister können sich grundsätzlich an den **aufgezeigten Honorarmodellen** orientieren, weisen aber je nach konkretem Agenturtyp bzw. je nach Art der erbrachten Leistungen – auch unter Berücksichtigung evtl. einzubeziehender Fremdkosten (inkl. üblicher Servicegebühren) oder maßnahmen-spezifischer Zusatzleistungen wie der Konfektionierung, Streuung oder Verteilung – ihre jeweiligen **Besonderheiten** auf. Die Eigenständigkeiten der Honorarformen gelten naturgemäß in noch stärkerem Maße für die angesprochenen „Sonstigen Marketing-Dienstleister" wie Rechtsanwälte oder Steuerberater. Im Falle der Beratung bei Unternehmenskäufen und -zusammenschlüssen (Mergers & Acquisitions-Beratung) sind auch Anteilsvergütungen (Consulting for Equity), die sich nach dem Wert der geschäftlichen Transaktion bemessen, üblich (*Janzen,* 2004).

Insgesamt kann gesagt werden, dass die **Preis- bzw. Kostentransparenz** beim Einsatz von Marketing-Dienstleistern im Allgemeinen wie im Speziellen vergleichsweise *gering* ist. Schon aus diesem Grunde ist es in der Regel ratsam, bei konkreten konzeptionellen Aufgaben, die an externe Dienstleister vergeben werden sollen (müssen), **mehrere Vergleichsangebote** bei einschlägigen Marketing-Dienstleistern einzuholen, um sich so an angemessene Preis-Leistungs-Verhältnisse für konkrete Serviceleistungen heranzutasten.

### *b) Such- und Auswahlprozess von Marketing-Dienstleistern*

Aufgrund der Vielfalt der zu vergebenden Aufgaben der Unternehmen einerseits und der großen Zahl einsetzbarer Marketing-Dienstleister andererseits erweist sich die Suche nach geeigneten Beratern, Agenturen und Instituten insgesamt als sehr *komplexe* Aufgabe, die notwendigerweise aber so professionell wie möglich zu lösen ist, wenn die Erarbeitung und Realisierung von Marketing-Konzeptionen bzw. marketing-spezifischen Teilkonzepten erfolgs- und zielorientiert gestaltet werden soll. Für den eigentlichen **Such- und Auswahlprozess** gibt es kein Patentrezept; verschiedene Vorgehensweisen bzw. Vorgehensschritte sind hierbei grundsätzlich möglich. Sie gelten insbesondere für die dargestellten Marketing-Dienstleister im *engeren* Sinne, nämlich für Unternehmensberater wie für Kommunikationsagenturen unterschiedlicher Art:

- **Man kennt einen bestimmten Marketing-Dienstleister bereits aus eigenen Erfahrungen bzw. aus einer früheren Zusammenarbeit,**
- **man hat von spezifischen Leistungen bzw. typischen Problemlösungen eines Marketing-Dienstleisters (ggf. von einem mit einem renommierten Preis ausgezeichneten Erfolgsbeispiel) in Fachkreisen und/oder Fachmedien bzw. Fachzeitschriften gehört oder gelesen,**
- **man hat von (Fach-)Kollegen im Rahmen von Tagungen, Seminaren oder ähnlichen Anlässen Hinweise zu professionell arbeitenden Marketing-Dienstleistern erhalten,**
- **man kann auf konkrete Empfehlungen von Wirtschafts- bzw. Fachverbänden, Berufsorganisationen, Kammern, Banken, Wirtschaftsprüfern usw. zurückgreifen,**
- **man startet einen systematischen Suchprozess in eigener Regie anhand definierter unverzichtbarer Kriterien, und zwar unter Nutzung von Fachzeitschriften, Fach-Jahrbüchern, Fach- bzw. Branchenverzeichnissen (wenn möglich auch von Websites einschlägiger Marketing-Dienstleister sowie Fachverbänden),**
- **man bedient sich vorhandener Internet-Portale bzw. Navigatoren zu Philosophie, Angebot und Beschreibung konkreter Dienstleistungen der jeweils repräsentierten Marketing-Dienstleister (ggf. mit erhobenen Rankings, gewonnenen Preisen und/oder Erfolgsbeispielen),**
- **evtl. Einsatz von sog. Meta-Beratern, die Unternehmen bei der Auswahl und Zusammenarbeit von bzw. mit externen Beratern unterstützen (bei Auswahl von Werbeagenturen ggf. Einsatz sog. Pitch-Berater).**

Oft – das ist die allgemeine Erfahrung – führen jedoch nur *kombinierte* Such- und Auswahlverfahren zum gewünschten Ergebnis. Die generelle Schwierigkeit besteht bei Suche und Auswahl darin, dass der Markt der Marketing-Dienstleister aufgrund der ausgeprägten Ausdifferenzierung stark fragmentiert und der **Trend zur Spezialisierung** – auch durch permanente Neugründungen – ungebrochen ist. Andererseits gibt es große Dienstleistergruppen (vor allem international tätige Unternehmensberater oder Kommunikationsagenturen), die durch Aufkauf und/oder Neugründung von Spezial-Dienstleistern ein möglichst **breites Serviceportfolio und Kompetenzfeld** z. B. einschließlich von Direktmarketing-/Dialogmaßnahmen und Internet-/Multimedialeistungen abzudecken versuchen. Die Unübersichtlichkeit am Markt der Marketing-Dienstleister wächst nicht zuletzt auch dadurch, dass nicht wenige, häufig bisher eher spezialisierte, kleinere Dienstleister zusätzlich Leistungen mit in ihr Angebot aufnehmen, die zwar im Trend liegen oder zu liegen scheinen, jedoch oft zu ihrem bisherigen Kompetenzbereich nicht richtig dazugehören. Augenfällig ist zudem die Tatsache, dass um die wichtige **strategisch-konzeptionelle Beratung** inzwischen außer Unternehmensberatern sowohl Werbe- bzw. Kommunikationsagenturen als auch Marktforschungsinstitute konkurrieren.

Insgesamt werden die **konzeptionellen Aufgaben** der Unternehmen angesichts verschärfter Markt- und Wettbewerbsbedingungen immer differenzierter und damit insgesamt *komplexer*. Die Unternehmen – große wie mittelständische, erfolgreiche wie weniger erfolgreiche – sind bei den notwendigen konzeptionellen Anpassungen bzw. Weiterentwicklungen gezwungen, die Services der **unterschiedlichen Marketing-Dienstleister** mitunter nur *phasenweise*, teilweise aber auch *permanent* in Anspruch zu nehmen. Ziel des Einsatzes von Marketing-Dienstleistern ist jenseits notwendiger operativer „Routineaufgaben" vor allem auch die Entdeckung und Ausschöpfung strategischer (z. B. neue Geschäftsfelder/-modelle) wie taktischer Reserven (z. B. je nach Ausgangslage des Unternehmens Einsatz bisher noch nicht oder nicht professionell genutzter (Reserve-)Instrumente wie etwa des Dialog- oder Internet-Marketing).

Um den oder die jeweils aufgaben-adäquaten Marketing-Dienstleister bestimmen zu können, werden nicht selten Dienstleister der *engeren* Wahl mit **Pilotstudien** (z. B. bei Beratern) bzw. mit **Wettbewerbspräsentationen** (sog. Pitch) oder Probeaufgabenstellungen (z. B. bei Agenturen) beauftragt, um die fachliche, methodische wie auch die persönliche und soziale Kompetenz zu „testen". In der Regel sind diese Testaufgaben und die Präsentation der Lösungsvorschläge für das auftraggebende Unternehmen honorar- bzw. kostenpflichtig. Dieser Aufwand und die in der Regel damit verbundene Verzögerung bei der Erarbeitung der eigentlichen Konzeptions- und Umsetzungsaufgaben zahlen sich jedoch im Sinne einer *optimalen* Marketing-Dienstleister-Auswahl meistens aus – nicht zuletzt unter dem Aspekt, möglichst Partner für eine ggf. längerfristige, **erfolgsorientierte Zusammenarbeit** zu finden.

### *c) Informationsmöglichkeiten über Berufs- und Fachverbände*

Für die Beschaffung von Informationen im Zusammenhang mit der **Suche und Auswahl** von Marketing-Dienstleistern werden nachstehend noch einige wichtige Verbände aufgeführt. Ihre alphabetisch geordnete **Zusammenstellung** orientiert sich an den in den vorangegangenen Abschnitten behandelten Arten (Typen) von Marketing-Dienstleistern im Sinne konzeptionsorientierter Umsetzungshelfer.

Folgende können in dieser Hinsicht aufgeführt werden:

- Arbeitsgemeinschaft Media-Analyse e. V. (AGMA)
  www.ag.ma.de
- Arbeitskreis Deutscher Markt- und Sozialforschungsinstitute e. V. (ADM)
  www.adm-ev.de
- Art Directors Club für Deutschland e. V. (ADC)
  www.adc.de
- Berufsverband der Verkaufsförderer und Trainer e. V. (BDVT)
  www.bdvt.de
- Bund Deutscher Grafik-Designer e. V. (BDG)
  www.bdg-designer.de
- Bundesverband Deutscher Markt- und Sozialforscher e. V. (BVM)
  www.bvm.org
- Bundesverband Deutscher Unternehmensberater e. V. (BDU)
  www.bdu.de
- Bundesverband Digitale Wirtschaft e. V. (BVDW)
  www.bvdw.org

- Bundesverband Informationswirtschaft, Telekommunikation und neue Medien e. V. (BITKOM)
  www.bitkom.org
- Dachverband der Weiterbildungsorganisationen (DVWO)
  www.dvwo.de
- Deutscher Dialogmarketing Verband e.V. (DDV)
  www.ddv.de
- Deutscher Direktmarketing Verband e. V. (DDV)
  www.ddv.de
- Deutscher Marketing-Verband e. V. (DMV)
  www.marketingverband.de
- Deutscher Verband für Coaching und Training (DVCT)
  www.dvct.de
- Deutsche Public Relations Gesellschaft e. V. (DPRG)
  www.dprg.de
- Fachverband Außenwerbung e. V. (FAW)
  www.faw-ev.de
- Fachverband für Sponsoring und Sonderwerbeformen e. V. (FASPO)
  www.faspo.de
- Gesamtverband Kommunikationsagenturen e. V. (GWA)
  www.gwa.de
- Gesellschaft Public Relations Agenturen e. V. (GPRA)
  www.gpra.de
- Institut für e-Management e. V. (IFEM)
  www.ifem.org
- Kommunikationsverband e. V.
  www.kommunikationsverband.de
- Markenverband e. V. (MV)
  www.markenverband.de
- Verband der Deutschen Internetwirtschaft e. V.
  www.eco.de
- Verband Deutscher Industrie Designer e. V. (VDID)
  www.vdid.de
- Verband freier Berater e. V. für kleine und mittelständische Unternehmen (KMU)
  www.kmu-berater.de
- Zentralverband der deutschen Werbewirtschaft e. V. (ZAW)
  www.zaw.de

Einzelne Verbände unterhalten **Suchagenten** mit konkreten Informationen (Profilen) zu den jeweils angeschlossenen Marketing-Dienstleistern, teilweise auch mit Arbeits- oder Erfolgsbeispielen. Genannt werden kann hier außerdem des **Fachportal** www.marketing-boerse.de

In diesem Zusammenhang wird auch auf den **Agenturnavigator** (www.horizont.net) verwiesen. In diesem Navigator befinden sich die Profile der wichtigsten Agenturen Deutschlands, und zwar von Werbe-, Internet-, PR-, Dialog-, Design-, Event- und Media-Agenturen, in einer Datenbank (einschließlich Rankings von Kommunikationsagenturen). Der integrierte **Mafo-Navigator** hilft bei der Suche nach Dienstleistern rund um die Marktforschung.

Außerdem erstellen **Fachzeitschriften** jährliche Rankings von Marketing-Dienstleistern (z. B. das *manager magazin* zu Unternehmensberatern und die *absatzwirtschaft* oder *werben & verkaufen* zu Werbeagenturen, jeweils auf Basis differenzierter Beurteilungskriterien).

Insgesamt kommt es darauf an, den **Auswahlprozess** jeweils geeigneter und einsatzfähiger Marketing-Dienstleister so gezielt und systematisch wie möglich zu gestalten. Neben der grundsätzlichen **Kompetenz** und der ausreichenden **Erfahrung** geben vor allem einschlägige **Erfolgsnachweise** und ggf. **Referenzauskünfte** eine bestimmte Sicherheit.

# Schluss: Zusammenfassung und Perspektiven des Konzeptionellen Marketing

Unternehmen handeln heute und werden auch in Zukunft handeln unter erschwerten Markt- und Umfeldbedingungen: Markt und Umfeld sind sowohl durch hohe Dynamik als auch durch hohe Komplexität gekennzeichnet. Das Problem besteht dabei weniger darin, ausreichende Informationen über die Markt- und Umfeldbedingungen und ihre sich abzeichnenden Veränderungen zu erlangen, sondern vielmehr darin, auf der Basis differenzierter Informationen, Daten und Projektionen die richtige **marketing-konzeptionelle Grundlage** für schlüssiges, ganzheitliches Marketing- und Unternehmenshandeln zu erarbeiten.

Noch immer ist das Agieren der Unternehmen am Markt viel zu stark durch Aktionismus gekennzeichnet. Das heißt: Unternehmen richten ihr tägliches Handeln noch viel zu sehr auf die **Bewältigung des Augenblicks** (= Taktik) aus, ohne die operativ-instrumentalen Maßnahmen auf Basis eines klaren mittel- und langfristigen Grundkonzepts (= Strategie) auszurichten und umzusetzen. Kurzatmiges Taktieren führt aber nicht nur zu Ineffizienz des Mitteleinsatzes, sondern nicht selten auch zu Gefährdung von Unternehmenserfolg und Unternehmenswachstum. Die meisten eher taktisch operierenden Unternehmen haben dieses **Dilemma** zwar längst erkannt, dennoch fehlt oft der Wille und/oder die Fähigkeit zum konsequenten Handeln im Sinne des in diesem Buch entwickelten Konzeptionellen Marketing.

## Grundidee des Konzeptionellen Marketing

**Marketing-Konzeptionen** dienen als Denk- und Handlungsraster, die nicht nur erlauben, „die richtigen Dinge zu machen" (= Effektivität), sondern auch „die Dinge richtig zu machen" (= Effizienz). Marketing-Konzeptionen haben in dieser Hinsicht eine **grundlegende Fahrplanfunktion**. Das heißt, sie zeigen auf und legen fest, wo ein Unternehmen steht, was es erreichen will und auf welchen Wegen und mit welchen Mitteln das realisiert werden soll und kann.

Das vorliegende Buch gibt **umfassende Anleitungen** dafür, wie Unternehmen vollständige, detaillierte und integrative (und damit ganzheitliche) Konzeptionen als Grundlage eines schlüssigen ziel-orientierten Markt- und Unternehmenshandelns erarbeiten können. Dem Aufbau des Buches liegt der logische wie entscheidungsorientierte **marketing-konzeptionelle Prozess** zugrunde, nämlich: Festlegung der Marketingziele, der Marketingstrategien und des Marketingmix *(Abb. 567)*.

Dieser konzeptionelle **Handlungsansatz** erfüllt sowohl *wissenschaftliche* Anforderungen in Bezug auf Forschung und Lehre als auch solche *praxisbezogener*, management-orientierter Art. Die dargestellte Konzeptionspyramide verdeutlicht die **konzeptionellen Grundfragen**, die auf den *drei* Konzeptionsebenen zu beantworten sind.

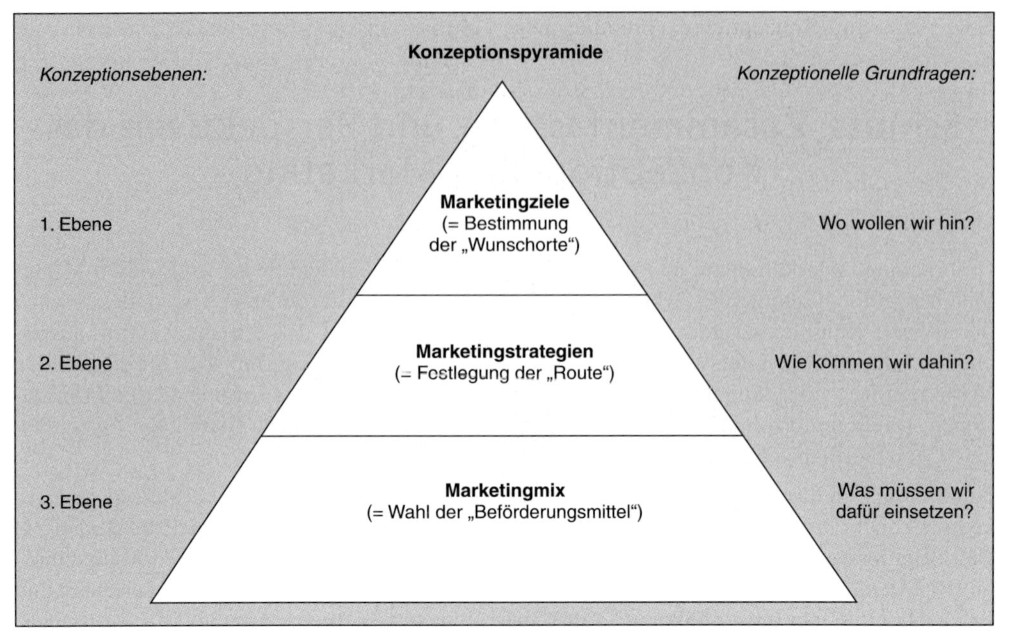


*Abb. 567: Die Konzeptionspyramide als Bezugsrahmen eines modernen Marketing-Managements*

Konzeptionelles Vorgehen ist also dadurch gekennzeichnet, dass auf drei Ebenen jeweils spezifische Festlegungen getroffen werden. Die drei genannten Konzeptionsebenen können in dieser Hinsicht auch als drei logisch aufeinander folgende, aber zugleich interdependente Teilstufen eines **konzeptionellen Gesamtprozesses** aufgefasst werden. Dabei erfolgt von oben nach unten eine zunehmende Konkretisierung bzw. Detaillierung der zu treffenden Entscheidungen. Die Marketingziele legen angestrebte Positionen oder „Wunschorte" fest (Frage: Wo wollen wir hin?), die Marketingstrategien fixieren die grundsätzliche Vorgehensweise oder „Route" (Frage: Wie kommen wir dahin?) und der Marketingmix bestimmt die einzusetzenden Instrumente oder „Beförderungsmittel" (Frage: Was müssen wir dafür einsetzen?). Damit wird deutlich, dass Wahl und Einsatz der richtigen operativen Marketinginstrumente („Beförderungsmittel") die Festlegung von Zielen („Wunschorten") und Strategien („Route") *zwingend* voraussetzt; denn nur dann kann der Instrumenteneinsatz ziel-führend und strategie-adäquat gestaltet werden (und damit ungeplantes, ineffizientes Markthandeln („Aktionismus") vermieden werden). Den Strategien kommt dabei eine wichtige **Scharnierfunktion** zwischen Zielfestlegung einerseits und Instrumentenwahl andererseits zu.

Eine Marketing-Konzeption kann aufgefasst werden als ein schlüssiger, ganzheitlicher Handlungsplan („Fahrplan"), der sich an angestrebten Zielen („Wunschorten") orientiert, für ihre Realisierung geeignete Strategien („Route") wählt und auf ihrer Grundlage die adäquaten Marketinginstrumente („Beförderungsmittel") festlegt.

Eine Marketing-Konzeption als grundlegender **Leitplan** des Unternehmens hat in hohem Maße eine koordinierende Funktion in Bezug auf alle markt- und kundenrelevanten Maßnahmen im gesamten Unternehmen, und zwar über alle hierarchischen Stufen hinweg. Diese **Funktion** kann sie jedoch nur dann erfüllen, wenn sie schriftlich als ein konsistentes Bündel von Handlungsanweisungen niedergelegt, von der Unternehmensleitung als verbindlich erklärt und ihre Akzeptanz zugleich auch Mitgliedschaftsbedingung im Unternehmen ist.

Die marketing-konzeptionelle Leitplanung des Unternehmens bedeutet gerade angesichts turbulenter Umweltkonstellationen – das wird teilweise immer noch missverstanden – keineswegs Starrheit. Sie erlaubt vielmehr regelmäßige **Kursüberprüfungen** und ggf. notwendige **Kurskorrekturen** (Flexibilität), die aufgrund einer vorhandenen konzeptionellen Leitplanung wesentlich fundierter und nachvollziehbarer vorgenommen werden können als bei Unternehmen, die vor allem durch ein vom Tagesgeschäft bestimmtes „aktionistisches" Handeln, also einem eher kurzfristig orientierten Vorgehen, geprägt sind. Im Übrigen ermöglicht erst eine mittel- und langfristig orientierte Marketing-Konzeption, eine spezifische **Kompetenz** am Markt sowohl für das Unternehmen als auch seine Produkte bzw. Marken aufzubauen – und damit entsprechende **Wettbewerbsvorteile** für stark umkämpfte nationale wie globale Märkte.

## Erfolgsbedingungen des Konzeptionellen Marketing

Grundsätzlich gilt: Das Marketing- und Unternehmenshandeln wird umso erfolgreicher sein, je vollständiger, detaillierter und schlüssiger die konzeptionelle Leitplanung insgesamt ist.

Zunächst müssen auf Basis zentraler **Ziel(vor)formulierungen** (wie Unternehmensgrundsätze und Mission/Vision) die konkreten **Unternehmensziele** (wie Gewinn/Return-on-Investment) definiert und bestimmt werden. Auf dieser Grundlage kann dann das eigentliche **Marketingzielprogramm** (marktökonomische Ziele: Absatz, Umsatz, Marktanteil usw. und marktpsychologische Ziele: Bekanntheitsgrad, Image, Kundenzufriedenheit/-bindung usw.) abgeleitet und festgelegt werden. Entscheidend ist, dass diese Ziele *ehrgeizig*, aber realistisch bzw. realisierbar formuliert werden. Für ihre Erfüllung müssen Mitarbeiter, Teams, Führungsebenen kämpfen, sich besonders anstrengen müssen. Dem Zielprogramm muss die Vorstellung und Absicht zugrunde liegen, es dem Markt bzw. den Wettbewerbern „zeigen zu wollen".

Auf der Basis des formulierten Zielprogramms gilt es, ein vollständiges, in sich schlüssiges **Strategieprogramm** abzuleiten, das die richtigen, angemessenen und notwendigen strategischen Optionen festlegt, mit deren Realisierung die Voraussetzungen dafür geschaffen werden, die festgelegten **Marketing- und Unternehmensziele** auch tatsächlich erfüllen zu können.

Und erst dann, wenn **Ziel- und Strategieprogramm** entwickelt und hinreichend konkretisiert sind, können darauf basierend die angemessenen, *ziel-strategisch* ausgerichteten Einsatzformen der **operativen Marketinginstrumente** bestimmt werden und die Festlegung eines konsistenten **Marketingmix** (Instrumentenkombination) erfolgen.

Eine zentrale Erfolgsbedingung („Erfolgsfaktor") für das Konzeptionelle Marketing ist – unter den allgemein vorherrschenden Käufermarktbedingungen (das Angebot ist größer als die Nachfrage) – eine **konsequente Kundenorientierung** bei Ableitung und Umsetzung einer Marketing-Konzeption. Sie umfasst verschiedene Ansatzpunkte und Umsetzungsbereiche, und zwar im Wesentlichen folgende:

- **Kundenorientierte Firmenphilosophie** (nach außen und innen dokumentierte und gelebte Kundenorientierung als oberste Handlungsmaxime: „Bei uns steht der Kunde im Mittelpunkt des Handelns"),
- **Kundenorientiertes Geschäftsmodell** (umfassendes, vollständig am Kunden-Nutzen orientiertes Angebots- und Leistungssystem des Unternehmens, angefangen vom kundenorientierten Innovations-, Programm-, Service-, Qualitäts- bis hin zum Kundenbeziehungs- und Kundenbindungssystem),
- **Kundenorientiertes Führungssystem** (konsequente Ausrichtung der Mitarbeiterauswahl und -entwicklung sowie der Führungsstruktur und des Führungspersonals am Kundennutzen bzw. seiner optimalen Erfüllung).

Nur auf Basis einer derart umfassend verstandenen Kundenorientierung ist letztlich eine wirklich am **Kundennutzen** ausgerichtete Marketing- und Unternehmenspolitik möglich. Kundenorientierung bzw. am Kundennutzen orientiertes Markt- und Unternehmenshandeln ist dabei kein Selbstzweck, sondern dient letztlich der **Realisierung** eigener Marketing- und Unternehmensziele.

Bei der Umsetzung einer konsequenten Kundenorientierung in ein adäquates Marketing- und Unternehmenshandeln stellt sich immer wieder der **personale Faktor** als Engpass heraus. Das heißt mit anderen Worten, ein erfolgreiches kundenorientiertes Marketing ist vor allem an eine korrespondierende **Mitarbeiterorientierung** gebunden. Hier fehlt es in den Unternehmen vielfach noch an der entsprechenden Konsequenz. Zunächst haben nicht wenige Unternehmen darauf vertraut, Kundenorientierung primär über moderne **CRM-Technologien** (und damit über IT-Systeme) umzusetzen. Inzwischen hat hier allerdings ein Umdenken eingesetzt und auch einsetzen müssen (*Hippner*, 2005). Kundenorientiertes Marketing- und Unternehmenshandeln muss jedenfalls durch eine bewusste Innen- oder Mitarbeiterorientierung begleitet und gefördert werden. Diese Aufgabe wird auch unter dem Stichwort des **internen Marketing** diskutiert und umgesetzt. Dabei wird das Prinzip einer innengerichteten, funktionsübergreifenden und kundenorientierten Ausrichtung aller Marketing- und Unternehmensaktivitäten verfolgt. Durch eine offene interne Kommunikation soll letztlich das Vertrauen der Mitarbeiter in das eigene Unternehmen geschaffen bzw. verbessert werden. Auf diese Weise kann die Personalzufriedenheit gefördert werden, was dann auch der kundenorientierten Denk- und Handlungsweise aller Mitarbeiter im Unternehmen und damit der Zufriedenheit der Kunden zu Gute kommt. Der Zusammenhang zwischen Mitarbeiter- und Kundenzufriedenheit wurde auch in empirischen Untersuchungen bestätigt (vgl. *Stauss/Seidel*, 2002).

## Herausforderungen des Konzeptionellen Marketing

Marketing-konzeptionelles Handeln muss an den dynamischen und komplexen Markt- und Umfeldbedingungen anknüpfen, die immer wieder *neue* konzeptionsrelevante Daten setzen. Die **grundlegenden Veränderungen** in den Rahmenbedingungen der Unternehmen stellen jedenfalls immer wieder neue Herausforderungen für das adäquate konzeptionelle Markt- und Unternehmenshandeln dar, und zwar insbesondere im Hinblick auf:

- **Marktveränderungen** (wie neue Kundenansprüche, Fragmentierung von Märkten, Auflösung von Branchengrenzen),
- **Umfeldveränderungen** (wie begrenzte natürliche Ressourcen, Energiewende, neue Wettbewerbsregeln und -gesetze),

- **Technologische Veränderungen** (wie neue Schlüsseltechnologien, neue Produkt- und Prozesstechnologien, Verkürzung der Produktlebenszyklen).

Die Markt- und Umfeldarena der Unternehmen zeichnet sich insoweit durch einen **permanenten Wandel** aus, und zwar sowohl mit eher kurz-/mittelfristiger als auch mit langfristiger Dimension. Die Betrachtung des beispielhaft skizzierten Katalogs an Veränderungen bzw. Veränderungspotenzial in den unternehmerischen Rahmenbedingungen macht zugleich deutlich, dass *nicht* alle Unternehmen gleichermaßen betroffen sind und die gleichen marketingkonzeptionellen Konsequenzen ziehen müssen.

Das heißt mit anderen Worten, jedes Unternehmen muss für sich und im Kontext seines Wettbewerbsumfeldes prüfen und identifizieren, welche **konzeptionellen Konsequenzen** in welchem Zeithorizont zu ziehen sind. Es gibt *keine* standardisierbaren Antworten, sondern sie hängen in hohem Maße von der jeweils erreichten **Marktposition** sowie der **Phasenstellung** im Unternehmenszyklus und vom jeweils Verantwortung tragenden Unternehmer-(Manager-) Typus ab (siehe auch 4. Teil „Marketing-Management", III. Kapitel, Abschnitt 3. Unternehmensstadien und stadien-typisches Markt- und Unternehmenshandeln).

Im Mittelpunkt notwendiger Überprüfungen steht das bestehende **Geschäftsmodell** und seine notwendige Veränderung bzw. evolutionäre Weiterentwicklung. Unter Geschäftsmodell (Business Model) werden die Grundlagen des unternehmerischen **Leistungs- und Leistungserstellungssystems** verstanden. Im Geschäftsmodell ist festgelegt, „welche Inputgüter in die Unternehmung fließen und wie diese durch innerbetriebliche und kooperative Aktivitäten in vermarktungsfähige Leistungen für als relevant erachtete Märkte transformiert werden" (*Freiling*, 2006, S. 212; i. E. auch *Gassmann et al.*, 2017).

Das Geschäftsmodell knüpft an der **Geschäftsidee** mit seinen drei Komponenten (Bedürfnis(befriedigungs)idee, Problemlösungs- und Umsetzungsidee) an. Wesentliche Grundlagen für den ökonomischen **Erfolg des Geschäftsmodells** werden durch drei Elemente determiniert *(Abb. 568)*.

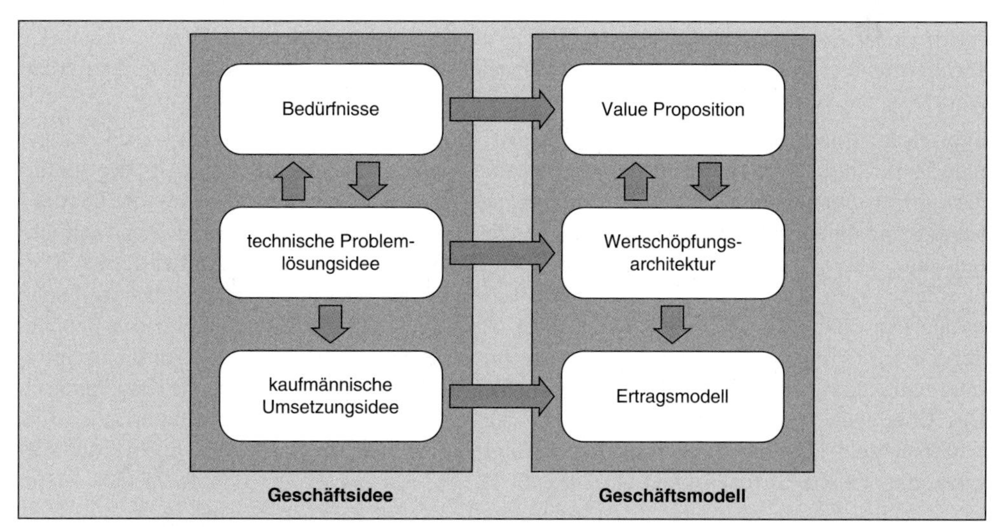


*Quelle: Freiling, 2006, S. 214*

*Abb. 568: Die Verzahnung von Geschäftsidee und Geschäftsmodell*

Die **Value Proposition** legt fest, wie gegenüber den Zielkunden im relevanten Markt ein im Wettbewerbsvergleich möglichst überragender Wert geschaffen wird. In der **Wertschöpfungsarchitektur** sind die wertschöpfenden Prozesse und die internen wie externen Leistungsträger definiert. Das **Ertragsmodell** resultiert aus den beiden bereits skizzierten Elementen des Geschäftsmodells: das heißt, es wird einerseits bestimmt durch die sich aus der Value Proposition ergebenden erlösbezogenen Möglichkeiten und andererseits durch die aus der Wertschöpfungsarchitektur resultierenden Kostenstruktur (*Freiling*, 2006, S. 94 f.; i. E. s. a. *Kraus*, 2005; speziell zu digitalen Geschäftsmodellen im Internet *Wirtz*, 2001; *Kollmann*, 2013 sowie *Stähler*, 2002 und *Woratschek et al.*, 2002).

Der Schlüssel für die Schaffung wie die Verteidigung einer möglichst hohen wertschaffenden Value Proposition ist die konsequente **Produkt- bzw. Leistungsinnovation**. Innovative Produkte oder Leistungssysteme sind nach wie vor „Garanten" des Marketing- und Unternehmenserfolges (vgl. *Trommsdorff/Steinhoff*, 2007 sowie *Meffert/Klein*, 2007 und *Simon*, 2007). Typisch für erfolgreiche Innovationen sind inzwischen konsequente Formen der Einbeziehung von Kunden in den Innovationsprozess (wie Lead User, User Communities bzw. Crowdsourcing, *Howe*, 2008; *Gassmann*, 2013). Neben interner Innovationstätigkeit werden also bewusst solche Formen interaktiver Wertschöpfung, wie sie durch das Internet ermöglicht werden, genutzt (*Reichwald/Piller*, 2006). Man kann in dieser Kombination interner und externer Wertschöpfung ein **Multi-Sources-Konzept** sehen, was in gewisser Weise Multi-Channel-Konzepten moderner Distributions- und Kommunikationssysteme – auf die noch weiter unten eingegangen wird – entspricht.

Eng verknüpft mit dem unternehmerischen Innovationskonzept und seiner innovativen Ausrichtung ist die **Positionierung** (ggf. auch Neu- oder Re-Positionierung) von Unternehmen und Marke(n) und die auf ihr basierende **Markenführung** (vgl. *Esch*, 2018, S. 114 ff.).

Etablierte Unternehmen erweisen sich häufig als **erfolgreiche Verteidiger** einer erarbeiteten Markt- und Wettbewerbsposition, solange sie sich auf dem Feld evolutionärer technologischer Veränderungen bewegen. Gefährlich wird es für bestehende Unternehmen mit ihren etablierten **Geschäftsmodellen** allerdings dann, wenn „disruptive Innovationen" (*Christensen/Matzler/von den Eichen*, 2012; *Matzler et al.*, 2016) den Markt grundlegend verändern, wie beispielweise die radikale Ablösung (**Disruption**) der Filmkamera durch die Digitalkamera oder die Verdrängung der mechanischen Uhr durch die elektrische Uhr.

Typisch für solche **technologischen Sprünge** ist, dass etablierte Unternehmen – auch und gerade Marktführer – von neuen Anbietern aus anderen Branchen abgelöst werden oder zumindest in Existenzgefahren geraten. „Eine treibende Kraft sind dabei das Internet, die Digitalisierung und die Web 2.0-Technologie, die an vielen Stellen disruptive Umbrüche und schließlich ganz neue Geschäftslogiken überhaupt erst ermöglichen" (*Christensen* et al., 2012, S. 17 bzw. erzwingen, Erg. vom Verf., *J. B.*). Dass Unternehmen oder neue Unternehmensverbunde solche Umwälzungen überstehen oder selbst aktiv mit gestalten können, zeigt das Beispiel der *Swatch Group* im Uhrenmarkt; das vergebliche Bemühen der strategischen Umorientierung und Anpassung verdeutlichen dagegen die Beispiele *Agfa* und *Kodak* im Kameramarkt. Das Überleben von Unternehmen bzw. die Weiterentwicklung des unternehmerischen **Geschäftsmodells** lässt sich jedoch vielfach erfolgreich bewältigen (zu den entscheidenden Ansatzpunkten siehe *Christensen* et al., 2012, S. 123 ff.; *Matzler et al.,* 2016, S. 75 ff.).

Ein **bewährtes strategisches Konzept**, in etablierten Märkten die eigene Position zu sichern und noch bestehende Marktpotenziale konsequent auszuschöpfen, besteht darin, neben (differenzierten) Massenmärkten vor allem **Marktsegmente und Marktnischen** bis hin zu Individualmärkten (1:1-Marketing) mit jeweils spezifischen Produkt-/ Leistungsangeboten, entsprechenden Preis-Leistungs-Verhältnissen sowie mit differenzierten Markenangeboten bzw. Untermarken abzudecken, wie es z. B. große Hotelgruppen (etwa die französische *Accor-Gruppe* mit ihren unterschiedlichen Hotelketten wie *Ibis*, *Novotel*, *Mercure* und einzelnen traditionsreichen Luxushotels) oder deutsche Premium-Hersteller im PKW-Markt (am konsequentesten zuerst *BMW* u. a. mit sog. Cross-over-Modellen wie dem *6er GT* oder dem *X6*) realisieren (= **multi-strategisches Konzept**, s. a. Becker, 2000a, S. 52 ff.).

Was die gezielte **Ausschöpfung** der verschiedenen Teilmärkte (von Massenmärkten über Segment- bis hin zu Individualmärkten) betrifft, so erlaubt ein solches *multi-strategisches* Konzept, vor allem die in den einzelnen Teilmärkten bestehenden **Preis- bzw. Ertragsreserven** zu nutzen. Mit dem zunehmenden Grad der Kunden-Fokussierung werden die jeweiligen Teilmärkte zwar bezogen auf das Marktvolumen grundsätzlich kleiner. Aufgrund der Fortschritte bei Prozesstechnologien sind jedoch inzwischen viele Hersteller in den unterschiedlichsten Branchen in der Lage, auch vergleichsweise **kleine Serien** wirtschaftlich herzustellen.

Was die **Ansprüche der Zielgruppen** in den einzelnen Teilmärkten angeht, so sind diese unterschiedlich. Massenzielgruppen in Massenmärkten haben vielfach nur Basisansprüche , was die Produkte/Leistungen betrifft. Zielgruppen in Segment- und noch mehr in Nischenmärkten haben dagegen *differenziertere* Ansprüche (Zusatznutzenansprüche z. B. in Bezug auf Funktion, Design und/oder Marke). Das erfordert ein durchweg höheres **Einsatzniveau** im Marketinginstrumenten-Einsatz. Andererseits erlauben stärker kunden-fokussierte Produkt- und Leistungsangebote die Ausschöpfung entsprechender **Preisspielräume**. „Die Chancen für einen überproportionalen Erfolg (Gewinn) sind vor allem dann gegeben, wenn die notwendigen Kostensteigerungen des Marketinginstrumenten-Einsatzes unterhalb der ausschöpfbaren Preisspielräume bleiben“ (*Becker*, 2000, S. 72, *Abb. 569*).

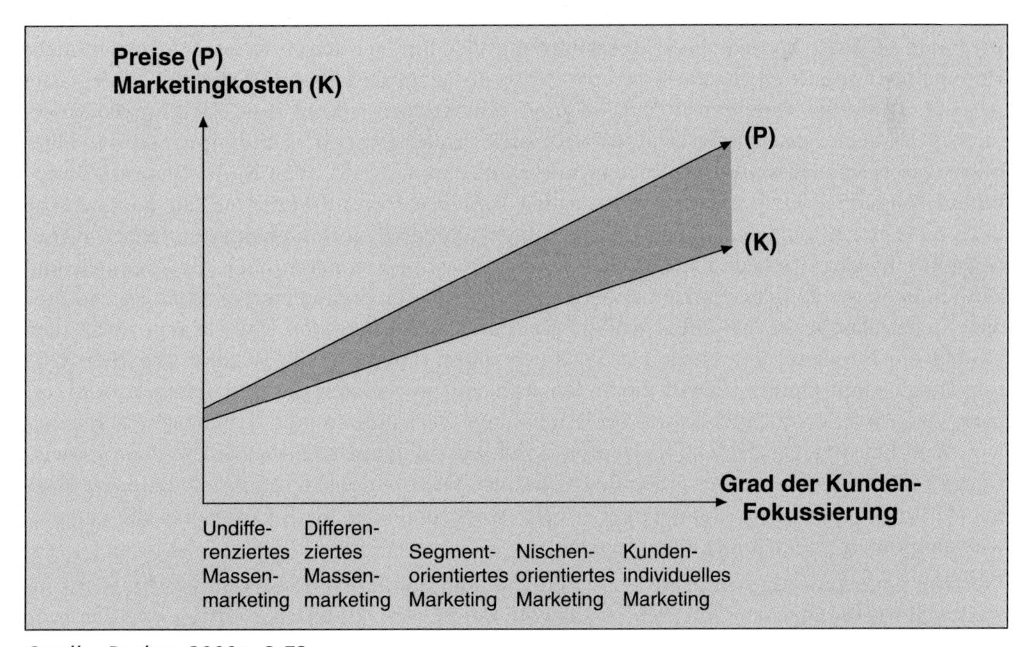


*Quelle: Becker, 2000a, S. 72*

*Abb. 569: Gewinn-orientiertes Management von Marketingkosten und Preisspielräumen*

Die Darstellung in *Abb. 569* verdeutlicht, dass das *zielgruppen-strategische* Marketing-Management wesentlich zur Realisierung **ehrgeiziger Oberziele** (Gewinn/ROI) beitragen kann.

Mit solchen differenzierten Produkt-/Leistungsangeboten verschaffen sich Unternehmen im Übrigen auch die strategische Möglichkeit, in unterschiedlichen **internationalen Märkten** oder Regionen (Regionalmärkten) jeweils adäquate Programm-Portfolios einzusetzen und damit, je nach **Reifegrad** der einzelnen geografischen Märkte, *marktzyklus-spezifische* Potenziale gezielt auszuschöpfen.

Die Nutzung wie auch die Verteidigung des **eigenen Geschäftsmodells** ist neben grundlegenden *strategischen* Weichenstellungen, wie sie an typischen Beispielen verdeutlicht wurden, vor allem auch an den **konzeptionsadäquaten Einsatz** neuer oder zusätzlicher marketing-instrumentaler Optionen (im Sinne von Reserveinstrumenten) gebunden. Unternehmen können sich häufig dadurch **Markt- bzw. Wettbewerbsvorteile** verschaffen, dass sie neue, im eigenen Markt noch nicht oder nur begrenzt eingesetzte Marketinginstrumente bewusst und ausgeprägt konzeptionell nutzen, und zwar vor allem dann, wenn in „Vergleichsmärkten" bereits gute, marketing- und unternehmensziel-fördernde **Erfahrungen** vorliegen. In dieser Hinsicht können auch die im 5. Teil „Marketing-Handlungssystem" dargestellten Marketing-Dienstleister mit spezieller Expertise z. B. auf dem Feld des **Internet- bzw. Social-Media-Marketing** entsprechende Unterstützung leisten.

Neben der bereits angesprochenen Ausschöpfung innovativer Reserven in Bezug auf Produktneu- und -weiterentwicklung über neuere Möglichkeiten sowohl der internen als auch externen Wertschöpfung (z. B. über User Communities) gilt es, die **Reserven** in Distribution und Kommunikation zu mobilisieren. Hier sind etwa die neuen digitalen Möglichkeiten des **E-Commerce** und der **Online-Werbung** angesprochen, wie sie im 5. Teil des Buches „Marketing-Konzeption und Handlungssystem" bei der Behandlung neuer Marketingberufe und neuer Marketing-Dienstleister detailliert aufgezeigt worden sind.

Im Interesse einer konsequenten **Ausschöpfung distributiver Reserven** nutzen immer mehr Unternehmen sog. Multi-Kanal-Konzepte (Multi-Channel-Distribution). Die ziel-strategische Absicht ist hierbei, durch zusätzliche *digitale* Absatzwege sowohl neue Zielgruppen zu erreichen als auch bestehenden Kunden alternative Einkaufsmöglichkeiten im Interesse einer intensiveren Kundenbindung zu bieten (s. a. *Heinemann*, 2015). Eine **Multi-Channel-Distribution** folgt im Prinzip einem zunehmenden *hybriden* Einkaufsverhalten der Kunden, die nicht nur den stationären Handel mit seinen unterschiedlichen Betriebsformen (wie z. B. Lebensmittelhandel, Fachhandel, Discounter) nutzen wollen, sondern auch die räumlich und zeitlich uneingeschränkte Einkaufsmöglichkeit im Internet (E-Commerce) schätzen und produkt- wie anlassbezogen wählen wollen. Bei der Realisierung von Multi-Kanal-Konzepten besteht die Herausforderung für Unternehmen darin, eine optimale Balance zwischen Offline-Handel und Online-Handel zu finden (mit entsprechenden differenzierten Einsatzformen, was etwa Sortiment, Marken, Preis-Leistungs-Verhältnisse inkl. dynamisches Preismanagement betrifft). Eine solche **konzeptions-adäquate Balance** ist insbesondere dann schwieriger zu finden, wenn etwa aufgrund des bisherigen Distributionskonzepts der stationäre Handel (Offline-Handel) eine dominierende Rolle spielt und/oder für E-Commerce die entsprechenden Management-Kapazitäten fehlen.

Was Kommunikationsinstrumente und mögliche **kommunikative Reserven** betrifft, so ist inzwischen für die meisten Unternehmen sowohl der Einsatz klassischer Offline-Medien (wie TV- und Zeitschriften-Werbung) als auch der Einsatz digitaler Online-Medien (wie Suchmaschinen- und Social Media-Werbung) zwingend – aber auch hier unter besonderer Berücksichtigung **konzeptionsadäquater Rollenverteilungen** bei der Verfolgung kommunikationsspezifischer Ziele z. B. bei bereits eingeführten oder aber bei neuen Produkten und/oder Marken oder auch bei spezifischen Aufgabenstellungen im **Kundenbeziehungs-Lebenszyklus** (Kundenfindung, -bindung, -rückgewinnung). Während wichtige Offline-Medien z. B. in der Kundenfindungs- und -gewinnungsphase aufgrund der Möglichkeiten eines schnellen und hohen Reichweitenaufbaus bislang unverzichtbar sind, sind für die Kundenbindung immer stärker Online-Medien angezeigt (von der Online-Werbung bis hin zum dialog-orientierten Social Media-Marketing). Viele Unternehmen betreiben deshalb inzwischen systematische **Multi-Channel-Kommunikation**. Und immer mehr Unternehmen entdecken zur konsequenten Kundenbindung die spezifischen Möglichkeiten des **Social Customer Relationship Management** (SCRM). Die besondere Herausforderung für die Sicherung des bestehenden Geschäftsmodells wie auch für seine gezielte Weiterentwicklung (Evolution) besteht insgesamt darin, unter Berücksichtigung der **Positionierung** von Unternehmen und Produkten/Marken Offline- und Online-Medien *konzeptionsadäquat* und *rollenspezifisch* zu verknüpfen. Angesichts der neuen digitalen Medien und der ständigen Weiterentwicklung der marketing-relevanten Online-Instrumente erlangt das klassische Thema **Integrierte Kommunikation** und die mit ihr verbundenen konzeptionelle Aufgabe eine völlig *neue* Dimension.

Auf Grund der schnellen Ausbreitung des **Internet** (WWW) einerseits und der ständig zunehmenden Zahl der Internet-Nutzer andererseits ist für Unternehmen und ihr Marketing ein zusätzliches Aktionsfeld mit hohem und wachsenden **Potenzial** entstanden, das es nicht zuletzt angesichts zunehmender Wettbewerbsintensität *marketing-konzeptionell* zu nutzen gilt. Im Folgenden soll deshalb noch auf die wichtigsten Optionen und Reserven des Online-Marketing näher eingegangen werden.

## Optionen und Reserven des Online-Marketing

Unter **Online-Marketing** wird der marketing-politische Einsatz elektronisch vernetzter Informationstechnologien (Internet, Mobilfunk, interaktives Fernsehen) verstanden, um mit deren innovativen technologischen Möglichkeiten (wie Virtualität, Multimedia, Interaktivität, Individualität) markt- und konzeptionsgerecht eine Multi-/Omni-Channel-*Kommunikation* sowie Multi-/Omni-Channel-*Distribution* zu realisieren (siehe hierzu auch die Darlegungen im 3.Teil „Konzeptionsebene des Marketing-Mix“, Abschnitt 2cc), Einsatzmöglichkeiten des Online-Marketing bzw. E-Commerce).

Dem Online-Marketing liegt dabei *kein* neues Marketingverständnis zu Grunde, weil auch hier unter Marketing die Führung des gesamten Unternehmens vom (Absatz-)**Markt** her verstanden wird (= umfassende Führungsphilosophie, die das gesamte Buch „Marketing-Konzeption“ prägt, siehe hierzu auch die Einführung: Konzeptionelles Marketing und Design des Buches).

Der Unterschied zum klassischen Marketing besteht lediglich in Bezug auf die genutzten **neuen Technologien**, d.h. die hier eingesetzten Marketing-Instrumente benutzen die neuen Möglichkeiten der Online-Kommunikation und -Distribution. Dadurch können bekannte Anwendungen (die prinzipiell auch mehrere Marketinginstrumente umfassen können) effektiver und effizienter realisiert werden.

Welche Felder und Maßnahmenfülle zum Online-Marketing gehören, verdeutlicht Abb. 570.

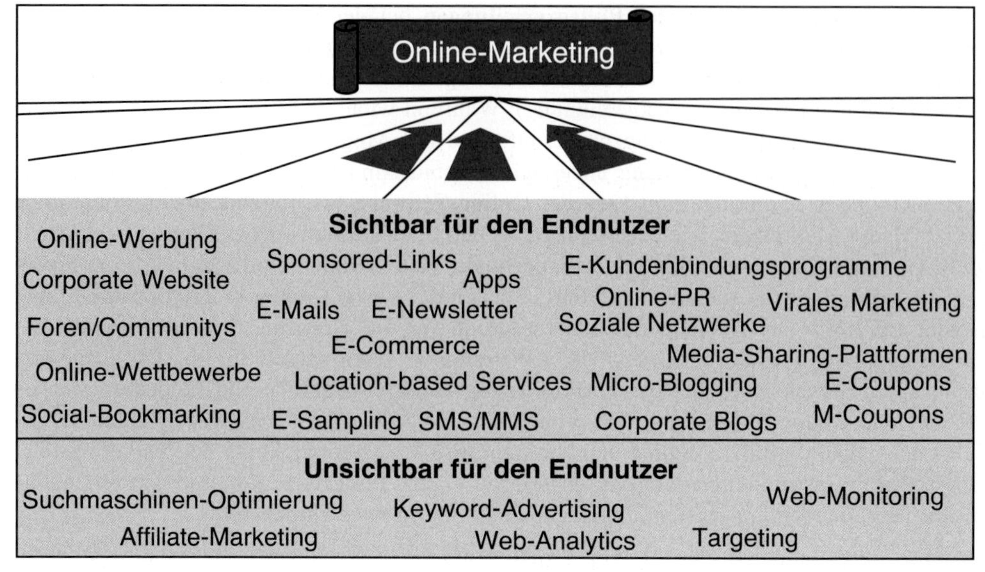


*Quelle: Kreutzer, 2014, S. 2*

*Abb. 570: Erscheinungsformen des Online-Marketing*

Die Übersicht zeigt, wie vielfältig und differenziert die Einsatzformen des Online-Marketing sind.

Die **Corporate Website** (Homepage) eines Unternehmens stellt eine zentrale Form des Online-Marketing dar: sie ist gleichsam die „virtuelle Eingangstür" zum Unternehmen und damit eine tragende Säule des Online-Marketing von Unternehmen überhaupt.

Internet-Nutzer begegnen darüber hinaus den unterschiedlichsten Erscheinungsformen der **Online-Werbung** für Unternehmen bzw. ihre Produkte und Leistungen. Dazu gehören u. a. die verschiedenen Formen/Varianten der **Bannerwerbung**. Der Internet-Nutzer, der Suchmaschinen einsetzt, stößt auch auf sog. **Sponsored Links**. Das Internet ermöglicht außerdem, Kunden des Unternehmens mit **E-Mails** und/oder **E-Newslettern** werblich anzusprechen.

Einen wichtigen Maßnahmenbereich betrifft das sog. **E-Commerce** (Electronic Commerce). Hierunter ist die digitale Anbahnung und Abwicklung von Kauf-/Verkaufsprozessen (= elektronischer Handel) zu verstehen. Es stellt insbesondere für Unternehmen, die bisher nur in der Offline-Welt aktiv sind, ein großes Absatzreserve-Potential dar (im Sinne eines Multi- bzw. Omni-Channel-Konzepts). In diesem Rahmen sind auch systematische **E-Kundenbindungsprogramme** möglich. Unternehmen, die Kundengewinnungs-, Kundenbetreuungs- und Kundenbindungskonzepte sowohl offline als auch online einsetzen, haben den konzeptionellen Vorteil, die gesamte **Customer Journey** („Kundenreise")ihrer Kunden entlang der Kette aller Kontakt- und Ereignispunkte zu verfolgen bzw. zu gestalten. Der Stellenwert des sog. **Customer Touchpoint Managements** (CTM) nimmt zu.

**E-** bzw. **M-Coupons** (über mobile internet-fähige Geräte) können gezielt eingesetzt werden, um konzeptionell erwünschte Verhaltensweisen der Kunden anzustoßen. **E-Sampling** betrifft die Möglichkeiten einer elektronischen Zusendung von Produktmustern (z.B. pdf von E-Books, also elektronisch verfügbarer Bücher).

**Online-PR** umfasst die Ergänzung klassischer, offline-realisierter PR-Maßnahmen/-Informationen über das Internet, also online (ggf. auch jene zu ersetzen, siehe hierzu 3. Teil „Konzeptionsebene des Marketingmix“, Abschnitt Kommunikationspolitische Basisinstrumente, hier Public Relations).

Der Stellenwert der **Sozialen Netzwerke** (wie *Facebook, XING, LinkedIn*) ist immer weiter gestiegen. Sie sind damit auch für die Einsatz- bzw. Nutzungsmöglichkeiten im Rahmen des Online-Marketing deutlich relevanter geworden. Das entscheidende Merkmal der Sozialen Medien ist die aktive Teilnahme an der Gestaltung von Internetauftritten bzw. ihren Inhalten. Das heißt, die Nutzer beschränken sich *nicht* mehr mit der Rolle eines passiven Kommunikationsempfängers. Einen zentralen Anteil an dieser Entwicklung hat die neue Beschreibbarkeit des Internets, welche die Veröffentlichung eigener Inhalte einfach macht.

**Social-Media-Marketing** ist auf die gezielte Nutzung von Social-Media-Anwendungen zur Verbreitung von *konzeptions-orientierten* Marketingaktivitäten innerhalb relevanter sozialer Netzwerke gerichtet. Die besonderen Vorteile bestehen für Unternehmen auch darin, über Web-Monotoring Stimmungen und Einstellungen von Konsumenten zu erfassen oder in Interaktion mit Konsumenten neue Produkte/Leistungen auf der Basis von Kundenbedürfnissen zu entwickeln. Social-Media-Marketing lässt sich darüber hinaus für die Marktinformationsgewinnung einerseits und für die Konzipierung digitaler Kommunikations- sowie Distributionsmaßnahmen andererseits nutzen.

Wichtige **Instrumente bzw. Plattformen** für die Realisierung eines Social-Media-Marketing werden im Folgenden angesprochen (siehe dazu u. a. *Wirtz*, 2012,S. 362 ff.; *Ceyp/Scupin*, 2013, S. 23 ff.; *Kreutzer*, 2014, S. 3, 337 ff. sowie insbes. 356 ff.):

Im Internet finden sich dazu zunächst zu den bereits angesprochenen sozialen Netzwerken einschlägige **Foren** und **Communities**, die – teilweise von Unternehmen initiiert – Plattformen für einen umfassenden Informationsaustausch bieten. Außerdem schaffen sog. **Social-Bookmarking-Dienste** die Möglichkeit, interessante Websites zu markieren und andere über eigene Website-Präferenzen in Kenntnis zu setzen.

Über **Media-Sharing-Plattformen** (u. a. *Youtube*) ist es darüber hinaus möglich, eigene Kreationen in das Internet zu stellen. Außerdem bieten diese Plattformen – das ist entscheidend – auch Unternehmen die Möglichkeit, sich mit eigenen Videos und Fotos zu präsentieren.

Das Führen von Internet-Tagebüchern in Form von **Blogs** ist nicht nur auf Privatpersonen beschränkt, sondern bietet auch Unternehmen die Möglichkeit, über **Corporate Blogs** sowohl die eigenen Mitarbeiter als auch externe Zielgruppen wie Interessenten oder Kunden über wichtige Unternehmensvorgänge zu informieren sowie mit diesen Zielgruppen einen Dialog zu führen (*Cerena*, 2017). Ergänzt werden können diese Aktivitäten durch **Micro-Blogger-Dienste** (wie z.B. *Twitter*). Jedenfalls nutzen Unternehmen inzwischen intensiver auch diese Dienste für die direkte Kommunikation mit ihren jeweiligen Zielgruppen oder binden sie sogar für die Erbringung von Dienstleistungen entsprechend mit ein.

Die gezielte Nutzung dieser angesprochenen unterschiedlichen sozialen Medien bzw. Netzwerke durch Unternehmen wird insgesamt als **Social-Media-Marketing** bezeichnet. Charakteristisches Kennzeichen dieses speziellen Marketingansatzes ist, dass alle Instrumente interaktiv bzw. integrativ eingesetzt werden, um Wertschöpfungspotenziale von Networking, Information, Partizipation, Personalisierung bzw. Individualisierung konsequent zu nutzen (zu aktuellen Themen des Social-Media-Marketing siehe auch www.social-media-magazin.de)

Außerdem ermöglicht das sog. **Mobile Marketing** vielseitige Kontakte mit mobilen Nutzern mobiler Endgeräte wie Smartphones, Phablets oder Tablets. Mobile Endgeräte werden immer häufiger als Internetzugang genutzt. Die besondere Bedeutung für das Marketing besteht darin, dass die **Customer Journey** („Kundenreise") immer stärker auf diesen mobilen Endgeräten beginnt (= First Screen).

In diesem Zusammenhang erlauben es **Location-Based-Services** sogar, Botschaften und Angebote auf die jeweiligen Aufenthaltsorte der Nutzer zu zentrieren. Hierfür können z.B. auch über **Apps** oder **SMS/MMS** dazu passende **E-** oder **M-Coupons** versendet werden.

Im Übrigen bieten Online-Medien insgesamt die gute Möglichkeit, **Virales Marketing** zu realisieren, das heißt u. a. Werbebotschaften im Sinne einer gezielten Mund-zu-Mund-Propaganda (Word-of-Mouth-Propaganda) im Internet zu streuen und insoweit einen **Schneeball-Effekt** auszulösen.

Immer stärker gewinnt das sog. **Influencer-Marketing** an Bedeutung. Hierbei werden von Unternehmen Meinungsmacher (wie Prominente bzw. Lead User) als Promoter für die eigene Marke („Markenbotschafter") speziell in den Sozialen Medien bzw. Netzwerken wie *Instagram* oder *Facebook* eingesetzt. Zugleich werden diese Influencer, die „nah" an den Konsumenten sind, auch für die eigene Produktentwicklung und Produktgestaltung genutzt.

Neben den bisher diskutierten, für den Endnutzer *sichtbaren* Erscheinungsformen des Online-Marketing besteht „eine zweite Ebene von Handlungsfeldern für Unternehmen, die diese ‚bespielen', um ihre Online-Aktivitäten erfolgreich zu betreiben (*Kreutzer*, 2014, S. 4, siehe hierzu auch Abb. 570)."

Zu diesem „Instrumentarium" gehören zunächst einmal *zwei* zentrale online-konzeptionelle Ansatzpunkte: nämlich **Suchmaschinen-Optimierung** (Search Engine Optimization, SEO) einerseits und **Suchmaschinen-Werbung** (Search Engine Advertising, SEA) andererseits. Unter SEO werden Maßnahmen des Unternehmens verstanden, die darauf zielen, dass das eigene Angebot (Produkte/Leistungen) durch eine spezifische Ausgestaltung des Online-Auftritts in den Trefferlisten der Suchmaschinen-Anbieter (wie insbesondere *Google* oder auch *Yahoo*) an möglichst prominenter Stelle erscheinen. Zu den SEA zählen Angebote der Suchmaschinen-Betreiber, eigene Online-Werbeformate von Unternehmen gegen Bezahlung bei Eingabe bestimmter Suchbegriffe (sog. Keyword-Advertising) auf den prominenten Seiten der Suchmaschinen unter Werbung, Sponsoring usw. erscheinen zu lassen (z. B. *Google AdWords* oder *Yahoo Sponsored Search*). Hierbei können Unternehmen auch die Dienste spezialisierter (Suchmaschinen-)**Agenturen** in Anspruch nehmen (siehe hierzu auch 5.Teil „Marketing-Konzeption und Marketing-Handlungssystem", Abschnitt Marketing-Dienstleister, hier Internet-/Multimedia-/Social Media-Agenturen).

Das sog. **Affiliate-Marketing** stellt eine spezifische Form der Platzierung von Werbung eines Unternehmens im Online-Auftritt von Dritten dar, um eine größere Zielgruppe zu erreichen. Dem liegt in der Regel ein Vertrag zwischen anbietendem Unternehmen und Partner (Affiliate) zu Grunde, der meist eine Honorierung des Partners in Form einer Provision vorsieht.

Eine wichtige Grundlage für eine erfolgreiche, ziel- bzw. zielgruppen-orientierte Werbung stellen die zur Verfügung stehenden Möglichkeiten des **Targeting** dar. Grundlage hierfür bilden das Such- und Surfverhalten im Internet, das ggf. mit weiteren Nutzerdaten ausgewertet wird, um daraus Bedürfnisprofile und Produktinteressen für die *gezielte* Steuerung von Online-Werbeaktivitäten abzuleiten.

Im „Hintergrund" eröffnen sich den Online-Marketing treibenden Unternehmen vielfältige Analysemöglichkeiten, und zwar einerseits hinsichtlich der Verhaltensweisen der Internet-Nutzer und andererseits in Bezug auf die Auswirkungen der Online-Aktivitäten des eigenen Unternehmens. Diese Analysekonzepte werden unter dem Begriff der **Web-Analytics** subsummiert.

Im Gegensatz dazu versucht das **Web-Monotoring** auf der Basis der realen Kommunikation etwa zwischen Kunde und Unternehmen Erkenntnisse über die Wahrnehmung bzw. Beurteilung der eigenen Produkte/Leistungen und /oder des eigenen Unternehmens sowie der der Konkurrenten zu erfassen.

Die Darlegungen zum **Online-Marketing** haben insgesamt gezeigt, wie *vielfältig* die onlinespezifischen Konzepte und Instrumente sind. Online-Marketing weist dabei einen Schwerpunkt in den zwei klassischen Instrumentalbereichen des Marketing auf: nämlich der **Kommunikations- und der Distributionspolitik** (vgl. hierzu auch den 3. Teil „Konzeptionsebene des Marketingmix", Abschnitt Einsatzmöglichkeiten des Online-Marketing und des Electronic Commerce). Die vielschichtigen Möglichkeiten des Online-Marketing werden das „klassische Marketing" auch in Zukunft immer wieder mit *innovativen* Ansätzen und Konzepten bereichern. Es eröffnen sich insoweit große Chancen als auch große Herausforderungen. Für die meisten Unternehmen wird es ein an Bedeutung zunehmendes Instrumentarium sein, und zwar unter dem Aspekt bzw. der Notwendigkeit, die *klassische* **Offline-Welt** mit der *modernen* **Online-Welt** zu verknüpfen und zu verzahnen.

## Resümee

Die vorangegangenen Darlegungen haben verdeutlicht, wie vielfältig die **strategischen Optionen** und die **operativen Instrumente** für das Markt- und Unternehmenshandeln sind. Die sich immer wieder verändernden, häufig verschärfenden Markt-, Wettbewerbs- und Umfeldbedingungen erzwingen in hohem Maße die gezielte **Ausschöpfung** aller geeigneten, und vor allem auch neuen Marketingmöglichkeiten. Erfolgsentscheidend dabei ist, dass der Einsatz insbesondere neuer **digitaler** bzw. **internetspezifischer Möglichkeiten** stets *konzeptionsadäquat* erfolgt. Das heißt, alle marketing-relevanten Möglichkeiten und Instrumente müssen immer entlang der **konzeptionellen Kette** (Marketingziele, Marketingstrategien, Marketingmix) entschieden und eingesetzt werden. Nur so ist ein schlüssiges, ganzheitliches und nachhaltiges **Konzeptionelles Marketing** möglich, wie es Gegenstand und Anliegen des vorliegenden Buches ist.

Für ein so verstandenes Marketing ist es notwendig, dass **Marketing- und Unternehmensverantwortliche** sich jenseits des „Tagesgeschäfts" ausreichend Zeit nehmen, sowohl die relevanten Änderungen in den Rahmenbedingungen – und auch solche, die sich erst abzeichnen („Frühwarnung") – zu identifizieren als auch die richtigen konzeptionellen Schlussfolgerungen daraus abzuleiten, um im Interesse der Sicherung bzw. Weiterentwicklung des *Geschäftsmodells* die **adäquate Marketing-Konzeption** zu erarbeiten und sie in konsequentes Marketing- und Unternehmenshandeln umzusetzen.

# Literaturverzeichnis


*Aaker, D. A.* (1984), Strategic Market Management, New York u. a. 1984

*Aaker, D. A.* (1989), Strategisches Markt-Management, Wiesbaden 1989

*Aaker, D. A.* (1996), Building Strong Brands, New York 1996

*Aaker, D. A.; Joachimsthaler, E.* (2000), Brand Leadership, New York 2000

*Aaker, D. A.; Keller, K. L.* (1990), Consumer Evaluations of Brand Extensions in: Journal of Marketing 1/1990, S. 27–41

*Abbott, L.* (1958), Qualität und Wettbewerb, München 1958

*Abell, D. F.* (1980), Defining the Business. The Starting Point of Strategic Planning, Englewood Cliffs, N. J. 1980

*Abell, D. F.; Hammond, J. S.* (1979), Strategic Marketing Planning, Engelwood Cliffs, N. J. 1979

*Abernathy, W.; Utterback, J. M.* (1982), Patterns of Industrial Innovation, in: *Tushman, M. L.; Moore, W. L.* (Hrsg.), Readings in the Management of Innovation, Boston 1982, S. 97–108

*Ahlert, D.* (1996), Distributionspolitik, 3. Aufl., Stuttgart-Jena 1996

*Ahlert, D. et al.* (2003), Multikanalstrategien, Wiesbaden 2003

*Ahlert, D.; Kenning, P.* (2005), Das Handelsunterehmen als Marke, in: *Esch, F.-R* (Hrsg.), Moderne Markenführung, 4. Aufl., Wiesbaden 2005, S. 1187–1208

*Ahlert, D.; Kenning, P.* (2007), Handelsmarketing, Berlin 2007

*Albach, H.; Pay, D.; Rojas, R.* (1991), Quellen, Zeiten und Kosten von Innovationen, in: Zeitschrift für Betriebswirtschaft 3/1991, S. 309–324

*Albers, S.* (1989), Entscheidungshilfen für den persönlichen Verkauf, Berlin 1989

*Albers, S.* (1999), Besonderheiten des Marketing für Interaktive Medien, in: *Albers, S.; Clement, M.; Peters, K.* (Hrsg.), Marketing mit interaktiven Medien, 2. Aufl., Frankfurt 1999, S. 7–18

*Albers, S.* (2000), Was verkauft sich im Internet? – Produkte und Leistungen, in: *Albers, S.; Clement, M.; Peters, K.; Skiera, B.* (Hrsg.), E-Commerce, 2. Aufl., Frankfurt 2000, S. 21–36

*Albers, S.* (2001 a), Außendienstentlohnung, in: *Diller, H.* (Hrsg.), Vahlens Großes Marketing Lexikon, 2. Aufl., München 2001, S. 84–86

*Albers, S.* (2001 b), Außendienststeuerung, in: *Diller, H.* (Hrsg.), Vahlens Großes Marketing Lexikon, 2. Aufl., München 2001, S. 87–88

*Albers, S.* (2001 c), Verkaufs- und Außendienstpolitik, in: *Diller, H.* (Hrsg.), Vahlens Großes Marketing Lexikon, 2. Aufl., München 2001, S. 1771–1773

*Albers, S.; Bachem, C.; Clement, M.; Peters, K.* (1999), Produkte und Inhalte, in: *Albers, S.; Clement, M.; Peters, K.* (Hrsg.) Marketing mit Interaktionsmedien, 2. Aufl., Frankfurt 1999, S. 267–282

*Albers, S.; Clement, M.; Peters, K.* (Hrsg.) (1999), Marketing mit Interaktionsmedien, 2. Aufl., Frankfurt 1999

*Albers, S.; Clement, M.; Peters, K.; Skiera, B.* (Hrsg.) (2000), E-Commerce, 2. Aufl., Frankfurt 2000

*Albers, S.; Herrmann, A.*(Hrsg.) (2007), Handbuch Produktmanagement, 3. Aufl., Wiesbaden 2007

*Alberts, W. W.* (1989), The Experience Curve Doctrine Reconsidered, in: Journal of Marketing 3/1989, S. 36–49

*Al-Laham, A.* (2003), Organisationales Wissensmanagement, München 2003

*Alt, R.; Reinhold, O.* (2012), Social Customer Relationship Management, in: wisu, 4/2012, S. 508–514

*Altobelli, F.; Hoffmann, S.* (2011), Grundlagen der Marktforschung, Stuttgart 2011

*Altschul, K. J.* (1997), Amerika im Spin-Off-Fieber, in: Absatzwirtschaft 7/1997, S. 28–30

*Ammon, T.* (2009), Produktmanagement, München 2009

*Anders, H.-J.* (1990), Euro-Verbraucher. Realität oder Fiktion, in: *Szallies, R.; Wiswede, G.* (Hrsg.) Wertewandel und Konsum, Landsberg 1990, S. 233–256

*Andreae, C. A.* (1978), Perspektiven des Markenartikels in einer sich wandelnden Umwelt, in: Markenartikel heute. Marke, Markt und Marketing, Wiesbaden, 1978, S. 183–206

*Ansoff, H. I.* (1965), Corporate Strategy. An Analytical Approach to Business Policy for Growth and Expansion, New York 1965

*Ansoff, H. I.* (1966), Management-Strategie, München 1966

*Ansoff, H. I.* (1976), Managing surprise and discontinuity – Strategic response to weak signals, in: Zeitschrift für betriebswirtschaftliche Forschung 2/1976, S. 129–152

*Ansoff, H. I.* (1984), Implanting Strategic Management, Englewood Cliffs, N. J. 1984

*Ansoff, H. I.* (1988), New Corporate Strategy, New York u. a. 1988

*Ansoff, H. I.; Kirsch, W.; Roventa, D.* (1981), Unschärfenpositionierung in der strategischen Portfolio-Analyse, in: Zeitschrift für Betriebswirtschaft 10/1981, S. 963–988

*Ansoff, H. I.; Mc Donnell, E.* (1990), Implanting Strategic Management, 2. Aufl., New York u. a. 1990

*Apitz, K.* (1987), Konflikte, Krisen, Katastrophen – Präventionsmaßnahmen gegen Imageverlust, Frankfurt-Wiesbaden 1987

*Arndt, H.* (2005), Supply Chain Management, 2. Aufl., Wiesbaden 2005

*Aspinwall, L.* (1962), The Characteristics of Good Theory, in: *Lazer, W.; Kelley, E. J.*, Managerial Marketing: Perspectives and Viewpoints, Homewood, Ill. 1962, S. 633–643

*Aspinwall, L.* (1967), The Characteristics of Goods and Parallel Systems Theories, in: *Mallen, B. F.* (Hrsg.), The Marketing Channel: A Conceptual Viewpoint, New York 1967, S. 82–93

*Assael, H.* (1990), Marketing. Principles and Strategy, Chicago u. a. 1990

*Auer, M.; Horrion, W.; Kalweit, U.* (1989), Marketing für neue Zielgruppen, Landsberg 1989

*Aumayr, K.J.* (2009), Erfolgreiches Produktmanagement, 2. Aufl., Wiesbaden 2009

*Backhaus, K.* (1992), Investitionsgütermarketing. 3. Aufl., München 1992

*Backhaus, K.* (2003), Industriegütermarketing, 7. Aufl., München 2003

*Backhaus, K.; Büschken, J.; Voeth, M.* (1998), Internationales Marketing, 2. Aufl., Stuttgart 1998

*Backhaus, K.; Büschken, J.; Voeth, M.* (2003), Internationales Marketing, 5. Aufl., Stuttgart 2003

*Backhaus, K.; Erichson, B.; Plinke, W.; Weiber, R.* (2011), Multivariate Analysemethoden, 13. Aufl., Berlin 2011

*Backhaus, K.; Hoeren, T.* (2007), Marken im Internet, München 2007

*Backhaus, K.; Piltz, K.* (Hrsg.) (1990), Strategische Allianzen, Sonderheft der Zeitschrift für betriebswirtschaftliche Forschung, S 27/1990

*Backhaus, K.; Schneider, H.* (2009), Strategisches Marketing, 2. Aufl., Stuttgart 2009

*Backhaus, K.; Voeth, M.* (2007), Investitionsgütermarketing, 8. Aufl., München 2007

*Backhaus, K.; Voeth, M.* (2010), Internationales Marketing, 6. Aufl., Stuttgart 2010

*Backhaus, K.; Voeth, M.* (2014), Industriegütermarketing. Grundlagen des Business-to-Business-Marketing, 10. Aufl., München 2014

*Backhaus, K.; Weiss, P. A.* (1989), Kompetenz – die entscheidende Dimension im Marketing, in: Harvard-Manager 3/1989, S. 107–114

*Baetzgen, A.* (Hrsg.) (2011), Brand Planning, Stuttgart 2011

*Bagusat, A.; Hermanns, A.* (2008), E-Marketing Management, München 2008

*Bailom, F. et al.* (1996), Das Kano-Modell der Kundenzufriedenheit, in: Marketing ZFP, 2/1996, S. 117–126

*Bänsch, A.* (1996 a), Käuferverhalten, 7. Aufl., München-Wien 1996

*Bänsch, A.* (1996 b), Verkaufspsychologie und Verkaufstechnik, 6. Aufl., München-Wien 1996

*Bänsch, A.* (1998), König Kunde. Leitbild für dauerhafte Verkaufserfolge, München-Wien 1998

*Bagozzi, R. P.* (1980), Causal Models im Marketing, New York 1980

*Bain, J. S.* (1956), Barriers to New Competition, Cambridge 1956

*Balderjahn, I.* (1993), Marktreaktionen von Konsumenten, Berlin 1993

*Balderjahn, I.* (2004), Nachhaltiges Marketing-Management, Stuttgart 2004

*Balderjahn, I.; Hansen, U.* (2001), Ökologisches Marketing, in: *Diller, H.* (Hrsg.), Vahlens Großes Marketing Lexikon, 2. Aufl., München 2001, S. 1214–1217

*Ballin, Ch.* (2005), Marktrevolutionen in Schlummernden Märkten, Berlin 2005

*Ballwieser, W.; Hippe, A.* (Hrsg.) (2012), Mergers & Aquisitions, Düsseldorf 2012

*Bamberg, G.; Coenenberg, A. G.* (2004), Betriebswirtschaftliche Entscheidungslehre, 12. Aufl., München 2004

*Bamberger, I.* (1981), Theoretische Grundlagen strategischer Entscheidungen, in: Wirtschaftswissenschaftliches Studium 2/1981, S. 97–104

*Bamberger, I.* (Hrsg.) (2005), Strategische Unternehmensberatung. Konzeptionen – Prozesse – Methoden, 4. Aufl., Wiesbaden 2005

*Bamberger, I.; Wrona, T.* (2004), Strategische Unternehmensführung, München 2004

*Banning, Th.E.* (1987), Lebensstilorientierte Marketing-Theorie, Heidelberg 1987

*Bantleon, W.; Wendler, E.; Wolff, J.* (1976), Absatzwirtschaft. Praxisorientierte Einführung in das Marketing, Opladen 1976

*Bartenstein, R.* (1978), Aktuelle unternehmungspolitische Leitvorstellungen. Eine Dokumentenanalyse, Winterthur 1978

*Bartl, M.* (2012), New Market Research. Zugleich Herausforderung und Chance, in: inbrief (BVM), 5/2012, S. 4–6

*Barzen, D.* (1990), Marketing-Budgetierung, Frankfurt u. a. 1990

*Baßeler, U.; Heinrich, J.; Utecht, B.* (2002), Grundlagen und Probleme der Volkswirtschaft, 17. Aufl., Stuttgart 2002

*Batzer, E.; Greipl, E.* (1992), Die Bedeutung von Hersteller- und Handelsmarke für den Handel, in: *Dichtl, E.; Eggers, W.* (Hrsg.), Marke und Markenartikel als Instrumente des Wettbewerbs, München 1992, S. 185–204

*Bauer, E.* (1976), Markt-Segmentierung als Marketing-Strategie, Berlin 1976

*Bauer, E.* (1977), Markt-Segmentierung, Stuttgart 1977

*Bauer, H. H.* (1980), Die Entscheidung des Handels über die Aufnahme neuer Produkte. Eine verhaltenstheoretische Analyse, Berlin 1980

*Bauer, H. H.* (1988), Marktstagnation als Herausforderung für das Marketing, in: Zeitschrift für Betriebswirtschaft 10/1988, S. 1052–1071

*Bauer, H.H.; Große-Leege, D.; Rösger, J.* (Hrsg.) (2007), Interactive Marketing im Web 2.0, München 2007

*Bauer, M.* (1995 a), Kaufkraft und Kaufkraftkennziffern, in: *Tietz, B.; Köhler, R.; Zentes, J.* (Hrsg.), Handwörterbuch des Marketing, 2. Aufl., Sp. 1115–1125

*Bauer, R.* (1995 b), Coaching, in: *Kieser, A.; Reber, G.; Wunderer, R.* (Hrsg.), Handwörterbuch der Führung, 2. Aufl., Stuttgart 1995, Sp. 200–211

*Bauer, H. H. et al.* (2005), Marketing Performance, Wiesbaden 2005

*Baumgarten, H.* (Hrsg.) (2000), Logistik im E-Zeitalter, Frankfurt 2000

*BBDO* (Hrsg.) (1987), Brand Parity Study I, Düsseldorf 1987

*BBDO* (Hrsg.) (1993), Brand Parity Study II, Düsseldorf 1993

*BBDO* (Hrsg.) (1994), Der neue Realismus. Verbraucherverhalten in der Rezession, Düsseldorf 1994

*Bea, F. X.; Haas, J.* (2013), Strategisches Management, 6. Aufl., Stuttgart 2013

*Becker, Jan,* (1999), Marktorientierte Unternehmensführung, Wiesbaden 1999

*Becker, J.* (1972), Heutige und zukünftige Marketing-Strategien von Brauereien, in: Brauwelt 1972, Nr. 14, S. 247–252, Nr. 17, S. 319–324, Nr. 24/25, S. 507–510, Nr. 34, S. 693–696

*Becker, J.* (1978), Adaptionsmöglichkeiten des Marketing-Konzepts auf Bankbetriebe (unter besonderer Berücksichtigung der Geschäftsbanken), in: FH-Texte, FH Aachen, Bd. 14, Aachen 1978, S. 100–159

*Becker, J.* (1981), Instrumentale und konzeptionelle Grundfragen rezessionsorientierter Marketingpolitik – Ein Beitrag zum phasenbezogenen Marketing, in: *Münch, D.* (Hrsg.), Unternehmen im wirtschaftlichen Wandel, Festschrift zum 10jährigen Bestehen des FB Wirtschaft der FH Aachen, Aachen 1981, S. 29–83

*Becker, J.* (1982 a), Konkurrenzforschung, in: *Falk, B. R.; Wolf, J.* (Hrsg.), Das große Lexikon für Handel und Absatz, 2. Aufl., München 1982, S. 409–413

*Becker, J.* (1982 b), Verkäuferschulung, in: *Falk, B. R.; Wolf, J.* (Hrsg.), Das große Lexikon für Handel und Absatz, 2. Aufl., München 1982, S. 783–786

*Becker, J.* (1983), Grundlagen der Marketing-Konzeption. Marketingziele, Marketingstrategien, Marketingmix, München 1983

*Becker, J.* (1984), Phänomen Marken-Streß. Analysen und Konzeptionen aus der Marketing-Forschung, in: Absatzwirtschaft S 10/1984, S. 14–24

*Becker, J.* (1985 a), Strategische Markenführung, in: Markenartikel 8/1985, S. 404–411

*Becker, J.* (1985 b), Strategisches Marketing aus der Sicht der Wissenschaft, in: *Meffert, H.; Wagner, H.* (Hrsg.), Vom operativen zum strategischen Marketing, Arbeitspapier der Wissenschaftlichen Gesellschaft für Marketing und Unternehmensführung, Münster 1985, S. 5–32

*Becker, J.* (1986 a), Die strategische (Neu-)Verteilung von Märkten. Marktschichtenveränderungen und positionsstrategische Konsequenzen, in: Absatzwirtschaft S 10/1986, S. 78–88

*Becker, J.* (1986 b), Steuerungsleistungen und Einsatzbedingungen von Marketingstrategien, in: Marketing ZFP 3/1986, S. 189–198

*Becker, J.* (1986 c), Strategisches Controlling, Aachener Betriebswirtschaftstag (FH Aachen), Theorie und Praxis des Controlling, Tagungsreport Nr. 1, Aachen 1986, S. 72–98

*Becker, J.* (1987), Polarisierung von Märkten, in: Frankfurter Allgemeine Zeitung, Sonderbeilage: Der Markenartikel, 26. 5. 1987, S. 6

*Becker, J.* (1988), Das Verlust-in-der-Mitte-Phänomen. Auswirkungen und strategische Konsequenzen, in: Thexis 4/1988, S. 39–43

*Becker, J.* (1991), Die Marke als strategischer Schlüsselfaktor, in: Thexis 6/1991, S. 40–49

*Becker, J.* (1992), Markenartikel und Verbraucher, in: *Dichtl, E.; Eggers, W.* (Hrsg.), Marke und Markenartikel als Instrumente des Wettbewerbs, München 1992, S. 97–127

*Becker, J.* (1993 a), Gap-Analyse, in: *Dichtl, E.; Issing, D.* (Hrsg.), Vahlens Großes Wirtschaftslexikon, Bd. 1, 2. Aufl., München 1993, S. 749–750

*Becker, J.* (1993 b), Programmstrategische Entscheidungen, in: *Arnold, U.; Eierhoff,* K. (Hrsg.), Marketingfocus: Produktmanagement, Stuttgart 1993, S. 3–14

*Becker, J.* (1993 c), Strategische Allianzen, in: *Dichtl, E.; Issing, D.* (Hrsg.), Vahlens Großes Wirtschaftslexikon, Bd. 2, 2. Aufl., München 1993, S. 2018–2019

*Becker, J.* (1993 d), Strategische Planung, in: *Dichtl, E.; Issing, D.* (Hrsg.), Vahlens Großes Wirtschaftslexikon, Bd. 2, 2. Aufl., München 1993, S. 2021–2022

*Becker, J.* (1994 a), Die strategischen Dimensionen der Kundenorientierung, in: Markenartikel, 11/1994, S. 516–519

*Becker, J.* (1994 b), Typen von Markenstrategien, in:

*Bruhn, M.* (Hrsg.), Handbuch Markenartikel, Bd. 1, Stuttgart 1994, S. 463–498

*Becker, J.* (1994 c), Vom Massenmarketing über das Segmentmarketing zum Kundenindividuellen Marketing (Customized Marketing), in: *Tomczak, T.; Belz, Chr.* (Hrsg.), Kundennähe realisieren, St. Gallen 1994, S. 15–30

*Becker, J.* (1995), Strategisches Marketing, in: *Tietz, B.; Köhler, R.; Zentes, J.* (Hrsg.), Handwörterbuch des Marketing, 2. Aufl., Stuttgart 1995, Sp. 2411–2425

*Becker, J.* (1996 a), Gilt das Phänomen vom „Verlust der Mitte“?, in: Absatzwirtschaft 6/1996, S. 34

*Becker, J.* (1996 b), Konzeptionelle Grundfragen der Positionierung, in: *Tomczak, T.; Rudolph, T.; Roosdorp, A.* (Hrsg.), Positionierung. Kernentscheidung des Marketing, St. Gallen 1996, S. 12–23

*Becker, J.* (1999 a), Das Marketingkonzept. Zielstrebig zum Markterfolg!, München 1999

*Becker, J.* (1999 b), Strategische Kursbestimmung. Vom Massenmarketing zum kundenindividuellen Marketing, in: *Schmengler, H. J.; Fleischer, F. A.* (Hrsg.), Marketing Praxis Jahrbuch 1999, Düsseldorf 1999, S. 195–201

*Becker, J.* (2000 a), Der Strategietrend im Marketing. Vom Massenmarketing über das Segmentmarketing zum kundenindividuellen Marketing, München 2000

*Becker, J.* (2000 b), Einzel-, Familien- und Dachmarken als grundlegende Handlungsoptionen, in: *Esch, F. R.* (Hrsg.), Moderne Markenführung, 2. Aufl., Wiesbaden 2000, S. 269–288

*Becker, J.* (2000 c), Marketing-Strategien. Systematische Kursbestimmung in schwierigen Märkten, München 2000

*Becker, J.* (2000 d), Modell des Produktlebenszyklus – Grundlagen, Anwendungen, Perspektiven, in: Thexis 2/2000, S. 2–5

*Becker, J.,* (2004), Typen von Markenstrategien, in: *Bruhn, M.* (Hrsg.), Handbuch Markenführung, Bd. 1, 2. Aufl., Wiesbaden 2004, S. 637–675

*Becker, J.,* (2005 a), Das Marketingkonzept, 3. Aufl., München 2005

*Becker, J.,* (2005 b), Einzel-, Familien- und Dachmarken als grundlegende Handlungsoptionen, in: *Esch, F.-R.* (Hrsg.), Moderne Markenführung, 4. Aufl., Wiesbaden 2005, S. 381–402

*Becker, J.* (2010), Das Marketingkonzept, 4. Aufl., München 2010

*Becker, L.* (1994), Marketing-Effizienz. Wege zum Lean Marketing, in: *Becker, L.; Lukas, A.* (Hrsg.), Effizienz im Marketing, Wiesbaden 1994, S. 13–34

*Becker, L.; Lukas, A.* (Hrsg.) (1994), Effizienz im Marketing, Wiesbaden 1994

*Becker, M.,* (2009), Personalentwicklung, 5. Aufl., Stuttgart 2009

*Becker, W.; Kunz, Ch.* (2008), Wertorientierte Anreizsysteme, in: WiSt, 6/2008, S. 290–296

*Becker, U.; Nowak, H.* (1982), Lebensweltanalyse als neue Perspektive der Meinungs- und Marktforschung, in: *Esomar*-Kongreß 1982, Bd. 2, S. 247–267

*Behrends, C.* (1992), Direkte Produkt-Rentabilität (DPR), in: *Diller, H.* (Hrsg.) Vahlens Großes Marketing Lexikon, München 1992, S. 203–205

*Behrends, C.* (2001), Category Management (aus Handelssicht), in: *Diller, H.* (Hrsg.), Vahlens Großes Marketing Lexikon, 2. Aufl., München 2001, S. 209–212

*Behrens, G.* (1996), Werbung. Entscheidung, Erklärung, Gestaltung, München 1996

*Behrens, R.; Merkel, R.* (1990), Mergers & Acquisitions, Stuttgart 1990

*Beisheim, O.* (Hrsg.) (1999), Distribution im Aufbruch. Bestandsaufnahme und Perspektiven, München 1999

*Bekmeier, S.* (1989), Nonverbale Kommunikation in der Fernsehwerbung, Heidelberg 1989

*Bekmeier, S.* (1995), Markenwert, in: *Tietz, B.; Köhler, R.; Zentes, J.* (Hrsg.), Handwörterbuch des Marketing, 2. Aufl., Stuttgart 1995, Sp. 1459–1471

*Bekmeier, S.; Konert, F.-J.* (1994), Erlebniswertorientierte Markenstrategien, in: *Bruhn, M.* (Hrsg.), Handbuch Markenartikel, Bd. F, Stuttgart 1994, S. 603–618

*Bell, M. L.* (1972), Marketing. Concept and Strategy, 2. Aufl., Boston u. a. 1972

*Belz, Ch. et al.* (1991), Erfolgreiche Leistungssysteme, Stuttgart 1991

*Belz, Ch. et al.* (1994), Management von Geschäftsbeziehungen, St. Gallen 1994

*Belz, Ch.* (1995), Dynamische Marktsegmentierung, St. Gallen 1995

*Belz, Ch.* (Hrsg.) (1997), Strategisches Direct Marketing, Wien 1997

*Belz, Ch.* (2002), Marketing Update 2005, St. Gallen 2002

*Belz, Ch.* (Hrsg.) (2003), Logbuch Direktmarketing, Frankfurt/Main 2003

*Belz, Ch.; Bieger, T.* (2000), Dienstleistungskompetenz und innovative Geschäftsmodelle, St. Gallen 2000

*Belz, Ch.; Bieger, T.* (Hrsg.) (2004), Customer Value. Kundenvorteile schaffen Unternehmensvorteile, Frankfurt/Main 2004

*Belz, Ch.; Bussmann, W.* (Hrsg.) (2000), Vertriebsszenarien 2005. Verkaufen im 21. Jahrhundert, St. Gallen-Wien 2000

*Belz, Ch.; Kopp, K.-M.* (1994), Markenführung für Investitionsgüter als Kompetenz- und Vertrauensmarketing, in: *Bruhn, M.* (Hrsg.), Handbuch Markenartikel, Bd. III, Stuttgart 1994, S. 1577–1601

*Belz, Ch.; Kuster, K.; Walti, C.* (1996), Verkaufskompetenz, St. Gallen 1996

*Belz, C.; Mühlmeyer, J.* (Hrsg.) (2000), Internationales Preismanagement, Wien-Frankfurt 2000

*Belz, Ch.; Müller, R.; Walti, C.* (1996) Marketing für Werkzeugmaschinen, St. Gallen 1996

*Belz, Ch.; Müllner, M,; Zupancic, D.* (2004), Spitzenleistungen im Key Account-Management, Frankfurt/Main-St. Gallen 2004

*Belz, Ch.; Schmitz, Ch.; Zupancic, D.* (2003), Marketing im Gegenwind. Lösungen in Rezession und Aufschwung, St. Gallen 2003

*Belz, Ch.; Schögel, M.; Kramer, M.* (Hrsg.) (1994), Lean Management und Lean Marketing, St. Gallen 1994

*Belz, Ch.; Schuh, G.; Groos, S. A.; Reinecke, S.* (Hrsg.) (1997), Industrie als Dienstleister, St. Gallen 1997

*Belz, F.-M.; Peattie, K.* (2009), Sustainable Marketing. A Global Perspective, Chichester 2009

*Bendle, N.; Forris, P.; Pfeifer, P.; Reibstein, D.* (2010), Metrics that Matter – to the Marketing Managers, in: Marketing JRM, 1e/2010, S. 18–23

*Benkenstein, M.* (1987), F&E und Marketing, Wiesbaden 1987

*Benkenstein, M.* (1995), F&E und Marketing, in: *Tietz, B.; Köhler, R.; Zentes, J.* (Hrsg.), Handwörterbuch des Marketing, 2. Aufl., Stuttgart 1995, Sp. 667–677

*Benkenstein, M.* (1997), Strategisches Marketing, Stuttgart u. a. 1997

*Benkenstein, M.; Uhrich, S.* (2009), Strategisches Marketing, 3. Aufl., Stuttgart 2009

*Bennemann, S.* (2002), Die Zustellung als Marketing-Problem im E-Commerce für Konsumenten, Braunschweig 2002

*Berekoven, L.* (1978 a), Internationale Verbrauchsangleichung, Wiesbaden 1978

*Berekoven, L.* (1978 b), Zum Verständnis und Selbstverständnis des Markenwesens, in: Markenartikel heute. Marke, Markt und Marketing, Wiesbaden 1978, S. 35–48

*Berekoven, L.* (1985), Internationales Marketing, 2. Aufl., Herne-Berlin 1985

*Berekoven, L.* (1990), Erfolgreiches Einzelhandelsmarketing. Grundlagen und Entscheidungshilfen, München 1990

*Berekoven, L.* (1992), Von der Markierung zur Marke, in: *Dichtl, E.; Eggers, W.* (Hrsg.), Marke und Markenartikel als Instrumente des Wettbewerbs, München 1992, S. 25–45

*Berekoven, L.; Bernkopf, G.* (1981), Die Handelsmarken in der BRD, München 1981

*Berekoven, L.; Eckert, W.; Ellenrieder, P.* (2001), Marktforschung, 9. Aufl., Wiesbaden 2001

*Berekoven, L.; Eckert, W.; Ellenrieder, P.* (2009), Marktforschung, 12. Aufl., Wiesbaden 2009

*Berens, W.; Delfmann, W.* (2002), Quantitative Planung, 3. Aufl., Stuttgart 2002

*Berg, H.; Meissner, H. G.; Schünemann, W. B.* (1990), Märkte in Europa. Strategien für das Marketing, Stuttgart 1990

*Berger, P. A.* (1996), Individualisierung. Statusunsicherheit und Erfahrungsvielfalt, Opladen 1996

*Berger, R.* (1974), Marketing-Mix, in: Marketing-Enzyklopädie, Bd. I, München 1974, S. 595–614

*Berger, R.* (1978), Die Idee der Marketing-Optimierung. Das Marketing-Mix, in: *Koinecke, J.* (Hrsg.), Handbuch Marketing, Bd. I, Gernsbach 1978, S. 61–71

*Berger & Partner* (Hrsg.) (1993), Auf der Suche nach Europas Stärken, Managementkulturen und Erfolgsfaktoren, Landsberg 1993

*Berger & Partner* (Hrsg.) (1999), Erfolgsfaktoren im E-Commerce, Frankfurt 1999

*Bergler, R.* (o. J.), Werbung als Untersuchungsgegenstand der empirischen Sozialforschung, 2. Aufl., Bonn o. J.

*Bergler, R.* (1972), Konsumententypologie, in: *Bergler, R.* (Hrsg.), Marktpsychologie, Bern u. a. 1972, S. 11–142

*Berlit, W.* (2008), Markenrecht, 7. Aufl., München 2008

*Berndt, R.* (1990), Marketing, Bd. 2: Marketing-Politik, Berlin u. a. 1990

*Berndt, R.* (1991), Marketing, Bd. 3: Marketing-Management, Berlin u. a. 1991

*Berndt, R.* (1994), Marketing in der Rezession, in: *Berndt, R.* (Hrsg.), Management-Qualität contra Rezession und Krise, Berlin u. a. 1994, S. 115–133

*Berndt, R. et al.* (2005), Internationales Marketing-Management, 3. Aufl., Berlin u. a. 2005

*Berndt, R., Fantapié Altobelli, C; Sander, M.* (1995), Internationale Kommunikationspolitik, in: *Hermanns, A.; Wißmeier, U. K.* (Hrsg.), Internationales Marketing-Management, München 1995, S. 176–224

*Berthel, J.* (1973), Zielorientierte Unternehmenssteuerung. Die Formulierung operationaler Zielsysteme, Stuttgart 1973

*Berthel, J.* (1992), Führungskräfte-Qualifikationen, in: Zeitschrift für Organisation 1992, S. 206–211 (I), S. 279–286 (II)

*Berthel, J.* (2000), Personal-Management, 6. Aufl., Stuttgart 2000

*Berrigan, J.; Finkbeiner, C.* (1992), Segmentation-Marketing. New Methods for Capturing Business Markets, New York u. a. 1992

*Best, M. H.* (1980), The New Competition: Institutions of Industrial Restructuring, Cambridge, Mass. 1980

*Beutelmeyer, W.; Mühlbacher, H.* (1996), Standardisierungsgrad der Marketingpolitik transnationaler Unternehmungen, Linz 1986

*Beyering, L.* (1987), Individualmarketing, Landsberg 1987

*Bhote, K. R.* (1996), Beyond Customer Satisfaction to Consumer Loyality. The Key to Greater Profitability, New York 1996

*Bidlingmaier, J.* (1964), Unternehmerziele und Unternehmensstrategien, Wiesbaden 1964

*Bidlingmaier, J.* (1968), Zielkonflikte und Zielkompromisse im unternehmerischen Entscheidungsprozeß, Wiesbaden 1968

*Bidlingmaier, J.* (1973), Marketing, Bd. I und II, Reinbek 1973

*Bieberstein, J.* (2001), Dienstleistungs-Marketing, 3. Aufl., Ludwigshafen 2001

*Biergans, B.* (1986), Zur Entwicklung eines marketing-adäquaten Ansatzes und Instrumentariums für die Beschaffung, 2. Aufl., Köln 1986

*Biesel, H. H.* (2001), Innovatives Key-Account-Management, München u. a. 2001

*Biggadike, R. E.* (1979), Corporate Diversification: Entry, Strategy and Performance, Cambridge, Mass. 1979

*Birk, A.; Löffler, J.* (2012), Marketing- und Vertriebsrecht, München 2012

*Birkigt, K.; Stadler, M. M.; Funk, H. J.* (1995), Corporate Identity, 8. Aufl., Landsberg 1995

*Bischof, P.* (1976), Produktlebenszyklen im Investitionsgüterbereich, Göttingen 1976

*Bitz, M.; Schneeloch, D.; Wittstock, W.* (2011), Der Jahresabschluss, 5. Aufl., München 2011

*Blake, R. R.; Mouton, J. S.* (1972), Besser verkaufen durch GRID, Düsseldorf-Wien 1972

*Bleicher, K.* (1996), Das Konzept Integriertes Management, 4. Aufl., Frankfurt-New York 1996

*Bleicker, U.* (1983), Produktbeurteilung der Konsumenten, Würzburg 1983

*Blom, H.; Meier, H.* (2002), Interkulturelles Management, Herne-Berlin 2002

*Bodenstein, G.* (1972), Annahme- und Verteilungsprozeß neuer Produkte, Frankfurt 1972

*Böbel, I.* (1978), Industrial Organization, Tübingen 1978

*Böckenförde, B.* (1991), Unternehmenssanierung, Stuttgart 1991

*Boehme, M.* (1998), Implementierung von Managementkonzepten, Wiesbaden 1998

*Boesch, M.* (1989), Gesamtsystem Verpackung, St. Gallen 1989

*Bogner, F. M.* (1992), Das neue PR-Denken, Wien 1992

*Böhler, H.* (1977 a), Der Beitrag von Konsumententypologien zur Marktsegmentierung, in: Die Betriebswirtschaft 3/1977, S. 447–463

*Böhler, H.* (1977 b), Methoden und Modelle der Marktsegmentierung, Stuttgart 1977

*Böhler, H.* (1989), Portfolio-Analysetechniken, in: *Szyperski, N.; Winand, U.* (Hrsg.), Handwörterbuch der Planung, Stuttgart 1989, Sp. 1548–1559

*Böhler, H.* (1995), Käufertypologien, in: *Tietz, B.; Köhler, R.; Zentes, J.* (Hrsg.), Handwörterbuch des Marketing, 2. Aufl., Stuttgart 1995, Sp. 1091–1104

*Böhnke, R.* (1976), Diversifizierte Unternehmen. Eine Untersuchung über wettbewerbliche Wirkungen, Ursachen und Ausmaß der Diversifizierung, Berlin 1976

*Böll, K.* (1999), Merchandising und Licensing, München 1999

*Bolz, J.* (1992), Wettbewerbsorientierte Standardisierung der internationalen Marktbearbeitung, Darmstadt 1992

*Bolz, J.* (1994), Standardisierung des Marketing in Europa am Beispiel des Waschmittelmarktes, in: *Bruhn, M.; Meffert, H.; Wehrle, F.* (Hrsg.), Marktorientierte Unternehmensführung im Umbruch, Stuttgart 1994, S. 485–498

*Bonoma, Th. V.; Shapiro, B. P.* (1983), Segmenting the Industrial Market, Lexington-Toronto 1983

*Borden, N. H.* (1958), Note on Concept of Marketing Mix, in: *Lazer, W.; Kelley, E. J.* (Hrsg.), Managerial Marketing. Perspectives and Viewpoints, Homewood, Ill. 1958, S. 272–275

*Borden, N. H.* (1964), The Concept of the Marketing Mix, in: Journal of Advertising Research 6/1964, S. 2–7

*Bormann, I.; Hurth, J.* (2014), Hersteller- und Handelsmarketing, Herne 2014

*Borschberg, E.* (1974), Diversifikation, in: *Tietz, B.* (Hrsg.), Handwörterbuch der Absatzwirtschaft, Stuttgart 1974, Sp. 480–487

*Bösenberg, D.; Metzen, H.* (1992), Lean Management. Vorsprung durch schlanke Konzepte, Landsberg 1992

*Bosshart, D. D.; Frick, K.* (2003), Trendreport Megatrends Basic (GDI-Studie 4), Rüschlikon-Zürich 2003

*Botschen, G.; Mühlbacher, H.* (1998), Zielgruppenprogramm – Zielgruppenorientierung durch Nutzensegmentierung, in: *Meyer, A.* (Hrsg.), Handbuch Dienstleistungs-Marketing, Bd. 1, Stuttgart 1998, S. 681–692

*Bourdieu, P.* (1982), Die feinen Unterschiede. Zur Kritik der gesellschaftlichen Urteilskraft, Frankfurt/Main 1982

*Bourdieu, P.* (1993), Die feinen Unterschiede. Zur Kritik der gesellschaftlichen Urteilskraft, 6. Aufl., Frankfurt/Main 1993

*Brand, H. W.* (1978), Die Legende von den „geheimen Verführern", Weinheim-Basel 1978

*Brandenburger, A. M.; Nalebuff, B. J.* (1996), Coopetition, New York 1996

*Brandmeyer, K.; Schulz, R.* (1990), Die Markenbilanz im Kreuzverhör, in: Markenartikel 5/1990, S. 236–238

*Brandmeyer, K.; Deichsel, A.; Otte, T.* (1995), Jahrbuch der Markentechnik 1995, Frankfurt 1995

*Briskorn, G.* (1991), Qualität im Quantensprung, in: Absatzwirtschaft, S. 10/1991, S. 116–126

*Brixle, M.* (1993), Konversion, in: *Meyer, P. W.; Mattmüller, R.* (Hrsg.), Strategische Marketingoptionen, Stuttgart u. a. 1993, S. 87–127

*Brockhoff, K.* (1989), Schnittstellen – Management. Abstimmungsprobleme zwischen Marketing und Forschung und Entwicklung, Stuttgart 1989

*Brockhoff, K.; Rehder, H.* (1978), Analytische Planung von Produkten im Raum der Produkteigenschaften, in: *Topritzhofer, E.* (Hrsg.), Marketing. Neue Ergebnisse aus Forschung und Praxis, Wiesbaden 1978, S. 327–349

*Bromann, P.; Piwinger, M.* (1992), Gestaltung der Unternehmenskultur, Stuttgart 1992

*Brühl, R.* (2016), Controlling, 4. Aufl., München 2016

*Bruhn, M.* (1990), Sozio- und Umweltsponsoring, München 1990

*Bruhn, M.* (1992), Integration des Umweltschutzes in den Funktionsbereich Marketing, in: *Steger, U.* (Hrsg.), Handbuch des Umweltmanagements, München 1992, S. 538–555

*Bruhn, M.* (Hrsg.) (1994), Handbuch Markenartikel, Bd. 1–3, Stuttgart 1994

*Bruhn, M.* (1995 a), Die Rolle der Nicht-Klassiker in der integrierten Unternehmenskommunikation, in: *Tomczak, T.; Müller, F.; Müller, R.* (Hrsg.), Die Nicht-Klassiker der Unternehmungskommunikation, St. Gallen 1995, S. 28–48

*Bruhn, M.* (1995 b), Sponsoring, in: *Tietz, B.; Köhler, R.; Zentes; J.* (Hrsg.), Handwörterbuch des Marketing, 2. Aufl., Stuttgart 1995; Sp. 2341–2354

*Bruhn, M.* (Hrsg.) (1999 a), Internes Marketing. Integration der Kunden- und Mitarbeiterorientierung, 2. Aufl., Wiesbaden 1999

*Bruhn, M.*, (1999 b), Relationship Marketing – Neustrukturierung der klassischen Marketinginstrumente durch eine Orientierung an Kundenbeziehungen, in: *Grünig, R.; Pasquier, M.* (Hrsg.), Strategisches Management und Marketing, Bern-Stuttgart-Wien, 1999, S. 189–217

*Bruhn, M.* (Hrsg.) (2001 a), Handelsmarken. Entwicklungstendenzen und Perspektiven der Handelsmarkenpolitik, 3. Aufl., Stuttgart 2001

*Bruhn, M.* (2001 b), Marketing, 5. Aufl., Wiesbaden 2001

*Bruhn, M.* (2003 a), Integrierte Unternehmens- und Markenkommunikation, 3. Aufl., Stuttgart 2003

*Bruhn, M.* (2003 b), Sponsoring. Systematische Planung und integrativer Einsatz, 4. Aufl., Wiesbaden 2003

*Bruhn, M.* (Hrsg.) (2004), Handbuch Markenführung, 2. Aufl., Bd. 1–3, Wiesbaden 2004

*Bruhn, M.* (2005 a), Kommunikationspolitik, 3. Aufl., München 2005

*Bruhn, M.* (2005 b), Unternehmens- und Marketingkommunikation, München 2005

*Bruhn, M.* (2009), Relationship Marketing, 2. Aufl., München 2009

*Bruhn, M.* (2011), Unternehmens- und Marketingkommunikation, 2. Aufl., München 2011

*Bruhn, M.* (2012), Kundenorientierung. Bausteine für ein exzellentes Customer Relationship Management (CRM), 4. Aufl., München 2012

*Bruhn, M.* (2013), Kommunikationspolitik, 7. Aufl., München 2013

*Bruhn, M.* (2013), Relationship Marketing, 3. Aufl., München 2013

*Bruhn, M.* (2015), Kommunikationspolitik, 8. Aufl., München 2015

*Bruhn, M.* (2016), Kundenorientierung, 5. Aufl., München 2016

*Bruhn, M.* (2016), Relationship Marketing, 5. Aufl., München 2016

*Bruhn, M.; Hadwich, K.* (2006), Produkt- und Servicemanagement, München 2006

*Bruhn, M.; Hadwich, K.* (2017), Produkt- und Servicemanagement, München 2017

*Bruhn, M.; Homburg, Ch.* (Hrsg.) (2003), Handbuch Kundenbindungsmanagement, 4. Aufl., Wiesbaden 2003

*Bruhn, M.; Köhler, R.* (2010), Wie Marken wirken. Impulse aus der Neuroökonomie für die Markenführung, München 2010

*Brunner, B.* (1989), Wie reagieren Handel und Verbraucher? Erfolgsfaktoren der Marken-Differenzierung, in: Absatzwirtschaft S10/1989, S. 8–31

*Bruns, J.* (1998), Direktmarketing, Ludwigshafen 1998

*Bruns, J.* (2003), Internationales Marketing, 3. Aufl., Ludwigshafen 2003

*Buchholz, W.* (1996), Time-to-market-Management: Zeitorientierte Gestaltung von Produktinnovationsprozessen, Stuttgart u. a. 1996

*Buchinger, G.* (Hrsg.) (1983), Umfeldanalysen für das strategische Management, Wien 1993

*Buchli, H.* (1962), 6000 Jahre Werbung. Geschichte der Wirtschaftswerbung und Propaganda, Bd. 1, Berlin 1962

*Buck, A.* (Hrsg.) (2003), Design Management in der Praxis, Stuttgart 2003

*Buck, A.; Hermann, C.; Lubkowitz, D.* (1998), Handbuch Trendmanagement, Frankfurt/Main 1998

*Buck, A.; Vogt, M.* (Hrsg.), Designmanagement, Frankfurt-Wiesbaden 1997

*Bühner, R.* (1985), Rendite- und Risikovorteile der Auslandsdiversifikation, in: Zeitschrift für betriebswirtschaftliche Forschung 12/1985, S. 1019–1029

*Bühner, R.* (1987), Assessing International Diversification of West German Corporations, in: Strategic Management Journal 1/1987, S. 25–37

*Bühner, R.* (1992), Management Holding, 2. Aufl., Landsberg 1992

*Bühner, R.* (Hrsg.) (1994), Der Shareholder Value Report. Erfahrungen, Ergebnisse, Entwicklungen, Landsberg 1994

*Buhr, A.* (2017), Vertriebsführung. Aufbau, Führung und Entwicklung einer professionellen Vertriebsorganisation, Offenbach 2017

*Bunk, B.* (1993), Ökoästhetik. Neue Chancen für Differenzierer, in: Absatzwirtschaft 7/1993, S. 38–43

*Bürdek, B. E.* (1991), Design, Köln 1991

*Bürgel, H. D.; Haller, C.; Binder, M.* (1996), F&E-Management, München 1996

*Bullinger, H.-J.; Lott, C.-U.* (1997), Target Management, Frankfurt-New York 1997

*Burghard, W.; Kleinaltenkamp, M.* (1996), Standardisierung und Individualisierung – Gestaltung der Schnittstelle zum Kunden, in: *Kleinaltenkamp, M.; Fließ, S.; Jacob, F.* (Hrsg.), Customer Integration, Wiesbaden 1996, S. 163–176

*Buro, H. F.* (1994), Markenpolitik im Markt für Haushaltselektrogeräte, in: *Bruhn, M.* (Hrsg.), Handbuch Markenartikel, Bd. III, Stuttgart 1994, S. 1433–1461

*Burrus, D.; Gittines, R.* (1994), Technotrends, Wien 1994

*Büschgen, A.* (1992), Allfinanz als Marktbearbeitungskonzept privater Geschäftsbanken, Wiesbaden 1992

*Bussmann, W. F.* (1994), Lean Selling, Landsberg 1994

*Buttler, A.* (1978), Mit Markentechnik Sortimente weiten – ein Leitfaden, in: Marketing Journal 4/1978, S. 309–313

*Buzan, T.; Buzan, B.* (2011), Das Mind Map Buch, 7. Aufl., München 2011

*Buzzell, R. D.* (1968), Can you Standardize Multinational Marketing?, in: Harvard Business Review, 11/12/1968, S. 102–113

*Buzzell, R. D.; Gale, B. T.* (1987), The PIMS Principles. Linking Strategy to Performance, Boston 1987

*Buzzell, R. D.; Gale, B. T.* (1989), Das PIMS-Programm. Strategien und Unternehmenserfolg, Wiesbaden 1989

*Buzzell, R. D.; Quelch, J. A.* (1988), Multinational Marketing Management, Reading, Mass. u. a. 1988

*BVDW* (Hrsg.) (2011), Social Media in Unternehmen, Düsseldorf 2011, zit. nach Karle, R., Gut vernetzt und sturmerprobt, in: asw, 3/2012, S. 42–43

*Camp, R. C.* (1994), Benchmarking, München-Wien 1994

*Campbell, A.; Devine, M.; Young, D.* (1992), Vision, Mission, Strategie, Frankfurt-New York 1992

*Cano, C. R.; Carrrillat, F. A.; Jaramillo, F.* (2004), A Meta-Analysis of the Relationship Between Market Orientation and Business Performance. Evidence from Five Continents, in: International Journal of Research in Marketing, 2/2004, S. 179– 200

*Carl, V.* (1989), Problemfelder des internationalen Managements, München 1989

*Cateora, Ph.R.* (1990), International Marketing, 7. Aufl., Homewood, Ill. 1990

*Cateora, Ph.R.; Hess, J. M.* (1975), International Marketing, 3. Aufl., Homewood, Ill. 1975

*Cavalloni, C.* (1991), Mehr Mut zur Marktnische, Zürich 1991

*Cerenak, M.* (2017), Erfolgsfaktor Bloggen, 2. Aufl., Offenbach 2017

*Cervellini, U.* (1991), Prozeßkostenrechnung im Vertriebsbereich der Porsche AG, in: *IFuA Horvath & Partner* (Hrsg.), Prozeßkostenmanagement, München 1991, S. 223–248

*Ceyp, M.; Scupin, J.-P.* (2013), Erfolgreiches Social Media Marketing, Wiesbaden 2013

*Chaffey, D. et al.* (2001), Internet Marketing. Strategy, Implementation and Practice, London u. a. 2001

*Chandler, A. D.* (1962), Strategy and Structure: Chapters in the History of the Industrial Enterprise, Cambridge, Mass. 1962

*Chernev, A.* (2009), Strategic Marketing Management, 5. Aufl., Chicago Ill. 2009

*Christensen, C. M.; Matzler, K.; von der Eichen, S. F.* (2012), The Innovator's Dilemma, München 2012

*Christiani, A. et al.* (2005), Das Sales-Master-Training, Wiesbaden 2005

*Christofolini, P.* (1994 a), Markenpolitik und Verkaufsförderung, in: Markenartikel 9/1994, S. 426–430

*Christofolini, P.* (1994 b), Markenpolitik und Verkaufsförderung, in: *Bruhn, M.* (Hrsg.), Handbuch Markenartikel, Bd. II, Stuttgart 1994, S. 1073–1091

*Christofolini, P.; Thies, G.* (1979), Verkaufsförderung – Strategie und Taktik, Berlin 1979

*Christopher, M.; Mc Donald, M.* (1995), Marketing, Houndmills 1995

*Clancy, K. J.; Shulman, R. S.* (1993), Die Marketing-Revolution, Frankfurt-New York 1993

*Clausewitz, C.* (1980), Vom Kriege (hinterlassenes Werk), 19. Aufl., Bonn 1980

*Clement, M.; Peters, K.; Preiß, J.* (1999), Electronic Commerce, in: *Albers, S.; Clement, M.; Peters, K.* (Hrsg.), Marketing mit interaktiven Medien, 2. Aufl., Frankfurt 1999, S. 49–64

*Clement, R.; Terlau, W.* (2002), Grundlagen der Angewandten Makroökonomie, 2. Aufl., München 2002

*Clermont, A.; Schmeisser, W.; Kriphove, D.* (Hrsg.) (2001), Strategisches Personalmanagement in Globalen Unternehmen, München 2001

*Clifford, D. K.; Cavanagh, R. E.* (1986), Spitzengewinner. Strategien erfolgreicher Unternehmen, Düsseldorf-Wien 1986

*Conrad, M.; Burnett, L.* (1991), Life Style Research 1990, Forschungsrahmen Life Style-Typen, Bd. 1, Frankfurt/Main-Heidelberg 1991

*Cooper, R.; Kaplan, R. S.* (1991), The Design of Cost Management Systems, Englewood Cliffs, N. J. 1991

*Copeland, T.* (1925), Principles of Merchandising, Chicago-New York 1925

*Copland, T.; Koller, T.; Murrin, J.* (2002), Valuation. Measuring and Managing the Value of Companies, 3. Aufl., New York 2000

*Cornelsen, J.* (2000), Kundenwertanalysen im Beziehungsmarketing, Nürnberg 2000

*Corsten, H.; Gössinger, R.; Müller-Seitz, G.; Schneider, H.* (2016), Grundlagen des Technologie- und Innovationsmanagement, 2. Aufl., München 2016

*Corsten, H.; Hilke, W.* (Hrsg.) (1999), Integration von Finanzdiensleistungen – Bank Assurance, Assurance Banking, Allfinanz, Wiesbaden 1999

Cox, W. E. (1967), Product Life Cycles as Marketing Models, in: Journal of Business 1967, S. 375–384

*Cravens, D. W.* (1997), Strategic Marketing, 5. Aufl., Chicago u. a. 1997

*Cravens, D. W.; Piercy, N. F.* (2003), Strategic Marketing, 7. Aufl., Boston u.a. 2003

*Crawford, C. M.* (1966), Trajectory Theory of Goal Setting for New Products, in: Journal of Marketing 1966, S. 117–125

*Crawford, C. M.* (1972), Das Zeitlinienkonzept in der Absatzplanung, in: *Kroeber-Riel, W.* (Hrsg.), Marketingtheorie. Verhaltensorientierte Erklärungen von Marktreaktionen, Köln 1972, S. 254–269

*Crawford, C M.; Di Benedetto, C. A.* (2000), New Products Management, 6. Aufl., Boston/Mass. 2000

*Cross, R. G.* (1997), Revenue Management, Wien 1997

*Cundiff, E. W.; Still, R. R.* (1971), Basic Marketing. Concepts, Decisions and Strategies, 2. Aufl., Englewood Cliffs, N. J. 1971

*Cyert, R. M.; March, J. G.* (1963), A Behavioral Theory of the Firm, Englewood Cliffs, N. J. 1963

*D'Aveni, R. A.* (1995), Hyperwettbewerb. Strategien für die neue Dynamik der Märkte, Frankfurt 1995

*Daft, R. L.* (1991), Management, 2. Aufl., Chicago u. a. 1991

*Dallmer, H.* (Hrsg.) (2002), Das Handbuch Direct Marketing & More, 8. Aufl., Wiesbaden 2002

*Dalrymple, D. J.; Parsons, L. J.* (1995), Marketing Management, New York u. a. 1995

*Danner, M.* (2002), Strategisches Nischenmanagement, Wiesbaden 2002

*Davenport, T. H.* (2014), Big Data Work, München 2014

*Davidow, W. H.; Malone, M. S.* (1993), Das virtuelle Unternehmen. Der Kunde als Co-Produzent, Frankfurt-New York 1993

*Davidson, J. H.* (1979), Die sechs Todfeinde neuer Marken, in: Harvard Manager 1/1979, S. 46–52

*Day, G. S.* (1981), The Product Life Cycle. Analysis and Application Issues, in: Journal of Marketing 4/1981, S. 60–67

*Deal, T. E.; Kennedy, A. A.* (1982), Corporate Cultures. The Rites and Rituals of Corporate Life, Reading, Mass. 1982

*Delfmann, W.; Arzt, R.* (2001), Logistik-Kosten, in: *Diller, H.* (Hrsg.), Vahlens Großes Marketing Lexikon, 2. Aufl., München 2001, S. 922–923

*Demuth, A.* (1994), Erfolgsfaktor Image, Düsseldorf 1994

*Denis, M.* (1991), Image and Cognition, New York u. a. 1991

*Derrick, F. W.; Lehfeld, A. K.* (1980), The Family Life Cycle: An Alternative Approach, in: Journal of Consumer Research 2/1980, S. 214–217

*Dess, G.G.; Lumpkin, G.T.; Eisner, A. B.* (2008), Strategic Management, 4. Aufl., Boston u. a. 2008

*Deutsch, K. J. et al.* (1997), Gewinnen mit Kernkompetenzen, München-Wien 1997

*Deyhle, A.; Bösch, M.* (1979), Arbeitshandbuch Gewinn-Management, München 1979

*Dholakia, N.; Dholakia, R. R.* (1999), Markets and Marketing in the Information Age, in: *Fritz, W.* (Hrsg.), Internet-Marketing, Stuttgart 1999, S. 21–37

*Dichtl, E.* (1970), Die Beurteilung der Erfolgsträchtigkeit eines Produktes als Grundlage der Gestaltung des Produktionsprogramms, Berlin 1970

*Dichtl, E.* (1992), Grundidee, Varianten und Funktionen der Markierung von Waren und Dienstleistungen, in: *Dichtl, E; Eggers, W.* (Hrsg.), Marke und Markenartikel als Instrumente des Wettbewerbs, München 1992, S. 1–24

*Dichtl, E.* (1995), Konsumgütermarketing, in: *Tietz, B.; Köhler, R.; Zentes, J.* (Hrsg.), Handwörterbuch des Marketing, 2. Aufl., Stuttgart 1995, Sp. 1246–1263

*Diederichs, M.; Kißler, M.* (2008), Aufsichtsratreporting. Corporate Governance, Compliance und Controlling, München 2008

*Diller, H.* (1980), Budgetierungstechniken, in: *Diller, H.* (Hrsg.), Marketingplanung, München 1980, S. 115–125

*Diller, H.* (1989), Key Account Management als vertikales Marketingkonzept, in: Marketing ZFP 4/1989, S. 213–223

*Diller, H.* (1990), Zielgruppen für den Erlebnishandel. Eine empirische Studie, in: *Trommsdorff, V.* (Hrsg.), Handelsforschung 1990, Wiesbaden 1990, S. 139–156

*Diller, H.* (1992), Beziehungsmanagement, in: *Diller, H.* (Hrsg.), Vahlens Großes Marketing Lexikon, München 1992, S. 115–117

*Diller, H.* (1993), Key Account Management: Alter Wein in neuen Schläuchen?, in: Thexis 3/1993, S. 6–16

*Diller, H.* (1995), Beziehungsmanagement, in: *Tietz, B.; Köhler, R.; Zentes, J.* (Hrsg.), Handwörterbuch des Marketing, 2. Aufl., Stuttgart 1995, Sp. 285–300

*Diller, H.* (1998 a), Entscheidungsbäume und Rollback-Analyse, in: *Diller, H.* (Hrsg.) Marketingplanung, 2. Aufl., München 1998, S. 233–245

*Diller, H.* (Hrsg.) (1998 b), Marketingplanung, 2. Aufl., München 1998

*Diller, H.* (1998 c), Nutzwertanalyse, in: *Diller, H.* (Hrsg.), Marketingplanung, 2. Aufl., München 1998, S. 247–265

*Diller, H.* (1998 d), Planung und Marketing, in: *Diller, H.* (Hrsg.), Marketingplanung, 2. Aufl., München 1998, S. 3–29

*Diller, H.* (1998 e), Risiko- und Break-Even-Analyse, in: *Diller, H.* (Hrsg.), Marketingplanung, 2. Aufl., München 1998, S. 267–291

*Diller, H.* (1998 f), Zielplanung, in: *Diller, H.* (Hrsg.), Marketingplanung, 2. Aufl., München 1998, S. 163–198

*Diller, H.* (2000), Preispolitik, 3. Aufl., Stuttgart u. a. 2000

*Diller, H.* (2001), Beziehungsmarketing, in: *Diller, H.* (Hrsg.), Vahlens Großes Marketing Lexikon, 2. Aufl., München 2001, S. 163–170

*Diller, H.* (2008), Preispolitik, 4. Aufl., Stuttgart u. a. 2008

*Diller, H.; Haas, A.; Ivens, B.* (2005), Verkauf und Kundenmanagement, Stuttgart 2005

*Diller, H.; Herrmann, A.* (Hrsg.) (2003), Handbuch Preispolitik, Wiesbaden 2003

*Diller, H.; Kusterer, M.* (1988), Beziehungsmanagement. Theoretische Grundlagen und explorative Befunde, in: Marketing ZFP 3/1988, S. 211–220

*Dinauer, J.* (2001), Allfinanz. Grundzüge des Finanzdienstleistungsmarktes, München-Wien 2001

*Dingeldey, K.* (1975), Herstellermarketing im Wettbewerb um den Handel, Berlin 1975

*Dixit, A. K.; Nalebuff, B. J.* (1995), Spieltheorie für Einsteiger, Stuttgart 1994

*Döhmen, H. P.* (1991), Anlässe, Ziele und Methodik der Diversifikation, Bergisch Gladbach-Köln 1991

*Dölle, U.* (2001), Konzepte und Positionierung der Handelmarken – dargestellt an ausgewählten Beispielen, in: *Bruhn, M.* (Hrsg.), Handelsmarken, 3. Aufl., Stuttgart 2001, S. 131–145

*Domizlaff, H.* (1982), Die Gewinnung des öffentlichen Vertrauens. Ein Lehrbuch der Markentechnik, Hamburg 1982

*Domizlaff, H.* (1994), Grundgesetze der natürlichen Markenbildung, in: *Bruhn, M.* (Hrsg.), Handbuch Markenartikel, Bd. II, Stuttgart 1994, S. 689–723

*Domschke, W.; Drexl, A.* (2005), Einführung in Operations Research, 6. Aufl., Berlin u. a. 2005

*Doppler, K.; Lauterburg, C.* (2008), Change Management. Den Unternehmenswandel gestalten, 12. Aufl., Frankfurt-New York 2008

*Dorfmann, R.; Steiner, P. O.* (1954), Optimal Advertising and Optimal Quality, in: The American Economic Review 1954, S. 826–836

*Dorn, B.* (1994), Markenpolitik im Markt der Informationstechnologie, in: *Bruhn, M.* (Hrsg.), Handbuch Markenartikel, Bd. III, Stuttgart 1994, S. 1603–1614

*Dowling, M.; Drumm, H.-J.* (Hrsg.) (2002), Gründungsmanagement, Berlin – Heidelberg – New York 2002

*Drees, N.* (1992), Sportsponsoring, 3. Aufl., Wiesbaden 1992

*Drew, J.; Mc Callum, B.; Roggenhofer, S.* (2005), Unternehmen Lean. Schritte zu einer neuen Organisation, Frankfurt/Main-New York 2005

*Drieseberg, T. J.* (1995), Lebensstil-Forschung: Theoretische Grundlagen und praktische Anwendungen, Heidelberg 1995

*Drucker, P. F.* (1969), The Age of Discontinuity, New York-Evanston, 1969

*Drucker, P. F.* (1973), Management: Tasks, Responsibilities, Practices, New York 1973

*Drumm, H. J.* (2008), Personalwirtschaft, 6. Aufl., Berlin-Heidelberg 2008

*Dunst, K. H.* (1979), Portfolio Management. Konzeption für die strategische Unternehmensplanung, Berlin-New York 1979

*Durö, R.; Sandström, B.* (1986), Marketing-Kampfstrategien, Landsberg 1986

*Dürr, W.; Kleinbohm, K.* (1983), Operations Research. Lineare Modelle und ihre Anwendungen, München 1983

*Dyckhoff, H.* (2000), Umweltmanagement. Zehn Lektionen in umweltorientierter Unternehmensführung, Berlin u. a. 2000

*Dyckhoff, H.; Souren, R.* (2008), Nachhaltige Unternehmensführung, Berlin-Heidelberg 2008

*Dyllik, T.* (1989), Management der Umweltbeziehungen, Wiesbaden 1989

*Dziemba, O.; Wenzel, E.* (2009), Marketing 2020. Die neuen Zielgruppen – wie sie leben, was sie kaufen, Frankfurt – New York 2009

*Ebel, B.* (2003), Qualitätsmanagement, 2. Aufl., Herne-Berlin 2003

*Ebert, H. J.; Lauer, H.* (1988), Key Account Management. Der Schlüssel zum Verkaufserfolg, Bamberg 1988

*Eggert, U.* (o. J. ), Zukunft Handel. Wettbewerb der Ideen und Konzepte, Regensburg o. J.

*Ehrbar, A.* (1999), EVA – Economic Value Added. Der Schlüssel zur wertsteigernden Unternehmensführung, Wiesbaden 1999

*Ehrmann, H.* (1995), Marketing-Controlling, 2. Aufl., Ludwigshafen 1995

*Ehrmann, H.* (1997), Logistik, Ludwigshafen 1997

*Ehrmann, H.* (1999), Unternehmensplanung, 3. Aufl., Ludwigshafen 1999

*Eidenmüller, B.* (1989), Die Produktion als Wettbewerbsfaktor, Zürich-Köln 1989

*Ellinger, Th.* (1961), Die Marktperiode in ihrer Bedeutung für die Produktions- und Absatzplanung der Unternehmung, in: Zeitschrift für handelswissenschaftliche Forschung 1961, S. 580–597

*Engel, J. F.; Blackwell, R. D.; Miniard, P. W.* (1995), Consumer Behavior, 8. Aufl., Fort Worth 1995

*Engelhardt, H. W.* (1989), Produkt-Lebenszyklus- und Substitutionsanalyse, in: *Szyperski, N.; Winand, U.* (Hrsg.), Handwörterbuch der Planung, Stuttgart 1989, Sp. 1591–1602

*Engelhardt, H. W.* (1995), Investitionsgütermarketing, in: *Tietz, B.; Köhler, R.; Zentes, J.* (Hrsg.), Handwörterbuch des Marketing, 2. Aufl., Sp. 1056–1067

*Engelhardt, H. W.; Günter, B.* (1981), Investitionsgüter-Marketing, Stuttgart u. a. 1981

*Engelhardt, W. H.; Jaeger, A.* (1998), Der Direktvertrieb von konsumtiven Leistungen, Bochum 1998

*Engelhardt, H. W.; Kleinaltenkamp, M.; Reckenfelderbäumer, M.* (1993), Leistungsbündel als Absatzobjekte, in: Zeitschrift für betriebswirtschaftliche Forschung 5/1993, S. 395–426

*Enke, M.; Geigenmüller, A.; Schrader, E. F.* (2006), Marketing im erweiterten Europa, Landsberg 2006

*Ernst, K. W.* (1993), Vom Althans zum Junghans, in: Absatzwirtschaft S10/1993, S. 90–97

*Esch, F.-R.* (1993), Markenwert und Markensteuerung, in: Thexis 5/6/1993, S. 56–64

*Esch, F.-R.* (2001), Wirkung integrierter Kommunikation, 3. Aufl., Wiesbaden 2001

*Esch, F.-R.* (Hrsg.), (2005 a), Moderne Markenführung, 4. Aufl., Wiesbaden 2005

*Esch, F.-R.* (2005 b), Strategie und Technik der Markenführung, 3. Aufl., München 2005

*Esch, F.-R.* (2007), Strategie und Technik der Markenführung, 4. Aufl., München 2007

*Esch, F.-R.* (2012), Strategie und Technik der Markenführung, 7. Aufl., München 2012

*Esch, F.-R.* (2018), Strategie und Technik der Markenführung, 9. Aufl., München 2018

*Esch, F.-R.; Bräutigam, S.* (2005), Analyse und Gestaltung komplexer Markenarchitekturen, in: *Esch, F.-R.* (Hrsg.), Moderne Markenführung, 4. Aufl., Wiesbaden 2005, S. 839–861

*Esch, F.-R.; Hardiman, M.; Langner, T.* (2000), Wirksame Gestaltung von Marktauftritten im Internet, in: Thexis 3/2000, S. 10–16

*Esch, F.-R.; Herrmann, A.; Sattler, H.* (2008), Marketing, 2. Aufl., München 2008

*Esch, F.-R.; Herrmann, A.; Sattler, H.* (2011), Marketing, 3. Aufl., München 2011

*Esch, F.-R.; Herrmann, A.; Sattler, H.* (2017), Marketing, 5. Aufl., München 2017

*Esch, F.-R.; Kroeber-Riel, W.* (1994), Expertensysteme für die Werbung, München 1994

*Esch, F.-R.; Langner, T.* (2005), Branding als Grundlage zum Markenaufbau, in: *Esch, F.-R.* (Hrsg.), Moderne Markenführung, 4. Aufl., Wiesbaden 2005, S. 573–586

*Eucken, W.* (1989), Die Grundlagen der Nationalökonomie, 9. Aufl., Berlin u. a. 1989

*Eversloh, S.* (2010), Die Evolution der Konsumenten, in: asw, 8/2010, S. 32–34

*Fandel, G. et al.* (2005), Revenue Management (ZfB-Special Issue 1/2005), Wiesbaden 2005

*Fandel, G.; Gal, T.* (Hrsg.) (1980), Multiple Criteria Decision Making, Berlin u. a. 1980

*Fantapié Altobelli, C.* (2004), E-Brands, in: *Bruhn, M.* (Hrsg.), Handbuch Markenführung, Bd. 1, 2. Aufl., Wiesbaden 2004, S. 187–210

*Fantapié Altobelli, C.* (2007), Marktforschung, Stuttgart 2007

*Fasnacht, R.* (1993), Der strategische Spielraum im Marketing, Bern 1993

*Faulhaber, P.; Landwehr, N.* (2005), Turnaround-Management in der Praxis, 3. Aufl., Fankfurt/Main-New York 2005

*Fauser, B.* (2004), Horizontale und vertikale Integration im Bereich der Leistungsverwertung, München-Mering, 2004

*Feige, S.* (1996 a), Handelsorientierte Markenführung – Strategien zur Profilierung von Konsumgüterherstellern beim Handel, Frankfurt u. a. 1996

*Feige, S.* (1996 b), Strategien für die handelsorientierte Markenführung, in: Markenartikel 7/1996, S. 316–322

*Feige, S.; Tomczak, T.* (1995), Einkaufsentscheidungen des Handels – Kritischer Faktor für erfolgreiche Markenführung, St. Gallen 1995

*Feldbausch, E. K.* (1974), Bankmarketing, München 1974

*Feldmayer, J.; Seidenschwarz, W.* (2005), Marktorientiertes Prozessmanagement, München 2005

*Ferrel, O. C.; Lucas, G. H.; Luck, D.* (1994), Marketing-Strategy, Cincinnati 1994

*Ferstl, Ch.* (1977), Bankbetriebliche Diversifikationsstrategien, Berlin 1977

*Festinger, L.* (1957), A Theory of Cognitive Dissonance, Stanford 1957

*Festinger, L.* (1978), Theorie der kognitiven Dissonanz, Bern 1978

*Fey, A.* (2000), Diversifikation und Unternehmensstrategie, Frankfurt u. a. 2000

*Fezer, K.-H.* (2004), Markenartikel und Kennzeichnungsschutz, in: *Bruhn, M.* (Hrsg.), Handbuch Markenführung, 2. Aufl., Bd. 3, Wiesbaden 2004, S. 2449–2469

*Fiedler, F. E.* (1967), A Theory of Leadership Effectiveness, New York u. a. 1967

*Fiedler, F. E.; Chemmers, M. M.* (1984), Improving Leadership Effectiveness, 2. Aufl., New York 1984

*Fill, Ch.* (2001), Marketing-Kommunikation, München 2001

*Fink, D.* (Hrsg.) (2004), Management Consulting Fieldbook, 2. Aufl., München 2004

*Fink, D.; Knoblach, B.* (2003), Die großen Management Consultants, München 2003

*Fink, K.-J.* (2005), Empfehlungsmarketing, 3. Aufl., Wiesbaden 2005

*Fischer, J.* (1989), Qualitative Ziele in der Unternehmensplanung, Berlin 1989

*Fischer, K.; Schot, J.* (Hrsg.) (1992), Environmental Strategies for Industry, Washington-Cavelo 1992

*Fischer, L.; Wiswede, G.* (2002), Grundlagen der Sozialpsychologie, München-Wien 2002

*Fischl, B.; Wagner, S.* (2010), Der perfekte Businessplan, München 2010

*Flaig, B.; Barth, B.* (2014), Die Sinus-Milieus 3.0 - Hintergründe und Fakten zum aktuellen Sinus-Milieu-Modelll, in: Halfmann, M. (Hrsg.), Zielgruppen im Konsumenten-marketing, Wiesbaden 2014, S. 105-120

*Florack, A.; Scarabis, M.; Primosch, E.* (Hrsg.) (2007), Psychologie der Markenführung, München 2007

*Florenz, P.* (1992), Konzept des Vertikalen Marketing, Bergisch-Gladbach 1992

*Förster, H.* (1996), EDI zur Verbesserung logistischer Abläufe, in: Markenartikel 4/1996, S. 158–161

*Fösken, S.* (2012), Essen ist wie Mode, in: asw, 5/2012, S. 58–60

*Frank, R. E.; Massy, W. F.; Wind, Y.* (1972), Market Segmentation, Englewood Cliffs, N. J. 1972

*Franke, D.* (1994), Markenforschung. Image-Dimensionen neu vermessen, in: Absatzwirtschaft 1/1994, S. 78–82

*Franke, D.* (2001), Wofür Konsumenten zu begeistern sind, in: Absatzwirtschaft 2/2001, S. 32–39

*Franzen, O.* (1992), Planungsentscheidungen im Marketing auf Basis von Markenwertmodellen, in: Planung und Analyse 4/1992, S. 51–55

*Frederick, W. C.; Davis, K; Post, J. E.* (1988), Business and Society. Corporate Strategy, Public Policy, Ethics, 6. Aufl., New York u. a. 1988

*Freeman, R. E.* (1984), Strategic Management. A Stakeholder Approach, Boston u. a. 1984

*Freidank, C.-Ch.* (2012), Unternehmensüberwachung, München 2012

*Freiling, J.* (2006), Entrepreneurship, München 2006

*Freiling, J.; Köhler, R.* (2014), Marketingorganisation, Stuttgart 2014

*Freiling, J.; Reckenfelderbäumer, M.* (2010), Markt und Unternehmung, 3. Aufl., Wiesbaden 2010

*Frese, E.* (2000), Grundlagen der Organisation, 8. Aufl., Wiesbaden 2000

*Frese, E.; Stöber, H.* (Hrsg.) (2002), E-Organisation. Strategische und organisatorische Herausforderungen des Internet, Wiesbaden 2002

*Freter, H.* (1980 ), Strategien, Methoden und Modelle der Marktsegmentierung bei der Markterfassung und Marktbearbeitung, in: Die Betriebswirtschaft 3/1980, S. 453–463

*Freter, H.* (1983), Marktsegmentierung, Stuttgart u. a. 1983

*Freter, H.* (1995), Marktsegmentierung, in: *Tietz, B.; Köhler, R.; Zentes, J.* (Hrsg.) Handwörterbuch des Marketing, 2. Aufl., Stuttgart 1995, Sp. 1802–1814

*Freter, H.* (2001 a), Marktsegmentierung, in: *Diller, H.* (Hrsg.), Vahlens Großes Marketing Lexikon, 2. Aufl., München 2001, S. 1069–1074

*Freter, H.* (2001 b), Marktsegmentierungsmerkmale, in: *Diller, H.* (Hrsg.), Vahlens Großes Marketing Lexikon, 2. Aufl., München 2001, S. 1074–1076

*Freter, H.* (2008), Markt- und Kundensegmentierung, 2. Aufl., Stuttgart 2008

*Freter, H.; Baumgarth, C.* (1996), Ingredient Branding – komplexer als Konsumgüter-Marketing, in: Markenartikel 10/1996, S. 482–489

*Freter, H.; Baumgarth, C.* (2005), Ingredient Branding – Begriff und theoretische Begründung, in: *Esch, F.-R.* (Hrsg.), Moderne Markenführung, 4. Aufl., Wiesbaden 2005, S. 455–480

*Freudenmann, H.* (1965), Planung neuer Produkte, Stuttgart 1965

*Frey, B. S.; Osterloh, M.* (2002), Managing Motivation, 2. Aufl., Wiesbaden 2002

*Frey, U. D.* (1994), Marketing im Aufbruch. Werbung, Verkaufsförderung, Trade Marketing, Vertrieb, Landsberg 1994

*Frey, U. D.* (1997), Sales Promotion Power für mehr Umsatz, Landsberg 1997

*Friedemann, J. C.* (2005), 200 Tipps für Verkäufer im Außendienst, Wiesbaden 2005

*Fritz, W.* (1990), Marketing – ein Schlüsselfaktor des Unternehmenserfolges?, in: Marketing ZFP 2/1990, S. 91–110

*Fritz, W.* (1992), Marktorientierte Unternehmensführung und Unternehmenserfolg, Stuttgart 1992

*Fritz, W.* (1994), Marketing als Erfolgskonzept in der Rezession, Braunschweig 1994

*Fritz, W.* (1995 a), Erfolgsfaktoren im Marketing, in: *Tietz, B.; Köhler, R.; Zentes, J.* (Hrsg.), Handwörterbuch des Marketing, 2. Aufl., Stuttgart 1995, S. 594–607

*Fritz, W.* (1995 b), Umweltschutz und Unternehmenserfolg, in: Die Betriebswirtschaft 3/1995, S. 347–357

*Fritz, W.* (2004), Internet-Marketing und Electronic Commerce, 4. Aufl., Wiesbaden 2004

*Fritz, W.; Förster, F.; Raffée, H.; Silberer, G.* (1985), Unternehmensziele in Industrie und Handel. Eine empirische Untersuchung zu Inhalten, Bedingungen und Wirkungen von Unternehmenszielen, in: Die Betriebswirtschaft 4/1985, S. 375–394

*Fritz, W.; Förster, F.; Wiedmann, K.-P.; Raffée, H.* (1988), Unternehmensziele und strategische Unternehmensführung, in: Die Betriebswirtschaft 5/1988, S. 567–586

*Fritz, W.; von der Oelsnitz, D.* (2001), Marketing, 3. Aufl., Stuttgart u. a. 2001

*Froböse, M.; Kaapke, A.* (2003), Marketing, 2. Aufl., München 2003

*Fromme, H.* (2014), Allianz setzt alles auf die digitale Karte, in: Süddeutsche Zeitung, 23. 09. 2014, S. 26

*Frost, P. J. et al.* (Hrsg.) (1985), Organizational Culture, Beverly Hills 1985

*Fürtjes, H.-T.* (1989), Planungsorgane, in: *Szyperski, N.; Winand, U.* (Hrsg.), Handwörterbuch der Planung, Stuttgart 1989, Sp. 1464–1468

*Fuchs, R.* (1974), Marktanteils- und Feldanteilsberechnungen, in: *Behrens, K. Chr.* (Hrsg.), Handbuch der Marktforschung, Bd. I, Wiesbaden 1974, S. 643–659

*Fuchs, W.; Unger, F.* (1999), Verkaufsförderung, Wiesbaden 1999

*Gälweiler, A.* (1974), Unternehmensplanung, Frankfurt 1974

*Gälweiler, A.* (1981), Portfolio-Analyse, in: Die Betriebswirtschaft 1/1981, S. 132–133

*Gälweiler, A.* (1986), Unternehmensplanung, Frankfurt-New York 1986

*Gälweiler, A.* (1987), Strategische Unternehmensführung, Frankfurt 1987

*Gaitanides, M.* (2007), Prozessorganisation, 2. Aufl., München 2007

*Gaitanides, M.; Diller, H.* (1989), Großkundenmanagement – Überlegungen und Befunde zur organisatorischen Gestaltung und Effizienz, in: Die Betriebswirtschaft 2/1989, S. 185–197

*Gal, Th.* (Hrsg.) (1987), Grundlagen des Operations Research, Bd. 1, 2 und 3, Berlin u. a. 1987

*Galbraith, J. R.; Kazanjian, R. Y.* (1986), Strategy Implementation: Structure, Systems and Process, St. Paul u. a. 1986

*Gassmannn, O.* (Hrsg.) (2013), Crowdsourcing. Innovationsmanagement mit Schwarmintelligenz, 2.Aufl., München 2013

*Gassmann, O.; Frankenberg, K.; Csik, M.* (2017), Geschäftsmodelle entwickeln, 2. Aufl., München 2017

*Gedenk, K.* (1999), Verkaufsförderung, in: *Albers, S.; Clement, M.; Peters, K.* (Hrsg.), Marketing mit interaktiven Medien, 2. Aufl., Frankfurt 1999, S. 329–342

*Gedenk, K.* (2002), Verkaufsförderung, München 2002

*Geffroy, E. K.* (1996), Clienting. Kundenerfolge auf Abruf jenseits des Egoismus, 3. Aufl., Landsberg 1996

*Geist, M.* (1974), Selektive Absatzspolitik auf der Grundlage der Absatzsegmentrechnung, 2. Aufl., Stuttgart 1974

*Gemünden, H. G.* (1981), Innovationsmarketing: Interaktionsbeziehungen zwischen Hersteller und Verwender innovativer Investitionsgüter, Tübingen 1981

*Georg, W.* (1998), Soziale Lage und Lebensstil. Eine Typologie, Opladen 1998

*George, W. R.; Grönroos, Ch.* (1995), Internes Marketing: Kundenorientierte Mitarbeiter auf allen Unternehmensebenen, in: *Bruhn, M.* (Hrsg.), Internes Marketing, Wiesbaden 1995, S. 63–86

*Geringer, J. M.; Beanish, P. W.; da Costa, R. C.* (1989), Diversification Strategy and Internationalization: Implications for MNE Performance, in: Strategic Management Journal 10/1989, S. 109–119

*Gerken, G.* (1994), Die fraktale Marke. Eine neue Intelligenz der Werbung, Düsseldorf 1994

*Gerl, K.; Roventa, P.* (1981), Strategische Geschäftseinheiten – Perspektiven aus der Sicht des Strategischen Managements, in: Zeitschrift für betriebswirtschaftliche Forschung 9/1981, S. 843–858

*Gerstbach, I.* (2017), Design Thinking im Unternehmen, 2. Aufl., Offenbach 2017

*Gertz, D. L.; Baptista, J. P. A.* (1996), Grow to be great. Wider die Magersucht im Unternehmen, 2. Aufl., Landsberg 1996

*Gerybadze, A.* (2004), Technologie- und Innovationsmanagement, München 2004

*Geyer, D.; Bauer, A.* (Hrsg.) (1993), Lean Marketing, Landsberg 1993

*GfK Panel-Services Consumer Research IRI/GfK Retail Services* (1999), Gesamtheiten Deutschland, Nürnberg 1999

*Ghemawat, P.* (1991), Commitment. The Dynamic of Strategy, New York u. a. 1991

*Gierl, H.* (1987), Die Erklärung der Diffusion technischer Produkte, Berlin 1987

*Gierl, H.* (1989), Individualisierung und Konsum, in: Markenartikel 8/1989, S. 422–428

*Gierl, H.* (1991), Marktsegmentierung auf der Basis der Preislagenwahl, in: Jahrbuch für Absatz- und Verbrauchsforschung 1/1991, S. 48–70

*Gierl, H.* (1991), Polarisierung des Handels, in: Jahrbuch für Absatz- und Verbrauchsforschung 4/1991, S. 299–327

*Gierl, H.* (1992), Eine Erklärung der Preislagenwahl bei Konsumgütern, Berlin 1992

*Gierl, H.* (1995), Diffusion, in: *Tietz, B.; Köhler, R.; Zentes, J.* (Hrsg.), Handwörterbuch des Marketing, 2. Aufl., Stuttgart 1995, Sp. 469–477

*Gilbert, X.; Strebel, P. J.* (1985), Outpacing Strategies, in: IMEDE – Perspective for Managers, No. 2, 9/1985 (zit. nach *Kleinaltenkamp, M.*, Die Dynamisierung strategischer Marketing-Konzepte, in: Zeitschrift für betriebswirtschaftliche Forschung 1/1987)

*Gisholt, O.* (1976), Marketing-Prognosen unter besonderer Berücksichtigung der Delphi-Methode, Bern-Stuttgart 1976

*Glauz, D.* (1973), Die Planung antizyklischer Konsumgüterwerbung in der Rezession, Berlin 1973

*Gleich, R.* (2001), Das System des Performance Measurement, München 2001

*Glueck, W. F.* (Hrsg.) (1980), Business Policy and Strategic Management, 3. Aufl., New York u. a. 1980

*Godefroid, P.* (2003), Business-to-Business-Marketing, 3. Aufl., Ludwigshafen 2003

*Goehrmann, K. E.* (1984), Verkaufsmanagement, Stuttgart u. a. 1984

*Göbel, E.* (2006), Unternehmensethik, Stuttgart 2006

*Göpfert, I.*(2005), Logistik als Führungskonzeption, 2. Aufl., München 2005

*Görzig, B.; Schmidt-Faber, C.* (2001), Wie entwickeln sich die Gewinne in Deutschland?, Berlin 2001

*Götz, K.; Schmid, M.* (2004), Praxis des Wissensmanagements, München 2004

*Götze, M.* (1991), Szenario-Technik in der strategischen Unternehmensplanung, Wiesbaden 1991

*Goertz, L.* (2002), Veränderte Berufsbilder im Marketing, in: *Manschwetus, U.; Rumler, A.* (Hrsg.), Strategisches Internetmarketing, Wiesbaden 2002, S. 207–223

*Götte, S.* (2007), Marketing, München 2007

*Götte, S.* (2017), Marketing, 2. Aufl., München 2017

*Goldhar, J. D.; Jelinek, M.* (1983), Plans for Econo-

mies of Scope, in: Harvard Business Review 4/1983, S. 141–148
*Goldmann, H. M.* (1982), Wie man Kunden gewinnt, 10. Aufl., Essen 1982
*Gomez, P.* (1983), Frühwarnung in der Unternehmung, Bern-Stuttgart 1983
*Gomez, P.; Probst, G. J. B.* (1997), Die Praxis des ganzheitlichen Problemlösens, 2. Aufl., Bern-Stuttgart 1997
*Gomez, P.; Zimmermann, T.* (1993), Unternehmensorganisation. Profile, Dynamik, Methodik, 2. Aufl., Frankfurt-New York 1993
*Gordon, T. J.; Hayward, H.* (1968); Initial Experiments with the Cross Impact Matrix Method for Forecasting, in: Futures 1/1968, S. 100–116
*Gordon, T. J.; Helmer, O.* (1966), Report on a Long-range Forecasting Study, in: *Helmer, O.* (Hrsg.), Social Technology, New York-London 1966
*Gräfer, H.* (1994), Bilanzanalyse, 6. Aufl., Herne-Berlin 1994
*Grant, R.* (1995), Contemporary Strategy Analysis, 2. Aufl., Cambridge 1995
*Grant, R. M.; Nippa, M.* (2006), Strategisches Management, 5. Aufl., München 2006
*Graßy, D.* (1993), Diversifikation, in: *Meyer, P. W.; Mattmüller, R.* (Hrsg.), Strategische Marketingoptionen, Stuttgart u. a. 1993, S. 30–73
*Graumann, J.* (1983), Die Dienstleistungsmarke, München 1983
*Green, P. E.; Srinivason, V.* (1990), Conjoint Analysis in Marketing: New Developments with Implications for Research and Practice, in: Journal of Marketing 10/1990, S. 3–19
*Green, P. E.; Wind, Y.; Jain, A.* (1972), Benefit Bundle Analysis, in: Journal of Advertising Research 2/1972, S. 31–36
*Greifeneder, H.* (2010), Erfolgreiches Suchmaschinen-Marketing, 2. Aufl., Wiesbaden 2010
*Greiner, O.* (2004), Strategiegerechte Budgetierung, München 2004
*Gries, G.* (1987), Markenpolitik, in: *Geisbüsch, H.-G.; Weeser-Krell, L. M.; Geml, R.* (Hrsg.), Marketing, Landsberg 1987, S. 411–418
*Grimm, R.* (1991), Globales Marketing ist zum Scheitern verurteilt, in: Werben & Verkaufen 22/1991
*Grimm, U.* (1983), Analyse strategischer Faktoren, Wiesbaden 1983
*Groeben, F.* (1978), Schnittstellen-Management mobilisiert Reserven, in: Absatzwirtschaft 10/1978, S. 118–121
*Gröne, A.* (1977), Marktsegmentierung bei Investitionsgütern, Wiesbaden 1977
*Grönroos, C.* (1994), From Marketing Mix to Relationship Marketing. Towards a Paradigm Shift in Marketing, in: Management Decision, 2/1994, S. 4–20
*Gröppel, A.* (1991), Erlebnisstrategien im Einzelhandel, Heidelberg 1991
*Gröppel, A.* (1995), In-Store-Marketing, in: *Tietz, B.; Köhler, R.; Zentes, J.* (Hrsg.), Handwörterbuch des Marketing, 2. Aufl., Stuttgart 1995, Sp. 1020–1030
*Gröppel-Klein, A.* (2005), Entwicklung, Bedeutung und Positionierung von Handelsmarken, in: *Esch, F.-R.* (Hrsg.), Moderne Markenführung, 4. Aufl., München 2005, S. 1113–1137
*Größer, H.* (1991), Der klassische Markenartikel. Versuch einer Wesensbestimmung, in: Markenartikel 5/1991, S. 200–207
*Grötzinger, M.; Uepping, H.* (Hrsg.) (2001), Balanced Scorecard im Human Resources Management, Neuwied-Kriftel 2001
*Groß; H.; Bohnert, R.* (Hrsg.) (2007), Interim Management, München 2007
*Große-Oetringhaus, W. F.* (1996), Strategische Identität. Orientierung im Wandel, Berlin u. a. 1996
*Gründling, Ch.* (1996), Maximale Kundenorientierung, Stuttgart 1996
*Grunwald, G.; Schwill, J.* (2017), Beziehungsmarketing, Stuttgart 2017
*Grunert, K. G.* (1990), Kognitive Strukturen in der Konsumforschung, Heidelberg 1990
*Grunert, K. G.; Stupening, E.* (1981), Werbung – ihre gesellschaftliche und ökonomische Problematik, Frankfurt 1981
*Grünwald, H. G.* (1979), Erfahrungen beim Einsatz strategischer Analysehilfen in der Unternehmenspraxis, in: Die Betriebswirtschaft 1 b/1979, S. 107–117
*Günther, B.* (1995), Vertriebstypen im industriellen Absatz, in: *Tietz, A.; Köhler, R.; Zentes, J.* (Hrsg.), Handwörterbuch des Marketing, 2. Aufl., Stuttgart 1995, Sp. 2634–2642
*Günter, B.; Helm, S.* (Hrsg.) (2006), Kundenwert. Grundlagen – Innovative Konzepte – Praktische Umsetzungen, 3. Aufl., Wiesbaden 2006
*Günther, T.; Mattmüller, R.* (1993), Möglichkeiten und Grenzen der Regaloptimierung im Handel, in: Marketing ZFP 1/1993, S. 77–86
*Günther, M.; Vossebein, U.; Wildner, R.* (1998), Marktforschung mit Panels, Wiesbaden 1998
*Gussek, F.* (1992), Erfolg in der strategischen Markenführung, Wiesbaden 1992
*Gutenberg, E.* (1975), Grundlagen der Betriebswirtschaftslehre, Bd. I, Die Produktion, 21. Aufl., Berlin u. a. 1975
Gutenberg, E. (1976), Grundlagen der Betriebswirtschaftslehre, Bd. II, Der Absatz, 15. Aufl., Berlin u. a. 1976
*Gutjahr, G.; Keller, I.* (1995), Corporate Identity – Meinung und Wirkung, in: *Birkigt, K.; Stadler, M. M.; Funck, H. J.,* Corporate Identity, 8. Aufl., Landsberg 1995, S. 77–96
*GWA* (Hrsg.) (1997), So wirkt Werbung im Marketing-Mix, Frankfurt 1997
*Haake, K.* (1987), Strategisches Verhalten von europäischen Klein- und Mittelunternehmen, Berlin-München-St. Gallen 1987

*Haas, A.* (2001), Budgetierung, in: *Diller, H.* (Hrsg.), Vahlens Großes Marketing Lexikon, 2. Aufl., München 2001, S. 196–199

*Haberlandt, K.* (1970), Das Wachstum der industriellen Unternehmung, Neuwied-Berlin 1970

*Haberler, G.* (1955), Prosperität und Depression, 2. Aufl., Tübingen-Zürich 1955

*Habuda, J.* (1992), Wirtschaftliche Entwicklung und Perspektiven in Ungarn, Polen und in der CSRF, in: Ifo-Schnelldienst 7/1992, S. 17–22

*Hadwich, K.* (2003), Beziehungsqualität im Relationship Marketing, Wiesbaden 2003

*Haedrich, G.* (1982), Öffentlichkeitsarbeit und Marketing, in: *Haedrich, G.; Barthenheier, G.; Kleinert, H.* (Hrsg.), Öffentlichkeitsarbeit, Berlin-New York 1982, S. 67–75

*Haedrich, G.* (1997), Relaunchstrategien in der Konsumgüterindustrie, in: *Weinhold-Stünzi, H.; Reinecke, S.; Schögel, M.* (Hrsg.), Marketingdynamik, St. Gallen 1997, S. 18–26

*Haedrich, G.; Berger, R.* (1982), Angebotspolitik, Berlin-New York 1982

*Haedrich, G.; Jenner, Th.* (1995), Segmentierungsstrategien und Markterfolg, in: Thexis 3/1995, S. 60–62

*Haedrich, G.; Tomczak, T.* (1990), Strategische Markenführung, Bern-Stuttgart 1990

*Haedrich, G.; Tomczak, T.* (1996), Produktpolitik, Stuttgart u. a. 1996

*Haedrich, G.; Tomczak, T.; Kaetzke, P.* (2003), Strategische Markenführung, 3. Aufl., Bern u. a. 2003

*Halfmann, M.* (Hrsg.) (2014), Zielgruppen im Konsumentenmarketing, Wiesbaden 2014

*Hätty, H.* (1989), Der Markentransfer, Heidelberg 1989

*Hätty, H.* (1994), Markentransferstrategie, in: *Bruhn, M.* (Hrsg.), Handbuch Markenartikel, Bd. I, Stuttgart 1994, S. 561–582

*Hahn, D.* (1974), PuK – Planungs- und Kontrollrechnung als Führungsinstrument, Wiesbaden 1974

*Hahn, D.* (1980), Zweck und Standort des Portfolio-Konzepts in der strategischen Unternehmungsplanung, in: *Hahn, D.; Taylor, B.* (Hrsg.), Strategische Unternehmungsplanung, Heidelberg-Wien 1980, S. 114–134

*Hahn, D.* (1981), Führungsaufgaben bei schrumpfendem Absatz, in: Zeitschrift für betriebswirtschaftliche Forschung 1981, S. 1079–1089

*Hahn, D.* (1995), Unternehmensziele im Wandel. Konsequenzen für das Controlling, in: Controller Magazin 5/1995, S. 285–289

*Hahn, D.* (1996), PuK – Controllingkonzepte, 5. Aufl., Wiesbaden 1996

*Hahn, D.; Taylor, B.* (Hrsg.) (1990), Strategische Unternehmensplanung. Strategische Unternehmensführung, 5. Aufl., Heidelberg 1990

*Hahne, H.* (2001), Category Management, herstellerseitiges, in: *Diller, H.* (Hrsg.), Vahlens Großes Marketing Lexikon, 2. Aufl., München 2001, S. 212–213

*Haley, R. J.* (1968), Benefit Segmentation: A Decision Oriented Research Tool, in: Journal of Marketing 3/1968, S. 30–35

*Haller, P.* (1980), Spielregeln für erfolgreiche Produkte. Erfahrungen aus Marketing und Werbung, Wiesbaden 1980

*Haller, P.; Stempel, R.O.* (1975), Rezessions-Marketing, in: Marketing-Enzyklopädie, Bd. III, München 1975, S. 95–106

*Haller, P.; Twardawa, W.* (2010), Große Erfolge entstehen in Krisen, München 2010

*Haller, S.* (2001), Handels-Marketing, 2. Aufl., Ludwigshafen 2001

*Haller, S.* (2008), Handelsmarketing, 3. Aufl., Ludwigshafen 2008

*Hamel, G.* (2001), Das revolutionäre Unternehmen, München 2001

*Hamel, G.; Prahalad, C. K.* (1995), Wettlauf um die Zukunft, Wien 1995

*Hamel, W.* (1974), Zieländerungen im Entscheidungsprozeß, Tübingen 1974

*Hamermesh, R. G.; Silk, S. B.* (1979), How to compete in stagnant industries, in: Harvard Business Review 1979, S. 161–168

*Hamermesh, R. G.; Silk, S. B.* (1980), In der Stagnation erfolgreich konkurrieren, in: Harvard Manager 3/1980, S. 74–82

*Hammann, P.* (1992), Der Wert einer Marke aus betriebswirtschaftlicher und rechtlicher Sicht, in: *Dichtl, E.; Eggers, W.* (Hrsg.), Marke und Markenartikel als Instrumente des Wettbewerbs, München 1992, S. 205–245

*Hammann, P.* (2001), Markencontrolling: Motor oder Bremse für die Steigerung des Markenwerts, in: *Köhler, R.; Majer, W.; Wiezorek, H.* (Hrsg.), Erfolgsfaktor Marke, München 2001, S. 281–294

*Hammann, P.; Erichson, B.* (2000), Marktforschung, 4. Aufl., Stuttgart-Jena 2000

*Hammer, M.; Champy, J.* (1998), Business Reengineering. Die Radikalkur für das Unternehmen, Frankfurt-New York 1998

*Hammer, R. M.* (1995), Unternehmensplanung, 6. Aufl., München-Wien 1995

*Hammer, R. M.; Hinterhuber, H. H.; Kapferer, R.; Turnheim, G.* (1990), Strategisches Management in den 90er Jahren. Entwicklungstendenzen – Controlling – Human Resources, Wien 1990

*Hannig, U.*, (Hrsg.) (1998), Managementinformationssysteme in Marketing und Vertrieb, Stuttgart 1998

*Hansen, P.* (1972), Die handelsgerichtete Absatzpolitik der Hersteller im Wettbewerb um den Regalplatz. Eine aktionsanalytische Untersuchung, Berlin 1972

*Hansen, H. R.; Thabor, A.* (1973), Marketing-Modelle. Anwendungsmöglichkeiten und Entwicklung computergestützter Modelle im Marketing, Berlin-New York 1973

*Hansen, U.* (1992), Ökologisches Marketing, in: *Dil-*

*ler, H.* (Hrsg.), Vahlens Großes Marketing Lexikon, München 1992, S. 832–835

*Hansen, U.; Leitherer, E.* (1984), Produktpolitik, 2. Aufl., Stuttgart 1984

*Hansen, U.; Niedergesäß, U.; Rettberg, B.* (1997), Unternehmensdialoge. Jeder Dialog ein Kunstwerk, in: Absatzwirtschaft 9/1997, S. 104–108

*Hansmann, K.-W.* (1983), Kurzlehrbuch Prognoseverfahren, Wiesbaden 1983

*Hansmann, K.-W.* (1995), Prognoseverfahren, in: *Tietz, B.; Köhler, R.; Zentes, J.* (Hrsg.), Handwörterbuch des Marketing, 2. Aufl., Stuttgart 1995, Sp. 2171–2183

*Hanssmann, F.* (1982), Quantitative Betriebswirtschaftslehre, München-Wien 1982

*Hanssmann, F.* (1989), Robuste Planung, in: *Szyperski, N.; Winand, U.* (Hrsg.), Handwörterbuch der Planung, Stuttgart 1989, Sp. 1758–1764

*Harms, V.* (1999), Kundendienstmanagement, Herne/Berlin 1999

*Harnischfeger, U.* (1996), Wie professionell gestalten deutsche Unternehmen ihr Beziehungsmarketing?, in: Absatzwirtschaft S 10/1996, S. 14–23

*Harrigan, K. R.* (1988), Managing Maturing Businesses, Lexington 1988

*Harrigan, K. R.* (1989), Unternehmensstrategien für reife und rückläufige Märkte, Frankfurt-New York 1989

*Harrigan, K. R.; Porter, M. E.* (1983), End-game Strategies for Declining Industries, in: Harvard Business Review 7/8 1983, S. 111–121

*Harrigan, K. R.; Porter, M.E.* (1987), Der Endkampf in schrumpfenden Branchen, in: *Harvard Manager* (Hrsg.), Strategie und Planung, Bd. 1, Hamburg o. J. (1987)

*Hartmann, P.H.* (1999), Lebensstilforschung, Opladen 1999

*Hasselberg, F.* (1989), Strategische Kontrolle im Rahmen strategischer Unternehmensführung, Frankfurt u. a. 1989

*Hauschildt, J.* (1977), Entscheidungsziele. Zielbindung in innovativen Entscheidungsprozessen: Theoretische Ansätze und empirische Prüfung, Tübingen 1977

*Hauschildt, J.* (2004), Innovationsmanagement, 3. Aufl., München 2004

*Hauschildt, J.; Salomo, S.* (2007), Innovationsmanagement, 4. Aufl., München 2007

*Hax, A. C.; Majluf, N. S.* (1988), Strategisches Management, Frankfurt-New York 1988

*Heenan, D. A./ Perlmutter, H. V.* (1979), Multinational Organization Development, Reading 1979

*Hehenberger, C.* (1995), Die Zukunft fest im Griff, Wien 1995

*Heidelberger, M.; Kornherr, L.* (2009), Handbuch Personalberatung, München 2009

*Heidmann, F.* (1997), Kein Kabelsalat mehr am Rad, in: Aachener Nachrichten, Nr. 188, 18. 8. 1997, S. 5

*Heil, O; Robertson, T. S.* (1991), Toward a Theory of Competitive Market Signaling: a Research Agenda, in: Strategic Management Journal 1991, S. 403–418

*Heinemann, G.* (2008), Multi-Channel-Handel, 2. Aufl., Wiesbaden 2008

*Heinemann, G.* (2015), Der neue Online-Handel, 6. Aufl., Wiesbaden 2015

*Heinemann, G.* (2018), Der neue Online-Handel, 9.Aufl., Wiesbaden 2018

*Heinen, E.* (1966), Das Zielsystem der Unternehmung, Wiesbaden 1966

*Heinen, E.* (1970), Einige Bemerkungen zur betriebswirtschaftlichen Kostenlehre und zu den Kosteneinflußgrößen, in: Betriebswirtschaftliche Forschung und Praxis 1970, S. 257–268

*Heinen, E.* (1976), Grundlagen betriebswirtschaftlicher Entscheidungen. Das Zielsystem der Unternehmung, 3. Aufl., Wiesbaden 1976

*Heinlein, P.; Woll, E.* (1990), Die Entwicklung des Markenartikels im Konsumtrend – Perspektiven für die 80er Jahre, in: Jahrbuch für Absatz- und Verbrauchsforschung 1990, S. 140–149

*Helmke, St.; Uebel, M.; Dangelmaier, W.* (Hrsg.) (2003), Effektives Customer Relationship Management, 3. Aufl., Wiesbaden 2003

*Henderson, B. D.* (1974), Die Erfahrungskurve in der Unternehmensstrategie, Frankfurt-New York 1974

*Henning-Bodewig, F.; Kur, A.* (1988), Marke und Verbraucher. Funktionen der Marke in der Marktwirtschaft, Bd. I: Grundlagen, Weinheim 1988

*Hennig-Thurau, Th. et al.* (2000), Why Customers Build Relationships with Companies – and Why not, in: *Hennig-Thurau, Th.; Hansen, U.* (Hrsg.), Relationship Marketing, Heidelberg 2000, S. 369–391

*Hentze, J.; Brose, P.* (1985), Unternehmungsplanung, Bern-Stuttgart 1985

*Hentze, J.; Brose, P.; Kammel, A.* (1993), Unternehmensplanung, 2. Aufl., Stuttgart-Wien 1993

*Henzler, H.* (1979), Neue Strategie ersetzt den Zufall, in: Manager Magazin 4/1979, S. 122–129

*Henzler, H.; Rall, W.* (1985), Aufbruch in den Weltmarkt, in: Manager Magazin 10/1985, S. 254–262

*Herbst, D.* (2007), Public Relations, 3. Aufl., Berlin 2007

*Hermanns, A.; Drees, N.* (1989), Wirkungsaspekte bei Nutzung offizieller Prädikate im Sportsponsoring, in: *Hermanns, A.* (Hrsg.), Sport- und Kultursponsoring, München 1989, S. 112–121

*Hermanns, A.; Marwitz, Ch.* (2008), Sponsoring, 3. Aufl., München 2008

*Hermanns, A.; Riedmüller, F.* (Hrsg.) (2003), Sponsoring und Events im Sport. Von der Instrumentalbetrachtung zur Kommunikationsplattform, München 2003

*Hermanns, A.; Sauter, M.* (2001), E-Commerce – Grundlagen, Einsatzbereiche und aktuelle Tendenzen, in: *Hermanns, A.; Sauter, M.* (Hrsg.) Management Handbuch Electronic Commerce, 2. Aufl., München 2001, S. 15–32

*Hermanns, A.; Wissmeier, U. K.* (Hrsg.) (1995), Internationales Marketing Management, München 1995

*Hermes, V.* (2010), Dank Social CRM näher am Kunden, in: asw, 10/2010, S. 89–90

*Herrmann, A.; Homburg, Ch.* (Hrsg.) (1999), Marktforschung, Wiesbaden 1999

*Herrmann, A.; Hertel, G.; Virt, W.; Huber, F.* (Hrsg.) (2000), Kundenorientierte Produktgestaltung, München 2000

*Herstatt, J. D.* (1985), Die Entwicklung von Markennamen im Rahmen der Neuproduktplanung, Frankfurt 1985

*Hertel, J.* (1995), Warenwirtschaftssysteme, in: *Tietz, B.; Köhler, R.; Zentes, J.* (Hrsg.), Handwörterbuch des Marketing, 2. Aufl., Stuttgart 1995, Sp. 2658–2669

*Herzwurm, G.; Pietsch, W.* (2009), Management von IT-Produkten, Heidelberg 2009

*Heskett, J. L.; Sasser, E. W.; Hart, C. W. L.* (1991), Bahnbrechender Service, Frankfurt-New York 1991

*Hesse, J.* (1973), Marktsegmentierung – eine Marketingstrategie, in: Markt & Kommunikation 1973, S. 8–12

*Hettich, G. O.* (1979), Entscheidungsprinzipien und Entscheidungsregeln bei mehrfacher Zielsetzung, in: *Schanz, G.* (Hrsg.), Betriebswirtschaftliche Gesetze, Effekte und Prinzipien, München 1979, S. 172–191

*Heuermann, R.; Herrmann, F.* (2003), Unternehmensberatung. Anatomie und Perspektiven einer Dienstleistungselite, München 2003

*Heuskel, D.* (1999), Wettbewerb jenseits von Industriegrenzen, Frankfurt-New York 1999

*Heuß, E.* (1965), Allgemeine Markttheorie, Tübingen-Zürich 1965

*Heydt, von der A.* (1998), Handbuch Efficient Consumer Response, München 1998

*Heymann-Reder, D.* (2011), Social Media Marketing, München u. a. 2011

*Hilb, M.* (1997), Management by Mentoring, Neuwied/Kriftel 1997

*Hildebrand, V. G.* (1997), Individualisierung als strategische Option der Marktbearbeitung: Determinanten und Erfolgswirkungen kundenindividueller Marketingkonzepte, Wiesbaden 1997

*Hildebrand, V. G.* (2000), Kundenbindung und Electronic Commerce – Electronic-Customer-Relationship-Management, in: *Wamser, C.*, Electronic Marketing, München 2000, S. 71–95

*Hilke, W.* (1989), Dienstleistungs-Marketing, Stuttgart u. a. 1989

*Hilker, C.* (2012), Erfolgreiche Social Media-Strategien für die Zukunft, Wien 2012

*Hilker, J.* (1993), Marketingimplementierung, Wiesbaden 1993

*Hill, Ch.W. L.* (1994), International Business. Competing in the Global Marketplace, Burr Ridge u. a. 1994

*Hill, W.; Rieser, J.* (1990), Marketing-Management, Bern-Stuttgart 1990

*Hinterhuber, H.* (1977), Strategische Unternehmensführung, Berlin-New York 1977

*Hinterhuber, H.* (1990), Strategie und Strategische Führungskompetenz, in: *Hamer, R. M.; Hinterhuber, H.; Kapferer, R.; Turnheim, G.* (Hrsg.), Strategisches Management in den 90er Jahren, Wien 1990, S. 15–40

*Hinterhuber, H.* (2004 a), Strategische Unternehmungsführung, Bd. I: Strategisches Denken, 7. Aufl., Berlin-New York 2004

*Hinterhuber, H.* (2004 b), Strategische Unternehmungsführung, Bd. II: Strategisches Handeln, 7. Aufl., Berlin-New York 2004

*Hinterhuber, H.* (2002), Kundenorientierte Unternehmensführung, Wiesbaden 2002

*Hinterhuber, H.; Aichner, H.; Lobenwein, W.* (1994), Unternehmenswert und Lean Management: Wie ein Unternehmen den Nutzen für alle Stakeholders erhöht, Wien 1994

*Hinterhuber, H.; Friedrich, S. A.; Matzler, K.; Pechlahner, H. (Hrsg.)* (2000), Die Zukunft der diversifizierten Unternehmung, München 2000

*Hinterhuber, H.; Höfer, K.; Winter, L.* (1989); Corporate Identity: Pflege zahlt sich aus!, in: io Management Zeitschrift 12/1989, S. 39–42

*Hinterhuber, H.; Thom, N.* (1979), Innovationen im Unternehmen, in: Literatur-Berater Wirtschaft 2/1979, S. 13–19

*Hippner, H.* (2005), Die (R)Evolution des Customer Relationship Management, in: Marketing ZFP, 2/2005, S. 115–134

*Hippner, H.; et al.* (Hrsg.) (2001), Handbuch Data Mining im Marketing, Braunschweig-Wiesbaden 2001

*Hippner, H.; Hubrich, B.; Wilde, K. D.* (Hrsg.) (2011), Grundlagen des CRM, 3. Aufl., Wiesbaden 2011

*Hippner, H.; Wilde, K. D.* (Hrsg.) (2004 a), Grundlagen des CRM, Wiesbaden 2004

*Hippner, H.; Wilde, K. D.* (Hrsg.) (2004 b), IT-Systeme des CRM, Wiesbaden 2004

*Hoepner, G.* (1994), Computereinsatz bei Befragungen, Wiesbaden 1994

*Hoepner, G.* (1999), Unternehmensführung. Strategische Planung zur Unternehmenssimulation Ludus, Stuttgart 1999

*Hoepner, G. A.; Schminke, L. H.* (2012), Dialog-Marketing und E-Commerce, Berlin 2012

*Höfner, K.; Paul, H. F.; Stroschein, F. R.* (1990), Marketing, 3. Aufl., Landsberg 1990

*Höfner, K.; Pohl, A.* (1994), Wertsteigerungs-Management. Das Shareholder Value-Konzept, Frankfurt-New York 1994

*Höft, U.* (1992), Lebenszykluskonzepte. Grundlage für das strategische Marketing- und Technologiemanagement, Berlin 1992

*Hofbauer, G.; Hellwig, C.* (2012), Professionelles Vertriebsmanagement, 3. Aufl., Erlangen 2012

*Höhl-Seibel, J.* (1994), Zweitmarkenstrategien, in: *Bruhn, M.* (Hrsg.), Handbuch Markenartikel, Bd. I, Stuttgart 1994, S. 583–602

*Hör zu/Funk Uhr* (Hrsg.) (1970), Werbedosis – Werbewirkung. Untersuchung der Response-Funktionen von Anzeigen-Kampagnen, Hamburg 1970

*Hör zu/Funk Uhr* (Hrsg.) (1977), Experimente zum Lernen von Anzeigen. Die Messung von Wirkungsverläufen im Labortest, Hamburg 1977

*Hörschgen, H.; Kirsch, J.; Käßer-Pawelka, G.; Grenz, J.* (1993), Marketing-Strategien. Konzepte zur Strategiebildung im Marketing, 2. Aufl., Ludwigsburg-Berlin 1993

*Hofbauer, G.; Hohenleitner, Ch.* (2005), Erfolgreiche Marketingkommunikation, München 2005

*Hofbauer, G.; Sangl, A.* (2011), Professionelles Produkt-Management, 2. Aufl., Erlangen 2011

*Hofer, C.; Schendel, D.* (1978), Strategy Formulation: Analytical Concepts, St. Paul u. a. 1978

*Hoffmann, K.* (1972), Der Produktlebenszyklus. Eine kritische Analyse, Freiburg 1972

*Hoffmann, K.* (1979), Die Konkurrenzuntersuchung als Determinante der langfristigen Absatzplanung, Göttingen 1979

*Hoffmann, K.; Wolff, V.* (1977), Zur Systematik von Absatzstrategien als Grundlage langfristig wirkender Entscheidungen im Absatzbereich, in: Jahrbuch für Absatz- und Verbrauchsforschung 1977, S. 161–175

*Hofmaier, R.* (Hrsg.) (1993), Investitionsgüter- und High-Tech-Marketing (IHTM), 2. Aufl., Landsberg 1993

*Hofstätter, H.* (1977), Die Erfassung der langfristigen Absatzmöglichkeiten mit Hilfe des Lebenszyklus eines Produktes, Würzburg u. a. 1977

*Hoitsch, H.-J.; Lingnau, V.* (1995), Charakteristika variantenreicher Produktion. Ergebnisse einer empirischen Untersuchung, in: Die Betriebswirtschaft 4/1995, S. 481–491

*Holland, H.* (2000), Mikrogeographische Segmentierung, in: *Pepels, W.* (Hrsg.), Marktsegmentierung, Heidelberg 2000, S. 127–143

*Holland, H.* (2004), Direktmarketing, 2. Aufl., München 2004

*Holland, H.* (2009), Direkt-Marketing, 3. Aufl., München 2009

*Holland, H.* (2016), Dialogmarketing, 4. Aufl., München 2016

*Holland, H.; Bammel, K.* (2006), Mobile Marketing, München 2006

*Holzmüller, H. H.* (1989), Konsumentenforschung, interkulturelle, in: *Macharzina, K.; Welge, M. K.* (Hrsg.), Handwörterbuch Export und Internationale Unternehmung, Stuttgart 1989, Sp. 1143–1157

*Homburg, Ch.* (2000 a), Kundennähe von Industriegüterunternehmen, 3. Aufl., Wiesbaden 2000

*Homburg, Ch.* (2000 b), Quantitative Betriebswirtschaftslehre, 3. Aufl., Wiesbaden 2000

*Homburg, Ch.* (Hrsg.) (2003), Kundenzufriedenheit, 5. Aufl., Wiesbaden 2003

*Homburg, Ch.* (2015), Marketingmanagement, 5. Aufl., Wiesbaden 2015

*Homburg, Ch.; Daum, D.* (1997), Marktorientiertes Kostenmanagement, Frankfurt 1997

*Homburg, Ch.; Grandinger, A.; Krohmer, H.* (1996), Efficient Consumer Response (ECR). Erfolg durch Kooperation mit dem Handel, in: Absatzwirtschaft 10/1996, S. 86–92

*Homburg, Ch.; Gruner, K.* (1996), Erleuchtung per Kundenkontakt, in: VDI Nachrichten, 20/1996, S. 1 (zit. nach *Belz, Ch.; Müller, R.; Walti, C.*, Marketing für Werkzeugmaschinen, St. Gallen 1996)

*Homburg, Ch.; Krohmer, H.* (2003), Marketingmanagement, Wiesbaden 2003

*Homburg, Ch.; Krohmer, H.* (2006), Marketingmanagement, 2. Aufl., Wiesbaden 2006

*Homburg, Ch.; Pflesser, C.* (2000), A Multiple-Layer Model of Market-Oriented Organizational Culture. Measurement Issues and Performance Outcomes, in: Journal of Marketing Research, 4/2000, S. 449–462

*Homburg, Ch.; Risch, S.* (1996), Weiche Wende. Auf dem Weg zum Kunden hat sich das Gros der Unternehmen verlaufen, in: Manager Magazin 1/1996, S. 144–152

*Homburg, Ch.; Stock, R.* (2000), Der kundenorientierte Mitarbeiter, Wiesbaden 2000

*Homburg, Ch.; Werner, H.* (1998), Kundenorientierung mit System, Frankfurt-New York 1998

*Hopfenbeck, W.* (1997), Allgemeine Betriebswirtschafts- und Managementlehre, 11. Aufl., Landsberg 1997

*Horst, B.* (1988), Ein mehrdimensionaler Ansatz zur Segmentierung von Investitionsgütermärkten, Diss. Köln 1988 (zit. nach *Backhaus, K.*, Investitionsgütermarketing, 3. Aufl., München 1992)

*Horvath, P.* (2003), Controlling, 9. Aufl., München 2003

*Horvath, P.* (2009), Controlling, 11. Aufl., München 2009

*Horvath, P.; Mayer, R.* (1989), Prozeßkostenrechnung. Der neue Weg zu mehr Kostentransparenz und wirkungsvolleren Unternehmensstrategien, in: Controlling 4/1989, S. 214–219

*Horvath, P. & Partners* (Hrsg.) (2007), Balanced Scorecard umsetzen, 4. Aufl., Stuttgart 2007

*Horx, M.* (2006), Wie wir leben werden. Unsere Zukunft beginnt jetzt, 3. Aufl., Frankfurt-New York 2006

*Horx, M.* (2011a), Das Buch des Wandels. Wie die Menschen die Zukunft gestalten, München 2011

*Horx, M.* (2011b), Das Megatrend Prinzip, München 2011

*Horx, M.; Wippermann, P.* (1996), Was ist Trendforschung, Düsseldorf 1996

*Howard, J. A.; Sheth, J. N.* (1969), The Theory of Buyer Behavior, New York 1969

*Howe, J.* (2008), Crowdsourcing. Why the Power of the Crowd is Driving the Future of Business, New York 2008

*Hruschka, H.* (1989), Erfolgsfaktoren der strategischen Marketing-Planung, in: Die Betriebswirtschaft 6/1989, S. 743–750

*Hruschka, H.* (1990), Messung von Interdependenzen zwischen Marketinginstrumenten, in: Zeitschrift für Betriebswirtschaft 5/6/1990, S. 549–560

*Hruschka, H.* (1993), Die Bestimmung von Absatzreaktionsfunktionen auf der Grundlage von PIMS-Daten, in: Zeitschrift für Betriebswirtschaft 3/1993, S. 253–265

*Hruschka, H.* (1996), Marketingentscheidungen, München 1996

*Huber, A.; Laverentz, K.* (2012), Logistik, München 2012

*Huber, B. M.* (1999), Globalisierung. Internationale und lokale Interessen gleichsam wahren, in: Lebensmittel-Praxis 8/1999, S. 80

*Huber, W.* (1969), Die Handelsmarken. Eine international vergleichende Studie zum Problem der Markenbildung in größeren Handelsorganisationen, Winterthur 1969

*Hübner, C. C.* (1993), Multiplikation, in: *Meyer, P. W.; Mattmüller, R.* (Hrsg.), Strategische Marketingoptionen, Stuttgart u. a. 1993, S. 186–228

*Hughes, J. S.; Logue, D. E.; Sweeny, R. J.* (1975), Corporate International Diversification and Market Assigned Measures of Risk and Diversification, in: Journal of Financial and Quantitative Analysis 10/1975, S. 627–637

*Hünerberg, R.* (1994), Internationales Marketing, Landsberg 1994

*Hüttel, K.* (1994), Was wird aus der Produktpolitik, in: Absatzwirtschaft S10/1994, S. 154–164

*Hüttel, K.* (1998), Produktpolitik, 3. Aufl., Ludwigshafen 1998

*Hüttner, M.* (1982), Markt- und Absatzprognosen, Stuttgart u. a. 1982

*Hüttner, M.* (1986), Prognoseverfahren und ihre Anwendung, Berlin-New York 1986

*Hüttner, M.* (1989), Grundzüge der Marktforschung, 4. Aufl., Berlin-New York 1989

*Hüttner, M.; Pingel, A.; Schwarting, U.* (1994), Marketing-Management, München-Wien 1994

*Huisinga, R.; Lisop, I.* (1999), Wirtschaftspädagogik, München 1999

*Hungenberg, H.* (1999), Anreizsysteme für Führungskräfte. Theoretische Grundlagen und praktische Ausgestaltungsmöglichkeiten, in: *Hahn, D.; Taylor, B.* (Hrsg.), Strategische Unternehmensplanung – Strategische Unternehmensführung, 8. Aufl., Heidelberg 1999, S. 727–745

*Hungenberg, H.* (2000), Strategisches Management in Unternehmen, Wiesbaden 2000

*Hungenberg, H.* (2008), Strategisches Management in Unternehmen, 5. Aufl., Wiesbaden 2008

*Hungenberg, H.* (2014), Strategisches Management in Unternehmen, 8. Aufl., Wiesbaden 2014

*Hussey, D. E.* (1981), Portfolio-Analysis: Practical Experience with the Directional Policy Matrix, in: *Steinmann, H.* (Hrsg.), Planung und Kontrolle, München 1981, S. 216–230

*Huth, R.; Pflaum, D.* (2005), Einführung in die Werbelehre, 7. Aufl., Stuttgart 2005

*Hutzschenreuter, T.; Griess-Nega, T.* (Hrsg.) (2006), Krisenmanagement, Wiesbaden 2006

*IFUA Horvath & Partner* (Hrsg.) (1991), Prozeßkostenmanagement. Methodik, Implementierung, Erfahrungen, München 1991

*Ihde, G. B.* (2001), Transport, Verkehr, Logistik, 3. Aufl., München 2001

*Ihde, G. B.; Dutz, E.; Stieglitz, A.* (1994), Möglichkeiten und Probleme einer umweltorientierten Konsumgüterdistribution, in: Marketing ZFP 3/1994, S. 199–208

*Immon, W. H.* (1996), Building the Data Warehouse, New York u. a. 1996

*Ind, N.* (1997), The Corporate Brand, 2. Aufl., Houndmills 1997

*Inglehart, R.* (1989), Kultureller Umbruch. Wertewandel in der westlichen Welt, Frankfurt-New York 1989

*Irrgang, W.* (1989), Strategien im vertikalen Marketing, München 1989

*Irrgang, W.* (Hrsg.) (1993), Vertikales Marketing im Wandel, München 1993

*Irrgang, W.* (1995), Kontraktmarketing, in: *Tietz, B.; Köhler, R.; Zentes, J.* (Hrsg.), Handwörterbuch des Marketing, 2. Aufl., Stuttgart 1995, Sp. 1263–1273

*Jacob, H.* (1971), Preispolitik, 2. Aufl., Wiesbaden 1971

*Jacob, H.* (1985), Preisbildung und Preiswettbewerb in der Industriewirtschaft, Köln u. a. 1985

*Jacobs, S.* (1992), Strategische Erfolgsfaktoren der Diversifikation, Wiesbaden 1992

*Jacobson, R.; Aaker, D. A.* (1985), Is Market Share all that it's cracked up to be?, in: Journal of Marketing 1985, S. 11–22

*Jacoby, J.* (1977), Information Load and Decision Quality: Some Contested Issues, in: Journal of Marketing Research 14/1977, S. 569–573

*Jain, S. C.* (1985), Marketing Planning and Strategy, 2. Aufl., Cincinnati u. a. 1985

*Jain, S. C.* (1990), International Marketing Management, 3. Aufl., Boston 1990

*James, B. G.* (1984), Business Wargames, Turnbridge Wells 1984

*James, B. G.* (1986), Kampfstrategien für Unternehmen, Landsberg 1986

*Janisch, M.* (1993), Das strategische Anspruchsgruppenmanagement. Vom Shareholder zum Stakeholder Value, Bern u. a. 1993

*Jansen, S. A.* (2000), Mergers & Acqusitions, 3. Aufl., Wiesbaden 2000

*Janßen, V.* (1999), Einsatz des Werbecontrolling, Wiesbaden 1999

*Janzen, U.* (2004), Beratervergütung. Der Markt bestimmt den Preis, in: ProFirma 6/2004, S. 16

*Jary, M.; Schneider, P.; Wileman, A.* (1999), Marken-Power. Warum Aldi, Ikea, H&M und Co. so erfolgreich sind, Wiesbaden 1999

*Jaspersen, T.* (1994), Computergestütztes Marketing, München-Wien 1994

*Jauschowetz, D.* (1995), Marketing im Lebensmitteleinzelhandel, Wien 1995

*Jeannet, J.-P.* (1995), Far Eastern Markets in the Context of Global Marketing, in: Thexis 2/1995, S. 5–10

*Jediss, H.* (1991), Ökonomisierung des Gesamtdistributionssystems durch DPR-Analysen, in: *Zentes, J.* (Hrsg.), Moderne Distributionskonzepte in der Konsumgüterwirtschaft, Stuttgart 1991, S. 243–274

*Jenner, T.* (1994), Internationale Marktbearbeitung. Erfolgreiche Strategien für Konsumgüterhersteller, Wiesbaden 1994

*Jenner, T.* (2001), Markenführung in Zeiten des Shareholder-Value, in: Harvard Business Manager 3/2001, S. 52–63

*Johnson, G.; Scholes, K.* (1989), Exploring Corporate Strategy, Englewood Cliffs 1989

*Johnson, G.; Scholes, K.* (1993), Exploring Corporate Strategy, 3. Aufl., New York u. a. 1993

*Jossé, G.* (2005), Balanced Scorecard. Ziele und Strategien messbar umsetzen, München 2005

*Jung, H.* (2001), Allgemeine Betriebswirtschaftslehre, 7. Aufl., München-Wien 2001

*Jung, H.* (2008), Personalwirtschaft, 8. Aufl., München 2008

*Kaas, K. P.* (1973), Diffusion und Marketing. Das Konsumentenverhalten bei der Einführung neuer Produkte, Stuttgart 1973

*Kaas, K. P.* (1974), Diffusion, in: *Tietz, B.* (Hrsg.), Handwörterbuch der Absatzwirtschaft, Stuttgart 1974, Sp. 464–468

*Kaas, K. P.* (1991), Marketinginformationen: Screening und Signaling unter Partnern und Rivalen, in: Zeitschrift für Betriebswirtschaft 3/1991, S. 357–370

*Kaas, K. P.* (1992), Marketing-Mix, in: *Diller, H.*, (Hrgs.), Vahlens Großes Marketing Lexikon, München 1992, S. 682–686

*Kaas, K. P.; Busch, A.* (1996), Inspektions-, Erfahrungs- und Vertrauenseigenschaften von Produkten, in: Marketing ZFP 4/1996, S. 243–252

*Kaiser, A.* (1978), Die Identifikation von Marktsegmenten, Berlin 1978

*Kaiser, M.-O.* (2005), Erfolgsfaktor Kundenzufriedenheit. Dimensionen und Messmöglichkeiten, 2. Aufl., Wiesbaden 2005

*Kalmar, R. E. J.* (1971), Ein Stufenprogramm für Marktsegmente, in: Marketing Journal 1971, S. 105–107

*Kamenz, U.* (1997), Marktforschung, Stuttgart 1997

*Kanter, R. M.* (1996), Weltklasse. Im globalen Wettbewerb lokal triumphieren, Wien 1996

*Kapferer, J.-N.* (1992), Die Marke – Kapital des Unternehmens, Landsberg 1992

*Kapferer, J.-N.* (2000), Luxusmarken, in: *Esch, F.-R.* (Hrsg.), Moderne Markenführung, 2. Aufl., Wiesbaden 2000, S. 317–336

*Kapferer, J.-N.* (2005), Führung von Markenportfolios, in: *Esch, F.-R.* (Hrsg.), Moderne Markenführung, 4. Aufl., Wiesbaden 2005, S. 797–810

*Kapferer, J.-N.; Bastien, V.* (2009), Luxury Strategy. Break the Rules of Marketing to Build Luxury Brand, Milford 2009

*Kaplan, R. S.; Norton, D. P.* (1996), Balanced Scorecard – Translating Strategy into Action, Boston 1996

*Kaplan, R. S.; Norton, D. P.* (1997), Balanced Scorecard. Strategien erfolgreich umsetzen, Stuttgart 1997

*Karle, R.* (2012a), Gut vernetzt und sturmerprobt, in: asw, 3/2012, S. 42–43

*Karle, R.* (2012b), Vielseitig begabt und stark gefragt, in: asw, 5/2012, S. 50–51

*Karlöf, B.; Östblom, S.* (1994), Das Benchmarking Konzept, München 1994

*Kastin, K. S.* (1995), Marktforschung mit einfachen Mitteln, München 1995

*Katona, G.* (1960), Das Verhalten der Verbraucher und Unternehmer, Tübingen 1960

*Katz, R. L.* (1974), Skills of an effective administrator, In. Harvard Business Review 9–10/1974, S. 90–102

*Kaufer, E.* (1980), Industrieökonomik. Eine Einführung in die Wettbewerbstheorie, München 1980

*Kaufmann, L. et al.* (2005), China Champions, Wiesbaden 2005

*Kaul, H.; Steinmann, C.* (Hrsg.) (2008), Community Marketing, Stuttgart 2008

*Keegan, W. J.* (1989), Global Marketing Management, 4. Aufl., Englewood Cliffs, N. J. 1989

*Keegan, W. J.; Green, M. C.* (2008), Global Marketing, 5. Aufl., London 2008

*Keegan, W. J.; Schlegelmilch, B. B.; Stöttinger, B.* (2002), Globales Marketing-Management, München-Wien 2002

*Kehl, T.; Bernsmann, C.* (1993), Bestimmung des Marketingmix, in: Thexis 5/6/1993, S. 71–75

*Keller, T.* (1993), Unternehmensführung mit Holdingkonzepten, 2. Aufl., Köln 1993

*Kellner, J.* (1982), Promotions – Zielsetzung, Techniken, Fallbeispiele, Landsberg 1982

*Kellner, K.* (1990), Die räumliche Gliederung der BRD nach marketing-strategischen Grundsätzen, Nürnberg 1990

*Kelly, J. M.* (1988), So analysieren und bewerten Sie Ihre Konkurrenz, Landsberg 1988

*Kemna, H.* (1979), Key Account Management – Verkaufserfolg der Zukunft durch Kundenorientierung, München 1979

*Kendall, M. G.* (1957), A Course in Multivariate Analysis, London 1957

*Kern, W.; Schröder, H.-H.* (1977), Forschung und Entwicklung in der Unternehmung, Reinbek 1977

*Kets de Vries, M. F. R.; Miller, D.* (1986), Personality, culture and organisation, in: Academy of Management Review, 11/1986, S. 266–279

*Kiel, H.-J.; Bäuchl, R. G.* (2014), Eventmanagement, München 2014

*Kilian, T.; Langner, S.* (2010), Online-Kommunikation, Wiesbaden 2010

*Kieser, A.; Walgenbach, P.* (2003), Organisation, 4. Aufl., Stuttgart 2003

*King, W. R.; Cleland, D. J.* (1978) Strategic planning and policy, New York 1978

*Kinnebrock, W.* (1993), Integriertes Event-Marketing: Vom Marketing-Erleben zum Erlebnismarketing, Wiesbaden 1993

*Kirchgeorg, M.* (1995 a), Kreislaufwirtschaft – Neue Herausforderungen für das Marketing, in: Marketing ZFP 4/1995, S. 232–248

*Kirchgeorg, M.* (1995 b), Öko-Marketing, in: *Tietz, B.; Köhler, R.; Zentes, J.* (Hrsg.), Handwörterbuch des Marketing, 2. Aufl., Stuttgart 1995, Sp. 1943–1954

*Kirchgeorg, M.* (1995 c), Zielgruppenmarketing, in: Thexis 3/1995, S. 20–26

*Kirchgeorg, M. et al.* (Hrsg.) (2003), Handbuch Messemanagement, Wiesbaden 2003

*Kirchgeorg, M.; Klante, O.* (2005), Ursachen und Wirkungen von Markenerosion, in: *Esch, F.-R.* (Hrsg.), Moderne Markenführung, 4. Aufl., Wiesbaden 2005, S. 329–350

*Kirsch, W.* (1977), Einführung in die Theorie der Entscheidungsprozesse, 2. Aufl., Bd. I, Wiesbaden 1977

*Klages, H.* (1999), Wertewandel, Speyer 1999

*Klammer, M.* (1989), Non-verbale Kommunikation im Verkauf, Heidelberg 1989

*Klein, R.; Schall, A.* (2011), Planung und Entscheidung, 2. Aufl., München 20011

*Klein, R.; Scholl, A.* (2004), Planung und Entscheidung, München 2004

*Kleinaltenkamp, M.* (1987), Die Dynamisierung strategischer Marketing-Konzepte, in: Zeitschrift für betriebswirtschaftliche Forschung 1/1987, S. 31–52

*Kleinaltenkamp, M.* (1988), Marketingstrategien des Produktionsverbindungshandels, in: Thexis 2/1988, S. 38–43

*Kleinaltenkamp, M.* (1995 a), Produktionsgütermarketing, in: *Tietz, B.; Köhler, R.; Zentes, J.* (Hrsg.), Handwörterbuch des Marketing, 2. Aufl., Stuttgart 1995, Sp. 2109–2120

*Kleinaltenkamp, M.* (1995 b), Standardisierung und Individualisierung, in: *Tietz, B.; Köhler, R.; Zentes, J.* (Hrsg.), Handwörterbuch des Marketing, 2. Aufl., Stuttgart 1995, Sp. 2354–2364

*Kleinaltenkamp, M.; Fließ, S.; Jacob, F.* (Hrsg.) (1996), Customer Integration. Von der Kundenorientierung zur Kundenintegration, Wiesbaden 1996

*Kleinaltenkamp, M.; Plinke, W.* (Hrsg.) (1995), Technischer Vertrieb, Berlin-Heidelberg 1995

*Kleinaltenkamp, M.; Plinke, W.* (Hrsg.) (1997), Geschäftsbeziehungsmanagement, Berlin 1997

*Klimek, L.* (1996), Wie Hailo Kunden bindet. Begeisterung ist das Ziel, in: Absatzwirtschaft 12/1996, S. 50–52

*Kloss, I.* (2007), Werbung, 4. Aufl., München 2007

*Kloss, I.* (2012), Werbung, 5. Aufl., München 2012

*Knauer, M.* (1999), Kundenbindung in der Telekommunikation: Das Beispiel T-Mobil, in: *Bruhn, M.; Homburg, C.* (Hrsg.), Handbuch Kundenbindungsmanagement, 2. Aufl., Wiesbaden 1999, S. 511–526

*Kneschaurek, F.* (1983), Szenarienanalysen, in: *Buchinger, G.* (Hrsg.), Umfeldanalysen für das strategische Management, Wien 1983, S. 311–326

*Knoblich, H.* (1969), Betriebswirtschaftliche Warentypologie. Grundlagen und Anwendungen, Köln und Opladen 1969

*Knoblich, H.* (1974), Absatztheorie, warenorientierte, in: *Tietz, B.* (Hrsg.), Handwörterbuch der Absatzwirtschaft, Stuttgart 1974, Sp. 167–179

*Knoblich, H.* (1994), Absatzpolitik, 4. Aufl., Göttingen 1994

*Knoblich H.* (1995), Gütertypologien, in: *Tietz, B.; Köhler, R.; Zentes, J.* (Hrsg.), Handwörterbuch des Marketing, 2. Aufl., Stuttgart 1995, Sp. 838–850

*Knoblich, H.* (2001), Produkttypologie, in: *Diller, H.* (Hrsg.), Vahlens Großes Marketing Lexikon, München 2001, S. 1416–1420

*Knoblich, H.; Scharf, A.; Schubert, B.* (Hrsg.) (1996), Geschmacksforschung, München-Wien 1996

*Knoblich, H.; Scharf, A.; Schubert, B.* (2003), Marketing mit Duft, 4. Aufl., München-Wien 2003

*Knoblich, H.; Treis, B.* (Hrsg.) (1991), Marketing im europäischen Binnenmarkt, Göttingen 1991

*Koch, H.* (1962), Über eine allgemeine Theorie des Handelns, in: *Koch, H.* (Hrsg.), Zur Theorie der Unternehmung, Wiesbaden 1962, S. 367–423

*Koch, H.* (1977), Aufbau der Unternehmensplanung, Wiesbaden 1977

*Koch, J.* (2009), Marktforschung. Begriffe und Methoden, 5. Aufl., München 2009

*Köhler, F. W.* (1992), Handelsstrategien im systematischen Überblick, in: *Trommsdorff, V.* (Hrsg.), Handelsforschung 1991. Erfolgsfaktoren und Strategien, Wiesbaden 1992, S. 117–134

*Köhler, R.* (1977), Marketing-Entscheidungen als Anwendungsgebiet der quantitativen Planung, in: *Köhler, R.; Zimmermann, H. J.* (Hrsg.), Entscheidungshilfen im Marketing, Stuttgart 1977, S. 2–28

*Köhler, R.* (1981), Grundprobleme der strategischen Marketingplanung, in: *Geist, M. N.; Köhler, R.* (Hrsg.), Die Führung des Betriebes, Stuttgart 1981, S. 261–291

*Köhler, R.* (1988), Beiträge zum Marketing-Management, Stuttgart 1988

*Köhler, R.* (1992), Budgetierung, in: *Diller, H.* (Hrsg.), Vahlens Großes Marketing Lexikon, München 1992, S. 134–136

*Köhler, R.* (1993), Beiträge zum Marketing-Management, 3. Aufl., Stuttgart 1993

*Köhler, R.* (1994), Statement im Programm zum 22. Deutschen Marketing-Tag, „Marketing – Motor des Reengineering", Hamburg, 28. Oktober 1994, S. 17

*Köhler, R.* (1995), Marketing-Organisation, in: *Tietz, B.; Köhler, R.; Zentes, J.* (Hrsg.), Handwörterbuch des Marketing, 2. Aufl., Stuttgart 1995, Sp. 1636–1653

*Köhler, R.; Hüttemann, H.* (1989), Marktauswahl im internationalen Marketing, in: *Machazina, K.; Welge, M. K.* (Hrsg.) (1989), Handwörterbuch Export und Internationale Unternehmung, Stuttgart 1989, Sp. 1428–1440

*Köhler, R.; Majer, W.; Wiezorek, H.* (Hrsg.) (2001), Erfolgsfaktor Marke, München 2001

*Köhler, R.; Übele, H.* (1977), Planung und Entscheidung im Absatzbereich industrieller Großunternehmen, Aachen 1977

*Köhler, R.; Zimmermann, H. J.* (Hrsg.) (1977), Entscheidungshilfen im Marketing, Stuttgart 1977

*Kolks, U.* (1990), Strategieimplementierung. Ein anwenderorientiertes Konzept, Wiesbaden 1990

*Kollat, D. T.; Blackwell, R. D.; Robeson, J. F.* (1972), Strategic Marketing, New York u. a. 1972

*Kollmann, T.* (2008), E-Business. Grundlagen elektronischer Geschäftsprozesse in der Net Economy, 3. Aufl., Wiesbaden 2008

*Kollmann, T.* (2013), Online-Marketing, 2. Aufl, Stuttgart 2013

*Kollmann, T.; Häsel, M.* (Hrsg.) (2007), Web 2.0. Trends und Technologien im Kontext der Net Economy, Wiesbaden 2007

*Kolm, R.; Fichte, M.* (1996), Call Center: Das Lächeln am heißen Draht, in: Markenartikel 10/1996, S. 462–466

*Konert, F.-J.* (1986), Vermittlung emotionaler Erlebniswerte, Heidelberg 1986

*Konstroffer & Partner* (1993), Erfolgreich arbeiten bei US-Gesellschaften in Europa, Frankfurt 1993

*Koontz, H.; O'Donell, C.* (1976), Management. A systems and contingency analysis of managerial functions, New York u. a. 1976

*Kopp, M.* (1975), Umsatzplanung, Verkaufsbudgets, Absatzprognose, München 1975

*Koppelmann, U.* (Hrsg.) (1969), Die Ware in Wirtschaft und Technik, Herne/Berlin 1969

*Koppelmann, U.* (1974), Marketing. Einführung in Entscheidungsprobleme des Absatzes, Düsseldorf 1974

*Koppelmann, U.* (1995), Design, in: *Tietz, B.; Köhler, R.; Zentes, J.* (Hrsg.), Handwörterbuch des Marketing, 2. Aufl., Stuttgart 1995, Sp. 440–453

*Koppelmann, U.* (2001), Produktmarketing, 6. Aufl., Berlin u. a. 2001

*Kordina-Hildebrandt, I.; Hildebrandt, L.* (1979), Planung bei steigender Unsicherheit des Managements, Bern-Stuttgart 1979

*Korndörfer, W.* (1995), Unternehmensführungslehre, 8. Aufl., Wiesbaden 1995

*Kotabe, M.; Helsen, K.* (2001), Global Marketing Management, 2. Aufl., New York u. a. 2001

*Kotler, Ph.* (1964), Marketing Mix Decisions of New Products, in: Journal of Marketing Research 1964, S. 43–49

*Kotler, Ph.* (1967), Marketing Management, Englewood Cliffs 1967

*Kotler, Ph.* (1971), Marketing Decision Making. A Model Building Approach, New York u. a. 1971

*Kotler, Ph.* (1977), Marketing-Management. Anlayse, Planung und Kontrolle, Stuttgart 1977

*Kotler, Ph.* (1982), Marketing-Management. Analyse, Planung und Kontrolle, 4. Aufl., Stuttgart 1982

*Kotler, Ph.* (1986), Megamarketing, in: Harvard Manager 3/1986, S. 32–39

*Kotler, Ph. et al.* (2003), Grundlagen des Marketing, 3. Aufl., München 2003

*Kotler, Ph.; Armstrong, G.* (1988), Marketing, Wien 1988

*Kotler, Ph.; Armstrong, G.; Harris, L. C.; Piercy, N.* (2016), Grundlagen des Marketing, 6. Aufl., Hallbergmoos 2016

*Kotler, Ph.; Bliemel, F.* (1995), Marketing-Management. Analyse, Planung, Umsetzung und Steuerung, 8. Aufl., Stuttgart 1995

*Kotler, Ph.; Bliemel, F.* (1999), Marketing-Management. Analyse, Planung, Umsetzung und Steuerung, 9. Aufl., Stuttgart 1999

*Kotler, Ph.; Bliemel, F.* (2001), Marketing-Management. Analyse, Planung und Verwirklichung, 10. Aufl., Stuttgart 2001

*Kotler, Ph.; Keller, K.L.; Bliemel, F.* (2007), Marketing-Management, 12. Aufl., München 2007

*Kotler, Ph.; Keller, K.L.; Opresnik, M. O.* (2017), Marketing-Management, 15. Aufl., Hallbergmoos 2017

*Krämer, C.* (1993), Marketingstrategien für Produktionsgüter, Wiesbaden 1993

*Krafft, M. et al.* (Hrsg.) (2005), Internationales Direktmarketing, Wiesbaden 2005

*Krafft, M.; Niederhofer, M.* (2007), Marktorientierte Unternehmensführung in Zeiten der Rezession, in: *Bruhn, M.; Kirchgeorg, M.; Meyer, J.* (Hrsg.), Marktorientierte Führung im wirtschaftlichen und gesellschaftlichen Wandel, Wiesbaden, S. 183–194

*Kramer, S.* (1991 a), An der Leistung orientiert, in: Absatzwirtschaft 1/1991, S. 86–93

*Kramer, S.* (1991 b), Darstellung und kritische Analyse der Life-Style-Segmentierung zur Verhaltenserfassung europäischer Konsumenten, Hamburg 1991

*Kramer, S. E.* (1994), Perspektiven des vertikalen

Marketing-Mix in der Elektro- und Elektronikbranche, in: *Müller, W.; Bauer, H. H.* (Hrsg.) (1994), Wettbewerbsvorteile erkennen und sichern, Neuwied u. a. 1994, S. 169–186

*Kraus, G.; Becker-Kolle, C.; Fischer, T.* (2010), Change-Management, 3. Aufl., Berlin 2010

*Kraus, J.* (1991), Werbebranche: Globalisierung versus Differenzierung in der Kommunikationsstrategie, in: *Töpfer, A.; Berger, R.* (Hrsg.), Unternehmenserfolg im Europäischen Binnenmarkt, Landsberg 1991, S. 377–396

*Kraus, R.* (2005), Strategisches Wertschöpfungsdesign, Wiesbaden 2005

*Krautter, J.* (1973), Marketing-Entscheidungsmodelle, Wiesbaden 1973

*Krautter, J.* (1975), Zum Problem der optimalen Marktsegmentierung, in: Zeitschrift für Betriebswirtschaft 2/1975, S. 109–128

*Krcma, H.* (2005), Informationsmanagement, 4. Aufl., Berlin-Heidelberg-New York 2005

*Kreibich, R.* (1995), Zukunftsforschung, in: *Tietz, B.; Köhler, R.; Zentes, J.* (Hrsg.), Handwörterbuch des Marketing, 2. Aufl., Stuttgart 1995, Sp. 2814–2834

*Kreikebaum, H.* (1973), Die Lückenanalyse als Voraussetzung der Unternehmensplanung, in: Zeitschrift für Interne Revision 1973, S. 17–26

*Kreikebaum, H.* (1981), Strategische Unternehmensplanung, Stuttgart u. a. 1981

*Kreikebaum, H.* (1989), Strategische Unternehmensplanung, 3. Aufl., Stuttgart u. a. 1989

*Kreikebaum, H.* (1991), Strategische Unternehmensplanung, 4. Aufl., Stuttgart u. a. 1991

*Kreikebaum, H.; Grimm, U.* (1983), Die Analyse strategischer Faktoren und ihre Bedeutung für die strategische Planung, in: Wirtschaftswissenschaftliches Studium 1/1983, S. 6–12

*Kreikebaum, H.; Seidel, E.; Zabel, H. U.* (Hrsg.) (1994), Unternehmenserfolg durch Umweltschutz, Wiesbaden 1994

*Kreilkamp, E.* (1987), Strategisches Management und Marketing, Berlin-New York 1987

*Kreutzer, R.* (1989), Global Marketing-Konzeption eines länderübergreifenden Marketing, Wiesbaden 1989

*Kreutzer, R.* (1990), Aktivitätsfeldbezogene Analyse zur Ermittlung unternehmens-induzierter Länderrisiken, in: Jahrbuch für Absatz- und Verbrauchsforschung, 1/1990, S. 41–53

*Kreutzer, R.* (1991), Länderübergreifende Segmentierungskonzepte – Antwort auf die Globalisierung der Märkte, in: Jahrbuch für Absatz- und Verbrauchsforschung, 1/1991, S. 4–27

*Kreutzer, R.* (1993), Lean Marketing – bewährte Handlungskonzepte, in: *Bauer, A.; Geyer, D.* (Hrsg.), Lean Marketing, Landsberg 1993, S. 197–202

*Kreutzer, R.* (1995), Database-Marketing in: *Tietz, B.; Köhler, R.; Zentes, J.* (Hrsg.), Handwörterbuch des Marketing, 2. Aufl., Stuttgart 1995, Sp. 403–414

*Kreutzer, R.* (2006), Praxisorientiertes Marketing, Wiesbaden 2006

*Kreutzer, R.* (2013), Praxisorientiertes Marketing, 4. Aufl., Wiesbaden 2013

*Kreutzer, R.* (2014), Praxisorientiertes Online-Marketing, 2. Aufl, Wiesbaden 2014

*Kreutzer, R.; Merkle, W.* (2008), Web 2.0 – Welche Potentiale gilt es zu heben?, in: *Kreutzer, R. T.; Merkle, W.*, Die neue Macht des Marketing, Wiesbaden 2008, S. 149–183

*Krishna, A.* (Hrsg.) (2010), Research on the Sensuality of Products, London – New York 2010

*Kroeber-Riel, W.* (1975), Konsumentenverhalten, München 1975

*Kroeber-Riel, W.* (1986), Erlebnisbetontes Marketing, in: *Belz, Ch.* (Hrsg.), Realisierung des Marketing, Bd. 1 und 2, Savosa und St. Gallen 1986, S. 1137–1151

*Kroeber-Riel, W.* (1987), Informationsüberlastung durch Massenmedien und Werbung in Deutschland, in: Die Betriebswirtschaft 3/1987, S. 257–261

*Kroeber-Riel, W.* (1992), Emotionale Werbung (erlebnisbetonte Werbung, Lebensstilwerbung), in: *Diller, H.* (Hrsg.), Vahlens Großes Marketing Lexikon, München 1992, S. 262–265

*Kroeber-Riel, W.* (1993), Integrierte Marketing-Kommunikation, in: Thexis 2/1993, S. 2–5

*Kroeber-Riel, W.* (1996), Bildkommunikation, München 1996

*Kroeber-Riel, W.; Esch, F.-R.* (2000), Strategie und Technik der Werbung, 5. Aufl., Stuttgart u. a. 2000

*Kroeber-Riel, W.; Esch, F.-R.* (2011), Strategie und Technik der Werbung, 7. Aufl., Stuttgart 2011

*Kroeber-Riel, W.; Gröppel-Klein, A.* (2013), Konsumentenverhalten, 10. A., München 2013

*Kroeber-Riel, W.; Meyer-Hentschel, G.* (1982), Werbung. Steuerung des Konsumentenverhaltens, Würzburg-Wien 1982

*Kroeber-Riel, W.; Weinberg, P.* (2003), Konsumentenverhalten, 8. Aufl., München 2003

*Kroeber-Riel, W.; Weinberg, P.; Gröppel-Klein, A.* (2009), Konsumentenverhalten, 9. Aufl., München 2009

*Kroehl, H.* (2000), Corporate Identity als Erfolgskonzept im 21. Jahrhundert, München 2000

*Krommes, W.* (1972), Das Verhalten der Unternehmung in der Rezession, Berlin 1972

*Krümmel, H. J.; Rehm, H.; Simmert, D. B.* (1991), Allfinanz – Strukturwandel an den Märkten für Finanzdienstleistungen, Berlin 1991

*Krum, C.* (2012), Mobile Marketing, München u. a. 2012

*Krystek, U.; Müller-Stewens, G.* (1993), Frühaufklärung von Unternehmen, Wiesbaden 1993

*Kühn, R.* (1985), Marketing-Instrumente zwischen Selbstverständlichkeit und Wettbewerbsvorteil. Das Dominanz-Standard-Modell, in: Thexis 4/1985, S. 16–21

*Kühn, R.* (1995), Marketing-Mix, in: *Tietz, B.; Köhler, R.; Zentes, J.* (Hrsg.), Handwörterbuch des Marketing, 2. Aufl., Stuttgart 1995, Sp. 1615–1628

*Küpper, H.-U.* (2011), Unternehmensethik. Hintergründe, Konzepte, Anwendungsbereiche, 2. Aufl., Stuttgart 2011

*Küpper, H.-U.; Winckler, B.; Zhang, S.* (1990), Planungsverfahren und Planungsinformationen als Instrumente des Controlling, in: Die Betriebswirtschaft 4/1990, S. 435–458

*Küting, K.; Weber, C. P.* (2004), Die Bilanzanalyse, 7. Aufl., Stuttgart 2004

*Küting, K.; Weber, C. P.* (2012), Die Bilanzanalyse, 10. Aufl., Stuttgart 2012

*Kuhn, A.* (1990), Unternehmensführung, 2. Aufl., München 1990

*Kuhn, Th.* (2000), Internes Unternehmertum, München 2000

*Kuhnert, J.; Teuber, S.* (2008), Praxishandbuch Change Management, München 2008

*Kulhavy, E.* (1989), Informationsbedarf für internationale Marketingentscheidungen, in: *Machazina, K.; Welge, M. K.* (Hrsg.), Handwörterbuch Export und Internationale Unternehmung, Stuttgart 1989, Sp. 831–841

*Kumar, B.* (1982), Der Internationalisierungsprozeß von Mittelbetrieben. Eine betriebswirtschaftliche Untersuchung am Beispiel deutscher Mittelbetriebe in den USA, Habil. Nürnberg 1982

*Kumar, M. S.* (1985), Growth, Acquisition and Investment, Cambridge-New York 1985

*Kunczik, M.* (2002), Public Relations. Konzepte und Theorien, Köln-Weimar-Wien 2002

*Kunkel, R.* (1977), Vertikales Marketing im Herstellerbereich, München 1977

*Kupsch, P.* (1979), Unternehmungsziele, Stuttgart-New York 1979

*Kurz, H.* (1992), Informationsverhalten, in: *Diller, H.* (Hrsg.), Vahlens Großes Marketing Lexikon, München 1992, S. 453–456

*Kurz, E.; Ortwein, E.* (1999), Integrierte Unternehmensstrategie für Electronic Commerce im Business-to-Business-Bereich, in: *Hermanns, A.; Sauter, M.* (Hrsg.), Management Handbuch Electronic Commerce, München 1999, S. 129–139

*Kuß, A.* (1991), Käuferverhalten, Stuttgart 1991

*Kuß, A.* (1994), Analyse von Kundenwünschen mit Hilfe von Means-End-Chains, in: *Tomczak, T.; Belz, Ch.* (Hrsg.), Kundennähe realisieren, St. Gallen 1994, S. 251–262

*Kuß, A.; Kleinaltenkamp, M.* (2013), Marketing-Einführung, 6. Aufl., Wiesbaden 2013

*Kuß, A.; Tomczak, T.* (2001), Marketingplanung, 2. Aufl., Wiesbaden 2001

*Kutschker, M.; Schmid, S.* (2005), Internationales Management, 4. Aufl., München-Wien 2005

*Ladwig, F.* (2002), Multi-Channel-Commerce im Vertrieb, Wiesbaden 2002

*Lal, R.; Sarvary, M.* (1999), When and How Is the Internet Likely to Decrease Price Competition?, in: Marketing Science 4/1999, S. 485–503

*Laloux, F.* (2015), Reinventing Organizations, München 2015

*Lambin, J. J.* (1976), Advertising, Competition and Market Conduct in Oligopoly Over Time, Amsterdam 1976

*Lambin, J. J.* (1987), Grundlagen und Methoden des strategischen Marketing, Hamburg 1987

*Lambin, J. J.* (1997), Strategic Marketing Management, London u. a. 1997

*Lambsdorff, H. G.* (1993), Werbung und Umweltschutz, Stuttgart u. a. 1993

*Lancaster, G.; Massingham, L.* (1993), Marketing Management, London u. a. 1993

*Landgrebe, K. P.* (1980), Imagewerbung und Firmenstil, Hamburg 1980

*Langner, H.* (1991), Segmentierungsstrategien für den europäischen Markt, Wiesbaden 1991

*Langner, S.* (2009), Viral Marketing, 3. Aufl., Wiesbaden 2009

*Lapin, L.* (1976), Quantitative Methods for Business Decisions, New York 1976

*Larew, J.; Deprosse, H.* (1997), Erfolgshonorare für Berater?, in: Harvard Business Manager 1/1997, S. 107–113

*Lasserre, Ph.; Schütte, H.* (1995), Strategies for Asia Pacific, Basingstoke 1995

*Lauer, H.* (1998), Konditionen-Management, Düsseldorf 1998

*Laurent, M.* (1996), Vertikale Kooperationen zwischen Industrie und Handel, Frankfurt 1996

*Laux, H.* (2003), Entscheidungstheorie I, 5. Aufl., Berlin-Heidelberg-New York 2003

*Lazer, W.* (1964), Life Style Concepts and Marketing, in: *Greyser, S.* (Hrsg.), Toward Scientific Marketing, Chicago 1964, S. 130–139

*Lebensmittel-Zeitung* (Hrsg.) (1993), Duell der Marken, Frankfurt 1993

*Lehmann, A. P.* (1993), Dienstleistungsmanagement, Zürich 1993

*Lehmann, A. P.* (1994), Marketing für Financial Services – mehr Wettbewerb und neue Konkurrenten, in: Thexis 6/1994, S. 2–9

*Lehner, F.* (2012), Wissensmanagement, 4. Aufl., München 2012

*Leitherer, E.* (1966), Werbelehre, Stuttgart 1966

*Lenz, M.; Fritz, W.* (1986), Die Aktivierungsforschung im Urteil der Marketingpraxis, in: Marketing ZFP 3/1986, S. 181–186

*Leontiades, M.* (1980), Strategies for Diversification and Change, Boston, Mass. 1980)

*Leontiades, M.* (1987), Mischkonzerne verändern die Welt, Düsseldorf u. a. 1987

*Lerchenmüller, M.* (1992), Handelsbetriebslehre, Ludwigshafen 1992

*Levitt, Th.* (1960), Marketing Myopia, in: Harvard Business Review 7/8/1960, S. 45–56

*Levitt, Th.* (1965), Exploit the Product Life Cycle, in: Harvard Business Review 1965, S. 81–94

*Levitt, Th.* (1983), The Globalization of Markets, in: Harvard Business Review 3/1983, S. 92–102

*Lewis, J. C.* (1991), Strategische Allianzen, Frankfurt-New Yor 1991

*Lewis, T.* (1994), Steigerung des Unternehmenswertes, Landsberg 1994

*Lewrick, M.; Link, P.; Leifer, L.* (Hrsg.) (2018), Das Design Thinking Playbook, 2. Aufl., München 2018

*Leymore, V. L.* (1975), Hidden Myth, New York 1975

*Liebl, F.* (1996), Strategische Frühaufklärung, München-Wien 1996

*Liebl, F.* (2000), Der Schock des Neuen. Entstehung und Management von Issues und Trends, München 2000

*Liebmann, H.-P.; Zentes, J.* (2001), Handelsmanagement, München 2001

*Liertz, R.* (1974), Diversifikation, in: Marketing-Enzyklopädie, Bd. I, München 1974, S. 441–452

*Lilien, G. L.; Kotler, Ph.* (1983), Marketing Decision Making. A Model Building Approach, 2. Aufl., New York 1983

*Lilien, G. L.; Kotler, P.; Moorthy, K.* (1992), Marketing Models, Englewood Cliffs, N. J. 1992

*Lim, J. S.; Sharkey, T. W.; Kim, K. I.* (1993), Determinants of International Marketing Strategy, in: Management International Review 2/1993, S. 103–120

*Lindblom, C. E.* (1959), The Science of „Muddling Trough", in: Public Administration Review 1959, S. 79–88

*Lindblom, C. E.* (1969), The Science of „Muddling Trough", in: *Ansoff, H. I.* (Hrsg.), Business Strategy, Harmondsworth 1969, S. 41–60

*Lingenfelder, M.; Schneider, W.* (1991), Die Kundenzufriedenheit. Bedeutung, Meßkonzept und empirische Befunde, in: Marketing ZFP 2/1991, S. 109–119

*Link, J.* (2003), Mobile Commerce, Berlin-Heidelberg-New York 2003

*Link, J.; Gerth, N.; Voßbeck, E.* (2000), Marketing-Controlling, München 2000

*Linnemann, R. E.; Stanton, J. L.* (1991), Making Niche Marketing Work: How to Grow Bigger by Acting Smaller, New York 1991

*Linssen, H.* (1975), Interdependenzen im absatzpolitischen Instrumentarium der Unternehmung, Berlin 1975

*Linxweiler, R.* (2001), Brand Score Card. Ein neues Instrument erfolgreicher Markenführung, Groß-Umstadt 2001

*Linxweiler, R.* (2003), Marken-Design, 2. Aufl., Wiesbaden 2003

*Lipson, H. A.; Darling, J. R.* (1971), Introduction to Marketing: An Administrative Approach, New York u. a. 1971

*Lipson, H. A.; Darling, J. R.; Reynolds, F. D.* (1970), A Two-Phase Interaction Process for Marketing Model Construction, in: MSU Business Topics 1970, S. 34–44 (zit. nach *Meffert, H.*, Marketing heute und morgen, Wiesbaden 1975, S. 267–275)

*Little, A.D.* (Hrsg.) (1988), Innovation als Führungsaufgabe, Frankfurt-New York 1988

*Little, A. D.* (Hrsg.) (1991), Management der F & E-Strategie, Wiesbaden 1991

*Little, A. D.* (Hrsg.) (1992), Management von Spitzenqualität, Wiesbaden 1992

*Little, A. D.* (Hrsg.) (1994), Management erfolgreicher Produkte, Wiesbaden 1994

*Little, A. D.* (Hrsg.) (1996), Management in vernetzten Unternehmen, Wiesbaden 1996

*Little, J. D.C.* (1970), Models and Managers: The Concept of a Decision Calculus, in: Managment Sciences 8/1970, S. 466–485

*Little, J. D. C.* (1975), BRANDAID: A Marketing-Mix-Model, in: Operations Research 4/1975, S. 628–673

*Little, J. D. C.* (1977), Modelle und Manager: Das Konzept des Decision Calculus, in: *Köhler, R.; Zimmermann, H. J.* (Hrsg.), Entscheidungshilfen im Marketing, Stuttgart 1977, S. 122–147

*Löffler, H.; Scherfke, A.* (2000), Praxishandbuch Direktmarketing, Berlin 2000

*Lorange, P.* (1980), Corporate Planning, Englewood Cliffs, N. J. 1980

*Loudon, D.; Della Bitta, A.* (1984), Consumer Behavior. Concepts and Applications, 2. Aufl., New York 1984

*Luck, D. J.; Ferrell, O. C.; Lucas, H. J.* (1989), Marketing Strategy and Plans, 3. Aufl., Englewood Cliffs, N. J. 1989

*Lücking, J.* (1995), Marktaggressivität und Unternehmenserfolg, Berlin 1995

*Lürzer, C.; Burnett, L.* (Hrsg.) (o. J.), Life-style-research, Frankfurt o. J.

*Lütge, Ch.; Uhl, M.* (2018), Wirschaftsethik, München 2018

*Maas, R. M.* (1980), Absatzwege. Konzeptionen und Modelle, Wiesbaden 1980

*Macharzina, K.* (Hrsg.) (1984), Diskontinuitätenmanagement. Strategische Bewältigung von Strukturbrüchen bei internationaler Unternehmenstätigkeit, Hohenheim 1984

*Macharzina, K.* (1989), Diskontinuitätenmanagement, in: *Macharzina, K.; Welge, M. K.* (Hrsg.), Handwörterbuch Export und Internationale Unternehmung, Stuttgart 1989, Sp. 316–340

*Macharzina, K.* (1995), Unternehmensführung. Das internationale Managementwissen, 2. Aufl., Wiesbaden 1995

*Macharzina, K.* (2003), Unternehmensführung. Das internationale Managementwissen, 3. Aufl., Wiesbaden 2003

*Macharzina, K.; Wolf, J.* (2008), Unternehmensführung. Das internationale Managementwissen, 6. Aufl., Wiesbaden 2008

*Macharzina, K.; Wolf, J.* (2015), Unternehmensführung. Das internationale Managementwissen, 9.Aufl., Wiesbaden 2015

*Magri, C.* (1990), Aufwertungsstrategie im Jelmoli-Konzern, in: Thexis 2/1990, S. 6–15

*Magyar, K. M.* (1969), Marktziele einer neuzeitlichen Unternehmungspolitik, Rorschach 1969

*Magyar, K. M.* (1985), Das Marketing-Puzzle, Zollikon 1985

*Maidique, M. A.* (1980) Entrepreneurs, Champions and Technological Innovation, in: Sloan Management Review 2/1980, S. 59–76

*Majer, W.* (2001), Aufbau und Sicherung von Markenbindung unter schwierigen Konkurrenz- und Distributionsbedingungen, in: *Köhler, R.; Majer, W.; Wiezorek, H.* (Hrsg.), Erfolgsfaktor Marke, München 2001, S. 36–44

*Majora, S.* (1992), International Marketing, London 1992

*Makridakis, S.* (1990), Forecasting, Planning and Strategy for the 21st Century, New York 1990

*Malik, F.* (1989), Strategie des Managements komplexer Systeme, 3. Aufl., Bern-Stuttgart 1989

*Malik, F.* (2000), Systemisches Management, Evolution, Selbstorganisation, 2. Aufl., Bern-Stuttgart 2000

*Malorny, Ch.* (1996), TQM umsetzen. Der Weg zur Business Excellence, Stuttgart 1996

*Mann, A.* (2003), Corporate Governance Systeme, Berlin 2003

*Männel, W.; Lücking, J.* (1992), Vertriebskosten, in: *Diller, H.* (Hrsg.), Vahlens Großes Marketing Lexikon, München 1992, S. 1253–1254

*Manschwetus, U.; Rumler, A.* (Hrsg.) (2002), Strategisches Internetmarketing, Wiesbaden 2002

*March, J. G.; Simon, H. A.* (1958), Organizations, New York u. a. 1958

*Marconi, J.* (1994), Unternehmen unter Beschuß. Erfolgreiches Krisenmarketing, Landsberg 1994

*Markert, G.* (2008), Weiterempfehlung als Marketingziel, Wiesbaden 2008

*Markowitz, H. M.* (1959), Portfolio selection. Efficient diversification of investment, New York u. a. 1959

*Marks, U. G.* (1994), Neuproduktpositionierung in Wettbewerbsmärkten, Wiesbaden 1994

*Marr, R.; Picot, A.* (1976), Absatzwirtschaft, in: *Heinen, E.* (Hrsg.), Industriebetriebslehre, Entscheidungen im Industriebetrieb, 5. Aufl., Wiesbaden 1976, S. 419–523

*Martin, J.* (1997), Das Cyber-Unternehmen, Wien 1997

*Martin, M.* (1992), Mikrogeographische Marktsegmentierung, Wiesbaden 1992

*Martino, H. D.* (1982), Markenartikel, in: *Falk, B. R.; Wolf, J.* (Hrsg.), Das große Lexikon für Handel und Absatz, 2. Aufl., Landsberg 1982, S. 519–520

*Massow, M.* (2000), Der neue Dienstleistungs-Atlas. Boom-Jobs von morgen, 4. Aufl., München 2000

*Mattmüller, R.* (1993), Handels-Marketing, in: *Meyer, P. W.; Meyer, A.* (Hrsg.), Marketing-Systeme: Grundlagen des institutionalen Marketing, 2. Aufl., Stuttgart u. a. 1993, S. 77–138

*Mattmüller, R.* (2000), Integrativ-Prozessuales Marketing, Wiesbaden 2000

*Mattmüller, R.; Tunder, R.* (2004), Strategisches Handelsmarketing, München 2004

*Matzler, K.; Bailom, F.; von den Eichen, S. F.; Anschober, M.* (2016), Digitale Disruption. Wie Sie Ihr Unternehmen auf das digitale Zeitalter vorbereiten, München 2016

*Maucher, H.* (1985), Zukunftssicherung mit flexiblen Strategien, in: Ernährungswirtschaft 5/1985, S. 6–7

*Maucher, H.* (2007), Management Brevier, Frankfurt-New York 2007

*Mayer, A.; Mayer, R. U.* (1987), Imagetransfer, Hamburg 1987

*Mazanec, J.; Wiegele, O. J.* (1977), Zum praktischen Einsatz von Positionierungsmodellen in der Produktpolitik, in: *Köhler, R.; Zimmermann, H. J.* (1977), Entscheidungshilfen im Marketing, Stuttgart 1977, S. 45–60

*McCarthy, J. E.* (1960), Basic Marketing. A Managerial Approach, 6. Aufl., Homewood, Ill. 1960

*McDonald, M.* (2008), Marketingpläne, 6. Aufl., Heidelberg 2008

*McDonald, M.; Dunbar, I.* (1995), Market segmentation. A step by step approach to create profitable market segments, Basingstoke, Hampshire 1995

*McKinsey; Kempis, R.-D. et al.* (1998), do IT smart. Chefsache Informationstechnologie, Wien-Frankfurt 1998

*McKinsey; Kluge et al.* (1994), Wachstum durch Verzicht. Schneller Wandel zur Weltklasse: Vorbild Elektronikindustrie, Stuttgart 1994

*McKinsey; Rommel et al.* (1993), Einfach Überlegen. Das Unternehmenskonzept, das die Schlanken schlank und die Schnellen schnell macht, Stuttgart 1993

*McQuarrie, E. F.; Mc Intyre, S. H.* (1992), The Customer Visit: An Emerging Practice in Business-to-Business Marketing (Report of Marketing Science Institute), Cambridge/Mass. 1992 (zit. nach *Backhaus, K.,* Investitionsgütermarketing, 4. Aufl., München 1995)

*Meckl, R.* (2006), Internationales Management, München 2006

*Meffert, H.* (1974), Interpretation und Aussagewert des Produktlebenszyklus-Konzeptes, in: *Hammann, P.; Kroeber-Riel, W.; Meyer, C. W.* (Hrsg.), Neuere Ansätze der Marketingtheorie, Berlin 1974, S. 85–134

*Meffert, H.* (1977), Marketing, Wiesbaden 1977

*Meffert, H.* (1984), Marketingstrategien in stagnierenden und schrumpfenden Märkten, in: *Pack, L.; Börner, D.* (Hrsg.), Betriebswirtschaftliche Entscheidungen bei Stagnation, Wiesbaden 1984, S. 37–72

*Meffert, H.* (1986), Marketing im Spannungsfeld von weltweitem Wettbewerb und nationalen Bedürfnissen, in: Zeitschrift für Betriebswirtschaft 8/1986, S. 689–712
*Meffert, H.* (1988), Strategische Unternehmensführung und Marketing, Wiesbaden 1988
*Meffert, H.* (1989), Marketingstrategien, globale, in: *Macharzina, K.; Welge, M. K.* (Hrsg.), Handwörterbuch Export und Internationale Unternehmung, Stuttgart 1989, Sp. 1412–1427
*Meffert, H.* (1992), Marketingforschung und Käuferverhalten, 2. Aufl., Wiesbaden 1992
*Meffert, H.* (1993), Marketing. Grundlagen der Absatzpolitik, 7. Aufl. (Nachdruck), Wiesbaden 1993
*Meffert, H.* (1994 a), Erfolgreiches Marketing in der Rezession, Wien 1994
*Meffert, H.* (1994 b), Marketing-Management. Analyse – Strategie – Implementierung, Wiesbaden 1994
*Meffert, H.* (1995), Dienstleistungsmarketing, in: *Tietz, B.; Köhler, R.; Zentes, J.* (Hrsg.), Handwörterbuch des Marketing, 2. Aufl., Stuttgart 1995, Sp. 1586–1598
*Meffert, H.* (2000), Marketing. Grundlagen marktorientierter Unternehmensführung, 9. Aufl., Wiesbaden 2000
*Meffert, H.; Bolz, J.* (1995), Erfolgswirkungen der internationalen Marketingstandardisierung, in: Marketing ZFP 2/1995, S. 99–109
*Meffert, H.; Bolz, J.* (1998), Internationales Marketing-Management, 3. Aufl., Stuttgart u. a. 1998
*Meffert, H.; Bruhn, M.* (2006), Dienstleistungsmarketing. Grundlagen – Konzepte – Methoden, 5. Aufl., Wiesbaden 2006
*Meffert, H.; Bruhn, M.* (2013), Dienstleistungsmarketing. Grundlagen - Konzepte - Methoden, 7.Aufl., Wiesbaden 2013
*Meffert, H.; Bruhn, M.; Hadwich, K.* (2015), Dienstleistungsmarketing, 8. Aufl., Wiesbaden 2015
*Meffert, H.; Burmann, Ch.* (2002), Wandel in der Markenführung – vom instrumentellen zum identitätsorientierten Markenverständnis, in: *Meffert, H.; Burmann, Ch.; Koers, M.* (Hrsg.), Markenmanagement, Wiesbaden 2002, S. 17–33
*Meffert, H.; Burmann, Ch.; Becker, Ch.* (2011), Internationales Marketing-Management, Stuttgart 2011
*Meffert, H.; Burmann, Ch.; Kirchgeorg, M.* (2008), Marketing. Grundlagen marktorientierter Unternehmensführung, 10. Aufl., Wiesbaden 2008
*Meffert, H.; Burmann, Ch.; Kirchgeorg, M.* (2012), Marketing. Grundlagen marktorientierter Unternehmensführung, 11. Aufl., Wiesbaden 2012
*Meffert, H.; Burmann, Ch.; Kirchgeorg, M.* (2015), Marketing. Grundlagen marktorientierter Unternehmensführung, 12. Aufl., Wiesbaden 2015
*Meffert, H; Burmann, Ch.; Koers, M.* (Hrsg.), Markenmanagement, Wiesbaden 2002
*Meffert, H.; Kimmeskamp, G.; Becker, R.* (1981), Die Handelsvertretung im Meinungsbild ihrer Marktpartner, Stuttgart u. a. 1981
*Meffert, H.; Kirchgeorg, M.* (1989), Umweltschutz als Unternehmensziel, in: *Specht, G.; Silberer, G.; Engelhardt, W. H.* (Hrsg.), Marketing-Schnittstellen, Stuttgart 1989, S. 179–199
*Meffert, H.; Kirchgeorg, M.* (1992), Marktorientiertes Umweltmanagement, Stuttgart 1992
*Meffert, H.; Kirchgeorg, M.* (1998), Marktorientiertes Umweltmanagement, 3. Aufl., Stuttgart 1998
*Meffert, H.; Koers, M.* (2002), Identitätsorientiertes Markencontrolling – Grundlagen und konzeptionelle Ausgestaltung, in: *Meffert, H.; Burmann, Ch.; Koers, M.* (Hrsg.), Markenmanagement, Wiesbaden 2002, S. 403–428
*Meffert, H.; Lasslop, I.* (2004), Luxusmarkenstrategie, in: *Bruhn, M.* (Hrsg.), Handbuch Markenführung,2. Aufl., Bd. 1, Wiesbaden 2004, S. 927–947
*Meffert, H.; Steffenhagen, H.* (1977), Marketing-Prognosemodelle. Quantitative Grundlagen des Marketing, Stuttgart 1977
*Meffert, J.; Klein, H.* (2007), DNS der Weltmarktführer, Heidelberg 2007
*Meinig, W.* (1995), Lebenszyklen, in: *Tietz, B.; Köhler, R.; Zentes, J.* (Hrsg.), Handwörterbuch des Marketing, 2. Aufl., Stuttgart 1995, Sp. 1392–1405
*Meissner, H. G.* (1987), Strategisches internationales Marketing, Heidelberg u. a. 1987
*Meissner, H. G.* (1995), Strategisches internationales Marketing, 2. Aufl., München-Wien 1995
*Mellerowicz, K.* (1963), Markenartikel – Die ökonomischen Gesetze ihrer Preisbildung und Preisbindung, 2. Aufl., München-Berlin 1963
*Merbold, C.* (1994), Business-to-Business-Kommunikation. Bedingungen und Wirkungen, Hamburg 1994
*Mertens, P.* (Hrsg.) (1994), Prognoserechnung, 5. Aufl., Heidelberg 1994
*Mertins, K.; Siebert, G.; Kempf, S.* (Hrsg.) (1995) Benchmarking. Praxis in deutschen Unternehmen, Berlin u. a. 1995
*Meyer, A.* (1989), Mikrogeographische Marktsegmentierung, in: Jahrbuch für Absatz- und Verbrauchsforschung 4/1989, S. 342–365
*Meyer, A.* (1990), Dienstleistungsmarketing, 4. Aufl., Augsburg 1990
*Meyer, A.* (1992 a), Das Absatzmarktprogramm, in: *Meyer, P. W.* (Hrsg.), Integrierte Marketingfunktionen, 3. Aufl., Stuttgart u. a. 1992, S. 52–83
*Meyer, A.* (1992 b), Finanzdienstleistungen im Spannungsfeld zwischen Rationalisierung und Kundenorientierung, Mainz 1992
*Meyer, A.* (1994), Abschied vom Marketing-Mix- und Ressortdenken?, in: Absatzwirtschaft 9/1994, S. 94–101 und 10/1994, S. 102–106
*Meyer, A.* (Hrsg.) (1998), Handbuch Dienstleistungs-Marketing, Bd. 1 und 2, Stuttgart 1998

*Meyer, A.* (2001), Dienstleistungsmarketing, in: *Diller, H.* (Hrsg.), Vahlens Großes Marketing Lexikon, München 2001, S. 293–297

*Meyer, A.; Brauer, W.* (1994), Handelsbetriebe als Marke, in: *Bruhn, M.* (Hrsg.), Handbuch Markenartikel, Bd. 3, Stuttgart 1994, S. 1617–1630

*Meyer, A.; Davidson, J. H.* (2001), Offensives Marketing, Freiburg u. a. 2001

*Meyer, A.; Dornach, F.* (1998), Das Deutsche Kundenbarometer – Qualität und Zufriedenheit, in: *Simon, H.; Homburg, Ch.* (Hrsg.), Kundenzufriedenheit, 3. Aufl., Wiesbaden 1998, S. 179–200

*Meyer, H.* (2002), Unternehmensführung, Herne-Berlin 2002

*Meyer, H.* (2004), Führungskraft mit hybridem Anforderungsprofil gesucht, in: Personalwirtschaft 5/2004, S. 34–36

*Meyer, J.* (1988), Qualität als strategische Wettbewerbswaffe, in: *Simon, H.* (Hrsg.), Wettbewerbsvorteile und Wettbewerbsfähigkeit, Stuttgart 1988, S. 73–88

*Meyer, J.-A.* (1992), Computer Integrated Marketing, München 1992

*Meyer, J.-A.* (1995), Public Relations, in: *Tietz, B.; Köhler, R.; Zentes, J.* (Hrsg.), Handwörterbuch des Marketing, 2. Aufl., Stuttgart 1995, Sp. 2195–2204

*Meyer, J.-A.; Fiedler, L.* (1993), Abschied von Daumenregeln: Computergestützte Marketing-Mix-Analyse, in: Absatzwirtschaft 10/1993, S. 68–75

*Meyer, M.* (1987), Die Beurteilung von Länderrisiken der internationalen Unternehmung, Berlin-München 1987

*Meyer, M.* (1995), Kundendienst, in: *Tietz, B.; Köhler, R.; Zentes, J.* (Hrsg.), Handwörterbuch des Marketing, 2. Aufl., Stuttgart 1995, Sp. 1351–1362

*Meyer, P. W.; Mattmüller, R.* (Hrsg.) (1993), Strategische Marketingoptionen, Stuttgart u. a. 1993

*Meyer-Hentschel, G.* (1983), Aktivierungswirkung von Anzeigen. Meßverfahren für die Praxis, Würzburg u. a. 1983

*Michaelis, P.* (1999), Betriebliches Umweltmanagement, Herne-Berlin 1999

*Michel, K.* (1992), Technologie im strategischen Management, 2. Aufl., Berlin 1992

*Michelis, P.; Schildhauer, T.* (Hrsg.) (2010), Social Media Handbuch, Theorien, Methoden, Modelle, Baden-Baden 2010

*Michmann, R. D.* (1991), Lifestyle Market Segmentation, New York u. a. 1991

*Mickwitz, G.* (1959), Marketing and Competition. The Various Forms of Competition at the Successive Stages of Production and Distribution, Helsingfors 1959

*Mielenhausen, E.* (1982), Marktfeld, in: *Falk, B. R.; Wolf, J.* (Hrsg.), Das große Lexikon für Handel und Absatz, 2. Aufl., Landsberg 1982, S. 536–539

*Miles, R. E.; Snow, Ch.C.* (1986), Unternehmensstrategien, Hamburg u. a. 1986

*Mintzberg, H.* (1989), Mintzberg on Management, New York 1989

*Mintzberg, H.* (1991), Mintzberg über Management. Führung und Organisation, Mythos und Realität, Wiesbaden 1991

*Mintzberg, H.* (1992), Die Mintzberg-Struktur: Organisationen effektiver gestalten, Landsberg 1992

*Mintzberg, H.* (1994), The Rise and Fall of Strategic Planning, New York-Toronto 1994

*Mintzberg, H.* (1995), Die Strategische Planung, München u. a. 1995

*Miracle, G. E.* (1965), Product Characteristics and Marketing Strategy, in: Journal of Marketing 1965, S. 18–24

*Mirow, M.* (2000), Strategien zur Wertsteigerung in diversifizierten Unternehmen, in: *Hinterhuber, H. H. et al.* (Hrsg.), Die Zukunft der diversifizierten Unternehmung, München 2000, S. 325–343

*Möhrle, M.* (1995), Prämarketing – zur Markteinführung neuer Produkte, Wiesbaden 1995

*Möller, H.* (1941), Kalkulation, Absatzpolitik und Preisbildung, Wien 1941

*Monden, Y.; Sakurai, M.* (Hrsg.) (1989), Japanese Management Accounting, Cambridge/Mass. 1989

*Monsees, M.* (2010), Den Trend im Marketing gibt es offenbar nicht, in: asw, 1-2/2010, S. 46

*Morgan, R. E.; Katsikeas, C. S.; Appiah-Adu, K.* (1998), Market Orientation and Organizational Learning, in: Journal of Marketing Management, 14/1998, S. 353–381

Muchna, C. (1988), Strategische Marketing-Früherkennung auf Investitionsgütermärkten, Wiesbaden 1988

*Mudra, P.* (2004), Personalentwicklung, München 2004

*Mues, F.-J.* (1990), Information by event, in: Absatzwirtschaft, 12/1990, S. 84–89

*Mülder, W.; Weis, H. Ch.* (1996), Computerintegriertes Marketing, Ludwigshafen 1996

*Mühlbacher, H.; Dahringer, L.; Leihs, H.* (1999), International Marketing, 2. Aufl., London u. a. 1999

*Müller, A.* (2000), Strategisches Management mit der Balanced Scorecard, Stuttgart u. a. 2000

*Müller, G.* (1971), Das Image des Markenartikels, Opladen 1971

*Müller, G.* (1981), Strategische Frühaufklärung, München 1981

*Müller, G. M.* (1994), Dachmarkenstrategien, in: *Bruhn, M.* (Hrsg.), Handbuch Markenartikel, Bd. 1, Stuttgart 1994, S. 499–511

*Müller, R.* (1995), Event-Marketing = Event + Marketing, in: *Tomczak, T.; Müller, F.; Müller, R.* (Hrsg.), Die Nicht-Klassiker der Unternehmungskommunikation, St. Gallen 1995, S. 112–117

*Müller, S.* (1984), Unterschwellige Werbung. Das Ende einer Legende, in: Marketing ZFP 4/1984, S. 267–272

*Müller, S.; Gelbrich, K.* (2004), Interkulturelles Marketing, München 2004

*Müller, S.; Kornmeier, M.* (1994), Internationales Marketing. Eine interkulturelle Perspektive (Dresdner Beiträge zur Betriebswirtschaftslehre, 1/1994), Dresden 1994

*Müller, S.; Kornmeier, M.* (2002), Strategisches Internationales Management, München 2002

*Müller, W.* (1986), Planung von Marketingstrategien, Frankfurt u. a. 1986

*Müller, W.* (1994), Kundenbindungs-Management, in: *Müller, W.; Bauer, H. H.* (Hrsg.), Wettbewerbsvorteile erkennen und sichern, Neuwied u. a. 1994, S. 187–208

*Müller-Christ, G.* (2001), Umweltmanagement. Umweltschutz und nachhaltige Entwicklung, München 2001

*Müller-Christ, G.* (2014), Nachhaltiges Management, 2. Aufl., Baden-Baden 2014

*Müller, S.; Gelbrich, K.* (2015), Interkulturelles Marketing, 2. Aufl., München 2015

*Müller-Hagedorn, L.* (1995), Betriebstypen im Einzelhandel, in: *Tietz, B.; Köhler, R.; Zentes, J.* (Hrsg.), Handwörterbuch des Marketing, 2. Aufl., Stuttgart 1995, Sp. 238–255

*Müller-Hagedorn, L.* (1998), Der Handel, Stuttgart u. a. 1998

*Müller-Hagedorn, L.* (2002), Handelsmarketing, 3. Aufl., Stuttgart-Berlin-Köln 2002

*Müller-Hagedorn, L. et al.* (1999), Vertikales Marketing, in: Marketing ZFP 1/1999, S. 61–74

*Müller-Hagedorn, L.; Erdmann, B.* (1995), Betriebsvergleich, in: *Tietz, B.; Köhler, R.; Zentes, J.* (Hrsg.), Handwörterbuch des Marketing, 2. Aufl., Stuttgart 1995, Sp. 274–285

*Müller-Hagedorn, L.; Natter, F.* (2011), Handelsmarketing, 5. Aufl., Stuttgart 2011

*Müller-Merbach, H.* (1973), Operations Research. Methoden und Modelle der Optimalplanung, 3. Aufl., München 1973

*Müller-Merbach, H.* (1978), Tendenzen der Verwendung quantitativer Ansätze in der betriebswirtschaftlichen Forschung und Praxis, in: *Müller-Merbach, H.* (Hrsg.), Quantitative Ansätze in der Betriebswirtschaftslehre, München 1978, S. 11–27

*Müri, P.* (1986), Chaos-Management, Eegg-Zürich 1986

*Myers, J. H., Shocker, A. D.* (1981), The Nature of Product-Related Attributes, in: *Sheth, J. N.* (Hrsg.), Research in Marketing, Bd. 5, Greenwich 1981, S. 211–236

*Myers, J. H.; Tauber, E.* (1977), Market Structure Analysis, Chicago 1977

*Nagl, A.* (2005), Der Businessplan, 2. Aufl., Wiesbaden 2005

*Nagtegaal, H.* (1977), Experience Curve & Produktportfolio. Wie überlebt mein Unternehmen?, Wiesbaden 1977

*Naisbitt, J.; Aburdene, D.* (1990), Megatrends, 2. Aufl., Düsseldorf 1990

*Nalebuff, B.; Brandenburger, A.* (1996), Coopetition – kooperativ konkurrieren, Frankfurt-New York 1996

*Nebel, J.; Schulz, A.; Flohr, E.* (Hrsg.) (2008), Das Franchise-System, 4. Aufl., München 2008

*Nerdinger, F. W.; Rosenstiel, von L.* (1995), Die Umgestaltung der Führungsstrukturen im Rahmen der Implementierung des Internen Marketing, in: *Bruhn, M.* (Hrsg.), Internes Marketing, Wiesbaden 1995, S. 113–128

*Neubäumer, R.; Hewel, B.* (Hrsg.) (1995), Volkswirtschaftslehre, Wiesbaden 1995

*Neubauer, F. F.* (1980), Das PIMS-Programm und Portfolio-Management, in: *Hahn, D.; Taylor, B.* (Hrsg.), Strategische Unternehmungsplanung, Würzburg-Wien 1980, S. 135–162

*Neubauer, F. F.* (1990), PIMS-Programm und Portfolio-Management, in: *Hahn, D.; Taylor, B.* (Hrsg.), Strategische Unternehmungsplanung. Strategische Unternehmungsführung, 5. Aufl., Heidelberg 1990, S. 283–310

*Neuberger, O.* (2008), Führen und führen lassen, 7. Aufl., Stuttgart 2008

*Neumann, J.; Morgenstern, O.* (1961), Spieltheorie und wirtschaftliches Verhalten, Würzburg 1961

*Neumann, M.* (1979), Industrial Organization. Ein Überblick über die quantitative Forschung, in: Zeitschrift für Betriebwirtschaft 7/1979, S. 645–600

*Nickel, O.* (Hrsg.) (2005), Eventmarketing, 2. Aufl., München 2005

*Nickel, U.* (1996), Bartering. Position, Probleme, Perspektiven, Frankfurt 1996

*Nickel, S.; Stein, O.; Waldmann, K.-H.* (2011), Operations Research, Berlin - Heidelberg 2011

*Niedereichholz, Ch.; Niedereichholz, J.* (Hrsg.) (2010), Inhouse Consulting, München 2010

*Nieschlag, R.; Dichtl, E.; Hörschgen, H.* (1968), Einführung in die Lehre von der Absatzwirtschaft, Berlin 1968

*Nieschlag, R.; Dichtl, E.; Hörschgen, H.* (1997), Marketing, 18. Aufl., Berlin 1997

*Nieschlag, R.; Dichtl, E.; Hörschgen, H.* (2002), Marketing, 19. Aufl., Berlin 2002

*Nitsche, M.* (1998), Micromarketing, Wien 1998

*Nöcker, R.* (2014), Ökonomie der Werbung. Grundlagen, Wirkungsweise, Geschäftsmodelle, Wiesbaden 2014

*Nommensen, J. H.* (1990), Die Prägnanz von Markenbildern, Heidelberg 1990

*Norman, D. A.* (1976), Memory and Attention. An Introduction to Human Information Processing, 2. Aufl., New York 1976

*Nufer, G.* (2012), Event-Marketing und -Management, 4. Aufl., Wiesbaden 2012

*Numrich, K. J.* (1979), Marketingmanagement, Marketing-Instrumente und Marketing-Mix, Berlin 1979

*Oberender, P.* (Hrsg.) (1984), Marktstruktur und Wettbewerb in der BRD, München 1984

*Oberender, P.* (Hrsg.) (1989), Marktökonomie. Marktstruktur und Wettbewerb in ausgewählten Branchen der BRD, München 1989

*Obermaier, R.* (Hrsg.) (2016), Industrie 4.0 als unternehmerische Gestaltungsaufgabe, Berlin u. a. 2016

*Oberparleiter, K.* (1930), Die Funktionen und Risikenlehre des Warenhandels, Berlin-Wien 1930

*Oechsler, W. A.* (2006), Personal und Arbeit. Einführung in die Personalwirtschaft, 8. Aufl., München-Wien 2006

*Oeckl, A.* (1981), PR-Praxis. Der Schlüssel zur Öffentlichkeitsarbeit, Düsseldorf-Wien 1981

*Oehme, W.* (1992 a), Handels-Marketing, 2. Aufl., München 1992

*Oehme, W.* (1992 b), No Names (Weiße Marken, Gattungsmarken, Generica) in: *Diller, H.* (Hrsg.), Vahlens Großes Marketing Lexikon, München 1992, S. 819–820

*Oehme, W.* (2001), Handels-Marketing, 3. Aufl., München 2001

*Oetinger, B.* (Hrsg.) (1993), Das Boston Consulting Group Strategie-Buch, 3. Aufl., Düsseldorf u. a. 1993

*Ohmae, K.* (1985), Macht der Triade, Wiesbaden 1985

*Ohno, T.* (1993), Das Toyota-Produktionssystem, Frankfurt-New York 1993

*Ohse, D.* (1998), Quantitative Methoden in der Betriebswirtschaftslehre, München 1998

*Olbrich, R.* (1995), Vertikales Marketing, in: *Tietz, B.; Köhler, R.; Zentes, J.* (Hrsg.), Handwörterbuch des Marketing, 2. Aufl., Stuttgart 1995, Sp. 2612–2623

*Olbrich, R.* (2001), Marketing, Berlin u. a. 2001

*Olfert, K.; Steinbruch, P. A.* (2001), Personalwirtschaft, 9. Aufl. Ludwigshafen 2001

*Ondrack, D. A.* (1995), Entgeltsysteme als Motivationsinstrument, in: *Kieser, A.; Reber, G.; Wunderer R.* (Hrsg.), Handwörterbuch der Führung, 2. Aufl., Stuttgart 1995, Sp. 307–328

*Opaschowski, H. W.* (1991), Das Jahrzehnt des Erlebniskonsumenten, Dokumentation zu einem Vortrag auf dem Deutschen Filmtheater-Kongreß am 10. 4. 1991 in Baden-Baden, S. 1–28

*Opaschowski, H. W.* (1992), Freizeit 2001. Ein Blick in die Zukunft unserer Freizeit, Hamburg 1992

*Opaschowski, H. W.* (2006), Deutschland 2020. Wie wir morgen leben – Prognosen der Wissenschaft, 2. Aufl., Wiesbaden 2006

*Ott, A. E.* (1968), Grundzüge der Preistheorie, Göttingen 1968

*Otte, G.* (2004), Sozialstrukturanalysen mit Lebensstilen, Wiesbaden 2004

*Ottersbach, J. H.* (2007), Der Businessplan, München 2007

*o. V.* (1977), Kotler heute, asw-Interview, in: Absatzwirtschaft 9/1977, S. 34–38

*o. V.* (1987), Vorwurf: Industrie ohne Konzeption, in: Werben & Verkaufen, 12/1987, S. 1

*o. V.* (1989), Verkaufsstrategie. Kommunikation statt Kondition, in: Absatzwirtschaft, 8/1989, S. 30–32

*o. V.* (1992), Der Pakt der Unscheinbaren wurde zu einem Erfolg, in: Frankfurter Allgemeine Zeitung, vom 12. 6. 1992, S. 21

*o. V.* (1993), Spar zeigt mit Eigenmarken Flagge, in: Frankfurter Allgemeine Zeitung, vom 12. 10. 1993, S. 20

*o. V.* (1994), Der Cash-flow zählt (Interview mit Alfred Rappaport über sein Konzept), in: Manager Magazin 5/1994, S. 164–166)

*o. V.* (1995), Transportverpackung: Der Logistikverbund nimmt Gestalt an, in: Absatzwirtschaft 8/1995, S. 102–105

*o. V.* (2018), „Es gibt keinen Beweis dafür, dass Mischkonzerne schlechter sind“, in: *Süddeutsche Zeitung*, 18.01.2018, Nr. 125, S. 21

*Packard, V.* (1958), Die geheimen Verführer, Düsseldorf 1958

*Palda, K. S.* (1969), Economic Analysis for Marketing Decisions, Englewood Cliffs, N. J. 1969

*Parasuramam, A.; Zeithaml, V. A.; Berry, L. L.* (1985), A Conceptual Model of Service Quality and Its Implications for Future Research, in: Journal of Marketing 3/1985, S. 41–50

*Partridge, L.; Sinclair-Hunt, M.* (2005), Strategic Management, Cambridge/Mass. 2005

*Pascale, R.T.; Athos, A. G.* (1981), The Art of Japanese Management, Harmondsworth 1981

*Pauli, K. S.* (2004), Leitfaden für die Pressearbeit, München 2004

*Payne, A.; Rapp, R.* (Hrsg.) (2003), Handbuch Relationship Marketing, 2. Aufl., Wiesbaden 2003

*Peckham, J. O.* (1975), The Wheel of Marketing, Nielsen Company, 1975

*Peckham, J. O.* (1976), Marketing-Rad, Speiche 6: Werbung, in: Nielsen-Beobachter 2/1976, S. 3–39

*Penrose, E. T.* (1952), Biological Analogies in the Theory of the Firm, in: The American Economic Review 1952, S. 804–819

*Pepels, W.* (1996 a), Kommunikations-Management, 2. Aufl., Stuttgart 1996

*Pepels, W.* (1996 b), Marketing, München-Wien 1996

*Pepels, W.* (1998), Produktmanagement, München-Wien 1998

*Pepels, W.* (1999 a), Kundendienstpolitik, München 1999

*Pepels, W.* (Hrsg.) (1999 b), Verkaufsförderung, München-Wien 1999

*Pepels, W.* (Hrsg.) (2000), Marktsegmentierung, Heidelberg 2000

*Peppers, D.; Rogers, M.* (1996), Strategien für eine individuelles Kundenmarketing, München 1996

*Peren, F. W.; Hergeth, H. H. A.* (Hrsg.) (1996), Customizing in der Weltautomobilindustrie. Individuelle Produktgestaltung und -vermarktung, Frankfurt-New York 1996

*Perillieux, R.* (1987), Der Zeitfaktor im strategischen Technologie-Management, Berlin 1987

*Perlitz, M.* (1995), Internationales Management, 2. Aufl., Stuttgart-Jena 1995

*Perlmutter, H. V.* (1972), The Tortuous Evolution of the Multinational Corporation, in: *Kapoor, A.; Grub, P. D.* (Hrsg.), The Multinational Enterprise in Transition, Princeton, N. J. 1972, S. 53–66

*Perridon, L.; Steiner, M.* (2004), Finanzwirtschaft der Unternehmung, 13. Aufl., München 2004

*Peter, L. J.; Hull, R.* (2000), Das Peter-Prinzip oder die Hierarchie der Unfähigen, 31. Aufl., Reinbek 2000

*Peters, G.* (1998), Die Profilierungsfunktion von Handelsmarken im Lebensmitteleinzelhandel, Aachen 1998

*Peters, T. J.; Waterman, R. H.* (1982), In Search of Excellence, New York 1982

*Peters, T. J.; Waterman, R. H.* (1984), Auf der Suche nach Spitzenleistungen, 10. Aufl., Landsberg 1984

*Peto, R.* (2001), Grundlagen der Makroökonomik, 12. Aufl., München-Wien 2001

*Pettigrew, A.; Whipp, R.* (1992), Managing Change for Competitive Success, Oxford-Cambridge 1992

*Pfaffhausen, A.* (1995), Handelsvermittler, in: *Tietz, B.; Köhler, R.; Zentes, J.* (Hrsg.), Handwörterbuch des Marketing, 2. Aufl., Stuttgart 1995, Sp. 890–902

*Pfau, W.* (2001), Strategisches Management, Kompaktstudium Wirtschaftswissenschaften, Bd. 16, München 2001

*Pfeifer, T.* (2000), Qualitätsmanagement, 3. Aufl., München-Wien 2000

*Pfeiffer, S.* (1981), Die Akzeptanz von Neuprodukten im Handel. Eine empirische Untersuchung zum Innovationsverhalten des Lebensmittelhandels, Wiesbaden 1981

*Pfeiffer, T.; Koch, B.* (2011), Social Media. Wie Sie mit Twitter, Facebook & Co. Ihren Kunden näher kommen, München 2011

*Pfeiffer, W.* (1985), Zur Notwendigkeit strategischer Vorsteuerung von Innovationsprozessen, in: *Franke, J.* (Hrsg.), Betriebliche Innovation als interdisziplinäres Problem, Stuttgart 1985, S. 124–133

*Pfeiffer, W.; Bischof, P.* (1981), Produktlebenszyklen – Instrument jeder strategischen Produktplanung, in: *Steinmann, H.* (Hrsg.), Planung und Kontrolle, München 1981, S. 133–166

*Pfeiffer, W.; Weiss, E.* (Hrsg.) (1990), Technologie-Management, Göttingen 1990

*Pfeiffer, W.; Weiss, E.* (1994), Lean Management, 2. Aufl., Berlin 1994

*Pflaum, D.; Eisenmann, H.; Linxweiler, R.* (2000), Verkaufsförderung, Landsberg/Lech 2000

*Pflaum, D.; Linxweiler, R.* (1998), Public Relations der Unternehmung, Landsberg/Lech 1998

*Pfohl, H. C.* (1977), Problemorientierte Entscheidungsfindung in Organisationen, Berlin-New York 1977

*Pfohl, H. C.* (1990), Logistiksysteme, 4. Aufl., Berlin u. a. 1990

*Pfohl, H. C.; Stölzle, W.* (1995), Retrodistribution, in: *Tietz, B.; Köhler, R.; Zentes, J.* (Hrsg.), Handwörterbuch des Marketing, 2. Aufl., Stuttgart 1995, Sp. 2234–2247

*Pförtsch, W.; Schmid, M.* (2005), B2B-Markenmanagement, München 2005

*Phillips, L. W.; Chang, D. R.; Buzzell, R. D.* (1983), Product Quality, Cost Position and Business Performance, in: Journal of Marketing 4/1983, S. 26–43

*Picot, A.* (1981), Strukturwandel und Unternehmensstrategie, Teil I und II, in: Wirtschaftswissenschaftliches Studium 11/1981, S. 527–532 und 12/1981, S. 563–571

*Picot, A.; Reichwald, R.* (2003), Die grenzenlose Unternehmung. Information, Organisation und Management, 5. Aufl., Wiesbaden 2003

*Picot, A.; Michaelis, E.* (1984), Verteilung von Verfügungsrechten in Großunternehmungen und Unternehmungsverfassung, in: Zeitschrift für Betriebswirtschaft 3/1984, S. 252–272

*Picot, A.; Nordmeyer, A.; Pribilla, P.* (2000), Management von Akquisitionen, Stuttgart 2000

*Picot, G.* (Hrsg.) (2012), Handbuch Mergers & Acquisitions, 5. Aufl., Stuttgart 2012

*Piercy, N.* (1997), Market-Led Strategic Change, 2. Aufl., Oxford 1997

*Piller, F. T.* (1998), Kundenindividuelle Massenproduktion, München-Wien 1998

*Piller, F. T.* (2006), Mass Customization. Ein wettbewerbsstrategisches Konzept im Informationszeitalter, 4. Aufl., Wiesbaden 2006

*Pine, B. J.* (1993), Mass Customization. The New Frontier in Business Competition, Boston/Mass. 1993

*Pine, B. J.* (1994), Maßgeschneiderte Massenfertigung, Wien 1994

*Pine, B. J.; Gilmore, J. H.* (2000), Erlebniskauf. Konsum als Erlebnis, München 2000

*Pleitner, H. J.* (1997), Unternehmerpersönlichkeit und Unternehmensentwicklung, in: *Belak, J. et al.* (Hrsg.), Unternehmensentwicklung und Management, Zürich 1997, S. 181–196

*Poirier, C. P.; Reiter, S. E.* (1997), Die optimale Wertschöpfungskette, Frankfurt-New York 1997

*Polli, E.; Cook, V.* (1969), Validity of the Product Life Cycle, in: Journal of Business 1969, S. 385–400

*Popcorn, F.* (1992), Der Popcorn Report. Trends für die Zukunft, München 1992

*Porter, M. E.* (1980), Competitive Strategy, New York 1980

*Porter, M. E.* (1986), Wettbewerbsvorteile, Frankfurt-New York 1986

*Porter, M. E.* (Hrsg.) (1989 a), Globaler Wettbewerb. Strategien der neuen Internationalisierung, Wiesbaden 1989

*Porter, M. E.* (Hrsg.) (1989 b), Wettbewerb auf globalen Märkten. Ein Rahmenkonzept, in: *Porter, M. E.* (Hrsg.), Globaler Wettbewerb. Strategien der neuen Internationalisierung, Wiesbaden 1989, S. 17–72

*Porter, M. E.* (1995), Wettbewerbsstrategie, 8. Aufl., Frankfurt-New York 1995

*Porter, M. E.; Fuller, M. B.* (1989), Koalitionen und globale Strategien, in: *Porter, M. E.* (Hrsg.), Globaler Wettbewerb. Strategien der neuen Internationalisierung, Wiesbaden 1989, S. 363–399

*Post, J. E.* (1978), Corporate Behavior and Social Change, Reston, Va. 1978

*Preißler, P. R.* (1997), Controlling, 9. Aufl., München-Wien 1997

*Preißner, A.* (1996), Marketing-Controlling, München-Wien 1996

*Preißner, A.;* (2013), Vertrieb. Märkte analysieren, Kunden überzeugen, Umsatz steigern, 2. Aufl., München 2013

*Pretzel, J.* (1996), Die Entwicklung von Handelsmarken – Untersuchungen und Zukunftsperspektiven im Verbrauchsgüterbereich, in: *Bruhn, M.* (Hrsg.), Handelsmarken im Wettbewerb, Stuttgart-Frankfurt 1996, S. 121–148

*Priemer, V.* (1999), Bundling im Marketing, Bern u. a. 1999

*Priemer, W.* (1970), Produktvariation als Instrument des Marketing, Berlin 1970

*Probst, G. J. B.; Gomez, P.* (1990), Vernetztes Denken – Die Methodik des vernetzten Denkens zur Lösung komplexer Probleme, in: *Hahn, D.; Taylor, B.* (Hrsg.), Strategische Unternehmungsplanung. Strategische Unternehmungsführung, 5. Aufl., Heidelberg 1990, S. 903–921

*Pümpin, C.* (1992), Strategische Erfolgspositionen, Bern-Stuttgart 1992

*Pufé, J.* (2014), Nachhaltigkeit, 2. Aufl., Konstanz - München 2014

*Quack, H.* (1995), Internationales Marketing, München 1995

*Quack, H.* (2000), Internationale Kooperationen, Frankfurt 2000

*Quartapelle, A. Q.; Larsen, G.* (1996), Kundenzufriedenheit. Wie Kundentreue im Dienstleistungsbereich die Rentabilität steigert, Berlin u. a. 1996

*Quelch, J. A.; Harding, D.* (1996), Marken: Der Kampf ist nicht verloren, in: Harvard Business Manager 3/1996, S. 41–51

*Quelch, J. A.; Klein, L. R.* (1996), The Internet and International Marketing, in: Sloan Management Review, Spring 1996, S. 60–75

*Quink, Th.* (1995), Markentreue zwischen Risikoaversion und Abwechslungsappetenz, Dipl.-Arb., Universität Köln 1995

*Quinn, J. B.; Doorley, T. L.; Paquette, P. C.* (1990), Beyond Products: Service-Based Strategy, in: Harvard Business Review 2/1990, S. 58–67

*Raffée, H.* (1974), Grundprobleme der Betriebswirtschaftslehre, Göttingen 1974

*Raffée, H.; Effenberger, J.; Fritz, W.* (1994), Strategieprofile als Erfolgsfaktoren des Unternehmenserfolgs, in: Die Betriebwirtschaft 3/1994, S. 383–396

*Raffée, H.; Fritz, W.* (1992), Dimensionen und Konsistenz der Führungskonzeptionen von Industrieunternehmen im Vergleich, in: Zeitschrift für betriebwirtschaftliche Forschung 4/1992, S. 303–322

*Raffée, H.; Fritz, W.; Wiedmann, K.-P.* (1994), Marketing für öffentliche Betriebe, Stuttgart 1994

*Raffée, H.; Wiedmann, K.-P.* (1985), Strategisches Marketing, Stuttgart 1985

*Raffée, H.; Wiedmann, K.-P.* (1989), Strategisches Marketing, 2. Aufl., Stuttgart 1989

*Ramme, J.* (2000), Marketing, Stuttgart 2000

*Rapp, R.* (2000), Customer Relationship Management, Frankfurt-New York 2000

*Rapp, R.; Giehler, M.* (1999), Relationship Marketing im Internet, in: *Payne, A.; Rapp, R.*, Handbuch Relationship Marketing, Wiesbaden 1999, S. 275–292

*Rapp, S.; Collins, T.* (1991), Die große Marketing-Wende, Landsberg 1991

*Rappaport, A.* (1986), Creating Shareholder Value, New York-London 1986

*Rappaport, A.* (1994), Shareholder Value. Der neue Maßstab für die Unternehmensführung, Stuttgart 1994

*Rat für Formgebung* (Hrsg.) (1990), Design-Management, Düsseldorf u. a. 1990

*Rau, H.* (1996 a), Benchmarking: Die Fehler in der Praxis, in: Harvard Business Manager 4/1996, S. 21–25

*Rau, H.* (1996 b), Mit Benchmarking an die Spitze, Wiesbaden 1996

*Rayport, J. F.; Sviokla, J. J.* (1996), Die virtuelle Wertschöpfungskette – Kein fauler Zauber, in: Havard Business Manager, 2/1996, S. 104–113

*Reeves, R.* (1961), Reality in Advertising, New York 1961

*Rehder, H. K.* (1975), Multidimensionale Produktmarktstrukturierung. Theorie und Anwendung auf einem Produktmarkt, Meisenheim/Glan 1975

*Rehkugler, H.; Poddig, T.* (1998), Bilanzanalyse, 4. Aufl., München 1998

*Rehorn, J.* (1976), Positionierung zwischen flop und flight, in: Absatzwirtschaft 9/1976, S. 73–76

*Reibnitz, U.* (1987), Szenarien. Optionen für die Zukunft, Hamburg u. a. 1987

*Reibnitz, U.* (1991), Erfolgreiche Zukunftsplanung mit Szenariotechnik, Wiesbaden 1991

*Reich, H.* (1991), Eigennutz und Kapitalismus. Die Bedeutung des Gewinnstrebens im klassischen ökonomischen Denken, Berlin 1991
*Reichheld, F. F.; Sasser, E. W.* (1991), Zero-Migration: Dienstleister im Sog der Qualitätsrevolution, in: Harvard Manager 4/1991, S. 108–116
*Reichheld, F. F.; Schefter, P.* (2001), Warum Kundentreue auch im Internet zählt, in: Harvard Business Manager 1/2001, S. 70–80
*Reichmann, Th.* (2001), Controlling mit Kennzahlen und Managementberichten, 6. Aufl., München 2001
*Reichmann, Th.; Kißler, M.; Baumöl, U.* (2017), Controlling mit Kennzahlen. Die systemgestützte Controlling-Konzeption, 9. Aufl., München 2017
*Reichwald, R.; Bullinger, H.-J.* (Hrsg.) (2000), Vertriebsmanagement, Stuttgart 2000
*Reichwald, R.; Piller, F.* (2006), Interaktive Wertschöpfung. Open Innovation, Individualisierung und neue Formen der Arbeitsteilung, Wiesbaden 2006
*Reinecke, S.; Tomczak, T.* (Hrsg.) (2006), Handbuch Marketing-Controlling, 2. Aufl., Wiesbaden 2006
*Reinöhl, E.* (1991), Problem der Produkteliminierung, Diss. Bonn 1981
*Reintgen, S.* (2017), Key Account Management, Weinheim 2017
*Reiß, M.* (1994), Kann die Reengineering Revolution gelingen?, in: Absatzwirtschaft S10/1994, S. 38–44
*Reiter, G.; Matthäus, W.-G.* (1998), Marketing-Management mit Excel, München-Wien 1998
*Remmerbach, K. U.* (1988), Markteintrittsentscheidungen, Wiesbaden 1988
*Remmerbach, K. U.* (1989), Integrierte Markteintrittsplanung, in: Marketing ZFP 11/1989, S. 173–186
*Remsperger, H.* (1989), Erscheinungsformen, Ursachen und Implikationen von Allfinanz-Strategien, in: Die Bank 6/1989, S. 204 ff.
*Rennhak, C.* (2017), Strategisches Marketing, München 2017
*Reutner, F.* (1991), Relative Preispolitik, in: Zeitschrift für Betriebswirtschaft 5/6/1991, S. 555–567
*Reutner, F.* (1995), Die Strategie-Tagung, 2. Aufl., Wiesbaden 1995
*Richter, H. P.* (2001), Investitionsgütermarketing, München-Wien 2001
*Rieger, B.* (1994), Ganzheitliche Markengestaltung, in: *Bruhn, M.* (Hrsg.), Handbuch Markenartikel, Bd. 2, Stuttgart 1994, S. 725–752
*Ries, A.; Trout, J.* (1985), Positioning, New York 1985
*Ries, A.; Trout, J.* (1986 a), Marketing generalstabsmäßig, Hamburg u. a. 1986
*Ries, A.; Trout, J.* (1986 b), Positioning, Hamburg u. a. 1986
*Ries, A.; Trout, J.* (2012), Positioning. Wie Marken und Unternehmen in übersättigten Märkten überleben, München 2012
*Riesenbeck, H.* (1994), Globale Marken: wie global sind sie wirklich?, in: Markenartikel 7/1994, S. 328–334
*Ringle, G.* (1977), Exportmarketing, Wiesbaden 1977
*Robens, H.* (1986), Modell- und methodengestützte Entscheidungshilfen zur Planung von Produkt-Portfoliostrategien, Frankfurt u. a. 1986
*Robens, H.* (1987), Ursachen und Folgen des Wandels der Wachstumsstrategie bei den Anbietern finanzieller Dienstleistungen, in: Versicherungswirtschaft 2/1987, S. 106–112
*Robertson, T. S.* (1971), Innovative Behavior and Communication, New York u. a. 1971
*Robinson, S.* (1986), Strategies for Declining Industrial Markets, in: Long Range Planning 1986, S. 72–78
*Rodgers, B.; Shook, R. L.* (1986), IBM. Einblicke in die erfolgreichste Marketingorganisation der Welt, Landsberg 1986
*Roeb, T.* (2001), Von der Handelsmarke zur Händlermarke – Die Retailerbrands als Markenstrategie für den Einzelhandel, in: *Bruhn, M.* (Hrsg.), Handelsmarken, 3. Aufl., Stuttgart 2001, S. 291–312
*Rogers, E. M.* (1962), Diffusion of Innovations, New York-London 1962
*Rogge, H. J.* (2000), Werbung, 5. Aufl., Ludwigshafen 2000
*Rogge, H. J.; Goeke, K.; Heisig, L.* (1984), Gattungsmarke und Markenartikel im Wettbewerb, Arbeitsbericht der FH Osnabrück, Osnabrück 1984
*Rohlmann, P.* (1977), Marketing in der Rezession, Wiesbaden 1977
*Rohlmann, P.* (1994), Marktschwankungen als Herausforderung des Mittelstandsmarketing – Dargestellt am Beispiel des Strickwarenmarktes in der Rezession, in: *Bruhn, M.; Meffert, H.; Wehrle, F.* (Hrsg.), Marktorientierte Unternehmensführung im Umbruch, Stuttgart 1994, S. 195–210
*Ronneberger, F.; Rühl, M.* (1992), Theorie der Public Relations. Ein Entwurf, Opladen 1992
*Ropella, W.* (1989), Synergie als strategisches Ziel der Unternehmung, Berlin-New York 1989
*Rosenberg, L. J.* (1977), Marketing, Englewood Cliffs, N. J. 1977
*Rosenstiel, von L.* (1969), Psychologie der Werbung, Rosenheim 1969
*Rosenstiel, von L.; Comelli, G.* (2003), Führung zwischen Stabilität und Wandel, München 2003
*Rosenstiel, von L.; Ewald, G.* (1979), Marktpsychologie, Bd. I: Konsumentenverhalten und Kaufentscheidung und Bd. II: Psychologie der absatzpolitischen Instrumente, Stuttgart u. a. 1979
*Rosenstiel, von L.; Regnet, E.; Domsch, M.E.* (Hrsg.) (2003), Führung von Mitarbeitern, 5. Aufl., Stuttgart 2003
*Ross, R. D.* (1977), The Management of Public Relations, New York u. a. 1977
*Rother, K.* (1991), Das internationale Geschäft, München-Wien 1991
*Roventa, P.* (1979), Portfolio-Analyse und Strategisches Management, München 1979

*Rudolph, A.* (1998), Prognoseverfahren in der Praxis, Heidelberg 1998

*Rudolph, T.* (1997), Profilieren mit Methode. Von der Positionierung zum Markterfolg, Frankfurt-New York 1997

*Rudolph, T.* (2013), Modernes Handelsmanagement, 3. Aufl., München 2013

*Ruh, H.; Leisinger, K. H.* (2004), Ethik im Management, Ethik und Erfolg verbünden sich, Zürich 2004

*Rühle, E.; Sauter-Sachs, S.* (1993), Towards an Integrated Concept of Management Efficiency, in: Management International Review 4/1993, S. 295–313

*Rühli, E.* (1978), Unternehmungsführung und Unternehmungspolitik, Bd. II, Bern-Stuttgart 1978

*Rueß, A.* (1995), Einzelhandel. Guter Nährboden, in: Wirtschaftswoche 5/1996, S. 48–50

*Rust, H.* (1997), Das Anti-Trendbuch, Wien-Frankfurt 1997

*Rütschi, K. A.* (1978), Entscheidungsregeln für Werbebudgets, in: Die Unternehmung 1978, S. 101–114

*Rüttinger, R.* (1986), Unternehmenskultur. Erfolge durch Vision und Wandel, Düsseldorf-Wien 1986

*Ruge, H.-D.* (1988), Die Messung bildhafter Konsumerlebnisse, Heidelberg 1988

*Ruisinger, D.; Jarzik, O.* (2008), Public Relations, Stuttgart 2008

*Rumler, A.* (1990), Konsumentenbezogenes Marktmanagement, Wiesbaden 1990

*Rumelt, R.* (1974), Strategy, structure and economic performance, Cambridge/Mass. 1974

*Rupp, M.* (1983), Produkt/Markt-Strategien, 2. Aufl., Zürich 1983

*Russell, P.; Norvig, S.* (2012), Künstliche Intelligenz, 3. Aufl., München 2012

*Rutsche, R.* (1991), Schenkt die eigene Marke dem Handel mehr Rendite?, in: Lebensmittel-Praxis 9/1991, S. 22–26

*Saaty, T. L.; Alexander, J. M. (1989),* Conflict Resolution. The Analytic Hierarchy Approach, New York 1989

*Sambharya, R. B.* (1995), International Diversification and Product Diversification Strategies, in: Management International Review 3/1995, S. 197–218

*Samiee, S.; Roth, K.* (1992), The Influence of Global Marketing Standardization on Performance, in: Journal of Marketing 2/1992, S. 1–17

*Samuelson, P. A.; Nordhaus, W. D.* (1987), Volkswirtschaftslehre, Bd. 1, Köln 1987

*Sander, M.* (2004), Marketing-Management, Stuttgart 2004

*Sandig, C.* (1966), Betriebswirtschaftspolitik, 2. Aufl., Stuttgart 1966

*Sandler, G.* (1994), Herstellermarken, in: *Bruhn, M.* (Hrsg.), Handbuch Markenartikel, Bd. 1, Stuttgart 1994, S. 43–56

*Sattelberger, Th.* (Hrsg.) (1999), Handbuch der Personalberatung, München 1999

*Sattler, H.* (1997), Monetäre Bewertung von Markenstrategien für neue Produkte, Stuttgart 1997

*Sattler, H.* (2000), Markenstrategien für neue Produkte, in: *Esch, F.-R.* (Hrsg.), Moderne Markenführung, 2. Aufl., Wiesbaden 2000, S. 337–355

*Sattler, H.* (2001), Markenpolitik, Stuttgart u. a. 2001

*Sattler, H.; Pricewaterhouse Cooper* (1999), Industriestudie. Praxis von Markenbewertung und Markenmanagement in deutschen Unternehmen, Frankfurt/Main 1999

*Sattler, H.; Völckner, F.* (2007), Markenpolitik, 2. Aufl., Stuttgart 2007

*Sauder, G.* (1997), Ein neues Profil. Veränderungen im Umfeld der Führenden, in: Personalführung 12/1997, S. 1168–1173

*Sauerbrey, Ch.; Henning, R.* (2000), Kunden-Rückgewinnung, München 2000

*Schäfer, E.* (1950), Aufgabe der Absatzwirtschaft, Köln und Opladen 1950

*Schäfer, E.* (1958), Absatzwirtschaft, in: *Hax, K.; Wessels, Th.* (Hrsg.) Handbuch der Wirtschaftswissenschaften, Bd. I, Betriebswirtschaft, Köln und Opladen 1958, S. 301–379

*Schäfer, E.* (1974), Die Unternehmung. Einführung in die Betriebswirtschaftslehre, 8. Aufl., Opladen 1974

*Schäfer, E.* (1981), Absatzwirtschaft. Gesamtwirtschaftliche Aufgabe – unternehmerische Gestaltung, 3. Aufl., Stuttgart 1981

*Schanz, G.* (2000), Personalwirtschaftslehre, 3. Aufl., München 2000

*Scharf, A.; Schubert, B.* (1997), Marketing, 2. Aufl., Stuttgart 1997

*Scharf, A.; Schubert, B.; Hehn, P.* (2015), Marketing. Einführung in Theorie und Praxis, 6. Aufl., Stuttgart 2015

*Scharioth, J.* (1987), Die neuen Szenarien, in: *Peter Eckes KG* (Hrsg.), Der Handel auf dem Weg ins 21. Jahrhundert, Mainz 1987, S. 63–104

*Scharnbacher, K.* (1998), Statistik im Betrieb, 12. Aufl., Wiesbaden 1998

*Scheer, A. W.* (1990), CIM – Der computergesteuerte Industriebetrieb, 4. Aufl., Berlin u. a. 1990

*Scheib, W.* (1993), Reuter meißelt Idealkonzern heraus, in: Aachener Nachrichten, 18. 9. 1993, S. 7

*Schein, E.* (2004), Organizational Culture and Leadership, 3. Aufl., San Francisco 2004

*Schelle, H.* (2004), Projekte zum Erfolg führen, 4. Aufl., München 2004

*Scheller, T.* (2017), Auf dem Weg zur agilen Organisation, München 2017

*Schenk, H. A.* (1995), Mikromessen – ein vollwertiges Marketinginstrument, in: *Tomczak, T.; Müller, F.; Müller, R.* (Hrsg.) Die Nicht-Klassiker der Unternehmungskommunikation, St. Gallen 1995, S. 82–85

*Schenk, H.-O.* (1994), Handels- und Gattungsmarken, in: *Bruhn, M.* (Hrsg.), Handbuch Markenartikel, Bd. I, Stuttgart 1994, S. 57–78

*Schenk, H.-O.* (2001), Funktionen, Erfolgsbedingungen und Psychostrategien von Handels- und Gattungsmarken, in: *Bruhn, M.* (Hrsg.), Handelsmarken, 3. Aufl. Stuttgart 2001, S. 71–98

*Schenk, H.-O.* (2004), Handels-, Gattungs- und Premiummarken des Handels, in: *Bruhn, M.* (Hrsg.), Handbuch Markenführung, 2. Aufl., Bd. 1, Wiesbaden 2004, S. 119–150

*Schenk, M.* (1978), Publikums- und Wirkungsforschung, Tübingen 1978

*Scherm, E.; Süß, S.* (2001), Internationales Management, München 2001

*Scherm, E.; Süß, S.* (2010), Personalmanagement, München 2010

*Scheuch, F.* (1975), Investitionsgüter-Marketing. Grundlagen, Entscheidungen, Maßnahmen, Opladen 1975

*Scheuch, F.* (1992), Dienstleistungsmarketing, in: *Diller, H.* (Hrsg.) Vahlens Großes Marketing Lexikon, München 1992, S. 195–199

*Scheuch, F.* (1996), Marketing, 5. Aufl., München 1996

*Schierenbeck, H.; Lister, M.* (2001), Value Controlling. Grundlagen Wertorientierter Unternehmensführung, München-Wien 2001

*Schildbach, T.* (1990), Entscheidung, in: Vahlens Kompendium der Betriebswirtschaftslehre, Bd. 2, 2. Aufl., München 1990, S. 57–97

*Schinzer, H.* (1996), Entscheidungsorientierte Informationssysteme, München 1996

*Schinzer, H.; Thome, R.; Hepp, M.* (2005), Electronic Commerce: Ertragsorientierte Integration und Automatisierung, in: *Thome, R.; Schinzer, H.; Hepp, M.* (Hrsg.), Electronic Commerce und Electronic Business, 3. Aufl., München 2005, S. 1–28

*Schirner, M.* (1989), Werbung ist Kunst, München 1989

*Schirmbacher, M.* (2011), Online-Marketing und Recht, Frechen-Königsdorf, 2011

*Schlegelmilch, B. B.; Götze, E.* (1999) Marketing-Ethik am Beginn des 2. Jahrtausends, in: Marketing ZFP 1/1999, S. 25–37

*Schlenzka, P. F.* (1987), Marktentwicklung und Ertragspotentiale der Anbieter von Finanzdienstleistungen, in: *Engels, W.* (Hrsg.), Wettbewerb am Markt für Finanzdienstleistungen, Frankfurt 1987, S. 35–50

*Schmalen, H.* (1977), Ein Diffusionsmodell zur Planung des Marketing-Mix bei der Einführung langlebiger Konsumgüter auf einem Konkurrenzmarkt, in: Zeitschrift für Betriebwirtschaft, 11/1977, S. 697–714

*Schmalen, H.* (1979), Marketing-Mix für neuartige Gebrauchsgüter, Wiesbaden 1979

*Schmalen, H.* (1995), Preispolitik, 2. Aufl., Stuttgart 1995

*Schmalen, H.; Lang, H.; Pechtl, H.* (2000), Gattungsmarken als Profilierungsinstrument im Handel, in: *Esch, F.-R.* (Hrsg.), Moderne Markenführung, 2. Aufl., Wiesbaden 2000, S. 873–891

*Schmeißer, F.* (1984), Marketingstrategien in kurz-/schnellebigen Märkten (modische Bekleidungsindustrie), in: *Wieselhuber, N.; Töpfer, A.* (Hrsg.), Handbuch Strategisches Marketing, Landsberg 1984, S. 345–358

*Schmelzer, H. J.; Sesselmann, W.* (2013), Geschäftsprozessmanagement in der Praxis, 8. Aufl., München 2013

*Schmickler, M.; Rudolph, Th.* (2001), Erfolgreiche ECR-Kooperationen. Vertikales Marketing zwischen Industrie und Handel, Neuwied/Kriftel 2001

*Schmidt, B.; Topritzhofer, E.* (1978), Reaktionsfunktionen im Marketing: Zum Problem der Quantifizierung von Nachfrage- und Konkurrenzreaktionen, in: *Topritzhofer, E.* (Hrsg.), Marketing. Neue Ergebnisse aus Forschung und Praxis, Wiesbaden 1978, S. 195–238

*Schmidt, H.* (2001), Nach der Registrierung über Branchenpattformen konzentrieren sich die Unternehmen jetzt auf private Online-Marktplätze, in: Frankfurter Allgemeine Zeitung, 1. 3. 2001, S. 29

*Schmidt, M.; Schwegler, R.* (Hrsg.) (2003), Umweltschutz und strategisches Handeln, Wiesbaden 2003

*Schmidt, R.* (1989 a), Diversifikation, internationale, in: *Macharzina, K.; Welge, M. K.* (Hrsg.), Handwörterbuch Export und Internationale Unternehmung, Stuttgart 1989, Sp. 361–370

*Schmidt, R.* (1989 b), Internationalisierungsgrad, in: *Macharzina, K.; Welge, M. K.* (Hrsg.), Handwörterbuch Export und Internationale Unternehmung, Stuttgart 1989, Sp. 964–973

*Schmidt, R.* (1990), Transnationale Investitions- und Finanzplanung als Portefeuilleplanung, in: *Hahn, D.; Taylor, B.* (Hrsg.), Strategische Unternehmensplanung. Strategische Unternehmensführung, 5. Aufl., Heidelberg 1990, S. 732–751

*Schmidt-Sudhoff, U.* (1967), Unternehmerziele und unternehmerisches Zielsystem, Wiesbaden 1967

*Schmitt, B. H.; Mangold, M.* (2004), Kundenerlebnis als Wettbewerbsvorteil, Wiesbaden 2004

*Schmitz, C. A.* (Hrsg.) (1994), Managementfaktor Design, München 1994

*Schmitz, C. A.; Kölzer, B.* (1996), Einkaufsverhalten im Handel, München 1996

*Schmitz-Hübsch, E.* (1987), Neue Chancen für Handelsvertretungen, Landsberg 1987

*Schmölders, G.* (1972), Konjunkturen und Krisen, Reinbeck 1972

*Schneider, D.; Baur, C.; Hopfmann, L.* (1994), Re-Design der Wertkette durch make or buy. Konzepte und Fallstudien, Wiesbaden 1994

*Schneider, D. J. G.* (1978), Ziele und Mittel in der Betriebswirtschaftslehre, Wiesbaden 1978

*Schneider, M.* (2005), Welche Marke steckt dahinter? No-Name-Produkte und ihre namhaften Hersteller, München 2005

*Schnettler, A.* (1961), Betriebsvergleich, 3. Aufl., Stuttgart 1961

*Schobert, R.* (1980 a), Positionierungsmodelle, in: *Diller, H.* (Hrsg.), Marketingplanung, München 1980, S. 145–161

*Schobert, R.* (1980 b), Zeitreihenanalysen und Entwicklungsprognosen, in: *Diller, H.* (Hrsg.), Marketingplanung, München 1980, S. 80–102

*Schoch, R.* (1969), Der Verkaufsvorgang als sozialer Interaktionsprozeß, Winterthur 1969

*Schoeffler, S.; Buzzell, R. D.; Heany, D. F.* (1974), Impact of Strategic Planning on Profit Performance, in: Harvard Business Review 2/1974, S. 137–145

*Schögel, M.* (2001), Multi Channel Marketing, Zürich, 2001

*Schögel, M.; Birkhofer, B.; Tomczak, T.* (2000), E-Commerce im Distributionsmanagement, St. Gallen 2000

*Schögel, M.; Tomczak, T.* (1995), Management von Mehrkanalsystemen, St. Gallen 1995

*Scholz, Ch.* (1984), Strategisches Rezessionsmanagement, in: Harvard Manager 1/1984, S. 16–28

*Scholz, Ch.* (1987), Strategisches Management: ein integrativer Ansatz, Berlin-New York 1987

*Scholz, Ch.* (1997), Strategische Organisation – Prinzipien zur Vitalisierung und Virtualisierung, Landsberg 1997

*Scholz, Ch.* (2000) Personalmanagement. Informationsorientierte und verhaltenstheoretische Grundlagen, 5. Aufl., München 2000

*Scholz, Ch.* (2004), Zehn Fragen und Antworten zum Human-Capital-Management, in: Personalwirtschaft, 5/2004, S. 10–15

*Scholz, Ch.* (2011), Grundzüge des Personalmanagements, München 2011

*Scholz, Ch.* (2014), Personalmanagement. Informationsorientierte und verhaltenstheoretische Grundlagen, 6. Aufl., München 2014

*Scholz, Ch.; Stein, V.; Bechtel, R.* (2004), Human Capital Management, Neuwied/Kriftel 2004

*Schopphoven, I.* (1991), Marktforschung für das internationale Marketing, in: Jahrbuch für Absatz- und Verbrauchsforschung 1/1991, S. 28–47

*Schreyögg, G.* (1984), Unternehmensstrategie. Grundfragen einer Theorie strategischer Unternehmensführung, Berlin-New York 1984

*Schreyögg, G.* (2003), Organisation. Grundlagen moderner Organisationsgestalltung, 4. Aufl., Wiesbaden 2003

*Schubert, B.; Franzen, O.; Scharf, A.* (1989), Die räumliche Darstellung von Konkurrenzbeziehungen zwischen Produkten auf der Basis aggregierter evoked sets, in: Marktforschung & Management 2/1989, S. 46–51

*Schüppenhauer, A.* (1998), Multioptionales Konsumentenverhalten und Marketing, Wiesbaden 1998

*Schüring, H.* (1992), Database Marketing, Landsberg 1992

*Schütte, R. et al.* (2001), Data Warehouse Managementhandbuch, Heidelberg 2001

*Schütz, P.* (1990), Absatzstrategien für „angepaßte“ Investitionsgüter in Entwicklungsländern, Frankfurt u. a. 1990

*Schütz, P.* (1995), Customized Marketing, in: Absatzwirtschaft 1/1995, S. 21

*Schütz, P.* (1998), Neue Berufe in Marketing und Vertrieb (Teil 1 und 2), in: Absatzwirtschaft, 11/1998, S. 60–76 und 12/1998, S. 48–52

*Schütz, P.* (2003), Grabenkriege im Management, Frankfurt/Main-Wien 2003

*Schütze, R.* (1992), Kundenzufriedenheit. After-Sales-Marketing auf industriellen Märkten, Wiesbaden 1992

*Schuh, A.* (1995), Merchandising, in: *Tietz, B.; Köhler, R.; Zentes, J.* (Hrsg.), Handwörterbuch des Marketing, 2. Aufl., Stuttgart 1995, Sp. 1876–1886

*Schuh, G.; Schwenk, U.* (2001), Produktkomplexität managen. Strategien – Methoden – Tools, München-Wien 2001

*Schulte, Ch.* (2005), Logistik. Wege zur Optimierung der Supply Chain, 4. Aufl., München 2005

*Schulte, Ch.* (2017), Logistik. Wege zur Optimierung der Supply Chain, 7.Aufl., München 2017

*Schulte-Zurhausen, M.* (2005), Organisation, 4. Aufl., München 2005

*Schulte-Zurhausen, M.* (2010), Organisation, 5. Aufl., München 2010

*Schultz, D. E.; Tannenbaum, S. J.; Lauterborn, R. F.* (1993), Integrated Marketing Communications, Lincolnwood, Ill. 1993

*Schultz, M.* (1995), On Studying Organizational Cultures, New York 1995

*Schulz, R.* (1989), Aufbau und Steuerung des Vertriebsmanagements, in: *Bruhn, M.* (Hrsg.), Handbuch des Marketing, München 1989, S. 563–585

*Schulz, R.; Brandmeyer, K.* (1989), Die Markenbilanz. Ein Instrument zur Bestimmung und Steuerung von Markenwerten, in: Markenartikel 7/1989, S. 364–370

*Schulz-Brühdoel, N.; Fürstenau, K.* (2013), Die PR- und Pressefibel, 6. Aufl., Frankfurt/M. 2013

*Schulz E.; Schulz, W.* (1994), Ökomanagement, München 1994

*Schulze, G.* (2005), Die Erlebnisgesellschaft, 2. Aufl., Frankfurt/Main 2005

*Schulze, H. S.* (1993), Dienstleistungswerbung – Ursachen, Anforderungen und Lösungsansätze der externen Massenkommunikation von Dienstleistungsunternehmen, in: Jahrbuch für Absatz- und Verbrauchsforschung 2/1993, S. 139–164

*Schurawitzki, W.* (1995), Praxis des internationalen Marketing, Wiesbaden 1995

*Schwab, R.* (1982), Der persönliche Verkauf als kommunikationspolitisches Instrument, Frankfurt/Main 1982

*Schwaiger, M.; Meyer, A.* (2009), Theorien und Methoden der Betriebswirtschaftslehre, München 2009

*Schwan, K.; Seipel K. G.*(1999), Erfolgreich beraten. Grundlagen der Unternehmensberatung, München 1999

*Schwartau, C.* (1977), Phasenkonzepte, Unternehmungsverhalten, Wettbewerb, Berlin 1977

*Schwarting, U.* (1993), Institutionalisierung des Marketingkonzepts durch Produkt-Management, Frankfurt/M. u. a. 1993

*Schwarz, G.* (1989), Unternehmungskultur als Element des Strategischen Managements, Berlin 1989

*Schwarz, T.* (Hrsg.) (2008), Leitfaden Online-Marketing, 2. Aufl., Waghäusel 2008

*Schwarz, T.* (2012), Erfolgreiches Online Marketing, 2. Aufl., Freiburg-München 2012

*Schweiger, G.; Schrattenecker, G.* (1995), Werbung, 4. Aufl., Stuttgart-Jena 1995

*Schweiger, G.; Schrattenecker, G.* (2001), Werbung, 5. Aufl., Stuttgart-Jena 2001

*Schweikl, H.* (1985), Computergestützte Präferenzanalyse mit individuell wichtigen Produktmerkmalen, Berlin 1985

*Schweitzer, M.; Troßmann, E.* (1986), Break-even-Analysen. Grundmodelle, Varianten, Erweiterungen, Stuttgart 1986

*Schwenke, T.* (2012), Social Media Marketing und Recht, Köln u. a. 2012

*Schwetz, W.* (2001), Customer Relationship Management, 2. Aufl., Wiesbaden 2001

*Seelye, R. S.; Moody, O. W.* (1994), Verkauf beginnt, wenn der Kunde nein sagt, Landsberg 1994

*Segler, K.* (1986), Basisstrategien im internationalen Marketing, Frankfurt-New York 1986

*Seibert, K.* (1981), Joint Ventures als strategisches Instrument im internationalen Marketing, Berlin 1981

*Seidel, A.* (1972), Analyse der marktmäßigen Grundlagen für das Unternehmerverhalten in mengenmäßig gesättigten Märkten, Bern-Frankfurt 1972

*Selinski, H.; Sperling, U. A.* (1999), Marketinginstrument Messe, Köln 1999

*Sepp, H. M.* (1996), Strategische Frühaufklärung, Wiesbaden 1996

*Servatius, H. G.* (1985), Methodik des strategischen Technologie-Managements, Berlin 1985

*Servatius, H. G.; Piller, F.* (Hrsg.) (2014), Der Innovationsmanager. Wertsteigerung durch ganzheitliches Innovationsmanagement, Düsseldorf 2014

*Sethuraman, R.; Tellis, G. J.* (1991), An Analysis of the Trade-off Between Advertising and Price Discounting, in: Journal of Marketing Research 5/1991, S. 160–174

*Seyffert, R.* (1955), Die Wirtschaftslehre des Handels, Köln 1955

*Sheth, J. N.* (1973), A Model of Industrial Buyer Behavior, in: Journal of Marketing 10/1973, S. 50–56

*Siedenbiedel, G.* (2010), Organisation, Stuttgart 2010

*Siegwart, H.* (1974), Produktentwicklung in der industriellen Unternehmung, Bern-Stuttgart 1974

*Siegwart, H.* (2002), Marktorientierte Erfolgsrechnung, München 2002

*Siegwart, H.; Mahari, J. J.; Caytas, J. G.; Böckenförde, B.* (1990), Meilensteine im Management. Restrukturierungen & Turnarounds, Basel u. a. 1990

*Siegwart, H.; Senti, R.* (1995), Product Life Cycle Management, Stuttgart 1995

*Siems, F.* (2009), Preismanagement, München 2009

*Sihler, H.* (2007), Luxusmarken im gesellschaftlichen Wandel, in: *Bruhn, M.; Kirchgeorg, M.; Meyer, J.*, (Hrsg.), Marktorientierte Führung im wirtschaftlichen und gesellschaftlichen Wandel, Wiesbaden 2007, S. 175–182

*Silberer, G.* (1991), Werteforschung und Werteorientierung in Unternehmen, Stuttgart 1991

*Silberer, G.* (1995), Wertedynamik und Wertemarketing, in: *Tietz, B.; Köhler, R.; Zentes, J.* (Hrsg.), Handwörterbuch des Marketing, 2. Aufl., Stuttgart 1995, Sp. 2703–2708

*Silberer, G.; Kretschmar, C.* (1999), Multimedia im Verkaufsgespräch, Wiesbaden 1999

*Silberer, G.; Rengelshausen, O.* (1999), Der Internet-Auftritt deutscher Unternehmen – Ergebnis wiederholter Website-Analysen, in: *Bliemel, F.; Fassott, G.; Theobold, A.* (Hrsg.), Electronic Commerce, 2. Aufl., Stuttgart 1999, S. 103–124

*Simon, H.* (1986), Herausforderungen an die Marketingwissenschaft, in: Marketing ZFP 3/1986, S. 205–213

*Simon, H.* (1988), Management strategischer Wettbewerbsvorteile, in: *Simon, H.; Bohnenkamp, J.* (Hrsg.), Wettbewerbsvorteile und Wettbewerbsfähigkeit, Stuttgart 1988, S. 1–17

*Simon, H.* (1989 a), Die Zeit als strategischer Erfolgsfaktor, in: Zeitschrift für Betriebswirtschaft 1/1989, S. 70–93

*Simon, H.* (1989 b), Markteintrittsbarrieren, in: *Macharzina, K.; Welge, M. K.* (Hrsg.), Handwörterbuch Export und Internationale Unternehmung, Stuttgart 1989, Sp. 1441–1453

*Simon, H.* (1992 a), Marketing-Mix-Interaktion: Theorie, empirische Befunde, strategische Implikationen, in: Zeitschrift für betriebswirtschaftliche Forschung 2/1992, S. 87–110

*Simon, H.* (1992 b), Preismanagement, 2. Aufl., Wiesbaden 1992

*Simon, H.* (1995), Preispolitik, in: *Tietz, B.; Köhler, R.; Zentes, J.* (Hrsg.), Handwörterbuch des Marketing, 2. Aufl., Stuttgart 1995, Sp. 2068–2085

*Simon, H.* (1996), Die heimlichen Gewinner (Hidden Champions). Die Erfolgsstrategien unbekannter Weltmarktführer, Frankfurt-New York 1996

*Simon, H.* (Hrsg.) (2000), Das große Handbuch der Strategiekonzepte, Frankfurt-New York 2000

*Simon, H.* (Hrsg.) (2001), Unternehmenskultur und Strategie, Frankfurt/Main 2001

*Simon, H.* (2007), Hidden Champions des 21. Jahrhunderts, Frankfurt-New York 2007

*Simon, H.; Bohnenkamp, J.* (Hrsg.) (1988), Wettbewerbsvorteile und Wettbewerbsfähigkeit, Stuttgart 1988

*Simon, H.; Dolan, R. J.* (1997), Profit durch Power Pricing, Frankfurt-New York 1997

*Simon, H.; Faßnacht, M.* (2009), Preismanagement, 3.Aufl., Wiesbaden 2009

*Simon, H.; Homburg, Ch.* (Hrsg.) (1998), Kundenzufriedenheit, 3. Aufl., Wiesbaden 1998

*Simon, H.; Tacke, G.* (1990), Marketing bringt die Organisationsevolution, in: Thexis 1/1990, S. 26–28

*Simon, H. A.* (1957), Administrative Behavior, New York 1957

*Simon, H. A.* (1981), Entscheidungsverhalten in Organisationen, Landsberg 1981

*Skiera, B.* (2000 a), Preispolitik und Electronic Commerce – Preisdifferenzierung im Internet, in: *Wamser, Ch.* (Hrsg.), Electronic Commerce, München 2000, S. 117–130

*Skiera, B.* (2000 b), Wie teuer sollen die Produkte sein? – Preispolitik, in: *Albers, S.; Clement, M.; Peters, K.; Skiera, B.* (Hrsg.), E-Commerce, 2. Aufl., Frankfurt 2000, S. 97–110

*Skinner, B. F.* (1973), Wissenschaft und menschliches Verhalten, München 1973

*Smith, J.* (1997), Meeting Customer Needs, 2. Aufl., Oxford 1997

*Smith, W. R.* (1956), Product Differentiation and Market Segmentation as Alternative Marketing Strategies, in: Journal of Marketing 1956, S. 3–8

*Smith, G. D.; Arnold, D. R.; Bizzell, B. G.* (1988), Business Strategy and Policy, 2. Aufl., Boston u. a. 1988

*Söhnholz, D.* (1992), Diversifikation in Finanzdienstleistungen. Marktpotentiale und Erfolgsfaktoren, Wiesbaden 1992

*Soliman, P.; Justus, G.; Arena, G.* (1997), Wie Hersteller ihren Vertrieb auf Kundengruppen ausrichten, in: Harvard Business Manager 2/1997, S. 19–30

*Solomon, M. R.* (2013), Konsumentenverhalten, München 2013

*Specht, G.* (1986), Grundprobleme eines strategischen markt- und technologieorientierten Innovationsmanagments, in: Wirtschaftswissenschaftliches Studium 12/1986, S. 609–613

*Specht, G.* (1989), Qualitätsmanagement im Innovationsprozeß unter besonderer Berücksichtigung der Schnittstellen zwischen F&E und Vertrieb, in: *Specht, G.; Silberer, G.; Engelhardt, W. H.* (Hrsg.), Marketing-Schnittstellen, Stuttgart 1989, S. 141–163

*Specht, G.* (1991), Dynamische Distributionsstrategien in High-Tech-Märkten, in: Absatzwirtschaft, 2/1991, S. 78–85

*Specht, G.* (1992 a), Distributionsmanagement, 2. Aufl., Stuttgart u. a. 1992

*Specht, G.* (1992 b), FuE-Budget, in: *Diller, H.* (Hrsg.), Vahlens Großes Marketing Lexikon, München 1992, S. 347–348

*Specht, G.* (1995 a), Schnittstellenmanagement, in: *Tietz, B.; Köhler, R.; Zentes, J.* (Hrsg.), Handwörterbuch des Marketing, 2. Aufl., Stuttgart 1995, Sp. 2265–2275

*Specht, G.* (1995 b), System-Marketing, in: *Tietz, B.; Köhler, R.; Zentes, J.* (Hrsg.), Handwörterbuch des Marketing, 2. Aufl., Stuttgart 1995, Sp. 2425–2436

*Specht, U.* (1996), Relationship Marketing, in: Absatzwirtschaft S 10/1996, S. 10–12

*Specht, G.; Fritz, W.* (2005), Distributionsmanagement, 4. Aufl., Stuttgart 2005

*Specht, G.; Zörgiebel, W. W.* (1985), Technologieorientierte Wettbewerbsstrategien, in: Marketing ZFP 3/1985, S. 161–172

*Spiegel, B.* (1961), Die Struktur der Meinungsverteilung im sozialen Feld. Das psychologsiche Marktmodell, Bern-Stuttgart 1961

*Spiegel, B.; Nowak, H.* (1974), Image und Image-Analyse, in: Marketing-Enzyklopädie, Bd. I, München 1974, S. 965–977

*Spiller, A.* (1996), Ökologieorientierte Produktpolitik, Marburg 1996

*Spinnarke, U.* (1996), Trading-up – Eine Strategie zur Aufwertung von Marken, in: *Tomczak, T.; Rudolph, T.; Roosdorf, A.* (Hrsg.), Positionierung. Kernentscheidung des Marketing, St. Gallen 1996, S. 146–152

*Staehle, W. H.* (1990), Management. Eine verhaltenswissenschaftliche Einführung, 5. Aufl., München 1990

*Staehle, W. H.* (1991), Handbuch Management. Die 24 Rollen der exzellenten Führungskraft, Wiesbaden 1991

*Staehle, W.* (1999), Management. Eine verhaltenswissenschaftliche Perspektive, 8. Aufl., München 1999

*Stähler, P.* (2002), Geschäftsmodelle in der digitalen Ökonomie. Merkmale, Strategien und Auswirkungen, 2. Aufl., Bd. 7, Lohmar 2002

*Stähli, A.* (1993), Management in Rezessionszeiten: Der Ruf nach dem Krisenmanager, in: Gablers Magazin 8/1993, S. 52–53

*Stahr, G.* (1991), Internationales Marketing, Ludwigshafen 1991

*Stahr, G.* (1995), Der Nischendetektor. Das Finden von Wachstumsmärkten in Europa, München 1995

*Stalk, G.* (1988), Time – The Next Source of Competitive Advantage, in: Harvard Business Review 7/8/1988, S. 41–51

*Stanton, W. J.; Etzel, M. J.; Walker, B. J.* (1991), Fundamentals of Marketing, 9. Aufl., New York u. a. 1991

*Staudacher, F.* (1993), Auswirkungen der Herstellerkonzentration auf das vertikale Marketing, in: *Irr-*

*gang, W.* (Hrsg.), Vertikales Marketing im Wandel, München 1993, S. 25–48

*Staudt, T. A.; Taylor, D. A.* (1970), A Managerial Introduction to Marketing, Englewood Cliffs, N. J. 1970

*Staufenbiel Institut* (2010/11), Wirtschaftswissenschaftler. Das Karriere-Handbuch, Bd. II, Köln 2010/11

*Stauss, B.* (1994 a), Dienstleistungsmarken, in: *Bruhn, M.* (Hrsg.), Handbuch Markenartikel, Bd. I, Stuttgart 1994, S. 79–103

*Stauss, B.* (1994 b), Total Quality Management und Marketing, in: Marketing ZFP 3/1994, S. 149–159

*Stauss, B.* (1999), Kundenzufriedenheit, in: Marketing ZFP 1/1999, S. 5–24

*Stauss, B.* (2000), Perspektivenwandel: Vom Produktlebenszyklus zum Kundenbeziehungs- Lebenszyklus, in: Thexis 2/2000, S. 15–18

*Stauss, B.; Schulze, H. S.* (1990), Internes Marketing, in: Marketing ZFP 3/1990, S. 149–158

*Stauss, B.; Seidel, W.* (2002), Beschwerdemanagement, 3. Aufl., München-Wien 2002

*Steffenhagen, H.* (1975), Konflikt und Kooperation in Absatzkanälen. Ein Beitrag zur verhaltensorientierten Marketingtheorie, Wiesbaden 1975

*Steffenhagen, H.* (1978), Wirkungen absatzpolitischer Instrumente. Theorie und Messung der Marktreaktion, Stuttgart 1978

*Steffenhagen, H.* (1995), Konditionengestaltung zwischen Industrie und Handel, Wien 1995

*Steffenhagen, H.* (2004), Marketing, 5. Aufl., Stuttgart u. a. 2004

*Steger, U.* (1988), Umweltmanagement. Erfahrungen und Fundamente einer umweltorientierten Unternehmensstrategie, Frankfurt-Wiesbaden 1988

*Steger, U.* (Hrsg.) (1992), Handbuch Umweltmanagement, München 1992

*Stegmüller, B.* (1993), Überlegungen zur Entwicklung internationaler Marketing-Konzeptionen, in: Jahrbuch für Absatz- und Verbrauchsforschung 4/1993, S. 386–403

*Stegmüller, B.* (1995), Internationale Marktsegmentierung als Grundlage internationaler Marketing-Konzeptionen, Bergisch-Gladbach/Köln 1995

*Stegmüller, R.* (1995), Mentoring, in: *Kieser, A.; Reber, G.; Wunderer, R.* (Hrsg), Handwörterbuch der Führung, 2. Aufl., Stuttgart 1995, Sp. 1510–1517

*Steiner, G. A.* (1971), Top Management Planung, München 1971

*Steiner, P.* (2011), Sensory Branding. Grundlagen multisensualer Markenführung, Wiesbaden 2011

*Steinle, C.; Bruch, H.; Lawa, D.* (Hrsg.) (1996), Management in Mittel- und Osteuropa, Frankfurt 1996

*Steinmann, H.* (1973), Zur Lehre von der gesellschaftlichen Verantwortung der Unternehmensführung, in: Wirtschaftswissenschaftliches Studium 10/1973, S. 467–472

*Steinmann, H.; Löhr, A.* (1991), Grundlagen der Unternehmensethik, Stuttgart 1991

*Steinmann, H.; Scheyögg, G.* (1993), Management. Grundlagen der Unternehmensführung, 3. Aufl., Wiesbaden 1993

*Steinmann, H.; Schreyögg, G.* (2000), Management. Grundlagen der Unternehmensführung, 5. Aufl., Wiesbaden 2000

*Stender-Monhemius, K.* (2002), Marketing. Grundlagen mit Fallstudien, München-Wien 2002

*Stern, H. W.* (1974), Einzelhandelspanel, in: Marketing-Enzyklopädie, Bd. I, München 1974, S. 525–539

*Stern, J. M.; Shiely, J. S.; Ross, I.* (2002), Wertorientierte Unternehmensführung mit Economic Value Added, München 2002

*Stern, M. E.* (1975), Marketing Planung. Eine System-Analyse, 3. Aufl., Berlin 1975

*Sternagel, E.-M.* (1994), Handelmarkenstrategien, in: *Bruhn, M.* (Hrsg.), Handbuch Markenartikel, Bd. I, S. 543–560

*Stock, R.* (2000), Der Zusammenhang zwischen Mitarbeiter- und Kundenzufriedenheit, Wiesbaden 2000

*Strauss, J.; Frost, R.* (1999), Marketing on the Internet, Upper Saddle River, N. J. 1999

*Strebel, H.* (1980), Umwelt und Betriebswirtschaft, Berlin 1980

*Strebel, H.* (1991), Integrierter Umweltschutz – Merkmale, Voraussetzungen, Chancen, in: *Kreikebaum, H.* (Hrsg.), Integrierter Umweltschutz, 2. Aufl., Wiesbaden 1991, S. 3–16

*Strebel, P.* (1987), Organizing for Innovation over an Industry Cycle, in: Strategic Management Journal 2/1987, S. 117–124

*Strothmann, K.-H.* (1979), Investitionsgütermarketing, München 1979

*Strothmann, K.-H.* (1995), Messen und Ausstellungen, in: *Tietz, B.; Köhler, R.; Zentes, J.* (Hrsg.), Handwörterbuch des Marketing, 2. Aufl., Stuttgart 1995, Sp. 1886–1897

*Strothmann, K.-H.; Busche, M.* (Hrsg.) (1992), Handbuch Messenmarketing, Wiesbaden 1992

*Strothmann, K.-H.; Kliche, M.* (1989), Innovationsmarketing. Markterschließung für Systeme der Bürokommunikation und Fertigungsautomation, Wiesbaden 1989

*Stümke, W.* (1981), Strategische Planung bei der Deutschen Shell AG, in: *Steinmann, H.* (Hrsg.), Planung und Kontrolle. Probleme der strategischen Unternehmensführung, München 1981, S. 331–347

*Süchting, J.* (1988), Überlegungen zur Attraktivität eines Allfinanzangebots, in: Bank und Markt 12/1988, S. 7–13

*Sutrich, O.* (1994), Prozeßmarketing anstelle des Mix, in: Harvard Business Manager 1/1994, S. 118–125

*Swoboda, B.; Weiber, R.* (2013), Grundzüge betrieblicher Leistungsprozesse, München 2013

*Sydow, J.* (1992), Strategische Netzwerke: Evolution und Organisation, Wiesbaden 1992

*Sydow, J.; Möllering, G.* (2004), Produktion in Netzwerken, München 2004

*Szallies, R.* (1999), Neuorientierung im Bankmarketing: Abschied vom Normalverbraucher, in: Bank und Markt 4/1999, S. 29 – 33

*Szallies, R.; Wiswede, G.* (Hrsg.) (1990), Wertewandel und Konsum, Landsberg 1990

*Szyperski, N.* (1971), Das Setzen von Zielen – Primäre Aufgabe der Unternehmungsleitung, in: Zeitschrift für Betriebswirtschaft 1971, S. 639–670

*Szyperski, N.* (1978), Realisierung von Informationssystemen in deutschen Unternehmungen, in: *Müller-Merbach, H.* (Hrsg.), Quantitative Ansätze in der Betriebswirtschaftslehre, München 1978, S. 67–86

*Täger, U. C.* (1995), Betriebstypen im Großhandel, in: *Tietz, B.; Köhler, R.; Zentes, J.* (Hrsg.), Handwörterbuch des Marketing, 2. Aufl., Stuttgart 1995, Sp. 255–274

*Taeger, M.* (1993), Messemarketing. Marketingmix von Messegesellschaften unter besonderer Berücksichtigung wettbewerbspolitischer Rahmenbedingungen, Göttingen 1983

*Tajima, Y.* (1974), Internationales Marketing, in: *Tietz, B.* (Hrsg.), Handwörterbuch der Absatzwirtschaft, Stuttgart 1974, Sp. 896–909

*Takeuchi, H.; Porter, M. E.* (1989), Die drei Aufgaben des internationalen Marketing im Rahmen einer globalen Unternehmensstrategie, in: *Porter, M. E.* (Hrsg.), Globaler Wettbewerb. Strategien der neuen Internationalisierung, Wiesbaden 1989, S. 127–164

*TARP* (1979), Consumer Complaint Handling in America: Final Report, *U. S. Office of Consumer Affairs* (Hrsg.), Technical Assistance Research Programs, Washington D. C. 1979 (zitiert nach *Schütze, R.*, Kundenzufriedenheit, Wiesbaden 1992)

*TARP* (1986), Consumer Complaint Handling in America: An Update Study, *The Office of the Special Advisor to the President for Consumer Affairs* (Hrsg.), Technical Assistance Research Programs, Washington D. C. 1986 (zitiert nach *Schütze, R.*, Kundenzufriedenheit, Wiesbaden 1992)

*Tellis, G. J.* (1988), The Price Elasticity of Selective Demand, in: Journal of Marketing Research 11/1988, S. 331–341

*Tennagen, U.* (1993), Produktrelaunch in der Konsumgüterindustrie, Wiesbaden 1993

*Terpstra, V.; Sarathy, R.* (1991), International Marketing, Chicago u. a. 1991

*Teuber, S.* (Hrsg.) (2005), Praxishandbuch Coaching, München 2005

*Thieme, W.* (Hrsg.) (2017), Luxusmarkenmanagement, Wiesbaden 2017

*Thies, G.* (1976), Vertikales Marketing, Berlin-New York 1976

*Thomae, H.* (1972), Das Problem der unterschwelligen Wahrnehmung, in: *Bergler, R.* (Hrsg.), Marktpsychologie, Bern 1972, S. 270–277

*Thome, R.; Schinzer, H.* (2000) (Hrsg.), Electronic Commerce, 2. Aufl., München 2000

*Thommen, J.-P.* (1991), Allgemeine Betriebswirtschaftslehre, Wiesbaden 1991

*Thommen, J.-P.* (2003), Glaubwürdigkeit und Corporate Governance, 2. Aufl., Zürich 2003

*Thompson, J. L.* (1993), Strategic Management, 2. Aufl., London 1993

*Tietz, B.* (1978), Marketing, Tübingen-Düsseldorf 1978

*Tietz, B.* (1985), Der Handelsbetrieb, München 1985

*Tietz, B.* (1986), Struktur und Dynamik des Direktvertriebs, Landsberg 1986

*Tietz, B.* (1995), Handelsmarketing, in: *Tietz, B.; Köhler, R.; Zentes, J.* (Hrsg.), Handwörterbuch des Marketing, 2. Aufl., Stuttgart 1995, Sp. 875–890

*Tietz, B.; Mathieu, G.* (1979), Das Kontraktmarketing als Kooperationsmodell, Köln u. a. 1979

*Time Inc.* (Hrsg.) (1982), A Study of the Effectiviness of Advertising Frequency in Magazines, New York 1982

*Tischl, B.* (2010), Der perfekte Businessplan, München 2010

*Töpfer, A.* (1985), Umwelt- und Benutzerfreundlichkeit von Produkten als strategische Unternehmensziele, in: Marketing ZFP 4/1985, S. 241–251

*Töpfer, A.* (1989), Planungsträger, in: *Szyperski, N.; Winand, U.* (Hrsg.), Handwörterbuch der Planung, Stuttgart 1989, Sp. 1542–1548

*Töpfer, A.* (Hrsg.) (2000), Das Management der Werttreiber, Frankfurt/Main 2000

*Töpfer, A.; Berger, R.* (Hrsg.) (1991), Unternehmenserfolg im Europäischen Binnenmarkt, Landsberg 1991

*Töpfer, A.; Mehdorn, H.* (1993), Total Quality Management, 2. Aufl., Neuwied u. a. 1993

*Toffler, A.* (1970), Der Zukunftsschock, München 1970

*Tolle, E.; Steffenhagen, H.* (1994), Kategorien des Markenerfolges und einschlägige Meßmethoden, in: Markenartikel 8/1994, S. 378–382

*Tomczak, T.* (1989), Situative Marketingstrategien, Berlin-New York 1989

*Tomczak, T.* (1992), Incentive, in: *Diller, H.* (Hrsg.), Vahlens Großes Marketing Lexikon, München 1992, S. 439

*Tomczak, T.* (1994), Relationsship – Marketing-Grundzüge eines Modells zum Management von Kundenbeziehungen, in: *Tomczak, T.; Belz, Ch.* (Hrsg.), Kundennähe realisieren, St. Gallen 1994, S. 193–215

*Tomczak, T. et al.* (Hrsg.) (1998), Best Practice im Marketing, St. Gallen-Wien 1998

*Tomczak, T.; Belz, Ch.* (1993), Marketingbudgets in der Rezession, in: Thexis 5/6/1993, S. 14–21

*Tomczak, T.; Belz, Ch.* (Hrsg.) (1994), Kundennähe realisieren. Ideen – Konzepte – Methoden – Erfahrungen, St. Gallen 1994

*Tomczak, T.; Müller, F.; Müller, R.* (Hrsg.) (1995), Die Nicht-Klassiker der Unternehmungskommunikation, St. Gallen 1995

*Tomczak, T.; Rudolph, T.; Roosdorp, A.* (Hrsg.) (1996), Positionierung. Kernentscheidung des Marketing, St. Gallen 1996

*Tomczak, T.; Schögel, M.; Ludwig, E.* (1998), Marketingmanagement für Dienstleistungen, St. Gallen 1998

*Topritzhofer, E.* (1974), Marketing-Mix, in: *Tietz, B.* (Hrsg.), Handwörterbuch der Absatzwirtschaft, Stuttgart 1974, Sp. 1247–1264

*Topritzhofer, E.* (1977), Zur pragmatischen Brauchbarkeit marginalanalytischer Marketing-Mix-Modelle, in: *Köhler, R.; Zimmermann, H. J.* (Hrsg.), Entscheidungshilfen im Marketing, Stuttgart 1977, S. 395–413

*Trautmann, M.* (1993), Reduktion, in: *Meyer, P. W.; Mattmüller, R.* (Hrsg.), Strategische Marketingoptionen, Stuttgart u. a. 1993, S. 140–178

*Trommsdorff, V.* (1975), Die Messung von Produktimages für das Marketing, Grundlagen und Operationalisierung, Köln u. a. 1975

*Trommsdorff, V.* (Hrsg.) (1990), Innovationsmanagement in kleinen und mittleren Unternehmen, München 1990

*Trommsdorff, V.* (1992), Wettbewerbsorientierte Image-Positionierung, in: Markenartikel 10/1992, S. 458–463

*Trommsdorff, V.* (1995), Positionierung, in: *Tietz, B.; Köhler, R.; Zentes, J.* (Hrsg.), Handwörterbuch des Marketing, 2. Aufl., Stuttgart 1995, Sp. 2055–2068

*Trommsdorf, V.* (1998), Konsumerverhalten, 3. Aufl., Stuttgart u. a. 1998

*Trommsdorff, V.* (2004), Konsumentenverhalten, 6. Aufl., Stuttgart 2004

*Trommsdorff, V.; Paulssen, M.* (2005), Messung und Gestaltung der Markenpositionierung, in: *Esch, F.-R.* (Hrsg.), Moderne Markenführung, 4. Aufl., Wiesbaden 2005, S. 1363–1379

*Trommsdorff, V.; Schuster, H.* (1981), Die Einstellungsforschung für die Werbung, in: *Tietz, B.* (Hrsg.), Die Werbung, Bd. 1, Landsberg 1981, S. 717–765

*Trommsdorff, V.; Steinhoff, F.* (2007), Innovationsmarketing, München 2007

*Trommsdorff, V.; Teichert, T.* (2011), Konsumentenverhalten, 8. Aufl., Stuttgart 2011

*Trummer, A.* (1990), Strategien für strategische Geschäftseinheiten in stagnierenden und schrumpfenden Märkten, Frankfurt 1990

*Trux, W.; Kirsch, W.* (1979), Strategisches Management oder die Möglichkeit einer „wissenschaftlichen“ Unternehmensführung, in: Die Betriebswirtschaft 1/1979, S. 215–235

*Trux, W.; Müller, G.; Kirsch, W.* (1984), Das Management strategischer Programme, 1. und 2. Halbband, Herrsching 1984

*Tucker, W. T.; Painter, J. J.* (1961), Personality and product use, in: Journal of Psychology 1961, S. 335–359

*Türck, R.* (1990), Das ökologische Produkt, Ludwigsburg 1990

*Türk, K.* (1986), Lückentheorie der Führung, in: Personalwirtschaft 1/1986, S. 103–108

*Turban, E.* (1995), Decision Support and Expert Systems, Prentice Hall, N. J. 1995

*Ulrich, H.* (1978), Unternehmungspolitik, Bern-Stuttgart 1978

*Ulrich, H.; Krieg, W.* (1974), St.-Gallener-Management-Modell, 3. Aufl., Bern 1974

*Ulrich, H.; Probst, G. J. B.* (1997), Anleitung zum ganzheitlichen Denken und Handeln, 2. Aufl., Bern-Stuttgart 1997

*Ulrich, K. T.; Eppinger, S. D.* (1995), Product Design and Development, New York u. a. 1995

*Ulrich, P.; Fluri, E.* (1984), Management. Eine konzentrierte Einführung, Bern-Stuttgart 1984

*Ulrich, P.; Fluri, E.* (1993), Management. Eine konzentrierte Einführung, 6. Aufl., Bern-Stuttgart 1993

*Unzeitig, E.; Köthner, D.* (1995), Shareholder-value-Analyse. Entscheidung zur unternehmerischen Nahhaltigkeit – wie Sie die Schlagkraft Ihres Unternehmens steigern, Stuttgart 1995

*Uphues, P.* (1979), Unternehmerische Anpassung in der Rezession, Wiesbaden 1979

*Vaih-Baur, C.; Kastner, S.* (Hrsg.) (2010), Verpackungsmarketing. Fallbeispiele, Trends, Technologien, München 2010

*Vancil, R. F.; Lorange, P.* (Hrsg.) (1977), Strategic Planning Systems, Englewood Cliffs, N. J. 1977

*Varadarajan, P. R.* (1986), Product Diversity and Firm Performance. An empirical Investigation, in: Journal of Marketing 1/1986, S. 43–57

*Venrohr, B.* (1988), „Marktgesetze“ und strategische Unternehmensführung. Eine kritische Analyse des PIMS-Programms, Wiesbaden 1988

*Verlagsgruppe Bauer* (Hrsg.) (1993), Multioptionales Verhalten, Hamburg 1993

*Vershofen, W.* (1959), Die Marktentnahme als Kernstück der Wirtschaftsforschung, Köln 1959

*Vesper, V. D.* (1987), Martialische Masche. Bücher zur Strategie, in: Absatzwirtschaft 3/1987 S. 92–94

*Vester, M.; Oertzen, von P.; Geiling, H.; Hermann, Th.; Müller, D.* (1993), Soziale Milieus im gesellschaftlichen Strukturwandel, Köln 1993

*Vodrazka, K.* (1967), Betriebsvergleich, Stuttgart 1967

*Völker, R.; Friesenhahn, A.* (Hrsg.) (2018), Innovationsmangement 4.0, Stuttgart 2018

*Voeth, M.* (2003), Gruppengütermarketing, München 2003

*Voeth, M.; Herbst, U.* (2013), Marketing-Management, Stuttgart 2013

*Wade, P. F.* (1975), The Manager/Management Scientist Interface, Diss. Mc Gill University 1975 (zitiert nach *Mintzberg, H.,* Die Strategische Planung, München u. a. 1995)

*Wage, J. L.* (1982), Psychologie und Technik des Verkaufsgesprächs, 8. Aufl., München 1982

*Wagner, G. R.* (Hrsg.) (1990), Unternehmung und ökologische Umwelt, München 1990
*Wagner, Ph.J.* (1991), Die Bildung von Allfinanzkonzernen, Bern u. a. 1991
*Wahlert, J.* (1994), Markenartikel und Kennzeichenschutz, in: *Bruhn, M.* (Hrsg.), Handbuch Markenartikel, Bd. 3, Stuttgart 1994, S. 1747–1786
*Walter, S.* (2007), Die Rolle der Werbeagentur im Markenführungsprozess, Wiesbaden 2007
*Walters, M.* (1984), Marktwiderstände und Marketingplanung, Wiesbaden 1984
*Walton, C.* (1967), Corporate social responsibilities, Belmont, Calif. 1967
*Wamser, Ch.* (1997), Der Electronic Marketingmix – mit interaktiven Medien zum Markterfolg, in: *Wamser, Ch.; Fink, D. H.* (Hrsg.), Marketing-Management mit Multimedia, Wiesbaden 1997, S. 29–40
*Wang, R.; Owyang, J.* (2010), Social CRM: The New Rules of Relationship Management, San Mateo 2010
*Watson, G. H.* (1993), Benchmarketing – Vom Besten lernen, Landsberg/Lech 1993
*Weber, D.* (1993), Mit schnellen Neuerungen durch die Rezession spurten, in: Werben & Verkaufen 21/1993, S. 12–15
*Weber, J.; Schäffer, U.* (2000), Balanced Scorecard und Controlling, 2. Aufl., Wiesbaden 2000
*Weder, R.* (1989), Joint Ventures, Grüsch 1989
*Wehrli, H. P.; Wirtz, B. W.* (1996), Relationship Marketing: Auf welchem Niveau bewegt sich Europa? in: Absatzwirtschaft S 10/1996, S. 24–30
*Weiber, R.* (1993), Chaos: Das Ende der klassischen Diffusionsmodellierung?, in: Marketing ZFP 1/1993, S. 35–46
*Weiber, R.* (1995), Chaostheorie, in: *Tietz, B.; Köhler, R.; Zentes, J.* (Hrsg.), Handwörterbuch des Marketing, 2. Aufl., Sp. 337–352
*Weibler, J.* (2001), Personalführung, München 2001
*Weibler, J.* (2016), Personalführung, 3. Aufl., München 2016
*Weinberg, P.* (1977), Die Produkttreue der Konsumenten, Wiesbaden 1977
*Weinberg, P.* (1992), Erlebnismarketing, München 1992
*Weinberg, P.* (1995), Erlebnis-Marketing, in: *Tietz, B.; Köhler, R.; Zentes, J.* (Hrsg.), Handwörterbuch des Marketing, 2. Aufl., Stuttgart 1995, Sp. 607–615
*Weinberg, T.* (2011), Social Media Marketing. Strategien für Twitter, Facebook & Co., 2. Aufl., Köln u. a. 2011
*Weinhold-Stünzi, H.* (1972), Marketing. Ein Lehrgang in 12 Lektionen, 7. Aufl., Heerbrugg-St. Gallen 1972
*Weinhold-Stünzi, H.* (1990), Marketing in 20 Lektionen, 23. Aufl., St. Gallen u. a. 1990
*Weinhold-Stünzi, H.* (1997), Integration aus marktwissenschaftlicher Sicht, in: Thexis, 4/1997, S. 2–6
*Weinhold-Stünzi, H.; Reinecke, S.; Schögel, M.* (Hrsg.), Marketingdynamik, St. Gallen 1997
*Weinhold-Stünzi, H.* (1997), Re-Marketing, in: *Weinhold-Stünzi, H.; Reinecke, S.; Schögel, M.* (Hrsg.), Marketingdynamik, St. Gallen 1997, S. 8–15
*Weis, H. Ch.* (2003), Verkaufsgesprächsführung, 4. Aufl., Ludwigshafen 2003
*Weis, H. Ch.* (2004), Marketing, 13. Aufl., Ludwigshafen 2004
*Weis, H. Ch.* (2005), Verkaufsmanagement, 6. Aufl., Ludwigshafen 2005
*Weis, H. Ch.* (2010), Verkaufsmanagement, 7. Aufl., Ludwigshafen 2010
*Weis, H. Chr.* (2015), Marketing, 17. Aufl., Ludwigshafen 2015
*Weis, H. Ch.; Steinmetz, P.* (2000), Marktforschung, 4. Aufl., Ludwigshafen 2000
*Weiss, P. A.* (1992), Die Kompetenz von Systemanbietern, Berlin 1992
*Welge, M. K.* (1985), Unternehmensführung, Bd. 1, Planung, Stuttgart 1985
*Welge, M. K.* (1987), Unternehmensführung, Bd. 2, Organisation, Stuttgart 1987
*Welge, M. K.; Al-Laham, A.* (1992), Planung. Prozesse – Strategien – Maßnahmen, Wiesbaden 1992
*Welge, M. K.; Al-Laham, A.* (2003), Strategisches Management, 4. Aufl., Wiesbaden 2003
*Welge, M. K.; Holtbrügge, D.* (2003), Internationales Management, 3. Aufl., Stuttgart 2003
*Welge, M. K.; Hüttemann, H. H.* (1993), Erfolgreiche Unternehmensführung in schrumpfenden Branchen, Stuttgart 1993
*Wells, W. D.* (Hrsg.) (1974), Life Style and Psychographics, Chicago 1974
*Wells, W. D.; Gubar, G.* (1966), Life Cycle Concept in Marketing Research, in: Journal of Marketing Research 1966, S. 355–363
*Wells, W. D.; Tigert, D.* (1971), Activities, Interests and Opinions, in: Journal of Marketing Research 1971, S. 27–35
*Welters, K.* (1976), Cross Impact Analyse als Instrument der Unternehmensplanung, in: Betriebswirtschaftliche Forschung und Praxis 8/1976, S. 557–568
*Werder, von A.* (2001), German Code of Corporate Governance, 2. Aufl., Stuttgart 2001
*Wermeyer, F.* (1994), Marketing und Produktion, Schnittstellenmanagement aus unternehmensstrategischer Sicht, Wiesbaden 1994
*Werner, H.* (2002), Supply Chain Management, Stuttgart 2002
*Werner, H.* (2008), Supply Chain Management, 3. Aufl., Wiesbaden 2008
*Wesnitzer, M.* (1993), Markteintrittsstrategien in Osteuropa, Wiesbaden 1993
*Wheelwright, S. C.; Makridakis, S.* (1980), Forecasting. Methods for Management, 3. Aufl., New York 1980
*White, C. M.* (1960), Multiple Goals in the Theory of

the Firm, in: *Boulding, K. E.; Spivey, A. W.* (Hrsg.), Linear Programming and Theory of the Firm, New York 1960

*Whiteley, R. C.* (1991), The Customer-Driven Company, Boston 1991

*Whitla, P.* (2009), Crowdsourcing and its Application in Marketing Activities, in: Contemporary Management Research, 1/2009, S. 15–28

*Wiborg, K.* (1993), Zurück zum Kerngeschäft. Irrtümer der Diversifikation, in: Frankfurter Allgemeine Zeitung vom 18. 8. 1993, S. 9

*Wicke, L.* (1992), Der Umweltschutz als Herausforderung und Chance für den Markenartikel, in: *Dichtl, E.; Eggers, W.* (Hrsg.), Marke und Markenartikel als Instrumente des Wettbewerbs, München 1992, S. 157–184

*Widmer, K.; Krummenacher, S.* (1994), ISO 9001 geschafft – und jetzt? in: Zeitschrift für industrielle Organisation und Management 1/1994, S. 63–65

*Wiedmann, K.-P.; Buxel, H.; Buckler, F.* (2000), Mobile Commerce, in: Wirtschaftswissenschaftliches Studium 12/2000, S. 684–691

*Wieselhuber, N.* (1984), Erschließung von neuen Wachstumsquellen durch Diversifikation, in: *Wieselhuber, N.; Töpfer, A.* (Hrsg.), Handbuch Strategisches Marketing, Landsberg 1984, S. 426–440

*Wieselhuber, N.* (1990), Internationales Management, München 1990

*Wieselhuber, N.; Gottinger, J. M.* (1991), Die Marke als Erfolgsfaktor, München 1991

*Wieselhuber, N.; Töpfer, A.* (Hrsg.) (1986), Handbuch Strategisches Marketing, 2. Aufl., Landsberg 1986

*Wild, J.* (1973), Product Management. Ziele, Kompetenzen und Arbeitstechniken des Produktmanagers, 2. Aufl., München 1973

*Wild, J.* (1974 a), Budgetierung, in: Marketing-Enzyklopädie, Bd. I, München 1974, S. 325–340

*Wild, J.* (1974 b), Grundlagen der Unternehmungsplanung, Reinbek 1974

*Wild, J.* (1982), Grundlagen der Unternehmungsplanung, 4. Aufl., Opladen 1982

*Wilde, K. D.* (1989), Bewertung von Produkt-Markt-Strategien. Theorie und Methoden, Berlin 1989

*Wildemann, H.* (1988), Das Just-In-Time-Konzept, Frankfurt 1988

*Wildemann, H.* (1992), Lean Management. Der Weg zur schlanken Fabrik, München 1992

*Wildemann, H.* (1994), Die modulare Fabrik: Kundennahe Produktion durch Fertigungssegmentierung, 4. Aufl., München 1994

*Wilkening, H. R.* (1975), Die Unternehmung in der Rezession, Frankfurt-Zürich 1975

*Will, M.; Geissler, U.* (2000), Verändert das Internet die Unternehmenskommunikation?, in: Thexis 3/2000, S. 21–25

*Willers, H. G.* (1990), Vergütungssysteme für Führungskräfte in der Wirtschaft, in: *Hahn, D.; Taylor, B.* (Hrsg.), Strategische Unternehmungsplanung. Strategische Unternehmungsführung, 5. Aufl., Heidelberg 1990, S. 485–493

*Willhardt, R.* (2008), Gewollte Epedemie, in: asw, 11/2008, S. 38 – 42

*Wilson, R. M. S.; Gilligan, C.* (1997), Strategic Marketing Management, 2. Aufl., Oxford u. a. 1997

*Wind, Y.* (1972), Life Style Analysis. A New Approach, in: *Allvine, F. C.* (Hrsg.), Relevance in Marketing, Marketing in Motion, Chicago 1972, S. 302–305

*Wind, Y.; Cardozo, R. N.* (1974), Industrial Market Segmentation, in: International Marketing Management 3/1974, S. 153–167 (zit. nach *Backhaus, K.*, Investitonsgütermarketing, 3. Aufl., München 1992)

*Wind, Y.; Green, P.* (1974), Some Conceptional, Measurement and Analytical Problems in Life Style Research, in: *Wells, W.* (Hrsg.), Life Style and Psychographics, Chicago 1974, S. 99–126

*Winkelmann, P.* (2008), Vertriebskonzeption und Vertriebssteuerung, 4. Aufl., München 2008

*Winkelmann, P.* (2012), Vertriebskonzeption und Vertriebssteuerung, 5. Aufl., München 2012

*Wirtz, B. W.* (2001), Electronic Business, 2. Aufl., Wiesbaden 2001

*Wirtz, B. W.* (2008), Multi-Channel-Marketing, Wiesbaden 2008

*Wirtz, B. W.* (2012), Direktmarketing-Management. Grundlagen, Instrumente, Prozesse, 3. Aufl., Wiesbaden 2012

*Wirtz, B. W.* (2013), Electronic Business, 4. Aufl., Wiesbaden 2013

*Wirtz, B. W.; Kleineicken, A.* (2000), Geschäftsmodelltypen im Internet, in: Wirtschaftswissenschaftliches Studium 11/2000, S. 628–635

*Wissmeier, U. K.* (1992), Strategien im internationalen Marketing, Wiesbaden 1992

*Wiswede, G.* (1974), Unternehmerverhalten zwischen rationalem Anspruch und psycho-sozialer Wirklichkeit, in: Jahrbuch der Absatz- und Verbrauchsforschung 1974, S. 144–153

*Wiswede, G.* (1991), Einführung in die Wirtschaftspsychologie, München u. a. 1991

*Witt, F.-J.* (2000), Controlling, Stuttgart-Berlin-Köln 2000

*Witt, J.* (1996 a), Produktinnovation, München 1996

*Witt, J.* (1996 b), Prozeßorientiertes Verkaufsmanagement, Wiesbaden 1996

*Wittek, B. F.* (1980), Strategische Unternehmensführung bei Diversifikation, Berlin-New York 1980

*Wittek, B. F.* (1988), Strategie auf Kundennutzen aufbauen, in: *Simon, H.; Bonenkamp, J.* (Hrsg.), Wettbewerbsvorteile und Wettbewerbsfähigkeit, Stuttgart 1988, S. 66–72

*Wöhe, G.* (2005), Einführung in die Allgemeine Betriebswirtschaftslehre, 22. Aufl., München 2005

*Wöhe, G.* (2008), Einführung in die Allgemeine Betriebswirtschaftslehre, 23. Aufl., München 2008

*Wölfer, U.* (1994), Produktlinienerweiterung, in: *Bruhn, M.* (Hrsg.), Handbuch Markenartikel, Bd. 1, Stuttgart 1994, S. 527–541

*Wolf, M. J.* (1999), The Entertainment Economy, New York 1999

*Wolf, V.* (2007), E-Marketing, München-Wien 2007

*Wolfrum, B.* (1994), Strategisches Technologiemanagement, 2. Aufl., Wiesbaden 1994

*Wolfrum, B.* (1995), Technologie-Marketing, in: *Tietz, B.; Köhler, R.; Zentes, J.* (Hrsg.), Handwörterbuch des Marketing, 2. Aufl., Stuttgart 1995, Sp. 2449–2460

*Wolfrum, B.; Rasche, Ch.* (1993), Kompetenzorientiertes Management, in: Thexis 5/6/1993, S. 65–70

*Woll, A.* (2011), Allgemeine Volkswirtschaftslehre, 16. Aufl., München 2011

*Womack, J. P.; Jones, D. T.* (2004), Lean Thinking. Ballast abwerfen, Unternehmensgewinne steigern, Frankfurt-New York 2004

*Womack, J. P.; Jones, D. T.; Roos, D.* (1990), The Machine that Changes the World, New York 1990

*Womack, J. P.; Jones, D. T.; Roos, D.* (1992), Die zweite Revolution in der Autoindustrie, 7. Aufl., Frankfurt-New York 1992

*Woo, C.Y (*1984), Market-Share-Leadership – Not always so good, in: Harvard Business Review 1/1984, S. 50–54

*Woratschek, H.; Roth, S.; Pastowski, S.* (2002), Geschäftsmodelle und Wertschöpfungskonfigurationen im Internet, in: Marketing ZFP, Vol. 24, Nr. 2, S. 57-71

*Wübker, G,* (1998), Preisbündelung, Wiesbaden 1998

*Wünsch, U.; Thuy, P.* (Hrsg.) (2007), Handbuch Event-Kommunikation, Berlin 2007

*Wunderer, R.; Bruch, H.* (2000), Umsetzungskompetenz, München 2000

*Wyss, W.* (1987), New Marketing. Konsequenzen aus dem Paradigma-Wechsel des Konsumenten, Adligenswil 1987

*Yankelovich, D.* (1964), New Criteria for Market Segmentation, in: Harvard Business Review 3/4/1964, S. 83–90

*Yip, G. S.* (1992), Total Global Strategy, Englewood Cliffs, N. J. 1992

*Zäpfel, G.* (1989 a), Strategisches Produktions-Management, Berlin-New York 1989

*Zäpfel, G.* (1989 b), Taktisches Produktions-Management, Berlin-New York 1989

*Zäpfel, G.* (2001), Grundzüge des Produktions- und Logistikmanagements, 2. Aufl., München-Wien 2001

*Zahn, E.* (1971), Das Wachstum industrieller Unternehmen. Versuch einer Erklärung mit Hilfe eines komplexen, dynamischen Modells, Wiesbaden 1971

*Zander, E.; Wagner, D.* (Hrsg.) (2005), Handbuch des Entgeltmanagement, München 2005

*Zanger, C.; Sistenich, F.* (1996), Eventmarketing, in: Marketing ZFP 4/1996, S. 233–242

*Zankl, H. L.* (1975), Public Relations, Wiesbaden 1975

*Zarrella, D.* (2010), Das Social Media Marketing Buch, Beijing/Cambridge u. a. 2010

*Zehle, K. O.* (1990), Yield Management. Eine Methode zur Umsatzsteigerung für Unternehmen der Tourismusbranche, Hamburg 1990

*Zeithaml, V. A.* (1991), How Consumer Evaluation Processes Differ between Goods and Services, in: *Lovelock, C. H.* (Hrsg.), Services Marketing, 2. Aufl., Englewood Cliffs, N. J., 1991, S. 39–47

*Zeithaml, V. A.; Varadarajan, P. R.; Zeithaml, C. P.* (1988), The Contingency Approach: It's Foundations and Relevance to Theory Building and Research in Marketing, in: European Journal of Marketing 7/1988, S. 37–63

*Zentes, J.* (1986), Verkaufsmanagement in der Konsumgüterindustrie, in: Die Betriebswirtschaft 1/1986, S. 21–28

*Zentes, J.* (1992), Warenwirtschaftssysteme, in: *Diller, H.* (Hrsg.), Vahlens Großes Marketing Lexikon, München 1992, S. 1285–1286

*Zentes, J.* (2001 a), Regalflächenoptimierung, in: *Diller, H.* (Hrsg.), Vahlens Großes Marketing Lexikon, 2. Aufl., München 2001, S. 1473–1474

*Zentes, J.* (2001 b), Warenwirtschaftssysteme (WWS), in: *Diller, H.* (Hrsg.), Vahlens Großes Marketing Lexikon, 2. Aufl., München 2001, S. 1841–1844

*Zentes, J.; Exner, R.* (1989), Warenwirtschaftssysteme im Handel, Rüschlikon-Zürich 1989

*Zentes, J.; Swoboda, B.* (1999), Neuere Entwicklungen im Handelsmanagement. Umfeldbedingungen und Strategische Konzepte, in: Marketing ZFP 1/1999, S. 75–90

*Zentes, J.; Swoboda, B.* (2005), Hersteller-Handelsbeziehungen aus markenpolitischer Sicht, in: *Esch, F.-R.* (Hrsg.), Moderne Markenführung, 3. Aufl., Wiesbaden 2005, S. 1063–1086

*Zentes, J.; Swoboda, B.; Morschett, D.* (2003), Kooperationen, Allianzen und Netzwerke, Wiesbaden 2003

*Zentes, J.; Swoboda, B.; Morschett, D.* (2004), Internationales Wertschöpfungsmanagement, München 2004

*Zentes, J.; Swoboda, B.; Schramm-Klein, H.* (2006), Internationales Marketing, München 2006

*Zentes, J.; Swoboda, B.; Schramm-Klein, H.* (2013), Internationales Marketing, 3. Aufl., München 2013

*Zerdick, A. et al.* (2001), Die Internet-Ökonomie. Strategien für die digitale Wirtschaft, Berlin u. a. 2001

*Zerr, K.* (1994), Systemmarketing, Wiesbaden 1994

*Zerres, M.* (1992), Methoden der Entscheidungsfindung – Entscheidungsprozesse müssen strukturiert werden, in: *Franke, R.; Zerres, M. P.* (Hrsg.), Planungstechniken, 3. Aufl., Frankfurt 1992

*Zerres, R.* (1993), Als Gewinner aus der Rezession, Würzburg 1993

*Zimbardo, Ph. G.; Gerrig, R. J.* (1999), Psychologie, 7. Aufl., Berlin u. a. 1999

*Zimmermann, H. J.* (1977), Verfahren quantitativer Analyse als Entscheidungshilfen im Marketing, in: *Köhler, R.; Zimmermann, H. J.* (Hrsg.), Entscheidungshilfen im Marketing, Stuttgart 1977, S. 29–43

*Zimmermann, H.-J.* (2008), Operations Research, 2. Aufl., Wiesbaden 2008.

*Zimmermann, H.-J.; Gutsche, L.* (1991), Multicriteria-Analyse. Einführung in die Theorie bei Mehrfachzielsetzungen, Berlin-Heidelberg-New York 1991

*Zimmermann, W.; Stache, U.* (2001), Operations Research. Quantitative Methoden der Entscheidungsvorbereitung, 10. Aufl., München-Wien 2001

*Zink, K. J.* (1995), TQM als integratives Managementkonzept, München-Wien 1995

*Zörgiebel, W. W.* (1983), Technologie in der Wettbewerbsstrategie, Berlin 1983

# Beispielverzeichnis

# Sachverzeichnis